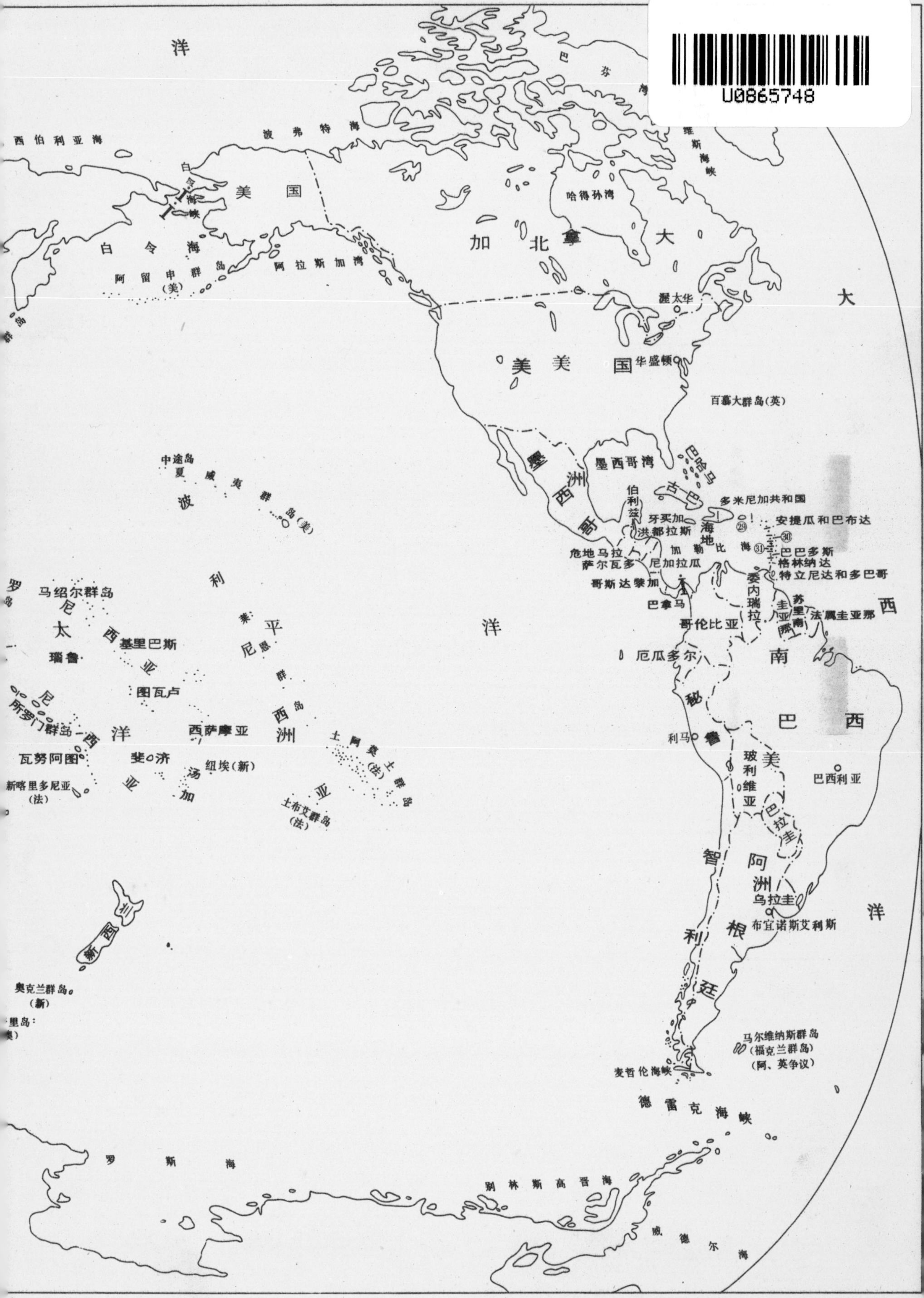
洋
西伯利亚海
波弗特海
巴芬湾
维斯海峡
白令海峡
美国
哈得孙湾
加拿大
白令海
阿留申群岛(美)
阿拉斯加湾
渥太华
大西洋
美国
华盛顿
百慕大群岛(英)
中途岛
夏威夷群岛(美)
墨西哥
墨西哥湾
巴哈马
古巴
伯利兹
多米尼加共和国
牙买加
海地
安提瓜和巴布达
洪都拉斯
危地马拉
萨尔瓦多
尼加拉瓜
加勒比海
巴巴多斯
格林纳达
特立尼达和多巴哥
哥斯达黎加
巴拿马
委内瑞拉
圭亚那
苏里南
法属圭亚那
哥伦比亚
厄瓜多尔
秘鲁
利马
巴西
巴西利亚
玻利维亚
巴拉圭
南美洲
智利
阿根廷
乌拉圭
布宜诺斯艾利斯
马尔维纳斯群岛(福克兰群岛)(阿、英争议)
麦哲伦海峡
德雷克海峡
波利尼西亚
太平洋
马绍尔群岛
基里巴斯
瑙鲁
莱恩群岛
图瓦卢
所罗门群岛
西萨摩亚
瓦努阿图
斐济
汤加
纽埃(新)
新喀里多尼亚(法)
土阿莫土群岛(法)
土布艾群岛(法)
新西兰
奥克兰群岛(新)
罗斯海
别林斯高晋海
威德尔海

世界军事年鉴2002
WORLD MILITARY YEARBOOK

军事科学院《世界军事年鉴》编辑部

解放军出版社

图书在版编目(CIP)数据

版式设计　杜超英
封面设计　张禹宾

世界军事年鉴. 2002/军科年鉴编辑部编.—北京:解放军出版社,2002
ISBN 7-5065-4397-4
Ⅰ.世…　Ⅱ.军…　Ⅲ.军事-世界-2002-年鉴
Ⅳ.E1-54

中国版本图书馆 CIP 数据核字(2003)第 000340 号

世界军事年鉴
2002
军事科学院《世界军事年鉴》编辑部

解放军出版社出版发行
(北京地安门西大街 40 号)
(邮政编码 100035)
新华书店经销
一二〇一工厂印刷

787×1092 毫米 16 开本　45.5 印张　4 插页　1480 千字
2002 年 12 月第 1 版　2002 年 12 月(北京)第 1 次印刷
ISBN7-5065-4397-4/E·1986
定　价:150 元

《世界军事年鉴》编审委员会

《世界军事年鉴》编辑部

《世界军事年鉴2002》主要撰稿人名单

（以姓氏笔划为序）

丁　晶	丁武将	刁望钦	于　庭	万　伟	王　青	王　睿	王凤才
王书勤	王世华	王世银	王占良	王成刚	王全永	王丽娅	王昊卿
王明志	王连奎	王宜胜	王珍捍	王晓雁	王艳芳	王通信	韦秀文
木　工	毛子成	卞荣萱	方　宁	尹秀广	邓彦舫	孔国生	巨文新
石　慧	石之英	史君健	白　雁	乐凯华	宁　青	朱瑞臣	任　平
任　杰	伊贵玺	全寿文	刘　伟	刘万军	刘克俭	刘延军	刘建宇
刘映国	刘效兰	刘温国	孙燕侠	来　斌	李　杰	李　锐	李先喜
李庆功	李荣怀	李强洲	杨学明	杨学青	杨清坡	肖为君	肖石忠
吴　刚	吴　炯	吴　鹏	吴永业	吴志豪	吴良全	吴新安	吴德斌
何玉斌	何在涛	邱剑敏	闵振范	宋正华	宋鲁成	张　冬	张　宁
张　南	张力群	张世斌	张连国	张国斌	张建设	张洲军	张景恩
陆　汇	陈有荣	陈培军	陈献其	林水成	武建伟	武捍平	林海霞
尚　泽	金　涛	金小村	金鑫鑫	周　霞	周长鹏	周亦冰	周璞芬
孟　华	孟　丽	荒　林	赵严芳	赵福春	临　平	钟学良	钟海林
宫小雄	姜　蓓	洪锦珠	神　赴	桐　生	耿文正	袁　林	袁右军
袁孝华	袁景立	贾咏梅	夏　娟	夏礼伯	柴训天	晓　军	高代伟
符成礼	麻光武	章　锐	章义发	清　风	涵　江	韩长生	韩生民
彭训厚	董鹏杰	嵇绍园	程新华	湘　溪	温味儿	谢　钢	蒲福宁
詹玉才	詹传敏	窦晓兵	蔡香敏	管元璋	廖恒茂	谭凤旭	谭汝坤
熊万奎	樊高月	滕建群	潘新毛	薛　丰	薛　军	冀文华	魏守正

中国政府
严正处理中美撞机事件

①②③ 4月1日，美国 EP-3 军用侦察机一架在中国海南岛东南海域上空进行侦察活动并撞毁中方歼-8战机一架，后未经许可降落在海南岛陵水机场。撞机后，其机头雷达天线罩脱落，左机翼下表面与机翼下天线损坏，左二发动机螺旋桨受损变形。

④在撞机事件中壮烈牺牲的中国海军航空兵飞行员王伟。

⑤遵照江泽民主席关于要不惜一切代价、全力搜救跳伞飞行员的指示，中国军民展开了空前规模的海上搜救活动。

⑥经中国政府多次严正交涉和抗议，美国驻华大使普理赫于4月11日代表美国政府向中国政府递交致歉信。同日，中国政府允许美方机组人员离境回国。

⑦4月20日，中共中央总书记、国家主席、中央军委主席江泽民等党和国家领导人亲切会见王伟同志亲属及其生前所在部队代表。

⑧4月24日，中央军委在北京隆重召开授予王伟同志“海空卫士”荣誉称号大会。

⑨全军指战员齐声谴责美军侦察机的霸道行径，决心苦练军事技术，坚决履行保卫祖国的神圣使命。

④

⑤

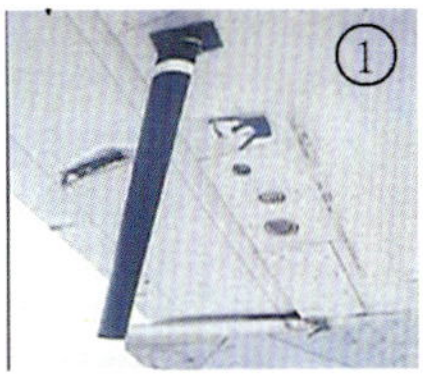
①

②

③

↓4月11日，处理美国撞毁中国军用飞机事件的全权代表、美国驻华大使普理赫向中国外交部部长唐家璇递交的致歉信。

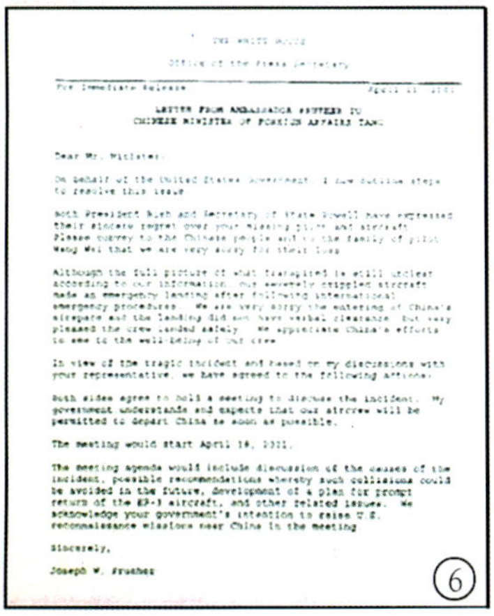
THE WHITE HOUSE

Office of the Press Secretary

For Immediate Release April 11, 2001

LETTER FROM AMBASSADOR PRUEHER TO CHINESE MINISTER OF FOREIGN AFFAIRS TANG

Dear Mr. Minister:

On behalf of the United States Government, I now outline steps to resolve this issue.

Both President Bush and Secretary of State Powell have expressed their sincere regret over your missing pilot and aircraft. Please convey to the Chinese people and to the family of pilot Wang Wei that we are very sorry for their loss.

Although the full picture of what transpired is still unclear, according to our information, our severely crippled aircraft made an emergency landing after following international emergency procedures. We are very sorry the entering of China's airspace and the landing did not have verbal clearance, but very pleased the crew landed safely. We appreciate China's efforts to see to the well-being of our crew.

In view of the tragic incident and based on my discussions with your representative, we have agreed to the following actions:

Both sides agree to hold a meeting to discuss the incident. My government understands and expects that our aircrew will be permitted to depart China as soon as possible.

The meeting would start April 18, 2001.

The meeting agenda would include discussion of the causes of the incident, possible recommendations whereby such collisions could be avoided in the future, development of a plan for prompt return of the EP-3 aircraft, and other related issues. We acknowledge your government's intention to raise U.S. reconnaissance missions near China in the meeting.

Sincerely,

Joseph W. Prueher

⑥

⑦

⑧

⑨

世界军事要事剪影

①7月16日，中国国家主席江泽民和俄罗斯总统普京在莫斯科签署《俄中睦邻友好合作条约》。

②6月15日，“上海合作组织”成员国元首在上海签署成立宣言和《打击恐怖主义、分裂主义和极端主义上海公约》。

③10月12日，在上海参加亚太经合组织（APEC）第九次领导人非正式会议的有关国家和地区领导人发表《反恐声明》。

④1月10日，中国成功发射“神州二号”无人飞船。

⑤8月23日至11月16日，中国海军舰艇编队穿越太平洋、印度洋和大西洋，对德国、英国、法国和意大利等欧洲四国进行友好访问。

⑥为维护国家统一和主权领土的完整，中国人民解放军厉兵秣马，严阵以待。

⑦由于以色列政府领导人对2000年9月爆发的阿以冲突采取了以暴易暴的强硬政策，致使此后双方冲突持续不断，愈演愈烈。

⑧

⑨

⑩

⑪

⑫

⑭

⑬

⑮

⑯

⑧美国国防部9月30日发表的《四年防务审查报告》表明，其战略重心向亚太地区转移。图为5月1～29日美、澳、加三国军队在澳大利亚昆士兰州及其附近海域举行的联合军事演习。

⑨12月13日，美国单方面宣布退出《反导条约》，此举遭到世界上多数国家的反对。

⑩⑪8月13日，小泉首次以首相身份参拜靖国神社，此举连同日本教科书和慰安妇赔偿等问题激起亚洲各国人民的极大愤慨。

⑫10月5日起，印巴军队在克什米尔地区发生多次军事冲突。

⑬3月5日起，马其顿军队向占据首都斯科普里附近塔努谢齐村的阿族非法武装发起进攻。

⑭11月9日，日本自卫队以支援反恐为名，首次出兵海外。图为南下途中的“雾雨”号驱逐舰。

⑮12月18日，北约发表声明，将在盟国以外部署兵力。

⑯12月22日，日本海上保安厅出动舰艇追捕并击沉1艘可疑船只。

⑰2001年，美英战机以种种借口先后7次轰炸伊拉克。

⑱7月以来，菲律宾政府投入更多的兵力，营救被绑架人质，打击阿布沙耶夫等反政府武装。

⑲印度通过加紧从美俄购买和自行研制新式武器，大力发展军备，图为12月12日印度试射的普里特维战术弹道导弹。

⑳12月3日，美国不顾国内外舆论的强烈反对，进行第5次NMD试验。

㉑10月11日，俄罗斯海军将从巴伦支海打捞出来的俄罗斯潜艇“库尔斯克”号拖回科拉湾海军基地。

㉒年内，针对种族屠杀和分离主义势力引发的持续暴力冲突，印度尼西亚当局派出大批军警赶赴事发地区平息暴乱。

㉓10月26日，美国防部选中X-35作为联合攻击战斗机获胜者，从而使研制该机的洛克西德·马丁公司赢得4000亿美元的订单。

㉔12月23～24日，哥伦比亚政府与反政府武装在哈瓦那签署协议，决定正式恢复和谈。

⑰

⑱

⑲

⑳

㉒

㉑

㉓

㉔

㉕1月16日，刚果总统卡比拉遇刺身亡。1月26日，其子约瑟夫·卡比拉继任总统兼武装力量最高统帅和国防部长。

㉖12月19日，斯里兰卡反政府武装泰米尔猛虎组织宣布单方面停火。

㉗12月26日，尼泊尔王宫秘书处宣布，由于反政府武装连续制造暴力事件，从即日起全国进入紧急状态。

㉘2月份以来，苏丹政府为平息内战，遣散和安置了大量反政府前童子军成员。

㉙1月10日，北约成员国在布鲁塞尔召开专门会议，讨论曾被用于海湾战争、波黑战争和科索沃战争的贫铀弹对人类健康和环境所造成的破坏问题。

㉚10月17日，俄罗斯总统普京宣布，从2002年1月起，俄军将从越南金兰湾和古巴卢尔德斯两个海外军事基地撤离。

㉛11月13日，普京访美期间，两国元首宣布将分别大幅度削减核武器，但双方在导弹防御问题上矛盾依旧。

㉜4月中旬，瑞士军方宣布，将解散已有100年历史的自行车部队。

㉝2002年1月29日，布什提出旨在扩大反恐战争的所谓“邪恶轴心论”。

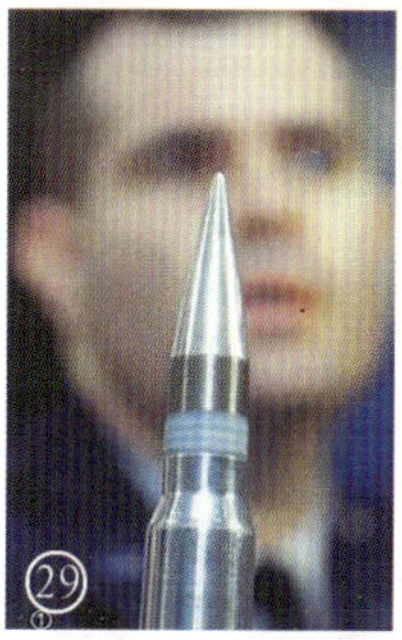

“9·11”事件引发阿富汗战争

①美国认定本·拉登及其领导的“基地”组织是“9·11”事件的制造者。

②在“9·11”事件前两天被塔利班以自杀式爆炸刺杀的阿富汗北方联盟领导人马苏德。

③“9·11”事件发生后，美国及其英国等盟国迅速派出“小鹰”号等5艘航空母舰及60多艘战舰、700多架战机组成的军事打击力量，在阿富汗周边及印度洋地区展开部署。

④从10月7日起，美军及其盟军对塔利班和“基地”组织开始实施以空中精确打击为主、地面攻击为辅的军事打击。

⑤反塔联盟武装在美军支持下，至12月7日，相继攻占马扎里沙里夫、喀布尔、昆都士和坎大哈等重镇，基本上控制了全国局势。

⑥攻占坎大哈后，美英等国和阿富汗反塔联盟的军队继续对躲进山区的塔利班和“基地”组织残余武装进行清剿。

⑦美军将部分塔利班和“基地”组织俘虏押解至关塔那摩美军基地进行审讯。

⑧2001年12月22日，在联合国主持下，阿富汗各派力量经协商成立以卡尔扎伊为主席的临时政府。

①

②

③

④

⑤

⑥

⑦

⑧

美军在阿富汗战场使用的主要武器装备

①正在实施“地毯式轰炸”的B-52H型战略轰炸机。

②B-2型隐形轰炸机及其投掷的专门摧毁塔利班和“基地”组织地下深层目标的GBU-28激光钻地炸弹。

③在阿富汗战场上大出风头的“空中炮艇”AC-130型攻击机。

④首先拉开阿富汗战争序幕的“战斧”式巡航导弹。

⑤挂载JSOW“联合防区外发射武器”的F18-C/D攻击机。

⑥10月17日，“捕食者”无人机携带导弹攻击地面目标，开创了无人机用于实战的先河。

⑦命中精度高并具有“发射后不用管”能力的AGM-65“小牛”空地导弹。

⑧11月5日，美军动用世界上最大的常规炸弹BLU-82(重约6.8吨）轰炸塔利班目标。

2001年4月 美国公然批准售台的主要武器装备

①MH-53E“海龙”多用途扫雷直升机。

②P-3C“猎户座”反潜巡逻机（拟购12架）。

③美军现装备的水中行驶速度最快的AAV7A1两栖战车。

④具有一定对地攻击能力的RGM-84“鱼叉”反舰导弹。

⑤MK48重型反舰反潜鱼雷。

⑥具有很强舰载火力的基德级导弹驱逐舰（拟购4艘）。

⑦可承担野战和要地低空防空任务的“复仇者”近程防空系统。

⑧具有优良数字通信能力的M109A6式“帕拉丁”155毫米自行榴弹炮。

编辑说明

(一)《世界军事年鉴》是一部连续编纂出版、以记述年度内世界各国军事新情况、新进展为主要内容的信息密集型学术性、资料性工具书。其任务是,以马列主义、毛泽东思想、邓小平理论为指针,坚持四项基本原则,面向现代化、面向世界、面向未来,有选择、有重点地系统介绍年度内世界各国的军事基本情况和动态。主要服务对象是军队各级机关、军事科研单位、院校和部队的官兵,同时也顾及对世界军事发展变化感兴趣的军外广大读者。

(二)本卷《年鉴》设 9 个栏目:军事要事;各国军事概况;军事理论研究;军事技术;军事建设;国际条约;世界军事大事记;特辑;彩色图片。

(三)本卷《年鉴》所收资料的时限:一般是从 2001 年 1 月至 12 月;少数截至 2002 年上半年;某些专题资料和某些首次设立的类(项、条)目,为了给读者以较系统、较全面的信息,收载了 2001 年以前的少量背景资料。

(四)"各国军事概况"栏共收入 170 多个有军队或军事组织的国家和地区。各个国家和地区分洲排列,次序是亚洲、非洲、欧洲、美洲、大洋州;洲内各个国家和地区一般按其名称的汉语拼音字母顺序排列。本栏选用的资料和数据,主要是作者对该国情况进行研究的成果,有些引自各国官方公布的 2001 年度的材料,其中主要参考了下述资料:中国《世界知识年鉴 2001/2002》,英国伦敦国际战略研究所《军事力量对比 2001 ~ 2002》,美国《不列颠年鉴 2001》等。

(五)本卷《年鉴》所用资料来源不尽相同,一些专业术语也因国家不同而异,某些译名亦不尽统一,在编辑过程中虽注意订正和统一,但前后不一致之处尚未能完全避免。为便于读者进行对比研究,有个别条目特地收录了不同来源的资料。为增强条目内容的可信度,并便于读者进一步检索查考,编纂者尽量注明资料来源;"综述"条目的"主要资料来源"附在文后,而信息条目的资料出处则见于文内。

(六)本卷《年鉴》在编辑过程中,曾得到总参谋部、总政治部、总后勤部、总装备部有关单位和各军区、各军兵种、军事院校以及地方有关科研单位的支持和帮助;全书完稿后还约请朱也璇教授、汪庆荣研究员、赵刚箴研究员、都国平副研究员、高洪山副研究员等专家学者审阅了本书。在此谨表谢意。

(七)本《年鉴》涉及各国军事的方方面面:由于我们掌握的资料有限,编纂水平有限,缺点、疏漏和失误难免存在,欢迎广大读者批评指正。

军事科学院外国军事研究部
《世界军事年鉴》编辑部
2002 年 6 月

《世界军事年鉴2002》目录

军 事 要 事

军事形势综述

亚洲军事要事

非洲军事要事

欧洲军事要事

美洲军事要事

各国军事概况

亚洲国家军事概况

非洲国家军事概况

欧洲国家军事概况

美洲和大洋洲国家军事概况

军 事 理 论 研 究

军事思想与军事论著研究

战争和战略问题研究

局部战争和著名战役研究

作战问题研究

军队建设问题研究

军事历史研究

其他军事学科问题研究

简 讯

军 事 技 术

轻 武 器

装甲兵武器装备

炮兵武器装备

工程兵技术装备

航空武器装备

战　略　导　弹

弹道导弹防御武器系统

军用航天技术

核　武　器

化　学　战　装　备

指挥控制通信计算机和情报系统

电子战装备

后勤装备

其他军事技术问题

军 事 建 设

建军计划与措施

军队体制编制

军 事 训 练

军 事 后 勤

军 事 法 制

其他军事建设问题

国　际　条　约

2001 年世界军事大事记

特　　辑

专　题　综　述

军 控 与 裁 军

2001 ~ 2002 年部分新上任军界要人简介

中 外 军 事 交 往

其 他 信 息

附　　表

彩　色　图　片

线　条　图

军事形势综述

2001年世界军事形势述评 2001年，世界军事形势在总体和平、局部战乱，总体缓和、局部紧张，总体稳定、局部动荡的总态势下，出现了一些新的热点、新的焦点、新的特点。

一、连绵不断的武装冲突

2001年，世界各地的武装冲突和局部战争较上一年的45起有所减少，据有关国家统计，总数为33起，新发生的冲突和战争也有明显减少。但是，有两场战争令世人倍加关注。一是阿富汗战争，这是继1999年科索沃战争后，美国发动的又一场地区性战争；二是巴以冲突，这是中东和平进程遭受挫折后爆发的最大规模的战乱。迄今，这两场战争仍在继续，并可能持续一段时间。阿富汗战争错综复杂，尽管“塔利班”已经瓦解，但其残余还存在，“基地”组织还存在，只要本·拉登未被俘获，美国就不会鸣金收兵。此外，尽管阿富汗已成立了临时过渡政府，但各族、各派之间的矛盾并未消弭，一旦因分权、占地等问题而矛盾激化，则仍有可能再度爆发内战。中东地区的巴以冲突正愈演愈烈，以色列在美国的默许和怂恿下，不断对巴勒斯坦发动进攻，冲突呈急剧升温之势。在新的一年里，地区冲突和战争仍将连绵不断，总量估计将维持在30起左右，主要集中在两个区域，一是非洲，主要集中在大湖地区。二是南亚、中亚、中东和巴尔干条形地带，这一带位于欧亚结合部，一直是热点集中地带。据统计，世界上约有三分之一的冲突和战争发生在这一区域，在2002年，这一地带的民族、宗教、权力、领土等问题仍会时常引发危机，原有的冲突和战乱难以消停，新的冲突和战争有可能出现。尤其值得关注的是，中国周边地区也是冲突和战争多发区，2001年共有13起冲突和战争，其中包括美国军事打击阿富汗、印巴冲突、斯里兰卡内战、菲律宾内战，以及泰国和缅甸、印度和孟加拉国的边境冲突等。在新的一年里，这些旷日持久的战乱难以平息。

二、急剧倒退的裁军进程

近年来，军控与裁军领域一直萎靡不振，尽管国际社会在不断作出努力，但收效甚微，特别是美国2001年在军控与裁军领域屡次发难，不仅拒绝批准“全面禁止生物武器条约”草案，而且极力抵制“全面禁止核试验条约”。更有甚者，美国总统布什宣布，美国决定退出1972年与原苏联签署的“反弹道导弹条约”，美国此举使军控与裁军进程骤然逆转，出现历史性大倒退。俄罗斯和美国的盟国一直对美国的单边主义和在军控与裁军领域的做法不满，从“京都议定书”到“全面禁止生物武器条约”、“全面禁止核试验条约”，特别是“反导条约”，美国受到强烈谴责，就连跟在美国后面亦步亦趋的英国，也开始对美国加以指责。美国在军控与裁军问题上的做法，使盟国产生了“离心”倾向。美国“退约”还将导致新的军备竞赛，那些有能力发展“反导”系统的国家将会奋起一搏，决意打破美国的“反导垄断”，而那些无力发展“反导”系统的国家则会另辟捷径，大力发展导弹武器甚至核生化武器，特别是那些极欲迈过核门槛的国家，更会视之为契机，努力跻身核俱乐部。这种趋势无疑对世界和平与稳定不利。

三、日臻深化的反恐斗争

2001年应该说是一个多事之年，年内最大的祸事当属“9·11”事件。在这场猝然发生的事件中，有数千人和超过千亿美元瞬时葬进火海瓦砾之中，而受到心理创伤的则何止千人，要弥合这种心理创伤则何止千亿美元。“9·11”事件对世人的警示是：恐怖主义已成为人类社会的公敌，必须坚决打击。为此，世界各国竞相拟定反恐措施，加强反恐合作，进行反恐斗争。在新的一年里，反恐斗争将成为军事形势发展中的一个焦点。但是，反恐斗争任重道远，复杂艰难。首先，在阿富汗的本·拉登“基地”组织总部已被美国摧毁，支持本·拉登的塔利班政权也已瓦解，但“百足之虫，死而不僵”，遍布世界各地的“基地”组织分部依然存在，而且挂靠“基地”的各种恐怖组织更是多如牛毛，这些恐怖组织在新的一年里仍将会以各种方式进行恐怖活动，包括试图进行核与化学袭击。其次，美国在2001年打击阿富汗的塔利班政权和本·拉登的“基地”组织的行动进展之“顺利”，颇令美国惊喜，有被冲昏了头脑的倾向。美国开始扬言要广泛地对“无赖国家”进行反恐军事打击，伊拉克、索马里、利比亚等国似乎已列入美国的“黑名单”。美国这种借反恐使军事行动扩大化的趋势，越来越令国际社会担忧。许多国家，包括美国的主要盟国和联合国，都强烈要求美国不要使反恐斗争扩大化，更不要使美国军事打击行动扩大化，但美国却置若罔闻。美国在阿富汗收手后，很可能对那些“眼中钉、肉中刺”大打出手。再次，在反恐斗争主导权问题上，斗争将日益凸显，有可能形成以美国为一方、以其它绝大多数国家为另一方的对峙局面。美国在阿富汗得手后，误将国际社会对美国的同情认为是对美国滥用武力的支持，认为在美国领导下的反恐联盟已形成，似乎美国可以取代联合国，成为反恐斗争的主导者。但是，世界上绝大多数国家都积极主张，要在联合国的主导下进行反恐斗争，打击恐怖主义要避免伤及无辜。这种正义与合理的主张是对美国“霸权行径”的牵制，围绕这一问题的斗争在新的一年里将愈演愈烈。

四、水涨船高的军备发展

冷战结束后，世界军备发展虽然一直在继续，但势头锐减，特别是在亚洲金融危机的冲击下，军备发展曾一度处于低潮。然而，1999年的科索沃战争和2001年的阿富汗战争，再度刺激了军备发展，特别是超级大国利用冷战后的“战略间歇期”，大力发展军事高技术，陆续推出一些新成果，并尽速纳入军备发展计划。21世纪初，军备发展正进入一个新的时期。这一时期将是全球性军备的更新换代期。冷战时装备的武器将陆续淘汰，新的武器将陆续服役。由于从1983年美国“星球大战”计划开始，世界主要国家，特别是美国，竞相开始研发跨世纪的军事高技术，经过近20年的预研，相当一批军事高技术已渐成熟，相当一批研发成果已相继推出，因此，新的武器装备在技术和性能上将有大的飞跃。这一时期也是一些国家军队的实力转换期。高技术研发的成果将尽快转换为武器装备，而高技术武器装备又将尽快转换成战斗力。在这一时期还将是新的军事概念丛出期。军事高技术的研发将拓展军备发展的思路，超前思维将取代传统思维，因此，新的军事概念将层出不穷。以上变化将使武器装备从技术到性能、从硬件到软件、从武器到战法发生质的变化，而这些变化将从2002年开始日益显现出来。初步预计，在新的一年里，军备发展将聚焦在反导武器、空间武器、隐形武器、信息武器等武器系统上，将聚焦在精确制导、无人驾驶、电子攻防、数字战场等关键性能上，将聚焦在三军一体、指战一体、人机一体、五维一体等作战构想上。这些方面的进展和突破，将给军备发展带来一个大飞跃，呈现出全新的军备攀升势头。

五、与时俱进的战略调整

在20世纪90年代，即冷战结束后初期，世界主要国家曾掀起军事战略大调整的高潮，纷纷从冷战时模式转到冷战后的构想。经过10年的调整、修订、评估，随着国际安全环境和军事形势的变化，特别是经历了科索沃战争和阿富汗战争后，世界各主要国家已相继开始拟订21世纪的军事战略，2002年将是新军事战略陆续出台的一年。美国目前已推出新的军事战略框架，虽然提出了一些新政，但并没有最后定位，至少在战争指标、战略重心、作战思想等方面尚未定论。这可能是因为布什新政府上台后，为显现新人新政，急不可待地提出军事战略调整的构想，但调整的具体方案却尚未跟上，特别是“9·11”事件给美国当头一棒，更迫使布什不得不重新考虑21世纪的军事战略。俄罗斯自普京总统执政后，国内形势渐趋好转，政局的相对稳定牵动了经济的逐步复苏，政、经发展的良好态势，促使普京越来越多地关注俄罗斯的军事发展，而军事发展的主题则是军事战略调整。目前，俄罗斯已提出21世纪军事学说构想，但要使之进一步完善则需时日，特别是在面临美国退出“反导条约”的情况下，俄罗斯军事战略取向如何，更需要深入考量。估计在新的一年里，俄罗斯有可能推出新世纪的军事学说。欧洲大国的军事战略历来是围着北约转，冷战结束后，北约的欧洲盟国曾试图改弦易辙，创建欧洲独立的军事战略，但在美国提出的“北约东扩”的牵制下，特别是在科索沃战争的影响下，欧洲军事战略的出台始终障碍重重。“9·11”事件恰好给欧洲一个契机，诸大国会趁机利用欧盟为载体，增强欧盟军事职能，加紧制定欧洲新军事战略。初步估计，在欧洲诸大国的推动下，具有鲜明欧洲特色的欧盟军事战略可能出台。

总之，2001 年是一个多事之年，2002 年将是不平静的一年，世界军事形势的发展将面临诸多不确定因素，围绕着武装冲突、裁军进程、反恐斗争、军备发展、战略调整等各项重大问题，世界各国将有一番激烈的较量。

（李庆功）

反对恐怖主义已成为多数国家的共识 以 2001 年 9 月 11 日美国遭受特大恐怖袭击为标志，世界多数国家对国际恐怖主义的认识及反恐立场首次达成一致，反对国际恐怖主义的斗争也引起全世界的共同关注。

一、恐怖主义的滋生与发展

恐怖主义活动的产生由来已久，公元一世纪犹太狂热党人为反抗罗马帝国的入侵而在水中下毒谋害与罗马人合作的犹太贵族，可算作是早期的恐怖主义活动。此后，绑架、暗杀等传统的恐怖主义活动从未间断过，而且随着历史的演变和社会的发展愈演愈烈，但其规模、手段及所造成的后果和影响都是十分有限的。历史进入 20 世纪中叶以后，情况发生了根本性的变化。恐怖主义活动向着国际化、规模化、职业化和组织化的方向发展，各种国际恐怖主义组织应运而生，暗杀、爆炸、绑架、劫机等恐怖活动此起彼伏，接连不断。据不完全统计，从 1968 至 1980 年，全世界就发生恐怖事件 6700 多起，造成 3600 多人死亡。因此，人们将从这个时期开始的恐怖主义活动称为现代恐怖主义或现代国际恐怖主义。现代国际恐怖主义的发展又分为冷战时期和冷战后两个阶段。冷战时期，美苏争霸，东西方两大阵营对垒，国际恐怖主义在两极格局的限制下，还能控制在一定范围。冷战结束后，两极格局解体，东西关系趋缓，南北差距拉大，民族、宗教、社会等各国的“内部矛盾”加剧，给国际恐怖主义的泛滥创造了条件，以致逐步在全球安全态势图上出现了恐怖主义活动的高发地带：从英国的北爱尔兰到西班牙的巴斯克，从法国的科西嘉到德国的慕尼黑，从美国的纽约到加拿大的魁北克，从南斯拉夫的科索沃到土耳其的库尔德，从菲律宾的棉兰老岛到印度尼西亚的亚齐，从斯里兰卡的泰米尔到印度的旁遮普，从俄罗斯的车臣到中亚的费尔干纳盆地。“9·11”事件后，恐怖主义对国际安全环境的破坏和对人类生存环境的威胁成了人们最关心的问题。从根本上讲，现代国际恐怖主义发展到今天这个地步主要是由以下几种因素造成的。

（一）民族分裂主义是现代国际恐怖主义猖獗的主要原因。以恐怖手段进行民族分裂活动的极端民族主义是现代国际恐怖主义猖獗的主要原因。民族分裂主义忽视国际客观现实，不顾本民族的实际情况和其他民族的利益，盲目追求大民族主义，不惜以搞乱国家和祸害民众为代价，把国家拉入动乱甚至战争的深渊。据统计，目前世界上的恐怖组织有三分之一以上是极端民族分裂主义恐怖组织。

从源头上讲，目前活跃在许多国家的恐怖主义组织都与早期资本主义的殖民统治有很大关系。如在英国的北爱尔兰、斯里兰卡的泰米尔、印度的克什米尔以及中东和北非等地区的恐怖主义，都可以找到殖民主义人为制造民族矛盾与冲突所遗留的痕迹。

极端民族分裂主义者进行恐怖主义活动还有形势发展和社会变动的因素。如冷战的结束激活了一批新的民族分裂组织，它们企图以恐怖手段达到民族分离的目的。这些组织已将俄罗斯、南斯拉夫、伊朗、阿富汗、菲律宾、苏丹等国拖入了动乱和战争。其中最具代表性的是俄罗斯的车臣民族分裂恐怖组织和菲律宾的阿布沙耶夫恐怖组织。

（二）宗教极端主义是现代国际恐怖主义泛滥的重要原因。宗教极端主义鼓吹对某些宗教教义作无限扩大和极端化宣传解释。许多宗教极端势力正是利用宗教极端主义，诱使信徒从事恐怖主义活动。在宗教恐怖活动中，最为引人注目的是活跃于世界舞台并迅速发展的伊斯兰原教旨主义。伊斯兰原教旨主义者随意解释“圣战”，为其恐怖活动披上宗教的“合理”、“正义”外衣，煽动起一些穆斯林信徒的狂热情绪，使他们“义无反顾”地投入恐怖活动，从而导致了一些国家的动荡。在这一类恐怖组织中，拉登所领导的恐怖网络、巴勒斯坦的哈马斯和企图将新疆从中国分裂出去的“东突”组织最具煽动性和破坏性。

（三）霸权主义是国际恐怖主义加剧的催化剂。冷战结束后，超级大国为建立其独家主宰的单极世界，极力推行霸权主义、新干涉主义和单边主义，不断干涉他国内政，破坏了有关国家和地区的稳定，使一些人产生了绝望情绪，从而加剧了恐怖主义活动。此外，近年来超级大国在反恐问题上坚持双重标准，明里暗里地支持和纵容一些国家的恐怖势力，对别国的反恐行动横加指责，助长了恐怖主义气焰。俄罗斯的车臣和中国新疆的恐怖主义，之所以泛滥成灾，与超级大国在反恐问题上的双重标准有很大关系。

（四）贫困和不公正是恐怖主义产生的导火索。南北差距拉大，贫困人口增加以及不公正的国际政治经济秩序，激化了世界很多地区的社会矛盾与冲突。

实践证明，这往往是产生恐怖主义的导火索。

二、现代国际恐怖主义的特点

从恐怖主义的活动情况看，现代国际恐怖主义的特点主要有以下几个方面：

（一）政治目标更加明确。传统的恐怖主义通常是把恐怖活动作为弱者对强者的“非对称”反抗手段，通过恐怖活动显示自己的地位和势力，进而攫得一定程度的权力和利益。而现代国际恐怖主义的目标大多是企图通过恐怖活动，建立他们认为合理和理想的社会、政治、经济制度。这一变化的直接后果是很多恐怖组织把以美国为首的西方国家列为首要打击对象。比如在中东等热点地区，之所以恐怖组织不断涌现，恐怖活动频繁发生，主要原因就是西方大国的对外政策存在偏差，不公正、不合理的偏袒政策激化了民族、宗教矛盾。

（二）活动范围遍及全球各地。冷战结束以前，恐怖主义活动大多集中在中东等发展中国家和地区。冷战结束后，现代国际恐怖主义迅速蔓延，无论是原本比较稳定的国家和地区，还是一直处于动荡之中的国家和地区，都受到了恐怖主义浪潮的冲击，就连被认为是恐怖活动不敢染指的“净土”美国、被称为恐怖活动“真空”地带的前苏联东欧地区、曾号称是“超稳定”国家的日本和被人们当作“世外桃源”的大洋洲地区都无一幸免。据报道，现代国际恐怖主义活动有40%都是针对美国的。在美国境内制造一系列恐怖爆炸活动的不仅是来自境外的恐怖分子，还有“自己人”作案。据说1995年令世界震惊的俄克拉荷马城政府大楼被炸就是由美国极右的“民兵组织”成员所为。在前苏联东欧剧变后，独联体地区也逐渐发展成为国际恐怖主义活动的新热点。“超稳定”国家日本，在1995年东京地铁“沙林”毒气事件后，再无法继续在反恐问题上置身事外。在“世外桃园”的大洋洲，也因恐怖分子绑架政府总理变得不再宁静。

（三）手段翻新导致后果严重。过去的恐怖主义活动所使用的手段主要是暗杀、绑架、劫机等。近些年来，国际恐怖主义组织拥有的武器装备越来越先进，行动也越来越巧妙。体积小但威力大的枪支、无线遥控的地雷以及各种性能先进的通信设备、交通工具和爆破器材，使恐怖分子在行动上能做到更加迅速、隐蔽，并取得更明显的效果。先进的装备和快捷的行动促使其活动手段不断翻新，如使用汽车炸弹、飞机“炸弹”，发射火箭、释放毒气等。在美国和俄罗斯发生的几起特大恐怖爆炸，恐怖分子使用的都是汽车炸弹，造成的后果远远超过其他爆炸案。“9·11”事件使用的则是飞机“炸弹”，造成的惨状更是让人不堪回首。

（四）高新技术蒙上恐怖阴影。高新技术的发展在造福人类和推进社会进步的同时，也为现代国际恐怖主义的“飞跃”提供了可乘之机。目前人们最担心的是恐怖组织和恐怖分子利用高新技术发动核生化攻击和电子网络攻击。在核武器方面，冷战后由于核材料的部分失控和核材料在黑市上的价格不断上扬，核材料走私日趋严重。随着核走私的加剧，今后恐怖分子运用核武器进行恐怖活动是有可能的。在生化武器方面，1995年日本东京地铁毒气事件给人们敲响了警钟。在网络技术方面，随着人们对电子计算机的依赖性越来越大，一些大的网络事故已开始蕴涵着强烈的恐怖意味，计算机病毒开始具备攻击性武器的价值。在美国，出现了“电脑网络解放阵线”一类的组织，这些组织到处破坏电子信息系统，并留下恐吓性信息。有人预测，在新的世纪里，很多恐怖组织都可能将网络恐怖主义替代传统恐怖主义视为一种新的选择。美国新生效的《反恐怖主义法》，已将“黑客”攻击正式列入恐怖主义的范畴。

三、反对恐怖主义已成为多数国家的共识

近些年来，随着现代国际恐怖主义的日益泛滥和特大恐怖袭击事件的频繁发生，国际社会对恐怖主义的危害性和对反恐紧迫性的认识越来越清楚。因此，世界各国都在纷纷采取有力措施加大反恐力度，国际间的双边、多边及全球性的反恐合作正在加强，消除恐怖主义对世界和平的威胁已成为全人类的共同目标。

世界各国针对现代国际恐怖主义对本国安全的威胁，都在全力以赴地采取应对措施，重拳打击恐怖势力。各国因国情不同和受到的威胁程度不同，应对措施可能会有差别，但在以下几个主要方面是一致的。一是制订专门的反恐法律制度以保证反恐行动有法可依。二是建立专门的反恐机构统一指挥全国的反恐行动。三是加强反恐特种部队建设。四是加大经费投入。五是严惩恐怖要犯。这些措施都为本国的安全和稳定发挥了很好的作用。

面对危害性和活动范围越来越大的恐怖主义，各国又都感到单靠自身的力量难以应对，都在积极寻求反恐怖合作的途径。尤其是20世纪90年代以来，这种合作有了长足的进展，一些双边、多边及世界性的反恐怖国际合作协议、协定和条约频频出台。双边的如土耳其与希腊、土耳其与格鲁吉亚、美国与以色列、美国与斯里兰卡、埃及与苏丹、秘鲁与玻利维

亚、西班牙与法国之间达成的反恐协议，多边或区域之间的如“上海合作组织”、西欧和俄罗斯、西方七国、欧美22国、阿拉伯国家、中东和西欧国家、海湾合作委员会、欧盟15国、拉美35国、南亚联盟、中东16国、欧亚11国、欧盟15国和地中海12国、独联体国家、伊斯兰国家、APEC等签署的反恐协定或条约，都就制定反恐法律、组织情报交流、建立反恐中心、完善联合反恐行动方案、引渡恐怖分子等作出了明确规定，并制定了许多具体措施。这些协议、协定和条约对国际联合反恐行动都发挥了不同程度的作用。在国际反恐合作中，“上海合作组织”堪称典范，它为国际反恐合作开创了新篇章。首先，“上海合作组织”倡导睦邻互信、平等互利、团结协作、共同发展的时代精神。这种不结盟的、开放性的、不针对第三国的合作机制，为探索新型国家关系、新型安全观、新型区域合作模式提供了有益的经验，在国际上产生了积极的影响，已成为推动世界多极化进程和建立公正、合理的国际政治新秩序的重要积极因素。而这些也正是反恐怖国际合作的基础。这也与国际上一些借反恐问题对别国指手画脚、甚至干涉别国内部事务的做法形成了鲜明对比。其次，“上海合作组织”签署《打击恐怖主义、分裂主义和极端主义上海公约》实际上是对恐怖主义这个长期争论不休的问题作出了明确规定，这就为打击恐怖主义活动建立了一个坚实的合作平台。这一点对反恐怖国际合作尤为重要。因为只有有了认识上的统一，才能有行动上的一致。第三，“上海合作组织”具有完整、系统的合作机制，它除了首脑会晤制定政策法规外，还有各部门的部长级会晤落实政策规定，这样就避免了所签署协议、协定停留在口头或书面上的状况。

在充分看到国际反恐斗争的主流和成绩的同时，国际社会也普遍认为，国际反恐形势仍不容乐观，在反恐的指导思想、具体做法和实际效果上都存在不尽人意的地方。空出表现在超级大国推行霸权政策和单边主义。如：从自身战略利益出发，通过反恐行动推进自己的全球战略部署，填补战略真空；以世界反恐联盟盟主自居，无视联合国的存在，甚至越过联合国发号施令，擅自行动；在反恐问题上实行双重标准，搞顺我者昌，逆我者亡，将一些所谓“不听话”的国家定性为“无赖国家”、“邪恶轴心”，企图将反恐战争扩大化；在反恐行动上崇尚武力，以暴制暴，将战争和军事打击作为反恐的唯一手段，企图用武力消灭一切恐怖势力。此外，也还存在着一些国际反恐协议、协定和条约因认识和理解的差别及行动上的不协调而未能得到落实的问题。通过对过去反恐斗争经验教训的深刻反思和总结，世界多数国家已经对以下几个影响反恐斗争的关键问题达成了共识。

（一）反恐要充分发挥联合国的主导作用。联合国是全世界公认的最高、最权威的国际组织。联合国的最高宗旨和根本任务是维护世界和平与安全，建立公正合理的国际政治经济秩序。《联合国宪章》是处理国际关系和解决和平与安全问题的基本准则。历史证明，联合国在处理世界事务中的作用是无可代替的，任何国家和国家集团都无权对联合国采取“需要时利用之，不需要时则抛弃之”的实用主义的态度。反恐问题是国际和平与安全的重大问题，联合国在这方面的权威和作用仍然是至高无上的。针对这些年来超级大国动辄就自行决定对一些“与恐怖主义有牵连的国家”实施军事打击的行为，同时也为了有效地遏制现代国际恐怖主义在全世界的蔓延，最大限度地发挥全球反恐的整体威力，国际社会一致认为，必须充分发挥联合国在国际反恐合作中的主导作用。并认为只有联合国主持和授权的反恐行动及按照《联合国宪章》的宗旨和原则实施的反恐行动才是合法的。

20世纪90年代以来，联合国所采取的一系列反恐行动都得到了世界多数国家的支持和拥护。1995年4月，联合国召开反犯罪大会研究全球共同反对恐怖主义的问题，世界上包括中国在内的147个国家和地区的政府与组织出席了会议。1999年10月19日，联合国安理会一致通过决议，坚决谴责一切形式的恐怖主义，并呼吁所有国家全面履行一系列反恐怖公约。该决议要求各国采取的主要措施包括：加强双边与多边合作来防止和打击恐怖主义活动；不庇护所有策划、筹资支持或从事恐怖活动的人，确保将他们逮捕、起诉或引渡；开展司法合作和情报交流等。2000年4月5日召开的联合国第10届预防犯罪和罪犯待遇大会高级别会议，与会代表一致通过了《关于犯罪与司法：迎接21世纪挑战的维也纳宣言》草案，草案对国际社会开展合作，打击和遏制各种形式的犯罪与恐怖暴力活动，特别是跨国的有组织犯罪提出了具体目标和措施。同年12月，联合国安理会发表主席声明，敦促各国迅速执行关于打击恐怖主义的安理会第1269号决议，受到了多数国家的拥护。2001年“9·11”事件发生的第二天，联合国安理会就一致通过决议，强烈谴责“9·11”事件，呼吁联合国全体会员国采取紧急行动协助美国对事件进行调查，尽快将恐怖分子及其幕后策划者绳之以法。决议同时呼吁各国加强在制止和打击国际恐怖主义方面的合作，切实实施有关反对恐怖主义的国际公约。世界上绝大多数国家都立即表态支持安理会决议，表示愿意为美国的反恐行动提供力所能及的支援。9月28日，联合国安理会经过深入研究后进一步正式通过了一项内容丰富而具体的决议。决议认为，“9·11”事件已经对国际和平与安全构成威胁，必须根据《联合国宪章》用一切手段打击国际恐怖主义行为。决议要求各国防止和制止任何用资金资助恐怖主义分子的行为；立即冻结恐怖主义分子及其组织的资金；制止在本国领土上以任何手段直接、间接地为恐怖分子提供、筹集资金；制止恐怖主义组织招募新成员并断绝其武器供应；不向为恐怖分子提供资金和支持的人提供安全庇护；在调查恐怖主义活动中各国提供最大的支持；控制边防，防止恐怖主义分子的跨境活动。决议要求各国采取措施，确保将参与资助、策划、准备或实施恐怖主义行为的人及其支持者绳之以法。各国应立法，明确规定恐怖主义行为是最严重的刑事犯罪，并确保恐怖分子受到严惩。决议还要求各国加强反恐怖主义的情报交流，强调必须加强各国、各地区和全球的反恐怖主义协调，以加强国际社会面对恐怖主义威胁时所做出的必要反应。决议决定成立一个由所有安理会成员国组成的委员会，在有关专家的协助下，对决议执行的情况进行监督，并要求各国在决议通过90天内向该委员会报告本国为执行该决议所采取的措施。世界各国通过采取切断拉登及“基地”组织的资金来源等措施对决议给予了积极的响应。10月1日至7日，第56届联合国大会专门就打击国际恐怖主义进行了为期一周的公开辩论，包括中国在内的约166个国家的代表阐述了各自政府对打击国际恐怖主义的观点和立场。联合国官员称，这是联大有史以来发言人数最多的一次单一议题的辩论会。它表明国际社会已经清醒地意识到，越来越猖獗的恐怖主义活动正在严重地威胁着世界和平，联合国应该责无旁贷地肩负起打击国际恐怖主义的长远任务，加强联合国在反恐怖斗争中的主导作用。不少代表指出，反恐怖斗争是一项长期的任务，国际社会要取得这场斗争的胜利，必须要有一个共同的合作基础，必须对一些反恐关键问题达成共识，进而建立起广泛的国际联盟，只有联合国才具有承担这些任务的条件。正如安南秘书长所说，只有联合国能够赋予在全球范围内展开反恐怖斗争的合法性。第56届联大主席韩升洙在大会闭幕时表示，只有在遵循《联合国宪章》的宗旨和原则基础上加强国际合作，才能有效地打击恐怖主义。大会期间，正式成立了安理会反恐怖主义委员会，任务是监督各国对安理会有关反恐怖问题决议的执行情况。一些代表在发言中还就如何在联合国的框架中，建立反恐怖主义斗争的国际联盟提出建议。有的代表呼吁，应加强联合国协调各国在反恐怖斗争方面的政治、经济和军事合作。

对美国在阿富汗的军事打击行动，许多国家都明确表示，军事行动应该严格按照联合国安理会的决议行事，必须严格限定时间和范围，避免伤及无辜。中国外交部发言人表示，中国政府支持联合国大会和安理会通过的有关打击恐怖主义的决议，但有关军事行动应该严格在决议规定的范围内行事，针对恐怖主义的具体目标，避免伤及无辜平民，并希望能尽早恢复和平。中国驻美国公使何亚非进一步指出，国际恐怖主义是威胁世界的“毒瘤”，反对国际恐怖主义必须加强各国之间的合作，在这方面联合国和安理会应发挥主导作用。反恐怖主义活动应该遵循《联合国宪章》精神以及普遍承认的国际准则，掌握确凿的证据和具体的目标，并尽可能避免伤及无辜。俄罗斯总统普京表示，俄在打击国际恐怖主义问题上立场不变，即主张加强国际组织，尤其是加强联合国及安理会在反恐问题上的作用。泰国外长表示，泰国希望看到美国在阿富汗的军事行动能在联合国的监督下，在一定的具体范围内，短时间地进行，以便不使无辜的平民受到影响，国际社会才可以接受。埃及总统穆巴拉克表示，国际社会必须在联合国主导下同恐怖主义作斗争，在采取打击恐怖主义行动之前，首先必须获得联合国授权，只有这样，打击行动才具有合法性。希望美国在动武时不伤及无辜平民。莫桑比克总统希萨诺表示，国际社会对恐怖主义的打击行动必须置于联合国的框架内，按照国际法和公正的原则来进行。打击的目标应选择恐怖分子的重要据点，避免危及无辜百姓的生命。墨西哥总统福克斯表示，希望美国对阿富汗的攻击行动不要伤害无辜，要在联合国和安理会决议的框架内打击恐怖主义。欧盟轮值主席国比利时首相费尔霍夫施塔特表示，美国对恐怖主义的打击应有明确的目标。国际社会应当在联合国框架内结成最广泛的全球反恐怖联盟。

近30年来，联合国制订的与反恐相关公约和议定书共有12个。世界多数国家一致认为，目前的当务之急是会员国尽快签署并有效实施现有的打击恐怖主义公约和安理会不久前通过的有关决议。联合国副秘书长阿拉基表示，尽管联合国目前有12个对付恐怖主义的国际公约和议定书，但有必要考虑更长远、更全面的打击恐怖主义战略。联合国正在根据恐怖主义活动的新特点，考虑和制定两个新的公约，一个是全面对付国际恐怖主义的公约，这就是联大法律委员会正在起草的《消除恐怖主义的全面公约》；另一个是有关对付核恐怖主义的国际公约。根据新的公约精神，联合国在反恐中的主导作用主要表现在以下三个方面：一是统一对恐怖主义的认识，谴责任何形式的恐怖主义行为，使恐怖主义失去道义上的支持；二是要求成员国协助其他国家打击恐怖活动，切断恐怖组织与外界的一切联系，包括资金、武器来源；三是要求成员国在反恐时不得干涉他国内政和主权，在主权国家没有请求帮助和联合国没有授权的情况下，应让主权国家自己解决自己的事务。

（二）反恐不应该有双重标准。在反恐中坚持双重标准是妨碍国际合作反恐进程和效果的重要障碍。某些国家从自身利益出发，对针对本国的恐怖活动严加打击，而且往往采取过激行动，造成大量无辜平民伤亡也在所不惜，而对别国的反恐斗争却横加干涉，屡屡以维护人权为借口向别国施加压力，甚至公然支持别国的恐怖势力，大大地助长了恐怖分子的嚣张气焰。在这方面最为典型的事例是对俄罗斯车臣恐怖势力的支持。正当俄罗斯重拳出击严厉打击车臣恐怖势力取得节节胜利的时候，一些西方国家公然指责俄侵犯人权，要求俄准许对此进行国际调查，在遭到俄拒绝后，欧洲委员会以俄罗斯在车臣滥施暴力和侵犯人权为由，通过了中止俄在该机构表决权的决议，并威胁说，如果车臣的人权状况得不到改观将采取进一步的惩罚措施。俄对此给予了严厉的驳斥，指责此举是颠倒黑白，为虎作伥，目的是想孤立俄罗斯。2000 年 4 月 25 日，在某些国家的策动下，联合国人权委员会竟然通过了《关于俄罗斯车臣共和国局势的决议》，决议指责俄在车臣违反人权。对此，俄外交部发表声明指出，联合国人权委员会对俄的指责是不能接受的。俄将坚持既定目标，彻底消灭车臣恐怖主义。2000 年至 2001 年，美国官员还多次接见赴美活动的车臣恐怖组织头目，为其撑腰打气。俄罗斯指责说，2001 年 4 月车臣恐怖分子在土耳其伊斯坦布尔劫持人质就是美国鼓励的结果。为了摆脱美国在车臣问题上的无理纠缠，俄政府通过积极开展外交活动和加大对外宣传力度，邀请阿拉伯联盟等国际组织和主持公道的国际媒体派代表到车臣实地参观，让国际社会了解车臣的真实情况，终于赢得了国际社会的理解和支持。为了改变在车臣问题上与美国的对峙局面，“9·11”事件后，俄罗斯主动表示，准备在打击恐怖主义的战争中与美进行最广泛的合作，并将美遭受恐怖袭击与车臣问题联系在一起，强调在反恐斗争中要“相互信任，不能存在双重标准”，以促其改变在车臣问题上的立场。俄的做法果然使美再次采取了实用主义的态度，终于在车臣问题上降低了调门，表示要车臣恐怖组织断绝同国际恐怖组织的联系，接受和平谈判。这为俄彻底解决车臣问题提供了便利。但俄对此仍不敢过于乐观，因为随着形势和美国处境的变化，美随时都有翻脸不认账的可能。此外在中国新疆地区和中东等地区日益猖獗的恐怖主义，也都有西方势力暗中支持和执行偏袒政策的因素。

某些国家在反恐问题上坚持双重标准除表现为直接干涉和阻挠别国反恐外，还无端地给一些国家扣上支持恐怖主义的帽子。美国国务院每年都要发表一份有关国际恐怖主义的报告，并在报告中根据自己的观点把一些国家列入“支持恐怖主义的国家”黑名单。伊朗、伊拉克、利比亚、苏丹、朝鲜、古巴等国都是其黑名单上的常客。对此，朝鲜等国给予了严厉的驳斥。2001 年 5 月 4 日，朝鲜外务省发言人指出，美国将朝鲜诬蔑为支持恐怖主义的国家，并指责朝鲜向日本“赤军”成员提供避难所和向其他国家恐怖组织提供武器是毫无根据的。巴基斯坦外交部发表声明指出，美国务院在关于国际恐怖主义的报告中对巴基斯坦的指责有悖事实，巴基斯坦政府反对一切形式的恐怖主义，承诺遵守自己签署的所有国际反恐怖主义公约。苏丹穆斯林领袖图拉比等指出，什么是恐怖主义，谁是恐怖主义，必须首先弄清恐怖主义的概念，对其作出明确的界定。现在的恐怖主义是西方的概念，采取的是双重标准，甚至把巴勒斯坦人民反对对他们领土占领的斗争也称之为恐怖主义。尼日利亚官方报纸《尼日利亚人》等国际媒体更加明确地指出，美国到处指责别国搞恐怖主义或支持恐怖主义，实际上它在与伊拉克、利比亚、朝鲜和尼日利亚等国的关系中奉行的才是“国家恐怖主义”政策。这些媒体还指出，伊拉克出兵库尔德地区完全是其内部事务，并未违反任何国际法或联合国协议，美国向伊拉克发射巡航导弹是对一个主权国家“毫无道理的侵犯”。这些媒体认为，美国无权以自己的标准来衡量别国，美国的军事优势不能成为其奉行“军事冒险主义和国家恐怖主义”的理由。

（三）反恐战争不应该任意扩大化。国际社会反对反恐战争扩大化主要包括两层意思，一是主张反恐行动要有确凿的证据和明确的目标，反对盲目行动，滥用武力，伤及无辜；二是反对借反恐之机泄私愤，谋私利，随意将反恐战争扩大到其它国家和地区。特别是第二点尤其令人担忧。国际反恐专家认为，“9·11”事件后，美国对阿富汗实施的报复性军事行动是一种“本能”的反应。因为“9·11”事件确实来得太突然、太猛烈，让一直远离战火的美国人感到震惊不已，一下子失去了独有的那种与生俱来的安全感。事件发生后，被激怒了的美国民众所产生的最强烈的愿望就是报复，据说要求采取报复行动的比率高达90%以上。

在这种情况下，美国政府为了“顺民意，安民心”，军事打击就成了一种必然的选择，并且很快认准隐藏在阿富汗的拉登及其庇护者塔利班就是事件的制造者和美国的打击对象。国际社会对美国的遭遇和报复行动给予了足够的同情和理解，美国的西方盟国和一些中亚、南亚国家还对美国的军事行动提供了直接的支援和便利。但是美国并不以此为满足。美国总统布什多次宣称，美国的目标不只是打击阿富汗，任何一个支持或庇护恐怖分子的国家都会成为打击对象，其最终下场都将与恐怖分子一样。布什还称，对恐怖主义的战争将是长期而复杂的，在全球范围的每一个恐怖组织被查获和摧毁之前，美国绝不会停止进行打击恐怖主义的努力。捉拿拉登和摧毁庇护恐怖分子的塔利班政权只是打击国际恐怖主义长期战争的第一步。按照美国的说法，除了阿富汗塔利班政权外，伊朗、伊拉克、利比亚、苏丹、朝鲜和古巴也是支持恐怖主义的国家，也在打击之列。美国将反恐战争扩大化的倾向引起了国际社会的担忧。许多国家纷纷表示，反恐战争只能将目标对准恐怖组织和恐怖分子，绝不能将打击目标对准主权国家和无辜平民，更不允许在没有确凿证据的情况下滥施暴力。俄罗斯外长伊万诺夫指出，他不同意把伊朗、伊拉克、朝鲜等国说成是“无赖国家”，他“没有看到这些国家支持恐怖主义的资讯，对这些国家进行打击是错误的”。俄罗斯杜马国际委员会主席罗戈津也指出，反恐的打击对象是恐怖分子，对一些国家和组织实施广泛的军事行动将使世界处于危险的边缘，以发动战争来进行报复是非常危险的。俄罗斯主张国际社会联合起来共同反对恐怖主义，反对美国奉行单极世界战略。德国、法国、印度和加拿大的有关官员也表示，他们反对美国的独断专行，也反对由美国作出决定，然后要别国去遵守的做法。国际舆论还认为，如果美国一意孤行地把反恐战争进一步扩大到中东和其他地区，企图以此摧毁国际恐怖主义网络，这只能是主观想象，很难变为现实。如果美国任意增加军事打击的国家，势必招致阿拉伯国家和伊斯兰世界的坚决反对。美国的盟国也不会赞成将反恐战争扩大化。

（四）反恐不应该只使用军事手段。世界多数国家都认为，反对国际恐怖主义是一场政治、经济、军事、外交、情报、法律、心理、舆论各方面的综合斗争，光靠军事手段不能解决问题，必须将军事手段与非军事手段结合使用，且以非军事手段和预防为主，才有可能使反恐斗争取得较理想的效果。美国在阿富汗的反恐行动已充分证明了这一点。普遍认为，美国在阿富汗的非军事行动是比较成功的。在政治外交上，美国通过积极向各大国及阿拉伯国家和伊斯兰世界做工作，取得了这些国家的支持，组成了国际反恐联盟，同时还赢得了联合国安理会的支持。特别是通过做工作，使阿联酋、沙特等国同塔利班断绝了外交关系和其他一切往来，从而使塔利班政权处于孤立无援的状态。在经济上，为了彻底摧毁拉登和塔利班政权的经济基础，美国及欧盟国家冻结了与恐怖主义有关的组织和个人的帐号，联合国安理会专门通过决议，要求其它所有国家也彻底切断与恐怖组织的经济联系。在情报上，由于美军中没有官兵能说阿富汗的主要语言普什图语，美国中央情报局同巴基斯坦情报部门合作，争取俄罗斯、乌兹别克斯坦、塔吉克斯坦和土库曼斯坦等国的情报支援，较好地掌握了有关拉登及塔利班部队的情况。在舆论上，美国通过加强对国内舆论的控制和国际舆论的引导，避免了舆论对反恐行动的干扰。

许多国家的反恐专家分析指出，军事行动之所以不是打击恐怖主义唯一有效的手段，这主要是由恐怖势力及其活动的特点所决定的。一般说来，恐怖势力力量有限，它没有能力与正规军正面对抗，更没有能力与世界首屈一指的美国军队正面交锋，这就决定了它的行动只能是隐蔽的和出其不意的。当前美国推行的先发制人和以暴制暴的政策，不可能从根本上解决反恐问题。相反，发动的战争越多，埋下的仇恨种子就越多，无休止的报复与反报复的恶性循环将会使世界永无宁日。正确的做法应该是，针对恐怖主义的特点及其所产生的根源，实行综合治理。首先是要消除超级大国的强权政治和霸权主义，建立公正合理的国际政治经济秩序，逐步缩小贫富差距，减少社会矛盾。其次是对恐怖势力要进行分化瓦解，通过分化瓦解最大限度地孤立和最终彻底消灭顽固恐怖势力。第三是加强国际合作和情报交流，在联合国的统一协调下，最大限度地调动世界各国的力量和积极性，彻底摸清国际恐怖主义的底细，将其各种阴谋活动消灭在萌芽状态。第四是要大力提高反恐技术，提高鉴别真假恐怖活动的能力，做到对真正的恐怖活动能及时排除，对虚张声势的恐怖恐吓能及时揭穿，避免不必要的虚惊和恐慌。第五是对罪大恶极的恐怖组织和恐怖分子要重拳出击，严加惩处。

总的看来，国际社会共同反恐已是大势所趋，但随着国际局势发展变化和全球化进展的加快，国际社会的各种矛盾会更加突出，各种极端社会思想有可能进一步泛滥；与之相应的国际恐怖主义活动也有加剧的危险，因此，打击国际恐怖主义仍然任重而道远。

（张　宁）

亚洲军事要事

中国严正处理美军用侦察机撞毁中国军用飞机事件　2001年4月1日，美国军用侦察机在南海上空造成撞毁中国军用飞机的事件后，中国政府据理向美方进行多次严正交涉和抗议。江主席发表重要讲话，严正指出责任完全在美方，要求美国政府道歉，防止类似事件再次发生。全国军民义愤填膺，共同声讨美国霸权主义行径。在中国政府和人民有理有据、有力有节的坚决斗争下，在国际舆论的普遍谴责声中，美方不得不改变强硬蛮横的态度，向中国人民致歉。这场斗争伸张了正义，打击了霸权主义的嚣张气焰，捍卫了国家主权和民族尊严，显示了中国维护世界和平、不畏强权的大国风范。

一、美方一手造成“撞机事件”

2001年4月1日晨，美国1架EP-3电子侦察机飞抵中国海南岛东南海域上空。8时36分，美机到海南岛三亚外海进行抵近侦察。中国海军某部派出2架歼-8机，对美机进行跟踪监视。9时07分，中方飞机在离领海基线104千米处保持航向110度，正常飞行。美机在其右侧400米处同向平行飞行时，突然大动作向大陆内侧中方飞机方向转向，其机头和左翼撞击中方1架飞机尾部，致使其失控坠海，飞行员王伟跳伞。美方飞机肇事后未经许可进入中国领空，并于9时33分降落在海南陵水机场。事实充分证明，“撞机事件”是美方一手造成的。

二、中国政府据理同美方进行了有理有据、有力有节的坚决斗争

事件发生的当日，中国外交部发言人朱邦造发表谈话说明事件真相，同时指出，中国军用飞机在中国沿海对美国军用飞机实施跟踪监视，属于正当的飞行活动，符合国际惯例。中方飞机坠毁的直接原因，是美机违反飞行规则突然向中方飞机转向、接近造成的。发生这一事件的责任完全在美方。中方就此向美方提出严正交涉和抗议，对美方给中方造成的损失，保留进一步交涉的权利。另外，中方本着人道主义精神，已对美方飞机上的24名机组人员做出妥善安置。中方对美机未经许可进入中国领空并降落中方机场一事保留进一步向美方交涉的权利。

4月1日夜间，中国外交部长助理周文重紧急召见美国驻华大使普理赫，就当日上午美国军用侦察机在南海上空撞毁中国军用飞机事件向美方提出严正交涉和抗议。同日，中国驻美大使杨洁篪在华盛顿紧急约见美国国务院负责人，奉命就撞机事件向美方提出严正交涉和抗议。

4月2日夜间，外交部部长助理周文重再次召见美国驻华大使普理赫，表明中方严正立场。

周文重指出，美方应对4月1日上午美军侦察机撞毁中方飞机这一严重事件承担全部责任。中方强烈要求美国政府认真对待中方的交涉和抗议，就美军飞机上述违反国际法的挑衅行径向中国政府和人民作出解释，并采取切实有效措施防止类似事件再次发生。

周文重对美方发表指责中方的谈话表示强烈不满。他指出，美机撞毁中方飞机的事实相当清楚。美方没有资格向中方提什么要求，为自己开脱责任，而应正视事实，承担责任，向中方道歉。

周文重强调，美机从进入中国领空到降落机场的整个过程中都未向中方发出申请或通知。美机此举违反了国际法，侵犯了中国主权和领空。无论根据国际法还是中国国内法，中方都有权对未经许可闯入中国领空并降落中国机场的飞行器进行调查，何况美方飞机并非一般民用飞行器。

周文重强烈敦促美方认真对待中方的严正交涉和正当要求，尽快就美方飞机撞毁中方飞机并侵犯中国主权和领空的行径，向中国政府和人民作出解释。

4月3日，中国国家主席江泽民就美国侦察机撞毁中国军用飞机事件发表谈话，指出，我们无法理解，美国为什么要在离中国这么近的地方经常进行侦察飞行，这次又在碰撞我飞机后，违反国际法和国际惯例，侵犯我国领空，降落在我国机场。美国应停止在中国沿海空域的此类飞行，这样才能防止类似事件的再次发生，才有利于中美关系的发展。

同日，中国外交部发言人朱邦造在北京向媒体介绍美国军用侦察机撞毁中国军用飞机事件和侵犯中国主权及领空的真相，并阐明了中方有关立场。

他指出，中方军用飞机在中国沿海专属经济区对美国军用侦察机实施跟踪监视，是完全正当的，符合国际法的。中方飞机坠毁是美机违反飞行规则、突然转向和撞击中方飞机造成的。美方军用侦察机的侦察行为，超越了国际法允许的飞越自由范围，违反了《联合国海洋法公约》关于在专属经济区上覆空域飞行时尊重沿海国权利的规定，对中国的国家安全构成严重威胁；同时，美方的行为也破坏了中美之间于去年5月就避免海上危险军事行动达成的有关共识（即：当两国军用航空器在国际空域相遇时，双方应当适当遵守现行国际法和国际习惯，应适当顾及对方的航行安全，以防止危险接近、避免相撞）。还应指出，美机肇事后未经中方许可闯入中国领空并降落中方机场，进一步违反了国际法和中国法律有关规定，构成了对中国主权和领空的侵犯。

他说，对美方飞机撞毁中方飞机并侵犯中国主权和领空的行径，中国外交部已于4月1日向美国政府提出严正交涉和抗议，指出美方对此事件负有全部责任，强烈要求美国政府就美方飞机撞毁中方飞机并侵犯中国主权和领空的行径向中国政府和人民作出解释，并采取切实有效措施防止类似事件再次发生。4月2日，中国外交部向美方进一步提出严正交涉。

他针对近日美方的一些言论，强调了以下几点：

第一，美机的军事侦察行为违反了“飞越自由”的原则，美军用侦察机撞毁我军用飞机一事发生在中国沿海及其专属经济区上覆空域。根据《联合国海洋法公约》及一般国际法，所有国家在一国的专属经济区享有飞越自由。但该公约及一般国际法同时规定，在行使此自由时，应当适当顾及沿海国的权利。美军用侦察机在中国沿海上空针对中国的侦察行为及飞行状态，早已超出了“飞越”的范畴，滥用并违反了“飞越自由”原则，对中国的安全利益构成了严重威胁。中国军用飞机为维护国家安全对美国军用侦察机进行监视是正当的。美机违反飞行规则，造成中国1架军用飞机坠毁，美方理应对此承担全部责任。

第二，美军用侦察机未经许可进入中国领空并降落中方机场的行为是非法的，是对中国主权和领空的侵犯。根据国际法和中国有关法律，中国对领空享有主权。根据《中华人民共和国领海及毗连区法》第12条，外国航空器只有根据该国政府与中华人民共和国政府签订的规定、协议或者经中华人民共和国政府或者授权的机关批准或者接受，方可进入中国领海上空，1944年的《国际民用航空公约》的第3条明确规定，一国的军事航空器未经许可，不得在另一国领土上空飞行或降落。美军用侦察机从撞毁中国飞机至进入中国领海上空并在中国机场降落的整个过程，从未向中方发出进入或降落的申请，也未向中方发出通知。而事实证明，碰撞事件发生后美机是有时间，也有技术条件提出申请或发出通知的，但美机没有这样做。美机擅自进入中国领空并在中国机场降落，违反了国际公约的有关规定，也违反了中国有关法律，构成了对中国领空主权的严重侵犯。

第三，美机撞毁中方飞机的事实是清楚的。美机撞毁中方飞机后，美机机头前部脱落，左翼第二个发动机螺旋桨受损变形。这足以证明当时美机是突然大角度向中方飞机转向、接近并撞击中方飞机。这一基本事实是无法抵赖的。美方应正视事实，承担责任，向中方道歉，而不是寻找借口为自己开脱。

第四，无论根据国际法还是中国的法律，中方作为受害国、事件发生地国和肇事航空器降落地国，均有权对整个事件及肇事飞机进行调查。由于此事件突然、复杂，中方当然需要足够的时间进行调查。即使是在这种情况下，中国外交部仍于事发当日晚9时30分紧急约见了美国驻华大使提出交涉。

还需指出，美方肇事飞机并非一般民用飞行器，而是军事侦察飞机。该机未经许可非法入境，违反了国际法和中国法律，对中国主权和领空构成了严重侵犯。美机是非法进入中国，这与合法进入中国并依法受到保护的飞行器性质完全不同，根本不存在豁免问题。中方将根据调查结果，保留进一步向美方提出交涉的权利。

第五，美方当务之急不应是提出种种要求，而应好好反省这一事件，向中方道歉，并尽快对中方的关切和要求作出交待。中国政府和人民有权知道：美方为什么频繁派出军用侦察机到中国近海活动？美方飞机为什么要违反操作规则突然转向并撞毁中方飞机？美方飞机为什么要未经许可就闯入中国领空并降落中方机场？美方完全有责任就这些问题向中国人民作出解释。

朱邦造说，目前中方对这一事件的调查正在进行当中。尽管这一过程尚未结束，但出于人道主义考虑并按照中美之间有关协定，中方同意美驻华使领馆人员近期与美机组人员见面。这体现了中方对妥善处理此事件的诚意和人道主义精神。中方将根据对整个事件的调查结果，对美方机组人员和飞机依法作出适当处理。

他最后再次强烈敦促美方认真对待中方严正交涉和正当要求，认真配合中方的调查，尽快就美方飞机撞毁中方飞机并侵犯中国主权和领空的行径向中国政府和人民作出解释，向中方道歉，并承担全部责任。

同时，中国驻美大使馆杨洁篪在出席美中贸易全国委员会举行的活动时，进一步阐明中方立场。他指出，这一事件的责任完全在美方。中国领导人和中国政府已就此阐明了中方的严正立场。他强调，中方是重视中美关系的，但是中美关系必须建立在国际关系基本准则和中美三个联合公报原则，特别是相互尊重主权和领土完整、互不侵犯等原则基础之上。这一事件必须按照国际法和上述原则加以处理。我们要求美方认真对待中方的交涉，并采取切实有效措施防止类似事件再次发生。美国应停止在中国沿海空域的此类飞行，这样才能防止类似事件的再次发生，才有利于中美关系的发展。

4月4日，中国国家主席江泽民在动身前往拉美六国访问前表示，这次撞机事件的责任完全在美国方面。美方应该向中国人民道歉，并做一些有利于中美关系发展的事，而不是发表颠倒是非、不利于中美关系的言论。

同日，中国外交部部长唐家璇召见美国驻华大使普理赫，就“撞机事件”再次向美方严正交涉。他指出，“撞机事件”责任完全在美方。美方飞机的行为完全违反了《联合国海洋法公约》的有关规定，并破坏了中美双方去年5月就避免海上危险军事行动达成的有关共识。这次事件完全是美方的错误造成的，美方理应承担全部责任，作出道歉。但美方却采取了相反的态度和做法。明明是美国的侦察飞机违反飞行规则撞毁中方飞机，并非法进入中国领空，降落中方机场，构成了对中国主权和领土的严重侵犯，威胁了中国的国家安全。而美方不仅不面对事实，承担责任，反而摆出霸道架势，强辞夺理，混淆是非，一再对中方进行无理指责，这更是错上加错。美方的讲话根本没有从中美关系的大局考虑，无助于问题的妥善解决。中国人民对此极为不满。

唐家璇强调，中方重视中美关系，希望看到“撞机事件”尽快得到妥善解决。同时中国的主权和民族尊严不容侵犯。对于中国政府和人民来说，没有什么会比维护国家主权和尊严更为重要。中方敦促美方充分认识“撞机事件”的严重性，认真对待中方的严正立场和要求，配合中方妥善处理这一事件。美方不要作出错误判断，不要再做任何可能使事态升级和复杂化的事。美方应认真对待中方的多次交涉，认真对待中国人民的严正要求，以负责任的态度处理此次事件，并采取有效措施防止类似事件再次发生。

同日，中国国防部发言人发表谈话，对美机撞毁我机行为表示愤慨和谴责。发言人在客观地介绍事件发生的经过之后，严正指出，多年来，美国军用侦察机频繁对我沿海实施抵近侦察，我机对其实施跟踪监视，完全是正当的，符合国际法。此次撞机事件的直接原因，是美机违反飞行规则，突然大动作向我机转向造成的。我们对美机这种行为表示愤慨和谴责，美方对此事件必须承担全部责任。中方对美方造成中方的损失保留进一步交涉的权利。我们对失踪飞行员的下落表示关注，并将继续采取措施全力进行搜救。

与此同时，中国各界人士，一些国家领导人和国际舆论纷纷发表谈话和文章，谴责美侦察机侵犯中国领空并撞毁中国军用飞机，事后美方不仅不道歉，反而以种种借口为己辩护的霸权主义行径。中国有关法学专家指出，美国以“飞越自由”为理由对其抵近中国沿海从事军事侦察活动进行辩护，是把“飞越自由”原则纂改成了危害别国安全的自由，随意称霸的自由；美国以美机“享有主权豁免地位”为其辩护，掩盖不了其未经中方同意，侵犯中国领空的事实，中方完全有理由也有权利对其进行调查，弄清事情真相，这根本不存在“豁免”问题。加拿大总理克雷蒂安指责美国总统布什在处理中美撞机事件中要求中国当局立即交还美国机组人员的做法，是“西部牛仔”的行为。美国《国际先驱论坛报》载文指出，美国对中国进行的空中侦察活动是对中国的当众侮辱。“按照国际法，美国飞机是美国主权领土的说法属于无稽之谈，因为它的任务是从事间谍活动。”巴黎《欧洲时报》载文谴责美国在处理撞机事件中的霸权主义行径，指出，撞机事件发生后，美国当局不仅绝口不提自己的责任，受害国人员的安危，还以强硬的口气要中方放机放人，禁止中方调查、检查。这种做法已激起国际舆论的强烈反响和有正义感的人们的义愤。还有许多国家领导人和新闻媒体发表谈话和文章批评美国处理撞机事件的做法。

在中国政府多次严正交涉和国际舆论的普遍谴责下，美国国务卿鲍威尔4月4日对中国飞行员在4月1日的撞机事件中遇难表示遗憾。同时，鲍威尔致信中国副总理钱其琛，信中说，我们对这一事故造成的痛苦感到十分遗憾。布什总统非常关切中方失踪飞行员的情况。美方愿与中方一道为富有成果和成功的两国关系而努力，使这一不幸事件成为过去。

4月5日，美国总统布什对4月1日美国军用飞机撞毁中国军用飞机事件中1名中国飞行员失踪表示遗憾，同时希望这一事件不要影响美中关系的稳定。

4月6日，中国驻美国大使杨洁篪约见美国副国务卿阿米蒂奇，向他转交了钱其琛副总理致鲍威尔国务卿的复信。信中指出，对于美军侦察机造成的严重事件，美方理应承担自己的责任，向中国人民作出交代，并就如何避免类似事件的再次发生，双方进行磋商，中方不希望这一事件损害中美关系，为此一直采取冷静、克制的态度加以处理，但遗憾的是，美方迄今为止的表态仍是中方不能接受的。中国人民对此极为不满。钱副总理要求美方正视事实，采取积极务实的态度，向中国人民作出道歉，这对于解决问题至关重要。双方还可能继续就美方飞机处理等善后问题进行磋商。

尽管中方对事件的调查和交涉仍在进行，但出于人道主义考虑并按照中美之间有关协定，中方批准美驻华使领馆官员自4月3日晚起，先后数次在海南与美军肇事侦察机机组人员会面。美使馆官员对机组人员的身体和精神状态表示满意，对中方的安排多次表示感谢。

4月6日，目击中美撞机事件全过程的中国海军飞行员赵宇揭露真相。他指出："造成这次碰撞的直接原因是美机突然大动作向我机转向，造成我机根本无法避开。美机严重违反了飞行规则，应对事件负完全责任。"

同日，被美侦察机撞毁的中国战斗机失踪飞行员王伟的妻子阮国琴，致信美国总统布什讨还公道。

4月7日，中国航空工程技术专家从技术角度证明，美方对撞机事件负有全部责任。首先，美机机翼下的受损天线后倾表明，是美机左翼外侧先撞击我机，其螺旋桨受损变形；最后，美机机头撞击我机尾部后，机头雷达天线罩脱落。从美机受损的左机翼翼尖、左机翼下的天线和机头雷达罩等几个损伤部位来看，都在飞机左前方，这说明美机是在与我机同向平行飞行中违反飞行规则，突然大动作向我机转向而撞击我机的。这一基本事实清楚确凿。此外，飞机尾部主要由垂直尾翼和水平尾翼两大部分组成，是飞行员操纵和控制飞机飞行状态的重要部分。对于任何固定翼飞机来说，尾翼严重受损后，飞行员就无法控制飞机的飞行状态。美 EP—3 电子侦察机自身的载重、体积都超过我歼—8 飞机几倍，我机尾部在遭受其连续撞击后，尾翼操纵系统严重受损、失效，最终造成飞机失控坠毁，对此，美方应正视事实，承担责任，还中国人民一个公道。

4月8日，王伟所在海军航空兵某飞行团的飞行员们，纷纷以亲身经历揭露美军用侦察机惯用的挑衅伎俩。他们近年来曾多次受命跟踪监视窜入我沿海上空实施间谍侦察活动的美军用飞机。他们指出，为躲避我方监视，美机使出种种花招，其惯用伎俩有：减小速度，利用双方飞机性能上的差异逃避跟踪监视，我喷气式歼击机主要性能特点是高空高速，在大速度下机动性能好，而美军的 EP—3 侦察机是螺旋桨式发动机，擅长低速飞行，受到我机跟踪时，经常减速至每小时 300 千米之内，有时慢至 250 千米左右，为摆脱我方飞机跟踪监视，往往快速上升下降，以增加我机跟踪监视的难度；美机还经常突然左右转向，大坡度转弯，一次次作出极为险恶的动作，恐吓我飞行员，给我方跟踪监视制造麻烦。这次撞机事件的发生，就是因为美机突然大坡度朝我机方向转弯造成的。

4月8日，美国国务卿鲍威尔在接受哥伦比亚广播公司的电视采访时说，美方承认其军用侦察机在4月1日撞击事件中"侵犯了"中国领空，并对此表示"抱歉"。鲍威尔在接受福克斯广播公司采访时说，中方有1人在这一事件中遇难，美方表示过"遗憾"和"悲痛"，现在对此表示"抱歉"。

4月11日，美国政府处理美国军用侦察机撞毁中国军用飞机事件的全权代表、美国驻华大使普理赫向中国外交部部长唐家璇递交了关于美国军用侦察机撞毁中国军用飞机的致歉信。美方在信中表示，"布什总统和鲍威尔国务卿对中方飞行员失踪和飞机坠毁都表示了真诚的遗憾。请向中国人民和飞行员王伟的家属转达，我们对飞行员王伟的失踪和那架飞机坠毁深表歉意。"美方还对其飞机"未经口头许可而进入中国领空并降落深表歉意"。美方在来信中还"感谢中方为妥善安置美方机组人员所作的努力。"

同日，中国国家主席江泽民在结束对乌拉圭的国事访问时，向随行的新华社记者发表了以下谈话：

美国政府就美军侦察机撞毁中方飞机事，已经向中方递交了致歉信。出于人道主义考虑，中国政府决定允许美方机组人员离境。

这一事件并未完全了结。希望美方认真对待中方的立场，妥善处理。

我多次说过，中美关系的发展符合中美两国的共同利益，对亚太和世界的和平与繁荣也至关重要。中美关系的发展必须建立在中美三个联合公报和国际关系基本准则的基础之上，这样才能妥善处理两国间的问题。

同日下午，中国外交部部长唐家璇在接受普理赫代表美国政府递交的致歉信时指出，美方对此事件必须承担全部责任，向中国人民作出交待，停止在中国沿海进行侦察活动，防止类似事件再次发生。中方要求美方向中国人民作出道歉完全是理所当然的。

唐家璇强调，美国军用侦察机飞机撞毁中方军用飞机事件发生后，中方始终依照国际法和中国有关法律规定，采取冷静、克制的方式加以处理。中方有关部门本着人道主义精神，对美方侦察机上的 24 名人员一直给予妥善安置，并安排美驻华使、领馆人员多次同他们见面。他表示注意到美方在信中已就此向中方表示感谢。他通知普理赫大使：中方理解美国人民和机组人员家属盼望机组人员早日回国与亲人团聚的急切心情，鉴于美国政府已向中国政府致歉，出于人道主义考虑，中国政府决定允许上述人员在履行必要手续后离境。

唐家璇还指出，美方飞机撞毁中方飞机、致使中国飞行员失踪，又在未经许可的情况下进入中国领空并降落中方机场的事件并没有完结。中美双方还将继续就这一事件及其他相关问题进行谈判。中国政府和人民要求美方就此次事件向中国人民作出交待，停止派飞机到中国近海进行侦察活动，并采取切实有效措施防止类似事件再次发生。美方必须充分认识此次事件的严重性，认真对待中方的严正立场，妥善处理这一事件，而不要作出错误判断，以免使两国关系进一步受到损害。

唐家璇最后强调，中国的主权独立、领土完整和民族尊严不容侵犯。我们历来主张，国与国关系包括中美关系必须建立在相互尊重主权和领土完整、互不侵犯、互不干涉内政等国际关系基本准则之上。我们重视中美关系，中美发展友好合作关系对两国和世界都有利。希望美方严格遵守中美三个联合公报和国际关系基本准则，不要再做有损中美关系发展的事，而应采取建设性态度，与中方一道，推动两国关系走上正常发展的轨道。

在处理撞机事件的过程中，中国政府以坚持原则，不畏强权，敢于斗争，善于斗争的坚定立场和灵活斗争艺术，赢得了国际社会的普遍尊重和支持。

三、美方在中方允许其机组人员和侦察机离境后采取了过河拆桥的恶劣态度

4 月 12 日，美国军用侦察机 24 名机组人员乘坐美国政府租用的商业包机离开中国。

根据中美双方有关谅解，中美两国于 4 月 18 日至 19 日在北京就美军侦察机撞毁中方军用飞机事件及其他相关问题举行谈判。

中方代表团团长、外交部美洲大洋洲司司长卢树民在谈判中指出，美国军用侦察机 4 月 1 日在中国海南近海空域撞毁中方军用飞机，导致中方飞行员王伟罹难，后又未经许可进入中国领空并降落中方军用机场，这是一起严重违反国际法和侵犯中国主权的事件。造成这一事件的根源是多年来美方不顾中方多次严正交涉，频繁派飞机到中国近海进行侦察活动。美方对此事件负有完全的责任。中方要求美方就此向中国政府和人民作出交待，停止派飞机到中国近海从事侦察活动，并采取切实有效措施防止类似事件再次发生。

卢树民指出，上述事件发生后，中方始终依照国际法和中国法律的有关规定，并从中美关系的全局出发，采取了冷静、克制的方式加以处理。中方本着人道主义精神，对 24 名美机上人员给予了妥善安置，并安排美驻华使、领馆人员多次同他们见面。然而，美方对此事件的处理却采取了截然不同的态度。特别是在中方允许美机上人员离境后，美方一些高级官员无视事实，颠倒是非，发表许多极不负责的言论，企图将责任推给中方。美方有些人甚至威胁将此事件与中美关系中的其它问题挂钩。这是中方坚决反对和完全不能接受的。美方的言行丝毫无助于这一事件的妥善解决，只会进一步损害中美关系。

卢树民说，中国人民热爱和平，但中国的主权独立，领土完整和民族尊严不容侵犯。中国历来主张，国与国之向的关系必须建立在相互尊重主权和领土完整、互不侵犯、互不干涉内政等国际关系基本准则之上。

中方重视中美关系，一贯致力于发展健康稳定的中美关系。历史证明，中美发展友好合作关系对两国人民都有利，对维护亚太地区和世界的和平、稳定与繁荣具有重要意义。中美建交以来，两国关系在广泛领域里取得了重要进展。这一局面来之不易，需要双方共同努力来维护。

中方希望这一事件能得到妥善解决，不希望中美关系因此事件久拖不决而进一步受到影响。但能否做到这一点，关键在美方。美方必须充分认识此次事件的严重性，认真对待中方的严正立场和要求，拿出诚意来，采取务实和建设性的态度，对中方的要求作出积极反应，以利于这一事件的妥善解决。

美方代表团团长，美国国防部部长帮办维尔加表示，美国并没有把中国视作敌人，发展建设性的中美关系也是美方的愿望，美方希望尽快解决撞机事件。维尔加声称撞机的责任不在美方。他还以美方飞机有飞越自由为由，为美方派飞机到中国近海进行侦察等辩解。

卢树民对美方的辩解进行了驳斥。他指出，撞机事件发生在中国专属经济区的上覆空域。根据《联合国海洋法公约》有关规定，一国在他国专属经济区内的飞越活动，不应违反包括国家主权与领土完整不受侵犯等在内的一般国际法规则，必须尊重该国的国家主权和领土完整，不得危害该国的国家安全与和平秩序。美方在中国近海上空的活动严重地损害了中国的国家安全和国防利益，早已超出了海洋法公约飞越自由的范畴，是对飞越自由的滥用。美方飞机在中国近海所从事的并不是一般的飞行，而是收集中国情报的侦察活动。在和平时期，美国从事这类军事活动是对中国的国家安全与和平秩序的威胁，是对中国国家主权的挑衅，违反了国家间相互尊重主权和领土完整的国际法基本原则。

中方在谈判中还出示了大量证据，充分证明是美方飞机撞毁了中方飞机，美机是肇事者。卢树民强调，这次事件的责任完全在美方。事实清清楚楚，不容抵赖。中国政府和人民要求美方停止派飞机到中国近海从事侦察活动，希望美方认真对待中方的严正立场，纠正错误做法。

中美双方同意将继续就处理撞机事件及其它相关问题保持联系。然而，令人愤慨的是，就在中美撞机事件尚未解决的6月7日，美国便以从日本冲绳岛嘉手纳的美国空军基地起飞的RC－135战略侦察机，恢复了对中国东南沿海的飞行侦察。

5月29日，外交部发言人宣布，中国外交部部长助理周文重同美国驻华使馆临时代办马林经过多轮磋商，已就美国EP－3侦察机的返还问题达成原则协议。中方同意美方派1架租用的商业“安－124”运输机到中国海南将拆解后的EP－3飞机运回。双方正就有关技术细节进行商谈。

6月16日上午，美方租用的1架商用“安－124”运输机抵达海南陵水机场，运来了拆运美EP－3侦察机所需的设备。拆运工作随即开始。

7月3日，自4月1日以来滞留在海南陵水机场的美国EP－3侦察机拆解完毕，并由美国政府租用的“安－124”运输机运回美国。但中美双方就美方向中方支付有关费用的问题仍在进行商谈。

8月9日，美国国防部官员宣布，美国国防部只打算向中国支付3．4万美元，以补偿中美撞机事件后，美国机组人员在海南期间“其中几天”的费用。至于撞毁中国军用飞机并致使飞行员王伟遇难，以及其侦察机在中国滞留94天等高达百万美元的费用，则只字未提。

8月11日，中国外交部发言人章启月在回答记者提问时表示，美方就撞机事件上向中方支付问题作出的所谓决定，无论内容还是形式，都是中方不能接受的。中方已就此向美方表示强烈不满和断然拒绝。我们敦促美方纠正错误决定，认真考虑中方的正当要求，以利于有关费用问题的妥善解决。

在处理撞机事件的133天的时间里，美国的恶劣态度，受到国际社会的普遍谴责。

四、举国上下关心和怀念英雄飞行员

4月2日，美军用侦察机在南海上空撞毁中国军用飞机的事件发生后，举国上下都十分关心跳伞的中国飞行员、海军航空兵某部优秀飞行中队长王伟的安全。中共中央总书记、中国国家主席、中央军委主席江泽民专门发表谈话指出，人是最可宝贵的，我对这名飞行员的人身安全十分关心，已多次指示要不惜一切代价，全力进行搜救。党、国家和军队其他领导同志也十分关心王伟的安全，多次打电话部署搜救工作，过问搜寻进展情况。海军司令员石云生、政委杨怀庆亲自坐镇指挥，海军南海舰队和海军航空部队的领导亲自率舰、驾机赶往事发海域，现场指挥搜寻工作。交通部和广州救捞局也于4月2日起相继派出多艘打捞救生船抵达南海，协助海军开展搜寻工作。搜寻和营救英雄王伟成为全国人民关注的焦点。

4月7日，受江泽民主席委托，中共中央政治局委员、中央军委副主席、国务委员兼国防部长迟浩田，看望了王伟的妻子阮国琴和与王伟同时执行跟踪监视任务的长机飞行员赵宇，转达了江泽民主席的亲切关怀和问候。迟浩田称赞王伟和赵宇用实际行动维护了国家的主权和民族尊严，他们的行动反映了全国人民和全军官兵的意志，表现了英勇顽强的大无畏精神。迟浩田对阮国琴说，江主席特意委托我来看望你，向你表示亲切的慰问。朱镕基总理、胡锦涛副主

席以及军委其他领导同志对你非常关心，让我转达对你的问候。迟浩田仔细询问了阮国琴的身体情况，嘱咐在场的海军领导安排最好的医疗专家为阮国琴作检查治疗，让她注意保重身体。迟浩田强调，全军官兵和全国人民都理解你、支持你。我们要把对霸权主义的愤慨转化为巨大的动力，在以江泽民同志为核心的党中央的正确领导下，发奋图强，把我们的国家建设得更加强大，把我们的军队建设得更加强大。阮国琴感谢江主席，感谢中央和军委领导，感谢全国人民对王伟和她全家的亲切关怀。

4月14日，大规模搜救王伟的行动宣告结束。自4月1日上午美军用侦察机撞毁中国军用飞机，飞行员王伟跳伞落水后，海军和有关单位不顾南海气候条件和地理环境异常复杂，冒着风险组织了长达14天的大规模搜救行动。其中海军共出动舰艇113艘次，飞机115架次；交通部、广东和海南省共出动救生船、渔政船、渔船和其他机动船只1000多艘次。军民共出动搜寻人员10余万人次，在8.3万平方千米的范围内反复进行拉网式搜寻，包括其中的岛礁和沙洲，并在200多千米的海岸线上反复进行了认真寻找。根据多方面的情况分析判断，王伟已无生还的可能。

同日晚上，中共海军党委作出决定，批准王伟同志为革命烈士。

4月16日，中华人民共和国中央军事委员会主席江泽民签署命令，授予王伟同志“海空卫士”荣誉称号。

中央军委的命令说，海军航空兵某团飞行二大队中队长王伟，浙江省湖州市人，1968年出生，1986年入伍，1988年入党，大学文化程度，海军少校军衔。2001年4月1日上午，1架美国EP-3军用电子侦察机抵近我国海南岛东南海域上空进行侦察活动，担负战备值班任务的王伟奉命驾机升空实施跟踪监视。美机违反飞行规则，将王伟驾驶的飞机撞毁。王伟按照长机的命令跳伞，经军地全力搜救未果，已壮烈牺牲。

中央军委的命令指出，王伟同志从小立志报国，高中毕业后自愿应招入伍；在军校刻苦钻研飞行技术，学习成绩优异；在部队苦练精飞，成为四种气象飞行员，经常担负重大任务，多次立功受奖。这次在执行对美军电子侦察机跟踪监视飞行任务时，他坚毅果敢，沉着冷静，英勇顽强，用生命谱写了一曲爱国主义和革命英雄主义的壮丽凯歌。王伟同志具有远大革命理想和崇高献身精神，他模范实践我军根本宗旨，忠实履行我军根本职能，是新一代革命军人的杰出代表。

中央军委的命令号召全军广大官兵要向王伟同志学习。学习他时刻牢记党和人民赋予的神圣使命，誓死捍卫国家主权和民族尊严的高度政治觉悟；学习他视祖国和人民利益高于一切，忠实履行军人职责的奉献精神；学习他果敢坚定，不畏强敌的大无畏革命气概；学习他坚决服从命令，听从指挥的高度组织纪律观念。命令要求全军官兵要更加紧密地团结在党中央周围，高举邓小平理论伟大旗帜，自觉学习实践“三个代表”要求，扎实工作，不懈奋斗，加紧做好军事斗争准备，不断提高我军现代条件下的防卫作战能力，为实现祖国统一、保卫国家主权和领土完整做出更大的贡献！

4月20日，中共中央总书记、国家主席、中央军委主席江泽民，在北京人民大会堂会见了“海空卫士”王伟同志的亲属及其生前所在部队代表。

中共中央政治局常委、全国人大常委会委员长李鹏，中共中央政治局常委、国务院总理朱镕基，中共中央政治局常委、中央书记处书记尉健行，中共中央政治局委员、中央军委副主席张万年，中共中央政治局委员、中共中央军委副主席迟浩田，中共中央政治局委员、国务院副总理钱其琛，中共中央政治局候补委员、中央书记处书记曾庆红以及中央军委委员于永波、王克、王瑞林、郭伯雄、徐才厚参加了会见。

上午9时30分，江泽民等领导同志来到人民大会堂东大厅。王伟同志的父亲王明、母亲王月琴、妻子阮国琴、姐姐王琳，眼含热泪迎上前去，紧紧握住江泽民等领导同志的手。江主席从阮国琴手中抱起王伟6岁的儿子，搂在怀里，动情地说：“我在国外访问期间，每天都挂记着王伟同志的搜救情况，也很惦念你们全家。我昨天下午刚出访回来，今天与在京的政治局常委、几位政治局委员和军委的同志一起来看望你们。”王伟同志的亲属和战友、生前所在部队代表赵宇，衷心感谢党中央、国务院、中央军委领导对他们的关心。

江泽民指出，王伟同志为了保卫国家主权和安全，献出了年轻的生命。他的牺牲是很英勇的，他平时的事迹也很突出，值得全军官兵学习。中央军委授予王伟同志“海空卫士”荣誉称号，这是祖国和人民对王伟同志的最高褒奖，是全军指战员的光荣，也是你们全家的光荣。王伟同志的精神是永存的，人民会永远记住他。江泽民对王伟父母说，我要感谢你们为党和国家培养了一个好儿子。希望你们全家继承烈士遗志，养育好烈士的后代。

江泽民说，中国有12亿多人口，我们对每一个人的生命都非常珍惜。人的生命只有一次，我非常理解你们失去亲人的悲痛。撞机事件发生后，党中央、国务院、中央军委对王伟同志的安危极为关切，要求不惜一切代价，动用一切手段组织搜救。在十多天的时间里，全国各族人民都牵挂着王伟同志。这充分说明，中华民族是有强大凝聚力的。

江泽民指出，这次撞机事件的发生，根本原因是美国多年来派飞机在我国近海空域实施危害我国安全的侦察活动。这件事情现在并未完全了结。我们要求美国对此次事件承担责任。美国只有停止在我国近海空域进行侦察活动，才能防止类似事件再次发生。这个要求是完全正当的。

江泽民指出，中国人民是爱好和平的人民，中国政府奉行独立自主的和平外交政策。我们历来重视中美关系，一直强调站在战略的高度对待和处理两国关系。我们不希望对抗。但是在涉及国家主权、领土完整和民族尊严的问题上，我们也绝不会让步。

江泽民说，全国各族人民要把强烈的爱国热情化为巨大的强国力量，努力推进改革开放和现代化建设事业，不断增强我国的经济实力、国防实力和民族凝聚力。

4月24日，中央军委授予王伟同志“海空卫士”荣誉称号命名大会在北京隆重举行。中共中央政治局常委、国家副主席、中央军委副主席胡锦涛，中共中央政治局委员、书记处书记、中央军委副主席张万年，中共中央政治局委员、中央军委副主席、国务委员兼国防部长迟浩田，中央军委委员于永波、王克、王瑞林、郭伯雄、徐才厚等，四总部、驻京部队各大单位、武警部队领导和部队官兵代表2200人参加大会。

上午9时，命名大会在雄壮的《中华人民共和国国歌》声中开始。迟浩田宣读了江泽民签署的中央军委授予王伟“海空卫士”荣誉称号的命令。

张万年向王伟的妻子阮国琴颁发了中央军委授予王伟的一级英模奖章和荣誉证书。张万年在讲话中说，王伟同志是新时期人民军队涌现的又一位英雄战士，他的英勇行为，充分体现了我军官兵捍卫国家主权、维护民族尊严的坚强决心，体现了革命战士忠于祖国、无私奉献、勇于牺牲的崇高境界，展示了新时期人民军队的崭新风貌。中央军委授予王伟同志“海空卫士”荣誉称号，是党和人民对王伟同志的最高褒奖，是全军指战员的光荣和骄傲。

张万年指出，4月1日，美国军用侦察机在我国海南岛近海空域撞毁我军用飞机的严重事件发生后，党中央、国务院、中央军委对王伟同志的安危极为关切，江泽民主席多次指示，要不惜一切代价，动用一切手段，全力组织搜救。海军及地方有关单位和人民群众，克服海上恶劣环境和复杂气候等困难，连续奋战了14个昼夜，展开了大规模的搜救行动。全国各族人民以各种方式表达了对王伟同志安危的牵挂之情。这些，生动地体现了党和人民对子弟兵生命的无比珍视，体现了中华民族的伟大凝聚力。

张万年强调，美国军用侦察机撞毁我军用飞机事件，责任完全在美方。多年来，美方不顾我国多次严正交涉，频繁派飞机到我近海空域实施危害我国安全的侦察活动，是导致这一事件的根源。我军为维护国家主权和安全，对其实施跟踪监视，符合国际惯例，是完全正当的行为。这次撞机事件，美机是肇事者。美机肇事后未经许可进入我国领空，并降落我军用机场，侵犯了我国的领空和主权，损害了我国的安全利益。对这一事件，全国各族人民和全军指战员义愤填膺，强烈谴责美方的霸道行径。美国政府应正视侵犯中国主权的严重事实，向中国人民作出交待。美国只有停止在我国近海进行侦察活动，才能从根本上防止类似事件再次发生。

张万年说，在处理这次事件的过程中，以江泽民同志为核心的党中央采取了一系列正确的决策和方针，体现了我国维护世界和平、不畏强权的大国风范。对我们党和政府处理这一事件的严正立场和作出的各项重大决策，全军指战员完全拥护，坚决支持。

张万年指出，进入新世纪，霸权主义和强权政治依然是影响和危害世界安全稳定的主要根源。我军是保卫祖国的钢铁长城，肩负着维护国家主权、安全和统一的神圣使命。全军广大指战员要以王伟同志为榜样，学习他坚定的政治信念、远大的报国志向和对党对人民的赤胆忠诚，学习他严格训练、刻苦钻研、精益求精、努力掌握现代军事技术和作战本领的进取精神；学习他忠于职守、临危不惧、英勇顽强的大无畏英雄气概；学习他热爱生活、热爱工作、团结同志、乐于奉献的高尚情怀，时刻牢记肩负的神圣使命，居安思危，常备不懈，始终保持高度警惕，坚决完成党和人民赋予的任务。

大会由于永波主持，他要求全军部队以王伟同志为榜样，自觉实践江主席提出的“三个代表”重要思想，大力推进军队现代化建设，扎实做好军事斗争准备的各项工作，全面提高我军打赢现代战争特别是高技术条件下局部战争的能力，为保卫祖国、建设祖国作出新的贡献。

会上，海军政治委员杨怀庆宣读了海军党委关于开展向王伟同志学习活动的决定。

王伟生前所在部队代表赵宇、王伟的妻子阮国琴和王伟家乡浙江省湖州市的领导在大会上发了言。他们表示，一定要化悲愤为强军、强国的实际行动，继承烈士的遗志，完成王伟未竟的事业。

一个学英雄、爱军习武、保卫祖国的活动在全军轰轰烈烈的展开，中华民族面对外侮，万众一心、同仇敌忾的巨大凝聚力又一次得到了充分展示。

（木 工）

中俄两国元首签署《中俄睦邻友好合作条约》和《中俄元首莫斯科联合声明》 2001年7月16日，中国国家主席江泽民和俄罗斯总统普京在莫斯科签署了《中华人民共和国和俄罗斯联邦睦邻友好合作条约》(简称《中俄睦邻友好合作条约》)。

条约总结了发展中俄关系最主要的方针和原则，将两国“世代友好、永不为敌”的和平思想和永做好邻居、好朋友、好伙伴的坚定意愿以法律形式加以确定。条约规定了两国今后在政治、经济、贸易、科技、文化和国际事务中合作的原则和方向。条约共25条，有效期为20年，全文如下：

中华人民共和国和俄罗斯联邦（以下简称“缔约双方”），基于中俄两国人民睦邻友好的历史传统，认为1992年至2000年期间两国元首签署和通过的中俄联合宣言和声明对发展双边关系具有重要意义，坚信巩固两国间各个领域的友好、睦邻与互利合作符合两国人民的根本利益，有利于维护亚洲乃至世界和平、安全与稳定，重申各自根据《联合国宪章》及其参加的其他国际条约所承担的义务，希望促进建立恪守公认的国际法原则与准则为基础的公正合理的国际新秩序，致力于将两国关系提高到崭新的水平，决心使两国人民间的友谊世代相传，兹达成协议如下：

第一条

缔约双方根据公认的国际法原则和准则，根据互相尊重主权和领土完整、互不侵犯、互不干涉内政、平等互利、和平共处五项原则，长期全面地发展两国睦邻、友好、合作和平等信任的战略协作伙伴关系。

第二条

缔约双方在其相互关系中不使用武力或以武力相威胁，也不相互采取经济及其他施压手段，彼此间的分歧只能遵循《联合国宪章》的规定及其他公认的国际法原则和准则，以和平方式解决。

缔约双方重申，承诺互不首先使用核武器和互不将战略核导弹瞄准对方。

第三条

缔约双方相互尊重对方根据本国国情所选择的政治、经济、社会和文化发展道路，确保两国关系长期稳定发展。

第四条

中方支持俄方在维护俄罗斯联邦的国家统一和领土完整问题上的政策。

俄方支持中方在维护中华人民共和国的国家统一和领土完整问题上的政策。

第五条

俄方重申1992年至2000年期间两国元首签署和通过的政治文件中就台湾问题所阐述的原则立场不变。俄方承认，世界上只有一个中国，中华人民共和国政府是代表全中国唯一合法的政府，台湾是中国不可分割的一部分。俄方反对任何形式的台湾独立。

第六条

缔约双方满意地指出，相互没有领土要求，决心并积极致力于将两国边界建设成为永久和平、世代友好的边界。缔约双方遵循领土和国界不可侵犯的国际法原则，严格遵守两国间的国界。

缔约双方根据1991年5月16日《中华人民共和国和苏维埃社会主义共和国联盟关于中苏国界东段的协定》继续就解决中俄尚未协商一致地段的边界线走向问题进行谈判。在这些问题解决之前，双方在两国边界尚未协商一致的地段维持现状。

第七条

缔约双方将根据现行的协定采取措施，加强边境地区军事领域的信任和相互裁减军事力量。缔约双方将扩大和加深军事领域的信任措施，以加强各自的安全，巩固地区及国际稳定。

缔约双方将本着武器和武装力量合理足够的原则，努力确保本国的安全。

缔约双方根据有关协定进行的军事和军技合作不针对第三国。

第八条

缔约双方不参加任何损害缔约另一方主权、安全和领土完整的联盟或集团，不采取任何此类行动，包括不同第三国缔结此类条约。缔约任何一方不得允许第三国利用其领土损害缔约另一方的国家主权、安全和领土完整。

缔约任何一方不得允许在本国领土上成立损害缔

约另一方主权、安全和领土完整的组织和团伙，并禁止其活动。

第九条

如出现缔约一方认为会威胁和平、破坏和平或涉及其安全利益和针对缔约一方的侵略威胁的情况，缔约双方为消除所出现的威胁，将立即进行接触和磋商。

第十条

缔约双方将利用并完善各级别的定期会晤机制，首先是最高级和高级会晤，就双边关系和共同关心的重要而迫切的国际问题定期交换意见、协调立场，以加强平等信任的战略协作伙伴关系。

第十一条

缔约双方主张严格遵守公认的国际法原则和准则，反对任何以武力施压或以种种借口干涉主权国家内政的行为，愿为加强国际和平、稳定、发展与合作进行积极努力。

缔约双方反对可能对国际稳定、安全与和平造成威胁的行为，将在预防国际冲突及其政治解决方面相互协作。

第十二条

缔约双方共同致力于维护全球战略平衡与稳定，并大力促进恪守有关保障维护战略稳定的基本协议。

缔约双方将积极推动核裁军和裁减化学武器进程，促进加强禁止生物武器的制度，采取措施防止大规模杀伤性武器及其运载工具和相关技术的扩散。

第十三条

缔约双方将加强在联合国及其安理会和联合国专门机构的合作。缔约双方将努力增强联合国作为由主权国家组成的最具权威性和最具普遍性的国际组织在处理国际事务，尤其是在和平与发展领域的中心作用，确保联合国安理会在维护国际和平与安全领域的主要责任。

第十四条

缔约双方将大力促进加强两国周边地区的稳定，确立相互理解、信任和合作的气氛，推动旨在上述地区建立符合其实际的安全和合作问题多边协作机制的努力。

第十五条

缔约双方将根据两国政府间有关协定和其他文件处理债权、债务关系，彼此承认缔约一方对位于缔约另一方境内属于对方的资产及其他财产拥有的合法权益。

第十六条

缔约双方将在互利的基础上开展经贸、军技、科技、能源、运输、核能、金融、航天航空、信息技术及其他双方共同感兴趣领域的合作，促进两国边境和地方间经贸合作的发展，并根据本国法律为此创造必要的良好条件。

缔约双方将大力促进发展文化、教育、卫生、信息、旅游、体育和法制领域的交流与合作。

缔约双方将根据本国法律及其参加的国际条约，保障维护知识产权，其中包括著作权和相关权利。

第十七条

缔约双方将在国际金融机构、经济组织和论坛内开展合作，并根据上述机构组织和论坛章程的规定，促进缔约一方加入缔约另一方已成为成员（参加国）的上述机构。

第十八条

缔约双方将根据各自承担的国际义务及本国法律在促进实现人权和基本自由方面进行合作。

缔约双方将根据各自承担的国际义务以及各自的法律和规定，采取有效措施，保障缔约一方法人和自然人在缔约另一方境内的合法权益，并相互提供必要的民事和刑事司法协助。

缔约双方有关部门将根据相关法律调查与解决缔约一方的法人和自然人在缔约另一方境内进行合作和经营活动过程中出现的问题和纠纷。

第十九条

缔约双方将在保护和改善环境状况，预防跨界污染，公平合理利用边境水体、太平洋北部及界河流域的生物资源领域进行合作，共同努力保护边境地区稀有植物、动物种群和自然生态系统，并就预防两国发生的自然灾害和由技术原因造成的重大事故及消除其后果进行合作。

第二十条

缔约双方将根据本国法律和各自承担的国际义务，在打击恐怖主义、分裂主义和极端主义，以及打击有组织犯罪和非法贩运毒品、精神药品、武器等犯罪活动方面进行积极合作。缔约双方将合作打击非法移民，包括打击通过本国领土非法运送自然人的行为。

第二十一条

缔约双方重视发展两国中央（联邦）立法和执行机关之间的交流与合作。

缔约双方将大力促进开展两国司法机关之间的交流与合作。

第二十二条

本条约不影响缔约双方作为其他国际条约参加国的权利和义务，也不针对任何第三国。

第二十三条

为执行本条约，缔约双方将积极促进在双方都感兴趣的具体领域签订条约。

第二十四条

本条约需经批准，并自互换批准书之日起生效。批准书将在北京互换。

第二十五条

本条约有效期为 20 年。如果在本条约期满 1 年前缔约任何一方均未以书面形式通知缔约另一方要求终止本条约，则本条约将自动延长 5 年，并依此法顺延。

本条约于 2001 年 7 月 16 日在莫斯科签订，一式两份，每份都用中文和俄文写成，两种文本同等作准。

中华人民共和国代表　　俄罗斯联邦代表

江泽民　　弗拉基米尔·普京

同日，江泽民主席和普京总统还签署了《中俄元首莫斯科联合声明》。声明共九部分，全文如下：

应俄罗斯联邦总统普京的邀请，中华人民共和国主席江泽民 2001 年 7 月 15 日至 18 日对俄罗斯联邦进行了国事访问。中俄元首认真回顾了中俄关系近 10 年来的发展历程，指出，建立平等信任的战略协作伙伴关系是正确的历史抉择，对加强中华人民共和国和俄罗斯联邦的全面合作、巩固中俄两国人民的友谊和建立公正合理的国际新秩序具有决定性意义。双方对 21 世纪双边关系的发展前景作出了长远规划。

中俄元首满意地指出，进入 21 世纪，中俄关系的社会政治和经济基础日臻牢固。中俄两国愿意加强世代睦邻友好，深化互利务实合作，致力于共同发展繁荣。两国将进一步扩大在国际事务中相互协作，促进世界和平与稳定及多极世界的建立。

为此，中俄元首声明如下：

一

中俄元首 2001 年 7 月 16 日签署的《中华人民共和国和俄罗斯联邦睦邻友好合作条约》是两国关系史上的一个重要里程碑，标志着双方关系进入一个新阶段。条约作为指导新世纪中俄关系发展的纲领性文件，在总结历史经验的基础上，概括了中俄关系的主要原则、精神和成果，将两国和两国人民“世代友好、永不为敌”的和平思想用法律形式确定下来。条约确认，两国的友好关系是建立在不结盟、不对抗、不针对第三国基础上的新型国家关系。中俄元首坚信，以条约为坚实基础，中俄关系在本世纪里必将达到新的更高水平。

二

中俄元首重申，将继续保持两国高层互访和定期会晤的传统和机制，经常就重大的双边和国际问题交换意见。两国外交、国防、司法、经济、科技等部门将加强协调，增进合作。扩大双方在教育、文化、卫生和体育领域的友好交流与合作，有利于加强和巩固两国睦邻友好和相互信任的社会基础。在此方面，中俄友好、和平与发展委员会将发挥重要作用。

三

中俄元首认为，切实落实在经贸、科技及其他领域达成的协议，将不断充实中俄平等信任的战略协作伙伴关系的物质基础。

为提高经贸和科技领域的合作水平，双方积极推动以下领域的合作：油气、高科技领域的大型合作项目；俄企业参与中国西部开发；核能、电力和能源机械制造、电信、信息产业、提供和联合生产民用飞机、船舶制造领域；和平开发宇宙空间；中国大型企业参与对俄罗斯森林资源开发，交通基础设施、生产合作等领域的投资；环保领域等。

中俄元首表示，将共同努力，为经贸合作创造良好条件，完善银行相互结算机制，包括两国银行间的直接相互结算，改善融资服务质量，提高中俄商业仲裁机制的效率，为经济联系提供信息保障。

鉴于上述，中俄元首高度重视两国总理即将于 2001 年 9 月在圣彼得堡举行的第六次定期会晤。此次会晤将为中俄发展长期经济合作提供新的动力。

四

中俄元首指出，双方将继续努力，使中俄边界成为睦邻友好、永久和平、信任和互利合作的边界。双方认为，1999 年 12 月 9 日签署的《中华人民共和国政府和俄罗斯联邦政府关于对界河中个别岛屿及其附近水域进行共同经济利用的协定》得以顺利实施，表明双方有解决历史遗留问题的政治意志。

中俄愿本着建设性和务实精神，就两国边界尚未协商一致地段加快制定相互都能接受的理想解决方案。此前将在尚未协商一致地段维持现状。

五

中俄元首指出，实施中国、俄罗斯、哈萨克斯坦、吉尔吉斯斯坦和塔吉克斯坦分别于 1996 年 4 月 26 日和 1997 年 4 月 24 日签署的关于在边境地区加强军事领域信任和关于在边境地区相互裁减军事力量的协定，有利于边境地区的和平、安宁与稳定，有利于发展上述协定参加国之间的睦邻关系。“上海合作组织”的建立以及乌兹别克斯坦以创始成员国身份参加，是为巩固中亚地区乃至整个亚太地区安全与稳定，发展该地区睦邻、信任与合作关系而采取的重大步骤。

六

中俄元首指出，国家独立，主权和领土完整是国际法的核心要素，是规范国际关系的根本原则，也是每个国家存在的必要条件。对任何破坏上述原则的企图和行径进行坚决回击，是每个国家的合法权利。中俄两国坚决支持对方在维护国家统一和领土完整问题上采取的政策和行动。

恐怖主义、分裂主义和极端主义日益蔓延对主权国家的安全及全球和平与稳定构成严重威胁。中俄元首认为，只有携起手来，共同努力，才能抵御上述现象，解决这些问题。中俄两国决心为此有针对地采取双边和多边的具体合作步骤。

七

中俄元首认为，推动世界多极化进程有助于建立一个稳定、民主、不对抗、公正合理的国际新秩序。这一趋势客观上符合所有国家的根本利益。

中俄元首指出，建立公正合理的国际新秩序正在面临一系列挑战。中俄将共同努力，加强联合国及其安理会在国际事务中的主导作用，反对用“人道主义干预”和“有限主权”等论调破坏国际法基本准则的企图。

中俄元首认为，全面发挥联合国的潜力，对于更加平等地分配经济全球化带来的利益及世界经济增长成果、缩小不断增长的南北差距、保障所有国家平等享有先进的信息和通讯技术，特别重要。经济全球化的重点应转向消除不平等和贫困，促进发展和社会保障，提高居民生活质量。

中俄元首认为，只有通过和平谈判，才能找到解决诸如伊拉克、科索沃（南联盟）、阿富汗等问题的方法，这符合当事各方的利益。

中俄两国在保障其邻近地区的安全和稳定问题上存在共识。中俄将在双边和多边基础上，参与保障亚太地区稳定、安全及巩固该地区信任的合作。

八

中俄元首非常重视以下问题，即加强全球及地区的战略稳定，维护军控和裁军领域业已形成的条约体系，推进防止大规模杀伤性武器及其运载工具扩散的进程，不向外空扩散武器，毫无例外地保障所有国家的安全利益。中俄对上述问题的立场是一贯的。

中俄元首重申 2000 年 7 月 18 日在北京签署的《关于反导问题的联合声明》中的立场，强调《反导条约》至关重要，是战略稳定的基石和削减进攻性战略武器的基础，赞成维护条约的现有形式。他们主张在维护和遵守《反导条约》的前提下进一步削减进攻性战略武器。

中俄元首认为，国际社会必须加倍努力防止导弹及导弹技术扩散，并在所有有关国家参与下，进一步探讨在平等和非歧视基础上建立全球防止导弹扩散制度的可能性。

中俄元首认为，必须坚决防止在外空部署武器，必须缔结禁止将武器部署到外空的国际法律文书。为此，中俄主张在裁谈会上就这一问题开展多边谈判，建立防止外空军备竞赛的特委会，并使其具有谈判职权。

中俄元首重申，将遵守《不扩散核武器条约》2000 年审议大会通过的《最后文件》，并将加强在核不扩散和裁军领域的合作，其中包括敦促国际社会所有成员加入《不扩散核武器条约》。

中俄元首主张尽快重新启动裁谈会工作，包括尽快开始就制定有关禁止生产核武器及其他核爆炸装置用裂变材料的条约进行谈判。

九

中华人民共和国主席江泽民邀请俄罗斯联邦总统普京 2002 年方便的时候对中华人民共和国进行国事访问，普京总统表示感谢并愉快地接受邀请。访问具体时间通过外交途径商定。

中华人民共和国主席　　俄罗斯联邦总统

江泽民　　弗拉基米尔·普京

条约签字仪式后，江泽民主席和普京总统共同会见记者，并回答了记者的提问。

普京说，他同江泽民主席签署的《俄中睦邻友好合作条约》为俄中两国发展平等互信的建设性战略协作伙伴关系奠定了坚实的法律基础。

江泽民说：《中俄睦邻友好合作条约》的签署，是我此次访俄的最主要成果。条约概括了中俄两国近 10 年来发表的一系列宣言和声明的主要原则和精神，在总结历史经验的基础上，将两国和两国人民“世代友好，永不为敌”的和平思想用法律形式固定下来，表达了双方永做好邻居、好伙伴、好朋友的坚定意愿和决心，展示了两国人民渴望和平、友好与合作的主题。

他说，条约面向新世纪，面向下一代，对新世纪中俄关系的发展作出了总体规划，是指导21世纪双方关系发展的纲领性文件。条约以不结盟、不对抗、不针对第三国为基础、彻底摒弃了那种不是结盟就是对抗的旧的国家关系模式。这符合时代的要求和国际形势发展的客观趋势，为国际社会提供了一个建立新型国家关系的范例。总之，中俄签署这样的条约，是一项功在当代、利在千秋的伟业，必将造福于子孙后代。

“上海合作组织”成员国元首签署成立宣言和打击“三股势力”的上海公约 2001年6月15日，哈萨克斯坦、中国、吉尔吉斯坦、俄罗斯、塔吉克斯坦和乌兹别克斯坦六国元首在广泛交换意见并达成共识的基础上，发表了“上海合作组织”成立宣言。全文如下：

“上海合作组织”成立宣言

哈萨克斯坦共和国、中华人民共和国、吉尔吉斯斯共和国、俄罗斯联邦、塔吉克斯坦共和国和乌兹别克斯坦共和国国家元首，

高度评价“上海五国”成立五年在促进并深化各成员国之间睦邻互信与友好关系、巩固地区安全与稳定、促进共同发展方面发挥的积极作用；

一致认为“上海五国”的建立和发展顺应了冷战结束后人类要求和平与发展的历史潮流，展示了不同文明背景、传统文化各异的国家通过互尊互信实现和睦共处、团结合作的巨大潜力；

特别指出哈萨克斯坦共和国、中华人民共和国、吉尔吉斯共和国、俄罗斯联邦和塔吉克斯坦共和国五国元首1996年和1997年分别在上海和莫斯科签署的关于在边境地区加强军事领域信任和关于在边境地区相互裁减军事力量的两个协定以及在阿拉木图（1998年）、比什凯克（1999年）、杜尚别（2000年）会晤期间签署的总结性文件，为维护地区和世界的和平、安全与稳定作出了重要贡献，大大丰富了当代外交和地区合作的实践，在国际社会产生了广泛积极的影响；

确信在二十一世纪政治多极化、经济和信息全球化进程迅速发展的背景下，将“上海五国”机制提升到更高的合作层次，有利于各成员国更有效地共同利用机遇和应对新的挑战与威胁；

兹郑重宣布：

一、哈萨克斯坦共和国、中华人民共和国、吉尔吉斯共和国、俄罗斯联邦、塔吉克斯坦共和国和乌兹别克斯坦共和国建立“上海合作组织”。

二、“上海合作组织”的宗旨是：加强各成员国之间的相互信任与睦邻友好；鼓励各成员国在政治、经贸、科技、文化、教育、能源、交通、环保及其他领域的有效合作；共同致力于维护和保障地区的和平、安全与稳定；建立民主、公正、合理的国际政治经济新秩序。

三、“上海合作组织”每年举行一次成员国元首正式会晤，定期举行政府首脑会晤，轮流在各成员国举行。为扩大和加强各领域合作，除业已形成的相应部门领导人会晤机制外，可视情组建新的会晤机制，并建立常设和临时专家工作组研究进一步开展合作的方案和建议。

四、“上海五国”进程中形成的以“互信、互利、平等、协商、尊重多样文明、谋求共同发展”为基本内容的“上海精神”，是本地区国家几年来合作中积累的宝贵财富，应继续发扬光大，使之成为新世纪“上海合作组织”成员国之间相互关系的准则。

五、“上海合作组织”各成员国将严格遵循《联合国宪章》的宗旨与原则，相互尊重独立、主权和领土完整，互不干涉内政，互不使用或威胁使用武力，平等互利，通过相互协商解决所有问题，不谋求在相毗邻地区的单方面军事优势。

六、“上海合作组织”是在1996年和1997年分别于上海和莫斯科签署的关于在边境地区加强军事领域信任和关于在边境地区相互裁减军事力量两个协定的基础上发展起来的，其合作现已扩大到政治、经贸、文化、科技等诸多领域。上述协定所体现的原则确定“上海合作组织”各成员国相互关系的基础。

七、“上海合作组织”奉行不结盟、不针对其他国家和地区及对外开放的原则，愿与其他国家及有关国际和地区组织开展各种形式的对话、交流与合作，在协商一致的基础上吸收认同该组织框架内合作宗旨和任务、本宣言第六条阐述的原则及其他各项条款，其加入能促进实现这一合作的国家为该组织新成员。

八、“上海合作组织”尤其重视并尽一切必要努力保障地区安全。各成员国将为落实《打击恐怖主义、分裂主义和极端主义上海公约》而紧密协作，包括在比什凯克建立“上海合作组织反恐怖中心”。此外，为遏制非法贩卖武器、毒品、非法移民和其他犯罪活动，将制定相应的多边合作文件。

九、“上海合作组织”将利用各成员国之间在经贸领域互利合作的巨大潜力和广泛机遇，努力促进各成员国之间双边和多边合作的进一步发展以及合作的

多元化。为此，将在“上海合作组织”框架内启动贸易和投资便利化谈判进程，制定长期多边经贸合作纲要，并签署有关文件。

十、“上海合作组织”各成员国将加强在地区和国际事务中的磋商与协调行动，在重大国际和地区问题上相互支持和密切合作，共同促进和巩固本地区及世界的和平与稳定。在当前国际形势下，维护全球战略平衡与稳定具有特别重要的意义。

十一、为协调“上海合作组织”成员国主管部门的合作并组织其相互协作，兹建立该组织成员国国家协调员理事会，并由外长批准该理事会暂行条例来规范其活动。

责成国家协调员理事会在本宣言和“上海五国”元首已签署文件的基础上着手制定《上海合作组织宪章》，其中要明确阐明“上海合作组织”未来合作的宗旨、目标、任务，吸收新成员的原则和程序，作出决定的法律效力和与其他国际组织相互协作的方式等规定，供2002年元首会晤时签署。

总结过去，展望未来，各国元首坚信，“上海合作组织”的成立标志着各成员国合作进程开始迈入一个崭新的发展阶段，这符合当今时代潮流，符合本地区的现实，符合各成员国人民的根本利益。

哈萨克斯坦共和国总统　　努·纳扎尔巴耶夫
中华人民共和国主席　　江泽民
吉尔吉斯共和国总统　　阿·阿卡耶夫
俄罗斯联邦总统　　弗·普京
塔吉克斯坦共和国总统　　埃·拉赫莫诺夫
乌兹别克斯坦共和国总统　　伊·卡里莫夫

2001年6月15日于上海

6月15日，中俄哈吉塔乌六国元首还共同签署了《打击恐怖主义、分裂主义和极端主义上海公约》。这是六国在深化安全合作道路上迈出的重要一步，为维护本地区的安全与稳定、联合打击“三股势力”奠定了法律基础。

公约对“恐怖主义”、“分裂主义”和“极端主义”的概念均做了明确的法律界定。

六国承诺将遵循《联合国宪章》的宗旨和原则，遵循此前上海五国历次元首会晤签署的声明和《“上海合作组织”成立宣言》的精神，为打击威胁各国领土完整和安全以及政治、经济和社会稳定的恐怖主义、分裂主义和极端主义势力而进行有效的合作。

公约还规定了有关合作的具体方式和程序。公约的签署有利于维护各国政局稳定、经济发展与社会安定，将为各方开展广泛的经济合作创造良好的地区环境，并对推动亚太地区和平与安全进程具有重要意义。

“上海合作组织”国防部长会晤并签署联合公报　2001年6月14日，出席“上海合作组织”国家元首会议的中华人民共和国国防部长迟浩田、俄罗斯联邦国防部长谢·伊万诺夫、哈萨克斯坦共和国国防部长托克帕克巴耶夫、吉尔吉斯共和国国防部长托波耶夫、塔吉克斯坦共和国国防部长海鲁拉耶夫、乌兹别克斯坦共和国国防部长古拉莫夫举行了会晤。

会晤中，国防部长们对六国元首本次上海会议的深远意义和影响给予高度评价，对“上海合作组织”的发展前景充满信心，相信随着“上海合作组织”的建立，六国国家和军队友好合作关系一定会提高到一个新的水平。

会晤中，国防部长们回顾了“上海五国”走过的5年历程，一致指出，坚决贯彻“五国”元首共识、顺利落实“上海协定”和“莫斯科协定”以及各国国防部的合作已成为各国睦邻友好关系发展的重要组成部分。

当日，国防部长们在达成共识的基础上还签署了《国防部长会晤联合公报》，主要内容如下：

公报阐述了六国在加强军事领域的合作，确保军队在打击恐怖主义、极端主义和分裂主义中的实质性协作，以及反对少数国家在亚太地区部署战区导弹防御系统等问题上的一致立场。

国防部长们相信，在1996年于上海签署的《关于在边境地区加强军事领域信任的协定》和1997年于莫斯科签署的《关于在边境地区相互裁减军事力量的协定》原则基础上，各国国防部间以新的形式进行的合作将有助于维护地区的长久和平、稳定与安全。部长们一致认为，“上海五国”在军事领域业已形成的富有成果的合作，为冷战后建立适应时代潮流的新型地区军事合作树立了典范，不仅有利于促进“上海合作组织”各国友好合作关系长期健康稳定发展，而且对维护地区乃至世界的和平与稳定具有十分重要的意义。

部长们认为，世界进入21世纪，国际形势总体上趋向缓和，但和平与发展仍面临威胁。民族、宗教、自然资源等因素引发的局部冲突仍时有发生，环境、贩毒、非法移民、难民等全球性问题显现。恐怖主义、分裂主义和极端主义以及某些外部因素对中亚地区安宁与稳定构成了严重威胁。

部长们主张，各国在平等互利的基础上继续加强军事领域的合作，应对各种挑战和威胁，确保各国军队之间以及与其他强力部门之间在打击恐怖主义、极端主义和分裂主义中的实质性协作。为此，部长们认为应当研究就同上述威胁做斗争举行联合演习的问题，研究建立就保障安全问题进行对话的新形式。

部长们认为亚洲国家就召开“亚洲协作和信任措施会议”的努力是积极的进程，该会议将有助于加强地区安全，提高互信程度，发展多边合作。

部长们再次重申，1972年达成的反导条约是全球战略稳定的基石和裁军进程发展的重要条件。对这一条约的任何违反，都将极大损害国际社会在军控与裁军领域中的长期努力和合作，导致破坏国际和地区稳定与安全的严重后果。部长们反对少数国家在亚太地区部署战区导弹防御系统。

部长们重申，支持中亚国家在本地区建立无核区的倡议。

部长们重申中华人民共和国政府是中国的唯一合法政府，台湾是中国领土不可分割的一部分，台湾问题属于中国内政，不允许外部势力对解决台湾问题加以干涉。部长们再次强调，支持中国关于反对任何国家企图以任何形式将台湾纳入战区导弹防御计划的立场。

部长们对阿富汗问题久拖不决表示关切，认为通过军事手段无助于冲突的解决，坚决支持联合国及中亚有关国家为解决阿富汗问题所做的努力，并呼吁阿富汗各派通过和平谈判实现阿富汗问题的政治解决。

部长们支持“上海合作组织”国家元首为促进世界多极化进程和建立公正、合理、民主的国际政治经济新秩序方面所做的努力和达成的共识，并将努力在军事领域为此作出应有的贡献。

（王丽娅）

中国国民经济和社会发展十五计划纲要设专门篇章论述国防建设 2001年3月15日，第9届全国人民代表大会第4次会议批准的《中华人民共和国国民经济和社会发展第十个五年计划纲要》，专门在其中第九篇论述了国防建设。该篇全文如下：

第九篇

第二十四章 加强国防建设，保障国家安全

强大的国防是国家安全和现代化建设的基本保证。在集中力量发展国民经济的同时，要积极推进国防建设，增强国防实力。

军队建设是国防建设的主体。要加强军队党的建设和思想政治工作，确保党对军队的绝对领导。加强人民解放军的革命化、现代化、正规化建设。贯彻积极防御的军事战略方针，坚持质量建军，科技强军，勤俭建军，依法治军，积极改革创新。加快军队向质量效能型和科技密集型转变，走有中国特色的精兵之路，提高现代技术特别是高技术条件下防卫作战的能力，做好应付各种复杂情况的准备。加强国防动员体系建设，增强国防后备力量，提高平战转换能力。深化后勤保障改革，提高保障能力。完善国防立法。深入开展国防教育，提高全民国防意识。进一步密切军政军民关系，做好“双拥”工作。

国防科技工业是国家战略性产业。要通过加速调整、改革和发展，坚持军民结合，寓军于民，大力协调，自主创新，建立适应国防建设和市场经济要求的新型国防科技工业体制。发展高新技术武器装备，努力提高现代化水平。发展军民两用技术，促进军工技术的和平利用。

实现祖国统一是中华民族的根本利益。要坚持“和平统一、一国两制”的基本方针，坚决打击“台独”分裂势力，早日完成祖国统一大业。

中国军控与裁军协会成立 2001年8月21日，中国军控领域第一个非政府、非赢利性组织——中国军控与裁军协会成立大会在人民大会堂举行。

国务院副总理钱其琛、中央军委副主席迟浩田、全国人大常委会副委员长何鲁丽、全国政协副主席朱光亚出席大会。

钱其琛、迟浩田在大会上分别讲话。他们对协会成立表示祝贺，称协会的成立是中国军控界的一大盛事，并祝愿协会今后不断发展壮大。

钱其琛在讲话中说，近年来，国际上非政府组织发展很快，在国际政治、经济、军事、文化、社会等各个方面发挥着越来越重要的作用，已成为国际舞台上一支不容忽视的力量。他说，军控与裁军事关世界和平与安全，多年来一直是非政府组织所关注的重点领域之一。国际非政府组织对国际军控与裁军进程的发展，以及各国军控政策的制定和实施正发挥着重要影响。

他说，中国的民间军控研究机构已经涌现出一批优秀人才，他们在军控政策和理论研究、介绍中国对军控、裁军的原则立场和政策方面，都起到了有益的作用。

他指出，军控与裁军协会的成立，有利于进一步健全机制、优化资源，推动中国民间军控研究和军控外交的发展。

钱其琛对协会今后的工作提出了殷切希望，要求广大会员充分发挥“智库”作用，积极主动维护中国的良好国际形象。

迟浩田强调指出，协会的成立，为所有从事和关心军控事业的政府机构、社会团体以及学术界人士提供了一个获取信息、开展交流和加强合作的场所，有利于密切政府、研究机构和学者之间的沟通与协调，有利于促进国际军控合作与交流。

关于协会工作，迟浩田指出，要发挥协会组织特有的优势，积极开展对外交往。他要求军队各有关单位积极参与协会的各项活动，努力协助协会开展研究和对外交往，为协会的健康发展贡献力量。

有关方面负责人刘华秋、李肇星、唐天标等也出席了成立大会。

李道豫担任协会主席，并主持了今天的成立大会。

协会的主要活动包括从事军控、裁军与国际安全问题的研究，组织开展与国内外军控与国际安全研究机构、团体、学者间的交流，参加和举办国内外军控研讨会等。协会分团体和个人会员，秘书处为常设机构，设在中国国际问题研究所。

中央军委、解放军四总部贯彻科技强军战略推出多项重大措施 据《解放军报》2001 年 2 月 14 日和 8 月 3 日报道，为贯彻科技强军战略，2001 年军委、四总部推出多项重大举措，关怀和褒奖优秀科技人才。

提高军队部分高级专家的有关待遇。给在军队工作的中国科学院、中国工程院院士发放院士津贴。在现行工资基础上，每月增发院士津贴 2000 元；改变专业技术三级以上文职干部的服装标志。大檐帽饰带由银灰色改为金黄色，肩章在文职干部肩章的外端加缀将官松枝叶。2001 年 3 月 1 日起统一佩戴；给专业技术三级以上干部编配工作车辆。所需车辆由总部纳入年度车辆分配计划，各大单位按照规定标准统筹安排。离休退休后，按相应职别离休退休干部的车辆编配标准执行。

2001 年又有 276 名军队专业技术干部被国务院批准享受政府特殊津贴。其中最年轻的只有 33 岁。据悉，自 1990 年军队首批专业技术干部享受政府特殊津贴以来，全军已有近 7000 名同志获此殊荣。这些同志分布在军事战略、军队指挥、电子科学、计算机与通信、军用装备、航空宇航、船舶与海洋工程、生物医学工程等军事科技领域，他们在教学、科研和工程技术工作的第一线发挥着重要作用，是本学科专业的学术技术带头人，其中 70% 为 55 岁以下的中青年干部。

2001 年又有 18 名专业技术军官晋升专业技术少将，其中 49 岁以下的有 4 名。这批晋升专业技术少将军衔的科技干部，主要分布在全军科技干部密集单位的重要岗位。他们有的是从事高新技术装备研究试验的高级专家，有的是在军事学术领域成绩显著的学科带头人，有的是长年辛勤耕耘的优秀教师，其中 16 人获得过国家二等奖或军队一等奖以上科技学术成果奖励。专业技术少将是军队专业技术干部的优秀代表，自 1998 年军队实行新的军衔制度以来，全军共有 186 人晋升为专业技术少将。

一批科技干部受国家表彰。经中组部、国家人事部和中国科学技术协会联合批准，军队和武警部队的 9 名科技干部荣获第七届“中国青年科技奖”，还有 37 名科技干部被中国科学技术协会授予“全国优秀科技工作者”荣誉称号。“中国青年科技奖”于 1987 年设立并实施，每两年评选一次，主要奖励在我国经济建设、社会发展和科技进步中做出突出贡献的青年科技人才，对获奖者颁发证书、奖杯和 2 万元奖金。全军和武警部队从第二届开始参评，先后有 46 名干部获此项奖励。“全国优秀科技工作者”荣誉称号设立于 1997 年，主要授予在本职岗位上做出显著成绩和贡献的科技工作者，迄今为止共评选过两次，全军和武警部队有 71 名科技干部获此称号。据悉，军队这次获“中国青年科技奖”的科技干部均担任高级专业技术职务，年龄均在 38 岁以下。

百余名军队教师获重点资助。全军 20 所高等院校的首批百余名“骨干教师”，获得国家和军队重点资助的 1440 万元经费已经全部划拨到位。这是多年来提供给军校教师数额最大的一笔资助经费。

《高等学校骨干教师资助计划》是国家教育部为贯彻《面向 21 世纪教育振兴行动计划》设立实施的。这一计划，拟在全国范围内以竞争择优的方式分批精选成万名中青年骨干教师，采取国家教育部和军队共同出资的办法增强科研经费支持力度。经教育部批准，全军院校有 120 名教师进入首批资助计划。申报资助的项目主要是正在主持承担的国家 863 项目、前沿攻关项目、发展规划项目等。资助经费主要用于开展申报的课题项目研究、改善教学科研条件、优化工作环境、开展学术交流与合作等，每名骨干教师可得到资助经费 12 万元。

设立军校育才奖嘉奖优秀军校教官。总参谋部、总政治部、总后勤部于 2001 年 7 月下发《军队院校育才奖实施办法》，决定对在教书育人工作中做出突出贡献的院校教员进行奖励。据悉，首批育才奖评选工作将于2001年11月实施，一批优秀军校教官将喜获“金奖”、“银奖”。这项奖励是为了引导和鼓励广大教员立足本职岗位，努力提高教学质量和水平，为军队现代化建设培养大批高素质新型军事人才而设立的，奖励等级分为“金奖”和“银奖”，分别从提高学员的政治思想素质、完成教学任务、开展教学改革、培养学科带头人和接班人以及加强学科专业建设等5个方面加以评审。“金奖”在全军范围内评选，每次奖励人数不超过100人；“银奖”在各大军区级单位范围内评选，每次奖励数额不超过本学校教员编制数的2%，奖励每年进行一次。对获奖对象颁发中国人民解放军院校育才奖“金奖”或“银奖”证书，发放奖励金。“金奖”奖金为10000元人民币，“银奖”奖金为5000元人民币。

全军政治部主任座谈会要求军队贯彻江主席“七一”讲话加强党的建设 《解放军报》2001年7月10日报道，2001年7月上旬在北京召开的全军大单位政治部主任座谈会，分析了全军部队学习贯彻江总书记“七一”讲话的情况，着重研究部署按照“三个代表”要求加强和改进军队党的建设的问题。会议要求，全军要充分认识“三个代表”思想的重大理论和实践意义，牢固确立用“三个代表”指导军队党的建设和各项工作的思想，高度自觉地坚持和贯彻解放思想、实事求是的思想路线，大力加强和改进军队党的建设，推动军队现代化建设的发展。

中央军委委员、总政治部主任于永波在会上作了重要讲话。中央军委委员、总政治部常务副主任徐才厚出席了会议。

会议认为，江总书记的“七一”重要讲话，是一篇马克思主义的纲领性文献。《讲话》标志着我们党对共产党执政和党的建设规律的认识、对社会主义建设规律的认识、对人类社会发展规律的认识达到了一个新的境界，是党的第三代领导集体面向二十一世纪的政治宣言，是全面推进建设有中国特色社会主义伟大事业、全面推进党的建设新的伟大工程的行动指南。江总书记的“七一”讲话，对我们的思想和实践的指导具有里程碑的意义，随着时间的推移、实践的深入，将日益显示出巨大的政治价值、思想价值和理论价值。

会议认为，“三个代表”的重要思想，是江总书记“七一”讲话的核心内容。“三个代表”重要思想的提出，是以江泽民同志为核心的党的第三代领导集体的历史性贡献。“七一”讲话，标志着“三个代表”重要思想已经形成了一个完整的理论体系，标志着我们党对执政党建设规律的认识和把握达到了一个新的高度，标志着马克思主义党的建设理论发展到一个新的阶段。确立起“三个代表”重要思想在党的建设和党的各项工作中的指导地位，是时代的要求，是历史的必然。确立起“三个代表”在军队党的建设和各项工作中的指导地位，是贯彻落实“七一”讲话精神的根本要求。完整准确地理解“三个代表”的重要思想，真正掌握精神实质，是用党的最新理论成果武装全军的重大任务。抓好“三个代表”重要思想的深入学习，是部队思想政治建设一项长期的工作。要把“三个代表”的学习、研究和宣传推向一个新的阶段，在全军进一步形成热潮。当前全军正在进行的学习实践“三个代表”重要思想、保持共产党员先进性教育活动，是今年加强军队党的建设的重要举措，要进一步查找差距，使教育活动取得更好的成效。

会议认为，解放思想，实事求是，一切从实际出发，是马克思主义的精髓，是邓小平理论的灵魂。坚持和贯彻解放思想、实事求是的思想路线，是新时期加强和改进党的建设的一个根本性问题，对党、国家和军队的全部工作都有重要的指导意义。《讲话》通篇贯穿了解放思想、实事求是的思想路线，充分体现了与时俱进的理论品格和尊重实践、尊重群众的科学精神。学习贯彻“七一”讲话，要把掌握和坚持解放思想、实事求是的思想路线，发扬求真务实、勇于创新的精神，贯穿到军队党的建设的各个方面，成为我们研究解决问题的世界观、方法论。加强和改进军队党的建设，一定要从新的实际出发，树立新观念，研究新情况，寻找新办法。必须在军队党的建设的各个方面，确立起符合“三个代表”要求的标准和观念，破除那些不适应形势任务要求的老观念、老框框，使军队党的建设更好地适应形势的发展，更好地体现时代的要求。

会议特别强调，党对军队的绝对领导，是我军永远不变的军魂，是保持人民军队性质的根本原则、根本制度。加强和改进军队党的建设，任何时候都要鲜明地突出这个主题。军队党组织的全部活动和一切工作，都要紧紧地围绕这个主题。坚持党对军队的绝对领导，最重要的就是高举邓小平理论伟大旗帜，坚决维护以江泽民同志为核心的党的第三代领导集体的权威。贯彻“三个代表”的重要思想，加强和改进军队党的建设，就制度建设来说，最重要的是坚持和落实党对军队绝对领导的原则和制度，保证枪杆子永远听党指挥。民主集中制是我们党的根本组织制度和领导制度。党委统一的集体领导下的首长分工负责制是军队贯彻民主集中制的实现形式，是党对军队绝对领导的根本制度，也是党委对部队实施领导的有效机制。必须按照“七一”讲话精神，进一步加强民主集中制建设，增强党委的创造力、凝聚力、战斗力，使各级党委真正成为部队的坚强领导核心。

会议认为，要把提高干部队伍素质作为军队党的建设的紧迫任务。我军要确保打赢未来高技术战争，确保人民军队的性质、本色和作风永远不变，关键在于建设一支高素质的、能够担当重任、经得起风浪考验的干部队伍。这是军队党的建设一项重大而紧迫的战略任务。必须采取切实有效的措施，抓好人才培养，提高干部队伍素质。要进一步做好选拔培养年轻干部的工作。必须坚持党管干部、群众参与的原则，德才兼备、全面要求的原则，加强锤炼、重在考验的原则。要支持、鼓励和安排年轻干部到艰苦环境中去摔打磨练、增长才干，培养务实的作风。要敢于把年轻干部放在斗争第一线，放手让他们处理棘手矛盾，在斗争实践中积累政治经验，提高在复杂条件下开展工作的能力。

会议指出，按照“七一”讲话精神，认真解决党的作风上存在的突出问题，是落实“三个代表”重要思想，加强和改进军队党的建设的必然要求。要下决心解决脱离实际、脱离群众的不良作风。当前军队现代化建设的任务很重，各种矛盾和困难很多，新情况、新问题大量涌现。这就要求各级党委、领导和机关，想问题、作决策、抓工作，都要从实际出发，注重研究现实情况，找出解决问题的政策和办法。要从端正思想方法、转变思维方式入手，提高工作指导的科学性，切实防止和克服形式主义、官僚主义。要切实纠正对群众疾苦和基层困难漠不关心的现象，真心实意为基层办实事、解难题、送温暖，真正做到士兵至上、基层至上、群众至上。

会议认为，按照“三个代表”要求，加强和改进军队党的建设，必须着眼于推进军队的建设和发展，紧紧围绕军队现代化建设的中心任务，落实“五句话”总要求，把党的建设与部队各项工作紧密结合起来，推动部队全面建设和战斗力的提高。要把对军队现代化建设规律的认识，提高军队现代化建设的领导水平，提高驾驭现代战争特别是高技术战争的能力，作为军队党的建设的重大课题。要通过强有力的思想工作和组织工作，统一思想认识，凝聚军心士气，激发官兵的聪明才智，把各方面的力量调动起来，推动和促进军事斗争准备各项任务的完成。

于永波在讲话中指出，江总书记的“七一”讲话，坚持历史和现实的统一，坚持继承和发展的统一，坚持理论和实际的统一，全面、系统、深刻地揭示了“三个代表”的丰富内涵、科学精神和相互关系，明确地指出了“三个代表”对党的建设以至整个国家政治、经济、文化的发展所具有的重大理论指导意义。抓好《讲话》的深入学习贯彻，是全军的一项重大政治任务。各级党委和领导一定要以饱满的政治热情和政治责任感，高度重视，带头学好，认真组织规划，加强具体指导。以贯彻江总书记“七一”讲话为契机，把“三个代表”的学习、研究和宣传推向一个新的阶段，在全军进一步形成热潮。

徐才厚就按照江总书记“七一”讲话精神，做好下半年政治工作提出了要求。总政副主任唐天标、袁守芳、张树田，主任助理孙忠同，全军各大单位政治部主任和组织部长参加了会议。

国务院新闻办发表《2000 年美国的人权纪录》揭露美国穷兵黩武、侵犯别国人权等劣行 2001 年 2 月 27 日，国务院新闻办公室发表《2000 年美国的人权纪录》（简称《纪录》），指出，美国国务院当日发表的《2000 年国别人权报告》，再次以“世界人权法官”自居，采用歪曲、捏造的手法罗织罪名，对包括中国在内的世界 190 多个国家和地区的人权状况横加指责，而对其自身的人权问题却讳莫如深、避而不谈。《纪录》分六个部分以大量的材料说明，恰恰是美国存在着严重侵犯人权的问题。其中第六部分，全面地揭露了美国穷兵黩武，粗暴侵犯别国主权和人权的劣行。该部分全文如下：

美国在国际上唯我独尊，推行霸权主义和强权政治，到处留下侵犯人权的斑斑劣迹。

美国长期以来在世界各地设有军事基地，驻军达数十万，犯下许多侵犯当地居民人权的罪行。2000 年以来，美国的此类劣行不断发生，一些相关的丑事相继被揭露出来。继 1995 年驻冲绳 3 名美军士兵强奸一名日本女孩引发日本民众大规模抗议之后，2000 年 1 月 14 日，驻普天间航空基地的美国海军士兵在冲绳市再次发生因企图强暴一名日本女子而被逮捕入狱的案件；同月，美国海军驻长崎南部辖区佐世堡基地的 3 名水兵对 2 名 15 岁的少女进行性骚扰；2001 年 1 月 9 日，美国海军士兵又在冲绳市猥亵一名年仅 16 岁的日本少女。2000 年 1 月 13 日，美国驻科索沃维和部队士兵奸杀一阿族小女孩，激起科索沃阿族人强烈愤慨。7月，韩国环保组织绿色联合会调查揭露，驻汉城美军基地将未经处理的尸体防腐液排放进汉江，美军在韩国江源道的一个基地从1991年至今一直向作为当地21万居民饮用水源的蟾江排放废油，污染当地环境，危害居民健康。据古巴《格拉玛报》2000年11月6日报道，南大平洋环境计划组织在斐济、基里巴斯和密克罗尼西亚联邦等一些岛国发现了50多个被危险废弃物污染的地区，而这些废弃物或多或少都与美国的军事利益或其他利益有关。2000年7月24日，巴拿马代理副外长揭露，美国在占领巴拿马运河区的近一个世纪中长期在当地驻扎军队，无数巴拿马妇女被美国大兵玩弄和抛弃，留下了成千上万没有父亲的孩子；1999年底美军撤出巴拿马运河区后，巴拿马和科隆两省就有700名孕妇被抛弃。

美国到处插手别国内部事务，暗中培植势力，在别国制造侵犯人权的事件。2001年1月17日，美国国防部开办了"西半球安全合作研究院"。而这个机构的前身是美国陆军所属的"美洲学校"，由于其以教授拉美和加勒比军人折磨嫌疑犯、执行秘密枪决、向持不同政见者寄恐吓信等技能而著称，被国际人权组织称之为"独裁者、刽子手、暗杀者培训基地"。这所学校在从1946年组建到2000年12月的54年间，正式培训的学生有5.6万人，通过其他各种名目的"短期培训"、"秘密训练"培养的学员不计其数。许多臭名昭著的"人权侵犯者"、大毒枭都是该校的毕业生，拉美和加勒比地区数一数二的哥伦比亚乌拉巴大惨案等几桩特大屠杀案无一不牵扯到"美洲学校"的学员。1981年，"美洲学校"一手训练出来的"阿特拉卡特尔营"在一次行动中就屠杀了哥伦比亚埃尔莫佐特村767位无辜村民，其中，最大的超过90岁，最小还不到2个月。

冷战结束已近10年，要和平、求发展已成为时代潮流和人心所向。但是，美国作为当今世界唯一的超级大国，顽固坚持冷战思维，维持海外驻军，增加军费开支，大肆出售军火，到处炫耀武力，成为破坏世界和平与稳定、侵犯别国主权和人权的一个重要根源。美国国务院和国会研究服务局2000年8月21日公布的报告显示，美国军费开支和军火出口总额均占世界首位，其中军费开支占全球的1/3，军火出口占全球的36%。2001年的军费预算比2000年的2000亿美元又增加了126亿美元。据不完全统计，仅90年代以来，美国对外使用武力就达40多次，多次动用集束炸弹、贫铀弹等国际法禁用的武器和各种破坏力极强的新式武器，在世界许多地区造成不计其数的平民伤亡，对受害地区的生态环境和人体健康造成了长期的灾难性影响。据报道，30多年前，美军就在巴拿马靶场试射贫铀弹；1991年海湾战争中，美军曾向伊拉克投下94万枚贫铀弹；1994年至1995年波黑战争中，美军投掷了1万余枚贫铀弹；1995年和1996年美军在日本冲绳岛的军事演习中试射了贫铀弹；1999年科索沃战争中，美军在南联盟使用了3.1万枚贫铀弹，对112处目标进行打击。由于受到北约在波黑和科索沃使用的贫铀弹的辐射，南斯拉夫患恶性肿瘤的人数增加了30%，至少有1万名科索沃公民因受辐射而死亡，毗邻南斯拉夫的保加利亚的一个小镇两个月内出生的80名婴儿中有40名畸形或患有其他生理缺陷，曾在波斯尼亚、克罗地亚和包括科索沃在内的南联盟服役的一些欧洲国家的士兵和文官被诊断患上了"巴尔干综合症"，其中至少已有27人死亡。联合国秘书长发言人指出，联合国环境规划署已经证实，他们从南斯拉夫抽取的检测样本中确实存在放射性物质。众所周知，铀是超重金属，且具有放射性，而美国却矢口否认贫铀弹对人体健康的危害，阻挠有关国家和国际组织继续进行调查，并断然拒绝中止使用贫铀弹。目前，美国驻科索沃的军队仍配备有贫铀弹。其实，美国对贫铀弹爆炸产生的危害早就了如指掌。早在1990年7月海湾战争爆发之前，属于美国军方的试验小组就在一份报告中指出，贫铀弹爆炸后会产生极强的致癌阿尔法（α）射线，在遭受贫铀弹攻击的地区执行任务的士兵必须事先采取有效的预防措施。而同一地区的居民并没有得到任何警告，他们是命中注定的贫铀弹的受害者。

美国对国际人权公约一贯持消极态度。美国是联合国创始成员国，但直到1988年才首次加入一个重要的国际人权公约即《防止及惩治灭绝种族罪公约》。对于该公约以及《消除一切形式种族歧视国际公约》和《公民权利和政治权利国际公约》，美国从签署到批准分别拖了40年、28年和15年。美国签署《经济、社会、文化权利国际公约》已经24年，至今仍未批准该公约。美国是目前世界上仅有的两个未加入《儿童权利国际公约》的国家之一，也是少数几个未加入《消除对妇女一切形式歧视公约》的国家之一。美国长期反对将发展权确认为一项人权，是西方国家中唯一投票反对《发展权宣言》的国家。美国作为美洲国家组织的创始成员国，一直拒绝加入《美洲人权公约》和该组织通过的其他有关人权的公约。对于其所加入的国际人权公约，美国总是通过作出保留、声明和谅解确保其实施被严格限制在美国宪法和法律范围之内，并使之只能适用于联邦而不适用于各州，从而使国际公约在美国变成一纸空文。

俗话说，事实胜于雄辩，公道自在人心。促进人权本是世界各国的共同任务。美国对自己存在严重人权问题熟视无睹，却在国际上高喊“人权”，年复一年地发表《人权报告》，对世界各国进行声讨，这只能在世人面前暴露其假“人权卫士”、真霸权主义的本来面目。我们奉劝美国政府改弦易辙，切实采取措施改善一下本国的人权状况，多做有利于人权领域国际合作的事，不要动辄借口人权对他国颐指气使。

中国“神舟二号”无人飞船成功发射并准确返回 2001年1月10日凌晨1时零分，中国自行研制的第一艘正样无人飞船“神舟二号”在酒泉卫星发射中心顺利升空。这是中国载人航天工程第二次飞行试验，标志中国载人航天事业向实现载人飞行目标又迈出了新的一步。

中共中央总书记、国家主席、中央军委主席江泽民闻讯后亲笔致电，向亲临现场指挥的中央军委副主席迟浩田同志和载人航天工程总指挥曹刚川同志，并通过他们向参加研制和发射工作的广大科技人员、干部职工和解放军指战员致以热烈的祝贺和亲切的慰问。

此次飞船发射是首次在“三九”严寒条件下实施的。据有关专家介绍，与1999年11月20日发射的“神舟一号”试验飞船相比，“神舟二号”系统结构有了新的扩展，技术性能有了新的提高。“神舟二号”飞船由轨道舱、返回舱和推进舱三部分组成；除没有载人外，整个载人航天工程七大系统“全副武装”参加试验。

飞船起飞10分钟后，进入预定轨道。在轨运行期间，北京航天指挥控制中心统一调度陆海基航天测控网，对飞船实施持续跟踪、测量与控制。

据悉，“神舟二号”是由中国航天科技集团公司所属多个研究单位为主研制的。中国科学院、信息产业部等部门的科研机构研制并提供了多项科学与应用研究试验的船载仪器和设备；酒泉卫星发射中心对发射场设施进行了新的改造和完善。

1月16日，“神舟二号”无人飞船在轨运行7天后，按照预定计划，于北京时间当日19时20分在内蒙古中部地区预定着陆区准确着陆。同船带回的还有一连串的科学试验成果。

“神舟二号”无人飞船发射中心升空后，共在轨运行162小时22分，绕地球飞行108圈、540余万千米。

飞船在轨运行期间，北京航天指挥控制中心统一调度、指挥分布在三大洋的4艘远望号航天测量船和各有关地面测控站，对飞船实施全时空指挥控制，向飞船发出了一系列遥控指令，确保飞船在太空成功地完成了数百个预定动作，并顺利完成了飞船变轨飞行。

1月16日18时33分，当环绕地球运行最后一圈的“神舟二号”飞临南大西洋上空时，在那里待命的“远望三号”航天测量船向其发出了返回命令。飞船随即建立返回姿态，返回舱与轨道舱分离，制动发动机点火，开始从太空向地球表面返回，穿越大气层后，在内蒙古中部草原上成功着陆。

据介绍，“神舟二号”除没有载人外，技术状态与载人飞船基本一致，载人航天应用系统第一次全系统执行在轨飞行试验任务，主要进行材料科学、生命科学试验及空间天文、环境监测仪器的试验。装载在飞船上的各种科学和技术试验仪器设备60余件。在自主飞行期间，进行了半导体光电子材料、氧化物晶体、金属合金等多种材料的晶体生长；进行了蛋白质和其它生物大分子的空间晶体生长；开展了植物、动物、水生生物、微生物及离体细胞和细胞组织的空间效应实验；对宇宙r射线和空间环境进行探测。

飞船在轨运行期间，各种试验仪器设备性能稳定，工作正常，取得了大量宝贵的飞行试验数据，圆满完成了预定试验任务。飞船返回舱在着陆后不久运回北京，由科技人员对飞船及装载试验项目进行技术分析和科学研究。飞船轨道舱继续在轨运行，并进行有关的空间科学和应用试验。

“神舟二号”无人飞船的成功发射和返回，表明中国载人航天工程技术日臻成熟，为实现载人飞行奠定了坚实基础。

中国公布施行《中华人民共和国国防教育法》 4月28日，中华人民共和国国家主席江泽民签署第52号主席令，公布施行《中华人民共和国国防教育法》。这项法律是在当天闭会的第9届全国人大常委会第21次会议上表决通过的。

国防教育法分总则、学校国防教育、社会国防教育、国防教育的保障、法律责任和附则等6章，共38条。全文如下：

第一章 总则

第一条 为了普及和加强国防教育，发扬爱国主义精神，促进国防建设和社会主义精神文明建设，根据国防法和教育法，制定本法。

第二条　国防教育是建设和巩固国防的基础，是增强民族凝聚力、提高全民素质的重要途径。

第三条　国家通过开展国防教育，使公民增强国防观念，掌握基本的国防知识，学习必要的军事技能，激发爱国热情，自觉履行国防义务。

第四条　国防教育贯彻全民参与、长期坚持、讲求实效的方针，实行经常教育与集中教育相结合、普及教育与重点教育相结合、理论教育与行为教育相结合的原则，针对不同对象确定相应的教育内容分类组织实施。

第五条　中华人民共和国公民都有接受国防教育的权利和义务。

普及和加强国防教育是全社会的共同责任。

一切国家机关和武装力量、各政党和各社会团体、各企业事业组织以及基层群众性自治组织，都应当根据各自的实际情况组织本地区、本部门、本单位开展国防教育。

第六条　国务院领导全国的国防教育工作。中央军事委员会协同国务院开展全民国防教育。

地方各级人民政府领导本行政区域内的国防教育工作。驻地军事机关协助和支持地方人民政府开展国防教育。

第七条　国家国防教育工作机构规划、组织、指导和协调全国的国防教育工作。

县级以上地方负责国防教育工作的机构组织、指导、协调和检查本行政区域内的国防教育工作。

第八条　教育、民族、文化宣传等部门，在各自职责范围内负责国防教育工作。

征兵、国防科研生产、国民经济动员、人民防空、国防交通、军事设施保护等工作的主管部门，依照本法和有关法律、法规的规定，负责国防教育工作。

工会、共产主义青年团、妇女联合会以及其他有关社会团体，协助人民政府开展国防教育。

第九条　中国人民解放军、中国人民武装警察部队按照中央军事委员会的有关规定开展国防教育。

第十条　国家支持、鼓励社会组织和个人开展有益于国防教育的活动。

第十一条　国家和社会对在国防教育工作中作出突出贡献的组织和个人，采取各种形式给予表彰和奖励。

第十二条　国家设立全民国防教育日。

第二章　学校国防教育

第十三条　学校的国防教育是全民国防教育的基础，是实施素质教育的重要内容。

教育行政部门应当将国防教育列人工作计划，加强对学校国防教育的组织、指导和监督，并对学校国防教育工作定期进行考核。

第十四条　小学和初级中学应当将国防教育的内容纳入有关课程，将课堂教学与课外活动相结合，对学生进行国防教育。

有条件的小学和初级中学可以组织学生开展以国防教育为主题的少年军校活动。教育行政部门、共产主义青年团组织和其他有关部门应当加强对少年军校活动的指导与管理。

小学和初级中学可以根据需要聘请校外辅导员，协助学校开展多种形式的国防教育活动。

第十五条　高等学校、高级中学和相当于高级中学的学校应当将课堂教学与军事训练相结合，对学生进行国防教育。

高等学校应当设置适当的国防教育课程，高级中学和相当于高级中学的学校应当在有关课程中安排专门的国防教育内容，并可以在学生中开展形式多样的国防教育活动。

高等学校、高级中学和相当于高级中学的学校学生的军事训练，由学校负责军事训练的机构或者军事教员按照国家有关规定组织实施。军事机关应当协助学校组织学生的军事训练。

第十六条　学校应当将国防教育列入学校的工作和教学计划，采取有效措施，保证国防教育的质量和效果。

学校组织军事训练活动，应当采取措施，加强安全保障。

第十七条　负责培训国家工作人员的各类教育机构，应当将国防教育纳入培训计划，设置适当的国防教育课程。

国家根据需要选送地方和部门的负责人到有关军事院校接受培训，学习和掌握履行领导职责所必需的国防知识。

第三章　社会国防教育

第十八条　国家机关应当根据各自的工作性质和特点，采取多种形式对工作人员进行国防教育。

国家机关工作人员应当具备基本的国防知识。从事国防建设事业的国家机关工作人员，必须学习和掌握履行职责所必需的国防知识。

各地区、各部门的领导人员应当依法履行组织、领导本地区、本部门开展国防教育的职责。

第十九条　企业事业组织应当将国防教育列入职工教育计划，结合政治教育、业务培训、文化体育等活动，对职工进行国防教育。

承担国防科研生产、国防设施建设、国防交通保障等任务的企业事业组织，应当根据所担负的任务，制定相应的国防教育计划，有针对性地对职工进行国防教育。

社会团体应当根据各自的活动特点开展国防教育。

第二十条　军区、省军区（卫戍区、警备区）、军分区（警备区）和县、自治县、市、市辖区的人民武装部按照国家和军队的有关规定，结合政治教育和组织整顿、军事训练、执行勤务、征兵工作以及重大节日、纪念日活动，对民兵、预备役人员进行国防教育。

民兵、预备役人员的国防教育，应当以基干民兵、预备役人员为重点，建立和完善制度，保证受教育的人员、教育时间和教育内容的落实。

第二十一条　城市居民委员会、农村村民委员会应当将国防教育纳入社区、农村社会主义精神文明建设的内容，结合征兵工作、拥军优属以及重大节日、纪念日活动，对居民、村民进行国防教育。

城市居民委员会、农村村民委员会可以聘请退役军人协助开展国防教育。

第二十二条　文化、新闻、出版、广播、电影、电视等部门和单位应当根据形势和任务的要求，采取多种形式开展国防教育。

中央和省、自治区、直辖市以及设区的市的广播电台、电视台、报刊应当开设国防教育节目或者栏目，普及国防知识。

第二十三条　烈士陵园、革命遗址和其他具有国防教育功能的博物馆、纪念馆、科技馆、文化馆、青少年宫等场所，应当为公民接受国防教育提供便利，对有组织的国防教育活动实行优惠或者免费；依照本法第二十八条的规定被命名为国防教育基地的，应当对有组织的中小学生免费开放；在全民国防教育日向社会免费开放。

第四章　国防教育的保障

第二十四条　各级人民政府应当将国防教育纳入国民经济和社会发展计划，并根据开展国防教育的需要，在财政预算中保障国防教育所需的经费。

第二十五条　国家机关、事业单位、社会团体开展国防教育所需的经费，在本单位预算经费内列支；企业开展国防教育所需经费，在本单位职工教育经费中列支。

学校组织学生军事训练所需的经费，按照国家有关规定执行。

第二十六条　国家鼓励社会组织和个人捐赠财产，资助国防教育的开展。

社会组织和个人资助国防教育的财产，由依法成立的国防教育基金组织或者其他公益性社会组织依法管理。

国家鼓励社会组织和个人提供或者捐赠所收藏的具有国防教育意义的实物用于国防教育。使用单位对提供使用的实物应当妥善保管，使用完毕，及时归还。

第二十七条　国防教育经费和社会组织、个人资助国防教育的财产，必须用于国防教育事业，任何单位或者个人不得挪用、克扣。

第二十八条　本法第二十三条规定的场所，具备下列条件的，经省、自治区、直辖市人民政府批准，可以命名为国防教育基地：

（一）有明确的国防教育主题内容；

（二）有健全的管理机构和规章制度；

（三）有相应的国防教育设施；

（四）有必要的经费保障；

（五）有显著的社会教育效果。

国防教育基地应当加强建设，不断完善，充分发挥国防教育的功能。被命名的国防教育基地不再具备前款规定条件的，由原批准机关撤销命名。

第二十九条　各级人民政府应当加强对国防教育基地的规划、建设和管理并为其发挥作用提供必要的保障。

各级人民政府应当加强对具有国防教育意义的文物的收集、整理、保护工作。

第三十条　全民国防教育使用统一的国防教育大纲。国防教育大纲由国家国防教育工作机构组织制定。

适用于不同地区、不同类别教育对象依据国防教育大纲并结合本地区、本部门的特点组织编写。

第三十一条　各级国防教育工作机构应当组织、协调有关部门做好国防教育教员的选拔、培训和管理工作，加强国防教育师资队伍建设。

国防教育教员应当从热爱国防教育事业、具有基本的国防知识和必要的军事技能的人员中选拔。

第三十二条　中国人民解放军和中国人民武装警察部队应当根据需要和可能，为驻地有组织的国防教育活动选派军事教员，提供必要的军事训练场地、设施以及其他便利条件。

在国庆节、中国人民解放军建军节和全民国防教育日，经批准的军营可以向社会开放。军营开放的办法由中央军事委员会规定。

第五章　法律责任

第三十三条　国家机关、社会团体、企业事业组织以及其他社会组织违反本法规定，拒不开展国防教育活动的，由人民政府有关部门或者上级机关给予批评教育，并责令限期改正；拒不改正，造成恶劣影响的，对负有直接责任的主管人员依法给予行政处分。

第三十四条　违反本法规定，挪用、克扣国防教育经费的，由有关主管部门责令限期归还；对负有直接责任的主管人员和其他直接责任人员依法给予行政处分；构成犯罪的，依法追究刑事责任。

第三十五条　侵占、破坏国防教育基地设施、损毁展品的，由有关主管部门给予批评教育，并责令限期改正；有关责任人应当依法承担相应的民事责任。

有前款所列的行为，违反治安管理规定的，由公安机关依法给予治安管理处罚；构成犯罪的，依法追究刑事责任。

第三十六条　寻衅滋事，扰乱国防教育工作和活动秩序的，或者盗用国防教育名义骗取钱财的，由有关主管部门给予批评教育，并予以制止；违反治安管理规定的，由公安机关依法给予治安管理处罚；构成犯罪的，依法追究刑事责任。

第三十七条　负责国防教育的国家工作人员玩忽职守、滥用职权、徇私舞弊的，依法给予行政处分；构成犯罪的，依法追究刑事责任。

第六章　附则

第三十八条　本法自公布之日起施行。

5月11日，中央军委副主席、国务委员兼国防部长迟浩田就依法普及和加强全民国防教育回答了《解放军报》记者的提问，其中，着重谈到制定国防教育法的重要意义。他指出，国防教育是建设和巩固国防的基础，也是增强民族凝聚力和提高全民素质的重要途径。在跨入新世纪的时候，总结历史经验，着眼未来发展，制定一部具有中国特色的国防教育法，具有重要意义。

首先，制定国防教育法有利于增强全民国防观念，建设和巩固国防。回首二十世纪，人类创造了前所未有的巨大物质和精神财富，同时也经历了两次世界大战、数百起局部战争以及近半个世纪的冷战，惨遭战争劫难和战争威胁之苦。二十世纪前五十年的中国，有国无防，落后挨打，山河破碎，人民陷入水深火热之中。中国人民历经磨难，为国家独立、民族解放和民主自由进行了前仆后继的英勇奋斗，最终使国家走上了富强、民主、文明的发展道路。在新世纪，我国既面临难得的发展机遇，也面临严峻的挑战。我们在抓住历史机遇、集中力量进行现代化建设的时候，必须清醒地看到，当今世界形势虽然在总体上趋向缓和，但天下还很不太平，国际力量对比严重失衡，霸权主义和强权政治在国际政治、经济和安全领域依然存在并有新的发展，军事干涉主义进一步抬头，影响亚太地区安全的消极因素和不确定因素也不可忽视。对此，我们绝不能放松警惕。武备之要务，当以强心为先。只有凝聚民心，激扬士气，才能奠定制胜的基础。为确保国家的长治久安，不仅要有强大的国防实力，更要增强全民族的忧患意识和国防观念。

我们党和国家历来重视全民国防教育。党的十三大、十四大和十五大的报告都强调，要加强国防教育，增强全民国防观念。2001 年 3 月 15 日第 9 届全国人大第 4 次会议批准的《国民经济和社会发展第十个五年计划纲要》也明确提出，要“深入开展国防教育，提高全民国防意识”。国防教育法的公布施行，为认真贯彻党的国防教育方面的方针、政策，推动国防教育深入、持久地开展，提供了可靠的法律保障。

第二，制定国防教育法有利于提高全民素质，促进国防建设和经济建设协调发展。面向二十一世纪，我们必须坚持发展这个主题，毫不动摇地以经济建设为中心，努力实现“四个现代化”，完成中华民族伟大复兴的历史使命。要实现这一宏伟目标，必须大力提高全民的基本素质。国防教育是提高公民素质的重要教育形式，贯穿于政治、经济、军事、科技、文化等教育之中，核心是爱国主义、革命英雄主义和奉献精神，根本目的是增强全体公民热爱祖国，建设祖国，保卫祖国的意志、技能和体魄，牢固树立“居安思危”和“共御外侮”的思想。普及和加强国防教育，能激励人民的爱国之心、报国之志，自觉地把党的事业、国家和民族的利益放在首位，从而产生国家利益高于一切的民族向心力、凝聚力。这种巨大的精神力量在军事上可以转化为强大的战斗力，在经济上可以转化为巨大的生产力。国防教育法的公布施行，为提高全民族的素质，促进国防建设和经济建设协调发展，最终实现“四个现代化”，创造了必备的法制条件。

第三，制定国防教育法有利于贯彻落实国防法和教育法，保证全民国防教育依法进行。国防法和教育法是我国国防领域和教育领域的基本法律。国防法设专章对国防教育的方针、原则等作了规定；教育法在总则中明确要求，“国家在受教育者中进行爱国主义、集体主义、社会主义的教育，进行理想、道德、纪律、法制、国防和民族团结的教育”。国防教育法的公布施行，贯彻落实了国防法和教育法对国防教育的原则要求，使国防教育工作的各个方面、各个环节都有明确的可以遵循的法律规范，增加了可操作性。

中国设立全民国防教育日 根据 2001 年 4 月 28 日全国人民代表大会常务委员会通过的《中华人民共和国国防教育法》作出的国家设立全民国防教育日的规定，第 9 届全国人民代表大会常务委员会第 23 次会议于 2001 年 8 月 31 日作出决定，每年 9 月的第三个星期六为全民国防教育日。全国人大常委会法制工作委员会副主任张春生于 2001 年 9 月 16 日就此专门发表谈话，指出，之所以选定这一天为全民国防教育日，是因为考虑到：这个日期是在教师节之后，又是全国大中小学新学年开学之初，各中等学校、大专院校新生入学后一般都要集中进行军训，有利于学校开展国防教育活动。此外，中国设立全民国防教育日，目的是向本国人民进行国防教育，并不是针对别的什么国家，因此，没有把全民国防教育日选定在某一个国耻纪念日。这也体现了中国的和平外交政策。

他指出，以法律形式为一项国防教育事业设立一个全国性的宣传活动日，这在建国以来的立法史上是不多见的。这项规定充分反映了党和国家对加强新形势下全民国防教育的高度重视，也符合广大人民群众的意志和心愿。设立全民国防教育日的意义主要有两点：一是由于我国长期处于和平环境，和平麻痹思想在一些地方、一些干部群众中滋长，有的甚至忘记了国家安全、国防建设。当前世界上和平与发展是主流，但是霸权主义仍在横行，祖国还没有完全实现统一，天下仍不太平。我们应当教育人民居安思危，关心和支持国防建设。二是我们的国防是全民国防，国家要普及和加强全民国防教育，就要为全民参与国防教育提供一个大众化、社会化的载体。依法确立一个每年都能让全体公民共同接受国防教育的时机，可以更好地体现我国国防教育的全民性、全社会性的特点。

2001 年 9 月 15 日，是中国第一个全民国防教育日。全国军民在这一天开展了丰富多彩的国防教育活动。在北京，29 所高校的 2000 多名大学生代表在圆明园遗址举行了以“勿忘国耻、强我国防、振兴中华”为主题的纪念活动，1031 所少年军校进行了军训成果汇报表演。在天津，约千名军民来到 100 年前抗击帝国主义入侵的大沽口炮台遗址前，庄严宣誓；正在举行的“百年国耻回顾展”也迎来大批参观者；该市还以拉响防空警报的形式，对全体市民进行最实际的国防教育。在辽宁，省委宣传部和省国防教育办公室将第一个全民国防教育日和毋忘“九·一八”、警钟长鸣、振兴中华活动结合起来，举办了日军侵华资料展览、万名观众大签名、“九·一八”事变见证人声讨会等 10 项活动。在上海有关部门向第一批经过专门培训的 35 名区、县、局（公司）国防教育办公室主任颁发了国防教育执法工作证，这批持证上岗的执法者将依法承担动员、协调社会力量，丰富国防教育形式，拓展国防教育载体，加强全民国防教育的责任。在广东，以党政机关干部为第一对象，开展了“认清形势任务、维护国家统一”为主题的国防教育活动，各级领导机关自觉加大在经济发展中贯彻国防要求的力度，解决了一些事关国防安全的问题；在 160 年前抗击英军入侵的三元里古庙前和虎门销烟的纪念碑下，各单位组织参观的人流络绎不绝，人们纷纷在留念簿上留下“勿忘国耻”，“加强国防”的誓言。在南京，各条主要街道上悬挂的一条条有关国防教育的横幅标语，成为这一天一道特别的风景。在河南，郑州市委、市政府专门安排了十几部国防教育影片为公众放映。

各地党政领导亲临第一线组织和参加活动，使各地国防教育活动开展得有声有色。其中，驻宁党政军领导和千余名社会各界人士，在由国防教育馆、军兵种馆、模拟演练场等组成的国防教育基地隆重集会，举行贯彻《国防教育法》宣传系列活动；一群身着迷彩服的女民兵，打着“南京市民兵战场救护分队”的红旗，来到南京大屠杀纪念馆前，悼念在那场战争中屈死的同胞，以激发军事训练的热情。中共重庆市委书记贺国强、市长包叙定率领市委、市政府、市人大、市政协领导来到人民广场，与各界群众和驻渝部队官兵共同庆祝第一个全民国防教育日的到来，并向到场的市民赠送《中国国防报》全民国防教育日专号等宣传资料。中共河北省委书记王旭东、省长钮茂生率省党政军领导来到军械工程学院，参加全民国防教育日宣传活动。中共陕西省委书记李建国、省长程安东亲自主持以宣传贯彻《国防教育法》、迎接第一个全民国防教育日为主题的陕西省国防动员机构启动和紧急征召演练，百余名厅级干部根据情况设置，分析情况，提出具体方案，千余名民兵专业技术人员和预备役军人快速集结、进行转服现役训练。9月25日，贾庆林、徐匡迪、张立昌、包叙定、李春亭、李克强、卢瑞华、郭汝义、刘振华、程安东、张中伟、黄智权、许仲林、杨光洪、唐云高、徐荣凯、汪啸风、冯敏刚、乌云其木格、马启智、陆浩、周国富等部分省市领导，还寄语《中国国防报》，共同为第一个全民国防教育日喝彩助兴。

全军各部队纷纷以实际行动，为第一个国防教育日作出贡献。成都军区某部组织官兵走上街头，设立国防教育咨询站，向群众普及国防知识。广西驻军和有关部门共同在南宁朝阳广场举行国防教育宣传仪式，并进行文艺演出及《国防教育法》知识现场有奖问答。西藏军区和西藏自治区有关单位组成军地《国防教育法》宣传小组，分赴岗巴、江孜、藏北等边境农牧区进行国防教育宣传。上万名藏族群众在当地人武部的组织下，积极参加国防知识教育活动，许多藏族青年还向人武部的同志了解新兵应征条件，积极要求参军报国。预备役官兵和广大民兵成为各地国防教育活动的骨干队伍。在哈尔滨市中央大街，佩带预备役军人标志的预备役士兵手拿宣传单、国防知识竞赛答题向过往市民和游人发放。长沙市1300多名民兵宣传员、20多支民兵国防文艺演出队活跃在全市各主要街道路口，表演文艺节目，受到群众热烈欢迎。

（夏礼伯）

台湾当局采取新的冒险军事战略 陈水扁上台以来，台湾当局采取了新的冒险军事战略，主要做法如下：

一、提出“决战境外”的战略构想

陈水扁上台后，于2000年6月16日提出以建设“高素质、现代化、专业化”的军事劲旅为建军标准，并以“制空、制海、反登陆”及信息战为主要作战形式，以“精准纵深打击、提升早期预警、争取资讯优势”为作战观念的“决战境外”的战略构想。8月，台“国防部”公布的第5版《国防报告书》称，随着新一代兵力编成及武器装备更新，台军已具备了“主动战略条件”，有能力遂行反制作战，并可取得一定程度的“吓阻”效果。因此，该报告将国民党政权时期的“防卫固守、有效吓阻”作战指导思想调整为“有效吓阻、防卫固守”，采用这种“化被动防御为主动积极”的思想，是执行“决战境外”战略构想进程中的一个重要步骤。“决战境外”战略构想反映出陈水扁当局扩军备战，顽固坚持“台独”分裂立场的本质。

二、建立适应高技术战争要求的现代化指挥体制

2000年元月，台湾“立法院”三读通过了重新修订的《国防法》与《国防部组织法》（简称“国防二法”）。《国防法》规定：台“总统”为台军最高统帅，“国防部长”受“总统”直接指挥，并直接领导军政、军令、军备三大系统，参谋总长由“总统”的军事幕僚长降为“国防部长”的军令幕僚，并根据“国防部长”的指令对军队实施作战指挥。从而实现“军政、军令一元化”，改变了以往军政、军令分立的问题，强化了“文人领军的理念”，使国防事务“完全在文人首长领导之下”。《国防部组织法》规定：建立“高度集中”的联合作战指挥体系，即“参谋本部”为三军联合作战指挥机构，取消三军总部的作战指挥权。“国防二法”的上述规定，使台军的指挥体系更加集中统一，更适合现代化高技术战争的要求。

三、建立以“制空、制海、反登陆及信息战”为重点的联合作战系统

2000年8月，台湾出版的《国防报告书》中明确指出：“若敌不计代价，强行进犯，则依‘战略持久、战术速决’之用兵指导，以联合‘制空、制海、反登陆’及‘信息、电子战’等有效防卫作战手段，统合运用三军兵、火力，并动员全民力量遂行总体作战，‘歼灭来犯敌军’，以确保台海和平及国家安全。”为实现上述要求，台军正在组建适应联合作战要求的制空、制海、反登陆和信息战作战系统。在制空作战系统方面，将空军幻影－2000、F－16、IDF等型战斗机及陆军各型防空导弹系统部署各战略要地，分别担任不同空层作战任务。同时，不断加强电子战及早期预警能力、联合侦察照相机、预警机、电子战斗机、高性能战斗机及地面防空武器系统，健全防空体系。为了解决早期预警及反导两大难题，台军将采取3项措施。一是向美国提出加入“战区导弹防御计划”的要求，争取得到美国战区导弹防御系统保护；二是积极采购相关先进武器，如“爱国者－3”型导弹系统，先进的预警雷达系统等；三是研发自己的导弹防御系统，使台军事侦察范围扩大到1000千米，并可精确计算导弹飞行轨迹。预计在未来10年台可完成低层导弹防御系统。在制海作战系统方面，首先使海军新一代舰、各型反潜机及“雄二”导弹、“鱼叉”导弹相继成军，以便有效执行反封锁、反潜及制海作战等任务。今后将持续充实空中攻船兵力、空中反潜兵力，并调整反潜战力与加强水面扫雷兵力，增强制海

作战能力。在反登陆作战系统方面。使陆军攻击直升机和 M60－A3 型战车按计划成军，并与车载式反装甲导弹等装备配合，提高地空整体作战及机动打击能力。同时，陆续换装新型火炮与多管火箭系统、继续筹补中程反装甲导弹，增强机动作战打击能力。在信息战作战系统方面，为了提高信息战能力，台军建立了信息化、网络化高科技部队。目前，台军通过组织调整，将原有统一通信指挥部转型为信息、电子战部队，同时积极调整台军联合作战指挥机制，整合指、管、通、资、情、监、侦及数据链系统（C4ISR/DL），确保台军纵向与横向指管灵活，发挥三军整体作战能力。

四、继续调整兵力结构和军事部署

1993 年，台湾军队开始实施“十年兵力目标规划”和“武器系统整建方案”，主要对编制体制、武器装备、兵力部署等进行了大幅调整。1996 年后，台军加快了整建步伐，于 1997 年 7 月 1 日起开始实施“军事组织及兵力规划案”（简称“精实案”）。其实质是通过调整兵力结构和军事部署，达到“减少人力、增强火力、提升战力”的目的。2001 年 6 月 30 日，台军完成了“精实案”。通过实施“精实案”，台军发生了较大变化。在兵力结构方面，各军种战略基本单位，由原先的 56 种，调整为 75 种，专业分工更精细。在军队员额方面，由 45.2 万余人，精减为 38.5 万余人，总计精简 6.7 万余人。在军事部署方面，台湾陆军由 80％部署在本岛，20％部署在金门、马祖、澎湖（5 万余兵力），调整为 90％部署在本岛。在编制装备方面，陆军已将原有的师和旅等单位全部改编为小型、机动、平衡、多功能的 40 个联兵旅。这些联兵旅分为 16 个打击旅和 24 个守备旅。其中打击旅又分为装步旅、装甲旅、摩步旅、空骑旅和特战旅 5 种类型。守备旅主要由步兵和炮兵组成，主要任务是担负海岸一线守备防御；打击旅作为战时战区或战略预备队，主要任务是担任机动打击和支援作战，实施反空降、局部反击和总反击作战。陆军共拥有 450 辆 M60－A3 中型坦克、450 辆 M－48H 坦克、300 辆 M48－A5 中型坦克、1000 多辆旧式 M41 和 M42 轻型坦克；42 架 AH－1W 眼镜蛇攻击直升机和 26 架 OH－58D 型直升机。空军飞行部队主要编成 7 个飞行联队，另有若干独立中队。空军拥有各型作战飞机 500 余架，其中自制 IDF、美制 F－16、法制幻影－2000 等战斗机 300 余架，E－2T 型预警机 4 架，另有电子作战飞机若干架。海军陆战队编成 3 个旅，舰艇部队主要编成 7 个舰队，另有若干艇队。海军现有各型舰艇约 600 艘，总吨位约 25 万吨，其中作战舰艇 100 余艘，包括从美国、法国等国购买、租借和自制的导弹驱护舰近 30 艘、潜艇 4 艘、导弹快艇 50 艘、近岸巡逻舰 10 余艘。海军还有数十架反潜机和一定数量的岸对舰导弹。

五、加大武器装备的对外采购力度

伦敦国际战略研究所发表的 2000 年度《世界军事力量对比》报告指出：对只有 36006 平方千米的台湾地区，美近 20 年来出售高性能武器合同已有 44 个，金额高达 380 多亿美元。仅在 1994 至 1999 年间，台就进口了 133 亿美元的武器装备，其中 95％来自美国。台人均负担的军费开支达 5.4 美元，居亚洲之冠。陈水扁上台后，美对台军售步子更大，并大量提供进攻性武器。2000 年 6 月 2 日，美向台出售了 39 套 F－16 战斗机使用的导航瞄准吊舱和 48 套电子对抗吊舱，总价值 3.56 亿美元。同年 9 月 28 日，美又完成了另一宗 13.8 亿美元对台军售交易，包括空对空导弹和军事通讯系统等能提高 F－16 战机攻防能力的装备。2001 年 4 月下旬，美国宣布同意向台湾出售 4 艘“基德级”驱逐舰，12 架 P－3C“猎户星座”反潜机，8 艘柴油动力潜水艇，“派拉丁式”自动火炮系统，MH－53E 扫雷直升机等，预估总金额 40 亿至 60 亿美元。7 月，美国宣布向台出售 50 套“联合战术资讯配置系统”，价值 7.25 亿美元；9 月，美国售台 40 套“小牛”空对地导弹，价值 1800 万美元；10 月 26 日美国防部宣布将向台湾出售 360 枚“标枪”反坦克导弹，价值 5100 万美元；10 月 30 日，美国同意出售台湾军队现役各型飞机的“系统与次级系统零部件”，共计 2.88 亿美元。美国大量向台军售不但违背《八一七公报》，违背美方自己声称的只售“防御性武器”的承诺，也为陈水扁新的冒险军事战略起到了打气壮胆的作用。

六、加强以大陆为立案背景的军事训练

由于正处在“现代化”转型关键时刻，台“国防部”明确将 2001 年定为“部队训练年”，以全面提高训练成效，增强台军的整体战斗力。为重点检验部队编装训练成效，台军加大了军种联合演习训练强度，以提高三军联合作战能力。演训种类别包括作战类、动员类、核化类，以及陆、海、空三军各级部队年度演训。其中，作战类包括“汉光演习”；动员类包括“万安演习”、“同心演习”、“自强演习”；核化类包括“核安演习”、“化安演习”。台“国防部”官员称，2001 年演训增加了军种联合作战训练的频次，并突

出了两个明显的特点：一是严格任务管制。使部队在不繁、不忙、不乱的环境中，排除各项窒碍因素与干扰，回归战训本务，强化演训成效。二是明确训练制度。规定各级训练权责、目标、要求与标准，充分授权各级干部，集中时间与精力，有效推动各项部队演训。

七、建立“全民国防体系”

台军为达成平时养兵少，战时多用兵的目标，积极加强后备力量建设，建立了“全民国防体系”：一是完善后备动员组织、法规体系与运用机制。台军结合“国防”组织架构的调整，在“国防部”本部增设“后备事务司”，将“军管区司令部”改编为专责的“后备司令部”，并积极研拟“全民防卫动员准备法(草案)”以完善法规。根据 1997 年 5 月颁布的“全民防卫动员准备实施办法”，明确将“民防”纳入全民防卫动员体系，构建“平战一体、军民一体”的后备动员运作机制，以达成保持 348 万后备军人的目标。二是统一常备与后备部队编组形态。台军地面部队由师缩编为“联兵旅”后，对战时后备部队动员扩编计划进行了相应调整，除海军陆战队战时编成 1 个后备师级指挥机构外，其余临时编成的后备部队一律由原“后备师”改为“后备旅”。战时台军将以现有 21 个军事院校、训练机构等单位为“母体”，扩编成 16 个后备联兵旅（群）和 7 个后备兵种指挥部。

八、加强与美军事合作

近两年，台美军事合作更加密切。主要表现在以下几个方面：一是美军帮助台军进行陆海空三军战斗力评估，协助台军提高战斗力。二是美协助台军提高“电子战”等方面的现代化作战能力；三是定期举行高层战略会商；四是台“将校”级军官赴美接受“台湾国际安全执行计划”培训。通过上述措施，台美军事合作的质量、数量与范围明显升级。此外，台军还通过学术交流、派员受训和考察等多种渠道，拓展与法国、瑞典、日本、以色列、马来西亚、新加坡、菲律宾、英国、印度等国间的军事交流活动。据台军方称，台“国防部”2001 年约有 120 余项对外军事交流计划。

（临　平）

朝鲜半岛缓和进程受挫　2001 年，受布什政府对朝强硬政策和“9·11”事件等因素的影响，朝美、朝韩改善关系的势头严重受阻，朝日关系陷于停顿。但是，朝鲜半岛的缓和进程仍然取得了一定进展，并将在曲折中继续发展。

一、朝美关系降到低谷

年初，布什政府执政后对朝政策趋于强硬，明确表示，不会在克林顿政府原有的基础上恢复与朝鲜的谈判，而是要有所“扬弃”，采取自己“独特”的政策。在对朝鲜的认识上，美对朝鲜持怀疑态度。金大中总统 3 月访美与布什总统会谈中，布什“使用了大量的冷战语言，对朝鲜政府改善与美国的关系、积极致力于缓和朝鲜半岛局势的诚意表示怀疑”，并强调朝鲜仍是一个“威胁”。国务卿鲍威尔 6 月表示，朝鲜仍属于“无赖国家”，美国未改变“朝鲜是支持恐怖主义国家”的基本认识。驻韩美军司令施瓦茨 3 月 27 日也称，“北朝鲜的威胁比往年更加严重”，并以朝鲜进行“高强度军事训练”和“出售导弹”为由反对削减驻韩美军。在履行《朝美核框架协议》问题上，美也希望寻求原定轻水电站的替代方案。国务卿鲍威尔 3 月 8 日在美参议院外交委员会作证时，虽表示布什政府将遵守日内瓦《美朝核框架协议》，但同时又暗示，协议并不令人满意，在具体向朝提供何种电站的问题上，布什政府有可能会考虑替代方案。在 6 月结束对朝政策审议后，美方提出愿意恢复朝美对话，但要求将朝鲜核问题、导弹问题和常规军事力量问题纳入双方谈判议题。尽管美在其后又同意与朝鲜进行“无任何先决条件”的对话，但由于“9·11”事件后，美将主要精力转向反对恐怖主义问题上，美朝对话和谈判被无限期推迟。与此同时，美韩还多次举行了联合军事演习，并在“9·11”事件后一度增强在朝鲜半岛的美军军力，还减少了对朝粮食援助。对于美国对朝政策发生的这些变化，朝鲜方面反应十分强烈，多次通过媒体、外务省发言人谈话等方式加以反驳和谴责，并强调美国继续坚持朝鲜威胁论的真实目的是为维持驻韩美军的规模、建立导弹防御系统和进一步扩充军备寻找借口。同时，朝鲜还强烈反对美国对恢复朝美会谈所附加的条件，坚决反对将削减朝常规军事力量纳入谈判范围，并强烈要求驻韩美军撤出朝鲜半岛，以便为朝韩关系的发展创造一个自主和平的环境。总之，随着美国布什政府的执政，朝美两国关系由热转冷，对立明显加重，双边关系发展步入低谷。

二、朝韩关系走入低潮

年内，朝韩双方的关系在美对朝政策的影响和双方根深蒂固的不信任等因素的影响下重新陷入低潮，政治和军事对立有所加剧。韩国在 2000 年年末公布的《国防白皮书》中，仍将朝鲜视为“主敌”，继续强调朝鲜的军事威胁。此举遭到朝方的强烈抗议和谴责，并被认为严重违反了《北南共同宣言》精神，加剧了双方的互不信任。布什政府执政后采取的对朝强硬政策，更是严重影响了朝韩关系改善的步伐。尤其是在“9·11”事件后，韩军警迅速在国内加强警戒并采取了一系列的安全反恐怖措施。这些措施因被认为是直接针对朝鲜的而引起了朝方的强烈反对。另外，韩美年内多次举行的以朝鲜为背景的联合军事演习以及韩美日三国持续在对朝政策上进行的协商，也引起了朝方对韩方的极大不满，并成为朝韩开展对话、交流与合作的一大障碍。这些因素直接导致了朝韩双方间的部分对话被推迟或被中断。原定于3月13日在汉城举行的双方第五次部长级会谈被推迟到9月；原定于10月28日举行的第六次部长级会谈也因双方在会谈地点等问题上的分歧而被推迟到11月9日至13日举行，并最终未能达成任何协议，以失败而告终；原定4月举行的第四次红十字会谈、原定10月进行的第四次离散家属互访以及第二次北南经济合作促进委员会会议等均未能实现。而备受世人关注的朝韩第二次首脑会晤也因朝方迟迟不对韩方的建议予以回应未能举行。此外，受“9·11”事件后世界经济形势持续低迷等因素的影响，韩经济面临的国际环境有所恶化，经济形势不容乐观，韩国内对政府现行对朝政策的支持大幅下降，韩政府在对朝实施援助方面面临更大的压力。这些因素都在一定程度上制约了韩国对朝政策的有效推行，并对朝韩关系造成一定的消极影响。

三、朝日关系陷于停顿

小泉纯一郎首相执政后，一直坚持其在历史认识、历史教科书以及靖国神社等问题上的错误主张。这与朝鲜所提的“日本必须彻底清算历史，放弃敌视朝鲜的政策，并对朝鲜进行战争赔偿”的要求相去甚远。同时，日政府还一再要求与朝进行关系正常化谈判时，必须先解决被绑架日本人等问题。因此，朝日关系陷于停顿。年内，日本中断了两国自1999年开始恢复的邦交正常化谈判，并在提供完2000年承诺的粮食援助后，未再向朝承诺提供新的粮食援助。日本警方还在11月以在日“朝鲜人总联合会”（简称朝总联）所属“朝鲜银行信用合作社”涉嫌非法贷款为由对朝总联中央总部和“朝鲜银行信用合作社”进行了强行搜查。年内，朝鲜也针对日本坚持不对存在严重问题的历史教科书进行修改、小泉首相参拜靖国神社等对亚洲人民感情造成严重伤害的种种行为进行了强烈谴责。此外，日本海上保安厅年末在中国东海追击并最终击沉一艘不明国籍的“可疑船”后，日国内媒体大肆渲染该船是朝鲜间谍船，借机重提“朝鲜威胁论”。对此，朝方坚决予以否认，强烈谴责日本实行军国主义政策，并认为日本的军事力量已成为朝鲜最大的威胁。

四、朝鲜半岛缓和进程将在曲折中发展

虽然朝美关系出现严重波折，朝韩关系陷入低潮，朝日关系停顿，但是，朝韩关系年内仍然得到了一定程度的发展，朝鲜半岛缓和进程将在曲折中继续发展，原因是推动缓和进程的基本因素仍然存在。

首先，朝韩双方仍然保持着改善关系的强烈愿望。年初，双方均表示要进一步落实《北南共同宣言》，努力改善双边关系，缓和朝鲜半岛紧张局势。由于双方都有改善关系的强烈愿望，朝韩关系年内仍然取得了一定的进展：双方就离散家属团聚和通信等事宜达成了协议；朝韩第三次离散家属访问团实现了互访；双方红十字会在板门店进行了50多年来的首次离散家属信件交换；韩方代表团应邀赴朝参加了在金刚山举行的“纪念6·15民族大讨论会”；由韩国七大宗教团体和民族和解合作全民协议会等团体组成的代表团出席了在平壤举行的“8·15联合庆祝活动”；双方在汉城举行了第五次部长级会谈；双方经济、文化、宗教和体育等领域的合作与交流年内也继续发展。

第二，朝美日三国均表示了希望改善关系的愿望，对话的大门并未关闭。金正日总书记认为，美国和欧盟等国均为改善关系的对象国。在6月结束对朝政策审议后，美方提出愿意恢复朝美对话，美方还与朝鲜驻联合国代表在纽约进行了接触。5月10日公布的日本《2001年外交蓝皮书》称，日本有必要致力于上个世纪遗留下来的与朝鲜的邦交正常化课题。日方代表还于9月6日在美日韩三方会议上表明了对重开日朝关系正常化谈判的期望，这些表明，朝美日三国均未放弃改善关系的努力，对话的大门并未关闭。

第三，朝韩国内局势较稳定。年内，朝以加强经济建设为中心，重点推进对国民经济的技术改造，并在经济管理方面进行了谨慎的改革。在大力发展电力、煤炭、金属工业和铁路运输业的同时，还努力加强人民生活必需工业产品的生产，并进一步扩大农业投人，逐步改善了人民的生活。因此，尽管朝经济仍然比较困难，但继续保持了国内局势的基本稳定。韩国金大中政府年内三次调整内阁，加强了执政基础，并基本上完成了对企业、金融、公共服务和劳动等四大部门的改革，改革过程暂时告一段落。尽管经济增

长率较 2000 年有较大回落，但仍保持了较高增长。这在一定程度上稳定了民心和国内局势。朝韩政局稳定，为改善双方关系提供了较好的内部条件。

第四，朝鲜继续推行全方位外交。年内，朝鲜积极发展与中国、俄罗斯以及欧盟国家的关系，并在改善朝韩关系、缓和朝鲜半岛局势方面得到这些国家的支持。中国积极支持朝鲜半岛的和平与稳定；俄罗斯表示支持朝鲜半岛的统一进程；欧盟议会通过了为朝鲜半岛自主统一做出积极贡献的决议，并要求欧盟国家与朝鲜建立外交关系。欧盟 15 国中除法国和爱尔兰外，其余 13 国均已与朝鲜建交。朝鲜的全方位外交活动为朝鲜的发展和朝鲜半岛的缓和进程创造了更为有利的国际环境。

（武建伟）

日本自卫队扩大海外行动范围　2001 年日本自卫队以“9·11 事件”和“可疑船事件”为契机，加快了对外扩张和使用武力的步伐。

一、利用“9·11 事件”，自卫队跨越战时派兵门槛

9 月 11 日，美国发生震惊世界的恐怖袭击事件，随后美国对阿富汗塔利班政权和“基地”组织发动了军事打击。9 月 19 日，日本首相小泉纯一郎表示，为履行日本对美国的同盟责任，同时也为了扩大日自卫队在海外的责任范围和支持美国的反恐行动，日将考虑制定法律支援美国的反恐战争。10 月 29 日，《反恐怖对策特别措施法》在日本国会获得通过正式成为法律，该法沿袭《周边事态法》的框架，规定自卫队的支援行动以燃料和粮食补给、伤病员后送以及后勤运输为中心，排除武器弹药等装备的补给内容。关于“具体行动的国会批准问题”，法案要求原则上需“事前批准”，但在“紧急时刻”将允许“事后批准”，从而进一步为日军的支援行动大开方便之门。11 月 9 日和 11 月 25 日，日本先后派出 2 批 6 艘舰只赴印度洋支援美军。其中驱逐舰 2 艘、护卫舰 1 艘、补给舰 2 艘、扫雷母舰 1 艘。迄 2001 年底，除扫雷母舰撤回日本外，其余 5 艘仍在印度洋。在此之前，9 月 21 日，日本海上自卫队出动 10 余艘驱逐舰，海上保安厅出动 90 余艘巡逻舰船和 10 余架直升机，大张旗鼓地护送美海军“小鹰”号航母编队离港开赴印度洋。总的来说，“9·11”事件为日本自卫队加快对外扩张步伐提供了良机，自卫队实现了“周边有事”时向战斗行动中的美军提供后方支援的实兵操演。日本通过制定“反恐”法律大大地扩大了自卫队的活动范围，开辟了战争期间日本向海外大规模派遣自卫队的道路。另外，在 7 月间，日本海上保安厅还借打击海盗为名，向以马六甲海峡为中心的东南亚海域派遣了搭载直升机的大型巡逻船。日方称，海上保安厅为与东南亚各国合作打击海盗，将制定定期向东南亚海域派遣大型巡逻船实施打击海盗的训练。

二、借“可疑船事件”之机，自卫队开创战后海上动武先例

年内，日本多次对外宣称，自 1999 年以来日本周边海域数次遭到“可疑船”或朝鲜“间谍船”的侵犯。3 月，日称海上保安厅和海上自卫队再次在西部海域发现朝鲜“间谍船”，但未能追捕到。为改变这种状况，日本于 3 月开始筹划修改《自卫队法》和《海上保安厅法》中关于“领域警备”的有关条款，放宽海上“警备行动”使用武器的条件。7 月 31 日，修正案正式实施。根据修正案，为了追捕海上不明船只，迫使其停船，即使在可能造成船员危害的情况下，亦可对船体进行射击，修正案同时还规定自卫队可以对陆上“少数武装分子”使用武器。12 月 22 日 0 时 30 分，日海上自卫队巡逻机于鹿儿岛县奄美大岛大山崎灯塔西北约 240 千米的海面发现一艘排水量约为 100 吨的“可疑船只”。海上保安厅随即派出 25 艘舰艇和 14 架飞机对其进行拦截，海上自卫队也出动了装备“宙斯盾”系统的驱逐舰和 1 艘护卫舰赶赴现场。当日中午，日本 4 艘巡逻舰艇在距奄美大岛西北 400 千米处包围了那艘不明国籍的船只，命令该船停航接受检查，但遭到拒绝。日本巡逻舰艇遂向附近海面开火警告，但该船毫不理会，仍全力向东行驶。下午 3 时许，日本巡逻舰艇用 20 毫米速射炮向该船尾部射击，迫使其停止航行。随后该船与迫近的日本巡逻舰艇发生交火。晚 9 时许，“可疑船只”在距中国领海 260 千米处的中国专属经济区内沉没，15 名船员全部落海。事发后，日本政府及首脑多次对外宣称海上保安厅采取的攻击行为“完全合法”，强调对“可疑船”采取的行动是分别根据相关的《日本渔业法》、《海上保安厅法修正案》和《自卫队法修正案》等法律实施的，对“可疑船”船体进行攻击并将其击沉属“正当防卫”。由于此次“可疑船”事件是 1948 年以来日军事力量首次在公海开火，所以引起了国际社会的广泛关注。国际和日本国内舆论指出，日政府的上述解释是站不住脚的，原因是：首先，按照《联合国海洋法公约》第 58 条规定，民用船只要不从事损害日本安全的活动，就可以“无害通过”日本的专

属经济区。其次，由于海上保安厅事先清楚该船上没有捕鱼用具，因此运用“渔业法”对该船行使临检权是很牵强的。第三，海上保安厅的巡逻舰船和飞机对该船进行的长达8小时的追逐违反了《联合国海洋法公约》中有关紧追权的相关规定，同时海上保安厅仅仅依据“该不明船只甲板上没有捕鱼用具，也没有人影，形体同两年前发现的1艘可疑船只相似”就认定该船可疑并对其紧追的理由是不充分的。第四，日本海上保安厅在事先没有进行通报的情况下，在中国专属经济区内进行攻击违反了国际法，同时也是无视中国主权的行为。第五，海上保安厅不能援引《海上保安厅法》第20条第2项对始终并未进入日本领海的该船进行射击。第六，由于日本巡逻舰船对该船首先进行多次恐吓射击和直接射击，并导致该船起火，所以“正当防卫”也不能构成。“可疑船事件”后，日本政府已就继续放宽自卫队使用武器的限制以及在领海外使用武器的相关规定进行了研讨，并考虑进一步修改《自卫队法》和《海上保安厅法》。

三、解除不参与联合国维和部队主要行动的禁令

8月18日，日本政府正式决定解除自卫队不参与联合国维和部队主要行动的禁令，从而使日本参加联合国维和行动的人员，在今后可以参加停战监督和收缴武器等主要行动。此前日方人员仅能参加医疗、营救灾民、运输和通信等后方支援行动。解除禁令后，日本政府还计划修改参加维和行动的下述5项前提原则：冲突各方已达成停战协议；得到冲突当事国的同意；采取中立立场；在不具备以上任何一条时撤离部队；武器使用仅限于在保护生命和身体时所需的最低限度。日本政府认为，为保护其它国家执行维和任务和联合国等国际机构人员的生命和身体安全时，日军人员也应当可以使用武器。

（刘　伟）

菲律宾政府多次武力营救被反政府武装绑架的人质　2001年，盘踞在菲律宾南部地区的阿布沙耶夫武装等反政府恐怖组织不断制造绑架事件，先后8次共绑架132名人质，并将其中10名人质杀害。菲律宾政府对此极为重视，先后4次出动大批军队对绑匪实施大规模围剿作战，共救出78名人质。

第一次于4月上旬进行，出兵5000多人，救出美国人质席林。

2000年，阿布沙耶夫武装先后绑架数十名人质，菲政府出动军队解救了大部分被扣人质，但仍有2名人质被扣留。其中，1名是美国人杰弗里·席林、另1名是菲律宾潜水教练罗兰·乌拉。席林是2000年8月28日在与妻子艾维一同前往阿布沙耶夫武装营地时遭到绑架的。当时，身为菲裔穆斯林的艾维被释放，而席林则一直被扣留在一个秘密营地中。阿布沙耶夫武装称席林是一名美国中央情报局特工，多次扬言要将其处决。2001年4月2日，菲总统阿罗约下令菲武装部队彻底歼灭阿布沙耶夫恐怖组织。随后，菲武装部队出动5000多名士兵对阿布沙耶夫武装发动全面攻势，希望尽快救出席林和乌拉。4月12日，菲军攻打霍洛岛上阿布沙耶夫的一个营地时，成功地救出了被阿布沙耶夫扣留近8个多月的美国人质席林，但菲律宾人质乌拉仍然下落不明。

第二次于5月下旬至6月中旬进行，出兵上万人，救出59名人质。

5月下旬至6月中旬，阿布沙耶夫武装先后5次共绑架人质107名。5月24日，一伙武装分子在菲南部巴西兰省附近海域拦截了1艘船只，并劫持了船上的42人。27日清晨5时30分，另一伙武装分子袭击了巴拉望省首府公主港附近的海滨胜地道斯·帕尔马，并劫持了16名游客和4名工作人员。被绑架的游客包括菲前交通部长干顺及其夫人等13名菲律宾籍华人、一对美国夫妇和1名西班牙裔美国人。绑匪提出每1名人质的赎金是100万美元，并要求菲政府允许他们建立“独立的伊斯兰国家”。菲军方确认这两起绑架事件都是阿布沙耶夫武装分子所为，参与者与2000年4月从马来西亚潜水胜地西巴丹岛劫持21名不同国籍游客至菲南部霍洛岛的是同一伙人。6月1日，阿布沙耶夫恐怖组织在巴西兰岛绑架了10名渔民。6月2日凌晨，阿布沙耶夫武装分子袭击了巴西兰省拉米坦镇的一所医院，并声称又绑架了包括医护人员和病人在内的200名人质。但据当地媒体报道和政府军估计，新被绑架的人质只有20名。菲军方猜测，该组织洗劫医院的目的可能是为绑架医护人员和抢劫药品给伤员治疗。6月11日，阿布沙耶夫武装分子袭击了巴西兰岛的拉塔宛镇，烧毁了5座房屋和1座小教堂，抓走了15名人质，其中包括几名未成年人。

阿布沙耶夫武装频繁绑架人质引起菲国内各界的强烈反应，人们纷纷呼吁政府尽快采取有效措施，救出人质，消灭阿布沙耶夫武装。菲总统阿罗约5月24日命令军方和警方在全国的海滨旅游景点加强安全措施，要求海军和海岸警备队加强巡逻。阿罗约还指示

军方、警方、内政部、旅游部和运输交通部组成一支联合别动队，搜捕逃匿的绑架分子。28日晚，阿罗约总统发表电视讲话，发誓要消灭不断绑架人质的阿布沙耶夫武装分子。阿罗约说，如果阿布沙耶夫武装分子拒不投降，政府将继续对他们进行军事打击，直至他们被消灭。并重申，政府不会支付赎金以换取人质。根据阿罗约的命令，菲政府出动10艘舰船、1架军用侦察机及2架直升机，对巴拉望附近海域进行密集海空搜索。同时向阿布沙耶夫武装分子活动区域派遣上万名士兵进行清剿作战，其中5个旅共7400余人在武装直升机和装甲车的掩护下，重点在巴西兰岛实施大规模“地毯式搜索”，解救人质。6月18日，阿罗约总统亲临巴西兰岛，慰问在那里剿匪的政府军官兵。她表示，政府将尽全力解救所有人质，彻底消灭阿布沙耶夫反政府武装。迄6月20日，菲政府军共营救出59名人质。在此期间，菲军有16名士兵死亡、56人受伤。菲军方估计，阿布沙耶夫方面的伤亡人数至少是政府军的3倍。菲总统阿罗约称，阿布沙耶夫的一个大头目汉哈兰尼被打死。

第三次于6月下旬至10月中旬进行，出兵3000多人，救出2名中国人质。

6月20日，承建菲律宾北哥打巴托省马尔马尔灌溉工程的中方项目经理张忠强在外出采购返回工地途中遭到菲武装匪徒的绑架。绑匪通过媒体提出释放人质的三个条件：一是交付400万美元的赎金；二是中国公司退出这个承包工程；三是由利比亚驻菲使馆出面进行释放张忠强的谈判。他们还威胁称，如果不付赎金，他们就将直接处死张忠强。事发后，中国外交部、外经贸部、驻菲大使馆和中国电力技术进出口公司多次与菲政府交涉，要求菲政府采取一切措施确保人质的人身安全。菲总统阿罗约对张忠强遭绑架事件非常重视，立即指示有关方面不惜一切代价进行营救。菲政府迅速派出3000多名士兵展开营救和保护被扣人质行动，同时派出特别部队加强对马尔马尔灌溉工程工地及其周围地区的保安，并提醒那里的中国工作人员不要离开工地区域，以免发生不测。6月30日，菲外交部副部长巴拉林·义诺拉飞抵北哥打巴托省指导和协调营救行动。8月12日，张忠强的弟弟张忠义和张忠强的两名同事薛兴、王胜利在营救张忠强时，又一同遭匪徒劫持。匪徒还狮子大开口，变本加厉地将索要的赎金数额提高到1000万美元。8月19日，菲政府军在南部棉兰老岛的苏丹库达拉省科伦比奥镇与大约60名绑匪遭遇并发生枪战，绑匪立即将手中挟持的中国人质张忠强和薛兴杀害，另外一名人质王胜利侥幸逃脱，并被政府军营救。张忠义下落不明，生死未卜。中国驻菲律宾大使馆当日发表声明，对两名中国人质遇害表示十分震惊和痛心，并要求菲政府立即对此做出解释。声明说，中国政府和领导人高度重视每一个中国人的生命，更何况这些被绑架并被杀害的中国公民是来帮助菲律宾人民，特别是棉兰老地区人民发展经济的。中方强烈要求菲律宾政府采取一切必要的措施和手段，确保仍然活着的中国人质生命的绝对安全，确保在北哥打巴托省的马尔马尔工地以及所有其他在菲中国公民的人身安全。20日，菲总统阿罗约、副总统兼外长金戈纳对两名中国人质遇害表示遗憾，向遇害者家属表示慰问，并表示：菲方正在进行各种努力，以使人质安全获救。30日，阿罗约总统会见中国驻菲律宾大使王春贵和遇害人质家属时，王春贵大使代表中方向菲律宾政府提出三项要求，一是希望菲方采取适当和有效的措施，在保证仍在绑匪手中的人质张忠义生命安全的前提下，争取其尽快获救或获释；二是对张忠强和薛兴遇害的经过做出合理的书面解释；三是希望菲政府抚恤遇害者家属。阿罗约表示，她将指示有关部门对中方的要求予以重视，尽最大努力保证张忠义的安全获释，通过外交途径对不幸事件发生的经过做出书面解释。31日，阿罗约在总统府再次会见中国驻菲大使王春贵时表示，她已指令菲政府有关部门和军警方面采取更加安全的措施，通过必要的手段使尚未获救的中国人质张忠义早日安全获救；菲政府已决定给予遇害人质张忠强和薛兴的家属一定的抚恤。王春贵大使感谢菲方在处理遇害者善后事宜等方面所做出的努力和给予中方的帮助，并希望阿罗约总统亲自关注事件的进展。10月19日，在菲方的努力下，张忠义在菲南部的哥打巴托市获释。20日，张忠义飞抵马尼拉后，立即受到菲副总统兼外长金戈纳的接见，并出席在总统府举行的新闻发布会。在新闻发布会上，金戈纳宣读了正在中国上海出席第九次亚太经济合作组织领导人非正式会议的菲律宾总统阿罗约传来的声明。阿罗约在声明中说：“无可否认，张忠义的获释对菲中两国的真挚、热情的友好关系十分重要。”中国驻菲律宾大使王春贵表示，他为张忠义安全获释感到高兴，感谢菲律宾政府、利比亚驻菲律宾大使及其它有关方面为营救张忠义所作的努力，并认为中国公民被绑架事件不会影响中菲两国关系。

第四次于8月初至10月下旬进行，出兵数千人，救出16名人质。

8月2日，阿布沙耶夫武装分子袭击了菲巴西兰省的拉米坦镇，并将21名平民从家中虏走，其中包括4名儿童。在离开拉米坦镇之前，绑匪放火焚烧了当地三所学校的房屋。后来绑匪释放了8名人质，但随后进行追杀，4名人质被当场打死。这些武装分子还残忍地割下了这4人的头颅。一名全身多处被砍伤的人质3日被发现，在送往医院后死亡。另有3名人质侥幸逃生。菲政府军从2日开始派出数千名士兵追剿这股阿布沙耶夫武装分子，5日成功地营救出了13名人质。6日，菲军方宣布，菲武装部队向阿布沙耶夫武装发动大规模围剿行动以来，已经捕获了该组织的177名成员、支持者或同情者，击毙了约80名成员，并迫使另外88名成员向政府投降。但军方同时承认，阿布沙耶夫武装的顽固分子虽然面临巨大的军事压力，但仍然负隅顽抗，甚至策划在一些海滨度假地绑架更多人质，并骚扰当地居民。菲军方还表示，由于无力抵挡政府军的强大攻势，盘踞在巴西兰岛上的阿布沙耶夫分子化整为零，躲藏在岛屿中部的丛林中，以避免与政府军正面交火。7日，菲政府军与阿布沙耶夫武装分子在巴西兰省首府伊莎贝拉市附近发生激战，空军出动2架战斗机和2架武装直升机对阿布沙耶夫武装分子的阵地进行空袭，至少有15名阿布沙耶夫分子被打死，10名政府军士兵受伤。10日，菲政府军又救出了3名人质，并逮捕了2名阿布沙耶夫武装分子，击毙数名匪徒。21日上午，菲政府军与100多名阿布沙耶夫武装分子在苏禄省塔利堡镇附近发生激烈交火，18名阿布沙耶夫武装分子被击毙；当天下午，菲政府军在邻近的巴西兰省与另一股阿布沙耶夫武装分子激战，打死8人。在这两次战斗中，菲空军出动了4架武装直升机对阿布沙耶夫武装分子的阵地进行空中打击，政府军方面有1人死亡、9人受伤。

另据菲律宾报纸报道，26名美国军事专家于10月19日抵达马尼拉，其目的是同菲武装部队探讨歼灭阿布沙耶夫武装的方法。菲国防部长雷耶斯透露，美国军事专家将巡视菲律宾武装部队总部、南部军区和巴西兰省。雷耶斯表示，美国军事专家将不会参与对付阿布沙耶夫的军事行动，而只是同菲军方分享情报。菲南部军区司令西马杜中将解释说，美国军事专家还将评估“轻快反应连”的表现，这个连由美国训练和提供装备的100名菲律宾突击队员组成，专门对付恐怖分子。美国驻菲大使馆代办称，美国还可能调派飞机、武器和军事设备到菲律宾，帮助对付恐怖分子。

2001年没完没了的绑架事件给菲律宾造成了诸多负面影响和损失。一是对菲律宾人民和在菲外国人的生命安全构成严重威胁，引起人们恐慌，干扰了他们的正常生活。二是影响外来投资和经济发展。菲政府把吸引外资看作振兴经济的重要途径。然而，频繁发生的绑架事件恶化了菲律宾的治安状况和投资环境，加重了外来投资者对菲律宾社会安定的忧虑，削弱了他们的投资信心。每次大的绑架事件发生后，菲股市都下滑，比索贬值。全年外国投资几乎停滞不前。三是严重影响菲律宾旅游业的声誉，使本来就不景气的旅游业雪上加霜。菲律宾有7100多个风光秀丽的岛屿，充分利用优越的自然条件发展旅游业，争取赶上马来西亚、新加坡等周边国家，是菲政府努力的目标之一。但绑架犯罪活动对菲律宾的旅游业带来消极影响，尤其是发生在旅游胜地的绑架事件影响更甚。不少游客不愿冒险前往观光旅游，特别是靠近南部阿布沙耶夫武装分子活动区域的岛屿更是被旅游者视为“禁区”。据菲统计，2001年来菲游客仅有220万人次，不到泰国的四分之一，约相当于马来西亚的27%、新加坡的31%。四是给菲律宾的国际形象造成了无可弥补的损害。

迄2001年底，尽管菲政府解救出78名人质，但阿布沙耶夫武装仍扣押着43名人质。患有绑架癖的阿布沙耶夫武装还不断扬言要随时劫持更多的人质。分析人士认为，能否尽快解决人质危机，使所有人质安全获释，并有效制止新的绑架事件发生，彻底打击阿布沙耶夫武装，实现菲南部地区的和平稳定，仍将是对阿罗约政府维护社会治安、吸引外资、恢复经济、实现国家长治久安能力的考验。从各方面因素来看，菲政府要彻底消灭阿布沙耶夫武装绝非易事。从菲政府军来看，其装备落后、人员素质较低，战斗力不强。6月2日围攻巴西兰省拉米坦医院就证明了这一点。数千名政府军包围了约100人的阿布沙耶夫武装分子，并有直升机和装甲车辆的支援，居然仍让他们轻易突出重围。从地理位置来看，阿布沙耶夫武装主要盘踞在霍洛岛、巴西兰岛和塔威塔威岛上，这里地形复杂，丛林密布，匪徒土生土长，熟悉地形，很容易在丛林中隐藏，而且岛上的居民大多是穆斯林，他们被认为是支持和同情阿布沙耶夫武装的。从阿布沙耶夫武装来看，在2000年4月绑架国内外人质时，有资料说它有约200名成员，菲军近年来不断对其进行围剿，但至今它的实力不但未减少，反而扩充到1200名成员。该组织在菲南部穆斯林聚居区不断招募新成员，靠绑架勒索和国际恐怖势力的支持，源源不断地获得武器、快艇等装备和给养，还选送骨干到中东和中亚国家受训，使菲军警消灭它们的难度越来越大。一位菲军方高级官员甚至说，“要彻底铲除阿布沙耶夫恐怖组织，至少要用50年”。

（钟学良）

印巴关系由缓和趋于紧张 2001年，印巴关系经历了由缓和到极度紧张的发展过程。具体讲大体分为以下三个阶段：

第一阶段（2000年11月～2001年8月），印度单方面停火，印巴举行首脑会晤，两国关系再现和平曙光。2000年11月穆斯林“斋月”期间，印政府主动提出在克什米尔地区实行单方面停火，命令其军队停止对克什米尔武装分子的打击。随后，印又3次延长停火期限，直至2001年5月23日才宣布取消停火。在长达6个月的停火期间，由于印军对克什米尔武装分子活动保持了较大的克制，该地区恐怖暴力事件相对减少。作为回应，巴基斯坦方面也采取了积极的态度，命令驻克什米尔实际控制线地区的部队保持最大限度的克制，没有命令不得向对方开火。因而，印巴两国边防部队在克什米尔实际控制线地区的交火事件锐减，使克什米尔地区的紧张局势得到一定程度的缓解。在此期间，印巴两国之间的外交关系也出现缓和势头。1月26日印古吉拉特邦发生地震后，巴首席执行官穆沙拉夫立即致电印总理瓦杰帕伊，对地震给印度造成的人员和财产损失表示哀悼，并派军用飞机向印度灾区运送了大量救灾物资。随后，穆沙拉夫又直接与瓦杰帕伊通话，表示同意今后继续保持接触。作为回应，印政府主动提议重新开启两国间的对话机制，为双方在新世纪改善关系创造条件。5月23日，印总理瓦杰帕伊正式邀请穆沙拉夫访印，以就克什米尔等问题举行两国首脑会晤。对此，穆沙拉夫立即做出积极回应。

7月14日至16日，巴总统穆沙拉夫应邀访问印度，同印总理瓦杰帕伊举行了“阿格拉首脑会晤”，双方就克什米尔、核武器及军备竞赛以及两国经贸合作等众多问题进行了磋商。尽管此次会谈因双方在克什米尔问题上的严重分歧而未达成任何协议，但由此确立的“首脑会谈”模式得到印巴国内和国际社会的一致首肯，是两国首脑自1999年2月“拉合尔会谈”以来取得的最大突破，从而使近年来日趋紧张的两国关系再次露出和平曙光。

第二阶段（2001年9月～11月），“9·11”事件后两国关系出现紧张。印巴两国多年来围绕克什米尔问题的斗争的焦点是克什米尔地区穆斯林武装的活动问题。印认为巴支持和参与了上述组织的活动，意在破坏克什米尔地区的稳定，促使克什米尔问题国际化。因此，印一直设法寻机对巴进行报复。“9·11”事件后，美、英等国军队对阿富汗塔利班及本·拉登基地组织实施军事打击，为印度报复巴基斯坦提供了契机。为了达到报复目的，印采取了一系列外交和军事措施。在外交上，印主动提出为美军事行动开放领空、提供基地和交换情报等方面的支持，作为交换条件，印竭力要求美国将巴视为支持塔利班和本·拉登组织的后台，将克什米尔地区的穆斯林武装列入恐怖组织行列，以便为其在克什米地区放手镇压穆斯林武装寻找正当理由。在军事上，印借打击恐怖主义之名，加强了在印巴边境地区的部署，并在克什米尔地区加大了对穆斯林武装的打击力度。针对印度的上述做法，巴通过各种途径向国际社会重申，巴一贯坚持打击恐怖主义的立场，克什米尔地区穆斯林武装的活动属于“自由民主”运动，应把其同恐怖组织区别开来。巴为防止印度利用局势从中渔利，在反复权衡利弊的基础上，不惜面临国内强大压力决定与美国合作，从而缓和了来自美国的压力。在这种背景下，印巴关系再次出现紧张。10月1日，印占克什米尔地区斯利那加议会大楼发生爆炸事件后，印立即指责巴基斯坦策划并参与了此次活动，中断与巴对话，声称将打击所有支持和藏匿恐怖分子的国家。10月5日，两国边防部队在克什米尔实际控制线地区的29个地点同时发生交火。此后，双方交火一直持续不断。

第三阶段（2001年12月以后），印议会大厦遭恐怖袭击，印巴关系处于剑拔弩张态势。12月13日印度议会大厦遭恐怖袭击后，印巴紧张关系骤然升级，双方处于剑拔弩张的态势，主要表现在两个方面：一是外交战不断升级。印度政府在其议会大厦遭受恐怖袭击后于次日向巴政府递交了抗议照会，称印掌握的确凿证据表明，此次袭击事件是受巴支持的拉什卡尔·泰巴和穆罕默德军两个恐怖组织所为，要求巴方立即对该两个组织采取措施。巴基斯坦政府对印方的指责予以否认，要求印度提供通过公正调查获得的证据，并希望参与联合调查。印不仅拒绝巴参与调查，而且拒绝向巴提供有关证据。巴则对此予以反击，称印议会大厦遭恐怖袭击是印政府“自导自演”的丑剧，意在以打击恐怖活动为名向巴施加压力。12月21日，印单方面召回其驻巴高级专员，驱逐1名巴驻印外交官，并决定自2002年1月1日起中断两国之间的铁路和公路交通。面对印度的外交压力，巴一直主张通过和平方式解决问题，并宣布不对印采取相应的外交行动。巴总统穆沙拉夫还建议在即将举行的南亚区域合作联盟首脑会议上与印总理瓦杰帕伊举行会晤，以缓解两国日趋紧张的局势，但均遭到印方拒绝。12月24日，印外交部以“涉嫌参与窃取敏感文件”为由勒令巴驻印副高级专员限期离境。27日，印政府又进一步向巴提出以下要求：将巴驻印高级专员署人员削减一半；将巴外交官员的活动范围限制在新德里地区；自2002年1月1日起禁止巴飞机飞越印度领空。在此形势下，巴也被迫对印采取了对应措施：将印驻巴高级专员署人员削减一半；将印外交官员的活动范围限制在伊斯兰堡地区；自2002年1月1日起禁止印飞机飞越巴基斯坦领空。二是军事上严重对峙。随着印巴之间的外交战不断升级，两国军队在边境地区也进入高度戒备状态，处于剑拔弩张的态势。印政府除命令部署在印巴边境地区的部队进入高度戒备状态外，还向印巴边境地区增调了大量陆军和空军部队。印总理瓦杰帕伊、国防部长费尔南德斯、内政部长阿德瓦尼等军政要员相继发表讲话，表示要对巴进行军事报复。为防止印军进攻，巴基斯坦也取消全军官兵休假，并向印巴边境地区增调了大量部队。巴还警告印度不要采取任何威胁巴领土安全的行动，否则巴将以武力予以坚决反击。

印巴关系“9·11”事件后再度紧张的主要原因是：（一）印巴对抗的因素增加。“9·11”事件后，印巴之间除固有的克什米尔争端、民族宗教矛盾和军备竞赛外，又增加了阿富汗因素。印度出于其安全战略及未来能源战略的考虑，在塔利班政府垮台后采取一切措施施加影响，力图在阿建立一个敌视巴的政府，使巴面临东西两线夹击的局面。塔利班从喀布尔撤出后，印度以最快速度恢复了在阿富汗的使馆。阿富汗临时政府成立后，印先后邀请阿内政、外交和国防部长等要员访问印度，并在建立新警察机构、制定反恐怖法律以及医药、食品等方面向阿富汗提供援助。对此，巴基斯坦明确表示，巴不能允许印度利用阿富汗开辟反对巴基斯坦的第二条战线。随着印度在阿富汗的影响力增加，阿富汗问题已成为导致印巴关系紧张的新因素。（二）美国采取重印轻巴政策。“9·11”事件后，美国采用施压和经济利诱相结合的手段，促使穆沙拉夫政府下决心在反恐和阿富汗战争中与美国合作，美巴关系重新提升。但美国并没有从此轻视印度，而是采取了重印轻巴的政策。11月5日，美国国防部长拉姆斯菲尔德访印，与印国防部长费尔南德斯就建立美印“协同防御伙伴关系”等问题举行会谈。12月上旬，美国防部副部长费思率领一个军事小组访印，参加自1998年印度核试验后暂停工作的印美防务政策小组会议，与印高官讨论了扩大两国军事合作的措施，美国同意加快步伐恢复印度的武器采购优先权，并同意接受印度提出的7项购买美制武器装备的要求。双方还同意成立一个“安全合作小组”，强调“印美在全面战略合作中拥有稳定、长期的防卫设备供应关系的重要性”。会后，印美防务政策小组发表的声明说，印美两国“在亚洲及更远的地方有着共同的战略利益”，双方的防务及安全合作“会促进自由、全球和平、经济发展以及安全。”12月13日印度国会遭恐怖袭击后，美国政府明确作出了把克什米尔恐怖主义纳入到其全球反恐怖斗争议程中的承诺，特别是12月26日美国务卿鲍威尔宣布把以克什米尔为主要活动基地的拉什卡尔·泰巴和穆罕默德军定为“外国恐怖主义组织”，为印度采取强硬态度打压巴基斯坦提供了重要依据。

（刘温国）

斯里兰卡国内战火难熄 2001年，斯里兰卡内战进入第19个年头。年内，斯政府和泰米尔猛虎组织均为恢复和平主动提出停火要求，挪威政府也在双方之间积极进行斡旋，但由于双方分歧严重，互不让步，导致斯国内战火一直未能平熄。

一、斯里兰卡内战情况

年内，斯内战大致分为三个阶段：

第一阶段（2000年10月至2001年4月中旬）：猛虎组织为重整旗鼓单方面停火，斯政府以战促和借机进行清剿。2000年10月至12月，斯政府连续对猛虎组织发起猛烈反击，击毙1200多名猛虎组织成员，并在贾夫纳半岛收复了被猛虎组织占领的140平方公里土地。12月21日，斯猛虎组织被迫发表声明，宣布自当月24日零时起在斯里兰卡北部和东部与政府军交战地区单方面停火1个月，并要求政府对此作出积极回应，以便进行和平谈判，企图借同政府和谈之机重整旗鼓，伺机反扑。为实现这一目的，猛虎组织先后于2001年1月23日、2月22日和3月23日三次宣布延长单方面停火。对此，斯政府采取“以战促和”的策略，一再拒绝猛虎组织提出的停火要求，强调“政府只有在和谈进入双方均感到满意的阶段时才会考虑采取停火措施”，力图在战场上进一步削弱猛虎组织的军事实力，迫使其坐到谈判桌前。2月4日，斯里兰卡总统库马拉通加夫人在独立日仪式上发表讲话，号召人民拿出勇气和耐心，以结束长达18

年的血腥内战。她说，斯政府绝不向任何反对和平的力量屈服，也不会在恐怖活动的挑战面前对实现和平失去希望。斯政府准备与反政府的泰米尔猛虎组织举行和谈，但不会涉及建立一个独立的泰米尔国家的问题。同时，她还拒绝同意在与猛虎组织开始和谈之前实行停火。自猛虎组织单方面宣布停火以后，斯政府军连续向猛虎组织发动猛烈攻势，其中规模较大的攻势两次：第一次是1月中旬，斯陆、空军在贾夫纳半岛对猛虎组织实施联合清剿。斯空军首先出动战斗机对猛虎组织营地及前沿阵地实施轰炸，尔后斯陆军在坦克和火炮的掩护下发起地面进攻。经过3天的激战，斯政府军共摧毁猛虎组织营地10余个，打死打伤猛虎组织成员500余人。第二次是4月20日，斯海军出动各型作战舰只10余艘在斯东北海域对猛虎组织进行围剿，先后击沉猛虎组织5艘船只。

与此同时，斯政府还积极开展外交活动，寻求有猛虎组织活动的国家将猛虎组织列为恐怖组织并予以取缔，以切断猛虎组织的资金和武器来源。在斯政府的努力下，英国政府宣布将猛虎组织列入国际恐怖主义组织名单，并于3月16日经议会批准取缔猛虎组织，迫使其设在伦敦的国际秘书处迁回斯国内。德国表示支持斯政府打击泰米尔猛虎组织。

第二阶段（2001年4月下旬至8月中旬）：猛虎组织取消单方面停火，斯内战升级。斯猛虎组织由于连续3次延长单方面停火未得到斯政府积极回应，于4月23日发表声明，宣布不再延长单方面停火。声明称，由于斯政府不仅没有对他们的和平姿态作出积极回应，反而加紧发动进攻，致使他们伤亡惨重，他们被迫作出这一痛苦的决定。声明还指责斯政府利用猛虎组织实施单方面停火而从中获益。自4月25日起，斯里兰卡内战进一步升级。斯政府军在飞机、坦克和大炮的掩护下于4月25日在北部贾夫纳半岛向猛虎组织的阵地发动猛烈进攻，遭到猛虎组织的顽强抵抗。经过连续4天的激战，政府军共有187人死亡，800多人受伤。猛虎组织有190人被打死，400多人受伤，政府军从猛虎组织手中夺回了约8平方公里的土地。6月30日至7月1日，斯空军在北部地区向猛虎组织连续发动大规模空袭，使猛虎组织的军事和后勤基地遭到重创。7月5日，斯里兰卡总统库马拉通加夫人宣布，在全国实施《防止恐怖主义法》，取代4日到期的《紧急状态法》，以维持对猛虎组织的取缔禁令。根据这一法律，斯全国所有的行政区均被宣布为安全区，禁止任何人支持或参与和猛虎组织有关的活动，违法者将被处以15年监禁。此外，根据《公共安全条例》，库马拉通加夫人还发布两项命令，要求武装部队维持全国公共秩序，保证水电、食品和燃料的供应，以及邮电通信和公共运输系统的正常运转。7月7日，库马拉通加夫人又宣布，根据5日开始实施的《防止恐怖主义法》，首都科伦坡的部分地区为高度敏感安全区，禁止未经许可的卡车和拖车进入安全区，以防止猛虎组织在首都开展恐怖活动。

针对斯政府的上述做法，猛虎组织加强了对政府军的袭击，并不断在各地开展恐怖活动。7月24日，猛虎组织在斯内战爆发18周年纪念日之机，派出20余名成员携带自杀性炸弹，对首都科伦坡以北约30公里的一政府军空军基地及毗邻的班达拉奈克国际机场发动突然袭击，摧毁8架战斗机和5架客机，打死打伤政府军13人。斯政府不得不宣布在国际机场周围地区实行宵禁，关闭机场，取消出境航班。8月18日，猛虎组织在首都科伦坡东北70公里的阿拉瓦地区颠覆一列火车，造成15人死亡，近40人受伤。8月22日，猛虎组织在亭可马里市制造一起公共汽车爆炸事件，造成15人受伤。同日，200名猛虎组织成员还袭击了斯东部安帕拉地区的一个警察局，15名警察在袭击中丧生，2名平民被打死。

第三阶段（2001年8月下旬至12月），猛虎组织拒绝政府停火要求，继续与政府军对抗。斯政府由于内部出现危机，难以集中精力打击猛虎组织，主动提出与猛虎组织实现双方停火。8月29日，斯里兰卡外长卡迪尔加马尔宣布，斯政府正在考虑邀请猛虎组织参加和谈。在双方同意的情况下，斯政府准备与猛虎组织实施停火，以启动由挪威调解下的和平进程。8月30日，猛虎组织第二号人物巴拉辛哈姆表示，猛虎组织拒绝接受政府提出的在相互同意的情况下实施停火的要求。政府的这一要求是“政治欺骗”，目的是在政府面临危机的情况下转移斯人民的注意力，并希望将泰米尔政党从反对党中分化出去。因此，猛虎组织将继续战斗到底。为显示与政府对抗的决心，猛虎组织继续开展活动。9月中旬，猛虎组织出动近20艘船只在贾夫纳半岛附近袭击政府军一艘运兵船，斯政府军派出海军和空军增援，双方发生激战，政府军伤亡数百人。9月26日，猛虎组织的海上船队在距穆莱蒂武约57公里的海域袭击斯政府军一巡逻艇，打死打伤政府军30余人。10月18日，猛虎组织向亭可马里地区的两个政府军检查站发动袭击，打死打伤政府军8人。随后，政府军向猛虎组织发动反击，打死8名猛虎组织成员。10月29日，猛虎组织借斯里兰卡举行第12届议会选举之机在首都科伦坡引爆自杀炸弹，试图炸死斯里兰卡总理维克勒马纳亚克未遂，但造成至少 3 人死亡。

二、国际社会促和情况

挪威继续在斯政府与猛虎组织之间斡旋。挪威于 1999 年底提出愿意为斯和平进程作出努力。2 年来，挪威特使索尔海姆一直在斯政府与猛虎组织之间进行频繁的穿梭外交，并促成了 2000 年 12 月 24 日猛虎组织单方面的停火。2001 年 1 月 31 日至 2 月 3 日，挪威特使索尔海姆在斯里兰卡进行新一轮和平斡旋活动。期间，索尔海姆与斯总统库马拉通加夫人、外长卡迪尔加马尔和财政部副部长佩雷斯以及主要反对党统一国民党领导人维克勒马辛哈举行了会谈，集中讨论了政府军与猛虎组织之间逐步消除敌对状态以及向北部和东部交战地区提供食品和药品等问题。但是，此次调解行动未能获得突破性进展。5 月 15 日至 19 日，挪威特使索尔海姆再次在斯里兰卡进行和平斡旋。期间，索尔海姆首先抵斯北部猛虎组织的总部与猛虎组织领导人举行了会谈，尔后返回科伦坡同斯里兰卡总统库马拉通加夫人进行了会谈。由于猛虎组织仍坚持要求政府实施停火、解除对他们控制地区的经济封锁等先决条件，此次斡旋仍未取得实质性进展。

英国表示将全力支持斯里兰卡实现和平。7 月 24 日，英国外交大臣斯特劳发表声明，呼吁斯里兰卡政府和反政府武装尽快实现停火。斯特劳在声明中说，英国政府强烈谴责斯里兰卡猛虎组织 24 日袭击斯首都科伦坡附近的机场并造成人员伤亡，希望斯反政府武装能停止恐怖主义行动。声明还对斯里兰卡持续多年的内战表示强烈关注，并呼吁斯政府军和反政府武装尽快实现停火，通过和平谈判达成解决分歧的长期方案，争取在全国实现持久的和平。斯特劳还表示，英国“已经做好准备，只要斯里兰卡政府提出要求，英国随时可以提供帮助”。

美国敦促斯里兰卡冲突双方举行和谈。美国国务院发言人鲍彻 5 月 4 日表示，国务卿鲍威尔与到访的斯里兰卡外长卡迪尔加马尔举行了会谈，并敦促斯里兰卡政府和泰米尔猛虎组织停止冲突，尽早展开和平谈判。鲍威尔在会谈中对斯里兰卡政府面临的“恐怖主义挑战”表示理解，对斯里兰卡的领土完整表示支持，同时也对挪威为促进斯里兰卡冲突双方实现和平所做的努力表示支持。

（刘温国）

尼泊尔王宫发生枪击流血事件　2001 年 6 月 1 日晚，尼首都加德满都王宫发生王储迪彭德拉枪击王室成员的流血事件，尼泊尔国王比兰德拉、王后艾什瓦尔雅、公主什鲁蒂、小王子尼拉詹等王室成员 10 余人遇难，迪彭德拉自杀身亡。这次王宫事件令世界震惊，并导致尼国内局势动荡。

一、事件经过

6 月 1 日晚，尼泊尔王室成员按照惯例聚集王宫举行晚宴，尼泊尔国王比兰德拉、王后艾什瓦尔雅、王储迪彭德拉、公主什鲁蒂、小王子尼拉詹等王室成员及密友 20 余人出席宴会。席间，王储迪彭德拉因喝酒过量与家人发生争吵，并出现“失礼行为”。比兰德拉国王对迪彭德拉在宾客面前失态十分生气，令其退出宴席回房休息，国王同王后艾什瓦尔雅也到宴会厅隔壁的房间休息。迪彭德拉走后不久，身着陆军制服，手拿半自动步枪和自动手枪各一支返回。他穿过宴会厅直抵隔壁房间，开枪打死比兰德拉国王，回到宴会厅后又接连打死了公主什鲁蒂、小王子尼拉詹等王室成员。尔后，迪彭德拉跑出宴会厅进入花园，又接连打死了紧随其后劝说的王后艾什瓦尔雅和亲王迪兰德拉等。最后，迪彭德拉对准自己的太阳穴开枪自杀。事发后，皇宫工作人员匆忙将死者和伤者送往尼泊尔皇家陆军医院抢救，国王比兰德拉、王后艾什瓦尔雅、公主什鲁蒂、小王子尼拉詹、国王的三个妹妹以及国王的妹夫卡德加被确认死亡。迪彭德拉虽子弹穿过头部，但仍有微弱脉搏，手术后只能靠呼吸机维持生命。事件发生时，国王比兰德拉的弟弟贾兰德拉亲王在博卡拉，有幸逃脱劫难。

事件发生后，尼泊尔首相柯伊拉腊及内阁成员立即赶赴医院与王室摄政委员会召开紧急会议，评估形势、选择王位继承人，并派军用直升机将亲王贾兰德拉接回王宫。6 月 2 日，尼泊尔国家广播电台正式宣布，国王比兰德拉已经去世，由王储迪彭德拉继位为尼泊尔新国王。同时还宣布，由于尼泊尔国王比兰德拉、王后艾什瓦尔雅和小王子尼拉詹都已死亡，王储迪彭德拉正在医院接受救治而无法上任，由国王比兰德拉的弟弟贾兰德拉亲王担任摄政王。当日，尼首相柯伊拉腊发表简短声明，呼吁全国人民保持冷静，为受伤的王室成员祷告，并宣布自即日起举行 5 天的国丧。当日下午，比兰德拉、艾什瓦尔雅和尼拉詹等王室成员的遗体被火化。6 月 4 日，王储迪彭德拉在医院去世，尼泊尔国务委员会召开紧急会议，正式任命贾兰德拉为尼泊尔新国王。同日，贾兰德拉的加冕仪式在王宫举行。尼泊尔首相、司法大臣等政府高级官员，尼王室成员和尼皇家军队高级将领等参加了加冕仪式。贾兰德拉在继位后向全国发表讲话，呼吁所有尼泊尔人“严肃而团结地度过这段令人悲痛的时刻”。同时还宣布，他已组成了一个由司法大臣乌帕德雅为首的3人调查委员会，对王宫血案进行调查，并将把调查结果公之于众。6月14日，尼王宫事件调查委员会宣布，6月1日晚在王宫发生的枪杀事件完全是由迪彭德拉一人造成的。

尼泊尔王室家庭矛盾激化是导致此次悲剧事件发生的原因。迪彭德拉生于1971年6月27日，1972年1月被定为王位继承人，曾前往英国伊顿学院深造，毕业回国后继续在加德满都大学学习，获地理学硕士学位。此后，其又在尼泊尔皇家军事学院受训，1992年被任命为皇室成员委员会主席。长期以来，迪彭德拉在其婚姻问题上与王室意见不和。6月1日晚，迪彭德拉在尼王室举行的例行晚宴上，在选择新娘问题上与家人发生争吵，加之他喝了过多的威士忌酒，导致行为失控，向家人开枪射击，随后自杀。

二、事件产生的影响

尼泊尔王宫血案的发生对尼产生了较大影响，主要表现在：

（一）国内局势一度混乱。事件发生后，尼国内各界纷纷以祷告等方式哀悼遇难的王室成员，同时，部分民众坚信王储迪彭德拉不是凶手，对贾南德拉公布的血案原因持怀疑态度，并在首都加德满都等地举行游行示威活动，要求当局迅速查清事件真相；6月2日尼国王、王后与其他王室成员的遗体火化时，许多悼念的民众因怀疑尼首相柯伊拉腊及其政府与血案有染而对柯伊拉腊及政府进行抨击，柯伊拉腊的汽车是日遭到群众的袭击，6月3日，近千名示威者聚集在首相官邸附近，一面高喊反对柯伊拉腊的口号，一面投掷石块同警察对峙。6月4日，新国王贾南德拉加冕后，尼泊尔首都发生了大规模的骚乱和暴力活动，成千上万的民众潮水般地聚集在王宫外，并高呼“处死贾南德拉”“迪彭德拉无辜”和“惩罚真凶”等口号，并试图阻挠前往参加贾南德拉加冕典礼的车队。警察向抗议者发射催泪弹，并开枪镇压，造成2人丧生，19人受伤。尼反对派尼共（毛派）断言，王室血案是重大的政治阴谋。尼共（毛派）主席普拉昌德发表声明，称王宫血案并非迪彭德拉所为，此事件是一个“严重的政治阴谋，有预谋的大屠杀，将结束尼现行的政治体制”。同时，尼泊尔大会党和尼共（联合马列）纷纷发表声明，敦促王室尽快公布事件真相。加德满都市民也举行游行，要求“全面公正”地查明血案真相。

针对国内局势混乱，尼政府自6月2日起在首都增加部署了大批警察，使用警棒、催泪弹、高压水龙头等警具对王宫附近的集会民众进行驱赶，并拘捕了100余名示威者。6月4日，尼军方向加德满都各主要道路、王宫及旧王宫贾南德拉寓所派驻部队维持秩序以防民众骚乱。当日下午，新国王宣布于4日16时至5日17时在加德满都、拉利特普尔和巴格达普尔等地实施戒严，授权军警可向不服从戒严令的群众开枪。在戒严期间，任何人不得在街上活动，如违反将面临一个月监禁。尼政府还加强了对尼中、尼印边境的管控和出入境人员的管理，外国游客经检查后方可入境。

（二）党派斗争进一步加剧。事件发生前，尼柯伊拉腊政府因未能兑现其上台时作出的关于健全法制、惩治腐败和改善社会治安等项承诺受到反对党的指责。事件发生后，由于柯伊拉腊政府未能及时公布事件真相，尼反对党以此为借口加强了倒政府活动，指责柯伊拉腊对王宫血案有着不可推卸的责任，煽动国内民众的反政府情绪。尼大会党内部以巴特拉伊和德乌帕为首的反对派也借机向柯伊拉腊发难，要求柯伊拉腊辞职。7月19日，柯伊拉腊首相被迫宣布辞职，由党内反对派德乌帕出任新首相。

三、国际社会对尼泊尔王宫流血事件的反应

尼泊尔王宫的枪杀事件引起了国际社会的关注，联合国和一些国家对尼国王和王室成员的遇难深表震惊和悲哀。主要情况如下：

联合国 联合国秘书长安南6月1日晚发表声明，对尼泊尔王室血案深表震惊和痛心，并向尼泊尔人民表示衷心慰问，呼吁他们“在这一特殊时期中保持平静和稳定”。

欧盟 欧盟主席6月3日发表声明，对尼泊尔国王及王室成员遇难深感震惊，希望尼政府对此次事件迅速展开全面而公正的调查。

印度 印总理瓦杰帕伊6月2日就国王遇害事件与尼泊尔首相通话，了解了有关尼国王遇刺情况。与此同时，印政府还召开了内阁安全紧急会议，讨论尼国内局势，决定为比兰德拉国王举行为期3天的官方悼念，印总统纳拉亚南前往尼驻印使馆吊唁。同时，印内政部下令与尼接壤的印北方所有邦和县自6月2日起进入“红色”警戒状态，并对通过印、尼边境的车辆实施检查。

美国 布什总统6月2日发表声明悼念遇害的比兰德拉国王及家人，并为尼政府和尼泊尔人民祈祷。

美国政府发言人表示，美密切关注着尼泊尔的局势。

英国　英国伊丽莎白女王、查尔斯王子和首相布莱尔相继发表声明，对尼泊尔王室血案表示震惊和遗憾。女王还命令王宫、主要政府机构和公共场所下半旗致哀。

日本　日本首相小泉纯一郎6月3日向尼泊尔王室发唁电，代表日本人民和政府对尼国王和王室成员的遇害表示悲痛，并希望尼政府和人民尽快从悲痛中恢复过来，继续为尼泊尔的和平和繁荣而努力。

澳大利亚　澳大利亚总理霍华德和总督迪恩对国王夫妇和其他王室成员遇难表示震惊和悲哀。

斯里兰卡　斯政府6月2日宣布暂缓在科伦坡举行的南亚国家区域会议，以示对尼国王和王后的尊敬。

中国、新加坡和泰国等国家的领导人和教皇保罗二世也向尼政府发了唁电。

（刘温国）

尼泊尔反政府武装继续进行反政府活动

2001年，尼泊尔共产党（毛派）武装（以下简称尼反政府武装）为实现武装夺取政权的目的，继续在尼国内进行自1996年开始的反政府活动，导致尼国内局势动荡不安。

一、尼反政府武装进行反政府活动情况

年内，尼反政府武装在国内进行反政府武装活动大体分为三个阶段：

第一阶段（1月至7月中旬），尼反政府武装面对尼军、警的攻势继续开展活动。年初，尼政府为打击尼反政府武装的反政府活动，调集尼皇家陆军主要力量对尼反政府武装活动地区实施清剿作战，并对重点地区实行军事管制。1月11日，尼政府又组建了专门对付尼反政府武装的武装警察，配合陆军在全国各地开展清剿活动。面对尼政府军和警察的强大军事攻势，尼反政府武装采取迂回战术，与政府军和警察展开游击战，并将大量儿童和妇女派到一线作战，迫使尼政府军与警察降低进攻强度。6月1日尼皇宫血案发生以后，尼反政府武装借尼国内出现动荡之机加紧开展暴力活动。其中几起规模较大的活动是：7月1日，尼反政府武装约500人袭击当洪县警察哨所，打死警察5人，炸毁县政府大楼5栋。7月4日，尼反政府武装在首相官邸制造爆炸事件，并劫持31名警察，后将其全部杀害。7月6日，尼反政府武装借尼新国王贾兰德拉55岁生日之机在首都加德满都11个地区制造爆炸事件，同时在尼全国各地袭击7个警察局，打死警察35人。7月12日，尼反政府武装在首都加德满都发动大罢工，导致市内交通、商店及工业生产全部瘫痪。由于尼反政府武装活动频繁，尼首相柯伊拉腊面临党内外的强大压力，被迫于7月19日宣布辞职。

第二阶段（7月下旬至11月中旬），尼新政府与尼反政府武装停火并举行谈判。柯伊拉腊首相下台后，德乌帕当选为议会党团领袖。7月22日，尼国王贾兰德拉根据宪法任命德乌帕为新一届政府首相。德乌帕出任新首相后，将政治解决尼反政府武装问题，稳定国内局势列为头等大事，于7月23日与尼反政府武装达成停火协议，双方决定举行政治谈判。为给谈判创造气氛，尼政府撤离了对尼反政府武装进行清剿的军警部队，并释放了部分在押的尼反政府武装的战俘。尼反政府武装也释放了部分被其劫持扣押的警察。双方停火以后，先后举行了三轮政治谈判，均未达成实质协议。双方的主要分歧是：尼反政府武装提出，必须废除君主立宪制，建立共和政体；组建临时政府，召开制宪会议制定新宪法。尼政府则坚决拒绝上述要求。由于双方分歧较大，谈判最终破裂。

第三阶段（11月下旬至12月），尼反政府武装中断停火，恢复暴力活动。11月21日，尼反政府武装宣布，由于尼政府拒绝修改宪法，双方对话的基础已不存在，实行停火谈判已失去意义。从11月23日起，尼反政府武装成立了自己的政府权力机构，恢复在国内的武装暴力活动。针对尼反政府武装恢复反政府活动，尼国王贾兰德拉于11月26日宣布全国进入紧急状态，限制民众的行动、言论及新闻自由，并将尼反政府武装定为恐怖组织，在其活动的地区实施宵禁。此后，尼政府军开始在全国进行总动员，并陆续在尼反政府武装活动的地区开展清剿活动。

到2001年底，尼反政府武装已达数万人，拥有正规部队“人民军”2000至5000人，游击队1万余人。其成员绝大多数是中西部贫困山区农民，另有部分人员为退役的皇家陆军人员。尼反政府武装建有训练基地，武器来源主要从印度非法走私。

二、有关国家和国际组织对尼泊尔局势的态度

尼国内局势紧张加剧引起了国际社会的关注，有关国家和国际组织的态度如下：

印度政府为尼泊尔政府打击尼反政府武装提供各种形式的帮助。印度政府一直密切关注尼泊尔国内的紧张局势，谴责尼反政府武装以暴力手段实现政治目

标的做法，并保证为尼泊尔政府打击尼反政府武装提供各种形式的帮助。其具体做法是：（一）向尼提供武器装备。年内，印向尼政府提供了 20 辆防雷车、2 架直升机和大量轻武器。（二）与尼实行情报共享。印度于 3 月底同尼泊尔签署一项双边援助协议，规定两国将分享有关恐怖主义活动的情报，以加强两国警察的合作。（三）加强边境控制。为防止尼反政府武装通过印度向尼泊尔境内走私武器装备，印度向尼印边境地区增调了边境部队，加强了对边境的控制。

美国为尼泊尔政府打击尼反政府武装提供武器装备。由于“9·11”事件后尼泊尔政府坚决支持以美国为首的反恐怖主义战争，并宣布允许美国军用飞机经过尼泊尔领空，美决定向尼泊尔政府提供武器装备，以帮助尼政府打击尼反政府武装。11 月 23 日尼反政府武装恢复反政府活动后，美立即宣布向尼无偿提供 10 架直升机。2002 年 1 月 18 日，美国务卿鲍威尔访尼期间向尼政府许诺，美将扩大对尼军事援助范围，以帮助尼政府彻底解决尼反政府武装问题。应尼皇家陆军的请求，美保证将向尼提供防御性武器装备，并将向尼皇家陆军派遣军事顾问和提供特别训练。

联合国秘书长安南 11 月 27 日表示，联合国对尼泊尔目前的严重局势十分担忧，对尼反政府武装放弃和平对话，进行武装暴力活动感到遗憾。欧盟也对尼国内出现的紧张局势表示关注。

（刘温国）

阿富汗过渡行政当局取代塔利班临时执政　2001 年 10 月 8 日阿富汗战争开始后，在美、英等国军队和北方联盟的军事打击下，塔利班及本·拉登“基地”组织迅速崩溃。为了尽快恢复阿富汗秩序，联合国于 11 月 27 日至 12 月 5 日在德国波恩举行阿富汗问题会谈，与会者包括阿富汗北方联盟、罗马集团、塞浦路斯集团和白沙瓦集团四方代表，联合国安理会 5 个常任理事国、巴基斯坦、印度、伊朗、日本、加拿大、土耳其等 19 个国家的代表列席会议。会议签署了有关阿富汗政治未来的联合国框架协议，要点如下：1、建立一个临时政府，为召开“支尔格”大会（即大国民议会）紧急会议而成立一个独立的特别委员会。2、临时政府将由 1 位主席，5 位副主席和 23 名其他成员组成。临时政府将得到处理国家日常事务的授权。3、在临时政府成立半年内将召开大国民议会紧急会议，会议将由阿富汗前国王查希尔主持开幕。会议将就阿富汗的过渡政权作出决定，包括确定一个基础广泛的过渡政府领导阿富汗，直到在大国民议会紧急会议召开后的两年内经选举选出一个有真正代表性的政府。4、在联合国帮助下成立一个司法委员会，它将帮助阿富汗根据伊斯兰原则、国际准则、法律原则以及阿富汗司法传统重建国内司法制度。5、在正式权力移交之时，所有圣战者组织、阿富汗武装部队和武装集团都要听从临时政府的指挥和控制，根据阿富汗的安全和武装部队需要进行重组。6、临时政府和大国民议会应该根据国际人权协议和国际人道主义法律的基本原则和规定办事，阿富汗是这些协议与规定的一部分。7、临时政府应与国际社会合作共同对付恐怖主义、贩毒和有组织犯罪。8、各临时机构应该确保妇女、各民族和宗教群体在临时政府和大国民议会中享有平等的代表权。9、临时政府不应该赦免任何严重违反国际人道主义法律或犯下人道主义罪行的人。10、与会者要求国际社会在新阿富汗政府建立和培训阿富汗安全和武装部队的过程中提供帮助。11、由于建立新的阿富汗安全和武装部队需要时间，与会各方要求联合国安理会考虑早日批准联合国授权部队进驻阿富汗。这支队伍将协助维持喀布尔及其周围地区的安全。如有必要还应该向其它城市和地区部署类似的队伍。12、与会各方承诺从联合国授权部队驻扎的喀布尔、其它城市或地区撤出所有武装部队。13、联合国将建议临时政府建立一个政治上中立的环境，以便在自由和公正的条件下召开“支尔格”大会的紧急会议。14、联合国有权调查践踏人权的行为并提出改进意见。

在波恩协议的指导下，经过各方磋商，阿富汗临时政府于 12 月 22 日成立，并举行了就职仪式，前总统拉巴尼将权力移交给普什图族领导人哈米德·卡尔扎伊。阿富汗临时政府组成是：主席：哈米德·卡尔扎伊，外交部长：阿卜杜拉，内政部长：尤尼斯·哈努伊，财政部长：希达亚特·阿米·阿尔萨拉，国防部长：穆哈穆德·法希姆，商业部长：赛义德．穆斯塔法·卡齐姆，通信部长：阿卜杜·拉西姆，计划部长：哈吉·穆哈穆德·穆哈克基，水资源和电力部长：沙克尔·卡尔加尔，矿产和工业部长：穆哈米德·阿兰姆·拉兹姆，信息和文化部长：拉希姆·马赫杜姆，教育部长：阿卜杜·萨拉姆·阿西姆，公共卫生部长：苏哈伊拉·赛迪齐，公共工程部长：朱马·穆哈穆德·穆哈穆迪，劳动和社会事务部长：米尔·瓦伊斯·赛迪克，运输部长：伊沙克·沙赫尔亚尔，农业部长：赛义德·侯赛因·安瓦里，司法部长：阿卜杜·拉赫米·卡利姆，妇女事务部长：西马·萨尔马，农村发展事务部长：阿卜杜·马里克·安瓦尔，城市发展事务部长：哈吉·

阿卜杜·卡迪尔，小型工业部长：阿利夫·努尔扎伊，朝圣部长：毛拉韦·巴克伊，烈士和残疾人部长：阿卜杜拉·瓦尔达克，高等教育部长：沙伊夫·法伊兹，重建工作部长：萨尔达尔·穆哈穆德·罗沙，难民回归事务部长：埃纳图拉·纳齐尔，灌溉事务部长：哈吉·曼加勒·侯赛因，空运和旅游事务部长：拉希米·瓦尔达克，边境事务部长：阿马努拉·德萨兰。

12月23日，阿富汗临时政府主席哈米德·卡尔扎伊召开第一次内阁会议，临时政府正式开始运转。会议确认了哈米德·卡尔扎伊主席在临时政府成立仪式上阐明的13项施政方针，包括歼灭恐怖分子和恢复治安，实现经济复兴，维护信教与言论自由，以及废除对女性的歧视等。

阿临时政府执政后，积极采取措施稳定国内政局，其主要做法是：（一）在政治领域，吸收各派人员参政，寻求国内广泛支持。由于阿富汗国内种族派别林立且矛盾尖锐，卡尔扎伊上台后极力平衡各派势力，除吸收各不同派别组成了基础广泛的政府外，还加强同各民族部落间的联系，以维护新政权的稳定。卡尔扎伊还承诺制定新宪法，坚持言论自由和新闻自由，禁止种植罂粟和走私毒品，以树立临时政府的新形象。（二）在经济领域，确立新的经济体制，促进国内经济的恢复和发展。卡尔扎伊上台后明确宣布，阿新政府实行自由市场经济和私有经济，确保阿富汗经济得到尽快的恢复与发展。同时，阿临时政府还加强同国际社会的联系，争取各国政府和国际金融机构对阿经济建设和国家重建提供经济援助。1月21日至22日在日本召开的援助阿富汗重建国际会议上，阿得到了日本、美国、沙特和欧盟等国家和机构提供的45亿美元援助。（三）在军事领域，为维护社会稳定和秩序，着手筹建国家武装部队。阿临时政府成立了以国防部长为首的专门委员会，负责国家武装部队的筹建工作。根据计划，阿将组建的国家武装部队总兵力为20万至25万人，编成7个军。组建工作将分两个阶段进行：第一阶段先从各省挑选200至300名人员，在喀布尔接受基础训练，充当未来军队的中坚力量，其主要任务是维护社会治安，清剿塔利班残余人员及收缴散落在社会上的武器装备；第二阶段将根据各地区民族人口总数确定该地区在未来武装部队中所占的比例，取消以武装派别划分所占比例的做法。为此，阿临时政府已呼吁国内各武装派别服从政府命令，为并入国家武装部队做好准备。（四）在外交领域，积极发展与世界各国的关系，寻求国际社会的支持。阿临时政府上台后，其临时政府主席、副主席、内政部长、外交部长、国防部副部长等先后出访了沙特阿拉伯、日本、土耳其、印度、巴基斯坦等国，就阿富汗的重建问题进行了广泛磋商。特别是卡尔扎伊访美期间，在与布什总统会谈时双方就合作铲除塔利班和“基地”组织残余力量达成一致，美国还承诺帮助阿富汗在政治、经济和军事领域进行重建。同时，阿临时政府已先后在美国、印度、俄罗斯、哈萨克斯坦、苏丹、巴勒斯坦、法国、巴基斯坦等国设立大使馆和临时办事处，并任命经验丰富的政治家担任驻外使节，以加强同各国的联系。卡尔扎伊还利用新年之际致电科威特、匈牙利、印度、巴基斯坦等国政府，向这些国家支持阿重建工作表示感谢。

但是，由于各种因素的制约，阿临时政府仍面临很多的问题和困难。首先，阿国内各派武装分别代表不同民族的利益，长期形成的矛盾根深蒂固，短期内局势难以稳定；其次，阿已遭受20多年的战乱之苦，战后经济恢复绝非易事。同时，在阿战后经济恢复过程中，有关各方也将围绕着经济利益展开争夺。因此，战后阿经济恢复也将面临较大困难。第三，阿富汗的未来涉及有关各方的利益，美、俄、印和阿周边一些国家都想在阿培植亲己势力，出于各自的利益考虑，仍将对阿国内事务进行干预，最终各方要达成一致还需经过激烈的斗争。

（刘温国）

中东和平进程陷入僵局　2001年，巴以暴力冲突不仅没有平息，反而不断升级。国际社会虽然积极进行斡旋，并提出各种调停方案，但都因暴力冲突愈演愈烈而无法付诸实施，中东和平进程也因此陷入僵局。然而，以暴易暴不但无助于巴以问题的解决，而且还会加剧巴以甚至阿以之间的矛盾，中东的历史和现实都证明只有和平谈判才是解决中东问题的唯一出路。

一、巴以冲突不断升级，中东局势急剧恶化

2001年2月6日，以色列总理巴拉克在大选中失败，利库德集团领导人沙龙当选为新总理。沙龙对中东和平进程一向持强硬立场，而且是大规模流血冲突的始作俑者。他在上台后不久就表示，拒绝巴方关于在巴拉克时期巴以谈判的基础上恢复和谈的要求。与此同时，近几年对中东和平进程倾注巨大精力的克林顿也结束了总统生涯，布什成为美国第54届总统。布什一改克林顿对巴以和谈过于投入的作法，采取相对超脱的方针，更加注重美在中东的整体战略利益。

在这种情况下，巴以在2000年谈判中取得的成果几乎消失殆尽。沙龙由于有布什的撑腰更加有恃无恐，对巴采取了激烈的报复行动，导致巴以冲突不断升级，中东局势急剧恶化。

（一）爆炸袭击事件频繁发生，沙龙实施“百日计划”对巴进行报复。沙龙上台后，巴勒斯坦人和以军士兵及定居者的武装较量更加频繁，以色列境内发生的爆炸袭击事件也接连不断。为了兑现在总理竞选时作出的安全承诺，沙龙制定并实施了“百日计划”，试图通过大规模军事镇压手段，在短期内迫使巴方彻底屈服，制止“恐怖主义活动”。“百日计划”的具体内容是：对巴自治区的城镇进行全面分割和封锁，通过部署坦克和机枪等重武器切断各城镇间的大小通道，并把它们变成“封闭的隔离区和大监狱”。根据该计划，以军对激进的法塔赫、伊斯兰抵抗运动（哈马斯）和伊斯兰圣战组织（杰哈德）成员大搞绑架和暗杀活动，并以巴自治区内的安全和警察部队以及军事情报部门支持和参与“恐怖活动”为由，多次对其目标进行狂轰滥炸。此外，以军还强行进入巴控区内采取军事行动，并对巴自治区实施饥饿、封锁和分割政策。然而，军事升级和经济封锁行动不但没有使巴勒斯坦人民屈服，反而使更多的巴勒斯坦人对沙龙政府失望，巴武装人员不断向犹太人定居点和以色列境内发射迫击炮弹。4月16日，以色列军队以巴武装人员从加沙地带向以南部发射6枚迫击炮弹为由，从空中、海上和陆地对加沙地带实施了近6个小时的全面军事打击，至少造成6名巴勒斯坦人受伤，巴安全和警察部队及军事情报机构受到重创。这是以军自2000年9月底巴以爆发大规模流血冲突以来对巴方目标实施的最严厉的一次军事打击。以军还占领了加沙北部埃雷兹检查站以南巴控区内数百米到1.5公里左右地区。对此，美国务卿鲍威尔发表了措辞强硬的声明，表示以军的军事行动是“过分和不合适”的，将有可能导致“冲突扩大”，并呼吁以色列遵守巴以双方已经签署的有关协议，从加沙地带撤军。在美国和国际舆论的压力之下，沙龙命令以军连夜撤出巴控区。

（二）特拉维夫发生爆炸事件，国际社会进行紧急斡旋以避免巴以局势再度升级。6月1日，以色列海滨城市特拉维夫发生一起严重的爆炸事件，至少造成17人死亡，近百人受伤。这是自巴以爆发大规模流血冲突以来发生在以境内最严重的爆炸事件。2日，沙龙与外长佩雷斯和国防部长本—埃利泽紧急召开“小安全内阁”会议，并作出以下决定：以军对巴勒斯坦自治区约旦河西岸和加沙地带实施全面封锁，在以境内就业的巴勒斯坦工人必须全部返回巴自治区并严禁任何巴勒斯坦人进入以色列；以海军封闭加沙海域和海岸；关闭加沙机场，不准巴勒斯坦领导人阿拉法特的专机在该机场起降。“小安全内阁”会议结束后，沙龙又召集“安全内阁”的13名成员举行紧急会议，商讨对策。当日，阿拉法特也对此次爆炸事件予以强烈谴责，并表示将为实现巴以之间立即、无条件和有效的停火尽最大努力。为防止巴以冲突再度升级，国际社会迅速展开密集的斡旋活动。埃及、约旦、俄罗斯、美国和欧洲一些国家的领导人分别同巴以领导人举行频繁的电话联系，对爆炸事件的制造者予以强烈谴责，并敦促双方保持克制。6日，美国中情局长特尼特出访中东，主持召开了巴以高级安全会谈，并向巴以双方递交了特尼特停火建议。在巴以双方以及国际社会的共同积极努力之下，巴以冲突的规模有所下降。但枪击事件仍时有发生，人员伤亡不断上升。在加沙地带和约旦河西岸，以军虽然根据停火建议部分解除了对巴控制区的封锁，但随后又因枪击等冲突事件放弃了解除封锁的行动。阿拉法特虽再三下令巴方各武装力量停止对以袭击，但收效甚微。

（三）以色列继续实施“定点清除”政策，人阵总书记穆斯塔法被暗杀。巴以冲突爆发后，巴拉克政府就制定和实施了对特定的巴勒斯坦人进行肉体消灭的政策。沙龙上台特别是从6月底开始，这一策略更加凸显，成为以对付巴勒斯坦的主要手段。以政府的这一政策不仅使得许多巴勒斯坦无辜平民成为垫背，也使越来越多的以色列人遭遇不测。6月30日，以军以阻止恐怖袭击为由，在约旦河西岸杰宁附近用导弹炸死3名巴“恐怖分子”，引发巴极端组织反击并造成两名以色列人死亡。7月4日，沙龙明确把“定点清除”列为“积极防御”手段，为以军的频繁出击颁发了“杀人执照”。从这一天起，以军开始铲除曾经进行过“恐怖”袭击的巴方人员，巴活跃分子在没有发生交火的情况下不断被“清除”。7月30日至8月5日，沙龙政府一周内连续在巴勒斯坦被占领土发动多次“定点清除”打击，炸死15名巴勒斯坦人，把暗杀袭击推向高潮，致使持续10个多月的流血冲突继续升级。此次“清除”风暴显示了几个新特点：密度高且下手狠，5次袭击共造成15人死亡，多人受伤；突破“红线”，把巴政治领导人当作肉体消灭的目标；顶风“作案”，无视国际社会的谴责以及巴方高昂的复仇呼声，极富挑衅性。8月27日，解放巴勒斯坦人民阵线（人阵）总书记阿布·阿里·穆斯塔法在约旦河西岸被以色列军队发射的导弹炸死，成为巴以冲突爆发以来被以军暗杀的巴勒斯坦最高级别的政治领导人。此次事件对巴以局势产生了深远影响。

（四）以旅游部长泽维被暗杀，以色列对巴勒斯坦采取大规模军事行动。“9·11”恐怖袭击事件之后，美国为争取阿拉伯国家对其反恐行动的支持而加大了对巴以冲突的干预力度，中东局势一度有所缓和。然而，10月17日，以色列旅游部长雷哈瓦姆·泽维在东耶路撒冷的海厄特饭店被枪杀。随后，人阵的军事组织“穆斯塔法旅”宣布对此次事件负责，并表示这是对人阵总书记穆斯塔法被以暗杀的报复行动。泽维是以色列右翼政党“以色列家园—全国联盟”的领导人，他与该党另一名领导人、国家基础设施部长利伯曼因不满沙龙政府决定将以国防军从约旦河西岸巴控城市希伯伦撤出以及放松对巴控区封锁，而于15日宣布退出联合政府。为了对泽维被暗杀事件进行报复，以色列军队从18日凌晨开始出动数十架武装直升机、近200辆坦克和装甲车，连续发动3场夜战，对约旦河西岸的巴自治区发动了规模空前的军事攻势，相继侵入约旦河西岸的拉马拉、杰宁、纳布卢斯、伯利恒、图勒凯尔姆和盖勒吉利耶等6个巴勒斯坦自治城市。巴自治成果岌岌可危，和平进程出现暂时和局部性的倒退。以军进占上述城市部分城区后，控制了各城市的制高点和战略性建筑，动用空对地导弹、坦克炮以及推土机，摧毁了大量巴安全部队哨所和部分政府机关，就连巴解组织二号人物阿巴斯在拉马拉的办公室也暴露在以军的炮口之下。这是自1993年巴以签订奥斯陆协议以来，以色列所采取的规模最大的一次军事进攻。沙龙试图用强硬的报复手段平息国内的激愤情绪，向巴方施加压力迫使其交出暗杀泽维的嫌疑人，并为自己动手抓捕通缉对象铺平道路。与此同时，沙龙还试图利用全世界谴责恐怖主义之机压制巴方的反抗和激进组织的暴力活动。为了不使局势继续恶化，巴勒斯坦国家最高安全委员会21日正式宣布，取缔人阵的“穆斯塔法旅”、哈马斯的“卡桑旅”、伊斯兰圣战组织的“耶路撒冷旅”等极端军事派别。在国际社会特别是美国的压力之下，以色列军队逐步撤出巴控区，但巴以之间的暴力冲突仍在继续。

（五）以色列向阿拉法特宣战，巴以冲突发生质的变化。12月1日和2日，在耶路撒冷等地相继发生了三起针对以色列人的袭击事件，共造成28人死亡，210余人受伤。事件发生后，以色列总理沙龙提前结束对美国的访问回国，并在3日晚下令发动大规模“反击”。以色列出动F-16型战斗机和武装直升机向加沙和约旦河西岸的巴勒斯坦民族权力机构的设施发动了全面空袭，先后炸毁了阿拉法特的3架直升机，占领了加沙机场，空袭了阿拉法特在拉马拉的总部，捣毁了巴方电台。4日，以色列内阁通过一项决议，宣布阿拉法特领导的巴勒斯坦权力机构为支持恐怖主义的实体，阿拉法特的卫队第17部队和巴勒斯坦军事机构“法塔赫”民兵组织的坦齐姆等为“恐怖主义团体”。沙龙还表示，阿拉法特对袭击以色列平民事件负有直接责任，以色列对巴宣战与美国打击恐怖主义分子本·拉登的行为类似。与此同时，以色列还刻意压缩阿拉法特的行动自由与空间，炸毁其在加沙的专用直升机，摧毁供喷气机起降的加沙机场跑道，并把坦克开到他栖身的拉马拉官邸百米之外。以色列领导人毫不掩饰地说，这些动作就是要限制阿拉法特的行动自由，迫使他在反恐怖问题上采取实际行动。10日，阿拉法特原本要前往卡塔尔首都多哈参加专门讨论巴勒斯坦问题的伊斯兰外长会议，但最后决定不出席此次会议。阿拉法特作出这一决定一方面是为避免因以色列不同意他前往所造成的尴尬局面，另一方面也是担心如果离开巴勒斯坦以色列就不再允许他回来。实际上，阿拉法特已经被以色列变相软禁了。这是自1994年巴勒斯坦实现自治、阿拉法特荣归故里后，巴勒斯坦领袖第一次失去行动自由，甚至连12月24日在伯利恒举行的圣诞活动都未能参加。以色列采取的上述一系列举措标志着巴以关系进入一个十分危险的阶段，双方不再有任何信任可言，已处于敌对状态。而以色列把巴勒斯坦民族权力机构列为支持恐怖主义的实体，这意味着以色列失去了谈判对象，巴以和谈随之陷入僵局。中东和平进程出现了重大倒退，整个中东和平进程正面临着崩溃的危险。

二、国际社会积极进行斡旋，但各方提出的和谈方案都未能有效遏制巴以冲突

面对日趋紧张的中东局势，美国不得不逐步改变其中东政策，加大参与调停巴以冲突的力度，并相继派出中情局长特尼特以及负责中东事务的助理国务卿伯恩斯等高级官员出访中东，就平息巴以暴力冲突问题与巴以双方以及地区主要国家进行磋商。与此同时，以埃及为首的阿拉伯国家、欧盟各国以及俄罗斯等也纷纷进行积极的斡旋工作。然而，由于受到日益加剧的巴以冲突的影响，各方提出的和谈方案未能得以实施。

（一）克林顿2000年底提出的和平方案因以美政

府更迭而流产。沙龙在总理选举获胜后就拒绝了巴方关于在巴拉克时期巴以谈判的基础上恢复和平的要求，并表示坚决不放弃东耶路撒冷。沙龙对于中东和平进程政策是：在以色列国家安全没有保证的情况下决不谈和平进程；巴以必须通过和谈、而不是“起义”解决争端；巴勒斯坦可以建国，但必须解除武装；巴以推进和谈必须先确保以色列的安全；耶路撒冷不可分割，以色列决不放弃对其拥有主权；坚决反对放弃对约旦河谷的占领，不同意在约旦河西岸和加沙地带拆除任何一个犹太人定居点。沙龙就任总理后还表示，以色列新政府对沙姆沙伊赫协议不承担任何义务，也不同意在该协议的基础上同巴勒斯坦恢复和谈。在美国，布什成为第 54 届总统。虽然布什政府与克林顿政府的中东政策基本出发点相同，其核心都是维护美国在中东的主导地位、确保中东石油资源的安全。但两届政府在中东的具体做法上又有不少差别。首先，布什政府放弃了克林顿政府在巴以和谈问题上的“积极干预”政策。克林顿在其执政后期对巴以和谈采取全力干预政策，在中东问题上投入了相当大的精力，但未取得预期效果。布什政府上台后一改这种做法，让有关各方自己解决问题。鲍威尔 2 月的中东之行在很大程度上仅仅是为了不使巴以冲突影响到美国遏制伊拉克的“大局”。布什在沙龙 3 月访美期间公开宣布，美国在中东“只是促和，而不逼和”。其次，在巴以冲突中更加偏袒以色列。布什政府在以色列新总理沙龙就职的当天便邀请他访美，但拒绝邀请阿拉法特访美。沙龙上台后多次拒绝阿拉法特有关巴以尽早恢复和谈的建议，而布什和鲍威尔则重申对以色列的安全承担责任，并对沙龙提出的恢复和谈的条件予以支持。第三，放弃克林顿的中东和平计划。美国总统国家安全事务助理赖斯表示，克林顿的建议是在和平条件并不成熟的情况下提出的，在沙龙当选以色列总理之后，那些建议已不再适用于当前的中东形势。因此可以说布什政府放弃了克林顿的中东和平计划。

（二）埃约提出的恢复巴以和谈建议无果而终。4 月 16 日，约旦外交大臣哈提卜访问以色列时向以方提交了埃及和约旦共同提出的恢复巴以和谈建议。该建议的主要内容包括：以巴双方采取措施结束冲突；以色列结束对巴军事和经济封锁并向巴方归还所欠税款；恢复以巴安全合作；以方停止扩建定居点；执行双方业已达成的和平协议，并在去年戴维营会谈和今年 1 月塔巴和谈基础上恢复有关耶路撒冷地位、边界划分、水资源分配、犹太定居点前途和巴难民安置等最终地位问题的谈判；用 1 年时间就最终地位谈判达成协议；联合国安理会、欧盟、约旦和埃及等监督整个谈判过程。以色列反对在戴维营和塔巴会谈基础上恢复以巴和谈，不同意规定签署和平协议的时间表。以色列承诺不在巴被占领土上兴建新的定居点，但表示将根据“人口的自然增长”需要，扩建已经存在的定居点。鉴此，以色列提出对该建议进行修改，其要求修改的主要内容包括：拒绝同巴方进行最终地位谈判；拒绝在巴土地上停建犹太人定居点；用一个长期的过渡性协议代替最终和平协议，并加上“巴勒斯坦在恢复和谈前停止对以色列的一切暴力和攻击活动”的内容。对此，巴勒斯坦方面表示坚决反对。巴计划与国际合作部长沙阿斯表示，以方企图对埃约方案的主要内容做根本性修改是完全不能接受的，以方必须履行巴以双方已经签署的协议，立即停建犹太人定居点并恢复最终地位谈判。巴地方政府部长埃雷卡特称，埃约方案是在巴以过去已签署协议的基础上提出的，以方目前要求对方案进行的所谓修改，是对这些协议的完全改变，也是对埃约方案从根本上进行破坏。在这种情况下，埃约和谈建议无异于一纸空文。

（三）国际调查委员会提出的“米切尔报告”难以落实。5 月 4 日，以巴冲突国际调查委员会向以巴双方递交了“米切尔报告”。报告所提建议的要点包括：巴以双方应立即无条件停止暴力冲突；共同创造一个缓和期；采取步骤重建相互信任；巴民族权力机构努力打击恐怖主义；以政府必须全部冻结在巴控区内犹太人定居点的建设；以方取消对巴城镇的轰炸和封锁；双方重新恢复安全方面的合作。国际调查委员会是 2000 年 10 月在沙姆沙伊赫举行中东问题多边首脑会议时成立的，由美国前参议员米切尔负责，“米切尔报告”由此得名。5 月 14 日，以色列已基本同意接受该报告，但提出两点保留意见。首先，反对“米切尔报告”将结束冲突与其完全停止约旦河西岸和加沙地带的定居点建设联系起来。其次，反对“米切尔报告”批评以军滥用武力，并宣称以军在冲突中使用武力一直相当克制。22 日，沙龙在耶路撒冷举行的记者招待会上表示，米切尔报告不应将停建定居点与停止巴以暴力冲突相联系，以方拒绝完全停建犹太人定居点的要求。巴方应首先停止暴力活动，以作为以方停火以及恢复和谈的条件。巴方随即对沙龙的讲话作出强烈反应，认为沙龙的表态等于反对米切尔报告。巴方强调，如果以方在巴控区的占领和定居点建设未被最终消除，巴勒斯坦人民绝不会停止反抗以色列侵略的斗争。米切尔报告必须作为整体来对待，绝不可将其割裂开来，否则就是为以方继续侵犯巴勒斯坦人民和进行军事升级寻找借口。巴方还呼吁有关各方立即召开紧急会议就米切尔报告制定一个执行、监督机制和时间表。米切尔报告虽然受到国际社会的高度评价，但由于一系列关键问题尚未解决，落实米切尔报告绝非一件易事。首先，以巴双方在米切尔报告中有关停止暴力冲突和停建定居点等核心问题上存在巨大分歧，难以弥合；其次，美国目前难以投入更大精力来推动米切尔报告的执行；第三，米切尔报告在法律地位上不同于签署的协议或决议，对以巴双方不具有任何约束力。

（四）美国提出的特尼特停火方案未获共识。6月8日，正在中东地区进行斡旋的美中情局局长特尼特向以巴双方递交了一份停火方案，并根据双方的保留意见对方案进行了修改。停火方案的主要内容包括：以巴立即恢复安全合作，立即采取措施实施停火和稳定局势；以方停止对巴权力机构、警察等目标的军事打击，禁止以军进入巴控区采取军事行动；巴方停止反以煽动宣传，巴警察不得参与、支持暴力组织或个人进入以方搞暴力活动，立即采取措施管制或关押暴力分子；以巴安全委员会将在一周内确定以方将军队和重武器撤至冲突前位置的时间表，但要求以军在48小时内开始将重武器撤离前沿阵地；在以巴恢复安全合作一周内，以巴安全委员会确定以方解除对巴封锁的期限，但要求以方在48小时内开始解除封锁的行动；停火"冷却期"为6周，随后双方根据"米切尔报告"的规定恢复和谈。以巴双方对此持不同意见。以方要求巴方首先采取措施结束暴力冲突，然后以方才结束对巴控区的封锁。巴方则坚决反对立即逮捕伊斯兰抵抗运动的所谓"暴力分子"以及在双方冲突区域建立所谓"缓冲区"，反对以方在停火"冷却期"内以种种借口对巴采取军事行动。巴方还提出以下要求：特尼特建议与米切尔报告应该同时实施；以方自停火之日起冻结一切犹太人定居点的建设；在"冷却期"结束后开始实施有关过渡协议，包括从约旦河西岸撤军和恢复和谈，并在一年内结束巴以最终地位谈判；欧盟、埃及、联合国派遣观察员监督停火。尽管特尼特最终劝说双方"接受"了这一建议，但却未能促成双方正式签字。同时，以色列国内右翼团体和犹太人定居者表示不能接受这一建议，敦促沙龙对巴方采取强硬立场。而包括法塔赫、哈马斯、伊斯兰圣战者组织在内的33个巴勒斯坦政党和团体也反对阿拉法特接受这一建议，呼吁不要放弃抗击以色列占领的斗争。由此可见，特尼特停火建议并未获得巴以双方的共识，全面实施仍面临重重困难。

三、以暴易暴无法平息巴以冲突，和平谈判才是彻底解决中东问题的唯一出路

持续一年多的巴以大规模流血冲突对巴以双方乃至整个地区的局势产生了重大影响。以色列采取大规模的"报复行动"，不仅没有扼杀巴勒斯坦人民的斗争，反而引发了一系列针对以色列平民的自杀性爆炸袭击事件，以色列的安全仍难以保障。中东历史以及现实证明，只有和平谈判才是解决中东问题的唯一出路。

（一）大规模流血冲突对巴以双方造成巨大损失。首先，始于1993年的奥斯陆和平进程被中断。长时间的流血冲突使巴勒斯坦方面被迫推迟在被占领土上建国，以色列则失去了与巴实现和平以及与阿拉伯世界和解的机会，致使国内强硬派势力抬头。长期的冲突严重破坏了双方领导人之间的信任，导致双方民众对和平解决巴以问题失去信心，悲观失望情绪不断上升。其次，巴以双方伤亡人数激增。截至2001年底，巴方在冲突中死亡人数超过900人，3万余人伤残，其中绝大部分是平民，而且相当一部分是少年儿童。这一数字远远超过从1993年奥斯陆协议签署到2000年9月冲突开始前7年间的总和。同时，由于巴勒斯坦人制造了多起针对以色列平民的自杀性爆炸事件，以方的死亡人数也超过200人，另有上千人受伤。一年内遭受如此惨重的生命损失，是百年来前所未有的悲剧，是巴以和平进程的严重倒退。第三，严重阻碍了巴以双方经济的发展。在以军长期间封锁和破坏下，巴勒斯坦原本脆弱的经济几乎崩溃，生产资料缺乏，市场萎靡，近3万亩农田被毁坏，3万多棵果树被拔除，使以务农为主的巴勒斯坦人无所依靠。据巴官方统计，巴以冲突给巴方造成的直接经济损失已经达到55亿美元，相当于国内生产总值的90%；2001的经济增长率为负15%；60%的家庭生活在贫困线以下；失业率高达55%。专家们估计，即使冲突完全停止，巴勒斯坦经济也需要5年的时间才能恢复到原来的水平。以色列的经济形势同样不容乐观。以色列财政部原预计2001年的国内生产总值增长4.5%，但实际只有0.5%，为1950年以来的最低点；旅游业和服务业遭到重创，2001年的旅游人数下降了近50%；依赖巴勒斯坦劳工的建筑和农业也遭到沉重打击；以色列高科技公司纷纷外迁，外部对以色列风险投资也大幅下降；失业人数不断攀升，达到22.9万。最后，巴以冲突还破坏了中东地区的政治环境，激化了

以色列同整个阿拉伯世界的对立。以色列在发生冲突时对巴勒斯坦人滥用武力、对巴勒斯坦自治区实施封锁，引起了全世界对巴勒斯坦人的同情和对以色列政府的谴责。以色列与周边国家乃至整个阿拉伯世界之间的关系日益紧张。

（二）采取暴力手段无法解决巴以之间的争端。以色列强硬的军事打击措施并没有达到镇压巴勒斯坦人“起义”的目的，而巴勒斯坦方面的“起义”也没有达到迫使以色列恢复和谈和在领土和难民回归等问题上作出让步的目的，和平进程中的问题依然存在。以色列虽然采取大规模的报复行动以期遏制流血冲突，但暴力事件有增无减，其安全仍难以得到保障。这主要是由于以下几个原因造成的：首先，以军对巴勒斯坦实施了34年的非法占领，巴勒斯坦人为民族独立解放运动进行了艰苦卓绝的斗争，并且得到了国际社会普遍而持久的道义支持。在这种情况下，以色列通过直接驻扎军队和武装非法定居者的形式继续维持对巴勒斯坦的占领，并把被占领土上的巴勒斯坦人的合法斗争一概定性为“恐怖袭击”。这种做法完全是本末倒置，自然无法制止暴力冲突的继续发生。其次，沙龙政府动辄就以“反恐怖”为由对巴勒斯坦目标实施大规模军事打击，但却对巴勒斯坦平民的伤亡视而不见，并竭力包庇射杀巴平民的以色列军人和定居者使之逍遥法外，这一双重标准的政策使得许多巴勒斯坦人有冤难申。这也是反以暴力屡禁不绝的一个重要原因。第三，由于沙龙采取了强硬的军事手段镇压巴勒斯坦人在被占领土的斗争，导致巴勒斯坦民众的伤亡人数与日俱增，而越来越多的巴民众逐步摆脱了对死亡的恐惧。在这种情况下，沙龙政府必须面对这样一个现实：当一个民族摆脱了恐惧之后，他们就不会再恐惧了；当一个受支配的民族摆脱了恐惧之后，无法将恐惧重新注入他们心中。强大的以色列必须明白，自己正面对一个弱小但不屈服的民族。而在一个已摆脱了恐惧感的对手面前，所有交战者都不可能赢得战争的胜利。其实，以色列前总理巴拉克对巴勒斯坦的政策就以失败告终，而沙龙的政策同样难逃失败的厄运。

（三）和平谈判才是解决巴以乃至中东问题的唯一出路。巴以冲突历经百年，相互间的老账旧怨堆积如山。如果双方一味互相清算，以暴易暴，浸透了鲜血和泪水的老黄历就永远翻不过去，和睦相处的那一天也永远不会到来。中东的历史已经证明，武力手段根本无法化解巴以以及阿以之间的矛盾，和平谈判才是开启中东和平之门的唯一途径。从目前来看，解决巴以冲突的关键是双方领导人直接举行谈判和寻求解决方案，最重要的是沙龙政府重新检讨其“清算”政策，停止边喊停火边算旧账的矛盾把戏，并早日结束非法占领，彻底铲除暴力滋生的温床。与此同时，美国也必须在平息暴力冲突的努力中发挥应有的作用，并改变其一向偏袒以色列的作法。只有在这种情况下，巴以暴力冲突才有望得以平息，中东和平进程才有望重新驶入正轨。

（林海霞）

叙利亚从贝鲁特撤军 2001年6月，叙利亚军队撤出黎巴嫩首都贝鲁特，其中一小部分回到叙利亚，大部分部署在黎巴嫩东部的贝卡谷地。这是叙军1976年进驻黎巴嫩以来规模最大的一次重新部署，也是叙黎两国领导人作出的一次战略性决策。

一、撤军经过

2001年6月14日，黎巴嫩军方发言人宣布，叙利亚军队将在今后几天从黎巴嫩首都贝鲁特地区撤出。6月20日，黎巴嫩安全人士宣布，叙利亚从贝鲁特的撤军行动已全部结束，黎巴嫩政府军已接管叙军的阵地和哨所。为了不影响贝鲁特市区的交通秩序，叙军的撤离行动多半是在夜间进行。据目击者称，连日来，满载士兵、军用物资和武器的车队源源不断开出贝鲁特，有的驶向大马士革方向，有的开往贝卡谷地。此次从贝鲁特撤军后，叙利亚在黎巴嫩的驻军从3．5万人降到2．2万至2．5万人，其中大部分部署在贝卡谷地。

二、撤军的原因

（一）平息黎国内日益高涨的撤军呼声，缓和叙黎两国渐趋紧张的双边关系。1975年，黎巴嫩内战爆发。叙利亚军队遂于1976年以“阿拉伯威慑部队”的名义进驻黎巴嫩，并控制了黎战略要地和要害部门，对结束黎内战、稳定黎政局发挥了重要作用。1990年，黎巴嫩内战结束。但叙利亚并没有从黎撤军，反而通过扶植傀儡总统和总理以及与黎签署《友好合作与协调条约》使黎完全成为其附属国。一贯反对叙利亚的黎基督教各派一直强烈要求叙利亚撤出黎巴嫩，但由于其各个派别没有团结起来形成合力，因此在政坛上的作用和影响有限。况且以色列自从1982年入侵黎巴嫩后在其南部长期驻有军队，为叙在黎驻军提供了名正言顺的理由。2000年5月，以色列从黎巴嫩南部撤军；6月，叙利亚强硬派领导人阿萨德逝世，其子巴沙尔继位。在这种情况下，黎国内要求叙利亚从黎撤军的呼声空前高涨，叙黎特殊关系受到严峻挑战。2000年8月，黎巴嫩举行内战结束后的第三次议会选举，要求叙利亚撤军甚至成为议员候选人进行竞选的焦点问题。基督教马龙派大主教萨费尔强调，根据叙黎两国1989年签订的《塔伊夫协议》，叙利亚军队应该在1992年进行重新部署，即从贝鲁特及周围地区撤到黎巴嫩东部。而且以色列已经从南黎撤军，叙利亚在黎巴嫩的军事存在不仅起不到任何作用，反而有插手黎内部事务之嫌。基督教各派借机发动公开运动，要求叙利亚撤军。叙利亚的盟友德鲁兹派领导人、社会进步党主席琼卜拉特也频频向叙利亚发难，要求叙利亚撤军。德鲁兹派虽然只有大约30万人，但政治地位却举足轻重。叙利亚一向重视德鲁兹派的重要作用，并与其结成政治同盟。然而以色列撤出南黎以及阿萨德的逝世使精明的琼卜拉特调整了与叙关系。叙利亚对于琼卜拉特的“倒戈”异常气愤，并向德鲁兹派控制的战略要地舒夫地区重新部署了军队以向其施压，叙黎两国渐趋紧张的关系有进一步恶化的危险。与此同时，针对黎国内反叙情绪日益强烈，黎巴嫩穆斯林特别是真主党则针锋相对地指出，要求叙利亚撤军旨在恢复以色列在黎巴嫩的影响。黎各政治派别矛盾激化，国内政局趋于动荡。为了平息黎国内的反叙情绪，稳定黎国内局势，缓和两国紧张关系，叙黎两国领导人作出了叙利亚从贝鲁特撤军的决定。叙军撤离的消息公布后，立刻受到黎巴嫩各界特别是反对派别的普遍欢迎。萨费尔称，叙军的撤离将有助于两国建立正常和友好的关系。一些黎议员认为，叙军撤离是一个积极而勇敢的步骤，并希望叙方采取后续行动，最终将军队全部撤出黎巴嫩。

（二）打掉以色列袭击叙军目标的口实，保证叙在黎驻军的安全。2000年5月，迫于国际社会的压力以及国内和地区形势的需要，以色列从黎巴嫩南部撤军。由于以色列是在未与叙利亚和黎巴嫩达成任何协议情况下进行的单方面撤军，因此与黎叙之间的诸多问题悬而未决，其中最为棘手的是萨巴阿农场的归属问题。萨巴阿农场位于黎、叙、以三国交界地区，在1967年第三次中东战争中被以色列占领。以色列认为，萨巴阿农场属于叙利亚领土，应在未来的叙以谈判中加以解决。以军撤出南黎后，联合国在黎以边界划定的“蓝线”将萨巴阿农场划在了以色列一侧。但黎巴嫩和叙利亚却坚持认为，萨巴阿农场是黎巴嫩领土，并一再要求以色列将农场归还给黎巴嫩。黎巴嫩真主党还宣称，只要以色列不撤出萨巴阿农场，就不会停止针对以色列的抵抗运动。自从以色列从黎撤军之后，真主党游击队袭击驻萨巴阿农场以军的事件时有发生。2001年4月14日，真主党游击队用导弹袭击了萨巴阿农场地区的以军阵地，造成1名以军士兵死亡，3人受伤。15日，以色列国防部长本—埃利泽向黎巴嫩和叙利亚发出警告称，如果两国政府对真主党的行动坐视不管，将遭到以军的强烈报复。16日，以色列出动4架战斗机，对贝卡谷地叙利亚雷达站及附近防空阵地进行了轰炸，至少造成3名叙军官兵死亡，6人受伤。这是以色列从南黎撤军以来首次对叙在黎目标发动大规模袭击。实际上，以色列一直把黎以边境的冲突事件归咎于叙利亚在黎巴嫩的军事存在，因此对叙继续在黎驻军耿耿于怀，并试图通过袭击叙军目标的方式迫使叙利亚从黎撤军。以军袭击叙军目标后，以色列政府和国防军先后发表声明称，如果真主党继续在黎以边境制造事端和袭击以军，以色列将对叙利亚在黎境内的其他目标进行更为严厉的打击。由此可以看出，叙利亚撤出贝鲁特可以打掉以色列袭击叙军目标的口实，从而保证叙在黎驻军的安全。

（三）改善叙黎两国的国际形象，吸引外资投入黎战后重建工程。长达16年的内战给黎巴嫩造成的直接经济损失达250亿美元，使昔日被称为“中东瑞士”的黎巴嫩的经济濒临崩溃边缘。1993年，黎巴嫩启动了战后重建工程，并取得令人瞩目的成果。然而，黎经济发展中仍存在诸多问题和困难，其中最为突出的是资金短缺。尽管黎政府采取多种渠道集资，但由于受到国内以及地区不稳定因素的影响，许多投资者都对黎巴嫩“望而却步”，一些西方国家也迟迟没有恢复对黎援助。以色列从南黎撤军后，美国等西方国家加大向叙黎政府施压的力度以迫使叙利亚从黎撤军，并将叙军撤出黎巴嫩与向黎提供援助挂钩。由于缺乏外国投资，黎战后重建工程举步维艰，经济前景不容乐观。与此同时，虽然联合国安理会作出了有关“以色列从黎巴嫩的撤军是完全和有效的”决议，但黎巴嫩仍一再要求以色列军队撤出萨巴阿农场。美国对黎巴嫩“一意孤行”的行为感到“忍无可忍”，决定中止用以帮助沿黎南部边界部署黎军队的援助。这表明黎巴嫩在国际舞台上已开始受到孤立，同时不排除其他国家在该问题上效仿美国的可能。鉴此，叙黎两国领导人审时度势，作出叙军从贝鲁特撤离的决定。这是对国际社会作出的一种积极姿态，有利于改善叙黎两国的国际形象，有利于吸引外资投入黎战后重建工程。

三、叙撤军不会对两国关系产生实质性影响

（一）叙利亚仍将继续保持在黎的影响。叙利亚虽然撤出了贝鲁特，但并没有完全从黎巴嫩撤出，目前仍有2万多人的叙军驻扎在贝卡谷地。此次重新部署之后，叙在黎的影响不会受到削弱，并将继续在黎的政治、经济事务中发挥重要作用。与以前有所不同的是，叙在黎的存在方式从直接提供安全保障转向战略存在。

（二）叙利亚决不会轻易从黎全部撤军。叙利亚从贝鲁特撤军行动结束后，叙利亚总统巴沙尔发表讲话称，叙利亚军队在黎巴嫩的存在是暂时的，这支部队完成在黎使命之后将全部撤出。至于何时全部撤军，则要根据黎国内和地区条件而定，叙黎两国领导机构将继续就此事进行磋商和协调。从有关情况分析，叙利亚会根据黎国内和国际形势的变化对驻黎叙军进行重新部署，但不会主动从黎全部撤军。这主要有以下三个原因：首先，叙利亚在黎巴嫩的军事存在有着不可辩驳的政治理由。因为尽管黎巴嫩内战已结束10余年，但作为引发黎内战根本原因的政治教派体制依然存在，黎尚未建立稳定的政治结构。其次，黎巴嫩是叙利亚国家安全政策的重要一环。由于可能受到以色列从叙利亚西部向其发动攻击，位于黎巴嫩贝卡谷地的军事基地对叙利亚薄弱的西部边界的安全至关重要。第三，驻黎叙军是与以色列斗争的重要筹码。在中东和谈问题上，叙利亚坚持要求将叙以问题与黎以问题同步解决。驻黎叙军是叙达到这一目的的重要筹码。

综上所述，叙利亚从贝鲁特撤军只是根据形势作出的有限让步。正如黎巴嫩总统拉胡德所说，只要中东没有实现全面、公正和持久的和平，只要以色列仍然占领着黎巴嫩领土，叙利亚军队就不会从黎巴嫩全部撤出。

（林海霞）

非洲军事要事

苏丹积极采取措施解决内战问题 至2001年，由苏丹南北方的民族、宗教、文化、政治等矛盾所引发的第二次内战，已历时18个年头，内战造成150多万人丧生，使国内经济停滞不前，人民流离失所，生活困苦不堪，人民强烈要求和平。为此，苏丹政府对内继续积极采取各种措施，与南方反政府集团进行谈判。对外积极展开外交活动，寻求国际帮助。在国际社会的帮助下，双方于2001年7月，达成协议，接受利比亚和埃及提出的实现民族和解的九点新建议。该协议虽然推动了和平进程，但双方在一些实质性问题上仍存在分歧，和谈面临着重重困难。

一、对内采取刚柔并用的和解政策

2001年，苏丹政府对内实行刚柔并用的和解政策，应对南方反政府集团的挑战，争取早日解决内战问题。

（一）以谈促和 2001年1月，苏丹总统巴希尔在竞选连任后不久即发表声明强调，苏丹将沿着和解的道路继续前进，决不后退。以此向以加朗为首的南方反政府集团施加压力，迫使南方反政府集团于1月下旬就国家资源分配的目标、划定的范围和基础问题达成协议，同意举行下一轮具体会谈。5月25日，苏丹政府宣布对南方停止空袭，让国际人道主义救援物资安全运抵灾区，此举为实现全面停火，进一步营造了气氛。7月4日，苏丹政府宣布接受由埃及和利比亚联合提出的实现苏丹民族和解的九点新建议。主要内容包括：成立包括苏丹各政治力量在内的过渡政府；召开苏丹国民大会审议宪法，并根据宪法组织大选；冲突各方立即停止战争和各种形式的暴力行动。新建议还确定苏丹是一个领土完整和民族统一的国家，国民享有充分权利和义务以及言论结社自由等。反对党对此作出积极响应，在新建议出台不到一周时间内，先后宣布欢迎和接受新建议。这是苏丹政府和反对党多年来首次一致地接受一项有关解决苏丹问题的建议。反对党对政府接受新建议的立场和姿态表示欢迎和高度评价，也显示了苏丹政府同反对党的相互信任和承认。7月17日，苏丹执政的全国大会党秘书长易卜拉欣提出，停火、组建过渡政府和举行大选是解决苏丹国内问题的三个步骤。

（二）以压促和 2001年6月7日，苏丹总统主持召开内阁会议，宣布全国总动员，进一步在政治上孤立以加朗为首的反政府集团。6月11日，苏丹外交部发表声明称，苏丹政府虽然仍坚持不久前宣布的对南方地区停止空袭的决定，但对加朗反政府集团频繁的军事侵犯行动不会袖手旁观，政府军将在远离居民区的地区，采取有限的军事行动。12 月 9 日苏丹全国委员做出决议，延长国家紧急状态，再次向加朗反政府集团施压，迫使其接受和谈建议。

二、对外寻求国际社会的理解与支持

苏丹政府认识到国内问题长期得不到解决，与外国势力的介入有关，只有改善与美国和周边国家的关系，才能孤立加朗反政府集团，在国际上树立一个良好的形象，赢得国际社会的理解与支持，促进内战问题的早日解决。

（一）积极改善同美国的关系 苏丹总统巴希尔在 2001 年 1 月初接受埃及《金字塔报》记者采访时提出，希望能同美国在相互尊重、平等互利的基础上建立起良好的合作关系。3 月初，美国政府正式宣布，将直接干预苏丹问题，并向苏丹政府和苏丹反对党、埃及、利比亚等有关方面递交了一份全面政治解决苏丹问题的文件，在文件中，美国提出在苏丹南部实行自治。3 月 12 日，苏丹外长穆斯塔法在会见美国驻苏丹使馆临时代办布拉温时表示，苏丹希望同美国实现关系正常化，以便为美国积极参与苏丹和平进程和建立两国经济关系创造条件。5 月 27 日美国国务卿鲍威尔在访问乌干达时表示，美国愿意为结束苏丹内战扮演积极角色，并增加对苏丹的人道主义援助，而且还将任命一位负责苏丹问题的特使。8 月 28 日，苏丹外长穆斯塔法邀请美国国会代表团访问苏丹，希望访问能帮助消除苏美关系发展中的障碍，并且希望美国能向加朗反政府集团施加压力，为结束苏丹内战作出贡献。2002 年 1 月 19 日在瑞士和美国代表的斡旋下，苏丹政府和反政府武装苏丹人民解放军的代表在瑞士比根斯托克签署了双方在苏丹南部努巴地区停火的协议。该协议为下一步和谈创造了有利的条件。

（二）加强同周边国家的关系 2001 年 1 月 20 日，苏丹外长穆斯塔法同埃及外长穆萨、利比亚总人民委员会非洲统一事务秘书（部长）图尔基进行了会谈，一致认为利埃两国 1999 年 8 月共同提出的关于苏丹民族和解计划是稳定苏丹局势、实现民族和解的方案。2001 年 6 月 12 日在利比亚首都的黎波里，苏丹和利比亚、埃及举行了部长级会议，磋商如何推动苏丹尽快实现民族和解。与会者一致强调，利比亚和埃及于 1999 年 8 月提出的苏丹交战各方实现民族和解的和平计划，仍然是化解苏丹当前紧张局势的最佳解决方案，有关各方应继续保持接触，采取行动实施这一计划，并在该计划确定的原则和基础上召开苏丹民族和解全民大会，以实现苏丹的和平与稳定。苏丹外长穆斯塔法强调，苏丹政府将为尽快召开民族和解全民大会提供全面合作。2001 年 6 月中旬，苏丹外长穆斯塔法访问埃及时，埃及外长穆萨表示，埃及政府同苏丹政府一样，进行了全民总动员，并组织官方和民间代表团访问苏丹，以示对苏丹的支持。7 月 18 日，利比亚总统卡扎非在访问苏丹时会见苏丹南方各州领导人时表示，在非洲统一组织首脑会议期间，他同各国领导人一致拒绝苏丹南方反政府集团提出的“南方自决”原则。

此外，10 月 25 日在苏丹访问的法国外交部负责合作事务和法语国家事务的部长级代表若斯兰强调，只有通过政治途径才能解决苏丹南部问题。他呼吁苏丹交战双方迅速停火，实现和平，结束暴力和灾难。11 月 26 日，苏丹外长穆斯塔法率高级代表团访问俄罗斯。俄罗斯驻喀士穆使馆发表的新闻公报指出，解决苏丹南部旷日持久的战争是访问期间苏丹外长同俄罗斯领导人会谈的主要问题。苏丹希望俄罗斯在和平解决苏丹问题上发挥作用。

（三）寻求国际组织的帮助。在苏丹的要求下，2001 年 2 月，一个由美国、挪威、联合国和一些非政府组织的代表以及一些非洲学者组成的专门联合调查委员会呼吁采取一次大的外交行动，结束苏丹的内战，保持这个国家的统一。该委员会在一项报告中说：“如果‘一个苏丹，两种制度’的方案在国际社会的保障下真正得以实施，那么苏丹的统一将会具有较大的优势。”报告敦促美政府组建一个高效的国际团体，帮助苏丹通过谈判结束民族和宗教战争。报告还要求美政府迅速恢复美驻苏丹大使馆的全部职能，并派遣一名新大使到苏丹去。5 月 26 日，非洲政府间发展组织苏丹委员会主持召开首脑会议，旨在调解苏丹冲突，推进苏丹和平进程。肯尼亚总统莫伊、乌干达总统穆塞韦尼、吉布提总统盖莱和埃塞俄比亚总理梅莱斯、苏丹总统巴希尔和苏丹南部反政府武装人民解放运动主席加朗参加这次会议，但没有达成任何停火协议。会议决定，两个月内将在肯尼亚再次召开苏丹和谈会议。6 月 11 日苏丹政府呼吁国际社会谴责加朗反政府集团，并向其施加压力，迫使其响应政府多次提出的停火建议，避免南方再次遭受非人道主义灾难。6 月 18 日阿拉伯工会国际联合会发表声明，全力声援苏丹为捍卫国家主权、领土完整和反对分裂而进行的正义斗争。要求阿拉伯国家向美国施加压力，迫使美国放弃侵略和种族歧视，停止干涉阿拉伯国家内政和推行双重标准政策。6月28日苏丹第一副总统塔哈在总统府接见欧洲和太平洋加勒比议会联合代表团时表示，希望在欧洲和发展中国家之间建立真正的伙伴关系。同时呼吁欧洲联盟在苏丹实现和平方面发挥积极作用。

总的来说，苏丹和谈虽然取得了一定成果，但是仍面临着重重困难。由于宗教和外国势力从中作梗等原因，和平进程还有漫长的路要走。

（袁景立）

刚果（金）和平进程取得进展 2001年初，刚果（金）总统卡比拉遇刺身亡，其子小卡比拉就任刚果（金）新总统。之后，他在联合国的大力支持下，重新启动了卢萨卡停火协议，并与国内各政治派别展开对话，使冲突各方脱离军事接触，联合国军事观察员部署至刚果（金），刚果（金）出现和平曙光。

一、和平进程取得重大进展

卡比拉遇刺身亡以后，其子小卡比拉审时度势，在实现民族和解的道路上开始迈出令人振奋的步伐。他在发表就职演说时说，他将致力于团结全国各族人民，捍卫国家独立和领土完整，实现民族和解与国家统一。这代表了刚果（金）人民的心愿。小卡比拉就任刚果（金）新总统不到一个星期，就开始了他的法国、美国和联合国之行，并相继会见了法国总统希拉克、美国总统布什、国务卿鲍威尔和联合国秘书长安南。同时，小卡比拉与敌对国卢旺达总统卡加梅也举行了首次会晤。小卡比拉多次强调，他愿意重新启动和平进程，包括与所有政治和军事对手开展对话，支持联合国在刚果（金）部署维和部队，一旦乌、卢两国从刚果（金）撤军，就立即举行“自由和透明的”全国大选。为了化干戈为玉帛，消除敌意，实现民族和解，刚果（金）政府还撤消了向联合国提出的对卢旺达和布隆迪的指控。对于上述种种积极迹象，无论是刚果（金）政府的盟友津巴布韦、安哥拉和纳米比亚，还是其敌对方面，包括反对派、反政府武装及其支持者乌干达、卢旺达和布隆迪，都表示欢迎和支持。小卡比拉还表示，要修复与欧、美的关系，从而使刚果（金）重新融入国际社会。他的讲话立即得到了欧、美的回应和支持，美国总统布什甚至亲自向他致函慰问。小卡比拉在联合国的支持下，于2001年1月重新启动了卢萨卡停火协议，与国内各政治派别展开对话，局势逐步有所缓和。乌干达、卢旺达、布隆迪、安哥拉、津巴布韦、纳米比亚等冲突各方从3月底开始陆续撤离前线，6月初脱离军事接触行动基本完成。与此同时，联合国开始部署军事观察员。刚果（金）国内政治对话调解人马西雷也根据卢萨卡协议重新开始工作，并积极奔走于各方之间，推动各方恢复对话。5月17日，小卡比拉宣布解除党禁，实行政治自由化，为对话会议的举行创造了条件。8月份，出席在博茨瓦纳首都举行的刚果（金）国内政治对话预备会议的政府、武装和非武装反对派、各政党和民间团体的代表通过了“共同政治声明”和“行动承诺草案”。代表们重申了确保国家统一、主权和领土完整的共同决心，并坚决要求在刚果（金）的外国军队立即撤走。10月15日，刚果（金）国内正式对话会议在埃塞俄比亚首都亚的斯亚贝巴举行，小卡比拉再次提出了“在（国家）被占领的情况下如何执行刚果人之间对话的决议”的问题，呼吁联合国安理会和国际社会毫无保留地采取措施以使冲突各方执行有关刚果（金）问题的决议，同时请联合国尽快进入维持刚果（金）和平的第三阶段，在该国部署维持和平部队。10月23日，负责监督刚果（金）执行停火协议的联合军事委员会，与刚果（金）政府在金沙萨签署了关于该委员会从赞比亚首都卢萨卡迁往金沙萨的协议，这对于推运刚果（金）和平进程具有“重要的现实意义”。

二、和平进程取得进展的原因

自刚果（金）爆发冲突以来，参与刚果（金）内战的各方都或多或少产生了厌战情绪。尤其是卡比拉遇刺身亡以后，要求尽快结束战争的呼声日益高涨，实现和平的压力也越来越大。

（一）卷入冲突的各方迫切需要一个发展经济的和平环境。刚果（金）的国民经济因旷日持久的内战而受到严重打击，内战消耗了刚果（金）80%的资源，人民流离失所，各民族之间积怨越来越深。据刚果（金）中央银行统计，该国国内生产总值1999年下降了10.3%，2000年又在此基础上下降了11.3%。与此同时，其通货膨胀率高达了520%。刚果（金）周边国家津巴布韦，近年来因卷入刚果（金）内战，经济陷入困境不能自拔。官方统计数字表明，津巴布韦在刚果（金）部署的军队为1.1万名，占全国军队总人数的四分之一，用于刚果（金）内战的经费高达2亿多美元。这对于自身面临政治经济危机、通货膨胀率居高不下、外汇匮乏的津巴布韦来说，显然难以承受。刚果（金）政府的另一个盟国安哥拉虽然拥有丰富的矿产资源，本来可以成为非洲地区最富有最发达的国家之一，但它不仅要对付本国的反政府武装，还卷入刚果（金）的战争，因而使它原本十分脆弱的经济雪上加霜。纳米比亚也因参与刚果内战，对国内分离组织的活动未能有效遏制，发生过反政府组织的武装叛乱活动，致使国内经济一度下滑。乌干达近年来虽然经济增长速度较快，但它仍然位居世界最贫困国家之列。卢旺达卷入刚果（金）冲突以来，不仅妨碍了该国的战略目标，而且也损害了它的国际形象。布隆迪的情况更糟，该国长期陷入战乱，派别林立，很有点"军阀混战"的味道。鉴于以上情况，卷入刚果（金）冲突的各方迫切需要一个发展经济的和平环境。

（二）联合国及国际社会积极斡旋。2001 年，联合国安理会多次与卷入刚果（金）冲突的国家及反政府武装代表进行有效协商和讨论，并于 2 月 22 日就解决刚果（金）冲突问题通过决议，要求冲突各方根据《卢萨卡和平协议》从 3 月 15 日至 30 日撤出武装部队，停止任何军事行动。安南秘书长不断呼吁所有捐助国、安理会成员国和更广泛的国际社会对刚果（金）提供资金及其他帮助。3 月份，欧盟首先向刚果（金）提供了 1．2 亿欧元的发展基金，支持刚果（金）的和平进程。5 月 18 日，非洲统一组织在第五届预防、处理和解决冲突机制中央机构成员国首脑会议上，强烈要求刚果（金）冲突各方通过和平对话解决存在的所有分歧。5 月中下旬，为帮助大湖地区结束战乱，使冲突各军方脱离接触，解除驻扎在刚果（金）东部的乌干达、卢旺达等国反政府势力的武装，以便按着卢萨卡协议从刚果（金）撤出所有外国军队，联合国安理会专门派由 12 个国家的常驻联合国大使组成的代表团，抵南非、刚果（金）、安哥拉、赞比亚、布隆迪、坦桑尼亚和卢旺达进行了为期 10 天的访问，与上述国家领导人以及一些反政府武装的负责人举行了会晤。同时，为对外国军队撤离刚果（金）以及刚果（金）反政府武装缴械进行更有效的监督，安理会于 6 月 15 日又通过决议，将联合国驻刚果（金）特派团的任期延长 1 年。7 月 11 日，卢萨卡非洲统一组织首脑会议期间，卡比拉和卢旺达总统在联合国秘书长安南的主持下举行了会谈，双方决定建立相互信任关系，以促进卢萨卡协议执行，加速刚果（金）和平进程。9 月初，联合国秘书长安南专程抵非洲地区访问，与刚果（金）等国领导人讨论了刚果（金）的和平进程、大湖地区与整个非洲的形势问题。他强调，联合国始终支持刚果（金）人民争取和平与发展的斗争，尽早结束刚果（金）冲突，帮助该国转入和平建设对非洲至关重要，他愿与非洲各国领导人一道，为早日结束刚果（金）冲突而竭尽全力。

三、实现和平任重道远

刚果（金）的冲突不仅涉及到该国内部的民族、政治、宗教矛盾，而且也涉及到邻国津巴布韦、安哥拉、纳米比亚、乌干达、卢旺达、布隆迪的边境安全和切身利益，问题非常复杂。因此，结束冲突，实现和平的任务是艰巨的。但是，实现刚果（金）和平毕竟是大势所趋、人心所向，和平进程与全国和解已不可逆转。有理由相信，只要冲突各方和国际社会继续努力，刚果（金）和平为时不会太遥远。

（嵇绍国）

科特迪瓦发生未遂兵变　2001 年 1 月 7 日午夜到 8 日凌晨，科特迪瓦首都阿比让的总统官邸、国家电视台和广播电台遭一伙武装人员突然袭击。8 日凌晨 3 时占领国家电视台和广播电台。科特迪瓦政府军经过近 10 个小时战斗终于收复电视台和广播电台，重新控制局势，平息了此次兵变。

一、兵变发生的经过

2001 年 1 月 7 日午夜到 8 日凌晨，阿比让的夜空响起自动步枪和轻机枪的阵阵扫射声。一伙穿平民服装身份不明的武装人员同时向总统官邸、国家电视台和广播电台发动突然袭击。袭击者于 8 日凌晨 3 时攻占了国家电视台和电台，其发言人通过电台不停地播送声明，要求全国军人加入兵变队伍，并声称"48 小时后还要向居民发表讲话"。

3 时 30 分，科特迪瓦的军队、宪兵和警察采取行动，包围了电视台和电台，半小时后收复电视台，封锁了戴高乐大桥、国际机场和一些交通要道，开始进攻位于商业区的广播电台。上午 9 时左右，政府军收复广播电台。随后，科特迪瓦国防部长和内政部长都在电台发表讲话，宣布已挫败了这次兵变企图，政府军方面有两名宪兵阵亡，多人受伤；而兵变者伤亡惨重，并有 40 多人被俘和受到传讯。8 日 10 时政府基本控制了局势。

事件发生后，内政部长博加·杜杜向新闻界发表讲话指出："这是一起有计划、有预谋的军事政变。"他还说，在这次兵变发生前，当局已经收到有人正进行兵变准备的警报，因此执政不久的科特迪瓦总统巴博已于 1 月 5 日离开阿比让。

8 日晚，巴博总统在西部家乡接受电视台专访时说，这起事件"表面上似乎是一种战争行为，实际上是一种恐怖主义行径"，给国家的正常工作造成了损失。巴博重申，尽管发生了未遂兵变，原定 1 月 14 日在北部地区举行的立法选举将如期进行，所有日程保持不变。新的国民议会将投票表决重建科特迪瓦的各种法律。同日，政府决定自8日起在全国实行3天宵禁，宵禁从每天21时开始到次日6时结束。

9日，科特迪瓦的商店和企业重新开业，阿比让的国际机场也重新开放，孩子们回到了学校。

二、发生兵变的原因

此次兵变主要是盖伊领导的前军政府实行独裁统治，失信于民导致社会矛盾激化、经济形势恶化的结果。忽视对军队的控制和外国势力插手也是重要原因。

（一）前军政府独裁统治导致社会矛盾激化。科特迪瓦自1960年独立后，政治长期稳定，是西非地区经济发展的“火车头”，被西方国家捧为实行民主和多党制的样板。1999年12月科首次发生军事政变，前军队参谋长盖伊推翻贝迪埃政权。盖伊上台后，表示要在一年的过渡期之后，举行“还政于民”的民主选举，因此曾一度受到希望改变现状的民众欢迎。但是，他执政不久便实行独裁统治，并违背承诺，不顾人们的反对，公开提出要参加总统竞选。在2000年总统大选前，他授意最高法院剥夺了21名总统候选人中的大多数人的资格，其中包括共和人士联盟主席、前总理瓦塔拉的竞选资格，使科各派政治力量之间本来就十分复杂的政治矛盾不断激化。在一年的过渡期中，政局动荡不安，兵变和袭击盖伊官邸的事件一再发生。政治动乱不仅使社会矛盾激化，经济形势恶化，也引起部族之间和宗教派别之间的冲突和纠纷。尽管如此，大选还是于10月22日举行。人民阵线领导人巴博获胜，10月26日就任总统。但是，巴博面临的形势是严峻的。

（二）巴博政府忽视对军队的制控。科特迪瓦前军政府第二、三号人物帕朗和库里巴利因涉嫌袭击盖伊官邸的事件，一直躲在一外国使馆内政治避难。巴博就任总统后，盖伊执政时期的闹事军人被释放。帕朗和库里巴利也回到他们的家里，但不久又被羁押。据官方消息，这次兵变的目的之一就是要攻击民事监狱和关押这两位将军的兵营，试图营救两位将军和在总统大选后被捕的共和人士联盟的一些负责人和支持者。兵变所以能够发生，一个重要原因是，巴博忽视对军队的控制。

（三）外国势力插手科内部事务。据科特迪瓦内政部长和国防部长介绍，这次兵变得到科北方一些邻国的支持。政府发言人马马杜·库里巴利在记者招待会上表示，政府已经就此展开调查，如果证实兵变分子与某些国家确有联系，科政府准备同这些国家断绝外交关系。

三、国内及国际社会的反应

科特迪瓦发生兵变的消息传出后，在国内及国际上引起了比较强烈的反响。国内和国际社会一些组织和国家纷纷发表声明，谴责此次未遂兵变。

自8日科发生未遂兵变后，首都阿比让连续发生敌视和排斥外国侨民，特别是科邻国侨民的事件。一些青年学生和无业游民在居民区和市中心地区聚众闹事，辱骂和殴打外籍侨民。这引起了西非经济共同体各国驻科特迪瓦大使的不安，他们集体约见科外交国务部长桑加雷，要求科政府采取必要措施保护侨民的安全。科内政国务部长博加·杜杜在电台发表讲话指出，排外情绪“是不对的，它会损害科特迪瓦的形象”。科外交国务部长桑加雷在会见西非经济共同体11国大使时表示，科将采取措施，以保证外国侨民的人身和财产安全。与此同时，科政府要求首都市民克服排外情绪，保持克制以避免发生骚扰和驱赶外国侨民的暴力事件。

1月8日，尼日利亚总统奥卢塞贡·奥巴桑乔的发言人说，奥巴桑乔与科特迪瓦当局取得了联系，并对那里发生的未遂兵变表示谴责。尼日利亚政府官员正密切关注着这个西非国家发生的事件。他说：“兵变的时代已经过去了。”1月12日，非洲统一组织主席、多哥总统纳辛贝·埃亚德马会见了来访的科特迪瓦总统巴博。双方就本地区特别是科特迪瓦政治局势的最新发展举行了会谈。埃亚德马和巴博在会谈后发表的联合公报中，一致谴责科特迪瓦发生的未遂兵变，呼吁科特迪瓦各政治派别进行对话与协商，为恢复科特迪瓦的政治和社会稳定作出共同努力，以维护本地区乃至非洲大陆的和平与安全。埃亚德马在公报中重申，非统组织反对通过兵变等非法手段推翻民选政府。巴博表示，科特迪瓦将克服各种困难，努力实现本国的和平稳定与民族和解。

（嵇绍国）

布隆迪有望迎来新的和平 布隆迪各派在2000年签署《布隆迪和平与和解协议》的基础上，又于2001年7月10日就组建临时过渡政府问题达成协议，并如期于11月1日成立了临时过渡政府，从而在和平进程的道路上迈出重要的一步。但布政府与反对派武装之间的停火问题仍是布最终实现真正和平的重要障碍，和平进程任重而道远。

一、布隆迪国内和平进程因出现新的危机而停滞不前尽管布隆迪国内 19 个冲突派别于 2000 年 8 月 28 日签署了《布隆迪和平与和解协议》，但各派别对停火时间、过渡政府领导人、军队改编等核心问题仍存在分歧，更为重要的是，反政府的胡图族最大的 2 个武装派别——“保卫民主全国委员会—保卫民主力量”和“胡图族人民解放军—全国解放力量”均未在和平协议上签字，始终没有加入和平进程，仍在与政府军进行激战，布隆迪政府内也有人反对交出权力。在此背景下，2001 年年初以来，布隆迪国内和平进程又出现了新的危机。

首先，政府与反政府派别就停火与过渡政府组成问题的谈判未能取得成果。为弥合彼此之间的分歧，进一步落实《布隆迪和平与和解协议》，布隆迪全部 19 个派别的领导人 1 月 21 ~ 28 日在坦桑尼亚北部城市阿鲁沙举行了为期一周的新一轮和谈，布约亚政府、图西族派别与胡图族反政府派别重点讨论了《布隆迪和平与和解协议》未能解决而遗留下的停火和推选过渡政府领导人等问题。在停火问题上，布约亚政府主张先实现停火，再推选过渡政府，而胡图族反政府派别主张先成立过渡政府，再停火。在过渡政府领导人问题上，胡图族反政府派别主张以部族划线来确定领导人人选，布约亚政府则坚决反对。由于双方的分歧过大，因此未能达成一致。会谈取得的唯一进展是各派领导人原则上同意在《布隆迪和平与和解协议》执行监督委员会内增设两个民间团体的席位。布隆迪和谈调解小组发言人博马尼在会谈结束时再次呼吁布隆迪各派做出进一步努力，争取早日解决停火和推选过渡政府领导人问题，以全面实施《布隆迪和平与和解协议》。此后，布隆迪政府与反政府派别还就上述两个问题进行了一些接触和谈判，但均未取得成果。3 月 26 日，布隆迪政府在致坦桑尼亚外交部的一封信中指出，布隆迪政府坚决反对以部族划线来确定过渡政府领导人人选，认为这样做将使布隆迪未来的选举也以部族划线，给人民带来新的灾难。在反政府武装与政府军停火之前，成立过渡政府是徒劳无益的。布约亚总统也在不同的场合表示，在停火之前他是不会把权力交给过渡政府的，但布隆迪政府将继续与反政府武装谈判，争取在 5 月实现停火，让反政府武装也加入到和平进程中，确保布隆迪实现真正的和平。

其次，反政府武装派别继续袭击政府军，停火迟迟无法实现。从年初开始，2 个主要的胡图族反政府武装派别“保卫民主全国委员会—保卫民主力量”和“胡图族人民解放军—全国解放力量”一直在各地袭击政府军和政府机构，遭到政府军的反击。双方的交火规模越来越大，尤其是 3 月 14 日以后的几天，布隆迪政府军与胡图族反政府武装在首都布琼布拉郊外山区猛烈交火，造成了数万平民流离失所。3 月 16 日，布隆迪常驻联合国大使纳尔克·恩特鲁鲁耶致信联合国安理会，要求就布隆迪国内和平进程出现的危机召开紧急会议，谴责布隆迪反政府武装发起的武装袭击。恩特鲁鲁耶在信中说，反政府武装发动的袭击“已对布隆迪的和平进程构成了威胁”，如果不实现停火，刚刚签署的《布隆迪和平与和解协议》就无法实施，包括联合国在内的国际社会也无法为布隆迪的和平进程提供必要帮助。他在信中还说，《布隆迪和平与和解协议》的签字方将于 3 月 19 日在坦桑尼亚就实现停火举行会议，布隆迪政府要求安理会在 19 日前举行紧急会议，通过决议或主席声明，谴责反政府武装破坏和平进程的行为。

第三，军人未遂政变的发生为和平进程增添了复杂的不确定因素。4 月 18 日下午 4 时许，一名中尉军官乘布隆迪总统布约亚在加蓬首都利伯维尔进行谈判之机，带领自称为“全国青年爱国阵线”组织的大约 30 名守卫机场的士兵，占领了布隆迪国家广播电台。他们宣称已推翻布约亚总统领导的布隆迪政府，并宣布废黜国家议会。政变者声称不反对和平进程，但反对布约亚政权。他们宣布，从 18 日晚 8 时起实行宵禁。有消息说，布隆迪电台在广播上述内容前，电台周围传出一些枪声，但布琼布拉局势基本平静。事发几个小时后，忠于布约亚总统的政府军包围了电台。双方经过谈判，政变者于 4 月 19 日凌晨向政府军投降。尽管政变发生不到一天就被粉碎，但也为和平进程增添了复杂因素。

二、在南非前总统曼德拉等人的大力推动下，布隆迪和平进程继续向前推进

在 1 月下旬举行的新一轮和谈无果而终后，布隆迪和谈调解人、南非前总统曼德拉加强了调解、斡旋工作。他与布隆迪两个主要反政府武装派别“保卫民主全国委员会—保卫民主力量”和“胡图族人民解放军—全国解放力量”分别举行了会谈，并在几个关键问题上取得了一些积极进展。与此同时，曼德拉在 2 月份举行的大湖地区国家首脑会晤上，就布隆迪过渡政府的组成问题提出一个新建议，该建议将过渡政府 3 年的过渡期分为两阶段，前 18 个月由一位来自亲图西族的“十党团”的图西族人担任总统，一位来自亲胡图族的“七党团”的胡图族人担任副总统，后

18个月两人调换位置。这一建议很快得到布隆迪有关各方的初步同意。

一些非洲国家的领导人也加紧了对布隆迪国内对立派别间的调解工作。在南非副总统祖马、加蓬总统邦戈、刚果（金）总统卡比拉的调解下，布约亚总统4月18日赴加蓬首都利伯维尔，与主要的布隆迪胡图族反政府武装领导人就结束敌对状态举行直接会谈，以寻求尽快结束布隆迪长期流血冲突的办法。5月5日，布约亚又访问了南非，与南非总统姆贝基就推动布隆迪的和平进程举行了会谈，并会晤了南非前总统曼德拉。会晤中布约亚表示，在曼德拉的调解下，布隆迪冲突各方经过努力，已经为实现和平打下初步基础，在实现和平的道路上迈出新的步伐，各方要在这一基础上继续努力，直至在全国实现渴望已久的和平。他本人对布隆迪的和平前景充满信心。曼德拉表示，他和布约亚的会谈“很有成果”。

在布隆迪各派对曼德拉提出的过渡政府方案所持立场有所接近的同时，布隆迪和平进程中重要的难民问题的解决也有了进展。5月8日，坦桑尼亚、布隆迪和联合国难民事务高级专员公署的代表在坦桑尼亚首都达累斯萨拉姆签署协议，宣布成立“遣返布隆迪滞坦难民三方委员会”。该委员会的任务是为大规模遣返布隆迪难民制定计划，同时在时机成熟时，对自愿回国的难民提供帮助。联合国难民署驻坦桑代表卡马拉在签字仪式上说，成立三方委员会并不意味着现在就开始遣返难民，因为布国内局势依然不够乐观。但随着《布隆迪和平与和解协议》的实施，形势有可能发生积极的变化，在坦桑尼亚的难民也因此有望自愿返回家园。布隆迪代表、重新安置和遣返部部长恩库伦齐扎表示，布政府愿意遵守和平协议，同时也相信像坦桑这样的友好国家和国际社会会帮助解决布隆迪难民问题，所有滞留坦桑的布隆迪难民从现在起可随时自愿决定回国，布政府将保证所有返回的难民都得到妥善安置。据统计，当时滞留坦桑的布隆迪难民有80余万，其中近半数由难民署救助，另外半数在坦政府划定的区域自给生活。30多年来，坦桑一直在接收布隆迪难民。特别是自布1993年爆发大规模部族冲突以来，更有大量难民涌入坦桑西部地区，被安排进难民署设在那里的难民营。

三、布隆迪冲突各方接受曼德拉的建议，和平进程取得重大突破

7月10日，曼德拉在与布隆迪19个政党代表在南非行政首都比勒陀利亚举行了长达12个小时会谈。会谈结束后，曼德拉宣布，这次布隆迪和平谈判取得重大突破。布隆迪冲突各方同意组建一个临时过渡政府，以解决长达9年的战乱。临时过渡政府任期为3年，由图西族与胡图族人轮流执政。在头18个月，过渡政府的总统职位将由布隆迪现任总统、图西族人布约亚担任，胡图族主要政党“布隆迪民主阵线”秘书长恩达伊泽耶将担任副总统职位。在后18个月，图西族和胡图族人将对换这两个位置。布隆迪各方代表将于7月23日在坦桑尼亚阿鲁沙举行会谈，讨论决定过渡政府成立的具体时间表。过渡政府将成立一个特别委员会，负责释放所有的政治犯，同时邀请国际社会向布隆迪派遣维和部队，以维护过渡时期的安全。过渡政府还将在尽可能短的时间内，将各个派别的武装队伍改建成一支联合部队，并与联合国难民事务委员会合作，安置返回家园的难民等。布约亚总统承诺，一旦反政府武装停火，将接受国际社会向布隆迪派遣的维和部队。

在比勒陀利亚和谈后，南非副总统祖马、加蓬总统邦戈协助曼德拉加强了对布隆迪的2个胡图族反政府武装的工作。他们一直与这2个反政府武装保持接触，就停火问题进行对话，以促成布隆迪国内实现停火。但这2个反政府武装仍拒绝与他们进行必要的合作，拒绝放弃武装斗争。为此，祖马呼吁大湖地区国家领导人向布反政府武装施加压力，迫使他们尽快停火，并指出，反政府武装在未来过渡政府中，将有自己的代表，再继续坚持强硬立场是没有道理的。

7月23日，大湖地区国家专门为讨论布隆迪问题，在坦桑尼亚阿鲁沙召开了第15次首脑会议。布隆迪和平调解人、南非前总统曼德拉和坦桑尼亚总统姆卡帕、肯尼亚总统莫伊，卢旺达、塞内加尔、南非、利比亚、赞比亚、刚果（金）等国的领导人，以及非洲统一组织等国际组织的代表出席了会议。会议主席、乌干达总统穆塞韦尼宣布，布隆迪和平协议19个签字党派一致同意成立布隆迪过渡政府，过渡政府将于11月1日在布隆迪首都布琼布拉正式成立。过渡政府由图西族人和胡图族人轮流担任总统和副总统，在3年过渡期内为实现和平和举行自由选举作准备。会议结束时发表的联合公报称，为执行《布隆迪和平与和解协议》，布约亚将采取以下措施：邀请各派代表参加过渡政府；邀请国际部队进驻布隆迪以保证和平协议的执行；保证各政治派别领导人、尤其是流亡国外的领导人回国后的安全；按照胡图族人与图西族人各占一半的比例改组军队；在第18个月任期届满时立即退出现职等。曼德拉在会议上宣布，一旦

过渡政府成立，由南非、尼日利亚、塞内加尔和加纳4国组成的维和部队将在比利时的支持下开始进驻布隆迪，以维持秩序。与会首脑表示要继续支持布隆迪和平进程，呼吁联合国向布隆迪派遣维和部队，同时关注并加快解决在坦桑尼亚的布隆迪难民的遣返问题。南非副总统祖马明确表示，向布隆迪派遣国际维和部队将有助于尽快结束该国长达9年的内战，因此南非将向布隆迪派遣维和部队，以帮助该国尽早实现和平。加纳、尼日利亚和塞内加尔等国也同意派部队参加布隆迪维和行动。

大湖地区首脑会议后，布隆迪和有关各方围绕着过渡政府的成立进行了新的努力。8月10日，布隆迪和谈调解人曼德拉发表了一封“致布隆迪人民的公开信”，再次表示，他本人将继续帮助推动布隆迪和平进程，使布隆迪早日实现和平，呼吁布隆迪人民积极行动起来，与国际社会一道推动布隆迪和平进程。他呼吁布隆迪冲突各派以国家利益为重，摒弃前嫌，求大同存小异，履行去年8月在坦桑尼亚阿鲁沙达成的和平协议，实现停火，结束长达9年的内战。曼德拉还在公开信中说，对布隆迪冲突各派来说，目前最重要的就是根据最近达成的共识，按期于今年11月组建临时过渡政府。8月21日，布隆迪和平协议执行监督委员会在阿鲁沙举行新一轮会议，联合国驻大湖地区特别代表、该委员会主席丁卡宣布，2000年11月成立并暂设在阿鲁沙的该委员会将于9月迁至布隆迪首都布琼布拉，以便为成立布隆迪过渡政府作准备。丁卡说，关于该委员会的委员返回布隆迪国内工作后的身份问题，布政府已同意给他们颁发外交护照，给予高级官员待遇。他认为，尽管目前两个主要的胡图族反政府武装仍未停火，但和平进程正朝正确的方向前进。反政府武装无法阻止过渡政府的成立，因为饱受战乱之苦的布隆迪人民渴望和平。9月5日，布隆迪总统布约亚在与坦桑尼亚总统姆卡帕探讨和平进程和过渡政府的前景问题时表示，布隆迪现政府目前正积极为过渡政府的成立做各项准备工作，其中包括拟订确保各部门运转的法律文件和采取相应的安全措施，目前一切进展顺利。他相信定于11月1日成立的布隆迪过渡政府能按期成立，各相关机构也能完成组建。姆卡帕呼吁，反政府武装尽快停火，与其他派别进行直接谈判，参加布隆迪和平谈判的各政治派别也应加紧磋商，以确保在11月1日过渡政府成立时不仅机构健全，相应的人员也能全部到位。

10月1日，大湖地区国家领导人在阿鲁沙召开会议，坦桑尼亚、乌干达、肯尼亚、卢旺达、南非、尼日利亚、马拉维、加纳和刚果（金）的领导人出席了会议。会议讨论了定于11月1日成立的布隆迪过渡政府的准备情况。但在新政府成员的安全问题上，布隆迪总统布约亚提出，国外流亡人士回国参加布隆迪过渡政府，人身安全将受到政府军的保护。但胡图族反对派别则要求，由反对派别的士兵和政府军按均等比例组成特别保护部队来提供保护。双方未能取得一致。曼德拉在会上表示，为过渡政府人士提供安全保障是一个非常重要的问题，需要认真讨论。他表示对这一问题的解决充满信心。会议还讨论了布隆迪政府同至今尚未参加和平进程的两个主要反政府武装举行谈判的进展情况。10月27日，南非向布隆迪派出了首批240名维和士兵，10月28日和11月1日，又相继派出两批461名维和士兵。维和部队的主要任务是保障布各派领导人的安全，布隆迪政府还授权维和部队处理随时可能出现的紧急情况。

在各方的努力下，11月1日布隆迪各派根据和平协议，如期在首都布琼布拉成立了具有广泛代表性、多部族联合执政的布隆迪过渡政府。这标志着布隆迪和平进程向前迈出了重要一步。11月2日，曼德拉宣布，他所担任的布隆迪和谈调解人的使命已经完成，因此将不再担任该职。今后他仍会继续关注布隆迪的和平进程，希望过渡政府以宽容的态度促进各部族间的相互信任，实现持久和平。他已将有关工作移交给联合国驻大湖地区特别代表、布隆迪和平进程执行监督委员会主席丁卡，今后将由丁卡负责监督布隆迪的和平进程。11月3日，布隆迪和平与和解协议执行监督委员会举行迁至布琼布拉后的第一次会议，该委员会主席丁卡在会上说：监委会将全力支持布隆迪过渡政府为和平与发展所作的努力；将认真履行职责，促使过渡政府尽快进行一系列改革，包括成立过渡国民议会，新设参议院，组织流亡国外的难民尽快返回祖国等。将保证过渡政府在过渡期结束时通过自由选举和平移交权力。丁卡认为，推进布隆迪政府与两个主要反政府武装的和谈也是监委会最重要的任务之一。过渡政府对外关系与合作部长西农古鲁扎11月5日对新闻界表示，过渡政府在布约亚总统和恩达伊泽耶副总统的领导下运转正常，26名部长中有9人是流亡后回国的，部长之间和睦相处，都已开始履行使命。目前，过渡政府首要任务是加快与反政府武装谈判，以早日完成实现和平、加快经济和社会发展的历史使命。

四、布隆迪和平进程前景仍有隐忧

首先，主要反政府武装拒绝停火。过渡政府成立后，立即表示将与胡图族的2个主要反政府武装恢复谈判，欢迎他们加入和平进程，并表示可以让反政府武装的人员与政府军合并，甚至可以根据他们的要求对《布隆迪和平与和解协议》进行适当的修改。但这2个反政府武装却一直拒绝与政府军实现停火，提出要推倒《布隆迪和平与和解协议》"重起炉灶"，在其无理要求被过渡政府拒绝后，又公然宣称要"继续进行武装斗争"。由于反政府武装有1.3万人，除了少部分驻扎在布隆迪周边国家外，大部分都在国内，具有一定的战斗力，因此双方的战斗一直不断。11月6日，反政府武装对布琼布拉以东140公里的卢伊吉一所中学发动袭击，集体绑架了80名男生。9日，反政府武装再次袭击了首都布琼布拉附近穆塞玛地区一所中学。11月14日夜，反政府武装袭击了布琼布拉北郊穆坦戈地区一个政府军营地，打死6人，打伤多人。从11月26日开始，政府军开始对反政府武装在首都附近的重要据点藤加发动大规模进攻，12月26日收复了藤加，击毙515名反政府武装人员，政府军伤亡28人。不过，反政府武装撤到附近的卡拉马地区进行重新集结，其主力并未被消灭。

其次，布隆迪政府内部也有不稳定因素。一些图西族人对布约亚政府向胡图族作出让步不满，企图推翻布约亚政府，阻止和平进程。7月22日，在陆军中尉恩迪库里约的领导下，约100名由政府军士兵、军校学员组成的叛乱人员闯入布琼布拉一座监狱，试图释放监狱里关押的4月叛乱中被捕的士兵，并劫持了总统布约亚的一名高级助手。其目的是阻止布约亚总统签署旨在结束布隆迪内战的和平协议。行动失败后他们在路上拦截了30辆汽车逃跑。此次流产政变虽未造成严重后果，但也说明和平进程还面临政府和军队内部一些人的反对。

（桐　生）

安哥拉政府清剿反政府武装取得重大胜利

2001年，安哥拉政府在控制全国92%以上的地区、85%以上的乡级政权的有利形势下，继续大力清剿反政府武装"争取安哥拉彻底独立全国联盟"（简称安盟），并取得重大胜利。

一、不断发动政治攻势，谴责安盟破坏和平，敦促其遵守和平协议结束内战

1月3日，安总统多斯桑托斯在发表新年献词时指出，2001年，安哥拉政府要用政治上的胜利巩固军事上的胜利，通过实行宽容政策实现全体安哥拉人的和解。实现和平首先需要解决军事冲突，交战双方应该通过执行《卢萨卡和平协议》找到解决冲突的办法。《卢萨卡和平协议》总的原则和具体规定都很全面，令人满意。因此，"借口需要讨论更深入的问题，要求双方重新签定协议是不公正的，会鼓励新的军事冒险"。1月12日，多斯桑托斯在为外国驻安使团举行的庆祝新年仪式上说，实现国家的和平与安全是安政府的首要目标，为此，安政府将积极推动与反对派对话，并开始筹备下一届全国大选，以有效执行《卢萨卡和平协议》。3月15日，安政府提出完成安哥拉和平进程的四个步骤：第一，安盟必须单方面、无条件停止敌对行动；第二，安盟交出军事物资；第三，解决安盟内部问题；第四，参加下届全国大选和执行《卢萨卡和平协议》中的尚未执行的内容。针对安盟领导人萨文比3月22日向新闻媒体表示愿意通过对话结束内战，多斯桑托斯5月3日再次发表讲话指出，政府愿意发扬宽容精神，欢迎对话和实现和平的其他倡议。但安盟"必须说明将在何时停止内战，打算怎样完全履行《卢萨卡和平协议》"，"以便打开通往和平的道路"，敦促萨文比履行《卢萨卡和平协议》，宣布结束内战。5月9日，针对安盟领导人萨文比5月5日其在国外的代表提出要安政府首先宣布停火的企图，多斯桑托斯总统在记者招待会上表示，安哥拉政府享有宪法赋予的责任和义务，不会首先与安盟"武装匪徒"停火。6月21日，多斯桑托斯总统发表讲话，再次呼吁安盟领导人萨文比放弃武装斗争，参加竞选，以实现国家和平。8月1日，安哥拉总统顾问机构——共和国委员会举行会议，重申将在2002年举行全国大选，使国家行政权力机构合法化，认为坚持《卢萨卡和平协议》的有效性、宽容、相互尊重、坚持对话和讨论的精神，是安哥拉和平进程的基础。8月13日，针对安盟10日制造的火车爆炸事件，安政府发表声明，称安盟攻击火车的行为破坏了其不久前声明要通过对话实现和平的"可信性"，安政府对此"极其厌恶和震惊"。11月3日，安哥拉全国和平与民族和解基金会执行委员会协调员费尔南多·多斯桑托斯重申安政府与安盟谈判的4个条件：安盟单方面和无条件地实行停火；解除部队的武装，把武器交给联合国；完成《卢萨卡和平协议》尚未执行的条款；举行全国大选。他说，只有安盟接受这四项建议，并且安盟领导人萨文比就履行《卢萨卡和平协议》等问题作出回答，政府才能与之谈判。

二、坚决击退安盟的军事进攻，攻克安盟多个重要基地

2001 年年初以后，安盟武装活动频繁，加紧对政府军和平民目标发动进攻，政府军不仅击退了安盟武装的攻势，还攻克了安盟盘踞的多个重要基地。3 月 13 日，一伙安盟武装分子对万博省拜伦多市附近的坎达迪村发动进攻，打死 10 名平民，其中包括数名妇女和儿童。当天深夜，另一伙 80 余名安盟武装分子使用包括迫击炮在内的轻重武器向距本格拉市 13 千米处的伽玛镇发动进攻，抢劫了一些粮食、物品，打死 8 名平民，打伤 6 名，掠走了 14 名普通百姓。安政府武装对安盟武装的进攻给予了坚决打击。5 月 5 日，安盟武装人员向距首都罗安达仅 60 千米的本戈省首府卡希托市发动进攻，打死 200 多人，劫持 60 名儿童作为人质。政府军和警察立即进行反击，到 5 月 7 日，重新控制了卡希托市的局势，还收复了安盟盘踞的重要后勤供应基地——宽多库邦戈省马温加市。5 月 25 日，安政府军一支部队经过 10 多天的搜索和追踪，在北宽扎省安巴卡地区与安盟武装遭遇，经过激烈的战斗，政府军成功地营救出 5 日被安盟武装所劫持的儿童人质。同日，负责保卫安巴卡地区安全的政府军还击退了安盟武装对该地区的进攻。5 月底，政府军与安盟武装在马兰热省博特地区发生激战，俘获 19 名安盟武装分子，解救了 28 户居民。6 月 6 日，安政府军与快速反应警察部队采取联合行动，收复了北隆达省的卡特希诺村，击毙 15 名安盟武装人员，缴获一批武器，并恢复了当地的交通运输。6 月 26 日，安盟武装对安北部重要城市威热发起突然袭击，驻守当地的政府军、国民警察和民防部队组织反击，彻底粉碎了安盟武装攻占该市的企图。7 月 17 日，安盟武装对威拉省商业城市内戈拉发动进攻，许多内戈拉市居民因此纷纷逃到卡卢肯贝市避难。安政府军与安盟在上述两市附近发生战斗，打死 13 名安盟武装分子，政府军 1 名士兵和 1 名民防队员阵亡。9 月 25 日，安盟武装人员对首都罗安达南郊维亚纳区的一座发电厂发动攻击，安政府军及时赶到，与安盟武装人员激烈交火，击毙数名安盟武装人员。10 月下旬以后，安政府军向中部的比耶省和东部的莫希科省连续发动进攻，目的是围捕安盟领导人萨文比。10 月 30 日，政府军在比耶省东部温普洛城附近摧毁了安盟的一个重要基地，击毙 26 名安盟武装成员，其中包括安盟在该地区的战地总指挥官。同时，安政府军还在拜伦多地区进行军事清剿，在战斗中打死安盟反政府武装 92 人，俘虏 97 人，解救了被安盟武装扣押的 565 名平民。2002 年 2 月 22 日，安政府军在莫希科省与安盟武装的战斗中取得重大胜利，并击毙了安盟领导人萨文比。

三、采取各种政策措施，对安盟实行分化瓦解

在采取坚决的军事打击政策的同时，安政府还采取各种政策措施，从内部分化瓦解安盟。2000 年 11 月 9 日，在多斯桑托斯总统的提议下，安哥拉议会通过《大赦法》，规定那些在国内武装冲突中犯下政治、军事和其他罪行的个人向政府自首将获得赦免。2001 年初，安政府进一步宣布“实行宽容政策”，对政治犯进行了大赦，以实现“全体安哥拉人的和解”。为了安置好获得大赦的反政府人员，安政府 1 月初决定成立“民族和解委员会”，多斯桑托斯总统任主席，内政部长费尔南多·多斯桑托斯任执委会协调人，委员会的职能是推动大赦法的执行和民族和解进程。同时决定设立“和平与民族和解基金”，在经济上帮助和资助那些获得大赦的人员。3 月 15 日，全国民族和解委员会执委会协调人费尔南多·多斯桑托斯宣布，根据《卢萨卡和平协议》和安议会通过的大赦法的规定，安政府在 2001 年将拨款 2000 万美元用于遣散和安置脱离反政府武装的人员，安盟领导人萨文比只要遵守政府的民族和解纲领和国家法律，也将受到和其他安盟成员同等的待遇。安哥拉政府的举措对于瓦解反政府武装起到积极作用，进一步削弱了安盟武装的力量。2 月 3 日，安中部万博省的 640 名安盟武装人员在安哥拉政府执行的宽容政策和大赦法感召下，主动脱离安盟，向万博省各有关地区政府投诚，其中有 176 人携带随身武器。从 2 月下旬到 3 月上旬，安盟的老巢、位于安哥拉中部的拜伦多先后有 200 多名安盟武装人员携带武器向政府投降，其中包括校官、尉官、士官和士兵。7 月 24 日，安武装部队总参谋部宣布，在最近半个月内，又有 267 名安盟武装人员携带武器向安政府投诚，其中大部分是安盟的普通士兵。

四、积极开展外交活动，进一步在国际上孤立安盟

鉴于安盟在经济和军事上曾得到过安哥拉一些邻国的支持，安政府年内积极开展外交活动，除成功地争取到联合国 2000 万美元的援助外，还进一步在国际上孤立了安盟。1 月 12 日，多斯桑托斯总统在为外国驻安使团举行的庆祝新年仪式上说，希望各国客观地了解安哥拉的对内政策，推动国际社会继续支持安哥拉政府为实现全体安哥拉人和解所作出的努力，特别是，希望各国停止向反政府武装安盟提供武器和

其他后勤物资，遵守安哥拉业已制定的阻止非法销售钻石的政策。5月9日，多斯桑托斯总统同来访的纳米比亚总统努乔马举行会谈，介绍了安政府努力实现国内和平的做法，努乔马表示，安哥拉政府具有保护安哥拉人民的合法权力，纳米比亚政府决定向安哥拉武装力量提供后勤方面的便利，以便消灭安盟匪徒，或者迫使其投降，接受和平。5月22日，在安政府的努力下，联合国安理会发表支持安政府推动和平进程的声明，其要点是：安理会欢迎安哥拉政府与反政府武装进行对话的意愿；《卢萨卡和平协议》是“唯一得到认可、并切实可行”的解决冲突的框架文件；安理会“强烈谴责”安盟袭击平民、绑架儿童的行动；敦促安盟加入到安哥拉和平进程中；安理会将继续保持对安盟的制裁。8月16日，联合国秘书长安南致信安哥拉总统多斯桑托斯，表示联合国支持安政府为实现国家和平提出的以下三项计划：2002年下半年举行大选；建立和平与民族和解基金；重新安置战争受害者。9月18~27日，应多斯桑托斯总统的要求，联合国赴安哥拉考察团对安哥拉进行考察访问，以便确立联合国是否在和平与和解基金、大选和重新安置冲突受害者及遣散人员方面向安哥拉提供援助。10月25日，多斯桑托斯总统在同到访的马拉维总统穆卢齐举行会谈时说，安政府将同联合国秘书长安南一起解决安盟反政府武装残余部队非军事化的问题，以便实现国家的和平。12月10日，多斯桑托斯总统会见了联合国负责非洲事务的特别代表易卜拉欣·甘巴里，双方讨论了安哥拉的内战形势及和平进程等问题，并讨论了安哥拉政府如何努力保证向所有需要救助的人提供人道主义援助问题。甘巴里表示，联合国秘书长安南派他到安哥拉来的目的是讨论联合国怎样采取最好的措施帮助安哥拉加速和平进程。联合国继续支持安哥拉政府努力恢复和平进程。

（桐　生）

塞拉利昂国内和平进程明显加快　2001年，塞国内局势渐趋稳定，和平进程明显加快。塞拉利昂政府与反政府武装“革命联合阵线”（简称“联阵”）通过多次和平谈判，签署了《弗里敦停火和缴械协议》，确定了议会和总统选举的日期。塞拉利昂的持久和平与安全有望实现。

一、塞拉利昂政府与“联阵”签署《停火和缴械协议》，为国内和平进程注入新的动力

2000年11月，在国际社会的斡旋下，塞拉利昂政府与反政府武装“联阵”在尼日利亚首都阿布贾签署了一项停火协议，双方承诺采取措施结束敌对行动，以实现塞持久和平与安全。但自2001年年初以来，“联阵”并没有完全执行阿布贾停火协议，继续非法占据着塞拉利昂东部盛产钻石的地区，不断跨过边界袭击邻国几内亚边境地区的村镇。但是，在联合国和国际社会的政治压力，以及塞拉利昂政府的军事压力下，“联阵”的立场逐步发生了变化。5月3日，塞政府、“联阵”，以及联合国、非洲统一组织、西非国家经济共同体等阿布贾停火协议有关各方在阿布贾举行第二轮和平谈判。谈判中，“联阵”同意从与几内亚接壤的边境交战地区撤出其战斗人员，并保证在5月30日之前归还2000年5月扣押维和部队人质时夺取的武器。塞政府同意考虑释放2000年冲突爆发时拘留的“联阵”人员，放松对该组织成员的旅行禁令，并考虑将“联阵”从武装组织转为合法政党的可能性。和谈结束时发表的声明要求塞政府和“联阵”在相互信任的基础上切实履行阿布贾停火协议，并按照1999年《洛美和平协议》的精神，尽快落实塞国内各派武装的缴械、复员和整编工作，以加快国内和平进程。声明强调，在此基础上，塞政府应该尽快在联合国维和部队部署的地区恢复地方政府机构的运作。此次和谈还确定塞政府和“联阵”5月中旬继续进行磋商，制订一份履行缴械、复员和整编计划的时间表，确保塞拉利昂的和平进程不再出现逆转。

5月14~15日，塞政府与“联阵”在首都弗里敦进行的磋商取得重大成果，双方签署了《弗里敦停火和缴械协议》。协议规定，“联阵”应释放被协迫用以与政府军作战的儿童兵；“联阵”和得到政府支持的“民防军”立即停止一切敌对行动，并从5月18日开始向联合国驻塞维和部队上缴武器，缴械工作最迟在28日前完成。

《弗里敦停火和缴械协议》为塞国内和平进程注入了新的活力。“联阵”政治与和平委员会主席戈莱公开表示，“联阵”将严格恪守在国家和平进程中作出的有关承诺，全面落实协议，为实现国家的全面和平创造有利条件。5月14日，“联阵”释放第1批400名儿童兵，5月25日释放第2批591名儿童兵，6月4日释放第3批150名儿童兵，7月17日释放第4批107名儿童兵。对此，联合国秘书长驻塞拉利昂特别代表阿德尼吉称，“联阵”在释放儿童兵的过程中与联合国充分合作，进展顺利。“联阵”此举表明其遵守承诺、希望全面结束内战的诚意。与此同时，5月18~26日，“联阵”和“民防军”在坎比亚和洛科港

完成第一阶段的缴械行动，共有3300多名武装人员被解除武装。“联阵”还于5月26日宣布，将交还从联合国驻塞维和部队与西非维和部队手中夺取的武器。5月29日，塞政府军顺利地在原由“联阵”控制的北部坎比亚地区完成了部署，这是自1991年塞拉利昂爆发内战以来政府军首次在“联阵”控制区接防。联合国驻塞维和部队司令奥庞德在视察了第一阶段的缴械工作后，对“联阵”的合作态度表示赞赏。塞政府军发言人米尔顿也称，隶属塞政府的由数百名士兵组成的军队已控制了整个坎比亚地区。他希望按照《弗里敦停火和缴械协议》的精神，保持和推动和平进程。5月30日起开始进行第二阶段缴械行动，“联阵”2．5万名武装人员在6个月内陆续缴械。此外，“联阵”还于6月4日宣布正式承认卡巴总统领导的塞拉利昂民选政府，并希望政府早日承认该组织为合法政党，以便参加定于年底举行的全国大选。

塞拉利昂政府也对“联阵”的合作行动作出积极反应。7月7日，塞政府宣布释放第1批15名“联阵”成员，并向“联阵”领导层通报了7名在押的“联阵”成员在中央监狱死亡的情况，其中包括因高血压和疟疾而身亡的“联阵”总书记罗杰斯。塞司法部长兼总检察长贝雷瓦称，此举是塞政府努力实现国家最终和平，建立相互信任措施的一部分。他还称，塞政府希望通过建立相互间的信任，巩固目前在解除“联阵”成员武装及在“联阵”控制的地区部署联合国维持和平部队方面所取得的积极成果，争取早日结束持续了10年之久的内战，实现人民盼望已久的和平。但是，塞政府没有满足“联阵”的要求，释放其领导层成员，尤其是其最高领导人桑科。

二、塞政府、“联阵”和联合国驻塞维和部队举行3次“三方会谈”，不断推动和平进程

为了巩固自5月签署《弗里敦停火和缴械协议》以来的和平进程，为实现民族和解、开始新一轮全国大选提供必要的政治基础，7月17日，塞政府、“联阵”和联合国驻塞维和部队在弗里敦以东170千米的博城举行了第1次“三方会谈”，讨论解决仍妨碍塞和平进程的有关问题。会谈举行得十分成功，塞政府和“联阵”在会谈中承诺将分别采取措施，立即停止各种违反双方5月签署的《弗里敦停火和缴械协议》的行动。会议各方一致同意，作为建立相互信任措施的一部分，“联阵”和政府支持的“民防军”立即拆除各自设立的所有检查哨所，“联阵”和“民防军”必须在7月31日前解除武装。“联阵”还同意停止在东部科诺钻石矿产区的一切采矿活动，并禁止其军事人员在日常活动中携带武器装备。“联阵”还在会谈中提出了关于政府承认联阵为合法政党的问题，以便为“联阵”参加年底举行的大选创造条件。

博城“三方会谈”后，塞国内局势渐趋稳定。联合国维和部队已部署到包括在10年内战中长期被“联阵”控制的东部钻石矿产区在内的广大地区，“联阵”武装人员的缴械、复员和重新安置工作也进展顺利。为表示诚意，塞政府8月9日释放了第2批41名被关押的“联阵”成员，其中包括1997～1998年担任军政府外长职务的班古拉。同日，联合国安理会呼吁塞政府在联合国驻塞维和部队部署地区全面恢复行政机构，并加快建立维护地区治安的警察部队，为尽快实现全国大选奠定基础。

在此背景下，8月11日在东方省首府凯内马进行了第2次“三方会谈”。会谈后发表的联合公报，肯定了在塞境内实施缴械行动以来所取得的进展，敦促“联阵”和“民防军”最迟在8月17日前完成在东部钻石矿产区科诺地区的缴械行动，以便为8月下旬在东部另外两个地区开始缴械行动扫清障碍。不过，联合公报没有提到释放“联阵”领导人的问题。

在凯内马“三方会谈”的推动下，联合国驻塞维和部队至8月底已全面接管了长期被“联阵”控制的东部重镇科诺，并完成了科诺地区6000多名武装人员的缴械工作。9月1日，“联阵”又接受了联合国提出的一项预防冲突的方案。根据该方案，每月举行一次由联合国秘书长驻塞拉利昂特别代表阿德尼吉主持的“三方会谈”，评估缴械进程，协商下一步行动，审查人员和物资自由通行的进展情况。对此，阿德尼吉表示，这标志着塞和平进程进入了一个新的阶段。与此同时，塞政府作出积极表示，于9月5日释放第3批31名被关押的“联阵”成员。其中包括两名高级成员，一名是曾在1999年洛美和平协议框架下成立的联合政府内担任贸工部长的拉明，另一名则是前“联阵”发言人柯林斯。塞司法部长贝雷瓦表示，鉴于国内形势继续好转，特别是“联阵”在缴械行动、释放儿童兵和联合国维和部队部署方面的合作态度，塞政府将在适当时机继续释放“联阵”成员。

10月11～12日，“三方会谈”第3次会议在弗里敦举行，为剩下的反政府武装控制区的缴械工作制订了一个明确的时间表。三方达成一项协议，同意从10月13日起恢复在邦巴利和博城的缴械进程，力争在11月30日之前完成上述两地区的缴械行动，并在

10月22日之前完成在北部地区科伊纳杜古和莫扬巴的缴械行动。

三、塞拉利昂召开全国和平大会，确定议会和总统的选举日期，进一步加快了国内和平进程

11月13~15日，塞拉利昂全国和平磋商大会在首都弗里敦举行，塞政府高级官员、各政治党派和民间组织代表参加了会议。会议呼吁有关各方加快和平进程，从而为定于2002年5月14日举行的全国大选奠定坚实的政治基础。会后发表的新闻公报说，来自全国22个党派和机构的代表250多人参加了为期3天的大会。与会代表认为，2002年的议会和总统选举意义深远，将决定塞拉利昂未来的方向，为此必须采取一切必要的措施确保选举成功。大会还呼吁有关各方在联合国驻塞拉利昂维和部队的监督下，收缴所有反政府武装的枪支，加快缴械进程，并对前武装人员进行妥善安置，从而实现民族和解，为大选创造和平的环境。

全国和平磋商大会后，缴械工作的进度进一步加快。塞拉利昂国家缴械、复员和重建委员会执行秘书凯凯12月15日宣布，全国12个县中的10个县的缴械复员中心已全部关闭，这标志着这些地区的缴械工作已经完成。剩下的东部凯内马和凯拉洪两个县因后勤保障原因，缴械工作尚未完成。总的来看，缴械工作已接近尾声，预计所有非政府武装的缴械行动到年底将全部结束。下一步的工作是对已缴械人员进行安置，主要是鼓励他们回到家乡从事力所能及的生产劳动。据该委员会的统计，从1月到11月，在塞境内4．5万反政府战斗人员当中，已有3．7万多人解除了武装，其中包括4000多名儿童军，已有3．2万人领到了每人150美元的安家费。

（桐　生）

欧洲军事要事

俄罗斯军事改革迈出坚实步伐　普京就任俄罗斯总统以来，把重塑军事大国形象作为国家发展的一个重要方向，对国防建设特别是军事改革给予极大重视。他对军队建设徘徊不前的状况极为不满，曾公开批评说：飞行员不上天，海军不下海，许多部队不训练，到了非改革不可的时候了。否则，俄军就难以承担战略遏制和制止侵略两大任务。他执政伊始，就先后签署了新的“国家安全构想”和“军事学说”，在这两个文件中提出了俄国家安全、国防建设和军事改革的基本方针。2000年下半年，在他亲自主持下，俄联邦安全会议三次召开会议，研究军事改革问题。在平息国防部长和总参谋长关于武装力量发展方向的争论以及其他强力部门对于裁减人员的抵制之后，终于在11月9日确定了改革方案，做出了整个军事组织再减员20%的决定。至此，由普京主导的以提高效率为主旨、以优化结构为重点的新一轮军事改革正式启动。一年多来，举措频出，稳步推进，使“旷日持久”的军事改革出现转折，取得重要进展和明显效果，引起世界的广泛关注。

一、颁布新的“国家安全构想”和“军事学说”，调整基本军事政策和军事战略

俄罗斯曾在1993年制定了“军事学说的基本原则”。由于国际国内形势的变化，决定对其重新修正。历时3年、汇集10多个单位的研究意见，俄国防部于1999年10月推出新的《俄罗斯联邦国家安全构想》和《俄罗斯联邦军事学说》。这两个文件在分析国际国内形势的基础上，提出了关于俄罗斯国家安全、军事战略和军事政策的基本方针，为新一轮军事改革明确了方向。

俄新的“国家安全构想”和“军事学说”是在北约东扩和科索沃战争爆发、俄战略空间不断受到挤压的形势下，并吸取了两次车臣战争的经验教训而制定的。与原来的军事学说相比，俄对其军事战略和军事政策等作了若干重要调整。

（一）改变了对国际形势的看法，明确了俄面临的主要军事威胁。原军事学说称，俄“不把任何一个国家视为自己的敌人”，“对俄罗斯发动直接侵略的威胁已大大降低。”新军事学说指出，“当前世界存在着以超级大国为主宰的单极世界与多极世界两种对立的趋势”，强调影响军事政治形势稳定的主要因素是：

“无视公认的国际法原则；无视联合国等国际安全保障机制的存在”；未经联合国安理会批准将使用武力作为“人道主义”干预的工具等。关于俄面临的军事威胁，原军事学说认为，“在当前和可预见的未来，俄面临的主要威胁不具有军事性质，而主要是内部性的”。新的军事学说较前强调外部威胁，认为俄的主要外部威胁是：对俄的领土要求；对俄内政的干涉；无视和损害俄的国家安全利益；俄边境附近存在武装冲突的策源地；在牺牲俄军事安全的情况下扩大军事集团和联盟；以及旨在破坏全球和地区稳定的行动等。主要内部威胁是：企图以暴力推翻宪法；极端民族主义、分离主义和恐怖主义活动；建立非法武装和有组织的犯罪等。俄军事领导人在谈到国内发生的军事冲突时指出：“俄目前的紧急局势是内部威胁造成的，但威胁的源头在国外。”

（二）突出核威慑作用，掌握核打击的主动权。原军事学说规定了俄在何种情况下不使用核武器，而未明确在何种情况下可能使用核武器。新军事学说明确提出俄将核遏制置于保障国家安全的中心地位的思想，认为“核武器是遏制侵略，保障俄及其盟友的军事安全、维护国际稳定与和平的有效因素”，提出不仅在侵略者使用核武器时可以进行核反击，而且在回击使用常规武器的大规模侵略时，当俄及其盟友的国家安全处于十分危险的情况下，也可以使用核武器。俄军方强调，新军事学说使俄掌握了对敌实施核打击的主动权。

（三）赋予俄军对内作战职能，使其在维护国内稳定中发挥应有作用。原军事学说规定，制止国内冲突，同各种违宪行为作斗争的任务主要由俄联邦内务和安全部队承担。新军事学说将捍卫联邦宪法及打击极端组织的非法活动、有组织犯罪及恐怖主义的职能赋予俄武装力量，使俄军参与打击分裂主义之类的作战行动有法可依。

（四）明确现阶段俄军建设的首要任务之一是进行全面军事改革。通过改革使俄军能够适应发生了“根本变化”的军事政治形势和保证俄军事安全任务的需要。这些任务包括：建设“拥有能够在任何情况下保证使侵略者遭受重创的核遏制能力”；“利用相应的军事措施和海上的军事存在，保卫俄在世界大洋、太空和别国领土上的设施”；准备对付敌“利用非接触及其他非传统的行动方式、远距离火力和电子杀伤手段”实施的高精度打击，提高俄军的太空作战、远洋作战和其他高技术作战能力等。

二、进一步减少军队员额，去“皮”保“核”，走精兵之路

2000年11月9日，俄联邦安全会议作出决定，2005年前，俄12个强力部门将裁减60万人，其中正规军裁减36．5万人，此外，还裁减12万文职人员；其他强力部门裁减10．5万军人、12万文职人员。这项裁军计划付诸实施后，俄正规军的总兵力约为85万人。

普京总统在这次会议上强调指出：“在目前情况下，保留臃肿而且效率低下的军事机构是绝对错误的”。他说，通过军事改革要建立起一支“更为精干，因而也更为有效的职业化军队。”时任俄联邦安全会议秘书的谢尔盖·伊万诺夫也说：“我们需要灵活机动、装备精良的军事机构”，“对于目前的俄经济来说，300万人的军队是不堪重负的。”

俄军的总兵力，1992年组建时为260万，经过几次裁减，到1997年减为170万，1998年底又减到120万。而俄其他强力部门下属还有准军事部队210万，二者相加为330万人。

俄军裁减员额的原则是去“皮”保“核”，走精兵之路。裁减对象主要是“多余”的后勤保障力量和重复设置的机构以及机关的军官和文职人员，“整个军事机构的作战部队”、“保证部队指挥、战备和战斗力的部门”不在裁减之列。据称，在国防部裁减的36．5万人员中，有24万为机关的军官和文职人员。具体裁减数额是，陆军18万，海军5万，空军4万，空降兵5500人。目前俄国防经费中人员维持费与技术保障费的比例为7:3，到2005年，这一比例将调整为5:5。届时，俄军的精干程度和部队的战斗力将得到相应的提高。

三、调整军种结构，逐步向陆海空三军种体制过渡

调整军兵种结构，是俄新一轮军事改革的一项主要内容，其目的在于优化体制，实现各军兵种的均衡、协调发展。根据改革方案，2001年至2005年，俄武装力量将完成向三军种结构过渡的进程。届时，俄军构成将包括三个军种，即陆军、海军和空军，同时有3个独立的兵种，即战略火箭兵、航天兵和空降兵。

2001年6月1日，俄宣布，俄武装力量的一个独立的新兵种——航天兵正式成立。航天兵以战略火箭军分出的反导弹防御部队和军事航天部队为基础组成，由俄武装力量总参谋部直接指挥。俄武装力量第一副总长马尼洛夫说，俄航天部队的主要任务是保障

俄太空领域的安全。他认为，组建和发展航天部队将提高俄武装力量的战备水平，其中包括提高核遏制能力。分析家认为，俄建立航天兵，对俄抢占21世纪军事制高点、保持军事航天领域的优势、加强其大国地位具有特殊意义。

战略火箭军从2002年起降格为战略火箭兵，成为独立的兵种之一。2006年以后可能并入空军。根据俄美战略武器谈判进程，俄战略核武器的数量可能削减至1500枚，甚至更少。俄将重点发展“白杨－M”洲际弹道导弹。

陆军是俄武装力量中所含兵种最多的军种。为了协调一致地平衡发展，加强对各兵种的集中控制和统一指挥，俄军决定于2001年12月1日前在陆军总局的基础上重新组建陆军总司令部。未来几年，陆军将更加强调常备部队和快速反应部队的建设，在主要战略方向预先部署机动能力强的集群，以应付可能出现的危机。近期内保障俄安全的“特别紧迫和具有重大意义的行动”是，采取实际措施，稳定北高加索地区的局势，关注独联体国家与阿富汗边境的局势，俄将在这些战略方向加强作战集群力量。

空军改革的目标是，进一步完善部队结构，提高综合打击能力，使之成为俄军的主打军种。主要措施是：合并、裁减重复设置的指挥机关，更新武器装备，优化空军部队的编成和组织结构，使空军作战集群在平时即具备应付局部冲突的能力。

2000年4月和2001年7月，普京先后签署了俄海军未来十年发展规划和海军建设新构想两个文件。在颁布海军建设新构想时，普京强调指出，这份文件应当成为国家调解和管理海上活动体系的有效工具，应当有助于维护俄的国家利益，提高它作为一个海上强国的国际威望。普京说，“这是俄罗斯在海上活动方面的长期政治方针。现已成立的政府下属的海军委员会将对实际落实海军政策承担责任。”根据新的发展规划，俄海军已组建了一批适应未来作战需要的部队，并将进一步完善和壮大核潜艇部队，逐步增加海上联合演习，组建临时性的机动编组，向重要海域派遣特混编队，以尽快恢复昔日的海军雄风。

四、实行倾斜政策，优先发展高新武器装备，逐步加强部队的训练演习

由于经济发展缓慢，多年来，俄罗斯的军费投入一直在低水平徘徊，平均仅占国内生产总值的2.1%。俄军方承认，这样低的军费开支，只能满足实际需要的1/3。有限的军费大部分用于人员的维持，剩余部分连正常的武器装备维修都保证不了，更谈不上武器更新了。普京总统指出，人员偏多，包袱过重，投入不足是掣肘俄军发展的顽症。解决的办法，除大幅度裁减军队员额外，就是要增加军费的投入。在普京的直接干预和军方的强烈要求下，加以俄经济形势有所好转，近两年来俄军费有明显增加。2001年度国防预算增加到2060亿卢布（约合70亿美元），比2000年度（约合62.46亿美元）增加12.1%。2002年又增加到2629亿卢布，比上一年度增加22.5%，占国内生产总值的2.6%。俄军在发展武器装备方面的一个重大变化，就是由过去的侧重战略核力量建设，向优先发展高精尖武器装备、重点发展某些相对落后项目（如野战通讯系统、自动化系统以及侦察系统等）的方向转变。在这一思想指导下，俄新增加的军费将重点向高精尖武器装备的研制和采购方面倾斜。2001年初，普京批准了《2010年前俄军武器装备发展规划》。根据该规划，未来俄军购买武器装备的费用将比以前增加80%。据俄公布的数字，2001年俄罗斯的国防订货比上一年增加43%，2002年又比2001年增加40%，达到790亿卢布，为俄军1992年重组以来的最高点。在2002年度的国防订货中，保障新一代武器装备的研制和试验设计的经费占40%～42%。

近年来，俄军已有一批处于世界先进水平的兵器先后装备部队或研制成功。如“白杨－M”洲际弹道导弹已装备3个团，并以每年35～45枚速度生产；第3代歼击机苏－37已成功试飞近100次；C－400防空导弹已装备部队；第四代潜艇“阿穆尔”、9E96E2地对空导弹、卡－50武装直升机，T－90和T－95坦克等已投入生产。2000年5月第一架图－160战略轰炸机装备部队，这是俄远程航空兵近10年来首次得到新型轰炸机。俄第三代多用途核潜艇“猎豹”号于2001年12月4日编入北方舰队正式服役，这是近6年来俄海军首次编入新的潜艇。普京总统主持服役仪式，并亲手为该艇升起俄罗斯国旗。该潜艇融入了俄近年来最新的科研成果，是世界上噪音最小的核潜艇之一。该艇还吸取了“库尔斯克”号沉没的教训，装备有更加完善的自救系统。

同时，用于军事改革和军事训练的经费也明显增加。2002年俄国防预算中用于军事改革的专项拨款由上一年的45亿卢布增加到160亿卢布（约4.7亿美元）。俄军各级部队训练演习的时间均有所增加。从2002年开始，各级部队的训练时间比前几年增加了60%～100%，训练质量也有提高。2000年10月17

日和11月7日，俄1架苏－24MR侦察机在一架苏－27战斗机掩护下，两次成功地避开美国航母战斗群雷达的层层设防，突然从正在日本海游弋的“小鹰号”航空母舰上空超低空掠过，并对其进行空中拍照，美舰全未察觉。俄空军官员说，这两次“奇袭”演习相当成功，称赞俄飞行员的表现“十分优秀。”同年11月底，俄战略轰炸机图－95型机7架，伊尔－78空中加油机4架部署远东地区，在远东和北极地区复杂的气候条件和地磁干扰下进行飞行训练，以提高其作战能力。这是近10年来俄战略空军首次在北极地区进行飞行训练，引起美国和加拿大军方的密切关注。俄空军还准备恢复在北海海域的飞行活动，这也是冷战结束以来所未见。此事已引起英国皇家海军的“高度警惕”。

俄海军的演习和远航活动也在逐步加强和恢复。2001年1～3月，俄太平洋舰队两艘战舰近7年来首次远航印度洋。俄海军总司令称，这次航行的意义在于“开辟俄海军发展的新阶段，目的是积极加强海上活动，以确保俄国家利益”。据反映，俄黑海舰队和北方舰队2001年也都有远航计划。

2001年2月16日，俄军进行了一次大型导弹试射演习。分别从陆地、空中、海上成功地试射多枚战略导弹，其中包括1枚“白杨～M”洲际弹道导弹。俄战略导弹部队新闻官员事后宣布，这次弹道导弹试射是俄军举行的一次非公开战略演习的一部分，整个演习持续了3天。分析家认为，此次导弹试射活动是对美坚持部署国家导弹防御系统的强硬回应。他们还认为，这样复杂的试射活动，需要做大量的工作，说明俄军为此进行了长时间的准备，并有充分的技术和经费保障。

五、优化联勤体制，提高综合保障能力

随着现代战争中后勤保障地位和作用的日益提高，多年来俄军不断改革保障系统。1992年，俄军开始在全军组建以军区后勤为主的区域性保障系统。这一系统经过两次车臣战争的检验、被俄军视为平时和战时均能有效遂行后勤保障任务的可靠体制。根据普京总统批准的新的军事改革方案，俄准备将国防部系统的联勤体制扩大到整个强力部门，将内务、边防、民防、铁道兵等部队各自分散、自成系统的后勤保障机关、机构、部队、设施予以合并重组，纳入国防部系统的区域联勤机构，建立一个打破各强力部门界限的一体化联勤系统，从而达到减少人员、节约资源和提高保障能力的目的。

俄强力部门一体化联勤保障体系的实施方案是：以国防部总后勤部为基础，吸收各军兵种及其他强力部门后勤保障机关人员参加，组成直属总统（或联邦安全会议）的一体化联勤保障系统委员会，作为该系统的最高领导机构，负责统一计划和协调国防部所属部队和其他强力部门所属部队的综合后勤保障。委员会在联邦各主体和军区设立代表机构，分别负责与地方政府联系并协调各强力部门所属驻各地部队的后勤保障工作。委员会下设若干物资技术保障基地，用以应付可能出现的突发事件。今后，国防部系统的物资技术保障总部将转归委员会领导，同时撤销各军种和其他强力部门的后勤领导机关。一体化联勤系统将以国防部系统的原有区域联勤机构为基础组建而成，国防部所属各军区原有的3～5个保障区，将根据强力部门各部队及其后勤机构的配置情况，在数量和规模上作相应调整。部署在某一地区内的各强力部门的后勤部队和后勤机构将进行优化重组，由统一的部门管理，负责对该地区内的各强力部门所属部队实行一体化联勤保障。一体化联勤保障系统的主要保障力量将由军区原物资保障旅，重组为保障部（分）队，其编成视保障区的大小和保障对象的多少而定。

六、改善军人的待遇，增强部队的凝聚力

普京执政以来，对军人的待遇和社会保障甚为关注，把它视为能否保持军队稳定，能否推进军事改革、实现质量建军的重要一环。针对一个时期以来受国家经济危机影响，俄军人社会地位和物质生活保障中出现的严重问题，普京曾指出，目前“军人的收入和社会地位与其服役所付出的代价不相适应，严重破坏和影响了部队的凝聚力”。在2001年5月召开的一次安全会议上，普京再次指出，俄罗斯军人的物质保障比普通居民差，48%的军人的收入在贫困线以下。军人的住房和医疗问题也很突出。为此，近两年来，普京多次签署命令或发出指示，要求提高军人和某些国防科技专业人员的工资。2000年12月起，军人月薪提高了20%；向核武器系统的专家和长期从事此项专业的其他工作人员逐月发放终身津贴。2001年5月俄安全会议再次作出决定，大幅提高军人尤其是年轻军官的工资收入。为了改善和落实军人的待遇，普京还亲自到部队视察，了解部队军官和士兵的实际生活状况，在车臣前线亲自过问部队官兵的薪金发放情况。

在普京总统的直接督导下，俄联邦政府于2001年初制定了军人社会保障改革纲要。纲要规定，2005

年以前遏止军人社会保障程度下降的势头，到 2010 年“为建立起符合军事劳动意义、复杂性和强度的军人社会保障体系创造条件”。为此，俄政府开始对军人实行一系列优惠政策。在解决住房紧张问题上，政府增加了军队建房拨款，军队内部实行住房基金制度以及向军人发放购房卡等，力争在5年内彻底实现军人“回家有房住”的目标，在解决军人收入偏低的问题上，政府开始取消各种实物补贴，代之以发放现金。从 2002 年 1 月起，军人的职务工资提高到与国家公务员职务工资大体接近的水平。2003～2010 年还将采取一系列措施，增加军人的工资，使军人的军衔工资高于地方公务员技术级别补贴的 50%，军人的职务工资超过地方公务员职务工资的一倍。这样，到 2010 年，军人的薪金收入将增加 60%－100%。此外，普京还要求政府将军人薪金制度纳入政府公务员工资体系，使军人工资随国家公务员加薪而自动增长。在改善军人物质待遇的同时，普京下令，在军队内部严整军纪，加强管理，使各级部队在战备、训练以及军容、军务等方面有明显改观。普京还要求在中学生中每年进行一周军训，加强青年的国防意识和对军人职业的了解，增强公民当兵服役的神圣感和光荣感。

七、改革兵役制度，逐步向合同制过渡

实现军队的职业化是俄军的既定方针。俄当局认为，军队的职业化可以极大地提高官兵素质，是从根本上提高军队质量的必要措施。职业化将主要通过军人服役的合同制来实现。1992 年 10 月，俄议会通过的《国防法》规定：“俄罗斯联邦武装力量中军人的编配按照合同自愿进行以及根据紧急原则征召俄罗斯公民服兵役。”其后，俄军进行了实施合同兵役制的前期工作。1997 年 7 月，俄国防会议提出：1997 年至 2005 年俄军分阶段向合同兵役制过渡，2005 年完全实现职业化。但是，由于经济困难，俄军的职业化进程缓慢。目前，俄军的职业军人的比例虽然已由重组初期的 20%提高到 50%左右，然而，离“完全职业化”的目标还有相当距离。随着俄经济形势的好转以及军队建设提出的新要求，在新一轮改革中俄军将继续向合同兵役制过渡，推进军队职业化建设。

2001 年 11 月下旬，普京总统在俄武装力量领导人的一次会议上指出，根据俄的国家利益，俄军需要实施合同兵役制，同时批准了俄军向合同兵役制过渡的设想。俄总理卡西亚诺夫明确表示，俄军将在 2004 年正式实行这种兵役制。俄国防部长伊万诺夫则认为，向合同兵役制过渡需要几年的时间，需要数百亿卢布的开支，不能操之过急，其具体计划将于 2004 年公布。目前，俄正采取放宽合同兵的条件，加强青少年和适龄公民的服役前训练，扩大预备役军人中专业人员的储备等措施，促进军队职业化的早日实现。

俄新一轮军事改革决心大，开局好，短时间内已取得明显进展和初步成效。但是，俄军的改革是多方面的、全方位的，是一项长期而艰巨的任务，任重道远，困难不少。已经制定的方案和计划、能否全部变为现实，很大程度上取决于俄国民经济能否保持良好的发展势头，同时也取决于改革过程中能否处理好各种关系，解决好各种矛盾，化解对改革的阻力，一步步地把改革推向前进。

（张力群）

俄军加强在车臣的反恐怖特别行动 2001 年俄联邦当局不断加强在车臣的反恐怖特别行动，取得了几项重大战果，基本上控制了局势，减少了在车臣的驻军，并且利用有利时机，发动政治攻势，首次与车臣非法武装举行谈判。但是非法武装的恐怖活动，有时仍很猖獗，形势仍有反复，车臣问题的彻底解决尚需时日。

一、减少部分驻军，继续搜剿残匪，逐步开展车臣的战后重建工作

2001 年 1 月 22 日，俄总统普京宣布，俄将从车臣撤出部分部队。他表示，部分撤军并不意味着在车臣的反恐怖活动已经结束。这一行动将继续下去，只不过手段和重点不同而已，以后将主要采取反恐怖特别行动，其主要任务是搜索和消灭残匪及其头目。普京认为，现在已没有必要在车臣保留和以前一样数量的军队。他说，由 1．5 万人组成的第 42 师和由 6000～7000 人组成的内卫部队第 46 旅将长期驻守车臣。

按照俄当局的计划，减少车臣驻军将分阶段进行。第一步将把驻扎在车臣的军队人数由 8 万减至 5 万，到 9 月份将减到 2．2 万，撤军行动开始时间为 2001 年 2 月下半月或 3 月初。

在减少常规作战部队的同时，俄军将加强直接参与车臣反恐怖行动的部队以及特种部队。内务部和联邦安全局驻车臣地区的人员也将增加。在车臣执行任务的情报机构的人员，包括“信号旗”和“阿尔法”的精兵强将，将由原来的大约 2500 人增加到 3000 多人。警察部队，包括由当地居民组成的警察部队也将增加。留下的常规部队将为反恐怖行动提供支援和保障。

与此相适应，车臣反恐怖行动的指挥权也由国防部转移到联邦安全局，由该局局长帕特鲁舍夫具体指

挥。他将统一指挥国防部和内务部驻车臣的部队，并成立两个指挥部：一个是行动指挥部，成员是各强力机构在车臣的代表；另一个是地区行动指挥部，负责协调北高加索共和国、联邦安全局在各州的下属机构以及州行政当局的工作。

2001 年第一季度，俄军、警在车臣反恐怖行动中取得几项重要成果。2 月 6 日，俄联邦安全局、内务部和边防部队采取联合行动，抓获了车臣非法武装“南部战线”指挥官乌马罗夫。他是企图使用假身份证飞往土耳其时在弗拉季高加索机场被捕的。乌马罗夫是车臣前总统马斯哈多夫的老友，马斯哈多夫执政时，曾任车臣某区的国家安全局长。在此前后，俄内务部特工人员抓获了非法武装重要头目格拉耶夫的副手“战地司令”沙巴佐夫和其他 10 名匪徒。3 月 27 日，地区行动指挥部在一次特别行动中击毙一伙阿拉伯雇佣兵。

在军事斗争取得重大胜利的基础上，俄罗斯政府已经开始制定并实施车臣战后重建规划，准备在 2001 年花费约 1.6 亿美元用于铁路、公路、住房和首府格罗兹尼的机场等工程建设，向农民和地方警察发放补助津帖。

2001 年 4 月 14 日，普京总统第三次视察车臣，并在那里主持会议，讨论车臣地区的社会经济发展问题。普京在会上重申从车臣部分撤军的决定，他表示这决不是全部撤走在车臣的驻军，而是根据需要确定留守部队的数量，并将增加车臣的护法人员。他强调，车臣的秩序必须得到恢复，重建工作将逐步开展。他对驻扎在车臣的官兵不能按时领到军饷一事提出严厉批评。

4 月 23 日晚，一列由车臣帕维列茨斯火车站开出的旅客列车，在俄强力部门的高度警戒下平安驶抵莫斯科。这是车臣地区近年来驶向俄首都的首列客车。它表明俄整顿车臣地区的治安形势、恢复该地区的社会经济秩序和开展车臣战后重建工作已取得初步效果。

二、非法武装伺机加紧进行恐怖活动，俄当局决定暂停从车臣撤军，努力控制局势

在俄部分部队撤离车臣的行动开始后不久，车臣非法武装即在车臣境内外连续制造多起恐怖事件。3 月 24 日晨，在北高加索靠近车臣的叶先图基、矿水城和卡拉恰伊—切尔克斯三地同时发生爆炸事件，造成 21 人死亡，100 多人受伤。三地的炸药都是放在小轿车里的。俄联邦安全局在事件发生后发表的声明中指出，这一系列爆炸事件是由车臣非法武装精心策划的。武装分子的头目企图以此来分散俄武装部队在车臣部署兵力。俄安全会议秘书谢尔盖·伊万诺夫说，爆炸事件很可能是车臣非法武装分子对俄政府试图重建车臣秩序作出的反应。4 月中旬，就在普京总统抵达车臣视察的前几天，车臣副行政长官杰尼耶夫在车臣首府格罗兹尼东南部的小镇阿夫特利遭炸弹袭击，不幸身亡。这是车臣临时政府成立以后被杀害的最高官员。普京抵达车臣的当天，1 名恐怖分子在格罗兹尼射杀了车臣副检察长弗拉基米尔·莫罗兹。在此期间发生的地雷爆炸和非法武装分子发动的袭击活动中，俄联邦军队有 13 人丧生，30 多人受伤。

4 月 21 日，车臣非法武装头目马斯哈多夫发表声明称，车臣可以就军事和经济问题向俄罗斯作出让步，但是决不会放弃争取独立的目标。他声称：“独立问题不容谈判。我们是一个独立的国家，我们有自己的总统，1997 年就成立了议会。”几乎就在马斯哈多夫发表声明的同时，车臣境内的俄军再次遭到非法武装伏击，21 人被地雷炸死，40 多人受伤。

俄罗斯境外的车臣恐怖分子也趁机兴风作浪，与车臣残匪遥相呼应，企图在国际上制造声势，寻求支持。4 月 23 日清晨，大约 20 名恐怖分子持枪闯入土耳其伊斯坦布尔市中心的一家五星级饭店，扣留了 120 多名人质。这伙恐怖分子声称，采取这一行动的目的是要求美国谴责俄对车臣采取的军事行动。这是车臣恐怖分子两个月内在土耳其进行的第二起恐怖活动。3 月间，一架从伊斯坦布尔飞往莫斯科的俄民航客机起飞后不久曾被两名车臣恐怖分子劫持。

据报道，美国务院官员在 3 月间公然接见了车臣非法武装的“外交部长”艾哈迈多夫。为此，俄向美方提出了抗议。矛头指向俄罗斯的上述人质事件发生后，俄当局指出，美国布什政府必须对此负责。“正是华盛顿在对待恐怖主义问题上所采取的双重标准导致了这两场悲剧的发生。”

鉴于车臣出现的新形势，俄当局作出了暂停从车臣撤军的决定。据俄媒体 5 月 7 日报道，俄国防部长、联邦安全局长、内务部长以及车臣强力部门领导人日前在叶先图基市召开紧急会议，深入讨论了车臣局势。他们认为，目前车臣的局势仍不稳定。由于联邦军队未能在规定的时间内抓获车臣非法武装的主要头目，非法武装对车臣各大城市发起大规模袭击的可能性没有彻底排除；自从部分联邦军队开始从车臣撤离后，非法武装加紧制造恐怖活动，频繁袭击俄军哨所，致使俄军和平民伤亡增加。基于上述情况，会议

决定停止继续从车臣撤出部队。由于车臣非法武装经常在夜间抢占城市和居民点，会议要求驻守车臣的联邦军队加强对这些目标的夜间巡逻，并在整个北高加索加强居民和交通工具的登记和检查。5 月 15 日，俄联邦安全局长帕特鲁舍夫对媒体表示，俄罗斯强力部门决不允许车臣局势重新尖锐化，必须制止非法武装的猖獗活动。帕特鲁舍夫指出，车臣非法武装改变了行动策略，他们现在主要是恐吓当地居民和对联邦军队开展恐怖袭击活动。俄军将对此采取相应的措施。

为了打击非法武装的气焰，俄军一方面强化防卫措施，加强对主要城市和居民点的巡逻警戒，向格罗兹尼等地增调部队；另一方面，加大反恐怖行动的力度，主动出击，搜捕非法武装的主要头目。

6 月 19 日，俄联邦安全局和内务部的部队对盘踞在车臣阿尔汉—卡拉地区的巴拉耶夫残部发动了一次特别行动。俄军采取先包围、再以小部队出击的战术，切断该部与外界的联系，造成其给养困难，军心涣散。经过几天的围困，俄军抓住时机，全面出击，连续进攻，战斗持续了 6 昼夜，毙敌 18 人，抓获数十人，缴获了大量武器弹药。匪首巴拉耶夫在这次战斗中毙命。俄军只有 1 人阵亡、6 人受伤。与此同时，俄军与巴萨耶夫部在格罗兹尼西南部激烈交火，重创非法武装，但巴萨耶夫仍在逃匿中。7 月 3 日清晨，1 名持枪的车臣恐怖分子劫持了 1 辆从俄南部城市涅温诺梅斯克开往斯塔夫罗波尔的公共汽车，把司机和 34 名乘客扣为人质，强迫司机把车开到矿水城机场，要求俄政府释放 1994 年在同一地点劫持公共汽车而被捕的 5 名罪犯。俄警方与劫匪周旋了 10 余小时，其间，有 11 名人质获释。当晚 20 时左右，联邦安全局的“阿尔法”特别行动小组向匪徒发动进攻，10 分钟后战斗结束，人质全部获救，恐怖分子被击毙，仅有 1 名人质受轻伤。8 月 23 日前后，俄军在阿列罗耶村的一次特别行动中，消灭非法武装分子 10 名，俘获 26 名，缴获了一批武器弹药。据称，这批武装分子是由马斯哈多夫直接控制的。

三、发动政治攻势，首次与非法武装举行谈判

军事上的久拖不决，使俄当局在车臣问题上面临越来越大的压力。一些西方国家指责俄在车臣“用武过多，践踏人权”，要求俄当局与车臣分离主义领导人举行会谈。俄国内一些政要也建议俄联邦政府与非法武装头目举行谈判。为此，2001 年 1 月 26 日，俄外长表示，车臣问题最终只能靠政治解决，俄领导人正在努力寻求政治解决的途径。但是，由于车臣非法武装的头目坚持分裂主义的立场，双方分歧严重，在这方面一直未能取得任何进展。

9 月 7 日，俄总统普京在俄南部地区视察时指出，俄领导人愿与包括车臣前总统马斯哈多夫在内的任何人就车臣问题进行接触，但车臣分离主义者必须满足两个前提条件：第一，承认并遵守俄罗斯宪法；第二，车臣所有匪帮必须尽快无条件缴械，并交出手上沾满俄罗斯人民鲜血的车臣主要匪徒。普京同时提出，如果任何杜马议员能让车臣分离分子满足这两个条件，就应该让他们去尝试，但时间不能超过 3 个月，因为拖延时间没有任何意义。

普京提出上述建议后，车臣非法武装的恐怖活动并未停止。9 月 10 日晨，车臣行政长官卡德罗夫 27 岁的侄子遭恐怖分子袭击身亡。9 月下半月，非法武装加强了对古杰尔梅斯、阿尔贡和格罗兹尼等城市的恐怖袭击活动。9 月 16 日，约 300 名非法武装分子及大批胁从者向古杰尔梅斯发起进攻，经过激战，15 名武装分子被击毙，约 400 名胁从者被俘。10 名俄警察在战斗中牺牲。9 月 17 日，俄军一架直升机在格罗兹尼上空被车臣残匪以便携式防空导弹击落，俄武装力量总参谋部作战总局二局副局长波兹尼亚科夫等两名少将及 8 名上校军官遇难。分析家认为，这些活动是在“9·11”事件的“鼓舞”下进行的。

与此同时，俄当局也利用“9·11”事件后有利的国际形势，进一步加强政治攻势。9 月 24 日，普京与俄国务委员会成员、国家杜马议会党团领导人以及议会两院领导人会晤，同他们讨论了打击国际恐怖主义问题。普京在会晤中提出发布打击车臣恐怖分子的相关命令，该项命令要求车臣非法武装分子立即停止与“国际恐怖分子及其组织”的所有接触，在 72 小时内向联邦政府弃械投降，否则将遭受惩罚。

分析人士认为，普京此举是为了实现俄罗斯打击车臣叛乱分子与国际上打击恐怖主义行动的“联动”。针对“9·11”事件，普京在俄电视台发表讲话说，俄罗斯将帮助正在与塔利班作战的阿富汗北方联盟，并将在道义和外交上向反恐怖国际行动提供支持，向那些运输人道主义援助物资的飞机开放领空。在演说的前后，普京发出了给车臣非法武装的最后通牒。

普京还多次表示，车臣地区发生的战争与美国遭受的袭击一样，都是国际恐怖活动的组成部分，应该引起西方社会的同样对待，俄罗斯反对在反恐怖主义问题上的双重标准。

“9·11”事件后，一些西方国家，特别是美国，出于自身利益的考虑，为了获得俄罗斯的支持，在车臣问题上的态度有所改变。美国总统布什认为，“车臣恐怖分子应该受到审判”。美国务卿鲍威尔在会见俄外交部长伊万诺夫时表示，俄罗斯在车臣面临严峻的挑战，在解决此项挑战中，美将给俄以“全力协助”。9月26日，美国务院敦促车臣非法武装“必须迅速、无条件地断绝与包括本·拉登在内的国际恐怖主义分子的一切联系。”德国总理施罗德和意大利总理贝鲁斯科尼在会见普京总统时均表示，要“重新审视以往对车臣问题的看法”。英国驻俄罗斯大使称：“英国理解俄罗斯的车臣政策。”

就是在这种形势下，车臣非法武装的代表扎卡耶夫于10月24日打电话给俄南部联邦区全权代表卡赞采夫，表示愿就非法武器缴械以及让他们“融入和平生活”问题与俄方举行谈判。

20多天之后，11月28日，俄总统特使、俄南部联邦区全权代表卡赞采夫与车臣非法武装谈判代表、车臣前总统马斯哈多夫的特使扎卡耶夫在莫斯科举行谈判。这是双方自1999年第二次车臣战争爆发以来的首次谈判。

据报道，在会谈中，双方围绕车臣武装分子的缴械和让他们重返和平生活的问题交换了意见。双方均表示，在车臣重建和平是双方的共同目标，这次会谈是日后开展重要对话的起点。会谈结束后，卡赞采夫对记者说，会谈是在良好的工作气氛中进行的。持续两个多小时的会谈符合普京总统最近发表的电视讲话精神。今后俄政府和车臣非法武装将继续进行接触，但具体时间和地点暂未确定。

会谈以后，车臣局势未出现明显变化。俄军清剿残匪行动仍在继续进行。2001年12月底，俄军开展了一次大规模的特别行动，取得了显著成效。据俄媒体2002年1月8日报道，俄联邦军队在这次行动中共消灭匪徒135人，缴获了大批武器弹药和爆炸物。联邦军队在对100多名非法武装分子进行清剿时，残匪窜入阿尔贡市。2002年1月3日，联邦军队封锁了该市，进行搜索，1月7日，动用直升机消灭了潜伏在居民楼中的匪徒。

2002年1月10日，俄罗斯武装力量总参谋长宣布，车臣已不存在大股武装匪徒，俄联邦已从车臣撤出多余的部队，从车臣撤军的计划已经完成。内务部、联邦安全局和卫戍机构的武装人员将继续在车臣搜捕非法武装的主要头目，进行有针对性的清剿活动。

观察家认为，俄联邦当局2001年在车臣的反恐怖特种行动中，取得一些重要战果，击毙或捕获了几名非法武装的头目，消灭了一批残匪，并开始与非法武装进行谈判。但是主要头目如巴萨耶夫、哈塔卜等仍未抓获，非法武装进行恐怖活动的能量仍然很大。他们不会轻易缴械投降，一有机会，还会兴风作浪。俄总统普京2002年1月15日在法国访问时指出，车臣恐怖分子与阿富汗塔利班没有丝毫区别，甚至比塔利班还残忍。他强调说，仅仅采用司法手段还不够，俄罗斯政府有权采取其他一切必要的措施坚决打击车臣恐怖主义活动。看来俄当局要在车臣实现真正的和平与稳定，还需要经过艰难、复杂的斗争，还需要一个相当长的过程。

（张力群）

俄把“库尔斯克”号核潜艇打捞回国

2000年8月12日晚，俄海军北方舰队在演习中扮演攻方的核动力攻击潜艇“库尔斯克”号完成导弹攻击科目后突然“失踪”。事故发生后，俄罗斯虽很快展开了紧急救援行动，但营救行动失败，“库尔斯克”号上118名官兵葬身海底。为查清事故原因和安抚死难官兵家属，俄于2000年10月21日开始，对该潜艇进行了第一次打捞，共打捞出12具潜艇艇员遗体和核潜艇部分残骸。由于巴伦支海恶劣的天气以及“库尔斯号”号核潜艇内部损害严重，俄海军同参与打捞的挪威方面商定，从11月7日起暂停打捞工作。

2001年初，打捞“库尔斯克”号船体的问题再次提上议事日程。1月13日，俄“红宝石”中央设计局总经理斯帕斯基公布了“库尔斯克”号潜艇打捞方案：拟于4月份开始进行打捞准备，7、8月份进行正式打捞。“库尔斯克”号核潜艇将被切割成两部分，先打捞受损较轻的主体部分。包括指挥舱和反应堆舱。装有未爆鱼雷的艏舱与主体切割分离后，暂时封存海底，2002年由俄罗斯独自打捞。整个打捞费用约为0.8亿至1亿美元，俄罗斯政府将从国家预算中划拨2000万至2500万美元，其余部分将通过“库尔斯克基金会”向国际社会募捐。俄罗斯政府表示，如所募资金不够，就是暂时挪借明年的预算，也要把这笔钱凑够。

经国际投标，俄方选定荷兰的“马穆特”公司参与共同进行打捞作业。为打捞“库尔斯克”号，俄罗斯海军北方舰队组建了一支由北方舰队参谋长米哈伊尔·莫察克海军中将率领的“远征舰船编队”，这支舰船编队包括核动力导弹巡洋舰“彼得大帝”号、导弹巡洋舰“乌斯季诺夫海军元帅”号、导弹驱逐舰“哈拉莫夫海军上将”号、“北莫尔斯克”号等北方舰队主力战舰，并有数艘油船、救援船和消防船等勤务船参加，海军航空兵的5架直升机和2架运输机负责空中巡逻和特殊运输，两艘水文地理船负责对潜艇失事地区的核辐射情况及时跟踪监测。

2001年10月8日，“库尔斯克”号核潜艇主体部分打捞出水。10月23日俄罗斯总检察长乌斯季诺夫宣布，打捞“库尔斯克”号核潜艇的海上作业结束。之后，由俄罗斯总检察院和军事检察院调查人员以及军事技术专家组成的事故调查小组开始进行事故原因调查。经过4个多月的调查和反复论证核实，最终确定了“库尔斯克”号核潜艇沉没的原因，并于2002年2月18日公诸于世：直接原因是由于舰队指挥体系存在严重的人为失误以及“库尔斯克”号艇上官兵违规操作，使艇艏鱼雷爆炸，炸沉了核潜艇。对沉艇的调查取证过程中，调查人员在核潜艇残骸中发现了两个关键实物，一盒录像带，一只“黑匣子”（录音磁带）。录像带记录了爆炸发生时潜艇内部的惨状，录像显示爆炸使艇艏到指挥塔间出现一条大裂缝，海水迅速进入艇内，艇员根本无法逃生。“黑匣子”记录了“库尔斯克”号沉没前后的潜艇运行工作资料。这一发现最终揭开了核潜艇失事的真正原因。俄海军总司令库罗耶多夫承认，造成“库尔斯克”号核潜艇沉没的原因是由于潜艇内鱼雷的爆炸。原苏联和俄罗斯海军从1957年以来一直都在使用名为“鲸鱼65－76”的过氧化氢鱼雷，这种鱼雷的燃料极易挥发引燃大火。虽然1955年曾有一艘英国潜艇因使用这种鱼雷而失事，但在“库尔斯克”号发生事故前，俄罗斯无人知道这种鱼雷可能将造成危险，“库尔斯克”号从1991年起才开始配备这种鱼雷。事故原因查清后，俄海军总司令库罗耶多夫已命令所有俄核潜艇停止使用这种鱼雷。另外，调查人员还发现北方舰队司令部和“库尔斯克”号船员都有严重违反操作规章制度的行为。“库尔斯克”号核潜艇事故调查委员会负责人、俄联邦总检察长乌斯季诺夫说，调查发现该艇上的紧急救援装置根本不能正常工作，艇员多年来出海从不打开在紧急情况下与基地联系用的事故天线系统，艇上事故浮标的信号装置也从未开启。船厂对此负有部分责任，因为没有取下一个固定装置，从而致使应急浮标天线无法打开。虽然这些违规行为与“库尔斯克”号的沉没没有直接的联系，但却因为导致该艇在出现紧急情况后根本无法与任何人取得联系，救援人员也很难找到它的具体位置。根据事故调查，与事故责任有关的俄罗斯副总理克列巴诺夫已于2002年2月被普京总统免职，另外，原北方舰队司令波波夫、北方舰队参谋长莫查克、海军总司令部反潜装备局局长潘莫洛夫、北方舰队反潜装备处长汉多宾、北方舰队鱼雷技术基地主任卡拉汉诺夫等一批海军高级官员均被撤职。

留在巴伦支海底的“库尔斯克”号艏舱的打捞工作将于2002年5月底开始，并只由俄罗斯专家参与打捞。为此，俄将两艘现代化的专用救援船进行了维修和改装，并计划使用俄罗斯海军的深水自动潜水装置。据俄海军总司令库罗耶多夫说，不打算把艏舱全部打捞出来，只打捞足以让专家弄清造成“库尔斯克”号沉没的鱼雷爆炸的碎片就够了。

（刘效兰）

法军改革取得明显成效 法国认为，随着两极格局的解体，世界进入一个更加不确定的新时期。虽然来自前苏联的军事威胁已经消失，针对法国本土的直接军事威胁也不存在，但法国的安全与稳定仍然面临多种潜在危险。为适应新的安全环境，法军近年来尤其是2001年以来所进行的一系列改革，取得了明显的成效。

一、确立了新时期的战略思想

在冷战时期，法国奉行的是“有限核威慑战略”，或称“逐步反应”和“前沿防御”军事战略，即依靠本国独立的、具有足够威慑作用的有限核力量，遏制敌人可能对法国发动的进攻。该战略的重点是确保核威慑的有效性，同时建设一支既能适应在欧洲战场作战，又能在海外进行武装干涉的现代化常规力量。冷战结束后，法国根据新时期国内外形势特点提出全方位的军事战略。该战略强调核武器的威慑作用，同时也强调常规力量在核威慑战略中的作用；主张用政治、经济等多种手段来预防各种危机的发生；认为未来可能采取军事行动的主要形式将是诸军种合成作战或与盟国联合进行对外干涉，其建设重点是加强与外军、特别是与北约成员国在指挥体制等方面的一体化建设。但不管法国军事战略如何调整，法国保持核威慑力量、加强常规武装力量建设、拥有更加独立防务能力的军队的大目标是不变的。

二、建立职业化军队，放弃义务兵役制

法国认为，义务兵役制无法保证完成法军所面临的任务，例如在海湾战争期间法国未能向海湾地区派出哪怕是一个全部由职业兵配齐的团，因此法国如果要继续保持政治大国地位，就必须建立一支与之相称的现代化、职业化的军队。为此，法国从1997年起，以6年时间完成军队的职业化改革，逐步以职业兵役制来替代义务兵役制。法国规定凡1979年1月1日后出生的青年，可自行决定是否服志愿兵役，服役期为9~18年。改革后法军中义务兵的比例逐年下降，而志愿兵、士官和军官的比例上升，这样有利于提高军队人员的素质和保证军队的稳定性。法军到2002年将分阶段使合同制军人比例达到92%，到2015年将建立新的“军队模式”。

三、强化快速反应和远程投送能力

法国认为，为适应现代化战争的要求，在确保本土安全前提下，法军必须具有实施远距离干涉行动和国外机动作战的能力。为此，法军采取了以下措施。第一，对部队的指挥体制进行改革。强调军队指挥权的集中统一，突出三军参谋长在军事指挥中的核心地位，成立直属三军参谋长的诸军种联合参谋部，统一计划、组织和协调三军联合行动的指挥。今后将根据任务需要，从各军兵种临时抽调部队组成作战群，并设立作战司令部，最后形成由三军参谋长、三军联合作战中心、战区联合作战指挥部构成的三级作战指挥体制，以加强协调，提高效率。第二，压缩军队员额。法军采取一系列措施对编制进行改革。根据改革计划，军队总员额已由1996年的57．3万人减少到2000年的47．4万人，2001年进一步减少到44万人。其中，陆军从24万降至17．2万，陆军师的编制人数由1．2万人减至1万人，约有10万人具有快速反应能力。空军到2015年将减至6．3万人，作战飞机减至300架。目前，空军战区已由4个调整为3个，旨在使其布局结构与其他军种相一致，以便于联合作战。海军到2015年将减至4．5万人，作战舰只由101艘减至61艘，其中包括1至2艘航母、6艘核动力攻击潜艇、12艘新型“拉法叶”级护卫舰和“地平线”级驱逐舰。第三，简化指挥层次。陆军将取消师级建制，而以较小的和灵活的旅替代，改革后的作战体制是司令部、参谋部、旅三级指挥体制。海、空军也根据需要对其自身进行改革，以加强快速反应能力和与北约盟军的协同作战能力。合并分散、重叠设置的军区。改革后的各类军区司令部的数量将减少近50%，从而使本土防御体系更加精干、更便于各军种之间的统一指挥和密切协同。第四，加强投送能力。法海军的“力量投送”部队由1个航母战斗大队和1支核攻击潜艇部队组成，空军的“力量投送”部队由100架各型飞机组成。空运能力保持50架战略运输机。此外，由于恐怖主义活动、极端宗教势力和走私贩毒活动日益猖獗，对法国国内安全构成严重威胁，所以法国更加重视国内的稳定，在其他军种编制减少的情况下，计划增加2000名宪兵，使宪兵总数由1994年的9．18万人增加到2000年的9．38万人。

四、建设一支高科技军队

法军改革的核心是建立一支适应未来战争要求的高度现代化军队，军队职业化和编制的调整均是围绕这一核心展开的。法军以数字化建设为核心，建设信息密集型高科技军队，其目标是利用现代信息技术，使一支人数更少的部队拥有更快的反应能力和更大的杀伤力，从而在未来的战争中取得压倒性优势。为提高军队的现代化水平，一方面，法军每年招收大量具有信息、通讯或医学方面专长的青年人入伍；另一方面，法军以装备研发为龙头，加快武器装备的更新速度，逐步实现武器装备的现代化。为此，法军将把新武器装备到部队中，以提高部队的作战能力，如法国新研制的抗电子干扰阿斯特尔防空导弹将用来装备法国戴高乐号航空母舰的“舰对空反导弹系统”和“陆基中程地对空导弹系统”；为使步兵适应未来战争环境需要，法国开发了“装备与通信一体化步兵”战斗服，这种步兵战斗服适合不同的气候条件，具有防火、防核辐射、防化和防生物武器的能力；新一代步兵战斗轮式装甲车（VBCI）拥有8个主动轮，550马力，可调节装甲，它是未来陆军轮式战车的王牌。同时法国还将淘汰大量旧式装备，计划削减60%的主战坦克、20%的作战舰艇和30%的飞机。

五、注重发展太空技术

法国把发展空间技术作为国家重点发展的战略之一，其太空军事政策的目标是：具有预防在欧洲和世界其它地方发生各种危机的能力；从欧洲和全球防务的角度最大限度地保持战略自主权；为建设欧洲独立防务做出贡献。面对美俄在太空的争夺，法国一方面表示强烈反对太空军事化，另一方面也积极组建自己的天军，如将空军防空司令部改建为“空中－太空监视司令部”，将空军司令部改编为“航空－航天司令部”。近年来，法国制订了多项军事空间计划，以摆脱美国的控制，取得太空领域的主动权，如“太阳神1A”照相侦察卫星，就涉及到军事侦察、军用通信以及导航、遥感等许多领域。法国军备总署正在致力于研制一种名为“蜂群”的、由多颗卫星组成的编队飞行卫星系统。该计划将耗资4·6亿法郎，准备从2003年启动，目的是要对发自地面的各种电磁信号进行监听。

六、国防工业改革取得重大进展

由于武器研发费用昂贵和研制周期长，同时为避免欧洲各国在武器研发上重复投资等因素，法国近年来对国防工业进行了一系列重大改革。首先，制定国防工业发展的新战略。法国认为，要放弃“自给自足”式国防工业发展战略，走独立研制、合作生产和直接引进三结合的新道路，即在核武器等关键性主要武器装备领域，仍要集中人力、物力、财力保持独立研制和技术优势；一些其它大型常规武器装备可与欧洲盟国广泛开展合作，共同研制开发。如正由法国、意大利和西班牙共同投资组建的太空监视网，其中“太阳神”侦察卫星法国投资79%，意大利投资14%，西班牙投资7%；常规装备则可直接从国外进口。其次，调整国防工业的结构。法国积极采取措施加快对军工企业结构的调整和合并的步伐，推动高科技产品的研发。如2000年7月，法国宇航—马特拉公司、德国航空航天公司和西班牙飞机制造公司合并，组建新的欧洲航空防务和航天公司，使之成为欧洲最大的军火工业集团，增强其在国际武器市场上的竞争能力。

（李强洲）

南联盟前总统米洛舍维奇被引渡至海牙受审 2001年6月28日，南联盟塞尔维亚政府秘密将南联盟前总统米洛舍维奇引渡到海牙前南战犯国际法庭。

早在科索沃战争期间，美等西方国家就将米洛舍维奇等5名南联盟高级官员宣布为“战犯”，并发出红色通缉令。2000年10月，米及其领导的塞尔维亚社会党在提前举行的南联盟大选中失败，南中右翼政治势力上台执政。美等西方国家认为抓捕米的时机已经成熟，遂政治、经济手段并举压南塞政权交出米。南国内各派势力围绕是否应将米送交海牙法庭的问题展开了激烈的斗争。执政联盟内部也出现分歧，以南总统科什图尼察为首的“温和民族主义”派主张维护南的主权和尊严，在通过相关法律后可以适度与海牙法庭合作；而以塞尔维亚总理金吉奇为首的亲西方派则主张尽快把米洛舍维奇引渡到海牙，以“摆脱南在国际上的孤立处境”，并借此换取西方的经济援助。

2001年2月初，塞政府宣布开始对米实行24小时监控，并着手为起诉米搜集证据。塞当局通过媒体不断散布米及其家族贪污腐败的丑闻和“犯罪事实”，指责米在中国和塞浦路斯等地有大量的私人存款，并称米犯有谎报财产等罪行，为抓捕米预做舆论铺垫。与此同时，塞当局开始大肆抓捕米的亲信和密友，夜以继日地进行审讯以获取米的“罪证”。美等西方国家也全力予以配合，一方面多次派海牙法庭首席检查官德尔·蓬特赴南施压，以联合国和国际社会的名义要求南尽快在引渡“战犯”问题上与海牙法庭合作；一方面威胁将米问题与对南经援及“南融入国际社会”挂钩。美官员多次表示，如果南不与海牙国际法庭积极合作引渡米，美将取消已承诺的对南1亿美元的经济援助，并把3月31日国会就此事进行讨论的日期作为最后期限。

2001年3月30日晚，塞政府突然开始实施抓捕米的行动。在塞内务部的安排下，6辆满载全副武装特种警察的吉普车和一辆救护车抵达米的住宅，企图借“换岗”之名将米逮捕。但守卫米住宅的南军卫兵未接到上级的有关指示，将内务部警察阻拦在门外。消息传出后，数百名米的支持者聚集到米住宅前，正在塞议会开会的塞社会党议员闻讯后也立即离会前往保卫米。不久后，南军卫队受命撤走，米住宅内只留下了一些社会党官员和部分米的个人警卫。警察封锁了米住宅附近的街道，禁止任何车辆进入。31日凌晨3时，塞特警乘防弹车强行冲击米宅，但遭到米警卫人员的顽强抵抗，在激烈的枪战中，1人死亡，2人受伤。米在住所内表示，他绝不会“活着被带到监狱去”。强攻未见效果后，特警停止了行动，与米的警卫形成对峙。天明后，在米的住所外，支持米与反对米的人群越聚越多，双方多次发生冲突。为打破僵局，31日晚，塞执政联盟及政府代表数人来到米官邸与米和社会党领导人进行了长达10多个小时的艰苦谈判。米在对方答应了他所提出的若干条件后同意和平自首，被塞特警押往贝尔格莱德中央监狱。塞政府迈出了引渡米的第一个步骤。

米被捕后，美等西方国家继续向南施压，又以计划于6月底召开的对南捐资国际会议作为诱饵，要求南必须与海牙国际法庭进行全面合作，尽快将米等南“战犯”引渡至海牙。美扬言，如南不满足其所提条件，美不但不参加捐资会议，而且将阻挠南加入国际金融组织。在西方的诱压下，南中右翼执政联盟起草了与海牙国际法庭合作法，准备提交联盟议会讨论通过，为引渡米清除法律上的障碍。但由于南联盟的联合执政党内部意见不一致，该草案无望在议会获得通过。塞政府遂决定避开联盟政府和议会，转而以塞政府令的方式秘密实施引渡米的行动。6月28日，引渡米的行动正式开始。在海牙法庭的一名代表向米宣读了拘禁令后，塞尔维亚警察将米带离贝尔格莱德中央监狱，用直升机将米运往波黑。而这一切包括南总统科什图尼察在内的许多政府官员都不知情。

美国五角大楼在接到押送米的直升机已经起飞的密报后，立即下令驻波黑图兹拉北约空军基地的两架美军 F-16 战斗机紧急起飞，为直升机护航。直升机降落在波黑的图兹拉空军基地后，米又被转到英国空军的一架军用飞机上，飞往荷兰。29 日凌晨，米被押送到戒备森严的海牙塞维宁根法庭监狱里，开始了漫长的受审过程。

7 月 3 日，在英籍法官理查德·梅的主持下海牙法庭对米洛舍维奇进行了第一次预审，指控米犯有反人道、违反战争法等罪名。

（刘建宇）

马其顿发生军事冲突 2001 年 2 月至 8 月，马其顿阿尔巴尼亚族武装分子与马政府军之间爆发激烈武装冲突。这场冲突持续达半年之久，造成数百名人员伤亡，数万人逃离家园，引起国际社会的广泛关注。国外媒体分析认为，马军事冲突最初虽是由对马其顿与南联盟达成的边界协议极为不满的阿族极端分子挑起的，但其最根本的原因是马境内绝大多数阿族人对马政府多年来的民族政策及自身在马政治社会生活中的地位不满，加之受“大阿尔巴尼亚主义”思潮的影响，要求独立的欲望强烈。而北约驻科索沃部分维和部队“维和不力”则给阿族极端分子发动武装挑衅提供了便利条件。这次军事冲突可分为如下三个阶段：

第一阶段从 2 月中旬阿族武装挑起冲突起至 3 月底马政府军取得阶段性胜利止。该阶段，阿族极端分子首先在马、科边境地区挑起军事冲突，马政府军断然反击并将阿族极端分子赶出马境。

2001 年 2 月中旬，马-南边界划定委员会终于结束了持续 4 年之久的 14 轮谈判，基本划定了两国边界线。由于这条边界线涉及到要求独立的南联盟科索沃，因而两国边界谈判结果引起科索沃阿族的强烈不满。2 月 17 日，即谈判结束后的第二天，一伙来自科索沃、自称为阿族“民族解放军”的 20 余名武装人员侵入马境内，与马境内的部分阿族极端分子联合在阿族聚居区塔努舍夫齐村附近偷袭马边防军。26 日，即马南两国总统正式签署马南边界协定后的第三天，阿族武装分子再次侵入马境，并占领了塔努舍夫齐村，马军对该村实行了封锁，双方发生激烈枪战。

3 月 4 日，马军警与强占塔村的阿族武装发生激烈冲突。阿族武装遭到打击后，部分人员被迫逃回科索沃。约 1000 名阿族居民也同时逃往科索沃境内。3 名马其顿士兵在塔村附近阵亡。次日，马政府向全国警察预备役人员发布“总动员”令，向军队预备役人员发布了“部分动员”令。3 月 8 日，阿族武装在塔村附近伏击马警察车队，打死至少 1 名警察。

3 月 14 日，阿族武装分子又向马第二大城市泰托沃发动进攻，并占领了该市附近的几个村庄。马军警部队在还击中至少有 14 人受伤。此后几天内，阿族武装分子依托泰托沃附近山区的有利地形和构筑的防御工事与马军警部队展开对攻。居住在泰市附近的马居民纷纷被迫逃离家园。19 日，马政府向泰托沃地区增派大批坦克、装甲车等重型武器和军警部队。次日，马国防部和内务部向阿族武装联合发出最后通牒，勒令他们在 24 小时内投降或退出他们所占领的地盘。21 日，在离马政府最后通牒截止期限仅三个半小时之际，阿族武装在科索沃的普里什蒂纳发出“单方面无限期”停火的呼吁，但未承诺遵守最后通牒中所规定的放下武器或撤离阵地的要求。22 日上午 8 时 30 分，马政府宣布，鉴于阿族非法武装在最后通牒发出后仍拒绝投降，并继续在马境内发动武装袭扰，马政府已命令军队采取一切必要措施彻底消灭阿族非法武装，马军动用迫击炮向泰托沃市附近的山丘及古城堡方向发起攻击。马军在当天的清剿行动没有遇到抵抗，他们穿过了一处处空空的战壕和机枪阵地，缴获了阿族非法武装留下的大量武器弹药，并俘获了十多名“恐怖分子”。阿族武装分子脱下制服，着便装逃往科索沃地区。25 日，马总统兼武装力量总司令特拉伊科夫斯基下达向阿族武装分子发动总攻的命令，马军警部队动用了火炮、坦克、装甲车和飞机向泰托沃附近山区的阿族武装同时发动地面和空中攻势。27 日，马总统宣布马在对阿族非法武装的战斗取得胜利，阿族武装分子被迫逃离泰托沃地区。但同日，马政府军在北部边境距首都斯科普里约 7 公里左右的边境小村格拉查尼附近又遭遇阿族武装分子的袭击。28 日上午，马军队向盘踞在北部边界的阿族非法武装发动了新一轮的进攻，以便彻底扫清剩余的阿族非法武装据点，将阿族非法武装分子从靠近科索沃的北部山区全部驱走。31 日，马政府宣布停止围剿行动，并称政府军已重新控制了靠近科索沃边界地区的局势。

第二阶段自 4 月下旬阿族武装再次挑起战火起至 6 月中旬双方宣布暂时停火止。该阶段，冲突双方各有攻守，战斗进入相持状态。

阿族武装分子在经过一个月的喘息休整后，4 月底又卷土重来。4 月 28 日，马军在靠近马、科边界巡逻时，在离马第二大城市泰托沃以北约 15 公里处的维伊采村遭到阿族武装分子的伏击。冲突中有 8 名马士兵死亡、2 人受伤。29 日，马国家安全委员会和政府分别召开会议，强烈谴责阿族武装对马军发动的“肆无忌惮的攻击”，认为这一事件导致马安全局势再度严重恶化。

5 月 2 日，马首都斯科普里和东南部城市比托拉接连发生暴力事件，造成数人伤亡。3 日，马军在马北部的库马诺沃地区遭阿族武装伏击，马军向阿族武装发起猛烈攻势。两名马士兵当场丧生，一名士兵被俘。事件发生后，马政府命令库马诺沃一些村庄的村民暂时撤离，同时勒令阿族武装缴械投降，并放回被俘的马士兵。但阿族武装未予理睬。随后，马政府向事件发生地派出军队，并在坦克、直升机和火炮的支援下，向阿族武装发起攻势。马内务部宣布，从当晚起，库马诺沃市及其以北地区实行宵禁。4 日，马军出动步兵、炮兵和坦克兵，并出动武装直升机对盘踞在库马诺沃山区的阿族武装进行了”有选择的轰炸”。6 日，马军动用所有可以动用的武器，包括坦克和直升机，在库马诺沃北部和泰托沃西北部地区向阿族武装发起了自 3 日以来最猛烈的攻击。战斗中至少 20 名阿族武装分子被击毙，马其顿军方没有人员伤亡。15 日，马政府向阿族武装分子发出最后通牒，要求他们必须于 17 日前撤离马北部山区，否则他们将面临政府军的猛烈进攻。18 日中午，阿族武装使用了包括火箭弹在内的轻重武器向泰托沃和库马诺沃地区的马军阵地发起猛烈进攻，马军当即予以还击，战斗非常激烈。19 日，马总统特拉伊科夫斯基抵达库马诺沃，视察了驻扎在那里的马军部队营地，以鼓舞士气。

6 月 5 日，一队马军士兵在西部边境城市泰托沃附近再次遭到阿族极端分子武装伏击，5 名政府军士兵阵亡，另有 6 名士兵和警察也在这起恐怖事件中受伤。10 日，军事冲突向首都斯科普里方向发展，马军与阿族武装在首都斯科普里附近发生激战。为防止阿族武装分子进入首都，马军在斯科普里外围修筑了防御工事并设置路障。由于马战事又紧，加上北部地区一直处于战斗状态，阿族人纷纷逃离马其顿，前往科索沃避难。据联合国难民署估计，自从 2 月马其顿战乱爆发至 6 月，共有 2 万多人流离失所，另有 3 万人逃往科索沃。11 日，马政府宣布，为缓解国民在政府打击阿族极端分子的斗争中所面临的困境，政府对阿族叛乱分子实行“暂时停火”。14 日，阿族武装“民族解放军”亦宣布停火，并称希望与马政府共同通过政治途径寻求解决冲突的方案。根据阿族武装发表的一份声明，停火从 14 日午夜生效，停火期限至 27 日。

第三阶段从 6 月中旬马冲突各方和马主要政党开始和谈起至 8 月上旬达成和平协议。该阶段，马军事冲突的主要特点是打打停停，边打边谈；在欧盟和北约的促压下，有关各方均做出让步，并最终达成和平协议。

6 月 14 日晚起，马 4 个主要的马族和阿族政党领导人进行了政治对话，以期结束马长达 4 个月冲突。由于双方立场相距甚远，谈判进展十分艰难。20 日，北约盟国达成一项协议，称如果马、阿两族领导人能够达成解决马危机的协议，便向马派遣约 3000 名士兵，以帮助解除阿族极端分子的武装。美国务卿鲍威尔当天也表示，美军可能会参与北约解除马其顿阿族武装的行动。21 日，俄外长伊万诺夫表示，如果北约向马派遣部队的话，俄有可能会参加北约的这一行动。22 日，为消除对首都斯科普里的威胁，马军从凌晨开始动用坦克和攻击直升机向盘踞在距斯科普里仅 10 公里的阿拉奇诺沃镇的阿族武装发动攻击，阿族武装进行了炮火还击。24 日，在欧盟负责外交和安全政策的高级代表索拉纳的斡旋下，马军与阿族武装实现了暂时停火。25 日下午，根据索拉纳与马冲突双方达成的协议，300 名阿族武装分子和 200 名阿拉奇诺沃村的村民分乘 15 辆大客车，由国际维和部队和欧盟及美国观察员护送，撤离了马其顿斯科普里郊区的阿拉奇诺沃村。28 日，马阿两族政党继续就修宪问题进行谈判，但由于双方各持己见，谈判破裂。29 日，北约成员国政府批准向马派遣 3000 人的特遣部队，以协助马政府解除阿族极端分子武装，但前提必须是马实现持久停火以及各参政党派之间达成政治协议。北约表示其向马派遣部队是应马政府邀请，无需经联合国安理会授权。

7 月 1 日，阿族武装又与马军部队进行了交火，双方互有伤亡。2 日，马总统和总理分别会见了前来斡旋的美国国务院特使詹姆斯·帕迪尤。5 日，马政府签署一份停火协议，此前北约已与阿族武装签署了一份单独的停火协议。9 日，马各政党就新的和平计划恢复谈判。22 日，马军在泰托沃地区同阿族武装发生自本月停火以来最为激烈的交火，阿族武装从几个据点向马军阵地射击，马军进行了还击，双方动用了重机枪、迫击炮和各种轻武器。两名马军士兵在战斗中受伤。24 日，泰托沃地区枪炮声再起，马政府关闭了马、科边界。25 日，在北约的斡旋下，马军与阿族武装重新达成间接停火协议，阿族武装开始从泰托沃地区撤离。

8 月 1 日，马政府和阿族武装在奥赫里德的谈判取得突破性进展，但对许多问题仍存在争议。6 日，马总统兼武装力量总司令特拉伊科夫斯基下令马军做好向阿族武装"民族解放军"发动进攻的准备，夺回通往泰托沃市的一条交通要道的控制权。7 日，马军对阿族武装采取突击行动，5 名阿族武装分子被打死，其中包括一名阿族武装指挥官。13 日，马其顿马、阿族政党在首都正式签署和平协议。该协议满足了阿族有关在国家政治和社会生活中提高地位和获得更大承认的要求。协议允许阿族人在警察人员构成上从当前的 5%提高到 25%；在阿族人口占 20%以上的地区，阿语将成为第二官方语言；在议会中阿族人占据的席位也将增加。22 日，北约在确认马冲突双方基本遵守协议后，宣布从即日开始全面展开代号为"实际收获"的军事行动，向马派出 3500 人组成的部队，负责收缴和销毁阿族非法武装的武器。此后，随着北约部队的进驻及收缴武器行动的全面展开，加之"9·11 事件"后美对阿族武装分子采取高压措施，马军事冲突逐渐平息。

（朱瑞臣）

俄白进一步加强军事同盟关系　近年，俄罗斯与白俄罗斯在建立联盟国家的道路上不断推进，1996 年 4 月签订了《俄罗斯与白俄罗斯共同体条约》，1997 年 4 月签订《俄罗斯与白俄罗斯联盟条约》，1998 年 12 月两国总统签署了《俄罗斯和白俄罗斯关于进一步统一的宣言》，1999 年 12 月签署了《俄白两国建立联盟国家的条约》，2000 年俄白联盟国家最高国务委员会通过了 2005 年前保障联盟国家安全的决议。这些条约和决议均强调，俄白将在国防和安全方面进行密切合作，建立统一的边防，组建联合军队集群，共同使用两国军事基础设施，实行共同防务。

2001 年，俄罗斯和白俄罗斯军事同盟关系进一步加强，两国军事合作进一步发展。主要表现是：第一，两国军事一体化的共识进一步加强。年内，白俄罗斯总统卢卡申科三度访问俄罗斯；俄国防部长伊万诺夫、空军总司令科尔努科夫上将等军政要员也对白俄罗斯进行了访问。俄白两国领导人就制定俄白联盟的军事学说、统一两国军事立法和保障联合军队集群的作战行动等问题进行磋商并达成了共识。第二，俄白联合军队集群正式组建。年内，俄白两国确定该联合军队集群由俄军莫斯科军区和加里宁格勒驻军以及白俄罗斯军队共同组成，总兵力达 30 万人，两国武装力量总参谋部已开始筹建联合军队集群的指挥系统。第三，地区联合防空系统开始运转。俄白两国商定将建立地区联合防空系统，该防空系统由白俄罗斯的所有防空部队、俄海军波罗的海舰队和俄西部及西北部地区的防空部队组成，白俄罗斯防空军司令科斯坚科中将担任联合防空系统司令，其司令部设在明斯克。年内，俄导弹预警站已在白俄罗斯境内开始工作，该导弹预警站将在联合防空系统中发挥重要作用。第四，两国军队举行大规模联合军事演习。2001 年 8 月下旬，俄罗斯与白俄罗斯军队在波罗的海举行了海上防空演习，两国的 40 余艘舰艇及海军航空兵参加演习，参加演习的近千名两国官兵进行了海上、空中和海岸的近 200 项作战科目演练。

俄罗斯与白俄罗斯建立联合军队，符合两国的根本利益，是两国安全与国防的需要。近年随着北约东扩的步伐加快，北约几乎已推进至俄罗斯与白俄罗斯的家门口，俄罗斯与白俄罗斯明显地感觉到地缘形势变化带来的威胁。为增强联合防御力量，俄罗斯与白俄罗斯组建联合军队集群。对俄罗斯来说，可借此扩展自己的防御空间，添补西部防御缺口，充分利用设在白俄罗斯的导弹预警站，从而大大提高俄的战略防御能力。对白俄罗斯来说，由于自身军力微薄，难以抵御强敌，与俄罗斯结盟后，可以俄作为安全依托，保障本国安全。

俄罗斯和白俄罗斯建立联盟国家并组建联合军队在独联体国家中引起较大反响，俄总统普京称，当前一些独联体国家与俄罗斯进行更加密切合作的一体化的愿望增强了，俄欢迎第三国加入俄白联盟。多数独联体国家对俄白联盟表示赞同，但同时表明将"珍惜得来不易的独立地位"，不会加入这一联盟。2001 年 4 月，摩尔多瓦总统沃罗宁访俄，表示摩将争取加入俄白联盟。对此，俄国家杜马主席谢列兹尼奥夫表示，不排除摩尔多瓦将来加入俄白联盟国家的可能。对于俄白联盟和建立联合军队，美国和其它西方国家持有一定戒心，美称希望这一联盟"不会在欧洲制造新的分界线"。为打消美国等西方国家的顾虑，俄总统普京表示，俄白联盟将不会损害任何国家的利益，俄白联合军队不针对第三国。

（刘效兰）

北爱尔兰和平进程取得一定进展　2001 年，由于北爱冲突各方在爱尔兰共和军等组织缴械、北爱警察部队改组和英国驻军削减问题上存在严重分歧，因此北爱和平进程步履维艰，屡遭挫折。但由于各方的努力，分歧逐步减小，和平进程仍取得一定进展。爱尔兰共和军3月8日表示愿同负责监督解除北爱尔兰准军事组织武装的国际中立机构重开缴械谈判，从而使北爱和平进程出现积极的迹象。北爱各主要政党表示，有希望6月底就改组北爱警察部队等问题达成一致。负责监督解除北爱尔兰准军事组织武装的国际中立监督机构5月下旬对爱尔兰共和军的秘密军械库进行检查。检查后发表的报告称，爱尔兰共和军全面遵守了其封存武器的承诺。英国政府认为该报告包含着"积极内容"。爱尔兰共和军7月19日呼吁，与负责监督解除北爱尔兰准军事组织武装的国际中立监督机构就缴械问题重新开始谈判。通过谈判爱尔兰共和军和国际中立监督机构于8月达成武器封存方案，共和军同意将武器"完全置于可以查核的不使用状态"。"9·11"事件后，爱尔兰共和军于10月23日宣布开始封存武器。这是爱尔兰共和军第一次正式宣布开始封存武器。

北爱和平进程取得进展的原因主要是：第一，英国和爱尔兰政府一直未放弃和平努力。1、2月份英国首相布莱尔就北爱问题与统一党、社会民主工党和新芬党等政党的领导人多次举行会谈，希望能够打破目前陷入僵局的北爱和平进程。布莱尔呼吁北爱冲突各方政治领导人从大局出发，共同推动陷入僵局的北爱和平进程。1月31日、3月8日布莱尔与爱尔兰总理埃亨和北爱主要政党领导人先后举行会谈。会谈后，埃亨表示，英爱两国领导人决心共同努力，积极寻求解决问题的办法。6月18日至7月14日布莱尔和埃亨又联合主持新一轮北爱尔兰和平谈判，分别会见了统一党、新芬党和社会民主工党的领导人，试图打破北爱和平僵局。8月1日布莱尔和埃亨经过磋商向北爱新教派和天主教派主要政党提出一系列新建议。主要内容是：英国将考虑对通缉在逃的北爱准军事组织成员实行大赦；根据北爱的安全形势逐步减少英国在北爱的驻军和军事设施；修改北爱警察部队改组计划的实施方案。第二，美国对爱尔兰共和军的态度发生转变。美国政府于5月16日认定"真正的爱尔兰共和军"为恐怖组织。此后，美国对该组织采取了如下措施：冻结该组织的资产，拒绝给该组织的代表发放签证，任何人都不得向该组织提供政治或经济上的支持。爱尔兰共和军的3名成员8月份因涉嫌训练哥伦比亚反政府武装而被捕后，美国政府对爱尔兰共和军的态度变得更加严厉。"9·11"事件发生后，许多有影响力的爱尔兰裔美国人不再对爱尔兰共和军持同情态度，这对爱尔兰共和军产生很大压力，迫使其不得不改变以前的政策。第三，"9·11"事件的影响。事件发生后，联合国和世界绝大多数国家都强烈谴责恐怖主义分子对美国的袭击，形成了对恐怖主义强烈谴责的国际舆论。欧盟已将爱尔兰共和军列在欧盟的恐怖组织名单中，准备对其实施制裁。国际社会联合反恐行动，使爱尔兰共和军面临越来越大的压力。

虽然北爱尔兰和平进程取得一定进展，但缴械问题并未因此得到根本解决，例如北爱新教派极端准军事组织北爱尔兰防务协会就表示不会效仿爱尔兰共和军解除武装。北爱各派在改组警察部队、削减英国驻军等问题上立场并没有明显改变，因此北爱和平进程仍面临重重困难。

（李强洲）

俄罗斯与北约关系出现引人注目的变化

2001年，尤其是"9·11"事件发生后，在一系列内外因素的作用下，俄罗斯与北约的关系出现引人注目的变化。双方领导人接触频繁，希望以共同反恐为契机，进一步提升北约—俄罗斯合作机制，建立取代现有"19+1"模式的新型合作机制。但目前俄与北约内部在加强合作问题上意见尚不一致，双方对于进一步合作的态度也较谨慎，其关系发展存在着不少变数。

一、俄罗斯与北约发展关系的主要情况

年内，俄罗斯与北约积极发展关系，并取得了引人注目的进展，主要情况如下：

（一）通过领导人频繁接触进一步表现出加强合作的意愿。年内，俄罗斯与北约的领导人通过互访进行了频繁的接触：北约秘书长罗伯逊分别于2月19~21日和11月21~23日两度访俄，与俄总统、外交部长、国防部长、国家安全秘书等政要举行会晤；俄总统普京10月3日访问布鲁塞尔北约总部，与罗伯逊举行会谈，成为第一位访问北约总部的俄首脑；俄国防部长谢尔盖·伊万诺夫9月26日、12月19日两次访问北约总部；俄外交部长伊万诺夫于12月7~8日访问北约总部，并参加了俄罗斯—北约常设理事会会议。通过这些访问与接触，俄与北约都表明了加强合作的愿意，有力地推动了双方关系的缓和与发展。罗伯逊2月访俄期间，双方重点讨论了导弹防御、北约东扩、以及北约与俄罗斯进行实际合作的问题，并决定重新恢复被关闭的北约驻俄新闻处。普京在会谈中表示，俄与北约的关系已"发生了显著变化"，希望

北约尽快研究俄方提出的在欧洲建立非战略导弹防御系统的建议。俄将尽快派专家向欧洲公众解释它所提出的这一新建议。俄外长伊万诺夫则表示，莫斯科将把同北约的关系“看作是未来欧洲格局的最重要因素”。罗伯逊在会谈后向记者表示，他“与普京举行了非常好的和有成效的会谈，北约将研究俄罗斯提出的新建议”。4月13日，俄外长伊万诺夫在国家杜马国际事务委员会举行的听证会上称：“俄罗斯愿意在严格遵守联合国宪章和国际法的前提下，与北约进行对话与合作”。10月中旬，罗伯逊在美国全国新闻俱乐部发表演讲时宣称：“我们要促进北约和俄罗斯的关系，我们应把与以前的敌手的紧张关系转变成对双方都有利的实际友好关系。”11月下旬罗伯逊访俄期间，讨论了俄与北约的具体合作问题。俄国家安全秘书鲁沙伊洛呼吁北约加强同俄罗斯在安全领域的合作，并称：“同北约的全面协作是俄罗斯对外政策的重要方面，是加强世界战略稳定的重大因素。”他认为，主要的是要把防御政策问题同安全问题区别开来，“我们不认为在防御政策领域会找到同北约关系的新形式。这是北约的内部问题，应当由北约自己决定如何改变内部政策”，“我们对俄罗斯与北约防御部门之间接触增多表示欢迎。不过，这样做，主要是为了扩大在安全领域的合作。首先是为了对付恐怖主义、有组织犯罪和大规模杀伤性武器扩散等新的威胁”。罗伯逊表示：“我们面临的是共同的威胁。9月11日让世界变了样。现在俄罗斯与北约都受到同一个敌人的威胁。”他还说，要解决国际安全问题不能没有俄罗斯的参与，“北约和俄罗斯从来没有这样亲近过”。双方加深合作的领域包括反国际恐怖行动和反大规模杀伤性武器扩散。

（二）开始寻求以新的合作机制取代现有的“19+1”模式。俄罗斯与北约现有的合作机制是“俄罗斯—北约常设联合理事会”。该理事会是根据1997年《北约与俄罗斯相互关系、合作与安全基础文件》建立的，现由北约19个成员国代表和俄罗斯代表组成，被西方称为“19+1”模式。俄罗斯在这一机制中有发言权但无否决权。对于这种合作关系，俄罗斯并不满意，认为是“19对1”，希望加以改变。与此同时，北约也认为，在现有的模式下，北约无法与俄罗斯进行有效的合作，也不符合北约自身的利益。“9·11”事件后，俄罗斯积极发展同美欧等西方国家的关系，而美国主导下的北约在建立全球反恐联盟等问题上也需要得到俄罗斯的支持，因此表示愿意“彻底改变”与俄的合作关系。在此背景下，双方开始寻求新的合作机制。10月初俄总统普京访问北约总部时，北约方面提议，由俄与北约成立一个工作小组，探讨扩大双边合作的可能性。11月17日，在北约秘书长罗伯逊访俄前夕，英国首相布莱尔致函北约领导人，率先提出了提升北约与俄罗斯关系的新建议。布莱尔在函中称，“应该立即对普京支持反恐怖斗争的态度给予奖励”，具体是寻找一种新合作机制，建立一个可称为“俄罗斯—北大西洋联合委员会”的组织取代“19+1”模式，使双方的关系发展到一个“新水平”。布莱尔暗示，在新机制下，双方可以在不损害北约利益的情况下商讨不扩散、联合演习和信息交流等问题。北约在处理某些事务时，有可能赋予俄罗斯否决权。罗伯逊表示原则上同意布莱尔的建议，并进一步解释称，“在研讨某些具体问题时，在北约理事会会议室的圆桌旁，俄罗斯的大使或部长将坐在葡萄牙和西班牙之间（因俄的英文国名以R打头，在26个字母中排在P和S之间，而P和S分别是葡萄牙和西班牙英文国名的第一个字母），参加由北约主持的会议，这个会议的名称可能会称为俄罗斯—北大西洋联合委员会。”他还表示，在一些具体问题上，俄将与北约成员国处于完全平等的地位。如果俄罗斯同意这个建议，今后它就将参与北约的某些决策过程。这意味着，北约与俄的关系将发生“翻天覆地”的变化，俄将获得北约准成员国的地位，它可以在这个委员会中同北约成员国就涉及双方安全利益的问题共同研究、决策，它将不仅有发言权，而且在一些问题上还享有否决权。这样“19+1”模式将变成联合委员会的20个“平等成员”，联合委员会将每月会晤两次，俄将在包括反恐斗争、维和行动、销毁大规模杀伤性武器以及危机管理等领域参加决策。11月下旬罗伯逊访俄期间，与总统普京、外长伊万诺夫、国防部长谢尔盖·伊万诺夫以及国家安全秘书鲁沙伊洛等就北约提出的新建议进行了讨论，焦点议题是如何提升北约与俄的合作关系。普京表示，俄罗斯准备同北约发展关系，“俄罗斯与北约的对话十分积极”。如果北约愿意，俄将最大限度地发展这种关系，“北约愿意发展到什么程度就发展到什么程度”。但这种关系要充分考虑到俄罗斯的国家利益。他表示相信罗伯逊此行“将有利于欧洲和世界的安全”。俄外长伊万诺夫对布莱尔首相的建议表示欢迎，但反对将俄与北约的合作简单地定性为“19+1”。他表示，尽管俄罗斯与北约都有深化合作的政治意愿，但建立合作机制的“现成处方”无处可寻。俄国防部长谢尔盖·伊万诺夫提出，应用新合作机制取代“19+1”模式，新合作机制的实质在于，俄应该与北约正式成员国一样享有平等的表决权和决策权，双方在平等的基础上共同协商，共同通过决定并共同对所通过的决定负责。12月6～7日，北约举行冬季外长会议，集中讨论北约与俄罗斯合作机制问题，19国外长一致同意“让俄罗斯在北大西洋联盟中发挥巨大作用”。会议后发表的公报称，北约将考虑成立一个新的北约—俄罗斯联合委员会，该委员会将拥有在反恐怖主义、危机处理、核武器及生化武器、导弹防御、海上搜寻与求助、武器控制等一系列广泛领域“作出联合决定”并“采取联合行动”的权力。会后还举行了俄罗斯—北约常设理事会会议，讨论双方建立平等的协作机制问题。俄外长伊万诺夫在会上表示，俄与北约的基本文件已将双边关系的主要原则纳入其中。但当前要讨论的是寻找和制定新机制，以确定双方在国际反恐怖斗争，反大规模杀伤性武器，应对人类所面临的新挑战、新威胁方面的共同任务和责任。寻求一种新的相互关系模式是俄罗斯与北约目前面临的主要任务。俄罗斯——北约常设理事会各成员国应该把现有的“19+1”模式转变为各成员国完全平等的“20国”机制。会后，伊万诺夫与北约外长理事会达成一项协议，双方同意在2002年5月前，继续讨论确定一种新的合作机制，“它将不再仅仅为一种磋商机制，而是一种磋商、谈判和决策机制”。

（三）俄对北约东扩问题的立场发生微妙变化，双方矛盾和敌对情绪有所缓解。北约东扩问题历来是阻碍俄与北约关系的重要障碍，双方一个坚持东扩，一个坚决反对东扩，互不相让。年内，俄与北约在此问题上的基本立场虽无重大改变，但均表现出了较大的灵活性，围绕北约东扩的矛盾冲突也有所缓解。1月17日，罗伯逊在结束对阿塞拜疆的访问后向新闻界表示，虽然北约将继续东扩，但俄罗斯不是北约的敌人，而是北约的伙伴。北约和俄罗斯正在积极进行合作，共同致力于欧洲安全建设。在2月下旬访俄期间，针对俄对北约东扩表现出的担心，罗伯逊又表示，北约不认为扩大北约组织是对俄罗斯的威胁，北约把俄视为“自己的伙伴”。北约将在2002年秋天就东扩问题作出最后决定，届时将会考虑俄方意见。历来强烈反对北约东扩的俄罗斯也做出了前所未有的灵活反应。9月26日，普京总统在德国联邦议会发表演讲时表示，俄罗斯愿意就加入北约进行谈判。10月3日，他又在北约总部的记者招待会上公开表示：“如果北约发生变化，如果北约成为一个更加政治化的组织，俄罗斯可以用另一种完全不同的观点来对待北约东扩。”普京还说，如果俄罗斯也被包括在这种政治化进程之内，那么俄罗斯将“自然而然地改变对北约扩大的立场”。

（四）“9·11”事件后强化了在反恐怖领域的合作。恐怖袭击发生后，普京总统在第一时间作出反应，在莫斯科强烈谴责恐怖主义的攻击行动。在与布什总统的通话中，普京表示，无论美国总统决定采取什么样的反击措施，俄都“将站在你们一边，与你们休戚与共”。随后，双方很快就在反恐行动中加强合作问题达成了一致。除了大力支持美国对阿富汗塔利班势力的军事打击外，俄罗斯国防部长谢尔盖·伊万诺夫还于9月26日与北约19国国防部长举行会谈，双方都表示要在全球反恐怖主义斗争中紧密合作，特别是要在情报方面加强合作。双方还一致同意，从下周开始举行俄罗斯—北约高层磋商，以便协调彼此反恐怖主义的立场，并进一步密切双方在有关行动中的合作。在会后举行的联合新闻发布会上，北约秘书长罗伯逊表示，北约与俄罗斯决心团结合作，共同消除国际恐怖主义的根源，双方已同意在情报方面加强合作。伊万诺夫则指出，以阿富汗为基地的本·拉登和其他“极端分子”一直在向俄罗斯境内的车臣分离主义分子提供军事和财政援助。俄希望北约盟国改变对俄罗斯在车臣采取军事行动的批评态度。11月下旬北约秘书长罗伯逊访俄期间，再次与俄领导人讨论了“在全球范围内加强双方的反恐合作”问题。罗伯逊称，新的恐怖主义行动方式的出现使国际社会在安全方面面对更多的“未知因素”，要有效地同恐怖主义斗争，在北约和俄罗斯关系中就不能再存在“未知点”，双方必须成为“可靠的”伙伴。反恐应是双方关系发生“质的变化的开始”。他在莫斯科外交学院发表题为《北约、俄罗斯关系新质量》的演讲时表示，“9·11”事件给俄与北约关系注入了新的因素，在当今世界，面对恐怖主义威胁，没有哪个国家能够独善其身，大家都是“脆弱的”，只有加强合作，才能增进安全，舍此别无他择。

（五）军事领域的合作得到恢复与加强。5月16日，俄武装力量总参谋长阿·克瓦什宁大将参加了俄罗斯—北约常设联合理事会军事委员会总参谋长级会议，与北约各国军队总参谋长们交流了对波黑、科索沃和马其顿形势的看法，讨论了今后共同解开巴尔干问题的努力方向，讨论的重点是俄与北约在巴尔干维和行动和稳定局势方面的军事合作。双方还就北约的战略构想和俄军事理论、军事合作的透明度和海上救援等问题交换了意见，并磋商了俄在北约开设军事代表处的问题。克瓦什宁大将在会后表示，俄与北约的军事合作目前实际上已恢复到1999年南斯拉夫联盟危机前的水平，双方的合作在“积极的发展”。普京总统10月初访问北约后，俄还“谨慎地”向北约提出帮助改造俄国防部和武装部队的请求。

二、俄罗斯与北约关系取得进展的主要原因

（一）普京政府采取了灵活务实的对西方政策，试图通过发展与北约关系最大限度地维护本国的战略利益。俄罗斯曾对西方“弱俄”、“挤俄”战略采取强硬对抗的政策，但收效不大。普京政府执政以来逐渐认识到，由于科索沃战争、北约东扩等问题，俄罗斯与西方的关系持续紧张，俄持续的强硬政策，不但难以阻止北约东扩，而且还影响与西方经济、技术合作。与其这样做，不如与美国主导的北约建立新的合作机制，发展关系，争取俄在其中有重要的发言权，同时尽可能地利用俄所拥有的战略力量和国际影响力，从北约“内部”而不是“外部”对北约施加影响。因此，普京曾多次说：“从任何一种意义上来说，使俄罗斯在防御、政治和安全各方面都与当前的国际社会结成一体，是符合我们的利益的”。

（二）北约欧洲成员国希望通过改善与俄关系提升自己的国际地位，减少对美国的依赖。长期以来，美国一直主导北约和欧洲的安全事务，美欧之间既有合作，也有竞争。科索沃战争后，欧洲国家更加深刻地感受到在军事与安全问题上对美国的依赖，因此一方面加大北约内部“欧洲支柱”和欧洲独立防务力量建设的力度，另一方面希望改善与俄罗斯关系，加强与俄在安全等领域的合作，借助俄的力量加强自己的国际地位，减少对美国的依赖。在此背景下，欧俄在欧洲安全问题上的共同点增多，对于普京总统强调“俄将逐步融入欧洲经济、政治和防务体系”，英国首相布莱尔、德国总理施罗德等领导人表示认同。他们认为，应借“9·11”事件之机同俄建立伙伴关系，“这是一个改善欧洲和大西洋安全状况的机会”。

（三）“9·11”事件后全球共同反恐的局势是促使双方关系发生实质性变化的主要外在因素。“9·11”事件后，北约与俄罗斯都开始从一种新的角度去审视对方。从北约的角度看，多年来推行东扩的主要意图就是防止俄罗斯重新“威胁”东欧和巴尔干地区，实质是对俄采取敌视政策。然而，由于俄在“9·11”事件后政策调整以及与西方的全面合作，继续将俄隔离在欧洲安全框架之外的政策思路，可能导致俄采取强硬政策。因此，北约转而寻求与俄建立更为紧密的关系，期望以此安抚俄罗斯，为进一步东扩扫清障碍。从俄罗斯的角度看，要使俄与北约关系实现从针锋相对到互相接触、谋求积极合作的转变，并非易事，不仅要维护俄战略利益不受损害，而且还要顾及国内的反应，“9·11”事件正好提供了一个难得的良机：一方面包括俄国内舆论在内的世界舆论对于合作打击恐怖主义取得高度一致；另一方面以反恐为切入点加强与北约合作，也有利于俄在车臣等地区的地缘政治利益。

三、俄罗斯与北约关系发展的前景

尽管2001年俄与北约关系的发展取得了较大的进展，但一系列因素决定了双方关系发展仍有较多变数。

（一）俄与北约的根本战略目标都没有改变，对进一步加强与对方的合作都持审慎态度。恢复俄大国地位是冷战后俄罗斯的根本对外战略目标，普京政府并未改变这一目标。迄今为止，普京政府在发展与北约关系的问题上一直持试探性的态度，立场摇摆不定，表态也有前后矛盾之处。如普京执政以来作了很多与北约靠近的表示，先后3次发出“俄有可能加入北约”的信息。但在11月下旬北约秘书长罗伯逊即将访俄，俄与北约建立合作新机制被提上议事日程之际，却一改以往“积极靠拢”的姿态，表示“俄罗斯决不会排队等候加入北约”。在俄与北约就确定新的合作机制达成协议的当天，普京又表示俄“并不急于敲开北约的大门”，双方的合作进程“不应被人为地加速”。北约也清楚地意识到，将俄罗斯纳入其组织是不现实的，加强与俄关系的主要目的是减少东扩的阻力，在一定意义上是一种权宜之计。北约的智囊团曾讨论俄最终加入北约的问题，但多数官员表示不赞同，最后的结论是：俄加入北约的可能性甚至不应讨论。罗伯逊秘书长11月23日总结访俄情况时依然称，现在议论俄罗斯与北约的未来合作机制形式还为时过早，普京和俄罗斯其他政治家都谈到“20”国的形式，但是俄罗斯与北约的关系中，1997年的基本文件仍是一块试金石。

（二）北约与俄内部都还存在着反对发展双方关系的声音。北约内部在发展与俄合作问题上意见尚不一致。主导北约的美国出于反恐怖主义大局的考虑，虽未阻挠罗伯逊加强与俄关系的努力，但态度十分冷淡，且着重强调俄在北约机制内不能拥有否决权。在俄美双边接触中，美方一直避而不谈俄与北约合作问题。以美国防部长拉姆斯菲尔德为核心的保守势力强烈反对建立俄罗斯—北约联合委员会。拉姆斯菲尔德曾指示美驻北约大使把涉及“北约 20”的语句从外长会议的公报草案中删去，并一再阻挠北约讨论与俄合作新机制问题。欧洲大国意见也不一致，尽管英国、德国和意大利的态度较为积极，但法国担心加强与俄合作将提高北约在欧洲安全结构中的地位，从而损害法国提倡的“欧洲自主防御”，因此一直保持沉默。多数欧洲小国认为“既要拉拢俄国，但同时又不能削弱北约作为一个军事联盟的力量”，对于如何兼顾两者看法不一，且对英德等大国未就发展与俄关系问题同它们及时磋商表示不满。新加入北约的中东欧国家则认为，它们费了很大力量改革国防和加强法治，为加入北约创造条件，而俄罗斯却在没有满足任何前提条件的情况下获得了崭新的地位，对此表示极为不满，并担心俄“会利用手中的新权力设法阻止北约进一步扩大”。与此同时，俄国内对普京发展与北约关系的做法也存在许多非议。西方和俄分析家一致认为，普京的政策想法并没有得到大多数高级官员的认同。许多俄军方高级将领、外交官和政府官员都认为，普京是在玩一场复杂的外交游戏。如俄第一副总参谋长巴卢耶夫斯基上将 11 月 30 日在接受记者采访时就表示，“俄罗斯丝毫没必要加入北约军事组织，因为俄罗斯是一个自给自足的国家，不必利用北约第 5 条款解决确保国家安全和军事安全的问题”。

（三）双方关系的进一步发展将受到一些具体问题的阻碍与制约。首先，双方在北约东扩问题上的根本矛盾无法化解。北约肯定不会停止东扩进程。2002 年 5 月将按计划召开布拉格首脑会议，确定接纳新成员国的名单。而俄在北约东扩问题上态度的微妙变化并不足以改变俄对该问题的基本反对态度。俄国防部长谢尔盖·伊万诺夫 12 月 19 日在北约总部表示：“虽然我们积极地同北约发展伙伴关系，但北约东扩对我们来说依然是一个令人担忧的问题，在北约明显地想使自己的军事机构接近俄边境的情况下，我们坚持俄罗斯有权捍卫自己安全利益的立场。”其次，新合作机制中俄的地位与否决权问题仍将是双方争论的焦点。俄罗斯坚持要在新机制中取得平等地位和否决权。俄认为，根据俄与北约达成的协议，俄在某些情况下可以拥有对北约决策的否决权。俄国防部长 12 月 19 日在与北约总部发表演讲时明确表示：“只有当俄罗斯在‘北约 20 国’框架内能作出军事、政治决定，而且俄罗斯—北约的协作水平不亚于北约成员国内部的合作水平时，俄与北约在安全领域的平等合作才有可能。”而北约特别是美国坚持“俄决不会获得否决权”的立场，美国务卿鲍威尔指出：“‘北约 20 国’的框架表述仅表明了一种新的战略框架，在这种框架下，北约 19 个成员国与俄的安全利益可以在反恐怖合作和大幅度削减战略核武器的时代时融合到一起。”北约秘书长罗伯逊也在与俄达成协议后表示，这一协议不会改变北大西洋理事会的作用，也不会赋予俄行使否决权。

（吴 炯）

北约确定在反恐问题上的政策和做法

2001 年“9·11”事件发生后，北约决定支持美国对阿富汗实施反恐战争，并准备在全球反对恐怖主义。但是，北约的欧洲成员国反对美国在反恐问题上独断专行、单边主义和滥用武力的做法。

一、支持美国对阿富汗实施反恐战争

2001 年“9·11”事件发生后，北约自成立以来首次运用了《北大西洋公约》第五条款，即北约中在“欧洲或北美的一个或多个盟国”受到来自国外的武装攻击，应视为对全体盟国的攻击。随后，北约秘书长罗伯逊 10 月 4 日在比利时布鲁塞尔北约总部召开的新闻发布会上宣布，应美国的要求，北约确定将“单独和集体”采取 8 项具体措施以协助美国打击恐怖主义，这是北约在认定对美国的恐怖袭击符合《北大西洋公约》第五条款的使用范围后所采取的又一重大行动，表明《北大西洋公约》第五条已进入具体实施阶段。这 8 项具体措施是：（一）北约和美国将就恐怖主义构成的威胁和对恐怖主义采取的行动，加强双边和在适当的北约机构内的情报交流和合作；（二）北约将按照各自的实力单独或集体，向因支持打击恐怖主义活动而受到恐怖主义威胁的北约盟国和其它国家提供适度的援助；（三）北约将采取必要措施以增强在美国和北约其它盟国领土上的各种设施的安全；（四）北约将有选择地充实归北约负责的可直接用于支持打击恐怖主义行动的盟国资源；（五）北约将根据必要的空中交通安排和各国的规定，为美国和盟国飞机打击恐怖主义的军事飞行提供全面的飞越领空许可；（六）北约将根据各国的规定准许美国和其它盟国在打击恐怖主义的行动中使用北约国家领土上的港口和机场；（七）北约准备将其常备海军一部部署在东地中海，以显示北约的存在和决心；（八）北约还准备部署空中早期预警力量，以支持打击恐怖主义的行动。根据《北大西洋公约》第五条款的规定，北约还于 10 月 12 日派出 5 架 AWACS 预警飞机首次在美国领空进行巡逻。此外，为配合美国打击恐怖主义行

动，法国、英国、西班牙以及北约驻波黑维和部队等也先后展开了搜捕恐怖分子的行动。

2001 年 10 月 8 日美国和英国对阿富汗实施反恐战争后，北约其它成员虽然没有直接参与军事行动，但也应美国的要求提供了相应帮助。

二、准备在全球进行反恐战争

2001 年 12 月 18 日，北约作出决定，将重组武装部队以便在远离其成员领土的地方执行任务，并为进行新的全球反恐怖战争做准备。北约秘书长罗伯逊在记者招待会上称，欧洲和北美的盟国将为远离自家后院开展行动做好准备，并称北约重新审查了其防务计划，并同意增加可在北约领土以外的行动中进行部署和持续作战的人数比例。

为执行上述决定，北约准备组建一支能够在全球各地作战的联合力量，重新确立自身的地位。具体计划和行动包括：（一）组建一支预计总兵力为 25 万人的快速反应部队，使北约能够在世界任何地方连续两年打三场战争。（二）组建以英国为首的联合快速反应军团（ARRC）。在该军团中，英国人占 60%，将成为冷战后对付"新型冲突"的主力。（三）组建以意大利、西班牙、德国、荷兰、土耳其军队和法德欧洲军团为主力的五个多国军团。这五个军团将以联合快速反应军团为模式组建，以便随时增补联合快速反应军团。

三、北约欧洲成员国在反恐问题上与美国出现分歧

北约自 1949 年成立以来，美国一直在其中占据主导地位，尤其是在军事和战争问题上，欧洲各成员国大都是顺从美国的意志，但目前作为北约主要成员的欧洲各国越来越不能接受这种状况，开始在安全问题上争取更加独立的地位，筹备欧洲自己的军队。美国此次为摧毁阿富汗塔利班政权和在阿富汗的"基地"组织，而在阿富汗实施的军事打击中，一改科索沃战争的作法，除让英国军队"有限参与"外，基本独自承担了军事打击行动，此举引起了北约各欧洲成员国的普遍不满。因此，北约的欧洲成员国，准备组建一支 6 万人的"欧洲快速反应部队"。这支部队将有自身的指挥机构，拥有更多的自主权，而不受美国的控制。

2002 年 1 月 29 日美国总统布什发表国情咨文，将伊朗、伊拉克和朝鲜列为"邪恶轴心"国家，认为这些国家正在发展极有可能落入伊斯兰恐怖组织手中的大规模杀伤性武器，美国的首要任务就是对付上述国家，并称美国不排除用战争手段对付上述国家的可能性，也不排除单独使用战争手段的可能性。美国务院还为此召见了法国驻美大使以协调立场。但随着美国总统布什提出"邪恶轴心"论，并不断声称将对伊拉克发动进攻，来自北约欧洲成员国的批评日益增多而且强硬起来，欧洲国家表现出前所未有的一致反对立场，欧美矛盾从深层浮上表面。其中最引人瞩目的是欧盟对外事务专员彭定康在接受英国《卫报》采访时对美国的单边主义政策提出批评，认为美国的反恐怖主义做法"简单化"。而同时适值欧盟外长在西班牙的卡塞雷斯举行非正式会议，会议就中东和平进程问题提出了一系列与美国意见相左的建议。2 月 15 日彭定康又在英国《金融时报》发表文章，再次批评美国的单边主义政策。西班牙外交大臣、法国外长韦德里纳、德国外长菲舍尔、欧盟外交和安全事务高级专员索拉纳以及欧盟其他成员国的许多官员也都对美国的单边主义提出了激烈的批评。法国总理若斯潘说："不能把世界上的所有问题仅仅概括为反恐怖主义斗争，也不能仅靠军事优势来解决恐怖主义问题。"2002 年 2 月初在德国慕尼黑举行的第 38 届国际安全政策会议上，欧美间在防务合作问题上也爆发了激烈争论，这是战后欧美关系史上极为罕见的。此外，欧盟还在 2002 年 2 月初与被美国列为"邪恶轴心"的伊朗进行了第八轮全面对话，此举意在表明欧洲国家与美国的政策分歧。

但是，欧洲国家内部在是否支持美国军事打击伊拉克问题上也不尽一致。大部分欧洲国家反对美国对伊拉克动武，但英国则表示赞同。2002 年 2 月 25 日德国社会民主党外交政策发言人格特·魏斯基兴对英国首相布莱尔支持美国对伊拉克实施军事打击进行了批评，认为布莱尔目前的立场"令人非常遗憾"，违背 2001 年 1 月伦敦会议上由英国、德国、法国、意大利和西班牙共同作出的决定，即准备最大限度地向伊拉克施加压力，要求其与国际武器核查小组进行合作，但不对其进行军事威胁。因此，德国外长菲舍尔就欧洲在反恐战争中出现分歧发出警告，称"欧洲只有实行共同的外交和安全政策，才能受到重视"。

（赵富春）

北约和美英在战争中使用贫铀弹遭到强烈反对　2001 年初，欧洲媒体多次报道北约和美英在海湾战争、波黑战争和科索沃战争中大量使用贫铀弹，导致了许多人员患上"海湾战争综合症"、"巴尔干综合症"乃至白血病而身亡。因此，北约和美英使

用贫铀弹受到国际社会的高度关注和强烈谴责。

一、北约和美英等国在战争中大量使用了贫铀弹

贫铀是天然铀在提取铀－235（供核武器装料或核反应堆核燃料用）后剩下的核废料。因其主要成分是具有低水平放射性的铀－238，故称贫铀。贫铀弹则是以贫铀为主要材料制成的导弹、航空炸弹、坦克炮和航空炮炮弹、子弹等的统称。贫铀弹以高密度、高强度、高韧性的贫铀合金做弹芯，爆炸时能产生高温化学反应，可以摧毁坚固建筑物或攻击坦克等装甲目标，威力巨大，因而被北约和美英视为常规战争的“常胜弹”。但它爆炸后会产生放射性，对人体和环境都有严重危害。

自20世纪90年代以来，北约和美英在海湾战争、波黑战争和科索沃战争中使用了大量贫铀弹。在海湾战争中，美国将贫铀弹第一次用于实战。据西方军事研究机构估计，美军在海湾战争中共发射了约5000枚贫铀弹，摧毁了伊军数百辆T－72坦克。英国原子能局甚至说，仅美国的A－10攻击机就发射了“数以万计的”贫铀弹。在波黑战争中，北约再次使用了贫铀弹。据报道总共大约发射了1．08万枚贫铀弹。在科索沃战争中，贫铀弹又一次被大规模用于战场。在北约对南联盟进行的78天轰炸，特别是在科索沃针对塞族坦克和其它装甲车辆发动的袭击中，美国的A－10攻击机总共发射了大约3．1万枚贫铀弹。这些贫铀弹散落在科索沃的112个地点和塞尔维亚南部普雷舍沃山谷的10余个地点。据英国《泰晤士报》报道，从1991到1999年，北约部队发射的贫铀弹总数在7～10万枚之间，分布在科威特、伊拉克南部、波黑和南联盟的大片领土上，给当地的环境和居民身体造成了长期的放射性污染。英国《每日电讯报》披露，英国国防部早在10年前就知道战争中使用贫铀弹将对人体和环境带来严重危害，却长期隐瞒这一事实并无视英国士兵的健康，导致战争中受伤害的士兵身体无人关心。但北约和美英对于贫铀弹存在核辐射污染的问题一直予以否认，甚至对北约其他国家也长期隐瞒投掷贫铀弹的数量和具体地点。

二、“贫铀弹事件”被媒体揭露后，引起轩然大波

（一）贫铀弹造成严重污染，维和人员患病死亡引起有关国家媒体的高度关注。欧洲媒体2001年初报道，曾在波黑和科索沃地区执行维和任务的欧盟国家士兵中，一些人患有一种表现为头疼脱发、精神恍惚、失眠烦躁的怪病，医学界称之为“巴尔干综合症”。其中不少人还相继患上癌症等各种疾病，最终身亡。根据法新社综合欧洲各国公布的官方统计数字，到2001年初，欧洲各国在它们曾经驻扎过巴尔干地区的维和部队中已经发现了50多例可能与贫铀弹辐射有关的癌症病例。其中，意大利的维和士兵和民事人员中有30人患白血病或“巴尔干综合症”，已有8人死亡；比利时有9名维和士兵患病，已有5名死于癌症；葡萄牙有5名维和士兵患癌症，已有2人已死亡；法国有4名维和士兵因白血病住院治疗；西班牙和荷兰也发现了造成维和士兵死亡的癌症病例。此外，英国、德国、匈牙利、希腊、丹麦、挪威、瑞典和芬兰等国都不同程度地在维和士兵中发现患有“巴尔干综合症”的病例。欧洲媒体认为，维和士兵患“巴尔干综合症”或白血病与北约在波黑战争和科索沃战争中大量使用贫铀弹有关。西班牙《缘由报》1月3日援引西班牙国防部人士的话说，部分参加科索沃维和的北约士兵罹患白血病很可能是因北约和美英在该地区使用贫铀弹所致。英国《每日电讯报》1月6日称，该报记者搞到了一本科索沃战争前德国军队发给士兵的作战指南。该指南警告称，凡是被贫铀弹摧毁的装甲车，不仅车内会有放射性物质污染，而且周围环境中也有较强的放射性毒物。因此明确要求士兵“除非万不得已，否则不要接近被贫铀弹击中的任何目标”。一些医学专家也认为，“巴尔干综合症”是北约在巴尔干地区使用贫铀弹造成的恶果。随着报道的深入，德国媒体进一步揭露，美国在巴尔干地区使用的贫铀弹中还含有剧毒的钚成分。这一报道已被瑞士苏黎世联邦理工大学的研究人员所证实。

（二）受贫铀弹危害的国家强烈谴责北约和美英并要求停止使用贫铀弹。媒体的报道引起了欧洲各国政界和民众的强烈反应，纷纷谴责北约使用贫铀弹。意大利受害人数最多，反应也最为强烈。维和士兵家属委员会指责政府隐瞒情况，要求对维和士兵进行全面体检。一些民间机构要求政府关注曾在维和地区进行人道主义援助的民间人士的健康问题。政界人士纷纷发表谈话，谴责北约使用贫铀弹，要求北约在此问题上解除所谓军事秘密的限制，澄清全部真相，许诺停止使用贫铀炸弹，并敦促政府为此努力并考虑撤回维和部队。部分政界人士还要求解除北约前秘书长、现任欧盟外交和安全政策高级代表索拉纳的职务。德国政界、军界和有关机构要求北约全面禁止含有铀成分的弹药。德执政党之一的绿党领导人贝尔批评德国国防部在这一问题上隐瞒事实真相，主张政府在北约

会议上正式要求禁止含铀弹药。德政府射线防护委员会主任克恩莱因指出，北约所坚持的含铀弹药对士兵毫无危险的说法“是错误的”。德联邦国防军的卫勤监察长德默尔表示，反对那些会对居民、环境甚至本国士兵的安全造成慢性影响的武器。德国联邦国防军军人协会主席格尔茨则明确提出，应当禁止这种武器。葡萄牙舆论指责军方掩盖真相，反对党也抨击政府对此处理不力。欧洲军人协会呼吁欧盟和北约成员国政界领导人立即行动起来，彻底调查在巴尔干地区使用贫铀弹可能造成的污染。该协会还强调，应对所有在巴尔干地区呆过的军人做健康检查，必须禁止使用贫铀弹。除了欧洲国家外，直接受贫铀弹污染的波黑和伊拉克也作出强烈反应。1月10日，波黑政府决定成立专家小组，调查“巴尔干综合症”问题，同时要求北约公布其在波黑使用贫铀弹的详细资料。同日，伊拉克外交部发表声明，要求联合国就美国和英国在伊拉克和南斯拉夫使用贫铀弹所造成的严重后果进行全面调查。声明说，美英不仅隐瞒贫铀弹会破坏人类生态环境这一事实真相，而且欺骗世界舆论，这是对全人类的犯罪。伊拉克和南斯拉夫乃至全人类有权要求联合国对美英在伊、南两国使用贫铀弹所造成的恶果进行调查，并把调查结果公布于众。要求联合国成立国际法庭，对美英领导人在使用贫铀弹问题上犯下的“反人类罪行”进行审判。

（三）欧盟和联合国对贫铀弹的危害情况进行调查评估。1月4日，欧盟委员会宣布将对北约在巴尔干地区使用贫铀弹可能造成的辐射污染进行调查，以便查清贫铀弹污染对维和士兵生命的威胁程度。9日，欧盟组建的专家小组正式开始对贫铀弹潜在危害问题进行研究，小组的医学和科学专家来自欧洲原子能联营机构和欧盟成员国。联合国环境规划署1月5日也发表公报说，联合国贫铀弹影响评估团正在分析从科索沃实地提取的贫铀弹样品。该署已和南斯拉夫联盟政府接触，预定在春天对遭北约贫铀弹轰炸的塞尔维亚共和国和黑山共和国组织考察和评估。

（四）北约和美英对贫铀弹危害进行辩解并拒绝停止使用贫铀弹。“贫铀弹事件”发生后，北约和美英起初都否认贫铀弹的危害。北约秘书长罗伯逊对贫铀弹污染是否会伤害人体避而不谈，仅表示将尽快向意大利和其它欧盟成员国提供贫铀弹的细节资料。美国防部断然否认贫铀弹可能致癌，认为没有科学证据能够证明这一点。英国国防部宣称没必要为在巴尔干地区执行任务的维和士兵担心，也拒绝进行调查，甚至拒绝对有关士兵进行健康检查。随着谴责和抗议的声浪越来越大，北约迫于欧洲国家的压力，表示同意对巴尔干地区的贫铀弹污染问题进行调查。罗伯逊表示，北约将在调查贫铀弹污染问题上同所有有关国家和国际组织合作，提供有关的详细资料，并成立一个特别委员会，负责通报和交换关于贫铀弹问题的信息。为平息“贫铀弹事件”掀起的风波，北大西洋理事会于1月9～10日举行了贫铀弹危害问题讨论会。会上，意大利、德国等要求北约公布使用贫铀弹的情况，并停止使用贫铀弹，但却因美英的反对而被否决。罗伯逊援引联合国环境规划署和世界卫生组织的调查报告称，北约不会暂停使用贫铀弹，更不会放弃使用贫铀弹，因为目前无法证实贫铀弹对人体存在潜在的辐射危害。贫铀弹技术是一项经过反复论证的技术，到目前为止不少研究机构都证明贫铀弹不会对人体构成危害，它只在特殊情况下才对被击中的装甲车和坦克中的人员造成辐射危害。他解释说，北约用一年多时间才向联合国通报使用贫铀弹的情况，并不是要隐瞒任何事情，而只是“官僚性延误”。1月14日，英国国防大臣胡恩公开表示，目前仍没有足够的证据证明贫铀弹对人体有害，因此，未来一个时期内，英国仍会继续使用贫铀弹。1月18日，北约就“贫铀弹事件”发表声明，仍然否认贫铀弹会威胁人类健康和自然环境。声明辩解说，一些贫铀武器中的确含有放射性物质铀－238和钚，但这早已是公认的事实，而如此微量的放射性对于健康而言是微不足道的，其有害程度不足以使人患癌症或者诸如“巴尔干综合症”那样的怪病。3月1日，北约秘书长罗伯逊在接受采访时声称，在没有医学证据证明贫铀弹的危害之前，北约仍将使用这种武器。

三、“贫铀弹事件”将产生“持续而深刻”的影响

（一）北约内部的矛盾分歧有所上升。西方舆论已经注意到，贫铀弹风波再次暴露了北约内部分歧。美国将欧洲对贫铀弹的担忧斥之为“歇斯底里情绪”，而欧洲国家对北约和美国则缺乏信任感，包括葡萄牙在内的一些欧洲国家都决定派出自己的专家小组赴科索沃进行现场调查。法国《法兰西晚报》发表文章称，“贫铀弹事件”最大的受害者可能是北约本身。在这场争论中，如果北约的态度不尽快改变，它就有可能受到持续而深刻的影响。

（二）欧洲国家之间的裂痕进一步加大。欧盟国家正推进一体化进程，试图在外交与安全领域“用一个声音说话”，且在“贫铀弹事件”中几乎都是受害

者，理应团结一致，共同对外。但英国因拥有并使用过贫铀弹，又希望与美国保持“特殊关系”，因此一开始就站在美国一边，反对欧洲其他国家提出的停止使用贫铀弹的要求，甚至对本国士兵受贫铀弹辐射污染患病也反应冷漠。法国虽从未使用过贫铀弹，但拥有贫铀弹，因此在这一事件中的反应就不如德国、意大利等国强烈。尤其是在北约 1 月 10 日举行的贫铀弹危害问题讨论会上，虽未附合美英否决意大利等国的提议，但其国防部长里夏尔却明确表示反对停止使用贫铀弹。对此日本《产经新闻》等媒体指出：“欧洲内部围绕贫铀弹问题已一分为二。”

（三）北约和美英的威信进一步下降。“贫铀弹事件”发生后，世界舆论都认为，连短期参加维和行动的士兵都受此影响患上疾病，那么长期生活在伊拉克、波黑、南斯拉夫联盟等地区曾遭受贫铀弹轰炸国家的众多人民的命运岂不更惨？“贫铀弹”后遗症问题是在西欧国家发现自己的维和士兵受到伤害后才成为舆论关注的焦点，这给世人的印象似乎是巴尔干人的命不如西方人值钱！以美国为首的北约当年是打着“维护人权”的旗号去巴尔干动武的。为此他们除了未用核弹之外，几乎动用了世界上所有最先进、破坏力最大的武器，不仅造成受害地区大量无辜平民伤亡，到头来连自己的士兵都受到了致命伤害。就像当年矢口否认对南联盟的狂轰滥炸伤及大量平民一样，对于贫铀弹存在核辐射污染的问题，美国也一直予以否认，连对自己的盟国也长期隐瞒在波黑和科索沃投掷贫铀弹的数量和具体地点。这只能使人得出这样的结论：美国为了实现自己的战略目标，是可以忽视别人的命运和人权的。这无疑使北约和美英的威信大大下降。

（桐　生）

欧盟继续推进防务一体化　2001 年，欧盟防务一体化建设在前几年的基础上又取得了新的进展。但是，欧盟防务一体化建设还面临着一系列困难和障碍，要实现一体化目标，仍然任重而道远。

一、2001 年欧盟防务一体化取得的新进展

（一）决心进一步推进防务一体化建设。4 月 6 日，欧盟国防部长召开非正式会议，与会的国防部长们一致认为，欧盟国家应当行动起来，改进欧洲在军事能力方面的不足之处，填补“军事空白”，推进欧盟共同防务政策的实施。欧盟外交与安全政策的高级代表索拉纳在会后表示，欧盟目前的当务之急是弥补军事能力方面的不足，填补“军事空白”。他强调，如果不采取必要的财政措施提高欧盟的军事能力，欧洲防务政策就“难以实现”。5 月 30 日，欧盟与北约召开外长联席会议，讨论了欧洲独立防务体系问题。会上，法国积极倡导欧盟发展独立的军事指挥控制系统，以便把欧盟新组建的快速反应部队建成一支相对独立于北约的武装。6 月 15～16 日，欧盟哥德堡首脑会议再次讨论了共同安全与防务政策问题，会后发表的“主席声明”称，“欧洲安全和防务政策的发展加强了欧盟按照联合国宪章规定的原则为国际和平与安全作出贡献的能力”，“欧盟决心增强它在预防冲突和处理危机形势方面借助军事和非军事手段承担任务的能力”，并“进一步推动欧洲安全和防务政策的各方面的工作”。10 月 12 日，欧盟 15 国国防部长在布鲁塞尔举行非正式会议，讨论了美国“9·11”恐怖事件对欧洲防务的影响。国防部长们一致认为，在“9·11”事件和国际社会加强反恐怖合作的形势下，加速推进欧洲共同防务政策，比过去显得更为重要。11 月下旬，欧盟举行外长与国防部长联席会议，要求各成员国继续增强本国部队的快速反应能力，并以共同出资、共同生产的方式进行多国合作，尽快提高各成员国军队的武器装备水平。12 月 14～15 日，欧盟在比利时首都布鲁塞尔近郊的拉肯宫举行首脑会议，重点讨论了欧洲共同防务等问题。会议宣布，欧洲快速反应部队已初步就绪，欧盟与北约在防务方面的关系问题也可望于近期内解决。

（二）加强快速反应部队建设。2001 年欧洲快速反应部队的建设取得了重大进展，主要体现在四个方面：一是相继成立了政治安全委员会、军事委员会和总参谋部等机构。其中，首届军事委员会 4 月 11 日在欧盟总部布鲁塞尔举行了会议，军事委员会主席、芬兰国防军总司令古斯塔夫·哈格隆德将军在会上表示，欧洲快速反应部队是欧盟“独立身份的象征”，就像欧元和欧盟旗帜一样。组建中的欧洲快速反应部队将独立于北约之外，“我们要讨论的不是成为北约的附庸，这是一个独立的实体。我们要谈论的问题是如何与北约合作。”他表示，首届军事委员会会议召开的重大意义在于，它标志欧盟“在对待共同防务政策问题时是十分认真的”，并“非常热衷于欧盟拥有自己的防务政策并有一定手段将其付诸实施”。二是开始筹建情报、通讯和指挥系统。5 月 28 日，欧洲议会发表报告称，欧盟“将不可避免地发展自己的情报系统”，以支持欧洲快速反应部队。报告要求英国不要继续与美国共同使用情报系统。10 月 12 日，欧

盟国防部长会议重点讨论了发展欧盟指挥、情报和通讯系统问题。各国国防部长一致强调，欧盟国家在这些方面合作十分重要，并要求欧盟外交与安全政策高级代表索拉纳对欧盟成员国军方情报系统的高效率合作进行评估，并向下次欧盟国防部长会议提交评估报告。三是加强军事技术合作，共同研制、开发军事装备。11 月 19 日，欧盟国防部长举行“防务能力改进会议”，法国、德国、意大利、西班牙、瑞典和英国等 6 个欧盟最大的成员国在会后签署一项名为“欧洲技术采办计划”的协议，以加强军事合作，提高未来的空中作战系统的能力和技术。6 国发表声明称，协议“提出了一项基础稳固，而且目标明确的欧洲工业合作技术计划”。这一计划“将在未来的 20 年内，提高欧洲空中作战系统的能力”。声明还说，6 国将进行联合研究，并于 2002 年夏天提交报告，作出“对这些国家武装部队在 2020 年左右需要的军事能力的最初评估”，指出发展这些能力所需的系统和技术，以及最能从这项联合发展计划中受益的系统和技术。声明强调，考虑中的未来作战系统包括发展现有的欧洲战斗机、无人驾驶侦察和作战飞行器，以及常规的远程巡航导弹和指挥与控制系统。11 月 22 日，法国国防部宣布，6 国将斥资 8．8 亿美元研制一种新型无人驾驶战斗机，将取代现有的“欧洲战斗机”、“阵风”和“鹰狮”战斗机。研究工作将持续 8 年时间。四是组建了应付小规模危机的快速反应部队。12 月 15 日欧盟拉肯宫首脑会议宣布，欧洲快速反应部队已准备就绪，具有采取军事行动的能力，能够应付小规模的危机。

（三）加强安全与防务领域的合作。一是继续建设欧洲国际警察部队，加强司法和警务方面的合作。5 月 10 日，欧盟 15 国举行警察局局长会议，主要目标是进一步推动欧盟首脑 2000 年达成的“关于在 2003 年完成国际警察部队的建立工作并开始运作”的协议。欧盟外交与安全政策高级代表索拉纳在会上表示，“维护法制与秩序，打击有组织的犯罪活动是欧盟处理危机和防止冲突之职责的有机组成部分，欧盟正努力建设一支 5000 人的欧洲国际警察部队，以参与全球热点地区的维和行动”。会议主席、瑞典国家警察局局长斯滕·赫克舍透露，大多数成员国对本国所能提供的警察人数作了初步承诺。欧盟成员国在会上承诺的警察人数达到 3000 名。其中意大利承诺提供 900 人，法国 800 人，西班牙 500 人，英国 450 人。荷兰、比利时等中小成员国也都作出了具体承诺。二是制定防止导弹扩散的共同安全政策。欧盟哥德堡首脑会议于 6 月 17 日提出制定防止导弹扩散的共同政策，通过建立针对大规模杀伤性武器的新国际框架来牵制美国。法国总统希拉克在首脑会议前提议，以限制导弹技术出口为基础，制定推进国际合作。德国总理施罗德积极支持希拉克的建议，从而统一了欧盟的步调。欧盟哥德堡首脑会议在主席声明中说：“对于导弹的威胁，应该在世界规模的多边合作下解决。”舆论指出，欧盟在防止导弹扩散方面的立场是要强调，除了美国之外还有欧盟的存在。此外，欧盟在巴尔干和朝鲜半岛等问题上推进统一的外交政策，在国际核控制方面采取统一步调。三是加强反恐怖主义领域的协调与合作。“9·11”事件后，欧盟于 9 月 21 日召开特别首脑会议。会议对美国遭受恐怖袭击后的国际形势进行了评估，并通过了有关欧盟加强打击恐怖主义的“行动计划”，将打击恐怖主义列为欧盟今后首要目标。“行动计划”的主要内容为：加强欧盟国家间警察和司法机关的合作，2001 年年底以前在欧盟内实行通用的欧洲通缉令，实现欧盟内部的共同引渡制度；对欧洲的恐怖主义团伙及其资助者进行甄别，以便确定欧洲恐怖主义组织的名单；加强欧洲刑警组织作用，尽快由欧洲刑警组织组建一个反恐怖专家小组；坚决打击“洗钱”，切断恐怖活动的经费来源；加强航空安全措施，加强欧盟与第三国的合作，共同打击恐怖主义。会议要求欧洲总务理事会发挥协调作用，推动反恐怖主义斗争的发展。10 月 6 日，欧盟外交和安全政策高级代表索拉纳在意大利北部城市韦内恰表示，欧盟内反恐怖合作应从三条战线展开，即冻结资金，警方和情报部门的合作，以及反武器走私斗争。12 月举行的拉肯宫首脑会议进一步确立了欧盟统一的通缉令制度，以便快速有效地打击恐怖主义活动，维护欧盟的内部安全。

（四）积极派兵参与巴尔干和阿富汗的维和行动。9 月 9 日，欧盟外长会议决定在马其顿保持和加强军事存在。外长们认为，由于马其顿局势的脆弱性，必须采取措施防止北约部队撤离后出现的“安全真空”。欧盟保持和加强在马其顿的军事存在，将会起到稳定局势和“威慑”作用，特别是能够保证欧盟和欧洲安全与合作组织在马其顿的观察员的安全。会议还决定，将欧盟在马其顿的观察员数量从目前的 29 人增加到 58 人。10 月上旬，美国通知欧盟，美将从 1．2 万驻巴尔干维和部队中撤出部分美军部队，以便参加美国展开的打击国际恐怖主义的行动。10 月 12 日，欧盟国防部长非正式会议特别讨论了美国从巴尔干撤军的问题，并对此达成了一致意见：如果美国从巴尔干维和部队中撤走美军部队，欧洲有能力填补因此而留下的“真空”，并在维护巴尔干的稳定与和平中承担更大责任。索拉纳在会上说：“如果形势需要，我们有能力应对美国留下的真空，我们将承担更大的责任，我们准备这样做。”12月15日，欧盟领导人一致决定向阿富汗派出3000到4000名维和军人，作为等候联合国派遣的国际维和部队的一部分。这支维和部队将由英国领导，维和军人来自欧盟所有15个成员国。欧盟轮值主席国比利时外长米歇尔说，这是欧盟首次提出危机干预行动倡议，也是欧盟首次一致同意创建一支多国维和部队。他还说，这是欧盟发展共同安全与防务政策中意义重大的事件，也可以说是欧盟历史上的一次重大转折。

（五）加强与北约和俄罗斯的防务合作。欧盟在加强防务一体化的同时，还加强了与其他国家、组织的防务合作与协调。一是与北约正式建立了定期磋商机制。2月5日，双方举行首次联席会议，集中讨论了新世纪欧盟与北约的关系，尤其是欧盟独立防务与北约关系问题。同时还就欧盟独立防务中的能力问题以及北约强化应付危机的能力问题交换了意见。5月30日，欧盟与北约的外长举行联席会议，重点讨论了欧洲独立防务体系、欧盟使用北约军事指挥系统的问题。二是加强了与俄罗斯的协调。1月5日，欧盟国家与俄罗斯领导人在非正式会谈中就欧盟独立防务与俄防御学说“接轨”问题进行了讨论。俄方认为，随着欧盟防务一体化的进展，俄与欧盟防务合作的意义也凸显出来，俄“准备寻求一致立场，使双方的防御学说接轨，考虑到彼此的安全利益，以保障欧洲安全”。

二、欧盟防务一体化建设面临的困难与障碍

（一）欧盟成员国内部的矛盾和分歧可能影响快速反应部队的组建和协调。法、德、英三个大国都想作为欧盟共同安全与防务的“核心”，从而争夺欧洲安全机制的主导权。它们在建立欧洲快速反应部队问题上的分歧尤为明显。法国坚持要求欧洲快速反应部队应在实质上保持独立，完全摆脱北约的控制。德国则是暗中使劲，首先调整了自己的军事机构，把德军分为本土保卫军和快速反应部队。在将国内部队裁减20%的同时，欲积极派遣一半以上的兵力参加欧洲快速反应部队，以充当该部队的骨干力量。而与美国关系密切的英国明确表示，反对欧洲快速反应部队享有脱离北约的独立指挥权。欧盟的中小国家也心存疑虑，更多的是考虑维护本国的主权和安全利益。丹麦决定不参与欧洲快速反应部队，奥地利则举棋未定。与此同时，欧盟各成员国的承诺仍是虚多实少，尽管欧盟举行多次会议要求成员国提高部队的装备水平，但英、德、法等主要国家的国防部长只是口头强调加快实现装备现代化的必要性，却没有提出具体的落实措施。

（二）欧盟国家的防务开支下降制约着防务一体化的进展。近年来，为了实现因发行欧元而确定的紧缩开支的目标，欧盟各成员国的防务开支呈逐年下降的趋势。伦敦国际战略研究所发表的数字表明，2000年欧盟各国的防务预算为1390亿美元，只有美国的一半左右，在军事科研和技术开发方面的投入只是美国的1/4，用于采购武器的资金也只有美国的40%。美军费开支占国内生产总值的3．4%，而欧盟国家只占1．8%。在人均国防预算上，欧盟同美国的比例是1:3。欧盟中最大最富的国家德国，用于防务的开支还不到其国内生产总值的1．5%。在失业率保持在10%左右，并面临减税压力的情况下，很难想像德国防务开支在近期会有所增长。据伦敦国际战略研究所发表的2001～2002年度《军事力量对比》反映，欧盟3个主要的大国法国、德国和英国的防务开支1998～2000年间平均下降了2%，2001年仍继续下降，其中法国下降了1.5%，德国下降了5%，英国下降了0.4%。如果以不变美元来换算的话，下降的趋势则更为明显，1998～2000年间3大国平均下降14.7%，2001年分别下降8.6%、11.8%和6.1%。欧盟各国防务开支持续下降的一个直接后果就是迄今为止未增加欧洲快速反应部队建设的开支，经费捉襟见肘。例如，欧盟原计划订购180架“空中客车”M400型飞机作为远程运输机，但由于资金困难，计划至今仍停留在纸面上；需要空中加油机80架，但限于资金最多只能购买30架。防务开支下降将不可避免地影响到欧盟防务一体化的前进步伐。

（三）欧盟各国军事力量不适应远距离作战和快速反应的要求。欧盟各国现有的军事力量主要是针对本土防御作战而建立的，在作战能力和军备水平方面同新任务的要求以及和美国相比都存在着巨大差距。欧盟4月召开的国防部长非正式会议认为，欧盟要建立快速反应部队，目前至少需要增加远程投送力量、建立先进的情报系统、装备先进的作战飞机，以及尖端的军事通讯能力。具体来说，目前存在的主要问题有五：一是不具有足够的运载和投送能力，战略机动能力远远不足，不能很快完成向任务区的部署。例

如：欧洲快速反应部队需要60艘大型运输舰，而现在只有6艘；远程运输机需要190架，现在只有120架，其中大部分还是老式的“大力神”运输机，亟待更新。尽管不少欧盟国家在共同研制一种大型运输机的问题上已达成共识，但资金没有落实，而且由谁来承担这种运输机制造任务这一问题也没有最后商定。二是武器装备相当陈旧。例如：欧盟各国虽有4000多架作战飞机，但装备已相当陈旧，均没有配备红外线和激光制导炸弹。根据计划，欧洲快速反应部队需要装备200件诸如巡航导弹等远程打击武器，但目前欧盟国家最多估计只拥有60件，至于美国在科索沃战争中所使用的智能化武器，欧盟快速反应部队更是没有装备。据军事专家估计，仅从装备上看，欧盟快速反应部队即使完成组建也还不能够很快成为一支真正具有快速投入能力的国际性干预力量。三是军事情报侦察手段十分有限。目前欧盟的军事战略侦察能力还十分欠缺。尽管德国表示欧盟需要有自己的侦察卫星，但欧盟的侦察卫星迄今尚未研制成功。与此同时，欧盟现在只有5架预警飞机，而实际需要至少为12架。欧洲国家目前部署的“AWACS”型侦察机都归属北约集团，并不属于某个国家。这都将使欧洲快速反应部队的信息保障能力大打折扣。四是指挥系统缺乏适用而且相互兼容的设施。如欧盟各国目前所使用的无线电系统就不一样，而且互不兼容。作为一支统一的部队，这是不可想像的。五是经费投入严重不足。欧盟国家在军事科研和开发投资预算方面远远落后于美国，其投入的经费只有美国的25%，购买武器的费用只及美国的40%。欧洲军工一体化多年来也是“打雷多、下雨少”，致使欧洲盟军在情报搜集、尖端武器以及战略运输方面装备水平仍比美国落后10~20年，以致出现欧盟在组建“独立于北约之外”的欧洲快速反应部队时，却又与北约谈判要借用北约的情报搜集和战略运输手段的怪事。

（四）欧盟与美国在欧洲快速反应部队与北约部队的关系问题上存有分歧。目前，欧洲快速反应部队与北约部队间的关系可以说是“一支部队，两快牌子”。除了瑞典、芬兰和奥地利外，欧盟其他成员国提供的快速反应部队也属北约的快速反应部队，且欧洲快速反应部队可使用北约的情报、通信和后勤保障系统。两者很难完全“分家”。在此情况下，至关重要的欧洲快速反应部队指挥权问题成为矛盾分歧的焦点，目前各方在这支部队的行动到底应归谁指挥的问题上争论很大。大多数北约和欧盟国家认为，为避免重复建设，欧洲快速反应部队应利用现有的北约指挥机构。北约秘书长罗伯逊强调：“欧盟必须在解决所有北约国家参与欧盟领导的行动时，做出令人满意的安排。”言下之意即是，欧洲快速反应部队的一切行动都需经过北约的认可，从而纳入北约机制。但法国反对这一立场，认为这将使欧洲快速反应部队成为北约的一部分。法国主张，欧洲快速反应部队的行动应当由欧盟自己计划和指挥实施。而土耳其由于其加入欧盟的要求长期以来被拒绝，也表示反对欧盟使用北约的指挥系统及其他设施、装备。此外，欧盟的防务专家们还提出了一个有关欧洲快速反应部队指挥权问题的妥协性建议，主张由北约19国与欧盟4个不属于北约的国家共同组成一个“19+4会议”机制，行使欧洲快速反应部队的行动指挥权。不过会议作出的决定还需由北约委员会和欧盟部长理事会正式做出决议。土耳其对此表示赞同，但法国表示拒绝。目前，欧盟规定欧洲快速反应部队可独立或与北约联合采取各种军事干预行动，其中较小规模的任务由欧盟军事参谋部规划，并由欧盟部队独立实施，而有北约部队参与的军事行动将在北约专家制定的计划基础上进行，并可借用北约的部分指挥体系。这一规定有一定的模糊性，它未明确欧盟的军事计划应由北约欧洲盟军最高司令部来制订，目的显然是希望建立一支不受北约控制的欧盟部队。可以预见，随着欧盟防务能力和机制的日趋完善和强大，欧洲快速反应部队的指挥权之争也会愈演愈烈。

三、欧盟防务一体化对美欧关系的影响

美欧关系是欧盟最重要的对外关系。尤其是在防务领域，欧洲一直依赖美国领导的北约的军事保护，美国也将主导欧洲安全事务作为最重要的外交与安全政策目标。因此，欧盟在防务领域一体化的一系列政策和行动必将导致美欧在欧洲安全与防务领域利益的调整，从而对美欧关系造成重大的影响与冲击。

（一）欧盟一方面想继续维持美国在欧洲的军事存在，另一方面又想取得欧洲安全的主导权。冷战结束后，欧洲在安全上依靠美国的状况有所改变，但欧盟国家在防务上仍相当软弱，在没有美国介入的情况下连应付欧洲地区的危机都很困难，波黑战争和科索沃战争就充分暴露了这一点。因此，欧盟仍然离不开美国在欧洲的军事存在。但另一方面，冷战后多极化趋势向前发展，欧盟独立处理欧洲事务的能力增强了，在越来越广泛的领域内要求与美国分享领导权。欧盟国家开始认识到，欧盟必须有独立于北约的军事行动能力，才能提升其在国际社会中的地位。如果欧盟拥有一支独立于美军之外的力量，它在大西洋两岸

交往中的力量就能增强，同时能推动欧盟向东欧及其他地区发展，重新夺取在欧洲安全事务中的主导权。

（二）美国既希望欧盟加强防务力量以减轻其在防务上的负担，又担心欧盟加强共同防务后会脱离美国的战略轨道。长期以来，出于减轻自己负担的考虑，美国一直主张欧洲应加强在防御方面的贡献，强调在防御问题上加强“欧洲支柱”。这是因为，美国认为，法国所一直倡导的欧洲独立防务是符合美国利益的，美国不能无限期地承担对欧洲安全保障的任务，必须让欧盟国家发展一定的军事力量，尤其是多承担一些防务费用。但随着欧洲国家在防务一体化领域迈出关键性步伐，拥有了自己的防务组织，又将西欧联盟并入欧盟，美国又开始担心欧盟建立快速反应部队可能会削弱北约的作用，将“导致北约组织的欧洲化”，并怀疑完全由欧洲国家组成的防御体系会使欧洲放弃对大西洋联盟的承诺。美国对其可能失去在欧洲安全事务上的主导权更加敏感。因此，美国政要又警告欧盟“不要走得太远”，并声称美国“不愿看到欧洲独立防务先在北约内实施，然后到北约外发展，最终脱离北约，甚至与北约竞争”。美国不会轻易放弃在欧洲安全事务方面的主导地位，必然会对欧盟的共同防务建设进行牵制与阻挠。美国的这种看似“前后矛盾”的态度事实上并不矛盾。美国的真实意图是：将欧盟独立防务控制在一定范围内。其限度是，当美国不愿意或认为没有必要出面时，欧洲应该有能力解决自己的安全问题；而当美国认为涉及其重大国家利益或它在全球的战略利益时，任何国家或组织都不能将美国排除在欧洲之外。

（三）美欧在欧盟防务一体化问题上都采取“两手”策略，双方间的离心力将进一步加大　美国及国际舆论普遍认为，布什政府具有浓厚的里根和老布什政府色彩，美在欧盟独立防务问题上仍将采取软硬兼施的“两手”策略。一方面，布什政府明显加大了对欧盟施压的力度。美副国务卿博尔顿 1 月 10 日指出，欧盟发展联合防务是“刺在北约心脏上的一把利剑，是对北约致命一击”，其言语之严厉前所未有。2 月 3～4 日，美国防部长拉姆斯菲尔德参加在德国慕尼黑举行的安全政策会议时，对欧盟国家发出了明确警告：“北约是欧洲安全结构的核心，任何机构重叠或妨碍跨大西洋联系的行为都将会削弱北约的有效性。”他说，美对欧盟发展联合防务的真正动机持怀疑态度，欧盟防务可能会成为削弱美在北约的权力和影响的一种手段。同时参加会议的美国参议员麦凯恩也抱怨说，由于欧美在欧洲独立防务上存在分歧，“每次欧盟首脑会议或北约部长会议都可能导致一场跨大西洋的危机”。2 月份，英国首相布莱尔访美，试图说服美新政府支持欧洲建立快速反应部队。但美国防部长拉姆斯菲尔德随后于 3 月 18 日接受英国《每日电讯报》采访时警告说，欧盟部队将会给北约“带来不稳定因素”，并可能威胁北约盟国关系的稳定，美国“必须保持警觉，密切关注事态发展”。这是布什政府高层官员首次就此问题公开表明立场，说明美国领导层已清楚地意识到，欧洲快速反应部队的建立是欧盟从军事和防务上走向实质性独立的关键一步。同时，美还鼓动非欧盟的北约国家反对欧盟防务一体化建设。在美国的默许下，土耳其一直不同意讨论欧洲快速反应部队单独采取行动、借用北约军事设施等问题。加拿大国防部长埃格尔顿也明确表示反对欧盟建立自己的军事指挥系统，他强调“只有北约有权拥有战略计划手段”。以上说明，美对欧盟防务一体化深感疑惧和不安，并想方设法予以制约。不过，布什政府也未放弃对欧盟怀柔的一手。2 月 13 日，布什总统在美国诺福克讲话时就呼吁美欧为世界和平团结合作。他称，大西洋两岸的安全与稳定对美国至关重要。美欧既是盟友，也是朋友，任何事情都不能将美欧分开。他承诺，美在外交、导弹防御及预防危机等方面采取行动前将征求欧洲盟友的意见。

面对美国的压诱兼施，欧盟也采取了“两手政策”。一方面，欧盟国家竭力在防务一体化问题上安抚美国，以打消其疑虑。德国外长菲舍尔称，欧盟防务对北约是“补充”而不是“竞争”，北约仍然是欧盟在安全防务方面的首选；法国国防部长里夏尔表示，欧盟建立快速反应部队绝不是要取代北约。英国国防大臣胡恩则表示，在北约和欧盟之间，绝对不会有两个割裂开的军事计划和指挥系统。另一方面，欧盟国家在实质问题上则寸步不让。德国总理施罗德 2 月 6 日明确表示：“欧洲必须具有独立处理危机的能力，这种能力将加强北约内的‘欧洲支柱’并从整体上加强北约。”里夏尔强调：“欧盟希望拥有发挥政治作用和处理危机的手段，为此，它需要拥有政治上自主的决策和行动能力。”总之，美国控制欧洲主要依靠北约组织，而欧盟独立防务的迅速发展对北约无异是釜底抽薪，因此美欧之间的离心力将进一步加大，双方控制与反控制的较量将进一步加剧。

（湘　溪）

美洲军事要事

美国纽约和华盛顿遭到大规模恐怖袭击

2001 年 9 月 11 日，美国纽约和华盛顿等地发生了严重的恐怖袭击事件，造成重大人员伤亡和财产损失。这次举世震惊的恐怖袭击事件，不仅给美国造成了全面而深刻的影响，而且还对国际安全形势产生了较大影响，因而引起国际社会的极大关注和强烈反应。

一、遭恐怖袭击情况

美国东部地区 9 月 11 日发生一系列严重恐怖袭击事件，纽约的世界贸易中心和位于华盛顿的美国防部五角大楼等重要建筑均遭到袭击。在纽约，当地时间上午 8 时 45 分（北京时间晚 8 时 45 分），被劫持的美洲航空公司第 11 次航班客机撞击位于纽约曼哈顿区的世界贸易中心大楼北楼。这架飞机是从波士顿飞往洛杉矶的，机上有乘客和机组人员共 92 人。9 时 03 分，被劫持的美洲航空公司第 77 次航班客机拦腰撞入纽约世贸中心大楼南楼。该机从华盛顿飞往洛杉矶，机上有乘客和机组人员共 64 人。这两幢 411 米、110 层的世贸中心双子大楼被撞击后，顿时浓烟滚滚。9 时 45 分、10 时 30 分，北、南两座大楼相继起火爆炸并完全坍塌。这两座纽约的标志性和象征性建筑顿时成为废墟。在华盛顿，当地时间上午 9 时 30 分，美国联合航空公司的第 175 次航班客机撞向五角大楼，机上有乘客和机组人员共 65 人，五角大楼一翼坍塌。此后，美国总统府白宫附近发生大火，国务院大楼、国会山附近相继发生炸弹爆炸事件。在宾夕法尼亚州，当地时间上午 10 时，从新泽西州纽瓦克飞往旧金山的联合航空公司的第 93 次航班客机在匹兹堡东南 130 千米处坠毁，机上有乘客及机组成员共 45 人。至此，在 11 日大规模恐怖主义劫机事件中，有 4 架美民用飞机被劫持后撞毁或坠毁，并发生多起爆炸事件。

恐怖袭击造成重大人员伤亡和财产损失。平时在世贸中心上班的人多达 4．5 万人，并有 1 万多名游客参观。所幸的是，飞机撞击大楼时，正值上班的时间，绝大多数人尚未进入楼内。尽管如此，恐怖袭击仍造成了巨大伤亡．美官方曾 4 次公布有关数字。12 月底，美官方第四次公布的“9·11”事件造成的死亡人数是 3172 人，其中在世贸中心丧生的 2939 人，在五角大楼死亡的 189 人，在宾夕法尼亚遇难的 44 人。纽约市审计长赫维西称，恐怖袭击可能给纽约造成 1050 亿美元的损失，其中袭击直接造成的生命和财产损失 450 亿美元，废墟清理、经济恢复和重建费用 600 亿美元；今后两年内纽约市政府还将损失 13 亿美元的税收和其它收入。联合国欧洲经济委员会认为，“9·11”事件给美国造成的经济损失高达 2000 亿美元，相当于一场高强度地震造成的损失。

这次恐怖袭击事件，是美国迄今为止遭到的最严重的恐怖爆炸事件，不仅引起美国“极大恐慌”，而且震惊了整个世界。美国总统布什说，这是美国“全国的悲剧”。美国防部长拉姆斯菲尔德称，对美国来说，这是悲惨的一天，美国“正在受到考验”。美海军大西洋舰队司令罗伯特·纳特尔说：“自从珍珠港事件以来，我们从来没有见过这样的袭击事件。”

二、美国采取的紧急应对措施

9 月 11 日至 10 月初，美国政府针对恐怖袭击事件采取了以下措施：

（一）高度戒备，加强安全保卫

9 月 11 日恐怖袭击事件发生后，正在佛罗里达州视察的美国总统布什立即返回华盛顿，副总统切尼、第一夫人劳拉和其他国会领导人旋即转移到安全地点，正在秘鲁访问的国务卿鲍威尔也立刻动身返回美国。同时，布什宣布全球美军处于高度戒备状态，并要求采取一切措施保护美国人民的安全，确保美国政府正常运转。

第一，全球美军根据总统的命令进入高度戒备状态。美国大西洋舰队于 9 月 11 日向纽约、华盛顿附近海域派遣一支航空母舰特遣舰队，以保护美国经济和政治中心的安全；北美航空航天防卫司令部加强战备，防止出现更大规模的恐怖袭击事件；包括大批战斗机、预警机在内的全美所有空中力量做好战斗准备；驻日、韩美军基地都是大门紧闭，门口站着荷枪实弹的哨兵；欧洲美军司令部驻地德国斯图加特“一派紧张景象”；驻守在海湾地区的美军中央司令部“更是高度警戒”。

第二，首都地区实施紧急状态。华盛顿市长威廉斯 9 月 11 日宣布在首都地区实行紧急状态，所有联邦政府部门都关闭，25 万工作人员提前回家。通往白宫、国会、国务院、国防部、司法部、财政部等部门的道路都被封锁，这些重要部门的建筑物附近戒备森严。直升机在华盛顿上空盘旋，严密监视地面的一切情况。威廉斯还要求国民警卫队协助实施交通管制和支援华盛顿地区的警察。美国国会为防止再次遭到恐怖袭击，也进一步加强了安全的措施：严格限制国会周围的交通，在附近 40 个街区禁止卡车通行；游客只有在国会开会或限定的时间内才能入内参观；对邮件加强检查，警惕邮件炸弹或含有炭疽热菌的邮件；国会议员更换议员标志的胸牌，在公众场合活动时保持低调；改善国会内部的报警系统，并给国会议员发放紧急情况下用于联络的电脑；必要时调集国民警卫队帮助国会警察加强警戒。据悉，美国其他城市也都加强了安全保卫措施，特别是一些重要部门和重要建筑物都由警卫人员把守，以防类似事件的再次发生。美国国务院还要求所有美国驻外机构加强戒备。

第三，加强航空安全保障措施。9 月 11 日，美国联邦航空管理局宣布关闭全美的空中交通系统，所有飞机停止起飞，并要求去美国的国际航班到邻国加拿大降落。这是美国历史上第一次关闭领空。17 日，美国司法部长阿什克罗夫特说，政府将在民航班机上安排武装人员值勤，以对付可能的恐怖袭击。21 日，美国国会和政府同意为受到恐怖袭击事件沉重打击的航空业提供 150 亿美元的财政援助，并拨款 30 亿美元加强飞机和机场的安全设施。27 日，美国总统布什提出进一步加强航空安全措施，其中包括在民航客机的航班上增设联邦武装人员、由联邦政府控制机场安全检查和加强飞机驾驶舱的安全性能等。根据布什的建议，美商业航空公司的所有航班也要增设航空警察。联邦政府从当日起接管机场的安全，包括对旅客及其行李进行安检、负责购买和维护机场的所有安全设备等。28 日，美国北美防空司令部发言人迈克尔·佩里尼说，为了防止类似“9·11”事件的恐怖袭击再次发生，美国空军两位将领已被授权，一旦商用飞机威胁美国城市时无须请示总统即可将其击落。此前，按照美国政府规定，在通常情况下决定击落商用飞机必须得到总统的批准。

（二）追查抓捕恐怖分子

认定袭击事件是本·拉登等恐怖分子所为。9 月 11 日，美国总统布什称，袭击纽约、华盛顿事件可能是恐怖分子所为。12 日，美国司法部长阿什克罗夫特在联邦调查局举行的记者招待会上说，一些劫机嫌疑犯已被确认，他们曾在美国接受过驾驶飞机的训练。美国国务院反恐怖主义协调人、无任所大使弗兰克·泰勒称，根据有关情报可以确认，在“9·11”事件中实施恐怖袭击的人属于“基地”组织在全球恐怖主义网络中的一部分，而“基地”组织是由本·拉登及其副手领导并受到阿富汗塔利班政权保护的。13 日，美国国务卿鲍威尔在记者招待会上说，本·拉登是恐怖分子劫持飞机袭击纽约和华盛顿事件中的主要嫌疑犯，这是第一位美国政府官员明确表示本·拉登涉嫌策划了这起恐怖事件。15 日，美国总统布什称，所有证据表明，这一恐怖事件是本·拉登领导的“基地”恐怖组织所为，正在阿富汗的沙特富翁本·拉登是“首要嫌疑犯”。12 月 13 日，美国防部公布一盘录像带，以证明本·拉登与“9·11”事件有关。录像带显示，在纽约世贸中心遭到袭击后，本·拉登与其他几个人一起庆贺袭击成功，地点可能是在阿富汗坎大哈的拉登家中。录像带中的对话表明，本·拉登事先知道劫机分子将对世贸中心等目标进行袭击。本·拉登在录像带中对来访的一位沙特教长说，他们事先对袭击可能造成的破坏程度和伤亡人数进行了估算，但袭击后果超出了预先的估计。本·拉登还表示，劫机者直到登机时才知道要执行的任务，而且各组劫机者之间相互并不认识。

在全球范围内追查、抓捕恐怖分子。9 月 11 日，布什要求美国有关部门采取一切必要措施，追查和惩罚制造和袭击纽约世界贸易大厦和五角大楼事件的恐怖分子。据此，美国政府迅速在全球范围内展开调查行动，搜寻、缉拿凶手。12 日，美国联邦调查局局长米勒在记者招待会上说，4000 名联邦调查局专家和 3000 名支援人员已展开美国历史上最大的调查和搜索行动，另有 400 多名在联邦调查局刑事实验室工作的人员已被派往出事地点，联邦特工也已在加利福尼亚州和波士顿等地展开搜查行动。14 日，美国宣布调查人员当天正式逮捕了与袭击纽约世界贸易中心和华盛顿国防部大楼有关的第一个嫌疑犯。美国联邦调查局局长米勒当天也称，自从恐怖事件发生以来，联邦调查局已经获得了 3．6 万多条线索，询问了数百人，发出了 30 多个搜查令和几百张传票。迄 10 月 1 日，美国联邦调查局已拘捕了 400 多名嫌疑犯，另有约 150 名恐怖嫌疑分子及其支持者在其它 25 个国家被抓获。

（三）通过反恐法案，成立反恐机构

9 月 24 日、25 日，美众议院、参议院先后通过反恐怖法案。该法案的主要内容包括：允许执法机构窃听恐怖嫌疑分子的所有电话；允许司法部门在提出犯罪指控和驱逐之前将有犯罪嫌疑的外国人拘留7天；把庇护恐怖分子的行为定为犯罪；加强情报部门和犯罪调查机构之间情报交换；给予财政部打击洗钱活动的新权力；增加美国北部边境的巡逻人员和入境口岸的移民官员；加重对恐怖犯罪的打击和惩罚等。美司法部长阿什克罗夫特称，法案的通过将大大加强执法机构打击恐怖主义的能力，使美国的反恐怖斗争进入一个新的阶段。26日，布什签署该法案时说："法案的实施，将帮助美国政府对付国家目前面临的威胁，使恐怖分子在发动袭击之前就被摧毁和得到惩罚。"与此同时，美国紧急成立了3个反恐机构。9月18日，美国司法部长阿什克罗夫特宣布，司法部决定成立一个由该部领导的全国性反恐怖工作队。20日，美国政府成立了一个内阁部长级的"本土安全办公室"，以协调各部门的反恐怖行动。该机构由宾夕法尼亚州州长汤姆·里奇领导。10月29日成立"跟踪外国恐怖分子工作组"。该组由司法部长阿什克罗夫特领导，由国务院、联邦调查局、移民和归化局、海关、特工和情报机构的专家组成，主要任务是协调各联邦政府部门在外国人入境问题上的行动，防止恐怖分子入境，并对已经入境的恐怖分子作出处理。

（四）冻结涉嫌向恐怖活动提供资金援助的组织和个人的财产

9月12日，美国财政部宣布冻结39个涉嫌向恐怖主义活动提供资金援助的组织和个人的财产。24日，美国总统布什又下令冻结27个涉嫌从事或资助恐怖主义活动的组织和个人的财产，其中有12个与本·拉登有牵连的个人、11个包括"基地"组织在内的恐怖主义组织、3个"慈善组织"和1家公司。同日，布什政府宣布，自"9·11"恐怖袭击事件以来，美国和其它国家已冻结了2400万美元的财产，其中在美国被冻结的财产有近400万美元。10月1日，布什称，本·拉登以及其他一些个人和机构的金融资产已有600万美元被冻结，50个银行帐户被关闭。但分析家们普遍认为，这一数字与恐怖分子实际拥有的财产相比仅仅是冰山一角。美财政部估计，仅本·拉登的个人财产就有大约3亿美元。

（五）建立国际反恐联盟

从9月12日开始，美国积极开展外交活动，以争取有关国家和国际组织的支持，寻求建立一个反对各种形式恐怖主义的国际联盟。美国总统布什积极与有关国家和国际组织的领导人进行广泛接触，仅在一周内就先后与俄罗斯、法国、中国、英国、德国和加拿大等国领导人以及北约秘书长罗伯逊、欧盟外交和安全政策代表索拉纳、联合国秘书长安南等国际组织的领导人进行了30多次电话交谈，并同相继访美的德国总理施罗德、法国总统希拉克、英国首相布莱尔、印尼总统梅加瓦蒂、俄罗斯外长伊万诺夫、中国外长唐家璇、加拿大总理克雷蒂安、日本首相小泉、欧盟轮值主席国比利时首相费尔霍夫施塔特和欧盟委员会主席普罗迪等进行了会谈，着重强调"建立一个反对各种形式恐怖主义的国际联盟是美国政府当前一项重要任务"，希望有关国家和国际组织给予支持和协助。美国国务卿鲍威尔先后给巴基斯坦总统穆沙拉夫等外国领导人和外长打了103个电话，所谈内容都涉及争取各国支持、共同反对恐怖主义。美国副国务卿阿米蒂奇先后在华盛顿与巴基斯坦官员举行了两次会晤，并就美方所需要的帮助向巴方提供了一份"清单"，包括要求巴方关闭与阿富汗的边界和允许美军飞机使用巴领空。与此同时，美频繁派遣要员赴有关国家做工作，争取它们支持美方的立场。美国的外交活动取得了积极成果，许多国家和国际组织的领导人都表示支持美国的反恐立场，从而形成了广泛的国际反恐联盟。

（六）为军事打击恐怖主义做准备

"9·11"恐怖袭击事件发生后，美国加紧进行对恐怖分子和庇护恐怖分子的国家进行军事报复行动的准备工作。

1、为发动反恐战争做舆论准备。9月12日，美国总统布什说，恐怖分子的袭击"已超出了恐怖主义行为"，是"战争行为"，美国"将不惜一切代价"将凶手绳之以法。15日，布什在向全国发表的广播讲话中说，美国"正在准备一场对付恐怖分子的全面战争"，这将是"一场面对不同敌人的不同战争"和"一场没有战场的战争"。对付恐怖主义的战争不会通过一次战斗就能取得胜利，美国将对"恐怖组织以及它们的庇护和支持者"进行一系列打击。20日，布什在向国会参众两院和全国发表演讲时说："美国将采取所掌握的一切手段，包括所有外交手段、情报工具、执法机构、财政影响以及必要的战争武器来摧毁和击败全球的恐怖网络。"布什要求军方"做好准备"，并呼吁美国人民"保持冷静和下定决心"。他说，美国已经"被危险唤醒"，打击恐怖主义的战争不是通过"一个战役"、"迅速报复行动"或"孤立的空袭"就能解决的，而是"一场前所未有的长期行动"，是一场针对恐怖主义极端分子的战争。美国的敌人不是广大的穆斯林朋友，也不是广大的阿拉伯朋友，而是一个激进的恐怖分子网络以及支持他们的政府。除布什连续发表关于反恐战争的讲话外，美国政府重要官员、国会议员和舆论界，也大量发表了对恐怖主义进行军事报复的言论。从而在美国形成了浓烈的反恐战争的气氛。

2、向本·拉登和阿富汗塔利班发出警告。9月14日，美国要求塔利班当局将本·拉登交出来接受审判，否则将给塔利班以军事打击。17日，布什在视察五角大楼被袭现场时说美国将“不惜一切代价”把制造恐怖事件的嫌疑犯本·拉登抓获，并再次向阿富汗的塔利班当局发出警告：拉登是“首要嫌疑犯”，那些庇护他的人必须对美国遭袭事件负责。30日，美国国防部长拉姆斯菲尔德在接受美国全国广播公司电视台采访时强调，塔利班政权不打算把本·拉登交出来，美国没有别的选择，只有运用各种手段使袭击纽约世贸中心和华盛顿五角大楼的“恐怖分子以及庇护这些恐怖分子的人得到惩罚”。

3、征召预备役部队。9月14日，布什正式签署命令，授权国防部征召5万预备役部队，准备在国内外对恐怖分子采取军事行动时使用。到10月上旬，美国防部已先后五次征召了国民警卫队和预备役人员25765人。美国防部称，随着事态的发展还可能继续征召。

4、进行反恐作战部署。“9·11”事件后，美国紧急调动陆海空兵力到阿富汗及其周边地区。到10月5日，在阿富汗及其周边地区已集结航母编队4个、海空飞机约550架、地面部队2．9万人，总兵力达到约6万人。

三、国际社会对恐怖袭击事件的反应

美国发生恐怖袭击事件后，国际社会深感震惊，表示极大关注，并迅速作出强烈反应。

（一）强烈谴责恐怖袭击事件

9月11日美国遭受恐怖袭击后，许多国家和国际组织纷纷强烈谴责恐怖主义行径。中国国家主席江泽民9月12日与布什总统通电话时说，这次袭击事件不仅给美国人民带来了灾难，也是对世界人民向往和平的真诚愿望的挑战。中国人民和美国人民一样，强烈谴责这起骇人听闻的恐怖活动。中国常驻联合国代表王英凡在联合国安理会发言说，中国对美国纽约和华盛顿地区遭到的严重袭击事件深感震惊，并予以强烈谴责。他强调，国际恐怖主义使无辜平民的生命财产蒙受巨大损失，对人类社会和各国的政治、经济秩序造成严重危害，是影响国际和平与安全的一大隐患。中国政府一贯谴责和反对一切恐怖主义的暴力活动。英国首相布莱尔9月11日强烈谴责在美国纽约和华盛顿发生的恐怖爆炸事件，并表示“强烈震惊”。法国总统希拉克在美国世贸大楼发生爆炸事件后，立即发表讲话谴责恐怖袭击事件。俄罗斯、印度、德国和巴勒斯坦等世界大多数国家领导人都迅速发表强烈谴责国际恐怖主义的讲话。同时，一些国际组织也强烈谴责恐怖主义。联合国安理会9月28日一致通过决议，谴责11日在美国纽约和华盛顿等地发生的恐怖袭击事件，并重申国际恐怖主义行为已经对世界和平与安全构成了威胁。决议对恐怖主义行为在世界各地有所增加深表关切，重申必须根据《联合国宪章》以一切手段打击恐怖主义行为。决议呼吁各国紧急合作，防止和制止恐怖主义行为。决议提出三条要求：（一）所有国家冻结任何涉嫌从事恐怖主义行为的个人的资金或切断其经济来源，并对那些向这些个人提供任何资金或经济来源的组织进行严厉打击。（二）各国应防止和制止资助恐怖主义的行为，并制止在本国领土内以任何手段直接、间接和故意为恐怖分子提供、筹集资金；制止恐怖主义组织招募成员和不向恐怖主义分子供应武器；不给向恐怖主义分子提供安全庇护的人提供安全庇护。（三）所有国家采取措施，确保把参与资助、策划、筹备或犯下恐怖主义行为或参与支持恐怖主义行为的人绳之以法，并在国内立法中明确规定这种恐怖主义行为是最严重的刑事犯罪，以确保恐怖主义分子受到严惩。决议还呼吁所有国家加速情报交流工作，并强调必须加紧协调所有国家、区域和国际组织所做的努力，以加强国际社会在全球面临恐怖主义威胁时做出必要的反应。北约9月11日发表一项声明，强烈谴责当日发生的针对美国的恐怖主义行径。声明说，北约盟国“一致谴责对北约一个成员国的野蛮行径”，“对数量如此众多无辜平民的疯狂屠杀是当代绝无仅有的，是不可接受的”，北约所有成员国决心加强对恐怖主义的斗争。欧盟9月11日发表声明称，欧盟全体成员国一致“最坚决地”谴责发生在美国纽约和华盛顿的“针对平民的野蛮恐怖活动”。“上海合作组织”成员国政府总理9月14日在阿拉木图就美国遭受恐怖袭击发表声明称：“11日在美国发生了史无前例的恐怖行动，使成千上万无辜的人蒙难，我们对此极其愤慨。我们将此种野蛮行为视为对人类文明基本准则、社会稳定和国家安全以及包括生存权在内的基本人权的挑衅。国际恐怖主义已对全人类构成严重威胁。美国的悲惨事件表明，恐怖主义无国界、无道义标准。只有各国联合努力才能消灭这股邪恶势力。我们准备同所有国家和国际组织密切配合，采取有效措施，为根除恐怖主义带来的全球性

危险而进行毫不妥协的斗争。”美洲国家组织 34 个成员国外长 9 月 11 日共同谴责在美国发生的一系列飞机撞楼和爆炸事件。国际刑警组织 9 月 25 日通过决议，呼吁各成员国进一步加强飞行安全，强化机场的安全措施，并相互交流有关恐怖组织活动的情报；对洗钱和涉嫌支持恐怖组织的银行活动给予关注，以便更有效地打击恐怖主义。

在国际社会对美国遭恐怖袭击作出强烈反应的同时，阿富汗塔利班政权则极力否认美国恐怖袭击事件与塔利班和本·拉登有关，并表示要不惜一切代价抗击美国的报复行动。

（二）希望美国谨慎采取反恐行动

许多国家和国际组织表示，希望美国在反恐问题上谨慎行事，遵循国际法，加强国际合作，发挥联合国的主导作用，避免盲目扩大反恐范围，防止伤及无辜。中国常驻联合国代表王英凡 10 月 3 日说，对付国际恐怖主义是一项长期和复杂的任务，应遵循《联合国宪章》的宗旨和原则及其他公认的国际准则，需要采取政治、外交、经济、法律等综合措施。中国反对将恐怖主义与特定的宗教和民族挂钩。根除国际恐怖主义，必须标本兼治，努力消除产生国际恐怖主义的根源。为此，国际社会必须共谋对策，加强反对恐怖主义的国际合作。特别是联合国各主要机构及各有关机构应加强在防止和打击国际恐怖主义方面的协调与配合，安理会应发挥主导作用，并应建立国际反恐怖主义机制。德国国防部长沙尔平 9 月 14 日敦促美国对恐怖事件作出“恰如其分”的反应，并警告要提防狂热的战争情绪。法国外长韦德里纳 9 月 14 日表示，不适当的反应可能会导致“各种文明之间的冲突，不能排除这正是袭击者的疯狂盘算”。法国总理若斯潘也表示：“我们并非处在与伊斯兰或阿拉伯世界的战争中。”法国国防部长里夏尔强调，对恐怖袭击的反击不应该只追求推翻阿富汗的塔利班政权，而应采取适当方式，对塔利班政权实施的任何行动必须有助于保持这一地区和与它毗邻的巴基斯坦的稳定。瑞典外交大臣安娜·林德 9 月 15 日表示，美国虽有采取自卫行动的权利，但必须在动武之前“掌握确凿的证据”，弄清谁该对这起恐怖袭击事件负责。任何行动都应避免殃及无辜的平民百姓。俄罗斯总统普京 9 月 15 日表示，“美国应在进行彻底调查之后再采取军事行动。邪恶势力必须受到惩罚，但我们自己不应像那些躲在后面搞袭击的歹徒。我们必须掂量我们的决定，使它们建立在经过证明的事实基础上。”俄罗斯国家杜马国际委员会主席罗戈津说，尽管应该报复，但报复的对象应是那些搞恐怖活动的人。以发动战争来进行报复是非常危险的，特别是实施广泛的军事行动将使世界处于危险的边缘。安哥拉国防部长帕亚马 9 月 23 日表示，美国应保持冷静，正确地处理这一事件，防止使世界陷入一种困难的局面。埃及总统穆巴拉克 9 月 16 日敦促美国在掌握确凿证据之前谨慎行事，不应因为某人或少数组织的行为而对某个国家发动战争。他说，目前美国最重要的是抓到这次恐怖事件的罪犯，而不应使无辜的人们遭受惩罚。阿联酋总统扎耶德 9 月 17 日打电话给美国总统布什，要求美国对搜集到的恐怖分子犯罪证据进行核实，不要急于采取军事行动。沙特阿拉伯国王法赫德 9 月 17 日呼吁美国要尊重事实，不要轻率行事。希腊国防部长措哈佐普洛斯 9 月 16 日呼吁美国在采取军事打击行动时谨慎从事，避免盲目的报复行为。他说，在对阿富汗采取军事打击之前，美国首先必须掌握阿富汗与此次恐怖袭击事件有牵连和支持这些恐怖分子的证据。联合国难民事务高级专员吕贝尔斯 9 月 18 日表示，任何打击恐怖主义的军事行动都必须考虑到这一行动可能造成的人道主义后果。尽管打击恐怖主义在全球都已被接受，但在真正采取有关行动之前，一定要考虑到阿富汗人民将面临的灾难，应当本着对阿富汗平民负责的态度制定打击恐怖主义计划。欧盟 9 月 21 日向美国发出呼吁，希望美国在实施打击行动时按照国际法行事，避免加剧紧张局势。欧盟现任轮值主席国比利时外交大臣米歇尔呼吁美国以“智慧和冷静”战胜恐怖主义。

四、恐怖袭击事件造成的影响

随着纽约世界贸易中心大楼的轰然倒塌，世界发生了许多变化。“9·11”事件是美国历史上、也是世界历史上的一件大事。它对美国和世界的影响都是深远的。

（一）对美国的影响

“9·11”恐怖袭击事件对美国的军事、经济和外交造成了诸多影响。

1、对美军事战略的影响。“9·11”恐怖袭击事件对美国的军事战略产生了重大影响。它不仅彻底摧毁了美国自建国以来所拥有的本土可以免受外来袭击的安全感，而且彻底粉碎了美国“坚不可摧”的神话，使美国不得不对军事战略进行调整。其调整的突出特点是，改变了以往美国全球军事部署“轻国内、重国外”的态势，而采取“内外并重，加强国内”的军事部署方针。

2、对美国经济的影响。“9·11”恐怖袭击事件不仅造成大量的人员财产损失，而且对美国经济造成了严重的冲击。在袭击事件发生前，许多经济学家认为美国经济能够避免衰退，即使衰退，也能在2001年底开始复苏。受“9·11”事件的影响，2001年下半年美国经济出现了下滑。据美国媒体报道，美国2001年第三和第四季度经济增长分别下降了0．6%和1．1%，全年增长率从袭击事件前预计的1．6%下降到1．1%。经济学家们普遍认为，美国经济复苏要到2002年年中。

3、对美国外交政策及对外关系的影响。美国共和党2001年年初执政后，美对外交政策趋于强硬，在国际上推行单边主义。美俄关系、美中关系都出现了一些曲折，连美欧之间也龃龉不断。但是，“9·11”事件加快了美外交政策的调整步伐，使美国与其它主要国家的关系发生了一些引人注目的变化。主要表现在以下几点：第一，促使中美关系得到改善。“9·11”事件为中美关系的改善提供了契机，两国由于反恐斗争的共同利益扩大了对话和合作，使因撞机事件而跌入低谷的两国关系出现了积极的发展势头。10月份江泽民主席和布什总统在上海APEC会议期间举行首脑会晤，标志着中美从“战略竞争关系”向“建设性合作关系”的重大转变，两国关系已经重新回到正轨。第二，美俄关系“由冷变暖”。“9·11”事件后，俄罗斯积极支持美国打击恐怖主义行动。俄罗斯不仅为美国提供大量有关情报，开放领空，支持阿富汗北方联盟，而且与独联体其它国家协调立场，同意美国军事力量进入中亚地区。在上海亚太经合组织领导人会议前夕，普京宣布撤出在越南和古巴的军事基地。这些举动令华盛顿十分满意，从而导致美俄关系由冷变暖。第三，美欧关系发生“微妙变化”。“9·11”事件后，欧盟国家一方面立即表示要与美国“完全团结一致”；另一方面，欧盟国家对美国反对恐怖主义的做法，特别是忽视盟国作用，推行单边主义的做法不满。而美国也流露出担心盟国参战会妨碍它的行动自由，怀疑盟国另有所图的心态。因此，美欧关系出现了“微妙变化”。第四，美国与印巴关系急剧升温，与中亚国家的关系迅速发展，美国在中亚地区的影响扩大。

（二）对世界的影响

1、对国际安全形势的影响。“9·11”事件不仅给美国造成短时间难以愈合的“内伤”，而且给世人带来巨大的心理冲击，特别是对国际安全形势产生了较大影响。围绕恐怖主义与反恐怖主义的斗争，已成为影响当前及今后一段时间国际安全形势走向的重要因素，恐怖主义已成为全人类的公敌。2、对世界经济的影响。世界银行10月1日发表了关于美国遭恐怖袭击对世界经济影响的初步评估报告。报告的主要内容是：这一事件将使发展中国家2002年的经济增长率下降0．5到0．75个百分点，从而使全球生活在赤贫状态的人口增加1000多万。在“9·11”事件之前，世界银行曾预测，2001年发展中国家的经济增长率为2．9%，2002年将回升到4．3%；袭击事件后预测发展中国家2001年的经济增长率为2．8%，2002年为3．5%到3．8%。世界银行在袭击事件前预测发达国家2001年的经济增长率为1．1%，2002年为2．2%，事件后预测2001年发达国家的经济增长率仅为0．9%，2002年为1%到1．5%。

（钟学良）

美国对阿富汗发动反恐怖战争 自2001年10月8日起，美国为报复本·拉登的“基地”组织袭击纽约世贸大厦，对阿富汗塔利班和本·拉登的“基地”组织发动代号为“持久自由”的反恐怖战争，至2001年12月，已基本达到了推翻塔利班政权、摧毁本·拉登“基地”组织的预期目标。主要情况如下：

一、战前准备

（一）追查认定肇事者。9月11日美遭恐怖袭击后，美国外交、司法部门紧急采取行动，加紧追查肇事者。9月12日，美国司法部长阿什克罗夫特宣布，美情报机关已经截获本·拉登的支持者商议攻击世贸中心和五角大楼的谈话，确认了一些劫持4架民航飞机的恐怖活动嫌疑犯，他们曾作为飞行员在美国接受培训。在劫机人员中，有一人与本·拉登组织有关。美国9月13日，美国国务卿鲍威尔首次证实，被美国通缉的头号恐怖分子本·拉登是9月11日美国发生的恐怖袭击事件的嫌疑犯。10月1日，美国务院官员透露，美国已经搜集到相当多的证据，清楚地证明本·拉登及其基地组织应对“9·11”事件负责。

（二）定下决心。“9·11”事件发生后，美国总统布什、国防部长拉姆斯菲尔德和参谋长联席会议主席谢尔顿等军政要员相继发表讲话，发誓将抓获和惩罚恐怖活动的制造者，并将严惩恐怖组织的庇护国。9月14日，美参议院一致通过决议案，授权布什总统动用一切必要和合适的力量，打击发动恐怖袭击和为恐怖分子提供庇护和帮助的国家、组织或个人。9月20日，布什在国会发表讲话，向阿富汗塔利班政权提出如下要求：1、向美国移交“基地”恐怖组织所有领导人；2、释放外国囚犯，包括美国公民；3、保护外国记者、外交官和援助人员；4、关闭恐怖组织训练营地并移交恐怖分子；5、允许美国派人查证这些训练营地是否已经关闭。以上要求不容谈判，塔利班必须立即采取行动，否则将面临与恐怖分子同样的命运。布什还称，美国的反恐怖主义行动将涉及所有外交手段、所有情报工具、所有执法手段、所有财力以及所有必要的战争武器。布什强调，这是一场持久的战斗，将比 1991 年的海湾战争持续时间更长，并将动用地面部队。

（三）集结作战部队。9 月 14 日，布什总统正式宣布全国处于紧急状态，并授权美国国防部征召 5 万名预备役部队。9 月 19 日，美国防部下令进行作战部署。至 10 月 8 日美对阿富汗开战前，美军在海湾地区和阿富汗周边地区部署的兵力是：空军飞机约 260 架，其中 B－1B 型轰炸机 8 架，B－52H 型轰炸机 8 架，F－15、F－16 等型战斗机约 100 架。海军 4 个航母编队（舰载机约 290 架，其中 F－14、F/A－18 等型战斗机约 152 架）、1 个通用两栖攻击舰编队、1 个多用途两栖攻击舰编队、18 艘海上运输舰、4 艘扫雷舰和 2 艘后勤舰，共计各型舰只 55 艘。地面部队 2.9 万人。总兵力约 6 万人。

此外，先后参加反恐战争的还有英国、日本、加拿大、澳大利亚、法国等国家，其中，英国于 10 月 8 日参战，其战前在海湾地区的作战兵力包括：空军 100—110 架各型作战飞机；海军 24 艘各型舰只，编成 1 个航母大队、1 个两栖大队和 1 个扫雷舰大队；陆军 1 个装甲师和 1 个装甲旅。日本先后于 2001 年 11 月 9 日和 11 月 25 日派出 2 批 6 艘舰只赴印度洋支援美军作战。其中驱逐舰 2 艘、护卫舰 1 艘、补给舰 2 艘、扫雷母舰 1 艘。迄 2001 年底，除扫雷母舰撤回日本外，其余 5 艘仍在印度洋。加拿大先后有 5 艘海军舰艇载有包括空军和特种部队在内的 2000 多名官兵于 10 月中旬分别驶往阿拉伯海域和中东地区部署。澳大利亚总理霍华德 10 月 17 日宣布，澳大利亚将派遣包括 150 名特种部队士兵在内的 1550 名军事人员、4 架战斗机、2 架远程侦察机、2 架空中加油机和 3 艘护卫舰参与美英对阿富汗的军事行动。

（四）寻求国际支持。“9·11”事件后，美国积极争取国际社会对其军事打击阿富汗的支持：一是呼吁建立国际反恐怖联盟。9 月 13 日，美国总统布什发表讲话说，美国准备建立一个消灭恐怖主义的国际联盟。同日，布什通过电话与中国国家主席江泽民、日本首相小泉纯一郎、意大利总理贝鲁斯科尼、沙特王储阿卜杜勒·阿齐兹、北约秘书长罗伯逊讨论建立全球反恐怖主义联盟问题。9 月 14 日，美国国务卿鲍威尔表示，今后，美国将视别国在反恐怖主义方面是否与美合作来决定美与该国的关系，反恐怖主义合作已经成为衡量同美国关系的新标准。对美国这一呼吁不作出回应的国家将会遭受从军事报复和经济制裁直至外交孤立和失去美国对外援助等各种后果。自 9 月 18 日起，布什总统和鲍威尔先后同法国总统希拉克、英国首相布莱尔、印尼总统梅加瓦蒂、韩国外交通商部长韩升洙、法国外长韦德里纳、俄罗斯外长伊万诺夫、德国外长费舍尔、沙特外交大臣费萨尔、中国外长唐家璇、意大利外长鲁杰罗、比利时外交大臣米歇尔、欧盟负责外交事务的委员彭定康、欧盟外交和安全事务高级代表索拉纳进行会谈，商讨建立国际反恐怖联盟问题，并达成联合反恐共识。二是争取联合国的支持。为此，美国国会 9 月 25 日批准支付拖欠联合国的部分会费（5. 82 亿美元）。同时，要求安理会采取行动，阻止有关国家资助和庇护恐怖分子及其网络。在美国的要求下，联合国安理会 9 月 29 日一致通过由美国提出的一项反恐怖主义决议案，要求所有国家冻结恐怖主义嫌疑分子的资金，阻止其进行训练及任何活动，并打击协助这些恐怖活动的组织。

二、战争经过

10 月 8 日零时 30 分，美军在阿富汗北方联盟武装及英、日、加等国军队配合和支援下，开始对阿富汗塔利班和本·拉登“基地”组织实施军事打击，至 2001 年 12 月，大体分为以下三个阶段：

第一阶段（10 月 8 日至 10 月 17 日）：通过空袭集中摧毁塔利班及本·拉登“基地”组织的防空体系。

在此阶段，美英军共出动各型轰炸机和战斗机 400 余架次，动用联合直接攻击弹药、GBU－31 型激光制导炸弹、GBU－28 型激光制导弹、“战斧”式巡航导弹等精确制导武器，集中对塔利班和本·拉登“基地”组织在喀布尔、坎大哈、赫拉特、贾拉拉巴德、昆都士、法腊、马扎里沙里夫等地的指挥机构、军用机场、军用飞机、防空雷达、地对空导弹基地、油料储存基地等共 60 多个目标实施打击，取得了对阿富汗的绝对制空权。据报道，塔利班的 9 个军用机场绝大部分已变成废墟或无法正常运转，其战斗机、直升机、运输机、雷达基地和地对空导弹基地均已被摧毁，预警和防空体系完全瘫痪，军事能力已大大下降。同时还“狠狠打击了”本·拉登设在阿境内的恐怖分子培训营地。美国总统布什 10 月 17 日宣布，美军在阿富汗的作战很成功，为“友军”打败塔利班和铲除本·拉登的“基地”组织铺平了道路。

面对军事打击，塔利班及本·拉登"基地"组织仍坚持强硬态度。10月8日，塔利班在首都喀布尔召开紧急内阁会议，决定对美英等国发动的军事打击予以还击。同日，塔利班驻伊斯兰堡首席代表扎伊夫表示，美英的军事行动是恐怖主义行径，塔利班永远不会将本·拉登交给美国，并将与敌人战斗到底。本·拉登通过卡塔尔"半岛"电视台发表讲话称，美国对阿富汗和他本人采取的军事打击行动是向伊斯兰宣战。10月16日，塔利班在东北部军事重镇马扎里沙里夫以南30千米处向反塔利班北方联盟发动了猛烈的攻势。

第二阶段（10月18日至11月13日）：对塔利班和本·拉登"基地"组织发动全面进攻，北方联盟占领喀布尔并控制全国80%的地区。

从10月18日起，美英军队开始对阿境内塔利班及"基地"组织的所有军事设施、重型装备和前沿阵地实施空中打击，以支援阿北方联盟向塔利班及"基地"组织发起地面进攻。迄11月13日，美英军共出动B-1B、B-2、B-52等型战略轰炸机和F/A-18、F-14和F-15E等型战斗机2000多架次，使用包括大量集束炸弹在内的各型炸弹和导弹8000余枚，摧毁了塔利班及"基地"组织在阿各地的大部分军事设施、重型装备和前沿阵地。与此同时，美军自10月18日起向阿富汗境内派遣了"少量"特种部队，分别部署在阿北部和南部地区。其中，部署在北部地区的特种部队主要负责帮助阿北方联盟发起地面进攻，部署在南部地区的特种部队主要负责协助美中央情报局策动当地普什图族领导人脱离塔利班。10月19日夜，美军派出100余名特种部队乘直升机到坎大哈市，对塔利班进行了自开战以来的第一次地面攻击，但因遭到塔利班的猛烈反击被迫撤离，美军共有7人伤亡。

在美英军队猛烈空中打击的支援和"美军顾问指导"下，阿富汗北方联盟分别从东北部地区、北部地区和西北部地区向南推进，对塔利班武装发起全面进攻。在东北部地区，马苏德派武装沿潘杰希尔谷地南下，首先对喀布尔外围的塔利班武装进行围剿。由法希姆领导的伊斯兰促进会武装在攻占塔哈尔和巴格兰省后，沿潘杰希尔山谷南下。11月13日，两支部队联合攻占首都喀布尔，尔后继续扩大战果，先后控制了阿东部地区的卡皮萨、拉格曼、库纳尔、卢格尔和楠格哈尔5省和巴阿边境重镇贾拉拉巴德。在北部地区，由杜斯塔姆领导的伊斯兰民族运动迅速控制了朱兹詹、巴尔赫、法里亚布和萨曼甘4个省，并从三面包围了北部重镇马扎里沙里夫，切断了喀布尔与马扎里沙里夫之间的联系。11月9日至10日，该组织攻占马扎里沙里夫后，一部东进围攻昆都士省的塔利班部队，另一部南下攻占了巴米扬省并向喀布尔挺进。在西部地区，由伊斯梅尔·汗领导的什叶派武装由赫拉特省向东推进，于10月下旬占领了古尔省省会恰赫恰兰，切断了塔利班通往西部地区的交通要道，并进而向西部地区的塔利班武装发起进攻。11月12日，什叶派武装攻占西部战略重镇瑙堡和赫拉特，控制了西部巴德吉斯、赫拉特、法拉和尼姆鲁兹4省。迄11月13日，阿北方联盟已控制了除坎大哈和昆都士以外的所有大城市及全国80%的地区，取得了战略性的胜利。

塔利班和"基地"组织由于战前已将主要兵力分散至山区隐蔽，仍保存有一定实力，并坚持负隅顽抗，决心与美国圣战到底。10月21日，塔利班召开紧急内阁会议，决定为其武装部队配备包括火箭筒、重机枪、高射机枪等在内的各种轻重型武器，并号召塔利班士兵集中力量对美军特种部队和北方联盟进行"有力还击"。为进一步扩充力量，塔利班还在国内大量征兵。但是，在美英军和阿北方联盟的双重打击下，塔利班和"基地"组织损失严重。11月13日，塔利班不得不撤离喀布尔，将主要力量集中在阿南部的赫尔曼德、坎大哈、查布尔、帕克提卡和帕克提亚5省和北部的昆都士省。至此，塔利班及本·拉登组织的势力范围已从战前控制全国90%急剧缩小到20%。

第三阶段（11月14日至12月31日）：继续围剿塔利班及本·拉登"基地"组织，阿富汗临时政府在国际社会的促进下宣布成立。

阿北方联盟11月13日攻占喀布尔后，美国防部长拉姆斯菲尔德当日即命令美军继续围剿撤退和溃逃的塔利班武装。从11月14日起，美、英等国空军连续出动各型作战飞机对阿北部地区的昆都士市和南部地区的坎大哈市进行轰炸，支援阿北方联盟从地面向上述两市发动进攻。11月18日，阿北方联盟全面包围昆都士市，经过近1周的激战，塔利班于11月26日缴械投降。夺取昆都士之后，美英等国部队和阿北方联盟的部队集中兵力围攻南方重镇坎大哈。在四面交困的情况下，塔利班领导人奥玛尔于12月6日决定将坎大哈控制权移交给当地普什图族部队领导人纳吉布拉领导的新政权。次日，塔利班武装在坎大哈、斯平布尔达克和拉什卡尔加分别向当地部落首领缴械投降，北方联盟的部队随即进占坎大哈。此后，美、英等国军队和阿北方联盟部队转而在阿南部和东部地区清剿、搜捕塔利班和本·拉登“基地”组织成员。为此，美军向阿富汗又派出了2000名海军陆战队队员。上述部队在美英空军的支援下，分别在坎大哈南部和东部贾拉拉巴德市附近的托拉博拉山区发动大规模的围捕行动。美、英部队和阿北方联盟采取空中和地面相结合的方式，首先动用B-1B及B-52型轰炸机对上述地区进行持续10余天的猛烈轰炸，摧毁了塔利班及“基地”组织的大部分营地，尔后，美海军陆战队和北方联盟进行“一步接一步，一个洞穴接一个洞穴”的搜捕，至12月底，全部占领塔利班和“基地”组织的最后几个阵地，打死塔利班和“基地”组织成员200余人，俘虏50余人，本·拉登仍下落不明。12月31日，美国防部宣布，海军陆战队在阿富汗的任务结束，美陆军第101空降师将取代他们继续在阿富汗清剿塔利班和本·拉登“基地”组织残余势力。

在美、英等国军队和北方联盟继续围剿塔利班及本·拉登组织的同时，国际社会就建立阿富汗未来政府问题加紧进行磋商和协调。美国负责阿富汗问题的特使多宾斯先后抵意大利、巴基斯坦和阿富汗，分别同阿前国王查希尔、巴总统穆沙拉夫和阿北方联盟领导人讨论组建阿富汗新政府问题。美一直向北方联盟施加压力，要求其不得成立自己的新政府，同意并支持由联合国出面邀集阿富汗各派成立联合政府。联合国安理会11月14日通过一项由法国和英国起草的决议，呼吁阿北方联盟和阿富汗其他派别无条件地参加联合国提议的关于阿富汗未来的联合国阿富汗问题会议，以便在阿富汗建立一个基础广泛、多部族参加的过渡政府，并制定一部新宪法。在国际社会的促动下，联合国阿富汗问题会谈于11月27日至12月5日在德国波恩举行，与会者包括阿富汗北方联盟、罗马集团、塞浦路斯集团和白沙瓦集团四方代表，联合国安理会5个常任理事国、巴基斯坦、印度、伊朗、日本、加拿大、土耳其等19个国家的代表列席会议。会议签署了关于成立阿富汗临时政府的协议。根据该协议，将尽快在阿富汗成立一个由1名主席、5名副主席及其他23名成员组成的临时政府，以及一个为召开紧急“大国民会议”作准备的临时特别委员会和一个最高法院。12月22日，以卡尔扎伊为主席的阿富汗临时政府正式成立并行使职能。

据不完全统计，至2001年12月底，美国在对阿富汗发动反恐怖战争中共打死塔利班士兵和“基地”组织成员3000余人，俘虏约8000人，其中500人被关押在美军在古巴的关塔那摩基地。另有约4000名阿富汗平民在空袭中死亡。美军共有14人死亡，其中12人死于事故，2人死于战斗。美空军共损失各型飞机17架，其中轰炸机1架、运输机3架、直升机9架、无人驾驶机4架。

三、战争特点

美国此次对阿富汗发动的反恐怖战争是21世纪第一次规模较大、样式特殊的战争，也是一场典型的非对称战争，呈现出以下几个特点：

（一）注重多种作战方式的结合。一是内外结合。战前，美国即根据阿富汗国内形势及地形特点确定了里应外合的总体战略方针，决定在美英军对塔利班和“基地”组织实施打击的同时，以阿国内反塔利班的北方联盟为内应，通过里应外合达成战争目的。根据这一战略方针，美英军主要实施空中打击，阿北方联盟发动地面进攻。双方由于在整个战争期间协同作战，相互配合，很快推翻了塔利班政权，摧毁了本·拉登的“基地”组织，控制了阿富汗局势。二是海空结合。根据阿富汗国内特殊的战场条件，美、英军队采用了以海空袭击为重点的点面结合的打法。对塔利班及“基地”组织的指挥机构、防空设施、兵营及战略要地等“点目标”，主要使用精确制导武器予以打击。对塔利班部队及“基地”组织的前沿阵地及部队集结地等“面目标”，主要使用MK-82、MK-84、BLU-82炸弹及集束炸弹等进行“地毯式”轰炸。三是恩威结合。美英军在对阿富汗塔利班和“基地”组织实施军事打击的同时，采取多种手段开展心理战，以分化瓦解塔利班和“基地”组织，安抚阿富汗民众，以尽快达成战争目标。美政府专门设立了“自由阿富汗电台”，用普什图语向阿民众宣传美军事行动的目标和立场。“美国之音”和英国BBC广播电台分别开设了普什图语等阿富汗语言的广播节目，每天定时广播。沿阿边境飞行的美空军EC-130E型飞机，用调幅、调频、短波等5个波段不断进行反塔利班和“基地”组织的广播。为便于阿富汗民众收听，美英军还向塔利班控制区投放了大量的便携式收音机和其他宣传品。美国在此次军事行动中还向阿富汗空投了大量的食品和医疗卫生用品，以缓解阿富汗和其他伊斯兰国家民众的反美情绪。四是打防结合。美军在对阿实施军事打击的同时，还加强对本土及海外基地、设施及驻军的防护。美政府专门组建了“本土防御办公室”；美空军每天出动战斗机在本土进行空中巡逻，并下令对行为不轨的民航飞机可进行拦截甚至摧毁；美海军派出3个航母编队20余艘舰只加强对东、西海岸和夏威夷外海的防御；美警察、海关、民航、海运、邮政、核能管理等部门加强了对机场、港口、核电站等重要设施的安全保卫；美国务院、联邦调查局多次发布全球性恐怖威胁警告。

（二）注重高技术的应用。同海湾战争和科索沃战争一样，美国在此次反恐怖战争中也注重了高技术的应用。在通信与指挥上，美中央总部通过先进的C^4ISR系统可在万里之外实时监控战场动态。美空军轰炸机使用的先进通信系统使侦察传感系统与打击平台实现了一体化链接，基本实现了目标侦察与打击摧毁同步实施。美军由2500多个站点组成的遍布全球的自动化传输监控网络，每天可处理2000万项业务，对美军作战的装备和物资实施全程监控与调度。在武器使用上，美军大量使用精确制导武器，空袭作战中使用的精确制导武器高达60%以上。

（三）注重多种手段综合利用。美国政府反复强调，反恐怖战争是一场全新的战争，除需要世界各国的广泛参与外，还需要动用政治、外交、经济、军事、法律和宣传等一切手段，发动全面绞杀战。在政治外交上，美国建立了最广泛的国际反恐怖联盟。在战前和战争期间，美国一直积极开展外交活动，争取包括大国、盟国、穆斯林世界和阿富汗周边国家在内的广大国家的支持。仅在战争开始前，就有36个国家同意为美提供部队和设备支援，44个国家同意向美开放领空，33个国家同意向美提供机场，14个国家同意向美提供其他支援。在经济上，美断绝了恐怖组织的经济来源。“9·11”事件后，美国率先冻结了塔利班及本·拉登“基地”组织在美的银行账户和资产。在美国的要求下，先后有142个国家参与了这一行动，并通过双边合作和多边合作等方式，加强海关和边境检查，切断恐怖组织的物资供应渠道。同时，美国开展反恐怖贸易合作，阻断恐怖组织的贸易渠道。在法律上，给恐怖分子以严厉惩罚。美国联邦调查局、中央情报局、各地方警察机构在国内对涉嫌的恐怖分子实施大搜捕，并颁布了《在反恐怖战争中拘留、处理和审判非美国公民的军事令》，成立了军事法庭，以对恐怖分子快查、快审、快办。美还积极开展国际合作，利用国际刑警组织和其它国家的力量，在全球范围内捣毁恐怖组织网络。在宣传上，美积极营造有利氛围。美在全球广泛宣传恐怖组织的残暴性和反恐行动的正义性，赢得世界对美国的同情。通过上述各种手段的综合利用，美国营造了空前有利的国际环境，为开展反恐怖军事行动创造了良好的氛围。

四、各方态度

反恐战争在全世界引起较大反响。总的来看，除少数与美国敌对的国家表示反对外，国际社会普遍表示支持，但程度有所不同。英国、法国、德国、日本、澳大利亚、加拿大和波兰等国派兵直接参与在阿富汗的反恐怖战争；中亚国家、俄罗斯、印度、巴基斯坦、菲律宾、韩国、孟加拉国、新西兰、智利、捷克、斯洛伐克、阿尔巴尼亚等以开放领空、提供基地、进行情报合作等不同形式支持美国对阿发动反恐怖战争；泰国、埃及、希腊、瑞典、莫桑比克、乌干达、南非、巴西、阿根廷等国支持反恐怖战争，呼吁美打击恐怖主义应掌握确凿证据、得到联合国授权并避免伤及无辜；联合国、欧盟、北约、八国集团支持美对阿发动反恐怖战争；伊朗、伊拉克反对美对阿发动反恐怖战争。英国、法国、德国、比利时、瑞士、希腊、印度、巴基斯坦、孟加拉国、印度尼西亚、马来西亚、土耳其、斯里兰卡、黎巴嫩、巴勒斯坦、肯尼亚、埃及等国的穆斯林群众举行了大规模的反战游行。

中国政府在“9·11”事件后迅速作出反应，多次重申中国支持打击恐怖主义的立场。9月18日，中国驻美国大使馆公使何亚非表示，中国政府将与美国和其他各国努力合作，在联合国宪章和国际关系准则的基础上，加强打击国际恐怖主义。何亚非说，中美两国在反对国际恐怖主义方面有着共同利益，双方一直就反恐怖主义问题保持着密切磋商与合作。国际恐怖主义威胁着人民的生命，破坏各国的和平与稳定，中国也深受其害。中国政府坚决反对和谴责一切形式的国际恐怖主义，坚决支持一切有助于减少乃至铲除国际恐怖主义危险的行动。何亚非还说，反对国际恐怖主义必须加强世界各国之间的合作，在这方面，联合国和安理会应该发挥主导作用。反恐怖主义活动应该遵循联合国宪章精神以及普遍承认的国际准则，掌握确凿的证据和具体的目标，并尽可能避免伤及无辜。反恐怖行动应该有利于国际社会的长远利益。10月8日，中国国家主席江泽民应约与美国总统布什通话。江主席重申，中国政府历来反对一切形式的恐怖主义，支持联合国大会和安理会分别通过的有关决议，支持反对恐怖主义的行动。中国政府注意到总统多次表示，有关的军事行动只针对恐怖主义活动的具体目标，而不针对阿富汗人民和穆斯林，采取措施避免伤及无辜百姓。中国政府认为坚持以上原则对有效打击恐怖主义是十分重要的。江泽民强调，中美作为在世界上有重要影响的两个国家，对维护亚太和世界的和平与稳定负有共同的责任。中方愿与美方一道，加强交流与合作，为世界的和平、稳定与发展做出努力。同日，中国外交部发言人就美国开始在阿富汗实行军事打击一事表示，中国政府一贯反对一切形式的恐怖主义，支持联合国大会和安理会通过的有关决议，支持打击恐怖主义的行动。有关军事行动应针对恐怖主义的具体目标，避免伤及无辜平民。我们希望和平能尽早得到恢复。

美国对中国政府上述立场表示感谢。10 月 8 日，布什打电活给江泽民，感谢中国政府就反对国际恐怖主义所发表的有力的声明，并称，国际社会应加强合作，共同对付恐怖主义的威胁。10 月 19 日，布什在上海同江泽民会谈时感谢中国在“9·11”美国发生恐怖袭击事件后迅速作出反应，明确、坚定地支持美国人民反对恐怖主义。他还感谢中国在这方面给予的合作。

（刘温国）

美国国防部发表新的《四年防务审查报告》 2001 年 9 月 30 日，美国国防部发表了新的《四年防务审查报告》，阐述了美国 21 世纪的国际安全观，对美国国家利益重新进行了概括。该报告是布什政府追求绝对安全和确立美国治下的 21 世纪的战略思想的产物，也是美国防部文官领导人和军队将领在军队建设指针和措施上妥协的产物。报告表明，美国当前的国家战略目标未发生变化，仍是“增进和平，维护自由和促进繁荣”。但与此同时，美认为国际安全环境发生了变化，出现了“新趋势”、“新危险”、“新挑战”、“新领域”以及美国国土易受攻击的“新弱点”。因此，美在 2001 年的《四年防务审查报告》中提出了新的国防战略以及相应的“新理论”、“新结构”、“新组织”、“新手段”、“新样式”、“新方法”和“新能力”。从总体上看，《四年防务审查报告》有以下新的内容：

一、在战略重点上，本土安全与海外安全并重，当前强调美国本土安全

报告明确指出，“国防战略重新将重点放在保卫美国、保卫其陆地、空中和太空通道上”。报告称，新战略既考虑到了威胁的不确定性，也考虑到了威胁的突然性；其基本思想是保证国外行动有效和保障国内安全。其着眼点是创造条件扩大美国的影响和保障美国的安全。因此，可将美国新的国防战略称为“国外有效，国内安全”战略，克林顿政府的“塑造、反应、准备”国防战略已被这一战略所取代。新战略提出七项原则：控制风险；以敌人的能力为战略谋划出发点；保卫美国和投送美国军事力量；加强联盟和伙伴关系；保持有利的地区力量对比；发展多种军事能力；改革防务。其中，将“保卫美国”列为国家的关键利益，称其为“战略的基石”、国防改革的“首要目标”。强调美军的“最高任务就是保卫美国免受一切敌人的攻击”，“美国将保持足够的力量保护国内民众、领土和与防务有关的重要设施免受来自境外的攻击。”可以认为，美国新的国防战略是两线作战战略，一线是为本土安全而战，另一线是为扩展全球利益而战。保护本土安全是当前的重点。

二、在欧洲与亚洲的关系上，欧亚并重，当前强调加强亚洲地区

报告提出，要“防止敌对力量主宰关键地区，特别是欧洲、东北亚、东亚滨海区（指从日本以南到澳大利亚，再到孟加拉湾这一地区）、中东和西南亚。”对于美国而言，地理距离提供的保护日趋减弱，各大洲都存在需要美国对付的对手。但是，在全球各地区之中，亚洲“正逐渐成为最可能出现对美国构成大规模军事挑战”的地区。从中东到东北亚是一个“广泛的不稳定之弧”，尤其从孟加拉湾到日本海的东亚沿海地区存在着“特殊的挑战”。报告不再公开提中俄可能在 2015 年成为美国的全球性竞争对手，但认为亚洲可能出现“一个拥有可畏的资源基础的军事竞争者”，这实际上是指中国。因此，美军将增加亚洲地区的兵力和作战能力。对俄罗斯，虽然认为美俄之间有合作的机会，俄“对北约已不构成大规模常规军事威胁”，但认为俄“追求的许多政策目标仍与美国的利益相悖”，而且没有排除俄的核威胁。报告还称中东存在着 CBRNE 武器（指化学、生物、放射性、核与增强高爆炸药武器）扩散的危险。这表明，美国在海外的战争准备，仍是欧亚大陆并重，当前强调加强亚洲地区。

三、在战略部署上，提出了调整美国全球军事态势的新措施

首先，美军将建立新的基地体系，使其在世界关键地区有更大的行动灵活性，其重点是西欧与东北亚以外地区的基地与驻地。其次，在没有美军永久性训练场和基地的国家与地区，要设法获得有关设施的临时使用权，以保证美军的训练和演习。再次，要根据新的地区威慑需求调整部队和装备的部署态势。此外，还要提高军队的机动能力，包括提高空运、海运和装备预置能力，使美军能够实施长距离的远征作战，有效地打击以大规模毁伤武器及其他抵抗手段阻

碍美军“进入”的敌人。为了达到上述目标，美国陆军将加快建设一种介于师和旅之间的“过渡旅战斗队”，并准备于 2007 年将这种旅部署在欧洲；同时，还要想方设法加强驻海湾地区地面部队的作战能力。美国空军将研究如何提高在太平洋、印度洋和阿拉伯海进行紧急作战的能力，确保那些地区的作战能够获得足够的中途加油和后勤支援设施。美国海军将在西太平洋增加航母战斗群的部署，并在那里寻找母港，以增加部署 3 至 4 艘水面战舰及多艘巡航导弹潜艇；同时要采取一系列措施加强海上预置作战物资、高速海运及海军陆战队两栖作战等方面的力量；海军陆战队的部分预置装备拟从地中海转移到印度洋和阿拉伯海地区，以提高在那里的应急作战能力。美军的特种作战部队要按照全球一体化的要求加强建设，有针对性地调整其人员与装备的全球部署，以适应新战略中的地区性需要。

四、在作战对象上，以“有效对付当前威胁”为重点，并“为战胜未来敌人做好准备”

美国的国防和军队建设，历来既着眼于对付当前威胁，也着眼于为未来战争做准备，目的是使国防和军队建设始终适应其安全战略的需要。报告提出，“来自弱国和衰败国家的挑战与威胁将不断增加”，在亚洲、非洲和西半球的广大地域内，很多国家没有有效和负责任的政府，这为非国家行为主体从事毒品走私、恐怖活动和其他跨国活动创造了有利条件。在“实力与军事能力向非国家行为主体扩散”的情况下发生的“9·11”事件，表明恐怖集团拥有对美国领土、公民和基础设施发动毁灭性攻击的动机与能力。某些国家，包括某些拥有核武器的国家，潜在的威胁既可能因其实力强大而出现，亦可能因其政府无能而产生。当前，美国以对付恐怖主义威胁为主。同时，为了“战胜未来敌人”，美国防务计划的制定，再也不能像过去那样“以敌人是谁，战争可能在哪里发生”为思路，而应当以“敌人可能有何种能力，战争将取何种方式”为思路。报告还预测，未来敌人将利用军事革命获得先进的作战能力，对美国进行“非对称”作战。因此，美国政府必须采取有力措施加强国防和军队建设。

五、在威慑理论上，强调进攻与防御并重，建立新的威慑手段

报告认为“未来威慑”将“严重依赖”前沿驻扎和部署的部队和远征部队，以及可在全球进行快速部署的强行进入部队。面对包括拥有非对称作战能力的意志坚定的对手，美军必须具备能达成战略、战役目标的全面攻防作战能力。报告提出，美国“需要一种多层面的威慑方式，这种方式要求拥有能向总统提供更多军事选择方案的部队与能力，以挫败侵略或任何形式的胁迫行为。”“新的威慑手段”不但包括可使敌部队和其他有价值目标处于危险之中的手段，还包括可为己方（含盟友）提供保护的手段，例如导弹防御、防御性信息作战和反恐怖作战能力等。“新形式的威慑”既强调“对敌实施战略和战役作战的能力”，还要求加强“部署于全球的”快速打击能力；既强调平时要在关键地区保持前沿威慑，还要求增强前沿部署部队与驻当地部队的能力以及全球情报、打击和信息系统的能力，以便在只需要少量战区外增援部队的情况下就能慑止侵略与胁迫。由此可见，新世纪的美国威慑理论，将是既强调进攻能力、也强调防御能力的全向威慑理论。

六、在军队作战任务上，第一次将美军作战任务分为四项，强调军队在“大规模作战”中占领敌国领土或改变敌国政体

报告认为，要使美国军队不但能够满足今天作战行动的所有需求，而且要满足突然情况下的作战需要。因此，报告第一次将美军的任务划分为四项：一是保卫美国；二是在关键地区前沿慑止侵略和胁迫行为；三是在同时发生的大规模冲突中迅速取胜；四是实施数量有限的小规模应急作战。克林顿政府曾将军队的主要作战任务确定为在两个特定战区（波斯湾和朝鲜半岛）“打赢两场几乎同时发生的大规模战区战争”。报告用“大规模作战”取代“大规模战区战争”，用在“任何两个战区”取代“两个特定战区”，从而将这一主要作战任务调整为在“重叠的时间内在任何两个战区迅速击败进攻之敌”。而且强调，在其中一个战区必须“决定性地击败”敌人，包括“改变敌国政权，或占领敌国领土直到实现美国的战略目的”。由此可见，布什政府不是将美军打大规模战区战争的能力缩小了，而是将其扩大了。

七、在军队建设上，提出进行面向未来的改革，创建 21 世纪美国军队

报告认为，面对新的任务，美军现有的结构和规模“有一定风险”，在某些方面甚至“有高风险”，因此，美军将以这个结构和规模为“基线”进行面向未来的改革，创建 21 世纪美国军队。“支撑改革的 4 根支柱”是：一是加强联合作战能力，措施是建立联合

特遣部队司令部、改进联合指挥与控制、实施联合训练和制定增加联合部队海外存在的政策。二是针对正在出现的挑战和机遇，通过兵棋推演、模拟和野战演练，试验新战法、新作战理论与能力以及类似常备联合部队的新组织体制。三是利用多种情报搜集系统、全球监视与侦察系统、改进型信息利用与传输系统，发挥美国的情报优势。四是利用各领域不断发展的科学技术、有选择地增大采购量和改进国防部的工作程序，发展新的能力。从改革的举措看，美国实际上放弃了曾提出过的减少军队员额的计划。

八、在军队作战能力上，提出新的要求，重视信息战、导弹防御和天战能力的发展

报告认为美军的改革必须使部队具备以下六个方面的关键性作战能力：第一，保护重要的作战基地(包括美国本土、海外部队的基地和盟友的基地)，摧毁敌对一方的化学、生物、放射性、核与增强高爆炸药武器及其运载工具。在这里，报告特别强调，由于弹道导弹和巡航导弹的持续扩散严重“威胁美国领土、美国在外国、海洋和空间的部队及盟友的安全”，美国将把“发展多种导弹防御能力”列为国防发展优先项目；将把单一场地的国家导弹防御系统转变为多层次的防御体系；将进行广泛的研究、发展和试验，以开发可对各种射程、处在各个飞行阶段的导弹进行拦截的反导能力。第二，面临进攻时确保信息系统的安全，实施有效的信息作战。第三，在遥远的、存在反进入或地区性抗拒力量的环境中，保护和持续不断地支援美军部队，使美军能够挫败反进入或地区性抗拒力量的威胁。第四，利用不间断的侦察、跟踪手段，出动陆、空联合作战力量，在各种距离、气象与地形条件下，对敌重要机动与固定目标实施快速、高强度的精确打击，使敌无处躲藏。这种能力对于打击有各种防护手段之敌，以及限制附带损伤和增强美军的威慑力，有重大意义。第五，加强空间系统及其支援设施的作战能力与生存能力。在这一点上，报告特别强调要夺取制天权，认为这是“关键的国家利益”，是改善美国全球军事态势的“关键部分”，是高技术部队作战的“力量倍增器”，因而是军队改革需要优先发展的项目之一。第六，利用信息技术与创新性理论，发展互通性强的 C^4ISR 系统及适应各种联合作战环境需要的能力。认为这是 21 世纪美军的“关键性基本能力”，并指出，信息技术可使美军以小型部队和不多的武器更有效地进行联合作战。美军必须充分发挥这方面的技术优势。从以上 6 点可以看出，美军较为重视信息战、导弹防御和天战能力的发展。

（方 宁）

美国宣布将退出《反导条约》 2001 年 12 月 13 日，美国总统布什正式宣布 6 个月后美国将退出 1972 年与前苏联签署的《美苏关于限制反弹道导弹系统条约》（以下简称《反导条约》），并于当天将这一决定通知了俄方。美国的倒行逆施打破了全球战略平衡，严重破坏了国际裁军与军备控制进程，引起了国际社会的强烈反响和批评。

一、《反导条约》的签署及作用

导弹防御系统的研制起源于 20 世纪 50 年代中期苏联对美国核垄断的打破以及苏联洲际导弹的实战化。从 1945 年 8 月美国拥有可用于实战的核武器开始，到 50 年代中期苏联拥有可用于实战的洲际弹道导弹为止，美国维持了将近 10 年的核垄断。1955 年苏联研制成功可用于实战的氢弹彻底打破了美国的核垄断，美国意识到其本土面临着核攻击的威胁，于当年立即开始研制反弹道导弹系统。60 年代中期美国导弹防御系统取得突破性进展，并达到了部署的水平。与此同时，美国还想趁其战略武器领先于苏联且战略武器数量接近饱和的情况下，一面将战略武器的发展重点转向质量，一面试图通过战略武器谈判把这种优势固定下来。特别是在 1964 年苏联也掌握了反导技术并开始在莫斯科周围部署反导系统后，美国更感到发展导弹防御系统会动摇核威慑理论并导致双方军备竞赛，于是提出与苏联进行限制战略武器谈判，但遭到苏联拒绝。为促成谈判，美国采取了以实力促谈判的战略，决定加速发展导弹防御系统，并于 1967 年 9 月 18 日宣布部署所谓“预防中国导弹威胁的哨兵反导系统”。美国此举果然改变了苏联的谈判立场。只是由于 1968 年 8 月苏联入侵捷克斯洛伐克致使美苏战略谈判推迟。1969 年尼克松上台后，双方终于开始了谈判。经过三年多的讨价还价，在 1972 年 5 月 26 日，苏联领导人勃列日涅夫同美国总统尼克松在莫斯科签署了《美苏关于限制反弹道导弹系统条约》。《反导条约》规定：反弹道导弹系统包括反弹道导弹截击导弹、反弹道导弹发射器和反弹道导弹雷达，用以拦截飞行轨道上的战略性弹道导弹或其组成部分；只允许双方按规定在各自的首都周围和一个洲际弹道导弹地下发射井周围建立有限度的反弹道导弹系统；双方保证不研制、试验或部署以海基、空基、天基以及陆基机动反弹道导弹系统及其组成部分，不把条约所限制的反弹道导弹系统或其组成部分移交给他国或

在国外进行部署；条约无限期有效，如果认定同本条约的主题有关的非常事件已经危及本国的最高利益，双方都拥有退出条约的权利。1974年7月，勃列日涅夫和尼克松又在莫斯科签署了《美苏关于限制反弹道导弹防御系统条约议定书》，对《反导条约》的内容进行了修订，进一步严格了条约对研制和部署导弹防御系统的限制。根据修改后的条约规定，双方只能在其国内部署一个反弹道导弹发射场，而且配备的拦截导弹不得超过100枚，发射场的半径不得超过150千米。《反导条约》法定的缔约国还有乌克兰、白俄罗斯和哈萨克斯坦。这三个独联体国家是在1997年9月美俄之间签署谅解备忘录时获得缔约国身份的。当时的克林顿政府希望扩大《反导条约》的缔约国范围，以约束当时拥有核武器的这三个独联体国家。美苏签署《反导条约》的目的是冻结导弹防御技术的研制和发展，抑制进攻性战略核武器发展，进而达到美苏战略力量的平衡和全球战略格局的稳定。从《反导条约》签署30年来的实际情况来看，该条约起到了美苏（俄）战略平衡和国际战略稳定的基石作用。尽管双方特别是美国从未放弃过对反导技术的研究，但在部署上均没突破条约规定。依据条约，美国只在北达科他州大福克斯导弹基地周围部署了一个反导系统，苏联（俄罗斯）只在莫斯科周围部署了一个反导系统。在《反导条约》的限制下，不仅两个核大国之间在确保相互摧毁的情况下大量削减核武器，一些中小核国家也在减缓或停止核武器的发展，将核能力保持在自卫的水平上，这就大大地减少了爆发核战争的可能性。因此，《反导条约》在过去30年中不仅有利于美苏（俄）等国家的安全，也有利于全世界所有国家的安全。正因为《反导条约》对维护国际安全和战略稳定有着如此重要的作用，美国单方面退出该条约后引起了美国内有识之士的严厉批评和国际社会的强烈反响。在美国内，50名美国诺贝尔奖获得者致信国会对美的退约举动提出批评的同时，还敦促国会不要拨款发展导弹防御系统，说“美国必须防御真正的威胁，恐怖分子的弹道导弹对美国国家安全来说并非燃眉之急”。一些国会议员也对美退出《反导条约》的决定给予了严厉的抨击。参议院多数党领袖、民主党人达施勒表示，撕毁《反导条约》是美国国防和外交上真正的失败，如同给了数年来甚至数十年来一直致力于军控的人“一记耳光”。废除该条约、发展导弹防御系统并不能带来“绝对安全”，片面追求单方面安全只会带来更大的不安全。参议院外交委员会主席拜登也认为，“单方面退出《反导条约》将是个严重的错误”。在国际社会，很多国家和国际组织都迅速作出反应。中国国家主席江泽民在应约与美俄总统通电话时阐述了中国反对美国退出《反导条约》的严正立场，并强调，在当前形势下，维护国际军控和裁军体系十分重要。中国外交部发言人章启月指出，中国在反导问题上的立场是一贯的和明确的。在当前形势下，维护国际军控与裁军体系和全球战略稳定是至关重要的。这也是各国的责任。中国希望美国认真考虑世界上多数国家的意见。中国愿与世界各国一起继续为维护世界和平、安全与稳定作出自己的努力。俄罗斯总统普京发表电视讲话指出，美国退出《反导条约》的决定是错误的。美国坚持要求俄罗斯一起退出《反导条约》，但俄不这样做，而且为保留这一条约尽了最大努力。俄罗斯首先关心的是保留和加强在裁军和不扩散大规模杀伤性武器方面的国际法律基础。普京强调，今天，当世界面临新的威胁的时候，在战略稳定方面不能出现立法真空，不能破坏不扩散大规模杀伤性武器制度。普京同时表示，在世界事务中，俄罗斯将一如既往地执行旨在巩固战略稳定和国际安全的原则方针。法国总统希拉克指出，《反导条约》是保持国际战略平衡的支柱，美国退出《反导条约》可能会引发一场新的核军备竞赛。德国外交部发言人米夏埃利斯强调，尽力加强国际裁军与军控机制仍然是国际社会面临的一项突出任务。德国政府将依据局势的最新发展，为此作出自己的最大努力。白俄罗斯外交部发言人拉图什科指出，美国退出《反导条约》将破坏世界稳定和国际安全。越南外交部发言人潘翠青表示，迄今为止，俄美签署的《反导条约》仍是世界战略稳定的基础。联合国秘书长安南通过其发言人发表声明说，他对美国作出单方面退出《反导条约》的决定感到遗憾。声明指出，废除这一条约可能会导致军备竞赛，特别是核领域的军备竞赛，并将进一步破坏国际军控与裁军进程和不扩散机制。声明呼吁所有国家探索新的有约束力和不可撤消的方案，以避免出现这种令人不愉快的后果。欧盟一位高级外交官员指出，美国退出《反导条约》“使我们看到的是美国单边主义的又一次登峰造极。人们对美国在经历了‘9·11’事件之后可能会重返多边主义的希望正在破灭”。此外，众多国际媒体也对美国退出《反导条约》进行了抨击，指出此举将引起无限制的军备竞赛，使人们所期望的和平合作时代变为泡影。

二、美国退出《反导条约》的原因

美国总统布什在解释美单方面退出《反导条约》的理由时声称，《反导条约》妨碍了美国发展保护自己人民免遭恐怖分子和“无赖国家”导弹袭击的手段，不能再让美国继续保留一项妨碍自己发展有效防御的条约。同时声称，《反导条约》是冷战时期的产物，如今冷战早已过去，美俄两国也已建立起了全新的战略协作关系，条约的内容已经过时，所以美国决定“抛弃这一冷战的最后遗物”。实际上，布什阐述的理由只是表面的，美国迫不及待地宣布退出《反导条约》有着深刻的主客观原因。

（一）为发展导弹防御系统扫除障碍。《反导条约》的作用是限制缔约方部署全国性的导弹防御系统，因而也就成了美国发展反导系统的主要障碍。美国为了争夺战略优势，从20世纪80年代初以来就一直在为突破《反导条约》的限制而努力。1983年，里根政府提出了庞大的“战略防御计划”（俗称“星球大战计划”）。根据这一计划，美国将研制和部署新的反导系统为美提供全面保护，使其免遭从全球任何地方发射的弹道导弹的攻击。1989年和1991年，老布什政府借口对付因苏联动乱和解体可能引起的意外的或未经授权发射的导弹以及所谓弹道导弹在第三世界国家扩散对美国及其盟国造成威胁为由，先后提出了“智能卵石计划”和“对付有限打击的全球防护系统”。1993年，克林顿政府决定全力发展保护美国本土不受洲际弹道导弹袭击的国家导弹防御系统（NMD）和保护美国海外驻军和盟国免遭近程和战区级导弹袭击的战区导弹防御系统（TMD），并计划于2005年前完成部署。1995年，美国国会通过《导弹防御法案》，要求部署NMD和TMD。由于部署NMD与《反导条约》规定相悖，国会要克林顿总统与俄罗斯进行修改《反导条约》的谈判。1997年1月，美国国会参议院通过《国家导弹防御法案》，再次要求部署NMD，并要求克林顿总统通过与俄罗斯谈判达成修改《反导条约》的协定，允许美国发展和部署NMD。2001年1月布什政府上台后，立即决定加速反导系统的研制、试验和部署，并将克林顿时期的计划作了大幅度的修改，将“有条件部署”改为“必须部署”，“边部署边完善”；将陆基拦截器范围逐步发展成为集天基、海基和陆基拦截器为一体的反导系统；将反洲际导弹袭击的防御系统由保护美国本土扩展到美所有盟国。按照美国发展反导系统的计划，至少违反了《反导条约》的以下规定：双方保证不研制、试验或部署以海洋、空中、空间为基地的以及陆基机动反弹道导弹系统及其组成部分；双方只能在本国首都周围或者在一个洲际导弹发射基地周围建立一个反导弹系统。为了摆脱《反导条约》的束缚，自1997年以来，美国一直在竭力说服俄罗斯修改或放弃《反导条约》。美一面宣称冷战结束后的全球安全形势已经变化，《反导条约》已远远不能应付国际安全所面临的挑战；另一方面又千方百计打消俄罗斯的顾虑，表示美发展反导系统不是针对俄罗斯而是针对少数“无赖国家”，它不会破坏目前的战略平衡，修改条约只会有助于“加强条约的活力和有效性”。同时美还将修约和废约同对俄经济援助相联系，向俄提出了一系列诱人的交换条件。但俄罗斯不为所动，一直坚持认为《反导条约》是国际安全和战略稳定的基石，必须维护和遵守。俄还和中国等国一道，积极促使联合国于1999至2001年连续3年通过了维护和遵守《反导条约》的决议。同时俄还表示，如果美坚持退出《反导条约》，俄也将不遵守俄美间达成的削减战略武器条约和其他军控条约。在劝说俄罗斯接受放弃或修改《反导条约》无望的情况下，美国于2001年8月便决定“按照自己的时间表”行事。布什宣布的退约时间不是随意选择的，而是经过认真计算的。迄2001年底，美国军方已经进行了5次导弹防御试验，但在这些试验中，拦截导弹都是从陆基固定发射架发射的，尚未涉及《反导条约》禁止的海基、空基以及陆基机动系统。美国防部已计划从2002年年中开始在阿拉斯加的格里利堡动工兴建5个拦截导弹发射井，这就明显地违反了《反导条约》的规定。根据条约，如果双方中任何一方决定放弃条约，必须提前6个月通知对方。因此，布什在2001年12月宣布退约，到2002年年中正好达到条约规定时间。从此以后，美国就可无所顾忌地在发展反导系统上自由行事。

（二）为追求“绝对优势”奠定基础。冷战结束以后，美国作为世界上唯一的超级大国，利用强大的经济和军事实力作后盾，极力倡导以美国为主导的单极世界格局，推行全球霸权战略。美国此次退出《反导条约》，其直接目的是为发展导弹防御系统扫除障碍，但根本目的是通过发展导弹防御系统建立攻防兼备的战略优势，维护美国的超级大国地位，在没有后顾之忧的情况下，保障推行全球霸权战略，为建立以美国为主导的单极世界格局创造条件。近些年来，美国最不愿看到的就是世界多极化趋势的加速发展，它认为一些新的力量中心的崛起将对美国独霸全球的单极世界格局构成挑战，对美国的全球利益构成威胁，因此，只有发展导弹防御系统才能确保美国“绝对安全”和巩固美国的“全球领导地位”。美国还认为，现在它正处于最有利的“战略间歇期”，在近10多年内，还没有任何一个国家能构成对美国的重大威胁，美国必须充分利用这个难得的机会发展自己，抢先占领21世纪的战略制高点。否则，在2015年后，中国、俄罗斯或其他某些国家或地区集团就可能会对美国构成全球性和地区性挑战，特别是中国和俄罗斯。这是因为，中国是最大的发展中国家，是联合国安理会常任理事国，有较强的国际影响力；中国近年来经济发展速度很快，经济总量已居世界第6位，外贸总量也居世界第6位，粮食、煤炭、钢铁等重要战略资源的产量居世界第1位；中国拥有较强大的军事力量，有一定的战略威慑能力；中国与美国社会制度、意识形态和价值观念不同，在台湾问题上潜伏着危机。因此，美国近年来极力渲染“中国威胁论”，不断在中美关系上制造麻烦和争端。俄罗斯作为苏联的继承国，尽管其经济严重衰退，国力不振，但美国仍对俄罗斯怀有戒心。俄罗斯拥有辽阔的国土和丰富的资源，拥有强大的军事力量和可将美国摧毁的庞大的核武库，美国一直把俄罗斯看作潜在的战略对手，并把俄的重新崛起看作是美国安全利益的重大威胁。美国执意发展导弹防御系统，矛头所指就是中国和俄罗斯。美国计划发展的导弹防御系统，不仅具有对导弹武器的防御能力，而且可以从太空和空中发射激光或其他反导武器，直接攻击他国地面设施和处于助推阶段的导弹，具有极强的进攻能力。美国认为，只有发展这种全新的全球导弹防御系统，才能使中国、俄罗斯及一些“无赖国家”的战略威慑能力失去作用，才能让挑战美国霸主地位的对手“只能挨打而无力还手”，从而为美国纵横天下铺平道路。

（三）利用俄罗斯经济衰退逼俄就范。《反导条约》虽然客观上起到了维护国际战略稳定的作用，但主要还是表现为美苏（俄）两个军事强国的战略平衡问题。在冷战时期，与其说是双方遵守了该条约，不如说是双方不相上下的实力地位成全了条约的落实。苏联解体后，两极格局不复存在，俄罗斯国力每况愈下，无法从根本上对美国形成遏制态势。特别是经济的衰退使俄罗斯大伤元气。近10年来，俄罗斯国内生产总值减少了56%，总额只及美国的1/10；轻、重工业比例严重失调，农业生产发展缓慢；外国在俄投资减少，境内资金大量外流；政府负债累累，周转资金有限，经济基础十分薄弱。俄罗斯要想彻底摆脱经济危机，实现经济的稳定增长，至少需要注入5000多亿美元的资金。然而，目前俄罗斯的国库十分空虚，而且外债高达1500多亿美元，到2010年前每年都得偿还外债140亿至180亿美元，以至于普京总统不得不惊呼：俄罗斯正处于数百年来最困难的历史时期，大概是俄罗斯近200至300年来首次真正面临沦为世界二流、三流国家的危险。经济的衰退导致军力的下降。俄罗斯不得不依据现有经济能力对其常规力量和核力量进行大量裁减。正因为经济困难，俄罗斯在经济技术方面有求于美国等西方国家，所以俄罗斯在军控与裁军谈判等方面处处面临对手的压力，难以始终如一地坚持强硬立场，这就给了美国可乘之机。在围绕《反导条约》的斗争中，在很长一段时间里，俄罗斯都能坚持原则立场，但最终还是没能经受住美国的高压和引诱，立场趋于软化，而且自嘲说是美国“提出的条件相当灵活”导致了俄的立场发生变化。布什在宣布退约时作了最明确的注解。他说，经过多次讨论，普京和他都认为，美退出《反导条约》的决定“不会破坏双方的新关系，也不会损害俄罗斯的安全”。

（四）利用“9·11”事件提供的契机谋利。“9·11”事件后，美国国土安全成了举国上下关心的焦点，从而也为布什政府加快退出《反导条约》提供了契机。当世界贸易中心大楼在全世界惊恐的眼光中倒塌时，美国公众反对退出《反导条约》、反对建立导弹防御系统的声音也在减弱。布什政府利用“9·11”事件后人们对于遭受外来袭击的担忧，大肆宣扬弹道导弹对于美国安全的威胁，称“9·11”事件凸显了美国建立导弹防御系统的迫切性。“9·11”事件摧毁的不仅仅是两座大楼，摧毁的更是美国自建国以来一直拥有的本土可以免遭外来袭击的安全感，美国公众感到了实实在在的不安全，尽管这种感觉并不是来自弹道导弹。布什政府的宣传果然有效。据美国民意调查显示，2001年8月支持布什政府尽快部署导弹防御系统的人数约占被调查者的54%，而到9月25日，这一数字升至80%以上。同时，美国在阿富汗军事行动的“胜利”带给布什政府的支持率大幅上升也对布什下决心退出《反导条约》起了促进作用。此外，“9·11”事件将国际社会的注意转向反恐也为布什退出《反导条约》提供了便利。

三、美国退出《反导条约》的后果及影响

美国退出《反导条约》的后果和影响主要表现在两个方面：

（一）将严重破坏国际战略稳定。《反导条约》签署30年来，一直被国际社会公认是全球战略稳定的基石。冷战期间，美苏双方为了争夺核优势，拼命发展核武器，数量和当量已远远超出了威慑和实战需

要，并达成核均势。此后，双方在保持核均势的基础上，开始控制和削减核武器，并确定了“相互确保摧毁”的核战争理论。实际上，“相互确保摧毁”的结果是“相互确保生存”，客观上对世界在核阴影下保持30年的总体和平与稳定起到了重要作用。冷战结束后，世界战略格局和形势发生了巨大变化，以美苏为两极的全球范围内的对抗结束，美国成为唯一超级大国。迄今为止，世界战略形势还保持着基本稳定，重要原因是核武器依然具有不可替代的威慑力，美俄间的战略力量还保持着相对均势。正如中国外交部军控司司长沙祖康指出的那样，《反导条约》的意义在于，通过禁止美苏（俄）两个超级大国建立保护全境的导弹防御系统，维护了两国之间的战略平衡，客观上也维护了包括中小核国家在内的所有核国家之间的战略平衡。如果美国研发并最终部署导弹防御系统，将从根本上破坏业已存在的战略平衡关系，危及其他国家的安全利益。在退出《反导条约》后，美国将仗着其攻防兼备的绝对优势，在世界范围内毫无顾忌地推行以西方文明为标准的“民主”进程，野蛮干涉别国内政，在国际事务中蛮横推行其强权政治和霸权主义。目前业已存在的国际协调机制将受到严重威胁，世界大多数国家所主张和倡导的多极世界格局也将面临严峻挑战。虽然，俄美双方都已经表示将开始通过谈判寻求替代《反导条约》的裁军框架协议，以继续保持战略平衡。但俄罗斯已不是当年与美平起平坐的苏联，俄美实力相差太远，俄美即使真能再签署新框架协议也不可能再找到“平衡”。

（二）将引起新一轮军备竞赛。国际社会普遍认为，美国退出《反导条约》将破坏多年来国际军控与裁军的成果，进而引发新一轮军备竞赛。《反导条约》是国际军控体系的基石，在国际军控与裁军领域有32个条约都是建立在《反导条约》基础之上的，如果《反导条约》被废止，这32个条约也将面临失效的危险。特别是《全面禁止核试验条约》、《不扩散核武器条约》及美苏（俄）间签署的削减核武器条约等，如果这些条约失效，其后果将不堪设想。因为目前世界上除了5个核国家及印度、巴基斯坦外，有能力发展核武器的国家不下10个，其中一些国家正在研制、发展核武器。此外，还有44个具有核能力的国家。一旦这些国家仿效起美国来，国际军控与裁军机制将被瓦解，国际社会研究和发展核武器的进程有可能加快，有核国家也将会想方设法大力改善和发展更先进的核武器，世界将再次面临核恐怖的严重威胁。最令人担忧的是美俄之间可能再次展开的核竞赛。俄罗斯虽然没能有效阻止美国退出《反导条约》，而且在美宣布退约后也没作出太强烈的反应。但这不能认为俄会就此甘拜下风，彻底认输。在美国宣布退约后，俄罗斯总统普京、总理卡西亚诺夫、国防部长伊万诺夫、总参谋长克瓦什宁等都表示，俄罗斯对此有充分准备，俄早就掌握了对付美导弹防御系统的手段。俄将针对美国的行为通过军事、政治和外交手段来维护自身的安全，其中包括重新考虑与美签署的削减战略核武器条约。可以肯定，面对美国的挑战，俄罗斯肯定会在力所能及的范围作出回应，其中包括加紧部署“白杨—M”和PS—18等先进的洲际弹道导弹，同时也会抓紧研究发展反导和太空技术，以提高与美抗衡的能力，避免沦为二流国家。

（张　宁）

布什政府执意研发和部署NMD系统　布什政府2001年年初执政后，采取一系列措施，积极发展和部署国家导弹防御系统（NMD），主要情况如下：

一、布什政府发展、部署NMD的主要做法

（一）不顾国内外的强烈反对，执意推进国家导弹防御系统。竞选期间，布什就指责克林顿政府推动NMD计划不力，突显出其要部署NMD的“坚定决心”。执政后，布什不顾中、俄、美国的盟国和其他绝大多数国家的反对，以咄咄逼人的架势，迫不及待地在NMD问题上屡屡放话，执意发展NMD。1月26日，布什向记者表示，他将“履行竞选时许下的诺言”，决心推动并部署国家导弹防御系统。同日，美新任国防部长拉姆斯菲尔德也在记者招待会上表示，尽管遭到俄罗斯和其他国家的反对，但美“仍打算继续推进NMD计划”，总统对这一计划“没有丝毫矛盾心理”。1月28日，副总统切尼在接受美国《福克斯周日新闻》电视节目记者采访时称，美国必须具备使自己免遭弹道导弹袭击的能力。我们知道中国和俄罗斯等国反对美国研制NMD，但“我们不想让其他国家命令我们必须为维护国家安全做什么事情”。2月9日，美国国务卿鲍威尔强调，布什政府对发展国家导弹防御系统的立场是“坚定不移的”，尽管美国的国家导弹防御系统计划在国际上遭到普遍反对，但美国将继续推进这一计划。4月下旬，美国防部一个负责导弹防御系统的研究小组向布什总统建议，在2004年前建成导弹防御系统十分重要，即使该系统在摧毁来袭的导弹方面还存在缺陷。其原因是：一者它可以

有效吓阻敌方不向美及其盟国发射洲际导弹，二者可以全力将这个在20年前由前总统里根首先提出的技术设想付诸实施。5月1日，布什在美国国防大学发表演讲，详细阐述了美国的导弹防御计划。他说，目前美国最迫在眉睫的威胁来自一些掌握少数导弹并用其进行讹诈的“最不负责任”的国家。美国“需要制定既依靠进攻性力量，也依靠防御性力量的新的威慑概念。威慑不能只依靠报复性的核威胁。防御能够通过减少扩散的因素来加强威慑力量”。美国也“需要一种能够使我们建立导弹防御系统来对付当今世界的不同威胁的新构想”。为了做到这一点，“必须摆脱那个已经签署了30年的《反弹道导弹条约》的限制”。“9·11”事件后，美国更加强调发展NMD的“必要性”。9月17日，美副国务卿博尔顿公开表示：“在纽约和华盛顿发生的恐怖事件不影响美国建立国家导弹防御系统的计划。”布什总统于10月11日和21日两次明确表示，恐怖袭击事件清楚地表明，部署NMD的必要性比以往更加明显。12月13日，美宣布将退出《反导条约》，从而为部署NMD铺平了道路。

（二）在克林顿政府NMD计划的基础上提升国家导弹防御系统的规模及覆盖范围。布什政府认为，克林顿政府的有限度防御观念是错误的，主张尽快部署“广泛完整”的防御系统。因此，其NMD计划较克林顿的计划更加“高大全”：一是扩大了NMD的部署规模。克林顿政府设想，在阿拉斯加州部署100～250枚陆基拦截导弹，是一种“有限导弹防御”。而布什政府将助推阶段拦截和海基拦截器纳入导弹防御系统，使之变为陆基、海基和天基三位一体的拦截系统。美国防部长拉姆斯菲尔德明确提出，NMD系统在部署的初级阶段旨在防御少量的导弹攻击，但随着时间的推移，它将逐步发展成为集天基、海基和陆基拦截器为一体的武器系统。7月17日，美国国防部高级官员表示，将在未来10年内投资近40亿美元，在太空进行激光武器拦截导弹试验。7月18日，美空军官员又透露，国防部正计划在2003年首次进行机载激光武器反导试验。9月30日，美国防部向国会提交的《四年防务审查报告》提出，要部署多层次的导弹防御系统。二是扩大导弹防御系统的覆盖范围。克林顿政府计划保护全美50个州不受敌对国家的洲际弹道导弹的袭击，而布什政府设想的NMD还要将其盟国纳入导弹防御系统的“保护伞”，提出要保护“盟友及海外驻军的安全”。部署的地点不仅限制在美国的阿拉斯加，还包括美国本土以外的盟国。美国防部长拉姆斯菲尔德1月11日在参议院军事委员会举行的听证会上宣称，国家导弹防御系统除保护美国本土外，还应对“美国的盟友进行有效的导弹防御”，“美国人民、美国在海外的军队以及美国的朋友和盟国必须得到保护”。三是抛弃了克林顿政府的“有条件部署论”，改为“必须部署论”。克林顿政府认为，NMD的部署应视美国面临的导弹威胁、系统的成熟程度、经费状况和对国际军控的影响等因素而定。布什政府则不仅主张无条件尽快部署，而且认为反导条约“已经不适用”。副总统切尼1月28日接受采访说，苏联“已经不复存在”，必须对美国和苏联在1972年签署的《反弹道导弹条约》进行修改，使其“不再禁止研制美国认为不可或缺的导弹防御系统”，否则“美国将保留废除这项条约的权利”。

（三）加紧进行导弹拦截技术试验和试验基地建设。布什执政前，美军方已经分别于1999年10月、2000年1月和7月举行过3次导弹拦截技术试验，1次成功，2次失败。布什执政后，加紧进行导弹拦截试验。2001年7月14日，美军方进行了第4次导弹拦截技术试验。美军先从加利福尼亚州的范登堡空军基地发射了一枚作为标靶的改进型“民兵II”型模拟洲际弹道导弹，然后，美军又从7000多公里以外的马绍尔群岛发射了另一枚导弹对标靶导弹进行拦截。拦截导弹升空后10分钟与“来袭”导弹在太平洋上空的大气层外相遇，并将其摧毁。两弹相撞的时间为美国东部时间14日晚上11时09分（北京时间15日上午11时09分），试验取得的成功。同日，美国国防部导弹防御办公室主任卡迪什中将在一次吹风会上宣布，美今后将增加导弹防御系统试验的次数，力求在2008年之前部署可以起作用的导弹防御系统。他说，计划今后每两个月进行一次主要的导弹防御试验，一年进行大约4到6次试验，其中包括海基和陆基导弹防御试验。美国国防部长拉姆斯菲尔德也说，为了发展NMD，美国将在未来5年内进行约20次试验。8月31日，美国军方又进行了计划用于国家导弹防御系统的新型火箭的首次试验，并获得成功。试验后，五角大楼发言人谢里尔·欧文说，这枚新型三级火箭是在美国加利福尼亚州的范登堡空军基地发射的。火箭装有一枚模拟弹头，经过4827公里的飞行，最后坠落到太平洋。这种新型火箭将用于2002年或2003年进行的NMD导弹拦截试验。如果试验成功，这种火箭最终将由美国军方用于将要部署的NMD。美国导弹防御计划负责人吉姆·伊瓦特也说，这次新型火箭的试验成功使美国向建立陆基导弹防御系统迈出了重要一步。12月4日晨，美国军方进行了第5次导弹拦截试验，从太平洋中部马绍尔群岛的夸贾林环礁发射一枚拦截导弹，击落了一枚携带模拟核弹头的洲际导弹，试验取得了成功。12 月 13 日，美军方在加利福尼亚范登堡空军基地进行用于国家导弹防御系统的新型火箭的第 2 次试验。这枚三级火箭携带着一个模拟导弹拦截器，在发射升空大约 30 秒后偏离了轨道，试验人员不得不通过遥控将其炸毁。试验失败。

在进行导弹拦截试验的同时，美国加快了 NMD 试验基地的建设步伐。7 月 12 日，美国防部副部长沃尔福威茨在参议院军事委员会的听证会上表示，美国将加快发展 NMD，计划于 2002 年 4 月在阿拉斯加州兴建导弹防御系统试验设施，并于 2003 年前建成。随后，美国防部向国会递交了在阿拉斯加州格里利堡动工兴建导弹防御试验基地的计划。该计划规定，将在费尔班克斯市东南约 160 公里的格里利堡建设一系列导弹防御试验设施，包括一个可部署 5～10 个导弹拦截装置的导弹防御试验基地，以供国防部试验不同的导弹防御技术。试验基地的前期准备工作将于 8 月份开始。8 月 21 日，美国防部弹道导弹防御体系办公室发言人帕姆·贝恩表示，美将在月内开始动工兴建试验基地，已经与阿拉斯加州的一家建筑公司签署了一份价值 900 万美元的合同，由该公司负责清理树林、建设道路、打井等。国防部希望在 12 月中旬前结束第一步的清理基地工作。

（四）增加发展国家导弹防御系统的经费。布什政府计划将研制和部署 NMD 的资金增加到 1200～2400 亿美元，每年大致为 100～200 亿美元，相当于克林顿政府计划方案的 2～4 倍。在 2002 财政年度国防预算中，布什政府拨出 61 亿美元作为发展、部署导弹防御系统的开支。6 月 27 日，布什总统向国会提交经修改过的 2002 财政年度国防预算。在这项预算中，布什又要求增加 184 亿美元的国防开支，其中增加 22 亿美元作为发展导弹防御系统开支。这将使当年用于导弹防御系统的资金达 83 亿美元之多，比 2001 年增加了 57%。7 月 10 日，美国防部又要求国会拨款，以在阿拉斯加州建立国家导弹防御系统的试验基地。

（五）四处游说以减少盟国和俄中对其发展 NMD 的反对。2 月 27 日，美国务卿鲍威尔参加北约外长理事会特别会议时，就发展国家导弹防御系统问题对盟国进行了游说。鲍威尔表示，导弹防御计划将扩大到保护欧洲盟国的安全，同时承诺将就此与盟国、俄罗斯和中国进行磋商，试图以此消除北约国家的疑虑与不安。4 月 27 日，美总统顾问卡伦·休斯公开表示，美国将从下周开始就国家导弹防御系统问题与盟国进行磋商。布什将打电话给盟国的领导人并派官员到盟国就国家导弹防御系统进行磋商。4 月 30 日，布什分别打电话给英国、法国、德国、加拿大领导人和北约秘书长，向他们通报并讨论了美在发展导弹防御系统上的一些设想。布什表示，美国与盟国有着重要的关系，进行这样的磋商是非常重要的。5 月 1 日布什在美国防大学就导弹防御问题发表重要演讲后，美加大了游说力度。一是派出 3 个由政府高级官员组成的代表团做解释工作。其中，副国务卿格罗斯曼率领的代表团从 5 月 8 日起先后赴北约总部、英国、法国、德国、荷兰、丹麦、波兰、意大利、土耳其、加拿大和俄罗斯游说，介绍了导弹防御系统的设想和“新的威慑概念”，表示在国际安全环境变化的形势下，需要建立导弹防御系统作为威慑机制。并强调，美国发展 NMD 要同各方进行磋商，也不把俄罗斯当作像冷战时代的苏联那样的敌人。助理国务卿凯利 5 月上旬率代表团赴中国、韩国等国进行游说。国防部副部长沃尔福威茨 5 月 10 日起也率团赴波兰、德国等欧洲国家为导弹防御计划辩解。二是利用北约的会议游说欧洲盟国。美国务卿鲍威尔在 5 月 29 日举行的北约外长理事会会议上作了 NMD 的情况介绍。6 月 7 日，美国防部长拉姆斯菲尔德在北约国防部长会议上通过录像和图片向盟国游说所谓日益增加的“外来威胁”，强调建立导弹防御系统的必要性。称如果缺乏足够的防御手段，将会导致导弹在全球进一步扩散。随着具有大规模杀伤能力的核武器和生化武器的发展，届时敌人将有能力对盟国进行恐吓和讹诈。三是布什于 6 月 11～16 日利用访欧和举行美欧首脑会议的机会，亲自出马进行游说。他表示，冷战后的世界“正面临新的威胁”，世界上越来越多的国家，特别是那些“最不负责任的国家”，正在获得核武器和生化武器的运载工具，因此，北约必须共同寻求制止和对付这种威胁的手段。

二、布什政府一意孤行发展 NMD 的主要原因

（一）在战略层面，可以进一步增强美国的全面优势。冷战结束后，美国成为全球唯一的超级大国，总体实力遥遥领先于其他国家，这使其推行霸权主义与强权政治的心态空前膨胀。但与此同时，世界多极化的趋势进一步发展，美认为自己面临着中俄和“无赖国家”以及大规模杀伤性武器扩散、国际恐怖主义等诸多“多元化威胁”的挑战。在此背景下，布什政

府加速发展国家导弹防御系统，是美国全球战略的需要，也是巩固美“全球领导地位”的需要，其“如意算盘”有两个：一是企图削弱、剥夺俄罗斯等其他核大国的战略威慑能力，确保美国“一超独霸”。美国认为，建立在“相互确保摧毁”基础上的战略平衡机制已不适合冷战后的国际环境。美国已经拥有全球最庞大、最先进的“三位一体”战略进攻能力，建立导弹防御系统、“矛”与“盾”并举，将成为美核威慑之外的又一战略威慑，将削弱甚至剥夺俄罗斯等其他核大国战略威慑能力，夺取战略制高点，为其谋求全球霸主地位增添新的战略优势。二是企图拥有攻防兼备的能力，确保美国的“绝对安全”。导弹防御系统将使美本土穿上一件“护身衣”，使一些所谓“无赖国家”拥有的弹道导弹失去实战作用，处于“只能挨打而无力还手”的地位。因此，美国政府多次声称，NMD是用于保护全美不受少数“支持恐怖主义的国家”的导弹袭击的。布什在1月29日发表的“国情咨文”中也明确指出：“我们将发展和部署有效的导弹防御系统，确保美国和我们的盟国免受突然袭击。所有的国家必须明白：美国将采取一切必要措施确保我们的安全”。

（二）在政治层面，可以巩固共和党的执政基础。布什政府强行推进 NMD 不仅是出于安全理念和战略利益，也是出于党派利益。美国政府积极发展 NMD 的重要背景是军方与军火商的大力推动。美国军方为 NMD大肆宣传，制造舆论，国防部长拉姆斯菲尔德甚至扬言，导弹防御技术不成熟也要先部署，要边部署边研发。美国军火商为了从中谋取利益，不遗余力地为 NMD 摇旗呐喊。目前，美几大军火企业分别承包了 NMD 的重要部分：波音公司制造导弹，洛克希德—马丁公司制造助推器，TRM 公司制造卫星通信设备，雷声公司制造拦截器。迄今为止，美国军火商已从这一系统的研制中获得了几十亿美元的利润，他们把 NMD 计划视为一棵摇钱树，纷纷开展游说活动，夸大美国所受的威胁，迫使政府增加国防经费，从中渔利。而共和党一向与军方关系密切，且历来受军火商的支持，维护军火商的利益是该党的传统。布什政府投巨资发展 NMD，满足了军方和军火商的要求，也巩固了自己的执政基础。尤其是，“9·11”事件后，美国的本土安全成了“最高政治”和民众最关心的问题。据美国的民意调查，在8月份支持政府尽快部署导弹防御系统的民众比例大约为54%，到9月25日猛升到80%以上，NMD 成为共和党扩大影响和捞取选票的绝好工具。与此同时，民主党的态度也明显转变，国会中民主党议员们把导弹防御与党派斗争脱钩，反对 NMD 的声音锐减，也使布什政府所受的阻力减小。

（三）在经济层面，可以刺激美国经济的复苏。近年来，美国经济发展速度逐渐放缓，2001年3月起进入经济衰退期。布什政府企图通过加大国防投入，刺激美国经济。1999年美国防预算为2670亿美元，2000年为2750亿美元，2001年又增加到3290亿美元，增长了330亿美元。发展导弹防御系统是增加国防投入的重要方面，不仅可以满足布什政府对军工企业的承诺，而且可以创造就业机会，拉动内需，刺激经济的复苏和增长。

（四）在军事层面，可以带动美军新军事革命的进一步发展。发展 NMD 也是美国进行新军事革命、以信息技术打造新型军队，谋求全面军事优势的重要组成部分。首先，NMD 的研发涉及到信息、航空航天、火箭、制导等高技术领域的方方面面，美可通过发展 NMD 大大加快在许多关键技术领域的突破，使美国继续保持军事高科技方面的优势地位。其次，NMD 是一个包括陆上、海上、空中和太空等多种武器的系统，它的研制成功，将大大提高美军武器装备的信息化程度，增强其战略预警、指挥控制、快速反应、精确打击和全维防护能力，使其战斗力提升到一个新的水平。第三，NMD 的研发和部署，将是美国发展太空军事力量的重要组成部分。美国在发展 NMD 的同时，将把陆地、空中、海上和太空力量融为一体，构建一支新型的信息化军队。

三、国际社会对美国发展 NMD 的反应

（一）中、俄两国持反对立场。中国一贯强烈反对美发展 NMD。中国外交部军控司司长沙祖康2月20日指出，美国研发 NMD 将严重阻碍国际军控与裁军进程，引发新一轮军备竞赛。中国反对美国研发和部署国家导弹防御系统，主张维护美苏1972年达成的《限制反弹道导弹系统条约》，希望美国放弃导弹防御计划，回到集体安全的框架中来。俄罗斯也强烈反对布什政府研发 NMD。年初以来，俄总统、外长、国防部长等多位军政要员纷纷发表讲话或撰写文章，说明反对美部署 NMD 的立场。俄总统普京指出：美部署 NMD“将对国际关系架构造成无可补救的损害”。在2月4日举行的慕尼黑安全政策会议上，俄方重申了反对部署 NMD 的立场。普京还出访加拿大、乌克兰等国寻求支持，并游说中国、印度、朝鲜、越南等亚洲各国，在抵制 NMD 问题上与俄加强合作。此外，俄还在军事上采取一些应对措施，计划分3个

阶段建立全军统一的远程导弹防御系统，装备以“白杨—M”型洲际弹道导弹为代表的新型战略导弹，增强战略打击能力。12月13日美国宣布退出反导条约后，中俄两国作出强烈反应。中国国家主席江泽民强调，在当前形势下，维护国际军控和裁军体系十分重要。中国外交部发言人表示，中方对美国退出反导条约表示关切和担忧。维护国际军控体系和战略平衡是至关重要的，中国不赞成搞国家导弹防御系统，对美国此举将会产生的消极后果表示担忧。希望美国在导弹防御系统问题上慎重行事。俄罗斯总统普京发表电视讲话指出，美国退出反导条约的决定是错误的。俄总统助理亚斯特任布斯基称，俄将密切注意事态发展的各种可能性，制定自己的行动计划。俄武装力量总参谋长克瓦什宁称，美国退出反导条约将破坏全球战略稳定，也意味着新一轮军备竞赛的开始。

（二）美国的盟国态度不一。在欧洲盟国中，法国、德国和意大利反对美研发 NMD 的立场较为明确。布什5月1日就 NMD 问题发表演讲后，法国外交部发言人次日便以法政府和总统府的双重名义发表讲话称，法对美发展 NMD“始终持保留立场，认为发展 NMD 将可能引起新的军备竞赛。德国国防部长沙尔平1月25日表示：美国的 NMD 计划几乎是不现实的，在技术和财政上都缺乏“透明度”。由于德法两国的反对，5月29日举行的北约外长会议通过的最终文件，没有写进美国要求写上的支持美布置 NMD 的内容。意大利外长迪尼1月15日表态称，意反对美国建立 NMD。英国的态度较为暧昧。一方面，英外交大臣库克2月7日表示，美在研究部署 NMD 问题上应认真考虑俄罗斯的立场，他对 NMD 能够向欧洲国家提供保护表示“某种程度的怀疑”。另一方面，英首相布莱尔2月访美时只是强调美在这一问题上必须同盟国进行“磋商”。而其他欧洲盟国大多持关注与观望态度，一般不轻易表态支持。如丹麦外交大臣吕克托夫特3月9日明确表示，丹对此持观望态度，美在此问题上“不应该超越现有的条约”，“最好能暂时往后退一步”。波兰副外长希科尔斯基6月12日否认波将支持 NMD，称波官方从来没有对此作过正式表态。不过，随着美国加大游说力度，欧洲国家的态度有了微妙的变化，除了法国外，立场都有所软化，至少是不再表示反对。在亚太盟国中，日韩两国态度都较为模糊。日本首相小泉年初曾表示美国的导弹防御计划“是很有意义的”，但6月13日又表示 NMD“可能会引起新的扩军”。韩国外长李廷彬3月18日表示“不发表赞成或反对的意见”，但“希望美国朝着增进世界和平与安全的方向与有关国家协商解决”。澳大利亚表示支持。澳外长亚历山大·唐纳5月12日称，坚决支持美拟议中的导弹防御计划，相信这将在国际上得到广泛支持。新西兰则表示担忧。新总理克拉克5月2日称，美国的决定会引发新的核武器竞赛，“只会更加不安全”，新对美国的举动表示担忧和遗憾。

（三）多数发展中国家都表示反对。朝鲜《劳动新闻》2月5日指出，朝反对美国建立国家导弹防御系统，因此美国的举动将引起新的军事对抗和军备竞赛，破坏世界的战略安全与稳定，造成新的军事对抗、军备竞赛和核战争威胁。越南共产党中央机关报《人民报》5月3日发表评论指出，美国建立国家导弹防御系统是为了实现其建立一个由美国主导的安全共同体的阴谋，所谓国家导弹防御系统是一项冒险计划。世界舆论都对此表示担忧和不满，这将引发新一轮大规模军备竞赛。老挝人民革命党中央机关报《人民报》5月13日称，美国领导人不顾中国、俄罗斯和世界许多国家的反对，执意建立导弹防御系统，实际是在为长期以来蓄谋建立以美国为主导的国际安全体系寻找借口。该计划将终止核武器控制，打破数十年来的世界核均势。巴基斯坦外交部长萨塔尔5月18日表示，发展导弹防御系统将会在全球造成新一轮军备竞赛，巴反对美国建立国家导弹防御系统是有原则基础的，没有任何一个讲原则的国家会支持美国的这一行为。印度一直反对美国部署 NMD，但自5月以来，出于与美国发展关系，争取解除1998年核试验后的制裁等目的，态度有了较为明显的变化。印度外长兼国防部长辛格5月11日在与美副国务卿阿米蒂奇会谈后宣布，印度政府“过去欢迎并且继续欢迎”布什5月1日发表的关于发展 NMD、为世界建立新的核安全体制的讲话，并将与美国一起为全球设计一个全新的、创造性的安全体制。同日，印度总理瓦杰帕伊在纪念印度核试验3周年的集会上表示，欢迎布什5月1日讲话的内容。

四、美国发展和部署 NMD 的前景

部署 NMD 早已成为美国的既定政策。美国会已于1999年7月通过《1999年国家导弹防御法案》，确立了相关的法律基础，布什政府又于12月13日宣布退出反导条约，到2002年6月，美国部署 NMD 的国际法律障碍将不复存在。虽然美国的导弹防御政策在执行过程中会出现这样或那样的难题，但不会逆转，部署 NMD 只是时间的迟早问题。根据计划，美将于2004年前在阿拉斯加建成首批5个拦截导弹发射井，

2005年前在该地区部署20枚陆基拦截导弹，准备拦截5枚导弹的5个弹头和诱饵；2007年将部署100枚拦截导弹，准备拦截25枚导弹；随后将开始在大福克斯的导弹基地部署拦截导弹，至2015年在两地各部署125枚，准备拦截50枚洲际导弹。上述系统建成后，虽不能从根本上消除美国自己所认为的弹道导弹威胁，但将会对北半球所有国家的战略进攻能力构成一定的遏制。不过，NMD的部署仍面临着不少困难，充满着变数。

（一）导弹拦截技术仍不够成熟。弹道导弹防御系统的技术和组成十分庞大和复杂。从美国军方进行的5次导弹拦截试验的结果来看，3次成功，2次失败，其关键技术似乎正逐步取得进展。但至少存在三大难点：一是探测。对弹道导弹的探测主要靠导弹预警卫星和远程预警雷达，而即使探测到目标，能否识别出真假还很难说。二是拦截。弹道导弹再入大气层时飞行速度极高，拦截导弹与来袭导弹的相对运动速度很高，对精度和战斗部杀伤技术的要求很严。美国2000年1月第2次拦截试验失败，原因就在于此。三是控制。对于这样一个庞大的军事系统，指挥和控制是一个老大难问题。美第3次拦截试验失败，就是由于拦截导弹的助推器没有向弹头发送控制信号所致。2001年美军方进行的2次拦截试验虽都取得了成功，但据五角大楼的一份内部研究报告称，这些测试都没有使用真正的弹道导弹用来迷惑反导弹系统的那种复杂诱饵。相反，每次测试中的诱饵都是一个大型气球，看上去根本不像核弹头，截击器的传感器能够轻易地把它与目标区分开来。报告还称，美军方甚至没有安排进行关于多目标的测试。训练模拟装置也存在着软件问题。因此，在第4次拦截试验成功后，连美国防部弹道导弹防御系统办公室主任卡什迪都对记者表示，此次试验只设了一枚诱饵，他对NMD能否有效运作信心不足。

（二）研发经费过于庞大。NMD的造价极其昂贵，耗资巨大，犹如一个填不满的无底洞。所有的军事发展项目的开支都比起初预算的要高得多，而解决技术难关的费用更是无止境。克林顿时期，美官方先估计NMD需投资600亿美元，后改为800亿美元。布什上台后，国防部又改口称，即使建成有限的NMD，也要花费1200亿美元，甚至可能要投入2400亿美元。五角大楼的内部报告指出，除非大幅度增加资金投入，否则几年内NMD系统无法做好防御实际攻击的准备。但目前美国经济已陷入停滞和衰退，美国的决策者不能不考虑财政压力问题。国会内的反对力量也不容忽视。尽管由于“9·11”事件后的特定情况，民主党在为NMD拨款问题上开了绿灯，但这只是一种因应形势需要的临时举措，两党对于NMD的分歧并未消除。

（三）有效性尚不能完全保证。相对于反导系统的“盾牌”而言，弹道导弹之“长矛”永远是锐利的。弹道导弹突防技术很多，如电子干扰、弹头隐身、多弹头和机动变轨等，其中有些技术较为成熟，足以有效地突破反导系统的拦截。布什政府将NMD视为“保护伞”，但该系统的有效性并未得到可靠的检验。美军方进行的频繁的导弹拦截试验，并不意味着NMD能顺利部署并用于实战。海湾战争前，美军“爱国者Ⅱ”型拦截导弹曾进行17次试验，且都获得成功，但在实战中效果却不是很理想。

（湘　溪）

美俄谋求建立新型战略关系　2001年，美俄关系摆脱了多年来的“冷淡”和磕磕碰碰不断的状态，实现了由“冷”变“热”。总体而言，布什执政初期在反导、北约东扩等一系列问题上对俄采取强硬政策，美俄关系一度陷入僵局，年中以后，尤其是“9·11”事件后，美俄关系取得了明显的突破，美俄开始谋求建立新型的战略关系。但美俄间的根本分歧并未弥合，双方进一步接近还存在许多牵制因素，美俄关系发展不会一帆风顺。

一、布什执政初期对俄采取一系列强硬政策，导致美俄关系急剧降温

布什政府执政初期，在反导、北约东扩、车臣等一系列问题上对俄推行强硬政策，导致俄美之间矛盾激化、磨擦不断，双边关系急剧降温。

（一）反导问题。美国部署导弹防御系统问题一直是美俄矛盾的一个焦点。2000年9月1日，美国总统克林顿曾宣布暂不部署导弹防御系统，从而将决定权留给下任总统。布什政府上台后，迫不及待地在部署导弹防御系统问题上屡屡放话，突显其一定要部署导弹防御系统的“坚定决心”。1月28日，美国副总统切尼在接受媒体采访时宣称，尽管遭到俄罗斯的反对，美国仍打算继续发展和部署“国家导弹防御系统”。如果反导条约不能修改，美国将保留退出该条约的权利。对此，俄罗斯一方面采取针锋相对的立场，发表了一系列措词强硬的讲话。1月30日，俄国防部长谢尔盖耶夫发表谈话指出，俄罗斯仍将继续维护1972年苏联与美国签署的《反导条约》，他警告说，退出反导条约将直接导致新一轮军备竞赛，其中

包括最危险的导弹技术竞赛。同日，俄副总参谋长马尼洛夫也表示，美国修改反导条约是国际社会不能接受的，因为它必然破坏俄美战略武器的平衡。2月2日，马尼洛夫再次表示，俄罗斯认为在今后10到15年内，“政权不稳定”的国家向美国实施弹道导弹打击的危险是不存在的。如果美国开始部署国家导弹防御系统，俄罗斯将采取对应措施。虽然俄罗斯面临缺乏资金的现实困难，但俄罗斯有能力应对这一威胁。在强烈反对美国发展导弹防御系统的同时，另一方面俄还“以攻为守”，提出俄与北约共同建立非战略导弹防御系统的建议。2月15日，俄副总参谋长马尼洛夫表示，俄不想软化维护反导条约的立场，但可以在不破坏战略稳定体系的情况下，在每个战区建立完全能够制止和击退假定威胁的非战略体系，俄准备就此同美国和其他北约国家进行磋商。2月20日，俄国防部长谢尔盖耶夫向到访的北约秘书长罗伯逊提出俄与北约国家共同建立欧洲非战略导弹防御系统的建议，但强调要先研究是否确实存在欧洲国家遭到导弹打击的威胁，然后再考虑共同部署导弹防御系统。该建议设想分三个阶段：第一阶段成立专家小组，评估是否存在着对欧洲国家进行非战略导弹打击的威胁；第二阶段制定防范这种威胁的方案；第三阶段开始建立反导弹防御系统。

（二）北约东扩。普京将前苏联地区视为振兴俄大国强国地位的政治依托，视北约东扩为针对俄罗斯的敌对行动。而布什政府上台后则进一步推进北约东扩计划。美国务卿鲍威尔4月23日宣称：俄罗斯对北约东扩不拥有否决权。在美方的支持下，欧洲9个国家的领导人5月10日云集斯洛伐克，磋商北约东扩问题，提出希望在北约2002年布拉格峰会上加入北约组织。美参议院外交委员会主席杰西·赫尔姆斯还于5月11日致函9国领导人，支持这些国家加入北约，称“美国非常支持北约东扩，它是欧洲完整、自由、完全的基石，确保北约东扩的继续是有利于美国的”。对此，俄罗斯立即做出了强烈反应，谴责北约东扩“是一个严重的错误”，会导致欧洲地缘政治的失衡。5月23日，俄杜马以压倒多数的支持票通过了关于反对北约东扩的决议。俄明确表示，如果北约东扩至与俄交界的爱沙尼亚、拉脱维亚和立陶宛3国，俄将视之为敌对行动而采取相应措施。

（三）车臣问题。在推动北约东扩的同时，布什政府还不顾俄方反对，提高与车臣民族分裂分子接触的级别，企图以此支持车臣分裂分子的分裂活动，挤压俄在高加索地区的地缘战略空间。3月20日，美国负责政治事务的副国务卿格罗斯曼在国会听证会上透露，美国外交官准备与车臣“外交部长”艾哈迈多夫接触。对此俄反应强烈，于3月22日发表公告称，美国固执地要与车臣恐怖分子接触“实在令人吃惊”，美国的这一行动将对俄美关系产生不利影响，这是美国对俄作出的又一个不友好举动，俄不能不考虑美方的真正动机。但美国不顾俄罗斯的反对与警告，还是高规格地接待了艾哈迈多夫。对此俄外交部3月27日向新闻界发表谈话指出，美国行政当局在车臣恐怖分子在俄罗斯北高加索地区制造爆炸事件后就会见艾哈迈多夫，“简直是不道德的”。这表明，美国在车臣问题上的立场违背公认的道德准则，由此可以看出，在国际反恐怖主义斗争中，美国行政当局究竟和谁坐在一条板凳上。俄总统助理亚斯特任布斯基同日指出，华盛顿官方人士同车臣非法武装的代表进行接触，说明美国对俄罗斯以及在反恐怖主义问题上玩弄“两面手法”。

（四）博罗金事件。1月18日，美国警方应瑞士检察机关的要求，以俄罗斯和白俄罗斯联盟国务秘书博罗金在担任俄总统事务管理局局长期间，参与瑞士一家公司的非法经营活动为名，在纽约肯尼迪国际机场逮捕了博罗金。俄罗斯对此十分不满。3月10日俄副外长马梅多夫召见美驻俄大使时指出，博罗金一案现在越来越从一个“司法案件”转变为“政治案件”，这将有可能对俄美关系产生不良影响。希望美国法院改变在博罗金案件上的立场，并希望美国国务院关注这一案件。

（五）“间谍事件”。2月18日，美国联邦调查局突然逮捕该局负责收集俄罗斯政府机构情报的特工人员罗伯特·汉森，指控他为俄罗斯从事间谍活动。据联邦调查局官员说，汉森已为联邦调查局工作27年，他从1985年开始就向前苏联克格勃提供机密情报。苏联解体后，他继续向俄罗斯提供情报，曾向俄罗斯告发了3名为美国工作的俄罗斯间谍，导致这3人都被俄罗斯当局处决。3月22日，美国以汉森事件为由，宣布驱逐50名俄罗斯驻美国外交官。美国国务卿鲍威尔当天在一次记者招待会上说，被美国驱逐的俄罗斯外交官涉嫌与前美国联邦调查局特工人员汉森被控为前苏联和俄罗斯提供情报一案有关。他们已被美国认为是“不受欢迎的人”。当天，俄方向美国提出抗议，并表示将采取对应报复措施。3月27日，俄外交部宣布驱逐美驻俄大使馆4名外交官，勒令他们10天内离境。另外还要求46名美国外交官在2001年上半年“自动”离开俄罗斯。舆论指出，美俄之间的“间谍战”真正原因“不在情报，而在政治”。

二、年中以后、尤其是“9·11”事件后，美国逐步调整了对俄强硬政策，美俄间共同利益上升，两国关系出现了“实质性的进展”

布什政府的对俄强硬政策使美俄关系跌入低谷。但随着形势的发展，美国逐步调整了对俄政策，双方首脑的一系列会晤为两国关系的改善营造了良好气氛。美国遭受“9·11”恐怖袭击的突发事件又为美国与俄罗斯进一步修好关系提供了契机，以普京总统访美为标志，双方开始谋求建立一种新型的战略关系。

（一）普京总统与布什总统四度会晤，为两国关系的改善营造了良好的气氛。6月16日，布什总统和普京总统在斯洛文尼亚举行了首次会晤。双方在修复过去几个月内一度冷淡的两国关系上表现出热情，并表示要在更广泛的领域开展建设性对话。普京表示，俄美两国对维护世界和平与稳定、对建立新的国际安全构架承担着特殊的责任，这一切都要求进行密切的双边合作与国际合作。会晤结束后，两位首脑在联合举行的记者招待会上均表示美俄对话是“积极和坦率的”。布什强调会晤是双方建立“建设性相互信任关系的重要一步”；普京则认为会晤为双方发展合作和建立务实关系“奠定了良好的基础”。他们都同意继续对话，彼此进行互访，并指示政府高级官员于近期进行接触，就安全、双边经济合作等问题进行磋商。外界普遍认为，布什和普京都在努力营造“融洽”的会晤气氛，特别是布什的热情与和解姿态，与他就任总统后最初几个月在对俄关系上的强硬表现形成了鲜明对比。这表明，在双边关系经历了一段波折之后，美俄双方出于各自的利益考虑，开始强调积极对话，进而建立一种较为稳定的合作关系。

7月22日，两国元首在热那亚八国首脑会议后举行了第2次首脑会晤。会晤后发表的联合声明称：“我们一致认为，为适应当今世界发生的重大变化，需要对进攻性和防御性系统都进行具体的讨论”，美俄双方不久将就进攻和防御系统的相互关联议题进行深入讨论。普京在会晤后与布什联合举行的记者招待会上说，布什与他都希望“大幅削减进攻性武器”，双方将朝这个方向努力。

10月21日，布什与普京在出席APEC上海会议期间举行了第3次会晤，就两国经济合作、反恐怖、两国1972年签署的《反导条约》以及核武器等问题进行了讨论。普京说，在会谈中，他与布什总统都认为俄美两国可以在考虑两国利益的基础上达成一些协议，他表示准备与美国讨论《反导条约》问题。

11月13日，俄总统普京访问美国并与布什举行了第4次首脑会晤。双方就削减核武器、导弹防御、阿富汗问题及双边关系等交换了意见。布什表示，此次会晤标志着美俄关系进入新的阶段，两国关系翻开新的一页，这是以信任和合作为基础的关系。普京表示，他和布什的谈判具有建设性。

（二）美俄在反导问题上相互作出让步，并就核裁军问题举行一揽子战略磋商。美俄在导弹防御问题上经历了针锋相对的斗争后，彼此都逐步改变斗争策略，力图通过对话与磋商，在作出一些让步的情况下达到自己的主要目的。

6月16日，美俄首脑在斯洛文尼亚卢布尔雅那会晤时重点讨论了反导问题，双方同意就两国安全关系的性质进行认真的经常性磋商。布什表示，他已指示美国务卿鲍威尔和国防部长拉姆斯菲尔德就确立美俄新的安全框架同俄方继续进行磋商。普京则称，俄准备同美国讨论修改反导条约问题，这是俄官方首次响应美国对反导条约进行修改的建议。

6月29日，俄国防部国际军事合作局局长伊瓦绍夫再次表示，俄罗斯不排除对反导条约进行修改的可能性。在此背景下，美方也作出让步，愿意就俄方提出的削减进攻性战略武器问题进行谈判。双方于7月初开始举行有关修改反导条约和裁减双方核武器数量的谈判，就进攻性武器、防御性技术、《反导条约》、防止武器扩散等问题进行了范围广泛的讨论。

7月22日，美俄总统在热那亚首脑会晤后发表联合声明称，“我们一致认为，为适应当今世界发生的重大变化，需要对进攻性和防御性系统都进行具体的讨论”，双方已同意未来的美俄军备谈判将把削减进攻性战略武器与导弹防御问题结合起来讨论。普京认为，这表示俄美两国有关战略稳定问题的对话取得了“重要进展”。外界也普遍认为，布什和普京达成的这项协议显示布什已经正式接受普京提出的美俄双方谈判共同削减进攻性战略武器的要求，而普京则在美国部署导弹防御系统这一问题留了一定的回旋余地。

7月25~26日，美总统国家安全事务助理赖斯访俄，先后与俄国家安全会议秘书鲁沙伊洛、总统普京、国防部长谢·伊万诺夫等举行了“富有成果和建设性的”会晤，就国际战略稳定和反导条约等问题展开具体磋商。磋商分两个方面进行：一个是战略稳定问题，另一个是保持进攻性和防御性武器系统平衡问题。磋商期间，赖斯强调，以前美俄关系是建立在相互毁灭的基础上的，应该放弃反导条约，用互利合作的新基础取代原有的基础。俄方则再次提出，进攻性和防御性系统问题应结合起来讨论，到2008年前将俄美核弹头数量各自削减到1500枚。

赖斯访俄后，双方就战略稳定和反导条约问题进行了一系列磋商。8月7～8日，俄武装力量第一副总参谋长巴卢耶夫斯基与美国防部副部长费思分别率专家小组在华盛顿举行会谈，就导弹防御与核裁军问题交换了意见。会谈结束后发表的声明称，此次会谈的重点是“与进攻性和防御性武器相关的问题”，“鉴于某些重要问题还有待于作进一步研究，双方的高级顾问将继续举行磋商”。8月13～14日，美俄国防部长在莫斯科举行了磋商。俄方表示愿意在战略稳定方面“寻求同美国建立新的、更加富有建设性的合作模式”，美方则表示将在11月左右向布什总统提交有关裁减核武器的建议。8月21～22日，美俄又在莫斯科举行副外长级军备控制一揽子磋商。在这次磋商中，俄方的态度灵活，甚至称美在阿拉斯加建设试验设施“没有违反反导条约”。9月10～11日，巴卢耶夫斯基与费思在莫斯科举行第二轮副国防部长级磋商，双方事实上在反导问题上达成某种默契，巴卢耶夫斯基表示，美方建议共同退出反导条约和建立新的战略关系，俄则建议先在现有条约基础上建立新关系，然后再决定是否需要退出反导条约。不过，即使美国退出反导条约，俄也将与美按照两国平等安全原则继续对话。9月12～14日博尔顿与马梅多夫在伦敦举行了第二轮副外长级磋商，9月19日俄外长伊万诺夫访美，与美国务卿鲍威尔举行了磋商。10月底，俄外长伊·伊万诺夫和美国防部长拉姆斯菲尔德分别访问对方首都。11月5日，俄国防部长谢·伊万诺夫访美。据报导，双方在这些频繁的互访中就达成一项战略协议取得了重要进展，协议的内容包括两国大量削减战略核武器，以及俄给美一定的回旋余地进行反导试验，美俄间通过一系列磋商，“已经可以看出解决导弹防御问题的轮廓”。11月中旬，普京总统访美时，美俄首脑分别宣布，在10年内把美国的核弹头减少到1500～2200枚之间，将俄罗斯的核弹头削减2/3，控制在2000枚以内。这是继美俄签署第二阶段削减战略武器条约后在核裁军问题上取得的最为重大的进展。12月13日，布什正式宣布退出反导条约，对此俄反应“温和”，普京总统在电视讲话中只是说美方退约是一个“错误”，但不会给俄安全利益造成伤害。

（三）“9·11”事件后俄对美国对塔利班的军事打击行动给予配合，俄美在反恐领域内的合作加强。“9·11”事件后，俄在反恐问题上表现出积极姿态。普京在第一时间内作出反应，强烈谴责恐怖主义的攻击行动，并第一个打电话给布什，表示无论美国决定采取什么样的反击措施，俄都将给予坚决支持，与美国“休戚与共”。随后，双方很快就在反恐行动中加强合作问题达成一致。9月12日，普京与布什在“热线”通话中表示，在当前情势下，两国应该“更为紧密地站在一起”。

9月15日美国国会授权布什总统对恐怖主义势力进行战争后，俄在美国军事打击阿富汗塔利班势力问题上态度明确，给予了充分和坚定的支持与配合。同日，普京发表谈话称，“罪恶的恐怖行为必须受到惩罚”，并下令驻扎在塔吉克斯坦的5000名俄军士兵进入戒备状态。9月24日，普京在莫斯科发表关于“9·11”事件后世界局势的重要声明，并在当晚发表电视讲话，系统阐明了俄参与国际反恐怖行动的方式，以及俄对美国即将开始的阿富汗战争的立场。在声明和讲话中，普京提出俄罗斯将给予美国军事打击行动的合作内容，包括：进行特工部门之间的合作，向美提供关于国际恐怖分子营地及培训基地的情报；为战争开始后的人道主义援助开放俄领空；与中亚国家采取协商一致的政策；参加搜索及救援性质的国际行动；向以拉巴尼政府为首的阿富汗北方联盟提供武器装备等。普京表示，“俄提供合作的深度和性质将取决于俄美两国对付国际恐怖主义斗争的理解水平”。9月26日，普京在德国议会发表演讲时再次表示，在对恐怖主义进行军事打击的问题上，俄“完全站在美国总统一边”。10月4日，普京在莫斯科会见来访的英国首相布莱尔时表示，“美英应该把俄罗斯看作是西方世界反恐怖主义行动中的一个可靠伙伴”。

10月7日美国开始在阿富汗的军事行动后，普京于次日发表电视讲话，支持美国的军事打击行动，并暗示合作的程度还将继续提高。随后，俄向中亚国家的阿富汗边境增兵，并派出特别军事小组。一方面加强对塔利班和拉登势力的情报和监视工作，另一方面参与对阿富汗的人道主义救援。同时，俄加强了对反塔利班的北方联盟的支持，包括武器运输、军事技术指导以及对拉巴尼力量积极的政治支持。

美国对俄罗斯在“9·11”事件后表现出的积极合作意愿给予积极回应。明显提高了美俄关系的“热度”。

（四）俄在一系列问题上显示出积极协调和发展美俄战略新关系的强烈愿望，美俄在国际安全、北约东扩、车臣等问题上的矛盾开始缓解。“9·11”事件后，俄在对国际安全问题的认识上主动向美国和西方靠拢，显示出积极协调和发展美俄战略新关系的强烈愿望。普京9月17日在亚美尼亚叶勒万大学发表演讲时提出，对美国的“9·11”恐怖袭击如同当年的纳粹暴政一样，必须建立全球安全新体系来加以对付。10月26日，普京在德国议会发表演讲时再次要求建立新的安全结构，他表示，冷战后的世界变得非常复杂，过去几十年建立起来的对付传统威胁的安全结构已经无法应付新的威胁了。尽管普京没有详细说明“新安全结构”应该具有什么内容，但他的讲话表明，俄认为冷战后时代应有新的国际安全建设，这与布什提出的“新战略核心”，即告别冷战时期的战略安全模式，建立新的国际安全制度相互呼应。

在俄历来强烈反对的北约东扩问题上，“9·11”事件后普京总统也做出了前所未有的灵活反应，俄与北约的关系，以及俄加入北约的可能性，均达到了前所未有的高度。10月3日，普京在第8次欧俄首脑会晤后表示：“如果北约发生变化，如果北约成为一个加强政治化的组织，俄罗斯可以用另一种完全不同的观点来对待北约东扩，自然而然地改变对北约东扩的立场。”普京在当天与北约秘书长罗伯逊会谈后表示，俄与北约扩大合作的愿望已经得到北约成员国的认同，双方将成立工作组，对改善俄与北约的关系具体进行研究，包括俄参加北约的问题。

在车臣问题上，俄借美国之手打击了塔利班势力，切断了车臣非法武装的外部支持。俄在支持美军行动的同时，要求美国放弃在反恐问题上的双重标准，尽管美国仍认为车臣问题不是反恐问题，但自下半年来也不再发表对俄在车臣行动的批评意见。对此俄安全会议秘书鲁沙伊洛11月22日表示：“许多国家的领导人已经改变了他们对车臣问题的态度。许多国家已经放弃在评估恐怖分子方面所持的双重立场。这是一个重要的转变，我们给予非常积极的评价。”

三、美俄关系由“冷”转“热”是由双方的国家利益决定的，但美俄在很多问题上的分歧短期内无法弥合，双方新型战略关系的发展不可能一帆风顺

美俄关系年初磨擦不断，年末则开始谋求建立新型战略关系，发生这种转变的原因归根到底是双方国家利益的需要。

从俄罗斯的角度看，首先，在俄中关系调整到位、俄欧关系逐步改善的情况下，俄美关系长期陷于僵局既限制了俄外交活动空间，又使安全和经济环境难以全面改善，成为普京对外战略布局的“缺口”，不符合国家根本利益。因此，普京在处理俄美关系上趋向务实，从现实的国家利益出发，进行适度战略收缩，主动改善对美关系，力争将俄美关系纳入“正常发展轨道”，以营造对俄有利的国际环境，集中力量发展经济，走“富民强国”的道路。其次，俄本国发展需要与世界上最强大的美国开展合作。俄经济在连续8年下滑后开始走出谷底，但面临的问题仍十分严重。经济进一步恢复需要的资金、先进技术和现代管理经验都只能来自西方。美国手中掌握着制约俄的多张“王牌”，如减免俄拖欠美国及国际金融机构的债务、俄加入世贸组织等，俄在许多方面主动采取对美示好行动、作出让步是不得已而为之，希望通过改善俄美关系获取更大的国家利益。再次，与美合作从长期来说也有利于俄打击民族分离主义和宗教极端势力。美国主导的反恐行动客观上为俄彻底解决车臣问题以及全面解决俄面临的分离主义威胁创造了机会。

从美国的角度看，“9·11”事件后，布什在“国难当头”之际和国内外强大的“反单边主义”舆论压力下，认识到国际合作与协商的重要性。不仅维系国际反恐联盟需要俄罗斯的支持，制止“大规模杀伤性武器扩散”更离不开俄的合作。美决定对塔利班动武后，更感到需要俄罗斯的帮助。俄曾经有过在阿富汗作战的经验教训，在阿拥有庞大的情报网络，是阿北方联盟的支持者，同与阿接壤的中亚国家有着密不可分的政治、经济、军事关系。争取俄方支持可使美在对塔利班的军事行动中避免不必要的伤亡，节省时间、人力、物力和财力。

不过，从总体和长期的角度来看，美俄关系进一步改善仍面临一系列不利因素，要取得实质性进展并非易事。

（一）政策取向存在巨大差异。冷战后美国实力日益膨胀，在政治上推行单极化，欲独霸全球；经济上欲主导全球化进程，夺取新世纪经济发展的制高点；安全上固守“冷战思维”，力图以“利矛坚盾”扩展单方面战略优势。而俄罗斯国力日衰，在政治上倡导多极化，力图借多边平衡维护自身地位；经济上想平等参与世界经济体系，力避被“边缘化”；军事上主张“合作安全”，不愿因扩张军力而重蹈前苏联覆辙。因此，尽管“9·11”后俄美相互接近，但暂时的利益需求无法掩盖双方政策取向存在的巨大差异。

（二）现实问题上的分歧短期内难以圆满解决。在北约东扩问题上，美国借东扩“遏俄控欧”的目标并没有改变，2002年北约第二轮东扩势在必行。俄在

无力强行阻止北约东扩的情况下转而提出强化与北约合作，其目的主要是进入北约机制内部，促其向集体安全机制转变。美对俄的意图十分清楚，因而在加强北约与俄关系上只是虚意应承。在战略稳定问题上，尽管俄对美宣布单方面退出反导条约表现克制，但与该条约相关的 30 多个军控协定前途未卜，全球战略安全新框架难以迅速建立，俄美在此问题上可能再生冲突。即使在俄美当前合作最密切的反恐问题上，也不难看出双方在中亚和高加索问题上的分歧。如美在中亚国家建立新的军事基地，延长在中亚驻军期限，引起了俄方的警惕和不满；美俄对里海石油的争夺可能进一步表面化；美对格鲁吉亚事务的介入则必将加深双方在高加索地区的矛盾。

（三）经济合作难以取得迅速进展。首先，俄美经济合作基础薄弱。2000 年双边经贸额仅为 80 亿美元，与中俄贸易额相当。美在俄直接投资仅为 55 亿美元，不及俄每年非法外流资金的 1/3。据专家估计，俄经济复兴需 6500 亿美元投资，而经济衰退使美在未来几年不可能对俄大规模投资。其次，俄美缺乏有效的经济合作机制。曾在双边经济合作中发挥重要作用的戈尔－切尔诺梅尔金委员会自 1998 年以来一直处于瘫痪状态。普京和布什在卢布尔雅那会晤时商定的“俄美商务合作计划”刚刚启动，短期内难以取得实际效果。再次，拟议中的俄美经济合作“远水不解近渴”。美声称拟考虑支持俄加入 WTO 并将俄视为市场经济国家，但这些“长线投资”不可能给俄带来直接利益。美还借“瓦森纳安排”在对俄出口问题上实行控制和歧视。这些因素制约俄美经济合作难有长足进展。

（四）要建立新型战略关系将仍受各自国内因素的制约。普京的对美政策在国内面临着许多制约因素。军方强硬派对普京向美“一味退让”颇有微词，质疑其关闭在古巴、越南的军事基地的行动将导致俄国际战略地位下降，丧失对美关系中握有的“王牌”，甚至称“总统染上了戈尔巴乔夫——叶利钦综合症”。俄军工集团对美压制俄对外军事技术合作非常不满，认为这将使它们与伊朗、叙利亚、伊拉克等国的贸易受限制。俄能源综合体亦对美可能借打击阿富汗之机主导里海油气开发与运输感到十分不安。2001 年年底俄民意调查显示，高达 48% 的人认为美国不是俄罗斯的友好国家。这表明俄罗斯社会反美情绪仍然存在，俄左、右翼政治力量均对普京的对美政策提出批评。如普京访美前夕，俄共领导人久加诺夫就发表了一封抨击政府对美政策的公开信；“右翼力量联盟”领导人涅姆佐夫也尖锐地指出：美国及其盟国目前除了“甜言蜜语”外，没有采取任何具体行动来改善对俄关系。与此同时，布什政府在对俄政策上也受到众多因素的掣肘。如何给俄罗斯定位，美国朝野尚无定论。国家安全事务助理赖斯认为，“俄不是美国的战略对手，美俄不是敌人”。而国防部撰写的《核态势评估》报告仍把俄列为核打击对象。

（吴　炯）

美国与中国台湾的军事关系升级　布什政府于 2001 年 1 月 20 日上台后，美国对台政策进行了重要调整，美台军事关系持续升级。主要情况如下：

一、美国的军事介入政策从“模糊”转向“清晰”。自中美建交以来，历届美国政府在是否使用武力“保卫台湾”问题上都采用“战略模糊政策”。而布什政府则采取了“武力保台”的“清晰政策”。美国总统布什 2001 年 4 月 24 日、25 日两次接受美国媒体采访时均表示，如果中国大陆使用武力解决台湾问题，美国将会“不惜一切代价协助台湾自卫”，布什的这一表态表明美国放弃了对台湾的“战略模糊”政策。美太平洋总部司令布莱尔 2002 年 2 月 27 日在美国众议院作证时称，只有美国坚持“武力保护台湾”，台湾海峡的局势才能保持稳定。此外，美国务卿鲍威尔 2001 年 3 月 8 日在国会作证时重申，1982 年中美签署《八·一七公报》后，美政府向台湾做出的“六项保证”仍然有效。这“六项保证”是：“对台军售不在事前与大陆磋商、不设定终止对台军售期限、不在两岸间担当调解人、不强迫台湾与大陆谈判、不变更《与台湾关系法》中的承诺以及不改变对台湾主权的承认”。

二、提升人员接触级别，从以往以“非官方”名义进行互访升级为以“官方”名义进行互访。2001 年，美国政府在美台人员接触方面出现了多次违反中美三个联合公报、挑战一个中国原则的举动，主要表现有：一是提高双方接触的级别。美国主管国际安全事务的助理国防部长罗德曼 8 月 21 日在接受记者采访时曾暗示，美国将提升与台湾的接触级别。在这种政策指导下，美太平洋总部司令布莱尔、美国参议院外交委员会主席拜登、美国众议院国际关系委员会主席海德等高层军政要员先后访台。同时，美国政府还允许台湾“外交部长”田弘茂、台湾“陆委会主任”蔡英文、台湾“参谋总长”汤曜明相继访美。在这些访问活动中，美太平洋总部司令访台，台“外交部长”访美均属首次。2002 年 3 月 9 日，新被任命为台湾“国防部长”的汤曜明还应邀赴美出席“美台防卫高峰会”，商讨美对台军售的相关问题。由于美国防部副部长沃尔福威茨、国务院负责东亚事务的助理国务卿凯利以及美空军部、陆军部有关负责军售的官员都将出席会议，因此此次会议将成为 1979 年美台“断交”以来首次高级别的“双边会议”。二是放宽台湾头面人物的“过境”限制。2001 年美政府相继允许台湾“总统”陈水扁、“副总统”吕秀莲、“行政院长”张俊雄等人过境美国，并放宽在美活动限制。与以往类似情况相比，不仅他（她）们在美停留时间延长了，而且接触的美方人员也有所增加。三是恢复军事情报人员交流。美台“断交”后中断的美台军事情报人员交流活动，已于 2001 年 6 月份重新恢复。

三、扩大军事销售，从以往只提供“防御性”武器升级为也提供进攻性武器。美国总统布什 2001 年 4 月 25 日批准向台湾出售包括 4 艘“基德”级驱逐舰、8 艘柴油动力潜艇、12 架 PC—3“猎户座”反潜机及“海龙”扫雷直升机等在内的一系列先进武器，总金额超过 40 亿美元。美此次对台军售与以往历次对台军售相比，具有三个显著变化：一是出售进攻性武器。尽管这次没有批准向台湾出售装备有“宙斯盾”系统的“伯克”级导弹驱逐舰，但这仍是自 1992 年老布什政府售台 150 架 F—16 战斗机以来最大一宗的军事交易，更值得人们关注的是首次批准向台湾出售 8 艘攻击型潜艇，这标志着美国对台军售已由过去只提供防御性武器转向出售进攻性武器。二是提出所谓“补偿”防务需求的政策。为补偿台湾未购得装备“宙斯盾”系统的“伯克”级导弹驱逐舰的“损失”，美国采取了以下措施：向台湾正在开发的“爱国者”反导系统提供技术支持；帮助台湾加强其机场、港口的防御保护能力和军事人员的培训；加强美台情报共享。三是改变对台军售的有关“审议”程序。为使台湾更容易获取美国的武器装备，并鼓励台湾与美国进行军事接触，在 2001 年 4 月下旬对台军售第四次年度审议会议后，美国政府宣布今后不再召开年度审议会议，台湾可随时向美提出购买武器的清单。美国会众议院 5 月 18 日也通过《国务院授权法案》，规定在售台武器时给予台湾“主要非北大西洋组织盟国”的地位，并规定台湾在获得美国武器转让方面，享有与日本及韩国同等待遇。

四、制订“保卫台湾”应急计划，从以往放弃“协防台湾”升级为制订美台联合“作战计划”。美国国防部发言人海军少将克雷格·奎格利 2001 年 7 月 18 日表示，美准备“保卫台湾”，并制定了在台湾周围采取军事行动的应急计划。他说，“就美国政府而言，我们仍然承诺要保卫台湾并遵守这些年来我们一起非常努力遵守的所有原则”，“长期以来，我们一直说，我们有义务向台湾提供其必要的防务需求，我们也的确这样做了”。奎格利还表示，美国防部已同意考虑台湾提出的有关台湾与日本、美国一起发展战区导弹防御系统的建议，以“对付中国大陆部署在台湾对面的越来越强大的短程导弹的力量”。美国防部 2001 年 7 月 19 日还宣布将向台湾提供“联合战术信息传送系统”，以提高台湾陆海空军武器系统间的通讯能力，并使美台双方以一致的作战指挥系统进行联结，这将有助于台湾和美军间步调一致，发挥协调作战能力。

五、帮助台湾提高军事科研和情报能力，从以往秘密“支援”台湾升级为公开“支持”台湾。布什政府上台后，美国防部于 2001 年 1 月派出一小型考察团赴台，对台湾陆军实力进行评估，这将成为美对台军售的重要参考依据，而在此前美军已完成了对台湾海、空军的实力评估。一年来，美军多次派出现役军官赴台，检查验收台湾接受美制新式装备的情况。为提高台湾对中国大陆的情报搜集能力，美台还协商在台湾附近海域铺设名为“海底音响监听栏栅”的海底光缆监视系统，加强对中国海军的监视，并且美国还拟在台湾附近设立一个立体防线系统，其中将包括军事卫星、P—3 反潜机、基德舰、潜艇以及海床监听系统等。美国智库也曾多次对台湾防务和武器装备作出评估，为台出谋划策，并在技术上不断派员到台进行服务，或接纳台湾军方科研技术人员、海空军指挥官赴美有关院校进行训练，以最大程度上掌握美国的先进武器系统。

一年以来，美提升美台军事关系的原因主要是：

第一，加强亚太地区美军的需要。布什政府 2001 年 9 月发表的《四年防务评估报告》称，由于“太平洋最有可能成为美军重大军事行动的战区”，美国军事部署将实现“从欧洲向亚太地区的具有历史意义的重点转移”。目前，美国正在亚太地区构筑以美国为主导、以双边同盟关系（美与日、韩、澳、新西兰、泰等的同盟关系）为基础、以空前强化的美日同盟为支柱、辅以多边安全机制的新的亚太安全体系，力图最终建成沿日、韩—冲绳—台湾—菲律宾—马六甲海峡一线构筑的、旨在威慑和控制亚太地区国家的弧形包围圈。台湾作为这个弧形包围圈的一个重要部分，自然成为美国利用的对象。

第二，遏制中国的需要。美国在其 2001 年《四年防务审查报告》中提出在 2015 年后在亚洲可能出现“一个拥有可畏的资源基础的军事竞争者”。布什

2002 年 2 月在其勾勒“太平洋世纪”时称，美国在亚洲寻求“建立一个没有任何大国或大国联盟危及他国安全或自由的和平地区、一个不是通过军队来解决政治争端的和平地区”，并“将牢记对台湾人民作出的承诺”。由此可见，美国逐渐将中国视为其称霸亚太地区的“最大威胁”。因此，不断升级的对台军售以及“协防台湾”，被美国视为遏制中国的“最佳选择”。台湾还被美作为一个“民主橱窗”来进行展示，其最终目标是分化和西化中国。

第三，回报军工企业的支持。美国的军工企业是支持布什竞选的重要力量。布什政府通过加强对台军售，可使美国的军工企业获得一笔相当可观的经济收益。

美对台军事关系升级违背了中美三个联合公报的原则和美国的有关承诺，严重损害了中美关系，因此，中国方面多次提出严正交涉和批评，反复阐明中国的立场。

中国外交部副部长李肇星于4月 24 日紧急召见美国驻华大使普理赫，奉命就美国政府宣布将向台湾出售武器问题向美方提出严正交涉和强烈抗议。李肇星指出，美方这一错误决定是美国对台军售的升级，是对中美三个联合公报特别是“八·一七”公报的粗暴践踏，是对中国主权和领土完整的公然挑衅。美方的行径只会进一步助长“台独”势力分裂中国的嚣张气焰，加剧台海地区紧张局势，危害亚太地区的和平与稳定，并将严重影响中美在防扩散领域的合作，对中美关系造成破坏性损害。

中国驻美大使杨洁篪于 4 月 24 日约见美国副国务卿格罗斯曼，就美国政府决定售台武器向美方提出严正交涉和强烈抗议。杨洁篪称，美方的上述决定是美国政府向台湾出售武器的又一升级，危害了中国国家安全，助长了“台独”势力企图分裂中国的嚣张气焰，加剧了台湾地区紧张局势，威胁亚太地区的和平与安全。如美一意孤行，坚持向台湾出售先进武器，必将给中美关系造成破坏性影响。

中国国务院台湾事务办公室发言人张铭清4月 27 日在答记者问时表示，中国对美国政府不顾中国政府的坚决反对和严正交涉，执意对台湾出售大量先进武器装备，表示强烈抗议和严厉谴责。美国政府口头上声称希望台湾问题得到和平解决，但在行动上却不断向台湾出售武器，这实际上是在鼓励台湾的极少数“台独”分裂分子继续从事分裂中国的活动，加剧台湾海峡的紧张局势，严重损害中美关系。

中国外交部发言人朱邦造 9 月 4 日在答记者问时，针对美国防部高级官员关于美国坚决履行《与台湾关系法》和协防台湾的承诺，重申台湾问题纯属中国内政，任何外国无权干涉。中国政府将继续按照“和平统一，一国两制”的方针解决台湾问题，中国政府和人民有决心、有能力维护国家主权和领土完整，实现祖国的完全统一。美方在台湾问题上是向中方作出了严肃承诺的，希望美方履行自己的承诺，多做有利于台海局势和平与稳定、有利于中美关系健康发展的事。

此外，中国驻美大使杨洁篪 5 月 24 日约见美国副国务卿格罗斯曼，就美允许陈水扁“过境”美国一事向美国政府提出了严正交涉。4 月 23 日，中国驻美大使杨洁篪在出席美中政策基金会举办的午餐会时表示，中国政府坚决反对李登辉来美活动。

布什政府提升美台关系的言论和做法，不仅遭到中国的强烈反对，而且还受到了美国政界和国际舆论的批评。参议院外交委员会成员约翰·克里表示，在台湾问题上改变政策不符合美国利益，美国也没有义务保卫台湾。众议院议员加里·阿克曼称，布什在没有征求国会意见的情况下就发表议论，改变对台政策，中国将认为这是明显的挑衅和支持“台独”。美参议院外交委员会东亚与太平洋事务小组主席托马斯 4 月 27 日在“百人会”年度会议上表示，尽管美国政府换届，美中两国间发生了一些事情，美仍将奉行一个中国政策，遵守美中签署的三个联合公报，并主张与中国就广泛议题进行开诚布公的对话，反对威胁或孤立中国。美军方也有人表示，布什的言论使军方感到十分意外，因为布什事前并没有征求美国军方领导人的意见。印尼华文报纸《国际日报》批评美国大规模对台军售是对中国和亚洲各国人民不负责任的行为。泰国《亚洲日报》认为美国对台军售的目的是在海峡两岸先搞“军事平衡”，而后挑起中国人打中国人，坐收渔人之利。秘鲁《秘华商报》、印尼发行量最大的《罗盘报》也相继发表评论，批评美对台军售。

（赵富春）

美国加强对伊拉克的军事打击 美国布什政府 2001 年 1 月上台以来，对伊拉克采取了更加强硬的政策，加强了对伊的军事打击。与前两年相比，其对伊拉克军事打击的次数明显增多，规模明显扩大。特别是“9．11”事件后，美更是以伊与制造“9．11”事件的恐怖分子有牵连为借口，积极筹划对伊实施全面军事打击，以图彻底推翻萨达姆政权，扫除防碍其全球战略部署的一道障碍。

一、美对伊实施军事打击情况

2001 年 2 月 16 日，美国总统布什上台伊始，便下令将对伊拉克的军事打击范围从“禁飞区”扩大到首都巴格达。按此命令，2 月 16 日晚，美、英军出动包括 F-15、F-16、F-18 及旋风式战斗轰炸机在内的 50 多架飞机，轰炸了伊拉克首都巴格达郊区的军事指挥中心、通讯中心、雷达站、导弹基地等 20 多处军事设施和一些民用目标，轰炸持续了半个多小时，造成多人死亡，20 多人受伤。美国国防部称轰炸成功地摧毁了预定的目标。伊拉克防空部队通过发射地对空导弹和高射炮弹对来袭的美、英战机进行了坚决的还击。这次轰炸是自 1998 年 12 月“沙漠之狐”行动以来美英对伊拉克实施的最大规模的空袭行动。尽管过去两年美英先后出动了 2．7 万架次战机对伊拉克许多军事和民用目标进行了空袭，造成了 300 多人死亡，近千人受伤，以及大量的财产损失，但从没有像这次这样一次出动 50 多架飞机，并且把空袭范围扩展到首都巴格达。空袭时正在墨西哥访问的美国总统布什对记者说，这次空袭行动是他亲自批准的，而且声称这只是一次例行行动，目的是要加强“禁飞区”的安全。他还警告说，伊拉克总统萨达姆必须遵守他在海湾战争结束后签署的协议。美国将继续密切监视萨达姆是否正在发展大规模杀伤性武器，如果发现他确有此企图，美国今后的这种军事行动还会更多、更严厉。布什还表示，美国对伊拉克长期采取的强硬政策不会改变，如果改变的话，那只能是更加强硬。

美、英这次空袭行动显然是经过精心策划的。美、英认为，在俄罗斯的帮助下，伊拉克和南联盟正在进行密切的军事合作。南联盟因为有着同伊拉克同样的遭遇对伊的处境深表同情，将自己先进的防空武器和雷达系统提供给了伊拉克并教会了伊拉克人如何使用。在南联盟的支援下，伊拉克的防空反击能力大大提高，向来袭的美英战机发射的地对空导弹越来越多。伊拉克防空部队司令沙欣曾说，伊已化解了美国战机使用的“哈姆”反雷达导弹构成的威胁，1998 年 12 月“沙漠之狐”行动以来，没有一枚“哈姆”导弹击中预定目标。美国国防部官员也说，“以前他们根本就看不见我们，但突然间一切都暴露在他们眼皮底下了，真是变样了”。因此，2001 年在沙特首都利雅得举行的一次军事会议上，指挥“禁飞区”巡逻的英国皇家空军指挥官就向美国提出，对伊拉克的军事打击必须升级，否则在“禁飞区”巡逻的美、英飞机上飞行员的安全难有保障。不仅如此，美国所获得的情报显示，伊拉克即将采用高技术地下光缆连接雷达阵地，其防空能力将得到进一步提高，因为采用光缆将大大提高伊拉克防空部队用地空导弹瞄准美英飞机的能力，光缆一旦埋进沙漠便难以发现或摧毁。英国内阁经过认真研究皇家空军指挥官提出的加大对伊拉克的军事打击力度的建议后，英外交大臣库克于 2 月上旬亲赴华盛顿与美国协商如何抑制伊拉克日益增强的军事实力。2 月 7 日，美国中央情报局局长特尼特报告国会，为了对付伊拉克总统萨达姆企图设法逃避联合国制裁，找到经费重建军队，“我们可能很快作出更为重大的武断行为”。2 月 11 日，美国国防部长拉姆斯菲尔德警告说，布什政府正在考虑如何阻止萨达姆在化学和生物武器方面日益膨胀的巨大胃口。2 月 15 日，美国防部官员和美中央司令部司令弗兰克斯向布什总统汇报了军方的考虑，称由于伊拉克雷达部队肆无忌惮的活动，在伊拉克“禁飞区”巡逻的飞行员被击中的可能性日益增加。在过去 6 周伊拉克军队向美、英飞机发射了 14 枚地对空导弹，比其 2000 年发射的导弹总数还多两枚，这是在蓄意挑战美国的决心。于是，布什立即召集副总统切尼、国务卿鲍威尔、国防部长拉姆斯菲尔德和总统国家安全事务助理赖斯等进行商量，并作出以下决定：批准对伊拉克进行更大规模的打击，具体打击时间由现场指挥员根据具体情况决定。在接到布什总统的指令后，驻中东地区的美军于 2 月 16 日晚迅速实施了对伊拉克的大规模军事打击。

自此以后，美国一直对伊拉克保持强大的军事压力，频繁从美军驻土耳其、沙特等国的基地和在海湾执勤的航母上出动战机对伊拉克首都巴格达等重要地区及南北“禁飞区”的地对空导弹基地、高炮阵地、雷达阵地、通讯设施、民用目标等进行狂轰滥炸，造成大量人员伤亡和财产损失。面对美国的高压态势，伊拉克毫不示弱，决意以牙还牙，对美英战机的每一次轰炸都以地对空导弹相回敬，迫使来袭飞机不得不迅速返航，与以前的炮火反击相比，反击效果大为增强，7 月下旬还险些击落美 U2 型高空侦察机。伊拉克执政党机关报《复兴报》发表社论自豪地说：“伊拉克人民正在加强对美、英侵略者的抵抗，我们肯定会击败侵略者，把他们赶出我国的领空。伊拉克人民现在有抗击任何新侵略的能力、力量和意志，他们的目的不会达到。”以致于 7 月 29 日美总统国家安全事务助理赖斯在接受媒体采访时气急败坏地说，美国对伊拉克的威胁再也不能忍受了，必须坚决使用军事手段制服萨达姆，而且再也不能小打小闹。从 8 月初开始，美英战机果然大幅度地提高了出击频率和轰炸范围。8月上旬至9月中旬，美英对伊拉克进行了不间断的持续轰炸，每天轰炸都在16次以上，其中多次出动大批飞机同时对伊拉克南北“禁飞区”进行全面轰炸，每次轰炸的范围都波及到7个省份以上，南部的巴士拉等重镇损失尤其惨重。9月26日，伊拉克外长艾哈迈德致函联合国秘书长安南强烈谴责美英的侵略行径，并呼吁安南立即采取措施加以制止，以维护中东地区的和平与安全。

“9．11”事件后，美国又大造舆论，宣称伊拉克与恐怖活动有牵连，并称已掌握了确凿的证据。据西方等媒体反映，美国正在以此为借口拟定推翻萨达姆政权的计划。据说计划分为四个步骤。第一步准备。即重新组织伊反对派武装，并向伊北部地区和土耳其、科威特等伊周边国家运送武器弹药和装备。第二步空袭。摧毁伊总统府和萨达姆的所有活动地点、重要军事基地、电台、电视台、石油基地等。第三步地面进攻。通过空袭“瘫痪”伊正常生活后，伊反对派武装将从南北两个方向向中部地区和巴格达进军。第四步美伙同其盟国以联合国名义进入伊，在伊建立亲美政权。在获得美国的这一计划后，伊拉克也在积极采取应对措施。首先是准备好接班人，以防不测。据称，萨达姆已在9月召开的复兴党第12次全会上让其次子库赛进入了党的最高领导层并全权负责军事，萨达姆已要求家族成员和军政要员在他遇到不测时“效忠”库赛。其次是组织了一支700万人的“古德斯军”，准备对美国开展“圣战”。第三是加强对军队的整备。撤消了四个战区，撤换了部分高级指挥官，并根据北部库尔德地区形势，向北部和西部地区派驻了最精锐的共和国卫队；秘密大量购进先进武器装备；加紧进行军事训练，大力提高军队的战斗力。第四是与反对派和解。萨达姆已表示愿与库尔德各派武装（约3万人）和解，并允诺和解后其成员可参政，同时还在设法缓和同什叶派穆斯林的矛盾。美国的“倒萨”计划能否尽快实施并达到目的尚是未知数，但美国的目标不会改变，美伊对抗将会加剧。

二、美加强对伊军事打击的目的

美国加大对伊拉克的军事打击力度用意非常清楚，就是要推翻萨达姆政权，扭转其在中东的被动局面，进而为完成其全球战略部署扫清障碍。

（一）推翻萨达姆政权是其直接目的。历届美国政府都认为，1991年发动的海湾战争是美国现任总统布什的父亲老布什总统的得意之作。但美中不足的是，他后悔当时未能把萨达姆政权搞掉。因此，老布什政府在海湾战争之后推出了“西促和谈，东遏两伊”的中东政策，并将推翻萨达姆政权作为美国政府追求的目标。老布什下台后，克林顿政府执政8年中的中东政策仍基本遵循了老布什总统定下的基调。10年来，美国对伊拉克实行经济制裁、武器核查、军事打击和扶植反对派多管齐下战略，给伊拉克造成约150万人死亡（死者多为儿童），1500亿美元的经济损失，给伊拉克反政府武装提供了近1亿美元的军事援助，企图置萨达姆政权于死地。然而，10年过去，萨达姆政权依然故我，它不仅顶住了美国的压力，逐步恢复了经济和军事实力，而且还摆脱了在国际社会中因占领科威特而造成的孤立处境和被动局面。伊拉克充分利用联合国的“石油换食品”计划和国际石油价格大幅度上涨的机会，赚取了400多亿“石油美元”，为摆脱经济困境和改善军事装备发挥了重要作用。与此同时，美国长期的制裁封锁使伊在道义上占了上风，伊拉克人民的艰难处境得到了世界大多数国家和人民的同情和支持。特别是2000年5月17日伊拉克宣布开放巴格达萨达姆国际机场以后，委内瑞拉总统查韦斯冲破国际封锁和美国的阻挠于8月10日乘专机抵巴格达访问，成为1991年海湾战争结束以后首位访问伊拉克的国家元首。此后，伊朗外长哈拉齐、约旦首相拉吉卜、俄罗斯紧急情况部副部长查利科夫、中国国务委员司马义．艾买提、越南副总理阮功丹等许多国家的领导人和部长带着人道主义物资陆续访问伊拉克。许多国家还恢复了通往巴格达的航班。尤其令美国不能容忍的是，伊拉克萨达姆政权不仅站稳了脚根，改善了处境，而且在中东问题上正在扮演着越来越重要的角色。一心想继承阿拉伯民族英雄萨拉丁和埃及已故总统纳赛尔在阿拉伯世界地位的萨达姆对支援巴勒斯坦的解放事业非常积极。在2000年10月召开的阿拉伯国家首脑会议上，沙特提出成立10亿美元的支持巴勒斯坦起义基金会，并主动承担了其中四分之一的经费。遭受制裁和封锁的伊拉克虽然经济实力远不及沙特，可是萨达姆在支持巴勒斯坦起义方面表现得比沙特还慷慨，提出伊拉克向巴勒斯坦提供10亿欧元的财政援助。此外，萨达姆还组织专门的武装力量，准备随时派往前线直接参加反以战争。萨达姆这些举动大大地刺激和惹恼了美国。布什2000年在竞选总统时就扬言，他当选后一定要采取更加严厉的手段将萨达姆赶下台。布什上台后，果然决心“子承父业”，发誓要完成其父亲老布什总统推翻萨达姆的“未竟事业”。布什政府的一些重要成员，是当年海湾战争的主要谋划者和指挥者，如现任副总统切尼、国务卿鲍威尔、国防部长拉姆斯菲尔德、国防部副部长沃尔福威茨等。鲍威尔还是当年的参谋长联席会议主席和海湾战争的最高指挥官。这些人如同布什一样，有着难解的“海湾战争情结”，他们的老对手萨达姆10年后还稳坐江山并活跃在国际舞台上，让他们感到很不舒服，很没面子，他们再也不愿看到这种局面再继续下去。由于有着共同的“理想”和“目标”，他们在中东问题上的政策主张比较一致。布什上台后曾多次专门开会研究如何推翻萨达姆的问题，在目标上大家认识完全一致，只是在行动方略上看法有所不同，副总统切尼、国防部长拉姆斯菲尔德及副部长沃尔福威茨等主张直接用武力推翻萨达姆的统治。但其他人则认为这过于冒险，这样有可能会失去中东其他国家的支持。布什最后决定采取三管齐下的折衷战略，即：在军事上加大打击力度，最大限度地削弱伊军事实力；在外交上加大工作力度，设法说服其盟国和中东国家继续保持对伊拉克的制裁和封锁；继续大力扶植伊拉克反政府武装。在推翻萨达姆的总目标和三管齐下战略的指导下，美国2001年加强了对伊拉克的军事打击力度，并酝酿将军事打击继续升级。可以说，只要萨达姆政权一天不倒台，美国对伊拉克的高压态势就会保持下去，并准备必要时全面动武。

（二）扭转其在中东的被动局面是重要动因。近两年，美国的中东政策在中东地区东部和西部都遇到障碍。西部巴以和平进程出现倒退，暴力事件频仍，美国促进和谈失败，巴以和谈陷入危机。东部伊拉克挑战美国利益的活动在加强，“闯飞”行动此起彼伏，国际社会要求解除对伊拉克制裁的呼声日高。尤其在武器核查问题上，海湾战争结束后连续发生了9次武器核查危机。美伊在武器核查问题上立场针锋相对。伊方坚持先解除对其制裁才同意恢复联合国对伊武器核查和监督机制；美方坚持先恢复武器核查再考虑解除制裁。由于双方相持不下，联合国武器核查小组迟迟不能返回伊拉克，于是美国便决定“以轰炸代替核查”，以便遏制伊恢复军事力量和悄悄发展核生化武器。美国加大对伊拉克的军事打击力度就是试图扭转在中东两大热点问题上所处的被动局面，避免在巴以和谈与伊拉克问题上出现不利于美国的局面，转移国际社会对美国促进巴以和平进程受挫的关注。

（三）为完成全球战略部署扫清一个重要障碍是根本目的。中东是美国全球战略中的“关键地区”之一。当年，美国本想通过海湾战争全面控制该地区。可是，伊拉克是块硬骨头不好啃，不仅没啃下来，而且拖了10年也没有软化，成为美国全面控制中东的严重障碍。美国为了其全球战略利益，决不会允许这个障碍长期存在，一定会千方百计尽快清除。中东地区除了地缘战略价值外，更重要的价值还体现在其丰富的石油资源上。美国1991年发动海湾战争的真实意图在于控制中东的石油资源。据国际权威机构反映，中东地区的石油蕴藏量占世界总量的60%，其石油产量占石油输出国组织成员国总产量的68%。美国所需石油56%靠进口，其进口总量的23%来自中东地区，而且还在呈上升趋势。美国的盟国西欧和日本对中东石油的依赖分别占其进口总量的三分之一至二分之一以上。伊拉克是中东产油大国，其石油储量仅次于沙特阿拉伯居世界第二位。伊拉克总统萨达姆以石油为武器反对美国，触犯了美在中东的战略利益。长期以来，美国一直把中东地区的石油输出安全视为美国乃至西方世界的经济生命线。布什曾恐吓萨达姆说，美国不允许伊拉克在中东地区威胁美国家安全，不允许萨达姆搞经济讹诈。石油作为最重要的能源资源，在为产油国带来财富的同时，也成为第三世界国家挑战发达国家的有力武器。因此，就争夺对石油资源的控制权而言，美国向伊拉克开战实质上是一场“石油战争”。美国战略和国际问题研究中心2001年2月提出的一份研究报告指出，在今后20年内，全球能源需求将急剧增加，世界能源供应将继续依赖中东产油国。包括伊拉克在内的产油国将在全球能源供给方面发挥越来越重要的作用。鉴于中东特殊的战略地位，美国要实现其一超独霸的梦想，就必须控制中东，没有对中东的控制，就不能实现其对全球的控制，没有对中东的牢固控制，对全球其他地区的控制就不能稳固持久。因此，美国推翻萨达姆政权的决心不会动摇。不仅要推翻，而且还必须在伊拉克建立一个可靠的亲美政权。从伊拉克的现状看，反对派的势力还十分薄弱，还没有能力同萨达姆争夺政权，因此，光靠制裁、封锁和扶植反对派还不能达到目的，必须将强大的军事打击和加速扶植反对派同时并举方可达到目的。

三、国际社会的反应

美国加大对伊拉克的军事打击力度在国际社会引起了强烈反响，遭到了国际社会的一致谴责。国际社会普遍认为，美英对伊拉克的频繁轰炸违反了联合国宪章和人道主义原则，必须立即停止。就连美国的西方盟友和当年同美国一道实施海湾战争的阿拉伯国家都对美国提出了严厉的批评。

中国外交部发言人朱邦造明确表示，中国谴责美英空袭伊拉克的行为，并对由此造成的平民伤亡深表遗憾。中国一贯主张，伊拉克的主权、领土完整和独立应得到尊重。美英轰炸伊拉克不利于国际社会为解决伊拉克问题所作的努力。中国呼吁美英停止在伊拉克的军事行动，为伊拉克与联合国对话创造适宜的气氛。

俄罗斯国家杜马外交事务委员会主席德米特里指出，美英空袭伊拉克是一个前兆，由此可以预见，如果美国研究部署国家导弹防御系统，它就会更加肆无忌惮地动用武力。如果它自认为所向无敌，它就会不需要理由想轰炸谁就轰炸谁。

法国外长韦德里纳在强烈谴责美英轰炸伊拉克的行动时指出，美英的轰炸行动缺乏任何国际上的合法性，美国军事打击的政策已明显地行不通了，法国要求美国重新检讨其对伊拉克的政策。法国主张改变对伊拉克的制裁政策。

埃及总统穆巴拉克发表声明指出，美英轰炸造成流血和使局势复杂化。这种局势不能再没完没了地继续下去了，应在联合国范围内合理地解决这一问题。萨达姆对世界并没有构成威胁，因为伊拉克不是超级大国，它没有先进的洲际导弹。所有各方都应该遵守联合国决议。埃及外长穆萨也发表声明说，美英对伊拉克的军事打击是一个危险的消极步骤，它侵犯了伊拉克的和平与领土主权，这种行径是不能接受的。

利比亚政府发表声明指出，美英飞机侵犯伊拉克领空是对联合国宪章和国际法准则的公然践踏与蔑视，利比亚支持伊拉克人民反抗侵略，并呼吁国际社会承担起制止美英侵略伊拉克的责任。

约旦外交大臣哈吉卜严正声明，约旦坚决反对美英对伊拉克使用武力，并坚决主张按照联合国安理会的有关决议解决伊拉克问题。

突尼斯外交部官员表示，美英的空袭将给伊拉克以及这个地区的安全与稳定造成消极影响。

印度总理瓦杰帕伊发表声明说，美英战机对伊拉克发动空袭是印度无法接受的，因为这给无辜的妇女和儿童造成了痛苦。印度共产党也发表声明对美英的“空中海盗行径”表示了最强烈的抗议。

马来西亚总理马哈蒂尔表示，马来西亚谴责美英的空袭行动。令人震惊的是，空袭居然是打着人道主义的幌子进行的，但事实清楚地表明，空袭造成了平民而不是士兵的伤亡，屠杀平民竟被说成是人道主义行为。

古巴外交部发表声明指出，美英对伊拉克的轰炸是一种侵略行径，它公然践踏了国家之间和平共处的原则，违反了国际法准则。

意大利众议院外交委员会主席奥凯托指出，轰炸巴格达是极其严重的行动，也是毫无道理的，因为这一行动未经联合国批准，这再次暴露了美国的霸权主义。

希腊共产党发表声明指出，美英对伊拉克的空袭是犯罪行为，这些杀害伊拉克人民的刽子手应受到惩罚。

奥地利绿党外交事务发言人卢纳策克表示，美英战机空袭巴格达应该受到最强烈的谴责。美国对伊拉克实施军事打击是一个不祥之兆。

（张　宁）

美国核潜艇撞沉日本“爱媛”号渔业实习船　2001年2月10日，美军“格林维尔”号核潜艇在距夏威夷瓦胡岛16公里的海面与日本爱媛县宇和岛水产学校的“爱媛”号渔业实习船相撞，酿成“爱媛”号实习船当即沉没，船上12人受伤，9人失踪的惨剧。“爱媛”号被撞沉事件震惊了世界和日本全国，并使在事件发生后采取了“不当行为”的日本森喜朗内阁遭受重创。2002年3月18日，美日双方达成协议，美方将就“爱媛”号事件向日本爱媛县地方政府支付12．9亿日元（约合1000万美元）的赔偿金，其中包括用于建造1艘新渔业实习船所需要的费用。但双方未就遇难者的赔偿金问题达成一致。

一、“爱媛”号祸起太平洋

日本“爱媛”号渔业实习船重499吨，全长约58米，定员67人，最高时速28千米，主要用于让学生习惯船上生活，掌握渔业知识，学习船舶驾驶技术。该船于2001年1月8日从日本宇和岛出港，原定于3月进入夏威夷港，但由于船上空调出现故障，于2月7日提前入港。事故发生时，该船刚刚离港不久。美军“格林维尔”号核潜艇重约6900吨，隶属于美海军太平洋舰队，1996年开始服役。事故发生时，“格林维尔”号核潜艇正在进行例行性作战训练。当潜艇浮出水面时，其艇尾同“爱媛”号相撞，致使后者沉没至水下550米处。经多方全力营救，“爱媛”号有26人生还，最终造成9人失踪的悲剧。遇难者中有4人是宇和岛水产学校的学生，2人是学校教师，3人是船员，获救的26人中有12人受伤。而“格林维尔”号潜艇上的乘员安然无恙，只是潜艇左弦后方出现一道数米长的撞痕。这一惨剧是7个月内美军在夏威夷发生的第二起重大事故。2000年7月，美海军两栖运输船“丹佛”号与另一艘补给船“尤康”号在瓦胡岛以西 290 千米处相撞。

“爱媛”号沉船事件震惊了日本全国，日本首相官邸在事发后紧急成立危机处理中心，内阁官房长官福田康夫 10 日要求美方尽快查明“格林维尔”号核潜艇与日本船只相撞事故的原因。11 日，日本首相森喜朗会见美驻日大使托马斯·福利，就“爱媛”号渔业实习船被美国核潜艇撞沉事件向美政府提出抗议，并要求美方尽快打捞沉船。日外务省人士还警告说，如果这次事故处理不好，不仅会影响日美关系，还会引起日本国民对政府的不满。为此，日方再三要求美方全力寻找幸存者，尽快打捞沉船，并向日本说明事故原因及为杜绝此类事件将要采取的措施。10 日，美国务卿鲍威尔打电话给日本外相河野洋平，对日本船只被撞沉一事表示“遗憾和歉意”，同时转达了布什总统的“歉意和慰问”。27 日，美国总统布什派遣的特使法龙将军抵达日本，就“爱媛”号的悲剧性事故再次向日本道歉，并会见了“爱媛”号实习船失踪人员的家属，当面表达了歉意。法龙表示，美国方面将尽最大努力打捞沉船。“爱媛”号船体于当地时间 2 月 17 日零时 30 分在夏威夷海域距事发区约 900 米的海底被发现，船体基本保持原形，没有断裂。4 月 23 日，美军方宣布了对撞船事故责任人、此前已被解职的“格林维尔”号艇长沃德尔的处罚决定：美海军太平洋舰队给“沃德尔一封申斥信，以示对他在“格林维尔”号撞沉“爱媛”号渔业实习船事件中的过失进行处罚，并扣发其两个月的半数工资，但延缓 6 个月执行这一处罚。由于沃德尔已定于 2001 年 10 月 1 日前退役，因此他在退役前实际上仍将得到全数工资。尽管此前美海军已预先放风说准备从轻处罚撞船事件责任人，但从最终宣布的处罚决定来看，其处罚之轻仍然出人意料。日本舆论界对美方从轻处罚沃德尔的做法表示了强烈的不满。

二、美潜艇难辞其咎，日政府息事宁人

撞船事件发生后，日本国内舆论反应强烈，要求美方就事件原因作出交代，并追究有关责任人的刑事责任。尽管在事发后美国务卿和总统先后向日本表示道歉，美驻日大使也承认撞船责任完全在美方，并承诺将尽快查明事故原因，尽力满足失踪者家属的要求等，但随着调查的深入，表明美方人员确实存在严重的疏忽行为，加之美方在事故原因等问题上的辩解强词夺理、自相矛盾，导致日本国民的气愤和不满有增无减。首先是美潜艇不仅见死不救，还阻止其它船只前去营救。日媒体 2 月 11 日报道，“爱媛”号渔业实习船被撞沉后，“格林维尔”号核潜艇的人员将潜艇上盖掀开，只是探出身体用望远镜了望，并向落水者喊话，除此之外没有采取任何救援行动。“爱媛”号幸存者、船长大西尚生在会见记者时也证实，尽管事故现场风平浪静，但事发后，“格林维尔”号核潜艇并没有采取积极的救助行动，他还反驳了美方有关风大浪高、无法救助的托词。17 日，日媒体又披露，在“爱媛”号渔业实习船 10 日被“格林维尔“号核潜艇撞沉当天，美国海岸警卫队曾阻止在附近海域的其它日本船只前去寻找和营救落水者。当日上午，日本宫城县水产高中的“宫城”号实习船从广播中得知“爱媛”号出事的消息后，立即通过无线通信装置向各实习船发出求救呼吁。然而，美海岸警卫队通过日本全国渔业协同组合联合会通知各实习船不要去救援。

随后，有关美民间人士参与了“格林维尔”号核潜艇操作消息的披露，又在日国内引起轩然大波。美国海军官员 2 月 14 日承认，事故发生时，有 15 名平民和美军太平洋潜艇部队的一位高级官员应邀在“格林维尔”号潜艇上观摩演习。当“格林维尔”号潜艇从海中紧急浮出并与海面上的日船相撞时，有两名参观者正分别坐在潜艇控制舵和升降操纵席上，并参与了核潜艇上浮的驾驶操作，其中一个人拉动了操纵杆。此消息一传出，立刻震惊了日本全国，舆论哗然。获救的日本“爱媛”号实习船员们听到消息后，在檀香山举行记者招待会，表示他们的愤怒和震惊。他们指出，这是极不负责任的做法，是绝对不能容忍的。日本的报刊纷纷以醒目的标题指责美国有关方面的做法“令人不能容忍”、“不懂得生命的分量”。对此，美军方人士却轻松地解释说，民间人士上艇体验生活是常事，他们参加驾驶操作是经船长同意后，在严格指导下进行的，这与撞沉事故没有直接关系。

虽然在事发初期，为平息民怨，日政府表面上对美方态度强硬、措辞严厉，但从维护日美两国同盟关系，确保计划中的日美首脑会晤不受撞船事件影响的考虑出发，日本采取了低调处理、息事宁人的处理方式，以避免事态扩大化。日外务省政务官樱田义孝 13 日在夏威夷瓦胡岛同美太总部司令布莱尔上将举行会谈后向新闻界说，日本政府认为，“格林维尔”号潜艇在事故发生后，在现场同美国有关方面进行了联系，并一起看着落水者，这种行动是恰当的。他说，连同日本的潜水艇专家对此也无可厚非，他们也都认为军用潜艇只能做到这种地步。日外相河野洋平同日也表示，以布什总统为首的美国政府所采取的态度和措施是有诚意的，希望美方继续为寻找失踪者和

调查事故原因作出努力。森喜朗17日致信美国总统布什，表示不要让最近发生的美国潜艇撞沉日本渔业实习船这一不幸事件损害两国的良好关系。森喜朗在信中说，他对布什总统此前打电话向日本道歉表示感谢，并认为要消除这次不幸事件给两国关系带来的影响，两国紧密合作是非常重要的。森喜朗还表示期待近期同布什会晤。面对日方的“宽容姿态”，美政府也作出积极回应，布什15日表示，美国防部应当检讨邀请平民观摩军事演习的政策，以避免再度发生像“格林维尔”号潜艇撞沉“爱媛”号渔业实习船一类的事故。美海军发言人彼得罗保利当天在国防部举行的记者招待会上表示，美大西洋和太平洋潜艇部队目前正在检讨邀请平民参观海上军事演习的有关程序，并将采取措施确保安全。

三、森喜朗四面楚歌，日内阁遭受重创

就在日本国民群情激昂、反美情绪日益高涨之时，森喜朗首相及其他政府官员也因在得知“爱媛”号事故后采取的“不当行为”遭到了国内舆论的围剿。据日媒体报道，2月10日当地时间8时45分左右，当“爱媛”号被美核潜艇撞沉之时，森喜朗与朋友一起刚从东京都的私邸出发去神奈川县户冢打高尔夫球。他在球场接到关于沉船事故的报告后，虽然当场进行了处理事故的简单部署，但没有立即返回官邸，而是继续玩了两个小时的高尔夫球。直到近13时才离开球场，回到官邸已是下午14时20分。除首相迟到外，当天负责危机管理的内阁官房副长官安倍晋三抵达官邸时也已是下午1时多了。内阁官房长官福田康夫接到事故报告时正在出席祝贺酒会，他在致辞后才返回官邸。负责防灾危机管理的大臣伊吹文明正在京都，返回东京已近下午5时。此事被媒体曝光后，舆论大哗，纷纷谴责首相不把国民安危放在心上，舆论一致认为，此事暴露了日本政府危机管理方面存在着漏洞。对此，伊吹文明等政府官员辩解说，森喜朗首相的处理没有问题，虽然没有中断打高尔夫球，但当场作了正确的指示。尽管如此，此事仍遭到了在野党及执政党内部人士的追究，同为执政党的公明党和保守党负责人都表示希望森喜朗尽快辞职，自民党主流派中要他辞职的呼声也很强烈，一时间日本政局风声鹤唳，动荡不安，要求首相辞职的呼声不绝于耳，森喜朗去留成为日本政局焦点。批评者认为，在渔业实习船被美国核潜艇撞沉事故发生后，政府没有发挥阪神大地震后建立起来的危机管理机制的作用，森喜朗首相作为最高负责人还继续打高尔夫球，这是令人难以想象的行为。尽管他当场作出了指示，但只要存在继续打高尔夫球的事实，就无法避免来自各方的批评。日本内阁的支持率本来就属“低空飞行”，撞船事件发生后更是急转直下。据《朝日新闻》2月19日发表的一项民意调查结果显示，森喜朗内阁的支持率仅为9%，而70%以上的被调查者要求他早日辞职。面对来自政府内部和国民舆论的强大压力，2月19日，森喜朗在日本众议院预算委员会上回答民主党议员质询时承认，他“在接到撞船的报告后仍留在高尔夫球场的判断是错误的”，应该深刻反省和道歉，但他坚决拒绝了执政党要他尽快辞职的强烈要求。

虽然“格林维尔”号核潜艇撞沉“爱媛”号事故最终并未给日美的盟友关系带来大的损害，但由于日政府解决问题不力，该事件仍然对日本政局产生了重大影响，并间接导致了森喜朗内阁的倒台。森喜朗任首相后，在历史认识问题上接连“失言”、日本经济回升减缓、自民党政治腐败丑闻等问题不断，日本内阁的支持率下降到罕见的低点，撞船事件更是给本已危机四伏的森喜朗内阁雪上加霜。在执政三党和在野党的强大压力下，森喜朗最终于2001年4月18日正式宣布辞职。

（周亦冰）

哥伦比亚和平进程搁浅 2001年，哥伦比亚国内局势在和谈和冲突间交替演进，一方面哥政府继续与“哥伦比亚革命武装力量”（左翼）和“哥伦比亚民族解放军”（右翼）等反政府武装组织进行马拉松式的和平谈判，另一方面哥政府军与反政府军在全境内交火不断，造成大量人员伤亡。年内，虽然在国际和国内各方的呼吁和调停下，哥伦比亚帕斯特拉纳政府与反政府武装进行了多轮和谈，但是无奈双方谈判条件大相径庭，年初本已曙光初现的哥伦比亚和平进程在年底重新陷于停滞状态。

一、总统亲赴和谈，和平希望初现

2001年，哥伦比亚政府启动了近40年来首次与哥国内最大反政府武装组织“革命武装力量”的和平谈判。2001年1月26日，哥政府与“革命武装力量”就建立“和平对话区”达成了原则性协议，对在该组织控制的南部“非军事区”进行和谈的相关事项进行了协调。在该协议的基础上，为进一步表明和谈意愿，哥总统帕斯特拉纳于2月8日亲赴“非军事区”会晤“革命武装力量”总司令马鲁兰达，并达成“关于恢复正式和谈的13点协议”，其中包括双方交换患病战俘，以及邀请一些“友好国家”出席定于3月8

日举行的和平谈判。根据这一协议，哥政府将“革命武装力量”控制“非军事区”的有效期延长至10月9日。3月8日，哥政府和“革命武装力量”再次举行和平谈判。双方在谈判的主要议题上未取得进展，但在接纳“友好国家”参与哥国内冲突的调停上达成了一致。3月9日，“援助哥伦比亚和平进程10国集团”宣布成立，“集团”由法国、加拿大、古巴、西班牙、意大利、墨西哥、挪威、瑞典、瑞士和委内瑞拉等10个国家组成，宗旨是在哥国内促进实现和平。6月，“革命武装力量”为表示“追求和平的诚意”单方面释放了近300名政府军士兵和警察。

虽然哥政府与反政府武装在和谈方面取得了一定的进展，但是由于“革命武装力量”和“民族解放军”向哥政府提出无条件释放他们所有的在押人员和建立北部“和平缓冲区”等无理要求，所以反政府武装的绑架破坏活动和政府军的清剿行动就一直未断。4月15日，“革命武装力量”袭击了哥西北部的一个村庄，打死至少25人，使哥国内局势骤然紧张。5月16日，“联合自卫军”也在东北部比利亚努埃瓦绑架了190名种植园工人。在名为“8月7日”（哥陆军节）的清剿行动中，哥政府派出5000余名政府军，在47架武装直升机和战斗机的掩护下向盘踞在东部6个省的“革命武装力量”发动进攻，击毙200余人。9月下旬，哥政府军又在包括西部瓜维亚雷省在内的9个省同“革命武装力量”交火，击毙包括该组织第3号头目奥克塔维奥·萨拉曼卡在内的78名游击队员。9月24日，哥前文化部长孔苏埃洛·阿劳霍女士一行26人在参加宗教活动的途中被“革命武装力量”绑架，随后阿劳霍被哥军方证实遇害。阿劳霍遇害事件使哥国内冲突再掀高潮，并受到了国际社会的严重关注。此外，反政府武装还频频袭击各城市的重要经济设施和一些油田输油管道，给哥造成巨大经济损失。

二、非军事区核查问题掀起风波

面对反政府武装的进攻，帕斯特拉纳政府表现出了强硬立场，声明无论在谈判中还是在战场上都不会作出任何让步，双方呈现出一边保持和谈“管道”，一边武装交火的局面。10月初，帕斯特拉纳总统呼吁两大反政府武装组织回到谈判桌上来，并为表示和谈诚意于10月7日宣布，将南部非军事区有效期延长至2002年1月20日，保证政府军不对位于非军事区里的“革命武装力量”展开进攻。但同时“为了遏制该地区的毒品和武器走私活动”，帕斯特拉纳宣布将在非军事区周围部署一支2．4万人的部队以进行安全核查，并使用巡逻机在非军事区上空进行巡逻。随后，政府首席谈判代表卡米洛·戈麦斯与“革命武装力量”总司令马鲁兰达举行了会谈，双方一致同意继续推动和平进程，并探讨实现停火的可能性。“革命武装力量”也于10月中旬首次承诺停止大规模绑架活动，并允许哥各政党候选人在非军事区内进行政治活动。

虽然哥政府与“革命武装力量”的艰难谈判取得了一定的积极成果，但后者对政府的非军事区“安全核查”制度表示了强烈反对，称接受该制度无异于投降。而帕斯特拉纳政府也坚持认为“安全核查”制度是维护该地区“合法秩序”的有力保障，表示不会从这一立场后退。经过数轮谈判，由于双方始终未能在“安全核查”问题上达成一致，所以从10月中下旬开始，哥政府和“革命武装力量”的和谈陷于停顿。

2002年1月，哥政府和“革命武装力量”在非军事区内重开谈判，但仍受阻于“安全核查”制度。哥和谈代表戈麦斯于1月9日宣布谈判最终破裂，帕斯特拉纳于1月12日晚宣布拒绝接受“革命武装力量”提出的“和谈14点建议”，要求该组织在48小时内按照政府的最后通牒撤出非军事区。同时，哥政府军在非军事区外大量集结部队，“革命武装力量”也加紧向山区转移武器弹药，准备与政府军展开游击战。14日，联合国驻哥促和特使勒莫因表示，联合国秘书长安南于当日再次呼吁哥冲突双方重新恢复和谈，以寻求和平解决危机。在大战一触即发之际，帕斯特拉纳总统于14日晚宣布“和平进程仍在继续”，并证实哥政府与“革命武装力量”的和谈将于1月16日恢复。但是，双方重新开始和谈至19日也未取得进展。

2001年，哥政府在与北部“民族解放军”的和谈上取得了重大进展。1月，哥政府对该组织作出一定让步，双方在哈瓦那就正式对话、建立一个非军事区问题签署了第一个协议。该非军事区设在北部玻利瓦尔省圣保罗市和坎塔加略市之间，面积2000平方公里。但是，双方在“民族解放军”在南部建立非军事区的问题上未达成一致，后者即以此为理由大肆发动针对政府军和平民的恐怖袭击活动。年中，哥政府军对“民族解放军”进行了数次大规模的清剿行动，使该组织受到重创。11月24日，双方谈判代表在古巴举行会晤，并在尽快停火和停止敌对行动上达成了一致，并签署了名为《为了哥伦比亚》的联合协议。12月，“民族解放军”放弃了建立南部非军事区的要求。

三、和平进程仍然困难重重

哥伦比亚国内的和平进程在很大程度上决定于政府和“革命武装力量”之间的和谈形势，因为后者无论从人数还是装备来看都占哥国内反政府武装力量的大半。但是，由于双方分歧太大（哥政府坚持反政府武装应首先承诺放弃绑架、暗杀和攻击军事与民用目标，并结束敌对状态；而“革命武装力量”要求先成立制宪大会，对国家进行政治、经济和军事改革，再谈双方的军事冲突），加之哥政府内部主战派势力越来越强大，帕斯特拉纳为争取 2003 年竞选连任，极有可能顺应军方要求在美国的援助下放弃和谈而采取军事解决方式，所以哥国内和平进程在可以预料的将来仍将面临巨大困难。

（周亦冰）

（本栏责任编辑　温味几）

各国军事概况

亚洲国家军事概况

中　　国

国　　名　中华人民共和国。

主要统计　面积约960万平方千米。人口12.7627亿（2001年统计，香港、澳门特别行政区，台湾省，金门、马祖等岛屿人口未计算在内）、国内生产总值9.5933万亿元（2001年）。国防费1410亿元（2001年国防开支），1662亿元（2002年国防预算）。钢15.266亿吨（2001年）。原煤11.1亿吨（2001年）。原油1.65亿吨（2001年）。发电量1.4786万亿千瓦时（2001年）。粮食4.5262亿吨（2001年）。货物运输周转量4.6304万亿吨千米（其中，铁路1.4575万亿吨千米、公路6180亿吨千米、水运24860亿吨千米、民航44亿吨千米，2001年）。旅客运输周转量1.3万亿人千米（其中，铁路4767亿人千米、公路7047亿人千米、水运95亿人千米、民航1091亿人千米，2001年）。移动电话总数达1.448亿户（2001年）。

国防政策　中华人民共和国是发展中的社会主义国家。中国始终不渝地奉行独立自主的和平外交政策，主张在和平共处五项原则和其他公认的国际关系准则的基础上，同所有国家建立和发展友好合作关系，为维护世界和平促进人类进步事业而努力。中国坚定不移地奉行防御性的国防政策，坚持永远不称霸、不做超级大国、不侵略别国。中国的国防政策主要包括以下内容：巩固国防，抵御侵略，制止武装颠覆，捍卫国家的领土、领空、领海主权和海洋权益，维护国家的统一和安全；国防建设服从和服务于国家经济建设，实现国防建设与经济建设的协调发展，逐步提高军队的防卫作战能力；在战略上实行防御、自卫和后发制人的原则，坚持"人不犯我，我不犯人，人若犯我，我必犯人"；依靠科技强军，加强质量建设，实现军队由数量规模型向质量效能型、由人力密集型向科技密集型的转变，走有中国特色的精兵之路；坚持平战结合、军民结合的方针，在独立自主、自力更生的原则下，有重点有选择地引进国外一些先进技术，大力发展国防科学技术，加强军队现代化建设，加强后备力量建设，逐步增强国防实力和潜力；努力发展与各国军队的友好关系，积极开展军事交流与合作，反对军备竞赛，主张通过公正、合理、全面、均衡的原则，实行有效的军备控制和裁军，维护世界和平。

军事战略　中华人民共和国为抵御外敌侵略，保卫国家独立和安全，维护世界和平，始终奉行积极防御的战略。其基本点是坚持自卫立场，坚持后发制人，坚持人民战争。这个战略要求军队在长期和平环境中始终保持良好的战备状态，遏制战争的爆发。在遭到敌人的局部入侵时，要本着有理、有利、有节的方针，予以有力地还击。一旦国家遭到大规模侵略，迅速动员人民群众和国家战争潜力，采取灵活的作战样式，逐步改变战争形势，适时转入战略反攻和进攻，最后战胜敌人。

核政策　中国作为核武器国家，积极支持和参与防止核扩散的国际努力，推动核裁军进程，致力于在全球范围内最终实现全面禁止和彻底销毁核武器的目标。中国组建战略核部队，完全是出于防御目的，是为了反对核讹诈，遏制核战争。核反击是被迫的，最终目的是消灭核武器和核战争，维护中国的独立和安全。中国政府一再郑重声明，中国在任何时候、任何情况下，都不会首先使用核武器，不对无核武器国家和无核武器地区使用核武器。但是，如果遭到核袭击，将毫不犹豫地实施核反击，进行有限而有效的核报复。

国防体制 领导机关 中央军事委员会是中国共产党中央委员会的军事机关，又是中华人民共和国国家机构的组成部分。

中国共产党中央军事委员会 是中国武装力量的最高统率机构，负责党和国家的最高军事决策和军事指挥，根据党的路线、方针、政策和国家的安全与发展的需要，确定军事战略，领导军事建设。《中国共产党章程》规定，党的中央军事委员会组成人员由中央委员会决定。1997 年 9 月召开的中国共产党第 15 届中央委员会第 1 次全体会议决定，中央军事委员会组成如下：中共中央军事委员会主席江泽民，中共中央军事委员会副主席张万年上将、迟浩田上将，中共中央军事委员会委员傅全有上将、于永波上将、王克上将、王瑞林上将。1998 年 10 月召开的中国共产党第 15 届 3 中全会决定，增补曹刚川上将为中央军事委员会委员。1999 年 9 月召开的中国共产党第 15 届 4 中全会决定，增补胡锦涛为中国共产党中央军事委员会副主席，郭伯雄上将、徐才厚上将为中央军事委员会委员。

中华人民共和国中央军事委员会 中华人民共和国中央军事委员会领导全国武装力量。其职权是：统一指挥全国武装力量；决定军事战略和武装力量的作战方针；领导和管理中国人民解放军的建设，制定规划、计划并组织实施；向全国人民代表大会或者全国人民代表大会常务委员会提出议案；根据宪法和法律，制定军事法规，发布决定和命令；决定中国人民解放军的体制和编制，规定总部以及军区、军兵种和其他军区级单位的任务和职责；依照法律、军事法规的规定，任免、培训、考核和奖惩武装力量成员；批准武装力量的武器装备体制和武器装备发展规划、计划，协同国务院领导管理国防科研生产；会同国务院管理国防经费和国防资产。《中华人民共和国宪法》规定，中央军事委员会由主席、副主席若干人、委员若干人组成，实行主席负责制。主席由全国人民代表大会选举产生，对全国人民代表大会及其常务委员会负责。其他组成人员由全国人民代表大会或其常务委员会根据中央军委主席的提名决定。任期与每届全国人民代表大会任期相同。1998 年 3 月召开的第 9 届全国人民代表大会第 1 次会议，选举江泽民为中华人民共和国中央军事委员会主席。会议根据江泽民主席的提名，决定：张万年上将、迟浩田上将为中华人民共和国中央军事委员会副主席；傅全有上将、于永波上将、王克上将、王瑞林上将为中华人民共和国中央军事委员会委员。1998 年 11 月 4 日第 9 届全国人民代表大会常务委员会第 5 次会议通过任命曹刚川上将为中华人民共和国中央军事委员会委员。1999 年 10 月 31 日第 9 届全国人民代表大会常务委员会第 12 次会议通过，任命胡锦涛为中华人民共和国中央军事委员会副主席，任命郭伯雄上将、徐才厚上将为中华人民共和国中央军事委员会委员。

人民武装委员会 从中央到县各级建立的群众武装建设的专门机构。主要任务是：研究贯彻党中央、国务院、中央军委有关民兵建设的各项方针、政策和指示；根据上级地方党委和军事机关的有关指示，结合本地区情况，研究解决民兵工作中的重大问题；研究贯彻有关兵员动员和转业、复员、退伍战士安置工作的方针、政策。中央军委人民武装委员会由中央军委、国家机关有关部门、人民解放军各总部和有关人民团体的负责人组成。办事机构设在中国人民解放军总参谋部动员部。省（直辖市、自治区）、地、县（市）党委人民武装委员会，由各级党委吸收有关部门的负责同志组成，主任由同级党委指定一名书记担任。办事机关分别为省军区、军分区、县（市）人民武装部。

中华人民共和国国防部 中华人民共和国国务院的军事部门。根据中华人民共和国宪法规定，国务院领导和管理国防建设事业。国务院设立国防部，一切需要由政府负责的军事工作，则经国务院作出相应决定，通过国防部或以国防部的名义组织实施。国防部在接受国务院领导的同时也接受中央军事委员会的领导。需要国防部办理的事宜，由总参谋部、总政治部、总后勤部、总装备部分别办理。1998 年 3 月，第 9 届全国人大 1 次会议决定，迟浩田上将为国务院国务委员兼国防部长。

中国人民解放军总参谋部 中央军委领导下负责组织武装力量建设和作战指挥的军事领导机关。设有办公厅和作战、情报、通信、训练、军务、动员、兵种、电子对抗、政治、陆航、外事、管理等部门。现任总参谋长傅全有上将（1995 年 9 月上任），常务副总参谋长郭伯雄上将（1999 年 9 月上任），副总参谋长隗福临上将（1995 年 7 月上任）、吴铨叙上将（1995 年 7 月上任）、钱树根上将（1995 年 7 月上任）、熊光楷上将（1996 年 1 月上任）、张黎中将（2000 年 6 月上任），总参谋长助理李玉少将（2000 年 12 月上任）。

中国人民解放军总政治部 中央军委领导下负责

全军政治工作的领导机关。设有办公厅和组织、干部、宣传、保卫、纪律检查、联络等部门。现任总政治部主任于永波上将（1992 年 10 月上任），副主任王瑞林上将（1992 年 10 月上任），常务副主任兼中央军事委员会纪律检查委员会书记徐才厚上将（1999 年 9 月上任），副主任唐天标上将（1995 年 7 月上任）、袁守芳上将（1996 年 11 月上任）、张树田上将（1998 年 12 月上任），总政治部主任助理孙忠同少将（2001 年 7 月上任）。

中国人民解放军总后勤部 中央军委领导下负责全军后勤工作的领导机关。设有司令部、政治部以及财务、军需、卫生、军事交通、油料物资、基建营房、审计等部门。现任总后勤部部长王克上将（1995 年 9 月上任），政治委员周坤仁上将（1995 年 7 月上任），副部长王太岚中将（1992 年 11 月上任）、周友良中将（1993 年 12 月上任）、温光春中将（1996 年 7 月上任）、孙志强中将（1999 年 12 月上任）、苏书岩中将（1999 年 12 月上任）、王谦少将（2002 年 1 月上任），副政治委员董宜胜中将（1999 年 5 月上任），总后勤部部长助理梁洪少将（1995 年 1 月上任）、孙承军少将（2000 年 2 月上任）。

中国人民解放军总装备部 中央军委领导下负责全军武器装备工作的领导机关。1998 年 4 月 3 日组建，设有司令部、政治部和综合计划、军兵种、陆军装备科研订购、通用装备保障、电子信息等部门。现任总装备部部长曹刚川上将（1998 年 4 月上任）、政治委员李继耐上将（1998 年 4 月上任），副部长李元正中将（1998 年 8 月上任）、胡世祥中将（1998 年 8 月上任）、李安东中将（2000 年 8 月上任）、楚鸿彦少将（2001 年 10 月上任）、张诗明少将（2001 年 10 月上任）、朱发忠少将（2001 年 10 月上任），副政治委员朱增泉中将（1998 年 8 月上任）。

中国人民解放军军区领导机关 是根据国家的行政区域、地理位置和战略战役方向、作战任务等设置的一级军队组织，是战略区域内合成部队的军事领导指挥机关；直属中央军委领导。其主要任务是贯彻执行中共中央、国务院和中央军委确定的建军原则、作战方针，领导辖区部队的革命化、正规化、现代化建设，负责辖区内诸军兵种部队合同作战的统一指挥，领导管理辖区内的民兵、兵役、动员工作和战场建设。军区机关设有司令部、政治部、联勤部、装备部等机构。现有 7 个军区。

沈阳军区 司令员钱国梁中将（1999 年 12 月上任），政治委员姜福堂中将（1995 年 9 月上任）。

北京军区 司令员朱启中将（2001 年 11 月上任），政治委员杜铁环上将（1996 年 11 月上任）。

兰州军区 司令员李乾元中将（1999 年 9 月上任），政治委员刘冬冬中将（2000 年 6 月上任）。

济南军区 司令员陈炳德中将（1999 年 12 月上任），政治委员张文台中将（1999 年 9 月上任）。

南京军区 司令员梁光烈中将（1999 年 12 月上任），政治委员雷鸣球中将（2001 年 11 月上任）。

广州军区 司令员刘镇武中将（2001 年 11 月上任），政治委员刘书田中将（1998 年 8 月上任）。

成都军区 司令员廖锡龙上将（1995 年 7 月上任），政治委员杨德清中将（1999 年 5 月上任）。

中国人民解放军海军领导机关 设有司令部、政治部、后勤部、装备部。现任海军司令员石云生海军上将（1996 年 11 月上任），政治委员杨怀庆海军上将（1995 年 7 月上任）。

中国人民解放军空军领导机关 设有司令部、政治部、后勤部、装备部。现任空军司令员刘顺尧空军上将（1996 年 11 月上任），政治委员乔清晨空军中将（1999 年 1 月上任）。

中国人民解放军第二炮兵领导机关 设有司令部、政治部、后勤部、装备部。现任第二炮兵司令员杨国梁上将（1992 年 11 月上任），政治委员隋明太中将（1997 年 11 月上任）。

最高军事学术研究机关和学府 **中国人民解放军军事科学院** 中央军委领导下的军事学术研究机关，是全军军事科学的研究中心，是中央军委和总部从军事理论高度指导军队建设的助手。基本任务是进行军事基础理论和国防建设、军队建设重大问题的研究；为军委和总部决策提供战略性建议和咨询，提供军事学术研究方面的信息；组织协调全军的军事学术研究工作等。设有战略、战役战术、军制、军事历史、外国军事、军事百科全书、毛泽东军事思想研究、军事运筹分析、军队政治工作等研究部门。拥有一支具有相应水平和实践经验的研究队伍。编写出版了大量军事研究论著和各种条令、条例、教令，译注了大量中外军事名著、军事工具书，并编辑出版《中国军事科学》、《军事学术》、《外国军事学术》等多种学术刊物。军事科学院被国务院学位委员会批准在军事学领域开展硕士和博士生教育。军事科学院注重同国内外学术界的交流。现任军事科学院院长葛振峰中将（2001 年 7 月上任），政治委员温宗仁中将（2000 年 6 月上任）。

中国人民解放军国防大学 中央军委领导下的最

高军事学府，是一所具有综合性、研究性、开放性等特点的合成指挥大学。基本任务是招收经过中级指挥院校培训的优秀师、旅职军官，实施高层次的综合教育，同时培训高级参谋、高级理论研究人员和国家有关部门的领导干部，并从事有关战略和国防现代化建设问题的研究，为军委和总部决策起咨询作用。教学指导思想是以培养政治上合格的适应国防现代化建设和未来战争要求的高级人才为目标；坚持培养“通才”；坚持“高、新、宽、深”的教学内容；坚持自学为主，实行研究式、启发式的教学方法。设有国防研究系、进修系、基本系、留学生系、师资培训班和研究生院，还设有科学研究部和下属的战略研究所、马克思主义研究所、军队建设研究所等科研机构。国防大学已被国务院学位委员会批准在军事学领域开展博士生教育。国防大学坚持对国内外开放，积极开展学术交流，力求用世界最新科技、军事信息和成果充实和丰富教学内容。现任国防大学校长邢世忠上将（1995 年 7 月上任），政治委员赵可铭中将（2001 年 7 月上任）。

国防科学技术大学 中央军委直接领导的军事院校。是目前我军科学和工程技术院校中唯一经国务院、中央军委批准成立研究生院的院校，是首批进入国家“211 工程”建设并获中央专项经费支持的重点院校之一。基本任务是：培养军队高级科学和工程技术人才与指挥人才，培训军队高级领导干部，从事先进武器装备和国防关键技术研究。学校按照“理工结合，以工为主，文、管、军、经、哲多学科相互渗透，口径宽、适应性强、军队和国防特色明显”的思路，长期不懈地致力于学科专业建设，形成了以工学为主体，具有鲜明的国防科技优势和军事高技术特色的学科体系。大学下设基础部、航天与材料工程学院、理学院、机电工程与自动化学院、电子科学与工程学院、人文与管理学院、计算机学院、炮兵学院、工程兵学院、政治学院、全军高级干部高科技知识培训班。学校拥有比较先进的教学、科研实验条件和公共服务体系。现任国防科学技术大学校长温熙森中将（1999 年 6 月上任），政治委员迟万春中将（1999 年 6 月上任）。

作战指挥系统 中央军委通过中国人民解放军总参谋部对各军区、海军、空军、第二炮兵实施作战指挥。驻各军区的陆军集团军和兵种部队归所在军区建制领导和指挥。部署在各军区的海军、空军部队，建制归海、空军，受军区和军委海、空军的双层领导。军区内三军联合作战行动由军区统一指挥。第二炮兵在军委集中领导下，实施垂直指挥。省军区、军分区、县（市）人民武装部隶属军队系统，归所在军区建制领导，同时又是所在省、地、县（市）党委的军事工作部门和政府的兵役机关。

武装力量 中华人民共和国武装力量属于人民，受中国共产党领导，武装力量中的中国共产党组织依照中国共产党章程进行活动。中华人民共和国武装力量的任务是巩固国防，抵抗侵略，保卫祖国，保卫人民的和平劳动，参加国家建设事业，全心全意为人民服务。中华人民共和国武装力量由中国人民解放军现役部队和预备役部队、中国人民武装警察部队及民兵组成。中国人民解放军现役部队是国家的常备军，主要担负防卫作战任务，必要时可以依照法律规定协助维护社会秩序；预备役部队平时按照规定进行训练，必要时可以依照法律规定协助维护社会秩序，战时根据国家发布的动员令转为现役部队。中国人民武装警察部队在国务院、中央军事委员会的领导指挥下，担负国家赋予的安全保卫任务，维护社会秩序。民兵在军事机关的指挥下，担负战备勤务、防卫作战任务，协助维护社会秩序。中华人民共和国武装力量以毛泽东军事思想和邓小平新时期军队建设思想为指导，按照江泽民主席提出的“政治合格、军事过硬、作风优良、纪律严明、保障有力”的总要求，正向革命化、现代化、正规化目标迈进。

在 2001 年 3 月 15 日第九届全国人民代表大会第四次会议批准的《中华人民共和国国民经济和社会发展第十个五年计划纲要》中指出，强大的国防是国家安全和现代化建设的基本保证。“十五”期间，要在集中力量发展国民经济的同时，积极推进国防建设，增强国防实力。要加强军队党的建设，确保党对军队的绝对领导。加强人民解放军的革命化、现代化、正规化建设。贯彻积极防御的军事战略方针，坚持质量建军，科技强军，勤俭建军，依法治军，积极改革创新。加快军队向质量效能型和科技密集型转变，走有中国特色的精兵之路，提高现代技术特别是高技术条件下防卫作战的能力，做好应付各种复杂情况的准备。加强国防动员体系建设，增强国防后备力量，提高平战转换能力。深化后勤保障改革，提高保障能力。要坚持军民结合，寓军于民，大力协同，自主创新，建立适应国防建设和市场经济要求的新型国防科技工业体系，发展高新武器装备，努力提高现代化水平。要坚持“和平统一、一国两制”的基本方针，坚决打击“台独”分裂势力，早日完成祖国统一大业。

中国人民解放军 由陆军、海军、空军、第二炮兵部队组成。

陆军 中国人民解放军陆军经过70多年的建设，现已发展成为一支具有强大火力、突击力和高度机动能力的诸兵种合成军种。编有步兵、炮兵、装甲兵、工程兵、通信兵、防化兵等专业兵种，还编有电子对抗、测绘和航空兵部队。步兵有山地步兵、摩托化步兵、机械化步兵；炮兵包括地面炮兵、高射炮兵和地空导弹部队；装甲兵部队在编制上以坦克部队和装甲步兵部队为主体，还编有炮兵、反坦克导弹、防空、防化学、工程及其他勤务保障部（分）队，装备除主战坦克外，还有水陆坦克、轻型坦克、扫雷坦克、反坦克导弹发射车等；工程兵由工兵、舟桥、建筑、工程维护、伪装、野战给水工程等专业部（分）队组成；通信兵由野战通信、固定台站通信、通信工程和军邮勤务等专业部（分）队组成；防化兵由防化、喷火、发烟等部（分）队组成。陆军的编制序列一般是：集团军、师（旅）、团、营、连、排、班。

海军 中国人民解放军海军是1949年4月23日正式成立的。主要任务是独立地或协同陆军、空军防御敌人从海上入侵，保卫领海主权，维护海洋权益。主要由水面舰艇部队、潜艇部队、航空兵、岸防兵和陆战队等兵种以及各种保障部队组成，编有北海、东海、南海三个舰队和海军航空兵部，以及各类院校、科研、试验机构、预备役部队和军民联防单位。编制序列是：海军、舰队、航空兵部、基地、水警区、舰艇支队、舰艇大队、舰艇中队。人民解放军海军部队现已成为一支兵种齐全、常规和尖端武器兼备，具有立体攻防能力，能有效地保卫国家领海的战斗力量。

空军 中国人民解放军空军是1949年11月11日正式成立的。主要任务是担负国土防空，支援陆、海军作战，对敌后方实施空袭，进行空运和航空侦察。编制序列是：空军、军区空军、空军军、师（旅）、团、飞行大队（营）、飞行中队（连）。经过半个世纪的建设，人民解放军空军已经发展成为一支由航空兵、高射炮兵、地空导弹兵、雷达兵、空降兵等多兵种合成，由歼击机、强击机、轰炸机、运输机等多机种组成的现代化的高技术军种。

第二炮兵 中国人民解放军装备地地战略导弹武器系统，遂行战略核反击任务的部队，组建于1966的7月1日。主要任务是遏制敌人对中国使用核武器，在敌人对中国发动核袭击时，遵照统帅部的命令，独立地或联合其他军种的战略核部队对敌人实施有限而有效的自卫反击，打击敌人的重要战略目标。第二炮兵部队由近程、中程、远程和洲际导弹部队，工程部队，作战保障、装备技术保障和后勤保障部队组成，是一支具有一定规模和实战能力的主要核威慑和战略核反击力量。目前，建成了一批不同型号和不同发射方式的作战阵地，初步形成了多种型号导弹武器装备系统，快速机动作战能力和准确打击目标能力进一步提高，在保卫国家安全、维护世界和平中发挥着重要作用。

驻香港部队 1997年7月1日，中华人民共和国恢复了对香港行使主权。根据《中华人民共和国宪法》赋予中国人民解放军的使命和《中华人民共和国香港特别行政区基本法》关于中央人民政府负责管理香港特别行政区的防务的规定，为维护国家的主权、统一和领土完整，保持香港特别行政区的繁荣和稳定，驻香港特别行政区部队于1993年初开始组建，1994年10月25日正式成立，1996年1月28日组建完毕，1997年7月1日正式进驻香港执行防务任务。香港驻军由陆、海、空军部队组成，是一支合成部队，下辖1个陆军步兵旅、1个海军舰艇大队、1个空军航空兵团。驻香港特别行政区部队隶属于中华人民共和国中央军事委员会，费用由中央人民政府负担，驻军的防务职责是防备和抵抗侵略，保护香港特别行政区的安全；担负防卫勤务；管理军事设施；承办有关的涉外军事事宜。香港特别行政区政府在必要时，可向中央人民政府请求驻军协助维护社会治安和救助灾害。驻军法规定香港驻军人员的义务是：（一）忠于祖国，履行职责，维护祖国的安全、荣誉和利益，维护香港的安全；（二）遵守全国性的法律，遵守军队的纪律；（三）尊重香港特别行政区政权机构，尊重香港特别行政区的社会制度和生活方式；（四）爱护香港特别行政区的公共财产和香港居民的私有财产；（五）遵守社会公德，讲究文明礼貌。同时明确规定禁止驻军干预特区的地方事务，禁止军人参加香港的政治组织、宗教组织和社会团体，禁止驻军和军人从事营利性的经营活动和其他与驻军职责不相称的活动。这支部队按照中央军委的要求，进驻香港后展现出了中国人民解放军“威武之师、文明之师”的风貌。驻澳门部队 1999年12月20日，中华人民共和国恢复了对澳门行使主权。根据《中华人民共和国宪法》赋予中国人民解放军的使命，依照《中华人民共和国澳门特别行政区基本法》关于中央人民政府负责管理澳门特别行政区的防务的规定和《中华人民共和国澳门特别行政区驻军法》的有关规定，为维护国家的主权、统一和领土完整，保持澳门特别行政区的稳定和发展，中华人民共和国中央人民政府派驻澳门特别行政区的部队于 1999 年 11 月 10 日组建完毕，于 1999 年 12 月 20 日进驻澳门正式担负防务。这支部队集摩托化步兵、装甲步兵、通信兵、侦察兵等多兵种于一体，主要由陆军组成，官兵人数近千名。指挥机关编有海、空军人员，并设有专门的训练和保障机构。武器装备都是 20 世纪 90 年代以后的最新装备，机关实现了指挥、办公、管理等自动化。中国人民解放军驻澳门部队由中华人民共和国中央军事委员会领导，驻军费用由中央人民政府担负。驻澳门部队不干预澳门特别行政区的地方事务。澳门特别行政政府在必要时，可以向中央人民政府请求驻澳门部队协助维持社会治安和救助灾害。驻军人员除须遵守全国性的法律外，还须遵守澳门特别行政区的法律。

预备役部队　是中国人民解放军的组成部分，是建设祖国保卫祖国的一支重要力量。预备役部队以少数现役军人为骨干，以预备役军官和士兵为基础，按照中国人民解放军的统一编制组建，属于人民解放军序列。平时按照总参谋部的计划进行军事训练，努力提高军事素质和快速动员能力，必要时可按照法律规定协助维护社会秩序，战时根据国家发布的动员令转为现役部队。从 1983 年开始，各军区及军兵种普遍组建预备役部队。经过 16 年的建设，现已成为一支具有数十个师兵力，包括步兵、炮兵、工程兵、通信兵、防化兵和舟桥部队以及海、空军等专业技术兵种在内的诸军兵种合成的新型预备部队。各预备役师、团在加强基本建设的同时，建立健全了一整套教育、训练、管理生活制度，狠抓军事训练，不断增强了在现代高技术条件下的快速动员能力和遂行作战任务能力。《中华人民共和国预备役军官法》规定，预备役军官授予预备役军官军衔，军衔等级基本与现役军官相同，最高编制军衔为预备役少将。从 1997 年 1 月 1 日起，预备役军官在参加军事训练、执行军事勤务期间和参加国庆节、建军节或者重大庆典活动时，着预备役军官制式服装，佩带军衔肩章、符号标志，平时不得佩带。

中国人民武装警察部队　是中华人民共和国武装力量的组成部分，担负国内安全保卫任务。其职能是捍卫中国共产党的领导，捍卫社会主义制度。基本使命是维护国家主权和尊严，维护社会稳定，保卫重要目标和人民生命财产安全。1982 年 6 月，党中央决定组建中国人民武装警察部队。1983 年 4 月，中国人民武装警察部队总部在北京成立，属于国务院编制序列，由国务院、中央军委双重领导，实行统一领导管理与分级指挥相结合的体制。武警部队执行中华人民共和国兵役法和中国人民解放军的条令、条例和有关规章制度，享受中国人民解放军的同等待遇。军衔等级同中国人民解放军军衔等级，军衔前冠以“武警”名称。

中国人民武装警察部队设有总部，各省、自治区、直辖市设有武装警察部队总队（副军或师级）；各地、市、州、盟设有支队（团级）或大队（营级）；县（市、旗）设有中队（连级）。中国人民武装警察部队以内卫部队为主体，包括列入武装警察部队序列的公安边防部队、公安消防部队、公安警卫部队；担负生产建设任务的水电部队、交通部队、黄金部队；担负护林防火、灭火任务的森林警察部队。内卫部队的基本任务是：警卫党政机关和外国使（领）馆，守卫重要机场、电台、电视台、通信枢纽、工厂、仓库、科研机构等重要目标；守护重要桥梁、隧道；担负看守所、监狱、劳改场所的外围武装看押任务和押解罪犯；对大城市和特定地区实施治安巡查警戒；参与处置各种突发事件。边防部队的主要任务是：担负边境地区的治安管理；在对外开放的港口、机场、国境车站和孔道以及特许的口岸，对出入境人员和交通工具实施边防检查；对国际国内航班乘客及携带物品实施安全检查；在领海线内实施巡逻。消防部队的主要任务是：向人民群众宣传安全防火常识，协助有关单位建立防火措施，搞好消防监督和检查，扑救火灾，保卫国家经济建设和人民生命财产的安全。中国人民武装警察部队总部设有武警部队指挥学院、技术学院和专科学校，总队一级设有初级指挥学校和有关专业技术学校。武警部队经过十几年的建设已进入了新的发展阶段。目前，部队正在建设成为一支政治可靠、训练有素、装备改善、出色履行维护国家安全和稳定的神圣职责的部队。现任武警部队司令员吴双战武警中将（1999 年 12 月上任），第一政治委员贾春旺（公安部长兼，1998 年 3 月上任），政治委员徐永清武警上将（1996 年 2 月上任）。

民兵　是中国共产党领导下的不脱离生产的群众武装，是中华人民共和国武装力量的组成部分，是中国人民解放军的助手和后备力量。民兵的任务是：（一）积极参加社会主义现代化建设，带头完成生产和各项任务；（二）担负战备勤务，保卫边疆，维护社会治安；（三）随时准备参军参战、抵抗侵略，保卫祖国。《民兵工作条例》规定，民兵工作的任务是：（一）建立和巩固民兵组织，提高民兵军政素质，配备和管理民兵武器装备，储备战时所需的后备兵员；（二）发动民兵参加社会主义现代化建设，组织民兵担负战备执勤，维护社会治安；（三）组织民兵参战，支援前线，抵抗侵略，保卫祖国。民兵工作应当贯彻人民战争的思想，坚持劳武结合，坚持民兵制度与预备役制度、民兵工作与战时兵员动员准备工作相结合。全国的民兵工作在国务院、中央军委领导下，由中国人民解放军总参谋部主管。军区按照上级赋予的任务，负责本区域的民兵工作。省军区（卫戍区、警备区）、军分区、县（市）人民武装部负责本区域的民兵工作。《中华人民共和国兵役法》规定，乡、民族乡、镇和企业事业单位建立民兵组织，凡 18 至 35 岁符合服兵役条件的男性公民，除应征服现役以外，均应编入民兵组织服预备役。民兵分基干民兵和普通民兵。28 岁以下的退出现役的士兵和经过军事训练的人员，以及选定参加军事训练的人员编为基干民兵；其余 18 至 35 岁符合服兵役条件的男性公民编为普通民兵。根据需要吸收女性公民参加基干民兵。陆海边疆、少数民族地区和城市有特殊情况的单位，基干民兵的年龄可适当放宽。随着国防现代化建设的发展，民兵组织已由单一的步兵发展成为包括高炮、地炮、通信、工兵、防化、侦察以及海军、空军等专业技术分队在内的基干民兵队伍。民兵的武器装备实现了国产制式化。为加强国防后备力量建设，1987 年全国边海防民兵工作会议之后，开始组建民兵应急分队。民兵应急分队是一支应付突发事件、维护社会稳定的“拳头”力量。经过 10 多年的建设，在大中城市和边海防等重点地区组建的民兵应急分队已步入正规化建设轨道，基本实现了武器装备现代化、通信工具现代化，成为一支素质优良、动员快速、战斗力强的队伍。在加强民兵应急部队建设的同时，加强了民兵专业技术分队的建设。目前，全国共组建对口专业分队近万个，编组民兵数万人，在平时的生产建设、抢险救灾和军事活动中充分发挥了后备军的作用。

兵役制度 中华人民共和国宪法规定：“保卫祖国、抵抗侵略是中华人民共和国每一个公民的神圣职责。依照法律服兵役和参加民兵组织是中华人民共和国公民的光荣义务。”凡中华人民共和国公民，不分民族、种族、职业、家庭出身、宗教信仰和教育程度，都有依法服兵役的义务。参加中国人民解放军的服现役，没有服现役的公民进行兵役登记服预备役或者编入预备役部队、参加民兵组织，以及学生接受军事训练等都是履行兵役义务。1998 年 12 月 29 日第 9 届全国人民代表大会常务委员会第 6 次会议通过了关于修改《中华人民共和国兵役法》的决定，修改后的兵役法规定：“中华人民共和国实行义务兵与志愿兵相结合、民兵与预备役相结合的兵役制度。”

士兵服役制度 根据 1998 年 12 月 29 日新颁发的《中华人民共和国兵役法》和 1999 年 6 月 30 日国务院、中央军委修订发布的新的《中国人民解放军现役士兵服役条例》，现役士兵按兵役性质分为义务兵役制士兵和志愿兵役制士兵。义务兵役制士兵称义务兵，义务兵服现役的期限为 2 年。志愿兵役制士兵称士官。士官从服现役期满的义务兵中选取，根据军队需要，也可以从非军事部门具有专业技能的公民中招收。士官实行分期服现役制度。士官服役的年限为：第一期、第二期各 3 年，第三期、第四期各 4 年，第五期 5 年，第六期 9 年以上。士官服现役的期限，从改为士官之日算起，至少 3 年，一般不超过 30 年，年龄不超过 55 岁。

军官服役制度 中国人民解放军现役军官是被任命为排级以上职务或者初级以上专业技术职务，并被授予相应军衔的现役军人。军官按职务性质分为军事军官、政治军官、后勤军官、装备军官和专业技术军官。军官的选拔和使用，坚持任人唯贤、德才兼备、注重实绩、适时交流的原则，实行民主监督。坚持院校培训提拔军官的制度。优秀士兵经过院校培训也可以提拔为军官。经军队院校培训提拔军官不能满足需要时，平时可以挑选优秀士兵经过总部指定的其他训练机构培训合格后提拔为军官，也可以接收普通高等学校毕业生和专业技术人员入伍，任命为军官；战时可以从士兵、征召的预备役军官和非军事部门的人员中直接任命军官。军官服役最高年龄：排级 30 岁、连级 35 岁、营级 40 岁、团级 45 岁、师级 50 岁、军级 55 岁，大军区副职 63 岁，大军区正职 65 岁。作战部队的少数师、军职军官因工作需要可以适当延长，但师、正军职最多不得超过 5 岁，副军职最多不得超过 3 岁；在舰艇上服役的营、团级军官，任职的最高年龄分别为 45 岁和 50 岁；总部机关，大军区机关，省军区（卫戍区、警备区）系统、后勤基地和分部、院校、科研单位的师职军官任职的最高年龄为 55 岁，副军职军官任职最高年龄为 58 岁，正军职军官最高任职年龄为 60 岁；专业技术军官平时任职的最高年龄，担任初级专业技术职务的 43 岁、中级专业技术职务的 50 岁、高级专业技术职务的 60 岁，少数中、高级专业技术职务的军官，因工作需要按任免权限批准可放宽 5 岁。军官达到服现役的最高年龄的、因伤病残不能坚持正常工作或因受军队编制员额限制不能调整使用的，应当退出现役作转业、退休、离休安置。军官服现役（或参加工作）满 30 年以上或者年

龄满50周岁以上，本人提出申请，组织批准，可作退休安置。

现役军人及其家属的优待　中国人民解放军军官实行职务军衔等级工资制度和定期增资制度，并按照国家和军队的有关规定享受津贴和补贴。军官享受公费医疗待遇，每年休假一次。军官具备家属随军条件的经师以上单位政治机关批准，其配偶和未成年子女、无独立生活能力的子女可以随军，是农村户口的转为城镇户口。部队移防或者军官工作调动，随军家属可以随调。军官退出现役后由国家妥善安置。士官实行工资制和定期增资制度，工资由基础工资、军衔等级工资、军龄工资组成，并按照国家和军队的有关规定享受津贴和补贴。高级士官经师（旅）级以上单位的政治机关批准，其配偶和未成年的子女、无独立生活能力的子女可以随军，是农村户口的转为城镇户口。士官每年均有探亲假期。义务兵役现役期间享受供给制生活待遇，并按军衔和服现役年限发给津贴，享受国家和军队规定的保险待遇，享受公费医疗待遇。兵役法规定，现役军人，革命残废军人，退出现役的军人，革命烈士家属，牺牲、病故军人家属，现役军人家属，应当受到社会的尊重，受到国家和人民群众的优待。革命伤残军人乘坐火车、轮船、飞机、长途公共汽车，凭《革命伤残军人证》准予优先购票和享受减价优待。现役军人牺牲、病故，由国家发给其家属一次性抚恤金和定期抚恤金。

退伍军人的安置　义务兵服现役期满未被选取为士官的，以及士官服役满本期规定年限未被批准进入下一期继续服现役的和符合退休条件的一律退出现役。退出现役的义务兵，按照国家有关规定妥善安置。家居农村的义务兵退出现役后，由乡、民族乡、镇的人民政府妥善安排他们的生产和生活。招收员工时，在同等条件下，应当优先录用。家居城镇的义务兵退出现役后，由县、自治县、市、市辖区的人民政府安排工作，也可以由上一级或者省、自治区、直辖市的人民政府在本地区内统筹安排。机关、团体、企业事业单位，不分所有制性质和组织形式，都有按国家有关规定安置退伍军人的义务。入伍前是机关、团体、企业事业单位职工的允许复工、复职。城镇退伍军人待安置期间，由当地人民政府按照不低于当地最低生活水平的原则发给生活补助费。城镇退伍军人自谋职业的，由当地人民政府给予一次性经济补助，并给予政策上的优惠。士官退出现役后，初级士官按复员安置，满10年的中级士官、高级士官作转业安置，本人要求复员的经批准也可以作复员安置。入伍前是农村户口的，可以转为城镇户口；服现役满30年或者满55岁的高级士官作退休安置，根据地方需要和本人自愿也可以作转业安置。丧失工作能力的士官作退休安置。退出现役的特等、一等革命残废军人，由国家供养终身，其余的由政府安排力所能及的工作，或转业地方工作，或作退休安置。军官退出现役后，由国家妥善安置。担任师级以上职务和高级专业技术职务的军官，退出现役后主要作退休安置；担任团级以下职务和初、中级专业技术职务的军官退出现役后主要作转业安置，不宜作转业或其他安置的团职军官可以由组织批准作退休安置。自愿复员的干部，可回原籍县（市、区）或入伍时户口所在地，也可到配偶所在地。国家机关和企业事业单位在招聘工作人员时，应对具备条件的复员干部优先聘任和录用。复员干部从事个体经营或开办私营企业的，应依法优先发给营业执照，在有限期内给予低息贷款，经税务部门批准可适当减免营业税和所得税。复员干部就业后的待遇按照“享受所在单位同工龄、同工种、同岗位人员待遇”的原则确定。

军衔　中国人民解放军军官军衔分为3等10级：即将官3级（上将、中将、少将）、校官4级（大校、上校、中校、少校）、尉官3级（上尉、中尉、少尉）。根据军官所属军种和技术特点，在海军、空军和专业技术军官军衔前分别冠以“海军”、“空军”、“专业技术”名称。现行军官职务等级编制军衔：中央军事委员会主席不授予军衔，中央军事委员会副主席和委员为上将，总参谋长、总政治部主任为上将，正大军区职为上将、中将，副大军区职为中将、少将，正军职为少将、中将，副军职为少将、大校，正师职为大校、少将，副师职为上校、大校，正团职为上校、中校，副团职为中校、少校，正营职为少校、中校，副营职为上尉、少校，正连职为上尉、中尉，副连职为中尉、上尉，排职为少尉、中尉。专业技术军官，高级专业技术职务为中将至少校，中级专业技术职务为大校至上尉，初级专业技术职务为中校至少尉。志愿兵役制士兵按军衔等级分为；高级士官（六级士官、五级士官）；中级士官（四级士官、三级士官）；初级士官（二级士官、一级士官）。义务兵役制士兵分为上等兵、列兵。海军、空军士兵在军衔前分别冠以“海军”、“空军”二字。

文职制度　中国人民解放军中的文职干部是被任命为初级以上专业技术职务或者办事员级以上职务，不授予军衔的现役军人，是国家干部队伍的组成部分。文职干部按照工作性质分为专业技术文职干部和非专业技术文职干部。文职干部编制范围：军队中科学研究、工程技术、医疗卫生、教学、新闻、出版、图书、档案、文化艺术、体育等单位的部分专业技术干部职务，以及机关、院校、医院等单位部分从事行政事务、服务保障的干部职务。文职干部的职务等级：专业技术文职干部的专业技术职务分为高级、中级、初级，专业技术等级分为1级至14级，1级为最高级；非专业技术文职干部的职务分为正局级、副局级、正处级、副处级、正科级、副科级、一级科员、二级科员、办事员。文职干部的级别设置为特级、1级至9级，特级为最高级。文职干部的待遇基本与现役军官的待遇相同。文职干部着制式服装，佩带帽徽、肩章、军种符号、领花。根据工作需要，文职干部可以改任军官，并按照有关规定评定授予军衔。

（张景恩　吴德斌）

附：中国台湾省

主要统计　面积3.6006万平方千米，由台湾本岛、周围属岛和澎湖列岛等80余个岛屿组成。其中台湾本岛面积3.5798万平方千米，是中国第一大岛。人口2227万人（其中，14岁以下人口470万人，15~64岁劳动适龄人口男约为736.2万人，女约741.5万人，20~39岁男379.1万人，65岁以上人口192万人）。国民生产总值3139亿美元（2000年），“国防”预算128亿美元。石油自产3.8万公升，天然气7.4万立方米，发电量129.77亿度，粮食180.1万吨（1998）。铁路总长2400千米，客运量11.6亿人，货运量3.3亿吨。海运能力，台籍船舶登记数（100吨以下及渔船等不含）255艘，总载重量551万吨。空运能力，台籍航空公司飞机189架，客运量2748万人，货运量81万吨。

简况　台湾自古以来就是中国领土不可分割的一部分。1949年10月1日，中华人民共和国成立，蒋介石和部分国民党军政人员退据台湾，依靠美国的庇护和支持，偏安一隅，使台湾与祖国大陆陷入分离局面。1995年6月，李登辉公开进行分裂祖国的活动，抛出所谓“七块论”和“两国论”，将两岸关系推向十分危险的境地。对此，中国政府、中国人民和中国人民解放军开展了坚决的反分裂、反“台独”斗争。陈水扁2000年5月上台后，对台所谓安全政策进行了一些调整。其现行安全政策的要点是：在对外政策方面，抛出所谓“人权外交”，加大“参与联合国”和其他国际组织的力度。2001年底民进党在立法院选举获胜后，在两岸关系上，继续坚持回避、拒绝“一个中国的原则”，推出一些实质性的“台独”措施，鼓吹“一边一国”。在军事上，大力加强台军的建设，主张“境外决战”，力图达到“以武拒统”的目的。

军事战略　提出“境外决战”的新战略构想，“不希望将战争带入本土”。调整军事战略方针，将李登辉时期的“防卫固守、有效吓阻”改变为“有效吓阻、防卫固守”。台2000年“国防报告书”认为，台军“自精实案实施，新一代兵力编成及武器装备更新后，已具备主动战略条件，有能力遂行反制作战，且可获致一定程度之吓阻效果”。在作战对象上，继续视大陆为其最大威胁，认为大陆军队现代化建设对台的威胁“已从单纯数量优势转变为质量的竞争”，对台的“安全威胁已较以往更加紧迫、更为严重，武力犯台模式也更加多样化。”在作战指导上，继续强调“先制反制”作战，提出“止战而不惧战，备战而不求战”的原则，一旦战争爆发，将依据“战略持久、战术速决”的作战指导思想，实施总体作战。

军事体制　基本架构由“总统”、“国家安全会议”、“行政院”、“国防部”组成。“总统”为三军统帅，直接通过“国防部长”统帅三军。“国家安全会议”为安全的最高咨询机关。“行政院”负责制定“国防政策”，统合整体“国力”，督导所属各机关办理“国防”有关事务。“国防部”隶属于“行政院”，对台军政、军令、军备三大系统有领导与指挥权。武装力量由正规军和后备力量及准军事力量组成。正规军分为陆、海、空三个军种及宪兵等。

领导人物　“总统”兼武装力量统帅陈水扁（2000年5月20日上台），“行政院”院长游锡堃，“国防部”部长汤耀明，参谋总长李杰，陆军总司令霍守业，海军总司令苗永庆，空军总司令李天羽。

武装力量　**兵力**　现役总兵力38万人。

陆军　24万人。编有3个军团部，4个防卫部，在“精实案”计划实施过程中，陆军师已全部改编为“联兵旅”。“联兵旅”分为守备旅，共计40个。此外，还编有4个防卫部直属营、2个防空导弹群、1个通信电子战群等。

各型坦克：1000余辆，其中主战坦克740辆；步战车225辆，装甲输送车等装甲车辆950辆；105毫米以上火炮1375门，反坦克导弹1000具，高炮400余门，各种直升机234架。

海军　6.2万人（含海军陆战队）。编为7个舰队（2个驱逐舰队、2个巡防舰队及水雷、两栖、勤务舰队各1个）、1个潜水艇战队、若干快艇队、1个海军航空指挥部、1个观察系统指挥部；海军陆战队师已改编为3个陆战“联兵旅”（守备旅、打击旅、基地警卫旅）。

海军主要装备：潜艇4艘；水面舰船520余艘，其中主要水面舰艇33艘，两栖舰船18艘；作战飞机31架，武装直升机21架。

空军　6.8万人。编有1个作战司令部，1个后勤司令部，1个教育暨准则发展司令部，2个基地指挥部，7个飞行联队及其他战斗和战斗支援部队。

作战飞机570架，其中IDF（“经国”号）型战机130架，F－16型战机约146架，幻影－2000型战机58架；高炮400余门，地空导弹241部。

后备军人　348.2万人。其中，陆军272.4万人；海军42.5万人；空军33.4万人。精壮及专业技术后备军人纳入“年度动员计划”，每年实施教育召集、点阅召集训练，以符合战备要求。

部署　由于台军兵力裁减，武器装备更新，因此，兵力部署也作出相应的调整。陆军设有5个战区及金门、马祖2个防卫部，作战部队均部署在其防区内。第1战区为澎湖列岛及周边海区，部署两个联兵旅；第二战区为中央山脉以东大浊水溪以南、大竹蒿溪以北地区，主要部署2个守备旅；第3战区为后龙溪与大浊水溪以北地区，主要部署有10个联兵旅；第4战区为八掌溪与大竹蒿溪以南地区，主要部署有8个联兵旅；第5战区为中央山脉以西、后龙溪以南、八掌海以北地区，主要部署有8个联兵旅；金门防卫部防区的部署有4个联兵旅；马祖防卫部防区部署有3个联兵旅。另有5个机动打击旅作为战略预备队，分别部署于各个战区。海军作战部队依固定的基地部署，左营部署有3个舰队，在高雄、基隆、苏澳、马公各部署有1个舰队。空军作战部队依机场部署。台南、清泉岗、嘉义、花莲、台东、桃园、屏东、新竹各部署有1个飞行大队。海空雷达部队部署在外岛及本岛适宜阵位。

兵役制度　实施义务兵与志愿兵役制相结合的兵役制度。军官、士官和志愿兵为志愿制，兵为义务制。

军衔　分为5等19级，即将官4级（一级上将、上将、中将、少将）、校官3级（上校、中校、少校）、尉官3级（上尉、中尉、少尉）、士官6级（一等士官、二等士官、三等士官、上士、中士、下士）、兵3级（上等兵、一等兵、二等兵）。

（张世斌）

阿　富　汗

国　　名　**阿富汗伊斯兰国。**

主要统计　面积65.23万平方千米。人口2256.7万人（其中，13～17岁男149.9万人，女144.2万人；18～22岁男119.4万人，女113.4万人；23～32岁男205.3万人，女193万人）。

领导人物　临时政府主席兼武装部队总司令卡尔扎伊（2001年12月）。国防部长法希姆（2001年12月）。

武装力量　阿富汗原有国家正规军队，1989年苏联侵阿战争结束后消亡，阿各派游击队围绕权力分配问题互不相让，并展开了一场旷日持久的内战，形成多股非正规武装。其中主要的派别包括：伊斯兰促进会、伊斯兰党（希克马蒂亚尔派）、伊斯兰党（哈里斯派）、伊斯兰革命运动、阿富汗民族解放阵线、伊斯兰统一党、伊斯兰民族运动等。1994年8月，阿富汗宗教学生运动“塔利班”异军突起，提出“铲除军阀、恢复和平、重建家园、建立真正的伊斯兰政权”的口号，受到阿富汗人民的普遍欢迎和支持，队伍迅速发展壮大，并在国内连续取得胜利。1996年8月，“塔利班”攻占首都喀布尔，接管中央政府，颁布新的政策和法规，开始行使政府职责。在此形势下，阿原来各派游击队联合组成了反塔利班的北方联盟。由此，阿国内形成了两大武装集团对立抗衡的局面。其中，塔利班控制全国95%的地区，总兵力约8万人，主要武器装备有：T－45、T－55、T－62型坦克300余辆；PT76型装甲车200余辆；BRDM－1、BRDM－2型步兵战车150余辆；各型火炮400余门；“飞毛腿”导弹若干枚；苏－17、苏－22、米格－21

等型战斗机70余架。北方联盟仅占据5%的国土，总兵力约10万人，主要武器装备有：T－54、T－55、T－62型坦克250辆；PT－76装甲车300余辆；BRDM－1、BRDM－2型步兵战车100余辆；各型火炮200余门；“飞毛腿”导弹若干枚；苏－17、苏－22、米格－21等型战斗机30余架。2001年“9·11”事件后，美国对阿富汗发动反恐怖战争，在北方联盟的配合下，推翻了塔利班政权。2001年12月22日，阿成立了以卡尔扎伊为首的临时政府，开始重新组建国家军队。为此，阿临时政府成立了以国防部长为首的专门委员会，负责国家武装部队的筹建工作。根据计划，阿将组建的国家武装部队总兵力为20万至25万人，编成7个军。组建工作将分两个阶段进行：第一阶段先从各省挑选200至300名人员，在喀布尔接受基础训练，充当未来军队的中坚力量，其主要任务是维护社会治安，清剿塔利班残余人员及收缴散落在社会上的武器装备；第二阶段将根据各地区民族人口总数确定该地区在未来武装部队中所占的比例，取消以武装派别划分所占比例的做法。为此，阿临时政府已呼吁国内各武装派别服从政府命令，为并入国家武装部队做好准备。

外国驻军　在阿富汗国家军队组建之前，由国际维和部队负责维护阿国内安全。至2002年1月，共有3042人的国际维和部队部署在阿富汗，其中，英国1666人、法国519人、荷兰243人、德国241人、意大利189人、挪威43人、西班牙37人、美国36人、瑞典29人、芬兰15人、丹麦11人、土耳其9人、澳大利亚4人。

（刘温国）

阿拉伯联合酋长国

国　　名　阿拉伯联合酋长国。

主要统计　面积8.36万平方千米。人口257.1万人（其中，13～17岁男8.7万人，女8.7万人；18～22岁男8.7万人，女8.3万人；23～32岁男14.3万人，女11.5万人）。国内生产总值2130亿迪尔汗，约合580亿美元（2000年）。国防费145亿迪尔汗，合39亿美元（2000年国防预算）。原油7.77亿桶（1997年）。天然气358.59亿立方米（1997年）。发电量172.78亿度（1996年）。粮食1000吨（1999年）。海运能力，商船（载重100吨以上）276艘，总吨位149.17万吨（2000年）。民航能力，有固定航班机场6处，客运量156.33亿人千米，货运量24.03亿吨千米（2000年）。

国防体制　联邦最高委员会决定，联邦总统兼任武装力量统帅。最高军事决策机构是“武装力量总司令部”。最高军事行政机关是国防部。武装力量由正规军和准军事部队组成。正规军分陆、海、空三个军种。联邦总统通过武装力量总司令部、国防部和陆、海、空三军领导和指挥全军。

领导人物　联邦总统兼武装力量总司令扎耶德·本·苏尔坦·阿勒纳哈扬。武装力量副总司令、王储哈利法·本·扎耶德·阿勒纳哈扬（1994年11月上任）。国防部长穆罕默德·本·拉希德·阿勒马克图姆上将（1983年7月上任）。武装力量参谋长穆罕默德·本·扎耶德·阿勒纳哈扬。

武装力量　**兵力**　现役部队6.5万人（外籍军人约占30%）。

陆军　5.9万人（包括迪拜1.5万人）。编有1个王室警卫旅、2个装甲旅、3个机械化步兵旅、2个步兵旅、1个炮兵旅，迪拜拥有2个独立步兵旅。

主战坦克：共411辆，其中AMX－30型45辆，OF－40Mk2“狮”式36辆，“勒克莱尔”式330辆。轻型坦克：“蝎”式76辆。装甲侦察车：共89辆，其中AML－90型49辆，“萨拉丁”式20辆（储备），“白鼬”式20辆（储备）。步兵战车：共615辆，其中AMX－10P型15辆，BMP－3型600辆。装甲输送车：620辆，其中VCR型80辆，“潘哈德”M－3型240辆，EE－11“褐斑洞蛇”式100辆，AAPC型136辆。牵引炮：共80门，其中105毫米ROF型60门，130毫米59－1型20门。自行火炮：155毫米自行榴弹炮共181辆，其中MKF－3型18门，G－6型78门，M－109A3型85门。火箭炮：共72门，其中70毫米LAU－97型18门，122毫米FIROS－25式48门（只有

24门具作战能力)，300毫米6门。迫击炮：共155门，其中81毫米L16型114门，120毫米“布朗特”式21门。地地导弹：“飞毛腿”－B型6部（属迪拜)。反坦克导弹：共305部，包括“米兰”式230部，“陶”式25部，“霍特”式50部，“警惕”式若干部。无坐力炮：共262门，其中84毫米“卡尔·古斯塔夫”式250门，106毫米M－40型12门。高炮：共62门，其中20毫米M－3VDA型自行高炮42辆，30毫米GCF－BM2型高炮20门。防空导弹：“吹管”20余部，“西北风”20部。

海军　约2000人。

护卫舰：“阿布扎比”级导弹护卫舰2艘。巡逻/近海战斗舰艇：共16艘，其中轻型护卫舰2艘，导弹艇8艘，巡逻艇6艘。两栖舰艇：共5艘，其中3艘为坦克登陆艇。后勤支援舰：2艘。海军航空兵装备SA－316Alouette直升机4架，AS585型“豹”式直升机6架。

空军　约4000人。编有3个攻击战斗机中队，1个战斗机中队，1个防暴机中队。作战飞机101架，武装直升机49架。

战斗/对地攻击机：共43架，其中“幻影”－2000E型9架，“霍克”102型17架，“霍克”MK63/63A/63C（兼教练机）型共17架。战斗机：“幻影”2000EAD型22架。防暴机：MB－326型8架（KD型2架，LD型6架)，MB－339A型5架。改装训练机：“霍克”MK61型5架，MB－339A型4架，“幻影”2000DAD型6架。侦察机：“幻影”2000RAD型8架。运输机：包括BN－2型1架，C－130H型4架，L－100－30型1架，C－212型4架，CN－235M－100型7架，“伊尔”－76型4架（租借)。直升机：武装直升机49架，其中AS－323F型5架，SA－342K型10架，SA－316/319型7架，AH－64A“阿帕奇”式20架，AS－565“豹”式7架；运输直升机，共45架，其中AS－332型（要员运输机）2架，AS－350型1架，“贝尔”－205型8架，“贝尔”－206型9架，“贝尔”－206L型5架，“贝尔”－214型4架，“贝尔”－407型1架，“贝尔”－412型3架，SA－330型10架，“空中大王”350型（要员运输机）2架。搜索救援机：共6架，其中BO－105型3架，“奥古斯塔”－109K2型3架。教练机：共47架，其中PC－7型30架，SF－260型5架（4架TP型、1架W型)，“GROB”G－115TA型12架。空舰导弹：“霍特”式、AS－11/－12型、AS－15“飞鱼”AM－39型、“海尔法”式、Hydra－70式，PGM1/2型若干枚。空空导弹：R－550“魔术”式、AIM－9L“响尾蛇”式若干枚。

防空部队　1个防空旅，下设3个营，5个改进型“霍克”导弹连，另有“轻剑”式12部，“眼镜蛇”式9部，RBS－70型13部，“西北风”式100部，以及“标枪”式、“鹰”式若干部。

准军事部队　海岸警卫队（属内务部管辖）若干人，拥有约40艘巡逻快艇。

兵役制度　实行志愿兵役制。

驻外兵力　驻南斯拉夫联盟联合国维和人员1250人。设3个装甲步兵战车中队，1个主战坦克中队，1个炮兵连，1个反坦克直升机飞行小队。

外国驻军　美国空军390人。

军队节日　建军节12月10日。

（林海霞）

阿　塞　拜　疆

国　　名　阿塞拜疆共和国。

主要统计　面积8.66万平方千米。人口775.2万人（其中，13～17岁男41.3万人，女39.3万人；18～22岁男37.2万人，女34.5万人；23～32岁男61.8万人，女61万人)。国内生产总值49.04亿美元(2000年)。国防费1.19亿美元（2000年国防预算)。原油1.9亿桶（2000年)。天然气56.427亿立方米(2000年)。发电量186.63亿度（2000年)。粮食154万吨（2000年)。铁路货运量15.95亿吨（2000年)。公路货运量893.39万吨（2000年)。固定航班机场2处，客运量72.02万人次（2000年)。

国防体制　宪法规定，总统为武装力量统帅。最高国防决策机构为国家安全委员会，成员包括总统、全体内阁部长、武装力量参谋长，由总统任主席。国防部为政府中的一个部，是最高军事行政机关。武装力量由正规军和准军事部队组成。正规军分为陆、海、空三个军种。最高指挥机构为武装力量参谋部。总统通过国防部和武装力量参谋部对全国武装力量实施领导和指挥。

领导人物 总统兼武装力量统帅盖达尔·阿里勒扎·奥格雷·阿利耶夫（1998 年连任）。国防部长萨法尔·阿比耶夫上将（1995 年 2 月上任）。武装力量总参谋长涅季梅金·萨德科中将。

武装力量 **兵力** 现役部队 7.21 万人。

陆军 6.2 万人。编有 4 个军司令部、1 个摩步师、22 个摩步旅、2 个炮兵旅、1 个反坦克团。

主战坦克：262 辆（其中 T－72 型坦克 136 辆、T－55 型坦克 126 辆）。步兵战车：253 辆。装甲输送车：381 辆。火炮：303 门。地空导弹：SA－4/－8/－13 型共 40 余部。

海军 2200 余人。

护卫舰：1 艘。导弹快艇：2 艘。巡逻艇：9 艘。扫雷艇：5 艘。登陆艇：4 艘。辅助舰船：3 艘。

空军 6500 人。作战飞机 52 架（另库存 33 架）。

飞机：苏－17 型 4 架、苏－24 型 5 架、苏－25 型 2 架、米格－21 型 5 架、米格－25 型 34 架。直升机：35 架，其中武装直升机 15 架。地空导弹：SA－2/－3/－5 型 100 部。

准军事部队 1.5 万余人。其中民兵 1 万余人、边防军 5000 人。

兵役制度 实行自愿制与合同制相结合的兵役制，服役期 18 个月。

（金小村）

巴 基 斯 坦

国 名 巴基斯坦伊斯兰共和国。

主要统计 面积 79.6095 万平方千米。人口 1.618380 亿人（其中，13 岁～17 岁男 898.9 万人，女 862.3 万人；18～22 岁男 768.4 万人，女 700.8 万人；23～32 岁男 1241 万人，女 1098.5 万人）。国内生产总值 3.3 万亿卢比，合 628 亿美元（2000 年）。国防费 1576 亿卢比，合 26 亿美元（2001 年国防预算）。原煤 355.3 万吨（1997 年）。原油 2080 万桶（2001 年）。天然气 178.94 亿立方米（1996 年）。发电量 569.46 亿度（1996 年）。粮食 2666.1 万吨（1999 年）。海运能力，商船（载重 100 吨以上）73 艘，总载重量 51.38 万吨（1999 年）。民航能力，固定航班机场 35 处，客运量 109.72 亿人千米、货运量 4.02 亿吨千米（1999 年）。

国防政策 巴基斯坦国防政策的基本点是：维护国家独立、主权和领土完整；反对印度称霸南亚，争取同南亚小国加强军事合作，共同抗衡印度；主张建立“南亚无核区”，同印度签定互不侵犯条约；适当增加军费，努力建设一支与巴的“安全环境”相适应的武装力量，重点提高武器装备现代化水平；武器来源贯彻多方引进与自产相结合的方针，强调发展国防工业，努力提高自力更生能力；面对印度的核威慑，积极发展核武器；在加强正规军建设的同时，积极发展准军事部队，保持充足的预备役兵源。

军事战略 冷战结束后，巴基斯坦对其军事战略作了相应调整。巴将 80 年代形成的东抗印度、西堵苏联通过阿富汗南下扩张的战略调整为集中主要力量对付印度。巴将 80% 的兵力部署在东部边境，将 20% 的兵力部署在西部边境。在作战指导思想上，巴鉴于本身国土狭长、纵深浅的特点，强调“先发制人”、“速战速决”，避免久拖不决的消耗战。在武装力量建设上，实行稳步扩军的方针，并力争实现武器装备现代化，要求在兵力数量上与当面对手保持均势，在武器装备上力争胜对手一筹。在发展核武器问题上，采取“以牙还牙”的政策，积极发展核武器，谋求对印进行核威慑。

国防体制 总统为武装部队统帅。内阁防务委员会为最高决策机关，主席由总统兼任，成员包括国防、外资、财政、内政等部长，参谋长联席会议主席、三军参谋长、国防部秘书长一般均出席内阁防务委员会会议。国防部是贯彻执行内阁防务委员会决议的最高军事行政领导机构，主要负责三军的财务管理、武器生产与采购。国防部首脑为国防部长，国防部秘书长负责主持日常工作。国防部下设防务局、生产局和国防情报局。参谋长联席会议在行政上受国防部领导，但在军事指挥上直属总统，主要负责拟定三军联合战略计划、研究武装力量的兵力与编成、向内阁防务委员会提供国防咨询，其成员有三军参谋长和国防部秘书长，主席由三军参谋长轮流担任，任期3年，武装力量由正规军、准军事部队和预备役部队组成。正规军分为陆、海、空三个军种。总统通过国防部和参谋长联席会议领导和指挥全军。

领导人物 总统兼武装部队统帅佩尔韦兹·穆沙拉夫（2001年7月上任）。国防部长沙希德·哈米德（1996年11月上任）。陆军参谋长佩尔韦兹·穆沙拉夫上将（1998年10月7日上任）。海军参谋长米尔扎上将（1999年10上任）。空军参谋长穆沙夫上将（2000年11月上任）。

武装力量 **兵力** 现役部队62万人。

陆军 55万人。编成9个军部、2个装甲师、9个军炮旅、19个步兵师、7个独立装甲旅、9个独立步兵旅、6个机械化旅、1个防空司令部（下辖8个旅）、7个工程兵旅、1个地区司令部（师级）、3个装甲侦察团、1个特种部队群（3个营）、17个航空兵中队。

主战坦克：2300辆，其中M-47型15辆、M-48A5型250辆、T-54/55型50辆、T-59型1200辆、T-69型250辆、T-85型200辆、T-80UD型约320辆，其它15辆。装甲输送车：M-113型1150辆。牵引炮：1467门，其中85毫米200门、105毫米350门、122毫米450门、130毫米227门、155毫米214门、203毫米26门。自行炮：240门，其中105毫米50门、155毫米150门、203毫米40门。火箭炮：122毫米45门。迫击炮：约1200门，其中，81毫米500门、120毫米225门。地地导弹："哈塔夫-1"型80枚、"哈塔夫-3"型和"沙辛-1"型30枚、"高里"型12枚。反坦克导弹："眼镜蛇"、"陶"式等800具。火箭筒：89毫米若干具。无坐力炮：75、106毫米若干门。高炮：2000余门，其中14.5毫米和35毫米200门，37、40和57毫米若干门。地空导弹：1400枚，其中，"毒刺"、"红眼"和RBS-70型350部、"安扎"500部。飞机：航测机1架、联络机56架、观测机75架。直升机：攻击直升机20架、运输直升机117架。

海军 2.5万人（含海军航空兵、海军陆战队和海上保安部队）。基地设在卡拉奇（舰队司令部）。正在修建的基地为瓜达尔和奥马拉。

潜艇：10艘，其中"卡林级"1艘、"初日"级2艘、"汉格尔"级4艘、小型潜艇3艘。驱逐舰："征服者"级2艘。护卫舰：8艘，其中导弹护卫舰6艘、常规护卫舰2艘。导弹快艇：5艘。巡逻艇：5艘。扫雷艇：3艘。支援舰：9艘。

海军航空兵 装备作战飞机5架，武装直升机9架。

海军陆战队 约1200人。

空军 4.5万人。编成6个攻击战斗机中队、12个战斗机中队、1个侦察机中队、1个海上反潜侦察机中队、2个运输机中队、1个救援直升机中队、1个运输直升机中队、7个地空导弹连。装备作战飞机410架。

攻击战斗机："幻影"68架、Q-5型42架。战斗机："幻影"43架、F-16型32架、其他型117架。武装侦察机："幻影"3RP型11架。反潜巡逻机："大西洋"4架、P-3C型3架（均具有作战能力）。运输机：C-130型12架、波音-707型2架、波音-737型1架、其他型号6架。救援直升机：SA-319型6架。运输直升机：SA-316/319型15架、SA-321型4架、SA-315B型12架。教练机：170架，其中40架MFI-17B型具有作战能力。地空导弹："响尾蛇"144部、SA-2型6部。空地导弹："飞鱼"、"小牛"若干枚。空空导弹："麻雀"、"响尾蛇"等若干枚。

预备役部队 51.3万人，其中陆军50万人、海军5000人、空军8000人。

准军事部队 国民警卫队18.5万人。边防部队6.5万人，装备装甲输送车45辆。巴基斯坦别动队（属内务部）2.5~3万人。海上保安厅约1000人，装备驱逐舰1艘、快艇8艘。海岸警卫队，装备快艇23艘。

兵役制度 实行志愿兵役制。新兵招募的年龄，陆军17~21岁，海军17~20岁，空军16~28岁。士兵服役年限，陆军7年，海、空军7~8年。士兵服役期满后转为预备役。预备役服役年限，陆军8年，海、空军5年。军官最高服役年龄，将官59岁，校官52岁，尉官48岁。

军衔 军官军衔分3等11级：将官4级（上将、中将、少将、准将），校官3级（上校、中校、少校），尉官4级（上尉、中尉、少尉、准尉）。

驻外兵力 2001年巴基斯坦共有1452人在克罗地亚、多哥、东帝汶、格鲁吉亚、伊拉克和科威特、西撒哈拉等国和地区参加联合国维和行动。

外国驻军 1999年有8个国家的43名军事观察员驻巴基斯坦。

军队节日 国防节9月6日。

（刘温国）

巴 勒 斯 坦

国　　名 巴勒斯坦国。

主要统计 根据1947年11月联合国关于巴勒斯坦分治的第181号决议规定，在巴勒斯坦地区建立的阿拉伯国家，面积为1.15万平方千米。但由于当时阿拉伯国家反对该决议，未在决议规定的地区建立阿拉伯国。1948年5月，第一次中东战争爆发，以色列占领了第181号决议规定的大部分阿拉伯国领土；1967年第三次中东战争中，以色列占领了该决议规定的全部阿国领土。1988年11月，巴勒斯坦全国委员会第19次特别会议宣告成立巴勒斯坦国，但未确定其疆界。自马德里和会至今，巴通过与以和谈，陆续收回了约2500平方千米的土地。人口300万人（其中，13~17岁男16.3万人，女15.8万人；18~22岁男14万人，女13.4万人；23~32岁男23.3万人，女22.2万人。）

领导人物 巴勒斯坦国总统、巴勒斯坦解放组织执行委员会主席、巴勒斯坦民族权力机构主席亚西尔·阿拉法特。巴勒斯坦国外交部长、巴勒斯坦解放组织执行委员会委员、政治部主任法鲁克·卡杜米。巴勒斯坦解放组织执行委员会总书记马哈茂德·阿巴斯（阿布·马赞）。巴勒斯坦立法委员会主席、巴解组织发言人艾哈迈德·库赖。巴勒斯坦加沙地带预警部队司令穆罕默德·达赫兰。巴勒斯坦约旦河西岸预警部队司令贾布里勒·拉朱卜。

武装力量 准军事部队（警察部队）3.5万人。根据巴以双方1993年达成的《奥斯陆协议》（即《加沙－杰里科先行自治协议》），巴方可以拥有一支用于保障约旦河西岸和加沙地带巴勒斯坦人的社会秩序和内部安全的警察部队，以色列继续担负防御外部威胁以及维护以色列人的整个安全的责任。因此，虽然巴勒斯坦拥有自己的武装力量，但并不是一个国家的军队，而只是一个政治实体的军队。这支部队的规模完全不是由巴勒斯坦人自己决定的，其性质也不同于任何独立国家的军队，更不具备与以色列国防军相抗衡的实力。巴勒斯坦警察部队的主要组成部队包括：

国家安全部队　1.4万人，其中加沙6000人，约旦河西岸8000人，主要装备AK－47突击步枪。国家安全部队是巴勒斯坦民族权力机构履行军队职能的警察部队，它是巴权力机构最主要的部队。其主要职责是维护巴勒斯坦控制的加沙和西岸城市地区的安全，并为联合地区协调办公室以及与以色列进行的联合机动巡逻提供人员。赛义卜·阿耶兹目前指挥着民族安全部队。

总统安全部队（亦称第17旅或17部队）　约1000余人。总统安全部队是一支将保卫以阿拉法特为首的巴勒斯坦权力机构重要成员和官方机构为任务的精锐部队。17部队下设内勤、安保、通讯、特种驾驶、特种作战、后勤等部门，各部门均由经过严格的政治审查、且绝对忠于阿拉法特和巴解组织的志愿者组成。

军事情报警察　约500余人。主要负责收集有关以色列的情报，处理内部安全事务。

预防安全警察（安全预警部队）　约3000人，其中加沙1200人，约旦河西岸1800人。安全预警部队是巴民族权力机构区域内规模最大的情报和内务部队，加沙地带司令是穆罕默德·达赫兰，西岸司令是贾布里勒·拉朱卜。

民事警察部队　约1万余人，其中加沙4000人，约旦河西岸6000人。民事警察部队的职责是维持法律和秩序，目前由加齐·阿·贾巴里领导。另外还设有情报局、海岸警卫队、空军小分队、民防联队以及代替边防部队的海关人员等。

巴勒斯坦警察部队主要装备有一些轻武器、45辆APC型装甲输送车、1架飞机以及4架直升机（2架米－8型，2架米－17型）。

除了警察部队外，巴方还拥有一些准军事组织。

主要包括坦齐姆、阿克萨烈士旅以及哈马斯等。坦齐姆是巴勒斯坦解放组织主流派别法塔赫的准军事部队，预备成员在 2000～3000 人之间，成立于 1995 年。该组织在约旦河西岸的负责人是马尔万·巴尔古提、加沙地带的负责人是马希尔·埃利。阿克萨烈士旅是沙龙 2000 年 9 月强行“参观”阿克萨清真寺导致巴以大规模流血冲突之后成立的。该组织是一个地下民兵组织，主要由城区和村庄中的主战分子组成，其许多成员都曾在阿拉法特领导的巴勒斯坦民族权力机构的各种安全部队中任职。在此次巴以冲突中，制造了多起针对以色列人的自杀性袭击事件。哈马斯的全称是伊斯兰抵抗运动，由巴勒斯坦人谢赫·艾哈迈德·亚辛于 1987 年成立。1989 年，以色列当局宣布哈马斯为非法组织，并取缔其一切活动。哈马斯正式成员约 2 万多人，多是年轻人，其中不少是大学生。它组织严密、纪律严明、制度严格，既有公开活动，又有秘密活动和军事组织。其下设的军事分支控制着受过特殊训练的突击部队。哈马斯坚决反对中东和平进程。1994 年 5 月，巴勒斯坦在加沙和杰里科实行自治之后，哈马斯制造了多起严重的自杀性炸弹爆炸事件。2000 年 9 月巴以爆发大规模流血冲突后，又制造了数起针对以色列人的袭击事件。

（林海霞）

朝　鲜

国　　名　朝鲜民主主义人民共和国

主要统计　面积 12.2762 万平方千米。人口约 2450 万人（其中，13～17 岁男 107.4 万人，女 111.7 万人；18～22 岁男 90.8 万人，女 100.4 万人；23～32 岁男 250.4 万人，女 204.8 万人）。国民生产总值约 15 亿美元（2000 年）。国防费约 2.96 亿美元（2000 年国防预算）。粗钢 810 万吨（1998 年）。原煤 6000 万吨（1998 年）。原油 283.5 万桶（1998 年）。天然气 860 亿立方米（1998 年）。发电量 3700 亿度（1998 年）。粮食 395.7 万吨（1999 年）。铁路总长度 8800 多千米，公路 77500 千米。海运能力，商船（载重 100 吨以上）100 艘、总载重量 95.12 万吨（2000 年）。民航能力，国际航班机场 1 处、客运量 2070 万人千米、货运量 220 万吨千米（2000 年）。

国防体制　朝鲜劳动党中央委员会总书记、党中央军事委员会委员长兼国防委员会委员长为武装力量最高统帅。朝鲜新宪法赋予国防委员会宣布战争和发布动员令、负责国家武装力量和国防建设、设立或取消国防部门所属中央机关、对重要军事干部的任命罢免、颁布军事称号等权力。劳动党中央设有军事部。共和国政府设有人民武装力量省。常备武装力量为朝鲜人民军，分陆、海、空三个军种，常设领导机关为总参谋部和总政治局。

领导人物　现任国防委员会委员长（1998 年 9 月）、人民军最高司令官金正日元帅（1993 年就任）。国防委员会副委员长由赵明录、金一哲、李勇武担任，国防委员由金永南、延亨默、李乙雪、白鹤林、全炳浩、金铁万担任。国防委员会副委员长金一哲兼任人民武力相（1998 年 9 月）。总参谋长金永春次帅（1995 年 10 月上任）。总政治局长赵明禄次帅（1995 年 10 上任）。

武装力量　**兵力**　现役部队 108.2 万人。

陆军　95 万人。编有 20 个军（其中 1 个装甲军、4 个机械化军、12 个步兵军、2 个炮兵军、1 个首都防御军）、27 个机械化步兵师、15 个装甲旅、14 个机械化步兵旅、21 个炮兵旅、9 个火箭发射旅；1 个特种作战军 8.8 万人，10 个狙击旅（包括 2 个两栖旅、2 个空降旅）、12 个步兵旅（包括 3 个空降旅）、17 个侦察团、1 个炮兵空降营、8 个特种任务营；6 个直属炮兵旅、1 个“飞毛腿”地对地导弹旅、1 个“蛙”式地对地导弹旅；14 个特种炮弹火箭炮旅。

主战坦克：大约 3500 辆，主要型号有 T－34 型、T－54/55 型、T－62 型、Type－59 型。轻型坦克：560 辆，主要有 PT－76 型、M－1985 型。装甲输送车：2500 辆，主要型号有 BTR－40/50/60/152 型、Type－531 型、VTT－323（M－1973）型、BTR－80A 型。牵引火炮：122 毫米、130 毫米、152 毫米 3500 门。自行火炮：122 毫米、130 毫米、152 毫米、170 毫米 4400 门。火箭炮：107 毫米、122 毫米、240 毫米 2500

门。迫击炮：82 毫米、120 毫米、160 毫米 7500 门。地对地导弹："蛙"式－3/－5/－7 型 24 枚、"飞毛腿"C 型约 30 枚、劳动型若干枚。地对空导弹：SA－7/－16 型 10000 余枚。反坦克导弹：AT－1 型、AT－3 型、AT－4 型、AT－5 型若干枚。无后坐力炮：82 毫米 B－10 型 1700 门。防空高炮：14.5 毫米、23 毫米、37 毫米、57 毫米、85 毫米、100 毫米总共 11000 门。

海军　4.6 万人，编有 2 个舰队司令部。

潜艇：苏制 R 级潜艇 22 艘、W 级潜艇 4 艘、小型潜艇 45 艘、海岸潜艇 21 艘。护卫舰："罗津"级 2 艘、"苏湖"级 1 艘。轻型护卫舰："沙里院"级 4 艘、"串儿"级 2 艘。导弹快艇："西州"级 15 艘、"奥萨"级 8 艘、"黄蜂"级 4 艘、"蚊子"级 10 艘、"瑞兴"级 6 艘。鱼雷艇：共 103 艘，其中"新兴"级 3 艘、"沪松"级大约 60 艘、"新浦"级 40 艘。巡逻艇：总共 158 艘，其中"海南"级大型巡逻艇 4 艘、"大青"级大型巡逻艇 13 艘、"索曼"级大型巡逻艇 6 艘、"索 1"级近海巡逻艇 18 艘、"上海Ⅱ"级高速攻击艇 12 艘、"椒岛"级高速攻击炮艇 3 艘、渔船改装巡逻艇大约 100 多艘。扫雷艇："陆岛"系列 23 艘。水陆两栖登陆艇 10 艘。水面支援船：7 艘，其中海上拖船 2 艘、侦察船 1 艘、气象测量船 1 艘、潜艇救护船 3 艘。

岸防部队　地对舰导弹团 2 个，"蚕"式导弹发射架 6 套，122 毫米、130 毫米、152 毫米岸炮若干门。

空军：8.6 万人。编为 6 个航空师，作战飞机 541 架。

战斗机：米格－17 型 107 架，米格－19 型 159 架，米格－21 型 130 架，米格－23 型 46 架，米格－29 型 16 架，苏－7 型 18 架，苏－25 型 35 架，米格－29/AS 型 25 架、米格－29/US 型 5 架。轰炸机：H－5 型 80 架。运输机：安－2/雅－5 型 300 架、安－24 型 6 架、伊尔－18 型 2 架、伊尔－62M 型 4 架、图－134 型 2 架、图－154 型 4 架。直升机：米－24 型 24 架、"休斯"500D 型 80 架、米－2 型 139 架、米－8/－17 型 15 架、佐－5 型 48 架。教练机：米格－21 型 6 架、CJ－5 型机 10 架、CJ－6 型机 7 架、雅克－18 型 170 架、FT－2 型 35 架。空对空导弹：AA－2 型、AA－7 型若干枚。地对空导弹：SA－2 型约 45 枚、SA－3 型 7 枚、SA－5 型 2 枚，SA－7/14/16 型数千枚。

准军事部队　18.9 万人。工农赤卫队 350 万人，最大年龄为 60 岁，其中陆军 60 万人、海军 6.5 万人，其指挥序列为旅、营、连、排，装备有轻武器、迫击炮和高炮。

兵役制度　实行义务兵役制。服役期：陆军 6～8 年、海军 5～10 年、空军为 3～4 年。义务兵可服役至 40 岁。

军衔　共分 5 等 21 级：即将官以上 7 级（大元帅、元帅、次帅、大将、上将、中将、少将），校官 4 级（大校、上校、中校、少校），尉官 4 级（大尉、上尉、中尉、少尉），士兵 4 级（特务上士、上士、中士、下士），兵 2 级（上等兵、下等兵）。

驻外兵力　在 12 个非洲国家派有军事顾问。

军队节日　建军节 4 月 25 日。

（武建伟）

菲 律 宾

国　　名　菲律宾共和国。

主要统计　面积 29.94 万平方千米。人口 7731.8 万人（其中，13～17 岁男 436.6 万人，女 421.9 万人；18～22 岁男 387.3 万人，女 373.7 万人；23～32 岁男 642.4 万人，女 620 万人）。国内生产总值 824 亿美元（2000 年）。国防费 11 亿美元（2001 年国防预算）。原煤 115.7 万吨（1998 年）。原油 40 万桶（1998 年）。发电量 347.75 亿度（1996 年）。粮食 1603.1 万吨（1999 年）。海运能力，商船（载重 100 吨以上）1499 艘，总载重量 1380.71 万吨（2000 年），民航能力，固定航班机场 21 处，客运量 168.72 亿人千米、货运量 4.719 亿吨千米（2000 年）。

国防政策　菲律宾在 1998 年 6 月首次发表的《国防战略》白皮书中指出，菲国防战略目标是保护国家安全利益，维护国家政治稳定和促进经济发展，确保菲在地区和国际上发挥更加积极的作用。为此，菲奉行以下国防政策：（一）大力加强海空军建设，着重提高快速反应能力、海上作战能力和三军协同作战能力。（二）密切与亚太地区各国尤其是东盟国家在防务方面的合作，支持把东南亚建成一个“和平、自由和中立区”，全面推进东南亚无核化进程。（三）维系菲美军事同盟，拓宽防务合作范围，向美提供军队部署、给养和武器装备维修方面的支持，争取美向菲提供物资、技术援助并帮助菲训练部队。（四）积极参与联合国维持和平行动，为全球及地区安全作出贡献。（五）坚持对所占南沙岛礁拥有“主权”的立场。

军事战略　菲实行总体积极防御战略。所谓总体防御，即在面临重大威胁时，将动员包括军事力量在内的一切国家力量进行防御；积极防御，即指尽可能早地发现各种现实和潜在的威胁，并作出及时反应。首先争取通过政治或外交途径解决，若不能奏效，随时准备诉诸武力。在作战指导思想上奉行“纵深防御”，重点加强菲西、北、南3个方向的防御部署。具体方法包括：（一）外围侦察监视。利用飞机、水面舰艇和固定侦察系统实施不间断的侦察监视。平时，侦察监视对象为各种渔船、贩毒、走私和海盗船，商业货轮以及各种飞机；战时，扩大至敌机、舰艇，并与盟国及时交换情报。（二）海上防御。平时，舰艇在侦察机的支援下对捕鱼作业区和专属经济区进行巡逻；战时，海空力量进行有效协调，快速在各防区对敌海空目标实施打击。（三）空中防御。军、民用机场监视系统密切配合，加强预警，有效控制和指挥防空力量，保护国家重要战略中心和设施。（四）本土防御。在联合作战思想的指导下，组织各地区的地面部队和海、空军部队，实施三军协同作战。

国防体制　总统为武装力量统帅。国家安全委员会是国防安全最高决策机构，由总统担任主席，主要职责是研究有关国防的重大问题，协助总统作出国防安全的重大决策。国防部是最高军事行政机关，负责制定和实施国防计划和政策。武装部队司令部为最高军事指挥机构，总参谋长是总统之下的最高指挥官。总统通过国防部和武装部队司令部对全国武装力量实施领导和指挥。武装力量由正规军和准军事部队组成。正规军分陆、海、空三个军种。准军事部队由警察部队、国民防卫军组成。

领导人物　总统兼武装力量统帅格洛丽亚·马卡帕加尔·阿罗约（2001年1月20日就任）。国防部长安基洛·雷耶斯上将（2001年3月上任）。武装部队总参谋长比利亚·努埃瓦中将（2001年3月上任）。

武装力量　**兵力**　现役部队10.7万人。

陆军　6.7万人。编有5个军区，8个步兵师（各辖3个步兵旅、1个炮兵营），1个轻装甲旅（团），1个骑兵侦察团，1个特战团，5个工程兵营，1个炮兵团，1个总统卫队。

轻型坦克：“蝎子”40辆。步兵战车：YPR－765PRI型85辆。装甲输送车：M－113型100辆，“突击队员”20辆，V－150型100辆，“狮子”150辆。牵引炮：共242门，其中105毫米230门、155毫米12门。迫击炮：81毫米若干门，107毫米40门。无坐力炮：75毫米、90毫米、106毫米各若干门。飞机：色斯纳2架。

海军　约2.4万余人（含陆战队）。编有6个海军区。

护卫舰：“拉贾·胡马邦”级1艘。巡逻舰艇：58艘（其中近海巡逻舰艇13艘、近岸巡逻舰艇45艘）。两栖舰艇：7艘。后勤支援舰船：11艘。

陆战队　7500人。编有3个旅共10个营（将减为2个旅6个营）。装甲输送车109辆，105毫米火炮150门，107毫米迫击炮若干门。

海军航空兵　装备飞机14架，其中7架为直升机。

空军　约1.6万人。编有1个战斗机中队，3个武装直升机中队，3个运输机中队，2个直升机中队，4个教练机中队。作战飞机44架，武装直升机约97架。

战斗机：F－5A/B型8架。武装直升机：贝尔UH－1H/M型60架，AUH－76型16架，休斯500/520MD型21架。海上侦察机：F－27M型1架。侦察机：RT－33A型4架，OA－10型21架（具有作战能力）。救援机：HU－16型4架，BO－105C型直升机10架。总统专机：F－27型1架，F－28型1架，贝尔212型直升机2架，贝尔412型直升机4架，S－70A型直升机2架，SA－330型直升机2架。运输机：C－130B型2架，C－130H型3架，L－100－20型3架，F－27型7架，BN－2型2架，N－22B型14架。直升机：贝尔205型55架，UH－1H型16架，MD－520型33架。联络机：色斯纳10架，DHC－2型5架，U－17A/B型12架。教练机：T－33A型4架，T－41D型14架，SF－260TP型28架，S－211型15架（具有作战能力）。空空导弹：“响尾蛇”若干枚。

预备役部队　13.1万人。其中陆军10万人，海军1.5万人，空军1.6万人。

准军事部队　菲律宾国民警察4.05万人，编有15个地区司令部、73个省级司令部。海岸警卫队3500人，装备有巡逻艇43艘、轻型飞机3架。国民防卫军4万人，编有56个营。

部署　重点加强首都及西部南沙海区的防卫。有半数以上的舰艇和陆战队部署在西部海区。全国海空军基地主要有5处，其中空军基地3处（克拉克、库比岬、马尼拉）、海军3处（三格莱/卡维特、三宝颜、宿务）。

兵役制度　实行志愿兵役制，服役年限最少不得低于3年，最多30年。

军衔　分5等17级：将军4级（上将、中将、少将、准将），校官3级（上校、中校、少校），尉官3级（上尉、中尉、少尉），军士4级（军士长、上士、中士、下士），兵3级（上等兵、一等兵、二等兵）。

驻外兵力　617人（包括8名军事观察员）参加联合国在东帝汶的维和行动。

军队节日　武装部队节12月22日。

（孟　丽）

哈萨克斯坦

国　　名　哈萨克斯坦共和国。

主要统计　面积272.49万平方千米。人口1611.5万人（其中，13～17岁男919万人，女89.6万人；18～22岁男82.6万人，女81.4万人；23～32岁男137.9万人，女135.6万人）。国内生产总值182亿美元（2000年）。国防费2.11亿美元（2001年国防预算）。原煤7480万吨（2000年）。原油3060万吨（2000年）。天然气78.39亿立方米（1997年）。发电量514亿度（2000年）。粮食1157.8万吨（1999年）。铁路货运量9.65亿吨千米（1998年）。公路货运量1300万吨千米（1988年）。航空货运量1亿吨千米（1998年）。

国防体制　宪法规定，总统为武装力量统帅。国家安全会议负责制定国家防务及安全政策。国防部为武装力量最高行政机关。总参谋部为最高军事指挥机构。总统通过国防部和总参谋部对武装力量实施领导和指挥。准军事力量包括内务部队、近卫军及若干民防部队。

领导人物　总统兼武装力量统帅努尔苏丹·阿比舍维奇·纳扎尔巴耶夫（1999年1月连任）。国防部长萨·托克帕克巴耶夫中将（1999年10月上任）。总参谋长阿·哈·卡西莫夫上将（2000年6月上任）。

武装力量　**兵力**　现役部队6.4万人。

陆军　约4.5万人。编有1个军区、2个军。其中，1个军编配1个机械化师、1个摩步旅、1个炮兵旅、1个训练中心、1个空降师、1个地地导弹旅和1个炮兵旅。

坦克：T－72型650辆，T－62型280辆。装甲战车：770辆（另库存1000辆）。牵引炮：122、152毫米505门。自行炮：122、152毫米163门。火箭炮：122、220毫米147门。迫击炮：120毫米145门。地地导弹：SS－21型12部。反坦克炮：100毫米68门。

空军　1.9万人（包括防空军）。编有1个空军师、1个战斗机团、3个攻击战斗机团、1个侦察机团、1个防空战斗机团。作战飞机131架（另库存75架）。

作战飞机：苏－24型25架，苏－25型14架，苏－27型14架，米格－29型40架，米格－31型43架，米格－25型16架。教练机：16架。地对空导弹：SA－2/SA－3型100部，SA－4/SA－5型27部，SA－6/S－300型20部。

准军事部队　3.45万人。其中边防军1.2万人，内务部队2万人，近卫军2500万人。

驻外兵力　驻塔吉克斯坦共和国1个加强营。

（金小村）

韩　　国

国　　名　大韩民国

主要统计　面积 9．927 万平方千米。人口 4729．5 万人（其中，13～17 岁男 178 万人，女 167．2 万人；18～22 岁男 191．6 万人，女 178．4 万人；23～32 岁男 435．9 万人，女 408．8 万人）。国内生产总值 4570 亿美元（2000 年）。国防费 128 亿美元（2000 年国防预算）。钢铁 4310 万吨（2000 年）。原煤 743．8 万吨（1998 年）。原油 54463．9 万桶（1998 年）。天然气 386400 亿立方米（1998 年）。发电量 1632．7 亿度（1998 年）。粮食 769．9 万吨（1999 年）。海运能力，现有港口 50 个，商船（载重 1000 吨以上）2138 艘，总载重量 1172．4 万吨（2001 年）。民航能力，固定航班机场 14 处、客运量 477．12 亿人千米、货运量 47．712 亿吨千米（1997 年）。

国防政策　1998 年 2 月 25 日，金大中就任韩国新一届总统，同时就任韩国家武装力量最高统帅，并对韩国防政策进行了一定的调整。其主张自主防御政策、提高独立防卫能力是韩国的基本国策。在军事防务上，主张奉行“民主主义综合安保主义”国防观念，强调国家安全要领先军队和人民，实现“人民防务”；在战争准备上随时准备应付和处置各种危机；在作战指导上坚持“对敌威慑”的同时，强调“全方位防御”，扩大军事行动范围；在军队建设上，通过精简军队员额、理顺编制体制、改革兵役制度等途径，以达到建设一支人员精干、装备精良、训练有素及机动力强的现代化军队的目的。与此同时，还加强韩美联合防御体系，密切韩美军事合作，以维护韩美在该地区的共同利益。此外，韩还积极与中、俄、日等国发展多边军事联合，以构筑地区联合防务机制。

国防体制　总统为全国武装力量统帅，通过国防部对军队实施领导和指挥。国家安全保障会议为最高国防决策机构，由总统任主席，其成员包括总理、国防部长官、国家情报院院长、参谋长联席会议主席等。国防部是总统统率武装力量的最高行政机构，主要负责制定国防政策和军队建设计划。国防部下辖参谋长联席会议，国防部长官的军令权通过参谋长联席会议主席实施。参谋长联席会议统帅三军本部（陆军本部、海军本部和空军本部），是全军作战最高指挥机构。参谋长联席会议主席在国防部长官的直接领导下指挥三军作战部队。参谋长联席会议主席不仅在战时或遇有紧急情况时有权直接下达作战指令，参与国家安全保障会议，向总统汇报情况和提出决策性意见，而且能决定三军种参谋总长推荐的军级以上指挥官人选。目前，韩参谋长联席会议设 1 名上将级主席和 1 名中将级副主席。

领导人物　总统兼国家安全保障会议主席金大中（1998 年 2 月 25 日上任），国防部长官金东信（2001 年 3 月 26 日上任），参谋长联席会议主席李南信上将（2001 年 10 月 8 日上任），陆军参谋总长金判圭上将（2001 年 10 月 8 日上任），海军参谋总长张正吉上将（2001 年 3 月 30 日上任），空军参谋总长李亿秀上将（2000 年 3 月 3 日上任）。

武装力量　**兵力**　现役部队 68．3 万人。

陆军　56 万人。编有 3 个集团军、11 个军、50 个师、21 个旅。

主战坦克：总共 2130 辆，其中 T88 型 1000 辆、T－80U 型 80 辆、M－47 型 400 辆、M－48 型 850 辆。装甲步兵战车：BMP－3 型 40 辆。装甲输送车：总共 3500 辆，其中 KIFV 型 1700 辆、M－113 型 420 辆、M－577 型 140 辆、FIAT6614/KM－900/－901 型 200 辆、BTR－80 型 20 辆。牵引火炮：105 毫米、155 毫米、203 毫米共 3500 门。自行炮：155 毫米、175 毫米、203 毫米共有 1040 辆。无坐力炮：57 毫米、75 毫米、90 毫米、106 毫米若干门。迫击炮：81 毫米、107 毫米 6000 门。反坦克火炮：76 毫米、90 毫米总共 58 门。地对地导弹：奈克 1/2 型 12 枚。反坦克导弹：“陶”式导弹若干枚。高射炮：20 毫米、30 毫米、35 毫米、40 毫米总共 600 门。空对空导弹：约 1090 枚，其中，“轻标枪”350 枚、“红眼睛”60 枚、“毒刺”约 200 枚、“西北风”170 枚、“霍克”110 枚、“奈基”200 枚。另外还有“天马”导弹若干枚。

陆军航空兵　装备有 O－1A 型飞机 5 架，攻击直升飞机 AH－1F/－J 型 60 架、休斯 500MD 型 45 架、

BO－105型12架，运输直升机CH－47D型18架，直升机休斯500型130架、UH－1H型20架、UH－60P型116架、AS－332L型3架。

海军　6万人（含陆战队25000人，雇佣兵19000人）。编有3个舰队司令部。

潜艇："张保皋"级8艘、小型潜艇11艘。驱逐舰："广开土大王"级3艘、"光州"级3艘。护卫舰："蔚山"级9艘、"浦项"级24艘。轻型护卫舰："东海"级4艘。导弹护卫舰5艘。导弹快艇："白鸥"52型5艘、"野猫"型2艘。近海巡逻艇："海豚"型75艘。扫雷舰"海鹰"型1艘。扫雷艇14艘，其中"江津"级猎雷艇6艘，"金山"级扫雷艇8艘。登陆舰艇14艘，其中"短吻鳄"级大型坦克登陆舰4艘、美制LST－511型坦克登陆舰7艘、美制LSM－1型中型登陆舰3艘。海上支援舰船13艘。

海军航空兵　编有3个反潜中队，装备有16架作战飞机、36架直升机。其中，S－2E型反潜侦察机15架，P－3C型反潜巡逻机8架，SA－316型直升机6架，"大山猫"反潜直升机13架，"超级大山猫"型直升机17架。

海军陆战队　25000人，编有2个师、1个旅。主战坦克：M－47型60辆。装甲突击车：LVTP－7型60辆、AAV－7A1型42辆。牵引火炮：105毫米、155毫米若干门。地对舰导弹："鱼叉"式若干枚。

空军：63000人。编有飞行团10个、战术飞行团1个、防空管制团1个、侦察飞行团1个、训练飞行团1个、防空司令部1个。作战飞机555架。战斗机：F－16C/D型160架，F－5E/F型195架，F－4D/E型130架。轰炸机：A－37B型22架。空中预警机：O－1A型20架、O－2A型10架。侦察机：RF－4C型18架、RF－5A型5架。救难搜索机：UH－1H型机5架、贝尔－212型机4架。运输机：BAE748型机（要员专机）2架、波音737－300型机（要员专机）1架，C－118型机1架，C－130型机10架，CN－235M型直升机15架，CH－47型机6架，AS－332型机3架，VH－60型机3架。改装训练机：F－5B型机25架，T－37型机50架，T－38型机30架，T－41B型机25架，"隼"式MK－67型机18架。空对地导弹："小牛"式空对地导弹、"哈姆"高速反雷达导弹、AGM－130战术空对地导弹、"恰夫纳普"空对地导弹若干枚。空对空导弹："麻雀"系列导弹、"阿姆拉姆"系列导弹等。地对空导弹：奈基、霍克等系列导弹若干部。

准军事部队　民防部队350万人（50岁以下）。海岸警卫队约4500人，装备有大型巡逻艇10艘、海岸巡逻艇33艘、近海巡逻艇38艘、直升机休斯500型9架。

兵役制度　实行普遍征兵法和招募志愿兵。陆军服役期26个月，空军和海军为30个月。

军衔　共分5等15级：将官4级（上将、中将、少将、准将），校官3级（上校、中校、少校），尉官4级（上尉、中尉、少尉、准尉），军士3级（上士、中士、下士），兵1级。

外国驻军　美国驻军3.652万人。其中陆军27200人，编有陆军司令部1个、步兵师1个；海军300人；空军8920人，1个空军司令部（第7航空联队），2个战斗联队，配备有90架战斗机。其中，3个战斗飞行中队，装备有F－16型飞机72架；1个侦察飞行中队，装备有6架A－10型侦察机、12架OA－TO型侦机；1个特殊控制中队，装备有5架MH－53J重型直升机和USMC－130型运输机。

军队节日　建军节10月1日。

（武建伟）

吉尔吉斯斯坦

国　　名　吉尔吉斯共和国。

主要统计　面积19.85万平方千米。人口473.3万人（其中13～17岁男29.2万人，女28.7万人；18～22岁男24.6万人，女24.4万人；23～32岁男37.2万人，女36.9万人）。国民生产总值13亿美元（2000年）。国防费4080万美元（2001年国防预算）。原煤41.9万吨（2000年）。天然气3190万立方米（2000年）。发电量148.86亿度（2000年）。粮食156.9万吨（2000年）。铁路货运量9.78万吨（2000年）。公路货运量364万吨（2000年）。航空货运量

3300 万吨（2000 年）。

国防体制 宪法规定，总统为武装力量。国防部是最高军事行政机关，总参谋部为最高军事指挥机构。

领导人物 总统兼武装力量总司令阿斯卡尔·阿卡耶夫（1990 年 10 月就职，1991 年 10 月再度当选，1995 年 12 月及 2000 年 10 月蝉联总统）。国防部长埃·托波耶夫上将。国防部第一副部长兼总参谋长特纳利耶夫。

武装力量 **兵力** 现役部队 9000 人。

陆军 6600 万人。编有 1 个摩托化步兵师，2 个摩步旅、2 个独立摩步团。

坦克：T－72 型坦克 233 辆。装甲战车：387 辆。火炮：122 毫米 18 门。

空军 2400 万人，编有 1 个防空火箭旅、4 个雷达营，各型飞机 160 架。准军事力量 5000 人，其中，边防部队 3000 人，编有 6 个边防总队、1 个内卫特警团；国民卫队约为 800 人。

（金小村）

柬 埔 寨

国　　名 柬埔寨王国。

主要统计 面积 18.1035 万平方千米。人口 1145 万人（其中 13～17 岁男 64.5 万人，女 63.1 万人；18～22 岁男 501 万人，女 49.3 万人；23～32 岁男 88.8 万人，女 86.5 万人）。国内生产总值 32 亿美元（2000 年）。国防费 1.28 亿美元（2001 年）。发电量 2.08 亿度（1997 年）。粮食总产量 385 万吨（2000 年）。海运能力，商船（载重 100 吨以上）3 艘，总载货物量 3.8 万吨（2001 年）。空运能力，固定航班机场 8 处（2001 年）。

国防体制 最高军事决策机构为柬王国武装部队（又称“柬埔寨国民军”）总司令部。柬宪法规定：“国王是国家军队最高司令，但不指挥军队。”国防部既是总司令部的办事机构，又是军队的最高行政机关，下辖总参谋部。总参谋部负责全军的作战指挥、后勤供应和技术保障。国防部直属单位有新闻局、通信局、对外联络局、军事法院和军事检察院等。武装力量由正规军、地方部队和准军事部队组成，正规军分为陆军、海军和空军三个军种。总司令通过国防部对所有武装力量实施领导和指挥。

领导人物 柬埔寨武装部队最高司令诺罗敦·西哈努克；总司令部总司令盖金扬上将（1999 年 1 月 25 日上任），国防部联合大臣迪班上将、西索瓦·施里武（1998 年 11 月 30 日上任），总参谋部总参谋长桑里上将，陆军司令米索皮上将（1999 年 1 月 25 日上任），海军司令翁桑坎海军上将（1999 年 1 月 25 日上任），空军司令森桑南空军上将（1999 年 1 月 25 日上任）。

武装力量 **兵力** 现役部队约 14 万人（包括地方部队）。

陆军 约 9 万人。划分为 6 个军区（包括 1 个首都特别军区），编有 12 个步兵师、3 个独立旅、1 个警戒旅（辖 4 个营）、9 个独立步兵团、3 个装甲团、1 个特种作战团、4 个工程兵团（其中 3 个野战工程兵团、1 个建筑工程兵团）、若干个独立侦察营、炮兵营和防空营。

坦克：T－54/－55 型 100 辆，T－59 型 50 辆，T－64 型 20 辆，T－62 型若干辆。装甲输送车：BTR－60/－152 型 160 辆，M－113 型若干辆，OT－64 型 30 辆。牵引炮：76 毫米、122 毫米和 130 毫米约 400 门。火箭炮：122 毫米 8 门，140 毫米 20 门，107 毫米和 132 毫米若干门。迫击炮：82 毫米、120 毫米、160 毫米若干门。无坐力炮：82 毫米、107 毫米若干门。高炮（高射机枪）：14．5 毫米、37 毫米、57 毫米若干门（挺）。

海军 约 3000 人，其中陆战队 1500 人，编成 7 个步兵团、1 个炮兵团；舰艇部队编有内河巡逻和沿海防御部队。

巡逻艇：共 6 艘，即原苏制“斯坚卡”级近海巡逻艇 2 艘，近岸巡逻艇 2 艘，快速巡逻艇 2 艘。

空军 2000 人，其中飞行员 80 人。编有 1 个飞行团、2 个防空团、1 个运输团、1 个直升机团。

战斗机：米格－21型19架。运输机：共11架，即安－26型1架、运－12型2架、BN－2型1架、安－24型2架、其它5架。直升机：米－8、米－17型共14架、米－26型2架。教练机：L－39型5架、P－92型5架、米格－21型若干架。

地方部队　4．5万人。每个省有数个独立营至数个独立团，每个县有数个独立连或独立营。

准军事部队（又称民兵游击队）　约10万人，以村为单位编成，每村10～20人。

兵役制度　实行义务兵役制。服役年龄18～35岁。服役期，陆军5年，海军18个月。民兵每年与正规军一起服役3至6个月。

军衔　军官军衔分为将、校、尉3等。

军队节日　建军节6月23日（1993年）。

（钟学良）

老　　挝

国　　名　老挝人民民主共和国。

主要统计　面积23.68万平方千米。人口556.4万人（其中，13～17岁男32.5万人，女31.9万人；18～22岁男25.3万人，女24.9万人；23～32岁男38.9万人，女38.8万人）。国内生产总值17亿美元（2000年）。国防费1580万美元（2001年）。原油90万吨（1997年）。发电量19.67亿度（1999年）。粮食200万吨（2000年）。原煤1万吨（1997年）。民航能力，固定航班机场11处，客运量4800万人千米，货运量500万吨千米（2000年）。水运能力，客运量128.9万人次，货运量12.1万吨（1999年）。

国防体制　老挝人民军最高决策机构是人民革命党中央国防安保委员会。中央国防安保委员会由老党主席、政府总理、国防部长、内务部长和老军各总部最高长官组成，党的主席兼任中央国防安保委员会主席。国防部既是中央国防安保委员会的办事机构，又是军队的最高行政管理机构，下辖总参谋局、总政治局、总后勤局3大机关。3大机关分别负责全军的作战训练、政治思想教育、后勤技术保障。国防部直属单位有外事局、监察局、军法局、保卫局和开发总公司等。武装力量由正规军、地方部队、预备役部队和民兵自卫队组成，正规军又称主力部队，分陆军和空军两个军种。中央国防安保委员会主席通过国防部对全国武装力量实施领导和指挥。

领导人物　人民革命党主席兼中央国防安保委员会主席坎代·西潘敦上将（1992年11月上任），国防部长皮吉·杜昂斋中将（2001年3月上任），总参谋局总参谋长根坎·盛阿吞准将（2001年3月上任），总政治局主任坎庞·占塔蓬少将，总后勤局局长苏培·派维西准将，空军局局长占平·潘拉冯，内河艇队指挥部指挥长坎丰·蓬帕迪。

武装力量　**兵力**　现役部队2．91万人。

陆军　2．56万人，划分为4个军区，编有5个步兵师、7个独立步兵团、3个工程兵团（其中2个建筑团）、5个炮兵营、9个高炮营、65个独立步兵连、1个轻型联络飞机小队。

坦克：T－54/－55型30辆，T－34/－85型若干辆，PT－76型25辆。装甲输送车：BTR－40/－60型30辆，BTR－152型40辆。牵引火炮：105毫米25门，122毫米40门，130毫米10门，75毫米、155毫米若干门。迫击炮：81毫米、82毫米、107毫米、120毫米若干门。无后座力炮：57毫米、75毫米、106毫米、107毫米若干门。高炮：14.5毫米、23毫米、37毫米、57毫米若干门。

内河水兵部队　约600人，以连为单位编成，每连辖若干艇队；配属陆军指挥。装备有江河巡逻艇12艘、登陆艇4艘、小艇（船）约40艘。

空军　3500人。编有2个攻击战斗机大队、1个运输机大队、1个直升机大队、10余个机场地勤部队、1支女子伞兵部队。

攻击战斗机：米格－21型12架。运输机：共14架，即安－2型4架、安－24型5架、安－26型3架、安－74型1架、雅克－40型1架。直升机：共27架，即米－6型1架、米－8型9架、米－17型12架、SA－360型3架、卡－32T型1架、米－26型1架。教练机：雅克－18型8架。空空导弹：AA－2"环礁"型若干枚。

地方部队　近2万人，由省、市、县军事指挥部指挥，每省编有1至5个独立营和若干个独立连，有的省还编有防空连、通信连和侦察排等。

预备役部队　约1万人，每个县编有1个预备役连，每个连70～170人。

民兵自卫队　共8万余人，分普通、机动和防空民兵3种。普通民兵每村编有1～2个班，每班7～9人；机动民兵编成排或连，每连75～85人，辖2～3个排，每排23～29人；防空民兵每个县城编有1个连，由县军事指挥部直接指挥。民兵自卫队的任务是：平时协同当地驻军维护国防治安，惩治犯罪和参与社会经济建设；战时参加战地运输或直接投入战斗。

兵役制度　实行义务兵役制，战士服役期至少18个月；民兵服役年龄男14～45岁，女16～35岁。

军衔　军官军衔分3等11级：将官4级（上将、中将、少将、准将），校官3级（上校、中校、少校），尉官4级（上尉、中尉、少尉、准尉）。士兵军衔分2等5级，即军士（上士、中士、下士），兵（一等兵、二等兵）。

军队节日　建军节，1月20日（1949年），空军节，4月4日（1970年），水兵节，8月23日（1975年）。

（钟学良）

黎巴嫩

国　　名　黎巴嫩共和国。

主要统计　面积1.0452万平方千米。人口313.7万人（其中13～17岁男21.6万人，女22万人；18～22岁男19.4万人，女20万人；23～32岁男39.7万，女40.6万人）。国内生产总值166亿美元（2000年）。国防费5.94亿美元（2001年国防预算）。发电量70.82亿度（1997年）。粮食9.3万吨（1999年）。海运能力，商船（载重100吨以上）163艘，总载重量43.82万吨（2000年）。民航能力，固定航班机场1处，客运量18.89亿人千米、货运量4600万吨千米（2000年）。

国防体制　宪法规定，总统为武装力量统帅。最高国防决策机构为最高国防委员会，其成员有总统、内阁部长、军队司令、参谋长等，由总统任主席。国防部为最高军事行政机关，负责军队与地方部门的协调，提供防务咨询和建议，进行国际军事交往等工作。武装力量由正规军和准军事部队组成。正规军分陆、海、空三个军种。最高军事指挥机构为军队司令部。总统通过国防部和军队司令部对全国武装力量实施领导和指挥。

领导人物　总统兼武装力量统帅埃米勒·拉胡德（1998年10月上任）。国防部长哈利勒·赫拉维。军队司令米歇尔·苏莱曼中将（1998年12月上任）。参谋长法迪·艾布·沙克拉少将（2000年上任）。空军司令里亚德·艾奥尔准将。海军司令乔治·马鲁夫准将。

武装力量　**兵力**　现役部队约7.183万人。

陆军　约7万人。编有5个军区、11个机兵旅、1个总统警卫旅、1个武装警察旅、1个突击团、5个特种兵团、2个炮兵团、1个空中突击团。

坦克：M－48A1/A5型115辆、T－54/－55型212辆、AMX－13轻型坦克36辆。装甲侦察车："萨拉丁"22辆、AML型67辆。装甲输送车：M－113A1/A2型1164辆、VAB－VCI型81辆、AMX－VCI型81辆、"庞阿尔"M3/VTT型12辆。牵引炮：105毫米13门、122毫米62门、130毫米11门、155毫米65门。火箭炮：122毫米23门。迫击炮：81毫米158门、82毫米111门、120毫米108门。反坦克导弹："安塔克"和"米兰"式若干具，"陶"式20具。火箭筒：85毫米和89毫米若干具。无坐力炮：106毫米若干门。高炮：20毫米、23毫米若干门、40毫米10门。

海军　830人。

主要基地：朱尼耶、贝鲁特。巡逻艇：14艘，另有武装小艇27艘。两栖登陆艇：2艘。

空军　1000人。作战飞机3架，武装直升机4架。

直升机：UH－1H型16架、SA－318型1架、SA－316型3架、贝尔－212型5架、SA－330型3架、

SA－342型2架。教练机：CM－170型5架、“大斗犬”式3架。

准军事部队　内部治安部队：约1.3万人，装备有“突击队”式装甲输送车30辆。海关：装备有巡逻艇7艘。

教派民兵武装　除“真主党”外，大多数民兵实际上已经解散，并把重武器移交给了政府军。

“真主党”穆斯林什叶派原教旨主义组织，亲伊朗。约有现役武装300～500人，另有支援力量约2000人。装备有火炮、火箭炮、火箭筒、无坐力炮、反坦克导弹和高炮等。

兵役制度　实行义务兵役制，并招募部分志愿兵，士兵服役期1年。

军衔　军官分3等9级：将官3级（中将、少将、准将），校官3级（上校、中校、少校），尉官3级（上尉、中尉、少尉）。

外国驻军　联合国驻黎巴嫩临时部队约5496人，编成7个步兵营，由斐济、加纳、印度、爱尔兰、尼泊尔和乌克兰等国组成；此外，还有由法国、意大利、波兰、瑞典等国组成的支援部队。伊朗驻有约150人的革命卫队。叙利亚驻有1.8万人，在贝鲁特驻有1个机械化步兵旅、5个特种兵团；在迈特恩驻有1个机械化步兵旅；在贝卡驻有1个机械化步兵师部、2个机械化步兵旅和1个装甲旅；在特里波利驻有1个特种兵团；在拜特龙驻有1个特种兵团；在克帕尔·法卢斯驻有3个特种兵团。

军队节日　建军节8月1日。

（周长鹏）

马　来　西　亚

国　　名　马来西亚。

主要统计　面积32.9735万平方千米。人口2209.2万人（其中，13～17岁男129.3万人，女123万人；18～22岁男105.6万人，女100.7万人；23～32岁男179.1万人，女173万人）。国内生产总值880亿美元（2000年）。国防费19亿美元（2001年国防预算）。原煤8.3万吨（1997年）。天然气399.02亿立方米（1997年）。原油2.54亿桶（1996年）。发电量530亿度（1996年）。粮食198.4万吨（1999年）。海运能力，商船（载重100吨以上）552艘，总载重量291.63万吨（2000年）。民航能力，固定航班机场39处，客运量287.04亿人千米、货运量14.29亿吨千米（2000年）。

国防体制　国家元首为武装力量统帅，最高国防决策机构为国家安全委员会，总理兼任主席。内阁设国防部，为最高军事行政机关。武装力量由正规军和准军事部队两部分组成。正规军分陆、海、空三个军种，各军种均设参谋部。最高军事指挥机构为武装力量司令部。

领导人物　国家元首兼武装力量统帅西拉杰丁（2002年4月25日上任）。总理兼国家安全委员会主席达图·斯里·马哈蒂尔（1999年连任）。国防部长纳吉布·敦·拉扎克（1999年12月上任）。武装部队总司令达图·斯里·穆罕默德·扎希迪·扎伊努丁上将（1999年1月上任）。陆军司令达图·哈辛·侯赛因上将（1999年1月上任）。海军司令达约斯·阿布巴卡尔·宾·阿卜杜尔·加马尔上将（1998年10月上任）。空军司令萨鲁基·罗斯上将（1996年8月上任）。

武装力量　**兵力**　现役部队10.05万人。

陆军　8万人。编有2个军区，1个军，4个师，1个机步旅，11个步兵旅，1个空降旅（包括3个空降营、1个轻型炮兵团、1个轻型坦克中队），1个特战团（3个营），1个陆航直升机中队。

轻型坦克：“蝎子”26辆。装甲侦察车：SIBMAS式162辆，AML－60/－90型140辆，“白鼬”92辆。装甲输送车：KIFV式111辆，“突击队员”184辆，“攻击者”25辆，“神鹰”459辆，M－3型37辆。牵引炮：105毫米170门，155毫米12门。迫击炮：81毫米300门。反坦克导弹：SS－11型若干具。火箭炮：89和92毫米若干门。无坐力炮：84毫米若干门，106毫米150门。高炮：35毫米24门，40毫米36门。地空导弹：“标枪”和“星光”共48部。直升机：SA－316B型9架。

海军　1.25万人（含海军航空兵）。编有关丹、拉布安2个海军区。

导弹护卫舰：“莱库”级 2 艘。护卫舰：“汉都亚”级 1 艘，“拉玛”级 1 艘，“阿萨德”级 4 艘，“卡斯图里”级 2 艘。导弹快艇：“汉达兰”级 4 艘，“柏达那”级 4 艘。巡逻艇：27 艘。扫雷艇：4 艘。两栖舰艇：1 艘。后勤支援舰船：4 艘。

海军航空兵　160 人，装备有直升机“黄蜂”式 6 架，“山猫”式 3 架。

空军　8000 人。编有 4 个攻击战斗机中队，3 个战斗机中队，1 个侦察机中队，4 个运输机中队，1 个地空导弹中队。作战飞机 71 架。

攻击战斗机：“鹰”式 25 架，MB－339 型 9 架，F/A－18D 型 8 架。战斗机：米格－29 型 17 架。武装侦察机：B－200T 型 4 架。加油机：2 架。运输机：35 架。运输直升机：48 架。教练机：共 62 架，其中 8 架为直升机、12 架 PC－7 型具有作战能力。空空导弹：若干枚。

预备役部队　4.28 万人。其中陆军 4 万人，海军 2200 人，空军 600 人。

准军事部队　约 26 万人。其中警察 1.8 万人（编成 5 个旅），海上警察约 2100 人，地区治安警察 3500 人，边境侦察部队 1200 人，人民志愿团 24 万人。

部署　马来西亚以东经 109 度线为界把其本土和所属海域分为东、西两部分，划成两个海军区。全国主要海、空军基地 7 处，其中海军基地 4 处（关丹、拉布安/山打根、卢木、双溪安图）、空军基地 3 处（吉隆坡、亚罗士打、吉打）。

兵役制度　实行志愿兵役制，服役期 10 年。

军衔　军官分 3 等 9 级：将官 3 级（上将、中将、少将），校官 3 级（上校、中校、少校），尉官 3 级（上尉、中尉、少尉）。

驻外兵力　2001 年共有 94 人在国外参加联合国维和行动。

外国驻军　澳大利亚 148 人，其中陆军 115 人、空军 33 人，装备有 2 架 P－3C 型飞机。

军队节日　建军节 9 月 16 日，陆军节 3 月 1 日，海军节 7 月 2 日，空军节 6 月 1 日。

（孟　丽）

蒙　古

国　名　蒙古国。

主要统计　面积 156.65 万平方千米。人口 273.1 万人（其中，13～17 岁男 16.1 万人，女 15.5 万人；18～22 岁男 14.2 万人，女 13.6 万人；23～32 岁男 23.7 万人，女 22.8 万人）。国民生产总值 10 亿美元。国防费 3020 万美元。原煤 492.4 万吨，发电量 26.29 亿度（1998 年），粮食 19.4 万吨（1998 年）。民航能力，固定航班机场 1 处，客运量 5.25 亿人千米，货运量为 4800 万吨千米。

国防体制　宪法规定，总统是武装力量总司令，总统通过国防部长会议对军队实施指挥。国防部长会议是国防部的最高决策机构，国防部长任主席，其他成员有：国防部国防秘书、武装力量总参谋长、边防局长、民防局局长、国防部所属战略指导与计划局长、国防部行政管理协调局局长、国防部外事与情报信息研究局长、国防部干部处处长、国防部财务处处长等人。国防部长会议负责制定和实施国防政策，完善军队的编制，管理国防经费，配备领导干部以及负责军队对外关系。国防部是最高军事行政机关，统管武装力量，下辖外事与情报信息研究局、战略指导与计划局、行政管理局、政策执行协调局及信息、监督—分析与评估等。武装力量由现役部队、预备役部队和准军事部队组成。现役部队包括陆军（即一般任务部队）、国土防空军、民防部队、建筑工程部队等。总参谋部是武装力量的最高军事指挥机构，下辖武装力量后勤部、国土防空军司令部、建筑工程兵管理局等。

领导人物　总统兼武装力量总司令那楚克·巴嘎班迪（1997 年上任），国防部长朱格德尔德米德古尔拉格查（2000 年上任），总参谋长策·达希哲伯格中将（1998 年上任），武装力量后勤部部长马格萨尔扎布少将（1996 年上任），国土防空军司令宾巴扎布少将（1996 年上任），边防军管理局局长松德布少将（2000 年上任），民防局局长巴桑呼少将（2000 年上任）。

武装力量　**兵力**　现役部队 9100 人（含建筑

工程部队 300 人和民防部队 500 人)。

陆军　7500 人。编有 7 个摩步旅，1 个炮兵旅，1 个快速反应营，1 个独立营等。装备坦克：T-54/-55-62 型 650 辆；装甲侦察车：BRDM-2型 120 辆。步兵战车：BMP-1型 400 辆。装甲输送车 BTR-60 型 250 辆。牵引炮：300 门。火箭炮：130 门。迫击炮：140 门。反坦克炮：200 门。

国土防空军　800 人。编有 2 个歼击机中队。作战飞机 9 架，武装直升机 11 架。

歼击机：米格-21 型 8 架，米格-21U 型 1 架。武装直升机：米-24 型 11 架。运输机：34 架。高炮：150 门。地空导弹：SA-7 型 250 部。

预备役部队　13.7 万人。

准军事部队　边防部队 6000 人，内卫部队 1200 人，民防部队 500 人，建筑工程部队 300 人。

兵役制度　实施义务兵役制、合同兵役制为主体，等同兵役、税代兵役等多种服役形式为辅的混合兵役制。义务兵役制：18~28 周岁男性公民，服役期为 12 个月。士兵服役期为：士兵服役到 27 岁，服预备役到 45 岁。军官服现役到 50 岁，服预备役到 55 岁；将官服现役到 55 岁（元帅除外），将帅官服预备役到 60 岁。

军衔　分 3 等 9 级：将官 3 级（上将、中将、少将），校官 3 级（上校、中校、少校），尉官 3 级（大尉、上尉、中尉），准尉 3 级（一级准尉、二级准尉、三级准尉），士兵军衔分军士和兵两等，军士 3 级（上士、中士、下士），兵 2 级（上等兵、列兵）。

（金小村）

孟加拉国

国　　名　孟加拉人民共和国。

主要统计　面积 14.3998 万平方千米。人口 1.30764 亿人（0 其中，13~17 岁男 810.7 万人，女 779.4 万人；18~22 岁男 773.8 万人，女 725.7 万人；23~32 岁男 1234.1 万人，女 1168.4 万）。国内生产总值 19000 亿塔卡，合 370 亿美元（2000 年）。国防费 374 亿塔卡，合 6.92 亿美元（2001 年国防预算）。原油 5700 万桶（1996 年）。天然气 81.35 亿立方米（1997 年）。发电量 128.2 亿度（1997 年）。粮食 3183.2 万吨（1999 年）。海运能力，商船（载重 100 吨以上）301 艘，总载重量 56.68 万吨（1999 年）。民航能力，固定航班机场 8 处，客运量 32.33 亿人千米、货运量 1.904 亿吨千米（1999 年）。

国防体制　宪法规定，总统为武装力量统帅。陆、海、空三军分立，三军参谋长分别是三军的最高首长。国防部由文官掌管，仅负责军事预算、军工生产和装备采购等行政事务，对军队无指挥权。准军事部队属内政部管辖，平时负责边、海防和内卫治安，战时配合正规军作战。

领导人物　总统兼武装部队总司令沙哈布丁·艾哈曼德（1996 年 10 月就任）。总理兼国防部长谢赫·哈西娜·瓦吉德（女，1996 年 6 月上任）。海军参谋长阿布·塔赫尔少将（1999 年 6 月上任）。空军参谋长贾姆鲁丁·阿赫迈德少将（1999 年 6 月上任）。

武装力量　**兵力**　现役部队 13.7 万人。

陆军　12 万人。编有 7 个步兵师、17 个步兵旅（约 26 个营）、1 个装甲旅（2 个装甲团）、2 个装甲团、1 个炮兵师（6 个炮兵团）、1 个工兵旅、1 个防空旅。

主战坦克：T-54/-55 型 100 辆。T-59/-69 型 100 辆。轻型坦克：T-62 型约 40 辆。装甲输送车：BTP-80 型 20 辆，BTP-70 型 60 辆，MT-LB 型若干辆。牵引炮：105 毫米 80 门，122 毫米 20 门，130 毫米 40 门。迫击炮：81、82 毫米若干门，120 毫米 50 门。无坐力炮：106 毫米 30 门。反坦克炮：57 毫米 18 门，76 毫米 50 门。高炮 37 毫米 16 门，57 毫米若干门。地空导弹：HN-5A 型若干部。

海军　约 1.05 万人。基地：吉大港（司令部）、达卡、库尔纳。

护卫舰：4 艘。导弹快艇：10 艘。鱼雷快艇 4 艘。近海巡逻艇：2 艘。海岸巡逻艇：8 艘。近岸巡逻艇：4 艘。江河船艇：5 艘。扫雷艇：4 艘。登陆艇：14 艘。支援舰船：8 艘。

空军　6500 人。编有 4 个攻击/战斗机中队、3 个直升机中队。作战飞机 57 架。

攻击/战斗机：A－5型18架、F－6型16架、F－7M型16架、FT－7B型7架。运输机：安－32型3架。直升机："贝尔"212型11架、米－8型1架、米－17型15架。教练机：42架（其中8架L－39ZA型具有作战能力）。空空导弹：AA－2型若干枚。

准军事部队　5.52万人，其中孟加拉步枪队3万人（边防部队，编成41个营），武装警察5000人，保安部队2万人，海岸警卫队200人。

兵役制度　实行志愿兵役制。陆军士兵一般要服役20年。

军衔　分5等14级：将官2级（少将、准将），校官3级（上校、中校、少校），尉官3级（上尉、中尉、少尉），军士3级（上士、中士、下士），兵3级（一等兵、二等兵、新兵）。

驻外兵力　1999年共有826人在克罗地亚、格鲁吉亚、伊拉克和科威特、塔吉克斯坦、西撒哈拉等国和地区参加联合国维和行动。

军队节日　建军节11月21日。

（刘温国）

缅　甸

国　　名　缅甸联邦。

主要统计　面积67.6581万平方千米。人口4538.1万人（其中，13～17岁男276万人，女268.5万人；18～22岁男242.6万人，女238.6万人；23～32岁男441.4万人，女434.3万人）。国内生产总值370亿美元（2000年）。国防费约21亿美元（2001年国防预算）。原煤5.9万吨（1997年）。原油348万桶（1999年）。天然气15.76亿立方米（1996年）。发电量42.11亿度（1997年）。粮食1763.2万吨（1999年）。海运能力，商船（载重100吨以上）144艘，总载重量135.4万吨（2000年）。民航能力，固定航班机场19处，客运量4.38亿人千米、货运量320万吨千米（2000年）。

国防体制　"国家和平与发展委员会"主席（相当于总统）为国防军总司令。国防部为国防军最高统帅机关，统管作战、训练和军工等工作。武装力量由正规军和准军事部队组成。正规军分陆、海、空三个军种。最高军事指挥机构为总参谋部。"国家和平与发展委员会"通过国防部和总参谋部对全国武装力量实施领导和指挥。

领导人物　"国家和平与发展委员会"主席兼政府总理、国防部长和三军总司令丹瑞大将（1997年11月上任）。"国家和平与发展委员会"副主席、三军副总司令兼陆军司令貌埃上将（1997年11月上任）。"国家和平与发展委员会"秘书长、国防部军情局局长兼军事战略研究署署长钦纽中将（1997年11月上任）。

武装力量　**兵力**　现役部队约44.4万人。

陆军　32.5万人。编有10个轻装步兵师师部，12个军区司令部，32个战术指挥部，245个步兵营，7个炮兵营，4个装甲营和2个高炮营。

主战坦克：69型100辆。轻型坦克：63型105辆。装甲侦察车："白鼬"45辆，"亨伯"40辆，"马自达"30辆。装甲输送车："日野"20辆，85型250辆。牵引炮：76毫米100门，88毫米50门，105毫米96门，130毫米和155毫米各16门，122毫米和140毫米若干门。火箭炮：107毫米30门。迫击炮：120毫米80门，81毫米和82毫米若干门。无坐力炮：84毫米500门，106毫米若干门。反坦克炮：57毫米和76.2毫米60门。高炮：37毫米24门，40毫米10门，57毫米12门。

海军　1万余人（含陆战队）。设有6个海军基地。

轻型护卫舰："羊岱昂"号和"羊基昂"号各1艘。导弹艇：6艘。巡逻艇：60艘。两栖船只：11艘。支援船只：9艘。

陆战队：800人（1个营）。

空军　9000人。编有3个战斗机中队，2个攻击战斗机中队，2个防暴机中队，1个运输机中队和4个直升机中队。作战飞机113架，武装直升机29架。

战斗机：F－7型50架，FT－7型10架。攻击/战斗机：A－5M型22架。防暴机：PC－7型12架，PC－9型9架，"超海鸥"10架。运输机：F－27型3

架，FH－227型4架，PC－6A/B型5架，Y－8D型2架。联络机：“色斯纳”5架，K－8型12架。直升机：共66架，其中米－2型18架和米－17型11架为武装直升机。

准军事部队 10.025万人，其中人民警察6.5万人、民兵3.5万人、渔业部门约250人及11艘船只。

兵役制度 实行志愿兵役制。

军衔 军官分3等11级：将官5级（大将、上将、中将、少将、准将），校官3级（上校、中校、少校），尉官3级（上尉、中尉、少尉）。

军队节日 建军节3月27日。

（孟 丽）

日 本

国 名 日本国。

主要统计 面积37.78万平方千米。人口1.27014亿人（其中13～17岁男358.5万人，女341.7万人；18～22岁男399.1万人，女380万人；23～32岁男964.7万人，女920.5万人）。国民生产总值49472.13亿美元（2000年）。国防费4.955万亿日元，约合461亿美元（2001年国防预算）。粗钢10644.4万吨（2000年）。原煤312.6万吨（2000年）。原油360万桶（2000年）。天然气24.53万亿立方米（2000年）。发电量940.69亿度（2000年）。主要农作物总产量（米、小麦）1017.8万吨（2000年）。海运能力，商船（载重100吨以上）5880艘，总载重量1487.4万吨（2000年）。民航能力，固定航班机场91处；客运量，国内航线797亿人千米、国际航线978.73亿人千米；货运量，国内航线92.996万吨、国际航线116.082万吨（2000年度）。

国防政策 日本的国防政策主要是以日美安保体制为基础，有计划地发展高效的防卫力量，谋求实现政治军事大国的战略目标。其基本点是：

（一）将日美军事同盟作为日本国防政策的支柱。日本认为，日美军事同盟不仅是对日本的安全保障，而且对日本周边地区的和平与稳定都是必不可少的。为此，日本通过《日美安全保障联合宣言》、新的《日美防卫合作指针》、与“新指针”相配套的“相关法案”等步骤，大大拓展了与美国在军事领域合作的深度和广度，采取了一系列措施以提高日美军事同盟的有效性和可靠性。如：加强政策协商和情报交换；加强日美联合演习和训练；正式决定参加美国战区导弹防御系统的研究开发计划；加强日美双方装备技术上的交流；采取有效措施，确保美军顺利驻扎等。未来，日美的军事合作将向大范围、深层次的方向发展，日美安保体制将机制化、规范化，将成为“涵盖亚太、多维渗透、攻防兼备、平战结合”的全方位安全保障体制。

（二）完全摒弃专守防卫方针。日本早在20世纪80年代初期实际上就已经突破了专守防卫的方针，进入90年代中期以来，日本更强调要由立足于“本土防卫”转向“御敌于国门之外”、“歼敌于海上”。①“国际维和”成为海外派兵的理由。自1992年6月日本国会通过《海外派兵法》以来，日本自卫队便获得了出兵海外的法律依据，借参加维和，使其出兵海外经常化、制度化。②“周边有事”成为对外干涉的借口。日美新的“防卫合作指针”把两国军事合作的重点从针对“日本有事”变为针对“周边有事”，其内容涉及国际军控与裁军、地区安全对话、国际维和及人道主义救援等方方面面。而“新指针”及其“相关法案”的制定，使日本的军事活动地区由“远东”扩大到范围模糊的“周边地区”；日本武装力量的职能由“专守防卫”作战扩大到发生“周边事态”时，可以支援美军作战；而且，日美在武力应付“周边事态”时，可不必经过联合国授权，只由日美两国确定即可。“9·11”事件发生后，日本抓住时机，一举通过了《恐怖对策特别措施法》等三项法案，首次实现了战时向海外派兵。2002年4月，“有事法制”相关三法案正式出笼，日本一直标榜的“专守防卫”的基本方针已被完全摒弃，“和平宪法”被进一步架空。日本的军事发展已全面走上了“快车道”。

（三）有计划地发展高效的防卫力量。日本认为，只有在雄厚的经济实力基础上，拥有一支强有力的、与政治经济大国地位相称的军事力量，才能在真正意义上确保日本成为与美欧共同主宰世界的大国。为此，冷战结束后，日本采取了一系列的重大举措加速军事力量外向型发展的步伐，加强军事力量的质量建设。其具体措施包括：①强调冷战后国际形势的不稳定因素和日本面临的所谓各种威胁，为军事力量的发展寻找合理的借口；②逐步排除对军事力量发展的各种制约因素，为进一步发展军事力量创造条件；③以海空力量为发展重点，不断充实必要机能和提高质量，以适应军事力量的外向型使命；④进一步加大对国内军工生产与技术开发的扶植，以适应发展军事力量的长期需求和增强主动性。日本的国防费每年均名列世界第二位，自卫队的武器装备也早已居世界领先水平行列，而2002年度的《防卫白皮书》更明确要将防卫厅升格为“防卫省”，以加强军队建设，扩大自卫队规模，提升自卫队的地位。

军事战略 日本通过对其军事战略进行一系列重大调整，把军事战略的目标定位在谋求军事大国的地位上，日本自卫队的防卫体制已经实现了由“国土防卫型”向“地区干预型”的战略转变。

（一）防御重点全面转向西南方向。为应付冷战后的“多元威胁”，日本已将防御的重点由“固守北方”转变为“防御西南”，并据此对自卫队的部署和编制体制作出重大调整。除将最先进的武器系统配置在西南方向外，还将增强九州和冲绳的兵力部署，强化在西南方向上自卫队的合成训练和与美军的协同训练，以提高自卫队的快速反应与实战水平。

（二）确立“积极主动、攻防兼备、预先前置、灵活敏捷”的战略方针。其具体措施包括：①强调“先发制人”。日本以往“专守防卫”战略方针侧重“有事”后的反应，而现行方针则强调在面临导弹袭击或军事入侵之前，要对外国施行“先发制人”的打击。在1999年日本国会通过的《周边事态法》中，更首次提出“准有事”的概念，即“如置之不理则可能发展成为对我国的直接武力之事态等”，指的就是“有事”之前。②在防卫力量的基本任务和职能上，强调军事力量的职能范围由内向型向“内外结合型”过渡；防卫任务以周边为重点，逐步向全球发展。日本军事力量在已经由过去单一的“对付有限的小规模侵略事态”扩大为“保卫日本安全”、“应付大规模自然灾害等各种事态”、“为建立更稳定的安全保障环境作贡献”等3大职能。③在作战指导思想上，扩大解释行使自卫权的地理范围，提出“海上歼敌”、“洋上防空”的原则，强调在距日本本土尽可能远的地方歼灭敌人，摒弃了在日本领土、领海、领空抗击武力进攻的原则。“新指针”把日美防卫的区域由以日本为中心的200海里的“小范围”，扩大至整个亚太地区的“大范围”，而“有事法制”相关三法案的出台，使日美共同防卫和联合作战的范围进一步扩大。

（三）强化质量建军的方针，加快武器装备的更新。日本以“合理、高效、精干”为军队建设的目标，计划在2010年度前，根据“重点防西、防特工、防生化、防‘黑客’、灾难救助、海上护航、快速反应”等战略任务，对自卫队进行精简整编，全面提高各种能力。主要有：①防空能力；②对周边海域及海上交通线安全保障的能力；③抗登陆作战能力；④情报收集能力；⑤警戒监视能力。为此，采取了一些重大措施：(1) 进行较为彻底的体制编制改革。根据新《防卫计划大纲》的要求，陆上自卫队正在从过去的13个师、2个混成旅的18万人体制向9个师、6个旅的16万人（含“快速反应预备役”1.5万人）体制转变。此外，防卫厅还决定建立多支特种部队，如已经成立的“陆上自卫队研究本部”、“网络部队”等。同时，海上自卫队正在组建直属联合舰队的“特别警备队”以专门对付外国“可疑船只”，负责海上特别行动。海上自卫队还将组建一支直升机部队，以提升海上快速反应能力。(2) 重视加强三军协同作战能力，提高情报、指挥、通信以及运输等后勤保障能力。(3) 在武器装备的发展上，向大型化、远程化、大威力化、高技术化的方向发展。根据新“中期防卫力量发展计划”，在未来5年里，日本自卫队将积极研制、开发多种高技术武器装备，继续推进与美国进行的战区导弹防御系统的技术研究工作、引进空中加油机以及装备2艘1.35万吨、可搭载3架多用途直升机的驱逐舰，从而大大超出了“自卫所需最小限度”。(4) 加大经费的保障力度。按照新“中期防卫力量发展计划”，在未来5年中，日本的军费开支将达4.96万亿日元（约合439亿美元），高居世界第二位。巨额的军费开支，将为日本自卫队的发展建设提供雄厚的物质保障。

（四）密切与美军的协同作战能力。随着日美军事同盟的加强以及日本在同盟中自主地位的提高，在必要时同美军实施联合作战，密切双方在作战中的协调和协同，已成为日本军事战略的重要组成部分。日本在制定了一系列与新《日美防卫合作指针》相配套的“战时法律”的同时，加紧与美国组建战时体制。在2000年成立了联合作战司令部——“日美联合协调所”。与此同时，日本将以参加研制战区导弹防御系统为中心，深化与美国的军事合作力度，继续提高日美安全保障体制的可靠性。除研究在发生对日武装攻击时的日美联合作战计划外，还需加大对发生“周边事态”时日美相互合作计划的研究力度，以努力构筑有效的合作态势，不断提高日美联合演习和训练的协同水平。

国防体制 **统帅机构** 日本国防组织的最高领导人、自卫队的最高统帅是内阁总理大臣，他代表内阁对自卫队行使最高指挥监督权。内阁会议是国防问题的最高决策机构，负责对提交国会审议的有关国防问题的法律草案、预算草案作出决定，制定有关政令，决定有关国防的重大方针和计划。安全保障会议是国防问题的最高审议机构，它由以下人员组成：根据《内阁法》第9条的规定预先指定的国务大臣、外务大臣、财务大臣、内阁官房长官、国家公安委员会委员长、防卫厅长官，由内阁总理大臣任主席。当主席认为必要时，可让有关国务大臣、参谋长联席会议主席及其他有关人员列席会议，陈述意见。安全保障会议的职责是：审议有关国防的重要事项，处置重大紧急事态的重要问题。防卫厅是在内阁总理大臣领导下处理国防事务的行政机关，其任务是“管理、指挥陆上、海上、航空自卫队，处理与此有关的事务。”防卫厅直属内阁府，防卫厅长官由内阁总理大臣任命的国务大臣担任，在内阁总理大臣的指挥与监督下领导防卫厅的工作，统管防卫厅的业务，并通过陆海空自卫队参谋长指挥自卫队。参谋长联席会议是辅佐防卫厅长官的合议体参谋机构，主要任务是统一和协调陆海空自卫队的运用。其职责是：制定合同作战计划、合同后勤计划和合同训练计划，统一、协调自卫队军事行动的指挥命令，协助防卫厅长官指挥两个以上军种的合成部队的作战行动，搜集情报、调查研究，以及防卫厅长官交办的其他事项。参谋长联席会议由自卫队现役军人中资历最深、军衔最高者任主席，主持和领导参谋长联席会议的工作。

日本的武装力量由现役部队，在军事部门服务的文职人员和预备役部队组成。正规部队分为陆上自卫队、海上自卫队、航空自卫队。

作战指挥系统 内阁总理大臣是陆、海、空自卫队的最高指挥官。防卫厅是内阁总理大臣对陆、海、空自卫队实施指挥的职能机关。防卫厅长官在内阁总理大臣的指导监督下，统一领导和指挥陆、海、空自卫队。陆海空自卫队分别设有参谋部，作为防卫厅长官的参谋机构和各自卫队的指挥管理机构，负责制定各自的作战计划、教育训练计划及编制、装备、后勤保障、情报收集、卫生保健、人事等计划。它既是防卫厅长官的参谋机构，又是管理和运用各自卫队的执行机构。防卫厅长官通过各自卫队参谋长对陆、海、空自卫队实施领导和指挥。参谋长联席会议主席协助防卫厅长官对自卫队的运用进行统一和协调。

领导人物 内阁总理大臣兼自卫队最高统帅小泉纯一郎（2001年4月26日当选）。国务大臣、防卫厅长官中谷元（2001年4月26日上任）。参谋长联席会议主席竹河内捷次上将（2001年3月27日上任）。陆上自卫队参谋长中谷正宽上将（2001年1月11日上任）。海上自卫队参谋长石川亨上将（2001年3月27日上任）。航空自卫队参谋长远竹郁夫上将（2001年3月27日上任）。

武装力量 **兵力** 现役部队编制定员26.2073万人（含参谋长联席会议1612人），实有兵员23.6315万人（含参谋长联席会议1437人，统计数截至2000年3月底）。

陆上自卫队 编制定员16.7383万人，实有兵员14.678万人。编成5个军区、11个步兵师、1个装甲师、1个步兵旅、2个混成旅、1个空降旅、1个炮兵旅、5个工兵旅、8个防空导弹群。截至2000年3月底，共装备坦克1070辆（90型、74型），装甲车690辆，自行火炮620辆，其他各型火炮5950门，各型飞机499架。

海上自卫队 编制定员4.5812万人，实有兵员4.3323万人。编有1个联合舰队，下辖1个护卫舰队、1个航空集团、1个潜艇舰队，另有5个地方队。截至2000年9月底，共装备各型作战舰艇141艘，总吨位约36.9万吨，其中驱逐舰、护卫舰53艘18.8万吨，潜艇16艘3.9万吨，扫/布雷舰艇32艘2.7万吨；各型飞机215架。

航空自卫队 编制定员4. 7266万人，实有兵员4. 4775万人。编有1个航空总队，下辖3个航空方面队（各辖2个战斗航空团）、1个航空混成团、6个防空导弹群；1个航空支援集团；1个航空教育集团（下辖2个训练航空团、3个飞行教育团）；1个航空开发实验集团。截至2000年3月底，共装备各型作战飞机495架，其中歼击机353架、侦察机27架、预警机13架、运输机59架。

文职人员 2.1229万人（截至2000年3月底）。

预备役部队 一般预备役编制定员4.79万人，实有人员4.5997万人。快速反应预备役4889人（陆上自卫队）。截至2000年3月底，一般预备役陆上自卫队编制定员4.6万人，实有人员4.4097万人；海上自卫队编制定员1100人，实有人员1100人；航空自卫队编制定员800人，实有人员800人。

部署 陆上自卫队参谋部驻东京都。北部军区所辖防区为北海道地区，司令部驻札幌市，辖3个步兵师、1个装甲师、1个炮兵旅、1个防空导弹旅、1个工兵旅。

东北部军区所辖防区在本州地区东北部，司令部驻仙台市，辖2个步兵师、1个炮兵群、1个防空导弹群、1个工兵旅。

东部军区所辖防区在本州地区中部，司令部驻东京都，辖2个步兵师、1个空降旅、1个防空导弹群、1个工兵旅。

中部军区所辖防区在本州地区西南部，司令部驻伊丹市，辖2个步兵师、1个步兵旅、1个混成旅、1个防空导弹群、1个工兵旅。

西部军区所辖防区在九州和冲绳地区，司令部驻熊本市，辖2个步兵师、1个混成旅、1个防空导弹旅、1个炮兵旅、1个工兵旅。

防卫厅长官直辖的第1直升机旅驻目更津。补给控制本部和通信旅驻东京都。

海上自卫队参谋部驻东京都，分为横须贺、吴、佐世保、舞鹤、大凑5个警备区。在横须贺警备区的横须贺基地部署有自卫舰队、防卫舰队、潜艇舰队的司令部、第1护卫队群、第2潜艇队群、扫雷队群、开发指导队群、情报业务队群、海洋业务队群及横须贺地方队。航空集团司令部驻绫濑市。教育航空集团司令部驻千叶县东葛饰郡沼南町。在吴警备区的吴基地驻有第4护卫队群、第1潜艇队群、练习舰队司令部及吴地方队。在佐世保警备区的佐世保基地驻有第2护卫队群和佐世保地方队。在舞鹤警备区的舞鹤基地驻有第3护卫队群和舞鹤地方队。在大凑警备区的大凑基地驻有大凑地方队。补给本部和中央通信队群驻东京都。

航空自卫队参谋部驻东京都。北部防空区：千岁部署有第2航空团、第3航空团、第3防空导弹群；三泽部署有北部航空方面队司令部、北部航空警戒管制团、第6防空导弹群。中部防空区：小松、茨城县东茨城郡小川町分别部署有第6和第7航空团；各务原市部署有第4防空导弹群；狭山市部署有第1防空导弹群、中部航空警戒管制团、中部航空方面队司令部。西部防空区：第5、第8航空团分别部署在宫崎县儿汤郡新富町和福岛县筑上郡椎田町；春日市部署有第2防空导弹群、西部航空警戒管制团以及西部航空方面队司令部。西南防空区：冲绳岛那霸市设有西南航空混成团司令部，并部署有第83航空队、第5防空导弹群、西南航空警戒管制队。

航空总队、航空支援集团司令部设在府中市。航空教育集团、航空开发实验集团司令部分别设在浜松市和狭山市。补给本部设在东京都。

兵役制度 日本实行志愿兵役制，又称募兵制。上等兵（含）以下实行任期制：陆上自卫队为2年（专业技术兵为3年），海上和航空自卫队为3年。任期届满后，根据本人志愿并经审查合格后可继续延长2年任期；军士和军官为职业军人，实行退休制。各级退休年龄分别为：将官60岁（参谋长联席会议主席62岁），上校56岁，中校、少校55岁，上尉至上士54岁，中士以下53岁。对从事医务和音乐等职业的上校以下军人，其退休年龄适当延长，最长可到60岁。

军衔 日本自卫队军衔共分6等18级：将官3级（上将、中将、少将），校官3级（上校、中校、少校），尉官3级（上尉、中尉、少尉），准尉1级、军士4级（军士长、上士、中士、下士），兵4级（上等兵、一等兵、二等兵、三等兵）。

外国驻军 截至2000年3月底，美国在日本的驻军为4.1208万人，其中陆军1821人、海军5840人、陆战队1.9811万人、空军1.3736万人。

军队节日 自卫队节11月1日。

（于 庭）

沙特阿拉伯

国　名 沙特阿拉伯王国。

主要统计 面积225万平方千米。人口2220.5万人（其中，13～17岁男139.1万人，女124.6万人；18～22岁男117.7万人，女105.1万人；23～32岁男172.5万人，女149.4万人）。国内生产总值6940亿里亚尔，合1850亿美元（2000年）。国防费1020亿里亚尔，合 272 亿美元（2001 年国防预算）。原油 29.02 亿桶（1997 年）。天然气 413.39 亿立方米（1997 年）。发电量 1069.79 亿度（1997 年）。粮食 244 万吨（1999 年）。海运能力，商船（载重 100 吨以上）301 艘，总载重量 13.617 亿吨（2001 年）。民航能力，固定航班机场 25 处，客运量 188.20 亿人千米、货运量 9.515 亿吨千米（2001 年）。

国防体制 国王为皇家军队统帅。最高国防决策机构为高级防务委员会，成员有国王、国防与航空大臣、财政与经济大臣、通信与外交大臣和武装力量总参谋长，由国王任主席。国防部为最高军事行政机构。武装力量由正规军和准军事部队组成。正规军分陆、海、空和防空军四个军种。最高军事指挥机构为总参谋部。国王通过国防部和总参谋部对全国武装力量实施领导和指挥。

领导人物 国王兼武装力量统帅法赫德·本·阿卜杜勒·阿齐兹（1982 年即位）。国防与航空大臣苏尔坦·本·阿卜杜勒·阿齐兹亲王（1982 年上任，1995 年连任）。总参谋长萨利赫·本·阿里·穆海亚（1996 年上任）。陆军司令苏尔坦·本·阿迪·穆塔伊尔中将（1996 年 9 月上任）。海军司令塔拉勒·穆夫迪中将（1994 年 1 月上任）。空军司令阿卜杜·阿齐兹·胡纳迪中将（1994 年 1 月上任）。防空军司令马吉德·本·塔勒哈比·本·哈马德·奥塔比中将（1994 年 1 月上任）。

武装力量 **兵力** 现役部队 12.65 万人。

陆军 7.5 万人。编有 3 个装甲旅，5 个机械化旅，1 个空降旅，1 个王室警卫团，8 个炮兵营，1 个陆军航空司令部。

主战坦克：M－1A2“艾布拉姆斯”315 辆，AMX－30 型 290 辆（50%库存），M－60A3 型 450 辆。装甲侦察车：AML－60 和 AML－90 型 300 辆。步兵战车：AMX－10P 型 570 余辆，M－2“布雷德利”400 辆。装甲输送车：M－113 型 1750 辆，M－3“庞阿尔”150 辆。牵引炮：105 毫米 100 门，155 毫米 130 门，203 毫米 8 门。自行炮：155 毫米 200 门。火箭炮：“阿斯特罗斯”Ⅱ型 60 门。迫击炮：81 毫米、107 毫米、120 毫米 400 门。反坦克导弹：“陶”式、“龙”式和“霍特”式若干具（其中“陶”式 950 具，“龙”式 1000 具）。无坐力炮：84 毫米 300 门，90 毫米 100 门，106 毫米 50 门。直升机：65 架（其中武装直升机 12 架）。地空导弹：“毒刺”500 部，“红眼”500 部，“响尾蛇”若干部。

海军 1.55 万人（包括陆战队 3000 人）。编有 2 个舰队。

导弹护卫舰：4 艘。轻型护卫舰：4 艘。导弹快艇：9 艘。巡逻艇：17 艘。反水雷舰艇：7 艘。登陆艇：8 艘。辅助舰船：7 艘。

陆战队 3000 人。编有 1 个海军步兵团，装备步兵战车 140 辆。

海军航空兵 装备有 AS－565、AS－332B 和 AS－332F 型直升机 31 架，其中武装直升机 21 架（AS－565 型 15 架、AS－332B 和 AS－332F 型 6 架）。

空军 2 万人。编有 4 个攻击战斗机中队，9 个战斗机中队，1 个预警机中队，2 个改装训练机中队，3 个运输机中队，2 个直升机中队，7 个教练机中队。作战飞机 348 架。

攻击战斗机：F－5B、F－5F、F－5RF 型 15 架，F－5E 型 53 架，“旋风”IDS 型 85 架。战斗机：“旋风”ADV 型 22 架，F－15C 型 67 架，F－15D 型 20 架，F－15S 型 72 架。预警机：E－3A 型 5 架。加油机：KE－3A 型 8 架，KC－130H 型 8 架。改装训练机（具有作战能力）：F－5B 型 14 架。运输机：C－130E 型 7 架，C－130H 型 29 架，C－130H－30 型 2 架，L－100－30HS 型 3 架，CN－235 型 4 架。直升机：AB－205 型 22 架，AB－206A 型 13 架，AB－212 型 17 架，AB－41EP40 架（用于搜索救援），AS－532A2 型 10 架。教练机：104 架。皇家专机：飞机 16 架，直升机 4 架。

防空军 1.6 万人。编有 33 个地空导弹连。

高炮：20 毫米 92 门，30 毫米 50 门，35 毫米 128 门，40 毫米 70 门。地空导弹：“夏安”141 部，MIM－23BI“霍克”改进型 128 部，“响尾蛇”40 部。

准军事部队 9.05 万人。其中国民警卫队 7.5 万人（另有部族部队 2.5 万人），编有 3 个机械化步兵旅、5 个步兵旅、1 个骑兵仪仗队，装备轻型装甲车 1117 辆、装甲输送车 730 辆（另有库存 810 辆）、牵引炮 70 门、迫击炮和无坐力炮若干门、“陶”式反坦克导弹若干具；边防部队 1.05 万人；海岸警卫队 4500 人，装备巡逻艇约 34 艘、气垫船 16 艘、教练船 1 艘、王室游艇 1 艘、小型武装巡逻艇约 350 艘；特种安全部队 500 人，装备装甲输送车若干辆。民防部门装备直升机 10 架。

兵役制度 平时实行志愿兵役制，战时实行义务兵役制。18～35 岁男子经批准参军，服役期限一般为 2～3 年（普通兵种 2 年、特殊兵种 3 年）。

外国驻军 “半岛之盾”部队约 7000 人，1 个步兵旅（由海湾合作委员会成员国派出）。法国驻有

170人，装备飞机11架（“幻影”2000C型5架、F－1CR型3架、C－135FR型3架）。英国驻有约200人，装备“旋风”GR－1A型飞机6架。美国驻有5110人，其中：常驻陆军790人，编有1支“爱国者”防空导弹部队和1支通信部队；常驻空军4050人，装备的飞机包括F－15、F－16、F－117、C－130、KC－135、U－2和E－3等；常驻海军270人（其中陆战队250人）。

（刘　伟）

斯　里　兰　卡

国　　名　斯里兰卡民主社会主义共和国。

主要统计　面积6.561万平方千米。人口1897.6万人（其中，13～17岁男92.7万人，女89万人；18～22岁男93万人，女89.3万人；23～32岁男160.1万人，女156.3万人）。国内生产总值12550亿卢比，合167亿美元（2000年）。国防费520亿卢比，合7亿美元（2000年国防预算）。发电量51.45亿度（1997年）。粮食285.9万吨（2000年）。海运能力，商船（载重100吨以上）66艘、总载重量47.26万吨（1999年）。民航能力，固定航班机场1处，客运量42.48亿人千米、货运量1.825亿吨千米（1999年）。

国防体制　宪法规定，总统为武装部队总司令。最高国防决策机构为国家安全委员会，成员有国防部长、国家安全部长、陆、海、空三军司令，警察总监等，主席由总统兼任。国防部为最高军事行政机构。武装力量由正规军、预备役部队和警察组成。正规军分陆、海、空三个军种。总统通过国家安全委员会、国防部和陆、海、空三军司令部对全军实施领导和指挥。

领导人物　总统兼武装部队总司令钱德里卡·班达拉奈克·库马拉通加（1999年12月上任）。陆军司令维拉苏利亚中将（2000年1月上任）。海军司令蒂塞拉中将。空军司令拉纳辛哈少将。

武装力量　**兵力**　现役部队约11.8～12.3万人（含应召再服现役者）。

陆军　约9～9.5万人（含4.2万名应召再服现役者）。编有10个师部、3个机械化步兵旅、1个空中机动旅、23个步兵旅、1个独立特遣旅（1个突击队、1个独立特遣团）、1个突击旅、1个装甲团、3个装甲侦察团、4个野战炮兵团（含1个后备团）、4个野战工程兵团（含1个后备团）。

主战坦克：T－55型65辆。装甲侦察车：“萨拉丁”20辆、“白鼬”15辆、“野狗”12辆。装甲输送车：T－85型35辆、BTR－152型10辆、其他型号107辆。牵引炮：76毫米12门、85毫米12门、88毫米12门、130毫米12门、152毫米33门。火箭炮：122毫米16门。迫击炮：81毫米276门、82毫米100门、107毫米12门、120毫米36门。无坐力炮：105毫米15门、106毫米34门。高炮：40毫米24门、94毫米33门。

海军　1.8万人（含2100名应召再服现役者）。基地设在科伦坡（司令部）、亭可马里（主要基地）、卡赖纳加、唐加拉、卡南皮提亚、加勒。

海岸巡逻作战舰艇：40艘（其中海上巡逻艇3艘、近海巡逻艇37艘）。登陆艇：8艘。

空军：1万人。作战飞机29架、武装直升机20架。

对地攻击战斗机：F－7M型4架、FT－7型1架、FT－5型2架、米格－27M型6架、米格－23UB型1架、C－2型7架、TC－2型1架、C－7型4架、“幼狮”5架、SF－260TP型反辐射导弹运载机8架、“卡普拉”2架。攻击直升机：“贝尔”212型11架、米－24型6架、米－35型3架。运输机：各型飞机26架。直升机：“贝尔”206型9架，米－17型3架。教练机：29架。

预备役部队　约4200人。其中陆军1100人，海军1100人，空军2000人。

准军事部队　8.86万人。其中警察部队6.06万人，国民志愿军1.5万人，国民卫队1.3万人。

兵役制度　实行志愿兵役制。

（刘温国）

塔吉克斯坦

国　　名　塔吉克斯坦共和国。

主要统计　面积 14.31 万平方千米。人口 622.5 万人（其中 13～17 岁男 43.8 万人，女 42.4 万人；18～22 岁男 34.6 万人，女 33.8 万人；23～32 岁男 49.7 万人，女 48.4 万人）。国内生产总值 13 亿美元（2000 年）。国防费 1900 万美元（2000 年国防预算）。粮食 53.5 万吨（2000 年）。铁路货运量 80 万吨。公路货运量 281.5 万吨（2000 年）。航空货运量 1990 吨，客运量 17.85 万人次（2000 年）。

国防体制　宪法规定，塔总统为军队最高统帅，国防部为最高军事行政机关，总参谋部为最高军事作战指挥机构。

领导人物　总统兼武装力量统帅埃莫马利·沙里波维奇·拉赫莫诺夫（1994 年 11 月就职，1999 年 11 月 6 日连任）。国防部长舍·海鲁洛耶夫。

武装力量　**兵力**　现役部队 1.2 万人。

陆军　6000 人，编有 5 个旅、2 个营；空军 2000 人，编有 1 个航空兵大队。

防空军　3000 人，编有 1 个防空火箭团、1 个独立防空火箭营及若干雷达部队。

准军事部队　1200 人，包括内卫、民防部队和总统卫队等其他军队。其中内卫部队下辖 2 个内卫团、1 个民警团。塔积极发展与俄罗斯及独联体的军事合作，目前塔边界由俄罗斯边防军驻塔集群和塔边防军共同守卫，在塔驻有以独联体集体维和部队第 201 摩步师为主体的俄罗斯军队。

（金小村）

泰　　国

国　　名　泰王国。

主要统计　面积 51.3115 万平方千米。人口 6158.6 万人（其中，13～17 岁男 313.5 万人，女 320.7 万人；18～22 岁男 318.4 万人，女 309.2 万人；23～32 岁男 620.3 万人，女 603.6 万人）。国内生产总值 1230 亿美元（2000 年）。国防费 17 亿美元（2001 年国防预算）。原煤 2339.3 万吨（1997 年）。发电量 914.67 亿度（1996 年）。原油 93 万桶（1997 年）。天然气 132.74 亿立方米（1997 年）。粮食 2810.5 万吨（1999 年）。海运能力，商船（载重 100 吨以上）351 艘，总载重量 119.45 万吨（2000 年）。民航能力，固定航班机场 25 处，客运量 343.3 亿人千米、货运量 15.22 亿吨千米（2000 年）。

国防政策　为适应冷战后安全环境的变化和现代战争的需要，泰对其国防政策作了新的调整，主要包括以下内容：加强军队建设，保持一支规模适当、有进攻能力和机动性的、有高效率指挥系统的武装力量，以应付来自国内外的威胁；建立一个高水准的、现代化的军事训练和教育体系，提高军人素质；发展国防工业，依靠自身的力量促进国防生产，使之接近于国际水平；调整后备兵员系统，朝着面向公众的方向发展，获得人民的合作与支援；保卫国家经济利益和自然资源，维护边境地区安全；加强福利保障，提高军人及其家属的生活水平；开展与友好国家的军事合作，积极支援联合国维持和平行动。

军事战略　泰国武装部队实行“总体防御战略”。冷战结束后，泰军适时地对其军事战略进行了调整。在战略目标上，完成由本土防御向海洋和本土综合防御转变，将保卫经济建设和维护海洋权益作为重要目标；在防御重点上，从东北部泰柬、泰老边境地区向东南部沿海新兴工业区和能源基地转变，将防御纵深从陆地向海洋扩展，由沿海向近海延伸；在作战对象上，将“来自陆地的对手”改为“来自海上的潜在对手”；在防御体制上，由依赖美国保护逐渐向增强本国防御力量与加强联盟军事合作相结合的“总体防御”转变。

国防体制 国王为武装力量统帅。最高国防决策机构为国家安全委员会，隶属于国务院，总理兼任主席。最高咨询机构为国防委员会，隶属于国防部。国防部是最高军事行政机关，负责制定、实施国防政策和计划。武装力量由正规军和准军事部队两部分组成。正规军分陆、海、空三个军种。最高军事指挥机构为最高司令部。国王名义上是三军统帅，实际上是国务院通过国防部和最高司令部对全国武装力量实施领导和指挥。

领导人物 国王兼武装力量统帅普密蓬·阿杜德（1946 年继位）。总理兼国家安全委员会主席他信·西那瓦（2001 年 2 月上任）。国防部长差瓦立·永猜育上将（2001 年 2 月上任）。最高司令纳隆·育他翁上将（2001 年 10 月上任）。陆军司令素拉育·朱拉暖上将（1998 年 10 月上任）。海军司令巴实·汶颂上将（2000 年 10 月上任）。空军司令邦·玛尼信上将（2000 年 10 月上任）。

武装力量 **兵力** 现役部队约 30.6 万人。

陆军 19 万人。编有 4 个部域军，3 个小军，2 个骑兵师，3 个装甲师，2 个机械化师，1 个轻型步兵师，2 个特种作战师，1 个炮兵师，1 个高炮师（6 个高炮营），1 个工程兵师，4 个经济开发师，1 个独立骑兵团，8 个独立步兵营，4 个侦察连，3 个空中机动连和 1 支正在组建的快速反应部队。

主战坦克：69 型 50 辆，M－48A5 型 105 辆，M－60 型 178 辆。轻型坦克：“蝎子”154 辆，M－41 型 200辆，“魟”106 辆。装甲侦察车：“肖兰”MK－3 型 32 辆。装甲输送车：M－113 型 340 辆，“突击队员”162 辆，“秃鹰”18 辆，85 型 450 辆。牵引炮：105 毫米 353 门，130 毫米 15 忆 ，门，155 毫米 192 门。自行火炮：155 毫米 20 门。迫击炮：81 毫米、107 毫米若干门，120 毫米 12 门。反坦克导弹：“龙”式 300 具。无坐力炮：75 毫米 30 门，106 毫米 150 门。高炮：20 毫米 48 门，37 毫米 122 门，40 毫米 128 门，57 毫米 24 门。地空导弹：“红眼”等若干部。运输机：20 架。联络机：39 架。教练机：28 架。直升机：184 架，其中 AH－1F 型武装直升机 5 架。

海军 6.8 万人（含陆战队、海军航空兵和岸防部队）。编有 3 个作战舰队和 1 个海军航空兵联队。

直升机航母：“差克里·纳吕贝特”号 1 艘。导弹护卫舰：8 艘，其中“纳黎萱”级、“昭帕耶”级、“格腊武里”级、“佛陀约华”级各 2 艘。护卫舰：4 艘，其中“玛古·拉差古曼”级 1 艘、“达比”级 2 艘、“宾格老”级 1 艘。小型护卫舰：“拉坦纳凯辛”级 2 艘、“哈姆罗辛”级 3 艘。导弹快艇：“拉差立”级3 艘，“布拉巴拉巴”级 3 艘。巡逻艇：77 艘。扫雷舰艇：7 艘。两栖舰艇：9 艘。后勤支援舰船：16 艘。

海军航空兵 1700 人，装备作战飞机 44 架、武装直升机 5 架。

陆战队 1.8 万人。编有 1 个师，2 个步兵团，1 个炮兵团，1 个两栖攻击营，1 个侦察营。装备装甲输送车 33 辆，155 毫米牵引炮 12 门及“龙”式反坦克导弹若干具。

空军 约 4.8 万人。编有 3 个攻击战斗机中队，2 个战斗机中队，5 个防暴机中队，1 个电子侦察机中队，1 个武装侦察机中队，3 个运输机中队，2 个直升机中队，1 个高炮连。作战飞机 153 架。

攻击战斗机：F－5A/B 型 14 架，F－16 型 34 架。战斗机：F－5 型 36 架。防暴机：AC－47 型 4 架，AU－23A 型 22 架，N－22B 型 19 架。电子侦察机：IAI－201 型 3 架。武装侦察机：OV－10C 型 19 架，RF－5A 型 3 架。航测机：8 架。运输机：C－130H 型等共 28 架。教练机：共 165 架，其中 L－39ZA/MP 型 34 架具有作战能力。联络机：11 架。直升机：42 架。空空导弹：“响尾蛇”、“大蟒”若干枚。地空导弹：“吹管”、“蝮蛇”若干枚。

准军事部队 约 15.4 万人。其中，“猎勇”部队约 1.1 万人，保卫国土志愿队约 5 万人，海上警察 2500 人，航空警察 500 人，边境巡逻警察 4 万人，地方警察约 5 万人。

预备役部队 20 万人，编有 4 个陆军预备役师。

部署 陆军按 4 个部域军部署，重点部署在中部和东南部地区。海军部署在各海军基地，陆战队驻梭桃邑海军基地。空军各飞行大队分别驻各空军基地。主要军事基地 18 处，其中海军基地 5 处（曼谷、宋卡、攀牙、梭桃邑、达叻）、空军基地 13 处（廊曼、柯叻、打卡里、华富里等）。

兵役制度 实行义务兵役制，服役期 2 年。

军衔 军官分 4 等 10 级：元帅，将官 3 级（上将、中将、少将），校官 3 级（上校、中校、少校），尉官3级（上尉、中尉、少尉）。

驻外兵力 2001年共派出742人参加联合国东帝汶维和部队，另有16名军事观察员参加联合国在东帝汶、塞拉利昂、伊拉克和科威特的维和行动。

外国驻军 新加坡驻有1个训练营地。美国450人（陆军40人、空军30人、海军10人、陆战队370人）。

军队节日 建军节4月8日。

（孟 丽 张红心）

土 耳 其

国 名 土耳其共和国。

主要统计 面积77.945万平方千米。人口6765.2万人（其中，13～17岁男392.4万人，女383.9万人；18～22岁男325.1万人，女309.7万人；23～32岁男624.2万人，女588.6万人）。国内生产总值135790万亿土耳其里拉，合2100亿美元（2000年）。国防费5875万亿土耳其里拉，合51亿美元（2000年国防预算）。原煤599.29万吨（1997年）。钢铁1400万吨（1998年）。原油2960万桶（1997年）。天然气2.6亿立方米（1996年）。发电量1051.91亿度（1997年）。粮食3028.2万吨（1999年）。海运能力，商船（载重100吨以上）880艘、总载重量711.43万吨（2001年）。民航能力，固定航班机场26处、客运量130.33亿人千米、货运量2.433亿吨千米（2001年）。

国防体制 总统为武装力量统帅。最高国防决策机构为国家安全委员会，成员有总统、总理、总参谋长、国防部长、内政部长、外交部长和宪兵司令，由总统任主席，基本任务是制订战争动员计划、议决国家军事政策和其他有关国家安全的重大问题。武装力量的最高决策机构为最高军事委员会，由总理、总参谋长和陆、海、空军司令以及宪兵司令组成，任务是讨论和决定武装部队各级军官任免和调动、晋升和退休、国防费用的计划和分配、军队编制和军法军纪等问题。国防部为政府中一个部，是最高军事行政机构，设部长、副部长等，部长由总理任命的文职官员担任，任务是负责武装部队的征兵、武器装备、后勤补给、军工生产等工作。武装力量由正规军和准军事部队组成。正规军分陆、海、空三个军种。最高军事指挥机构为总参谋部，总参谋长由总统根据总理提名在担任过陆、海、空军司令的上将中任命，任期4年。总统通过国防部和总参谋部对全国武装力量实施领导和指挥。

领导人物 总统兼武装力量统帅阿赫迈特·内季代特·塞泽尔（2000年5月上任）。国防部长萨巴哈廷·恰克玛克奥卢（1999年8月上任）。总参谋长侯塞因·科夫勒克奥卢上将（1998年8月上任）。陆军司令黑尔米·厄兹科克上将（2000年8月上任）。海军司令比伦特·阿尔普卡亚上将（2001年8月上任）。空军司令朱姆胡尔·阿斯帕鲁克上将（2001年8月上任）。

武装力量 **兵力** 现役部队51.51万人。

陆军 40.2万人。编有4个集团军司令部，9个军司令部，1个机械化师，1个步兵师，14个装甲旅，17个机械化旅，9个步兵旅，4个突击旅，1个步兵团，1个总统警卫团，5个边防团，26个边防营。

主战坦克：4205辆，其中M－48A5T1型和M－48A5T2型2876辆，M－60A3型658辆，M－60A1型274辆，“豹”1A1型170辆，“豹”1A3型227辆。装甲侦察车：若干辆。步兵战车：650辆。装甲输送车：3643辆（AAPC型830辆，M－113型2813辆）。牵引炮：105毫米若干门，155毫米517门，203毫米162门。自行炮：105毫米391门，155毫米222门，175毫米36门，203毫米219门。火箭炮：70毫米24门，107毫米48门，122毫米若干门，227毫米12门。迫击炮：2021门（107毫米1264门，120毫米757门），另有81毫米3792门。反坦克导弹：943具（“眼镜蛇”186具，“陶”365具，“米兰”392具）。无坐力炮：57毫米923门，75毫米617门，106毫米2329门。高炮：1664门（20毫米439门，35毫米120门，40毫米1105门）。地空导弹：“毒刺”108部，“红眼睛”789部。此外，还装备有各型飞机168架，武装直升机37架，运输直升机292架。

海军 5.3万人（含海军陆战队3100人，海岸警卫部队 1050 人）。

常规潜艇：13 艘。护卫舰：23 艘。导弹快艇：21 艘。巡逻艇：28 艘。布雷舰艇：1 艘。反水雷舰艇：23 艘。登陆舰：8 艘。登陆艇：59 艘。辅助舰船：27 艘。

海军航空兵　装备有用于反潜作战的武装直升机 16 架（AB－204AS 型 3 架，AB－212 型 13 架），教练机 7 架。

海军陆战队　1 个团，3100 人。

空军　6.01 万人。编有 2 个战术空军司令部，1 个运输司令部，1 个训练司令部，1 个后勤司令部，11 个攻击战斗机中队，7 个战斗机中队，2 个侦察机中队，5 个运输机中队，3 个教练机中队，6 个地空导弹中队。作战飞机 505 架。

攻击战斗机：F－16C 型 210 架，F－16D 型 30 架，F/NF－5A 和 F/NF－5B 型 87 架，F－4E 型 139 架。侦察机：RF－4E 型 39 架。空中加油机：KC－135R 型 2 架。运输机：C－130B 和 C－130E 型 13 架，KC－135R 型 7 架，C－160D 型 19 架，CN－235 型 50 架（其中部分可用于电子战）。要员专机：2 架。教练机：SF－260D 型 38 架，T－33 型 34 架，T－37 型 60 架，T－38 型 70 架，T－41 型 28 架。直升机：UH－1H 型 20 架，AS－532 型 20 架。地空导弹："奈基" 92 部，"轻剑" 86 部。

预备役部队　37.87 万人（41 岁以下），其中陆军 25.87 万人、海军 5.5 万人、空军 6.5 万人。

准军事部队　15.22 万人。宪兵和国民警卫队 15 万人（其中预备役 5 万人），装备装甲输送车 560 辆、飞机 2～3 架、直升机 56 架。海岸警卫队 2200 人，装备近岸巡逻艇 64 艘、运输机 2 架。

兵役制度　实行义务兵役制，士兵服役期 18 个月。

军衔　军官分 3 等 11 级：将官 4 级（上将、中将、少将、准将），校官 3 级（上校、中校、少校），尉官 4 级（上尉、中尉、少尉、准尉）。

驻外兵力　驻塞浦路斯 1 个军，约 3.6 万人。装备坦克 386 辆、装甲输送车 476 辆、牵引炮 102 门、自行炮 60 门、迫击炮 450 门、高炮 48 门、飞机 3 架、直升机 4 架、近岸巡逻艇 1 艘。参加联合国维持和平行动的兵力：驻波斯尼亚 1200 人，驻东帝汶 2 人（军事观察员），驻格鲁吉亚 5 人（军事观察员），驻伊拉克和科威特边境 6 人（军事观察员），驻意大利 4 架 F－16C 型战斗机，驻南斯拉夫科索沃维和部队约 950 人。

外国驻军　驻有北约盟军东南联合司令部和第 6 战术空军司令部；英国空军 160 人，飞机 6 架（"美洲虎" GR－3A 和 GR－3B 型 6 架、VC－10 型 2 架）；美国 2040 人，其中海军 240 人（包括陆战队 220 人）、空军 1800 人；空军驻有 1 个飞行联队，装备的飞机包括 F－16、F－15C、KC－135、E－3B 和 E－3C、C－12、HC－130 和 HH－60。

军队节日　建军节 8 月 30 日。

（张连国）

土库曼斯坦

国　名　土库曼斯坦。

主要统计　面积 49.12 万平方千米。人口 445 万人（其中 13～17 岁男 27.5 万人，女 26.8 万人；18～22 岁男 22.8 万人，女 22.4 万人；23～32 岁男 36.1 万人，女 35.7 万人）。国内生产总值 44 亿美元（2000 年）。国防费 1.57 亿美元（2000 年国防预算）。天然气 470 亿立方米（2000 年）。铁路货运量 1 亿吨（2000 年）。公路货运量 4.67 亿吨（2000 年）。航空货运量 1.1 万吨（2000 年）。1 个国际机场。

国防体制　宪法规定，总统为武装力量最高统帅，国防部为最高军事行政机关。

领导人物　萨帕尔穆拉特·阿塔耶维奇·尼亚佐夫总统兼武装力量最高统帅。政府副总理兼国防部长巴·萨尔贾耶夫。

武装力量　**兵力**　1.75 万人。

陆军　1.45 万人，编有 4 个师、1 个旅。

坦克：570 辆。装甲战车：1354 辆。各种火炮：664 门；

空军—防空军 0.3 万人，编有 3 个飞行团、1 个战斗直升机团，3 个防空火箭团、2 个雷达团。

各型飞机430架，防空导弹：发射装置50部。

准军事部队　1万余人，其中，边防军约1万人，内务部队数千人，国民卫队千余人。

（金小村）

乌兹别克斯坦共和国

国　　名　乌兹别克斯坦共和国。

主要统计　面积44.74万平方千米。人口2457.6万人（其中13～17岁男155.5万人，女152万人；18～22岁男129.8万人，女128.1万人；23～32岁男192.1万人，女196.2万人）。国内生产总值189亿美元（2000年）。国防费3亿美元（2000年国防预算）。钢铁41.6万吨（2000年）。原煤250万吨（2000年）。原油753.3万吨（2000年）。天然气553亿立方米（2000年）。发电量460.55亿度（1997年）。粮食300万吨（2000年）。铁路货运量4240万吨。公路货运量6.914亿吨（2000年）。航空货运量1.52万吨（2000年）。

国防体制　宪法规定，总统为武装力量统帅。国防部是最高军事行政机关，负责管理国防预算、军工生产、后勤、动员和民防等事务。武装力量由陆军、空军及准军事部队组成。总参谋部为最高军事指挥机构。总统通过国防部和总参谋部对全国武装力量实施领导和指挥。

领导人物　总统兼武装力量统帅伊斯拉姆·阿卜杜加尼耶维奇·卡里莫夫（1990年3月就职）。国防部长卡·加·古利亚莫夫中将（2000年9月上任），武装力量联合参谋部总参谋长图·尤·卡西莫夫上将。

武装力量　**兵力**　现役部队5～5.5万人。

陆军　4万人。编有4个军区、2个作战司令部、1个塔什干司令部、1个坦克旅、11个摩步旅、1个山地旅、1个空降旅、3个空中突击旅、5个工兵旅、1个国民卫队旅。

坦克：T－62/－64/－72型坦克350辆。步兵战车：295辆。装甲输送车：369辆。牵引炮：122、152毫米210门。自行火炮：122、152、203毫米83门。火箭炮：122、220毫米108门。迫击炮120毫米42门。反坦克炮100毫米36门。

空军　1～1.5万人。编有7个飞行团。作战飞机：135架，其中苏－17型26架、苏－24型34架、苏－25型20架、苏－27型25架、米格－29型30架。运输机：41架。教练机：14架。直升机：129架。地对空导弹45枚。

准军事部队　约1.8～2万人。内卫部队约1.7～1.9万人。国民卫队1000人（1个旅）。

（金小村）

新　加　坡

国　　名　新加坡共和国。

主要统计　面积647.5平方千米。人口369.1万人（其中，13～17岁男12.2万人，女11.7万人；18～22岁男10.8万人，女10.2万人；23～32岁男24万人，女23.4万人）。国内生产总值970亿美元（2000年）。国防费43亿美元（2001年国防预算）。发电量261.88亿度（1997年）。海运能力，商船（载重100吨以上）946艘，总载重量1492.92万吨（2000年）。民航能力，固定航班机场1处，客运量550.96亿人千米、货运量47.6亿吨千米（2000年）。

国防体制　总统为武装力量统帅。国防部为政府中的一个部，对武装部队拥有领导和管理权。武装力量由正规军和准军事部队两部分组成。正规军分陆、海、空三个军种。最高军事指挥机构为总参谋部。

领导人物 总统兼武装部队统帅纳丹（1999 年 9 月上任）。国防部长陈庆炎（1995 年上任）。三军总长林泉宝中将（2000 年 4 月上任）。

武装力量 **兵力** 现役部队 6．05 万人。

陆军 5 万人。编有 3 个混合师（各辖 2 个步兵旅、1 个机械化旅、1 个侦察营、2 个炮兵营、1 个高炮营、1 个工程兵营），1 个快速反应师（辖 3 个步兵旅），1 个机械化旅。

坦克：“百人队长”式 80～100 辆，AMX－13SM1 型约 350 辆。装甲侦察车：AMX－10PAC90型 22 辆。步兵战车：AMX－10P型 22 辆，IFV－25 型若干辆。装甲输送车：M－113 型 750 余辆，V－100 型 30 辆，“突击队员”250 辆，IFV－40/50 型若干辆。牵引炮：105 毫米 37 门，155 毫米 169 门。迫击炮：81 毫米若干门，120 毫米 50 门，160 毫米 12 门。反坦克导弹：“米兰”30 余具。无坐力炮：84 毫米约 200 门，106 毫米 90 门。高炮：20 毫米 30 门。地空导弹：RBS－70 型、SA－18 型、“西北风”共 75 余部。

海军 4500 人。编有 3 个司令部：舰队司令部（辖 2 个小舰队），海岸司令部，海军后勤司令部。

潜艇：“征服者”号 1 艘。小型护卫舰：“胜利”级 6 艘。导弹快艇：“海狼”级 6 艘，“无畏”级 12 艘。扫雷舰艇：4 艘。两栖舰艇：5 艘。后勤支援舰船：3 艘。

空军 6000 人。编有 6 个攻击战斗机中队，1 个侦察机中队，1 个空中预警中队，1 个加油机中队，1 个海上巡逻机中队，2 个武装直升机中队，5 个运输机中队（其中 4 个直升机中队），1 个教练机中队，1 个无人侦察机中队，4 个机场防卫中队。作战飞机 150 架，武装直升机 20 架。

攻击战斗机：A－4SU型 64 架，F－16 型 49 架。战斗机：F－5S 型 28 架，F－5T 型 9 架。武装侦察机：RF－5S 型 8 架。空中预警机：E－2C 型 4 架。加油机：KC－135 型 4 架。海上巡逻机：F－50“加强者”9 架。武装直升机：AS－550A2/C2 型 20 架。运输机：C－130H 型等共 10 架。运输直升机：AS－332M 型等共 75 架。教练机：43 架。无人侦察机：64 架。空空/空地导弹：若干枚。

预备役部队 约 31．25 万人。其中陆军约 30 万人，海军约 5000 人，空军约 7500 人。

准军事部队 警察约 1．2 万人（包括廓尔喀警卫营 1500 人），民兵约 8．43 万人。

部署 全国共有军事基地 5 处，其中海军基地 3 处（三巴旺、裕廊、樟宜）、空军基地 2 处（丁加和巴耶黎巴）。

兵役制度 实行义务兵役制，服役期限 2～3 年。

军衔 军官分 3 等 10 级：将官 3 级（中将、少将、准将），校官 3 级（上校、中校、少校），尉官 4 级（上尉、中尉、少尉、准尉）。

驻外兵力 驻澳大利亚 230 人（建有 1 所飞行训练学校，配有 S－211 型飞机 27 架）；驻文莱 500 人（建有 1 所飞行学校，配有 5 架 UH－1H 型直升机）；驻法国 200 人；驻台湾 3 个训练营地；驻泰国 1 个训练营地；驻美国 250 人，租用 CH－47D 型飞机 6 架、F－16C/D 型飞机 24 架；参加联合国东帝汶维持和平部队 87 人；驻埃塞俄比亚和厄立特里亚特派团观察员 2 人；驻伊拉克和科威特军事观察团观察员 5 人。

外国驻军 新西兰 11 人，编有 1 个支援单位。美国 150 人（海军 90 人、空军 40 人、陆战队 20 人）。

军队节日 建军节 7 月 1 日。

（孟　丽）

叙　利　亚

国　名 阿拉伯叙利亚共和国。

主要统计 面积 18.518 万平方千米（包括仍被以色列占领的戈兰高地约 1200 平方千米）。人口 1649.3 万人（其中，13～17 岁男 107.6 万人，女 103.6 万人；18～22 岁男 88.3 万人，女 85.7 万人；23～32 岁男 127.4 万人，女 124.7 万人）。国内生产总值 8000 亿叙镑，合 168 亿美元（2000 年）。国防费 440 亿叙镑，合 83.8 亿美元（2001 年国防预算）。原油年产量为 1.92 亿桶（1997 年）。粮食 324.7 万吨（1999 年）。发电量 182.59 亿度（1997 年）。天然气产量35.88亿立方米（1997年）。海运能力，商船（载重100吨以上）94艘，总载重21.04万吨（2000年）。

民航能力，固定航班机场5处，客运量12.05亿人千米，货运量0.156亿吨千米（2000年）。

国防体制　宪法规定，总统为武装力量总司令。最高军事统帅机关是武装力量总司令部，下辖国防部和总参谋部。国防部是政府中的一个部，是最高军事行政机关，主管军队的行政、训练和军工生产等项工作。武装力量由正规军和准军事部队组成。正规军分陆、海、空三个军种。总参谋部在总司令部和国防部领导下，平时主要负责陆军工作，临战或战时则根据总司令的命令协调陆、海、空三军的作战行动。叙军政治局负责全军政治宣传工作，受总司令部和叙复兴党总部领导。总统通过国防部、总参谋部和三军司令部对全军实施领导和指挥。

领导人物　总统兼武装力量总司令巴沙尔·阿萨德中将（2000年7月上任）。副总理兼国防部长和武装力量副总司令穆斯塔法·塔拉斯上将（1972年3月上任，2001年继任副总理兼国防部长）。总参谋长阿里·阿斯兰（1998年7月上任）。

武装力量　**兵力**　现役部队32.1万人。

陆军　21.5万人。编有3个军司令部，7个装甲师（每师编3个装甲旅、1个机械化旅、1个炮兵团），3个机械化师（每师编2个装甲旅、2个机械化旅、1个炮兵团），1个共和国卫队师（包括3个装甲旅、1个机械化旅、1个炮兵团），1个特种部队师（3个特种部队团），4个独立步兵旅，1个边防旅，2个独立火炮旅，2个独立炮兵旅，1个独立反坦克旅，10个独立特种部队团，3个地地导弹旅（每旅3个营，分别装备"蛙"式、"飞毛腿"-B/-C式、SS-21型导弹），1个岸防导弹旅（装备SS-C-1B"萼片"式和SS-C-3"冥河"式反舰导弹）。

主战坦克：4700辆坦克（其中1200辆库存或设于固定防御阵地），T-55/MV型2000辆，T-62M/K型1000辆，T-72/-72M型1700辆。装甲侦察车：BRDM-2型850辆，BRDM-2Rkh型85辆。装甲步兵战车：BMP-1型2250辆，BMP-2型100辆，BMP-3型若干辆。装甲输送车：BTR-50/-60/-70/-152型1600辆。牵引炮：约1630门（122毫米750门，130毫米800门，152毫米70门，180毫米10门）。自行炮：450辆（122毫米400辆，152毫米50辆）。火箭炮：480门（107毫米200门，122毫米280门）。迫击炮：658门（82毫米200门，120毫米350门，160毫米100门，240毫米8门）。地地导弹："蛙"-7型18部，SS-21型18部，"飞毛腿"-B/-C型26部，SS-C-1B型4部、SS-C-3型6部。反坦克导弹：AT-3"耐火箱"式3500具，AT-4"塞子"式150具，AT-5"拱肩"式200具，AT-7"萨克斯号"式若干，AT-10型2000具，AT-14"慧星"式若干，"米兰"式200具。高炮：2060门（23毫米1050门，37毫米300门，57毫米685门，100毫米25门）。地空导弹："萨姆"-7型4000部，"萨姆"-9型20部，"萨姆"-13型35部。

海军　约6000人。

潜艇：苏制"罗密欧"级常规动力鱼雷攻击潜艇3艘（均无作战能力）。护卫舰："别佳"3级2艘。海岸巡逻艇：18艘。扫雷舰：5艘。两栖舰艇：3艘中型登陆舰。后勤支援舰：4艘，其中1艘支援舰，1艘训练舰，1艘水文测量船，1艘海洋调查船。

海军航空兵：反潜直升机16架（其中米-14型12架，卡-28型4架）。

空军　约4万人。编有26/27个攻击/战斗机中队。作战飞机589架，武装直升机87架（部分可能为储备）。

攻击/战斗机：154架，其中苏-22型90架、米格-23BN型44架、苏-24型20架。战斗机：310架，其中米格-21型170架、米格-23型90架、米格-25型30架、米格-29型20架。侦察机：14架、米格-25R型6架、米格-21H/J型8架。运输机：安-26型5架、"隼"20型2架、"伊尔"-76型4架、雅克-40型7架、"隼"900型1架、图-134型6架、米-2型直升机10架、米-8/-17型100架。武装直升机：87架，其中米-25型48架、SA-342L型39架。教练机：137架，其中L-39型80架、MBB-223型20架、米格-21U型20架、米格-23UM型6架、米格-25U型5架、"马沙克"式6架。空地导弹：AS-7、AS-12型及"霍特"式导弹若干枚。反舰导弹：AT-2型导弹若干枚。空空导弹：AA-2"环礁"式、AA-6"辛辣"式、AA-7"顶点"式、AA-8"蚜虫"式、AA-10"阿拉莫"式各若干枚。

防空部队　约6万人。编有25个防空旅（约150个地空导弹火力单元，包括600部SA-2/-3型、200部SA-6型地空导弹，4000门高炮），2个地空导弹团（每团2个营，每营2个导弹火力单元，共48部SA-5型、60部SA-8型地空导弹，S-300型地空导弹已定购尚未交货）。

预备役部队　35.4万人，其中陆军28万人，海军4000人，空军7万人。

准军事部队　内务部队8000人；工人民兵（人民军）10万人。

兵役制度　实行义务兵役制，服役期30个月。预备役服役期限为45岁。

驻外兵力　驻黎部队1.8万人。设1个机械化师师部，包括1个装甲旅，4个机械化步兵旅（10个特种部队团，2个炮兵团）。

外国驻军　联合国维持和平部队1040人；约150名俄罗斯顾问，主要在防空部队。

军队节日　建军节8月1日。

（林海霞）

也　门

国　　名　也门共和国。

主要统计　面积55.5万平方千米。人口1888.5万人（其中，13～17岁男100.8万人，女98.2万人；18～22岁男80.3万人，女77.8万人；23～32岁男132.8万人，女121.3万人）。国内生产总值约64亿美元（2000年）。国防费约4.35亿美元（2000年国防预算）。原油1.32亿桶（1997年）。发电量24.82亿度（1997年）。粮食63.5万吨（1997年）。海运能力，商船（载重100吨以上）40艘，总吨位1.37万吨(2000年)。民航能力，有固定航班机场12处（2000年），客运量11.83亿人千米，货运量1.19亿吨千米(2000年)。

领导人物　总统委员会主席、共和国总统、武装部队总司令阿里·阿卜杜拉·萨利赫（1994年10月上任，1999年10月连任）。国防部长阿卜杜拉·阿里·埃莱瓦（2001年4月上任）。参谋长阿卜杜拉·阿里·欧瓦拉少将。

武装力量　**兵力**　现役部队5.4万人。

陆军　4.9万人。编有10个装甲旅、1个特种部队旅、20个步兵旅、8机械化旅、2个空降/突击旅、1个地地导弹旅、7个炮兵旅、1个政府卫队、2个防空旅、4个高射炮旅、1个地空导弹营。

主战坦克：910辆，其中T－34型50辆，T－54/－55型500辆，T－62型250辆，M－60A1型60辆，T－72型60辆。装甲侦察车：120辆，其中AML－90型70辆，BRDM－2型50辆。装甲步兵战车：BMP－1/－2型320辆。装甲输送车：440辆，其中M－113型60辆，BTR－40/－60/－152型380辆。牵引炮：395门，其中105毫米M－101A1型35门，122毫米M－1931/37型30门、M1938型100门，D－30型130门，130毫米M－46型75门，152毫米D－20型10门，155毫米M－114型15门。自行炮：122毫米2S1型25辆。突击炮：100毫米SU－100型30门。海岸炮：130毫米SM－4－1型36门。火箭炮：122毫米BM－21型150门，140毫米BM－14型14门。迫击炮：约502门，其中81毫米200门、82毫米M－43型90门、107毫米12门、120毫米100门、160毫米约100门。地地导弹：共30部，其中“蛙”－7型12部，SS－21型12部，“飞毛腿”－B型6部。反坦克导弹：共71具，其中“陶”式12具、“龙”式24具、AT－3“耐火箱”式35具。火箭发射器：66毫米M72“劳”式火箭发射器若干具，73毫米RPG－7型若干具。无坐力炮：75毫米M－20型、82毫米B－10型、107毫米B－11型各若干具。反坦克炮：85毫米D－44型若干门、100毫米M－1944型20门。高炮：20毫米M－167型50门、M－163型“火神”式自行高炮20门，23毫米ZSU－23－2/－4型自行高炮150门，37毫米M－1939型150门，57毫米S－60型120门，85毫米KS－12型40门。地空导弹：SA－7/－9/－13/－14型共约800部。

海军　约1500人。近海巡逻/战斗舰艇：共9艘，其中导弹艇4艘、近海巡逻艇5艘。扫雷舰艇：6艘。两栖舰艇：1艘。后勤支援舰艇：2艘。

空军　约3500人。战斗机71架（另有约40架储备），武装直升机8架。

战斗/对地攻击机：F－5E型10架，苏－20/－22型30架。战斗机：米格－21型20架，米格－29型5架。运输机：安－12型2架，安－26型6架，C－130H型3架，伊尔－14型4架，伊尔－76型3架。

直升机：AB-212 型 2 架，米-8 型 14 架，AB-47 型 1 架，米-35 型武装直升机 8 架。教练机：共 32 架，其中 F-5B 型 2 架，米格-21U 型 4 架，雅克-11 型 14 架，L-39C 型 12 架。地空导弹：SA-2/-3/-6 型各若干部。空空导弹：AA-2“环礁”式、AIM-9“响尾蛇”式各若干枚。

预备役部队　陆军约 4 万人。

准军事部队　共约 7 万人，其中内务部队约 5 万人，部落武装约 2 万人。海岸警卫队现正在组建中，配备“拦截者”级巡逻艇（法国制造）5 艘。

兵役制度　实行义务兵役制。士兵服役期 2 年。

（林海霞）

伊　拉　克

国　　名　伊拉克共和国。

主要统计　面积 44.1839 万平方千米。人口 2230 万人（其中，13～17 岁男 153.8 万人，女 147.2 万人；18～22 岁男 132.4 万人，女 127 万人；23～32 岁男 196 万人，女 189.9 万人）。国内生产总值 154 亿美元（2000 年）。国防开支 14 亿美元（2001 年国防预算）。原油 4.2 亿桶（1997 年）。天然气 36.2 亿立方米（1997 年）。发电量 299.5 亿度（1997 年）。粮食 164.4 万吨（1999 年）。海运能力，商船（载重 100 吨以上）131 艘，总载重量 157.88 万吨（2000 年）。民航能力，自 1992 年 6 月起没有固定航班，客运量 15.7 亿人千米、货运量 5460 万吨千米（2000 年）。

国防体制　伊拉克革命指挥委员会主席为共和国总统和武装力量总司令。伊拉克复兴社会党地区领导机构军事局是国家最高军事决策机关，它在武装力量总司令的领导下工作，负责制定国防政策、战略方针等重大事宜。国防部是最高军事行政机关。总参谋部是最高军事指挥机构。国防部和总参谋部在武装力量总司令和军事局的领导下各负其责。武装力量由正规军、预备役部队和准军事部队组成。正规军分陆、海、空三个军种。全国分 3 个军区：第 1、第 2、第 3 军区，也称北部、中部、南部军区。

领导人物　革命指挥委员会主席、总统兼武装力量总司令萨达姆·侯赛因（1979 年 7 月上任，1995 年 10 月连任）。国防部长苏丹·哈希姆·艾哈迈德上将（1995 年 7 月上任，2001 年连任）。武装部队总参谋长阿卜杜勒·瓦希德·尚南·拉巴特上将（1995 年 7 月上任）。

武装力量　**兵力**　现役部队 42.4 万人。

陆军　总兵力 37.5 万人。编有 7 个军司令部、3 个装甲师、3 个机械化师、11 个步兵师、6 个共和国卫队师（3 个装甲师、1 个机械化师、2 个步兵师）、4 个特种共和国卫队旅、5 个突击旅、2 个特种部队旅（除共和国卫队外，所有部队只有其正常实力之一半，且 50% 的装备缺乏零备件）。

主战坦克：约 2200 辆。其中，T-55/-62 型和 PRC59 式共约 1500 辆，T-72 型 700 辆。装甲侦察车：共约 400 辆，其中 BRDM-2 型、AML-60/-90 型、EE-9“响尾蛇”式、EE-3“蛙蛇”式各若干辆。装甲步兵战车：BMP-1/-2 型约 900 辆。装甲输送车：约 2400 辆，其中 BTR-50/-60/-152 型、OT-62/-64 型、MTLB 型、YW-701 型、M-113A1/A2 型、EE-11“褐斑洞蛇”式各若干辆。牵引炮：约 1900 门，其中 105 毫米、122 毫米、130 毫米、155 毫米炮各若干门。自行火炮：约 150 辆，其中 122 毫米 2S1 型、152 毫米 2S3 型、155 毫米 M-109A1/A2 型和 AUF-1 型各若干辆。火箭炮：约 200 门，其中 107 毫米、122 毫米、127 毫米、132 毫米、262 毫米炮各若干门。迫击炮：81 毫米、120 毫米、160 毫米、240 毫米炮各若干门。地地导弹：“蛙”式 50 部、“飞毛腿”式 6 部，共约 27 枚导弹。反坦克导弹：AT-3“耐火箱”式、AT-4“塞子”式、SS-11 式、“米兰”式、“霍特”式各若干具。无坐力炮：73 毫米、82 毫米、107 毫米炮各若干门。反坦克炮：85、100 毫米炮各若干门。直升机：约 375 架，其中武装直升机 BO-105 型约 100 架、米-24“母鹿”式、SA-316 型、SA-321 型和 SA-342 型各若干架；运输直升机米-6 型、“贝尔”214ST 型、米-4 型、米-8/-17 型、“休斯”300C 型、“休斯”500D 型、“休斯”500F 型等各若干架。监视雷达：车辆、炮兵监视雷达和“辛贝林”式迫击炮监视雷达。

海军 约 2000 人。导弹护卫舰：1 艘。近海巡逻/战斗舰艇：6 艘。巡逻舰：5 艘。扫雷舰：3 艘。后勤支援舰：2 艘。

空军 约 3 万人。作战飞机约 316 架，没有武装直升机。

轰炸机：6 架，其中轰－6D 型、图－22 型各若干架。战斗/对地攻击机：约 130 架，其中米格－23BN 型、"幻影"F1EQ5 型、苏－20 型各若干架，苏－22M 型 40 架，苏－24MK 型 2 架，苏－25 型 2 架。战斗机：约 180 架，其中歼－7 型若干架，米格－21 型 40 架，米格－23 型 50 架，米格－25 型 12 架，"幻影"F－1EQ 型 50 架，米格－29 型 10 架。侦察机：米格－25 型 5 架。预警机：伊尔－76 型 2 架。运输机：安－2/－24 和伊尔－76 型各若干架，安－12 型 3 架，安－26 型 6 架。教练机：AS－202 型 20 架，EMB－312 型 50 架，L－39 型 50 架，PC－7 型 25 架，PC－9 型 12 架，"幻影"F－1BQ 型若干架。空地导弹：AM－39 型、AS－4/－5/－9/－11/－12/－30L 型各若干枚。反舰导弹：C－601 型若干枚。空空导弹：AA－2/－6/－7/－8/－10 型、R－530/－550 型各若干枚。

防空部队 约 1.7 万人。高炮：约 6000 门，包括 23 毫米、37 毫米、57 毫米、85 毫米、100 毫米、130 毫米炮各若干门。地空导弹：SA－2/－3/－6/－7/－8/－9/－13/－14/－16型、"罗兰"式和"阿斯派德"式各若干枚。

预备役部队 约 65 万人。

准军事部队 约 4.2～4.5 万人，包括安全部队 1.5 万人，边境警卫队 9000 人，"萨达姆敢死队"1.8～2 万人。

兵役制度 实行义务兵役制，服役期为 18～24 个月。

外国驻军 英国驻军 904 人，另有来自 32 个国家的 195 名军事观察员。

（林海霞）

伊　朗

国　　名 伊朗伊斯兰共和国。

主要统计 面积 164.5 万平方千米。人口 6828.1 万人（其中，13～17 岁男 473.5 万人，女 453.1 万人；18～22 岁男 396 万人，女 383.5 万人；23～32 岁男 595.9 万人，女 561.3 万人）。国内生产总值约 540 万亿里亚尔，约合 990 亿美元（2000 年）。国防费约 15.9 万亿里亚尔，约合 91 亿美元（2001 年国防预算）。原煤 121 万吨（1997 年）。原油 13.44 亿桶（1997 年）。天然气 450.12 亿立方米（1997 年）。发电量 977.44 亿度（1996 年）。粮食 1385.1 万吨（1999 年）。海运能力，商船（载重 100 吨以上）403 艘，总吨位 834.53 万吨（2000 年）。民航能力，固定航班机场 19 处，客运量 60.93 亿人千米，货运量 9770 万吨千米（2000 年）。

国防体制 伊朗宪法规定政教统一，宗教领袖为武装部队总司令。最高国防委员会是领袖领导下的军事决策机构，成员有总统、国防部长、武装部队总参谋长、伊斯兰革命卫队总司令以及领袖指定的两名顾问。武装力量由正规军、革命卫队和准军事部队组成。正规军分陆、海、空三个军种。革命卫队由地面部队、海上部队、陆战队和航空部队组成。1989 年 7 月正规军和革命卫队合并，组成松散的联合。

领导人物 宗教领袖、武装部队总司令兼最高国防委员会主席阿亚图拉·赛义德·阿里·哈梅内伊（1989 年 6 月上任）。武装部队司令穆罕默德·萨利米少将（2000 年 5 月上任）。国防部长阿里·沙姆哈尼（1997 年 8 月上任，后任国防和勤务部长，2001 年 8 月起任国防部长）。武装部队总参谋长阿卜杜勒－阿里·普尔沙斯卜准将（2001 年 2 月上任）。陆军司令纳塞尔·穆罕默迪·法尔（2001 年 2 月上任）。海军司令阿巴斯·莫赫塔杰（1997 年 10 月上任）。空军司令哈比卜·巴加伊（1996 年 4 月上任）。伊斯兰革命卫队总司令叶海亚·拉希姆·萨法维少将（1997 年 9 月上任）。

武装力量 **兵力** 现役部队 51.3 万人。

陆军 约 32.5 万人。编有 4 个军司令部、4 个装甲师（每师辖 3 个装甲旅、1 个机械化旅、4～5 个炮兵营）、6 个步兵师（每师辖 4 个步兵旅，4～5 个炮兵营）、2 个突击师、1 个空降旅、5 个炮兵群、若干独立装甲、步兵、突击旅。

主战坦克：约 1565 辆，其中 T－54/－55 型和

PRC－59 型共约 500 辆，T－62 型 75 辆，T－72 型 480 辆，“酋长”MK－3/－5 型 200 辆，M－47/－48 型 150 辆，M－60A1 型 150 辆，“佐勒菲卡尔”式约 10 辆。轻型坦克：“蝎”式 80 辆，Towsan 式若干辆。装甲侦察车：EE－9“响尾蛇”式 35 辆。装甲步兵战车：共约 750 辆，其中 BMP－1 型 350 辆，BMP－2 型 400 辆。装甲输送车：共约 590 辆，其中 BTR－50/－60 型 300 辆，M－113 型 250 辆，Boragh 式约 40 辆。牵引炮：共 2085 门，其中 105 毫米 M－101A1 型 130 门，122 毫米 D－30 型 500 门、PRC54 式 100 门，130 毫米 M－46/59 式 1100 门，152 毫米 D－20 型 30 门，155 毫米 WAC－21 型 15 门、M－114 型 70 门、GHN－45 型 120 门，203 毫米 M－115 型 20 门。自行炮：共 310 门，其中 122 毫米 2S1 型和“雷电”1 型共 60 门，155 毫米 M－109 型和“雷电”2 型共 180 门，170 毫米 M－1978 型 10 门，175 毫米 M－107 型 30 门，203 毫米 M－110 型 30 门。火箭炮：约 889 门，其中 107 毫米 PRC63 等型 700 门，122 毫米 170 门，240 毫米 19 门，另外还有 333 毫米若干门。迫击炮：共 5000 门，其中 60、81、82、107、120 毫米炮各若干门。地地导弹：“飞毛腿”B/C 式 17 部，约 300 枚导弹；CSS－8 型 30 部，约 175 枚导弹；“谢哈布”－3 型若干部，约 20 枚导弹；“沙辛”－1/－2 型等若干枚。反坦克导弹：共约 75 部，“陶”式、AT－3“耐火箱”式若干具、AT－4“塞子”式以及 AT－5“拱肩”式若干具。火箭发射器：73 毫米 RPG－7 型若干具。无坐力炮：75 毫米 M－20 型、82 毫米 B－10 型、107 毫米 B－11 型各若干门，106 毫米 M－40 型约 200 门。高炮：约 1700 门（挺），14.5 毫米、23 毫米、35 毫米、37 毫米、57 毫米各若干。地空导弹：SA－7/－14/－16 型若干具。无人驾驶飞行器：若干架。飞机：共约 77 架，其中“色斯纳”150/180/185/310 型约 50 架、F－27 型 19 架、“隼”20 型 8 架。直升机：AH－1J 型武装直升机 85 架，CH－47C 型重型运输直升机 40 架，“贝尔”214A 型 180 架，AB－205A 型 50 架，AB－206 型 130 架，“贝尔”204 型 30 架，“休斯”300C 型 5 架，RH－53D 型 8 架，SH－53D 型 17 架，UH－1H 型 45 架，米－8/－17 型若干架。

海军　约 1.8 万人，包括海军航空兵和 2600 名海军陆战队。

潜艇：6 艘，其中“基洛”级 3 艘。护卫舰：3 艘。轻型护卫舰：2 艘。导弹攻击快艇：10 艘。巡逻艇：41 艘。水雷战舰艇：14 艘。两栖舰艇：9 艘。后勤支援舰艇：22 艘。

海军航空兵　2000 人。装备战斗机 5 架，武装直升机 19 架，海上侦察机共 10 架（其中 P－3F 型 5 架，DO－228 型 5 架），反潜机 1 个中队共 16 架（其中 SH－3D 型 10 架，AB－212 型 6 架），水雷战直升机 1 个中队（RH－53D 型 3 架），运输机 1 个中队（“司令官”式 4 架、F－27 型 4 架、“隼”20 型 3 架，AB－205A 型 5 架、米－171 型 9 架，AB－206 型 2 架）。

海军陆战队　2 个旅，共 2600 人。

空军　约 4.5 万人（其中包括 1.5 万名防空部队）。编有 16 个攻击/战斗机中队、1 个侦察机中队、1 个加油/运输机中队、5 个运输机中队、5 个地空导弹中队和 16 个地空导弹营。

战斗/对地攻击机：F－4D/E 型 66 架、F－5E/F 型 60 架、苏－24MK 型 30 架、苏－25K 型 7 架、“幻影”F－1 型若干架。战斗机：F－14 型 25 架、F－7M 型 24 架、米格－29A/UB 型 25 架。海上侦察机：C－130H－MP 型 5 架。侦察机：RF－4E 型 6 架。加油机/运输机：波音 707 型 3 架、波音 747 型 1 架。运输机：波音 747F 型 4 架、波音 727 型 1 架、C－130E/H 型 18 架、“司令官”690 型 3 架、F－27 型 10 架、“隼”20 型 4 架、“喷气星”式 2 架、PC－6B 型 10 架、Y－7 型 2 架、“伊尔”－76 型若干架、Y－12 型 9 架。直升机：AB－206A 型 2 架、“贝尔”214C 型 30 架、“沙巴维兹”2061 型若干架、CH－47 型 2 架。教练机：“比奇”F－33A/C 型 20 架、EMB－312 型 15 架、PC－7 型 40 架、T－33 型 7 架、FT－7 型 15 架、F－5B 型 20 架、TB－21 型 8 架、TB－200 型 4 架、MFI－17“穆沙克”式 20 架。空地导弹：AGM－65A“小牛”式 3000 枚，AS－10/－11/－14 型各若干枚。反舰导弹：C－801 型若干枚。空空导弹：AIM－7“麻雀”式、AIM－9“响尾蛇”式、AIM－54“不死鸟”式各若干枚，另可能拥有 PL－2A/7 型、AA－8/－10/－11 型若干枚。地空导弹：“霍克”式 150 部、“轻剑”式 30 部、“虎猫”式 15 部、“红旗”－2J 型 45 部、SA－5 型 10 部、另有 SA－7 型、FM－80 型和“毒刺”式若干枚。

革命卫队　约 12.5 万人。

地面卫队　约 10 万人。编有 16～20 个师，包括 2 个装甲师、5 个机械化师、10 个步兵师、1 个特种部队师和 15～20 个独立旅。配备 470 辆坦克、620 辆装甲输送车、360 门火炮、40 门无坐力炮和 140 门高射炮。革命卫队独立作战或与陆军协同作战，如国内发生暴乱则与“民众动员军”配合行动。

海上卫队　约 2 万人。有阿巴斯港等 6 个基地。

拥有约 40 艘快艇，配备反坦克导弹、无坐力炮、机枪；“沪东”级导弹快艇 10 艘，配备 C－802 型舰舰导弹；岸防炮及 CSSC－3（HY2）型舰舰导弹。

航空卫队　1 个旅（约 5000 人）。

准军事部队　“民众动员军”约 22 万人，多为青年志愿者，仅装备轻武器。宪兵 4 万人（包括边境警察），配备“色斯纳”185/310 型飞机若干架、AB－205/206 型直升机 24 架，另有约 90 艘巡逻艇、40 艘其它小型船只。

军事基地　海军基地 7 处：阿巴斯港（海军司令部所在地）、布什尔、哈尔克、恩泽利港、霍梅尼港、玛沙赫尔港、恰赫巴哈尔。

兵役制度　实行义务兵役制，士兵服役期 2 年。

驻外兵力　革命卫队驻黎巴嫩约 150 人；在苏丹派有军事顾问。

军队节日　军队节 3 月 15 日。

（林海霞）

以　色　列

国　　名　以色列国。

主要统计　1947 年联合国关于巴勒斯坦分治决议规定，以色列国为 1.49 万平方千米，至 2000 年以色列实际控制面积为 2.5 万平方千米。人口 633.6 万人（其中，13～17 岁男 28.4 万人，女 26.8 万人；18～22 岁男 27.2 万人，女 25.8 万人；23～32 岁男 52.5 万人，女 52.8 万人）。国内生产总值 4440 亿新谢克尔，约合 1070 亿美元（2000 年）。国防费 374 亿新谢克尔，约合 90 亿美元（2001 年国防预算）。原油 3 万桶（1996 年）。天然气 0.13 亿立方米（1997 年）。发电量 324.66 亿度（1996 年）。粮食 9 万吨（1999）年。海运能力，商船（载重 100 吨以上）56 艘，总载重量 72.34 万吨（2000 年）。民航能力，固定航班机场 7 处，客运量 121.46 亿人千米、货运量 11.17 亿吨千米（2000 年）。

国防体制　总理为武装力量统帅。最高军事决策机构为国防委员会，成员有总统、总理以及国防、外交、内政、财政、交通、邮电部部长和总参谋长等，由总理兼任主席。战时，成立以总理为首的战时内阁，成员有国防、外交、财政、交通和邮电等部部长。国防部为政府中的一个部，是最高军事行政机关，部长由文官担任，平时负责兵力的动员、国防预算、国防科研与军工生产、军队规章制度的颁布等军事行政和技术业务；战时可行使总司令职权。武装力量由正规部队、预备役部队和准军事部队组成。正规部队分陆、海、空三个军种。最高军事指挥机构为总参谋部，总参谋长为最高军事指挥官，在总理领导下通过 3 个军区司令部、2 个军种司令部及其所属的 14 个兵种司令部对全军实施指挥。

领导人物　总理兼国防委员会主席、武装力量统帅阿里埃勒·沙龙（2001 年 3 月上任）。国防部长本·埃利泽（2001 年 3 月上任）。军队总参谋长沙乌勒·莫法兹中将（1998 年 7 月 9 日上任）。副总参谋长乌齐·达扬少将（1998 年 5 月 17 日上任）。陆军司令摩西·伊夫里－苏凯尼克少将（1998 年 5 月 17 日上任）。海军司令耶迪迪亚·亚阿里少将（1999 年 10 月 10 日上任）。空军司令达恩·哈卢茨少将（2000 年 4 月 4 日上任）。

武装力量　**兵力**　现役部队 16.35 万人。

陆军　12 万人（动员后可达 53 万人）。编有 3 个地区司令部，1 个后方司令部，3 个特种兵司令部，3 个装甲师，2 个师部，3 个地区师部，4 个机械化步兵师（包括 1 个伞兵训练旅），3 个炮兵营。

主战坦克：3930 辆，其中“百人队长”式 800 辆，M－48A5型 250 辆，M－60A1 型 300 辆，M－60A3 型 600 辆，“马加奇”7 型 400 辆，T－67（T－54/－55）型 200 辆，T－62 型 100 辆，“梅卡瓦”Ⅰ/Ⅱ/Ⅲ型 1280 辆。装甲侦察车：约 400 辆，其中 RAMTARPY 型，BRDM－2 型等各若干辆。装甲输送车：M－113A1/A2 型 5500 辆，“纳格马肖特”式约 200 辆，“阿奇扎里特”式约 200 辆，“美洲狮”和 BTR－50P 式若干辆，M－2/－3 半履带式约 4000 辆（大部分在储备中）。牵引炮：520 门，其中 105 毫米 70 门，122 毫米 100 门，130 毫米 100 门，155 毫米 250 门。自行炮：855 门，其中 155 毫米 680 门，175 毫米 140 门，203 毫米 35 门。火箭炮：198 门，其中 122 毫米 50

门，160毫米50门，227毫米48门，240毫米30门，290毫米20门。迫击炮：6470门，其中60毫米约5000门，81毫米700门，120毫米530门，160毫米240门。地地导弹："长矛"式20枚（在储备中），"杰里科"1/2型若干枚。反坦克导弹："陶"－2A/－B型300部，"龙"式1000部，AT－3"耐火箱"式若干部，"马帕茨"式25部，"吉尔/钉"系列若干部。火箭筒：82毫米若干门。无坐力炮：106毫米250门。高炮：20毫米850门，23毫米210门，37毫米若干门，40毫米150门。地空导弹："毒刺"式250部，"瞪眼"式1000部，"小槲树"式48部。监视雷达：EL/M－2140型飞行器监视雷达若干部，AN/TPQ－37型、AN－PPS－15型火炮监视雷达若干部。

海军　约6500人（动员后可达1.15万人）。

潜艇："海豚"级3艘。轻型护卫舰："埃拉特"级3艘。导弹攻击快艇：10艘，其中"阿利亚"级2艘，"海兹"级6艘，"雷谢夫"级2艘。巡逻艇："超级德沃拉"级等34艘。两栖舰艇：2艘。

陆战队：海军突击队300人。

空军　3.7万人（动员后可达5.7万人）。编有11个空军基地，57个飞行中队，20个防空营。作战飞机459架（另储存250架），武装直升机133架。

战斗/对地攻击机：F－4E－2000型50架、F－4E型20架、F－15型73架，F－15I型25架，F－16型237架。战斗/轰炸机：A－4N型25架。侦察机：RF－4E型10架。预警机："波音"707型6架。电子战机："波音"707型3架、RC－12D型电子战/巡逻机6架，IAI－200型3架，"道"－28型15架，"空中大王"2000型10架。海上侦察机：IAI－1124"海上扫描"式3架。加油机：KC－130H型3架。运输机："波音"707型5架，C－47型12架，C－130H型22架。联络机：32架。教练机：135架。武装直升机：AH－1G型21架，AH－1F型36架，"休斯"500MD型30架，AH－64A型42架。反潜机：AS－565A型4架。运输直升机：160架，其中CH－53D型38架，UH－60型10架，S－70A"黑鹰"式15架，"贝尔"－212型54架，"贝尔"－206型43架。无人驾驶飞行器："侦察兵"、"先锋"、"搜索者"、"火蜂"、"壮士""迪莱拉"、"猎人"式、"银"式、"箭"式若干架。空地导弹：AGM－45"百舌鸟"式、AGM－62A"白星眼"式、AGM－65"小牛"式、AGM－78D"标准"式、AGM－114"海尔法"式、"陶"式和"瞪眼"式若干枚，GBU－31型"联合直接攻击弹药"（JDAM）已订购尚未交货。空空导弹：AIM－7"麻雀"式、AIM－9"响尾蛇"式、AIM－120B型、高级中程空对空导弹（AMRAAM）、R－530型、"蜻蜓"式、"大蟒"3、4型若干枚。地空导弹：MIM－23"霍克"改进型17个连，"爱国者"3个连，"箭"－2型1个连，"小槲树"8个连，"毒刺"导弹若干枚。

预备役部队　42.5万人。其中：陆军40万人，编有8个装甲师、1个空运机动/机械化步兵师、10个边防步兵旅；海军5000人；空军2万人。

准军事部队　边防警察8000人，装备"瓦利德"1型装甲输送车若干辆，BTR－152APC式装甲输送车600辆；海岸警卫队约50人，装备巡逻艇3艘。

军事基地　海军基地3处：海法、阿什杜德、埃拉特。

兵役制度　实行义务兵役制，军官服役期4年；士兵服役期男性3年，女性21个月。此后作为预备役人员每年进行训练，男性直至41岁（一些专业人员至54岁），女性至24岁（或结婚）。

军衔　军官分3等9级：将官3级（中将、少将、准将），校官3级（上校、中校、少校），尉官3级（上尉、中尉、少尉）。

驻外兵力　定期向土耳其空军基地派遣空军F－16型飞机分遣队。

外国驻军　来自21个国家的联合国军事观察员144人。

（林海霞）

印　度

国　　名　印度共和国。

主要统计　面积297.47万平方千米。人口

10.29548 亿人（其中 13～17 岁男 5463.8 万人，女 5129.2 万人；18～22 岁男 4992.2 万人，女 4641.5 万人；23～32 岁男 8847.8 万人，女 8093.7 万人。）国内生产总值 20.9 万亿卢比，合 4710 亿美元（2000 年）。外汇储备 448 亿美元（2001 年）。国防预算 7320 亿卢比，合 156.2 亿美元（2001 年）。原煤 3.23 亿吨（2001 年）。原油 0.32 亿吨（2000 年）。天然气 307 亿立方米（2001 年）。发电量 4807 亿度（2000 年）。钢铁 3110 万吨（2001 年）。粮食 2.03 亿吨（2000 年）。海运能力，商船（载重 100 吨以上）888 艘，总载重量 1036.5 万吨（2000 年）。民航能力，固定航班机场 92 处，货运量 4.8 亿吨千米（2000 年），客运量 233.6 亿人千米（2000 年）。铁路总长 6.28 万千米（其中电气化铁路 1.46 万千米），货运量 2841 亿吨千米，客运量 3705 亿人千米（2000 年）。

国防政策　印度国防政策的基本目标是保障实现印度“称霸南亚，控制印度洋，争当世界政治大国和‘一流军事强国’”。其主要内容为：

1、全力推行“大国外交”，为其争当地区军事大国创造条件。印度抓住冷战结束、世界和亚太战略格局向多极化发展这一契机，积极开展大国外交，以求更多地参与亚太安全事务。2000 年印度与俄罗斯建立战略伙伴关系，并在发展核力量和争取联合国安理会常任理事国席位问题上得到俄罗斯的支持。2000 年 3 月美国总统克林顿访问印度，两国签署了指导 21 世纪印美关系的框架性文件《印美关系：21 世纪展望》，确立了“持久的、政治上有建设性、经济上有成果的”新型伙伴关系。同年 9 月，印度总理瓦杰帕依访问美国。印度在坚持不许第三国介入印巴克什米尔争端的原则的同时积极同美国协调关系，在诸如反恐怖主义、联合国维持和平行动等方面与美国合作。“9·11 事件”后，美国解除了对印度的经济制裁，同时恢复对印武器装备零部件的供应，全面加强同印度的军事交流与合作关系。印度年内在同日本进行政治、经济和军事方面全方位对话的基础上，建立了全球伙伴关系。同中国和欧盟的关系得到了恢复性发展。近两年来，中印两国高层领导人实现了互访，印度同意两国共同加快两国边界划定工作。印度加紧推行“向东看”政策，加强同东盟的政治对话、经济交往和军事合作关系。此外，印度不定期地与美、俄、法、澳、新、马、越、韩、日、印尼等国举行联合海上军事演习。

2、实行最低限度可靠核威慑的核政策，加快发展核武器的步伐。印度发展核武器除了谋求大国地位的政治目的的同时，还旨在对中国形成所谓“核对称”，与中国进行军事抗衡；保持对巴的核威慑优势，以加强和巩固对南亚次大陆的控制权；将核打击范围扩大到印度洋海域，制约外部势力特别是美国海军在印度洋的军事存在，从而达到向印度洋扩张的战略目的。继 1998 年 5 月成为事实上的核国家后，印度政府于 1999 年 8 月通过印度核政策构想草案，提出最低限度可靠核威慑政策。其核心一是实行不首先使用核武器，即在“只进行报复”的原则下，对存有向印度及其武装力量威胁使用核武器企图的任何国家或地区进行核威慑，并使其相信，对印度及其武装力量发动任何核进攻都将导致印度使用核武器进行惩罚性报复，并使其遭受无法承受的损失；二是不对无核国家使用核武器，即在保持足够的核力量的基础上，对无核国家形成战略威慑，使其不敢对印度动武。印度将建立“三位一体”的核打击力量和统一的指挥与控制系统。2001 年，印度试射成功射程为 2500 千米的“烈火”－2 型中程导弹，并计划于 2002 年开始装备部队。印度还在研制射程为 5000 千米的“烈火”－3 型导弹。与此同时，印度正加紧核武器小型化、战术核武器实战运用理论的研究，积极为组建战略核部队、建立核力量指挥与控制体制做准备。

3、继续坚持国防建设与国民经济发展并重，逐步提高国防建设投资的方针。印度以经济建设为中心，在全面提高综合国力的基础上，不断增加军费开支（逐步提高到占国民生产总值的 3% 以上），确保国防建设目标的实现。经济建设中重视军民两用企业和技术的发展，特别是信息技术、核能技术和航空航天领域的基础设施的建设。印度同时赋予军队担负“维护国家安全，反对民族分裂”的任务，其职能由单一的“对付外侵”转变为“御外安内”的双重职能，维护了社会秩序的安定，保证经济能够顺利发展。

4、以发展高技术武器装备为核心，建设一支技术密集型的军队。2002 年 3 月，印度政府宣布将 2002～2003 财年国防经费增加至 8100 亿卢比，占国民总产值 2.7%。同时采取了以下措施：①保持现有兵员数量，提高官兵素质。印军推迟了在 2005 年前裁减 5 万人的计划，提高新兵入伍文化程度标准，加强对官兵进行信息技术培训。②军费分配向技术密集型的海、空军倾斜，加大三军对信息技术装备的研制与投入。国防科研经费投入比例不断提高。③继续执行军队建设的“自主防卫十年规划”，到 2005 年将国产武器装备的比例由 1994 年的 30% 提高到 70%。引进装备最终目的是使印度具备生产该装备的能力。④加大进口高技术武器装备的力度，弥补国产装备暂时难以装备部队造成的战斗力下降。陆军采购了310辆俄制T-90坦克，俄制红外或激光制导的“智能炮弹”和攻击直升机；空军引进10架“幻影”2000N/D型和140架苏-30型战斗机、空中预警飞机，同时继续对现役的各种米格型飞机现代化改装，装备电子战飞机、空中加油机等；海军将拥有具有导弹攻击能力和电子战能力的大型驱逐舰、核动力潜艇和先进轻型舰载直升机，从以色列购买先进的预警机。印度已开始自行建造一艘航空母舰，同时从俄罗斯购买“戈尔什科夫”号航空母舰及60架米格-29舰载飞机、1艘877型柴油动力潜艇和3艘护卫舰。⑤全面拓展对外军事合作，从多国获得军事技术、引进先进装备和进行人员培训。印俄军事合作关系进一步提升，两国加强了联合研制高技术装备的合作力度。同美国的军事合作发展迅速，在装备采购和训练方面大大加强。印美军事合作则带动了印度同英、法、澳、德、以等西方国家发展军事合作关系，使武器技术来源实现多样化。

5、确保印度在印巴、印中边境地区的军事优势。以打击恐怖主义为名，加大有效“遏制”巴基斯坦支持的民兵对印占克什米尔地区的渗透和进攻的力度，将50%的陆军、54%的空军和60%的海军兵力长期部署在印巴边境一线和毗连巴的海域，形成对巴的绝对军事优势；在印中边境地区仍保持着较大规模的兵力部署，形成对中国的局部军事优势。

6、扩大海上边界，在逐步实现对印度洋控制的同时，将其势力扩大到南中国海。印度提出将其专属经济区扩大到200海里以外，加紧在马德拉斯、卡尔瓦尔等地修建海军基地，在安达曼群岛修建机场，并组建海上特种部队。2000年4月，印度国防部长称，“从阿拉伯海到南中国海都有印度的利益，”为此，10月间印度海军与日本、韩国、越南进行了联合海上军事演习。2001年10月，成立了第一个联合司令部远东司令部，将印军触角前伸了1000多千米，加强了对印度洋地区的管控。印度还大力发展航空母舰、潜艇和海军航空兵力量，试图建立一支专事远海作战的远洋海军。

军事战略 印度近年来确立了以有限的可靠的核威慑为后盾、以强大的常规军事力量为手段的“地区威慑”的军事战略。其主要内容如下：

1、战略目标：在称霸南亚的同时，遏制中国，控制印度洋，争当世界军事大国。利用美国在中南亚地区反恐战争的需要，积极发展与美、俄、日等国的战略伙伴关系，加强核军备和军队现代化建设，加快争当军事强国和世界“一流”大国的步伐。

2、战略方针：(1) 在战争威胁判断上，突出核威慑条件下的高技术局部战争（低强度战争）的威胁，战争准备从打一场全面战争转向打多场核条件下的边境局部战争；(2) 以使用常规力量的“有限战争”作为主要作战手段，即通过给对手以必要的惩罚，到达相对有限的战争目的；(3) 巴、中同为主要对手。对巴拥有进行一场全面战争的能力，迫使其撤出所占领土；对潜在对手中国不放弃“既得利益”，相机进行新的扩张和蚕食；(4) 对南亚诸国通过军事以及外交和经济手段，特别是核威慑，加强对其全面控制；(5) 控制从阿拉伯海到南中国海之间的海域，坚持不允许外国干涉南亚和印度洋事务的政策，特别是阻止中国同印度邻国发展军事关系；(6) 加强与美、俄以及东盟等建立包括军事关系在内的全面的战略与合作关系。

3、作战思想：当前印军认为，战争的基本目的是消灭敌人的武装力量，主张在进攻和防御时都应具有主动进攻意识，并立足于打核威慑条件下的高技术局部战争。其基本内容是：(1) 强调攻势作战，先发制人，必要时越境作战，力求把战火引向敌方领土；(2) 在进攻和防御中实施全纵深立体作战；(3) 注重机动作战，力求掌握战场主动权；(4) 强调诸军兵种联合作战，突出空军的作用，重视陆空军协同联合作战；(5) 强调在主要方向上集中绝对优势兵力，达成速战速决的效果；(6) 重视发挥电子战的作用，实施电子欺骗，压制电子干扰，隐蔽作战意图，电子杀伤与火力杀伤相结合；(7) 确保可靠、迅捷和高效的作战指挥。

国防体制 宪法规定总统为武装力量最高统帅，总统通过内阁总理对全国的武装部队实施领导，现行最高国防决策机构为内阁政治事务委员会，成员有国防、外交、内政和财务等主要内阁部长，由总理任主席。国防咨询机构有国家安全委员会、国防部长委员会、国防生产与供应委员会、国防研究与发展委员会、国防计划委员会和最高情报委员会等。国家安全委员会的职能是为政府制定长期军事战略和国家安全战略以及处理有关国家安全事务提供咨询。内阁总理任国家安全委员会主席，成员包括内政部长、国防部长、财政部长、外交部长和计划委员会副主席。该委员会通过1名国家安全顾问对下辖的战略政策小组、最高情报委员会和国家安全顾问处进行协调与领导。国家安全顾问现由总理首席秘书布拉杰什·米什拉担任。除国防计划委员会由内阁秘书任主席、最高情报委员会由内阁秘书处安全顾问任主席外，其他委员会均由国防部长任主席，吸收国防国务部长、三军参谋长、国防秘书、国防财政顾问和有关单位负责人参加，分别负责提出和制定有关三军建设和民防、空防、边防和海防方面的有关政策，提出有关作战、情报和国家安全等方面的咨询意见。国防部长委员会下设国防电子、首席人事官、首席供应军官和三军参谋长等4个委员会。其下属委员会的职责是在负责范围内就国防政策、国防生产和其他有关军事问题向国防部长委员会提出建议，并通过它就需要由内阁研究决定的重大其他向内阁政治事务委员会提出建议。三军参谋长委员会下设10个分委员会，由三军参谋军官组成，轮流担任主席，分别处理有关三军联合作战、计划训练、通信、情报、电子战、装备政策和国防计划等方面的统一与协调事务。国防部长是最高军事行政长官，直接向内阁总理负责，并由两名国防国务部长协助工作。国防部为国防职能机构，主要由文职人员组成，下设国防局、国防生产与供应局和国防科研局等3个常设办事机构（均由国防秘书任局长），以及财政顾问处（由财政部派出的国防财政顾问任领导）和国防计划协调执行委员会（由国防秘书任主席）。2001年12月，国防部成立联合参谋部，其职能为参与军队建设计划和联合作战事宜。成员来自各军种、国防部和外交部。联合参谋部主任向参谋长委员会主席负责。

印度的武装力量由现役正规部队、准军事部队和后备力量组成。现役正规部队设陆、海、空三个军种。三军平时无统一的作战指挥机构，由内阁总理通过内阁秘书处协同国防部对三军实行统一指挥；战时通常授权主要军种参谋长实施统一指挥。军种司令部为各军种最高作战指挥与行政管理机构，最高领导人为军种参谋长。陆军参谋长配有3名副参谋长协助工作。海、空军除参谋长外设两名副参谋长。军种参谋长通过所属地区（军区）司令部对部队实施作战与控制。各军种除地区（军区）司令部外，陆军还设有训练司令部，空军设有训练和保养两个专业司令部，海军的南海司令部履行海军训练司令部的职能，主管海军人员的基础训练与专业训练工作，并负责全部海军水面舰艇和潜艇部队训练。驻果阿的海军航空兵司令部主管海军航空兵的训练。驻维沙卡帕特南的海军潜艇司令部专门负责海军潜艇部队的训练。

领导人物 总统兼武装力量最高统帅纳拉亚南（1997年7月25日就任印度第11任总统）。总理阿塔尔·比哈尔·瓦杰帕伊（1999年10月上任）。国防部长乔治·费尔南德斯（2001年5月27日上任）。陆军参谋长S·帕德马纳班上将（2000年9月30日上任）。海军参谋长马德文德拉·辛格上将（2001年12月29日上任）。空军参谋长K·克里什纳斯瓦米上将（2001年12月31日上任）。

武装力量 **兵力** 现役部队126.3万人。

陆军 110万人。编有5个军区、12个军部、36个师（3个装甲师、4个平原整编师、18个步兵师、9个山地师和1个炮兵师）以及15个独立旅（7个装甲旅、5个步兵旅、2个山地旅和1个空降/突击旅）、1个“普里特维”地地导弹团、4个防空旅和3个工兵旅。上述部队包括59个坦克团（营）、355个步兵营（其中包括25个机械化步兵营、8个空降营、3个突击营）、190个炮兵团（营）（其中包括1个地对地导弹团、2个火箭炮团、50个中型炮团内〈含11个自行炮团〉、69个野战炮团〈内含3个自行炮团〉、39个山地炮团、29个高炮团）、2个地空导弹大队（每个大队含3～5个导弹连）、15个地空导弹团。陆军航空兵编有22个直升机中队（其中5个反坦克中队）。

主战坦克：3414辆（估计有1100辆库存），其中T－55型约700辆（450辆在服役中），T－72型约1500辆、“常胜者”1200辆、PT－76型90辆、“阿琼”式约14辆。步兵战车：BMP－1型350辆、BMP－2型1100辆。装甲输送车：OT－62/64型157辆、卡斯帕型约160辆。牵引式火炮：4175门（估计有600门库存），其中75毫米1115门、105毫米约1350门、122毫米约550门、130毫米750门、155毫米410门。自行火炮：105毫米80门（估计有30门库存）、130毫米100门（估计有70门库存）。152毫米S19型2门。多管火箭炮：122毫米100门、214毫米“皮纳卡”数目不详。迫击炮：81毫米若干、120毫米500门、160毫米500门。地地导弹：“普里特维”短程地地导弹发射架3～5部。无坐力炮：57毫米500门、106毫米3000门。高炮：23毫米400门、30毫米24门、40毫米2000门。地空导弹：萨姆－6型180部、萨姆－7型620部、萨姆－8B型50部、萨姆－9型400部、萨姆－13型45部、萨姆－16型500部。直升机：300架。车辆人员登陆艇：2艘。无人驾驶飞机：“搜索者”和“尼尚特”若干架。反坦克导弹：“米兰”等若干具。

海军 5.3万人（含海军航空兵、海军陆战队）。

编有东部、西部、南部和远东4个地区司令部，东部舰队、西部舰队 2 支舰队。另编有潜艇司令部（驻维沙卡帕特南）和海军航空兵司令部（驻果阿）。装备各种舰艇 127 艘，其中，航空母舰 1 艘、潜艇 16 艘、驱逐舰 8 艘、护卫舰 18 艘、巡逻与海岸舰艇 39 艘、扫雷艇 18 艘、导弹快艇 6 艘、两栖登陆舰艇 7 艘、各种支援舰船 32 艘。

海军航空兵　5000 余人（含舰载海军航空兵 2000 人），装备 37 架作战飞机，82 架武装直升机、空空导弹和空地导弹若干枚。编有 2 个攻击机中队、6 个反潜直升机中队、3 个海上侦察机中队、1 个通信机中队、1 个搜索与救援直升机中队和 1 个训练机中队。

海军陆战队　编有 1 个团（包括 3 个大队），约 1000 人。

空军　11 万人。装备各型飞机约 1400 架（其中作战飞机 738 架）、直升机 170 余架（其中武装直升机 22 架）。编有 21 个攻击战斗机中队（16 架苏－30K \ MK 型、52 架米格－23BN 型、84 架“美洲虎”、135 架米格－27 型、55 架米格－21MF \ PHMA 型、165 架米格－21bis/u 型、40 架“幻影”2000H \ TH），19 个战斗机中队（66 架米格－21FL 型、26 架米格－23MF 型、63 架米格－29 型），2 个攻击直升机中队（20 架米－25 \ 35 型），2 个侦察机中队（8 架“堪培拉”、5 架米－25R 型和 2 架米－25U 型战斗侦察机），12 个运输机中队（105 架安－32、45 架 DO－228 型、28 架 BAE－748 型、25 架伊尔－76 型），14 个运输直升机中队（73 架米－8 型、50 架米－17 型、10 架米－26 型，以及 8 个中队的印度“猎豹”和“印度豹”直升机），1 个要员专机中队（2 架波音－737－200 型、7 架 BAE－748 型、6 架米－8 型），1 个海上攻击中队（6 架“美洲虎”海上攻击机）、6 架 1 个电子战中队（4 架“堪培拉”BI58 型和 2 架“堪培拉”TT－18 型），以及 6 架伊尔－78 型加油机、4 架电子侦察机（2 架波音 707 和 2 架波音 737 飞机）、4 架海上侦察与测量机、约 397 架各型教练机和 24 架教练直升机。此外，还编有 38 个地空导弹中队，装备萨姆－2、萨姆－3、萨姆－5 和萨姆－10 型导弹 280 余枚。空军飞机装备有“普里特维”－250 型、AS－7 型、AS－11B 型、AS－12 型、AS－17 型、AS－30 型、“鱼叉”AM－39 型、“海鹰”空地导弹，AA－7 型、AA－8 型、AA－10 型、AA－11 型、“魔术”R－550 型和“超级魔术”R－530D 型等空对空导弹。

准军事部队　印度的准军事部队种类繁多，驻地分散，并隶属不同的部门。准军事部队是正规部队的辅助力量，平时执行边防、海防巡逻、情报搜集和内卫治安任务；战时配属正规部队执行作战任务。其编制单位通常为部队、营、中队（连）、排、班（哨）5 级。部队最高领导为总监，一般为现役中将级军官，以下各级军官为现役或退役军官。营或中队（连）为基本作战单位，各营根据辖区的范围下辖数目不等的中队（连），中队（连）以下为三三制，编组到班。印度准军事部队装备轻便，编制精干，可担负快速突击和独立机动作战任务。目前，印度准军事部队兵力约 117.3 万人：其中海岸警卫队 8000 人，隶属国防部，装备有 36 艘各类舰艇和 30 余架飞机，平时负责近海防卫与治安，战时归海军指挥，协助海军作战；国家安全卫队 7400 人，隶属内阁秘书处，负责反恐怖活动，成员来自印度三军、中央后备警察部队和边境保安部队；特种保安部队 3000 人，负责要员安全；国家步枪队 4 万人，隶属国防部，担任反暴乱任务，编为 36 个营，主要成员来自陆军退役人员和预备役部队；中央后备警察部队 16.7 万人，约 130 个营，隶属内政部；邦武装警察 40 万人，（包括 24 个营的印度后备特种警察），主要负责本邦的治安任务，但也可调往其他邦执行任务；边境保安部队 17.4 万人，约有 157 个营；阿萨姆步枪队 5.2 万人，隶属内政部，编有 31 个营，主要负责东北各邦的治安任务，各级军官均为陆军军官，训练较好；特种边境部队 9000 人，隶属内阁秘书处；印藏边境警察，3.24 万人，28 个营，隶属内政部；中央工业保安部队 9.5 万人，隶属内政部；国防安全警卫队 3.1 万人，隶属国防部，主要负责国防部驻地的安全和警卫工作；铁路保安部队 7 万人。

后备力量　印度的后备力量指不脱产的民间武装，印度称为第一线预备役和第二线防务力量，共 240 余万人。组织较为松散，每年只须参加短期的军事集训。这支后备力量平时协助警察维持社会治安和参加抢险救灾，战时担负民防任务，补充正规军。其经费开支一般由中央邦政府和邦（中央直辖区）按比例分摊。

第一线预备役由印度陆海空三军退役官兵组成。服预备役的最高年限为 50 岁。第一线预备役现有兵力约 99.5 万人，包括陆军和空军预备役以及海军志愿预备役。空军预备役又分为防空预备役和辅助空军预备役两种。陆军预备役人员现有 80 万人，海军预备役人员 5.5 万人，空军预备役人员 14 万人。

第二线防务力量主要是民间军事组织，成员志愿参加。现有实力约 206 万人，包括地方军 4 万人、国民学兵团 100 余万人、家乡卫队 57.4 万人、民防组织 45.3 万人。

部署 陆军分 5 个军区：北部军区司令部设在印占克什米尔的乌达姆普尔，辖 3 个军（含 8 个步兵师、2 个山地师）负责克什米尔地区印巴边境北段和印中边境西段的防务；西部军区司令部昌迪加尔，辖 3 个军（含 1 个装甲师、3 个平原步兵整编、5 个步兵师和 4 个独立防空旅），负责印巴边境中段平原地区防务；东部司令部设在加尔各答，辖 3 个军（含 1 个步兵师、7 个山地师）负责印孟边境地区、印缅边境地区和印中边境东段（含中锡边境）地区的防务；中部军区司令部设在勒克瑙，辖 1 个军（含 1 个步兵师、1 个装甲师、1 个平原整编师和 3 个独立旅），负责中央各邦和中部喜马拉雅山边境地区的防务，并担任东、西两个战区的预备队；南部军区司令部设在浦那，辖 2 个军（含 1 个装甲师、3 个步兵师），负责印巴边境南段的防务。

海军按印度半岛东、西、南部和安达曼·尼科巴群岛及附近海域分别划分为东部、西部、南部和远东 4 个地区海军司令部。西部海军司令部设在孟买，下辖西部舰队，编有印度半数以上的驱逐舰、护卫舰和潜艇，负责阿拉伯海的防御，其基地有孟买、马哈拉施特拉、卡蒂亚瓦尔、瓦杰拉巴胡。东部海军司令部设在维沙卡帕特南，下辖东部舰队，其基地有加尔各答、维沙卡帕特南及马德拉斯海军站和维尔巴胡潜艇基地，辖区为东部沿海及孟加拉湾。南部海军司令部设在科钦，下设海军航空兵司令部，并同时负责海军院校训练。远东海军司令部设在安达曼群岛的布莱尔港，隶属东部海军司令部。

空军划分为西部、西南部、中部、东部、南部 5 个地区司令部。西部司令部设在德里，辖 5 个战术空军中心，9 个米格－21 战斗机中队、1 个米格－29 战斗机中队和 1 个米格－23 战斗机中队以及部分对地攻击部队；负责佐德普尔以北（含首都新德里）及从印占克什米尔南部到拉贾斯坦地区。西南空军司令部设在甘地纳格尔，下辖 1 个战术空军中心，负责拉贾斯坦以南至古吉拉特和索拉什特拉及库奇地区。中部空军司令部设在阿拉哈巴德，下辖 2 个战术空军中心，8 个运输机中队、3 个战斗机中队，负责整个印度中部的空防作战和军事空运。东部空军司令部设在西隆，下辖 3 个战术空军中心，负责印中、印孟和印缅边境地区。南部空军司令部设在特里凡特琅，下辖 1 个战术空军中心，负责印度半岛南端及安达曼·尼科巴群岛和拉克沙德韦群岛。

兵役制度 实行募兵制。服役年限：兵 17 年，军士 21～28 年，低级委任军官（海、空军准尉）26～33 年。各级军官的最高服役年龄：将官 60 岁，校官 55 岁，尉官 50 岁，低级委任军官（海、空军准尉）50 岁。

驻外兵力 多年来，印度积极参加联合国的维持和平行动，2001～2002 年度在民主刚果派驻 20 名军人，其中包括 18 名军事观察员；在厄里特里亚派驻 1328 人，其中包括 5 名军事观察员；伊拉克与科威特边境派驻 6 名军事观察员；在黎巴嫩派驻 792 名军事观察员。

军衔 分 7 等 19 级：元帅 1 级（只在战时授予有特殊功勋的军种参谋长），将官 4 级（上将、中将、少将和准将），校官 3 级（上校、中校和少校），尉官 2 级（上尉、中尉），低级委任军官（海、空军准尉）3 级（一级、二级、三级），军士 3 级（上士、中士和下士），兵 3 级（一等兵、二等兵和三等兵）。

军工生产 印度国防工业主要包括约 39 家兵工厂、8 个大型国防公营企业以及航空与航天工业。兵工企业主要从事军用飞机、舰船、坦克、装甲车辆、各种轻武器及其弹药、火炮、服装以及后勤装备等的研制和生产。2001 年，印度军方允许经选择的私营企业参与核潜艇及潜射巡航导弹的研制和试射工作。1998～1999 年度国防公营企业产值为 720.55 亿卢比，直接出口额为 13.7 亿卢比（约合 3260 万美元）。2001 年 1 月，印度政府宣布将投资 302.7 亿卢比用于军工厂的科技改造，在今后的 10 年中，将计划投入 270 亿卢比用于 39 个军工生产企业的设备更新和技术改造，并加大对国防公营企业的改革，以提高国防工业的活力和出口竞争能力。

军队节日 武装部队节 12 月 7 日，陆军节 1 月 15 日，海军节 12 月 4 日，空军节 10 月 8 日。

（万　伟）

印度尼西亚

国　　名　印度尼西亚共和国。

主要统计　面积 188.9569 万平方千米（陆地面积）。人口 2.16213 亿人（其中，13～17 岁男 1103.7 万人，女 1055.6 万人；18～22 岁男 1120.8 万人，女 1071.2 万人；23～32 岁男 1827.8 万人，女 1827.5 万人）。国内生产总值 1600 亿美元（2000 年）。国防费 12.68 亿美元（2001 年国防预算）。原煤 6460 万吨（1999 年）。天然气 764.47 亿立方米（1997 年）。原油 5.46 亿桶（1999 年）。发电量 840.96 亿度（1997 年）。粮食 5866.8 万吨（1999 年）。海运能力，商船（载重 100 吨以上）2014 艘，总载重量 313.02 万吨（2000 年）。民航能力，固定航班机场 81 处，客运量 253.4 亿人千米、货运量 7.357 亿吨千米（2000 年）。

国防政策　印尼国民军的职能是保卫国家的主权和领土完整，保卫国家的海岸线和连接各岛屿的领空。其建军方针是：建设一支兵力精干，机构合理，具有高度机动和威慑力，拥有先进武器装备和专业人员的现代化军队。同时，印尼不断加强同东盟国家及美、澳等国的军事合作，提高整体防御能力，共同维护地区安全。

军事战略　印尼实行积极的“逐岛防御”战略，即建立以大岛为核心、以群岛为基地、内外兼顾、独立防卫与机动作战相结合的防御体系，独立保卫本岛领土、领海和维护社会治安。鉴于未来国防安全的主要威胁将来自海上，印尼重点加强濒临马六甲海峡、南海及印度洋等具有战略意义的前沿、边境、重要海峡及偏远地区的防卫力量，形成以爪哇岛为中心、东西兼顾的战略布局。

国防体制　总统为武装力量统帅。实行国防与内卫合一的武装体制。国防部负责制定国防政策，国民军总司令部负责作战指挥。武装力量由正规军和准军事部队两部分组成。正规军分陆、海、空三个军种。总统通过国防部和国民军总司令部对全国武装力量实施领导和指挥。

领导人物　总统兼武装力量统帅梅加瓦蒂·苏加诺·普特丽（2001 年 7 月 23 日上任）。国防部长马托里·阿卜杜勒·贾利（2001 年 7 月上任）。国民军总司令维多多·阿迪·苏吉普托上将（1999 年 10 月 29 日上任）。国民军总参谋长查马里·扎尼亚戈上将（2000 年 3 月 1 日上任）。陆军参谋长恩德里亚托诺·苏塔尔托上将（2000 年 10 月 9 日上任）。海军参谋长因德罗科·萨斯特罗·维尔约诺上将（2000 年 10 月 9 日）。空军参谋长哈纳菲·亚南斯上将（1998 年 6 月 29 日上任）。陆军战略后备部队司令里雅米扎德·里亚库杜少将（2000 年 7 月 31 日上任）。陆军特种部队司令阿米尔·伊斯奈尼准将（2000 年 6 月 16 日上任）。

武装力量　**兵力**　现役部队 29.7 万人。

陆军　约 23 万人。编有 1 个战略后备部队司令部，11 个军区司令部和 1 支特种部队。战略后备部队编有 2 个步兵师，3 个步兵旅，3 个空降旅，2 个野战炮兵团，1 个高炮团，2 个装甲营，2 个工程兵营。11 个军区共编有 2 个步兵旅，65 个步兵营，8 个骑兵营，11 个野战炮兵营，10 个高炮营，8 个工程兵营，1 个混合航空兵中队，1 个直升机中队。特种部队编有 3 个特种大队。

轻型坦克：AMX－1 型约 275 辆，PT－76 型 30 辆，“蝎子”50 辆。装甲侦察车：“萨拉丁”69 辆，“白鼬”55 辆，VBL 式 18 辆。步兵战车：BMP－2 型 11 辆。装甲输送车：AMX－VCI 型、“萨拉逊”、“突击队员”等共 627 辆。牵引炮：76 毫米 100 门，105 毫米 180 门，155 毫米 5 门。迫击炮：81 毫米 800 门，120 毫米 75 门。无坐力炮：90 毫米 90 门，106 毫米 45 门。火箭炮：89 毫米 700 门。高炮：20 毫米 125 门，40 毫米 90 门，57 毫米 200 门。地空导弹：“轻剑”51 部，RBS－70 型 42 部。飞机：NC－212 型 10 架，“指挥官”680 型 2 架，DHC－5 型 3 架，Pzl－104 型 18 架。直升机：“贝尔”205 型 30 架，BO－105 型 17 架，NB－412 型 28 架，“休斯”300C 型 15 架。

海军　4 万人（含陆战队和航空兵）。编有东西 2 个舰队司令部和 1 个军事海运司令部。

潜艇：“卡克赖”级 2 艘。护卫舰：“艾哈迈德雅尼”级 6 艘，“法塔希拉”级 3 艘，“提亚哈胡”级 3 艘，“哈加尔达温塔拉”级 1 艘，“沙玛迪昆”级 4

艘。巡逻舰艇：共 36 艘，其中导弹艇 4 艘、鱼雷艇 4 艘。扫雷舰艇：12 艘。两栖舰艇：26 艘。后勤支援舰船：15 艘。

海军航空兵　约 1000 人。装备飞机 120 架（其中武装直升机 18 架），主要用于海上侦察和反潜。

陆战队　1.2 万人。编有 2 个步兵旅，1 个特种作战营，1 个战斗支援团。装备有轻型坦克 100 辆，装甲侦察车 14 辆，步兵战车 10 辆，装甲输送车 84 辆，牵引炮 48 门，火箭炮 15 门，高炮若干门。

空军　2.7 万人。编有 2 个空军作战司令部，5 个攻击战斗机中队，1 个战斗机中队，1 个海上侦察机中队，1 个侦察机中队，4 个运输机中队，3 个直升机中队，3 个教练机中队。作战飞机 108 架。

攻击战斗机：A－4 型 21 架，F－16 型 10 架，“霍克”MK－53 型 14 架，“霍克”MK－109 型 7 架，“霍克”MK－209 型 32 架。战斗机：F－5 型 12 架。武装侦察机：OV－10F 型 12 架。海上侦察机：3 架。空中加油机：2 架。运输机：C－130 型等 77 架。直升机：S－58T 型等共 42 架。教练机：AS－202 型等共 69 架。

预备役部队　40 万人。

准军事部队　国家警察约 19.5 万人。海上警察 1.2 万人。

部署　印尼海军东部舰队司令部驻泗水，西部舰队司令部驻雅加达。空军 2 个作战司令部分别负责东、西部空防任务。全国共有军事基地 42 处，其中空军基地 26 处（主要有雅加达、朱安达、乌绒潘当等），海军基地 16 处（主要有雅加达、丹绒槟榔、腊太港、乌绒潘当、勿老湾等）。

兵役制度　实行义务兵和志愿兵相结合的兵役制。义务兵服役期 2 年。军官最高服役年龄 55 岁。

军衔　分 5 等 23 级：将官 4 级（上将、中将、少将、准将），校官 3 级（上校、中校、少校），尉官 3 级（上尉、中尉、少尉），士官 10 级（预备军官、一级准尉、二级准尉、军士长、中士长、一级中士、二级中士、下士长、一级下士、二级下士），士兵 3 级（特等兵、一等兵、二等兵）。

驻外兵力　驻克罗地亚、格鲁地亚、伊拉克和科威特、塞拉利昂联合国军事观察员共 24 人。

外国驻军　联合国驻东帝汶维和部队 7905 人，其中包括 179 名军事观察员和 1262 名文职人员。

军队节日　武装部队节 9 月 5 日。

（孟　丽）

约　旦

国　名　约旦哈希姆王国。

主要统计　面积 9.774 万平方千米。人口约 686.9 万人（其中，13～17 岁男 28 万人，女 27.2 万人；18～22 岁男 24.7 万人，女 24 万人；23～32 岁男 45.4 万人，女 44.3 万人）。国内生产总值 54 亿第纳尔，合 76 亿美元（2000 年）。国防费 3.55 亿第纳尔，合 4.99 亿美元（2001 年国防预算）。天然气年产量 2.94 亿立方米（1997 年）。发电量 62.73 亿度（1997 年）。粮食 2.9 万吨（1999 年）。海运能力，商船（载重 100 吨以上）5 艘，总载重量 11.36 万吨（2000 年）。民航能力，固定航班机场 2 处，客运量 40.65 亿人千米，货运量 2.192 亿吨千米（2000 年）。

国防体制　宪法规定，国王兼任陆、海、空三军统帅，拥有宣布战争、军管、缔结和约的权力。下设“最高国防委员会”，由国防、外交、财政、内政大臣和军队总司令等人组成，通常由国防大臣召集会议，负责制定国防政策和监督国防计划的实施。国防部是内阁中的一个部，主要负责制定国防预算、后勤保障，并与军队总司令部共同发布有关军队的行政命令，但对军队无调动和指挥权。军队总司令部是国王统帅军队的办事机构，其成员有总司令、总司令助理和武装部队总监各 1 人。总司令代表国王处理军队日常事务。总司令部下设总参谋部，其成员有总参谋长及主管作战计划、情报、人力、行政管理等的副总长。此外，还设有“国防委员会”和“军官委员会”。前者负责军队的编制、装备、征兵等具体计划和建议；后者负责对军官的考察、提升和调动提出建议。武装力量由正规军和准军事部队组成。正规军分陆、海、空三个军种。

领导人物　国王兼武装力量统帅阿卜杜拉·本·

侯赛因（1999年2月即位）。首相兼国防大臣阿里·阿布·拉吉卜（2000年6月上任）。武装部队总司令法塔西·阿布·塔列布少将（1989年9月上任）。军队总参谋长穆罕默德·优素福·马勒卡维中将（1999年7月上任）。

武装力量 **兵力** 现役部队约10.024万人。

陆军 约8.47万人。编有2个装甲师（每师辖2个坦克旅，1个机械化步兵旅，1个炮兵旅，1个防空旅），2个机械化步兵师（每师辖2个机械旅，1个坦克旅，1个炮兵旅，1个防空旅），1个独立王室警卫旅，1个特种部队旅（2个特种部队营，2个空降营，1个炮兵营），1个野战炮兵旅（4个炮兵营），3个步兵营，1个侦察营。

主战坦克：1058辆，包括M－47/－48A5型78辆（储备），M－60A1型117辆，M－60A3型188辆，“哈利德”/“酋长”式274辆，“塔里克”（“百人队长”）式281辆，“挑战者”1型120辆。轻型坦克：“蝎”式19辆。步兵战车：BMP－2型26辆。装甲输送车：M－113型1080辆，BTR－94（80）型50辆。牵引炮：共113门，其中105毫米M－102型54门，155毫米M－114型38门、M－59/M－1型17门，203毫米M－115型4门。自行炮：共418辆，其中105毫米M－52型35辆，155毫米M－44型29辆、M－109A1/A2型234辆，203毫米M－110A2型120辆。迫击炮：81毫米450门，107毫米M－30型50门，120毫米“布朗特”式300门。反坦克导弹：“陶”－2A型330具，“龙”式310具。火箭筒：94毫米2500具，112毫米2300具。高炮：416门，其中20毫米100门，23毫米52门。地空导弹：SA－7B2型若干部，SA－8型52部，SA－13型92部，SA－14型300部，SA－16型240部，“红眼”式260部。监视雷达：AN－TPQ－36/－37型火炮监视雷达若干部。

海军 约540人，近海巡逻舰共6艘。

空军 约1.5万人（包括防空部队3400人）。编有4个战斗/对地攻击机中队、2个战斗机中队、1个运输机中队、3个直升机中队、1个王室专机中队、3个教练机中队、2个防空旅。战斗机共101架，武装直升机20架。

战斗/对地攻击机：F－5E/F型55架，“幻影”F－1EJ型15架。战斗机：“幻影”F－1CJ/BJ型15架，F－16A型12架，F－16B型4架。运输机：共12架，其中C－130H型4架，C－212A型2架，CN－235型2架，TB－20型2架，CL－604型2架。要人运输机：“湾流”2架，“伊尔”－1011型若干架，A340－211“空中客车”式1架，S－70A型直升机4架。直升机：武装直升机AH－1F型20架，运输机直升机AS－332M型10架、UH－1H型36架、BO－105型3架。教练机：“斗牛狗”式15架、C－101型13架。“休斯”500D式直升机6架。防空导弹发射架：“霍克”80部。空地导弹：“陶”式、AGM－65D“小牛”式各若干枚。空空导弹：AIM－9“响尾蛇”式、“马特拉”R－530型、“马特拉”R－550“魔术”式若干枚。

预备役部队 约3.5万人，其中陆军3万人。

准军事部队 约1万人，属公共安全理事会（内务部管辖）。另有“人民军”约3.5万人。

军事基地 海军基地设在阿克巴港。

兵役制度 实行志愿兵役制，男性16～65岁、女性16～45岁均需服役。

驻外兵力 驻克罗地亚1名军事观察员；驻刚果（金）28名维和人员（其中22名军事观察员）；驻东帝汶774名维和人员（4名军事观察员）；埃塞俄比亚和厄立特里亚两国边境地区963名维和人员（6名军事观察员）；驻格鲁吉亚6名军事观察员、驻塞拉利昂130名维和人员（10名军事观察员），驻南斯拉夫联盟99名维和人员。

军队节日 陆军节6月10日。

（林海霞）

越　　南

国　　名 越南社会主义共和国。

主要统计 面积32.9556万平方千米。人口8097.6万人（其中13～17岁男455.7万人，女440.3万人；18～22岁男413.2万人，女399.3万人；23～

32 岁男 714.9 万人，女 695 万人）。国内生产总值 310 亿美元（2000 年）。国防费 18 亿美元（2001 年）。粗钢 250 万吨（2000 年）。原油 1800 万吨（2001 年）。原煤 1085 万吨（2000 年）。天然气 15 亿立方米（2001 年）。发电量 260 亿度（2001 年）。粮食 34 亿吨（2001 年）。民航能力，固定航班机场 15 处，民用航空飞机 105 架，客运量为 280 万人次，货运量 1.132 亿吨（2000 年）。水运能力，商船（载重 100 吨以上）230 艘，总载重量 872.8 万吨（1999 年）。

国防政策　2001 年 4 月 19～23 日，越共召开第九次全国代表大会，制定了《巩固国防安全，保卫祖国》的新国防政策，主要内容是：保卫社会主义祖国就是在一切领域保卫主权独立、国家统一、领土完整，保卫国家安全、社会安定，保卫党、国家、人民和社会主义制度，保卫革新事业和国家、民族利益。保卫祖国的力量就是民族大团结、党领导下的政治体系、民族力量与时代力量、武装力量和全民国防体制、武装力量和人民安全体制相结合的综合实力的具体体现；要把经济与国防安全，国防安全与社会经济战略、规划、计划紧密结合起来，国防安全与对外活动配合行动。巩固国防、保卫国家安全和领土完整，是党、国家和人民重大和经常性的任务，其中，人民军队和人民公安是主力军。必须圆满完成下列任务：（一）建设一支“革命化、正规化、精锐化和逐步现代化”的人民军队和人民公安，使其具有过硬的政治本领，有文化、有知识，尊重人民群众，绝对忠于祖国，忠于党和人民，有良好的道德品质和健康、朴素的生活方式，有指挥和战胜一切困难的能力，有随时准备战斗和日益强大的战斗力；继承和发扬光荣传统，及时粉碎一切阴谋和侵略行径，捍卫祖国的独立、主权、领土完整和国家安全；扫除各种犯罪和社会丑恶现象，维护好社会治安。（二）建立社会－政治基础、全民国防和人民安全体系，注重抓好各重要战略地带的体系建设和民兵自卫队力量建设。（三）完善有关保卫祖国、捍卫社会主义制度方面的法律和法规。加强国家对全国和各地、各基层的国防与安全管理，将其纳入干部、公务员培训的必修课程。使党关于建设全民国防和人民安全体系的各项方针体制化。（四）广泛利用民用技术力量为国防服务，适当投资国防工业建设。逐步改善各种武装力量的物质和精神生活，切实贯彻落实后方对人民军队和人民公安的优抚政策。（五）加强党对人民军队、人民公安和巩固国防安全事业经常性领导。

军事战略　越南实行“积极防御”军事战略，其主要内容是：以美国为全球范围的潜在敌人，以“对越构成威胁的周边大国”为地区主要作战对象；以保卫领土（海）主权完整和社会主义制度为基本战略目标；以积极应付局部战争和武装冲突，坚决抵制“和平演变”为军事战略方针；以主力部队、地方部队和民兵自卫队三种武装力量相结合，建立“区域防御”体系为战略手段。

国防体制　越南宪法规定：国家主席统帅各人民武装力量，并兼任国防与安宁会议主席。但实际上越共中央军事党委是最高军事决策机构，越共中央总书记兼任军委书记，通过国防部对全国武装力量实行统一领导和指挥。国会设有国防与安宁委员会负责审查和监督国防安全政策的执行；国家机关设有国防与安宁会议协助国家主席统帅武装力量。国防部既是越共中央军事党委的办事机构，又是越军的最高军事行政机关，下辖总参谋部、总政治局、总后勤局、总技术局、国防工业总局和情报总局。六大总部（局）分别负责全军的军事指挥、政治思想教育、后勤供应、技术保障、军工及生产经营、情报搜集与服务。国防部机关设有办公厅、政策局、物资局、财政局、外事局、刑事调查局、科技与环境管理局、经济局、计划投资局、车辆局、武器弹药局、计量局、科学工艺环境通讯中心、监察委员会、越俄热带合作委员会，直属单位有军事战略院、军事历史研究院等。武装力量由正规军、地方部队、预备役部队和民兵自卫队组成。正规军又称主力部队，分陆军、海军、防空－空军三个军种。

领导人物　越共中央总书记兼中央军事党委书记农德孟（2001 年 4 月上任），国防部长范文茶上将（1997 年 7 月 29 日上任），总参谋长冯光清中将（2001 年 5 月上任），总政治局主任黎文勇中将（2001 年 5 月上任），总后勤局主任阮文沱少将（1998 年 1 月 3 日上任），总技术局主任阮花盛少将（1998 年 1 月 3 日上任），国防工业总局主任陈德越少将，情报总局主任武政中将；海军司令杜春公准都督（少将，2000 年 2 月上任），防空－空军司令阮文申中将（2002 年 3 月上任）。

武装力量　**兵力**　现役部队 48.4 万人。

陆军　41.2 万人。划分为 8 个军区（含首都军区），编有 14 个军部、58 个步兵师、3 个机械化步兵师、10 个装甲旅、15 个独立步兵团、若干个特种作战部队（含空降旅和爆破工兵团）、约 10 个野战炮兵旅、8 个工程兵师、10～16 个经济建设师、20 个独立工程兵旅。

主战坦克：共 1315 辆，其中：T－34 型 45 辆、T－54/－55 型 850 辆、T－62 型 70 辆、PT－59 型 350 辆。轻型坦克：PT－76 型 300 辆，PT－62/－63 型 320 辆。侦察车：BRDM－1/－2 型 100 辆。步兵战斗车：BMP－1/－2 型 300 辆。装甲输送车：BTR－40/－50/－60/－152 型 1100 辆，YW－531 型 80 辆，M－113 型若干辆。牵引火炮：76 毫米、85 毫米、100 毫米、105 毫米、122 毫米、130 毫米、152 毫米、155 毫米共 2300 门。自行火炮：152 毫米 30 门，120 毫米、122 毫米、175 毫米若干门。火箭炮：107 毫米 360 门，122 毫米 350 门，140 毫米若干门。迫击炮：82 毫米、120 毫米和 160 毫米若干门。反坦克导弹：AT－3“耐火箱”式若干具。无后坐力炮：75 毫米、82 毫米、87 毫米若干门。高炮：14.5 毫米、23 毫米、30 毫米、37 毫米、57 毫米、85 毫米、100 毫米共 12000 门。地空导弹：SA－7/－16 型若干部。

海军　4.2 万人（含海军陆战队 2.7 万人），划分为 4 个沿海区。

潜艇：朝鲜制小型潜艇 2 艘。护卫舰：共 7 艘，即原苏制“别佳”Ⅱ级 3 艘，原苏制“别佳”Ⅲ级 2 艘，“巴奈加特”（美制“卡特尔”）1 艘，124A 型 1 艘。巡逻艇和导弹、鱼雷快艇：共 42 艘，其中原苏制“黄蜂”Ⅱ级导弹快艇 8 艘，原苏制“蝗虫”级导弹快艇 4 艘，原苏制“图利亚”级水翼鱼雷快艇 5 艘，“大胡蜂”级鱼雷快艇 5 艘，原苏制 SO－1 级巡逻艇 4 艘，美制 PGM－59/－71 级 3 艘，小于 100 吨的近海巡逻艇 10 艘，原苏制“图利亚”级巡逻艇 2 艘。扫雷舰艇：共 15 艘，即“尤尔卡”级 2 艘，“索尼亚”级沿海扫雷舰 3 艘，“连云”级扫雷舰 2 艘，“瓦尼亚”级扫雷艇 1 艘，“叶夫根尼亚”级近海猎雷艇 2 艘，小扫雷艇 5 艘。登陆舰：共 6 艘，即美制 LST－510/－511 坦克登陆舰 3 艘，原苏制“北方”级中型登陆舰 3 艘。小型登陆艇：共 30 艘，包括机械化登陆艇 12 艘、通用登陆艇 18 艘。

防空－空军　3 万人，编成 3 个航空师，2 个攻击机团，6 个歼击机团，3 个运输机团，3 个教练机团，4 个高炮旅，6 个雷达旅；有雷达阵地 100 处，地对空导弹发射阵地 66 处，作战飞机共 189 架，武装直升机 26 架。

攻击战斗机：共 65 架，即苏－22 型 53 架、苏－27 型 12 架。战斗机：米格－21 比斯型 124 架。武装直升机：米－24 型 26 架。海上侦察机：贝－12 型 4 架。反潜直升机：共 15 架，即卡－25 型 3 架、卡－28 型 10 架、卡－32 型 2 架。航测机：安－30 型 2 架。运输机：共 28 架，包括安－2 型 12 架，安－26 型 12 架，雅克－40 型 4 架。直升机：米－6 型 4 架，米－8、米－17 型共 30 架。教练机：L－39 型 18 架，米格－21U 型若干架，雅克－18 型 10 架，BT－6 型 10 架。空对空导弹：AA－2、AA－8、AA－10 型若干枚。空对地导弹：AS－9 型若干枚。地对空导弹：SA－2/－3/－6/－7/－16 型地对空导弹若干枚。高炮：37 毫米、57 毫米、85 毫米、100 毫米、130 毫米高炮若干门。对空警戒雷达：约 1000 部。

地方部队　编有省、市、县军事指挥部；每个省、市军指下辖若干个独立团，每个县军指下辖若干个独立营。省军指、中央直辖市军指由所在军区指挥，省辖市、县军指由省军指指挥。

预备役部队　越南《军事义务条例》规定，男 18～45 岁、女 18～40 岁的退伍军人和依照法律应服兵役而未入伍的公民，都要编入预备役部队。预备役军官一般由军队转业军官、士官和具有大专以上学历并受过专门培训的地方人员担任。预备役军人根据其服役经历和受训程度分为两类。凡服满现役 1 年以上或打过仗的士官和士兵，以及预备役期间参加集训累计达 1 年者，均为第一类预备役，其余为第二类。两类预备役军人又根据年龄分为两等：A 等为 35 岁以内，B 等为 36 岁～45 岁。预备役士官和士兵在服满预备役年限后或身体不宜继续服预备役，可由省辖市、镇、县军事指挥长决定解除预备役。迄 2001 年底，越全国预备役人员约 400 万人。

民兵自卫队　一般编成连、排、营（战时可扩充到团、师），沿海、岛屿编制为海团、海队、分队；由步兵、工兵、防化兵、通信兵和侦察兵等诸兵种组成。迄 2001 年底，越民兵自卫队约 170 万人。民兵自卫队平时不脱产，定期参加军事训练，受当地驻军统一指挥；战时担负警戒、侦察、巡逻、运输、救护、防空、消防和组织疏散等项任务，也可配合军队行动，增强军队的作战力量，开展敌后游击战。

部署　越陆军采取区域部署和机动部署相结合方式，全国由北向南划分为 8 个区域，每个区域部署 1 个军区；担负战略机动作战任务的野战部队部署是北部、南部地区各占一半；总兵力的 50% 部署在北部地区、40% 部署在西南部地区、10% 部署在中部地区。海军由北向南沿海岸线划分为 4 个区域，每个区域部署 1 个沿海区；主要作战舰艇部署在岘港、金兰湾和胡志明市等中南沿海地区。防空－空军将全国划分为北、中、南 3 个防空作战区，重点保卫主要城市和地域；总兵力的45%部署在北部作战区、32%部署在南部作战区、27%部署在中部作战区。越拥有海军基地11处（万华、锦普、鸿基、河修、海防、岘港、芽庄、头顿、金兰湾、胡志明市和归仁等）；空军基地15处（内排、安沛、克夫、和乐、建安、寿春、岘港、富吉、藩朗、边和、新山一、波莱古、绥和、金兰湾、朱莱等）。

兵役制度 越南《义务兵役法》规定，实行义务兵役制度。服役年龄18~27岁。服役年限，士官和士兵2年，士官指挥员、军队培训的专业技术士官和士兵、海军舰艇士官和士兵均为3年，需要时可延长半年。军官服役年限，尉官38岁、少校43岁、中校48岁、上校52岁、大校55岁、少将60岁，中将以上军官不规定服役年限。

军衔 越南军官军衔分为3等12级：将官4级（大将、上将、中将、少将）、校官4级（大校、上校、中校、少校）、尉官4级（大尉、上尉、中尉、少尉）。军官晋衔年限：少尉升中尉2年，中尉升上尉3年，上尉升大尉3年，大尉升少校4年，少校升中校4年，中校升上校4年，上校升大校4年，将官晋升不规定时限。士官分3级：上士、中士、下士。士兵分2级：上等兵、列兵。士兵晋升年限：列兵升上等兵9个月，上等兵升下士1年，下士升中士1年半，中士升上士1年半。

外国驻军 俄罗斯海军在越南金兰湾基地驻有400余名守备人员和数艘补给舰，设有通信监听站，主要担负金兰湾机场和码头的防务，为过往舰船提供物资技术保障，并负有收集美国军事情报任务。2004年租期满后，俄罗斯可能不再继续使用越南金兰湾海军基地。俄罗斯从金兰湾潜在的战略地位考虑曾希望继续保留该基地。但由于经济困难，俄难以支付租金。为此，俄越双方进行了多次协商。然而越方在租金问题上一直没有让步，俄不得不放弃金兰湾基地。2004年俄罗斯海军撤离金兰湾后，越南将不会允许任何外国将金兰湾用作军事基地。金兰湾将服务于越南的经济建设，为推进越南的革新开放和社会主义市场经济发挥作用。越南副总理阮孟琴也表示，越无意在2004年后同任何国家签订关于出租金兰湾港作为军事基地的协定。越打算利用金兰湾的潜力和地理位置为社会经济发展服务。外国分析人士认为，越南不向美军开放金兰湾主要有两个原因，一是越战的伤痕尚未彻底痊愈；二是两国的意识形态差异很大，越南对美国的“和平演变”还保持着极大的戒心。

军队节日 建军节12月22日（1944年），海军节5月7日（1955年），防空-空军节7月14日（1999年）。

（钟学良）

非洲国家军事概况

阿尔及利亚

国　　名 阿尔及利亚民主人民共和国。

主要统计 面积238.1741万平方千米。人口3020万人（其中，13~17岁男198.6万人，女184.7万人；18~22岁男183.4万人，女170.9万人；23~32岁男296.2万人，女278.3万人）。国内生产总值463亿美元（2000年）。国防费18亿美元（2000年国防预算）。原煤2.3万吨（1997年）。原油2.99亿桶（1997年）。天然气746.81亿立方米（1997年）。发电量214.89亿度（1997年）。粮食154万吨（1999年）。海运能力，商船（载重100吨以上）149艘、总载重量109.34万吨（2000年）。民航能力，固定航班机场28个、客运量29.01亿人千米、货运量1830万吨千米（2000年）。

国防体制 宪法规定，总统为武装力量最高统帅。最高国防决策机构为国家最高安全委员会，由总统任主席。国防部为政府中的一个部，是最高军事行政机关。武装力量由正规军和准军事部队组成。正规军分陆、海、空三个军种。最高军事指挥机构为国家人民军参谋部。总统通过国防部和国家人民军参谋部对武装力量实施领导和指挥。

领导人物 最高国务委员会主席、武装力量最高统帅兼国防部长阿卜杜勒·阿齐兹·布特弗利卡（1999年4月上任）。国家人民军参谋长拉马利中将。

武装力量 **兵力** 现役部队12.4万人。

陆军 10.7万人。编有6个军区、2个装甲师、2个机械化师、5个空降团、1个独立装甲旅、4个独立机械/摩托化步兵旅、14个独立步兵营、2个炮兵营、1个反坦克营、8个防空营、6个高炮营。

主战坦克：共1089辆，其中T－54/－55型288辆、T－62型334辆、T－72型467辆。装甲侦察车：BTDM－2型85辆。装甲步兵战车：BMP－1型700辆、BMP－2型289辆、BMP－3型100辆。装甲输送车：BTR－50/－60型530辆、OT－64型150辆、BTR－80型80辆。牵引炮：122毫米386门、130毫米10门、152毫米22门。自行炮：122毫米150门、152毫米35门。火箭炮：122毫米48门、140毫米48门、240毫米30门。迫击炮：82毫米150门、120毫米120门、160毫米60门。反坦克导弹："蝇拍"式、"耐火箱"和"塞子"式若干具。无坐力炮：82毫米120具、107毫米58具。反坦克炮：57毫米156门、85毫米37门、100毫米53门。高炮：14.5毫米80门、20毫米100门、23毫米405门、37毫米145门、57毫米70门、85毫米20门、100毫米150门、130毫米10门。地空导弹：SA－7、SA－8、SA－9型若干枚。

海军 约7000人（包括海岸警卫队500人）。

基地：梅尔斯艾尔凯比克、阿尔及尔、安纳巴、吉杰勒。

潜艇：苏制"基洛"级2艘。护卫舰：苏制"科尼"级3艘。轻型护卫舰：5艘。导弹艇："黄蜂"级9艘。巡逻艇3艘。两栖登陆艇3艘。多用途支援船：3艘。

海岸警卫队：约500人，装备有各型巡逻艇29艘。支援船1艘。

空军 1万人，共有作战飞机176架、武装直升机63架。编成3个攻击战斗机中队、5个战斗机中队、1个侦察机中队、2个海上侦察机中队、2个运输机中队。

攻击战斗机：苏－24型13架、米格－23BN型34架。战斗机：米格－25型14架、米格－23B/E型30架、米格－21MF型70架（将有36架米格－29型战机取代部分米格－21型）。侦察机：米格－25R型4架、米格－21型6架。海上侦察机："超级空中大王"B－200T型15架。运输机：C－130H型10架、C－130H－30型8架、伊尔－76型9架。要人座机："猎鹰"900型2架、"湾流"型3架、F－27型3架。攻击直升机：米－24型33架、米－8/－17型30架。运输直升－4型2架、米－6型5架、米－8/－17型16架、AS355型2架。教练机：T－34C型6架、ZLIN－142型30架、米格－21U型4架、米格－23U型5架、米格－25U型1架、L－39型30架。无人驾驶飞行器："搜寻者"型若干架。空空导弹：AA－2、AA－6、AA－7型若干枚。

防空部队 编有3个高炮旅和3个地空导弹团，装备725门高炮（85毫米、100毫米和130毫米），地空导弹100枚（SA－3、SA－6、SA－8型）。

准军事部队 18.12万人，其中宪兵6万人、治安警察2万人、共和国卫队1200人、民兵10万人。

兵役制度 实行义务兵和志愿兵相结合的兵役制度。士兵服役期18个月。

军衔 分6等17级：将官2级（少将、准将）、校官3级（上校、中校、少校）、尉官3级（上尉、中尉、少尉）、准尉2级（一级准尉、二级准尉）、军士2级（军士长、军士）、士兵5级（上士、中士、下士、上等兵、列兵）。

（周长鹏）

埃　及

国　名 阿拉伯埃及共和国。

主要统计 面积100.2万平方千米。人口7061万人（其中，13～17岁男370.7万人，女351万人；18～22岁男331.3万人，女312.8万人；23～32岁男

515万人，女 485.3 万人）。国内生产总值 3120 亿埃镑，合 900 亿美元（2000 年）。国防费 79 亿埃镑，合 21 亿美元（2001 年国防预算）。原煤 115.5 万吨（1997 年）。原油 3.02 亿桶（1997 年）。天然气 148.97 亿立方米（1997 年）。发电量 549.24 亿度（1997 年）。粮食 1959 万吨（1999 年）。海运能力，商船（载重 100 吨以上）444 艘，总载重量 168.52 万吨（2000 年）。民航能力，固定航班机场 11 处，客运量 80.4 亿人千米、货运量 2.13 亿吨千米（2000 年）。

国防体制 总统为武装部队统帅，最高军事决策机构为国防委员会，由总统任主席。总统下设武装部队总司令，由国防部长兼任。武装部队由正规军和准军事部队组成。正规军分陆、海、空和防空军四个军种。最高军事指挥机构为总参谋部，统辖各军种、军团和军区。最高统帅和总司令通过总参谋部指挥全军。

领导人物 总统兼武装部队统帅穆罕默德·胡斯尼·穆巴拉克（1993 年 10 月连任）。武装部队总司令兼国防和军工生产部长穆罕默德·侯赛因·坦塔维元帅（1993 年 10 月 14 日连任）。武装部队参谋长哈姆迪·瓦赫巴中将（2001 年 10 月上任）。海军司令艾哈迈德·萨比尔·艾哈迈德·萨利姆中将（1996 年 1 月上任）。空军司令艾哈迈德·穆罕默德·沙菲格·扎基少将（1996 年 4 月上任）。防空军司令穆罕默德·阿卜杜勒·哈米德·沙哈特中将（1996 年上任）。

武装力量 **兵力** 现役部队 44.3 万人。

陆军 32 万人。编有 4 个军区、2 个军团司令部、4 个装甲旅、8 个机械化步兵师、1 个共和国警卫装甲旅、4 个独立装甲旅、1 个空机动旅、2 个独立步兵旅、1 个伞兵旅、4 个独立机械化旅、15 个独立炮兵旅、2 个地地导弹旅、6 个突击大队。

坦克：T－54/－55 型 895 辆、“朗塞”Ⅱ型 260 辆、T－62 型 500 辆、M－60A1 型 400 辆、M－60A3 型 1200 辆、M－1A1“艾布拉姆斯”555 辆。装甲侦察车：BRDM－2 型 300 辆、“突击侦察”112 辆。步兵战车：BMD－1 型 220 辆、BMR－600P 型 265 辆、YPR－765 型 310 辆。装甲输送车：“瓦利德”600 辆、“法赫德”30 型 192 辆、BTR－50/OT－62 型 1075 辆、M－113A2 型 2320 辆、YPR－765 型 100 辆。牵引炮：122 毫米 551 门、130 毫米 420 门。自行炮：122 毫米 76 门、155 毫米 175 门。无坐力炮：122 毫米 156 门。迫击炮：82 毫米 540 门、120 毫米 1800 门、160 毫米 60 门。地地导弹：“蛙”7 型 9 部、“天鹰”80 型若干部、“飞毛腿”B 型 9 部。反坦克导弹：AT－3“耐火箱”式 1400 具、“米兰”式 220 具、“旋火”式 200 具、“陶”式 530 具。火箭筒：107 毫米若干具。高炮：14.5 毫米 200 挺、23 毫米 434 门、37 毫米 200 门、57 毫米若干门。地空导弹：SA－7 型 600 部、SA－9 型 20 部、M－54“小槲树”26 部。监视雷达：AN/TPQ－37 型炮位测定雷达若干部，“拉西特”式飞行器、火炮监视雷达若干部，“辛伯林”炮位侦察雷达若干部。无人驾驶飞机：R4E－50“天眼”若干架。

海军 1.9 万人（包括 2000 名海岸警卫队）。

潜艇：“R”级 4 艘。驱逐舰：“法塔赫”级 1 艘。护卫舰：“穆巴拉克”级 4 艘、“苏伊士”级 2 艘、“胜利者”级 2 艘、“达米亚特”（美式“诺克斯”级）2 艘。导弹艇：“拉马丹”级 6 级，“黄蜂”Ⅰ级 5 艘，“十月”级 6 艘，“蚊子”级 2 艘，其他 6 艘。巡逻艇：15 艘。反水雷舰：13 艘。两栖舰：3 艘。支援与勤务船：20 艘。

海军航空兵 装备有武装直升机 24 架，其中“海王”式反潜直升机 5 架、SA－342 型反潜直升机 9 架、SH－2G 型 10 架。

岸防部队 装备有 130 毫米火炮若干门，“奥托马特”式岸舰导弹若干具。

空军 2.9 万人。编有 34 个飞行中队。作战飞机 580 架，武装直升机 129 架。

攻击战斗机：“阿尔法”式 41 架、F－4E 型 28 架、“幻影”5E2 型 20 架、其他 44 架。战斗机：F－16A 型 25 架、F－16C 型 135 架、F－16B 型 10 架、米格－21 型 40 架、“幻影”5D/E 型 53 架、“幻影”2000C 型 18 架、PRCJ－7 型 53 架。侦察机：“幻影”5SDR 型 6 架、米格－21R 型 14 架。电子战机：30 架、米格－21U 型 10 架、“幻影”5SDD 型 5 架、“幻影”2000B 型 3 架、其他 36 架。运输机：C－130H 型 19 架、DHC－5D 型 5 架、“超级空中大王”式 1 架、“湾流”3 型 3 架、“湾流”4 型 1 架、“猎鹰”20 型 3 架。攻击直升机：SA－342K 型 65 架、AH－64A 型 36 架。直升机：CH－47C 型 15 架、CH－47D 型 14 架、米－8 型 66 架、“突击队员”25 架、S－70 型 2 架、米－4 型 12 架、UH－12E 型 17 架、UH－60A 型 2 架、UH－60L 型 2 架、AS－61 型 3 架。无人驾驶飞机：“塔拉丁－瑞安”29 架、“圣甲虫”324 架。空地导弹：AGM－65“小牛”式、“飞鱼”AM－39 型、AS－12 型、AS－30 型、AS－30L“霍特”若干枚。反雷达导弹：“阿玛特”若干枚。空空导弹：AA－2“环礁”、AIM－7E/F/M“麻雀”、AIM－9F/L/P“响尾蛇”、“玛

特拉”R－530、“玛特拉”R－550若干枚。

防空军　7.5万人。编有4个师、100个高炮营、107个导弹营、38个导弹连。

高炮：20毫米、23毫米、37毫米、57毫米、85毫米、100毫米等共2000余门。地空导弹：SA－2型300部、SA－3型212部、“霍克”改进型78部、“响尾蛇”式30部。防空系统：“太阳神”式约18套、“西奈”23型（短程）若干套。

预备役部队　25.4万人，其中陆军15万人、海军1.4万人、空军2万人、防空军7万人。

准军事部队　32.5万人，其中海岸警卫队约2000人，装备有巡逻艇40艘，另有小艇60艘；中央公安部队25万人，装备有“霍斯普尔·胡萨”式装甲输送车110辆，“瓦利德”装甲输送车若干辆；国民警卫队6万人，编有8个旅；边防警卫队1.5万人，编有19个边防警卫团。**军事基地**　海军基地6处：亚历山大、塞得港、马特鲁赫港、萨法卡、陶菲克港和胡尔加答。

兵役制度　实行义务兵和志愿兵相结合的兵役制度。义务兵服役期3年。

军衔　军官分4等11级：元帅1级，将官4级（上将、中将、少将、准将），校官3级（上校、中校、少校），尉官3级（上尉、中尉、少尉）。

驻外兵力　向刚果（金）派驻观察员25人；驻东帝汶维持和平部队73人；观察员2人；驻格鲁吉亚观察员3人；驻塞拉利昂观察员10名；驻西撒哈拉全民投票特派团观察员19人；驻克罗地亚观察员1人。

外国驻军　联合国多国部队与观察员约1896人。

（周长鹏）

埃塞俄比亚

国　名　埃塞俄比亚联邦民主共和国。

主要统计　面积110.36万平方千米。人口6365.9万人（其中，13～17岁男397.6万人，女386.7万人；18～22岁男317.2万人，女303.1万人；23～32岁男478万人，女460.7万人）。国内生产总值67亿美元（2000年）。国防费4.57亿美元（2000年国防预算）。发电量16.62亿度（1997年）。粮食840.6万吨（1999年）。海运能力，商船（载重100吨以上）27艘、总载重量8.43万吨（2001年）。民航能力，固定航班机场31个，客运量19.15亿人千米、货运量3.28亿吨千米（2001年）。

国防体制　根据埃塞俄比亚宪法规定，总理为政府首脑兼武装部队总司令。国防安全委员会是负责国家安全和防务的最高军事决策机构，由总理、国防部长、内政部长以及国家安全部长等人组成。国防部为全军最高军事行政机关，国防部长是文职官员，负责军事预算、计划、财政、法律和武器采购等事宜。参谋长负责全军的作战、情报、通信、人事、训练、后勤、工程和维和等事宜。国防军由陆军和空军组成。总理通过国防部和总参谋部实施对全国武装部队的领导和指挥。

领导人物　总理兼国防军总司令梅莱斯·泽纳维（1995年8月上任）、副总理兼国防部长泰费拉·瓦卢瓦（1995年8月上任）、国防军参谋长泽德甘·盖博瑞·坦塞中将、陆军司令阿巴杜拉·戈迈达少将、空军司令阿贝贝·海玛诺特准将。

武装力量　**兵力**　约为25.25万人。

陆军　约25万人。全国共分3个军区（每个军区编有1个军司令部、2个师和1个加强机械化旅）。

主战坦克：T－54/－55/－62型约300辆。装甲侦察车/装甲步兵战车/装甲输送车：共约200辆。牵引炮：76毫米、85毫米、122毫米、130毫米共约300门。自行炮：122毫米和152毫米各若干门。火箭炮：BM－21型约50门。迫击炮：81毫米、82毫米、120毫米各若干门。反坦克导弹：“耐火箱”AT－3型若干具。无坐力炮：82毫米、107毫米各若干门。高炮：23毫米、37毫米、57毫米各若干门。地空导弹：SA－2、SA－3、SA－7型导弹共约370枚。

空军　约2500人。共有作战飞机51架，武装直升机26架。战斗机：米格－21MF型24架、米格－23BN型17架、苏－25型4架、苏－27型6架。运输机：C－130B型4架、安－12型7架、DH－6型2

架、雅克－40型（专机）1架、Y－12型2架。教练机：L－39型13架、SF－260型10架。武装直升机：米－24型26架。运输直升机：米－8/17型22架。

（董鹏杰）

安 哥 拉

国　　名　安哥拉共和国。

主要统计　面积124.67万平方千米。人口1332.6万（其中，13～17岁男68.9万人，女69.1万人；18～22岁男58.3万人，女58.7万人；23～32岁男88.8万人，女90.6万人）。国内生产总值约100亿美元（2000年）。国防费5.42亿美元（2000年国防预算）。原油2.56亿桶（1997年）。天然气1.87亿立方米（1997年）。发电量18.95亿度（1997年）。粮食55万吨（1999年）。海运能力，商船（载重100吨以上）113艘、总载重量12.35万吨（2001年）。民航能力，固定航班机场17处（2001年）、客运量17.08亿人千米、货运量21.2亿吨千米（2001年）。

国防体制　总统为武装力量最高统帅。最高国防决策机构为政治和军事协调委员会，由总统任主席。国防部是最高军事行政机关，负责部队的人事、军费、武器采购等事务。总参谋部为最高军事机构，负责军队的作战和训练等事宜。总统通过国防部和总参谋部对全国武装力量实施领导和指挥。安哥拉武装力量由正规军和准军事部队组成。正规军分陆、海、空三个军种。

领导人物　总统兼武装力量最高统帅若泽·爱德华多·多斯桑托斯（1990年12月连任）、国防部长昆迪·帕亚马（1999年1月上任）、总参谋长阿曼多·内图。

武装力量　**兵力**　正规军约13.05万人。

陆军　12万人，编有35个团。

主战坦克：T－54/－55型400辆、T－62型约230辆、T－72型约30辆。装甲步兵战车：BMP－1/－2型约400辆。装甲侦察车：BRDM－2型40余辆。装甲输送车：BTP－60/－80/－152型约170辆。牵引炮：76毫米、85毫米、122毫米、130毫米、152毫米共约400门。自行炮：152毫米4门。火箭炮：122毫米50门、122毫米40门、240毫米若干门。迫击炮：82毫米250门，120毫米40余门。反坦克导弹：AT－3“耐火箱”式若干具。无坐力炮：82毫米、107毫米共500门。高炮：14.5毫米、23毫米、37毫米、57毫米共约500门。地空导弹：SA－7、SA－14型共约575枚。

海军　约2500人。基地设在罗安达。

巡逻艇：约7艘。两栖舰艇：两栖支援舰1艘。

空军及防空部队　8000人。作战飞机104架，武装直升机40架。

攻击战斗机：米格－23型30架、苏－22型12架、苏－25型22架、苏－27型2架。战斗机：米格－21型20架。防暴兼侦察机：PC－7/－9型9架。海上侦察机：EMB－111型2架、F－27MPA型1架、“空中大王”B－200B型1架。攻击直升机：米－25/－35型15架、SA－365M型5架、SA－342型6架、米－24B型14架。运输机：安－2型2架、安－26型9架、BN－2型6架、C－212型2架、L－100－20型2架、PC－6B型4架、C－130型2架、安－12等型共8架。直升机：AS－565型8架、IAR－316型30架、米－8/－17型25架。教练机：“塞斯纳”172型3架、雅克－11型6架、Emb－312型若干架。防空部队有5个地空导弹营、10个导弹连，装备地空导弹：SA－2型40枚、SA－3型12枚、SA－6型25枚、SA－8型15枚、SA－9型20枚、SA－13型10枚。空地导弹：“霍特”、“蝇拍”式导弹各若干枚。空空导弹：AA－2“环礁”式导弹若干枚。

准军事部队　快速反应警察1.5万人。

兵役制度　实行征兵制，服役期2年。

驻外兵力　驻刚果民主共和国约8000人；驻刚果共和国500人。

反对派武装　争取安哥拉彻底独立全国联盟（安盟）：全副武装人员约2万人，另有民兵3万名。主要装备有：T－34/－85型、T－55型、T－62型主战坦克；BMP－1/－2型装甲步兵战车及装甲人员输送车；75毫米、76毫米、100毫米、122毫米、130毫米和155毫米口径的野战炮；122毫米口径BM－21

型多管火箭筒；81 毫米、82 毫米和 120 毫米口径的迫击炮；85 毫米 RPG-7 型火箭炮；75 毫米口径无后坐力炮；12.7 毫米口径重机枪等。

卡宾达解放阵线：声称有 5000 人，实有约 600 人，仅装备一些轻武器。

（董鹏杰）

刚 果（金）

国　　名　刚果民主共和国（原名“扎伊尔共和国”，1997 年 5 月 17 日改为现名）。

主要统计　面积 234.4885 万平方千米。人口约 532.97 万（其中，13～17 岁男 315 万人，女 311.2 万人；18～22 岁男 251 万人，女 250.2 万人；23～32 岁男 362 万人，女 365.2 万人）。国内生产总值 47 亿美元（2000 年）。国防费约 4 亿美元（2000 年预算）。原煤 9.5 万吨（1997 年）。原油 84 万桶（1997 年）。发电量 54.21 亿度（1997 年）。粮食 155 万吨（1999 年）。海运能力，商船（载重 100 吨以上）27 艘、总载重量 30.7 万吨（2001 年）。民航能力，固定航班机场 22 处、客运量 2.79 亿人千米、货运量 4200 万吨千米（2001 年）。

国防体制　根据卡比拉总统颁布的总统令（具有宪法性质），共和国总统为武装力量最高统帅。国防部直属总统府，由总统兼任国防部长。总参谋长等军队高级领导人由总统任命，重大军事问题均由总统一人决定。国家安全委员会是国家安全的最高决策机构。目前刚国防体制尚不完善。

领导人物　总统、国民军最高统帅兼国防部长约瑟夫·卡比拉。武装力量总参谋长利旺加·马塔中将。陆军司令弗朗索瓦·奥林加准将。海军司令马尔斯兰·卢卡马少将。空军司令约翰·南比准将。

武装力量　**兵力**　约 8.14 万人。

陆军　约 7.9 万人。编成 10 个步兵旅、1 个总统警卫旅、1 个机械化步兵旅、1 个突击旅。

主战坦克：T-59/-62 型共约 60 辆。装甲侦察车：AML-60/-90 型约 140 辆。装甲输送车：M-113 型、YW-531 型、M-3 型、卡斯皮尔型若干辆。牵引炮：75 毫米、85 毫米、122 毫米、130 毫米共 100 余门。火箭炮：107 毫米、122 毫米共约 30 门。迫击炮：81 毫米、107 毫米、120 毫米若干门。无坐力炮：57 毫米、75 毫米、106 毫米各若干门。高炮（高射机枪）：14.5 毫米、37 毫米、40 毫米若干门。地空导弹：SA-7 型若干枚。

海军　约 900 人。

海岸巡逻艇：2 艘。其他小型武装船只：6 艘。

空军　约 1500 人。苏-25 式战斗机 4 架、米-24 武装直升机 6 架。

反对派武装

1、“刚果民主联盟”：约 2.3 万人，分为两派。

“刚果民主联盟”戈马派：领导人为伊隆加，总部设在戈马。

“刚果民主联盟”基桑加尼派：领导人为万巴，总部设在基桑加尼。

2、“刚果解放运动”：约 1.8 万人，领导人为奔巴，总部设在巴多利特。

兵役制度　尚未建立，目前对新兵的征召基本采取直接招募的方式。

军衔　分 5 等 18 级：将官 6 级（五星上将、四星上将、三星上将、中将、少将、准将），校官 3 级（上校、中校、少校），尉官 3 级（上尉、中尉、少尉），士官 4 级（上士、中士长、中士、下士），士兵 2 级（上等兵、列兵）。

外国驻军　支援政府军一方：安哥拉约 8000 人，纳米比亚约 1400 人，津巴布韦约 8000 人。支援反政府武装一方：布隆迪约 1000 人，卢旺达 1.5～2 万人，乌干达约 2000 人。联合国军事观察员 282 名。

（董鹏杰）

津 巴 布 韦

国　　名　津巴布韦共和国。

主要统计　面积 39.0580 万平方千米。人口 1178.1 万（其中，13～17 岁男 83.7 万人，女 82.6 万人；18～22 岁男 67.5 万人，女 67 万人；23～32 岁男 102.3 万人，女 101.9 万人）。国内生产总值 66 亿美元（2000 年）。国防费 1.42 亿美元（2001 年国防预算）。原煤 510 万吨（1997 年）。发电量 78.3 亿度（1997 年）。粮食 198.7 万吨（1999 年）。民航能力，固定航班机场 7 处、客运量 8.75 亿人千米、货运量 3500 万吨千米（2001 年）。

国防体制　总统为武装力量最高统帅。最高国防决策机构为国防委员会。国防部为政府中一个部，是最高军事行政机关，负责国防预算、军事行政和对外军事关系等工作。国防军司令部是最高军事指挥机关，负责全军的军事训练和作战指挥等。武装力量由正规军和准军事部队组成。正规军分陆、空两个军种；准军事部队有警察部队、警察支援部队和全国民兵。总统通过国防部和国防军司令部对全国武装力量实施领导和指挥。

领导人物　总统兼武装力量最高统帅罗伯特·穆加贝（2002 年 3 月连任）。国防部长莫文·马哈奇（1997 年 7 月连任）。国防军司令穆顺哥·加瓦·兹维纳瓦希上将（1994 年 7 月上任）。陆军司令奇温加中将（1994 年 7 月上任）。空军司令佩伦斯·希里空军中将（1992 年 8 月上任）。

武装力量　**兵力**　现役部队约 3.9 万人。

陆　军　约 3.5 万人。编有 5 个旅部、1 个炮兵旅、1 个总统卫队、1 个炮兵团、1 个高炮团、1 个防空团、1 个工兵团、20 个步兵营（含 2 个警卫营、1 个机械化营、1 个突击营、1 个伞兵营）。

主战坦克：T－59/－69 型共 40 辆。装甲侦察车："响尾蛇" EE－9 型 80 辆。装甲输送车：T－63（YW－531)型和 UR－416 型共 30 余辆、"鳄鱼" 40 辆、ACMAT 型 260 辆。牵引炮：122 毫米 18 门。火箭炮：107 毫米 18 门、122 毫米 52 门。迫击炮：81/82 毫米 502 门、120 毫米 14 门。高炮（高射机枪）：14.5 毫米、23 毫米、37 毫米共 215 门（挺）。地空导弹：SA－7 型导弹 17 枚。

空军　4000 人。编有 2 个攻击战斗机中队、1 个战斗机中队、1 个侦察中队、1 个训练侦察联络中队、1 个运输机中队、2 个直升机中队。作战飞机 58 架、武装直升机 28 架。

攻击战斗机："猎人" FGA－90/－F80/－T81 型共 11 架、"隼" MK－60 型 5 架。战斗机：F－7（米格－21）型 9 架。侦察机：塞斯纳－337 型 14 架。教练/侦察/联络机：SF－260 型 22 架。运输机：BN－2 型 6 架、C－212－200 型 8 架、安－12 型若干。直升机：SA－319 型 24 架、AB－412 型 8 架、AS－532UL 型专机 2 架、米－35 型 8 架。

准军事部队　2.18 万人，其中警察 1.95 万人，警察支援部队 2300 人。

兵役制度　实行征兵制。

驻外兵力　派驻刚果（金）部队 8000 人。

（董鹏杰）

利 比 亚

国　　名　大阿拉伯利比亚人民社会主义民众国。

主要统计　面积 175.954 万平方千米。人口 564.4 万人（其中，13～17 岁男 38.7 万人，女 37.2

万人；18～22岁男32万人，女30.9万人；23～32岁男49.2万人，女47.3万人）。国内生产总值约380亿美元（2000年）。国防费12亿美元（2001年国防预算）。原油5.09亿桶（1996年）。天然气65.42亿立方米（1997年）。发电量183亿度（1997年）。粮食25.1万吨（1999年）。海运能力，商船（载重100吨以上）150艘、总载重量122.36万吨（2000年）。民航能力，固定航班机场12处，客运量4.25亿人千米、货运量3400万吨千米（2001年）。

国防体制 利比亚"九·一"革命领导人为武装力量最高统帅。最高国防决策机构为革命指挥委员会。防御总委员会是最高军事行政和指挥机关。武装力量由正规军和准军事部队组成。正规军分陆、海、空三个军种。总参谋部隶属防御总委员会，负责作战、训练、情报和侦察工作。统帅通过防御总委员会对全国武装力量实施领导和指挥。

领导人物 "九·一"革命领导人兼武装力量最高统帅奥马尔·穆阿迈尔·卡扎菲上校（1969年9月1日上任）。防御总委员会秘书尤尼斯·贾比尔少将（1989年9月上任）。

武装力量 **兵力** 现役部队7.6万人。

陆军 4.5万人。编有4个军区、11个防区、1个精锐旅、10个坦克营、22个炮兵营、18个步兵营、8个高炮营、10个机械化步兵营、6个伞兵突击营、4个地地导弹旅。

主战坦克：T－54/－55型1600辆、T－62型350辆、T－72型260辆。装甲侦察车：BRDM－2型166辆、EE－9型272辆。装甲步兵战车：BMP－1型1000辆。装甲输送车：BTP－50/－60型750辆、OT－62/－64型67辆、M－113型28辆、EE－11型100辆、BMD型若干辆。牵引炮：约647门，其中105毫米约42门、122毫米250门、130毫米330门、152毫米M－1937型25门。自行炮：265门，其中122毫米90门、152毫米126门、155毫米129门。火箭炮：107毫米若干门、122毫米约650门。迫击炮：82毫米、120毫米各若干门。地地导弹："蛙"7型40部、"飞毛腿"B型80部。反坦克导弹："塞子"、"米兰"、"耐火箱"式共3000具。无坐力炮：106毫米220门。高炮：600门（包括23毫米、30毫米）。地空导弹：SA－7、SA－9、SA－13型各若干部、"响尾蛇"24部。

海军 8000人（含海岸警卫队）。

主要基地：的黎波里、本加基、托布鲁克、库姆斯。

潜艇："巴德尔"级2艘。护卫舰：苏制"科尼"级2艘。小型护卫舰：苏制"纳奴契卡"级3艘。导弹快艇：13艘。其中"战士"级7艘、"黄蜂"级6艘。扫雷艇：6艘。两栖登陆舰艇：4艘。支援和附助舰船：9艘。

海军航空兵 编有2个直升机中队，装备有米－14型武装直升机25架、SA－321型武装直升机7架。

空军 2.3万人（包括防空军）。编有1个轰炸机中队、7个攻击战斗机中队、9个战斗机中队、2个侦察机中队、7个运输机中队。作战飞机372架，武装直升机41架。

轰炸机：图－22型6架。攻击战斗机："幻影"5D/DE型30架、"幻影"5DD型14架、"幻影"F－1AD型14架、米格－23型40架、苏－20/22型53架、苏－24型6架。战斗机："幻影"F－1ED型7架、"幻影"F－1BD型3架、米格－21型25架、米格－23型75架、米格－25型73架。侦察机："幻影"5DR型4架、米格－25型7架。运输机：安－26型23架、C－130H型7架、L－110－20型2架、L－100－30型3架、G－222型6架、伊尔－76型25架、L－410型15架。攻击直升机：米－25型29架、米－35型12架。运输直升机：CH－47C型18架、米－8/17型34架、SA－316型11架、AB－206型5架。教练机："海鸥"G－2型102架、米－2型50架、图－22型1架、L－39型115架、SF－260型20架。空地导弹：AT－2"蝇拍"式、AS－7、AS－9、AS－11型若干枚。空空导弹：AA－2型、AA－6型、AA－7型、AA－8型、R－530型、R－550型若干枚。

防空军 隶属空军，编成1个指挥控制系统和5个防空区，下辖4个SA－5A导弹旅、5～6个SA－2导弹旅、2～3个SA－3导弹旅、3个SA－6/－8导弹旅。

预备役部队 民兵4万人。

准军事部队 海关、海岸警卫队（属海军建制）若干人。

兵役制度 实行选征兵役制，士兵服役期限1～2年。

军衔 军官军衔分为3等9级：将官3级（中将、少将、准将）、校官3级（上校、中校、少校）、尉官3级（上尉、中尉、少尉）。

驻外兵力 派驻刚果（金）联合国维和观察员1人。

军队节日 建军节8月9日。 （周长鹏）

摩 洛 哥

国　　名　摩洛哥王国。

主要统计　面积45.9万平方千米（未包括西撒哈拉26.6万平方千米）。人口2847.6万人（其中，13～17岁男178万人，女172.2万人；18～22岁男161.2万人，女155.9万人；23～32岁男272.6万人，女262.8万人）。国内生产总值330亿美元（2000年）。国防费17亿美元（2000年国防预算）。原煤37.6万吨（1996年）。原油4万桶（1997年）。天然气3000万立方米（1997年）。发电量130.92亿度（1996年）。粮食386万吨（1999年）。海运能力，商船（载重100吨以上）492艘、总载重量58.62万吨（2000年）。民航能力，固定航班机场11处、客运量44.89亿人千米、货运量3.8亿吨千米（2000年）。

国防体制　宪法规定，国王为武装力量最高统帅。不设国防部，只设一个国防行政机构，负责军队的行政管理事务。武装力量由正规军和准军事部队组成。正规军分陆、海、空三个军种。国王在军队总协调员（由王储兼任）和国防行政机构秘书长的协助下，直接领导和指挥全国武装力量。

领导人物　国王兼武装力量最高统帅西迪·穆罕默德六世（1999年7月23日即位）。

武装力量　**兵力**　现役部队19.85万人。

陆军　17.5万人。编有2个军区（南部军区、北部军区）、3个机械化步兵旅、1个轻型警卫旅、2个伞兵旅、8个机械化步兵团、9个独立炮兵营、1个独立高炮群、3个独立骆驼营、2个独立骑兵营、11个独立装甲营、1个独立山地营、39个独立步兵营、7个独立工程兵营、4个突击队、2个空降营、7个突击分队。另皇家卫队有1500人，编成1个营、1个骑兵中队。

主战坦克：M－48A5型224辆、M－60A1型300辆、M－60A3型120辆。轻型坦克：SK－105型100辆。装甲侦察车：EBR－75型16辆、AMX－10RC型80辆、AML－90型190辆、AML－60－7型38辆、M－113型20辆。装甲步兵战车："非洲獾"60辆、VAB－VCI型45辆、AMX－10P型10辆。装甲输送车：M－113型420辆、VAB－VTT型320辆、OT－62/－64型约45辆。牵引炮：105毫米86门、130毫米18门、155毫米81门。自行炮：105毫米5门、155毫米162门、203毫米60门。迫击炮：81毫米850门、120毫米600门。火箭炮：122毫米26门。火箭筒：89毫米150门。反坦克导弹："米兰"式80具、"龙"式440具、"陶"式150具、"耐火箱"式50具。无坐力炮：106毫米350门。反坦克炮：90毫米28门、100毫米8门。高炮（高射机枪）：14.5毫米220挺、20毫米100门、23毫米90门、100毫米15门。地空导弹："小槲树"37部、SA－7型70部。

海军　1万人（含陆战队1500人）。

基地：卡萨布兰卡、阿加迪尔、达喀拉、坦齐尔、奥霍西玛。

护卫舰："侦察"级1艘。导弹快艇："拉萨加"级4艘。巡逻艇：23艘。两栖登陆艇：4艘。支援船：4艘。

陆战队　1500人。编有2个陆战营。

空军　1.35万人。编有2个攻击战斗机中队、1个战斗机中队、2个防暴机中队、1个侦察机中队。作战飞机95架、武装直升机24架。

攻击战斗机："幻影"F－1EH型14架、F－5A型8架、F－5B型3架、F－5E型24架、F－5F型4架。战斗机："幻影"F－1CH型15架。侦察机：C－130H型2架、OV－10型4架。电子战机：C－130型2架、"猎鹰"20型1架。运输机：C－130H型12架、"猎鹰"4架、"湾流"2架、"空中大王"7架、CN－235型7架、DO－28型2架。加油机：波音707型1架、KC－130H型2架。攻击直升机：SA－342型24架。运输直升机：CH－47型7架、SA－330型29架、AB－205A型30架、AB－206型20架、AB－212型3架。教练机：AS－202型8架、CAP－10型2架、CAP－230型4架、T－34C型10架、"阿尔法"式23架。联络机："空中大王"200型2架、"黑鹰"UH－60型2架。空空导弹："响尾蛇"和"魔术"若干枚。空地导弹："小牛"和"霍特"若干枚。

准军事部队　4.8万人，其中宪兵1.8万人、辅助部队3万人。

兵役制度 实行义务兵和志愿兵相结合的兵役制度，服役期为18个月，入伍者多为志愿兵。

军衔 军官军衔分4等13级：将官4级（上将、中将、少将、准将）、校官4级（大校、上校、中校、少校）、尉官3级（上尉、中尉、少尉）、准尉2级（一级准尉、二级准尉）。

驻外兵力 驻波黑维和部队约800人，驻刚果（金）维和部队观察员1人，驻南联盟维和部队2618人。

外国驻军 联合国驻西撒军事观察员202人，分别来自27个国家。

（周长鹏）

南　非

国　　名 南非共和国

主要统计 面积122.1037万平方千米。人口4079.2万人（其中，13～17岁男257万人，女253.7万人；18～22岁男232.7万人，女230.9万人；23～32岁男385.5万人，女387万人）。国内生产总值1258亿美元（2000年）。国防费20亿美元（2001年国防预算）。原煤2.19656亿吨（1997年）。原油5400万桶（1997年）。天然气18.4亿立方米（1996年）。发电量1932.9亿度（1997年）。粮食961.2万吨（1999年）。海运能力，商船（载重100吨以上）219艘、总载重量28.25万吨（2001年）。民航能力，固定航班机场24处，客运量158.55亿人千米、货运量2.95亿吨千米（2001年）。

国防体制 总统为武装力量统帅。最高国防决策机构为国家安全委员会，由总统任主席，副总统任副主席，成员包括国防、司法、外交、安全、财政、运输等部长及国防军司令、三军司令等。国家安全委员会下辖国防咨询委员会和国防部。国防咨询委员会由总统任主席，成员包括副总统、国防军司令、军备公司执行主席和各军种司令，主要负责内阁各部间有关国防事务的协调。国防部为政府中的一个部，是最高军事统帅机构，国防部长负责处理军队日常事务。国防秘书协助国防部长工作。国防军司令部隶属国防部，国防军司令负责全军的作战、指挥和军事训练等。武装力量由正规军、预备役部队和准军事部队组成。正规军分陆、海、空三个军种和卫生部队。总统通过国防部和国防军司令部对全国武装力量实施领导和指挥。

领导人物 总统兼武装力量统帅塔博·姆贝基（1999年6月上任）。国防部长帕特里克·勒科塔（1999年6月上任）。国防军司令希弗尔·尼杨达上将（1998年6月上任）。国防秘书尼兹杨达（1998年12月上任）。陆军司令罗曼诺中将（1998年7月上任）。海军司令约翰·拉蒂夫中将（2000年10月上任）。空军司令贝基斯中将（2000年3月上任）。卫生部队司令瑞纳斯·瑞恩斯波格中将（2000年10月上任）。

武装力量 **兵力** 现役部队6.15万人。

陆军 4.175万人。编有8个“类型”编队（直属联合作战司令指挥）：5支地区联合特遣部队（每支部队都有司令部，所辖部队在需要时从正规军和预备役各军种部队中抽调）；1个特种部队旅，下辖2个营；2个旅部，下辖1个坦克营，1个装甲车营、18个步兵营（含2个机械化步兵营、1个空降营、3个摩步营、12个轻步兵营）、2个炮兵营（含1个高炮营）、3个工兵营。

主战坦克：“号角”约168辆。装甲侦察车：“大山猫”242辆。步兵战车：“非洲獾”20/60/90型1200辆。装甲输送车：“卡斯皮尔”429辆、“马姆巴”538辆。牵引炮：140毫米75门、155毫米72门。自行火炮：155毫米43门。火箭炮：127毫米51门。迫击炮：1226门（包括81毫米和120毫米）。反坦克导弹：“斯威夫特”导弹发射器52具。无后坐力炮：106毫米100门。高炮：76门（包括23毫米和35毫米）。炮位侦察雷达：“绿衣箭手”（美制）和“辛伯林”（英制）。

海军 约5000人。编有潜艇、攻击、扫雷3支舰队。基地设在西蒙斯敦（司令部）、德班。潜艇：“桂树神”级2艘。导弹攻击舰：8艘。海岸巡逻艇：3艘。扫雷舰艇：8艘。支援及勤务舰船：36艘。

空军 9250人。空军司令部设在比勒陀利亚，下设5个编队。编成2个攻击机/战斗机中队、1个空中加油机/电子战飞机中队、5个运输机中队、5个直升机中队和1所航校。共有作战飞机86架、武装直升机若干架。

攻击/战斗机："英帕拉"48架、"猎豹"38架。加油/电子战飞机：波音707－302型5架。运输机：C－130型、C－47型、"超级空中大王"等共63架。直升机：SA－316/－319型等共91架。教练机"PC－7"型等共53架。空地导弹："猛禽"、"ZT－7"等型导弹发射架若干部。空空导弹："V－3C"型和"V－4"型导弹发射架若干部。地空导弹："仙人掌"型导弹发射架若干部。

空军地面部队 雷达：有2个空中管制地区（霍德斯普瑞特和布什维尔德）；设3个固定雷达站和6个移动雷达站。南非空军团：下辖12个警卫中队。

卫生部队 5500人。作为南非国防军的一支独立部队，部署在全国各地，为南非国防军服务。编成3个"类型"编队、1个支援编队、1个训练编队。

预备役部队 8.9189万人。其中，陆军8.67万人，海军1330人，空军434人，卫生部队725人。

驻外兵力 联合国驻刚果（金）军事维和部队107人（含12名观察员）；联合国驻厄立特里亚军事维和部队7人（含5名观察员）。

兵役制度 南非国防军实行柔性服役制，分为4种服役期：长期服役、10年、6年和1年。

（姜 蓓）

尼日利亚

国　　名 尼日利亚联邦共和国。

主要统计 面积92.3768万平方千米。人口1.13亿（其中，13～17岁男765.2万人，女763.1万人；18～22岁男669.3万人，女673.5万人；23～32岁男1005.6万人，女1045万人）。国内生产总值约417亿美元（2000年）。国防费3.4亿美元（2000年国防预算）。原煤5万吨（1997年）。原油6.85亿桶（1997年）。天然气55亿立方米（1997年）。发电量148.3亿度（1997年）。粮食2323.4万吨（1999年）。海运能力，商船（载重100吨以上）271艘，总载重量73.33万吨（2001年）。民航能力，固定航班机场12处，客运量8.19亿人千米、货运量190万吨千米（2001年）。

国防体制 总统为武装部队总司令。国防部是全军的最高行政机关，负责军队建设和军费管理，并向总统提出建议。国防总部是全军的最高作战指挥机构，负责制订作战、训练计划，并监督实施及协调三军的军事行动。武装力量由陆军、海军和空军组成。总统通过国防部和国防总部对全国武装力量实施领导和指挥。

领导人物 总统兼武装部队总司令奥巴桑乔（1999年5月上任）。国防部长西奥菲勒斯·丹珠马（1999年6月上任）。国防参谋长伊布拉希姆·奥戈希海军中将（1999年5月上任）。陆军参谋长奥戈姆迪亚少将（2001年4月上任）。海军参谋长阿费拉扬海军少将（2001年4月上任）。空军参谋长乌耶普空军少将（2001年4月上任）。

武装力量 **兵力** 现役部队7.85万人。

陆军 6.2万人。编有1个装甲师（辖2个装甲旅）、1个合成师（辖1个摩步旅、1个两栖旅和1个空降营）、2个机械化师（各辖1个机械化旅、1个摩步旅）、1个总统警卫旅、1个防空旅，上述各师均编有1个炮兵旅、1个工程兵旅和1个侦察营。

主战坦克：T－55型50辆、"维克斯"MK－3型150辆。轻型坦克："蝎子"型100辆。装甲侦察车：AML－60/－90型约180辆、"狐狸"型55辆、"响尾蛇"型75辆、VBL型72辆。装甲输送车："萨拉逊"型10辆、"施泰尔"4K－7FA型250辆、"莫瓦格·皮兰哈"型70辆。牵引炮：105毫米200门、122毫米200门、130毫米7门、155毫米24门。自行炮：155毫米27门。火箭炮：122毫米25门。迫击炮：81毫米200门、82毫米100门、120毫米30余门。反坦克导弹："旋火"式。无坐力炮：84毫米和106毫米各若干门。高炮：20毫米约60门、23毫米30余门、40毫米若干门。地空导弹："吹管"48枚、"罗兰"16

枚、SA－7型约100枚。

海军　7000人（包括海岸警卫队）。基地设在拉各斯（西部海区司令部）、阿帕帕（东部海区司令部）、卡拉巴尔等地。

护卫舰："阿拉杜"（德制"梅科"级）1艘。小型护卫舰：2艘。导弹攻击快艇："阿亚姆"3艘。扫雷艇：2艘。坦克登陆舰："阿姆贝"1艘。支援及勤务舰船：5艘。巡逻艇："埃克佩"3艘。

海军航空兵　装备有"大山猫"式直升机2架。

空军　9500人。编有3个攻击/战斗机中队、2个运输机中队。装备有作战飞机86架、武装直升机10余架（仅半数能投入使用）。

攻击/战斗机："阿尔法"式19架、米格－21型18架、"美洲虎"式15架。武装直升机：BO－105D型10架、米－35型6架。运输机：C－130型、Do－128－6型等共46架。运输直升机：AS－332型4架、SA－330型2架、米－34型3架。教练机：L－39MS型22架、MB－339AN型12架、"空中甲虫"式59架。直升机："休斯"300型13架。总统专机："波音"727型1架、"湾流"式2架、"猎鹰"900型2架、"布埃"125－1000型1架。空空导弹："环礁"若干部。

准军事部队　约8.2万人。其中，海岸警卫队隶属海军。港口治安警察约2000人，装备60艘小艇和5艘气垫船。治安警察和民防部队，隶属内务部，其中警察8万人，装备"撒克逊"装甲输送车70辆、"色斯纳500型"飞机1架、运输机3架（"那伐鹤人"2架、"酋长"1架）、贝克直升机4架。

兵役制度　实行志愿兵役制。

军衔　军官分7等18级：元帅1级、将官4级（上将、中将、少将、准将）、校官3级（上校、中校、少校）、尉官3级（上尉、中尉、少尉）、准尉3级（一级准尉、二级准尉、三级准尉）、军士3级（上士、中士、下士）、士兵1级（一等兵）。

驻外兵力　派往克罗地亚联合国维和部队观察员1名；派往刚果（金）22人（包括联合国维和部队观察员21名）；派往埃厄边境10人（包括6名联合国维和部队观察员）；派往伊科边境联合国维和部队观察员5名；派往塞拉利昂维和部队士兵3261人，观察员4名；派往西撒哈拉联合国维和部队观察员5名。

军队节日　武装部队节1月15日；陆军节7月1日；海军节6月1日；空军节11月18日。

（姜　蓓）

苏　丹

国　名　苏丹共和国。

主要统计　面积250.5813万平方千米。人口约2963.2万人（其中，13～17岁男199万人，女190.4万人；18～22岁男169.3万人，女162万人；23～32岁男254.2万人，女244.1万人）。国内生产总值123亿美元（2000年）。国防费5.81亿美元（2001年国防预算）。原油910万桶（1997年）。发电量13.4亿度（1997年）。粮食377.9万吨（1999年）。海运能力，商船（载重100吨以上）16艘，总载重量6.22万吨（2001年）。民航能力，固定航班机场3处，客运量5.31亿人千米、货运量2000万吨千米（2001年）。

国防体制　总统为武装部队总司令。国防部为政府的一个部。武装部队由正规军和准军事部队组成。正规军分陆、海、空三个军种。全国划分为6个军区。最高军事指挥机构为武装部队总司令部。参谋长负责军队日常工作。

领导人物　总统兼武装部队总司令奥马尔·哈桑·艾哈迈德·巴希尔中将（1996年3月连任）。国防部长哈特姆中将（1999年2月上任）。总参谋长阿巴斯·阿拉比·阿卜杜拉中将（1999年2月上任）。

武装力量　**兵力**　现役部队11.7万人。

陆军　11.25万人，编有1个装甲师、1个机械化步兵师、6个步兵师、1个空降师、1个工程兵师、1个边防警卫师、8个独立步兵旅、5个特种部队连。

坦克：T－54/－55型200辆。轻型坦克：T－62型100辆。装甲侦察车：AML－90型6辆、"萨拉丁"式30辆、"白鼬"式80辆、BRDM－1/－2型60辆、HMMWV型42辆。步兵战车：BMP－1/－2型30辆。装甲人员输送车：BTP－50/－152型90辆、

OT－62/－64型 42 辆、M－113 型 42 辆、V－100/－150型 19 辆、"瓦利德"式 120 辆。牵引炮：85 毫米、105 毫米、122 毫米、130 毫米共 450 门。自行火炮：155 毫米若干门。火箭炮：107 毫米、122 毫米共 600 门。迫击炮：81 毫米、82 毫米、120 毫米各若干门。反坦克导弹："旋火"式发射器 4 具。无后坐力炮：106 毫米 40 门。反坦克炮：76 毫米和 100 毫米共 40 门。高射机枪和高炮：14.5 毫米、20 毫米、23 毫米、37 毫米、57 毫米和 85 毫米共 1000 余门（挺）。地空导弹：SA－7 型 54 部。监视雷达："拉西特"型飞行器/火炮监视雷达若干部。

海军　约 1500 人。基地设在苏丹港（司令部）、弗莱明哥湾（红海）和喀土穆（尼罗河）。

巡逻艇：6 艘。两栖登陆艇若干艘。

空军　3000 人（包括防空部队）。作战飞机 35 架，武装直升机 10 架。

攻击战斗机：F－5E 型 7 架、F－5F 型 2 架、其他型 19 架。战斗机：米格－23 型 4 架。教练机：PT－6A 型 12 架。运输机：C－130H型 4 架、DHC－5D 型 4 架、F－27 型 2 架、"猎鹰" 20/50 型 2 架。直升机：AB－212型 8 架、IAR/SA－330型 8 架、米－8 型 11 架、米－24V 型 10 架。地空导弹：SA－2型（发射架）18 部。

准军事部队　7000 人。另有预备役 8.5 万人。伊斯兰民族阵线军事联队若干人。

抵抗组织　国家民主联盟，其主要成员有：

苏丹人民解放军约 2～3 万人，分成 4 派，各以营为基本单位，主要在苏丹南方作战。主要装备小型武器包括 60 毫米和 120 毫米迫击炮，14.5 毫米高射机枪，SA－7 型地空导弹，另缴获有 T－54/－55 型坦克、BM－21型火箭炮和火炮等。

苏丹联盟部队约 500 人，基地在厄立特里亚，主要在边境地区作战。

贝加部队约 500 人（其中有 250 至 300 名"白狮战士"），在厄立特里亚边境作战。

新苏丹旅约 2000 人，在厄立特里亚边境作战。

兵役制度　实行志愿兵役制，服役期 3 年。

军衔　军官分 4 等 11 级：元帅 1 级、将官 4 级（上将、中将、少将、准将），校官 3 级（上校、中校、少校），尉官 3 级（上尉、中尉、少尉）。

（姜　蓓）

索　马　里

国　　名　索马里民主共和国。

主要统计　面积 63.766 万平方公里。人口约 1031.7 万（其中，13～17 岁男 62.6 万人，女 62.5 万人；18～22 岁男 51.1 万人，女 50.8 万人；23～32 岁男 72.6 万人，女 72.7 万人）。国内生产总值 9 亿美元（2000 年）。国防费 1500 万美元（2001 年国防预算）。发电量 2.76 亿度（1997 年）。粮食 20.7 万吨（1999 年）。海运能力，商船（载重 100 吨以上）28 艘，总载重量 1.85 万吨（2001 年）。民航能力，固定航班机场 1 处，客运量 1.31 亿人千米、货运量 500 万吨千米（2001 年）。

自 1991 年索马里爆发内战至今，索马里没有正式的国家武装力量。目前，"索马里民族运动"宣布索马里北部为独立的"索马里兰共和国"，同时，其他各派武装在索马里南部争夺地区霸权。这些武装派别手中的重武器装备大多缺乏维修，有的已不能使用。

各武装派别情况

"索马里兰"（占据索马里北部）　总兵力为 1.29 万人。主要由以下几个武装组织组成：

"索马里联合阵线"　实力不详，伊萨族人，领导人为阿卜杜拉曼·杜阿勒·阿里。

"索马里民主联盟"　实力不详，盖达布尔希族人。

"索马里民族运动"　有 5000～6000 人，伊萨克族人。

"索马里联合党"　实力不详，领导人为艾哈迈德·古尔·阿登。

"邦特兰"（占据索马里东北部）　建有海上安全部队。

"索马里救国民主阵线"　约有 3000 人，达罗德族人，领导人为阿卜杜拉·尤素福·艾哈迈德。

“索马里联合大会”　实力不详，哈维耶族人，领导人为侯赛因·穆罕默德·艾迪德/奥斯曼·阿托。

“阿里·马赫迪派”　1万人，领导人为穆罕默德·阿里·马赫迪。

“索马里民族阵线”　2000～3000人，达罗德族马雷汉人，领导人为奥马尔·哈吉·穆罕默德·赫斯。

“索马里民族运动”　实力不详，拉汉文族人。

“索马里爱国运动”　2000～3000人，达罗德族人，领导人是艾哈迈德·奥马尔·杰斯。

（姜　蓓）

坦桑尼亚

国　名　坦桑尼亚联合共和国。

主要统计　面积94.5087万平方千米（其中桑给巴尔2657平方千米）。人口3452.7万（其中，13～17岁男198.9万人，女203.4万人；18～22岁男160万人，女169.6万人；23～32岁男238万人，女252万人）。国内生产总值80亿美元（2000年）。国防费1.4亿美元（2001年国防预算）。原煤0.5万吨（1997年）。发电量17.44亿度（1997年）。粮食397.7万吨（1999年）。海运能力，商船（载重100吨以上）43艘；总载重量4.85万吨（2001年）。民航能力，固定航班机场11处；客运量1.84亿人千米、货运量290万吨千米（2001年）。

国防体制　总统为武装力量最高统帅。最高国防决策机构为国家安全委员会，由革命党主席任主席，政府总理任书记。国防部为政府中一个部，是最高军事行政机关，全称为国防和国民服务部。武装力量由正规军、预备役和准军事部队组成。正规军分陆、海、空三个军种；预备役为全国武装民兵；准军事部队有警察、国民服务队和普通民兵。最高军事指挥机构为人民国防军司令部。总统通过国防部和国防军司令部对全国武装力量实施领导和指挥。

领导人物　总统兼武装力量最高统帅本杰明·威廉·姆卡帕（2000年再次当选）。国防部长萨伦基（2000年11月上任）。国防军司令瓦伊塔拉上将（2000年7月上任）。国防军参谋长加胡中将（2000年7月上任）。

武装力量　**兵力**　现役部队约2.7万人。

陆军　约2.3万人。编成5个步兵旅、1个坦克旅、6个炮兵营、2个高炮营、2个迫击炮营、2个反坦克营、1个工兵营。

主战坦克：T－54/－55型30辆、T－59型15辆。轻型坦克：“蝎子”30辆、T－62型25辆。装甲侦察车：BRDM－2型20辆。装甲输送车：BTR－40/－152型约35辆、T－56型约25辆。牵引炮：76毫米约60门、85毫米75门、122毫米100门、130毫米30门。火箭炮：122毫米58门。迫击炮：82毫米100门、120毫米50门。无后坐力炮：75毫米若干门。

海军　1000余人。基地设在达累斯萨拉姆、桑给巴尔、姆万扎（维多利亚湖）。

鱼雷快艇：“湖川级”2艘。巡逻艇：“上海”Ⅱ型2艘、“索尼克罗夫”2艘。两栖登陆艇：“云南”2艘。

空军　3000人（含防空部队2000人）。编有3个战斗机中队、1个运输机中队。共有作战飞机19架。

战斗机：J－5（米格－17）型3架、J－6（米格－19）型10架、J－7（米格－21）型6架。运输机：DHC－5D型3架、HS－748型3架、F－28型2架、HS－125－700型1架、Y－5型1架、Y－12（Ⅱ）型2架。直升机：AB－205型4架。联络机：“塞斯纳”－310/－404/－206型共8架、“贝尔”－206B型直升机6架。教练机：米格－15UTI型2架、PA－28型5架。高炮（高射机枪）：ZPU－2/－4型（14.5毫米）40门 ZU－23型（23毫米）40门、T－55型（37毫米）120门。地空导弹：SA－3型导弹发射架20部、SA－6型导弹发射架20部、SA－7型导弹发射架140余具。

预备役部队　8万人。

准军事部队　警察野战部队1400人，其中警察海上分队100人。装备飞机“塞斯纳”U－206型1架、直升机AB－206A型2架、贝尔－47G/206L型4架。

驻外兵力　联合国驻刚果（金）军事维和观察员5名；联合国驻塞拉利昂军事维和观察员11名；联

合国驻埃塞俄比亚和厄立特里亚军事维和观察员 8 名。

兵役制度 实行征兵制，服役期 2 年。

军衔 军官军衔分 4 等 11 级：将官 4 级（上将、中将、少将、准将）、校官 3 级（上校、中校、少校）、尉官 3 级（上尉、中尉、少尉）、准尉。

（董鹏杰）

突尼斯

国　　名 突尼斯共和国。

主要统计 面积 16.415 万平方千米。人口 969.7 万人（其中，13～17 岁男 52.9 万人，女 50.7 万人；18～22 岁男 50.5 万人，女 48.4 万人；23～32 岁男 86.9 万人，女 84.3 万人）。国内生产总值 210 亿美元（2000 年）。国防费 3.65 亿美元（2000 年国防预算）。原油 2900 万桶（1997 年）。天然气 14.81 亿立方米（1997 年）。发电量 83.89 亿度（1997 年）。粮食 182.5 万吨（1999 年）。海运能力，商船（载重 100 吨以上）77 艘，总载重量 44.33 万吨（2001 年）。民航能力，固定航班机场 5 个，客运量 27.62 亿人千米、货运量 1920 万吨千米（2001 年）。

国防体制 宪法规定，武装力量由正规军和准军事部队组成。正规军分陆、海、空军，属国防部。准军事部队包括国民警卫队和武装警察，属内政部。总统为武装部队总司令。国防委员会是最高军事决策机构。国防部负责军事行政事务，三军参谋长负责部队的作战、训练和装备采购等事宜。

领导人物 总统兼武装部队总司令本·阿里（1994 年连任）。国防部长穆罕默德·杰加姆（1999 年 11 月上任）。

武装力量 **兵力** 现役部队 3.5 万人。

陆军 2.7 万人。编成 3 个机械化旅（每旅有 1 个装甲团、2 个机械化步兵团、1 个炮兵团、1 个防空团）、1 个撒哈拉旅、1 个特种旅、1 个工程兵团。

坦克：M－60 型共 84 辆、轻型坦克 54 辆。装甲侦察车："萨拉丁"式 24 辆、AML－90 型 45 辆。装甲输送车：268 辆。火炮：105 毫米 48 门、155 毫米 69 门。迫击炮：81 毫米 95 门、107 毫米 42 门、120 毫米 18 门。反坦克导弹："陶"式 65 具、"米兰"式 500 具。火箭炮：89 毫米 300 门、3.5 英寸 300 门。无坐力炮：57 毫米 140 门、106 毫米 70 门。高射炮：20 毫米 100 门、37 毫米 15 门。地空导弹：73 部。

海军 4500 人，基地设在比泽太、斯法克斯、凯利比亚。装备巡逻和海岸战斗快艇 19 艘，其中导弹快艇 6 艘、巡逻快艇 13 艘。支援与勤务舰 2 艘。

空军 3500 人。装备作战飞机 51 架、武装直升机 7 架。

攻击机：F－5 型 15 架。防暴机：12 架。运输机：C－130 型 7 架、"隼" 20 型 1 架、其他型 5 架。联络机：1 架。教练机：35 架。武装直升机：SA—341 型 5 架、HH—3 型 2 架。运输直升机：38 架。空空导弹："响尾蛇"型若干枚。

准军事部队 国民卫队 1.2 万人。

驻外兵力 向刚果（金）派驻维和部队 224 人、观察员 19 人；驻埃塞俄比亚－厄立特里亚维持和平部队 3 人、观察员 3 人。

（周长鹏）

乌干达

国　　名 乌干达共和国。

主要统计 面积 24.1038 万平方千米。人口

2230.2 万人（其中，13～17 岁男 124.4 万人，女 127.4 万人；18～22 岁男 111 万人，女 108.3 万人；23～32 岁男 158.7 万人，女 169.8 万人）。国内生产总值 85 亿美元（2000 年）。国防费 1.15 亿美元（2001 年国防预算）。发电量 7.95 亿度（1996 年）。粮食 197.7 万吨（1999 年）。海运能力，商船（载重 100 吨以上）2 艘；总载重量 8600 吨（2001 年）。民航能力，固定航班机场 1 处，客运量 5210 万人千米、货运量 500 万吨千米（2001 年）。

国防体制 总统为武装力量最高统帅。国防部为政府中一个部，是最高军事行政机关。军种司令部负责对本军种的作战和指挥。总统通过国防部和军队司令部对全国武装力量实施领导和指挥。

领导人物 总统兼武装力量最高统帅约韦里·穆塞维尼（1986 年 1 月上任，1996 年 5 月 11 日连任）。国防军司令捷捷·奥东戈少将。国防军总参谋长詹姆斯·卡加尼准将。

武装力量 **兵力** 约 5～6 万人，编有 4 个师（其中 2 个师下辖 3 个旅、2 个师下辖 4 个旅）。

主战坦克：T－54/－55 型约 140 辆。轻型坦克：PT－76 型约 20 辆。装甲侦察车："大羚羊" 40 辆、"白鼬" 60 辆。装甲输送车：BTR－60型 20 辆、OT－64 型 4 辆、"马姆巴" 20 辆、"水牛" 20 辆。牵引炮：共计 225 门（包括 76 毫米、122 毫米、130 毫米和 155 毫米）。火箭炮：122 毫米若干门。迫击炮：81 毫米和 82 毫米各若干门、120 毫米 60 门。高炮（高射机枪）：14.5 毫米若干挺、37 毫米 20 门。地空导弹：SA－7 型 200 枚。攻击战斗机：米－21 型 7 架、米格－19 型 6 架。教练机：L－39 型 3 架、SF－260型 1 架。武装直升机：米－24 型 2 架。运输直升机：贝尔 206 型 3 架、贝尔 412 型 2 架、米－17 型 4 架、米－172 型 1 架。

准军事部队 约 1800 人。其中，边防部队约 600 人，仅装备轻武器。警察飞行队约 800 人，装备直升机 1 架。陆战队约 400 人，装备江河巡逻艇 8 艘。地方武装分队约 1.5 万人。

反政府武装 "神圣解放军"，约 1500 人。"联合民主力量"约 500 人。

兵役制度 实行志愿兵役制。

（姜 蓓）

欧洲国家军事概况

阿尔巴尼亚

国　　名 阿尔巴尼亚共和国（1991 年 4 月 26 日起改现名）。

主要统计 面积 2.8748 万平方千米。人口 302.8 万人（其中，13～17 岁男 19.1 万人，女 17.4 万人；18～22 岁男 17.6 万人，女 16.1 万人；23～32 岁男 32.9 万人，女 30.4 万人）。国内生产总值 38 亿美元（2000 年）。国防费 4300 万美元（1999 年国防预算）。原煤 3.2 万吨（1999 年）。原油 240 万桶（1997 年）。天然气 1.4 亿立方米（1999 年）。发电量 53 亿度（1999 年）。粮食 51.2 万吨（1999 年）。海运能力，商船（载重 100 吨以上）24 艘、总载重量 8.1 万吨。民航能力，固定航班机场 1 处，客运 350 万人千米、货运量 22 万吨千米（2001）。

国防体制 宪法规定，总统为武装力量最高统帅。最高国防决策机构为国防委员会，总统任主席，其它成员有议长、总理、外交部长、国防部长、财政部长、内务部长、国家情报局长和军队总参谋长等。国防部为最高军事行政领导机关。总参谋部隶属国防部。武装力量由正规军和准军事部队组成。正规军分为陆、海、空三个军种。

领导人物 总统兼武装力量最高统帅雷杰普·迈达尼（1997 年 7 月就任）。国防部长卢安·拉马（2002 年 2 月上任）。总参谋长珀卢姆布·恰齐米少将（2000 年 9 月上任）。

武装力量 **兵力** 现役部队 2.7 万人。

陆军 2万人。

坦克：T－34 型、T－59 型共约 400 辆，T－62 型 35 辆。装甲侦察车：BRDM－1 型 15 辆。装甲输送车：PRC Type－531型 103 辆。牵引炮：122 毫米 425 门、130 毫米 100 门、152 毫米 90 门。火箭炮：107 毫米 50 门。迫击炮：82 毫米 259 门、120 毫米 550 门、160 毫米 100 门。无坐力炮：82 毫米 T－21 式若干。反坦克炮：45 毫米若干、57 毫米若干、85 毫米 61 门、100 毫米 50 门。高炮：37 毫米、57 毫米共 125 门。

海军　2500 人。

巡逻和岸防舰艇：约 20 艘。排雷艇：3 艘。支援船：2 艘。

空军　4500 人。作战飞机约 98 架，无武装直升机。攻击战斗机：歼－2（米格－15）型 10 架、歼－6（米格－17）型 14 架、歼－6（米格－19）型 23 架。歼击机：歼－6（米格－19）型 41 架、歼－7（米格－21）型 10 架。运输机：C－5（安－2）型 10 架、伊尔－14M 型 3 架、里－2（C－47）型 6 架。直升机：直－5（米－4）型 20 架、萨－316 型 4 架、贝尔 222 型 1 架。运输机：CJ－5 型 8 架、米格－15UTI 型 15 架、雅克－11 型 6 架。地空导弹：SA－2 型导弹发射架 22 部。

准军事部队　内卫部队若干人，边防警察约 500 人。

部署　海军基地 4 处：都拉斯、萨兰达、申晋、弗诺尔。

兵役制度　实行义务兵役制，士兵服役期 12 个月。

驻外兵力　派驻联合国驻波黑维和人员 100 人，驻格鲁吉亚军事观察员 1 名。

外国驻军　联合国驻南联盟科索沃维和部队支援部队 2400 人。

军队节日　建军节 12 月 4 日。

（朱瑞臣）

奥　地　利

国　　名　奥地利共和国。

主要统计　面积 8.3858 万平方千米。人口 825.7 万人（其中，13～17 岁男 24.5 万人，女 23.3 万人；18～22 岁男 23.7 万人，女 22.8 万人；23～32 岁男 57.6 万人，女 55.5 万人）。国内生产总值 2.8 万亿先令，约合 1940 亿美元（2000 年）。国防费 224 亿先令，约合 15 亿美元（2001 年国防预算）。粗钢 529.9 万吨（1998 年）。原煤 113.79 万吨（1999 年）。原油 106.3 万吨（1999 年）。天然气 17.4 亿立方米（1999 年）。发电量 57.395 万亿度（1998 年）。粮食 477.6 万吨（1999 年）。海运能力：商船（载重 100 吨以上）26 艘、总载重量 20.85 万吨（2001 年）。民航能力；固定航班机场 6 处、客运量 124.6 亿人千米、货运量 3.61 亿吨千米（2001 年）。

国防体制　奥宪法规定，总统为武装力量最高统帅。最高国防决策机构为内阁，成员有总理和联邦政府各部部长，由总理任主席。最高国防咨询机构为安全委员会。国防部为最高军事领导机关，负责制定安全防务政策和组织全军的建设、战备、训练和管理工作。国防部下辖总监部、法律条令部（一部）、人事动员都（二部）、作战训练部（三部）和供应装备部（四部）五大部门。武装力量由现役、民兵役和预备役三部分组成。奥地利军队全称“奥地利联邦军陆军”，其空军部队不作为一个独立的军种。平时，由联邦政府授权国防部长对武装力量实施领导和指挥。部队总监是国防部长的最高军事顾问，也称“第一军人”，其地位相当于总参谋长。2001 年 2 月，奥地利国防部长宣布，将对国防部和军队指挥体制进行重大调整，其主要内容是：1、重组国防部二组部。奥国防部将其下属的 4 个二级部进行撤并，即将现主管法律、预算的一部与主管人员、动员的二部合并；撤消主管部队训练工作的三部和主管军队装备与后勤工作的四部；同时新成立负责全军监察工作的监察部。2、组建总参谋部。奥军的最高军事统率机关现为总监部。按新调整计划，奥将总监部及三部、四部等部门合并，成立总参谋部，并设立总参谋长一职。总参谋部将下设协调、计划、指挥和装备 4 个参谋部，行使对作战部队的支配和指挥权。3、设立军种

司令部。奥军将新设立陆军司令部和空军司令部。新成立的空军司令部将负责空军的所有事务，这将标志着奥空军作为一个独立的军种正式成立。

领导人物 总统兼武装力量最高统帅托马斯·克莱斯蒂尔（1992 年 7 月上任）。总理沃尔夫冈·许塞尔（2000 年 2 月上任）。国防部长赫伯特·沙伊布纳（2000 年 2 月上任）。总监霍尔斯特·普莱纳上将（1999 年 12 月上任）。

武装力量 **兵力** 现役部队 4.11 万人。

陆军 3.46 万人，其中义务兵 1.72 万人。编有 2 个军部、2 个轻装旅、3 个步兵旅，1 个独立军区司令部、8 个州军区司令部、20 个架子营（战时动员并归州军区指挥）。

主战坦克：M－60A3 型 169 辆、“豹”2A3 型 114 辆。装甲输送车：“绍雷尔”4K4E/F 型 465 辆、“潘杜尔”型 63 辆。牵引炮：105 主毫米 104 门、155 毫米 20 门。自行炮：“重骑兵”型自行反坦克炮 152 门、155 毫米 M109 型自行榴弹炮 189 门。火箭炮：128 毫米 18 门。迫击炮：81 毫米 498 门、120 毫米 241 门。反坦克导弹：“比尔”RBS－56型 378 具、“霍特”型 89 具。无坐力炮：84 毫米 2196 门、106 毫米 374 门。反坦克炮：105 毫米约 227 门。高炮：20 毫米 468 门。2 艘江河巡逻船、10 艘非武装船只。

空军 6500 人，其中义务兵 3400 人。编有 1 个航空兵师部、3 个航空兵团、3 个防空团。作战飞机 53 架。

攻击战斗机：“萨伯”J－350e型 23 架。联络直升机：OH－58H型 11 架、AB－206A型 11 架。运输直升机：AB－212 型 22 架、AB－204 型 8 架（另储存 9 架）。搜索救援直升机：“云雀 III”SA－319型 23 架。运输机：“空中货车”3M 型 2 架。联络机：PC－6B 型 12 架。教练机：PC－7 型 16 架、“萨伯”1050e 型 29 架。防空导弹系统：“西北风”型 76 套。高炮：35 毫米双管 74 门。

文职人员 9000 人。

预备役部队 72 小时可动员预备役 7.2 万人，参加训练的非义务性预备役 99 万人。

部署 奥军原实行区域防御作战方针，设想一旦遭到入侵，主要在本土内进行全面纵深防御。根据新的安全形势，奥防务思想从区域防御转向主要在边境地区实施机动防御，并将分散的兵力部署调整为相对集中部署，后勤补给的配置也作了相应调整，重点是加强边境控制，保障边境安全。陆军作战部队主要部署在重点城市和东部边境地区。因国土面积狭小，航空兵则主要部署在内地。

兵役制度 实行普遍义务兵役制和民兵预备役相结合的兵役制度。宪法规定，凡年满 17 周岁且未满 50 周岁的男性公民都有服兵役的义务。军官最高服役年限为 65 岁。士兵服役期共 8 个月，分为三种类型。第一种是“6＋2”型，即完成 6 个月的兵役期后即可退役，但须在之后的 10 年间回部队参加 2 个月的复训和演习；第二种是“7＋1”型，即连续服役 7 个月后退役，在之后 10 年内只参加 1 个月的复训；第三种是连续服役 8 个月后退役，之后就无须再回部队参加复训。服满现役的军人退出现役后一律转入民兵役，转流编入现役部队参加复训，并在需要时归队执行作战任务或其他勤务。未满 35 周岁并承担复训义务的民兵军人通常每两年自动应招与现役军人一起参加一次共同军事演习。士兵退出现役 10 年后和各级军官退出现役 15～20 年后均转入预备役。拒服兵役都必须服 11 个月的民役。

军衔 分 5 等 21 级：将官 4 级（上将、中将、少将、准将），校官 3 级（上校、中校、少校），尉官 4 级（上尉、中尉、少尉、准尉），军士 6 级（军士长、上士、一级中士、二级中士、一级下士、二级下士），兵 4 级（一等兵、二等兵、三等兵、列兵）。

驻外兵力 驻波黑北约稳定部队 56 人，驻塞浦路斯联合国维持和平部队 62 人，驻格鲁吉亚联合国观察团军事观察员 3 人，驻伊拉克/科威特联合国军事观察员 2 人，驻中东联合国停战监督组织军事观察员 3 人，驻叙利亚联合国脱离接触观察员 373 人，驻埃塞俄比亚和厄立特里亚联合国维和部队 7 人，驻科索沃和平协议执行部队 480 人。

军队节日 奥地利曾作为德国的一部分参加第二次世界大战。战后不久，西方即开始组建奥军事组织，但直至 1955 年 7 月 27 日才开始转称联邦军，并于 1956 年 1 月正式组建奥地利联邦军。奥军迄今没有正式的建军日期和建军节。

（王珍捍）

白俄罗斯

国　　名　白俄罗斯共和国。

主要统计　面积 20.76 万平方千米。人口 1020.8 万人（其中，13～17 岁男 40.7 万人、女 39.3 万人；18～22 岁男 39.8 万人、女 38.7 万人；23～32 岁男 71.5 万人、女 71.1 万人）。国内生产总值 93.5 亿美元（2001 年）。国防费 1.257 亿美元（2001 年国防预算）。原煤 8 万吨（1997 年）。原油 184.1 万吨（2000 年）。天然气 2.43 亿立方米（1997 年）。民航能力，固定航班机场 1 处，客运量 13.9 亿人千米，货运量 110 万吨千米（2001 年）。

国防体制　宪法规定，总统为武装力量最高统帅。最高国防决策机构为最高国防委员会，总统任主席，总理任副主席，其它成员有主管工业和贸易的国务部长、国防部长、内务部长、外交部长、情报局长、国务秘书兼总参谋长等。国防部为政府最高军事行政机构。武装力量由正规军和准军事部队组成。正规军分为陆、海、空三个军种。总参谋部为最高军事指挥机构。总统通过最高国防委员会和国防部总参谋部对全国武装力量实施领导和指挥。

领导人物　总统兼武装力量总司令亚·格·卢卡申科（1994 年 7 月上任）。国防部长亚历山大·彼得洛维·丘马科夫上将（1997 年 1 月上任）。总参谋长米·费·科兹洛夫中将。

武装力量　**兵力**　现役部队 8.29 万人（包括国防部及其直属部队 1.71 万人）。

陆军　4.36 万人。国防部直属部队下辖 1 个摩步师、3 个独立机动旅、1 个炮兵师、1 个炮兵团、2 个战役部队旅。编有 3 个陆军军：1 个军下辖 3 个独立机械化旅、1 个防空导弹旅、1 个炮兵团、1 个火箭炮团、1 个反坦克团；1 个军下辖 1 个防空导弹旅、1 个炮兵团、1 个火箭炮团；1 个军下辖 1 个导弹旅、1 个炮兵团、1 个反坦克团、1 个火箭炮团。

主战坦克：1683 辆，其中，T－55 型 49 辆、T－72 型 1539 辆、T－80 型 95 辆。步兵战车：1577 辆，其中 BMP－1 型 98 辆、BMP－2 型 1164 辆、BRM 型 161 辆、BMD－型 154 辆。装甲输送车：919 辆，其中，BTR－60 型 188 辆、BTR－70 型 445 辆、BTR－80 型 194 辆、BTR－D 型 22 辆、MT－LB 型 70 辆。各型火炮：1473 门，其中，牵引火炮 428 门（D－30 型 178 门、M－1943 型 6 门、D－20 型 58 门、ZA654 型 136 门、ZA36 型 50 门），自行火炮 570 门（ZS1 型 236 门、ZS3 型 165 门、ZS5 型 120 门、ZS19 型 13 门、ZS7 型 36 门），曲射直射两用炮 54 门，火箭炮 344 门（其中 BM－21 型 208 门、9P138 型 11 门、BM－13 型 1 门、9P140 型 84 门、9A52 型 40 门），迫击炮 ZS12 型 177 门。AT－4、AT－5、AT－6、AT－7 型反坦克导弹发射架 480 部，战役战术导弹发射架 96 部。防空导弹发射架 SA－8/－11/－12/－13 型共 350 部。

空军　约 1.2 万人。作战飞机 177 架，作战直升机 58 架。

歼击轰炸机：119 架，其中 SU－24 型 29 架，S－25 型 80 架。战斗机：米－29 型 45 架，SU－27 型 23 架。战斗直升机：58 架，攻击运输直升机：166 架。运输机 15 架。运输直升机 14 架。AA－7、AA－9、AA－10、AA－11 空空导弹若干枚。AS－10、AS－11、AS－12 型空地导弹若干枚。

防空部队　约 1.02 万人，装备 SA－3、SA－5、SA－10 型防空导弹发射架 175 部。

准军事部队　11 万人，其中，边防部队 1.2 万人，内卫部队 1.1 万人，民兵 8.7 万人。

兵役制度　实行义务兵役制，士兵服役期 18 个月。

军队节日　1994 年白俄罗斯最高苏维埃确定每年 2 月 23 日（原苏军建军节）为白俄罗斯祖国保卫和武装力量日。

（闫振范）

保 加 利 亚

国　名　保加利亚共和国。

主要统计　面积11.1万平方千米。人口818.7万人（其中，13～17岁男27.7万人，女26.3万人；18～22岁男30.3万人，女28.7万人；23～32岁男59.8万人，女57.1万人）。国内生产总值263亿列弗，约合128亿美元（2000年）。国防费3.37亿美元（2000年国防预算）。原煤2987.1万吨（1998年）。原油20万桶（1997年）。天然气3700万立方米（1997年）。发电量417.12亿度（1998年）。粮食488.8万吨（1999年）。海运能力，商船（载重100吨以上）107艘、总载重量39万吨。民航能力，固定航班机场3处、客运量20.3亿人千米、货运量3000万吨千米。（2000年）

国防体制　宪法规定，总统为武装力量最高统帅。最高国防决策机构是国家安全协商委员会，成员包括总统、总理和相关部长，总统任主席。国防部为最高军事行政领导机构，负责对军队的政治领导和监督。总参谋部为最高军事指挥机关，负责军队的作战、训练和管理。武装力量由正规军和准军事部队组成。正规军分陆、海、空三个军种。总统通过国防部和总参谋部对军队实施领导和指挥。

领导人物　总统兼武装力量总司令格奥尔基·珀尔瓦诺夫（2001年11月上任）。国防部长尼科拉伊·斯维纳罗夫（2001年7月上任）。总参谋长米·米霍夫上将（1997年6月上任）。

武装力量　**兵力**　现役部队7.73万人。

陆军　4.24万人。编有3个军区/军司令部。其中1个军区下辖摩步师1个，坦克旅1个，机械化旅2个；另1个军区下辖摩步师1个，地区训练中心1个（RTC），坦克旅1个；第3个军区下辖摩步师2个，坦克旅2个，机械化旅1个。直属部队："飞毛腿"地地导弹旅4个，SS－23地地导弹旅1个，地空导弹旅1个，炮兵团2个，火箭炮团1个，反坦克炮团3个，高炮团3个，地空导弹团1个。

坦克：T－55型1042辆，T－72型433辆。突击火炮：苏－100型68门。步兵战车：BMP－1型100辆，BMP－23型114辆、BMP－30型若干。装甲侦察车：BRDM－1/2型58辆。装甲运输车：BRT－60型737辆，MT－LB型1013辆。牵引炮：100毫米若干门，122毫米195门，130毫米72门，152毫米206门。自行炮：122毫米692门。火箭炮：122毫米222门。迫击炮：122毫米M－38/2S11/B－24型若干门，TUNDZHASP型359门。地地导弹发射架：FROG－7型28具，SCUD型36具，SS－23型8具。反坦克导弹：AT－3型200具。反坦克炮：85毫米D－44型150门，100毫米T－12型200门。高炮：400门。地空导弹：SA－3型20部，SA－4型27部，SA－6型20部。

海军　约5260人。潜艇："胜利"级1艘。护卫舰："大胆"级1艘。小型护卫舰：7艘。导弹快艇：6艘。巡逻艇：约10艘。排雷艇：20艘。两栖舰：2艘。支援和勤务舰船：16艘。海军航空兵：武装直升机米－14型9架。海岸炮兵：2个团、20个连。火炮：100毫米150门、130毫米4门。海军警卫队：3个连。

空军　1.83万人。编有战术航空兵军1个，防空军1个。作战飞机181架，武装直升机43架。对地攻击战斗机：苏－25型39架。歼击机：米格－23型约30架、米格－21BIS型60架、米格－29型21架。侦察机：苏－22型21架、米格－21MF/UM型10架。运输机：图－134型2架、安－24型2架、安－26型5架、拉－410型6架、雅克－40型1架（专机）。航测机：安－30型1架。直升机：贝尔－206型6架、米－8型8架、米－17型31架、米－24型43架（武装直升机）。教练机：拉－29型12架、拉－39ZA型30架。空地导弹：AS－7型、AS－14型若干枚。空空导弹：AA－2型、AA－7型、AA－8型、AA－11型若干枚。地空导弹发射装置：SA－2/3/5/10型约110部。

预备役　30.3万人，其中陆军25.05万人、海军7500人、空军4.5万人。

准军事部队　内务部边防部队1.2万人、治安警察4000人、铁道和建设部队1.8万人。

兵役制度　实行义务兵役制，士兵服役期9个月。

驻外兵力　参加北约驻波黑多国稳定部队 1 个排。驻埃塞俄比亚/厄里特里亚军事观察员 4 名。

军队节日　5 月 6 日为保军建军节。

（刘建宇）

比　利　时

国　名　比利时王国。

主要统计　面积 3.0528 万平方千米（包括荷兰境内飞地巴勒－埃尔东）。人口 1017.9 万人（其中，13～17 岁男 30.6 万人，女 29.1 万人；18～22 岁男 31 万人，女 29.8 万人；23～32 岁男 68.5 万人，女 66.3 万人）。国内生产总值 9.8 万亿比利时法朗，约合 2380 亿美元（2000 年），国防费 1026 亿比利时法朗，约合 22 亿美元（2001 年国防预算）。粗钢 470 万吨（1998 年）。原煤 56 万吨（1996 年）。天然气 172 万立方米（1996 年）。海运能力，商船（载重量 100 吨以上）232 艘、总载重量 45.7 万吨（1999 年）。民航能力，固定航班机场 2 处，客运量 86.2 亿人千米、货运量 7.562 亿吨千米（1999 年）。

国防体制　宪法规定，国王为武装力量最高统帅。和平时期，国王授权武装大臣领导全国武装力量。内阁防务委员会是最高军事决策机构，同时也是国王最高防务咨询机构，成员包括首相、外交大臣、内务大臣等，由首相任主席。“国内防务问题委员会”是协调内阁各部防务事宜的机构，由军人、外交官和公职人员专家组成，直接对首相负责，为内阁防务委员会会议作准备，战时更名为“防务技术秘书处”，协助内阁对防务问题作出决策。国防部是政府的一个部，是武装力量最高领导机构。国防大臣在首相的领导下，负责制定和执行防务政策，领导国防和军队建设。国防参谋部是最高军事指挥机构，下辖陆、海、空军参谋部和卫生兵参谋部。武装力量由正规军和准军事部队组成。正规军分陆、海、空军和卫生兵四个军种。国王通过国防部和总参谋部对全国武装力量实施领导和指挥（但由于比利时军队大部分兵力平时已编入北约中欧司令部序列，故战时实际上归北约盟军最高司令部指挥）。

领导人物　国王兼武装力量统帅阿尔贝二世（1993 年 8 月 9 日即位）。首相居伊·韦尔霍夫斯达特（1999 年 7 月上任）。国防大臣安德烈·弗拉奥（文职，1999 年 7 月 12 日上任），国防参谋长维利·赫尔特雷海军中将（2002 年 1 月改任现职）。陆军参谋长居伊·巴斯蒂安中将（1999 年 7 月 1 日上任）。海军参谋长米歇尔·韦尔于尔斯特海军少将（1995 年 10 月 1 日上任）。空军参谋长米歇尔·芒德尔空军中将（2000 年 4 月 1 日上任）。

武装力量　**兵力**　现役部队 3.94 万人（含女军人 3230 人）。

陆军　2.64 万人。编有 1 个领土防御司令部（辖两个机关营、2 个工兵营）、1 个作战司令部、1 个机械化步兵师（辖 3 个机械化步兵旅）、1 个作战支援师、1 个伞兵突击旅（辖两个伞兵营、1 个突击营、1 个反坦克/侦察营、1 个野战炮兵连、1 个高炮连 1 个工兵连）、1 个轻型陆航大队（辖两个反坦克直升机营、1 个观察联络直升机营。）

主战坦克　“豹”Ⅰ A5 型 132 辆。装甲侦察车：“大湾刀”式 119 辆。步兵战车：YPR－765 型 218 辆、YPR－765 派生型 56 辆。装甲输送车：M－113 型 187 辆，M－113 派生型 109 辆，“斯巴达人”型 95 辆、“斯巴达人“型派生型 50 辆、YPR－765 型 4 辆。牵引炮：105 毫米 14 门。自行炮：105 毫米 108 门、69.7、81 毫米 118 门。反坦克导弹：“米兰”420 具，M－113 型 56 具。高炮：35 毫米自行式 51 门。地空导弹：“西北风”118 部。飞机：“岛人”BN－2A 型 10 架。无人驾驶机：“食雀鹰”式 21 架。直升机：74 架。

海军　2560 万人（含女军人 280 名）。编有奥斯坦德、泽布吕赫等 2 个基地、1 个作战司令部、1 个后勤司令部、1 个训练司令部、1 个小型舰队、2 个分舰队和 1 所比荷水雷战学校。比利时海军和荷兰海军由设在荷兰登赫尔德的司令部统一指挥。

护卫舰　“维林根”级 3 艘。猎雷舰：“紫苑”级 8 艘。扫雷舰：“范·哈韦比克”级 4 艘。指挥与后勤支援舰：11 艘。勤务舰：8 艘。直升机："云雀"Ⅲ型 3 架。

空军　8600 人（含女军人 800 名）。编有 5 个攻击战斗机中队、1 个攻击/侦察机中队、2 个运输机中队、4 个教练机中队、1 个搜索救援中队。

攻击/战斗机：F－16A 型 72 架、F－16B 型 8 架、"幻影" －5BA12 架、"幻影" －5BR 型 12 架、"幻影" －5BD 型 3 架。运输机："大力神" C－130 型 11 架、"空中客车" －A310－200 型 2 架、HS－748 型 3 架、"猎鹰" －20 型 2 架、"猎鹰" －900 型 1 架、SW 型 －111A "默林"型 5 架。教练机：SF－ 260 型 33 架、"阿尔法喷气"式 29 架、CM－170 型 13 架。直升机："海王" MK－48 型 5 架。地空导弹："西北风" 24 部。"响尾蛇" AIM－9、"阿姆拉姆" AIM－120 空空导弹、"小牛" AGM－65 空地导弹若干。

预备役部队　10.05 万人，其中陆军 7.15 万人，海军 3300 人，空军 1 万人，卫生兵 1.57 万人。

兵役制度　比利时于 1996 年 3 月 1 日取消了义务兵役制，现实行志愿兵役制。志愿兵服役期为：驻国内部队服役期为 12 个月，驻防国外部队服役期为 10 个月，志愿兵服役期满后可继续延长服役期。各级军官最高服役年限：将官为 61 岁（其中中将 61 岁，少将 59 岁），校官为 56 岁（其中上校 56 岁，中校、少校 55 岁），尉官 51 岁（其中大尉、上尉 51 岁，中尉、少尉 50 岁）。

军衔　分 5 等 17 级：将官 2 级（中将、少将），校官 3 级（上校、中校、少校），尉官 4 级（大尉、上尉、中尉、少尉），军士 6 级（军士长、军士、一级上士、上士、中士、下士），兵 2 级（一等兵、二等兵）。

驻外兵力　驻德国部队 2000 人、1 个机械化步兵旅（辖 1 个步兵营、1 个炮兵营、1 个侦察连。参加联合国维持和平部队：驻波黑/克罗地亚边境维和部队（SFOR2）550 人、军事观察员 1 人；驻意大利和北约空军一体化部队 210 人，F－16 战斗机 4 架；驻印度/巴基斯坦边境军事观察员 1 人；驻西撒哈拉军事观察员 6 人。驻南斯拉夫维和部队（KFOR）800 人。

外国驻军　北约总部（驻布鲁塞尔）；北大西洋公约欧洲盟军最高司令部（驻蒙斯市）；西欧联盟军事计划小组。美国驻军 1425 人（其中陆军 795 人，海军 100 人，空军 530 人）。

（程新华）

波　　兰

国　　名　波兰共和国。

主要统计　面积 31.2685 万平方千米。人口 3881.9 万人（其中，13～17 岁男 164 万人，女 155.8 万人；18～22 岁男 168.8 万人，女 161.1 万人；23～32 岁男 279.2 万人，女 267.2 万人）。国内生产总值 1600 亿美元（2000 年）。国防费 38 亿美元（2002 年国防预算）。粗钢 884.8 万吨（1999 年）。原煤 2.003 亿吨（2000 年）。原油 210 万桶（1997 年）。天然气 47.52 亿立方米（1997 年）。发电量 1410 亿度（1999 年）。粮食 2686.5 万吨（1998 年）。海运能力，商船（载重 100 吨以上）644 艘、总载重量 339.4 万吨（1999 年）。民航能力，固定航班机场 8 处、客运量 49.30 亿人千米、货运量 11600 万吨千米（1999 年）。

国防体制　宪法规定，总统为武装力量最高统帅。最高国防决策机构为国防委员会，由总统任主席，设若干副主席：总理任第一副主席、内务部长任国内安全事务副主席、财政部长任经济事务副主席，国防部长任武装力量及国防战略规划事务副主席，成员还有：议会两院议长、外交部长、运输和海洋经济部长、总统办公厅主任、国务部长、国防部常务副部长、总参谋长、内务部第一副部长和民防司令（兼任国防委员会秘书）。国防部是最高军事行政机关，设军事委员会和政治协商委员会。国防部长任军事委员会主席，成员包括各总部及军、兵种负责人。政治协商委员会是国防部的咨询机构。国防部负责制定并实施国防和军事建设计划，完善军队体制，领导军队训练与教育，保障武装力量的技术和物资供应，确定职业军官的服役原则，制定武装力量科研工作计划，参与民防建设的规划和实施。武装力量由正规军和准军事部队组成。正规军由陆军、海军、空军防空军三个军种组成。总参谋部为最高军事指挥机构，主要负责军队的作战、训练和管理等。总统通过国防部和总参谋部对全国武装力量实施领导和指挥。

领导人物　总统亚历山大·克瓦希涅夫斯基(2000年10月连任)。国防部长耶日·什马伊津斯基(2001年10月上任)。总参谋长柴斯瓦夫·皮昂塔斯上将（2000年9月上任)。

武装力量　**兵力**　现役部队20.6045万人。

陆军　12.03万人。编成沿海和西里西亚2个军区和1个航空机械化军，共辖6个摩步师（包括1个岸防师)、1个装甲骑兵师、1个航空骑兵师、5个旅(1个装甲旅、1个机械化旅、1个空降突击旅、2个摩步旅)、5个炮兵旅（含1个高炮旅)、2个工程旅和5个国土防御旅、1个侦察团、1个地地导弹团、3个防空团、2个武装直升机团、1个特种团、1个警卫团。

坦克：T-55型/T-72型/PT-91型共计1677辆。装甲侦察车：BRDM-2型465辆。步兵战车：BMP-1型1368辆、BRM-1型36辆。装甲输送车：OT-64型33辆。牵引炮：122毫米M-30型280门、152毫米ML-20型160门。自行炮：122毫米2S1型533门、152毫米M-77型111门、203毫米2S7型8门。火箭炮：122毫米BM-21型228门、RM-70型30门。迫击炮：120毫米M120型214门、2S12型16门。地地导弹：“蛙”式32部。反坦克导弹：AT-3型268具、AT-4型110具、AT-5型18具、AT-7型7具。反坦克炮：85毫米723门。高炮：23毫米和57毫米共686门。地空导弹：SA-6/-7/-8/-9/-13型共1012部。武装直升机：米-24型43架、米-2URP型22架、PZLW-3W型34架。其他直升机：米-2URN型8架、米-8型29架、米-17型3架、米-2型35架。

海军　1.676万人。

潜艇：3艘。驱逐舰：1艘。护卫舰：2艘。小型护卫舰：4艘。导弹快艇：7艘。海岸巡逻艇：23艘。扫雷舰：22艘。两栖舰：5艘。支援舰及其他舰艇：18艘。

海军航空兵　2500人。编有7个飞行中队，共装备各型飞机：米格-21型26架、TS-11型17架、PZL-3RM5架、PZL-W32架、安-28型3架，米-14PL型直升机11架、米-14PS型直升机3架、米-2型直升机5架。

空军防空军　4.3735万人。编成2个军，下辖2个歼击机中队、9个对地攻击战斗机中队、1个侦察机中队、2个运输机团、5个防空导弹旅和1个独立防空团。作战飞机263架，武装直升机11架。

对地攻击战斗机：苏-22型99架，米格-21改进型91架。歼击机：米格-29型22架。侦察机：苏-24型7架。运输机：安-26型10架、安-28型2架、安-2型25架、雅克-40型12架、图-154型2架。直升机：米-2型68架、米-8型11架、W-3型18架。教练机：TS-11型110架、PZLI-22型11架、PZL-130型34架。空空导弹：AA-2“环礁”、AA-3“阿纳布”、AA-8“蚜虫”和AA-11“射手”若干枚。空地导弹：AS-7“克雷牛”若干枚。地空导弹：S-200“维加”2部，SA-2/-3/-4/-5型28部。

准军事部队　2.2万人。内务部队所属边防部队1.45万人，警察预备队7500万人。

预备役　40.6万人。其中陆军34.3万人、海军1.4万人、空军4.9万人（服役年限均为50岁)。

兵役制度　实行义务兵役制。士兵服役期12个月。

军衔　分7等26级：元帅1级（只在战时授予)、将官3级（上将、中将、少将)、校官3级（上校、中校、少校)、尉官3级（大尉、上尉、中尉)、准尉6级（一级准尉、二级准尉、三级准尉、四级准尉、五级准尉、六级准尉)、军士8级（一级上士、二级上士、三级上士、四级上士、一级下士、二级下士、三级下士、四级下士)、兵2级（上等兵、列兵)。

驻外兵力　派驻波黑多国执行部队300人；驻克罗地亚军事观察员1人；驻埃塞俄比亚军事观察员2人；驻格鲁吉亚4人；驻伊拉克/科威特观察员6人；驻黎巴嫩部队598人；驻叙利亚357人；驻西撒哈拉军事观察员1人；驻南斯拉夫维和部队532人。

军队节日　建军节8月15日。

（赵严芳）

波斯尼亚和黑塞哥维那

国　　名　波斯尼亚和黑塞哥维那。

主要统计　面积5.11万平方千米。人口389万人（其中13～17岁男19.5万人，女18.5万人；18～22岁男18.9万人，女17.8万人；23～32岁男33.4万人，女31.3万人）。国内生产总值约51亿美元（2000年）。国防费1.3亿美元（2001年国防预算）。原煤164万吨（1997年）。发电量238.18亿度（1997年）。粮食43.8万吨（1999年）。民航能力，固定航班机场1处，客运量4040万人千米，货运量43万吨千米（2000年）。

波黑两实体武装力量情况

穆克联邦武装

兵力　现役部队约2.4万人。编有1个联合司令部、4个军、11个师、2个装甲旅、9个摩托化步兵旅、5个炮兵旅。

主战坦克：T-34、T-55、T-54、M-84、AMX-30、M-60A3型共205辆，PT-76型8辆。侦察车：AML-90型31辆。装甲输送车：M-113A2/M-80型等共160辆。装甲步兵战车：AMX-10P型25辆，M-80型10辆。火炮：919门，其中，牵引炮105毫米L-118型36门，M-2A1型28门，M-56型20门，122毫米D-30型116门，130毫米M-46型35门，152毫米D-20/M-84型18门，155毫米M-114A2型124门，203毫米M-2型2门；自行炮122毫米2S1型7门；火箭炮107毫米63型31门，122毫米APR-40型41门，128毫米M-91型34门；迫击炮120毫米M-75型343门、UBM-52型13门等。反坦克导弹：AT-3"耐火箱"型、"红箭"TF-8型等共250具。反坦克炮：100毫米T-12/MT-12型27门。高射炮：20毫米、23毫米、30毫米若干门。防空导弹：SA-7、SA-9、SA-14、SA-16型若干部。直升机：米-8、米-17型10架，UH-1H型15架。飞机："乌特瓦"-75型3架。

预备役　穆族15万人，编成59个步兵旅、1个炮兵旅。克族4万人，编成12个国土防御步兵团、6个国土防御步兵营。

塞族共和国武装

兵力　现役部队1.4万人。编有4个军，38个步兵、装甲和摩托化步兵旅，12个炮兵、反坦克和防空团。

坦克：T-55、M-84型137辆。装甲输送车：M-60、BOV-M、BTR-5050PK、MT-LB型64辆。装甲步兵战车：M-80型75辆。火炮：122、130、152毫米牵引炮，122毫米自行火炮，128、262毫米火箭炮，120毫米迫击炮等各型各口径共约547门。地地导弹：蛙-7型若干部。反坦克导弹：约500具。高炮：20、23、30、57、90毫米975门。地空导弹：SA-2、SA-6、SA-7B、SA-9型若干部。攻击机：各型共20架。直升机：SA-341型20架、米-8型10架。

预备役：共9万人。

外国驻军　多国稳定部队：2万人。

（刘建宇）

丹　　麦

国　　名　丹麦王国。

主要统计　面积4.3094万平方千米。人口

530.8万人（其中，13～17岁男14.1万人，女13.6万人；18～22岁男14.8万人，女14.4万人；23～32岁男37.5万人，女36.3万人）。国内生产总值1.283万丹麦克郎，约合1620亿美元（2000年）。国防预算200亿丹麦克郎，约合24亿美元（2001年国防预算）。粗钢78.7万吨（1997年）。原油7800万桶（1996年）。天然气65.37亿立方米（1996年）。发电量483.84亿度（1997年）。粮食869.5万吨（1999年）。海运能力，商船（载重100吨以上）456艘、总载重量758.9万吨（2001年）。民航能力，固定航班机场13处、客运量53.76亿人千米、货运量1.71亿吨千米（2001年）。

国防体制 宪法规定，国王为名义上的武装力量最高统帅，对军队无指挥权。最高国防决策机构为内阁，负责制定国防政策。国防部是军队最高行政机关，国防大臣向议会和首相负责，对武装力量实施行政领导。武装力量由陆、海、空军和国民自卫队组成。三军统帅机构是国防司令部，由国防司令统一指挥三军，国防参谋长为其授权代表。三军的最高决策机构是共同管理委员会，其成员包括国防司令、国防参谋长、陆军作战司令、陆军物资司令、海军物资司令、战术空军司令、空军物资司令。丹麦为北约成员，战时主力归北约东北欧盟军联合次地区司令部指挥，届时国防司令将把指挥权移交给丹作战部司令（兼任北约东北欧盟军联合次地区司令部司令），只负责后勤及兵员保障。

领导人物 国王兼武装力量最高统帅女王玛格丽特二世（1972年1月即位）。国防大臣扬·特勒伊堡（2000年月12月上任）。国防司令克里斯琴·维特空军上将（1996年8月上任）。国防参谋长汉斯·杰斯珀·海尔旭中将（2000年2月上任）。作战部队司令汉斯·格鲁纳中将（1995年5月上任）。海军司令库尔特·罗斯高德少将（1997年10月上任）。

武装力量 **兵力** 现役部队2.14万人。

陆军 1.29万人。编有1个师（丹麦师）、1个司令部（东部地面司令部，师级）、4个团战斗群（旅级）、7个军区（团级）、15个团、1个陆军航空兵中队。

坦克："豹"IA5型220辆、"豹"II型18辆。装甲车：M－113型274辆。牵引炮：105毫米134门、155毫米97门、203毫米8门。自行炮：155毫米76门。火箭炮：227毫米8门。迫击炮：120毫米160门、81毫米338门。反坦克导弹："陶式"140具。无坐力炮：84毫米1131门、106毫米20门。直升机：AS－550型12架、"休斯"500M/OH－6型13架。

海军 4000人。编成水面舰艇部队和岸防部队。水面舰艇部队下辖1个远洋护卫舰中队、1个小型护卫舰中队、1个扫雷艇中队、1个导弹快艇中队、1个潜艇中队和1个海军航空兵中队。岸防部队在本土编成3个海区，即卡特加特海区、松德海区和博恩霍尔姆海区。

潜艇：4艘。轻型护卫舰：3艘。导弹快艇：5艘。巡逻艇：22艘。扫布雷艇：7艘。直升机："山猫式"8架。

空军 4500人。编成6个航空兵中队（其中3个战斗机中队，1个运输机中队，1个直升机中队）、1个防空导弹群（辖8个中队）、1个控制与预警群（辖6个雷达站）。

战斗机：F－16A/B型68架。运输机：C－130型3架。"挑战者"－604型1架、"湾流"G－III型2架。教练机：萨伯T－17型28架。直升机："海王"S－61型8架。地空导弹发射架："霍克"改进型36部。

文职人员 9000人。

预备役部队 预备役6.49万人。另有国民卫队5.87万人。

部署 陆军主要部署在日德兰海半岛和西兰岛。海军基地2个（腓特烈港和科瑟），要塞2个（斯泰温斯和朗厄兰）；此外还在格陵兰和法罗群岛设有守备司令部。空军基地4个（奥尔堡、卡鲁普、斯克吕斯楚普和韦勒瑟）。

兵役制度 丹实行义务兵与志愿兵相结合的兵役制度。义务兵服役期一般为4～12个月，最高可达24个月；志愿兵服役期为54～72个月。服役期满后转入动员部队或预备役部队。军官退役年龄均为60岁。

军衔 军官分3等10级：将官3级（上将、中将、少将），校官3级（上校、中校、少校），尉官4级（上尉、中尉、少尉、准尉）。军士5级（一级军士长、二级军士长、上士、中士、下士）。士兵3级（一等兵、二等兵、新兵）。

驻外兵力 驻波斯尼亚345人、克罗地亚1人、格鲁吉亚5人、印巴边境6人、伊拉克/科威特5人、中东10人、科索沃900人。

（何玉斌）

德　国

国　　名　德意志联邦共和国（1990年10月3日两德统一后用此名）。

主要统计　面积35.702万平方千米。人口8244.2万人（其中，13～17岁男239.4万人，女226.6万人；18～22岁男223.2万人，女212.3万人；23～32岁男516.8万人，女516.8万人）。国内生产总值3.9761万亿马克，约合24亿美元（2000年）。国防费263亿欧元，约合207亿美元（2002年国防预算）。粗钢4404.6万吨（1998年）。原煤2.1134亿吨（1998年）。原油2900万桶（1997年）。天然气204亿立方米（1998年）。发电量5439.72亿度（1998年）。粮食4419万吨（1999年）。海运能力，商船（载重100吨以上）1375艘、总载重量683.2万吨（2000年）。民航能力，固定航班机场35处、客运量752.27亿人千米、货运量6.167亿吨千米（2000年）。

国防政策　冷战结束和德国统一后，德国的安全环境发生了根本性变化，已从原来欧洲两大军事集团对峙的“前线国家”变成了安全系数大为增加的“欧洲的中心”。由于波兰、捷克和匈牙利加入北约，德国的邻国除了友邻就是盟国，德国已不再面临直接的外来威胁。从内部环境看，德国的统一使其综合国力剧增，人口在欧洲仅次于俄罗斯，经济实力首屈一指。但德国认为，目前国际形势依然动荡不定，不确定因素仍然很多。在欧洲及其边缘地区，由于存在政治、经济、社会、民族和宗教矛盾及领土纠纷，发生地区性危机和冲突的可能性增加，局部冲突呈上升势头；原苏联地区的动乱以及俄罗斯的军事实力仍对德国构成“不可忽视的潜在威胁”；核、生、化等大规模杀伤性武器及其远程运载工具在世界范围内的扩散对德国的安全构成了新的威胁；一些第三世界国家和地区爆发局部冲突的可能性以及国际恐怖主义的威胁有增无减，使德国面临着难以预测的“危险”。面对新的形势，德国对国防政策进行了全面调整，从过去的谋求生存并为最终实现德国统一创造条件，转为着眼于承担未来欧洲和世界和平与安全的责任。总的看来，德国国防政策主要是为实现世界政治大国的总目标服务。其战略是：(1) 继续依靠北约集体防御，并借助北约东扩维护自身安全。(2) 积极推进欧盟一体化进程，并借助在地缘政治和历史渊源上的优势，扩大在东欧和独联体国家的影响，最终实现东西欧融合，建立以欧盟为核心的全欧安全秩序。(3) 谋求联合国安理会常任理事国席位，跻身世界政治大国行列，力图在维护欧洲和世界的安全与稳定方面发挥重要作用。

军事战略　德国统一后，根据欧洲战略形势的变化，对军事战略进行了重大调整，从原来主要依赖北约核威慑来对付欧洲的大规模战争，转变为同盟国一起“处理”欧洲的局部危机和对付局部战争：(1) 在军事战略思想方面，从过去主要针对苏联、华约集团的“前沿防御”转为准备以对付各种危机为主的“多方位防御”。(2) 在军事部署方面，由过去的“前沿部署体系”改为“均衡兵力部署”。(3) 在作战方针上，由过去对付可能在德国本土发生的大规模战争转而应付在北约“防区外”可能发生的局部冲突。

国防体制　德国《基本法》规定，联邦总理为战时军队的最高统帅。最高国防决策机构为联邦安全委员会，联邦总理任主席、成员有联邦外交、内政、财政、国防、司法、经济与技术、经济合作与发展部长。国防部为最高军事行政机关。国防部长在和平时期是军队的最高首长，根据联邦总理提出的政策方针，负责领导和管理陆、海、空三军，并通过军种监察长对部队实施指挥。武装力量由正规军和准军事部队组成。正规军分陆、海、空三个军种。联邦国防军总监察长是全军第一军人和国防部长的军事顾问，主要负责制定国防总体方案、建军规划等工作。武装力量指挥参谋部为总监察长的办事机构，总监察长通过武装力量指挥参谋部对全军实施业务领导。陆、海、空军军种监察长是本军种的最高指挥官，负责本军种部队的战备训练和行政管理，参与制定和实施国防总体方案。平时，国防部长在军队勤务方面通过军种监察长实施对部队的指挥，在行政和专业事务方面则通过国防部各职能部门和总监察长对部队实施领导。战时，全军指挥由国防部长移交联邦总理。

领导人物　联邦总理兼武装力量最高统帅格哈

德·施德（1998 年 10 月上任）。联邦国防部长鲁道夫·沙尔平（1998 年 10 月上任）。联邦国防军总监察长哈拉尔德·库雅特上将（2000 年 6 月上任）。陆军监察长格尔特·古德拉中将（2001 年 4 月上任）。海军监察长汉斯·吕索夫海军中将（1998 年 9 月上任）空军监察长格哈尔德·巴克中将（2001 年 4 月上任）。

武装力量　**兵力**　现役部队 30.84 万人。

陆军　21.18 万人。编有 3 个军部、1 个空中机动部队司令部（师级）、7 个作战师、1 个独立军区司令部（师级）、22 个现役旅、4 个架子旅、1 个特种部队司令部（旅级）、27 个防区（旅级）。

主战坦克："豹" 1 型 751 辆、"豹" 2 型 1770 辆。步兵战车："黄鼠狼" A2/A3 型 2110 辆、"小鼬鼠" 型 133 辆。装甲侦察车："山猫" SP_Z－2 型 807 辆、M－113 型 1803 辆。牵引炮：105 毫米 155 门、155 毫米 195 门。自行炮：155 毫米 605 门。火箭炮：110 毫米 78 门、227 毫 151 门。迫击炮：120 毫米 889 门。反坦克导弹："米兰" 型 1606 具、"陶" 型 210 具、"霍特" 型 157 具。高炮：20 毫米 1145 门、35 毫米 "猎豹" 型自行高炮 380 门。地空导弹："罗兰" SP 型 143 部。反坦克直升机：PAH－1 型 204 架。运输直升机：UH－1D 型 126 架、CH－53G 型 107 架。联络直升机：BO－105M 型 95 架、"云雀" ⅠⅠ型 35 架。

海军　2.6 万人。编有 1 个舰队司令部、5 个分舰队和 1 个海军航空兵师。

潜艇：206/206A 级 12 艘、205 级 2 艘。驱逐舰："吕特晏斯" 级 2 艘。护卫舰："不来梅" 级 8 艘、"布兰登堡" 级 4 艘。导弹攻击快艇："信天翁"（143）级 10 艘、"猎豹"（143A）级 10 艘、"虎"（148）级 8 艘。水雷舰艇："哈默尔恩"（343）级 10 艘、"三架马车"（351）级 4 艘、"林道" 改装（331）级 3 艘、"弗兰肯塔尔"（332）级 12 艘、"弗尔恩洛布" 394 级 5 艘、无人反水雷艇 1 艘。通用机械化登陆艇：5 艘。各级供应补给舰：43 艘。

海军航空兵　4200 人。装备作战飞机 67 架，其中 "狂风" 型战斗机 50 架，"大西洋" 型海上侦察反潜机 17 架；直升机 39 架，其中 "海王" 型救援直升机 22 架，"海山猫" 型舰载直升机 17 架。

空军　7.05 万人。编有 10 个战斗机联队、6 个防空导弹联队、3 个空中运输联队、2 个通信团、2 个雷达指挥团和 6 个供应团。作战飞机 457 架。

攻击/战斗机：F－4F 型 131 架、"狂风" 型 267 架、米格－29 型 23 架。运输机：C－160 型 84 架、A－310 型 7 架、图－154 型 1 架、CL－601 型 7 架、L－410 型 4 架、T－37B 型 35 架、T－38A 型 40 架。运输直升机：UH－1D 型 101 架、AS－532U2 型 3 架。地空导弹："毒刺" 型 4000 部、"霍克" 型 72 部、"罗兰" 型 89 部、"爱国者" 型 36 部。

文职人员　13.7 万人。

预备役部队　36.35 万人，其中陆军 29.48 万人、海军 9500 万人、空军 5.92 万人。

准军事部队　2.465 万人，其中联邦边防警察 2.41 万人、海岸警卫队 550 人。

部署　陆军主要部署在北德平原和中部地区。海军部署在北海和波罗的海沿岸区域。空军重点部署在中部和南部地区。全国共有军事基地 734 处。

兵役制度　实行全民义务兵役制，义务兵服役期从 2002 年 1 月起从 10 个月缩短为 9 个月；或先服役 6 个月，尔后再参加总共 3 个月的复训和演习；或自愿将服役期延长最多至 23 个月，并承担参加 "防区外" 军事行动的义务。德国还从 2001 年 1 月起征召自愿服役的女军人，并允许女军人担负作战任务。各级军官最高服役年限，将官为 60 岁，上校为 58 岁，中校为 56 岁，少校为 54 岁，尉官为 52 岁。

军衔　分 5 等 24 级：将官 4 级（上将、中将、少将、准将），校官 3 级（上校、中校、少校），尉官 4 级（大尉、上尉、中尉、少尉），军士 7 级（一级军士长、二级军士长、三级军士长、上士、中士、一级下士、二级下士），兵 6 级（一级上等兵、二级上等兵、一等兵、二等兵、三等兵、列兵）。

驻外兵力　驻波黑北约稳定部队 1900 人，驻格鲁吉亚联合国观察军事观察员 4 人，驻伊拉克/科威特联合国观察团 14 人，驻意大利 11 人，驻科索沃北约维和部队 5100 人，驻地中海海军部队 280 人，驻科威特三防部队 250 人，驻非洲之角地区海军 820 人、陆军 140 人，驻阿富汗和平保护部队 1200 人。

外国驻军　比利时驻军 2000 人，法国驻军 2700 人，荷兰驻军 2600 人，英国驻军 1.71 万人，美国驻军 5.808 万人。

军队节日　德国的建军节为 11 月 12 日，但一般举行大型的庆祝活动。各军种均无自己单独的节日。

军工生产　德国拥有现代化的富有竞争能力的军事工业，具有自行研制和生产各种常规兵器的能力，其生产的主体上仍将继续保持较高的军事技术水平和生产潜力，在个别项目上将维持世界一流水平。

德国军事工业的研发重点已放在了系统技术和尖端技术上，特别是在指挥系统和武器使用系统方面强调应用传感技术和电子。德国统一后，军事工业订货日趋减少，从事军工生产的人数下降，整个军事工业处于新的调整之中。目前，从事军工生产的从业人员从原20万人减少到现在的10万人。军工生产总值约占国民生产总值的0.6%，在工业总产值中所占的比例不到1%，在加工工业总产值中平均约占3.4%，在车辆工业产值中占1～2%，在造船工业中占10%，但在航天工业中却占了50%以上，而在其他大多数工业部门产值中所占比例均不到1%。

军火贸易 由于历史和外交政策等方面的原因，德国对军火输出历来持比较审慎的态度。军工产品的80%以上销于国内市场，即主要为本国国防建设服务。军工产品的出口在德国出口总额中仅占1%。德国历届政府均坚持“不向局势紧张地区输出军火”这一原则。2000年1月，德政府通过新的军火出口准则。今后在决定出口军品时必须考虑军品接收国的人权状况。同时将所有国家分为两类，对第一类国家，包括北约、欧盟国家以及澳大利亚、新西兰、日本和瑞士等国不作军售限制，对其他所有国家将采取比较严格的军品出口政策。德国军工生产较发达，技术比较先进，军火贸易额也属世界各国前列。据德国联邦统计局数字，1999年德国武器出口总值达28.44亿马克，占外贸出口总额的0.3%，其中向北约成员国出口武器总价值为15.7亿马克，向北约以外的国家出口总价值为12.7亿马克。据美国国会2001年公布的年度报告称，2000年德国军火出口约10亿美元，位于美国、俄罗斯和法国之后，列世界第四位。

（王珍捍）

俄　罗　斯

国　　名 俄罗斯联邦。

主要统计 面积1707.54万平方千米。人口1.4672亿人（其中，13～17岁男596.7万人、女573.5万人；18～22岁男568.4万人、女553.8万人；23～32岁男1003.4万人、女985.2万人）。国内生产总值1.2万亿美元（2000年）。国防费440亿美元（2001年国防预算）。粗钢5150万吨（2000年）。原煤2.58亿吨（2000年）。天然气5550亿立方米（2000年）。发电量8760亿度（2000年）。粮食6540万吨（2000年）。海运能力，商船（载重100吨以上）4543艘，总载重量1659.23万吨（2001年）。空运能力，固定航班机场75处，客运量565亿人千米，货运量20亿吨千米（2001年）。

国防政策 2001年“9·11”恐怖事件发生后，世界军事政治形势、俄美关系、俄罗斯北约关系都发生了重大变化，直接导致俄国家政策、国防政策和军事战略的重大调整。俄罗斯国防政策的重大变化主要体现在以下几个方面：

（一）接近美国，融入西方已成为俄罗斯的国策

俄罗斯建国十多年来，经过不断“改革”，俄罗斯在意识形态、价值观念、民主政治、国家体制、经济制度等重大领域已接近或等同于西方国家。这种接近和等同为俄融入西方并与其长期合作，而不是短期的战术性合作奠定了基础。与此同时，俄罗斯认为，在国力不济的情况下，恢复经济并逐步实现现代化的唯一途径是向西方靠拢，特别是与美国交好。这样，可以改善外部环境，可为发展经济、振兴国家争取较长的时间和有利的空间，可以使俄经济与西方接轨，吸收其先进技术和投资，减轻俄债务和税收负担。俄总统普京说得十分清楚，“和西方接近不是普京的政策，而是俄罗斯的政策”、“符合俄罗斯的国家利益”。基于此政策，俄罗斯在“9·11”事件后大力支持美国进行反恐战争，使俄美关系发生了转折性变化，也使俄在接近西方的道路上大大迈进了一步。2002年5月24日发表的俄美新的战略关系联合声明充分证明了这一点。该声明强调，俄美双方尊重基本的民主价值观、人权、言论自由和媒体自由，认为推进政治与经济自由是两国合作的基础，强调公开的市场经济，经济选择自由和公开的民主社会，是保障两国公民安居

乐业的最有效的手段。可见，俄美两国在许多重大问题上已相当接近。

（二）俄罗斯国家政策重点由对外转向对内

俄罗斯建国直到叶利钦下台，国家政策的重点是对外，力求与美国保持军事战略平衡和与美国平起平坐的大国地位，国外目标高于国内目标，内政为外交服务。普京上台后深感国力太弱，不能再干国力不允许的事情了，停止追求“超级大国”的幻想，把关注的重点放在国内问题上，把提高经济，重视国家利益放在第一位，强调“国内目标高于国外目标”，外交的基本出发点是为内政服务，外交政策的核心是“服务于国家利益”、集中有限的外交资源确保国家安全，并为经济发展创造有利的外部条件。这一政策执行两年来已收到明显效果。鉴此，普京在 2002 年 4 月发表的“国情咨文”中指出：今后仍“将根据我们的能力和国家利益—军事战略、经济和政治利益，绝对务实地制定俄罗斯对外政策”。

（三）俄罗斯认为在反恐形势下传统的国家安全观念已经过时

“9·11”事件后，俄罗斯的国家安全和观念发生重大转变。俄罗斯杜马国防委员会副主席阿尔巴托夫在 2001 年年底撰文指出，“9·11”恐怖事件表明，有关国家和国际安全的传统观念已经完全过时，需要进行深入而全面的修改。过去，人们在谈到安全的威胁时，都是强调与某些拥有一定领土、国民、行政和工业设施的敌对国家及其武装力量有关，看他们是否有进行报复和遏制威胁的目的，有关进行防御的手段。而这次对美国的袭击是不知名、无国籍的组织干的，它的下属机构分布在许多国家。这与传统的国家和武装力量完全不同。此外，过去在评估本国安全的威胁和选择打破威胁的办法时，往往把传统的地缘政治和地缘战略因素作为关键因素。“9·11”事件表明，地理位置与拥有地缘战略优势（如拥有山川、海峡、岛屿和海外基地）已不再是安全的重要因素。这种对安全本质看法的根本转变使俄罗斯人对传统的敌人、对手和安全威胁的看法都发生了重大变化。

（四）俄罗斯不再把美国视为敌人和战略威胁的主要来源

二战结束直至 20 世纪末，俄一直将美国视为敌人和对手，视为对俄国家安全威胁的重要来源。“9·11”事件后，俄美半个世纪以来首次出现了共同的敌人—国际恐怖主义，共同的安全利益使俄美两个冷战劲敌走到了一起，俄美两国关系出现了根本转折的前景。由于俄支持美进行反恐战争，俄美在阿富汗战争中已成为事实上的“盟友”。当前，俄美一致认为，俄美关系已达到新的战略关系的水平，俄美双方互相把对方视为敌人或者战略威胁的时代已经结束，两国已成为伙伴和朋友，决心共同为推进国际安全和经济一体化，为对抗全球威胁和促进地区冲突的解决而合作。

（五）俄罗斯不再把北约作为主要作战对手

“9·11”事件后，俄罗斯以反恐为契机，不断加强与北约国家的会谈，并在反恐、反对地区不稳定和当代其他威胁方向进行越来越多的合作，致使俄与北约的关系再现“革命性”的新局面。2002 年 5 月 28 日俄与北约发表《罗马宣言》，正式建立 20 国平等的合作机制：俄罗斯—北约新理事会。双方表示，将在俄罗斯—北约新理事会的框架内联合对付共同的风险以及对自身安全的威胁。双方将在反恐斗争、解决危机机制、武器不扩散、军备控制、战区导弹防御系统、海上营救、军事合作等方面进行磋商和合作，昔日的敌对关系变成安全合作的伙伴。特别耐人寻味的是，俄罗斯虽然坚持反对北约东扩，但并不认为北约东扩会对俄安全构成直接军事威胁，而只是存在政治威胁和潜在的军事威胁。

（六）俄罗斯不再认为美国退出《反导条约》会威胁俄罗斯的安全

长期以来，俄一直认为《反导条约》是“现有武器削减和限制机制的可靠基石”，坚决反对美国退约和研制国家导弹防御系统。但在美国总统布什宣布美国单方面退出《反导条约》后，俄罗斯并没有发表坚决反对的声音。俄总统普京认为，美国单方面退出《反导条约》是错误举动，但是不可能对俄安全构成什么新的威胁。因为：第一，美国国家导弹防御系统目前尚不存在；第二，是否能建成还是个未知数；第三，即使能建成，在何时建成尚不明了；最后，俄罗斯如今已经拥有对付任何导弹防御系统的各种手段。因此，美国退出《反导系统》不会阻止两国发展更密切的关系。

（七）俄认为支持美军进驻中亚地区反恐，有助于俄和独联体国家的边界稳定

中亚是俄的传统势力范围和重大利益所在地区，过去，俄是绝对不允许美国和北约势力染指这一地区的。但出于反恐和国家安全的需要，俄支持美军和北约其他国家军队进驻中亚地区国家，并对他们可能的长期驻扎并未抱有太大的危机感。俄罗斯精英人物罗戈夫认为，人们在谈论俄罗斯对美国的支持时，不要忘记一个十分重要的情况，那就是不是美国人使俄罗

斯卷入了阿富汗战争，而是俄罗斯利用美国人之手粉碎了本·拉丹和塔利班恐怖组织。因为这两个组织不仅造成了中亚独联体国家的不稳定，也造成了俄车臣及其他地区的不稳定。一旦“基地”组织和塔利班被粉碎，俄南部边界无疑会得到加强。普京总统认为，经过反恐联盟的努力，完成了最重要的战略任务——消除了阿富汗最危险的国际恐怖主义中心，控制了国际恐怖主义对世界其他地区形势的消极影响，消除了来自那里的威胁，加强了俄南部边界的安全，改变了独联体一些国家因恐怖活动造成的混乱局面。

（八）俄罗斯认为能签署大幅度削减核武器条约本身就是俄的一大胜利

由于俄国力虚弱，没有能力维持庞大的核武库，大幅度削减其战略核武器数量是唯一的出路。但为了保持表面上的军事大国地位和与美国相对的核平衡，必须说服美国同其一道削减核武器并签署条约。在俄罗斯作出较大让步，同意美国将削减下来的核弹头储存起来的情况下，俄美签署了削减进攻性战略力量条约。虽然美国主导了该条约的拟制，但俄仍认为，双方能签署这个具有法律约束力的条约本身，就是俄的一大胜利，俄完成了自己的重要战略任务。俄外长伊万诺夫认为，条约的重要性在于，它将为进攻性战略武器和导弹防御系统所有彼此有关问题的谈判奠定基础，同时条约还允许俄自行决定本国进攻性战略武器的组成和结构。俄国防部长伊万诺夫认为，新条约为战略稳定领域的新型关系奠定了基础。

（九）俄罗斯将根据对国家安全的新威胁调整防御政策重点

“9·11”事件后，俄认识到恐怖主义威胁到整个战略安全体系，是对国家安全和国防安全的主要威胁。为此，俄总统要求俄军在考虑到国际恐怖主义新威胁的前提下重新核定俄防御政策的重点，俄在与其他国家进行国际军事合作和军事技术合作时也要考虑防御政策的重点。俄总统普京提出2002年俄防御政策的四个方面是：根据对国家安全的新威胁调整重点；完善军队建设的管理体制，把资源集中到重点方向；优化武装力量结构，大大提高军队的战斗准备程度和应变能力；解决好军人的社会保障问题。他还强调，俄必须进一步增强防御能力，保障各战略方向的安全，以出色地应对新时代的威胁，首先是恐怖主义的威胁。

（十）俄罗斯将继续进行军事改革

俄总统普京认为，俄罗斯社会需要改革，首先是军队本身需要改革。一个十分重要的问题，俄罗斯的军事改革已经从无休止的议论转到军队改革的计划和具体工作上来。俄已确定了2005前建设武装力量的军事改革机制，作出了巩固和更新俄罗斯军工综合体的战略性决定。普京认为，军事改革的一个优先方面是在缩短义务兵服役期的同时向职业军队过渡，2002年开始在一些部队进行试点。考虑到国家财政能力和国家安全利益，俄将逐步展开这项改革，既不能拖延，也不能匆忙。据俄国防部长伊万诺夫透露，俄全军的职业化改革至少需要10年时间才能完成。

军事战略 尽管随着俄国家政策、国防政策、外交战略的重大变化，俄军事战略发生了重大变化，但俄军事战略仍属于积极防御战略范畴，在过去强调核战略遏制的基础上进行了一定的战略收缩，防御性更加突出，具体变化体现在以下几个方面：

1、认为21世纪的战争将是全新的第六 战争，而不是传统的常规战争

俄军事理论界通过对近期世界上三场 研究，得出结论认为，21世纪的战争将是以全 态出现的“第六代”战争，其特点是以信息对抗为 景，以远距离精确打击为手段，以空中——太空为 战场的非接触常规战争。俄著名军事理论家斯里普琴科指出，由于高精度武器的出现和使用，近四年来，世界上掀起了第六次军事革命，它使实施全新的第六代非接触战争成为可能。他认为，1991年的海湾战争是第六代非接触战争的雏形，而1998年的科索战争已成为真正意义上的第六代非接触战争。美国和北约军队对南联盟军事、经济目标的突击，使军事学术中出现了一种全新的战役样式，即空、天、海一体突击战役。这种战役的基本内容是使用战略、战役、战术非核高精度武器以新物理原理武器，按目的、任务、地方和时间实施协调一致的密集突击。实施这种突击战役的不是现有的空、海军集团，而是在空海军基础上专门组建的侦察—突击作战系统，其核心是太空系统、携载高精度武器的空基和海基平台。斯里普琴科认为，新的第六代非接触战争，在电子战的配合下，从战争开始到结束只进行长时间的空、天、海一体突击战役。战争以非接触方式进行。在这种战争中，空军和海军的作用日益提高，是非接触战争的基础，是主要的弹药携载平台。可以预见，在未来军事冲突中，这两个军种将是实施突击的主要力量。

2、美军和北约其他国家军队已不是俄军的主要作战对象

由于出现了国际恐怖主义这个全世界的共同敌人，以及俄与美国及北约关系的改善，俄罗斯不再把

美军和北约其他国家军队作为主要作战对象，而国际恐怖主义则成为俄军打击和防范的主要对象。

3、对俄罗斯安全的外部威胁不是来自西方，而是来自南方和西南方

由于国际恐怖主义的活动，造成了中亚、南亚和高加索地区的长期不稳定，它已成为俄罗斯安全的主要外部威胁。俄罗斯现在面临的最重要问题是中亚和北高加索方向的不稳定，俄需要将主要的人力和物力集中在那里。俄罗斯虽然继续反对北约东扩，但俄认为北约东扩并不对俄安全构成直接的威胁，只是存在政治威胁和潜在的威胁。

4、俄罗斯目前无力打大规模常规战争，对外敌的可能入侵只能进行核战略遏制

俄罗斯承认，由于国力虚弱，军事能力急剧下[illegible]，目前，俄已没有能力使用常规武器进行大规模战争。在这种情况下，俄对外敌的可能入侵只能进行核战略遏制。俄军认为，在目前形势下，虽然“爆发全球性核冲突的危险微乎其微”，但俄仍有必要继续发展和完善能够保障战略遏制的武装力量，以实现对大规模常规战争的战略遏制。所谓核战略遏制就是使战略核力量保持在能够对一切目标发动进攻，并在任何情况下都能给对方造成致命损失的水平上，从而使敌方不敢轻举妄动，其目的是使俄联邦及其盟国的主权和领土得到可靠保障。除核战略遏制外，近来俄军有专家又提出非核战略遏制问题，即下力研制和装备新型高精度常规巡航导弹，用来有效打击敌战略核武器的发射装置，阻止针对俄的大规模核战争，从而实现非核战略遏制。

5、国内加强南方和西南方向军队集团，国外实行战略收缩是战略部署调整的重点

俄军认为，加强中亚和北高加索战略方向的军队集团，对保障俄安全具有重大的现实意义，而俄军撤出越南金兰湾基地和古巴洛尔德斯侦测站，不仅仅出于经济考虑，更重要的是适应国家安全利益。为了防止阿富汗国际恐怖主义的渗透和确保塔吉克斯坦与阿富汗边界局势的安全稳定，俄加强了中亚战略方向的军队集团，措施是将伏尔加河沿岸和乌拉尔两个军区合并，组建伏尔加——乌拉尔军区，增加该战略方向上的常备部队数量，在塔吉克斯坦正式建立俄罗斯军事基地。为稳定北高加索地区的局势，俄进一步完善了驻北高加索地区军队集团，包括常备军队集团的编成。俄国防部长在解释俄军为何放弃在越南和古巴的基地和设施时指出，随着俄对外政策的变化，俄向国外部署军队的态度也在变化。主要是俄武装力量面临任务的性质和范围已有很大变化。当前，俄国家安全利益已经不要求俄在印度洋地区保持长期军事存在。俄海军通过驶入友好国家的港口就能完成在这一地区的某些任务，且花钱很少。俄军离开金兰湾和洛尔德斯，不损害俄罗斯的军事安全利益。据透露，俄军还将进一步撤离国外的基地和设施，如将从阿布哈兹撤出军事基地，放弃使用位于白俄罗斯、阿塞拜疆和哈萨克斯坦境内的费用高昂的导弹袭击预警系统，战略收缩将继续进行。

6、按照新批准的计划建设与发展武装力量

2001 年 1 月，俄联邦总统普京批准了《2001 ~ 2005 年武装力量建设与发展计划》，它是指导今后几年俄武装力量建设与发展的纲领性文件。根据文件，今后几年俄武装力量建设与发展的主要目标是，使其结构、编成和费额同俄军事安全所面临威胁的性质和趋势，以及国家的财政经济相适应。武装力量建设的基本要求是，确保武装力量按计划向陆、海、空三军种结构过渡，提高其机动性、可控性和职业化水平，加强军纪和法制。战略核力量的发展方向是，保持其陆基、海基和空基三位一体的现有结构，但重点是发展海基核武器，通过削减核武库和人员的数量来保持战略核力量的必要战备水平和核安全。陆军的发展方针是在各战略方向上最大限度地保留常备兵团和部队，确保其以平时的战斗编成完成限制或化解可能的武装冲突任务。空军发展的基本思路是，确保和平时期的空军集团能遂行限制武装冲突任务。海军通过合并和裁减重复的指挥机构，从战斗编成中淘汰技术老化的武器来实现编成和结构的优化。武器装备的发展方向是，完善技术保障和武器装备的订购体制，制定和实行武装力量和整个国家的统一的技术政策，减少武器装备的型号和种类，实现武器装备的通用化和标准化，研制并改装新式武器装备。后勤发展方向是，建立武装力量、其他军队、队伍和机构统一的后勤保障体系，按地区原则合并其仓储、运输、医疗和其他基础设施，由统一的机关进行管理。军队建设的重点是新组建的太空兵。2001 年，俄武装力量组建了新的独立兵种一太空兵，并把它作为今后几年军队建设的重点。俄国防部长伊万诺夫要求把太空兵作为组建现代武装力量的基础，应在 2004 年，最迟 2005 年前完全恢复航天领域，建成完全能够满足武装力量需要的军用轨道航天器系统。他认为没有这一系统，俄军将变得又瞎又聋，将不会有现代化的信息情报系统，当然也无法对太空进行监督。

国防体制　根据 1993 年 12 月 12 日正式通过的

《俄罗斯联邦宪法》、1996 年 5 月 31 日正式生效的俄联邦《国防法》、以及俄联邦有关法律，俄罗斯联邦总统、俄罗斯联邦安全会议、俄罗斯联邦议会、俄罗斯联邦政府对保障国家安全、国防能力状况，对俄罗斯武装力量和其他军队的战斗准备程度、动员准备程度和战斗力负全责。

俄罗斯联邦总统是国家元首和俄罗斯联邦武装力量的最高统帅。他在国防领域的主要职责是：组成并领导俄罗斯联邦安全会议；确定俄联邦军事政策的基本方针；批准俄联邦军事学说；领导俄武装力量和其他军队；宣布总动员或局部动员，宣布全国或局部地区进入战时状态，宣布实施战斗行动的命令；批准武装力量及其他军队发展构想与计划、本土战场建设计划、国民经济转入战时计划、武器装备和国防工业综合体发展计划；授予高级军衔，任免高级军官；批准武装力量及其军队的结构、编成及军人编制人数；决定武装力量及其他军队的部署；批准国防部和总参谋部工作条例；举行谈判和签署俄联邦国防领域的国际条约；颁布征召俄联邦公民服役和参加军事集训的命令等。

俄罗斯联邦安全会议是立法机构，也是保障俄罗斯国家安全的最高决策机构。安全会议的主要任务是：确定社会和国家的重要利益，发现安全目标受到的内部和外部威胁；制订保障俄罗斯联邦安全的主要战略方针，起草保障安全的联邦专项计划；为总统起草有关国家安全的各种建议、决定和命令。俄联邦总统任安全会议主席，政府总理任副主席，安全会议秘书、安全局长、外交部长、国防部长为安全会议常委，政府第一副总理、总统办公厅主任、国家杜马主席、联邦委员会主席、科学院院长、司法部长、警卫局长、内务部长、原子能部长、经济部长、财政部长、对外情报局长、紧急情况部长、总参谋长为安全会议委员。

俄罗斯联邦议会是俄罗斯联邦最高代表机关和立法机关，它由联邦委员会（上院）和国家杜马（下院）组成。联邦委员会在国防领域的职能是：审核国家杜马通过的根据联邦宪法确定的国防开支；审核国家杜马通过的国防领域的联邦法律；批准俄联邦总统关于在俄全境或部分地区实施战时状态和紧急状态的命令，以及俄联邦武装力量、其他军队使用武器装备不按其使命执行任务的命令；决定关于可在俄联邦境外使用俄联邦武装力量的问题。国家杜马在国防领域的职能是：审核联邦预算法规定的国防开支；通过国防领域的联邦法律。

俄联邦政府是俄联邦最高执行权力机关，它在国防领域内的职能是：落实国防保障措施并在其权限范围内对俄联邦武装力量及其他军队的状况与保障负责；拟定和向国家杜马提出联邦预算中有关国防开支的建议；根据武装力量及其他军队的订货，组织对其武器、军事技术装备、物资设备的提供与保障；制订国家武器装备及国防工业综合体的发展规划；确定国家动员任务，确定国家动员计划、物资储备计划；负责军队院校、军事系、军事教研室的建立和撤销工作；制定俄联邦国土战场建设计划；负责俄联邦的兵役工作等。

俄罗斯联邦武装力量由管理机关、军团、兵团、部队、军事院校以及后勤部门组成。在组织结构上划分为陆军、空军和海军 3 个军种和战略火箭兵、空降兵、太空兵 3 个独立兵种。没有编入武装力量的其他军队有边防军、内卫部队、俄联邦安全部的部队、政府通信部队、联邦保卫总局、俄罗斯联邦铁道兵、民防部队、国家消防局等。

俄罗斯联邦武装力量的领导与指挥体制是：俄罗斯联邦总统兼俄联邦武装力量最高统帅，对联邦武装力量和其他军队实施全面领导，并通过国防部长和总参谋长对武装力量实施作战指挥。国防部长通过国防部对联邦武装力量实施直接领导。俄联邦武装力量总参谋部对武装力量进行作战指挥，对武装力量各军种的指挥通过各军种总司令部进行。

国防部的基本职能是：参与制定联邦军事政策和军事学说；制定联邦武装力量建设构想，协调武装力量和军事技术装备发展的联邦国家计划，提出国家国防订货建议；提出国防开支预算草案及其使用办法；组织国防科研和试验设计工作；为武装力量及其他军队订购、生产和采购武器、军事技术装备、食品、被服和其他物资；负责武装力量的动员准备；向总统提交共同条令、有关国防部和总参谋部、军事委员会、后备役委员会的条例草案等。

武装力量总参谋部的基本职能是：拟定联邦军事学说建议；制定联邦武装力量建设计划，协调武装力量与其他军事建设和发展计划的制定工作；协调拟定武装力量和其他军队员额的建议；拟定应征服役和参加军事集训的公民人数；实施情报活动；组织实施保持武装力量战斗和动员准备的措施；组织武装力量与其他军队的协同；参与制定民防计划；组织武装力量和其他军队的动员与战略展开等。

领导人物 总统兼武装力量最高统帅普京(1999 年 12 月 31 日代任，2000 年 5 月 7 日正式就任)。国防部长谢·鲍·伊万诺夫(2001年3月28日上任)。国防部副部长兼陆军总司令尼·维·科尔米利采夫上将(2001年3月28日上任)。国防部副部长柳·库杰林娜(2001年3月28日上任)。武装力量总参谋长阿·瓦·克瓦什宁大将(1997年6月19日上将)。空军司令伏·米哈伊洛夫空军上将(2002年1月上任)。海军司令弗·伊·库罗多耶夫海军大将(1997年10月上任)。战略火箭兵司令尼·叶索洛夫佐夫上将(2001年4月26日上任)。太空兵司令阿·尼·佩尔米诺夫上将(2001年6月上任)。

武装力量 **兵力** 现役部队编制人数为110万人,实有约97.71万人(含20万国防部人员及直属部队)。

战略火箭军(2001年6月降格为独立兵种)约10万人,编有4个火箭集团军。

洲际导弹:740枚,其中SS-18(PC-20)型180枚、SS-19(PC-18)型140枚、SS-24(PC-22)型36枚、SS-25(PC-12M)型360枚、SS-27(白杨-M2)型24枚。反弹道导弹:100枚,其中SH-11型36枚、SH-08型64枚。

陆军 约32.1万人。编有6个军区,1个战役战略集群、6个集团军司令部、3个军司令部、38个师(5个坦克师、18个摩步师、4个空降师、6个机枪/火炮师、5个炮兵师)、7个地区训练中心、14个独立旅、7个特种部队旅、18个独立炮兵旅、15个战役战术导弹旅、5个反坦克旅、3个反坦克团、19个防空导弹旅、20个直升机团,以及其他部队。

主战坦克:5210辆,其中T-34型1辆、T-55型15辆、T-62型265辆、T-64A/-B型207辆、T-72L/M型1798辆、T-80/U/UD/UM型2921辆、T-90型3辆,另外在乌拉尔以东还储存坦克约8000辆。ПТ-76型轻型坦克1辆。装甲侦察车:2000辆。装甲输送车和步兵战车:共8923辆,步兵战车6148辆(其中BMP-1型1450辆、BMP-2型3038辆、BMP-3型25辆、BMD-1型697辆、BMD-2型336辆、BMD-3型103辆、BRM-1K型478辆、BTR-80A型21辆),装甲输送车2775辆(BTR-60型25辆、BTR-70型723辆、BTR-80型934辆、BTR-D型491辆、MT-LB型602辆,另储存装甲输送车1150辆)。各型火炮:5991门,另储存213门。其中牵引火炮1972门(122毫米M-30型13门,D-30型804门,130毫米M-46型1门,152毫米ML-20型1门、D-20型185门、ZA36型536门、ZA65型432门),自行火炮2395门(122毫米2S1型395门、152毫米2S3型1101门,2S5型451门、2S19型418门,203毫米2S7型30门),曲射直射两用炮349门(120毫米2S9型318门、2B16型22门、2S23型9门),火箭炮921门(122毫米BM-21型408门、9P138型13门、220毫米口径9P140型402门,300毫米9A52型92门),迫击炮354门(120毫米2S12型173门、PM-38型145门,240毫米2S4型36门),战役战术导弹发射架:SS-21型200部。反坦克导弹:AT-2、AT-3、AT-4、AT-5、AT-6AT-7、AT-9、AT-10型若干枚。火箭筒:RPG-18、RPG-7/-16/-22/-26、RTG-27/-29型若干具。57、85、100毫米反坦克炮若干门。高炮:23、37、57、85、100毫米若干门。防空导弹发射架:约2300部,其中,SA-4A/B型450部、SA-6型350部、SA-8型400部、SA-9型200部、SA-11型250部、SA-12A/B型100部、SA-13型400部、SA-15型120部、SA-19型若干部。各型直升机:约1700架(另储存600架),其中米-24型战斗直升机583架、卡-50型战斗直升机4架;米-24型侦察直升机140架;米-6/-8/-17/-26型运输直升机若干架。

海军 17.15万人(含海军战略核力量、海军航空兵、海军步兵及海岸防御部队),编有4个舰队和1个分舰队。

海军战略核力量 约1.3万人,装备战略导弹核潜艇17艘,携载弹道导弹280枚,其中,D4级6艘,携载弹道导弹96枚;"台风"级3艘,携载弹道导弹60枚;D3级7艘,携载弹道导弹112枚;D1级1艘,携载弹道导弹12枚。

攻击潜艇:34艘,其中,"奥斯卡"级6艘、"阿库拉"级8艘、"宙拉"级1艘、Y级1艘、V3级5艘、"其洛"级9艘、T级3艘、F级艘。其他潜艇5艘。航空母舰:"库兹涅佐夫"级1艘。巡洋舰:7艘,其中,"基洛夫"级2艘、"光荣"级3艘、"卡拉"级1艘、"肯达"级1艘。驱逐舰:17艘,其中,"现代"级7艘、"卡辛"级2艘、"勇敢"级8艘。护卫舰:10艘,其中,"克里瓦克"级9艘、N级1艘。巡逻舰艇:27艘。导弹快艇:54艘,其中,"塔兰图尔"级29艘、"纳努契卡"级20艘、"迪嘎什"级2艘、"玛特卡"级3艘。水雷战舰艇:71艘。登陆舰艇:25艘。支援辅助舰艇:436艘。

海军航空兵 约3.5万人。编有4个舰队航空兵,217架作战飞机和80架作战直升机。

海军步兵 约7500人。编1个独立师(2500人),3个独立旅、1个独立团、3个独立营、3个舰队特种部队旅。装备 T－55M、T－72、T－80 型主战坦克 160 辆，BRDM－2 型装甲侦察车 60 辆，BMP－2、BMP－3型步兵战术车 150 辆，BTR－60/－70/－80 型装甲输送车 750 辆。各型火炮 321 门，其中，D－30 型牵引火炮 10 门、ZS1 型自行火炮 101 门、ZS3 型自行火炮 18 门、9P138 型火箭炮 96 门。曲射直射两用炮/迫击炮：ZS9 型 70 门、ZB16 型 14 门、ZS23 型 11 门。AT－3－5 型反坦克导弹 72 枚。MT－12 型反坦克炮若干门。ZSU－23－4SP 型自行高炮 60 门。防空导弹 SA－7 型 250 具、SA－8 型 20 部、SA－9/－13 型 30 部。

海岸防御部队　约 2000 人。编有 1 个岸防师、1 个岸防旅、1 个炮兵团、2 个防空导弹团。装备 T－64 主战坦克 350 辆、BMP 型步兵战车 450 辆、BTP－60/－70－80 型装甲输送车 280 辆、MT－LB 型车 400 辆。各型火炮 364 门，其中，牵引火炮 280 门、自行火炮 48 门、火箭炮 36 门。

空军　约 18.46 万人，编有远程航空兵指挥部、战术航空兵、军事运输航空兵和空军航空训练学校。

远程航空兵指挥部（空军第 37 集团军）下辖 5 个轰炸航空兵师和 1 个轰炸训练中心，装备图－95 型轰炸机 74 架、图－160 型轰炸机 15 架、图－122M/MR 型轰炸机 117 架，伊尔－78/－78M 型加油机 20 架，训练飞机图－22M－3 型 8 架、图－134 型 30 架。

战术航空兵装备轰炸/强击机：586 架，其中苏－24 型轰炸机 359 架、苏－25 型强击机 227 架；歼击机：952 架，其中，米格－25 型 12 架、米格－29 型 237 架、苏－27 型 363 架、米格－31 型 340 架；侦察机：226 架，其中米格－25 型 70 架、苏－24 型 156 架；指挥与控制飞机：A－50/A50U 型 20 架；电子战直升机：米－8 型 60 架；训练飞机：约 155 架、其中米格－29 型 40 架、米格－25 型 10 架、苏－24 型 50 架、苏－25 型 25 架、苏－27 型 10 架。空空导弹：AA－8、AA－10、AA－11 型若干枚。空地导弹：AS－4、AS－7、AS－10、AS－11、AS－12、AS－13、AS－14、AS－15、AS－17、AS－18 型若干枚。37 个防空导弹团，装备 SA－10/S－300 型防空导弹发射架 1900 部。

军事运输航空兵指挥部（空军第 61 集团军）编 2 个师，装备伊尔－76M/MD、安－12、安－22、安－124 型运输机 354 架。

空军航空训练学校 5 所，装备拉－39、图－134、米格－23、米格－29、苏－25、苏－29 型教练机 980 架。

预备役部队　近 5 年来服过役者约 240 万人。

准军事部队　约 40.91 万人，其中，边防军 14 万人，装备装甲输送车和步兵战车 1000 辆，火炮 90 门，各型飞机 70 架，各型直升机约 200 架；内卫部队 16.11 万人，装备主战坦克 69 辆、装甲输送车和步兵战车 1700 辆、火炮 65 门、米－24 型直升机 4 架；联邦安全部队约 4000 人；联邦警卫部队 1 万至 3 万人；联邦通信和情报部队约 5.4 万人；铁道兵约 5 万人。

部署　俄罗斯武装力量划分为 1 个战役战略集群、6 个军区和 4 个舰队。

加里宁格勒战役战略集群　归波罗的海舰队指挥，由地面部队、海军步兵和海岸防御部队组成。地面部队 1.277 万人，下辖 2 个摩步师、1 个战役战术导弹旅、1 个防空导弹团、1 个独立摩步团、1 个战斗直升机团；装备主战坦克 816 辆、装甲车和步兵战车 869 辆、各型火炮 345 门。战役战术导弹发射架 18 部、战斗直升机 51 架。海军步兵 1 个团，装备主战坦克 26 辆、装甲车和步兵战车 220 辆。海军防御部队编 2 个炮兵团（装备 133 门火炮）、1 个岸对舰导弹团（装备岸舰导弹发射架 8 部）、1 个航空兵团（装备苏－27 型飞机 28 架、地空导弹发射架 50 部）。

列宁格勒军区　司令部驻圣彼得堡。地面部队约 3.25 万人，下辖 1 个空降师、2 个独立摩步旅、2 个炮兵旅、1 个战役战术导弹旅、1 个特种部队旅、4 个防空导弹旅、1 个反坦克团、1 个火箭炮团、1 个直升机团，装备主战坦克 183 辆、各型火炮 419 门、战役战术火箭发射架 18 部、战斗直升机 35 架。海军步兵 1 个团、装备主战坦克 74 辆、装甲车和步兵战车 209 辆、火炮 44 门。1 个岸防团、1 个地空导弹团。空军部队编有 2 个空防军、1 个轰炸师（装备 79 架苏－24 型飞机）、1 个侦察团（装备米格－25 型飞机 23 架、苏－24 型飞机 20 架）、1 个歼击机师（装备苏－27 型飞机 108 架、米格－31 型飞机 90 架、米格－25 型飞机 5 架）、1 个电子战直升机大队（装备米－8 型电子战直升机 35 架）、防空导弹发射架 525 架。

莫斯科军区　司令部驻莫斯科。地面部队 7.4 万人，编 2 个集团军司令部、2 个坦克师、2 个摩步师、2 个空降师、1 个炮兵师、4 个炮兵旅、3 个独立炮兵旅、3 个战役战术导弹旅、1 个独立火箭炮旅、1 个特种部队旅、4 个防空导弹旅、2 个战斗直升机团，装备主战坦克 2000 辆、装甲车和步兵战车 3200 辆、各型火炮 2450 门、战役战术导弹发射架 48 部、战斗直升机 120 架。空军部队编 2 个空防师，作战飞机

469架：米格－25型51架、米格－29型105架、米格－31型102架、苏－24型79架、苏－24MR型16架、苏－25型47架、苏－27型69架、米－8型电子战直升机46架，防空导弹发射架850部。

伏尔加－乌拉尔军区　司令部驻叶卡捷琳堡。地面部队5.16万人，编1个坦克师、2个摩步师、3个炮兵旅/团、2个战役战术导弹旅、1个防空导弹旅、1个特种部队旅、1个火箭炮团、1个独立战斗直升机团，装备主战坦克1830辆、装甲车和步兵战车2600辆、各型火炮1590门、战役战术导弹发射架36部、战斗直升机45架。空军部队编有空军第5空防集团军和空军航空学校。装备米格－29型飞机48架、苏－25型飞机21架、苏27型飞机39架、米格－31型飞机8架、拉－39型教练机383架。

北高加索军区　司令部驻罗斯托夫。地面部队7.6万人，编1个集团军司令部、1个军司令部、3个摩步师、1个空降师、3个独立摩步旅、1个空降旅、1个特种部队旅、2个炮兵旅、2个独立摩步团、2个战役战术导弹旅、3个防空导弹旅、2个反坦克团、2个战斗直升机团、1个攻击运输直升机团，装备主战坦克650辆、装甲车和步兵战车1750辆、各型火炮750门、战役战术导弹发射架18部、战斗直升机63架。海军步兵约1个团，1400人，装备装甲车和步兵战车59辆、火炮14门。空军部队编有空军第4空防集团军，1个轰炸师（装备苏－24型飞机61架），1个侦察团（装备苏－24型飞机36架），1个强击机师（装备苏－25型飞机104架），1个歼击机军（装备米格－29型飞机86架、苏－27型飞机58架），1个电子战直升机大队（装备米－8型电子战直升机52架）。防空导弹发射架125部。

西伯利亚军区　司令部驻赤塔。地面部队编有2个军司令部、3个坦克师、2个摩步师、1个炮兵师、2个机枪/火炮师、3个摩步旅、1个空降旅、10个炮兵旅/团、2个战役战术导弹旅、2个防空导弹旅、2个特种部队旅、4个反坦克团、1个战斗直升机团，装备主战坦克4468辆、装甲车和步兵战车6000辆、各型火炮4300门、战役战术导弹发射架36部、战斗直升机35架。空军部队编有空军第14空防集团军，装备苏－24型飞机56架、苏－25型飞机26架、米格－29型飞机46架、米格－31型飞机69架、苏－24型侦察机29架。

远东军区　司令部驻哈巴罗夫斯克。地面部队编有2个集团军司令部、2个军司令部、10个摩步师、2个机枪/火炮师、1个炮兵师、9个炮兵旅/团、1个摩步旅、3个战役战术导弹旅、5个防空导弹旅、1个特种部队旅、1个反坦克旅、2个战斗直升机团、2个攻击运输直升机团，装备主战坦克3900辆、装甲车和步兵战车6400辆、各型火炮3000门、战役战术导弹发射架54部、战斗直升机85架。海军步兵2500人，编1个师司令部。海岸防御部队编1个师。空军部队编有空军第14空防集团军，装备苏－24型飞机90架、苏－25型飞机50架、苏－27型飞机147架。苏－24型侦察机55架。

北方舰队　司令部驻北莫尔斯克。装备潜艇34艘（其中战备潜艇12艘、攻击潜艇22艘）。主要水面作战舰艇12艘，其他水面作战舰艇26艘。海军航空兵装备作战飞机75架、战斗直升机30架，其中，图－22M型飞机25架、苏－25型飞机10架、苏－27型飞机24架、伊尔－38型反潜机11架、安－12型侦察/电子战飞机2架、运输机25架。卡－27型反潜直升机25架、卡－29型直升机55架。

波罗的海舰队　司令部驻加里宁格勒。装备潜艇2艘，主要水面舰艇6艘，其他水面作战舰艇26艘，海军航空兵装备作战飞机55架，战斗直升机41架，其中，苏－24型飞机25架、苏－27型飞机28架、侦察/电子战飞机2架、运输机12架、卡－27型反潜直升机22架、卡－29型直升机4架、米－24型直升机15架。

黑海舰队　司令部驻塞瓦斯托波尔。装备攻击潜艇10艘、主要水面作战舰艇7艘、其他水面作战舰艇15艘。海军航空兵装备作战飞机35架、战斗直升机13架，其中，苏－24型飞机27架、贝－12型反潜机4架、安－12型侦察/反潜机4架、卡－27型反潜直升机5架、米－8型侦察/电子战直升机8架。

太平洋舰队　司令部驻符拉迪沃斯托克（海参崴）。装备战略潜艇5艘、攻击潜艇5艘、主要水面作战舰艇10艘，其他水面作战舰艇30艘。海军航空兵装备作战飞机55架、战斗直升机26架，其中，图－22M型飞机20架、图－142型反潜飞机10架、伊尔－38型反潜飞机15架、安12型侦察/电子战飞机10架、卡－27型反潜直升机20架、米－14型直升机3架、卡－29型直升机3架。

军衔　分7等20级：俄罗斯联邦元帅，将官4级（大将、上将、中将、少将），校官3级（上校、中校、少校），尉官4级（大尉、上尉、中尉、少尉），准尉两级（高级准尉、准尉），军士4级（大士、上士、中士、下士），兵2级（上等兵、列兵）。

驻外兵力　约2.548万人。驻亚美尼亚地面部队

2900 人，1 个军事基地，装备主战坦克 74 辆、装甲车 17 辆、步兵战车 129 辆、各型火炮 84 门，空军部队为 1 个大队，装备米格－29 型飞机 18 架，SA－12（S－300）地空导弹发射架 2 部；驻格鲁吉亚地面部队 4000 人，3 个军事基地，装备主战坦克 65 辆、装甲车和步兵战车 200 辆、各型火炮 139 门、战斗直升机 5 架；驻摩尔多瓦地面部队 1500 人，编 1 个摩步旅、1 个防空导弹团，装备主战坦克 108 辆、装甲车和步兵战车 126 辆、各型火炮 125 门；驻塔吉克斯坦地面部队约 8000 人，编 1 个摩步师，装备主战坦克 128 辆、装甲车和步兵战车 314 辆、各型火炮 180 门；驻乌克兰海军步兵 1 个团 1100 人，装备装甲车和步兵战车 102 辆、火炮 24 门；驻非洲 100 人；驻古巴 800 人；驻叙利亚 150 人；驻越南 100 人；参加维和行动：驻波黑 600 人，编 1 个独立空降团；驻格鲁吉亚/阿布哈兹 1700 人；驻格鲁吉亚/南奥塞梯 530 人；驻摩尔多瓦/德涅斯特 500 人，编 1 个摩步营；驻南斯拉夫 3600 人。

（闵振范）

法　国

国　　名　法兰西共和国。

主要统计　面积 55.1602 万平方千米（包括科西嘉及其他岛屿）。人口 5927.1 万人，（其中，13～17 岁男 198.1 万人，女 189.2 万人；18～22 岁男 191.5 万人，女 183.4 万人；23～32 岁男 127.5 万人，女 409 万人）。国内生产总值 1.3 万亿美元（2000 年）。国防费 293.23 亿欧元，合 238 亿美元（2002 年国防预算）。粗钢 2010 万吨（1998 年）。原煤 509 万吨（1999 年）。原油 130 万桶（1997 年）。天然气 2.047 亿立方米（1997 年）。发电量 5000 亿度（1998 年）。粮食 6770.6 万吨（1998 年）。海运能力，商船（载重 100 吨以上）729 艘、总载重量 498.1 万吨（2001 年）。民航能力，固定航班机场 61 处、客运量 716 亿人千米、货运量 113 亿吨千米（1998 年）。

国防政策　法国是西欧大国和联合国安理会常任理事国之一，维护大国地位是其国家战略的核心。为确保这一目标的实现，法国奉行独立的防务和安全政策。与此同时，法国十分注重与北约盟国的协商与合作。当前法国奉行的国防政策是：（一）强调核威慑的重要作用，继续依靠独立、有限的核力量，维护国家的根本利益。法国十分重视核武器的战略威慑作用，强调必须保持一支“独立”、“足够”和“有效”的现代化核威慑力量，并将其作为最后的军事手段，以捍卫法的大国地位，维护国家根本利益。（二）重视欧洲防务建设，谋求在欧洲安全事务中发挥主导作用。法国反对建立单极世界，认为世界的多极化趋势虽然出现曲折，但仍然是不可避免的。欧盟必须加强独立的防务建设，以建立新的欧洲加强共同防务建设作为其国防政策的主要内容之一，谋求法在未来新的欧洲安全机制中发挥主导作用。（三）继续参与北约的集体防御，力促北约进行内部改革，积极扩大法的影响和作用。法认为，北约仍是欧洲集体防御的核心，但欧洲不能把确保自身安全的责任永久地交给美国承担，主张通过建立“欧洲独立防务”和“真正平等”的欧美伙伴关系，使欧洲承担更多的防务责任和发挥更大的作用，从中扩大法的影响和作用，并力图削弱美国在北约的主导地位。（四）维护法在亚洲、非洲和中东的战略利益，谋求打破美国独霸世界的野心。法国一直把亚洲、非洲和中东地区看是自己的传统势力范围，发展与加强同这些地区国家的友好合作关系，有利于扩大法的影响力和发挥法的大国作用，从而打破由美国一手独揽地区事务和中东和平进程的局面，确保法的战略利益。

军事战略　法国是北约成员国，其军事战略基本上是执行北约各个时期制定的军事战略原则，但同时又保持着自己的独立性。在冷战时期的一个较长时期内，法国奉行“逐步反应”的军事战略，冷战结束后，法国根据国际和欧洲安全形势的变化，对军事战略进行调整，奉行全方位防御战略。该军事战略的主要内容是：（一）强调威慑作用。法国公开宣布，对任何敢于冒犯、威胁其根本利益的潜在敌人，法将可能首先使用核武器。法这样做的目的是使其不敢轻举妄动。但与此同时，法国也更加强调常规力量在核威慑战略中的作用，重视核与常规力量、威慑与干预行动之间的平衡与互补作用。（二）强调预防危机。主张动用政治、经济、外交、军事等多种手段，预防各种危机的发生，以确保国家的安全。采取通过国际合作、和平调解和外交斡旋等方式的政治干预、经济援助和制裁以及派出维和部队和进行军事干预等措施，预防危机并将其控制在最低限度。（三）强调兵力投送能力和机动作战能力，并把加强部队快速反应能力及远距离投放手段作为军队建设的重要内容。（四）强调维护国内安全。法军的任务是维护国家主权、领土完整和社会稳定。维护国家治安主要由宪兵和警察承担，但需要时，法军现役及预备役部队也将参与，进行“国内投放”行动，以配合宪兵和警察及时、有效地消除国内各种不安定因素和潜在威胁。

国防体制　宪法规定，总统为武装力量最高统帅。总统下设内阁会议、国防委员会、限制性国防委员会和高级国防会议。内阁会议负责制定全面的防务政策，其成员有总理和所有内阁成员，由总统任主席。国防委员会负责具体防务问题的决策，其成员有总理、外交、国防、内政和财经部长等，由总统任主席。限制性国防委员会负责军事问题的决策，由总理或总理指定的人员组成，总统任主席。高级国防会议为咨询机构。总理负责贯彻既定防务政策。国防部为内阁中的一个部，是军队的最高行政领导机关。国防部长在总理领导下负责防务工作，下设三军参谋部，陆、海、空三军和宪兵。最高军事指挥机构为三军参谋部。总统通过国防部和三军参谋部对全国武装力量实施领导和指挥。

领导人物　总统兼武装力量最高统帅雅克·希拉克（1995 年 5 月上任）。总理利奥内尔·若斯潘（1997 年 6 月上任）。三军参谋长让－皮埃尔·凯勒什上将（1998 年 4 月上任）。陆军参谋长伊夫·克勒内上将（1999 年 1 月上任）。海军参谋长让·路易·巴戴海军上将（2001 年 7 月上任）。空军参谋长让－皮埃尔·若布空军上将（2000 年 7 月上任）。

武装力量　**兵力**　法国武装力量由陆、海、空和宪兵组成，截止 2001 年底，现役部队 27.374 万人。

陆军　15 万人。编有 1 个地面作战司令部、1 个后勤司令部、9 个作战旅、2 个后勤旅、4 个支援旅。

主战坦克：“勒克莱尔”式 311 辆、AMX－30B2 型 498 辆。装甲侦察车：AMX－10RC 型 337 辆、ERC－90F4“萨盖”型 192 辆、AMX－10P/PC 型 599 辆。装甲输送车：VAB 式 3900 辆。牵引炮：155 毫米 TR－F－1 式 97 门。自行炮：155 毫米 273 门。火箭炮：227 毫米 61 门。迫击炮：120 毫米 363 门。反坦克导弹：“爱利克斯”700 具，“米兰”1348 具、“霍特”135 具。反坦克火箭筒：89 毫米 9850 具、112 毫米“阿皮拉斯”9690 具。高炮：20 毫米 328 门。地空导弹：“霍克”26 部、“罗兰”98 部、“西北风”331 部。雷达：“拉西特”监视雷达若干部、“拉塔克’侦察雷达若干部。飞机：“锡斯纳”、“大蓬车”II 型 2 架，PC－6 型 5 架，TBM－700 型 8 架。直升机：410 架，其中攻击直升机 262 架，侦察直升机 4 架，支援直升机 144 架。无人驾驶机：CL－289 型 6 架、“红隼”型 2 架。

海军　4.56 万人（包括海军航空兵和海军陆战队）。编有 1 个战略海军司令部、1 个水面作战司令部、1 个反潜作战司令部、1 个扫雷作战司令部、1 个海军航空兵司令部、1 个海军陆战队司令部。

航母：“戴高乐”号核动力航母 1 艘。直升机航母：“圣女贞德”级 1 艘。导弹驱逐舰：“卡萨尔”级 2 艘、“絮弗伦”级 1 艘。护卫舰：30 艘，其中“弗罗雷亚尔”级 6 艘、“乔治·莱格”级 7 艘、“图尔维尔”级 2 艘、“德斯蒂安纳·多尔韦”级 10 艘、“拉法耶特”级 5 艘。潜艇：10 艘，其中战略弹道导弹核潜艇 4 艘（“可畏”级 2 艘、“凯旋”级 2 艘），战术潜艇：6 艘（“红宝石”级）。巡逻舰艇：39 艘。扫雷舰：21 艘。两栖舰艇：9 艘。支援舰船：30 艘。

海军航空兵　6800 人。装备作战飞机 51 架。

海军陆战队　1700 人。编有 4 个突击群、14 个海军基地防卫队。

空军　6.3 万人。编有 1 个防空司令部（下辖“斯特里达”II 防空系统、6 个雷达站、1 个 E－3F 预警机中队、11 个地空导弹连、若干个高炮连）、1 个空中作战司令部（下辖 6 个攻击战斗机中队、6 个战斗机中队、2 个侦察机中队、3 个教练机中队、1 个电子战中队）、1 个空中机动支援司令部（下辖 14 个运输机中队、1 个电子战中队、5 个直升机中队、1 个教练机中队）、1 个空中训练司令部。

作战飞机：“幻影”型 352 架、“美洲虎”A 型 120 架。空中预警机：E－3F 型 4 架。侦察机：“幻影”F－1CR 型 40 架、“幻影”IVP 型 5 架。空中加油机：C－135FR 型 11 架、KC－135 型 3 架、C－160AG 型 14 架、C－160NG 型 14 架。运输机：131 架。教练机：291 架，其中“阿尔法喷气”99 架。直升机：89 架。空地导弹：ASMP 型、AS－30/30L 型若干。空空导弹："超'530F/D型、"魔术"R-550I/II型、"麻雀"AIM-9型、"迈卡"型若干。

战略核力量　8400人（其中海军4700人，空军3100人，宪兵600人）。装备有战略导弹核潜艇："可畏"级2艘、"凯旋"级2艘、潜射导弹64枚。"超级军旗"攻击机36架、"幻影"2000N-ASMP型轰炸机60架、"幻影"IVP型侦察机5架、C-135FR型空中加油机11架、KC-135型空中加油机3架、C-160H运输机4架、"神秘"20型6架、"美洲豹"E型6架。

文职人员　9.904万人。

预备役部队　41.9万人。其中陆军24.25万人，海军9.7万人，空军7.95万人。

部署　陆军主要部署在法国与德国边境和北部地区，海军重点部署在地中海和大西洋沿岸一带，空军主要部署在东北部和中部地区。共有军事基地74处，其中陆军基地16处，海军基地8处，空军基地50处。

兵役制度　法政府决定从1997年取消义务国民役，实行志愿民役制度。从2002年开始，法军成为一支以职业军人为主、志愿军人为辅的职业化军队。各级军官最高服役年限：将官为61岁，校官为57岁，尉官为52岁。

军衔　分5等20级：将官4级（上将、中将、少将、准将），校官3级（上校、中校、少校），尉官4级（上尉、中尉、少尉、准尉），军士6级（总军士长、军士长、准军士长、上士、中士、下士），兵3级（上等兵、下等兵、列兵）。

驻外兵力　驻德国部队2700人；安的列斯地区3800人；法属圭亚那3250人；印度洋地区4200人；新喀里多里亚3100人；波利尼西亚3100人；乍得900人；科特迪瓦680人；吉布提3200人；加蓬750人；塞内加尔1170人；

参加联合国维持和平行动　驻波黑维和部队2200人、驻克罗地亚201人、驻埃及军事观察员17人、驻埃塞俄比亚一厄里特里亚维和部队180人、驻格鲁吉亚军事观察员3人、驻伊拉克/科威特边镜军事观察员11人、驻黎巴嫩维和部队232人、驻中东军事观察员3人、驻沙特阿拉伯南方军事观察员（部队）170人、驻塞拉里昂军事观察员1人、驻西撒哈拉军事观察员（宪兵）25人、驻南斯拉夫科索沃维和部队5100人。

军火贸易　自20世纪80年代以来，法国的军火出口一直居世界前3位，并占据世界出口10%左右的份额。法军火出口的主要地区是中东、亚洲、拉美和欧洲。1997年军火出口额为74.19亿美元。1998年军火出口额为98.04亿美元。1999年军火出口额为43.7亿美元。2000年军火出口额为41亿美元。

（程新华）

芬　兰

国　　名　芬兰共和国。

主要统计　面积33.8145万平方千米。人口519万人（其中，13~17岁男16.6万人，女15.7万人；18至22岁男17.2万人，女16.3万人，；23至32岁男33万人，女31.6万人）。国内生产总值1200亿美元（2000年）。国防费14亿美元（2001年国防预算）。粗钢373万吨（1998年），发电量670亿度（1997年）。粮食341.8万吨（1999年）。海运能力，商船（载重100吨以上的）263艘、总载重量98.9万吨（2000年）。民航能力，固定航班机场24处、客运量107亿人千米、货运量2.08亿吨千米（2000年）。

国防体制　宪法规定，总统为武装力量最高统帅。最高国防决策机构为内阁，有权对国防政策、军备计划等作出决策。内阁国防委员会是国防政策和计划的最高协调组织和总统国防政策的咨询机构，通常由总理任主席（总统出席时则由总统任主席），成员包括国防、外交、内政、财政、司法、公商等部部长和国防军司令、总参谋长，总统还可指定其它人担任委员会成员或专家。内阁国防委员会没有直接的决策权和执行权，只提出建议和结论，但实际上，它的建议和结论都以内阁或政府各部决定以行政命令的形式贯彻落实。国防部是军队的最高行政机关，负责国防和军队建设事务。武装力量由正规军和准军事部队组成。国防军分为陆、海、空三个军种。国防司令部是三军的最高军事指挥机关。总统通过国防部和国防军司令对全国武装力量实施领导。

领导人物　总统兼武装力量最高统帅塔里娅·哈洛宁（2000 年 3 月上任）。总理帕沃·利波宁（1995 年月上任，1999 年 4 月连任）。国防部长扬·埃里克·埃内斯塔姆（1995 年 4 月上任，1999 年 4 月连任）。国防军司令古斯塔夫·黑格隆上将（1994 年月 11 月上任）。总参谋长依尔卡·霍洛中将（2000 年上任）。海军司令埃斯科·伊利海军中将（1997 年上任）。空军司令尤乌尼·比斯蒂尼少将（1998 年上任）。

武装力量　**兵力**　现役部队 3.225 万人。

陆军　2.455 万人。编成 1 个装甲旅、6 个步兵旅、1 个炮兵旅、2 个独立步兵团、3 个防空团、1 个后勤团、1 个防化团、1 个通信团和 2 个独立通信营。

坦克：T－72/M1 型 160 辆、T－55M 型 70 辆。装甲步兵战车：BMP－1PS 型 156 辆、BMP－2 型 110 辆。装甲输送车：MT－LBV 型 220 辆、BTR－60 型 120 辆、“西苏”XA－180/185/200 型 500 辆。牵引炮：122 毫米 486 门、130 毫米 36 门、152 毫米 288 门、155 毫米 108 门。自行炮：122 毫米 72 门、152 毫米 18 门。火箭炮：122 毫米 94 门。迫击炮：81 毫米 1400 门、120 毫米 954 门。无坐力炮：66 毫米 132 门、95 毫米 100 门。反坦克导弹：112 具。高炮：23 毫米 400 门、57 毫米 24 门。地空导弹：SAM－90 型 20 部、SAM－96 型 18 部和其他 SAM 型若干部。直升机：米－8 型 7 架、“休斯”500D 型 4 架。

海军　5000 人。编有 2 个导弹中队、2 个水雷中队、2 个海勤营、4 个岸炮营和 1 个步兵营。

轻型护卫舰：“图伦马”级 1 艘。导弹攻击快艇：“赫尔辛基”级 4 艘、“拉乌马”级 4 艘、“哈米那”级 1 艘。布雷舰：“波赫扬马”级 1 艘、“海曼马”级 2 艘、“邦西奥”级 3 艘。扫雷舰：“吉斯基”级 7 艘。布雷艇：“杜依马”级 4 艘。扫雷艇：“古哈”级 6 艘。登陆运输船：“凯佩拉”级 3 艘、“卡拉级”3 艘。

空军　2700 人。编有 3 个战斗机中队、1 个侦察机中队、1 个飞行支援中队。

战斗机：“大黄蜂”F/A—18C 型 57 架、F/A—18D 型 7 架。运输机：“福克”F—27 型 2 架、“利叶特”35A 型 3 架。联络机：“皮波”式 14 架、“雷地勾”式 9 架。

文职人员　7800 万人。

预备役部队　43 万人。

准军事部队　边防军 3400 人。

部署　陆军划分为东部、北部和中部 3 个军区，下辖 12 个省军区：北部军区（奥鲁省军区、拉毕省军区），西部军区（赫尔辛基省军区、乌西玛省军区、海曼省军区、土尔库波里省军区、中芬兰省军区、瓦萨省军区），东部军区（居米省军区、米克利省军区、北卡累利亚省军区、郭毕奥省军区）。海军重点部署在南部沿海地带，分为两个海防军区、1 个岸防军区和 1 个岸防旅，即苍兰湾海防军区、群岛海域海防军区、科特卡岸防军区和乌西玛海岸步兵旅。海军司令部设在赫尔辛基，海军基地 2 处（赫尔辛基、土尔库）。空军划为三个军区：拉毕军区、卡累利亚军区和萨拉贡达军区，司令部设在迪卡高斯基。

兵役制度　实行普遍义务兵役制度。宪法规定，凡年满 17 周岁且未满 60 周岁的男性公民都有服兵役的义务。兵役包括现役、后备役和辅助役三种形式。义务兵服役期分为半年、9 个月和 1 年三种类型。公民服现役期满后即转入后备役并需定期参加复训，每半年参加后备役复训和演习的人数为 3.5 万人。军官最高服役年限为：上将为 63 岁，中将至上校均为 60 岁，其它军官、职业兵为 55 岁；属于飞行员系列的中校和少将为 55 岁，上校 52 岁，中校 50 岁，其它 45 岁。

军衔　分 5 等 19 级：将官 4 级（上将、中将、少将、准将），校官 3 级（上校、中校、少校），尉官 4 级（上尉、高级中尉、中尉、少尉［后备役］），军士 4 级（军士长、上士、中士、下士），兵 4 级（一等兵、二等兵、三等兵、列兵）。

驻外兵力　2001 年驻外维和人员：波斯尼亚维和部队 120 人，埃塞俄比亚 10 人，克罗的亚军事观察员 1 人，克什米尔军事观察员 5 人，塞浦路斯维和部队 6 人，中东维和军事观察员 12 人，黎巴嫩维和部队 529 人，伊拉克/科威特军事观察员 5 人，印巴边境军事观察员 5 人，科索沃维和部队 800 人。

军队节日　军旗节 6 月 4 日。

（宫小雄）

荷　兰

国　　名　荷兰王国。

主要统计　面积 4.1526 万平方千米。人口 1585.4 万人（其中，13～17 岁男 44.7 万人，女 42.8 万人；18～22 岁男 43.9 万人，女 41.9 万人；23～32 岁男 111.2 万人，女 105.3 万人）。国内生产总值 8851 亿荷兰盾，合 4276 亿美元（2000 年）。国防费 140 亿荷兰盾，合 56 亿美元（2001 年）。粗钢 607.5 万吨（1999 年）。原油 1400 万桶（1997 年）。天然气 782 亿立方米（1999 年）。发电量 886.386 亿度（1997 年）。粮食 143.4 万吨（1998 年）。海运能力，商船（载重 100 吨以上）399 艘、总载重量 287.4 万吨（2001 年）。民航能力，固定航班机场 6 处、客运量 572.79 亿人千米、货运量 38.63 亿吨千米（2001 年）。

国防政策　荷兰是北约成员国，其主要军事力量均交由北约统一指挥。因此，荷兰把坚持奉行依靠北约的集体防务作为其国防政策的核心，并将北约视为维护欧洲和荷兰安全的基石。与此同时，荷兰也主张由欧洲承担更多的防务义务，在维护地区安全中发挥更为积极的作用。在军队建设上，为了适应近年来世界和欧洲安全形势的变化，也进行了改革，强调建立一支职业化的军队。

国防体制　宪法规定，女王是荷兰武装力量的最高统帅。战时首相是武装力量的最高司令，平时通过国防大臣行使职权。最高国防决策机构为国防委员会，成员有首相、外交、国防、内政、财政、经济、交通与通信大臣、国防国务秘书、国防部秘书长、国防参谋长、各军种司令、民防参谋长、外交部政治司司长和国防部各总局局长等，由首相任主席。国防部是政府中的一个部，是最高军事行政领导机关，负责国防政策的制定与监督实施等工作。武装力量由正规军和准军事部队组成。正规军分陆、海、空三个军种和宪兵，分别由各军种司令和宪兵司令指挥。最高军事指挥机构为国防参谋部。女王和首相通过国防部和国防参谋部对全国武装力量实施领导和指挥。

领导人物　国家元首兼武装力量总司令贝亚特丽克丝女王（1980 年 4 月 30 日即位）。首相维姆·科克（1994 年 8 月上任）。国防大臣德赫拉夫（文职，1998 年 8 月 3 日上任）。国防参谋长克鲁恩海军上将（1998 年 6 月 10 日上任）。陆军司令兼陆军参谋长马尔·肖滕中将（1995 年 7 月 4 日上任）。海军司令兼海军参谋长范代温达克中将（1998 年 6 月 10 日上任）。空军司令兼空军参谋长柏林中将（2000 年 3 月 24 日上任）。

武装力量　**兵力**　现役部队 5.043 万人（含宪兵 5200 人，女军人 4155 人，总部机关 800 人，另有文职人员 2 万人）。

陆军　2.31 万人。编成 1 个军部（德/荷军）、1 个机械化师部、3 个机械化旅（其中 2 个旅为架子旅）、1 个轻型旅、1 个空中机动旅、1 个野战炮兵团、1 个防空营、2 个工兵营。主要作战部队有：3 个坦克营、6 个装甲步兵营、3 个空中机动营、3 个侦察连、6 个炮兵营、1 个防空营、1 个特种部队连、2 个多管火箭炮连。

主战坦克：“豹”II 式 320 辆。步兵战车：YPR－765 型 361 辆、M－113C/R 型 65 辆。装甲输送车：YPR－765 型 258 辆、YPR－765 型派生型 549 辆、TPz－1“狐狸”水陆型 21 辆。牵引炮：155 毫米 112 门。自行炮：155 毫米 123 门。火箭炮：227 毫米 22 门。迫击炮：81 毫米 40 门、120 毫米 112 门。反坦克导弹：“龙”式 427 具、“陶”式 326 具。无坐力炮：106 毫米 185 门。高炮：35 毫米自行高炮 77 门、40 毫米牵引高炮 60 门。地空导弹：“毒刺”312 枚。AN/TPQ－36 监视雷达。船艇：坦克运输艇 1 艘、海岸巡逻艇 3 艘、内河巡逻艇 3 艘。

海军　1.21 万人（内海军航空兵 950 人、海军陆战队 3100 人、女军人 1150 人）。编有 1 个潜艇中队、3 个护航中队和 3 个扫雷中队。荷兰和比利时的海军由设在荷兰登赫尔德的司令部统一指挥。

潜艇：“海象”级潜艇 4 艘。导弹驱逐舰：“特罗姆普”级 1 艘、“雅各布·范·赫姆斯科克”级 2 艘。护卫舰：“卡雷尔·多尔曼”级 8 艘、“科顿艾尔”级 2 艘。扫雷舰：“阿尔克马尔”级 12 艘。两栖舰：“鹿特丹”级 1 艘。支援舰：8 艘。

海军陆战队　3100人。编有3人海军陆战营（其中1个架子营），1个支援营。装备YPR－765装甲车22辆、XA－188水陆型20辆、105毫米牵引炮8门、120毫米迫击炮14门、81毫米迫击炮18门、“龙”式反坦克导弹、“毒刺”地空导弹若干。

海军航空兵　950人。编有2个海上巡逻兼反潜中队、2个反潜兼搜索救援中队。装备有：作战飞机10架、“大山猫”型武装直升机21架、“猎户座”P－3C型反潜巡逻机10架。

空军　1万人。编有6个攻击战斗机中队、1个侦察/教练机中队、1个运输机中队、1个教练中队、1个搜索救援中队、5个直升机中队、4个防空中队。

攻击/战斗机：F－16A/B型157架。海上侦察机：F－27M型2架。空中加油兼运输机：CD－10型2架。运输机：F－50型2架、F－60型4架、“大力神”C－130H－30型2架、“湾流”Ⅳ型1架。教练机：PC－7型13架。直升机：71架，其中租用美国“阿帕奇”武装直升机19架。地空导弹：“毒刺”100部，“霍克”48部，“爱国者”5部。高炮：40毫米75门，VL4/41“捕蝇器”防空雷达25部。“响尾蛇”AIM－9L/N、“哈姆”AIM－120B空空导弹、“小牛”AGM－65G、“狱火”AGM－114K空地导弹若干。

文职人员　1.96万人。

预备役部队　3.22万人，其中陆军2.22万人、海军5000人、空军5000人。

准军事部队　皇家宪兵5200人（其中女军人400人）。编成60个旅，装备24辆YPR－765装甲车。

部署　陆军作战部队主要部署在东部地区。空军作战飞机中队主要部署在东部地区。防空导弹部队全部部署在德国。战术空军司令部设在政府所在地海牙。

兵役制度　自1997年1月1日起实行合同兵役制度。合同兵首次服役合同期一般为18个月。合同期满后可以续签服役合同，每次续签服役合同期为2年。各级军官最高服役年限：除国防参谋长可适当延长外，各级军衔军官均为55岁。

军衔　分5等17级：将官4级（上将、中将、少将、准将），校官3级（上校、中校、少校），尉官3级（上尉、中尉、少尉），军士5级（准尉、上士、一级中士、中士、下士），兵2级（一等兵、二等兵）。

驻外兵力　驻德国2600人，其中陆军2300人，编成1个轻型装甲旅（1个装甲步兵营、1个坦克营）及作战支援分队。空军300人；驻冰岛16人，“猎户座”P－3C型反潜巡逻机1架；驻荷属安的列斯群岛1个海军陆战营、护卫舰1艘、两栖登陆1艘、“猎户座”P－3C型反潜巡逻机3架，海军20人。参加联合国维持和平行动：驻波黑维和部队（SFORII）1100人、1个机械化步兵营；驻塞浦路斯维和部队99人；驻埃－厄边境军事观察员1人，维和部队7人；驻意大利80人、F－16战斗机4架；驻中东军事观察员11人；驻科索沃维和部队（KFOR）1450人。

外国驻军　北约北欧盟军司令部；美国驻军65人（其中陆军355人、空军290人、海军10人、海军陆战队10人）。

（程新华）

捷　克

国　名　捷克共和国。

主要统计　面积7.8866万平方千米。人口1021.8万人（其中，13～17岁男33.3万人，女31.7万人；18～22岁男40.8万人，女39.2万人；23～32岁男81.1万人，女78.3万人）。国内生产总值约520亿美元（2000年）。国防预算11.38亿美元（2001年）。原煤7351.5万吨（1997年）。原油110万桶（1997年）。天然气2.30亿立方米（1997年）。发电量6511.2亿度（1999年）。粮食702.3万吨（1999年）。海运能力，商船（载重100吨以上）18艘，总载重量51.41万吨（2000年）。民航能力，固定航班机场2处、客运量37亿人千米、货运量5600万吨千米（2000年）。

国防体制　宪法规定，总统为武装力量最高统帅。最高国防决策机构为国防委员会，成员有：总理、副总理、外交部长、国防部长、内务部长、经济部长、财政部长、工商部长、环保部长、总参谋长和总统军事办公室主任，总理任主席。国防部为最高军事行政机构，负责对军队实施政治领导和行政保障。武装力量由正规军和准军事部队组成。正规军分陆军、空军防空军两个军种。总参谋部为最高军事指挥机构。总统通过国防部和总参谋部对全国武装力量实施领导和指挥。

领导人物 总统兼武装力量最高统帅瓦茨拉夫·哈维尔（1998年1月连任）。国防部长雅罗斯拉夫·特夫尔迪克（2001年5月上任）。总参谋长伊·谢迪维中将（1998年5月上任）。

武装力量 **兵力** 现役部队5.36万人。

陆军 2.38万人。编有1个快速反应旅（包括2个机械化营、1个空降营、1个侦察营、1个炮兵营、1个工程营）、2个机械化旅（共包括6个机械化营、2个侦察营、2个炮兵营、2个反坦克营、2个防空营、2个工程营）、1个混合导弹旅、1个炮兵团、1个地空导弹团、1个工兵团和9个训练基地。

坦克：T－54型56辆、T－55型55辆、T－72M型541辆。装甲侦察车：BRDM和OT－65型约182辆。步兵战车：BMP－1型612辆，BMP－2型174辆，BRM－1K型15辆。装甲输送车：OT－90型403辆，OT－64型7辆，OT－64改进型565辆。牵引炮：122毫米D－30型124门。自行炮：122毫米2S1型49门、152毫米M－77型273门。火箭炮：122毫米RM－70型109门。迫击炮：120毫米93门。地地导弹：蛙－7型和SS－21型若干部。反坦克导弹AT－3型“耐火箱”721具、AT－5型“拱肩”21具。高炮：30毫米M－53/59型若干门。地空导弹：SA－7型若干部、SA－9/－13型约140部。

空军防空军 1.16万人。编有2个对地攻击战斗机/侦察机中队、1个歼击机中队、2个运输机中队、2个直升机中队和1个教练机团。

对地攻击战斗机：苏－22MK/UM3K型31架、苏－25型24架、L－159型7架。歼击机：米格－21型37架、米格－23型5架。运输机：L－410型14架、安－24/－26/－30型8架、CL－600“挑战者”型1架、图－154型2架、雅克－40型2架，米－2/－8/－9/－17型直升机17架。直升机：米－2型24架、米－8/－20型9架、米－17型32架、米－24型34架、PZLW－3型11架。教练机：L－29型24架、L－39型34架、Z－142型8架，米－2型直升机8架。空空导弹：AA－2型“环礁”、AA－7型“顶点”、AA－8型“蚜虫”若干部。地空导弹：SA－2/－3/－6型若干部。

准军事部队 5600人，其中边防军4000人、内卫部队1600人。

预备役 14～15个国土防御旅。

兵役制度 实行义务兵役制。士兵服役期为12个月。军官最高服役年限为55周岁。

军衔 分6等21级：将官4级（大将、上将、中将、少将）、校官3级（上校、中校、少校）、尉官4级（大尉、上尉、中尉、少尉）、准尉5级（一级准尉、二级准尉、三级准尉、四级准尉、五级准尉）、军士3级（上士、中士、下士）、兵2级（上等兵、列兵）

驻外兵力：参加驻波黑多国执行部队490人，1个机械化营；驻克罗地亚联合国军事观察员1人，士兵7人；驻埃塞俄比亚联合国军事观察员2人；驻格鲁吉亚联合国军事观察员5人；驻西奈半岛联合国军事观察员5人；驻南斯拉夫维和部队175人。

（赵严芳）

克 罗 地 亚

国　　名 克罗地亚共和国（1991年6月25日宣布独立）。

主要统计 面积5.6610万平方千米。人口441万人（其中，13～17岁男16.3万人，女15.3万人；18～22岁男16.9万人，女15.9万人；23～32岁男32.8万人，女31.4万人）。国内生产总值194亿美元（2000年）。国防费5.08亿美元（2001年国防预算）。粗钢7.10万吨（2000年）。原煤4.9万吨（1997年）。原油1100万桶（1997年）。天然气17.68亿立方米（2000年）。发电量96.85亿度（1997年）。粮食288.3万吨（1999年）。海运能力，商船（载重100吨以上）203艘、总载重量14.09万吨。民航能力，固定航班机场 4 处、客运 5.46 亿人千米、货运量 300 万吨千米 (2001 年)。

国防体制　宪法规定，总统为武装力量最高统帅。国家安全委员会是最高国防决策机构，总统任主席，其它成员有总理、外长、国防部长、内务部长、总参谋长等。议会为国家立法和监督执法机构，有权宣布战争和缔结和约。议会下设有内政和国家安全委员会，负责监督国防部的工作，确保武装力量的构成和行动符合有关法律。国防部是最高军事行政机构，主要负责监督有关军事法规、文件的执行，制定军事学说、军事战略和武装力量的建设和发展规划，组织和领导战备、国防教育和部队职业化培训，管理武器装备的生产、采购、维护等。总参谋部隶属国防部，是最高军事指挥机构，负责部队的指挥、训练和管理。战时，由总参谋部将组建战时办公机构，其成员由总统直接任命，负责指挥部队的作战行动。

领导人物　总统兼武装力量最高统帅斯捷潘·梅西奇（2000 年 2 月当选）。国防部长约·拉多什 (2000 年 2 月上任)。总参谋长佩·斯蒂佩蒂奇上将 (2000 年 3 月上任)。

武装力量　**兵力**　现役部队 5.83 万人。

陆军　5.07 万人。编有 6 个军区、7 个近卫旅、1 个混合炮兵旅、1 个反坦克旅、4 个防空旅、1 个工兵旅。

坦克：T－34 型 23 辆、T－55 型 222 辆、M－84 型 53 辆、T－72M 型 3 辆。装甲侦察车：BRDM－2 型 17 辆。步兵战车：M－80 型 106 辆。装甲输送车：BTR－50 型 15 辆、M－60PB 型 13 辆、BOV－VP 型 9 辆。各型火炮共 1200 门，其中自行炮 8 门、火箭炮 232 门。

海军　3000 人。

潜艇：“维雷比特”级 1 艘。导弹快艇：2 艘。巡逻艇：6 艘。登陆艇：11 艘。支援和勤务舰船：4 艘。

陆战队　2 个独立步兵分队。

岸防部队　约 10 个岸防炮兵连、3 个地地导弹连。

空军　4600 人。

作战飞机 44 架，武装直升机 22 架。攻击战斗机：米格－21 型 24 架。运输机：安－2 型 1 架、安－32 型 2 架。直升机：米－8 型 6 架、米－8MTV－1 型 13 架、米－24 型 9 架。教练机：PC－9 型 20 架、乌特瓦型 5 架、贝尔 206B 型 9 架。空空导弹：AA－2、AA－8 型若干部。地空导弹：SA－7，SA－9，SA－10，SA－14/－16 型若干部。

防空部队 2000 人。

预备役　14 万人，其中陆军预备役部队 10 万人，国土防御预备役部队 4 万人。

准军事部队　武装警察 1 万人。

兵役制度　实行义务兵役制，士兵服役期 6 个月。

驻外兵力　派驻联合国驻埃塞俄比亚军事观察员 5 人，驻塞拉利昂军事观察员 10 人。

外国驻军　联合国驻普雷夫拉卡观察团：来自 25 个国家的 27 名观察员。

军队节日　建军节 5 月 28 日。

（朱瑞臣）

罗　马　尼　亚

国　　名　罗马尼亚。

主要统计　面积 23.75 万平方千米。人口 2223 万人（其中，13～17 岁男 81 万人，女 81 万人；18～22 岁男 95.1 万人，女 91.4 万人；23～32 岁男 199.6 万人，女 193.2 万人）。国内生产总值 796 万亿列伊，合 384 亿美元（2000 年）。国防费 10 亿美元（2001 年国防预算）。粗钢 477 万吨（2000 年）。原煤 516 万吨 (2000 年)。原油 604 万吨（2000 年）。天然气 125．11 亿立方米（1997 年）。发电量 516 亿度（2000 年）。粮食 1047.7 万吨（2000 年）。海运能力，商船（载重 100 吨以上）439 艘，总载重量 484.55 万吨。民航能力，固定航班机场 12 处，客运量 23.27 亿人千米、货运量 4940 万吨千米（2000 年）。

国防体制　宪法规定，总统为武装力量最高统帅。最高国防决策机构为最高国防委员会，总统任主席，总理任副主席，其他成员有主管工业和贸易的国务部长、国防部长、内务部长、外交部长、情报局长、国务秘书兼总参谋长等。国防部为政府最高军事行政机构。武装力量由正规军和准军事部队组成。正规军分陆、海、空三个军种。总参谋部为最高军事指挥机构。总理通过最高国防委员会和国防部，总参谋部对全国武装力量实施领导和指挥。

领导人物　总理兼武装力量最高统帅扬·伊利埃斯库（2000 年 11 月当选）。国防部长扬·帕什库(2000 年 12 月上任)。总参谋长米·波佩斯库上将(2000 年 10 月上任)。

武装力量　**兵力**　现役部队 10.3 万人。

陆军　5.29 万人。编有 3 个陆军，各辖 2～3 个摩步旅、1 个坦克旅、1 个山地旅、1 个炮兵旅、1 个反坦克旅、2 个空降旅。

坦克：　1373 辆，其中 T－55 型 821 辆、T－72 型 30 辆、TR－85 型 314 辆、TR－580 型 208 辆。突击火炮：SU－100 型 8457 门。装甲侦察车：BRDM－2 型 121 辆。步兵战车：MLI－84 型 177 辆。装甲输送车：1816 辆，其中 TAB－77 型 170 辆、TABC－79 型 430 辆、TABC－71 型 1058 辆、MLVM 型－88 辆、TABZIMBRV 型 70 辆。牵引炮：788 门、其中 122 毫米 258 门、130 毫米 20 门、150 毫米 12 门、152 毫米 498 门。地地导弹发射装置：FROG 型 9 部。反坦克导弹：228 具。反坦克炮：57 毫米、85 毫米、100 毫共 1512 门。高炮：85 毫米以上共 384 门。地空导弹：SA－6/－7/－8 型共 62 部。

海军　1.02 万人。编有 1 个海上舰队、1 个多瑙河区舰队、1 个海军陆战队。主要基地有曼加利亚、康斯坦察、布勒伊拉、久尔久和图尔恰。

潜艇：苏制 K 级鱼雷攻击潜艇 1 艘。驱逐舰："蒙丹娜"级 1 艘。护卫舰："泰塔尔"级 6 艘。导弹快艇："塔朗特"级 3 艘、"奥萨"级 3 艘。鱼雷快艇 28 艘。巡逻艇 27 艘。扫雷艇 15 艘。布雷艇 2 艘。支援和其他舰只：11 艘。直升机：IAR－316 型 3 架、MI－14PL 型 4 架。

海军陆战队　编有 2 个机械化旅、1 个摩步旅、1 个炮兵旅、1 个反坦克营和 1 个水兵营。装备有坦克：TR－580 型 120 辆。装甲输送车：TAB－71 型 172 辆、TABC－79 型 36 辆。牵引炮：122 毫米 54 门、152 毫米 36 门。火箭炮：122 毫米 12 门。迫击炮：120 毫米 36 门。反坦克炮：100 毫米 57 门。

岸防部队　编有 4 个岸炮连。装备有 130 毫米火炮 32 门。

空军　1.89 万人。编有 2 个空军和防空军师，5～7 个基地、4～6 个防空高炮旅或团。作战飞机 307 架、武装直升机 18 架。

对地攻击歼击机：IAR－93 型 72 架。歼击机：米格－21 型 180 架（其中 110 架已进行改装）、米格－29 型 18 架。侦察机：轰－5 型 11 架。运输机：安－24 型 6 架、安－26 型 11 架、波音 707 型 2 架、C－130B 型 4 架。运输直升机：IAR－330 型 5 架、米－8 型 9 架、SA－365 型 4 架。航测机：安－30 型 3 架。武装直升机：IAR－316A 型 15 架、IAR－330 型 3 架。战斗支援直升机：IAR－330 型 71 架、IAR－316 型 84 架、米－8 型 23 架、米－17 型 2 架。教练机：拉－29 型 45 架、拉－39 型 21 架、IAR－99 型 15 架。空空导弹：AA－2、AA－3、AA－7、AA－11 型若干枚。空地导弹：AS－7 型若干枚。地空导弹：SA－2、SA－3 型 120 部。

此外，还有直属部队 2.1 万人。

预备役　47 万人，其中陆军 40 万人、海军 3 万人、空军 4 万人。

准军事部队　7.59 万人，隶属内务部。其中边防部队 2.29 万人，国民卫队 5.3 万人。

兵役制度　实行义务兵役制。陆、海、空军士兵服役期均为 12 个月。军官最高服役年限：将官、校官 60 岁，尉官 45 岁。

军衔　共分 4 等 11 级：即元帅 1 级（只在战时授予）、将官 4 级（上将、中将、少将、准将）、校官 3 级（上校、中校、少校）、尉官 3 级（上尉、中尉、少尉）。

驻外兵力　参加联合国驻伊拉克/科威特军事观察团 3 人。驻波黑多国稳定部队 60 人，另派驻 17 名观察员。驻埃塞俄比亚/厄里特里亚军事观察员 8 名。驻伊拉克/科威特军事观察员 5 名。

军队节日　罗马尼亚军队日：10 月 25 日。陆军节：4 月 23 日；空军防空军节：7 月 20 日；海军节：8 月 15 日。

（刘建宇）

马　其　顿

国　　名　马其顿共和国（1991 年 11 月 20 日宣布独立）。

主要统计　面积 2.5713 万平方千米。人口 198.3 万人（其中，13～17 岁男 9.7 万人，女 8.7 万人；18～22 岁男 9.5 万人，女 8.6 万人；23～32 岁男 17.3 万人，女 16 万人）。国内生产总值 36.1 亿美元。钢铁 4930 吨（2000 年）。国防费 7160 万美元（2001 年国防预算）。钢铁 4.9 万吨（1999 年）原煤 729 万吨（1999 年）。发电量 68.4 亿度（1999 年）。粮食 76 万吨（1999 年）。民航能力，固定航班机场 2 处，客运量 8.907 亿人千米、货运量 3492 万吨千米（1997 年）。

国防体制　宪法规定，总统为武装力量最高统帅。国防部是最高军事行政机关，负责制订国防政策和军事法规、调配干部、领导国防科技研究、装备和后勤供应等工作。总参谋部为最高军事指挥机构。总统通过国防部和总参谋部对全国武装力量实施领导和指挥。武装力量由正规军和准军事部队组成。正规军分为陆、空两个军种。

领导人物　总统兼武装力量总司令鲍里斯·特拉依科夫斯基（1999 年 11 月当选）。国防部长弗拉多·波波夫斯基（2001 年 11 月上任）。总参谋长梅·斯坦博利斯基中将（2001 年 8 月上任）。

武装力量　**兵力**　现役部队约 1.6 万人。

陆军　约 1.5 万人。编有 2 个军、3 个边防旅。

坦克：T－34 型 4 辆、T－55 型 94 辆。装甲侦察车：BRDM－2 型 10 辆、HMMWV 型 41 辆。装甲输送车：BTR－70 型 60 辆、BTR－80 型 12 辆、M－113A 型 30 辆、Leonidas 型 10 辆。牵引炮：76 毫米 127 门、105 毫米 36 门、122 毫米 108 门。火箭炮：128 毫米 M－71（单管）型 25 门、M－77 型 12 门。迫击炮：60、82、120 毫米共 450 门。反坦克导弹：AT－3“耐火箱”型若干、“米兰”型 12 枚。无坐力炮：57 毫米、82 毫米若干。另，岸防分队（400 人）装备 5 艘内河巡逻艇。

空军　800 人。

战斗机：SU－25 型 4 架。监视机：1 架。运输/联络机：5 架。武装直升机：6 架。运输直升机：13 架。教练机：兹林－242 型 3 架、乌特瓦－75 型若干架。防空高炮：20、40 毫米 50 门。地空导弹：SA－7/－13 型 30 部。

预备役　6 万人。

准军事部队　警察 1 万人（其中约有 4500 名武装警察）。装备包括 TM－170 型装甲输送车约 100 辆。

兵役制度　实行义务兵役制和职业军人相结合的制度，义务兵服役期 9 个月。

外国驻军　联合国驻南联盟科索沃维和部队支援部队约 5000 人。

军队节日　建军节 8 月 18 日

（朱瑞臣）

南　斯　拉　夫

国　　名　南斯拉夫联盟共和国（1992 年 4 月 27 日改现名）。

主要统计　面积 10.22 万平方千米。人口 1060 万人（其中 13～17 岁男 41.2 万人，女 38.8 万人；18

~22岁男42.5万人，女40.2万人；22~32岁男83.7万人，女79.5万人）。国内生产总值2210亿第纳尔，约合183亿美元（2000年）。国防费4.79亿美元（2001年国防预算）。原煤3143万吨（1998年）。原油24.8万吨（1998年）。天然气7.29亿立方米（1997年）。发电量344.5亿度（1998年）。粮食870.4万吨（1999年）。海运能力，商船（载重100吨以上）462艘，总载重量517.3万吨。民航能力，固定航班机场5处、客运10.46亿人千米、货运量57.84亿吨千米（2000年）。

国防体制 宪法规定，总统为武装力量最高统帅。最高国防决策机构为最高国防委员会，成员有南联盟总统、塞尔维亚共和国总统和黑山共和国总统，由联盟总统任主席。国防部为政府中的一个部，是最高军事行政机关。国防部负责制订总动员计划，组织国防战备工作，完成国防计划所确定的任务，提供武装力量所需物质保障，组织、管理军事教育，执行有关国防的联盟法规，对共和国总统、最高国防会议和联盟政府决定的实施情况进行监督等。正规军分为陆、海、空军防空军三个军种。武装力量由常备军和预备役部队组成。最高军事指挥机构为总参谋部。总统通过国防部和总参谋部对全国武装力量实施领导和指挥。

领导人物 总统兼武装力量最高统帅沃·科什图尼察（2000年10月上任）。国防部长韦·拉多耶维奇（2002年1月上任）。总参谋长奈·帕弗科维奇上将（2000年2月上任）。

武装力量 **兵力** 现役部队10.55万人。

陆军 约7.9万人。编有3个集团军、7个军、1个师司令部、6个坦克旅、1个特种兵旅、2个机械化旅、1个陆军航空兵旅、12个摩托化步兵旅、6个混合炮兵旅、7个防空旅、1个地空导弹旅、2个军事警察营。

坦克：T-55型721辆、T-72型65辆、M-84型230辆。步兵战车：M-80型557辆。装甲输送车：M-60P型147辆、BOV-VPM-86型57辆。牵引炮：105毫米M-56型243门、122毫米M-38/D-30型358门、130毫米M-46型238门、152毫米D-20/M-84型77门、155毫米M-1/M-65型118门。自行炮：122毫米2S-1型82门。火箭炮：128毫米M-63/M-77型87门。迫击炮：82毫米1100门、120毫米1085门。反坦克导弹：AT-3“耐火箱”型142具。无坐力炮：57毫米1550门、82毫米1500门、105毫米650门。反坦克炮：725门。高炮：20、30、57毫米2000门。地空导弹：SA-6、SA-7、SA-9、SA-13、SA-14、SA-16、SA-18型共960部。

海军 约7000人。

潜艇：“萨瓦”级1艘，“乌纳”级3艘。护卫舰：“科托尔”级2艘，“斯普利特”级1艘。导弹攻击快艇：“拉德·康查尔”级5艘，“米塔尔·阿采夫”级（“黄蜂”级）4艘。巡逻艇：22艘。猎雷艇：“武可夫·克拉纳茨”级2艘。扫雷艇：英国“汉”级1艘，“奈斯廷”级7艘。登陆艇：19艘。支援和勤务舰船：9艘。

陆战队900人，编有2个陆战旅（各辖2个营）。

空军防空军 1.95万人，编有2个空军军（1个防空军军）。作战飞机111架、武装直升机19架。

攻击战斗机：“鹰”2型14架、“超级海欧”G-4型36架。歼击机：米格-21F/PF/M/bis型20架、米格-21U型9架、米格-29A型4架、米格-29U型1架。侦察机：“鹰”型约17架、米格-21R型约10架。武装直升机：“小羚羊”型17架。反潜机：卡-25型2架。运输机：安-26型8架、“猎鹰”50(VIP)型2架、雅克-40型6架。联络机：乌特瓦-66型32架、“游击队员”型直升机27架、米-8型直升机40架。教练机：乌特瓦型30架、“小羚羊”型直升机3架。空空、空地导弹若干枚。

预备役 40万人，其中陆军编有27个摩托化步兵旅、19个步兵旅。

准军事部队 9.3万人，其中联盟政府内务部队8万人，特种警察部队7千人，黑山内务部队6千人。

兵役制度 实行义务兵与职业军人相结合的制度，义务兵服役期为9个月。将官最高服役年限为60岁，校官为57岁，尉官为55岁，士官为52岁。

军衔 军人军衔分5等20级：将官4级（大将、上将、中将、少将），校官3级（上校、中校、少校），尉官4级（大尉、上尉、中尉、少尉），军士6级（一级准尉、准尉、一级上士、上士、中士、下士），兵3级（一等兵、二等兵、列兵）。

军队节日 6月16日为南军建军节。

（刘建宇）

挪　威

国　名　挪威王国。

主要统计　面积 38.5364 万平方千米。人口 448.7 万人（其中，13～17 岁男 13.8 万人，女 13.1 万人；18～22 岁男 13.4 万人，女 12.7 万人；23～32 岁男 32.7 万人，女 31 万人）。国内生产总值 1.423 万亿挪威克朗，约合 1620 亿美元（2000 年）。国防费 258 亿挪威克朗，约合 28 亿美元（2001 年国防预算）。粗钢 57.8 万吨（1997 年）。原煤 38.6 万吨（1997 年）。原油 10.9 亿桶（2000 年）。天然气 515.8 亿立方米（1999 年）。发电量 1226 亿度（1999 年）。粮食 1299 万吨（1999 年）。海运能力，商船（载重 100 吨以上）1597 艘、总载重量 2083.4 万吨（2001 年）。民航能力，固定航班机场 50 处、客运量 99.27 亿人千米、货运量 11.28 亿吨千米（2001 年）。

国防体制　宪法规定，国王为武装力量最高统帅，对军队无指挥权。政府为最高国防决策机构，设有国防委员会，负责制定国防政策，协调军队与政府防务事务。首相任委员会主席，成员有国防、外交、司法、财政、贸工、交通大臣，外交部和国防部秘书长、国防司令、北部军区司令、南部军区司令、民防局长和国防研究所所长等。国防部是军队最高行政机关，负责国防和军队建设、军费开支、武器装备采购、军事科研、兵役动员和处理军民关系等事务。国防司令部是军队最高指挥机构，在国防部领导下负责和平时期的国防防务和军队指挥。武装力量由正规军和国民卫队组成。正规军分为陆、海、空三个军种。国防司令通过南、北两个军区司令对部队实施指挥。挪威是北约成员国，战时挪军主力由北约北欧盟军联合次地区司令部指挥，挪国防司令成为该司令部司令的顾问，并继续指挥国民卫队和后勤部队。

领导人物　国王兼武装力量统帅哈拉尔五世（1991 年 1 月上任）。首相延斯·斯托尔滕贝格（2000 年 3 月上任）。国防大臣比约恩·托雷·戈达尔（2000 年 3 月上任）。国防司令斯古尔·弗里斯沃中将（1999 年 5 月上任）。国防参谋长厄文·豪格约翰内森海军中将（1998 年上任）。南部军区司令托斯特恩·夏克中将（1999 年上任）。北部军区司令英纳·斯高根海军中将（1998 年上任）。陆军总监罗阿·詹斯·豪根少将（1998 年上任）。海军总监汉斯·克里斯蒂安·斯文斯霍特海军少将（1995 年上任）。空军总监派尔·奥斯卡·雅各布森少将（1997 年上任）。

武装力量　**兵力**　现役部队 2.67 万人。

陆军　1.47 万人。编有南、北 2 个军区司令部、4 个军分区，下辖 1 个师部、2 个装甲旅、4 个机步旅。

坦克：“豹”IA5 型 111 辆、“豹”IA1 型 59 辆。步兵战车：NM－135 型 53 辆、CV－9030 型 104 辆。装甲输送车：M－113 型 109 辆、“西苏”XA－186/－200 型 80 辆。牵引炮：155 毫米 46 门。自行炮：155 毫米 126 门。火箭炮：227 毫米 12 门。迫击炮：81 毫米 450 门。无坐力炮：84 毫米 2517 门。反坦克导弹：陶式 320 具、Eryx 型 424 具。高炮：20 毫米 252 门。地空导弹：RBS－70 型 300 部。

海军　6100 万人。编有 2 个军区司令部、7 个军分区，下辖 2 个特遣舰队、1 个护卫舰中队、2 个潜艇中队、5 个导弹快艇中队、1 个扫雷布雷艇中队。

潜艇：“库本级”4 艘、“乌拉‘级 6 艘。护卫舰：“奥斯陆”级 4 艘。导弹鱼雷艇：“豪克”级 14 艘、“风暴”级 8 艘。扫雷艇：“阿尔塔”级 5 艘、“约克索”级 4 艘。布雷艇：“维达”级 2 艘、“蒂尔”级 1 艘。登陆艇：5 艘。另装备有 70 毫米、120 毫米、127 毫米、150 毫米岸防火炮和岸基鱼雷若干。

空军　5000 人。编有 2 个军区司令部，下辖 5 个战斗机中队、2 个运输机中队、1 个巡逻机中队和 4 个直升机中队，另有 26 个高炮连。

战斗机：F－16A/B 型 57 架、F－5A/B 型 15 架。巡逻机：P－3N 型 2 架、P－3D 型 4 架。运输机：C－130 型 6 架、DHC－6 型 3 架。教练机：MFI－15 型 15 架。直升机：“贝尔”412SP 型 18 架、“海王”43 型 12 架、“大山猫”式 6 架。防空导弹发射装置：18 部。高炮：70 毫米 40 门。

文职人员　9000 人。

预备役部队　正规军战时动员后总兵力可达 22.2

万人。国民卫队平时兵力 500 人，战时动员后可达 8.3 万人。

兵役制度 实行义务兵役制。宪法规定，18～44 周岁的男性公民都有服兵役的义务，战时则为 18～55 周岁。挪威每年征兵 4 次。士兵服役期为 12 个月，还有 4～5 次短期复训。军官最高服役年限均为 60 岁。

军衔 军官分 3 等 10 级：将官 4 级（上将、中将、少将、准将），校官 3 级（上校、中校、少校），尉官 3 级（上尉、中尉、少尉）。军士 2 级（中士、下士）。士兵 2 级（二等兵、新兵）。

驻外兵力 2000 年挪威参加的联合国各类国际维和行动有：科索沃 980 人、波黑 125 人、中东 11 人、克罗地亚 1 人、东蒂汶 6 人、塞拉利昂 5 人、埃及 5 人。

（周　霞）

葡萄牙

国　　名 葡萄牙共和国。

主要统计 面积 9.2072 万平方千米（其中大陆面积 8.8941 万平方千米，亚速尔群岛面积 2335 平方千米，马德拉群岛面积 796 平方千米）。人口 987.6 万（其中，13～17 岁男 31.7 万人，女 29.8 万人；18～22 岁男 36.5 万人，女 34.7 万人；23～32 岁男 80.8 万人，女 78.5 万人）。国内生产总值 1040 亿美元（2000 年）。国防费 13 亿美元（2001 年国防预算）。粗钢 100 万吨（2000 年）。原煤 400 万吨（2000 年）。发电量 335.4 亿度（2000 年）。粮食 186 万吨（1999 年）。海运能力，商船（载重 100 吨以上）332 艘，总载重量 112.93 万吨（2000 年）。民航能力，固定航班机场 16 处，客运量 79.78 亿人千米、货运量 2.097 亿吨千米（2000 年）。

国防体制 总统为武装力量统帅。最高国防决策机构为最高国防委员会，成员包括总理、外交、国防、内政、财政、工农业、交通部长及总参谋长和陆、海、空军军种参谋长等，由总统任主席。国防部为政府中的一个部，是全国武装力量的最高行政领导机关。最高军事委员会是国防部长的主要军事咨询机构，正式成员包括国防国务秘书、总参谋长和陆、海、空军军种参谋长等，由国防部长任主席。参谋长委员会是审议军队重大事宜的最高咨询机构，成员包括陆、海、空军军种参谋长等，由总参谋长任主席。武装力量由正规军和准军事部队组成。正规军分陆、海、空三个军种。准军事部队由国民警卫队、公安警察等组成。最高军事指挥机构为总参谋部。陆、海、空军参谋部平时负责本军种的教育、训练和行政管理，战时协助总参谋部指挥本军种部队作战。总统通过总理、国防部和总参谋部对全国武装力量实施领导和指挥。

领导人物 总统兼武装力量统帅若尔热·桑帕约（1996 年 3 月 9 日上任）。总理安东尼奥·古特雷斯（1999 年 10 月获得连任）。国防部长儒里奥·卡斯特罗·卡尔达斯博士（文职，1999 年 10 月 25 日上任）。总参谋长埃斯比利·桑杜上将（1998 年 3 月 16 日上任）。陆军参谋长安东尼奥·巴伦杜上将（1998 年 3 月 19 日上任）。海军参谋长维埃拉·马蒂亚斯上将（1997 年 4 月 18 日上任）。空军参谋长曼努埃尔·阿尔瓦伦加上将（1998 年 3 月 19 日上任）。

武装力量 **兵力** 现役部队 4.36 万人。

陆军　2.54 万人（义务兵 0.55 万人）。编有 5 个军区司令部，1 个独立机步旅（辖 2 个机步营、1 个坦克营、1 个炮兵营，编入北约增援部队），1 个独立空降旅（编入北约快速反应部队），1 个轻型干预旅（用于干预各种危机），3 个架子旅（北部、中部和南部地区各 1 个）。

主战坦克：M－48A5 型 86 辆，M－60 型 101 辆。装甲侦察车：V－150 型 15 辆，M－11 型 25 辆。装甲输送车：M－113 型 245 辆，M－557 型 44 辆，V－200 型 81 辆。牵引炮：105 毫米 134 门，155 毫米 38 门。自行炮：155 毫米 6 门。岸炮：150 毫米 8 门，152 毫米 6 门，234 毫米 6 门。迫击炮：120 毫米 116 门，107 毫米 62 门，81 毫米 21 门。无坐力炮：84 毫米 162 门，89 毫米 53 门，90 毫米 112 门，106 毫米 128 门。反坦克导弹："陶"式 131 具，"米兰" 83 具。高炮：20 毫米 95 门、40 毫米 202 门。地空导弹："毒刺" 15 部、"小槲树" 37 部。

海军　1.08 万人（义务兵 360 人）。设 4 个海区（大陆北部海区、南部海区及亚速尔群岛海区和马德拉群岛海区）司令部，1 个海军作战司令部（设在里斯本）和 1 个陆战队司令部。海军基地设在里斯本，另在大陆北部的雷雪尔斯和南部的波尔蒂芒各设 1 个勤务支援点。

潜艇：“阿尔伯科拉”级 2 艘。护卫舰：“瓦斯科·达伽马”级 3 艘，“霍奥·贝略司令官”级 3 艘。海岸警卫舰艇 31 艘，其中“巴蒂斯塔·德安德拉德”级 4 艘，“霍奥·考天侯”6 艘。巡逻艇：“科西纳”级 8 艘，“信天翁”级 5 艘，“雉鸡”级 5 艘，“米纽河”级 1 艘。登陆艇：“本巴尔德”级 3 艘。支援舰船：13 艘。

陆战队　1460 人。编有 3 个轻型陆战营，1 个外运输分队及 1 支特种作战小分队（兼负对付海上恐怖活动的任务）。海军陆战队司令部设在里斯本对岸的阿尔菲特，下辖 1 个基地和 1 所学校。装备 120 毫米迫击炮 36 门。

空军　7400 人。编有 6 个空军基地，13 个中队，其中 2 个攻击机中队、1 个侦察机中队、2 个救援中队、1 个海上巡逻中队、2 个反潜中队、4 个运输中队、1 个联络中队、2 个教练机中队。

攻击机：“阿尔法喷气”式 35 架（其中 15 架库存），A－7P 型 32 架。战斗机：F－16A 型 17 架，F－16B 型 3 架。海上反潜巡逻机：P－3P 型 6 架。侦察机：C－212B 型 4 架。联络机：“色斯纳”337 型 12 架。运输机：C－130H 型 6 架，“猎鹰”20 型 1 架，“猎鹰”50 型 3 架。运输/搜索救援机：C－212A 型 20 架。教练机：16 架。直升机：28 架。

预备役部队　21.093 万人，其中陆军 21 万人、海军 930 人。

文职人员　8600 人。

准军事部队　4.64 万人，其中国民警卫队 2.56 万人、公安警察 2.08 万人。

部署　葡萄牙全国划分为 5 个军区。兵力主要部署在沿海边境一带和首都里斯本附近。亚速尔和马德拉两个群岛部署兵力 2250 人。

兵役制度　实行以志愿兵和合同兵为主、义务兵为辅的多种成份相结合的兵役制度。义务兵服役期为 4 个月，期满后可根据需要延长服役 8～12 个月。志愿兵服役期则在服满义务兵役期后再服役 8～18 个月。志愿兵在服役期满后可视情况转为合同兵，合同兵服役期则在服满志愿兵役期后再服役 2－8 年。

军衔　分为 5 等 17 级：将官 3 级（上将、中将、少将），校官 3 级（上校、中校、少校），尉官 3 级（上尉、中尉、少尉），士官 6 级（总军士长、军士长、副军士长、一等军士、二等军士、三等军士），兵 2 级（上等兵、列兵）。

驻外兵力　驻圣多美和普林西比：空军 5 人、C－212 型运输机 1 架。参加联合国维持和平行动：1442 人，其中：驻波黑维和部队 330 人、1 个步兵营；驻东帝汶维和部队 761 人（包括空军 24 人、C－130H 型运输机 1 架）；驻克罗地亚军事观察员 1 人；驻西撒哈拉军事观察员 5 人；驻南斯拉夫维和部队 340 人。

外国驻军　北约大西洋东南区司令部（驻里斯本）。美国驻军 990 人（其中海军 50 人、空军 940 人）。

军队节日　建军节 7 月 1 日。

（李先喜）

瑞　　典

国　　名　瑞典王国

主要统计　面积 44.9964 万平方千米。人口 893.5 万人（其中，13～17 岁男 26.7 万人，女 25.3 万人；18～22 岁男 25.5 万人，女 24.1 万人；23～32 岁男 59.5 万人，女 57.3 万）。国内生产总值 2.1 万亿瑞典克郎，约合 2386 亿美元（2000 年）。国防费 427 亿瑞典克郎，约合 42 亿美元（2001 年国防预算）。粗钢 514.8 万吨（1999 年）。发电量 1597 亿度（1997 年）。粮食 514.9 万吨（1999 年）。海运能力。商船（载重 100 吨以上）430 艘、总载重量 288.1 万吨（2001 年）。民航能力，固定航班机场 48 处，客运量 142.25 亿人千米、货运量 2.9 亿吨千米（2001 年）。

国防体制　国王为武装力量最高统帅。最高国防决策机构为内阁。首相通过国防部和联合司令部对全国武装力量实施领导和指挥。议会平时设国防委员会，负责审议政府国防预算；战时设顾问委员会，负责向三军总司令提供咨询。国防部为政府中的一个部，是最高军事行政机关，负责制定国防政策，编制国防预算，审批部队的编制、装备和训练计划等工作。武装力量由正规军和国民卫队组成。正规军分陆、海、空三个军种。最高军事指挥机构为联合司令部，三军部司令是全军最高军事首长，战时通过司令部下设的作战部直接指挥各大军区遂行作战任务。平时，部队的日常工作由武装力量最高领导小组负责，其成员包括：总司令、副总司令、作战部部长、战备部部长、三大军区司令和陆、海、空军训练中心总监，共 11 人。

领导人物 国王兼武装力量最高统帅卡尔十六世·古斯塔夫（1973 年 9 月即位）。首相约兰佩尔松（1996 年 3 月上任，1998 年 10 月连任）。国防大臣比扬·冯·西多（1997 年 2 月上任，1998 年 10 月连任）。三军总司令约翰·赫德斯大林泰特上将（1994 年 7 月上任）。副总司令弗兰克·罗森纽斯（1998 年上任）。中部军区司令皮尔库特·格林中将（1998 年 2 月上任）。北部军区司令迈尔梯尔·梅林中将（1998 年 2 月上任）。南部军区司令肯特·哈斯库格中将（1998 年 2 月上任）。

武装力量 **兵力** 现役部队 3.39 万人。目前瑞军正在酝酿大规模裁军，改革军队编制，以减少经费，同时组建快速反应部队，以适应未来高科技战争的需要作准备。

陆军 1.91 万人。编有 1 个联合作战司令部、3 个军区、1 个师部、4 个机械化旅、2 个步兵旅、1 个炮兵团、4 个防空团、2 个工兵团、2 个通信团、2 个辎重团、3 个后勤支援团和 2 个陆航中队。

坦克：“豹”II 型 160 辆、“豹”II 改进型 98 辆、“百人队长”型 70 辆、STRV－103B型 40 辆、IKV－91 型轻型坦克 211 辆。步兵战车：BMP－1型 361 辆、STRF－9040型 271 辆、PBV－302型 501 辆、PBV－501 型 308 辆。装甲输送车：PBV－401A型 440 辆、MT－LB 型 550 辆、PskbiLM/42 型 100 辆。牵引炮；105 毫米 40 门、155 毫米 206 门。自行火炮：155 毫米 23 门。迫击炮：81 毫米 160 门、120 毫米 575 门。反坦克导弹：“陶”式 57 具、RB－55和RB－56若干具。高炮：40 毫米 600 门。地空导弹：RBS－70、RB－77、RB－90若干部。

海军 7100 人，编有 1 个近海舰队司令部、2 个水面作战分舰队、1 个潜艇作战分舰队、1 个水雷作战分舰队、两个岸防旅。海军基地 4 个。

潜艇：“哥特兰”级 3 艘、“西约德兰”级 4 艘。导弹护卫舰：“哥德堡”级 4 艘、“斯德哥尔摩”级 2 艘。导弹鱼雷快艇：“诺雪平”级 6 艘。导弹巡逻艇：“霍根”级 4 艘、“卡帕兰”级 8 艘。布雷艇：2 艘。扫雷艇：22 艘。直升机：“海王”式反潜直升机 14 架、“贝尔”206 型运输机 10 架。岸炮：75、105、120 毫米共 200 余门。岸对舰导弹发射车：25 辆。

空军 7700 人，编有 6 个航空联队、8 个战斗机中队、2 个攻击/侦察机中队、5 个战斗/攻击/侦察机中队、4 个运输机中队、16 个地勤营。作战飞机 250 架。战斗机：“维根”JA－37型 130 架。攻击/侦察机：“维根”AU－37型 30 架、SK－37型 14 架。战斗/攻击/侦察机：“鹰师”JAS－39型 90 架。教练机：“维根”SK－60型 106 架、SK－61型 38 架。运输机：13 架。运输直升机：121 架。

文职人员 8400 人。

预备役部队 26.2 万人。陆军 22.5 万人，海军 2 万人，空军 1.7 万人.

准军事部队 志愿服务组织约 3500 人。海岸警卫 600 人，民防人员 630 万人（16～25 岁居民均有义务参加民防）。

部署 全国划分为三个军区，即北部、中部、南部军区。各军兵种由所属军区司令统一指挥。海军主要部属在波罗的海沿岸。空军主要在中南部。

兵役制度 实行义务兵役制。宪法规定，18～47 周岁的男性公民都有服兵役的义务。男性公民在 18～24 周岁期间必须参加为期 6～15 个月的初训，之后每 4 年参加 1 次为期 1 个月的复训。女性可志愿服役。军官最高服役年限为 60 岁，义务兵服役期为：陆军、海军 7～15 个月，空军 8～12 个月。

军衔 军官分 3 等 10 级：将官 4 级（上将、中将、少将、准将），校官 3 级（上校、中校、少校），尉官 3 级（上尉、中尉、少尉）。

驻外兵力 联合国维和部队：波斯尼亚 41 人、克罗地亚 1 人、格鲁吉亚 5 人、印巴边境 8 人、伊拉克和科威特 6 人、黎巴嫩 44 人、中东、11 人、东帝汶 2 人、科索沃 760 人、塞拉利昂 3 人。

（宫小雄）

瑞　　士

国　　名　瑞士联邦。

主要统计　面积 4.1284 万平方千米。人口 745.3 万人（其中，13～17 岁男 20.3 万人，女 19.4 万人；18～22 岁男 20.5 万人，女 19.8 万人；23～32 岁男 47.7 人，女 46.8 万人）。国内生产总值 4070 亿瑞士法郎，合 2405 亿美元（2000 年）国防费 47 亿瑞士法郎，约合 27 亿美元（2001 年国防预算）。粗钢 73.9 万吨（1995 年）。天然气 105 万立方米（1997 年）。发电量 628.02 亿度（1997 年）。粮食 109.3 万吨（1999 年）。海运能力，商船（载重 100 吨以上）24 艘、总载重量 60.28 万吨（2001 年）。民航能力，固定航班机场 5 处、客运量 174.26 亿人千米、货运量 18.95 亿吨千米（2001 年）。

国防体制　宪法规定，联邦委员会（联邦政府）是国家最高行政机构。全国武装力量的最高指挥权属联邦委员会，联邦委员会主席为国家元首，由联邦委员会 7 名委员轮流担任，任期 1 年。联邦委员会是最高国防决策机构，成员包括全部 7 名联邦委员，由联邦主席主持。在联邦委员会中由联邦国防民防体育部长、司法警察部长和财政部长组成联邦国防委员会，负责处理日常生活重大安全事务。联邦议会是国家最高权力机构，重大防务与军事问题均须经议会批准并立法。联邦议会的国民院和联邦院各设一个安全政策委员会，是议会有关安全和国防问题的最高咨询机构。联邦国防民防体育部为联邦政府中的一个部，是最高军事行政机关，负责领导国防和军队的日常管理工作。武装力量由民兵正规军、民兵预备役和准军事部队组成。正规军分陆、空两个军种。最高军事指挥机构为总参谋部。平时，联邦委员会通过联邦国防民防体育部和总参谋部对全国武装力量实施领导和指挥。战时，由联邦委员会提名，经联邦议会核准任命一名上将为总司令，直属联邦政府，统一指挥全军作战。同时，由总司令提名，经联邦委员会核准任命一名中将总参谋长和一名中将首席军法执行官，协助总司令指挥全军作战和执行军法。

领导人物　联邦主席兼武装力量最高统帅卡斯帕尔·维利格（2002 年 1 月上任）。联邦国防民防体育部长萨姆埃尔·施密德（2001 年 1 月上任）。陆军部长雅克·杜斯中将（1997 年 1 月上任）。总参谋长江斯－乌尔里希·舍雷尔中将（1998 年 1 月上任）。空军司令费尔南德·卡莱尔中将（1992 年 3 月上任）。

武装力量　**兵力**　民兵现役部队 4.25 万人，战时经 48 小时动员后可达 35.12 万人。

陆军　民兵现役部队 3.35 万人（战时经 48 小时动员后可达 32.06 万人）。编有 3 个野战军军部和 1 个山地军军部、6 个野战师、3 个山地步兵师、4 个国土防御师、5 个坦克旅、3 个要塞旅、2 个国家防御旅和 2 个通信旅。

坦克：Pz－68/88型 186 辆、“豹”2 型 370 辆。步兵战车：M－63/73型 192 辆、M－63/89型 315 辆。装甲侦察车：“鹰”II 型 319 辆。装甲输送车：M－63/73 型 827 辆、“剪刀鱼”型 353 辆。自行炮：155 毫米 558 门。火箭炮：60 毫米和 83 毫米 12510 门。迫击炮：81 毫米 1469 门、120 毫 534 门。反坦克导弹：“龙”型 2760 具、“陶－2”自行型 303 具。高炮：20 毫米 630 门。地空导弹：B/L－84（“轻剑”）型 56 部、“毒刺”型若干部。直升机：“云雀”III 型 60 架。

空军　民兵现役部队 9000 人（战时经 48 小时动员后可达 3.06 万人）。编有 1 个航空兵旅、1 个机场旅、1 个防空旅、1 个通信旅、12 个战斗机中队和 8 个空中运输中队。作战飞机 154 架。

战斗机：“虎”II/F－5E型 70 架、“虎”II/F－5F 型 12 架、F/A－18C/D型 33 架。侦察机：“幻影”IIIRS2型 16 架、“幻影”IIIDS型 4 架。运输机：PC－6 型 16 架、“利尔杰特”35A 型 1 架、DO－27架、“猎鹰－50”型 1 架。教练机：“隼”MK－66型 19 架、PC－7 型 38 架、PC－9 型 12 架。直升机：AS－332M－1（“超级美洲豹”）型 15 架、SA－316（“云雀”III）型 58 架。

文职人员　1.5 万人。

预备役部队　35.12 万人。

准军事部队　民防部队 28 万人。

部署　陆军野战部队兵力主要部署在北部、东北部、中部和西部地区；山地部队全部部署在阿尔卑斯山地区；4个国土防御师全部沿北部、东北部和东南部边境地区部署；空军部队的航空兵旅和机场旅驻中部地区；防空旅部署在重点保护目标、主要军事设施和军用机场附近地区。共有军事基地40处。

兵役制度 实行“全民皆兵”的普遍义务民兵制。宪法规定，凡年满20周岁至42周岁的男性公民必须服兵役。女性公民可志愿服兵役。凡年满19周岁的男性青年必须到就近征兵种新兵学校接受为期15周的军事基础训练，此后直到42周岁每隔1年到部队参加1次复训，共10次，每次19~20天，总受训时间为300天，士官的总受训时间为460~670天，尉官为770~900天，校官为1050~1300天，将官视情况而定，一般高于1300天。各级军官最高服役年限，将官为52岁，尉官为42岁（其中上尉可根据需要服役至62岁），校官为52岁，尉官为42岁（其中上尉可根据需要服役至52岁）。民兵军人退出现役后自动转为民防役。自1999年1月1日起，公民服民防役的年限由原来的52岁降为50岁。

军衔 分5等18级：将官4级［上将（战时）、中将、少将、准将］，校官3级（上校、中校、少校），尉官3级（上尉、中尉、少尉），军士6级（一级军士长、二级军士长、上士、中士、下士），兵2级（上等兵、列兵）。

驻外兵力 驻克罗地亚联合国民警支助团军事观察员1人；驻格鲁吉亚联合国观察团军事观察员3人；驻中东联合国停战监督组织军事观察员9人；驻马其顿联合国预防性部署部队军事观察员1人；驻韩国中立国监察委员会军官5人；驻刚果（金）联合国观察团军事观察员1人；驻波黑欧安组织履约民事行动非武装志愿“黄盔”部队50人；驻南斯拉夫科索沃和平协议执行部队瑞士连160人。

（王珍祥）

乌 克 兰

国 名 乌克兰。

主要统计 面积60.37万平方千米。人口5038.7万人（其中，13~17岁男190.1万人、女183万人；18~22岁男187.7万人、女183万人；23~32岁男359.5万人、女357.3万人）。国内生产总值320亿美元（2001年）。国防费5.82亿美元（2001年国防预算）。粗钢3180万吨（2000年）。原煤6240万吨（2000年）。原油368.7万吨（2000年）。天然气179亿立方米（2000年）。粮食2440万吨（1999年）。海运能力，商船（载重100吨以上）2艘，总载重量8600吨（2001年）。民航能力，固定航班机场1处，客运量5210万人千米，货运量500万吨千米（2000年）。

领导人物 总统兼武装力量最高统帅列昂尼德·达尼洛维·库奇马（1999年11月14日当选连任）。国防部长什基琴科大将，总参谋长舒利亚克上将。

武装力量 **兵力** 现役部队约30.38万人（不含战略核力量和黑海舰队，但包括4.36万名国防部直属部队和机关人员）。战略核力量已于2001年移交给俄罗斯。

陆军 15.12万人。划分为国防部直属部队和3个作战指挥部。国防部直属部队下辖1个空中机动旅、1个战役战术导弹旅、1个炮兵旅、1个工兵旅。

西部作战指挥部下辖：指挥部直属部队有1个炮兵师、3个战役战术导弹旅、1个空中机动团、2个陆航旅；2个军，其中1个军下辖2个机械化师、2个机械化旅、1个炮兵旅、1个火箭炮团、1个反坦克团。另一个军下辖2个机械化师、1个机械化旅、1个炮兵团、1个火箭炮团、1个反坦克团。

南部作战指挥部下辖：指挥部直属部队有1个机械化师、1个空中机动师、1个炮兵师、1个空中机动旅、1个战役战术导弹旅、1个航空旅；2个军，其中1个军下辖1个坦克师、2个机械化师、1个炮兵旅、1个火箭炮团、1个反坦克团、1个工兵团。另一个军下辖2个机械化旅、1个炮兵旅、1个火箭炮团、1个反坦克团、1个工兵团。

北部作战指挥部下辖：指挥部直属部队有2个机械化师、1个坦克训练中心、1个坦克旅、2个战役战术导弹旅、1个陆航旅、1个工兵团；1个军下辖1

个坦克师、1个机械化师、1个机械化训练中心、1个炮兵旅、1个火箭炮团、1个反坦克团、1个工兵团。

主战坦克：3937辆，其中，T－55型149辆、T－64型2277辆、T－72型1238辆、T－80型273辆。BMDM－2型装甲侦察车约600辆。步兵战车：3078辆，其中，BMP－1型1011辆、BRM－1K型1458辆、BMP－2型1467辆、BMP－3型3辆、BMD－1型61辆、BMD－2型78辆。装甲输送车：1782辆，其中，BTR－60型202辆、BTR－70型1087辆、BTR－80型451辆、BTR－D型42辆，另外还有MT－LB型2090辆。各型火炮：3702门，其中牵引火炮1130门（122毫米D－30型437门、152毫米D－20型219门、ZA65型185门、ZA36型289门），自行火炮1301门（122毫米ZS1型640门、152毫米ZS3型496门、ZS5型24门、2S19型40门，203毫米ZS7型101门），曲射直射两用炮64门（120毫米ZS9型62门、ZB16型2门），火箭炮603门（122毫米BM－21型346门、9P138型20门，132毫米BM－13型4门，220毫米口径9P140型139门，300毫米9A52型94门），迫击炮604门（120毫米ZSR型346门、PM－38型257门，160毫米M－160型1门），战役战术导弹发射架：212部，其中“飞毛腿”B型72部、“青蛙”型50部、SS－21型90部。反坦克导弹：AT－4、AT－5、AT－6型若干枚。100毫米T－12/MT－12型反坦克炮约500门。

30毫米自行高炮ZS6型70门、57毫米S－60型约400门。地空导弹发射架：SA－4型100部、SA－8型125部、SA－11型60部、SA13型约150部。战斗直升机：米－24型247架。运输直升机：米－2型4架、米－6型31架、米－8型162架、米－26型11架。

海军　1.3万（包括海军航空兵2500人、海军步兵1500人、海军防御部队2000人）。

潜艇：1艘。主要水面作战舰艇：3艘，其中“光荣”级1艘，“克里瓦克”级2艘。巡逻艇：8艘。其他舰艇：21艘。

海军航空兵　2500人。装备武装直升机13架、运输机安－26型8架、安－24型1架、安－12型5架、安－18型1架、图－134型1架。反潜飞机贝－12型11架、卡－27E型2架。米－6型运输直升机5架。卡－25型直升机28架、米－14型直升机42架。

海军步兵　1500人。编2个独立营。

空军　9.6万人。编2个空军军，作战飞机543架。1个轰炸机团，装备图－22M型轰炸机32架。2个歼击/轰炸机师、5个团，装备苏－24型飞机126架。2个强击机团，装备苏－25型强击机63架。2个歼击机师、8个团，装备米格－29型歼击机224架、苏－27型歼击机62架。2个侦察机团，装备苏－24型侦察机29架。伊尔－76型运输机78架、安－12/－24/－26/－30/图－134/伊尔－78型运输机45架。5个教练机团，装备拉－39型教练机329架，米－8型直升机团1个，装备米－8直升机16架。运输直升机米－2型111架、米－6型23架、米－8型170架。空空导弹AA－7、AA－8、AA－9、AA－10、AA－11型若干枚。空地导弹AS－7、AS－9、AS－10、AS－11、AS－12、AS－13、AS－14、AS－15型若干枚。地空导弹SA－2/－3/－5/－10/－12A型发射架约825部。

预备役部队　近5年服过现役者约100万人。

准军事部队　11.66万人，其中内卫部队4.2万人、国民卫队2.66万人、边防卫队3.4万人、海军守备队1.4万人。

（闵振范）

西　班　牙

国　　名　西班牙。

主要统计　面积50.5925万平方千米。人口3972.7万人（其中，13～17岁男115.6万人，女108.4万人；18～22岁男143.5万人，女135.5万人；23～32岁男332.6万人，女316.6万人）。国内生产总值5680亿美元（2000年）。国防费69亿美元（2001年国防预算）。钢铁1497万吨（1999年）。原煤2634.1万吨（1997年）。原油280万桶（1997年）。天然气 1.84 亿立方米（1997 年）。发电量 1902.01 亿度（1997 年）。粮食 1794.3 万吨（1999 年）。海运能力，商船（载重量 100 吨以上）2190 艘，总载重量 507.73 万吨（2000 年）。民航能力，固定航班机场 25 处，客运量 516.49 亿人千米、货运量 52.57 亿吨千米（2000 年）。

国防体制 国王为武装力量最高统帅。国防委员会既是国防事务的最高咨询机构，也是国防最高决策机构，国王为主席，通常由首相主持会议，成员有副首相、国防大臣、外交大臣、内政大臣、国防参谋长和三军参谋长。三军参谋长联席会议是军队的最高指挥机构。国防部是最高行政机关，负责制定防务政策和领导国防工业。国王、首相通过国防部和国防参谋部对全国武装力量实施领导。武装力量由正规军和准军事部队组成。准军事部队由国民警卫队和海上国民警卫队组成。国王和首相通过国防部和国防参谋部对全国武装力量实施领导和指挥。

领导人物 国王胡安·卡洛斯一世（1975 年 11 月 22 日登基）。内阁首相何塞·玛丽亚·阿斯纳尔（1996 年 5 月 5 日上任）。国防大臣费德里科·特里略（2000 年上任）。国防参谋长圣地亚哥·巴尔德拉斯空军上将（1996 年 7 月 29 日上任）。陆军参谋长阿方索·帕尔多·德桑塔亚纳伊科洛马上将（1998 年 9 月 29 日上任）。海军参谋长安东尼奥·莫雷诺·巴尔贝拉海军上将（1997 年 6 月 27 日上任）。空军参谋长胡安·安东尼奥·隆博洛佩斯空军上将（1997 年 1 月上任）。

武装力量 **兵力** 现役部队 14.345 万人。

陆军 9.2 万人。编有个 4 支本土防御部队，1 个快速反应师，1 个机械化师，1 个山地旅，1 个骑兵旅，1 个陆航旅，1 个工程兵司令部，1 个防空司令部，1 个海岸炮兵司令部（含 2 个岸炮团），1 个特种作战司令部，2 个西班牙军团。

主战坦克：688 辆，其中 AMX－30EM2 型 150 辆，M－48A5E 型 164 辆，M－60A3TTS 型 244 辆，“豹 2A4”型 108 辆，“半人马 B－1”型 22 辆。装甲侦察车：BMR－VEC 型 318 辆。装甲步兵战车：“皮扎罗”式 58 辆。装甲输送车：2023 辆，其中 M－113 型 1337 辆，BMR－600 型 686 辆。牵引炮：共 310 门，其中 105 毫米 226 门，155 毫米 84 门。自行炮：194 门，其中 105 毫米 34 门，155 毫米 96 门，203 毫米 64 门。岸炮：53 门，其中 152.4 毫米 44 门，305 毫米 6 门，381 毫米 3 门。火箭炮：140 毫米 18 门。迫击炮：120 毫米 409 门，81 毫米 1314 门。无坐力炮：106 毫米 507 门。反坦克导弹：“陶”式 200 具，“霍特”式 28 具，“米兰”式 442 具。高炮：20 毫米 460 门，35 毫米 92 门，40 毫米 183 门。地空导弹：“罗兰”式 18 部，“防空卫士”/“蝮蛇”13 部，“西北风”式 108 部，“霍克”式 24 部。直升机：153 架（其中武装直升机 28 架）。

海军 2.695 万人。编有 5 个舰队司令部和 4 个海管区。

航空母舰：“阿斯图利亚王子”号 1 艘。潜艇：8 艘，其中有“加莱尔纳”级 4 艘，“鲸”级 4 艘。护卫舰：15 艘，其中“圣玛丽亚”级 6 艘，“巴利阿里”级5 艘，“侦察”级 4 艘。巡逻艇：37 艘。水雷战舰艇：11 艘。两栖舰艇：4 艘。支援与补给舰船：27 艘。

海军航空兵 700 人。编有 2 个攻击战斗机中队，1 个联络机中队，1 个反潜机中队，1 个电子战机中队，1 个运输机中队，1 个教练机中队。装备战斗机 17 架，武装直升机 37 架。

海军陆战队 5600 人。装备有 M－60A3 型主战坦克 16 辆，装甲战斗车辆 37 辆，牵引炮 18 门（其中 105 毫米 12 门，155 毫米 6 门），“陶”式反坦克导弹 24 具，“龙”式反坦克导弹 18 具，“西北风”式地空导弹 12 部。

空军 2.45 万人。编有 4 个军区（即中部军区、东部军区、直布罗陀海峡军区、加那利群岛军区），1 个后勤支援司令部。

攻击战斗机：F－5B 型 35 架。战斗机：EF/A－18A/B 型 90 架，“幻想”F－1CF/BE/EE 型 65 架。侦察机：RF－4C 型 14 架，C－212 型 6 架，“猎鹰”20 型 2 架。运输机：“大力神”C－130H 型 7 架，C－212 型 34 架，CN－235 型 20 架，“猎鹰”20 型 3 架，“猎鹰”50 型 1 架，“猎鹰”900 型 2 架。加油机：KC－130H 型 5 架，“波音”707 型 4 架。联络机：DO－27 型 21 架。搜索救援机：C－212 型 9 架，F－27 型 3 架，CL－215 型 15 架。教练机：C－101 型 74 架，E－26 型 37 架，E－24 型 25 架，C－212 型 26 架。直升机：45 架。空空导弹：“麻雀”AIM－7 型、“响尾蛇”AIM－9 型、“阿姆拉姆”型 AIM－120 型、R－530 型若干枚。地空导弹：“西北风”、“防空卫士”/“腹蛇”若干部。

预备役部队 32.85 万人，其中陆军 26.5 万人，海军 1.85 万人，空军 4.5 万人。

准军事部队 7.126 万人，其中国民警卫队 7.05 万人，海上国民警卫队 760 人。

部署　三军兵力主要部署在马德里附近、海岸沿线及直布罗陀东北部的沿海地区。

兵役制度　实行义务兵和志愿兵相结合的兵役制度。义务兵服役期为9个月。志愿兵的服役期为16至36个月。各级军官最高服役年限：将官为64岁（上将64岁、中将62岁、少将60岁），校官为58岁（上校58岁、中校56岁、少校54岁），尉官为54岁。

军衔　分5等18级：将官3级（上将、中将、少将），校官3级（上校、中校、少校），尉官3级（上尉、中尉、少尉），士官7级（准尉、士官长、一级军士长、军士长、上士、中士、下士），兵2级（上等兵、列兵）

驻外兵力　参加联合国维和行动：驻波黑维和部队1200人；驻埃塞俄比亚/厄立特里亚5人；北约军事一体化空军部队F/A－18型战斗机5架，KC－130型1架；驻科索沃维和部队1300人。

外国驻军　美国驻军2190人（其中海军1760人，空军360人，海军陆战队70人）。

军队节日　军人节1月6日；武装力量节为5月的最后一个星期日。

（李强洲）

希　腊

国　名　希腊共和国。

主要统计　面积13.1957万平方千米，其中岛屿面积约占15%。人口1068.3万人（其中13～17岁男32.9万人，女31万人；18～22岁男38.1万人，女36.2万人；23～32岁男82.5万人女78.9万人）。国内生产总值1130亿美元（2000年），国防费33亿美元（2001年国防预算）。粗钢280万吨（2000年）。原煤3.307亿吨（2000年）。原油100万桶（2000年）。天然气1.01亿立方米（2000年）。发电量470.79亿度（2000年）。粮食455.4万吨（1999年）。海运能力，商船（载重100吨以上）1872艘，总载重量4527.66万吨（2000年）。民航能力，固定航班机场36处，客运量85.33亿人千米、货运量1.187亿吨千米（2000年）。

国防体制　总统为武装力量统帅。最高国防决策机构为国家最高外交国防委员会，成员有总理、外交、国防、内政、财政、工业、交通部长和国防参谋长等，由总理任主席。最高国防咨询机构为参谋长委员会，成员有国防参谋长及陆、海、空三军参谋长等，由国防参谋长任主席。国防部是政府中的一个部，是最高军事行政机关，负责国防政策的制定及军队的建设和管理。武装力量由正规军和准军事部队组成。正规军分陆、海、空三个军种。准军事部队由国民警卫队、公安警察和港警等构成。最高军事指挥机构为国防参谋部，下辖陆、海、空军参谋部。总统通过总理、国防部和国防参谋部对全国武装力量实施领导和指挥。

领导人物　总统兼武装力量统帅康斯坦丁·斯特法诺普洛斯（2000年3月连任）。总理科斯塔斯·西米蒂斯（2000年3月连任）。国防部长阿基斯·措哈佐普洛斯（1996年9月22日上任）。国防参谋长马努索斯·帕拉季乌达基斯上将（1999年2月15日上任）。陆军参谋长康斯坦丁·帕纳伊奥塔基斯中将（1999年2月15日上任）。海军参谋长莱奥尼达斯·帕里约尔高斯中将（1996年2月15日上任）。空军参谋长季米特里奥斯·里泽拉科斯中将（1999年2月15日上任）。

武装力量　**兵力**　现役部队15.917万人（其中义务兵9.83万人，女兵0.55万人）。

陆军　11万人（其中义务兵8.1万人，女兵2700万人）。编有3个军区，1个集团军司令部，5个军区司令部，5个师部，4个步兵师，5个独立装甲旅，7个机械化旅，5个步兵旅，1个陆航旅，1个两栖作战营，4个侦察营，5个野战炮兵营，1个独立空中补给连，10个高炮营，2个地空导弹营。

主战坦克：M－48A3型13辆，M－48A5型699辆，M－60A1型357辆，M－60A3型312辆，“豹”1GR型105辆，“豹”1V型170辆，“豹”1A5型77辆。装甲侦察车：M－8型130辆，VBL式37辆。步兵战车：BMP1型500辆。装甲输送车：“列奥尼德”MK－1/MK2型308辆，M－113A1/A2型1669辆。牵引

炮：105毫米729门，155毫米266门。自行炮：105毫米73门，155毫米141门，175毫米12门，203毫米181门。火箭炮：122毫米116门，227毫米18门。迫击炮：107毫米624门，81毫米2800门。无坐力炮：84毫米2000门，90毫米1314门，106毫米1291门。反坦克导弹："陶"式336具，"塞子"AT-4型262具，"米兰"290具。高炮：23毫米506门。地空导弹："毒刺"1000部，"霍克"42部，SA-15型21部，SA-8B型20部。飞机：U-17型43架。直升机：150架（其中"阿帕奇"AH-64A型武装直升机20架）。

海军　1.9万人（其中义务兵9800万人，女兵1300万人）。编有1个舰队司令部，1个训练司令部，1个后勤司令部和4个本土海区司令部。

潜艇："灰鱼"级4艘，"海神"级4艘。驱逐舰："基蒙"级4艘。护卫舰："九头蛇"级4艘，"埃利"级2艘，"科顿艾尔"级4艘，"诺克斯"级3艘。轻型护卫舰："西提斯"级5艘。导弹快艇："拉斯科斯"级13艘，"沃特西斯"级4艘，"斯塔莫"级2艘。巡逻艇："阿马托洛斯"级2艘，"托尔米"级2艘，海岸巡逻艇2艘，近岸巡逻艇2艘。鱼雷快艇："仙女座"级4艘，"赫斯珀罗斯"级4艘。布雷舰："阿克蒂昂"级2艘。扫雷艇："翠鸟"级8艘，"阿塔兰忒"级6艘。两栖登陆舰："希俄斯岛"级2艘，"纳夫克拉托萨"级1艘，"英诺斯"级2艘，"伊卡利亚岛"级3艘，"伊波劳亚罗斯·罗森"级2艘。小型登陆艇：57艘。支援舰船：14艘。

海军航空兵　250人。编有2个中队，装备P-3B海上巡逻机6架、直升机17架（其中反潜直升机15架、电子战直升机2架）。

空军　3.017万人（其中义务兵7520万人，女兵1520万人）。编有1个作战司令部，1个训练司令部，10个攻击战斗机中队，8个战斗机中队，1个侦察机中队，3个运输机中队，4个联络机中队，4个教练机中队，1个直升机中队，1个防空营，12个高炮连。作战飞机458架。

攻击战斗机："海盗"A-7H型90架，TA-7H型4架，F-16CG/DG型75架，"幻影"2000EG/BG型34架。战斗机：F-5A/B型87架，NF-5A型10架，NF-5B型1架，F-4E型66架，RF-4E型30架，F-16D型14架，"幻影"F-1CG型27架。运输机：44架。联络机：30架。教练机：89架。直升机：25架。

预备役部队　29.1万人，其中陆军23.5万人、海军2.4万人、空军3.2万人。

准军事部队　4000人（包括国民警卫队和公安警察和港警）。

部署　陆军兵力主要部署在北部边境一带，海军兵力主要部署在中南部沿海和克里特岛地区，空军兵力集中部署在首都雅典附近及中部地区。

兵役制度　实行义务兵役制度。义务兵服役期为：陆军18个月，海军21个月，空军20个月。

军衔　分为5等17级：将官4级（上将、中将、少将、准将），校官3级（上校、中校、少校），尉官3级（上尉、中尉、少尉），士官5级（准尉、军士长、上士、中士、下士），兵2级（上等兵、列兵）。

驻外兵力　驻塞浦路斯1250人，1个机械化旅。参加联合国维持和平行动：810人，其中驻波黑维和部队250人、驻北约军事一体化空军部队C-130运输机1架、驻格鲁吉亚军事观察员4人、驻伊拉克/科威特边境军事观察员5人、驻西撒哈拉军事观察员1人、驻南斯拉夫维和部队430人。

外国驻军　美国驻军420人（其中海军240人、空军170人、陆军10人）。

军队节日　武装力量节8月15日。

（李先喜）

匈　牙　利

国　　名　匈牙利共和国。

主要统计　面积9.3031万平方千米。人口1000.2万人（其中，13~17岁男30.4万人，女28.8万人；18~22岁男38.6万人，女36.2万人；23~32岁男72.1万人，女67.5万人）。国内生产总值470亿美元（2000年）。国防费8.05亿美元（2001年国防预算)。粗钢 182 万吨（1998 年）。原煤 1449 万吨（1999 年）。原油 124.3 万吨（1999 年）。天然气 36.13 亿立方米（1999 年）。发电量 370.2 亿度（1999 年）。粮食 1300 万吨（1999 年）。海运能力，商船（载重 100 吨以上）15 艘，总载重量 9.5 万吨（1999 年）。民航能力，固定航班机场 1 处，客运量 27 亿人千米、货运量 3090 万吨千米（1999 年）。

国防体制 宪法规定，总统兼任武装力量总司令。战时成立国防委员会，成员包括：总统、总理、议长、国防部长、内务部长、外交部长和总参谋长，总统任主席。国防部为最高军事行政机关，负责制定国防政策和相关法律、法规。武装力量由正规军和准军事部队组成。正规军分陆军和空军防空军两个军种。总参谋部为最高军事指挥机关，负责军队的指挥、训练和管理等。总统通过国防部和总参谋部对军队实施领导和指挥。

领导人物 总统马德尔·费伦茨（2000 年 8 月当选）。国防部长萨波·亚诺什（1998 年 7 月上任）。总参谋长福多尔·拉约什上将（1999 年 8 月上任）。

武装力量 **兵力** 现役部队 3.381 万人。

陆军 1.316 万人。编成 1 个机械化师和 1 个训练师，辖 3 个摩步旅、1 个混合炮兵旅、1 个工兵旅、1 个地空导弹团、1 个炮兵营、1 个反坦克营、1 个侦察营、2 个训练中心、1 个多瑙河联队（旅）、1 个多瑙河扫雷营、1 个宪兵团。另有 4 个预备役摩步旅。

坦克：T－55 型 515 辆（其中 108 辆库存）、T－72 型 238 辆。装甲侦察车：FUGD－442型 104 辆。步战车：BMP－1 型 490 辆、BRM－1K 型 12 辆、BTR－80A型 178 辆。装甲输送车：BTR－80型 459 辆、PSZHD－944型 336 辆（其中 83 辆库存）、MT－LB 型 4 辆。牵引炮：122 毫米 M－1938 型 230 门（42 门库存）、152 毫米 D－20 型 302 门（108 门库存）。自行炮：122 毫米 2S1 型 151 门。火箭炮：122 毫米 BM－21 型 56 门。迫击炮：120 毫米 M－120 型 100 门（1 门库存）。反坦克导弹：AT－3“耐火箱”115 具、AT－4“塞子”30 具、AT－5“拱肩”224 具。反坦克炮：85 毫米 D－44 型 162 门（全部库存）、100 毫米 MT－12 型 106 门。高炮：57 毫米 S－60 型 186 门（43 门库存）。地空导弹：SA－7 型 243 部、SA－14 型 60 部、“西北风”型 45 部。

空军 7500 人。编成 2 个歼击机团、1 个武装直升机团、1 个混合运输机团、2 个防空导弹团。

歼击机：米格－29 型 27 架、米格－21 型 61 架、米格－23 型 9 架（全部封存）；运输机：安－26 型 8 架、Z－43 型 4 架、米－2 型直升机 20 架、米－8/－17 型直升机 25 架。教练机：拉－39 型 19 架、雅克－52 型 12 架。武装直升机：米－24 型 51 架、米－8/－17 型 23 架、米－9 型 1 架、米－17 型 2 架。空空导弹：AA－2 型“环礁”、AA－8 型“蚜虫”、AA－10 型“杨树”和 AA－11 型“射手”若干枚。空地导弹：AT－2 型“蝇拍”和 AT－6 型“螺旋”若干枚。地空导弹：SA－4 型 12 部、SA－2/－3/－5型 66 部、SA－6 型 20 部。

预备役 9.03 万人，其中陆军 7.49 万人，空军 1.54 万人（服役年限到 50 周岁）。

准军事部队 1.4 万人。其中内务部所属边防军 1.2 万人，编成 11 个边防区（团级）和 1 个布达佩斯防区（包括 7 个快反分队），装备有 33 辆 PSZH 型和 68 辆 BTR－80 型装甲输送车；内务部队（警察）2000 人，装备有 33 辆 PSZH 型和 40 辆 BTR－80 型装甲输送车。

兵役制度 实行义务兵役制。士兵服役期为 6 个月（2002 年 1 月开始）。军官最高服役年限为 55 周岁。

军衔 共分 6 等 20 级：即将官 4 级（上将、中将、少将、准将）、校官 3 级（上校、中校、少校）、尉官 3 级（上尉、中尉、少尉）、准尉 3 级（一级准尉、二级准尉、三级准尉）、军士 3 级（上士、中士、下士）、兵 4 级（上等兵、中等兵、下等兵、列兵）。

驻外兵力 参加联合国驻波黑多国执行部队军事观察团 4 人；驻克罗地亚多国执行部队 310 人（1 个工兵营）；驻塞浦路斯观察团 116 人；驻埃及军事警察团 41 人；驻格鲁吉亚军事观察团 8 人；驻伊拉克－科威特军事观察团 6 人；驻西撒哈拉军事观察团 6 人；驻南斯拉夫多国维和部队 325 人。

军队节日 建军节为 5 月 21 日。

（赵严芳）

意大利

国　　名　意大利共和国。

主要统计　面积 30.1277 万平方千米。人口 5718.4 万人，（其中，13～17 岁男 148.3 万人，女 140.9 万人；18～22 岁男 168 万人，女 160.1 万人；23～32 岁男 439.7 万人，女 424.2 万人）。国内生产总值 2257 万亿里拉，约合 1.1 万亿美元国防费 34.2 万亿里拉，约合 155 亿美元（2001 年国防预算）。粗钢 2580.1 万吨（1997 年）。原油 4100 万桶（1997 年）。天然气 192.71 亿立方米（1997 年）。发电量 2507.75 亿度（1997 年）。粮食 2100.5 万吨（1999 年）。海运能力，商船（载重 100 吨以上）1966 艘，总载重量 714.95 万吨（2001 年）。民航能力，固定航班机场 34 处，客运量 294.71 亿人千米，货运量 12.19 亿吨千米（2001 年）。

国防体制　国防体制是以国防部长（文官）为首，国防参谋长和国防秘书长分别主管军事和后勤的管理双轨制。武装力量由正规军和准军事部队组成，正规军分陆军、空军、海军 3 个军种，准军事部队由宪兵、公安警察和财政警察等构成。总统为武装部队最高统师，他通过总理、国防部和国防参谋部对全国武装力量实施领导和指挥。最高国防机构是最高国防委员会，成员包括总统、总理和国防、外交、内政、国库与预算、工业、农业部长和国防参谋长，由总统任主席，总理任副主席。最高国防咨询机构是武装力量高级委员会，下设陆、海、空三个小组，该委员会主席由三名组长中军衔最高、资历最深者担任。参谋长委员会为国防部最高军事咨询机构，由国防参谋长任主席。国防部是最高行政机构，国防部长负责具体实施各项国防政策。国防参谋部是最高军事指挥机构，下辖陆、海、空军参谋部。国防参谋长是全军最高军事首长，他通过国防参谋部、国防秘书厅和军种参谋部对三军进行行政管理。国防秘书长又兼任国防军备主任，并接受国防部长和国防参谋长的双重领导，负责国防部的行政事务和军队装备、人事管理等。

领导人物　总统卡洛·阿泽利奥·钱皮（1999 年 5 月上任）。总理西尔维奥·贝卢斯科尼（2001 年 6 月）。国防部长安东尼奥·马蒂诺（2001 年 6 月）。国防参谋长罗兰多—莫斯卡·莫斯基尼中将。陆军参谋长弗朗切斯科·切尔沃尼中将（1996 年 12 月上任）。海军参谋长马尔切诺·德唐诺中将。空军参谋长安德列亚·福尔纳谢罗中将（1999 年 2 月上任）。国防秘书长兼国家军备主任迪保拉中将。

武装力量　**兵力**　现役部队 23.035 万人（义务兵 8.676 万人）。

陆军　13.7 万人（包括 6.3 万名义务兵）。编有 1 个作战指挥部，3 个战区司令部，下辖：1 支快速反应部队（1 个机械化旅、1 个空中机动旅、1 个空降旅、1 个工程兵团、1 个两栖团）；1 支山地部队（3 个山地旅、1 个工程兵团、1 个陆航团、1 个山地空降营）；2 支本土防御部队（2 个坦克旅、1 个装甲旅、4 个机械化旅、2 个工程兵团、1 个陆航团）；1 个支援部队司令部，下辖 1 个炮兵师（其中“霍克”地空导弹团 2 个、近距离防空团 2 个）、1 个炮兵旅（其中重炮团 1 个、炮团 2 个、三防团 1 个）、1 个工程兵旅（含 3 个团）、1 个陆航师（陆航团 3 个，陆航营 1 个）。

坦克：1349 辆。其中“豹Ⅰ”式 819 辆，“半人马座”式 B－1 型 368 辆，“阿雷斯特”式 162 辆。装甲步兵战车：26 辆。装甲输送车：2777 辆，其中 M－113 型 827 辆，VCC－1 型 565 辆，VCC－2 型 1228 辆，“菲亚特”6614 型 157 辆。装甲防空车：LVTP－7 型 14 辆。牵引炮：325 门，其中 105 毫米 157 门，155 毫米 168 门。自行炮：155 毫米 260 门，203 毫米 9 门。火箭炮：227 毫米 22 门。迫击炮：81 毫米 1200 门，120 毫米 774 门。反坦克导弹：“陶 2B”式 426 具，“陶Ⅰ”式 432 具，“米兰”式 752 具。火箭筒：“铁拳”3 型 1860 具。无座力炮：80 毫米 434 门。高炮：25 毫米 208 门。地空导弹：“霍克”60 部，“毒刺”112 部，“防空卫士”/“蝮蛇”32 部。武装运输机：SM－1019 型 6 架，DO－228 型 3 架，P－180 型 3

架。直升机：361 架，其中攻击直升机 45 架。无人驾驶机："奎宿九星" 20 型 5 架。

海军　3.8 万人（包括 2500 名海军航空兵，1200 万名海军陆战队，1.1 万名义务兵）编有 1 个舰队司令部（兼北约地中海常设舰队司令部），5 个战区司令部，4 个海军基地。

轻型航母："加里波第" 级 1 艘。潜艇：7 艘，其中"佩希罗"级 4 艘，"萨乌罗" 级 3 艘。巡洋舰："维·维纳托" 级 1 艘。驱逐舰：4 艘，其中"勇敢"级2 艘，"大胆" 级 2 艘。护卫舰：16 艘，其中"西北风" 级 8 艘，"狼"级 4 艘，"炮手" 级 4 艘。海岸警卫舰艇：15 艘。水雷战舰艇：13 艘，其中"山地步兵" 级 1 艘，"莱里齐" 级 4 艘，"加埃塔" 级 8 艘。两栖登陆舰艇：3 艘，其中"圣乔治奥" 级 2 艘，"圣朱斯托" 级 1 艘，另外还有 33 艘小艇。支援舰船：29 艘。特种部队司令部 - 水下袭击司令部共有 4 个大队，1 支水下作战部队，1 所学校和 1 个研究所。

海军陆战队　"圣马可" 大队共 1200 人。编有 1 个作战大队，1 个训练大队和 1 个后勤大队。装备有 VCC - 1 型装甲输送车 30 辆，LTVP - 7 型两栖装甲车 10 辆，81 毫米迫击炮 16 门，106 毫米无座力炮 8 门，"米兰" 式反坦克导弹 6 具。

海军航空兵　2500 人。装备作战飞机 18 架，武装直升机 80 架。

空军　5.535 万人。（包括 1.276 万名义务兵）编有 8 个攻击战斗机中队，6 个战斗轰炸机中队，2 个海上侦察机中队，1 个电子战机中队，3 个运输机中队，1 个加油机/运输机中队，2 个通讯联络机中队，7 个教练机中队，1 个空中加油机中队，4 个搜索与救援中队，3 个"奈基" 地空导弹中队和 9 个"斯帕塔" 地空导弹中队。

攻击战斗机："旋风" 式 95 架，F - 104ASA型 55 架，TF - 104G 型 11 架，AMX 型 74 架，MB - 339CD型 14架。"大西洋" 式海上反潜机 10 架。空中加油/运输机："波音 - 707 - 320" 型 2 架。运输机：C - 130H 型 9 架，C - 130J 型 5 架，G - 222 型 23 架，DC9 - 32 型 1 架，"湾流" 3 - VIP 型 1 架，"猎鹰" 900VIP 型 2 架。联络/电子战飞机：P - 166 - DL3型 5 架，P - 180 型 5 架，PD - 808 型 4 架，SIAI - 208型 33 架。教练机：MB - 339型 70 架，AMX - T型 74 架，SF - 260M型 33 架。无人驾驶机：4 架。直升机：106 架，其中 HH - 3F 型 23 架、SH - 3D 型 1 架、AB - 212型 31 架、NH - 500D 型 51 架。装备有 AIM - 9L "响尾蛇"、"蝮蛇" 型空空导弹；AGM - 88 "哈姆"、"鸬鹚" 型空地导弹；"奈基"、"斯巴达" 型地空导弹若干。

准军事部队　25.22 万人。其中：宪兵 10.97 万人（属内政部）。编有 1 个宪兵总司令部，下辖本土宪兵、机动与特种宪兵等。本土宪兵编为 5 个师，18 个团，94 个大队，1 个训练旅。机动与特种作战大队编有 1 个师，2 个旅，1 个骑兵团，1 个特种作战大队，13 个机动营，1 个空降营，以及若干海、空宪兵支队。装备有各型装甲输送车 68 辆，其中"菲亚特" 6616 型 48 辆，VCC2 型装甲车 20 辆；直升机 92 架，其中"阿古斯塔" A - 109 型 24 架、AB - 206 型 38 架、AB - 412 型 30 架；舰艇 174 艘，其中海岸巡逻艇 72 艘，近岸巡逻艇 74 艘，近海巡逻艇 28 艘。

公安警察　7.9 万人（属内政部）。编有 11 个机动分队，装备装甲输送车"菲亚特" 6614 型 40 辆，P - 68型飞机 5 架，直升机 41 架，其中有 A - 109 型 12 架，AB - 206型 20 架，AB - 212型 9 架。

财政警察　6.35 万人（属财政部）。编有 14 个区，20 个团，128 个大队。装备有P - 166 - DL3型飞机 5 架，直升机 80 架，近岸巡逻艇 3 艘，其他舰艇 300 余艘。

港口控制部队　在紧急情况下受海军领导。装备有近岸巡逻艇 11 艘，其他舰艇 300 余艘，AB - 412型搜索救援机 8 架，P - 166 - DL3型飞机 12 架

预备役部队　6.52 万人，其中陆军 1.19 万人，海军 2.3 万人，空军 3.03 万人。

兵役制度　目前实行义务兵和志愿兵相结合的兵役制度。意军已决定于 2006 年实现军队职业化和从 2000 年起开始征召女兵，并将兵役制度改为志愿兵役制，计划到 2007 年前废除义务兵役制，但在发生"特别重大危机" 的情况下，仍保留实施义务兵役制的可能。服役年龄为 18 岁，陆、海、空义务兵服役期均为 10 个月，而志愿兵的服役期限根据所签合同分为 3 至 5 年不等。各级军官最高服役期限：将官 65 岁、校官 57 岁、尉官 50 岁。

军衔　分 5 等 19 级：将官 4 级（四星中将、三星中将、少将、准将），校官 3 级（上校、中校、少校），尉官 3 级（上尉、中尉、少尉），军士 6 级（军士长、一级上士、二级上士、三级上士、中士、下士），兵 3 级（一等兵、二等兵、列兵）。

驻外兵力　驻德国空军部队 92 人，驻马其顿空军部队 16 人，驻美国空军部队 33 人，驻加拿大空军部队 10 人。参加联合国维和部队：阿尔巴尼亚维和部队 1160 人；波黑维和部队 1500 人，1 个机械化步

兵旅团；埃及 77 人；埃塞俄比亚/厄立特里亚 149 人，包括 5 名军事观察员；科索沃维和部队 4200 人；黎巴嫩维和部队 58 人、1 个直升机分队；印度/巴基斯坦边境军事观察员 6 人；伊拉克/科威特边境军事观察员 6 人；中东军事观察员 8 人；西撒哈拉军事观察员 5 人。

外国驻军 北约南欧盟军司令部设在那不勒斯。美国在意驻军 1.085 万人，其中陆军 2200 人，海军 4400 人，空军 4140 人，海军陆战队 110 人。美国第六舰队基地在那不勒斯附近的加埃塔、那不勒斯、西西里的西戈耐拉和撒丁岛附近的马达莱纳岛设有基地。

军队节日 建军节 11 月 4 日。

（李强洲）

英 国

国 名 大不列颠及北爱尔兰联合王国。

主要统计 面积 24.41 万平方千米（包括内陆水域）。人口 5893.8 万人（其中 13～17 岁男 192.6 万人，女 183.9 万人；18～22 岁男 177.2 万人，女 169 万人；23～32 岁男 399.7 万人，女 382.6 万人）。国内生产总值 9340 亿英磅，约合 1.4 万亿美元（2000 年）。国防费 238 亿英磅，约合 340 亿美元（2001 年国防预算）。天然气 992.16 亿立方米（1997 年）。原煤 4849.5 万吨（1997 年）。原油 8.93 亿桶（1997 年）。发电量 3449.55 亿度（1997 年）。粮食 2204.5 万吨（1999 年）。海运能力，商船（载重 100 吨以上）1631 艘，总载重量 435.5 万吨（2001 年）。民航能力，固定航班机场 57 处，客运量 1248.47 亿人千米，货运量 38.32 亿吨千米（2001 年）。

国防政策 积极参与世界事务，维护英国的国际地位；依靠和借助北约集体防务力量来保卫欧洲和英国本土安全，并扩大英国在欧洲的影响；积极加强与英联邦国家的联系，保护其广泛的海外利益；保持核威慑力量；保持强大的常规部队；突出强调质量建军和联合快速反应部队的建设，重点提高英军处理各种危机、应付突发事件的快速反应能力，努力维护英国在欧洲及海外传统势力范围的战略利益，积极参加联合国的维和行动，维护英国的战略利益。

军事战略 英国在冷战后对其军事战略进行调整，确定“应变抉择”的军事战略。其核心是：以北约集体防务为支柱，以核威慑为后盾，重点提高部队应付突发事件的能力，以加强军队的质量。具体情况如下：陆军近年的规模虽然在缩小，但更加重视改善军队的装备，着重提高部队的机动性和灵活性；海军的军事战略由“前沿防御”向“机动防御”转变，并着重提高海军处理各种危机和应付突发事件“机动、应变”能力，其作战任务转向独立自主或盟国联合对付涉及国家利益的地区可能发生的危机，能够在远离本土地区迅速调遣、展开部队。空军的主要任务是在多个危机发生地区调遣和机动作战。在指导思想上，强调依靠北约确保欧洲和英国的安全。在防务安排上，积极参与北约集体防务和欧洲的维和行动。在军事部署上，减少驻德国部队。在军队建设上，强调走“少而精”的质量建军的道路。

国防体制 女王伊丽莎白二世为英军名义上的最高统帅。最高军事决策机构是“国防与海外政策委员会”，首相任主席，成员有国防大臣、外交大臣、内政大臣、财政大臣等；必要时，国防参谋长和三军参谋长列席会议。国防部为国防执行机构，既是政府行政部门，又是军事最高司令部，负责具体贯彻和执行首相和“国防与海外政策委员会”的指示和决议，并负责制定政策、预算和三军的作战指挥。武装力量由正规军与预备役部队组成。正规军分陆、海、空三个军种。首相通过国防部和国防参谋部对全国武装力量实施领导和指挥。战时则组成战时内阁，指挥作战。

领导人物 女王伊丽莎白二世（1952 年即位，1953 年加冕）是英国武装力量名义上的最高统帅。国防大臣杰弗里·胡恩（2001 年 6 月上任）。英国国防参谋长博伊斯海军上将。陆军参谋长麦克尔·沃克上将（2000 年 4 月上任）。海军参谋长奈杰尔·艾森海上将。空军参谋长彼得·斯夸尔上将（2000 年 4 月上任）。

武装力量 **兵力** 现役部队21.143万人。

陆军 11.395万人（其中女兵7750人）。编有1个地面部队司令部，3个军区，3个师部，1个装甲师，1个机械化师，1个空中突击旅，14个步兵旅群。

坦克：共636辆，其中“挑战者Ⅱ”式294辆，“挑战者”式338辆，“酋长”式4辆，“蝎”式轻型坦克1辆。装甲侦察车：“短弯刀”式318辆，“佩刀”式138辆，“狐狸”式11辆。装甲步兵战车：586辆。装甲输送车：AFV－432型1150辆，“斯巴达人”FV－130型597辆，“萨克森”式650辆，“萨拉逊”式1辆。牵引炮：105毫米233门，155毫米67门。自行炮：155毫米AS－90型179门。火箭炮：227毫米63门。迫击炮：81毫米543门。反坦克导弹：“米兰”876具，“陶式”60具。地空导弹：“星光”147部，“标枪”335部，“轻剑”72部。攻击直升机：258架。

海军 4.353万人（其中女兵3330名）。编有1个舰队，5个分舰队，8个海军基地。

航母：“常胜”级反潜航母3艘。战略攻击潜艇：4艘。战术攻击潜艇：“特拉法尔加”级7艘，“快速级”5艘。驱逐舰：11艘。护卫舰：共20艘，其中“康沃尔”级4艘，“大刀”级1艘，“诺福克”级15艘。巡逻艇：23艘。水雷战舰艇：23艘。两栖登陆舰：6艘。各型支援舰艇：20艘。

海军航空兵 6740人（其中女兵330名）。装备作战飞机34架，武装直升机120架。

海军陆战队 6740人。装备有81毫米迫击炮，“米兰”反坦克导弹，“标枪”、“吹管”地空导弹，直升机9架。两栖舰艇：28艘。

空军 5.395万人（其中女兵5480名）。编有5个轰炸机中队、5个攻击战斗机中队、4个侦察机中队、3个海上侦察机中队、2个电子预警机中队、1个电子对抗/情报搜集中队、3个运输机/加油机中队、1个教练机中队、9个直升机中队、2个搜索与救援中队。作战飞机427架。

战斗机：“旋风GR－4/4A”型80架，“旋风GR－1/1A”型43架，F－3型94架，“美洲虎”53架、“鹞”94架，“隼”121架，“堪培拉”7架，“猎人”24架，“哨兵”E－3D型7架，“三星”型9架，VC－10型20架，“大力士”C－130型51。架直升机：173架。

战略力量 1900人。战略导弹核潜艇4艘，每艘携带16枚“三叉戟”D5型弹道导弹和48个核弹头。

预备役部队 24.71万人。

部署 陆军主要部署在德国和英国境内。海军重点部署在英吉利海峡沿岸一线及直布罗陀海峡。空军集中在德国境内和英格兰地区。

兵役制度 实行志愿兵役制，服役期3、6、9、12、15年不等，一般最长为22年。各级军官最高服役年限：元帅和上将为60岁、中将59岁、少将57岁、准将至少校55岁；尉官从授予军衔起，16年内不能晋升至少校军衔的就必须退役。此外，英军的预备役分为两种：一种为正规预备役；另一种为志愿与辅助预备役。

军衔 分8等19级：元帅1级（只在战时授予），将官3级（上将、中将、少将），准将1级，校官3级（上校、中校、少校），尉官3级（上尉、中尉、少尉），准尉2级（一级准尉、二级准尉），军士3级（上士、中士、下士），兵3级（一等兵、二等兵、新兵）

驻外兵力 海外驻军主要分布在德国（1.71万人）、塞浦路斯（3250人）、直布罗陀（565人）、福克兰群岛（1500人）、尼泊尔（90人）、塞拉利昂（660人）等国家和地区。参加联合国维和行动：其中波黑维和部队2600人，塞浦路斯维和部队403人，驻东帝汶4个，驻格鲁吉亚7人、伊拉克/科威特维和部队300人、沙特阿拉伯569人、意大利350人、塞拉里昂24人，土耳其185人，南斯拉夫维和部队3900人，其他在26个国家派有军事观察员458名。

外国驻军 美国驻军1.128万，其中陆军380人，海军1220人，空军9550人；美国海军陆战队120人；北约西北欧盟军司令部等。

（李强洲）

美洲和大洋洲国家军事概况

阿 根 廷

国　　名　阿根廷共和国。

主要统计　面积 278 万平方千米。人口 3758.7 万人（其中，13～17 岁男 163.1 万人，女 157.8 万人；18～22 岁男 165.1 万人，女 160.2 万人；23～32 岁男 282.4 万人，女 275.6 万人）。国内生产总值 2783 亿美元（2000 年）。国防费 31 亿美元（2000 年国防预算）。原煤 25 万吨（1997 年）。钢 379.7 万吨（1999 年）。原油 3.06 亿桶（1997 年）。天然气 349.59 亿立方米（1997 年）。发电量 730.01 亿度（1997 年）。粮食 3342.6 万吨（1999 年）。海运能力，商船（载重 100 吨以上）423 艘、总载重量 117.31 万吨（2001 年）。民航能力，固定航班机场 39 处、客运量 117.35 亿人千米、货运量 13.07 亿吨千米（2001 年）。

国防体制　宪法规定，总统为武装力量最高统帅。国防部为政府中一个部，是最高军事行政机构，负责战时国家军事政策的制定与执行，以及对国防科研和军工生产实施领导，部长由文人担任。武装力量由正规军和准军事部队组成。正规军由陆、海、空三军组成。联合参谋部系国防部领导下的各军种协调机构。平时参与制定整体军事战略计划，研究和确定军事理论，组织联合军事训练、演习，制定军事动员计划，搜集战略情报，协调阿维和部队行动；战时协调三军联合作战。总统通过国防部长和各军种参谋长对全国武装力量实施领导和指挥。

领导人物　总统兼武装力量最高统帅爱德华多·杜阿尔德（2002 年 1 月上任）。国防部长奥拉西奥·豪纳雷纳（2001 年 3 月上任）。武装力量联合参谋长胡安·卡洛斯·穆格诺罗陆军上将（1999 年 12 月上任）。陆军总参谋长皮卡多·吉列尔莫·布里索尼上将（1999 年 12 月上任）。海军总参谋长霍阿金·埃加多·斯特拉上将（1999 年 12 月上任）。空军总参谋长瓦尔特尔·多明戈·巴尔贝罗上将（1999 年 12 月上任）。

武装力量　**兵力**　现役部队 7.01 万人。

陆军　4.14 万人。编有 3 个军部，下辖 2 个装甲旅、4 个机械化旅、2 个山地旅、1 个丛林旅、1 个教导旅、1 个空降旅、1 个装甲骑兵团、1 个摩步营、1 个防空营、3 个航空兵营，2 个工程兵营和 2 个特种保安大队。

坦克：“坦姆”200 辆、AMX－13 型 50 辆、SK－105“骑兵”100 辆。步兵战车：“坦姆”VCTP 式 160 辆。装甲侦察车：AML－90 型 75 辆。装甲输送车：M－5“半履带”型 126 辆、M－113 型 323 辆。牵引炮：105 毫米 100 门、155 毫米 100 门。自行炮：155 毫米 35 门。火箭炮：105 毫米 5 门、127 毫米 5 门。迫击炮：81 毫米 1100 门、120 毫米 360 门。无座力炮：75 毫米、90 毫米、105 毫米共计 1105 门。高炮：30 毫米、40 毫米共计 97 门。反坦克导弹：SS－11/－12 型　600 具、“马托戈”2100 具。火箭筒：66 毫米若干具。地空导弹：“山猫”、“吹管”型约 80 部。各型飞机 43 架，直升机 72 架。

海军　1.62 万人（含海军陆战队和海军航空兵）。划分为 3 个军区。编有水面舰艇、潜艇、陆战队和航空兵 4 个司令部。

反潜潜艇：“圣塔·克鲁斯”级 2 艘、“萨尔塔”级 1 艘。导弹驱逐舰：“大力神”级 2 艘、“布朗海军上将”级 4 艘。护卫舰：“埃斯波拉”级 5 艘、“德鲁蒙得”级 3 艘。巡逻舰：3 艘。巡逻艇：114 艘。导弹攻击快艇：2 艘。两栖登陆舰：20 艘。海岸猎雷艇：2 艘。测量船：3 艘。训练舰：1 艘。辅助船只：61 艘。

陆战队　2800 人，编有 1 个两栖装甲营、1 个防空营和 3 个步兵营、4 个炮兵营、2 个海上特遣队、1 个指挥大队和 6 个特种分队。装备装甲侦察车：“大山猫”ERC－90 型 12 辆。装甲突击车：LVTP－7 型 21 辆、LARC－5 型 13 辆。装甲输送车：“蜡咀鱼”6辆、“庞阿尔”VCR 型 36 辆。牵引炮：105 毫米 18

门。迫击炮：81毫米70门、120毫米12门、反坦克导弹："矮脚鸡"和"眼镜蛇"共50部。火箭炮：89毫米60门。无后座力炮：105毫米30门。高炮：30毫米12门、35毫米若干门。地空导弹：RBS－70型6部。

海军航空兵　2000人。装备各型飞机72架，内含作战飞机25架、武装直升机22架。空舰导弹：AM－39"飞鱼"、AS－12、"马提姆·佩斯卡多尔"式若干枚。空空导弹：R－550"魔术"若干枚。

空军　1.25万人。编有作战、人事、军区、后勤4个司令部，下辖8个航空旅、1个航空航天测控大队、1个电子战大队。共有作战飞机130架，武装直升机27架。

战斗机："幻影"V型6架、"战鹰"A－4AR型36架、"幻影"III　EA型13架、"鹰"式23架、IA－58型29架。运输机：波音707型4架、C－130型13架、DHC－6型6架、F－27型7架、F－28型4架、IA－50型3架。侦察/航测机：波音707型1架、IA－50型2架、"利尔杰特"35A型3架。搜索/救援直升机：31架。教练机："教练"B－45型30架、EMB－312型27架、IA－63型13架、MS－760型10架、SU－29AR型8架。教练直升飞机：3架。地空导弹："罗兰"、SAM－3型若干部。高炮：35毫米、200毫米87门。雷达：TPS－43型6部。空地导弹：ASM－2"马提姆·佩斯卡多尔"型若干枚。空空导弹：AIM－9B"响尾蛇"、R－530、R－550、"蜻蜓"式若干枚。

准军事部队　3.124万人，其中宪兵（归内政部领导）1.8万人，海岸警卫队1.324万人。

部署　海军基地9处（乌斯怀亚、布兰卡港、贝尔格拉诺港、马德普拉塔、布宜诺斯艾利斯等）空军12处基地（里奥加列戈斯、里瓦达维尔、莫雷诺、但迪尔、埃尔帕洛马尔、雷诺兹、布鲁梅里约、比亚雷诺尔德、门多萨、科尔多瓦、巴拉那、雷孔基斯塔）。

兵役制度　实行志愿兵役制，士兵服役期为2年。

军衔　军衔分5等20级：将官3级（上将、中将、少将）、校官3级（上校、中校、少校，陆军自1992年起增设大校军衔）、尉官4级（上尉、中尉、少尉、准尉）、军士7级（一级军士长、二级军士长、一级上士、二级上士、三级上士、中士、下士）、兵3级（上等兵、二等兵、列兵）。

军队节日　5月29日为陆军节，5月17日为海军节，8月10日为空军节。

（吴永业）

巴　　西

国　　名　巴西联邦共和国。

主要统计　面积854.7403万平方千米。人口1.71863亿人（其中，13～17岁男887.3万人，女877.3万人；18～22岁男849.4万人，女848.3万人；23～32岁男1468.5万人，女1483.5万人）。国内生产总值6430亿美元（2000年）。国防费88亿美元（2001年国防预算）。原煤119.5万吨（1997年），原油3.07亿桶（1997年）。天然气54.62亿立方米（1996年）。发电量3079.86亿度（1997年）。粮食4763.5万吨（1999年）。海运能力，商船（载重100吨以上）635艘、总载重量934.83万吨（2001年）。民航能力，固定航班机场139处、客运量350.28亿人千米、货运量10.31亿吨千米（2001年）。

国防体制　宪法规定，总统为武装力量最高统帅。最高国防决策机构为国家安全委员会，由总统任主席。国防部为政府中的一个部，是巴武装力量最高领导机构。在国防部长的统一领导下，各军种司令部负责本军种事务。国防部下设行政秘书长，负责非军事事务。巴西武装力量由正规军和准军事部队组成。正规军由陆、海、空三军组成。总统通过国防部对全国武装力量实施领导和指挥。

领导人物　总统兼武装力量最高统帅费尔南多·恩里克·卡多佐（1995年就职，1999年连任）。国防部长热拉尔多·金唐（2000年1月上任）。陆军司令克莱乌贝尔·维埃拉上将（1999年1月上任）。海军司令塞尔吉奥·吉提拉纳·弗洛伦西奥·沙加斯特雷斯上将（1999年1月上任），空军司令瓦特尔·威尔奈·博拉乌埃尔上将（1999年1月上任）。

武装力量 **兵力** 现役部队28.76万人。

陆军 18.9万人。分为7个司令部、11个军区。编有8个师、1个装甲骑兵旅、3个装甲步兵旅、4个机械化骑兵旅、10个摩步旅、1个轻型旅、4个丛林旅、1个边境旅、1个空降旅、1个海岸防空旅，1个直升机旅、3个骑兵团、10个炮兵大队、2个工兵大队和10个工兵营。

坦克："豹"I型87辆、M－60A3型91辆、M－41B/C型286辆。装甲侦察车：EE－9"响尾蛇"409辆。装甲输送车：EE－11"蝰蛇"219辆、M－113型584辆。牵引炮：105毫米、155毫米489门。自行炮：105毫米72门、155毫米40门。火箭炮：108毫米10余门。无座力炮：84毫米、106毫米290门。迫击炮：81毫米、107毫米、120毫米共计1020门。反坦克导弹："米兰"4具、"红沙蛇"18具。火箭筒：84毫米115具。高炮：35毫米、40毫米134门。地对空导弹："罗兰"II型4部、SA－18型40部。直升机70架。

海军 4.86万人（含海军陆战队和海军航空兵）。分为6个海区和1个海军管理区，编有1个舰队总司令部和1个陆战队司令部。

航母："克莱蒙梭"级1艘、"巨人"级1艘。潜艇："图皮"级4艘。护卫舰："大刀"级4艘、"尼泰罗伊"级6艘、"帕拉"级4艘。小型护卫舰："伊尼亚乌玛"级4艘。两栖登陆舰："托马斯顿"级2艘、"新港"级1艘、其他型号13艘。巡逻舰艇：50艘。海岸扫雷艇：6艘。训练舰：2艘。训练艇：6艘。测量船：9艘。辅助船只：65艘。

海军陆战队 1.39万人，编有1个两栖作战师、1个支援司令部、1个陆战队保安部队（分为8个地区大队）。装备有装甲侦察车：EE－9"响尾蛇"6辆。装甲突击车：LVTP－7A1型11辆、AAV－7A1型13辆。装甲输送车：M－113型28辆、EE－11"蝰蛇"5辆。牵引炮：105毫米、155毫米39门。迫击炮：81毫米、120毫米共8门。反坦克导弹：RB－56"比尔"若干具。火箭筒：89毫米若干具。无后座力炮：106毫米8门。高炮：40毫米6门。

海军航空兵 1150人，装备各型飞机94架，内作战飞机22架、武装直升机54架。空舰导弹：AS－11、AS－12、"海上大鸥"式若干枚。

空军 5万人。编有5个司令部（防空、战术、海上、运输、训练）、2个战斗机中队、3个攻击战斗机中队、2个战斗/教练机中队、2个侦察机中队、7个联络/侦察机中队、3个海面侦察/搜索救援机中队、13个运输机中队。作战飞机281架、武装直升机29架。

战斗机："幻影"F－103E/D型18架。攻击战斗机：F－5E/－B/－F型47架、AMX型50架。战斗/教练机：AT－26/33型53架。侦察机：RC－95型4架、RT－26型10架、"利尔杰特"35型12架、RC－130E型3架。联络/侦察机：T－27型8架、U－7型31架。预警/电子战飞机：R－99A型5架、R－99B型3架、"驯鹰者"800XP型4架。运输机：C－130H型9架、KC－130H型2架、KC－137型4架、C－91型12架、C－95A/B/C型103架、C－115型24架、EC－9型6架。专机：VC－91型1架、VC/VU－93型12架、VC－96型2架、VC－97型5架、VU－9型5架、波音737－200型2架、VH－4型直升机3架。运输直升机：AS－332型6架、AS－355型8架、贝尔206型4架、HB－350B型27架。武装直升机：UH－1H型29架。海面侦察/搜索救援机：EMB－110B型10架、EMB－111型20架。联络机：C－42型50架、"大蓬车"C－98型3架、U－42型30架。教练机：AT－26型38架、C－95A/B/C型97架、T－23型25架、T－25型98架、T－27型61架、AMX－T型14架。教练直升机：OH－6A型4架、OH－13型25架。靶机：C－95型2架、EC－93型1架、EC－95型4架、U－93型1架。空空导弹："响尾蛇"AIM－9B、R－530型、"魔术"2型、"剪刀鱼"MAA－1型若干枚。

预备役部队 134万人。

准军事部队 38.56万人。

兵役制度 巴实行义务兵和志愿兵相结合的兵役制度。陆、海、空军服役期均为1年，特种兵服役期为1年半。服役期满后，可以自愿与军队签约延长服役期。海军舰艇部队和陆军伞兵部队的士兵全部为志愿兵。

军衔 分5等16级：将官3级（上将、中将、少将）、校官3级（上校、中校、少校）、尉官4级（上尉、中尉、少尉、准尉）、军士4级（军士长、上士、中士、下士）、兵2级（上等兵、列兵）。

军队节日 8月25日为陆军节，12月11日为海军节，10月23日为空军节。

（吴永业）

秘　　鲁

国　　名　秘鲁共和国。

主要统计　面积 128.5216 万平方千米。人口 2605.8 万人（其中，13～17 岁男 136.9 万人，女 135.6 万人；18～22 岁男 130.9 万人，女 130 万人；23～32 岁男 231.4 万人，女 230.4 万人）。国内生产总值 547 亿美元（2000 年）。国防费 8.27 亿美元（2001 年国防预算）。原煤 2.2 万吨（1997 年）。原油 4400 万桶（1997 年）。天然气 1.42 亿立方米（1997 年）。发电量 179．51 亿度（1997 年）。粮食 337.9 万吨（1999 年）。海运能力，商船（载重 100 吨以上）623 艘、总载重量 61.56 万吨（2001 年）。民航能力，固定航班机场 27 处、客运量 26.34 亿人千米、货运量 2.51 亿吨千米（2001 年）。

国防体制　秘宪法规定，总统为武装力量最高统帅。国防委员会为最高国防决策机构。成员有全体内阁部长和陆、海、空三军总司令，会议由总统主持。国防部为内阁中的一个部，是最高军事行政机关，负责国防预算、征兵动员、民防及军工生产等。武装力量联合指挥部为最高军事指挥机构。联指主席由陆、海、空军三位司令轮流担任。陆、海、空军总司令部分别负责各军种的作战指挥。总统通过国防部和联指对全国武装力量实施领导和指挥。

领导人物　总统兼武装力量最高统帅亚历杭德罗·托莱多（2001 年 7 月上任）。国防部长奥雷略·洛雷特·德莫拉（2002 年 1 月上任）。武装力量联合指挥部主席兼陆军总司令维克多·布斯塔曼特·雷亚特吉上将（2001 年 8 月上任）。海军总司令里卡多·雷米希·阿尔博科·里塞蒂海军上将（2001 年 11 月上任）。空军总司令豪尔赫·卡皮奥上将（2001 年 8 月上任）。

武装力量　**兵力**　现役部队 10 万人。

陆军　6 万人。划分为 6 个军区。编有 1 个空降师、3 个装甲师、1 个骑兵师、7 个步兵师、1 个丛林师、1 个总统警卫团、1 个防空大队、1 个装甲大队、2 个中炮大队、2 个野炮大队、1 个独立步兵营、1 个独立工程兵营、3 个直升机中队。

坦克：T－54/55 型 275 辆、AMX－13 型 110 辆。装甲侦察车：M－8/20 型 60 辆、M－3A1 型 10 辆、M－9A1 型 50 辆、“菲亚特”6616 型 15 辆、BRDM－2 型 30 辆。装甲输送车：M－113 型 130 辆、UR－416 型 130 辆、BTR－60 型 12 辆、REPONTEC 型 4 辆、“菲亚特”6614 型、“卡斯皮尔”型若干辆。牵引炮：105 毫米 150 门、122 毫米 42 门、130 毫米 36 门、155 毫米 36 门。自行火炮：155 毫米 24 门。火箭炮：122 毫米 14 门。迫击炮：81 毫米、107 毫米、120 毫米共 700 门。无后座力炮：106 毫米若干门。高炮：23 毫米 115 门、30 毫米 10 门、40 毫米 125 门。反坦克导弹：SS－11 型 400 具。地空导弹：SA－16/18 型、SA－7 型、“轻标枪”约 450 枚。飞机：“色斯纳”13 架、“空中皇后”65 型 1 架、U－10 型 5 架、U－17 型 3 架、U－150 型 1 架、U－206 型 2 架、AN－32B 型 4 架。直升机：“贝尔”412 型 2 架、米－26 型 3 架、米－8 型 26 架、米－17 型 13 架、SA－315 型 5 架、F－28F 型 8 架、“阿古斯塔”A－109 型 10 架。

海军　2.5 万人（含海军陆战队、海军航空兵、海岸警卫队）。划分为 5 个海军军区。编有 2 个舰队、1 个内河舰队。

潜艇：“安加莫斯”级 6 艘。巡洋舰：“德鲁伊特尔”级 1 艘。导弹驱逐舰：“果敢”级 1 艘。护卫舰：“卡瓦哈尔”级 4 艘。导弹攻击快艇：“贝拉德”级 6 艘。巡逻艇：43 艘。登陆艇：“派塔”级 4 艘。测量船：6 艘。辅助船只：16 艘。

陆战队　4000 人。编有 1 个陆战旅和 3 个独立步兵营。装备有装甲侦察车：V－100 型若干辆。装甲输送车：“突击队”V－200 型 15 辆、BMR－600 型 20 辆。火炮：122 毫米若干门。迫击炮：81、120 毫米约 18 门。无后座力炮：84 毫米、106 毫米若干门。高炮：20 毫米若干门。

海军航空兵　800 人。装备各型飞机 40 架，内作战飞机 9 架、武装直升机 9 架。地空导弹：AM－39 型若干枚。

海岸警卫队　1000 人。编有 3 个炮兵连。装备有榴弹炮：155 毫米 18 门。

空军　1.5 万人。编有 2 个攻击机大队、3 个运输机大队、3个战斗机中队、1个攻击直升机中队、1个侦察机分队。作战飞机116架、武装直升机19架。

攻击战斗机：苏-22型28架、苏-25型18架、“色斯纳”A-37B型23架。战斗机：“幻影”2000P型10架、“幻影”2000DP型2架、“幻影”5P型9架、“幻影”5DP型2架、米格-29SE型16架。武装直升机：米-24/25型10架、米-17TM型8架、卡-50型1架。侦察机：米格-25RB型3架、“利尔杰特”25B型2架、“利尔杰特”36A型2架。加油机：“波音”KC707-323C型1架。运输机：AN-32型17架、AN-72型3架、C-130A型4架、C-130D型6架、L-100-20型5架、DC-8-62F型2架、DHC-5型12架、DHC-6型8架、FH-227型1架、PC-6型9架、Y-12型6架、“波音”737型1架、F-28型1架、“猎鹰”20F型1架。运输直升机：“贝尔”206型8架、B-212型14架、B-214型5架、B-412型1架、BO-105C型10架、米-6型5架、米-8型3架、米-17型35架、SA-316型5架。联络机：“比奇”99型2架、“色斯纳”185型3架、“色斯纳”320型1架、“空中皇后”80型15架、“空中霸王”90型3架、PA-31T型1架。联络直升机：UH-1D型8架。教练机：“色斯纳”150型2架、EMB-312型25架、伊尔-103型6架、MB-339A型13架、T-37B/C型20架、T-41A/D型15架。教练直升机：“贝尔”47G型12架。空空导弹：AA-2/8/10/12型和R-550型若干枚。空地导弹：AS-30型若干枚。地空导弹：SA-2型3部、SA-3bn型6部。

预备役 18.8万人（陆军）。

准军事部队 7.7万人（国民警察）

兵役制度 实行义务兵役制。士兵服役期为2年。

军衔 分为5等18级：即将官3级（上将、中将、少将），校官3级（上校、中校、少校），尉官3级（上尉、中尉、少尉），军士6级（一级军士、二级军士、一级上士、二级上士、中士、下士），兵3级（一等兵、二等兵、列兵）。

军队节日 8月18日为陆军节，10月8日为海军节，7月23日为空军节。

（吴永业）

玻利维亚

国　　名 玻利维亚共和国。

主要统计 面积109.8581万平方千米。人口837.9万人（其中，13～17岁男51.1万人，女50.2万人；18～22岁男46.3万人，女46万人；23～32岁男72.5万人，女74.4万人）。国内生产总值85.44亿美元（2000年）。国防费1.3亿美元（2000年国防预算）。原油1200万桶（1997年）。天然气35.99亿立方米（1997年）。发电量33.8亿度（1997年）。粮食116.4万吨（1999年）。海运能力，商船（载重100吨以上）1艘、总载重量1.58万吨（2001年）。民航能力，固定航班机场14处、客运量19.68亿人千米、货运量4190万吨千米（2001年）。

国防体制 宪法规定，总统为武装力量最高统帅。国家安全委员会为最高国防决策机构，由总统任主席，成员有国防、外交、内政、财政部长、武装力量总司令以及陆、海、空军司令。国防部为最高军事行政机关，负责国防预算、征兵动员和军人福利等工作。武装力量总司令部为最高军事指挥机构，负责协调三军的作战、训练等。军队实权掌握在三个军种司令手中。总统通过国防部和武装力量总司令部对全国武装力量实施领导和指挥。

领导人物 总统费尔南多·基罗加（2001年8月上任）。国防部长奥斯卡·吉拉德·卢汉上将（2001年8月上任）。武装力量总司令安纳亚·吉佩斯上将（2000年11月上任）。陆军司令胡安·沃尔塔多·罗萨莱斯上将（2000年11月上任）。海军司令豪尔赫·巴达尼·伦斯上将（2000年11月上任）。空军司令埃尔兰达·卡马乔·曼西利亚上将（2000年11月上任）。

武装力量 **兵力** 现役部队3.15万人。

陆军 2.5万人。编有6个军区、10个师、2个团、2个独立营。

坦克：“骑兵”SK-105型36辆。装甲侦察车：EE-9“响尾蛇”型24辆。装甲输送车：M-113型18辆、V-100“突击队员”10辆、MOWAG“罗兰德”20辆、EE－11“蝰蛇”24辆。牵引炮：75毫米约80门、105毫米30门、122毫米18门。迫击炮：81毫米50门、107毫米若干门。飞机：4架。

海军　3500人（含陆战队）。划分为6个海区。编有6个分舰队。

巡逻艇：74艘。辅助船只：21艘。

陆战队　1700人。编有6个陆战营。

空军　3000人。编有2个战斗机中队、1个武装直升机中队、1个搜索与救援直升机中队、1个航测中队、3个运输机中队、1个基地防空团。作战飞机37架、武装直升机16架。

战斗机：AT－33AN型18架。武装直升机：“休斯”500M型18架。搜索与救援直升机：HB－315B型4架、SA－315B型2架。航测机：“色斯纳”206型5架、C－210型1架、C－402型1架、“利尔杰特”25A/25D型2架。运输机：L－188型1架、“军刀”型1架、CASA212型1架、C－130A/B/H型9架、F－27－400型3架、IAI－201型1架、“空中霸王”型3架、C－47型2架、“康维尔”580型3架。联络机：“色斯纳”152型9架、C－185型1架、C－206型13架、C－208型1架、C－402型2架、“幸运山毛榉”型1架、“男爵”型1架、PA－32型1架、PA－34型3架。教练机：“色斯纳”152型1架、C－172型2架、PC－7型19架、SF－260CB型4架、T－23型6架、T－34A型10架、“兰开尔”320型1架。高炮：37毫米18门、20毫米若干门。

准军事部队　3.71万人，其中国民警察3.11万人，缉毒警察6000人。国民警察编有9个旅、2个快速反应团、27个边防分队。

兵役制度　实行义务兵役制。士兵服役期为1年。军官服役期为30年。

军衔　共分6等20级：将官3级（上将、中将、少将）、校官3级（上校、中校、少校）、尉官3级（上尉、中尉、少尉）。准尉5级（特级准尉、高级准尉、一级准尉、二级准尉和初级准尉）、军士3级（上士、中士和下士）、兵3级（一等兵、上等兵、列兵）。

军队节日　11月14日为陆军节，4月24日为海军节，10月12日为空军节。

（吴永业）

厄瓜多尔

国　名　厄瓜多尔共和国。

主要统计　面积27.067万平方千米。人口1283.1万人（其中，13～17岁男72.1万人，女70.0万人；18～22岁男66.7万人，女65.0万人；23～32岁男114.7万人，女112.3万人）。国内生产总值139.21亿美元（2000年）。国防费4亿美元（2001年国防预算）。原油1.37亿桶（2000年）。天然气1.04亿立方米（2000年）。发电量95.6亿度（1997年）。粮食185.9万吨（1999年）。海运能力，商船（载重100吨以上）154艘、总载重量50.41万吨（2001年）。民航能力，固定航班机场14处、客运量9.24亿人千米、货运量1.16亿吨千米（2001年）。

国防体制　厄宪法规定，总统为武装力量最高统帅。国家安全委员会为最高国防决策机构，由总统任主席，成员有议长、最高法院院长、国家发展委员会主席（由副总统兼）、内政、外交、国防和财政部长、联指司令和货币委员会主席，负责制订和监督执行国家安全政策。下设总秘书处作为常设机构。秘书长为现役将领，由国防部长提名、总统任命。国防部为政府中的一个部，是最高军事行政机关。武装力量联合指挥部为最高军事指挥机构，也是国家安全委员会的常设顾问机构。其主要任务是向总统和国防部长提供咨询，负责组织、训练和使用陆、海、空军力量。在战时或紧急状态期间有权调动和使用警察，以对付外敌和内乱。联指司令经国防部长提名，由总统任命三军现役将领中资历最深者担任。总统通过国防部和武装力量联合指挥部对全国武装力量实施领导和指挥。

领导人物　总统兼武装力量最高统帅古斯塔沃·诺沃亚·贝哈拉诺（2000年1月22日上任）。副总统佩德罗·平托·鲁维亚内斯（2000年1月27日就职）。国防部长翁达·阿吉雷斯·乌戈（2000年1月25日上任）。三军联指司令奥斯卡·伊斯奇中将（2002年2月21日上任）。陆军司令卡洛斯·莫拉莱斯中将（2002

年2月21日上任)。海军司令豪尔赫·维拉西斯海军中将(2002年2月21日上任)。空军司令里卡多·伊蒂拉尔德中将(2002年2月21日上任)。

武装力量 **兵力** 现役部队5.95万人。

陆军 5万人。划分为4个防区。编有5个步兵旅、1个装甲旅、3个丛林旅、1个空降旅、1个特种作战大队、1个航空兵大队、3个工程兵营。

主战坦克:T-55型30辆。轻型坦克:AMX-13型108辆。装甲侦察车:AML-60/90型27辆、“响尾蛇”EE-9型30辆、EE-3“哈拉拉卡”10辆。装甲输送车:M-113型20辆、AMX-VCI型80辆、“蝰蛇”EE-11型30辆。牵引炮:105毫米M2A型250门、M-101型30门、Model56型24门、155毫米M198型12门、M-114型12门。自行火炮:155毫米MKF3型10门。火箭炮:122毫米RM-70型6门。迫击炮:81毫米、107毫米、160毫米12门。无座力炮:90毫米M-67型380门、106毫米M-40A型24门。高炮:14.5毫米2PU-1/2型128门、20毫米M19-35型20门、23毫米ZU-23型34门、35毫米GDF-002型30门、37毫米18门、40毫米30L/70型30门。地空导弹:“吹管”型75部、SA-18型90部、SA-7/-8/-16型各若干部。各型飞机:12架。直升机:33架。

海军 5500人。划分为3个海军军区,编有1个舰队、1个潜艇分队。

潜艇:T-209型2艘。护卫舰:“利安德”级2艘。轻型护卫舰:“埃斯梅拉尔达斯”级6艘。导弹攻击快艇:“基多”级3艘、“曼塔”级2艘。登陆艇:LST-512-1152级1艘。海岸巡逻艇:11艘。

陆战队 1700人。编有3个陆战营。

海军航空兵 250人。装备有飞机:“超级空中霸王”200型3架、“超级空中霸王”300型1架、CN-235型1架。教练机:T-34C型3架。直升机:“贝尔”206型4架、“贝尔”412EP型2架、“贝尔”TH-57型4架。

空军 4000人。编有2个联队、4个中队。作战飞机78架。

攻击战斗机:“美洲虎”8架、“幼狮”12架、A-37B型20架。战斗机:“幻影”F-1JE/JB型14架。战斗教练机:“打击能手”MK89A型4架。运输机:“波音”727型6架、“波音”707型3架、DC-10-30型1架、“空中客车”A-310型2架、BAe-748型2架、C-130B型2架、C-130H型1架、DHC-6型1架、F-28型1架、L-100-30型1架。联络机:“空中霸王”E90型1架、“军刀”1架。教练机:AT-33型22架、“色斯纳”150型20架、C-172型5架、T-34C型17架、T-41型1架。搜索与救援直升机:AS-332型2架、“贝尔”212型1架、“贝尔”206B型6架、SA-316B型5架、SA-330型1架。空空导弹:R-550“魔术”型、超级530型、“蜻蜓”型、“大蟒”型若干枚。

预备役 10万人。

准军事部队 即海岸警卫队270人。装备有各型巡逻艇7艘。

兵役制度 实行志愿兵和义务兵相结合的兵役制度。义务兵服役期为1年。志愿兵服役期为3年。

军衔 军官和士官的军衔共分4等16级:将官3级(上将、中将、少将)、校官3级(上校、中校、少校)、尉官3级(上尉、中尉、少尉)、士官7级(军士长、一级军士、二级军士、上士、中士、一级下士、二级下士)。

军队节日 2月27日为陆军节,7月25日为海军节,10月27日为空军节。

(王 睿)

哥伦比亚

国　　名 哥伦比亚共和国。

主要统计 面积114.1748万平方千米。人口4376.5万人(其中,13~17岁男196.5万人,女187.3万人;18~22岁男191.6万人,女184.0万人;23~32岁男332.5万人,女326.3万人)。国内生产总值826.76亿美元(2000年)。国防费21亿美元(2001年国防预算)。原煤3300万吨(1999年)。原油2.39亿桶(1997年)。天然气56.82亿立方米(1997年)。发电量463.78亿度(2001年)。粮食328.6万吨

(1999 年)。海运能力，商船（载重 100 吨以上）101 艘、总载重量 40.3 万吨（2001 年）。民航能力，固定航班机场 43 处、客运量 59.91 亿人千米、货运量 8.36 亿吨千米（2001 年）。

国防体制 哥宪法规定，总统为武装力量最高统帅，是国家安全、防务事务的最高决策人。国家安全委员会为最高安全咨询机构，成员有内政、国防、司法、交通部长、武装力量总司令、国家安全局长、警察总局局长。最高国防委员会为最高军事咨询机构，成员有国防部长、武装力量总司令、陆军司令、海军司令、空军司令和警察总局局长。国防部为政府中一个部，是最高军事行政机关。武装力量总司令部是最高军事指挥机构，直接对三军行使军事指挥权。武装力量联合参谋部为武装力量总司令部的执行机构，由三军参谋长组成。陆、海、空三军司令是本军种最高军事长官，直接对本军种负责。总统通过国防部和武装力量总司令部对全国武装力量实施领导和指挥。

领导人物 总统兼武装力量最高统帅安德列斯·帕斯特拉纳（1998 年 8 月 7 日上任）。国防部长路易斯·费尔南多·拉米雷斯·阿古纳（1999 年 5 月上任）。武装力量总司令费尔南多·塔皮亚斯·斯塔埃林上将（1998 年 8 月上任）。武装力量联合参谋长拉法埃尔·埃尔南德斯·洛佩斯上将（1998 年 8 月上任）。陆军司令豪尔赫·恩里科·莫拉·兰赫尔上将（1998 年 8 月上任）。海军司令塞尔西奥·加西亚·托雷斯上将（1998 年 8 月上任）。空军司令埃克托尔·法维奥·贝拉斯科·查维斯上将（1998 年 11 月上任）。

武装力量 **兵力** 现役部队 15.8 万人。

陆军 13.6 万人。编有 5 个师部、17 个旅，其中 6 个机械化旅（3 个步兵旅、1 个机械化骑兵旅、1 个炮兵旅、1 个工程兵营）、2 个空兵旅、9 个步兵旅。

坦克：M－3A1 型 12 辆（库存）。装甲侦察车：M－8 型 12 辆、M－20 型 8 辆、EE－9“响尾蛇”119 辆。装甲输送车：M－113 型 100 多辆、EE－11“蝰蛇”76 辆、RG－31“尼亚拉”4 辆。牵引炮：75 毫米 M－116 型 30 门、105 毫米 M－101 型 72 门。迫击炮：81 毫米、107 毫米、120 毫米共 396 门。反坦克导弹：“陶”式 20 具。无座力炮：106 毫米 M－40A1 型 36 门。高炮：40 毫米 30 门。直升机 100 架。

海军 1.5 万人（含海军陆战队和海军航空兵）。编有 2 个舰队、1 个内河舰队。

潜艇：“皮豪”级 2 艘、“侏儒”级 2 艘。小型导弹护卫舰：“帕迪亚海军上将”级 4 艘。海岸巡逻艇：27 艘。

陆战队 1 万人。编有 2 个陆战旅。将装备 EE－9“响尾蛇”装甲侦察车和 EE－11“蝰蛇”装甲输送车。

海军航空兵 100 人。装备各型飞机 6 架、直升机 4 架。

空军 7000 人。编有 4 个司令部。作战飞机 72 架、武装直升机 72 架。

攻击战斗机：“幻影”5 型 7 架、“幼狮”C－2 型 10 架、“幼狮”TC－2 型 1 架。战斗机：AC－47T 型 4 架、IA－58A 型 3 架、A－37B 型 20 架。运输机：波音 707 型 1 架、波音 727 型 2 架、C－130B 型 7 架、C－130H 型 2 架、C－117 型 1 架、C－47 型 2 架、“卡萨”212 型 2 架。“先锋”型 2 架、F－28 型 1 架、CN－235 型 3 架。运输直升机：UH－1H 型 17 架。武装直升机：贝尔 205 型 5 架、贝尔 212 型 13 架、贝尔 412 型 2 架、UH－60A/L 型 12 架、S－70 型 7 架、MD－500ME 型 11 架、MD－500D 型 2 架、MD－530F 型 3 架。侦察机：SA2－37A 型 2 架、OV－10 型 13 架、C－26 型 3 架。教练机 59 架，内直升机 18 架。空空导弹：AIM－9“响尾蛇”、R－530 式和“大莽”III 若干枚。

预备役 6.07 万人，其中陆军 5.47 万人，海军 4800 人，空军 1200 人。

准军事部队 即国民警察 10.46 万人。

兵役制度 实行高中生义务兵、普通义务兵和志愿兵役制三结合的兵役制度。高中生义务兵服役期为 1 年，普通义务兵服役期为 2 年。陆、海军还征召部分志愿兵。

军衔 军官和士官军衔共分 4 等 15 级：将官 3 级（上将、中将、少将)、校官 3 级（上校、中校、少校)、尉官 3 级（上尉、中尉、少尉)、士官 6 级（军士长、一等上士、二等上士、中士、一等下士、二等下士)。

军队节日 8 月 7 日为陆军节，7 月 24 日为海军节，11 月 8 日为空军节。

（王睿）

古　巴

国　　名　古巴共和国。

主要统计　面积 11.0860 万平方千米。人口 1124.2 万人（其中，13～17 岁男 41.9 万人，女 39.2 万人；18～22 岁男 35.8 万人，女 33.5 万人；23～32 岁男 102.9 万人，女 96.6 万人）。国内生产总值 168 亿美元（2000 年）。国防费 6.92 亿美元（2001 年国防预算）。原油 970 万桶（1997 年）。天然气 2200 亿立方米（1997 年）。发电量 140.87 亿度（1997 年）。粮食 55.1 万吨（1999 年）。海运能力，商船（载重 100 吨以上）393 艘、总载重量 92.46 万吨（2001 年）。民航能力，固定航班机场 14 处、客运量 35.43 亿人千米、货运量 5620 万吨千米（2001 年）。

国防体制　古巴共产党中央委员会第一书记兼国务委员会主席和部长会议主席菲德尔·卡斯特罗为革命武装力量总司令。革命武装力量部为政府中一个部，是最高军事行政机关，也是最高军事指挥机构，负责武装力量的指挥和管理。下设总参谋部、总政治部、后勤部等机构。革武部部长由古共中央第二书记兼国务委员会第一副主席劳尔·卡斯特罗大将兼任。革命武装力量由正规军和准军事部队组成。正规军分陆军、海军、空军和防空军。海军、空军和防空军自 1993 年起已不再为独立军种，就地被编入陆军三大军区。准军事部队由劳动青年军、民防部队、地方民兵以及国家保安队和边防警卫队组成。总司令通过革命武装力量部对全国武装力量实施领导和指挥。

领导人物　古共中央第一书记、国务委员会主席兼武装力量最高统帅菲德尔·卡斯特罗·鲁斯总司令（1959 年上任）。革命武装力量部部长劳尔·卡斯特罗·鲁斯大将（1959 年上任）。革命武装力量部副部长兼总参谋长阿尔瓦罗·洛佩斯·米耶拉上将（1997 年上任）。

武装力量　**兵力**　现役部队 4.6 万人。

陆军　3.5 万人。编有 3 个军区、4～5 个装甲旅、9 个机械化步兵旅、1 个空降旅、14 个预备旅、1 个边防旅、若干个地空导弹旅和高炮团。

坦克：T－34、T－54/55、T－62 型约 900 辆，PT－76 型若干辆。步兵战车：BMP－1型若干辆。装甲侦察车：BRDM－1/－2 型若干辆。装甲输送车：BTR－40/－50/－60/－152 型约 700 辆。牵引炮：76 毫米、122 毫米、130 毫米、152 毫米共计 500 门。自行炮：122 毫米、152 毫米 40 门。火箭炮：122 毫米、140 毫米 175 门。迫击炮：82 毫米、120 毫米 1000 门。反坦克炮：85 毫米、100 毫米若干门。高炮：23 毫米、30 毫米、37 毫米、57 毫米、85 毫米、100 毫米共计 400 门。反坦克导弹：AT－1“甲鱼”、AT－3“耐火箱”若干具。地空导弹：SA－6/－7/－8/－9/－13/－14/－16 型约 300 枚。

海军　3000 人（含陆战队）。编有 4 个分舰队。

小型护卫舰：“保克”级 1 艘。导弹攻击快艇：“黄蜂”级 6 艘。扫雷艇：“索尼亚”级 2 艘。猎雷艇：“叶夫根尼亚”级 4 艘。测量船：1 艘。巡逻快艇：3 艘。巡逻艇：18 艘。

陆战队　550 人。编有 2 个两栖突击营。

空军　8000 人。编有 2 个攻击战斗机中队，4 个战斗机中队、4 个运输机中队。作战飞机 130 多架、武装直升机 45 架。

攻击战斗机：米格－23BN 型 10 架。战斗机：米格－29 型 6 架、米格－23MF 型 20 架、米格－21bis 型 50 架、米格－21F 型 30 架。运输机：安－2 型 8 架、安－24 型 1 架、安－26 型 15 架、安－30 型 1 架、安－32 型 2 架、雅克－40 型 4 架、伊尔－76 型 2 架。攻击直升机：米－8/－17/－25/－35 型 45 架。反潜直升机：米－14 型 5 架。直升机：米－8/17 型 40 架。教练机：L－39 型 25 架、米格－21U 型 8 架、米格－23U 型 4 架、米格－29UB 型 2 架、Z－326 型 20 架。地空导弹：SA－2/－3 型 13 部。空空导弹：AA－2、AA－7、AA－10、AA－11 式若干枚。空地导弹：AS－7 若干枚。

预备役　陆军 3.9 万人。

准军事部队　114.65 万人，其中劳动青年军 7 万人（归陆军领导）、民防部队 5 万人、地方民兵 100

万人、国家保安队2万人（归内务部领导）、边防警卫队6500人（归内务部领导）。

部署 海军基地9处（圣地亚哥、尼卡罗、巴内斯、西恩富戈斯、长岛、卡纳西、哈瓦那、马里埃尔、卡瓦尼亚斯），空军基地11处（圣地亚哥、巴亚莫、奥尔金、卡马圭、圣克拉拉、西恩富戈斯、巴拉德罗、圭内斯、哈瓦那、圣安东尼奥、圣胡利安）。

兵役制度 实行义务兵役制，士兵服役期为2年。

军衔 分6等19级：总司令（相当于元帅）、将官4级（大将、上将、中将、少将）、校官3 级（上校、中校、少校）、尉官5级（大尉、上尉、中尉、少尉、准尉）、军士4级（军士长、上士、中士、下士）、兵2级（上等兵、列兵）。

军队节日 建军节12月2日。

（吴永业）

加 拿 大

国　　名 加拿大。

主要统计 面积997.061万平方千米。人口3175万人（其中，13～17岁男100.8万人，女96.3万人；18～22岁男98.3万人，女94.9万人；23～32岁男202.2万人，女197.6万人）。国内生产总值10380亿加元，合7050亿美元（2001年）。国防费114亿加元，合77亿美元（2002年国防预算）。钢铁3524.7万吨（2000年）。煤6916.4万吨（2000年）。原油1.28亿立方米（2000年）。天然气1622亿立方米（1999年）。发电量5352亿度（2000年）。粮食5928.5万吨（2000）。海运能力，商船（载重100万吨以上）1185艘，总载重量289.68万吨（2001年）。民航能力，固定航班机场269处，客运量682.02亿人千米、货运量17.87亿吨千米（2001年）。

国防体制 总督代表英国女王，为形式上武装力量统帅。最高国防决策机构为内阁，总理是事实上的最高军事领导人。国防部为内阁中的一个部，由文官和军人组成，是最高军事行政和指挥机构，负责人事管理、经费分配、武器装备采购、武装力量建设等工作。国防参谋长由军人担任，是国防部长的最高军事顾问。在内阁决策下，国防部长通过国防参谋长领导和指挥全军。武装力量由正规军和准军事部队组成。实行全军统一体制，国防参谋部内设有地面部队（相当于陆军）、海上部队（相当于海军）和空中部队（相当于空军）三个军种司令部及通信保障、征兵与训练、预备役等部门。

领导人物 总督兼形式上的加拿大武装力量统帅阿德里安娜·克拉克森夫人（1999年10月上任）。实际上的统帅加拿大总理让·克雷蒂安（1993年11月上任）。国防部长阿瑟·埃格尔顿（1996年12月上任）。国防参谋长莫里斯·巴里尔上将（1997年9月上任）。地面部队司令皮尔·利奇中将（1997年9月上任）。海上部队司令格雷格·马迪森中将（1997年9月上任）。空中部队司令戴维德·金斯曼艾尔·德奎特维尔中将（1998年4月上任）。

武装力量 **兵力** 现役部队5.68万人。

地面部队 1.86万人。编有1个师部，下辖3个机械化步兵旅群（各辖1个装甲团、3个机械化步兵营、1个炮团、1个工程兵团、1个防空连）、1个独立防空团和1个独立工兵保障团。

坦克：“豹”C－1/C－2型114辆。装甲侦察车：“小狼”203辆，“美洲狮”195辆。装甲输运车：M－113型1214辆，M－557型61辆，“灰熊”269辆，“野牛”199辆。牵引炮：105毫米213门。自行炮：155毫米58门。迫击炮：81毫米167门。反坦克导弹：“陶”式150具，“红沙蛇”425具。无坐力炮：84毫米1040门，106毫米111门。高炮：35毫米34门，40毫米57门。地空导弹：“阿达茨”22部，“轻标枪”96部。

海上部队 9000人。编有2个舰队（5个中队），1个海上航空大队（10个中队）。装备各种主要舰艇38艘，其中作战舰艇18艘。

潜艇：无（“维多利亚”级1艘待装备）。驱逐舰：“易洛魁人”级4艘。护卫舰：“哈尼法克斯”级12艘。巡逻艇：14艘。反水雷舰艇：2艘。支援与勤务舰艇：6 艘。

空中部队 1.35 万人。编有 1 个飞行师辖 13 个飞行中队。作战飞机 140 架，无武装直升机。

战斗机：CF－18 型 122 架，CP－140 型 18 架，CP－140A 型 3 架。运输机：CC－130E/H 型 32 架，KCC－130 型 5 架，CC－109 型 7 架，CC－138 型 7 架，CC－115 型 10 架，CC－150 型 5 架，波音 CC－137 型 5 架。教练机：CT－133 型 5 架，CT－139 型 9 架，CT－144 型 130 架，CT－142 型 6 架。直升机：177 架，其中"海王"CH－124 型 29 架、"拉布拉多"CH－113 型 12 架、"贝尔"CH－146 型 99 架（其中 30 架为武装直升机）、CH－118 型 8 架。

此外，现役部队中还有通信与情报、人事保障、物资支援和政策指导等不按军种划分的军人 1.57 万人。

文职人员 2 万人。

预备役部队 3.54 万人，其中基本预备役部队 2.07 万人（地面部队 1.4 万人，海上部队 4000 人，空中部队 2100 人，其他 600 人），补充预备役部队 1.47 万人。

准军事部队 9350 人。其中，海岸警卫队 4700 人，装备小型舰艇 101 艘、直升机 28 架；渔业海洋部 4650 人，装备有 90 艘各型舰艇。

部署 地面部队主要部署在魁北克和阿尔博塔省；海上部队重点部署在大西洋和太平洋沿岸水域；空中部队主要部署在中部和东部地区。地面部队主要基地有卡尔加里、瓦尔卡提尔等；海上部队主要基地有哈尼法克斯、埃斯基莫尔等；空中部队主要基地有北湾、波戈特维尔、冷湖等。

兵役制度 实行志愿兵役制。士兵基本服役期 3 年。各级军官最高服役年限一律为 55 岁。

军衔 分 6 等 17 级：将官 4 级（上将、中将、少将、准将），校官 3 级（上校、中校、少校），尉官 3 级（上尉、中尉、少尉），准尉 3 级（一级准尉、二级准尉、三级准尉）、军士 3 级（上士、中士、下士），兵 1 级（列兵）。

驻外兵力 参加联合国维持和平行动约 4000 人，其中：波黑 1200 人、克罗地亚 1 人、塞浦路斯 2 人、刚果民主共和国 6 人、埃及 28 人、埃塞俄比亚/厄立特里亚 6 人、伊拉克/科威特 5 人、意大利 6 人、中东 10 人、塞拉里昂 5 人、叙利亚/以色列 191 人、南联盟 800 人。

外国驻军 英军 343 人，其中陆军 200 人，空军 143 人。

（李 锐）

美 国

国 名 美利坚合众国。

主要统计 面积 952.9202 万平方千米（其中本土 937.2614 万平方千米）。人口 2.81404 亿人（其中 13～17 岁男 970.2 万人，女 925.2 万人；18～22 岁男 931.1 万人，女 889.4 万人；23～32 岁男 1920.6 万人，女 1831.0 万人）。国内生产总值 9.9 万亿美元（2000 年）。国防预算 3105 亿美元（2001 财年），3433 亿美元（2002 财年）。钢 1.0764 亿吨（1998 年）。原煤 11.19 亿吨（1998 年）。原油 22.79 亿桶（1998 年）。天然气 5556.53 亿立方米（1996 年）。发电量 34599.7 亿度（1996 年）。粮食 3.36 亿吨（1999 年）。海运能力，商船（载重 100 吨以上）509 艘，总载重量 1858.5 万吨（2000 年）。民航能力，固定航班机场 834 处，客运量 8697 亿人千米，货运量 212.7 亿吨千米（1997 年）。公路总长 629.61 万千米（1997 年）。

国防政策 2001 年 1 月 20 日，美共和党人乔治·W·布什上台执政，从确保美国在 21 世纪的绝对安全和对美国的单极世界全球战略目标提供有力支持的目的出发，对克林顿政府的防务政策进行了全面的调整。2001 年 9 月 11 日恐怖份子对纽约世界贸易中心和华盛顿的五角大楼的袭击，又使其调整加速和增加新内容。2001 年 9 月 31 日美国防部发表了《四年防务审查报告》，2002 年 1 月 9 日向国会提交了《核态势审查报告》，以及 2002 年 1 月 31 日美国防部长拉姆斯菲尔德在美国防大学发表了《美国军队 21 世纪的发展方向》的讲演，这些报告和讲演集中反映了调整的指导思想和内容，展现了布什政府防务政策的基本框架。

（一）对国家利益作新的概括。《四年防务审查报告》指出，“美国武装力量的任务是保卫和促进美国国家利益”，因此，美国的防务态势必须“充分考虑永恒的国家利益”。　该报告还将美国的“永恒国家利益”表述为：

● 确保美国的安全与行动自由，包括：

——捍卫美国的主权、领土完整与自由；

——保护国内外美国公民的安全；

——保护美国的关键基础设施的安全。

● 履行国际义务，包括：

——保护盟友的安全与繁荣；

——防止敌对力量主宰关键地区，特别是欧洲、东北亚、东亚滨海区（指从日本以南到澳大利亚，再到孟加拉湾这一地区）、中东和西南亚；

——维护西半球的和平与稳定。

● 为经济繁荣做出贡献，包括：

——活跃全球经济与提高生产率；

——保障海洋、空中、空间国际交通线和信息通道的安全；

——拥有进入关键市场与战略资源产地的权利。

可以看出，这里把美国的国家利益明确划分为“对内安全利益”、“对外安全利益”和“经济安全利益”三个方面，每个方面又有三条。这样归纳，在美国的官方文件中，还是首次。美国防部 1997 年发表的《四年防务审查报告》在谈到美国的生死攸关利益时，有具体内容大体相似的表述，但为五大条，而不是三个方面九条。更重要的是，2001 年的《四年防务审查报告》的表述有以下两个特点：第一，把“对内安全利益”和“对外安全利益”、“经济安全利益”并列，且列为首要国家利益；第二，突出强调“保护美国的关键基础设施的安全”、确保美国对“欧洲、东北亚、东亚滨海区（指从日本以南到澳大利亚，再到孟加拉湾这一地区）、中东和西南亚”的控制和确保“信息通道的安全”，这是过去所没有的。这两个特点反映了布什政府对美国国家安全利益的新考虑和新重点。

（二）对安全威胁作新的判断。布什政府认为，总的来说，美国面临的威胁，不但在来源上，而且在形式上、在行动方式上，都是“不确定的”、“突如其来的”、可能使现有的“军队和作战思想过时的”。《四年防务审查报告》对此从地理和军事技术的角度进行了详细分析。

从地理的角度分析，该报告认为：①“9.11 事件”表明，美国过去享有的地理上“东西有大洋，南北无强敌”的安全优势已无意义了，经济全球化造就了美国本土易受攻击的“新弱点”。“恐怖集团拥有对美国领土、公民和基础设施发动毁灭性攻击的动机与能力”，这些集团有些得到一些国家的支持，或受到一些国家的容留与庇护。②亚洲是对美国“特具挑战性”的地区。尤其从中东到东北亚是“一个广阔的弧形不稳定区，这里既有正在崛起的、也有日渐衰败的地区大国”，“存在着出现一个有丰富资源的军事对手的可能性”。③中东地区“有些国家对美国构成常规军事威胁”，很多国家不仅谋求获得或已经获得化学、生物、放射性、核和增强高爆炸药武器（CBRNE 武器），而且还发展弹道导弹、支持国际恐怖活动、并用军事手段恐吓对美国友好的国家和剥夺美国军队在这一地区的通行权。④欧洲的俄罗斯对美国和北约“不再构成大规模常规军事威胁”，然而，俄罗斯还“奉行一系列目标与美国的利益相悖的政策”。

从军事技术的角度分析，报告认为美国的安全也面临严峻威胁。①正在进行的军事革命可以使美国“获取巨大优势和延长美国军事优势的持续期”，但“这也带来了新的危险”，即对美国抱有敌意的国家可以利用随处可得的现成技术发展武器系统与进行军队建设，从而大大提高其对抗美国的能力。②全球化时代造成大规模毁伤武器扩散的“不可避免性”。美国的对手可以更容易获得必需的技术与知识来创造能够直接挑战美国及其盟友的军事手段。这些手段包括先进的常规武器、CBRNE 武器、弹道导弹等等。甚至生物技术革命也增加了出现生物战威胁的可能性。③技术进步导致军事竞争进入太空与计算机领域，使美国在这两个领域的优势受到挑战。④军事技术的发展，使美国对威胁作出错误判断和受突然袭击的机会增多。

从以上分析可以看出，美国极其重视以下几个方面的威胁：第一，恐怖主义势力对美国全球安全特别是本土安全的威胁。第二，来自亚洲、特别是所谓的“不稳定弧形地区”的威胁。第三，来自大国的威胁。实际上仍坚持认为中国和俄罗斯是潜在的“具有同等力量的全球性对手”，只不过是不明说罢了。所谓的亚洲将出现的“一个有丰富资源的军事对手”，实际是指中国。对俄罗斯，一方面说它不构成“常规威胁”，另一方面又说它的许多政策目标“与美国的利益相悖”。第四，军事技术扩散使对手对抗美国的能力增强所造成的威胁。

（三）将保卫美国本土安全作为首要任务。其实，克林顿政府在其第一任期就注意到了美国本土遭到恐怖袭击的问题。1996 年美国会通过了《防范大规模毁伤武器法案》；1999 年美国防部提交的《国防报告》首次正式将“对美国本土的威胁”列为安全挑战，因而把导弹防御的重点由战区导弹防御（TMD）转移到国家导弹防御（HMD），并令美联合部队司令部组建“民事支援联合特遣部队”，专门处理恐怖分子对美国本土、领地和属地实施大规模杀伤武器袭击的问题。此后，美总统成立了跨部门紧急事件处理小组，国防部也专设一名国防部长助理负责处理紧急事件的民事支援问题，还在国民警卫队成立了 27 支大规模毁伤武器民事支援小队。2000 年底，美国联邦政府还组织了有联邦政府机构、州、地方和军方官员参加的“最高长官演习”，演练处理紧急事件时的协调行动。“9.11 事件”后，布什政府将本土防卫提高到了前所未有的高度，美国防部还把本土防卫称为“首要任务”。美国会批准拨款 200 亿美元用于改善国内安全。总统下令动员 6 万名预备役人员参与加强国内安全；决定建立“国土安全办公室”和“国土安全委员会”，负责协调和落实行政部门在国内侦查、预防恐怖袭击，及对恐怖袭击作出反应和受袭后的恢复工作；成立计算机安全顾问委员会，确保美国基础设施的安全；成立“总统特遣队”，在美国人民当中普及应付恐怖袭击知识。同时，美国在外交、情报、金融和执法等方面加强了打击恐怖组织和恐怖分子的力度，目的是清除恐怖分子及其存在的土壤。美国发动的反恐怖战争，战场在别国领土，但根本目的是保护美国本土安全。在国防建设上，布什政府十分强调建立导弹防御体系及夺取制天权和制信息权，也是为确保本土安全所驱使。

（四）以反恐怖为名义发动对阿富汗的战争。“9.11 事件”是美国本土自“珍珠港事件”以来受到的最惨痛的袭击，这既使美国看到了其国家安全的弱点，也看到了威胁美国制度和价值观的最现实和最危险的敌人。所以，美总统布什 2001 年 9 月 20 日在国会两院联席会议的讲话中宣布，美国从事件中找到了自己的“使命和机遇”，决定发动“反恐怖战争”；认为这场战争不只是美国的事，而是“全世界的战斗”，是“文明的战斗”，因而要“准备进行一场长期的、我们未曾见过的战役”。由此可见，布什政府以反恐怖为名发动的阿富汗战争，实际上是一场保卫美国安全和清除美国文明的敌人的战争。布什还在多种场合强调，在这一场战争面前，“每一个国家现在都要作出抉择：要么和美国站在一起，要么与恐怖主义为伍”；“任何继续窝藏或支持恐怖主义的国家都将被美国视为敌对政权”。这种以“是否支持反恐怖战争”为标准划分敌我的思想，被称为“布什主义”。

经过近一个月的准备，代号为“持久自由行动”的第一场反恐怖战争—阿富汗战争于 2001 年 10 月 7 日爆发。战争进行两个月之后，基本达成推翻阿富汗塔利班政权和摧毁“基地”组织在阿营地的目的。此后，进入了搜捕塔利班政权首脑奥马尔和基地组织头子本·拉丹及其他残余力量的阶段。这场战争反映了反恐怖战争的典型特点：有广泛的国际联盟；军事行动和外交、情报、金融、执法行动紧密配合；作战中，火力战、人心争夺战和建立新政权的政治战相结合；摧毁恐怖主义的基础设施的作战可以很快结束，但剿灭其残余力量的战斗却是长期的。

在进行阿富汗战争的同时，布什政府酝酿把战争扩大到其他国家。2002 年 1 月 20 日，布什在国情咨文中称伊拉克、伊朗和朝鲜为“邪恶轴心”，似有借反恐对这三国进行军事打击之意。至 2002 年 3 月，美国已以“协助打击恐怖主义”为由派兵进入菲律宾、格鲁吉亚和也门，并为进攻伊拉克大造舆论。被命名为“持久自由行动”是有其深刻内涵的，也就是说反恐怖战争已成了美国政府打击一切反美势力和国家、建立美国统治世界的工具，因此这场战争将是规模不断扩大的“持久战”。

（五）、提出美军建设新目标新重点。根据新防务战略，美国防部确定，美军建设的目标是能够完成以下四项使命：

“保卫美国”。这是军队的“最高任务”。将“保卫美国”作为第一位任务，这在一个世纪以来还是首次。美国防部要求美军通过提供战略威慑、防空和导弹防御，恪守北美防空协定，实施反恐怖战争及支援美国行政当局处理突发事件，履行这一使命。

“在关键地区前沿慑止侵略和胁迫行为”。美国防部要求美军调整全球部署，加强在欧洲、东北亚、东亚沿海地区、和中东－西南亚地区的前沿部署，以“慑止针对美国、美国部队、盟国和友好国家的侵略”，“反击胁迫行为”和保护美国的地缘政治利益。措施是增加美国关键地区的驻军，和盟国一道保持有利的地区力量对比，以及发展地区安全合作。

“在同时发生的大规模冲突中迅速取胜”。所谓“大规模冲突”，实际是克林顿政府的“大规模战区战争”的代名词。布什政府的国防部长反复强调已放弃“同时打赢两场大规模战区战争的计划”，但这不是简单的放弃，而是将其扩大了。正如《四年防务审查报告》中所言："美国将保持其同时在两个关键地区打败侵略的能力，以此来继续履行其在全世界，包括在西南亚和东北亚的义务。美国不是要放弃两场战争的规划，而计划打少于两场的战争；相反，国防部正在全面转变观念，计划在所有可能发生的冲突中取得胜利"；"美军将在两个战场上展开大规模作战行动，强力推行美国的意志，消除任何未来可能的威胁，并能在两个战场中的一个彻底击败对手，还包括在接到命令时，有能力占领敌方领土或为改变政权创造条件。"

"实施数量有限的小规模应急作战"。最好是与盟友一起实施这种作战行动。在关键利益攸关地区长期执行应急作战任务，实际上"将成为美国前沿威慑态势的一部分"。

为使美军部队能够履行上述使命，美国防部计划以提高以下六种作战能力为重点推进美国的军事改革：①保护本土及海外基地，挫败化学、生物、放射性、核与增强高爆炸药武器的威胁；②确保面临攻击的信息系统的安全，有效地实施信息作战；③在遥远的存在反对进入和地区性拒止威胁的环境中，投送和保障美军部队；④提供不间断的侦察、跟踪和快速交战能力，使敌人无处藏身；⑤加强空间系统的作战能力和生存能力；⑥利用信息技术和创新性理论，发展互联互通的联合 C4ISR 系统。

（六）提出以"恢复活力"为目标的国防部改革指导思想。强调国防部的改革必须与军队的改革相适应，改革后的国防部必须具有"敏捷、灵活和创新的结构"，使在国防部供职的每一个人都有"为保卫美国发挥才干"的良好环境。国防部的改革将主要围绕"鼓励人才加入并留在军职和文职队伍中"及"使国防部的经营活动和基础设施现代化"两个方面进行。为使改革能够顺利进行，布什政府决心在经费上给予充分的保障：每年用 60 亿美元提高军人的薪水；保持军事科研费占国防费 3%以上的水平；保持军队的新装备采购费每年超过 600 亿美元并逐年增长；保证国防费以较高幅度的增长。布什政府上台后，给 2001 财年的国防预算增加了 56 亿美元，使之达到 3156 亿美元；将 2002 财年的国防预算从 3189 亿美元，提高到 3433 亿美元；提出的 2003 财年的国防预算达到历史最高水平的 3793 亿美元。

（七）以"是否符合美国的安全利益"为标准重新确定对裁军和军控协议的立场。布什政府上台后，对国际裁军和军控协议取单边主义态度，即符合美国国家安全利益需要的就极力推行，甚至以武力推行；不符合的，即使是过去签了字的，甚至是美国首倡的，都要废弃。最明显的是对《反弹道导弹条约》的态度。布什政府视导弹防御为增强美国威慑实力和获得绝对安全的支柱，将其前任的"国家导弹防御计划"和"战区导弹防御计划"合并为被称为"小星球大战计划"的"导弹防御计划"，并不顾国际社会（包括几乎其所有盟国）的反对，于 2001 年 12 月初正式宣布退出《反弹道导弹条约》，为推行其"小星球大战计划"扫清障碍。对批准《全面禁止核试验条约》议案，布什政府也以其不利于维护、改进和更新其核武库而加以拒绝。布什政府还支持继续研制生化武器，拒绝批准关于生化武器研究设施公开和接受核查的国际协议。

军事战略 布什政府上台至今，美军参谋长联席会议尚未发表军事战略报告。但是在美国，军事战略一般和防务战略一致，因此可以根据美国防部 2001 年 9 月 30 日发表的新《四年防务审查报告》对其军事战略做大体的描述。另外，威慑战略是美国军事战略的重要组成部分，也根据 2002 年 1 月 9 日提交国会的《核态势审查报告》，将其概括于后。

（一）"本土防卫"和"对外干涉"并重的军事战略。新《四年防务审查报告》对防务战略做了详述，据此可以将布什政府的军事战略大致概括为：

战略的着眼点在于对付各种不确定情况和各种突发事件；

战略的核心思想是"在国外采取有效的行动"和"确保美国本土的安全"，而且后者以前者为前提。因此，可以认为，布什政府的新军事战略有两个战略重点，一个重点是在本土战线作战，制止类似"9.11 事件"的灾难再度发生，确保美国本土的安全；另一个重点是在海外作战，消除对美国利益的任何威胁，确保美国的全球霸权。

战略要达成的四个目标是："确保"、"阻止"、"慑止"和"战胜"，即"确保盟友安全；阻止未来的军事竞争；慑止有损于美国利益的威胁与胁迫行为；一旦威慑失败，决定性地战胜任何敌人。"

达成战略目标的七大原则是：第一，"风险管理"。即处理好诸多矛盾：为未来作准备和当前需要的矛盾，军队改革的要求高与资源有限的矛盾，对付熟悉的威胁和不可预见的新威胁的矛盾等等。第二，"'基于能力'的方法"。即将制定国防建设规划的方法，由过去的"基于威胁"转变为"基于能力"。换言之，国防建设的着眼点不再是谁可能是敌人，而是敌人可能具有何种能力；强调的重点不再是在何地与何敌人作战，而是敌人会以何种手段、何种方式作战。第三，“保卫美国与投送美国军事力量”。“保卫美国本土不受攻击是战略的重点”，因为美国的敌人“注意到美国本土有相对的脆弱性”，企图以袭击美国本土来抵消美国的力量优势和达成其战略目标。因此，需要从陆地、空中和太空保卫美国的安全。远距离投送军事力量也至关重要，既有助于“慑止对美国的威胁”，也有助于“需要时从远距离上破坏、拒止或摧毁敌对实体”。第四，“巩固联盟与伙伴关系”。巩固这些关系，不只是使美国的盟友更安全，而且使美国更安全。第五，“保持有利的地区力量对比”。特别“要在关键地区保持有利的军事力量对比”。目的是使潜在敌人不敢和美国开展军事竞争，不敢采取危害美国利益的行动。第六，“发展多种军事能力”。在保持美国的常规力量优势的基础上，重点发展信息战、远距离作战、保卫美国及盟国领土和太空作战的能力，目的是“既能战胜当前的敌人，又能预防并拒止未来的威胁”。第七，“进行国防改革”。目的是适应新防务战略，更好地面对国内外挑战，同时节约费用，“不错过美国今天拥有的众多机遇”。

（二）提出新的威慑战略。2002 年 1 月 9 日提交国会的《核态势审查报告》，是冷战后美国第二次提出的这类报告。如果说第一次提出的审查报告（1994 年）是为了适应美苏（俄）已达成两个削减战略武器条约、核扩散危险增大的形势，那么这次审查报告则是为了适应美俄战略合作进一步发展、对美国本土和国家利益的威胁难以预料的新形势。所以，这次核态势审查，不限于核态势，而是整个威慑态势，反映了美国威慑战略的新观念。

以“灵活应对多样化和难以预料的未来威胁”为基本着眼点。布什政府上台后，就从确保美国 21 世纪的绝对安全出发审视美国的安全环境，认为未来对美国的威胁是来源多、手段多、形式多和突发性强，美国必须转变威慑观念和发展全面的威慑能力，才能对未来威胁实施灵活而有效的威慑和确保美国的安全。尤其在“9.11 事件”后，布什政府更加坚定地认为，过去的过分依赖核武器的威慑战略未能慑止“9.11 事件”的发生，全面调整威慑战略势在必行。

以“综合运用核与非核的进攻与防御力量”为思路构筑新“三位一体”力量。从冷战时期开始，美国威慑战略的支柱力量就是洲际弹道导弹、战略核潜艇和战略轰炸机，被称为“三位一体”的核力量。布什政府的新威慑战略认为，这个“三位一体”已不能满足对未来威胁实施威慑的需求，因而提出以综合运用核与非核的进攻与防御力量为特色的新“三位一体”力量结构。新“三位一体”力量包括“核与非核的进攻力量”、“主动与被动的防御力量”和“充满活力的国防基础设施”。其中，“核与非核的进攻力量”仍以“三位一体”的核力量为主；“主动与被动的防御力量”主要指布什政府设想的弹道导弹防御体系；“充满活力的国防基础设施”包括可充分保障和发展前两种力量的军工体系，以及将三种力量紧密联系在一起的先进指挥、控制和情报体系。

以“减少战略核武器和研制实用核武器”为重点调整核力量的结构。布什政府自上台以来就认为，美国的战略核武库过于庞大，用处不大而耗资巨大，必须予以削减。因此，提出主动将战略核武库由目前的 6000 枚削减到 1700 ~ 2200 枚。但是，不能以条约的方式约束这一削减，削减下来的弹头也不能销毁，要保持美国在需要时再次扩大其战略核武库的自由。这显然是考虑到中国和俄罗斯在 2015 年后成为“具有同等力量的全球性竞争对手”的可能性。另外，《核态势审查报告》还提出，为了增加美国对各种对手实施核威慑的灵活性和有效性，准备下大力研制战区核导弹、小型核武器和钻地核武器。

以“使总统有更多的战胜对手的方案”为方针调整核武器使用原则。据报道，《核态势审查报告》还包括以下内容：要制定对中国、俄罗斯、伊拉克、朝鲜、伊朗、利比亚和叙利亚等七国使用核武器的应急计划，原因是这些国家是美国的主要潜在对手、无赖国家或支持恐怖主义的国家；使用核武器的时机有三种：“阻止非核进攻”，“对使用大规模杀伤武器进行报复”和“在军事局势发生剧变之时”；使用核武器的可能场合有“阿以冲突”、“中国同台湾的战争”、“北朝鲜对韩国的攻击”和“伊拉克对以色列或其他邻国的进攻”等。对这些报道，布什政府没有直截了当否认，其国务卿鲍威尔甚至说，这是“合理的、军事概念上的计划”；“任何潜在对手在计算时最好都应考虑到不确定性”。这表明，布什政府修改了过去相当长时间内美国奉行的核力量使用原则，打算将核武器从威慑手段变为实战手段，将使用核武器的对象扩大到无核国家，将使用核武器的目的从报复使用核武器和其他大规模杀伤武器的对手扩大到在常规战争中扭转战局，将使用核武器的时机从报复性使用扩大为可先发制人使用。

国防体制 美国宪法规定，总统是武装部队总司令，全军最高统帅。总统通过国防部领导和指挥全军，紧急情况下可越级指挥。战略核力量不论何时都由总统指挥控制。

国家安全委员会是最高防务决策咨询机构。其法定成员包括总统、副总统、国务卿和国防部长。参谋长联席会议主席是其法定军事顾问，中央情报局局长是其法定情报顾问。该委员会日常工作由总统国家安全事务助理（顾问）负责。

国防部是总统领导与指挥美国武装力量的最高军事机关，负责防务政策、计划的制定和实施，以及全般国防事务管理，并通过参谋长联席会议对全军实施作战指挥。它由国防部本部系统、军事部系统和作战指挥系统三部分组成。

国防部本部系统主要负责政策、财政、军务等全军性事务，以及各军事部门间的协调。下设政策、采购与技术、人事与战备、审计与财务、指挥通信控制与情报、立法、后勤事务、情报监督、行政管理、公共事务、监察、作战试验与评估等部门，分别由副国防部长、助理国防部长、主任、局长或部门长等主管。

军事部系统包括陆军部、空军部和海军部 3 个军事部（军种部）。各军事部负责本军种的行政管理、教育训练、武器装备研制和采购及后勤保障等事务，并有责任在战时向各作战司令部提供作战部队及相应的勤务和后勤支援，但无作战指挥权。军事部长为文官，在其下设军种参谋长（海军为作战部长）。军种参谋长（海军作战部长）是本军种最高军事长官。

作战指挥系统指参谋长联席会议（以下简称“参联会”）及隶属于它的各联合司令部、特种司令部。参联会既是总统、国防部长、国家安全委员会的军事咨询机构，也是总统和国防部长向联合司令部和特种司令部发布作战命令的军事指挥机关。从某种意义上讲，国防部是总统的军政部门，而参联会是总统的军令部门。参联会成员包括主席和三大军种参谋长（海军为作战部长）。参联会主席是美军最高军事长官，是总统和国防部长的首席军事顾问。参联会下设联合参谋部和国家军事指挥中心，负责处理日常事务和作战指挥业务。美军设九大联合司令部，它们是直属国防部的美军高级作战指挥机构。美三军部队除实行特别勤务者外，均编入某一联合司令部。一旦发生重大紧急情况，各联合司令部即可对编入本司令部的部队实施作战指挥。必要时，也可根据总统指示将任何联合司令部的部队临时划归处于紧急情况的联合司令部指挥。目前美军编九大联合司令部，其中五个为地区司令部，即欧洲总部、太平洋总部、南方总部、中央总部和联合部队司令部（1999 年 10 月由大西洋总部改组而成，既负责大西洋地区的作战，也负责为各地区总部提供经训练的联合部队）；四个为职能司令部，即航天司令部、特种作战司令部、运输司令部和战略司令部。

美国武装力量由现役部队、后备役部队和军内文职人员三部分组成。现役部队分陆军、空军、海军和海军陆战队四个军种，分属陆军部、空军部和海军部三大军事部领导。美军后备役部队按组织系统分国民警卫队和联邦后备队两部分。国民警卫队含陆军国民警卫队、空军国民警卫队和海岸警卫队，其中海岸警卫队平时由美政府运输部管辖。后备队含陆军后备队、海军后备队、空军后备队和陆战队后备队。后备役人员按动员程度分为三类：第一类为待命后备役人员，即编入后备役部队的精选后备役人员，可立即用于增援正规部队；第二类为待编后备役人员，即动员时可征召的参训个人；第三类为退役后备役人员，必要时可应召增补负责作战支援和训练的部队。文职人员是美国联邦政府雇员的一部分，本国雇佣的称直接雇员，由住在国政府雇佣的称间接雇员。从事的工作种类有科学家与工程师、行政管理人员、技术员、秘书和办事员、服务员、勤杂工等。

领导人物　总统兼武装部队总司令乔治·W·布什（2001.1）。国防部长唐纳德·H·拉姆斯菲尔德（2001.1）。国家安全事务助理康多莉扎·赖斯（2001.1）。参谋长联席会议主席理查德·B·迈尔斯空军上将（2002.10）。参联会副主席珀特·佩斯上将（2001.10）。陆军部长托马斯·怀特（2001.6）。陆军参谋长埃立克·欣塞基（新关）上将（1999.6）。空军部长杰姆斯·罗奇（2001.6）。空军参谋长约翰·P·江珀上将（2001.9）。海军部长戈登·英格兰（2001.6）。海军作战部长维恩·克拉克上将（2000.7）。海军陆战队司令杰姆斯·琼斯上将（1999.7）。欧洲总部司令约瑟夫·W·罗尔斯顿空军上将（2000.4）。太平洋总部司令丹尼斯·C·布莱尔海军上将（1999.2）。联合部队司令部司令威廉·F·克南海军上将。南方总部司令加里·D·斯皮尔陆战队少将（代）。中央总部司令托米·R·弗兰克斯陆战队上将（2000.5）。航天司令部司令拉尔夫·E·埃伯哈特空军上将（2000.2）。特种作战司令部司令查尔斯·R·霍兰德空军上将。运输司令部司令约翰·W·汉迪空军上将。战略司令部司令杰姆斯·O·埃利斯海军上将。

武装力量　**兵力**　2001 财年，现役部队总人数 136.77 万人。

陆军　47.78 万人。编有 3 个集团军司令部、4

个军部（1个为空降军）、10个作战师（2个装甲师、4个机械化师、2个轻步兵师、1个空中突击师、1个空降师）、5个航空旅、3个装甲骑兵团、6个炮兵旅、10个“爱国者”和2个“复仇者”防空导弹营、1个独立步兵营和1支空降特种部队。另有2个一体化师司令部，各编有3个加强陆军国民警卫队旅，作平时的一体化作战训练之用。

主战坦克：M-1A1和M-1A2等型共约7620辆。装甲步兵战斗车：M-2和M-3型，共6710辆。装甲输送车：M-113A2、A3型15400辆。装甲侦察车：Tpz-1型110辆。各类火炮：5636门，其中277毫米多管火箭炮881门，自行火炮2467门，牵引式火炮1547门，迫击炮1556门。反坦克导弹：28700部，其中“陶”式8715部、“龙”式19000部、“轻标枪”式950部。防空导弹：“复仇者”式785部，“爱国者”式483部，FIM-92A“毒刺”导弹若干。两栖舰船：51艘。各种用途飞机271架。直升机约4715架，其中武装直升机1340架。无人驾驶飞机“猎人”式7架。

海军　36.61万人。编有太平洋舰队司令部和大西洋舰队司令部；5个作战舰队，即第2舰队（大西洋）、第3舰队（太平洋）、第5舰队（印度洋、波斯湾、红海）、第6舰队（地中海）、第7舰队（西太平洋）。还设海军运输司令部和海军特种作战司令部。

潜艇：73艘，其中战略潜艇18艘，战术潜艇55艘（核动力导弹攻击潜艇33艘、核动力攻击潜艇21艘，其它用途1艘）。航空母舰：12艘，包括8艘“尼米兹”级和1艘“企业”级核动力航母，2艘“小鹰”级和1艘“肯尼迪”级常规动力航母。11个航母舰载机联队（含1个后备队联队），每个联队一般配备3个F/A-18型战斗攻击机中队、1个F-14中队、1个S-3B型和EP-3型反潜战飞机中队、1个SH-60型反潜直升机中队、1个EA-6B型电子战飞机中队、1个E-2C型空中预警机中队和1个C-2型支援飞机中队；导弹巡洋舰：27艘（均为“提康德罗加”级）。导弹驱逐舰：54艘（“阿利·伯克”级32艘，“斯普鲁恩思”级22艘）。导弹护卫舰：35艘（均为“佩里”级）。另有扫雷舰29艘、两栖舰41艘。军事运输司令部辖船只约110艘，可调用商船327艘。海军（含陆战队）共装备作战飞机1669架，武装直升机526架。

海军陆战队　17.13万人。编有3个陆战队师、3个勤务支援大队、1个安全保密营、1个安全警卫营。

主战坦克：M1-A1型403辆、轻装甲车：734辆。两栖攻击装甲车：1321辆。牵引火炮：927门。反坦克导弹：2300部。反坦克导弹：2299部。无后座力炮：1650门。迫击炮：586门。反坦克火箭筒：1300具。防空导弹：2164部（“毒刺”和“复仇者”）。航空兵3.63万人。编3个现役飞行联队，每一联队装备固定翼机118架，直升机156架。

空军　35.25万人。编有空中作战司令部和空中机动司令部两大司令部。空中作战司令部辖4个航空队、23个飞行联队；空中机动司令部辖2个航空队，13个飞行联队。美空军1999年10月开始进行体制改革，将其现役、后备役和国民警卫队部队统一编组成10支“空天远征队”。每支“空天远征队”在15个月中有3个月处于戒备状态，任何时候至少有两支处于戒备状态。每支“空天远征队”约编1～1.5万人，90架战斗机和轰炸机、31架加油机和13架情报、监视、侦查和预警机。

远程轰炸机：208架，其中B-52H型94架、B-2A型21架、B-1B型93架。侦察机：245架，其中U-2R/S型32架、TU-2R/S型4架、RC-135型21架、E-8C“联合星”9架、RF-4C型162架（封存）。指挥所机40架，其中E-3B/C型33架、EC-135型3架，E-4B型4架。战术飞机3939架（包括空军国民警卫队和后备队），其中F-4D/E/G型261架，F-15型957架、F-16型2724架、F-22A型3架、F-117型52架、A-10A型249架、OA-10A型118架、EC-18B/D型先进测距飞机5架、AC-130H/U特种作战飞机21架、EC-130E/H特种作战飞机30架、MC-130E/H/P特种作战飞机66架、气象侦察机18架。运输机：约1100架，其中C-5式126架、C-17A型67架、C-130式526架、C-141B型130架。加油机：605架。教练机：约1100架。直升机：约224架。另有若干“全球鹰”和“食肉动物”无人驾驶侦察机。

战略力量　由美国战略司令部管辖，实力计在海、空军内。主要装备有：432枚潜射弹道导弹，配置于18艘战略导弹核潜艇中，其中“俄亥俄”级SSBN-734型核潜艇10艘，每艘携24枚“三叉戟”II型（D-5）导弹，SSBN-726型核潜艇8艘，每艘携24枚“三叉戟”I型（C-4）导弹；洲际弹道导弹，共550枚，其中“民兵”III型500枚，“和平卫士”50枚；战略轰炸机208架，其中B-1B型91架（只执行常规作战任务）、B-52H型93架、B-2A型20架。

海岸警卫队　3.63万人，其中文职人员5900人。

根据法律，是武装力量的一个组成部分，平时由运输部维持和使用，兵力不计入三军后备役部队内。预算授权 2000 财年 41 亿美元，2001 财年申请 46 亿美元。主要武器装备：各类舰船 190 艘，其中近海巡逻舰 41 艘（可携直升机），近岸巡逻艇 89 艘，内河管理船 36 艘，破冰船 24 艘；各种用途的飞机和直升机 165 架。

特种作战部队　2.85 万人，实力计在各军种。陆军特种作战部队 1.53 万人，编 5 个特种作战大队（每个含 3 个营），1 个别动队步兵团（含 3 个营），1 个特种作战航空团（含 3 个营），1 个心理作战大队（含 5 个营），1 个民事营（含 5 个连），1 个通信营和 1 个支援营。海军特种作战部队 4000 人，编有 1 个指挥部，1 个作战中心，3 个大队，6 支部队，6 支“海豹队”，2 支“海豹”输送车队，2 支特种舟艇中队。空军特种作战部队 9300 人，编有 1 个司令部、1 个飞行联队、14 个飞行中队。

文职人员　69.83 万人。按雇佣部门计算，陆军雇佣 22.19 万人，海军（含陆战队）雇佣 19.66 万人，空军雇佣 16.27 万人，国防部雇佣 11.72 万人。

后备役人员　约 90 万人，其中精选后备役人员 86.46 万人，待编后备役人员约 3 万人。精选后备役人员中，陆军后备队 20.69 万人，海军后备队 8.63 万人，陆战队后备队 3.97 万人，空军后备队 7.23 万人；陆军国民警卫队 35.30 万人，空军国民警卫队 10.64 万人。

部署　2001 年，美军驻美国大陆 93.58 万人，其中陆军 34.53 万人、海军 18.62 万人、空军 27.62 万人、陆战队 12.81 万人；欧洲总部（司令部在德国斯图加特）约 11.2 万人，其中驻德国 4.23 万人、比利时 1300 人、意大利 1.09 万人、英国 1.13 万人，西班牙 1800 人、土耳其 2000 人，葡萄牙 1000 人，另在地中海部署 1.4 万人；太平洋总部（司令部在夏威夷）约 26.5 万人，其中驻阿拉斯加 1.55 万人、夏威夷 3.43 万人、日本 3.83 万人、韩国 3.65 万人、关岛 3500 人、迪戈加西亚 670 人、新加坡 290 人、泰国 450 人、太平洋舰队 13.51 万人（不含后备队 1.35 万人、文职人员 1.1 万人）；中央总部（司令部在佛罗里达州的麦克迪尔空军基地）驻中东地区约 1.41 万人，其中驻科威特 5500 人、沙特阿拉伯 7100 人、巴林 725 人、安曼 260 人、阿拉伯联合酋长国 390 人，另有第五舰队的约 9 艘舰艇。南方总部（司令部在佛罗里达州的迈阿密）驻洪都拉斯 0.1 万人、哥伦比亚 160 人。联合部队司令部（设在弗吉尼亚州的诺福克）驻美国东海岸 1.91 万人、百慕大 800 人、古巴 790 人、冰岛 1600 人、英国 1200 万人、大西洋舰队 10.8 万人（不含文职人员 1、7 万人）。在世界各地参与维和等行动 1.2 万人。

军事基地　截至 1998 年 2 月，美军在国内拥有军事设施 969 个，其中陆军 184 个，海军 164 个，海军陆战队 27 个，空军 96 个，其余为国防部及后备役部队的设施。海外军事设施 203 个，遍布世界 32 个国家或地区，其中陆军 102 个，海军 32 个，海军陆战队 9 个，空军 50 个，其余为国防部和联合勤务设施。

兵役制度　从 1973 年起实行志愿兵役制度。

军衔　分 6 等 25 级：即将官 5 级（五星上将，上将，中将，少将，准将），校官 3 级（上校、中校、少校），尉官 3 级（上尉、中尉、少尉），准尉 5 级（一、二、三、四、五级准尉），军士 6 级（一级军士长、二级军士长、三级军士长、上士、中士、下士），士兵 3 级（一等兵、二等兵、三等兵）。

军队节日　武装力量节，5 月第三个星期六；美国陆军节，4 月 6 日；美国海军节，10 月 27 日；美国空军节，9 月第二个星期六。

对外军援　2002 财年美国国际安全援助要求拨款 62 亿美元，其中以色列将获得 20.4 亿美元军援和 7.2 亿美元经援，埃及将获得 13 亿美元的军援和 6.55 亿美元经援，约旦将获得 755 万美元的军援和 1.5 亿美元的经援。2001 财年国际发展署的国际事务援助拨款总计 93.24 亿美元，其中拨给自愿维和行动 1.26 亿美元、联合国维和行动 8.44 亿美元、国际军事教育和训练 0.57 亿美元、对外军事援助 35.68 亿美元、不扩散和反恐怖主义活动 3.1 亿美元、国际扫毒行动 3.24 亿美元。2001 财年援助原苏联国家销毁战略武器和处理多余裂变材料的“减少威胁计划”拨款 9.14 亿美元，援助原苏联国家落实核不扩散条约拨款 1.48 亿美元。

（符成礼）

墨 西 哥

国　　名　墨西哥合众国。

主要统计　面积 196.7183 万平方千米。人口 1.000564 亿人（其中，13～17 岁男 534.8 万人，女 519.3 万人；18～22 岁男 490.1 万人，女 479.5 万人；23～32 岁男 917.1 万人，女 916.6 万人）。国内生产总值 5540 亿美元（2000 年）。国防费 30 亿美元（2000 年国防预算）。原煤 1033.7 万吨（1997 年）。原油 10.99 亿桶（1997 年）。天然气 297.09 亿立方米（1997 年）。发电量 1707.51 亿度（1997 年）。粮食 2865.1 万吨（1999 年）。海运能力，商船（载重 100 吨以上）635 艘、总载重量 149.53 万吨（2001 年）。民航能力，固定航班机场 83 处、客运量 239.22 亿人千米、货运量 25.97 亿吨千米（2001 年）。

国防体制　墨宪法规定，总统为武装力量最高统帅，有权宣布全国"紧急状态"和"战争状态"，决定兵力调动、高级将领任免、国防开支等重大事宜。国家安全内阁会议为最高国防决策机构，由总统领导，成员有国防部长、海军部长、内政部长、外交部长以及其他有关政府部长。国防部和海军部分别为政府中一个部，是最高军事行政机关，也是最高军事指挥机构。国防部领导和指挥陆、空军。海军部领导和指挥海军。国防部长和海军部长经总统任命，由现役四星上将担任。总统通过国防部和海军部对全国武装力量实施领导和指挥，通过总统府参谋部对国家安全和军事问题进行协调。

领导人物　总统兼武装力量最高统帅维森特·福克斯（2000 年 12 月 1 日就职）。国防部长里卡多·维加·加西亚上将（2000 年 12 月 1 日上任）。海军部长马尔科·安东尼奥·佩罗特·冈萨雷斯上将（2000 年 12 月 1 日上任）。

武装力量　**兵力**　现役部队 19.28 万人。

陆军　14.4 万人。划分为 12 个军区、44 个军分区。编有 3 个军、4 个装甲旅、1 个空降旅、1 个军警旅、9 个步兵旅、3 个炮兵团、80 个步兵营、1 个机械化步兵营、19 个装甲营、44 个特种空中机动分队。

装甲侦察车：M－8 型 40 辆、"大山猫"ERC－90F 型 119 辆、VBL 型 40 辆、"莫瓦格"25 辆、MAC－1 型 40 辆。装甲输送车：HWK－11 型 40 辆、"半跟踪"M－2A1 型 32 辆、VCR/TT 型 40 辆、DN－3/4/5 型 134 辆、AMX－VCI/BDX 型 590 辆、LAV－150ST 型 26 辆、BTR－60 型若干辆。牵引炮：75 毫米 18 门、105 毫米 176 门。自行炮：75 毫米 5 门。迫击炮：81 毫米 1500 门、120 毫米 75 门。反坦克导弹："米兰"式若干具。火箭炮：82 毫米若干门。反坦克炮：37 毫米 30 门。高炮：12.7 毫米 40 门、20 毫米 40 门。地空导弹：RBS－70 型若干具。

海军　3.7 万人（含海军陆战队和海军航空兵）。划分为 17 个军区。编有 2 个舰队、17 个分舰队。

导弹驱逐舰："基林"级 2 艘、"弗莱彻"级 1 艘。护卫舰："诺克斯"级 2 艘、"布朗斯坦"级 2 艘、"埃德索尔"级 1 艘、"查尔斯·劳伦斯"级 3 艘。巡逻艇：150 艘。测量船：5 艘。辅助船只：47 艘。训练舰：1 艘。巡逻舰：36 艘。巡逻炮艇：13 艘。

陆战队　8700 人。编有 3 个陆战旅、1 个空降团、11 个地区营、2 个岸炮营、1 个总统警卫营、1 个岸防大队、1 个独立保安连。装备有装甲突击车：VAP－3550 型 25 辆。牵引炮：105 毫米 16 门。火箭炮：51 毫米 6 门。迫击炮：60 毫米、80 毫米共 100 门。无后座力炮：106 毫米若干门。高炮：20 毫米、40 毫米若干门。

海军航空兵　1100 人。装备有侦察机：C－212－200M 型 8 架。侦察直升机：BO－105 型 12 架、"探险家"MD－902 型 10 架。运输机：C－212 型 1 架、C－180 型 2 架、C－310 型 3 架、DHC－5 型 1 架、FH－227 型 1 架、"空中霸王"90 型 1 架、"利尔杰特"24 型 1 架、"司令官"1 架、C－337 型 2 架、C－402 型 2 架、AN－32 型 5 架、MU－2F 型 1 架。直升机："贝尔"47 型 3 架、SA－319 型 4 架、米－8/17 型 20 架、AS－555 型 4 架、R－22 型 2 架、R－44 型 1 架。教练机：MX－7 型 12 架、"幸运"F－33C 型 10 架、"雷地戈"L－90 型 10 架。教练直升机：MD－500E 型 4 架。

空军　1.177 万人。编有 18 个中队。装备有作战飞机 107 架、武装直升机 71 架。

战斗机：F－5E型8架、F－5F型2架。战斗教练机：PC－7型70架、AT－33型17架。武装直升机："贝尔"205A型1架、"贝尔"206B型15架、"贝尔"206L－3型7架、"贝尔"212型24架。侦察机："指挥官"500S型10架、SA2－37A型2架、C－26型4架。运输机："康维尔"CV－580型1架、洛克希德"喷气星"L－1329型1架、"色斯纳"500型1架、C－118型1架、C－130A型7架、"大力神"L－100型1架、"指挥官"500S型10架、波音727－100型3架、波音757型1架、IAI－201型9架。联络机："阿拉瓦"IAI型9架、"空中霸王"A90型1架、"空中霸王"C90型3架、"超级霸王"300型1架、"步枪手"1架、"幸运山毛榉"F－33C型29架、"色斯纳"182S型73架、"色斯纳"206型11架、"色斯纳"210型11架、PC－6型4架、"涡轮指挥官"　6架。直升机：S－70A型6架、米－2型1架、米－8型11架、米－17型24架、米－26T型1架。教练机："莫莱"M－7型6架、"莫莱"MXT－7－180型21架、"斯蒂阿曼"PT－17型12架、SF－260型30架。教练直升机：MD－530F型24架。

预备役　30万人。

准军事部队　2.5万人，其中联邦防暴警察1.1万人，农防民兵1.4万人。

部署　共有海空军基地37处。其中海军基地20处（韦拉克鲁斯、阿卡普尔科、瓜伊马斯等）。空军基地17处（圣卢西亚、蒂华纳、蒙特雷等）。

兵役制度　实行义务兵役制，同时招募志愿兵。义务兵服役期为1年，志愿兵服役期为3至9年。

军衔　分5等15级：将官3级（上将、中将、少将）、校官3级（上校、中校、少校）、尉官4级（一级上尉、上尉、中尉、少尉）、军士3级（上士、中士、下士）、兵2级（上等兵、列兵）。

军队节日　2月19日为陆军节，6月1日为海军节，9月16日为空军节。

（吴永业）

萨　尔　瓦　多

国　　名　萨尔瓦多共和国。

主要统计　面积20.720万平方千米。人口638.6万人（其中，13～17岁男37.0万人，女35.7万人；18～22岁男36.0万人，女34.7万人；23～32岁男56.0万人，女57.2万人）。国内生产总值132亿美元（2000年）。国防费1.12亿美元（2001年国防预算）。发电量34.8亿度（1997年）。粮食92.5万吨（2001年）。海运能力，商船（载重100吨以上）15艘。民航能力，固定航班机场1处、客运量21.81亿人千米、货运量1600万吨千米（2001年）。

国防体制　宪法规定，总统为武装力量统帅。国防部为政府中一个部，是最高军事行政机关。武装力量由正规军和准军事部队组成。正规军分陆、海、空军三个军种。最高军事指挥机构为联合参谋部。总统通过国防部和联合参谋部对全国武装力量实施领导和指挥。

领导人物　总统兼武装力量统帅弗朗西斯科·弗洛雷斯（1999年6月1日上任）。

武装力量　**兵力**　现役部队1.68万人。

陆军　1.5万人。编有6个军区、6个步兵旅、1个特种支援旅、1个炮兵旅、1个机械化骑兵团、8个步兵营、1个特种作战大队。

装甲侦察车：AML－90型10辆（其中2辆备用）。装甲输送车：M－37B1型40辆、UR－416型8辆。牵引炮：105毫米M－101型24门（备用）、M－102型36门、M－56型18门。迫击炮：81毫米M－29型300门、120毫米UB－M5型260门。无后坐力炮：90毫米M－67型400门、106毫米20余门。高炮：20毫米40门。

海军　700人（含陆战队）。

海岸巡逻艇5艘、江河巡逻艇22艘。

海军陆战队　90人。编有1个连。

空军　1100人。　编有1个战斗机中队、1个武装直升机中队、1个运输机中队、1个运输直升机中队。作战飞机31架、武装直升机17架。

战斗机：A－37B型5架、OA－37B型4架、O－2B型2架、AC－47型2架、CM－170型2架（库

存）、“暴风”型 2 架。侦察机：O－2A 型 9 架。武装直升机：MD－500D 型 1 架、MD－500E 型 6 架、UH－1M 型 3 架（有 11 架 UH－1H 库存）。直升机：UH－1H 型 18 架（其中 15 架库存）。运输机：C－47 型 2 架、C－123K 型 1 架、“巴斯勒”67 型 6 架、OC－6B 型1 架、“默林”IIIB 型 1 架、“运动会”9 架。联络机：“色斯纳”337G 型 1 架。教练机：T－41D 型 1 架、Rallye 型 5 架、“休斯”269A 型直升机 6 架、T－35 型 5 架。

准军事部队　即国民警察 1.2 万人。装备有飞机：“色斯纳”O－2A 型 1 架。直升机：UH－1H 型 1 架、“休斯”520N 型 2 架、MD－500D 型 1 架。

部署　海空军基地共 7 处，其中海军基地 5 处（阿卡胡特拉、拉利伯塔德、乌尼翁、特利翁佛、圭哈），空军基地 2 处（圣萨尔瓦多、圣米格尔）。

兵役制度　实行志愿兵役制，士兵服役期为 1 年。军官最高年限为 30 年。退役后被编入后备役。

军衔　分 3 等 7 级：将官 1 级（少将）、校官 3 级（上校、中校、少校）、尉官 3 级（上尉、中尉、少尉）。

（王　睿）

危　地　马　拉

国　　名　危地马拉共和国。

主要统计　面积 10.8889 万平方千米。人口 1154.1 万人（其中，13～17 岁男 75.0 万人，女 72.9 万人；18～22 岁男 64.7 万人，女 63.0 万人；23～32 岁男 97.4 万人，女 96.0 万人）。国内生产总值 190 亿美元（2000 年）。国防费 1.08 亿美元（2001 年国防预算）。发电量 47.32 亿度（1997 年）。粮食 119.9 万吨（1999 年）。天然气 1100 万立方米（1997 年）。原油 700 万桶（1997 年）。海运能力，商船（载重 100 吨以上）8 艘，总载重量 400 吨。民航能力，固定航班机场 2 处、客运量 5.0 亿人千米、货运量 7000 万吨千米（1999 年）。

国防体制　宪法规定，总统为武装部队总司令。最高军事咨询机构为最高国防委员会，成员有国防部长、国防参谋长和陆、海、空军参谋长等。国防部为政府中一个部，是最高军事行政机关，由军衔最高、资格最深的军官担任部长。武装力量由正规军和准军事部队组成。正规军分陆、海、空军三个军种。最高军事指挥机构为国防参谋部。总统通过国防部和国防参谋部对全国武装力量实施领导和指挥。

领导人物　总统兼武装部队总司令阿方索·波蒂略（2000 年 1 月 14 日上任）。

武装力量　**兵力**　现役部队 3.14 万人。

陆军　2.92 万人。编有 15 个军区（下辖 22 个步兵营、1 个训练营、6 个装甲中队）、2 个战略旅（含 4 个步兵营、1 个轻装甲营、1 个侦察中队和 2 个炮兵连）、1　个特种大队、2 个空降营、5 个加强步兵营、1 个总统警卫营、1 个工程兵营。1 个边境特遣队。

装甲侦察车：M－8 型 7 辆、RBY－1 型 9 辆。装甲输送车：M－113 型 10 辆（其中 5 辆库存）、V－100“突击队员”型 7 辆、“犰狳”型 30 辆。牵引炮：105 毫米 M－101 型 12 门、M－102 型 8 门、M－56 型 56 门。迫击炮：81 毫米 M－1 型 55 门、107 毫米 M－30 型 12 门（库存）、120 毫米 ECIA 型 18 门。无后座力炮：57 毫米 M－20（型若干门）、105 毫米 M－1974FMK－1 型 64 门、106 毫米 M－40A1 型 56 门。高炮：20 毫米 M－55 型 16 门、GAI－DO1 型 16 门。

海军　1500 人（其中包含海军陆战队 650 人）。

巡逻艇：38 艘。

海军陆战队　650 人。编有 2 个陆战营。

空军　700 人。编有 2 个战斗机中队、1 个直升机中队、1 个运输机中队、1 个联络机中队。作战飞机 10 余架、武装直升机 12 架。

战斗机：“色斯纳”A－37B 型 4 架、PC－7 型 6 架。武装直升机：共 12 架，其中“贝尔”212 型 9 架、“贝尔”412 型 3 架。直升机：“贝尔”206 型 9 架、UH－1H 型 3 架、S－76 型 3 架。运输机：T－67 型 4 架、F－27 型 2 架、“超级空中霸王”1 架、PA－301 型 1 架、“阿拉瓦”201 型 4 架。联络机：“色斯纳”206 型 2 架、“色斯纳”310 型 1 架。教练机：T－41 型 6 架、T－35B 型 5 架、“色斯纳”R172K 型 5 架。

预备役部队　3.52万人，其中陆军3.5万人、海军若干人、空军200人。

准军事部队　即国民警察1.9万人。

部署　共有海空军基地4处，其中海军基地2处（圣托马斯·德加斯蒂亚、格萨尔港）、空军基地2处（危地马拉城、弗洛雷斯）。

兵役制度　实行义务兵役制。士兵服役期为30个月。军官最高服役年限为30年。

军衔　分3等9级：将官2级（中将、少将）、校官3级（上校、中校、少校）、尉官4级（上尉、中尉、少尉、准尉）。

（王　睿）

委　内　瑞　拉

国　　名　委内瑞拉玻利瓦尔共和国

主要统计　面积91.67万平方千米。人口2462.7万人（其中，13～17岁125.5万人，女120.7万人；18～22岁男120万人，女115.9万人；23～32岁男206.7万人，女201万人）。国内生产总值1175亿美元（2000年）。国防费14.04亿美元（2000年国防预算）。原煤464万吨（1995年）。原油10.84亿桶（1997年）。天然气436.9亿立方米（1997年）。发电量753亿度（1997年）。粮食199.7万吨（1998年）。海运能力，商船（载重100吨以上）271艘、总载重量135.54万吨（2001年）。民航能力，固定航班机场20处、客运量58亿人千米、货运量6.39亿吨千米（2001年）。

国防体制　委宪法规定，总统为武装力量最高统帅。国家安全与防务委员会为最高国防决策机构，成员有总统、国防、内政、外交和财政部长、武装力量总监、联合参谋长等，由总统任主席。国防部为政府中一个部，国防部长是总统在军事问题上的主要助手，根据总统的旨意，有权管理、指挥和调动军队。全国武装力量最高委员会是总统和国家安全与防务委员会在军事问题上的主要参谋机构，负责处理军队重大事务，成员有国防部长、武装力量总监、联合参谋长及陆、海、空军和国民警卫队司令，由国防部长主持日常工作。武装力量联合参谋部协助国防部长贯彻国防政策，并协调各军种间的作战、情报、训练和后勤等工作。武装力量总监部负责审定各项军事法令，检查和监督部队的组织纪律、军种间的合作及完成任务的情况。各军种司令部为本军种最高军事指挥机构。各军种司令直接对国防部长负责，有权处理本军种重大事务。总统通过国防部对全国武装力量实施领导和指挥。

领导人物　总统兼武装力量最高统帅乌戈·查韦斯（1999年2月2日上任，2000年8月19日连任）。国防部长伊斯梅尔·乌尔达多陆军中将（2000年2月上任）。武装力量联合参谋长赫尔曼·马林陆军中将（1999年7月上任）。陆军司令鲁卡斯·林孔·罗梅罗陆军中将（1999年7月上任）。海军司令米格尔·谢拉尔塔海军中将（2000年2月上任）。空军司令阿尔杜罗·何塞·加西亚（1999年7月上任）。国民警卫队司令赫拉尔多·丹尼尔·布里塞纽·加里亚中将（1999年7月上任）。

武装力量　**兵力**　现役部队8.23万人。

陆军　3.4万人。编有6个步兵师、1个装甲旅、1个骑兵旅、7个步兵旅、1个空降旅、2个突击旅、1个航空团。

主战坦克：AMX－30型81辆。轻型坦克：M－18型75辆、AMX－13型36辆、“蝎子”90型80辆。装甲侦察车：M－8型30辆。装甲输送车：AMX－VCI型25辆、V－100型100辆、V－150型30辆、“龙”式100辆、“蝰蛇”EE－11型35辆。牵引炮：105毫米80门、155毫米12门。自行炮：155毫米10门。火箭炮：160毫米20门。迫击炮：81毫米165门、120毫米60门。无座力炮：84毫米若干门、106毫米175门。反坦克导弹：“马帕兹”24具、AT－4型和AS－11型若干具。飞机：IAI－202型5架、“色斯纳”182型1架、C－206型2架、C－207型1架。攻击直升机：A－109型7架。运输直升机：AS－61A型4架、“贝尔”205型3架、UH－1H型4架。联络机：“贝尔”206型2架。

海军　1.83万人（含海军陆战队、海军航空兵和海岸警备队）。编有舰队司令部、陆战队司令部、海军航空兵司令部、海岸警备队司令部和内河警备司令部。

潜艇："虱目鱼"级2艘。护卫舰："狼"级3艘。导弹攻击快艇："宪法"级3艘。两栖登陆艇：6艘。巡逻艇：65艘。测量船：3艘。训练舰：1艘。辅助船：2艘。

陆战队　7800人。编有4个陆战营、1个炮兵营、1个两栖营、4个分队。装备有装甲突击车LVTP-7型11辆。装甲输送车："蝰蛇"EE-11型25辆、"狐狸"1型10辆。牵引炮：105毫米18门。高炮：40毫米6门。

海军航空兵　500人。编有2个航空兵中队。装备有反潜直升机：AB-212型8架。侦察机：C-212-200MPA型4架、C-212-400型3架。运输机：C-212型2架、DHC-7型1架、"罗克威尔司令官"680型1架。联络机："色斯纳"310型1架、C-402型1架、"空中霸王"90型1架、C-212-400型3架。直升机："贝尔"412EP型4架。

海岸警备队　1000人。装备有护卫舰2艘。巡逻艇：32艘。

空军　7000人。编有6个战斗机大队、1个直升机大队、1个教练机大队。作战飞机124架、武装直升机31架。

战斗机：CF-5A型12架、CF-5B型4架、NF-5A/B型7架、"幻影"50DV/EV型16架、F-16A型18架、F-16B型4架、EMB-312型20架。侦察机：OV-10A型15架。电子战飞机："猎鹰"20DC型3架。武装直升机：SA-316型10架、UH-1D型12架、UH-1H型5架、AS-532型4架。运输机：C-123型7架、C-130H型5架、G-222型8架、HS-748型2架、B-707型2架、"波音"737型1架、"湾流"III型1架、"湾流"IV型1架、"利尔杰特"24D型1架。运输直升机："贝尔"214型2架、"贝尔"412型4架、AS-332B型8架、UH-1N型2架、米-8/17型18架。联络机："色斯纳"182型9架、"嘉奖"I型1架、"嘉奖"II型1架、"空中皇后"65型2架、"空中皇后"80型5架、"超级空中霸王"200型5架、"云雀"SA-316BIII型9架。教练机：EMB-312型12架、T-34型20架、T-2D型17架、SF-260F型12架。空空导弹："魔术"R-530型、"响尾蛇"AIM-9L/9P型若干枚。空地导弹："飞鱼"若干枚。地空导弹："罗兰"式10部、RBS-70型若干部。高炮：20毫米、35毫米若干门、40毫米114门。

国民警卫队　2.3万人。编有8个地区司令部。装备有步兵战车：UR-416型20辆。装甲输送车："菲亚特"-6614型24辆。迫击炮：60毫米100门、81毫米50门。飞机："男爵"1架、BN-2A型1架、"色斯纳"185型2架、U206型5架、IAI-201型4架、"空中霸王"90型1架、"空中霸王"200C型1架、"空中皇后"80型2架、"空中卡车"M-28型6架。直升机：A-109型4架、"贝尔"206型20架、"贝尔"212型2架。巡逻艇：52艘。

预备役　8000人（陆军）。

部署　共有海空军基地15处。其中海军基地10处（加拉加斯、马拉开波、拉瓜伊拉等）。空军基地5处（马拉开波、巴基西梅托、加拉加斯等）。

兵役制度　实行义务兵役制。陆军、空军和国民警卫队义务兵服役期为1年，海军义务兵服役期为1年半。

军衔　分为5等20级：将官3级（上将、中将、少将）、校官3级（上校、中校、少校）、尉官3级（上尉、中尉、少尉）、军士7级（军士长、副军士长、一级上士、二级上士、三级上士、中士、下士）、兵4级（一级上等兵、二级上等兵、上等兵、列兵）。

驻外兵力　联合国驻伊拉克和科威特军事观察员2名，联合国驻西撒哈拉军事观察员3名。

军队节日　6月24日为陆军节，7月24日为海军节，12月10日为空军节，8月4日为国民警卫队节。

（吴永业）

乌 拉 圭

国　　名　乌拉圭东岸共和国。

主要统计　面积17.6215万平方千米。人口

336.8 万人（其中，13～17 岁男 12.9 万人，女 12.6 万人；18～22 岁男 13.6 万人，女 13.1 万人；23～32 岁男 25.4 万人，女 24.7 万人）。国内生产总值 207 亿美元（2000 年）。国防费 3.67 亿美元（2001 年国防预算）。发电量 70.5 亿度（1999 年）。粮食 198.5 万吨（1998 年）。海运能力，商船（载重 100 吨以上）93 艘、总载重量 17.25 万吨（2001 年）。民航能力，固定航班机场 1 处、客运量 6.4 亿人千米、货运量 6200 万吨千米（2001 年）。

国防体制　宪法规定，总统为武装力量最高统帅。国防部为政府中一个部，是最高军事行政机关。乌拉圭武装力量由正规军和准军事部队组成。正规军由陆、海、空三军组成。陆、海、空三军相互独立，没有统一的军事指挥机构。各军种司令部为本军种最高军事指挥机构，各军种司令为本军种最高领导。最高军事指挥机构为联合参谋部。总统通过国防部和陆、海、空三军司令对全国武装力量实施领导和指挥。

领导人物　总统兼武装力量最高统帅豪尔赫·巴特列（2000 年 3 月上任）。国防部长路易斯·安德列斯·布雷萦（2000 年 3 月 2 日上任）。陆军司令胡安·卡洛斯·赫伊莫纳特中将（2000 年 2 月上任）。海军司令弗朗西科·帕索斯·马雷斯卡中将（1999 年 2 月上任）。空军司令何塞·佩德罗·马拉金·科雷亚中将（1999 年 2 月上任）。

武装力量　**兵力**　现役部队 2.39 万人。

陆军　1.52 万人。分为 4 个军区和 1 个师部，编有 5 个步兵旅、3 个骑兵旅、1 个炮兵旅、1 个工程兵旅、4 个战斗工兵营和 3 个炮兵营。

坦克：T－55 型 15 辆、M－24 型 17 辆、M－3A1 型 29 辆、M－41A1 型 22 辆。步兵战车：BMP－1型 10 辆。装甲侦察车：EE－3“哈拉拉卡”16 辆、EE－9“响尾蛇”15 辆。装甲输送车：M－113 型 18 辆、“秃鹰”44 辆、OT－64“斯科特”43 辆、M－93 型 32 辆。牵引炮：75 毫米 10 门、105 毫米 48 门、155 毫米 8 门。自行炮：122 毫米 6 门。火箭炮：122 毫米 3 门。迫击炮：81 毫米 93 门、107 毫米 9 门、120 毫米 34 门。无座力炮：57 毫米 67 门、106 毫米 30 门。高炮：20 毫米 15 门、40 毫米 8 门。反坦克导弹：“米兰”5 具。

海军　5700 人（含海军陆战队、海军航空兵和海岸警卫队 1950 人）。编有 1 个舰队。

导弹护卫舰：“里维埃司令”级 3 艘。巡逻舰：5 艘。巡逻艇：13 艘。海岸扫雷艇：4 艘。训练舰：1 艘。测量船：1 艘。海洋调查船：1 艘。其他辅助船只：8 艘。

陆战队：450 人。编有 1 个营。

海军航空兵：300 人，装备各型飞机 24 架，内作战飞机 1 架。

空军　3000 人。编有 2 个战斗机中队、1 个直升机中队、3 个运输机中队。作战飞机 21 架。

攻击机：A－37B 型 10 架、IA－58B 型 5 架。搜索与救援机：EMB－110B1 型 1 架。运输机：C－212 型 2 架、EMB－110C 型 3 架、F－27 型 1 架、C－130B 型 3 架、“色斯纳”310 型 1 架、“色斯纳”206 型 1 架。联络机：“色斯纳”182 型 2 架、“空中皇后”80 型 2 架、U－17 型 5 架、T－34A 型 1 架。教练机：SF－260EU 型 6 架、T－41D 型 5 架、PC－7U 型 5 架。直升机：贝尔 212 型 2 架、UH－1H 型 6 架、“威赛克斯”HC2 型 6 架。

准军事部队　920 人。

兵役制度　实行志愿兵役制。服役期为 2 年。

军衔　军衔分 5 等 15 级：将官 2 级（中将、少将）、校官 3 级（上校、中校、少校）、尉官 4 级（上尉、中尉、少尉、准尉）、军士 3 级（军士长、一等军士、二等军士）、兵 3 级（上等兵、下等兵、列兵）。

军队节日　5 月 18 日为陆军节，11 月 15 日为海军节，3 月 17 日为空军节。

（吴永业）

智　　利

国　　名　智利共和国。

主要统计　面积 75.6626 万平方千米。人口 1540.5 万人（其中，13～17 岁男 72.5 万人，女 69.8 万人；18～22 岁男 64 万人，女 61.7 万人；23～32 岁

男 121.8 万人，女 118.8 万人）。国内生产总值 703 亿美元（2000 年）。国防费 21 亿美元（2001 年国防预算）。原煤 108 万吨（1997 年）。原油 340 万桶（1997 年）。天然气 20.56 亿立方米（1997 年）。发电量 312.78 亿度（1997 年）。粮食 216.8 万吨（1999 年）。海运能力，商船（载重 100 吨以上）392 艘、总载重量 85.49 万吨（2001 年）。民航能力，固定航班机场 23 处、客运量 106.51 亿人千米、货运量 21.07 亿吨千米（2001 年）。

国防体制 宪法规定，总统为武装力量最高统帅。国家最高安全委员会会议为最高国防决策机构。成员有总统、国防、外交、内政、经济、财政部长等内阁成员以及三军总司令和武警总局长等，由总统任主席。国防部为政府中一个部，是最高军事行政机关。智武装力量由正规军和准军事部队组成。正规军分陆、海、空三个军种。国防参谋部为国防部的执行机构，负责协调三军和武警的作战、训练、动员、情报、预算等事宜。国防参谋长由陆、海、空军参谋长轮流担任。陆、海、空三个军种实行分权独立，无统一的军事指挥机构，陆、海、空军司令部为各自军种的最高军事指挥机构。各军种司令为本军种最高军事长官。总统通过各军种司令部和国防部对全国武装力量实施领导和指挥。

领导人物 总统兼武装力量最高统帅里卡多·拉戈斯·埃斯科瓦尔（2000 年 3 月就职）。国防部长米切莱·巴切莱特（2002 年 1 月任现职）。陆军总司令胡安·埃米里奥·切雷·埃斯皮诺萨中将（2002 年 3 月就职）。海军总司令米盖尔·贝尔加拉·比利亚洛奥斯海军上将（2001 年 6 月就职）。空军总司令帕特里西奥·里约斯·庞塞上将（1999 年 7 月就职）。

武装力量 **兵力** 现役部队 8.75 万人。

陆军 5.1 万人。设有 7 个军区、2 个军部，编有 7 个师、1 个航空兵旅、1 个工兵团、1 个空降团。

坦克：AMX－30 型 40 辆、“豹”I 型 250 辆。步兵战车：“剪刀鱼”20 辆。装甲侦察车：EE－9“响尾蛇”157 辆。装甲输送车：M－113 型 144 辆、“剪刀鱼”118 辆、EE－11“蝰蛇”290 辆。牵引炮：105 毫米 120 门、155 毫米 43 门。自行炮：155 毫米 12 门。迫击炮：81 毫米 300 门、107 毫米 15 门、120 毫米 125 门。无后座力炮：57 毫米、106 毫米 150 门。反坦克导弹：“米兰”、“马姆巴”、“马帕兹”型若干具。火箭筒：若干具。高炮：20 毫米 60 门。地空导弹：“吹管”50 部、“西北风”12 部、“轻标枪”若干部。运输机：C－212 型 6 架、“嘉奖”1 架、CN－235 型 5 架、“男爵”1 架、“空中霸王”1 架、“大篷车”1 架。教练机：R－172 型 16 架。直升机：52 架。

海军 2.4 万人（含海军陆战队和海军航空兵）。划分为 4 个海区。编有 1 个舰队和 1 个潜艇司令部。

潜艇：“汤姆森”级 2 艘、“奥伯隆”级 1 艘。导弹驱逐舰：3 艘。护卫舰：“利安德”级 3 艘。两栖登陆舰：“新港”级 1 艘、“迈波”级 2 艘、“埃利库拉”级 2 艘。训练舰：1 艘。巡逻舰艇：27 艘。导弹攻击快艇：7 艘。辅助船只：11 艘。

陆战队 2700 人，编为 4 个大队和 1 个两栖营。装备有坦克：“蝎”式 30 辆。装甲输送车：“罗兰”40 辆。牵引炮：44 门。迫击炮：81 毫米 50 门。无后座力炮：106 毫米约 30 门。地地导弹：“神剑”若干枚。地空导弹：“吹管”式若干部。

海军航空兵 600 人，装备有各型飞机 48 架，其中作战飞机 5 架，武装直升机 20 架。空舰导弹：“飞鱼”AM－39 型若干具。

空军 1.25 万人。编有 5 个航空旅、5 个联队、13 个中队。装备有作战飞机 77 架。

战斗机：“幻影”50 型 14 架、F－5III 型 16 架。教练机：A－37B 型 14 架、A－36 型 12 架。战斗/侦察机：“幻影”5 型 21 架。侦察机：“空中霸王”A－100 型 1 架、“利尔杰特”35A 型 2 架、DHC－6－100 型 3 架。预警机：IAI－707 型 1 架。运输机：波音 707 型 3 架、波音 737－500 型 1 架、C－130H 型 2 架、C－130B 型 3 架、C－212 型 4 架、“山毛榉”99 型 9 架、DHC－6 型 12 架、“湾流”IV 型 1 架、“山毛榉”200 型 1 架、“色斯纳”206 型 1 架、PA－28 型 11 架。直升机：UH－1H 型 11 架、“贝尔”412 型 4 架、UH－60 型 1 架、BO－105 型 6 架、SA－315B 型 3 架。教练机：T－35A/B 型 35 架、T－36 型 23 架、Extra300 型 5 架。教练直升机：“贝尔”206A 型 2 架。空空导弹：“响尾蛇”AIM－9B/J 型、“蜻蜓”、“大蟒”III 型若干枚。高炮：35 毫米若干门。

预备役部队 5 万人（陆军）。

准军事部队 3.47 万人（军警）

兵役制度 智实行义务兵和志愿兵相结合的兵役制度，即适龄青年先自愿报名服兵役，如名额不满再按义务兵征集。陆军服役期为 1 年，海空军服役期为 1 年 10 个月。

军衔 智军衔分 6 等 20 级：将官 3 级（上将、中将、少将）、校官 3 级（上校、中校、少校）、尉官 4 级（上尉、中尉、少尉、准尉）、军士 7 级（一级军士长、二级军士长、一级军士、二级军士、上士、中士、海、空军不设中士、下士)、兵3级(一等兵、二等兵、列兵)。

军队节日 9月19日为陆军节,5月21日为海军节,3月21日为空军节。

(吴永业)

澳 大 利 亚

国 名 澳大利亚联邦。

主要统计 面积769.2万平方千米。人口1901.5万人(其中,13~17岁男69.7万人,女66万人;18~22岁男68万人,女64.6万人;23~32岁男149.7万人,女145.2万人)。国内生产总值3800亿美元(2000年)。国防费66亿美元(2001年国防预算)。粗钢835.6万吨(1998年)。原煤2.27亿吨(1997年)。原油1.53亿桶(1997年)。天然气310亿立方米(1998年)。发电量1830.69亿度(1997年)。粮食3111.7万吨(1999年)。海运能力,商船(载重100吨以上)659艘,总载重量385.73万吨(2000年)。民航能力,固定航班机场400处,客运量729.9亿人千米、货运量19.04亿吨千米(2000年)。

国防体制 总督为武装力量总司令。国防委员会是最高军事决策机构,由国防部长担任主席。国防部为武装力量最高统帅机构。国防军司令为军队最高领导人,是国防部长的首席军事顾问。武装力量由现役部队和预备役部队组成,分陆、海、空三个军种。

领导人物 总督兼武装力量总司令威廉·帕特里克·迪恩(1996年2月上任)。总理约翰·温斯顿·霍华德(2000年11月第3次连任)。国防部长罗伯特·希尔(2001年11月上任)。国防军司令彼得·科斯格罗夫上将(2002年5月上任)。

武装力量 **兵力** 现役部队5.07万人。

陆军 2.415万人。编有1个地面部队司令部,1个联合部队司令部,1个特遣部队司令部,1个后勤部队司令部,1个装甲团,2个侦察团,1个特战团,6个步兵营,1个突击营,2个装甲输送车中队,3个炮兵团,1个防空团,3个工程兵团和2个航空团。

主战坦克:“豹”1A3型71辆。装甲输送车:M-113型463辆,ASLAV-25型111辆。牵引炮:105毫米350门,155毫米35门。迫击炮:81毫米296门。无坐力炮:84毫米577门,106毫米74门。地空导弹:“轻剑”19部,RBS-70型17部。飞机:“空中大王”200型3架,DHC-6型2架。直升机:共121架,其中UH-1H型25架为武装直升机。两栖舰艇:15艘。

海军 1.25万人(含航空兵)。编有1个近海司令部,1个支援司令部,1个训练司令部,6个海区司令部和4个海军基地。

潜艇:“科林斯”级5艘。导弹驱逐舰:“佩思”级1艘。导弹护卫舰:“阿德莱德”级6艘。护卫舰:“安扎克”级3艘。巡逻艇:15艘。扫雷艇:5艘。两栖舰艇:4艘。支援及勤务船:13艘。

航空兵 990人,编有1个反潜直升机中队,2个运输/救援中队。装备武装直升机16架,运输/救援机16架。

空军 1.405万人。编有2个攻击战斗机兼侦察机中队,3个战斗机兼攻击机中队,2个战术训练机中队,2个海上侦察机中队,7个运输机中队。作战飞机141架。

攻击战斗机/侦察机:F-111型35架,EP-3C型2架。战斗机/攻击战斗机:F/A-18型71架。海上侦察机:P-3C型17架,TAP-3B型3架。运输机:C-130型24架,波音707型5架,DHC-4型14架,“猎鹰”900型5架,HS-748型10架,B-200型2架,B-1900D型1架。前方指挥引导机:PC-9A型3架。教练机:92架。空地和空空导弹若干枚。

预备役部队 2.134万人,其中陆军1.79万人、海军1220人、空军2220人。

准军事部队 海关总局装备有海上侦察机13架、直升机1架、小船6艘。

兵役制度 **实行志愿兵役制。**

驻外兵力 驻马来西亚(“五国联防”组织)约115人,包括1个步兵连及1个空军分遣队。驻巴布亚新几内亚38人。此外,2001年参加联合国驻东帝汶维和部队1474人,约有206名军事观察员和停战

监督小组人员在东帝汶、埃及、埃塞俄比亚和厄立特里亚两国边境地区、中东及巴布亚新几内亚执行联合国维和任务。

外国驻军 美国海军 40 人、空军 260 人。新西兰空军 47 人及攻击战斗机 6 架。新加坡驻军 230 人（建有 1 所飞行训练学校，配有 S－211 型飞机 27 架）。

（孟 丽）

（本栏责任编辑 夏 娟）

其他国家

国名	现役部队					主要武				
	总兵力（人）	陆军（人）	海军（人）	空军（人）	其他（人）	（坦克）装甲车辆（辆）	火炮（门）牵引炮（门）	迫击炮（门）	无坐力炮（门）	高炮（门）
巴林	11000	8500	1000	1500		(106)/411	36	18	36	24
尼泊尔	46000	46000				40	25	70		30
吉尔吉斯斯坦	12200	9800		2400		(210)/264	161	66		24
卡塔尔	11800	8500	1800	1500		(34)/248	12	39	自行炮 28	火箭炮 4
科威特	15300	11000	1800	2500		(341)/423	自行炮 59	50	火箭炮 27	72
塞浦路斯	10000	1000				(145)/611	386	184	80	
文莱	5000	3900	700	400		(16)/52		24		
贝宁	4800	4500	150	150		(20)/33	16	若干		
博茨瓦纳	7500	7000		500		(36)/42	16	16	88	7
布基纳法索	10000	5600		200	宪兵 4200	96	14	若干	若干	30
布隆迪	22000	18500	(50)（属宪兵）	(100)属陆军	宪兵 3500	54	若干	若干	15	150
赤道几内亚	1320	1100	120	100		16				
多哥	6950	6500	200	250		(11)/91	4	20	27	43
厄立特里亚	目前厄人民军总兵力为4.6万人，计划削减至3.5万人。									
佛得角	1100	1000		100		10	24	18		30
冈比亚	800	730	70							
刚果（布）	10000	8000	800	1200		(53)/75	若干	10余	若干	若干
吉布提	9600	8000	200	200	宪兵 1200	31	6	45	16	15
几内亚	9700	8500	400	800		(50)/67	26	20余	若干	24余
几内亚比绍	92500	6800	350	100	宪兵 2000	(30)/65	26	8余	若干	34
加纳	7000	5000	1000	1000		53		78	50	8余
加蓬	4700	3200	500	1000		约 103	4	39	若干	41
喀麦隆	22100	11500	1300	300	宪兵 9000	68	34	若干	53	54
乍得	30350	30000		350		(60)	5	12	若干	若干

军 事 概 况

器装备						（预备役）准军事部队（人）	外军驻军（人）	参加联合国维和（人）数	备注
导弹		飞机（其中作战飞机）（架）	直升机（其中武装直升机）（架）	舰艇（艘）	其他				
反坦克（具）	地一空（部）								
15	70	27(24)	31(24)	18	自行炮13门 火箭炮9门	9850	美、英军若干		
		11				4000	英军90	28	
26	若干	120(53)	47(15)			5000			驻塔吉克斯坦约300人
100		19(11)	24(20)	8			美军50		
118	24	80(76)	28(29)	10		(23700) 5000	联合国1099 美军1250		
117	72	3	9(4)	12	自行炮、火箭炮各12门	(88000) 570	希腊部队950，英军3800，联合国1180		地一地导弹3部
	12	9	29(26)	14		(700) 4050	英军900，新加坡500		
		10	3	5		2500		10	
6	27	48(38)	7			1000			
	若干	19(5)			火箭炮若干	民兵等45250		不详	
	若干	6(6)	2	8	火箭炮若干				
		5	2	3		民兵卫队2个连	摩洛哥360		
		24(15)	5	2		750		9	

装备有舰艇21艘、飞机9架、直升机4架。

	50	1		2		海岸警卫队约50			
				5	轻武器若干				
		25(12)	7	5	火箭炮、反坦克炮若干	5000余，其中2000名宪兵为现役		4	
		7	4余	8		3000	法军3900	19	
	若干	15(8)	5	10	反坦克炮若干	2600		1703	
	若干	3(3)	3	10					8
	若干	18(15)	8	4		约800		1666	
4		28(16)	12(5)	5	火箭炮8	4800	法军600		
若干		31(15)	17(4)	32	火箭炮32	火箭炮20			
若干		16(4)	2		火箭炮若干	4500	法军900		

国名	现役部队					主要武				
	总兵力（人）	陆军（人）	海军（人）	空军（人）	其他（人）	(坦克)装甲车辆（辆）	火炮(门)			
							牵引炮（门）	迫击炮（门）	无坐力炮（门）	高炮（门）
科特迪瓦	13900	6800	900	700	总统卫队1100 宪兵4400	(5)/62	4	16	若干	21
肯尼亚	24200	20500	1200	2500		(76)/154	48	62	80	74
莱索托	2000	2000				约18		若干	若干	
利比里亚	1997年1月底利各武装派别接受解除武装。在利大选后的6个月内组建利国防军，									
卢旺达	62000	55000			宪兵7000	20余	若干	若干		若干
马达加斯加	21000	20000	500	500		(12)/103	20余	约10	若干	70
马拉维	5000	5000	(220)属陆军	(80)属陆军		40	9	8		
马里	7350	7350	(50)属陆军	(400)属陆军		(39)/70	20余	30余		12
毛里求斯	无正规作战部队，所有武装均属准军事部队。现有特别机动队1300人，装备装甲车10辆、									
毛里塔尼亚	15650	15000	500	150		(35)/135	75	100	若干	约50
莫桑比克	5100－6100	4000/5000	100	1000		(约80)/320	300余	若干	若干	400
纳米比亚	5800	5700	100	属陆军建制		若干	反坦克炮若干	若干	若干	45
尼日尔	5300	5200		100		154	反坦克炮若干	40	14	39
塞拉利昂	两派共约1.2万－1.5万人		约200					7	若干	7
塞内加尔	13350	12000	700	650		99	18	16		33
塞舌尔	400	200	海岸警卫队200	(20)属海岸警卫队		6		6		若干
圣多美和普林西比	约1000人	2个营	1个排							
斯威士兰	约3000人									
索马里	1991年西亚德政府垮台后，索一直处于四分五裂状态。原政府军早已瓦解，									
赞比亚	21600	20000		1600		(30)/101	96	93	若干	161
中非	4950	2500		150	宪兵2300	(4)/49		10余	14	
爱尔兰	12700	10500	1100	1100		(14)/101	60	467	540	26
爱沙尼亚	3510	3350	160	(250)属陆军		39		57	30	100
冰岛	无正规部队，仅有1支海岸警卫队，120人，装备巡逻艇4艘、飞机1架、直升机1架。									
拉脱维亚	4500	3400	980	120		15	24	28		若干
立陶宛	5250	4200	500	550		34		18	若干	
卢森堡	800	800				5		6		
马耳他	总兵力1950人，编成3个团。第1团：1个步兵营；第2团(合成团)：1个飞行中队、1个海军陆战中队、									

器装备									
导弹		飞机(其中作战飞机)(架)	直升机(其中武装直升机)(架)	舰艇(艘)	其他	(预备役)/准军事部队(人)	外军驻军(人)	参加联合国维和数(人)	备注
反坦克(具)	地一空(部)								
		17(5)	8	13		(12000)/1500民兵	法军500		
54		62(30)	47(34)	10		5000		82	
		4	5						

初步设想为1旅3营制,从原有武装人员中筛选组成。

	若干		2						
		29(12)	6	3		7500			
	15	6	6	2		1000			
	12	32(16)	4	3	火箭炮2	4800		62	

迫击炮2门;海岸警卫队约500人,装备舰艇9艘;空中警察装备飞机2架。

若干	若干	13(7)		11		5000			
	10余	50(43)	21(4)		火箭炮30				
	若干	8	4	3	火箭炮5			196	
		7					5400		200
	若干		1	6			西非维和部队共3700	250	反对派武装约1.7万人
4		20(8)	5	12		4000	法军1500	47	
	10	3		4		250(其中200人为现役)			海岸警卫队为准军事部队

其武器装备分散于各派武装之手,完好率甚低。

若干	若干	103(63)	21		火箭炮50	1400		514	
		15	2	9			法军1300		
21	7	24(13)	15(15)	7		(15640)		737	
5		3	7	15		(14000)/2800		66	

另驻有美军2520人,荷兰海军30人。

		4	7	20余		(16600)/3600		40	
		11	8	7		(11000)/4800		148	
6						560	北约1个预警机中队	22	

1个高炮连;第3团(补给团)。装备飞机5架、直升机10架、舰艇6艘、高炮90门。另驻有意大利空军16人。

国名	现役部队					主要武				
	总兵力（人）	陆军（人）	海军（人）	空军（人）	其他（人）	（坦克）装甲车辆（辆）	火炮（门）			
							牵引炮（门）	迫击炮（门）	无坐力炮（门）	高炮（门）
马其顿	16000	15000	（400）属陆军	约 600		（4）/10 余	55	1200	2400	100
摩尔多瓦	11030	9300		1730		281	71	123	若干	42
斯洛伐克	33000	19800		10200		（272）/942	75	14	90	200
斯洛文尼亚	9950	9950	（100）属陆军	（120）属陆军		（109）/78	18	120	自行炮 8	39
安提瓜和巴布达	150	125	25							
巴巴多斯	610	500	110							
巴哈马	860		860							
巴拉圭	20200	14900	3600	1700		（5）/53	41	80	若干	60
巴拿马	无现役部队，仅有一次 11800 人的准军事部队。由 3 部分组成：①国民警察 1.1 万人，仅装备有轻武器；									
伯利兹	1050	1000	50 属陆军					6	8	
多米尼加	24500	15000	4000	5500		（24）/28	22	24		4
哥斯达黎加	无现役部队，仅有 7000 人的准军事部队：①国民警卫队，3000 人；②政府卫队 2000 人；									
圭亚那	约 1600	1400	不到 100	100		3	6	48		
海地	1994 年军政府垮台后，所有武装部队都已解散，目前正建立一支 4000 人的国家警察部队。									
洪都拉斯	18800	16000	1000	1800		（12）/54	28	400	80	
尼加拉瓜	17000	15000	800	1200		（137）/186	142	607	若干	36
苏里南	1800	1400	240	160		30		6	若干	
特立尼达和多巴哥	2100	1400	700	航空队 50				46	若干	
牙买加	3320	3000	海岸警卫队 150	航空队 170		13		12		
巴布亚新几内亚	4300	3800	400	100				若干		
斐济	3600	3300	300				4	12		
新西兰	9550	4400	2100	3050		（20）/78	43	50	63	
格鲁吉亚	16790	8620	1040	1330		（90）/292	204	17	3	16
亚美尼亚	42060	38900		3160		（110）/140	121	19	51	35

器装备									
导弹		飞机(其中作战飞机)(架)	直升机(其中武装直升机)(架)	舰艇(艘)	其他	(预备役) 准军事部队(人)	外军驻军(人)	参加联合国维和数(人)	备注
反坦克(具)	地—空(部)								
若干	200	14	4	9	火箭炮 75	(100000) 7500	联合国部队 1105 人		
	25	30 余(27)	8		火箭炮 15 反坦克炮 26	(66000) 3400		俄军 4900	
538	48	95(56)	42(19)			(20000) 4700	联合国部队 610		
若干	9	10	10	2	火箭炮 4060	(53000) 4500			
				2					
				5		(430)			
			2		22				
		(2)	17	19		(164500) 14800			

②海上服务队 400 人,装备舰艇 6 艘;③航空服务队 400 人,装备飞机 12 架、直升机 6 架。另驻有美军 6230 人。

		3(2)		15					
		30(10)	11	23		15000			

③边防安全警察 2000 人,其中海上小队 400 人,装备巡逻艇 7 艘,空中小队装备飞机 15 架、直升机 4 架。

		2	2	2		(1500)			

1296 名联合国海地特遣部队和 227 名民事警察仍留驻海地。

		85(48)	20	15		(60000) 5500	美军 33	12	
若干	200 余	15	16(16)	18	火箭炮 51 反坦克炮 461				
		6(5)	3	5					
		3		7		4800			
		4	11	5		(950)			
		5	4	6		澳大利亚 100			
				10		(6000)		893	
		75(42)	22(4)	14				52	澳军等 58 人
10	75	23(12)	19(3)	17	火箭炮 10	(250000) 11700	俄军 4000,联合国观察员 103	34	
22	87	32(8)	27(12)		自行火炮 38	(210000) 1000	俄军 2900		

军事思想与军事论著研究

中国关于毛泽东军事思想研究 2001 年，中国理论界对毛泽东军事思想的研究，一方面侧重于通过探讨其来源和发展，更深刻地理解毛泽东军事思想的精神实质；另一方面探讨了一些以往涉及不多的内容。

毛泽东军事思想的两大来源 深入研究毛泽东军事思想，可以看出毛泽东军事思想的两大来源：一是马克思列宁主义，二是中国传统的军事思想。

毛泽东战争观的理论来源主要是马克思列宁主义的军事理论和中国传统的兵法思想。马克思、恩格斯在对欧洲发生的一些战争的总结、研究和评论中曾提出并阐述了一系列卓越的军事思想，创造了辩证唯物主义的战争观，科学地揭示了战争的起源，全面论述了战争和经济、战争和政治、战争和革命的关系。在中国传统的文化典籍中，兵法著作尤为举世瞩目，其中阐发了不少具有朴素唯物主义和朴素辩证法的思想。毛泽东通过学习研究马克思列宁主义和中国传统军事思想，结合中国具体的国情，形成了其具有鲜明中国特色的战争观。关于战争的起源，毛泽东认为：私有制和阶级的出现，是发生战争的根本原因。只要私有制存在，战争就不可避免。关于战争的本质和目的，毛泽东指出“‘战争是政治的继续’，在这点上说，战争就是政治”。然而，“战争有其特殊性，在这点上说，战争不等于一般的政治。‘战争是政治的特殊手段的继续’。”关于现代战争的根源，毛泽东认为：“根据历史事实和列宁的学说，在帝国主义时代，资本主义的发展是极端不平衡的，因此，帝国主义各国之间的战争是不可避免的。”后来，毛泽东再次指出：帝国主义的存在就是战争的根源。由上可以看出，毛泽东的战争观源于马克思主义和中国传统军事思想，但又不局限于此，它结合了中国的具体国情，是对马克思列宁主义和中国传统军事思想的重大发展。

毛泽东的人民战争思想，是把马克思列宁主义的唯物史观和中国传统兵法运用于中国革命战争实践所创立的伟大理论。马克思主义认为，人民群众作为历史的主体，当然也是战争的主体。列宁根据俄国革命的具体情况，提出了革命的成败取决于奋起保卫革命和争取完成革命的无产阶级群众和农民群众。中国传统军事思想从“民本”思想出发，指明人心向背决定战争胜负。毛泽东则更明确地提出了人民战争的思想，他说：“因为革命战争是群众的战争，只有动员群众才能进行战争，只有依靠群众才能进行战争。”这一思想把马克思列宁主义的根本规律以及中国传统军事思想成功地运用到了战争问题上，揭示了战争的规律和本质。它不是在武器、军力不如敌人情况下的一种权宜之计，而是充分体现了马克思列宁主义的三个基本原理：第一，人民战争必胜；第二，战争之伟力的最深厚根源存在于民众之中；第三，武器是战争的重要因素，但不是决定因素，决定的因素是人不是物。

毛泽东军事思想中的战略战术，是充分领悟中国传统军事思想和战例，根据人民军队在不同时间、空间范围，根据敌我双方综合实力，在战争实践中产生的。中国古代军事谋略和战法，实战性强，内容丰富，对毛泽东的战略战术形成有很重要的作用。早在红军初创伊始，毛泽东指挥红军作战取胜的一套战略战术就巧妙而成功地汲取了中国传统兵法的优秀遗产，形成了著名的“十六字诀”。后来，毛泽东又在深刻领悟中国传统兵家高度重视的集中兵力问题的基础上，根据中国革命战争的实践，提出了以“集中优势兵力打歼灭战”为精神实质的十大军事原则，成功地解决了弱小的人民军队如何战胜强大的敌人这个困难而复杂的问题。（王杰玲等《论毛泽东军事思想的两大来源》，《毛泽东思想研究》2001 年第 5 期）

毛泽东积极防御思想与中国历史文化 积极防御

思想，是毛泽东创立的指导中国革命战争和保卫社会主义建设的军事斗争的理论，也是毛泽东军事思想中最具华彩的“常青之树”。1936 年 12 月，毛泽东在《中国革命战争的战略问题》一文中全面阐明了积极防御战略。迄今已有大半个世纪，虽然形势、条件和任务不断变化，但积极防御战略思想对军队建设却始终发挥着巨大作用。积极防御战略思想具有如此强大的生命力，其原因之一，就是与中国历史文化有着必然联系。重视学习和研究中国历史文化，为毛泽东创造积极防御战略思想提供了丰厚的营养。从积极防御的主要内涵和突出特点看，毛泽东汲取中国历史文化营养并非兼收并蓄，而是用马列主义观点对其取精用弘，推陈出新，创造性地回答和解决中国革命战争的战略防御问题，从而建立起独具中国特色的新的军事思想体系。

首先，毛泽东继承和发展了中国古代哲学和兵学中“后发制人”、“柔弱胜刚强”的谋略思想，提出后发制人是积极防御战略的首要战争指导原则。1935 年 12 月，陕北瓦窑堡中共中央政治局扩大会议讨论军事战略问题时，毛泽东就指出：“1、反对单纯防御，执行积极防御。2、反对先发制人，执行后发制人。”抗日战争时期，毛泽东总结同国民党顽固派斗争经验时提出：“第一是自卫原则。人不犯我，我不犯人，人若犯我，我必犯人。”1945 年，毛泽东在一次关于粉碎蒋介石的军事摩擦的谈话中，风趣地说了三条原则：第一条出自《老子》，“不为天下先”，就是要后发制人，不先发制人。第二条出自《左传》中的“退避三舍”，你打边区，我们就退几十里再说；第三条出自《礼记》，“来而不往非礼也”，以其人之道还治其人之身。新中国成立后，毛泽东仍把后发制人作为保卫祖国，反对侵略，执行积极防御战略方针的指导原则。1955 年 4 月，毛泽东在中央书记处会议上提出：中国的战略方针是积极防御，决不是先发制人。由上可以看出，后发制人的战争指导原则，贯穿于毛泽东领导中国革命战争和新中国成立后反侵略战争的整个历史过程。

其次，毛泽东科学地汲取了中国古代兵学中“我专为一，敌分为十”、“以众击寡”的用兵思想，提出并创立了集中兵力各个歼敌，实行战役战斗上的进攻达成战略上的防御，这一以弱胜强的积极防御战略的核心理论。孙子兵法十分强调集中优势兵力的战法。认为用兵作战的“变术”，关键是“识众寡之用”；极力主张在用兵作战时应造成“以镒称铢”的兵力优势，使敌人的兵力分散，自己的兵力集中，造成以众击寡的有利态势。鉴于中国革命战争力量对比长期处于敌强我弱、敌众我寡的客观态势，毛泽东历来主张集中优势兵力，各个歼灭敌人。他指出，集中兵力是改变敌我进退、攻守和内外线形势的必要条件。“我们的战略是‘以一当十’，我们的战术是‘以十当一’，这是我们制胜敌人的根本法则之一。”

再次，毛泽东批判地继承了中国古代哲学和兵学中的朴素的辩证法思想，发展和创造了一整套“兵因敌而制胜”的灵活机动的战法，这是积极防御战略的活的灵魂。朴素的辩证法思想，是中国古代哲学的重要内容，也是中国兵学的方法论基础。在孙子兵法等中国古代兵法著作中，提出了彼己、敌我、主客、众寡、攻守、进退、奇正、劳逸、虚实等一系列战争中的对立统一的矛盾范畴命题，并简明地阐述了如何认识和解决这些矛盾范畴的思想。其中因敌情变化而改变我之战法的用兵思想，从认识论的角度上讲，就是战争指导上的朴素的辩证法思想。而毛泽东灵活机动的战法，与以《孙子》为代表的中国古代兵法有着密不可分的渊源关系。毛泽东“诱敌深入”的思想，来源于中国古代兵法中的诱兵之计，即战时故作败势，以诱敌上钩。毛泽东的“蘑菇战术”，把孙子“避锐击惰”的原则发挥得淋漓尽致。毛泽东在平津战役中为我军制定的“围而不打”和“隔而不围”的作战方针，使人很容易想起孙子兵法中提出的“围师必阙”和“屈人之兵而非战也，拔人之城而非攻也”的谋攻战法。毛泽东在 1958 年解放军炮击金门战役中规定的“打而不登，封而不死”的军事斗争方针，是对孙子兵法中“围城必阙”的活用和发展。可以说，毛泽东的积极防御战略思想，不仅在形式上而且主要在内涵上也继承和发展了中国历史文化中军事传统的精华。（葛振峰《毛泽东积极防御战略思想与中国历史文化》，《中国军事科学》2001 年第 3 期）

毛泽东论兵家指挥之忌 毛泽东作为杰出的军事统帅和军事理论家，在战争指挥上，不仅创造了一套克敌致胜的战略战术，而且还从实践中总结了许多导致打败仗的兵家指挥之忌，这二者相辅相成，构成了毛泽东军事思想的一个显著特点。毛泽东论兵家指挥之忌，主要围绕以下 10 个方面展开：一忌对于整个战争变化发展的行程没有一个大的估计，只能跟着战争打圈子。毛泽东在谈到怎样认识抗日战争的规律时说：“如果对于整个抗日战争变化发展的行程没有一个大概的估计，我们就只能跟着战争打圈子。让战争把自己束缚起来。”二忌宋襄公蠢猪式的仁义道德。毛泽东在谈到战争主动权时说：“我们不是宋襄公，不要那种蠢猪式的仁义道德。”三忌把文字条文死板应用。毛泽东在论述抗日游击战争的基本战术和十八条袭击敌人的方法时说：“一切战术都以适合情况为原则，文字条文仅能作为实战的参考，不能死板应用。”四忌将作战困难条件说得太多太死。辽沈战役中，针对林彪反复强调南下作战的困难，中央军委和毛泽东在给林彪等人的电报中说：“不要将南进作战困难条件说得太多太死，以致在精神上将自己限制起来，失去主动权。”五忌“自称天下第一、骄气洋溢、目无余子”。1937 年 12 月，八路军 129 师 771 团由于屡胜之后轻敌，遭敌伏击。毛泽东为此给八路军总部和各师发电指出：“必须把勇敢精神与谨慎精神联系起来，反对部队中的片面观点与机械主义。”六忌迟疑犹豫、无办法无决心。1940 年 12 月，毛泽东为中央军委起草的给项英等人的电报中指出：“全国没有任何一个地方，有你们这样迟疑犹豫，无办法无决心的……似此毫无定见、毫无方向，将来你们要吃大亏的。”七忌一着不慎，满盘皆输。毛泽东十分强调指挥员对全局的注意力，他认为：“如果全局和各阶段的关照有了重要的缺点或错误，那个战争是一定要失败的。说‘一着不慎，满盘皆输’，乃是说的带全局性的，即对全局有决定意义的一着……”。八忌采取应付主义。毛泽东论述集中兵力打歼灭战时说：“人人皆知以多胜少是最好的办法，然而很多人不能做，相反地每每分散兵力。……采取了应付主义。”采取应付主义是要吃亏的。九忌急于求赫赫之名，急于解决大问题。1948 年 6 月，针对华东野战军和中原野战军在豫东战役准备时出现的急躁情绪，毛泽东在为中央军委起草的指示电报中说：“要说服干部不要急于求赫赫之名，急于解决大问题，而要坚忍沉着，随时保持主动。”十忌受敌人表面的或片面的情况引诱，受自己部下不负责任的无真知灼见的建议的鼓动，因而碰壁。毛泽东指出：“鲁莽的专凭热情的军事家之所以不免于受敌人的欺骗，受敌人表面的或片面的情况的引诱，受自己部下不负责任的无真知灼见的建议的鼓动，因而不免于碰壁，”这里一个很重要的问题是指挥员不能在正确与错误的建议中做出明智的选择。（高文阁《毛泽东论兵家指挥之忌举要》，《军事历史研究》2001 年第 4 期）

毛泽东关于学习苏军的思想　20 世纪 50 年代中国人民解放军现代化、正规化建设的起步过程中，学习苏军曾占有突出地位。这一时期，毛泽东提出过全面学习的观点、有分析有批判地学习的思想和强调“以我为主”、大力反对军内“教条主义”的主张。

在中国革命将要取得胜利时，毛泽东提出了“一边倒”的战略，同时提出了向苏联学习的问题。1952 年之后的一个时期，毛泽东就学习苏军作了一系列指示，大力推动了全军学习苏军的运动。1952 年 11 月 7 日，毛泽东就杨成武关于苏联顾问可否参加党委会议的请示报告和周恩来商议，提出“似应允许顾问参加党委会议”。11 月 11 日，毛泽东又在军委关于苏联顾问参加部队各级党委会议给杨成武并告各大军区等的电报中加写了一段话：“凡有苏联顾问之单位，务必彻底解决干部中是否全心全意向苏联专家学习的问题，凡不虚心学习者应受到批评。”12 月，毛泽东在对肖克关于军训部与苏联顾问合作问题的总结报告的批语和对总干部部关于检查与苏联顾问关系的报告的批语中，都继续强调要和苏联顾问处理好关系，强调要向苏军学习。

在学习苏军的热潮中，学习与实际时有脱节的问题曾困扰着中国人民解放军的建设。尤其是“五照”现象，即“照搬、照翻、照印、照发、照行”，给军队建设带来了消极影响。1954 年初，在全国军事系统党的高级干部会议期间，毛泽东同意了彭德怀在总结发言时提出的学习苏军要和实际相结合的观点，在会议将要闭幕时，毛泽东在《关于全国军事系统党的高级干部会议闭幕词的修改意见给朱德的电报》中提出：在强调学习苏军时增加罗瑞卿建议的“拒绝学习苏联的态度是完全错误的，必须加以反对。但脱离我军的实际去高谈学习苏联，也是一种不正确的学习态度，因而就一定会是学不好的”这样一段话。也就是说，毛泽东不但要求向苏联学习，还强调了学习要和中国实际相结合的重要性。

1955年，当中国人民解放军对学习苏军经验过程中出现的“五照”现象有了更深刻的理性认识之后，毛泽东又注意到了教条主义现象。1956 年 6 月，毛泽东指出：“要反对教条主义，反对保守主义，这两个东西对中国都是不利的。”50 年代中期以后，“以我为主”，以争取外援为辅的思想成为主旋律。1958 年，毛泽东《在方强对军委扩大会议开法的意见的批语》中指出：“就整个历史来说不占全军统治地位的另一个恶劣传统存在着，即非马克思主义的有时是反马克思主义的传统，例如教条主义，军阀主义。”毛泽东这时已不仅要求对学习苏军问题进行深刻反思，同时对军队中存在的问题开始用阶级斗争的观点进行分析。毛泽东还指出：“教条主义不懂得社会存在决定社会意识，意识又反过来影响（推动）社会存在，大国有大国的宪法，小国有小国的宪法，教条主义即不承认这些真理。苏军条令、规章制度，是在苏联土壤条件中产生的，这些人不承认中国的社会（客观）存在，不承认中国有它的特殊的东西”。在该年6月9日举行的军委扩大会议上，毛泽东先后对会议作过一个批语、三次公开讲话。内容主要有两个，一是强调反对教条主义，一是强调要“以我为主”，但主旨是反对教条主义。毛泽东的这些观点，对于后来学习外军经验有着积极的作用。20世纪50年代学习苏军，曾有力地推动了中国人民解放军的现代化、正规化建设。今天，在新的军事革命大潮中，认真汲取半个世纪前学习苏军过程中的经验和教训，对于很好地借鉴外国先进经验，加快新形势下的军队“三化”建设，是大有裨益的。（翟清华《毛泽东与彭德怀学习苏军思想之嬗变》，《南京政治学院学报》2001年第1期）

（涵　江）

中国关于邓小平军事理论研究　2001年，对邓小平新时期军事理论的研究继续深化，一些作者从历史、哲学以及理论的价值取向等不同角度对邓小平军事理论做了进一步的研究。

邓小平新时期军队建设思想的价值取向　有作者指出，邓小平新时期军队建设思想具有重大的价值取向：

政治价值　一是捍卫国家主权。邓小平新时期军队建设思想高扬着国家主权神圣不可侵犯的旗帜，其出发点和落脚点都要求军队把捍卫国家主权安全始终放在第一位。二是维护国家统一，防止祖国分裂。在邓小平“一个国家，两种制度”方针指导下，香港和澳门顺利回归祖国。针对两岸统一的复杂性和艰巨性，邓小平指出：“我们坚持谋求用和平方式解决台湾问题，但是始终没有放弃非和平方式的可能性。”三是维护国家政治稳定。邓小平高度重视中国的政治稳定，针对影响稳定的因素，他认为“没有专政手段是不行的。对专政手段，不但要讲，而且必要时要使用。”中国人民解放军是重要的专政手段，它不仅要防止外来侵略，还要制止国内企图分裂国家、颠覆国家政权、推翻社会主义制度的行动。四是提高中国的国际地位。中国要拥有重要的国际地位，就必须有强大的国防力量。正如邓小平所说：“如果六十年代以来中国没有原子弹、氢弹，没有发射卫星，中国就不能叫有影响的大国，就没有现在这样的国际地位。”

经济价值　邓小平新时期军队建设思想的经济价值主要体现在三个方面：一是军队必须服从国家经济建设大局。在邓小平看来，军队服从大局，首先就是要为经济建设“让路”，因为“四化总得有先有后”，而“让路”就意味着军队自身建设要“忍耐”。二是军队要服务于国家经济建设。邓小平要求“军队的各个方面”“都要考虑如何支援和积极参加国家建设”，并要求把军队干部培养成为在军队和地方都有用的人才。三是实现国民经济的持续健康发展。在邓小平看来，中国还穷，养兵不能太多；但中国又是一个大国，周边环境复杂，养兵太少或不精也会影响国家长远发展。因此，邓小平关于军队要服从和服务于大局的思想，实际上是先富国后强兵的思想。

精神价值　邓小平新时期军队建设思想的一个重要内容，就是要大力加强军队精神文明建设，认为这是建设有中国特色社会主义的战略要求，是实现军队“三化”总目标的根本保证，是迎接时代挑战的迫切需要。概括起来，邓小平新时期军队建设思想的精神价值体现在两个方面：一是军队要成为全社会精神文明建设的“播种机”；二是军队要走在全社会精神文明建设的前列。

科技价值　邓小平认为，军队理应在国家科技进步方面作出较大贡献，这是邓小平新时期军队建设思想具有科技进步价值的重要原因。一是要从战略上重视科技强军，以军事高科技为牵引，使军事领域成为新技术的摇篮和重要生长基地。邓小平反复讲，不提高科学技术水平，国家安全就没有保障。必须从打赢未来高技术战争的需要出发，确定军事高科技发展战略。二是要从体制上转换国防科技工业企业的经营机制，鼓励企业走上科技进步的轨道。邓小平认为，军队和军工部门应逐步向合同制过渡，并在合同制中引进竞争机制。

军事价值　邓小平新时期军队建设思想首先作用于军事领域，其价值体现最明显、最直接，也就是直接体现在军队“三化”建设总目标上。一是提高军队的革命化水平。军队必须坚持党的绝对领导，坚持全心全意为人民服务的宗旨，坚持优良传统和作风。二是提高军队的现代化水平。邓小平指出：“军队的现代化建设是我军全部工作的中心。”三是提高军队的正规化水平。1975年初，邓小平主持中央日常工作，提出了“军队要整顿”的思想，使军队建设重新走上了正规化建设的轨道。

和平价值　邓小平新时期军队建设思想中的和平价值体现在以下两个方面：一是中国人民解放军加强国防建设，不是穷兵黩武，而是为了维护世界和平。邓小平明确中国永远属于第三世界，强调中国的战略“始终是积极防御”，“就是将来现代化了，也还是积极防御。”二是坚持用和平方式解决国际争端。邓小平对这个问题进行了反复思考，提出了具有重大理论和实践意义的新构想，那就是“不用战争手段而用和平方式”，解决国际之间的争端。（王汝梅《论邓小平新时期军队建设思想的价值取向》，《军事历史研究》2001 年第 4 期）

邓小平关于抗美援朝的若干观点 邓小平对历史的重视是基于他对现实的关注，在对历史的追寻、梳理和反思中，寻找一条通往未来的正确道路。邓小平对于抗美援朝战争的论述鲜明地体现了这一思想。①关于抗美援朝战争的实质。20 世纪 80 年代末，面对美国的逼压，邓小平重提抗美援朝，并认为：“抗美援朝的战争，实质上是中国和美国打了一仗”，从而一语道破了问题的实质。②关于抗美援朝中美力量的对比。邓小平指出：“美国是个庞然大物，力量对比起来，中国很弱，特别是装备差得多。”可以说，抗美援朝战争是新中国同当时世界上最强大的军事力量之间进行的一场国力悬殊的较量。③关于抗美援朝的正义性。邓小平认为，中国与美国这一仗的结果是“美国只得坐下来同我们在板门店谈判”，最根本的原因在于“正义取得了胜利”。对于中国而言，抗美援朝就是保家卫国。④关于对中国的威胁来自何方。1989 年 5 月，邓小平指出：“从建国一开始，我们就面临着这个问题。那时威胁来自美国，最突出的就是朝鲜战争。”但是，“什么威胁也吓不倒我们。”⑤关于与人权问题的联系。邓小平联系抗美援朝战争，阐述了中国的立场。他说：“西方国家说我们侵犯了人权，其实他们才是真正的侵犯人权。美国帮助蒋介石打内战，中国人伤亡了多少？美国支持南朝鲜进行战争，中国人民志愿军伤亡了多少？还不说一个多世纪以来殖民主义、帝国主义（包括美国在内）的侵略使中国人民遭受的损失有多大！所以，他们谈人权是没有资格的。”⑥关于军队建设的方向。1975 年邓小平在主持军队整顿和 1977 年第三次复出时，都提到抗美援朝，其视角为三：一是提出恢复与发扬党的优良传统；二是认为军队不管是建国以前，还是建国以后，总的状况是好的，是经得起考验的，如“抗美援朝这些大仗”；三是由于林彪、“四人帮”的干扰，“我们军队的不如以前了”，“指挥现代化战争，包括我们这些老同志在内，能力都不够。要承认这个现实”。因此，必须走精兵之路，加强军队的现代化建设。⑦关于统一战线。邓小平高度重视统一战线在抗美援朝战争中的作用，他说：“如果不要统一战线，内部不团结，能够抗美援朝吗？”⑧关于立国政策的政治目的。邓小平在 1954 年全国财政厅长会议的报告中指出，“立国的政策应放在有力量应付外侮和应付万一”上，而应付外侮的表现就是“如出现像抗美援朝的战争”，中国共产党和中国人民反对帝国主义、霸权主义的实力政策，但是与帝国主义、霸权主义打交道又不能不讲实力。增强自身的实力，是政治斗争、外交斗争、军事斗争和经济斗争的关键所在。（宋进《邓小平关于抗美援朝的若干视点探析》，《军事历史研究》2001 年第 1 期）

邓小平军事辩证法思想的核心 邓小平的军事辩证法思想，以唯物辩证法为其理论基础，在历史与现实的结合上，科学地提出了“把我军建设成为一支强大的现代化正规化革命军队”的伟大任务。这是新时期军队建设的总目标，也是邓小平军事辩证法的核心内容。在三化建设中，必须把革命化建设放在首位，始终不渝地坚持人民军队的性质。而以现代化建设为中心，则是新时期军队建设的根本方针，是加强人民军队建设的中心环节，也是邓小平军事辩证法的重要内容。正规化是人民军队发展壮大和增强战斗力的必然要求，在新的历史条件下，邓小平十分重视正规化在军队建设中的地位与作用，把正规化作为新时期军队建设总目标的一个重要方面。邓小平关于军队革命化、现代化、正规化建设总目标的论述，是对军队全面建设和长远建设既完整又准确的科学概括。三者以“现代化”建设为中心，是一个不可分割的有机统一整体。它与时代发展相联系，与军队建设的实际相联系，在三者之间也有着必然联系。从革命化与现代化的联系上看，革命化反映的是中国人民解放军的阶级属性与政治本质，是现代化建设的灵魂和精神动力。同时，现代化也促进革命化的发展。如果只要革命化，不要现代化，军队就无法担负起保卫祖国、抵御强敌的重任。从正规化与现代化的联系看，现代化要求正规化，正规化有利于现代化。从革命化与正规化的联系看，革命化统帅正规化，正规化促进革命化。关于“三化”建设总目标及其相互关系的辩证揭示，是邓小平对新时期军队建设最突出的贡献之一，是对马克思主义、毛泽东军事辩证法思想在新时期军队建设上的具体运用和发展。它不仅具有鲜明的时代特征和中国特色，同时也揭示了新时期军队建设的根本规律，指明了军队建设的方向，必将引导中国人民解放军建设迈向更高的发展阶段。（唐志龙《论邓小平军事辩证法思想的核心》，《军事历史研究》2001 年第 1 期）

（宁　青、谭汝坤）

中国关于江泽民国防和军队建设论述研究 2001年，对江泽民国防和军队建设论述的研究日趋活跃，一些领导干部和专家结合学习“三个代表”重要思想，带头从“军魂”意识、理论创新、“以德治军”和科技强军等方面对此进行了深入、系统的研究。

关于始终坚持党对军队的绝对领导 有作者结合学习“三个代表”的思想，从四个方面论述了江泽民关于坚持党对军队的绝对领导的重要思想。

坚持党对军队的绝对领导，“始终代表中国先进生产力的发展要求”，永葆人民军队站在解放和保卫中国社会先进生产力的时代前列。在新民主主义革命时期，人民军队通过打碎旧的国家机器，改变旧的社会制度，为中国社会先进生产力的发展开辟前进的道路。在社会主义建设时期，这支军队通过维护和保卫社会主义国家政权和国家安全，来保护和促进中国社会先进生产力的发展。人民军队对先进生产力的这种解放或保护作用，是由党的基本理论、基本路线和基本纲领所赋予的，是由党“始终代表中国先进生产力的发展要求”这一根本特性所决定的。

坚持党对军队的绝对领导，“始终代表中国先进文化的前进方向”，永葆人民军队无往而不胜的生机和活力。为此，一方面需要用先进的思想道德来凝聚军心，统一全军的意志，激励广大官兵奋发向上的精神；一方面需要随着部队武器装备现代化水平的不断提高，及时用科学文化知识武装广大官兵的头脑，以实现人与武器的有机结合，实现人民战争理论和灵活机动战法的有机结合，进而使军队建设实现由数量规模型向质量效能型、由人力密集型向科技密集型的转化，最大限度地提高部队战斗力。

坚持党对军队的绝对领导，“始终代表中国最广大人民的根本利益”，永葆人民军队的政治本色不变。社会主义建设时期，人民解放军肩负“保卫社会主义制度和人民的和平劳动”的光荣任务，同时也是“社会主义建设的重要力量”，还是“人民民主专政的坚强柱石”，这充分反映了党绝对领导下的社会主义国家军队维护人民群众根本利益的必然要求。

坚持党对军队的绝对领导，就是要坚持“党的军队、人民的军队、社会主义国家的军队”的一致性，确保军队永远听从党的指挥。军队的最高领导权和指挥权掌握在党的手中，体现了这支军队的性质是党的军队；以全心全意为人民服务为宗旨，表明这支军队是人民的子弟兵；维护国家安全、祖国统一和人民民主专政的稳固，证明我军是社会主义国家的军队。三者以“党对军队的绝对领导”为基础和核心，形成军队有机构成不可分割的统一整体，形成军队始终“忠于党，忠于人民，忠于国家，忠于社会主义”的不可动摇的政治原则。（温宗仁《始终坚持党对军队的绝对领导，忠实履行“三个代表”的光辉思想》，《中国军事科学》2001年第4期）

关于军队思想政治建设理论的创新和发展 有作者通过学习江泽民2002年“5·31”重要讲话，认为讲话所提出的与时俱进的科学精神，对于推进军队思想政治建设的理论创新，具有重要的指导作用。

坚持与时俱进的科学精神，不断推进理论的创新发展，是无产阶级军队政治工作的宝贵历史经验。江泽民在“5·31”讲话中强调：“贯彻‘三个代表’要求，关键在坚持与时俱进”。无产阶级军队的政治工作学说的创立与发展，正是坚持与时俱进，在实践中创新理论，用发展着理论指导实践，不断开拓新局面的生动体现。毛泽东将马克思列宁主义与中国革命实际相结合，创立了具有中国特色的革命军队的政治工作学说。邓小平恢复和发扬我军政治工作的优良传统，指明了新时期军队思想政治建设的前进方向。江泽民继承和发展毛泽东政治工作学说和邓小平新时期政治工作的思想，提出“打得赢”、“不变质”是军队建设的两个历史性课题，集中体现了新时期党和人民对我军的最高政治要求的重要思想，开创了改革开放和发展社会主义市场经济条件下军队思想政治建设的新局面。

不断总结新的理论成果，发展科学体系，推进军队思想政治建设理论的创新。(1) 完整准确把握军队思想政治建设指导思想的创新发展。江泽民关于军队思想政治建设的重要论述，与毛泽东政治工作学说和邓小平新时期政治工作思想一脉相承，是活的马克思主义军队政治工作学说，反映了新时代党对军队建设的新要求，是新的历史条件下开展政治工作和加强思想政治建设的理论依据。(2) 不断推进基础学科建设和基础理论研究的创新发展。在新的历史条件下，军队思想政治建设的基础理论又有新的发展：一是关于坚持人民军队性质的理论。江泽民把在对外开放和社会主义市场经济条件下，能不能保持人民军队“不变质”作为一大历史课题提出来，从理论上深化了坚持人民军队性质的新要求。二是关于思想政治建设的地位和作用的理论。江泽民指出，军队思想政治建设是“军队革命化建设的核心”，必须“摆在全军各项建设的首位”。这不仅回答了一个重大的实践问题，而且也阐明了军队思想政治建设的重大理论问题。三是关于"军魂"理论，把党对军队的绝对领导，从组织原则和制度保证提升到思想理论的高度，成为军队思想政治建设的核心理论。四是把"政治合格"作为军队建设的总要求，并从解决"政治立场、政治观点、政治纪律、政治鉴别力和政治敏锐性"等六个方面，把"政治合格"的要求系统化和理论化。五是提出军队要在"精神文明建设方面走在全社会的前列"，这就对军队精神文明建设的理论研究提出了更高的要求。(3) 大力加强应用理论研究和对策性研究的创新发展，紧紧围绕"打得赢"和"不变质"两大历史性课题，推出有深度、有分量、有说服力的对策性研究成果，(4) 逐步完善和优化思想政治建设理论创新的内在机制。完善理论创新的促进机制，多出创新性的成果和人才；完善理论成果向实践转化的机制，直接为中央军委和总部机关决策服务，并在政治建设实践中运用、完善和发展理论；完善思想政治建设理论与军队各个建设领域紧密结合的机制，把服务和保证作用发挥在各项工作岗位上。

在实践中不懈进行理论探索，不断开创新形势下军队思想政治建设的新局面。坚持"三个代表"重要思想的指导地位不动摇，正确把握新世纪军队思想政治建设的前进方向，不断推动新世纪军队思想政治建设理论的创新发展；探索如何坚持党对军队的绝对领导，确保人民军队政治合格；探索如何坚持人民军队的政治本色，提高拒腐防变和抵御风险的能力；探索如何坚持战斗力标准，为"打得赢"提供精神动力；探索如何坚持思想政治工作的创新发展，保持部队在思想上的先进性、道德上的纯洁性和政治上的坚定性。(温宗仁《与时俱进，不懈探索，推进军队思想政治建设理论的创新和发展》,《中国军事科学》2002年第4期)

关于加强"以德治军" 有作者指出，贯彻江泽民"三个代表"的思想，对于加强"以德治军"，确保我军"打得赢"、"不变质"，具有重要的指导意义。

深刻认识"以德治军"的重大现实意义。实施"以德治军"，就是要以马列主义、毛泽东思想、邓小平理论和江泽民"三个代表"的思想及其关于军队建设的一系列重要论述为指导，继承和弘扬中华民族优良传统中的思想精华，合理吸纳我国社会主义市场经济中的正确价值观，不断完善我军在长期的政治建设和思想道德建设中形成的行之有效的方针原则、制度规范，努力创新有中国特色的军队"德治"理论体系，通过大力加强思想政治工作和积极发挥思想道德教育的感化作用，使我军坚定建设有中国特色社会主义的理想信念，牢固树立党对军队绝对领导的军魂意识，坚持全心全意为人民服务的宗旨，培养出更多有理想、有道德、有文化、有纪律的四有新人，使我军在社会主义精神文明建设方面真正走在全社会的前列。"以德治军"既是军队贯彻"以德治国"重要方略的必然体现，也是新形势下治军实践的迫切需求。

加强"以德治军"关键在于"治"，在于通过"德治"的实践来推进军队革命化、现代化、正规化建设的伟大进程。(1) 要把"三个代表"的思想内化为官兵的思想道德观念，即：要把"始终代表中国先进生产力的发展要求"内化为我军的道德追求，通过维护国家长治久安，为社会生产力的发展创造一个稳定、安全、可靠的国内国际环境；要把"始终代表中国先进文化的前进方向"内化为我军的道德境界，坚持以毛泽东思想、邓小平理论为核心的现代中国先进文化的主导地位，确立起我军新型的思想道德体系；要把"始终代表最广大人民的根本利益"内化为我军的道德原则，牢记党和军队的宗旨，始终保持人民军队的政治本色。(2) 要坚持"党对军队的绝对领导"的"军魂"意识。用党对军队的绝对领导来统一全军的思想，规范全军的行动，凝聚全军的力量，作为治军的根本原则，确保我军永不变色。(3) 要突出高中级干部的"德治"这个重点。通过加强对高中级干部的政治信念和道德理想教育，使之不断增强政治上的坚定性、思想上的先进性和道德上的纯洁性，永葆我军性质不变。(4) 要用文明、健康、科学的道德精神熏陶和铸造军营文化。坚持"以科学的理论武装人，以正确的舆论引导人，以高尚的精神塑造人，以优秀的作品鼓舞人"，指导官兵树立无产阶级的思想道德观念，自觉抵御一切精神污染的东西。

正确认识和把握"依法治军"与"以德治军"等辩证关系。首先，"德治"与"法治"都是我军治军的重要方略。二者区别在于：道德"主内"，法律"主外"，道德重在"自律"，法律重在"他律"；二者又相互联系：道德是法律制定的认识基础，法律是道德规范的重要体现，"德治"的实施靠"法治"来保障，"法治"的实施靠"德治"来推动，二者紧密结合，相辅相成，全面推进我军治军水平的提高。其次，思想道德建设与科学文化建设是精神文明建设的两个重要方面，二者相辅相成，相互促进。思想道德教育主要解决世界观、人生观、价值观的问题；科学能益智强力，激励官兵的革命斗志。将"道德教化"与"开智明心"相结合，是我军"德治"观区别于中国传统“德治观”的重要时代标志。再次，继承优秀道德传统与坚持“德治”理论创新的辩证关系。在改革开放的条件下，只有更新观念，坚持创新，才能使“德治”理论真正成为治军的有力思想武器。最后，完善道德评价机制与优化道德环境是一种良性互动关系，有助于树新风，树正气，创造良好的氛围；也有利于出干部，出人才，出战斗力。（温宗仁《认真贯彻“三个代表”的思想，努力加强“以德治军”》，《中国军事科学》2001 年第 2 期）

关于科技对军队现代化的重要推动作用 有作者撰文从三个方面论述了江泽民关于科技强军的重要思想。

科学技术在国际竞争中地位的快速提升，要求我们必须高度重视科学技术在军队现代化建设中的作用。首先，科技不仅是第一生产力，而且是军队现代化的第一推动力。科学技术物化在武器装备中，可以产生出高、精、尖的现代化武器装备；科学技术汲取到军人的大脑中，可以造就出现代化的军事人才；科学技术融合到军队体制编制中，可以形成现代化的军队组织结构。其次，要在激烈的国际竞争和复杂的国际斗争中取得主动，要维护国家主权和安全，就必须大力发展和增强国家科技实力，进而不断增强国家的经济实力和国防实力。

要使科学技术在经济建设和国防建设中更好地发挥作用，必须注重解决科技体制和机制方面存在的问题。一是科技与经济发展、与军队建设密切结合；二是要从力量配置上解决近期目标与长远目标相结合的问题；三是建立自主研发与引进国外先进技术相结合的机制；四是坚持寓军于民，形成有力充满活力的国防科技建设体制，大力开展军队科研体系内部和军民科研体系之间的协同，形成推动国防科技建设的社会大协作体制。

要推进科技事业和我军现代化建设，还必须大力提高领导干部的科技素养和对科技工作的领导水平。（龚谷成《科学技术与军队现代化》，《中国军事科学》2001 年第 5 期）

关于发展有中国特色的先进军事文化 有作者认为，江泽民主持党中央和中央军委工作以来，丰富和发展了有中国特色的先进军事文化，有力地推动了我军的革命化、现代化、正规化建设。

提出“三个代表”的重要思想，指明了先进军事文化在 21 世纪军事斗争中的重要地位和作用。一是强化军魂意识，保持人民军队政治本色。江泽民不仅从讲政治的高度阐明了强化军魂意识的重要性，而且从制度文化建设着手，把党对军队的绝对领导，保持人民军队的性质写进法规，变成制度，为我军胜利完成历史使命提供可靠保证。二是坚持创新，始终代表先进军事文化的前进方向，不断增强有中国特色社会主义文化的吸引力和感召力，促进军队现代化事业的顺利发展。

实施科技强军战略，提升军事科技文化在军事文化中的地位。“牢固树立科技强军的战略思想，紧紧依靠科技进步，大力推进我军的质量建设，全面提高我军的战斗力。”积极实行“两个根本性转变”，即由数量规模型向质量效能型、由人力密集型向科技密集型的转变，走有中国特色的精兵之路。

以先进的军事文化促进部队战斗力的极大提高。先进军事文化对提高部队战斗力的作用，主要体现在保证人民军队建设的性质、方向与宗旨，增强部队的凝聚力和战斗力上。第一，先进军事文化具有保证人民军队的性质与宗旨的奠基功能。中国人民解放军是中国共产党领导的军队，是人民的军队，是社会主义国家的军队；全心全意地为人民服务，是这支军队的唯一宗旨；建设现代化、正规化的革命军队是其前进方向。这是有中国特色的军队建设思想的重要内容，也是中国先进军事文化的重要内涵。第二，先进军事文化具有增强军队凝聚力和战斗力的激励功能。在社会主义市场经济的新形势下，面对国际战略格局调整和新军事革命挑战，以“三个代表”重要思想为指导，按照江主席“五句话”总要求，实行科技强军，坚持从严治军，走质量建设的道路，已成为先进军事文化的题中应有之意，并正在转化为加强军队建设的强大动力。第三，先进军事文化具有提高广大官兵思想政治素质和科学文化素质的引导功能，使部队经受住了腐朽思想文化侵蚀的考验，经受住了改革中利益关系调整的考验，经受住了军事斗争准备和各种急难险重任务的考验，保持了高度稳定和集中统一，以旺盛的斗志和顽强的作风，完成了党和人民交给的各项任务。第四，先进军事文化具有陶冶官兵情操、培养高尚品德的塑造功能。

先进军事文化通过思想政治、法律制度、科学文化等途径作用于军队战斗力，实现由精神成果向物质力量的转化。第一，通过思想政治的途径弘扬时代主旋律，强化军人的精神支柱。第二，通过法律制度的途径规范军人行为，强化从严治军、依法办事的意识，发挥对军队战斗力的保障作用。这主要体现在：通过立法确立军事领导体制、指挥体制、编制体制，保证军队集中统一和军令畅通；依法构建国防动员、武器装备和物资器材供应体系，确保充足的人力物力资源；用条令条例规范军人的行为准则，保证部队步调一致，提高部队的正规化水平；从法律上保障军人的政治地位和民主权利，使他们以主人翁的姿态，积极投身部队建设和保卫祖国的伟大事业。第三，通过科学技术的途径作用于战斗力，实现“质量建军、科技强军”的战略目标。第四，通过文化熏陶的途径潜移默化，提高官兵的综合素质。即：通过智育的途径，开发智力；通过美育的途径，陶冶情操，坚定献身国防的信念；通过体育的途径，强健体魄，更好地适应军旅生活和打赢现代高技术战争的需要。

把握先进军事文化的特点与规律，按照“三个代表”要求自觉抓好军事文化建设。（1）以“三个代表”思想为指导，与时俱进地推动军事文化的创新发展。要着力培育和建设与时代要求相适应的军营文化、科技文化、体制文化和素质文化，丰富和扩充先进军事文化的内涵。(2) 突出抓好思想政治建设这一根本，牢牢把握军事文化建设的正确方向。(3) 遵循循序渐进、潜移默化的规律，把军事文化建设持续不断地抓紧抓好。(4) 适应经济、社会和科技发展进步的新形势，不断提高军事文化建设的科技含量，努力为“打得赢”提供强大精神动力，为“不变质”提供可靠政治保障。（符廷贵《论发展先进军事文化与提高部队战斗力》，王日中、苏建军《党的三代领导核心对中国军事文化的伟大创造和贡献》，《中国军事科学》2002 年第 4 期） （清风、王世华）

中国近代著名人物军事思想研究　裕谦的反侵略军事思想　有学者对鸦片战争时期裕谦的反侵略军事思想进行了研究，将其概括为四个方面：1、提出“重点设防”的防御原则，这是其反侵略军事斗争思想的首要内容。2、确立“舍水就陆”的作战指导方针，这是其军事思想的核心内容。3、提出“以守为战”、“以御为剿”和“潜师暗渡”、“出奇捣击”的用兵方略，这是其军事思想的主要内容。4、提出“募水勇”、“用民力”的思想，这是裕谦反侵略军事斗争思想的重要内容。裕谦反侵略军事思想既是中国古代传统军事思想的继承和发挥，更是反侵略斗争实践的产物。（季云飞《鸦片战争时期裕谦反侵略军事思想之探析》，《军事历史研究》2001 年第 1 期）

郭嵩焘的“师夷”而不“御夷”问题　有学者撰文对此作了探讨。郭嵩焘主张对西方侵略者“必先循理”和“当以了事为义”，炮制反对抵御外侮的“理论”，竭力反对援越抗法，肆意攻击主战派，反对抵御外侮方面比李鸿章走得更远。造成其在御侮问题上失误的主要原因，在于他出国考察西方的时间不长，并受自身辨认能力的限制，在研究西方文明方面存在着局限性和片面性，进而产生了崇洋思想，其思想感情以至观点、立场也就出现了偏颇。另外，还与他骄傲自负、固执己见的气质有一定关系。（施渡桥《评郭嵩焘的“师夷”而不“御夷”》，《军事历史研究》2001 年第 4 期）

左宗棠西征与西北大开发　有学者认为，左宗棠西征不仅有效捍卫了国家主权与领土完整，而且客观上对西北进行了初步开发，一定程度上促进了西北的近代化进程。首先，采取积极的措施巩固西北边防：南财北调，开源节流；筑城修路，以严捍卫；恢复班兵，制造兵器。其次，实施了一系列行之有效的经济政策，既保证了西征军的物质供给，又恢复和发展了西北工农业生产：屯田实边，兴修水利；振兴农牧，鼓励蚕桑；创办洋务，发展工商。再次，兴教办学，大力倡导、扶植文化事业：兴办书院，遍设义学；刊发书籍，甘肃分闱。左宗棠以新疆为我国的生命线，以甘肃（包括现在宁夏和青海）、陕西为经营新疆的基地，巩固国防、开发资源和发扬文化齐头并进，对西北开发建设进行了首次尝试，不仅为今日西部大开发奠定了基础，而且有一定的借鉴作用。（李静《左宗棠西征与西北大开发》，《军事历史》2001 年第 6 期）

袁世凯的建军治军和军事教育思想　有学者将袁世凯提出的“一则陋习必痛予扫除，一则将弁必讲习韬略，一则士卒忌惰游充数，一则器械忌参差不齐”视为其总的建军指导思想。其编练新建陆军的具体方针：一是改革旧营制，编练合成军；二是装备形制统一的新式武器；三是大胆使用武备学堂毕业生充当各级军官；四是严格掌握募兵条件；五是根据实战要求用西法训练部队；六是实行优厚的薪饷制度；七是组建健全的领率机关。其创练北洋常备军的具体方针有：进一步完善军队编制，改革募兵制度，改革士兵服役制度，改善薪饷制度，购买新式武器装备部队，创设总理军务的军政司。袁世凯深切地认识到兴学育才的重要性和迫切性，在兴办近代军事教育时，他力主创建军事学堂、派遣军事留学生和废止科举制度。其中，科举制度的废除，大大有利于各种近代学堂的兴办和有用人才的培养，是教育制度和教育思想的根本性变革。（施渡桥《论袁世凯的建军治军和军事教育思想》，《军事历史研究》2001 年第 1 期）

中国古代著名人物军事思想与军事论著研究　孙子的慎战思想与中国的国家安全战略　有

学者将《孙子》的主要内容归纳为两大方面：一是慎战思想，力求避免战争；二是在战争不可避免而爆发时，如何克敌制胜。慎战是孙子军事思想中层次最高的战争决策思想。在以和平与发展为主题的时代，孙子的慎战思想对于研究中国国家安全战略有重要的借鉴意义。孙子的慎战思想是以安国、利民、全军为基点的。中国共产党的三代领导核心根据时代特点、国际形势和中国国情，创建了中国国家安全思想和理论，把国家的主权和安全作为国家、民族的根本利益而置于首要地位。中国的国家安全战略可概括为：卫主权、求和平、保稳定、谋合作、促发展。（糜振玉《孙子的慎战思想与中国的国家安全战略》，《中国军事科学》2001 年第 1 期）

新世纪《孙子》研究面临的挑战 有学者撰文指出了进入 21 世纪《孙子》研究所面临的挑战，一是新军事革命所引发的作战方式的挑战，如“非对称作战”、“非接触作战”等；二是战争新概念的出现，如“信息制胜论”、“零伤亡战争论”等，这些新概念被认为是打破了一切传统战争理论。然而，从“非线式作战”与孙子的奇正理论的关系看，新的作战方式的出现并没有影响孙子理论的生命力。至于“信息制胜论”与“零风险战争论”则存在虚枉的成分，不符合孙子思想的本义。（吴如嵩《面临新挑战，开启新局面——进入 21 世纪的〈孙子〉研究》，《中国军事科学》2001 年第 1 期）

《孙子兵法》战争理论的当代意义 孙子以重战、慎战、备战、善战为主要内容的战争理论在当代仍具有重要的现实意义。通过与儒家、道家、墨家等思想的比较，可以看出孙子正是在战争残暴性和客观必然性相统一的基础上孕育了重战思想，从而在战争认识上高于儒、墨等显学。孙子慎战，不仅考虑战争能否胜利，而且注意战争胜利后可能出现的情况以及处置方法。孙子的备战思想对于战争活动过程，其独到之处在于“以备去战”。孙子最终追求的是善战，其最高境界是不战而屈人之兵。（单秀法《〈孙子兵法〉战争理论的当代意义》，《军事历史研究》2001 年第 1 期）

《孙子兵法》中的国家安全战略问题 国主争道是孙子国家安全战略的核心内容。要在战争中取得胜利，就一定要取得民心，而要取得民心，就一定要修明政治。将帅争谋是孙子国家安全战略的重要条件。将帅争谋的关键在于掌握战争的规律，先胜而后求战的军事理论是将帅用兵之道的精华之所在。将帅争谋思想还体现在具体的实战战术的灵活运用上。无论是国主争道，还是将帅争谋，都是以全争全胜为其主旨，反映了国家安全战略的最高境界。以全策谋取对敌战争的全胜，以全策实现安国全军的目的，正是孙子所阐述的至高无上的国家安全战略指导原则。它既运用于战争的准备阶段，也使用于战争进行的全过程，至今仍然在发挥着巨大作用。（张云《论〈孙子兵法〉的国家安全战略》，《军事历史研究》2001 年第 1 期）

《孙子兵法·火攻》运用非常规战法的思想 孙子主张运用“火攻”这种非常规作战手段，以收奇效，但又不主张无节制地使用它，而是根据战争实际情况和所要达成的战争目的的需要，用得其时，用得其地，将其使用严格控制在一定限度之内，至少不能影响战争目的的达成。因为，像“火攻”这样的非常规战法会使以战养战的企图破产，可能导致功败垂成；同时，运用残忍的非常规战法会丧失民心，失去达成战争目的的群众基础。如何界定非常规战法要视战争所处的历史时期、战争的性质、目的、规模、国际惯例、人们的承受能力等具体情况确定。（袁正领《〈孙子兵法·火攻〉新探——兼议对非常规作战手段的控制》，《军事历史》2001 第 2 期）

《老子》军事思想要义 有学者将老子的军事思想要义概括为四点：一是老子从顺其自然，无为而治的“道”的理念出发，提出了“兵者不详之器”，“不得已而用之”和反对“以兵强天下”的战争观。二是老子以“以正治国，以奇用兵，以无事取天下”的治国平天下理论，提出了以退为进的后发制人的军事战略思想。为了实现后发制人的战略目的，老子还提出了“柔弱胜刚强”的斗争策略。三是老子提出优秀将帅应具备不逞强、不激怒、不硬拚和谦虚团结的德才要求。四是老子“柔弱胜刚强”思想对后世军事思想的影响。毛泽东从《老子》中汲取了丰富的营养。新中国建立后，毛泽东将后发制人制定为保卫祖国安全，巩固国防的积极防御军事战略方针的首要原则。（刘庭华《〈老子〉军事思想要义简述》，《军事历史》2001 年第 5 期）

《三略》兵学的内涵 《三略》作为黄老兵学理论的集大成之作，具有十分鲜明的思想特色，即在“道”的指导下兼容博采诸子百家军事理性认识之长，使之相辅相成、互为弥补，将阐说政略问题置于中心位置，致力于总结和揭示治军御将的具体原则，充分反映了汉代兵学主题已由“取天下”转移为“安天下”。首先，兼容博采是其思想特色。该书集中反映着当时社会思潮的总体面貌，其理论体系是以道家思想为主干，在此基础上兼容博采儒家、法家、墨家、阴阳家众家之说，使之有机浑然地结合在一起，从而形成独具特色的兵学体系。更确切地说，在继承前代兵家理论的基础上，以道家谋略取天下，以儒家思想安天下，以法家原则理将卒，以阴阳家观点识形势，便是其全部内容。其次，安治天下是其时代精神。该书的显著特点是偏重于阐述政略，体现了大一统时代文化精神。其所论的政治战略，是以安治天下为根本，以治国御军为内容，以收揽人心为手段的国家大战略。其又一显著特点是论述君主与将帅、君主与群臣的关系，提出了一系列君主如何驭将统众的重要原则。(黄朴民《大一统兵学的奠基者——〈三略〉综论》,《军事历史研究》2001 年第 3 期)

曹操武德思想中的兵儒合一问题　有学者对曹操的武德思想进行了研究，并从其戎马一生的军事实践、为政韬略、人才思想三个主要方面展开论述，进而发掘了曹操武德思想中兵儒合一的特征。一是以仁为本的建军思想。曹操“奉戴天子”，是一种维护天下大义，从根本上说是维护正统、关怀民众疾苦的政略，是务实性的武德之仁。他的军事实践是以天下统一为目的的，其大统武德观不局限在中原地区的匡复，也包括对边疆少数民族的统一。二是足食天下的为政韬略。无论是从军队保障还是从流民解饥的角度考察，无论是从思想动机还是从军政效果上看，曹操的屯田制度都具有很高的道德价值和社会伦理意义，是其儒家内涵和兵家实践的真理性结合。三是贤济天下的用人思想。从根本上讲，曹操的人才观在思想上是倾向于以德才兼备为内核的，但在实践操作中又融合并改善使用各种效能性人才。人才观上德操和效能的调和，正是曹操思想上兵儒调和的延伸。曹操人才思想的根结处在于求贤以济天下。曹操的武德实践交融并合于两条文化源流：一支来源于孙武的军事仁学，另一支源自儒家特别是孔子的仁学。这两支思想脉流在独具学识修养和武德魅力的曹操身上汇合成为一支别具风采的武德文化分支。(王联斌、管志宇《论曹操对儒学思想的实践》,《军事历史研究》2001 年第 3 期)

关于黄巢起义军南征的问题　有学者认为，黄巢渡江南征绝非盲无目的地流窜，而是军事战略上的一招妙棋，是经过深思熟虑的战略思想决定的，也为而后农民军的发展壮大奠定了基础。黄巢渡江南征的战略思想的形成原因除了本人所具有的军事才能外，还有当时诸多客观条件：其一，江南多虚镇。黄巢南征正是兵家避实击虚战术的最好体现。其二，江南赋重，社会矛盾激化，导致江南民众抗税反唐。黄巢渡江后，江南闻风而动，响应者不计其数，从而造成了对农民军极其有利的局面。其三，江南是私盐茶贩们的轻车熟路之地，既知底细，又有深厚的民众基础。黄巢南征获得了极大的成功。首先，避开了中原弱镇，专门对付朝廷及衣冠户，促成敌方势力分化瓦解，逼迫藩镇中立。其次，农民军队伍不断发展壮大，由初期不过数万发展到拥有六十万大军。再次，江南衣冠户势力被义军扫荡殆尽，出现兼并混战的局面，江南八道已呈半独立状况。(朱子彦《黄巢起义军南征辨析》,《军事历史研究》2001 年第 3 期)

(邱剑敏)

战争和战略问题研究

中国关于战争和战略问题研究　2001 年，中国军事理论界在回溯战争形态发展历史的基础上，着重研究了现代战争的发展趋势和特征，探讨了军事战略的内涵与军兵种战略的运用。

现代战争趋势展望　在新的世纪，战争的发展有以下值得注意的新趋势和新特点：

“绞肉机”战争成为历史，网络战将是主要样式。信息时代，随着社会发展的网络化，军队力量构成也正在趋于网络化。信息时代战争发展的网络化趋势，正是军事力量网络化发展的必然结果。从战争形态上看，这种运用网络力量、实施节点破坏的战争，显然不同于以往那种集中兵力的战争。自古以来，集中兵力的原则一直被奉为作战力量运用的金科玉律。集中数十万部队、成千上万件飞机坦克等大型兵器在一个狭小的地域空间进行“绞肉机”式厮杀的战争，在两次世界大战及战后的局部战争中屡见不鲜。而在“沙漠之狐”和科索沃战争中，却都没有看到大规模的兵力集中。美军利用分散在世界各地的网络化力量，就能实施远程的精确打击。美军不仅能在本土实施指挥，而且操纵控制卫星及进行战场所需数据处理的大部分机构设施也都在本土。同时，大量作战平台也是远离战场：如 B2 轰炸机是从美国本土起飞；空射巡航导弹是在 1000 公里外发射；潜射巡航导弹是在 1600 公里外发射……但是，打击的目标却非常集中。由此可见，信息时代战争形态的变化是多么明显。

二战时万发子弹消灭一个敌人，现在“打就能中”已不是神话。传统的武器装备，追求唯大、唯多和大规模杀伤破坏能力。二战的统计数据表明，平均每万发子弹才能消灭一个敌人；摧毁一个地面目标需要 9000 枚炸弹。而现在，大量直接命中概率很高的导弹、制导炮弹、制导炸弹和制导鱼雷等精确制导武器投入战场，使武器装备的精确度和作战效能有了惊人的提高。“打就能中”、一发导弹摧毁一个目标已不再是神话。实施精确作战，已成为信息时代对军事力量的基本要求，而信息技术的发展还在为军队提供越来越好的实施精确作战的能力。实现精确化的基本途径就是数字化。20 世纪 90 年代以来，以美国为代表的西方发达国家军队已明确提出，“以信息为基础”建设新型军队，从而改变工业时代“以火力为基础”建设军队的旧观念，并以此作为指导军队长远建设的纲领，大力发展数字化装备，建设数字化战场，提高以“主宰性作战空间感知能力”为标志的信息优势。随着信息技术特别是数字化部队的发展，战争形态演变的精确化趋势将更加明显。

由战争根据“固定”顺序进行，到作战按需要“并行”实施。信息技术、通信手段的进步，在军事上最主要的一个运用，就是大大改善和提高了军队的指挥控制能力。它使实时协同、联合作战成为可能。因此，实时化趋势是信息时代战争的又一个重要特征。实时化趋势带来的最大变化，是战争进行方式由顺序作战向并行作战转变。以往的战争，相互之间只能按预先计划进行协同，作战是按顺序进行的，有明显的阶段性，其过程就像演戏，第一幕结束，第二幕才能开始。作战力量的投放也是单调的、逐次进行的。随着信息技术的发展，拥有信息优势的军队不仅能够及时发现作战空间内所有要害目标，而且可使参战的所有部队“共享”对作战空间的情报信息，从而获得协调运用陆、海、空各种作战力量同时打击作战空间内所有目标的能力。很显然，“并行作战”才是真正意义上的联合作战。

过去是“打完仗回家去”，今后可能“回家”去打仗。早在海湾战争之后不久，信息战就已引起世界各国的高度重视。信息战的发展对战争的影响是显而易见的。1998 年，美国有一名军事记者出身的军事预测学家写了一本名叫《下一场世界大战：计算机是武器、处处是前线》的书。在这本书中，作者勾画了信息时代战争的蓝图。作者认为，下一场世界战争将是对作战体系和国家经济命脉造成重大破坏的信息战争。在这种新的战争中，每一台计算机都可能成为进入战争的武器，战线将可能遍布世界各地。有人在看过该书后产生了这样的联想：过去通常是“打完仗回家去”；今后，当每一台计算机都有可能成为下一场战争的武器时，岂不是也就有可能“回家”去打仗？这看起来似乎是不可思议的，但却不无道理。（张锋《军事专家展望战争新趋势》，《解放军报》2001 年 1 月 31 日第 9 版）

未来战争并不就是网络战争 有人说 21 世纪的战争是网络战争，把近日中美黑客大战也说成是网络战争，这是不确切的。21 世纪前 50 年战争处于由机械化时代、核武器时代战争向信息化时代战争的转型期。电脑、网络、信息在战争中的地位和作用日益增大，是战斗力的重要因素，但还不能说是决定战争胜负的唯一因素。物质的力量还要物质的力量来摧毁。电脑、网络、信息和精确制导导弹结合起来，才是战场上决定胜负的物质力量。网络只是信息载体和传输方式，用它来概括新的战争形态，有失片面，似乎网络就是战场，战争在网上进行。网络战争是虚拟现实，并非真实的战争。信息战争也还不成熟。战争是国家间的政治行为，不是个人行为，黑客大战不是军事意义的战争。我们的军事理论要克服两种倾向，一种是拘泥于传统的军事理论，迷信“必胜”的神话，无所作为。另一种是跟着西方新奇的军事观点走。有些西方记者哗众取宠，使用一些超越现实或虚拟现实的概念，如网络战争，我们一些学者也跟着大谈科索沃战争是网络战争，而对什么是网络战争却并非清楚。（赵勤轩《世纪之交战争形态的回溯与预测》，《中国军事科学》2001 年第 4 期）

信息化战争有 6 个特征 信息化战争，以大量使用信息技术和信息化武器装备为物质基础，是知识经济、信息时代的高技术战争形态，其主要特征表现为以下几个方面：

武器系统信息化、智能化。武器系统的信息化主要包括硬杀伤性和软杀伤性信息化武器及新概念武器。硬杀伤性信息武器，是指对敌目标及其功能具有直接杀伤、摧毁和破坏作用，并以现代信息技术为支撑的武器，主要是精确制导武器和遥感性杀伤武器。

软杀伤性信息武器，是指对目标并不具有直接的杀伤、摧毁作用，而是对敌方各种信源、信道、信宿等目标进行信息破坏、干扰、压制和弱化，并以现代信息技术为主要支撑的武器，主要包括信息干扰武器、计算机病毒武器、“黑客”攻击武器等。新概念武器，是应用高新技术特别是高新信息技术和新的毁伤机理制造完全不同于传统武器装备的全新信息武器，主要有超动能武器（电磁炮）、定向能武器、人工智能武器、思维控制武器和微型机电武器等。武器系统的信息化使大量的人工智能应运而生。这些武器包括：智能 C^4I 系统、军用机器人、无人驾驶飞机、无人驾驶快艇、智能导弹、智能炮弹、智能地雷等。武器装备的智能化，深刻反映了在现代武器装备中科学技术正在把人类大脑的部分功能，通过计算机、大规模集成电路及相应的软件加以实现。

作战力量数字化、知识化。作战力量数字化、知识化的最终目标是信息化部队。信息化部队也就是装备系统（作战单元）数字化、作战人员知识化的部队。装备系统数字化是指战场上各种指挥控制系统、信息网络、武器平台及单兵装备的数字化。人员知识化是指用新科技知识武装起来的指挥、战斗和保障人员，能够通晓和熟练使用各种信息装备和信息系统。

信息战场全维化、网络化。信息化战争将在陆、海、空、天、电（磁）五维空间及网络与信息链上同时展开，战场的全维度、高立体、大纵深的特点异常突出。信息战场与传统战场的本质区别在于：一是边界的不确定性。无缝连接且覆盖全球的信息系统，使战场信息边界的模糊性增强，传统的陆军作战地域划分概念和习惯已不复存在，战场信息环境的边界难以量化确定。二是对先进技术的依赖性。信息战场的形成需要集中当今科学技术发展的最新成果。三是作战形态的复杂性。信息作战是混沌、非线式的，敌对双方的信息攻防行动是不对等和不对称的。四是信息环境的融合性。敌方信息与己方信息相融合等，使战场信息环境中的各类信息更加隐蔽，战场信息环境更为复杂。

作战行动空中（间）化、精确化。大量使用精确制导武器是高技术战争最明显的特征。而精确制导武器的使用，使得外层空间成为实施侦察、预警、指挥、控制、通信、导航和电子战的基地。空中特别是外层空间已成为新的主战场。首先打赢航空航天作战和导弹战，将是未来战争的重要内容。而以火力杀伤系统为主的大规模地面作战将趋于“候选”并有所削弱。

作战方式多样化、高技术化。21 世纪的战场可能出现如下情景：电子战贯穿始终，机动战广泛实施，网络战粉墨登场，计算机病毒防不胜防，非接触性作战成为基本选择，太空战将随着航天技术的发展而发展，虚拟战场及欺骗战也将悄然兴起。

指挥体制一体化、实时化。信息技术的发展促使指挥体制发生的深刻变化之一，就是作战指挥体制网络化、横向一体化。这意味着传统的宝塔式的指挥体制将渐次退出历史舞台，指挥层次将减少。单位与单位之间、武器系统与武器系统之间不仅有纵的联系，而且有横的联系，不仅有邻近级别的联系，而且可跨越若干级别联系，从而真正达到信息共享。最高指挥官可以实时了解前方战场情况，甚至直接与战场指挥官和单兵通话。这种指挥体制下，军队更像一个具有很强的内部反馈能力和自我调节能力的会思考的系统，系统内的每个部分都处于高度活跃的状态，系统的综合功能和整体效益大为提高。（刘爱民《信息化战争特征探讨》，《中国军事科学》2001 年第 3 期）

防御性战略不排斥战略外线反击作战 新中国成立后相当长一段时期内，一直面临全面战争的威胁，贯彻积极防御方针，“战前遏制，战时打赢，战略防御，战役进攻”，界限清楚，阶段分明，容易操作和把握。冷战后，中国面临的战略环境、战争形态、战略任务发生了很大变化，高技术局部战争日益成为未来的主要威胁，战略指导必须考虑一系列新情况：一是以往全面战争危及国家生死存亡，中国又处于弱势，不得不以全部国土为战场，在广阔的战略空间与敌周旋，没有坛坛罐罐之虞。而现在经过几十年的建设和发展，我们已经有了很大的家当，我们既要打赢主要发生在边境地区、近海近岸及相应空域的局部战争，又要保持国家战略全局的稳定，不能顾此失彼。以往那种以空间换取时间的作战方式日益困难。二是以往在一般技术条件下，敌我近距离对垒，战争的胜利通常取决于短兵相接的结果。现在由于高技术的迅猛发展及其在军事领域的广泛应用，战争逐步向非接触、非线式方向发展，敌我双方力求实施防区外远程打击。在一场几乎“不见面”的非对称战争中，要想在战略内线态势下发起战役战斗上的外线反击，效果十分有限。三是以往在全面战争形态下，战争初期与尔后时期两大时期，防御阶段、相持阶段与反攻阶段三个阶段，战略、战役与战斗不同层次都比较清晰完整，战争指导程序性强。而现代战争进程快，时间短，没有战争初期与尔后时期之分，没有明显的防御、相持与反攻阶段的转换，战略、战役、战斗之间的区别也越来越小，战略决策、战役指挥、战斗行动渐趋一体化，有时一场战争就是一个战役，一次战斗或一场战役往往具有战略意义。寄希望于战争发起后，积小胜为大胜，逐步转换攻防态势，在时间上越来越不可能。

上述情况，对把握战略上的防御与战役战斗的进攻增加了相当难度。贯彻新时期积极防御战略方针，必须从现代局部战争的特点和规律出发，在坚持战略上的防御性质的同时，强调以积极的战略外线反击作战达成战略防御的目的。所谓积极的战略外线反击作战，包含了这样几层意思：第一，它不是战役战斗的外线作战，而是战略层次上的外线作战行动；第二，它不是全面战争中，战争后期战略反攻阶段的作战行动，而是从一开始就实施的战略作战行动；第三，它不是外向型的扩张性的进攻战略的一部分，而是战略防御性质下的积极主动的自卫反击作战行动，是积极防御战略的一部分。

高技术局部战争条件下，实施战略外线反击作战是实行防御性战略的国家的必然选择，是积极防御战略中积极性的最大限度的释放与发挥。一旦敌侵犯中国领土、领海、领空，就必须坚决反击，不论采取什么行动，战略上都是防御性的、正当的。你打你的，我打我的，你可以打进来，我也可以打出去，决不按敌人制定的游戏规则出牌，选择一切有利于我不利于敌的时间、地点、方式打击敌人。（彭光谦《把握战略研究的基本走向》，解放军报 2001 年 3 月 13 日）

和平时期海军的战略运用　和平时期海军的战略运用，是海军战略理论研究的崭新课题，是新时期“近海防御”海军战略理论有待深化和发展的重要内容。深入研究海军和平时期的战略运用，充分发挥海军的各项运用功能，不仅能从理论上极大地推动和促进“近海防御”海军战略的进一步深入和发展，而且能从实践上支持国家的外交政策，提升中国的大国地位。

和平时期海军的战略地位和重要职能　和平时期海军的战略运用，是指国家在既非处于全面战争，也非处于局部战争的历史时期，利用海军充当和平工具达到战略目的的运用方式，有时也称海军的非战争运用。海洋的特殊性，海军拥有不同于其他军种的特点，国际法赋予军舰特定的法律地位和权力，使得和平时期的海军拥有极为重要的战略地位，遂行着重要的国家职能。第一，海军是武装力量的重要组成部分，是和平时期国家维护海外经济和海洋权益的基本力量。第二，海军是惟一可以跨出国门的军种，是国家利益的直接代表者，是国家推行外交政策的工具。第三，海军具有较强的机动能力、较长的海上驻留能力和综合作战能力，是保卫国家安全利益的可靠基石。第四，海军舰船具有公开性和可见性的特点，是和平时期最宜实施威慑的武装力量。第五，海军具有强烈的经济属性，是和平时期保障和促进国家海洋经济的重要支柱。

和平时期海军战略运用的基本内容　在和平时期，海军的军事运用，表现为显示海上军事存在，把握海上军事威慑；海军的外交运用，表现为一是通过海军人员和军舰的互访和交流，增进沿海国家之间的了解，加强与其他国家军队的友谊。二是承担一定的国际义务，如参加联合国维和部队，参加由国际组织安排的围绕军控、军售和建立国际协调机制、信任机制和安全机制而进行的国际军事论坛。三是适度从事军事援助活动，包括转让一般军事技术，提供部分武器装备和军事训练等。海军的经济和社会运用，表现为为国家的经济建设和持续发展提供和平稳定的安全环境，确保中国优良的海洋生态环境。

和平时期海军战略运用的指导原则　与海军在战争中的运用不同，在和平时期，海军的战略运用表现出一些自身的特点，应遵循以下原则：一是充分体现国家意志，以维护和促进国家利益为最高目的。二是适应国家军事战略的要求，服从服务于国家发展战略。三是遵守和利用国际法规，为中国海洋权益的维护提供有力支撑。四是充分发挥海上威慑的作用，尽可能地控制危机，遏制冲突和制止战争。五是严格执行命令和政策法规，保持高度集中统一的指挥。六是保持前置部署，确保快速反应。（冯梁、张晓林《论和平时期海军的战略运用》，《中国军事科学》2001 年第 3 期）

（宁　青、张建设）

应确立军事危机控制的原则　军事危机是指国家或政治集团之间的关系处于可能发生战争或军事冲突的危险状态，是介于和平与战争之间的一种特殊的斗争形式。军事危机控制则是指国家或政治集团，运用各种手段，引导军事危机向着有利于己方利益的方向发展而实施的一系列活动。

依据军事危机的特性，有效地控制军事危机需要确立相应的原则：第一，利弊权衡、追求有限利益原则。军事危机因利益争端而起，危机双方都有自己的利益追求目标，利益上“全胜”的追求往往是非常危险的，因此军事危机的控制必须权衡利弊，充分估量升级与化解、战与和的效费比，趋利避害、因势利导，在相互妥协让步中维护自身利益。第二，偶然事件与内在利益冲突根源分解处置原则。在危机主体间的内在矛盾短期内不能解决的情况下应尽量将偶然事件的处理与相互间内在矛盾的最终化解分开来处置，以避免各种矛盾的交织，造成事态的复杂化，而使军事危机失去控制。第三，预防性原则。军事危机的最终形成是一系列矛盾、事件作用的结果，危机主体、危机发生地域等在事前多有端倪可察，因此为夺取军事危机的主动权，需要搞好事前准备，尤其要保持与对方的广泛接触和做好军事力量上的充分准备。第四，综合运用各种手段的原则。军事危机固然需要军事上谋势造势，但这只是其中的一个方面，经济、政治、外交各种手段在危机控制中起着非常重要的作用。第五，军事危机控制服从政略指导的原则。军事危机涉及国家的根本战略利益，为防止因控制上的失误而导致危机不应有的升级甚至战事的开启，军事危机的控制必须服从政略的指导，而不能仅从纯军事的角度来指导军事危机。（韩嘉和等《浅谈军事危机控制》，《中国国防报》2001 年 10 月 22 日）

中国台湾当局确立新战略思想 依据“有效吓阻，防卫固守”的战略指导方针，台湾当局推行的新军事战略主要包括以下几点内容：

将“威慑”提高到战略层次，以达“有效吓阻”之目的。“有效吓阻，防卫固守”这一战略与以前相比，在强调“固守”的同时，更加重视军事威慑。在“以威慑为主”战略思想的指导下，台武器装备出现了战略性调整，在加速发展反导系统的同时，重点发展进攻性武器，包括潜艇、地对地战术导弹和巡航导弹，台军特别重视增强远程打击能力和增强驻外岛兵力的攻击作战能力。

坚持“战略持久”与“战术速决”，以拖待变。台军基于总体上的劣势之判断，提出了“战略持久、战术速决”的用兵指导方针，强调“在战略上要避免决战，以小搏大，持久耗敌；战术上以多胜少，分区击灭”，以便最终实现“以拖待变”。台军认为，只要能坚持数月至一年，局势就能发生对台湾有利的变化。企图通过持久固守，为国际势力实施政治、军事干预制造借口。所谓在战术上强调“速决”是指在战略上取守势时，在战术上则要采取攻势行动，企图以此逐次消灭大陆的军事力量，以最小的代价换取大陆军队最大的消耗；另一方面，强调作战行动不打则已，打则集中优势兵力速战速决，以争取军事上的主动，以防止军事行动升级，危及台湾安全。

提高“先制反制”的打击能力，达成“决战境外”的战略企图。台军认为，在未来防御作战中，必须改变单纯、被动防御的做法，“以攻为守，制敌于先”。陈水扁上台后，又将这一思想提高到了一个新的层次。要求台军以“决战境外”的观念，作为建军备战的方向，台湾军方迅即表示支持，称：今后台湾武装力量的首要任务将是对大陆实施“有效威慑”，“固守防卫”已成次要任务。所谓“境外决战”，就是“拒敌于彼岸、击敌于半渡、歼敌于水际滩头”这三个步骤，不将战争带到本岛。

以“制空为首要，制海为重点，反登陆决胜”，发挥三军联合作战“整体战力”。台军认为，“海岛作战，制空第一”。只有在空军充分发挥现有战力取得台海战场局部制空权，才有可能顺利展开反封锁作战和抗登陆作战行动，也才有可能以空、海、陆、电四维空间的立体防御态势抗击大陆优势兵力的进攻。为此，台军正从编制体制、武器装备、战场建设等多方面对三军进行更新改造。台军还提出把机动反击作战作为未来抗登陆作战的“决战行动”，在“本岛部署决胜战力”，“依整体防空、主动反制、快速反应、联合截击、泊地攻击、反登陆作战”等方式，逐次削弱大陆进攻兵力，“尽早发起反击”，坚决阻敌于“水际岸滩”。

扩大战略纵深，增强防御弹性。为此，台军在战略布势上既强调“前伸”，即加强外岛战场建设，又重视“后延”，即重视台岛东部战场建设，充分利用台湾岛内地理的优势，在岛的中部和东部构筑了一些可屯积兵力兵器和军事物资的军事基地。注重保存“第二波”反击力量，以达成战略持久的目的。

以“精、小、强”为建军方针，企图以质胜量。现阶段台军建设的基本方针是：“减少兵力，增强火力，提升战力”，以建成一支装备精良、人员素质高、兵力规模小、总体作战能力强的“现代化劲旅”。其三军发展目标分别是：陆军以机械化、立体化、自动化为目标，建立一支数量少、科技含量高、机动与打击力强、能应付三维空间立体作战的部队；海军以舰艇武器导弹化、反潜作战立体化、指挥控制自动化为发展目标，建成一支能遂行防空、反潜、反封锁作战的现代化军队；空军以指挥自动化、防空整体化为发展目标，以形成一支具有全天候作战能力、攻防兼备的空中力量。

谋求外力介入，争取美日的军事庇护。这是台湾军事战略思想的重要内容。台军强调，要同美国建立起“准军事同盟”关系，企图把台湾的未来与希望完全寄托在美国的身上，还力图加入美日安全保护网，幻想一旦台湾发生战争，便可争取到国际社会的介入。

*重视军队的政战教育，强化其“效忠”台湾统治当局的意识。*台军将对军队的政战教育作为实现其军事战略的一个重要手段，将渲染大陆所谓“武力犯台”的威胁，作为对官兵教育的重点，指示军队要“巩固官兵心理防线”，大力加强“反对中共统战，树立忧患意识”的教育。

但由于台湾新军事战略严重脱离客观实际，因而具有明显的脆弱性，主要有以下5点：(1) 军事力量不足以与人民解放军抗衡，“有效吓阻”一厢情愿，“决战境外”无异于自取灭亡；(2) 战略空间不足，主要目标暴露，“防卫固守”谈何容易；(3) 自然资源匮乏，经济承受力差，“战略持久”难以实现；(4)“挟洋自重”靠不住，任何“外力”都成为不了“台独”的挡箭牌；(5) 以武拒统有悖民意，军民不愿为“台独”而战。(易水《台湾军事战略思想透析》，《军事历史》2001年第2期)

(王世华)

美国关于战争和战略问题研究 世纪首年，正当美国共和党新政府筹划战略调整，实施战略东移之际，发生了史无前例的“9·11事件”。该事件打乱了美国既定的战略部署，迫使其不得不重新调整战略关注点，集中力量对付国际恐怖势力。因此，美国军事战略调整呈现出明显的阶段性特征。

“9·11事件”前美军事战略从6个方面进行调整 “9·11事件”之前，美军事战略已有如下调整：

*根据对安全环境的评估，确定美国的军事战略向亚太地区倾斜。*军事战略调整的指导思想，是把兵力部署的重心和战争准备的重点从欧洲转向亚太地区，特别是东亚地区。军事战略侧重点的变化，意味着美国将根据亚太的地缘政治条件、对军事威胁的判断、未来战争的作战需求、潜在对手的特点等，调整亚太地区的前沿兵力部署的地点、规模、编成，发展适合亚太战区使用的武器装备，创造适用于亚太战区的作战理论与思想，构建亚太地区的军事联盟与地区安全体系。

*对威胁的判断，明确美在亚太地区的军事对手。*布什政府上台后，美国反华势力鼓噪的“中国威胁论”找到了更多的市场，中国经济的崛起和军事力量的发展，在美国一些人的眼中成为对美国亚太主导权和全球领导权的严重威胁，美国把中国看做亚太地区军事对手的趋向也越来越明显。美国也进一步明确认为，台湾海峡未来可能发生的军事冲突是美国最有可能卷入的战争。

*放弃“打赢两场大规模战区战争”的提法。*放弃“两场战争”后，将强调发展以信息和太空两种能力为主要支撑点的“全谱军事优势”，进一步裁减军队员额，在一定程度上收缩前沿兵力部署，集中人力和财力发展高精尖武器装备，为美军21世纪的转型奠定基础。

*加强亚太联盟机制与构建美国主导的安全体系。*军事战略的重心东移之后，美国将突出美日军事同盟在亚太联盟体制中的核心地位，强化与韩国、澳大利亚、泰国、菲律宾等国的军事结盟关系，通过举行联合军事演习、建立信息共享机制、提供军事设施使用权等方式，尽可能使双边联盟具有多边联盟的性质，以便在危机与战争中协调行动，甚至联军作战。

*以军事革命为牵引进行军队改革。*布什政府有可能进一步削减军队员额，特别是陆军的重装备部队，收缩和调整海外前沿部署兵力，加强军队的联合编组，修改上届政府的武器装备研发计划，大幅度增加国防预算。在武器装备规划方面，取消和减少大型作战平台的采购数量，增加新型武器的开发费用，加快导弹防御系统的研发与部署。

*通过发展导弹防御系统和调整核战略增强军事优势。*美国发展导弹防御系统的长远目的，在于通过该系统的研发与部署，抢先占领“太空”这一新的军事技术制高点，在21世纪保持和扩大其政治、外交和军事优势，进一步拉开与潜在敌国的军事力量差距。而发展这一系统的近中期目标，在于抵消俄罗斯和中国的战略威慑能力，谋求美国的绝对安全。另一方面，美国在审查核战略时，提出修订核攻击的目标清单，将更多的核武器用于对付中国的目标。这也是美国调整核战略时值得关注的动向。(姚云竹《布什政府调整军事战略的动向》，《外国军事学术》2001年第7期)

“9·11事件”后美军事战略进行新的调整 “9·11事件”后，美通过对该事件进行总结，发表了《四年防务审查报告》，对军事战略进行了新的调整。

以建立单极世界为目标。“9·11”事件未能改变美国的战略目标。其目标是所谓“增进和平、维护自由和促进繁荣”。但这种“和平、自由与繁荣”是指美国主宰下的，前提是“美国的政治、外交和经济领导”。

*以经营亚洲特别是东亚沿海区为重点。*美国今后几年将把战略关注点放在所谓的“东亚沿海区”，采取的主要措施包括：①加强该地区的军事部署，很可

能把常驻西太平洋的航母由 1 艘增至 2 ~ 3 艘；②与有关国家“签订更多的通行和设施使用协议”；③加强双边军事同盟，尤其是与澳大利亚、日本的军事同盟关系，让澳大利亚和日本在未来的联合干涉中发挥更多作用；④加快关岛基地的改、扩建步伐，使之成为美国经营东亚沿海地区的大本营；⑤加强对该地区侦察与监视；⑥“发展既能远距离持续作战，又对战区基地支援依赖最少的武器系统”。美国经营亚洲虽有多个对手，但把中国视为主要战略对手，这一点是清楚的。

以保卫本土、威慑前沿和打赢两场同时发生的大规模冲突为方针。与过去的“两场大规模战区战争”相比，新方针更有灵活性、进攻性、超前性和实用性。一是强调保卫本土安全是美军的首要任务。二是以“大规模冲突”取代“大规模战区战争”，这一变化表明美军将根据冲突规模而灵活使用兵力，不必拘泥于硬性规定的部队规模。三是强调在两场同时进行的“大规模冲突”中，应有一个重点，不是平分兵力，其中一场要打赢，包括推翻敌国政府，占领其领土等，更具进攻性。四是强调两场大规模冲突的爆发地不再仅仅局限于中东和东北亚。关注点“不是放在敌人是谁，以及战争可能在哪里发生，而是放在敌人可能会怎么打”。五是新的部队规模框架要“根据地区需要调整部队”，即要保持并加强关键地区的前沿部署力量，加强有效的前沿威慑态势，保证盟友的安全，慑止侵略与胁迫。六是实施一定数量的小规模应急作战。强调要大力加强与盟国及友邦的协调，加强前沿部署部队的建设。

以调整全球军事布局和发展新型威慑为手段。报告强调，美军要根据 21 世纪初新的战略环境的变化，调整全球军事布局，发展新型的威慑。采取多种措施，加强前沿部署力量，提高导弹防御、信息战、太空战及反恐作战等能力。

以部队转型和国防改革为中心。报告强调，为实现防务战略确定的各项目标，美军必须转型，国防必须改革，以“使美军在面对可能发生的不协调的、突变的战略环境下，保持或强化其优势”。实现部队转型，有赖于四大支柱：一是通过设立常任联合特遣部队司令部，改进联合指挥与控制、联合训练等手段，加强联合作战能力；二是通过兵棋推演、作战模拟和野战演习等手段，探索新的作战概念、作战能力和组织框架；三是通过多种多样的情报搜集资源、全球监视与侦察系统等手段加强情报优势；四是通过加强广泛的科学技术创新、增加采购等手段，开发转型的能力。转型的关键是加强联合部队的建设，使联合部队变得更加轻型，更有杀伤力，更机动灵活，更有生存力，能更方便地以整体的形式部署和作战。报告认为，“转型的美军需要一个同样机敏、灵活和创新的支持机构”。改革国防部过时的支持机构，使之充满活力，使每一个文职和军职人员都能人尽其才，为保卫美国工作。这对于建立一支更有战斗力的部队非常重要。为此，美国防部已成立由第一副部长领导的“高级行政委员会”，负责指导国防改革工作；同时还成立了“国防商务活动执行委员会”，负责国防部商务活动的专业管理。改革的目标有二：使人才能够进入并乐于在部队工作；实现国防部商务程序和基础设施的现代化。改革重点是裁减冗员，精简机构，节省开支，实现“非核心政府职能”的“私人化”，建立适应现代企业管理原则的高效行管机构。（柯春桥《美国 2001 年〈四年防务审查报告〉的核心思想》，《外国军事学术》2001 年第 11 期）

美国布什政府核战略调整及其影响 布什政府上台后，对美国核战略进行了重大调整，使其在内容和形式上都发生了重大变化。

调整核威慑目标，保持全面优势。美国核威慑的目标并不仅仅是针对有核国家，只要认为其海外利益受到了大规模毁伤性武器的威胁，就有可能实施威慑和核对抗，进而充分利用核优势以攫取战略利益。争取对俄罗斯等有核国家的优势是美核战略的一贯政策。除了想方设法限制俄发展核武器外，还力图不断提升自身核力量，保持对俄绝对优势。逐步调整战略目标，将中国视为重要潜在对手，加大对中国进行核威慑的份量是美核战略调整的重要内容。实现对“危险”国家进行有效核威慑是美核战略调整的重要目标。对于所谓“无赖”国家和掌握核武器或生化武器的小国家如伊朗、伊拉克、利比亚、巴基斯坦、朝鲜等，美国的核武器难以形成有效威慑。美国核战略调整目标在于进一步研制用于局部战争的小型核武器，增大对这些国家的威慑力度，以确保在受到威胁之后可以做出即时反应，争夺未来战争中的核优势。

缩小核武器规模，调整核力量结构。布什上台伊始就着手调整美国军事力量结构，削减核武器数量，并于 2001 年 11 月 13 日宣布，美国今后 10 年内把其核弹头数目减少到 1700 ~ 2000 枚，其中包括减少战略核弹头数量。空军调整规模较大，包括将大多数 B-2 和 B-52 轰炸机改为执行常规作战任务；降低其 50 枚“和平卫士”洲际导弹的戒备等级，这种导弹每枚可携带 10 个核弹头。按照美俄之间达成的《第二阶段削减战略武器条约》，这些“和平卫士”导弹将在 2007 年前退役。同时，美海军也计划将其能够发射“三叉戟”弹道导弹的核潜艇数量由 18 艘减至 10 艘。

推进技术革新，保持相关领域的领先地位。布什政府进行核战略调整的目的之一是保持其核武器的先进性以及相关领域的技术优势。布什政府重点推进以下几个方面的技术进步：一是大力发展弹道导弹防御技术；二是加速开发小型核武器技术；三是进一步完善模拟核试验技术；四是大力开发研制核试验监测技术。长期以来美国一直利用核试验监测技术卫星对他国的核试验进行严密监视。核试验卫星技术是美国长期以来重点发展的关键技术。（刘群《美国布什政府核战略调整及其影响》，《外国军事学术》2001 年第 12 期）

（宋正华）

美国确立新的“三位一体”核战略 2002 年 1 月 9 日，美国国防部发表了《核态势审查报告》，调整了美国的核战略，为核力量确定了今后 5 年到 10 年的发展方向。

变化了的安全环境是核战略调整的依据。美国冷战时期的核战略主要是针对苏联的，而苏联解体后，俄罗斯的威胁大大减弱，美国及其盟国面临的威胁来自更多的潜在对手，威胁的方式也更加多样。安全环境的根本变化，要求美国彻底改变与俄罗斯的核关系，放弃主要依赖进攻性战略核武器的威慑方式，为应付更复杂、多样的威胁，把威慑的支点放在更加灵活、反应更快的多种战略能力上，并且与众多的潜在对手建立新型的威慑关系。美国防部主管国际安全政策的助理国防部长克劳奇说：“我们的结论是，仅仅依靠进攻性核力量的战略态势，不适合慑止我们在 21 世纪将面临的潜在敌人。”“为此，我们需要拥有各种各样的能力，让朋友和敌人都对美国的决心明白无误。”

“基于能力”而不是“基于威胁”是核战略调整的主体思路。过去针对特定的敌对国家发展自己能力的方式，是“基于威胁”的方式。由于现在美国面临众多潜在的敌人，无法有把握地判断下一场战争的对手、地点和时间。而作为超级军事强国，美国可以判断所有潜在对手可能拥有的军事能力，从而明确未来的战争会怎样进行，并在这个基础上“有的放矢”地发展自己的能力。因此，美国根据新的防务计划所制定的方针，将美国战略力量从冷战时期的基于威胁的部署转向基于能力的部署。这一新的部署方式将在未来的几十年中为美国及其盟友的安全提供在最低核武器水平上的可靠的威慑。

用新的“三位一体”核力量结构取代旧的“三位一体”。《核审查态势报告》确立了新的“三位一体”结构，它主要包括：核与非核打击能力；主动与被动防御系统和反应性强的基础设施。冷战时期由洲际弹道导弹、潜射导弹和远程轰炸机构成的“三位一体”核力量只是新的“三位一体”中第一条腿，但规模大大缩小，核武器的数量也大大减少，同时还增加了高技术常规兵器，如能够打击加固和深层地下目标的能力；第二条腿的核心是导弹防御能力；第三条腿是指国防基础能力，包括尽快研发新武器系统的能力，恢复过去能力的机制，支援、维持、修复各种基础设施的能力等。与过去的“三位一体”相比，新的“三位一体”具有四个突出特点：一是在战略进攻能力中将不再仅仅依赖打击力量，而是强调核与常规打击能力相结合；二是整体军事实力中强调进攻与防御能力兼备；三是保持优势军事力量的总体要求中明确了军事实力与军事潜力并重；四是注重了“硬力量”与“软力量”的协调发展。（姚云竹《小布什政府的核战略调整》，刘琳《美国发表〈核态势审查报告〉》，《外国军事学术》2002 年第 2、3 期）

（清　风）

美国抛弃“两场战争”理论主要有 3 点原因 首先，美军现有兵力不足以同时支撑两场大规模地区战争。根据美国国防部估计，未来要赢得一场“大规模地区战争”，需要投入的兵力为：4～5 个陆军师、4～5 个陆战旅、10 个空军战术联队、100 架以上重型轰炸机、4～5 个航母战斗群及若干个特种部队。如果同时要打赢两场这样的战争，上述兵力还要增加一倍多，这是美军现有军力所难以达到的。

其次，兵力投送能力不足。兵力投送是美军干预地区危机的决定性方式。目前美军的快速反应和应急作战能力虽然很强，一旦需要，4 天内可将一个整旅、12 天可将一个轻型师、30 天内可将两个重型师、75 天内可将一个由 5 个师组成的应急兵力投送到世界任何地方，但这与“同时打赢两场大规模地区战争”的兵力投送要求相比，差距仍然很大。

第三，现代战争的高消耗使美军难以承受。美国为维护其全球战略的需求，从 1998 年逐年增加国防开支。2002 财年，布什政府向国会提出的国防预算，高达 3105 亿美元，尽管如此，与打赢两场大规模地区性战争所需的巨额费用相比，也显得捉襟见肘，海湾战争是靠盟国共同分担费用，而规模远不及海湾战争的科索沃战争，总耗资高达150亿美元。因此，美国的财税收入将难以长时间支持美军在世界上同时打赢两场大规模地区战争。（李刚《美国为何抛弃“两场战争”》，《中国国防报》2001年7月24日）

（夏礼伯）

俄罗斯关于战争和战略问题研究 **俄罗斯对未来战争的预测** 世纪之交，俄罗斯专门组织力量对新世纪战争的特征作出了新的评述。

第一，动用武力不再是战争惟一和最重要的标志，非军事手段的意义越来越大。20世纪末，摆在人们面前的事实是：国际舞台上敌对国家没有采取任何直接武力行动，美国和北约没动一兵一卒就摧毁了苏联和华约。从中可以得出结论：不动用武力也可能爆发战争，战争首先在经济，外交，心理和信息等方面展开角逐，武装力量则退居第二位。21世纪动用武力不再是战争惟一和最重要的标志，从南斯拉夫事件可以看出21世纪国际冲突和战争的主要特点是社会、政治、经济、信息和军事等因素更为紧密地交织在一起。其中，信息对抗更加尖锐，已渗透到外交、经济、直至武装斗争的所有斗争形式中去。同时，信息斗争还具有相对的独立性。

第二，“非直接行动战争”在武装斗争中的地位不断提高。今天，对敌人施加政治、经济和道德心理影响的间接行动发挥着巨大作用。爱好和平国家的非直接军事行动首先表现在为防止战争和军事冲突所作的政治努力上。除政治方法外，被广泛采用的还有经济制裁、陆海空封锁、兵力佯动、派遣维和部队等等。其中，在采取兵力佯动时，主要军队集团应预先做好完成上级提出的战略战役任务的准备，以防止不测。即便在直接军事行动中，一些“非接触性方法”也占据着特殊地位。这些特殊方法包括心理战、信息战和特种部队的行动等。信息战将贯穿整个武装斗争之中。

第三，新式武器装备和军事技术是决定未来战争性质和武装行动方式的基本因素。未来战争的类型在很大程度上影响着未来战争的性质。目前，许多国家关于战争的分类方法不完全符合现代观念。现在不仅要按照参战国的数量、动用武器的多少、军事行动持续时间的长短和强度大小来划分战争，更重要的要按照这些国家在军事技术和经济方面的发达程度来划分。对武装斗争的特征和趋势影响最大的是完善并研制新武器和军事技术装备的革新进程。这些新武器和军事技术装备是改变军事行动的方式、方法的基本因素。预计到2010年以前，美国和北约武装力量的侦察情报显示系统将能够在允许的时间内显示敌我双方的所有必要资料。这种可能性的实现将使战争的一切原则为之改变，使军事力量能够集中在主要的或精选的方向上。

第四，武装力量的首要任务是准备实行武装冲突和局部战争中的作战任务，并为大规模区域性战争进行动员准备工作。科索沃战争改变了世界各国对核武器的看法，导致核不扩散体系的崩溃，各国都在积极发展核武器。核武器成为保障国家安全的最重要、最可靠的手段。同时，由于核武器会产生毁灭性的后果，大规模使用显然不可能。因此，近几年来，一些国家在军事建设上已把主要精力放在常规武器上，首先是完善精度武器的质量，提高战斗威力和部队机动性。敌对一方在军事技术工艺上占绝对优势将是未来战争的显著特征。高科技的迅速发展将进一步加大西方主要国家与其他国家之间的军事技术差距。21世纪武装力量使用及其战略行动的主要形式将是：和平时期的战略遏制，战略侦察，遂行武装冲突和局部战争，遂行大规模地区性战争。其实施途径为：宇宙和空中战役、战区性战略战役、海军的战略行动和核力量的战略行动。（邵俊武《俄罗斯对未来战争的预测及其安全对策》，《东欧中亚研究》2001年第1期）

俄罗斯军事战略的要点 2001年1月10日和4月22日，普京签署关于批准《俄罗斯联邦国家安全构想》和《俄罗斯联邦军事学说》的命令，9月9日，普京总统批准《俄罗斯联邦信息安全学说》。以上述重要文件为基础，俄面向新世纪的军事战略已基本确立，其要点是：以加强军事实力为先导，确立军事力量在保障国家安全中的基础和支柱作用；以美国和北约为主要防御对象，立足于准备打一场“大规模战争”；以美国为军事较量的重点对象，推行既谋求发展合作关系又严加防范、既避免直接军事冲突又善于同美周旋的双重政策；以加强战略核力量为支撑，维护和巩固“军事大国”地位；以推进独联体的军事一体化进程为途径，构筑有利的军事地缘环境；以面向亚太，发展同中、日、印等国的军事关系为手段，全面缓和东线军事关系，改善军事安全环境，集中力量于西部与北约抗衡，为重振大国地位提供坚强的军力支持。（杨运忠《俄罗斯新世纪初的军事战略》，2001年第3期《东欧中亚研究》）

俄罗斯继续调整军事战略 2001年俄罗斯对军事战略的继续调整主要体现在：

军事改革与军队建设的步伐加大。为了建立一支适应21世纪战争需要的全新军队，实现“军兵种结

构合理，编制体制精干高效，机动能力快速灵活，武器装备精良，与国家经济能力相适应，有充分的遏制能力，能可靠地保卫国家安全”的建军目标，普京总统于 2001 年 3 月 24 日签署了“关于保障俄武装力量建设与发展及完善其结构的第 337 号总统令”，决定对武装力量编制结构实施新一轮调整。

加快常规军队建设的步伐。俄瞄准未来战争需要，在实施新一轮军事改革过程中，提出了战略核力量与常规力量均衡发展的思想。高技术常规武器装备将是俄军发展的重点。俄军常规武器发展的目标是：用 10 年左右的时间，更新其在编 50%的武器装备。为此，将加大武器装备研制的力度，力争 21 世纪初在光电子、计算机、精确制导、探测、推进、仿真和新材料等关键技术上有所突破，使主战武器装备达到精确化、数字化、智能化、隐形化和通用化水平。此外，俄还把旧武器装备的技术改造和升级换代列为一项重要工作。（来斌《2001 年俄罗斯安全形势综述》，《外国军事学术》2002 年第 1 期；韩生民《俄罗斯加强军队建设的几项措施》，2001 年第 6 期《外国军事学术》）

裁撤驻外军事基地。2001 年 10 月 17 日，国防部高级军官会议讨论当前国际形势下俄军的改革问题之后，普京宣布俄罗斯将关闭其在越南金兰湾的军事基地和在古巴哈瓦那市郊的卢尔德斯电子监听站。俄武装力量总参谋长克瓦什宁解释说，俄采取这样的措施是因为世界军事、政治形势都发生了变化，同时也为了节省军费开支。对此，美国国务卿鲍威尔认为，这标志着“不仅冷战结束了，后冷战时代也已结束。”英国路透社认为“这一大胆举动标志着俄罗斯军事战略的一个巨变”。（《俄罗斯万里大撤军》，2001 年第 44 期《中国电视报》）

21 世纪初俄军事战略展望 在新世纪初的 10 至 15 年内，俄经济处于恢复时期，综合国力比较有限，内外敌对势力有可能利用俄暂时的虚弱，削弱俄世界大国的地位，损害俄在全球范围的战略利益，威胁俄边境安全，干涉俄内部事务，并从内部破坏俄国家的统一与稳定。这是新世纪初俄罗斯面临的基本威胁。这些威胁在特定条件下会演变成现实的军事威胁。

俄罗斯军事战略的基本目标。在可预见的未来，俄军事战略针对的主要军事威胁将是：北约东扩、以“维和”等形式侵犯俄战略利益的行动、宗教极端主义的武装挑衅和恐怖主义活动、部分独联体国家局势动荡及外国势力的渗透、少数大国旨在破坏战略平衡与稳定的军备计划、内部民族分裂主义分子旨在分裂国家的暴力行动等。俄军事战略的基本目标就是要为遏制和对付这些军事威胁作好充分准备。

贯彻以核武器为基本手段的战略遏制方针。鉴于新世纪初俄对付军事威胁的条件十分严峻，幅员十分辽阔，而国家在短时期内对军事的投入十分有限，武装力量的发展将受到较大制约，特别是在常规防御力量尤其不足的情况下，俄军事战略的基本方针仍将是实施现实的、以核武器为基本手段的战略遏制。根据这一方针，俄军事战略将坚持这样一些基本原则：突出用核力量维护国家安全的坚决性，保持在受到核打击，以及敌使用常规武器发动大规模入侵并破坏战略防御稳定的情况下，使用核武器进行迎击或还击的权利；追求战略核力量低水平的均衡，坚决反对美国的国家导弹防御计划，但不同其作一对一的竞争；继续削减战略核武器的数量，建立可靠的“三位一体”的战略核力量，提高弹道导弹的突防能力、命中精度和毁伤能力，确保核遏制的有效性；扩大战略核遏制的针对面，对同有核国家建立同盟关系的非核国家采取同样的战略方针。

做好应付中小战争和武装冲突的准备。由于存在破坏国际及周边稳定局势的多种因素，对俄构成的军事威胁最有可能演变成中小规模的战争和武装冲突。这些战争与武装冲突爆发的可能性最为现实，并且极有可能发展成为更大规模的战争。因此，俄将打赢这类战争和武装冲突，作为今后一个时期军事斗争准备的重点。

建设一支均衡发展的现代化军队。21 世纪初的 10 至 15 年内，根据国家安全的需要，俄武装力量将进一步全面改革，在压缩规模的同时，进行军队结构调整，改变过去为应付某一种战争而过度偏重某一军种发展的模式，为武装力量的全面发展打下基础，并按照联合作战的要求，加强各战略方向三军部队的建设和训练，加强军队的武器装备建设。选准发展方向与项目，在立足于改进当前一代武器装备性能的同时，改进和研制定型新一代武器装备，使军队武器装备的总体水平达到“四代 +”，部分达到第五代。

加强各种战略行动样式的准备。依据世界战略形势和战争性质的发展变化，俄认识到抗击敌空中——宇宙空间袭击的战略性战役、战略核力量战役、战略性空中战役和宇宙空间的军事行动等战略行动样式在现代战争中的突出地位，认为这些样式体现了在世界政治军事形势发展到新阶段、在高技术武器大量装备军队的条件下，现代战争所具有的新特点。俄对现代战争性质认识的发展，将导致 21 世纪初俄战略性战

役体系的发展和对战略性战役作战准备重点的变化。俄准备和实施这些战略性战役的目的是，防止国家最重要的目标和各武装力量集团遭到敌空中和宇宙空间的突击，夺取战略制空权；还击对俄联邦的核侵略，破坏敌军队指挥及军事经济潜力，毁伤敌战略预备队和战役预备队，阻止其军队和兵器实施战争区（战区）之间的机动；防护己方轨道的航天器，毁伤敌航天器，夺取制宇宙空间权。

推进以军事合作为基础的联盟防御。新世纪初，北约在条件成熟的情况下可能继续东扩，其军事力量对俄的压力将继续有所增强。与此同时，部分独联体国家，主要是"古阿姆"联盟国家的游离倾向将有所加重。因此，俄将在战略上高度重视联盟防御问题。随着条件的成熟，俄将在现有部分独联体国家集体安全条约的基础上，加强同白俄罗斯、亚美尼亚、哈萨克斯坦、吉尔吉斯斯坦、塔吉克斯坦的军事合作，完善原有的联合防空等合作项目，发展其他领域的新项目，使未来的对外军事斗争具有比较坚实的国际合作基础和联盟防御性质，同时，最大限度地维护俄罗斯的地缘战略空间。（梁月槐《21世纪初俄罗斯军事战略展望》，2001年第1期《外国军事学术》）。

（毛子成）

日本关于防务战略问题研究　2001年，日本的军事战略发展出现了一些值得关注的新变化，一是突出强调"中国威胁"，以中国为潜在对手的意图明显。二是突破防卫政策限制，借"9·11"事件出兵海外。10月18日和29日，日本众参两院通过了《反恐怖特别措施法案》、《自卫队法修改案》和《海上保安厅法修改案》三项法案，其目的是为日军向海外派兵和参加战争提供法律依据，此举表明日本的防卫政策正在逐渐突破战后一直标榜的"专守防卫"性质。三是确定未来5年的军事力量发展计划，加强部队现代化建设。四是提出并确定修改现行《防卫计划大纲》和《2001～2005年度中期防卫力量发展计划》。

21世纪初日本军事战略具有3个特点　21世纪初既是日本军事战略调整结束的一个终点，也是日本新军事战略开始的一个起点。新军事战略具有以下3个主要特点：

强调积极主动的战略原则。日本提出的"建立—预防—遏制"战略，集中体现了积极主动的战略原则。冷战期间，日本基本上坚持"专守防卫"，实施的是一种消极防御战略。冷战结束后，日本根据国际形势的变化，在短短几年里实现了军事战略的转变。最突出的一点就是扩大"防卫"范围。日本提出"周边事态"概念后，将防卫范围扩大到整个亚太地区，将防御线向前推至整个亚太地区的外缘，使本无战略纵深可言的日本列岛拓展了纵深，为赢得战略主动权奠定了基础。21世纪初的日本军事战略明确提出要实施"预防危机"战略，将危机处置在萌芽之中；当预防战略失败时，主动、果断地采取军事行动，在可能发生的冲突中掌握主动，以确保日本的本土安全和国家利益。

战略重心转向西南。日本提出"预防危机"战略，其预防的重点已由北方转向西南方。日本认为，随着冷战结束和苏联解体，其面临的北方威胁消失了，取而代之的是朝、中、俄等"多元威胁"，其中对付所谓朝鲜和中国的"威胁"被提到相对重要的位置。朝鲜不稳定的政治、经济形势和加强军备的动向加大了所谓"朝鲜半岛有事"的可能性，其弹道导弹远程化对日本构成了现实"威胁"。日本在1996年版《防卫白皮书》中首次公开把中国作为防范对象后，对中国的军队现代化建设表示出极大的关注。尤其是2000年版的《防卫白皮书》，强调中国的导弹对日本构成"威胁"，大肆渲染中国海洋调查船在日本周边海域活动对日本造成不安，掀起了"中国威胁论"的高潮，其目的是为继续与美研制战区导弹防御系统、发展军事力量寻找借口。而俄罗斯由于军力一直缩减，经济大幅衰退，不再成为日本的主要作战对手。基于这种形势判断，日本感到在其西南海域海上航线面临的"威胁"最大，因此，将战略部署重点由北方转向西部和西南部，不断增强西部、西南部和南部地区的海、空军兵力部署和武器配备，不断加强针对西部方向的海上军事演练。

力争主导亚太。日本提出的"建立新秩序"战略，目的就是要建立以日美为主导的世界新秩序和以日本为主导的亚太新秩序。日本军事力量今后将为建立这种"新秩序"发挥更大的作用，包括积极参与国际安全事务，诸如参加联合国维和行动和国际紧急救援活动，以提高其国际地位；在世界尤其是亚太地区积极开展双边军事演习，以建立多边安全合作机制；积极参与国际军控和裁军活动，以防止高技术武器和大规模破坏性武器的扩散和转让等。（江新凤《21世纪初日本军事战略展望》，《外国军事学术》2001年第1期）

后冷战时代的日本军事战略发生3个变化　冷战结束后，日本全方位调整了国家战略，其中军事战略的变化有3点表现：

立足地缘的军事战略。首先，面向周边地区，实

施“先发制人”的军事打击。冷战时期，日本一直强调“专守防卫”，防卫范围限定在本土。冷战结束后，日本不遗余力地制造“朝鲜威胁论”、“中国威胁论”，为实现“军事大国”的战略目标寻找借口。1999年版《防卫白皮书》声称，由于“朝鲜的导弹和可能存在的核武器研制计划”，世界安全已经受到“巨大威胁”，为了保护自身免受攻击，“日本有权发动先发制人的军事打击行动”。其次，改“近岸歼敌”为“海上歼敌”，强调远海的制海权和制空权。日本海上自卫队建设的近期目标是建设力量均衡的海上作战部队，为走向远洋打基础，重点是提高日本近海及在1000海里海上航线上进行反潜作战的能力、海上防空能力、对水面舰艇的打击能力、扫（布）雷能力、海上远程兵力投送能力、情报搜集能力等6种能力。再次，加强地缘军事外交，谋求地区军事主导权。冷战结束后，日本积极推行亚洲多元外交，特别是军事外交日趋活跃。除了与美、韩两国外，也开展了与俄罗斯、中国、越南和东盟多数成员国的安全对话与合作。

加强联盟的军事战略。冷战结束后，日美联盟从政治军事联盟转为军事政治联盟，更加突出了联盟的军事色彩。日本是“利用与美国的特殊关系去争取全球对日本的承认，与此同时，避免亚洲对日本产生敌意，并在条件尚不成熟时避免使美国的安全保护伞受损。”

寻求优势的军事战略。第一，以经济实力为基础，不断增加军费开支。庞大的军费支出使日本能够保证现代化军事装备的引进、生产，同时，强大的经济实力也能使日本在一旦战争爆发时，有能力大幅度提高军费。第二，运用现代科技，全面加强自卫队的质量建设。第三，视中国为战略对手，牵制和防范中国。日本是“中国威胁论”的始作俑者，千方百计阻止中国的强大。为此，日本一方面在台湾问题上做文章，将台湾纳入其“周边事态”的范围，阻止中国的统一；另一方面又争取其他一些国家尤其是与中国有一定矛盾的国家，利用他们的力量来抵制中国。（戚洪国等《后冷战时代的日本军事战略》，《日本学论坛》2001年第3期）

日防卫厅长官中谷元宣称日本要独自实施导弹防御 为此，他提出以下4点：

日本建立导弹防御的前提是拥有个别自卫权。美国新导弹防御设想有两点新变化：一是冷战结束，不再是以往那样无论呆在自由主义阵营还是共产主义阵营都能感到安全的时代了。二是随着科学技术的不断发展，许多的东西成了产生威胁的对象，如导弹、化学武器、生物武器等新的威胁，因此已进入了国家必须对此采取对应的时代。如今包括小国在内，已经有41个国家拥有弹道导弹。日本将继续推进与美国共同进行的弹道导弹防御计划技术研究。但美国考虑的是实施一体化的设想，即不把国家导弹防御系统与战区导弹防御系统区分开来，而是将其全部纳入导弹防御之中。而日本目前正在研究的弹道导弹防御计划是以往的战区导弹防御系统，并不是一体化运用问题，而是有助于日本防卫的研究，因此日本独自运用是理所当然的。此外，目前日本只能行使个别自卫权，还不能使用集体自卫权。因为日本进行研究的前提是行使个别自卫权。

提出在2003年之前“开发”。日本需要建立导弹防御，并在此基础上继续进行研究。但是，目前还没有确定进入实用化阶段的时间。预计在2003年之前“开发”是可能的，现在还处于研究阶段，日美正在4个领域进行共同技术研究。从理论上讲导弹防御就像用手枪子弹击落子弹那样困难。但推进这种研究本身也有助于对对象国的抑制。里根政府时期的星球大战计划曾使苏联盲目扩大军备并最终导致崩溃。即使“开发”没有成功，通过发射通信卫星等也能为社会带来很多有利的副产品。

强调日本独自收集情报。目前，日本可以依靠宙斯盾舰上的雷达、机载预警与控制系统和地面雷达等获得各种各样的情报。当然，从美国获得导弹情报是很有意义的，应该有效地加以运用。但是日本要独自实施导弹防御，就必须强调依靠本国的力量独自收集情报。

有必要建立与美军相关的有事法制。日美安保体制维持了50年，为日本带来了经济繁荣与和平。目前日本要在经济和技术方面作贡献，今后还要在人力方面作贡献，以便有效地为美军提供后方援助。关于这一点，已经制定了有关联合国维和活动和日美防卫合作指针等相关法案。为使今后双方的合作迈上新的台阶，首先要完善有关美军活动的有事法制，以及日美防卫合作指针相关法案中的周边事态法。据此，日本应对没有发生战斗的地区，以及将来也不可能发生战斗的后方地区提供援助。对于除此之外的情况，也有必要对是否能采取对应的问题进行研究。既然签署了日美安保条约，日本国民就应依照安保条约承担义务，对美国就要做“有事”的考虑，并将“有事”当作自己的事情。（日本中谷元《我国要独自运用导弹防御》，日本《世界周报》周刊2001年8月7日）

（薛　丰）

其他国家和地区关于战争和战略问题研究　**韩国提出新的军事战略**　韩国一军事专家指出，韩国的“遏制、胜利、牵制”新战略，不仅符合国家的政策和韩军实际，也同美国的军事战略相符。

遏制战略。就是遏制侵略，这一战略需依靠可靠的报复威胁能力来实施。韩军的遏制战略应向两个方向发展。(1) 核遏制。韩应同美国协商确定韩美联合核遏制战略：在朝鲜发动全面南侵时，美国可在韩国请求下对朝实施核打击；不经韩国同意，美国不得对朝实施核打击，从而有效遏制朝鲜的南侵意图及某些国家对朝南侵可能提供的支持。(2) 常规遏制。应建立能有效遏制朝鲜对韩进行恐怖活动的陆海空军机动部队，并将准备情况以国防白皮书形式加以公布以达到遏制目的。鉴于韩美联合部队的作战目标为“事先遏制战争”，遏制战略应是韩国军事战略的主要内容之一。

胜利战略。该战略并非单纯指武力实现统一。韩国要遂行夺取陆海空全面胜利的军事战略，仅依靠目前部署的韩美联合力量是不够的。开战后美增援部队到达前，韩军应将主战兵力集中于首都圈地区（即陆军的西部前线、海军的西海海域、空军的西部空域），首先保证西部防区的胜利。

牵制战略。根据韩军实力，战时美增援部队到达前，在韩美联合部队在首都圈地区实施“胜利”战略之际，韩军应在其他防区实施牵制来犯之敌的“牵制”战略。为此，地面部队在遂行前方作战任务时应将兵力高度集中，而遂行侧后方作战时，应使海军陆战队（隶属韩陆军）实现空地机动化，以此牵制敌奇袭登陆作战力量，配合前方作战，以待援兵。海军的“牵制”战略主要体现为在东海、南海海域牵制朝海军的制海及奇袭登陆企图，策应在西海海域实施的“胜利”战略。空军的“牵制”战略是在西部空域实施攻势制空作战的同时，在其他空域开展防御制空作战，配合“胜利”战略的实施。（〔韩〕江英悟《韩国军事战略制定的方向》，韩国《军事世界》2001 年第 2 期）

“9·11”事件后英国调整其防务战略　“9·11”事件后，国际安全形势出现了一些新特点，英国随之对其防务战略进行了相应的调整。

积极参与美国领导的军事打击行动，进一步巩固英美特殊关系。英美关系历来被西方媒体标榜为“超越政治经济利益的亲戚关系”。“9·11”事件发生后，英国首相布莱尔在“第一时间”作出反应，表示全力支援美国，并四处奔走，积极协助美国组建国际反恐联盟。2001 年 10 月 7 日一开战，英国皇家海军就有 3 艘核动力潜艇参加了攻击行动，英国同时向美军开放其在印度洋拥有的迪戈加西亚机场。英国还迅速组成一个正式的战时内阁，宣称派兵参加地面作战。英陆、海、空三军兵力源源不断调往战区。在美国领导的对阿军事打击中，英国自始至终扮演了重要的角色。阿富汗战争的硝烟未散，英国就决定派 3000 将士在阿富汗执行维和任务，并由英国人担任国际安全援助部队总指挥。反恐加强了英美特殊关系，也突出了英国在欧盟的作用。

提高远征作战能力，随时准备对外干涉。尽管打击恐怖主义是当务之急，但英国的防务重心不在内而在外，已由保卫领土及海外领地的安全转向对外干涉，积极参与全球事务和对付世界各地发生的武装冲突。英国要求它的武装力量不仅保卫英国及其利益，还应该是世界上一支永久性的常备军，哪里有“有事”哪里去，即“有能力把训练有素、装备精良的军队迅速派到世界各地，以阻止或遏制危机”。为此，英国海军将重点提高兵力投送和“由海向陆”的作战能力，空军着重提高战场制空和对地打击能力，陆军主要是增强快反和机动能力，陆、海、空三军的共同主题是提高联合作战和远征作战能力。

关注弹道导弹防御和情报建设，以更好地保护自己，消灭对手。“9·11”恐怖主义袭击加强了美国布什政府推行导弹防御计划的意图和能力，这对英国也是一个促动。英国将投入一定资金，与其他欧洲国家联合研发欧洲导弹系统。英国还认为，赢得 21 世纪战争胜利的关键在于最快捷的情报，而不是最重的火力。“战争迷雾”固然消散了，但战场并未完全透明。在军事打击阿富汗的作战中，误伤平民和己方部队的事件多次发生，这表明情报、监视、目标捕捉和侦察能力的极端重要性。英国将增加这方面的投资，低技术和高技术手段同时并举，以更好地保护自己，消灭对手。（林治远《英军热衷远征作战》，《解放军报》2002 年 2 月 20 日）

德报称未来世界安全将由五大力量主导　虽然美国在可以预见的时期内仍将是世界头号大国，但其力量因其他国家的崛起而遭到削弱。战略家很早以前就开始预言世界政治力量格局可能发生变化。中国被视为一支正在上升的力量，并将成为东亚起决定作用的地区力量，进而致力于寻求在全球发挥更大的影响力。

而这却是印度想要阻止的。这个拥有近9亿人口的次大陆在高科技领域取得了令人瞩目的成就，并在同死敌巴基斯坦的竞争中表明：它根本没有放弃自己的核野心。对这一切西方至今故意视而不见。为保卫自己不受北京势力的威胁，新德里将寻找地区盟友并可能在美日同盟中找到它。

对此莫斯科将不会袖手旁观。尽管俄罗斯帝国仍然没有摆脱共产主义和苏联崩溃的后果，但它的衰落看来已经到达谷底，并肯定会在某个时候再次想起它的扩张主义。在普京的领导下，俄罗斯已显示出重返国际舞台的强烈欲望。明天，最迟到后天，人们将不得不在国际政治中再次把俄国计算在内。

欧洲只有当旧大陆成功地实现经济统一并赋予其政治内涵之后，才可能变得让人重视。欧洲目前正致力于实行共同的安全政策，以此作为对北约的补充。

总之，全球政治格局将朝着多极化的方向发展。未来世界可能会出现“五强统治”格局：美国、欧洲、俄罗斯、中国和印度将相互制约，不让它们之中任何一个取得相对优势地位。为维护这种格局，它们——在危机情况下可能结成不同的联盟——将尽可能地阻止危机和战争的发生。五大力量将决定世界的未来。（雅克·舒斯特《谁将统治明日的世界》，德国《世界报》2001年2月21日）

“9·11”事件后北约调整军事战略 为适应“9·11”事件后国际安全环境的变化，北约正进一步调整军事战略，其具体内容如下：

实施“保卫共同安全利益”战略，在反恐怖战争中发挥新的作用。“9·11”事件中，北约大多数成员国有公民遇难，为此，北约盟国一致认为，恐怖分子的袭击针对的不仅是美国，而且是持有相同价值观的所有西方国家。事发当日，北约召开紧急会议，发表声明谴责对美国的野蛮暴行，并宣布美国可依赖北约盟国克服危机。随后，北约援引《北大西洋公约》第5条款，作出行使“集体防御”权的决定。北约国家在“9·11”事件上表现出的团结，是他们具有共同的战略利益和价值观的表现，也是他们在“保卫共同安全利益”军事战略指导下采取的新行动。反恐怖成了北约走出欧洲、干涉世界事务的借口。美国争取北约盟国对其反恐怖的支持和声援，既有要盟国帮助度过危机的意图，也有把盟国更紧地与美国“绑”在一起、巩固美国的主导地位的盘算。而北约盟国则希望美国重新认识盟国的价值，并借机维护自身利益和扩大欧洲的影响。

采取拉拢俄罗斯的策略，与俄罗斯建立“新型关系”。“9·11”事件给美国与俄罗斯的关系带来了改善的因素，也促使北约调整与俄罗斯的关系。“9·11”事件之后，北约组织及其成员国的领导人与俄罗斯领导人多次接触，希望双方的伙伴关系得到根本改善，并列出了北约与俄罗斯之间可能增加的3个军事合作领域，即导弹防御、军事改革和联合演习。与俄建立“新型关系”，是西方一贯奉行的“遏制与拉拢”策略手段的继续与发展。但双方在根本利益上的矛盾冲突并没有消除，因此，北约不会在俄演变成西方国家之前吸收俄为正式成员国，不希望俄成为干扰其决策和行动的内部因素。

*调整北约的军事原则、军事政策、军事结构以及防御能力，以适应新的安全环境的要求。*2001年12月18日，北约国防部长布鲁塞尔会议宣称，根据北约的新战略概念和“9·11”事件之后的新形势，北约必须有能力对付更广泛的新挑战，即各种新形式的恐怖主义、电脑攻击、对空间资源和信息网络的袭击、先进的常规武器、巡航导弹、弹道导弹以及核武器、生化武器的威胁。为此，北约决定采取5项措施：一是调整部队组成，增加“在北约领土以外的行动中进行部署和持续作战的部队人数比例”，以便有效执行跨越自己边界、超越欧洲及北美的任务；二是实现北约军事力量改革的目标，赋予北约对付新挑战所需要的各种手段；三是“改变北约的军事原则、政策、结构和防御能力”，以符合新的安全环境的需要；四是加速实现“防御能力倡议”提出的目标，尽快弥补北约在几个关键领域内存在的防御缺陷；五是增加改善防御能力的投入。综上可见，北约的军事安全联盟性质日渐凸显，其走出欧洲、干预其他地区事务的倾向更加明显。（王春生、林治远《北约：内防外扩“走出欧洲”》，《解放军报》2002年1月30日）

（夏礼伯）

局部战争和著名战役研究

阿富汗战争研究　2001 年"9·11"事件之后，美国迅速把矛头对准中亚的阿富汗，发动了"新世纪第一场战争"。对此，军事理论界及时进行了跟踪研究。

美军打击阿富汗作战行动的特点　打击阿富汗的过程中，美军在兵力部署、信息作战、联军联合作战等方面有如下特点：

其一，以前进基地为依托，远近结合、攻防相济，积极部署打击力量。首先，美军注重海上平台部署与陆基基地部署相结合。对阿作战中，美英共部署了 4 个航母编队和 1 个两栖编队，作为军队展开军事行动的前进基地。除此之外，美军还充分利用陆基基地。一方面，大量使用原有基地，包括美国本土和租借地的基地，美军在中东和海湾地区的大量基地，以及北约盟国的基地；另一方面，通过谈判获取阿周边国家基地的使用权，使巴基斯坦、印度、乌兹别克斯坦和塔吉克斯坦向其开放领空和基地，从而形成了对阿富汗的南北夹击之势。其次，就近用兵与远程调防相结合。美军将在海湾地区原部署的 2．4 万兵力、14 艘舰艇、200 架战机，作为快速集结打击力量的重要组成部分。在远程调防方面，美军在 9 月 18 日至 20 日的几天内就调用了"罗斯福"号航母编队和大量的轰炸机、战斗机。再者，攻势部署与本土防卫相结合。美在海外加紧集结兵力的同时，也十分注重本土防卫部署。包括创建本土安全防卫体制，设立本土安全委员会和本土安全办公室，积极调整本土防卫部署，加强国土防卫力量。

其二，以实现"无障碍空袭"为需求，有形空间与无形空间相结合，全面构建"信息优势"。美军认为，联合作战取胜的能力"取决于在整个军事行动范围内，在各个战争层次上有效地实施信息战"。信息战是美军谋求绝对的信息优势，实现"无障碍空袭"的主要行动。在对阿空袭作战之前，为了确保空袭行动的顺畅无阻，美军综合运用作战保密、情报侦察、心理战等手段，在有形空间和无形空间全面开展了信息作战。在作战保密方面，美军实施严密的新闻封锁，禁令各新闻媒体追踪报道美军事行动情况；制定作战计划必须在秘密的军事基地进行。在情报侦察方面，美在空中动用了 10 余颗侦察卫星和大批无人侦察机，监视塔利班军队的情况；在地面设置监听站，派遣特种作战分队潜入阿境内进行侦察；同时加强与相关国家的情报合作。在心理战方面，美军派遣心理战部队，开展战地宣传，稳定战俘及当地居民情绪；空投救援物资，试图缓解阿民众的仇美情绪；设立宣传电台，离间阿民众与塔利班的关系；散发传单，宣传美对阿军事打击的原因及空投物资的使用说明。据美军称，心理战在瓦解塔利班政权，稳定阿民众情绪方面发挥了相当好的作用。

其三，以联军联合作战为指导，内部力量与外部力量相结合，实施立体化综合打击。一是美英联合实施空袭。空袭伊始，美英主要打击了塔利班指挥、通信和防空系统以及本·拉登恐怖组织的训练营地。后续空袭则集中打击喀布尔、坎大哈、贾拉拉巴德、赫赫拉特等城市和阿富汗北部的塔利班阵地，特别是注重打击了塔利班部队。二是以"特种侦察，查打一体"为总的行动指导，实施特种作战。其主要行动包括：派遣特种作战分队秘密渗透进入阿富汗腹地，搜集特定地区的气象、地理和重要目标的资料；在北方联盟支援下，进行战场侦察监视和打击；实施空中机动，深入塔利班纵深地区，探索拉登，并袭击空袭未果的目标。三是有效地利用北方联盟，展开积极的"地面进攻"。美军除了实施空中打击，为北方联盟地面进攻创造条件之外，还向前线阵地派出军事顾问，积极协调北方联盟的地面进攻，并在北方联盟控制区内建立基地，无偿向北方联盟提供军事装备。

其四，制约因素多，打击效果不尽人意。一是精确打击不精确。导弹频频误炸平民，引起世界各方的关注。专家分析影响精确打击的原因可能有：炸弹过早脱离飞机；露水瞬间干扰激光制导系统；人员操作失误等。二是基地保障不力。前沿基地的数量难以满足作战需要，而且基地距离远，影响打击效果，其装备维修技术水平也不高。三是作战评估不准确。虽然美军运用了最先进的战斗损伤评估设备和手段，但效果不佳，使其很难每天发出比较准确的战报。其原因是：美军先进的评估手段在阿富汗的特殊条件下难以施展，评估系统存在技术死角，战损评估实时性也差。（王海棠《美军打击阿富汗作战行动的特点》，《外国军事学术》2002 年第 2 期）

美军侦察情报行动的特点　美军在对阿富汗的军事打击中，运用了大量先进的情报侦察系统，有效保障了作战行动的顺利进行。

一是多种侦察手段综合运用，实现了对战场的全方位监控。首先，美军充分利用先进的航天、航空侦察卫星，形成空间侦察网。其次，实施主动、灵活的海上及地面侦察。在海上，利用配有远程雷达和信号分析系统的 4 艘航空母舰及其他一些大型船只，实时探测和侦察目标；在地面，派出数十个特遣小分队深入阿境纵深，对敌指挥系统进行侦察和监听。再次，采取积极措施发挥人力情报优势。美国会拨款 10 亿美元，充实中亚地区谍报力量；中情局派遣特工进入阿富汗及其周边国家开展秘密行动；美国还通过外交、军事机构加强与巴基斯坦、塔吉克斯坦等阿富汗邻国的情报交流。

二是高技术侦察手段广泛使用，形成了对目标的精确定位。在太空，美军通过临时发射和应急变轨，于阿富汗上空部署了多种类的侦察卫星，加大侦照力度；在空中，美军使用了监视与指挥机、电子侦察机及多种无人机；在地面，特战部队均装备有夜视仪、热成像仪系统、震动探测仪及高分辨率战术雷达等先进设备。上述大量先进的侦察设备，为美在阿的军事行动提供了精确的打击目标，较好地满足了现代“点精确”杀伤对目标情报的需求。

三是侦察、指挥、作战系统高度融合，实现了对作战的有力支援。对阿军事打击中，美国对所有情报力量统一运筹调控，有力地提高了多种侦察情报手段的综合保障效能。此外，美军的侦察情报系统以嵌入或功能集成方式，与作战指挥、电子对抗、打击兵器等系统或平台联为一体。美军还首次将导弹装备在“捕食者”无人侦察机上，使其既可以长时间执行侦察监视任务，又可以在第一时间向可疑目标发起攻击。正是由于美军实现了各种侦察、指挥和作战平台间的信息互通与实时共享，充分发挥了侦察情报在作战体系中的“力量倍增器”作用，最大限度地满足了决策和作战的情报需求，才能在较短的时间内摧毁塔利班的有生力量，掌握了阿富汗战场的主动权。

四是国家级情报资源“靠前配置”，实现了对情报的综合利用。美军一线部队得到了美中央情报局、国家安全局、国防情报局、国家图像局与测绘局及英、法等国战略情报机构的强有力支援。这些国家级情报资源“靠前配置”，极大地提高了美军的情报获取能力，为作战提供了强有力的情报支援，尤其是战场急需的图像情报支援，最大限度地实现了对战略、战区和战术情报资源的优化配置和综合利用。（刘革军《美在阿富汗开展情报侦察活动的主要特点》，《外国军事学术》2002 年第 2 期）。

美军航母编队的作战运用　有作者从运用原则、兵力部署、目标选择、打击手段和局限性等方面，探讨了对阿军事打击中美航母编队的作战运用。

运用原则。在对阿富汗的军事打击中，美军航母编队的运用遵循以下原则：一是早期侦察，主动打击。自布什发布战争令起，美军即令驻波斯湾的“卡尔·文森”号和阿拉伯海的“企业”号航母编队对阿富汗的战役战术目标展开了侦察，提前获得了火力打击的第一手资料。对阿富汗的第一轮空袭发起时，航母编队即出动舰载机和发射巡航导弹，重点打击了塔利班的指挥系统和机场等目标。二是周密协同，相互支援。各级指挥官根据协调程序主动进行协调，各航母编队按照打击目标的性质、打击时间和任务进行周密协同，做到各种兵力相互支援、相互掩护。三是软硬并举，突出火力。美军综合使用有源干扰与无源干扰、雷达干扰与光电干扰等多种手段，并突出了火力作战的力度，对发现的敌方威胁性辐射源和地面指挥设施，给以毁灭性打击。四是严格程序，避免误伤。美军 3 个航母编队和英军的“卓越”号航母编队严格规范对目标识别程序、攻击程序、舰载机返航和着落母舰等程序，大大减少了误击误伤。

兵力部署。在对阿军事打击中，美按照就近用兵和远程调防相结合的原则具体部署航母编队。美原在海湾地区的 14 艘舰艇、200 架战机，是其快速集结打击力量的重要组成部分，在此基础上，又增派两个航母战斗编队。其具体部署：“卡尔·文森”号部署在波斯湾（后转场至阿拉伯海），“企业”号（后由“罗斯福”号代替）和“小鹰”号航母编队均部署在阿拉伯海，形成了对阿富汗多点、单向攻击态势。

目标选择。为了有效打击塔利班，猎杀恐怖主义头子，美航母编队对空袭目标进行了精心选择。一是突出重点。在空袭前三周内，美航母编队主要实施精确打击，选择的目标突出为指挥体系、防空体系和交通体系。二是适时调整。在基本获得制空权以后，美航母编队在保持打击塔利班指挥、通信等目标的前提下，适时调整了打击重点：突出对塔利班部队的打击，突出对电力系统目标和战争储备资源进行打击。

打击手段。美航母编队对岸打击的手段多种多样，可以归纳为：一是多样式的信息战。包括情报战，电子战，心理战。二是一体化的火力战。包括发射巡航导弹打击塔利班政权的国防部大楼、防空指挥系统、坎大哈塔利班总部电台等重要目标；使用AGM－154联合防区外发射武器攻击阿富汗机场跑道和装甲目标等；使用GBU－24激光制导炸弹轰炸喀布尔机场、贾拉拉巴德的3个训练基地和昆都士等地；使用普通炸弹采取直接突防和迂回突防的方式，打击阿主要城市和北部的塔利班阵地。

局限性。美航母编队虽然拥有先进的侦察探测系统、攻防兼备的打击系统、灵活高效的指挥系统和快速多能的机动系统，但在对阿打击过程仍有许多局限性。一是受地理和气候因素的影响大，降低了打击效果。二是受打击阵位选择的制约大，使航母编队的火力发挥受到很大限制。三是受打击兵力数量的限制大，难以保障持续不断的高强度打击。（宋玉友《美对阿军事打击中航母编队的运用》，《外国军事学术》2002年第2期）

美特种部队的作战运用及其特点　2001年10月20日，经过连续13天的轰炸之后，以美军为主的特种作战部队展开了关键的地面作战行动。有作者从力量编成、作战运用及其特点等方面进行了探讨。

特种部队是主要地面作战力量，参加国家较多，但主要来自美国，约有1500人，由陆海空三军的特种士兵组成。其中陆军特种部队人数最多，同时还有心理战部队、空军特种部队，以及英国、法国和德国的特种部队。

对阿军事打击中，特种部队的作战运用主要包括以下几个方面：一是实施特种侦察。“9·11”事件发生不久，美军就派出特种部队，以不同身份潜入阿富汗境内搜集情报。开战后，特种部队运用空中和地面渗透的方式，在阿富汗境内与美中央情报局特工紧密配合，获取或证实塔利班和反塔联盟武装的兵力分布、作战意图、部署变更等动向，为美国制定总体反恐怖战略和具体的作战计划提供了许多有战略、战术价值和急需的情报。二是搜捕恐怖分子头目。特种部队一方面与反塔联盟部队紧密合作，详细检查塔利班撤走时留下的楼所；另一方面协助反塔士兵盘查过往车辆，封锁道路和边境，防止塔利班领导人化装潜逃。三是引导对目标的精确打击。特种部队潜入塔利班的重要军事基地和一些可疑的建筑物附近，使用激光定位仪为飞机轰炸指示目标，并判定轰炸效果。在特种部队引导下，美军摧毁了塔利班武装的一些重要军事设施，炸死了塔利班和拉登组织的个别领导人，沉重打击和震慑了塔利班武装和本·拉登组织。四是直接参与作战。特种部队乘武装直升机对塔利班的重要指挥所和移动目标进行了突袭，袭击了坎大哈附近据称是奥马尔的一处住所，并在坎大哈南部方向伏击了塔利班部队。五是协调反塔联盟部队的行动。美军派特种部队人员充当反塔联盟部队的军事顾问，帮助他们建立通信基地，协调其作战行动。六是实施心理战。开战前，就有特种部队人员潜入阿南部，游说当地普什图族领袖脱离塔利班，以瓦解塔利班势力。开战后，特种部队又对阿民众进行心战宣传，对于争取阿民众支持起到了重要作用。

特种部队的作战运用有如下特点：一是高层指挥。在此次对阿军事打击中，美国防部紧急修改了美军的指挥关系，由总统直接指挥特种部队在阿富汗战场的作战行动，这在美国历史上还是罕见的。二是装备先进。为了有效地开展作战行动，特种部队配备了先进的侦察夜视器材和一些重型装备，对塔利班武装形成了绝对的装备优势。三是战术灵活。针对阿富汗的特殊地形及塔利班武装的游击，特种部队分小组活动，采取突袭、伏击，直升机空中打击与地面袭击相配合、空袭与地面搜捕相结合等立体作战战法，“打了就撤”，不恋战，不贸然进攻，有效地减少了战斗伤亡。四是行动隐蔽。特种部队借助其先进的红外夜视装备，趁夜暗行动，达成了行动的突然性。（李前《美对阿军事打击中特种部队的运用》，《外国军事学术》2002年第2期）

（荒　林　杨学青）

美军认为阿富汗战争有6点经验教训　美国防部一个由非军事人员组成的小组通过总结美军在“持久自由”行动中的经验教训，促使布什政府将一个反映其战略思想的军事预算案递交国会，以改变军费投资重点和军队编制，适应新的挑战。其总结报告主要有6点内容：

“持久自由”行动给美军的第一个启示是，美军无法确定何时何地会出现新的挑战。谁能预测9月份美国会在其本土遭受灾难性的空袭，紧接着是生物恐怖活动，然后在世界上距美国遥远的一个国家发动战争？

启示之二，尽管美国的军事思想、编制和军事装备都在革新，但地理位置仍然重要。在麦金德提出中亚是控制欧亚大陆（乃至整个世界）的关键的观点一个世纪之后，美国发现它仍在努力确保自己能够获得麦金德所说的“历史的地理枢纽”附近的巨大石油储备。这次行动实质是实现这一目标的进一步努力，但也暴露出该地区很多人对美国势力由来已久的反感。现在这种依靠弱小的非民主政权来提供基地的政策注定要失败。所以，必须保证即使在没有地区盟友或基地的情况下也能够进入该地区，将远程飞机、海上力量和空间资源结合起来，形成确定无疑的兵力投放能力。但美国现在还不具备这种能力。

启示之三，军事变革的成果是真实的。军方领导人多年来一直预言信息技术将极大地增强战斗力。在“沙漠风暴”行动中需要数天计划的任务在科索沃只需几个小时，而现在只需要几分钟。这次空中打击的精确性，也是前所未有的。部队的网络化，使我们能通过多种手段，如无人驾驶的“全球鹰”飞机、间谍卫星和地面特种部队获取信息，这些信息将使各单位获取对战场的一致了解。这次行动证明数字技术带来的希望正迅速得以实现。

启示之四，目标的“一致性”对于取胜是至关重要的。它要求各军种具有为共同目标而紧密合作的能力。这一点体现在“持久自由”行动的许多方面。

启示之五，目前的军事变革仍然只能依靠那些似乎更适合进博物馆的武器来完成。在阿富汗执行空军多数投弹任务的 B－52 轰炸机已有 40 年的历史，为其提供燃料的 KC－135 空中加油机也是如此。干扰塔利班地面通信的“徘徊者”舰载飞机以及 C－130 运输机和 CH－47 直升机，都出现于朝鲜战争。这些装备在塞尔维亚和阿富汗的战场上，也许能够良好地完成任务，但当碰上装备精良和资源充足的对手时，仅仅将数字技术嵌入陈旧的机体是远远不够的。

最后，“持久自由”行动证明，军事力量和金钱是密不可分的。将军事立场建立在假设的友好关系、预警或可预见的威胁的基础上是不可靠的。政府应扩大其海外军事介入，尽管它刚上台时曾认为需要进行缩减。(《“持久自由”行动的启示》，美国《华尔街日报》2002 年 2 月 23 日)

美英俄专家分析塔利班政权崩溃的原因 美英军队 10 月 7 日军事打击阿富汗以来，仅 1 个半月的时间，塔利班政权已经垮台，美英俄有关专家对基地迅速崩溃的原因进行了探讨。

通信网被彻底破坏，促进了“自行崩溃”。美国战略和国际问题研究中心副主任法拉指出，迄今作战取得成功的重要原因之一，是美军通过空袭彻底摧毁了塔利班的通信设施，剩下的通信手段只有手机，但是手机通信有可能被美军的电子侦察截获。所以，塔利班只能用人传递命令。靠通信而形成的作战协作体系，因此而瘫痪，从而导致自行崩溃。另一方面，北方联盟攻占了北方要塞马扎沙里夫，切断了塔利班的补给路线，同时又开辟了北方联盟的补给路线，使北方联盟巩固了基础，力量迅速壮大。塔利班不得不放弃首都，赶紧撤退。同时，没有任何国际支援，也是塔利班不得不撤退的重要因素。

边攻击边做政治工作，促使塔利班政权崩溃。英国国际战略研究所研究人员加登认为，塔利班主要是由阿富汗最大民族普什图人支撑的。在美英军队展开军事作战前，塔利班政权已经非常脆弱。美军利用塔利班政权所存在的严重民族、宗教和经济矛盾，促成了北方联盟的塔吉克和乌兹别克等民族在反“塔利班”基础上实行大团结，弥补了少数派的不足，其实力得以迅速壮大。在这种背景下，美英建立包括阿富汗各民族的广泛联合政府的政治宣传，发挥了巨大成功。促使绝大多数普什图人在首都陷落后向北方联盟投降。

空袭准确性提高，达到了有效破坏的目的。俄罗斯军事科学院教授贝洛乌斯认为，美英军队在阿富汗作战取得成功的原因在于，使用了各种新式武器，在破坏力方面拥有绝对优势。其中被称为“真空炸弹”的燃料汽化炸弹（BLU－82）在讨伐塔利班中发挥了巨大的威力。一颗“真空炸弹”能够使几平方千米的范围遭到严重破坏，因此对于攻击塔利班军事设施集中的地区特别有效。激光制导及导弹命中率提高也是重要因素。这样可以准确、有效地破坏攻击目标，加速夺取胜利的进程。(坂元隆等《美英俄专家谈反恐怖战争取得进展的原因》，日本《读卖新闻》2001 年 11 月 21 日)

(耿文正)

硫黄岛登陆战役研究 硫黄岛登陆战役，是第二次世界大战中美军在太平洋战场实施“越岛进攻”、突破日本“内防御圈”的一次大规模登陆作战。这次战役中，美日双方的经验教训，至今仍有一定的研究价值和借鉴意义。

美军在硫黄岛登陆战役中的经验 美军在硫黄岛登陆战役中攻占了全岛并全歼了守岛日军，为其战略轰炸机空袭日本本土提供了中继基地，达到了战役的预期目的。其中有不少成功之道值得总结。

(1) 进行充分准备，是保证战役成功的先决条件。首先是用较长时间进行航空和舰炮火力准备，以摧毁岛上主要的防御工事和机场。从 1944 年 6 月起，美军舰载机和舰炮就开始轰击硫黄岛。8 月 10 日，以塞班岛为基地的美军 B－24 战略轰炸机第一次对硫黄岛进行了轰炸，以后平均每月攻击 10 次。随着登陆日的临近，美军加大了轰炸的力度。猛烈的火力突击迫使日军耗费大量的人力物力，不得不反复修复被炸毁的阵地和机场，使日军岛上阵地建设未能达到预期目的，保证了美军登陆后没有遭到更为严重的打击。其次是出动飞机、潜艇空袭日本本土并封锁航道，以孤立硫黄岛。在登陆发起前，硫黄岛已陷于完全孤立，再未得到任何兵员及物资的补充。最后是充分的后勤保障准备，为战役实施提供强大的后盾。为了保证战役的需要，美军为部队增加了作战物资的配给，专门成立了第 6 勤务大队，负责为快速航空母舰输送油料、补充飞机、配件和舰队拖船，此外还配有军火船和其他辅助船只。由于后勤保障准备充分，即使是在战役最紧张的阶段，作战部队也未曾感到物资补充的缺乏。

(2) 投入绝对优势兵力兵器，是保证战役成功的基础。美军为攻击 2.1 万人的日军守岛部队，投入攻岛作战部队 11 万余人，加上海、空军和各种勤务保障部队等，总兵力达 22 万人。美日两军作战舰艇比例为 67∶1，飞机为 50∶1，美军总兵力占绝对优势。事实证明，由于日军依托岛上坚固而隐蔽的工事负隅顽抗，战事十分艰苦，美军伤亡巨大。若无强大的兵力兵器，难以扭转局面。

(3) 成功地掌握制空、制海权，对登岛部队实施有效支援。1944 年 6～7 月，美军出动了 7 艘航空母舰上的舰载机实施空中袭击，将驻守硫黄岛和小笠原群岛上的日军 217 架飞机全部击毁。到战役开始时，日军仅有大约 40 余架飞机可供使用，根本无力抵挡美 2000 余架飞机的攻击。在海上，日本联合舰队只派出一支拥有 12 艘舰艇的舰队支援硫黄岛作战，这支舰队实际上已丧失战斗能力。美军在成功地掌握了制空、制海权的情况下，其海、空军对登陆部队实施了积极有效的支援。航空和舰炮火力轮番突击和联合突击，使日军在整个上陆期间处于高度紧张状态。这次战役的舰炮支援是太平洋诸战役中最成功的一次。日军守岛司令栗林中将不得不承认：“舰炮和飞机的轰击使我们面临困境，否则我丝毫无惧于 3 个陆战师的战斗力。”

(4) 正确选择登陆方向，抓住有利时机迅速上陆。在沿岸登陆条件大致相当的情况下，美军认为西部海滩受西北风的影响风浪较大，遂将登陆地段确定在避风的东南海滩。事实证明这是正确的选择。登陆日那天海上风平浪静，更重要的是登陆点出乎日军意料。得知美军的真实登陆地域后，日军才慌忙将全部兵力调往所需要的方向，致使美军上岸后获得了宝贵时间，占领了滩头阵地。日军则在战役最为关键的阶段丧失了主动权。

美军在硫黄岛登陆战役中的教训 美军原计划 5 天夺取硫黄岛，结果打了 36 天才基本结束，并付出了巨大代价。守岛日军伤亡 2．1 万人，美军伤亡则有 2．86 万多人（也有资料统计为 2．6 万人）。这一数字说明岛屿登陆战役的艰巨性和复杂性，同时也说明美军在这次战役中有一些教训需要汲取。最大的教训在于情报侦察方面的疏漏。对于实施两栖作战来说，不仅要察明登陆海滩的条件，还要掌握包括抗登陆部队战略战术、兵力部署、技术装备、工事构筑，以及岛屿地形、土质等情况，美军在这些方面出现了重大纰漏，并为此付出了惨痛代价。

一是未能预先察明岛上地形特征和土质特点，致使登陆兵在水际滩头即陷于被动。硫黄岛是座死火山，南部东、西海滩和海滩之间的陆地以及岛上大部分地方，都覆盖着厚厚的火山灰。美军未弄清这一点，登陆部队在水际滩头即受阻而无法前进，在日军猛烈火力打击下损失惨重，登陆日第一天，美军就有 2400 人战死。

二是未能准确掌握日军防御配系和工事构筑情况，导致火力准备效果不佳。美军以为，经过大规模的预先火力准备，小小的硫黄岛已被夷为平地，却没想到岛上 914 个目标只被摧毁了 194 个，有的至多是被破坏了工事的表面伪装。结果，第一梯队登陆后不久，日军便发起异常猛烈的炮火反击，集中打击履带式登陆车辆、登陆艇和海滩地带。由于日军的炮兵阵地掩蔽良好，美军甚至找不到还击的目标。当美军上岸后开始向内陆目标进攻时才发现，日军在只有 915 米长、460 米宽的面积内，就构筑了 300 多个明碉暗堡，其中大部分是美军的航空、舰炮火力无法达到的。

三是对日军采用的新战术估计不足，造成进攻速度缓慢，人员伤亡惨重。日军在守岛时采取了新的战术：以纵深防御为主、滩岸防御为辅实施抗登陆作战；既在水际滩头构筑规模较小的据点阵地，配置部分陆军防守，又在岛上构筑纵深配置的主阵地和要塞阵地，力争将美军歼灭在主阵地之前。美军对此毫无觉察，甚至没有根据前几次岛屿作战的经验推断日军可能采取这一新战术。结果，美军登陆部队不仅在滩岸遭到意想不到的猛烈炮击，在整个夺岛战斗中也打得十分艰苦，进展缓慢。而日军则充分利用有利地形和工事，牵制美军 22 万人达 1 个多月，迟滞了美军对日本本土的进攻。

日军防御作战失败的原因　日军在硫黄岛防御作战中的失败是必然的，其原因有如下几点：

第一，战争总体形势的恶化。硫黄岛战役爆发前，日本面临的战争形势已经全面恶化。在从印度洋到太平洋的广阔战场上，日军处处被动挨打，完全丧失了战争的主动权。尤其是在太平洋，占尽优势的美军予取予夺，几乎达到了随心所欲的程度。

第二，日本海空势力急剧衰减，已无力在岛屿战中与盟军争锋。海上岛屿作战的结局，直接取决于作战双方海、空力量的优劣。但是，随着太平洋战争的发展，日本的海空实力每况愈下，由最初对美军的相对均衡，逐步转变为绝对劣势。

第三，日军统帅部对硫黄岛的作战指导穷蹙无策。日军大本营一度将硫黄岛列为必须全力确保的要域之一，决定采取积极作战的方针，在大规模作战中与美军一决雌雄。但随着 1944 年下半年战略态势的急剧恶化，日军的作战意志发生了动摇。1945 年 2 月上旬，日本大本营被迫放弃了积极作战的企图，决定把西南诸岛作为防御重点，在硫黄岛地区则以节约航空兵火力为原则，由地面部队充当主力，仅以少量的陆海军航空兵辅助地面部队作战，目的也由确保该岛，变为尽量迟滞美军的进攻速度。诚如日本史所述"这种不成体统的作战指导"事先就决定了硫黄岛守军覆灭的结局。

第四，日军作战手段贫乏，陆海空之间缺乏协调。丧失了制空、制海权的日军，在硫黄岛战役中所能选择的作战手段相当贫乏，基本上是地面部队孤军作战。战役期间，日军仅出动了 6 艘潜艇和几十架飞机，采取的是游击性的分散袭扰战术，不仅无法对美军构成威胁，甚至无力突破美军的海空封锁。更糟糕的是，日军原本就很欠缺的作战手段，又因各自为战、互不协调而大打折扣。日军为减少海空力量的损失，规定航空兵和潜艇只能根据夜暗等条件相机出击。这种用兵原则貌似灵活，实际上牺牲了岛屿作战中至关重要的协调配合。

第五，日军在诸多作战环节中无所作为，致使美军的各个作战步骤得以顺利实施。硫黄岛战役中，作为进攻的一方，美军的作战环节包括部队集结、接敌运动、敌前展开、火力准备、水际清障、抢滩登陆、岛上作战、海空封锁、后勤补给等多个环节。从理论上讲，所有这些环节都应成为日军打击的时机，至少应予以干扰破坏。然而，受海空实力低下的制约，日军除了岛上地面作战外，在其他环节几乎毫无作为。美军在此次作战中付出了较大的人员伤亡，但其中 90% 以上的伤亡都发生在岛上地面作战中。这固然说明了日军地面作战的强韧，可同时也反映出日军在其他作战环节上的低能。

第六，日军守备部队的防御体系存在严重缺陷。对登陆一方而言，最困难的是滩头水际作战。然而，日军守备部队慑于美军强大火力，没有把握好这个环节。结果，战役开始后，美军 7 个营的突击波仅用 45 分钟就完成了登陆，1 个小时后登陆部队就具备了独立作战的能力，顺利的程度连美军自己都出乎意料。此外，守岛日军还按照大本营的要求，从有限的人力物力中抽出相当的力量修筑岛上的 3 个大型机场。然而在实战过程中，日军没有能力，也不敢向炮火覆盖下的机场派驻哪怕是 1 架飞机。这些开阔、平坦的飞机场不仅没有在防御战中发挥丝毫的积极作用，反而破坏了整个地面防御体系的完整性，成为日军守备部队的包袱和全岛防御的薄弱点。（于江欣等《美军在硫磺岛登陆战役中的经验与教训》、《日军硫黄岛防御作战失败原因》，《外国军事学术》2001 年第 3 期）

（荒　林　韩长生）

作　战　问　题　研　究

中国关于作战问题研究　**关于作战理论问题**　**提出作战理论的一些新概念**　中国军事理论界在适时提出反映时代特点的作战思想的同时，在作战理论方面也提出一些新概念。

结构破坏战理论。"结构破坏战"的思想在于战役指挥员从战役全局出发，综合运用各种作战方法和手段，从破坏敌维系整体作战能力的系统与联系入手，通过设谋用巧、避实就虚，打击敌战役协调行动的关节，造成敌内部结构的紊乱和整体作战能力的迅速降低，使敌我力量对比朝着有利于我的方向转化，进而集中力量各个击破，达到瓦解敌军、歼灭敌军之目的。

程度破坏战理论。就是运用系统论的观点，把敌军战役行动看做一个按既定程序运行的多层次结构的动态系统，在战役实施过程中，运用程序破坏法，采取一系列积极主动手段，对敌作战程序的“关节点”实施连续摧毁。通过破坏其程序结构的完整性和连续性；使敌战役系统功能发生紊乱，内耗急剧增大，指挥失误，协同失调，后续不继，作战能量迅速衰减，其高速度、大纵深立体进攻战役变成互不衔接、支离破碎的行动，直至使敌进攻夭折。

瘫痪战理论。在未来的战场上，主要打击目标已不宜直接指向敌人的有生力量，而必须指向能够使强敌变成弱敌的关键部位。根据系统论中结构决定功能的原理，敌人力量强弱的关键取决于其内部的整体结构及其各组成部分之间所具有的功能互补机制。贯彻“瘫痪战”思想，就是着力破坏敌人战役力量内部的整体结构，以及各组成部分之间的相互联系，进而打乱敌人力量内部各组成部分之间的功能互补机制，使其丧失整体作战功能，由强变弱，成为一个个好打能歼之敌。

谋略制胜理论。现行军事谋略理论体系的理论基础是活力对抗论。所谓活力对抗，是指军事对抗的双方在相互作用时所构成的无形智力活动过程，以及所表现出的有形力量的抗衡与竞争实践。在活力对抗论基础上，又形成军事谋略学10根支柱，即测卜论，角色分析论，利益关联论，契机论，兵形论，兵势论，奇正论，协调论，变通论，妙用论。在其之上则是各种具体的谋略方法。这些将对未来可能的作战对象起到极大的威慑作用。

叠加式作战指挥理论。所谓“叠加式指挥”，就是将以往依次排列、循序渐进的一系列指挥环节和内容，压缩到在较少的时间段里几乎同时进行。这样做，可以有效地减少重复作业，明显地精简战役指挥文书，大大提高战役指挥效率。

火力兵力集散度理论。高技术条件下的战役作战遵循“兵力分散配置，火力集中使用”的原则，有必要引入“火力兵力集散度”这一新概念，来衡量敌对双方的战役对抗能力。这里的“散”是指分散兵力，“集”是指集中火力。如果能以最分散的兵力配置，在关键时候求得最大的火力，必然能得到最大的火力兵力集散度，从而取得最大的战役作战能力。（郭武君《我军作战理论中的一些新概念》，《现代军事》2001年3月号）

关于信息战问题 **制信息权战役将成为一种崭新的战役样式** 随着信息化战争的到来，信息战将会出现以下趋势：一方面信息战作为以“软杀伤”为主的作战行动，将与火力更加紧密结合，贯穿于战争始终；另一方面必然会出现以信息战力量运用为核心的夺取制信息权战役。

首先，夺取制信息权将与夺取制空权、制海权等并列构成联合战役的独立目标。联合战役，通常由夺取制信息权、制空权、制海权与地面作战主动权等既相对独立但又相互联系的战役目标体系组成，并由一系列战役阶段来达成战役的目的。

其次，信息战力量威力增大，软硬打击一体化，导致战略级、战役级信息战力量的出现，并为独立完成战役任务提供了关键条件。夺取制信息权战役从各军种抽组信息战力量、精确制导武器以及相关力量来完成。

第三，战役指挥员必须依据战略目的和联合战役总企图，正确定下夺取制信息权战役决心，处理好夺取制信息权与夺取制空权、制海权的关系，适时进行战役阶段的转换，充分运用夺取制信息权作战的战役力量，统一指挥各部队行动。

夺取制信息权战役包括四个波次：即以分散、隐蔽的信息袭扰和攻击为主的第一波次，主要目的是获取敌信息系统和网络的情报，通过分散的、隐蔽性的信息骚扰和攻击配合军事欺骗和政治外交斗争，隐蔽己方的作战意图；以集中的、压制性信息攻击为主的第二波次，主要目的是使敌信息系统的功能大大降低，为尔后的“信息——火力突击”创造有利条件；以导弹火力和支援性信息攻击共同构成的第三波次，在以导弹火力突击敌中枢目标的同时，还将对突击目标实施电子干扰、网络攻击、反辐射摧毁和定向能武器攻击，以形成“软硬”结合的复合打击；以联合火力和支援性信息攻击共同构成的第四波次，强调在实施信息联合火力突击的过程中，进攻一方还将组织信息侦察，判明敌方信息系统被摧毁程度、受干扰压制的情况，适时组织补充突击或干扰压制。（戚世权《关注夺取制信息权的战役》，《解放军报》2001年11月20日）

信息作战已成为联合作战的重要支柱 在联合作战中，信息作战不仅是作战行动的先导，而且贯穿作战全过程，对战争进程和结局将产生直接而巨大的影响。信息作战的重要地位表现在：

信息系统成为指挥控制的平台。联合作战战场多维，参战军兵种多，情况变化急剧，战场控制难度增大，对指挥控制能力的要求也越来越高。这些促使指挥、控制、通信、情报等方面的手段不断发展，也使信息系统成为战场指挥控制不可缺少的平台。

信息成为现代武器系统作战效能发挥的“倍增器”。从某种意义上讲，信息左右着战斗力的释放。如果没有先进的信息设备引导和控制，火炮、坦克、飞机、舰船以及各种制导武器就无法发现远距离目标并实施准确攻击。特别是制导兵器能否发挥精度高、杀伤力大的作用，不仅取决于弹体和弹头的威力，更主要的是取决于信息系统的控制作用。

信息优势决定作战主动权。现代战争的序幕将从电子侦察、反侦察的情报战开始，交战将首先在信息领域展开，夺得信息优势就等于取得了作战的主动权。（吕德松《信息作战：联合作战的重要支柱》，《解放军报》2001 年 9 月 11 日）

浅析网络中心战 通过网络产生战斗力的作战样式，就是所谓的网络中心战。网络中心战的载体是计算机网络，它包含进攻和防御，也包括平时和战时，其关键是通过网络产生战斗力，包括有形部署甚至信息触角的前伸。

网络中心战强调人的作用。人是网络中心战的决定因素。比如，网络中心战的决策、部署和运用必须由军队甚至国家最高智囊团执行；网络中心战在指挥、技术等方方面面均需要大量的人才；网络中心战不仅仅是指先进的计算机网络系统，还包括兵力部署、火力运用等，包含着深刻的战役战术思想。

网络中心战体现了联合作战思想。未来军队强调“非线式”作战，在未来战场上将会更加分散，这与集中指挥、统一行动形成了矛盾。现代网络技术为军队解决高度分散与集中统一的矛盾提供了手段。美军认为，网络中心战不是独立的作战行为，而是一个系统：不只是要求兵种间的协调一致，更加强调军种间的统一行动；不只是要求技术，还更加强调战术；不只要求力量、空间、时间，还更加强调情报信息；不只是局限于军事，还渗透在政治、经济、外交、文化、宗教等各个领域……网络将成为军队的神经。可见网络中心战是美军联合作战思想的具体体现。

但网络中心战还带有明显的“脆弱性”，特别是要建立多层次、全球性的多功能网络，并非易事。（王靖《“网络中心战”管窥》，《解放军报》2001 年 9 月 11 日）

关于不对称作战问题 **不对称海战有 5 种基本形式** 不对称作战的本质是，你打你的，我打我的，避开敌人所熟悉的作战条令、条例和程序进行对抗。在海上作战中，常常出现的利用不对称关系打击对方的情况，其基本形式有 5 种：

非线式海战。这种形式海战没有前方后方之分，没有明确的海上战线，自动化武器系统于数十、数百乃至上千千米以外对敌实施全纵深、多层次、全方位精确打击，着眼于破坏作战系统结构和瘫痪对手的作战效能。因此，其打击的主要目标直指敌指挥控制中心、信息中枢、主要军事基地，以求一举制服敌人。

非接触性海战。未来海战，强调从对方防御火力圈外进行超视距打击。首先，它倚重的是大范围侦察目标和传送信息的能力以及在距离、精度和威力上占优势的火力；其次，在力量运用上要求机、弹、炮首次打击即能重创敌军，并用电子对抗手段使敌变成“聋子”和“瞎子”；再次，强调在决定性的地点和时间集中战斗力威力。这样，通过分散在不同海域的武器平台的火力集中和在远离对手的隐蔽状态下，既打击了敌人，又避免了遭敌打击。

海上机动战。它是在既无固定方式又无固定兵力、兵器和海域的情况下，以全时空的快速机动进行的海战。海上机动战不仅强调兵力机动，更强调火力的效能，隐蔽、突然地给对方以毁伤。机动作战的速度越快、纵深越大，作战质量就越高。

海上特种战。海军特种作战部队实施的非常规行动有：侦察警戒、掩护支援、组织营救、心理攻击、伪装欺骗、维和行动等。“特种作战可提高全维作战行动的威力和范围，而且更适合于不对称攻击”。

海上信息战。应用精确制导武器、干扰机、计算机病毒等，攻击对方的指挥机构、通信网络，破坏或摧毁敌方决策机制和程序，使其陷入瘫痪的海战，均属此列。随着 C^4ISR 多功能对抗系统的运用，海战场更加透明，夺取信息控制权成为赢得海战胜利的关键因素之一。（杜一平《“不对称海战”透视》，《解放军报》2001 年 11 月 20 日）

信息作战有 5 种不对称对抗方法 信息作战的基本特点在于，作战空间“无疆无界”，对抗方式隐蔽突然，作战效费比例悬殊，作战目的强调“控制敌人，保护自己”。其基本战法有以下 5 种：

全域察敌。就是要求不管在平时或战时，不论任何社会领域和作战空间，都要通过各种侦察手段、途径和方法，最大限度地获取敌方重要信息，从而为指挥决策和实施攻防作战提供准确的情报依据。

全程抗敌。未来作战是联合作战，由于信息作战单位多、协调跨度大、战场情况变化快，因此，首先要强调统一指挥。此外，要强调全过程与敌对抗。既要重视战前的信息对抗，更要重视战时的信息攻防，还要重视战后的信息斗争；既要重视进攻时的信息防御，又要重视防御时的信息进攻等。

全面扰敌。从作战手段上讲，要积极采取制式与非制式的器材相结合，土办法与洋措施相结合，真目标与假目标相结合，以及军队与民众相配合的方法，与敌在多领域展开信息作战。坚持以低制高，迷盲敌信息侦察传感系统；以假制高，通过敌方信息系统向敌提供传播假信息，误导敌人决策和行动；以奇制高，将敌信息作战力量体系从内部节点上予以摧毁。

全力击敌。首先要坚持进攻与防御结合，以进攻为主。因此，在平时就应以积极的手段广泛的搜集敌情报，为将来作准备。其次，坚持“软杀伤”与“硬摧毁”相结合，以“硬摧毁”为主。信息战不能排除火力战，“软杀伤”是实施“硬摧毁”的重要保障，“硬摧毁”必须在“软打击”行动支持下才能顺利实施。

全境制敌。在未来信息作战中，除立足于运用部队装备的信息作战武器和作战力量外，各地都将建立军民结合、平战一体的信息体系，在统一指挥协同下，有计划地展开信息战。与此同时，加强信息网络管理防护，确保己方信息安全。（何子义《信息作战的“不对称”对抗》，《解放军报》2001 年 12 月 25 日）

非对称空袭作战具有 5 个新特点　有作者通过分析近期发生的几场局部战争，认为非对称空袭作战具有 5 个新特点：

以夺取信息优势为先导，创造非对称战场态势。非对称空袭作战首先强调夺取信息优势，阻断或扰乱敌信息收集、处理、分发系统，限制和削弱敌防空能力，并通过控制战场的制信息权，为夺取空袭的单向打击创造条件。其次，针对防御一方对重要目标进行的机动、隐蔽和伪装，必须充分利用多种侦察手段，全方位地获取敌方目标的准确信息，以实现侦察一打击一体化，以较小的代价，取得理想的空袭效果。

以精确摧毁为主体，实施高强度点毁伤。高技术条件下的空袭作战，在空袭兵器的选择和使用上更加强调制导化、精确化，注重使用信息化武器及弹药，空袭作战也由原来的面积轰炸转向点目标摧毁，力求以较少的弹药、较小的附带伤亡、较短时间达成空袭目的。

以防区外发射为主要方式，全距离综合打击。防区外发射即在敌方兵器效力范围之外的非接触发射样式。全距离打击的核心是防区外打击，它强调发挥己方武器装备的优势，避开敌方打击，在敌方视力区或火力杀伤半径以外出动作战平台及投射导弹和各种精确制导弹药；然后利用远距离打击的效果，使用一般攻击武器实施全距离综合打击。这种以防区外打击为核心的全距离综合打击方式，增大了对手的抗击难度，削弱了对手的抗击效率，创造了一种“无对抗”或“低对抗”的战场态势，是一种典型的非对称作战样式。

以隐身突防为主要手段，与强行突防结合使用。以隐身技术为核心的隐身突防将本来隐蔽的行动“公开”化，从而有效地达成非对称空袭效果。空袭作战在以隐身突防为主要手段的同时，强调采用强行突防的方式达成空袭的目的。强行突防方式和方法更加注重在对抗环境下突破敌方防空火力网，通常是首先利用高强度的电子软杀伤和火力硬摧毁，在全面持续的打击和压制下，强行开辟“空中走廊”。另外从敌方防空薄弱部位实施的突防和利用夜暗突防也是大部分空袭兵器隐蔽突防的重要方式。

以夜暗为主要攻击时机，全天时连续实施。在高技术条件下的空袭作战中，拥有大量先进夜视器材和装备的进攻一方，夜战能力与昼战能力趋近。而夜视技术水平低，夜视器材装备使用少的防御一方，夜战能力相对于昼战能力仍有较大差距。利用夜间和复杂气象下“单向透明”的战场条件，再加上使用适用于各种天候的精确制导武器，攻方能更好地发挥火力优势，使对手陷入被动的境地，充分享有战略战役上的主动权。（孙强银等《非对称空袭作战的特点》，《现代军事》2001 年 5 月号）

关于空袭与反空袭问题　**后方反空袭作战呈现出 3 个新特点**　目前，空袭与反空袭正逐步成为战争的主要作战样式，并呈现出许多值得研究的新特点。

空袭将成为独立的战争样式，后方反空袭在高技术局部战争中具有全程性。近期几场战争实践表明，空袭的目的已不仅仅是消灭对方军队的有生力量，而是通过战略空袭削弱对方的综合国力，使对方从根本上失去抵御和对抗的能力。这就要求防御者不能把后方反空袭单纯看做抗住敌人的“三板斧”，而是贯穿战争全过程的主要剧情。

高技术武器在给后方反空袭带来挑战的同时，也促进后方反空袭的发展。这种促进作用主要表现在三个方面：一是促进后方反空袭理论的发展。二是促进后方反空袭技术的高科技化。主要包括后方反空袭指挥系统的自动化、后方防护手段工程化和反空袭武器装备的高技术化。三是促进人员素质的专业化。高技术注入于后方反空袭的武器装备，要求其操作者必须掌握多方面的知识和能力，指挥人员必须掌握现代化的组织指挥技能。

高技术空袭作战的全新特点，决定了后方反空袭作战必须一体化。由于高技术空袭武器具有全方位侦察、全天候打击、空中合同作战，远程奔袭能力和空袭强度大的优势，使战争的突然性、速决性、多样性进一步增强。这就决定了没有制空权的劣势一方在后方反空袭作战中必须把组织指挥、武器配系和信息情报组成一个有机整体，才能减少伤亡，完成战时反空袭作战和各项保障任务。其一体化防空主要体现在以下三个方面：一是平战结合，军民一体。其实质是利用民众和民间蕴藏的巨大资源，保障反空袭作战。二是作战力量一体化，反空袭火力网络化。作战一体化是指：警、防、抗、反一体化。反空袭火力网络化是指把反空袭区域内专业化反空袭和非专业化反空袭力量通过信息纽带连接起来，形成一个有机的反空袭“网”。三是信息资源一体化。后方地域内的各大保障单位要形成一个有机的整体，各火力单位之间能实现信息共享，由此形成一个“联动”的反空袭体系。（徐思宁《后方反空袭新特点探析》，《解放军报》2001年6月19日）

低空超低空突防强弱点分析 低空超低空、大速突防和攻击是美英等国在近期局部战争中惯用的战术。航空兵器在空中距地（水）面1000米的高度飞行，称为低空飞行；距地（水）面10米至100米的高度飞行，称为超低空飞行。低空超低空突防的强点主要有3个：

利用雷达盲区，避开雷达监视。实践表明，在陆战场，航空兵器的飞行高度为1000米时，地面雷达发现目标的概率为100%；高度为100米时，雷达发现的概率为30%，在海战场，超低空突防的航空兵器被舰上对空雷达发现的距离为中空突防的1/6，低空突防的1/3，发现的概率均比中、低空突防约低36.7%。

减少地空导弹和高炮的威胁，提高生存能力。由于低空超低空突防的航空兵器飞行高度低，对于地空导弹和大中口径高炮来说，射角较小，射击时间短暂，难以发扬火力。为减少地空导弹和大中口径高炮的威胁，航空兵器还通常利用云层、树丛、地形、地物为掩护隐蔽接近目标，具有更大的突然性，使对方防空武器来不及射击准备，从而可避开敌远距离防空火力的打击。

便于识别和伪装，提高准确性。低空超低空飞行有利于飞行员观察、识别和攻击小目标和伪装目标。美国F/A－18D能以低达30米的高度飞行，便于突袭小目标；A－6和A－7等攻击机的低空性能更好，多采用超低空（30米）、大速度（960千米/小时）突防，可从低空寻找点状目标予以攻击。

低空超低空突防有3个弱点：一是与地面或其他障碍物相撞概率增大。航空兵器低空超低空突防时，航线相对固定，飞行高度低，与地面相撞的概率增大。航空兵器低空超低空突防也为对方设置各种障碍物拦截提供了有利机会。二是耗油量剧增，作战半径显著减小。三是颠簸加剧，机动能力受到限制，飞行员容易产生错觉。首先，航空兵器低空超低空突防难度很大，需要飞行员有高超的驾驶技术和突防战术；其次，在飞行途中，还要躲避对方雷达的探测和防空武器的射击；再次，飞行员为了达成突防的目的，可能按照既定航线飞行，机动受限。影响飞行员对外侦察效果，容易产生错觉和幻觉。（吕冠军、甄志平、李富元《漫谈低空超低空突防》，《军事文摘》2001年第6期）

高价值民用目标成为高技术空袭的重点打击目标

在北约发动的代号为“联盟力量”的空袭中，全部打击目标中有60%为高价值民用目标，这表明高价值民用目标越来越成为高技术空袭的重点打击目标。其原因在于：

高价值民用目标对战争全局具有重要的支撑作用。由于其地位重要，一旦遭到破坏，将对全局产生不可估量的震憾性影响，因而使其成为高技术空袭的重要打击目标。

高价值民用目标往往具有容易攻击、容易奏效的固有弱点。高价值民用目标数量多、分布广、目标规模宏大、位置固定、特征明显，难以进行隐蔽、伪装和采取工程防护措施，因而容易暴露；高价值民用目标大多系统庞大、技术性强、结构复杂，抗毁力弱，防护困难，是容易受攻击的“软腹部”；高价值目标各系统间相互依存，牵一发而动全身，易造成连带毁伤。上述固有弱点使其往往成为空袭者盘中的“鱼脯”。

新技术革命促使高价值民用目标成为空袭重点。新技术革命的深入发展，使许多高价值民用目标的军民兼容性越来越强，特别在信息、航天等高技术领域更是如此。这一方面有利于形成举国一致的综合抗击力量，另一方面也为空袭一方放手攻击高价值民用目标提供可乘之机；新技术革命的发展，尤其是高精度、新机理打击兵器广泛应用于战场，为打击高价值民用目标提供了强有力的技术支持，如“新机理武器”中的电磁脉冲炸弹可使被打击一方电子系统瞬间失效，石墨纤维炸弹可使电力系统瘫痪，造成大面积、长时间停电。（吴温暖《高技术空袭的一个趋势——打击高价值民用目标》，《现代军事》2001 年 10 月号）

关于太空战问题 **太空战有 3 个特点** 未来的太空战与传统的陆战、海战、空战相比，呈现出许多新特点。

作战范围立体化。由于军事航天器能在星际间航行和作战，激光武器、太空战舰武器、反卫星武器等太空武器能从太空对整个地球实施攻击或从地球上对数万乃至数千万千米的宇宙间目标实施攻击，战场空间范围更大、更广，其所具有的广阔性是传统的陆、海、空战场所无法比拟的。

作战节奏瞬时化。高技术的太空武器装备，具有速度快、精度高、威力大的特点。由于激光、微波等太空武器以极高的速度发射，从而大大加快了武器攻击的速度，战争可能从突然间开始，瞬间消灭敌天军有生力量后即宣告结束。未来太空战的作战时间将不是以天、小时计算，而是以分、秒计算。

作战武器智能化。太空作战是高智力、高技术、尖端武器及太空实力、天军综合素质等方面的综合对抗。它几乎囊括了现代高新技术的方方面面，特别是运载火箭技术、空间站技术、卫星技术、激光技术、粒子束技术、新材料技术、新能源技术等，都是当今世界上最尖端最先进的技术。（陈宏、秦国强《太空战特征透视》，《中国国防报》2001 年 11 月 19 日）

未来太空战主要有 5 种战法 太空战的战法主要将有如下几种。

太空支援战。指利用各种卫星为“地面”部队提供情报、气象、通信等支援服务。主要包括太空情报支援、太空通信支援、太空运输支援、太空装备技术支援和太空后勤支援等。主要支援方式包括：一是侦察监视敌方的部署和行动，为本国和盟国及时提供战场态势和军事情报等。二是为己方行动提供保障。即通过运用气象、通信、导航、测地等卫星快速而准确地为己方服务，使各部队的协调控制能够有条不紊地进行。

太空攻击战。指天基作战部队利用天基武器系统对敌太空、地面、海上、空中目标进行攻击的太空战行动。主要方法：一是卫星摧毁法，即用己方卫星通过变轨道飞行与敌方卫星同归于尽，或发射反卫星导弹及定向能武器将目标摧毁。二是卫星捕获法，即利用航天飞机或载人空间站上安装的反卫星武器系统，由人来操纵捕捉敌方卫星将其带回，或改变其星载仪器的工作状态，令其为己方服务。三是太空对“地”攻击战，即利用各种空间武器，从外层空间攻击对方的各种地面重要目标。

太空封锁战。是指使用天基武器系统，对进入或经过太空战场的敌航天器进行封锁打击，以阻止敌向太空战场增援，孤立敌太空部队的作战行动。主要战法包括设障封锁，如在敌军用卫星、航天站等飞行器的飞行轨道上设置大量的太空雷、铁球等障碍物，并保持足以破坏敌卫星的相对速度，使敌军用卫星望而却步；拦截封锁，主要是针对敌方发射的洲际弹道导弹。部署太空反导武器系统，用于在大气层外拦截来袭核弹头。

太空电子战。是指利用太空战场电子战武器装备，查明、削弱、干扰、阻止敌方使用电磁频谱及保护己方使用电磁频谱的电子对抗活动。主要战法包括使用无线电干扰敌方卫星、太空武器系统的无线电接收机，发射指令使航天器出故障，或离开轨道、迷失航向或远离攻击目标；利用微波武器、激光武器攻击卫星和其他航天电子设备，造成目标结构性的破坏等。

太空威慑战。是指利用完善的天基武器系统来形成对敌的强大“制太空”优势，迫使敌甘拜下风的心理威慑战。如利用卫星攻击来袭导弹可以将其消灭在助推段的设计，迫使对方在发动导弹攻击时，不得不考虑如果自己实施导弹攻击的危害等。（曹军、杜树林《未来天战如何打》，《中国国防报》2001 年 3 月 19 日）

关于联合作战问题 **注重在联合作战中创新战法** 一是抓住“任务协同”特征，在整体用兵中创新战法。联合作战中，诸军种之间的任务协同是重要特征。各军兵种的运用时机、运用方式、力量编成、作战任务等，都由联合作战指挥部统一筹划。如果联指能利用各参战力量的“任务协同”关系整体布势，巧布疑兵，使敌方分不清作战重心，在特定条件下往往可起到奇兵的效果。

二是抓住“功能生成”特征，在超常用兵中创新战法。“功能生成”是指联合作战诸军兵种力量间不同的科学组合，可以生成单一力量简单叠加所不具备的新功能。各军兵种之间互为补充，互为条件，不仅具有战场生存力强、协同简便、对敌威慑力大和“非对称作战”的优势，而且能够产生“以阵待战，以器代兵”的新战法。而这正是单一军种难以实现的。

三是抓住“全维作战”特征，在谋略用兵中创新战法。“全维作战”给现代联合作战带来的革命性变化，不仅体现在空间的广延性上，而且由此激发了人的大脑与思维的延伸。借助这种思维的延伸创新联合作战法，往往能产生事半功倍的奇效，取得意想不到的整体作战效益。为此，高超的指挥员应该敢于打破陈规陋习，突破常规思维，高瞻远瞩，出奇制胜。(汪洪友、王跃进《联合须创新》，《解放军报》2001年5月1日)

联合作战与合同作战的4点区别 联合作战是指两个以上的军种，按照总的企图和统一计划，在联合指挥机构的统一指挥下共同进行的作战，是未来信息化战争条件下的主要作战形式；而合同作战是指以一个军种或兵种为主，由其他军兵种直接配合进行的作战，是机械化战争条件下的主要作战形式，二者主要有以下几点区别：

力量构成不同。从表面上看，未来联合作战与现阶段的合同作战都是多军种的，但从更深层次看，未来联合作战中的诸军种参与作战的数量规模、持续时间，特别是各军种间相互平等的地位，是与现阶段的陆上合同作战明显不同的。合同作战以合成部队为基础，而联合作战将以各军种部队平时就编成的联合部队为基础。这种平时编制相对固定的联合部队，比临时联合编组的合成部队更符合作战的要求。

指挥体制不同。合同作战指挥机构是军种内的指挥机构，主要负责单一军种内或以其为主的诸兵种协同作战的指挥，对于不断从一个军种为主转变为另一个军种为主的联合作战，这种合成指挥机构则无能为力；而联合作战指挥机构是凌驾于单一军种之上的指挥机构，其下再设军种内的合成指挥机构，主要负责各军种之间协同作战的指挥。由于其指挥的直接对象是不同军种，自然能对不断变化主战军种的联合作战实施有效指挥。合同作战的指挥往往以集中为主，分散为辅，是一种只宜集中不便分散的指挥；而联合作战的指挥则是一种既可集中又可分散、既有指挥又有协调的灵活性指挥。

协同方式不同。合同作战的协同体现在兵种层次，主要解决军种内诸兵种间或以某军种为主的诸兵种间相互支援作战的问题；而联合作战的协同则体现在军种层次，主要解决军种间相互支援作战的问题。参与合同作战的诸兵种由于基本不具备战场态势感知能力和相互间实时传递信息的能力，缺乏实施主动协同的条件，相互间的协同配合只能在合同指挥机构的控制下按协同计划进行。因此，协同的计划性很强，但主动性不足，而作为未来信息化战争形态下的主要作战形式，参与联合作战的诸军种不仅具备较强的独立作战与指挥能力，而且诸军种、兵种的战场态势感知能力和相互间实时传递信息能力均明显增强，各作战力量由于彼此能直接了解对方情况而具备了更主动协同的条件，因此协同的主动性将明显增强。

作战时空不同。合同作战的作战空间通常为单维，有时也表现为以某一维为主的多维空间，作战范围较小，一般仅几十至几十万平方千米；而联合作战的作战空间通常为多维，有时也表现为包含陆、海、空、天、电在内的全维，作战范围可扩展到交战区域以外任意可利用的空间，有时横跨洲际乃至涵盖外层空间。由于合同作战仅集中了以某一军种为主的诸兵种的作战力量，作战的能量还不够强大，因此其作战节奏较缓，持续时间较长；而联合作战由于能集中诸军种的作战力量，作战的能量相对较大，足以给对方形成致命一击，因此其作战节奏较快，持续时间较短。（王宏社《浅析联合作战与合同作战之差别》，《解放军报》2001年11月6日）

联合作战没有固定的模式 联合作战与以往协同作战的重要区别是，轮廓很不分明，运行很不规则，没有固定模式，具有很大的灵活性。

联合作战没有相对确定的领域和空间。高技术条件下的联合作战，在多个领域、多个方向、通过多种方式和手段进行，分不清前方后方，只有领域、方向上的主次之分。同时，联合作战的空间也趋于扩大化，既可能是国家与国家之间，也可能是集团与集团之间，跨国家、跨地区的联合交战行动。

联合作战没有明显的层次之分，战略、战役、战术之间的区别越来越小，界限越来越模糊。同时，联合作战在行动方式上，也有很大的不确定性。其行动可能是秘密的，也可能是公开的。可能是“软打击”开头，也可能是“硬杀伤”发端。很难预测出未来战争中对手会运用什么样的方式，采取什么样的行动和手段。

联合作战没有明确地以两个以上军种参战为前提。如美军一个军种内有我军所指的多军种装备，因此通常在联合作战的参战军种上没有明确的规定。

联合作战没有相对平衡的力量构成。交战双方在作战力量的投入上往往不对等，只求灵活，不求比例，也就是通常讲的不对称作战。在作战力量的构成上，采取模块化组合方法，科学配备。

联合作战没有固定的作战与协同方法。高技术战争通常由知识、信息等无形资源主导。联合作战实质上成为有形对抗与无形较量、“软杀伤”与“硬摧毁”的联合。这种联合既可能是兵力的联合，也可能是兵器的联合，作战协同具有更大的灵活性和多样性。

总之，联合作战几乎没有什么时间、空间、手段、对象、规模等方面的限制，战争运行的轨迹是模糊的，难以作出清晰的预测。能够用之于未来的不是已有的经验，而只能是创新。（冯育军《联合作战没有模式》，《解放军报》2001年6月19日）

关于其他作战问题　**探析精确交战的4点特征**　精确交战是联合作战行动的最佳作战概念，它主要有以下4点特征。

局域性。精确交战，打击目标集中，目的明确，不需要在大空间、大范围内进行，而是浓缩在一个有限的特定的空间内。发展趋势是交战精度越高，战场空间的局域性越明显。这可能成为未来战争中敌我双方，特别攻方所追寻的最佳境地。

流动性。在信息化战场上，敌我对抗双方的关键点或要害目标，是始终处于动态变化之中的。攻者常以非线式的机动，寻找和发现对方的弱点，哪里好打就打哪里；防者以疏散机动的部署代替点、线式配置，千方百计地避开对方的注意力。追逐精确交战战场的流动性，成为敌我双方获取主动的要害。

依存性。精确交战存在于广阔的、多维的相关战场空间的支援和掩护之中。巡航导弹要精确地命中目标，有赖于现代侦察与监视系统提供的发现空间。信息空间的威力可使己方能看到战场的全部情况；能够分析和处理所收到的大量战场信息，各部队在任何时间都有性能可靠的话频和数字通信设备；能够在不依靠外援和保密通信线路的情况下，长时间地实施作战行动。精确打击部队不仅能充分利用自己直接侦察的效果，而且能有效地使用天基侦察平台和信息传输、处理的高技术手段，将战场传感器和交战平台构成一体，提高快速反应能力。未来战场上无论战事大小，都将启动全部系统，利用广阔的相关战场空间作掩护，快速调动、集结战斗力量，在决定性的局域战场空间中倾注压倒性的优势。

互换性。精确交战空间和广阔的保护空间，将同时出现战场上，它们相辅相成，并在一定条件下相互转化。当精确交战的作战样式和原则得到普遍运用时，敌对双方都有选择精确交战战场的自由权，在强者的保护空间中另辟交战战场，将是弱者争取主动的积极行动。同时，战场空间的互换行动将充分利用信息、网络的作用，在瞬间隐蔽地完成。（徐国成等《精确交战特征浅析》，《解放军报》2001年3月6日）

超视距空战主要有3个战术特点　所谓“超视距（或中、远距）空战”，是指在目视范围之外，通过机载探测设备搜索、发现和截获敌空中目标，并用中、远程空空导弹进行攻击的一种空战样式。其攻击距离大约在10～100千米。与视距空战相比，超视距空战具有如下战术特点：一是战术动作的样式相对减少。在超视距空战中，由于中、远程导弹具有超视距“三全”（全天候、全天时、全方位）攻击能力，有些超视距弹还具有“发射后不用管”和多目标攻击能力，这就使超视距空战的攻击急剧扩大，基本实现了攻击无禁区，无须再为了进入一个小的尾后攻击区而实施各种复杂的机动。双方空中较量的实质，主要是火力质量的对抗。二是战术动作的转换节奏显著放慢。主要表现在战术动作转换的连续性较差，动作之间的衔接较为松散。像近距格斗战中经常出现的各种动作连续组合的现象将更为罕见。三是战术动作的过载明显下降。超视距导弹机动过载的提高和发射距离的增大，使超视距空战战术动作过载量明显下降，特别是在搜索攻击阶段更是如此。为了对付具有较大机动过载的战斗机，中程导弹的机动过载将不断提高。此外，随着导弹发射距离的增大，也导致战术动作机动量锐减。只是当发射距离趋近时，战术动作的载荷才有可能增大。（石文斌等《日趋重要的空战样式》，《现代军事》2001年4月号）

莫忽视近距离作战　近距离作战，形象地讲就是视距内作战，是相对于非接触远程作战而言的。一大批远程精确打击兵器和超视距直接攻击弹药的出现，使得非接触作战成为可能，但非接触作战也不能取代近距离作战。后者仍将是整体作战不可分割的重要组成部分。实战证明，非接触作战只适合于达成有限战争目标和以控制对方为目的的战争，而现代高技术局部战争并不局限于这一种类型，它还包括以恢复失地和以维护国家领土完整为目标将战争进行到底的民族战争。进行后一类型的战争，离开近距离作战就会无法实现最终目标。

自越南战争和第四次中东战争以来，世界上就很少再有能充分展示各种特长或势均力敌、激烈对抗的战争场面，战争的客观规律早已被占绝对优势的胜方所扭曲。由于非接触远程作战的辉煌战果，使人们在一定程度上忽略了对近距离作战的研究与改进。此外，占绝对优势的胜方为了避免伤亡，捞取政治资本，甚至不惜降低战争目标片面地去执意追求“零伤亡”。对于非接触远程作战和近距离作战本身所具有的价值，只能从世界所有可能发生的战争形式来综合衡量。在战争双方矛盾的不同阶段，两者的表现力不同；在不同的作战阶段，需要不同的作战力量和作战方式。这是战争的基本规律，也是未来联合作战的基本原则。（王圣良《莫要忽略“近距离作战”》，《解放军报》2001 年 8 月 14 日）

中国台湾军队反封锁作战有 4 个特点　通过对台军所谓“战略持久、外线反潜、内线扫雷、以海制海、空陆配合、有限反制、攻守结合”的反封锁作战指导思想及其军力部署情况进行分析，可看出其反封锁作战有以下 4 个特点：

早期预警，图谋主动。台军强调要健全全岛早期预警系统。目前，台军已建立起以雷达和技术侦察为主、海空侦察为辅的立体侦察系统，能实施 24 小时不间断的监视。尤其是“强网”系统的建立和启用，使台军预警能力有了较大的提高。据称，“强网”系统的信息储存量比原“天网”系统提高了近 500 倍，处理速度提高了近 60 倍。该系统最快反应时间为 5 秒。预警时间为 25 秒。该系统装备的 E－2T 预警机可同时监视跟踪 2000 个空中和海上目标，并显示其中的 200 个目标，还可同时指挥引导 100 架飞机完成任务。不仅如此，台军还不惜巨资从外国购买更先进的预警飞机，以进一步完善其早期预警系统，使台军届时能及时疏散在港舰艇，伺机展开“先制”和“反制”作战。

立足长久，保存实力。台军认为，反封锁作战是一种典型的消耗战，具有明显的持久性，只有耐心地“拖”，才有可能产生有利的“变”。所以，台军特别强调反封锁作战在准备上一定要立足长期作战，不能急于求成。对此，台军特别是海、空军届时将首先按计划实施疏散隐蔽等以图保存实力，然后再伺机进行反扑。

以海为主，空岸协同。台军主张，在反封锁作战中，应遵循“以海制海为主，空、陆制海为辅”的作战原则。组织以海上兵力为主、空岸密切配合的多层次抗击兵力部署，以外线反潜、内线扫雷相结合，打击对方舰只，突破封锁。在反潜作战中，通常由海空军联合行动，由反潜巡逻机飞临目标区进行搜索，发现目标后召唤水面舰艇实施联合攻潜。在扫雷作战中，扫雷艇和猎雷艇，在驱逐舰、护卫舰和作战飞机警戒掩护下实施反水雷作战。在反舰作战中，强调在空军掩护下，组织驱、护舰编队或驱、导编队在有利时机，集中兵力，速战速决，快打快撤。

有限反制，攻守结合。台军认为，反制作战是迟滞对方作战行动，扰乱对方军心、民心，进而起到“震慑”作用的最有效的作战行动。为此，台军要求适时组织实施一定规模的“先制”、“后制”作战。为了全面破坏对方的作战行动，台军强调根据不同情况，采取灵活多样的作战手段。海上反制将以部分舰艇实施攻势布雷、短促出击等来攻击对方水面、水下舰艇，开辟水上（下）安全通道；空中有限反制则破坏对方的港口、基地和扰乱封锁计划；陆上反制将派遣“特工”作战分队袭扰对方的后方；岛内、外岛将使用远射程火力打击海上、空中目标等。（冯珠光等《台军如何反封锁》，《中国国防报》2001 年 6 月 29 日）

（潘新毛）

美军作战问题研究　2001 年美军联合作战理论和军种作战理论都有了较大的发展，从中可以看出美军在新世纪将依靠高技术，强调联合作战、多国作战、网络中心战等作战样式的总体发展趋势。

关于作战样式问题　**美军 2020 年系列“构想”提出未来作战理论**　2000 年 5 月，美军参联会发表《2020 年联合构想》。接着，美国陆、海、空三军都提出了自己的 2020 年构想，形成了一套比较完整的未来作战理论。

《2020 年联合构想》重申了达成“全谱优势”，建立一支“平时使对手不敢轻举妄动，战时能决战决胜，在各种冲突中表现卓越”的联合部队的思想。该构想把信息行动提高到与制敌机动和精确打击同等重要的高度，指出：“信息领域的作战将与海、陆、空、天领域的作战同等重要，而且信息作战可能变为独立的任务类型，需要各军种拥有与之相适应的编制体制和训练有素的专业人才”。它告诫人们，信息优势“具有短暂性”，达成信息优势并非大功告成。信息优势必须转化成知识优势，从而获得“决策优势”。决策优势就是“在对手未做出反应前做出决策并把决策付诸实施”。

《2020 年空军构想：全球警戒，全球到达，全球力量》提出空军对航空航天一体化战场的承诺。这一战场“是无缝隙行动的整体，它从地球表面延伸到外层空间。”“全球到达和全球力量”是空军长期恪守的信条，“全球警戒”则是新内容，它指的是“空军在整个航空航天领域时刻保持警惕”，“监视只是一个重要方面，但不是全部。”该构想将空军作战部队编成 10 支远征型航空航天部队，其中 2 支可随时部署和待命。提出远征部队构想的目的有二：一是向战区司令提供合理编组的部队；二是为空军官兵提供稳定和可预见的生活，承担再次部署的义务。该构想称，空军远征型航空航天特遣部队专门用于应付较小规模的突发事件，“能够在面积相当于半个得克萨斯州大小的地区提供情报、监视、侦察，并指挥和控制航空航天部队”，还能提供空中优势，每天能打击 200 个目标。随着作战能力的提高，空军能在 48 小时内部署 1 支远征型航空航天部队，“速度之快足以在许多危机升级前就将其遏止”，并在 15 天内部署 5 支远征型航空航天部队。该构想声称，航空航天部队能“直接从美国本土或地区基地实施打击”，“由于拥有先进的作战能力，空军将能够发现、锁定、评估、跟踪、瞄准和打击任何地方任何有军事价值的目标”，完成这种打击的时间将由数小时变为数分钟。空军将继续“提供机动能力，使美军能在各种环境下在世界各地进行部署和重新部署”。

《陆军构想：士兵为国出征》提出轻型化陆军建设计划。美陆军认为，地面部队的贡献是“把空军和海军夺取的短暂优势转化为永久性优势”。为实现这一目标，美陆军提出到 2025 年建成强大的“后天陆军”的计划。美陆军将进行改革，建立轻型师和战斗旅。战斗旅能在 96 小时内部署到世界任何地方，师能在 120 小时内部署到位，陆军 30 天内可部署 5 个师。20 吨重的轻型轮式装甲车将取代陆军目前使用的重型坦克，新型装甲车可由运输机投送。陆军将在今后 15 年保留部分现有部队，依靠“过渡性部队”具有的作战能力弥合现有部队和“目标部队”之间的差距。

《2020 年海军构想：未来……由海向陆》提出海军不仅要控制沿海，而且要对内陆纵深施加影响。该构想指出：“海军和陆战队正沿着驶向陆地的方向航行。”“通过保持前沿存在，海军远征部队能够确保美国的影响到达陆上，保证在有重要利益的地区塑造有利环境。”“海军部队将向陆上投送防御性保护伞”，“保护伞”包括“防空和反导；情报、监视和侦察能力；海军水面火力；精确打击”。“海军可在前沿持续保持能战必胜的存在，无需代价昂贵和易受攻击的陆基地区性支援设施”。言下之意是，如果发生冲突，空军和陆军将无法利用战区基地，只有海军能提供到达海外作战地域的手段。海军也承认海军部队面临进入战场时受阻（如陆基巡航导弹和天基卫星瞄准能力）的“挑战”。（军事科学院外国军事研究部译，《备战 2020——美军 21 世纪初构想》，军事科学出版社，2001 年）

《多国作战联合条令》提出多国联合作战样式

2000 年 4 月 5 日，美军参谋长联席会议主席亨利·H·谢尔顿上将签发了 3－16 号联合出版物《多国作战联合条令》。该条令指出，美军的多国作战行动大多是在临时联合体或联盟结构内进行的。临时联合体是两个或更多国家之间为共同行动而做出的临时安排。联盟是两个或更多国家之间为广泛的、促进成员国共同利益的长期目标而签订正式协定的结果。多国作战包括战争与非战争军事行动。战争是实施联军作战的极端情况，其目的是以尽可能小的代价尽快地实现多国目标。非战争军事行动集中力量防止战争，消除冲突，促进和平与稳定，支持行政当局。

作战原则。该条令指出，由于参战国的国家利益、作战目标、作战理论、武器装备、文化背景等各不相同，联军作战需要密切的协调和配合才可能成功。因此，美军在多国作战中强调遵守尊重、友好关系、了解伙伴和耐心四条原则，特别注意搞好同其他国家军队的关系。

指挥结构。该条令指出，没有哪一种单一的指挥结构能最好地适应所有联盟和临时联合体的需要。每个临时联合体或联盟都会创建一种能够最好地满足参与国的需要的指挥结构。政治上的考虑严重地影响指挥结构的最终形成。在美军的多国作战中，一般存在联盟和临时联合体两种不同的指挥结构。

联盟指挥结构已经建立起自己特有的指挥结构、支援系统和标准程序，具有高度的稳定性和一致性。联盟指挥结构主要包括一体化指挥结构和为首国家指挥结构两种形式。在一体化指挥结构中，任命一个成员国的人担任战略司令官，但战略司令部参谋部和下属司令部司令及参谋部则由多国人员组成。一体化联盟司令部的关键要素是：只任命一名司令官，参谋机构则由所有成员国的代表组成，下属司令部和参谋机构的一体化编组直到完成任务所必需的最低一级。在为首国家指挥结构中，司令部参谋机构和下属司令部的组成主要依靠为首国家，其突出特点是：一个为首国家主导的司令部和参谋机构，其下属部队则保持严格的国家完整性。但为首国家指挥结构也可能具有这样的特点：一个一体化参谋机构和多国下属部队。一体化参谋机构使为首国家司令官能够在缺少经验的领域获得联盟伙伴的专门知识。轮换指挥是为首国家指挥结构的变型，它使每个参与国都能轮流成为为首国家。

临时联合体指挥结构通常随临时联合体的发展而发展。临时联合体通常采用下列 3 种基本结构之一：

平行结构，为首国家结构，或这两者的结合。在临时联合体作战中，成员国可能希望对他们自己国家的军队保留比在盟军作战中更多的控制权。在平行的指挥结构中，不任命唯一的部队指挥官。临时联合体领导层必须在参与国中寻求一种协调的方法，以达成统一行动。这可以通过使用协调中心得以实现。在为首国家指挥结构中，所有成员国都将他们的部队置于一个伙伴的指挥之下。不过，那些国家一般都不愿意将对其部队的广泛控制权交给一个为首国家。临时联合体伙伴对他们认为有利于为首国家利益的行动十分敏感。确保临时联合体司令部代表所有临时联合体成员的一个方法，是由成员国代表加强司令部参谋机构，如任命副司令或助理司令、计划军官、后勤军官等。在一个临时联合体中，为首国家与平行指挥结构可以同时存在。当两个或更多的国家对一支多国部队行使控制职能的时候就会出现这种结合型指挥结构，例如，海湾战争临时联合体就是采用的这种指挥结构。

多国作战要求。为了同其他国家的军队进行最密切的实际合作，最有效地使用研究、开发、采购、支援和生产资源以及最有效地利用联军作战能力，美国要求与盟国、临时联合体伙伴国和友好国家实现国际军事合理化、标准化和互通性，并适用于作战物资和非作战物资。（军事科学院外国军事研究部译，2000年版，《多国作战联合条令》）

分析网络中心战的基本点和关键要素　网络中心战是通过战场各作战单元的网络化，把信息优势变为作战行动优势，使各分散配置的部队共同感知战场态势，从而协调行动，发挥最大作战效能的作战样式。网络中心战“是信息时代商业事务革命所具有的特点在作战领域的反应”，它强调以下基本点：作战重心将由平台转向网络；信息既是战斗力，也是战斗力的倍增器；作战单元的网络化可“产出高效的协调”，即“自我协调”；可使指挥官以更多的方式指挥作战，增强作战的灵活性和适应性。

信息时代的军队是一个互连互通的网络化实体。军队的网络化能生成新的战斗力，这是实施网络中心战的基本着眼点。网络中心战的关键要素有四：一是“信息结构”，即使各传感器联网的系统，这是实施网络中心战的基本物质条件，而要做的主要工作则是数据融合和信息管理。二是“作战空间感知”，“信息结构”的建立能大大提高部队的作战空间感知能力，使各部队能同时了解不断变化的战场态势，使任务、行动、地形变得“透明”。三是“实时协同动作”，有了共同的作战空间感知能力，不仅指挥官能采用适应性很强的新指挥控制方式，各部队也能自觉地执行作战命令，使部队成为“自我协同部队”。四是“最终效果”，上面3项关键要素导致的最后结果是作战节奏加快，反应能力增强，作战风险降低，作战代价减少，作战效能提高。

实施网络中心战主要有三大优势：一是能使用分散配置的部队。过去，由于部队的通信、机动和兵力兵器投送能力有限，必须把作战和作战保障部队部署在敌军和需要保卫的目标附近。结果是，分散配置的部队处于弱势，无法很快地集中兵力，实施攻击。地理位置上的限制还使部队很难在保持高度协调一致和得到充分后勤保障的情况下，实施快速、远距离机动。但是，由于传感器作用距离和武器射程的增加，也由于快速传输信息能力的增强，部队作战效能的发挥将不再受地理条件的制约。为了达成集中战斗力的效果，将不必再集中部队，而只需集中火力与信息。二是部队将耳聪目明。实施网络中心战的部队之所以战斗力强，是因为信息灵通，对战场情况了如指掌，对指挥官的意图一清二楚。这样的部队可做到以下几点：能实施“自我协同行动”，自觉与其他部队配合；能在留下活动痕迹很少的情况下实施作战行动；能在上级指挥官总意图的指导下，有效地遂行独立作战。三是部队能发挥最大作战效能。作战空间的各作战单元用网络连为一体后，分散配置的兵力兵器既能更有效地协调行动，也能为适应新的战场情况很快地转换作战行动样式。（王保存《网络中心战》，《外国军事学术》2001年第5期）

“五环法”成为美军确定打击目标的基本方法　海湾战争和科索沃战争的实践表明，约翰·沃登首创的确定打击目标的“五环法”已经成为美军在高技术战争中确定打击目标的最重要的指导原则和最基本的操作方法。在21世纪的作战中，美军无论是应付大规模的地区性战争，还是实施外科手术式的打击，都将运用“五环法”来确定打击目标。

“五环法”的地位与作用。首先，“五环法”是美军在海湾战争以来确定作战目标最重要的方法。它在美国军事理论中的地位已经远远超出空军作战的范畴，被美国陆军和海军广泛采用，成为美军联合作战和联合参谋作业的最基本和最常用的方法，并形成了“联合目标处理”的新模式。它既是美军在战略层面确定作战目标的方法，也是美军在战区和战役层面确定作战目标和战术目标的基本方法。其次，“五环法”由于改变了依赖手工参谋作业和人脑决策的确定作战打击目标的传统模式，适应了现代高技术条件下信息

化战争的发展趋势。运用计算机和数据库对目标进行精确分类，使精确打击手段能够按照“科学”的规划和程序，分门别类地实施打击，更准确地实现指挥员的作战意图。把作战地区或国家所有要打击的目标分为五类的工作量很大，但是，美军对主要作战地区和国家的目标事先都掌握有大量的情报并建立了数据库，这就大大降低了参谋人员的劳动强度，在一定程度上也避免了选择目标过程中的随意性，极大地提高了决策的效率。再次，“五环法”确定目标的顺序不是绝对固定的。美军根据作战对象重心的情况和战略目的来确定对目标的打击顺序。最先打击哪一类目标，由战区指挥官决定。

“五环法”的运用程序。运用“五环法”确定目标通常有三个步骤：首先是目标分类。“五环法”的核心是根据作战意图把打击目标分成5类，并确定每类目标的打击重心，制定打击一类目标向另一类目标转变的计划。一般来说，美军在平时把作战目标分成9种，储存在数据库中。运用“五环法”的实质是运用计算机对9种目标进行“合理”的组合。9种目标分别是：①军事单位。②军用和民用基础设施。③仓库、弹药、燃料、备件。④交通设施。⑤水电系统。⑥信息系统。⑦关键人物。⑧居民。⑨国家意志。

其次是目标评估。参谋人员将9种目标分别列入“五环”后，要按程序对每个目标进行评估，目的是确定所选择和分类的目标是否合适。评估要求从7个方面进行：一是距离。现有的各种打击手段能否打得到所选定的目标。二是效果。现有手段能否确保摧毁目标，还是只能压制目标。三是风险。遭到敌反击的可能性和反击的程度有多大，己方的反制措施是什么，有无把握。四是成本核算。对武器、操作和战斗支援等战斗消耗进行成本核算，使指挥员明了打击成本。五是数据和监测能力。对目标的计算机数据、人工数据是否经过核对，监测手段能否对打击效果进行评估。六是持续性。能否对目标进行持续打击，持续多久。七是信号。打击完成后，目标会产生什么样的战场信号，也就是说对下一步己方行动的意义。参谋人员必须从上述7个方面详尽分析和评估拟打击的目标，并进行必要的调整后才能上报，以形成作战方案。

最后是手段选择。美军的作战规程对打击目标所使用的手段有一个基本的规定，选择打击手段必须在目标确定后按照规定执行。美军的规定有9条：一是战术导弹、巡航导弹，用于打击野战部队和其他军事单位、基础设施目标。二是战略轰炸机，用于打击野战部队和其他军事单位、基础设施目标。三是海军水面舰艇，用于打击野战部队和其他军事单位、基础设施、敌海上目标。四是潜艇和水雷，用于打击敌野战部队和其他军事单位、基础设施、敌海上目标和敌商船队。五是地面部队火力，用于打击敌野战部队和其他军事单位、基础设施、敌海军目标和重要人物。六是电子战和情报战手段，用于打击敌信息系统、通信系统和指挥系统。七是心理战手段，用于打击敌方的国民意志。八是反暴乱特种作战部队，用于打击敌重要人物和敌国民众。九是隐蔽行动，用于打击敌恐怖活动、暗杀行动、领导层及国民意志。

“五环法”存在的问题。从海湾战争和科索沃战争看，“五环法”也存在一些明显的缺陷。首先，“五环法”确定目标依赖数据库，而数据库存贮信息的质量和更新的速度，直接影响“五环法”确定目标的精度。美军现有的计算机、数据库与战场监测系统、传感器之间还缺乏可靠的数据实时传输，因此还不能有效地处理大量潜在的和临时的目标，也不能对“紧急目标”做出及时有效的反应。其次，计算机系统和数据库对地面部队的机动目标和伪装目标的定位尚无科学、可靠的办法。在科索沃战争中，北约需要确定的打击目标不断增多，给作战造成极大困难，其主要原因是南军的隐蔽目标和机动目标的位置不断变化，并且设置了大量的人工假目标，而美军的各种情报能力还不能有效地识别和排除假目标。（高铁军《谈“五环法”及其运用》，《外国军事学术》2001年第11期）

（樊高月）

美军登陆作战存在3大弱点 美军在历史上虽成功地实施过多次登陆作战，但其登陆作战并非无懈可击，也有不可避免的弱点。

登陆企图容易暴露。由于抗登陆作战的国家一般均拥有地面（前沿岛屿）雷达、水面舰艇、水下潜艇、谍报侦察、无线电技术侦察结合的侦察报知系统，其侦察范围大、目标分辨率高，能够发现采用一般技术进行伪装的各种目标和无线电信号，加之美军两栖作战规模大、参战兵种多、准备时间长，因此，战前的兵力机动集结、飞机转场、舰船调集和战役初期的登陆兵上船、航渡编队的海上航渡等，难以隐蔽地进行，作战企图容易暴露，两栖作战难以达成战略上的突然性。

指挥协同复杂。两栖作战是诸军兵种联合进行的作战，由于参战军种和部队数量多、战役编组和登陆方式复杂，加之作战距离远、持续时间长，其指挥协同将异常复杂。主要表现在：各级指挥机构的临战组合，在一定程度上妨碍其指挥协同的有效性；指挥协同将因为电子设备的被干扰、摧毁和设备元件的故障，造成指挥中断、协同失调；各军种部队通信器材兼容性差以及协同作战中相互识别能力有限，也将造成三军联合作战中指挥协同上的诸多不便；实施全方位、多方向的立体突击，指挥协同环节多，某一方向、某一环节出现问题，都将影响全局。

后勤保障任务艰巨。两栖作战后勤保障要比一般地面进攻战役更加繁重。一是参战兵力多，作战激烈程度高，消耗损失大。二是由于远距离快速投送能力不足，加之各种物资器材均靠海上和空中远程运输，运输线易遭对方海、空火力袭击和封锁，靠岸卸载又将受到海湾、港口、机场及卸载设备的限制，水文、气象等条件对物资运输也有很大的影响。此外，美军登陆作战对高技术装备的依赖性强，这也是一个重要弱点。（梁炜《美军登陆作战的弱点》，《中国国防报》2001年2月21日）

关于特种作战问题 **美军特种作战主要有8种战法** 有作者分析，美军特种作战战法有以下8种：

远程突袭，攻击重心。即美军特种部队通过各种机动方式（主要是空中）快速插入敌重要目标区或战略纵深，迅速摧毁对实现战役企图有着重要影响的作战目标。美军在运用远程突袭的战法时有如下特点：(1) 灵活采用夺占与破袭两种战斗行动，对影响作战全局和战役进程的敌“关节”性要害目标，通过远程机动进行夺占并控制。(2) 行动突然，兵力精干。美军特种部队在采用远程突袭时不期望对目标形成压倒优势，注重的是运用仅仅足以完成任务的军事力量，但必须达到行动的突然性。(3) 高风险，机动样式较为复杂。

短促突出，快打快撤。短促突击是美军特种部队遂行纵深有限的小规模进攻行动，旨在攻击、摧毁和破坏敌方特定的目标以配合主要方向上的作战行动。此种战法的运用特点主要如下：(1) 行动纵深有限，但对作战企图影响重大。(2) 突击的目标有限，没有一般意义上的扩张战果。(3) 打了就跑，行动往往具有佯动性质。

渗透袭扰，攻敌弱点。美军在进行渗透袭扰作战时，通常选择敌方防守间隙实施渗透，尔后通过袭击和破坏敌重要军事目标和工业设施，使之遭受重大损失。渗透袭扰行动通常要经历渗透、袭扰和撤离三个阶段，并采用空中渗透、水上渗透和陆上渗透三种形式。

秘密搜剿，战捕结合。即特种部队隐蔽进入某个特定地区搜查或核实敌方兵力、高技术兵器和重要的军政官员，并视情况给予袭击、摧毁、缴获或捕捉。搜剿方式包括：定点搜剿、追踪搜剿、斩首袭击（即以突袭的方式暗杀或劫持敌国首脑或军队高级将领）、渗透搜剿4种。

特种侦察，查打一体。特种侦察是美军特种部队实施的一种特别人力侦察行动，往往具有侦察与打击一体化的特征，行动分为3种类型，即战场侦察和监视、秘密情报搜集和反情报作战。

战斗支援，解困营救。战斗支援是美军特种部队的经常性任务，它包括：(1) 协调盟军部队的战斗行动。(2) 在各种攻击支援行动中充当突击队或进行战斗保障。(3) 为远程精确制导兵器和空中突击火力，以及地面突击兵力的攻击或机动指示目标、校正方位。实施目标引导的方法包括先行带路、标示引导、无线电指示、激光照射指示等。(4) 直接运用兵力、火力支援受困部（分）队的行动，也可采取远程奔袭的方式，对被迫伞降、被俘和其他遇险人员实施营救。

反恐作战，打慑并举。由经过专门训练和特别编组的特种部队对国际恐怖主义采取进攻性或预防性行动，如对支持、怂恿恐怖活动的国家实施外科手术式打击，攻击国际恐怖主义分子，袭击恐怖分子的永久性基地。

实施心战，瓦解士气。心理战是美国特种部队的基本任务和战法之一。美军心理战主要采取欺骗宣传、示形弄假、非正规军事打击等手段，制造一种特殊的心理效应。使敌人产生恐惧感，丧失作战信心，或使敌方指挥官产生错觉，定下错误的作战决心，或使敌方民心涣散，丧失抵抗意志。其心理战的手段和方式包括：(1) 战场广播。(2) 散发传单。(3) 特种袭击，即对一些特定目标进行爆破、绑架、暗杀、伏击、纵火等行动，造成敌方的心理压力和惊慌失措，引起敌军阵营的混乱。（姜川《美军特种作战战法举要》，《外国军事学术》2001年第2期）

NMD面临四大技术难题 NMD不但在道义上失道寡助，技术上也面临诸多难题。

首先，无法应对多弹头。美国关心核问题科学家联盟和麻省理工学院联合发表的一份报告说，攻击弹头可释放多枚小型弹头，使拦截导弹很快耗尽，防不胜防。以生化武器进攻的任何洲际导弹，“必然都会使用多枚小型炸弹以求扩大攻击范围，美国的NMD无法抵御这种攻击”。俄、美导弹专家警告：NMD可以击毁1枚、2枚甚至20枚、100枚导弹，但要击毁1000枚，那根本不现实。

其次，无法应对伪装技术。来袭弹头如采用铝屏蔽器，就很难测出其各种参数。在弹头上装上液态氮冷却装置，或通过使用整流罩使核弹头降温，就会使弹头的红外辐射非常微弱，可以“骗过为摧毁弹头而发射的反导导弹上的热传感器，使NMD分辨不清目标。”如果大量施放诱饵气球，以假乱真，用巡航导弹、飞机、货船甚至手提箱等进行替代投放，就会使NMD不能发挥作用。

第三，无法应对参数变幻莫测的导弹。NMD面对的永远是一个未知的目标，潜在敌手能够紧急改变计划，使其变得毫无用处。美国国防部的一份报告显示，即使是最先进的导弹防御技术，也必须要耗费数年的时间测试，才能解决未能预见的问题。否则系统将无法发挥应有的效能，甚至成为具有危险性的系统。

第四，无法应对实战。有人预言，对付NMD不需要发展洲际导弹，可以更容易、更快地在舰艇上部署现代短程导弹，而NMD根本不可能拦截这种短程导弹。另外，美国的导弹拦截技术目前只是在试验阶段得到验证，能否在实战中发挥作用，还是一个极大的问号。(陈立《NMD面临四大技术难题》,《解放军报》2001年7月25日)

(薛　军)

美构建心理战理论和实施体系　心理战作为一种旨在树立良好形象、争取人心、扰乱敌作战指挥与决策、进而在心理上瓦解敌人的工具，是信息作战中的一种重要武器。美军认为，“当心理战与军事和政治行动紧密而又完美地结合起来时就成为一种催化剂，可以成为军事行动成败的关键。”根据这种观点，美军把建立在核威慑、空间威慑和高技术威慑基础上的威慑心理战作为重要的心理战形式之一，加之电子心理战、团结心理战、宣传等其他样式，构成了较完整的心理战理论和实施体系。

心理战机构。美军心理战系统由高、中、初三个层次构成。高级心理战机构，由总统心理战顾问、国防部、参谋长联席会议及各军种部组成，负责制定心理战的政策并领导心理战的实施；中级心理战机构，由战区联合司令部组成，设有心理战处，负责组织实施本战区的心理战；初级心理战机构，由专业心理战部队组成，主要负责战场心理战的实施。目前，美军心理战机构有2万余人，每年耗资数亿美元，现编有3个专业化心理战大队（1个现役大队，2个预备役大队），下辖12个营，22个连队。

心理战手段。运用多种多样的宣传手段开展心理战是美军心理战最为突出的特点之一。美军认为，宣传心理战一般有三种方式：一种是“白色”宣传，是以政府或武装力量指挥机关的名义，通过官方进行系统的破坏性宣传，如美国国际交流署领导的“美国之音”电台，是美国宣传心理战的主力军；另一种是“灰色”宣传，即以所谓民间组织或私人名义实施的，其内容和目的与“白色”宣传一致；还有一种是“黑色”宣传，是一种以传播谣言为核心的特殊宣传心理战方式，通过匿名形式散布流言蜚语，制造各种谣言等。

心理战基础。美军历来把武力作为心理战的基础。通过炫耀武力，给对方造成强大的心理压力，是美军常用的手段。在第二次世界大战中，美国在日本投下两颗原子弹，不仅造成了重大的伤亡，还引起了日本和世界的极大震撼。由于高技术武器具有摧残人的生理和心理的强大威力，美军把它作为“法宝”，在战场上广泛使用，以造成巨大的心理震撼和威慑。在未来高技术战争中，核生化武器、航天武器、激光武器、智能武器等还将广泛地为美军实施心理战服务。

心理防护。美军十分重视巩固官兵的心理防线，把这项活动作为控制部队和稳定军心的重要工作来抓。其主要措施通常有以下几点：(1)进行思想灌输。美军认为，“军人的精神状态是军事威力的最重要因素之一”。因此，注重运用各种手段，进行思想灌输，如利用报刊、广播、电视进行宣传教育；利用参观战史室、荣誉室、阵亡官兵纪念碑和授奖等各种时机进行宣传教育；利用军人行为准则和军人誓词进行宣传教育。(2)利用宗教手段。利用宗教信仰维系官兵士气，是美军普遍运用的巩固心理防线的措施。美军常用的做法有：灌输宗教思想，为战争政策服务；提供宗教服务，鼓舞军队士气；掌握官兵思想，调解各种矛盾等。有的还在部队设立专门宗教机构，配备专职宗教教员，安排宗教活动内容，这对缓和军内不同信仰官兵之间的矛盾和强化军人战斗意志都产生了一定的作用。(3)改善军人待遇。美军非常重视通过提高军人的生活待遇和政治待遇来增强军队的凝聚力。(4)强调心理训练。美军非常重视对军人进行意志力和耐力训练，以适应未来战场上的各种恶劣环境。(5)注意心理治疗。美军认为，战场上发生的心理疾病，是现代战争中人体机能承受过大压力而产生的自然的、不可避免的反应。因此主张通过学习使官

兵了解战斗异常心理疾病的发病原因、症状和治疗方法。美军战时的心理治疗，主要靠随军牧师进行疏导、精神病专家和心理医生进行治疗和开设临时娱乐场所。（武军仓等《美军心理战新探》，《外国军事学术》2001 年第 9 期）

提出直升机突击作战的原则与方法 直升机突击作战是指使用直升机运载地面部队和武器装备在作战区着陆，以机降兵力对敌实施机动攻击的一种作战行动。直升机突击作战，能根据作战需要灵活地选择机降出发地域和着陆场，且不受地面障碍和核化沾染区的限制，迅速靠近攻击目标，机动速度快，突然性大，而且还可以在战斗地域内再次或多次利用直升机进行战斗机动和突击。

作战原则。美军认为：由于直升机运载能力有限，作战半径较小，机降部队没有重装备和大量的装甲车辆，补给也完全依赖空中输送，攻坚和固守能力较弱，无法在敌纵深及战斗队形内进行长久作战。因此，为使直升机突击作战达到预期效果，在组织实施直升机突击作战时必须贯彻以下原则：(1) 集中使用在主要方向和完成重要任务；(2) 作战行动必须隐蔽突然，速战速决；(3) 充分利用地形、气象条件，实施超低空进入；(4) 合理编组，密切协同；(5) 周密计划，灵活指挥；(6) 周密组织战场保障。

主要战法。美军认为，机降突击作战是以其空中机动的快速和突然性来取得局部的战场优势，以积极主动、灵活多变的战术手段，机动打击敌人，夺取作战的胜利。其基本战法有以下几种：(1) 空中奔袭，纵深拔点。是指直升机空中机动部队隐蔽进入作战地区，对敌纵深目标实施突然袭击的一种作战方法。袭击的主要目标是：敌指挥机构、通信及交通枢纽、机场、重要仓库、哨所、战俘营、核武器发射场和储存场。(2) 垂直包围，空地合击。就是以机降方式将作战部队机动到敌人翼侧或后方，配合正面部队包围、进击敌人的一种作战方法。垂直包围可在一个方向展开与主力形成夹击，也可在几个方向同时机降形成垂直包围。美军所谓的“铁锤与铁钻”战术，实际上就是空中机动部队的空中垂直包围与地面装甲部队的地面包围相结合所形成的一种战术。(3) 蛙跳夺占，多点攻击。是指通过实施一系列的机降，跳跃性地夺取或占领重要目标和地区，对敌目标实施连续多点机降的一种作战方法。主要用于接应己方地面机动部队或为主力部队机动提供翼侧警戒，以及利用有利地形伏击敌行进纵队，断敌退路，阻敌增援，为地面部队从正面打击敌人创造条件。(4) 纵深超越、机动设伏。是指采用纵深超越的方式，迅速投送作战部队，预先将兵力兵器隐蔽埋伏在敌机动力量必经道路或航线一侧，待机歼敌的一种作战方法。纵深超越，机动设伏可以跨越地形障碍，迅速将力量投送到设伏地域，给敌以措手不及的打击，歼敌于运动之中。（张志伟《美军直升机突击作战的主要战法》，《外国军事学术》2001 年第 9 期）

关于军种作战问题

美国陆军《作战纲要》提出陆军作战行动指导原则 2001 年 6 月，美陆军正式推出的新版 FM3 – 0 号野战条令《作战纲要》，是继 1905 年该系列首次问世以来的第 14 个版本，也是冷战后的第 2 个版本。其主要内容包括四部分：第一部分阐述美国陆军在平时、冲突时和战时的作用；第二部分阐述“全谱作战”原则、作战指挥和作战程序；第三部分阐述陆军作战的四种类型；第四部分阐述信息优势与战斗勤务支援。以下是“新纲要”阐述的重点内容：(1) 美国陆军是战略陆军。“新纲要”强调陆军在战时、冲突中以及平时的地位和作用。美陆军有能力进行决战、夺取并占领敌方领土，从而达到慑止战争的目的。一旦威慑失灵，陆军部队要随时准备投入作战，打赢战争。平时，陆军部队通过军事参与活动帮助营造国际安全环境，为本国和外国的当地机构提供帮助，还要做好迅速处理各种天灾人祸的准备。因此，陆军负有营造安全环境、对危机做出反应、对陆军进行动员、实施强行进入行动、驾驭地面作战、为地方当局提供支援等六大任务。(2) 陆军是联合部队的平等一员。“新纲要”专门论述了其他武装力量，表现出自己是联合部队的平等成员、重视军种关系的姿态。一是明确提出军种之间的支援和被支援关系。联合部队指挥官通常要规定各军种部队之间的支援和被支援关系。联合部队各下属部队既可能承担支援其他部队的任务，也可能得到其他部队的支援。二是肯定其他军种在联合作战中的任务或作用。三是明确各军种能够互相提供的支援行动。(3) 美国陆军是一支全能部队。“新纲要”强调陆军有能力实施战争与非战争军事行动范围内的所有行动，包括进攻、防御、稳定和支援行动。它要求陆军依靠适应性强的指挥官、能干而又敬业的士兵和装备精良的部队，具备在全球性的全频谱行动中应付多种多样任务的能力。(4) 以信息作战行动夺取信息优势。“新纲要”强调，要夺取信息优势，就要协调运用达成信息优势的 3 种行动：情报、监视和侦察；信息管理；信息作战行动。情报、监视和侦察一体化是信息优势的基础，一体化可以避免各部队和职能单位在计划、报告和处理信息和生产情报时出现各自为战的现象。信息管理是指以有用的形式，在恰当的时间向恰当的人员提供相关信息，使其了解形势和制定决策。信息作战是指在保护己方信息和信息系统的同时，为影响敌方或其他对手的决策过程、信息和信息系统而采取的行动。上述某一方面行动所取得的单独优势还不能确保总体的信息优势。只有当指挥官协调3种达成信息优势的行动时，信息优势才能实现。(5) 靠高技术提高战斗力。重视技术是美军的传统。“新纲要”对技术特别关注，并着重阐述了以下几种思想：技术可以提高指挥官、部队和士兵的作战能力；技术正改变着现代陆军进攻和防御的方式；技术有助于指挥官更自由地在战场上运动，同时与指挥所保持电子联系；技术将对战斗勤务支援行动产生重大影响。

与1993年版《作战纲要》相比，“新纲要”主要出现了以下5种新变化：(1) 提出了“全谱作战”新理论。“新纲要”用“全谱作战”理论取代了“旧纲要”的“全维作战”理论。其第二部分“全谱作战的基础”和第三部分“实施决定性全谱作战”全面而系统地阐述了“全谱作战”理论的内涵，指出“全谱作战”不仅包括战争行动和非战争军事行动的方方面面，而且包括进攻行动、防御行动、稳定行动、支援行动等四种作战类型。与“全维作战”理论相比，“全谱作战”理论涉及的范围更广，内容更丰富，指导性更强，更适合美国陆军未来作战的需要。(2) 首次提出“创造条件行动”的概念。“新纲要”以“创造条件行动”的概念来确定信息作战和战斗勤务支援行动的作用和性质。指出，“指挥官指导创造条件行动，以支持进攻行动、防御行动、稳定行动和支援行动。创造条件行动通常起塑造条件或支持作用；它们在某些非战争军事行动中可能起决定性作用……创造条件行动本身不能确保胜利；可是，忽视它们则会导致作战行动的失败。”(3) 首次将夺取“信息优势”的内容纳入《作战纲要》。“新纲要”用一整章的篇幅来阐述信息优势在未来作战中的重要地位与作用，从信息优势的特点、信息环境、信息优势的贡献者、夺取信息优势的计划、准备与实施，到现代技术对信息优势与作战行动的影响。这表明信息作战理论已成为美国陆军“拱顶石”作战理论的重要组成部分，为“新纲要”打上了信息时代的烙印。(4) 增加了新的作战类型。“新纲要”把美国陆军的作战行动分为进攻行动、防御行动、稳定行动、支援行动等四种类型，认为进攻和防御行动主要用于战争和某些小规模应急作战，稳定和支援行动主要用于非战争军事行动。“旧纲要”把作战行动分为进攻行动、防御行动和后退行动三种类型。实际上，后退行动应该属于防御作战的范畴，把它单独列为一种类型并不恰当。“新纲要”去掉了“后退行动”类型，增加了稳定行动和支援行动两种类型。这种分类法的针对性和指导性更强。(5) 强调技术对作战行动的重要影响。“旧纲要”并未涉及先进技术对作战行动的影响问题。“新纲要”则不仅在进攻行动、防御行动、信息优势、战斗勤务支援等4章中专门用一节来阐述技术对作战行动的影响，而且在其他章节中也涉及到这个问题，认为先进技术增加了武器系统的射程和致命性，增大了信息量，扩大了作战空间，缩短了决策周期，加快了作战节奏，改变了部队进攻作战的形式，增强了部队防御作战的灵活性，从而全面地提高了陆军部队的“全谱作战”能力。由此可见，技术致胜的思想在美国陆军中越来越盛行，美国陆军对技术的依赖性越来越大。除上述新变化外，“新纲要”各章中还有许多新内容。例如，第8章就增加了“战役框架内的防御行动”方面的内容，包括防御作战中的决定性行动、塑造条件行动、持续行动、非线式防御行动等。(王文等《浅析美陆军2001年版〈作战纲要〉》，樊高月《美陆军新版〈作战纲要〉的变化和特点》，《外国军事学术》第11期)

(樊高月)

试论美国航空母舰的可击之“懈” 美航母集各种先进武器于一身，是当今世界攻防能力最为强大的战舰，其防御系统由侦察卫星、侦察飞机、侦察船、预警机和远程拦截战机组成，可监控远处1000多个目标。但航母弱点也十分突出。例如，由于航母编队阵容庞大，行踪难以隐蔽，很容易被探测到；航母作战能力会随自然条件的恶化而降低，一旦风力达到8级，大部分舰载机难以起飞，“鱼叉”和“战斧”导弹命中率也下降；在夜间航母起降飞机能力明显下降；航母编队在地形复杂、岛礁众多的近岸海域活动时，机动能力下降，更不利于反潜作战；航母编队燃油、弹药和弹射器等物资消耗量大，在进行海上补给时防御能力明显降低；航母一些设施尤其是飞行甲板遭毁坏后将使战斗力严重受损。

据此，打击美国航母编队大致有6种方法：一是用反舰导弹攻击。目前俄罗斯已研制出两倍音速的反舰导弹，并具有“发射后不管”的战力。利用舰艇、飞机发射众多的反舰导弹对航母战斗群进行突击，只要有1～2枚导弹击中，就能重创或击沉航母。二是潜艇攻击。航母反潜能力和反鱼雷能力较差。如果数艘潜艇同时从不同方向接近航母编队，只要有一两艘突破反潜警戒圈，到达攻击地位，突发数枚导弹或鱼雷，航母即难以承受，三是弹道导弹攻击。弹道导弹射程一般在 1000 千米以上，目标误差为数十米甚至更少，马赫数超过 5，可携带集束式多弹头或分导式弹头，一次攻击多个目标。在弹道导弹上装备小型核战斗部时，无需精确命中就能摧毁或使航母编队丧失战斗力。四是实施电子战。打掉航母编队的电子战飞机会使航母编队的电子进攻和防御能力大大下降。五是水雷打击。在其活动海域布设众多水雷，将会对其构成大威胁。六是综合打击战法。利用轰炸机、歼击轰炸机挂载远程空舰导弹突然从各个方向连续不断地发起导弹攻击，再加上水雷战、潜艇战、电子战和远程弹道导弹战，打击航母将会取得比较好的效果。（刘锦秀《冷眼看航母，有优也有劣》，《中国国防报》2001 年 7 月 10 日）

（薛　军）

俄军作战问题研究　2001 年，俄军根据现代作战理论的发展和国内军事斗争的实际情况展开作战理论问题的研究，着重探讨了现代条件下合同战役战术的一些问题及军队在内部武装冲突中如何遂行作战行动等问题。

提出现代合同战役的八大特点　俄军学者认为，在现代条件下，由于部队大量装备和使用新式武器装备，使现代作战行动的方法发生了变化，同时也使现代作战行动具有了新的特点。从总体上看，这些特点体现在：突然性；坚决性；高度机动性；使用新式武器系统；夺取和保持主动权、制空权和制信息权斗争的紧张性；情况急剧变化和由于军队的高度机动性和火力毁伤效果而使行动方法迅速转换；使用各种毁伤兵器同时进行作战行动的空间规模扩大；军队对现有和未来毁伤兵器的防护能力提高。

（1）突然性在决定合成战役结局方面的作用急剧提高、达成突然性的可能性在增加、方法也在增多。在未来使用新物理原则武器，其中包括非致命武器时，突然性将具有另外的特点。在现代条件下，通过使用预先在战区展开的兵器（导弹系统、航空兵、侦察突击系统和侦察射击系统、电子战部队以及陆军高度机动兵团和部队）实施先敌电子火力突击，使达成突然性成为可能，因为它们可按时抗击敌人的行动，并在没有预先展开自己的主力情况下取得较大的胜利。

（2）防御战役目的的坚决性主要是由现代和有发展前景的毁伤兵器的能力所决定的。首先，它直接关系到选择粉碎敌人的方法、作战行动的最终结果和持续时间。通常，军队受领的所有任务都将以达成武装斗争的主要目的来确定，即通过使用密集、集中火力突击和在选定方向上的迅猛行动毁伤当面之敌兵团来粉碎敌人。在进攻中，是指对敌战役布势全纵深同时实施旨在分割、合围和逐个粉碎敌人的分割突击。在防御中，一方面是使用部分兵力与广泛机动军队和火力相结合来扼守重要地域和阵地，以及对敌实施在时间和地点上已计划好的强大突击，通常是对楔入之敌集团的翼侧和后方的突击；另一方面是利用军队高度的机动性和火力威力，对进攻之敌实施迎面突击。

（3）武装斗争兵器能力的提高、军队组织结构和使用军队方法的质量变化，使合成战役具有异常的动态和高度机动性。交战和战斗紧张性的增强，使它们变得越来越快速。交战和战斗的胜利将通过对敌人实施可靠的火力毁伤和及时利用火力毁伤的结果来达成。而使用新式的空袭兵器与高度机动部队（兵团）的行动相结合，可在敌人后方建立积极的行动战线。

（4）军队装备新式高效常规武器和系统提高了火力毁伤的作用。火力毁伤不仅是最重要的战术要素，而且还是最重要的战役要素，并且是军事行动的基本内容。况且，从侵略一开始，就可能进行独立火力战役（交战），其持续时间从几个小时和几昼夜到几个星期。如果今天依次粉碎敌人集团是使用常规武器进行合成战役的主要方法，那么，在不久的将来，当大规模使用武装斗争的新式兵器时，对敌人战役布势全纵深同时实施火力毁伤将是主要的方法。

（5）要求军队行动要具有坚决性和积极性，是因为夺取和保持主动权、夺取制空权和制信息权的斗争仍将十分尖锐。在这方面，先敌实施火力毁伤、及时机动兵力兵器以便己方实施先敌火力突击、在进攻中夺取重要的地域和地区（防御中扼守重要的地域和地区）是取得胜利的前提条件。毁伤敌人滞后、粉碎敌人和破坏其突击的方法不力都可能导致丧失主动权。在最初的防御战役中，一个主要任务将是对敌实施大规模火力突击，以及充分利用预先准备的防御和行动的积极性来抗击敌人。夺取制空权将是顺利实施合成战役的最重要条件。夺取制空权将通过协调使用航空兵、防空和电子战兵力兵器，以及对敌人机场和指挥系统目标实施导弹和炮兵突击来实现。双方竭力想破坏对方的军队指挥和武器控制系统，使常常是贯穿于整个战役始终的信息对抗变得异常紧张。

（6）大规模使用威力强大的毁伤兵器将使情况发生急剧变化。这使得将有可能放弃已选择好的行动方法，并寻找新方法和从一种方法转向使用其他方法。在未来战役中，广泛使用新式高精度武器，可能会使交战双方的人员和战斗技术装备遭受大量的损失，军队战役布势和战斗队形的最重要组成部分遭到破坏，并使军队的指挥遭到破坏，以及使整个集团的战斗力急剧下降。

(7) *在毁伤兵器的发展和军队战斗能力提高的影响下，合成战役将具有越来越大的空间规模。*例如，现代的集团军可以在相当宽的地带上实施防御，并在较窄的地带上随着预备队的抵达而转入反攻。此外，军队还不得不在没有绵密战线、战役布势遭到突破和常常有暴露翼侧的情况下行动。

(8) *现代战役新的内容是防护军队。*其主要目的是保持军队的战斗力和为在敌人使用大规模毁伤兵器和其他高效毁伤兵器情况下的行动创造有利条件。防护军队的意义随着武装斗争新手段的出现，以及技术基因和自然性质危险因素的能力增加而提高。（俄军事科学博士 B·A·维诺格拉多夫中将《现代合同战役的特点》，俄《军事思想》杂志 2001 年第 1 期）

探讨如何完善防御战术　俄军认为，在现代条件下，无论是实施阵地防御还是机动防御，其特点都发生了变化。这两种防御样式的差别正变得越来越模糊，甚至兵团一级现在都很难说该进行哪种具体样式的防御，因此，应根据现代战斗行动的实际特点，按如下方面完善防御战术。第一，合理结合进攻和防御行动，即进攻行动不仅是单指军队在战斗过程中为夺占对敌有利位置而进行的有组织的和隐蔽的移动，还包括实施积极的行动以粉碎迂回和楔入防御之敌分队，以及出现在兵团后方和保障地带的敌集团；第二，必须修改条例中有关兵团防御时建立战斗队形的内容，即根据战斗行动的变化情况，合理确定兵团的战斗队形；第三，明确实施机动防御的方法，即在未来，实施机动防御的倾向性方法有：迟滞行动、封锁行动、设伏行动和空中机动行动，以及分散防御。

迟滞行动的实质是兵团和部队最大限度地使用所拥有武器的远射能力和技术兵器的机动能力，以及利用有利的地形条件，以便在逐次占领的地区实施战斗行动，给敌造成最大的损失和疲惫敌军集团。封锁行动的特点是：阻止进攻之敌的推进，不允许敌人有能力向两翼方向扩大正面，把战斗地域内的敌人与从纵深前出的敌预备队隔离开来；实施封锁行动的时机是：敌人于不大的正面楔入防御，而在防御中，两翼还或多或少地保持着稳定态势，并有充足的兵力抗击进攻之敌。空中机动行动是指空中—地面行动与快速建立运动屏护队、机动各种预备队，军队和作战直升机实施突击相结合，以弥补掩护正面受威胁地段兵力兵器的不足。分散防御通常在道路枢纽、抵抗枢纽部和个别支撑点的隘路上组织实施，目的是遮断最重要的方向；结合发达的障碍配系，分散防御可为分割敌集团和利用综合毁伤从各个（数个）方向将敌逐个消灭创造条件。（俄军事科学副博士库兹涅佐夫上校《防御战斗的新特点》，俄《方向标》杂志 2001 年地 1 期）

研究军队在内部武装冲突中的使用问题　这方面的研究包括军队在内部武装冲突中的编成、行动样式、准备军事行动与实施行动的方法等。

(1) *内部武装冲突中的军队编成。*俄军对参加内部武装冲突的军队集团的编成要求是：人员精干，具有高度职业性和精神心理素质，其组成的部队应具有机动性；武器装备适于空中机动，且应是高精度武器，以防止或最大限度地减少平民伤亡；编有专门的空中机动部队作为先遣梯队，以便随时前往冲突地域遂行战斗行动；能独立自主地遂行后勤和技术保障。根据以上要求及两次车臣战争的经验，俄军提出须以处于战备状态，具有高度机动、专门训练的陆军兵团和部队为基础，加上空降兵、边防军和内卫军的兵团和部队、联邦安全局等强力部门的兵力组建专门的临时联合军队集团。其编成除战斗兵团外，还要有谍报和技术侦察分队和部队、侦察破坏分队、无线电电子斗争部队、心理斗争手段和其他非传统手段。以上述兵力组建的多兵种兵力集团均在临时联合军队集团的统一指挥下遂行作战行动。

(2) *内部武装冲突中军队的行动样式。*根据不同情况军队在内部武装冲突中的行动样式大体有：按行动性质分，有联合特种战役；按作战对象的特征分，有反恐怖战役、反暴乱（起义）战役和反游击战役等；按规模分，有战役、交战、战斗、突击和经常性战斗行动等；在冲突初期，实施独立分散的交战、战斗和突击；在冲突升级过程中，随着参战正规军部队数量的增多和建立了对军队的统一指挥后，战斗行动将具有合成战役的样式。此外，一些学者还把搜索并消灭匪帮队伍、维和行动、封锁行动等也看做是军队的行动样式。

(3) *准备军事行动。包括预先准备和直接准备。*预先准备行动的主要措施有：研究冲突地区的情况，预测可能爆发的武装冲突的规模、性质和条件；分析冲突方的作战实力；确定参加制止冲突的部队数量；拟制部队的使用计划；对参战部队进行有针对性的作战和动员训练；保障参战部队随时开赴冲突地区并完成相应的任务；针对冲突地区的情况，建立必要的物质技术器材储备；进行工程构筑等。直接准备行动的主要措施有：在冲突地区和相邻地域加强情报工作；加强战斗值班和战斗值勤的兵力；定下行动决心并下达任务；组织和明确参战部队的协同动作，并使各部队进行充分的战斗准备；拟制部队行动计划；开设指挥和全面保障系统等。此外，在军队采取行动之前，应封锁冲突策源地，防止冲突升级；隔离引起敌人与外界的联系；分化、瓦解敌集团。

(4) 军事行动的方法。以正规作战和非正规作战相结合，主要是以营为单位组建各种支队，采用小群战术。根据情况，在作战中不像以往那样严格规定行动地带、地段和地域，而是规定责任区。在战役战术级作战中规定“战役地幅”，在战术级作战中规定“责任地幅。”在具体的作战方法上，远战与近战相结合，并以远距离火力打击敌人；在正规战和非正规战相结合时，以非正规作战为主；以特种军事行动对付敌人的游击战。(陈川《俄罗斯在内部武装冲突中使用军队理论和方法》，《外国军事学术》2001 年第 3 期；俄军事科学博士沃罗比约夫退役少将《战斗群战术》，俄《军事思想》杂志 2001 第 1 期)

(刘万军)

俄探讨打预警机的 3 个特点 俄空军通过研究认为，要消灭敌预警机，必须解决以下 3 个问题：

空中突防。针对预警机本身存在的航速低、空中机动能力差等弱点，俄空军将使用歼击航空兵作为消灭敌预警机的首选。为有效的突破敌纵深梯次配置的防空系统，俄军要求歼击机应采取小机群在敌纵深行动的突防战术，其基础是采用能够欺骗敌人和保障突击突然性的战术方法。

搜寻目标。由于敌预警机的机载电子设备可连续不断地发射出辐射信号，因此，歼击机可利用这些信号探测和识别敌预警机。俄军装备的苏－27 歼击机分队可独立实施集群搜索。据俄空军计算，一个苏－27 歼击机中队的 4 架飞机使用机载雷达可搜索方圆 40～60 千米的空域。

实施攻击。针对敌预警机对歼击机的机载雷达和空空导弹的红外制导弹头实施主动和被动干扰，以及防空导弹和战机的攻击，俄空军研究了两种攻击方法：一是歼击机在飞抵预警机时，采取欺骗措施，以少部分飞机对预警机实施攻击，以大部飞机实施佯动。二是运用谋略，即对敌预警机实施威慑，迫其离开值班空域，这样，敌预警机就会中断预警和指挥，从而从整体上削弱其空袭作战的能力。俄军强调，上述两种方法可结合使用。不论采取何种方法，俄军都要求歼击机与其他信息战兵力兵器协同，加强对敌空中目标的探测和识别，压制敌防空体系，施放主动干扰，以确保歼击机对敌预警机攻击的效果。(李大军《俄空军打预警机招数多》，《中国国防报》2001 年 10 月 16 日)

俄罗斯反制美国“卫星杀手”计划有四大绝招 有作者针对 2001 年 7 月 28 日美国五角大楼宣布重新实行的“卫星杀手”计划，介绍了俄罗斯反制美国此举的四大秘密武器：

卫星攻击系统。1992 年，俄已拥有两种可随时投入实战的反卫星卫星——“杀伤卫星”和“天雷”，其中“杀伤卫星”在接近目标卫星时，其战斗部的自毁装置将引爆而摧毁目标卫星；更具先进性的“天雷”卫星能拦截不同高度的敌方卫星。

定向能武器。在此研究方面前苏联步伐远远走在美国前面，俄军现有的激光武器能彻底摧毁在数百千米轨道上运行的敌方卫星，并具有将其炸成碎片的大规模杀伤能力和对 1000 千米以上的敌方卫星的准确破坏能力。

防御性早期预警卫星。俄于 1993 年成功地进行了未来新一代早期预警卫星——“2105 号卫星”的试验和部署。到 1994 年年底，俄罗斯的整个早期预警卫星集群已恢复正常运行。

飞机反卫星。俄罗斯于 2001 年和 2002 年正在以特别改装的米格—31 进行反卫星发射试验，如果成功，敌方卫星将很难藏身。(李恒华、钱克贤《“卫星杀手”计划的四大“天敌”》，《解放军报》2001 年 9 月 5 日)

(木 工)

日本作战问题研究 2000～2001 年，日本军事学术界对 21 世纪初的作战样式、军事革命对作战的影响等问题进行了展望和研究。

预测 21 世纪初武力冲突的主要样式及原因 日本防卫战略研究会议 2001 年 5 月提出的报告书认为，未来 20 年，发达国家之间发生武力冲突的可能性很小。因为目前正在进行的信息技术革命难以产生能向技术开发能力和经济实力强大的发达工业国家发起挑战的国家，同时，发达国家之间的相互依存度也在不断加深。而另一方面，发展中国家地区武力冲突仍将不断，而且冲突不仅限于以往的国家之间，非国家主体、文明圈以及种族之间也可能发生，尤其是非国家主体引起的冲突正在增多。今后，发达国家面临的是对这些国家和地区内部的非国家主体行使武力。发生冲突的主要原因是：原教旨主义，不宽容的价值观，信仰过激，非法军事政权或黑手党等“强权势力”抬头以及领土争端。此外，经济和军事实力悬殊也容易诱发冲突。尤其值得注意的是资源问题的走向，能源和水资源问题引发冲突的可能性很大。随着这种使冲突原因潜在化的全球化和无国界化的进一步发展，引发冲突的危险性反而会增加。在无国界化的发展过程中，非国家主体的活动、内容和性质都变得更加复杂，难以认清。例如，在印尼的亚齐有一支开展独立运动的武装势力，这些武装势力的圣地却在马来西亚，而其精锐部队又在利比亚接受训练，其训练经费则主要靠走私在亚齐种植的大麻，因为在无国界化时代，货币可以自由转移，大麻和武器走私变得易如反掌。全球化使冲突扩大的趋势还体现在信息领域，即所谓的“CNN效应”，民众对媒体播放的画面反应很敏感，有关国家政府受民意的影响在无准备的情况下介入冲突，会使事态难以收拾。国际社会的对应措施则与冲突的形态有关。在发展中国家地区发生的冲突中，若用常规武器解决不了，不能完全排除动用战术核武器的可能性。但是，一般来说，冲突的形式还是以低强度冲突（超出国家间日常稳定的竞争关系但未达到常规战争的国家或集团之间的政治和军事冲突）和中小国家之间的常规战争为主。

提出军事力量的4种使用样式　日本军事学术界认为，军事力量的使用样式可以分为以下4种：第一，使用核武器这一“绝对性力量”进行遏制。为了防止核大国之间爆发战争，传统的相互核遏制体系仍将继续发挥作用，但如果不可避免地出现有些小国家也拥有核武器的新情况，那么问题就会复杂化。日本应从全面废除核武器和日本安全保障的角度出发，认真探讨引进导弹防御系统的利与弊，以及实际投入使用后将会对传统的相互核遏制体系带来什么影响，会出现什么新情况等有关问题。第二，使用“有效的力量”。国际社会对秩序扰乱者采取集体制裁时，必须尽可能在短时间内采取人员伤亡最小的办法来达到制裁目的，因而必须实现制裁所需的常规武器的现代化。第三，使用“有所控制的力量”。在联合国维和行动、反游击战、反恐怖战等行动中，必须以最小的平民伤亡来镇压非人道主义行动。比如，以色列军队使用装有橡皮弹的手枪，引进这种非杀伤性武器是今后面临的课题。第四，使用“非对称力量”。当冲突一方不具备“绝对性力量”和“有效力量”时，就采取非对称手段。以北朝鲜为例，在严格实施核不扩散制度的情况下，暗中搞核开发是很难做到的，但如果转而集中力量进行生化武器开发，那么导致生化战、网络战的可能性就会增加。面对这些情况，日本应采取的对应措施是：在使用第一种力量时，日本主要加强与核大国美国的同盟关系，发挥日美安保体制的作用；在使用第二至第四种力量时，则需要自卫队加强常规武器和非杀伤性武器的应用和开发，并做好反生化战和反网络战等方面的准备。

分析军事革命对作战产生的巨大影响　日本军事学术界十分关注军事革命对作战产生的影响，认为军事革命并非现在才开始，在过去的几个世纪中，军事技术的每次重大发展，都改变了战争样式。例如，在拿破仑战争时代，军事革命的形态是动员大量国民军取代雇佣军，同时采取师编制；第一次世界大战中，由于坦克、飞机的出现，战场呈现扩大化和立体化趋势；在第二次世界大战中，由于战略轰炸机、潜艇、雷达、通信手段等的发展，战争趋于全球化和高效化；在冷战时代，由于核武器和弹道导弹等技术的发展，战争呈现核战争与反游击战两极化趋势。21世纪初，在信息技术革命推动下的军事革命将使常规战争与非对称战争交叠出现，战争样式趋于多样化，大量杀伤技术与信息技术相结合，网络战和生化战将可能出现。今后军事力量最显著的变化是，信息及信息处理系统将发挥巨大作用。信息技术革命使战场的感知能力大为提高，把无人侦察机、侦察卫星等多种传感器获取的信息综合起来，就能得到有关战场的准确信息，而且还能通过网络把这些信息实时地传输给各级指挥官和下级士兵，实现信息共享，从而减轻“战争迷雾”，实施有效的打击，减少防御中出现的伤亡。系统化对发挥战斗力也具有很大的促进作用。由于实现了信息网络化，对坦克、战斗机等单个平台传感器无法探测的目标，也能用精确制导武器进行打击。这时，不是看单个平台，而要看包括单个平台在内的整个系统的性能的优劣。现代社会要求尽量减少战斗伤亡和杀伤规模，无人兵器和精确制导武器就是应这种时代的要求而产生的。关于防止网络恐怖的问题，也应从军事革命的角度提出具体的对策。由于国际网络难以设定国界，因而很难判断出究竟是有意攻击还是属于事故以及进攻者是谁。假如网络攻击没有造成物理性的破坏，那么它是否在法律上能成为行使武力的对象也是个问题。一般地说，军事革命将给装备体系、组织体制和作战原则带来影响。对以专守防卫为基本原则的日本来说，重要的是早期探测，应重视发展各种传感器，以探测和识别敌人的动向。（［日］

《防卫战略研究会议报告书》，日本《朝云》报 2001 年 5 月 31 日）

强化反游击、反恐怖的非正规作战能力 日本防卫厅已开始强化包括对付炭疽病菌等生物武器在内的反游击、反恐怖非正规作战能力。陆上自卫队准备在 2003 年建立专门对付游击队攻击的 300 人规模的特种部队。这种部队主要用来保卫城市，在某城市受到攻击时，特种部队乘直升机等赶赴当地，用轻武器进行镇压。特种部队的队员准备派往美国北卡罗来纳州的情报作战基地培训。另一方面，海上自卫队以北朝鲜的间谍船事件为由，已于 2001 年 3 月成立了自卫队的第一个特种部队——“特别警备队”。现在有 60 多名队员，总部设在广岛江田岛的干部候补生学校内。其任务是对可疑船只进行登船检查及解除船上武装等。陆上自卫队和海上自卫队的特种部队均要求队员具有强壮的体魄，旺盛的精力和很强的外语能力。([日]《自卫队在加紧组建特种部队》，日本《产经新闻》2001 年 10 月 31 日）

（章　锐）

印军作战问题研究　印军心理战主要特点分析 印军心理战主要有 3 个特点：

重视官兵的心理防御工作。一是重视思想灌输。主要内容包括：“爱国”和“献身”教育，即以军官为重点，要求各级军官为保卫祖国而献身；集体主义精神和职业道德培养，要求官兵为集体利益放弃对个人物质利益和钱财的追求。二是利用宗教对官兵进行精神控制。由于印军官兵基本上都信教，因而印军将宗教作为对官兵进行思想控制的重要手段。每个营都设有经堂，配备有专职宗教教员，每个早晚进行祈祷、诵经，新兵入伍举行宗教典礼，以稳定军心、鼓舞士气。三是进行严格的政治和组织审查。凡本人及其直系亲属政治上有问题者均不能入伍。靠情报部门对军队内部实施秘密的监视和控制，掌握官兵的思想动向。四是重视奖惩制度的执行。印军将精神灌输和奖惩制度结合起来，以保证官兵履行职责。印军奖励名目繁杂，各类奖章获得者还可以得到一笔数额可观的奖金。印军的处罚制度包括纪律处分和军法审制，以惩戒一般性违纪行为和惩罚重大违法犯罪者。

强调建立在实力基础上的心理进攻。除了通过改善武器装备来提高部队的心理战实力以外，印军还特别注重通过各种战役和战术演练、演习，来增强部队的心理战能力，并强调通过战术心理战，应达到如下目标：瓦解敌方武装力量的军心，摧毁其抵抗意志；颁发劝降传单、命令，或发布最后通牒，以减少占领城镇的阻力；向敌控区的友好力量发布指示；不承认敌方的任何指责，宣传我方的战争目的。

主张利用对手的内部矛盾达成心战目的。印军战略心理战强调寻求利用以下时机，如：对手军事上败北；政治上衰弱或崩溃；内部出现不和；发生罢工和农业欠收；食物和供给短缺。为此，印军要求实施心理战所需情报要比其他军事行动所需要的更详尽完整。（蒋一斌等《印军心理战主要特点浅析》，《外国军事学术》2001 年第 9 期）

（薛　军）

军队建设问题研究

中国军队建设问题研究 2001 年，中国军事理论界针对世界新军事革命的特点，继续深入探讨高技术条件下的军队建设问题。在信息化建设、军事训练、人才培养、装备建设、后勤建设以及军事法制建设等方面的研究中，都有一定的突破。

高技术条件下的军队建设问题研究　**确立适应网络化战争需要的网络化思维** 随着信息技术的发展、网络化战争的出现，一种全新的思维方式——网络化思维已经出现。

网络化战争催生网络化思维。从科学技术物化成武器装备的角度来分析，其基本发展脉络经过了由“单件”到“平台”这一过程，与此相应，军事思维也经历了由“单一线性思维”向“平台思维”的转变。信息战中，思维焦点关注网络，思维决策借助网络。力量已不再是孤立存在着的系统，而是相互关联网络上的节点：“网络的效能等于网络节点数的平方”，成为重要战斗力的倍增器；力量的运用是通过网络的渗透，实施战斗力的有效整合。

网络化思维是系统思维的体现。网络化思维有广义和狭义之分，从狭义上来讲，网络化思维是指利用以计算机为核心的信息网络作支撑的人机结合的思维方式；广义上的网络化思维是指思维的一种状态和方式，它比喻思维空间的一种广度和深度，恰似网络的一种结构和空间分布，其思维特征往往体现着网络特征，是系统思维在信息时代的具体体现。信息时代，由于物质性的系统的大量出现，人们与系统的接触面远远大于与单事物的接触面，在思维上逐步形成了系统的习惯。而网络本身就是系统，运用网络的思维方式或形同网络的思维方式均被打上了系统的烙印。在网络思维体系中，一切有形的无形的、硬件的软件的、技术的人文的、历史的现实的以及未来的要素和系统均被集成在思维网络之中。

运用网络化思维实现观念的转变。观念往往是思维的外在体现，只有观念的转变而没有思维方式的转变，这种观念的转变往往是不深刻的、暂时的，有时还会“倒退回去”；惟有思维方式的转变，才能牵引观念的转变向着更深、更广、更快的方向发展，并能保持观念转变的长期性和可持续性。打赢未来高技术条件下局部战争，最根本的是把以往适应机械化时代作战的建军观念，转变到适应信息化战争的需要上来。在未来信息化战争和信息化战场上，战争思维方式一定与以往有本质区别，要实现观念的实质性转变，就必须积极运用网络化思维方式。（赵刘、黄友富《网络化战争与网络化思维》，《解放军报》2001 年 7 月 11 日）

构建信息网络指挥平台　据统计，过去的战争，运用手工作业方式实施指挥，指挥人员要把 85% 的时间用于信息处理和复杂繁琐的计算，只有 15% 的时间考虑战术。采用信息网络实施指挥，指挥人员至少可把 85% 的时间用于创造性活动。普通指挥手段，通常只能处理所获信息的 30% 以下，真正送到指挥员手里的信息实际上还不到 10%。未来战争，网络化作战指挥能够实施迅速、实时、高效、稳定的指挥，提高作战指挥速率。

海湾战争和科索沃战争的实践表明，指挥人员在大多数情况下处理的不是物质而是信息。实现信息资源共享，对部队实时指挥与随机控制，是现代战争在作战指挥上出现的一个新特点。现代战争中，无论是上级、本级、下级，还是友邻诸军种之间，都存在着一种相互交流情报信息，最终形成信息资源共享这样一个过程，要求信息传递减少层次，缩短流程，使尽量多的作战单元同处于一个信息流动层次，所有用户都成为信息使用的“同级有权用户”。适应作战指挥方式的新变化，构建 C^4ISR 系统，组成横向联通、纵横一体的信息网络指挥平台，把分散在不同空间位置的多种类型的作战部队和信息化武器实施一体化“无缝隙连接”，实现作战指挥从传统的层级结构向网络结构，机械化指挥向信息化网络指挥的“跨越式”发展，成为现代战争对作战指挥提出的新要求，只有构建功能齐全的信息网络指挥平台，才能保证作战指挥的快速、实时、高效。

构建信息网络指挥平台，在抓好固定信息网络建设和已有的指挥自动化系统建设的同时，应以国家信息基础设施和国防系统为依托，建立多途径、多手段的网络系统，自动化指挥系统和能够实时联动的网状指挥体系，使部队遂行作战任务时，不仅有多渠道、多领域实施信息保障，而且可以随时随地按照指挥需求与固定信息网络连接，有效地掌握战场指挥控制权。（赵守华《构建信息网络指挥平台》，《解放军报》2001 年 6 月 5 日）

联合先联“网”　未来联合作战，无“网”而不联，无“网”而不胜。能否建立以一体化大战场互联网为核心的联合作战指挥系统，是实现“联合”的关键。建立“联合作战指挥系统”的基本思路是：将各军兵种指挥与控制系统组成一个一体化的互联网，使上至最高指挥机构下至作战分队的信息实现共享。

战场互联网是国际互联网在军队中的缩影。它是利用国际互联网技术，把上至高级指挥所下至单个士兵以及各种武器系统的所有军用计算机联成一个整体，从而实现信息共享，满足部队实战要求的军队局域网。战场网络化的目标，应该是建成一个多网融合、多级保密、综合业务和统一管理的全军一体化战场网络系统。这个系统以国防高速信息网、战场个人通信网和战略应急通信系统为基础，将作战指挥、武器控制、情报侦察、后勤保障、军事训练有机地结合为一体。为实现这个目标，可分阶段逐步实施。第一阶段，要充分发挥现有战场网络设施的潜力，并对其加以改造，着手进行战场网络化的试验、研究，注意采用成熟的民用高新技术，避免低水平重复建设。第二阶段，加强重点方向的战场网络化建设，特别是加强重点方向作战平台系统、指挥平台系统、侦察平台系统的联网，使之成为战场网络化的“特区”，相关支援方向可与重点方向首先联网，以利于战场准备。第三阶段，在全军范围内完成战场网络化建设，同时，完成新老设备的更新换代。（于雷《联合先联“网”》，《解放军报》2001 年 5 月 29 日）

军事训练问题研究　**注重战区联合作战训练**　实施战区联合作战训练，是增强战区内各军种部队打赢高技术局部战争能力的需要，也是带动战区科技练兵向高层次发展的需要。所谓战区联合作战训练，是指以战区内的诸军兵种为主要训练对象，以研究联合作战理论、演练联合作战指挥与协同为主要训练内容的军事训练活动。它是联合作战训练的主要形式。从20世纪80年代爆发的局部战争中可以看出，诸军兵种共同实施的联合作战已经成为高技术条件下局部战争的主要作战样式。因此，加强对联合作战训练特别是战区联合训练作战的研究，已成为当前摆在各战区指挥员面前的一项紧迫而重大的任务。第一，要认清特点，正确把握战区联合作战训练的本质属性。战区联合作战训练是直接受战略制约并为战略服务的高层次训练，是紧密结合战区作战任务的应用性训练，是提高战区内诸军兵种整体作战能力的整体性训练。而且不同战区的联合作战训练有其自身的特殊性。第二，要探索规律，走出一条行之有效的战区联合作战训练路子。必须认识到，联合作战理论是战区联合作战训练的起始环节；军种分练是战区联合作战训练的基础环节；首长机关联合演练是战区联合作战训练的重点环节；诸军兵种联合演习是战区联合作战训练的应用环节。第三，突出重点，切实抓好联合作战指挥员和指挥机关的指挥训练。要着眼指挥科学性的需要，注重抓好指挥决策的研练；要着眼提高指挥时效性的需要，注重抓好指挥方法的研练；要着眼提高指挥应变性的需要，注重抓好指挥谋略的研练；要着眼提高指挥稳定性的需要，注重抓好指挥对抗的研练。第四，结合实际，建立一套正规有序的战区联合作战训练机制。要组建精干权威的战区联合作战训练指挥机构，作为对战区内诸军兵种的联合训练行为实施直接指挥、控制和协调的最高权力机构。要建立符合战区实际的战区联合作战训练制度，强制性地使战区内的各军兵种按照统一的时间和规定的周期，完成预定的联合作战训练任务。（苏魏等《关于战区联合作战训练的几点思考》，《中国军事科学》2001年第4期）

探讨军事训练内容的发展规律及趋势 在中国人民解放军开展的以“质量建军”、“科技兴军”为主旨的军事训练改革已步入全面发展的关键时期，进一步揭示军事训练内容的发展规律，认清未来作战特点及其对军事训练内容的影响，把握军事训练内容的发展趋势，对于建构新的军事训练内容体系，有十分重要的意义。伴随着中国人民解放军成长壮大的历程，军事训练内容的发展有如下规律：一是“仗怎么打，兵就怎么练”，军事训练要遵循作战决定律；二是从军队实际情况出发，军事训练要遵循军情制约律；三是尊重群众在训练中的首创精神，军事训练要遵循实践推动律；四是注重学习和借鉴外军经验，军事训练要遵循系统开放律。当前，未来作战的一系列发展变化作用于军事训练，必然引起训练内容的发展甚至变革：作战理论的不断深化，将促进训练内容整体滚动发展；高技术装备与相应作战技能的注入，将促使训练内容增加科技含量；联合作战地位的确立，将促进训练内容层次和整体水平的提高；新战法和新作战手段继续涌现，将促使训练内容不断创新。未来作战的发展变化，也对军事训练的内容提出了新的要求：一是以发展中的武器装备为物质基础进行训练，直接生成未来作战所需要的战斗力；二是在打牢技术、战术基础的前提下，突出联合作战、合同作战研练，形成整体作战能力；三是注重提高各级部（分）队作战力量组合、战法运用、快速机动打击的能力；四是强化指挥员及其指挥机关信息作战能力的培养；五是适当超前设置部分训练内容，不断生成应付新情况、新挑战的能力。今后一个时期，军事训练内容发展应确立的总体思路是：坚持训战一致、理论牵引、科技主导、改革推动的原则，以提高“打赢”能力为标准，以增大高科技含量为突破口，按照整体渐进、局部跨越、非均衡滚动的发展模式，采取系统设计、实验论证、试训磨合、稳步推行的方法步骤，建立一种能适应新的作战任务和战场环境，利于官兵综合素质和部队整体作战能力持续稳步增长，内容合理、结构科学的军事训练内容体系。在军事训练内容的发展方向上，基础训练内容，应向培养基本技能与提高综合素质相结合的方向发展；专业训练内容，应向科学分类和区分层次、等级的方向发展；战术训练内容，应向强化基本战斗行动要素、突出战法运用和提高协同作战水平的方向发展；战役训练内容，应向贴近现实军事斗争任务、突出谋略运用和提高联合作战水平的方向发展；单个人员训练内容，应向素质阶梯定向培训与岗位能力综合培训相结合的方向发展；部队训练内容，应向突出主要作战样式和强化对抗、模拟训练的方向发展。（杨志远等《中国人民解放军军事训练内容的发展规律及趋势》，《中国军事科学》2001年第2期）

军事法制建设问题研究 **确立军事法学的价值取向** 确立军事法学独特的价值取向，是军事法学实现学科独立、理论创新和加强军事法制建设的必然要求。在中国军事法学界，对于价值取向这一根本性、方向性的理论问题，以往虽无专门探讨，但在研究视角、思维方式、理论内容上所蕴含和体现的价值思想，不乏可贵之处：一是始终以依法治军为主题，依法治军的方针始终被当作军事法学理论研究的最高价值。二是坚持以军事法制建设为依托，重视解决军事法制建设中遇到的实践问题。三是有力地促进了军事立法工作，军事法学研究的许多成果在军事立法中发挥了重要作用。在肯定军事法学价值取向的历史存在的同时，也应承认在军事法学价值取向认识上的问题，主要是：表现形式“散”，理论阐述“粗”，学术定位“虚”，指导作用“弱”。应当看到，军事法学价值取向具有重要的意义，具体表现为：一是军事法学成为独立学科的价值基础。只有解决价值取向问题，才能确保军事法学的内在独立性，整个学科的研究才能开展。二是军事法学理论创新必须突破的“瓶颈”。如果在价值取向上没有既定明确的指导规范，将在军事秩序与现代法治的冲突中难以做出正确选择。三是解决军事法制建设实践问题的迫切需要。一些实际问题解决不好的原因，根子上在于理论研究的价值虚浮与指导乏力，在于价值取向的不确定、不自信。中国军事法学要确立自己的价值取向，其研究的重点或关节点，在理论上集中表现为军事法学理论应当首先服从军事秩序还是现代法治原则；在实践中表现为军事法制建设追求“法治化的军事”还是“军事化的法治”。构建军事法学价值取向的总体思路，应把握以下原则：在思想基础上，应承认价值选择无可回避，既要看到军事与法的一致性，也要看到军事与法的根本差异性。在基本目标上，应寻求利益冲突的相对平衡，打破军事法学必须绝对遵从军事秩序或者法治规则的唯一价值取向的幻想。在立论根据上，应立足军事法制的基本实践，军事法学理论的成长必须首先适应军队法制建设的客观条件并满足其进一步发展的要求。在学术规则上，应遵循理论研究的一般规律，正确处理好继承与创新的关系，深入研究包括目的、功能、构造在内的价值内容，辩证地分析法治的利弊，善于学习和借鉴国外及其他学科的研究方法和理论成果。（赵会平《军事法学价值取向引论》，《西安政治学院学报》2001 年第 4 期）

探析军事司法改革的方向　第一，军事司法机关的范围及其设置的改革。军事司法机关包括军事法院、军事检察院和部队团以上单位的保卫部门。现行军事司法机关沿用传统模式，司法效益不高，司法范围较小。在改革中，必须做到两点：一是使投入的司法资源得到最大限度的节约；二是使投入的司法资源产出的成果达到最大化，即必须确保司法资源的投入或耗费降低到最低程度。第二，军事司法领导体制的改革。现行军事司法领导体制的主要缺陷是，忽视了国家司法机关对军事司法机关的领导权，而侧重于军队政治机关的领导。从军事司法实践看，由于受领导体制的限制，部分军政领导把军事司法工作视为一般政治工作，忽视了司法工作的特点。改革军事司法领导体制，一是要严格实行党政分开，把党的领导由事务性领导转变为政治性领导。二是要改进党对司法干部的管理。在党统管干部的原则下，应从保障司法机关独立行使职权，提高司法干部的政治、业务素质的需要出发，根据司法工作的特点，制定与之相适应的、不同于一般军队政工干部任职资格的管理制度和办法，同时应赋予军事司法机关一定的干部管理权限。第三，军事司法职权的扩大及军事司法队伍的完善。军事司法机关的职权范围长期以来比较窄，实践中迫切需要解决的问题：一是如何把涉军民事、经济纠纷案件纳入军事司法管辖和法律监督的范围；二是怎样把军内的行政纠纷纳入军事司法管辖和法律监督的范围。解决这两个问题，应在立法上明确规定军事司法机关对涉军民事、经济纠纷案件及军内行政纠纷案件的管辖权问题。为了科学合理地配备军事司法人员，逐步建立一支高素质、懂法律、守纪律的军事司法队伍，应改革目前的军事司法干部编制制度，建立不同于一般军队政工干部的军事司法人员的任职资格制度，可在国家的《法官法》和《检察官法》中设专章规定这一制度。（曹莹《军事司法改革方向探析》，《西安政治学院学报》2001 年第 5 期）

其他军队建设问题研究

用跨越式思路造就人才　谋求军队建设的跨越，人才素质必须先跨越。为此，应当瞄准世界军事革命发展大势，突破渐进式培养人才模式，确立跨越式人才培养思路。

培养目标——从当前需要向未来需要跨越。一是人才培养目标的跨越，要与军队双重建设的历史任务相吻合。为此，必须以信息化战争的要求牵引人才培养工作，不能因循单纯按眼前工作需要培养人才的定势，不能沿袭适应机械化战争的人才培养轨道。二是人才培养目标的跨越，要与人才队伍的现状相吻合。事实表明，人才个体的知识积累、素质提高应当循序渐进，但群体人才培养有着波浪式、跃升式发展的规律，人才群体的知识构成、素质结构完全可以实行跨越。三是人才培养目标的跨越，要与当代科技的发展大势相吻合。作为发展中国家的军队，当然要探索如何打赢“不对称”战争。然而，打赢这种战争，武器装备可以不对称，发展重点可以不对称，但人才素质、知识水平必须对称甚至超越对手。

知识层次——从中、低学历向高学历化跨越。信息化时代是以知识为重要支撑的时代，其根本标志是人的素质的变化。未来战争中，智力将成为战斗力的首要标志，知识对抗将成为军事对抗的本质特征。目前，中国人民解放军作战部队干部学历层次相对较低，高学历干部偏少，虽然一些干部通过函授、自学考试获取了大专以上学历，但自然科学知识先天不足，科学文化知识薄弱已经成为制约干部综合素质提高的“瓶颈”。突破“瓶颈”的当务之急是尽快提高干部知识层次，以构建干部队伍高学历化为载体，力争经过较短时间的努力，使干部队伍的知识层次有大幅度的跃升。

素质结构——从单一型向复合型跨越。一是培养指技合一型指挥人才。应强调指挥干部立足本职，掌握兵器技术、自动化技术和工程技术等新技术、新知识、新技能，抓好干部的知识积累、智能开发和技术储备。应发挥院校、技术单位、部队的培训基地作用，组织好指挥军官和技术军官的交叉培养，安排指挥军官、技术军官到对方单位任职、代职或进修，促进指挥素质与技术技能的快速融合。应改革院校教育，打破指挥院校与技术院校各成体系的办学模式，把生长干部的培养目标由侧重培养学员第一任职需要，转到超前培养指技合一型人才上来。二是要求干部兵种兼通。指挥员不仅要熟悉本兵种专业，而且对其他兵种知识也有透彻了解。为此，可适时安排优秀人才在不同的兵种岗位锻炼，还可选送优秀年轻干部跨兵种进院校学习，改变指挥员专业过窄、素质单一的现状。

资源利用——从粗放型向集约化跨越。当前，各种函授班、学位班、研究生进修班匆忙举办，学历、学位教育出现“大呼隆”、“一窝风”现象，高层次人才培养出现了某种程度的不规范情况。对这种粗放式培养人才的方法要因势利导，注重搞好顶层设计和宏观调控，通过合理配置和充分利用各种培养资源，走以质量效益为核心的集约化培养人才之路。要合理配置军队院校教育资源。深化军队院校体制编制、学科专业设置、教学内容和方法等改革，瞄准信息化战争的需要，为部队输送高质量的人才。要开发利用地方和外部教学资源。拓宽依托普通高等教育培养军队人才的路子，在更大的范围培养高素质人才，积极做好地方高校后备军官选拔和引进优秀大学毕业生的工作。

培养机制——从“伯乐相马”向“主动育马”跨越。今天，仅仅局限于“伯乐们”等“千里马”长成后再去发现，已经远远不够了。要以超前思维和提前设计，建立并完善培育“千里马”的良好运行机制，由消极等人才向积极抓培养转变。为此，要瞄准信息化战争的需要，搞好人才队伍建设的宏观设计，以作战单位为设计单元，从培养数量、规模，到具体某个领域、某个专业、某个岗位所需人才，都作出长远规划和具体安排。要把军事教育摆在军队建设优先发展的战略位置，加快院校建设，突出重点院校、重点学科，从培养目标、培养方向、人才的知识结构，到培养方法、教学内容，都提前筹划，打造院校培养造就新型军事人才的“超级航母”。要从人才培养的基础抓起，搞好岗位分析，从制度上分层次、分专业、分职务拟定干部生长目标，规定各类干部成长的“路线图”和“关节点”。要健全人才考评办法，不仅发挥考评的鉴别筛选作用，更要发挥其牵引导向作用，鼓励优秀人才脱颖而出。与此同时，还应加强后备干部队伍建设，把后备干部队伍建设的重点由常规的遴选、管理，转到主动跟踪培养和塑造尖子人才上来。（王金祥《用跨越式思路造就人才》，《解放军报》2001 年 5 月 29 日）

后勤保障有三点新走向 现代后勤保障的发展正呈现出以下走向：

一是后勤要素秒级运行。曾经有人把后勤通俗地解说为：A、我有什么；B、你要什么；C、如何给你。以此勾划了 A、B、C 的三位组合。军队后勤的 A、B、C 各部分，最本质的意义无不渗透着“精于计算”的原始概念。新世纪对后勤的“精于计算”提出了更为苛刻的要求和目标：保障的数量差精确地趋于零；保障的质量差精确地趋于零；保障的时间差精确地趋于零；保障的空间差精确地趋于零。全新的后勤保障概念已经形成，这就是：信息加变量机动的读秒运行。

二是 GPS 引导投送。GPS 即全球定位系统，多年来一直广泛应用于军事领域。现代作战，“脱离接触，超视距打击”成为作战的重要形式。但因交战双方武器装备的优劣程度不同，对“超视距打击”的追求也各不相同，作为较强的一方，必定要力保先进武器装备的优势，尽可能在视距之外实施打击；而作为较弱的一方，势必要尽量逼近敌方，以发挥自身武器装备的近火优势，这就为战场后勤非接触保障，“点穴”式投送提供了发挥的空间。即，在未来作战中，战场后勤可以充分利用战场空域或交战盲区，通过 GPS 的定位功能，将作战物资通过某种形式，提前预置于作战地域，或战中临时投放补充给作战部队；也可通过

GPS 引导，选择最佳的投放路线、地点和时机，根据战场情况，调整保障任务，改变前送方向，在确定的时间、地点变换投送方式。同时，也可以引导作战部队定位或寻找预置投放物资的准确位置。

三是建立后勤的 C^4I。所谓 C^4I 系统是指：指挥、控制、通信、计算机和信息。将这五大单元集成一体，形成数字化的军队后勤指挥，必将成为新军事后勤的核心。未来作战，众多的武器系统，复杂的作战要素和分散的战斗单元，使战场后勤指挥异常困难，传统的"部队在前，后勤随后"的模式难以适应陆海空天的宏观控制和保障，客观上要求战场后勤必须在更高层面上进行运作。C^4I 系统作为一个集成体系，可以不受环境的约束，形成后勤在线指挥，构成后勤远程指挥平台，可使军队后勤的指挥控制能力得以巨大改善和大幅提升。（段石、徐秀林《后勤保障新走向》，《解放军报》2001 年 6 月 27 日）

探析"预置保障"的利与弊　现代高技术局部战争的一个显著特点就是爆发突然，这要求作战部队必须具备很快的反应能力，后勤补给的物流也要相应地提高自己的传递速度，而提高物流的途径除了继续提高传统的运输能力外，"预置保障"则是一个已被证明的有效途径。所谓预置保障，就是按照作战预案对作战物资的指数要求，将适宜预置储存的战备物资提前存放在主要战略方向或预定战区的就近保障形式。其主要目的是想通过平时预先配置一定的作战物资来减少战时的战略运输量，进而提高部队的快速反应能力。适宜预先配置的作战物资是重型武器装备，易储存的大宗补给物资（如油料，弹药，装卸设备和易损耗的零配件）及常用的应急设备（如医疗设备、场站设备和工程设备等）。海湾战争初期，美军正是靠着由预置船、预置飞机、预置仓库等组成的预置保障力量，有效保障了快速反应部队的及时部署。

不过，预置保障的弊端也是显而易见的，一是由于战争时间和内容的不确定性而容易造成战备物资的浪费。二是由于预置区域的确定性，特别是"陆上仓库型"预置目标的固定性易成为敌人攻击的靶子。

为了减少不必要的浪费，外军多采取例行演习区与预置保障区相一致，演习内容与预定作战方案内容相一致的原则，努力提高储备物资的利用率；以储备物资的先进性，而不是可用性来确定储备物资的更换补充时间，以增加退出战备状态的作战物资的再利用价值；采取集中分组式预置，可机动式预置，军民混合式预置，并利用演习过后，补充战备物资的时机采取不定点预置，以及加强预置区的防护作战力量等措施，来降低敌人的攻击效果，确保预置保障的顺利实施。（王圣良《谈"预置保障"》，《解放军报》2001 年 6 月 19 日）

关注武器装备发展的体系化趋势　信息时代的主要特征是网络化，只有信息与物质能量紧密联系在一起，才能充分发挥最大的作战效益。新军事革命带来了许多前所未有的新鲜事物，最重要的是如何提高现有装备的综合效益，使之实现网络化和一体化，即把各种孤立的军事装备真正融合成一个大的体系，形成整体作战能力。科索沃战争中，南联盟空军虽然拥有当今世界一流的米格—29 战斗机，但由于缺乏战场信息感知一体化系统，没有完整的防空预警体系，没有预警机的空中引导，因而始终处于被动挨打的地位。实践证明，在高技术战争中，只有注重整体联动效应，才能使武器装备在战场上发挥出"1 + 1 = 2"甚至"1 + 1 > 2"的效果。因此，必须注重武器装备的整体联动效应，而这种整体联动效应的关键是作战空间信息一体化能力的增强。未来，战争的胜负在很大程度上将取决于谁的军事装备体系更完善、更配套，谁的军事装备一体化程度更高，谁能掌握信息优势并将其转化为全面优势。有鉴于此，在武器装备的建设和使用上亦应确立"体系"的新观念，从"体系"的角度来思考和谋划武器装备的建设和发展，使武器装备体系具有极大的粘合强度和聚合能力，达到战斗力的最佳集成。（贾凤山《关注武器装备发展的体系化趋势》，《解放军报》2001 年 5 月 23 日）

（荒　林　武捍平）

美国军队建设问题研究　2001 年，美军在军队建设问题研究方面主要有以下动向：

继续根据既定战略方针调整美军建设　一是建军目标不断清晰。美国国防部在 2000 财年的国防报告中指出，美军将在今后 15 ~ 20 年内面临多种挑战。为此，需要建立一支具有足够规模、拥有多种能力、能应付不同威胁、可完成各种任务的"全能部队"。美国参联会在《2020 年联合构想》中也提出，美军建设的目标是拥有"全谱优势"，在今后要有信息、机动、打击、防护和后勤等 5 种作战能力。二是军费开支稍有增长。美国从 2000 财年开始保持年度国防预算的持续增长，到 2005 年计划达到 3333 亿美元，到 2010 财年有望达到 3500 亿美元。在国防费的分配上，美国在保持平衡的基础上突出重点。国防部 2000 财年国防报告称，美军最紧迫的资金需求是"人员、战备和现代化"。同时，继续执行 1997 年提出的"防务改革计划"，削减不必要的开支，把节省下来的资金用于重点领域建设。三是军队员额保持相对稳定。国防部2000年称，压缩美军规模的工作已经基本结束。科索沃战争结束后，美国一些领导人认为，美军冷战后的兵力需求超出了原来的设想，美国不仅要扭转美军员额继续下降的趋势，而且要适当扩大军队规模。美国国防部表示，美军将尽量保持在1997年《四年防务审查报告》中规定的数额中，但是如有必要将适度地扩大。四是提高军人素质。《2020年联合构想》指出："军人的素质比以往任何时候都重要"。（聂送来《21世纪初世界一些国家军队建设展望》，《外国军事学术》，2001年第1期）

加强军事航天力量建设 军事航天力量是美军联合部队的重要组成部分，在美军近期高技术局部战争中发挥了重要作用。为维持世界霸主地位，确保国家安全，适应联合作战需要，美军正在采取各种措施加强航天力量的建设，如建立健全太空战组织机构，组建"天军"，不断创新空间作战理论，加速发展太空武器系统等。美军早在20世纪80年代初就先后成立了空军航天司令部、海军航天司令部和陆军航天局。80年代中期，美国又以空军航天司令部为基础成立了联合航天司令部。近年来，随着航空航天技术的发展，美军又不断调整、改革和优化其空间战组织机构。美国空军的全球作战战略指出，美国是太空大国，确保空天航行自由并保持美国在空间通讯、监视、探测和导航等方面的主导地位是美国空军的战略使命。为此，美国空军在1999年正式出台改组计划，决定组建17支"航空航天远征部队"。《航空航天部队：保卫21世纪美国》白皮书则进一步明确了空军"航空航天一体化"的建军思想，其最终目标是实现空军由现在的空战为主转变为既可空战，又可以在太空作战的空天军，确保空军成为一支"全球警戒，全球抵达"的"全球力量"部队。据预测，到2025年左右，从作战指挥到战斗保障，美国的"天军"将可能形成一个体系比较完整的军种，包括歼击航天兵、轰炸航天兵、侦察航天兵、救援航天兵、运输航天兵等。（刘克俭等《美加强军事航天力量建设的动因及措施》，《外国军事学术》，2001年第4期）美国认为，正如陆战、海战和空战那样的演变一样，在空间领域作战的美国航天力量也将逐步遂行新形势下的任务要求。美国航天部队的两个主题是：在军事行动中支配空间和使航天力量一体化。为实现这一构想，美军提出了按4种作战概念来建设航天部队：①空间控制。它是指确保空间通行和在空间自由行动的能力，以及需要时阻止他国利用空间的能力。②全球打击。它是指使用来自、投向和穿过空间的精确打击力量。③"所有力量一体化"。它是指航天力量和源于空间的信息与陆、海、空及其信息的一体化。④全球伙伴关系。它是指利用民用、商用和国际航天系统增加军事航天系统的能力。（《美国航天力量》，原载美国航天司令部网站）

提出决定陆军建设的6种观念 美国人赛格等提出，美国陆军的转型建设不能只看到装甲车的轻型化和武器装备的件数多少，更要注重士兵培养、部队结构、作战理论、指挥体制和预备役部队建设等六项内容。这是美国陆军成功的关键。第一，继续保持优势的关键是士兵而非技术。技术固然重要，但只有当士兵能够操纵武器，领导和保障也出色结合起来制敌时，军队才会胜利。这是因为：①竞争中，哪怕是能力上较少的增加都会带来战斗力的大幅度提高；②个体领导、士兵和计划者的相对价值将会提高，武器装备操纵者越来越少，而战斗小组所控制的地域将更为广泛；③人仍比机器聪明。第二，建立能在数日内部署和投入作战的部队。陆军计划使其部队和战场基础设施能够遂行各种任务，并应付较大规模的危机。冷战结束后，陆军需要小规模且强有力的危机反应部队，它能在10天内从美国本土部署到海外，并夺取和保持行动的自由。其后的战略反应部队将在30天内投入战斗并赢得战争的胜利。为此，陆军必须进行4项改革：①组建军及军以上的支援机构，充分利用现有战略、战役、战术运输力量，最大限度地保持整个部队的战斗力或保障力。②减少后勤消耗。③准备在战役中充当特定的角色。一支力量投送型陆军需要其部队具备多种能力。这支部队必须合理编组、合理配备武器和接受合理训练。④大幅度提高运输能力，特别是战略空运和高速浅水区域的船运能力。第三，遂行全战役纵深的非线式作战。非线式作战的后勤保障行动将成为常事。固定基地和在前沿战术分队间保持开放和安全的补给线是不大可能的，部队结构和作战节奏必须与周期性的后勤保障和补给行动同步行动。第四，围绕合理的信息时代作战指挥观念来组建部队。陆军必须把部队数字化放在极其优先的位置。部队能在数日内完成部署并投入战斗，并能在整个战役纵深内实施真正的非线式作战，将极大地加快战争步伐。作战指挥程序需要新的方法和技术。参谋人员将主要依靠软件来直接完成计划，指挥官和参谋人员要解决仍不能用机器解决的动态问题。第五，重组预备役部队以发挥其作用。预备役部队将集中精力于下列任务：一是参与地区司令官指挥下的维和行动。二是参与诸如后方地域保护性的行动。危机时期，预备役部队可立即动员起来。三是当突发国家级危机而需要3个军以上的部队时，预备役部队能连续不断地提供大量可供使用的战略力量。第六，充分发挥陆军士兵的战斗能力。陆军可利用信息、自动化和机器人技术来增加战斗车辆和步枪班的数量，从整体上减少陆军人数。这样就可以把节约下来的人充实到战斗部队中。近期的技术进步表明，部队结构调整可通过大多数战斗支持和战斗勤务支持部队的结构改善来得到大幅度的提高。（陶谦译《决定陆军未来的六种观念》，《外国军事学术》2001年第6期）

陆军注重向轻型化“目标部队”转型 1999年10月，美国陆军参谋长和陆军部长共同提出《陆军构想》后，美国陆军愈加关注以“目标部队”为样板的转型工作。在20世纪，美国陆军坦克的重量每10年基本上增加10吨。从第二次世界大战前的19吨发展到“沙漠风暴”作战行动中的70吨坦克，基本上用了60年。这种让美国士兵感到安全的“钢铁巨兽”最近几年遇上了麻烦：M1坦克是为了对付苏联的重型坦克而研制的，主要想与苏联拼装甲的厚度和火炮的杀伤力。但在海湾战争中，美军发现重达70吨的坦克不仅投送费时费力，而且也难以在中东地区施展其特长。美军坦克摧毁的伊拉克坦克和装甲车远不如美军的直升机部队摧毁的多。又由于自身重量的原因，美军坦克无法通过一般桥梁，一旦参加地面战争，美军的M1A2坦克只好呆在桥的这一边，等待对方的装甲部队发动进攻。此外，M1A2坦克同样不适应索马里的军事行动。1999年10月提出的《陆军构想》据认为是实现“全轮式陆军”的构想，即用轮式装甲车替代履带式装甲车，如用20吨重的装甲车替代M1系列坦克，用5.6吨重的牵引火炮替代M109型自行火炮。按计划，陆军第一批换型的部队是陆军第2步兵师和第25步兵师的各1个旅，到2003年建成5个改型旅，这是美国“目标部队”的基数部队。5～10年内，陆军将建成8个轻型旅，从而保证陆军能在96小时内向世界任何地方投送和部署1个整装旅，120个小时部署1个师，30天内部署5个师，这是美军打赢一场大规模战区战争的兵力。陆军目标部队建设将对美国陆军带来全面而深刻的变化。其一，有利于为美国新的全球战略服务。随着新干涉主义的抬头，美陆军卷入的军事行动不再限于某一特定的地区，而是包括从大规模战区战争到地区维和之类的“全维行动”。这需要美军放弃冷战装备，争取反应得快，而且一职多能。为达到此目的，陆军只有向轻型化方向发展。其二，新军事技术正改变着延续了近一个世纪的坦克战样式。美国陆军提出“未来型战斗车”射程可达10千米，在敌射程之外打击目标，美国陆军不再打坦克与坦克的“接触战”。另一方面，未来陆战场已经不再是单兵武器对抗，美军对未来战场的构想是太空、空中和地面及电磁空间的多种对抗，信息技术保证美军能够控制战场“透明度”，保证美军能先下手为强，而自己则秋毫无损。换型后，为对抗重型装甲部队，陆军将更加依靠信息技术。信息技术将成为比装甲更为重要的战斗力组成部分。其三，新计划仍不能避免军种军费之争。相对美国海军和空军来说，陆军一直被认为是技术含量低的军种。但近年来，陆军不断翻新花样，提出了“数字化部队”计划等。据透露，新计划一旦得以实施，国会每年要为陆军增加50亿美元的投资，使陆军成为新世纪美国干预世界事务的“急先锋”和“马前卒”。（张群凯等《美陆军开始钟情轻型部队了》，《解放军报》，2000年11月22日）

美国国防部长拉姆斯菲尔德谈美军转型 他指出，美国在制订《防务规划指南》和《四年防务审查报告》中一直考虑这样一个问题，即如何做到像打仗一样训练，像训练一样打仗。在科索沃战争中，经过78天的轰炸，到战争结束时，美军联合特遣部队只有80%的满员率。为此，美国将认真研究并采纳一些建议，并特别要求这样的部队必须有一定程度的标准化和互通性，以确保重要战区的司令官能够自如地派一支常备联合特遣队，处理所在地区的各种突发事件。这些部队调动起来顺畅协调，使用起来极为灵活，因为他们之间具有互通性，相互熟悉，有一定程度的标准化。对于转型，人们有两种错误的认识：一是把转型等同于转变，认为要把一种东西转变成另一种东西；二是把转型理解为研发一种截然不同的平台和武器系统。我主要考虑的是“结果与能力”，它可能并不涉及某个平台上的革新技术，而是有创造性地把某些现有平台与部队能力结合到一起，这是转型的特征。（国际互联网美国国防部网站）

探讨美国陆军师12次转型的启示 美国陆军利文沃斯堡作战研究所认为，自1939年以来，美国陆军经历了12次转型。1999年11月，美国陆军参谋长埃里克·新关指示训练与条令司令部，对美陆军师结构和编制进行全面审查，以着手组建旅规模的部队，使之既能用于快速部署，又不失现有重型部队所具备的持续作战能力。美国陆军对师结构的第一次大评估可以追溯到美西战争期间，美陆军师采用特殊的三三制编制，即每个师编 3 个旅，各旅又有 3 个团。这种结构一直沿用到第一次世界大战。由于火力的增强，使进攻编队极易遭受重大伤亡。美国陆军临时采用了四团制师的编成，即编成 2 个旅，这些师符合堑壕作战在保持兵力、持久作战、突击行动及越线换防等方面的要求。进入第二次世界大战后，美陆军根据战斗经验教训，迅速对师编制做出了调整，基本上采用三三制步兵师，直到 1955 年。朝鲜战争使依靠战略核武器来慑止常规军事入侵的美国防务政策声名狼藉。为抵御全面核战争，美陆军推出了以动用战术核武器为背景的军事理论和部队结构。“五群制原子师”的编制适合于具有较大纵深和兵力配置更分散的战场。它编有 5 个相对独立的战斗群，每个战斗群下辖 5 个连。由于各战斗群比团小又比营大，有望做到灵活机动和强大火力兼备，从而增强核爆时的生存能力。为了克服“五群制原子师”的不足，美国陆军提出了“1965 改编型陆军师”，其主要特点是：步兵师、机械化师和装甲师采用相同的支援系统，使其具备多用途，既可应付欧洲的常规重型部队，也可以应付常规轻型部队，或者进行非正规作战或游击战，主要用于非核环境下，需要时也可以转入核战争。美国陆军是以这种师参加越南战争的，直到它被“精锐陆军师”模式所取代。

1986 年，陆军基于苏联当时的威胁提出了“86 师计划”，这种师的特点是机动灵活和战斗力强，具有反击能力，可抵御和击溃华约军队的梯次进攻。但它需使用 40 余种主要武器装备或尚未投产的武器装备，而且还使美国陆军面临着人员短缺的问题。最终，“86 师”因部署时显得笨重，而在开阔地域与重型部队对抗时又显得过轻而阻碍了这一方案的实施。海湾战争结束后（1993 ~ 1997 年），美国陆军又进行了“陆军师数字化”建设，其内容包括：用先进的计算机连接各战斗分队；使各部队共享态势感知能力；使指挥官迅速、准确地定下战斗决心。1994 年 3 月，美国陆军正式启动了“21 世纪部队”计划，这是重组陆军的计划，以重型师的改组为重点。1996 年 1 月，美陆军第 4 步兵师第 1 旅进行了改编，并在各方面学者、专家和顾问的指导下，使尚未成熟的战术互联网与战斗训练行动结合到了一起。该旅在加州欧文堡国家训练中心进行了“高级作战试验”，并取得了圆满的成功。这支试验部队改变了人们对数字化部队的认识，从而影响到了美国陆军的建设。总之，在过去 60 年中，美国陆军的每一次改编计划均针对某种特殊的要求：对付具体的威胁；利用和适应新技术发展需要；在一个或多个领域里弥补不足。通过对美国陆军编制改革的历史性回顾，可以得出三点建议：首先，必须以作战理论和战场实际情况为基础，使编制改革具有明确、合理的理由；第二，必须明确地向试验机构和整个陆军指示方向，以使编制改革的目标得到广泛的理解；第三，必须为试验机构制订详细且具体的目标，确保评估过程对编制改革方案进行有效的检验。如果遵循上述程序，陆军将确保编制体制改革在体制上和未来战场上取得成功。（美国《军事评论》，2000 年 5 ~ 6 月号）

美军提出过渡旅战斗队的编制　过渡旅战斗队主要用于城市地形，其核心能力是高度的战术机动和下车攻击能力，所以它基本上是作为合成部队组建的。主要包括以下组成部分：①3 个步兵营。这些摩托化合成化步兵营是过渡旅战斗队内的主要机动分队。②侦察、监视与目标搜索骑兵中队。该中队作为过渡旅战斗队信息的主要源头为其提供态势感知能力，以使其能够预测、预防和控制威胁并通过自由机动和决定性的行动确保完成任务。该中队编有 3 个侦察连和一个监视连。③反坦克连。该连是过渡旅战斗队远距离反坦克的主力，它可以提高过渡旅战斗队的灵活性和生存能力。④野战炮兵营。初始的旅战斗队将装备 M198 型 155 毫米牵引榴弹炮，陆军将为过渡部队研制一种新型的基于过渡装甲车辆的 155 毫米火炮系统。⑤工兵连。它能够按照机动支援能力进行优化。⑥通信连。⑦军事情报连。它主要管理情报、监视和侦察等任务，通过分析，支持过渡旅共用作战图像的生成、目标与效果处理和战场情报准备。军事情报连与师、陆军、多军种、战区和国家级的情报、监视和侦察系统相联接；同时还支持小规模冲突环境所需要的战术级人工活动。⑧旅支援营。旅支援营是根据行动中心战、以分发为基础的集中式后勤职能来设计的。过渡旅有意将部分传统的部队，如航空兵、防空及反导弹兵、战斗工兵和筑城工兵及宪兵排除在外。这些部队在环境需要时可以根据任务进行适当的调整后，使其纳入过渡旅战斗队中。（美国《军事评论》杂志，2000 年 9 月 ~ 10 月号）

美一将领认为陆军的结构不可改变　前美国驻欧洲陆军部队司令弗雷德里克·科诺森上将撰文指出，美国陆军的结构不可动摇。他认为，美国陆军是由不同部分组成的聚合体，每一部分对取得战场上的全面胜利都是不可或缺的。这一聚合体划分为作战部队和其他部队，而作战部队又由战斗、战斗支援和战斗勤务支援三类部队组成。这些部队是支撑陆军的“基础结构”。所以在战区内平衡这三者之间的关系对于作战行动至关重要。鉴于在结构上如此，陆军必须懂得它是一个一体化运转的整体，是试图主宰战场的人力集团，其各组成部分必须齐全而且运行良好。

（滕建群）

俄罗斯军队建设问题研究　2001 年，是俄罗斯继续以改革为动力，大力推进军事全面建设的一年。俄根据联邦安全会议 2000 年 8 月会议决议，新一轮改革全面铺开。在此形势下，围绕国防与军队建设及其未来发展问题，俄国家政治军事领导层和军事理论界的思想十分活跃。归纳起来，主要有以下一些观点。

在国防和军队建设方面彻底收缩冷战摊子　普京担任俄总统后，在国防和军队建设方面，做出了两项重大决策，一是裁军 36.5 万，二是结合军事战略调整，撤销在古巴和越南的军事基地，今后还准备撤销在格鲁吉亚和摩尔多瓦的军事基地。这两项决策反映了普京在国防和军队建设方面的基本思路，即彻底收缩冷战摊子，把国家的主要精力放在发展经济上，把有限的军费用在提高军队的质量上，以先退一大步来换取国家和军队的复兴。普京做出上述决策的依据，一是苏美两大政治军事集团的全面对抗已不复存在，国际形势总体趋缓，俄具有这样的历史机遇和条件。二是俄联邦立国至今，基本上还是在承袭着苏联时期的冷战摊子，而以俄目前的国力，这个冷战摊子已经越来越难以为继。这种局面也是前些年军事改革难以取得明显成效的主要症结之一。从国防的实际需要看，也没有维持下去的必要。与其硬撑下去，不如来一个脱胎换骨的变革。

逐步实现从规模数量型向质量效能型的转变　与普京的军事建设思想相应，俄国防部长谢尔盖·伊万诺夫提出，在裁减军队数量的同时，要按照时代的要求，通过优化武装力量的领导指挥体制、结构和编成，以及逐步改善武器装备等措施，实现武装力量的现代化，使武装力量变得“紧凑、机动、战斗力强”，成为国家推行军事政策的有效工具。俄有关专家建议，必须把国防工作的重心从维持一支庞大的但装备很差的军队转移到建立俄罗斯将来可能需要的国防潜力上来。武装力量要进一步裁减，在未来 5～6 年内减至 70～80 万人的规模。要建设一支不需要过高的补充投入、质量全新的俄罗斯武装力量。

参照西方国家军队的模式改造军队　这是俄政治军事领导层和军事理论界提出的又一重要思想。主要是改造军队领导与指挥体制，建立“文职国防部”，实现文官治军，国防部和总参谋部的职能要分开。作为这一思想的体现，俄总统于年初任命了原安全会议秘书谢尔盖·伊万诺夫为国防部长，并取消了其将军军衔，使之成为一名文职国防部长。俄总统普京任命文职国防部长的现实目的，是要消除军队中阻挠改革的势力及各派系对军事改革和军队建设的干扰，使其改革思想得以顺利贯彻实行。其深远目的是要从根本制度上改造军队，即像西方那样建立“文职国防部”，实行文官治军制度。伊万诺夫出任文职国防部长，可以说是建立文职国防部的第一步。关于这一问题，俄有关专家指出，国防部长是穿便衣还是穿军装是次要的，文职国防部也不意味着国防部都是文职官员，关键是要将国防部的行政管理职能和总参谋部的作战指挥（纯军事）职能明确分开，国防部长与总参谋长不同，他首先是行政管理者。为建立真正的文职国防部，必须从根本上改变国防部的结构、任务和职能。

近期优先发展常规力量　在武装力量的总体发展方面，俄于去年提出了战略核力量和常规力量要均衡发展的观点，但这是针对过去长期偏重发展战略核力量、忽视常规力量建设而言的。从另一个角度看，这反映了当前俄对发展常规力量即一般任务部队的重视。俄国防部长谢尔盖·伊万诺夫指出，武装力量要均衡发展，战略核力量应保持在必要的水平上，能确保在任何情况下给任何侵略者造成无法承受的损失，俄对武装力量的这一要求仍然未变，但加强常规力量建设是当前的最优先方向。对当今军事政治形势的现状和发展前景的分析表明，在最近若干年内，对俄联邦安全的威胁可能是武装冲突和局部战争。在这种冲突和战争中，主要任务将由一般任务力量承担。有鉴于此，大幅度提高一般任务力量及其战备程度最高的组成部分——常备兵团和部队的潜力，是武装力量建设和发展的最重要的优先方向。

继续坚持多研制、少生产、少装备的武器装备发展方针　在装备建设方面，俄出台了《2001～2010 年军队武器装备发展规划》。根据现有国力，俄军在最近 5 年的装备建设方针是，以维修和改进现有武器装备为主，使其至少能够再使用 10 年，同时小批量换装新式武器装备。武器装备建设资金主要用于研制开发新一代武器装备，建立其科技和工艺储备，为 10 年后大规模换装作准备。装备建设的重点是完善信息—指挥系统，特别是战术指挥系统。对于作为军费消耗大户的海军，俄有关专家认为，在舰艇建造方面，必须抛弃“更大、更远、更强”的造舰原则，走“先小后大”的发展道路，目前主要应建造价廉实用的中小型舰艇。

国防工业要实行非专业化和与民用工业一体化 这是俄有关专家对军事经济领域改革提出的一种观点，所谓国防工业非专业化即是与民用工业的一体化，两者是不可分割的整体。其目的是将国防工业这一沉重的经济包袱变为国家巨大的经济资源。为实现这一思想，首先是要通过改革使庞大臃肿、效率低下的国防工业大大消肿。要抓大放小，大幅度压缩国防工业的规模，全面整合军工企业，并进一步推行股份制，吸收民间资本，真正实现多种经济成分并存。在此基础上，坚决实行军事工业非专业化及其与作为武器装备生产主要动员基础的民用工业一体化。如航空航天、通信、无线电电子和其他高技术部门，应在确保军品生产和国防动员能力的前提下，积极生产民品。应按市场经济的规律运作，不受国家的指令性干预。对专业性很强、无法实行非专业化和军民一体化的企业，如导弹、军械、弹药等生产企业，可像美国陆军的军工厂和海军的造船厂那样，实行国家统包政策，将这些企业的产权移交给国防部并完全由其拨款。纵观俄国防与军队建设领域的一系列观点，可以归结为：彻底收缩冷战摊子，以渐进方式重新塑造俄罗斯军队的面貌，最终建立一支以核力量为后盾的、以常规力量为主体的、装备精良的高质量小型军队，以及一个与之相适应的精干高效的国防工业体系。(综合俄 2001 年《红星报》、《独立军事评论报》、俄 2001 年《军事信息通报》杂志、俄 2001 年《军事思想》杂志、中国《外国军事学术》杂志有关文章)

（来　斌）

日本军事建设问题研究　2001 年是日本新中期防卫力量整备计划实施的第一年。年内，日本强调要继续推动防卫力量朝合理化、高效化和小型化的方向发展，缩小规模但不牺牲防卫能力；为提高对付游击队和特种部队攻击的能力，除将在陆上自卫队组建专门部队外，还努力提高救灾派遣能力；为对付核生化攻击及适应信息技术革命的进展等新事态，积极加强应对能力。同时，要努力提高日美安全保障体制的可靠性，不断增进日美在安全保障方面的紧密合作关系；推进安全保障对话和防务交流等项措施，为构筑更加稳定的安全保障环境做出贡献；在谋求与国家其他各项政策保持协调的同时，进一步努力发展适度的防卫力量。

今后 5 年日本防卫力量建设将朝 4 个方向发展 《2001～2005 年度中期防卫力量整备计划》的主要目标是要达到《防卫计划大纲》水准和对付各种事态，强调要发展适当的防卫力量。今后 5 年日本防卫力量的发展方向有四：

统一调动自卫队的必要性将进一步增强。在上期《中期防卫力量整备计划》实施期间，从重视统一调动的观点出发，加强了参谋长联席会议的职能。在制度方面，自卫队法得到修改，参谋长联席会议主席的权限得到扩大。在部队的调动方面，在统一调动下进行了大规模的救灾训练。在日美联合实战演习方面，陆海空部队组成的统一部队已经编成，在参谋长联席会议的计划和督导下，新编成的统一部队在硫黄岛进行了登陆等训练。新中期防卫力量整备计划要继续加强统一调动。

关注“军事革命”(RMA)的动向。为将来的军事革命所做的努力和 C^4ISR 的飞跃性进展可能会带来与原来不同的战斗力量组成和运作体制。如在现场行动的自卫队队员和中央司令部的司令官要能够及时共享情报。估计自卫队内部的指挥系统将被简化，部队迅速、及时地采取行动将成为可能。此外，今后要维持日美之间的合作，尤其要关注美国在军事革命方面的努力。通过军事革命和信息技术革命，自卫队的装备将日趋高度信息化，因此考虑培养能够充分适应这种趋势的人才是必不可少的。

有效分配防卫资源。由于财政原因，现在的防卫力量整备处于极为严峻的状况。新《中期防卫力量整备计划》中防卫开支总额的限度大约是 25.16 万亿日元左右，包括认定是对付将来难以预见的事态、为构筑更加稳定的安全保障环境等，经安全保障会议同意可以使用的 1500 亿日元左右。上期《中期防卫力量整备计划》(修改后)的防卫开支增长率为 0.9%，本期则比上期增长 0.7%。

对付游击队等的非正规战日趋重要。在维持防卫力量的基础能力和职能方面，假想用来对付传统的大规模进攻的装备是必要的；但另一方面，面对冷战后不明朗的安全保障环境，具备能够迅速对付小规模争端的能力也正在占据重要位置。另外，近年来由于导弹技术的发展，在用巡航导弹对付远程弹道导弹的威胁方面越来越要求多样化和高级化。并且，在东亚防范南海的海盗行为等确保海洋安全的问题已成为新课题。因此，在对这样的问题进行研究的同时，海空陆还要加强情报收集能力和应对能力。(摘自《日本的防卫政策—新中期防卫力量整备计划》，《2001 年东亚战略概观》第九章)

21 世纪初日本自卫队建设具有 4 个发展趋势 从《2001～2005 年度中期防卫力量整备计划》可以看

出，21 世纪日本自卫队建设的发展趋势主要有 4 个：

调整部队编制和兵力部署，构建未来外向型作战体系。21 世纪初，日本军事战略将由以俄罗斯为主要对手的“防守北部”，转向以朝鲜、中国为潜在对手的“侧重西部”。为适应这一战略调整，未来 5 年内，日本防卫厅将对陆、海、空自卫队的体制编制、部队结构和兵力部署进行重大调整和重组，以构建外向型防卫体系。陆上自卫队将压缩兵力规模，拟由目前的 18 万人减少到 16 万人。为了弥补自卫队裁员造成的人员缺口，日本防卫厅决定从 2001 年度起增加 1. 5 万名预备自卫官。部队编成和实力部署也将发生重大变化。拟把现有的 13 个师、2 个混成团改编成 9 个师、6 个旅，并分别赋予政经中枢师、沿岸防御师（旅）、战略机动师（旅）等不同性质。海上自卫队将重点撤编部分护卫队，改编 5 个地方队，并组建新型部队，实现沿岸防御兵力的重组。航空自卫队将压缩战斗机部队和雷达警戒管制部队。按照计划，战斗机部队拟由目前的 12 个飞行队减至 9 个，战斗机减少 50 架，保持 300 架规模，每个飞行队编制数由 20 至 22 架减为 18 至 20 架。从上述兵力整建和部署调整看，日本自卫队将更具外向性和扩张性。

实现三军指挥系统的联网，提升指挥效能和快反能力。日本防卫厅决定，着眼于 21 世纪信息化战争的发展趋势和日本自卫队的作战需要，为提高作战指挥效能和快速反应能力，“使自卫队有机、高效地发挥作用”，未来 5 年中，将合并陆、海、空自卫队的作战指挥系统，并将此作为中心项目予以重点推进。防卫厅计划从 2001 年起，将实现陆、海、空自卫队各自使用的指挥系统联网，联网后的系统将由中央系统、陆上自卫队参谋部、海上自卫队参谋部、航空自卫队参谋部以及情报支援 5 大系统组成，配备超大型、智能化计算机中枢系统。该系统建成后，日本陆、海、空自卫队可实现作战情报共享。届时，日本自卫队将完成由 C^3I 向 C^4I 系统的过渡，其 C^4ISR（指挥、控制、通信、计算机、情报、监视、侦察）系统将初具规模。此外，根据新《日美防卫合作指导方针》的规定，日本防卫厅还将在新办公大楼设立“日美联合协调所”，以便当日本发生战事或“周边事态”时，对自卫队和驻日美军的作战行动进行协调。据称，该联合协调所实为日美联合司令部，除永久性设置日本自卫队和美军情报通信系统外，根据需要还将派遣美军有关人员，负责部队的部署和收集情报，制定并传达有关后方支援的联合行动方案，这将大大提高日美联合作战能力。作为 C^4I 系统的重要一环，为提高自主情报搜集能力，减少对美军的依赖，日本防卫厅计划 2007 年前发射 8 颗军事侦察卫星，届时，日本自卫队将具备对周边国家和地区较强的战略情报搜集能力。

改进采购各型武器装备，建立远程打击力量。日本新世纪军事战略对武器装备的发展提出了更高的要求，即建立远程打击力量。陆上自卫队将以提高战场火力为目标，主要研制新型坦克和购买新型反坦克直升机。今后 5 年内至少将有 200 辆 90 式坦克加入现役，以逐步取代 74 式坦克。同时，研制 90 式坦克的后继型。海上自卫队将以扩大作战范围为目标，实现舰艇的大型化和远程化。计划购买护卫舰、驱逐舰，并研制新型反潜巡逻机。拟耗资 2000 亿日元，建造 2 艘能用于美日战区导弹防御系统（TMD）的最新型“宙斯盾”级驱逐舰。航空自卫队重点提高空中远程打击能力。将装备 130 新型 F－2 战斗机；耗资 1000 亿日元，引进 4 架空中加油机；研制远程运输机，作为现役 C－1 运输机的后继机种。此外，日本防卫厅还将为陆、空自卫队购买 3 种无人侦察机，已被列为自卫队采购尖端装备的战略核心项目。

组建各类型特种作战部队，提高日军非常规作战能力。日本认为，网络战、反恐怖战等将是 21 世纪日本自卫队重点发展的样式。为全面提升部队对付游击战和特种部队攻击、核生化武器攻击的作战能力，在未来 5 年中，日本自卫队将组建一系列特种战部队。一是空中特种机动旅。由第 12 师改编而成，这将是日本的第一个空中机动旅，与航空自卫队计划组建的“空中突击师”一起，将形成日本自卫队的两大空中快反劲旅。编制约为 3000 人，下辖 2 个轻型步兵团。二是特种作战部队。约由 660 人组成，其中包括 30 名侦察和情报收集人员，配备监视雷达、反坦克无后坐力炮及可由直升机载运的大炮等武器装备。三是核生化防护部队。为对付生化武器威胁，成立“生化兵器对策会议本部”，下设总管研究工作的特殊武器研究官、医务实验团和化学教导队，主要从事生化武器的研制和防御研究。海上自卫队为了能够对付“不明国籍的间谍船”，在东京都舞鹤海军基地组建第一支直升机应急机动部队，它类似于美国海军的“海豹”特种部队，主要从事海上消除障碍、爆破、暗杀和营救工作，编制人员 360 人。此与相适应，日本防卫厅决定在其下属的情报部门新设“紧急动态部”。航空自卫队准备组建第一支空中突击师。针对未来网络战的发展趋势，日本防卫厅计划从 2001 年度（2001 年 4 月 1 日至 2002 年 3 月 31 日）起，成立一支由陆、海、空自卫队计算机专家组成的“网络特攻队”，专门负责进行诸如反“黑客”、反病毒入侵等任务。同时，还打算在5年中开发一种杀伤力极强的“网络武器”，用于摧毁所有企图入侵日本防务网络系统的“黑客”计算机。此举将使日本自卫队具备网上攻击能力。（刘嘉平《剖析日本防卫力量整备计划》，《现代军事》2001年第7期）

日专家谈实现信息技术军事革命的军队特征和未来的战场特点 日本军事评论家野木惠一认为，所谓信息技术军事革命就是为飞速提高运用军事力量实现作战目标的效率，通过在军事领域运用以信息技术为核心的先进技术，使军事上发生装备体系、组织、战术、训练等方面的变革。

实现了信息技术军事革命的军队特征。①运用信息的优势，准确把握情况，运用具有优势的速度和快速反应能力，把己方的损失控制在最小范围，同时通过指挥得当的作战，取得预期的效果。②运用导弹防卫等各种防卫手段及信息的优势，准确实施攻击和防御作战。③运用信息优势，以及通过掌握了这些信息的指挥官的经验、知识和判断力，实施有效的指挥。④为有效对付各层面的威胁，根据任务和目的，建立陆海空军等统一的部队，实施灵活机动的作战。⑤在共享准确信息的情况下，能够确保各兵种的相互运用性，实施有效、统一以及多国部队的作战。⑥通过统一信息系统、组织和输送技术，对在质和量两方面都达到最佳配置，并能及时派往合适地点的兵站进行支援。总之，“信息优势”是一个关键，而要实现这一点，正是信息技术军事革命的目的。

实现了信息技术军事革命的战场特征。①提高对战场的认识能力；②通过系统化提高战斗力；③运用精确制导武器进行准确的攻击；④由分散在各地的小规模部队进行协同作战；⑤扩大作战区域，提高作战速度；⑥利用电子空间；⑦无人化、省人化；⑧由长期消耗战变成短期集中打击；⑨使兵站效率化。（摘自野木惠一《信息技术军事革命和未来的战场》，日本《军事研究》月刊，2001年5月号）

（薛　丰）

军 事 历 史 研 究

近代军事历史研究　清代台湾防务观的演变

自康熙二十二年（1683年）清朝统一台湾至光绪二十一年（1895年）被迫将台湾割让给日本的210余年间，清政府的台湾防务观经历了一个曲折的演化过程，大体有四个阶段：

康熙二十二年（1683年）至康熙六十一年（1722年），为第一阶段。清最高统治者确立了“御外侮、固海疆”的台湾防务观。在这一防务观的指导下，台湾防务建设侧重军队建设和沿海口岸炮台的修筑。

自雍正元年（1723年）起至道光十九年（1839年）止，为第二阶段。清最高统治者逐渐确立了“安内”为主、“御外”为辅的台湾防务观。这一防务观与康熙朝的防务观有很大变化，原因有二：一是自郑成功驱逐荷兰殖民统治者后的半个多世纪中，未曾发生过殖民主义侵扰台湾的事件，“御外侮”的意识逐渐淡化甚至消失；二是台湾地区的阶级矛盾日益激化，清统治者注意到台湾地区的动荡会动摇“东南数省藩篱”之稳固，因而形成了通过对台湾“安内”实现其“固海疆”的台湾防务观。

道光二十年（1840年）至同治十三年（1874年）日本侵台事件发生前夕止，为第三阶段。清最高统治者的台湾防务观可以概括为“御外侮”与“消内患”兼而有之，反侵略战争期间以“御外侮”为主，和平时期以“消内患”为主。由于此阶段列强对中国连续发动两次侵略战争，沿海各地防务吃紧，清政府无力对台湾防务进行新的建设，台湾防务日益空虚，台湾班兵日趋腐败。

同治十三年三月（1874年5月）日本侵台事件起至光绪二十一年（1895年），为第四阶段。清最高统治者确立了以“御外侮”为主的台湾防务观，并展开了一系列台湾防务建设，尽管成效显著，然而令人扼腕叹息的是，20年的台湾防务建设在甲午战争中未能发挥应有的作用。清政府与日本签订《马关条约》，台湾沦为日本的殖民地，是清政府政治腐败、军事无能和外交妥协的结果。（季云飞《清代台湾防务观之演变》，《中国军事科学》2001年第4期）

清朝末期军人素质观念的演变 在中国军事近代化初期，人们偏重于武器装备的更新，对于用近代观念来改造军人素质的重要性认识不足。这种观念上的滞后，直接影响军队建设，最终导致在甲午战争中丧师辱国。

甲午战争后，清军与日军官兵素质上的巨大差距，促使国人第一次深入思考造成这种差距的原因。许多人认识到必须学习日本和西方，对中国官兵素质进行改造，从而使德、知、能、体等军官素质要求内容有明显更新。对于德，将其划分为“忠节、礼仪、信义、武勇、质素”五大要素。对于知，人们认为军官不仅要有一定的文化基础，能够理解近代科技知识，还应懂得武器装备的工作原理和使用知识，以及工程、交通、测绘、卫生等与军事相关的各种专门知识，更应熟悉管理、训练的基本知识和近代战略战术。对于能，分为训练管理能力和作战指挥能力。在训练管理能力方面，论兵者提出军官必须善于治兵，能把握治兵的宽与严的尺度；在作战指挥能力方面，军官应具备“战术上之理解力”，“机敏之视察力”，迅捷之“决断力”，还要有心理上的承受力。对于体，近代战争对军官身体素质要求相对降低，只要体格健全，没有暗疾，能够适应军队的艰苦生活即可。此外，士兵的素质也包括德、知、能、体等方面。

为了提高军人的素质，应当采取如下措施：一是调整政策、制度，促进军人素质的改善。包括提高军人的社会地位；改革军队粮饷章程，提高官兵禄饷数额，改善其经济状况，使军队成为人才的集结地；并改革兵役制度，提高兵员素质。二是加强教育，提高官兵素质。包括大力发展院校教育，以正规的院校教育作为提高军官素质的关键性举措；发展军事留学，以培养高素质的军队骨干；重视在职培训，作为提高官兵素质的重要手段。三是进行严格训练和思想教育。包括明确规定训练的科目、进度和应达到的标准，特别是要建立严格的考评制度，甚至军官的升降也要以训练的好坏为标准，同时加强以“忠孝”意识为核心的封建道德观念的教育。（毛笑冰《清末军人素质观念的演变》，《中国军事科学》2001 年第 3 期）

太平天国军事决策的失误 太平天国政权存在的 14 年中，天国领袖们在军事决策方面，确有一些高明之处，但也有不少失误的战略决策。失误的战略决策指导下的战役、战斗未必都是失败的，但失误的战略决策改变了太平天国有利的战略态势，或加速了太平天国的不利战略态势的演进，酿成了太平天国的最终失败。

定都南京是太平天国前期的最大失误，它虽然满足了太平军官兵荣入“小天堂”的欲望，并切断了清政府粮食主要供应地江浙两省与京师的联系，给清廷以重大威胁，但是，就战略而言，其失误却是致命的。它违背了武装起义必须坚决进攻的原则，使清军赢得了喘息和调整军事力量的时机，从而使太平军由积极的攻势战略转入保守的防御战略。

定都南京不久，太平军偏师北伐，这是天国前期在军事战略决策上的又一重大失误。既然定都南京，就应巩固和发展以南京为中心的江南根据地，军事斗争的目标理应针对来自长江上游的清军及江南、江北大营。但太平军不仅北伐，而且展开了西征和攻打江南、江北大营，由此造成了太平天国三面出击的态势。结果北伐军全军覆没，损失七、八万精兵。

天国后期，军事战略决策上的最大失误莫过于李秀成攻打上海。首先，此时的太平天国已走向衰败，要维持天京政权，首要的是对付西线的湘军，而不是攻打上海。其次，上海并非危及天京安全的军事战略要地。李秀成攻打上海，是从他扩大自身地盘的一己私利出发，而置太平天国的全局于不顾。第三，上海是外国侵略势力最集中的地方，如果暂时不打，抑或能延缓中外反动势力相勾结的进程。而攻打上海则在客观上加速了中外反动军事力量的联合，使太平天国从原来面对的一个敌手变成了两个敌手。

太平天国后期的另一重大军事决策失误，是洪秀全在湘军逐渐攻占天京周围大小城镇，天京已成“孤城”的情况下，拒绝李秀成提出的“让城别走”的建议，死守京城。结果，1864 年 7 月，天京被湘军攻破。（季云飞《军事决策的失误与天国的败北》，《南京政治学院学报》2001 年第 2 期）

（荒　林）

中国人民解放军历史研究　土地革命战争时期军战史研究　对南昌起义军南征的再认识

对周恩来率领南昌起义军南下广东、进军东江（简称“南征”）的历史，由于起义军在潮汕地区受到优势国民党军的围攻而失败，加上种种原因，迄今为止，党史界仍基本持否定态度，认为“南征”是方向性错误，南昌起义军应当留在当地或湖南、湖北深入农村发动群众，建立农村根据地，不应南下广东“打城市、争海口”。但是，如果把南征全过程和周恩来的思想决策放在当时环境和历史背景下，用实践的观点和辩证思维的方法，进行全面、客观的分析，那么上述观点是值得商榷的。首先，南征是从当时客观实际出发的必然选择。当时广东，尤其是东江潮梅海陆丰地区党的力量、工农运动的深厚基础、革命斗争的形势，是比较有利于建立新的革命根据地、发展革命斗争的。南下广东"迅速达到农运更好的东江"与农民结合，在当时是必然的选择。其次，南征是探索中国革命新道路的有益尝试。以农村包围城市、武装夺取政权的中国革命新道路的探索，是一个反复实践、认识、再实践、再认识的历史过程。周恩来率军南征的发展方向，同毛泽东率领秋收起义部队向井冈山进军的发展方向，基本上是一致的。两者在开始时都以夺取城市为目标，在实践中转变思想，在军事上受挫后转入农村，实行工农武装割据，朝着建立农村革命根据地的方向发展。再次，南征军事失利不是南征决策的必然结果。起义军在潮汕的军事失利，除了敌强我弱的客观原因外，主要是实际作战中的失策。这是当时本可避免而没有能够避免的失误。（刘纪铭《对周恩来率领南昌起义军南征的再认识》，《中共党史研究》2001 年第 2 期）

中央苏区的红军建设 从井冈山时代到中华苏维埃共和国成立的几年里，中共中央十分重视红军建设工作，并取得了惊人的成绩。一是提出"扩大与巩固红军"的任务，同时相应地采取了许多有效措施，但"创造一百万铁的红军"的目标始终未能完成。二是把加强政治工作视为提高红军战斗力的主要条件之一，强调"政治工作是红军的生命线"的重要原则。三是创办红军正规学校，培养大批红军干部人才，无论是对当时的战争需要，还是对后来的军队建设，都具有深远的意义。四是提高军事技术，增强后勤保障，重视地方武装，把这些当做与政治工作同等重要的红军建设迫切需要解决的问题。在中央苏区存在的 3 年时间里，红军建设有许多宝贵的经验教训：首先，党领导的工农红军在同国民党军队进行反"围剿"作战中，在党的领导、政治工作、军队院校、技术战术等方面，都得到迅速发展，壮大了红军力量，积累了许多宝贵的经验。其次，中华苏维埃共和国的建立同共产国际"左"倾错误是直接关联的，而且又先后受到党内李立三和王明两次"左"倾错误路线的干扰，所以包括红军问题在内的各种决议，不可避免地包含着以不同程度的"左"倾错误为特征的内容。再次，在中华苏维埃共和国的前半期，由于毛泽东等的正确的战略战术指导，红军取得了一至四次反"围剿"的重大胜利。可到了中华苏维埃共和国的后半期，"左"倾错误给中央苏区和红军建设造成了严重损害，最终导致第五次反"围剿"的失败和中共中央及中央红军被迫放弃中央苏区而实行战略转移。（肖牲《略述中央苏区的红军建设》，《党的文献》2001 年第 6 期）

中国工农革命军第 4 军成立的前后史实 中国工农革命军第 4 军（即朱德、毛泽东红军第 4 军前身）成立距今已有 70 多年，所存文献资料很少，致使这支军队成立前后的一些情况至今仍然模糊不清。有作者对其作了一些新的思考，认为：第一，工农革命军第 4 军最早成立于湘南起义初期，军长是朱德，党代表是陈毅。第二，1928 年 3 月中旬，湖南特委决定毛泽东担任工农革命军第 4 军党代表。第三，工农革命军第 4 军下辖建制有几次变动：一是湘南起义初期，工农革命军第 4 军辖 5 个师 2 个独立团，毛泽东的 1 个师没有正式进入建制；二是毛泽东部队同意接受湖南特委改编，下山参加湘南起义时的番号可能是工农革命军第 4 军第 2 师；三是 1928 年 4 月下旬，朱德、毛泽东执行前湖南特委 3 月中旬关于 1 军 2 师 1 个教导大队的合编决定，着手整编工农革命军第 4 军；四是井冈山会师后，工农革命军实际编成第 10、第 11、第 12 师；五是 1928 年 5 月下旬，工农革命军第 4 军撤消师一级建制，下辖 6 个团，又经缩编，直辖 4 个团。第四，1928 年 11 月初，工农革命军第 4 军根据中共中央 6 月来信的指示，正式改称红军第 4 军（简称"红 4 军"）。（张映波《中国工农革命军第 4 军成立前后史实辨析》，《军事历史》2001 年第 2 期）

国民党军阀的内部矛盾对红军战略转移的影响 分化敌人，利用敌人内部矛盾，是中国共产党取得新民主主义革命胜利的宝贵经验之一。中央红军从 1934 年开始长征，到 1935 年 11 月取得直罗镇战役的胜利，其间经历了几次战略转变。导致这些战略转变的原因很多，其中之一，是中央红军认真分析蒋介石和沿途各地方军阀各自的企图，利用他们之间的矛盾，调整自己的战略，最终实现了转移的胜利。首先，红军利用了蒋介石与广东军阀陈济棠的矛盾，取道广东，突破了国民党军队的第一道封锁线进入湖南。其次，红军利用蒋介石、桂系、何键相互间的矛盾，根据湘军、桂军在湘江战役中的不同表现、兵力布置和目的，向敌人薄弱的贵州进军，从而完成了中央红军长征的第一次重要战略转移。第三，蒋介石与桂系争夺贵州，使中央红军在长征途中赢得了 12 天宝贵的休整时间，并利用这一时间召开了遵义会议，"确立了毛泽东同志在红军和党中央的领导地位"。第四，红军利用蒋介石、龙云、川军相互间的矛盾，决定奠基西北。基于这一战略决定，红军突破封锁线，到吴起镇与陕北红军会师。1935 年 11 月，红军在直罗镇消灭敌军 1 个师又 1 个团，为中共中央把大本营放在西北举行了一个奠基礼。（张皓《论国民党军阀内部矛盾对红军战略转移的影响》，《中共党史研究》2001 年第 1 期）

抗日战争时期军战史研究　**抗战初期八路军的战略举措**　抗日战争初期，根据时局的发展变化，中共中央军委领导八路军适时地实行战略转变，采取了一系列战略举措，对于八路军实施战略展开，立足山西，经略华北，具有十分重大的意义。第一，火速东渡黄河。在华北战局日益危急的严重形势下，八路军未等整编就绪，即于 1937 年 8 月至 9 月东渡黄河，挺进华北。其基本任务是创建抗日根据地，钳制与消耗敌军，配合友军正面战场作战，保存和扩大自己。第二，确立独立自主的山地游击战方针。针对抗战初期作战对象和形势的变化，毛泽东多次强调指出，只有实行独立自主的山地游击战方针，“才能发挥红军特长，给日军以相当打击。”根据中央军委的部署和毛泽东的指示，八路军总部相继给各师发出指示和训令，要求各部以机动灵活的袭击方式求得歼灭敌人小部，在八路军所到之处要独立自主地担负起群众工作，动员与组织群众，开展群众游击战争，坚持持久抗战。第三，平型关首战告捷。抗战初期，确立与实行独立自主的山地游击战的战略方针是正确的。但在日军长驱直入，华北战局危急之际，八路军适当集中一定数量的兵力进行一些运动战，也是必要的。平型关战役就是八路军进行运动伏击战的一个光辉战例。这一胜利，极大地振奋了全国人民的抗日热情，提高了中国共产党及其领导下的八路军的威望，有力地打击了日军的疯狂气焰，也为八路军开辟与建立晋察冀边区抗日根据地创造了有利条件。第四，配合友军保卫忻口和太原。1937 年 10 月，毛泽东要求八路军应在敌之侧翼及后方打击与钳制敌军，密切配合友军保卫忻口和太原，支持山西作战，支持华北作战。根据八路军总部的命令，第 115 师出击察南、冀西，并打击晋北之敌；第 120 师主力在晋西北频繁出击，一部挺进雁北；第 129 师和第 115 师沉重打击沿正太路西犯的日军。这些作战行动，有力地钳制了日军进犯，配合了友军作战。（刘家国《论抗战初期八路军的战略举措》，《军事历史研究》2001 年第 2 期）

应当统一对平型关之战的称谓　有作者认为，对于 1937 年 9 月 25 日八路军 115 师在平型关的战斗，有关著作和文章的称谓比较混乱。有的称“平型关战役”，有的称“平型关战斗”，有的称“平型关伏击战”，有的则称“平型关大捷”，等等。这给中共党史、中国革命史、中国近代史及中华民国史的教学与研究带来了很多不便，也影响着海峡两岸学术界的交流。随着研究的深入，从历史编纂学的角度来说，给该战以统一的称谓也是很有必要的。对于此战，“平型关大捷”应是比较恰当的称谓。因为第一，该战是一场漂亮的伏击战，取得了辉煌胜利，缴获颇丰，成为军事史上运动战与游击战相结合的范例。第二，该战是抗战以来中国军队取得的第一个胜利，意义深远，影响重大，对于刚刚建立的国共合作的抗日民族统一战线，对于整个中华民族的抗日战争的历史进程产生了积极的影响。（董振平《关于 1937 年 9 月 25 日八路军 115 师平型关之战的称谓》，《党史教学与研究》2001 年第 1 期）

探析黄桥战役与皖南事变历史反差的原因　黄桥战役与皖南事变均是抗日战争时期发生的新四军反顽自卫斗争的重大事件，但二者以其强烈的反差为历史留下了极为深刻的反思：二者同是处于敌我军事力量对比悬殊，遭到重兵围困攻击的险恶处境下展开的自卫战。然而，黄桥战役以歼敌 1 万 1 千人、彻底扭转苏北局势的决定性胜利而彪炳史册；皖南事变却以新四军皖南部队大部牺牲、军部覆没的惨痛悲剧而告终。究其反差之成因：在发展方略上，前者开辟苏北，争取主动；而后者却固执地坐守皖南，陷入被动。在统战策略上，前者制定了“击敌、联李、孤韩”的策略，和打并举，以打促和，争取中间派，孤立顽固派；后者则寄希望于言和及顽军撤围，屈从于顾祝同“南调”之命，对顽固派亡我之心丧失警觉，以至渐入绝境。在军事谋略上，前者把握“有理”原则，赢得政治上的主动；把握“有利”原则，军事战略部署得当；把握“有节”原则，稳定华中团结抗日局势。后者却错误地选择了转移路线；战略上分兵齐头并进；临战犹豫，措置失当，以致被动挨打。（郑复龙《黄桥战役与皖南事变历史反差之探因》，《中共党史研究》2001 年第 2 期）

皖南事变后新四军的三个转变　皖南事变后，血的教训使新四军及华中抗战实现了三个重要的转变。第一，皖南事变后，从新四军的政治地位来看，实现了摆脱国民党当局羁绊，向独立自主地肩负起华中抗战使命的阶段转变。第二，皖南事变后，从新四军指导思想和组织领导上看，实现了由以往与中共中央尚未形成完全一致，向思想上一致和组织上集中统一领导的转变。第三，皖南事变后，从新四军建设与发展的方向上看，加强了自身军事政治建设，实现了由以

往的游击兵团向主力兵团的转变。（唐炎《皖南事变后新四军历史发展的三个转变》，《军事历史》2001 年第 3 期）

竹沟对新四军第 5 师及豫鄂边区创建的作用 抗日战争初期，竹沟对新四军第 5 师及豫鄂边区创建起到了重要的作用。在刘少奇为首的中原局进驻竹沟后，竹沟在中原的地位，像延安在全国一样，起着领导本地区全面工作及抗日战争的作用。所谓竹沟的作用，实际上就是在中共中央（后是中原局）直接指导下，通过竹沟的传承和执行所起的作用。具体说来，主要的有以下几点：第一，提供了稳定的基地和可靠的后方。竹沟当时是中共中央向中原各省发展的前进基地，又是豫鄂边区和新四军第 5 师最邻近的依托和后方。一段时间内，中原局、豫鄂边区党委均住在竹沟办公，既避免了敌后日伪军扫荡的危险，又排除了国民党反共势力的干扰。第二，为边区抗日统一战线工作开创了局面，打下了基础，为各条战线工作的开展，创建了一个和顺的政治环境和社会环境。第三，输送了大批党政军干部，统一协调和组建武装力量。先后共输送干部 3 批共 1000 余人，这些干部在豫鄂边区和新四军第 5 师发展初期，起到了核心领导作用。（萧健等《竹沟在抗战初期对新四军第 5 师及豫鄂边区创建的作用》，《军事历史》2001 年第 5 期）

解放军战争时期军战史研究 **抗战胜利后中共中央对东北的战略方针及其形成过程** 抗日战争胜利后，中共中央根据东北形势的变化，其战略方针经历了从力图独占东北到建立巩固的东北根据地的转变。第一，根据战后形势，中共中央确定了独占东北的战略方针。1945 年 9 月 15 日，中共中央政治局决定调 2 万名干部、10 万大军和 100 个团架子的军队干部迅速开进东北，同时决定成立中共中央东北局。19 日，正式发出《关于向北发展向南防御的战略方针与部署的指示》，这一指示的基本指导思想，就是独占东北。而独占东北的战略方针与当时的历史背景是分不开的：苏军对中共持友好态度，抗联部队配合苏军解放了东北 57 个战略要地，苏军认为国共军队都有接收东北的权力。第二，形势急转直下，中共中央审时度势制定了“让开大路，占领两厢”的战略方针。1945 年 11 月 15 日，国民党军队攻占了山海关、绥中、兴城、锦西等地。在中共中央组织锦州战役的过程中，苏联红军改变了对中共的友好态度，通知中共东北局，长春沿线及城市全部交蒋。鉴此，中共中央致电东北局，要求“服从彼方决定，速从城市铁路沿线撤退，让开大路，占领两厢。”并详细阐述了“让开大路，占领两厢”的战略方针。12 月 28 日，毛泽东亲自起草了给东北局的《建立巩固的东北根据地》的指示电，明确指出：“建立巩固的根据地的地区，是距国民党占领中心较远的城市和广大乡村。”第三，提出重新占领和控制部分大城市与主要铁路干线的方针。1946 年 2 月至 5 月，中共中央又命令东北民主联军抢占大城市和主要铁路干线，甚至提出了城市保卫战。这是由于当时的历史条件发生了有利于中共军队占领大城市的某些变化，特别是 1946 年春，苏联与国民党关系恶化，导致苏联对国民党接收东北采取不合作的态度。第四，最终确定了创建巩固的东北根据地的战略方针。从中央领导到东北局都把主要力量投入到建设根据地方面上来看，中国共产党及其领导的军队在东北走上了农村包围城市的道路。尽管 1946 年上半年因形势变化，一度出现过反复，但最终还是坚定不移地贯彻了这一方针。

应当肯定四平保卫战的意义 对于四平保卫战的得失，党史界一直众说纷纭。对此，应把四平保卫战放到东北全局及解放战争的全局来看，放到中共中央经略东北的战略高度来分析。就当时的情况看，蒋介石正在调兵遣将，准备全国内战。在东北若不予敌坚决打击，就会丧失有利地位。中共中央、东北局审时度势，从全局考虑，决心予敌以还击，提出要死守四平，“化四平街为马德里”。用历史唯物主义和辩证唯物主义的观点来分析四平保卫战，可以看出四平保卫战的得大于失，当然它有失策失利的地方，但总的讲应该肯定。四平保卫战是抗战胜利后国共两党在东北进行的第一次大规模的军事较量，是一次非同寻常的大的城市防御战，对后来的东北战局产生了深远的影响，在中国人民解放军战争史上有重要地位。其一是打击了国民党的嚣张气焰。其二是提高了共产党在人民心目中的地位，增强了军队的战斗力。其三是为共产党在谈判的天平上增加了一个重要的砝码，配合了谈判，赢得了时间，利用将敌人主力吸引在四平周围的有利时机，解放了长春、哈尔滨、齐齐哈尔，可以说，如果没有四平保卫战，就没有北满、东满、西满根据地的巩固。（王永君《抗战胜利后中共中央对东北的战略方针及其形成过程》，《中共党史研究》2001 年第 4 期）

分析海南岛战役登陆作战的历史经验 1950 年春夏之交，中国人民解放军第 4 野战军第 15 兵团指挥第 40、第 43 军等部，在岛上琼崖纵队的配合下，横渡琼州海峡，突破国民党军海、陆、空三军组成的立体防线，胜利解放海南岛。这是中国人民解放军历史上规模最大的一次岛屿进攻战役。这次战役是依靠单一的陆军，主要以木帆船和少量机帆船为航渡工具，其现代化程度远不及两次世界大战中那些著名的渡海登陆战役，与发生在同一年的仁川登陆也不可同日而语，但是其成功经验对于研究以劣势装备战胜优势装备之敌，从而赢得渡海登陆作战的胜利仍有一定借鉴和启示作用。其一，权衡利弊，确定渡海登陆作战的最佳时机。从战略全局利益、战备情况和有利战机等因素考虑，海南岛战役选择在1950年4月17日凌晨发起大举渡海登陆作战是恰到好处。如果战役时间提前一些，可能会因准备不充分而付出惨重伤亡的代价，甚至会重蹈金门的覆辙。如果再推迟一些，不仅会错过有利天气、潮汐，而且将面临更加困难的局面。海南岛战役结束一个多月之后，朝鲜战争爆发。可以设想若海南岛没有解放，即使美军不侵入海南岛和琼州海峡，蒋介石也会抽调兵力巩固海南岛。如果海南岛成为“第二个台湾”，第15兵团和第40军被牵制住，就不可能及时组建东北边防军，从而拖延入朝作战时间。甚至会影响到西沙、南沙主权斗争和南海权益的斗争。可见，海南岛战役时机的选择何其正确。其二，鼓舞士气，树立敢打必胜的坚定信心。海南岛战役是在新中国成立，大陆基本解放这一历史背景下展开的。参战的两个军都是第四野战军最老的主力部队。当四野的其他部队转入休整时，他们却要打一个风险极大的渡海登陆战役，“曾经一度产生过较大的思想混乱”。为此，渡海兵团各级组织和领导将思想教育和政治动员作为战役准备工作的首要任务。同时，用看得见、摸得着的事实教育官兵“渡海作战并非九死一生”，开展海上大练兵。通过战例打消指战员对敌舰拦截的顾虑，增强用木帆船战胜敌舰的勇气和信心。其三，立足现有条件，创造性地解决渡海登陆作战的技术战术难题。为了赢得制海权，打破敌海、空封锁，四野首长将加农炮、高射炮各1个团部署在雷州半岛最南端，控制了琼州海峡中心线以北大片海域和空域，这是在没有海、空军的情况下，立足现有条件创造性地使用了“以陆制海，以陆制空”的战法。为了打破敌舰艇的海上封锁，渡海兵团立足现有条件努力改善渡海作战的物质条件，改装机帆船，改装“土炮艇”，并进行了严密的组织，采取了有效的战法，创造了海战史上“木船战胜铁甲舰”的光辉范例。在登陆作战中，主力船队用“横宽纵短”的队形实施抢滩登陆，轻而易举地突破了敌军海岸防线，从而奠定了海南岛战役胜利的基础。（魏碧海《海南岛战役渡海登陆作战的历史经验与思考》，《军事历史》2001年第1期）

中华人民共和国时期军战史研究　**抗美援朝中防空作战的经验与启示**　抗美援朝战争中，面对依仗“绝对”空中优势疯狂肆虐的美国空军，志愿军空军及防空部队在力量弱小，缺乏作战经验和装备处于劣势的情况下，不畏强敌，坚持灵活的战略战术，不断变换和创造新战法，取得了击落敌机2600余架的辉煌战果，保卫了钢铁运输线。其防空作战的主要经验有：一是对目标进行隐蔽、疏散、伪装，采取一切有效的防护措施，以欺骗、迷惑敌人。包括利用地形地物对目标进行隐蔽、疏散；有意识地设置各种各样的假目标，使敌机真假难辨，诱敌上当；广泛构筑坚固坑道与掩蔽部，防御敌机轰炸；严格防空管理，制定一些有关防空的规章制度。二是组织观察报知配系，监视空中情况，及时发现敌机和迅速发出防空警报。主要是由步兵、炮兵分队或机关单位派人担任对空观察，步兵团以上司令部派出防空哨，在交通线沿途设置夜间防空哨。三是充分挖掘一切防空力量，采取灵活多样的方式抗击敌机。包括积极组织步兵火力对空射击，打击低空飞行的敌机；积极开展群众性的打敌机运动；组织空军、高射炮兵、探照灯兵、对空情报兵等一切防空力量，有效地打击敌机。四是重点保卫，机动作战。集中防空力量保卫车站、仓库等重要目标的安全；对防空力量进行合理部署，保证重点地域和主要方向的使用；及时掌握敌航空兵活动规律，实施机动作战。五是采取轮番作战方针，积极、勇敢地迎击空中敌机。如在反“绞杀战”期间，志愿军先后参战7个师，且经常轮换，始终保持3个师左右的兵力对敌进行空战。针对敌强我弱的情况，志愿军空军树立敢打必胜的信心，以灵活多样的空战战术打击美空军，取得了较大战果。六是加强战场抢修、抢运，尽可能地减轻敌空袭损失。加强对重要铁路、公路、桥梁等目标进行抢修，保证交通线的畅通；针对敌空袭特点、规律，积极创造有效的抢修、抢运办法；使诸兵种联合作战，努力提高抢修、抢运速度。抗美援朝战争中，志愿军的防空作战给人以如下启示：第一，必须建设一支强大的人民空军。现代战争中，应强调在联合作战中首先使用和大规模使用空中力量，力争夺取制空权。第二，必须树立“攻势”防空的思想。要将进攻与防御有机结合，做到防中有攻，攻中寓防，以防助攻，以攻促防。第三，必须实施统一的防空作战指挥。现代防空作战将由多个军兵种、多种作战力量共同参加，只有实施统一的作战指挥，才能形成防空作战的整体威力。第四，必须认真

研究反空降作战的有效对策。（李善林等《抗美援朝战争中防空作战的经验与启示》，《军事历史》2001 年第 1 期）

中国海军在抗美援朝战争中的作战 抗美援朝战争期间，人民海军参战的问题，过去的史料和研究很少提及。事实上，抗美援朝战争中，海军由积极支援战争到直接参战，是一个渐进的过程。到了战争后期，人民海军确已参战，并担负和完成了一定的作战任务。1953 年 1 月，海军司令萧劲光向毛主席、朱总司令提出海军入朝参战问题。毛主席、朱总司令当即批准。随后，彭德怀及时批示，解决“海军岸炮团和 18 艘快艇的参战费”。1953 年 3 月，海军领导机关派出 36 名指挥人员，分两批入朝，成立志愿军西海岸指挥部海军作战办公室。同月 23 日，海军从淞沪基地和青岛基地抽调 2 个海岸炮兵连入朝，部署在朝鲜西海岸平安北道培山地区，担负扼守海区和制敌登陆的作战任务。4 月 10 日，入朝的海军布雷大队，在西朝鲜海道的 4 个区域布设了 190 枚水雷和部分海上障碍物；月底，美军在朝鲜西海岸清川江口进行的试探性登陆中，其 1 艘登陆舰触雷沉没。5 月，海军在西海岸开设了 2 个观通站和 1 个雷达站。海军 1 个鱼雷艇大队和 1 个海上巡逻大队，已入朝部署在西海岸，在预定海域遂行作战任务。这些参战部队虽然参战时间较短，但在扼守朝鲜西海岸海区、进一步加强抗登陆作战准备方面发挥了重要作用。（蒋磊《抗美援朝与人民海军》，《军事历史研究》2001 年第 1 期）

新中国第一部《中国人民解放军政治工作条例》的诞生 中华人民共和国成立后，为适应国家由长期战争环境向相对和平环境、建军低级阶段向高级阶段转变的历史需要，由毛泽东审改并签署命令，颁发了《中国人民解放军政治工作条例》。有作者分析了这部条例的诞生过程。第一，1952 年初，针对当时部队在学习苏军经验中所出现的削弱党的领导和政治工作的混乱情况，罗荣恒采纳了这样的建议：重新起草政治工作条例，把党对军队的绝对领导、政治委员制度和政治工作制度，以及营、连政治指导员的行政地位，用法律的形式固定下来。并指示成立总政治部政治工作条例研究室，由肖华副主任主持政工条例的起草。第二，1951 年，在照搬苏军经验和发扬人民解放军传统的大争论背景下，周恩来指出：苏军的一套不可能都适合我军。如党对军队的绝对领导，政治委员制度和政治工作制度，就要按照我们的传统，充分体现在我们的条令条例中。这鼓舞了我军大多数同志坚持党的领导制度和抵制“一长制”的勇气和决心。第三，1953 年夏天，罗荣恒在北戴河疗养时，对来看望他的彭德怀谈了政治工作制度、政治委员的重要性，更加增强了彭德怀坚持党的绝对领导、坚持党委制、坚持军队政治工作制度的决心。第四，1953 年，针对一封要求实行“一长制”的来信，政治工作条例研究室根据总政领导的指示予以答复，在军队领导制度、政治委员制度、政治机关性质以及党通过何种组织领导军队等重大原则问题上，提出了鲜明的观点。第五，1953 年 12 月至 1954 年 1 月，全国军事系统党的高级干部会议在北京举行，彭德怀在报告中讲道，在组织方面，应“根据党委员会集体领导和首长分工负责相结合的原则，采取在党委统一（集体）领导下的首长分工负责制。”这是对“单一首长制”做法的否定。第六，1954 年 1 月，陈毅主持审查政工条例草案的会议，陈毅、谭政、罗瑞卿、谭震林等相继就军队领导制度、政治工作和政治机关的性质、地位、任务等问题，作了重要发言，指出政治工作就是党的工作，政治机关就是党的工作和政治工作领导机关。政治工作是人民解放军的生命线。第七，1954 年 4 月，毛泽东审改和签发《政治工作条例（草案）》时，“亲笔写下了‘中国共产党在中国人民解放军中的政治工作是我军的生命线’。”（阎稚新《新中国第一部 < 中国人民解放军工作条例 > 诞生前后》，《军事历史》2001 年第 5 期）

新中国建立后军队整顿的基本特点和规律 中国人民解放军的历次整顿，是针对某一时期军队建设中存在的问题，在不影响军队执行当前任务的前提下，最大限度地集中精力，通过广泛开展思想教育和实施必要的组织措施等多种手段，发扬优点，纠正错误，最终达到解决主要问题，促进军队建设和提高战斗力的目的。它是中国共产党常用的一种治军手段。新中国成立以来，军队整顿呈现出以下基本特点和规律：其一，军队整顿必须以毛泽东军事思想、邓小平新时期军队建设思想和江泽民关于国防和军队建设的重要论述为指导。新中国建立以来的历次军队整顿，都是在党的三代领导核心的领导下进行的。毛泽东军事思想、邓小平新时期军队建设思想和江泽民关于国防和军队建设的重要论述，是军队建设的指导思想。军队整顿作为建军治军的一个重要措施和手段，其开展也必然要以此为指导。其二，军队整顿必须突出目的性、针对性、可行性。军队整顿的目的是为了理顺战斗力生成的各要素，排除影响增强战斗力的各种不利因素，减少内耗，全面提高军队战斗力。军队整顿要针对部队存在的问题，特别是针对军队建设中存在的主要矛盾，合理确定整顿的内容。军队整顿必须准确把握时机。如果部队存在的问题不多，不严重，就不可为整顿而开展整顿；当部队确实存在严重问题需要整顿，但客观环境或主观力量暂时又不允许进行相应的整顿时，也不可贸然进行整顿。其三，军队整顿必须令行禁止，切忌走过场。从严整军是从严治军的必然要求。因此，依法制定合理的严格的整顿措施，并且坚决贯彻执行，是军队整顿取得成功的根本保证。（白纯《新中国建立后我军整顿的基本特点和规律》，《军事历史》2001 年第 5 期）

（高代伟　荒　林）

第二次世界大战史研究　2001 年世界各国继续深化二战史研究，其中一个突出的特点是，更加实事求是、客观、全面，特别是注重对大量新解密档案材料的分析与研究。

中国关于第二次世界大战史研究　2001 年 10 月 12～15 日，中国第二次世界大战史研究会第五届年会暨学术讨论会在武汉举行。与会学者就二战与世界历史进程、二战与国际关系、战争与和平、二战与战后世界等专题进行了广泛深入的讨论。本次讨论会具有两个鲜明的特点：一是拓宽了二次大战史研究领域，以二战史为基点，前后延伸为 20 世纪战争与和平研究，将二次大战与战后局部战争进行比较，提出了许多富有新意的观点和看法。二是将历史与现实相结合，运用二次大战和 20 世纪战争史的经验与教训，对当前世界热点问题进行分析和研讨，增加了战争史研究的现实感。现将有关学术观点摘要如下：

关于战争与和平问题。作为对第二次世界大战结束后的和平安排，雅尔塔体系一方面带有强权政治的烙印，极大地伤害了当事国的民族感情。雅尔塔体系具体运作的最直接最有影响的后果是美、苏对峙下的冷战。另一方面，雅尔塔体系具有相当的历史进步性，对战后世界产生了积极的影响。雅尔塔体系所提倡的和平、民主、独立的原则，对战后世界的和平、民主、独立、发展有着极大的作用。从一定意义上说，它决定了战后世界和平与发展的主题。不仅如此，在雅尔塔体系演变而来的两极格局中，同时也孕育着一个多极化的世界。50 多年来世界无大战，这无疑引起了人们对战争与和平问题的进一步思考。正是这种相互依存的国际经济关系，形成了抑制新的世界大战爆发的重要因素。各国人民与政府的维护和平的意识都上升到了空前的高度，成为制约爆发大战特别是核战争的基本因素。通过战争，人类还逐渐学会了如何相处，开始学会了处理国际争端的一种既古老而又全新的方法—通过外交手段实行必要的妥协。可以说，第二次世界大战使人们对战争与和平问题的观念发生了重要的变化，对民族主义走向极端所造成的危害性也有了更加理智的认识。

关于第二次世界大战与世界历史进程。反法西斯的第二次世界大战的胜利拨正了世界历史发展的方向，为人类社会的前进扫清了障碍，成为 20 世纪世界历史从战争与动荡时期过渡到和平与发展时期的推动力，使世界历史整体发展从以征服与掠夺为特征的旧时期，进入到以平等与依存为特征的新时期。反法西斯战争的胜利为战后世界和平奠定了基础，还推动了战后世界范围内的革命与改革。战后世界的变革大致可分为三种类型：殖民地半殖民地争取独立与解放的变革、欧亚一系列国家建立社会主义制度的革命、资本主义世界的改革。人类历史上这场空前广泛而又深刻的社会变革，为战后世界经济的繁荣与发展开辟了道路。因此，第二次世界大战是世界历史整体发展进程中的伟大转折点。

关于第二次世界大战期间的国际关系。在此方面，学者们进行了以下探讨：一是日苏关系的演变和苏德战争的紧密联系。苏德战争爆发之前，由于苏联极需避免两线作战，全力西顾，日本亦有避免发生苏德战争以确保南进之暂时考虑，两国通过谈判缔约使关系得到了改善。苏德战争形势的发展打破了日本待机北进的计划，日苏关系虽受到动摇却未陷入破裂。苏德战争的根本转折，导致日本在日苏关系中陷入被动的外交地位，为苏联参加对日作战创造了前提。

二是中国抗日战场对反法西斯战争做出的全方位的战略贡献。包括：支持美英挽救太平洋危局，使苏联避免两线作战；抑阻了德日有可能的战略链接，从而极大地支持了美英盟国在短时间内渡过了战略调整期，进入首先打败德国的战略实施阶段。

三是美法关系。二战末期，美法关系发生了转折，美国彻底摒弃了压制、排斥法国的政策，走上联法、扶法的道路。

四是英美关系。有学者从英国、美国之间的文化联系探讨了二战以来两国的特殊关系，认为文化、传统和习惯固然是维系英美“特殊关系”的重要凝聚因素，但它必须建立在一定的利益基础之上，当战略利益产生分歧、矛盾甚至尖锐对立时，血缘和文化的维系作用自然让位于现实的战略利益。

关于第二次世界大战对战后世界的影响。学者们一致认为第二次世界大战对战后世界产生了重大的影响。加速了民族解放运动的发展，改变了世界力量的对比，促进了发展中国家的崛起；形成了世界的两极格局和雅尔塔体系，两极格局同时也酝酿了多极的发展；二次大战催生了美国的霸权主义，加速了科技革命的发展，引起了重大的军事变革。有学者认为，第二次世界大战使战争达到了无限化的顶峰，造成空前浩劫，同时也促使制约和控制世界大战的力量迅猛发展。

（彭训厚）

日本在华实施细菌战研究综述 早在第二次世界大战期间，关于日军实施细菌战的情况即有披露。20世纪50年代，中国有人对受害人数进行过统计，认为8年间受感染军民达1200万人。80年代以后出版的资料集和专著，有中央档案馆编的《细菌战与毒气战》，韩晓、辛培林的《日军731部队罪恶史》、郭成周、廖应昌的《侵华日军细菌战纪实》、解学诗等编的《恶役》、哈里斯的《死亡工厂》等。另外有一批研究论文发表，内容涉及日军各细菌部队的细菌实验和细菌战实施情况、中国军民受害情况等。90年代以后，细菌战研究出现新的动向，即对受害者的调查越来越受到重视，如张世欣编著的《浙江省崇山村侵华日军细菌战罪行史实》中的调查统计，比较精确地记录了受害者的自然状况、社会状况与受害情况。细菌战研究存在的问题是，第一，由于战后美国包庇石井四郎等日军细菌战祸首，并转移和封存了大量有关细菌战的资料，使人们对日军加害过程的了解发生相当大的困难。如日军设在北平的一八五五部队、设在广州的八六0四部队，由于目前史料缺乏，研究还不够深入。第二，关于日军细菌战的中国受害人数，在浙赣湘滇都有人进行调查，目前尚未统计出比较确切的数字。第三，这项研究还有它的特殊局限，即由于细菌战从实施到造成伤亡，因果关系的确定还需要有足够的医学方面的证明，这对于一般的史学工作者，确实存在着相当大的难度。

中国在战争中生命伤亡和财产损失研究综述 1995年，中国政府正式公布了战时伤亡3500万人和损失6000亿美元财产的数字后，关于战争损失的研究引起学者的重视。在这些研究中，米红的战时人口重建研究引起人们的注意。他利用80年代以来所获得的一些回顾性调查资料及被海外公认的1935年人口普查资料，来整理、检验、分析研究和评价一些民国时期官方和民间学术团体人口调查的统计资料，并运用统计分析方法，对反映抗战时期中国大陆人口生育率水平与死亡率等重要指标，进行了研究与重建，用人口学方法估计出抗战时期中国大陆人口的非正常死亡人数超过3000万。还有人认为，抗日战争与中国人口问题的研究是跨学科研究，具有学术的边缘性与前沿性，有相当大的难度。这一问题的研究必须保证研究成果的科学性及兼容性，这对历史学科与人口学科的建设与发展都将有所补益。关于财产损失研究，戴雄的《侵华日军对中国古建筑的毁损》是个新题目。文章对日军损毁中国古建筑的主要方式进行了介绍并统计，认为“自九一八事件迄日本战败投降，由于侵华日军的军事进攻和肆意焚烧行为，遭日军毁坏的中国古建筑至少应在10000处以上”。其他关于图书文物损失研究，关于军票与金融债券对中国人民的财产剥夺的研究等，也有人搜集资料着手进行研究并取得了一定成果。（荣维木《中日战争遗留问题研究述评》，《江海学刊》2001年第6期）

（宁 青）

美国关于二战史研究 美国华盛顿特区国防分析学会资深会员威廉森·默里教授、俄亥俄州立大学军事史教授阿伦·R·米利特联手出版二战史新著《赢者之师——第二次世界大战始末》一书，再现了第二次世界大战从酝酿、爆发直至结束的历史发展过程，既展现了战略战术在整个战争中所起的至关重要的作用，又揭示了隐含在整个战争进程中的偶然中的必然。与此同时，作者又观点鲜明地批判了关于对轴心国与同盟国各打五十大板、貌似公允的错误观点。作者提出，在思考人类在这场战争中付出的代价时，我们应当重新回忆一下，战争为什么会打起来、为什么付出那么大代价。日本在1937年、德国在1939年发起的战争差点毁灭了世界文明的两大中心，差点强行用它们建立在种族优越感、奴役制度、种族灭绝基础上的帝国政权来取代这两大中心。它们所以未能得逞，是因为来自全世界——美国、澳大利亚、不列颠、中国、法国、印度、波兰、苏联、乌克兰和难以数计的同盟国的士兵、船员、飞行员、海军陆战队士兵做出了艰苦卓绝的努力和牺牲。

俄罗斯关于二战史研究 为纪念苏德战争爆发60周年，2001年5月17～18日俄罗斯联邦在莫斯科召开苏联卫国战争初期问题国际学术研讨会，就苏联卫国战争初期失利原因进行了深入探讨。会议的一个突出特点是披露了许多鲜为人知的新解密的档案资料，对失败原因的剖析较为全面、比较深刻。目前，苏联二战史学者正在继续抓紧撰写四卷本《第二次世界大战史》，新版二战史将大量披露新解密档案史料，正视史实包括令人痛心的教训，并不乏深入的分析。

德国关于二战史研究 2001年12月8日，德国国防历史学会会长、柏林自由大学教授于尔根·科卡(Jurgen Kocka)与中国第二次世界大战史研究会部分在京理事就二战史研究的有关问题进行了座谈讨论和学术交流。他介绍了德国二战史研究情况。德国二战史学者正在继续抓紧六卷本《第二次世界大战史》的撰写，并将大量引用一些世界上新解密的档案材料。关于第二次世界大战的起点，于尔根·科卡教授认为，至少应从 1937 年 7 月 7 日算起，否则，是不客观的，是不符合二战的实际状况的。传统的“1939 年 9 月 1 日起点说”有“欧洲中心论”之嫌。

（彭训厚）

其他军事学科问题研究

中国关于其他军事学科问题研究　关于军事哲学问题　2001 年，中国军事哲学研究有一些新的动态：在注重研究马克思主义战争观和方法论的同时，运用其基本原理对高技术局部战争的一些基本理论问题也进行了深入探讨。

探讨决定高技术局部战争胜负的基本因素　有作者认为，高素质人才群体与高技术武器系统在一定的体制编制下达到有机结合，经过严格的军事训练将可能战力转化为可用战力，并在科学的指导下正确运用这种战斗力，是打赢高技术局部战争的辩证统一的基本因素。

高素质人才群体是打赢高技术局部战争的主导因素。高素质的人不仅是高技术局部战争的实践者、认识者，也是高技术局部战争的组织者、实施者。这不仅仅体现在战争的实施过程中，还体现在人对高技术武器装备的研制过程中。高技术局部战争是军人政治素质、文化素质、军事素质、心理及身体素质等各方面的综合较量，任何偏重提高某一方面或几方面的素质，而忽视其他方面素质的培养，是很难打赢高技术局部战争的。高技术局部战争中人的较量是人才群体的较量。一个人才群体，既包括人员群体的团结协作精神，自愿献身精神，顾大局的意识，又包括人员群体的整体作风、纪律、协调、结构、功能及水平等。只有密切协同、团结协作，才能在高技术局部战场上形成强大的整体战斗力。

高技术武器系统是打赢高技术局部战争的物质手段。高新技术只有转化为高技术武器才能形成战斗力。高技术武器系统是高、中、低技术的有机合成。在高技术武器系统中，高、中、低各种不同性能的武器装备互相依赖地联系在一起，缺少任何一个部分，整体武器系统都无法发挥其最佳作用。高技术局部战争是高技术武器系统之间的对抗。哪一方占据系统优势，哪一方就有可能在战争中取得主动。

科学的体制编制是打赢高技术局部战争的切实保证。体制编制为人和武器的有机结合提供制度保障，它直接影响着部队战斗力的发挥。高技术局部战争要求不断深化军队的体制编制改革。当代各国军队在大力发展先进武器装备的同时，都十分重视不断改革和调整体制编制，最大限度地发挥出军事组织的功能和威力，以适应战争不断发展的需要。

严格的军事训练是打赢高技术局部战争的必要准备。军事训练是将可能战力转化为可用战力的“桥梁”。重视军事训练是高技术局部战争发展的迫切需要。在高技术局部战争中，武器装备的科技含量日益加大，军人智能化程度逐渐提高，只有加强军事训练，才能加速实现高素质人才群体与高技术武器装备的完美结合。当前，应当运用先进的科技手段提高军事训练的水平。

正确的战争指导是打赢高技术局部战争的关键所在。战争指导的科学性是正确实施高技术局部战争的依据，战争指导的艺术性是正确实施高技术局部战争的灵魂，战争指导的科学性与艺术性的统一是打赢高技术局部战争的根本要求。一方面必须依据战争的普遍规律和高技术局部战争的特殊规律，规范地、程序地、逻辑地处理战争中出现的一般情况与问题，达到一般与特殊的统一；另一方面又必须基于具体作战活动的特点，灵活机动地处置作战中各种突发的、偶然的、超常的现象与事件，达到主观与客观的完美统一。（梁必　等《试析决定高技术局部战争胜负的基本因素》，《中国军事科学》2001 年第 3 期）

辩证认识“正义战争必胜”　第一，马克思主义经典作家们关于战争性质与胜负的论述，并没有“正义战争必胜”的明确表述。他们从人类社会历史发展的角度论述了进步和正义力量的作用，给人们研究正义性在人类社会活动的某一特定阶段——战争中的作用提供了一个明晰的思路。但他们并没有明确地提出过“正义战争必胜”的概念。人类几千年的战争实践表明，正义性是取得战争胜利的重要因素，无数正义的革命战争由于得到了人民群众的支持，最终取得了胜利。然而正义战争并非每场都取胜，非正义战争取胜的例子也屡见不鲜。因此，把“正义战争必胜”作为一个永恒的公理，作为一条战争致胜的规律，就值得研究了。

第二，现代条件下战争的胜负仍然是多种因素综合作用的结果。其中，经济因素是战争胜负的基础，政治因素是战争胜负的决定性因素，科学技术因素的作用日益增大，军事因素是决定战争胜负的直接力量，精神因素是战争胜负的重要因素，时间、地理、天候是战争胜负的制约因素。总之，战争的胜负是以上诸因素综合作用的结果。而战争的正义与否只是战争制胜的一个要素。因此，不能简单地得出正义战争必胜的结论。

第三，在一定客观条件下主观指导对战争胜负具有决定性影响。在战争指导中，人的主观指导受客观条件的制约，必须以客观条件为基础。但是，人对战争的主观指导并不是消极的、被动的，而是积极的、主动的。人的自觉能动性在战争指导中的作用，首先就体现在能够一定程度地改变客观条件的状况，即增长有利条件和减弱不利条件。客观因素具备着取胜的可能性，但实现这种可能性，就需要正确的方针和主观努力。只有通过人的自觉能动性，客观条件才能发挥其功能，胜利的可能性才能变为胜利的现实性。

第四，充分利用和发挥战争正义的优势需要做大量的转化工作。拥有正义性的一方无疑拥有了战争取胜的重要优势。但正义战争最终取得胜利不是无条件的、绝对的，而是有条件的、相对的。一是要通过战争制胜诸因素的转化，发挥正义性因素的作用。二是研究时代的主体内涵，充分利用正义性的优势。三是在战争实践的全过程中做好转化工作。（邓锋等《辩证认识“正义战争必胜”》，《中国军事科学》2001年第4期）

关于武器会思维的哲学思考　首先，“人工战争主体”是否存在？在现实世界中，人是实践活动的惟一主体。不管智能武器多么精巧和功能强大，都不能充当战场上智能活动的主体，即不能自我调节和自我控制。智能武器模拟人的某些思维活动，实际上是作为智能活动主体的人的思维能力在武器中的显现。武器的思维功能，是人作为主体模拟人的智能而人工地制作出来的，是人的智能向武器的传导和转移。如果没有人的赋予，任何武器都不可能具备思维能力。我们不能只看到武器思维能力发展的一面，而看不到人的智能发展的一面。在人和智能武器这两个要素中，战争的主体要素只能是人，而智能武器无论多么“聪明”，都只能是战争的客体要素。所谓“人工战争主体”，是根本不存在的。

其次，“无人战争”是不是神话？现在建立的形形色色的计算机作战指挥决策系统，虽然已将大量的作战问题形式化，但由于战争的发展变化是没有穷尽的，因此其永远不可能将未来作战中可能遇到的所有问题形式化，也不可能取代战场指挥员的全部指挥思维活动，而只能起到辅助指挥决策的作用。一场战争究竟怎样打，还取决于政治、经济、社会、外交、文化等其他多种因素。战争决策首先是人的决策，而不是机器的决策。只有在人下达有关的指令之后，智能武器才能按照人的意图去进行一场所谓的“无人战”。

再次，“人机大战”说明了什么？“人机大战”实质上是人与人的较量，在高技术局部战争中，尽管各种会思维的武器的“功夫”令人眼花缭乱，但真正在战场上较量的仍然是武器后面的人，起关键作用的当然也是人。海湾战争和科索沃战争，是迄今为止使用智能武器最多的两场战争，而美国又是在这两场战争中使用智能武器最多的国家。海湾战争结束后，美国国防部长迪克·切尼说过这样一段话：“战争依靠战士来赢得。灵巧武器需要灵巧的人来操作。即使是世界上最先进的技术，它本身也不能赢得任何战斗。”（侯鲁梁《关于武器会思维的哲学断想》，《国防大学学报》2001年第2期）

分析现代战争力量的强弱对比　第一，军事力量、非军事力量相互融合，二者对战争进程的作用和影响都在增长，既要突出前者的具体量化比较，更要重视全面分析政治、经济、军事、外交、文化等综合优势。战争力量对比首先应当是军事力量之间的对比，这是“硬指标”，是最基本的前提和支撑。非军事力量或因素是重要的“软指标”，是评估战争力量的充分条件。二者不能相互替代，也不能轻此重彼。

第二，精神力量与物质力量相互作用，二者在战争力量天平上的变化是客观存在的，既要坚定不移地坚持辩证唯物主义，又要以发展的眼光充分认识物质与精神相互作用的变化现实。首先是物质力量在战争胜负中的作用明显提高。其次是精神力量在战争胜负中的作用受到弱化和制约。随着先进信息技术、传媒技术、虚拟技术等广泛运用于战场，战场透明度明显增强，精神力量赖以发挥作用的传统“空间”受到挤压，“防护”能力变得相当脆弱。作战进程中，拥有优势“物质力量”的一方往往可以通过歪曲真相、制造谣言、散布假信息等手段对对方实施主动的心理攻击、欺骗宣传、示形威慑，从而使对方的精神力量大大削弱甚至崩溃。

第三，现实力量与潜在力量相联系，外部条件不同，二者的作用也不同，要科学把握它们在战争胜负中的关系位置。战争力量之强大，不仅是现实力量之强大，而且还包括持续支援战争的能力之强大。二者是紧密联系在一起的。高技术战争条件下，由于战争形态、规模和交战方式的变化，使战争现实力量与潜在力量之间以往的那种简单的数量递增、逐步补充关系，面临着新的挑战。因此，在进行战争力量强弱对比时，应首先着眼于现实力量的“合理足够”，对潜在力量的“期望值”则应适度。

第四，数量与质量相统一，减少数量，换取质量，坚定地走精兵之路是惟一正确的选择。综观当今世界，规模庞大的部队已不再是理想的模式。这是因为，爆发世界大战的可能性越来越小，而应付各种危机和冲突需要的是精干、高效、反应快速的部队。同时，高技术兵器是非常昂贵的，多了不仅造不起，还可能造成超需求的“积压”。在拥有一定数量的基础上，突出追求质量优势是惟一正确的选择。（盖龙云《论现代战争力量之强弱对比》，《国防大学学报》2001 年第 4 期）

（陈培军）

关于中西方军事思想比较研究　**毛泽东、克劳塞维茨军事战略思想比较**　军事战略是谋划军事全局的方略，其正确与否直接关乎战争的胜败。在军事思想发展史上，毛泽东和克劳塞维茨都各自对军事战略作了独特的探讨，将他们军事战略思想的基本观点加以比较，是中西军事思想研究的一个重要视角，对于深入探讨军事战略问题也是有益的。

关于军事战略的基本涵义：克劳塞维茨把战略视作达到战争目的运用战斗的学问；毛泽东把战略看做研究和指导战争全局的方法。克劳塞维茨给战略和战术分别下了定义：“战术是在战斗中使用军队的学问，战略是为了战争目的运用战斗的学问。”在论述战略运用战斗时他着重强调三点：一是战略指导须预先计划。拟制战争或战局计划，一般只能根据战前对各方情况的预想，而不可能进行细节的规定，因此，在实施战争的过程中，应不断对总的计划作必要的修正。二是战略指导须协调行动。战略指导者的作用在于根据自己的目的和手段使原来的假定恰好符合实际，使整个作战行动异常协调。三是战略指导须有坚定的头脑和坚强的性格。确定战争该怎么做及做什么并不难，难的是把战争或战局计划贯彻到底。毛泽东则从更加宏观的高度把握了战略的特征，并从哲学方法论的层次上提示了战略更为本质的涵义。其中，战略最本质的涵义主要表现为两个方面：第一，战略具有全局性。毛泽东指出：“战略问题是研究战争全局的规律的东西”。在什么是战争的全局和局部的问题上，他说：“凡属带有要照顾各方面和各阶段的性质的，都是战争的全局。”第二，战略须有预见性。毛泽东高度重视战略预见对战争指导的重要意义，把战略预见作为战略谋划的重要内容之一。同时他认为，战略预见只能是相对的，只能从宏观上把握战争发展的基本轮廓和基本趋势，而不可能达到绝对精确的程度。由上可见，克劳塞维茨主要从如何运用战斗方面论述战略问题，毛泽东则着重从研究和指导战争全局上谋划战略运筹，后者较前者更宏观；克劳塞维茨把战略问题当做一种学问作了专门的探讨，毛泽东则不仅把战略作为研究带全局性战争规律和战争指导规律的学科看待，而且更注重把战略作为战争指导者的一般决策方法运用，后者较前者更概括；克劳塞维茨虽注意从“整个军事行动”的角度探讨战略指导计划性和协调性问题，但尚未明确概括和使用战争全局的概念论述战略问题，而毛泽东则不仅提示了战略的全局性预见性的基本特征，而且通过辩证把握战争的全局与局部、战争的预见与实践的关系，将人们对战略的认识推到了一个新的境地，后者较前者更明确深刻。

关于军事战略的要素：克劳塞维茨把战略要素归结为精神、物质、数学、地理、统计五大要素，并着重论述了精神要素和物质要素的作用；毛泽东从哲学方法论的高度全面概括阐述了政治、经济、军事、科技、地理和国际环境等战略诸要素的作用。应该说，克劳塞维茨对战略要素的归类较之以往对战略的研究是一个进步，但这种归类尚不具有战略全局性的一般意义，各要素也不具有同等性，有些要素之间难免有交叉重复之嫌。而毛泽东对战略要素的概括，则是建立在唯物辩证法从事物诸矛盾和诸方面的总体联系中把握事物的观点之上的，是采用全面的观点考察战争的必然要求，包括考察战争敌对双方的全部基本特点及其辩证联结，找出最为关键的战争要素等把握战争全部基本要素的一般方法。并且，毛泽东所列举的政治、经济、军事、科技、自然地理、国际环境等都是战略的最具代表性的要素，它们都是实现战略目标体系的有机组织部分。同时，毛泽东还把考察战略要素的方法成功地运用于战争中，进而揭示战争的规律，并指导战争赢得胜利。

关于军事战略的基本理论：克劳塞维茨主要论述了精神要素、物质要素和战略本质等战略思想；毛泽东系统地阐述了人民战争、积极防御、根据地、游击战、持久战和防止战争等基本战略思想。总的看，克劳塞维茨对战略的精神要素中统帅的才能和军队的武德的论述，对战略的物质要素中空间上和时间上的兵力集中的论述，对战略的诡诈所具有的谋略性的论述，对在战略范围需有战略预备队的论述，对现代战争的特点对战略计划有很大影响的论述，尤其是联系政治目的对战略本质部分的深刻揭示，至今仍有重要的学术价值。但他对战略问题的探讨不够宏观概括，在涉及战略与战术的关系时也不适当地夸大了战术成果的作用。加之克劳塞维茨参加战争的实践比较有限，不可能形成较系统全面的战略理论体系。而毛泽东则是举世公认的大战略家，其军事战略理论体系具有博大精深的特色和普遍及稳定的指导作用，其所揭示的战略的“全局性”“预见性”等本质特征，辩证把握政治、经济、军事、科技诸因素矛盾关系的方法，贯彻始终的以弱胜强、力争主动、灵活机动等基本要求，以及人民战争、积极防御等战略理论的代表性著述，都大大拓宽了人们认识和研究战略问题的视野，在中外战略理论界产生了深远的影响。（夏征难《毛泽东、克劳塞维茨军事战略思想要义之比较》，《中国军事科学》2001 年第 6 期）

中西方空军建设与运用的历史比较 20 世纪，空军是发展最快、对战争影响最大的军种。有作者分析了中西空军不同的发展道路、不同的建设重点、不同的运用方式。20 世纪前半叶，西方空中力量在制空权理论推动下发展迅速，成为能够对战争产生重大影响的独立空军。中国空军在抗日战争中崭露头角，新中国成立后迎来了建设人民空军的春天。20 世纪 50 至 80 年代，西方国家将空军建设成为基本的战略力量，空中力量成为局部战争的主体力量。中国人民空军在初创阶段发展较快，成为一支具有相当规模的防空型空军。20 世纪 90 年代至今，西方强国空军加速向信息化航天空军发展，空中力量可以独立达成战争目的，空中战争成为战争的一种主要形态。中国空军战略军种意识日益增强，建设与运用进入了一个攻防兼备的新时期。

纵观中西空军的历史，可以看出，两者在建立独立空军方面有很多相同之处，但在是否将空军作为战略军种进行建设与运用上却存在明显差别。中西空军在建设上的差别主要表现为：西方强国空军主要进行主宰空天战场的战略作战能力和独立完成战争使命能力的建设，中国人民空军主要进行战役战术作战能力的建设；西方空军重视外线远程进攻能力建设，中国空军重视内线防御能力建设；西方空军更加重视质量建设，中国空军在较长时期内重视规模建设。中西空军在运用上的差别主要表现为：西方强国空军重视发挥其在进攻、封锁、威慑、战略空运、维和等广泛领域的作用，中国空军主要运用在直接的作战行动上；西方强国重视空军独立达成战争目的的运用，中国空军重视辅助陆海军的运用；西方强国空军重视进攻性行动，中国空军重视防空作战。

中西空军在建设与运用上产生差别，主要有内外两方面的原因。就内因而言，一方面是，中国对空军的认识有一个过程。过去，军事界包括空军的许多人认为，制空权理论是资产阶级军事理论，是唯武器论的翻版，因而持否定态度。一直到 20 世纪 90 年代初，仍然有人把空军看做是配署力量。这就使得对空军的认识长期处于较低层次，未把空军作为战略军种进行建设与使用；另一方面，中国人民空军缺乏战略战役作战实践。在朝鲜战争、解放一江山岛和入闽夺取东南沿海地区制空权的作战中，中国人民空军取得了空军兵团作战的宝贵经验。但其规模与强度毕竟无法与西方强国空军实施的战略、战役作战相提并论。加之随着作战飞机性能的不断提高，空中作战方式方法日新月异，20 世纪 50 年代的战法大多已不适应现在的情况。在人民空军的历史上，有过持续近 20 年的使用小分队与入侵的单批单架敌侦察机或战斗机作斗争的国土防空作战实践。这种实践对于空军的建设与运用具有双重影响：一是取得了作战经验，促进了空军现代化建设；一是这种实践有其局限性，对此如果缺乏必要的认识，容易使人们的视野和思维空间变得狭窄。

就外因而言，一是社会制度、安全环境、国防政策与西方不同。中国实行社会主义制度，奉行独立自主、维护和平的外交政策和防御性国防政策。西方资本主义强国对新中国曾长期采取敌视态度，构建对新中国的包围圈。在军事上实施威慑，在经济上进行封锁，在外交上进行遏制，并经常派遣飞机进行侦察骚扰。从 20 世纪 60 年代开始，美国和苏联对中国形成的强大压力特别是军事上的压力，使中国不得不长期准备进行大规模的防御作战。中国空军在这样的环境中，自然要准备进行国土防空作战，并要随时准备支援陆海军的内线防御作战。在这种安全环境和应急性作战任务的牵引下进行空军建设，思维空间难免受到很大制约。二是中国的经济、科技水平同西方国家存在显著的差距。新中国成立时，航空工业基本上是一片空白，目前虽实现了空军主战武器装备的国产化，但与西方强国相比仍有较大差距。三是在历史与文化方面的差异。中华民族是爱好和平的民族。中国历代政权的国防基本上都是内向型的，对外奉行的是封疆守土战略。这与西方资本主义强国崇尚武力和对外扩张的政策完全不同。中国的这种求和平、重防御的历史文化，积淀在民族思维之中，对人民空军建设与运用的影响是深层次的和长远的。（闵增富《中西空军建设与运用的历史比较》，《中国军事科学》2001 年第 5 期）

中西方传统价值取向对军队影响比较 中西军队都是依托于一定的国家和民族的社会基础而建立起来的，其建军思想、治军方略脱离不了一个国家和民族传统价值的制约。也就是说，军队的思想倾向和实践活动，总要显露出传统文化特别是传统价值取向的特质。

*群体本位与个体本位对中西军队的影响。*一般而论，群体本位与个体本位是中西人本思想的重要差异。群体本位的价值观，是人的社会关系总和的本质体现，也是人类早期社会活动明显的价值取向。随着生产力的发展，军事活动和生产活动分离开来。群体行为也被演进为武力群体行为和社会生产、生活群体行为。阶级的产生和个体能量的增大，使人们对群体的依赖减少，人们的价值取向有了多元的选择。正是在这种情况下，中西不同的生存环境和经济方式促成了中西社会朝着两个方向对原始社会被动形成的群体价值取向进行扬弃。就军事生活而言，中国继承和发展了早期人类社会军事活动中群体行为价值观，最大限度地发挥群体力量获取战争胜利。通过与社会生活中的群体本位价值取向相互作用、相互影响和相互制约，有中华民族特色的军人群体本位价值取向得以形成，主要反映在以下方面：首先，建军与治军目标上讲究“修德取胜”；其次，集体主义、爱国主义历来是中国军队凝聚军心和培育士气的主题；再次，军队内部关系力求和谐；最后，群体价值取向催生的中国军人特有的军人价值观还表现为忠孝一体、君父一体、爱家爱国爱民一体。中国人民解放军形成了新型的军队内外关系，集体主义、爱国主义和革命英雄主义的有机统一，官兵一致、军民一致和瓦解敌军的政治工作三大原则等，除了有其无产阶级军队质的规定性外，也凝结着中国重视群体和谐价值取向的精髓。当然，群体本位价值取向对军队也有一些负面影响。如古代中国军队“忠君”“保国”的内涵常常变成“效忠”个人，成为毫无独立思考余地的律条，严重束缚了个体的积极性和创造性。在西方军队中，则经历了由原始氏族军事行为中群体价值取向向古希腊及以后的个体价值取向的嬗变。文艺复兴之后，新型的资产阶级、特别是资本主义制度对个人主义的张扬，使个体价值取向在西方军队中体现得更为突出而深刻：一是军队重视发挥个人的作用，重视个人的价值和权利；二是军队中个人主义色彩浓烈；三是军队盛行极强的功利主义价值观。个体本位价值取向一方面有助于促成军人较强的独立性、个人奋斗意识和创新、冒险精神，体现军人的个体价值，保护个人利益；另一方面也容易导致军人“个人致上”，从自我发展到惟我，从合理利己主义发展到为了个人点滴小利不惜牺牲国家、军队的整体利益。

*契约本位与人伦道德本位对中西军队的影响。*在西方以独立人格为基础的社会中，道德本位价值取向必然是契约型的。即人与人之间不是形成宗法伦理、等级关系，而是形成平等基础上的契约关系。与社会生活同步，西方军队也同样反映着契约价值取向：一是治军手段上注重发挥制度的功能；二是形成了有利于制度建设的军人心理和外部环境；三是在治军过程中，重视规范教育和条例教育，严格按规章办事，追求制度效益，讲究军事活动的有序化和合法化；四是军队管理具有防范性特点。西方这种治军方法制度，管理效率高，但也使得军队自觉不自觉地忽视内部情感联系作用，造成官兵感情疏远，因而西方军队中吸毒、犯罪恶习较为普遍。相对而言，中国传统的文化是伦理型文化，中国传统的管理是伦理型管理，中国传统的教育是伦理型教育。因此，中国治军十分注重于情感投资和理论灌输。与西方军队的防范型管理不同，中国军队的管理是一种引导型的教育，即通过特定的途径使管理对象接受“道理”，从而形成自我教育，自我觉悟。这种以“情”为纽带，以“理”为内容的治军方法，增加了军队成员的认同感，组织整合能力较强，凝聚力也较强，人与人之间关系较为和谐。但也容易忽视制度效应和条例管理的作用。同时宗法伦理关系容易渗透到制度管理中，从而带来一系列负面影响。如过多偏重“关系”学而忽略制度规则的有效运行，在评定工作成效时，也容易以政治上、

道德上和人事关系上的准则为依据。

农业经济为基础的人生本位与贸易殖民经济为基础的人生本位对中西军队的影响。中国以农业经济为基础的价值取向，反映在战争观上，表现为重和平，求自保；反映在国防观念上，就是既要维护自己的民族独立，又不向外扩张，其理想的国防战略目标是通过教化达到四夷宾服；反映在军事战略思维上，就是谋统一、重防御、后发制人；反映在军事政策上，就是强调义战、慎战、自卫，渗透着“先礼后兵”的道德因素，要求战争“师出有名”；反映在军队建设上，则要求部队成为“仁义之师”、“文明之师”。所以，在中国古代众多的兵书中，从来没有对掠夺型战争的称赞。它折射出中华民族那种协和万邦、固本求安的传统精神境界。与中国不同，基于贸易殖民经济的人生本位价值取向，反映在西方军事战略上就是征服性和侵略性；反映在国防政策上就是以军事征服和向外拓展为荣耀；反映在军事道义上，就是蔑视战争中的自卫原则，忽视战争道德或无所谓战争道义；反映在西方军队精神教育中，就是为强权与霸权作辩护，给军人灌输其军事上的种种优越感和好战情绪。而其精神灌输的途径只能是从军人趋利避害的利益本能出发，把国家利益和军人个体利益揉合在一起，向军人作出种种满足个人需求的许诺，从而影响其从军和参战的心态。

中西传统文化的价值取向渗透在军队的诸多方面，是形成各具特色军队的重要原因。上述比较表明，中西传统文化的价值取向本身就是一把“双刃剑”，它对军队的影响无疑各有优长，各有不足。随着现代经济和科学技术的发展，世界各国联系日趋紧密，中西双方相互影响、相互借鉴将越趋明显。（吴志忠《中西传统价值取向对军队建设之比较》，《中国军事科学》2001 年第 3 期）

（宁　青）

关于军事谋略学问题　**发展军事谋略学应着力解决 4 个问题**　要实现军事谋略理论的科学化，使其进入可持续发展的良性循环，应当着力在以下几个问题上下功夫。

理清对谋略本质的认识。谋略实践的历史表明，强胜弱败，是军事斗争胜负的一般规律，而谋略就是实现强弱转化、强己弱敌的一般方式和方法。成功的谋略，无不具有使计划主体实现自身可持续发展的功能。从这个意义上讲，可以把谋略理论当做夺得斗争的可持续胜利，在斗争中实现谋划主体可持续发展的非一般方法。显然，全面深刻地认识谋略的本质，对于谋略理论不断发展，以及夺取现实军事斗争的胜利，有着极为重要的意义。

端正学习谋略的出发点。军事斗争不是抽象的，对于从事具体的人来说，斗争过程往往具体化为一系列“办事”过程。军事谋略作为军事斗争的制胜艺术，对于从事斗争的当事人来说，也就演变成为一种“斗争过程中的办事艺术”。当然，这里所说的“办事”中的“事”，是指挥军事斗争过程中所具体发生的关系斗争成败，甚至于关乎国家存亡、百姓生死的大事，把握着这一根本点，才算是从本质上抓住了谋略这种“办事艺术”的真谛。

谋略理论应当实现科学化。谋略发展已有几千年的历史，但一直到 20 世纪 80 年代末《军事谋略学》的出版为标志，谋略知识才终于向着理论化、科学化和学科化迈进。该书所提出的“活力对抗”的理论，成为研究谋略科学的理论基石。我们应当在此基础上进一步揭示谋略思维的科学规律，把原来只能通过个人悟性来把握的谋略艺术，转化成具有较强的可学习性的谋略科学理论。

走与现实军事斗争实践相结合之路。与现实军事斗争实践相结合，为现实军事斗争实践服务，是获得持久强大推动力，实现谋略理论可持续发展的必由之路。要着力拉动军事斗争实践对谋略理论的内在需求，以开放促发展，使谋略理论在现实军事斗争实践中具有更大的价值，从而建立起使谋略理论获得持久生命力的根本机制。（罗志华《从“活力对抗”这一逻辑起点深入探索》，《解放军报》2001 年 12 月 18 日）

研究军事谋略思想需把握 3 个要点　高技术武器装备推动了战争的形态、手段的变革，由此牵引军事谋略思想观念不断丰富发展，但学习和研究军事谋略思想，仍需把握以下 3 点：

加深理解传统军事谋略基本法则的深刻含义。传统军事谋略的基本法则是历史上战争经验的总结，是发展和创新高技术战争谋略的一个基础。与历史上的战争相比，高技术战争的一般规律并没有因为过程的推移而改变。认真学习传统军事谋略理论中的合理内容，对研究和运用高技术战争谋略具有重要的启示作用。

挖掘传统军事谋略的新内涵。研究传统军事谋略的基本法则，贵在古意新解，把中国传统军事谋略文化与高技术战争理论和实践相互参照，在学习毛泽东和孙子的军事谋略理论时，以高技术战争的理论和实践作参照系；在学习高技术战争谋略时，以毛泽东和孙子的谋略理论作参照系，从而打开新思路，提出新理念。

发现高技术条件下军事谋略的新法则。树立科学的军事谋略思想观念，尤其重要的是要寻找传统军事谋略理论中没有的新东西，注重探寻高技术战争谋略的新法则。从分析高技术已经成为运用和实施谋略的工具和手段的新情况入手，论证高技术与军事谋略有机结合的“技谋”，是高技术战争谋略的本质特征。在此基础上，揭示以智使技谋略新法则，具体阐明争夺信息控制权是高技术战争谋略对抗的焦点，人谋与机谋结合是实施谋略的新途径。这样就可以使谋略主体的思维空间大大拓展。指挥员只有这些谋略新理念的指导下，才能有效地争得谋求保存自己、控制敌人和消灭敌人的主动权。（王寅宝《找准历史与现实的结合点》，《解放军报》2001 年 12 月 18 日）

高技术战争所出现的谋略新特点 高技术在军事领域的广泛应用，使谋略出现如下新特点。

夺取制信息权成为军事谋略的基本着眼点。高技术战场，使指挥对信息的依赖性增强，争夺制信息权已成为交战双方较量的基本着眼点，围绕信息的获取、传递、处理和使用而展开的谋略抗争越来越激烈。心理战、电子战、战役、战术欺骗和结构破坏战等，已成为重要的作战形式。高技术条件下的作战，贵在“先知”。但在使用已获取的信息时，还必须灵活机动地谋势，才能有效地把握作战主动权。

以“技”施“谋”成为军事谋略的基本侧重点。以“技”施“谋”，实质就是谋略的技术化。就是“技”和“谋”的一体化。高超的谋略既可以扬长避短，充分发挥武器装备的潜力，又可有效地制约和破坏敌人高技术兵器优势的发挥。以“技”施“谋”，主要表现在以下 3 个方面：第一，善于应用指挥自动化系统，辅助实施决策，优选作战方案。第二，善于运用电子佯动、电子伪装、电子干扰、病毒侵袭等，诱敌判断失误。第三，精心研究各种高技术武器装备的性能及其使用技法，掌握其特殊性能和使用规律，进而创造出针锋相对的克敌之策。

人机结合成为军事谋略的基本立足点。施谋定策的过程，包含着筹算。在指挥自动化系统中，人脑仍是谋略的主体，计算机是筹算的工具，它的计算、记忆、判断和选择的超常能力，既可在战前提供科学的定量分析，筛选最佳作战方案，又能在作战过程中迅速而准确地提供多种作战参数，为指挥员及时而全面地掌握战场态势提供保障。

多维化战场成为军事谋略的基本出发点。大视野才能构想出新思路，从而运筹出先机制敌的妙招。首先，精确制导武器和隐形技术战争的广泛应用，使电磁场成为高技术战争的一个独立战场。指挥员必须学会在电磁空间运用电子手段谋势造势。其次，位于太空中的各种侦察卫星、导航定位卫星等，已成为高技术战争中信息获取的重要手段，“制信息权”和“制天权”联为一体。因此，指挥员应注意围绕对太空卫星的干扰、欺骗进行谋划。再次，未来的高技术战争是诸军兵种参加的联合作战，战争的前后方界线模糊，要求指挥员谋势造势时应立足于陆、海、空、天、电广大的战场空间，综合考虑所有参战力量的平衡。第四，信息将成为高技术战争中重要的战斗力，信息基础设施的安全保护，就成为整体作战中一个十分突出的问题。

快速的作战节奏要求军事谋略具有实时性。目前，导弹预警卫星在对方导弹发射后 90 秒钟，即可捕捉到导弹尾焰产生的红外信号，自动通过地面站上报给指挥中心。这一过程只需 3～4 分钟。未来高技术战争，信息量激增，指挥员能否在众多的信息中，抓住关键信息，并能及时作出判断，是未来高技术战争取胜的重要条件。（汪江淮、杨根源《高技术战争中的军事谋略特征》，《解放军报》2001 年 12 月 8 日）

（王昊卿）

关于军事科学学问题 **构建军事科研创新机制有赖于“五化”** 有作者就此提出如下观点：

研究观念超前化。军事科学研究的观念要在实事求是的基础上超前化。一是加强对世界先进国家军事科学发展趋势的研究，确立新的军事科研思路和观念；二是确立全球化、网络化、信息化大背景，打破封闭、保守的思想束缚，在世界知识军事的大循环中经受考验；三是要有危机意识和紧迫感，确立奋起直追、开拓创新的新观念；四是关注知识经济的创新发展对军事领域的影响，形成知识经济时代超越型军事思维的方式。

基础设施国家化。军事科研创新依赖于军事科研基础设施建设，军事科研的基础设施必须融入国家创新体系中，才能为军事科研创新找到可靠的支撑点。美国就是通过增加对信息产业的投资带动军方信息基础设施的迅速发展，从而带动美军军事科研创新层出不穷的。

知识来源高技术化。军事科研的创新主要是从知识密集型或技术密集型的知识产业开始的。在知识经济时代，谁在军事科研中与“朝阳”产业的联系越紧，谁的创新就越多，在军事上就拥有更多的主动权和发言权。

方式方法现代化。系统论、控制论、信息论、突变论、耗散结构论、协同论已在军事科研的许多领域广泛应用。知识经济时代，军事科研既要注重向高度综合化的研究方向转化，还要注重运用先进的数字模拟方法等现代科技手段，以便在对复杂的军事活动进行统计性研究的同时，可以对军事活动进行数字模拟，大大提高研究的创新度。

重点问题现实化。军事科研的创新必须为现实服务，现实问题解决不好，将来问题就会更多。为此，必须把军事科研创新的重点放在解决重大现实问题上。(何明远《谈谈科研创新》,《解放军报》2001 年 11 月 20 日)

军事科研创新需要 3 种观念 一是专注观。军事理论工作者不可能在各个领域都登峰造极，要想真正做出实质性贡献，必须学会专注。只有专注，才能扩展学术研究的纵深，才能保证自己的研究更有新意。专注意味着割舍，要舍得放下那些急功近利、容易博得虚名的“短、平、快”项目，扎扎实实致力于重点难点课题。专注的背后实际上是两种不同名利观的较量。二是开放观。创新必须走开放之路。开放的特征之一是不作军事科研“学阀”和“学霸”，允许不同观点存在；同时，要能够经得住批评和质疑；还在于能不断地吸取新的信息和新的成果为我所用，而绝不能采取闭门造车的态度。与自然科学相比，不开放在军事科学研究当中造成的危害往往更大，战争不会给予人们纠正错误的第二次机会。三是唯新观。唯新观是学术创新的最关键因素。唯新，是勇赶潮流，是选择并进入最前沿、最活跃的学术领域。唯新的学术观意味着要开拓，要变革，要敢于对陈旧理论体系发起冲击，而不是简单的修修补补，不是换包装和换名词，更不是“学术考古”和“保护文物”，也不是只知道套用陈旧的外国军事理论。唯新学术观不仅与那些投机取巧的剽窃者格格不入，而且必须时刻力戒学术上的浮躁风气。（于泽、师海波《学术创新三“观”》,《解放军报》2002 年 1 月 1 日)

关于军事科学研究的主要特点 军事科研分为基础理论研究、应用理论研究和对策问题研究，这些研究既有共同特点的反映和表现，同时又有各自不尽相同的特点和要求。

基础理论研究的特点。第一，高度的抽象性。军事科学基础理论研究探求和认识的是战争和国防的规律，揭示的原理具有普遍性和广泛性。为此，就必须经过概念、判断和推理阶段，通过归纳、分析和演绎等方法，达到科学的抽象，从而获得深刻的理性认识。第二，理论的系统性。军事科学基础理论研究的目的是丰富和发展军事科学理论，建立新的理论体系或发展现存的理论体系。因此，基础理论研究的结果应当是提出新概念，揭示新规律，创造新理论、新体系，以保持军事科学理论的创新性和完整性。第三，效益的长期性。军事科学基础理论研究的成果在军事实践中发挥着重要作用，这种作用能够长时间地产生影响和效益。第四，研究的连续性。军事科学理论体系的建立和完善，需要不断地研究和积累。只有保持研究的连续性，持之以恒，才能得到确有学术价值的理论成果。第五，劳动的艰苦性。任何军事科学基础理论研究，都必须经过长期的钻研，艰苦的探索，才能不断求得真理。

应用理论研究的特点。第一，明确的目的性。军事科学应用理论研究的课题立项，都要具有实际应用的明确目的，其研究成果要成为规范国防和军队建设与作战行动的依据。第二，成果的规范性。军事科学应用理论研究主要是编写或修订军事法规、条令条例和规章制度。不仅研究过程的政策性很强，而且其成果具有很强的规范性。因此，这种研究必须从军事斗争和军事的实际出发，贯彻党的路线、方针、政策和国家的法律法规，并把两者有机地结合起来。第三，效益的直接性。军事科学应用理论研究的成果具有很强的实用性和可操作性，因而对国防和军队建设与作战指导具有直接的影响和效益，如各种条令条例等。第四，攻关的联合性。重要的应用理论研究课题，绝非单枪匹马所能完成，需要集中一批具有相当研究能力、不同知识结构和专业特长以及部队和机关实际工作经验的人员参加，进而形成信息能力和知识上的互补，以确保研究成果的质量。第五，方法的实证性。军事科学应用理论研究的成果在于应用，而且要管用。实证研究必须坚持从实际出发，深入部队、机关、院校进行调查研究。要在掌握大量的第一手资料的基础上，把定性分析和定量分析结合起来，拿出编写或修订的成果，组织部队进行实验，然后进行修改定稿，经过相应的领导和机关审批后，颁发部队、机关和院校执行。

对策问题研究的特点。第一，问题的针对性。军事科学对策问题研究是针对国防和军队建设与作战指导的问题，提出咨询性的对策建议，供领导决策作参考。为此，首先抓住领导和机关决策关注的问题，这是决策需求的针对性；其次是要抓准面临的问题或现实存在的问题，这是解决问题的针对性。第二，建议

的可行性。为保证提出的对策建议有用可行，对策问题研究要进行可行性论证，即在深入调查研究的基础上，抓住主要问题，分析各种情况，提出多种方案，进行广泛的分析比较，明确表示倾向性意见，以便领导和机关择优决策。第三，效益的时间性。适时提出对策建议，是对策问题研究必须把握的重要问题。对策问题研究不同于基础理论研究，时间不能拖得太长，而要在短时间、高质量两方面一起下功夫。第四，论证的具体性。军事科学对策问题研究是针对具体问题提出解决的办法，这就要求必须深入了解实际情况，具体分析具体问题的症结所在，以及与高技术局部战争不相适应之处，在充分论证的基础上，从理论和实际的结合上，提出具体的对策建议和实施办法。第五，研究的超前性。军事科学对策问题研究，不仅注重解决当前面临的问题，而且要预测今后的发展趋势，超前提出领导决策所要回答和解决的问题。为此，要正确处理从实际出发与勇于创新、继承与发展、需要与可能的关系，从而使对策建议具有较准确的预见性。

关于军事科学研究的常用方法　军事科学研究在坚持以马克思主义哲学方法论为根本方法的前提下，常用的方法有 12 种：

（一）调查研究方法。即为完成一定的军事科研任务或课题，深入军事实践收集感性材料和文献资料的方法。调查研究的具体方法，主要有普遍调查、典型调查和抽样调查三种，所谓普遍调查，是对研究对象进行全面地了解和观察。所谓典型调查，是从研究对象中选择一个或几个有代表性的对象进行观察和了解。所谓抽样调查，是从被调查的全部对象中，抽取一部分进行观察和了解，并以部分结果来推算总体结果。这几种调查方法，各有自己的优点和一定的局限性。在运用过程中，要根据担负的任务或课题的需求，选取一种或几种综合运用，以获得比较全面而又准确的感性材料。

（二）矛盾分析方法。这是指观察和分析各种事物的矛盾运动，解决战争和国防领域矛盾的方法。运用矛盾分析方法，要特别注意以下几个问题：一是要具体问题具体分析。应依照战争和国防的本来面目，根据不同的时间、地点和条件，分析它们的运动、变化和发展的特点，并运用不同的手段来解决战争和国防中的问题。二是要坚持一分为二的观点。既要看到各方面因素之间的联系，掌握军事矛盾的总体，又要把握事物的重点，即把握主要矛盾和矛盾的主要方面，解决战争和国防中带根本性的问题。三是要敢于揭露矛盾。在军事科研中碰到矛盾，遇到难点，要有勇气揭露矛盾，并寻求解决的办法，为国防和军队建设与战争指导提供有价值的科研成果。

（三）阶级分析方法。这是无产阶级及其政党研究战争和国防问题的科学方法。战争是伴随着私有制和阶级而产生的。只有运用阶级的观点进行分析，区分正义战争与非正义战争，才能确立对待不同战争的正确态度。在运用阶级分析方法时，应善于把握战争中的阶级、国家、民族及政治集团等多种关系的全部总和，对参加战争的各阶级的政治、经济、文化、思想等做全面地考察，才能分清敌我友、正义与非正义，提出真知灼见，为正确决策提供科学依据。

（四）古今中外方法。就是弄清所研究问题发生的一定的空间和时间，把问题放到一定社会条件下的历史过程中去研究。既要研究历史事件产生、发展、消灭的过程，又要研究中国或己方以及外国或彼方的情况。总之，就是把古今中外贯通起来，通过纵横对比，得出符合历史客观事实的结论。运用这种方法，一是要全面客观地考察历史事件，对历史事件发展过程中的各种情况，进行客观地全面地分析研究，防止主观性和片面性。二是要以我为主，以己方为中心。研究外国外军，也是为了解决中国的国防和军队建设与作战的问题。

（五）系统分析方法。是把研究对象放在系统中加以考察的方法。这种方法要求从整体出发，对系统和系统、系统和要素、要素和要素、系统和外部环境的相互联系及相互作用，进行综合、全面、精确的考察分析，以达到最优方案解决问题的目的。运用系统分析方法，要注意遵循以下原则：一是整体性原则。要从整体出发，从结构着手，来实现系统的功能。二是相关性原则。要注意系统与系统、系统与要素、要素与要素、系统与环境之间的内在联系。三是动态性原则。在对某个系统进行考察时，不能把它看成一成不变，要在运动中把握事物的规律。四是最优化原则。就是要从多种可能的途径中，选择最佳的方案，使系统处于最优状态，达到最佳的效果。

（六）比较分析方法。这是指确定客观对象及其过程的共同点和差异点的方法。比较分析方法，主要可分为同类比较和异类比较、纵向比较和横向比较、宏观比较和微观比较等。运用比较分析方法，应注意把握以下三点：首先，比较的对象要有特定的联系，不能把毫不相关的东西做对比，其次，比较应在性质相同的条件下进行。再次，比较的标准要统一。

（七）预测研究方法。这是指以现实为基础，依据客观的规律，对未来情况及其变化过程、发展趋势进行判断的方法。首先，它是依据事物的量变到质变的过程预见未来的。其次，它是依据事物的多种可能性预见未来的。并努力使好的可能性变为现实。再次，它是依据事物的连续性预见未来的。由于战争具有复杂的变异性、激烈的对抗性和巨大的破坏性，因而军事科学研究非常重视预测研究方法的运用。

（八）具体与抽象方法。即从具体到抽象，从抽象到具体的方法。军事科学研究总是先从具体存在的事物入手，通过对大量具体的事物和现象的研究，舍弃个别的和非本质的东西，把共同的和本质的东西抽取概括出来。待完成思维抽象后再从抽象到个体。即通过分析和综合军事研究对象诸多方面的规定性，掌握其内在联系之后，将研究对象多样性的统一作为整体在思维中具体地再现出来。通过从具体到抽象，从抽象到具体的不断循环往复，才能使认识不断向高级阶段发展。使军事科学研究不断深化。

（九）分析与综合方法。分析与综合是对立统一的。分析是变整体为部分，而综合则相反。但它们有统一性，分析是综合的基础，分析与综合在一定条件下可以转化，产生分析、综合、再分析、再综合的研究和认识过程。分析与综合的方法在军事科研中具有重要作用。军事科学研究就是要提出问题，通过分析与综合来解决问题，从而产生有价值的军事理论。

（十）归纳与演绎方法。归纳是从个别或特殊的事物中概括出一般结论的方法，就是从个别到一般的推理方法。演绎则是根据已知的一般原则去推导个别事件的方法，就是从一般到个别的推理方法。在军事科研中运用归纳与演绎的方法，可以深化认识，使有关军事的感性认识上升为军事理论。可以认识战争和国防的内在联系，发现规律，进行科学预测，但运用归纳与演绎得到的结果，只是推理的结果，并不完全可靠，需要结合其他方法加以综合运用。

（十一）定性分析与定量分析方法。定性分析是指对事物质的方面发展变化状况进行的分析。定量分析是指对事物量的方面发展变化状况进行的分析。两者使用的具体方法不同，适用范围和对象也不同。两者相结合的方法研究战争和国防问题，须以定性分析为前提和指导，根据定性分析的判断进行定量分析。在定性分析的基础上，通过定量分析论证、试验的结果来调整定性分析和判断，并经过多次反复，得出正确的判断和结论，提出军事决策的最优方案。

（十二）军事演习与军事试验方法。这是军事科研的专门方法，尤其是相对和平时期军事科研不可缺少的方法。在战役战术和军队管理的研究中，尤其是在编修作战条令时，要运用这种方法。参加或通过军事演习和军事试验，可以深入探讨和发现新的研究问题，还可以检验军事理论和军事原则是否符合实际的要求。（刘继贤《军事科学研究的特点和方法》，《中国军事科学》2001 年第 5 期）

美国关于其他军事学科问题研究　美军加强理论研究推出 4 项新举措　这 4 项举措具体如下：

加强研究的计划、协调和监督。美军强调军事理论研究根据总的军事计划原则进行。规定各部队每年要制订出“最重要需求的初步计划”，其中要提出最重要的研究方向。然后将初步计划上报国防部，由其加以综合，以工作文书形式下发各军种有关部门做出评估。此后，由国防部制订出财年研究计划发给各部门，以避免重复。为了实施对研究工作有效地协调和监督，美国国防部在各个部门及各军种都设有“分析研究协调人”，通过自上而下和自下而上的协调和监督，使国防部的军事理论研究工作同各军种以及某些政府机关的研究工作协调一致。

以合同和有关协议为研究做保证。美军绝大部分军事理论研究工作根据事先签订的合同和协议进行。研究工作合同和协议的执行，由负责完成研究课题并对其质量负责的科研单位、运用研究成果的部门、负责执行合同实施监督的官方人员等三方共同负责实施。美军许多研究中心都设有专门的机构，负责向运用研究成果部门提供咨询服务，并担负监督合同执行情况的职能。

重视军地双方共同承担研究课题。美军大部分军事理论研究工作是用定货的办法由军外承办单位完成的。军外单位承办的研究任务占军事科研与设计试验总任务量的 2/3 以上。因此，美国很大一部分科研力量集中于靠国防部拨款的私人部门、大专院校和科研中心。国防部有权对军外研究单位的研究工作及运用成果单位提出各种要求，并监督研究过程。

谋求理论研究与技术开发协调发展。美军强调理论研究和武器装备的技术开发要协调发展，并重视理论研究对技术开发的指导作用。为寻找理论研究和技术开发的最佳结合点，美军目前的成功做法是通过“协议书”和“要求书”的协调来解决。“协议书”是军事理论研究部门提出的武器项目、技术性能指标；“要求书”是反映理论研究部门和武器研制部门在进行论证和进行实验基础上，共同提出的技术性能指标。“协议书”和“要求书”既协调了理论与装备的发展进度，也体现了美军理论研究注重对装备发展的

指导作用。(阎民《美军加强理论研究新举措》,《解放军报》2001 年 1 月 23 日)

(吴　刚)

简　讯

2001 年解放军出版社出版的部分军事图书评介　2001 年,解放军出版社为迎接新世纪的到来,本着面向现代化、面向世界、面向未来的精神,出版了一批具有跨世纪特征的图书:

《21 世纪网络战展望》丛书出版　20 世纪最重大的技术发展之一是信息技术的出现和迅速推广,人类社会因此而进入了信息社会。从军事角度观察,信息社会使战争也进入了新的形态,而网络战争即是一种在 21 世纪最具有威胁的战争形态。本丛书敏锐地捕捉到这一时代特点,分 4 个分册全面展示了网络战争的面貌:《保卫“信息国土”——网络社会与国防》介绍网络的产生与发展,网络对现代社会政治、经济、文化、传统产生的影响,在此基础上着重讲述了网络对国家安全和现代化国防带来巨大的冲击和严峻的挑战。《鏖战“电子空间”——网络信息战》着重介绍了新的战争形态的基本内容、基本特点、作战方式和原则,以及对军队建设的影响。《点击“地球村”——漫谈世界黑客》介绍了当今世界 29 个国家或地区的最具代表性和实用性的 3000 多个军事网站,对人们查询军事信息具有一定作用。本丛书总计 100 万字,是国内首部系统介绍网络战争的大型丛书,对全国人民增强网络意识,认识网络战争具有很大的参考价值。

为“打得赢”服务的“士兵书库”《科技大练兵》卷出版　21 世纪军事斗争准备最重要、最核心的内容是军事训练。因此,科技大练兵成为时代的召唤,历史发展的必然。什么是科技大练兵?为什么要开展科技大练兵?科技大练兵有哪些内容,有什么特点?怎样深入持久地开展科技大练兵活动?这些广大官兵在实践中提出的问题,《丛书》都给予了回答。《丛书》分 5 种:《吹响新世纪的军号——浅析军事训练的革命》、《科技练兵的聚焦点——新“三打三防”》、《“假”作“真”时真更真——谈谈虚拟演兵》、《从这里走向战场——浅谈基地化训练》、《21 世纪的“武教头”——科技练兵教练员》。广大干部战士读了这部丛书,会更理解科技练兵的深刻意义、基本内容、基本做法,以更饱满的热情做好新时期军事斗争的准备工作。

《保卫祖国领空的战斗——新中国二十年国土防空作战回顾》出版　空中战斗是未来高技术战争最重要的战斗领域,空袭与反空袭是未来战争中最重要的作战样式。本书用 6 章 22 万字的篇幅,全面叙述了 1949 年至 1969 年,中国年轻的空、海军航空兵、高射炮兵和地对空导弹兵,为保卫祖国领空,先后与美国空军和受美国控制的台湾国民党空军部队,进行的 20 年防空作战历史。由于作者林虎为空军副司令员,自解放后一直在空军作战指挥的第一线,随部队转战东南沿海各地,是 20 年防空作战的亲历者与见证人,因此本书内容翔实准确,文笔亲切生动,经验教训深刻感人,是一部具有极高史料价值、学术价值和阅读价值的史书。

富有历史启迪意义的《瓦解敌军纪实》丛书出版　这部丛书第一次以纪实文学的笔法系统反映了人民解放军政治工作“三大原则”之一——瓦解敌军。丛书分为 4 种:《燕赵惊雷——争取高树勋起义纪实》、《关东浩歌——争取曾泽生、潘朔端起义纪实》、《南望湘云——争取程潜、陈明仁起义纪实》、《天变川康——争取刘文辉、邓锡侯、潘文华起义纪实》。丛书真实记录了中国革命战争胜利的一段光辉历史,深入揭示了中国共产党人的胆略、智慧和胸怀,生动反映了国民党爱国将领顺应历史发展趋势的正义之举。丛书情节曲折、文笔生动,并配有多幅珍贵的历史照片,极具可读性。

历史新作《中华统一大略》出版　统一始终是中国历史发展的主流,是中华民族至高无上的道德情感和理想追求。本书精选历朝历代最著名的统一中国的战略对策 25 篇,分别加以注释,深入分析点评,探索中国历代统一战争的规律,给人以深刻的启迪,具有较高的学术价值和重要的现实意义。

(谢　钢)

2001 年军事科学出版社出版的部分军事图书评介 2001 年，军事科学出版社坚持正确的出版方向，为新时期军事斗争准备服务，为军队现代化建设提供科学的理论指导和智力支持，出版了一批品位高、学术价值高的理论著作。

一是为庆祝中国共产党建党 80 年策划、出版了一批社会效益高的图书。其中，《托起新中国的太阳》浓笔重彩缅怀了以毛泽东为核心的中共第一代领导集体的建立、形成、巩固及其伟大的历史贡献。《党建八十年中华擎天柱》以近 90 万字的篇幅，以史论结合的方式，回顾党建历程，总结历史经验，成为“党建小百科”。《邓小平军队改革思想研究》系统地阐述了邓小平军队改革思想的形成过程、理论体系、特色及其现实意义。《军队党的建设实践》系统地总结了 70 多年来军队党的建设实践活动的基本经验。《新形势下的部队党委建设》从理论的高度，对搞好新形势下的部队党委建设进行了分析和论述。《党委书记的素质与领导艺术》以新颖的形式和生动的语言，在旁征博引、议论风生中让读者感受如何提高党委书记素质与领导艺术。《共产党员理想信念教育讲话》以学习体会的形式划分章节，系统整理了党的三代领导核心对共产党员理想信念的论述，成为部队进行理想信念教育的基本教材。在上述图书中，《托起新中国的太阳》与《党建八十年中华擎天柱》列入中宣部和新闻出版总署“纪念中国共产党成立八十年全国百种重点图书”。

二是推出了《中国共产党新世纪政治宣言》、《“三个代表”思想与新世纪军队建设》两本重点图书。《中国共产党新世纪政治宣言》中收入了胡锦涛关于学习领会贯彻江泽民同志“七一”重要讲话精神的文章，收入了曾庆红同志就学习贯彻中共第十五届六中全会决定答记者问，以及中共中央党校领导和教研部门、中央政策研究室、中央外联部、中央党史研究室、中央编译局等主要领导、专家、学者的学习体会与认识。从多角度、多层面探讨了江泽民“七一”重要讲话和中共中央十五届六中全会决定的重大理论和实践意义。军事科学院政治委员温宗仁所著《“三个代表”思想与新世纪军队建设》以 10 章篇幅，对如何以江泽民总书记提出的“三个代表”重要思想指导新世纪的军队建设，从理论与实践的结合上，进行了全面而深入的阐述。

三是出版了一批重点学科理论著作和军事历史著作，使军事基础理论研究跃上了一个新的高度。《战略学》（2001 年版）反映了跨世纪的中国战略理论。《军队组织编制学》通过对新的历史时期新情况、新特点的研究，揭示了新的历史条件下军队组织编制发展的基本规律。《军队管理学》吸收了近年来军队管理方面的研究成果，涉及军队管理活动的各个领域，构建了新的军队管理理论体系。《百年战争评说》向读者展现了 20 世纪影响历史进程的波澜壮阔的战争画卷。《20 世纪战略理论遗产》将 20 世纪最有影响的 10 种战略理论进行了介绍与阐述。《军事科学研究与管理》在获得第 12 届“中国图书奖”提名奖后，作者对该书内容进行了较大幅度的修改，吸收了近年来军事科学研究的最新研究成果，出版了第二版。《军事革命论》以历史与逻辑结合、反思与预见结合、论从史出的方法，通过对军事革命历史全纵深的考察，提出了军事革命形成和发展的基本理论。《装备管理学》系统介绍了装备管理方面的理论及其与相邻学科的关系。《新四军的组建与发展》系中国新四军和华中抗日根据地研究会经多年搜集整理资料和深入研究的成果，具有较高的权威性。《军人的特殊权益》和《军人的一般权益》以国家现行法律法规为依据，系统而通俗地介绍了军人在各个方面应当享有的权益。《国防经济大词典》经过精心编纂，成为中国历史上第一部全面反映现代国防经济理论与实践的大型辞书。

四是完成了军事科学院硕士研究生系列教材。为适应军队现代化建设人才培养的要求，军事科学院在 20 世纪 90 年代末期开始，组织学有专长的研究人员，按照统一的进度要求和统一的规范体例，编写和出版高质量的研究生系列教材。经两年努力，最终于 2001 年完成了全部 55 本教程的编写和出版。这些教材在实践中获得了好评。国家教委已选择其中 21 本教程，作为全国高校研究生军事学统一教材的备选书目。

本年度内，军事科学出版社出版的《抗美援朝战争史》获中宣部、国家新闻出版总署组织的第八届“五个一工程奖”；《当代世界军事与中国国防》、《第二次世界大战史》分别获第五届国家图书奖正式奖和提名奖。

（麻光武）

2001 年国防大学出版社出版的部分军事图书评介 2001 年，国防大学出版社结合国防和军队建设的需要，出版了一批较有价值的理论图书。

一是出版了一批反映高技术战争特点的图书。《21 世纪陆军》。20 世纪 90 年代以来，由于以信息技术为代表的高新技术群在军事领域的运用，高技术条件下局部战争这一崭新的战争形态应运而生，从此，延续了多年的旧的战争模式受到了历史性的冲击。世纪转换之时，作为从事战争活动的陆海空三军都遇到同样一个问题——在新的世纪将怎样发展？本书的主线是预测陆军未来如何发展的。全书共分 6 章，20 万字。作者从回顾陆军发展的辉煌历史入手，总结了陆军在几千年战争史上的重要作用，并着眼于新军事革命和知识经济大潮的冲击，对近期战争与陆战的演变、陆战武器的发展做了系统的论述，重点对陆军今后的发展趋势和中国陆军建设进行了宏观思考和预测。

《高技术战争与国防现代化》。全书共 5 章，18 万字。第一章介绍了高技术武器，包括军用高技术、核武器、导弹、电子战及陆海空军新装备等；第二章讲述了高技术战争的特点和典型战例；第三章分析了当代世界军事形势，特别是主要军事大国和集团的军事态势；第四、五章分别阐述了加快中国国防现代化和人民军队革命化、现代化、正规化建设等问题。本书适合于广大军事爱好者、人民解放军指战员阅读，可作为进行国防教育和普及军事知识的教材。

《全息化战争》。本书跳出战争思维的禁锢，突破既成军事理论的框架，从战争的根本实质出发，从大战略的角度对现代战争进行了审视，提出了许多独到的见解，使人们对未来全球化时代的战争有一个全新的认识。全书共分 7 章，18 万字。书中指出：全球化时代的发展，致使各个领域紧密相连，各种利益纵横交错，某一领域之间的冲突往往会波及其他领域，未来战争将在政治、经济、军事等多种手段综合运用下进行，军事力量的较量只不过是战争的核心。军事行动与非军事行动同步，机械化与信息化互补，战争的触角突破了实体空间，超越了传统的时空界限，空间维度划分越来越模糊。战争不仅在全时、全维中进行，也开始向各个领域延伸，任何一次点上的交锋，都将在全时、全维、全域中争雄。

《美军联合作战理论研究》。全书共 14 章，16 万字，为全军“九五”重点科研课题。本课题以辩证唯物主义和历史唯物主义为指导，以美军的条令条例为主要依据，同时也吸收了学术界同行的某些积极成果，力求客观准确地反映美军现行的联合作战理论。书中既研究了美军联合作战的基本概念、基本原则、指挥关系等理论问题，又着重研究了美军联合作战理论的应用问题，突出了美军联合作战基本作战样式的可操作性方面的研究。本书对加强美军作战理论研究有一定的推动作用，对中国军队联合作战理论的发展也有一定的借鉴作用。

二是出版了一批政治性强的理论图书。其中重点是《“三个代表”重要思想研究》。全书共 12 章，25 万字。在初步学习江泽民同志“三个代表”重要思想的基础上，分专题探讨了下述理论问题：“三个代表”重要思想的产生，“三个代表”重要思想的历史地位与重大意义，“三个代表”与世界政党兴衰的经验教训，“三个代表”重要思想的科学内涵与辩证关系，把握“三个代表”重要思想的根本，增强党的阶级基础和扩大党的群众基础，深化对社会主义社会劳动和劳动价值论的认识，努力促进人的全面发展，坚持党的最低纲领与最高纲领的统一。同时，还就如何落实“三个代表”要求，推进党的事业的发展，加强和改进党的建设，军队学习和贯彻“三个代表”重要思想要走在全社会的前列等问题，进行了研究。

三是出版了一批军事历史方面的图书。其中重点是《中国军校发展史》。全书分上下编，13 章，共 80 万字，是第一部系统、完整地研究中国军校从产生到发展至今的历史的著作。它运用辩证唯物主义和历史唯物主义的方法，指出，社会的经济、政治和战争等状况，是军校产生和发展的基本原因。中国军校有自身特殊的构成要素，形成了自己的特点。中国军校在自己的教学活动中，有一套行之有效的教学方法。从原始社会晚期的教育场所，夏商西周的校、庠、序、辟雍、瞽宗、国学、乡学，春秋战国的私学、宋明的武学至中国共产党领导的人民军队创办的军事学校，全书都进行了研究和介绍。它告诉人们，中国军校培养出了大量的军事人才，有力地推动了中国军队的发展，加速了中国战争史的进程，促进了中国社会的前进。今天的中国军校建设，应顺应时代发展的潮流，把握发展的方向，努力发挥出自身的最大作用。

（邓彦舫）

全军第 5 次军事科研工作会议在京召开

4 月 23 日至 25 日，全军第 5 次军事科研工作会议在北京召开。这次会议，主要是总结“九五”期间军事科研情况，部署“十五”期间军事科研任务。中共中央政治局委员、书记处书记、中央军委副主席张万年出席会议并发表重要讲话。他说，“九五”期间是军事科研事业迅速发展的 5 年。全军坚持以毛泽东军事思想、邓小平新时期军队建设思想和江主席关于军队建设的一系列重要论述为指导，以新时期军事战略方针为统揽，紧紧围绕“打得赢”、“不变质”两个历史性课题，加强领导，统筹规划，精心组织，锐意创新，在基础理论、应用研究，特别是军队现代化建设和军事斗争准备中的重大现实问题研究方面，取得了一大批有价值的理论成果，有力地促进了具有中国特色的军事科学的繁荣发展，很好地发挥了军事理论在军事斗争准备和军队现代化建设实践中的先导作用。

张万年指出，江主席主持军委工作以来，对军事科研工作高度重视，作过一系列重要论述，内容非常丰富，思想非常深刻。我们一定要认真学习，深刻领会，贯彻落实。未来5年，将是我军发展史上很重要的5年。我们开展军事科研工作一定要努力探索高技术局部战争的特点和规律，努力探索改革开放和社会主义市场经济条件下治军的特点和规律，更好地为军委、总部决策服务，为军队建设服务，为军事斗争准备服务。

张万年要求，军事科研必须坚持科学的方法论，既要求实，又要创新；必须提倡学术争鸣，发扬学术民主，努力营造良好的学术环境；必须高度重视科研队伍建设，把人才培养作为一项战略任务来抓；必须不断完善激励机制，努力改善科研环境。

会议强调，贯彻实施全军军事科研工作“十五”计划，全军广大科研人员要进一步解放思想，以创新作战理论为突破口，逐步建立科研创新机制，大力推进军事理论创新；强化科研成果转化意识，把握好成果转化的主要环节，为成果转化铺路搭桥，促进军事科研成果转化为战斗力。

军事科学院院长王祖训、政委温宗仁主持会议并讲话。解放军四总部、全军各大单位、武警部队和军委办公厅的领导参加了会议。

（石　慧）

（本栏责任编辑　方宁）

军事技术

轻 武 器

综述 2001 年，轻武器装备的发展重点明确：更多地应用电子技术；特种轻武器受到重视；士兵系统的开发不断深入；单兵战斗武器的发展各有千秋；攻坚武器和轻武器火控系统的研制日新月异。

电子技术更多地用于轻武器 多种电子装置正逐步用于单兵武器的火控系统。美国理想单兵战斗武器（OICW）上的 LP 火控模块就是典型的例子，其功能与作战坦克指挥员所能获得的能力相差不远，而且还有热成像和目标跟踪能力。从发展势头看，推出全电子武器的可能性越来越大，其一体化的线路可能会使武器具有某些新颖的特征。已经得到证实的特征之一就是手枪个人控制“智能”化，即只有使用该手枪的人能够发射。这种“智能化”的原理就是通过在手枪握把上安置一个或多个传感器，通过超声波或其他辐射装置，对使用者的指纹进行鉴别。如果该手枪被别人拿走或丢失，它将不能发射。例如，德国的手枪电子保险系统上装有一个传感器，能识别使用者的指纹，如确定是使用者的指纹，枪就可以发射，反之，枪则处于闭锁状态。另一项创新是能够自动对目标距离作出反应的射速限制器。例如，比利时的 F2000 突击步枪的电子调速/点射控制器，就能够对射速进行有效控制。

继续深入开发单兵综合作战装备 随着信息时代的到来，士兵系统的数字化和现代化越来越引起各国的重视。2001 年，不仅美国进一步修改、完善其单兵综合作战装备即士兵系统，其他一些国家也在深入开展单兵综合作战装备的研究和开发，一些配套设备的研制也取得了相应的进展。

美国士兵系统发展的新特点是：进一步明确了未来士兵系统的总目标，即利用先进的士兵装备，包括计算机、无线电台、GPS 定位系统、夜视侦察设备、头盔显示器以及先进的个人战斗武器等取得战场主动权，并与数字化战场连接，构成数字化战场最基本的组成单元，充分利用战场信息，最大限度地提高士兵综合作战效能；总体结构上作了较大改变，由原来的整体式结构改变为分体式结构，各功能模块可连接在一起，也可单独使用。士兵穿戴上这套系统后，基本不影响战术动作和背负其他随行装备；采用新材料和大规模集成电路，进一步降低了体积、重量和功耗；大量采用成熟的商用技术，降低开发风险，为系统不断升级换代提供方便。在发展士兵系统的同时，美国又制定了“理想勇士”计划，旨在为未来乘车班组、飞行机组、随军卫生员、工程兵人员、徒步步兵研制最优化的通用单兵装备。

德国演示了与美国不尽相同的“未来步兵”系统，该系统由“身体”组件、“头盔”组件、“仪器”组件三大部分组成；以色列开始实施“在线士兵”计划，设想未来士兵将装备带计算机的个人通信设备、全球定位系统、移动电话和战术无线电台，所有这些都由一个手持控制器控制；南非启动“非洲勇士”项目，旨在开发一个包括被服、防护装置、武器和先进光电系统在内的综合系统，用于数字化战场。此外，法国陆军的“先进战斗士兵系统”计划、英国的未来士兵技术计划和俄罗斯“2000 年士兵装备计划”等项目仍在继续进行。

美国理想单兵战斗武器正在攻关 攻关的关键问题，一是减轻重量，二是提高效能，三是降低价格。减轻重量方面可能的解决办法有：将 20 毫米弹的射程减小到 600～800 米，以求相应减轻其重量；为动能武器部分研制无壳弹药，可以减少弹膛空间和零件数量；武器系统的各种零部件更多地采用重量轻的超强材料；研制更轻更小的、使用寿命更长或容易充电的可携带能源；进一步研制更小的、非常结实的微电子装置，以继续减小火控系统的尺寸。

为了提高效能，使用热等压加压法将金属粉末制造成战斗部，使之既能实现重量较轻，又可以满足陆军对致命性的要求。所用金属通常是钢、不锈钢、高速钢、钛合金和耐热金属。

在价格方面，按照1995财年的计算，一件理想单兵战斗武器估价1万美元。现在军队计划采购的数量已经减少了50%，而武器的成本已经增长到原来的3倍左右。美国陆军官员指出，他们现在计算的武器系统的成本为2.5～3.9万美元，包括系统的采购、全寿命维护和支持费用在内。现在有待于进一步决定“成本－效能”之间的比率。

轻武器瞄具的发展越来越受到重视 在现代战争条件下，轻武器瞄具和火控系统日益受到重视，特别是第四代像增强技术，已经成了像增强技术研究和开发的重点。最新的第四代像增强系统的一项重要技术进步是取消了离子障膜，出现了“无膜”管结构。在第四代像增强管中，除了采用所谓的无膜微通道板技术之外，还采用自动门控电源。这种电源控制光电阴极电压的开关速度，可改善在环境光线过强或有明亮照明的情况下的夜视效果。例如，美国利顿电子光学系统公司采用无膜第四代像增强管生产的AN/PVS－7“E”型夜视眼镜，ITT公司生产的“顶峰”和“夜间目击者1100”像增强管和夜视眼镜摄像系统等。尤其值得一提的是美国“虎视”夜视仪。它是一种使用电荷耦合器件（CCD）对黑暗区域生成高分辨率黑白图像的手持型夜视设备，探测距离可达90余米。使用者可以通过调整仪器上的刻度转盘来改变屏幕的亮度。如果四周非常黑暗，还可以打开仪器上的红外探测装置。如果是在有一些环境光的室外条件下，使用者可以探测到900米远的距离。与普通微光夜视仪不同，“虎视”夜视仪在强光下可以照常工作，它的电荷耦合器件不会受到强光的影响。

枪械 2001年，枪械方面的发展特点主要体现在，步枪继续朝着枪族化、模块化、高技术化、功能多样化和“以人为本”的方向发展；努力发展特种作战所需的手枪、冲锋枪和卡宾枪。

手枪 **俄罗斯新型9毫米Pya军用手枪** 据瑞士《国际武器杂志》2001年第6期报道，该手枪由俄罗斯伊热夫斯克机械厂制造，名为9毫米“亚雷金”（Yarygin）手枪，简称Pya。Pya手枪全长196毫米，高140毫米，宽38毫米，枪管长112.5毫米，空枪重0.95千克。该枪采用枪管偏移式闭锁机构，17发双排弹匣供弹，击锤式击发机构，工艺成熟，可靠性好。套筒座是钢制的。塑料握把后面有横向的锯齿花纹，侧面有纵向的锯齿花纹。保险装在套筒上。弹匣卡笋设在枪体左侧，可以变换到右侧。与世界上的现代手枪相比，如果单从重量的角度来讲，相对于其它铝或塑料的枪体，Pya显得落后了一些，但是采用钢制的枪体增强了该枪的耐用性和持久性。

德国9毫米P2000警用手枪 据《德国武器杂志》2001年第1期报道，该枪在设计上把人机工效放在首位。握把组件是一整体件，由玻璃纤维增强的黑色聚酰胺制成，其前部可以安装激光瞄准具或探照灯。在工艺上，也特别要求浇注不锈钢内衬，以便联结发射机构、操纵套筒的握把部分，以及其他零部件。配有不同宽度和高度的握把背，可以根据使用者的需要，在很短时间内快速更换。所有握把背都带皮带环和像滑板一样的25×25毫米的橡胶后表面。握把背上专门浇注有与握把一致的底板，表面有橡胶层。握把后背与握把是分开的，轻轻一推，就可以装到握把上，再以空心销固定，空心销兼做皮带环。P2000手枪除了握把后背便于握持且手感好以外，握把前侧也专门进行过粗糙化处理，非常便于牢固握持。套筒的棱角不明显，上部呈圆形。套筒向前有锥度，便于警员将手枪插到枪套里。在套筒里设置有击针保险兼跌落保险。该枪扳机平滑、轻柔，不会刮伤手指。

意大利伯莱塔公司9000新手枪系列 据瑞士《国际武器杂志》2001年第5期报道，在第27届国际狩猎和运动武器展览会上，伯莱塔公司展出了9000新手枪系列。该枪有10毫米口径的F型和9毫米口径的D型两种。主要特点有二：一是保险机构新颖。9000系列的手动保险钮在套筒座上，因此它还兼有解脱击锤的功能。当保险钮向下推到底时，手枪的保险便被解除，可以随时射击，由此向上推一些就关上了保险，将保险钮向上推到位时，便安全地释放了击锤。二是闭锁机构比较先进。9000系列的套筒是半开放式设计，巧妙地将有2个闭锁突笋的枪管闭锁在套筒座的凹槽内，这不但减少了套筒的宽度，而且使该枪的闭锁机构变得更加简单、可靠。这样，手枪射击时，枪口上跳不严重。

冲锋枪 **俄罗斯水陆两用冲锋枪已通过靶场试验** 据俄通社塔斯社2001年1月26日报道，图拉炮兵学院火炮教研室主任尤里·丹尼洛夫上校花费将近25年的时间，研制成功一种在陆地和水下都能准确射击的冲锋枪。俄罗斯特种部队对该枪极感兴趣，准备近期在图拉兵工厂安排批量生产。这种新型冲锋枪含满弹匣重约3千克，弹匣容量26发，在任何介质中不需要特殊处理就能射击，但需要更换相应的弹匣。测试结果显示，该枪综合性能远胜过目前俄罗斯装备的类似枪械。在水下射击时，该枪使用的是一种专用枪弹，不同于在陆地上使用的普通弹。水下射击时的最大特点是，不会产生遮挡射手视线的气泡，不妨碍瞄准，有利于提高命中率。水下射击密集度超过专门的水下冲锋枪。尤其值得称道的是，专门的水下冲锋枪在发射完 180 发枪弹后即告报废，而新枪在工作寿命内完成 1.5 万次射击后，其有效射程仍然超过专用枪。在陆地上使用水陆两用冲锋枪时，只需为它换上卡拉什尼科夫突击步枪的弹匣，即可进行射击，而且射程和射击密集度都超过卡拉什尼科夫突击步枪，也超过美国 M16 自动步枪。

步枪　**美国特种部队将装备特种作战改进型 M4 卡宾枪**　据《国际防务评论》2001 年第 1 期报道，这是美国海军地面武器中心克伦分部根据特种作战司令部的要求研灼的，名为 M4A1 街区近距离巷战武器。该枪实际是模块组件，特种作战部队可根据执行任务的需要任意选择组装武器。这套模块组件使 M4A1 卡宾枪的作战效能有了明显提高，其射程可由原来的不足 500 米增加到 600 米。该枪模块组件由以下 4 个主要部件构成：导轨连接装置（RIS）、光学瞄准镜、垂直前握把和战斗用枪背带。每 4 支 M4A1 卡宾枪配一组模块组件。4 支卡宾枪中，有 1 支或 2 支还配发反射式瞄准具、制退器和可快速安装的 M203 榴弹发射器等其它附件。目前陆军特种作战部队每一个 A 级分队（SFOD－A）配给 3 套模块组件；B 级分队（SFOD－B）配给 2 套；空军部队特种作战分队配给 3 套；海军海、空、陆渗透侦察队（SEAL）配给 4 套。陆军骑兵团和执行其他特种作战任务的单位则根据实际需要配发部件，而不配发整套模块组件。

美国研制 M16 微型卡宾枪　据《国际防务评论》2000 年第 12 期报道，这种卡宾枪是将 M16/AR－15 步枪的标准枪管截短而成的，其生产厂商是内华达州拉斯韦加斯军事制造公司。该公司生产的两种微型卡宾枪（M16SP 和 M16C）是特种作战部队或执法机构实施近距离巷战/近距离交战的理想武器。其主要特点是：采用垂直小握把，防止射手在紧急情况下将手放在枪口上，发生危险；射击时易于控制，射击精度高，性能可靠；可以安装肩吊带；上机匣装有 MIL－STD－1913 导轨座，以便安装光学瞄准具和其他辅助设备；M16SP 型的瞄准具底座有一个用来安装 M2 战术枪背带的内装式专用背带环，射手可以将武器横挎胸前，腾出双手执行其他任务，M16C 还可供携枪者以普通携行方式携行；M16C 步枪上有 Trijicon 反射式瞄准具。M16 微型卡宾枪外廓尺寸虽然和冲锋枪一样，但其火力密度却不低于突击步枪，对于特种部队和执法机构而言，是一个理想的选择。

美国特种部队装备 Mk11－0 型狙击步枪　据《轻武器论证研究》2001 年第 5 期报道，这是美国海军海、空、陆渗透侦察队装备的新型狙击步枪系统，采用 7.62×51 毫米 NATO 口径。该枪是奈特军械公司研制的，美国海军特种作战部队计划采购 370 支，每支步枪配有该公司生产的可快速装卸消音器、刘坡尔德 3.5－10×可变倍率瞄准镜、600 米备用机械瞄具、“哈里斯”两脚架，10 个 20 发弹匣。Mk11－0 型狙击步枪还配有自由浮动式瞄具轨座，允许武器装配各种标准瞄具系统和附件。该枪有 60% 的部件与美军正在使用的 M16 突击步枪系列相同。

俄罗斯研制出 AN－94 突击步枪　瑞士《国际武器杂志》2000 年第 11/12 期报道，俄罗斯 AN－94 突击步枪革命性创新设计主要体现在以下三点：一是变频技术，即采用 1800 发/分的射速实施 2 发点射，随后便自动转换为 600 发/分的标准射速，从而使射手还未感觉到武器后坐时，2 发枪弹已射出枪口。这种技术将有效减小武器点射时的后坐力，降低枪口跳动对武器射击的影响，提高命中概率。二是新颖的枪弹预装填机构。这种机构的核心是一根从枪机框经一滚轮到达供弹机构的钢丝绳，钢丝绳的末端有一个抓弹装置，且与击锤相关联。在枪机框和枪机后坐过程中，可将枪弹从弹匣里取出置于供弹入膛的位置上，当枪机复进时，枪机上的推弹平面将枪弹推入膛内。这样，枪机就省去了从弹匣里推出枪弹的过程和行程，使装填枪弹的时间大大缩短，从而为 2 发高速点射创造了有利的条件。三是采用了前后缓冲装置。前缓冲装置设在前托内，后缓冲装置设在机匣尾部。两套缓冲装置的主要作用是降低运动件的后坐冲量，复进时使运动件加速。

比利时推出 F2000 突击步枪　据《国际防务评论》2001 年第 3 期报道，比利时推出的 5.56 毫米 F2000 突击步枪共有 3 种型号：带光学瞄具的基本型、带 40 毫米榴弹发射器及折叠式机械瞄具型、带 40 毫米榴弹发射器及火控系统型。所有型号的 F2000 均可戴夜视眼镜使用。按计划，2001 年将全面完成研制工作。该枪全长 694 毫米，重 3.5 千克，弹匣容量 30 发，榴弹发射器重 1 千克。主要特点是：采用模块化组件设计，根据作战需求，可以很容易地卸下前握把组件，下挂 40 毫米低速榴弹发射器，并与步枪上的其它部件在外形上有机结合，浑然一体；采用无托结构，在设计上充分显示“以人为本”的思想，在机匣左右均有拉机柄，便于左右手使用，设在扳机护圈下方的快慢机也可左右手操作；采用向前抛壳方式，使抛壳不会对射手的视线产生影响；采用电子调速/点射控制器，以实现对点射长度和射击频率的有效控制；火控系统也是采用模块化设计，安装非常方便。该火控系统装有六种弹道计算软件，以适应现用的六种类型的40毫米榴弹，还可对未来的各种榴弹进行编程，包括20毫米、30毫米或其他特殊口径的榴弹。

澳大利亚陆军选用AW50反器材步枪 据《轻武器论证研究》2001年第4期报道，该枪是英国国际精密仪器公司研制的12.7毫米大口径反器材步枪，采用旋转后拉式枪机，非自动射击，全钢结构，重13.64千克。澳大利亚陆军计划采购94支，主要装备步兵营中选定的单位和特种部队，用以对付诸如轻型装甲车辆、掩体、低空飞行的直升机、停机坪上的飞机、雷达/通信/指挥设施、重要的工厂和机构以及带软蒙皮的车辆等目标。根据交战情况和所用弹药，射击距离可达1500米。公司除了提供标准的普通弹外，还可大量提供12.7毫米多用途高爆弹药。该枪除了有枪口制退器以外，还有专门设计的托底板和贴腮板，以控制枪的后坐力。枪托可向侧面折叠，便于携行。

机枪 **美国海军特种部队采用Mk46轻机枪** 据《轻武器论证研究》2001年第2期报道，美国海军特种部队已正式列装比利时FN公司根据M249机枪改进而成的Mk46 5.56毫米轻机枪，用于特种作战。Mk46轻机枪至少有70%的零部件可与M249轻机枪互换使用，但两枪的使命却完全不同。Mk46轻机枪在海军特种作战部队中将被作为300米以内狭窄空间作战的压制火力使用。该机枪可快速更换枪管，但不需要人工拆卸枪管。如果战斗中需要更换过热枪管，枪管会自动脱落，此时只要装上备用枪管即可继续投入战斗。该枪在设计时要求在不进行润滑的情况下能连续射击1000发弹，为此武器经过特氟隆涂层处理，枪机及枪机框经非电子镀镍处理，可靠性、干润滑性、抗腐蚀和抗烧蚀性得到增强。经改进的Mk46轻机枪重量很轻，比标准M249轻机枪轻1.8千克。枪全长908毫米，枪管长406.4毫米，枪全重5.9千克，理论射速725发/分，有效杀伤距离800米。

攻坚武器和榴弹武器 随着城市作战和登陆作战重要性的增加，攻坚武器的发展更加受到重视。2001年，攻坚武器的开发与研制又有新的进展。从国外披露的信息看，攻坚武器和榴弹武器的发展仍是当前的重点之一。

俄罗斯生产30毫米AGS－30自动榴弹发射器 据《兵器快报》2001年第26期报道，这是俄罗斯仪器仪表设计局研制的第二代自动榴弹发射器系统，目前正在批量生产和出口。该发射器长1100毫米，重16 .5千克，三脚架重不到6千克，初速185米/秒，理论射速395～425发/分，最大射程1700米。武器全重比俄军现装备的AGS－17自动榴弹发射器轻50%，零部件也减少了40%，但射程和射速仍与AGS－17相同。由于重量轻，AGS－30的操作人员减为2人，1人即可携行。它发射30毫米VOG－17M、VOG－30式榴弹，弹匣容量30发，弹药基数120发，每个士兵最多携带36～38发。30毫米榴弹上有高灵敏度引信和自毁装置，自毁装置在发射30秒后起爆。AGS－30的轻型三脚架上有回转和俯仰机构。前支脚和后支脚都是可调的。支脚呈铲形，便于发射器在松软土地或任何地面上进行发射，且能获得很大的射击区域。安装在机匣左侧柱形座上的是2.7倍的PAG－17光学瞄具。也可以使用机械瞄具。

巴基斯坦40毫米榴弹发射器问世 据《轻武器论证研究》2001年第2期报道，该榴弹发射器全长1193毫米，发射管长557毫米，全重46千克，三脚架重20千克，托架重24千克，理论射速为250～275发/分，由可容纳22发或48发榴弹的弹箱供弹，弹箱装在榴弹发射器的左侧，对人员和轻型装甲车辆目标的有效射程分别为1500米和500米。发射40×53毫米高速榴弹，其中包括高爆弹、高爆两用弹、穿甲弹和目标练习弹。高爆弹的有效杀伤半径为20米，穿甲弹可侵彻60毫米厚的常规钢甲板，它既可以安装在方向托架上作为车载武器使用，也可以安装在三脚架上实施步兵火力支援。发射管口部装有枪口制退器。以降低武器射击时产生的后坐力。该发射器采用标准的机械瞄具，也可使用望远瞄准镜，以提高射击精度。除此之外，还可选用其他种类的瞄准装置，如作用距离为1500米的被动式夜视瞄具和激光目标指示器等。

英国计划研制步兵反掩体武器系统 据《兵器快报》2001年第26期报道，2000年年底，几家欧洲和美国合同商根据英国陆军提出的步兵反掩体武器系统（IASW）的军事需求，向英国国防采购局递交了希望参与研制和生产的意向书。目前已经在考虑为该武器系统研制一种热气压弹（亦称“云爆弹”）战斗部（内装油气炸药）。这种弹头能有效地对付各种掩体和其他目标。标准的热气压战斗部采用一种先进的油气炸药理论。即当战斗部撞击目标后，其内装的油气炸药以悬浮微粒飘逸于目标上空，引爆后微粒产生高压冲击波，在目标区域内形成强大的摧毁和杀伤效应。反掩体武器系统可装备给下车步兵，用以摧毁为敌方士兵提供掩护的各种目标，如掩体、建筑物，以及其他防御工事。反掩体武器系统关键的作战要求包括：具有从有限空间发射的能力；由单人使用和发射的能力；具有穿透建筑结构，并在建筑内部爆炸的能力；有效射程至少150米；重量不超过10千克。

非致命武器 随着新一代非致命武器技术的出现，非致命武器将在各种暴力冲突中得到充分应用。非致命武器在城市作战中起着至关重要的作用，它们可以用来疏散非战斗人员撤离战区；能够帮助指挥员区分参战人员与非参战人员，将伤亡人数降低到最低水平；还可以清除用来保护高价值目标的人为路障。除此之外，使用非致命武器还可以降低对城市公用设施造成二次性破坏程度，减少战争消耗。

美国使用“胡椒球”弹药系统 据《轻兵器》2001年第6期报道，该系统以高压气体为动力，可以发射油性辣椒粉、辣椒子弹或辣椒水。射弹的动能冲击力处于安全范围之内。当射弹击中人体后弹体会破碎，里面的OC粉末或是雾状液体就会喷洒到人体上。该系统几乎可在任何枪支上使用，从手枪到M4卡宾枪或M16步枪都可以。弹匣有多种型号可供选择，如果需要对付大面积骚乱，还有200发的“漏斗容弹器”可供选择。辣椒子弹的速度可达91~116米/秒，每秒可发射12发。除了使眼睛不停地流泪，带油性的辣椒液有极强的吸附性，而粉状物有极好的扩散性，能够迅速对大面积范围实施控制。这种“胡椒球”弹药系统已被美国警方广泛使用。

美国研制M系列电动肌肉损伤武器 据《轻兵器》2001年第2期报道，这种新型非致命武器作用功率为18~26瓦，作用范围超出中枢神经系统，并直接控制肌肉。这种肌肉损伤器有3种型号：M18、M18L及M26，这3种型号外形相同。M26只提供给警察和政府机构，功率26瓦。其他两种是18瓦。它们的操作和功能与制式手枪类似，系统直观且易使用。该武器使用气弹，气弹包含指针、线及氮气筒。气弹有两种类型，其有效距离分别为6.4米及4.6米。最佳作用距离分别为2.1米和3.1米，一旦探针发射，装置持续作用时间5秒，使目标确实失能，一般是几分钟就能恢复。M系列肌肉损伤器是由聚合物（有最大的韧性）制成的。武器上唯一的可运动部件是左右手皆可使用的保险。这种肌肉损伤器发送出一系列T波的电信号，它很像电脑传到身体的电信号，直接引起肌肉不可控制的收缩，并削弱人的精神集中力或疼痛忍耐力。而在这之前，所有的非致命武器技术均采用产生疼痛顺从性、干扰或分散目标的注意力、使身体失能等方法来控制目标。

美国评估XM303 非致命武器 据《轻武器论证研究》2001年第2期报道，这种非致命武器由比利时FN公司研制，美国正在对其进行评估。它采用压缩空气设计方案，可发射不同的8克重弹丸，包括产生冲击、做标记、发出难闻的气味或照明等，最大有效射程100米。该武器可独立使用，也可以挂在M16或其他制式突击步枪下面使用。独立使用时武器重2.3千克，长740毫米。下挂型重2.2千克，长425毫米。配用15发装弹匣，初速为91米/秒。除可用于做标记的子弹外，该武器还可发射一种战术尾翼稳定橡皮弹，能在最大有效射程上造成钝性外伤。XM303配用两种压缩空气筒。短筒可供60发子弹达到最大射程，长筒可供120发子弹达到最大射程。据FN公司称，在100米距离上，XM303的命中率能够达到甚至超过70%，距离越近命中率越高。

（卞荣萱）

装甲兵武器装备

综述 2001年，世界装甲兵武器装备发展的主要特点是：

以美国为代表的西方主要军事强国继续研究和探索新一代地面战斗系统 进入21世纪，高新技术，特别是信息技术的发展和应用为武器装备的发展提供了新的技术基础，未来地面战场可能会发生革命性的变化。为满足未来目标部队的装备需求，建立一支能够在全球范围内快速部署的全能型作战部队，美国陆军正在开发采用革新性技术的未来战斗系统。2001年，美国陆军和国防高级研究计划局选定了四个分别由多家防务公司组成的研究组，进行未来战斗系统的概念设计。今年，又与多家防务公司和研究单位签署了数十份合同，进行未来战斗系统所需关键技术的开发。这些技术涉及先进传感器（如激光雷达）、网络与通信、先进的武器系统、混合电驱动、新概念装甲和主动防护、机器人地面车辆、无人驾驶飞机等。英国陆军目前也正在制订新一代装甲战车——未来快速反应系统（FRES）的需求文件。FRES也将由一系列平台，包括侦察情报车、监视车、步兵战车、装甲人员输送车、自行迫击炮和无人驾驶飞机等组成。新一代地面战斗系统与以主战坦克为代表的传统装甲装备相比，将具有革命性的变化。它大量采用各种高新技术，重量将变得更轻，但杀伤力和生存能力更强。新一代地面战斗系统将使装甲装备的发展和运用方式从过去的“以平台为中心”转变为“以网络为中心”，它不再是一个单一的作战平台，而是一个由多种有人和无人平台共同组成的分布式、网络化的诸兵种合成的战斗系统集成。

以主战坦克为主的重型装甲装备发展趋缓，但仍持续得到改进和提高 冷战结束后，由于国际战略格局和军事需求的变化，军事发达国家纷纷削减主战坦克的数量并减少了对主战坦克发展的投资。然而，由于这些装备仍然是未来20~30年内地面战场的主要装备，军事发达国家为保持其军事技术和作战能力的优势，仍然对现有主战坦克等重型装甲装备进行不断的升级改进。美国陆军虽然把发展重点放在了近期将组建的过渡性中型作战旅装备的LAVⅢ装甲车和远期未来目标部队装备的未来战斗系统上，但其装备的M1系列主战坦克仍在进行改进和提高。德国陆军今年正式列装第一批装备有更长身管火炮和配备有新型弹药的“豹”2A6主战坦克，并且计划对该型坦克进行进一步的升级改进，如加装新的附加装甲，安装主动防护装置及功率更大但体积更小的动力传动装置。法国陆军今年又订购了最后一批主战坦克，从而保证了其坦克生产线能够运转到2006年。尽管军事发达国家的最新一代主战坦克已经发展到了比较成熟的程度，但仍有很大的改进潜力，尤其是信息技术、先进的推进、火力和生存力技术的引进仍能继续提高这些装备的作战能力。另一方面，目前许多国家装备的大量过时的主战坦克都需要更新换代，一些热点地区的发展中国家对先进的主战坦克仍然存在强烈的需求，这些因素都为主战坦克的持续发展提供了动力。

中等重量的轮式装甲车辆成为许多国家的重点发展目标 为解决维和部队和快速反应部队的装备需求，目前许多国家都非常重视轻型和中型装甲装备的发展。其中重约20吨左右的8×8轮式装甲车更是受到普遍青睐。美国陆军去年选定了LAVⅢ8×8轮式装甲车作为中型旅级战斗队装备的过渡性装甲车，今年继续在基型车的基础上开发各种变型车。德国、英国和荷兰合作的多用途轮式装甲车计划仍在顺利实施，预计明年将生产出样车。法国也在研制8×8轮式装甲作战系统，以取代现有的几种轮式和履带式装甲车辆。德国、奥地利、瑞士、芬兰和新加坡等国也相继推出各种新型8×8轮式装甲车辆。8×8轮式装甲车适合于空运要求，具有良好的公路机动性，越野性能也可与同级别的履带式装甲车相媲美。作为轮式车辆，它还可以充分利用成熟的民用汽车部件和技术，从而大大减少研制时间和费用，降低使用和保障成本。而且与更轻型的轮式装甲车相比，这种车型具有更好的防护力、更大的内部空间和更强的负载能力，从而适用于更加广泛的战场任务，能够在基型车的基础上发展多种变形车，以满足不同任务的需要。

主战坦克和轻型坦克

美国陆军加速未来战斗系统计划 据美国《防务新闻》2001年9月26日报道，美国陆军正在考虑加速未来战斗系统（FCS）计划的研发进程。“9·11”恐怖事件的发生推动了该计划的发展，美国陆军认为目前应采取更快的行动加速该计划的进程。美国陆军计划投资18亿美元并与国防高级研究计划局联合在未来5年内共同进行未来战斗系统的开发。该系统将包括有人和无人平台，每个平台重约20吨或更轻，且相互联成网络，能使陆军武器装备更加轻型和更具杀伤力。根据目前的计划，美国陆军将在2003年确定设计方案，2006年进入工程与制造研制阶段。未来战斗系统最早将于2012年部署部队，最终将取代美国陆军现装备的M1A2“艾布拉姆斯”主战坦克和“布雷德利”步兵战车。

美国通用动力公司推出120S主战坦克 据《防务系统日刊》2001年9月26日报道，美国通用动力公司为满足土耳其陆军改进M60A3主战坦克的需求推出了一种名为120S的主战坦克。该坦克采用了经现代化改装的M60坦克底盘、M1A1主战坦克带120毫米的火炮的炮塔和前视红外传感器。炮塔采用最新的装甲钢板制成。此外，对 120 毫米弹药进行了隔舱化布置，系统生存能力得到增强。120S 坦克底盘采用了 M1A1 主战坦克的悬挂系统，机动能力得到极大提高。该坦克可根据用户的需要选装动力传动装置。为了获得与 M1A2 主战坦克相当的机动能力，可采用 1200 马力 AVDS－1790 发动机。

俄罗斯推出改进型 T－72M1 主战坦克 据《简氏防务周刊》2001 年 7 月 18 日报道，为面向出口市场，俄罗斯乌拉尔车辆厂已生产出改进型 T－72M1 主战坦克样车。T－72M1 是俄罗斯陆军装备的 T－72A 主战坦克的出口型。改进型 T－72M1 将于 2001 年底完成试验。其改进主要集中在装甲防护/生存力、机动性和火力方面。

标准 T－72M1 主战坦克重 43 吨，采用 780 马力 V－46－6 柴油机，单位功率为 18.1 马力/吨，公路最大速度为 60 千米/小时，越野速度 35～40 千米/小时。改进型 T－72M1 重 45 吨，有两种发动机可供选择，即 1000 马力 V－92S2 型柴油发动机和 840 马力 V－84MS 柴油发动机。安装大功率发动机之后，该坦克的公路最大速度增至 65 千米/小时，越野速度增至 40～45 千米/小时。为提高火力，改进型坦克用最新的 125 毫米 2A46M 滑膛炮取代原标准 125 毫米 2A46 滑膛炮，增强型火控系统使 T－72M1 可以发射最大射程为 5000 米的 9M119 系列激光制导炮弹。该新型制导炮弹采用串联高爆战斗部，可以击毁安装有爆炸式反应装甲的主战坦克。由于采用增强型火控系统的法国泰尔斯公司提供的热成像仪，该坦克的首发命中率得到了进一步提高。为提高战场生存力，改进型 T－72M1 安装了 TshU1－7“窗帘”光电对抗系统中的部分装置。为降低成本，基本改进型 T－72M1 仅安装了 SPZ 干扰装置。车上原有的制式导航装置被全球定位系统替代，另外还 换装了新的电台。

俄罗斯试验改进型 T－55 主战坦克 据《简氏防务周刊》2001 年 7 月 25 日报道，俄罗斯鄂木斯克运输机械制造厂已完成对至少 2 辆改进型 T－55 主战坦克的试验，这些坦克将面向出口市场。第 1 辆 T－55 改进型样车保留了 100 毫米火炮，但采用了新型计算机化火控系统。在车体和炮塔加装爆炸式反应装甲组件使该坦克前部具备了抵御化学能弹和动能弹攻击的高水平防护能力。此外还安装了新的改进型侧裙板和屏蔽。第二辆样车以加长型 T－55 坦克底盘为基础(两侧各增加 1 个负重轮)，为提高越野机动性，它采用了一些与 T－80У 坦克相同的悬挂部件，原标准 580 马力 V－12 柴油机被功率为 690 马力的柴油机所取代。原有的 T－55 炮塔已被拆除，取而代之的是装备 125 毫米滑膛炮的 T－72 坦克炮塔。辅助武器包括 1 挺 7.62 毫米并列机枪和 1 挺 12.7 毫米顶置机枪。由于安装了自动装弹机，坦克乘员从 4 名减至 3 名。125 毫米火炮可发射射程为 4000～5000 米的激光制导炮弹。还安装有新式 81 毫米烟幕弹发射器和灭火抑爆系统等。

印度陆军未来主战坦克发展计划 据《简氏防务周刊》2001 年 7 月 11 日报道，到 2007 年，印度陆军将全部淘汰现有的 2141 辆“胜利”主战坦克，取而代之的是印度本国改进和生产的 T－72M1 主战坦克和最近向俄罗斯订购的 T－90C 主战坦克。“胜利”主战坦克最初于 1966 年进入印度陆军服役，目前已超期服役。印度陆军 2001 年初与俄罗斯正式签署了购买 310 辆 T－90C 主战坦克的合同，其中第一批 20～30 辆预计在 2001 年底进入部队服役。目前印度陆军编有 58 个装甲团，其中 37 个团装备了大约 1700 辆 T－72M1 主战坦克，12 个团装备了约 540 辆“胜利”主战坦克，9 个团装备了 400 多辆经过本国改造并装有 105 毫米线膛炮的 T－55 主战坦克。目前，印度陆军仍在对现有的 T－72M1 主战坦克进行改进升级，其中 200 辆将进行全面的改进，内容包括安装新的火控系统、动力传动装置、爆炸式反应装甲、地面导航装置、激光告警系统、跳频电台和三防系统，其余的 T－72M1 主战坦克将进行部分现代化改进。新购买的 T－90C 主战坦克将用于取代本国研制的“阿琼”主战坦克。尽管“阿琼”主战坦克面临着技术和费用超支问题，印度政府仍批准了 124 辆“阿琼”主战坦克的批量生产，用于在 2004 年装备 2～3 个坦克团。

德国陆军开始装备“豹”2A6 主战坦克 据《简氏防务周刊》2001 年 3 月 14 日报道，德国克劳斯－玛菲－韦格曼公司正式向德国陆军交付了首批“豹”2 系列主战坦克的最新改进型——“豹”2A6 主战坦克。德国陆军计划装备 350 辆“豹”2A6。“豹”2A6 采用了莱茵金属公司研制的新型 120 毫米 55 倍口径滑膛坦克炮并配备了新型 120 毫米 DM53 曳光尾翼稳定脱壳穿甲弹，射程可达 5000 米，而“豹”2 主战坦克以前采用的 120 毫米 44 倍口径滑膛炮的射程仅为 3400 米。新型火炮穿甲威力大。DM53 采用的是钨穿甲弹芯。

英国维克斯防务系统公司将推出“挑战者”2E 主战坦克 据《简氏防务周刊》2001 年 7 月 4 日报道，英国维克斯防务系统公司目前正在生产一辆标准生产型“挑战者”2E 主战坦克，并将于 2002 年下半年完成。该车是专门为出口市场研制的，实际上与英国陆军现装备的“挑战者”2主战坦克基本相同，但在机动性、战场态势感知能力、目标捕捉能力和生存能力等关键作战能力方面得到了增强。该车采用德国MTU公司的“欧洲动力传动装置”，它由1500马力MTU883V－12柴油发动机和横向安装的伦克HSML295TM自动传动装置组成，从而增强了该车的越野机动能力。该车还采用了第二代液压悬挂装置、改进型履带液压张紧装置、橡胶轮缘诱导轮和带橡胶衬的双销履带，更适于在全球部署。该车还增强了目标捕捉能力，为车长和炮长配备了带第二代热成像仪的观瞄装置。车上安装了一套维克斯防务系统公司研制的战场管理系统并集成了美国TRW公司为美国陆军研制的21世纪部队旅及旅以下级作战指挥系统软件。该系统可为车长提供车辆自身位置和方位及敌、友军的位置，不仅增强了态势感知能力，还减轻了车长的工作负荷。车上装备有1门120毫米L30A1线膛炮、1挺7.62毫米并列机枪和1挺7.62或12.7毫米高射机枪。主炮可发射L28尾翼稳定脱壳穿甲弹，该弹药采用钨弹芯，最大射程为3500米。该车对火控系统也进行了改进，为车长、炮长配备了新的控制和显示面板。该车还采用了一些隐身设计，降低了车辆的信号特征。车体和炮塔采用了先进装甲技术制成，并加入了一种新型装甲材料，提高了对动能弹和化学能弹的防护能力。另外，车上还安装了动力室和乘员舱全自动灭火抑爆系统。

法国订购最后一批“勒克莱尔”主战坦克 据《简氏防务周刊》2001年9月19日报道，法国政府即将从法国地面武器工业集团购买最后一批共52辆“勒克莱尔”主战坦克，交付时间为2003年底至2005年初。这些坦克将采用BLOCKⅡ＋生产标准，在一些领域进行改进：在炮塔前部和车体两侧安装改进型被动附加装甲；为车长和炮长提供第二代前视红外摄像机，提高在各种天候条件下的目标捕捉能力；车上还将安装战斗管理系统和战场敌友识别装置。

乌克兰陆军将装备T－84主战坦克 据《简氏防务周刊》2001年5月23日报道，乌克兰陆军即将接收10辆由马里谢夫工厂生产的新型T－84主战坦克，这是该国从前苏联独立出来以后首次装备的新型主战坦克。T－84主战坦克由乌克兰哈尔科夫·莫洛佐夫设计局设计，马里谢夫工厂生产。该车采用本国生产的部件和子系统，安装有钢装甲全焊接炮塔，上有1门由自动装填机装弹的125毫米标准火炮。

乌克兰研制M60A3主战坦克升级组件 据《简氏防务周刊》2001年10月10日报道，乌克兰哈尔科夫·莫罗佐夫机械制造设计局研制的M60A3主战坦克升级组件已达到概念阶段。为降低风险和全寿命周期费用，在乌克兰提出的改进方案中，尽量采用了已成熟的子系统。M60A3坦克将在火力、机动性和防护三个方面进行改进，也可任意选择不同组合。在火力改进方面，哈尔科夫设计局建议用为出口型T－84－120主战坦克研制的120毫米滑膛炮替代原105毫米M68系列线膛炮，并在炮塔尾部安装自动装弹机，这样乘员将从4人减少至3人。改进后坦克最多可携带42发120毫米炮弹，其中包括尾翼稳定脱壳穿甲弹、多用途曳光破甲弹和破片榴弹。火炮还可发射射程为5000米的激光制导反坦克炮弹。辅助武器为1挺7.62毫米并列机枪和1挺12.7毫米顶置机枪。车上将安装计算机化火控系统，从而使该坦克在昼夜情况下都具有很高的首发命中率。为提高战场生存力，坦克的炮塔和底盘将安装由被动装甲和先进爆炸式反应装甲共同组成的新型装甲组件。原AVDS－1790系列551千瓦动力装置将被功率为882千瓦的紧凑型6TD－2柴油发动机所取代。改进后，该车战斗全重达到了56.4吨，公路最大速度为55～60千米/小时。由于紧凑型发动机的采用，车上可多携带400升燃油。哈尔科夫设计局还为该车研制了深水潜渡装置，使M60A3的最大涉水深达到5米。

瑞典研制轻型坦克 据《简氏防务周刊》2001年11月14日报道，瑞典赫格隆车辆公司历经3年研制的新型CV90120－T轻型坦克即将完成。该车是在CV90系列步兵战车底盘的基础上改进而成，不仅具有当前主战坦克的火力，而且还具有更强的机动性和生存能力。该车的战斗全重26吨，单位功率为19.23千瓦/吨，公路最大速度为70千米/小时，最大行程为600千米。车上的主要武器为1门瑞士拉格地面系统公司提供的120毫米50倍口径双向稳定式紧凑型高膛压坦克炮。炮管上装有热护套、抽烟装置和炮口制退器。由于安装了辅助装弹装置，该火炮的最大射速可达每分钟12～14发。该车采用了先进的计算机化火控系统及观瞄装置，具有行进间打击运动目标的能力及猎手－射手作战能力。该车采用了开放式车辆综合电子系统，由内置测试系统、辅助防御系统和一个在每位乘员位置都配有显示器的视频网络组成。内置测试系统还可当作训练模拟器使用，以在部署地点为乘员提供训练。辅助防御系统由各种告警装置、中央处理器和多频谱烟幕对抗系统组成。车上还可选装战斗管理系统。该车车体和炮塔安装了被动式附加装甲，也可安装爆炸式反应装甲。为进一步增强生存能力，该车还尽可能采用隐身设计。如对炮塔外形角度进行了精心设计，履带裙板敷有吸波材料，排气管被置于车体尾部。车上的标准设备还有三防装置和动力室灭火抑爆系统。

步兵战车及其它装甲车辆　**美国和英国将终止未来侦察车计划**　据美国《每日防务》2001年10月18日报道，美英两国已经同意，到2002年7月现有合同期满时将终止两国目前正在合作研发的未来侦察车计划，即TRACER/FSCS（战术侦察装甲战斗装备需求/未来侦察骑兵系统）计划。目前两国正在按计划完成先进技术演示阶段，但工程与制造研制阶段将被取消。该计划最初设想是用于替代英国陆军目前装备的“弯刀”侦察车和美国陆军现装备的“布雷德利”M3步兵战车。目前两个由英国和美国企业共同组成的工业集团——兰斯尔集团和斯卡国际集团仍在分别研制TRACER/FSCS的先进技术演示车。合同将于2002年7月到期。尽管未来侦察车计划将被取消，但项目的研究成果可能会被美国的未来战斗系统和英国的“未来快速部署系统”所采用。

俄罗斯改进БТР-90装甲输送车　据《简氏防务周刊》2001年4月4日报道，俄罗斯在2001年的国际防务装备展上展示了一种改进型БТР-90装甲输送车，车上安装了由KBP仪器设计局最新设计的新型炮塔。上面安装了与БМП-3步兵战车相同的武器配置，包括1门100毫米2A70型线膛炮、1门30毫米机关炮和1挺7.62毫米机枪。炮塔采用全新设计，安装了附加装甲，改进了弹药舱，安装了带昼夜观瞄系统、激光测距仪、激光制导系统和目标自动跟踪装置的更先进的计算机化火控系统，具备了猎手-射手作战能力。该车可乘载10人，可水陆两用，在水中由安装在车体尾部的两个喷水推进器推进。除发射新型破片榴弹外，100毫米线膛炮还能发射带串联高爆战斗部的新型激光制导炮弹，最大射程为5500米，能够击穿爆炸式反应装甲。

新加坡研制出新型8×8装甲步兵战车　据《简氏防务周刊》2001年3月28日报道，新加坡动能技术公司在2001年阿布扎比国际防务展上推出一种被命名为AV81的新型8×8装甲步兵战车。该车是新加坡动能技术公司与爱尔兰蒂莫尼技术公司合作研制的。该车采用常规布置：驾驶员在左，动力装置在右，车体后部为载员室。基本车型为装甲输送车，有乘员2人，载员12人。该车可安装与“比奥尼克斯”履带式步兵战车相同的炮塔，上装有1门25毫米机关炮、1挺7.62毫米并列机枪和1挺7.62毫米高射机枪。在安装该炮塔后，车上有乘员2人，可载员8人。该车还有其它变型车，如120毫米迫击炮车。为缩短研制时间和降低研制成本，该车尽可能采用了成熟的部件。车上安装有蒂莫尼公司研制的双叉杆式独立悬挂装置。动力传动装置由卡特皮勒400马力C-9型柴油发动机和阿里逊MD4560P自动传动装置组成。该车采用模块化设计，最大战斗全重可达24吨。该车还具备水上浮渡能力，在水中由喷水推进器推进。

新加坡陆军装备新型装甲车　据《简氏防务周刊》2001年5月16日报道，新加坡动能技术公司将首批新型铰接式全地形履带装甲输送车（ATTC）交付新加坡陆军。ATTC是2000年初研制的，由前后两辆铰接在一起的全装甲车辆组成，可用C-130运输机空运。车上的武器为1挺7.62毫米机枪和数排向前发射的电动烟幕弹发射器。全焊接钢装甲车体可承受7.62毫米机枪弹和炮弹破片的攻击。车上也可安装由德国提供的增强型模块化被动装甲组件。除输送车型外，该车还有装甲工程车、补给车和救护车三种专用变型车。输送车有乘载员16人（包括驾驶员），6人在前车，10人在后车。该车可水陆两用，公路最大速度为60千米/小时，水上最大航速为4.5千米/小时，由履带划水推进。工程车内部空间较大，可运送爆破器材和清障设备，经过改装也可用于运载或安装扫雷设备。救护车的后舱可容纳4付担架或9名坐姿伤员，并安装了易于装卸的担架悬吊系统和增加额外工作空间的一体式帐篷。补给车后部装载有医疗设备，还可用于运输油箱或货物。

德国、荷兰和英国合作研制的GTK/PWV/MRAV装甲车　据《简氏防务周刊》2001年11月28日报道，德国、荷兰和英国合作研制的GTK/PWV/MRAV多用途装甲车12辆样车中的首辆样车将于2002年5月在德国完成。该项目的主承包商——装甲技术（ARTEC）公司由德国的克劳斯-玛菲·韦格曼公司、莱茵金属地面系统公司、荷兰的斯多克NV公司和英国的阿尔维斯车辆公司组成。根据目前的计划，每个国家将首批订购200辆。生产将从2006年开始，三国的总生产数量尽管还没有最终确定，但预计这一数字将超过2000辆。德国将为该车提供柴油机动力组件、驱动机构和电子设备，英国将提供底盘和任务模块，而仅在去年初加入该计划的荷兰将为该车提供分系统。每个国家都将在本国建立总装生产线。三国采用的基型车和任务模块将完全相同，但也存在着其他一些区别。英国的4辆样车有2种车型，即装甲输送车和指挥车，而荷兰的4辆样车将为救护车、货运车、修理车和指挥车。除装甲输送车和指挥车外，英国陆军未来需要的车型还包括装甲救护车、迫击炮车、通信车和反坦克排车。英国的基型装甲输送车将安装赫格隆车辆公司的单人炮塔，上装1挺12.7毫米机枪。GTK/PWV/MRAV多用途装甲车最大战斗全重为33吨，车内有效空间为14立方米。车上的标准设备有三防系统、空调系统、装甲防护装置。该车能够用A400M运输机一次空运1辆，而用C-17运输机一次能空运2辆。

德国将研制3型步兵战车 据《简氏防务周刊》2001年3月15日报道，德国陆军正在制订研制3型步兵战车的需求文件，3型步兵战车将替代1971年开始服役的“黄鼠狼”1型步兵战车。尽管目前装备的“黄鼠狼”1型步兵战车曾进行了多次升级改造，但是其双人炮塔和20毫米机关炮已无法对付许多潜在的战场目标。3型步兵战车可能要采用MK30/50Rh503机关炮。为满足从维和到高强度作战等不同任务的作战要求，车上将安装不同级别的装甲组件。为降低噪音和振动，该车还可能采用电驱动系统和分离式行动装置。

德国研制出“狐”2装甲车 据《简氏防务周刊》2001年9月26日报道，为满足武装部队未来任务的要求和适应越来越多的作战任务，德国莱茵金属公司在6×6“狐”1装甲输送车的基础上研制出了“狐”2装甲车。该车的主要改进包括：载员舱车体被加高145毫米，从而增大了车内空间，提高了乘坐舒适性；对车顶的进气/排气百叶窗进行了重新设计；有效载荷增加4吨，使总有效载荷达到9.4吨；采用了315千瓦的MTU6V199TE20涡轮增压发动机和带一体式减速器的ZF6HP602全自动传动装置，发动机可满足欧洲3号排放标准；安装了数字式电气系统，可提供车辆的状态信息并可对部件的故障进行全面的分析；安装了前4轮助力转向装置、中央轮胎充气系统和更有效的制动系统。该车战斗全重为20吨，最大公路速度为96千米/小时，最大行程为700千米。该车具有良好的水上浮渡能力，水上最大航速可达10千米/小时，在水中由两个推进器推进，可360°转弯。车辆入水前不需做任何准备。该车车体由优质钢制成，可抵御7.62毫米穿甲弹的攻击。车窗玻璃和观察镜为乘员提供了与车体同样水平的防护力。为抵御12.7毫米和14.5毫米穿甲弹、炮弹破片、反步兵地雷和反坦克地雷的攻击，该车可加装不同级别的附加装甲组件。车上的标准设备包括三防和空调系统。车上可选装自动灭火抑爆系统。该车可发展多种变型车，如核生化侦察车、通信指挥车、侦察车、电子对抗车、输送车、爆炸物处理车和迫击炮车等。

法国陆军计划研制8×8轮式装甲作战系统 据《简氏防务周刊》2001年8月24日报道，法国陆军计划研制一种名为EBRC的8×8轮式装甲作战系统，它将是法国冷战结束后研制的第一种新型车辆。法国陆军的目标是在2011年部署EBRC，用其取代现有的几种轮式和履带式车辆，其中包括AMX-30B2主战坦克、装备105毫米火炮的AMX-10RC6×6装甲车、装备90毫米火炮的潘哈德ERC90F4“标枪”6×6装甲车。EBRC将执行各种作战任务，从协同陆军重型部队核心——“勒克莱尔”主战坦克的高强度作战，到和平时期的各种安全任务。EBRC将具有很高的自我防护能力，可抵御中口径武器和地雷，并将装备能够击毁步兵战车和轻型坦克的武器，还将采用间射和非致命武器。在系统的防护与杀伤力方面将特别考虑城市地区。该车将采取模块化设计，可根据特殊任务进行配置并便于新车型的开发。

法国潘哈德VBL侦察车采用新炮塔 据《简氏防务周刊》2001年5月9日报道，法国潘哈德公司的一辆VBL4×4轻型装甲车安装了德国莱茵金属公司地面系统部提供的E6IIA1型单人炮塔，并进行了火力和机动性试验。新集成的炮塔的一个重要特点是能阻止废气进入乘员舱。它采用全焊接钢装甲结构，可抵御7.62毫米穿甲弹。炮塔上安装了MK20Rh202型20毫米机关炮，连续射速为1000发/分，具有电动和手动两种操纵模式，炮长可选择单发、点射与连射。该炮塔可手动旋转360°，俯仰角为-10°~+45°。炮长配有PERIZ16昼用瞄准镜和5具观察潜望镜。炮塔重(不包括炮长)404千克。该炮塔采用模块化设计，可选设备有微光夜视瞄准镜、各种电动烟幕弹发射器、探照灯、防崩落衬层、附加装甲、电驱动系统、车内通信设备和观瞄设备的激光防护装置。机关炮的最大射程为2000米，较大的仰角使该武器可以打击低速飞行的飞机或较高的目标。E6系列炮塔是为各种轻型履带式和轮式装甲车设计的，首批被用于德国“鼬鼠”1装甲输送车。

乌克兰研制新型步兵战车 据《简氏防务周刊》2001年10月17日报道，乌克兰哈尔科夫·莫洛佐夫设计局制造出一种以T-84主战坦克底盘为基础的新型重型步兵战车，被命名为BTMP-84。该车用于协同主战坦克作战，为后者提供步兵支援能力。车上有乘员3人（车长、驾驶员和炮长），可搭载5名士兵。该车保留了原T－84主战坦克的武器配置，但为了提供能容纳5名步兵的空间，所携带的125毫米炮弹的数量减少至30发，另外，还对动力室进行了重新设计。载员室顶部中央设有向上开启的舱盖，车体后部加装了向右开启的舱门和登车踏板。此外，在载员舱两侧和顶部舱盖各设有射孔。重新设计的动力传动装置由紧凑型1200马力6TD－2柴油发动机和手动传动装置组成。BTMP－84战斗全重50吨，单位功率为24马力/吨，公路最大速度为70千米/小时，最大行程为450千米。该车具有和T－84主战坦克相同的防护力，车上安装有先进被动装甲和爆炸式反应装甲。车上也可安装主动防护系统和卫星导航系统。

瑞典研制隐形装甲车 据《简氏防务周刊》2001年10月3日报道，瑞典研制出一种全履带式隐形装甲车，该车由瑞典多家防务公司共同研制，被称为SAT/Mark。赫格隆车辆公司负责车辆的底盘和光电装置并担任项目总协调；博福斯防务公司负责炮塔和武器系统；萨伯·芭拉库达公司负责车体的表面处理和独特的快速伪装系统；萨伯技术系统公司则负责传感器组件。萨伯·博福斯动力公司也参与了该项目的研究。该车采用了瑞典陆军大量装备的CV9040步兵战车的车体及炮塔，并经过了全面的改造以获得在所有波长下的低信号特征。该车采用了与常规装甲车辆完全不同的独特外形，并且在车体和炮塔装甲内填加了特殊材料。车体和炮塔的上部采用斜面设计并喷涂了特殊材料。履带及悬挂系统几乎全被遮盖。

新技术与新部件 **美国开发混合电动车技术** 据《简氏防务周刊》2001年10月24日报道，美国通用动力公司地面系统部展示了其新研制的先进混合电动车。该车是由通用动力公司地面系统部与陆军坦克－机动车与装备司令部国家机动车辆中心联合研制的，目的是演示用于中型战斗车辆的混合电驱动技术及其它技术。该平台重12吨，负载能力为8吨。目前通用动力公司地面系统部正在与雷神公司合作参与美国陆军“未来战斗系统”概念设计的竞争，因此该技术可能应用于美国陆军的“未来战斗系统”计划。该车具有油耗低和模块化的特点，能够满足用C－130“大力士”运输机空运的要求。轮毂内的电动机由德国磁体电动机公司研制，用以驱动每一个车轮。驱动机构位于车体外部，从而增大了车内的空间。该车的最大速度为105千米/小时。对于极端恶劣的地形，每对车轮上也可加装带式履带。据通用动力公司地面系统部称，该车还可应用到英国的“未来快速反应系统”（FRES）中。

英国维克斯防务系统公司将提出多种“武士”炮塔方案 据《简氏防务周刊》2001年9月26日报道，英国维克斯防务系统公司即将推出多种炮塔方案，用于提高阿尔维斯车辆公司的“武士”步兵战车的火力。维克斯公司的第一种升级方案是一种低成本低风险的方案，即保留现有炮塔，为火炮加装稳定装置，以遂行行进间射击。它还将采用英国防部投资开发的战斗群热成像仪和“弓箭手”通信系统。为提高防护能力，它还将披挂附加被动装甲，重量将达4.5吨。第二种方案是一种新型全焊接钢装甲双人炮塔，装备CTA国际公司的40毫米埋头弹武器系统和1挺L94A1型7.62毫米链式机枪。该双人炮塔也将采用战斗群热成像仪、“弓箭手”通信系统和附加装甲，重约4.5吨。第三种方案是装备有埋头弹武器系统和L94A1型7.62毫米机枪的4吨重单人炮塔，安装该炮塔将提供更大的车内空间。最激进的方案是采用装备埋头弹武器系统的遥控炮塔，炮塔将安装一个先进的顶置稳定式传感器组件，炮长将处于装甲防护之下，炮塔仅重2.5吨。

（张国斌）

炮兵武器装备

综述 2001年炮兵武器装备发展的状况充分体现出世纪之交炮兵武器装备处于过渡和转型的特征：对现有老装备进行现代化改造，使之适应现代化战争的需要；加快已经研制成功或很快将研制成的武器装备的列装，使之尽快形成战斗力；继续研究开发新概念武器，寄希望于某项先进技术的意外突破。在现有老装备的现代化改造方面，可以说各国都在进行，对于发展中国家来说，此举更为迫切。因为从 20 世纪 50、60、70 年代，乃至 80 年代起，亚、非、拉、美许多国家购自发达国家的大量装备，其寿命期有的已经到期，有的即将到期。俄罗斯正是看准了这一点，瞄准这个大市场，对原苏联生产的许多炮兵武器系统实施大规模的改造工作。例如，俄罗斯正在对原苏联装备的 C-125（“涅瓦河”）防空导弹和 9K35（“箭-10”）系列导弹、9K33（“菱形”）防空导弹、9K33O 和 9K331（“道尔-M1”和“道尔-M2”）防空导弹进行改进，它们分别是 60 年代初、70 年代初和 80 年代末装备部队的武器系统，经改进之后，其服役年限可延长 10~15 年；对 60 年代初大量装备本国部队并出口到数十个国家的 ЗУ-23-2 式双管 23 毫米牵引高炮和 ЗСУ-23-4 式四管 23 毫米自行高炮，俄罗斯正在利用现代高新技术，特别是当今先进的电子技术、数字化和信息化技术对这两种炮实施改造，并取得不小的成果。在加快在研武器装备列装，使其尽早形成战斗力方面，美国和南非具有一定的代表性。美国的“十字军战士”155 毫米自行火炮已经取得了多方面试验成果，特别是在射程、射速、“多发弹着”射击等几个方面创造了良好的记录，在运用“系统集成”技术实现射击指挥自动化方面也走在世界前列；这里特别值得一提的是南非，它近年来开发研制的 G5 和 G6 系列 155 毫米大口径火炮，在很多方面是领先的。迄今为止，除 G5 系列外，新研制的 M1A3G6 式和 G6-52 式自行火炮，在技术上有重大突破。其最大射程已跨越了 40.5 千米、50.6 千米和 67 千米三个台阶，正在为突破 80 千米而努力。为达成如此远的射程，火炮初速也已从 900 米/秒逐渐提高到 1015 米/秒，并有望突破 1060 米/秒。这为现役的大口径炮获得新生创造了一个绝佳的机会。新概念武器——诸如电磁炮、电热炮、液体发射药炮，激光和微波武器、粒子束武器等在 2001 年进展并不突出。在炮兵压制、反坦克、防空和弹药引信四个方面，除反坦克武器外，其它发展都十分迅速，尤其是防空武器系统和弹药的发展更为迅速。

炮兵压制武器系统　榴弹炮　美国“十字军战士”自行榴弹炮的设计重量已减到 40 吨　据美国《每日防务》2000 年 10 月 19 日报道，由于美国陆军的转型，特别强调部队的快速部署，强调部队的战略机动性和战场上的战术机动能力，所以正在研制的“十字军战士”155 毫米自行榴弹炮原设计重量 55 吨已显得过于笨重，难以达到战略和战术机动要求，因此，美正在采取措施将其重量减至约 40 吨。这项指标的重大变化，必将延长该炮的研制进度。这样，一架 C-5 或 C-17 运输机一次即可运送两门“十字军战士”榴弹炮抵达作战区域。此外，在近两年的研制试验中，“十字军战士”155 毫米榴弹炮在射速、射程、“多发弹着”方面都创造过良好的记录。2000 年 6 月 30 日在美国尤马靶场的射击试验中，射程达到了 40 千米；在同年 11 月 4 日的射击试验中，创造了以 10.4 发/分的射速连续发射 15 发；在先后两次“多发弹着”射击试验中均取得了成功。在对 7 千米处的同一个目标射击时，以 2 秒钟的发射间隔连续发射 4 发弹均同时落达目标；尔后在对更远的目标（30 千米以内）进行试验，实现了最多达 8 发的同时弹着。由于射速很高，对身管的冷却技术提出了很高的要求。美军“十字军战士”火炮采用独特的中层冷却技术，达到了使身管迅速冷却的目的。

除了减轻重量、提高射速、稳定较远的射程实现“多发弹着”之外，对“十字军战士”还提出了更高的要求：把“阿法兹”先进的野战炮兵战术数据系统指挥控制功能与该炮实现技术集成。实现集成之后，炮兵指挥员将直接坐在“十字军战士”榴弹炮车上对多炮进行指挥和火力协同。并取消战场火力呼唤单元同火炮之间这一指挥层次，从而大大简化了战斗中的指挥程序，达成更高的作战效果。美陆军还正在研究同“十字军战士”火炮实现更高层次集成的方法。为此，另外两个软件系统也正在研制试验之中：21 世纪旅以下作战指系统和陆军全球作战支援系统。这两个软件系统如果成功地同“十字军战士”榴弹炮实现系统集成，无疑将使该炮的作战能力有更大的提高。

瑞典陆军对 FH-77BD 式自行火炮进行对比试验
据《外军炮兵》杂志 2002 年第 2 期报道，瑞典陆军为了选择一种能适应 21 世纪战争需要的大口径火炮，对本国博福斯防御公司研制的 FH-77BD 式 155 毫米轮式自行火炮及其它各种火炮进行对比试验。其中包括该公司的 FH-77B 式 155 毫米牵引式火炮、BKП1A 式 155 毫米自行火炮，以及德国的 PZH200 式 155 毫米履带式自行火炮和英国的 AS90 式“勇敢的心”155 毫米火炮。FH-77BD 式火炮采用 45 倍口径身管，装有双室炮口制退器；在身管的后部装有一部初速雷达测定系统，该炮弹药携行量为 24 发（包括配套的装药和引信）此外，它还可以发射北约所有的制式弹药，其最大射程为 42 千米；该炮采用沃尔沃 VMEA25C 式汽车底盘，驱动方式为 6×6，其机动性能在同类产品中是比较高的。

南非 M1A3 G6 型 155 毫米自行榴弹炮的性能有突破性提高　据英国《简氏国际防务评论》杂志 2001 年 11 月号报道，自从 1988 年南非迪奈尔公司的 G6 型 155 毫米自行榴弹炮装备安哥拉以来，经过了多次改进，出现过几种变型炮，但从战术技术性能上有较大突破的型号要数 M1A3G6 型轮式 155 毫米自行炮。首先，作为 155 毫米大口径自行榴弹炮，采用轮式底盘就不多见，而战技性能像 M1A3G6 炮这样高的更少；第二，它采用迪奈尔公司自己研制的最新型的 M64 式双模块装药系统，它的发射药的尺寸比以往使用的 M50 式装药系统更小，但能量却更大，用它来发射 M1A3/A4 式远程全膛弹底排气弹的射程可达 40.5 千米，比原来增大 1.5 千米。如用于发射该公司制造的 M9703 式远程增速弹，则射程可达 53.6 千米；第三，为 AS2000 式炮载火控系统配用新型射击控制软件，使 M1A3G6 炮具有了多发同时弹着的能力，在 10～25 千米射程范围内，单炮可对任一个目标发射 4 发炮弹并保证同时落达该目标；第四，M1A3G6 还新增装射击安全联锁装置和改进了送弹机，使送弹速度从 3 发/分提高到了 5 发/分；第五，野战机动能力大为提高。525 马力 V12 涡轮发动机使该炮的最大公路时速达到 85 千米，最大行程 700 千米，炮前部下方增装的特殊叶片使火炮可顺利越过长有粗达 100 毫米灌木的战场，该炮可跨越宽达 1 米的沟壑和高达 0.9 米的垂直障碍；第六，该炮的设计完全符合北约“联合弹道谅解备忘录”的要求，符合北约标准化的要求。

南非 G6－52 式 155 毫米自行榴弹炮射程有望突破 80 千米　据英国《简氏国际防务评论》2001 年 11 月报道，南非迪奈尔公司正在研制的 G6－52 式 155 毫米自行榴弹炮的最大射程有望突破 80 千米。这无疑将是火炮发展史上的一大奇迹。为此，设计者采取了一系列措施。第一，它突破了北约“联合弹道谅解备忘录”52 倍口径 155 毫米炮的某些标准。例如药室容积从标准的 23 升增加到 25 升。第二，使用 M64 式全装药，并增加了一个特殊的装药模块，因此，在规定的标准海拔高程、气温为 21℃时，炮口初速可达 1015 米/秒。此外，该炮的设计膛压已经达到 600 兆帕。该公司还在进一步提高膛压，增大弹丸转速和加速度。预计转速可达 21000 转/分。加速度可达 22000 个 g。第三，已设计出一系列适于 G6－52 式炮的新弹药，如采用带有加固弹底的弹体和经改进的装药等措施。基于此，该炮发射最新型远程全膛弹底排气弹的射程已达到 50 千米；发射增速远程炮弹时的射程已达到 67 千米；经进一步的完善，射程还会增加。迪奈尔公司称，完全有希望突破 80 千米。

为使 G6－52 式 155 毫米自行榴弹炮的射程突破 80 千米，迪奈尔公司一直在探索研究一种新型冲压喷气发动机弹丸。该公司过去曾将冲压喷气发动机技术成功地运用于空空导弹的设计制造，并在冲压喷气发动机动能反坦克弹的研制中取得了经验。现在的目的是使该发动机燃烧时间延长到 15 秒。目前的增速远程炮弹的发动机燃烧时间仅有 2 秒。根据试验和计算，采用北约标准的 45 千克弹丸，用此项发射技术，使弹丸初速保持 900 米/秒，射程即可提高到 75～77 千米，而如果用 G6－52 型榴弹发射，其射程肯定会超过 80 千米。因为在标准海拔高程和 21℃的条件下，初速已达 1015 米/秒，而当温度为 63℃时，最大初速将提高到 1060 米/秒。

南非为 G6 型 155 毫米榴弹炮研制出自主式通用炮塔　据《外军炮兵》2001 年第 3 期报道，南非迪奈尔公司为其 G6 型 155 毫米榴弹炮研制出自主式通用炮塔。炮塔型号为 T6 型，其早期型号曾安装在苏制 T－72M1 式坦克底盘上，并在印度进行过试验，1998 年又安装在“阿琼”坦克底盘上。18.5 吨重的 T6 型炮塔具有较强的防护能力，可对付 7.6 毫米、14.5 毫米枪弹和普通榴弹破片的杀伤。该炮塔可安装 52 倍口径 155 毫米火炮身管，可发射 M2000 系列 155 毫米炮弹，弹丸重 43.5 千克。采用 M91/M92 式 6 号双模块装药系统时，射程可达到 40.23 千米，采用标准的 M92 式 6 号装药发射 48 千克重的远程全膛弹底排气弹时，最大射程也可达到 40 千米。全炮弹药携行量 128 发，其中 40 发弹丸储藏在炮塔左后方，40 个与之配套的装药装在炮塔右部。T6 炮塔用链式推进式送弹机取代过去的弹射式送弹机，从而确保在高射角时的装弹速度不减，而且还便于多种弹药的处理。加之该炮塔装有全自动火控系统，从而又保证了火炮具有“多发同时弹着”的能力。装弹方式有三种：全自动、操作手辅助控制和纯手工装弹，从而适应了战斗行动中千变万化的情况。该炮塔的火控系统使射速稳定保持在 8 发/分～10 发/分。

火箭炮　**中国台湾陆军拟装备“雷霆”2000 多管火箭炮**　据英国《简氏防务周刊》2001 年 11 月 28 日报道，台湾陆军拟先期采购 60 套“雷霆”2000 式多管火箭炮系统，主要装备台湾岛和澎湖岛的沿海部队，用于海岸防御。届时，已在部队服役多年的老式火箭炮，即“工蜂”－6 式 117 毫米火箭炮将被淘汰。因此，陆军的对海防御火力将得到较大加强。据称，台陆军远期总共将采购 150 套该型火箭炮。该炮的研制单位为台湾中山科学研究院导弹和火箭系统研究部。该火箭采用美国著名的“悍马”M977 式高机动越野车底盘。该火箭炮的发射装置可配备三种型号的火箭弹，均为固体推进剂。三种型号的火箭弹弹径不同。射程也不同，采用的发射管也各不相同。MK15 型火箭弹弹径为 117 毫米，射程 15 千米，20 个发射管；MK30 型火箭弹弹径 180 毫米，射程 30 千米，9 个发射管；MK45 型火箭弹弹径 230 毫米，射程 45 千米，6 个发射管。各型弹的战斗部均可配用不同的弹头：高爆破片杀伤弹和子母弹。

炮兵反坦克武器系统　反坦克导弹　美国“陶”式反坦克导弹产量突破 66 万枚　据英国《简氏国际防务评论》2001 年增刊报道，“陶”式反坦克导弹从 1972 年开始装备美国陆军并于同年用于越南战争至今，其产量已经超过 66 万枚，创同一族反坦克导弹产量之最。

第一代“陶”导弹型号 BGM－71“陶”式反坦克导弹，采用光学跟踪有线制导方式，在越南战争中的命中概率为 77%。到目前为止，“陶”导弹已先后发展了“陶”、“陶－改”、“陶－2”、“陶－2A”、“陶－2B”、“陶－2N”、“陶－2D”、和“陶－FF”等八个型号。基型“陶”导弹破甲厚度为 600 毫米；“陶－改”1981 年装备部队，破甲厚度为 800 毫米；“陶－2”1983 年装备部队，破甲厚度为 1030 毫米；“陶－2A”具有穿透带有爆炸反应装甲的能力；“陶－2B”则具有攻击坦克顶装甲的特性；“陶－2N”飞行速度达到超音速，射程达到 9 千米，是该族导弹射程最远的一个型号。“陶－FF”是该族导弹的最新型号，它采用无线制导，光学瞄准，具有“打了就不用管”的能力。虽然该弹是一种全自主式操作导弹系统，但也留有可供人工干预制导的功能，在必要时，可实施人工干预，确保导弹命中目标。“陶－FF”式导弹的主要作战对象是装有主动防护的坦克目标。

法、德“米兰”反坦克导弹的产量已逾 34 万枚　据英国《简氏国际防务评论》2001 年增刊报道，从 1974 至今，由欧导动力公司研制生产的“米兰”系列反坦克导弹数量已经超过 34 万枚，发射架已经超过 1 万套。装备欧、亚、非、拉美世界各地共约 44 个国家的军队。“米兰”系列反坦克导弹已多达 4 个型号：“米兰－1”、“米兰－2”、“米兰－2T”和“米兰－3”。“米兰－1”反坦克导弹于 1974 年装备部队，战斗部直径为 103 毫米，穿甲厚度为 650 毫米；“米兰－2”反坦克导弹 1984 年服役，战斗部直径增大到 115 毫米，并改进了装药结构，穿甲厚度达到 880 毫米；“米兰－2T”反坦克导弹投入实战使用，它的战斗部增加了前置装药，可穿透 880 毫米厚并带有爆炸反应装甲的坦克；1995 年研制成功“米兰－3”反坦克导弹，该弹增装了一个编码氙灯，改进并提高了它的抗干扰能力，同时在发射装置上还增加了一个热成像瞄准镜，夜间可探测到 4 千米以外的装甲目标。“米兰”系列反坦克导弹问世至今，先后参加了 1976 年的黎巴嫩战争、1982～1988 年的两伊战争、1982 年的英阿马岛战争以及 1991 年的海湾战争，均取得过不小的战绩。然而由于该弹战斗直径有限其威力仍满足不了日益发展的反坦克作战需求，要穿透未来的新型爆炸反应装甲，前置装药的直径至少要增加到 50 毫米。

挪威计划对多种反坦克导弹进行射击试验　据英国《简氏防务周刊》2001 年 12 月 19 日报道，挪威拟于 2002 年上半年对以色列的“吉尔”和“长钉”反坦克导弹、美国的“标枪”反坦克导弹进行发射试验，以便从中选择适于挪威陆军需要的导弹系统。挪威陆军迄今为止尚无中程反坦克导弹武器系统。新采购的系统将弥补挪威现装备的“卡尔·古斯特夫”84 毫米反坦克火箭筒和“陶”式反坦克导弹之间的火力空白。新型反坦克导弹要具有“打了就不用管”的能力、采用攻顶战斗部。试验的靶标采用退役的坦克，将通过遥控方式对静止的和移动的坦克靶标分别进行实验射击。

波兰陆军拟采购反坦克导弹　据英国《简氏防务周刊》2001 年 1 月 2 日报道，波兰国防部正在就中程和远程反坦克导弹的采购进行招标。波兰陆军要求中程反坦克导弹射程不小于 2.5 千米，远程导弹最大射程为 4 千米。目前，参加中程导弹投标的有：以色列的反坦克导弹、瑞典的“比尔－2”反坦克导弹；参加远程导弹投标的有”欧洲联合导弹公司的“霍特－3”反坦克导弹，以色列的“长钉”反坦克导弹，南非的“伊格韦”反坦克导弹。波兰拟在 2001～2006 年期间采购 250～300 套反坦克导弹发射装置和数千枚导弹；在 2012～2015 年期间采购 1100 套反坦克导弹发射装置和 12000 枚导弹。2002 年将对参加投标的各型号导弹进行一系列评估试验。预计将于 2002 年 10 月公布试验结果，并决定采购的型号和数量。

炮兵防空武器系统　防空导弹　俄罗斯改进 9K35（“箭－10”）系列防空导弹系统　据俄罗斯《军事博览》2001 年第 4 期报道，为了使 40 年前装备原苏联陆军的 9K35（“箭－10”）系列防空导弹满足现代战争的需要，俄罗斯对该系统进行了改造。改进主要从两个方面进行：一是导弹发射控制系统的改造，二是导弹本身的改造。9K35系统的改造过程是一个渐近的发展过程，在9K35之后，经改进先后形成了9K35M（“箭-10M”）、9K35M2（“箭-10M2”）和9K35M3（“箭-10M3”）3个型号。西方将该防空导弹系列称为“金花鼠”，代号为“萨姆-13”。9K35M3是技术水平最高的一种。改进后的光学瞄准对小型目标的搜索距离增加到4千米。导弹指挥控制系统可自动接收数字式目标指示信息，并根据该目标指示信息把导弹发射架自动导向目标。安装夜视瞄准具的的防空导弹系统，夜间在12×160的视场内发现直升机的距离为10千米。夜视瞄准具装在发射架的起落部分，小型观察设备则装在操作手舱内，此外，尚有一些小型补充控制机构。新设备的安装实际上勿需对摇架作大的改动。对导弹本身的改进主要集中在弹头部分，主要措施是：更换自导引头、战斗部、电子设备器件和引信。为适于发射改进后的导弹，发射箱也有小的改动。和整个系统一样，随着改进的过程导弹也形成了9M37、9M37M、9M37MД和9M333等4个型号。后两种型号的导弹比早期同类导弹射程提高了3千米；最小毁伤目标的高度从25米降到10米，十分有利于对付巡航导弹；自导引头从双通道改为三通道，且具有抗干扰能力；战斗部从3.5千克增加到5千克，炸药重从1.1千克增至2.6千克；导弹起飞重量从39千克增至41千克；毁伤概率也有很大提高，对固定翼飞机：原导弹在强干扰条件下不能保证毁伤目标，在无干扰条件下也只有0.65，而改进后的导弹无论何种干扰条件下，均可达到0.99。对直升机：原导弹在强干扰条件下不能保证毁伤目标，在无干扰条件下只有0.7，而改进后的导弹无论在何种干扰条件下，均可达到0.99。

俄罗斯着手改进9K33式（“菱形”）防空导弹 英国《简氏防务周刊》2001年5月23日报道，俄罗斯正着手对曾大量装备的9K33式（“菱形”）防空导弹系统实施技术改造。9K33式是俄罗斯赋于该导弹系统的代号，命名为“菱形”，发射9K33式导弹，于1973年装备部队。其改进型为9K33M3式导弹，发射9K33M3导弹，1980年装备部队。北约给9K33和9K33M3系统取的代号分别为“萨姆-8A”和“萨姆-8B”。9K33式“菱形”防空导弹在原苏联时代曾出口到印度等许多国家，无论从技术的先进程度上，还是从规定的使用年限上，都有一定程度的老化。为使这些老的装备实现现代化，满足现代化战争的需求，俄罗斯着手对该防空导弹实施技术改造，但主要目的是提高该防空导弹的射程。原型防空导弹系统射程为10千米，改进后要求达到15千米。改进工作是在俄罗斯国内进行的，但发射试验则一直是在印度。2001年第一季度，俄罗斯的科研人员和军事技术人员携带测试设备和车辆，乘坐专用运输机飞抵印度东海岸的“昌迪普尔”导弹靶场，进行了一次发射试验。此次试验除对改进型导弹的性能进行检验外，还就原导弹的寿命延长可能性进行了试验。

俄罗斯已完成轮式“道尔-M1T”防空导弹的靶场定型试验 据俄罗斯《军事博览》2001年第2期报道，俄罗斯于2000年年底完成了轮式“道尔-M1T”防空导弹的靶场定型试验。“道尔”是原苏联从1988年开始装备部队的一种垂直发射防低空导弹系统，其系统代号为9K330，发射9M330式导弹。西方为该系统命名为“臂铠”，代号为“萨姆-15”。从装备部队至今发展了两个改进型号，分别为“道尔-M1”和“道尔-M1T”。前者仍然有履带式，后者则为轮式。“道尔-M1”的系统代号为9K331，发射9K331式导弹，它与原型最大的区别是：原型采用机械扫描搜索雷达，后者采用电子扫描搜索雷达。“道尔-M1T”防空导弹系统与“道尔-M1”的主要区别在于：前者的导弹发射运载车采用轮式底盘，而后者则为履带式。新系统比“道尔-M1”价格便宜，公路行驶速度快，更为机动灵活。导弹发射车和导弹发射指控设备分开配置。指控系统的所有电子仪器设备装在“乌拉尔-5323”式卡车上。导弹系统在射程、射高等等方面没太大变化，但战术使用上没有“道尔-M1”快。例如，“道尔-M1”展开和撤收时间分别为3分钟和2分钟，而“道尔-M1T”则需要8分和12分钟。所以，后者主要是为发展中国家开发研制的，主要是为了用于出口，争取国外订户。

俄罗斯改进C-125M式防空导弹系统 据英国《简氏防务周刊》2001年6月20报道，俄罗斯已经开发完成了对C-125M式防空导弹系统的开发改造工作，使之适应现代战争的需要。C-125M式防空导弹系统装备于1961年，发射5B24式导弹；北约国家给该系统的代号为“萨姆-3A”命名为“小翔羊”。C-125M式系统，发射5B27式导弹，其出口型又称为“伯朝拉河”，发射5B27B式导弹；北约国家则给其编号为“萨姆-3B”。俄罗斯近年来披露，在原苏联时代，从1972年到1986年曾向东欧、亚洲和拉美等35个国家出售了400多套C-125M式“伯朝拉河”防空导弹系统。改进后的C-125M式“伯朝拉河”防空导弹系统命名为“伯朝拉河-2”式防空导弹系统，其性能有了很大的提高，射程从 17 千米增至 27 千米，射高从 15 千米增至 20 千米；系统的备用零件从 3000 个减少到 300 个；原型 C－125M 式系统为四联装发射架，改进后的则为双联装；新系统的导弹发射装置同指挥控制装置既可以装在一起构成一个一体化系统，也可以采用分置方式以便于机动；新的成像系统为被动式红外探测装置，即使在夜暗条件下也可以发现目标，增强了夜战能力；新系统配用新型数字化电子装置取代了原系统中落后的模拟电子元器件，例如，新装的导航仪器和通信系统、自动信号接收系统全部采用当今先进的数字化技术，因而使 C－125M 防空导弹系统接收和处理目标信息的能力大为提高；增装的内装式自检系统，可随时监控导弹系统各部分工作状态，以便及时排除故障，大大提高了整个系统的可靠性。为此，原型号 90% 以上的设备都进行了更新，其不少先进的电子元器件和工艺技术是从 C－300Пму－1 式防空导弹上移植过来的。5B24 式导弹的助推装置和推进剂都进行更新，使用新型固体燃料推进剂的燃烧效率大为提高；新的导弹战斗部的威力提高 150～200%，该防空导弹系统的电子对抗能力也得到了大幅度的提高，发现低空目标的能力也大为加强，甚至可发现和对付飞行高度只有 20 米的巡航导弹，自动跟踪目标的能力从 6 个提高到 16 个。

原导弹发射车采用“吉尔－157”型汽车底盘，只有 25 吨载重量。新导弹系统采用 6×6 新式越野车，新型底盘将使导弹系统更快地进入和撤出战斗状态。试验表明，新系统经受住了发射时的巨大震动和冲击波，部署展开时间由原型的 90 分钟缩短到 30 分钟。改进后的 C－125M“伯朝拉河－2”型防空导弹连包括车载式火控雷达 2 部、目标指示雷达 1 部、指挥车 1 部、控制车 1 部、双联装导弹发射车 8 部。

马来西亚拟采购更先进的防空导弹系统　据英国《简氏防务周刊》2001 年 11 月 7 日报道，马来西亚陆军急需采购更先进的防空导弹系统，目前正在论证选择阶段。主要的备选目标有两个：一个是法国泰利公司的“响尾蛇”防空导弹系统；另一个则是英国的“杰纳斯”防空导弹系统。

“响尾蛇－MGT”防空导弹系统已在欧、亚、非洲等多个国家军队中服役，具有成熟的技术和丰富的实际使用经验。该系统发射 VT－1 式导弹。

“杰纳斯”系统实际上是一个由 4 部“长剑”导弹发射系统、2 部“短剑”预警雷达和 2 部“盲射”跟踪雷达以及 1 个战术作战中心组成的防空火力单元。所采用的八联装导弹发射架配用 MK2 型导弹。“短剑”搜索雷达为三坐标雷达系统，可同时跟踪 75 个目标。两种雷达和 4 部发射架均采用同一型号的拖车装载，可用同一型号的 4×4 轮式卡车牵引。MK1 型导弹射程为 8 千米，MK2 型则增至 9.2～9.6 千米；MK2 导弹配用双用途半穿甲战斗部，装着发引信或主动式多功能激光近炸引信。

波兰展示“劳拉－R”式自行防空导弹系统　2001 年下半年，波兰陆军对研制中的“劳拉－R”式自行防空导弹进行了实弹射击试验。该系统配用的备选导弹有两个型号：瑞典的“巴姆塞”防空导弹和南非的 SAHV－3 式导弹。最终选用哪种导弹还有待于试验和论证结果。该导弹系统研制成功之后，将由它取代装备的苏制“萨姆－6”防空导弹系统。波兰陆军计划采购 96 套“劳拉－R”式自行防空导弹系统。

芬兰对备选超近程防空导弹实施对比试验　芬兰于 2001 年 4 月、5 月和 6 月份分别对拟购买的 RBS－70 防空导弹系统和“星光”防空导弹进行发射试验。前者由 M113 式全履带式装甲人员输送车底盘、ASRAD－R 式雷达和 RBS－70 导弹等构成；后者则由法国泰利斯防空公司的全地形履带车底盘、ASPIC 式防空火控系统（包括光电跟踪系统、接收和处理外部信息的装置等）和“星光”导弹组成。这两种备选的防空导弹系统均参加了为期 6 个月的试验。在 6 月份进行的试验中，法国星光防空导弹系统利用“萨芒塔”搜索雷达从外部提供目标信息，成功地击中靶标，此次试验共发射两枚导弹，命中率 100%，毁伤率 100%。试验数据显示，“萨芒塔”搜索雷达在 7.5 千米的距离上发现目标，火控系统上的光电跟踪装置在 7 千米距离上截获目标并实施连续不断的跟踪，“星光”导弹在目标到达 5.6 千米距离时开始发射，在 5.25 千米的距离上命中目标并将其摧毁。

高射炮　**俄罗斯继续改进 ЗУ－23－2 式双管 23 毫米牵引高炮**　据俄罗斯《军事博览》2001 年第 1 期报道，在防低空领域以防空导弹，特别是便携式防空导弹为主导的今天，俄罗斯仍继续对 ЗУ－23－2 式高炮进行改造工作主要出于以下三点原因：其一，现代高科技的发展，特别是电子、信息和数字化技术的突飞猛进，为老装备的改造提供了机会；其二，小高炮与防低空导弹相比，在射击空域方面仍有自己的特点，可以弥补后者的不足，仍不失为一种有效的防低空武器；其三，该炮已有 14000 多门先后出口到亚、非、拉和原华约国等数十个国家，而且均是一些穷国。一旦改造成功，对俄罗斯来说也是一大商机，存在巨大的商业利益。

原型 ЗУ－23－2 式高炮配用 ЗАП－23 瞄准具，用手摇转轮装定目标的概略诸元，这样，该炮只能实施拦阻射击、非瞄准射击或沿航路进行目视修正射击。在现代战争条件下，在目标的运动特性发生巨大变化的情况下，ЗУ－23－2 的对空射击效率已经变得极低，只有 0.02～0.05。所以，俄罗斯有关设计局在改进计划中提出了如下几点要求：第一，必须充分利用现代成熟的和先进的工艺技术；第二，着力于目标信息的获取、传递和显示；第三，改进火炮随动系统；第四，配用现代化的技术设备；第五，保证夜间作战能力。具体的改进措施是：取消了原配装的 ЗАП－23 式瞄准具，增配了电子机械随动系统、目标自动跟踪设备、数字式弹道计算器、目标显示设备、炮手操作控制台以及一套光电系统。光电系统包括昼夜两用电视跟踪装置、激光测距机、红外监视设备或带有光电转换器的低电平监视仪器。改进后的 ЗУ－23－2 式高炮分为三种方案，以适应不同经济状况的国家。三种方案分别为 ЗУ－23М 基本型、ЗУ－23М2 和 ЗУ－23М3 型。

ЗУ－23М 装备有前文所述的所有设备和装置。它的目标指示接收设备既可从连长处自动接收目标指示信息。同时又能从专用指挥车上自动接收目标的指示信息。该型高炮实现了目标的自动跟踪、自动求解射击提前角，能够进行稳定瞄准、向操作手自动发出最佳射击时机信号和自动评定射击效果。为了使该型高炮更加可靠，系统还保留了现装备的半自动和手动目标跟踪系统；ЗУ－23М2 型比基本型的自动化程度低，系统中没有目标自动跟踪系统而采用自动工作方式，也没有装瞄准线稳定系统；ЗУ－23М2 型比基本型更为简单，主要是光电模块中的设备有所减少，自动化程度更低一些。特别要指出的是，后两种方案只有基本型方案价格的三分之一或更低。改进后的 ЗУ－23М 各型高炮还预留有“针”式便携防空导弹发射装置、控制和伺服机构。配有导弹的各型高炮型号编为：ЗУ－23М1、ЗУ－23М1－Ⅱ、ЗУ－23М1－Ⅲ型。

俄罗斯改进 ЗСУ－23－4 式四管 23 毫米自行高炮 据俄罗斯《军事博览》2001 年第 7 期报道，为延长老式 ЗСУ－23－4 式 23 毫米四管自行高炮的服役年限，适应现代战争的需要。俄罗斯正在对该系统进行技术改造。其指导思想是：增强系统的搜索能力，提高指挥的自动化程度，加快系统的行驶速度，改善乘员工作条件，从而提高整个系统的作战效率。为此，第一，为该系统配用了新型火控系统：用模块式电子设备更换原系统中的陈旧落后电子设备；把机电模拟计算机更换为数字式计算机；采用数字式信号处理方法；实现半自动和自动光学搜索、捕捉及跟踪目标；采用遥控编码通信设备，解决了对防空分队的自动化射击指挥问题，同时也增强了整个系统的隐蔽性，提高了生存力。第二，改进了载车底盘，提高了机动能力。例如，采用新型先进的交流发电机组；改进传动装置，采用液压回转机构、液压增压操纵机构等，从而大大减轻驾驶员的工作负担。第三，在驾驶舱增装空调设备、车外情况电视显示系统，从而大大改善了乘员工作条件，有利于乘员及时了解车外状况，提高作战效能。第四、增装了对激光照射实施探测的仪器，同时配装发烟系统，一旦发现敌人激光照射，即可自动向激光源方向发射大量烟幕，从而大大提高整个武器系统的战场生存能力。

波兰对首门“劳拉－A”式高炮进行试验 2001 年 8 月，在波罗的海岸边的维茨科·莫尔斯基高射炮兵靶场，波兰对他们所研制的首门“劳拉－A”式双 35 自行高射炮系统进行野外射击试验。首次射击试验是于 2000 年进行的。该高射炮系统主要构成为：俄制 T－72 式主战坦克底盘、瑞士 KDA 式 35 毫米机关炮、新型三坐标对空搜索雷达、目标跟踪雷达、波兰 KTVD－1 式昼用电视摄像机，DL－1 型激光测距机、SSC－1 型“奥伯拉”激光报警系统和被动光学仪器系统等。此外，该高炮系统还配有两个六联装 81 毫米榴弹发射器用于自卫。该炮目前可发射标准的 35 毫米弹药。将来，对火炮稍加改进，即可发射性能更先进的“阿海法”弹药。波兰陆军拟采购 160 套“劳拉－A”式高射炮系统，用于装备波兰快速反应部队，例如第 10 装甲突击旅。

炮兵弹药和引信

弹药

俄罗斯研制新型激光制导炮弹 英国《简氏防务周刊》2000 年 11 月 12 日报道，继“堡垒”100 毫米、“捕鲸者－2”式 120 毫米、“捕鲸者－2M”式 122 毫米、“沙锥鸟”125 毫米、“红土地”152 毫米和“勇敢者”240 毫米激光制导炮弹之后，俄罗斯近年来又研制出三种型号的激光制导炮弹。

9M117M1 式 100 毫米激光制导炮弹是在 9M117 式弹的基础上发展而来的，射程从原来的 4 千米提高到 5 千米～5.5 千米，其串联式高爆反坦克战斗部足以摧毁带有爆炸反应装甲的车辆。新设计 125 毫米激光制导炮弹战斗部可穿透 700 毫米带有爆炸反应装甲钢甲；此外，更新一代的 125 毫米激光制导炮弹也已研制成功，其射程更远达 7 千米，较之早期的 9M119 式 125 毫米激光制导炮弹，其战术技术性能有了很大的提高。

ABOPA式152毫米激光制导炮弹是继“红土地”之后又一种新型大口径激光制导炮弹，其导引头性能有了很大的提高，使该弹的命中概率达到了90%，其毁伤能力也有很大提高。

乌克兰研制出新型152毫米激光制导炮弹 据英国《简氏国际防务评论》2001年5月号报道，乌克兰于2001年3月在一次国际防务展览会上展出了一种新型152毫米激光制导炮弹，取名为“克威特尼科”。乌克兰研制该弹的主要目的是为了同俄罗斯的“红土地”152毫米激光制导炮弹进行竞争。该弹比“红土地”的重量减少3千克，目前在48千克以下，而“红土地”则为51千克左右；该弹比“红土地”更短仅有1200毫米，但比“红土地”杀伤力更大。该弹可由俄罗斯研制的2C19式“姆斯塔”152毫米自行榴弹炮和2C3式152毫米自行榴弹炮发射。

埃及计划引进美国新型增程火箭弹 据瑞士《国际防务评论》2002年1月号报道，埃及将为其多管火箭炮采购485枚美国新型增程火箭弹。交货时间定于2003年9月。该火箭弹是美国M26型火箭弹的改进型，其最大区别是新弹采用了加长的火箭发动机，射程超过45千米。此外，为适应该弹的特点，在火箭发射管上加装一个稳定装置，从而降低了发射误差，提高了精度；新弹的弹头部分比M26弹的小，但通过改造战斗部，使榴弹着地时的作用距离更大，从而仍保持了原弹的毁伤效能。新型火箭弹配用的子母战斗部内共有518枚×M85型子弹。每个子弹均装有自毁引信，以减少哑弹数量。

南非新型155毫米大口径炮弹系列问世 据英国《简氏国际防务评论》2001年11月报道，南非迪奈尔公司已研制成功几种新型大口径155毫米炮弹，包括XM9603式高爆远程全膛弹底排气弹、M9703式远程增速弹、M1A4式远程全膛弹底排气弹、M9609式高爆空心装药双用途炮弹以及一系列与上述炮弹配合使用的特种弹。

XM9603式炮弹战斗部装有8千克TNT炸药，没有过去同类的M1A2和M1A3式炮弹所装的RD×/TNT式和RD×/TNT/HNS式装药敏感，因而对发射条件的要求不像后者那样苛刻。引信口内装有一个可靠的传爆药柱可确保战斗部点火爆炸。该弹的杀伤半径通常有29米。弹底排气装置可用螺钉固定在弹体底部。可以在炮弹使用前用排气装置换掉制式锥形弹尾。采用一个5号装药加上一个M64式强装药发射XM9603弹丸，其射程即可达到50千米，而发射锥形弹尾炮弹的射程则只有40千米。

M9703式弹已配用于G6式45倍口径火炮，同时，也适用于经过改进的包括美国的M109自行榴弹炮。正在研制中的G6-52火炮也可发射此种炮弹。试验证明，M9703式弹的精度比XM9603要好。用45倍口径155毫炮以M64式5号装药发射该弹的最大射程为53千米，公算偏差为0.38%，产生5500~6000个破片，杀伤半径为21米。

M9609式弹内有42个子弹。子弹弹径为38毫米，可穿透120毫米的钢装甲，其破片杀伤面积为50平方米。每枚子弹都有自毁装置，其安全概率为99%。

同上述几种弹配合使用的特种炮弹——燃烧烟幕弹、彩色烟幕弹、照明弹的弹道均与前者相同，都可以采用最大号装药发射。同上述所有弹配用的引信有多种，包括M9121式电子多选择引信、M9801式感应装定多选择（近炸、时间和触发）引信、M9803式和M9804式电子时间引信，以及M9119式机械触发引信。

引信

美国陆军将用XM773式多功能引信取代现装备大多数引信 据英国《简氏弹药手册》2000~2001年版报道，美国已经研制成功XM773式多功能引信。它集近炸、时间、瞬间和延期功能于一体，便于炮兵射击作业中灵活选择，以适应不同打击目标。该引信的技术基础是现代高度发达成熟的微电子技术，其电子装置由单片微波集成电路构成。在近炸工作方式时，该引信在距地面9~10米的高度上爆炸。一俟该引信装备陆军部队，它将取代现装备的大多数近炸、弹头触发和时间引信，而只保留M739A1式触发引信、M762式电子时间引信，以及用于城市作战的MK399Mod1式引信。正在研制中的XM2001/XM2002式“十字军战士”先进野战炮兵系统和XM777式轻型牵引榴弹炮均将配用XM773多功能引信。该引信设有一个液晶显示器，可清楚地显示出装定分划，而且该引信还有自动检测功能。引信被激活工作时的最大过载为30000个g和每分钟3000转的转速，持续工作时间最多为200秒；选择时间引信功能时，装定范围为0.5~199.9秒，间隔为0.1秒；触发延迟时间为5~10秒。引信的储存时间依储存条件而异。在露天条件下为2年，在仓库且具有良好的温度、湿度等控制设备情况下，则可长达20年。XM773式引信重885克，长度为151.64毫米，直径为61.34毫米。

以色列研制新型时间引信 英国《简氏弹药手册》2000~2001年版报道，以色列已研制成功“西格玛”M174式电子时间引信。该引信主要配用于弹径为 70 毫米的火箭弹和 110～300 毫米的火箭弹，主要应用于榴弹和子母弹战斗部，也可用于发烟弹和照明弹战斗部，该引信的时间装定和激发均通过可编程的引信装定器来实现。引信装定配置在射击指挥系统操作手的控制台上，通过导线实施遥控装定。引信时间装定范围为 10～199.9 秒，间隔 0.1 秒。该引信解除保险的方式有两种，一种靠惯性力，另一种靠气流。两种方式的最大特点是：当第二种方式所需条件先于第一种方式所需条件出现时，第一种方式的保险解除机构会自动失去作用，从而使引信的防障机构永远处于安全状态。该引信离开炮口的最小解除保险距离为 500 米。引信长为 183.5 毫米，引信直径 55 毫米，重 750 克，使用的环境温度为 -40℃～63℃。

芬兰批量生产 NF-2000M 式引信　据英国《简氏步兵武器年鉴 2000～2001》报道，芬兰早在 1997 年已经研制成的 NF-2000M 式多用途引信开始批量生产。该引信是为 120 毫米迫击炮弹所研制的，经过了大量的射击验证。从理论上说，它也可以配用小口径迫击炮弹，但没有作过实弹射击试验。该引信为全天候引信，烟、云、雾和雪均不影响其使用，而且采用目前已知的任何技术手段都不能干扰它的使用。在使用之前，可根据所要求的作用方式（如触发、近炸等）预先给引信输入可编程序。采用近炸机制时，炸高在目标上方 1～5 米，精度为 1 米；采用触发作用机制时，延迟时间 0～90 毫秒，间隔为 10 毫秒。如果需要，在引信制造阶段可预先设好装定分划，引信外部不设任何开关。引信被激活的条件尚不得而知。该引信可承受的最大过载为 25000 个 g，最长贮存期为 20 年，使用的环境温度为 -4℃～+60℃。

（神　赴）

工程兵技术装备

综　述　2001 年，世界各国工程兵技术装备发展的主要特点是：

突出机动保障装备的研究与发展　机动保障装备的研究与开发关系到部队作战推进速度和工程兵部队伴随保障能力，各国对此都很重视。俄罗斯军队近期装备了高架浮桥、新型战备桥，德国和荷兰军队先后采购了快速架桥坦克，以提高部队的渡河保障能力。在发展途径上，在原型装备的基础上加以改进，或采用现型坦克底盘，发展新型的坦克架桥车或装甲工程车，如挪威和捷克分别采用“豹”I 坦克和“T-54/T-55”坦克改装成新型的战斗工程车等。

重视伪装与模拟装备器材的发展　伪装与模拟装备是现代高技术局部战争中保存有生力量的重要手段之一，特别是现代城市作战、反空袭作战以及渡海登陆作战中显得尤为重要。美、英等国正在进行这方面的探索与研究，如英国进行水上漂浮的充气假目标评估等，以提高现代战场上的伪装与模拟效果。

进一步研究防步兵地雷替代品　国际上掀起的“限雷”、“禁雷”活动，促使世界上一些主要国家加快对杀伤人员地雷替代武器的研制，以满足国家防卫的需要。目前，美国、英国、法国、德国、加拿大等国家正在进行这方面的探索。

发展重点仍是探、扫雷装备器材　地雷的探测和清除仍然是当今世界各国军队关注的重点、难点问题。为此，各国军队都在积极发展各种探雷器材、扫雷器材，以及探扫雷相结合的综合破障系统，不仅重视近距离的单兵探雷、排雷器材的发展，同时也重视远距离、大面积清障、破障系统的发展。

渡河与桥梁装备

俄罗斯军队装备 CAPM 中型装配式高架浮桥　据英国《简氏军用车辆与勤务》2001～2002 年报道，俄罗斯军队近期装备的 CAPM 中型装配式高架浮桥，主要为跨越大、中型河流而设计的一种新型高架浮桥，其承载能力为 60 吨。它也可结构成门桥，其承载能力分别为 40 吨、60 吨及 90 吨级。整套设备由 40 个全形舟、8 个岸边舟、48 辆中型运输车和 5 个装有附件及零配件的集装箱组成。CAPM 浮桥最大桥长 226.76 米，桥面宽 6.8 米。架设一座标准型浮桥需 96 名作业人员，48 辆卡车和 4 部起重机 2 小时内完成。浮桥可供 60 吨的履带式荷载以 30 千米/小时的速度通过，90 吨轮式荷载以 25 千米/小时的速度通过。

俄罗斯新型 ММП 战备桥　俄罗斯装甲部队新

近装备一种 MMП 战备桥，它可以跨越深 5 米、宽 180 米的河流。该桥全长 195 米、宽 4.5 米，最大高度 6 米，也可用于架设桥上桥。MMП 战备桥最大跨度为 180 米，全套设备由 18 个装配式公路桁架（每个桁架设计长度为 10 米，宽 4.5 米），4 个跳板，2 个跳板垫木，5 个Ⅰ型中间桥脚（高 4.5~6 米），6 个Ⅱ型中间桥脚（高 3~4.5 米），6 个Ⅲ型中间桥脚（高 1.5~3.5 米），以及架设设备及附件组成。该桥设备由 KAMA3－5410 系列的 6×6 中型半挂拖车运输。MMП 战备桥的承载能力为 60 吨级，在特殊情况下，也可供 80 吨级运输车和 104 吨级平板车缓慢通过。MMП 战备桥架设速度为 20 千米/小时，作为桥上桥，其架设速度为 25 千米/小时。

英国向挪威交付 HGMS 重型地面机动系统 据英国《简氏军用车辆和勤务》2001~2002 年报道，英国于 2000 年向挪威交付一批被称作重型地面机动系统的 60 吨级车辙路面系统。全套器材主要用于车辆进出架桥与渡河场和其他难以通行的地区。该路面系统采用 P113 HK86 卡车底盘，包括车辙架、卷筒、路面和附件等四个子系统，用来铺设和撤收 50 米长的 60 军用荷载吨级路面。该路面系统安装有 MK4 装载控制系统，车辙架上装有转台，转台上备有卷筒，卷筒能承受 60 吨级的路面系统。该路面由许多全幅和半幅路面板连接而成，宽 4.57 米，铺设完成后可承受 70 吨履带式荷载和 60 吨轮式荷载。如需要，在器材端部搭接 1 米后，多套器材即可连续铺设使用。60 吨级车辙路面系统一般可由 4×4、6×6 或 8×8 卡车运输和铺设。铺设路面作业时，先将转台旋转 90°，随后将路面向后展开，同时铺设车慢慢向后退。该系统能够自动铺设和撤收。在标准路面情况下，60 吨级路面器材铺设 50 米路面约 3 分钟。

军用工程机械装备 **日本开始装备 99 式装甲工程车** 据日本《装甲车》杂志 2001 年第 6 期报道，日本陆上自卫队从 2001 年 2 月开始，装备由日本小松制作所制造的新型 99 式装甲工程车。该车前端配固定液压推土铲刀，车身后侧配液压挖掘臂，车体两侧中部分别设 4 具烟幕弹发射器。该车发动机舱位于车体后部，行走机构配 6 个负重轮，诱导轮设置在前，主动轮在后。该车乘员 2 名，驾驶舱设在车体前部的中央位置，车长位于左侧，配有指挥塔。目前，99 式装甲工程车共生产了 5 辆，分别装备日本陆上自卫队第 110 工程兵大队和富士学校装甲车辆教导队。

英国两家公司正在开发“小猎犬”战斗工程车 据英国《简氏防务周刊》杂志 2001 年 7 月报道，英国宇航系统公司，RO 防务和维克斯防务系统公司已经向英国国防采购局提交了一份完整的新型“小猎犬”战斗工程车的开发和生产计划。陆军需要 100 辆“小猎犬”，并计划在 2008 年服役。为了减少采购和整个产品寿命成本，生产商都必须尽可能地使用那些已经成熟的商用子系统，包括柴油发动机，传动装置和悬挂装置。新型的“小猎犬”战斗工程车将在战场上清除或设置战斗障碍，牵引各种车辆并携带战斗工程装备，如“大蟒蛇”火箭扫雷系统，以及捆卷式车辙道和束材。该车还装备有各种特殊功能的装备，包括绞盘，一个配有多种机具的伸缩臂以及一个前置铲斗/推土铲刀。在危险地区，该车还具备遥控操作功能。“小猎犬”还装备有“三防”系统和一挺用于自卫的机枪。

挪威改装 Moelv 装甲工程车 据英国《简氏军用车辆和勤务》2001~2002 年报道，挪威陆军将 22 辆“豹”1 主战坦克底盘改装成装甲工程车，用来构筑工事、壕沟和发射阵地，准备渡河场进出路和进出坡道，抢救主战坦克和其它车辆，设置和清除战场障碍物和障碍带，以及破坏道路等。改装后的工程车还可配烟幕弹发射器、爆破扫雷系统和多种不同的探雷装置。对原“豹”1 主战坦克的改进工作包括去除整个炮塔，为 2 名乘员安装一个新的全焊接上部结构和新的工程系统。工程车前部安装有液压操纵的推土铲刀，宽 3.6 米，长 1.1 米。车体前上部的枢轴上装有液压操纵的动臂，可回转 180°，装有斗容为 1 立方米的挖斗。该挖掘臂最大伸距达 8 米。该车提供有 2 个液压绞盘，用于车辆的抢救作业。通常，这 2 个绞盘与推土铲刀结合使用。每个绞盘的牵引力为 90 千牛，理论总牵引力达 720 牛。工程车上装备 1 挺 12.7 毫米口径 M2 机枪。

伪装与模拟装备 **英国海军装备水上漂浮的充气假目标** 据英国《简氏防务周刊》杂志 2001 年 7 月报道，DLF（3）高级充气型雷达假目标将是英国皇家海军最主要的诱骗假目标装备。它由爱尔文航空宇宙公司（亨廷工程子公司）设计开发，从 1997 年开始列装，用于替代爱尔文公司的早期装备 DLF（2）“橡皮鸭”漂浮型角反射器。DLF（2）使用一个简单的发射施放装置发射假目标发射弹，而 DLF（3）采用了固定式发射管（每根横梁上两管），利用压缩空气将假目标的有效荷载发射出去。一旦被发射，系索便促使假目标的内部充气系统动作，这时结构体便开始膨胀，支撑开一组由雷达网形成的角反射器，在 8

~18 十亿赫电磁光谱段内，最大能够产生一个超过 500000 平方米的雷达横截面。在英国海军中经过选择的护卫舰和驱逐舰（所有的船都适合于接此系统，但发射器只安装在那些要在高危区域进出的船只）上配备了 DLF（3）。美国海军和海军的研究实验室已经提供了一份有限技术评估。

瑞典巴拉居达公司生产机动伪装系统　据瑞典《巴拉居达公司因特网站》2001 年报道，2000 年 7 月，瑞典巴拉居达公司与瑞典防务器材管理局签订价值近 7500 万瑞典克朗的合同，生产多光谱机动伪装系统。2001 年 9 月，巴拉居达公司又与挪威陆军器材司令部签订实质性框架协议，生产多光谱近态伪装和机动伪装系统，协议总金额达 7400 万瑞典克朗。多年来，巴拉居达公司在结合使用隐身技术和多光谱伪装改变军事目标和信号特征方面享有盛誉。该公司于 20 世纪 90 年代分别开发成功多光谱超轻型伪装遮障（BMS－CLCADS）、机动伪装系统（MCS）和高机动车载式伪装系统（HMBS），目前已装备世界许多国家。

地雷与布雷装备

美国近期不可能找到防步兵地雷替代品　据英国《简氏防务周刊》杂志 2001 年 3 月报道，美国国家研究委员会的最新研究报告说，在 2006 年前美国不可能研制出符合渥太华会议公约的有效的防步兵地雷替代品（APL）。由美国国防部主持进行的这项研究报告认为，地雷替代品将“向美军部队提供与防步兵地雷类似的战术优势”，但同时警告说地雷替代品不可能在 2006 年即美国前总统比尔·克林顿规定的最后期限前完成部署。研究报告指出，“对于与渥太华公约不一致的方案，最好的办法莫过于保留目前的自毁式和自失效地雷。”非自毁式地雷替代品将于 2006 年前准备投入使用以对付敌步兵，并“应力求保证其实效性”。该报告称，德克斯特朗系统公司研制的改进型“大黄蜂”广域弹药是能于 2006 年前获得的“对付敌人装甲部队进攻的最佳选择”。

但是，该项目研究预测：研制遵守禁雷公约，由防步兵地雷和防坦克地雷构成的混合雷场将会遇到问题。“还无法于 2006 年前研制出与混合雷场完全等同的替代品”，而最可能采取的备选方案是选用“大黄蜂”广域弹药，就目前而言它体积过大无法远程布设。如果可以形成远程布设能力，则“大黄蜂”系统将作为替代品得以广泛应用。该篇研究报告的国家研究委员会主席伯格利莱罗说，到那时，防步兵布雷弹（ADAM）应与远程布设反装甲地雷系统（RAAMS）一同使用，而不是按目前计划的只生产远程布设防步兵布雷弹。

该报告建议应在较长的时间内通过加装传感器、精确定位器和非致命武器使如反装甲地雷系统等现有的防坦克地雷现代化。加一个得以推广的未来系统是“分布式万维网传感器复合系统”，该系统“军事效用类别非常高”。

美国防部考虑试验非致命电磁能武器　据英国《简氏防务周刊》杂志 2001 年 3 月报道，美国防部正在考虑对毫米波电磁能武器进行野外测试。在不适于使用致命武器的场合，毫米波电磁能武器可以帮助美军士兵保护自身并慑止敌人。美国官员说，他们已经设想了一个称为车载式主动拒止系统（VAMDS）的可行方案，准备进行野外测试。将投入 4000 万美元，进行为期 10 年的“主动拒止技术”项目研制。期间，将使用动物和志愿人员进行广泛的实验室测试。

车载式主动拒止系统装载于高机动多用途轮式车辆上，能够向个体或人群投射一道窄的波束。这道波束能够迅速灼热上层皮肤，对人体造成伤害。

空军研究实验室（AFRL）和国防部联合非致命武器研究局（JNLWD）正在进行车载式主动拒止系统的项目研究。担任联合非致命武器研究局项目主管、美国海军陆战队上校乔治·芬顿说，他希望该系统的作用范围能够超过轻武器火力的射程，约为 750 米。该波束“并非旨在引起燃烧”。由于具备指令控制系统，相信这个武器是安全的。在投射中，对该波束的感觉会迅速消失，不会有长期作用。而且，它对眼睛无害。该波束可以有效作用于裸露的皮肤，同时也可以穿透衣服。

国防部官员说，未来的型号可以在舰艇和飞机上使用。位于墨西哥州凯特兰空军基地的空军研究试验室主动拒止技术项目主管柯克·哈克特说，该实验室正在进行便携式变型产品的技术研制工作。哈克特向《简氏防务周刊》透露，尽管这个概念似乎可行，但是科学家仍需几年后才能知道，是否这种变型产品能够产生足够电力以将波束投射到足够远的距离。

俄罗斯研制 BCM－1 直升机布雷系统　俄罗斯专为米－8MT 或米－8T 直升机设计布雷系统，主要用于以最大 220 千米/小时的飞行速度在 30~100 米的高度布撒防坦克和防步兵地雷。该系统布设一条典型的雷带，需 7424 枚 PFM－1s 或 464 枚 POM－2 防步兵地雷，或 116 枚 PTM－3 防坦克地雷，可在 40 秒内布设完成一条完整的雷带。如果需要，该系统也可布设含以上三种雷的混合雷场。该系统安装于悬挂在直升机外部武器平台上的布雷器中。布雷器有 116 个抛射筒，可撒布不同种类的地雷。7人在1.5小时内完成系统安装，装弹需40分钟。该系统可布设2000米纵长的PRM－1s防步兵地雷雷场，4000米纵长的POM－2防步兵地雷雷场，以及400米纵长的PTM－3防坦克地雷雷场。布雷系统重：无雷弹时400千克，装雷弹时1067千克。

希腊将生产保加利亚的PDM－2H防两栖登陆地雷 据英国《国际防务评论》杂志2001年第1期报道，希腊皮尔卡尔弹药公司将装配并测试由保加利亚科学院金属科学研究所设计制造的PDM－2H防两栖登陆地雷。PDM－2H地雷是PDM－2C－2地雷改进型，采用微处理机控制，可以从海岸或舰船上进行遥控。作战的深度范围为5～15米，温度为－15～+55℃，时间程序可设计为30分钟到达24小时。在超过预先设定时间后，地雷将自行失能，并提供了可从海底将其升起和重新设定时间的可能性。

探雷与扫雷装备 **日本继续研制探扫雷系统** 据日本《军事研究》杂志2001年第11期报道，日本川崎重工公司在研制探扫雷系统的第四阶段工作中得到2.73亿日元的资金。在1995～1997年度的第三阶段研究工作中资金总量为10.94亿日元，1999年度继续第四阶段的研制工作，2001年将确定这项实用技术。为此，要研制一种将能够用来探测撒布/埋设地雷的复合式探测装置，能够判断并确定埋设地雷的精确位置、去除覆土、取出并移走地雷的扫雷装置，能够标记已探出地雷的遥控装置组合在一起的系统。

英国寻求新型爆炸物处理车 据英国《简氏防务周刊》杂志2001年3月报道，英国防务采购局已经邀请8家承包商为一项向其提供130辆新型爆炸物处理车的合同竞标。这些车辆是供英国陆军、皇家空军和皇家海军使用的。新型车辆将会以一种通用而又经过考验的商用底盘（4×4或4×2）作为基础车，以降低采购、运作和保障的成本。这种车辆要求有1800千克的最大越野载重量，并应备有弹道防护和外接电源，车内还应装配有可放置执行爆炸物处理任务时使用的装备架，还必须能用皇家空军的战略运输机运输。此项目计划第一批车辆在2003年的年初交货，以取代现役的4×4装甲车辆和4×2无装甲保护的卡车。有些爆炸物处理支援车还将用来载运Mk8b爆炸物遥控处理车。

澳大利亚研制“蜘蛛”扫雷车 据英国《国际防务评论》杂志2001年第1期报道，澳大利亚防务科学和技术组织地面行动部和阿德莱德大学机械工程系联合推出一种半分离式扫雷车新概念。这种叫做“蜘蛛”的扫雷器材，是一种六轮机器人式全地形扫雷作业车，其底盘可以升起，具有滑移转向机构和暴露式底盘和传动系统。一次性使用的轮子和后滚轮与军用/商用载货卡车具有相同的车辙道宽度，用以引爆地雷。该扫雷器材尽可能利用现有成熟的商用部件。

澳大利亚试验南非扫雷系统 据英国《简氏防务周刊》杂志2001年3月报道，澳大利亚军队已经在澳洲北部开始对南非多伯雷斯德公司制造的Chubby轮式扫雷系统进行用户试验。这次试验是由位于达尔文市的装甲战斗车辆中心第1旅的第1战斗工兵团实施，目的是确定该系统在各种环境条件及作战方案下的适用性。为了加强陆军清除行进路线中地雷障碍的能力以及保持作战机动性，在2000年年中需获得2个完整的Chubby系统，其中一个系统在第1战斗工兵团中使用，另一个系统则在位于昆士兰州唐思维尔的第3旅中使用。Chubby系统是一种“公路列车”，包括一辆叫做“梅卡特”的地雷探测车和一辆被叫做“赫斯基”的牵引/地雷探测车。如需要，牵引/地雷探测车可以拖带一辆或两辆叫做“杜西特波特”的具有不同宽度的地雷引爆拖车。两种车的型号都被指定为具有可以抵御防车辆和防坦克地雷爆炸的能力。

（熊万奎）

海军武器装备

综述 **航空母舰和大型两栖战舰依然是各大海上军事强国重点发展的武器平台；在近期几场局部战争及至可预见的将来，航母等大型战舰仍是海战取胜和执行海上任务不可或缺的关键因素之一。**进入21世纪，美国继续不遗余力地发展大型航空母舰，而且这一发展势头至少要持续几十年。美国海军除加紧舾装“里根”号航母（CVN－76）外，又于 2001 年 5 月正式签署了建造 CVN－77 航母的合同。而继此之后，美国海军还决定加快研制新一代航空母舰的步伐。为此，美国海军已经拨出巨款，并拟定以每 5 年建造一艘的速度加以发展，总共建造 10 艘。但在新航母服役之前，美国海军将把 CVN78、CVN79 两艘航空母舰作为“过渡舰型”。其他二流军事强国也都积极发展中型航母。英国皇家海军的未来型航空母舰 CVF 已经明确走向中型化，即排水量约 4 万吨，舰上搭载有海、空军共用的“未来联合作战飞机”约 50 架。鉴于英国启动 CVF 计划，法国很可能与英国合作开发新型常规动力航母，而不再建“戴高乐”号核动力航母的 2 号舰。而亚洲的日本在接二连三建造“大隅”的同时，又于 2001 年开始研发两艘舰长 180 米，满载排水量竟达两万吨的“直升机母舰型驱逐舰”。不仅如此，日本已着手准备建造两艘 4 万吨级的中型航空母舰。印度海军也雄心勃勃，即在完成延寿工程的“维拉特”号的基础上，加快改装原俄罗斯海军的“戈尔什科夫”号航母，并继续进行 3.2 万吨防空型航空母舰（ADS）的计划。

驱逐舰和护卫舰始终是各国海军发展的重点，在发展过程中不仅吨位有所加大，而且格外注重应用隐身技术及“宙斯盾”、高性能武器等新式武器装备；与此同时，各海上军事强国还把目光瞄准了未来新一代驱逐舰和护卫舰的发展上。由于绝大多数国家财力不足，加之海上作战与勤务任务有限，因而无力问津类似航空母舰这样的大型战舰。而一些军事强国虽然有航空母舰、两栖战舰等大型战舰，但因日趋增长的近海作战和日常勤务的需要，也十分青睐驱逐舰和护卫舰这类中小型舰艇，况且吨位的增加，高新技术的应用与设备性能的优异，使得如今驱护舰的能力今非昔比，甚至其中不少毫不逊色于巡洋舰等大型作战舰只。如韩国于 2001 年中期开始建造的 4800 吨级 KDX－2 型驱逐舰之后，又在 2001 年之内正式启动了下一代排水量 7000～9000 吨级的 KDX－3“宙斯盾”驱逐舰计划，从而使之成为继日本之后第二个拥有“宙斯盾”系统的亚洲国家（该驱逐舰的吨位接近万吨）。另外，欧洲的挪威、西班牙等国也都将陆续加入“宙斯盾”战舰的行列，从而使其作战性能得到质的提高。隐身对于战舰的生存与作战能力的重要性，已成为各国普遍的共识；各国不仅在现有驱护舰的建造中注重运用隐身技术，而且在未来型的驱逐舰和护卫舰的设计中，给予了更多的新的隐身设计理念，运用更多的隐身手段。如德国海军推出的 FDZ2020 未来护卫舰，便是一种有着全新隐身设计思想的新一代战舰，它的舰面布局、设施与现役各型战舰大相径庭。英国皇家海军的 45 型驱逐舰的隐身技术运用也颇具特色；而其“海神”号三体战舰将是下一代护卫舰的有力竞争者。

在发展主战舰艇的同时，各国海军仍十分看好两栖战舰的设计和建造；即便对于一些补给舰等后勤辅助船只，不少国家海军也强调协调发展；小型登陆舰艇同样为许多国家所感兴趣。由于未来海上兵力输送的需要和海洋事业的发展，越来越多的国家海军对于两栖战舰表现出浓厚的兴趣。美国、英国、法国等国更加强调两栖战舰的高性能，以及输送兵力与装备数量的加大。在此领域，各有关国家非常注重运用高技术，如美国正在研制的一种两栖支援舰，将使用空气支撑的双体船壳体形式，使其航速高达 50 节。对于补给舰船等后勤辅助船只，一些国家也予以重点扶持，如英国、法国、美国等。英国就专门建造了一艘多用途水文勘测船，以担负支援水雷战和两栖战，以及海军长远需要的特殊勘测任务。该舰上装备有最新的设备，包括多波束回声测位仪和舷侧扫描声纳，以及先进的导航与通信系统；船上还有全电力的涵道推进系统，甚至可以 360 度回转。小型登陆艇尤其是气垫登陆艇，大多数国家对其发展依然乐此不疲。

对于国家“三位一体”核打击力量重点的核动力弹道导弹潜艇，美、俄两国依然注重对其进行改装与更新，而英、法则重视研制和发展新型海基核力量；各中等发达国家加紧研制新型常规潜艇，一些无力研发潜艇的国家正积极争取引进技术独立建造或合作生产。目前，美国与俄罗斯都在加紧研制新一代的核动力弹道导弹潜艇。美国已在“俄亥俄”级核动力弹道导弹潜艇的基础上，加紧进行新一代核动力弹道导弹潜艇的预研；俄罗斯已决定以每年 1～2 艘的速度发展新一代“北风”级核动力弹道导弹潜艇。法国将继续建造新一代“凯旋”级核动力弹道导弹潜艇，到 2008 年全部 4 艘将成为其海基战略核力量的主力。上述国家还都重视对其现有潜射弹道导弹的换装与研制。与此同时，美国还特别注重发展其核潜艇的近海作战和常规打击能力。美国海军已决定把“俄亥俄”级核动力弹道导弹潜艇中的两艘，改装成为具备远程打击和特种作战能力的常规武器装备潜艇。改装后的每艘潜艇将携带有 154 枚“战斧”巡航导弹，并能运送“海豹”突击队员的微型潜艇及 100 名特种作战队员。至于常规动力潜艇，各国则突出先进技术和武备的使用，如 AIP 动力技术、静音技术，加装对陆对海实施精确打击的导弹，潜对空导弹，远中程鱼雷，灵巧水雷等；此外还重点提高常规潜艇的水下通信和反应能力，尤其是网络战能力及其水下生存能力。

在这一年里，各种别出机杼的海军武器装备脱颖而出，其意义和作用将使传统武器的威力和作用相形见绌；而一些古老的兵器在注入新的科技要素之后，正焕发出新的活力。水下超空泡武器是近年来各国武器研制领域里的热门话题。美国、俄罗斯、德国等国均已取得了突破性的进展，并已逐渐实用化；其威力及其影响将不是传统兵器可以比拟的。在继续改进提高的基础上，这种武器有可能使传统的水下作战样式发生重大改变。目前，美国超空泡火箭的水下最大航速超过200节，最大射程达2750米；火箭头部安装有超空泡产生器，并携带有120单元的声纳基阵，目标探测距离达900米。俄罗斯研制出的“蟒蛇”－1M火箭式反鱼雷武器系统，也深为各国海军所称道。该系统的水下最大射程达到3000米，可打击600米水深内的各种目标。当敌舰射出鱼雷后，俄罗斯舰上的武器控制系统会准确地测出鱼雷的弹道，并向“蟒蛇”－1M下达攻击指令；接到命令后，“蟒蛇”－1M携带的火箭武器便一同发射，在鱼雷的弹道上形成一个“弹幕”，从而有效地拦截住鱼雷。对于地雷这种老式兵器，国外的一些武器专家也运用高技术，赋予其新的内涵。如目前国外已研制出一种专门用于打击低空飞行的武装直升机和战斗机的“空飘雷”，即使用充满氢气和氦气的气球将雷体悬挂在空中，以形成空中障碍，并靠雷上的光电传感器跟踪目标，使之爆炸。此外，针对气垫船行进时所产生的声响、散发出的热量和气压等物理特性，有关国家还研制出对付气垫船的低空地雷。

航空母舰　**美国海军正式决定建造 CVN－77 航母**　据《简氏防务周刊》2001年5月报道，美国海军已正式签署了一项价值38亿美元的合同，用于设计与建造第10艘，也是最后一艘“尼米兹”级航空母舰（CVN－77）。该舰将作为美国海军下一代CVNX航母的过渡舰。它虽然与最新型的第9艘“里根”号同属一个级别，但在设计与建造中采用了许多最新技术，出现了许多新的变化：首先，该舰采用开放式指挥、控制、通信、计算机和情报系统结构，有利于提高费效比和增加新的系统，而该系统将成为今后网络中心战的关键因素。其次，该舰将装备新型多功能雷达和阵搜索雷达，这些雷达均采用平板式天线，嵌入上层建筑中。再次，该航空母舰的自动化程度大幅度提高，使得舰上人员将减少500人左右。

美国海军加快研制新一代航空母舰　据《简氏防务周刊》2001年3月报道，美国海军海上系统司令部与纽波特纽斯造船厂签署了新一代CVNX航空母舰的研究与发展阶段合同。这项合同的金额为16.1亿美元。为了降低费用，新型航母第一艘的舰体将在“尼米兹”级的航母舰体基础上进行改进。CVNX－1将用电磁弹射器取代目前广泛使用的蒸汽弹射器。CVNX－2将采用新的壳体设计。CVNX航母的排水量将超过10万吨，搭载飞机为55～75架。美国海军计划采购10艘这种新型航母，并以每5年一艘的速度建造。

美国海军研究子母战舰概念　据《IDR》2001年5月报道，美国海军现正在研制一种子母战舰的概念。它是以排水量2.1万吨的三体母舰为基础，在其上搭载5艘子舰，以用于在战区部署。三体母舰长约228米，舰上配有45名舰员；动力装置为核动力或常规动力，使用全电力设计布局和吊舱式螺旋桨；母舰还可搭载额外的武器/设备模块。子舰长约为55米，排水量约300吨，配有舰员15名；舰上的武器系统采用模块化设计，而且可以根据需要加以变化。子舰还可以通过母舰横结构甲板上的开口，利用门式起重机下水和回收。

日本拟将建造直升机母舰　据《简氏防务周刊》2001年3月报道，日本海上自卫队将从2001年开始建造两艘“直升机母舰型驱逐舰”。这种战舰只要经过简单改装，就是轻型航空母舰；它的每艘造价约8.2亿美元，舰长180米，满载排水量约为2万吨，可执行多种任务。日本海上自卫队希望该舰具有全套的指挥、控制、通信、计算机和情报系统。它入役后，将成为日本海上自卫队最大的战舰。

英国“皇家方舟”号航母重新服役　据《简氏防务周刊》2001年8月报道，7月，英国皇家海军经过近3年时间、耗资147亿英镑改装的“无敌”级“皇家方舟”号航母重新服役。该舰的满载排水量20600吨，原舰长209.1米、舰宽36米。此次改装，重新设计和加固了飞行甲板，并大大提高了该舰的联合作战能力。

英国皇家海军计划建造未来型航母　据《简氏防务周刊》2001年10月报道，英国皇家海军已经确定新一代航空母舰方案。该型航母计划建造2艘，它的满载排水量约为4万吨，有关专家为该航母设计了三种舰载机起降方案。使用这三种方案的航母舰体外形和舰载雷达大致相同，但舰面甲板及舰载机的起降方式却大为迥异。一种是弹射起飞/拦阻降落；另一种是短距起飞/拦阻降落；再一种是短距起落/垂直降落。经过投标竞争，最后一种中标。中标的第三种方案的航空母舰全长 300 米，可搭载固定翼战斗机 50 架左右，直升机若干架。该级首制舰计划于 2005 年建造，分别于 2012 年和 2015 年服役。

巴西海军购买“福煦”号航空母舰 据《简氏国际舰船》2001 年 4 月报道，巴西海军从法国购买的“福煦”号航空母舰已于 2001 年 2 月 17 日抵达里约热内卢的巴西海军基地。该舰满载排水量 32780 吨，飞行甲板长 165 米、宽 29.5 米；最大航速 32 节，最大续航力 4300 海里/24 节；舰上可搭载 40 余架各型飞机和直升机。经过系列改装后，这艘航母已被更名为“圣保罗”号（A12），用来替代在巴西海军中已经服役 54 年的“米拉斯吉拉斯”号航空母舰，以担负海上防务等各项任务。

驱逐舰和护卫舰 **美国海军开发系列作战舰艇** 据《简氏防务周刊》2001 年 12 月报道，2001 年 3 月美国海军曾正式宣布，建造适应未来海上作战需要的 DD－21 对陆攻击型驱逐舰。然而时隔仅 8 个月，2001 年 11 月美国海军又对外宣称：将先前的 DD－21 计划更名为 DD－（X）计划，目的是开发出一个先进技术水面舰艇家族，而不是具体的某一个级别的舰艇。DD－（X）的排水量减小到 1.2 万吨，它的目标是成为应对 21 世纪威胁的生存性很强，可近岸作战的海上平台。DD－（X）计划将获得总数为 30 亿美元的资金。第一艘 DD－（X）的建造始于 2005 年，预计 2010 年左右建成下水。

美国海军新型驱逐舰服役 据《简氏防务周刊》2001 年 4 月、2002 年 1 月报道，2001 年 3 月，美国海军“伯克”级导弹驱逐舰“丘吉尔”号举行了服役仪式；该舰是“伯克”级驱逐舰的第 31 艘。舰上率先装备了海军最先进的 127 毫米 MK 4 型舰炮，最大射程约 97 千米。2001 年 12 月，美国海军新型导弹驱逐舰“巴尔克利”号正式加入海军现役。该级舰为“伯克”级舰的第 34 艘，1998 年建造，2001 年 6 月驶入墨西哥湾进行首次海试，同年 8 月交付美国海军。

美国海军研制“龙火”战舰 据《IDR》2001 年 8 月报道，美国海军目前正在开发具有“远征作战支援舰”概念的濒海作战舰只。这种被称为“龙火”的战舰，外形酷似早期美国海军隐形试验舰“海幽灵”号。它的排水量约为 1200 吨，舰长约 57 米、舰宽 30 米；最大续航力约 4000 海里，能够在 6～7 级海况下以 45 节的航速航行。当有效载荷在 120 吨之内，可内置各种模块，可以执行各种濒海任务。该舰也能用于反水雷、反潜和特种作战等。

俄罗斯新造护卫舰 据《简氏防务周刊》2002 年 1 月报道，俄罗斯北方造船厂于 2001 年 12 月动工建造了“守护”级轻型多用途护卫舰首制舰，并定于 2005 年服役。该级舰由阿尔穆兹中央船舶设计局设计，舰体设计采用较多最新的隐形技术，如舷侧为封闭结构，壳体外板成一定的折角，以减少雷达发射截面积；同时舰体涂敷有吸波涂料，从而使隐蔽性大为增加。该舰的排水量 1900 吨，舰尾飞行甲板可停放 1 架 K－27 直升机；舰上装有 1 门 100 毫米舰炮，2 座“卡什坦”1 近程防御系统；舰上的电子设备包括：首部声纳，顶部监视雷达和导弹目标指示雷达。该级舰计划建造 10 艘，每年交付 1 艘。

俄罗斯推出 XXI 系列小型护卫舰 据《IDR》2001 年 7 月报道，不久前俄罗斯推出了 XXI 系列小型护卫舰。此种舰的壳体水线以下部分，采用了全新的线型，可以大大减小舰艇航行中的流体阻力，从而使 30 节以下航速行驶时的主机功率降低 25%。该级舰采用特殊的结构布局和新型涂层，导弹等武器装备均被安置在舰体内部，舰上一些特殊设施与装置采用了专门的保护措施，所以大大降低了舰体水上部分的信号特征。其中，XXI－1 型和 XXI－2 型两舰的排水量均为 2000 吨；采用的柴－燃联合动力装置，使用的武器装备也基本相同。只是 1 型装备有近程舰空导弹，而 2 型则装备远程舰空导弹。XXI－3 和 XXI－4 型的排水量分别为 1500 吨和 1000 吨，动力系统使用柴油机；3 型的最大航速达 29 节，4 型的最大航速为 23 节。这两型舰的武器装备也基本相同，只是 3 型搭载有 1 架 6 吨的直升机，而 4 型却没有。

日本新型导弹驱逐舰下水 据《简式防务周刊》2001 年 10 月报道，日本长崎造船厂于 2001 年 9 月下水了“高波”级驱逐舰的第二艘“大波”号；“高波”级驱逐舰是“村雨”级驱逐舰的改进型，以远洋反潜为主，兼顾对海和防空作战。该级舰长 151 米、宽 17.4 米；标准排水量 4650 吨，最大航速 30 节。舰上的主要武器装备为 1 座 127 毫米的单管速射炮、2 座 6 管 20 毫米“密集阵”近程武器系统、1 座“海麻雀”舰空导弹和“阿斯洛克”反潜导弹兼用的垂直发射装置、1 座 SSM－1B 反舰导弹、2 座三联装鱼雷发射管及 1 架 SH－60J“海鹰”反潜多用途直升机。同年 7 月，该级首制舰“高波”号即已下水，预计 2003 年 3 月加入现役。

越南正在建造新型导弹护卫舰 据《简氏防务周刊》2001 年 10 月报道，越南海军现正在胡志明造船厂建造 KBO2100 型导弹护卫舰。该舰由俄罗斯北方设计局设计，排水量约为 2000 吨。舰上计划装备 4 座四联装 SS－N－25“天王星”反舰导弹、SA－N－9型“长手套”防空导弹系统及 1 座 100 毫米主炮、2座 30 毫米 AK－630 炮和 533 毫米鱼雷发射管，并设有供 1 架直升机起降的平台，将搭载俄制卡－28 和卡－25 反潜直升机。

新加坡展示隐形战舰 据《简氏国际舰船》2001 年 8 月报道，新加坡近年来推出了一型近海巡逻隐身战舰。该舰长 81 米，舰上采用多用途的工作平台，具有在 5 级海况条件下连续工作的能力。它的最大航速为 30 节；舰上装备有多种武器装备与传感器，可以执行反潜、反舰、防空及海岸警卫等多种任务。该舰的甲板可以起降 10 吨以下的直升机。

马来西亚海军第一艘轻型护卫舰铺设龙骨 据《简氏防务周刊》2001 年 12 月报道，2001 年 11 月，德国布洛姆·福斯船厂为马来西亚海军建造的第一艘“梅科”100RMN 型护卫舰铺设龙骨。该护卫舰长 91.1 米、宽 12.85 米、吃水 3.4 米；排水量 1650 吨；最大航速 22 节；最大续航力 4000 海里。舰上装备有中小口径炮、舰舰导弹、舰空导弹和鱼雷等。在铺设龙骨之前，船厂已对该舰的首段进行了部分舾装。首段长 23.3 米、宽 12 米、高 4.2 米；重 857 吨，采用浮吊吊装。马来西亚海军共向德国订购了 6 艘该型舰，其中两艘在德国建造大型模块后，运到马来西亚进行最后的组装和测试；另外 4 艘则在马来西亚建造。

印度新型护卫舰进行海试 据《IDR》2002 年第 1 期报道，2001 年 12 月，俄罗斯为印度建造的 3 艘新型护卫舰中的第一艘“塔尔瓦”号从圣彼得堡起航，前往芬兰湾进行海试。该级舰是由“克里瓦克”Ⅲ级护卫舰改进设计而成的。舰体和上层建筑均进行了隐形设计，雷达发射截面积大为降低。舰上武器包括 8 单元垂直发射 3M－54E1 反舰导弹、SA－N－7 区域防空导弹以及 A－190E 型 100 毫米舰炮、“卡什坦”近程防御武器系统、反潜火箭深弹和 2 座 TDA－53 鱼雷发射装置。

印度隐形护卫舰开工建造 据《简氏防务周刊》2001 年 8 月报道，7 月几经反复的印度海军“尼尔吉里”级的首制舰，终于在印度西部城市孟买的马扎冈船坞有限公司正式动工建造。“尼尔吉里”级护卫舰采用雷达隐形、红外隐形和水声隐形等多项先进技术，因而其隐形水平将名列世界前茅。舰上拥有强大的武器装备：SS－N－27“俱乐部”垂直导弹发射系统，SS－N－25 舰舰导弹，SA－N－9“长手套”舰空导弹，以及 2 座 AK0630 近防武器系统、2 座三联装 324 毫米鱼雷发射管；舰上还可以搭载 2 架 K－28“蜗牛”反潜直升机。该级导弹护卫舰舰长 143 米、舰宽 17 米；标准排水量 4100 吨，满载排水量 4600 吨；舰员编制 257 人；动力装置采用柴油－燃气联合动力方式，最大航速可达 30 节。

印度自建新型护卫舰服役 据《简氏国际舰船》2001 年 11 月报道，2001 年 8 月印度自行建造的“库利什”号小型护卫舰加入海军现役。该舰排水量 1300 吨；舰上由两台柴油机提供动力，使其最大航速达到 25 节，最大续航力可达 2500 海里．该舰装备有舰舰导弹、舰空导弹和远程火炮，并配备有现代化的传感器和电子设备，从而增强了武器系统的整体作战性能。

沙特新型护卫舰下水 据《简氏国际舰船》2001 年 9 月报道，7 月，法国舰船建造局为沙特海军建造的 F300S 级第二艘护卫舰“麦加”号下水，并开始舾装。F300S 级舰是法国海军“拉法耶特”级护卫舰的最新改型。该级舰长 133 米、舰宽 17 米，排水量 4600 吨；舰上装有 2 座 8 单元“西尔弗”A43 导弹垂直发射装置，配有“紫菀”舰空导弹，8 枚“飞鱼”舰舰导弹和 F17 鱼雷，1 门 100 毫米舰炮，以及“阿莱贝尔”I 波段多功能雷达、低频拖曳阵声纳等。

孟加拉国海军接收一艘新护卫舰 据《简氏防务周刊》2001 年 10 月报道，孟加拉国海军前不久从韩国接收了一艘名为“孟加拉”号的护卫舰。该舰由韩国大宇造船及海洋工程公司建造，排水量 2300 吨。舰上装有 1 门“奥托布雷达”76 毫米紧凑型舰炮、2 门双联装 40 毫米火炮、4 枚“奥托马特”MK2 舰舰导弹及 2 具 B515 三联装鱼雷发射管。舰上还装有各种指挥和传感器系统，以及电子支援和干扰设备。

中国台湾海军建造护卫舰 据《简氏防务周刊》2001 年 3 月报道，2001 年 2 月，台湾海军第 8 艘“成功”级护卫舰“田单”号，在台湾中华造船公司高雄船厂开工建造。“成功”级护卫舰是以美国“佩里”级护卫舰为原形建造的。该级舰长 138.1 米、宽 13.7 米；标准排水量为 3900 吨，满载排水量 4500 吨；舰上装有两台 LM2500 燃气轮机，最大航速 29 节。该舰上装有较为先进的雷达与声纳，并配有众多的武器装备：1 门 75 毫米主炮、2 门“博福斯”40 毫米防空火炮、1 座 6 管 20 毫米“密集阵”近防武器系统，将装备“鱼叉”舰舰导弹和 40 单元“标准”SM－1MR 舰空导弹，以及 2 座三联装 324 毫米鱼雷发射管和 2 架

S－70C 反潜直升机。

英国已经确定 45 型驱逐舰的主要设备 据《简氏防务周刊》2001 年 8 月报道，英国海军现已确定 45 型驱逐舰的主要设备和武备。这些设备主要有：作战管理系统、数据传输系统、全综合通信系统和平台管理系统；舰上还将安装罗尔斯·罗伊斯公司生产的 WR2125 兆瓦先进的循环燃气轮机。舰上的主要武器装备包括：48 单元垂直导弹发射系统，该系统可发射“紫菀－15”和“紫菀－30”舰空导弹。45 型驱逐舰的计划将持续 15 年，英国海军共打算建造 12 艘。

法国海军进行新型护卫舰概念设计 据《简氏防务周刊》2001 年 6 月报道，目前法国海军推出一正处于概念设计阶段的新式护卫舰。该级舰出于经费等原因不会采用革命性的新型舰体设计，而是由现役的“拉法耶特”级衍生而来。这级舰预计建造 17 艘，其排水量近 4500 吨。其中 8 艘为反潜型，主要装设舰壳声纳；另外 9 艘为对陆攻击型，主要装备巡航导弹。但反潜型也将具有发射巡航导弹的能力，只是没有配备可自主打击目标的制导设备。舰上将装设新研制的导弹垂直发射系统，可能装设英国宇航公司的“猎头皮”导弹；舰上还将选用 127 或 100 毫米炮，甚至 155 毫米舰炮。

德国首艘 F124 级护卫舰进行海试 据《简氏国际舰船》2001 年 10 月报道，德国海军第一艘 F124 级护卫舰“萨克森”号于 2001 年 8 月进行了为期两周的海试。这些海试主要包括对柴油机、燃气轮机和柴燃联合动力装置的测试，对发动机的噪声测试等。对于舰上的传感器，有源相控阵，三坐标搜索雷达等还将进行全部功能的海试。该舰排水量约 5500 吨，装备有现代化的武器和雷达系统，入役后将成为德国海军最大的战舰。

德国开始研制未来型护卫舰 据《简氏防务周刊》2002 年 1 月报道，德国继研制 F124 型护卫舰之后，又开始研制装有新型推进系统的 FDZ2020 护卫舰。该级舰采用单壳结构，排水量 6000 吨；舰体设计采用了最先进的隐形技术，舰的上层建筑为圆顶结构，以最大限度地减少反射信号。该舰装备有 6 个垂直发射系统模块（共 48 个导弹发射单元）和 1 套复合天线多波段射频传感器系统。舰上的动力系统将使用两台吊舱式电力推进和两台喷水推进系统，最大航速超过 30 节，自持力达到 90 天；而该舰的舰员少于 100 人，舰上的居住条件十分舒适。新舰可以派生出防空、反舰、反潜、多用途和编队指挥型等多种形式的护卫舰。

瑞典新式护卫舰进行海试 据瑞典国防装备局称，2001 年 12 月，瑞典海军成功地进行了新型护卫舰“维斯比”号的首次海试。试验的内容包括发动机运转、操舵、控制系统等。该舰为世界上第一艘采用全隐身设计与技术的战舰，壳体为玻璃钢制造，排水量略超过 600 吨，舰长 72 米。“维斯比”号护卫舰完成海试后，将于 2003 年服役；其后仍以每 6 个月建造 1 艘的速度交付后续 5 艘舰，共交付 6 艘。

荷兰海军新型护卫舰海试 据《IDR》2001 年 11 月报道，2001 年 10 月，荷兰海军新型护卫舰 F802 开始海试。该级舰为防空和指挥护卫舰，舰上装备有防空作战系统，垂直导弹发射装置，排水量达 6000 吨。此次海试主要包括机动测试、主炮实弹射击和消磁试验。同时，还将对作战指挥系统、各型雷达和传感器等进行测试。该舰将于 2002 年上半年加入现役。

丹麦海军计划建造大型标准舰 据《简式防务周刊》2002 年 1 月报道，丹麦海军计划建造 4～6 艘较大型的标准舰，用以替代现役 3 艘小型护卫舰、4 艘布雷舰和 10 艘快艇。该舰将采用模块化和集装箱化设计，并能根据不同的任务需要，装备有可互换的有效载荷；具有运输 46 辆装甲车及相关人员的能力。舰上可搭载 2 架 10 吨重的直升机。该舰还将装备较为先进的电子设备、近程防御武器系统，以及尚未确定的 127 毫米舰炮和改进型”海麻雀”导弹等。

波兰海军开始自建护卫舰 据《简氏国际舰船》2001 年 12 月报道，波兰海军决定购买的 2 艘小型多用途护卫舰，其中一艘已在格坦尼亚船厂铺设龙骨。该级舰体采用德国“梅科”A100 技术建造的小型护卫舰舰体。它的排水量 2035 吨；舰上武器包括 1 门“奥托”76 毫米舰炮、2 座四联装反舰导弹、2 座三联装 324 毫米鱼雷发射管；还可能安装“海拉姆”近程防御系统和箔条干扰弹。

澳大利亚拟购买“宙斯盾”护卫舰 据《简氏防务周刊》2001 年 8 月报道，澳大利亚海军拟向美国购买一种缩小尺寸的“阿利·伯克”级护卫舰。该舰长 144 米，排水量 5875 吨；舰上编制人员为 262 人。舰上装备有 48 单元的 MK41 导弹垂直发射系统，可发射“标准－2”舰空导弹和改进的“海麻雀”导弹；舰首装有 1 门 MK45－4 型舰炮及 35 毫米炮；直升机库前安装有“拉姆”导弹系统、2 座四联装 RGM－82“鱼叉”反舰导弹发射装置；舰上还配备有 1 架直升机。该舰安装有多部雷达及自动指挥控制系统，足以为小规模的海军提供区域防空能力。该舰的最大航速为30节，18节时的续航力为4500海里。

反水雷舰艇 **日本建造新型扫雷舰** 据《简氏防务周刊》2001年10月报道，由日本鹤见造船厂建造的扫雷舰“宇久岛”号于2001年9月17日下水，预计2003年3月加入海军现役。该舰是“营岛”级中型扫雷舰的第六艘，舰长54米、宽9.4米；标准排水量510吨，航速14节。舰上主要武器装备为1套情报处理装置，1门20毫米多管炮，1座对海搜索雷达，各有1套系留扫雷具、感应扫雷具和水雷处理具，以及1台水雷探测机。

意大利海军研制猎雷遥控艇 据《简氏防务周刊》2001年7月报道，意大利海军目前正在研制一型“冥王星·吉盖斯”猎雷遥控作业艇。这种猎雷遥控作业艇的艇长3.4米，最大潜深1000米；它的最大航速约为8节，最大续航时间为12小时。整个艇上配备有8部螺旋桨，首尾各4部；通过调整桨叶螺距可以进行三维定位，从而精确地停留在被发现的水雷旁。该级艇上装备有远距离和近距离猎雷声纳、导航声纳和甚高频识别声纳等。该艇的作业既可通过预制程序，也可以通过无线电控制在水下100米处自主作业。

丹麦和比利时改进扫雷舰 据《简氏国际海军》2002年1月报道，丹麦和比利时不久前决定对它们的10艘“阿尔克马尔”级和6艘“花”级扫雷舰进行改装，同时安装综合水雷战系统。“阿尔克马尔”级和“花”级，与法国海军的“波江座”级扫雷舰均被称为“三伙伴”级扫雷舰。安装的水雷战系统为最新型的合成宽带扫雷声纳，包括舰壳基阵和自行可变深度基阵两个部分。这套系统既有猎雷能力，又有远距离遥控扫雷的手段；在扫猎雷过程中能够充分运用战术指挥和控制设备，以及精密导航和自动驾驶设备。

小型船艇 **俄罗斯海军启动新型导弹艇计划** 据《简氏防务周刊》2001年10月报道，2001年俄罗斯海军正式决定启动新一代的12300型“蝎子”级导弹艇项目，并将它作为1242型导弹艇的后续艇。该级艇长56米，排水量470吨；推进系统将采用2台柴油机和1台燃气轮机的柴-燃联合动力装置，最大航速38节。艇上的武器装备有：1门A-190单管100毫米火炮，1套“卡什坦-1”近程防御系统，四联装8枚反舰导弹（可以发射3M55、3M24、3M54等导弹）。艇上还装有自动稳定系统，以提高适航性。

俄罗斯开发新型近海巡逻艇 据《简氏防务周刊》2001年10月报道，俄罗斯近来开发出A-60型近海巡逻艇。该型艇长19.2米、艇宽4.5米；最大航速达57节，40节航速时的续航力达250海里。该艇可根据任务的不同，选配7.62毫米、12.7毫米或14.5毫米机枪；并可选装“针”式便携式防空导弹或多用途榴弹发射器。该型艇可在近海海域和内陆水域执行多种任务，包括搜索和监视200海里经济区，保护海港、海岸和近海设施，进行渔业监控和保护，实施海上搜索和救援等。

日本新型导弹艇下水 据《IDR》2001年11月报道，日本最新型的导弹巡逻艇“若鹰”号于2001年9月在三菱重工下关造船厂下水。该艇是继该年6月下水的“隼”型导弹巡逻艇的2号艇。它的艇长50米、宽8.4米；标准排水量200吨，最大航速44节，乘员18人；动力系统采用LM2500燃气轮机，最大航速可达45节；艇上主要装备有1门76毫米速射炮和2座反舰导弹发射装置。

越南1241A型导弹快艇进行海试 据《简氏防务周刊》2002年5月报道，2001年初越南海军进行了1241A型导弹快艇的海上试验和验收。1241A型导弹快艇是越南引进俄罗斯BPS500级导弹艇的全套设备与技术建造而成的。该级艇的满载排水量517吨，采用喷水推进方式，最大航速可达32节，人员编制50人。艇上装备有2座四联装SS-N-25“天王星”反舰导弹发射装置，SA-N-10“针”式便携式防空导弹。艇首1座76毫米对空/对海两用炮，艇尾有1座30毫米AK-530炮，2挺12.7毫米高射机枪，以及PK-16被动干扰装置。

新加坡推出隐形快艇 据《简氏国际海军》2001年8月报道，新加坡前不久推出新型隐形快艇。该型快艇长27米，最大航速超过35节；采用独特的V型船体设计，即使在恶劣的海况条件下也可执行快速拦截任务。该型艇的艇体设计时应用了大量的隐形技术，除了艇体上层建筑低矮外，露天甲板均采用了压制型材，因而获得了高度的平整性，能有效地降低雷达的反射截面积。

印度自行建造的攻击艇服役 据《简氏国际海军》2001年11月报道，印度海军于2001年8月接收了一艘国产高速攻击艇“塔拉萨”号。该艇是“特里卡特”级导弹艇的第三艘。它的艇长46米，排水量260吨，最大航速超过25节。艇上装备有舰炮等武器及各型传感器。该级艇主要用于海上巡逻、反偷渡走私及保护海洋资源等。

阿联酋将购买导弹艇 据《简氏防务周刊》2001年8月报道，前不久阿联酋已与法国商定：由两国联合设计，并由阿本国造船厂自行建造 6 艘新型导弹艇。该型导弹艇大量地使用了隐身设计技术，并采用了很先进的作战管理系统。艇上将装备“博福斯”57 毫米炮或“奥托布雷达”76 毫米炮；同时还将装备“鱼叉”或“飞鱼”舰舰导弹，以及“拉姆”近程防御系统。

中国台湾海军正建造隐形导弹快艇　据《简氏防务周刊》2001 年 6 月报道，目前中国台湾海军正根据“光华 6 号计划”，建造 30 艘排水量 150 吨级的隐形导弹快艇，以取代现有的“海鸥”导弹快艇。新型导弹快艇长 34.5 米、宽 7 米；最大航速 34 节，最大续航力超过 800 海里。未来该艇还将换装“雄风”3 型远程舰舰导弹。

英国正在建造新型快艇　据《简氏国际海军》2001 年 5 月报道，英国国防部现正在为海军陆战队和陆军特种部队建造一种快速运输艇。该艇采用隐身材料设计制造，排水量为 26 吨，可搭乘 10 名乘员；在 4 级海况下它的最大航速为 45 节，在 6 级海况下该艇仍可正常航行。即使在极端恶劣的海况下也能执行任务。该艇的最大续航力超过 600 海里；艇上装有先进的声纳和通信设备。这种艇可由 C－130 和 CH－47 直升机运送。

英国研制双体作战支援艇　《简氏防务周刊》2001 年 10 月报道，英国计划购买采用非对称设计的双体船结构作战支援艇。它的艇壳和甲板使用玻璃纤维制造，艇宽 2.7 米；首部安装有顶推架。该艇中部为一狭窄的通道，通道顶部被做成圆形，以减少海浪的冲击。上述结构同时具备有更好的稳定性和较大的内部空间。该艇采用喷水推进，最大时速达 30 节；并可在海况 5 级下航行。

希腊海军接收高速气垫船　据《简氏防务周刊》2001 年 7 月报道，希腊海军在 2001 年已从俄罗斯和乌克兰接收了 4 艘 1232.2 型高速气垫船。该船的满载排水量为 550 吨，船长 55 米；船上使用 3 台巡航燃气轮机和 3 台升力发动机，巡航速度可达 55 节。船上可载 3 座 AK－630 火炮，2 座 MS－227　140 毫米火箭发射器。该船可装载 140 名士兵和 3 辆“豹”式主战坦克，或 8 辆 M－113 装甲车。在必要情况下，也可搭载 500 名士兵。

希腊海军接收钢性结构充气艇　据《IDR》2001 年 9 月报道，前不久希腊海军接收了一艘钢性结构充气艇。这种由意大利船厂建造的充气艇长 12.8 米，排水量 6.3 吨；最大航速达到 60 节以上；最大续航力为 400 海里。艇上有艇员 4 人，最多可搭载 12 人。艇上还装有 1 门 40 毫米榴弹发射炮、1 挺 12.7 毫米重机枪以及 2 挺 7.62 毫米机枪。该艇还装有 1 部对海雷达、VHF 无线电和卫星通信设备。艇上的要害部位还装有可拆卸的合成装甲，能够抵御 7.62 毫米机枪的射击。

澳大利亚研制新型小艇　据《简氏防务周刊》2001 年 12 月报道，澳大利亚现正在研制一种新型高速艇。该艇排水量仅 2 吨左右，艇体长 8 米；艇上装有喷水推进装置，使艇的最大航速达到 32 节，20 节时的续航力为 250 海里。这种小艇可载 8 名全副武装的士兵和 2 名艇员。艇体采用深 V 型单壳铝制结构，并通过改进设计，降低了红外信号、噪声及艇体产生的波浪与尾流，从而使该型艇有出色的隐身性。该型艇还有一个最大的特点，即舵手在艇首位置，能够保证航行时具有较好的视线。

两栖舰艇和运输船　**美国计划采购澳大利亚高速双体船**　据《简氏防务周刊》2001 年 3 月报道，美国海军正计划采购 14 艘澳大利亚建造的高速双体船，以作为其战略运输船，来加强它的两栖作战和后勤运输能力。根据设计，该船长 101 米，可运载 950 名全副武装的士兵，100 辆“悍马”高机动轮式车和 4 辆卡车；在主甲板和下一层甲板还各载有 12 架直升机。船上还可装载不同的近程防御武器，如高射机枪或小口径炮。船的壳体采用高强度铝材，首尾都装有跳板。该船在正常情况下采用 4 台柴油发动机，航速为 35～41 节之间。

美国正在研制两栖支援舰　据《简氏防务周刊》2001 年 3 月报道，美国正在研制一种两栖支援舰。该舰使用空气支撑的双体船壳体形式，排水量 700 吨，具有甲板面积大（650 平方米）、燃油效率高和航行速度快等特点，舰上共可搭载 24 辆 M1 主战坦克和 200 吨货物。它可以在海况 4 级，平均 28 节的航速下连续航行 2000 海里；舰上装有 6 台 4400 马力的燃气轮机发电，以驱动两台 6000 马力的永磁式电动机。它的垫升动力则采用两侧船体中各置一台 1000 马力的垫升马达。该舰的最大航速可以达到 50 节。

美国海军命名新型军用船　据《简氏防务周刊》2001 年 10 月报道，7 月，美国海军为 7 艘“鲍伯·霍普”级军运船中的最后一艘“贝纳维德兹”号举行了命名仪式。该船为大型中速滚装货船，采用模块化设计建造，全船由 430 多个 8～200 吨重量不等的模块组成；主要用于住海外美军的物资、设备的运送。该船长 290 米，宽 32.3 米，吃水 10.5 米；排水量 62069 吨；巡航速度 24 节，最大续航力 13000 海里。全船设有6层货运甲板，总面积3.7万平方米，一次可运送1000辆坦克装甲车辆。

日本继续建造“大隅”级两栖登陆舰 据《简氏防务周刊》2001年3月、2002年1月报道，继第一艘“大隅”号两栖登陆舰服役之后，日本海上自卫队又在继续建造2艘“大隅”级舰。该级舰虽然标准排水量为8900吨，但从西方的标准和该舰的作战能力，以及舰体设计及今后的改装设计前景来看，实属轻型航空母舰。该舰采用全通甲板（舰长178米，宽25.8米），舰上除搭载有16架CH－47重型直升机外，还搭载有2艘LCAC气垫登陆艇，以及10辆主战坦克或1400吨物资；必要时也可搭载垂直/短距起落飞机。该年11月，“大隅”级第二艘“下北”号开始海试。12月，“大隅”级第三艘“国东”号下水，预计2003年3月加入海军现役。

印度海军将购买“海鳝”级气垫登陆艇 据《TDR》2001年9月报道，印度海军决定从俄罗斯购买6艘“海鳝”级1206.1型气垫登陆艇。该级艇可以把登陆人员与所携带的轻型武器，以及一定数量的装甲车和轮式车辆运送到登陆滩头。这型气垫登陆艇还可通过一定的改装，临时在艇上安装布设水雷的布放装置，能够在3级海况下布设10～24枚水雷。

也门将购买坦克登陆舰 据《简氏防务周刊》2001年6月报道，也门海军于2001年5月决定从波兰购买NS－722级登陆舰。该级登舰排水量为1383吨，舰长90米；舰上装备有2门23毫米双联装火炮、2具122毫米多用途火箭发射器及“针”－1E近程防空导弹等。该舰还可搭载5辆T－72主战坦克或111名海军陆战队员。

也门海军购买小型登陆艇 据《简氏防务周刊》2001年8月报道，2001年5月，也门海军从波兰购买了3艘NS－717级登陆艇。该艇长41米，排水量212吨，动力系统采用2台柴油机，最大航速15节；艇上的武器装备包括：1门23毫米炮、2挺12.7毫米机枪，以及AK630近程防御系统。艇上可以搭载1辆主战坦克和1辆小型车辆。

德国最新补给舰“柏林”号服役 据《简氏防务周刊》2001年9月报道，德国海军近期服役了一艘最新型的“柏林”号大型补给舰，主要用来担负海上普通的补给任务和参加国际维和行动。该舰长173.7米、舰宽24米，吃水7.4米；满载排水量20240吨；主机采用2台柴油机，最大航速20节。舰上共可装载9450吨燃油、160吨弹药等各种军用物资；同时还可搭载集装箱化的医疗器材。该舰搭载有2架直升机，并在舰上的补给装置前后各装有2台集装箱吊车。

英国海军为新型海洋勘测船命名 据《简氏国际海军》2002年1月报道，前不久英国海军在安普多尔船厂为一艘多用途水文勘测船进行命名。这艘名为“回声”号的勘测船排水量为3500吨，将担负支援水雷战和两栖战，以及海军长远需要的特殊勘测任务。船上装备有最新的设备，包括多波束回声测位仪和舷侧扫描声纳，以及先进的导航与通信系统；船上还有全电力的涵道推进系统，甚至可以360度回转。该船的在航率将达到334天以上，比过去的型号提高了50%；这意味着它每年有90%以上的时间可以在英国西部航线执行勘测任务，比现有勘测船的水平提高了5倍。

英国海军新型两栖攻击舰下水 据《简氏防务周刊》2001年4月、12月报道，该年3月英国海军下水了一艘名为“海神之子”号的新型两栖攻击舰。该舰舰长176米，排水量18500吨；以15节航速航行的最大续航力为8000海里。能够运载300名全副武装的海军陆战队员、8艘登陆艇和6辆“挑战者”－2型坦克，或者30辆新型装甲车。舰上还装设有一个大型直升机甲板，可使用直升机搭载陆战队员实施垂直登陆。此外，舰上同时装备有一个先进的联合作战指挥中心。同年11月，它的姊妹舰“壁垒”号下水。

法国海军将建造两艘两栖攻击舰 据《简氏国际海军》2001年3月报道，法国海军决定建造两艘多用途两栖攻击舰，以为两栖作战提供预置指挥平台和登陆船坞，以及从事非战斗人员的撤退和人道主义救援等。这两艘舰采用直通式甲板设计，排水量21000吨，舰长199米，舰宽28米；该舰为法国首次采用全电力推进的战舰，最大航速20节；最大续航力11000海里/15节，最大自持力45天。飞行甲板上布置有6个直升机起降点，并依靠两部升降机与机库相连。舰尾的船坞可容纳气垫登陆艇和新型机械化登陆艇。舰上共可搭载16架中型直升机，60辆主战坦克或一个中队的“勒克莱尔”坦克，450名全副武装的士兵，两艘LCAC气垫艇或4艘LCM登陆艇。每艘舰上还将配备一所拥有63张床位的医院。

委内瑞拉海军采购新型补给舰 据《IDR》2002年第1期报道，2001年度底委内瑞拉海军采购了新型航行补给舰“玻利瓦尔城”号。该舰排水量9750吨，最大航速19节；以15节航速航行时，续航力为4900海里。它可以在航行中为舰队补给油料、武器和食品。舰上的补给系统包括左舷一座加油站、右舷一座海上补给塔及一座尾部卷筒；尾部飞行甲板可供一架“超美洲豹”直升机起降。

澳大利亚将建造新型登陆艇 据《简氏防务周刊》2001年11月报道，近年来澳大利亚将建造6艘搭载于两栖运输舰上的新型登陆艇，以替换现有的机械化登陆艇。这种新型登陆艇长约25米，排水量为60吨，满载吃水时的航速14节；每艘登陆艇能够容纳5辆轻型装甲运输车。比之老艇，它的装卸速度提高了30%。新艇采用铝合金建造，艇首、艇尾都有便于滚装的坡道。澳两栖运输舰每艘将装载2艘该型艇。

潜艇和无人深潜器 **美国海军潜艇成功地进行导弹发射** 据《简氏防务周刊》2001年8月报道，不久前美国海军在佛罗里达州沿岸的东部试验场，成功地从核动力弹道导弹潜艇“肯塔基”号上发射了“三叉戟”Ⅱ导弹（D5)。“三叉戟”弹道导弹的起飞重量为59.1吨，最大射程可达12000千米；采用星光惯性制导，命中精度为121.92米；可装有8~13个分导弹头。

美国海军改装核动力弹道导弹潜艇 据《简氏国际海军》2001年10月报道，为了使庞大而多余的核动力弹道导弹潜艇能够派上用场，使之也具有近海作战能力，美国海军已决定把“俄亥俄”级核动力弹道导弹潜艇中的两艘，改装成为具备远程打击和特种作战能力的常规武备潜艇。改装后的每艘潜艇将携带有154枚“战斧”巡航导弹，并能运送“海豹”突击队员的微型潜艇及100名特种作战队员。

美国大幅提高核潜艇的常规武器攻击能力 据《简氏国际海军》2001年10月报道，美国海军现正对“海狼”级核动力攻击潜艇的第三艘“吉米·卡特”号进行改装，以大幅提高它的常规水下攻击能力。主要的改装是在艇首位置配备一个大型的武器舱，该舱使用炸弹式门挨门地排列方式，以对配备的各类武器进行区别；同时取消了鱼雷舱。此外，该艇还装有艇壳外搭载装置，可根据需要携带水下无人运载器、高速鱼雷、超空泡火箭弹，以及无人机等。

美国海军研制“鱼尾潜艇” 据《简氏防务周刊》2001年1月报道，美国海军现正在研制一种“鱼尾潜艇”。这种潜艇的最大特点是，它的艇尾和普通鱼一样为平板形状；艇上的推进系统采用“人造肌肉”。这种试验艇的长度为1米，艇身分六个部分，各部分运动所依靠的“肌肉”，使用镍钛合金丝制成。此种镍钛合金遇热至某一温度时会自动膨胀，遇冷又会收缩。依靠这种技术制造的潜艇在航行时会像鱼一样寂静无声，而且不会留下痕流，使对方难以探测发现。

俄罗斯新型核潜艇服役 据《简氏国际海军》2002年1月报道，2001年12月俄罗斯第三代攻击型核潜艇的最新一艘“猎豹”号建成服役，它属于“鲨鱼”级的第14艘。这艘攻击型核潜艇由俄罗斯北德文斯克造船厂于1991年开工建造，但因军费短缺而一度停工建造，直至2000年底才结束海试。“猎豹”号潜艇艇长110.3米，艇宽13.6米，吃水9.7米；水面排水量8140吨，水下排水量12770吨；最大下潜深度600米；水下最大航速33节，水面最大航速11.6节；最大自持力100天，艇员78人。该艇携载有28枚带核弹头的“石榴”巡航导弹，装备有8个鱼雷发射管及多个便携式防空导弹系统。该型艇的设计服役寿命为25年。它在在噪音方面进行了全新的设计与改善，是世界上噪音最小的核潜艇。

俄罗斯开发小型柴电潜艇 据《简氏国际海军》2001年9月报道，俄罗斯近来开发出一种使用柴电动力的小型潜艇。该型潜艇完全采用系列化设计，共包括P－130、P－750E等9个不同的型号，排水量从130吨到1000吨不等，艇员则从3~10人不等。这型潜艇可配备多种武器，如鱼雷、导弹和水雷等。但各型艇都装备有533毫米和400毫米两种尺寸的鱼雷发射管；其中两种最大的艇型还装有4~8枚巡航导弹，且还装有“针”式便携式防空导弹。此外，该艇还可使用包括AIP在内的多种动力：燃料电池及闭式循环柴油发动机等。

日本进行潜艇AIP系统的实艇试验 据《简氏防务周刊》2001年11月报道，日本三菱重工神户造船厂现已完成“朝潮”号潜艇改装斯特林发动机的工作，并已顺利地通过了陆上试验。实艇试验将持续到2002年8月。如果实艇上的鉴定试验能够全部通过，日本便将所有的潜艇更换为斯特林发动机。这种AIP系统是在潜艇的发电装置上加装4台直径0.6米、高1.6米的不依赖空气推进的V4－275MK2闭式循环斯特林发动机。日本是世界上第二个掌握斯特林发动机的国家，其国产化率已达90%。前不久，日本三菱重工神户船厂又完成了“朝潮”号训练潜艇加装AIP动力装置的海上试验。该艇在指挥台围壳后部加装了一个长9米的斯特林动力机舱，从而使潜艇艇长增加到87米，标准排水量增加了大约400吨，达到2900吨。

日本新型潜艇下水 据《简氏国际海军》2001年11月报道，10月4日，日本三菱重工神户船厂下水了一艘“鸣潮”号潜艇。该艇艇长 82 米，艇宽 8.9 米，吃水 7.4 米；标准排水量 2750 吨；主机为柴电动力，水下最大航速 20 节。

韩国海军新型潜艇服役 据《简氏国际海军》2001 年 1 月报道，韩国海军于 2001 年 12 月举行了韩国第 9 艘新型国产潜艇“李亿祺”号的服役仪式。该型潜艇的排水量 1200 吨，最大航速 22 节；海上自持力 2 个月，艇员 30 人；艇体还专门使用了韩国自行研制的 HY－80 高强度钢板。

新加坡潜艇下水 据《简氏防务周刊》2001 年 6 月报道，5 月由瑞典考库姆公司卡尔斯克鲁纳造船厂为新加坡海军改装的“海狗”号潜艇下水。“海狗”号潜艇为瑞典“海蛇”级的第 3 艘。“海蛇”级潜艇服役迄今已有 30 多年的历史，它的水下排水量 1210 吨，水下最大航速 20 节。新海军已将改装后的“海狗”号重新命名为“酋长”号，改装的主要目的是使其更适合热带地区作战。“酋长”号为新加坡海军第 4 艘，也是最后一艘进行改装的潜艇。

印度将租用俄罗斯核潜艇 据《简氏防务周刊》2001 年 11 月报道，2001 年 10 月，印度与俄罗斯达成一项协议：由印度提供 2500 万美元的租金，租用一艘俄罗斯海军 V－2 级核潜艇，租期为 3 年。V 型潜艇属于俄罗斯海军第二代攻击型核潜艇，目前俄海军已将 V－1、V－2 级核潜艇全部退役，仅留下少量的 V－3 级核潜艇。V－2 级潜艇艇长 103 米，艇宽 10.6 米；水下最大航速 30 节，水上航速 18 节。艇上载有 SS－N－15“海星”反潜导弹、SS－N－16“牡马”反潜导弹；装有 4 具 533 毫米鱼雷发射管、2 具 650 毫米鱼雷发射管，可携带 24 枚鱼雷；也可以改装 36 枚水雷。

印度研制成功潜艇用核动力装置 据《IDR》2001 年 10 月报道，印度在俄罗斯的帮助下，已经成功地开发出其巡航导弹潜艇上所使用的核动力装置。该项目花费资金约 1.5 亿美元，今后该级潜艇上还将携带核导弹。除核动力系统外，印度还将研制潜艇的其他装备。

印度与法国合作建造“鲉鱼”潜艇 据《简氏防务周刊》2001 年 9 月报道，该年 6 月印度宣布与法国合作建造“鲉鱼”级常规潜艇。“鲉鱼”级潜艇为 20 世纪 90 年代问世不久的“安静型杀手”。它的作战性能超过巴基斯坦在 1994 年向法国购买的“阿戈斯塔”90B 型常规潜艇；据称其技术水平至少要领先 10 年。

巴基斯坦潜艇“飞鱼”导弹试射成功 据《简氏国际海军》2001 年 4 月报道，巴基斯坦海军于 2001 年 3 月宣布：由法国建造的“哈立德”号潜艇试射“飞鱼”舰舰导弹成功。由法国 DCN 瑟堡船厂提供分舱段、卡拉奇海军船厂建造的“哈立德”级潜艇 2 号艇也于 2001 年下水。而卡拉奇船厂独立组装的 3 号艇，将加装法国制造的自主式水下能源系统 AIP 装置。

英国公布下一代核动力攻击型潜艇方案 据《简氏防务周刊》2001 年 10 月报道，前不久英国公布了称为 C4500 的下一代核动力攻击型潜艇的方案。该级艇采用双壳体结构，并将运用模块化设计。它的排水量为 4500 吨，艇长 84 米；采用核动力装置，最大航速超过 30 节。该级艇的武器装备主要有：指挥台围壳后部可容纳 4 具发射巡航导弹的垂直发射管，4 具鱼雷发射管；艇上还可装无人水下运载器或特种部队运输艇。在艇壳外部，还装有用于水下对抗的武器负载；同时配备有拖曳阵声纳。

希腊海军开始建造第一艘 214 级潜艇 据〈简氏防务周刊〉2001 年 6 月报道，希腊海军第一艘 214 级潜艇已在德国 HDW 船厂开始建造。这是 HDW 船厂首次出口安装有燃料电池的 AIP 潜艇。该级艇长 65 米，排水量 1700 吨；艇壳采用新型材料，最大下潜深度超过 400 米。艇上装有 8 个鱼雷发射管，其中 4 个可用来发射导弹。该艇安装有 2 组西门子质子交换膜燃料电池；每组电池能产生 120 千瓦的功率，可使潜艇在水下持续航行 2 个星期。

瑞典海军加紧研制新型潜艇 据《IDR》2002 年 2 月报道，瑞典海军现正在与有关部门研究开发新型潜艇。该级潜艇着重提高潜艇的水下通信和反应能力，尤其是网络战能力；同时注重提高其水下生存能力。这型潜艇上，将安装对陆、对海实施精确打击的导弹，潜对空导弹，远中程鱼雷，灵巧水雷等；还有能够运载执行特种作战任务和供潜水员出入的减压舱。

（李　杰）

辅助舰船 **美国海军最后两艘大型中速滚装船即将服役** 据英国《简氏战斗舰船年鉴 2001～2002》报道：美国由阿冯达尔船厂建造的最后两艘“鲍勃”级大型中速滚装船“布里廷”号和“贝纳维德兹”号分别于 2000 年 10 月、2001 年 7 月下水，计划于 2002 年 2 月和 9 月交付使用。该级船满载排水量为 62069 吨，船长 290 米，宽 32.3 米，吃水 11 米，动力装置为 4 台柴油机，功率为 65160 马力，双轴，航速 24 节，续航力为 12000 海里/24 节，船上配有文职人员 26～45 人，海军军官 50 名。该级船大约有 29498 平方米的载货面积，还有6517平方米的甲板载货能力。该级船同时具有滚装和吊装能力，配有艉回转跳板，跳板可伸至40米，配有两台55吨起重机。

美国海军第8艘沃森级大型中速滚装船即将服役 据英国《简氏战斗舰船年鉴2001~2001》报道：美海军的沃森级大型中速滚装船是供快速部署部队使用的预先预置海运船，共计划建造8艘，目前已有7艘交付军事海运司令部管理和使用。最后一艘"索德曼"（Soderman）号计划于2002年4月下水，2002年9月完工。该船满载排水量62968吨，全长290米，宽32.3米，吃水11米，主机为2台燃汽轮机，双轴，功率为64000马力，航速24节，续航力为12000海里/24节，船上配有文职人员26~45人，海军军官50名。该级船大约有36665平方米的载货面积，可容纳车辆物资等货物13000吨。该级船同时具有滚装和吊装能力，配有艉回转跳板，跳板可伸至40米，船上配有两台55吨的起重机。

美国海军计划建造12艘货物及弹药辅助船 据英国《简氏战斗舰船年鉴2001~2002》报道，美国海军计划建造12艘"刘易斯和克拉克"（Lewis and Clark）级货物及弹药辅助船。首艘船"刘易斯和克拉克"号于2002年开始建造，计划于2005年完工。该船满载排水量为35374吨，船长210米，宽32.3米，吃水9米，主机为两台柴油机或两台汽轮机，双轴，航速20节，续航力为11535海里/20节，船员123人，外加49名海军人员。可载干货5463吨、燃料2390吨。根据载货的变化，可搭载2架UH46D海王直升机或CH60海鹰直升机。干货船上每侧配有3个海上补给站。该船按照商业标准建造，用以取代现有的军火船和战斗补给船进行海上干货和弹药补给。

美国海军建造"无暇"号新型音响测量船 据日本《世界舰船》2001年第1期报道，美海军"无暇"号新型音响测量船于2000年11月1日在密西西比州帕卡古拉的哈尔塔马林公司下水。该船是胜利级的改进型，满载排水量5370吨，全长85.8米，宽29.2米，吃水7.9米，主机采用柴油—电力推进方式，功率5000马力，航速12节，船体为半潜式双体船型。

日本海军着手建造新型综合补给舰 据日本《世界舰船》2002年第1期报道，随着世界形势的突变，日本海军不失时机地欲将其成为亚洲海上强国的梦想变成现实。为伴随其作战舰艇远洋作战，日本海军着手建造第2艘新型综合补给舰AOE-2，其标准排水量为1.35万吨，主机为两台与作战舰艇通用的燃气轮机，航速达24节，武备是20毫米近战武器系统，配备有电子战支援系统。该舰舰员为150名，舰上配备有内科、外科及牙科医务室，该舰还设有4个燃料补给站、2个干货补给站和2个补水站。

德国海军建筑新的补给船 据英国《简氏战斗舰船年鉴2001~2002》报道，德国正在"达奇鹿特丹"级的基础上建造2艘新级别的补给船，其中"柏林号"已于2001年4月11号正式服役，"法兰克福·阿姆·梅恩"号于2002年5月服役。该船主要是为支持联合国的维和行动。第1艘船分配在威廉港，第2艘在基尔港。该船满载排水量20420吨，船长160.8米，宽24米，吃水7.4米；主要动力装置为2台柴油机，功率为14388马力，双轴，弓形推进器，航速20节，乘员139人（含12名军官）以及94名搭载人员。载货能力为：燃料9640吨、淡水450吨、货物280吨、弹药160吨。拥有2套便携式萨姆导弹发射装置及预警设备，配备4门20毫米火炮、导航及飞机控制雷达。搭载2架2NH或海王直升机。该船设有2套海上补给装置和船尾加油装置。在上层甲板上，26个集装箱可分两层放置，该船还可容纳可同时治疗50人的集装箱式医疗救护单元。

德国海军建造研究和观测船 据英国《简氏战斗舰船年鉴2001~2002》报道，德国海军开始建造研究和观测船。该船是为试验型的752型小水线面双体船取代"行星"（Planet）号武器研究船而建造的。第1艘船于2000年12月决定建造，2003年完工。该船满载排水量为3500吨，船长73米，宽27.2米，吃水6.8米，主机为2台电动推进式柴油机，功率为6034马力，双轴。航速15节，续航力为5000海里/15节。该船有一个声纳井。该船可装载5只20英尺的集装箱，可搭乘25人外加20名试验人员。

英国海军2艘韦夫级大型舰队油船服役 据英国《简氏战斗舰船年鉴2001~2002》报道：英国海军的2艘韦夫级大型舰队油船已分别于2000年9月和2001年2月下水，预计2001年2月及10月交付使用。该船为双体船结构，满载排水量30300吨，船长181.7米，宽26.9米，吃水10米。飞行甲板长28米，宽21米，动力装置为动柴油机。功率为25514马力，单轴，弓形推进器，航速18节，续航力为10000海里/15节。乘员80人，还有22名飞行员。载货能力为：液货16000立方米，包括航空燃料3000立方米、8~20英尺的冷藏集装箱以及干货500立方米。可配备2套近战武器系统，但未装备。设有诱饵及敌友识别仪，配有水面搜索雷达。装备有1架默林直升机，配备带有3套索具的海上补给装备，还有1台起重机。

英国海军在建2艘湾级后勤登陆舰 据英国《简氏战斗舰船年鉴2001～2002》报道，英国海军的2艘湾级后勤登陆舰已于2001年安放龙骨，预计于2004年及2005年分别投入使用。该级舰准备编入皇家舰队辅助船队，以取代“珀西瓦尔爵士”号和“杰拉恩特爵士”号皇家舰队辅助船。该级舰主要是为两栖攻击的“第二批攻击波”（编者注：攻击波指部队、车辆、登陆艇或飞机作纵深展开并作波浪式不断攻击中的某一批）进行部队、车辆、弹药及补给品运输而设计的，以荷兰“鹿特丹”号两栖船坞运输舰为原型。其物资卸载可通过停放重型直升机的飞行甲板来实施，或通过停放1艘通用登陆艇及可悬挂在舷侧的浮舟的两栖甲板来实施，该舰无登滩能力，没有安装吊艇杆下放的步兵登陆艇。该舰满载排水量16160吨，长176米，宽26.4米，吃水5.8米。动力装置为电动柴油机，2台可控式推进器，航速18节，乘员60人（加上356人的运输部队）。载货能力为：36辆“挑战者”主战坦克或150辆轻型卡车及200吨弹药。配有起降“支努干”直升机的平台。

荷兰海军继续建造阿姆斯特丹级快速战斗支援舰 据英国《简氏战斗舰船年鉴2001～2002》报道，荷兰海军继续建造阿姆斯特丹级自动推进式快速战斗支援舰以取代“普尔斯特”级补给船。该舰安装了4个横向海上补给站、1个艉部加油站、1个垂直补给站。该舰满载排水量17040吨，长166米，宽22米，吃水8米。飞行甲板长28米，宽21米。主要动力装置为2台柴油机，功率为24000马力，单轴，可变螺距推进器，航速20节，续航力为13340海里/20节。乘员160人（含23名军官）、24名飞行员以及20个备用床位。其载货能力为：柴油6350吨、航空燃料1660吨、干货290吨。配备2门20毫米火炮，1套近战武器系统。安装4套舰用超速散放干扰箔条及拖曳式鱼雷诱饵，配备水面搜索及直升机控制雷达，可搭载3架SH－3D或2架EH－101反潜直升机。

希腊海军建造埃特纳级补给油船 据英国《简氏战斗舰船年鉴2001～2002》报道，希腊海军于1999年8月签订合同，开始建造埃特纳级补给油船，预计于2005年完工。因为该船外观与意大利的油船极其相似，所以在该船上部安装了一套近战武器系统以示区别。该船满载排水量13400吨，船长146.5米，宽21米，吃水7.4米。飞行甲板长28米，宽21米。主要动力装置为2台柴油机，功率为22400马力，双轴，弓形推进器，航速21节，续航力为7600海里/18节。乘员160人（含高级军官）以及83个备用床位。载货能力为：汽油6350吨、JP5喷气发动机燃油1200吨、货物和弹药2100立方米。装备2枚萨姆导弹，可配备1门76毫米火炮。还装备有2门40毫米及2门20毫米火炮，配备水面搜索雷达及飞机控制雷达。可搭载2架直升机，该船的两侧各有2个补给站，安装有2台50吨的起重机。

丹麦海军订购大型模块化船 据《现代舰船》2002年第3期报道，丹麦海军装备司令部与奥登斯钢铁船厂在2002年初签订了1.1亿美元合同，为丹麦海军建造首批2艘大型模块化船，用于执行指挥、后勤与和平支援任务。该支援船排水量6100吨，采用全柴油机推进，具有915平方米的滚装甲板面积，该船有9个集装箱位，可用于搭载1个陆军连、6辆主战坦克，也可挂载两栖登陆艇或搭载2架EH－101反潜直升机。甲板可容纳1个治疗30～40名病人的医疗集装箱，每天可做10个大型手术。该船为战斗舰艇提供的支援包括两部分：一是8辆配备有雷达、无线电话及指挥中心的车辆组成的机动式车辆；二是25辆装有物资、油料、补给品、鱼雷以及修理间的车辆组成的机动后勤车辆。该船于2004年底交付使用。

加拿大海军正在建造浮动后勤和海运船 据英国《简氏战斗舰船年鉴2001～2002》报道：加拿大海军新级别的浮动后勤和海运船（ALSC）将在2006～2010年间取代现役的补给油船。加拿大海军正在建造4艘该级别的船只。它综合了油船和滚装船的特点，可为加拿大海军和岸上部队运送大量补给物资，具有战略运输能力。该船满载排水量为35000吨，船长210米，宽32米，吃水8.5米。主机为2台柴油机或2台汽轮机，双轴或吊舱式推进器，舰首推力发动，航速23节，续航力为10800海里/15节，编制人数165名。其载货能力为：燃料10000吨、航空燃料800吨，弹药300吨，20英尺集装箱200只。该船拥有主动与被动自我防御干扰系统、对空/对海导航雷达，可搭载4架中型直升机。该船每侧有两个海上补给站，设有艉部和侧跳板。

（丁　晶　王艳芳）

舰载武器与技术 **美国研制舰艇装备的水下炮系统** 据《简氏防务周刊》2001年10月报道，近些年来美国一直在加紧研制潜艇和水面舰艇上装备使用的水下炮系统。该系统通过可伸缩的水下炮炮塔，使用小型加特林炮，发射动能弹药来完成防御任务；即在己方的潜艇和水面舰艇上发射高速超空泡弹药，对敌方来袭鱼雷、水雷等水下武器进行硬杀伤，以有效地保卫舰艇。

美国海军展示超空泡武器　据《简氏国际海军》2001年12月报道，美国海军水下防务中心在夏威夷水下防务展上，展出了最新研制的超空泡火箭样机。超空泡火箭主要用来替代新研制的垂直发射“阿斯洛克”反潜火箭的战斗部。这种火箭的水下最大航速超过200节，最大射程为2750米。火箭头部安装有超空泡产生器，并携带有120单元的声纳基阵，目标探测距离达900米。该超空泡火箭由于使用了德国的超空泡火箭技术，因而减小了噪声。

美国海军完成“三叉戟”1型导弹试验　据《简式防务周刊》2002年1月报道，美国海军于2001年12月发射了3枚“三叉戟”1型潜射弹道导弹，以监测该型导弹的安全性、可靠性、战备状态，以及“三叉戟”战略武器系统的性能。“三叉戟”1型导弹弹长10.3米，直径1.87米；重33吨；弹采用三级固体、惯性制导；最大射程达7200千米，可携带8个分导式弹头。“三叉戟”1型导弹将在2005年退出现役。目前，该型导弹装在6艘部署于太平洋海域作战的“俄亥俄”级核动力弹道导弹潜艇上。

俄罗斯海军接收新型远程舰空导弹系统　据《简氏防务周刊》2001年6月报道，俄罗斯海军现已接收一种新型“利夫”－M舰空导弹系统。该系统包括一套舰载控制系统、导弹发射装置、舰空导弹和地面设施。它可对付飞机和反舰巡航导弹的密集攻击，也可用于海上编队的区域防空；能同时打击6个目标，最大射程为120千米。导弹由甲板上的筒式发射井发射，每个发射井内装载8个导弹储运/发射箱。该系统中的48N6E垂直发射导弹，使用了改进的发动机和威力更大的爆炸破片战斗部，装备了半主动末端寻的头。这种导弹平时装在储运/发射箱中，通过专门的地面设备运送到舰艇上的发射装置内；导弹装舰后就不再进行维护。

俄罗斯研制出新式反鱼雷武器　据《生意人报》2001年1月报道，俄罗斯研制出“蟒蛇”－1M火箭式反鱼雷武器系统。该武器系统的水下最大射程达到3000米，可打击600米水深内的各种目标。当敌舰发射出鱼雷后，俄战舰上的武器控制系统会准确地测出鱼雷的弹道，并向“蟒蛇”－1M下达攻击指令。接到命令后，“蟒蛇”－1M携带的火箭武器便一同发射，在鱼雷的弹道上形成一个“弹幕”，从而拦截住鱼雷。

韩国新型驱逐舰将装备美制MK41垂直发射系统　据《简氏国际海军》2001年10月报道，不久前韩国海军决定在3艘新建造的KDX－Ⅱ型驱逐舰上装备MK41导弹垂直发射系统。该系统能够发射多种类型的导弹，包括“海麻雀”、“标准－2”、“战斧”等。每艘KDX－Ⅱ型驱逐舰上将装备4个MK41模块，每个标准模块有8个发射单元，即每艘舰装备有32枚导弹。眼下韩国海军计划装备“标准”导弹，以作为该型驱逐舰的主要武器。

马来西亚海军订购反舰导弹　据《简氏国际海军》2001年9月报道，马来西亚订购了一批英国的“海鸥”反舰导弹。该导弹为一种全天候掠海飞行反舰导弹，具有命中概率高、可靠性好和全寿命费用低等特点。不仅如此，“海鸥”导弹还具有重量轻，易于操作使用等优长，可有效地提升马海军的护卫舰作战能力。“超山猫”舰载直升机也能携带这种导弹，既可单发，也可双发，而且发射后不用管。

德国海军新型舰炮服役　据《简氏防务周刊》2001年4月报道，德国海军于2001年底服役了新型舰炮－－MLG27轻型舰炮。这种新型舰炮主要作为中小型舰艇的防空武器和大型舰艇的辅助武器。炮上设有昼夜瞄准传感器，可以根据需要选择自动目标跟踪或人工瞄准。同时，该炮使用最新研制的27毫米次口径易碎性脱壳穿甲弹；这种弹初速为1150米/秒，可有效地对付2500米远的小型水面目标、直升机、固定翼飞机和4000米远的大型水面战舰。

德国研制新型潜艇拖曳声纳绞车　据《简式防务周刊》2001年10月报道，前不久德国STN公司为德海军U212和U214潜艇研制了拖曳式声纳绞车、导轮和布放系统。采用弹簧底架结构安装在艇体上的绞车长2.1米、宽2.4米、高1.15米；包括声纳在内的整个系统重3.25吨。

英国海军改进“旗鱼”鱼雷　据《海军新闻》2001年10月报道，近年来英国加紧改进“旗鱼”鱼雷。该鱼雷原设计用来打击前苏联的深海快速航行核潜艇，现改为用来打击浅近海小型超静音潜艇和水面舰艇。主要的改装有：采用新的数字化自导头，以替换原来的模拟波束成形器；试验表明这种自导头可以克服噪声干扰。采用新的光纤导线，以及新的计算机硬件等。

法国将改进“飞鱼”反舰导弹　据《IDR》2001年5月报道，法国已决定在今后几年对约50枚左右的MM38型反舰导弹进行发动机改装。从2003年起，将对另外3种类型的“飞鱼”反舰导弹进行改进。在2010年前，法国还将改装30枚左右的MM40型“飞鱼”反舰导弹，该型导弹是对其前身进行一系列常规改进的产物。

法国拟研制新型无人水下航行器 据《简氏防务周刊》2001年9月报道，法国近年来正在研制一种新型的舰载无人水下航行器，以更有效地进行反水雷作战。它的主壳体为铝合金制造的两个水平壳体，装有4个水平推进器和2个垂直推进器。上部壳体装有电子组件、通信模块和各种传感器；下部壳体装有电源或动力装置。这种航行器由母舰通过脐带电缆提供动力，或利用锂电池提供能源。它主要通过携带各种声纳对水雷进行探测分类和识别，然后再返回母舰平台拆除声纳，进行重新配置，安装遥控定形装药弹药或爆炸割刀来消灭水雷。

法国、意大利联合研制重型鱼雷 据《简氏防务周刊》2001年3月报道，由意大利和法国有关部门组成的欧洲鱼雷公司已开始生产和销售“黑鲨”/IF21重型鱼雷。该型鱼雷的制导头具有较远的探测距离和很好的目标分辨能力。电池采用新改进的氧化银/铝电池技术。“黑鲨”/IF21鱼雷的噪音很低，最大航速超过50节，航程为50千米。该鱼雷的全寿命费用较低，并便于维护。它可由压力推出式和自航式发射系统的533毫米鱼雷发射管发射，十分适合在深水和浅水水域使用。

波兰新式灭雷武器即将列装 据《IDR》2002年1月报道，波兰海军即将装备新研制出的“托切克”系列灭雷弹。这种弹分为A、B、C三型，装有相同的多级别保险系统的声引信。A和B型弹由灭雷具携带布放，C型则由潜水员携带布放。灭雷弹的工作深度为6~150米，工作水温为-10度~40度C。弹的自毁时间可预选为40~480分钟，操作员可在1000米外通过编码的水声信号控制引爆。

挪威海军装备新型扫雷具 据《简氏防务周刊》2001年12月报道，挪威海军开始在其5艘“阿尔塔”级扫雷艇装备新型感应扫雷系统。该系统采用的一种列阵，能产生低频能量；它的声信号输出能力超过180分贝，频率范围为5~50赫兹，可以模仿舰船轴系和桨叶旋转。在作战使用中，上述系统可以以水雷设置模式、按目标设定水雷的模式和水雷干扰模式等三种中的任何一种来扫雷。

南非海军采用电力驱动76毫米舰炮 据《简氏防务周刊》2001年8月报道，南非海军现正在现代化改装的6艘攻击艇上配装由电力驱动的“紧凑”76毫米舰炮。该驱动装置能够直接取代现役的机电/液压驱动系统，并适装于口径达127毫米的舰炮。它由若干个配有3相无刷电机的高低/方位齿轮箱，以及1个配有集成化32位数控电子部件的开关式高效功率放大器组成。

国外在研制防直升机和防气垫船雷 据《简氏防务周刊》2001年9月报道，目前国外正在研制一种专门用于打击低空飞行的武装直升机和战斗机的“空飘雷”。它实际上是用充满氢气和氦气的气球将雷体悬挂在空中，以形成空中障碍，并靠雷上的光电传感器跟踪目标，使之爆炸。此外，针对气垫船行进时所产生的声响、散发出的热量和气压等物理特性，有关国家也研制出对付气垫船的低空地雷。上述地雷与对付地面装甲车辆的地雷配合使用，可以布设成大纵深、超低空和近岸滩的立体雷场。

（李　杰）

航空武器装备

综述 2001年，世界主要国家航空武器装备的发展具有以下几个特点：

美国空军全面调整装备发展规划。 布什于2001年1月20日入主白宫，开始将其在竞选中提出的10年内大幅度增加军费开支的承诺付诸实施，军费支出在美国国内生产总值中所占的比例由以往的平均2.9%，上升至4.23%。在美国国会参众两院军事委员会以及布什政府的国防部内部，不乏空中力量的支持者，国防部长拉姆斯菲尔德便是支持空中力量战略的强硬代表人物。在此背景下，美国空军有望在今后每年增加预算200~300亿美元。美国2002财政年度的国防预算达到3290亿美元，比2001财政年度增加330亿美元，增长幅度达到7%，这为美国空军改善装备结构奠定了物质基础。美国空军目前虽然总体上与其对手相比，在技术上占有绝对的优势，但仍然面临着一些潜在的严重问题，比较突出的问题之一是装备日渐陈旧，在战斗机、空中加油机和侦察机中矛盾更加突出。到2000年底，美国空军主力战斗机的服役时间平均达到14.5年，空中加油机和侦察机的平均服役时间分别达到了37.6年和25.1年。按2000年以前的投资强度分析，到2020年，飞机陈旧的状况将会更加严重。为改变这一状况，美国空军确定航空技术装备的更新率约为150～170架飞机，其中主要飞机的年平均采购量为：战斗机87架、轰炸机3.5架、侦察及情报搜集飞机5架、教练机10架、运输机20架。美国空军装备发展的目标是，到2017年，使战斗机的服役时间保持在平均15年、其他飞机为22.5年的水平上，以满足日趋频繁的海外部署的需要。此外，为提高空军的整体实力和快速反应能力，美国空军在调整结构时将更加注重使航天系统融入现有的装备结构中，加速美国空军由空中力量向航空航天力量的转型，这无疑将会对未来空中作战产生重要的影响。

俄罗斯确定航空技术装备发展的远景规划。航空技术发展历来都是一个技术不断积累的过程，其中预研具有很重要的地位。俄罗斯空军根据对科索沃战争经验的总结、国防预算以及近年来俄罗斯航空技术发展状况的现实分析，于年内初步确定了俄罗斯第五代航空技术装备的体系结构，它主要由遂行制空、对地突击和战斗保障任务的多种飞机构成，这将对今后一段时间内俄罗斯空军的发展产生重大影响。在这一装备体系中，主要遂行制空任务的新一代战斗机既不是轻型的，也不是重型的，而是一种具有遂行多种作战任务潜力的中型战斗机。遂行对地突击任务的飞机主要包括2种类型的飞机，一是执行近距空中支援任务的轻型全天候强击机，主要是苏－39飞机及其改进型；二是执行纵深空中阻滞打击任务的作战飞机，它是一种多用途、全天候的武器平台，主要是苏－34飞机及其改进型。遂行战斗保障任务的飞机主要是一种配合远程战略航空兵作战的电子战飞机。此外，俄罗斯空军还强调了发展空中指挥控制系统、电子战及无人驾驶飞机的重要性。确立这一装备发展体系，表明了俄罗斯重点强调空军作为战役突击力量使用的作战思想；战略武器投射平台没有作为其新一代航空技术装备的发展重点，则体现出经费拮据仍然是制约俄罗斯空军发展的主要影响因素。

欧洲加快发展军事航空制造业。在经过20世纪90年代后期的调整重组后，欧洲形成了欧洲航空防务和航天公司，英国航空航天公司两家大型军事航空制造商，在它们的共同领导下，欧洲内部对战斗机、军用运输机、空射导弹及航空电子系统的制造进行了相对较细的专业分工，已经具备了与美国、俄罗斯进行全面竞争的实力，这将对形成全球军事航空制造业的新格局产生重大影响。但是，欧洲军事航空制造业的发展仍然存在一些严重问题，主要表现在形成规模效益仍然有相当大的难度。欧洲联合研制的EF2000战斗机需要在4个国家的生产线上进行生产，欧洲未来大型运输机A400M计划年内也遭遇到意大利退出的影响。一旦某个国家防务政策做出调整，即有可能对欧洲军事航空制造业整体的发展产生影响。而且，欧洲军事航空制造业在产业政策的制定方面，还需要平衡欧洲内部微妙的政治关系，这些因素都制约着欧洲军事航空业未来的发展，尽管如此，欧洲军事航空制造业的发展潜力不可小视。

反恐怖战争对航空武器装备发展产生深远影响。“9·11”事件虽然对美国民用航空业的发展产生了严重的负面影响，但随后展开的反恐怖战争以及美国国防预算的大幅攀升，却给美国军事航空制造业带来了良好的发展机遇。“9·11”事件后，美国军事航空航天制造业主要厂商的股票市值均大幅上涨；由于美国政府充分估计到反恐怖战争的持久性，并且空中力量在反恐怖战争中再次发挥决定性的作用，航空武器装备研究机构与制造业开始积极谋划未来的发展。为了检验近年航空武器装备的研制成果，美国将一批尚未定型列装的武器装备投入阿富汗战场，如4架RQ－4A“全球鹰”高空久航无人驾驶侦察机，一批攻击型的RQ－1A无人驾驶飞机。顺应美军从“应付威胁”到“应付能力”的战略转变，航空武器装备的采购重点将由以往的战斗机和制导武器，转向实时空中监控系统和打击地下目标与活动目标的突击武器，RC－135W飞机的改装速度加快并加装战区空中预警系统（TAWS），部分U－2S侦察机加装红外侦察吊舱，使美国的情报搜集、监视与侦察飞机具备对突现的战场活动目标的跟踪与监视能力。同时更加注重发挥无人驾驶飞机的重要作用。无人驾驶飞机目前在战场上可以活动8～10小时，今后将能达到150～160小时。无人驾驶飞机可以抵近预定目标区，进行长时间的连续监视，能够获取高分辨率的图像情报，或低辐射强度的信号情报，同时又不至于使人员暴露在敌人的火力威胁之中，这些优点是有人驾驶侦察系统所无法比拟的。此外，充分利用航天系统进一步提高情报的实时性，这将加快空中力量向航空航天力量的转型。反恐怖战争还表明，空中力量可以有效地压制对手雷达制导的陆基防空武器系统，但对手红外制导单兵防空导弹仍然对在低空活动的作战飞机构成严重威胁，需要进一步发展机载红外干扰手段。英国和法国等欧洲国家在支援美国进行反恐怖战争行动中，再次暴露出在远程空中机动方面依赖于美国的弱点，这促使西欧国家决心加速实施 A400M 运输机的发展计划。

有人驾驶军用飞机的研制战线明显收缩，无人驾驶飞机的研制工作全面展开。 有人驾驶作战飞机研制周期长，耗资巨大，其居高不下的成本与各国军费支出在总体上呈下降趋势形成了巨大的反差，因而新型有人驾驶军用飞机的研制速度放慢，年内依旧没有启动全新的有人驾驶军用飞机的发展项目。有人驾驶军用飞机发展的重点置于对在役型号的挖潜与改进方面。由于无人驾驶飞机具有研制周期相对较短，成本较低，使用灵活，无空勤人员损失之忧等突出特点，其发展受到许多国家的关注。年内，有多个新型号无人驾驶飞机的研制计划启动。目前，无人驾驶飞机的发展已经由过去以研制执行侦察、监视、通信中继等战斗保障任务的无人驾驶飞机为主，发展为既能遂行战斗保障任务，又能遂行突击任务的多用途无人驾驶飞机。在无人驾驶侦察机的发展方面，美国以长航时无人机为发展重点，欧洲国家则将重点置于中航时无人机；都注重将情报搜集方式由光学及雷达侦察情报，拓展至涵盖无线电技术侦察情报，而且注重将无人机应用于电子战领域。年内，美国陆军利用影子－200 无人机研制了无人驾驶电子侦察机，机上发电装置输出功率为 500 瓦，任务载荷为 28 千克；澳大利亚完成了 JP－129 需求分析，对使用战术无人机进行电子战的问题进行了全面的可行性研究。印度也对多用途无人机的发展给予了高度的重视。近年来，美国和欧洲国家十分强调在海军大中型作战舰只上部署多用途无人驾驶飞机。美国洛克希德－马丁公司年内展开了舰载多用途无人机的预研，该型无人机采用大展弦比机翼和隐身技术，装备雷达、电子－光学传感系统，任务载荷为 450～900 千克，除遂行舰队航空侦察任务外，还可以执行航空火力支援任务，预计 2010 年前后可投入使用。在攻击型无人驾驶飞机的研制方面，对地突击型无人攻击机的研制已经取得突破性进展，利用现有侦察型无人驾驶飞机改装的对地突击型无人驾驶飞机已经投入实战使用，但是受小型传感器及对空中目标的自动识别等技术条件的限制，空战型无人驾驶飞机的发展尚未取得重大突破，但美国等发达国家已经在此领域展开多项技术预研。

轰炸机 轰炸机在局部战争中再次发挥了重要的作用。在年内进行的阿富汗反恐怖战争中，美国战略轰炸机的出动量虽然只占总出动量的 10%，但其武器投射量却占总投射量的 50% 以上（在战争前 10 天，这一比例高达 80%）。在战争发起后，B－52H 轰炸机发射的空射巡航导弹是美国压制塔利班防空体系的主要手段之一，有效地保证了美国在短短 3 天时间里便夺取了战区空中优势。在随后的战场准备阶段，B－52H 轰炸机的突击行动对瓦解塔利班武装的士气起了重要的作用。B－1B 轰炸机的研制初衷是取代 B－52 轰炸机，但在近期几次武装冲突中，B－1B 轰炸机并没有超出 B－52 的杰出表现。正因为如此，美国决定削减 B－1B 轰炸机的装备数量，继续保留 B－52H 轰炸机。在高新技术发展的推动下，B－52H 仍然拥有继续发展的潜力。年内，俄罗斯克服经费短缺的困难，继续致力于重建一支小规模的远程空中打击力量。值得注意的是，印度力图通过租用或外购的方式，在短期内建立其战略空中打击力量。

美国开展太空轰炸机的预研工作 美国航空航天局于 2001 年 3 月因进展缓慢和耗资巨大而宣布放弃 X－33 太空飞机的研制工作。但该计划中止后不久，X－33 的项目承包商洛克希德－马丁公司和美国空军提出将该机改进为一种新的太空轰炸机，以挽救承包商在该项目上已经投入的 4 亿美元资金。洛克希德－马丁公司提出的 X－33 太空轰炸机的作战模式是：垂直发射；从外层空间向地球上任何一点的目标实施突击；完成任务后，像普通飞机一样在基地着陆。太空轰炸机的主要特点有：一是行动迅速。太空轰炸机主要在外层空间飞行，飞行速度极快，一次完整的作战行动仅需 90 分钟，而 B－2 等战略轰炸机从本土出发赴中东或西亚地区遂行任务，往往需要 35～40 小时，因此，太空轰炸机可以大大提高美国空中打击力量的快速反应能力。二是控制范围广阔。它能在短时间里到达全球任何一个地方，使用精确制导武器进行突击。三是生存能力强。航天已经是一项十分成熟的技术，而且现役地空导弹均无法对在外层空间飞行的目标构成威胁，其它国家的反导防御系统也不甚成熟。因此，洛克希德－马丁公司认为，X－33 具有很强的军事应用潜力，有助于美国的航空航天力量跨入一个新的时代，为航空航天作战赋予新的含义。美国国防部接手 X－33 计划后，今后数年内将投资 4 亿美元完成太空轰炸机原型机的研制工作；尔后在约 13 年的时间里，投资约 40～70 亿美元，完成该机的制造与列装任务。

美国削减 B－1B 战略轰炸机的装备数量 美国 2002 财政年度国防预算对 B－1B 战略轰炸机的计划

进行了较大幅度的调整，确定将美国空军 B–1B 轰炸机的装备数量由 93 架减至 60 架，撤销了位于佐治亚州罗宾斯空军基地的第 116 轰炸联队和位于堪萨斯州麦克莱尔空军基地的空军国民警卫队第 184 轰炸联队；将美国本土部署该型轰炸机的基地数量由目前的 3 个减至 2 个，仅保留了位于得克萨斯州的戴耶斯空军基地和南达科他州的艾尔士沃斯空军基地。减少 B–1B 战略轰炸机装备数量的主要原因是，该机目前的使用与维修费用过高，削减 33 架飞机大致每年可以节省约 1.3 亿美元，节省下来的经费可用于进一步实施 B–1B 战略轰炸机的航空电子系统和自卫系统的改进计划。削减 B–1B 轰炸机的装备数量，不会对编入混编联队的该型飞机产生影响。

战斗机　战斗机仍然是各国航空武器发展关注的重点。主要的发展计划集中在继续完善在研项目以及对现役主力战斗机的现代化改装上，重点是通过改进航空电子系统和装备中距空空导弹，提高战斗机的综合作战能力。年内，仍然没有启动新的战斗机发展计划。2001 年 6 月 6 日，俄罗斯与印度在莫斯科签署了内容广泛的军事技术合作协定，其中提及双方合作研制第五代战斗机，但该机的基础是俄罗斯数年前推出的 S–37 前掠翼技术验证机（现改称苏–47 战斗机）。第五代战斗机的用户是印度空军，根据俄罗斯方面的设想，该机将于 2009 年服役，但是第五代战斗机要作为一个型号展开研制工作，还需等待印度空军提出具体的战术需求与指标，这些工作年内尚未展开，而且计划能否如愿实施，还取决于印度自研的轻型战斗机 LCA 试飞与列装的进展情况。

美国 F–22 战斗机的发展动态　（1）进一步削减生产数量。美国国会批准的 F–22 战斗机的生产计划总成本为 540 亿美元，2001 年 6～7 月，美国国防部在对该机当前生产计划审核后发现，现行生产计划使 F–22 战斗机的生产成本超支 54 亿美元。美国国防部为有效地控制成本上扬趋势，经过综合评估后于同年 8 月决定，将 F–22 战斗机的生产数量由原计划的 331 架，减少至 295 架。这一决定使 F–22 战斗机的装备数量远远低于美国空军预期的最少装备 380 架的目标，其中包括装备 10 个现役作战中队，每个中队的编制飞机数为 24 架，同时保持一定数量的消耗备份。新的生产计划由于没有改变总的生产周期，因此相应降低了 F–22 战斗机的最高年生产数量。根据新的交付计划，2003 年，将向美国空军交付 21 架 F–22 战斗机，2004 年为 25 架，与原计划相比，各减少了 1 架飞机；2005 年交付 33 架；2006 年后的年交付数量为 32 架。（2）进一步增强多用途性，提高单机作战能力。因列装的数量减少，为有效降低对美国空军的作战能力所造成的负面影响，美国空军采取多种措施，增强 F–22 战斗机遂行多种作战任务的能力，并提高其单机作战能力。美国空军决定投资 4700 万美元，研制一种主要满足 F–22 战斗机对地面目标突击需要的小圆径精确制导炸弹，这种炸弹的重量为 90 千克，装有全球定位系统制导组件，其圆概率偏差为 6～7 米；弹上安装有折叠小翼，使该型炸弹可以滑翔，射程达到 150 千米，具备有防空区外实施空中打击的能力；可以根据需要选配破片杀伤和侵彻破坏两种战斗部，具有杀伤战场软目标和加固目标等多种功能。目前已有波音公司、洛克希德–马丁公司和雷锡恩公司等多家公司参与该型炸弹的研制工作，预计 2003 年完成研制，转入实弹试验，美国空军预计采购 12000 枚该型炸弹，计划于 2006 年装备 F–22 战斗机，同时还将装备主要执行对地突击任务的 F–15E 战斗机。F–22 战斗机将挂载 8～12 枚该型炸弹，可供 F–22 战斗机在亚音速、跨音速和超音速等多种飞行条件下投射。在研制小型精确制导炸弹的同时，为了增强其打击战场活动目标的能力，美国空军还在积极展开在 F–22 战斗机上加装新型激光雷达寻的器的可行性研究。

日本改进 F–15J/DJ 战斗机　日本于 1978～1996 年间从美国取得专利权，为日本航空自卫队生产并装备了 213 架 F–15 战斗机，目前有 203 架该型飞机仍然在日本航空自卫队服役。2001 年 10 月，日本防卫厅决定对现役的 F–15J/DJ 飞机进行改进，改装速度为每年 20 架飞机。主要改进内容包括：对 AN/APG–63 机载火控雷达系统进行改进，提高其可靠性和多目标攻击的能力；换装机上任务计算机，提高其处理容量和速度，并增强其抗电磁辐射的能力；以 J/APQ–2 系统（日本为其 F–2 战斗机研制的电子战系统）为基础，研制新的机载综合电子战系统，增强 F–15J/DJ 战斗机的电子战干扰与雷达告警能力；换装输出功率更大的机上辅助电源。

印度 LCA 轻型战斗机首飞成功　LCA 轻型战斗机是印度自行研制的新一代超音速战斗机，自研制计划启动以来，迄今已逾 17 年。在此期间，因发动机及火控系统软件等节点项目的研制未能如期完成，以及有关国家的禁运，该机的首飞多次推迟。2001 年 1 月 4 日 10 时 19 分，LCA 轻型战斗机的 1 号技术验证机在 2 架幻影 2000 战斗机的伴航下，终于在班加诺尔机场成功地进行了首次试飞。印度军方对此次首飞高度重视，国防部长乔治·费尔南德斯和空军参谋长阿尼尔·亚什万特·蒂普尼斯均亲临试飞现场观摩。首飞共持续了 18 分钟，这标志着印度终于跻身于世界上为数不多的能够独立研制超音速战斗机国家的行列。首次试飞主要是检验 LCA 轻型战斗机的若干关键技术，包括数字式电传飞行控制系统、综合航空电子系统、玻璃座舱以及飞机主结构件上的复合材料等。LCA 轻型战斗机计划在 2 年内进行 800～1000 架次试飞；2 号机于 6 月加入试飞计划；3 号机 PV－1 采用复合材料制造，于年底进行首飞；海军型 LCA 轻型战斗机计划于 2004 年试飞。总计有 7 架原型机用于试飞，试飞总时间为 36000 小时。LCA 轻型战斗机具有空中受油能力，机上有 7 个武器挂点，该机预计于 2005 年首先装备印度空军。

印度从俄罗斯接收首批苏－30MKI 战斗机 2001 年 5 月，印度向俄罗斯定购的苏－30MKI 多用途战斗机中的首批 4 架飞机，在俄罗斯伊尔库茨克航空制造联合企业出厂。当年底，俄罗斯向印度方面交付了首批苏－30MKI 战斗机。根据印度与俄罗斯达成的军事技术合作协议，到 2017 年，印度空军将装备 190 架苏－30MKI 多用途战斗机，其中从俄罗斯采购 50 架，其余 140 架飞机根据俄罗斯的生产许可证，由印度在国内组装，以便降低总的采购成本。

德、意、英、西 4 国提出新一代 EF2000 多用途战斗机方案 2001 年初，针对欧洲国家航空技术装备更新换代的需要，德国、意大利、英国和西班牙 4 国在 EF2000 出口型“台风”战斗机的基础上，提出了研制新一代 EF2000 战斗机的方案。新一代 EF2000 战斗机主要针对国际市场需要而设计，与现役 EF2000 战斗机有很大的不同。新一代 EF2000 战斗机是多用途的，采用了多项先进的技术，其中包括：机上将装备新型的主动电扫描阵列雷达，研制新的被动探测传感器系统；重新设计机载航空电子系统的体系结构，换装更为先进的任务计算机系统；采用新型的航空结构技术，扩大复合材料的使用范围；改进飞机发动机，采用推力矢量控制技术；采用保形油箱等。这些先进技术大部分是近 10 年内所取得的研究成果，它将使新一代 EF2000 战斗机在国际市场上具有很强的竞争力。新一代 EF2000 多用途战斗机按计划将于 2010 年前后服役。荷兰空军计划在 2010～2025 年内，换装 100～120 架新型战斗机，EF2000 多用途战斗机是其备选机型之一。德国、意大利、英国和西班牙积极争取荷兰全面参与 EF2000 多用途战斗机的研制工作。

匈牙利从土耳其租借一批 F－16 战斗机 匈牙利加入北约后，为了以较低的成本尽快使其空军达到北约的要求，匈牙利政府于 2001 年 7 月决定向其他北约国家租借一批 F－16 战斗机。根据美国和土耳其政府达成的协议，土耳其政府向匈牙利空军租借 24 架 F－16C/D 型战斗机。这批战斗机属于第 30 批的 F－16C/D，其中 C 型飞机 20 架，D 型飞机 4 架。匈牙利空军用这批 F－16C/D 战斗机替换目前服役的米格－29A/UB 战斗机。土耳其空军现装备 231 架 F－16 战斗机，其中绝大部分是土耳其获得美国的专利生产权后，在本国生产的。土耳其此次向匈牙利租借的 F－16C/D 战斗机，是 1987 年开始在土耳其空军服役的一批最为陈旧的飞机。租借计划开始实施后，土耳其空军将斥资 4 亿美元，采购 32 架第 50 批标准的 F－16C/D 战斗机，建立一个侦察机中队。

加拿大改进 CF－18 战斗机 加拿大政府于 2001 年 4 月宣布开始对加拿大空军现役的 80 架 CF－18 战斗机的航空电子系统进行全面的改进，计划总投资额为 4.36 亿美元。改装工作主要由美国波音公司负责实施，主要改进内容包括：更新机上通信与导航系统；换装 AN/APG－73 火控雷达；更新任务计算机及存储管理设备；加装综合应答系统和一部保密电台。经过改装后，CF－18 战斗机可以发射 AIM－120 先进中距空空导弹，并可投射全球定位系统制导空对地突击武器，并能延长使用至 2015 年。根据改装计划，第一批改装 1 架单座的 CF－18A 和 1 架双座的 CF－18B 战斗机，于 2002 年 7 月进行试飞；后续 78 架飞机于 2003 年 1 月开始改装。加拿大空军目前共装备 138 架 CF－18 战斗机，是美国以外的 F/A－18 战斗机最大的用户。

攻击机（强击机） 攻击机（强击机）的发展与各国的军事思想及空中力量作战理论的发展密切相关。目前，攻击机（强击机）的任务重点已经转向纵深空中打击及压制防空体系，近距空中支援任务已经退居次要地位，航空技术发达的国家并行发展专用攻击机（强击机）和多用途战斗机，其它国家受经费和技术条件的限制，以发展多用途战斗机居多。为在空中打击中避免空勤人员伤亡，美、英等国十分重视发展无人驾驶攻击机，将其用作战争初期阶段的主要突击力量，这将对未来空中作战产生重要影响。

美国联合攻击战斗机的发展动态 美国的联合攻击战斗机发展计划在 2001 年内取得了重大进展。(1) 顺利完成一系列验证试飞。2001 年初，波音公司的 X－32A 飞机进行了首次机载武器发射试验，从机内弹舱成功发射了红外和雷达制导的空空导弹；洛克希德－马丁公司的 X－35C 飞机顺利地进行了首次超音速巡航，飞行马赫数达到 1.1；同年 6 月 24 日，X－32B 飞机利用机身中部的升力喷口，成功地进行了首次空中悬停，悬停高度为 60 米，随后又于 6 月 27 日成功地进行了首次垂直着陆；X－35B 也于 6 月 24 日成功地进行了首次垂直起降飞行，顺利地完成了飞机由运动向平飞的转换。验证试飞时，两种方案的飞机均使用普拉特－惠特尼公司的 F119 发动机。试飞结果证明，两种方案尽管飞行控制机理不同，但都具有充分的合理性，能满足该机的战术需要。(2) 英国宣布采购联合攻击战斗机的计划。2001 年 1 月 28 日，英国国防大臣杰夫·胡恩正式宣布，英国政府斥资 90 亿英镑，全面参与美国联合攻击战斗机下一阶段的研制工作，其中 13 亿英镑用于从事联合研制工作，6 亿英镑用于研制使联合攻击战斗机满足英军的特殊需求的机载武器系统，其余为装备采购费用。英国皇家空军和皇家海军将总计装备 150 架短距起飞/垂直着陆型联合攻击战斗机，自 2012 年起用联合攻击战斗机逐步取代现役的“海鹞”式战斗机和“鹞”式 GR.7 对地攻击机，这标志着英国军队届时将首次拥有隐身作战飞机，使英国空中打击力量的作战能力得到全面提升。(3) X－35 验证机方案在竞争中获胜。在综合考虑美军未来作战需求，以及 X－32 和 X－35 两种飞机设计方案的性能价格比后，2001 年 10 月 28 日，美国国防部正式宣布联合攻击战斗机采用洛克希德－马丁公司的 X－35 设计方案，从而结束了在美国历史上耗资最大装备研制计划中历时数年的激烈竞争。这一结果再次证明，在耗资巨大的新一代军用飞机发展计划中，技术风险相对较低的常规设计方案仍然是制胜的决定性因素。X－35 方案在联合攻击战斗机计划竞争中获胜后，联合攻击战斗机也正式定名为 F－35 战斗机。(4) 列装及生产安排。根据美国国防部公布的计划，F－35 战斗机的生产数量将达到 3002 架：美国空军是最大的用户，装备 1763 架常规起降型的 F－35 飞机，用于取代现役的 F－16 战斗机和 A－10 攻击机，换装计划完成后，到 2025 年，美国空军将成为一支完全装备隐形作战飞机的空中打击力量；美国海军陆战队装备 609 架短距起飞/垂直着陆型的 F－35 飞机，用于取代现役的 F/A－18C/D 和 AV－8B 战斗机；美国海军装备 480 架舰载型 F－35 飞机，用于取代现役的 F/A－18C/D 战斗机。自 2001 年 11 月起，F－35 战斗机的研制工作转入为期 10 年的系统设计与发展阶段。洛克希德－马丁公司近期将首先生产 21 架飞机，其中 7 架用于进行地面试验，14 架用于试飞（6 架常规起降型、短距起飞/垂直着陆型和舰载型各 4 架），生产型的飞机于 2005 年内进行首次试飞。2006 年开始投入小批量生产，共生产 465 架飞机。2008 年开始交付美国空军和美国海军陆战队，2010 年开始交付美国海军和英国军队。F－35 战斗机部队正式具备作战能力的时间安排大致是：美国海军陆战队于 2010 年，美国空军于 2011 年，美国海军和英国军队于 2012 年。根据生产计划的安排，主承包商洛克希德－马丁公司将总计划中 18% 生产任务交由诺斯诺普－格鲁曼公司承担，12% 的生产任务交由英国航空航天公司承担。为确保美国军事航空制造业的总体竞争力，美国国防部将安排竞争失败者波音公司承担 F－35 战斗机的部分生产任务。

美国空军改进 F－117 隐形飞机 美国空军共装备 52 架 F－117 隐形飞机，遂行对地突击任务，目前该机尚不具备投射 GBU－31/32 联合直接攻击炸弹的能力，这在一定程度上限制了该机的作战能力。2001 年 7 月，美国空军启动 F－117 飞机的第二阶段改进计划，计划总投资 3030 万美元。改进内容主要包括为 F－117 飞机加装数据传输装置，加装战斗指挥管理系统的硬件设备，更新该机的隐形材料涂层。经过改装后，F－117 可以投射联合直接攻击炸弹和风修正弹药投撒器等全球定位系统制导炸弹。整个改装工作将于 2006 年完成。

美国空军采购一批新型 F－15E 战斗机 美国空军与美国波音公司于 2001 年 4 月 13 日签订总价值达 5.71 亿美元的生产合同，由波音公司为美国空军生产 10 架新型 F－15E 战斗机。2002 年开始交付美国空军，2004 年交付完毕。届时，美国空军 F－15E 战斗机的装备数量将达到 236 架。新型 F－15E 战斗机的飞行性能与此前装备的 F－15E 相比没有重大变化，其主要特点是：更新机上火控系统软件，调整外挂装置的配置，安装 3 个新型多功能液晶显示器，换装新型前视红外系统。新型 F－15E 战斗机能够投射联合直接攻击炸弹、联合防区外武器和风修正弹药投撒器等精确制导武器，显著提高其全天候精确打击的能力。

美国空军 F－15E 换装新型电子干扰系统 美国空军于 2001 年初与诺斯诺普－格鲁曼公司的电子传感器系统分公司签订了价值 3000 万美元的生产合同，为 F－15E 战斗机换装一批新型的 AN/ALQ－35 电子对抗子系统。目前 F－15E 战斗机上使用的通信干扰机与单座型 F－15C 战斗机上的相类似，与现有系统相比，新型的 AN/ALQ－35 电子对抗子系统体积减小，重量减轻，但功能更全面。根据计划，美国空军 F－15E 战斗机部队首批换装 17 套。该系统于 2001 年 10 月全面投产，同年 12 月可完成换装工作。

美国空军 F－16CJ 和 F－15E 飞机换装新型瞄准吊舱 美国空军的 F－16CJ 飞机主要用于遂行压制防空体系的任务，F－15E 战斗机主要执行诸如空中阻滞等纵深空中打击任务。为进行全天候精确打击，两种战斗机均装备夜间低空导航攻击吊舱（LANTIRN）。2001 年 8 月，美国空军决定为上述两种战斗机换装由洛克希德－马丁公司、雷锡恩公司和诺斯诺普－格鲁曼公司联合研制的先进瞄准吊舱（ATP），装备数量为 522 部，项目总价值为 8.43 亿美元。美国空军换装先进瞄准吊舱的主要原因在于，近年来陆基防空系统发展较为迅速，集中表现在防空武器的射程增大，机动性提高，要有效地压制对手的防空体系并提高突击飞机的生存能力，必须使突击飞机能在更远的距离和更高的高度上迅速准确地搜索发现目标，而现役的夜间低空导航攻击吊舱只能在低空搜索发现目标，难以满足未来的需要。根据计划，承包商将从 2003 年 1 月起开始交付吊舱，生产时间将持续 7 年。该吊舱的使用高度可以增大至 15000 米，搜索距离大于 46 千米。其列装计划是，首先装备在美国空军现役部队的 F－16CJ 战斗机、空军国民警卫队的第 30 批型的 F－16 战斗机上，尔后装备于第 40 批型的 F－16 战斗机及 F－15E 战斗机上。先进瞄准吊舱在气动外形的设计上采用了低可探测性技术，它由双模式激光器、激光定位跟踪仪和指示器组成，属于第三代中波前视红外系统，有利于增强飞机的夜间作战能力。从吊舱与载机接口设计上看，在联合攻击战斗机列装后，也将配装先进瞄准吊舱。

美国 F－14 战斗机具备执行前沿空中控制的能力 美国在战术空中打击力量执行支援地面部队作战的任务时，通常派遣前沿空中控制员，为突击飞机指示目标并观察突击效果，以往 OA－10 飞机主要遂行这一任务。年内，由于美国海军第 213 舰载战斗机中队的 F－14D 战斗机进行了一系列改装，加装了指示目标的机载激光系统和高速数据传输系统，更新了火控系统软件，使该机能够投射全球定位系统制导的联合直接攻击炸弹。美国在阿富汗进行的“持久自由”行动中，F－14D 战斗机不仅执行了空中打击任务，还在美国的空中力量与阿富汗“北方联盟”部队协同行动以及进行战斗搜索救援时，遂行了前沿空中控制的任务。在实施空中突击行动时，F－14D 飞机用机上的红外传感系统搜索发现目标，利用高速数据传输系统，通过 E－3B 空中预警机，向执行轰炸任务的 B－52H 轰炸机传递目标精确的坐标信息，避免在突击时造成误伤；在进行战斗搜索救援时，F－14D 战斗机上的雷达截击军官，担负搜索救援行动前沿指挥官的任务。F－14 舰载战斗机一直以执行制空作战任务为主，随着 F/A－18E/F 飞机列装数量增加，该机临近退役。在阿富汗战争中遂行上述两项任务，表明该机的任务领域拓展，并且遂行任务的能力增强。

美国加速发展无人驾驶攻击机 年内，美国无人驾驶攻击机的研制工作在多个方面取得了明显进展，涉及军种包括美国空军和美国海军，反映出美国高度重视无人驾驶攻击机的发展。（1）X－45A 无人驾驶攻击机。X－45A 无人驾驶攻击机由波音公司研制，其概念验证机的研制工作已于 2000 年 9 月完成，并进行了地面测试。X－45A 无人驾驶攻击机机长 8.23 米，翼展 10.36 米，机身厚 2.13 米，起飞重量 6810 千克。该机采用无尾气动布局，具有较好的隐身性能。该机机翼折叠后置于一个贮运集装箱内，便于贮存和空运，一架 C－17 运输机一次可空运 6 个 X－45A 的贮运集装箱。该机今后将装备美国空军，主要在冲突爆发之初遂行压制敌防空体系的任务。2001 年 4 月该机进行了滑行试验；同年夏天进行了试飞，预计 2008 年可进入工程制造发展阶段。（2）X－47A 无人驾驶攻击机。X－47A 无人驾驶攻击机由诺斯诺普－格鲁曼公司研制，主要装备美国海军，从航空母舰出动遂行压制防空体系、纵深空中打击等多种作战任务，该机于 2001 年 7 月 30 日出厂并进行了首次静态展示。X－47A 无人驾驶攻击机机长 8.47 米，翼展 8.5 米，机翼前缘后掠角 55°，后缘前掠角为 30°；飞机空重 2211 千克，载油 454 千克，任务载荷 908～1816 千克，续航时间 12 小时；装 1 台普拉特－惠特尼公司研制的 JT15D－5C 涡轮风扇发动机；为便于在航空母舰上停放，其机翼可以折叠。

美国研制 RQ－1A 无人驾驶飞机的对地攻击改进型 RQ－1A 无人驾驶飞机的任务主要是使用多传感器进行航空侦察。但是随着性能的改进，其携载能力增大，因而具有遂行多种任务的潜力。2001 年初，美国空军改装了 2 架执行对地突击任务的 RQ－1A 无人驾驶飞机。当年 2 月，美国空军使用改装后的无人机在内华达州内利斯空军基地的靶场进行了多次对地攻击试飞并取得成功。试验中，RQ－1A 无人驾驶飞机在机身下方挂载 2 枚“海尔法”－C 空地导弹，突击目标为坦克靶标；第 53 试验与评估大队的地面操纵员利用机上传感器获取的图像搜索发现目标，使用本机的激光指示器照射目标；导弹准确命中了目标。在对固定目标进行突击的试验取得成功后，美国空军年内即转入突击地面活动目标的试验。美国在阿富汗进行的反恐怖战争爆发后，美军将尚处于试验阶段的对地突击型 RQ－1A 无人机投入阿富汗战场，多次执行突击任务，使该机成为第一种实战使用的无人驾驶攻击机，但在对地面活动目标突击时，效果并不理想。

格鲁吉亚苏－25K 强击机首飞成功　格鲁吉亚共装备 8 架苏－25 强击机（6 架单座型苏－25A 和 2 架双座型苏－25UB），但性能落后。自 2000 年开始，格鲁吉亚利用以色列的先进技术对该机进行了全面改进，改进后该机称为苏－25K 强击机。2001 年 4 月 18 日苏－25K 强击机在第比利斯机场首飞成功。以色列埃尔比特系统公司为该机提供新型航空电子系统，在第比利斯航空制造厂进行改装。主要改进内容包括：更新航空电子系统，重新设计座舱布局，加装 2 个 15×20 厘米的彩色多功能显示器、活动地图显示器和一个平视显示器，达到西方“玻璃座舱”的标准，安装了全球定位系统接收机；换装一体化驾驶杆；加装军标 1553B 数据总线和模块式多用途计算机；加装具有保密通话功能的特高频和甚高频电台各一部；换装新型武器投射与导航系统，但保留了机上原有的激光测距及目标指示器，可以使用头盔瞄准具。经改进后，苏－25K 强击机的综合作战能力有明显提高。

西欧诸国联合研制 EF2000 战斗机的“联合机载导航攻击系统”“联合机载导航攻击系统”（JOANNA）是供 EF2000 战斗机的对地突击型使用的下一代电子光学目标搜索系统，该系统将以吊舱的形式安装在 EF2000 战斗机上，最初由英国和法国于 2001 年初共同提出，同年 7 月，意大利和西班牙加入该系统的联合研制工作组，并共同展开为期 4 年的系统技术验证。西欧诸国研制“联合机载导航攻击系统”的主要目的是使 EF2000 战斗机具备远距离搜索发现目标的能力，以便与实施防空区外突击的战术需求相一致，同时减轻飞行员在实施突击时的工作负荷。“联合机载导航攻击系统”采用了多项先进技术，其中包括高分辨率的激光成像技术、多目标指挥与控制、自动化的目标识别等。为使 EF2000 战斗机获取大范围的实时信息，“联合机载导航攻击系统”还可通过数据链系统，接收机外传感器获取的其他目标信息。西欧诸国预计于 2005 年春季进行“联合机载导航攻击系统”样机的试飞，并在 BAC－1－11 试验平台飞机上进行综合测试，2009 年可装备部队。同时，“联合机载导航攻击系统”也可供“阵风”战斗机使用。

直升机　随着地面部队反装甲作战能力的提高，发展武装直升机已经由主要遂行反装甲任务，拓展为遂行多种作战任务。遂行战斗搜索救援任务和特种作战任务的直升机受到各国军队的高度重视。阿富汗反恐怖战争证明，重型运输直升机对于保障地面部队在复杂地形条件下实施快速机动具有重要的价值。

美国 S－92 多用途军用直升机的生产型首飞成功　美国西科斯基公司研制的 S－92 直升机的生产型飞机于 2001 年 10 月 5 日首飞成功。生产型与原型相比，机身加长 0.41 米，后部斜板式舱门更为宽大，机尾部的高度降低，便于车辆进出和货物装卸；水平尾翼的位置进行了重新调整；座舱仪表改为罗克韦尔－柯林斯公司研制的综合航空电子系统，包括 4 个 15～20 厘米的高分辨率彩色多功能显示器。

美国 MH－60R 直升机首飞成功　美国西科斯基公司于 2001 年 7 月 19 日成功地进行了 MH－60R 直升机的首飞。MH－60R 直升机是根据美国海军的要求，为取代老式的 SH－60B、SH－60F 和 HH－60H 等直升机而改进的。MH－60R 直升机的改进项目主要是航空电子系统，重点提高其夜间遂行任务的能力，同时针对舰上起降的需求对直升机的结构进行了部分调整，该型机主要用于遂行海上搜索救援任务。

日本选择 AH－64D 武装直升机为 AH－1S 的后继机　日本防卫厅在对 AH－64D 和 AH－1Z 两个机型进行综合评估后，于 2001 年 9 月宣布采购美国的 AH－64D“长弓阿帕奇”武装直升机，用于替换目前在日本军队中服役的 AH－1S 武装直升机。日本军队选用 AH－64D 直升机的主要原因在于机上装备了 AN/APG－78 毫米波雷达，综合作战能力优于美国贝尔公司与日本富士重工合作生产的 AH－1Z 直升机。在日本 2001～2005 年的五年防务整备计划中确定换装 AH－64D 武装直升机的数量为 55 架，其中第一批 10 架飞机由美方生产，后续 44 架由日本取得专利生产权，在日本国内生产。

泰国改进 UH－1H 多用途直升机　泰国军队从 2001 年 9 月开始在以色列飞机工业公司的帮助下，对泰国空军的现役 19 架 UH－1H 多用途直升机进行改进，整个计划历时一年，将耗资 2300 万美元。改进的重点是 UH－1H 直升机的机身和旋翼系统，使 UH－1H 直升机既能遂行近距空中支援任务，也能执行战术空运任务。通过改进，泰国空军的 UH－1H 直升机可继续服役至 2010 年。

新加坡购买 AH－64D 武装直升机　新加坡政府

于 2001 年 8 月向美国波音公司购买 12 架 AH－64D“长弓阿帕奇”武装直升机，总价值为 6 亿美元。此次军售使新加坡军队装备的 AH－64D“长弓阿帕奇”武装直升机的数量达到 20 架。新加坡政府同时购买的还有相应的机载武器系统、备件和保障设备，包括“海尔法”Ⅱ空地导弹及发射架、T700－GE－701C 发动机等。

印度启动武装直升机部队现代化计划 印度在 2001～2002 财政年度的国防预算中，明确将武装直升机部队的现代化改装置于重要地位。印度政府于 2001 年 4 月批准在未来 3 年时间内耗资 10.5 亿美元，通过自研、引进和改进现役装备等三种途径，全面改善印度军队武装直升机部队的装备。在自研装备方面，在未来 3～5 年时间里，印度陆军将装备 100 架 ALH 先进轻型直升机，20 架轻型攻击直升机。在引进装备方面，印度海军和空军将从欧洲国家采购一批多用途直升机。在现役装备改进方面，印度海军将对 50 多架“云雀”－Ⅱ直升机和“海王”反潜直升机进行全面改进，提高其综合作战能力；印度空军则与俄罗斯合作，重点对米－8、米－17 进行改进。印度对其武装直升机部队进行大规模的现代化改造，标志着近年来印度着眼于其战略需要，在不断加强核威慑力量建设的同时，也十分重视常规军事力量的发展。

瑞典采购一批 A109 多用途军用直升机 瑞典国防部于 2001 年 6 月从意大利阿古斯塔直升机公司购买 20 架 A109 多用途军用直升机，该机是一种双发轻型多用途直升机。A109 直升机在瑞典军队中服役后改称 HKP15 型直升机。这批飞机主要用于遂行反潜作战、战场医疗后送、战斗搜索救援等作战任务，此外还担负飞行训练任务。

埃及开始实施 AH－64A 武装直升机改进计划 埃及国防部于 2001 年 12 月 3 日宣布，由美国波音公司负责对埃及军队装备的 35 架 AH－64A 武装直升机进行改进，达到 AH－64D“长弓阿帕奇”的标准。计划总价值 4 亿美元，包括飞机改装、供应零备件、机载武器系统、地面保障设备以及飞行训练等。改进后的直升机主要提高了全天候作战能力，能在更远的距离上对地面目标实施突击。全部直升机将于 2003 年交付埃及军队使用。美国波音公司还计划根据此次改装的项目，对英国和以色列装备的 AH－64A 武装直升机进行改进。

侦察机和空中预警指挥机 反恐怖战争再次证明了侦察机和空中预警指挥机对于武装力量实施快速灵活反应的重要价值。提高情报的实时性成为人们关注的重点。装备合成孔径雷达的侦察机，对于有效地打击地面目标是必不可少的。针对美国本土空中预警力量不足的问题，北约国家共派遣 7 架空中预警机，协助美国加强本土防卫。

美国 E－3 空中预警指挥机完成多项改装 （1）完成电子对抗系统的改装。美国空军第 552 空中控制联队现役的第 20/25 批配置的 E－3B/C 空中预警指挥机，于 2001 年 3 月开始实施改装，至同年 9 月，改装工程全部完成。至此，美国空军第 20 批配置的 E－3B 已全部改装为第 30 批的标准配置，第 25 批配置的 E－3C 也已全部改装为第 35 批的标准配置。此次改装的主要内容是：在 E－3B/C 上加装电子支援装备，可以对电磁辐射目标进行被动跟踪，增大了截获距离并提高了跟踪的隐蔽性；加装机上全球定位系统终端设备；增大机上计算机系统内存；加装联合战术信息分发系统Ⅱ级终端，增强信息互通互联和敌我识别能力。改装后的空中预警指挥机的主要识别特征是，机头部前下方有一个突出的 AYR－1 电子支援装备舱。（2）初步完成雷达系统改进计划。美国空军 E－3 空中预警机雷达系统改进计划（RSIP）是 1993 年开始实施的，总投资 12 亿美元，共对包括其他北约国家在内的 32 架空中预警机的雷达系统进行改装，由美国空军电子系统中心负责计划的管理工作。2001 年 6 月初，美国空军宣布，该计划的第一阶段改进工作完成，首批 7 架改进后的 E－3 空中预警机于年内交付美国空军，投入使用。后续 25 架飞机的改装工作将按计划于 2005 年完成。经过改进后，E－3 空中预警机的雷达增大了探测范围，提高了对远距离小型空中目标的探测能力，而且能够在对手实施电子干扰的条件下，识别空中的假目标。此外，雷达系统的可靠性与维修能力都得到了显著的提高。

美国 RQ－4A 无人驾驶飞机进行久航演示飞行 RQ－4A“全球鹰”是美国空军即将装备的高空久航无人驾驶侦察机。年内，RQ－4A 无人驾驶飞机进行了一系列久航演示飞行，较为重要的飞行活动包括：3 月份进行的自加利福尼亚州爱德华兹空军基地飞往赤道的不加油飞行，飞行时间达到 30 小时 30 分；为参加在澳大利亚举行的美、澳、加联合军事演习，5 月 9 日 RQ－4A 无人机从爱德华兹空军基地起飞，利用机上自动控制系统进行全自主飞行，经过 23 小时、距离 12000 千米的飞行，安全抵达澳大利亚南部的爱丁堡空军基地，并在澳大利亚进行了 12 次演示飞行（其中包括一次环澳大利亚飞行）。年内的一系列演示，充分展示了该型无人机的久航特性，以及进行全球大范围空中监控的能力。该机在19800米高度游弋时，在24小时内可以对10.36万平方千米的区域进行普查，并将情报实时传递至地面指挥控制中心。

美国RQ－1B无人驾驶侦察机首飞成功 2001年2月初，美国通用原子航空系统公司研制RQ－1B无人驾驶侦察机的原型机B－001号首飞成功；同年9月，B－002号原型机也试飞成功。RQ－1B是A型的改进型，主要改进内容包括：增大机体尺寸，起飞重量达到2905千克，任务载荷为340千克；调整气动外形，由原来的倒V形尾翼改为正V形尾翼；更换发动机。B型飞机与A型相比，在保持A型机雷达反射面小的优点的基础上，显著改善了飞行性能。RQ－1A无人机的升限为7925米，飞行速度204千米/小时，而换装GE－TPE－331－10T推进式涡轮螺旋桨发动机的B－001号机，升限达到了15240米，飞行速度增加至370千米/小时；B－002号机采用FJ44－2A涡轮风扇发动机，升限达到18290米，飞行速度增加至500千米/小时。由于升限提高，速度增大，使得RQ－1B无人机反应更为迅速，明显提高了战场生存能力。RQ－1B无人机上的任务传感器与A型相同。

俄罗斯加快无人驾驶飞机的研制步伐 俄罗斯（前苏联）在无人驾驶飞机技术研究方面起步较早，但在无人驾驶飞机的军事应用方面并不突出。大部分俄罗斯无人驾驶飞机是用退役有人驾驶飞机改进而成的，主要用作靶机；俄罗斯的中型和小型无人驾驶飞机主要用于炮兵校正射击。近年来，俄罗斯空军开始关注无人驾驶飞机的发展并取得一定的成效，把无人驾驶飞机的研制列入俄罗斯空军装备的发展重点之一。目前俄罗斯主要有4项无人驾驶飞机发展计划：(1)“信天翁”无人驾驶飞机。这是俄罗斯研制的第一种小型倾转旋翼无人机，续航时间7小时，活动半径100千米，爬升率为548.64米/分钟，机上装有一部160马力的发动机，采用数据链保持空地联系。该型无人机可以垂直起降，主要用于舰队侦察。(2)“专家”无人驾驶飞机。该机为车载式小型无人驾驶机，采用筒式发射，因而系统的灵活性较好。整个系统由一部地面控制站、3架飞机及发射系统构成，发射准备时间为30分钟。机上的任务设备包括红外及电子－光学传感器。上述2种无人机均由俄罗斯雅克夫列夫设计局研制。(3) R90小型无人驾驶侦察机。该机由俄罗斯联邦喀山飞机制造厂研制，采用发射筒发射方式，机长1.43米，翼展2.56米，机体直径0.21米，起飞重45千克（不含助推器），装有一台M44D型脉动式空气喷气发动机，机上任务载荷为电视摄像机。飞行速度120千米/小时，续航时间30分钟，航程58千米，升限305米。(4) Ka－137无人驾驶旋翼机。Ka－137是俄罗斯卡莫夫设计局正在研制的一种小型无人驾驶旋翼机。机长5.3米，机身宽1.19米，起飞重量279千克，装1台希尔斯2706P05型发动机，功率为65马力。该机是一种多用途无人机，装有多种任务载荷，飞行速度为153千米/小时，续航时间4小时，升限5000米，采用指令遥控方式，也可用预编程方式自主飞行。

印度加速发展空中预警机 由于印度自行研制空中预警机的计划没有实质性的进展，年内印度采取租用和采购并进的方式，加速发展其空中预警机部队。印度70%的武器装备采购自俄罗斯，租用俄罗斯的空中预警机就是一种合理的选择。2001年5月，印度空军向俄罗斯租借了2架A－50空中预警指挥机。A－50空中预警指挥机装有一部脉冲多普勒雷达，对战斗机等小型空中目标的探测距离为230千米，对运输机等大型空中目标的探测距离为300千米；可同时探测50个空中目标，引导10批飞机截击空中目标；机上装备有卫星通信系统和空地数据链。与此同时，印度近年来积极向以色列采购相控阵体制的“费尔康”空中预警系统，但因美国的反对而未能如愿。随着美印关系和印以关系的改善，年内印度和以色列达成协议，以色列于2005年向印度交付3架装有“费尔康”空中预警系统的A－50Ehl空中预警机，计划总投资15亿美元。A－50Ehl空中预警机机体为俄罗斯的伊尔－76运输机，以色列负责安装“费尔康”空中预警系统，该机的任务软件系统由印度自行研制。A－50Ehl空中预警机与目前租用的A－50空中预警机相比，整体性能提高4倍。

印度“拉克什亚”无人驾驶侦察机投入使用 印度军队于2001年5月7在与巴基斯坦接壤的拉贾斯坦邦边境地区举行了历时5天的大规模军事演习。在这次演习中，印度首次将自行研制的“拉克什亚”无人驾驶侦察机投入使用。“拉克什亚”无人驾驶飞机属于中空中航时无人驾驶侦察机，主要使用光学侦察系统对战场进行侦察，安装空地数据链后，可以执行战场炮兵校射任务。经过改进后，“拉克什亚”无人机还可作为靶机使用。

以色列采购低成本空中预警控制系统 针对巴以冲突日益升级的新形势，以色列军方于2001年12月4日宣布采购3架“湾流”V型喷气公务机作为新型电子战及预警控制系统的空中平台，总计2.06亿美元。这是继日本海岸警备队、瑞典空军搜索救援队之后，第三种以“湾流”喷气公务机为平台的军用系统，以色列的采购决策反映了该型商用飞机的多用途性。以色列以“湾流”V型公务机为平台的电子战及预警控制系统，具有成本低、反应速度快和使用灵活的特点，该系统主要用于执行电子侦察与监视，为军事行动的计划提供预警，并为实施电子战行动提供必需的信息。

土耳其启动空中预警机发展计划 土耳其政府克服军费削减的压力，于2001年3月全面启动了总价值达15亿美元的空中预警机的发展计划，该计划要求为土耳其空军装备6架空中预警机及相应的地面保障系统，并视计划进展，有可能增购第7架飞机。土耳其空军将装备的空中预警控制系统由美国波音公司联合研制，以波音737飞机为载机。参与土耳其空中预警机计划的共有美国的波音飞机公司、雷锡恩公司和以色列飞机工业公司，波音737空中预警机方案技术成熟，全寿命周期成本低于后两种方案，综合使用效能较好，而且波音公司承诺土耳其航空工业部门可以在波音737空中预警机的生产中发挥积极作用，此举将有利于改善土耳其航空工业的经营状况。

英国启动未来舰载空中预警机计划 英国航空航天公司于2001年5月与英国国防部签订研制合同，为英国的航空母舰研制下一代空中预警机。英国的未来舰载空中预警机是英国皇家海军未来型航空母舰的主要装备之一，将与英国海军型的联合攻击战斗机同时投入使用。目前英国未来舰载空中预警机有两种备选型号：一种是美国诺斯诺普－格鲁曼公司的E－2C“鹰眼”2000，另一种是以美国贝尔和波音公司研制的V－22为载机的倾转旋翼空中预警机。从英国未来航空母舰的计算方案看，选用V－22倾转旋翼空中预警机较为合适，因为倾转旋翼空中预警机的飞行速度大于空中预警直升机，机内便于安装相应的任务设备，同时不需要弹射装置或着舰拦阻装置。倾转旋翼空中预警机采用与以色列“费尔康”空中预警机类似的相控阵雷达体制，目前波音公司已经完成了对倾转旋翼空中预警机的风洞试验。

运输机及空中加油机 为提高地面部队的战术机动性，中型运输机的发展受到大多数国家的高度重视。为发挥有限经费的综合效益，多数国家在发展空中加油机时采用了空中加油/运输机的配置方案。年内，中国台湾省提出了采购KC－135空中加油机的构想，力求增大其F－16战斗机的作战半径，提高其远程反制作战能力。

美国改进C－130运输机的航空电子系统 美国于2001年6月启动C－130运输机航空电子系统现代化计划，为500架该型飞机更新机载电子设备。主承包商为美国波音公司，为有效地降低计划成本，改进工作全面应用了成熟的商用技术，主要使用美国现役波音737民用飞机上使用的先进的航空电子设备，包括飞行管理系统以及6个数字式显示系统。改进后的C－130飞机将大幅度降低维护工作量并提高系统的可靠性。整个改进计划将持续10年时间，最高改装速度为每年70架飞机。

美国启动新的空中加油机发展计划 年内进行的阿富汗反恐怖战争对空中加油机的发展提出的紧迫的需要。美国在这场战争中面临的棘手的问题之一是，由于受到政治因素的限制，在战区附近美国只拥有保障飞机的基地，而没有作战飞机的基地。因而要想在空中打击中有效地发挥陆基战术飞机的作用，就必须大力加强空中加油力量的建设。美国参议院于2001年12月7日通过决议，批准美国空军租借100架波音767飞机，将其改装成空中加油机，用于替换相对陈旧的KC－135空中加油机。KC－135空中加油机于1956年服役，20世纪80年末期进行过一次大规模改进。目前，美国空军现役部队装备253架KC－135R/T，空军国民警卫队装备222架KC－135E，空军后备队装备70架KC－135E。该机存在的主要问题是系统陈旧、加油效率不高、使用与维护成本过高。根据美国空军的计划，波音767空中加油机将在15年内全面替换KC－135空中加油机。

俄罗斯与印度联合研制伊尔－214多用途军用运输机 伊尔－214多用途军用运输机研制计划是俄罗斯与印度在2001年6月签署的军事技术合作协议中确定的，该机主要供印度空军使用，也将装备俄罗斯空军，同时还将推向国际市场。俄罗斯与印度于年内完成该机的可行性研究，但尚未公布生产数量和计划时间表。伊尔－214多用途军用运输机联合研制小组包括俄罗斯伊柳辛设计局、伊尔库茨克航空制造厂，以及印度斯坦航空有限公司，其中伊柳辛设计局负责飞机的设计，伊尔库茨克航空制造厂和印度斯坦航空有限公司负责飞机的制造。该机是一种双发多用途战术运输机，货运量为15～18吨，航程为5000千米，可运载80名全副武装的伞兵。

日本启动独立研制大型军用飞机的计划 日本先进的技术和雄厚的经济实力为日本研制军用飞机奠定了坚实的基础。在取得战术飞机生产许可证以及自主研制战术作战飞机之后，2001年内日本决定自主研制新型空中加油/运输机，这是日本首次独立研制大型军用飞机。新型空中加油/运输机采用硬式加油方式，其基本战术性能为：载货量可达 30 吨，或装载 200 名军人；飞行马赫数为 0.8，航程可达 6500 千米。2001 年 10 月 29 日，日本防卫厅举行了项目招标仪式。此外，日本政府在 2001 年 12 月 14 日召开的安全保障会议上批准根据日本中期防卫力量整备计划而决定的引进空中加油机的计划，空中加油机的机型定为美国波音公司生产的波音 767 飞机。

马来西亚改装 2 架空中加油机　马来西亚于 2001 年月 11 月与美国洛克希德－马丁公司签订协议，由后者负责将马来西亚空军现役的 2 架 C－130H 运输机改装成空中加油机，飞机型号定为 C－130H－30 空中加油/运输机，加油油量为 6800 升。除加装空中加油系统外，主要的改装内容是将机身加长 4.57 米，其中在驾驶舱的后部加长 2.54 米，在主机翼的后部加长 2.03 米。该机的空中加油设备和加油油箱是可拆卸式，因此该机可以根据需要进行任务转换。

英国皇家空军装备 C－17 战略运输机　作为在欧洲运输机列装前的过渡性方案，英国向美国采购了 4 架 C－17 战略运输机。2001 年 5 月初，部署于布里兹诺顿空军基地的英国皇家空军第 99 中队正式改编为运输机中队，并于 5 月 23 日接收了首批 2 架 C－17 战略运输机。至同年 8 月 28 日，全部 4 架飞机列装完毕并形成作战能力。年内，英国皇家空军的 C－17 战略运输机执行了一系列空运任务，其中包括为北约在马其顿的维持和平部队提供保障，以及保障英军部队在阿曼举行的联合军事演习。

意大利退出 A400M 军用运输机发展计划　意大利政府于 2001 年 10 月 23 日宣布退出欧洲联合研制的 A400M 运输机的发展计划。其主要原因在于空中客车军用运输机公司对 A400M 飞机的成本控制未见明显成效，导致该机的成本居高不下（年内，计划成本已经高达 165 亿美元），使参与计划的诸国难以在该机发展的重大问题上达成共识，发展计划已明显滞后。意大利原计划采购 16 架 A400M 运输机，在该机的发展计划（193 架飞机）中占有较小份额。因此，意大利退出 A400M 运输机的发展计划，对该机的发展尚不致产生灾难性的影响，但是将进一步加剧 A400M 运输机成本控制的难度。

波兰空军换装新型中程战术运输机　为改善波兰空军空运力量薄弱的局面，波兰国防部于 2001 年 8 月 29 日宣布，斥资 2.12 亿美元，从西班牙采购 8 架 C－295 中程战术运输机，用于取代波兰空军现役的较老的安－26 战术运输机。C－295 运输机装 2 台加拿大普拉特－惠特尼公司的涡轮螺旋桨发动机，可运送 69 名全副武装的军人，可以满足波兰军队战术机动的需要。

教练机　飞行模拟器已经成为飞行员训练各阶段必备的辅助训练装备。由于新一代战斗机单机成本高昂，单位时间的训练成本也相应提高。为提高综合训练效益，各国空军普遍重视研制飞行模拟器，并在飞行技术基础训练和战术训练中广泛应用飞行模拟器。美国空军和空军国民警卫队装备 F－16 战斗机的部队，到 2001 年 8 月，使用飞行模拟器的飞行时间已经超过了 100 万训练小时。自 1996 年以来，美国空军空中作战司令部、太平洋空军司令部、驻欧洲空军司令部、空军教育训练司令部等现役部队，以及空军国民警卫队的 F－16 战斗机部队一共装备了 68 套美国互联模拟与训练公司研制的部队训练装置（UTD），这种飞行模拟器具有第 25 批、第 30 批、第 40 批、第 42 批、第 50 批和第 60 批 F－16 战斗机的配置，因而可以满足各种部队的训练需求。部队训练装置不仅能满足 F－16 战斗机基本驾驶术的训练要求，而且可以用于空空战斗和空地战斗训练；利用系统的分布式模拟训练功能，还可以在不同部队之间组织战术对抗训练。广泛使用飞行模拟器，不仅有利于保证飞行安全，而且可以使作战飞机集中用于进行近似实战条件下的战术训练，大大提高了部队的训练效益。

美国批准 T－6A 联合初级飞机训练系统全面投产　美国国防部于 2001 年 12 月 3 日正式批准 T－6A 联合初级飞机训练系统投入大批量生产，后续投资额为 14 亿美元。T－6A 教练机由美国雷锡恩飞机公司研制，是美国空军和海军使用的新一代初级教练机，数年前已投入小批量生产。雷锡恩飞机公司已经向美国空军和海军交付了 49 架 T－6A 飞机，部署于得克萨斯州兰多夫空军基地，此前一直用于训练飞行教官。2001 年 10 月 10 日开始，美国空军批准该机可以在佐治亚州的穆迪空军基地用于训练飞行学员，为该机获准全面投产铺平了道路。

韩国展示 T－50 型超音速喷气式教练机　2001 年 10 月 31 日，韩国航空航天公司在汉城以南的泗川制造厂首次展出了韩国第一架超音速喷气式教练机 T－50“金鹰”，这标志着韩国在自主研制军用飞机方面取得了重大突破，也为韩国研制新型战斗机奠定了基础。T－50 型喷气教练机机长 13.14 米，装一台美国通用电气公司研制的 F404－GE－102 涡扇发动机，飞行速度为 1.5 马赫。该机主要利用了美国洛克希德－

马丁公司提供的成熟技术，外型类似于美国的 F-16 战斗机。其主要特点包括：采用常规气动布局，为上单后掠翼，主翼根部有前缘边条翼，改善了飞机的机动性能；发动机进气道位于主翼上方的机身两侧；采用电传操纵系统；主起落架位于机身，为翼下外挂物提供了较大的空间，训练时可挂载 3 个副油箱。T-50 教练机可用于培训 F-16、F-22、F-35、“旋风”和 EF2000 等新型战斗机的飞行员，该机计划于 2003 年批量生产并装备韩国空军，同时计划向土耳其、西班牙和部分中东阿拉伯国家出售。

机载武器系统 年内，美国把几乎所有新型的对地突击武器系统均在阿富汗反恐怖战争中投入使用或试验。在防空区外实施打击，可以使对手处于疲于应付的被动局面，并有效降低突击方遭到对手防空火力打击的风险，因此，防空区外打击能力是发展新型对地突击武器所强调的重要战术技术指标。全球定位系统制导武器以其命中精度高，可全天候使用等突出优点，已成为新一代对地突击武器的主流制导方式。战争实践表明，即使是精确制导武器，仍然难以有效地打击地下目标，需要为侵彻炸弹研制新型战斗部及引信。为打击洞穴目标，美国在阿富汗战场上使用了 6800 千克级的 BLU-82/B 重型炸弹，其载机为 C-130 飞机，投掷高度一般为 1800~1900 米。

美国风修正弹药投撒器正式列装并投入实战使用 风修正弹药投撒器是一种安装在战术弹药投撒器上的尾控组件，可以大幅度提高集束炸弹的命中精度，其研制工作始于 1996 年。科索沃战争后，美国加快了风修正弹药投撒器的研制速度。2001 年 4 月，风修正弹药投撒器正式装备美国空军现役作战部队，比预计时间提前近 5 年，而且实际成本仅为预期成本的 25%，美国国防部称其为历史上最为成功的弹药采购计划。战术弹药投撒器是具有滑翔能力的投射装置，主要用于投撒集束炸弹。以往由于飞行员瞄准误差和中高空投射时强风的影响，战术弹药投撒器的命中精度不高，只能用于突击面状目标。海湾战争表明，使用低空投射战术弹药投撒器时，可以提高命中精度，但这将增大载机遭到对手防空火力打击的风险。风修正弹药投撒器列装，使战术弹药投撒器由非制导武器发展成为制导武器，而且在高空投射时仍能保证以较高的命中精度对预定目标进行打击，从而有利于提高载机的生存能力。在当年进行的阿富汗反恐怖战争中，风修正弹药投撒器首次投入实战使用，主要用于投射传感器引爆炸弹、综合效应炸弹以及“盖托”航空地雷。一枚传感器引爆炸弹内装 40 枚子弹药，B-1B 轰炸机可携载 30 枚传感器引爆炸弹。使用风修正弹药投撒器投射传感器引爆炸弹，可以使 B-1B 轰炸机一次出动在理论上可以对 1200 个独立目标进行突击。综合效应炸弹内装 202 枚子弹药，包括有燃烧弹、反步兵子弹药和反装甲子弹药，安装风修正弹药投撒器后，可显著增大对目标的杀伤效果。

美国联合空对地防空区外导弹试射成功并投入小批量生产 2001 年 11 月 20 日，美国空军成功地进行了联合空对地防空区外导弹（JASSM）的实弹发射试验，试验取得成功，为该型导弹投入小批量生产铺平了道路。试验在白沙靶场进行，载机为美国空军第 46 试验中队的 F-16 战斗机，发射高度为 4572 米，飞行速度 800 千米/小时，载机发射导弹时的位置与预定目标（一个模拟的机动雷达站）的距离约为 80 千米。导弹发射后正常展开弹翼和尾翼，随后发动机点火，按程序控制飞向目标并摧毁目标。试验表明，联合空对地防空区外导弹的发动机、制导系统以及引信与战斗部的配合均正常。2001 年 12 月 21 日，美国国防部批准联合空对地防空区外导弹投入小批量生产。联合空对地防空区外导弹是洛克希德-马丁公司根据美国空军和海军提出的作战需求而研制的，该导弹的雷达反射面小，突防能力强；采用全球定位系统和末端寻器相结合的复合制导方式，命中精度高；射程达到 320 千米，可以进行防空区外突击，有利于提高载机的生存能力；导弹的全重为 908 千克，装一个 450 千克级的多用途战斗部，因其命中精度高，故威力较大；通用性好，可从美国空中力量绝大部分现役主战飞机上发射。因此，该型导弹将是今后一段时期，美国空中力量对敌方高价值目标实施突然空中打击的主要突击武器之一，美国空军原计划采购 2400 枚，年内已将采购数量增加至 3700 枚。投入小批量生产后，这种导弹将于 2003 年首先装备于美国空军的 F-16 战斗机和 B-52 战略轰炸机，并于当年做出是否投入大规模批量生产的决定。随后该型导弹的装备范围将扩大至 B-1B 和 B-2A 战略轰炸机。

以色列展示“德比”超视距空空导弹 以色列拉法尔军火研制局于 2001 年 4 月底首次公开展示了主动雷达制导的“德比”超视距空空导弹。该导弹的研制工作始于 20 世纪 80 年初期，后来南非提供资金并参与研制工作。“德比”超视距空空导弹弹长 3.62 米，直径 0.16 米，全重 118 千克；具备下视/下射能力，可全天候使用，具有很强的抗干扰能力；弹上主动雷达寻的器可以与头盔瞄准具交联。该型空空导弹既可以进行超视距攻击，同时因具有较强的机动能力，也可用于近距格斗空战。在进行超视距攻击时，“德比”空空导弹先采用惯性制导方式，末端采用主动雷达制导。在近距格斗空战能力方面，“德比”空空导弹与以色列研制的“怪蛇”III 红外制导空空导弹的作战能力相近，不可逃逸区相当于“怪蛇”IV 空空导弹的最大射程，格斗性能总体优于美国现役的 AIM－9M 空空导弹。据拉法尔军火研制局官员称，“德比”空空导弹在研制中广泛应用了“怪蛇”IV 空空导弹的成熟技术，如战斗部与近炸引信等，但为满足超视距攻击的要求，对发动机进行了改进。以色列空军已经在 F－16 战斗机上对“德比”空空导弹进行过作战测试，该型导弹可以从 F－15、F－16、F－5 和幻影系列战斗机上发射。

中国台湾省秘密研制空射反雷达导弹　中国台湾军队已连续 2 年向美方提出采购 AGM－88 高速反辐射导弹，但未获批准，因此台湾中山科学研究院年内决定自主研制空射反雷达导弹，用于突击指挥控制系统、地空导弹系统的雷达。此种导弹的研制工作在台湾自研的“天剑”II 雷达制导中距空空导弹的基础上进行，型号确定为“天剑”II A，主要需要重新研制反辐射寻的器及相关的火控系统软件。中国台湾自主研制空射反雷达导弹，将有助于提高其“先制”和“反制”打击能力。

欧洲“风暴影子”空射巡航导弹试射成功　“风暴影子”是西欧诸国联合研制的精确制导常规空射巡航导弹。2001 年 1 月，西欧国家成功地进行了该型空射巡航导弹的首次试射，这标志着西欧国家在拥有一种自主研制的空射巡航导弹方面取得了实质性的进展，对于西欧国家在远程精确空中打击方面摆脱对美国的过度依赖具有重要意义。此次试射的载机为“幻影”2000N 战斗机，发射时载机的飞行高度为 6100 米，飞行马赫数为 0.9。导弹发射后，按预定程序飞行，命中了 250 千米外的靶标。该型导弹的主承包商玛特拉－英国航空航天动力公司称，导弹的圆概率偏差在预定范围之内。这次发射试验主要证明了“风暴影子”空射巡航导弹末端红外制导系统的可靠性及控制精度，为该型导弹顺利投产奠定了基础。

（王明志）

战　略　导　弹

综述　2001 年，各战略导弹拥有国继续调整自己的核战略。美国总统布什上任伊始即表示，美国将建立一支“无可匹敌”的国防力量。10 月 1 日，美国国防部《4 年防务评估》报告正式出台，并提交美国国会审查。报告提出了新的核战略理论，为新世纪核力量的发展奠定了理论基础，并且拟改进现有武器系统，为发展新型核武器作准备，同时强调了战略核力量的灵活性和适应性。俄罗斯继续加快核力量改革步伐，6 月 1 日俄罗斯战略火箭军一分为二成为战略火箭兵和航天兵，此举精简了核力量，优化了核部队的指挥和勤务机构，形成了适度保持陆基核力量、重点发展海基核力量和努力恢复空基核力量的态势。英国和法国也对自己的核战略进行了局部调整。英国仍保持单一的海基战略核力量，但加强了与盟国的核力量合作，并调整核武器管理体制。法国在保留海空“二位一体”战略核力量的同时，积极完善现有核力量，努力发展新型武器系统，不断提高核武器技术。印度积极构建其“三位一体”进攻性核力量，积极推进核武器研制开发进程。巴基斯坦加强核武器的指挥与管理，继续发展核力量。

陆基弹道导弹　陆基弹道导弹是美俄“三位一体”战略进攻性核力量的重要组成部分，双方在削减陆基弹道导弹的过程中，仍在加紧其现代化步伐，与此同时继续寻求这些导弹在商业领域中发挥作用。

洲际弹道导弹　2001 年，美、俄洲际弹道导弹的发展仍以机动部署取代地下井部署、改进现有导弹以适应民用航天需要为重点，同时继续加固导弹地下井，提高其生存能力；印度加紧研制洲际弹道导弹。

美国拟开发实战用小型核导弹　据中国《国防报》2001 年 2 月 26 日报道：据最近披露的一份美国国防部内部文件表明，尽管各国在 2000 年召开的重新讨论核不扩散条约会议上明确表示要为销毁核武器而努力，尽管美国已拥有当今世界最庞大的核武库，但是美国却在为开发杀伤力相对较小、“可以使用”的小型核武器作准备。这份文件名为《国防科学技术

弹防御局正在考察可否利用无人驾驶飞艇，构建新的导弹防御层。弹道导弹防御局已经与一家公司签署了一项价值200万美元的合作研究协议，以开发用于助推段拦截的飞艇设计方案。这种无人飞艇比空气轻，作战时漂浮在20千米的高空，是一种替代卫星的武器平台，造价较低，短期内即可投入使用。弹道导弹防御局4月20日的一份文件表示，将对飞艇发射拦截器拦截弹道导弹时的特性进行研究。这种无系留飞艇的设计载荷为1800公斤，既可搭载军用载荷，也可搭载商用载荷。在20千米高空，风力条件十分适于飞艇漂浮，其自身的太阳能发电装置可为它提供动力。但是，除非能使导弹拦截器做到又轻又小，否则像这样的飞艇很难携带足够重的载荷。例如，美陆军一枚“爱国者”PAC－2导弹重约1吨。另外，要保证飞艇平台的有效性，最重要的一点就是使它具有强大的跟踪与侦察系统，以便对敌方导弹和发射的拦截弹进行跟踪。如果与准确确定敌方导弹位置，以及火控系统有关的问题都能解决的话，这种飞艇就能成为一种有效的导弹防御平台。飞艇平台存在的一个弱点就是它很容易成为敌方进攻的目标，为此，必须设法使它远离敌方的攻击。

美国陆军即将开始“爱国者”3作战适用性试验　美国《国防部内情》2001年11月8日报道，美国陆军将于2002年1月开始对“爱国者”PAC－3进行作战适用性试验，以决定PAC－3“爱国者”2002年秋天是否能够进入全速生产阶段。作战适用性试验将包括4次飞行试验和用户鉴定。PAC－3计划总价值高达40亿美元。此前，PAC－3已经结束了发展试验阶段。在过去三年间，PAC－3成功进行了13次发射，其中12次取得成功。最后一次发展阶段试验于2001年10月19日进行。试验中，一枚PAC－3导弹成功拦截了超低空飞行的BQM－74巡航导弹，另有一枚PAC－3导弹远距离拦截了低空飞行的MQM－107靶机。

以色列将与美国合作生产箭式武器系统　美国《每日防务》2001年9月10日报道，以色列希望在2002年与美国波音公司合作生产“箭”式武器系统。2001年初，美国波音公司与以色列国防部和以色列飞机公司对此计划进行了认真讨论，解决了技术转让问题。以色列飞机工业公司也曾与洛克希德－马丁公司和雷声公司讨论过此事，但最终选择了波音公司。以色列飞机工业公司认为，与波音公司合作生产“箭”式武器系统可以提高劳动生产率，同时能够降低成本。

印度拟向以色列购买“箭”2导弹防御系统　美国《防务新闻》2001年10月22日报道，印度国防部已经派遣了一个由四名成员组成的工作组，前往以色列商谈采办美－以“箭”2反导导弹系统。该工作组10月20日抵达特拉维夫，谈判将持续一周。从2000年开始，印度一直与以色列就采办“绿松树”火控雷达事宜进行谈判，该雷达是为“箭”导弹研制的，但来自华盛顿的压力成为谈判进展的主要障碍，这是因为美国对新德里方面1998年进行核试验十分不满，进而对其进行制裁。一名印度国防部高级官员称，既然现在制裁已经过去，印度将直接购买“箭”2反导导弹系统。“箭”系统是美国和以色列的合作项目，价值16亿美元，目标是为以色列研制一种地基战区弹道导弹防御系统。该系统包括“箭－2”拦截导弹、一个雷达和一个火力控制中心。

中国台湾进行“爱国者”导弹拦截试验　《装备参考》2001年6月21日报道，6月20日上午，台陆军在屏东九鹏基地进行了“神箭42号”演习，对“爱国者”PAC－2导弹进行实弹拦截试验。试验中共发射3枚PAC－2导弹，分别对模拟来袭弹道导弹的靶弹和1架遥控靶机进行拦截，据称都击中目标。此次试验是“爱国者”导弹在台湾地区进行的首次实弹试验。试验是在美军方人员与“爱国者”导弹制造商技术人员保障下进行的，主要提供技术指导，保证实弹试验顺利进行，并对“爱国者”导弹系统效能进行监测评估，协助分析试验数据。当天9时9分40秒，从绿岛观测站朝西南方向发射1枚美方提供的靶弹，靶弹在经过弹道最高点后开始下落。25连利用MPQ－53相控阵雷达搜获并连续追踪靶弹。9时11分30秒发射第一枚“爱国者”拦截弹，5～6秒后，又发射第二枚拦截弹。约10秒钟后，导弹准确击中靶弹。9时21分，台“中科院”一架1089型遥控无人靶机自九鹏基地升空，模拟“来袭的敌机”。雷达搜索到靶机目标后，25连于9时30分发射第三枚“爱国者”导弹进行拦截，并成功击中靶机。

中国台湾计划自行研制导弹防御系统　澳大利亚《每日航天》网站2001年12月16日报道，台湾计划使用自行研制的导弹防御系统而不是购买美国的“爱国者”PAC－3导弹系统，对台湾中部和南部地区进行防御。台湾中山科学院称该低空反导系统为“反战术弹道导弹”（ATBM）系统，计划于2005年服役。台湾媒体援引一位台湾军方人士的话说，这也是“爱国者”导弹未列入2001年台湾向美国购买武器清单的原因。虽然“爱国者”PAC－3导弹试验表明该导弹具有很高的可靠性，但将“爱国者”导弹集成到台湾的导弹防御系统中却需要花费很长的时间。目前，台湾已经部署了三套“爱国者－2＋”导弹系统，用来防御人口稠密的台北地区。ATBM是台湾“天弓”防空导弹的改进型，在1999年9月的试验中首次成功命中目标。该导弹采用相控阵雷达制导，目标是对付M－9和M－11弹道导弹。据报道，ATBM计划是台湾“国家导弹防御”计划的一部分，由台湾中山科学院负责牵头，其中的部分设备和武器还需进口。该项目将历时10年，耗资87亿美元。

海基弹道导弹防御系统　**美国海军成功完成全战区导弹防御系统第三次飞行试验**　英国《防务系统日刊》2001年1月29日报道，1月26日，美海军在“伊利湖”号巡洋舰上成功地进行了一次“标准”－3导弹的发射飞行试验，这标志着美海军的全战区导弹防御系统得到了进一步发展。这次“宙斯盾”轻型大气层外导弹（LEAP）拦截飞行试验是利用太平洋导弹靶场的设施进行的。从巡洋舰上发射的“标准”－3导弹在“宙斯盾”LEAP拦截计算机及硬件的控制下，演示了导弹第三级的飞行稳定性以及与带有动能战斗部的第四级分离时的可控性。试验中还发射了靶弹，以检查未来实战的发射程序，测试“宙斯盾”武器系统的火控数据和跟踪性能，收集导弹的工程数据（包括动能战斗部红外导引头的数据）。此次试验是9次预定试验的第三次。2001年夏天将进行第四次飞行试验，首次拦截试验将于年底进行。

美国杰斐逊实验室为导弹防御改进自由电子激光器　美国《海军新闻和水下技术》2001年8月20日报道，一直在建造世界上最高功率自由电子激光器（FEL）的美国杰斐逊实验室目前正计划进行一系列改进，使他们的FEL在未来几年能满足各种防御需要，其中包括导弹防御。海军一直是该实验室FEL工作最大的赞助者。海军对这一代激光器已投资了1180万美元，并且还将花费1500万美元将该激光器功率提高到10千瓦。海军多年来一直在参与开发定向能技术，但由于大量的技术问题，特别是化学激光器的工作波长，使其发射的激光在到达目标之前就被大气吸收。他们认为FEL是一个更好的替代品。然而现实的导弹防御系统将需要兆瓦级的激光装置，而在杰斐逊实验室在该领域取得进展之前，FEL的最大工作功率过去只有10瓦。该实验室验证了所需的技术，利用现有系统获得了10千瓦的功率。然后他们将再验证获得100千瓦功率所需的技术。这种逐步取得进展的方式虽然耗费时间，但能满足海军计划在2012或2015年获得具备工作能力系统的工程要求。由于FEL是电子激光器，它的研制也可适应海军对全电舰船的研究需要。杰斐逊实验室的电子束能量高达5000万伏。FEL小组目前正在制造用于改进的部件，一旦改进计划完成，新激光器将有10千瓦的功率，最终将达到100千瓦。

美国防部宣布取消“海军区域防御”系统计划　美《国防部网站》2001年12月14日报道，美国负责采办、技术和后勤的国防部副部长奥尔德里奇宣布，由于经费、技术和进度问题，国防部已取消了开发近10年的“海军区域防御”（NAD）系统计划。NAD系统又称海军低层防御系统，由改进的“宙斯盾”舰空作战系统和“标准－2IVA”导弹组成，用于拦截飞行末段的近程和中程弹道导弹，保护美国和盟军舰船和港口，并可为两栖登陆作战提供支持。该计划始于20世纪90年代初，现已耗资28亿美元，超过预算50%以上。虽然该计划在1997年1月的第一次拦截导弹试验中取得成功，但此后由于舰载计算机和“宙斯盾”雷达系统不能很好地协同工作，因此无法更好地控制拦截弹使其对来袭导弹进行分辨和跟踪，同时弹头上的红外寻的器上的冷却系统和前视引信等技术问题尚未解决，因此海军一直未能成功进行第二次拦截试验，目前该计划已比预期进度推后了两年。NAD系统属于海基末段防御，美国防部尽管取消该计划，但声称仍将谋求在整个导弹防御战略中实现海基末段防御能力。

美计划与日本、以色列合作研制导弹防御系统　美国《防务周刊》2001年12月22日报道，根据美国防部的有关文件，美国防部计划在今后5年再投资约7.5亿美元用于与日本和以色列合作研制反导系统。这表明美国防部提出的建立导弹防御系统建议，不仅在美国而且还要为在弹道导弹扩散地区的盟国建立反导系统。美弹道导弹防御局（BMDO）将在2003～2007财年筹集4.23亿美元，用于美、日之间的海基反导系统研究。该系统可以使日本具备下一代海上导弹防御能力。1999年，美、日签署备忘录，计划利用两年时间投资7200万美元将雷声公司的“标准”3型导弹升级为“海军全战区Block2”型。初始阶段主要涉及4项导弹技术：导弹头锥、动能弹头、红外寻的器和第二级火箭发动机。初始阶段之后进入为期5年价值5亿美元的演示论证阶段，目前该阶段已经启动。此外，BMDO还将筹集3.3亿美元用于改进以色列的“箭”式反导系统，使该系统可以防御部署在中东地区更先进的短程与中程导弹。“箭”式系统2001

年首次部署。但据称该系统无法正确分辨真假目标，也无法对付来自大气层高空的弹头，而且在必要的情况下不能同时发射两枚导弹。针对这些问题，美、以将实施"箭"式系统改进项目（ASIP），该项目将增强系统防御远程威胁的能力，集成对付诱饵和渗透的有效方法，研制在更高空摧毁导弹的能力，并为美国的战区导弹防御计划提供降低风险的技术。

西班牙护卫舰将加入美国的导弹防御计划 美国《电子防务杂志》2001 年 7 月报道，西班牙政府已经表示愿意帮助美国建立导弹防御系统，并将通过部署特别装配的护卫舰为海军的"导弹防护盾"提供预警。在五角大楼举行的五月会议期间，美国和西班牙防务官员之间通过的部署四艘装备了洛克希德－马丁公司"宙斯盾"系统的西班牙新型 F－100 护卫舰，其上的 N/SPY－1D"宙斯盾"雷达是三坐标搜索和火控雷达，探测范围达 600 千米，具有 360 度的视场。尽管 F－100 护卫舰的排水量只有约 6000 吨，没有足够的空间容纳像美国"宙斯盾"舰上的全部反导系统，但其能与美国的"阿利·伯克"和"提康德罗加"等军舰协同工作。该计划特别强调了西班牙的一艘护卫舰将部署在利比亚海岸附近，从而能够探测甚至于最终截获由该国发射的导弹。

空基弹道导弹防御系统

美国新建机载激光器试验厂房 美国《航空与航天技术周刊》2001 年 3 月 1 日报道，洛克希德－马丁公司为美空军价值 16 亿美元的机载激光器（ABL）战区弹道导弹防御系统而研制的波束控制/火控系统建立了一个 1488 平方米的测试厂房。该试验厂房将对从波音 747－400 运输机机头炮塔发射的高能激光波束进行仿真模拟试验。这个测试厂房仿效 747－700 平台，使其具有与 747 相同的电力和液压系统以及相同的环境控制系统，使得系统在集成到飞机上之前，就可以对其进行完全彻底地测试。首次演示 ABL 拦截飞行目标的试验定于 2003 年后进行。届时弹道导弹目标从范登堡空军基地起飞，沿南加州海岸线飞行，而带有反弹道导弹武器的飞机将从爱德华空军基地起飞，对其进行拦截。该厂房为无菌厂房，并达到了工业标准。此外，这项耗资 800 万美元的革新还包括一个独立的无菌室，用于测试和集成 ABL 的光学系统。

美国完成弹道导弹预警系统雷达升级 英国《防务系统日刊》2001 年 4 月 26 日报道，位于美国阿拉斯加州克里尔角的空军克里尔基地的美国弹道导弹预警系统（BMEWS）雷达站，最近在完成"克里尔雷达升级"（CRU）计划之后，已具有全部工作能力。BMEWS 雷达是固态相控阵雷达，可以提供改良的洲际弹道导弹和海射弹道导弹探测、预警和攻击评估能力。2001 年 2 月，该雷达开始具有全部工作能力，执行对弹道导弹监视和预警任务。CRU 计划的独特性在于通过对两部直径为 31 米的发射/接收阵列、电子设备和计算机重新进行布置，美国空军可以在工程和建造方面节约经费 1.4 亿美元。

美国加快机载激光器的飞行试验 英国《防务系统日刊》2001 年 9 月 11 日报道，位于爱德华空军基地的美国空军飞行试验中心准备对空军的机载激光器进行试验。机载激光器是安装在改装后的波音 747－400 系列客机上的弹道导弹防御系统。按照计划，美国空军将组建由 7 架装有激光器的飞机组成的中队。现正在对飞机改装，并在其上安装作战管理设备。一旦激光器技术在系统集成实验室研制成功，试验部队将开始把它和自适应光学系统集成到飞机上，并开始进行地面和飞行试验。机载激光器的试验不同于传统的飞行试验，它需要在飞行试验前武器系统在地面上就进行很好的集成和试验。在这个项目中还需要地面压力恢复装置，以形成激光器工作所需要的低的内部压力。同时将在这个基地存储和混合产生激光束所需要的各种化学原料。

E－2C 预警机将加入弹道导弹防御体系 《装备参考》2001 年 12 月 31 日报道，美海军航空系统司令部下属的一个飞行试验小组在马里兰州试飞了一架加装红外搜索与跟踪监视系统（SIRST）的 E－2C 预警机。在飞行过程中，该系统成功地探测并跟踪了一枚从新墨西哥州白沙靶场发射的战区弹道导弹。这意味着今后 E－2C 预警机将能承担弹道导弹防御的新任务。此次试验的 SIRST 系统属于"改进型鹰眼"计划的一部分。该计划是在"鹰眼 2000"项目基础上发展起来的，其重要任务之一为"雷达改进计划"，即引进采用了先进处理技术的新型电扫描特高频雷达。该雷达不仅可以通过 Link－16 数据链路与目前在研的协同作战能力和其他传感器设备相融合，而且降低了电磁杂波和干扰。此次试验是对 SIRST 系统进行的首次空中实弹试验，目的是增强"改进型鹰眼"预警机在战区预警与指挥控制方面的职能，使其能够承担为整个航母编队提供有关导弹监视与跟踪信息的新任务。SIRST 系统仅具有角度跟踪能力，而不具备测距能力。但是，它能够利用同时进行监测雷达提供的测量数据，实时计算导弹的发射点和落点，最终通过与之相联的数据链路为航母战斗群提供精确的三维位置图像和跟踪信息。SIRST 系统的一个小型红外传感器将安装在 E－2C 飞机的机头位置，并利用安装在机内的处理器、控制器和显示装置为 E－2C 任务机组人员提供导弹监视与跟踪信息。

战略导弹防御武器系统　**美国国家导弹防御第一阶段发动机完成试车**　英国《简氏导弹与火箭》2001 年 3 月报道，ATK 公司的航空发动机公司已经成功地为美国国家导弹防御（NMD）计划地基拦截器导弹的固体推进剂火箭发动机完成了一次静态点火试验。该发动机由 NMD 计划的主承包商波音公司研制。它是用于“德尔它－II”火箭的石墨环氧树脂发动机（GEM）40 的推力换向型，将作为三级 NMD 地基拦截器导弹的第一级助推器。这次试车完成了发动机与喷管的发展和鉴定阶段。即将完成的下一次任务是这种推力矢量控制系统的最后试验，它必须在整个发动机进行飞行鉴定之前完成。ATK 公司估计，如果 NMD 计划继续下去，在今后 8 年中，固体发动机的总销售额将超过 2 亿美元。

美国防部准备对弹道导弹防御局作重大调整　美国《防务新闻》2001 年 5 月 14 日报道，美国防部准备对弹道导弹防御局（BMDO）进行重大调整，使之更加适合一体化的导弹防御体系结构。按照计划，BMDO 将依据弹道导弹的三个飞行阶段（即助推段、中段和末段）重新调整为三个相应的机构。每个新机构将由一名二星级将军领导，负责本机构所管辖拦截阶段相关技术和计划。BMDO 现行机构是围绕导弹防御各组成部分设置的，新的调整将按特定计划直接设置机构。这样可以保证同一计划由同一职能机构完全负责，避免管理部门分散。机构调整后，BMDO 目前所实施的导弹防御计划将由不同机构负责。如“海军全战区防御”系统将由中段机构负责；“海军区域防御”系统由末段机构负责；空军的“机载激光器”计划则由助推段机构负责。

美国防部鼓吹“灵活的”导弹防御部署策略　美国《防务周刊》2001 年 6 月 11 日报道，国防部在向参议院提交的导弹防御审议报告中提出，在国家导弹防御系统计划中，国防部必须“采取更加灵活的部署策略”，先部署初始系统，然后再分阶段进行系统改进。国防部长特别助理在向参议院汇报时称，国防部必须“在近期具备对付迅速形成的威胁的能力”，因而需要“尽可能研制和部署由一系列空基、陆基和海基探测器和拦截器组成的导弹防御系统，以支持美国的战略目标”。最终，国防部将“通过不断集成出现的新技术，保证得到一个改进的系统”。报告认为，政府可能在 2004 年部署一个具备有限能力的战略导弹防御系统，然后再随着时间的推移对系统进行改进提高。报告强调继续进行反导试验，美国应“寻求获得一个能拦截不同射程、处于不同飞行段导弹的多层防御系统”。

美国增加导弹防御预算　美国《每日防务》2001 年 6 月 26 日报道，美国国防部提出在 2002 财年国防预算中增加海军战区导弹防御的预算，同时批准了弹道导弹防御组织提出的预算，并且要求弹道导弹防御组织对该项预算进行监督。据国防部官员报告，在 2002 财年的国防预算中将增加导弹防御计划的费用，使这项费用达到 83 亿美元。克林顿政府曾把美国 2002 财年的导弹防御预算暂定为 50 亿美元。也就是说，现在美国为导弹防御计划增加了 30 多亿美元。

美国成功进行第四次拦截洲际弹道导弹试验　美《国防部网站》2001 年 7 月 14 日报道，美国防部弹道导弹防御局当天在太平洋上空成功地进行了一次拦截洲际弹道导弹的飞行试验。这次试验是美国“国家导弹防御”（NMD）系统迄今所进行的第四次拦截试验，第二次利用“大气层外拦截器”（EKV）以直接碰撞方式拦截洲际弹道导弹弹头取得成功。这次试验也是布什政府组阁 6 个月以来所进行的一次最重要的战略导弹防御试验，试验的成功无疑将更加增强布什政府推进部署弹道导弹防御系统的决心。这次拦截试验实际上是重复第三次试验，主要目的是：演示 NMD 系统各组成部分功能的集成能力；演示地基拦截弹 EKV 样机直接碰撞杀伤目标的性能；演示各种探测器（包括实际的预警卫星、代用的预警雷达和地基雷达样机等）的工作；演示作战管理与指挥、控制、通信系统（包括飞行中拦截弹通信系统）的工作。此外，这次试验还要收集各种数据，供试验后分析，以减少以后系统集成拦截试验的风险。

美国拟在阿拉斯加建立导弹防御试验基地　美国《防务新闻》2001 年 7 月 28 日报道，美国防部在向国会递交的 2002 财年合计 83 亿美元的导弹防御预算要求中，提出在阿拉斯加建立新的导弹防御试验基地，以供大规模试验之用。在紧急情况下，该基地还可用于进行有限防御以对抗导弹袭击。基地的一部分试验设施建在阿拉斯加湾的科迪亚克岛，既可发射靶弹，又可发射拦截弹。位于太平洋中部马绍尔群岛的夸贾林导弹靶场发射的拦截弹可对科迪亚克岛发射的靶弹进行拦截；科迪亚克岛发射的拦截弹可用于拦截位于加利福尼亚的范登堡空军基地发射的靶弹。另一部分设施是建在格里利堡的数个导弹发射井，可发射拦截弹，使美国到 2004 年可利用多枚拦截弹拦截同一个目标。目前，美国唯一可以发射拦截弹的基地是夸贾林靶场。在已进行的4次“国家导弹防御”系统拦截试验中，均是由范登堡空军基地发射靶弹，从夸贾林靶场发射拦截弹。阿拉斯加试验基地建成后，将能更真实地模拟飞越太平洋射向美国本土的来袭导弹的飞行弹道。分析人士认为，在阿拉斯加进行导弹防御试验的计划只是美国尽快建立起有限反导能力的借口，实质上等于变相在阿拉斯加开始建立第一阶段的国家导弹防御系统。

美国将进行天基导弹拦截试验 美联社2001年7月18日报道，为进一步开展导弹防御技术研究，美国防部建议于2006年对天基拦截器进行首次测试。据弹道导弹防御局负责五角大楼导弹防御研究的官员说，这次试验旨在演示利用天基发射的导弹拦截助推段弹道导弹方案的可行性。但试验的具体细节尚未敲定，而且天基武器也不是五角大楼导弹防御计划的首选。由于预定在2005～2006年进行的试验主要是为了验证基本方案，因此天基拦截导弹将不是在卫星上发射，而是由火箭携载着发射到太空，然后调整其方向，模仿从太空中发射的状态，并跟踪拦截目标。

美国NMD系统中的X波段雷达受天气影响严重 美国《防务新闻》2001年8月20～26日报道，美国的技术专家最近提出，在大雨和冰雹等天气条件下，NMD系统的重要组件—高频X波段雷达的效能会严重降低。在NMD系统中，X波段雷达承担着重要职能，不但要识别来袭目标，将其与饵弹和发射碎片区分开，还要收集数据，确认拦截器是否已准确击毁目标。但是，大雨等天气会使X波段雷达的信号受到很大衰减。例如，降雨量为每小时50毫米时，信号在从雷达发射机至目标的3000米往返路径上衰减量为75%，而当降雨量达到每小时150毫米时，经过3000米往返后，雷达只能接收到0．0001%的返回信号。虽然S波段和C波段的低频雷达在追踪目标时不会因天气情况而产生衰减，但是，低频雷达无法像X波段雷达那样有效地区分目标与诱饵。因此，在NMD系统中，低频雷达将被用于预警工具来识别目标，然后由X波段雷达对目标进行跟踪。负责X波段雷达研制工作的雷声公司称，他们可以用软件来弥补雷达信号在雨中的衰减，但是必须对雷达部署地区的历史降雨模式有充分了解，否则用软件来解决这一问题相当困难，也会增加雷达辨别目标的难度。

美国防部提出导弹防御最高目标 据美国《导弹防御内情》2001年11月15日报道，9月4日，美国防部部长拉姆斯菲尔德提出了“导弹防御计划指南草案”，以对导弹防御系统的管理做大幅度调整。草案认为，2001年国防部对导弹防御进行了广泛而深刻的评估，目的是判定如何更好地满足国家对导弹防御的需求。评估的结论强调全面防御的重要性，以及需要新方法来采办和部署导弹防御。草案提出美国导弹防御最高目标：一是保卫美国、已部署的部队、盟国和盟友；二是使用一体化多层防御体系，能拦截处在各飞行阶段（如助推段、中段和末段）的各种射程的导弹威胁；三是部署有限数量的整个系统的各个组成部分，近期和中期（2004～2008年）能提供初始能力，在2001年试验成功后，将开始部署“爱国者”PAC－3系统，作为对付近程导弹的第一种防御；四是研制和试验各种技术，必要时使用原型机和试验资产来提供初始能力，并通过采用新技术不断提高已部署的初始能力的作战效能。

美国将全面调整导弹防御计划管理体制 美国《导弹防御内情》2001年11月15日报道，围绕美国防部9月4日提出的《导弹防御计划指南草案》，布什政府正在考虑对导弹防御系统的研制和部署做大幅度调整。调整内容包括：将弹道导弹防御局（BMDO）更名为导弹防御局（MDA），赋予它更多的职责；成立新的高级监督机构：由常务国防部副部长领导的高级执行委员会（SEC）负责制定政策和规划计划指南，监督国防部的导弹防御活动，以及批准部署建议，负责采办、技术和后勤的国防部副部长将成立一个导弹防御支援小组（MDSG），为MDA局长提供建议，每季度监督对SEC决策的执行；将导弹防御计划的管理划分为研制、过渡和采购使用三个阶段，由MDA局长负责研制和过渡阶段，由陆军、海军和空军负责采购，各国防机构负责使用和保障；由SEC决定是否将研究、研制、试验和评估资产用于紧急部署，包括使用研发资金来购买和部署系统，MDA负责导弹防御项目的开发性试验。

美国成功进行第5次导弹拦截试验 美国国防部网站2001年12月3日报道，美国弹道导弹防御局（BMDO）宣布，美国于12月3日成功进行了第5次洲际弹道导弹拦截试验。美国东部时间12月3日晚上9时59分，一枚改进型“民兵”洲际弹道导弹携带一个模拟弹头和一个气球诱饵作为靶弹从加利福尼亚州范登堡空军基地发射升空。靶弹发射20分钟后，一枚拦截弹从7680千米外的太平洋马绍尔群岛夸贾林环礁发射进行拦截。“大气层外拦截器”（EKV）与其助推火箭在距离靶弹模拟弹头约2240千米处分离。此后，作战管理与指挥、控制、通信（BMC3）系统通过飞行中拦截弹的通信系统向 EKV 提供 X 波段雷达获取的数据，然后 EKV 利用自身携带的红外和可见光探测器对靶弹进行定位和跟踪。拦截导弹发射 10 分钟后，EKV 在太平洋上空 225 千米处成功拦截并摧毁模拟弹头。这是地基中段防御（GMD）拦截试验第三次取得成功。此次试验成功验证了 EKV 的飞行性能和“碰撞后摧毁”技术。除了 EKV 进行定位、跟踪，并以直接碰撞方式杀伤模拟弹头外，试验还验证了系统各组成部分的集成能力。此次试验成功整合了空基、地基传感器和雷达进行一体化操作，利用 BMC3 系统对靶弹的发射进行探测，并向一部早期预警雷达提供有关靶弹定位的详细数据，还利用 X 波段雷达获取有关靶弹的精确数据，最后 BMC3 系统通过拦截弹的通信系统向 EKV 提供有关靶弹的实时更新数据。

美国会拨款委员会批准“天基红外系统 – 低轨道”计划继续进行　美国《每日防务》2001 年 12 月 21 日报道，美国会 2002 财年国防拨款法案委员会允许“天基红外系统 – 低轨道”（SBIR – Low）计划继续进行，最多可以使用 2. 5 亿美元的经费，具体由国防部长决定是否全部使用。根据来自国会的消息认为 SBIR – Low 目前没有任何技术问题，并将更好地发展。根据参众两院各自的拨款法案，委员会取消了约 9400 万美元的“天基红外系统 – 高轨道”（SBIR – High）计划的预先采购需求，但是为针对该系统的弱点进行的研究和开发增加经费 4000 万美元，原来政府要求的是 4. 05 亿美元。SBIR – High 将取代目前正在使用的 TRW 公司的“国防支持计划”中的预警卫星，该系统是美国地基中段导弹防御的重要组成部分。在国防部对于该系统的计划中已经包括了 SBIR – Low 系统所发挥的作用。按照设想，SBIR – Low 应当包括 27 ~ 30 颗互相联接的卫星，可以提供导弹预警，并可以对处于中段飞行的弹道导弹进行跟踪。拨款委员会为 2002 财年导弹防御拨款 78 亿美元，比政府要求的减少约 5 亿美元。其中 SBIR – Low 计划削减了 1. 35 亿美元、天基激光计划削减 1. 2 亿美元，用于加速洛克希德 – 马丁公司战区高空防御系统的资金也削减了 5000 万美元。但是以色列飞机工业公司的“箭”式导弹防御系统、机载激光系统和洛克希德 – 马丁公司的“爱国者先进能力 – 3”（PAC – 3）的资金都获得了增加，其中“箭”式系统增加 6600 万美元，机载激光系统增加 7350 万美元，而 PAC – 3 增加 6000 万美元。

美国新型助推火箭设计问题将使地基中段防御试验计划推迟　美国《每日防务》2001 年 12 月 3 日报道，美国弹道导弹防御局（BMDO）原计划在第五次或第六次拦截试验时，使用新型地基拦截弹助推火箭，但是由于承包商波音公司研制进展缓慢，目前只能继续使用改进型“民兵”有效载荷助推火箭，新型助推火箭至少要在第 12 次拦截试验时才能使用，这还导致 BMDO 在 2001 年初决定研究另外一种替代的助推火箭。

俄提议建立“非战略性”的欧洲导弹防御系统　据国际文传电讯社 2001 年 2 月 20 日报道，俄罗斯国防部长谢尔盖耶夫 20 日会见了到访的北约秘书长罗伯逊，谢尔盖耶夫建议北约建立一个欧洲导弹防御系统。美国为使其国家导弹防御系统名正言顺，大肆宣扬该系统是为了使美国免遭诸如朝鲜、伊朗和伊拉克等国家的导弹袭击。但是，俄罗斯一直反对美国的国家导弹防御计划，认为这一计划威胁全球的战略安全。俄罗斯曾警告说，如果美国建立国家导弹防御系统，不仅会导致全球的不稳定，而且会使 1972 年美苏签署的《反弹道导弹条约》成为一纸空文。国际文传电讯社称，俄罗斯提议的欧洲导弹防御系统是一个非战略性的导弹防御系统。

俄公布“欧洲导弹防御系统”计划详情　据法新社 2001 年 4 月 10 日报道，俄罗斯一名高级军官 10 日透露，俄提出希望与欧洲国家共同建立的“欧洲导弹防御系统”，将包括一支欧洲反导弹快速反应部队和一个联合跟踪监视中心。这表明俄罗斯与美国国家导弹防御系统（NMD）抗衡的导弹防御系统正日渐具体化。快速反应部队的主要任务是管理和操纵拟议中的“欧洲非战略反弹道导弹系统”。为了对来袭导弹进行有效拦截，还将建立一个导弹跟踪监视中心。俄罗斯认为，建立”欧洲导弹防御系统”与美国的国家导弹防御系统有着根本区别。前者既能确保欧洲国家不受潜在的导弹打击，同时也不会破坏地区战略平衡，更不会违反“反导条约”。

（刘映国）

军用航天技术

综述 2001年，全世界成功地进行了57次航天发射，把76个航天器送上预定轨道，在应用卫星和卫星应用、载人航天、空间探测、航天运载各个领域均取得了较大进展。特别是美国进一步强调控制空间战略，公开进行天战模拟演习和在阿富汗战争中对商用卫星系统采取控制措施，俄罗斯率先建立了世界上第一支独立的航天部队，使未来空间攻防对抗初露端倪，对未来军用航天的发展将产生非常重大的影响。

美国航天委员会建议调整军用航天管理机构，进一步强调控制空间战略 2001年1月11日，美国空间安全组织与管理评估委员会公布一份研究报告，对美国的航天活动进行了全面评估并提出了建议。报告认为，空间将像空中、陆地和海上一样成为战场，美国对空间依赖程度的快速增长以及由此带来的易损性，要求美国将空间利益列为国家安全的首位；美国比其他任何国家更依赖空间，如果美国要避免遭受"空间珍珠港"式的打击，就必须研究空间作战的作战思想、作战概念以及空间能力，按照近期、中期和长期计划逐步建立空间作战力量；建立空间作战力量，近期最好是对空军进行重新组合，使其适于组织、训练和装备航天力量，中期是在空军内成立一个航天兵种，远期是成立单独的航天军种。报告建议调整美国国防部和白宫的航天管理机构，以提高国家对军用航天的重视程度。建议主要包括：取消负责指挥、控制、通信与情报的助理国防部长职位，设立新的负责航天、情报与信息的国防部副部长职位；由空军副部长任国家侦察局（NRO）局长，而原来这一职位由空军较低级别的助理部长担任；责成美国空军负责所有军事航天计划；建立国防部单独的航天计划经费计算；把空军航天司令部总司令职位与美国航天司令部总司令职位分开；总统任命一专家小组，就军用、民用和商用航天问题提供咨询；在国家安全委员会下面设立一跨机构小组，以便在白宫提高对国家安全航天问题的认知等。

这一报告是美国现任国防部长拉姆斯菲尔德在上任前负责完成的，势必对美国的航天政策产生重大影响。2001年5月8日，拉姆斯菲尔德向国会会提交评审报告，声称对美航天管理机构进行重大调整，包括正在着手在国家安全委员会下成立空间政策协调委员会，以便对总统的空间活动政策指南的实施进行阐述、协调和监督；建立由国防部长和中情情报局长联合担任主席的执行委员会，就双方共同关心的情报问题进行审议；调整组织机构，指定空军为国防部的航天执行机构，负责航天系统的计划、规划和采办，任命一名四星将军担任空军航天司令部司令，指定空军副部长兼任国家侦察局局长等，以加强对国家安全空间活动的领导、管理和组织。

美国公开进行大规模天战模拟演习 据美国《华盛顿邮报》和《航空与航天技术周刊》综合报道，2001年1月22～26日，美空军航天司令部空间作战中心在科罗拉多州施里弗空军基地进行了"施里弗2001年"天战模拟演习。演习的主要目的是探索太空战理论与战法，研究控制空间和从空间使用武力所需的条件和反击敌方先进空间能力的手段，评估敌方可能采取的阻碍美国及其盟国使用空间资源的方法。演习设想在2017年，一个力量与美国接近、有空间能力的大国（红方，指中国），在"邻国"（褐方）边界附近集结兵力，褐方要求蓝方（美国及其盟国）提供保护，但由于复杂的政治和经济原因，蓝方发现很难直接以兵力介入，而试图利用其强大的空间力量进行威慑，阻止红方攻击褐方。演习的结果是，蓝方凭借强大的空间力量，在没有发生武装冲突的情况下，迫使红方放弃攻击褐方。演习得出的主要初步结论是，拥有强大的空间力量可以有效地威慑潜在敌人并避免武装冲突；在未来战争中，敌对双方都依赖商业卫星，控制商用卫星图象和卫星通信很困难但又必须予以重视。按计划，美空军今后每18个月还要进一次越来越深入的天战模拟演习。

2001年3月5～9日，美国陆军又进行了空间攻模拟演习，演习想定了敌方利用微小型火箭对付低轨道卫星以及利用商用干扰机中断GPS卫星对特定地区的服务等几种情况，得出的初步结论是：为在冲突早期阶段赢得控制空间权，需要将导弹防御与反卫星系统、激光武器、干扰机有机结合起来。

美国成立第 76 空间控制中队　据美国《防务新闻》2001 年 2 月 12 日报道，2001 年 1 月 22 日，美国空军航天司令部在科罗拉多州彼特森空军基地成立了第 76 空间控制中队。这是美军成立的第一个空间对抗技术部队，其任务是在美军的各种演习中，演练如何保护美国卫星和使敌方卫星失效，深入探讨美军遂行天战的程序、技术和影响。

美法在阿富汗战争中控制商用卫星的使用　在阿富汗反恐怖战争中，美军不仅充分利用民用卫星资源支援作战，还将民用卫星资源纳入战时管制范围。美国国防部从 2001 年 10 月 7 日，独家买断空间成像公司的“伊诺克斯 2”卫星拍摄的阿富汗战区图片（地面分辨率达 1 米），以防泄露美军动向。根据美国防部与空间成像公司签订的专卖协议，从“9·11”恐怖袭击事件后到 2001 年 12 月 5 日拍摄的卫星图像，至少到 2002 年 1 月 5 日前，一直禁止向第三方销售。另据法新社巴黎 2001 年 10 月 19 日报道，法国 SPOT 影像公司迫于法国国防部的命令，已于 2001 年 10 月 19 日停止出售阿富汗卫星图像。SPOT 公司表示，法国国防部要求自 2001 年 10 月 19 日停止出售阿富汗卫星图像。SPOT 公司表示，法国国防部要求自 2001 年 10 月 8 日起限制有关阿富汗地区卫星图像的分发和传播，所有售给客户的图像必须经高级主管部门与国防部批准，而且不能再向新闻界提供图像。实际上，在阿富汗反恐怖战争期间，法国国防部成了 SPOT 及其所有分公司所获取的阿富汗卫星图像的唯一客户。

俄罗斯组建世界上第一支独立的航天部队　2001 年 6 月 1 日，俄罗斯对外宣布正式组建航天部队。俄罗斯航天部队包括军事航天部队和空间导弹防御部队两部分。在此之前，俄罗斯军事航天部队和空间导弹防御部队是战略火箭军的一部分，原计划是在两三年内，将这两部分从战略火箭军中独立出来，组建一个新的兵种。俄罗斯加快航天部队建设步伐的原因，一是普京上台后，进一步认识到航天力量的重要性，尽快组建独立的航天部队，有利于加快航天装备的发展，增强俄军事航天力量；二是作为对抗美国国家导弹防御系统和妄图控制空间的重要举措。俄罗斯航天部队直属总参谋部和国防部联合管理，由原军事航天部队和空间导弹防御部队两个集团军组成，编制 9 万人。其中军事航天部队下辖 3 个大型航天发射场和 1 个航天器试验与控制中心，主要任务是发射、测控和管理军用卫星系统，同时负责对敌空间武器系统进行打击，其最重要的装备将是反卫星卫星和反卫星导弹；空间导弹防御部队掌管着导弹预警与防御系统及空间监视与防御系统，主要设施和装备有：反导武器系统；运行在大椭圆轨道和同步轨道的两种类型导弹预警卫星，3 部可监视美国本土的弹道导弹探测雷达的 8 部超地平线远程早期预警雷达，能对美国全境所有弹道导弹发射场进行全天候监视；空间监视与防御系统，可以监视外国卫星等空间目标，可对空间 8500 个目标进行监视，及时掌握空间目标情况的变化，测定空间目标的体积和参数，查明外国各类航天器的作用和能力。据俄罗斯航天部队司令佩尔米诺夫将军说，航天部队建成后，将进一步优化空间和地面航天军事设施，包括对现有军用卫星的技术改造、研制发射新型军用卫星和装备更新式的反卫星及导弹等。普京对俄罗斯航天部队寄予厚望，指出：“如果没有航天部队或者军事航天力量的话，那么根本谈不上加强全球的战略稳定”，并多次强调，今后的国防预算要向航天部队倾斜。

空间站

2001 年，空间站方面主要有三件令人瞩目的事件：一是美国航天飞机和俄罗斯飞船多次执行国家空间站任务，为国际空间站送去多个舱室和部件，二是俄罗斯成功坠毁了“和平”号空间站，三是首位太空游客到国际空间站观光。

国际空间站继续在轨组装　2001 年，美国发射了 6 架次航天飞机、俄罗斯发射了 7 艘载人和运货飞船，为国际空间站运送新的组件和进行人员交换等。2001 年 2 月 7 日，美国“亚特兰蒂斯”号航天飞机从肯尼迪航天中心发射升空，把美国制造的“命运”号实验舱送入轨与国际空间站对接。“命运”号实验舱长 9.3 米、直径 4.3 米，造价 14 亿美元，既是国际空间站的指挥和控制中心，也是宇航员进行科学研究的场所。4 月 19 日，美国“奋进”号航天飞机把加拿大制造的机械臂发射升空，宇航员通过两次太空行走，把机械臂安装到国际空间站上。加拿大制造的机构臂长 17 米，重 1800 千克，造价 10 亿美元。与机构臂同时送入轨道的还有意大利制造的一个国际空间站货舱。7 月 15 日，美国“亚特兰蒂斯”号航天飞机再次升空，把一个空气阻隔舱（压力舱）安装到国际空间站上，在国际空间站与外空之间建立了一个通道。该空气阻隔舱重约 6 吨，分为两个舱室，分别用作宇航员进行太空行走之前的更衣室和进入太空的接口。

俄罗斯成功坠毁“和平”号空间站　2001 年 3 月 23 日，已经在轨服役 15 年的俄罗斯第三代载人空间站——“和平”号空间站在地面控制人员的操作下，成功地坠毁在预定海域。“和平”号空间站是世界上第一个长期载人空间站、同时又是 20 世纪质量最大、载人最多和寿命最长的“人造天宫”。在长达15年的运行过程中，“和平”号创造了一系列世界之最，取得了丰硕的科研成果。它先后与俄罗斯（前苏联）的31艘联盟号载人飞船和64艘进步号货运飞船以及美国的9架次航天飞机对接飞行，共接待了来自12个国家和国际组织的宇航员137人次，其中俄罗斯宇员玻利亚科夫创造了人在太空连续生活和工作438天的世界纪录，阿夫杰耶夫创造了在太空飞行累计时间达748天的世界纪录，美国宇航员露西德创造了188天女子太空飞行世界纪录。宇航员们共进行了78次太空行走，出舱活动的时间累计达359小时12分钟。“和平”号空间站上进行了包括生命科学、材料加工与药物生产、空间科学、对他观测等众多领域的1.65万项科学实验，取得了举世瞩目的丰硕成果。如已经解决或部分解决了长期太空飞行中出现的心脏体积增大、骨组织失钙和肌肉退化等问题，对今后进行太空旅行或太空资源开发等提供了必要的医学保障；通过对鹌鹑、蝾螈等多种动物的生长生育进行的大量观察和实验，发现宇宙飞行环境对胚胎发育有一定的影响，这对研究人类在太空生长发育、甚至繁衍后代具有重要意义；通过培植小麦等100多种植物，不仅证明了太空也适于从事农业生产，太空生产的粮食可保证宇航员长期飞行对食物的要求，而且也为未来建立太空封闭生态系统，利用植物制造氧气和吸收二氧化碳提供了有益经验；进行了材料加工和药物生产，制造出直径达5厘米的高纯度砷化镓晶体及一些新的合金材料，生产出纯度比地面生产的高100倍的干扰素及抗流感制剂等药物，为今后微重力环境的商业应用、特别是实现空间材料加工和空间生物医学工程产业化进行了有益的探索和尝试。总之，“和平”号空间站不仅为今后大规模开发利用太空资源积累了丰富的经验，而且为人类在太空长期生活、远征火星等奠定了基础。

首位太空游客到国际空间站观光 2001年4月28日，世界上首位太空游客、美国富翁蒂托搭乘“联盟TM32”号飞船从拜科努尔航天发射场出发，到国际空间站上旅游观光8天，5月6日近回地面。蒂托此行耗资2000万美元，除了太空观光外，他还负责飞船的一部分无线电通信、导航和供电任务，并与俄宇航号一起执行了对地观测任务。蒂托的太空之旅开创了太空旅游的新时代。

航天飞机 2001年，美国航天飞机共飞行了6架次，其目的都是执行国际空间站的组装和维修等任务；美国航宇局签署了“航天运载倡议”合同，X－38和X－40A试验取得成功，但X－33和X－34计划下马，X－43A首次飞行试验失败；印度提出了新型空天飞机方案。

美国航宇局签署“航天运载倡议”计划合同 据美国《航空与航天技术周刊》2001年5月21日报道，美国航宇局（NASA）2001年5月15日与波音、洛克希德－马丁、轨道科学、TRW、诺斯罗普·格鲁曼、空气喷气、霍尼韦尔等20家公司及北卡罗来纳、俄亥俄两所州立大学签订了“航天运载倡议”（SL1）计划第一阶段技术研究合同。这些合同所涉及的技术领域广泛，包括系统工程、结构体系、运载分系统、推进、NASA的独特需求和运载器飞行验证相关技术等。SLI是一项综合性科研计划，旨在开发第二代可重复使用运载器所需技术，最终研制出新一代可重复使用运载器，以取代现役航天飞机。其主要目标是：大幅度降低航天发射成本，低地球轨道发射成本降低到每磅1000美元，是现役航天飞机的1/10；安全性较航天飞机提高100倍，达到99.99%。该计划到2005年的总预算为48亿美元，第一阶段为7.67亿美元。NASA希望在2005年选出两种运载器竞争方案进行全尺寸研制，以期在2008～2012年间逐步取代航天飞机。

美国X－33和X－34计划下马 2001年3月1日，美国航宇局（NASA）宣布，在国会通过的45亿美元的航天发射提案中将不包括X－33和X－34项目。NASA认为，可重复使用航天运载器的演示验证机X－33和X34的商业前途暗淡，投资不能得到回报，因此决定不再为这两个项目投入经费。到这两项计划下马为止，NASA共在X－33上投资9.12亿美元，在X－34上投资2.05亿美元。洛克希德－马丁公司按照协议，应向X－33投资2.12亿美元，但实际投资了3.57亿美元。马歇尔航天中心负责人斯蒂芬森说，虽然在X－33上已经投入近13亿美元，而且X－33的研究工作也已进行了6年，但是由于技术和资金方面的障碍不得不终止X－33计划。经过6年的努力，X－33的许多结构已制造完成。X－33下马后，美国空军曾打算继续投资，在X－33的基础上发展空间作战飞行器，但后来空军决定放弃，从而使继续研制X－33和X－34的希望彻底破灭。2001年7～8月，NASA投资对原用于X－33的XRS－2200线性气动塞式发动机进行了三次点火试验，第一次持续时间5.3秒，第二次持续时间25秒，第三次持续时间100秒，目的是评估该发动机新的电－机械制动器（EMA）技术，试图将该技术用于第二代可重复使用航天运载器中。

美国 X－38 成功完成高空试验飞行　据澳大利亚《每日航天》2001 年 12 月 17 日报道，用于国际空间站的 X－38 人员救生艇样机于 2001 年 12 月 13 日在 NASA 的德赖登飞行研究中心成功完成其目前最高、最快和最远的试验飞行。此次试验是 X－38 的第 8 次飞行试验，利用 NAS 的 B－52 飞机在 13.7 千米的高空投放。X－38 在离开飞机 1 分钟后（下降 5 千米时）打开降落伞，降落伞将其速度从 800 千米/小时降为 96 千米/小时，然后开始打开 700 平方米左右的翼伞。经过 12 分钟的滑翔阶段后，X－38 以不到 64 千米/小时的速度降落在爱德华空军基地的罗杰斯干湖床上。此次试验还成功地验证了 X－38 新型飞行控制软件，用于控制飞行器从空间返回、降落伞的展开以及增强翼伞降落的精度。这是 X－38 样机第三次使用与实际的乘员救生艇上相同大小的翼伞进行试验。X－38 计划最终将研制一个能在国际空间站发生紧急情况时可容纳 7 名宇航员逃逸的救生艇。X－38 计划由美国宇航局（NASA）的约翰逊航天中心负责牵头，并制造航天试验样机。各国际航天机构也参与该计划，参加国包括德国、比利时、意大利、荷兰、法国、西班牙、瑞典和瑞士等。

美国 X－40A 两次试飞成功　据美国《每日航宇》2001 年 3 月 15 日和英国《防务系统日刊》2001 年 4 月 13 日报道，2001 年 3 月 14 日和 4 月 13 日，美国 X－40A 试验样机在位于加州的德赖登航天中心进行的两次自由飞行试验都取得了成功。第一次试飞时，X－40A 由美军 CH－47D 直升机提升至 4500 米高空释放，随后 X－40A 自由飞行了 74 秒。第二次试后时，X－40A 由美军 Chinook 直升机运送至 4 579 米的高空投放下来，速度达到 130 米/秒，X－40A 在空中进行了复杂的机动。X－40A 今后还将进行多次自由飞行试验。X－40A 自由飞行和着陆试验是美国空军和航宇局联合的 X－37 试验飞行器计划的一部分。X－40A 是 X－37 的 85%的缩比模型，其飞行试验的目的是减少 X－37 飞行试验的风险。目前，X－40A 是由美国空军出资研究，波音公司负责研制，马歇尔航天中心负责整个的 X－37 计划，德赖登航天中心负责 X－37/X－40A 的飞行测试。

美国 X－43A 首次飞行试验失败　2001 年 6 月 2 日，美国航宇局的高超音速试验飞行器 X－43A 的首次飞行试验、也是世界上首次以吸气式发动机为动力的高超音飞行器试验失败。按计划，试验时，X－43A 由 B－52 携带到 7300 米的高空投放，然后由经过特别改进的“飞马座”火箭将其推进到 29000 米的高度。当速度达到 7 马赫时，X－43A 与火箭分离。飞行器与火箭分离后 10 秒，推进试验开始，发动机的通风口将打开，超音速冲压发动机开始工作。推进系统的试验时间约为 10 秒，在飞行器溅落到海洋之前，还要进行 7～8 分钟的空气动力学数据收集。不料试验时，“飞马座”火箭刚从 B－52 机身脱离就发生故障，美国航宇局不得不将其销毁，从而导致 X－43A 首次试飞失败。X－43A 长 3.6 米，宽 1.5 米，是 NASA 的高超音速飞行器试验计划（Hyper－X 计划）的组成部分，目的是验证双模态（吸气式冲夺/超音速冲压）发动机技术。原计划次试飞成功后，再进行速度分别为 7 马赫和 10 马赫的另外 2 次 X－43A 飞行试验。尽管首次试飞失败，但美国航宇局表示，将继续推进高超音速技术发展计划。

印度提出小型空天飞机方案　据《印度时报》2001 年 7 月初报道，印度火箭科学家声称他们已经设计了一架名为“艾瓦塔”（Avatar）的空天飞机，他们计划用该空天飞机以极低的成本发射卫星、塔载游客在太空旅行等。印度的空天飞机全称叫“先进吸气式跨大气层研究飞行器”（英文缩写 Avatar），是一种单级入轨空天飞机。飞机以液氢作燃料，起飞时用涡轮风扇发动机提供动力，达到一定速度后启动冲压喷气发动机继续加速、爬升。飞出大气层时，改用液氢/液氧火箭发动机将飞机送入轨道，施放卫星。这种飞机有一个非常重要的特点，即在地面起飞时没有携带液氧，而是使用机上一个专用系统在飞行中把吸进的一部分空气液化，分离出液氧储存起来，供液氢/液氧火箭发动机利用。这种空天飞机除了可发射小型卫星外，平时本身也可作为高超音速（马赫数 7）侦察飞机，用于执行情报搜集、监视和侦察任务。目前，印度已在以氢作燃料的超燃冲压发动机和分离液氧方面取得技术突破，计划用 5 年时间研制出缩比试验样机，用于演示验证包括收集和液化氧气在内的各种技术。

澳大利亚超燃冲压喷气发动机试验失败　据英国《防务系统日刊》2001 年 10 月 31 日报道，澳大利亚进行的超音速燃烧冲压喷气发动机飞行试验（代号为 HyShot），由于助推火箭在高超音速点火过程中出现问题，而未取得成功。在此次试验中，超燃冲压发动机是由一个亚轨道火箭发射的，计划将发动机发射到 380 千米高空，HyShot 超燃冲压发动机的设计马赫数为 7.6。由于第二级发动机出现问题，火箭没有达到预定的速度和高度，发动机没有按计划点火。尽管如此，研究人员认为，他们在此次试验中所获得的数据将有助于超燃冲压喷气发动机的进一步飞行试验。

军用卫星 2001年，美国、俄罗斯、英国、意大利、印度五国共发射了20颗军用卫星，各种卫星系统在阿富汗反恐怖战争中发挥了重要作用；美国的“天基红外系统”和“未来成像结构”、法国的“太阳神－2”和“蜂群”侦察卫星计划以及欧洲的“伽利略”导航卫星系统等均取得了较大进展。

各种卫星系统支援美军阿富汗反恐战争 从海湾战争到科索沃战争，美军的军事行动已越来越离不开空间系统的支援。美军在阿富汗展开的反恐怖战争也不例外。卫星的飞行不受国界、地理和气候条件的限制，可以自由飞越中亚地区，对阿富汗实施全天时、大范围的侦察监视。美航天司令部作战部门主管詹姆斯·麦克阿瑟准将称，如果没有卫星搜集的成千上万张关于阿富汗地形的照片的话，美军将无从下手。据报道，“9·11”恐怖袭击事件后不久，美国就调集在轨侦察卫星搜寻“9·11”袭击案头号疑犯本·拉登在阿富汗的踪迹，并截取本·拉登与塔利班政权或外界其他组织之间的电子邮件和传真，截听本·拉登的移动电话，遇上特定字眼如“拉登”等，便予以拦截及细阅，以便了解本·拉登的行踪。美官方人员承认，美军的侦察卫星源源不断地向军事行动的指挥人员传送了实时的和高清晰度的阿富汗地形照片。据麦克阿瑟准将称，在对阿作战中使用的空间系统与海湾战争时相比已经得到了极大的改进，新的卫星可以以更快的速度处理信息，为地面部队提供更为实时的资料。除侦察卫星外，通信和导航等卫星系统在阿富汗反恐战争中在通信、指挥与控制、精确打击等方面发挥了十分重要的作用。

美国发射KH－12侦察卫星 2001年10月5日，美国国家侦察局在加利福尼亚州的范登堡空军基地，用“大力神4B”火箭发射了一颗高度机密的间谍卫星。据有关专家分析，这是一颗高级KH－11（又称KH－12）侦察卫星，由于正值阿富汗反恐战争，发射后用于直接支援美国正在进行的反恐怖战争。

美国空军发射PICOSat小卫星 2001年9月30日，美国空军从阿拉斯加科迪亚克岛发射场利用“阿金纳”运载火箭，把英国萨里卫星技术公司为其研制的重67千克的PICOSat小卫星发射升空，并成功进入800千米高的预定轨道。这是美国防部首次购买现成的商用小卫星来进行试验。PICOSat卫星将演示使用商用卫星平台来为国防部提供高效费比和及时的航天飞行试验能力。国防部的目的是获得更快的任务响应时间和周转期，更便宜的全寿命周期费用，以及更简单的计划执行过程。这颗小卫星上带有四个试验设备：聚合体电池试验设备（PBex），将演示一种塑料电池技术；电离层隐藏试验仪器（IOX），将能绘制电离层的水平电子密度；相关电磁射线摄影（CERTO），将能绘制电离层的垂直电子密度；光学精密平台试验（OPPEX），将演示抗震平台。

美国发射激光通信试验卫星 2001年5月19日，美国国家侦察局（NRO）的“地球同步轻型技术试验”（GeoLITE）卫星由“德尔它－2”火箭从卡纳维拉尔角空军基地发射升空。GeoLITE卫星尺寸约为3x1.8x1.8米，重670千克，设计寿命9年。GeoLITE是一颗轻型复合结构卫星，作为NRO的先进技术验证平台，主要试验一种能够以更高速度传输更多数据的光通信装置，这种激光通信装置可快速传送侦察卫星获取的信息。此外还试验特高频（UHF）通信中继系统，该中继系统将用于传输机密情报信息，以减少对地面站的依赖。

美国成功发射“快鸟”遥感卫星 2001年10月18日，美国“德尔它－2”火箭从范登堡空军基地成功地发射了地球观测公司的“快鸟”高分辨率遥感卫星。该卫星是由贝尔宇航公司制造的，重约1029千克，高3.04米，运行轨道高度450千米，采用98°倾角的太阳同步轨道，能提供0.61米的黑白图像和2.44米的多光谱（彩色）图角，不仅可用于民用和商用，也可用于军事侦察和军事测绘。“快鸟”卫星不仅空间分辨率高，而且重访周期短。卫星能在飞行中前后左右30°范围内调整姿态指向，以扩大瞄准目标的范围。“快鸟”卫星的地面站网络已经在美国的科罗拉多州和阿拉斯加州以及挪威建成，今后还将扩大到包括位于日本和意大利的地面站。

美军“天基红外系统”取得重要进展 据美国《防务日刊》2001年9月10日报道，2001年初，美国空军“天基红外系统”（SBRIS）计划局对SBIRS高轨道部分的瞄准和控制系统（PCA）硬件进行了一系列评估测试，测试结果表明，PCA的性能超出了预计要求，可以满足空军的需求；8月，完成了SBIRS高轨道部分的关键设计评审（CDR）。2001年12月21日，美国空军正式宣布“天基红外系统”的一个任务控制站（MCS）已通过“初始测试与评估”，具备了初始运作能力，将逐步取代原有的3个“国防支援计划”（DSP）控制中心。空军从年中就开始全面测试SBIRS卫星地面站，测试工作由空军作战测试与评估中心（AFOTEC）负责，在尽可能真实的作战环境下评估其作战有效性和适应性。由洛克希德－马丁公司研制的SBIRS任务控制站还包括一个备用任务控制站和一个移动任务控制站。

另据美国《新技术周刊》2001年11月26日报道，美国众议院拨款委员会估计SBIRS低轨道部分费用激增到230亿美元，而不是去年估算的100亿美元，而且这230亿美元的费用估计还未涵盖计划将遇到的全部风险。拨款委员会认为，SBIRS低轨道部分存在由于仓促导致失败的潜在风险。为此，拨款委员会拒绝了弹道导弹防御局为SBIRS低轨道部分2002年拨款3.85亿美元的请求，并建议取消对SBIRS低轨道部分的采办。拨款委员会还取消了空军为SBIRS高轨道部分拨款9370万美元的请求，认为该部分也“存在严重的软件与硬件设计问题”，致使费用增加5亿多美元。但拨款委员会将提供2.5亿美元用于研制低轨道部分的“卫星传感器技术”和3000万美元用于高轨道部分的科研（R&D）。

美国加紧研制“未来成像结构”侦察卫星系统 据美国《洛杉矶时报》3月18日披露，美国正在加紧研制新一代照相侦察卫星系统——“未来成像结构”（FIA），整个系统将耗资250亿美元，其规模甚至超过美国当年制造原子弹的“曼哈顿”计划。美国现役的KH－12、“长曲棍球”和“增强型成像系统”等侦察卫星系统在从海湾战争到科索沃战争的几场现代局部战争中都发挥了十分重要的作用，但同时也暴露出视场较窄、重访周期较长等不足。为此，1999年9月3日，美国国家侦察局（NRO）宣布与波音公司签订合同，研制“未来成像结构”（FIA）。FIA的空间部分包括可见光/近红外光电成像卫星和合成孔径雷达成像卫星两部分，预计首颗卫星将在2005年发射。

美国“先进极高频”卫星系统进入生产阶段 2001年11月18日，美国国防部宣布与洛克希德·马丁公司和TRW公司签订27亿美元合同，生产两颗“先进极高频”（AEHF）卫星、更新和升级现有军事卫星通信系统的地面指挥与控制部件以支持AEHF系统。按合同，AEHF首颗卫星不再提前18个月发射，仍于2006年6月发射。

美空军考虑研制多功能卫星 据美国《航空与航天技术周刊》2001年3月19日报道，美国空军正在考虑研制可同时提供导航和通信能力的多功能卫星系统，并准备开始与工业部门合作制定方案。这种称为“全球多功能业务平台”（GMSP）的系统，将由8颗卫星组成，运行在中地球轨道上，在提供全球定位导航（GPS）能力的同时，还能提供窄带和宽带通信链路。其中宽带通信能力将可用于支持越来越多的带宽需求。窄带通信分系统将可支持如特种作战部队的秘密通信。GMSP卫星将与下一代GPS通信卫星大约同时投入使用。

美国海军发展超高频军用通信卫星系统 据美国《航空与航天技术周刊》2001年5月28日报道，经美国国防部同意，美国海军准备开始发展新一代特高频军用通信卫星系统——“机动用户目标系统”（Muos），该系统将由6颗工作星和1颗备份星组成，卫星工作寿命13～14年，全部计划将耗资30亿～40亿美元。

美国第三代GPS卫星系统（GPS－3）将改变星座结构 2001年初，美国国防部决定GPS－3卫星系统将放弃现有的24颗中轨道方案，采用全新的高轨道卫星与静止轨道组合、由33颗卫星组成的星座结构。目前波音公司和洛克希德－马丁公司都在进行概念探索研究。预计GPS－3卫星首次发射在2009年进行，2015～2020年建成。

美国“铱”系统重新提供卫星通信服务 2001年3月28日，新成立的铱星公司以2500万美元收购“铱”低轨移动通信卫星系统，并重新开始提供通信服务。铱星公司称，“铱”系统的目标客户是在偏远地方工作的人员，而不是过去定位的商务旅行者和高层消费者。6月，“铱”系统又增加了数据传输业务。除商用外，“铱”系统还具有很强军用潜力。2009年12月，美国国防部国防信息系统局投资7200万美元，要求“铱”系统为国防部20000个用户提供为期两年的卫星移运通信服务。

美国“地球观测－1”卫星演示自动编队飞行技术 据美国《航空与航天技术周刊》2001年5月21日报道，NASA已成功地利用“地球观测卫星－1”（EO－1）上的软件首次完成了自动编队飞行技术演示。2001年5月14日，“地球观测－1”星载软件指令星上推进器点火，调整卫星轨道，使其开始追随“陆地卫星－7”（Landsat－7）。5月17日，“地球观测－1”跟随在“陆地卫星－7”之后，利用星上算法规划和执行机动飞行，要求这种机动飞行能持续1分钟。“地球观测－1”卫星能在特定位置上保持1秒钟，这样就能使该星上的超光谱成像仪与“陆地卫星－7”上的测绘仪对地面同一块地域成像。也就是让两颗星上的仪器一起工作，构成一套“虚拟设备”。据称，这次试验旨在验证多颗卫星自主编队飞行技术，不需地面人员对每次机动进行控制。试验表明，要实现由多颗小卫星编队飞行构成“虚拟平台”，需要有极高的准确性。

俄罗斯发射“宇宙－2377”照相侦察卫星 据英国《简氏防务周刊》2001年6月6日报道，2001年5月29日，俄罗斯从普列谢茨克航天发射场用“联盟－U”运载火箭将“宇宙－2377”照相侦察卫星发射升空，卫星顺利进入高度165x358千米、倾角67.1°的预定轨道。“宇宙－2377”卫星重6.6吨，是第4代“琥珀－4K2”照相侦察卫星，代号Kobalt。该卫星携带2个胶卷回收舱，工作寿命可达120天，完成任务后，返回地面的成像系统还可以再次使用。俄罗斯原计划保证任何时间都至少有1颗Kobalt卫星在轨，新卫星在旧卫星接近其工作寿命时发射升空。但1992年以来，卫星发射次数大大降低，到2001年5月3日，当“宇宙－2370”卫星坠落后，俄罗斯在太空已没有任何照相侦察卫星。“宇宙－2377”的成功发射，使俄罗斯结束了在太空轨道上没有照相侦察卫星的时期。

俄罗斯发射“宇宙－2383”号电子侦察卫星 2001年12月21日，俄罗斯“旋风”号运载火箭从哈萨克斯坦拜科努尔航天发射场成功发射了俄海军的“宇宙－2383”号电子侦察卫星。卫星被送入145×405千米、倾角为65°的近地轨道，卫星的推进系统最终将把卫星调整到404×415千米、倾角为65°近圆轨道。

俄罗斯继续修复GLONASS导航卫星系统 2001年12月1日，俄罗斯“质子－K”火箭从哈萨克斯坦拜科努尔航天发射场将3颗GLONASS卫星发射入轨，其中两颗是GLONASS标准星，一颗是GLONASS－M卫星。GLONASS－M卫星是新一代的GLONASS卫星，在轨寿命从第一代星的3年提高到5～7年，同时星上的仪器设备具有更好的性能和更高的精度。由于替换卫星发射不足，到2001年11月底，GLONASS系统能够运行的卫星只剩下6颗。按规划，2003年前GLONASS系统将有12颗卫星可用，2005年前卫星的总数将达到20颗，其中部分卫星将采用新技术，其在轨寿命长达7～10年。2005年后，俄罗斯将完成GLONASS系统的更新部署，24颗卫星将能提供每天24小时、高精度、高可靠的全球导航定位服务。

俄罗斯发射新的“彩虹－3M”气象卫星 据www.space.com网站报道，2001年12月10日，俄航天部队将一颗名为“彩虹－3M”（Meteor－3M）的俄罗斯气象卫星在哈萨克斯坦的拜科努尔航天发射场用“天顶－2”型火箭送入1018千米高的太阳同步轨道。“彩虹－3M”卫星的任务是帮助改进天气预报，发现大洋气旋及热带风暴，为船只和飞机选择最佳航道（线），观察北极冰缘变化等。随同“彩虹－3M”还塔载了美国用以研究地球臭氧层的仪器设备和有1颗摩洛哥、1颗巴基斯坦和2颗称之为“指南针”（Compass）和“反射镜”（Reflector）的俄罗斯微型卫星。

日本推迟发射侦察卫星的时间 2001年6月13日，日本“情报收集卫星促进委员会”召开会议，决定把原计划于2002年发射的4颗光学成像侦察卫星和雷达成像侦察卫星发射推迟到2003年。2001年，卫星本身的设计、试制工作已经完成，日本国内的4个卫星地面站也预定在2001年完成。但由于许多零部件的加工不能按计划完成，所以不得不把原计划的发射期推迟到2003年。延期后的4颗卫星将在2003年2月和7月分两次发射：2月发射一颗光学成像和一颗雷达成像侦察卫星，7月再发射另外两颗。

印度发射首颗侦察卫星“试验评估卫星” 2001年10月22日，印度发射了首颗自行研制的侦察卫星“试验评估卫星”（TES）。该卫星研制计划开始于1999年，耗资2500万美元。TES卫星运行在500千米的低地球轨道上，用于对印度与中国和巴基斯坦的边界进行侦察，可为印度提供清晰的侦察图像。据称，TES卫星采用的是印度遥感卫星（IRS）的基本结构，分辨率可达到1米，远高于印度遥感卫星系列的5.8米的分辨率。

中国台湾租用以色列商用遥感卫星对大陆进行军事侦察 据新加坡《联合早报》报道，中国台湾军方已获得以色列“地球资源观测卫星－1A”（EROS－1A）的部分控制权，在该卫星进入以台湾卫星接收站为中心、半径为1000千米的范围内，台湾当局可控制该卫星，全权决定卫星侦察目标。

中国台湾“中华3号卫星”选定承包商 2001年初，中国台湾与美国轨道科学公司签订价值5600万美元的合同，由轨道科学公司为台湾制造6颗“中华3号卫星”。这6颗卫星将装载GPS接收机、电离层分光计和三波段信标机等有效载荷，组成“气象、电离层与气候星载观测系统”（COSMIC），系统寿命5年，预计2005年发射。

德国研制雷达侦察卫星 2001年12月7日，德国政府与德国OHB公司签订合同，研制发射5颗SAR－Lupe雷达成像卫星。SAR－Lupe卫星将于2005年开始发射，2006年全部发射入轨。届时这些卫星系统将为德国提供为期10年的全天候、高分辨率雷达成像观测能力，在为民用和商用服务的同时，将使德国军方获得独立的天基侦察能力。

英国发射“天网4F”军用通信卫星 2001年2月8日，随同意大利第一颗军用通信卫星“西克拉尔”升空的还有英国的“天网4F”（Skynet-4F）军用通信卫星。“天网4F”是为英国国防部服务的军用通信系列卫星，也是“天网4”系列中的最后一颗。卫星重1.5吨，设计寿命8年，星上除携带4个SHF、2个UHF和S波段转发器外，还有英国国防评估与研究局的一个试验传感器，用来测量外空核辐射。该星发射后，英国将有5颗运行的军用通信卫星（共携带20个转发器）。

法国继续研制“蜂群”试验型电子侦察卫星星座 据美国《航空与航天技术周刊》2001年10月1日报道，法国正在研制试验型电子侦察小卫星星座——“蜂群”（ESSAIM）星座，试图在发展低轨道微型卫星技术的同时为欧洲拥有空间电子侦察能力奠定基础。“蜂群”星座将由4颗卫星组成，其中工作星3颗，备份星1颗，工作寿命预计为3年。卫星呈六面体状，每颗重120千克，底面装有磁力计等定位装置，顶面装有电子信号侦测天线、接收机和数据存储装置等。卫星运行在680千米的轨道上，彼此相隔10千米，能覆盖5000~6000千米条带的空域，主要用于侦收非保密的无线电信号。在给定地区上空，“蜂群”星座可提供10分钟侦收时间。据称，这对于发现新出现的通信活动或初步分析信号格式以供其他系统随后深入分析是足够的。“蜂群”星座初步计划在2003~2005年发射，很可能在2004年随法国“太阳神-2A”光学侦察卫星一起发射。

法国计划2004年发射“太阳神-2”侦察卫星 据法国《世界报》报道，法国计划2004年用俄罗斯“质子”号火箭发射2颗“太阳神-2”（Helios-2）光学成像侦察卫星，发射地点在库鲁航天发射中心。“太阳神-2”卫星重5000千克，运行轨道高度700千米，分辨率可达0.5米。法国已经在1995年和1999年发射了2颗Helios-1型侦察卫星，每年可向地面接收系统传送70000张图片。有了“太阳神”侦察卫星，法国就可以证实美国提供的卫星图像的真伪，从而摆脱对美国侦察卫星系统的依赖。

意大利发射首颗军用通信卫星 据美国《航空与航天技术周刊》2001年2月12日报道，2001年2月8日，一枚“阿里安-44L”火箭从法属圭亚那库鲁航天中心发射了意大利的第一颗军用通信卫星“西克拉尔”（Sicral）。“西克拉尔”定点在赤道上空东经12.2°，专门为意大利国防部提供全面的固定和移动通信服务，卫星总重2 569千克，设计寿命10年，星上有效载荷包括9个SHF、UHF和EHF转发器，性能高于欧洲现有的其他系统，将能提供2000千米带宽的移动点波束覆盖。它是欧洲第一颗具有EHF通信能力的卫星，并且是第一颗能与美国卫星进行互通信（除EHF波段外）的卫星。卫星具有频段内自动分配和星上数据处理功能，大大增强了通信灵活性。

欧洲“伽利略”导航卫星系统开始启动 据英国《防务系统日刊》2001年1月3日报道，欧洲航天局（ESA）与加拿大NovAtel公司签订一项价值190万加元的合同，开展欧洲“伽利略”导航卫星系统的概念界定阶段工作。另据美国www. space. com网站报道，2001年4月5日，欧盟成员国政府承诺为欧洲“伽利略”导航卫星系统投资1亿欧元（9017万美元）；与此同时，欧空局同意为“伽利略”导航卫星系统投资4500万美元，到2002年底再投入4.557亿美元，但具体投资数额要视欧盟是否投入相同数额的资金而定。2001年11月14~15日召开的欧空局部长会议和12月7日召开的欧盟交通委员会会议，都重点讨论了“伽利略”导航卫星系统的未来预算和计划，但会议并没有达成一致意见。“伽利略”导航卫星计划是欧盟和欧空局共同发起的，系统由分布在约20 000千米高空的三个轨道平面上的30颗卫星及其他面测控和导航信号接收系统组成，可提供全球范围内的导航定位服务，定位精度可达1米以内。与美国的GPS系统或俄罗斯的Glonass系统一样，“伽利略”导航卫星系统也是军民两用系统，但其主要用途是民用而不是军用。按现有计划，“伽利略”导航卫星计划将分3个阶段：第一阶段为研制和在轨鉴定阶段，将在2005年前把多颗卫星送入轨道；第二阶段为部署阶段，有望于2008年建成；第三阶段为全面运行阶段。

一次性使用运载火箭 2001年，美国和俄罗斯的新型运载火箭的研制取得重要进展，日本的新型运载火箭H-2A和印度的“地球同步轨道卫星运载火箭”（GSLV）发射成功，全年航天发射出现了两次重大失败。

美国“宇宙神-5”火箭研制取得重大进展 2001年，美国新型大推力运载火箭“宇宙神-5”的研制取得重大进展，到2001年底，洛克希德-马丁公司完成了首枚“宇宙神-5”火箭的助推级、“半人马座”上面级和级间段的垂直组装，首枚“宇宙神-5”火箭成功地坚立在卡纲维拉尔角新建的垂直组装厂房中，为在2002年发射首枚“宇宙神-5”火箭作好了准备。

美国“金牛座”火箭发射失败 2001年9月21日，美国轨道科学公司的“金牛座”2110型火箭从美国范登堡空军基地起飞，当飞行83秒、第一级分离时，火箭突然左转，后又右转，偏离了飞行方向，尽管火箭很快得到控制，但由于第二级未达到预定速度，使有效载荷未进入预定的低地球轨道，很快落入大气层，最终坠毁在印度洋。事后查明失败的原因是第二级固体火箭发动机点火时，发动机的推力矢量控制系统中的制动器出现了5秒钟的停滞。此次发射共携带了4个有效载荷，包括“轨道观测卫星-4”（OrbView-4）、QuikTOM臭氧监测卫星和两个微型有效载荷，其中“轨道观测-4”卫星可提供黑白分辨率达1米、彩色分辨率为4米的遥感图像。

美国研究新型小型卫星运载器 2001年，美国国防高级研究计划局（DARPA）开始实施“快速响应小运载量低成本发射”（RASCAL）计划，目标是在24小时之内把约50千克的小卫星送入低地球轨道，发射成本不超过4.9万美元/千克。该小型运载器第一级为可重复使用的飞机，第二级为一次性使用的火箭。运载器从普通机场起飞，当运载器升高到40~50千米高空时，一、二级分离，第二级火箭点火将有效载荷送入预定轨道。

俄罗斯新型“质子-M”火箭发射成功 据美国Spaceflightno．com网站2001年4月7日报道，俄罗斯新的现代化重型“质子-M”火箭将俄罗斯的“荧光屏-M18”（Ekran-M18）直播通信卫星送入地球同步轨道。“质子-M”新型火箭装备了俄罗斯研制、从1999年开始测试的“微风-M”（Briz-M）助推器，该助推器通过一个中央部件，将附加燃料箱、新型电源系统和接收遥测信号的装置紧密结合在一起，其发动机可多次点火，可保证火箭飞行期间的方向与稳定性。这是该型火箭首次携带载荷的发射试验，试验证明了新型Briz-M助推器的可靠性。

俄罗斯成功验证“联盟/ST”火箭推进系统 2001年5月20日和11月26日，俄罗斯两次成功发射了由“联盟-U”火箭改进而成的“联盟-FG”火箭，将两艘“进步M-1”飞船送往国际空间站。“联盟-FG”火箭是俄罗斯与西欧合资组建的斯达西姆公司在研制的“联盟/ST”火箭的中间过渡型，这两次发射的目的之一就是验证“联盟/ST”火箭的推进系统。与“联盟-U”不同的是，“联盟-FG”的芯级和助推级分别改用RD-107和RD-108型液氧/煤油发动机。正在研制中的“联盟/ST”火箭将进一步提供“联盟”号火箭的运载能力，能够满足发射更重的“联盟-TMA”载人飞船的需要，首次发射预计在2002年进行。

俄罗斯继续推进“安加拉”火箭的研制 “安加拉”火箭是俄罗斯赫鲁尼切夫航天中心与美国洛克希德-马丁公司共同研制的大推力运载火箭。2001年，俄罗斯对RD-191火箭发动机进行了多次成功的点火试车，并首次展示了“安加拉”火箭的“贝加尔”可重复使用助推器模型。“贝加尔”助推器将采用RD-191火箭发动机起飞、RD-33喷气发动机着陆，并带有可展开式机翼和着陆装置，在完成火箭发射任务后沿发射轨道飞回发射场附近，并可重复使用50~100次，从而能够大大降低火箭的发射成本。计划于2003年发射的首枚“安加拉-1.1”型将不采用“贝加尔”助推器，首次采用“贝加尔”助推器的是“安加拉-1.2”型火箭，其发射成本将大幅度降低，但低地球轨道的运载能力将减少1吨多。

俄罗斯公布“空中发射”技术设计方案 据《俄罗斯报》报道，2001年2月，俄罗斯“空中发射”公司公布了用安-124型飞机发射轻型运载火箭的详细方案。根据方案，被改装的安-124型远程运输机将携带长30米、重100吨的“飞行”号两级运载火箭飞至距地面11千米的高空。当飞机进入预定位置后，飞机尾部的舱门将被打开，形成一个“斜坡”。此后，飞机机身逐渐竖起。当机身与水平线呈76°夹角时，机舱中的大功率活塞将把火箭推向舱口，使其顺“斜坡”滑出。与此同地，运输机将作出紧急跃升的持技飞行动作，使火箭与飞机快速分离。之后，火箭上的降落伞会自动打开，以稳定火箭的飞行姿态。待其稳定飞行6秒后，降落伞装置将与火箭分离，一级火箭发动机会发生约190吨的推力，对4架安-124型飞机进行了改造，并即将对其进行测试。预计，首次商业“空中发射”将在2003年进行。如果该方案得以顺利实施，将增强俄在国际航天发射市场的竞争力。

俄澳合作开发“奥罗拉”运载火箭 2001年3月，澳大利亚与俄罗斯签署协议，合作研制“奥罗拉”火箭（Aurora，“联盟”号火箭的改进型）；4月，俄罗斯政府授权俄航空航天局负责俄方的此项火箭计划，并将这项工作纳入2001~2005年的俄罗斯航天规划；5月，俄澳就圣诞岛发射“奥罗拉”火箭签署了双边协议；6月，澳大利亚政府正式批准在圣诞岛上建设运载火箭发射场，并向该工程投资5000万美元；12月，俄罗斯签署了在澳大利亚圣诞岛用“奥罗拉”火箭发射卫星的合同。

“奥罗拉”火箭包括3级型和4级型两种火箭，3

级型“奥罗拉”火箭可以将12吨有效载荷送入倾角10°～11°的低地球轨道，4级型“奥罗拉”火箭可将4.5吨重有效载荷送入倾角11°的地球同步转移轨道或将2吨重有效载荷送入地球同步轨道由于圣诞岛靠近地球赤道，使“奥罗拉”火箭的运载能力大大超过“联盟”号火箭。俄澳双方已共同组建了“亚太航天中心”，负责“奥罗拉”火箭的发射，计划在2003年底或2004年初首次发射。

日本H－2A运载火箭首次发射成功　2001年8月29日，日本的首枚H－2A运载火箭在种子岛航天发射中心发射升空。此次发射的火箭是日本最新研制的H－2A系列火箭的基本型H－2A202型，该火箭采用两级低温结构，芯级捆绑2个固体助推器，一级采用LE－7A氢氧发动机，能提供112吨推力；二级采用LE－5B氢氧发动机，能提供14吨推力；固体助推器采用聚丁二烯复合推进剂，每个助推器提供230吨推力。该型火箭的低地球轨道运载能力为10吨，地球同步转移轨道运载能力为4吨，地球同步轨道的运载能力为2吨，其运载能力与H－2火箭相当，而发射成本为H－2火箭的一半。由于日本在1998年和1999年进行的两次H－2火箭发射都相继失败，严重挫败了日本进军国际商业卫星发射市场的努力，此次H－2A火箭发射成功，对日本摆脱近年来屡次发射失败的阴影，重振日本的航天工业至关重要。

印度首次成功发射“地球同步轨道卫星运载器”　2001年4月18日，印度首次成功发射了“地球同步轨道卫星运载火箭”（GSLV），将一颗重1540千克的试验通信卫星Gsat－1送入180x36000千米的地球同步转移轨道，使印度成为美、俄、欧、中、日之后，又一个能够发射地球同步轨道卫星的国家。此前，印度曾在3月进行GSLV的首次发射试验，由于4台捆绑液体助推器的一台发生管路故障，阻碍了液氢向推力室的流动，未能提供预定的推力，使地面计算机自动关闭了火箭发动机，在发射台上终止了发射。按设计，GSLV可以把2.5吨的有效载荷送入地球同步转移轨道，并可配备与阿里安－4火箭兼容的有效载荷适配器，使印度能更好地适应未来商业卫星发射的需要。此次发射的GSLV采用的低温上面级是从俄罗斯购买的氢氧发动机，但印度正加紧研制自己的氢氧发动机，还对用于GSLV第二级和第四级的VIKAS液体发动机进行改进，并将于2002年进行试验，改进后的VIKAS发动机将使GSLV的地球同步转移轨道运载能力提高150千克。

印度成功发射极轨道卫星运载火箭　2001年10月22日，印度在南部沿海安得拉邦的斯里哈里科塔航天基地成功地发射了一枚极轨道卫星运载火箭（PSLV）。PSLV火箭顺利升空后，成功地将携带的3颗卫星送入预定轨道。这是这种型号火箭的第5次成功发射，它所携带的3颗卫星中有一颗是印度自行研制的首颗侦察卫星“技术试验卫星”，重1吨，另两是比利时的“天基自主计划”（PROBA）卫星和德国制造的“双光谱和红外遥感探测”（BIRD）卫星，总重量约100千克。这是印度PSLV火箭第二次一箭三星发射，也是印度第二次为外国卫星提供商业发射服务。1999年5月26日，印度发射的第二枚极轨道卫星运载火箭曾成功地将一颗重105千克的韩国卫星和一颗重45千克的德国卫星送入轨道。

欧洲“阿里安－5G”火箭发射失败　2001年7月12日，欧空局的大型运载火箭“阿里安－5G”进行双星发射时，由于上面级出现故障，致使价值8亿美元的欧空局“阿蒂米斯”（ARTEMIS）通信试验卫星和价值1亿美元的日本BSAT－2直播卫星未能进入预定轨道。这是“阿里安－5”火箭10次发射中的第三次失败。主要原因是“阿里安－5G”火箭的上面级发动机Aestus的燃料供应系统与燃烧室间出现意外的液压相互作用并产生巨大的压力变化，造成发动机点火不稳定和燃烧混合比不当，致使燃烧不稳定，发动机提前关机。此次发身失败后，阿里安公司对Aestus发动机进行了改进，主要是改进火箭的飞行软件系统，包括向火箭计算机注入新的指令，为火箭设计新的“软”点火程序等。

空间探测　2001年，世界各国共发射了8个空间探测器，其中美国发射的“2001火星奥德赛”探测器最引人注目；美国和俄罗斯计划20年内载人上火星。

美国发射“2001火星奥德赛”探测器　据WWW.PSPACE.COM网站报道，2001年4月7日，美国航宇局在佛罗里达州卡纳维拉尔角的肯尼迪航天中心发射了一枚“德尔塔”2型火箭，携带“2001火星奥德赛”探测器顺利升空。这是美国航宇局在继1999年接连损失了两个火星探测器之后，耗资2.97亿美元对火星进行的再一次冲击。经过6个多月的日夜兼程，“2001火星奥德赛”于10月23日顺利进入火星轨道，开始绕火星轨道飞行。

“2001火星奥德赛”探测器是由美国洛克希德－马丁公司研制生产，个头只相当于一辆紧凑性轿车大小，长约2.2米，宽约2.6米，高约1.7米，整个探测器加上燃料总重为758公斤。“2001火星奥德赛”

携带了三个科学仪器：热辐射成像系统（THETMS）、伽马射线光谱仪（GRS）、火星辐射环境试验装置（MARIE）。热辐射成像系统将用高分辨率照相机和热红外成像光谱仪绘制火星的矿物图和表面的几何图形，并能找到火星上的热区（比如仍在沸腾的火山或散热风口）。伽马射线光谱仪用来获取火星全球表面的元素成分，使科学家能仔细研究火星的地球化学状况。火星辐射环境试验装置用来测定火星环境里的辐射状况。“2001火星奥德赛”进入火星轨道后，将利用这三个科学仪器对火星进行为期两年半的轨道观测。其任务目标主要有四个：①测定火星是否曾经有过生命；②探测火星的气候；③探测火星的地质概况；④为后续火星探测任务和人类登上火星做准备。

美国和俄罗斯计划20年内载人上火星　2001年5月底，美国宇航局局长戈尔丁在旧金山举行的一次研讨会上称，美国目前正式考虑将人送上火星，如果这项计划被通过，有可能只需10年时间就能完成，最多只要20年。另据英国《泰晤士报》2001年4月21日报道，俄罗斯科学院医学生物研究所所长格里戈里耶夫宣布。俄罗斯太空科学家已经克服了星际载人飞行的大部分难关，能够实施登陆火星计划，并且准备在2020年左右派宇航员登陆火星。俄要登陆火星的说法引起了西方一些国家的怀疑，尽管他们承认，俄罗斯在长时间太空载人飞行方面的技术和经验处于当今今世界上的领先地位，但他们认为，俄罗斯的经济能力不足制约着这一计划的实施。

美国“近地小行星交会”探测器成功在小行星上着陆　“近地小行星交会”（NEAR）探测器于1996年2月发射升空，2000年2月进入Eros小行星轨道，此后NEAR绕Eros飞行了近1年时间，拍摄了20万张Eros照片。为了更详细地探测Eros小行星，2001年2月12日，NASA控制NEAR探测器，以3米/秒的速度在Eors小行星表面成功着陆，并发回了信号。这是深空探测器第一次在小行星上着陆。

美国发射“微波背景各向异性探测器”　2001年6月30日，美国国家航宇局（NASA）将“微波背景各向异性探测器（MAP）”发射升空，使其围绕距离地球大约150万公里的第二拉格朗日点飞行。MAP其实就是一个温度计，它有一对背靠背安装的望远镜，每小时可扫过空间区域的30%，每天反复传送宇宙背景温度数据给地面的科学家们。宇宙微波背景辐射中的高温点意味着早期宇宙中的物质集中区域，在这些地方气体聚集成团然后形成今天的恒星和星系。因此微波背景模式图就像宇宙的建筑蓝图一样记录了宇宙结构的形成。科学家们将由此推算出早期宇宙的图像，以帮助解决困扰了科学家们多年的许多问题，如检验“宇宙大爆炸理论”模型的正确性。

美国发射Genesis探测器　2001年8月8日，美国“德尔它”2火箭从卡纳维拉尔角空军基地将Genesis探测器送入太空。Genesis将收集一些太阳风粒子，并于2004年9月再入大气层，将收集的样本带回地球，将为科学家研究太阳系的形成提供宝贵的线索。

美国“深空1号”探测器停止工作　据联合通信社2001年12月19日报道，美国航宇局（NASA）“深空1号”探测器的任务控制人员已经关闭了这个探测器的发动机，并切断了与地球的无线电联系，从而结束了其长达3年的使命。“深空1号”是NASA“新盛世”计划的第一个探测器，试验了10多项先进的航天技术，其中包括新型的离子发动机技术，并且在NASA推进实验室的控制下对一个小行星和一个彗星进行了拍照。

美国批准开发“信使”号水星探测器　2001年6月7日，NASA批准“信使”（MESSENGER）号水星探测器进入全面研发阶段。MESSENGER将于2004年3月发射，2009年4月开始绕水星飞行一年，上面所带的7个科学仪器将为人类提供水星全貌图像、收集水星地壳组成和结构的详细信息、水星的地质历史、稀薄大气和活跃磁层的特征以及内核与极地物质的形成。MESSENGER将是第二个访问水星的宇宙探测器，在1974年和1975年水手10曾3次飞过水星，但是仅收集了不到一半水星的数据。

（陈有荣）

核 武 器

综述　2001 年，美国和俄罗斯就进一步削减战略核武器问题达成共识。11 月 13 日，美国总统布什在与俄罗斯总统普京会晤后宣布，美国在未来的 10 年内将把部署的战略武器核弹头削减到 1700～2200 个，削减的幅度达 2/3。普京在当天也宣布，俄罗斯削减战略武器的的幅度至少应与美国相同。这就意味着，俄罗斯将从目前部署的约 6000 个战略武器核弹头削减到 2000 个左右。后来俄罗斯进一步明确，将部署的略武器核弹头削减到 1500～2200 个，并要求以条约的形式固定下来。

尽管美国和俄罗斯宣布大幅度削减战略武器的核弹头，但双方保留的战略核武器足够用来自卫和威慑对方，正如布什在宣布这一决定后所说的那样："削减后的核弹头完全能够满足美国安全的需要"。美国单方面提出大幅度削减战略武器核弹头的这一举动，意在改善与俄罗斯的关系，并以此作为俄罗斯同意美国部署导弹防御系统和单方面退出《反弹道导弹条约》的筹码，以及在反恐怖问题上得到俄罗斯的支持。对俄罗斯而言，由于它的经济处于恢复时期，其军费开支难以维持现有庞大的战略核武库。除此以外，两国把维护核武库的经费减下来，可用来改进和提高现有战略核武器的性能和研制部署新型核武器。

一年来，美国和俄罗斯仍在加紧改进现役战略核武器系统，继续研制和部署新型核武器。例如，美国将在今后 10～15 年内对部署的 B61－11 型核炸弹以及 W－62、W－76、W－78、W－80、W－87、W－88 核弹头进行更新改造，以增强它们的安全性和可靠性并延长服役期限。俄罗斯按照已经制定的 2010 年前战略核武器发展规划，正在加紧生产和部署 SS－27 新型陆基洲际弹道核导弹。此外，这两个国家还进行了多次战略导弹发射试验，以检验这些武器系统的作战使用效能。例如，美国在 2001 年 12 月 9 日，用俄亥俄级弹道导弹核潜艇发射了 4 枚三叉戟Ⅰ C4 潜射弹道导弹，俄罗斯于 2001 年 6 月 27 日试验发射了 SS－19 陆基洲际弹道导弹。在这一年里，美国加紧调整军事战略，并不顾国际社会的强烈反对，于 12 月 13 日宣布单方面退出 1972 年与前苏联签署的反弹道导弹条约，从而为其大力发展导弹防御系统扫清了障碍。

英国和法国继续实施海基战略核武器现代化计划。英国还在为"三叉戟"II 潜射弹道导弹生产核弹头。法国继续建造新型核潜艇，并研制和试验 M51 新型潜射弹道导弹。印度和巴基斯坦加紧试验能够带核弹头的弹道导弹。

美国的核武器　2001 年，美国部署的战略进攻核武器包括：500 枚"民兵"3 和 50 枚 MX/和平卫士陆基洲际弹道导弹、18 艘"俄亥俄"级弹道导弹核潜艇及其携带的 432 枚潜射弹道导弹、115 架 B－52 和 B－2 战略轰炸机及其携带的空射巡航核导弹、先进巡航核导弹和核炸弹，共 7206 个核弹头；现部署的非战略核武器（或称战术核武器）包括：325 枚潜射"战斧"巡航导弹和飞机携带的 B61－3 型、B61－4 型、B61－10 型和 B61－11 型核炸弹，共 1670 个核弹头。美国现部署的核武器系统见表 1。

美国改进战略核武器系统　美国正在实施的改进战略核武器系统的计划主要有：换装"三叉戟"2 潜射弹道导弹的计划、更新"民兵"3 陆基洲际弹道导弹制导系统和推进系统的计划、改进战略轰炸机的导航和通信系统的计划，以及更新改造核弹头的计划。其中，换装"三叉戟"2（D－5）潜射弹道导弹的计划是把现装备的 4 艘携带"三叉戟"1 导弹的核潜艇换装携带更先进的"三叉戟"2 导弹，该项计划到 2006 财年完成，届时将有 14 艘核潜艇携带"三叉戟"2 导弹。更新民兵 3 陆基洲际弹道导弹的制导系统和推进系统的计划，其目标是使"民兵"3 导弹的命中精度（CEP）提高到 100 米（现为 220～120 米），服役期限延长到 2020 年，并采用新型抗干扰电子设备和更换导弹的助推发动机。改进战略轰炸机的导航和通信系统的计划，是为了进一步提高 B－52H 战略轰炸机的作战使用效能和把该机作为战略核力量的组成部分一直保留到 2040 年，这项计划包括改进该机的导航、通信、电子光学扫描及电子对抗系统。更新改造核弹头计划的内容包括：更换"民兵"3 导弹 W62 核弹头的氚容器，并延长这种核弹头的服役期限，但最终这种核弹头将被 W78 核弹头和 W87 核弹头取代；改进"三叉戟"1 潜射导弹 W76 核弹头的解

表 1 美国的核武器系统

截至 2001 年

类型	数量（枚、架）	首次部署（年）	核弹头数×型号×当量（万吨）（类型）	核弹头总数
陆基洲际弹道导弹	550			2000
“民兵”3Mk－12	200	1970	3×W62×17（MIRV）	600
Mk－12A	300	1979	3×W78×33.5（MIRV）	900
MX/“和平卫士”	50	1986	10×W87×30（MIRV）	500
潜射弹道导弹	432/18			3456
“三叉戟”1C－4	192/8	1979	8×W76×10（MIRV）	1536
“三叉戟”2D－5	240/10			
Mk－4		1992	8×W76×10（MIRV）	1536
Mk－5		1990	8×W88×47.5（MIRV）	384
战略轰炸机	115/72			1750
B－2	21/16	1994	ALCM/W80－1×5～150	400
			B61－11、B83 核炸弹	950
B－52H	94/56	1961	ACM/W80－1×5～150	400
战术核武器				
“战斧”潜射巡航导弹	325			1670
B61－3/－4/－10 核炸弹		1984 1979	1×W80－0×0.5～15 0.03～17	320 1350

表 1 注：“/”符号前面的数字在潜射弹道导弹栏里表示导弹的数量，在轰炸机栏里表示轰炸机的总数量，后面的数字在潜射弹道导弹栏里表示核潜艇的数量，在轰炸机栏里表示执行任务的轰炸机数量（即不包括训练和备用的轰炸机）。B－2 战略轰炸机不带空射巡航导弹或先进巡航导弹，头 16 架 B－2 战略轰炸机只带 B83 核炸弹，最终 21 架 B－2 战略轰炸机都能带 B61 和 B83 核炸弹。B53 核炸弹在退役并用 B61－11 核炸弹来代替。ALCM 为空射巡航导弹；ACM 为先进巡航导弹；MIRV 为分导式核弹头。

保、点火、引爆系统，使它能在近地面爆炸，具有打击加固的深地下目标能力，并换装新的氚容器和中子发生器；改进“民兵”3 导弹 W78 核弹头的气体（氚）传输系统；换装巡航导弹 W80 核弹头的氚容器，并延长这种核弹头的服役期限；更新 MX 导弹 W87 核弹头的次级系统和安装新型氚容器；从 2004 年开始批量生产“三叉戟”2 潜射导弹 W88 核弹头的钚芯（即核弹头的初级系统）；对 1997 年开始装备的 B61－11 型钻地核炸弹的结构作进一步改进，增加电子安全加固元件和改进次级系统，以提高其钻地的生存能力，改进型钻地核炸弹将在 2004 财年开始批量生产。

美国提出研制低当量钻地核武器 美国在 1997 年部署 B61－11 钻地核炸弹的基础上，国防部正在按照国会在 2000 年通过的一项法律（即要求国防部和能源部着手研究如何摧毁敌人防守坚固、位于地下深处的目标）开发一种杀伤破坏力相对小、“可以使用”的低当量钻地核武器。据说，可以用这种新型核武器打击诸如掩体、指挥中心等坚固的深地下目标。美国的一些核武器专家和军事战略家（包括布什政府的核心人物）支持发展这种核武器。他们认为，用这种核武器既可打击伊拉克地下掩体中的生化武器库，又可以摧毁俄罗斯的地下核战争指挥中心，而且有助于决策者在考虑摧毁敌人地下目标时兼顾降低间接毁伤的需要。他们说，如果把这种低当量核武器装在高精度的导弹上，用威力为 5000 吨级梯恩梯当量的核弹头，就可击毁现代导弹地下发射井的通道。据美国一位武器专家说，在全面禁止核试验前，美国许多核武器设计均已通过核试验的测试，所以开发低当量核武器可以不用进行核试验，而且有发展“潘兴”2 型中程导弹钻地核弹头和 B61－11 钻地核炸弹改进的成功经验，“我们制造这种低当量钻地核弹头并不难”。但也有专家反对美国研制这种核武器，他们说，这种核武器钻入地下的深度不足以防止放射性碎片散入大气，会造成大面积污染。

俄罗斯的核武器 截至 2001 年，俄罗斯部署五种陆基洲际弹道导弹、共 738 枚。它们是：168 枚 SS－18，每枚 SS－18 导弹带 10 个核弹头，每一个核弹头的威力为 55～75 万吨梯恩梯当量；150 枚 SS－19 导弹（计划削减到 105 枚），每枚 SS－19 导弹带 6 个核弹头，每一个核弹头的威力为 55 万吨梯恩梯当量；36 枚 SS－24 导弹，每枚 SS－24 导弹带 10 个核弹头，每一个核弹头的威力为 55 万吨梯恩梯当量；360 枚 SS－25 导弹，每枚 SS－25 导弹带 1 个威力为 55 万吨梯恩梯当量的核弹头；24 枚 SS－27 导弹，每枚 SS－27 导弹带 1 个威力为 55 万吨梯恩梯当量的核弹头。

俄罗斯还在生产和部署 SS－27 导弹，在已经部署的 24 枚 SS－27 导弹中，第一个导弹团装备 10 枚，于 1998 年 12 月服役；第二个导弹团装备 10 枚，于 1999 年 12 月服役；第三个导弹团装备 4 枚，于 2000 年 12 月服役。这 24 枚 SS－27 导弹均部署在塔季谢沃导弹基地的地下井中。由于俄罗斯目前的经费枯竭，加之把部分经费从核力量转向常规力量。因此，SS－27 导弹的部署速度将放慢。估计到 2005 年，俄罗斯只能部署 60～80 枚 SS－27 导弹。

俄罗斯现部署三种潜射弹道导弹、共 284 枚。其中，SS－N－18 导弹 112 枚、SS－N－20 导弹 60 枚、SS－N－23 导弹 112 枚。这三种潜射弹道导弹携带的分导式核弹头的数量分别为 3 个、10 个和 4 个，每一个核弹头的威力分别为 50 万吨、20 万吨和 10 万吨梯恩梯当量。为了使 D 级Ⅳ型弹道导弹核潜艇能够继续服役，俄罗斯正在重新开工生产 SS－N－23 潜射弹道导弹。

俄罗斯战略轰炸机力量由 29 架图－95MS6（“熊”式 H6）、34 架图－95MS16（“熊”式 H16）和 15 架图－160（“海盗旗”式）所组成。其中，图－95“熊”式轰炸机装备两个团，一个团在乌克兰卡，装备 45 架；另一个团在恩格斯，装备 18 架。15 架图－160“海盗旗”式战略轰炸机编入新组建的第 22 顿巴斯重型轰炸机航空分队。图－95“熊”式战略轰炸机携带空射巡航核导弹和核炸弹，图－160“海盗旗”式战略轰炸机除了携带空射巡航核导弹和核炸弹以外，还能带近程攻击核导弹。俄罗斯现装备的核武器系统见表 2。

印度积极发展导弹核武器 印度在 20 世纪 60 年代中期（即在中国 1964 年进行第一次核试验之后）开始实施核武器发展计划，并于 1974 年 5 月 18 日进行了首次地下核试验。这次试验的是一种钚装料内爆式核装置，爆炸威力一般认为是 1.2 万吨梯恩梯当量，显示出印度向研制核武器的方向迈出了重要的一步。此后，不断改进这种核装置的设计，并取得了较大的进展。到 80 年代末期，印度巴巴原子能研究中心设计出了一种重量为 200 千克的裂变核装置，如果用比威力（核装置的爆炸威力与其重量的比值，用吨/千克表示。它是衡量核武器技术发展水平的一项重要指标，）来衡量印度此时的核装置设计水平，不难看出，这种核装置的比威力达到了 60 吨/千克，相当于美国 20 世纪 60 年代的核武器技术水平。然而，美国的一些情报机构认为，印度这次核试验并不完全成功，其威力只有 4～6 千吨梯恩梯当量。

1998 年 5 月 11 日和 13 日，印度又接连进行了 5 次地下核试验。在此期间，还进行了氢弹的原理试验。通过这些核试验，使已有的核装置基本上实现了武器化，也就是说，可以作为武器使用。据估计，目前印度拥有两种类型的原子弹：一类是威力为 1～1.5 万吨级梯恩梯当量的原子弹；另一类是威力为 0.2～0.3 万吨级梯恩梯当量的原子弹。美国的一些核武器情报专家估计，印度已经拥有 30～35 个核弹头。

印度有两座能够生产武器级钚的反应堆。其中，一座 40 兆瓦热功率的“西鲁斯”堆每年大约可生产出 10 千克武器级钚，另一座 100 兆瓦热功率的“德鲁瓦”堆每年大约可生产出 20～25 千克武器级钚。据此估算，到 2000 年底，印度大约生产并储备了 420 千克武器级钚。如果按制造一颗威力 2 万吨梯恩梯当量的原子弹需要 6～8 千克武器级钚来估算，这些钚足够用来制造 50～70 颗原子弹。

印度 1983 年开始实施“综合导弹开发计划”。已经研制出 5 种导弹，其中，“烈火”和“普里特维”这两种导弹可以带核弹头。

“普里特维”近程导弹已装备部队。1995 年，“普里特维”导弹开始装备部队，截至 2001 年，已装备 40 枚（一个团）。同时，印度计划再生产 300 枚“普里特维”导弹，其中的 150 枚用来装备陆军、100 枚用来装备海军、50 枚用来装备空军。

“普里特维”是单级、双发动机、公路机动的导弹。导弹长 8.5 米，直径 1 米，采用捷联式惯性制导系统。这种导弹有两种型号：“普里特维”1 型和“普里特维”2 型。“普里特维”1 型导弹又称 SS－150，射程 150 千米，有效载荷 500 千克，圆概率偏差（CEP）100 米。“普里特维”2 型导弹又称 SS－250，射程 250 千米，有效载荷 1000 千克，圆概率偏差 200 米。同时，印度还在研制射程为 350 千米的新型“普里特维”导弹。

“烈火”1 型中程弹道导弹开始批量生产。印度从 2000 年开始批量生产“烈火”1 型中程弹道导弹。这种导弹为两级，第一级由固体助推器推进，第二级使用液体推进装置。导弹长 21 米，最大直径 1.3 米。起飞重量 16 吨，有效载荷为 1 吨，可带烈性炸药爆

表 2 俄罗斯的核武器系统 截至 2001 年

类型	数量（枚、架）	首次部署（年）	核弹头数×当量（万吨）（类型）	核弹头总数
陆基洲际弹道导弹	760			3544
SS-18	180	1979	10×55/75（MIRV）	1800
SS-19	150	1980	6×75（MIRV）	900
SS-24 Ⅰ/Ⅱ型	36/10	1987	10×55（MIRV）	360
SS-25	360	1985	1×55	360
SS-27	24	1998	1×55	24
潜射弹道导弹	284			1576
SS-N-18	112	1978	3×50（MIRV）	528
SS-N-20	60	1983	10×20（MIRV）	600
SS-N-23	112	1986	4×10（MIRV）	448
战略轰炸机	78			898
"熊"式 H6	29	1984	6×AS-15AALCM 或核炸弹	174
"熊"式 H16	34	1984	16×AS-15AALCM 或核炸弹	544
"海盗旗"	15	1987	12×AS-15BALCM 或核炸弹，AS-16SRAM 或核炸弹	180
战术核武器				3590
地空导弹	1200			1200
带核武器的飞机				
"逆火"、"苏-24"	480			1730
巡航导弹				
SS-N-9/-12/-19/-21/-22				320
反潜导弹和鱼雷				340

表 2 注：AS 是空地导弹；ALCM 是空射巡航导弹；SRAM 是近程攻击导弹；MIRV 是分导式核弹头。

破弹、化学弹头或子母弹，也可以带核弹头。采用惯性加双微处理机控制系统，今后还可能采用精确的末制导系统。"烈火"1 型导弹于 1989 年成功地进行了首次发射，射程达 1000 千米，1992 年第二次试发失败，1994 年第三次发射成功，射程达 1400 千米。

"烈火"2 型中程弹道导弹基本定型并开发洲际弹道导弹。印度在 1999 年 4 月 10 日进行了"烈火"2 型中程弹道导弹的首次发射试验，射程达 2200 千米，2001 年 1 月 17 日再次成功地进行了发射试验。这种导弹的两级推进装置均采用固体燃料作推进剂，从而大大提高了它的机动能力。印度在 2001 年 5 月决定生产"烈火"2 型导弹，并计划 2002 年装备部队。此外，印度正在研制射程 3500～5000 千米的"烈火"3 型弹道导弹，计划在 2002 年 1 月进行试验发射。还计划开发射程 8000 千米以上的"烈火"4 型（又称"苏里亚"）弹道导弹。

加紧研制"萨加里卡"潜射巡航导弹。印度在俄罗斯的援助下，加紧研制"萨加里卡"潜射巡航导弹。这种导弹的射程在 300 千米以上，可带核弹头，既可以从水面舰上发射，也可以从潜艇上发射。1997 年开工建造用来装备这种导弹的核潜艇，计划到 2007 年下水。

巴基斯坦的核武器 据巴基斯坦前军队领导人贝格将军 2001 年 6 月 26 日透露，巴基斯坦早在 1975 年就开始了核武器研究，并称巴基斯坦在 1989 年完成了核武库的建设，而不是在 1998 年核试验后才拥有核武器。他相信巴基斯坦现在至少拥有 30 个核弹。这些核弹没有整体储存，但需要时可以立刻组装出来。为安全起见，核弹头部件储备在距离导弹库、战斗机群数英里远的地区。

20世纪80年代初期，巴基斯坦开始实施弹道导弹发展计划。截至2001年，已研制成功并装备部队的有“哈塔夫”1、“哈塔夫”1A和“哈塔夫”2三种近程弹道导弹，正在研制的有“哈塔夫”3近程弹道导弹和“高里”中程弹道导弹。

“哈塔夫”1和“哈塔夫”1A导弹均是单级固体火箭推进，车载机动发射。其中，“哈塔夫”1导弹长6米，直径0.56米，重1500千克，有效载荷500千克，可携带常规弹头、化学弹头或核弹头，采用惯性制导，最大射程为80千米，1989年2月进行首次飞行试验，1992年开始装备部队。“哈塔夫”1A是“哈塔夫”1的增程型，并加大了导弹的运载能力，提高了打击目标的精度，最大射程可达100千米，1995年开始装备部队，可携带常规弹头、化学弹头或核弹头。“哈塔夫”2导弹采用两级固体火箭推进、惯性制导，导弹长9.75米，直径0.56米，重3000千克，有效载荷500千克，可携带常规弹头、化学弹头或核弹头，最大射程300千米，车载机动发射，1996年开始装备部队。正在研制的“哈塔夫”3导弹为两级固体火箭推进、惯性制导，导弹长10米，第一级直径为1米，第二级直径为0.56米，有效载荷500千克，可携带常规弹头、化学弹头或者核弹头，最大射程600～800千米，车载机动发射，2001年开始装备部队。

“高里”导弹是两级液体火箭推进的导弹，长约15～17米，最大直径为1.2～1.5米，有效载荷700千克，最大射程1500千米，圆概率误差为250米，车载机动发射，具有投掷化学弹头、核弹头和反坦克弹头的能力。1998年5月6日，巴基斯坦成功地试射了一枚“高里”中程弹道导弹。1999年4月14日，又试射了一枚射程达2300千米的“高里”2中程弹道导弹。

英国的核武器　2001年，英国按照“战略防御审议”的规定，继续其实施海基战略核力量的现代化计划。4艘新型“前卫”级弹道导弹核潜艇均已交付使用，并进行了潜射弹道导弹发射试验。未来，英国的这4艘新型弹道导弹核潜艇中始终有一艘在海上游弋。英国将从美国购买58枚“三叉戟”2D－5导弹，使这4艘新型“前卫”级弹道导弹核潜艇每艘携带16枚“三叉戟”2D－5导弹。英国“三叉戟”2D－5导弹所携带的核弹头是它自己研制的，与美国的W－76核弹头相似，但英国的“三叉戟”2D－5导弹每枚只装3个核弹头，每一个核弹头的威力为10万吨梯恩梯当量。估计，英国将为其“三叉戟”2D－5导弹生产不多于200个核弹头。

法国的核武器　自希拉克总统1996年2月宣布重新组建法国的核力量以来，已经拆除了部署的18枚S3D陆基中程核导弹。到2001年，法国的核力量由飞机运载的核武器和潜艇携带的弹道核导弹构成，有近400个核弹头。其中，大约有60个核弹头装备能飞机运载的ASMP空地导弹；288个核弹头装备16枚M4潜射弹道导弹和32枚M45潜射弹道导弹，每枚M4导弹装6个核弹头，每个核弹头的威力为15万吨梯恩梯当量；每枚M45导弹装6个核弹头，每个核弹头的威力为10万吨梯恩梯当量。

法国拥有60架“幻影2000N”轰炸机和24架舰载“超级军旗”式飞机能够运载核武器。另一种能够运载核武器的新型“阵风”（Rafale）战斗轰炸机也开始服役。其中，海军和空军的“阵风”战斗轰炸机可带ASMP空地核导弹或正在研制的新型空地核导弹ASMP－A。空军的“阵风”飞机将在2005年开始执行核攻击任务，并计划购买234架“阵风”飞机。在今后2年内，法国海军的“阵风”飞机将取代舰载“超级军旗”式飞机。法国现装备的的核武器系统见表3。

（王连奎）

表3　法国的核武器系统　　截至2001年

运载系统	数量	首次部署（年）	射程（千米）	弹头数×当量（千吨）	型号	弹头总数
飞机						
“幻影2000N”/ASMP	60	1988	2750	1×300	TN81	50
潜射弹道导弹						
M4A/B	16	1985	6000	6×150	TN70/71	96
M45	32	1996	6000	6×100	TN75	192
舰载飞机和空射导弹						
“超级军旗”/ASMP	24	1978	650	1×300	TN81	10

化学战装备

综述 2001年，化学侦检领域的最大发展在于信号处理与显示。已能够将数据直接下载到网络使得情报更快地送到指挥部。改进的信号处理与计算机技术集成的好处就是提供了同等的化学与生物检测。超导体技术的发展，不断地产生出可在高温状态下运行的系统。在化学战剂检测方面，微型化的技术处理产生出更加便携的装备，如运用表面声波技术的联合化学战剂检测器（JCAD）和能够提供实时单兵化学战剂检测的离子迁移谱技术装置——轻型化学检测器（LCD）。另外，对化生战剂识别规则的积累使得这些装置中的软件大大降低了误报率，并提高了可靠性和可保养性。

在核监测领域，利用卫星遥测技术进行核爆炸探测的技术手段日益成熟。20世纪90年代以来，卫星探测技术与战场数字化建设发展相结合，使核爆探测融入战场C3I系统，从而取代现有的专用核爆探测系统。新型半导体技术的采用，使辐射测量仪器进一步小型化，并使测量剂量率和剂量功能结合为一体。从20世纪90年代开始开发出的直接离子存储（DIS）探测技术使辐射仪器的电荷可以直接存储，成为电离室型与计数管型相结合的既可有源测量又可无源测量的新型辐射测量仪器。采用无人机搭载辐射剂量仪进行快速、大面积辐射侦察是核辐射侦察技术发展的又一特点并可军民两用，既适于战场染毒地域监测又能用于平时核事故环境监测。

化学防护装备通过采用新材料、改进结构设计等方法，力求使防护服达到重量轻、通用性强、佩带方便和生理性能好的要求。新一代透气式防护服除防护性能更好外，还具有防火、耐洗消、散热性好等特点，并向与战斗服相结合的方向发展。

洗消装备随着机电一体化技术、计算机技术和智能机器人技术的应用，自动化、智能化水平不断提高，洗消机器人通过智能控制，逐步实现洗消过程精确化。例如，美军研制的机器人洗消装备便可使用洗消液以高压方式进行高速洗消作业。它能够对不同类型的战斗车辆进行洗消，且当装置偏离预定路线时可进行作业路线的修正。为了避免人员受染，美军还研制了机器人受染服装操作器和受染人员处理器。

化学武器 **美国和印度提前完成第一类化学武器第二阶段销毁任务** 按照《禁止化学武器公约》（CWC）规定，缔约国应在2002年4月29日前销毁其20%的第一类化学武器，完成第二阶段销毁。美国2001年6月已销毁其20%的第一类化学武器，提前完成CWC规定的第二阶段化学武器销毁任务。截止2001年底印度也已经销毁了超过29%的第一类化学武器，提前完成了第一类化学武器第二阶段的销毁任务。

美军完成约翰斯顿岛化学武器销毁并开始设施关闭工作 2000年底美军约翰斯顿珊瑚岛毒剂销毁系统（JACADS）安全销毁了存放在约翰斯顿珊瑚岛的最后一批化学弹药，于2001年初开始该设施的关闭工作。

约翰斯顿珊瑚岛位于太平洋夏威夷群岛西南825海里处。JACADS是美国第一个全面集中销毁化学武器的专用设施，始建于1985年，1990年投入使用。在过去的10多年时间里，JACADS已安全销毁了400 000余枚化学火箭弹、炮弹、炸弹和地雷，实际销毁2 000余吨神经毒剂（沙林和VX）和糜烂性毒剂（HD），销毁总量占美国全部化学武器存储的6%。约翰斯顿岛化学武器销毁任务的完成，为美军关闭JACADS铺平了道路，美军方认为，JACADS为美军其它8个销毁设施安全作业树立了样板。

美军方已与其它联邦机构包括美国环境保护署（EPA）和美国渔业与野生服务局开展合作，准备关闭JACADS。关闭过程将包括对处理过程中产生的二次废料的处理。此外，从关岛运来的毒剂检测箱也将被销毁。目前军方正与环境保护署协商销毁程序，做到安全和环保的双达标。关闭预计要用33个月的时间。

俄罗斯申请全面延长化学武器销毁期限 2001年10月26日俄罗斯联邦政府向禁止化学武器组织（OPCW）执理会递交申请，要求将其第一类化学武器销毁最终期限延长至CWC允许的最后时间——2012年4月29日，同时第一、二、三阶段中期销毁期限也分别延长至2003年4月29日、2007年4月29日和2009年4月29日。俄罗斯申请延长其化学武器销毁期限的主要原因是国内经济困难，销毁资金不足，国际援助资金又迟迟未到位。从2000年底到2001年上半年，俄罗斯以降低化学武器销毁经费、确保在公约规定的最后期限内完成销毁和更多吸引外援为目标，大幅度调整了化学武器销毁管理机构、计划体制，改变了化学武器销毁技术，也改变了过去的一些理念。为实现调整后的计划，俄罗斯决定申请延长销毁期限。2000年俄罗斯曾申请将其第一类化学武器第一阶段销毁中期期限推迟到2002年4月29日。尽管俄罗斯第一类化学武器的销毁推延，但由于2001年11月中旬俄罗斯已在OPCW核查监督下完成销毁其全部第三类化学武器——未装填弹药和装置以及经专门设计其用途与化学武器的使用直接有关的设备，至此，俄罗斯的所有化学武器已失去了直接用于作战的能力。

化学侦检与报警器材

美军拟建立联合核生化报警和报告网（JWARN） 美国21世纪部队中的化学兵将以联合核生化报警和报告网（JWARN）与陆军战斗指挥系统（ABCS）系统相连接，使核生化信息报知陆军指挥司令部。JWARN系统提供能影响指挥员作战构想的核生化（NBC）危害信息，用于迅速报告NBC袭击。JWARN获取与收集NBC信息，产生与传输NBC报告，实时地将NBC传感器纳入全球指挥控制系统（GCCS），实现多级指挥等级上的NBC信息态势感知，使指挥员能够进行相应决策。除实时显示探测的NBC信息外，还可通过使用危害预测工具（HPT）提供威胁的实时预测，且实测数据还可与取自GCCS的数据（如气象、地理、情报等），通过HPT集成，提供随时间变化的威胁分析，使指挥员能制订相应作战计划。

JWARN的关键组成部分是多用途一体化化学战剂报警器（MICAD）系统。它是一个集核生化探测、报警与报告为一体的系统，用于地域报警，战斗装甲车辆、战术输送车以及掩蔽部的报警。它在整个战场上使现有费力的报警与报告过程自动化，包括从野战装备的NBC探测器/传感器自动收集NBC数据和格式化并发出报警与报告以及整个战场的指挥链。

JWARN已于1998年5月完成第一阶段野外试验，2000年2月完成了过渡计划评估，2001年1月已进入设计、生产和发展。发展阶段计划持续到2003年，生产则计划在2004年初开始。

美国研制联合化学战剂检测器（JCAD） JCAD是美军新一代个人用毒剂侦检器，其体积小（40英寸3），重量轻（2磅），可检测多种毒剂（神经性毒剂、糜烂性毒剂、血液性毒剂），适应温度宽（－32～49℃），使用平台电源或一块内接电池，可单独使用或与网络连接使用。

JCAD使用表面声波（SAW）技术检测化学战剂。SAW传感器为一小型压电石英晶体，表面涂有一种专有聚合物。SAW晶体是高性能振荡电路的组成部分，8个SAW晶体组成检测器装置内部的化学传感器基阵。SAW的基本频率为275兆赫。每一种聚合物都是为神经性毒剂、糜烂性毒剂和血液性毒剂专门设计的。聚合物有选择地吸收毒剂，这样就可以改变SAW的共振频率。由一种神经网络算法处理来自SAW基阵的频率变化以确定化学战剂的类型和浓度。当出现新型威胁毒剂时还能将神经网络算法升级。目前美军各军种对JCAD的军事需求为257135台。JCAD已于2001年在部队进行测试，定于2002年2月生产，2002年11月装备部队。

英国研制出薄片式化学战剂探测器 据《国防》杂志2001年4月号报道，英国已经研究出了新一代轻量级的化学战剂探测器（LCAD），这一研究成果可以用于保护即将遭受化学攻击的士兵。英国防卫设备代理处正在与探测器的制造商签订一个合同订单。据有关当局的官员说，这一可佩带的装置将探测、识别、区分不同类型的化学战剂，并可发出报警。LCAD由所装入的电池驱动，维护很方便。

英国购买轻型化学检测器（LCD） LCD是运用离子迁移谱（IMS）技术的手持式毒剂侦检器，能够提供对神经性、糜烂性、血液性和窒息性战剂快速、灵敏和实时的检测和监测。也可以用来检测有毒工业化合物和有毒工业物质。打开电源后，装置通过喷嘴不断取样。LCD的误报率很低，对高浓度攻击能够作出快速检测响应防御。将全部IMS检测、取样与处理性能小型化并加以改进后LCD变得更轻、能耗更低。用4节AA电池可工作40个小时，无需使用用于产生离子的放射源。还包括一个音频和/或可视报警器和一个通讯端口。该仪器于2000年10月在美国开始进行测试，将持续2年。LCD的变型于2000年12月获得英国国防部的合同。大约将购买10000台装置并于2004/2005年配发。

手持式毒品、爆炸物、毒剂检测仪——SABRE 2000 巴林格尔技术公司推出的SABRE 2000是目前惟一能够同时采集和分析毒品、爆炸物和化学毒剂蒸气与微粒的手持装置，对30种物质有高灵敏度和可靠的侦检能力，并可以由非技术人员进行操作。SABRE 2000采用离子迁移谱技术，可检测的毒品包括可卡因、海洛因、大麻、甲基苯丙胺等，爆炸物包括六素精、季戊炸药、梯恩梯、塞目泰克斯、硝化甘油、HMX、硝酸铵等，化学毒剂包括神经性毒剂和糜烂性毒剂。分析时间为10～15秒，预热时间少于5

分钟，体积为33×11.5×13（厘米），重量（带电池）小于2.6千克，电源可采用直流电、交流电或电池。

化学防护器材　**美军致力发展伤病员防护系统（CCS）**　为了保障作战需求，美国陆军医学研究装备司令部同美国陆军士兵生物化学司令部共同开发研制了伤员和受沾染士兵使用的防护装备。现已研制出CCS的原型。CCS使污染物滞留在系统外。它的防护是通过提供浸透性的材料本体包括软壁壳和过滤鼓风装置来控制气流。使用的活性材料注入了活性的吸附微粒，具有内在防护生物或化学战剂的特性。

CCS的主要材料有三个独特的功能层：化学防护层、生物防护层和浸透材料层。生物防护材料是具备活性杀伤材料树脂的碾压织物。化学防护材料（GENTEX CE2610）由炭碾压，达到JSLIST标准。第三层是一种独特的带电熔体渗透材料，它所带的静电能够限制气溶胶微粒。

CCS具备单独的鼓风机，能够直接为M－40面具提供过滤空气。鼓风机的接合器既能不断提供过滤空气，又能连续排出废气。具有标准医疗尺寸的通道装置丝毫不破坏系统的完整性，并能为病人提供服药和进行医疗服务。通过CCS的终端面板，所需的气体或流体，诸如氧气和血液能被输送给病人。

美国M20A1型核生化掩蔽部投入使用　M20A1型核生化掩蔽部是一种简易集防装备。它是一种便携式快速展开的正压集防掩蔽部，能防化学生物战剂和放射性尘埃。M20A1型简易集防装备用以将现有建筑物的内房间改装成指挥、控制和通信及单兵休息换防的正压NBC集防掩蔽部。在那里人员可执行指定任务，而不需佩戴防毒面具和穿着防护罩服，还能吃饭、睡觉和处理个人卫生。该掩蔽部可容纳10人。它是用防化学战剂材料制作，其衬里是防化生蒸气的聚氨基甲酸酯材料。士兵可利用战术区内现成建筑物构成防护掩蔽部。M20A1型核生化掩蔽部由5个部件组成：容易处理的室内衬里（在现有建筑物内提供一个防护区）；可折叠的防护入口（允许人员进出防护掩蔽部）；真空密封滤毒罐（滤除进入掩蔽部空气中化学生物战剂和放射性尘埃）；保障包（装有导管、马达鼓风机、照明设备和密封维修材料）；再循环过滤装置（滤除掩蔽部内空气杂质）。该装备是由Tradeways公司研制生产。

澳大利亚的VBS－93型和KVH－96型核生化伤员袋　核生化伤员袋用于在受污染区域转移核生化伤员。VBS－93型有两种生产标准，一种可以防护伤员达4小时以上，另一种可以防护伤员达8小时以上。两种类型都可与SAB－87型核生化通风设备联合起来使用，这种通风设备有两个滤毒罐，可以为伤员通风，并且还有工作开关。如果有需求，这种伤员袋可以用“Schichtbarriere 2000”型的核生化防护材料制造。

KVH－96型核生化伤员袋属于半身包类型，用于可行走的伤员或一些头部有伤的人员。这种袋连有袖子和整体手套，并且包裹人的整个上半身和头部，在脸前部有视目镜。这种袋用Rolamit A105类型薄膜制造而成，能够有效防止化学毒剂的侵入长达6小时以上。为了提供过滤空气，可使用SAB－87型或SBV－93型核生化通风设备。

核监测器材　**美国生产DigiDARTTM HPGe谱仪**　美国PerkinElmer公司生产的DigiDARTTH HPGe谱仪是一种轻型手持式监测仪，其技术源于DART HPGe级微通道分析器。该仪器设计坚固，便于野外使用，有内置显示器和数字键，自身可完成高级处理和分析，无须连接计算机。其图谱显示可显示关切区段、峰值信息及在线活度计算。资料库校正信息可由用计算机下载到DigiDARTTH。它可计算达9个核素的活度。光谱数据可储存留作以后再用更高级的个人计算机分析系统（如GammaVision）进行详细分析时使用。数据保护、监护链的完整性以及完整性检查系统都是核活度记录的重要内容。PerkinElmer的新SMART－1探测器技术大大提高了探测器管理和数据控制。

英国生产EPD－N中子电子个人剂量计　英国Siemens环境系统有限公司出产的EPD－N是EPD系列辐射仪产品之一。它用于测量γ和中子剂量和剂量率。与EPD有相同的特性并与EPD及其读数器、管理软件兼容。剂量数据显示在背光液晶显像板上，即使在微弱的光线下仍能清楚读数。γ剂量率报警范围为10 μsV/h～＞1 sV/h，中子剂量率报警范围为100μsV/h～1 sV/h。使用温度为－10～＋40℃，储存温度为－25～＋70℃，适用相对湿度为20～90%。采用一节1.5伏AA碜电池一般可连续工作50天，3.5伏锂电池可连续工作5个月，选择待机状态可大大延长电池寿命。重110克，外形尺寸为85×63×19（毫米）。

芬兰推出RADOS RDS－200辐射探测仪　芬兰RADOS技术公司的RADOS RDS－200辐射探测仪的设计原理与其早期设计的RDS－120辐射探测仪相同，使用的电子元件也与其相似。不同点是RDS－200更适合低剂量率的精确测量。除了可显示瞬时剂量率外，RDS－200还可连续计算并滚动给出前5分钟（或用户设定的其它时间段）的平均剂量率值。该数值的显示有一专门按键。平均值储存在RDS－200的内存储器内（可存储多达864个数据），并可通过一个串接端口输出到个人电脑。其电话调制解调数据传输规程使 RDS－200 特别适合用于地区核监测系统。该规程还与专有 RADOS AAM 系统软件兼容。该探测仪还可外接多种不同的 G－M 探头，用于测量 γ 和 β 沾染。这些探头只须插入 RDS－200 的底座，RDS－200 便能自动设定与探头相关的量程。剂量率测量量程：0．05 m sV/h～10 sV/h，剂量测量量程：0．01 m sV～10 sV。

匈牙利 BNS－98 远距剂量率传送器及 TVS－3 环境监测站 匈牙利伽码技术公司的 BNS－98 远距剂量率传送器是一种高灵敏度、特大量程 γ 辐射仪。它能在极端气象条件下使用。其外壳是密封的，无外部控制按钮。可安装在车辆、飞机或固定工事内。该装置是为 TVS－3 环境监测站设计的。其特有的计算程序当在用户设定的时间段内辐射水平有显著增长时便会发出警报。BNS－98 通过一根双向电缆与计算机连接。其测量量程为 50 nGy/h～500 nGy/h（±10%），指示量程为 500 mGy/h～100 Gy/h（±30%），读数建立时间为 4 秒，适用环境温度为－30～＋50℃，同一电缆可连接 32 台，使用电源为 12 伏直流电。TVS－3 环境监测站是 TVS－1 的改进和发展，提高了核辐射测量、气象测量、化学毒剂蒸气等的测量能力。TVS－3 是全自动化的，在 2 千米半径范围内可布置多达 256 个探头。

洗消器材 美国 M295 型个人武器消毒盒取代 M289 型 M295 型个人武器消毒盒采用 M291 型皮肤消毒包的吸附性树脂技术。试验表明吸附性树脂技术比 M280 型的基液技术在安全、操作方便、人员因素和技术风险等多方面显示出更大的优越性。M295 型个人武器消毒盒外部是可装入战斗服衣袋的柔性保护包装盒，内装 4 只擦拭手套。手套由含有吸附性树脂的无纺聚酯材料制成，背面覆以聚乙烯薄膜。使用时手套的树脂可以自由地流动于非纺聚酯布材料中。通过非纺聚酯布和树脂对毒剂的吸收而达到消毒的目的。士兵可使用该消毒盒对个人防护装具及武器装备及时进行消毒。

美军列装 M21DP/M22HPW 联合模块式洗消系统 美军新型模块式洗消系统由 M21 洗消泵及洗刷器模块和 M22 高压/热水洗涤器模块两部分组成。这些模块通过减少耗水量和洗消时间，对装备洗消作业加以改进，降低劳动强度并提高洗消效率。两个模块都是用柴油发动机驱动的。M21 洗消泵可通过两个喷枪喷出 DS2 洗消剂或野外用液体洗消剂、泡沫、家用漂白剂和柴油。安装在拖车上时，M21 可从容器罐中吸出洗消液用于地面的洗消。M21 模块式洗消系统的附件包括：水龙、喷枪和两个电动擦洗刷系统。电动擦洗刷系统由 M21 或者被洗消车辆提供电源。M22 高压洗涤器的喷枪能喷出高压热水或洗涤液。其附件包括：水龙、喷枪、消防栓适配器以及喷射器。可从自然水源汲水，也可利用消防栓适配器使用城市自来水。与 M21 一样，M22 高压洗涤器也能够安装于拖车上，以便于机动。该系统的配套保障包括两个容量为 3000 加仑的自动吸水式折叠水箱、一台柴油驱动水泵和一辆 3/4 吨拖车。模块式洗消系统将取代 M12A1 车载式洗消装置或者 M17 轻型洗消系统。2000 财年首次装备部队，2001 财年大规模列装。

发烟器材 芬兰海军正在大力发展海军烟幕 芬兰拉克鲁瓦防护机构已经开始大力发展其反威胁光导发光烟幕（ATOS）系统，芬兰海军已选择了一种新型 51 米长的导弹艇作为这种烟幕系统的安装船，并在 1999 年成功的进行了样机的海上试验。ATOS 系统的交货时间计划在 2002 年 1 季度。

ATOS 系统主要用于保护小型舰只，用来对抗激光制导炸弹和导弹，其中包括对抗从海岸上或高速行驶的舰船上发射的反装甲武器。按照芬兰拉克鲁瓦防护机构的要求，ATOS 系统要在发射后 2 秒钟内形成有效的烟幕屏蔽。该烟幕系统使用 16 管发射架。

（张 南）

指挥控制通信计算机和情报系统

综述 2001 年，世界各国在指挥控制通信计算机和情报系统（C^4I）的建设和发展中，主要有以下几个特点：各国 C^4I 系统发展的方向将越来越倾向使用优越的信息与知识来获取决策优势，通过 C^4I 系统获取信息优势，通过信息优势和 C^4I 进一步获取决策优势。随着 C^4I 系统变得越来越复杂，军队越来越依赖与信息有关的系统，先进的国家在 C^4I 基础设施方面进行了大量的投入。因此，人们相当关注这些信息系统的易损性。也就是说，军队将要更多地关注敌军瓦解、破坏、干涉己方有效使用信息的能力。然而，军队越来越依赖商用系统来处理和传输信息，C^4I 系统的易损性变得越来越敏感。评估 C^4I 系统的易损性、加强研究 C^4I 系统的体系结构、加强网络攻防的组织与研究将越来越受到各国的重视。值得注意的是，随着全球信息栅格与数据链路的发展与运用，C^4I 系统中数据的存放、处理与传输的方式开始受到重视，特别是数据的安全、备份、迁移、应急响应与容灾等等技术有了新的发展。此外，各国各军种越来越重视其 C^4I 系统的互联、互通与互操作性，在增强战略和战术 C^4I 系统的探测能力的同时，特别强调从传感器到武器平台的数据链路的研究与开发。

美国陆军全信源分析系统将用于数字化战场 据《防务新闻》2000 年 10 月 23 日报道，美陆军全信源分析系统（ASAS）将获得最新的情报能力和机动能力。全信源分析系统会具有更多的图像、地图和文电处理功能，从而成为美陆军通用硬件计划中的最新型设备。

美陆军所要实现的目标是在作战中全面掌握敌军的位置信息，并尽可能广泛地将这些数据分发给所有战术部队，而全信源分析系统的功能就是确定敌人的坐标系。与此同时，美国陆军还在试验一种叫做轻型全信源分析系统的便携式版本，这种膝上计算机系统可使战场上的士兵收发情报信息。

在各指挥中心操作使用的具有完整功能的全信源分析系统将以红色显示敌方信息，白色表示地形障碍，蓝色代表友军部队。

美国陆军 8 月 8～22 日在波克堡地区进行的联合应急部队先期战斗试验中广泛使用了全信源分析系统，检验了陆军部队在未来作战中如何使用数字化技术。在试验中系统显示出宝贵的能力。美陆军 21 世纪部队旅和旅以下作战指挥的车辆以后将采用 10 英寸图形显示器，以提供相关信息。

美国哈瑞斯公司开发新型电台 据英国《简氏国际防务评论》2000 年 12 月 号报道，美国哈瑞斯（Harris）公司计划推出一种完全综合车载适配器与功率放大器的无线电通信系统。哈瑞斯公司的这一计划将明显提高该公司原先研制一些保密战术电台的性能，其中包括 AN/PRC－117（C）多频段多用途便携式电台。

暂定名为 AN/VRC－94F 的新式无线电设备频率范围为 30～512 兆赫，其主要特点是具有机动、大功率性能。电台在设计上可以适应 AN/PRC－117F（C）、RF－5800M－MP 多波段（30～512 兆赫）便携电台和 RF－5800U－MP 多波段便携电台。电台功率增强至 50 瓦/调频（是一般便携电台最大输出功率的 5 倍）；30 瓦/调幅（一般电台的 3 倍）。

该电台带有按需分配多路存取和卫星通信调制解调器，还配有可接收 GPS（全球定位系统）时间和定位数据的接口。电台可以与单信道地面与机载无线电系统（VHF）和 Have Quick I/II（UHF）抗电子干扰操作中的话音和数据模式实现互操作。

美国陆军集成航天指挥与控制系统 据英国《简氏国际防务评论》2000 年 12 月报道，根据美国空军的集成航天指挥与控制系统计划，洛克菲勒－马丁任务系统公司将领导一个小组，把约 40 个现行系统综合成一套公用、互通的信息技术基础设施。该计划可能会耗资 15 亿，历时 15 年。集成后的系统将为北美航天防御司令部和美国航天司令部的高级官员提供一个能显示通用作战图像模拟指挥中心。

美国陆军升级轻型多频带卫星终端（LMST） 据英国《简氏国际防务评论》2000 年 12 月号报道，哈里斯政府通信系统局根据与美国陆军通信电子司令部签订的金额为 7500 万美元的合同，将研制第 5 种型号的轻型多频带卫星终端。该终端是第 4 型的升级型，将基于 VME 商用处理体系结构，能收到 Ka 频带信号。哈里斯公司还将交付初始拖车装载系统，该系统含有 6 个轮毂、1 个制动装置。

美国陆军旅级部队将优先装备先进战场侦察监视设备 据英国《简氏国际防务评论》2000 年第 12 期报道，在华盛顿路易斯堡演示后成形的雏型旅战斗队（IBCT）可以掌握使用的有机的传感器数据，大大超过美国陆军原先任何规模的部队。据此，美陆军中的各个旅将编制自己的侦察、监视和目标搜索中队。

高性能传感器设备包括新一代夜间护目镜、驾驶员观察增强器和配备在雏型旅战斗队车辆上的 50 毫米机枪热成像仪。雏型旅战斗队中的侦察、监视和目标搜索中队还要使用装在高机动多用途车上的新型“预言家”通信电子战系统。

美国国防高级研究计划局为目标导向系统研制新型数据链路 据《简氏防务周刊》2001 年 2 月 7 日报道，美国国防高级研究计划局（DARPA）正研制新型战术网数据链路，以便最大限度地发挥正在研制中的几个新型实时目标导向系统的潜能。

在战术目标导向联网技术（TTNT）计划中，DARPA 和美国空军研究实验室正寻求增强美国军用数据链（如链路 16）的能力。DARPA 声称，这一努力对充分挖掘分散战术目标导向技术的潜力至关重要。

高级战术目标导向技术（AT3）计划也在开发一些新技术，但它们都得依赖于数据链路能力的增强。该计划寻求试验非自导武器的火力控制方案和新型制导系统，其集中目的是压制敌方的防空军事行动。

DARPA希望AT3系统在10秒内瞄准80.5千米外目标的误差率最小为50米。

DARPA特别寻求不但要增强每一数据链路的作战灵活性，而且要按重要性递增的顺序扩大其信息吞吐量。同时，该局也想减少数据从一个平台转至另一平台的中继次数。

战术目标导向联网技术（TTNT）系统必须能处理来自200个平台的传感器传来的和其他非话音数据，并具有抗干扰和通信保密能力。

美国陆军将部署高性能跟踪通信系统 据《防务新闻》2001年1月15日报道，美陆军欲增强其在巴尔干半岛的数字化方案，将为其驻科索沃地区各兵种共430处军事设施安装新型跟踪和通信系统。该高性能信息系统包括微机、天线、键盘和监视器。陆军指挥官以电子邮件的方式与巡逻车上的士兵实现通讯联络。陆军将于2001年7月完成此项价值1300万美金的工程。先期工程将为70辆高机动多用途轮式车辆安装该系统，该系统由汤普森·拉莫·伍尔德里奇公司于2000年5月完成。

美国陆军初始旅战斗队将装备战术作战中心 据《简氏防务周刊》2001年2月7日报道，根据2000年12月与美陆军航空与导弹司令部签订的合同，位于华盛顿州刘易斯堡的美陆军初始旅战斗队将收到它的第一个战术作战中心。

根据合同，第一批14个战术作战中心正在安装指挥控制子系统及其他组部件。第一个战术作战中心将于3月中旬交付使用，其余13个将根据初始旅战斗队的训练计划陆续交货。

陆军的每一个初始战斗队将装备7个战术作战中心：一个旅级战术作战中心，三个步兵营战术作战中心，一个野战炮兵营战术作战中心，一个侦察、监视与目标获取中队战术作战中心，以及一个支援战术作战中心。

美国太平洋司令部试验新型信息系统 据美国《防务新闻》2001年2月5日报道，美国太平洋司令部正在试验一种可用于美军总司令（CINC）指挥中心的新型信息分析系统—CINC－21，目的是为了保证四星级指挥官在作战指挥中不会被来自从情报到后勤的各种各样信息所淹没。海湾战争中，美军高级指挥官有能力掌握各种各样数量极大的信息，但是没有可靠的工具就信息的可用性做出快速有效的分析识别，而CINC－21计划就是尝试解决这一问题的一部分。

该系统的指挥单元采用了商用的Oracle工具，其文本引擎可以读取海量文电，生成要点并识别关键字。系统将组成带有客户软件包的专为总司令配置的标准计算机工作站，可与任何基于Web或Java的服务器连接。可从文本数据生成图像或图形，为所有用户提供范围广泛的访问接入，还能利用宽带网络能力快速传送大容量信息。

计划涉及到了先进决策支援与图像显示技术、高分辨率显示、知识管理工具、协作工具、通过管理访问进行信息保护以及信息流通管理等技术。美国国防情报局、国防信息系统局、战略司令部和海军战斗系统司令部均派员参加了这一计划。这一计划投资6500万美元。如果试验成功，美军所有总司令指挥中心都将装备这种具有最新能力的系统。

美国陆军航空和导弹司令部采购A2C2S系统 据《简氏国际防务评论》2001年5月报道，美国陆军航空和导弹司令部计划继续购买一种标准的陆军机载指挥控制系统（A2C2S）。A2C2S将安装在UH－60L“黑鹰”直升机上，作为机动指挥官的一种高度机动的战术指挥所。其上安有陆军战斗指挥系统，可接入战术互联网来操纵、存储、管理和分析态势感知信息、情报数据和任务计划。

美国陆军探讨“动中通” 据《简氏国际防务评论》2001年7月报道，美国陆军通信与电子司令部（CECOM）预测，今后5～10年，“目前的地面网络将发展成为包括无人机、其他飞行平台和卫星网在内的动态多层次的体系结构。这一逐步发展的体系的特点是利用一些综合在一起但是互不相同的通信传输频带，这些频带逻辑上以一些基于程序包或信元的交换形式互相连接。这些频带将为几乎不断在动态网络环境中移动的用户网络结点提供强健的、多媒体、单播/多播/任意播的通信。任何所需要的干线也都有类似的动中通功能。”

通信与电子司令部的目标是开发用于数字通信和诸如美陆军未来作战系统之类信息系统的保密移动无线组网技术。2001年2月，通信与电子司令部发布了一项声明，征集能运用商用技术满足这些需求的方案。那些被选用的方案将形成“两用技术”计划的一部分，这一计划已经包括了诸如多功能移动保密自适应综合通信（MOSAIC）高级技术演示等相关计划。

动中通战术卫星通信技术科技目标包括改进调制解调器、协议、编码和天线，以用于从商用宽带平台到军用同步范围的卫星。其目的在于最大限度地使调制解调器从由自然障碍、人造物体和天气所引起的信号阻塞中快速恢复。

美国陆军试验可用主战坦克加农炮发射无人驾驶侦察飞行器 据《简氏国际防务评论》2001年7月报道，美国陆军航空与导弹研究、开发和设计中心（AMRDEC）正在测试一种袖珍型无人驾驶飞行器（UAV），它可折叠起来用主战坦克（MBT）上的120

毫米加农炮发射，并可携带图像传感器进行局部侦察。小型航空器——射手链接器（Shooter Linker）（CAV－SL）行动概念包括UAV、于2001年4月开始的飞行试验以及便携式地面站。

该航空器长1米，重3千克，一般从炮尾装填。火箭推动装置将UAV从炮管内弹射出去，使之达到飞行速度，这时翼展1．5米的机翼前掠并锁定位置。AMRDEC已经研制出一种传感器，使用四台CMOS（互补金属氧化物半导体）单色照相机，每台配一个覆盖512像素的探测阵列天线，向不同角度倾斜，视野略有重叠。其结果是完全横向覆盖大约2000个像素，而成本比使用同样性能的单一照相机低得多。单独的图像然后在地面站内拼接组合成一张地图。

该UAV以电力发动，工作范围超过5千米，使用锂电池，一般续航力为30分钟，导航精度小于10米。该飞行器能在飞行后回收，但是非常便宜，如需要可自毁。它可通过双向无线电链路（传递数字数据和模拟视频）与地面站通信，后者包括一个自动定向天线和一个公文包大小的操作员终端。该终端基于奔腾处理器，可使用NT或Windows 2000操作系统，内含一个战术调制解调器，可用联合可变报文格式与军用无线电台交换信息。

美国国防部提高网络防御能力 据《简氏防务周刊》2001年7月11日报道，美国国防部正在考虑如何更好地应对计算机网络攻击，并希望在下半年能把一套修改过的告警系统投入使用。在这套系统中，各级指挥层均有标准化的指导准则，可协调一致地保护国防部关键信息基础结构。这套告警系统的核心是当网络受到攻击而进行防御行动时，它要保证国防部网络能继续运行而不至于崩溃，从而维持到各作战单位的信息流。

如果你一受到攻击就关闭网络，也就是拒绝给自己服务，那么你就不可能获得战场信息优势或者制信息权。美国空间司令部负责国防部的计算机网络防御与计算机网络攻击事务。

美国国防部国防科技委员会最近进行的一项研究认为，国防部网络依然非常脆弱，而且极易遭受较大的破坏，尤其在受到那些有国家背景的攻击时更是如此；目前大约有20个国家正在设法获得计算机网络攻击能力。该研究还指出，每年大约需要30亿美元才能较好的保护美国的系统，比目前的实际数额大约多20亿美元。

美国拟定在下一轮NMD拦截试验中进行预警演习 根据《简氏防务周刊》2001年7月11日报道，美国防部在下一轮国家导弹防御拦截试验中拟定一项演习计划，对红外线引信传感器（IR）和雷达数据结合后，可以更加精确地跟踪弹道导弹的性能并加以评估，且预测弹着点并确定导弹的发射点。

该演习属于高效预警（E2W）计划的一部分，由美国空军空间司令部的空间作战中心（SWC）执行。此计划侧重于数据－结合计算机处理器，该处理器可将来自国防支援计划预警卫星上的IR传感器数据与各种机载、陆－海－基相控阵列雷达系统的数据相结合生成具有结合力的、连续的目标跟踪能力。

数据结合可避免跟踪失误，并可提供更加精确的导弹弹着区域信息，同时，还可为作战攻击提供更完善的导弹防御系统指示，以及更精确的导弹发射地点信息。

名为综合飞行试验－6的NMD试验计划在本月进行。从太平洋中部美国陆军夸贾林导弹试射场发射的拦截导弹将与加州范登堡空军基地发射的目标弹相遇。

E2W演习准备将NMD测试时的传感器数据用于位于夏威夷的太平洋导弹发射场的数据－结合器上。

美国欲加强其与盟军的作战识别能力 据《简氏防务周刊》2001年7月11日报道，美国防部牵头实施一项计划，旨在加强其与友军及北约盟军间的作战识别（CID）能力。该计划目的在于减少自残危险的同时，提高武器系统的作战有效性。斥资7000万美金的“联合作战识别（CCID）”计划将延续至2006财年。美联合部队司令部（JFCOM）作为该作战计划的发起人，得到了国防部国防秘书办公室、美海军陆战队和其它机构的支持。

现已参加该计划的国家有法、德、英，澳大利亚目前作为观察员。还有其它一些国家将可能陆续加入该计划。

美国推进未来战斗系统通信技术开发 据《电子防务杂志》2001年7月1日报道，美国防高级研究计划局（DARPA）与美陆军就未来战斗系统（FCS）计划中的包括大容量低探测率在内的新通信技术开发，与BAE系统公司等12家合同商草签了合同。未来战斗系统对在敌对电磁环境中，以快速、隐蔽的通信方式向实时火力控制以及自动任务委派提出了新的需求。为此，美国防高级研究计划局打算在多层、机动和专用网络的低频配备像在联合战术无线电系统使用的定向天线，在微波频段以上的频率配以更高频率的定向天线。

除了未来战斗系统通信技术以外，2个用于监视的无人空中平台、一部激光雷达传感器、无人地面战斗车辆、无人驾驶地面车辆导航、网间接瞄准射击等设备和技术也可对这一发展计划提供支持。美海军陆战队同时也将参与这一计划的实施。

未来战斗系统计划所提供的信息支持能力，会影响美陆军将要在 2003 年做出的决策。美陆军打算用这一系统替换 M1、M2 和 M3 等战斗车辆的现用系统并在 2012 年装备部队。

美国防部加大信息技术投入　据《防务新闻》2001 年 7 月 23 日至 29 日一期报道，国防部计划 2002 年在信息技术（IT）领域投入 219 亿美元，比 2001 年增加 4 亿美元。

IT 开支涉及三大领域，即公务应用、通信与计算基础设施以及与系统体系结构和住处保障有关联的技术工作。

任务领域是国防部全球信息栅格（GIG）的关键类别，GIG 是一种可向世界各地美军传送数据的保密与非密网络的万维网。GIG 是美国防部未来的数据主干，它包括非密但敏感的 IP 路由网和保密的 IP 路由网，前者可以处理国防部的网上工作业务，如 E－mail，后者则包括能遂行战斗管理的计算机系统。

219 亿美元的 IT 开支不包括嵌入式系统。

信息战涉及计算机和电信软、硬件的使用，如计算机病毒，以破坏和毁坏敌方的技术基础设施。

今后 9 年，美国防部将为实现信息优势，投入 4800 亿美元。

美军欲升级指挥系统　据《简氏防务周刊》2001 年 9 月 5 日报道，美国国防秘书办公室称，美陆军将对其战略指挥与控制系统进行升级。但具体升级项目尚未公开，例如：核部队以及如何缩减核武库规模。

目前已实施的一项升级项目是对 E－4B 国家空军作战中心内的通信设备进行升级。根据美空军要求，在危机时，飞机可直接为美军提供更现代的、抗毁能力更强的指挥、控制和通信功能。

E－4B 的升级内容包括：60 年代的飞机模拟声音转换技术、语音及数据能力、内部空间重新配置、自动紧急信息系统，以及增加视频电话会议能力。此外对于以前任何飞机任务以及乘载人员均不可达到 114 人的现象将得以改观。升级需以更现代的地面因素来避免内部共同操作问题。

关于 E－4B Block 5 的升级设计工作目前已展开，且样机将于 2003 年完成。对组成 E－4B 飞行队的现有 4 架波音 747－200B 进行全面升级将耗时 4 年。

美还将在未来不断对飞机进行升级，他们将着眼于宽带技术以及商用飞机电话，目前 Block 5 的升级便来自商用现货技术。

美军展开网络防御研究　据《信号》2001 年 9 月号报道，确保射频作战网络的信息集成正迅速成为美国防部全球信息栅格成功的关键。没有网络防御的发展，无线域设备无法在信息战中得到适当应用，这就向全美通信基础设施提出了易损性问题。

射频（RF）通信对作战指挥、控制以及作战态势感知至关重要。因此，利用基于现成商业技术的无线作战网络的危险成为最高层领导目前关注的重点。由于他们认识到射频网络固有的危险，因而在国防部内部成立了一个新的网络防御策略小组。

该策略小组是在惊人的威胁估计以及新兴的抗干扰技术的研制之后创建的。这项抗干扰技术由美空军研究实验室开发，以识别并对抗射频领域的电磁干扰。该实验室与工业界合作，正在设法确保关键无线网的作战连续性。该实验室的网络防御计划基于一个防护、探测与反应的连续循环。该技术就是要实时探测信息战攻击并迅速做出反应以确保安全获得准确的重要信息，而后恢复防护功能。

通过无线网渗透全球信息栅格（GIG）的重大危险越来越受到重视并得到一些额外的资助。该实验室的信息连接分部利用在预算基础上增加的约一百万美元进行研究以补充目前的预先研制。

实验室正在用约五十万美元建造一个五节点的基于软件无线电的无线局域网实验床，该实验床具有联合作战无线电系统（JTRS）的能力。研究人员正利用商业技术建立这一基于软件无线电研制系统（SoRDS）的实验床。

空军无线网防御计划解决了移动环境中的信息保障和防护需求问题。该实验室的研究计划就是要对当前及计划中的无线设备、系统与网络以及提出的解决方案进行易损性研究与证明。一个基本的元素就是硬件和软件开发，以在实验床环境下演示提出的解决方案。新研制的解决方案将用于当前或计划中的军事无线及有线接口。

美国陆军研制“猎鹰”II 无线电台　据《军事技术》2001 年 9 月号报道，哈里斯公司最近与美陆军签约，为基地设在华盛顿刘易斯堡的初始旅战斗队（IBCT）提供其“猎鹰”II AN/PRC－150（C）高频（HF）无线电台。这种无线电台被嵌入美 1 型及 CITADEL 加密配置中。

最近由美国家安全局对 AN/PRC－150（C）的信息安全（INFOSEC）性能进行了鉴定。它取代了较为陈旧的无线电技术，向初始旅战斗队提供远程保密地面战术通信。按照合同，哈里斯将提供 81 个无线电台。可能在未来几年会扩展该计划。美陆军已计划在未来五年间对 10 个初始旅战斗队进行野战试验。

作为由软件驱动、充分集成的“猎鹰”II 系列的一部分，新型 AN/PRC－150（C）无线电台将被初始旅战斗队用于车载基台及单人可携带的配置中。AN/PRC－150（C）提供与传统 KY－99/KY－100，KG－84

以及 KY－57 加密标准的互操作能力。当用来与联合部队通信时，AN/PRC－150（C）能够将 1 型切换成哈里斯 CITADEL 密码，使哈里斯“猎鹰”Ⅱ可输出无线电台的用户具有安全的互操作能力。

美国海军传感器网将填补警戒盲区 据《简氏防务周刊》2001 年 7 月 11 日报道，美国海军（USN）已开始研制一个传感器网，在今年晚些时候，该网将把多达 10000 个国家战术性天基、海基、空基以及岸基传感器合并为一个多层传感器网。该网名为远征传感器网（ESG），它将向作战人员提供实时信息，并大幅度降低调度传感器的费用。该方案将使各个平台无需再自配传感器，取而代之的是一个分布式传感器网络，这些传感器类似于“宙斯盾”雷达系统，它们与遍布水陆、为数众多的低成本免维护传感器相连。该网将使一些传感器脱离常规设备，免去起锚，因此可以减少各个平台的重量，工程量和成本。

远征传感器网可用来克服预计在今后 5～10 年出现的反进入挑战。反进入威胁包括第三及第四代反舰巡航导弹、快速攻击型航空器、带有无需空气即可工作的推进器的常规潜艇、先进的弹道导弹和水雷。远征传感器网还可以对抗类似于伪装、隐蔽、迷惑（CCD）的技术，这些技术曾被塞尔维亚部队有效地应用于科索沃战争中。

美国海军航天与海战系统司令部进行窄带通信研究 据英国《简氏国际防务评论》2000 年 12 号报道，美国海军航天与海战系统司令部计划于 2000 年底签订总金额约为 1000 万美元的合同，用于对国防部的高级窄带系统（ANS）再进行 6 个月的概念探索研究。到目前为止，所进行的工作都是集中于对高级窄带系统（又名为移动用户目标系统）信息传输阶段的体系结构进行定义。新的研究工作除继续以前的工作外，还将探讨一些新的概念，包括商用通信系统、全球无线电网和计划中的机载通信结点的使用。

美海军斥资 69 亿美元建立海军局域网 据《简氏国际防务评论》2000 年 12 月报道，美国海军已经向美国电子数据系统公司（EDS）支付了 69 亿美元用于建设其新型的海军舰队局域网（NMCI）。

NMCI 将使海军机构办事更加有效，更加敏捷。并且能使海上部队在 21 世纪（IT 世纪）主动接触信息技术。在为期五年的网络建设中，EDS 将负责网络的安全，服务质量，人员培训和网络的维护与操作。这个网络在 2003 年 6 月前为在美国本土，夏威夷，波多黎各，关岛，冰岛，关塔那摩和古巴的 300 多个基地的 36 万用户提供服务。

美国海军空间战和海战系统中心升级软件 据《防御新闻》2000 年 12 月 11 日报导，位于圣地亚哥的 Polexis 公司将与其他公司一起，协助美国海军空间战和海战系统中心（SPAWAR）升级指挥、控制、通信和情报软件。

该公司声称，按照一个为期 5 年的合同，Polexis 公司将提供 SPAWAR 一个基于可扩展信息系统（XIS）技术的系统。该公司称，XIS 能够从海军现用的任何软件中接收数据，然后将接收的数据集成为一个统一的整体。

美国海军正在建设战区网络集成中心 据《防务新闻》2001 年 8 月 27 日至 9 月 2 日报道，位于蒙大拿州贝塞斯达的洛克希德－马丁公司正在建设耗资 200 万美元的战区网络集成中心（TNIC），它将增强美国海军测试网络中心战计划（正在发展中）的各个关键环节的能力。

网络中心战是一个发展中的概念，它基于这样的观点：把各种不同的系统与传感器链接在一起将能产生比各个单独的军舰、飞机或潜艇所能产生的效益更大的军事效益。

战区网络集成中心的关键是集成在其中的两部 SPY－1 宙斯盾雷达和两个协同作战能力（CEC）处理器，这两个处理器是海军提供给洛克希德－马丁公司用于测试的。

由于有了战区网络集成中心，现在，在开发各种不同的指挥、控制和传感器系统时，可以提前很多在陆地上进行以前只能在海上军舰上进行的测试。在部署各种舰载系统时，这种能力可以缩短集成各种舰载系统所需的时间，同时还能增强这些系统间的互操作性。

海军正在努力实现协同作战能力，这样即使某些舰船的传感器还没有探测到来犯的空中目标，各型舰船还是都可以知道敌方威胁的总体情况。

美国空军清除卫星软件障碍 据《简氏防务周刊》2000 年 12 月 6 日报道，2000 年 11 月，美国空军下一代预警卫星的复杂软件完成并获通过，从而清除了开发者长期以来的主要障碍，树立了一个重要的里程碑。耗资数十亿美元、预计包括低地轨道（SBIRS－Low）和高地轨道（SBIRS－High）星座的空间基红外系统（SBIRS）已达到这一系统软件第一版的初始运行能力（IOC）。有了这一软件，该卫星星座将能提供导弹预警、导弹防御、技术情报搜集和战场空间特性描述方面的重要支持。

美国空军盯上高能监视系统 据《简氏防务周刊》2001 年 3 月 21 日报道，美空军正在评测在有人或无人驾驶空中平台上安装高能激光成像系统的功能。参与该计划的官员说，该系统将提供高精确的远程监视能力，能使空军的态势感知能力大大增强。该系统的功率在 5～15 千瓦，能实时跟踪和识别远达数百千米处的目标，且能以高达约 20 千米的飞行器为平台。该系统将能通过分析目标反射能量的波长，判断目标是否在震动等特性，辨别目标的组成材料。

美国空军加快 U－2 的反应速度 据《简氏国际防务评论》2001 年 6 月报道，一种专为 U－2 侦察机而设计的加强型任务规划系统目前已由美空军电子系统中心研制成功，并于 5 月开始测试。任务规划系统－V（MPS－V）包括一个新型处理器，运行速度为 1990 年中期开发的处理器的 19 倍，可运行高级软件，此外，新型系统可使 U－2 侦察机的任务规划时间减短 1/4。

MPS－V 包括一个 440 兆赫处理器，512M 随机存储器，以及容量为 118G 的 4 个硬盘驱动器。整个系统重约 32 千克，可装入一个搬运保护箱。

导航员接收的任务信息包括为机载传感器提供飞行路线以及总体计划。然后导航员使用特定软件拟定计划，生成一个数据周转软盘，而后再通过该软盘安装于飞机上。MPS－V 可规划何时何地各传感器将按指令收集 400～500 项典型请求所需的数据。同时该系统还可生成供 U－2 驾驶员执行任务用的图表和文件。

美国空军采购新型传感器 据《简氏防务周刊》2001 年 6 月 13 日报道，美国空军近日与洛克希德－马丁公司签订了一项价值 1600 万美元的合同，研制能在有杂乱回波和其他困难环境下探测目标的传感器。

美国空军采购卫星终端 据《简氏防务周刊》2001 年 6 月报道，美国空军 6 月初与哈里斯公司签订了价值 3 亿美元、为期 7 年的合同，订购 200 套多波段地面终端（GMT），可支持美军部署部队，提高指挥官的指挥、控制和通信能力。

多波段地面终端是一种轻型大容量卫星通信地面终端，具有增加带宽能力，业务处理量是现有系统的 6 倍多，可以进行军用 X 和 Ka 波段和民用 C 和 Ku 波段的语音、视频和数据卫星通信。该终端设计成模块化，可自由配置以适应各种任务，包括人道主义、灾害救援和地区冲突。

美国空军计划在防御卫星通信系统和宽带盲区弥补系统卫星中使用该多波段地面终端。

美国空军接收 Falcon TM II 型电台 据《防务新闻》2001 年 7 月 15 日报道，军用高级无线电系统重要供应商哈里斯公司日前在特种作战指挥展上宣布，根据 3 月签署的价值 1100 万美元的合同，它已向驻麻省汉斯科姆空军基地的美国空军战术空军控制组（TACP）中队交付了首批 Falcon II 型 AN/PRC－117F（C）多波段/多任务背负式无线电台。

AN/PRC－117F（C）以数字形式将几种不同的无线电的功能综合起来，用户可以在一个电台上执行所有主要任务功能。该电台可进行低波段 VHF 作战网、高波段 VHF 公共安全和地对空以及 UHF 军用地对空和卫星通信无线电通信。它是唯一经 NSA 和 JITC 论证的可实现 DAMA 和 SINCGARS 互操作性的 30～512 兆赫的无线电台，可提供 30～512 兆赫的持续开机覆盖范围以充分利用频谱资源。AN/PRC－117F（C）基于 Falcon II 型软件无线电平台。这种下一代军用无线电平台具有完全的软件可编程性，易于添加新的和改进的功能，因而延长了无线电台的寿命周期并减少了寿命周期的成本。

美国空军在中东安装最佳的指挥与控制系统 据《防务新闻》2001 年 8 月 27 日至 9 月 2 日报道，由于美国对中东的极大兴趣以及美空军飞往该地区执行任务的数量，美空军正在中东安装最佳的指挥与控制系统。使空中特遣命令自动化的战区作战管理与控制系统（TBMCS）将于 8 月底在利雅得附近的苏丹王子空军基地（Prince Sultan Air Base）投入使用。战区作战管理与控制系统的空中特遣命令向指挥员和飞行员提供空战所需的所有信息，包括情报、空战计划、后勤和天气预报。

俄罗斯陆基红外侦察系统面世 据《简氏国际防务评论》2001 年 5 月报道，一种名为“凤凰”的用于陆基和海空防御应用的全景式无源红外侦察系统（IRSS）近日由一家白俄罗斯和俄罗斯联营的公司“国防系统州际金融工业集团”提供出口。

还在研制当中的这一系统，其功能与英国的 ADAD 和法国八十年代中期开始研制的 Sirene 便携式红外搜索跟踪系统基本相同，只是强大得多。它由一个扫描头、一个带信号处理和自控元件的综合显示控制台以及供电单元组成。

该系统耗电 2kVA，跟踪头重达 250 千克，主要适于固定安装或安装在车辆和船只上。该系统的侦察头以每秒 2 个分辨率的速度扫描，工作波段为 8－12um，可探测 5～7 千米范围内的低空导弹、8～9 千米范围内的直升机、15～18 千米范围内的战斗机和超过 20 千米的运输机。该“凤凰”系统提供数据分类以及探测跟踪性能，但在一个车载模型上也包括一个红外摄像机，可辅助目标成像和识别。

印度拨款 1 亿美元用于专用指挥、控制、通信、计算机和情报系统 据《防务新闻》2001 年 8 月 27 日至 9 月 2 日报道，印度政府已经批准了一项 1 亿美元的计划，该计划要开发并建设一个专用的指挥、控制、通信、计算机和情报系统，印度海军可借此发现敌方目标并抵御攻击。

该项目将给多艘印度舰船和若干海军指挥中心配备传输并接收海上威胁数据的设备。这个专用的指挥、控制、通信、计算机和情报系统将依靠传感器、电子战系统以及配备在军舰、潜艇、海上巡逻飞机和无人驾驶飞行器上的声纳。清单中包括印度海军的26艘主力舰、10艘Kilo级潜艇、4艘德国制造的CLASS209潜艇、8架图－142海上侦察机、新德里的海军总部和3个海军指挥部。

所有这些设备都将与一个新的印度国防专用卫星相链接，这颗卫星将监视印度洋的军事活动。一个海军小组将实施这项计划。

哈萨克斯坦计划发射通信卫星 据2001年1月9日的《莫斯科时报》报道，哈萨克斯坦宇航委员会主席梅尔拜克摩尔达别科夫透露，哈萨克斯坦计划耗资1亿1千万至1亿1500万美元发射自己的通信卫星并且在俄罗斯的空间计划中成为一个重要的组成部分。哈萨克斯坦现在着眼于带有大约20个转发器的中型卫星。这项建设的承包者将在俄罗斯和西方的竞争中产生。

伊朗研制出HOD HOD1水下通信单元 据《军事技术》2001年第5期报道，伊朗电子公司的研发部门开发了HOD HOD1水下通信单元。这个多功能的系统可以进行潜水员与潜水员、潜水员与水面、潜水员与潜艇以及潜艇与水面的通信，而且失真特别小，话音特别清楚。HOD HOD1系统体积小、坚固、结构紧凑、性能可靠而且操作简便，在等温环境下的工作距离可达1000米。该系统包括2个潜水员单元和1个水面单元，这两种类型有一些共同的特点，例如42千赫标准载频、300～3800赫标准话音带宽、USSB调制、PTT传输控制以及100db自动增益控制。

这些单元的电源都用的是镍铬可充电电池，潜水员单元用的是内部电源，水面单元有内部和外部两种方式。所有舰船和潜艇的交流电源（105～265伏）都可以方便地用来给电池充电。潜水员单元的电池可以0．1倍率的放电速率工作8小时，水面单元的电池可以1．5倍率的放电速率工作20小时。潜水员单元的水下重量是1300克。

以色列为美军研制搜救电台 据《简氏国际防务评论》2001年第6期报道，以色列Tadiran Spectralink公司将研制增强型AN/PRC－112搜救电台。

PRC－112D变形机将信标、无线电、转发器和双向文电设备结合在一个单独的设备内。备选方案包括添加全球定位系统接收机，以COSPAS－SARSAT国际卫星系统所使用的406．025兆赫的频率工作，以及可充电的电池组件。

Tadiran公司还与美国海军航空系统司令部签订了一份价值780万美元的系统改进合同，提供4274台AN/PRC－149型个人定位器信标/话音收发机和200台救生无线电控制设备。这些设备是专为和平时期使用而设计的，用国际呼救信标频率工作来确定幸存者的方位。可拆卸的救生设备可使救援者与悬停的直升机之间进行免提通信。

中国台湾与美国联合建设信号情报设施 据《简氏防务周刊》2001年1月报道，台湾正与美国国家安全局（NSA）在台北北部的阳明山上共同建设一个重要的信号情报设施。美国家安全局帮助台湾协调并处理从台湾各地信号情报站收集来的数据。该设施所收集的数据经处理后供台湾军情局使用，并通过卫星传回NSA。这个位于台湾一军营内的设施是一个“数据处理中心”，也被认为是总部在马里兰州的一家美国电信公司在台湾的分部。该公司已经被美国务院一高级官员和台湾军情局认定为NSA的一个商业掩护机构。

中国台湾采购高级战术数据链 据《电子防务杂志》2001年10月号报道，台湾航空航天工业发展公司与美国罗克韦尔·柯林斯公司最近签订了为台湾开发高级战术数据链（ATDL）的合同。采购高级战术数据链将有效地增强“经国”号IDF战斗机的战斗力。“经国”号IDF战斗机由台湾研发，于1994年投入使用。合同一旦完成，高级战术数据链将会改进台湾部队的通信及数据流并可以此作为媒介，实现与美军的互通。

英国陆军接收移动卫星通信系统 据《防务新闻》2001年1月报道，英格兰BAE系统公司向部署在巴尔干地区的北约部队中的英国陆军交付了5套移动卫星通信系统中的第1套。

这一设备是根据英国国防部的一份紧急作战需求（UOR）定单而供应的。这种可提供长途战略通信能力的设备正在“陆地漫游者”轮式驱动轻型车辆上安装。每个“陆地漫游者”都有一套完全综合的独立通信组件，包括车载发电机和车顶天线，可以使部署部队和世界任何地方的指挥部之间在几分钟之内建立链接。

英国开发出先进数字天线控制单元 据《简氏国际防务评论》2001年4月报道，英国国防评测与研究局与罗克马拉（ROKEMANOR）研究公司和雷神公司共同开发了先进数字天线控制单元。与现有的模拟天线控制单元相比，该单元据称可以使全球定位系统接收机的性能大大提高。

先进数字天线控制单元可形成朝向任何一颗全球定位系统的波束，在没有干扰时，可以得到最大的信噪比；若存在干扰，则可大大提高抗干扰能力。由于采用了数字处理技术，波束形成器件也可作为大型适应性横向过滤器，这样还可以大大节约带宽。全数字系统的设计方案以已获得批准，开发组正在计划把先进数字天线控制单元的重量和大小缩小10倍。

法国订购新的通信网 据英国《简氏国际防务评论》2000年12月报道，根据汤姆森CSF Comsys公司与法国武器系统总务委员会（DGA）国防采购局签订的合同，该公司将为法国武装部队提供第一期Aristote通信网，其作战评估设备将于合同签订18个月后开始交付。Aristote通信网将通过Syracuse 2卫星和其他军用或商用卫星，在远征部队与法国国内的指挥机构之间以及不同的远征部队之间进行连接。新通信网采用符合产业界标准的宽带体系结构，既能进行传统的话音、电报、传真和数据通信业务，又支持战术因特网的各种应用。

法国将发射军用通信卫星 据《防御新闻》2000年12月11日报导 法国国防部已经与阿尔卡特公司签订了一项总额达12亿美元的合同，从2003年开始建造和发射3颗军用通信卫星。新卫星称为“锡拉库斯3A”，它是法国第一颗专用的军用通信卫星。

法国陆军将装备新式无线电中继电台 据《简氏防务周刊》2001年2月21日报道，法国已与Thales的通信公司签署了一份价值7.2千万美元的合同，该公司将从2003年开始为法国陆军装备新一代无线电中继电台。该合同的数百部无线电中继电台将组成陆军未来增强型RITA战术区域网的一部分。

挪威研制出数字多功能电台 据《简氏国际防务评论》2001年2月号报道，挪威研制并试验了MP300/MV300数字多功能电台（MRR)。

2000年11月底，挪威陆军结束了对多功能电台(MMR)的野外试验，试验在狭窄的山谷和陡峭的山脉之间进行，结果非常成功。电台功率为5~50瓦，评定了多路径环境性能和中继解决方案。功率为5W时，从安达尔森城到20千米远的朗斯达伦山谷之间，能保持良好的通信；功率为50瓦时，距离可延长数千米。

MRR由一系列数字电台组成，从手提式系统到车载式系统都有。MRR将成为挪威陆军数字战术通信的核心，传输数字、话音和图像。它将能访问陆军战术地域通信系统，以及政府战略通信网。

瑞典重新开始研制穿透树叶雷达 据《简氏国际防务评论》2001年5月报道，瑞典国防物资管理局和爱立信微波系统公司在冻结项目几年之后，已经重新开始研制Carabas穿透树叶机载地面侦察雷达。Carabas（相干全波段感应）是一种在VHF波段（20~90兆赫）工作的超宽波段低频合成孔径雷达（SAR）。

瑞典空军新型指挥与控制系统堪称网络蜘蛛 据《军事技术》2001年9月号报道，瑞典空军新型指挥与控制系统Stric堪称FV 2000“网络”中心的“蜘蛛”。这并非夸张，因为FV2000的每个系统，只要是通过国防电信网或机载系统操作的地基系统，使用新的TARAS战术无线电系统，都能与Stric进行通信。在大多数情况下，通信是双向的，这意味着其他系统并不只是向Stric传送信息，还能被Stric控制或操作。

Stric不仅适于危机之时或战时，还可用于和平时期。它包括许多计算机、电信交换机、调制解调器、加密机以及许多其他设备。Stric的操作员可根据所要完成的任务在多个工作站中任选一个。操作员有多种不同类型，具有不同的任务与专业级别，有军官、文职和士兵。操作员到达工作站后的第一件事就是选定自己在系统中的任务，接着系统将向他提供执行任务所需的一切支持。

在和平时期，主要有两种类型的指挥与控制军官。创作“空中图画”的空中侦察军官，利用地面雷达、机载雷达、电子情报以及其他传感器收集与显示空情。根据其提供的情报，战斗机控制官通过话音及数据传输对空军进行控制。联络军官和技术军官在Stric系统站点支援作战。在演习或战时，还要补充操作员，在空军基地和居民中心增加空中交通管制员、防空指挥官和空袭警报控制官。

罗马尼亚陆军再次订购“黑豹”战术电台 据《简氏防务周刊》2001年2月7日报道，继1997年罗马尼亚向雷卡公司订购价值1450万美元的“黑豹”H和“黑豹”V电台后，2001年1月，罗军又与Thales公司（前汤姆逊公司与雷卡公司）签订了价值约1800万美元的增强型数字电台供给合同。

加拿大海军改善舰船内部通信 据《防务新闻》2001年5月报道，加拿大海军将改进三个级别的舰船内部数字通信系统，为此，加拿大国防部与美国新泽西州DRS技术公司签署了金额为280万美元的合同。

DRS公司将用基于VME系统的舰载综合通信(SHINCOM)系统替代加海军哈利法克斯级驱逐舰、易洛魁级驱逐舰和保护者级补给舰上现有的无线电接口单元。所谓VME是指一种高级计算机技术的工业标准。这些接口单元将由该公司的DRS飞行安全和通信子公司生产。DRS公司生产的SHINCOM系统，可处理复杂联合作战的战术内部、外部和保密线路上的通信，这种作战经常涉及与其他舰船、飞机、潜艇和卫星网络的通信。

新西兰军队购买新式无线电设备 据英国《简氏国际防务评论》2000年12月报道，新西兰军队将从美国国际电信电话公司获得700套便携式PRC-119F、VRC-90F、VRC-92F特高频单信道地面机载无线电系统。新西兰军队及其空军将联合接受400套HARRIS公司的高频RF-5800和双频（高频/特高频）PRC-117F无线电系统，以及700套Racal PRC-148 MBITR手持无线电系统。这一项一揽子通信设备总额约为5000万美元。

新西兰军队试用澳大利亚陆军战场指挥支援系统 据《简氏国际防务评论》2001年6月报道，新西兰国家武装部队正在试用澳大利亚陆军开发的战场指挥支援系统（BCSS），以期满足新西兰陆军未来联合指挥控制与通信系统（JCCCS）的部分需要。

联合指挥控制与通信系统作为旅和旅以下部队战场管理系统，在1998年首先装备澳陆军，现正为澳陆军第一和第三旅中的装甲分队和机械化分队所使用。

战场指挥支援系统主要硬件选用了日本松下公司的设备，而软件系统的升级开发已是第五版。系统可以提供态势感知（基于友军位置报告和集中编译通用操作图像的全球定位报告系统）、地理信息、情报处理、工程支援、战斗勤务支援、计划工具和战场信息。系统主用的通信载体为澳军现役的"渡鸦"HF/VHF战斗网无线电系统，可提供12004800比特/秒的数据输入输出率。

南非建议国防部队建立数字化通信系统 据英国《简氏国际防务评论》2000年12月报道，格林特克·卡孟斯建议南非国防部队建立"BITCON 2000"战场集成战术通信网，作为改进的和平时期军事行动支援通信系统。

建立"BITCON 2000"非分级通信网是满足数字化战场通信需求的一种费效比较好的方案。该网将具有自动路由和自愈能力，能通过结点间的互连（通过视距电台或卫星连接）来覆盖整个战术战场。它使用传统的、配有能提供电台接口的用户数据终端的收发信机（包括C21高频和B46特高/甚高频战斗网电台以及B81宽带视距多信道电台），能处理话音、数据和图像传输业务。该网在较低指挥级采用中继的方式传输信息，在较高指挥级则使用异步转移模式（ATM）交换高容量中枢网络进行信息的交换的传输。能在移动中使用的战斗网结点与战术结点间的链路具有每秒32~128字节的数据处理能力，而战术结点与移动结点（建立起来需2小时）间的链路具有每秒512~2048字节的数据处理能力。

北约内共享情报图像 据《信号》2001年6月报道，由于签署了开发图像库接口软件的合同，联合部队距离电子共享侦察图像又近了一步。在美国纽约罗马的PAR政府系统公司将开发符合北约技术规范的图像共享软件。同处美国纽约罗马的美国空军研究实验室信息管理处签订这份为期3年，价值552，421美元的计算机软件设计合同。管理处的人员将与其它北约国家一起开发这项技术以最终实现情报、侦察与监视的互操作性。

（丁武将　宋鲁成）

电子战装备

综述 进入新世纪的第一年，随着信息战理论的发展，世界各国围绕信息战进行的部队建设和装备发展取得初步成效，战场数字化、网络化、信息化特点日益突出。部队武器装备信息化水平的不断提高，对电子战装备的发展提出了新的要求。计算机网络对抗在民间广泛开展，电子战与网络战日益密切，网电一体战特点突出。近年来随着电子战领域不断扩展，电子战的目标越来越广，对电子战装备发展提出了更高的要求。

各国各地区针对新形势下的作战需求以及本国的实际情况，确定本国本地区电子战装备的发展重点。

美军的电子战装备技术仍处于世界领先水平。随着美国反恐怖任务的加重，电子战在该领域的应用不断扩展。阿富汗战争进一步刺激了美军电子战装备技术的发展，美军除投巨资继续改进EA-6B电子战飞机，提高其作战能力外，一直进行空中电子攻击替代方案的分析和研究，年底提出其退役后的替代机种方案。

俄罗斯在新概念武器研究方面取得很大进展，同时针对美国国家导弹防御计划（NMD），发展本国航天对航天对抗力量，在卫星侦察、导航和反卫星武器研究方面取得新的进展。近年来，俄罗斯开始向外展示其先进的电子战装备，并逐步扩大外销。欧洲其他国家在新概念武器和隐形与反隐形技术研究方面取得新进展。

我国周边国家和地区加大力度发展本国本地区的电子战力量，引进与自行研制相结合，重点仍是增强预警监视能力，提高主战平台的自卫能力。

近年来日本在大力引进电子战装备的同时，加强发展本国电子战技术，初步形成了自己的电子战装备体系，达到发达国家 90 年代初水平，具备了较强的电子对抗侦察能力。目前日本订购的预警机已全部到货，使日本的预警侦察能力大大提高。中国台湾除了增购 2 架 E－2T 预警机外，并成立了电子战部队和信息战机构，与美国合作加强对大陆情报的收集，并租借以色列卫星加强对大陆的侦察。印度继续加强对预警机的研制，注重改进现有的预警机。

提高侦察预警、战场态势感知和信息获取能力依然是世界各国关注的重点。未来战争需要更快、更准确和全面的信息支援，对战场的动态发展要有及时准确、全面的态势感知能力，以便实现作战支援和对目标的打击。提高战场态势感知、信息获取和信息交换能力一直是各国发展的重点。信息化战场的侦察体系将以卫星侦察为主，多种侦察监视手段相结合，由陆、海、空、天侦察系统组成全方位、全天候的综合一体化侦察系统。美军在发展航天及无人机等多种侦察手段的同时，积极推进协同交战能力（CEC）系统的发展，争取早日在陆海空三军投入使用，实现各作战单元之间的信息共享，为各作战单元连续提供战场态势。地面电子战则重点发展电子侦察技术，其中无源侦察监视技术一直受到重视。

提高主战平台的自卫能力，依然是电子战装备发展的重点。装备研制计划主要围绕提高主战平台的自卫能力展开。近年来世界各国重要电子战发展项目主要集中在提高在役主战平台的自卫能力上。在美军优先发展的电子战计划中，主要是为了满足 F－16、F－18 等主战飞机的自卫需求。随着防空系统的不断发展，对机载自卫提出了更高的要求，机载拖曳式诱饵的需求越来越大，红外干扰新技术受到重视。英国、德国、瑞典等国都已公开展示了研制的拖曳式诱饵，一些已陆续装备本国的作战飞机。

航天侦察越来越受到重视。鉴于太空观测所具有的独一无二的优越性，美军逐步将空中侦察活动搬到太空中，在阿富汗战争中，美军发射“锁眼”侦察卫星，加强对阿富汗的侦察。日本、中国台湾等通过与美国、以色列等国合作，提高航天侦察能力。

隐形与反隐形对抗日趋激烈。近几次局部战争中，隐形兵器在作战中发挥巨大作用，推动了隐形技术的发展，各国投入很大的力量开展隐形与反隐形研究，开发出很多新型探测技术和装备。美军继续开发 B－3 隐形轰炸机，台军建造隐形导弹舰，英国研究探测隐形目标新方法。

无人机在电子战领域的应用越来越受到重视。美国不断扩大无人机在电子战领域的应用，正在发展能够作为杀伤和非杀伤武器的两用无人机——空中巡逻电子战杀手，它既可作为一种诱饵或近距离干扰机使用，也可装载小型武器直接攻击敌方防空系统。同时美国空、海军考虑赋予“全球鹰”无人机新任务，执行信号情报侦察任务和作为电子战平台使用。德国、以色列也在开拓无人机在电子战领域的应用。

计算机网络战不断拓展。继科索沃战争中计算机网络攻击以及美国海军 EP－3E 电子侦察机恶意撞毁我战斗机导致中美“五一黑客大战”以来，民间计算机网络战已广泛展开。在军事领域，美军已经具备一定的网络战能力，并将计算机网络对抗划归作战指挥部，将网络对抗应用到了战术层次。同时，计算机网络也逐步成为信息收集的重要手段。阿富汗战争中，美军利用计算机网络搜集塔利班的军事、经济等信息。

电子战装备综合一体化水平不断提高。美国海军先进综合电子战系统 AN/SLY－2 计划用于取代目前使用广泛的 AN/SLQ－32 舰载电子战系统，欧洲正在建造的舰艇将电子战的综合一体化概念作为重点考虑。美国机载电子战装备一体化水平不断提高，中小国家订购的机载电子战装备趋向综合一体化。

地面电子战装备　**美国海军陆战队将研制信号情报和电子干扰系统**　据《国际电子战》2001 年 3 月号报道，鉴于美国海军陆战队现有信号情报侦察和电子干扰能力不足，海军陆战队公布了建议征求书，为无线电侦察设备项目研制新型信号情报和电子干扰系统。海军陆战队司令部希望研制一套便携式系统（简称 SS－3 系统），装备陆战队特遣部队先遣分队。由于在两栖作战中当陆战队移向海岸时，需要逐渐集结部队，因此，陆战队拟定了一系列计划，以标准形式开发必须的信号情报与电子战能力。在不具备常规电子战能力，或常规电子战能力不足的情况下，无线电侦察小组配备的 SS－3 系统将执行信号情报与电子战任务。SS－3 系统还能使无线电侦察小组远距离执行秘密的信号情报与电子战任务。根据项目要求，还将开发一套能干扰敌 C^3 的便携式干扰系统。该子系统必须能够在自动模式下，具有长达 6 个小时、每小时 10 分钟的电子干扰能力。另外，电子干扰子系统在特定频段工作时，其他子系统可在其他频段工作。美国海军陆战队将根据一项历时 3 年、价值 780 万美元的采办项目，购买 20 套 SS－3 系统。

俄罗斯的无源探测系统—85B6－A“织女座”

品棒。(6) 特殊巧克力。科学家未来将从火星上生长的植物（也可以从地球上的玉米）中提取特殊物质，研制成一种“特殊”的巧克力，并制成巧克力食品或黑面包。这种食品不仅能增强士兵体质，为他们提供空前的力量和免疫力，而且可以降低人体的热辐射，使他们成为敌方无法发现的“隐身士兵”。

美军拟造“特殊军服”以提高耐力和速度 据《军事后勤科技要闻》2001 年第 41 期报道，美国科学家目前已研制成一条由青蛙肌肉推动的机器鱼，并打算用相同技术研制一种“特殊军服”，士兵穿上后力量将大大增强，越障攀登如履平地。在军方资助下，由美国麻省理工学院科学家赫尔博士领导的研究小组已经研制出了一条利用青蛙身上抽取的活肌肉游动的机器鱼。机器鱼游动的原理是利用一个微型处理器向装置于鱼身左右两侧的青 蛙肌肉发出电子信号，控制青蛙肌肉收缩和扩张，鱼尾的肌腱接收到信号后便会左右摆动，使机器鱼游动。青蛙肌肉以葡萄糖溶液为能源，科学家下一步将研制另一个机器鱼模型，这条机器鱼将包含一个能贮存葡萄糖溶液的“肾”，如果安装的肌肉体积较大，机器鱼将需要一套人造循环系统，负责输送葡萄糖给肌肉细胞。成功研制出机器鱼后，美国国防部计划用这种技术研发一款用肌肉制成的军服。美国防高级研究计划局的发言人表示，这个设想将使士兵无论在体能、耐力和速度方面均增强不少，士兵只需穿上这套军服，毋须任何操作程序，安装在军服上的微型电脑和通信装置就会自动发挥效能，大幅提高士兵的力量。该军服由一台小型发电机驱动，可全日 24 小时提供源源不断的能量。

美军开始研制智能军服 据英国《每日电讯报》2001 年 7 月 1 日报道，最近，信息化、智能化军服的研制已被美军提上议事日程。规划中的新一代军服暂取名为“高速作战服”。该军服除了具有通信能力外还具有多种功能，如能根据环境变化调整颜色、具有防弹服的功能、能监视士兵作战时的身体变化情况，还能进行激光瞄准。制作军服的特种材料中大量地掺入了利用纳米技术制造的微型装置，如能根据环境变化调整军服的颜色的原理是特种材料中大量地掺入了微型发光粒子，这些粒子可感知周围环境颜色并作出相应的调整，改变军服的发光色，从而使军服的颜色与环境一致，起到隐蔽作用。新军服的面料特殊，具有高弹性，强度和韧性好，可发挥防弹服的作用。由纳米管和纳米技术制造的超微电脑将使新军服具有通信功能，按着美军的设计，用纳米粒子制成的激光保护头盔具有信息中枢的作用，同时备有微型电脑显示器、昼夜激光瞄准感应器和防生化面罩等。军服上还有生化感应仪和超微感应仪，前者可监视士兵的心率、血压、体内及体表温度等多项指标，后者可辨识体表流血部位，并使该部位的军服膨胀收缩，起到止血带的功用。士兵的伤情数据可向战地医生的个人电脑发送，以便得到及时治疗。

美军将换发利用计算机技术进行数字合成的迷彩图案的新型作战服 据英国《简氏防务周刊》2001 年 8 月 1 日报道，美国海军陆战队将换发新式迷彩作战服。它有两种图案，分别为沙漠型和丛林型，是通过计算机辅助设计软件进行数字合成的迷彩图案。该迷彩图案的显著特点是：从远处看，它能比现行的迷彩服更快地与周围环境融为一体；从近处看，它像计算机上的像素。该迷彩服在非战斗环境下穿着时外观突出，十分醒目，在战场上却能很快融入战场环境中，能模糊士兵的身影，伪装效果突出。沙漠型采用棕色和黄褐色搭配，丛林型采用绿色调系列实现上述两种功能。陆战队还计划以黑、白、灰三色为基调，研制适合城市作战的迷彩服。

美研制出新型士兵降温服 据美国《国防》2001 年 4 月号报道，美国国际降温用品公司最近研制出新型降温服，可使士兵在高温环境下保持身体凉爽。这种新型降温服包括背心、帽子、头巾和围巾，由透气性强的外层、导热良好的内层和机织吸水纤维棉絮的中间层三层材料制成。由于使用前将衣服浸入水中 5 分钟使中间层纤维棉絮吸足并保持了水分，内层能够吸取身体发出的热量并能隔湿，因而可使穿着者感觉凉爽干燥。

美军研制爆炸品处理用新型防护服 据美国《陆军时报》2001 年 7 月 3 日报道，美国陆军纳蒂克士兵系统中心目前正在研制一种用于处理爆炸品的新型防护服，用以取代自 1988 年开始使用的 PS－820 防护服。新型防护服弥补了现行防护服的缺陷，在设计和材料的选用上更加科学。同样是 27 千克的重量，新型防护服将显得更加轻便，穿着更加舒适，防护性能更强。新型防护服的面罩是同防弹和抗冲击头盔相连的，十分轻便稳固。头盔内置通风系统，既能提供新鲜空气，又能消除呼吸时产生的水汽，保持视野清晰。为了抵御高速飞行的弹片，新型防护服将采用轻型凯夫拉及陶瓷装甲等高科技材料，使其对爆炸首次冲击波及摔倒在地时撞击的防护力提高 15－25%。新型防护服计划于 2002 年底装备部队。

美陆军特种作战部队即将装备新型防弹头盔 据美国《陆军后勤工作者》2001 年 3～4 月号报道，美国陆军特种作战部队 2001 年将装备一种防护性、通用性、舒适性均有较大改进的新型头盔。该头盔是一种模块化、组合式的一体化通信头盔（MICH），头盔壳体采用与现行头盔不同的凯夫拉材料和特殊的粘接工艺，可防9毫米子弹。据透露，MICH是第一种在设计上既能防碎片又能防子弹的头盔。该头盔装有由7层能对子弹冲击起缓冲作用的"速存储"泡沫垫构成的悬挂系统，因而即使头盔装备被击中，佩戴者仍能保持清醒头脑。目前正处于最后试验阶段的MICH上的通信分系统，装有外形小巧的麦克风。防毒面具与麦克风连接，有多个电台与内部通话连接器和通话路径，具有保护听力和双信道通信能力，由于组件是模块式的，可按具体需要进行组配，既可单独佩戴，也可与头盔一起佩戴。

美陆军研制选择性渗透膜生化防护服 据美国《陆军》2001年5月报道，美陆军士兵系统中心目前正在研制选择性渗透膜生化防护服。正在研究的选择性渗透膜生化防护服采用阻隔材料，既可以阻挡化学水性战剂和蒸汽分子，又能使汗液散发出去。汗液蒸发可以使人体降温，从而感觉舒适。该防护服能反复使用，就像雨衣一样可以反复洗涤。25微米厚的聚合物薄膜夹在该防护服内衬与尼龙或凯夫拉织物面料之间起防护作用。该材料极轻，用其制作防护服重量仅是现装备的一半。选择性渗透膜生化防护服是从头到脚的连体式服装，其前面有耐用、防水、防蒸汽的拉链开口，拉链有两个拉锁可从两端的任何一端拉开，穿脱方便。特别是该防护服不必像以往那样罩在作战服外面，而是可以加工成军服直接穿用。

（王书勤）

卫生装备 2001年，外军在卫生装备的研制发展方面主要有三个侧重点：一是应用信息技术发展远程医疗系统，如日军的三军医院、舰艇和派遣的援助和平部队都已经安装了远程医疗系统；二是加快研制新一代的医疗后送装备，如美陆军研制并装备了XMⅡ装甲医疗后送车和新型"黑鹰"医疗后送直升机；三是加大了对战场急救装备的研制力度，如俄罗斯研制出了手枪式医用注射器，法国研制出船形救生担架，德军使用新型烧伤敷料等。

美陆军研制XMⅡ装甲医疗后送车 据美国《陆军》2001年5月号报道，由于现行Ml13装甲救护车的性能与坦克、步兵战车等作战装备不相匹配，美陆军正在研制XMⅡ新型装甲医疗后送车取而代之。YMⅡ装甲医疗后送车（AMEV）是由M2A0型布雷德利战车改装的，拆除了车上的炮塔，车顶加高约33厘米，并制成方形，油箱移到车外后方。XMⅡ可运载8名伤员，其中包括4名卧姿和4名坐姿。XMⅡ不仅解决了伴随作战部队的机动性问题，而且能够跑得更快，因为它装配了与布雷德利战车相同的发动机并减掉了炮塔重量。除此以外，XMⅡ还提高了乘员和伤员的生存能力和医疗救治能力。加强型医疗系统包括卧姿伤员输氧系统、生命特征监视系统、医疗呼吸系统。另外，XMⅡ还能接入主要用于远程医疗和远程监视的战伤护理医疗通信（MC4）计算机网络。由于采用了此系统，医务人员需要协助时可与后方医生取得联系，咨询如何治疗。XMⅡ已纳入美军医务总监支持的培训超级医务人员的"91威士忌"计划，今后新车将配备拥有更多医疗专业知识的医务人员和新的专用设备。但是，新车不能实施行进间治疗，只能进行途中监视。乘员组3人均为医务人员，其中1名司机、1名指挥员、1名为伤员监视员。据称，在研制和生产费用全面落实的情况下，XMⅡ可望于2003年开始少量初始生产，2004年第3季度全面投产。

美陆军装备新型"黑鹰"医疗后送直升机 据美国《陆军》2001年5月报道，为了改进运往医院途中伤员的护理条件和更好地执行搜索救援、医疗运输和人道主义援助等保障任务，驻在得克萨斯州胡得堡的美陆军第507卫生连（负责空中救护）最近装备了3架西科斯基HH－60L"黑鹰"新型医疗后送直升机。HH－60L的玻璃驾驶舱内装有能减少舱内杂乱信号和减轻机组人员工作负担的多功能平面显示器、前视红外线系统和外部吊挂装置。机舱内装有能承载6～7个伤员的担架、医疗呼吸系统、心脏监视系统、静脉输液系统和通风控制设备。该直升机采用机上氧气发生器，不必携带氧气罐。HH－60L与UH－60Q医疗后送直升机相似，但发动机功率有所增大。

俄罗斯研制出手枪式医用注射器 据俄罗斯《世界新闻报》2001年7月15日报道，俄罗斯沃罗涅日医疗食品设计局最近开发出多种手枪式医用注射器。新型注射器外形酷似手枪，注射前医生将药瓶沿与注射器"枪管"平行的方向安装在"枪管"上方，药瓶中的药液顺着瓶口处的金属管流入"枪膛"。注射时，"枪管"中可生成500个大气压的压强，医生将"枪口"贴近被注射部位，扣动板机，药液便会像一股急速、强劲的细流，穿透皮肤，进入人体。俄专家认为，新型注射器不但安全实用，而且有助于减少一次性注射器的消耗。目前，俄罗斯企业已开始对部分种类的手枪式注射器进行批量生产。

日军广泛应用远程医疗系统 据日本《海上自卫新闻》2001年6月报道，日本自卫队卫生部门正在掀起信息技术革命，突出的表现就是广泛应用远程医疗系统。日军佐世保医院院长在谈到这一情况时说，目前，日军的三军医院、舰艇和派遣的援助和平部队都已经安装了远程医疗系统，佐世保医院是最后一个安装远程医疗系统的军队医院。该系统被广泛地应用于医疗援助、卫生会议和专家会诊上。过去，只能借助声音和对方关于病情的描述来揣摸病情，很难做到准确医治。远程医疗系统是多媒体传播，不仅有声音，还有画面和资料，医学专家虽在千里之外，却如身临其境一样，能够快速、准确地确定病情。佐世保医院和别府医院应用远程医疗系统实施过一起手术，两个医院之间互相传递患者X光片和相关资料，手术方案仅用20分钟就能确定下来，既快又准。佐世保医院医疗部长指出，舰艇上应用了远程医疗系统后，解除了出海人员突然患病的担心，鼓舞了官兵的士气，对平时训练和战时作战起了极大地推动作用。如一个医官跟随出海，通过远程医疗系统，他会感到有三军联勤的众多医院作其后盾，犹如有很多医生伴随保障，因而没有后顾之忧。

（冀文华）

油料补给装备 2001年，外军特别是美军在发展油料装备时注重应用高新技术，油料的系列化和通用化程度以及储存、加注和使用效率都得到进一步提高，从而可以更好地保障其重要方位的军事力量投送，在平战时都可以提供高质量的油料保障。

美埃格林空军基地利用基地飞机加油系统加注添加剂 据美国空军互联网新闻2001年11月14日报道，美埃格林空军基地的油料专家最近利用该基地的飞机加油系统添加JP8+100添加剂，以使燃料燃烧更加清洁，同时降低飞机的维修量。该基地是美国本土第一个、美空军第二个采用这种方式加注添加剂的基地。目前该基地第33战斗机联队所属飞机JP8+100添加剂的加注不仅利用加油车，而且也用加油栓以热加油方式加注，即在发动机运行时对飞机进行加注。因此，除空中加油外，在飞机每次加油时都能加注添加剂。直接从加油栓加注速度较快，更有利于环境保护，仅需较少的人力，同时也较安全。这种添加剂不仅能使油料燃烧更清洁，同时也有助于油料燃烧的稳定性。在一定的飞行高度和速度，JP8易使发动机出现故障，但该添加剂的加入可使发动机出现故障时的温度提高100℃。这对依靠油料冷却关键部件的战斗机来说尤其重要。该添加剂还有其它优点：由于燃烧清洁，可减少发动机维修，能同当前和未来的飞机如F-22相匹配；大量的产品评估显示，经常使用JP8+100添加剂，可减少发动机关键部件的腐蚀。在采用新系统时，必须为加入添加剂做一些准备，如冲洗直接向4个加油栓供油的主储存罐，更换过滤器等。加油车可直接同安装有添加剂加注系统的加油栓相连，同时加油栓上还必须接有专用软管，而后飞机才可以热加油方式直接加注添加剂。尽管第33战斗机联队JP8+100添加剂的加注方式已减少了加油车的使用，但对飞机影响的量化评估还未进行。热加油方式的广泛运用将促使这种加注方式的推广，对其它方面的优点也将有更清晰的了解。

美关岛安德森空军基地建造新型加油系统 据美国《油料供应线》2001年第3期报道，美国的战略军事基地之一安德森空军基地正在建造新型飞机加油系统，该系统将成为美军大型、重载运输机快速、高效的加油方式。安德森空军基地位于关岛北部，是美军飞越太平洋战区战机的重要加油点，其任务是保障太平洋海域重要方位全球性军事力量投送，在平战时提供高质量的油料保障。现有的基地加油系统建于1962年，其32个地下罐、30个油泵和57个加油栓的维护十分困难，同时美空军还担心现有系统的地下储油罐由于受到腐蚀易发生渗漏。另外，美空军也需要一个能对其最新型重型运输机提供加油服务的新型加油系统。新式Ⅲ型加油栓加油系统将取代现行的20世纪50年代中期设计的油料加注系统。由于拥有先进的加油设施，可大大减少目前的维修费用，因此将能增强整体战备能力。新型油料加注系统将分4个阶段建造，只需要5台油泵和8个作业罐，通过67个加油栓进行加油，其加油速度是现行系统的两倍。采用的恒压加油系统将极大提高安德森空军基地的通行能力。新系统已于2000年9月开始第一阶段的建造，计划于2001年秋季完成。

美军油料化验室发展呈系列化、通用化 据《油料科技情报》2001年1月报道，随着高新技术在军事后勤装备上的广泛应用，美军野战油料化验室的系列化、通用化程度逐步提高。在未来综合型的油料化验室里，在保留传统的实验方法的同时，将积极采用一些新的方法，改进、更新、配备现代最先进的技术设备和方法，实现军队燃料、润滑油分析工作的自动化，这也是今后野战油料化验装备发展的方向。目前，美军油料化验室由以前的5种类型改为4种类型，即机动油料化验室、可空运油料化验室、组合式基地油料化验室和油料质量监督化验室。其中机动油料化验室和可空运油料化验室主要用于野外化验，组合式基地油料化验室用于产品接收检验，油料质量监督化验室正处于发展阶段。机动油料化验室也称油料化验车，是战区军队使用的油料化验设施。它的用途处于基地化验室和化验箱之间，功能比基地油料化验室少一些，工作性质与一个油料质量检验中转站相似。它能对各种军用油料的许多项目进行化验，不仅可以对部队送来的油样进行化验，也能协助使用油料化验箱的化验员在不能确定某种油品的质量时随时进行分析。机动油料化验室安装在一辆双轮拖车（M822或M971）上，拖车可作化验操作间，配有一台60KW发动机，可提供必需的水源和废水处理装置，可由C-141运输机作为移动起落平台，完成撤收或展开。车内仪器能完成燃料油的 B－1、B－2 和 B－3 级化验，改进的燃料油 A 级试验，改进的散装润滑油、润滑脂及其产品的 B－2 级化验，该化验室编配给转运站油料保障作业营、输油管线系统转运站及港口。可空运的油料化验室是自身能机动的油料化验室，可以装在一个 5 吨的载货平台汽车上，也可用 CH－47 型直升机通过悬吊装置装载运送。该化验室用于检测航空涡轮燃料，以 S－80C 方舱作为化验室，具有环境控制单元和供应空气、水、真空、冷却的系统，外部配备一个 15KW 的发动机。该化验室作业时间为 6 小时，由 3 名士兵操作。组合式基地油料化验室是一个可快速展开的系统，可作为放在一定区域的固定式化验室。该化验室由两个双轮拖车组成，一辆拖车是机动油料化验室，另一辆是辅助设备，能在战区展开作业，在野外条件下完成燃料、润滑油的全部光谱分析试验。油料质量监督化验室将能够满足战场上美军所有油料的质量监督任务，现已装备美军师一级部队。它是一个由三个集装箱并排组成的 8.54 米×6.1 米的集合体，操作人员为 6 人。由一个整装整卸系统运输，配有一个发电机组。油料质量监督化验室中的油料质量分析系统将取代现装备的可空运油料化验室。它采用现代油料分析仪器技术、计算机数据处理和数据通讯技术，大大缩短油料化验时间，减少操作人员，由 2 名士兵操作，既可单独完成油料化验作业，又可进行通讯联络，可确保作战部队日供油料和缴获油料的使用质量。该化验室不仅包括了油料质量分析系统的分析功能，将来还要扩展一些功能。除油料质量分析系统能完成的燃料 B－1、B－3 和 C 级化验外，将能进行美军油料分析程序对所有油品的 B－2 级化验。该化验室具有美军油料分析程序的基本功能，可在几分钟内向指挥官报告分析结果。它采用计算机自动汇集仪器的试验方法，以减少人工训练的需要，最低限度地使用有害物质，大大地减少消耗品的再补给和废物的生成。试验仪器的计算结果可自动输入整个分析系统的计算机数据库。判断系统将帮助正确处理偏离产品规格的任一值。油料质量监督化验室目前正处于发展阶段，它代表了美军今后野战油料化验装备研究发展的趋势，将进一步提高未来战场油料质量检测水平。美军各类油料化验室在战时的使用如下：可空运油料化验室是第一个用于战区使用的化验设施。它配置在承担管线铺设的第一线岸上师，随着登陆场和战区的扩展，可空运油料化验室也逐渐向前机动；机动油料化验室是第二个用于战区使用的化验设施。它一般开设在管线终端作业营和油料补给营所属部队。随着作战的需要，同时建立和开设局部组合式基地化验室。

美海军陆战队研究新的油料液位传感技术和通信技术　据《油料科技情报》2001 年 7 月报道，为满足战时对油料实时管理和装备快速反应的需要，美国海军陆战队正积极依靠美国海军和美国西南研究院研究新的油料液位传感技术和通信技术。随着美国海军陆战队逐步发展成为一支海上快速反应部队，油料的充分补给成为焦点问题。除了发展大型、相对固定的岸上补给装备外，还要发展海上舰队补给装备，以适应战场变化和迅速转移的需求。要适应这种转变，现有的军事体系、程序和规范都要作相应的调整，特别是油料调拨的准确性、及时性等都必须加以改进。传统的油料管理主要依靠电话通信和搜集手工记录数据，存在较高的出错率并容易造成战时油料储备量不足。为解决这一问题，美国海军装备工程勤务中心最新研制了“远征油料系统”运油装备。该系统采用标准组合件结构，以 1514 升油罐为单元，可组合成运输 15141 升油料的系统。为配合该装备的应用，海军装备工程勤务中心开始研究油料液位传感器和通信技术。1999 年，美国海军装备工程勤务中心与美国西南研究院共同研制了油料自动定量传感设备，使海军具备了实现远程油料管理的能力。这种自动定量传感器可以自动测量 SIXCON 油罐（3407 升）、软体油罐（75706 升）和新开发的 EFS 运油装备的油料数量。虽然美海军没有要求用一种定量传感器对三种油罐进行测量，但西南研究院的研究人员决定选用一种仪器来满足上述装备的测量需求，以简化军队装备种类。要达到这种要求，选择的传感器必须能适用于钢质和软质储运油装备。这项技术开发成功并获得认可后将具有广泛的商业和军事应用前景，譬如用于车辆中途加油和油库管理，也将提高战场预知性、战争储备及保障能力。在通信技术方面，美海军陆战队采用了陆军的成果。美陆军已授权在车辆上配备卫星通信系统和导航设备。这套军用系统包括一套小型卫星无线电通信装置，可以为固定场所和移动装置提供双线路服务。一般情况下，地面中心通过卫星接收远方的信息，终端用户通过因特网收取地面中心接收的信息。为了使系统具有通用性，海军陆战队也选择了该设备系统用于传送与油料储备有关的信息。地面信息中心把通过卫星接收的信息继续通过卫星转发到指定地点的无线电接收装置上存储、备用，其他的用户可以随时获取 FAQS 的数据信息。这种方法可以在世界范围内传输数据，不受因特网的限制。另外，海军陆战队还采用了一种替代的方法，利用野外的无线电发射装置把油罐内的测量信息发送到当地的信息接收中心，无线电操作员通过无线电波把这些信息转发到其它地方。

美空军在油料基地搬迁中使用轻便式燃料系统 据美国《油料供应线》2001年第2期报道，美国空军第161基地2000年底开始为期2年的大规模搬迁，搬迁中使用了R－14轻便式软体油罐系统，以在不影响日常供油作业的情况下保障搬迁顺利进行。R－14轻便式软体油罐系统包括8个18．9万升可折叠油罐、4个R－14加油组件、2个R－22油泵、2个FFU－15E过滤分离器和1个流量计。该基地油料设施的改善主要是在原有10个相对较小的地下JP－8燃料储罐和2个供油站用地下油罐的基础上，新建2个79.5万升储存罐、一个现代化泵房和一个新型自动加油站（配备3个油罐，总容量为3万升柴油、1．9万升汽油和1．9万升JP－8喷气燃料）。

美军使用Faudi燃料过滤系统 据《航油近讯》2001年第15期报道，美国国防燃料支援中心在美国巴克斯得尔空军基地使用了由德国生产的Faudi燃料过滤系统，对该基地的309和310两个油罐中被污染的JP－8航空燃料进行了过滤，过滤后的燃料达到了质量要求，节省了上百万美元的费用。Faudi燃料过滤系统主要用于过滤矿物燃料中的污染物。它巨大的过滤罩中包括数个被称作“蜡烛”的装置，一种类似粘土的粉末状物质放置在过滤罩与管线连结处的小罐中，当压力足够大时，这些粉末被压进过滤罩，覆盖那些“蜡烛”，称为装料。装料后形成的吸附作用可以吸去燃料中的杂质，清洁后的燃料流出过滤罩，当“蜡烛”上的“粘土”吸附的杂质过多影响过滤效果时，应重新装料：首先，停止过滤，降低压力，使“粘土”和杂质从“蜡烛”上脱落，流入过滤罩底部的瓶中，然后便可以重新装料了，如此可反复使用。

（杨立明）

野营装备 2001年外军野营装备的发展体现出如下特点：首先，外军把通用装备的研制作为野营装备发展的主要内容，同时积极研制开发具有特殊用途的专用装备，以达到减少野营装备的种类、提供更多的住用空间、节约军费开支、减少架设时间的目的。其次，模块化成为外军研制野营装备的总趋势。野营装备的方舱化设计和模块化组合有利于野营装备的迅速机动和扩展，也有利于部队展开与使用。再次，外军把应用新材料、新技术作为提高野营装备战场适应能力的主要手段。

美陆军研制出新型野战帐篷 据美国《国防》2001年8月号报道，美陆军目前使用的标准野战帐篷仍是二战期间开始采用的“通用帐篷”，但是这种情况正在改变。首先，“组合式通用帐篷”正在取代既漏水又笨重、内部光线弱、无地板、无法防止昆虫进入的老式帐篷。组合式通用帐篷同老式帐篷一样，有多种用途。它的外层不是用帆布而用一种乙烯基织物制成，内面采用白色，使帐篷里面显得更加明亮。帐篷缝合处用高温接合，因此能够防水。新帐篷内设百叶窗墙身，在炎热的天气里将硬质织物墙卷起可达到更好的通风效果。新式帐篷增加了地板，在距地面几英寸的高度铺开并在墙根处与墙体紧紧包合，这样就使雨水、昆虫、鼠、蛇等无法进入帐篷内。组合式帐篷比老式帐篷要大一些，有小号、中号、大号三种规格。新式帐篷的内侧增加了一定的净空高度。另外，新式标准帐篷还可以再向外延展5．49米，这使陆军部队有了很大的灵活性，可以根据空间布局和当地天气情况等具体需求布置帐篷。新帐篷的搭建或拆除速度更快，4名士兵在不到30分钟内就能够支起或收起新式标准帐篷，而老式帐篷则需要5名士兵用45分钟才能搭好。除提供睡觉和工作空间外，组合式标准帐篷还可满足野战部队的各种需求，如搭建餐厅、洗衣房、厕所、淋浴室、医务室、祷告室和娱乐室。冬天帐篷里可以取暖，夏天有空调设备。娱乐用帐篷里可以放得下52英寸的电视机、录像机、卫星信号接收天线、乒乓球台和杠铃。其次，美军还研制出可快速搭建的帐篷。美国陆军计划到2005年在欧洲、西太平洋和美国本土建立36个快速搭建的“帐篷城”，目前已搭建27个。搭建帐篷城旨在作为前进部署基地营房，可用作战区接收设施、中间整备区域、休息和整修中心及人道救援和救灾营地。每处营地均可容纳550多名人员，并且自身备有用水和燃料储备、发电、污水回收系统。一个标准营地大约需占地40469平方米，准备迎敌需要花3－4天的时间，整个营地可以在14天或更短的时间内投入使用。第三，为了能在营地维修像直升机和坦克这样的大型军事装备，美陆军正在与加州弗蒂戈公司合作开发建造不需要中间支柱支撑整个构架的大型帐篷。这种大型维修帐篷采用的“充气横梁”是一种耐用的气胀式框架，它的支撑使帐篷内不需其它支柱，从而应用更为灵活。充气横梁已被用于建造一个大面积夜晚维修帐篷，它大到足够可以装下一架UH－60“黑鹰”直升机。现在维修用的帐篷采用很重的金属框架，需要10天才能支起来，而大面积夜晚维修帐篷在4小时之内就可以架好。第四，美军还计划研制轻型维修帐篷。轻型维修帐篷是由可扩大的组装式人员帐篷改装而成的一种支架结构的重量很轻的遮蔽所，用于部队进行战术维修作业。改装后增大了支架的高度，以便能容下战术车辆和装备。其架设和撤收程序与可扩大的组装式人员帐篷类似，从而将减少后勤负担和训练要求。布滑门的设计使帐篷内部在极端气候下或灯火管制时可被完全遮严。轻型维修帐篷的架设与撤收时间较标准陆军维修帐篷短50%，只需35分钟即可完成，而且不需要使用物资装卸设备，费用节省5000美元，组件数量减少50%。它装备了商业配电箱和标准荧光灯具，还有10米的附加帐篷，可以端对端的连接起来以增加长度。因此，这种帐篷在编制装备表上成为标准陆军维修帐篷的替代品。此种帐篷的现有生产经费可提供约1300套，到2003财年一共需要5000套。

美国研制出便携式净水装置 据美国《国防》2001年7月号报道，美国一家公司最近研制出VMAP型便携式净水装置，适用于在没有大型供水装置情况下为部队作战、偏远地区宿营和急救抢险实施供水作业。该装置是一套独立的净水设备，采用逆渗透技术，能将受核、生物和大多数化学战剂污染的水过滤干净供人饮用。该装置采用背负式支架，可由一人携行。净水装置从展开到工作只需5分钟，一小时至少能生产约59升饮用水。动力装置采用维护率低的四冲程汽油发动机。原水在高压泵作用下首先通过内嵌式过滤器，然后进入逆渗透膜过滤系统，最后流出供饮用。

（孙燕侠）

仓库储存技术与物资搬运装备 为了适应现代化战争的需要，外军仓库储存技术和物资搬运机械向着高机动化、信息化方向发展，发达国家实现了物资管理的网络化、可视化和搬运装备的方舱化、机动化。

美陆军改进海上预置船的弹药存储方式 据美国《陆军后勤工作者》2001年5~6月号报道，美国陆军器材部作战保障局正在改进海上预置船的弹药存储方式。过去，美国陆军采用船上装驳运输法，即先将弹药散装在驳船上，再将驳船装在三艘专用商船上，现在改由两艘现代化的集装箱船运载战略配置所需的各种弹药（包括小组、排、连各级分队展开所需的所有弹药），用以保障各种装甲、火炮和航空兵器。

美陆军本土仓库将自动识别技术应用于弹药补给 据美国《陆军后勤工作者》2001年3~4月号报道，美国陆军为了提高弹药补给的速度和准确性，在美国本土仓库将自动识别技术被纳入信息管理系统之中，包括弹药运输管理系统野战模块、标准仓库系统和美国本土货物管理系统。仓库的集装箱放置场、卡车和火车的出发点都已安装自动识别技术装置，以保障各种业务工序，并把数据传回给服务器。服务器配有一个自动识别技术资产管理软件，它从遥远距离对所有与之相连的自动识别技术装置实施监控，排除其故障并进行管理。在军交管理部的弹药港，自动识别技术被纳入港口业务工序和各种自动化信息系统之中，包括全球港口系统、美国本土货物管理系统以及专用定位系统。弹药自动识别技术项目应用诸如线性条型码、二维条型码和射频识别标签等自动识别技术手段，以达到如下目的：使作战行动保障处的仓库所存弹药的提取、打包和发运工序实现自动化、精炼化和优化；在仓库内部使射频识别标签、运输控制文件、政府提货单、国防部1348－IA号表格以及国防部单线物品收发文件等的办理实现同步化；记录从作战行动保障处的仓库发运的批量弹药，将其报告给相应的在运可视性服务器、装载港、卸载港以及收货的弹药补给所；将到达装载港批量货物报告给全球港口系统，记录其在港内移动过程中的每一动作，包括用起重机将弹药装上船只的动作；将批量货物到达卸载港的消息报告给全球港口系统。记录所有的转载和转运行动，并将报告递送给收货单位；在弹药补给所判读射频识别标签，以记录到达的货物，并办理预收单；在实施本计划的全过程中始终建立一个可以审计和紧密衔接的信息系统；仓库弹药补给所始终运用自动识别技术，使弹药补给线上任何地方的弹药都具有可视性；使源数据自动采集成为一条起作用的业务规则；在弹药补给线上使用的各自动化信息系统内部和相互之间提高数据的准确性、可靠性和同步性；为继续改进业务工序创造机会。

美军使用M4K－B型叉车 据《仓储管理与技术》2001年第2期报道，M4K~B型叉车是目前正在美军服役的越野型箱内作业叉车，是为ISO集装箱内装、卸物资而设计的。货叉能自由提升、侧移，较大的侧移量能方便地在集装箱内进行掏、装箱作业。该叉车配有牵引杆，可牵引；驾驶室具有倾翻保护和下落物体保护功能，以满足国际上各种通用设备需要；为满足空投和直升机运输，专门设计有标准的系捆装置和支架；装有高通过性竞断面轮胎、标准传动装置和防空灯；具有货叉液压旋转和前、后桥摘断功能。该叉车为全轮驱动，工作机构为门架式，转向方式为铰接折腰转向，传动方式为吸力机械传动。其主要技术性能如下：驾驶室座位1个；驱动形式为4×4；自重4536千克；外形尺寸为5．35米×2．03米×2．01米；离地间隙0．334米；轴距2．34米；柴油机功率为66马力/2200转/分；变速箱档位（前/后）：3/3；换档方式为全动力换档；最大道路车速为35千米/小时；制动形式为液压盘式；轮胎15×19．5；24伏电系统；额定起重量1814千克（载荷中心距0．61米）；最大起升高度2．54米；门架倾角（前/后）为11度/22度；货叉侧移（左/右）为0．559米/0．559米；货叉旋转角为22度。

英军使用兰瑟博斯“公鹿”FUG 25吨越野叉车

据英国《简式车辆与后勤年鉴 2000～2001 年》报道，英国陆军目前正在采用的“公鹿”FUG 越野叉车是前方仓库和前线间物资保障方面必不可少的重要装备，用它装卸设备和军需品可直接到达作战地域。由于它具有叉车、起重机、推土机和前后均可牵引的拖拉机等多功能性，所以该种类型叉车目前被军方广泛使用。该全地形四轮驱动叉车通用性好，在平整坚实地面行驶时和穿越泥泞地带、山丘和越野地面时均有良好的起升、装卸和运输物资的功能。该叉车可作为一种抢修车穿越松软地段作业，其宽敞的储物处为防滑链、伪装网、挖掘工具及其它军用设备提供了足够的存储空间。其货架可前倾 10 度，后倾 18 度，路面承载运行时则可后倾 40 度。起重和推土铲等工具可安装在门架上。该起重工具可使捆扎件、管道、卷线和油桶等难以搬运的物资的快速搬运成为现实，而且用起来十分便捷。主要技术数据如下：驾驶座 1＋1；驱动轮配置 4×4；长 5. 674 米，宽 2. 23 米，高 2.78米；空载重量 8260 千克，满载重量 10760 千克，起重量 2500 千克，起升高度 3. 6 米，自由起升高度 0. 29 米，侧移（左右）0. 15 米；发动机为 F6Lgl3D 柴油机，功率为 106 马力/2150 转/分；变速箱为 ZF6WG120 液力变矩器和动力换档，前进档 6 个，倒档 2 个；轮胎为 14. 5×2016PR，全液压转向；离地间隙 0. 43 米；最大公路车速约 50 千米/小时，续驶里程约 500 千米，涉水深度 0. 75 米。

英国陆军使用兰瑟博斯“熊”GAT25 吨全地形集装箱搬运车 英国《简式车辆与后勤年鉴 2000～2001 年》报道，英国陆军正在采用 BOSS 公司生产的“熊”GAT 全地形集装箱搬运车。兰瑟博斯 GAT“熊”系列在集装箱搬运方面功能卓越，它为海滩快速装卸急需物资跨越泥浆和不平地带提供了足够动力，可在任何不平地带搬运集装箱。四轮驱动的兰瑟博斯正面起升车是为装运 20 英尺集装箱而设计的，它甚至在最不平的地段也能运载 25 吨其它货物。由于该搬运车可以离开基地仓库使用，这就使物资大批量送往前沿地域所需的时间大大缩短。该搬运车的主要特点是离地间隙高、轴距长、轮距宽而且稳定性极好，可在任何条件下牵引。它的通用性和驱动控制系统非常好，能旋转的驾驶控制操作台可最大限度地减少驾驶员的疲劳，向前或向后行驶操作简便、安全、舒适。全液压操纵有助于提高作业效率和提高可靠性。主要技术数据如下：长 10. 125 米，宽 4. 48 米，高 4. 99 米；空载重量 46620 千克，有效载荷 25000 千克，满载重量 71620 千克；Volvo TD120G 柴油发动机功率为 258 千瓦；液压转向；采用 24 伏电气系统；最大速度 31 千米/小时。

（韦秀文）

地面运输装备 2001 年，外军地面运输装备的发展具有如下几个明显的特点：一是重视新世纪本国军用汽车的发展规划，如美国拟制出“21 世纪汽车倡议”，勾画出美军新世纪军用汽车的发展蓝图；二是继续坚持“研制与改造”相结合的军车发展方针，尤其重视老车的升级改造，如美军加紧实施重型战术汽车的升级改造，法军使其在役的 GBC 8KT 中型战术汽车获得新生；三是重视混合动力车辆的开发。

美陆军应用混合动力技术提高车辆现代化程度 据《军事后勤科技装备》2001 年第 4 期报道，美陆军将应用混合动力技术提高车辆的现代化程度。车辆混合动力技术是一种使用内燃机作动力、加速时由蓄电池或燃料电池提供辅助动力、减速时还可回收动力的先进技术。目前，采用内燃机作动力源的美陆军现役轮式和履带式车辆由于装备各种新型电器设备，电需求量日益增长。因此需要开发一套集动力生成、存储、分配于一体的新型动力装置，增加电力供应，降低车辆运行和维护费用，提高车辆的现代化程度。为此，美军制订了“混合动力车辆技术计划”，国防高级研究计划局监督计划的执行，国家汽车技术中心负责技术开发和应用。技术开发的项目有大功率密度发动机－发电机组、动力控制装置、储能器、电动－机械转换装置、新型高强度材料等。国防高级研究计划局、国家汽车中心和工业界共同对混合动力高机动多用途轮式车（HE－HMMWV）及混合动力中型战术卡车系列进行投资。PEI 电子公司负责 HE－HMMWV 车动力传动装置的整体设计和系统一体化，提供并安装设备和电子部件，组织生产和测试整车，麦克公司负责改装车辆底盘，纽尼科电动机公司提供主传动电动机和控制器，索丝蓄电池公司提供先进的铅酸电池，西南研究院提供柴油机－发电机组，亚拉巴马大学亨茨维尔分院提供全面细致的分析并制作车辆模型，使 HE－HMMWV 车具有燃料经济性好、废气污染低、能产生供各种移动通信设备和武器装备使用的车载电能、隐蔽行动中辐射出的热信号弱、加速性好、低速时大转矩、链传动反映快捷迅速等优点。斯图沃特·斯蒂文森公司、洛克希德－马丁公司和国家汽车中心共同开发一种混合动力传动装置，用在中型战术汽车系列中的 5 吨车上，旨在减少燃料消耗率，降低废气排放量，提高车辆性能。该型车将安装一台尺寸更小、功率更大的柴油发动机和一套计算机化的动力控制装置。发动机提供驱动车辆的即时电能。在中等负荷工况（经济车速）下，动力控制装置将额外的电能直接送到蓄电池存储装置中，在车辆加速时为其提供”猝发”能量。发动机在多数情况下匀速运转，从而使燃油消耗率和排气品质保持在最佳状态。为了节省更多的能量，该车也可采用能量回收制动技术，但要解决两个问题，一是如何减轻蓄电池的重量，二是当车辆在起伏不平地形上行驶时怎样防止蓄电池损坏情况的发生。美陆军认为，从混合动力车辆在地方上的使用情况看，由于燃料经济性得到提高，加速性和机动性得到增强，总功率密度得到提高，车辆辐射出的热信号减弱。因此在陆军现役的和类似装备的车辆上采用这些技术可以提高车辆性能，减少车辆使用和维护费用。

美陆军加紧实施重型战术车辆的升级改造　据美国《陆军时报》2001 年 4 月 2 日报道，为了加速向战区输送补给品，同时降低整个车队的维持费用，美陆军正在实施重型后勤车辆升级改造计划。美陆军重型后勤车辆的升级将采用两条腿走路的方针：一是再利用，即在陆军的一个仓库集中对旧车进行大修；二是签订重型战术车族采购合同，从美国奥什卡什汽车公司采购新型的或恢复生产的重型车辆。目前，美陆军重型车队的主力由三种车型组成：第一种是 10 吨重型扩大机动性战术卡车，陆军共装备 13000 辆；第二种是较新的可运载 16．5 吨货物的整体自装卸车，陆军共装备约 3000 辆；第三种是可运一辆 70 吨“艾布拉姆斯”坦克的重装备运输车，陆军装备近 2000 辆。美陆军的重型后勤车辆还包括 1800 辆拖车、16000 个平板式货架（用于装载战场补给品的 8×20 英尺活动载货平台）和 2100 个战术舟桥。重型扩大机动性战术卡车的变型车有油罐车、抢救车和货运车，其最新变型车为在底盘上安装了与整体自装卸车相同的货物装卸系统的重型扩大机动性战术运输车。美陆军 2001 财年已拨款 2．58 亿美元用于采购重型战术车辆。重型后勤车辆的定期维护修理由各部队编制内的陆军机械师实施，所以没有仓库级维修，不过美陆军计划于 2001 年开始在陆军红河仓库实施重型扩大机动性战术卡车大修计划。红河仓库与奥什卡什汽车公司各负担 50％的任务，仓库负责某些型号的大修，其它的则由奥什卡什公司完成。奥什卡什公司还负责向仓库提供技术援助，并按需要提供零备件。仓库的工作重点放在平均车龄为 13 年的重型扩大机动性战术卡车上，整体自装卸车还不算太旧，此次未被列入大修计划。重型扩大机动性战术卡车的维修包括更换发动机、传动装置等大型部件，使旧车改进升级后与新型重型扩大机动性战术卡车相似。大修后的重型扩大机动性战术卡车的价值约为新车的 1/2。根据重型后勤车辆的发展计划，通过采用通用部件，美陆军将在 5 年内使重型扩大机动性战术卡车、整体自装卸车和重装备运输车三种车的部件通用率达到最大程度。此外，美陆军正在试验另一种用在重型后勤车辆上的技术，即柴油/电力混合发动机技术，一旦成功将使美陆军节省大量的燃油费用。

美陆军装备新型中型战术卡车　据美国《陆军时报》2001 年 4 月 2 日报道，美国陆军今年春季计划装备 373 辆新型中型战术卡车（配发给阿拉斯加美陆军司令部所属的韦恩赖特堡和理查森堡驻军部队），总费用为 5120 万美元。这 373 辆新车中，165 辆为 2．5 吨带篷卡车和货运卡车（部分车带有绞盘）用来取代部队的 2．5 吨老旧车，208 辆 8 种不同型号的 5 吨新车（包括货运车、救援车、牵引车和自卸车）用来取代部队的 5 吨老旧车。韦恩赖特堡驻军近期已接收 50 辆，理查森堡驻军已接收 29 辆，其余新车预计在短期内陆续装备部队。新型中型战术卡车均由得克萨斯州斯图尔特和史蒂文森公司制造，车上全部配装卡特皮勒发动机和阿利森传动装置。这些新型卡车都进行了技术改进，提高了零部件的互换性，且都可以空运（机载或外挂）。

美陆军采购工程支援坦克运输车　据英国《防务系统日报》2001 年 1 月 23 日报道，美国工程支援系统公司最近获得美陆军授予的价值 2700 美元的 120 辆 M1000 型重装备运输车的生产合同，交付工作将持续到 2002 年 7 月。M1000 型可运输各种履带式和轮式重型车辆、重达 80 吨的集装箱和大型货车，尤其可通过公路、田野甚至拥挤的市区将 M1 系列主战坦克运抵或运离战场。美陆军自海湾战争时起就认识到，从时间和费用角度看，长途驾驶坦克的效率很低，因为一辆坦克每行使 1 千米就要消耗 3 加仑燃油，于是美军开始生产 M1000。M1000 完成此项运输任务仅需 1/10 的费用，并且运送坦克车组人员的速度比实际驾驶坦克要快几倍。

日军将装备新型轻装甲机动车　据日本《战斗》2001 年 7 月号报道，日军 2000 年研制定型了一种新型轻装甲机动车，并计划 2002 年采购 207 辆装备步兵战斗部队，以提高步兵的机动能力。该车四轮驱动，外形采用方型和菱型的巧妙组合。车长 4．2 米，宽 2 米，高 1．8 米，自重 4．5 吨，最高时速 100 千米。无固定武器装备，乘员 4 人。该车由日本小松制作所生产，参加过联合国维和行动。实际考验证明，该车各项技术指标均达到设计要求，性能优异。主要特点如下：一是防护性好。从车的前栅板、散热器到整个车体（包括底盘）都是用厚装甲制作的，车窗采用了防弹玻璃。二是机动性好。采用四轮全驱动形式，装备有中央充放气系统，采用轮胎破洞自动补漏技术，机动性比履带车还要好。另外，该车还装有水中排气阀，能涉水渡河。三是设计巧妙。采用了侧门和顶门相结合的设计，顶门为双开门式样，车顶安装武器时士兵出入十分方便。车内设计得很通畅，既可用作战斗指挥车，也可用作人员物资运输车，还可改成救护车。车内设计有挂枪的枪架和货室，货室能放置 4 人份的全部装备。

新加坡陆军研制成功全地形运载车　据新加坡《联合早报》2001 年 5 月 3 日报道，由新加坡科技动力有限公司和国防科技局花费了 4 年半时间设计并采用高科技制造完成的全地形履带运载车（ATTC）2001 年 5 月 3 日在移交仪式上亮相。ATTC 最大特色是“入水能游、出水能跑”的高机动性，除了能在泥泞地、沼泽地或雪地等崎岖不平的地形行驶外，还具有快速、方便地攀斜坡、跨沟壕和涉水的功能，涉水深度达 3 米。ATTC 外形类似轻型坦克，用途非常广泛。ATTC 运载量达 4700 千克，由两节车厢组成，后车厢分“封闭型”和“平台型”两种，因此 ATTC 可以按所执行战地任务的不同变型为运兵车（可载 16 名步兵）、工兵支援车（可运载一班工兵和清除地雷等障碍的装备）、后勤支援车（运载弹药、粮食、油料等军需品）以及救护车（可运 4 名担架伤员或 9 名坐姿伤员）。

法军 GBC 8KT 中型战术汽车获得新生　据法国《陆军杂志》2001 年第 122 期报道，根据法陆军参谋部的决定，服役了近 40 年的 GBC 8KT（6×6）4 吨中型战术汽车在法国雷诺汽车工业公司的协助下，由位于法国安德尔省纳维－帕尤克斯的第 12 陆军装备保障基地翻新改造成 GBC 180 型汽车，使该型战术汽车获得了新生。GBC 8KT 车是 1962 年开始装备法国陆军的，目前仍有数千辆在役。法国陆军参谋部决定，到 2005 年计划将 4700 辆还有使用潜力的在役 GBC 8KT 改造成 GBC 180。截止 2001 年 2 月，已有 900 辆 GBC 180 改型车交付部队使用。GBC 8KT 的翻新改造工作由第 12 陆军装备保障基地和雷诺汽车工业公司协作完成。首先由第 12 陆军装备保障基地对车辆进行翻新改造，作业程序如下：将车辆高压清洗并排空油料后进行分解，驾驶室、发动机与车身分离，车桥、传动轴、分动器送上翻新改造生产线；对零件进行除漆、除锈、喷砂处理和金属化处理；对底盘进行几何检查并安装新的配件；底盘喷漆。在完成这些工作之后，将车辆底盘运至位于里墨日的雷诺汽车工业公司，在那里给底盘安装发动机、驾驶室、制动系统、转向系统、电气系统和其它辅助设备。接着，底盘再返回第 12 陆军装备保障基地进行最后装修，使 GBC 180 披上迷彩外衣，并根据用途装配载重平台（栏板式载重平台、标准篷布式载重平台、集装箱运载平台、装卸操作臂等），然后进行质量部门所要求的试验。如此翻新改造以后，车辆的性能有了很大提高。与 GBC 8KT 相比，GBC 180 的功率增大了 40%（达 175 马力），力矩增大了 20%，车速提高了 10%，油耗降低了 20%。

（巨文新）

维修装备　2001 年，外军在研制与发展维修装备时广泛采用信息技术、微电子技术等高新技术，研制出新一代嵌入式故障诊断系统和电脑辅助后勤维修系统，使野战维修更为简单快捷、人员更少、效率和准确度更高、费用更低，更好地满足了部队的战场保障需求。

美陆军研制出模拟嵌入式故障诊断系统　据美国《陆军后勤工作者》2001 年 1～2 月号报道，目前，美陆军正对一种模拟嵌入式故障诊断系统（AED）进行试验。此系统能与安装在军用卡车、布雷德利战车和弹药补给车发动机内的多种现行传感器相联接。联接后，此模拟嵌入式故障诊断系统能对发动机系统进行不间断的监测，并可将关键性数据记录在安装于每辆车内的一台小型计算机处理器内。当对车辆进行维修检测或修理时，维修人员可从此模拟嵌入式故障诊断系统提取信息，并可据此确定发动机故障是否仍在规定参数范围以内。使用这种模拟嵌入式故障诊断系统，可在故障实际发生前将其预测出来。该系统将能帮助维修人员迅速确定故障所在，因而可避免不必要的零件更换。该系统最突出的优点是，通过对装备更为有效的维护和修理，不但可节约经费，同时还有利于改善战备状况。目前，美国赖米克系统有限公司正对该系统进行开发和试验。一旦投产，预计每套模拟嵌入式故障诊断系统售价约 1000 美元。当在堪萨斯州赖利堡的初期测试工作完成后，该系统测试、测量和诊断设备项目主任将为一个完整的连队装备此模拟嵌入式故障诊断系统，然后将该连与一个未装备这种故障诊断系统的连队进行对比，看在备件费用、维修工时及战备水平等方面会产生何种影响。如果对比结果令人满意，预计将于 2002 财年开始正式投产该故障诊断系统。这种模拟嵌入式故障诊断系统还可用在陆军飞机上。

中国台湾研制出电脑辅助后勤维修系统　据台湾地区《军事家》2001 年第 2 期报道，为迎接数字化战场的到来，台军联勤 205 厂开发出“电脑辅助后勤维修系统”。该系统是将台军的轻兵器、火炮的技术书刊资料运用标准语法（SGML）转化为具有影音效果的数字化文件（交互式电子技术手册）储存在远端主机资料库里，以解决资料保存不易、体积庞大及资料检索、维修技术传承等问题。目前 205 厂开发的“电脑辅助后勤维修系统”是以台制 T75M 20 毫米机炮的单位保修操作为蓝本，包括总则、使用操作、保修维护、单位补给、故障排除、其他及零件库七个部分。从事维修的官兵只要利用“穿戴式电脑”与远端主机连接，即可获得所需要的影音多媒体资料，进行野战保修、故障排除、教育训练、补给作业等工作，从此取代一本本厚重的技术书刊与操作手册，使野战后勤维修更加便利、更有效率。这套系统所使用的穿戴式电脑包括一个头戴式彩色屏幕、一个装在手臂上的小型键盘、腰上的电池与主机，使用 WINDOWS 操作系统，操作方式与一般电脑相同。据称，目前已完成对台制 20 毫米机炮维修软件的开发和评估，以后将再开发一系列台制轻兵器的技术软件。

（蔡香敏）

后勤指挥管理自动化系统 2001 年，外军特别是美军后勤指挥管理自动化系统得到稳步发展，主要有以下几个特点：一是制定有关的自动化系统发展计划、规划，如美陆军提出陆军全资产可视性未来发展构想，美空军制定后勤控制与信息支援计划；二是加快各种信息卡的发展速度，如美军开始配发智能身份卡，美国防部计划为士兵增配数字化个人信息卡；三是注重现有自动化系统的改进配发，如美陆军改进批发级后勤业务系统和试验改进型全球港口系统等。

美陆军改进批发级后勤业务系统 据美国《陆军后勤工作者》2001 年 5～6 月号报道，根据不久前制订的批发级后勤现代化计划，美陆军通信与电子司令部正在采用新技术对陆军批发级后勤业务系统进行改进。新的批发级后勤业务管理系统能够实现全资产可视性，加强决策保障能力，提供协调计划环境，建立单一数据源，提高需求预测准确性，并对企业信息进行实时访问。美陆军现行批发级后勤业务系统包括日用品管理标准系统和标准仓库系统。前者用来管理物品批发程序（如决定是进行旧品修理还是新品购买）、物资控制、计划和预算等，后者用来管理库房、军械库和弹药库的运作，包括库存管理、维修管理以及装备、弹药和设施的管理。美陆军 1999 年 12 月 29 日与美国计算机科学公司签定的合同规定，计算机科学公司必须在维持现有系统运转的同时实施陆军批发级业务系统的改进。根据计划，美陆军通信与电子司令部批发级后勤系统现代化计划小组 2001 年 6 月 30 日前首先完成系统开发工作，下半年进行系统调试和验收，2002 年 6 月完成全部工作。在新系统运行前三个月，该司令部及陆军器材部其它下属司令部将进行新技术的培训工作。

美海军公布新版工资与人事系统 据美国海军互联网新闻 2001 年 10 月 27 日报道，美海军已认识到工资和人事问题是影响每一个海军人员生活质量的重要因素，为此开始了海军标准综合人事系统（NSIPS）第三阶段的开发，以增强对海军人员的跟踪能力，并减少有关个人工资的错误。海军标准综合人事系统后备役人员用版本已经分发使用，9 月 28 日现役人员用版本也发放到佛罗里达州杰克逊维尔人事支援处。据该处负责人称，该系统的使用已为负责上千名海军人员准确人事记录的工作人员带来了福音。最初之所以选择该处作为第一个海军标准综合人事系统新版本的使用单位，是因为该处拥有海军最昂贵的工资与人事系统。据杰克逊维尔人事支援处负责人称，新版系统运行既有效，用户界面又友好。“使用旧的系统，工作人员不得不学习和使用基于 DOS 的编码，这些编码需要多年才能精通，且只有最专业的人员才能生成海军业务需要的一些报表。而新系统采用目前多数人熟悉的下拉式菜单，导航方便，这就使得生成一些报表更加简单。”在美国导弹驱逐舰“科尔”号受到攻击后，海军认识到其现有的人事系统存在一个重大的缺陷，即多数情况下海军不拥有最新的电话号码以及无法方便获取易于使用的亲属信息。据该系统项目管理人员称，目前整个海军都在进行“第 2 页”信息的更新（“第 2 页”信息包括现役人员的当前住址、电话号码以及亲属信息等方面的个人记录），该系统有一个简单的入口，任何需要的人都能进入该系统并更新此信息。整个海军的所有记录对每个人来说都是标准化和通用化的。该系统主要用来取代 4 个昂贵的传统人事和工资系统，并能同其它 13 个国防部人事系统建立接口，是一个用户界面友好的系统，只需点击几下鼠标就能发布命令传输数据。该系统将在海军－海军陆战队局域网（NMCI）上运行，允许海军人员更新自己的“第 2 页”信息。开发该系统的目的是到 2003 年底存储所有海军人员的完全电子化的服役记录，并最终同目前正在开发的国防部人事与工资项目即国防综合军事人力资源系统（DIMHRS）全面融合。

美空军制定《后勤控制与信息支援计划》 据美国《空军后勤杂志》2001 年第 1 期报道，美国空军研究院制定了一项《后勤控制与信息支援计划》，研究、开发和利用先进的信息技术建立一套后勤控制与信息系统。该系统将从现有维修、供应、弹药、油料和遗产信息等系统中检索重要信息，自动获取实时数据，自动收集和综合所需后勤信息，供制定重要后勤决策之用。此外，该系统还将为后勤决策者提供超前模拟能力，以解决计划和重新计划中的问题。建立本系统的目的是提供一条获取实时准确后勤信息的方便途径，提高空军联队级后勤人员的指挥与控制能力，在日常工作和作战中更有效地利用后勤资源，更好地履行各自的职责。

美直升机队装备“机械诊断、状态和使用综合管理系统”　据美国《宇航和国防工业新闻》2001 年 2 月 12 日报道，美国海军航空系统司令部已将一份为海军陆战队 CH－53E“超级种马”和 MH－53E“海龙”机队生产“机械诊断、状态和使用综合管理系统（IMD－HUMS）”的初始小批量生产合同授予古德里奇宇航公司，交付工作从今年 5 月份开始。该系统可在飞机飞行过程中收集飞机系统状态信息，在飞行结束时将这些数据传送给地面计算机系统进行处理、分析，并据此确定应采取的维修活动。该系统能够显著改进维修规划，从而使机队战备完好性获得改善，使飞机的使用和性能达到最佳。除上述合同外，古德里奇宇航公司还将为海军的 SH－60、海军陆战队的 UH－1Y/AH－1Z 和陆军的 UH－60 飞机提供“机械诊断、状态和使用综合管理系统”。另外西科斯基飞机公司的新型 S－92 和 S－76 飞机也将装有该系统。美国三军可能配备该系统的直升机总数将超过 2000 架。该系统的部署使过去基于时间的维修转变成现有的基于状态的维修，大大提高飞机的战备完好性，降低了使用和保障费用并提高了飞行安全。

俄军加紧进行后勤指挥自动化建设　据俄罗斯《独立军事评论》2001 年第 8 期报道，由于一系列原因，俄军通信发展速度一直落后于地方，尚未装备第 5 代信息传输系统和无线电通信手段，制约了后勤指挥自动化系统的发展。近年来，俄军非常重视后勤指挥自动化建设。2000 年 7 月，20 世纪 90 年代研发的军区（集团军、师）机动式后勤指挥自动化系统装备北高加索军区，经实战检验效果理想。2000 年总部后勤与各军区、军兵种、舰队后勤的信息交换系统投入试运行。2001 年计划完成总部后勤计算机中心硬件设备的更新换代工作，继续编制后勤指挥机关软件系统。

（谭凤旭）

海军专用后勤装备　2001 年，世界一些国家军队将海军专用后勤保障装备的发展作为本国后勤保障装备的发展重点，加大了海上运输装备、海上补给装备、海上预置装备、海上战斗支援装备的研制与装备力度，海上补给与后勤保障的立体性、机动性、一体性得到了进一步增强，海上作战的伴随支援保障能力有了进一步的提高。

美海军陆战队将改造 CH－53E 重型运输直升机　据英国《国际飞行》2001 年 3 月 27 日报道，美海军陆战队已经认识到，如果它想在 2010 年之后仍能保持其运输直升机的空运能力，并能与新型的联合攻击战斗机（JSF）、MV－22“鱼鹰”倾转旋翼机以及升级改造后的 AH－1Z 和 UH－1Y 直升机形成配套作战能力，就必须从 2004 财年开始实施 CH－53E 重型运输直升机的现代化改造计划。根据这一计划，美海军陆战队将把它的 111 架 CH－53E 升级改造为 CH－53X 三发重型运输直升机，预计单架改造费为 2200～2600 万美元，仅相当于购置新机所需费用的一半。影响 CH－53E 运输直升机改造计划进度的一个重要因素是它的疲劳寿命，因为其尾旋翼挂架与尾梁之间的传力隔框（关键部件）的疲劳寿命仅为 6120 小时。按照美海军陆战队 CH－53E 目前月使用率 18．9 小时计算，2001 年下半年 CH－53E 就应陆续停飞。这次 CH－53E 运输直升机的升级改造主要包括换装新的机舱中段、新的机尾、大功率发动机、具有弹性体轴承的主旋翼头以及具有上反角的复合材料旋翼（由 S－92 直升机旋翼派生而来）。CH－53E 升级改造为 CH－53X 之后，主要性能将有很大改进：携带外部载荷时最大起飞重量增至 35640 千克，比 CH－53E 增加 2270 千克；采用新的舱内货物装运设备后装载量增至 12700 千克，比 CH－53E 多了两倍；作战半径可延伸至 370 千米，能与 MV－22“鱼鹰”倾转旋翼机配合使用。美海军陆战队为 CH－53X 装配的新发动机是罗－罗公司的 AE1107C 涡轴发动机，单台功率为 4580 千瓦。选择这种发动机主要是考虑它与 MV－22 倾转旋翼机的发动机具有通用性，功率较大，尤其是能够在高温环境下工作。美国海军陆战队希望，采用新的旋翼系统、发动机和 1553 数据总线的航空电子设备之后，这种新型直升机的飞行成本（9500 美元/小时）和维修率（每飞行 42 小时进行维修）能够降低。

美海军陆战队接收首批 KC－135J 加油机　据《防务数据》网站 2001 年 9 月 6 日报道，洛克希德－马丁公司已向美国海军陆战队交付了首批 3 架 KC－130J 加油机。这些飞机是 2001 年应交付 7 架飞机中的 3 架，将运往位于切利波因特的海军陆战队航空站。美国海军陆战队的 KC－130J 项目是用来替换现役的 79 架 KC－130F/R/T 型飞机，已经订购了 11 架。2002 财年计划再订购至少 4 架，并希望每年以至少 4 架的速度配备。KC－130J 改进型加油机的优点包括提高了性能、生存性及地面安全，增加了数字技术，改进了操作效率并减少了人员和维修成本。KC－130J 在使用机翼和外部油箱的情况下，具有能在 500 海里半径范围内排空 8455 加仑燃油的能力，而现有的 KC－130F 只能排空 5588 加仑燃油。如果需要，飞机还可配置机身油箱，这样又可增加 3600 加仑燃油。其标准的探管锥套式空中加油配置适用于直升机和喷气机加油，内置配备的自用加油探管加大了其应用范围。它的特点是具有两个由微处理机控制驱动的软管油桶部件，软管末端可调整以适应各种受油机，从而不再需要机身油箱的增压泵。

英军研制出多用途后勤支援船 据德国《士兵与技术》2001 年第 2 期报道，英军最近研制成功一种多用途后勤支援船并计划采购 32 艘。该船最初的设想是用作英国陆军工兵部队的浮桥架设船，但它也可用作人员运送船、港口拖船、载重运输船和港口护卫船。这种多功能后勤支援船为双体船，长 8．3 米，宽 3 米，由可确保船体具有很高可靠性的玻璃纤维制成，能保证该船即使在第 5 类海况下也可安全使用。该船采用水流喷射推进装置，航行速度可达 30 节。该船的外形尺寸和重量使它可以很方便地汽运、铁运和空运。

加拿大海军准备研制后勤运输补给舰 据《军事后勤科技要闻》2001 年第 4 期报道，因加海军现有的 2 艘油料补给舰不具备集装箱装卸能力，无法满足其日益增大的补给需求，因而急需装备一种 ALSC 新型补给舰。如果加拿大财政委员会能批准该舰的建造计划，加海军将于 2001 年开始该舰的方案设计。新舰排水量预计约为 35000 吨，长 210 米，宽 32 米，吃水 8．5 米，航速 21 节，可在 0．7 米厚冰上航行，可装运 8000～10000 吨燃油、500 吨 JP5 型航空燃油、300 吨弹药和 230 吨淡水。此外，它还将安装电子支援系统和自动防御系统。新舰设计有长达 2500 米的载车道甲板，具有 4 个海上物资补给点，舰上编制人员不超过 490 人。该舰将搭载司令部人员 75 人，可载 4 架直升机。预计新舰可于 2005～2008 年间服役。此舰研制成功后将能为加海军和海岸部队运送大量补给物资，可相应提高加海军的战略运输能力。

空军专用后勤装备 空军专用后勤保障装备是 2001 年世界一些国家军队发展后勤保障装备的侧重点。各国通过研制发展新装备、对老装备进行现代化升级改造、采购或租借运输机和空中加油机等各种方式，提高本国的战略运输能力与空中油料补给能力，满足各自的空中机动需求。

美空军拟对 C－130 运输机进行现代化升级改造 据美国《空军时报》2001 年 7 月 2 日报道，美空军计划对其拥有的 519 架 C－130 运输机的座舱进行标准化改造，并对机上的航空电子设备进行现代化升级。美空军 6 月初已将这项工作交给了美国波音公司，计划每年改造约 70 架，总计需花费 40 多亿美元，改造后的 C－130X 运输机 2006 年或 2007 年陆续返回部队，全部工作将于 2014 年完成。美空军现役的 C－130 至少有 24 种变型。各型 C－130 的座舱和电子设备有时不仅给机组和地勤人员带来诸多不便，而且还给后勤保养带来一定困难。此次 C－130 现代化计划将制定统一标准，使 C－130 系列飞机更易部署和保养。标准化座舱将安装在 C－130E 型机和 C－130H 的三种变型机上，使其改造成 C－130X 型机。C－130X 电子设备现代化改造包括给飞机安装平视显示设备。平显设备是一个视频数据显示器，显示器在座舱舷窗附近，飞行员不必像以前那样老是低头查看各种仪表。这些 C－130 飞机还将装备全球空中交通管理系统，这样就可使军民飞机能够很好地遵循新的国际空中交通管制规定（即允许飞机在交通密集的空中相互靠得更近飞行）。C－130 现代化改造内容还包括安装新的地面防撞系统、多功能飞行显示器、新的雷达导航系统、飞行管理系统等。使用同样的座舱，将使分队和飞行员执行任务更加方便。过去，当来自两个不同基地的 C－130 中队到波斯尼亚运送部队换防时，不得不派出双倍的飞行员原地待命。原因是 C－130 座舱不同，两个中队的飞行员不能互开对方的飞机。有时甚至在同一基地的飞机也有不同配置，飞行员必须先熟悉一下飞机才能起飞。统一的 C－130X 将有望解决座舱标准化问题。此外，由于采用了先进的自动化技术，C－130X 在执行绝大部分飞行任务中将不需要导航员，只是在执行一些特殊作战任务时才需保留导航员。

日本计划制造超音速运输机 据日本《丸》2001 年 9 月 19 日报道，日本经济产业省已将制造超音速运输机的前期调研费列人 2002 年经费概算，该项费用高达 2．57 亿日元。日本经济产业省的计划目标是制造下一代运输机——超音速运输机。超音速运输机的前期调研费主要用在以下项目上：未来型飞机自动控制系统的开发；飞机制造需用先进技术的开发；高可靠性航空电子技术的开发；超音速推进系统的技术开发；机用特殊材料的研制开发；超高效率涡轮系统的技术开发；超轻构造设计基础技术的开发；智能材料、结构系统的开发；新型铸造模拟技术的开发。

菲律宾洽购二手 C－130 运输机 据英国《国际飞行》2001 年 3 月 20～26 日报道，菲律宾空军已与洛克希德－马丁公司签约，采购 4 架二手 C－130K 中型运输机，这 4 架飞机是英国皇家空军订购一批 C－130J 运输机之后退还给该公司的。洛克希德－马丁公司签约时同意向菲律宾正在筹建的亚洲航空航天公司的军用飞机维修中心投资 5000 万美元，以专门维修菲空军的 C－130 运输机。该维修中心位于克拉克国际机场经济特区，美军撤退前原是美国空军的克拉克空军基地。目前，菲律宾有 8 架 C－130B 和 4 架 C－130H 运输机，过去凡是需要进行大修时，都是送到马来西亚的Airod公司去。由于菲律宾无力及时维修，使得这些飞机目前有半数因失修而停飞，所以菲律宾很希望今后自己能够独立维修这些飞机。菲律宾将有2架C－130K装备洛克希德－马丁公司所提供的能够快速改装的“过渡性远程巡逻系统”，使这种飞机将来能够承担不同的任务，如海岸巡逻、搜索救援、人道主义援助和应急撤离等。

印度采购6架伊尔－78空中加油机 据俄罗斯《军事技术与合作》2001年第34期报道，印度空军准备从乌兹别克斯坦采购6架伊尔－78空中加油机，交易总额预计约为3亿美元。印空军是在对包括苏－30MKИ和幻影－2000H各型歼击机进行一系列空中加油试验后做出这一决定的。印空军认为，伊尔－78加油机可增加印度歼击机的作战半径，保障完成消灭敌8000千米以内的目标。伊尔－78空中加油机是在军用运输机伊尔－76基础上改装而成的，机上可载油料35吨，在空中对歼击机的加油速度为2000升/分。印空军订购的这批伊尔－78加油机将在乌兹别克斯坦境内的塔什干航空生产联合体生产，俄罗斯、乌克兰和白俄罗斯三国也将参与飞机的生产。

德军成为A310加油运输机的发起用户 据英国《国际飞行》2001年1月8日报道，德国成为A310多用途加油运输机的发起用户，已向欧洲航空防务航天公司（EADS）的空中客车（德国）公司及汉莎技术公司（LHT）所组成的A310 MRTT财团（于1996年组建）发出价值达2．5亿马克（合1．14亿美元）的合同订单，将4架A310运输机改装成加油机。德国空军新订购的这4架飞机将完全符合在汉堡制定的MRTT的技术要求，在机舱地板下部和机翼内加装燃油箱，在驾驶舱之后添设空中加油操作台。第一架MRTT将于2003年底交付德国空军，其余3架预定于2004年交付。A310 MRTT财团希望德国空军这份订单能够为A310的MRT型和MRTT型开拓出口前景，因为它认为这两种机型的费效比都不错，许多国家的空军都可能需要。

意大利决定采购波音767加油运输机和C－27J战术运输机 据英国《国际飞行》2001年7月17～23日报道，意大利政府要向波音公司采购4架波音767改装的加油运输机，再加上2架意向性订货，交易总金额达7亿美元。此批订货计划于2004～2006年交付使用，用于取代意空军现有的波音707飞机。这批波音767加油运输机将配备3套软管锥套加油装置，并可能选用中央加油伸缩套管及空中加油操作员遥控装置，动力装置则在通用电气公司的CF6和普惠公司的PW4000涡扇发动机中选择。针对这项加油运输机交易，意大利国防部要求波音公司承诺相当于合同金额的工业补偿，其中50%为直接补偿。意大利电子公司将提供该机的自卫套件，意大利航空公司将负责飞机维修。阿莱尼亚防务公司也将参加此项目。位于意大利威尼斯的空海公司在波音767加油运输机项目中占有20%的份额，将投资2000～3000万美元研制生产货机改装套件以及中央软管锥套加油装置。阿莱尼亚公司认为，意方参与此项目的工作量价值可达2.5万亿里拉（约合11亿美元）。与此同时，意大利空军已决定购买利马兹公司的C－27J战术运输机，首批订货5架，再加上意向订货7架。

澳大利亚采用租用加油机的方式作为更新加油机之前的过渡措施 据英国《国际飞行》2001年8月14～20日报道，澳大利亚国防部将于8月下旬向有限的几家公司发出租用空中加油机（可能多达5架）的合同招标，作为更新老式波音707加油/运输机的一种过渡措施。皇家澳大利亚空军计划于2003年末安排4架波音707退役，并计划明年启动新型空中加油机和战略运输机的研制合同招标，这两种新飞机应于2006年开始服役，但现在已推迟了招标时间。空军要求在2002年5月的防务预算中能够安排更新波音707的经费，但至今尚未落实。所以，国防部不得不采用租机的方式来克服空中加油机断档时期的困难。这项租用空中加油机的合同其金额上限为每年3000万澳元（约合1520万美元），或者五年租用期合同金额的上限为1．5亿澳元（约合7600万美元）。文件规定租机合同的承包商每年必须至少提供900小时以上的空中加油服务。

（何在涛）

其他军事技术问题

在南海撞毁中国军用飞机的美国EP—3E型电子侦察机简介 《中国国防报》2001年4月6

日载文对这种侦察机作了介绍，EP—3E 型电子侦察飞机是由美国洛克希德－马丁公司研制的专门用于电子作战与侦察任务的飞机。机上装备有先进的电子监视设备，是美国海军惟一一种陆基信号情报侦察机。EP－3E 是在 P－3A 型反潜巡逻机基础上的改装型，原来机上的反潜战设备由分析雷达信号的电子设备取代。外观上也有了一些变化——前机身下多了一个黑色的圆形雷达罩，机身上、下各多了一个黑色的长方形雷达罩。EP－3E 的任务是收集、储存和分析由雷达和无线电设备发出的信号，以识别设备的型号及它的目的和使用范围。EP－3E 活动范围广泛，可持续飞行 12 个小时，最大飞行距离为 5500 千米。该机的主要探测设备有：磁异探测器、雷达、声纳、照相设备。整个系统以 ASQ－114 通用计算机为核心，它与 AYA－8 数据处理设备及计算机控制显示系统一起可快速分析和利用电、磁和声学数据。通信系统有高频、超高频、甚高频电台和 ACQ－5 数据链。美军一共装备有 16 架 EP－3E 型电子侦察飞机，编为两个中队，第一飞行中队在日本的厚木和嘉手纳基地派驻了一个特遣分队。撞毁中国军用飞机的这架 EP－3E，就是这个特遣分队的。

军事领域又一高技术制高点——等离子体技术 《中国国防报》2001 年 10 月 23 日乐俊淮撰文介绍了等离子体在军事上的重要用途。他指出，等离子体是一个物理概念，在自然界里它存在于距地球表面 60～100 千米的高空大气层中。在这一高度的大气中，由于太阳紫外线和其他宇宙射线的辐射作用，空气分子发生电离反应，部分或全部被电离成电子和离子。这些电子、离子和中性的分子、原子混和在一起便构成了等离子体。这一高度的大气层也因此被称为电离层。一般情况下，气体不导电。而离子体却有很大的电导率，在电磁性能上完全不同于普通气体，所以有人称等离子体为有别于固体、液体和气体的物质的第四态。

人工产生等离子体的方法有多种。任何气体只要外界供给足够的能量都可以成为等离子体。在军事上，核爆炸、放射性同位素的射线，高超音速飞行器的激波，燃料中掺有铯、钾、钠等易电离成分的火箭和喷气式飞机的射流都可以形成弱电离等离子体。等离子体对电磁波的传播有很大影响。在一定条件下，等离子体能够反射电磁波；在另外条件下，等离子体又能够吸收电磁波。当存在磁场时，在等离子体沿磁场方向传播的电磁波极化方向会产生旋转，从而使雷达接收的回波极化方向与反射时不一致，造成极化失真。等离子体的这些性质在军事上有着广泛的用途。

让飞机被雷达发现概率几乎为零的等离子体隐形。俄罗斯克尔德什研究中心的专家利用等离子体发生器、发生片或放射性同位素在飞机表面形成一层等离子体“云团”，好似让飞机穿上“隐形衣”。雷达的电磁波照射到等离子体“云团”上，就会与等离子体的带电粒子相互作用，把部分能量传给带电粒子，而自身能量逐渐衰减，同时受一系列物理作用的影响，电磁波急于绕过等离子体，从而减少很多。有的等离子体发生器还能发出一些假信号对敌方雷达进行干扰。这样敌方雷达就很难发现飞机，即使发现了也很难判断飞机的飞行速度和准确位置。等离子体隐形的优点在于：吸波频带宽，吸收率高，隐形效果好，使用简便，使用时间长，价格便宜，维护费用低，特别是无须改变飞机的外形设计，不影响飞机的飞行性能。

专给对方导弹设置障碍的等离子气体云团。在美国国家导弹防御系统（NMD）加紧进行试验的同时，俄罗斯科学家独辟蹊径提出采用等离子体武器拦截导弹的新方法。等离子体武器的工作原理是：利用安装在地面的发生器和天线发出超高频电磁波束，使之在高空聚焦，焦点处的空气便会发生高强度的电离反应，形成强电离等离子体“云团”。这种“云团”等于给对方导弹设下一个“电磁障碍”，使之产生旋转力矩，偏离飞行轨道，最终遭到破坏而坠毁。整个拦截过程仅需 0．1 秒时间。对等离子体发生器而言，飞行中的导弹几乎相当于“静止不动”的目标，它可以在瞬间高度准确地拦截多个来袭目标。据报道，俄罗斯已研制成功试验型等离子体武器。它由超高频电磁波发生器、定向天线、电源及控制系统组成，采用集装箱式模块结构。这套试验装置已经成功地击落了炮弹。

敌方雷达难以发现的等离子体天线。鉴于天线已成为极易为敌方发现的突出目标，各国都投入大量资金和科研力量，积极开发隐形天线。澳大利亚研究人员最近宣布已开发出一种等离子体无线电隐形天线。这种新型天线外观有点像一个长长的日光灯管，外壳用抗冲击的玻璃制造，里面密封有惰性气体，基部带有一个金属电极。当无线电波通过金属电极进入管中后，将惰性气体电离，形成等离子体，由于等离子体中含有大量的自由电子，因此可以通过促使等离子体中的自由电子振荡，产生电磁波，即可向外发送无线电信号，同样它也可以用来接收无线电信号。不用或需要隐蔽时，只要将天线基部的金属电极关闭，其中的惰性气体就马上恢复正常，使敌方的雷达难以发现。

等离子体火箭。由于宇宙飞行中火箭的速度越快，消耗的燃料越多。这使担负远距离宇宙航行任务的火箭的速度受到了制约。美国约翰逊航天中心正在研制一种被称为可变特性脉冲等离子体火箭的新型火箭，可使火箭速度得到大大的提高。这种火箭的发动机包括3个相连的磁元件。前面的元件将推进气体电离，形成等离子体；中间的元件起倍增器作用，进一步加热等离子体；后面的元件是磁喷嘴，将富含能量的等离子体变成向一定方向喷出的高速流体，从而推动火箭高速飞行。据说利用这种火箭3个多月就可飞抵火星，比需用时7～8个月的常规化学燃料火箭省时一大半。等离子体火箭的发明，将为未来在太空作战的“天军”增添一批快速灵活的机动部队。

与NMD相对抗的弹道导弹突防新技术

《解放军报》2001年7月18日周晞、董春、赵伟东撰文介绍了与NMD相对抗的导弹突防新技术。

速燃火箭技术。反导弹系统中的预警卫星主要是通过导弹尾焰的红外辐射探测导弹的发射，虚警率较高，且只能探测主动段飞行、头体尚未分离的导弹。如果采用大推力速燃发动机，缩短导弹发动机的工作时间并使其在大气层内关机，就可以降低导弹尾焰的红外辐射，增大预警卫星上红外探测器发现导弹和对其定位的难度，从而增强了导弹主动段的突防能力。同时，由于采用速燃助推技术，导弹能很快进入大气层，使反导系统用于拦截的X射线强激光、中性粒子束在大气层内大大衰减，甚至可能会失去效能。

电子干扰技术。在导弹弹头上安装无线电装置，干扰反导防御系统中的雷达探测系统，使其无法工作，是目前广泛使用的一种有效的突防手段。按使用方式分为积极干扰（有源干扰）和消极干扰（无源干扰）。积极干扰是在弹头上安装干扰机或专用机，主动发射和转发无线电信号干扰或欺骗对方探测雷达。它通常有两种方式：一是利用干扰机发射功率强、频带宽的杂波干扰，抑制对方雷达工作。二是欺骗式干扰，又称回答式干扰，即利用安装在弹头上的专用机接收对方雷达信号后，经调制信号处理后转发出在距离、角度、速度上与真弹头不同的假信号，使敌方雷达接收后产生错误。消极干扰是利用反射电磁波的干扰物，对敌方雷达等电子侦察设备进行扰乱、迷惑，使其不能准确发现和跟踪真弹头。这类干扰装置一般包括释放舱和干扰物。释放的干扰物主要有金属箔条，涂有铝、锌、银等金属的玻璃纤维、尼龙纤维等。

隐形技术。弹道导弹的隐形技术是围绕红外隐形技术和雷达隐形技术而展开的。红外隐形技术是针对敌方天基红外探测系统发现、跟踪和瞄准而采用的。主要措施：一是在导弹或弹头上安装红外干扰装置；二是在导弹喷管外安装红外吸收装置减小自身红外辐射；三是在导弹的燃料中加入添加剂改变导弹红外辐射的频谱等。雷达隐形技术主要有外形技术和使用吸波材料。外形隐形技术如导弹弹头采用尖锥弹头、借姿态控制系统保持弹头头锥始终朝向对方雷达。使用吸波材料则是在导弹及弹头表面涂敷电波吸收型或干涉型涂料，耗散或抵消对方发射来的雷达波。

假弹头技术。假弹头是迷惑对方探测系统以掩护真弹头突防的假弹头。导弹在飞行过程中，在适当的时机、适当的高度抛出假弹头，并随着高度的变化逐步散开随真弹头同步飞行，形成多个假目标群，使对方雷达难辨真假而成功突防。随着反导系统遥测识别技术的不断发展，原有的一些简单的轻、重诱饵已经不能有效地干扰探测装置。为了增强效果，未来的诱饵首先必须具有多种特性（如速度、红外辐射、雷达反射特性）与真弹头相似，以便以假乱真。其二是应具有足够的数量，足以使反导系统的探测、拦截趋于饱和状态，使其防不胜防。

多弹头技术。随着反导导弹性能和系统搜索跟踪能力的提高以及反导配置的加强，拦截单发、少量弹头的可靠性越来越大。但拦截多弹头（或不止一发导弹的多弹头），则可使反导防御系统处于饱和状态，使反导拦截系统不能成功拦截所有子弹头的突防。多弹头技术通常有两种，一种是集束式多弹头，即1枚导弹携带数个子弹头的母舱，用弹射或小型火箭同时投放所有子弹头，子弹头沿着大致相同的弹道共同攻击一个面目标。另一种是分导式多弹头，即用1枚导弹发射多个分别瞄准不同目标或沿不同再入轨道打击不同目标的多弹头。目前使用最多的是母舱借助末段助推控制系统，逐次释放子弹头，每释放一个弹头，母舱就改变一次飞行轨道，每个子弹头可攻击不同的目标或同一个目标。

机动变轨技术。就是改变导弹飞行轨道以躲避敌方反导系统的拦截。通常有全弹道变轨和弹道末段变轨两种。其主要特征是母舱和子弹头都带有控制和制导系统。全弹道变轨采取机动滑翔弹头、部分轨道轰炸等技术。机动滑翔弹头的弹头与火箭分离后飞入高弹道（30～120千米）再下降至低空滑翔，然后再上升至顶点，接着又向下滑翔较长距离后向目标俯冲。由于飞行弹道低，不易被发现和拦截，飞行中的反复机动可使反导防御系统中的计算机无法进行有效地弹道计算，增大拦截难度。部分轨道轰炸技术，即飞行轨迹不是一般弹道导弹的弹道而是卫星轨道的一部分。其突防方法一是靠提高射程，使弹头从对方预警系统较薄弱的方向进入。二是能压低攻击弹道（200 千米以下），使对方远程预警系统不能及时发现。

增强防护技术。反导弹核弹头爆炸时所产生的大量高能粒子流、电磁辐射等特殊效应能在较大范围内破坏、摧毁来袭导弹或其他电子设备。为确保弹道导弹成功突防并击中目标，需对导弹、弹头及电子设备进行抗核加固。就弹头而言，目前采用的方法：一是防核辐射，通常在弹头表面覆盖吸收材料、多孔膨胀材料加以屏蔽。二是防电磁脉冲，主要是采用铝镁合金等材料实施整体屏蔽，并采用滤波器、限辐器、特种保护电路等保护弹头里面的电子装置。为有效对付反导弹头常规爆炸碎片的破坏，也有必要对常规弹头进行加固，使其即使被拦截弹头碎片流击中，也不会被摧毁。

正在研制中的天战武器简介 《解放军报》2001 年 1 月 17 日李贺春、陈有荣撰文介绍了国外正在研制中的几种天战武器。

反卫星武器。它是用于干扰或打击、破坏敌方航天器的一种天战武器。它可以攻击在轨运行的各种航天器，使其全部报废、暂时或永久丧失部分及全部功能，因而有"太空杀手"之称。其优点是：①部署方式灵活。根据各种反卫星武器的性能特点和作战需要，既可部署在陆地或舰船上，又可设置在飞机或航天器上。这些反卫星武器分别被称为地基（陆地与舰船）反卫星武器、机载反卫星武器与天基反卫星武器。②杀伤手段多样。现代反卫星武器既可采取直接碰撞动能硬杀伤，又可采用激光、微波、粒子束等定向能软杀伤，还可采用喷涂化学物质等其它非致命杀伤手段。③效费比高，威慑作用强。由于航天系统日益成为国家的关键利益所在。在未来战争中，一旦航天系统遭受反卫星武器的破坏，将会给拥有并利用航天系统的一方以沉重打击，进而削弱信息战优势或失去战争优势。而花少量的钱研制能打击敌方易损的、耗资巨大的航天系统的反卫星武器，则将成为大多数中、小航天弱国威慑强大敌人、保护自己的重要选择。④生存能力强。反卫星武器部署便利，机动性好，攻防兼备，有很好的自身生存能力。

高层反导武器。它是指在外层空间拦截弹道导弹的地基、海基和空基反导武器，以及部署在外层空间的天基反导武器。与地基、海基和空基反导武器相比，天基反导武器的优势在于：①可实现全球范围的导弹拦截。由于地球的自转和天载反导武器的绕地球运动，通过适当选择轨道，合理布局拦截器，可以缩短拦截器的作战距离和实现全球范围的拦截。②能够实现高效率的助推段拦截。导弹在助推段速度低、贮箱体积大而结构脆弱，容易被摧毁，而且尚未投放子弹头和诱饵，是拦截导弹的最佳时机。助推段拦截还意味着充分利用了可用的拦截时间和空域，从而为多层拦截提供了条件。③近似真空的太空环境有助于提高拦截器的性能，可以避免大气对激光能量的衰减等。

空天飞机。它是航空航天飞机的简称，集飞机、运载器、航天器等多种功能于一身，既能在大气层内作高超音速飞行，又有进入轨道运行，将是 21 世纪控制空间、争夺制天权的关键武器装备之一。空天飞机在军事上的应用包括：①确保快速廉价地进入太空。空天飞机与目前使用的一次性使用运载火箭、飞船和部分重复使用航天飞机相比，在重复使用性、发射操作费用、可维修性和周转时间、灵活机动性等方面都有革命性的改变。②可作为空间武器发射平台。在未来天战中，空天飞机可作为各种武器弹药，包括动能武器和高能激光武器、微波武器等的发射平台，对敌方陆、海、空、天重要目标进行攻击，对战争的胜负可起到至关重要的作用。③反卫星。空天飞机能利用自身的探测设备，发现敌方卫星，对其进行跟踪和干扰，使其失灵或将其摧毁；或将它"俘虏"，窃取它已获得的情报，或者将它送入错误轨道。④可作为快速运输机。空天飞机飞行速度极快，它从普通机场起飞，可在一小时之内快速达到全球任何地方，能对全球范围发生的地区冲突迅速作出反应，或对敌方发动突然袭击等。⑤可作为战时空间预备指挥所。空天飞机能像载人空间站那样能在轨长期停留，又配备了先进的指挥控制系统，一旦战时需要，可以直接承担起作战指挥控制任务。⑥侦察监视与预警。空天飞机可利用其携带的照相侦察、电子侦察等设备对陆、海、空、天目标进行侦察与监视，对导弹发射等进行预警。比各种侦察卫星具有更大的灵活机动性，更强的综合、实时侦察能力。

空间作战飞行器。该飞行器可依靠自身的动力系统或由航天飞机送入轨道，能执行多种任务，如作为动能与定向能武器平台或侦察监视平台，部署、修理或破坏、回收军用小卫星等。其轨道机动能力强，在轨道上可停留数月乃至一年，并可随时应召返回地面，具有很强的战术应用能力。

军事伪装与反伪装技术发展趋势 《军事史林》2001 年第 4 期罗新芹报道，在高技术战争条件下，随着光电、红外、遥感、生物、纳米等高技术在战场上的广泛应用，以及信息战、电子战、心理战和隐形武器的出现，使军事伪装与反伪装的斗争日趋激烈。21世纪军事伪装与反伪装技术的发展，主要有以下几种：

计算机制造的变形迷彩“隐身衣”使肉眼难以辨认。其中美国研制的“21世纪陆战勇士”系统中的“电脑化”士兵变形迷彩服较有代表性。这种神奇的迷彩服有蓝、绿、灰、黄4种颜色的变形迷彩图。这种迷彩图是由电脑模拟丛林、沙漠、岩石、土地等背景环境而成。其色彩的种类、亮度等，在可见光下对光谱的反射特性以及分布比例都比较适度，从而使“隐身衣”上的迷彩图案与背景融合一致。穿上这种服装，即使是在运动中，也不易被肉眼发现。

静电场原理和超低频电磁能技术可透过墙壁探测到人。目前，科学家已研制出多种能探测隐藏在混凝土墙、隧道中甚至掩体中的敌人设备。第一种叫“探人器”的装置，该装置是利用人体本身存在的静电场和两个极性相反的静电场之间存在吸引力的原理来工作的。使用时，士兵持该装置指向可疑方向，并对四周进行扫描。当发现人体信号时，该装置的定向天线就会“拉着”士兵手中的装置指向静电场最强的方向，这个方向就是敌人隐藏的地方。第二种是利用超低电磁能“看人”的“生命卫士”装置。它可通过探测由跳动的心脏产生的超低电磁能，透过金属、沙地和深水确定人的准确位置。第三种是“手电筒式雷达”系统，它将多普勒雷达技术与高速信号处理技术相结合，可探测由于心脏跳动或呼吸而产生的人胸部的微小运动。

基因重组将使植被伪装发生一场“绿色革命”。军事伪装领域的专家经过长期研究，用基因重组的办法，把多种植物的优点集中到某种植物上。这种基因适应性强，具有快速生长的特点，可用它做成“植物毯”。这种毯是由供植物生长的营养剂经特殊加工后制成的，植物的种子就编在毯中。把植物毯盖在前沿阵地、工事及可供植物生长的、比较固定的目标上，战时适当浇水或遇有少数雨水，便可在雨后的短时间内快速生长出植物，且长成后长时间保持不变，使目标和背景浑然一体，从而达到长期伪装的目的。此外，还有一些科学家国外研制一种“变色植物”。即把变色龙为适应环境变化自动调节颜色的遗传基因提取出来，就可生产出变色生物。如在大量快速繁殖的藻类等简单生物中，拌入微粒金属粉末等电磁吸收材料，做成新型生物涂料。这种涂料将具有极好的光学伪装性能，同时也具有红外微波吸收特性。

神奇的纳米技术将使军事伪装变得更加扑朔迷离。纳米材料是一种直径比光的波长还短小的微小晶体粒子。纳米颗粒材料具有宽频带的吸收电磁波的特异性能，用此做成的伪装涂料，将具有光学、热红外和微波的吸收效果。纳米材料还可以用于伪装网的制造，这将远远超过锡箔条对雷达产生的干扰和迷盲，所有的成像观察器材都不通透过此屏障。

高技术人造海市蜃楼将使军事伪装取得突破性进展。所谓海市蜃楼，是指通过气体、水等媒介对真实物体的折射，使之在一定范围内构成虚景。如果这种手段能被人工实现，就能够将远在千里之外的千军万马的景象展现在某地。它既有烟幕的遮障效果，又可作为一种假目标实施心理战。这将是21世纪伪装领域中的一个突破性进展。

军用无人机的发展趋势 《现代军事》2001年5月号牟庆森、肖允华、杨镜宇报道，在世纪之交的几场战争中，无人机因成功地遂行侦察、战场监视、目标定位及诱骗等任务而倍受世界各国军方的重视和青睐。随着高新技术在航空领域的普遍应用，21世纪初的军用无人机，将在隐身性、长航时、微型化和攻击能力方面得到进一步发展，并将对未来空战战场产生深刻的影响。

隐身无人机将成为未来空中战场的“撒手锏”。在现代作战样式向“非对称”、“非接触”、远程奔袭和精确打击的方向转化的情况下，增强无人机的隐身性能成为各国军方迫切需要解决的重大问题。以色列飞机制造公司正在研制一种高空长航时的隐身无人机。该机将隐身技术与远距空空导弹相结合，可突入敌方纵深，拦截和攻击处于助推阶段的地地导弹。随着适用于战斗机的隐身材料的不断出现和隐身技术的不断完善，无人机的隐身性能也必将得到加强。

长航时无人机将成为未来的实时监视平台。现代战争的信息需求，对执行战略监视和战术侦察任务的无人机的续航时间提出了新的更高的要求，促使无人机向长航时方向发展：一是担负战略监视任务的无人机，为了能获得较大的监视面积，获取准确而又有价值的战略情报，飞行高度通常在18000米以上，通过增大其留空时间，达到战略监视目的。如美空军“全球鹰”无人机可在距离基地5000千米处留空22小时，平均每日探测1900个目标点，有可能代替U—2飞机执行战略侦察监视任务。二是在战区上空执行战区监视侦察任务的战术无人机，必须具备足够的留空时间，才能保证它在战前进行大面积快速侦察，战争中配合空中战斗机及时提供最新的目标信息，战后进行毁伤效果评估，以便指挥员掌握战区内敌方的兵力机动、部署、武器装备等各种战场信息。

微型化无人机将成为未来特种作战的重要装备。

微型化无人机是指长度和翼展小于 15 厘米的无人机。微型无人机概念的提出，主要是为了满足未来特种作战和城市作战的需要。这种微型飞行器用雷达或者红外传感器很难探测，飞行起来非常安静，使人们无法感觉到它的存在。因此，在未来间谍战、特种作战和城市作战中，通过操纵这些随身携带、不易发现的侦察设备，对大型建筑物和工厂中的侦察“死角”，进行及时的空中监视、目标定位，甚至还可将现场的电视图像及时传回到便携式接收装置。同时，它还具有运载非常规微型弹药的能力，可以用于狭小地带的武器布设。随着纳米技术、微型传感器技术以及微电池技术的进步，微型化的无人机将得到进一步的发展。

无人战斗机将成为未来战斗机群的主力。20 世纪末，为减少地面防空火力对飞行人员的杀伤，人们开始考虑用无人机替代有人机，执行对地攻击（特别是高风险的压制防空）甚至空战任务。随着航空电子设备的小型化、智能化和信息融合，使无人机攻击地面目标成为可能，也使无人机这一机种跨入了作战飞机的行列。目前，直接用于作战的无人机主要有两种。一种是依赖自身战斗部杀伤的无人攻击机，它以反辐射无人机为主，一般在无人飞行器上加装被动无源定位导引头和引信、战斗部。它可在敌方地域上空巡航待机，一旦发现目标即可攻击（包括垂直向下攻击），使敌方难于拦击。另一种是携带可投放武器并可反复使用的无人战斗机。主要采用有人干涉的有限自主控制回路，由地面指挥控制中心、空中指挥控制飞机或有人驾驶战斗机上的人员操纵，能够执行对地攻击和空战任务。与有人战斗机相比，它具有很多优点：无人员伤亡，政治风险小；可以突入敌火力圈投弹，还可采用多种发射方式，大大提高了作战效能。目前一些国家已经开始了无人战斗机技术的开发和研制工作。目前的典型方案有美国诺斯罗普公司为军方设计的未来“无人作战飞机”（UCAV）方案；波音公司将 JSF 战斗机改装为两种成本较低的“无人驾驶战术战斗机”（UTA）的方案等。有专家预言，如果 2015 年前无人战斗机进入服役，那么无人战斗机将和第四代战斗机共同组成 21 世纪的战斗机群。到 2025 年左右，无人战斗机将有可能在战斗机群中成为主力。

形形色色的超导武器装备简介　《中国国防报》2001 年 4 月 17 日发表赵利、崔新华的文章，对形形色色的超导武器作了介绍：

前景广阔的超导兵器。超导技术应用收效最快的是超导电动机和发电机，其特点是体积小、重量轻、能耗小、效率高，可用作舰船、坦克、飞机有效而灵活的推进系统。

超导舰艇。一些国家通过开展超导技术在海军舰艇方面应用的研究，已将超导电磁推进船试验成功。超导电磁力推进装置是按照电磁原理设计的。在舰艇上安装电磁铁，在磁场和电流的相互作用下，海水向后运动。在海水的反作用力下，舰艇将获得向前的推力。超导舰艇既不需要发动机，也不需螺旋桨，能有效地消除噪音、降低红外辐射，从而大大提高生存能力和快速机动的突防能力。

超导飞机。设计制造大功率、小体积的发动机，对提高飞机的作战性能起着至关重要的作用。磁流体发电是一种高效发电方式，随着超导技术的不断突破，为大容量、小型化磁流体发电机的研制提供了条件。这种超导发电机实用后，飞机可用它作能源，为空中指挥所和预警飞机的大型雷达、大型计算机、各种通信设备等非常耗电的装备提供动力。预计这种机载大功率超导发电机将是超导技术在军事上最先得到应用的项目之一。

超导坦克。最近，美国陆军设想的超导坦克即电磁坦克外型与 M1 坦克相似，这种坦克为无炮塔式结构，战斗全重 45 吨，主要武器为 105 毫米电磁炮，电磁炮的电源由 6 台超导线圈制成的单极发动机提供，车体中部的两侧为液氮容器，盛有冷却超导电感线圈的液氮。高温超导体的出现，也给坦克的高技术开辟了一条新途径。电磁炮的应用，必将使坦克如虎添翼。

快速高效的超导通信。利用超导材料“约瑟夫森效应”制成的仪器设备，具有灵敏度高、噪声低、响应速度快和能耗小等特点，在军事侦察、通信、电子对抗和指挥等方面，都大有用武之地。

军事超导有线电通信。利用超导电线可以实现远距离、大容量通信。研究试验表明，超导电线传输信息的速度，比光纤系统快得多，可以传输几万亿分之一秒的脉冲。科学家们预言，未来高温超导的远距离通信的容量将比光缆大几百倍，能够每秒传输相当于 1000 部大英百科全书的信息量。同时，超导电线因为无损耗，可以省去每 3～4 千米就要设置的放大器。

军用超导无线电通信。利用超导材料制作无线电发射机和接收机，不仅灵敏度高、频带宽，而且可减小天线的尺寸和重量，提高系统的生存能力。英国伯明翰大学制成的世界上第一台超导无线电发射机，其发射距离比常规发射机远 10 倍。超导材料也是制造通信卫星的理想材料，它可以提高信息处理速度，并可使频率响应时间缩短一半。利用超导材料制造卫星天线，其效率可提高 90%。

军事指挥和控制。采用具有零电阻特性的超导材料制作计算机，由于功耗减小，电路产生的热量可以忽略不计，运算速度大大提高，而且体积和重量可大幅度减少。日本富士通公司研制成功的4位超导微处理机，与采用砷化镓技术的同类处理机相比，速度快10倍，功耗只有后者的1/500。据称，若采用超导材料制作计算机，目前的亿次巨型计算机可制成只有微型个人计算机那样大。这种微型高速计算机的应用，必将大大提高军事指挥效率，同时也可提高武器制导系统的性能。

高度灵敏的超导探测。利用超导技术的探测器件，由于对磁场和电磁辐射极其敏感，其灵敏度比常规探测器件高上千倍，是军事遥感侦察的理想设备。正在研制的主要有天基凝视红外焦面阵列探测器、微波和毫米波探测器、磁探测器等。超导探测器不仅尺寸小、重量轻、作用距离远、探测灵敏度高，而且具备一般可见光和红外探测系统所不具备的全天候以及穿透烟云的探测能力，并能提供对低特征目标的探测能力，可广泛应用于航天器的相控阵天线、反潜武器和水雷探测。

据悉，新一代超导雷达也正在研制之中。其天线、发射机、收信机、稳频源、信号模拟器、滤波器等电子器件全部是采用高温超导材料制作而成的，具有低功耗、低噪声、宽频带、高灵敏度、高可靠性以及体积小、重量轻等优点。试验表明，用于雷达系统的超导电子器件，可使雷达频谱扩展166倍，作用距离提高一个数量级，而且可探测到微弱的信号。

21世纪初空空导弹发展状况简介　《解放军报》2001年7月4日刘治德、刘江平报道，21世纪的空战更加强调非接触的全方位超视距作战，因而超视距空空导弹将是机载武器系统的发展重点。其中，中距空空导弹更是重中之重。21世纪初的中距空空导弹的主要特点是：采用主动末制导，具有“发射后不用管”能力；采用复合制导，具有多目标攻击能力和攻击隐身目标能力；提高了导弹的巡航速度，使其具有较大的不可逃逸攻击区和较强的末端机动过载能力，可有效攻击第四代战斗机；采用弹载高速计算机、数字化信息处理技术和超大规模集成电路，采取多种电子对抗措施，使导弹具有很强的抗干扰能力。

R-37是俄罗斯第一种采用主动雷达末制导、具有“发射后不用管”和多目标攻击能力的第四代中距空空导弹。采用惯导、无线电指令中继制导加主动雷达末制导的复合制导方式，导引头为单脉冲多普勒主动雷达，对目标的截获距离为20千米；主动激光引信，破片式高能装药战斗部重21千克；动力装置为单台固体火箭发动机，最大速度4马赫，最大射程50千米。R-37导弹主要装备苏-27、苏-30、苏-35、米格-29、米格-31等战斗机。

AIM-120“先进中距空空导弹”是美国空、海军联合研制的全天候、全方位主动雷达制导导弹，有A、B、C、D四种型号。基本型AIM-120A，复合制导体制，采用捷联惯导+无线电指令修正作为中段制导，脉冲多普勒主动雷达导引头作为末制导。最大机动过载35g，最大速度5马赫，典型迎头攻击距离50千米。该弹已多次应用于实战，取得较好效果，命中率超过80%。装备的作战飞机有美国的F-14、F-15、F-16、F/A-18、F-4F、英国的“旋风”、瑞典的“鹰狮”和EF2000等。

法国的“米卡”空空导弹首次将中距拦射和近距格斗双重任务集于一身，采用可互换使用的主动雷达和被动红外导引头，具有“发射后不用管”能力。用于中距拦射时，末端采用主动雷达制导。“米卡”弹径170毫米，弹重110千克，是超视距空对空导弹中的“袖珍一族”。“米卡”由推力矢量+气动舵控制，最大机动过载50g。具有全向攻击能力，最大射程55千米。装备的战机有法国的“幻影-2000”、“阵风”，英国的“海鹞”、“旋风”，瑞典的“鹰狮”等。

21世纪初天空中异军突起的将是远距离空空导弹。为了适应未来“全距离”空战的新特点，这类远程空空导弹大量采用先进技术，使导弹性能有了质的飞跃。它们中的佼佼者包括：俄罗斯的KS-172（射程400千米）、R-37M、Kh-31p（射程200千米）、R-37（射程150千米）；美国的ASALM（射程380千米）；法国的ASMP（射程250千米）。这些远程空空导弹主要用于攻击决定空战胜负至关重要的预警机、加油机和电子干扰机等。其特点是：采用新的动力装置，如双推力固体火箭发动机或冲压脉冲发动机，以提高导弹的平均速度和末端速度；采用新的阻力小、效率高的气动布局，加装推力矢量控制装置，以提高导弹的机动性；采用双模寻的导引头，提高远程空空导弹全方位打击精度。

21世纪地空导弹发展趋势　《解放军报》2001年9月18日侯云礼针对21世纪空袭反空袭作战将向大高层广范围空间发展的动向指出，随着防空功能的扩展和体系对抗的形成。21世纪地空导弹的发展，也呈现出以下几个趋势：

弹炮结合。为了弥补地空导弹系统结构复杂、成本高、具有一定近界死区的不足，近年来出现了集便携式地空导弹、小口径高炮、搜索雷达及光电火控系统为一体的弹炮结合的防空武器系统。俄罗斯

“通古斯卡”是世界上列装最早，也是功能较为完备的弹炮一体式低空防御系统，其改进型“潘梯伊尔–SI”系统，由一门30毫米火炮、12联装改进的“SA–19”导弹发射架，以及全天候火控系统组成，增大了射程、射高，全系统可同时对付2～3个目标，甚至可拦截来袭的空地导弹。未来，以弹为主，弹炮结合，全面覆盖高、中、低空和远、中、近射程不同空域，能够形成综合、高效打击能力的“弹炮结合体系”，必将成为抗击各种空袭目标的屏障。

一弹多用。为突破密集、多层次防空网，今后的空袭往往会采用在多种干扰掩护下，多批次、多方向的饱和攻击，这就要求地空导弹具有同时对付多个目标的能力。一弹多用可以简化部队装备、缩短武器系统的研制周期，减少维护使用费用，降低武器成本。地空导弹应该具有“三全一抗”性能，也就是导弹武器系统能全天候使用、全方位进行攻击和全空域作战，同时具有良好的抗干扰能力。未来的地空导弹不仅能够攻击干扰载机掩护下的目标，而且能攻击担负空袭掩护任务的干扰载机。不仅能够攻击各种不同特性的空中目标，还能同时攻击不同方向、不同角度来袭的多个目标。不仅可作为地空导弹、舰空导弹，还可作为空空导弹；甚至还能攻击地面目标。

发展反导。战术弹道导弹（TBM）是目前世界上扩散最快的远距离攻击武器，目前世界上有20多个国家拥有战术弹道导弹1万余枚；近年来在各种战争中使用的TBM多达上千枚。与作战飞机相比，TBM的雷达截面积较小，不易被发现；还有些TBM采用了母弹头，增加了低空的拦截难度，其飞行速度随射程的增加而增加，再入速度一般高达数千米/秒，普通的防空武器根本无能为力。但实践表明：只要发展多功能相控阵雷达、复合制导、高速导弹等反TBM防御系统的关键技术，实现对目标的的远程预警、搜索跟踪，击落具有强突防能力的远程弹道导弹是可以成为现实的。目前以色列研制成功的“箭–2”导弹武器系统可以对500千米内的目标进行监视，同时处理上百个目标，同时跟踪12枚弹道导弹，并且制导两枚导弹同时攻一个目标，还可以在第一次拦截后进行毁伤效果评估，如第一次失败，还可进行二次拦截。

导弹智能化。地空导弹的智能化就是使导弹具有某种人工智能，在空中可以识别不同型号的战机、分辨敌我，导弹发射后，能像人一样具有一定的分析判断能力，可以将探测到的目标信息与导弹大容量存贮器中存贮的目标情况进行比较、识别、判断，自动选择攻击的目标和目标的要害部位。

远程打击。未来远程地空导弹，可以将空袭兵器拒之于千里之外，提高被保卫目标的生存能力，甚至可以用来封锁敌人机场、空袭兵器发射阵地。如“悬浮式”地空导弹，可以采用子母弹形式，使用运载工具投射到敌人机场、发射阵地附近，自动搜索目标，根据目标状态进行识别、选择攻击对象，然后自主攻击。

电子摧毁。针对以往地面防空部队对远距实施空袭指挥和电子干扰的预警机、电子战飞机无能为力的状况，一些国家的军事科技部门把敌指挥和电子干扰平台作为地空导弹的主打目标，着力发展反辐射地空导弹，以摧毁敌方电子干扰平台，增强防空作战的主动性。

21世纪地地导弹发展趋势 《解放军报》2001年9月25日侯云礼撰文介绍了地地导弹的4种发展趋势：

采用先进制导技术，提高导弹命中精度。导弹的杀伤概率与命中精度和弹头当量有这样的关系：弹头当量不变，精度提高10倍，杀伤概率就会增大100倍；若精度不变，弹头当量增大10倍，杀伤概率仅增大4.46倍。可见，提高导弹命中精度的重要。因此，美、俄等国都一直在大力研究发展精确制导技术。如美国为了提高惯性制导器件性能，组织专家研制和开发新型无惯性器件，如激光陀螺、光纤陀螺、激光加速度计等。他们采用先进的悬浮、气浮和反馈力矩等技术，降低陀螺仪漂移速度，提高加速度计的精度，已经取得突破性进展。

注重发展新型战斗部，提高导弹杀伤威力。目前，地地战役战术弹道导弹战斗部的发展趋势主要有3个方向。一是发展杀伤威力在50万吨TNT当量以下的核弹头。其关键技术是当量可调技术和可控核爆技术。二是用化学毒剂充当地地战役战术弹道导弹的战斗部。三是发展能够适应各种战斗任务需要的常规弹头。比如，发展可以杀伤软目标的高爆破片弹头；用于破坏敌方电力系统的碳纤维弹头；用于破坏敌方仓库（后勤）基地的燃烧弹头；可以通过目标天线或其他金属连接物渗透到敌方电子装备系统内部，烧毁破坏武器装备内部计算机芯片、线路和程序的大功率微波弹头；以及可以攻击较大面目标的子母弹头等等。

运用多功能技术，提高导弹反应速度。要提高地地战役战术弹道导弹反应速度，就要在整个武器系统的设计研制过程中采用多功能技术，形成武器系统各个诸元的最佳组合，达到发挥最佳效能之目的。目前，比较有效的措施有：将地地战役战术弹道导弹与先进的目标侦察系统和自动化系统网络结合起来，形成实时或近于实时的攻击系统；采用多联式机动发射装置，提高单车的火力威力；在导弹发射车上采用先进的自动定位系统，使发射车进入阵地后就能自动测定所在位置，缩短战斗准备时间，提高地地战役战术弹道导弹的反应速度。

应用各种高新技术，提高导弹突防能力。面对未来反导武器系统的发展，新一代地地战役战术弹道导弹必须具有较强的突防能力。这方面的技术主要可以概括为欺骗、隐身、干扰、躲避。当前，有关提高导弹突防能力的具体技术主要是：利用发动机两次点火技术，压低弹道，减少被防御探测器探测的时间；采用速燃助推器，缩短导弹助推段飞行时间，从而降低被拦截的概率；采用微电子器件，缩小导弹尺寸或在导弹表面涂敷雷达吸波涂层，减小雷达的反射截面积；在助推剂中添加“污染剂”，改变发动机火焰的颜色，防止或推迟预警卫星的探测；采用微波、红外、可见光干扰和有源干扰等先进的突防技术，确保弹头突防成功等。

21 世纪弹药发展方向　《军事史林》2001 年第 9 期、《解放军报》2001 年 11 月 14 日载文介绍了 21 世纪弹药的三种发展方向。

制导弹药将成为弹药研究与装备的主流。随着制导武器在近期几场局部战争中使用的迅速增多及其出色的表现，使精确制导弹药技术已成为当前各国军事科研关注和发展的首要。人们预测，2020 年前后精确打击武器领域的先进技术主要有：

微型精密惯性陀螺技术。21 世纪初，最重要的新型陀螺技术是光纤陀螺技术。由于光纤陀螺中的许多光学器件是在多功能集成光学芯片上获得的，故集成光学技术是获得大批量生产紧凑而低成本光纤陀螺的重要条件。

微型制导炸弹技术。利用该技术制造的 112 千克的微型灵巧炸弹，可与 900 千克炸弹具有同等的毁伤力，而飞机的运载负荷却降低了 70%～80%。该项目所涉及的关键技术是高威力炸药、GPS 抗干扰装置，以及激光雷达末制导技术。

硬目标侵彻技术。该技术涉及引信、战斗部和炸药。其关键技术有：用高强度、高韧性重金属做侵彻弹体；用高能量、高密度炸药做侵彻战斗部装药，用这种材料装填的战斗部能够承受弹丸侵彻硬目标时高冲击载荷的作用。反硬目标引信为可编程引信，它可以在飞行中设定，既能承受碰撞，又能在最佳位置上起爆战斗部。多介质硬目标引信可对 16 层介质进行计数，并能对 78 米的总侵彻长度进行计算。

三模复合寻的制导技术。双模寻的复合制导技术已日趋成熟，未来将出现三模复合寻的制导技术，例如日本已着手研制对空导弹用的微波/毫米波/红外三模寻的头，这种导弹具有更高的命中精度、更强的抗干扰能力。

超音速燃料发动机技术。目前，美国正在研制超音速燃料冲压发动机，这种发动机将使用吸热性的碳氢燃料，该燃料能够释放出氢气，可将高音速导弹速度从 8 马赫提高到 10 马赫。

新概念无弹翼自适应超音速导弹技术。它可攻击陆上 12 米深的地下目标。这种导弹主要采用了一种自适应灵巧材料或自适应灵巧结构。所谓自适应灵巧材料是一种压电材料，它是一种在其表面施加电压后会自动膨胀或压缩的复合材料。在无弹翼自适应导弹中，可在弹内设置两对正交压电陶瓷“腱”或万向节，从而使弹体随意弯曲或旋转，以此来控制导弹的飞行。

合成孔径雷达制导技术。一些发达国家早在 20 世纪 90 年代即开始开发小型合成孔径雷达制导技术，并将该技术用于 1000 千克级 MK84 炸弹系列，要求制导精度达到 3 米。预计几年之后，将用现役 GBU－15 制导航弹演示小型合成孔径雷达寻的头的结构设计，随后进行飞行试验。

惯性导航和全球定位系统（INS/GPS）一体化技术。美国正在研究嵌入式 INS/GPS 一体化技术，即将 INS 和 GPS 作为一个整体装入导弹系统，这种一体化 INS/GPS 具有更好的抗干扰性能，重量轻、体积小，适于导弹安装。

超远程弹药是研究与装备的发展方向。

随着“超视距打击”、“非接触作战”等新作战理论的提出并在实践中广泛运用，“火力臂”的长短已成为衡量部队战斗力的重要依据。由于战术导弹、巡航导弹等一批远程武器价格昂贵，难以大量装备，因此，提高常规火炮的射程即成为 21 世纪弹药发展的重要方向。目前，世界各国纷纷研制射程超过 100 千米的常规火炮系统，其典型代表有：

美国 EX－127 毫米火箭助推增程炮弹。该火箭助推增程炮弹由 3 个基本子系统组成：尾部有固体推进火箭发动机，内装有 72 枚 M80 子弹药的有效载荷舱及头部的 INS/GPS 导航、制导和控制子系统。该弹提高射程的基本措施为：一是减少弹体壁厚，装填大量的火箭推进剂；二是其导航、制导和控制子系统通过控制整个弹体来改变弹道最高点后的飞行轨道，使弹丸昂首飞行，并沿一个小的倾斜角滑翔，从而提高射程；三是以一个最佳仰角发射子弹药，并在弹道上升段的一个最佳点上点燃火箭发动机，进一步提高弹丸的射程。通过以上措施使该弹获得 120.7 千米的最大射程，投放精度将达到 20 米左右。

英国 155 毫米尾翼稳定增程弹药。这种尾翼稳定增程弹药采用底部排气、火箭助推和气动 升力面（尾翼、舵和弹翼）增程技术的不同结合，通过减少阻力、增加助推高度和滑翔来提高 射程，能够将 30 千克的有效载荷投放到 100 千米以远的距离上，同时还可获得 30 米的精度。

总的说来，21 世纪初火炮的射程将有较大的提高，迫击炮的射程将达 10 千米以上，加榴炮 的射程将达 50 千米，远程多管火箭炮的射程可达 100 千米。

新毁伤机理弹药将成为弹药研究的重要领域。在未来的高技术局部战争中，武器攻击的主要目标不是敌作战部队，而是敌方的武器装备、发射平台、指挥中心、地下工事、道路桥梁等 。对目标的毁伤程度要求也在变化，如对人员要求从“致死”转变到“致伤”，对装备从“ 毁伤”转变到“失能”。这样，毁伤机理弹药也就慢慢地由幕后走向战争舞台。目前，世界 各国重点研究的新毁机理弹药有：

激光武器毁伤机理弹药。不同波长、不同输出方式的激光束对目标的破坏效应不同，既能 对目标实施“硬杀伤”，也能实施“软杀伤”。目前崭露头角的激光武器有：（1）激光干扰 、致盲武器，即用激光束干扰或破坏人的视觉或武器装备中的光电装置的战术武器，它可以 纵火，使人致死、致眩、致盲，烧毁光电仪器仪表等；（2）防空激光武器，通过破坏关键元部件或毁伤壳体等方式使设备失效；（3）反卫星激光武器，用来攻击天基武器站，通过 破坏武器站的平台或其上某一关键部位，使武器站失去战斗力；（4）反战略弹道导弹激光武 器，用于拦截战略弹道导弹，这类激光武器的平均输出功率应达到 10^8 瓦。

微波武器毁伤机理弹药。微波武器可以分为微波波束武器和微波弹两大类。（1）微波波束 武器是利用高功率微波束毁伤人员和电子设备的武器。为此，它辐射出的微波束功能必须 达到吉瓦级（10^9）以上。由于空气中水和氧分子对微波能量具有吸收作用，使高能微波束 在空气传播中衰减，因此，微波波束武器的有效作用是有限的。（2）微波弹一般装在炮弹内 或用导弹射向目标、或用飞机空投到目标上空“爆炸”，将炸药的化学能转变为电能，以该 电能激励弹内的微波源（电磁脉冲发生器），以辐射微波频段的电磁脉部。

次声波毁伤机理弹药。次声波就是频率低于 20 赫的声波。人的内脏器官、大脑及血管的自 振频率为 4～18 赫。次声波作用于人体时，由于共振会使器官、血管等扭曲与错位，造成伤 害后致命。次声波还具有较强的穿透和渗透能力，可以穿透建筑物，甚至坦克和潜艇，杀伤 其内部的乘员。武器专家正是利用次声波的这些特点，将大功率次声波定向辐射有生目标，以达到一定的杀伤效果。

外军特种部队新装备简介　《解放军报》2001 年 10 月 17 日车华、耿海军报道，随着高技术 的广泛应用，以美国为代表的外军特种部队单兵装备迅速更新，目前共有 40 多件，重约 70 千克，包括战斗装备、服装及维护用品三大类，主要有：

M9 多功能刺刀。这种刺刀附有刀鞘，可与特种队员随身携带的“柯尔特”突出步枪及 M16 型步枪配套使用，其特点是钢质好、锋利、韧性强，其刀背呈锯齿形，刀鞘与刀背合起来可作钢剪使用。

防毒面具。美国特种部队配备的防毒面具主要有三种型号，即 M17A1、M17A2 型防毒面具和 M40 型防毒面具。其中后者是目前美国部分特种部队队员刚换装的新式防毒面具，其防毒性比 M17 型防毒面具提高 3～5 倍，密封性能大大提高；另外还增加了可进行内部通话联络的语音增音器及保护眼睛免受激光伤害的眼罩。

夜视眼镜。外国特种队员配备的夜视眼镜品种不一，如美军新式被动红外热成像夜视镜的特点是体积小，重量轻（一般为 0.4～1 千克），具有识别伪装，穿透云、烟、雾的功能，可以观测到 400～800 米远的人物活动，1500～4000 米远的步兵队形、坦克和步兵战车等目标；与头盔、射击、测距、指挥器材组合，可形成保护、观测、瞄准、射击一体化。射手一旦通过夜视眼镜看到瞄准器发到目标上红外光点，即可扣动扳机准确射击。

全球定位系统（GPS）接收机。“全球定位系统”中的各卫星上安装有高精确度的原子钟，能保证地面作战部队无论何时何地都可以接收到 4 颗 GPS 卫星所发出的准确电波。其现有接收 机分 6 类，即单兵单通背负式、地面车载式、直升机用双通道式、战斗机、轰炸机和核潜艇 用 5 通道式等，最小的接收机，形似游戏机，如香烟盒大，重 1.5 千克，使用十分灵活方便 。

便携式微形电台。它形似电视机遥控器，功率发射范围为 65 千米，其不足是电台的干电池 只能连续使用 7 小时，所发射信号易为附近的敌人跟踪定位，故不宜长时间使用。在波黑战 场上，因飞机被击落而跳伞的美军飞行员被成功营救，靠的就是这种便携式微型电台。

一体化单兵攻防系统。目前，一些发达国家单兵装备正向“未来电子士兵”的方向发展。如美军配备有一副防核、生、化武器的面罩、一顶多功能头盔、一副耳机和一支反恐怖作战 用的可识别固定射手的智能手枪，恐怖分子即使夺到此枪，也无法使用。

麻醉剂。是一种靠气体喷射或射箭命中敌人，使之昏昏欲睡，轻易就擒的一种特种战剂。这种麻醉剂作用奇快，一两分钟之内就能奏效。它使用中要求发射精确，不失为一种理想的非杀伤性特种武器。

粘身泡沫。是一种泡沫状粘结剂，沾染这种胶的人，一旦与他人接触就难以分开，从而活动受限，丧失攻击能力。它的另一个优点是事后容易清理现场。

特种攻击武器。是一种专门用以执行特殊任务的装备。如致晕手榴弹，就是一种专门对付恐怖分子的有效武器，爆炸时它能产生强烈的声响和刺眼的光芒，使人在10秒钟左右不能作出任何反应。还有一种特制子弹，它可用防暴枪发射，比橡皮子弹更安全，可制服歹徒而又不会伤及无辜。

M－9型侦毒纸。是一种用来侦检毒剂液滴的变色纸。侦毒纸的背面有粘性，可预先粘在皮肤、头盔、皮靴或枪支等设备上，当含有毒剂的液滴飘到M－9侦毒纸上时，侦毒纸迅速变色报警，提示人员及时采取防护措施。它能随意裁剪，主要用于侦检C、V、H三大类毒剂。

M－256型侦毒器。是一种化学侦毒器材，主要用于野战条件下，对神经性毒剂、血液性毒剂、糜烂性毒剂等化学毒剂实施侦察、监测。这种侦毒器灵敏度极高，当毒剂含量达到每升0.02微克时，就能发出长达18秒的鸣耳报警信息。

水下特种装备。自由降落水中呼吸装置，是美国“海豹”队的一种特殊装备，由自由降落装置和水中呼吸装备组成。根据作战任务和作战环境的具体要求，既可组合起来使用，又可分开使用。水中呼吸装置由救生衣、浮力调整器、控制器、脚蹼、水中眼镜等构成。它可使队员自水下秘密接近目标，排除水下障碍或执行其它特种作战任务。

自由降落装置是高高度降下、低高度开伞的空降装备。它允许空降队员从12000米高空降下，到距地面60米的低空自动开伞，保证队员能有效地避开敌人对空观察的监视和防空火力的打击，快速潜入敌区，突然出现在对手面前。自由降落装置和水中呼吸装置结合使用，是“海豹”突击队的常用战术，运用此战法他们能迅速而隐蔽地进至作战地区。

现代水雷五大发展趋势 《现代军事》2001年5月号尹小功、许坚报道，通过分析未来海战场的变化趋势及其对水雷武器的需求，可以预见，水雷将会朝着远程投送、精确打击、主动对抗、致命毁伤和状态可控这五个方向发展。

远程投送　传统的攻势布雷平台主要有潜艇和飞机两种，随着电子侦察设备和精确制导武器的发展，潜艇和航空兵的突防难度越来越大，在敌方近岸布雷也日趋困难，迫使潜布和空布水雷向远程投送方向发展，届时，远程投送的水雷主要有以下几种：

远程自航水雷。针对潜艇在赴布雷区途中易受攻击的弱点，有军事专家提出研制自航水雷的设想，即潜艇可以在远离雷区外的某一有利阵位上发射，水雷自行航行到预定布雷点，这样不仅使潜艇布雷的机动性和安全性有所提高，而且布雷更加灵活，使用范围更大。但由于水雷在水下航行，其突出问题是定位精度难以控制，航程越大，雷位误差就越大，将会影响水雷的使用效果。现役自航水雷，如美国的MK－67、俄罗斯的SMDM等，自航距离在15千米以上。美国正在研制的“改进型潜布机动水雷”（ISLMM）携带2枚水雷，具有多航路点控制功能，2枚水雷之间的布放距离可事先设定，水雷的最大航程可达50千米以上，使用相当灵活。

滑翔水雷。为实现无对抗下防区外布雷，一些军事专家提出，将滑翔攻击武器技术用在水雷上，发展远射程的滑翔水雷，将更有利于攻势布雷作战。在滑翔水雷的导航定位方面，由于布雷精度要求相对较低，因此可选择的导航定位方式也较多，目前最好的选择是卫星定位系统，其他导航定位方式如“劳兰C”无线定位、惯导定位也可达到布雷精度要求。

箭布水雷。采用远程火箭布雷可以减少兵力对抗所造成的战损，弥补海空军在布雷兵力方面的不足。根据发射平台的不同，火箭布水雷可分为岸基火箭布雷，舰载火箭布雷与机载火箭布雷3种，前2种的投送距离可达数百千米，布设精度为百米级。

无人潜水器布水雷。无人作战平台将是21世纪战场的重要角色。无人布雷潜水器可由岸上或海上发射，使用铅酸电池，航程可达数百千米。这种布雷工具风险小、噪声低、易突防，可重复使用甚至可实施补充布雷。数十吨重的大型无人布雷潜水器可望1次布设10多枚甚至20多枚水雷，布雷能力接近1艘常规潜艇，而造价不足常规潜艇的1/10。

精确打击　最初的水雷是触发式的，虽然具有准确打击能力，但触雷概率太低；后来发展为非触发式，水雷的引信都在朝着选择最佳炸点这个方向发展。

自导水雷。兼有鱼雷主动攻击和水雷长期隐蔽两个突出的优点，能较好地克服水雷精确打击能力低下的缺陷，是各国海军优先发展的水雷种类。1975年，能在较大范围内发现并主动攻击目标的MK－60“捕手”水雷在美国研制成功。该型水雷控制海域的半径不小于1千米，发现目标后，水雷战斗部从密封箱中射出，通过声纳自行接近被攻击的目标，封锁半径是传统水雷的几十倍、精确打击能力也得到了明显的提高。该水雷一经问世，备受各国海军的关注。目前，意大利正在开发“冲击”自导水雷，美国也在开发比“捕手”作战能力更强的新型自导水雷。

导弹式水雷。是水雷与导弹结合的产物，是一种大范围的精确打击武器。它利用火箭上浮水雷作为导弹发射平台，当水雷发现目标并经识别后，系留锚索打开、火箭发动机点火，将导弹战斗部推到空中，在进行目标锁定后，将导弹导向目标。目前意大利、英国等国正在研制。导弹式水雷虽然成本较高，但封锁范围大（半径可达 10 千米以上），可用于打击大中型水面舰艇甚至直升机目标，具有较高的效费比，无疑是未来发展的热点雷种。

主动对抗　水雷要在反水雷对抗中立于不败之地，除了加强水雷的抗猎抗扫能力之外，主动对抗（即反猎反扫）将是水雷发展的必然结果，这将从根本上改变水雷在对抗中的被动地位。反猎反扫水雷实际上是打击反水雷兵力的专用主动水雷。

反猎水雷。鉴于以往水雷在反猎领域的被动状态，军事专家除了采取涂料隐身、自掩埋、假目标等被动措施外，已开始研究主动反猎雷的技术，水雷正从防/抗猎向反猎方向发展。丹麦正在开发的反猎自导水雷，当主动猎雷声纳开机搜索水雷时，水雷即处于警戒状态，当猎雷声纳推进至较近距离进行识别时，水雷便沿声纳波束攻击猎雷舰艇或猎雷具。由于猎雷舰艇及猎雷具数量有限，而且维修起来耗时很长，因此只需在雷障中混布几枚反猎水雷就可以起到保护整个雷群的目的。

反直升机水雷。如何保护雷障免遭敌方直升机的攻击与摧毁，一直是各国海军研究的课题。由于直升机在反水雷、反潜时速度低（有时还需悬停）、飞行高度也比较低，这就为水雷打击直升机提供了可能。设计反直升机水雷的关键在于探测与识别目标技术，可供利用的物理场信号是直升机的噪声、主动声纳的声源以及激光探雷器的激光束等。如能解决好目标探测与识别定位问题，反直升机水雷将会成为扫雷直升机的又一克星。

致命毁伤　随着舰船抗冲击、抗损毁能力的不断提高，对水雷的毁伤能力的要求也在不断提高，特别是主动水雷的出现，水雷的毁伤方式将出现新的变化。

半穿甲战斗部水雷。精确制导、垂直命中、导弹式水雷等技术，使水雷战斗部可以从空中高速直接命中目标。即使是在水下攻击，由于攻击速度达到近 200 节，水雷战斗部所具有的巨大动能使水雷战斗部实现半穿甲成为可能，而且，同等装药半穿甲战斗部的破坏威力可达传统水雷爆破装药的数倍。

串联随进战斗部水雷。对于水下攻击速度较低的主动攻击水雷，由于不具有实现半穿甲的动能，为了实现对目标的致命毁伤，将使用串联随进战斗部。这种战斗部采用多级装药，可将舰艇防护装甲炸出一个孔，将主战斗部送至舰艇内部爆炸，其毁伤效果与半穿甲战斗部相当。这种战斗部目前尚处在理论研究实验阶段，但却是未来主动水雷战斗部的发展方向之一。

高能装药水雷。水中兵器装药研究的重点是提高水中爆炸威力，对于非接触的水中爆炸，装药主要追求气泡能、冲击波能与爆温。其中，对气泡能的作用更加重视。美国近年来主要研究提高气泡能的装药，使其既能兼顾冲击波能，又有利于气泡能的提高。目前 2 倍于 TNT 当量的装药已进入实用阶段。随着主动水雷的发展，水雷的攻击形式将主要是接触爆炸、随进穿甲爆炸，装药将更注重于追求爆压和爆速，对水雷战斗部装药也将有新的要求。

状态可控　封锁作战的最佳方案应是只封锁对方而我方可自由出入，敌我识别水雷与遥控水雷就是为这一目的而设计的，它们可以让水雷只炸敌方舰艇而无损于己方船舶，或者使雷区在预期的时间生效或失效。状态可控水雷可有效解决传统水雷不分敌我，布放容易清扫难的后顾之忧，具有很高的战术与战役价值。

敌我识别水雷。一般是利用水中声波，在舰船通过时给水雷引信发送暂时封闭信号，经延迟到一定时间后，水雷又自动回到战斗状态，这样可以确保水雷不打击本方舰船。敌我识别水雷原理简单，造价低，但保密性差。

遥控水雷。可分为缆控水雷与无缆水雷两种，各有优缺点。缆控水雷早在 30 年前就已出现。未来的缆控水雷将以光缆作为缆线，就目前的技术水平，光纤缆线可达 10 千米以上，中远期目标是 100 千米左右。遥控水雷的水下遥控物理场主要是声场，浅水遥控水雷将来也可能采用激光和长波通信。为了实现超远距离遥控，还可借助于无线电或卫星中继站。总之，未来的遥控水雷将会是超远距离遥控（100 千米以上），强保密性与高可靠性的水中利器。

在 21 世纪，水雷的引信也将发生深刻变化。除了继续开发好“老三场”—声、磁与水压外，利用各种非传统物理场的引信，诸如地震波引信、电场引信、重力引信甚至宇宙射线引信的水雷武器也将纷纷登场。

（吴新安）

美军在阿富汗战场使用的炸弹　综合《中国国防报》2001 年 11 月至 2002 年 1 月有关报道，对美军在对阿富汗塔利班空袭中所使用8种先进航空炸弹作以介绍。

GBU－28**“地下掩体”攻击炸弹，又称“掩体粉碎机”**。它采用激光制导方式，新的改进型则使用GPS卫星制导技术，被称为EGBU－28“智能型”超级炸弹。GBU－28“地下掩体”攻击炸弹采用B、C两种热寻的智能化延迟引信。引信的核心部件是微型固态加速计。该加速计可随时将炸弹钻地过程中的有关数据与内装程序进行比较，以确定钻地深度。当炸弹头接触地面后，引信不爆炸而是钻地。遇到混凝土时，B引信引爆，炸开一个大洞继续向下钻；直到到达指定掩体层时，受地下掩体的热辐射，C引信爆炸，在钻透钢板后，钻入地下掩体内爆炸。GBU－28能钻入地下6米深的加固混凝土建筑物或30米深的地下土层。这种钻地炸弹全重2.3吨，最大直径约440毫米，长约5.8米，炸弹内装填高爆炸药306千克。可由F－15E等飞机投掷。

JDAM**“联合直接攻击弹药”**。美军此次对阿富汗的空袭首次使用了卫星制导的新型精确打击武器—JDAM“联合直接攻击弹药”。与海湾战争中使用的激光制导炸弹一样，JDAM卫星制导炸弹可被精确地导向目标。但因为采用了全球卫星定位系统（GPS），其精确度比激光制导炸弹更高。而且，由于它的战斗部采用常规炸弹进行改装，所以价格十分便宜，单价只有1.8万美元，而与之作战效果类似的“战斧”式巡航导弹的价格则为100万美元。JDAM卫星制导炸弹的弹体中装有一个GPS接收器。接收器从GPS卫星上接收信号，然后根据信号控制炸弹尾部的小型尾翼，以调整炸弹落地前的飞行姿态。

AGM－154**“联合防区外发射武器”**（JSOW）。是一种利用巡航导弹来散布子弹药的新型高杀伤力远程精确制导武器，主要用于对严密设防的敌重要目标进行防区外攻击。它的射程为15～40千米，从低空到高空均可投掷，用于打击各种地面和海面目标，可在敌方防空火力圈外发射，并可在夜间和恶劣气象环境下使用。AGM－154有3种型号：基本型AGM－154A、反装甲型AGM－154B和改进型AGM－154C。JSOW可由舰载机和陆基飞机携载，主要载机包括F/A－18、AV－8B、F－14A/B、F－16C/D、F－15E和F－117。

GBU－24**“宝石路”激光制导炸弹**。是在常规炸弹的基础上加装激光制导系统和弹翼而形成的一种精确制导武器，目前共发展了3个型号14个品种。GBU－24外表就像一枚导弹；弹重900千克，战斗部采用MK－84常规炸弹弹体；制导方式采用扫描式激光导引头，在复杂的实战条件下，命中率仍在90%以上。该炸弹的主要搭载平台为F－14、F－15、F－16、F/A－18等。

MK－20**“石眼”集束炸弹**。对阿富汗进行军事打击开始后不久，美军的B－52轰炸机使用它袭击了阿富汗塔利班的目标。集束炸弹实际上是一种子母弹。当炸弹降落至预定的高度或到达设定的时间时，炸弹自动打开，释放出数十个甚至数百个小炸弹，小炸弹在碰击地面目标时爆炸，在大面积内对人员造成极大杀伤。美军这次使用的MK－20“石眼”集束炸弹，每枚母弹中约含200枚子弹，每枚子弹不仅有击穿125毫米装甲的破坏力，而且子弹爆炸后形成数以百计的碎片，其散布的面积相当于足球场那么大，可以对人员产生巨大的杀伤。

BLU－82**“滚球”巨型炸弹**。是世界上最大的常规炸弹，全长5.37米，直径1.5米，重达6804千克，战斗部装有5715千克GSX浆状炸药。该炸弹是美军于20世纪70年代初开始研制的，又称“气浪弹”。其钢制外壳仅厚6毫米，内装混和浆状的硝酸铵等易燃物品，在距地面30米处引爆后，能够迅速与空气混合成厚25米、直径18米的气状云雾，在600米范围内形成一片火海，能令人和牲畜窒息而死、物件化成灰烬，即使对处于外围的人亦会造成严重烧伤和内伤。该炸弹爆炸所产生的巨大回声和闪光，能极大地震撼敌军士气，其心理战效果十分明显。由于其杀伤力可超过20枚“飞毛腿”导弹，有人将它称为“小型原子弹”，甚至负责投弹的AC－130攻击机距离地面至少要有1800米，以防受到炸弹爆炸气浪的波及。

BLU－118B**“温压”炸弹**。它是美军为对付躲藏在山洞和隧道里的本·拉登及其“基地”组织成员而专门研制的。“9·11”事件后，美国军方加紧研制这种“温压”炸弹，并于12月14日在内华达试验场成功地进行了模拟隧道使用试验。BLU－118B型炸弹装有最新研制的高能炸药。因此，它的个头虽小，却能产生很强的爆炸波和热力。1.9千克“温压”弹头在开阔地的有效打击半径就可达10米。它可以在洞穴或隧道内部爆炸，也可以在洞口起爆，尔后巨大冲击波直捣洞内。炸弹爆炸的一瞬间，散发出大量的呈烟雾状的细微炸药颗粒分布在空间。待它们顺着隧道和山洞弥散开以后，延时爆炸装置就会将其引爆。与此同时，爆炸产生的冲击波在洞穴、隧道或建筑物等封闭空间内可以定向传送，能量不断增强。但是，尽管冲击波威力巨大、温度极高，它不会把洞穴或隧道炸塌，而仅仅是在洞穴空间中不断“翻滚”（反射），破坏洞穴里的东西。同时爆炸还能耗尽洞穴里的氧气，使躲在洞穴里的人窒息而死。这种新型炸弹非常适合于阿富汗战争。因为它能摧毁隧道和山洞里的东西而不会使洞口坍塌，“炸死隧道里的人，同时也能知道被炸死的是谁。”为有效地对付本·拉登，美军于 2001 年 12 月底即将刚刚研制出的 10 枚“温压”炸弹运往阿富汗战场。

精确制导的反装甲子母弹。GBU－97 传感器引爆炸弹（SFW）是投入使用的第一代精确制导炸弹，也是世界上第一种可使用的带终端制导子弹药的精确制导集束炸弹。它可从空中攻击地面行进中的装甲目标，如坦克、装甲、自行火炮、导弹发射车和人员等，对摧毁恐怖分子的训练营地也很有效。该炸弹外壳是一个 SUU－66B 战术弹药布撒器，内装有 10 枚 BLU－108B 子弹药，每个子弹药又含 4 枚“斯基特”反装甲小弹药，所以，一枚 GBU－97 就有 40 枚反装甲小弹药，一次就能攻击多辆坦克、装甲车。每架 F－16 战斗机可外挂 4 枚，F－15E 可挂 12 枚，B－1、B－2、B－52 轰炸机可分别装 30 枚、34 枚、16 枚 GBU－97 炸弹，可在 6000 米高度、速度为 1200 千米/小时的情况下投射。“斯基特”反装甲的弹药在下降过程中旋转摇摆，使其窄视场的红外传感器对地面进行扫描。一旦探测到坦克、装甲车辐射的红外能量，红外传感器就进行跟踪，然后引爆战斗部。战斗部爆炸并向下发射穿甲硬片。穿甲硬片以 1527 米/秒的速度攻击目标易损的顶部，一举将其摧毁。飞机投射完 GBU－97 后，不需要对其进行引导，可立即执行其他任务。

美军在阿富汗战场使用的侦察平台和手段　综合美联社华盛顿 2001 年 11 月 23 日、《华尔街日报》2001 年 12 月 24 日等有关报道，美军在阿富汗使用了多种侦察平台，其中包括有名的“鹰眼”E－2C、U－2、“铆钉”RC－135、“联星”E－8C 等侦察飞机和“哨兵”E－3 预警机等，还特别介绍了以下几种侦察平台：

卫星。美国调动两颗军事卫星、借用两颗民用卫星，组成外空侦察网，全面监视和查找塔利班及本·拉登的动向和位置，并截取电子邮件和截听电话，以便能准确打击。军事卫星主要是 KH－11“锁眼”卫星和“大鸟”卫星。“锁眼”卫星是数字图像实时传输型照相侦察卫星，它的星载设备有 CCD 相机、高分辨率的电视摄像机和侧视雷达，分辨率可达 0.1 米，笔记本电脑在上面的反映就是一个黑点，收到信号后再将其放大、判断识别。“大鸟”拥有高分辨率相机、红外线及多光谱扫描仪等高科技器材，所拍地面照片分辨率达到 0.3 米。美国征用民用的商用卫星主要是“快鸟”卫星，所拍地面照片分辨率达到 1 米以下，这种分辨率，足以在海滩上清楚地看到人的位置。另一颗获征用的民间卫星则是轨道观测－4，它可提供 1 米分辨率的全色图像，可判别地面物体，如人的活动等等，4 米分辨率的多光谱数字图像和具有极强识别伪装能力的超光谱图像。

中型无人侦察机“掠夺者”。是一种全自动无人驾驶侦察机。该无人机由螺旋桨推进，留空时间为 29 个小时，可以长时间地在目标区附近徘徊，利用机上装载的高清晰度航空相机、红外线传感器和雷达等探测设备把敌人的情况“看”得一清二楚，并将数据即时传给后方指挥部。此外，该机还装有用于自卫的电子对抗装置，这种装置在必要时可以干扰敌人的防空雷达从而达到掩护自己的目的。为有效地打击本·拉登和“基地”组织，美军还为“掠夺者”飞机加装了武装直升机专用的“地狱火”导弹，使得“掠夺者”更具威慑力。

大型无人侦察机“全球鹰”。美国诺斯罗普－格鲁门公司于 2001 年 4 月研制出的无人驾驶侦察机。“全球鹰”曾从美国加州的爱德华兹空军基地起飞，飞越太平洋，经过 23 个小时的飞行，降落在澳大利亚阿德莱德附近的空军基地。这次在阿富汗是首次参战。“全球鹰”是迄今为止体积最大的一种无人驾驶飞机，它长 13.53 米，翼展 35.42 米，最大起飞重量达 11 吨。它的优势是可以在携带大量高级探测设备的同时装载大量的燃油。它的留空时间可达 42 个小时，因此可以根据任务需要到很远的地方去搜集情报或长时间地停留在空中监视敌人。另外，“全球鹰”飞得很高，巡航高度达到 20000 米以上。不容易被拦截，生存能力非常强。由于飞得高，探测范围比一般侦察机大得多。其机载雷达探测范围每天可达 137320 平方千米。其视力还可穿透云层，能“几乎实时地”传回照片。可被当作廉价卫星使用。

微型无人驾驶侦察飞机 MAV。MAV 泛指微型无人驾驶飞机。它实际上是一种装有摄像机、便于士兵携带的无线电遥控飞机。士兵可以把它装在自己的背包中，用的时候展开。它体形小、噪音不大，可以在地面人员的操纵下飞临敌人阵地的上空观察。而摄像机拍下的影像能够通过电波实时传回到操纵者的显示器上。它便于使用操纵，在阿富汗战场上很受美军士兵欢迎。

“食肉动物”RQ—1 无人驾驶飞机。这种比较小的无人驾驶飞机能拍摄照片和窃听敌人的通信，并不断将图像和信息传送给美军地面指挥中心。它可以在 7500 米的飞行。全部“食肉动物”系统包括一个地面控制站和 4 架飞机，花费约 2500 万美元。这种飞机在阿富汗使用较多。该机还装备两枚反坦克导弹，可在实施侦察任务的同时，以导弹袭击塔利班和“基地”组织的目标。

美军在阿富汗战场使用的部分先进战机简介 综合《世界知识》2001 年第 24 期胡思远、张忠海等文章对此作如下介绍。

B-2 战略轰炸机。是一种隐形飞机，由诺斯罗普公司研制，兼有高低空突防能力，能执行核及常规轰炸的双重任务。单价高达 22.2 亿美元，是世界上迄今为止最昂贵的飞机。最大时速 0.85 马赫，升限 19240 米，最大航程 11675 千米。B-2 具有防空区外对地导弹攻击能力，还可携带集束炸弹及全球定位系统（GPS）辅助制导的常规炸弹，也可携带核炸弹。该轰炸机是继科索沃战争后再次用于实战。

B-1B 轰炸机。是美国洛克韦尔公司在 B-1A 基础上研制的一种变后翼超高音速远程战略轰炸机，主要实施亚音速低空突防。最大平飞速度 1.25 马赫，最大载弹量 34019 千克（内部），作战半径 4800 千米，武器装备有 3 个武器舱，可带 8 枚 AGM-86B 巡航导弹，24 枚 AGN-69 近距攻击导弹，12 枚 B-28 核弹或 24 枚 B-83 核弹；84 枚 MK82 或 24 枚 MK84 常规炸弹；有 8 个外挂点，可携带 14 枚巡航导弹或近距离攻击导弹。这次是继 1998 年 12 月对伊拉克实施第二轮军事打击后再次用于实战。

B-52 战略轰炸机。由美国波音军用飞机公司设计，是当今世界上正在服役的体积最大的轰炸机之一。在 1 万米高空，它的续航能力在 1.2 万千米至 1.4 万千米之间。B-52 的飞行速度每小时为 1000 千米，它的货舱里和机翼下可载共约 27 吨的炸弹、空对地导弹或巡航导弹。B-52 轰炸机机群可以同时把数百吨炸弹投向一定范围内的地区，实施“地毯式”轰炸。B-52 轰炸机在整个越南战争和海湾战争期间，曾多次执行轰炸任务。至今它的两种最新型号的 100 多架飞机仍在美国空军服役。这次作战中，它的“地毯式”轰炸曾给塔利班和“基地”组织造成重大损失。

F-14“雄猫”。是美国格鲁曼公司根据美国海军舰队防空和护航的要求而研制的双座超音速多用途舰载战斗机。最大平飞速度 2050 千米/小时，最大载弹量 6580 千克，作战半径 725～1230 千米，武器装备有 1 门 20 毫米 M-61A1 六管机炮，射速 6000 发/分，备弹 675 发；10 个外挂点，可同时挂 6 枚 AIM-54 和 2 枚 AIM-9 空空导弹，或 4 枚 AIM-7 和 4 枚 AIM-9 空空导弹，或各种炸弹等。

F-15E。是美国麦道公司在 F-15 战斗机基础上改装而成的以对地攻击为主要任务的双座战斗轰炸机。1988 年 12 月首次交付使用。该机主要改进有：换装了新的高分辨率 APG-70 火控雷达，加装了红外激光跟踪、导航/攻击系统及夜间低空导航和红外瞄准吊舱等。该机的最大平飞速度是 2450 千米/小时，最大载弹量 10660 千克，武器装备有 1 门 20 毫米 M-61A1 六管机炮，射速 6000 发/分；11 个外挂点，可挂 4 枚 AIM-9 和 4 枚 AIM-7 空空导弹，或 8 枚 AIM-120 空空导弹；对地攻击时可挂多种空地（舰）导弹、反雷达导弹和各种炸弹，还可挂 3 个各装 1 门 30 毫米四管机炮的机炮吊舱，备弹 3×940 发。可对地面目标实施有效精确打击。

F/A-18。是美国麦道公司及诺斯罗普公司为美国海军研制的舰载单座超音速多用途战斗/攻击机。最大平飞速度 1910 千米/小时，最大载弹量 7710 千克，作战半径 740～1020 千米，武器装备有 1 台 20 毫米 M-61A1 六管机炮，射速 6000 发/分，备弹 570 发；9 个外挂点，可挂 2 枚 AIM-9 和 2 枚 AIM-7 空空导弹，及多种空地（舰）导弹或炸弹等。

F-117A。是美国洛克希德公司研制的隐身攻击机。除主要用于压制敌方的防空系统，摧毁战略要地、核生化中心等外，还可执行侦察任务，并具有一定的防空能力。最大平飞速度是高亚音速，最大巡航速度为 1038 千米/小时，作战半径 556～740 千米，该机无外挂点，武器均内挂于 2 个弹舱，可挂多种对地攻击弹药及空空导弹。

AC-130H。是在 C-130 运输机基础上改装的一种专门用于特种作战的飞机。AC-130H 机长 29.79 米，机高 11.66 米，空重 34686 千克，载重 13600 千克，巡航时速 537 千米，航程 7782 千米，装有两门 20 毫米“火神”6 管航炮，每门备弹 3000 发；一门 40 毫米自动炮，备弹 256 发；一门 105 毫米人工装填式榴弹炮，备弹 100 发。机上还安装了两挺 7.62 毫米机枪，并可携带激光制导炸弹。它还配有 F-15 战斗机的火控雷达、空中加油系统和隔音的战斗指挥中心。AC-130H 配备了先进的电子设备，用来保证该机能以超低空的高度飞入预定空域。AC-130H 还拥有良好的自身防护系统。它有自动报警装置、电子干扰机、红外诱饵吊舱等。机身下部加装了防护装甲，一般的轻武器很难击穿它。2001 年 10 月 15 日在对阿富汗坎大哈的空袭中，美军首次使用了 AC-130H，并在以后的对地攻击中，屡屡发挥重要作用。

AH-1W“毒蛇”。是美国贝尔直升机公司研制的近距离支援攻击直升机。1989 年 1 月首次飞行。AH-1W 最大起飞重量增加了 930 千克，增装了数字飞行控制系统，夜间目标瞄准具和多普勒导航系统。另外，增装了 6 段短翼，每侧短翼上方有两个 AGM-122“响尾蛇反辐射”导弹挂点。武器总重为 144 千克。

AH-64“阿帕奇”。是麦道直升机公司 20 世纪

70 年代为美国陆军研制的先进武装直升机，也是美军的现役主力直升机。它主要用于配合地面部队进行反坦克装甲作战。其火力很强，能在恶劣天气下昼夜使用，装有 2 台 T700－GE－701 涡轮发动机，具有很强的自部署能力和抗战伤性。其中最出名的型号是加装“长弓”雷达的 AH－64D“长弓阿帕奇”。该直升机还装有红外线锁定和夜视设备，能在夜间等低能见度下探测和定位目标。AH－64 的武器为一门 30 毫米/1200 发链式机关炮，悬臂式短翼的 4 个挂点可加挂 4 个火力发射装置，能 1 个航次发射 16 枚“海尔法”导弹，或发射 76 枚折叠翼航空火箭弹，还可加挂 2 个各带 4 枚“毒刺”空空导弹发射器用于空战。该直升机身长 17.73 米，高 4.64 米，空重 5165 千克，最大起飞重量 9525 千克，巡航速度 293 千米/小时，使用升限 6400 米，最大航程 578 千米，续航时间 1 小时 50 分钟。

UH－60“黑鹰”直升机。是美军的主要战术运输直升机。每架飞机上有 3 名机组人员，可搭乘 11 名战斗人员，机身两侧舷窗内的架子上装有两架 M60 机枪，便于提供火力支援。该直升机可用于特种作战或战地救护。直升机机身长 19.76 米，宽 2.36 米，高 5.13 米。由于大量采用各类树脂和纤维等复合材料，其空重较轻，仅重 5216 千克，最大航程 603 千米，最高时速为 292 千米。

美军在阿富汗战场使用的部分特战装备简介　其中较有代表性的有以下 3 种：

秘密精锐部队配备的热成像装置。它不需要任何光源，能通过测定最微弱的热源，透过雾、烟、甚至某些墙壁，看清目标。

单兵配备的袖珍全球定位系统设备。该设备误差不超过 10 米。监督作战的特种兵使用全球定位系统设备，可召唤远处的轰炸机进行准确袭击。他们用激光测位仪确定目标位置，与全球定位系统上读出的信息进行比较，然后向 B－2 轰炸机传达攻击目标的坐标位置。飞行员根据坐标值，将重达 900 千克的智能炸弹锁定目标，几分钟后目标地点即浓烟翻滚。

特种部队配备的全套凯夫拉防弹服。该套服装头盔重约 1.35 千克，还配备有水囊和预先所装好的现成食物。鉴于寒冷的冬季将至，队员们身着暖和的戈尔特克斯伪装外套和厚重的毛皮风雪大衣和兜帽。一同行动的队员通常会两人共用一条睡袋以保持体温。

美军特种部队在阿富汗战争中常用的轻武器　《中国国防报》2001 年 11 月 19 日郑哲报道，在美对阿富汗塔利班武装的军事打击中美军特种部队常用的轻武器主要有以下几种：

密斯－韦森式 10 毫米手枪。这是美国联邦调查局于 20 世纪 80 年代后期经过弹药选型，要求研发并订购的一种初速为 297 米/秒、口径为 10 毫米的 1076 式手枪。1076 式手枪射击噪音比 9 毫米手枪大，但后坐力不相上下，比较轻，枪口跳动小，射击后瞄准线很容易迅速恢复。射击精度较好，10 米处射击时，瞄准线归零。该枪配 4 个 9 发弹匣，两个 11 发弹匣，一个 15 发弹匣；枪长 197 毫米；全枪重 1.125 千克。

9 毫米卡利柯 M950 冲锋枪。该冲锋枪具有全自动，火力猛，弹匣容量大，精度好，自卫及突击能力强等优点。该枪弹匣容量 50 发，枪长 279 毫米，枪重 1.81 千克，配有激光瞄准具。

M16A2 式步枪。该步枪是 M16A1 式步枪的改进型，主要改进之处是，提高了有效射程和远距离杀伤威力；增加了 3 发点射机构，既可单发射击和 3 发点射，也可连发射击；表尺可调整 800 米距离上的高低和方向偏差；枪托和握把改用高强度尼龙材料制成；备有轻便的可卸式两脚架，用以提高卧姿射击稳定性。M16A2 式步枪是美军的基型枪，目前，该步枪已有多种变型枪。其中柯尔特 M16A2 MOD33 式为突击队员型，是一种尺寸、质量最小的 M16A2 式步枪的改进型。

巴雷特 12.7 毫米狙击步枪。该狙击步枪使用 12.7 毫米大口径枪弹，主要是用于狙击直升机和轻型装甲车辆。该枪的射击方式为单发（半自动），枪内可装弹 10 发，有效射程 1800 米。

M4 自动步枪。为提高战斗力，美军多支特种部队，已经不再使用 M16 步枪，取而代之的是威力更强大的 M4 自动步枪。M4 自动步枪比 M16 轻，枪身较短，但射击时更加精确。这种枪械甚至可以取代半自动机枪的地位。

CG40 榴弹发射器。是一种先进的高科技榴弹发射器，内有电脑监控的发射系统，可以自动计算射程。这种发射器发射的“聪明弹”可以在击中目标时爆炸，但假如敌人匿藏在山后，可以射到敌人上空爆炸。它是美军在阿富汗战场首次投入的特种部队新装备。

美军装备采办改革走向　《解放军报》2001 年 5 月 29 日阎民、范群报道，20 世纪 90 年代美军实施装备采办改革以来，相继推出一系列装备采办新举措，主要有以下 4 项：

强化管理体系，完善市场竞争机制。美军庞大的武器装备采办系统是由国防部统一领导，各军种和国防后勤局分别实施的。近年来，以加强集中统一管理为目标，进行了调整。一是在国防后勤局成立“国防合同管理司令部”及其国际分部，各军种的44个合同管理办事处和价值数千亿美元的10万项合同，移交该司令部统管，海外合同管理机构划归该司令部国际分部领导。二是将原属国防后勤的9个国防行政管理区，划分为直属国防合同管理司令部的5个大区，领导各驻厂军事代表室与承包商打交道。在海外建有8个地区业务办事处，承包海外合同管理工作。使美军逐步建成按三个层次设立机构的高度集中统一的国防采办体系。美军还利用市场竞争机制，采取“广告招商法”和“谈判法”采购物资装备。针对近年来美军在竞争性采办中出现的只按最低报价招标的偏向，国防部提出了“强调最佳效益，不要只注意最低标价”的国防采办新观念。在招标时，不仅要看费用指标，更要看产品性能、生产进度、备件供应、维修能力、训练操作难易程度、全寿命费用估算以及承包商表现等多种因素。

参加改革立法，加强采办队伍建设。最近，美国防部针对采办法规繁琐混乱、效率低下问题，提出整改方案，主要是：制定一套内容完善的法规制度，各军种不再搞补充规定；扩大市场采购范围，提高军品的社会化程度。为提高数以万计的采办人员整体素质和专业技能，美军近来制订了有关采办人员招募、训练、教育、提升、使用的具体措施，并开办国防采办大学，培养专门采办人才。

限制军用标准/规范的使用，大力采购民用项目。以往武器采办项目必须使用美国国防部颁布的军用标准。改革后国防部要求一般情况下不用军用标准/规范，非用不可的须经批准。同时，要求美军采用以说明性能要求为基础而不是以规定具体做法为基础的规范与标准，尽量扩大使用非政府标准。美军的采办改革旨在将国防工业与商业工业结合起来，使军方“再不能像过去那样单靠增加国防工业拨款获取武器和装备，而更加依靠民用产品和服务来满足国防需求”。因为随着民用技术的迅速发展，民用项目的质量日益提高，有的已超过军用品，而且价值比较便宜。

放宽合同处理范围，采用EC/EDI系统。美军针对其10万美元以下的采办合同总额只占国防采购费的15%，而工作量却占99%的状况，决定放宽这部分合同的管理要求，以节省大量人力和时间，从而把主要精力投向占采购费85%的重要武器采办计划的合同管理上。美军在采办改革中，还大力推广使用电子商务/电子数据交换（EC/EDI）系统，以大大提高合同签订与管理效率。军方买主通过联邦采办计算机网（FACNET）与广大军工厂商进行交往，包括招标、报价和发送定单等等，可免除大量繁重的书面工作。此举使国防部的绝大部分中小额采购实现了电子化。

国际军火贸易发生4点变化 《中国国防报》2001年3月30日熊明峰撰文指出，军贸作为国际政治、经济、军事的一个重要组成部分，随着国际形势的变化，正呈现出一些与冷战时期完全不同的特征。

政治经济利益兼顾，角色定位发生变化。冷战时期，由于东西方激烈的对峙，国际军火贸易作为一种军事斗争的手段，也带有强烈的对抗性。美苏两个超级大国在出售武器装备时，主要考虑的不是经济利益，而是政治与军事利益。因此，和美苏具有军贸关系的国家，一般都是直接的同盟国及友好国家，严格禁止向对方阵营的国家出售武器。冷战后，随着世界格局多极化、经济全球化的深入发展，军贸作为一个国家军事经济活动的对外延伸与拓展，其角色定位开始发生变化。

在追求政治、战略利益的同时兼顾经济利益，是军贸领域发生的最重要变化之一。由于国际形势的缓和，军贸市场订货锐减，导致许多国家军工企业举步维艰。为把大量过剩军火转变成经济发展所急需的硬通货，为军工企业生存发展寻找出路，各国都把眼光盯住了国际军贸市场。并高度重视争取军贸订单的巨大经济意义。90年代以来，俄罗斯的军火出口政策开始从政治和战略考虑转向经济考虑。苏联时期，他们只向意识形态接近或“传统友好”的国家出售武器，而且不少武器以赠送或信贷方式提供。如今出口武器除部分用于抵消外债外，其余均按商业原则进行，不论其国别、地区和武器种类如何，只要支付硬通货，就连竞争对手美、英、法等国也可购买命中率比“爱国者”导弹还高的S-300W反导弹系统。美国在突出政治、军事利益的同时，也决不轻看经济利益，甚至不惜向国际军贸市场推出本国先进的武器装备以同他国进行竞争。美国一些高级官员认为，对外军售不仅可使美国得利丰厚，而且有助于缓解国内军工企业所受到的冲击。

军贸不仅是维持和平时期军工生产的重要收入来源，还是对武器进口国施加影响的重要工具。它在调整多边关系，平衡地缘政治等方面起着不可替代的作用。如冷战后，美国即通过军贸来维系和拓展美国与盟国的关系、将有关国家或地区纳入美国势力范围，成为美国全球战略的一部分，防止所谓“敌性”国家填补真空；同时还乘机将“前沿部署”或“前沿存在”扩展为“势力部署”或“利益存在”。而对于一些军品输入国来说，军贸在迅速提高其武器装备的技术层次、增强防卫能力的同时，也成为其结好大国、谋取安全利益的一种手段。

军贸市场合二为一，亚洲成为最大买主。冷战后，由于国际形势和地缘政治的变化，原先划定的泾渭分明的界限不复存在，世界军火市场重新成为统一的市场。美、英、法等西方国家开始向捷克、波兰、印度等由原苏联控制的所谓“东方武器系列”国家出售武器；俄罗斯等独联体国家也把军火贸易扩展到土耳其、以色列等传统的美国武器销售国家。世界军火贸易市场的规模也随之大为缩小。从 1989 年 11 月柏林墙倒塌至 1995 年，世界年军火贸易额从321.34亿美元连续下降至 227.97 亿美元，降幅达到了 1/3 多。

与此同时，军贸市场买方格局也发生了重大的变化。亚洲地区开始超过北约国家和非北约的西欧国家而成为最大的武器买主，世界上最大的 10 个武器进口国主要集中在亚洲。据统计，冷战后 10 年间亚洲地区共进口了 1500 多亿美元的武器装备，占同期世界军火贸易总额的 65 %。其中，战事不断的中东成为亚洲也是世界最大的军火市场，其武器交易额占同期世界军贸总额的 30%左右。

东亚地区是亚洲的第二大军火进口市场。自 1991 年以来，该地区在世界大型常规武器进口总额中的比例由 80 年代的 11%上升到约 25%，最高年份的进口额甚至超过 35%。其中中国台湾地区和日本、韩国是东亚地区的进口大户。尤其是台湾，为了以武力抗拒与祖国大陆的统一，10 年来共购买了近 230 亿美元的洋武器，占同期世界军贸总额的近 10%。

南亚和东南亚地区的武器进口也十分引入注目。其中印度作为世界十大武器进口国之一，进口数量占据一个很大的比例。其 1993 年进口额高达 21.4 亿美元，是当年世界第二大武器进口国。东盟国家在冷战结束后，为加强自身安全，维护经济利益，在处理与邻国的纠纷和地区事务中增强说话的分量，也购置了大量装备，包括潜艇，水面舰艇，战斗机，坦克和导弹系统等，其中泰国还装备了东亚地区第一艘小型航空母舰。

北约国家和非北约西欧国家年购武器占世界军火贸易总额的 30%，是仅次于亚洲的第二大武器市场。美国、加拿大、法国、英国、德国、意大利、瑞典等世界七大国防工业强国虽可满足国内的大部分军品需求，但其武器进口（特别是子系统、零配件和原料）仍占 1/4 至 1/2。美国的某些武器零配件进口额一般占其防务支出的 2%～3%，主要供应者是英国。作为回报，英国一直是北约欧洲成员国中美国装备最大的买主。其它工业基础较为薄弱的北约和欧盟国家，防务进口在其国家采购中所占的份额都超过自制部分。

一度冷落、萧条的拉美、中东欧和北非地区在 90 年代中后期也开始成为世界军品贸易热点。如拉美地区随着经济形势好转，一些国家开始拨巨款重新装备军队。中东欧国家为了加入北约在 10 年中也花费了数百亿美元以北约武器改装军备，其中仅更换战斗机一项就花费 100 亿美元。非洲国家每年也花费了约 10 亿美元购买武器，成为东西方军火商争夺的目标。

美国一家峥嵘独露，俄国西欧力争地盘。冷战后，随着国际战略形势的巨变，以及世界军火贸易市场竞争的日趋加剧，世界武器供应格局发生了重大的变化。美苏两强只剩下美国一霸，俄罗斯作为苏联的继承者跌落到与英、德、法同一层次，而一些中等军品供应国则加快了向国际军贸市场进军的步伐。

与整个军贸市场的萎缩相反，90 年代以来，美国对外武器销售保持了强劲的势头。10 年来，凭借唯一超级大国的影响力和先进的技术水平，美国在军贸市场独占鳌头，平均每年军火交易额达 110 多亿美元，占全球军火交易总额的近 50%。

原苏联曾是世界头号武器出口国。苏联解体后，随着政治地位和国际影响的明显下降，俄国对外武器出口额连年大幅度下降，到 1994 年，降至历史最低点 9.62 亿美元，仅是世界军火贸易总额的 3.86%，或是美国出口额的 9.2%。为了扭转局面，俄采取一系列有效措施，如摒弃政治目的，重视经济实惠，利用价格优势，先进武器优先出口等，以实现争夺武器市场的战略目标，并从 1995 年起取得明显成果。当年俄武器出口额达到 39.09 亿美元，在世界军火贸易总额中所占比例上升至 18.4%，排名世界第二。1996 年后，其出口额又逐年增加，2000 年达到 43 亿美元。

与此同时，英、法、德、意等国加强了对军贸市场的争夺。10 年来，它们的武器出口额比 80 年代虽有所下降，但所占比例与 80 年代相近，仍为 1/4 左右。其中英国得利于海湾战争后一些中东国家的大量采购，使它在 1993 年的军火协议出口额达到 82 亿美元，当年名列全球第二。法、德、意等国紧随其后，年均军火出口额为 10 亿美元以上。1996 年这些国家随着战斗机等先进武器出口的增加，军火出口均有大幅增长。

此外，以色列、南非、乌克兰、捷克、波兰、韩国、印度、澳大利亚等一大批中等军品供应国虽在冷战结束后的最初几年，军品出口曾大幅下滑，但从 1995 年后，经过努力，开始跻身于军火市场上的竞争。据统计，10 年间这些国家的出口量在世界武器贸易总额所占比例约在 9%左右。

高新技术武器走俏，交易方式灵活多样。进入

90年代后，随着军火贸易市场竞争的日趋激烈，军贸产品结构发生了根本性的变化。世界军火市场一个突出的特点是：先进武器装备和高新军事技术的交易越来越多，且交易方式日趋灵活多样。以陆军武器等传统的常规武器为代表的“二流军品”交易在军火市场上渐被冷落，代之而起的是尖端的海空军武器市场比例逐渐扩大。例如，战斗机和舰艇在亚洲地区成为畅销武器，海军武器在一向以陆空军武器为主的中东市场也成为抢手货。10年来，为了抢占军贸市场，以美国为首的西方国家竞相向一些具有重要战略意义的地区倾销先进武器装备。俄罗斯为了摆脱在军贸市场上的被动局面，也大打“尖端武器牌”。近年来，法国武器出口总额中90%以上来自最新式的武器系统。有的军品供应国还根据购买国的具体需求，专门研制设计出口型新式武器。为了增加和促进军火出口，世界一些主要军火供应国还采取了灵活多样的贸易形式，如低价倾销租赁、易货贸易、补偿贸易、提供政府信贷担保、联合生产、改进旧设备、设立培训中心、转让武器生产技术以及其他长期合作方式等，其中补偿贸易占到了世界军火贸易总额的60%左右。

（乐凯华）

（本栏责任编辑　王汉杰）

军事建设

建军计划与措施

中国建军计划与措施 2001年是中国军队建设与发展第十个五年计划的第一年，为了进一步提高打赢高技术战争的能力，永远保持人民军队的本色，在军队建设方面制定并实施了以下计划与措施。

学习实践“三个代表”重要思想，加强军队党的队伍建设 为了促进新时期军队党的建设和军队现代化建设的发展，全军和武警部队在2001年广泛开展了学习实践“三个代表”重要思想，保持共产党员先进性的教育活动。3月下旬，总政治部下发《关于开展学习实践“三个代表”的重要思想，保持共产党员先进性教育活动的意见》，明确了这次教育活动的指导思想、基本目的和主要做法，指出这次教育是提高党员队伍素质，全面加强军队党的队伍建设的重要举措。教育展开之后，全军和武警部队各级党委组织精心筹划，加强指导，使教育活动健康深入地向前发展。7月1日以后，全军和武警部队认真学习江泽民同志在庆祝中国共产党成立八十周年大会上的讲话，进一步用“三个代表”统一思想，凝聚军心。8月下旬，总政治部向全军和武警部队党委、政治部下发了《关于认真学习江总书记“七一”重要讲话，把先进性教育活动进一步引向深入的意见》，要求各级以《讲话》为指导，深化先进性教育。10月，中央军委下发贯彻《中共中央关于加强和改进党的作风建设的决定》的意见，要求全军认真贯彻中共十五届六中全会精神，高标准抓好军队党的作风建设。同时，全军和武警部队还大力开展道德教育。继中共中央印发《公民道德建设实施纲要》之后，10月25日，总政治部发出通知，颁发《军人道德规范》，指出，学习、宣传和实践好军人道德规范，提高官兵道德素质，是加强和改进新形势下军队思想政治工作的重要内容，各级要认真部署，精心组织，抓出成效。

深化科技练兵，提高打赢高技术局部战争的能力 2001年1月下旬，总参谋部向全军部队、院校部署新世纪开年的军事训练和院校教育工作，强调军事训练要坚持改革创新，坚持科学求实，以军事斗争准备为牵引，以深化科技练兵为主题；要推动科技练兵的实践经验向理性升华，努力形成基地化模拟化网络化的训练体系；要注意练思想练意志练作风，打牢联合作战的基础；要充分发挥院校人才培养主渠道的作用，更新教学内容，优化学科专业，加速培养高素质的军事人才。根据总参谋部的部署，全军部队和院校在教育训练中主要采取了以下措施：一是做好科技练兵成果的转化。这是深化科技练兵的重要一环。二是组织新一代《军事训练与考核大纲》集训。科技练兵的成果经过理论上的总结与升华，融入新一代《军事训练与考核大纲》。从3月开始，全军试训部队对新纲目进行第二轮试训。9月，各大军区、军兵种、各集团军、省军区、院校和武警部队的200余名将校军官观摩了按照新的训练与考核大纲组织的各个层面训练教学演示。这次集训最突出的特点是新大纲的内容发生了历史性变革：士兵突出了智能、技能、体能的结合，强化了贴近实战的应用训练；军官突出了现代作战指挥技能训练，充实了新知识、新技能、新装备、新战法等内容；部队突出了快速反应、信息对抗、野战生存、协同作战和综合保障“五种能力”训练，加强了联合作战、信息作战、新“三打三防”和新装备训练。这些改革突出了把决定部队战斗力水平高低的科技素质作为训练内容的核心要素。三是加强军事科研工作。3月，中央军委发布《中国人民解放军军事科学研究条例》，明确规定了全军军事科研的指导思想、基本任务和领导体制、管理制度，这是加强军事科学研究，发展军事科学理论的重要举措。为了深入贯彻“科技强军”战略思想，加强和规范军队院校科研工作，12月，总参谋部、总政治部、总后勤部、总装备部联合颁发了《加强军队院校科研工作的意见》和《中国人民解放军院校科研管理暂行规定》。前者就院校科研工作的领导、科研成果转化、科研队伍建设、科研环境和条件以及提高院校科研管理水平等问题，提出了具体措施和办法，后者则从院校科研的指导思想、科研管理体制，到各级的主要职能与任务，以及计划、项目、成果、经费管理、交流与合作、科研队伍建设等方面都作出了明确规定，确保院校科研工作在统一规范的轨道上运行，并逐步与国家科技创新体系接轨。

提高官兵科技素质，培养现代军事人才　(1) 着力培养高层次军事人才。2月22日，经中央军委批准，总参谋部在北京举行“军队重点学科”、“军队重点实验室”授牌仪式，这标志着全军已初步建立起高层次人才培养的“航空母舰”。在全军研究生培养单位中建设一批重点院校、重点学科和重点实验室，是中央军委作出的一项重大决策。总参谋部根据军委的统一部署，在科学预测和周密论证的基础上，遴选出了重点学科、重点实验室和重点院校，集中力量实施重点建设。11月，根据《国务院、中央军委关于建立依托普通高校培养军队干部制度的决定》，教育部、总政治部决定军地携手实施“高层次人才强军计划”，在国家研究生招生计划内由部分地方普通高校为军队定向培养一批硕士研究生。首批列入实施强军计划的有北京大学、清华大学、南开大学、北京航空航天大学、中国科学技术大学等27所高校，招生对象为作战部队团职以下专业技术干部，以及军队综合大学和工程技术院校从事理工科教学的部分教员，以新武器装备较多的部队技术骨干为重点。(2) 交叉培训适应现代战争要求的军事指挥干部。5月中旬，全军师旅团职指挥干部交叉培训班分别在南京陆军指挥学院、海军指挥学院、空军指挥学院和第二炮兵指挥学院开学，来自全军陆、海、空、第二炮兵部队的师旅团主要领导，分别在非本军兵种的中级指挥学院进行为期一个月的交叉培训。其目的在于改革全军中高级军政指挥干部的知识结构，强化联合作战意识，增强复合素质，提高三军联合作战的组织指挥能力。(3) 提高全军官兵的科技文化素质。11月，总参谋部、总政治部、总后勤部、总装备部联合下发《全军2001～2005年在职科学文化教育规划》。《规划》提出，到2005年，团以上干部普及本科教育，基层干部普及大专教育，中高级士官开展高等教育，初级士官开展中专教育，义务兵立足岗位成才，在全军部队全面普及现代科技特别是高科技知识。全军干部大专以上学历比例达到85%左右，其中本科以上达到40%左右，作战部队军、师（旅）、团领导和机关干部中有一部分达到研究生文化程度；高、中级士官大专以上学历比例分别达到40%、30%左右，初级士官中等以上学历比例达到70%左右；义务兵掌握一门军地通用知识和技能。此外，为了建设高素质的干部队伍，总参谋部、总政治部还于5月联合下发了《关于改革从优秀士兵中选拔培养基层干部办法的通知》，确定从2001年起，改革从优秀士兵中直接选拔基层干部的办法，实行保送入院校学习，培训合格后提拔为干部的措施。这是贯彻实施《现役军官法》的实际步骤，是坚持经院校培训提拔干部制度的重要举措，对加强基层干部队伍建设具有重大而深远的意义。

推进后勤保障社会化进程，实施后勤训练改革　近年来，全军部队认真贯彻军委决策，积极推进后勤保障社会化改革，取得了阶段性成果：截至2001年底，全军已有2000多个不同类型的单位进行了后勤保障社会化改革；在各类应改单位中，73．5%的食堂完成了改革任务，80．2%的军人服务社进行了撤并，51%的单位启动了营房保障社会化，分流安置保障人员2．9万多人，节省各类经费约3．2亿元。在后勤社会化保障改革中，四总部和各大单位机关领导重视，措施得力。总后协调北京市成立了首都驻京部队后勤保障社会化领导小组，出台政策、筹措经费、跟踪检查，使改革迈出了实质性步伐，有力地推动了全军的改革。海军、北京军区、成都军区等单位还在医疗保障、油料物资供应、生活用车、装备修理等9个项目上进行了社会化保障尝试，取得一定成效。在深化社会化改革的同时，全军注重加强后勤训练。11月6日，全军后勤训练与考核大纲集训在北京开始。根据军委要求和总部统一部署，全军后勤从1999年起，在科技练兵实践基础上，进行了以深化内容为主的后勤训练改革。到2001年底，这一改革已使后勤训练“四个体系”的建设有了实质性突破。在训练内容体系上，全军后勤出台了近百本训练大纲，覆盖了各个层次、各种专业、各类部队，形成了比较完整、科学的体系，解决了后勤“训什么”的问题；在训练方法体系上，按照部队后勤和后勤部队两个系列，区分不同训练层次和环节，推出了各有特色的训练指导法，解决了后勤“怎么训”的问题；在训练制度体系上，制定了相应的后勤训练规章制度，从训练任务的下达，到训练的计划、实施、考核、检查，都进行了规范，解决了后勤训练“如何管”的问题；在训练理论体系上，对训练工作特点、规律的研究更加深入，对后勤训练工作的理论指导更加有力，新一代战时保障条令正式颁发。为了全面提高后勤保障能力，军队制定了一系列发展规划和措施：4月初，中央军委批准《军队审计建设“十五”计划和2010年前发展规划》，明确了“十五”期间军队审计工作总体思路和主要任务；4月中旬，中央军委批准印发《全军环境保护和绿化工作“十五”计划》，要求全军和武警部队结合实际，认真贯彻执行；6月，中央军委批转总后勤部《关于全军“九五”期间农副业生产情况及“十五”期间发展意见》，对全军农副业生产实施重大调整改革，要求全军和武警部队继续发扬自力更生、艰苦奋斗的精神，把农副业生产提高到一个新水平。4月，总后勤部、财政部、国家粮食局联合下发通知，确定从4月份起，提高军粮质量等级标准，保证全军和武警部队官兵在全国任何地方都能吃上优质粮油。5月底，国家建设部、总后勤部联合下发《关于军队住房制度改革中有关问题的通知》，就军队住房制度改革中涉及军队和地方之间的工作衔接问题作出明确规定。至此，配合新的房改方案实施，全军已制定颁发房改配套文件16个，使军队房改政策进一步完善。

加强军事法制建设，实施正规化管理　2001年，军队制定了一系列有关管理工作的法规，保障军队管理依法走上正规化的轨道。一是加强士官队伍管理。2001年，全军在认真贯彻《中华人民共和国现役军官法》，依法强化军官队伍管理的同时，深化士官制度改革。四总部联合颁发《中国人民解放军士官管理规定》之后，4月20～24日，全军贯彻执行这一规定的集训班在济南军区某集团军举办，来自全军和武警部队负责士官管理工作的领导通过学习，加深了对士官制度改革法规制度的理解，总结交流经验，研究落实措施。6月，总参谋部发出通知，确定2001年在招收中专士官学员的同时，将首次招收大专士官学员，这是士官制度改革之后，为适应部队建设需要，建立一支高素质士官队伍采取的一项重要措施。11月，总参谋部、总政治部就2001年冬季士官选取工作发出指示，要求加强教育，从严把关。强调全军和武警部队要加强士官制度改革意义和有关政策规定的思想教育，使广大士兵明确士官选取的原则、条件、程序及要求，自觉听从组织安排，切实保证士官选取工作走上法制化的轨道。二是抓好安全方面的管理工作。1月8日，全军通用弹药安全管理工作会议召开，要求健全弹药安全管理机制，加强弹药管理队伍建设，加强弹药技术机构和安全设施设备的配套建设，落实各种防范措施和规章制度。2月，《中国人民解放军计算机信息系统安全保密规定》出台，这一《规定》重点突出了网络安全保密，规定计算机信息系统安全保密实行分级防护。10月，中央军委发布施行《军用爆炸物品安全管理条例》，该条例对于在新形势下加强爆炸物品的安全管理，防止事故、案件发生，巩固提高部队战斗力，保证军队和社会的安全与稳定，具有重要意义。三是依法维护军队和军人权益。1月5日，最高人民法院和总政治部联合发出的《关于认真处理涉军纠纷和案件，切实维护国防利益和军人军属合法权益的意见》见诸报刊，要求建立有效的工作机制，依法妥善地审理涉军案件。同时要求充分发挥省军区系统的职能作用，做好解决涉军纠纷和案件的协调工作。5月，总政治部发出《通知》，印发《关于加强基层部队法律咨询工作的意见》，要求全军和武警部队适应国家、军队法制建设发展的需要，贯彻落实《关于改革开放和发展社会主义市场经济条件下军队思想政治建设若干问题的决定》中关于“积极为部队和官兵提供法律咨询和法律服务”的精神，并就此提出具体要求。四是继续深入开展法制宣传教育。全军和武警部队认真贯彻落实全国2001～2005年法制宣传教育规划和四总部《关于开展第四个五年法制宣传教育的通知》，对“四五”普法教育进行周密安排部署，扎实做好准备。到2001年底，各项工作进展顺利，为“四五”普法全面铺开打下良好基础。

落实兵役制度，加强后备力量建设　一是加强基层武装部建设。1月2日，《解放军报》发表总参谋部动员部负责人答记者问指出：2001年是加强基层武装部建设的“关键之年”，应抓好四个方面的关键性工作：要在市县乡政府机构改革中，进一步落实基层武装机构设置和人员编制；要结合撤并乡（镇）进行人员调整精简工作，配齐配强专武干部；要落实人武学校建设的有关规定和要求，提高人武学校办学层次和质量；要抓基层、打基础，保证国防后备力量建设在基层持续、健康地发展。二是抓好学生军训工作。11月，全国学生军训工作会议由教育部和总参谋部、总政治部联合召开。会议总结交流了全国开展学生军训试点工作取得的经验，全面分析研究了学生军训工作面临的形势和任务，部署了下一步的学生军训工作。依据《中华人民共和国兵役法》的有关规定，中国从1985年开始有组织、有计划地在部分高等学校和高级中学开展学生军训工作试点。全军先后派出20余万名官兵执行军训任务，训练在校学生3000多万人，每年受训的大学生占入校新生的70%左右。2001年6月，国务院办公厅、中央军委办公厅又下发文件，对学生军训的指导思想和目的、规划和要求、工作机构、师资配备、训练保障以及组织领导等问题作出了明确规定。这个文件的下发，标志着学生军训工作实现了由试点到全面展开的重要转变。从此，全国普通高等学校和高级中学将有计划、分步骤地全面开展学生军训工作，每年参加军事训练的学生将达到1000余万人。三是招收在校大学生入伍。根据修改后的《征兵工作条例》，国家从2001年开始招收在校大学生入伍，履行兵役义务。这一做法体现了兵役义务面前人人平等的原则，适应了社会主义市场经济条件下征兵工作的新形势、新要求，是完善国家兵役法体系，提高兵员整体素质，加强国防和军队建设的重大举措。大学生履行兵役义务，拓宽了新兵征集的范围，满足了军队现代化发展的迫切需要，也有助于提高全民国防意识。四是加强民兵建设。12月14日，经国务院、中央军委批准召开的全国城市民兵工作会议在武汉结束。这是新世纪第一次专题研究部署城市民兵工作的重要会议，它着眼增强城市民兵对空防卫、科技参战支前和维护稳定的能力，研究和提出了新形势下加强城市民兵建设的意见。会议指出，全国城市民兵工作要积极适应新时期军事战略方针的要求和社会主义市场经济的新形势，坚持党管武装，坚持人民战争思想，坚持平战结合，深化调整改革，加强质量建设，努力提高城市民兵参战支前和维护社会稳定的能力，为国家改革、发展、稳定作出新的贡献。

（方宁　韩长生）

美国建军计划与措施　2001年，美国军事建设的方方面面都发生了重大变化。年内，美国在“9·11”事件中遭受到特大恐怖袭击，随即，以反恐名义向阿富汗发动了新世纪第一场战争；布什总统宣布退出《反导条约》，以便为全面研发和部署导弹防御系统扫清法律障碍；初步完成防务政策审议，提出将防务规划模式由“以威胁为依据”转向“以能力为依据”；大幅增加军费，推进部队转型建设，改组空间领导机构，天军建设也迈出重要步伐；强化海外部署，特别是加大在亚太地区的军事存在。美国在军队建设方面实施的这一系列计划和措施，将对美军未来发展、世界安全形势和我国周边安全环境产生重大而深远的影响。

保持海外驻军实力和部署，加大亚太地区军事存在　2001年，美军在中东和欧洲地区的实力部署基本不变，但加大了对亚太的关注。主要体现在3个方面：（1）加强关岛的前沿基地作用。为强化在亚太地区的威慑能力，美继续加强在关岛的军事存在。对关岛的海、空军基地重新进行维修，组建空军第613应急反应中队和海军第15潜艇中队，还决定除计划列编关岛的5艘核动力攻击潜艇外，再部署一艘核动力航母。（2）在东南亚建立新的军事基地。3月，美军正式启用在新加坡樟宜港新建的海军基地。该基地能容纳大型舰船编队进泊，成为继马来西亚巴生港以后，美军航母在南海周边地区的第2个补给基地。（3）加强驻韩美军的武器装备。为进一步提高亚太地区的前沿作战能力，年内，美军换装和改进了部分驻韩美军武器装备，准备在韩东海海域部署2艘“宙斯盾”级军舰。美军还对驻韩部队的编制进行了调整，计划对驻韩基地重新进行优化组合，建设一个综合性训练基地。美陆军则计划将部署在欧洲的部分预置装备转调至驻韩基地和印度洋上的迪戈加西亚基地。

构建攻守兼备的战略威慑系统　2001年5月1日，布什总统提出三位一体、攻防兼备的“新威慑观念”，强调在保持有效核威慑能力的同时，大力研发并部署导弹防御系统。从其披露的材料来看，布什政府的导弹防御计划已不再强调“国家导弹防御系统（NMD）”和“战区导弹防御系统（TMD）”之分，而是要建立一个可对各种导弹进行全程拦截的陆、海、空、天基多层反导系统，并于7月14日和12月3日分别成功进行了2次导弹拦截试验。为进一步推进导弹防御系统的研发工作，布什政府将实施如下计划：1、在2002年底前进行17次导弹防御拦截试验，其中10次为陆基试验，7次为海基试验；2、在2004年前改进部署在阿拉斯加州阿留申群岛西端谢米亚岛上的“丹麦眼镜蛇”雷达系统的性能；3、在军舰或夏威夷试验先进的X波段雷达；在2005年前建成一个初步的导弹防御系统。从2002财年起，美每年用于导弹防御系统的试验费约为80亿美元。2001年12月13日，布什宣布退出美苏1972年《反导条约》。此举可能引发新一轮军备竞赛，对世界战略稳定及国际军控和裁军机制带来巨大的负面影响。

年内，美国防部完成了《核态势审查报告》。美将大幅度削减核武器数量，将战略核弹头削减到1700～2200枚左右，同时降低部分核部队的戒备状态，调整部分核武器的瞄准目标，并研制能够摧毁敌方加固与地下目标的新型核武器。

增加国防费，全面促进军队建设　2001财年，美国防预算总额为3156亿美元，比上年度增长9．2％。其中，武器采购费632亿美元，首次突破了600亿美元。采购重点是先进信息系统、新型武器平台和精确打击弹药；新型核动力航母、新型攻击潜艇、DD－

21 对地攻击驱逐舰；联合防区外空地导弹、联合直接攻击弹药、导弹防御系统、新型轮式装甲车、科曼奇直升机、未来作战系统等。12 月 13 日，美参众两院通过总额为 3444 亿美元的 2002 财年国防预算，比上年度增加 277 亿美元，增幅达 8．7%。这表明，自 1999 年美国国防预算止跌回升以来，美已进入新一轮军备扩张时期。

2001 年，美军各军种继续以美参联会《2020 年联合构想》为纲领，修订并执行各自的军种战略构想。

陆军　2001 年，美陆军继续实行"目标部队"建设构想，发展武器装备、加快推进部队转型，对部队进行全面改革。采取的具体措施包括：

(一)、根据新的作战需求，大力推进部队转型建设。美陆军认为，"非对称战争"和"非战争行动"对部队的快反、机动、杀伤、自下而上及持续作战能力均提出更高的要求，继续保持众多的重型部队，显然已无法适应新的作战需求。因此，2001 年，美陆军继续按照"目标部队"的构想，对部队进行包括编制、条令、训练、武器装备、后勤、后备役等在内的全面改革。主要内容是：

(1) 确定建军目标：5 月，美陆军部长怀特提出四项建军目标，即：加大对人员的投资，以吸引、培养和保留优秀人才；加快武器装备现代化进程，将现役与后备役部队更紧密地结合起来；在观念、组织、训练、领导、征兵和基地设施建设等方面进行变革；改进资源使用方法，提高作战能力等。

(2) 组建新的"中型旅"：计划到 2007 年组建 6 ~ 8 个"中型旅"。

(3) 提高部队数字化水平：2001 年 4 月 1 ~ 14 日，美陆军第 4 机步师中的 2 个旅首次进行了代号为"顶石"的数字化旅实战演习，充分展示了数字化技术的威力和数字化部队新的作战方法，成为美陆军第一个数字化师。美陆军数字化部队建设的主要措施是：第一，改革部队结构，精减人员和重型装备数量，并在各级机关及战斗勤务支援部门混编部分陆军国民警卫队和后备队人员。第二，增强武器装备系统性能，以确保在未来 15 ~ 20 年内保持优势地位。美陆军已经改进或准备发展的武器装备主要有：AH－64D"阿帕奇·长弓"武装直升机、改进型 M1A2"艾布拉姆斯"主战坦克、M3A3"布莱德利"战车、"十字军"自行火炮系统、"科曼奇"直升机以及各种战术无人飞行器等。第三是强化指挥、控制与信息传输能力。数字化部队指挥控制的关键技术是"21 世纪旅及旅以下部队战斗指挥系统"。该系统已被广泛应用于数字化旅战斗车辆，可接收、处理由卫星、飞机、坦克及直升机传来的数据，为所有指挥员和战斗员及时提供清晰的战场画面，明显提高了部队的战斗力。为进一步实现指挥控制数字化的目标，美陆军还拟利用新型网络技术，进一步提高战术作战中心的信息传递数字化水平。这些措施加大了数字化师的战斗地域，使师作战范围由传统的 100 千米长、100 千米宽增至 120 千米长、200 千米宽。美陆军下一步目标是用更新的软件系统对第 1 骑兵师进行数字化改造。2001 ~ 2005 财年间，美陆军计划共投资 174 亿美元用于部队数字化改造。

(4) 加大现役、后备役部队一体化建设。美陆军现有 48 万现役、35 万国民警卫队和 20．5 万后备部队。为弥补现役兵力的不足，美陆军实施了现役与后备役一体化计划，目标是通过改革在 2020 年左右使后备役部队在组织体制、作战技能和武器装备等方面同现役部队基本达到一致，从而建设一支"无缝隙"的"整体部队"。目前，美陆军后备役部队正在担负越来越多的战斗和战斗支援任务，甚至部署到海外独立承担维和任务。在美国国内，由于后备役部队遍布全美 50 个州，便于对危机作出迅速反应，因此，已成为美国土防御的主干力量。2001 年 6 月，美陆军第一次将国民警卫队和后备队的主官晋升到中将级别，表明陆军后备役部队的重要性正在上升。

(二) 加强装备建设，保障部队转型。　2001 年，美陆军采取对现有武器装备进行升级改造和加快研制新型装备的两手措施，加强装备现代化建设，以保障部队转型进程。美陆军与国防工业部门密切配合，加紧研制和生产轻型装甲车、"科曼奇"直升机、"十字军"火炮、超高速反坦克导弹、无人机、装有制导系统的高机动性火箭，以及数字化指挥、控制、通信系统等"目标部队"所需的武器装备。美陆军计划为 6 个旅的"中型部队"共配备 2131 辆国内轻型装甲车，2002 财年准备采购 326 辆。这些装甲车共 10 种类型，兼有作战、侦察、指挥控制和后勤支援等 8 种用途，共耗资 60 亿美元。"9·11"事件后，美陆军决定加快"未来战斗系统"的研制，2001、2002 财年分别投入 9、12 亿美元研制费，计划于 2006 年开始生产，2008 年装备第一支"目标部队"。

年内，美陆军多次成功进行了"爱国者－3"反导系统拦截试验。该系统于 2002 年 1 月开始实战测试，9 月批量生产。美陆军拟先采购 110 枚"爱国者－3"型导弹（总共将采购 2200 枚），装备 3 个营。

（三）顺利完成征兵任务，继续保持部队规模

2001 财年，美陆军共征召 75800 人加入现役，提前 3 周完成本财年征兵任务，使美陆军现役人员总数保持在 48 万人左右。陆军国民警卫队新征现役人员 60252 人、后备队新征 34910 人。这是自 1997 年以来，美陆军三个组成部分首次实现年度内完成征兵指标。

海军　2001 年，美海军随着不断变化的国际安全环境，调整自身的军种战略，加强反恐与本土防御，研发适应近海作战的新型舰艇，进一步完善部队高技术信息网络。海军陆战队也提出“远征机动作战”构想，更加突出海军力量，强调“以海制陆”，用“网络中心战”思想建设一支拥有知识优势的网络化海上力量，其核心能力包括制海权、信息优势、前沿存在、对陆攻击等。海军建设计划措施如下。

（一）积极发展军种战略　2001 年 3 月，美海军部根据国际形势的不断发展变化，在 1994 年“前沿存在……由海向陆”海军战略的基础上，正式提出了“力量与影响，由海向陆”的新军种战略构想。该军种构想更加突出海上力量（包括海军和海军陆战队）在实现国家安全战略和国家军事战略目标中的作用，强调海军部队的远征作战能力与国家军事战略目标中的作用，强调海军部队远征作战能力与危机反应能力，明确了海军兵力使用的原则及其担负的战略任务。“9·11”事件发生和新版《四年防务审查报告》发表后，美海军正在研拟新的海军战略。新战略将明确提出海军部队在反恐及国土防御中的任务与作用，重视发挥海军战略核武器在对付“化学、生物、放射、核子及强化高爆炸药武器”攻击中的报复打击能力，加强战略核潜艇部队在维护国土安全中的威慑作用。

（二）大力推进部队信息网络建设　为提高“网络中心战”能力，年内，美海军重点加强了两个信息网络的建设：一是“海军及陆战队内部网”。自 2000 年 12 月以来，美海军已将 43000 个网点连接入网，并在圣迭戈与诺福克海军基地建成了两个网络管理中心；二是继续为海上舰艇部队安装“21 世纪信息技术”网络系统，该系统可为舰艇提供宽频带高容量通信，可传输语音、电视、图像和数据等信息。该系统建成后将增强海上指挥官对战场形势的掌握与控制，提高美海军作战指挥效能和通信能力。

（三）研发适应近海作战的新型舰艇　为适应冷战结束后作战重点向沿岸近海地区转移的新情况，应付沿岸大国新型低噪音潜艇、远程鱼雷、各种弹道导弹、反舰巡航导弹等构成的威胁，美海军加强了对“近海作战舰”的研究，先后提出了“海盗”小型航母、“薄片”快速战斗补给舰和“海矛”隐形快速作战舰等发展设想。美海军年内还决定，着手改装 2 艘即将退役的“俄亥俄”级战略导弹核潜艇，使其可携带若干枚“战斧”对地攻击巡航导弹和 66 名特种作战人员。

（四）加强反恐及国土防御　“9·11”事件发生后，美海军迅速调整部署，在东海岸部署了包括“肯尼迪”号和“华盛顿”号两艘航母在内的 7 艘战舰，以协助保卫华盛顿和纽约地区的海空安全，在西海岸和夏威夷海域部署了包括“斯坦尼斯”号航母在内的 15 艘舰艇巡逻警戒，并命令返美途中的“企业”号航母编队重回阿拉伯海与“卡尔·文森”号航母会合。美对阿富汗军事打击行动开始后，美海军不断增兵，最高峰时有 4 个航母编队部署在阿拉伯海海域。同时，美海军还担负了关岛、迪戈加西亚、马六甲海峡、苏伊士运河等重要基地及海上通道的警戒任务，以防恐怖分子的其他袭击行动，确保海上航行安全。此外，2001 年 10 月 4 日，美海军陆战队司令部发布命令，正式组建反恐怖作战旅——第 4 陆战远征旅。

空军　美空军以“全球警戒、全球到达、全球力量”的军种战略为指导，强调美空军是一体化的空中、空间部队，大力加强“航空航天远征部队”建设，优化远程打击力量，加快新型武器装备的研发，努力吸引与保留人才。年内采取的建军计划与措施有：

（一）采取多种办法，探索和发展未来作战理论

为贯彻落实《空军 2020 构想》的精神与要求，美空军着眼于未来 10～20 年的战场环境与作战需求的变化，积极发展新的作战理论。这方面的主要做法有：

（1）推出《2020 作战原则》。2001 年 10 月，美空军根据《空军 2020 构想》的指导思想，推出了美空军未来作战的指导原则——《2020 作战原则》。该《原则》有两个值得注意的鲜明特点，一是突出了空、天、信息一体化作战思想，要求对美空军的空中、空间和信息作战能力进行一体化调整，发挥综合效应；二是强调作战效果，要在正确的地方和正确的时间使用兵力，通过对敌要害部位以及节点的精确打击，瘫痪敌作战能力，迅速达成控制敌人的具体战役效果和战略效果。

（2）提出“全球打击特遣队”构想。美空军计划组建一支快速、全隐形的“全球打击特遣部队”。该总队以 B－2 隐形轰炸机和 F－22 隐形战斗机为骨干，

形成由两种机型组合而成的攻击能力，组成全球快速干预拳头部队。根据设想，该总队只经短暂调动部署，即可对全球任一冲突地区实施先期空中打击，遏制冲突升级，并为后续大规模作战创造有利条件，以适应美军海外基地逐步减少、难以快速大规模在海外部署的新形势。

(3) 探索空间力量建设和空间作战方法。美在2001年大力发展空间力量，谋求空间绝对优势。2001年1月，美军出台了建立“空间部队”的总目标，设想根据未来5～10年的发展状况，以类似过去陆军航空兵逐步发展成为空军的方法，将空军航天司令部向空军的“空间部队”过渡，并最终发展成为独立于陆、海、空军的第四军种——“天军”。1月，美空军成立了第一支试验型空间攻击部队——第527空间攻击中队，组建了第一个试验型空间防御部队——第76空间控制中队。另外，还组建空间武器学校，培养空间作战人才。美军于5月上旬出台了空间管理机构改革方案，决定加强对空间活动的统一领导，加快空间武器化进程，谋求确保美军长期拥有制天权。

(二) 新型武器装备的研发取得重大进展

以武器装备的绝对优势应对未来作战中的各种挑战，始终是美空军建设的指导原则。2001年，美空军研发计划中的重要武器项目取得了阶段性进展。

(1) 正式批准生产F－22隐形战斗机。F－22型机经过总计约1230多小时的试飞，达到了美国防部确定的研制进度指标。2001年8月中旬，美国防部正式批准生产该型机。年内，美开始生产首架实战型F－22战斗机，以取代F－15战斗机。该型机将于2003年起装备部队，2005年具备初始作战能力。位于兰利空军基地的美空军第1战斗机联队将首先装备该型机。

(2) “联合攻击战斗机”完成竞标，正式定型。2001年10月下旬，美空军正式选定由洛克希德·马丁公司设计的X－35型试验机为“联合攻击战斗机”，该机也由此转入系统设计与研发阶段，并定型为F－35型机。该型机将有3种型号，其中美空军使用的是F－35A型。它适于常规跑道起降，可超音速巡航，最大速度2马赫，作战半径960～1250千米。该型机将从2008年起陆续装备部队，以取代F－16和A－10型攻击机。美空军计划共采购该机1763架。

(3) 无人机的研制取得重大进展。①“全球鹰”无人侦察机具备初始作战能力。美国防部已决定加快该型机的研制进度，并于年内开始小批量生产。目前，美空军共有4架该型机。2001年10月下旬，其中3架部署至德国拉姆斯泰因基地，执行对阿富汗的空中侦察任务，首次参加实战。美空军已确定首批“全球鹰”无人机将部署在加利福尼亚州的比尔空军基地。②RQ－1B型侦察机改装成功并投入实战。由RQ－1A“捕食者”无人机改装成的RQ－1B型无人侦察机于年内改装成功，2月初进行首次飞行测试。③加紧无人打击平台的研发与试验。美空军正在加紧进行无人打击平台的研制。2001年2月底，美空军“捕食者”无人机首次发射“海尔法－C”型导弹，并成功击中目标。10月中下旬，美空军使用“捕食者”无人机发射多枚“海尔法”导弹对塔利班地面目标进行打击，命中率达92%。这是具备空中打击能力的“捕食者”无人机首次实战使用，表明美空军在无人打击平台的研制方面取得了突破性进展。

(三) 采取多种措施，努力吸引并保留人才

2001年，美空军主要在两个方面加强工作力度，努力吸引并保留优秀人才。

一方面，加强征兵工作质量。美空军于2001年5月提前完成了年度征兵3．46万人的任务。为吸引年青人加入空军，美空军采取了以下几项措施：增加征兵工作人员数量，并深入到每个城镇与社区开展征兵工作；提高士兵津贴，并为其偿付上大学所需贷款；编制电视和电影广告片，充分利用大众媒体宣传介绍空军；向民众开放空军基地，邀请驻地高中学生参观军营等。

另一方面，为保留技术成熟的年轻飞行员，美空军在2001年将“连续飞行津贴”预付款提高了50%，即如果飞行员在完成首期现役合同（10年）后续签留队合同，其一次性领取的“连续飞行津贴”预付款由10万美元增加到15万美元。续签合同为期3年以上的，每年可再领取“连续飞行津贴”2．5万美元，3年以下的为1．5万美元。

资料来源：

① 美国2001及2002财年《国防报告》；

② 美国2001年版《四年防务审查报告》；

③美国《陆军时报》、《空军时报》、《海军时报》2001年2月～2002年2月各期。

（贾咏梅）

俄罗斯建军方针与措施 2001年是俄军实施五年改革计划的第一年。一年来，国际局势动荡起伏，特别是发生了震惊世界的“9．11”事件，这一事件不仅使俄罗斯所面临的国际环境进一步复杂化，也使其军队建设面临着新的挑战。在经济开始复苏的基础上，俄罗斯瞄准恢复军事强国地位的目标，进一

步以改革为动力，加大军队建设投入与调整的力度。

根据国际形势变化，确立军队建设方针 2001年，俄罗斯经济继续出现较大幅度恢复性增长，国内生产总值增长5.5%，超过年初4%的预期。俄罗斯开始逐步加大对军队的投入，军队建设开始出现一定起色。从年初开始，俄陆续出台了一系列调整和完善军队建设的文件。2001年1月，俄总统批准了《2001~2005年俄联邦武装力量发展计划》。3月24日，又颁布了《关于保障俄武装力量建设发展及完善其结构的总统令》（第337号），规定2001年俄军建设与改革的方针是：继续裁减员额，提高效率；进一步调整结构；逐步加大对军队建设的投入；进一步提高军人的待遇，完善对军队的社会保障。2001年发生的“9.11”事件以及美对阿军事打击，再一次给俄罗斯敲了警钟，这次战争使俄罗斯意识到，俄同样面临着恐怖主义威胁，而俄罗斯防范和对付恐怖主义的能力和手段十分有限；美国借反恐之机，向中亚地区渗透，已经威胁到俄罗斯的“后院”。俄总统普京明确提出：由“9.11”恐怖袭击事件所导致的国际形势的重大变化，已经对俄罗斯的整个战略安全体系构成新的挑战，他要求重新审定俄国防政策和军队建设的方针。要求进一步收缩和调整部署、加强重点方向、提高部队反恐怖作战的能力等。按照这一方针，2001年10月，俄宣布，自2002年1月起停止租用越南金兰湾军事基地，撤消驻古巴鲁尔德斯监听站，将撤回的部队主要部署在独联体“热点”地区；加强反恐怖力量的建设，开展有针对性的训练。

精简军队，优化军队结构 2001年俄军在体制编制的调整上有以下几项重大举措：一是继续精简军队员额。据俄宣布，2001年俄军基本完成了裁员约9万人的计划，到2004年军队员额将减至83.5万。二是优化军兵种结构，完成了向“三军种、三兵种”的过渡。正式形成了陆军、空军、海军——三军种，和战略火箭兵、空降兵和航天兵——三兵种的新型武装力量结构。三是恢复了陆军总司令部。历史上，俄陆军总司令部的设立和撤消几经反复，经过论证，俄终于在2001年4月恢复了陆军总司令部。四是开始实施国防部文职化的方案。任命谢尔盖.伊万诺夫为俄罗斯第一个文职国防部长。五是合并军区。2001年8月把伏尔加河沿岸军区和乌拉尔军区合并、重组为伏尔加河-乌拉尔军区，使军区数量减少到6个。根据新的军区条例，调整了总部与军区的指挥关系，进一步扩大军区的指挥权限。

加大军费投入，发展新型武器装备 俄罗斯独立以来，武器装备更新速度十分缓慢。军费开支的70%用于军饷、饮食和被服，只有20%用于武器装备的采购，而用于研制新型装备的费用最多只有5%。这就造成了武器装备的严重老化。据俄国防部公布，2001年俄罗斯的军费预算达到2063亿卢布（1美元约合29卢布），比2000年增长了30%左右。2002年的军费预算计划为2629亿卢布，将比2001年的军费预算增加22.5%。俄还计划，今后10年将保持军费的持续增长。俄出台了《2001~2010年军队武器装备发展规划》，确定了武器装备发展的重点方向：一是继续巩固核威慑能力，保持和发展必要的核武器；二是提高常规武器装备现代化程度，加大向其投资倾斜的力度；三是重点发展新的空间、空中和地面一体化指挥控制系统。一年来，俄军采取研发与改造相结合的方式，陆续发展、装备了一批新型武器。

首先是适度发展战略核力量。核武器是美、俄削减的重点，同时也是这两个军事大国实施战略遏制的“基石”。俄罗斯一方面表示要继续履行苏美第一阶段削减战略核武器协议，着手销毁铁路机动导弹系统，并决定将战略核武器进一步削减至1500枚，另一方面针对美退出《反弹道导弹条约》和发展NMD，表示要进一步适度发展战略核力量。在现阶段，尤其是进一步改进洲际弹道导弹，其中包括准备在“白杨”-M导弹上安装分导式多弹头。

对部分常规主战装备进行技术改造。如空军准备以较低的成本改造部分苏-27、苏-30截击机，重点改进其机载设备和武器装备，使之成为多功能歼击机。计划每年改造70~80架。给图-95MC和图-160飞机装备新一代高精度巡航导弹，以提高其远程精确打击能力。

研制一批新型常规武器装备。其中陆军武器装备的发展主要是吸取科索沃战争、俄军在北高加索行动以及“9.11”事件的教训，集中力量研制新型地地导弹系统、地空导弹系统、反坦克系统、近战武器和单兵器具。海军研制了一批新型舰艇和舰载武器。如新研制的“猎豹”式核潜艇于2001年6月试航，属第三代多用途潜艇，号称是世界上航速最快、噪音最小的潜艇之一。新研制的“白蛉”反舰导弹，可低空发射，3倍于音速，机动性能好，弹头穿透力强，专门用于打击航母编队，其性能号称在当今世界“独一无二”。研制并开始批量生产的АПР-3Э型航空反潜导弹，可用于打击下潜深度达800米的潜艇以及水面舰艇。这种导弹能以100千米的时速在水下攻击目标。据俄军方称，任何舰只都不具备对付АПР-3Э

的手段。俄还研制了可摧毁数千米深水下目标的新型 РПК－8 反潜导弹。空军装备的研制也有新的进展，俄正在试验的超高音速“针”试验飞行器，可达到10倍超高音速，已经走在美国 X－43 前面。

为顺利实施武器装备发展规划，有效地利用军费投入，俄开始进一步压缩国防工业的规模，全面整合军工企业。这些措施包括：一是以有效利用科技资源、提高整体效益、加强国际竞争力为目标，对军工综合体进行重组。主要是组建若干个集科研、生产和销售为一体的超大型军工集团。例如，俄计划在2001～2002年以米高扬、苏霍伊飞机设计局为基础，组建67个大型控股公司，在2003～2004年将上述控股公司合并为两个大型航空工业公司。时机成熟时，再将这两大公司合二为一，使俄航空工业成为可与西方航空工业巨头相抗衡的大型集团。二是加大军工企业内部改革的力度，其中推行股份制，形成科学有效的竞争机制。三是进一步提高军品出口竞争力，开拓新的市场，稳坐国际军火市场中“第二把交椅”，用得来的外汇，弥补军费的不足。

加快航天力量建设 俄罗斯是与美国并驾齐驱的航天大国。俄独立后颁布的两版“军事学说”中，都提出在国家面临的各种威胁中，要十分关注来自太空的威胁，都把确保俄太空安全列为武装力量的一项重要任务。但是，真正把“保卫俄罗斯的太空安全”作为一项紧迫的任务，把建设独立的军事太空力量由构想变为行动，是2001年的事。其直接原因之一，是布什上台后美国不顾包括俄罗斯在内的国际社会的强烈反对，加紧推进NMD计划。在意识到NMD的威胁日益变得现实的情况下，俄罗斯被迫加快了组建太空部队的步伐。2001年6月1日，作为武装力量的一个独立兵种——俄军太空兵正式成立。新的太空兵是在从战略火箭军中分离出来的反导弹防御部队和军事航天部队的基础上组建而成的，由俄军总参谋部直接指挥。太空兵的任务是：依靠提高太空信息部门的能力，来提高战斗力；通过加强对太空军事活动的统一管理来提高这些部门和系统的使用效率；确保弹道导弹发射任务的完成；实施太空侦察和导弹预警；对太空进行监视、收集、处理、保存关于航天器性能和作用的情报；制造和发射航天器。太空兵成立后，已经进行了多次军用和民用航天器发射。其中包括2001年6月8日，用“宇宙－3M”火箭，将导弹攻击预警系统雷达发射至太空。该系统可用于监视各国导弹、火箭发射情况。下一步俄还要进一步加大民用和军用航天设施发展的速度，根据2001年通过的未来10年国家航天发展计划，俄将对现有的军用和民用卫星进行技术改造，研制新型空间侦察系统，计划于2007年前发射60颗新型军用卫星，以更新现有的军用卫星网。与此同时，将加快航天基础配套设施的建设。由此可以看出，俄发展太空力量的步伐大大加快，太空力量将成为21世纪俄战略力量的一张新的“王牌”，成为与美进行军事争夺的一个重要领域。

继续推进军事改革 2001年，是俄罗斯继续实施军事改革的一年。俄总统普京提出，俄罗斯军队应该适应迅速变化了全球局势，确立恢复强国地位、实现军队现代化的目标。又强调，实现这一目标必须以军事改革来推动。俄罗斯新任国防部长谢尔盖．伊万诺夫一上任就提出要继续推动军事改革，明确提出俄军的改革计划是“三位一体的任务”。第一个方面的任务，是在逐步增加军费的前提下，大大提高国防部队的武器和军事技术科研经费，认为这是实现“建立现代化军队”的基础。按照计划，2001年俄国防部把30%的军费开始用于军队发展，余下的70%用于军队的维持。计划在2005年以前将这一比例改为4：6，2010年将改为1：1。俄军还计划逐步增加新型武器装备的采购费，2002年将新武器采购费的预算增加270亿卢布。第二个方面的任务是建立“精干”、“机动”的武装力量，其中常备部队是基础。第三个方面的任务，是提高军人的待遇，认为军人待遇低、军队留不住人的问题是“军队改革道路上的绊脚石”，不给军人解决提高薪金和提供住房的问题，就无法进行军事改革。

资料来源：

①俄罗斯《莫斯科共青团员报》2001年5月17日；

②俄罗斯《红星报》2001年4月27日。

（韩生民）

日本自卫队防务计划

2001年，日本自卫队防务计划以《防卫计划大刚》确定的“向新的防卫力量水平协调发展”的方针为宗旨，推进建设合理、高效、精干的防卫力量；努力充实必要的职能，提高防卫力量的质量。为此，制定了7项基本方针：①应对信息技术革命的挑战，整顿联通整个防卫厅和自卫队的高性能网络环境，加强情报和指挥通信机能，确保计算机安全；②为了更迅速、及时地对付各种灾害，必须提高救灾能力，加强应急态势；③为了有效地抗击游击队、特种部队和核生化武器的攻击，要充实武器装备等；④继续开展并努力扩大双边和多边安全对话及军事交流，以增进同周边国家和有关国家之间的信赖关系；⑤为适应自卫队任务的多样化、国际化和装备高技术化等形势，培养和确保高素质人才，努力将自卫队建设成精锐部队；⑥重视对民用技术和民用品的利用，并对部分装备进行通用化的开发，以降低装备成本；⑦继续改善美军基地周围的环境，确保驻日美军所需经费。

应对信息技术革命的举措 由于信息技术飞速进步和普及，信息技术在军事领域也得到迅速发展。因此，要整顿联通整个防卫厅和自卫队的高性能网络环境，加强情报和指挥通信机能，确保计算机安全。

(1) 整顿与信息技术革命相适应的高性能网络环境。将过去各部队建设起来的通信网络全部并网，以此建成联通整个防卫厅和自卫队的情报共享的高性能网络。同时，要加强防卫情报通信基础和计算机系统使用基础。

(2) 加强能自如利用信息技术的情报通信和指挥通信。实现中央至一线的情报共享，以发挥情报和指挥通信的效能；同时，为了便于自卫队的统一使用，要加强情报和指挥通信机能，即加强中央指挥系统；研制新型陆上自卫队基干团指挥控制系统，提高海上自卫队指挥控制支援终端设备和航空总队指挥系统的性能。

(3) 确保计算机安全。为有效地利用信息技术，要加强技术基础（对计算机安全系统使用状况进行评估等）和人才基础（培养情报通信系统操作人员），提高计算机系统安全管理功能。

加强对付各种灾害的应急态势 为了迅速、及时地对付各种灾害，要努力提高救灾能力，加强应急态势。(1) 及时对付各种灾害。对付城市灾害。编成具有高机动性和应对城市灾害能力的部队（改编第一师），加强城市运输态势（配备轻型装甲车和直升机等装备）和居民支援态势（配备供水、供食设备等）；对付积雪山区灾害。确立遥远地区防灾医疗体制（建立遥远地区医疗保障体系等等），增强除雪能力（充实推土机等设备），加强积雪山区的运输态势（配备雪地车和直升机等装备）；应对岛屿灾害。确立迅速派遣、展开体制（西部军区新编1个步兵团）和有效利用运输舰的应急恢复制（海上自卫队新编机动设施队），以及遥远地区防灾医疗体制（加强遥远地区医疗保障体系等）；应付特殊灾害。增强预防特殊灾害的防化部队，充实预防特殊灾害的各种器材（防护器材等）。

(2) 加强应急态势。指定救灾部队（在全国经常保持2700人规模的部队），确立停泊港口的舰艇紧急出动态势，加强能有效利用直升机、运输机等交通工具空运重病患者的医疗职能（航空自卫队编成机动卫生班）。

应对重要事态的措施 (1) 组建专业部队。编成对付游击队和特种部队攻击的专业部队。为提高首都和岛屿的应对能力，将改编第1师，西部军区新编1个步兵团；修建“城市型”训练设施，配备训练模拟器；增装海岸监视器材、夜视器材和部队驻地警备器材。(2) 扩充防化部队。扩充和增强对付核生化武器的防化部队，强化对付核生化武器的教育训练。增加防化部队的编制人数，改编部队，并充实装备等；加强对付核生化武器的教育训练。赴美军防化学校和感染症研究所进行随队训练（研究），并在美陆军进行防生物、防化学训练；在防生物武器的研究方面，配备生物剂检测装置，并对美军防生物武器的情况进行调查、研究。(3) 提高对付可疑船只的能力。要强化训练，充实装备。在训练方面，配备图像射击模拟器和自行式水面靶；在装备方面，提高导弹快艇的航速，配备登船检查器材，开发用于强制停船的装备。

营造更稳定的安全保障环境 为增进同周边国家和有关国家之间的信赖关系，要继续进行双边和多边的军事交流和安全对话。应重点扩大高级别的政策交流、军队之间的交流和多边对话。

(1) 高级别的政策交流。进行军事首脑级别的协商和交换意见，举办军事交流会和军备控制研究会（暂称），邀请亚太地区各国决策人访日。

(2) 军队之间的交流。参加澳大利亚国际观舰式活动，日韩两国军队实施搜索救援协同训练。

(3) 多边对话。举办亚太地区负责人论坛及其分会，邀请亚太地区各国救灾负责人进行防灾训练，参加西太平洋潜艇救援座谈会。

切实推进体制改革 重视《防卫计划大纲》确定的“向新的防卫力量水平协调发展”的方针，切实推进防卫力量向合理、高效、精干方向的建设。此外，为及时应对重要事态，要改编必要的部队；同时，努力确保所需的重要人员。

(1) 部队改编。①改编第一师。陆上自卫队为进行合理、高效、精干的建设，将第1师改编成“政经中枢型师”（编制人数从9000人减少到约6600人，其中应急预备役军人约1100人），作为向新体制转变的一环。改编时，要注重提高部队的机动力，并加强应对核生化武器的能力；同时，增强救灾能力和在城市应对游击队、特种部队攻击的能力；②西部军区新编1个军区直属步兵团（约660人），以便在游击队、特种部队进攻岛屿发生灾害时，能迅速、机动地采取行动；③海上自卫队为各通信部队联网，进行技术保养，加强应付电脑攻击的机能，将新编系统通信队群（暂称）；④海上自卫队为有效地进行技术研究开发和训练指导，将撤销开发指导队群，新编开发队群（暂称）和海上训练指导队群（暂称）；⑤为从专业角度在国际法和防务关系法方面协助海上自卫队参谋长，将新设首席法官（暂称）；⑥航空自卫队为加强基地防空部队的战斗力基础，将改编基地防空部队。（2）确保部队员额。自卫队 2001 年度末的编制人数，陆上自卫队为 169507 人，其中常备军人为 163784 人，应急预备役军人为 5723 人。与上年度相比，常备军人减少 3599 人，应急预备役增编 834 人。海上自卫队为 45812 人。航空自卫队为 47266 人，参谋长联席会议为 1733 人，与上年度相比，增编 121 人。自卫队合计 264318 人，减编 2644 人。

文职人员：陆上自卫队为 9248 人（减少 55 人），海上自卫队为 3674 人（减少 29 人），航空自卫队为 3851 人（减少 32 人），参谋长联席会议为 445 人（增加 8 人），其他机构为 7179 人（增加 24 人），合计 24397 人（减少 84 人）。预备役军人：陆上自卫队为 46000 人，海上自卫队为 1100 人，航空自卫队为 800 人，合计 47900 人。2001 年度自卫队的实有人数和满员率是：陆上自卫队为 146537 人，满员率为 87.62%；海上自卫队为 43725 人，满员率为 95.44%；航空自卫队为 44916 人，满员率为 95.03%。

培养与国际化、高技术相适应的人才　为适应自卫队的任务多样化、国际化和装备高技术化，应付以信息技术为核心的技术革命，要努力培养高素质人才。

（1）实施与任务国际化相适应的教育训练。派遣人员到外国留学，增加外国留学生的接收人数，举办国际专题讲座，强化外语训练，加强有关国际和平与合作业务的教育训练。（2）实施与装备高技术相适应的教育训练。充实模型器等教育训练器材，如轻型反坦克训练器材、试飞训练模拟器、F－2 支援战斗机飞行模拟器。（3）实施专业技术教育训练。为适应信息技术化，要培养情报通信系统操作人员；派遣人员到外国各种学校进修，如到美国宇航医校等进修。

建设精锐部队　要建设能迅速、及时地应对各种事态的精锐部队，要继续进行各种训练，充实所需的训练设施和器材，实施日美联合演习，并加强同美军的协同训练。

（1）训练设施和训练器材。修建“城市型”训练设施，充实气垫登陆训练设备，整修综合训练场。

（2）训练、演习。陆上自卫队：第 13 旅和第 2 混成旅实施北方机动演习，“霍克”防空导弹部队（17 个队）实施年度射击训练，海岸航空导弹部队（6 个团和教导队）实施年度射击训练，派出 4 辆坦克、4 架反坦克直升机、4 部反舟艇反坦克导弹发射系统、3 套多管火箭发射系统和 2 套 96 型多用途导弹系统赴美进行射击训练。海上自卫队：实施海上自卫队演习（乙级），派出 3 艘驱逐舰和 6 架飞机赴美进行训练，实施远洋实习训练、护卫队群的群训练（1 个群进行 4 次大规模救灾训练）和 P－3C 反潜巡逻机的训练（1 个群进行 3 次训练）。航空自卫队：航空总队进行综合演习，“爱国者”防空导弹部队进行年度射击训练，在关岛同美军进行协同训练（10 架 F－15 和 1 架 E－767），2 架 C－130H 型运输机和 1 架 U－4 型飞机在海外航线上进行飞行训练。此外，还要进行日美联合指挥所演习、自卫队联合防卫演习和日美协同训练（指挥所训练和实战训练）。

充实新式武器装备　（1）适应军事科学技术的进步。实施各种研究开发，适应以信息技术为主的科技飞速发展。要有效地利用民用技术和民用品，力求部分装备通用化，以控制经费。在导弹防御系统相关项目的技术开发方面，继续推进日美技术交流。为适应信息技术高新技术的发展，将改组和加强研发体制。

开发 C－1 型运输机的后继机。为适应 C－1 型运输机日趋减少的形势，将开发具有优越的运输能力和飞行性能并适于担任战术空运和国际支援任务的运输机。

开发 P－3C 型反潜巡逻机的后继机。由于 P－3C 型固定翼反潜巡逻机日趋减少，将开发具有优越的巡逻能力和飞行性能，并适于警戒监视周围海域、巡逻和搜索遇难船只等多种任务的固定翼反潜巡逻机。

开发改进型 88 式岸舰导弹系统。改进型 88 式岸舰导弹系统作为现有 88 式岸舰导弹系统的后继型，其要求是降低成本，提高射效和生存能力。

开发基干团指挥控制系统。为有助于对步兵团等部队的运用，将开发基干指挥控制系统。该系统能组成野战计算机网络，并迅速有效地传递指挥命令所需数据。

关于导弹防御系统，对中国防空系统的现状进行全面调查研究，日美两国对导弹防御系统进行技术开发（试制海上部署型高层防御系统）。

在技术研究本部设立先进技术推进室，并改组第二研究所等机构。

(2) 装备的更新与现代化。陆上自卫队。随着现有火炮、74 型坦克、OH－6D 型观测直升机日趋减少，要购置 99 型 155 毫米自行榴弹炮、多管火箭发射系统、90 型坦克和 OH－1 型观测直升机。为提高步兵部队的机动力，加快步兵部队精干化建设，充实反装甲火力，适应国外科技发展趋势，将购置轻型装甲机动车和轻型反坦克导弹，把东部军区装备的“霍克”防空导弹换装成改进 3 型“霍克”防空导弹。陆上自卫队今年计划采购的甲类装备：3117 支 89 型步枪、13 支 9 毫米自动手枪、202 挺 5．56 毫米机枪、141 挺 12．7 毫米重机枪、38 部 87 型反坦克弹发射装置、39 门 L－16 型 81 毫米迫击炮、11 门 RT 型 120 毫米迫击炮、3 门 96 型 120 毫米自行迫击炮、6 门 99 型 155 毫米自行榴弹炮、9 套多管火箭发射系统、1 门 87 型自行高射炮、19 辆 90 型坦克、1 辆 89 型装甲战斗车、145 辆轻型装甲机动车、30 辆 96 型轮式装甲车、1 辆 87 型侦察警戒车、2 辆 87 型炮侧弹药车、1 辆 99 型弹药供应车、1 辆 90 型坦克回收车、1 辆 91 型坦克桥、13 辆 87 型雪地车和 2 辆防化车。乙类装备：计划用 834 亿日元采购车辆、通信器材和设施器材等。飞机：2 架 OH－1 型观测直升机、2 架 UH－60JA 型多用途直升机、6 架 UH－1J 型多用途直升机、2 架 CH－47JA 型运输直升机、2 架 LR－2 型侦察联络机，计 14 架飞机。导弹：改进型“霍克”防空导弹 0．25 个群份。2 套 81 式改进型近程防空导弹、9 套 93 型近距离防空导弹、17 套 91 型携式防空导弹、7 套 96 型多用途导弹系统和 186 套轻型反坦克导弹。计划用 30 亿日元，作为 88 型岸舰导弹训练弹的维修保养等经费；用 2 亿日元作为直升机机载空空导弹训练弹的维修保养等经费。

海上自卫队。随着现有驱逐舰、潜艇、扫雷艇、勤务艇和反潜巡逻机等装备的日趋减少，计划购置节省人力、居住环境优越的多用途驱逐舰、水下探测能力得到提高的潜艇、扫雷系统质量得到提高的扫雷艇、训练支援能力得到加强的多用途支援舰和 SH－60J 型反潜直升机。此外，还要充实续航能力和对付可疑船只的能力等得到增强的导弹快艇，作为对付水面船只的截击力量。海上自卫队今年计划建造的舰艇：2 艘 4600 吨级多用途驱逐舰、1 艘 2700 吨级潜艇、2 艘 510 吨级扫雷艇、2 艘 200 吨级导弹快艇、2 艘 980 吨级多用途支援舰和 5 艘支援船，计 14 艘舰船。飞机：3 架 SH－60J 型反潜直升机、3 架 UH－60J 型救援直升机和 1 架 EP－3 改进型电子战数据搜集机。此外，还要用 1 架 P－3C 型反潜巡逻机改装成图像情报搜集机。

航空自卫队。随着现有 F－1 支援战斗机、高级教练机、V－107 型救援直升机、T－3 型教练机的日趋减少，将购置 F－2 支援战斗机、UH－60J 型救援直升机和新型初级教练机。为维持空中运输能力，保持航空救援态势，提高空中警戒监视能力，将购置 CH－47J 运输直升机，U－125A 型救援搜索机，并推进对 E－2C 型早期预警机的改进工作。此外，还要采购空中加油—运输机，加快对“爱国者”防空导弹的改进工作，以便进行空中加油，担负国际支援活动中的空运任务，并提高对小型高速目标的探测能力和应对能力。航空自卫队今年计划采购 12 架 F－2 支援战斗机、1 架 CH－47J 型运输直升机、1 架空中加油—运输机、1 架 U－125A 型救援搜索机、2 架 UH－60J 型救援直升机和 11 架新型初级教练机，并对 2 架 E－2C 型早期预警机和 2 个群的“爱国者”防空导弹进行改进。

资料来源：

①日本《朝云》报 2001 年 8 月 31 日；

②日本《防卫日报》2001 年 8 月 31 日。

（袁孝华）

韩国建军计划与措施　**确立国家安全目标与国防政策方向**　韩国一直主张，作为独立国家的主权与生存是其最高国家利益。金大中总统上台后为此确立的国家安全政策目标是：一，通过维持牢固、自主的安保态势和加强同区域内国家的合作关系，在朝鲜半岛遏制战争的爆发，构筑永久和平体制；二，通过加强和解与合作，缓和朝鲜半岛紧张气氛，建立与巩固南北和平共存关系，为统一奠定基础；三，通过果断的结构改革，提升国家竞争力，谋求经济再次腾飞。2001 年初，韩国总统金大中又提出了 2001 年度韩国在安保政策方面的“三大目标”和“四项措施”。“三大目标”是增强南北和解与合作、构筑和平体制基础及确保稳固的安保态势。“四项措施”是：培养自主国防能力；巩固韩美同盟关系；继续维持和加强与美国、日本在对朝政策上的协调与合作；积极争取周边四国与国际社会对“阳光政策”的支持。

为实现上述目标，韩国的国防目标有三：一是保卫国家不受外部军事威胁与侵略，“外部威胁”不仅指来自其主敌——朝鲜的现实威胁，而且包括危及韩国生存权的其他军事威胁；二是为和平统一保驾护航；三是为地区稳定与世界和平作贡献。世纪之交，面对世界形势与半岛局势的变化和挑战，韩国政府在坚持既定国防目标的基础上加紧制定“21 世纪新国防政策”，将韩国 21 世纪国防建设归结为“四个方向”，即：1、强本固基的国防，要求建立能够应对任何威胁的“全方位国防态势”。2、适应变化的国防，即在确保国家安全的前提下对国防政策实施果敢、有序与稳健的革新，以适应国际与东北亚安全环境和南北关系的不断变化。3、面向未来的国防，建立技术集约型的信息化、科学化、知识化精锐军队，主动迎接全球化和信息化的挑战。4、全民国防，通过适时地与国民就其关心的国防问题进行沟通以增进在安全方面的共识，树立与增强“全民国防”观念和意识，以及通过实施公正透明的军队行政制度、剔除军务腐败等措施，确保国民对军队的信任与支持。

增加军费，加快国防力量建设 2001 年 6 月，韩国国防部制定并发表了《2002～2006 年国防中期发展计划》。目的在于通过实施该计划，建立信息化、科学化、尖端化军事力量的基础。使韩军成为一支能够适应未来国家安全需要的精锐部队，即拥有“四种能力、一个系统”：具备方圆达 500 千米防御圈的战场监视和早期预警能力；具备遂行大纵深战斗和立体高速机动作战的能力；建立能够遂行远洋、立体海上作战的能力；具备中、高空防空作战能力。拥有能够实时发挥合成作战效能的自动化指挥控制系统。该计划依据国家经济发展情况，按照同国家财政年均预算增长率 6％同步增长的原则，估算 5 年内可投入的国防预算总额为 91 兆 9469 亿韩元，其中 37．5％用于增强战斗力，62．5％用于经常运营费。在增强战斗力方面的投资主要用于 C^4I 系统建设，信息与电子战装备的引进，提高机动打击和水面、水下攻击及空中、防空作战能力，研究开发等领域。经常运营费的使用重点是：现有战斗力的维护与管理；国防信息化；科学化训练；提高官兵福利，鼓舞士气；与国民权益相关的事项。

对朝保持军事对应态势 朝韩首脑会谈后，南北关系在政治、经济和外交领域虽有一定程度的改善，朝鲜半岛的军事形势总体趋于缓和，但韩国认为，朝鲜对韩军事政策并未发生根本性变化；朝鲜将主力的 55％以上、空军战斗机的 40％以上部署在前沿地区，军事对峙的格局依旧；无论南北关系如何变化，保卫国家安全、遏制“北方侵略”的韩军职责与任务不会有丝毫改变；而且正是由于韩军的不断壮大和常备不懈的对应态势，才使南北关系有了新的改善与发展。因此，最新公布的《2001 年度韩国国防白皮书》仍将朝鲜视为主敌和韩国最大的现实威胁。《2001 年韩国防卫年鉴》也指出，朝鲜一直在研制生化武器、远程导弹等战略性大规模杀伤性武器并进行实战部署，具备了足以独自实施“南侵”所需的攻击作战力量，并在前沿部署机械化部队和自行火炮等主要作战力量及攻击性武器、装备等，保持着任何时候都可进行奇袭攻击的战斗态势。对于这一威胁，韩军将通过巩固韩美联合防卫态势、启用危机管理体制，以遏制战争，防范各种挑衅。特别是韩军一直维持着平时警戒、早期预警、局部挑衅防备、初战防备等各种防备态势。尽管 2001 年初南北间举行了第 4、第 5 次军事实务会谈，但南北军事关系未能得到实质性改善，一年来韩军丝毫没有放松对朝鲜的警备态势。

优化兵力结构，建立精干高效军队 据韩国国防部称，2001 年，韩国对其一直依赖进口的国防投资事业体系进行改革，将其转变为以国内研究开发为主。通过组织机构调整，将总管国防投资事业的采购室事业管理馆扩编为研究开发馆。下设技术开发管理科、系统开发科、军工支援科和军工合作科等 5 个科；将此前受采购室领导、担负引进武器的试验和费用评估业务的分析评价馆改为副室长直属机构，其试验评价业务移交给参联会战略企划本部。同时，韩国国防部正通过修改《人事法》，以使在国防本部、直属部队、机关中陆海空三军的将官级职位的比例调整为 5：1：1。根据韩国国防部 2001 年底召开的高级军事官员会议的决定，韩空军计划于 2002 年 5 月成立“南部作战司令部”，新成立的司令部将服从全面负责韩空军作战的乌山空军作战司令部的调度，负责指挥韩国中部以南地区的空军作战。2001 年 12 月韩国陆军首都防卫司令部在其所属防空团下新编“天马”导弹营，以加强首都圈的防空能力。2001 年美国发生“9·11”恐怖袭击事件后，12 月韩国组建了反恐外派部队——三军支援团，通过提供后勤支援积极协助美军在阿富汗的军事行动；同时，为应对战时化生放武器的威胁和可能发生的生化恐怖活动，2002 年 2 月，韩军在 1999 年 6 月成立的“陆军化生放防护司令部”的基础上新编了“国军化生放防护司令部”，通过补充海空军人员、扩大职能、扩充尖端防护装备，以便提升陆海空军及民政军联合进行化生放防护的能力。

加快武器装备的现代化进程 韩军 2001 年度国防预算（总额为 15 兆 3754 亿韩元）一方面划拨巨资用于业已上马项目的继续建设与引进工作，如装备改进型坦克、近程防空导弹、空地导弹和中型运输机，追加引进 KF－16 战斗机，建造 KDX－2 型驱逐舰等；另一方面计划拨出专项资金用于新的投资与引进项目，具体包括：引进 AH－X 机，创建陆军全天候攻击直升机大队；装备空中监视无人侦察机；"宙斯盾"驱逐舰（KDX—3）的基本设计；用 SAM—X 空军新一代对空导弹取代落后的"奈基"导弹；新一代战机 F－X；电子光学成像装备 EO－X；坦克模拟射击训练装备、航海训练装备、深海潜艇训练装备；用于更新换代的新型导弹试验装置、移动雷达、交换网系统、空军超短波无线电机、陆海空军 UHF 无线电机等；特种部队用无声步枪、夜间瞄准镜、海军西海协同作战指挥所建设等。

完善训练体系，提高综合作战能力 2001 年，韩军针对半岛形势和未来作战样式，为适应韩国的地形特点和"敌方"战术，最大限度地提高在各自作战空间内完成作战任务的能力，除将原定于 2001 年 10 月底 11 月初实施的韩美"秃鹫"联合演习推至 2002 年春季与韩美"阿尔索伊"联合演习合并举行外，韩陆海空军不断实施和参与各种规模的联合、合同及战术演练，运用各种训练模拟装置，熟悉各种作战概念与战斗遂行方式，以提高部队在各种环境下的自主、联合与合同作战能力，确保"胜战在先"。同时，在演练中根据形势变化适时调整演练科目，注重演练的针对性，强调高技术在演习中的应用；在美国发生恐怖事件后，还加强了反恐怖与反渗透科目的演练。各军种演练主要规章制度及具体要求如下：陆军训练以建设在任何地面作战中均能取胜的精锐部队为目标。各部队按照年度训练计划实施了夜间训练、酷寒期训练、游击训练等类似战时恶劣环境下的训练。通过这些训练，陆军正在具体掌握如何在未来战争中取胜的方法。同时，还与海空军联合以营为单位实施空地合同训练、空中机动训练、反坦克攻击训练、反登陆作战训练、联合登陆训练等。此外，按照韩美备忘录和韩美联合训练计划规定的方针积极与美军协商实施联合训练。

海军为在有事时确保海上优势，保证战争胜利，正通过实施反潜战、反舰战、登陆战、扫布雷战、救援与特种战等各种形式的海军作战训练提高作战遂行能力。海军陆战队是陆上战斗力量的一部分，重点实施联合和单独登陆训练，并通过与陆海空军实施合同训练提高综合作战能力。海军在提高各部队作战能力的基础上，培养各部队间有机的协同作战能力，并通过发展运用韩国型海上战法，提高作战遂行能力。为使各舰队指挥官熟悉指挥控制、参谋、决策程序等，海军作战司令部常组织实施"必胜模拟军事演习"。

空军正通过实施各种教育训练，提高空中作战遂行能力和防空作战能力，以便平时能遏制"敌人"挑衅，有事时能保卫韩国领空，确保空中优势，保障陆、海军的作战条件，迅速投入战场并取得胜利。空军的训练包括空对空、空对地训练等多种形式，训练不仅包括执行单独任务的训练，同时也不断实施执行合同及联合作战任务的训练。空对空训练是演练在受到敌人空中攻击时进行领空防卫，确保空中优势。它主要包括对敌机进行远距离探测、识别、摧毁的昼、夜间拦截训练及对敌大量机群的拦截训练、动用不同机种对敌进行空中压制的训练、对运送敌特种部队的低空、低速飞行的飞机进行的拦截训练等。空对地训练包括攻击敌后方核心战略目标的编队攻击训练、轰炸和战术射击训练、为陆海军提供支援的近距离航空支援训练等。为在各种复杂情况下成功完成作战任务还实施电子战、航空侦察、搜索与救援、战术空运、化生放防护等训练。

资料来源：

①2001 年韩国《国防日报》；

②2001 年《韩国防卫年鉴》；

③2001 年韩国国防部网站有关资料。

（柴训天　王宜胜）

越南建军计划与措施 2001 年，越南开始实施新的五年建军计划（2001～2005 年），继续致力于建设一支"革命化、正规化、精锐化和逐步现代化"的军队。

抵制"军队非政治化"倾向 2001 年 1 月 3 日，越军在河内召开了全军第七次党代会，共有 358 名代表与会，主要讨论即将呈报越共"九大"的《越南中央军事党委政治报告》，并提出修改意见。同时，与会代表还就如何提高党员质量、保持党组织的强大和纯洁性进行了讨论。7 月 2～3 日，越军在河内召开了全军干部工作会议，越共中央总书记兼中央军事党委书记农德孟在会上要求军队更新观念，勇于进取，重视提高官兵的政治素质，特别是要加强高级干部队伍的建设，出色履行担负的各项职能。8 月 11 日，农德孟在越军高级干部会上发表重要讲话，要求高级干部坚决抵制反对派发起的企图使"军队非政治化"的倾向。他说："我们必须采取一切措施加强军队的政治作用，同时挫败敌对势力利用目前国家经济困难削弱军队政治地位的企图。面对敌对势力旨在破坏军队威望和分裂党、国家及人民而进行的危险指责，我们必须教育党的干部和党员保持高度警惕。"

成立中央国防教育委员会 据越南《人民军队报》报道，越南政府 8 月中旬决定成立中央国防教育委员会，以加强全民国防教育工作。根据这项决定，越政府副总理范家谦任中央国防教育委员会主席，国防部部长和教育培训部部长分别担任常务副主席和副主席；委员会其他成员包括越共中央组织部副部长，政府组织干部部副部长，劳动、残废军人和社会部副部长等官员。中央国防教育委员会的任务是：与中央政府各部委、各团体，各省、市人民委员会，共同研究和制定有关国防教育的方向、计划和措施，并递交政府总理审批。该委员会还要与社会各团体一起，组织和发动群众参加国防教育，对国防教育工作进行总结并向政府报告。

改善武器装备　一是从俄罗斯购买军火。2001年2月底俄罗斯总统普京访问越南后，俄决定向越出售一批最先进的苏－30MK型战斗机，此型机比越军现有的苏－27型机具有更大的巡航范围，可以在空中加油，并且对地打击能力有很大的提高。8月，越国防军事代表团访俄，就购买“卡斯坦”2E2雷达系统与俄达成协议。该雷达系统可发现包括巡航导弹、低空飞行器和隐形飞机在内的各种空中目标。越还计划向俄购买部分米－17型机、新型导弹快艇及先进的电子侦察和电子对抗设备。二是与俄合作建造小型军舰。2001年2月，越南胡志明造船厂在俄罗斯北方造船厂帮助下，建成第一艘ПС—500型巡逻艇。该巡逻艇排水量为530吨，由圣彼得堡北方设计局设计。越计划建造6艘此型巡逻艇，每艘艇都配备X—35反舰导弹、76毫米火炮、30毫米机关炮、ПК—16消极干扰器、“针”式便携防空导弹和2挺12．7毫米机枪。圣彼得堡北方设计局还为越南设计了一种排水量为2000吨的CKP—2100小型导弹护卫舰。这种小型军舰也将由胡志明造船厂建造，主要配备X—35反舰导弹、“克利诺克”防空导弹、100毫米火炮、2门30毫米机关炮和鱼雷发射器。三是对现有部分武器装备进行改造。越军在俄罗斯军事专家的指导下，对部分防空导弹系统进行了现代化改造，对苏－22、苏－27型机进行了延寿技改和维护保养。

完成岘港军事机场的升级和改造工程　据越南《人民军队报》报道，经过4年的施工，越南于2001年10月25日完成了对岘港军事机场的改造、维修和升级，并正式移交给越防空－空军372师使用。该工程总投资570多亿越盾，包括10个项目（其中3个主要项目、7个辅助项目），由越南航空工程设计和建设咨询公司设计，航空控制中心负责施工。该工程的完成，将为保障越南中部空军部队的训练和战备工作发挥重大作用。

制定新世纪军队后勤建设规划　越军总后勤局2001年初制定了新世纪军队后勤建设规划，主要内容是：日趋复杂的地区和国际形势，新世纪越南工业化、现代化，巩固国防、保卫社会主义革命事业和军事任务的需要，给军队后勤工作提出了更高、更重、更复杂的要求，军队后勤部门要不断进行改革，为做好战备、保卫国家领土完整、确保政治稳定和积极参加社会经济建设做出应有贡献。为完成新世纪后勤保障的各项任务，必须采取以下两项举措：（一）继续建立全民国防后勤体系。1、加强后勤力量和后勤基地建设，建立更加稳固的后勤体系。2、各武装力量后勤部门与后方后勤部门紧密配合，相互支援，其中军队后勤部门要发挥核心作用。3、在现有组织编制基础上，按照新时期保卫祖国的需要，重新整顿和部署后勤力量，逐步提高战略、战役、战术三级军队后勤部门的活动效率；按照“精干、强大和合理”的方针组织力量、配备物质设施和技术装备，以满足平时和战时后勤工作的需要。4、充分发挥军队后勤部门的骨干作用。5、继续建设和健全组织系统，完善省、县和乡三级后方后勤组织的管理体制和活动方式。6、充分发挥“稳固、广泛、同步”的后方后勤体系的潜力，在制定各地方社会经济发展规划和计划时，把国防与经济紧密结合起来，尤其要在各工业区、进出口加工区、外资联营基地和国家技术基地建立后勤物资基地，随时动员其为军事、国防任务服务。（二）完善后勤保障方式。按照“统一、正规化、现代化、符合国家工业化和现代化进程”的方针，不断提高军队后勤保障能力。1、进一步加强实践总结工作，奠定后勤工作理论基础，完善和平时期和其它各种情况下的后勤保障方式。2、制定切实有效的后勤保障计划，确保部队的吃、穿保障水平上一个新的台阶，争取尽快将步兵的基本伙食标准提高到3200千卡以上/人/天，与基本营养结构相符合。3、进一步研究军装的种类，改善和提高常服、礼服和特种部队军装的质量。4、加强部队营房系统建设，改善部队生活用水、用电。5、逐步加强医疗设备建设，提高军医保障能力。6、优先为战备、战役运输线发展大型海上、海洋和内河两用运输工具以及货物运输、燃料运输车辆；为战术运输线补充小型和简陋的运输工具。7、主动寻找货源，稳定油料种类，在全军范围内完善物资保障系统；为各项任务及时提供油料保障，重点为战备、演习、训练任务和各技术军兵种做好油料保障；研究和选择油料采购方式，改善其装备和器材，提高油料贮存和供应能力，适应部队机动的需要。

加强国防经济区建设　越中央军事党委专门下达

了《关于军队参加劳动生产和经济建设，发挥主力军作用，在各个战略地区参与发展经济，巩固国防安全》的第150号决议。越政府批准在全国范围内建设11个国防经济区。为加快国防经济区建设的步伐，越军成立了国防经济局，国防部成立了12、15、16兵团，各军区相继改建、组建了国防经济师，负责领导和管理国防经济区的工作。根据越国防部长范文茶的指示，越军召开了全军经济工作会议，对各个国防经济区的工作、职责和任务进行了分工。以4军区作为分界线，4军区以北的国防经济区以执行国防安全任务为主，同时积极引导和鼓励人民群众大力发展农林渔业；4军区以南的国防经济区以建设各种经济作物基地为主，同时做好接收和安置移民工作。会议确定，各国防经济区的目标是：发展老少边穷地区经济，改善边疆各民族人民的物质、精神生活，维护边境地区的社会政治稳定，建立牢固的边海防防御体系和人民战争网络体系。

继续开展军事外交活动 2001年，越南国防部长范文茶、总参谋长黎文勇等军队要员先后访问了老挝、法国、古巴、韩国、俄罗斯、柬埔寨、泰国、澳大利亚、乌克兰等国。其中，范文茶8月上旬对韩国的访问，是韩越1992年建交后第一位越国防部长访韩。范文茶同韩国国防部长官金东信等举行了会谈，双方同意加强在军事领域的交流与合作，就两国军队开展高层互访、文体交流，以及韩军帮助越军改造M-113装甲车等事项达成了协议，并签署了韩越国防部之间关于开展国防工业和军需合作、进行军事教育交流等两项谅解备忘录。同时，越军分别邀请菲律宾武装部队总参谋长雷耶斯、中国中央军委副主席兼国防部长迟浩田、老挝新任国防部长皮吉 杜昂斋、泰国国防部长差瓦立、柬埔寨皇家陆军副司令肯基、澳大利亚陆军司令彼得等访问了越南。此外，俄罗斯海军舰队（由“维诺格拉多夫海军上将”号和“潘捷列耶夫海军上将”号导弹驱逐舰及1艘补给舰组成）于3月12~16日对越南胡志明市海军基地进行了访问；澳大利亚、韩国等国舰艇编队也先后访问了越南。

资料来源：

①越南2001年《人民军队报》、《全民国防》杂志；

②英国2001年《简氏防务》、《简氏防务周刊》。

（钟学良）

泰国建军计划与措施 2001年，泰军积极贯彻新世纪军队建设发展规划，为在21世纪建成一支“规模小、装备精、素质高、反应快、能随时应付各种局面和突发事件的现代化军队”而努力。

调整陆军体制编制 2001年5月10日，泰国内阁秘书办颁布118号政府公告，其中有关陆军体制编制调整的内容如下：(1) 增设陆军军事科技中心，隶属陆军司令部。这是为了使陆军拥有一个负责处理信息资料系统的单位，不论平时还是战时，都能利用计算机技术和各种现代电子技术为正常管理和指挥决策提供服务。(2) 撤消国土保卫厅和后备兵源厅，整编为预备役指挥部，隶属陆军司令部。目的是为便于对预备役兵源培养系统、管理控制系统、兵力动员系统、教育训练系统及预备役登记和征召五个方面的工作进行统一管理，以减少机构重叠造成的手续繁琐和相互制约。

提高武器装备的现代化水平 2001年，泰军采取“适量引进和加强保养相结合”的方针，积极推进武器装备的现代化建设。陆军订购的2架美制“黑鹰”直升机已编入现役，主要用于边境地区的缉毒行动。海军向英国订购了2架“超山猫-300”直升机，将装备在护卫舰上，用于缉毒、搜索、救援等任务；同时考虑购买二手潜艇，以结束泰国海军舰队半个世纪以来无潜艇的历史。海军司令巴实·汶颂上将称，“泰国海军必须学习现代潜艇作战技术，一支没有潜艇的海军部队不可能赢得未来战争的胜利”。泰国现有20名海军军官正在西班牙学习潜艇作战技术。空军向美购买8枚“阿姆拉姆”中程空对空导弹，计划装备F-16战斗机以提高其作战效能，这将使泰国成为东南亚地区第一个购入此类武器的国家；此外，还聘请以色列公司帮助其改进现役UH-1H型直升机的飞行控制、电子、通信、燃油系统，并进行直升机延寿保养。

加强对官兵的教育训练 泰军认为，未来的高科技战争实质上是高新技术和高素质人才之争，为此提出了“新世纪、新军队、新军人”的口号。在教育方面，泰军着手实施各军事院校的调整合并，增设新专业，完善新内容，并侧重加强对尉官的培养。为保证士兵素质的提高，泰军将士兵进入士官学校的比例由原来的25%增至75%。在训练方面，各军（兵）种之间的合成演练成为重点，在已组建“陆军战术训练中心”的基础上，还将建立一个“国家训练中心”作为陆海空三军联合训练基地。三军合成演练一般以保卫海上运输线、油气开采、沿海经济开发区等重要经济目标为预案背景，以提高诸军（兵）种协同作战能力和快速反应能力。同时，泰军频繁与外军尤其是美军、东盟其它国家军队举行双边和多边联合军事演习，一方面能够增强与外军的联合作战能力，另一方面可以学习外军的先进作战理论和实战经验，用外军之长补自身之短。

资料来源：

①2001 年泰国陆军广播电台报道；

②2001 年泰国《海军学》；

②2001 年泰国《民意周刊》；

③2001 年英国《简氏防务周刊》。

（孟　丽）

菲律宾建军计划与措施　2001 年 1 月，阿罗约总统上台执政后，菲律宾国内政局基本稳定，经济逐步摆脱了金融危机的阴影，开始缓慢回升。在此形势下，菲律宾武装部队积极推动现代化建军计划，走革新之路，达到中等国家军力水平，以适应国内局势和地区安全环境的挑战。

进一步改善总司令部的通信指挥能力　菲律宾武装部队总司令部将发展综合指挥控制系统软硬件设备，其中包括地面卫星中转通讯系统和地形信息处理系统，以有效地进行作战通讯和指挥；进一步改善全国指挥中心和 8 个主要基地；大量采购医疗保健和训练设施，继续推动“军官安居”工程的建设。

建立一支具有较强常规作战能力的陆军　在部队建设上，建立一支精简、高效的地面武装力量，拥有大量可迅速动员起来的、训练有素的预备役部队，主要担负国家外部防御任务，有能力介入常规或非常规战争，进行抢险救灾及发挥其他非传统军事作用。在基地建设上，优先发展能提高防御能力的基地设施，包括各指挥控制中心、机械化部队基地、边境基地和预备役训练基地在内的 17 个驻地。在武器采购上，重点发展机动能力、兵器火力和通讯能力，包括火炮、装甲车、侦察车、轻型飞机和坦克、无人驾驶巡航系统以及战术通讯设备等，使部队具有常规作战能力。

加强海军建设　在部队和基地建设上，计划用 5 年时间进行部队重组，建立 4 大海军基地，一些有支援作战能力的海军站仍被保留。在武器采购上，准备采购近岸巡逻艇、轻型护卫舰、运输船、水陆两栖战车、直升机等，同时对海军船厂正在建造的舰船进行升级。

提高空军战斗力　在部队建设上，准备将现有部队重组成 5 个司令部。在基地建设上，优先发展 31 个基地和航空站，其中全力发展基地各项配套设施，以在国土防御和执行空中任务时为各类飞机提供有效充足的武器弹药和零件供应。在武器装备方面，主要通过对现役作战飞机进行升级以提高战斗力，所列项目清单包括 5 架 F－5 型战斗机、10 架 UH－1H 型和 4 架 S－76 型直升机、2 架 C－130 型和 4 架 F－27 型运输机。

资料来源：

①2001 年菲律宾《马尼拉公报》；

②2001 年英国《简氏防务周刊》。

（孟　丽）

新加坡建军计划与措施　进入 21 世纪以来，新加坡加快质量建军步伐，力图塑造一支“技术领先、素质优秀”的现代化军队。

调整国防战略目标　新加坡国防部认为，在 21 世纪，世界各国间的联系将更加紧密，新加坡的未来与东南亚乃至亚太地区的和平与繁荣息息相关。东南亚目前仍存在着诸如种族与宗教矛盾、领土争端、海洋资源的争夺、大规模杀伤性武器扩散等不稳定因素，存在着爆发危机的可能性。鉴此，在国防白皮书《保卫新加坡—迎接 21 世纪的挑战》中，新加坡改变了传统的“毒虾”固守防御战略，转变为较为积极、活动范围较大的防御战略，即新加坡军队在确保国家安全的同时，还要维护周边地区安全，促进地区的和平与繁荣。这就意味着新加坡“有责任”以维和或人道主义救援等非战争手段，参与周边地区安全事务。为实现上述战略目标，新加坡增加了 2001 年度的国防预算，达到 78. 2 亿新加坡元（约合 43. 4 亿美元），比 2000 年度增长 5. 7%，占政府预算的 27. 8%，大大高于东南亚国家的平均水平。

增强国防科技实力　新加坡在国防建设中注重借助科技突破幅员、地域、人力和资源等方面的局限。新加坡副总理兼国防部长陈庆炎称，科技对于新加坡武装部队有着特殊重要的战略意义，增强国防科技实力是“国防部的首要任务”；从新加坡的特殊条件出发，发展国防科技应遵循以下四项原则：购买现成装备，自行进行改进；买不到合适装备，自行进行研制；核心战略装备，要有本国国防基础设施；加强与外国的联系与合作，增强本国研制武器装备的能力。新加坡的军事工业在东南亚堪称一流，不仅能自行研制 SAR21 型突击步枪等简单轻装备，也能自行改装 F－5、A－4 等复杂航空设备，还能自行研制 BIONIX 陆军战车、“坚韧”级登陆舰等大型先进装备。为建立强大的国防科技，2001 年初，新加坡国防部与新加坡国立大学合作成立了淡马锡研究院。该院与新加坡国防科技研究院和国防科技工业公司一起构成新加坡国防科技的三大支柱。它既可利用大学的人力和资源，也使国立大学获得占国防经费 4% 的研究经费，能够进行电磁兼容学和航空学等高新科技的研究。同时，还通过与外国的技术交流与合作推进本国的国防科技发展。新加坡与美国、法国、以色列、澳大利亚等军事工业发达的国家建立了密切的合作关系，在许多领域取得了令世界瞩目的科技成果，如与美国陆军合作进行的城市地下弹药储存设施的研究，与法国海军共同进行的军舰隐形科技的研究，与瑞典国防研究所携手进行的微量有毒化学物质探测研究，都取得了显著成果。

注重现代和传统训练相结合 为解决军事训练与国土狭小的矛盾，新加坡武装部队在充分利用国内现有训练设施的基础上，创造了战争模拟训练等现代化训练手段。这种"纸上谈兵"的现代化训练已成为新加坡武装部队训练，尤其是指挥员训练的重要手段。新加坡武装部队从 2000 年 4 月开始运用电子模拟系统训练指挥员。这套先进的系统能够模拟战争的实际情况以及营级到师级规模的作战部署和行动，推演战斗进程，显示作战单位伤亡和破坏情况。在演习中，设置的情况复杂且瞬息万变，红蓝双方的指挥官根据情况调兵遣将，部署兵力和火力，组织防御或反攻，锻炼决策和解决困难的应变能力。然而，新加坡军方认为，不论电子模拟训练有多少好处，它还是无法模拟所有可能发生的实际情况，比如战争恐惧感、指挥员的勇气及军队的士气等。因此，指挥员仍必须接受实战训练，亲自指挥作战，锻炼根据突发情况临场决策的能力，现代化的战争模拟训练必须与部队的实战训练互相结合，相辅相成。新加坡武装部队是东南亚军队中参与军事演习最多的军队之一。它频繁地参加与外军举行的联合演习，并派部队到美国、法国、澳大利亚、印尼、文莱、泰国、南非等国以及台湾进行训练。

密切与美国军事合作关系 新加坡政府支持美国在亚太地区驻军，并把美在新加坡的军事存在视为其安全利益的重要保障。美军在新加坡设有 10 余个军事机构，每年停靠的军舰有 100 余艘，经过的军用飞机超过 1000 架次。继 2000 年两国建立固定合作机制"新美防务合作委员会"后，2001 年 3 月 23 日，新加坡首次开放了新建成的樟宜海军基地供美国"小鹰"号航母停泊，从而使美军进驻东南亚的途径"更宽广"。

资料来源：

①中国《国际展望》2001 年第 19 期；

②英国《泰晤士报》2001 年 6 月 27 日；

③英国《简氏防务周刊》2001 年 6 月 23 日。

（孟 丽）

马来西亚建军计划与措施 2001 年，马来西亚武装部队继续实施"八五"建军计划（2000～2004 年），积极采取措施，努力建设一支机动性强、素质全面、武器装备先进的现代化军队。

筹备建立一支"综合部队" 马来西亚陆军认为，由来自不同训练背景的军人组成一个"综合部队"，在实际战斗中将发挥无比威力，因而积极开展筹备工作。该部队将由陆海空三军精锐部队组成，着重强调战斗力和机动能力。一旦落实，将成为一支配备精良、高度机动化的战斗精锐。同时，马来西亚陆军还计划成立第一个坦克团，为陆军发展史上谱写新篇章。

培训高素质人才 鉴于未来战争是高科技战争，在"八五"计划乃至以后更长远的计划中，马来西亚武装部队都将把提高军人的综合素质放在首位，并提出"知识军人"的概念，鼓励军人参与研究、进修，了解新的理念和学识。武装部队通过与国内高等学府的合作，为军人提供了很多的深造机会。马来西亚陆军中 31% 的人员现已拥有大专学历，并有 3 人获得博士学位。为加强人力资源建设，马来西亚陆军拟实行"一名军人，一项专才，一间房屋"的"三个一"计划，以培训军人拥有自身专长。

采购先进武器装备 为适应未来高科技战争的需要，马来西亚武装部队注重提高武器装备的科技含量，积极引进国外先进的武器装备。陆军分别从韩国和土耳其采购数百辆轻型装甲车，向巴基斯坦购买价值约 2090 万美元的反坦克导弹和低空地对空导弹系统，并计划购买新的多功能战斗机和中型运输机，以逐步淘汰旧的"鹦鹉"直升机和"驯鹿"运输机。海军向德国订购了 6 架"非洲狐"AS－555－SN 直升机，用于训练、侦察和超视距攻击，预计 2003 年底交付使用。此外，还计划购买 4 艘潜艇以大幅提高海上战斗力。目前，参与竞标的有法国、荷兰、德国、韩国等国舰艇制造商。马来西亚海军则早在数年前就派遣人员到法国、土耳其、俄罗斯等国接受潜艇技术训练，并组建了一支潜艇部队等待计划的落实。空军考虑从俄罗斯购买苏－30MKM 战斗机，如果能够成交，马来西亚将成为在亚洲继中国（苏－27）、印度（苏－30MKI）和越南（苏－27）之后的第四个拥有苏式战斗机的国家。另外，值得关注的是，马来西亚与英国航空系统公司联合研制出了首架"鹰－ARV"无人驾驶侦察机，该机主要用于军事侦察。

资料来源：

①2001 年马来西亚《信使报》；
②2001 年英国《简氏防务周刊》；
③2001 年菲律宾《马尼拉公报》。

（孟　丽）

印度尼西亚建军计划与措施　2001 年，印尼国内政局动荡、经济低迷，这在一定程度上延缓了军队的现代化进程，陆海空各部队只能量力而行，未有大的动作。

继续进行军队双重职能改革　从 2001 年 1 月 1 日起，印尼国家警察部队最终脱离军队体系，直接由总统指挥。此举是印尼政府根据社会各界强烈要求取消军队社会政治职能而进行的一项重大改革。长期以来，印尼军队拥有保卫国家安全和参与社会政治的双重职能，特别是在苏哈托统治时期，军队实际上操纵着国家所有权力。军警分开后，军队将只具有国防和必要时协助警察实行紧急状态的职责，警察则负责国内治安并直接对总统负责。2001 年 7 月，梅加瓦蒂上台执政后，进一步敦促军队放弃社会政治职能，专注于国防职能，并声明印尼需要“一支强大、高效、纪律严明并置于政府控制之下的武装力量”。印尼最高权力机构人民协商会议则给军队划定了退出政治舞台的时间表：2004 年退出国会，2009 年完全脱离人民协商会议。

有限度地采购武器装备　由于美国和澳大利亚因人权问题对印尼实施武器禁运，加之国内资金短缺，所以，印尼军队的装备采购十分困难，只能寻求与韩国、俄罗斯、约旦、乌克兰等国洽谈军火贸易。当前，印尼陆海空三军的主要目标是在维持现有装备的情况下，有限度地进行采购。陆军正在与新加坡 CIS 公司就购买价值 300 万美元的 AGL 榴弹发射器的合同进行谈判，预计在合同签署后的 9 个月交货；向中国购买的 4 套 25 毫米高射炮系统定于 2002 年初交货。海军从俄罗斯购进 1 艘 6000 吨级的坦克登陆舰和 34 架米格－17 型直升机，从乌克兰购买了 32 辆 BMP－2 型步兵战车，另有 32 辆也将交货。空军向韩国订购了 8 架 KT－1 型螺旋桨教练机，以取代现役的美制 T－34C 型教练机，此外还计划购进 3 架海上巡逻机。

扩编空军特种部队　印尼空军特种部队成立于 1947 年 10 月，拥有机场控制、战斗控制与搜救、水平防卫、垂直防卫和空中反恐怖等全面作战能力，在东南亚国家中可谓一枝独秀。该特种部队下辖 2 个联队。第 1 联队驻哈林，下辖第 461、462、465 三个中队，以及驻棉兰的 A 机动空降分队、驻北干巴鲁的 B 机动空降分队、驻茂物的 C 机动空降分队、驻坤甸的 D 机动空降分队。第 2 联队驻马朗，拥有第 463、464、466 三个中队，以及驻日惹的 E 机动空降分队、驻比亚克的 F 机动空降分队。第 3 联队驻玛格哈宇，负责教育与训练任务。每 1 个联队由 1 名上校指挥。在未来印尼军队战略发展计划中，这支特种部队将要扩编，员额增加到 7000 人，分队将发展成中队。如果计划实现，印尼空军特种部队将拥有 12 个中队（相当于营一级单位），分别部署在遍布全国的所有战略要地。

资料来源：
①2001 年印尼《罗盘报》；
②2001 年英国《简氏防务周刊》；
③2001 年新加坡《联合早报》。

（孟　丽）

印度建军计划与措施　2001 年，印度继续贯彻“质量建军”方针，采取各种措施加强军队建设。其主要计划与措施如下：

加强快速反应部队建设　据美国《防务新闻》周刊 7 月上旬报道，在陆、海、空三军司令部的协助下，印度国防政策与计划局制定了《新快速机动战略规划》。该规划要求加强快速反应部队建设，以使印军能实时对印度洋沿岸国家快速部署军队，并为印度尼西亚、新加坡、马来西亚、马尔代夫、毛里求斯和越南等国提供安全保护。根据该规划，印军的快速反应部队将由陆、海、空三军组成。其中，陆军快速反应部队在已完成将步 54 师改建为空中突击师的基础上，计划再组建一支同等规模的空中突击师，下辖 2 个空中突击旅、1 个伞兵旅和 1 个空降炮兵旅等。空军快速反应部队正在组建中，主要包括 2 个“幻影”－2000 战斗机中队、3 个米格－29 型战斗机中队、1 个苏－30 型战斗机中队及部分运输机和直升机部队。印度海军快反部队于 1987 年 2 月正式成立，以海军陆战队为主体，现有兵力约 2000 人。目前，印度快反部队主要部署在与巴基斯坦接壤的边境地区，整体作战能力十分有限。随着印度投送能力的增强和信息技术的不断发展，印军快速反应部队将朝以下方向发展：一是提高快速机动能力。《新快速机动战略规划》要求印军快速反应部队在一周内能部署到出事地区，并立即投入战斗。为此，印军至少需要 35 架能够进行空中加油的远程作战飞机、3 架预警飞机、200 架攻击直升机和两艘航母。由于印度缺乏研制上述装备的独立技术和基础设施，因此，未来 10 年，印度至少需要 200 亿美元进口装备才能满足快速反应部队的需求。二是提高独立作战能力。三是保持适当的编制规模。四是采取平时分散管理、战时集中指挥的指挥体制。

继续推进核武器实战化进程 2001年，随着国际军控形势发生重大变化，印度发展核打击力量面临的国际压力进一步减小，其建设步伐明显加快。（一）坚持强硬核政策。5月31日，印度政府发表了2001年度《国防报告》，《报告》认为，中国与印度在导弹和核力量上存在着“不对称”态势，两国核力量对比“严重失衡”，中国的导弹研发和技术水平领先于印度，印度的所有重要城市都处于中国导弹的射程之内。印度面临着战略、战术导弹以及尖端核武器的威胁。为此，国家安全委员会正式决定，将成立专门的核部队，政府计划在未来15年内，斥资200亿美元发展核武库，其中150亿美元用于研发核武器和核运载工具，50亿美元用于建立和完善核武器指挥与控制系统，（二）加速核打击力量建设。在陆基力量上，印2001年两次进行射程为250千米的“大地－II”型短程导弹发射试验，并拨款2亿美元为陆、海、空军分别生产150枚、100枚、50枚“大地”系列导弹；年初，印在对射程为2500千米的“烈火－II”型中程弹道导弹进行第三次试射后，正式决定生产该型导弹，计划自2002年起陆续装备部队；印还计划在2002年对射程达5000千米的“太阳神－I”洲际导弹进行首次试射。在海基力量上，印于9月份成功地进行了“达努什”舰载导弹试验，正加紧研制核潜艇及其携载的“萨加里卡”潜射巡航导弹。在空基力量上，印将从俄引进并自行生产苏—30MKI战机，租借4架图—22M3战略轰炸机，提高空基核运载平台的数量和质量。（三）提高核防卫能力。年内，印除对国产“蓝天”中程地对空导弹进行了三次试射外，从俄罗斯租借了2套S－300防空系统。印还计划向俄购买6套S—300防空系统，并在未来15年内自行生产19套该系统。印计划将“蓝天”导弹与国产“拉金德拉”雷达、俄制S—300防空系统相结合，构建“全印一体化防空系统”，用于保护其核指挥与控制设施和其它关键的军事设施，防范飞机、导弹的攻击。此外，印还将从以色列引进7套“巴拉克”反导弹防御系统。（四）加强核条件下的战备演训。印在积极推进核力量建设的同时，加紧进行打赢核威胁条件下局部战争的各项准备。印军于5月在拉贾斯坦沙漠地区举行的“全胜”演习，是印军首次举行的核战争条件下的大规模实战演练，旨在检验印军在遭受核武器打击后的应变和生存能力。印军已制定了对官兵进行核生化作战培训的计划。

加强武器装备现代化建设 2001年，印军继续采取自行研制、引进和改造等多种方式相结合的方针，努力提高三军武器装备的现代化建设。

在武器研制方面 印陆军对国产“毒蛇”反坦克导弹进行了试射，即将交付陆军试用。印空军自行研制的轻型战斗机进行了首次试飞，“拉卡什亚”无人驾驶靶机已投入批量生产，“阿斯特拉”超视距空对空导弹研发亦取得进展，可望于明年首次试射。印海军“维拉特”号航母经过现代化改装后已重新服役；自行研制的“三叉戟”舰载防空导弹已试验成功。印海军还计划在未来3年内为30架“海王”型直升机装备自行研制的“海鹰”反舰导弹，为20架“云雀—2”型直升机装备新型传感器和搜索雷达。马扎冈船坞有限公司将建造3艘4500吨级的护卫舰，每艘战舰的造价为1．75亿美元，3艘战舰将分别于2006、2007和2008年交付印度海军。俄罗斯也正在为印度建造3艘“克里瓦克”级隐身护卫舰，这3艘分别是“暴风”、“塔尔瓦”和“特里舒尔”号。按照计划，俄罗斯将于2002～2003年向印度交付。

在武器引进方面 印陆军2月中旬与俄罗斯正式签署了向俄购买310辆T－90型坦克的协议，总金额达6．5亿美元。协议规定，124辆坦克将直接交付印度，其余186辆将在印度装配。5月中旬，印陆军在对“全胜”演习进行总结后决定，将逐步用俄罗斯生产的T－90S型坦克取代目前装备的2141辆“常胜者”坦克，计划在7年内分阶段完成。印陆军还计划从俄购买“飓风”多管火箭炮和“短号”反坦克导弹；从以色列引进20架“搜索者－2”无人驾驶侦察机、100部炮兵使用的防空雷达、数百部便携式战场监视雷达、1000套火控系统；从乌克兰购买专为T－72型和“阿琼”坦克研制的激光制导反坦克导弹。印空军与俄罗斯解决了苏—30型战斗机延期交货问题，将于2003年前从俄接收32架苏－30战斗机，其余140架由印自行生产。为提高预警能力，印除拟向以色列购进3架“猎鹰式”预警机外，还将与以色列和俄罗斯联合研制3架A—50EHI空中预警机，购买30套俄制反隐形雷达系统。印海军与俄就引进5架卡－31型舰载预警直升机、“阿穆尔”级潜艇及90R型反潜导弹等达成了协议，并就租借一艘核动力潜艇问题进行了谈判。据《印度时报》6月14日报道，印度在今后15年内计划花费950亿美元购买军事武器装备。其中，陆军约为250亿美元，将用于购买主战坦克、弹药、自行火炮和监视系统。空军大约为300亿美元，主要将用于购买新的战斗机、机载预警控制

系统和导弹。今后数年可能获得的装备包括：从俄罗斯获得 140 架苏 – 30MKI 喷气式飞机，从英国获得 66 架“隼 – 100”型高级喷气式教练机，从法国获得 10 架“幻影 – 2000H”型喷气式战斗机及数量不明的“阵风”飞机，从以色列为机载报警与控制系统获得“绿松”雷达实现 200 架米格战斗机的升级。所购装备将使印空军在现有 39 个飞行联队的基础上再增加 20 个。海军约为 200 亿美元，主要将用于购买航母及导弹、侦察飞机和潜艇。印海军除花费 7．5 亿美元用于改进俄制“戈尔什科夫海军上将”号航母并在 2005 年前服役外，还将购买另外一艘航母。今后 3 年内，海军还将购买价值 8 亿美元的 3 艘俄制“克里瓦克”级护卫舰、价值 5．4 亿美元的 18 架米格 – 29K 型舰载飞机。今后 15 年内，海军将实现核武化。核武器研究与发展 150 亿美元，主要用于由印度国防研究与发展组织和原子能委员会联合开发研制的核潜艇，计划在 2008 年以前服现役。

在武器改造方面　印陆军在俄帮助下已开始对 T – 72 型坦克、L – 70 型自动防空火炮和米 – 8、17、25、35 型直升机进行现代化改装。印空军在俄的帮助下继续对 125 架米格 – 21 型战斗机、48 架米格 – 27 型战斗轰炸机、米格 – 29 型战斗机和苏 – 30 型战斗机进行现代化改进。印还拟向美洽购轻型战斗机使用的 GE404 发动机、“海王”直升机零部件以及雷达、飞行控制系统、反舰导弹等武器装备。印海军同俄达成了对其现役图 – 142M 型和伊尔 – 38 型反潜巡逻机进行现代化改装的协议。

陆军增编一批步枪营以加强反渗透作战　据英国《简氏防务周刊》5 月 3 日报道，4 月底，印陆军司令部召开会议通过计划，决定到 2006 年为印陆军陆续增编 30 个国家步枪营以用于反渗透作战。此次扩编平均每年要新增 5 个 900 ~ 1000 人的营。印现有 36 个国家步枪营在有争议的北部克什米尔地区部署，参加了该地区多年来的冲突作战，已有 3 万多人阵亡。新增加的步枪营除主要在克什米尔地区部署外，部分将在与缅甸和孟加拉国交界的东北部地区部署。

空军确定未来建设发展方向　印空军为适应 21 世纪战争的需要，确立了空军部队的未来发展建设方向。（一）建立核空军指挥部。10 月，印空军在向政府提交的“2020 年发展远景报告”中提出，尽管印度政府制定了“不首先使用核武器”的政策，但其核武器系统应处于战备状态。为此，加强对核武器的统一管理显得十分必要和迫切。由于印度空军是唯一拥有远距离核武器投送平台的武装力量，应成立隶属于空军的核空军指挥部。印空军参谋长提普尼斯 10 月 8 日在印度空军节讲话中表示，印空军已制定了对付核威胁的军事思想，其中包括印空军在面临核威胁时如何反应等内容。（二）建立航天航空合一的军事力量。印空军认为，未来战争竞争的核心将是“空间力量”。为此，印空军继 1995 年提出“新空军理论”，将外层空间作为第四维作战空间之后，2001 年明确提出：“在新的安全形势下，印空军必须做好从空中力量向空间力量过渡的准备，空间将成为印空军未来计划的重要方面。”为此，印空军已提出了成立空间指挥部的构想，并获准在今后 5 年内对空间力量建设进行探索性研究。目前，印计划在科隆成立东北航天中心，组建第一支航空航天部队。（三）加快武器装备现代化建设。2001 ~ 2002 财年，印在国防预算中大幅提高空军费用比例，达到 1517．2 亿卢比，比上一财政年度增加了 300 亿卢比。根据印空军武器装备发展计划，其今后的发展重点是提高先进战机比例，力争在 2005 年前使第 3 代战斗机占其作战飞机总数的一半以上，形成以苏 – 27、苏 – 30、米格 – 29、“美洲虎”（改进型）等第 3 代战斗机为主体的空中打击力量。在未来 15 ~ 20 年内，准备耗资 250 亿美元购买 350 架多功能飞机及其它装备。

海军确定未来 5 年建设目标　据《简氏防务周刊》1 月 24 日报道，近年来，印海军将控制马六甲海峡和新加坡海峡作为其未来 15 年的主要战略目标，并为此加快了装备的建设步伐。到 2005 年，印海军计划将拥有 7 艘驱逐舰和 10 艘护卫舰。其中，印向俄定购的 3 艘“克里瓦克”级护卫舰，排水量为 3500 吨，配备有新型 3M – 54E1 垂直发射攻击导弹系统和射程 300 千米的反舰导弹。第一艘将于 2002 年编入现役，其余两艘于 2004 ~ 2005 年投入使用。同时，印自行研制的 3 艘“德里”级驱逐舰将装备俄制 SS – N – 25 反舰导弹和 SA – N – 7“牛虻”地空导弹。此外，印还就升级 8 架图 – 142 海上侦察机事宜与俄展开协商，印军希望通过为侦察机配备先进的反舰导弹、导航设备和电子战系统来适应印度的核战略。

（刘温国）

土耳其建军计划与措施

深化与以色列和美国的军事合作　土耳其 1996 年与以色列建立军事关系以来，两国之间的军事合作不断加强。目前，以色列正在对土耳其空军的 F – 4 型战斗机进行现代化改装，并计划对土陆军的 M – 60A1 型主战坦克进行升级，以色列飞行员还在土中部科西尼亚省空域进行训练。2001 年 6 月中旬，土耳其、以色列和美国举行了迄今为止规模最大的联合空中演习。需要指出的是，在筹划此次演习时，埃及曾要求土耳其鉴于巴以冲突升级而取消演习，但土耳其对此予以断然拒绝。而在过去3年中，土耳其曾迫于此类压力两次取消参加与以色列举行的海军演习。2001年7月，以色列国防部长本·埃利泽访问土耳其，与土多名高级官员讨论了两国联合防务问题。以色列希望向土耳其出售"箭"式反导弹系统，土耳其也愿意分享美以联合研发的这种导弹防御系统，而美国政府对此更是"乐观其成"。以色列国防部高级官员还透露，土耳其和以色列就建立联合导弹防御系统进行了秘密会谈，美国也积极参与了这些会谈。

加强与哈萨克斯坦在防务领域的合作 2001年7月27日，土耳其共和国武装部队总部所属军事技术代表处在哈萨克斯坦设立。哈萨克斯坦武装部队司令、国防部第一副部长、四星级上将亚里别克·卡西扬莫夫、穆斯塔法·奥兹索伊、土耳其武装部队总部军事技术代表等人参加了揭幕仪式。他们称，新的代表处的设立将促进两国在防务领域的合作，避免文件审批方面的官僚作风。卡西扬莫夫称，土耳其与哈萨克斯坦的军事合作正在发展之中。双方已签署了11个协议，现在正准备签署4个新的协议。土耳其准备在下个10年内向哈萨克斯坦提供1000万美元的军事援助，其中包括军事技术和通信设备。

继续购买先进的武器装备 虽然迫于经济形势的压力，土耳其取消了190亿美元的采购合同，但仍继续采购了一批先进军火。其中包括，以色列为土升级主战坦克M－60A1型，并安装"梅卡瓦"型坦克的重要部件，包括加农炮、火力控制系统和视频系统。2001年5月28日，由俄罗斯"阿尔马斯"造舰厂为土耳其海军建造的第二艘"野牛"登陆舰举行了下水仪式。这艘登陆舰在试航之后，将于6月交土军方。据悉，俄土、乌土造舰协议总价值约2亿美元。另外，土向美国购买2艘已退役的"佩里"级导弹护卫舰，以及14架"海鹰"反潜直升机。

成功试射战术导弹 土耳其《民族日报》2002年1月14日刊登的消息报道，土耳其军方最近成功试射HQ－2J改良型地对空导弹，该导弹射程为150千米，并计划继续改良，将射程延长到国际导弹管制规定的300千米的最大极限。经过改良设计后，它除可用作防空导弹外，还可用来越界攻击敌方军事阵地、导弹基地、指挥所及装甲车辆等，可应付周边国家的军事威胁。报道说，这枚导弹除若干重要技术由中国提供及转让外，也是土耳其自制的第一枚导弹。这是土耳其军方近年来公开宣布的第二次导弹试射。第一次是在1999年9月间，当时土耳其洛克桑火箭公司在中国技术专家的协助下，以中国WS1型导弹为模式，成功试射第一枚导弹。

参加阿富汗国际维和部队 在阿富汗的军事行动展开之后，美国曾要求土耳其向阿派出特种部队人员，以帮助训练反塔利班的北方联盟部队。土耳其政府同意了美国的这一要求，宣布派出90名军人。但由于战场形势不断发生变化，土耳其的军队一直未能派出。2002年1月，阿富汗国际维和部队成立。英国国防部表示，这支部队将由来自18个国家的5000名士兵组成，英国将暂时领导这支部队，三个月后交由土耳其负责。土耳其武装部队总参谋部1月9日发表声明宣布，土耳其决定派遣261名军人赴阿富汗参加国际维和部队，首批12人于1月15日到达阿富汗。今后，土耳其参加维和部队的人数将视情况发展而逐步增加。2月1日，土耳其军方官员还表示，按照阿富汗临时政府的请求，土耳其将为阿富汗新成立的军队提供军火配备和制服，并将派出专门的工作组帮助训练这支部队。

资料来源：

土耳其《民族报》2002年1月。

（林海霞）

伊朗建军计划与措施 **进一步加强与俄罗斯的军事合作** 2000年11月，俄罗斯废除了与美国签订的禁止向伊朗出售武器的协定，伊俄两国在军事技术领域的合作得以恢复。2001年，伊朗与俄罗斯之间的军事合作得到进一步加强。3月12日，伊朗总统哈塔米访问俄罗斯，与俄总统普京举行了会晤并就加强军事及核领域合作签署了一系列协议。这是两国首脑十几年来举行的首次会晤。10月1日，伊朗国防部长沙姆哈尼访问俄罗斯，并与俄国防部长谢尔盖·伊万诺夫签署了军事技术合作协定，为俄向伊朗提供防御性武器提供了法律保障。协定包括，俄罗斯将为伊朗培养军事专家并提供装甲技术兵器，作战飞机和军用运输机，潜艇及其他武器装备。此外，俄罗斯国防产品出口公司与伊朗签署了一笔据估计价值1．5亿美元的武器供应合同。根据合同，俄将向伊朗提供30架米－8型直升机。这是俄2000年宣布退出俄美达成的停止向德黑兰提供武器秘密协议后采取的行动。

大幅增加军费，研发新式武器装备 2001年，伊朗的军费预算为91亿美元，比2000年增加16亿美元，比1999年增加34亿美元。增加的军费一大部分用于非常规弹头及导弹发射系统上。在“谢哈布－3”型导弹试射成功之后，伊朗正致力于研究制造射程达2000千米的“谢哈布－4”型导弹以及能够搭载卫星上天的火箭。如果能够搭载卫星上天的火箭的研制工作获得成功，伊朗将能制造洲际导弹。2001年伊朗研制成功的新型武器包括：（一）伊朗德黑兰电台5月31日报道，伊朗近日成功试射了一枚自行研制的“胜利－110”（又译“法塔赫—110”）型地对地导弹。该导弹使用固体燃料，打击目标准确率高，将成为伊朗军队的最有效的武器之一。据说这种导弹的射程为1300千米，可以威胁到以色列和美国驻扎在波斯湾的部队。（二）伊朗国防部7月31日宣布，伊朗军方日前成功试射了一种自己研制的“闪电－1号”反坦克导弹。这种导弹具有高强度的穿透力，能摧毁目前世界上最先进的装甲设备，并可根据不同地理条件下的射程和性能需求精确地打击目标。（三）成功试制了口径155毫米、射程达30千米、一分钟可连续发射5发炮弹的自行火炮。（四）伊朗国防部宣布，伊朗国防部队和武装部队于2002年2月15日已经生产出HMY，即所谓的世界上最具威力的非原子爆炸物。该爆炸物可以用于制造导弹弹头，也可用于民用钻探。国防部官员还表示，这种爆炸物将很快投入大规模生产。

频繁举行军事演习，以提高部队作战能力 伊朗每年都举行数十次例行性军事演习，以检验武器装备性能并提高部队的作战能力。2001年举行的大型演习包括：2月4～8日，在霍尔木兹海峡水域举行代号为“光明”的海、陆、空三军演习，以演练军队的整体攻击作战能力。海军驱逐舰、潜水艇、快艇、直升机、突击队员、空降兵等4000余名官兵参加了此次演习，演习科目包括突袭战术、攻击假想敌、穿越雷区、战斗机空降等。3月3～5日，伊朗军队和伊斯兰革命卫队在海湾北部水域举行联合军事演习。此次演习代号为“胜利－9”，参演兵力为6000多人。演习目的是展示伊朗守卫国家领土和海湾领海的能力。4月13～17日，伊朗军队在伊南部波斯湾水域举行代号为“团结－80”的联合军事演习，以显示伊海上作战能力，测试国产潜艇和其他海军武器装备的性能。5月26日～6月1日，伊朗在与伊拉克交界的西部边境地区举行代号为“主权－80”的军事演习，此次演习参演兵力2万人，演习旨在提高陆军的作战和打击能力，加强边境地区的安全，检验新式武器装备。8月5～8日，伊朗在南部布什尔港举行代号为“英勇80”的军事演习。此次演习参演部队包括来自革命卫队海军的导弹发射艇、突击队员、蛙人、伞兵及准军事部队的人员，旨在提高部队防御作战的能力，检验伊朗伊斯兰革命卫队中海军与准军事部队各兵种间协同作战的能力。

资料来源：

①俄罗斯《导报》2001年11月11日；

②英国《简氏防务周刊》2001年10月10日；

③土耳其《时代日报》2002年4月6日。

（林海霞）

以色列建军计划与措施 **针对日益升级的巴以冲突采取应对措施** 2001年，巴以大规模流血冲突不但没有平息，反而愈演愈烈。鉴此，以色列采取了一系列加强军队建设的措施。首先，大幅增加军费。2001年以色列国防预算为90亿美元，比2000年增加20亿美元。2002年3月，以色列对巴勒斯坦实施“防卫墙军事行动”之后，以总理沙龙批准在财政预算中另外拨出数亿美元，用于不断扩大的军事行动开支。其次，在全球设点征召军人。2001年7月21日，以色列军方发言人宣布，以色列将在全世界的九个大城市设立办事处，以便在受到战争威胁时更快地征召预备役人员入伍。这些办事处将设在以色列驻阿姆斯特丹、曼谷、孟买、法兰克福、约翰内斯堡、伦敦、洛杉矶、纽约和巴黎的使馆或领事馆，将在国外生活了一两年以上的以色列人或在外旅行的预备役军人送回国内。2002年4月7日，以色列议会与国防委员会通过决议，授权以国防军紧急征召3．1万名预备役人员，协同常规部队执行“防卫墙军事行动”。这是以国防军自1982年黎巴嫩战争以来最大规模的预备役人员征召行动。

继续深化与美国的军事合作 以色列与美国进行的军事合作主要表现在两个方面，其一是举行联合军事演习。2001年2月19～24日，以色列与美国举行名为“丛林眼镜蛇”的联合反导防御演习。美以军方宣称，此次联合军事演习的主要目的是根据美以有关军事协议加强两国军方之间的协作程度，演练内容主要包括了解掌握对方战时指挥作战程序和攻防模式。6月18日，以色列、美国和土耳其三国空军开始在土耳其中部的科尼亚省进行三国之间的首次空军联合演习。据法新社报道，此次军事演习的代号为“安纳托利亚之鹰”。其二是大力向美采购军火。2001年，以色列向美国订购的武器装备包括：（一）52架F－16型战斗机，价值约20亿美元。这是以色列第六次购买F－16型战斗机，目前以已拥有除美国以外世界上最庞大的F－16型战斗机群。（二）9架AH－64D

"阿帕奇·长弓"式武装直升机，具体包括8架新制造的AH-64D，同时将以色列的一架AH-64A改进为AH-64D。直升机、弹药、备件、训练和支援费用合计约5亿美元。（三）将购买美国联合攻击战斗机。美国洛克希德飞机公司2001年10月31日表示，该公司将于2012年向以色列空军运送这种新型战斗机。此外，以色列还拟向美购买24架S-70"黑鹰"式通用直升机。（四）鉴于海湾战争中被伊拉克导弹袭击的教训，以色列准备从美国购买数百枚改进型"大蟒蛇"-4空空导弹。该型导弹的寻的器和电子装置通过改进，使侦察和摧毁敌方导弹以及使敌方导弹偏离方向的能力增强。

研发先进的武器装备 以色列拥有较为完善的军工科研和生产体系，每年都能研制出先进的武器装备。《简氏防务周刊》2001年5月11日报道，以色列军事工业公司（IMI）透露，以色列最近装备了一种新的反跑道武器。该武器被称为"跑道攻击武器"（RAM），是该公司研制的一种自由落体炸弹，弹重约为1000磅，内装未公开数量的双用途子弹药，将用于装备以色列空军现役的F-16型战斗机。美《防务日刊》网站6月14日载文称，以色列拉法尔军火局研制成功一种被称为"德比"视距外空空导弹。该导弹是一种全天候、多角度的空空导弹，可从短程到视距外同时攻击多个目标。"德比"具有两种作战模式：一种是对中距目标采取的发射后跟踪方式（LOAL），一种是适用于短距离目标攻击的发射前跟踪（LOBL）方式。"德比"还具有先进的反电子干扰能力，并可根据用户需求进行改进。在6月16日开幕的第44届巴黎航展上，这种导弹第一次亮相。该导弹全长2.58米，弹径215毫米，翼展500毫米，发射重量184千克，弹头重量20千克，有效射程约75~95千米。德比导弹的性能与AIM-120型先进中程空空导弹不相上下。

加强海军建设 以色列海军将领认为，以必须将关注重点从空军和地面转移到建设一支具备远程打击能力的有效的海军部队上来，否则以色列就不能拥有所需的进攻能力。以色列总参谋长莫法兹中将已批准了以色列海军制定未来的发展计划。根据该计划，以海军将购买更多的水面舰艇和潜艇。以色列飞机工业公司（IAI）和以色列国防部2002年初签署协议，为海军建造11艘"超级德沃拉"级巡逻快艇。这些快艇将用来代替现役的"德沃拉"级快艇，提高以色列的搜索救援能力。此外，以色列还将购买5艘新型"萨尔-5"级轻型护卫舰，并装备有"鱼叉"和"加布里埃尔2"型反舰导弹、"巴拉克"航空导弹、鱼雷以及一门76毫米口径的火炮。

加强与印度、土耳其的军事合作 2001年7月16日，以色列飞机制造工业公司和印度军事代表团在特拉维夫签署一项军事工业合作协议，合作项目总价值约为20亿美元。根据这项协议，以色列飞机制造工业公司将向印度出售3架价值数亿美元的预警飞机、价值2.8亿美元的"巴拉克"舰载防空系统、价值3亿美元的无人驾驶侦察机和价值2.5亿美元的雷达系统，帮助印度空军改装其米格-21和米格-29等型战斗机。访问期间，以印双方还就改装印度军队T-72型主战坦克和联合开发车载导弹发射装置等可能性进行了探讨。以印军事合作协议的签署把两国军事合作推向新阶段。与此同时，以色列与土耳其的军事合作也不断深化。以色列目前正在帮助土耳其空军的F-4型战斗机进行现代化改装，并获得了价值70亿美元的对土陆军装备的M-60A1型坦克进行升级的合同。6月17日，土耳其、以色列和美国三国举行了迄今为止规模最大的联合空中演习。7月，以色列国防部长本·埃利泽访问土耳其，与土多名高级官员讨论了两国联合防务问题。本·埃利泽在记者招待会上表示，以色列希望向土耳其出售"箭"式反导弹系统。美国政府对此持积极态度，土官员也表示愿意分享美以联合研制的导弹防御系统。以国防部高级官员说，土耳其和以色列就建立联合导弹防御系统进行了秘密会谈。美国也积极参与了这些会谈。

资料来源：

①《兵器知识》2001年4月号，2002年3月号；

②《军事世界画刊》2001年5月号、7月号；

③《简氏防务周刊》2001年5月。

（林海霞）

德军进行重大调整 《中国国防报》2001年6月29日梁鲁军报道，德国国防部长沙尔平不久前表示，为保证今后能够派出15万人参加境外的联合军事行动。德国目前正打算重组自己的武装部队。到2006年军队重组完成的时候，德国军队总共将有28.5万人，其中15万人属于快速干预部队，这个数目是德国现有干预部队兵力的3倍。为此，沙尔平提出3项重要措施：

调整指挥系统 德国将学习北约其他国家军队已经采取的作法，建立一个三军参谋部，协调陆、海、空三军的行动，并扩大联邦国防军总监指挥作战的权限。新的军事领导机构将设一个指挥部。它能指挥三军联合行动，还能作为"作战参谋部"为欧盟提供服务。

订购加油机 沙尔平宣布德国计划配备几架空中加油机，这样就能扩大战斗机的作战范围，并能到境外作战。

加强在欧盟战略运输等方面的作用 德国希望把欧洲的空中运输指挥部设在德国。该指挥部是由8个国家（德国、比利时、法国、英国、希腊、意大利、葡萄牙和土耳其）组成的空军联队。该指挥部准备在2001年6月的法国布尔歇航空博览会上订购大约230架军用运输机（即空中客车公司的A400M运输机），以此取代日渐陈旧的“协和”式运输机。对驾驶员的培训工作将由这些国家共同承担。

沙尔平还表示，希望欧洲盟国以德国“放大镜”卫星-雷达系统和法国“太阳神”光学侦察卫星系统为基础，进一步加强通过卫星搜集情报的能力。德国的“放大镜”系统将于2004年投入使用，任何天气都可提供服务。法国的“太阳神”系统已经投入使用。

（吴志豪）

澳大利亚建军计划与措施 进入21世纪以来，澳大利亚积极制定并实施军队中长期发展规划，以循序渐进的方式努力建设一支机动灵活、装备精良的现化代军队。

制定军队中长期发展规划 澳军制定的2000~2025年中长期发展规划的主要内容包括：(1) 发展一体化的战略、战役级 C^4ISR 系统和旅级战术自动化指挥系统，以保证实施澳军战略任务和澳美联合作战的需要，使其陆海空三军的指挥控制系统与武器装备系统和美军能够接轨。(2) 改革现有的指挥机构，在海、空军组建与参谋部平行的“系统部”，统一管理所有的指挥系统、情报系统、侦察监视系统、武器系统和后勤系统。改革后的海、空军司令部包括作战部、参谋部、人事部、系统部、训练部和后勤部，以提高作战指挥效率。(3) 加大院校改革力度，取消陆海空三军各自的参谋指挥院校，成立一个联合参谋学院，以便与新改组的澳大利亚国防学院在人才培养上相互衔接。(4) 更新海、空军的舰艇和主战飞机的电子装备，以提高其远程打击能力；加大投入，发展陆军的武器装备自动化水平及对付“不对称作战”的能力。(5) 在澳境内与美合作生产预警机，提高澳自身的信息和电子工业能力，并为将来独立发展 C^4ISR 系统做好准备。(6) 加强预备役力量建设，将组建成1.8万人的“现役”预备役部队，重点担负海防线的安全保障任务。

与美合作研制高新装备 2001年8月，澳大利亚宇航公司与美国波音公司签署了一项价值约2.1亿美元的“楔”式预警机合作研制协议。按照协议，澳宇航公司将负责研制新飞机上的电子战自我防护系统、训练模拟系统和辅助探测系统，而波音公司则提供其737飞机作为“楔”式预警机的飞行平台。该平台准备采用的是美国洛克希德·马丁公司耗费多年心血研制的“楔”式预警雷达。安装上这种雷达，预警机可在任何天气下全方位锁定600千米范围内的180个目标，并可同时指挥24架飞机作战。“楔”式预警机的信息处理速度要高出E-2C型预警机10余倍。据悉，澳空军计划最终获得5架“楔”式预警机，以便对其近800万平方千米的国土进行昼夜不间断的监控。9月，澳美签署一项“原则声明”，双方同意将在潜艇的研究开发和战术训练等方面进一步加强合作，以提高两国海军潜艇的作战能力。根据声明，美海军可使用澳柴油动力潜艇进行浅水区作战演习，其核动力舰只还可以使用澳有关的训练场地和基地。同时，双方准备联手建立与防卫技术有关的实验室，互相向对方开放自己的研究、工程和试验设施，并准备在改进潜艇声学作战系统和软件方面进行合作。

大力加强情报搜集与分析工作 澳2000年底出版的国防白皮书中提到，“有效地使用情报是澳大利亚防卫能力的核心”。为此，澳正在其大陆北部的金达利区建造“地平线雷达网”，计划于2002年完工并投入使用。空军在向美订购4架空中预警飞机的基础上，还准备再购买3架。海军计划在2004~2005年购买美国“全球鹰”无人驾驶飞机，增强对其海域的实时情报搜集能力，尤其是图像情报的搜集。“全球鹰”是美国有史以来开发研制的最高级无人驾驶飞机。该机使用的电子眼可以全天候提供高清晰度图像，为地面站传送真实的数据，以使操作人员得到详细的目标图像，对目标进行确认。它甚至可以通过飞机留下的“脚印”对跑道上刚刚起飞的飞机进行确认。

资料来源：

①2001年英国《简氏防务周刊》；

②中国《解放军报》2001年4月4日；

③中国《环球时报》2001年8月24日。

（孟　丽）

军 队 体 制 编 制

美国军队体制编制 **陆军** （1）组建新的“中型旅”。2001 年，美陆军部在其公布的《2001 年陆军现代化计划》和《目标部队概念》两份文件中，要求推行新的现代化战略，用更先进的科技改造和研制武器装备，在 2010 年左右组建一支将重型部队火力与轻型部队机动相结合、能够在任何天候条件下、在世界任何地点执行各种军事任务的“目标部队”。作为过渡，在 2010 年前将组建“中型部队”，即利用现有技术提高一些旅级部队的机动作战与快速部署能力。7 月，美陆军宣布，从现在至 2003 年间，将驻夏威夷第 25 轻步师第 2 旅、驻阿拉斯加州第 172 独立步兵旅、驻路易斯安那州第 2 装甲骑兵团，以及驻宾夕法尼亚州陆军国民警卫队第 28 步兵师第 56 旅改组转型为“中型旅”。这样，加上 1999 年开始在华盛顿州筹建的 2 个旅，美陆军中型旅总数将达到 6 个。“中型旅”将在 2002 年底或 2003 年初具备初始作战能力。到 2007 年，规模为 6～8 个旅，外加一个师部的“中型部队”将最终成形。届时，美可在 4 天内将 1 个旅、5 天内将 1 个师、30 天内将 5 个师从美本土部署至世界任何地区，成为具有战略灵活性的机动力量。

（2）提高部队数字化水平。2001 年 4 月 1～14 日，美陆军第 4 机步师中的 2 个旅首次进行了代号为“顶石”的数字化旅实战演习，充分展示了数字化技术的威力和数字化部队新的作战方法，成为美陆军第一个数字化师。美陆军数字化部队建设的主要措施是：第一，改革部队结构，精简人员和重型装备数量，并在各级机关及战斗勤务支援部门混编部分陆军国民警卫队和后备队人员。

（3）加大现役、后备役部队一体化建设。美陆军现有 48 万现役、35 万国民警卫队和 20．5 万后备役部队。由于美军在世界各地执行的各种作战和战备任务不断增加，对美陆军兵力的需求也相应增多，美陆军现役部队已难以有效应对。为弥补现役兵力的不足，美陆军实施了现役与后备役一体化计划，目标是通过改革在 2020 年左右使后备役部队在组织体制、作战技能和武器装备等方面与现役部队基本达到一致，从而建设一支“无缝隙”的“整体部队”。目前，美陆军后备役部队正在担负越来越多的战斗和战斗支援任务，甚至部署到海外独立承担维和任务。在美国国内，由于后备役部队遍布全美 50 个州，便于对危机作出迅速反应，因此，已成为美国土防御的主干力量。2001 年 6 月，美陆军第一次将国民警卫队和后备队的主官晋升到中将级别，表明陆军后备役部队的重要性正在上升。

海军 （1）优化体制编制。美海军不断对体制编制进行调整，使其更加符合信息时代对部队体制的要求。2000 年 10 月 1 日，美海军在诺福克基地成立部队舰队司令部（CFFC），专门负责太平洋舰队和大西洋舰队舰艇部队的人员管理、装备维修与补充、训练和作战理论的创新等。2001 年 8 月，又组建了海军网络战司令部（NNOC），作为整修海军的网络作战指挥中心。此外，2001 年 1 月和 2 月，美军在日本的佐世保和关岛分别成立了第 11 反水雷分遣队司令部和第 15 潜艇中队。

（2）组建陆战队反恐怖作战旅。2001 年 10 月 4 日，美海军陆战队司令部发布命令，正式组建反恐怖作战旅－第 4 陆战远征旅。陆战队总兵力由 17．25 万人增加到 17．49 万人，新增的 2400 人编入反恐怖作战旅。该旅隶属于大西洋陆战队司令部，战时接受美联合部队总部的指挥，平时受海军陆战队司令部的行政管理与指挥。该旅司令部暂时设在北卡罗来纳旅的陆战队勒任兵营。按照规划，该旅可在接到命令后 4 小时内出发，在 3～4 天内抵达世界任何地区执行反恐怖作战任务，与海军陆战队其他 3 个陆战队远征旅向海外部署的方式不同，该旅不随海军两栖舰船活动，主要靠军用运输机和民航飞机运送总队，该旅拟与美国联邦快递公司（FEDEX）签订合同，由其支援反恐作战旅向海外运兵作战。该旅下辖常备兵力为 4 支作战部队，即在现有基础上扩编的陆战队安全总队营（SFB）、安全警卫营（SGB）、生化事故反应队（CBIRF）和新成立的反恐怖营（ATB）。在执行特定作战任务时，该旅还可临时纳编陆战队其他地面、航空和作战勤务支援部队，总兵力可达 4800 余人。

空军 （1）调整部队结构，提高应急快反能力。为进一步提高效率和战备水平，美空军于 2001 年 8 月宣布，将于 2002 年对部队结构进行较大规模调整，包括增加 2844 名军职人员和 310 名文职人员，新建、重组或扩编部分部队和单位等，范围涉及美空军在本土和亚太地区共 89 个基地与单位。此次调整以提高快速反应能力和灵活机动能力为目标，充分体现美空军快速化、轻型化的建军思想。新增加的军职人员将主要用于充实和加强航空航天远征部队，以期实现美空军快速控制战场并控制作战进程的作战设想。

(2) 进一步加强航空航天远征部队的建设。①执行新一轮任务。美航空航天远征部队于 2000 年 12 月 1 日开始执行为期 15 个月的第二轮远征任务，其中 10 个作战联队和 5 个机动联队作为应付社会性事件的先头部队。②延长待命时间。2 支待命的远征联队的待命时间将由 3 个月延长至 4 个月。在第二轮远征任务中，第 1、第 2 远征部队将分别调至美本土的西摩·约翰逊和崇山峻岭家空军基地。两基地的航空航天远征部队将轮流处于待命状态，待命时间为 120 天，以保证随时有一支部队对紧急危机作出反应。③调整航空航天远征部队规模。针对此前出现的问题，2001 年 6 月，美空军决定对航空航天远征部队作出调整。一是把可用于航空航天远征部队部署的人数由 12 万人增至 20 万人。二是合理确定并重新划分任务总队规模，以适应对各种规模和形式的军事行动作出有效反应的要求。④成立新机载空中控制中队，加强对航空航天远征部队的支援。2001 年 3 月，美空军在廷克尔空军基地组建了第 960 机载空中控制中队和第 552 空中控制联队。新中队的组建将使航空航天远征部队得到更加有效的支援。

(3) 调整空军情报部门指挥关系，改革情报保障机制。2001 年 2 月 1 日，美空军正式将空军情报局由原直属空军参谋部划归空中作战司令部，空军情报局原辖第 67 信息作战联队、第 70 情报联队和第 690 信息作战大队正式划归第 8 航空队。空军情报局局长兼任第 8 航空队负责信息战的副司令和联合信息作战中心司令。此次调整表明，美空军已将信息战正式纳入常规战术与战役级战争中，成为战争手段的一部分。同时，将情报与作战有机地结合起来，有利于信息时代的作战情报保障。

(4) 削减战略轰炸机数量，优化远程打击力量。根据美新的军事战略，美军计划削减 33 架 B－1B 型轰炸机和 18 架 B－52 型轰炸机。其中，包括扩编 2 个空军国民警卫队 B－1B 型轰炸机联队，将全部 B－1B 型机部队集中于戴耶斯空军基地和埃尔斯沃思空军基地。撤编 1 个现役 B－1B 型轰炸机中队。削减后所节省的资金可能将用于采购 B－2 隐形轰炸机。

(5) 调整亚太地区总队编制，加强威慑与快速反应能力。2000 年 10 月，美空军在夏威夷希卡姆空军基地正式组建了第 502 空中作战大队，负责太平洋空军应急作战计划的制定、执行，并担负对太平洋 空军的应急作战支援任务。2000 年 10 月，美空军还在关岛成立了第 613 应急反应中队。该总队可在太平洋战区快速部署，负责为后续总队协调后勤支援与空中加油等事务。2001 年 2 月，美太平洋空军司令部在夏威夷组建了新的“太平洋作战支援中心”。9 月，在驻日本横田基地成立了第 20 作战气象中队，为美军在西太地区的应急作战行动提供及时的气象保障。

(6) 组建空间作战部队和机构，加快向“航空航天军”的转化步伐。美在 2001 年大力发展空间力量，谋求空间绝对优势。2001 年 1 月，美军出台了建立“空间部队”的总目标，设想根据未来 5～10 年的发展状况，以类似过去陆军航空兵逐步发展成为空军的方法，将空军航天司令部向空军的“空间部队”过渡，并最终发展成为独立于陆、海、空军的第四军种——“天军”。1 月，美空军成立了第一支试验型空间攻击部队——第 527 空间攻击中队，组建了第一个试验型空间防御部队——第 76 空间控制中队。另外，美还设立空间武器学校，培养空间作战人才。美军于 5 月上旬出台了空间管理机构改革方案，决定加强对空间活动的统一领导，加快空间武器化进程，谋求确保美军长期拥有制天权。

(7) 提出“全球打击特遣队”构想。美空军在总结海湾战争以来历次作战行动的经验教训后认为，现行武器和战法不能彻底摧毁敌战术弹道导弹和防空系统，敌防空系统仍对美作战飞机构成相当大的威胁。为此，美空军计划组建一支快速、全隐形的“全球打击特遣部队”。该总队以 B－2 隐形轰炸机和 F－22 隐形战斗机为骨干，形成由两种机型组合而成的攻击能力，组成全球快速干预拳头部队。根据设想，该总队不经或只经短暂调动部署，即可对全球任一冲突地区实施先期空中打击，遏制冲突升级，并为后续大规模作战创造有利条件，以适应美军海外基地逐步减少、难以快速大规模在海外部署的新形势。

(贾咏梅)

美国亚太地区军事基地分布情况 综合《现代军事》2001 年 4 月号樊高月和《外国军事学术》2001 年第 7 期沈明华报道，冷战结束后，美国撤回了大量驻欧部队，关闭了许多驻欧军事基地，但在亚太地区却基本保持了原有驻军规模，军事基地也未减少。目前，美国在亚太地区仍有海外军事基地 80 余个，驻军 11 万多人。致使亚太地区已成为美军海外部署的重点地区。

美国在亚太地区的军事基地从东到西呈三线配置，即由配置在日本、韩国、菲律宾和迪戈加西亚的基地构成美军在亚太地区的一线基地群，控制着宗谷、津轻、对马3个重要海峡和印度洋中部的海空航道要冲，既可支援朝鲜半岛的陆上作战和太平洋的海上作战，又可支援中东、波斯湾地区的作战，还可监视和控制印度洋的广大海域；二线基地群由以关岛为中心的诸岛屿及澳大利亚和新西兰的基地组成，既是一线基地的依托，又是重要的海空运中间基地；三线基地群是以夏威夷为中心的诸群岛至中途岛以及阿拉斯加、阿留申群岛的基地组成，是太平洋战区的指挥中枢和本土西海岸支援前沿基地的中继基地。

阿拉斯加基地群　阿拉斯加基地群由设在阿拉斯加和阿留申群岛上的基地和设施组成，其中较大的有埃尔门多夫、艾尔森等空军基地，理查森堡、温赖特堡、格里利堡等陆军基地。阿拉斯加基地群隔白令海与俄罗斯相望，是美空军遂行战略侦察、预警和本土防空的前哨，是美陆军寒区试验中心和北方作战训练中心。

艾尔森空军基地位于阿拉斯加中部，距费尔班克斯城约46千米。驻有约2700名空军现役人员，主要部队是太平洋空军第354战斗机联队和1个空军空中加油大队，该基地是北美主要防空基地之一，也是B－52轰炸机长途奔袭的空中加油点之一。

埃尔门多夫空军基地位于阿拉斯加南部的安克雷季，驻有现役空军人员7000人和第11航空队司令部，还有北美航空空间防御司令部阿拉斯加地区司令部、第3战斗机联队等单位。装备F－15战斗机、E－3型预警与控制飞机和C－130运输机等，任务是担负阿拉斯加地区的防空和夺取空中优势，同时支援太平洋司令部责任区内的各种应急行动。

夏威夷地区基地群　夏威夷基地群属于美国本土基地，但处于远离北美大陆的太平洋中。夏威夷基地群由9个主要基地组成，其中3个陆军基地，包括沙夫特堡、斯科菲尔德兵营和特里普勒陆军医疗中心；3个海军基地，包括珍珠港海军基地、巴巴斯角海军航空站和东太平洋海军计算机与远程通信区主控站；陆战队基地2个，包括史密斯兵营和卡内奥赫湾陆战队基地；空军基地1个，即希卡姆空军基地。此外，夏威夷基地群还包括约翰斯顿岛空军基地、威克岛空军基地和中途岛海军航空设施。

珍珠港海军基地位于距瓦胡岛火奴鲁鲁13千米处，驻有美军太平洋舰队司令部等多个司令部和2万名现役官兵，是美海军位于太平洋地区最大的前进基地，负责水面舰艇岸勤管理和食宿等。其中珍珠港潜艇基地为24艘核动力攻击潜艇提供岸勤管理，包括提供食宿和维修及训练场所。

希卡姆空军基地距瓦胡岛火奴鲁鲁14千米，占地890公顷，跑道长3769米，是美太平洋空军司令部空军第15基地联队驻地。

谢夫特堡和斯科菲尔德兵营位于火奴鲁鲁以北，占地608公顷，是美陆军太平洋司令部本部（谢夫特堡）所在地，驻有2个步兵旅、1个航空旅和第25轻步兵师直属部队，其中第25轻步兵师的任务是应付太平洋战区的低强度冲突。

卡内奥赫特湾夏威夷陆战队基地位于火奴鲁鲁东北19千米处，驻有陆战队和海军现役人员6800人，建制单位有：第3陆战远征部队、第3陆战团、第3战斗勤务支援大队、陆战队第1航空联队航空支援分队。该基地所在位置使其成为陆战队快速部署至东亚的重要前进基地。

史密斯兵营位于夏威夷瓦胡岛卡内奥赫特湾哈拉瓦高地上，占地89公顷，史密斯兵营驻有美太平洋司令部本部、太平洋司令部陆战队司令部、太平洋司令部舰队陆战队司令部，太平洋情报中心等单位，是美军在太平洋地区的高级指挥与通信中心。

关岛基地群　关岛基地群由1个空军基地和5个海军基地组成，包括安德森空军基地、阿加尼亚海军航空站、西太平洋海军计算机与远程通信区主控站、关岛海军公共工程中心、关岛海军舰船修理厂和关岛海军站是美国空、海军在西太平洋地区的前进作战基地。

安德森空军基地位于关岛东北帕提角，可容纳150架B－52轰炸机，驻有海、空军官兵约3600人。主要建制单位有：第13航空队司令部、第634空中机动支援中队和海军第5直升机战斗支援中队。2000年8月，美军首次将63枚常规巡航导弹部署在安德森空军基地，使美国重型轰炸机可使用对地攻击武器打击亚太地区任何地方。

马里亚纳海军基地位于关岛。现役兵力约7500人，负责为驻防的第5、第7舰队提供淡水、军械和其他后勤支援。其他驻防单位有：军事海运司令部的分遣队司令部、太平洋司令部舰队图像中心、西太平洋海军计算机和通信总站、西太平洋气象和海洋观测中心、海军“海豹”部队等。2001年美军在此建造新一代核潜艇试验场，并将部署30艘“洛杉机”级攻击核潜艇。

日本基地群　1945 年日本战败投降后，美国以军事占领为名，先后在日本建立军事基地 30 个，另与日本自卫队共同使用军事基地 42 个。冷战时期，美军以此作为遏制“共产主义阵营”的前沿阵地，冷战后，美军以此作为出兵亚太，驰援中东的重要前沿基地。

三泽空军基地位于东京东北 644 千米处，由美空军和日本航空自卫队合用，有驻日美军司令部以及美空军第 35 战斗机联队、海军海上巡逻机中队和美军情报分队，主要装备 F－16 战斗机、P－3 型反潜巡逻机等。

横田空军基地位于东京西北约 45 千米处，驻有空军第 5 航空队司令部、第 374 空运联队，装备 C－130 型运输机，是美太平洋司令部前沿部署的主要空运部队。驻日美军司令部大楼地下部分是可以抵御核攻击的防空设施，并设有美军全球指挥控制系统，可中继美国总统向战略轰炸机下达的核攻击命令。

横须贺舰队基地位于东京湾畔，与日本海上自卫队合用，是美在西太平洋最主要的海军基地设施，是美海军第 7 舰队司令部所在地，有 13 个流动的和 50 个岸上固定的建制单位，包括美远东最大的海军修理厂。这里是第 7 舰队旗舰“蓝岭”号和“小鹰”号常规动力航母战斗群的母港。

厚木海军航空设施位于东京西南 35 千米处，与日本海上自卫队的航空部队共用，是美在西太平洋地区最大的海军航空设施，驻有美第 5 航母战斗机联队，装备 F－14 战斗机和 F/A－18 战斗攻击机。

座间兵营位于东京西南 40 千米处，是驻日陆军司令部所在地和陆军第 9 战区支援司令部所在地，另外还有小型管理和后勤司令部及 1 个重型武器射击场，任务是为驻防西太平洋的陆军提供战斗勤务支援以及进行力量投送和设施管理。

岩国陆战队航空站位于本州岛最南端，东京市以南 966 千米处，与日本海上自卫队合用，是陆战队第 1 航空联队和第 3 勤务支援大队所在地，装备 F/A－18 战斗攻击机和 AV－8B 攻击机。

佐世堡海军基地位于九州岛西北角，距东京西端 1450 千米，与日本海上自卫队合用，是美海军第 11 两栖中队和 6 艘舰船的母港，是美军前沿部署部队的主要后勤保障基地，拥有大型军火库和油料补给设施。

日本的冲绳岛位于琉球群岛，直到 1972 年一直由美国控制。约有 2．8 万名现役官兵驻防，占美驻日兵力的 2/3，美军现占用该岛 18% 的陆地面积。1996 年 12 月，美、日达成协议，美国归还所占土地的 21%（不含双方共用的土地）给日方。主要军事基地和设施包括：

冲绳巴特勒陆战队兵营，驻有 5 个“兵营”和 1 个陆战队航空站，包括：第 3 陆战队远征部队（含第 1 陆战队航空联队、第 3 陆战师、第 3 勤务支援大队）和驻冲绳舰队基地司令部等部队，约 2 万名陆战队员和海军水兵。第 3 陆战远征部队的任务是在需要时遂行两栖攻击作战，随时准备应付突发事件。冲绳岛还有多个大型训练场，其中“白滩”是美军两栖作战行动的主要训练场，也可停泊海军舰艇。

冲绳嘉手纳航空基地　位于冲绳岛中部，驻有空军第 18 联队，装备 F－15 战斗机、KC－135 型加油机和 E－3 型预警与控制机及 HH－60 型救援直升机。另外，冲绳还驻有第 10 战区支援司令部，任务是接收、屯驻、装备和部署西太平洋战区经过和轮换的陆军部队。

韩国基地群　美国在韩国建有军事基地 38 个，其中陆军 35 个，空军 2 个，海军 1 个，极为重要的有：

希亚莱兵营位于韩国南端釜山港附近，是美驻韩最重要的后勤基地，希亚莱兵营拥有驻韩美军最大的仓储设施，所驻部队是陆军第 4 军需分队。

镇海海军基地位于釜山西北约 50 千米处，是美海军在韩国的重要海军基地之一，驻有美海军镇海部队司令部。

亨利、沃克、乔治、卡洛尔兵营分散于韩国大邱市内及周围。大邱是美军第 19 战区陆军司令部所在地，主要任务是战时和危机时为从美国本土调入东北亚的美军提供接待、屯驻、向前机动和部队的重组等。

群山空军基地位于韩国西岸群山市西南 13 千米处，是美空军第 8 战斗机联队所在地，该部装备 F－16战斗机。基地设施先进，可容纳战斗机 200 架，并可起降 B－52 战略轰炸机。

汉弗莱斯兵营位于韩国西海岸中北部平泽，是美驻韩第 8 集团军预备司令部和重要后勤支援基地。兵营有 1 个陆军空降场，可起降C－130运输机。

乌山空军基地位于汉城以南 61．4 千米处，是美空军第 7 航空队和第 51 战斗机联队司令部所在地，装备F－16战斗机、A－10攻击机和U－2侦察机等，基地设施先进，可容纳战斗机 300 架，并可起降 B－52 战略轰炸机和C－5A大型运输机。

龙山卫戍区是驻韩美军司令部和第 8 集团军司令

部所在地。美陆军卫戍区分布于42个兵营中，范围包括韩国西北约300平方千米内，主要驻扎美陆军第2步兵师1．5万名官兵，是美驻西太平洋战备程度最高的部队之一。

澳大利亚基地群　澳大利亚基地群主要由设在澳大利亚和新西兰的基地和美、澳联合使用的军事设施组成。美国在澳大利亚和新西兰只设有海军航空站、通信站和一些电子设施，主要用于试验航空兵器、进行战略通信、监视俄罗斯与中国的核试验与空间活动等。澳大利亚中南部纳朗格驻有美空军第5太空预警中队，任务是使用卫星系统监视导弹的发射。海湾战争期间，该中队曾多次预报伊拉克军队“飞毛腿”导弹发射。

伍默拉航空站位于澳大利亚南部，有发射场5处，目标区在西北海岸，相距2100千米，计算机中心设在索尔兹伯利。该航空站主要为电子试验场，可试验火箭、导弹和其他航空兵器，也可发射人造卫星。

哈罗德·霍尔特海军通信站位于澳大利亚西北角埃克斯茅斯。A区设有甚低频无线电发射台，负责对潜通联；B区设有甚高频无线电发射台，负责对水面舰艇通联；C区设有高频收讯台，该站负责太平洋美军战略导弹潜艇的主要通信任务。

印度洋基地群　该基地群由设在迪戈加西亚岛上的海军港口、海军航空站、海军通信站及其他后勤设施组成。

迪戈加西亚是印度洋中部查戈斯群岛最大的岛屿，是美海军位于该地区重要的支援设施，该基地还有1个大型军用机场和储油库等保障设施，迪戈加西亚也是海军第1反潜巡逻机联队和陆战队第2海上预置舰中队驻地，装备P-3型反潜巡逻机。该基地港口能容纳航母和核潜艇，并可为美国海军核潜艇和飞机导航。

由于布什政府在其新军事战略中将亚太地区作为又一个战略重点。因此，近期内美国亚太地区的基地和设施仍是其在该地区保持军事存在的支撑点，除加强在日、韩和澳大利亚等传统盟国军事基地的建设外，美国正从东盟国家，如新加坡、印度尼西亚、菲律宾甚至越南谋取军事基地和设施的使用权。

（吴志豪）

美空军筹建快速全隐特遣部队　美国《航空和空间技术周刊》2001年2月26日第1期报道，2001年2月，美空军官员宣称，计划组建一个能够快速部署，并能在一天之内打击400多个目标的小型空军编队。

这个“全球打击特遣部队”将从两个最重要的航空远征军抽调实施精确轰炸的F—22战斗机和B—2轰炸机，用于在为期1～3天的远距离打击行动中摧毁最关键的目标。美国尤其希望在战术导弹的射程之外开展行动。F—22战斗机和B—2轰炸机联合作战将首次增加24小时隐形的特点。这是指F—22战斗机能够在白天扫除空中任何有可能危及B—2轰炸机的防御飞机，在扫清敌机后，F—22和B—2可同时摧毁最危险的地对空导弹系统，甚至射程为400千米的俄制S—400导弹，以及通信终端。

基本的“先遣”部队将由12架B—2轰炸机和两个中队的F—22战斗机（大约有48架）组成。它们主要攻击固定目标，这些目标的位置靠在冲突前搜集的情报而确定。在进行60架次飞行后（每架飞机平均只出动一次），先遣部队能够在冲突开始的头24小时内用精确武器摧毁270多个目标。

F—22战斗机雷达反射信号小，作战高度高（1．2万米），巡航速度快（1．5马赫），因此其安全作战范围比常规飞机大12倍左右。在这个范围内，防空雷达的精确度不足以准确探测到F—22战斗机。

（肖为军）

俄罗斯军队体制编制　2001年，俄根据联邦安全会议2000年8月会议决议，新一轮改革在全面铺开。在军事改革中，俄武装力量在军队体制编制方面主要做了以下几项工作。

完善军队高层领导与指挥体制　任命了文职国防部长。2001年俄军最重要的人事调整是于年初任命了原安全会议秘书谢尔盖·伊万诺夫为国防部长，并取消了其将军军衔，使之成为一名文职国防部长。伊是苏俄历史上真正由文官治理军队的第一人。俄总统普京任命文职国防部长的现实目的，是要消除军队中阻挠改革的势力及各派系对军事改革和军队建设的干扰，使其改革思想得以顺利贯彻实行。其深远目的是要从根本制度上改造军队，即像西方有些国家那样建立“文职国防部”，实行文官治军制度，以彻底消除军队现行体制的各种弊端。伊万诺夫出任文职国防部长，可以说是建立文职国防部的第一步。

完成武装力量的结构调整　根据军事改革计划，俄于2001年上半年完成了酝酿已久的向三军种、三兵种结构的过渡，战略火箭军由军种降格为兵种。同时，俄将导弹太空防御兵和军事航天力量从战略火箭军中分离出来，合并组建为新的兵种——太空兵。这样，俄就形成了陆海空三个军种和战略火箭兵、太空兵和空降兵三个独立兵种的武装力量结构。

2001 年武装力量结构调整的亮点是组建了太空兵。俄组建太空兵的主要目的，一是为了应对美国的 NMD 计划，二是为现代高技术战争提供有力的太空保障。这两项当中的任何一项，太空力量都是主角。太空兵的主要职能是，导弹预警和导弹防御，提供侦察、导航、气象、制图及其它太空信息保障和通信保障，监视太空空间。

基本上完成武装力量裁员计划　2001 年，俄基本完成了武装力量每年裁减员额 10 万人的目标，实际裁减约 9 万人。主要是裁减机关和后勤保障人员。

制定所有强力部门后勤及技术保障一体化计划　在划区保障成功经验的基础上，俄于今年制定了建立涵盖所有强力部门的一体化联勤体制计划。根据该计划，一是以武装力量后勤领导指挥机关为基础，建立统一的后勤领导指挥机关；二是以武装力量后勤的实力为基础，按地区原则合并重组各强力部门的后勤保障部队和机构，建立一体化的联勤保障体系；三是出台相应的配套措施，包括统一国防订货，统一预算，统一标准，确立和完善各部门后勤机关协同的组织和经济机制，制定统一的监督、统计和会计制度，制定和完善保证联勤体制运作的法律基础等。

调整各军种和直属兵种的体制编制

陆军：恢复了陆军总司令部。在苏俄历史上，陆军总司令部的设立和撤销几经反复，最后一次撤销是在 1998 年。2001 年 4 月，俄再次恢复了陆军总司令部。划入陆总编成的机关有：陆军总局、武装力量战斗训练总局、武装力量导弹兵与炮兵司令员局、武装力量队属防空兵司令员局、陆军航空兵司令员局、总参谋部三防兵主任局和工程兵主任局（对外称国防部三防兵主任局、国防部工程兵主任局）。陆总的主要职能包括：对军区实施指挥和与之协同；完善陆军的体制编制；编修战斗条令、教令、指南和训练法参考资料；组织与协调陆军和其它军种一起进行的战役和战斗训练，以及与国防部各采购局共同制定陆军武器装备的开发和装备计划等。

裁减了军区的数量。即按照既定计划完成了伏尔加河沿岸军区和乌拉尔军区的合并，重组为伏尔加河沿岸－乌拉尔军区。裁减后，军区数量由 7 个减为 6 个，各军区管辖范围与相应战略方向的区域划分达成了一致。

继续扩大常备部队的规模。目前，俄仍在继续组建中亚和西南两个战略方向的 5 万人常备部队，并计划到 2003 年使陆军常备部队的数量达到陆军总兵力的一半。此外，根据车臣作战经验，俄陆军还组建了数个营、团规模的特种山地作战部队，并为其配备适合山地作战的特种武器装备。其中，山地作战营是以摩托化步兵营为基础组成的营战术群，加强有 1 个炮兵连、1 个坦克连，以及若干工兵及后勤保障分队，其快速反应和遂行战斗任务的能力大大增强。俄还准备组建能在反恐怖作战和高强度武装冲突中顺利遂行作战任务的新型师。

组建联合快速反应部队。2001 年 8 月 1 日，俄、哈、吉、塔 4 国共同组建独联体安全体系中亚联合快速反应部队。4 国各出一个营，必要时可增至 4 个旅，平时驻本国，战时接受联合司令部的统一指挥，司令部设在比什凯克，常驻人员 60 人。

海军：俄海军的现行指挥体制基本保持不变，同时撤销建制重复的机关和部队，淘汰部分陈旧舰艇。强调加强重点部队特别是作战值班部队的建设，以全面提高海军应付突发事件的能力。2001 年 12 月，俄“猎豹”号多用途核潜艇正式列装，加入北方舰队服役。根据海军战略核力量武器装备相对较新、生存力强的特点，俄准备将海上战略核力量作为三位一体战略核力量今后若干年的发展重点，对现有战略导弹核潜艇进行现代化改造，并建造新一代战略导弹核潜艇“尤里·多尔戈鲁”号，装备“海豚－30”新型潜射弹道导弹。

空军：2001 年，俄空军进行了大规模的编制调整，组建了 2 个空防集团军、3 个师，9 个团改编为常备团。至 2001 年底，空军各部队的满员率由年初的 90%上升到 98%。为适应新组建的伏尔加河沿岸－乌拉尔军区的作战需要，2001 年 6 月，空军以驻叶卡捷琳堡第 5 空防军为基础组建了第 5 空防集团军。该集团军辖 1 个防空师、1 个混合航空兵师。8 月，俄空军又将驻库宾卡第 16 混合航空兵军恢复组建为第 16 空军集团军。

俄空军在完善自身体制编制的同时，还加强了独联体内的白俄罗斯、乌克兰、哈萨克斯坦、吉尔吉斯斯坦等国的防空合作。目前，参加独联体联合防空体系值班的已达到 31 个防空导弹部队、17 个歼击航空兵部队、23 个雷达部队和 3 个电子战营。俄还与白俄罗斯建立了地区联合防空系统。

战略火箭兵：2001 年 6 月，俄战略火箭军由军种降格为独立兵种，战略火箭军总司令也相应地降为战略火箭兵司令。目前，俄战略火箭兵编有 4 个火箭集团军，共 18 个火箭师，编制员额 11 万人，约占俄军总兵力的 10%。根据裁减计划，战略火箭兵将于 2006 年前裁减 8 万人，保留 9～10 个陆基洲际弹道导弹师，导弹师的编制和装备也要进行一定的精简和调整。

太空兵：太空兵于 2001 年 6 月 1 日宣告成立，将是俄军今后发展的重点。目前编制员额 5 万人，2003 年将扩编为 9 万人。太空兵下辖两种性质的部队——军事航天力量和导弹太空防御部队。军事航天力量现约 3 万人，编有 1 个试验和控制中心，辖 3 个航天试验发射场（拜科努尔、普列谢茨克、斯沃博得内）、11 个测控站，主要负责各种卫星的发射和对敌方的太空系统实施打击。导弹太空防御部队编有 1 个导弹－太空防御集团军（司令部驻太阳城，装备“橡皮套鞋”、SH—18 反导导弹 100 枚）、14 个独立雷达站，负责管理俄现有的空间导弹预警卫星网，监视太空动向及美国境内的洲际弹道导弹发射场，对导弹袭击发出预警和实施拦截。作为一个新组建的兵种，俄太空兵的体制编制目前正处于调整磨合之中，首先是理顺指挥体制，使军事航天力量和导弹太空防御部队尽快形成统一的作战指挥机构，解决太空兵与其他军兵种的协同作战问题。俄计划在未来 10 年内大幅提高轨道航天器、导弹预警、导弹防御和太空监视器材的数量和质量。

空降兵：裁减了 2 个空降团和 1 个独立直升机大队。裁减后，空降兵保留有 4 个空降师、1 个独立空降旅、1 个独立侦察团，以及 1 个训练中心、1 所军事专科学院和一些保障部队，共计 3．2 万人，约占俄军总兵力的 2．9%。为提高空降兵的战斗力，俄国防部计划在近年内将空降兵的所有作战部队全部改为常备部队，并为其配备所需的特种作战武器装备。

（来 斌）

日本自卫队体制编制 2001 年是日本自卫队执行《2001～2005 年度中期防卫力量发展计划》的第一年。在这一年里，日本自卫队继续贯彻新《防卫计划大纲》提出的逐步向新体制过渡的方针，对部队现行体制编制有计划地进行了调整，使部队的编制结构更趋合理。其变化情况如下：

调整编制及其员额 据日本《朝云》2001 年 3 月 8 日报道，根据《2001～2005 年度中期防卫力量发展计划》的要求，2001 年度随着自卫队体制编制的调整，其部队编制员额相应发生变化。2002 年 3 月陆上自卫队将第 1 步兵师改编为“政经中枢型师”，增加快速反应预备役人员约 1000 人，使之达到 5723 人，比上一年度增加 834 人。而常备军则减少 3599 人；海上自卫队与航空自卫队的编制员额与上一年度相同；参谋长联席会议增加 107 人，其中由于新中央指挥系统的正式启动和事务局强化防卫交流体制增加 14 人，情报本部为强化情报收集分析体制增加 93 人。2001 年度末，自卫队编制员额共计 264304 人。其中，陆上自卫队 169507 人（常备军人 163784 人，快速反应预备役军人 5723 人）；海上自卫队 45812 人；航空自卫队 47266 人；参谋长联席会议 1719 人。自卫队文职人员共计 24302 人。

防卫厅对自身机构进行重大改革 据日本《朝云》2001 年 1 月 11 日报道，随着日本对中央省厅进行改革，防卫厅对其自身组织体制及内部部局、设施厅的组织体制及采购体制进行了重大改革，并从 2001 年 1 月 6 日起按照改编后的机构职能开始工作。

为加强防卫厅的指挥、管理，取消综合政务次官，新设防卫厅副长官；取消政务次官，新设 2 名政务官；将参事官易名为防卫参事官。同时，对内部部局、采购实施本部、防卫设施厅进行改组，合并公正审查会和自卫队离职者就业审查会，新编防卫采购审议会。

改编技术研究本部及有关研究所 据日本《朝云》2000 年 10 月 26 日报道，为适应信息技术（IT）革命的需要，防卫厅技术研究本部决定在 2001 年度业务计划期间对本部（驻市谷）和第 2 研究所（驻三宿）进行改编。为提高本部的规划职能，新设“先进技术推进室”。该室的主要任务是监视信息通信技术的动向，并在技术研究本部的先进技术研究方面作出规划并加以推进。

为了强化有关信息技术的研究职能，对第 2 研究所的部进行改编。将现行的第 1 部（负责情报与通信）的业务分离，编成第 1 部（负责情报）、第 2 部（负责通信）。将现行的第 2 部（负责电波）和第 3 部（负责光波）合并，编为第 3 部。目的在于强化指挥、控制、通信、计算机、情报、监视、侦察（C^4ISR）能力。作为其他研究所的体制改革，还将为研究规划官配备助手和充实强化规划职能等。另外，在各部分别设系统研究室，扩大部的研究职能。各部的研究室将集中研究人员，以便能够灵活地进行新项目的研究。

陆上自卫队第 1 步兵师改编为“政经中枢型师” 据日本《朝云》2000 年 12 月 14 日、2001 年 2 月 1 日报道，为了强化日本首都防卫警备机能，陆上自卫队决定在《2001 年度防卫力量发展计划》期间（2002 年 3 月），将东部军区第 1 步兵师（驻练马）改编为第一个“政经中枢型师”。所谓“政经中枢型师”是根据政治、经济中枢地区的特点，强化防卫行动、应付灾害、对付游击队和特种部队攻击的能力，同时也是为了适应自卫队任务多样化的需要。编制规模将实行小型化，通过增加连级单位的数量和引进高机动性能车辆提高部队的快速机动作战能力。由于第 1 步兵师的防区为日本关东和东海地区，交通机构和各种建筑密集，且交通量大，比起大部队，小规模、机动性强的小部队行动更为方便。因此，第 1 步兵师的改编主要是为了适应这一地区特点的需要。此次改编的主要特点：

（1）部队编制小型化。第 1 步兵师现编制约 9000 人，师司令部下辖 4 个步兵团（第 1 步兵团驻练马、第 31 步兵团驻朝霞、第 32 步兵团驻大宫、第 34 步兵团驻板妻）和第 1 炮兵团（驻驹门、北富士）、第 1 后勤支援团（驻练马）。改编后，人员编制由 9000 人压缩至 6600 人，其中第 31 步兵团将改编为以快速反应预备役军人为核心的部队，其驻地从朝霞移至神武山。这样，东京首都圈的兵力部署更趋合理，即第 1 步兵团驻东京、第 32 步兵团驻崎玉，第 31 步兵团驻神奈川。

（2）注重提高机动能力。现各步兵团下编的 4 个连将改编成 5 个连，每个连在减少人员数量的同时，引进高性能的机动车辆，以提高部队的快速机动作战能力。

（3）实现后勤补给统一化、效率化。师属各部队的后勤补给人员全部集中于第 1 后勤支援团，其人员编制由原来的约 650 人扩编约 800 人，从而实现部队后勤补给一元化管理，提高后勤补给的效率。

组建紧急展开部队　据日本《朝云》2000 年 11 月 9 日、2001 年 2 月 1 日报道，为防止敌特种部队等入侵远离日本本土的孤岛，陆上自卫队将在《2001 年度防卫力量发展计划》期间组建紧急展开部队——西部军区步兵团。紧急展开部队将于 2002 年 3 月在相浦驻地正式编成，由西部军区司令部直接指挥。该部队由团部、团部管理连和 3 个步兵连组成，编制员额为 660 人，团长由上校级军官担任。在步兵连编制中，有 1 个排由具有突击队员技能的人员组成，以对付秘密登岛的游击队和特种部队。其主要任务是担负九州、冲绳地区的约 1800 多个孤岛（其中有人居住的约为 190 个）的防卫和警备，以便在发生“事态”初期采取行动。陆上自卫队称，五岛列岛和先岛群岛等虽处于与大陆相邻的“国境地带”，但没有部队驻扎，组建该部队的目的在于当发生“紧急事态”时能够通过空中机动迅速将部队展开于孤岛，以防止侵略于未然。在平时，该部队还可用于紧急救灾行动。为了便于空中机动，该团装备步枪、机关枪、无后坐力炮、反坦克反舟艇导弹、迫击炮和高性能机动车辆。另外，还重点装备雷达和无线电收发报机等，以便部队在孤岛能够采取准确的作战行动。

新编“研究本部”　据日本《朝云》2001 年 4 月 12 日报道，陆上自卫队于 2001 年 3 月 27 日在朝霞驻地新编“研究本部”，本部长由竹田治郎陆军少将担任。研究本部的主要任务是负责陆上自卫队部队运用、编成、装备、教育训练等的调查研究。研究本部下设“特殊武器研究官”（统管反核、生、化武器的研究工作）和开发实验团（负责开发研究反生物武器等装备。团部设在富士，人员约 350 人）。研究本部编制员额为 200 人，大部分人员为少校级军官。新编研究本部的目的在于加强自卫队对付核、生、化武器等特殊武器的研究工作，改善已落后的陆上自卫队反生物武器的研究体制。与此同时，在陆上自卫队化学学校新编“化学教导队”，编制员额为 40 人。由于研究本部的成立，陆上自卫队干部学校、富士学校等各校过去负责的有关部队运用的调查研究业务全部归属于研究本部。

改编北海道补给处　据日本《朝云》2001 年 3 月 29 日报道，为了改革后勤支援体制使兵站业务更加合理化、效率化、运用体制一元化，2001 年 3 月 27 日陆上自卫队在岛松驻地对北海道补给处进行改编，撤编原武器部和军需部，成立装备计划部、补给部和维修部。改编后，北海道补给处由计划室、总务部、采购会计部、装备计划部、补给部、维修部、通信部、弹药部、化学部和 4 个分处组成。其中，装备计划部负责武器装备补给的指挥与控制；补给部负责补给品的保管与补给；维修部负责装备的保养及维修。

海上自卫队对所属第 31 航空群进行改编　据日本《海上自卫新闻》2001 年 3 月 9 日、《朝云》2001 年 3 月 22 日报道，海上自卫队于 2001 年 3 月 5 日在岩国基地对航空集团第 31 航空群进行了改编，撤编其下属的第 8 航空队（装备 P－3C 反潜巡逻机 10 架），新编第 91 航空队。使巡逻机部队由 9 个队压缩至 8 个队。目前海上自卫队正在推进P－3C反潜巡逻机向 OP－3C 图像情报收集机改进工作。第 1 架 OP－3C图像情报收集机已经取得并在第 51 航空队进行试验飞行，近期将配备部队。第 81 航空队担负电子情报和图像情报资料的收集和处理；第 91 航空队担负航空标的运用和电子战训练的支援，以确保部队的有效运用。第 81 航空队装备 EP－3型机和 OP－3C 型机；第 91 航空队装备 UP－3D型机和 U－36A型机。

改编后，第31航空群由第71航空队（装备MH－53E扫雷运输直升机）、第81航空队、第91航空队、第31维修补给队和岩国航空基地队组成。

新编开发队群和海上训练指导队群 据日本《朝云》2000年10月26日、2001年2月1日报道，海上自卫队在2001年度业务计划中提出大幅度改编研究开发部队和训练指导部队，即撤编负责研究开发工作和训练指导工作的开发指导队群，新编开发队群和海上训练指导队群。开发队群（司令部设在横须贺）专门负责研究开发工作，直接受海上自卫队参谋长指挥，编制员额为540人；海上训练指导队群（司令部设在横须贺）专门负责部队的训练指导工作，隶属于护卫舰队，编制员额为320人。此次撤编开发指导队群的主要原因是，该队群的体制已难以适应近年来计算机技术发展的需要，已不具备统管整个装备研究开发的职能。因此，海上自卫队决定撤编开发指导队群下属的装备实验队、运用开发队、鹿儿岛试验所、自卫舰队下属的程序业务队、海洋业务群下属的反潜资料队、鹿儿岛音响测定所，新编由指挥通信开发队、舰艇开发队、航空程序开发队、音响仪器测量队和直属舰组成的开发队群，以实现对研究开发部队的一元化管理。

新编机动工兵队 据日本《朝云》2001年7月5日报道，海上自卫队于2001年6月27日撤编“航空工兵队”，新编“机动工兵队”。此次新编是根据新《防卫计划大纲》提出的“部队要适应应付大规模灾害等各种事态的需要”而进行的部队体制编制调整。目的在于建立起能够快速、有效地应对各种大规模灾害的应急体制。新编的“机动工兵队”隶属于航空集团，设在八户。与“航空工兵队”相比，人员增加30人，工程车辆增加28辆。发生灾害时，部队可以通过运输舰海上机动至孤岛和边远地区实施救灾和紧急修复工作。“机动工兵队”由队本部和4个工兵队组成，编制员额共计110人，各种车辆30辆。其中，队部编制为12人，每个工兵队编制为24人，平时有一个工兵队保持可随时出动。

新编舞鹤航空分遣队 据日本《海上自卫新闻》2001年4月13日、《防卫日报》4月16日报道，随着海上自卫队舞鹤机场于2001年3月22日正式投入使用，海上自卫队于2001年3月24日在第21航空群下新编第123航空队舞鹤航空分遣队、第21维修补给分遣队和舞鹤航空基地队，编制员额共计约370人。舞鹤机场常驻SH60J巡逻直升机6架，其中第3护卫队群旗舰“榛名”号舰载直升机3架，第3护卫队群第3护卫队“峰雪”号护卫舰舰载机1架，“滨雪”号护卫舰舰载机1架，备用机1架。

新舰艇服役，调整部分部队编制 据日本《海上自卫新闻》2001年3月9日报道，2001年3月，随着海上自卫队部分新舰艇相继服役，其编制进行适当调整。3月14日，“雷”号驱逐舰服役，编入第1护卫群第5护卫队，母港为横须贺港。3月16日，“直岛”号扫雷艇服役，编入扫雷队群第2扫雷队，母港为佐世保港。3月29日，“卷潮”号潜艇服役，编入第1潜艇队群第1潜艇队，母港为吴港。另外，由于2002年3月将有2艘200吨级的导弹艇服役，届时将在舞鹤地方队新编第2导弹艇队。

航空自卫队正式组建“F－2支援战斗机飞行队” 据日本《朝云》2001年3月29日报道，2001年3月27日，航空自卫队北部航空方面队在三泽基地正式组建第一个F－2支援战斗机部队，编为第3战斗航空团第3飞行队。该队是在“临时F－2支援战斗机飞行队”的基础上组建的，装备20架F－2支援战斗机。

新编作战情报队 据日本《朝云》2001年3月29日报道，2001年3月27日，航空自卫队在府中基地新编作战情报队。该队直属航空总队，队司令由上校级军官担任。

新编第5基地防空队 据日本《朝云》2001年2月1日报道，为强化基地防空部队的作战能力，航空自卫队决定于2002年3月在新田原基地新编第5基地防空队，与此同时撤编第104基地防空队（驻根室）和第105基地防空队（驻纲走）。第5基地防空队隶属于第5战斗航空团，编制员额为60人。

（张洲军）

成立反游击战的特种部队 日本《产经新闻》2001年8月31日报道，针对北朝鲜间谍船事件，防卫厅30日做出决定，将建立一支规模为300人的专门部队，以对付来自游击队和特殊部队的攻击。专门部队将于2003年底在陆上自卫队内组建，目的是强化在对付游击队、恐怖活动和间谍船等非正规作战中的应对能力，该部队将主要负责城市防卫，向受到攻击的城市派遣直升机等进行镇压。作为组建该部队的准备工作，陆上自卫队东部方面部队的一个中队2002年将进行假设武装游击队为目标的实战训练。同时，还准备在静冈县东富士演习所内建设城市型训练设施。此外，除计划派遣部队的工作人员前往美国的北卡罗来纳州的情报作战设施学习之外，还计划充实监视和警备设备。

组建空中机动师 《中国国防报》2001年3月

23日刘旭、赵利报道，为策应美国亚太战略，在周边“有事”时能够及时做出反应，日本自卫队于2001年初建立了一支新的快速反应部队——空中机动师。该师以日本现在的第1空降旅、第1直升机旅、武装直升机队为骨干改编而成，目前，该师以营为基本作战单位，每个营均具有独立作战能力。该师总兵力为6000人，由3个空中机动团、1个空中机动步兵团、1个空中机动支援队以及武装直升机队、航空队、工兵营、反坦克排等组成，既可作为战略部队使用，用于战略要地、战略要点作战，增援地面部队，阻止和击破敌人的进攻；也可用作战术部队使用，用于对付孤岛发生的危机，限制和阻止“入侵部队”等。

该师武器装备精良，仅直升机旅就编有各种直升机200余架，实施机降作战时，1次可空运1个团规模的地面部队。机动步兵团编有各种火炮110门，中型和重型反坦克导弹发射架64部（各占一半），以及反坦克战斗车辆20余辆。而新型制导炮弹和新型反坦克直升机以及机载、车载反坦克导弹及无人近战武器等装备的列装，更使该部队具有了极强的远距离反坦克能力和近战歼敌能力。

（木　工）

韩国军队体制编制　2001年是韩国实施《国防改革五年计划》的第三年。军队改革仍围绕着韩军“中期目标”展开，指挥体制改革重在减化指挥层次，合并职能重叠机构，实现低费高效运营；部队改革重在完善人事制度，加强教育训练，调整基层编制等。2001年韩国军队体制编制的主要变化如下：

调整军方高级将领　据韩国广播电台、韩国《东亚日报》报道，2001年3月26日，韩国总统任命原陆军参谋总长金东信为国防部长；3月31日，任命原海军参谋次长张正吉为海军参谋总长，并晋升为上将。4月1日，任命原国防部采购部部长权永孝为国防部次长。10月9日，金大中再次对韩军高级将领进行大幅度调整，任命原陆军第3集团军司令李南信为参联会主席；任命原陆军第1集团军司令金判圭为陆军参谋总长；任命原国防部政策助理官金钟焕为陆军第1集团军司令，并晋升为上将；任命原国防情报本部长洪淳昊为陆军第2集团军司令，并晋升为上将；任命原国防大学校长徐钟杓为陆军第3集团军司令，并晋升为上将；任命原机务司令部参谋长文斗植为机务司令部司令，并晋升为中将；任命原参联会战略态势检阅室长李哲雨为海军陆战队司令，并晋升为中将。

改革部队体制编制　未来5年内，韩国国防部将根据“压缩陆军，充实海空军”的战略方针，适当调整部队的体制编制。其基本原则是：裁减机关人员，充实一线；压缩陆军员额，扩大海空军编制。具体方案是：国防部、联合参谋本部、各军种本部的中校级以上现役军人和4级以上公务员等裁减20%；国防部直属部队及科研教育部门裁减10%（战斗部队除外）；陆军裁减3654人，增加一定数量的海、空军员额。同时，还将扩大女军人比例，将由2000年的2100人增至2003年的3300人，至2007年达到7000人。另外，国防部还在进行人事法修改，以将在国防部本部、直属部队、机关中陆、海、空军的将官级职位的比例调整为5：1：1。

为106名将领晋级晋衔　据韩国广播电台2001年11月9日报道，11月8日，韩国国防部公布了106名陆海空军将领的晋级命令，其中第1集团军参谋长权泳基、陆军军需部长金基成、第3集团军参谋长李熙元、韩美联合部队司令部作战次长权颜均由少将晋升为中将，并任军长。韩国军情报司令部司令权宁载晋升为中将，任国防情报本部长兼参联会情报本部长。第5军军长李相熹任参联会战略企划本部长、第2军军长黄圭轼任国防大学校长、第3军军长申日淳任陆军教育司令，车荣九少将任国防部政策辅佐官。陆军本部看护专业出身的梁承淑上校晋升为准将，成为韩军历史上的首位女将军。

成立国防部网络情况室　据韩国广播电台2001年11月3日报道，11月2日，韩国国防部副部长权永孝及国防部信息企划室长参加了国防部网络情况室成立仪式。国防部网络情况室建有国防联合保密管制系统，可对付网络战。该系统具有切断非法入侵者攻击、探测认可进入者的不法行为及病毒防护功能，还可对国防信息系统进行远程自动24小时监控，保障国防信息系统的可用性与安全性。韩国国防部决定在2005年前投入530亿韩元，在师旅级部队建立国防联合保密管制系统。

创建新部队　据韩国广播电台、韩国《东亚日报》报道，2001年5月1日，韩海军创建了东海基地战队和第609教育训练战队。东海基地战队隶属韩海军第1舰队，战队长为中校级军官；第609教育训练战队隶属韩海军第6航空战团，战队长为上校级军官。9月上旬，韩国军指挥通信司令部第3通信团在鸡龙台创建第70通信营，下辖陆海空各1个通信连。第70通信营主要担负陆海空军本部内部通信和指挥所自动化系统运用支援任务。10月23日，韩海警举行仁川国际机场特殊救助团创建仪式。仁川国际机场特殊救助团主要为保护仁川国际机场免受海上恐怖攻击和加强人员救助。隶属仁川海警署，组成人员35名，包括特殊机动队员17名、航空队员10名、行政人员8名，装备有2架直升机、1艘橡皮快艇、1艘气垫船及狙击武器等。主要任务是拦截从海上向机场渗透的恐怖分子和不良分子，以及飞机在海上发生事故时进行人员救助和搜索飞机残骸等。12月1日，韩国陆军首都防卫司令部在其所属的第10防空团下新成立“天马”导弹营，并于12月3日正式运行。首都防卫司令部防空团于1999年成立“天马”导弹分队，此次“天马”导弹营的成立，使防空团可综合运用防空炮和便携式导弹等装备，进一步提高首都圈地区的防空能力。该营配备的“天马”短程防空导弹系韩国自行研制，具有防空炮和便携式导弹的优点，在中、低空的命中率达到90%以上。该型导弹还具有探测、识别、校正发射等独立作战能力，将有力提高汉城地区的均衡防空作战能力。

（薛　丰）

泰国军队体制编制　**缉毒特遣部队体制编制**

组织编制　2001年1月25日，泰国陆军组建了“399特遣部队”。这是一支专门负责打击非法麻醉品贸易的特遣部队。指挥部设在清迈市以北20千米的麦林县第2特战师，指挥官由第3部域军副参谋长素猜·育顺通上校兼任。该特遣部队共有469人，由来自以下4个单位的人员组成：美军第1特种部队的27名教官、泰陆军第2特战师的1个连（100人）、第4步兵师第7团5营的2个连（246人）和泰国边境巡逻警察部队的1个连（98人）。

番号由来　该缉毒特遣部队的番号“399”是由泰国陆军司令素拉育·朱拉暖上将命名的，“3”代表第3部域军，“99”指1999年素拉育出访美国参观美麻醉品控制委员会后，请求美方帮助泰军进行毒品及电子科技缉毒等方面的培训，正是这次访问促成美军协助泰军在第3部域军组建了这支专司缉毒的特种部队。

训练与装备　美国自1994年起便开始向泰军提供反毒品训练。泰军这支缉毒特遣部队的训练任务仍由美军特种部队教官担任，主要传授如有关毒品的知识、情报搜集方法、夜间侦察器材的使用技术及陆地运输和急救等。该特遣部队已于2001年10月起开始执行任务，现装备有4架贝尔－212型直升机，并拟耗资9亿泰铢购买2架“黑鹰”直升机及最先进的夜视和雷达设备。

陆军特种部队体制编制　组织编制　2001年泰国陆军创立特种部队司令部，编制2个师。其中，第1师下辖第1、2、3团，以埃乐渥为基地，包括心战营、空降营、长距离侦搜连。第2师下辖第4、5团，位于彭世洛和清迈。其主要任务是反暴乱。

训练与装备　特种部队的志愿者在获准进入特种部队团之前，首先必须在伞兵和骑兵学校受训，其中必须掌握一种以传统泰国拳为基础的高难度擒拿动作。特种部队人员使用M16A1、CAR－15型步枪和HKMP59mm冲锋枪。

制服样式　特种部队的主要象征是一顶红色贝雷帽，帽上编有金色的国家军队帽徽。战斗服是两件式的迷彩服及一顶迷彩“丛林帽”，以低可见度的黑色掩饰军衔和资格章。有时亦使用一种特别战斗制服，由黑色衣服和黑色军靴组成，头戴一顶黑色编织的大毡帽。

（孟　丽）

印度尼西亚陆军战略后备部队体制编制

印尼陆军战略后备部队隶属于陆军司令部，在陆军中具有重要地位和作用，是一支现代化、专业化的战略打击力量。

体制编制　印尼陆军战略后备部队编有2个步兵师、3个步兵旅、3个空降兵旅、2个野战炮兵团、1个高炮团、2个装甲营和2个工程兵营。

作用　印尼陆军战略后备部队自成立以来，在印尼国防中所发挥的作用表现为：和平时期，陆军战略后备部队的主要作用是协助各军区和警察部队执行安保任务。紧急时期，陆军战略后备部队将发挥四方面作用。一是组建联合作战司令部；二是根据作战需要，调遣陆海空三军部队，组织实施战斗；三是根据局势发展、战斗地形、部队人数等制定战略性方案；四是执行快速反应打击部队中陆军特遣队的任务。印尼快速反应打击部队隶属于印尼国民军总司令部，由陆、海、空三军特遣队联合组成。其中，陆军特遣队由1个师、1个空降旅、3个步兵营及陆军战略后备部队的一些作战和训练部队组成。当印尼面临来自国内外的威胁或在某些地区执行紧急任务时，快速反应打击部队的主要任务是采取先期行动，为其他部队的战斗胜利打下基础。

（孟　丽）

印度军队的体制编制　2001年，印军为适应现代战争的需要，对现行的国防体制进行了重大改革，主要包括：

设立国防参谋长　3月27日，印总理瓦杰帕伊正式宣布，印军将设立国防参谋长，以改变目前三军分立、缺乏统一指挥机构的状况。国防参谋长直接对国防部长负责，并担当政府的主要军事问题顾问。设立国防参谋长还将进一步加强印度核力量的指挥和控制机制，提高印度的核威慑能力。筹建联合作战体制。

成立国防情报局　2001 年 5 月中旬，印内阁安全事务委员会正式批准成立国防情报局，以协调三军情报工作，提高军事情报保障能力。国防情报局的作用是，负责协调陆、海、空三军的情报搜集工作，集情报搜集、整理、分析和部门管理等职能为一体，实现各军种间的情报共享，消除情报重复；开发情报资源，提高综合情报保障能力；强化各类情报间的相互印证，防止单个情报机构出现的差错与不足，从而改变现行三军情报系统相互分立、各自为政的混乱状况，提高情报保障效率。国防情报局的任务是，对各军种及驻外武官和所有外派的陆、海、空三军顾问人员的情报侦察工作进行统一领导，对所获各种情报进行综合研究与分析。国防情报局局长由陆、海、空三军情报处长轮流担任，并在国防参谋长的直接领导下工作，担任国防部长和国防参谋长的首席情报顾问。国防情报局局长是国家情报委员会成员。为加强同研究分析局和情报局间的协调，国防情报局将向上述机构派出代表。

建立远东联合司令部　2001 年 8 月 15 日，印军在安达曼·尼科巴群岛正式组建了第一个军区级三军联合司令部，该司令部是印军第一个三军联合性质的战区级司令部，独立于陆、海、空三军种，直接向三军参谋长委员会负责。司令部所辖陆、海、空三军和海岸警卫队部队的行政权及军种后勤事务仍由军种负责，但战区作战指挥控制权由安尼三军联合司令部负责。该司令部司令由陆、海、空三军轮流担任，下设一名少将级联合参谋长和 3 名准将级（或上校级）军种参谋长，各军种参谋长分管各军种工作，每位军种参谋长下设一名副职。目前，安尼三军联合司令部下属部队包括陆海空三军部队和海岸警卫队，总兵力为 5000 人。其中，陆军 2500 人，空军 500 人，海军 2000 人。武器装备包括各型火炮 66 门、装甲运输车和步兵战斗车 100 余辆、各型海军舰艇 6 艘、“道尼尔”海上侦察机 10 架、米－8 型武装直升机 10 架和运输机 2 架。印军计划在未来 5 年内投资 20 亿美元用于该司令部的建设，其基本建设构想是：1、加强指挥通信系统建设。目前，安尼司令部指挥通信中心已升格为 A 级指挥通信中心。下一步，印军计划在安尼司令部新建 1 个海军广播网和 1 条宽带通信网。此外，印军还计划进一步加强安尼群岛的卫星通信建设，目前已在安尼群岛建立了卫星天线接收站，并计划将其调谐到一颗新的印度通信卫星上。2、扩充编制，增强作战能力。目前，安尼司令部仅装备有少量直升机和少量两栖登陆舰，还未部署战斗机和攻击型舰艇，只具备近海防御能力。印军考虑在未来几年内将安尼司令部建设成为一个攻防兼备的三军联合司令部，为此，印军计划在安尼群岛部署具有远程作战能力的图－22M3 型远程轰炸机、苏－30 或幻影－2000、“美洲虎”等先进作战飞机和具有远洋作战能力的导弹驱逐舰、护卫舰、潜艇等大型舰只。3、进一步加强战场建设。目前，安尼司令部的基础设施还不完善，仅有布莱尔港、卡尔尼科巴、坎贝尔湾和迪格里普尔等 4 个小型机场、1 个舰船修理厂和 1 个电子侦察站。为此，印军计划加大基础设施建设力度。7 月，印空军为在坎贝尔湾新建一空军站从地方政府征得了 70 英亩土地，该空军站建成后可进驻战斗机。卡尔尼科巴机场跑道已延长至 2560 米，机场配套设施已基本建设完毕，已具备进驻苏－30 等战斗机的条件。下一步印军将把卡尔尼科巴机场跑道延长至 3700 米，使其具备起降大型机的条件。

安达曼·尼科巴群岛位于南亚次大陆的东南面，孟加拉湾的南部，与缅甸和印度尼西亚的苏门答腊岛毗邻，距印度大陆 1600 千米，南北逶迤 1000 多千米，由近 600 座岛屿组成，总面积 8249 平方千米，扼守马六甲海峡西口，战略位置十分重要。印军在该岛组建三军联合司令部的战略意图是：1、实现控制印度洋战略。印度洋是连接西亚和东南亚、大西洋和太平洋的桥梁，处于亚洲、非洲和欧洲交通的枢纽地位，控制印度洋将极大地提高印度在国际战略格局中的地位。在国家安全战略方面，印度将南亚次大陆、印度洋孟加拉湾地区视为传统势力范围，并提出了将中国西藏、印度洋以及周边的阿富汗和缅甸作为安全“缓冲区”的“战略防御圈”构想。根据该构想，印将力图通过实施“控制印度洋战略”达到维护印国家安全和利益的目标。2、提高三军联合作战能力。印度军队目前实行的是三军分立体制，各军种平等独立，受文官控制的国防部领导而没有统一的指挥机构。长期以来，这种体制造成了各军种在发展战略、武器采购以及作战指挥上各行其事，严重地影响了印军的现代化建设。为此，印度政府成立了由内政部长、国防部长、外交部长、财政部长以及国家安全顾问组成的“部长小组”，专门负责国防体制改革。其中，组建安尼三军联合司令部的目的就是为国防改革创造先例，并在战区一级加强对陆海空部队的统一指挥，实现各军种的高度协调，统一联合作战思想，增强三军联合作战能力。

建立一体化后勤保障管理体制 印度国防研究与分析中心4月份就有关印军后勤体制改革问题提出了具体设想。该中心认为，印三军现有的后勤体制仍然相对独立，各军种只负责本军种后勤需求，缺乏联合一致的行动，存在着诸多缺点：一是国家发展计划与国防需求之间缺乏联系，缺少国家级的机构负责监督、协调两者之间的关系。二是由于陆、海、空三军没有形成共同的后勤保障体系，本位主义严重影响决策。三是后勤机构庞杂，没有权威的机构负责，难以形成一体化后勤支援，造成机构重叠，开支浪费。四是三军缺乏统一的标准，导致某些物资库存过多。五是三军在后勤保障方面各自为政，浪费人力物力。为此，印度设立类似于美国国防后勤局和英国的国防后勤组织是必要的。该中心提出的具体设想是，设立国家后勤委员会，由国防部长任主席，陆、海、空三军及国家财政部、工业发展委员会、科技部、议院工贸联合会和工业联合会派代表参加。国家后勤委员会应根据国家5年发展规划制定国防5年后勤规划，还应制定10~15年的远景规划。在国防部设立国防后勤局，实现国防装备标准化以及生产、供应、保养的一体化。对国防装备实行经济有效的管理。该机构可置于国防部或参谋长委员会的领导之下。

（刘温国）

成立东方海军司令部 据人民网新德里2001年8月28日报道：印度国防部长贾斯万特·辛格当日在印度联邦院称，包括陆海空三军和海岸警卫队在内的印度安达曼—尼科巴战略防御司令部（又称东方海军司令部）将于9月底正式成立。目前，该司令部的总司令将先由海军将领担任，今后将在陆海空三军中轮换。

安达曼—尼科巴岛位于战略要道马六甲海峡的西部入口处，南北逶迤1000余千米，是印度的东方门户，其中安达曼群岛的首府布莱尔港条件优越，是天然的良港，可控制马六甲海上命脉，同时在军事上配合印度政府“面向东方”的政策。印度军方近年来提出了“东方海洋战略”，东方海军司令部的成立就是实现这一战略的第一步。

（章义发）

中国台湾军队部分部队简介 特种部队

在台湾军队的序列中，目前总共有18支特种部队，其中包含了部分非作战单位，除3支甲等特勤队外，也包含海陆空军的乙等特战单位。所谓的甲等或乙等特勤队，并不是比较其他单位战斗力较强或是装备较好，差别只在于任务性质不同所造成的薪资高低而已。台湾特种部队，都是以美军特种部队为原形，相继“克隆”出来的，企图以此作为与大陆相抗衡的“杀手锏”。目前，其特种部队主要有：

高空特勤中队。组建于1999年10月，由原陆军空降部队特勤队与高空突击排合并而成，主要任务是以空降方式渗透至敌后作战。装备主要有M4A1卡宾枪、卡利科滚筒式冲锋枪、以色列产IMIM89狙击步枪、摩托罗拉2000耳膜式无线电及奔驰3000防爆车等。目前，高空特勤中队下辖队员300余人，编为若干作战小队。其教官大都受过美国陆军“游骑兵”课程培训或陆军空降特种部队的资格评估课程训练，其甄选训练方式及战术也全部参照自这两支部队。

海军陆战队特勤队。又称“黑衣部队”，1980年组建，直到1995年的“华兴”演习才首次亮相。该部队隶属海军陆战队本部，主要职责是在战时渗透敌区执行各种秘密任务，并协助其他部队进行反渗透作战。装备主要有美制M-733短突击步枪、“鹰牌”和“迈克大叔”牌装具，从以色列和瑞士购买的“迷你型”乌兹冲锋枪和SSG-2000狙击步枪。从这支部队的任务、性质和作战方式上，可以找到美国“海豹”部队特战发展群的影子。海军陆战队特勤队共有官兵200余人。

陆军第101两栖侦察营。即“海龙”蛙人部队，组建于1973年，至今仍未对外公开，主要任务是在金门、东引、马祖及澎湖地区稽查走私偷渡，进行特种作战，并保护台湾军政高官离岛后的安全。1998年，该部曾参加过扣押大陆渔民的行动。

陆战队两栖侦搜大队。是一支先遣部队，其任务、性质和作战方法都与越战期间的美军远程侦察队类似。主要任务是在海军陆战队登陆作战前渗透到敌占区获取情报，并将其传回总部。此外，这支部队还担负着台岛的海岸巡逻任务。

“天威”部队。是台军中最为“保密”的一支“特种部队”，是以美军“红细胞”特战部队（隶属于“海豹”部队，后被撤编）为蓝本组建的“假想敌”部队，直属台“国防部”。主要任务是利用特种作战手段和战术，专门针对海军中各要害部门进行渗透攻击测试，以检验被“攻击”对象的防卫能力。

海军水中爆破大队。是台军编制中唯一具有完整水下作业及三栖作战能力的特种部队，组建于1954

年。李登辉执政期间，军方以美军“海豹”特种部队为原型，对水中爆破大队进行了彻底改造，先后为其装备了从美国购买的 LAR－5 型封闭式纯氧水下呼吸器，M－733 短突击步枪，南非产优质防弹头盔等。目前，这支部队的任务、性质、训练课程、编制规模及作战方式，都与“海豹”部队基本相同。

宪兵特勤队。也称夜鹰特勤队，负责台湾北部内卫任务，保护高级官员及外交使节，维护国际机场与核电厂安全以及处理重大突发事件，曾代训警方特勤队。1978 年成立。

此外，在性质上属于“特种部队”的还有政战特遣队、空军特种部队、空特部高空突击特勤中队、陆军联兵旅特战营等，不过这些部队规模相对较小，地位不像上述几支那么重要。

空军“假想敌”中队 台湾东森新闻网 2001 年 8 月 14 日报道，在台东志航基地有一支直属空军总部战术中心的“假想敌”中队，这个中队就是空军独立第 46 中队。假想敌中队所使用的是 F－5E/F 战机，这种单、双座战机拥有极佳的低空操控性能。面对中国拥有的俄制先进战机与 F－5 战机之间出现的战力上的落差，空军高层拟在该中队增编部分二代战机。战术中心配有一套美制的“空战演练仪（ACMI）”，以提供演练机在地面上的确实数据。这套演练仪在世界上仅有 17 套，是属于相当精密的地空数据整合系统，对于提升战机飞行员的战斗能力相当有帮助，更提高了演练的客观性与正确性。

由于战术中心的绝大部分数据资料都具有极高的保密性，因此对于空战演练仪上所回放的战况，仍保有相当的机密性。台湾空军队为，战机的性能是一种数据化的硬件，惟有战术的运用才是列入绝对保密的技术情报，这对于未来两岸空战状况下的研判具有高度的胜算评估。在战术中心一般的演练课程中，大多数战况仍然是以小兵力编队战斗为主要的假想。这里进行的虽然只是平凡的空战演练，但在战术中心的“调教”下，前来接受训练的战机飞行官，对于能获得这种相当接近实战的经验均有深刻的体验。

部署“天剑”防空导弹守机场 《中国国防报》2001 年 5 月 25 日晓晨报道，2001 年 4 月，由中国台湾自行研制的“天剑”一型（代号“系统”）已悄悄拨给守卫机场的台军防空部队正式服役。

据台湾媒体报道，台湾“中科院”的官员声称，美制“复仇者”导弹系统无论在性能、价格上都不如自制的“天剑”一型导弹。在 4 月举行的“汉光”17 演习中，“复仇者”导弹在实弹试射中脱靶。而“天剑”一型却号称命中率“百分之百”。这套系统能以 90 度垂直发射，整套系统包含由“中科院”自行研制的 MPQ－78 射控雷达、配备多重目标获得系统，包括敌我识别器、前视红外线仪和人工目视瞄准器等。“天剑”一型最大射程 18 千米，有效射程 9 千米，装备 10 千克的高爆破片弹头，最大射高 6 千米，采用全方位红外导引，可以装载在“悍马”越野车上，只需 4 名射手和 4 名瞄准手。在导弹部署上，台军以进口的“复仇者”导弹系统部署在外岛前沿，而将“天剑”一型主要部署在机场附近。担负低空防卫，未来也可能部署到台北附近，担任打击巡航导弹的任务。台军认为，换装“天剑”导弹，将大幅度提升机场防卫能力。

心理战部队 《中国国防报》2001 年 3 月 28 日李莉、梁锐华报道，台“心理战”部队称为“政战大队”，其建制架构完全以美军为蓝本，主要借“声”、“光”、“波”、“形”等现代心战手段，以及“火力战”、“电子战”、“心理战”的信息战作战形式，加以技术整合后，遂行心理威慑和信息欺骗。为有效实施心理战，台军成立了庞大的政战机构，下设心战处、心战研究室和心战总队，还有专门的心战电台和传单印刷厂。心理战部队是台军特种部队的一个分支，人员挑选上极为严格，不仅要体能好、熟练掌握各种专业技巧，还要审查上下几代、确保“绝对效忠”，平时经常进行擒拿格斗、摸哨、漂浮、深潜、登山、野外求生、伏击、爆破、搜索、观测、奇袭机动等训练，以便将来能深入敌阵执行各项特殊任务。台军的心理战战术偏重“心理威慑”及“谋略欺骗”，主要强调从 4 个方面进行心理攻击：一是打击指挥层，以影响对方决策指挥，诱其立场动摇、决策失误，导致指导失误或错失战机；二是震慑敌军。运用各种信息传播管道，采取“信息剥夺”和“信息渗透”的方式，实施全方位心理战；三是扰乱民心。以敌方民众为目标，以高技术武器为心战武器，实施强制性心理攻击，造成对方民众心理恐慌，引发畏战、厌战、反战情绪，削弱其对战争的支持，四是争取“外援”，借外购的“洋装备”，展现其“国防”军事力量，不断炫耀武力，推行“有效吓阻”战略，以稳定己方人心，鼓舞士气，威慑对手。

军港状况 《环球时报》2002 年 1 月 10 日朱显龙报道，目前台湾共有港口 80 多个，其中海军专用港口有 2 个，军商两用港口有 5 个，其它为中、小型商港和渔港。目前，台湾海军专用港口只有左营港与水琏港两处。

左营港位于台湾高雄市滨海地区的北部，与高雄港毗邻，有大港、小港和北港3个港区。全港有大型码头8座，岸壁式码头9座，干船坞3座，油库3座，机场1个，弹药库储量1．3万吨。左营港是台军最大的海军基地，也是台军南部重要海上门户。左营港建有台湾海军第一军区司令部、舰队司令部、陆战队司令部和第1驱逐舰队、水雷舰队、两栖舰队等单位。左营港常驻作战舰艇占台军作战舰艇总数一半以上，是台海军主要兵力集结地和后勤保障基地。

水琏港建于20世纪90年代末。台军在台东面向海岸一方开凿了一条“U”字形海底隧道，那里成为台军潜艇专用基地——水琏海军基地。海底隧道出口处设有小艇停泊处，附近还设有直升机起降场。它是台海军最主要的潜艇基地和重要的海军作战基地。

台湾设有军事设施的港口还有军、商合用的马公港、基隆港、高雄港、苏澳港。

马公港位于澎湖岛的西面，共有大型码头20座，其中军用码头总长1．4千米，商用码头总长1．2千米，干船坞1座，地面储油罐3个，地下油库5座，弹药库3座。马公港是台湾第二大海军基地，也是台湾西海域防御前哨和运补、支援外岛的前进基地。此地驻有台海军第二军区司令部和第2驱逐舰队等单位。

基隆港位于台湾岛北端的基隆市，共有码头58座，其中军用码头11座，干船坞1座，油库4座，弹药库2座。基隆港是台湾第二大商港，世界十大集装箱运输港之一，也是台湾第三大海军基地。是台军运补、支援马祖地区的主要基地。此地驻有台海军第三军区司令部、第1巡防舰队等单位。

高雄港位于台湾岛南部的高雄市，与左营军港毗邻，商用为主，军用为辅，它有大型商船泊位86个，其中军用码头2座，干船坞1座，油库3座。高雄港是台湾最大商港、世界十大集装箱运输港之一。其中军用部分是台海军舰船重要集结地和支援外岛作战的后勤保障基地。

苏澳港位于台湾岛东部的宜兰县，由军港、商港、渔港3部分组成。军港区有大型岸壁式码头3座。它是台湾东海岸最大海军基地和主要后方基地。

台中港位于台湾中部西海岸。正在建设军、商两用港口。台中港是台湾第三大国际港，改建完成后，它将成为台海军主要基地之一。

台海军除以上军事专用和军、商合用港口外，还有多个军事备用港口，作为战时疏散、补给的基地，包括深澳港、安平港、淡水港、花莲港、八斗子港、兴达港、东港等。深澳港位于台湾北端的基隆市，是台湾进口能源的专用港口。

安平港位于台湾中南部西海岸的台南市，为海军轻型舰艇疏散基地之一，驻有1个导弹快艇中队，配有10艘导弹快艇。

淡水港位于台湾北端台北县的淡水河口，是台湾唯一的通海河港，为海军轻型舰船疏散基地之一。

花莲港位于台湾东部的花莲县，是台湾第四大国际商港，是海军舰船疏散和补给基地。

八斗子港是台湾最大的专用渔港，可进驻中小型军舰。

兴达港位于台湾南部高雄县的西海岸，是台湾一等的渔港，可供中、小型军舰疏散和驻泊。

东港位于台湾南部屏东县高屏溪入海口处，是台湾南部重要近海渔业基地，可供中型登陆舰进泊。

台湾战时可作军事用途的港口，还包括台东港、鹿港、沙仑港、料罗港、福澳港以及绿岛、兰屿、东沙岛、南沙太平岛的港口。这些港口在战时都可以停泊登陆舰、中小型运补舰等。台军在军港建设中，一方面增加军港数量，另一方面十分重视防护问题，如军港的主要航道口均设有防潜、防雷或水下监视装置，在岸上建有对海、对空火炮阵地等。另外，台军还注重军港各种保障设施的配套建设。如主要军港还设有供水、供油设备和发电厂、弹药仓库、粮油仓库、海水淡化设备、淡水供应站、蓄水池和修船厂等。

由于受台湾岛自然条件的限制，台湾军港存在不少致命弱点。首先，军港数量少，规模不大。其专用军港只有左营和水琏两大港口，其他均为军、商两用港口。即使把高雄、基隆、苏澳、马公、台中等两用港口计算在内，台军拥有的军港也只有7个。

其次，台军主要港口集中在台湾岛西南部地区。左营港与高雄港连成一体，马公港离左营、高雄港不远。正因为如此，台军主要作战舰只，包括潜艇、驱逐舰、护卫舰、登陆舰、巡逻舰、补给舰等，都集中在这一区域，易招致封锁和毁灭性打击。

另外，台湾多数军港暴露在台湾岛岸边，没有海湾形成的战略纵深与隐蔽；而且台湾岛多山，每个港口仅靠一两条公路与海岛内陆相通，港口之间的替补作用不多。这些都造成台湾军港极易被封锁从而陷入瘫痪。

（任　平）

瑞士“自行车部队”行将退役　瑞士军方2001年4月中旬宣布，为了适应现代化战争的需要，有着 100 多年光荣历史的瑞士自行车部队将在 2003 年前解散。此举是瑞士军队改革的一个重要部分，目的在于把瑞士军队建设成一支更为现代化、正规化的部队。瑞士军方曾在 1973 年取消骑兵部队。1994 年又取消了用于通信联络的“信鸽部队”。瑞士的“自行车部队”诞生于 1891 年，它的出现曾遭到当时在瑞士军队中扮演主角的骑兵部队的反对。但“自行车部队”最终以其灵活机动、反应快速、更适应山区道路等优势，成为瑞士军队的重要组成部分。“自行车部队”主要用于保护易受攻击的步兵侧翼和桥梁等战略要地。该部队所装备的自行车有 7 个档位、液压闸和厚实的轮胎，还装有自动步枪、火箭筒、铁铲等武器。自行车本身重量为 22 千克，装备齐全后重量约 90 千克左右。瑞士没有常备军，各部队实行的是民兵制度，“自行车部队”的训练学校每年对刚刚加入“自行车部队”的士兵进行为期 15 周的训练，其中包括一次 200 千米的骑车强行军。该团实行严格近乎残酷的择优录取制，每年都有数千人被淘汰。该部队曾培养出奥运会的自行车选手。士兵退出预备役后，可以用象征性的金额买下他们的自行车。

（肖为军）

澳大利亚反恐怖特种部队体制编制 澳大利亚反恐怖特种部队即澳陆军第 1 特种空勤团，是一支组建较早、久经考验的特种作战部队。

组织编制 澳大利亚反恐怖特种部队组建于 1964 年，总部设在佩恩附近的斯旺伯恩。下辖 1 个直属中队、2 个作战中队、1 个战术突击组和 1 个外海突击组。在执行反恐怖行动时，每个中队则细分为通信、尖刀、基地及训练等小队。其中，通信小队负责行动中的通信勤务支援，尖刀小队负责突击攻坚，基地小队负责行政后勤支援，训练小队负责战时训练，分为水面及水下作战、登山攀岩、野地求生、爆破、车辆操作等单位。战术突击组成立于 1978 年，是一支专门的反恐怖部队。外海突击组建于 1980 年，由澳海军蛙人部队的 20 名人员组成，负责巴士海峡上的钻井平台和油轮的安全。

选拔与训练 澳反恐怖特种部队的成员主要是从现役军人中选拔，而且遵循个人自愿的原则。选拔的条件是，要求所有参选人员具有极好的身体素质和极强的耐力，并能熟练地使用各种常规武器。经过严格的考核后，只有极少数人方能入选，淘汰率高达 90%。入选队员进入模拟训练中心进行近似实战的长期训练，最终成为军事技能全面的反恐怖特种作战队员。近年来，澳政府为提高该特种部队的作战能力，经常派遣大批的骨干队员到美国、英国、俄罗斯等具有较强反恐怖实力和经验的国家进行培训，大大增强了这支特种部队处理恐怖事件的经验和打击恐怖势力的实战能力。

服装与装备 澳反恐怖特种部队的服装与普通的澳步兵并无太大不同，主要区别在于沙漠迷彩贝雷帽和著名的飞翼匕首徽章。配备的主要武器有美制 M－16A2 步枪、德国 MP－5 系列冲锋枪、以色列 7.62 毫米加利尔狙击步枪及美制勃朗宁大威力手枪等。与其它特种部队稍有不同的是，这支特种部队还配发了意大利 PS202 霰弹枪。

资料来源：

（1）中国《世界军事》2001 年 9 月；

（2）中国《轻兵器》2001 年 12 月。

（孟　丽）

军　事　训　练

美国军队军事训练 **陆军训练** **美陆军进行“训练与领导人发展”调研** 据美《陆军》杂志 2001 年 10 月刊报道，美陆军正在进行深入的“训练与领导人发展”调研。美陆军参谋长埃里克·新关上将称，此调研是 80 年代美陆军参谋长沃诺上将发起的训练革命的延续。

美陆军“训练与领导人发展”调研分军官、军士和准尉调研三个阶段实施。在第一阶段，美陆军训练与领导人发展委员会对 13500 多名军官及其配偶进行了调查。第二阶段于 2001 年 11 月结束。陆军训练与领导人发展委员会与 3 万多名军官、军士与准尉及其配偶进行交谈。第三阶段在 2002 年进行。美陆军训练与领导人发展委员会的目标是在对陆军训练与领导人发展体系进行评估的基础上明确未来中型目标部队领导人应具备的技能。该委员会边调研边提出了如下建议：①在2001年对军官评估报告进行审查；②修订陆军部第600－3号“军官发展与专业管理”手册，强调军官发展应循序渐进、注重素质教育和作战经验；③向所有的少校提供高质量的中级院校培训机会；④重新编写FM7～10（25～100）号“部队训练”野战手册和FM7～10（25～101）号“以实战为重点的训练”野战手册，以适应全谱作战的需要；⑤加强连排级军官的训练，给他们以更多的训练机会和时间；⑥严格按照“完成作战任务所需的基本训练课目表”进行训练，除非受命执行维和任务或作战支援任务；⑦制定有关终身教育的条令、并为终身教育提供各种工具和支援；⑧美陆军应建立一个负责训练与领导人发展的统管机构以协调训练与领导人发展、政策与资源三者之间的关系。

美陆军加强转型训练　据美《陆军时报》2001年8月6日和美《陆军》杂志2001年10月刊报道，为了适应21世纪未来战争的需要，美陆军制定了用30年时间建设一支具有全谱作战能力和战略反应能力的中型目标部队的转型计划。美陆军建设中型目标部队旨在消除重型部队和轻型部队之间的差别，以在96小时内把1个旅部署到世界任何地方，120小时内把1个师部署到世界任何地方，30天内把5个师部署到世界任何地方为标准，加强部队转型训练。

美陆军首批转为临时旅战斗队的部队是驻华盛顿州刘易斯堡的第2步兵师3旅和第25轻型步兵师1旅。它们计划于2003财年和2004财年完成转型。2001年7月12日，美陆军宣布将另外4个旅转为临时旅战斗队。美国防部2001年10月1日发布的四年一度防务审查报告要求美陆军在2007年前在欧洲部署1个临时旅战斗队。按照装备部署计划，第2步兵师3旅于2001年建立了数字化战术作战中心、部署了指挥控制通信与计算机、情报、监视与侦察系统，将于2002年春开始装备临时装甲车。

为了探讨、研究、制定和检验美陆军转型引发的作战理论、战略和战术，目标部队和临时部队的部队结构、战场机动能力和武器装备，美陆军训练与条令司令部从2000年开始每年在宾夕法尼亚州卡莱尔兵营的陆军军事学院战略领导分院举行计算机模拟演习。2001年4月23～27日，美陆军在卡莱尔兵营举行了耗资700万美元的“转型2001”演习。演习预案是：2015年，中东地区某一地区性强国入侵邻国。该国军队在例行性年度军事演习结束时突然袭击邻国，在此同时，使用特种作战部队攻击邻国的机场和港口并使之瘫痪、在波斯湾布设水雷，封锁苏伊士运河并用北朝鲜支援的导弹攻击地中海国家支援美军部署的基地。美军及时调用10艘高速舰船以红军指挥官始料未及的速度运送3个中型目标部队师快速赶赴出事地点，强行登陆，与盟军会合，一举击退侵略者。中型目标部队师的部署速度是此次演习的重点。

为达到C1级战备水平，临时旅战斗队加强了训练。如，第2步兵师3旅在2001年9月举行的旅级“战斗员”演习中演练了陆军战斗指挥系统。临时旅战斗队还注重城市地形作战训练。华盛顿州刘易斯堡已建立了6个城市地形设施，其中包括2个射击室、2条街道和2个综合设施。射击室主要供参演人员演练开进城市、占领街道和房屋、巡逻、反应接敌和房屋实弹清理技能。街道两旁都置有胶合板房屋。美陆军还计划在刘易斯堡训练区内修建1个城市地形作战设施。该设施将模拟一座城市或一个村庄，允许参演部队使用实弹进行训练。

第4机械化步兵师举行数字化训练演习　据美《军事评论》2001年9～10月刊报道，加利福尼亚州欧文堡美陆军全国训练中心建于1981年。20年来，美陆军全国训练中心一直配有一支训练有素、装备精良的假设敌部队，拥有高素质的观察员/控制员，对轮训部队实施高标准训练。1981年，全国训练中心只能训练2个营规模特遣部队。现在，它已成为美陆军装备先进的主要训练中心，具有训练多兵种特遣部队的能力，注重严格、逼真、多兵种联合训练。

2000年7月～2001年8月，欧文堡美陆军全国训练中心的训练任务是对6个现役重型部队和轻型部队旅战斗队、第4机械化步兵师、第101空降师、第3装甲骑兵团、南卡罗来纳州陆军国民警卫队第218独立步兵旅和路易斯安那州陆军国民警卫队第256机械化步兵旅进行轮训。

第4机械化步兵师是美陆军第一个数字化师，2001年4月1～14日在加利福尼亚州欧文堡全国训练中心举行的师拱顶石演习中对21世纪装备、条令和部队结构进行了检验。期间，第4机械化步兵师第2步兵旅和第4航空旅共7400人与欧文堡全国训练中心的第11装甲骑兵团假设敌部队进行了为期14天的对抗训练。E－8“联合监视目标攻击雷达系统”飞机、U－2飞机、情报卫星和装有红外和视频照相机的无人驾驶飞机也参加了此次演习。第4机械化步兵师在2001年10月举行了师“拱顶石”指挥所演习，重点演练了指挥控制通信与计算机、情报、监视与侦察系统。第 101 空降师到全国训练中心进行轮训的部队由 1 个步兵旅和 1 个航空旅组成。第 3 装甲骑兵团属首次到全国训练中心轮训。期间，该团 1 个中队进行指挥所模拟演习。

根据陆军参谋长埃里克·新关的“作战训练中心未来构想”，全国训练中心轮训仍然保持大战区战争级训练，强调按作战任务所需的基本训练课目表及潜在的作战行动进行训练。因此，欧文堡美陆军全国训练中心对陆军部队进行轮训时，美空军 E－8“联合监视目标攻击雷达系统”飞机和美陆战队侦察排也参加训练，演练近距离空中支援、作战搜索与救援等课目。

美陆军制定新的直升机训练计划 据美《陆军时报》2001 年 4 月 9 日报道，美陆军新制定的直升机训练计划将使战斗直升机的训练时间增加 50%，为基层航空兵部队培训更多的技术熟练的飞行人员。

截止 2001 年 1 月 31 日，美陆军第 21 世纪飞行学校共毕业了 12 名飞行员，其中 8 名为 OH－58D“基俄瓦·勇士”观察直升机飞行员，4 名为 CH－47D“支努干”运输直升机飞行员。目前，该校还在培训另外 12 名飞行员。

在第 21 世纪飞行学校，飞行员先进行 TH－67“小河”直升机训练，尔后进行 OH－58D“基俄瓦·勇士”观察直升机、CH－47D“支努干”运输直升机、UH－60A“黑鹰”多用途直升机、AH64A“阿帕奇”攻击直升机和 AH64D“阿帕奇·长弓”攻击直升机训练。

美陆军希望第 21 世纪飞行学校能利用模拟训练的优势，增加飞行员训练时间，降低飞行训练成本；能用较少的时间培养出技术全面的战斗直升机飞行员。

新计划实施后，学员在第 21 世纪飞行学校进行战斗直升机训练的时间将会增加：UH－60A“黑鹰”直升机的训练时间从 23 小时增加到 67 小时；OH－58D“基俄瓦·勇士”直升机的训练时间从 58 小时增加到 74 小时；CH－47D“支奴干”直升机的训练时间从 30 小时增加到 53 小时；AH－64A“阿帕奇”直升机的训练时间从 44 小时增加到 77 小时；AH－64D“阿帕奇·长弓”直升机的训练时间从 60 小时增加到 90 小时。这样，学员毕业分配到部队时飞行技术可达到熟练程度。

美陆军军官学校使用商业用计算机游戏软件教学 据美《陆军时报》2001 年 2 月 12 日报道，美陆军军官学校、海军军官学校和空军军官学校使用“钢兽”等商业用计算机游戏软件向美国未来的将军教授军事战略与战术。

美陆军军官学校于 2001 年 2 月首次使用北卡罗来纳州阿佩克斯的施拉普纳尔计算机游戏公司生产的“钢兽”计算机游戏软件和自编的教材向三年级学员教授装甲战理论及其应用。“钢兽”计算机游戏软件很出色地模拟了机动装甲车辆的运动和声响，火炮射击也很逼真。加利福尼亚州卡拉巴萨斯的诺瓦洛奇克公司生产的“三角洲部队地面勇士”计算机游戏软件主要用来向一年级学员讲授单兵作战战术和班作战战术，如：协同进攻、地面机动作战理论及其应用、欺骗和掩护等。美陆军军官学校的教官认为，在讲授战争原则和概念方面，商业用计算机游戏软件比传统的称为“沙盘”的地形模型和车辆模型更为现代化。

美开办陆军网上大学 据《陆军时报》2001 年 2 月 12 日报道，美陆军网上大学于 2001 年 1 月 16 日在佐治亚州本宁堡、肯塔基州坎贝尔堡和得克萨斯州胡德堡正式开学，近 700 名士兵入学。美国防部官员预计，到 2001 年 9 年底，约有 2 万名军人在其所在的基地学习以便通过该系统获得学士或硕士学位。

目前，美陆军于 2000 年 8 月提出陆军网上大学计划，并把此计划作为招募新兵和保留老兵的一项措施。当时的陆军部长卡尔德拉说，陆军网上大学将给士兵提供边服役边学习的机会。

陆军网上大学计划现仅限于佐治亚州本宁堡、肯塔基州坎贝尔堡和得克萨斯州胡德堡三地，今后将扩大到其他地方。学员不仅包括现役部队，将来还发展到后备役部队，不仅士兵可以入学，今后军官和家属也可上网学习。最终可能将有 100 万军人及其家属到陆军网上大学学习。

陆军网上大学最大的吸引力在于其费用全免。学员签署合同后就可获得便携式计算机。全免费用包括学费、书费、上网费、便携式计算机和彩色打印机。

具有高中毕业文凭和无违记行为的士兵才有资格入学。入学后学员必须至少服役 3 年，修完规定的课程。如果学员因学习成绩不佳或其他原因而不能毕业或中途退学者，必须偿还所有的学费和有关费用。

希尔堡新建白刃战训练场 据美《陆军时报》2001 年 6 月 4 日报道，美陆军弗吉尼亚州希尔堡新建的白刃战训练场将会提高美陆军基础作战训练中心的近战技能和训练质量。

位于弗吉尼亚州里士满与华盛顿之间的希尔堡是美陆军国民警卫队和后备队的训练场。1999 年，该堡建立了 2 个技术先进的实弹训练靶场。1 个靶场面积为2平方千米，用于班攻击训练；另1个多用途靶场面积为7平方千米，可进行坦克和直升机等武器装备训练。这两个靶场的靶标都能记录和打印命中次数供指挥官进行训练后评估。因此，第82空降师和驻勒琼兵营的陆战队远征部队等地面部队也常到希尔堡进行训练。希尔堡的白刃战训练场是应陆军后备队第80训练师的要求修建的。该师负责训练弗吉尼亚州、西弗吉尼亚州、马里兰州、特拉华州和宾夕法尼亚州的陆军后备队和陆军国民警卫队，后备役操练军士学校已多年不教白刃战课程了。而美陆军操练军士条令规定，白刃战课程是操练军士必须接受的训练课目之一。后备役操练军士学校的学员毕业后一般分配到密苏里州伦纳德·伍德堡、佐治亚州本宁堡和南卡罗来纳州杰克逊堡等基础作战训练中心。希尔堡修建白刃战训练场后，该校毕业的受过白刃战课程训练的操练军士可以在基础作战训练中心对新兵进行近战技能训练。

希尔堡白刃战训练场是按照美陆军训练与条令司令部的标准建造并于2001年4月竣工。训练场设置了许多障碍物，如壕沟和蛇腹形铁丝网以增加训练的难度。

美陆军研制新式可部署数字化训练校园系统　据美《陆军后勤》杂志2001年9~10月刊报道，美陆军研制的新式可部署数字化训练校园系统可运往世界任何地区并在3小时内进行安装、调试和其他训练前准备。

可部署数字化训练校园系统采用互联网和双向视频和话音系统，包括17部便携式计算机、可处理视频、话报与传真的多功能装备、电话和可部署天线。该系统可装入19个专门设计的箱子内以便C-130运输机运送。

可部署数字化训练校园系统的试验型机已在西奈、科索沃、波斯尼亚、马其顿、德国和美本土使用，有的用了6年之久。在德国菲尔赛克的试验型机已为驻欧美陆军战斗专业军士课程节省了700万美元的训练费。驻得克萨斯州布利斯堡的美陆军军士学校利用该系统的试验型机通过卫星向需要训练的军士每年进行三次训练。

可部署数字化训练校园系统原型机每部研制建造费为40万美元，以后可能会降到20万美元，而其性能将提高一倍，体积将缩小一半。

可部署数字化训练校园系统的训练重点依次为军事训练、单兵专业训练和文职人员训练，完全能满足美陆军未来作战训练的需要。

驻弗吉尼亚州尤斯蒂斯堡的美陆军网络控制中心负责可部署数字化训练校园系统的训练按排和联络。该系统在不训练时可供学员与家人联系。

目前，美陆军正在尤斯蒂斯堡对另外两部原型机进行测试。测试通过后，一部将运往波斯尼亚博尼菲尔德兵营，另一部将运往科索沃。

建立大规模毁伤武器民事支援小队　据美《陆军》杂志2001年10月刊反映，美陆军国民警卫队在陆军部队司令部的帮助下已建立了10个大规模毁伤武器民事支援小队。这些小队已于2001年10月18日考核达标并投入工作。按原计划，陆军国民警卫队到2002年6月将部署27个小队。9月11日，美国遭到恐怖主义分子袭击后，美陆军国民警卫队决定加快大规模毁伤武器民事支援小队的考核达标和部署时间。尤其在邮件中发现炭疽病白色粉末后，陆军参谋长埃里克·新关上将敦促陆军国民警卫队加快剩下的17个大规模毁伤武器民事支援小队的考核达标进程，并在2001年底前全部投入工作。

大规模毁伤武器民事支援小队由22名受过严格训练的国民警卫队专业人员组成。其任务是受命开赴出事地点，对可疑的核生化或放射性事件进行评估，向当地民事机构提供咨询以便采取适当的行动减少人员伤亡和财产损失。

美联合部队总部授权陆军部队司令部负责大规模毁伤武器民事支援小队的训练与战备。大规模毁伤武器民事支援小队需经过约900个小时的单兵训练，学会在核生化环境下生存与作战，学会识别毒剂和确定沾染地区面积等技术，对当地抢救人员提供咨询。每个小队装备有流动实验室，负责试验与分析生化毒剂和放射性物质，还装备有综合通信车，上载卫星通信设备、保密通信设备与一般通信设备，以便在现场及时与其他联邦机构取得联系。2001年9月11日以来，大规模毁伤武器民事支援小队成功地执行了111次任务。其中，90%是检查可疑白色粉末。

（洪锦珠）

海军和海军陆战队训练　2001年，美国海军和海军陆战队针对国际形势的变化和21世纪不确定的多样化威胁、特别是国际恐怖主义的威胁，适应美国军事战略调整和对阿反恐战争，全面强化反恐作战训练，统一两洋舰队战备训练，缩短航母编队训练周期，加强与西太平洋盟国的联合演训。同时着眼未来信息化战争，加快"网络中心战"的实践。

针对国际恐怖主义威胁，全面强化反恐作战训练

美"科尔"导弹驱逐舰2000年10月2日在亚丁港

遭到恐怖袭击后，引起了美国海军对舰艇防护“不对称”恐怖袭击的高度重视。经过调查研究，美海军从2001 年度起采取多种措施强化舰艇部队与港口基地的安全防护，大力加强反不对称恐怖袭击训练。制定了反恐怖袭击行动预案和训练标准，在舰艇上建立24 小时值勤的安全警卫分队，在港口基地增加小艇巡逻警戒兵力，加强警戒，观察、快速反应、拦截和轻武器、小口径舰炮射击训练等，达标后才能出海执勤。美海军水雷战司令部等单位还于 7 月中旬举行了较大规模的反恐怖袭击演习。

“9·11”事件发生后，美国防部将国土防卫和反恐作战列为美军的首要任务，美海军和海军陆战队进一步加强了反恐作战训练，将反恐怖和部队防护训练提升为日常例行训练的一个主要内容，每一名士兵都要接受反恐怖和部队防护训练；舰艇部队增加了防恐怖飞机袭击的训练，并制定了相应的行动预案和训练方法；陆战队加强了防生化恐怖袭击等的训练，首次于 10 月下旬至 11 月初在首都华盛顿举行了防生化恐怖袭击演习；两洋舰队还与海岸警卫队密切合作，加强联合训练，确保美国各港口、基地的安全，全面提高国土防卫和反恐作战能力。

因应对阿反恐战争，压缩航母编队训练周期　美军指挥当局确定针对阿富汗的军事行动后，美海军 3 个航母战斗大队和 2 个两栖戒备大队（上载陆战队远征部队）迅速向阿拉伯海集结，并在航行途中进行了针对阿富汗反恐战争特点的临战紧急训练，10 月 7 日战争开始后即成为美对阿作战的主力。此后，美军先后有 3 个航母战斗大队和 2 个两栖戒备大队经过紧张的临战训练，前往阿拉伯海轮换作战。由于美军在阿富汗周围缺少应有的岸上基地，海军航母编队成为美对阿空袭作战的主力军。为了始终保持有 3 个航母战斗大 队参战，确保部队持续作战能力，美不得不压缩航母编队正常的训练周期。如：接替“小鹰”号航母战斗大队参战的斯坦尼斯号，训练周期就缩短了 4 个月（一般为 18 个月）。

成立美国舰队部队司令部，统一两洋舰队战备训练　美国作战部队全部编入两洋舰队，各部队的战备训练均由所在舰队（太平洋舰队或大西洋舰队）的舰种司令部（航空兵部队司令部、水面舰艇部队司令部和潜艇部队司令部）分别组织实施和验收。由于美海军长期以来没有一个统一的战备训练机构，两洋舰队各自形成一套不同的训练标准和训练方法，战时不利于协同作战。为了统一两洋舰队战备训练，提高海军的整体作战能力，美海军作战部于 10 月 1 日正式成立美国舰队部队司令部，专门负责协调全海军的战备训练工作，推进训练工作的标准化，同时协调各舰队的建设需求。该司令部虽然与两洋舰队司令部并列，但仅是一个协调机构，而不是象两洋舰队司令部那样的行政领导和作战指挥机构。

美国舰队部队司令部首任司令由大西洋舰队司令纳特上将兼任，下辖航空兵部队司令部、水面舰艇部队司令部、潜艇部队司令部和海军作战发展司令部。今后美海军两洋舰队各舰种部队的战备训练工作将由太平洋舰队航空兵部队司令部、水面舰艇部队司令部和大西洋舰队潜艇部队司令部统一制定有关标准和组织协调，这是有史以来美海军训练工作中的重大调整。美海军作战发展司令部原隶属于海军军事学院，主要负责海军新作战概念、新战法的研究发展，转隶美国舰队部队司令部后，有利于将新的作战概念、新的战法应用于战备训练，尽快转化为战斗力。

配合战略调整，加强与西太平洋盟国的联合演训　布什上台后，积极调整军事战略，更加关注亚太地区，明显加大以台制华力度。虽然在“9·11”事件后，出于反恐需要，美对华强硬政策有所缓和，美国防部于 10 月 1 日发表的《四年防务评估报告》针对新的形势，提出了保卫美国安全将是美军的首要任务，但是并没有放弃称霸世界的图谋，依然声称要强化西太平洋的军事部署，加强海军和陆战队在东亚沿海地带的军事训练。随着美军事战略的调整，美海军和海军陆战队进一步加强了与日本、韩国、菲律宾、新加坡、泰国、澳大利亚等西太平洋盟国的联合演训，尤其是明显加强了与菲、新、泰等东盟国家的联合演训。

据不完全统计，2001 年美海军和海军陆战队与西太平洋盟国联合演训达 39 次，比上一年增加 11%；其中与东盟国家的联合演训为 19 次，比上一年（16 次）增加 19%，规模较大的有 4～9 月美海军与菲律宾、文莱、印尼、马来西亚、新加坡和泰国等 6 国联合举行的“卡拉特 01”系列演习；5 月份与泰 国和新加坡举行的“金色眼镜蛇 01”联合军事演习；3 月份与菲律宾海军举行“肩并肩 01”演习等。6 月份，美海军水雷战司令比坦柯特少将率领“仁川”号水雷对抗指挥舰和 2 艘远洋水雷对抗舰，首次与新、马、泰、菲、日、韩等 14 国海军在新加坡海峡、马六甲海峡和南中国海地区举行了代号为“西太平洋水雷对抗 2001”的联合演习，目的是要“确保西太平洋这一重要航道的安全畅通”。

着眼未来信息化战争，加快“网络中心战”的实

践　美海军于 1997 年 4 月正式提出“网络中心战”新概念，宣布将从“以平台为中心”的作战转变为“以网络为中心”的作战后，积极实践和探索“网络中心战”战法。自 1997 年 9 月以来，每年都要举行代号为“舰队战斗实验”的系列演习活动，专门实践和检验“网络中心战”。2001 年美海军加快了“网络中心战”的实践，于 6 月 18～28 日在南加州近海举行了代号为“实践 01”的大规模实兵演习，演习由第三舰队组织实施，共有各型舰艇 25 艘、飞机 75 架、总兵力 15000 人参演，演练了舰队反潜、防空、制海和旅规模登陆作战等科目。

在“实践 01”演习中，核心部分是代号为“舰队战斗实验－Ⅰ”的网络中心战演习，参演单位包括第三舰队第 30.31.32.35.37 特混舰队，第 1 陆战队远征部队，海军作战发展司令部，陆战队战斗实验室，以及空军 U－2 高空侦察机、无人侦察机等。参演兵力 5000 余人、各型舰艇 6 艘（包括第三舰队旗舰科罗拉多号、核动力航母斯坦尼斯号、导弹巡洋舰邦克山号和香普兰湖号、两栖攻击舰好人理查德号、核动力攻击潜艇杰弗逊城号）。参演的舰艇、飞机和陆战队排以上单位都装备了美海军作战发展司令部研制的“IT－21”（21 世纪信息技术系统）、“CEC”（协同作战能力系统）以及“21 世纪指挥部”等网络中心战装备，所有信息（包括资料、语音信息、战场图像等）都能在网上实时共享，重点进行了网络中心反潜作战和两栖攻击演练，结果非常成功，向网络中心战的实际应用推进了一大步。

资料来源：

①美国《海军时报》2001 年 1～12 月；

②美国《海上力量》杂志 2001 年 5、10、12 月刊；

③美国《水面作战》杂志 2001 年第 1、4、5 期；

④美国《海军陆战队公报》2001 年 11、12 月。

海航 106 中队前往德国与米格－29 进行对抗训练　据美国《海军航空新闻》杂志 2001 年 3、4 期报道，美海军大西洋舰队航空兵第 106 战斗攻击机中队的 8 架 F/A－18 战斗攻击机和 78 名官兵，于 2000 年 10 月中下旬前往德国东部的拉奇空军基地，与德国空军第 73 飞行中队的米格－29 战斗机进行了为期半个月的对抗训练，目的是使 F/A－18 战斗攻击机熟悉陌生而真正的对手。尽管德国东部地区的气候变化大，气象条件不佳，有时战斗机无法升空，但是 8 架 F/A－18 战斗攻击机在 2 周内共出动了 220 架次，与德国的米格－29 战斗机进行了单机、双机和四机编队的空中对抗训练。

重视引进海战游戏软件用于模拟训练　据《美国海军学会会刊》2001 年 2 月报道，美海军非常重视利用最新的信息技术，进行模拟训练和网络演习等。除了研制和装备专用训练模拟器、计算机模拟训练系统和网络演习系统外，还重视引进优秀的民间海战游戏软件用于模拟训练，以提高训练效益。近年来，一些民间企业利用退役军人和程序设计员联合开发出了一些优秀的微机海战游戏软件，如“潜艇猎杀者”、“简氏舰队司令部”、“21 世纪陆战队空地特遣部队”等，这些软件虽然不能提供专用模拟训练软件具备的模型精确性、训练规模性和层次感，但具有许多优点：一是仿真度高，可提供逼真的作战视觉环境；二是程序难度具有可选性，可以由易而难地完成计算机中的演练目标，使训练工作同时也成为一种有趣的游戏；三是具有多人联机操作的功能，可以通过网络联结，实现在不同地点的单人和多人训练；四是具有明显的价格优势，训练成本最低，效费比最高。

“潜艇猎杀者”是简氏战斗模拟电子艺术中一套模拟潜艇水下作战的软件，美海军潜艇学校试用后作了改进，2001 年其改进版被美海军第二潜艇大队等潜艇部队引进，用于潜艇战术模拟训练。“简氏舰队司令部”则是一套编队作战模拟软件，可模拟 2 个或多个舰艇编队进行对抗训练或对陆攻击，并可以方便地改变其作战平台，武器和传感器等相关的数据库文件，不仅可用于模拟训练，而且还可以开发、分析和验证新的作战概念。继美海军军官学校引进“简氏舰队司令部”软件成功用于教学后，2001 年美海军将该软件推广至水面作战军官学校、第十二巡洋舰驱逐舰大队、大西洋战术训练大 队、舰队信息战中心、战略三 小组等单位，用于模拟训练和评估新的作战概念。“21 世纪陆战队空地特遣部队”主要用于美海军陆战队学院教学训练，是一套仿真度相当高的三维模拟软件，可提供排、连、营级的战术模拟训练。

水雷作战司令部进行反恐怖袭击演习　据美国《水面作战》杂志 2001 年第 5 期报道，美海军水雷作战司令部于 7 月中旬在德克萨斯州英格尔赛得海军基地举行了代号为“墨西哥湾 01－2”的反恐怖袭击演习，参演部队包括：第 3 水雷对抗中队，第 15 小艇分队，第 108 机动水下作战分队，以及基地安全保卫分队等。参演兵力约 6000 余人，各型舰艇 14 艘，包括 6 艘猎扫雷舰、8 艘特种小艇。演习中，第 15 小艇分队和第 108 机动水下作战分队扮演恐怖分子，在黑夜驾驶经过伪装的特种小艇或推带爆破装置潜泳，隐蔽接近航行中或港内停泊的猎扫雷舰进行恐怖袭击，目的是检验和提高水雷对抗部队的防护与反“不对称”恐怖袭击能力。

陆战队首次举行防生化恐怖袭击演习　据美国《海上力量》杂志 2001 年 12 月报道，10 月 20 日～11 月 3 日，美海军陆战队生化事故反应队首次在美国首都华盛顿特区举行了为期 2 周的防生化恐怖袭击演习。演习设想，10 月 20 日一份寄往美国国会大厦的邮件里突然发现了致命的炭疽热病毒，驻扎在印地安希德的陆战队生化事故反应队迅即派出 100 多名官兵在汉默斯上校的率领下，乘坐直升机飞抵国会大厦。与此同时，首都警察和海岸警卫队人员封锁了国会大厦周围的地区，将国会大厦隔离起来；陆、空军的防生化部队也派出部分人员参演。由于陆战队生化事故反应队训练有素，装备精良，此次联合应急行动统一由陆战队的汉默斯上校指挥。陆战队生化事故反应队成立于 1996 年，现有男女官兵 380 人，专门用于防生化恐怖袭击，此次演习是该部队成立后第一次部署至首都。参演的 100 名陆战队官兵身穿特制的防生化服，分成四个组，即指挥组、样品组、消毒组和医疗支援组。指挥组统一指挥控制参演的三军与警察部队；样品组在陆、空军参演人员的配合下，在国会大厦及其附近搜集病毒样品进行鉴定，并将所有可能染有炭疽热病毒的大量邮件转移至安全地区隔离起来；消毒组负责对国会大厦及其附近地区、街道进行清洗和消除病毒；医疗支援组则对感染病毒的人员进行紧急抢救和治疗。

陆战队反恐作战旅进行临战训练　据美国《海军时报》2002 年 1 月 10 日报道，美海军陆战队于 10 月 10 日新成立了专门用于反恐作战的第 4 陆战队远征旅，该旅纳编现有的陆战队安全部队营、安全警卫营以及新成立的第 1 反恐作战营等单位。第 1 反恐作战营由陆战队精锐部队组成，组建后在大西洋陆战队勒任兵营和陆战队山地作战中心进行了为期 90 天的高强度反恐特种训练，随后即被空运至阿富汗，接替第 15 陆战队远征小队参加美国对阿富汗的反恐作战。

（钟海林）

空军训练　2001 年，美空军在新军事革命的推动下，为使空军转型，即建设信息时代的航空航天部队，获得“绝对军事优势”，极力推进教育训练改革，试图保持军事训练和人员素质的全面优势。

院校教育改革动向　美空军始终将院校教育视为提高军人综合素质的主要途径。2001 年，在航空航天教育、新军官培训、飞行员训练等方面进行了一系列的改革。

（1）*强化“航空航天一体化”意识，逐步完善其教育训练体系。*　2000 年 5 月，美空军参谋长和空军部长联合签署命令，颁发《航空航天部队：21 世纪保卫美国》白皮书，强调美空军将由现在以空战为主，转变为既可空战，又可太空作战的“航空航天一体化”力量。为适应空军面临的向航空航天部队的转变，年内，美空军大学开设了航空航天基础课程，使新军官在任职前全面了解空中和空间作战，牢固树立航空航天意识，学会运用航空航天准则，掌握相关知识，培养未来的航空航天部队指挥官。为加快太空作战部队建设的步伐，美空军于 2000 年组建了太空作战学院，专门培训太空作战人才。目前该学院设有空间作战基础课程和高级课程。其教学重点放在太空监测、导航与通信、情报卫星、空间设备等高级课程上。此外，在陆军航空队战术学校基础上，组建起航空航天使用原则研究与教育学院。2001 年 1 月，航天司令部成立了第 746 空间控制中队，这是美空军的第一个研究空间控制的技术性部队，其任务包括研究航空航天作战的战术和战法。

（2）*拓宽招收和培训新军官的渠道，增加新军官培训数量。*美空军军官的三个主要来源是：空军军官训练学校、空军后备军官训练团和空军军官学校。由于设在地方院校的空军后备军官训练团至少需要两年半的时间才能培养出一名军官，加之空军军官学校的招生数量受到法律的限制，所以，军官训练学校被空军视为培训军官的重要渠道。2001 年该校招生名额比 1998 年猛增了 3 倍。其培训课程包括军官基本训练课程（BOT）和军官训练课程（COT）。招生对象为直接从地方大学入伍的现役士兵和具备 4 年大学学历的大学生，尤其重视从士兵队伍中发现和培养新军官。1998 年，该校学员具备部队服役经历的不到 30%，2001 年达到 50%。空军军官训练学校不是用几年，而是用几个月培训出一名军官，要想达到合格，必须通过近乎折磨人的极为严格的训练。在短短 60 个训练日内，学员要完成 500 小时的教育训练内容。学员大致用一半的时间将学到的领导才能应用于团队运动、野外演习或“战役”演练中。其训练效果可与 4 年制空军军官学校和 2 年半或 4 年制后备军官训练团相比拟。年内，共有 3300 名学员毕业，进入空军各个专业领域。同时，从后备军官训练团任命尉级军官约 2000 名。为空军储备了必要的人力资源。

（3）*加快更新教练机，适应新一代战机的训练要求。*为适应新一代战机的训练要求，增加飞行员的培训数量，缓解飞行员短缺的局面，2001 年，美空军开始正式将T—6A、T—38C新型教练机投入使用。

①首批T—6A新型教练机投入飞行学员的基本飞行训练。2001年，美国穆迪空军基地接收了首批40架T—6A“得克萨斯人”新型教练机，以更换老旧的T—37教练机。10月，该基地的第479飞行训练大队开始用T—6A教练机进行专业化大学程度飞行员和领航员训练，每年大约培训200名学员。在飞行学员开训前8个月，伦道夫空军基地就已开始培训飞行教官，截止2001年6月，已培训出12名飞行教官，有的教官T—6A飞行时间达到300多小时。

美空军对使用T—6A培训飞行员表示乐观，为此，国防部做出T—6A飞机全面投产的决定。空军预计订购454架，海军328架。T—6A教练机是一种性能先进、使用可靠的训练平台。比老旧的T—37飞得更高、更远，而且在应急情况下具有更好的操纵性，对飞行学员的差错显示出极佳的容错能力。

②正式使用T—38C教练机进行战斗基础入门高级飞行训练。经改革，战斗机飞行学员完成T—38飞行训练后，即转入战斗基础入门（IFF）高级飞行训练（相当过去的过渡训练），使用AT—38B高教机。IFF训练期限为36个训练日，实机飞行18～19小时。美空军从2000年开始改进AT—38B高教机，其改进型为T—38C，提前完成试飞。2001年正式使用T—38C取代老式的AT—38B，进行IFF训练。T—38C装备与现代战斗机相同的座舱设备，并具有模拟空中射击和导弹攻击的能力。

部队训练改革情况　2001年，美空军依据新的《四年防务审查报告》提出的新的防务战略，针对信息技术飞速发展条件下的现代战争对航空航天力量的具体要求，加大了训练演习的力度，在对阿空袭和国内空中巡逻任务繁重情况下，调整作战与训练的关系，采取改革措施，保持了部队的战备水平。

（1）*加强制信息权演练力度，提高信息作战能力。*　年内，美空军明确提出了“以计算机网络为核心”的作战思想，以制信息权保障有效地运用航空航天力量。“9·11”事件后，对阿富汗采取的作战行动在很大程度上依赖空中力量的实力，然而与科索沃战争极为相似的是，情报、监视、侦察和网络能力的加强起了关键作用。美空军在阿富汗使用了先进的制导武器，但它们基本上都是从无人机、侦察机、卫星和其他情报监视侦察系统搜集的信息中获取制导数据的，使美机能够及时发现、精确攻击大多数移动目标。传感器发现目标到投射武器之间的时间在实战中已逐步缩短到10分钟左右。可以说，对阿信息战是美空军将情报收集、电子攻击、信息控制最终综合运用于实战的典范，值得研究借鉴。

2001年，美空军为提高信息作战能力，首先调整组织机构，2月，美空军情报局被并入空军作战司令部。这是将信息变为武器的重要一步。关键的情报联队（第55联队）和侦察联队（第9联队）被并入装备重型轰炸机的第8航空队。为了缩短从发现目标到投射武器整个过程的时间，美空军还准备将E—3空中预警和控制机、E—8联合监视与目标攻击雷达系统飞机并入第8航空队。两部门合并后，便于一起组织演练，一起进行战况分析，并按照计划要求采取相应行动。为了使情报、信息战与作战行动结合得更紧密，美空军在年内组织的“红旗”空战演习中增加了更多的信息战内容，而且越来越多的高级军官也开始参加信息战演习，使他们了解情报和信息战新式武器的性能和要求。此外，为了提高信息作战演练效果，美空军专门组建了第92信息战“侵略者”中队。该中队在演习中扮演“红军”，在逼真的环境下模拟敌计算机网络、电子战设备、“欺骗”设备等信息战武器，对“蓝军”实施信息攻击，从而提高美空军对信息作战的防御能力。

（2）*扩大“红旗”演练规模，增加太空威胁演习内容。*年内，美空军共组织了4次“红旗”演习，其演练规模空前，每次都有预警机、轰炸机、战斗机、侦察机、无人机、空中加油机以及电子战飞机等各种飞机参演。在战场设置上，完全模拟地空导弹系统、先进雷达预警系统以及电子对抗设备等真正的战场环境。据统计，全年有多达250个不同单位、750架不同类型飞机和11000多人参加内利斯空军基地的“红旗”演习，总飞行时间达21000小时。

美空军航天司令部和空中作战司令部官员一致认为，战斗空勤组不仅需要在“红旗”演习中积累空战经验，还需要获得对付天基系统攻击的经验。为此，美空军于2000年10月，正式组建第527太空“侵略者”中队，首次把此种新型威胁——具有太空作战能力的假想敌包括在内。该中队装备有能够干扰卫星通信联络、全球定位系统导航和定时信号的“红军”太空威胁设备。增设新一代太空威胁手段，提高了演习的逼真性，使“红旗”演习真正逐渐走向成熟。

（3）*建立分布式任务训练网络，提高联合作战训练能力。*美空军正在建立新一代飞行模拟器的分布式任务训练网络，使驾驶各种飞机的作战飞行员能够在高度逼真的模拟环境中共同训练，演练大规模的联合空中作战。2000年5月，美空军开始在兰利和埃格林空军基地组建分布式任务训练中心，在这两个中心分别安装了4台新一代F—15全任务飞行模拟器，为最终将分驻世界各地的各机种飞行模拟器实现网络化迈出了第一步。2001年又组建了3个训练中心，即机载预警与控制系统训练中心，以及2个F—16分布式任务训练中心，装备了新一代F—16“战隼”式模拟器。美空军正筹集资金，建立另外3个分布式任务训练中心，预计2003年投入使用。计划在今后10年内建立一个范围更广的分布式任务训练网络，包括A—10、B—1、B—2、F—15E、F—22、F—117以及C—5、C—17、KC—135等各型机任务训练中心。

(4) 调整作战任务与飞行训练的关系，保证部队基本训练要求。“9·11”事发当天，美国空军就开始了“崇高之鹰”行动，对许多地域进行24小时不间断飞行巡逻。年内最后3个月，参加该行动的空军人员多达12000人，战斗机、空中加油机、雷达机等各种飞机共265架，巡逻出动13000多架次，飞行时间接近57000小时，每天平均起飞100架次。与此同时，部队还要做好海外部署的准备，随时应召执行伊拉克南、北方空中警戒任务。10月初，美空军出动14000名空军人员赴阿富汗执行“持久自由”行动，对塔利班军队以及本·拉登恐怖组织进行空中打击。这些任务，尤其持续不断的国内空中巡逻任务牵扯了过多的空军人力，使大量空军人员疲于奔命，因此没有时间接受执行其他任务的专业培训。这对本来就十分紧张的新飞行员的晋级训练和老飞行员的提高训练带来严重的影响。受影响最大的是F—16飞行员，频繁的巡逻飞行加快了战斗节奏，但使飞行员的训飞时间大幅度减少，如第20战斗机联队（F—16CJ）在年内最后3个月累计飞行6570小时，比2000年同期增加468小时，但训飞时间却比同期减少1235小时。第1战斗机联队的F—15C飞行员的空战训练时间比去年同期减少了1445小时。

为达到作战与训练的平衡，保持部队的战备水平，美空军采取了一系列相应措施：一是精心组织训练，在飞行员执行战斗飞行任务的同时安排一些训练课目，尽可能达到作战与训练相结合。二是坚持训练标准，要求战斗机飞行员在适应快节奏的作战任务的同时，为保持战斗熟练程度，每月平均训练飞行不得少于12．5架次；新飞行员不得少于13架次。三是优先安排新飞行员参加“红旗”系列演习，使他们有更多的机会体验战场环境，尽快达到胜任作战任务的资格。四是调整训练计划，尽量保证新飞行员的训飞时间。美空军现役战斗机部队约有65%的飞行员只有2年以下的作战飞机飞行经验，飞行中队不得不增加训飞架次。例如，一个老飞行员占40%的中队要比老飞行员占65%的中队多飞20%的训飞架次，才能满足最低限度的训练要求。

改革训练保障措施 美空军一直认为，要赢得未来战争的胜利，必须对部队进行充分的、严格的训练，“美国的训练投资无论在款额上和时间上都必须加以保证”。2001财年，美空军飞行训练预算为48亿美元。但由于过去5年里，预算紧缩迫使空军低估了每飞行小时的费用。如果空军不为日常飞行训练增加经费，就要削减飞行时间，不能完成空军全年总飞行时间达到180万小时的目标。为保持部队战备水平，美空军当局向国会申请增拨了5．25亿美元的飞行训练经费，这些经费基本弥补了资金缺口，可以满足87000飞行小时的燃料和零备件采购费用。额外增拨经费的92%用于支付较高的飞机修理费用和购买零备件。年内，美空军还向国会申请增拨7300万美元，用于保障练习弹和照明弹等教练弹药的供应。为节省开支，美空军还采取拆卸老旧飞机的方法，以弥补零备件的不足。此外，还将某些战备储存用于保障飞行训练任务。

飞行安全状况 美空军在2000财年创严重（A级）飞行事故率历史最低记录后，2001财年A级事故次数增加，事故率有所回升。年内，美空军共有25架飞机发生A级事故，损失飞机21架，比去年多3架，万时率为0.123，高于去年的0.108。尽管2001年因事故损失飞机总数有所增加，但其事故率仍然是1947年以来5个最低事故率记录之一，低于近十年的平均万时率。

在年内25起A级事故中，战斗机占17起，其中F—16飞行事故最多，占13起，万事率高达0.38。其它飞机的A级事故情况是：A—10攻击机2起，万时率0.178；F—15战斗机2起，0.112；C—5运输机1起，0.178；C—10运输机1起，0.229；C—17运输机1起，0.120；C—130运输机2起，0.071；T—37教练机1起，0.057；T—38教练机2起，0.159。年内，直升机没有发生A级事故。A级飞行事故共导致6名飞行员和3名其他人员死亡。

年内，飞行员操纵错误为主要原因导致的A级事故次数有所减少，共9起，相比之下，2000年为14起。机务维护或后勤保障原因导致的A级事故次数则由2000年的7起，增加到2001年的10起，其它事故则与鸟撞等各种原因有关。

资料来源：

①美国空军大学校长访华报告 2001 年 2 月；

②美国《空军时报》2001 年 7 月 18 日；3 月 26 日；5 月 7 日；8 月 20 日；10 月 22 日；2002 年 3 月 4 日；

③美国《航空周刊与空间技术》2001 年 2 月 26 日；

④美国《空军杂志》2001 年 4 月。

（李荣怀）

军事演习　“施里弗 2001”太空战演习　2001 年 1 月 22～26 日，美国空军航天司令部在科罗拉多州的斯普林斯空军基地举行了代号“施里弗 2001”的太空战计算机模拟演习。这是美国首次进行的太空战演习，也是美军计划进行的系列演习中的一项内容。该演习共进行了 5 天，参演人数 250 余人，由美国空军航天司令部“太空作战中心”组织实施。演习全部采用了计算机仿真工具和辅助手段。

演习的基本过程：根据演习预案的想定，冲突发生在 2017 年，“红方”（有媒体称为中国）在“褐方”边界大量集结兵力，试图对“褐方”发动进攻，“褐方”紧急要求“蓝方”（美国）提供保护。由于各种因素的制约，“蓝方”认为不宜派兵直接介入冲突，因此试图使用空间力量慑止红方发动进一步的行动。演习最后一天，参演人员对演习进行审查和学术研讨，对空间力量威慑、未来战争的新特征、信息战与太空战、商用卫星的重要性等问题进行了讨论。

演习的基本特点：（1）空间力量将成为一种新的有效威慑手段。这次演习的想定是“蓝方”不直接以兵力介入，而是利用其强大的空间力量进行威慑，在避免发生重大武装冲突的条件下，最后慑止了“红方”对“褐方”的进攻。（2）太空战将应用一系列“新概念”手段和战法。演习中使用了非杀伤性的反卫星武器，并探索了计算机网络战等新战法。（3）商用卫星将在未来太空战中发挥重要作用。对商用卫星的争夺是此次演习的一个重要内容。由于航天系统的军民兼用性，商用卫星在太空战中具有重要作用，而对商用系统的争夺与控制将是太空战成败的一个关键。

“灵狮 2001”演习　2001 年 2 月 8～21 日，“灵狮 2001”演习在意大利维琴察的南欧特遣部队司令部举行。该演习是由美军南欧洲特遣部队组织实施的计算机辅助指挥所演习。参加演习的部队有美军欧洲总部、美欧洲陆军司令部、南欧特遣部队（空降）/第 173 旅、美欧洲空军司令部、第 3 航空队、第 422 空军基地中队、美欧洲海军司令部、美欧洲陆战队司令部、美欧洲特种作战司令部、美国政府有关机构以及一些非美国政府机构。参演兵力约 1500 人。演习由美南欧特遣部队指挥官瓦格纳少将指挥。演习的主要目的是演练南欧特遣部队参谋部组织、部署和实施联合特遣部队执行非战斗撤退行动的能力。预案为演习设计了从不确定的环境到高度敌对环境下的一系列可能情况，着重强调联合特遣部队的快速反应能力。

“红旗 2001”演习　美国及其盟国西班牙、新加坡、德国、法国和英国于 2001 年 3 月 3 日～4 月 13 日在美国内华达州的内利斯堡空军基地举行了代号“红旗”的年度实兵演习。来自上述国家的约 7000 人和 120 架飞机参加了演习。“红旗”系列演习始于 1975 年，是在时任美国空军战术司令部司令罗伯特·J·迪克森的策划下开始的。它是美国空军空战中心和第 414 作战训练中队组织和指导的系列高级训练项目之一，主要目的是为了提高空军战术战斗机部队的战备水平。内利斯堡空军基地现在每年举行 4 次“红旗”演习。

演习分 3 个阶段进行。演习课目主要是各种空中突防和对地攻击战术。目标包括模拟的机场、车队、储油罐、飞机、防御工事和导弹阵地等，这些目标都受到了各种地面和空中防空力量的严密保护。演习根据世界上可能发生战争地区的情况，设定了尽可能逼真、复杂、困难的综合性空情、地面防空和电子战环境，主要锻炼参演飞行员在最复杂情况下运用各种战术突防和实施精确对地攻击的能力。

“尤尼塔斯 2001”演习　2001 年 4 月 2～22 日，美国与哥伦比亚和智利在加勒比海地区举行了代号“尤尼塔斯 2001”的年度演习。该演习自 1960 年开始，今年已是第 42 次。

来自美国、哥伦比亚和智利 3 国海军和海岸警卫队的约 2000 多名官兵参加了演习。美军出动了第 6 驱逐舰中队的“奥班农”号驱逐舰、“爱斯陶辛”号导弹护卫舰，海岸警卫队的“北国”号武装快艇，来自美国海军第 11、第 5 巡航机中队的 P－3C 反潜巡逻机、第 46、第 48 轻型反潜中队特遣队的直升机、第 6 舰队合成中队、第 2 海军特种作战大队等的部分分队参加。哥伦比亚和智利海军也派出了 8 艘舰艇参演。演习指挥部设在波多黎各罗斯福路的海军站，由美南方总部海军司令部司令格林少将指挥。“尤尼塔斯”意为“团结”，美军在该地区举行演习的根本原因是支持美国对南美地区的参与政策。旨在进行多边条件下的联合海上作战训练，提高美国与南美海军的战备水平及互通性，促进参演各国间的友好关系、职业水平和相互理解。主要课目包括海上演练、港口活动等。

“基石 2001”演习 “基石 2001”多国部队联合演习于 2001 年 4 月 2 日～7 月 31 日在阿尔巴尼亚举行，该演习是根据“和平伙伴”计划进行的。来自美国、希腊、马其顿、罗马尼亚和土耳其的部队参加了这次演习。“基石 2001”演习是首次由美军欧洲总部与东南欧盟军组织实施的系列工程兵演习，演习在美军欧洲总部、盟军东南欧旅和阿尔巴尼亚国防部的共同指导下进行。演习主要对联合特遣部队和多国部队进行工程兵训练，主要课目包括工程项目的计划与管理、基础设施建设、公路抢修等。

“肩并肩”演习 2001 年 4 月 20 日～5 月 10 日，美国与菲律宾两国举行了代号“肩并肩”的联合军事演习。美菲“肩并肩”演习是以两栖作战为主的联合和联军演习，始于 1981 年，今年是第 17 次。演习由美军太平洋总部组织实施，美国和菲律宾军队各派出 1700 人参加演习，部队组成联军联合特遣部队，下设若干部队和职能司令部。参演美军主要来自美太平洋总部的驻日第 3 陆战远征部队、美太平洋舰队第 7 舰队以及驻阿拉斯加和夏威夷的部分美军。

该演习旨在增进亚太地区美军对菲律宾军队的了解，提高美国和菲律宾军队在联军作战条件下的计划制定、作战准备和互通性水平，检验和演练美菲两国部队协同作战的能力及美军支援亚太地区驻军的快速反应能力，提高两国部队共同抵御“外来侵略”的能力。演习预案设想菲律宾吕宋岛被“入侵者”占领，美菲两国军队发动大规模两栖登陆作战，击败敌军、收复失地。演习由三个部分组成：(1) 联军联合特遣部队军事学术研讨会；(2) 两栖登陆作战；(3) 人道主义援救。

根据冷战后的战略调整，美军于 1992 年从菲律宾的克拉克空军基地和苏比克海军基地撤出。但美军仍以《美菲共同防御条约》为依据，坚持同菲律宾举行“肩并肩”联合军事演习，并将该演习与美泰新“金色眼镜蛇”、美澳“双重突击”等演习联系在一起，不断扩充其规模和范围，根本目的在于维系与东南亚国家的防务合作关系，保持美军在该地区的长期存在。

“冒险快车/动态反应 01”演习 “冒险快车/动态反应 01”演习是北约于 2001 年 4 月 27 日～5 月 10 日在巴尔干地区的波斯尼亚、科索沃和阿尔巴尼亚举行的战略预备队演习，该演习是在合并两个年度演习的基础上进行的。美国、阿尔巴尼亚、阿根廷、意大利、荷兰、罗马尼亚和波兰等 7 个国家参演。演习的主力是北约战略预备队，约占参演总兵力的 2/3。北约战略预备队是一支多国部队，由轻步兵、空降兵、两栖部队、空中机动部队、装甲兵、炮兵和空中突击部队组成，它是一支主要用于应付军事突发事件、补充战区部队的机动力量。参加演习的美军部队主要来自南欧特遣部队、第 22 陆战远征部队，约 400 多名官兵，海军和空军向演习提供后勤与运输支援。

演习设想巴尔干地区发生危机，来自北约和其他国家的部队迅速介入执行维持和平行动。参演部队通过空中、海上和地上迅速进入战区，组成 3 个多国部队师展开行动。演习目的是提高北约部队应付突发事件的战备水平，演练作战预案的指挥与控制、技术、战术和程序，熟悉地形和环境，显示美军对北约的安全承诺。演习由二个阶段组成，第一阶段是在阿尔巴尼亚举行初级训练；第二阶段是在波斯尼亚－黑塞哥维那和科索沃地区进行维和训练。

“联合构想 2001”演习 “联合构想 2001”是由美军联合部队司令部于 2001 年 5 月组织的一次联合演习，为期 3 周，是美军检验其“快速决定性作战”概念的系列联合试验计划之一，是 2001 年的主要联合试验计划，也是一次重要的计算机模型与模拟演习。

演习预案设计了一系列美军在未来作战环境中最可能遇到的挑战和困难，它以美军可能在未来面临的现实威胁为基础，设想发生小规模突发事件，并有可能发展为大规模战区战争。演习使用了美军现有的数据库支持作战效果评估，并大量使用了建模和模拟手段对演习条件进行控制。

这次演习的主要目的是检验联合部队的指挥与控制能力，主要考察：(1) 检验联合部队司令部的组织结构，包括与其他外部机构和组织的关系。(2) 考察战役级效益型的计划制定与实施方法。(3) 考察发挥国家级能力的方法。(4) 考察信息需求以及加强联合部队司令决策能力的决策支持系统特点。

“金色眼镜蛇 2001”演习 2001 年 5 月 15～29 日，美国、泰国和新加坡三国军队在泰国第 3 军区所辖彭世洛地区举行为期 14 天的“金色眼镜蛇 2001”大规模联合演习。这是自 1982 年以来的第 20 次演习。“金色眼镜蛇 2001”演习的预案是两个亚太地区国家因主权和领土争端发生冲突，美、泰、新三国军队在联合国的主持下及时介入以迫使双方停战。演习的主要目的和重点是演练支援“联合国主导下的维和行动”能力；增强美、泰、新在应付地区危机的军事行动中的快速反应能力以及作战能力；地区性维持和平行动、人道主义救援、抢险救灾等行动的协调能力；加强泰国武装力量对付地区争端的应急作战能力等。

参演部队共1万多人，其中泰国军队参演人数达5800余人，美军近5000人，新加坡仅派出50余名参谋人员和后勤保障人员。此外，法国、日本、澳大利亚、韩国、菲律宾、马来西亚、印度尼西亚、斯里兰卡、蒙古等9个国家派观察员观摩了演习。参演部队编组为联合特遣部队，设陆、海、空、陆战队和特种作战5个部队和职能司令部。

"金色眼镜蛇2001"演习的主要内容包括两栖登陆作战、搜索与救援、水雷战，特种作战、危机处理、渗透与补给、医疗撤运、心理战等。演习分三个阶段进行：(1) 指挥所演习。主要课目由应急计划的制定、学术研讨、自动化指挥系统操作等组成。(2) 陆上演习。主要课目包括特种作战部队的地面渗透、两栖支援、特种侦察、非战斗人员撤离等。(3) 海上演习。"金色眼镜蛇2001"演习的海上作战部分在泰国湾中部海域进行，主要演练课目有海上航渡、战场支援、海上救援、水雷战、两栖作战等。演习中还大量增加了民事行动演习课目。演习指挥部专门成立了民事联合特遣部队，制定了多项民事行动计划。

"金色眼镜蛇2001"演习有两个突出的特点：(1) 是这次演习第一次取消了实弹射击演练课目。此次演习内容主要是向联合国的维持和平行动提供支援，因此没有必要进行大规模的实弹演习。(2) 这次演习的支援行动中使用了无纸张数据传输系统。据称，使用该系统不仅节约了大量经费，还提高了行动的效率和有效性。使用该系统可以节省60%的时间，能将更多的精力投入到任务当中。该系统在最后时刻也能向确定目标选择与打击清单提供必要的信息情报，满足快速变化的需求，并能准时向部署在数百千米外的部队传送各种信息。

"波罗的海行动2001"演习 美国与其他13个国家于2001年6月1～18日在波罗的海举行了代号"波罗的海行动2001"的多国部队年度海上演习，这是该系列演习的第29次。参加演习的国家有加拿大、丹麦、立陶宛、荷兰、爱沙尼亚、波兰、芬兰、俄罗斯、瑞典、德国、法国、英国、拉脱维亚和美国。演习由美欧洲海军司令部组织实施，由汤斯海军少将指挥。参演兵力包括50艘舰艇、3艘潜艇和20架飞机。美国海军派出2艘舰艇、P－3反潜机、EP－3电子侦察巡逻机、KC－135加油机等。"波罗的海行动2001"演习的目的是提高波罗的海国家和"和平伙伴"国军队间的互通性。主要演习课目有海上和平支援行动、海上补给、水下作战、雷达跟踪、反水雷战、搜索与救援以及海上拦截行动等。演习的重点是维护地区稳定、增进地区了解以及参演各国军队间的合作。

"游沙2001"联合/联军防空和导弹防御演习 2001年6月15～24日，美国、德国、英国、荷兰和加拿大等国军队在美国德克萨斯州的布里斯堡和新墨西哥州的白沙导弹靶场举行了"游沙2001"联合/联军战区防空和导弹防御演习。这是美军自1989年以来举行的第10次演习，它原是旅规模的演习，现在已发展成为世界上规模最大的战术防空作战和联合/联军战区防空与导弹防御演习。

演习区覆盖了美国西南部的大部分地区以及墨西哥湾。大部分地面作战行动集中在布利斯堡以及白沙导弹靶场进行。由美国陆军部队司令部司令担任演习总指挥，美各军兵种以及部分盟国参加了演习（由于欧洲爆发口蹄疫，美担心参演欧洲盟国军事装备会传播疫情，因而使欧洲盟国参加这次演习受到严重影响），参演总人数达15000多人，飞机100多架。参演的美军部队主要有陆军第32防空和导弹防御司令部所属第31和第11防空炮兵旅、第35防空炮兵旅的3个"复仇者"导弹营、第377战区支援司令部、第335战区通信司令部、美陆军第1骑兵师的第1"阿帕奇·长弓"攻击直升机营、第227航空旅等，美空中作战司令部第8空军战备与训练和作战中心的500余人也参加了演习。

演习的主要特点有：(1) 大量采用了模拟技术。这次演习的主要内容均通过计算机模拟进行，导演部采用了计算机生成的通用想定，将各分演习联系在一起，演练了"大规模地区冲突"条件下的联合/联军战区导弹防御和战术防空作战的技术、战术和程序。(2) 针对性强。为提高美军及其盟军在未来战场上的作战能力，美军联合战区进攻分析中心为演习提供了苏制SA－6、SA－11地空导弹和"飞毛腿"导弹系统。伊朗和伊拉克使用的导弹系统大多都是苏制装备的改进型，这些导弹系统均采用发射－机动－发射战术，属于时间敏感性目标（TST），是防空和导弹防御作战中最困难的环节。因此，这次演习中特别对搜寻和捕获这类目标进行了演练。(3) 使用了新研发的软硬件系统。演习中，美国联合部队司令部首次对其"联合作战试验平台系统（JOTBS）"进行了作战环境中的试验，美国空军作战试验室还使用了联合部队司令部"一体化情报搜集管理（ICM）"的"先进概念技术演示（ACTD）"软件。演习还对新的"轻型爱国者"发射架进行了评估。"轻型爱国者"发射架采用了一系列最新技术，每部发射架备弹 16 枚，而原先标准的发射架每部载弹仅 4 枚。发射架载具使用新型的 HUMVEE 取代了原先笨重的卡车和拖车，极大地提高了该系统的机动能力，使之对付战术弹道导弹、巡航导弹和飞机的能力大大提高。

“地区合作”联军演习 2001 年 6 月 17 ~ 28 日，美国、哈萨克斯坦、乌兹别克斯坦、阿塞拜疆、蒙古、土耳其和乌克兰等国军队的约 300 多人在驻德美军的勇士战备中心举行了“地区合作”演习，德国、约旦、巴基斯坦和土库曼斯坦等国派观察员观摩了演习。美军的主要参演部队是印第安那州国民警卫队第 76 步兵旅和美军第 5 特种大队所属分队。

“地区合作”演习旨在提高美国与中亚国家共同执行维持和平行动的能力，演习课目包括维持和平、人道主义救援等。演习前首先举行了研讨会，参演各方对指导多国维持和平行动的各种问题进行了充分讨论。演习开始后，参演人员依托驻德美军勇士战备中心的计算机网络展开模拟演习。演习使用计算机生成的程序对连、排、班的行动进行了模拟演练，主要训练参演各国部队的营一级参谋人员，通过演习，参演人员锻炼了维和行动的组织能力以及多国条件下的行动计划能力。

“清白的猎人 2001”空军演习 北约盟国于 2001 年 6 月 18 ~ 29 日在欧洲盟国的北部地区和法国北部地区举行了代号“清白的猎人 2001”年度空军演习。演习由北欧盟军空军司令部通过联军空军作战中心组织实施，由美军欧洲总部提供支援。

来自比利时、加拿大、捷克、丹麦、法国、德国、希腊、意大利、荷兰、挪威、波兰、葡萄牙、土耳其、英国和美国的空军人员参加了此次演习。美军参演部队主要有欧洲空军司令部的第 48、52 战斗机联队，第 100 空中加油机联队，第 32 空中作战中队，战区导弹防御作战室；美欧洲海军陆战队司令部的第 142 战斗机攻击中队；美欧洲陆军司令部的宪兵分队以及第 33 战斗机联队、第 155 空中加油机联队和第 28 轰炸机联队等。

“清白的猎人 2001”演习旨在通过对抗性演习提高参演部队的相互交流和影响，并对北欧盟军空军司令部及其所属的联军空中作战中心进行训练，提高其计划和指导大规模空中作战行动的能力。演习课目包括各型飞机的各种作战行动，共同演练课目是超低空飞行（距地面 150 米）战术。

“和平盾牌 01”演习 美国与北约盟国及其和平伙伴国于 2001 年 7 月 15 ~ 30 日在乌克兰的亚沃罗夫训练基地举行了“和平盾牌 2001”演习。该演习是根据美国倡导的“和平伙伴”计划进行的多国部队计算机辅助指挥所演习。“和平伙伴”计划旨在增进北约与“和平伙伴”国之间的合作与相互理解，根据该计划开展的“和平盾牌”演习旨在提高北约和“和平伙伴”国在未来和平支援行动中的互通性和协同。

演习内容包括两部分，一是指挥所演习，主要对营一级指挥和参谋人员进行联军条件下的行动战术、技术和程序训练；第二是独立的野战训练，主要针对演习后将派遣一个由波兰和乌克兰军人组成的营赶赴科索沃执行维和任务，对两国人员进行了专门的维和训练。

这次演习由南欧特遣部队组织实施，美国伊利诺斯州陆军国民警卫队和乌克兰国防军负责对参演多国部队的指挥与控制。美军派出了 235 人参加了演习，他们来自美军欧洲陆军司令部、伊利诺斯州陆军国民警卫队、加利福尼亚州陆军国民警卫队、堪萨斯州空军国民警卫队、纽约海军陆战队后备队等。除美国外，参演人员还有来自阿塞拜疆、比利时、加拿大、丹麦、格鲁吉亚、德国、希腊、意大利、哈萨克斯坦、摩尔多瓦、挪威、波兰、俄罗斯、英国等 21 个国家的 800 多人。

“医疗旗 01 - 2”演习 “医疗旗 01 - 2”演习于 2001 年 7 月 23 日 ~ 8 月 3 日在莫桑比克的楠普拉和马普托举行。该演习是由美军欧洲总部组织实施的年度联军和联合医疗训练与民事援助演习，主要目的是对美军医疗部队进行机动训练和积累作战经验。参加演习的部队主要有美欧洲空军司令部第 3 航空队、第 48 医疗大队，美欧洲陆军司令部第 94 工程营，美特种作战司令部第 96 民事营、美国陆军民事与心理作战司令部，以及来自在英国皇家空军和南非军队的部分人员。

“海上交火”演习 2001 年 8 月 17 日，驻太平洋美军在南中国海域举行了代号“海上交火”的演习。参加演习的有美太平洋舰队第 7 舰队的“卡尔·文森号”和“星座号”两个航空母舰战斗大队、14 艘舰艇、130 多架航母舰载机，美太平洋空军出动了 20 多架飞机，参演人数约 15000 人。演习旨在检验和提高太平洋战区美军空军部队的快速力量投送能力。演习中，美太平洋空军飞机实施多点部署，在 96 小时内即完成了力量投送的计划、动员和实施，跨越 3500 多千米，抵达南中国海，向航母战斗大队提供战斗机、侦察机支援。此外，运输机飞行了约 30 个小时，为参演飞机建立了一个岸基机场。美官方否认此次演习是针对中国人民解放军同期进行的东山岛演习。

“乙支焦点透视 2001”演习　2001 年 8 月 20 日～9 月 1 日举行了为期 12 天的“乙支焦点透视”年度联军联合演习。“乙支焦点透视”的联合演习是迄今世界上规模最大的计算机模拟军事演习。参加演习的美军主要来自驻韩美军以及亚太其他基地的美军，共约 1．68 万人，韩国军队则出动了 5．6 万余人。据称，日本的一些计算机专家也应邀参加了演习。演习目的在于提高美韩两军的战备水平和互通性，以及协同作战能力。“综合检验半岛在发生各种紧急状态时行政及军事方面的准备情况”，“在有事时保卫韩国不受外部的威胁”，同时检验和发展韩美军队联合作战的程序、计划及体制。

“卡巴纳斯 2001”演习　来自美国与 8 个拉丁美洲国家的部队 2001 年 8 月 22 日～9 月 11 日举行了代号“卡巴纳斯 2001”的和平支援演习。“卡巴纳斯”是在拉丁美洲地区举行的规模最大的多国演习。

参加演习的国家有美国、阿根廷、玻利维亚、巴西、智利、厄瓜多尔、巴拉圭、秘鲁和乌拉圭，墨西哥和哥伦比亚派观察员观摩了演习。参演美军约 570 人。演习由美军南方总部特种作战司令部副司令马农上校和阿根廷第 5 机械化旅的罗德里古兹上校共同指挥。美军南方总部的空运分队负责演习的空中机动，第 463 加油机和运输机控制分队负责所有空勤的指挥与控制。这也是指挥与控制分队首次参加该演习。

演习预案设想一个穆斯林国家和一个基督教国家间发生对抗，联合国部队迅速进入危机地区，执行强制和平、监督停战、处理武装冲突和平民间的冲突等。演习的目的是增强参演国部队间的协同与合作水平，主要包括 33 项训练课目。演练的共同课目主要有处理特殊问题的技巧，包括处理护航、水雷、检查点、设施安全、民事军事行动、与媒体的关系、直升机作战和巡逻等。其中反水雷战是最重要的内容，参演部队要进行识别雷区、报告、保护平民等训练。

“明星 2001”演习　美国与埃及、德国、希腊、意大利、约旦、科威特、西班牙和英国等 8 个国家的军队于 2001 年 10 月 8 日～11 月 1 日在埃及举行了代号“明星 2001”的年度大规模两栖作战演习。参加演习的美军主要来自美中央总部的陆、海、空、海军陆战队和特种作战司令部。另有 35 个国家派观察员观摩了演习。“明星”演习旨在提高参演各国军队间的战备水平、互通性，加强相互的了解与合作。它是美中央总部参与战略的重要组成部分。今年的演习内容是两栖登陆作战，主要课目有空降登陆、直升机突击作战、战斗机护航、抢滩登陆等。“明星”联合军事演习于 1981 年首次举行，当时仅有埃及和美国两国参加。此后，这项两年一次的军事演习规模不断扩大，至今已有 10 多个国家、共约 7 万多名军人参加。

“联合力量 2001”演习　北约于 2001 年 11 月 5～20 日在波兰举行了代号“联合力量 2001”的联军演习。来自美国、奥地利、阿塞拜疆、比利时、保加利亚、加拿大、捷克、丹麦、爱沙尼亚、芬兰、法国、德国、希腊、意大利、荷兰、英国等 29 个北约及北约盟国军队的 2500 多人参加了演习。演习由北欧盟国司令部组织实施，美军欧洲总部参加了演习的计划制定和指导，美欧洲空军司令部、美欧洲特种作战司令部派员参加了“联合力量 2001”演习，承担了联军联合特遣部队参谋部的部分职能。

“联合力量 2001”演习的主要目的是对一支联军联合特遣部队的司令部及其下属的军种司令部和职能司令部进行训练，主要训练内容是计划与指导和平支援行动的参谋部业务。北约希望通过演习推进联军联合特遣部队概念的实施以及参演各国军队间的互通性。

美日系列年度军事演习　根据美日防务条约的规定，美军与日本自卫队定期举行各种演习。演习已成为美军维系与日本防务合作关系的一个重要手段。美太平洋总部与日本自卫队每年进行的演习数量多、规模大，是美军训练与演习的主要组成之一。2001 年下半年，由于“9·11”事件的影响，美军主要致力于阿富汗战争，或多或少地影响了美军的演习，但是在 11 月，美军与日本自卫队几乎同时进行了 3 场规模较大的演习，十分引人注目。

“年度演习 2001”演习　美军与日本自卫队于 2001 年 11 月 7～12 日举行了为期 10 天的“年度演习 2001”海上演练。该演习是美太平洋舰队第 7 舰队和日本海上自卫队的年度海上作战训练。此次演习的主要目的在于提高美第 7 舰队与日本海上自卫队的战备水平和互通性，演习的主要课目有水面作战、防空和水下作战等。参演美军约 8000 人，“小鹰”号航母战斗大队和第 5 舰载机联队等参加了演习。第 5 联队的演习课目主要有海上攻击、区域防空、舰艇护航等。美日舰艇之间还进行了海上相互后勤补给训练。

“利剑”演习　在“年度演习 2001”演习进行的同期，美日空军还在这一地区举行了代号“利剑”的年度空中演习，该演习也于 11 月 17 日结束。“利剑”演习的主要目的是提高日本航空自卫队与太平洋美海军、空军和海军陆战队的互通性，对其指挥与控制系统进行训练和检验，加强美日空中力量作战的协同性。美日双方都扮演了演习的进攻和防御方，美军的主要任务是向航母作战大队提供空中支援，加强与日军的协调，与日军演练使用“空中任务指令”系统进行作战。演习中，参演空军部队组成联军联合部队，与加油机部队、航母战斗大队、“宙斯盾”海上防空系统等形成密切协同作战。

“对抗北”演习　2001 年 11 月下旬，美国空军与日本航空自卫队的“对抗北”演习在日本冲绳嘉手纳举行。根据美日两国签署的共同防御条约，美国负有在日本遭受侵略时协助日本实施防御作战的义务，“对抗北”演习即双方为增强两国空军的协同作战能力而实施的。由于“9·11”事件后美国忙于阿富汗战争和全球反恐怖战争，以及美军在冲绳的演习日益受到当地日本民众的反对等原因，故此今年的演习规模比原计划减小了 2/3，时间也由计划的两周缩短到一周。演习受到了驻日本的美国空军第 5 航空队的全力支持，由美国空军第 605 空中作战大队长唐·威克霍斯特上校担任演习指挥官，第 5 航空队下属的第 18 联队与日本航空自卫队战斗机飞行员共 70 余人、飞机 24 架参加了演习。

演习的想定旨在考察和加强美日两国飞行员在日本受到外敌入侵情况下的空中防御作战能力，主要由三个部分组成，即平战转换、空中防御作战和战术总结。演习共出动飞机 250 多架次，举行了数小时的战况简报会和战术研讨会。除战斗机外，美日双方还出动了加油机、空中预警与控制机以及其它支援分队。演习不仅加强了美日飞行员在空战中的协同作战能力，还提高了地面保障活动的合作水平。

（王　青）

俄罗斯军队训练　陆军训练　2001 年，俄军颁布了新的战斗条令和新的战斗训练大纲。根据该大纲，陆军的训练更加强调针对性，加强了山地战、夜战、反恐怖、解救人质等课目的演练。在训练经费仍然不足的情况下，采取各种措施加强军事训练。为应对国际国内形势的变化，较大规模的训练演习活动比去年进一步增多，训练内容开始摆脱以往在较低层次徘徊的状况，档次有所提高，重视探索在高技术局部战争条件下的作战方式和方法，加强了与其他军种和强力部门所属部队的联合训练，以及与独联体国家军队的联合训练。其中，驻亚洲地区陆军年内共举行或参加上级组织的师以上规模的演习 12 次，包括师规模演习 2 次，诸军种联合演习 6 次，联军演习 4 次。受训练经费所限，较高级别的演习多为带部分实兵的首长司令部演习，首长司令部战役演习与部分、队的战术演习结合进行。

以应付现实威胁为训练重点　近年来，俄南部境内外的民族分裂势力、宗教极端势力和恐怖主义“三股势力”已成为俄国内公认的最严重的现实威胁，并且已经给俄国家安全和稳定造成了极大损害。俄陆军在打击这“三股势力”方面担当着主角。因此，俄陆军越来越重视加强“反恐怖作战”训练，在 2001 年的一些大规模演习中增加了反恐怖作战内容，并将其作为重点演练课目。如在日常训练和演习中演练解救人质、疏散人员、山地作战、清剿居民点等，重点演练与内卫军、边防军和独联体有关国家军队协同行动和快速反应的战法。

加强联合作战训练　从俄驻亚洲地区陆军的演习中可以看出，俄对诸军兵种的联合作战训练越来越重视，联合作战演习和多军种参加的联军作战演习的次数占演习总数的 80% 以上。在演习中，不是以某一军种为主、其他军种协同，而是根据作战进程的需要，适时转换各军种的角色和作战样式，各军兵种共同完成统一的作战任务。如俄远东军区在 2001 年 3 月举行的首长司令部演习中，首先以空军防空部队为主实施反空袭作战，之后俄海军迎击入侵的敌海军，再后是俄地面部队对楔入俄境的地面之敌实施防御和反攻作战。在整个演习中，敌我之间的相互空袭和反空袭作战贯穿始终。在联合训练中，重点是提高完善已成为战略方向战略－战役司令部的军区的联合作战指挥能力。

训练内容的层次有所提高　在以往的训练和演习中，俄陆军自上而下通常是演练战备等级转进、侦察与反侦察、分析判断情况、战役战术计算、定下决心、实施防御和反攻这些几乎一成不变的训练课目，训练内容缺乏新意。近年来，这一情况在逐渐发生变化，传统的训练课目只在日常训练和师以下规模的演习中实施。在较大规模的演习中，则根据近期高技术局部战争的特点，着重演练电子对抗、导弹攻击和拦截、反恐怖作战、心理战等课目。

训练的针对性明显增强　在俄联邦立国后相当一段时期，俄军的训练因过于顾虑政治影响而缺乏明确的假想敌，在演习中假想敌常常被冠以稀奇古怪的国名，其他较为敏感的要素也不甚明确，致使训练和演习的针对性不强。今年这种情况已经改变，俄军现在认为不能将军队的训练与政治混为一谈，因此在假想敌的设置上不再缩手缩脚。在日常训练和演习中的假想敌虽隐匿了国别，但其编制装备、作战思想和战术是明显有所指的。如驻俄南部的陆军部队以反恐怖作战训练为重点，其对象直指其南部地区的“三股势力”；远东的部队以高技术局部战争条件下的联合作战训练为重点，其矛头明显指向亚太地区的某些军事强国。

总体训练水平仍待提高 陆军总司令尼古拉·科尔米利采夫上将在总结2001年的陆军训练时指出，西伯利亚军区和远东军区任务完成得最好，但总的来说陆军的整体训练质量未见提高。战斗训练特别是战术训练的水平仍在降低，数量仍在减少，专业人员的战术训练和合同训练的程度仍然很弱。体能训练的水平也降低了。陆军战斗训练的组织问题仍未从根本上得到解决，这是常年积累的问题造成的，部队物质技术器材首先是油料仍然严重匮乏。战斗训练的强度不够使人员的训练与教育失去了连续性。作为演习和操练领导者的指挥员的自身训练水平也有待提高。许多指挥员在战斗及其全面保障的组织、火力指挥，以及与炮兵、航空兵及其他强力机关所属分队和部队的协同方面缺乏训练。团长、旅长和师长只是在集训或在军事学院学习时观摩过演习。军官素质低的主要原因是指挥员训练中的形式主义和在组织营、连分队训练方面缺乏实际经验。士兵和军士训练体系也需要重大改进，教导部队的潜力并不总是得到有效利用，其最主要的原因不是缺少经费和物资器材，而是明显的形式主义和简单化。为克服上述不足，必须在陆军部队中实行主管人员组织计划日常活动的工作制度（组织示范周、示范月），其中包括战斗训练的组织和计划。

（来　斌）

海军训练 2001年，俄罗斯海军按照《俄海军2010年前发展规划》、《俄海军2001～2005年建设及发展计划》和俄总统普京于2001年7月批准的《2020年前俄联邦海洋学说》，克服因财政拨款和物质技术保障严重不足、各种燃料严重短缺、艇员及飞行员专业技能长时间得不到提高等因素而造成的负面影响，想方设法加强部队的作战训练，维持部队正常战备训练水平，提高部队战斗准备和动员准备能力。但海军整体战斗训练水平仍在继续下降，且这种下降趋势在今后5年内仍难以得到有效遏制。全年根据任务和形势需要，组织4823次考查性训练，其中战斗训练3518次。从总体情况看，年度训练计划基本完成，基本达到了预期目的。其主要特点是：

*远洋集训仍然是海军训练的重要方式。*与2000年相比，以检验部队冬训和夏训成果为目的的例行性春季、秋季远洋集训基本能正常进行，但集训规模及持续时间相对减少，平均减少了2～3天；训练强度也有所降低，大规模的海上对抗性演习大大减少，演习主要侧重进行导弹发射、反潜、舰炮射击、登陆等传统科目。

*参训舰艇和飞机数量有所增加。*与2000年相比，舰艇出海艘次有所增加。截止8月份，已有420多艘次舰艇出海，其中潜艇90余艘次，水面舰艇337艘次。从冬训和夏训两个训练阶段的情况看，夏训期间舰艇出海艘次明显高于冬训期间。海军航空兵飞机升空训练架次也明显多于2000年，各种现役机型、各级别飞行员均可架机升空参加训练。此外，各舰队进行远航训练的舰艇数量也大大增加，且活动时间相对较长，如太平洋舰队作战舰艇编队赴印度洋进行远航训练活动的时间达74天，黑海舰队“莫斯科”号导弹巡洋舰赴地中海活动时间将近1个月。

*训练重点突出。*2001年俄海军训练重点比较突出。人员训练，侧重各类军官的战术训练，重点是提高各级指挥人员的组织协调能力；士兵的训练主要是通过基础性训练，提高专业技术水平。海军各兵种的训练是围绕所担负的任务来进行，突出战法的完善。其中水面舰艇部队的舰艇突击群的训练重点是充分发挥各种侦察力量和侦察手段的作用，提高强电磁干扰下在有效距离内攻击“敌”舰艇编队的能力；扫雷舰艇的训练重点是通过训练促进反水雷战法的完善；海军航空兵的训练重点是提高飞行员在各种气候下的作战技能和联合作战中与舰艇突击群、反潜部队的协同能力。

*注重与外军进行联合训练。*2001年，俄海军注重利用舰艇出访和外军舰艇来访之机，开展双边或多边联合海上训练和演习。年内，俄海军舰艇访问了19个国家的23个港口。访问期间，几乎都要进行以通信、海上机动和海上搜救等科目为主的联合训练和演习。访问途中，通常要组织进行贴近实战的多科目海上战斗训练。

*积极配合政治和军事外交斗争。*2001年，俄海军的训练和演习较好地配合了国家的政治和军事外交斗争。4月18～22日，俄海军总司令库罗耶多夫海军元帅访问日本横须贺海军基地。太平洋舰队在此期间组织实施了一系列演习训练，旨在为关于北方四岛问题的谈判加码。8月22日，波罗的海舰队防空导弹部队与白俄罗斯防空部队举行的联合防空演习，是俄罗斯在军事行动上对以美国为首的北约进行第二轮东扩的回应。

资料来源：

①俄罗斯《红星报》2001年1～12月；

②俄罗斯《海军文集》2001年1～12期。

作战舰船编队进行远航活动　据俄《海军文集》2001年第2期、第5期和第11期报道，2001年1月15日～3月28日，根据俄海军总司令库罗耶多夫海军元帅指示，太平洋舰队副司令科涅夫海军中将率领由“维诺格拉多夫海军上将”号、“潘捷列耶夫海军上将”号大型反潜舰和“弗拉基米尔·科列奇茨基”号油船组成的作战舰船编队，赴印度洋进行远航活动。此次远航活动历时74天，航经世界7大海2大洋，航程12524海里。期间，2月14～20日，编队访问印度孟买，参加印度为纪念独立50周年而举行的“国际海上阅兵”活动，并参加由印度海军主持的多国海军联合演习，主要科目有通信、海上机动等；3月12～16日，编队访问了越南胡志明市。此外，远航期间，编队还担负沿途搜索、跟踪外军潜艇，以及搜集其活动情况的任务，以便研究其作战行动的可能区域和使用武器的条件。同时还负责对来往的外军舰艇、潜艇、飞机的方位和活动情况进行跟踪掌握，确定其所属国、舰级、舷号和武备类型，搜集其无线电信号。整个航程中，编队共发现100余艘水面舰艇和125个飞行器。

举行春季远洋集训　据俄《海军文集》2001年第3期报道，2001年1月，俄海军里海区舰队举行了春季远洋集训。集训由俄海军总司令库罗耶多夫元帅指挥，里海区舰队的指挥机关、海军陆战旅、水面舰艇和后勤辅助船只参加。海上科目的训练由区舰队参谋长指挥。集训期间，库罗耶多夫元帅检查了里海区舰队的战备状况。

进行高强度战斗训练　据俄《海军文集》2001年第3期报道，2001年1～2月，俄海军波罗的海舰队各部队进行了高强度的战斗训练。其中，陆岸部队下属的莫斯科－明斯克摩步师举行了首长司令部演习；布洛霍尔契克上校指挥的坦克团进行了T－72型坦克考核性射击训练；舰队独立舰载直升机大队完成了全天候考核性飞行训练。

进行导弹攻击空中目标训练　据俄《海军文集》2001年第6期报道，2001年4月18日，俄海军太平洋舰队“维诺格拉多夫海军上将”号和“潘捷列耶夫海军上将”号大型反潜舰在指挥海域，与导弹艇联合实施了导弹攻击空中目标的训练活动。首先进行导弹联合攻击，导弹艇负责发射导弹靶标，由“维诺格拉多夫海军上将”号和“潘捷列耶夫海军上将”号大型反潜舰发射导弹予以击落。然后进行单舰对低空目标实施导弹攻击，导弹艇发射导弹靶标后，首先闯入攻击视线范围的是美海军1架专门对俄海军导弹发射活动进行侦察的P－3C型反潜巡逻机，但这并未影响训练，“维诺格拉多夫海军上将”号大型反潜舰二发一中，“潘捷列耶夫海军上将”号大型反潜舰一发一中。接着，“潘捷列耶夫海军上将”号大型反潜舰对水上目标进行了导弹和火炮攻击。

举行秋季远洋集训　（1）据俄《海军文集》2001年第10期报道，2001年8月14～21日，俄海军波罗的海舰队举行了秋季远洋集训，旨在检验各部队遂行复杂的海上、空中及陆地作战任务的能力。42艘舰艇、31艘辅助船参加，共进行了180次实战操演、14次考核性战术演习和8次首长司令部演习。集训的高潮是登陆兵和空降兵在无设备岸上陆和机降。

（2）据俄《海军文集》2001年第10期、第12期报道，2001年9月17～28日，俄海军黑海舰队在舰队司令科莫耶多夫海军上将指挥下，举行了秋季远洋集训。期间，还与乌克兰海军举行了代号为“和平航道2001”的联合军事演习。舰队水面舰艇部队、潜艇部队、后勤部队、海军航空兵、海军陆战队、岸防部队等参加了此次远洋集训。舰队共出动各型作战舰艇24艘、辅助船31艘，进行了90余次实战操演，其中包括导弹发射、舰炮射击、鱼雷发射、深水炸弹投放等科目。

登陆演习是黑海舰队远洋集训的传统科目。俄海军700名陆战队员和近150件陆战装备参加演习。参演兵力还有：“尼古拉·菲利琴科夫”号、“切扎尔·库尼科夫”号和150号大型登陆舰，“求知”号护卫舰，苏－24型强击机，安－26型运输机等。

“莫斯科”号导弹巡洋舰远航地中海　据俄《海军文集》2001年第11期报道，2001年8月19日～9月13日，俄海军黑海舰队旗舰“莫斯科”号导弹巡洋舰在舰队第一副司令兼参谋长塔塔里诺夫海军中将率领下，赴地中海进行远航活动。此次远航活动的总航程为4000余海里，先后访问了法国戛纳和土伦港、突尼斯拉古列特港、意大利布林迪西港。远航期间，“莫斯科”号导弹巡洋舰高水平地进行了战斗训练。

举行反潜训练　据俄《海军文集》2001年第12期报道，2001年10月12～15日，俄海军波罗的海舰队在海上举行了反潜训练。舰队共出动各型舰船15艘，主要科目为搜索“敌”潜艇等。舰队参谋长布拉日尼科海军中将坐镇“坚持”号导弹驱逐舰指挥训练。

参加“波罗的海行动 2001”演习 据俄《海军文集》2001 年第 8 期、第 9 期和《红星报》2001 年 8 月 18 日报道，2001 年 6 月 1～18 日，俄海军波罗的海舰队“动荡”号导弹驱逐舰参加了北约海军举行的“波罗的海行动 2001”联合军事演习。12 个国家的近 50 艘舰船参加此次演习。演习想定是波罗的海地区两个假想国发生冲突，有关国家通过和平方式协调和解决冲突，并实施海上禁运。演习分为三个阶段：第一阶段，参演舰艇在波兰格丁尼亚港集结；第二阶段，进行演习，主要科目为海上禁运、搜索与监视潜艇、通信、对海上和空中目标射击等；第三阶段，在德国基尔德进行演习总结。演习结束后，参演舰艇参加了一年一度的基尔国际海军周活动。“动荡”号导弹驱逐舰在演习中表现突出。

举行联合反恐演习 据俄《海军文集》2001 年第 8 期报道，2001 年 6 月 19 日，俄海军波罗的海舰队和驻加里宁格勒的内卫、安全等部队举行了联合反恐演习。演习想定恐怖分子利用伪造的特别通行证，潜入波罗的海舰队司令部实施突然袭击，波罗的海舰队迅速组织力量搜捕和消灭入侵的恐怖分子。演习经过：19 日 17 时，波罗的海舰队得到“恐怖分子已潜入营区”的报告，随后立即把此情况通报给加里宁格勒市安全部门、军事反间谍机关、警察局和检察院，并迅速组织力量展开搜捕，舰队司令部同时实施戒严，采取积极的应对措施，加强警卫和防范，保护武器装备和涉密文件的安全。而司令部其他人员有组织地进行撤离。

舰队司令瓦鲁耶夫海军中将高度评价了舰队执勤部队、驻加里宁格勒的安全部队和内卫部队的行动，认为此类训练不仅能检验舰队指挥机关在非常状态下的应对能力，而且还能检验组织和协调防区内其他部队的能力。

举行首长司令部演习 （1）据俄《海军文集》2001 年第 8 期报道，2001 年 6 月 19～22 日，俄海军列宁格勒海军基地在海军总参谋长克拉夫琴科海军上将指挥下，举行了首长司令部演习。演习旨在检验基地的指挥机关指挥下属部队的能力，以及部队各级司令部与地方军事委员会、水运组织、企业、执政机关之间在部队进入全面战备时，保障部队兵力展开的协作能力。克拉夫琴科海军上将称演习达到了预期目的。

（2）据俄《海军文集》2001 年第 8 期报道，2001 年 7 月 3～10 日，俄军在俄罗斯西北部地区举行了首长司令部演习。演习由俄武装力量总参谋长克瓦什宁大将担任总指挥，列宁格勒军区的指挥机关及其所属部队、驻俄西北部地区的空军及防空兵部队，以及俄海军波罗的海舰队和北方舰队的指挥机关及其所属部队等参加。演习的目的是提高驻俄西北部地区各军兵种部队指挥机关指挥部队的能力，以及各军兵种部队之间协同作战的组织、协调能力。7 月 7 日，克瓦什宁大将抵波罗的海舰队观看了演习结束阶段科目的演练，检查了该舰队的战役准备和动员准备状况。8 日，克瓦什宁大将和海军总参谋长克拉夫琴科海军上将观看了由波罗的海舰队陆岸部队、海军航空兵和预备役部队参加的连规模战术演习。

举行俄白联合防空演习 据俄《海军文集》2001 年第 10 期报道，2001 年 8 月 22 日，俄海军波罗的海舰队防空导弹部队和白俄罗斯防空部队在波罗的海舰队的海上靶场举行了联合防空演习。俄海军总司令库罗耶多夫海军元帅、空军总司令科尔努科夫大将、波罗的海舰队司令瓦鲁耶夫海军中将和白俄罗斯国防部长马利切夫中将观看了演习。该演习是独联体国家“战斗协作 2001”演习的一部分。

举行俄乌“和平航道 2001”联合维和演习 据俄《海军文集》2001 年第 10 期、第 11 期报道，2001 年 9 月 17～28 日，俄海军黑海舰队与乌克兰海军举行了代号为“和平航道 2001”的联合维和演习。共有 6 艘作战舰、2 艘救援拖船、各型飞机 8 架次、约 260 名陆战队员参加。17 日上午举行了演习开始仪式，俄海军黑海舰队司令科莫耶多夫海军上将、乌克兰海军总司令叶热利参加。随后，叶热利在黑海舰队战役战术训练中心听取了维和部队联合大队指挥官、航空大队指挥官和陆战营指挥官的情况汇报。17 日下午，根据演习第一阶段（9 月 17～19 日）计划，举行了联合司令部演练，旨在提高维和部队各级司令部指挥部队作战的能力。此外，演习期间，俄海军黑海舰队“求知”号和“敏捷”号护卫舰与乌克兰海军 1 艘护卫舰在两国海军航空兵的协同下，进行了联合反潜演练。

“特里布兹海军上将”号大型反潜舰进行演习和训练 据俄《海军文集》2001 年 12 期报道，2001 年 9 月 8 日，俄海军太平洋舰队“特里布兹海军上将”号大型反潜舰在舰队参谋长费多罗夫海军中将率领下驶离海参崴，赴日本佐世堡进行访问。9 月 25 日，该舰返回海参崴。出访期间，15 日，与日本海上自卫队举行了救助海上遇难船只的联合搜救演习。演习由日本海上自卫队第 2 护航群司令指挥，日海军 1 艘扫雷舰、2 艘驱逐舰、1 架 P－3 型反潜直升机、1 架

U－125型搜救直升机和1架“海鹰2”型直升机，俄海军“特里布兹海军上将”号大型反潜舰、1架卡－27型搜救直升机参加，随后，俄日海军还举行了通信及海上机动科目的联合演习。

俄日海军联合演习结束后，“特里布兹海军上将”号大型反潜舰驶离佐世堡。返航途中，进行了一系列战斗训练。18日，先进行了舰炮攻击海上目标及空中目标的演练，接着出动卡－25型反潜直升机，并使用无线电声纳浮标、舰载声纳进行反潜训练。19日，进行攻击海上目标，反潜和海上搜救的训练。20日，进行了实弹射击训练和舰载机起降训练。

（孟　华）

空军训练　2001年，俄罗斯空军的战备训练总体上仍处于较低水平，尤其是航空兵部队的飞行训练仍远远低于作战需要。但是，随着俄罗斯经济的缓慢复苏，俄空军一线战备部队的日常训练活动逐渐增多，各类军事演习数量较以前明显增加，训练体制的改革继续进行，作战理论研究取得新的成果。

充分利用有限资源，确保一线战备值班部队的训练和战备水平　俄空军整体训练水平虽然有所下降，但担负一线战备值班的部队仍充分利用有限的资源，保持了较高的训练和战备水平。

（1）以战备促训练，加强战斗值班强度

据俄空军司令称，2001年，俄防空值班部队加强了战斗值班强度。年内，共查处30起违反空中使用规则事件，发现15万个空中目标，其中的70%为外国飞机，包括近4000架外国侦察机。为了拦截可能的空中入侵，地空导弹部队转入一等战备120次，无线电技术部队转入一等战备2500次，航空兵紧急升空70次。侦察机继续保持对巴伦支海、日本海及太平洋地区的高强度航空侦察。

（2）训练强度显著提高，任务复杂程度增大

2001年，俄空军担负战备值班任务部队的训练强度有了显著提高，各兵种间协同作战演习增加，训练任务也更加复杂。年内，无线电技术部队与地空导弹部队和航空兵部队举行各类协同演习300次，地空导弹部队共完成战术任务170项，前线航空兵举行飞行战术演习30多次，有一半航空团进行了空靶实弹射击训练。前线航空兵的强击航空兵团和轰炸航空兵团飞行员完成了200多次导弹发射训练。2001年，参加紧急升空和空地打靶训练的部队数量有所增加，担负战斗值班的10个地空导弹师和5个歼击航空兵团进行了紧急出动考核，均达到完全胜任所担负任务的标准。远程航空兵也按计划完成训练任务。空军还与海军太平洋和北海舰队导弹航空兵联合进行了10次导弹发射训练，水上目标全部首发命中。

（3）突出地空导弹部队训练，提高训练效率

俄空军司令称，地空导弹部队一直是空军火力构成的主要力量，在反空袭作战中担负着消灭3/4空袭兵器的任务。因此，近年来，地空导弹部队的训练成为空军训练的优先重点，参加实弹演习部队数量逐年增加。1997年只有20%的地空导弹团参加了实弹射击战术演习，2000年增加到40%，到2001年则有一半地空导弹部队参加了战术演习。1998～1999年地空导弹部队的战斗使用效率仅为70～80%，2001年已提高到95～97%。

（4）恢复战略轰炸机在北极地区的驻训活动

2000年11月以来，俄远程航空兵开始恢复轰炸机在北极地区的驻训活动，驻乌克赖纳基地和欧洲地区的远程航空兵部队先后派出图－95和图－160战略轰炸机进驻位于北极地区的三个机场，举行多科目的综合演练。这是自冷战结束以来，俄空军战略轰炸机首次恢复在北极地区的大规模驻训活动。2001年2月13～16日，俄军举行全军规模首长司令部战略演习，在北极地区驻训的图－95飞机在伊尔－78加油机的配合下，完成了向加拿大方向“发射”巡航导弹的任务。上述活动引起了美军的极大关注。

进一步完善教育训练体制，调整编制结构　2001年俄空军继续采取措施，完善教育训练体制：一是重新组建两所初级飞行训练学校。从2001年9月1日起，重新组建莫尼诺和乌法两所普通教育寄宿学校（少年军校），使该类学校增加到9所。这两所学校可招生500名，招生对象是那些完成9年级普通教育，经过良好体育训练的15岁的学生。学员在经过一年的学习后，可进行雅克－52飞机和米－2直升机的驾驶飞行，飞行时间约30小时。毕业后将分配到空军高等院校继续深造。二是恢复预备役部队集训。为提高空军预备役人员的训练水平，增加受训人员数量，俄空军首次恢复了中断10年的预备役军人集训。三是调整组织结构。为优化训练体制，年内，俄空军共采取了400多项提高部队训练强度的措施，并对150多个部队进行了组织编制调整，加强了指挥机关和部队的作战训练，进一步提高了训练效率。

加强针对性的演习演练，提高部队实战能力

（1）加强独联体国家联合防空演练

2001年4月5日，独联体联合防空系统举行了一次指挥机构和值班部队的首长司令部演练，演练由独联体国家国防委员会防空协调委员会主席、俄空军司

令科尔努科夫大将指挥，俄罗斯、塔吉克斯坦、亚美尼亚、白俄罗斯和哈萨克斯坦的防空部队参加了演练，为提供空情共出动了约30架不同型号的飞机和直升机。主要演练参加独联体联合防空系统的指挥机构和值班部队的作战协同。此次演练的另一个目的是完善俄空防军与乌克兰、乌兹别克斯坦防空指挥机构和作战值班部队的协同。

（2）突出现代战争背景，加强高技术条件下的作战演练

针对近年来高技术武器装备在战争中的广泛使用和突出作用，俄空军十分注重高技术条件下的作战演练。一是加强反导作战演练。防空火箭部队注重演练使用C－300防空导弹系统打击弹道导弹，歼击航空兵部队加强对付敌巡航导弹的演练，地面雷达部队则重点加强了搜索监控巡航导弹目标的能力。二是提高协同作战能力。年内，俄空军十分重视演练不同兵种、不同兵器间的相互协同，旨在通过近似实战的演练来提高部队的整体作战能力。三是加强防核、生、化武器打击能力。俄军认为，当前国际军事斗争形势表明，未来核战争的威胁将越来越大，特别是美国遭恐怖袭击后，核、生、化武器的威胁更加突出。为此，俄军专门组织了防核生化武器袭击和反恐怖袭击的演练。

加紧反空袭作战理论的研究　俄空军在分析研究近年来发生的局部战争和冲突的基础上，加紧了对高技术条件下反空袭作战的研究，并提出了空军反空袭作战的新观点。（1）高技术条件下的反空袭作战，必须建立攻防兼备的一体化空中空间力量。空间武器在未来空袭作战中将发挥日益突出的作用，卫星侦察监视、卫星通信与导航、指挥与控制系统以及天基进攻性武器，将与常规空袭力量结合成统一的整体，同时在空中和空间展开。俄军现有的军兵种结构以及空天不统一的状况，将不能适应未来反空袭作战的需要。因此，必须建立攻防一体化的空中空间力量，完善空天防御体系。（2）必须建立高效可靠的防空防天预警系统。现代空袭武器以多样化、快速机动、隐蔽性强、精确制导、远距离攻击及以电子信息系统作保障等特点，使反空袭作战的难度空前增大。因此，必须建立一套高效可靠的空天预警系统和对付高精度巡航导弹的反导系统，提高对来袭兵器的侦察、预警和拦截能力。（3）必须实施空中进攻战役，掌握反空袭作战的主动权。俄军认为，被动式的防空作战在现代高技术局部战争中越来越显得软弱无力。要改变被动挨打的地位，必须将主动的空中进攻战役和空中防御战役相结合，在空中、空间以及陆上和海上对敌空中空间袭击兵力兵器体系实施决定性的打击。（4）信息战成为未来反空袭作战中致胜的关键。在现代空袭作战中，无论是空中空间的兵力兵器，还是侦察监视与指挥控制系统，都必须以信息战为依托，没有信息技术的支持作保障，空袭作战将无法实施。因此，如果能够在反空袭作战中，采用“软”、“硬”杀伤手段相结合，破坏敌信息系统这一中枢神经，将成为取胜的关键因素。为此，俄空军积极发展信息战的关键技术和手段，加紧研究信息战的样式和方法，以提高信息战能力。

参加远东军区举行的首长司令部联合演习。据俄《独立军事评论报》第10期报道，2001年3月19～24日，俄罗斯远东军区举行了首长司令部演习。演习由远东军区司令尤里·雅库波夫上将指挥。演习的目的是完善各级指挥员、司令部的战术指挥技能，演练各强力部门的作战协同。俄远东军区的各级司令部、作战集群及部（分）队、太平洋舰队、空军集团军参加了演习。空军航空兵、防空导弹部队进行了实弹射击。

独联体联合防空系统举行司令部演习。据俄罗斯《红星报》2001年4月5日报道，4月5日，独联体联合防空系统在独联体国家国防委员会协调委员会主席、俄空军总司令科尔努科夫大将的领导下，进行了指挥机构和值班部队的首长司令部演习。俄罗斯、塔吉克斯坦、亚美尼亚、白俄罗斯和哈萨克斯坦的防空（空防军）部队参加了演练。为提供空情共出动了约30架不同型号的飞机和直升机。主要演练参加独联体联合防空系统的指挥机构和值班部队的作战协同。此次演练的另一个目的是进一步完善俄罗斯、乌克兰和乌兹别克斯坦三国防空指挥机构和作战值班部队的协同。

在模拟机上“飞”得越来越多。据俄《红星报》2001年2月8日报道，近年来由于燃油短缺，俄空军模拟机训练的内容和作用已发生了显著的变化，对于无法升空飞行的飞行员来说，模拟机训练成了保持飞行技能的唯一机会。担任领导职务的飞行人员也越来越经常地进行模拟机飞行。以驻在堪察加半岛的一个歼击航空兵团为例，近年来模拟机训练任务量增加了两倍。该团副团长、一级飞行员彼得·基谢列夫中校说，“没有别的出路，我们只能从模拟机中挤出尽可能多的东西来”。

科拉防空兵团发现外来飞行物。据俄罗斯《红星报》2001年4月7日报道，2001年头三个月，俄罗斯

空军科拉防空兵团在该团防空区域发现 3580 个外来飞行物，其中 500 个是战斗机和侦察机，该数字远远超过去年同期。从境外漂向俄罗斯探测气球的数量几乎是去年同期的 3 倍。而且外国飞行器接近俄领空的危险机动飞行的次数也有所增加。由于空军防空军导弹和无线电技术分队仍然处在精简整编中，要对付这么大强度的境外空中侦察活动，对于空军科拉防空兵团官兵来说任务是非常艰巨的。

战斗机飞行员训练水平下降。据美国《航空周刊与空间技术》2001 年 2 月 5 日报道，去年俄罗斯大部分飞行员的训练水平均稍有上升，但歼击机飞行员的年飞行时间远远少于他们所需的飞行时间。俄空军司令阿纳托利·科尔努科夫将军称，2000 年是俄空军“稳定的一年”。训练水平有所上升，演习约 400 次，与 1999 年相比增加了 1/3，飞行员人均飞行时间为 25～30 小时，比 1999 年稍有增加。运输机飞行员人均飞行时间为 50 小时，居各机种之首。强击机和轰炸机飞行员人均飞行时间也分别增至 35 小时和 20 小时。然而，歼击机飞行员人均训飞时间只有 10 小时，这与歼击机飞行员每年必须飞行 60～80 小时的要求相差甚远。2000 年，空军要求配给航空燃油 250 万公吨，以期达到一个新的飞行训练水平，但实际只获得 50 万公吨。

（吴良全）

日本自卫队军事训练 陆上自卫队训练 2001 年是日本自卫队执行《2001～2005 年度中期防卫力量发展计划》的第一年，为实现新世纪军队建设的总目标，陆上自卫队继续贯彻“平时以教育训练为中心”的指导思想，努力强化部队的各种训练。在严格实施部队正规化作战训练的同时，努力强化以应对游击部队、特种部队为主的非正规作战训练。

强化机动、抗登陆作战训练，提高部队快速反应作战能力 进入 21 世纪，陆上自卫队在继续贯彻“水际滩头歼敌”作战思想的同时，努力强化快速机动部队的建设，以提高部队快速反应作战能力。继第 13 步兵师改编为第 13 地面机动旅之后，2001 年 3 月第 12 步兵师又改编为第 12 空中机动旅。随着机动旅的增多，在 2001 年陆上自卫队机动训练有所增加，全年达 80 余次。小部队（连、排）的各种机动训练一年始终不断，训练形式主要有地面机动、山地机动和雪地机动等。各方面军陆航部队的编队飞行机动训练则在元旦后全面展开，训练均以实施快速机动作战和应付可能发生的“不测事态”和“紧急事态”为目的。一年一度的大规模联合机动训练（北方机动特别演习）则在 6～8 月进行。为实现“水际滩头歼敌”的战略思想，2001 年陆上自卫队进一步加大岸舰导弹部队的训练力度，除在国内进行正常的训练外，10 月中旬至 11 月上旬还派遣了 6 个岸舰导弹团和一个教导队赴美国加里福尼亚州穆古角美海军导弹中心实施年度实弹射击训练。通过上述训练，不仅部队的机动作战和抗登陆作战能力得到进一步提高，而且部队的快反态势也得到进一步确立。

加强反游击战训练，提高部队非正规作战能力 2001 年，陆上自卫队把部队反游击作战训练作为全年训练工作中的一项重要任务来抓，并将其纳入部队的正规化训练。继 2000 年陆上自卫队在西部军区向各部队推广大部队围剿敌游击部队的作战方法后，2001 年各兵种部队反游击战等非正规作战训练全面展开。2001 年陆上自卫队各部队组织的此类训练达 40 余次，与 2000 年相比，增加近 20 次，训练形式有空降反游击战、山地反游击战、城市反游击战和雪地反游击战等。此外，陆上自卫队还通过上述训练正在研究探讨目前部队训练教范、编制、装备等是否适应反游击战的需要。随着此类训练的全面展开，部队的非正规作战能力将进一步得到提高。

实施日美一体化训练，提高联合作战能力 为落实新《日美防卫合作指导方针》和《日美陆军联合训练计划》，2001 年日本陆上自卫队在强化自身训练的同时，继续与美陆军、海军陆战队实施联合训练，以提高联合保卫日本及应对“周边事态”的能力。2001 年陆上自卫队与美陆军等实施的较大规模的联合训练演习共 6 次。其中，日美陆军联合方面军级指挥所演习 2 次；日美陆军联合实兵演习 1 次；陆上自卫队与美陆军、海军陆战队的联合训练 3 次。另外，在陆上自卫队与美陆军、海军陆战队的联合训练中，针对敌国的渗透突出了以应对敌游击部队、特种部队等非正规作战的演练，并增加了反恐怖战演练科目，使训练内容进一步扩大。通过一年来的训练，日美陆军一体化训练水平进一步提高。但是，受“9·11”事件的影响，原计划于 10 月下旬举行的日美陆军联合训练被迫取消，使双方的训练未能按计划完成。

加强现代化训练设施建设，提高部队科技练兵水平 培养高素质的军人和造就精强的部队是日本陆上自卫队训练工作的方向和目标。2001 年，陆上自卫队紧紧围绕培养精兵这一中心展开科技练兵，步兵师、团等作战单位利用训练评价支援中心方式（TESC 方式）和训练评价支援系统方式（VSS 方式）施训，步兵连等基层作战单位则利用具有现代化装置的“富士训练中心”施训，炮兵部队还利用了“炮兵团等指挥所训练指挥支援系统（FA－ICE）”进行演练。为进一步促进科技练兵，2001 年陆上自卫队还对部分战斗训练场、攻击训练场和防御训练场进行了整修。整修后的攻击训练场均配备有时隐时现的标靶及活动标靶，并可对指挥官的情况判断是否准确、各战斗动作是否符合要求等训练情况严格进行实时讲评和判定。为使部队适应任务多样化的需要，提高部队城市反游击作战的能力，陆上自卫队决定从 2001 年起在东富士演习场学校西区正式建立“城市型反游击作战训练设施”。

继续利用美军现代化军事设施施训，提高部队整体训练水平　派遣导弹部队等赴美施训是陆上自卫队每年训练工作的一项重要内容。2001 年，陆上自卫队为解决部队在日本国内训练演习场无法进行的训练科目问题，以及为利用美军精确的训练评价系统对部队的训练作出科学总结，继续派遣“霍克”防空导弹部队、岸舰导弹部队、坦克部队和反坦克部队等前往美国华盛顿州亚基马演习场等现代化训练基地施训，并扩大了岸舰导弹部队的参训规模。“霍克”防空导弹部队和岸舰导弹部队的训练分别在美国新墨西哥州麦克格雷高尔射击场和美国加利福尼亚州穆古角美海军导弹中心进行。通过赴美训练，陆上自卫队完成了在国内无法进行的训练科目，不仅保证了全年训练工作的顺利完成，而且还提高了部队整体训练水平。

资料来源：

①日本《朝云》2001 年 1～12 月；

②日本《防卫日报》2001 年 1～12 月；

③日本《海上自卫新闻》2001 年 1～12 月。

岸舰导弹部队实施对舰情报战斗训练　据日本《朝云》2001 年 3 月 1 日报道，2001 年 2 月 1～9 日，陆上自卫队第 4 岸舰导弹团在八户演习场等实施了对舰情报战斗训练。目的在于演练岸舰导弹部队与海、空自卫队联合进行对舰船目标的情报搜集、处理和传输要领以及陆海空三自卫队联合对舰作战要领等。训练分两个阶段进行。第一阶段（2 月 1～5 日）为指挥所演习（CPX）和系统构成训练等。第二阶段（6～9 日）为综合训练，主要进行了兵力部署、岸舰导弹系统的构成及对舰打击训练等。参训主力部队在八户演习场展开，第 3 岸舰导弹连部署在青森驻地，搜索、标定对舰雷达班和中继组部署在六所村等青森东部地区，在广域构成反舰导弹系统实施演练。训练期间，陆海空三自卫队召开了情报会议和火力调整会议，对陆海空三自卫队联合对舰作战要领进行了研讨。此次训练使用了海上自卫队护卫舰等，在近似于实战情况下进行演练，并通过多种通信器材验证了 SSM－1 岸舰导弹数据传输要领等。

第 1 炮兵旅实施指挥所演习　据日本《朝云》2001 年 4 月 19 日报道，2001 年 2 月 8～14 日，陆上自卫队第 1 炮兵旅在北千岁驻地利用“炮兵团等指挥所训练指挥支援系统（FA－ICE）”实施了指挥所演习。旅长长野中将担任演习指挥官，参训人员 552 人。演练科目：追击炮目标情报活动、联合射击、空地联合作战、炮兵部队运用等。训练期间使用 60 余台电子计算机，运用先进的训练设施施训，使参训部队受到了一次现代化作战的锻炼。演习结束后召开训练综合研究会，与会者一致认为，“使用 FA－ICE 训练取得了非常大的效果”。

第 1 空降旅实施反游击战训练　据日本《朝云》2001 年 1 月 18 日报道，2001 年 1 月 14 日，陆上自卫队第 1 空降旅在日本千叶县习志野演习场实施反游击战训练。第 1 空降旅旅长直海康宽少将担任训练指挥官，参训人员 227 人，出动直升机 17 架。训练中，第 1 直升机旅和第 4 反坦克直升机队派部队进行支援。训练以在山区地带实施反游击战为想定，分三个阶段进行，即对入侵游击队包围作战、直升机部队投入作战和捉拿敌游击队员。训练期间，出动了 OH6 联络观测直升机、UH－60J 多用途直升机、CH－47J 运输直升机和 AH－1S 反坦克直升机等，从对敌侦察、包围进攻到空手格斗，通过一系列的训练科目，演练部队应付入侵游击队的作战能力。

北部军区实施山地、雪地反游击战训练　据日本《朝云》2001 年 7 月 19 日报道，陆上自卫队北部军区第 11 步兵师第 10 步兵团于 5 月 24 日在北海道大演习场、西冈地区实施了山地反游击战训练（师指定科目训练）。目的在于通过山地搜索游击队和搜索后的进攻作战演练使部队掌握反游击作战的各种要领。训练科目：搜索潜伏在山地的游击队、搜索部队的前进要领、夜间警备、与敌遭遇时的应对要领等。训练期间，北部军区军长、第 11 步兵师师长视察了训练并进行训练指导。

与美陆军、海军陆战队实施联合雪地实兵训练　据日本《朝云》2001 年 1 月 25 日、4 月 19 日报道，2001 年 2～3 月，陆上自卫队分别与美陆军和美海军陆战队实施了联合雪地实兵训练。其具体情况：2 月 14 日～3 月 1 日，陆上自卫队和美陆军在日本矢臼别演习场和别海演习场实施联合雪地训练。日本陆上自卫队北部军区第 5 兵步师师长藤田昭中将和驻日美陆军司令阿伦·D·约翰逊少将分别任训练指挥官。参训部队有：日方陆上自卫队北部军区第5师第27步兵团，700人；美方第25步兵师（轻）第2步兵团，450人。日美陆军在各自的指挥系统下演练了日美实施联合作战时的相互合作要领。2月20日～3月6日，陆上自卫队和美海军陆战队在日本北海道大演习场和东千岁驻地实施了联合雪地训练。日本陆上自卫队第7坦克师师长森勉中将和美第3海军陆战师师长华莱士·C·克雷克逊少将分别任训练指挥官。参训部队有：日方北部军区第7坦克师第11步兵团所属1个连，约120人；美方第3海军陆战师第8陆战团第3营，约160人。目的在于演练日本陆上自卫队和美海军陆战队实施联合雪地作战时的相互配合要领。训练分两个阶段进行：2月21～28日为机动训练，双方主要实施了滑雪基础训练、滑雪前进和战斗训练等；2月29日～3月6日为综合训练，主要实施了机枪和迫击炮的实弹射击训练和联合攻击训练。

赴美射击训练 据日本《朝云》2001年8月9日、11月1日报道，陆上自卫队于2001年9月15～23日在美国华盛顿州亚基马演习场实施了2001年度赴美射击训练。此次训练由东北部军区组织实施，东北部军区军长洗尧中将任训练总指挥官，第9步兵师副参谋长圆藤春喜上校任射击部队指挥官。参训单位及装备：东北部军区第6、第9步兵师的79式反舟艇反坦克导弹发射装置4套、AH－1S反坦克直升讥4架；北部军区第7坦克师的90式坦克4辆；炮兵部队的多管火箭发射系统（MLRS）3辆；富士学校富士教导旅的96式多用途导弹系统（MPMS）2套，人员共计320人。目的在于运用美军的宽阔演习场演练参训装备在日本国内无法进行的远距离射击科目等，以便战时能够最大限度地发挥其战斗力，提高各部队的射击能力。在为期9天的训练中，参训部队充分利用方圆40千米的亚基马演习场，进行了各种武器装备的最大射程射击训练和夜间移动目标射击训练等。受美国"9·11事件"的影响，由于美国对飞机的飞行进行空中管制，AH－1S反坦克直升机的训练受到一定影响，其他训练均按预定计划完成。

东部军区参加大规模救灾训练 据日本《朝云》2001年7月26日报道，陆上自卫队东部军区于2001年7月17日、18日参加了由地方和自卫队联合举行的代号为"大营救东京2001"的综合防灾指挥所训练。东部军区军长任参训部队指挥官。参训部队有东部军区参谋部、第11步兵师、第12空中机动旅、第1空降旅、富士教导旅，人员1100人。训练以东京地区发生大规模地震为想定，陆上自卫队出动兵力与警察、消防部队和海上保安厅一起实施抗震救灾，以演练部队快速应急能力和快速机动能力以及出动大部队情况下的指挥、运用和协调能力。训练期间，61个部队成立了指挥所，从掌握情况到与海空自卫队及东京地方部门的协调进行了一系列的演练，使部队尝试了一次非武装性的大规模训练。

建立城市型反游击作战训练设施 据日本《朝云》2001年11月22日报道，鉴于近年来恐怖主义和游击部队的威胁不断增大，陆上自卫队正在着手建立以应付游击部队和特种部队攻击的"特种部队"，但是日本国内却缺少部队施训的相应设施。因此，陆上自卫队决定在东富士演习场学校西区建立"城市型反游击作战训练设施"，并已于2000年度开始对训练设施用地进行调查和实地测量。训练设施南北约500米，东西约600米，总占地面积为3万平方米，在训练设施中心地建筑11栋具有城市色彩的大楼，以用于部队实施城市反游击作战模拟训练。鉴于1999年3月在日本能登半岛发生的朝鲜可疑船入侵事件，陆上自卫队决定2003年组建一支由300人左右组成的"专门部队"。这支部队的主要任务就是应对登陆后潜入城市从事破坏活动的游击部队。"城市型反游击作战训练设施"的建立将为"专门部队"提供良好的训练场地。训练设施内建有地道并安装摄像机，建筑物墙壁阴面画有能显示目标的立体印刷图，以便训练时能取得良好的效果。按照计划要求，训练设施将于2005年度末竣工，2002年度为第一期工程，投资9亿日元，2003年度进入第二期工程。

（张洲军）

海上自卫队训练 2001年是日本海上自卫队实施"新中期防卫力量整备计划"（2001～2005年）的第一年，也是承前启后，加强部队建设的一年。为了落实扩军指标，提高现代条件下防卫作战能力，一年来，日本海上自卫队调整和改革部队训练体制，按年度计划大抓部队训练工作，共实施各类较大规模训练55次，其中水面舰艇部队护卫队群级以上训练16次，航空兵部队航空群级以上训练21次，专项扫雷训练5次，反潜训练2次，登陆训练3次，海外派遣训练3次，远航性质训练3次，舰艇综合展示训练1次，部队年度综合演习1次。

专门成立独立的训练机构 日本海上自卫队原来没有专门独立的水面舰艇训练机构，直属联合舰队的"开发指导队群"，通过其下辖的开发研究队和训练指导队指导部队研究开发和训练。为了加强训练指导，

2001年1月13日，海上自卫队决定将训练指导队从开发指导队群中独立出来，成立"海上训练指导队群"，直属护卫舰队，其司令部设在横须贺，人员由60人扩编至320人，下辖2个海上训练指导队和诱导武器教育训练队。此外，为了如强潜艇和扫雷舰艇的训练，在横须贺成立潜艇教育训练队分遣队，在吴港成立扫雷业务支援队分遣队。

训练采用循序渐进的方法实施 2001年日本海上自卫队训练，总体上看，无论是训练规模上，还是训练内容上均采用由小到大、由浅入深、循序渐进的训练方法。水面舰艇训练，首先是单舰训练或护卫队、扫雷队级训练，然后进行队群级训练，前者为单练，科目单一，后者是合练。航空兵训练，首先是单机训练，然后为双机、三机编队训练。潜艇训练基本上以单艇为主实施。训练内容上，首先是基础科目训练，然后是战术应用训练，队级以下的训练，主要是基本科目训练，队群级以上的训练大体是战术应用训练。远航和展示等训练，基本上是基础训练，反潜和扫雷等专项训练，则为战术应用训练。大规模训练后，为检验全年的训练成果，实施年度综合演习。

加强电子战训练 海上自卫队为加强电子战训练，2月23日将1架P-3C型机改装成OP-3C型图像情报侦察机，第2架该型机不久亦将改装服役。为此，设在岩国基地的第31航空群新成立第91航空队（人员130人），将OP-3C型机连同此前服役的3架UP-3D型电子战训练支援机和5架U-36A型装有电子战干扰装置的训练支援机置于属下，以利于电子战训练。新型机服役后即开始了"业务训练"。

训练与专项任务相结合 为充分利用时间实施训练，2001年多次采用海空训练与执行专项任务相结合的做法，即水面舰艇训练中发现外国舰船在日本周边海域活动时实施跟踪监视，P-3C型机海上巡飞训练和海冰观测相结合。航空兵P-3C型机训练一般采用3架飞机编队实施。由于2001年日本海北部和鄂霍次克海海冰出现得早，担任繁重海冰观测任务的驻八户的第2航空群每次都出动3架P-3C型机，一边在海上飞行训练，一边观测海冰，全年累计实施24次，共出动P-3C型机72架次。海上巡飞和观测航线4条：八户至日本海北部；八户经襟裳海峡至鄂霍次克海中部；八户经北海道南岸至北方四岛以南；八户经根室半岛、知床半岛至鄂霍次克海沿岸。

海外派兵实战演练 11月9日和25日，日本海上自卫队于日本参众两院通过《对付恐怖特别措施法案》、《自卫队法修改案》和《海上保安厅法修改案》后，打着反恐怖的旗号，在为美军提供后方支援和搜集情报名目下，先后派出两个编队6艘舰只（直升机驱逐舰1、多用途驱逐舰2、扫雷供应舰1、补给舰2，舰载机5架），共1250人，出兵印度洋。11月24日，第一个编队抵达印度洋，12月2日和3日，日补给舰"滨名"号在阿拉伯海为美补给舰"萨克拉门托"号补油，补给后，美补给舰再返阿拉伯海北部为活动中的美舰补给。"滨名"号为美舰补油时，每次约需1个小时，届时2艘驱逐舰在附近实施警戒。第二个编队于12月10日抵印度洋，其中扫雷供应舰"浦贺"号于12日驶抵巴基斯坦卡拉奇港，卸载阿富汗难民救援物资200吨后返航，于31日抵日本；驱逐舰"泽雾"号和补给舰"十和田"号与第一编队3艘舰只共5艘继续在印度洋活动，至12月20日，"滨名"号为美舰补给8次，"十和田"号为美舰补给4次，计12次，共补油1.1万千公升，不仅为美补给舰补油，也直接为美巡洋舰、驱逐舰补油。编队计划2002年3月底返航。这是日本海上自卫队自二战后成立以来首次在战争行动中对外国海军实施支援。

资料来源：

①日本《世界舰船》2001年2月~2002年1月；

②日本《海自新闻》2001年2月~2002年1月；

③日本《朝云》2001年2月~2002年1月。

特别扫雷训练 据日本《海自新闻》报道，日本海上自卫队2001年共举行五次特别扫雷训练。（1）2001年2月5~17日，日本海上自卫队在美海军配合下于周防滩先后举行了水雷战训练和扫雷特别训练。双方参训兵力：扫雷舰艇21艘，飞机22架，其中日方参训扫雷供应舰2艘，远洋扫雷舰2艘，扫雷艇15艘，计19艘，P-3C型机9架，MH-53E扫雷直升机6架，SH-60J型直升机6架，计21架；美方参训舰队扫雷舰2艘，P-3C型机1架，水中处理人员10人。日方以扫雷队群司令平井良彦少将为训练统裁官，美方以1月1日设置在佐世保的第11扫雷队司令米勒中校为训练统裁官。主要操演P-3C型机布雷、扫雷舰艇进行雷情监视、扫雷舰艇和扫雷直升机实施扫雷作业等。扫雷作业时，为减少危险，首先使用MH-53E扫雷直升机拖带MK105型扫雷具进行清扫，再由扫雷舰艇清扫。扫雷直升机扫雷时，最大航速25节。扫雷训练中，日扫雷供应舰"丰后"号曾二次为美扫雷舰补油。训练中，日联合舰队司令长谷川语中将赴现场视察，并为24号MH-53E扫雷直升机在扫雷供应舰"浦贺"号舰上安全起降累计达1000次而祝贺。

(2) 日本海上自卫队于7月7～12日在北海道十胜海域进行年度第二次扫雷训练，由第3扫雷队司令森泰中校任训练统制官，该扫雷队扫雷艇3艘和大凑基地队扫雷艇1艘参加训练。训练在事前于设定的海面敷设训雷后，由扫雷艇实施清扫。

(3) 7月17～29日，日美双方在陆奥湾共同实施了特别扫雷训练，日方参训舰艇：扫雷供应舰2艘，远洋扫雷舰3艘，扫雷艇12艘，扫雷管制艇2艘，共计19艘；P－3C型机16架，MH－53E型机7架，HSS－2B型机2架，共计25架，人员1200人。美方参训舰艇：扫雷指挥舰"仁川"号（由两栖攻击舰改装而成），飞机8架（P－3C型机1架，MH－53E扫雷直升机7架），人员约1000人。日方由扫雷队群司令河村雅美少将任统裁官，美方由第1扫雷大队司令兰德夫上校任统裁官。训练由C－130和P－3C型机进行布雷，双方MH－53E型机首先清扫后再由扫雷舰艇清扫。此次训练规模较大，双方参训舰艇20艘，飞机34架，人员约2200人，其中日方参训扫雷舰艇约占其扫雷兵力的64%。

(4) 11月19～30日，日本海上自卫队在美海军配合下在日向滩进行了大规模特别扫雷训练，日方在役扫雷舰艇除2艘在修外，全部参加了训练，即扫雷供应舰2艘，远洋扫雷舰3艘，扫雷艇23艘，计28艘；参训MH－53E扫雷直升机4架。美方第51爆炸物处理机动分队长杰克逊大尉率水中处理队员5人参加了训练。训练由日扫雷队群司令河村雅美少将任统裁官，主要操演水雷敷设和扫除。

(5) 6月11～22日，日本海上自卫队派出扫雷舰艇部队参加了在新加坡举行的18国15艘舰艇实施的"第一次西太平洋扫雷训练"。参训日方舰艇由第51扫雷队司令柴田孝宏上校率领，参训舰艇3艘，人员230人。5月23日和24日，扫雷供应舰"丰后"号、远洋扫雷舰"八重山"号、扫雷艇"飞岛"号分别驶离吴港和横须贺港，计划在冲绳海区编队航行，但驶至奄美大岛海面时，"飞岛"号主机故障，由"八重山"陪同进行修理，"丰后"号于6月8日驶抵新加坡，后2艘于6月13日抵达。6月11～16日参加各国参训舰艇协调会议，制订训练方案。6月18～21日，各国舰艇在各自分担的海域进行实际扫雷训练，日方分担的海域在新加坡托阿斯海军基地东南15千米，对事先敷设的训练用锚雷和沉底雷分别使用水雷切割具和遥控式水雷处理具进行清扫。日扫雷舰艇装备的自动水雷处理具为现今世界最优良的装备之一，接上电源后从后甲板放入海面，在战斗情报室诱导下驶向水中目标，在其搭载的摄像机确认水雷后，在水雷附近投下定时深水炸弹，将其爆破。6月21～22日，进行总结和相互交流经验，训练结束。6月22日晚，日方3艘舰艇离新加坡返航，7月3日，"丰后"号和"飞岛"号返抵吴港，7月4日，"八重山"号返抵横须贺。这是日本海上自卫队首次赴海外参加多国扫雷训练，也是1991年赴海湾参加实际扫雷作战后第二次赴海外扫雷活动。

远航训练　据日《朝云》2001年4月19日，《海自新闻》2001年9月14日报道，2001年4月20日～9月10日，日本海上自卫队实施了年度性远航训练活动，参训舰艇：训练舰"鹿岛"号，多用途驱逐舰"山雾"号，由训练舰队司令保井治少将任指挥。4月20日，远航舰艇编队载院校毕业学员150名（内有女子2人），共576人离东京晴海码头开始远航，在途经新加坡、印度后进入波斯湾对中东地区的巴林、科威特、沙特的达曼、卡塔尔的多哈等进行访问，然后经印度洋南下抵马达加斯加，再经印度洋北上进入波斯湾，先后访问阿曼的马斯喀特、阿拉伯联合酋长国的阿布扎比、伊朗、马来西亚的巴生、泰国的曼谷和棱桃邑。9月10日，编队返抵东京，历时144天，共访问12国13个港口，航程23757海里。此次远航与以往相比较，有以下特点：一是准备充分。为保障远航顺利实施，自1月19日～2月23日，训练舰队司令率驱逐舰5艘上载远航实习人员由江田岛启航进行适应性近海航海实习，先后驶经舞鹤、佐世保、冲绳的胜连、宫崎县细岛、长崎。3月27日～4月1日，"鹿岛"号、"山雾"号又上载学员先后抵神户、鸟羽、大凑、横须贺等实施近海海上实习。二是远航途中大抓基础训练和与外军的战术合练。据统计，此次远航，航海为94天，占65%，停泊50日，占35%。航行途中，进行航海、防火、损管、补给、雾中航行、紧急操舵、队形变换等各种基础训练，既使气象条件恶劣，也照常训练。与此同时，还积极与访问国海军和在公海上遇到的美、英、法海军舰只共15艘实施通讯、相互接近、战术机动等战术训练。其中5月31日，编队离巴林港后在波斯湾利用美航母星座号升空的F－14战斗机为目标进行了防空演练。三是高度重视首次访问的国家。此次远航访问的12国中，中近东7国和马达加斯加是第一次进港访问，因而日方高度重视，极力安排各项访问活动，以求达到"友好亲善"的目的。此外，伊朗是日本1991年赴海湾扫雷时进港访问后相隔10年再次访问的国家，双方均较重视，伊朗海军给予隆重热烈地欢迎。

飞行学员外洋航海实习 据日本《海自新闻》2001年3月16日和4月13日报道，3月20日~5月1日，日本海上自卫队实施了飞行毕业学员赴关岛和菲律宾外洋航海实习训练。参训舰艇：驱逐舰“夕云”号、“春雪”号，潜艇“滨潮”号，由第25护卫队司令佐原章友上校任指挥官。3月20日，3艘舰艇共530人（其中飞行学员60人）由江田岛启航，3月27日抵父岛的二见港，4月3~6日进泊关岛阿勃拉港，4月17~20日进泊菲律宾的马尼拉，然后返航，4月29日抵冲绳胜连港，5月1日返抵佐世保。飞行学员外洋航海实习的目的主要是通过实际航海锻炼，提高初级飞行干部的技能和素质，并增进与访问国间的友好关系。航海实习中，进行了各种训练，其中在四国以南海区时实施了对海、对空射击训练，航至本州以南时，与第4航空群的P-3C型机进行了舰机协同训练。

派遣舰机赴美国训练 据日本《海自新闻》2001年5月28日、6月8日和6月22日报道，5月26日~8月3日，日本海上自卫队分别派遣舰艇、飞机部队赴美国进行海外训练。由于今年未逢“环太平洋”演习（该演习每二年举行一次），只派出3艘舰艇，5架飞机，人员910人，舰艇部队由第64护卫队司令西升上校任指挥，飞行部队由第7航空队司令关口诚一上校任指挥。5月16日，直升机驱逐舰“比睿”号、宙斯盾驱逐舰“鸟海”号、新型多用途驱逐舰“五月雨”号组成编队由横须贺启航，5月28日~6月5日进泊夏威夷珍珠港，6月13日~29日进泊圣迭戈港，7月6日~19日再次进泊珍珠港，然后返航，8月3日，返抵横须贺。编队泊珍珠港和圣迭戈港期间，主要是利用美海军陆上设施和诱导武器评价设施实施导弹发射训练和战术研究，航行期间先后与美海军宙斯盾舰艇、潜艇和导弹护卫舰进行各种共同训练，以期提高战技水平和协同作战能力，并数次得到美补给舰补给。

P-3C机在美期间，主要进行远距离导航训练和生地起降训练。另外，9月13日~10月20日，还派出敷设舰“室户”号赴关岛，利用关岛周边的敷设设施实施了敷设训练。8月29日~11月10日，派潜艇“若潮”号赴夏威夷珍珠港，利用美海军设施，实施逃生等训练。

护卫舰队集中考评训练 据日本《朝云》2001年5月17日报道，日本海上自卫队于2001年4月18~23日在大凑基地实施了护卫舰队集中考评训练，参训舰艇18艘，即护卫舰队旗舰“太刀风”号，宙斯盾驱逐舰2艘，直升机驱逐舰3艘，防空导弹驱逐舰1艘，多用途驱逐舰9艘，训练支援舰和补给舰各1艘，人员3700人，由护卫舰队司令古庄幸一中将任指挥。4月8日起，参训舰艇分别从佐世保、吴港、舞鹤、横须贺启航向大凑航渡，途中进行了战术运动、通讯、反潜、防空、反舰训练。18日上午各舰相继抵达大凑，开始实施集中考评训练，主要有：一是召开集中考评事前会议，研究训练的做法、要求和安全注意事项。二是根据各护卫队及各舰2000年的训练成果及安全、情报、卫生等工作进行讲评，表彰训练先进及各项工作突出的舰艇。三是实施护卫舰队集中训练，主要操演编队机动、舰载直升机起降、对海与对空射击等。

日美共同指挥所演习 据日本《世界舰船》2001年5月号报道，3月12~22日，日本海上自卫队和美海军在美海军大学共同实施指挥所演习。演习想定日本周边局势紧张，进而遭到武力攻击，日美双方实施联合作战，击败侵略。日方参演的有海上自卫队参谋部、联合舰队、佐世保和舞鹤两地方队司令部、干部学校等，共24人，陆上、空中自卫队及参联会等13人也参加了演习，由海自防卫部长香田洋二少将任统裁官；美海军参演的有驻日美海军司令部、第7舰队、美海军大学等共40人，由驻日美海军司令罗伯特·卡普林少将任统裁官。演习使用美海军大学现代化的图上演习作业装置进行操演，目的在于提高日美双方上层指挥机构的参谋运筹和作业能力。

派舰参加印度国际观舰式活动 据日本《海自新闻》2001年2月6日、3月2日报道：应印度海军邀请，2月14~19日，日本海上自卫队派出干部学校校长牧本信近中将代表海上自卫队参谋长、派遣驱逐舰“天雾”号（220人）参加印度纪念建国50周年而举行的国际观舰式活动。由于此活动时值印度大地震后举行，遂与运载援助物资进行救灾活动一并实施。1月27日，“天雾”号由横须贺启航，经冲绳那霸港装载紧急援助物资毛毯1000条、面包和盒饭2500份、大量药品及526万日圆驶印度，2月5~7日，进泊马来西亚的巴生港进行港口访问，2月14日航抵印度的孟买，15日将救援物资和526万日圆移交印海军，17日参加观舰式活动，20日由孟买启航，3月1日抵印尼的雅加达进行“友好亲善”活动，3月4日由雅加达启航，3月14日返抵横须贺。

日俄搜索救难共同训练 据日本《海自新闻》2001年9月7日、21日和10月12日报道，9月11~16日，日俄双方在对马海峡西南海域实施了搜索救难共同训练，俄方参训舰只是导弹驱逐舰特里布兹海军上将号，由俄太平洋舰队中将参谋长任指挥官，日方参训舰机为多用途驱逐舰“雾雨”号、“朝雾”号、扫雷艇“家岛”号，P－3C 机 1 架，SH－60J 机 2 架，由第 2 护卫队群司令本多宏隆少将任统裁官。另航空自卫队派出 U－125A 机 1 架和 UH－60J 机 1 架参加了训练。训练中，由“家岛”号艇扮演遇难船只，双方舰艇及飞机在恶劣气象条件下操演了搜索、救助遇难船只，并对其进行消防作业。这是自 1998 年双方在海参崴进行第 1 次共同训练以来的第 4 次共同训练。通过训练，达到了“加深日俄友好关系，提高救难技术”的目的。

航空兵训练　据日本《海自新闻》2001 年 1 月 19 日、1 月 26 日、6 月 1 日、6 月 22 日、7 月 27 日及《航空情报》2001 年 5 月号报道，2001 年，日本海上自卫队航空兵部队共举行航空群以上规模的训练 21 次，单机或小编队飞机训练达数百次，规模大体与 2000 年相同。训练科目主要有基础飞行、编队飞行、战术飞行、仪表飞行和反潜、扫雷、海上巡逻等。其主要做法及特点：一是开训时间早。新年伊始，各航空部队便开始投入训练中。1 月 4～10 日，从最南部冲绳的第 1 航空群到最北部的大凑航空队共出动各型飞机 68 架参加新年度第 1 次训练，其中 P－3C 型反潜巡逻机 20 架，SH－60J 型反潜直升机 21 架，HSS－2B 型反潜直升机 11 架，MH－53E 型扫雷直升机 6 架，其它型飞机 10 架。主要科目：基础飞行、战术飞行。训练中，巡逻机一般飞行高度 3500 英尺，速度 230 节，直升机飞行高度 1200 英尺，速度 90 节。二是利用部队成立纪念日开展训练。2001 年 5 月 13 日、5 月 16 日、5 月 19 日，分别是第 22 航空群（驻大村）成立 44 周年、大凑航空队成立 45 周年、第 1 航空群（驻鹿屋）成立 47 周年。上述部队除一般举行纪念活动外，还实施大规模飞行训练，参训飞机 29 架，其中 P－3C 型机 6 架，SH－60J 型机 23 架，主要操演了单机、双机以上编队飞行、展示作业和各种战术飞行。三是为加强飞行训练，教育航空集团（海自航空兵施训部队）于 5 月 26 日、27 日在下总教育航空基地实施特别集训活动。各型飞机 22 架，其中 P－3C 型机 11 架，S－11T 机 2 架、UH－60J 机 3 架、T－5 型机 4 架，以及第 205 教育飞行队长等 7 个飞行队约 400 人参加了训练，由教育航空集团司令小串茂中将任指挥官。集训在飞机和人员集中及飞机展示后进行了各种飞机飞行训练。四是加强航空管制训练。针对 1 月 31 日烧津市上空发生的日机碰撞事件，日海上自卫队航空兵除对部队发出通报进行教育外，于 2 月 27 日和 28 日在航空管制队实施航空管制集训活动。集训由航空集团司令角田洋三中将筹划和指导，航空集团参谋长高桥和男少将主持，参训的有：吴港、舞鹤、大凑三个地方队，教育航空集团及下总、德岛、小月教育航空群，航空集团各航空群等主管航空管制人员。集训内容有：飞行事故案例教育，航空管制训练指导，飞机防止碰撞装置警告时的处置要领等。五是健全舰载直升机训练保障基地。由于舰载直升机执行任务时随舰出海，而平时舰只停靠码头时需有陆上基地保障。为此，3 月 22 日海上自卫队在舞鹤市长滨建设了日本海沿岸唯一的舞鹤直升机基地。该基地长 400 米、宽 45 米，占地面积约 22 万平方米，建有管制塔台、2 个格纳库、气象雷达和监视雷达等设备。该基地的建成，确保了驻泊舞鹤的护卫舰队下属的第 3 护卫队群 6 架舰载直升机的训练和保障。

护卫舰队和地方队展示训练　据日本《海自新闻》2001 年 8 月 10 日、9 月 14 日、10 月 5 日和《世界舰船》11 月号报道，7 月 7 日～8 月 25 日，日本海自护卫舰队和舞鹤、大凑、横须贺、吴港等地方队相继在相模湾、新泻港及附近海域、陆奥湾、仙台湾、岩国附近海区举行了展示训练。其中护卫舰队展示训练由第 1 护卫队群司令条原俊海少将任指挥。参训驱逐舰 6 艘（上载 400 名防卫大学学生进行海上研修），反潜直升机 6 架；舞鹤地方队训练由地方队司令斋藤隆中将任统裁官，参训舰艇 12 艘（驱逐舰 4、护卫舰 2、潜艇 1、潜艇救援舰 1，勤务舰船 4），飞机 9 架（P－3C 机 3、UH－60J 机 3、US－1 机 1、F－15 机 2），人员 1500 人；大凑地方队参训舰艇 10 艘（驱逐舰 1、护卫舰 2、导弹艇 3、勤务舰船 4），飞机 5 架，由该地方队司令任统裁官；横须贺地方队参训舰艇 13 艘（驱逐舰 8、潜艇 1、扫雷舰艇 3、试验舰 1），飞机 14 架（P－3C 机 6、US－1 机 1、SH－60J 机 3），由地方队司令福谷薰中将任统裁官；吴港地方队由司令山田道雄中将任指挥，参训舰艇 15 艘（驱逐舰 4、护卫舰 1、潜艇 1、扫雷供应舰 1、坦克登陆舰 1，其它 7），飞机 18 架。各展示训练操演的科目有：舰艇编队航行、队形变换、火炮射击、反潜火箭发射、潜艇下潜和上浮、反潜、扫雷、水上飞机起降、坦克登陆运输舰的水翼艇登陆等。

登陆训练　据日本《海自新闻》2001 年 5 月 25 日、11 月 6 日、《朝云》7 月 6 日和《世界舰船》7 月号报道，2001 年，日本海上自卫队共举行登陆科目的训练 4 次。第一次训练于 3 月 12 日～4 月 15 日在南自硫黄岛北至北海道奥尻海峡实施，联合舰队第1登陆运输队“根室”、“牡鹿”、“萨摩”号3艘坦克登陆舰全部参训。此次训练特点，是3舰结合赴硫黄岛等离岛及各地运输任务进行分练，然后于4月12~15日集中北海道奥尻海峡进行“合同训练”，主要操演抢滩及退滩。第二次训练于5月23~24日在沼津市今泽海岸进行，参训舰只有登陆舰“牡鹿”号、“萨摩”号和驱逐舰“春雨”号。第三次是于6月24~8月3日，海上自卫队派出舰艇参演“北方机动演习”时实施的海上战略运输和登陆，参加舰只4艘。第四次是10月18日在大分港进行的“国际紧急援助队准备训练”，主要是操演“大隅”号接到命令后紧急驶往大分港进行人员（130人）、车辆（9辆）装载和卸载。

特别反潜训练 据日本《朝云》2001年7月26日，《世界舰船》11月号报道，2001年，日本海上自卫队在美海军配合下共进行特别反潜训练2次。第一次于6月22~26日在四国以南至东海东部海区举行。日方参训驱逐舰1艘，潜艇1艘，由第5护卫队司令松原研二上校任统裁官；美方参训护卫舰1艘，由该舰长任统裁官。操演科目有通讯、战术机动、相互接近、反潜等。训练中双方各有干部候补生20人登载对方舰艇上，以交流反潜战术和技术。第二次训练于7月23日~8月1日在九州以南海域实施。

（詹玉才）

航空自卫队训练 2001年是日本实施“新中期防卫力量调整计划”（2001~2005年）的第一年，为达到新防卫计划大纲提出的“规模合理、装备先进、反应快速、攻防兼备”的既定目标，日本航空自卫队除积极完成年度训练计划，举行各类演习，加强日美联合训练外，结合新机、新技术装备的引进和对现有武器装备进行大规模现代化改造，在训练方面有以下几个突出特点。

改换新战机，调整飞行员培训程序 改进F—15战斗机。日本航空自卫队于1981年开始装备F—15战斗机。1999年12月最后1架到位。编制是213架，其中，国内生产199架（包括36架双座DJ型），从美国购买14架。装备7个作战飞行队和1个训练飞行队。但截止到2001年3月末，实际装备202架。F—15是当今世界上最先进的多用途战斗机之一，能遂行空战任务，也能胜任对地攻击任务。为适应现代战争需要，进一步提高其作战性能，日本航空自卫队于1997年开始对F—15进行大规模现代化改进。改进项目包括换装新型火控雷达和中央电子计算机，配备电子战系统、全球定位系统、导弹预警系统、红外跟踪系统以及弹射救生系统，改进武器挂载系统，使其能挂载AIM—120型等先进的中距空空导弹。改进工作计划2005年完成。经过改进，F—15的综合作战能力，特别是电子战能力、中央计算机的信息处理能力、夜战能力和恶劣气象条件下的作战能力将会得到明显提高。

装备T—3改型初级教练机。1976~1981年间，日本航空自卫队共装备50架T—3型初级教练机，用于飞行学员的初级驾驶训练。2000年9月，日本决定更换T—3改型，总计需要49架，2001年已签订购买11架的合同，2002年计划签订10架。2002年9月接收首批两架。

换装国产F—2支援战斗机。F—2支援战斗机是F—1、T—2的换代飞机，1988年开始研制，2001年3月，有32架正式装备部队。到2005年，日本航空自卫队F—2的装备数量将达到65架。F—2支援战斗机是在美国F—16C型战斗机的基础上研制的，使用了日本最先进的技术和材料，具备部分“隐身”性能，装有当今世界上最先进的机载电子设备，具有很强的机动性能和制空及对地攻击能力，综合作战能力强于美国空军的F—16型机。F—2同F—15、F—4FJ改型机一起，成为日本航空自卫队三大主战机型。

日本航空自卫队在加紧改进、换装新机，T—1、T—2、F—1逐渐退出现役的同时，对现行的飞行员培训程序也作了相应的调整（见程序表）。

调整后的战斗机飞行员培训程序和调整前相比，取消了使用T—1的第2初级驾驶课程和使用T—2的战斗驾驶课程，将使用T—4的基本驾驶课程分为前期和后期两个阶段，即由以前的初、中、高三级五阶段调整为三级四阶段，培训时间缩短了两个月。令人瞩目的变化是，新程序取消了T—2高教机的训练阶段，由T—4基本驾驶后期阶段直接飞F—15和F—2的教练型机。F—15和F—2都是日本航空自卫队现装备的主战机型。日本航空自卫队认为，“使用部队装备的主战机的教练型是加快飞行员培训，尽早形成战斗力的捷径。”毕业学员到部队后，经过短期训练即可担负战备值班任务。

加紧空中预警与指挥控制飞机的实战使用训练 2000年，日本航空自卫队装备了4架从美国买进的E—767空中预警与指挥控制飞机。该型机被称为“千里眼”或“空中指挥所”，集预警、指挥、控制，通信于一体，可直接指挥己方航空兵部队遂行防空拦截、支援陆海军作战、空运和空中加油任务。接受空

调整后的飞行员培训程序

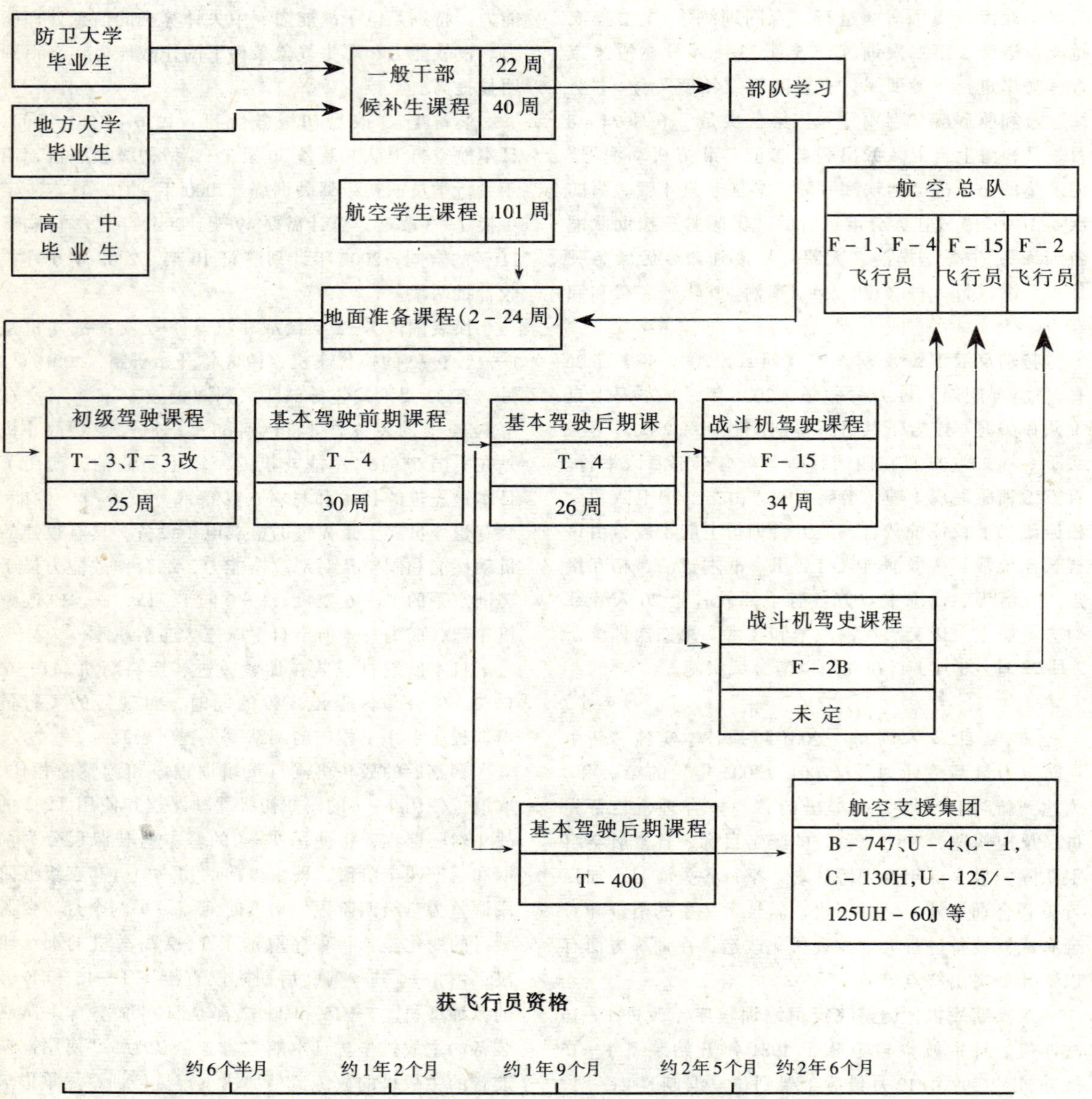

中加油后，可持续 24 小时警戒。为尽快使该型机形成战斗力，日本航空自卫队在 2001 年加紧实施贴近实战的训练。训法一是与各航空方面队的战斗机部队开展协同训练，二是积极参加各类演习。但是，由于日本国土狭窄，无法进行发挥最大技术、战术性能，近似实战的训练。所以，航空自卫队除了在远离本土的硫黄岛建成电子战训练基地外，还到美国关岛与美国空军一起进行联合训练。2001 年 6 月，E—767 由日本的滨松基地直飞关岛，首次参加了代号为“对抗北－关岛 2001”日美空军联合训练，担负日方参训部队空中预警和指挥任务。日本航空自卫队警戒航空队司令福山建志上校认为，“美国对无线电电子设备的使用限制不如日本严格，因此，E—767 在关岛可以毫无顾忌地进行在日本国内无法进行的发挥最大作战性能的训练。这种训练形式对 E—767 尽快形成战斗力起了关键性作用。”据日本航空自卫队第 1 航空团司令柴田少将透露，2001 年下半年，E—767 空中预警与指挥控制飞机已正式担负战备值班任务。

加强假想敌部队建设，促进战法研究 近期现代高技术局部战争表明，对高技术武器装备熟练的技、战术使用是制胜的决定因素之一。对此，日本航空自卫队对高新技术武器技战术使用的研究极为重视。如对假想敌部队的建设。日本航空自卫队的假想敌部队就是类似于美国空军“侵略者中队”的“飞行教导队”。飞行教导队成立于 1981 年，是以对战斗机空战进行专门研究和对战斗机部队进行指导的专职训练部队，直属航空总队。任务主要是对航空总队所属各航空团的日常训练提供帮助和支援，在技、战术方面给予“教导”。此外，在由航空总队举办的一年一度的“战术技术竞技会”中充当假想敌。飞行教导队是一支为培养优秀战斗机飞行员而建立的特殊的部队，它的训练全部贴近实战，完全不等同于其他训练部队。它不仅不担负紧急起飞等防空任务，原则上也不参加日美联合训练或演习，潜心进行空战机动训练，研究新战法，普及新战法。空战机动训练，各战斗机部队每天都进行，老飞行员在训练中带新飞行员传授空战技战术。

2001 年，飞行教导队已成立整整 20 年。20 年来，航空自卫队对飞行教导队建设的重视程度始终如一，最好的飞机装备飞行教导队，最好的飞行员配备飞行教导队，惟一的一套空战机动监视系统也装备给飞行教导队。

1981 年飞行教导队成立时。装备 5 架 T—2 和 2 架 T—33 教练机。1983 年，飞机编制增加到 7 架。1990 年换装 F—15DJ。

飞行教导队飞行员的选拔标准非常严格，全部是从各战斗机部队精心挑选的尖子飞行员。经验丰富，飞行时间长。其中飞行时间最长的达 5000 多小时。最少的也有 1000 多小时。

日本航空自卫队惟一的一套空战机动监视系统装备的不是作战部队，而是飞行教导队。该系统装在 F—15 战斗机上，可记录空战的实施过程。用于飞行后讲评，对提高格斗空战训练效果明显。

加快空中加油机的引进，提高训练效益。 日本政府在 2001 年 12 月 14 日召开的安全保障会议上批准了防卫厅提出的 2002 年度预算案，其中包括购买 4 架波音—767 空中加油机的 790 亿日元（根据日本大藏省 2000 年 12 月 28 日公布的日元对美元的兑换率，1 美元 = 107 日元）。从 2002 年起到 2005 年，每年接收 1 架。日本航空自卫队认为引进空中加油机有五大好处：一是航空自卫队的防空能力得到提高；二是部队训练效益得到提高；三是有助于减轻基地周围地区的噪声污染；四是有益于事故预防；五是可以缩短国际合作工作的落实时间。

关于训练效益的提高。日本国土狭窄，训练空域有限，且大都在远离基地的海上，因此存在着从基地往返于训练空域耗费大量燃油，耗费大量时间而训练效益不佳的问题。例如飞行训练 1 个小时，有一半时间要耗费在往返训练空域的航线上。装备空中加油机后，战斗机在训练空域附近经空中加油再次投入训练，能大幅度提高训练效益。

资料来源：

①日本《飞行周刊》2001 年第 2239、2241、2244、2258、2267 期；

②日本《航空爱好者》2001 年第 6 期；

③中国《外国空军训练》2001 年第 5 期。

（王全永）

军事演习　陆上自卫队“北方机动特别演习”

据日本《朝云》2001 年 6 月 14 日、7 月 1 日报道，陆上自卫队第 19 次“北方机动特别演习”于 2001 年 6 月 19 日～8 月 1 日在日本中部、四国地区至北海道途中及矢臼别演习场举行。中部军区军长岩猿进中将任演习指挥官。参演部队：以陆上自卫队中部军区第 13 地面机动旅和第 2 特混旅为骨干，人员约 4400 人，坦克 10 辆，火炮 21 门，各种军车 1400 辆；海上自卫队驱逐舰、运输舰等 4 艘；航空自卫队战斗机、运输机等约 70 架。演习部队使用各种军车、运输舰、民用渡船、运输机、民航飞机等，分陆、海、空三路向北海道实施快速立体机动作战演练。演练科目有：三军联合远程快速机动，登陆作战，海上机动时的舰队攻击、舰队防空、海上作战运输，空中机动时的空地作战、空中作战运输，电子战等。在与海空自卫队实施的综合训练中，重点演练了海上机动时的舰队攻击、舰队防空、陆海军的海上作战运输以及空中作战运输和空地作战等。目的在于提高诸军种协同快速机动作战能力。海上自卫队“大隅”号两栖登陆舰参加了演练。第 13 地面机动旅由师改编为旅后首次参加北方机动特别演习。

陆上自卫队“富士综合火力演习” 据日本《朝云》2001 年 9 月 6 日报道，“富士综合火力演习”于

2001 年 8 月 31 日、9 月 2 日在静冈县御殿场市东富士演习场举行。陆上自卫队富士学校校长石飞勇次中将任演习指挥官。参演部队：富士教导旅、第 1 直升机旅、第 1 空降旅、第 5 反坦克直升机队、教育支援飞行队、富士学校等，共计约 1700 人，出动坦克、装甲车等约 60 辆，各种火炮约 70 门，飞机 30 架，其他车辆 180 辆。航空自卫队派 2 架 F－4EJ 战斗机参加。96 式多用途导弹系统（MPMS）第一次在该演习中露面。演习分两个阶段进行，第一阶段为抗登陆作战射击；第二阶段为对敌入侵部队实施攻、防作战时的诸兵种联合作战。演练科目：坦克、火炮、攻击直升机的实弹射击，射击后的阵地转移，空降部队跳伞，特种部队和侦察部队的行动要领，防化部队的放射能污染排除，对敌炮击和防御反攻作战，航空自卫队战斗机部队对地面攻击，机降作战等，并向社会各界 5 万余人展示了陆上自卫队的现代化装备。日防卫厅长官、陆海空各自卫队参谋长观看了演习。“富士综合火力演习”每年举行一次，本演习为第 43 次。

海上自卫队综合演习（图演）　据日本《海上自卫新闻》2001 年 9 月 21 日报道，日本海上自卫队于 9 月 10～15 日在海军干部学校（东京目黑区）举行 2001 年度海军演习（图上演习）。海上自卫队自卫舰队司令谷胜治海军中将担任演习指挥官。演习使用海上图演装置，目的在于演练从日本周边海域形势危急阶段开始的保卫日本所实施的海上各种作战要领等。参演部队：自卫舰队司令部、护卫舰队司令部、航空集团司令部、潜艇舰队司令部、扫雷队群司令部、情报业务群司令部、横须贺地方队司令部、吴地方队司令部、佐世保地方队司令部、舞鹤地方队司令部、大凑地方队司令部、补给本部等，人员约 300 名，演练的科目包括高级指挥官的形势判断及部队运用等。

海上自卫队综合演习（实兵演习）　据日本《朝云》2001 年 10 月 4 日报道，2001 年度海上自卫队综合实兵演习于 2001 年 11 月 4～11 日在日本周边海域举行。海上自卫队自卫舰队司令谷胜治中将任演习指挥官。参演部队有：自卫舰队所属护卫舰队、潜艇舰队、航空集团，各地方队（横须贺、吴、佐世保、舞鹤、大凑）等，舰艇等共计 80 艘，飞机约 180 架，人员约 30000 名。美海军第 5 舰载机联队等，主要舰艇 3 艘，人员 750 人。演习科目：反潜战、防空战、水面战、扫布雷战、电子战、海上补给、船团护航、反恐怖战、海上救难、船舶检查等。目的在于检验海上自卫队年度训练成果，通过从形势紧迫到保卫日本的各种海上作战的实际演练，提高海上自卫队独立作战和日美海军联合保卫日本时的协同作战能力以及海上自卫队各级指挥官的作战指挥及部队运用能力。演习以应对“周边事态”为背景，强化日美军联合处置能力。演习主要特点：一是时间缩短，本次演习在时间上缩短了 4 天。二是美军参演规模明显缩小，与 2000 年度海上自卫队年度综合演习相比，美海军参演兵力中主要作战舰艇减少了 7 艘，人员减少了 7250 人。其原因是“9·11”事件发生后，美海军“小鹰”号航母编队（驻日本横须贺基地）被调往印度洋参加反恐怖报复行动作战。

自卫队举行大规模综合防灾实兵演习　据日本《朝云》2001 年 8 月 23 日、9 月 6 日等报道，自卫队于 2001 年 9 月 1 日（防灾日）在东京等地举行大规模“综合防灾实兵演习”。自卫队参谋长联席会议主席任总指挥官。参演兵力：参谋长联席会议事务局、情报本部；陆上自卫队参谋部、东部军、第 1 直升机旅、警务队、各学校；海上自卫队参谋部、自卫舰队、横须贺地方队、中央通信队群；航空自卫队参谋部、航空总队、航空支援集团、航空开发实验集团、航空系统通信队、岐阜医院等，人员约 2000 人，各种军车约 400 辆、飞机约 30 架。演习场所设在东京各个地区、美军横田基地以及自卫队各机场等。演习以日本多摩地区发生 7．2 级大地震及广大地区遭到严重破坏的想定下进行，演练科目有地震初期应急训练、援助灾民训练、避难引导和设置活动据点训练、灾害应急救治训练、人员和物资转移训练等。目的在于通过实战演练提高陆、海、空三军在地震灾害发生时与东京都等地方部门团结协作、联合抗震救灾的能力。演习与地方部门密切协同，以陆上自卫队东部军区为主体，海空自卫队予以协助，通过演练重点提高部队抗震救灾能力及快速反应能力。值得注意的是此类演习首次使用了美军横田基地作为演练场所。

日美陆军联合方面军级指挥所演习　2001 年，日美陆军联合方面军级指挥所演习在日本和美国各举行一次。

（1）2001 年 1 月 22～31 日在日本北熊本、福冈驻地及驻日美军横田基地举行。演习代号为“山樱 39”。日本陆上自卫队西部军区军长作道光夫中将和美陆军第 1 军军长詹姆斯·T·希尔中将分别担任演习指挥官。参演部队有：日方陆上自卫队西部军区、第 13 地面机动旅、海上自卫队、航空自卫队、参谋长联席会议，共计约 2400 人；美方陆军第 1 军（驻华盛顿州）、驻日美陆军第 9 战区陆军战区司令部、第 5 航空队，共计约 1300 人。目的在于演练日美实施联合保卫日本作战时的相互合作要领。演习分两个阶段进行。第一阶段为机能演习，主要进行兵力、火力机动、情报交换、兵站、人事等科目演习；第二阶段为综合演习，主要演练日美两军实施联合作战时的各种协调要领。演习使用了 1400 部电话和 1224 台电脑（其中自卫队 444 台，美军 780 台），通过计算机网络将自卫队驻地和驻日美军横田基地相联接，参训部队通过电脑显示出的画面进行演练，充分体现出现代化作战特点。

（2）2001 年 6 月 17～27 日在美国夏威夷州沙夫特堡举行。演习代号为“山樱 40”。日本陆上自卫队东北部军区副参谋长泉一成少将和驻日美陆军参谋长迪尔·E·罗斯上校分别任演习指挥官。参演部队有：日方陆上自卫队参谋部、东北部军区，海上自卫队，航空自卫队，共计 113 人；美方驻日陆军司令部/第 9 战区陆军战区司令部、第 1 军、海军陆战队第 3 海军陆战师、驻日美空军第 5 航空队，共计约 140 人。此次演习利用美陆军设施，双方按各自的指挥系统，演练了日美军实施联合作战时的方面军级以下单位的指挥参谋活动。

日美陆军联合实兵演习 据日本《朝云》2001 年 3 月 8 日报道，2001 年 2 月 14 日～3 月 1 日日美陆军联合实兵演习在日本北海道矢臼别演习场举行，演习代号为“北风 01”。日本陆上自卫队第 5 步兵师师长藤田昭治中将和驻日美陆军司令 A·D·约翰逊少将分别任演习指挥官。参演部队：陆上自卫队第 5 步兵师第 27 步兵团，约 700 人；美陆军第 25 步兵师（轻）第 2～27 步兵营，约 450 人。目的在于演练日美陆军按各自的指挥系统实施联合作战时的相互协作要领。演习分基础训练、职能训练和综合训练三个阶段进行，演习中，美陆军独自使用了激光光线模拟装置“交战用训练装置”。参演部队将激光通信装置安装在武器上，清楚地记录了作战中部队的射击状况和兵员的损耗情况，对演习后的总结和研讨提供了真实的资料。日方参演部队指挥官称“通过演习双方不仅在战术、战法上得到了交流，而且加深了两军之间的相互了解”。

陆上自卫队与美海军陆战队联合实兵训练 据日本《朝云》2001 年 11 月 22 日报道，2001 年 11 月 13～26 日日本陆上自卫队与美海军陆战队在日本北海道大演习场等进行 2001 年度日美陆军联合实兵训练。陆上自卫队北部军区第 11 步兵师师长渡边光启中将和美海军陆战队第 3 海军陆战师师长詹姆斯·R·巴特林少将分别任训练指挥官。参演部队：日方北部军区第 11 步兵师第 10 步兵团，1370 人；美方海军陆战队第 3 海军陆战师第 3～10 陆战营，650 人。训练分两个阶段进行，第一阶段（14～18 日）为职能训练；第二阶段（19～26 日）为综合训练。由于此次训练是在美国遭受恐怖袭击（9·11 事件）和日本通过《反恐怖特别措施法》后实施的训练，反恐怖作战色彩的演练十分突出。在职能训练中，双方演练了以应对敌游击队、特种部队为主的城市战斗训练以及山地搜索敌游击队训练等。在综合训练中，演练了日美双方联合反恐怖作战样式等。

日美海军联合指挥所演习 据日本《海上自卫队新闻》2001 年 3 月 9 日报道，2001 年 3 月 12～22 日美海军联合指挥所演习在美国罗得岛州新港美海军大学举行。日本海上自卫队参谋部防卫部长香田洋二少将和驻日美海军司令罗伯特·C·查普林少将分别任演习指挥官。参演部队有：日方海上自卫队参谋部，自卫舰队，佐世保地方队，舞鹤地方队，干部学校，共计 24 人；航空自卫队参谋部，航空总队，航空支援集团，共计 6 人；陆上自卫队参谋部 5 人；防卫厅内部部局 2 人。美方驻日美海军，第 7 舰队，美海军大学，驻日美军司令部，共计 40 人。日本防卫厅内部部局首次派人参加演习。演习目的在于利用美国海军大学的图演装置演练从形势危急阶段到对日本进行武力攻击阶段日美海军联合实施海上作战时的指挥参谋活动。日美海军联合指挥所演习始于 1988 年，每年举行一次，本演习为第 13 次。

日美空军联合指挥所演习 据日本《朝云》2001 年 1 月 18 日等报道，2001 年 1 月 21～23 日日美空军联合指挥所演习在驻日美空军横田基地举行。日本航空自卫队航空总队参谋长二宫修中将和驻日美空军第 5 航空队副司令德利·C·沃尔达斯准将分别任演习指挥官。参演部队有：日方航空总队 40 人；美方驻日美空军第 5 航空队 50 人。演习以日本受到外部进攻日美空军按照各自的指挥系统实施联合空战为背景，目的在于演练双方在实施联合空战时的指挥参谋活动。日美空军联合指挥所演习始于 1982 年，本演习为第 10 次。

日美海军联合反潜特别训练 日美海军联合反潜特别训练于 2001 年共举行 2 次。

（1）6 月 22～26 日在日本东海至四国海面的太平洋海域举行。日本海上自卫队第 5 护卫队司令松原研二上校和美海军导弹舰长罗波特·A·博纳中校分别任演习指挥官。参演兵力：海上自卫队“天雾”号驱逐舰，若干架飞机；美海军“范德格里夫特”护卫舰，若干架飞机。演练科目：反潜战、通信训练、战术运动和接敌运动等。

(2) 7月23日～8月1日在日本九州南方海域举行。日本海上自卫队第6护卫队司令宫崎行隆上校和美海军第15驱逐舰队司令丹尼尔·W·达本博特准将分别任演习指挥官。参演兵力：海上自卫队2艘驱逐舰，1艘潜艇，若干架飞机；美海军驱逐舰、护卫舰、补给舰、潜艇各1艘，若干架飞机。演练科目：反潜战、直升机离舰及降落、战术运用、海上补给和通信训练等。

日美海军联合扫雷特别训练 据日本《朝云》2001年2月8日报道，日美海军联合扫雷特别训练于2001年2月5～17日在日本周防滩海域举行。日本海上自卫队第2扫雷队群司令平井良彦少将和美海军第11扫雷队司令德利米拉海军中校分别任训练指挥官。参训兵力：日海上自卫队19艘舰艇（2艘扫雷母舰、2艘扫雷舰、15艘扫雷艇），飞机15架（9架P－3C反潜巡逻机、6架MH－53E扫雷直升机）；美海军2艘扫雷舰、1架P－3C反潜巡逻机、水下处理队员10名。训练科目：布设水雷、水雷监视、排出水雷等。日美联合扫雷特别训练始于1955年，本次训练为第66次。

“对抗北一关岛2001”联合军事演习 据日本《朝云》2001年6月7日报道，日美空军“对抗北一关岛2001”联合军事演习于2001年6月11～22日在美国关岛安德森空军基地及其周边空域举行。日本航空自卫队第2战斗航空团飞行群司令齐藤治和上校和驻日美空军第5航空队第605航空作战队长道纳尔道·C·维克保斯特上校分别任演习部队指挥官。参演部队有：日方航空自卫队北部方面航空队第2战斗航空团（10架F－15J战斗机）、警戒航空队（1架E－767预警机）；美方驻日美空军第5航空队第18联队（1架E－3B预警机、2架KC－135空中加油运输机）、第35战斗机联队（12架F－16战斗机）、第12陆战航空营（2架EA6B电子干扰机）。演练科目：电子战环境下的防空战、战斗机格斗、二次起飞准备等。目的在于提高两国空军的空中作战能力和应付各种突发事件能力。日本航空自卫队首次派出E－767大型预警指挥机参加。与2000年相比，美空军参演规模有所扩大，即增加了6架F－16战斗机。本演习始于1978年，在关岛安德森空军基地举行是第3次。

首次参加“西太平洋扫雷演习·2001” 据日本《朝云》2001年5月17日、《海上自卫新闻》6月22日报道，2001年6月11～22日美国、新加坡、日本、中国、澳大利亚等16个国家的军队在西太平洋地区首次联合举行代号为“西太平洋扫雷演习·2001”。演习由新加坡主持，参演国为美国、澳大利亚、中国、加拿大、法国、印度、印度尼西亚、日本、马来西亚、巴布亚新几内亚、俄罗斯、新加坡、韩国、泰国、越南、新加坡。16国共出动舰艇15艘，人员1500人。日本首次派海上自卫队参加，参演部队以第51扫雷队司令柴田孝宏海军上校为指挥官，由“丰后”号扫雷母舰、“八重山”号深海扫雷舰、“飞岛”号扫雷艇组成，共计230人。演习旨在加强各参演国扫雷部队之间的相互合作与理解，通过演练海上侦察、情报交换与识别以及多国海军的运用与调整，加强了西太平洋海军论坛（WPNS）成员国之间的合作。本次演习以实兵演练方式进行，使各参演部队在实战中磨炼和提高探雷、辨雷和排雷技术。在演习结束后的研究会上，参演各国一致认为，在亚洲首次举行的国际扫雷演习取得了巨大成功，加强了各国海军间的相互理解与信任。

航空自卫队参加“对抗雷”演习 航空自卫队于2001年7月5日派部队前往美国阿拉斯加州艾尔森空军基地及埃尔门多夫空军基地，参加由美国空军主持的2001年度“对抗雷”演习。演习于2001年7月16～27日举行，参演国家有美国、日本、英国、新加坡及韩国等。航空自卫队参加演习的目的在于通过与美军实施联合训练等提高部队战术运用能力。参演兵力为航空总队所属基地防空部队，航空支援集团运输机部队，便携式防空导弹训练器材6套，C－130H运输机3架，共计106人。参演科目包括由便携式防空导弹训练器材实施的防空战斗训练、由C－130H运输机实施的战术空运训练（低空飞行、物资空投、野外降落）、乘坐美空军战斗机研修等。

（张洲军）

越南军队军事训练 2001年，越军在组织正常军事训练的同时，积极进行军事训练革新。

组织军事训练和演习 年内，越军继续按照“基本、切实、牢固”的方针组织军事训练和演习，提高部队实战能力。

检查训练工作 5月中旬，越军副总参谋长杜中阳少将率领检查团赴南沙舶兰礁、景宏岛、染青沙洲、敦谦沙洲、琼礁、大现礁、鬼喊礁等越占岛礁检查军事训练工作，重点检查了训练教材、训练模具、训练组织和实施情况。

举办全军步兵技战术集训班 据《越南之声》报道，越国防部8月份举办了“全军步兵技战术集训班”，来自越军各军区、军兵种和兵团的 200 多名干部参加了集训。集训内容包括连、营战术训练组织方法，个人至师级训练方法，M－79 枪实弹射击方法，以及如何使用训练模型、教具等。

进行销毁弹药技术培训　据澳大利亚《越报》报道，8 月 27 日～9 月 28 日，美军太平洋总部人事勤务处 96 营对越军 14 名专业人员进行了销毁弹药技术培训，主要传授了有关炸弹、地雷的销毁技术，救伤和绘制雷区地图的方法。

重视提高文化素质　2001 年，越军工部门采取选派优秀人才赴军地院校进修、招收地方大中专毕业生等措施，提高官兵的文化素质。迄当年底，越军工部门的人员中有 1% 拥有本科以上学历，10% 拥有本科学历，25% 拥有专科和中专学历，65% 拥有中学学历。

举行军事演习　为检验训练效果，越军先后举行各类演习近 20 次，其中师以上较大规模演习 10 余次。在演习中，越军突出防暴乱和诸军兵种协同作战演练。特别是 9 月 11 日美国发生严重恐怖袭击事件后，越军多次举行以平暴、反恐为主要内容的演习，着重提高部队的快速反应能力。越南还与印度、日本等国在南海联合举行了以打击海盗、海上搜救为背景的双边军事演习，并首次与美国、俄罗斯、中国、法国、日本、新加坡等 15 国于 6 月 11～22 日在新加坡举行了代号为“海上扫雷”的大规模反水雷联合军事演习。

总结军事训练工作　2001 年 12 月，越军总参谋部对全年军事训练工作进行了总结：全军按照国家防卫新思维组织实施军事训练，高度适应了人民战争、对象国、自身装备条件和战术作战的要求。特别是针对敌人的高科技武器战争、“和平演变”和暴力颠覆的预防、反击等方面的训练取得了很大进步。从总体上看，各单位正确执行了训练指令中的指导观点、方针和计划，注重干部和连队训练，把部队训练与单位正规化和全面建设紧密结合起来，圆满完成了政治教育，技术、战术和战役训练计划。但军事训练工作仍存在许多不足。一是对新形势下军事训练的认识还没有到位，特别是部分机关单位没有认识到训练工作是军队在和平时期的一项中心和经常性任务，没有完全革新训练工作指导思维。二是训练管理、指导机制在职能、任务方面还有重复现象，各职能机关间的配合不够紧密，缺少集中统一领导和指挥。三是对干部的战术、指挥训练过于呆板，缺少灵活性和创造性，没有吸引力。四是训练保障工作不能满足革新的需求，训练所需保障物资数量少、质量差。这些问题和不足影响了军事训练的效果。

进行军事训练革新　2001 年，越军趁国内经济革新之机，在全军范围内全面进行军事训练革新，以促进训练工作的开展，提高训练质量，适应未来战争的需要。

革新军事训练工作的认识　越军认为，革新军事训练工作的认识思维是全面进行军事训练工作革新的首要因素和基础。越军强调，训练思维的革新要建立在全面履行新时期保卫祖国、建设全民国防、建设现代化军队任务的基础上。训练方向、方针要符合每个阶段的战斗任务。因此，训练工作不但要保证部队随时完成抗击侵略战争的任务，而且要保证部队有能力与人民一起挫败敌人“和平演变”和武力颠覆的阴谋，保卫党和政府，保卫人民正常生活；还要训练部队随时参加预防天灾活动，保卫人民生命和财产安全。同时，军事训练工作的革新思维要体现以下观点：理论与实践相联系，训练与单位自身战备值班任务相联系；军事训练与思想政治教育紧密结合，经常贯彻党的国防和军事新思维，使得军事训练工作能在干部战士正确认识自己的义务和责任的基础上进行，发挥部队“自学、自练”的积极性和创造性。下一阶段，要继续贯彻“基本、切实、牢固”的军事训练方针，集中训练各武装力量，注重同步和纵深训练，与实战、作战对象、作战方案、任务要求和单位辖区内具体情况相符合，与组织编制、装备能力相符合，与越南军事艺术、战斗经验和传统打法的发展相符合。

革新军事训练指导、管理和调控工作　越军强调，军事训练指导、管理和调控工作的革新要满足同步和高效建军的要求。军训部门要继续健全组织编制，保证上级机关对下级的有力指导和下级对上级的密切配合，以及各职能机关的协调统一。军训干部要经常加强学习，提高训练指导、管理和调控能力，努力建设一个强大的军训部门，与部队战斗训练的任务和职能相称。要贯彻三军同步训练的指导思想，加强指挥、机关和连队的训练，并注重现有武器装备的操作、打法训练，突出各军兵种和边防部队的纵深训练。在各级演习指导工作中，要首先确定好指挥与机关间的演习制度，从本单位具体的战斗、战值任务出发，革新演习的组织和方式。在管理工作中，各级单位要按照分级机制实行训练管理，发挥主管训练工作的干部队伍的积极性和创造性。同时，每个单位都要加强训练典型单位建设，将军事训练与部队纪律管理、单位正规化和全面建设结合起来。各级单位的会操、竞赛工作要有总体和统一的计划指导，严格限制部级规模的会操和竞赛次数，主要组织师、团级的军事比武活动，会操、竞赛内容不能重复。

革新军事训练的内容、组织和方法　越军认为，革新军事训练的内容、组织和方法是决定军事训练工作革新质量和成功与否的重要一环。越军强调，政治教育的内容既要集中提高对军事任务、国际问题、国内革命局势、革命战略任务及本单位自身建设等方面的认识，又要涉及到干部、党员的道德品质和生活作风问题。通过政治教育，要达到三个目的：一是提高干部战士的政治素质，树立社会主义必胜的信念；二是帮助干部战士更加认清敌对势力对越南进行“和平演变”、暴力颠覆和其它战略破坏活动的阴谋和手段；三是使干部、党员的道德品质和生活作风发生重大转变。军事训练要注重提高连级干部的技术、战术水平，使其有一个质的转变。集训、培训的组织工作不单纯是传授知识和训练方法，对干部的培养要注重发挥每个人的能力，使每一位干部都成为执行战斗任务的创造性、主动性主体。在训练过程中，技术训练要与战术训练紧密结合，以技术训练为基础，战术训练为中心；要注重提高对付高科技战争的能力训练，特别是要重视训练提高机动、伪装和反击敌人进攻的能力。军事训练要严格按照作战方案并及时结合各种反暴乱、反骚乱情况进行，并与纪律观念培养、预防天灾相结合。组织演习要符合本单位的具体任务，在演习过程中要注重营造恶劣条件和提高紧张程度，贴近实战特别是高科技战争。训练组织方式的革新要根据任务要求和作战对象等情况，注重研究“以落后装备战胜现代化装备”的新打法。

革新军事训练的保障工作　越军认为，只有不断提高军事训练后勤保障工作的质量，才能适应未来战争的需要。2001 年，越军总参谋部为各军兵种和边防部队下发了大量有关技术、战术、条令、体育等方面的训练材料，并将随时根据战争方式的发展变化补充修改各种训练材料，特别是战争初期部队机动部署、预防和反击敌人进攻的训练材料。同时，越军按照哪个单位管理训练就哪个单位管理财政的方式革新训练经费管理工作，从预算到分配、使用都实行公开、民主制度。越军还要求各部队积极与地方有关部门协商解决操场、练习场所特别是靶场不能适应军事训练需要等问题，使军事训练场地合法化，确保军事训练工作正常进行。

资料来源：

越南《人民军队报》、《全民国防》杂志（2001 年）。

（钟学良）

印度军队训练　空军训练　2001 年，印空军在“从难从严，贴近实战”方针指导下，继续加强日常战备训练和演习演练，完善训练体制，探索新的训练方法，研究高技术条件下空军作战新战法，采取措施努力降低飞行事故，并适时提高战备水平，防范美军反恐战争带来的不测事件。一年来，印空军作战、训练和战备水平有了明显提高。

加强训练，提高作战能力　2001 年，印空军根据其作战样式及任务性质的变化，进一步加强了日常飞行训练，将其作为提高飞行部队战斗力的有效途径，尤其重视在高海拔地区的针对性训练，其主要形式有：本场训飞、转场训飞、武装直升机训练等。

本场训飞：主要科目包括低空封锁、低空攻击、空域飞行、近距格斗、对地攻击等，多采用单机或双机编队；在空中格斗训练中，印空军米格 - 21/23 型机多采用“2 对 1”或“3 对 2”等以多对少的战术方式，而在对地攻击训练中，米格 - 23/27、“美洲虎”等型机多采用 4 ~ 6 机编队实施密集攻击。

转场训飞：训练科目主要有空中护航、编队飞行、远程打靶、换驻轮训等，多采用双机或多机编队。5 ~ 8 月份，印空军西部空军司令部所属第 9、31、220、108 和 47 战斗轰炸机中队先后派出 5 支分遣队，轮流进驻查谟克什米尔前沿的阿旺提普尔空军基地，进行高强度实战训练，期间共出动各型米格战机 125 批 209 架次。印空军米格 - 29 型战斗机也在列城基地进行了长期适应性训练。此外，西部空军司令部、中部空军司令部和东部空军司令部所属的部分战斗机中队多次组织了远程转场训练和打靶演练，以适应不同作战环境。

武装直升机的作战训练：印空军将武装直升机的作战训练列为训练重点，尤其加强了在高海拔地区的作战训练。仅 5 月份，印空军就出动米 - 35 型武装直升机在克什米尔地区执行各类训练任务 75 架次，主要科目包括对地攻击、机动作战、山谷飞行、导弹发射等。此外，新改装的米 - 17IV 型武装直升机也多次参加了各类训练和演习。

举行大规模实兵演习　2001 年度，印空军共组织和参加较大规模演习 11 次，其中空军单独组织了“特里舒尔”等演习 3 次，参加“全胜”、“阿克拉曼”、“光荣”、“夏季 - 2001”等陆空联合、三军联合军事演习 8 次。演习数量较上年同期明显减少，但规模明显扩大，并呈现以下几个特点：

（1）突出各军兵种联合作战思想　随着空军武器

装备的不断更新以及作战样式、技战术水平的不断发展，空军在联合作战中的主导地位日益突出。近年来印军“空地一体”、“海空一体”等联合作战思想进一步确立。2001 年，印空军参加联合演习 8 次，占其总演习次数的 70% 以上。在这些演习中，印空军以高度机动、集中火力、快速反应、远程打击以及灵活多变等特点，在联合作战中发挥了突出作用。

(2) 加强针对未来可能作战样式的演练

根据对当前安全环境的判断，印度认为，巴基斯坦仍是其最现实的威胁，中国与印度边境领土问题尚未解决，与巴发生大规模常规战争甚至核战争的可能性不能排除，小规模冲突仍将持续，因领土争端引发印中边境局部战争也不能完全排除。为应付上述各种层次的战争和冲突，适应新的作战样式，印空军加强了针对性的演练，如“全胜”、“喜马拉雅”等陆空联合演习和武装直升机的山地作战训练均是针对不同作战样式进行的。

(3) 突出新型兵器的战法演练

近年来，印空军武器装备不断更新，引进和自行研制了一批技术含量高、作战性能强的新型装备，为了使其尽快形成战斗力，发挥作战效能，印空军十分重视新型武器装备的训练。2001 年，印空军在日常训练和演习期间，大量出动包括苏 - 30、幻影 - 2000 等先进作战飞机。在“全胜”演习中，首次使用了最新列装的米 - 17IV 武装直升机、“拉克什亚”无人驾驶侦察机和“英迪拉 - II”型预警雷达等新型装备，探索这些武器装备的作战使用和战法。这些新型装备的使用进一步提高了部队适应和使用新型装备的能力和已有装备的配套协作程度。

(4) 贴近实战，训练的强度和难度加大

为了适应未来对巴作战的需要，印空军吸取卡吉尔冲突的教训，重点加强了在印巴边境高海拔山地环境的作战训练，训练科目以低空或超低空对地攻击、山谷飞行等高难度科目为主。在“全胜”演习中，印军以印巴爆发核战争为背景，在印巴边境塔尔沙漠气温高达 45℃以上的常人难以忍受的环境下进行实战演习，其强度和难度均超过了以往，对官兵素质提出了严峻的挑战。

引进训练装备，探索新的训练方法

(1) 加紧引进先进教练机和训练模拟器材

长期以来，缺乏先进教练机成为制约印空军训练水平提高的一个关键因素。为此，印政府不断与有关国家进行购机谈判。2001 年，印度与英国已基本达成了购买 66 架“隼”式喷气式教练机的协议。此外，印空军正计划购买一批战斗机和直升机新型训练模拟器，包括基础机舱程序教练机及特定任务模拟器等，目的是提高飞行员对紧急情况的应变和处置能力，提高职业技能水平，降低人为因素导致的飞行事故率。

(2) 与以色列合作培训无人机专业人员

印空军计划于 2001 年底在巴廷达和布季组建两个无人驾驶飞机中队，装备从以色列飞机工业公司引进的 32 架“搜索者” - II 无人机。为此，印空军分批选派指挥与技术人员赴以色列进行专门培训，首批 12 人经八周培训后已于 2000 年 11 月回国。2001 年，印空军继续与以色列合作培训有关人员。一旦组建完成，这些无人机部队将主要担负沿西部边境及印巴实际控制线地区的空中战术侦察任务。

(3) 改进训练程序，缩短飞行员培训周期

为了克服飞行员严重短缺的状况，满足飞行中队扩编和作战飞机增多的需求，印空军训练司令部考虑扩大飞行学员招收数量，改革训练体制，拟将现行的三级培训体制改为二级，增加在模拟机上的“飞行”训练，以提高训练效率，缩短培训时间，达到多出快出人才的目的。此外，在飞行训练过程中，强调“飞行员的生命比飞机更重要”的观点，在事故不可避免的情况下，鼓励飞行员弃机跳伞，以保存宝贵的飞行人员。

(4) 加强防核攻击的战法研究

面对两个核武器的“现实和潜在”敌对邻国这一现实，年内，印空军加强了防范核打击的战法研究和训练。印空军认为，早期拦截和摧毁携带核武器的敌机是防范核攻击的最佳手段。为了在敌机入境之前将其拦截并击落，印空军必须在尽可能远的距离上发现敌机，并提高拦截能力。印空军认为，最后定型的苏 - 30 战机具有强大的拦截和摧毁目标能力，将成为防核打击的主要武器。由于目前印军不具备识别敌机携带常规或核武器的能力，因此，对敌我飞机识别方法作出明确规定，并要求一旦判明即可尽早将其击落。印空军还对敌使用核武器的征候不断进行研究，确定敌突破常规作战转而发动核攻击的临界点，以便在未来战争中将作战规模控制在临界点范围之内。与此同时，印空军还加强了在空中和地面防核生化攻击和提高在核生化环境下生存能力的演练。

飞行事故严重，影响战备和训练 2001 年，印空军共发生严重飞行事故 20 起，其中机毁人亡事故 11 起，机毁人伤事故 9 起，损失飞机 20 架，飞行员 12 名，包括 3 名飞行中队长。损失的飞机包括米格 - 21 型战斗机 9 架，米格 - 23UM/BN 各 1 架，米格 - 27/29

战斗机各1架，“美洲虎”战斗机1架，“基兰”教练机2架，米-8直升机3架，米-35直升机1架。从事故的机型看，米格-21型飞机仍是失事率最高的机型，占总数的约一半。

印空军飞行事故率高的主要原因：一是飞机严重老化，保养难度大。二是飞行训练强度和难度增大。在复杂气象和地形条件下高难度的战术训练，大大增加了飞行事故率。三是由于缺乏高级喷气式教练机，飞行员在第三阶段训练和战斗机中队训练之间缺乏过渡，年轻飞行员在操纵超音速飞机时心理压力过大，往往造成动作失误而发生事故。此外，飞鸟撞机事件也时有发生。

为解决上述问题，印空军采取了一系列措施。一是加紧购买高级喷气式教练机和先进训练模拟器。印政府通过艰难的选择和谈判，与英国基本达成了购买高级喷气式教练机的协议。二是进一步完善训练体制。首先，增加模拟器训练，学员完成第三阶段训练之后和进入实际飞行超音速飞机之前，将增加模拟器训练阶段，以使他们熟悉操作程序和提高其处置空中异常和紧急情况的能力。其次，改进米格-21型机训练程序。三是成立战斗机事故委员会，在国防部长科学顾问领导下，负责就改进空军训练和飞行安全措施等问题提出建议。目前，该委员会已提出各类建议84项，其中45项已被采纳并实施完成，10项未被采纳，其余的正在执行中。

资料来源：

①2001年印度国防部官方网站空军新闻；

②2001年印托报、印度时报等报刊新闻。

（管元璋）

军事演习 2001年，印军共举行各类军事演习近百次，主要特点是：（一）首次进行核威胁条件下的联合作战演练。印军认为，随着中、印、巴都拥有核武器，未来战争将在核威胁条件下进行。因此，印军在积极推进核力量建设的同时，开始进行核威慑条件下的联合作战演习。在印巴边境举行的“全胜”演习中，印军首次将遭受巴方核打击作为演习的立案背景，新设了拦截敌方来袭载核弹飞机、人员与装备的紧急核防护、部队穿越核辐射区域等科目，检验印军在核威胁条件下的生存与对巴作战能力。（二）注重高技术武器装备的作战应用。印军在演习中积极探索高技术武器装备的使用所带来的新战法、新样式。在“全胜”演习中，印军首次将米-17Ⅳ攻击直升机、“拉克什亚”无人侦察机投入实战，还使用了米格-27、29型战斗机、美洲虎战斗轰炸机、米-35型直升机、T-72型坦克、英迪拉-Ⅱ型雷达、“博福斯”火炮、新型野战自动化指挥系统等先进武器装备，检验了各种武器装备在高温、沙尘等恶劣条件下的作战效能。在举行的海、空军联合演习中，印海军使用了最新开发的指挥控制系统，进行实时战术绘图和信息传递，实现对作战部队的不间断直接指挥。（三）强化空军作战演习。印军认为，在现代战争中，空中力量已由辅助支援地位上升为决定战争胜负的关键因素，因此，印空军共组织、参加各类军事演习70余次，约占全年演习总数的70%。所有演习均贯彻“空地一体”联合作战思想，充分发挥空军在联合作战中的主导地位。在“全胜”演习中，印空军出动作战飞机130余架、上千架次，演练了集中优势兵力，对敌重要战略目标进行毁灭性空中打击，突出空军独立完成部分战役任务的独特作用。

“全胜”陆空联合演习 2001年5月2～14日，印度在与巴基斯坦交界的拉贾斯坦沙漠地区举行了代号为“全胜”的陆空联合大演习。演习由印国防部组织策划，中部军区负责实施，中部军区司令乔希中将担任演习总指挥。演习分两个阶段：第一阶段（5月2～5日）为防核打击阶段。巴基斯坦对印实施核打击，印军凭借辽阔的地域进行有效防守，确保了常规力量和核力量的安全，并在经受住第一次核打击后立即组织力量进行反击。第二阶段（5月6～14日）为反击阶段。分4个部分在不同地域同时举行。第一部分为“胜利力量”防御演习。巴军为争取战场主动权，从印巴边境阿姆利则以北地区对印发动突然进攻，印军迅速组织防御，阻滞巴军的进攻，为印军反击创造条件。第二部分为“霹雳”进攻性演习。印军为阻止巴军对阿姆利则以北地区的继续进攻，从阿姆利则东南地区对“入侵”的巴军发动反击，消耗其有生力量，削弱巴军的进攻态势。第三部分为“有效打击”进攻演习。印陆军为牵制巴军作战行动，在空军的支援下向巴境内发动进攻，对巴军实施有效打击。第四部分为“彻底胜利”进攻演习。印军为取得对巴作战的全面胜利，在空军的支援下，向巴纵深地区发动进攻，占领部分阵地和大片土地，实现了在“外交斡旋和停火前”取得彻底胜利的作战意图。

“全胜”演习是印军自1987年举行“黄铜钉”演习以来规模最大的一次军事演习，呈现出以下特点：（一）参演兵力多。参加此次演习的部队包括陆军7个军部、15个师另1个旅，空军8个飞行联队，各型作战飞机70架，运输机30架，直升机20架，参演兵力达20余万人。（二）投入装备全。印空军参加演习的70架战斗机从米格－21、米格－23、米格－27、米格－29、“幻影”2000到苏－30型，几乎包括了印空军所拥有的各型作战飞机。印陆军最新列装的米－17IV型直升机和“拉克亚什”无人驾驶侦察机也首次登台亮相。印军刚刚研制成功，尚属绝密的“英迪拉II”型雷达也首次投入使用，并启用了新建立的陆军广域网、空军信息交换系统和跨军种网络系统。(三) 演习区域广。此次演习是在靠近印巴边境地区的塔尔沙漠举行的，演习区域总面积达8000余平方千米。靠近印巴边境地区印空军所有基地均进入实战状态。(四) 演习科目新。此次演习的科目除各种常规战科目外，还举行了印军有史以来首次进行的核生化战科目演练。根据演习方案，携有核武器的“敌军”战机向印度发起攻击，印空军战斗机紧急起飞实施拦截，并将其大部分击落。少数敌机突破印空军防线，发射核武器击中印军一些目标。

海、空军“夏季”联合演习　7月22日～8月6日，印度海、空军在孟加拉湾举行代号为“夏季”的战区级联合演习。参演单位有：印海军安达曼－尼科巴要塞司令部、东部海军司令部、西部海军司令部以及“德里号”导弹驱逐舰和“辛杜萨斯特拉号”潜艇等各型舰艇25艘；印空军东空指2个战斗轰炸机中队、西南空指1个侦察机中队和南空指部分单位，共出动各型飞机40余架。此次演习由南海司负责指挥，空军主要担负协同作战任务。演习设想印海军编队在孟加拉湾公海遭袭击，印军迅速出动海空军实施反击并取得胜利。主要演习科目包括空中轰炸、空中攻击、空中运输和海空协同等。

三军联合两栖作战演习　11月2～10日，印军在安达曼·尼科巴群岛举行“三军联合两栖作战演习”。演习由安达曼·尼科巴群岛三军联合司令部组织实施，陆、海、空三军派部队参加。演习主要内容是进行海上与岛屿作战以及特种部队的两栖作战训练，旨在提高三军联合作战的能力。

印度、新加坡海军联合演习　3月中下旬，印海军与新加坡海军举行为期两周的“反潜”联合演习。双方参演兵力为：印度海军3艘舰艇、3架作战飞机和2架直升机。新加坡3艘反潜巡逻艇。此次演习是两国海军一年一度的例行性演习。

印、日海军联合演习　5月中、下旬，印度东海司舰队、海岸警卫队和日本海保厅在斯里兰卡附近海域、东京湾及日本远海海域举行联合演习。演习科目包括：共同制定救助计划、通信联络、船机联合搜索作业、救助负伤和落海者以及海上消防等。演习旨在加强印日海上警备机构的联系与合作，确保海上航行船舶的安全，联合打击商业性水域的海盗活动。

印、法海军“瓦鲁纳－1”联合演习　11月8～10日，印度和法国海军在印度孟买附近海域举行代号为“瓦鲁纳－1”的联合演习。双方参演兵力为：印海军“兰维尔”号导弹驱逐舰、戈达瓦里级护卫舰；法国“瓦尔河”号指挥舰、“库尔伯”号和“莱尔米尼埃司令官”号护卫舰。主要演习科目包括反潜作战、防空作战和协同作战等。

印度、塞舌尔联合军事演习　11月21～12月5日，印度、塞舌尔两国军队在塞舌尔群岛举行联合军事演习。印特种部队和空军的18名军官、12名低级委任军官和23名士兵及2架安－32型运输机参加了演习。演习的内容为反恐怖作战，印特种部队对塞舌尔人民国防军进行了反恐怖作战和保卫要员安全方面的特殊训练。印度国防部表示，此次联合军事演习表明印度与塞舌尔的军事关系正在逐步加强，演习将为特种部队的作战行动提供有价值的经验，同时对印军保卫安达曼－尼科巴群岛具有特殊意义。

印、美海军联合搜寻与营救演习　12月12～18日，印度海军和美国海军在印度马哈拉施特拉邦和果阿附近的阿拉伯海海域联合举行搜寻与营救演习。此次演习是根据11月8～11日印度总理瓦杰帕伊访问美国时签定的《印美防务合作协议》举行的，演习由印度海军司令部组织实施，旨在通过演练提高印美海军在联合作战和联合搜救行动中的协作能力。演习科目包括：海上联合侦察、搜寻及营救。参加演习的有：美国“卡尔文森号”航母战斗群和P－3型巡逻机；印度海军舰艇2艘。斯里兰卡、马达加斯加、马尔代夫和毛里求斯等国的军事官员以观察员身份观摩了整个演习过程。观察家认为，此次演习是自1998年印度进行核试验后美印开始加强军事合作的明显标志。

(刘温国)

新加坡特种部队训练　新加坡特种部队成立于1984年，主要用于应付各种恐怖活动。其编制为1个营，下辖4个连的兵力，任务范围涉及陆海空特种作战。新加坡国防部对特种部队非常重视，队员的基本枪械是德国制造的MP－5冲锋枪和P－7M8式手枪，具有很好的稳定性和精确性，同时还装备有10架特种用途的飞机。新加坡特种部队是东南亚地区素质最好的特种部队，一向以选拔严格和训练艰苦闻名。

坚持90%的淘汰率　在新加坡，无论是现役军人还是预备役人员，只要服役达9个月，都可申请参加特种部队挑选测验。测验分成两个阶段，各为1个星期。首先要检查申请者的健康和体能是否符合标准，即视力良好、泳术一流、年轻力壮（尽可能不超过30岁）。其次要测验申请者的应变能力、毅力及承受各种压力的能力。其中每一关都令申请者的体力和心理面临极大考验。资料显示，每10名申请者中，平均只有1名能闯过挑选大关，淘汰率高达90%。

侧重反恐怖训练和丛林作战　“胆识过人”是特种部队队员的座右铭，体现出他们勇于向任何困难挑战的决心。训练时间达1年时间。头3个月训练，特种部队队员学习专门对付恐怖分子的各类战术，包括高空滑翔、射击、拆除和放置爆炸物等。其中，射击训练方面，要达到10米距离外，能击中一个仅有20毫米大小的四方格的标准。后9个月是突击队训练。丛林是东南亚的特定地貌，因而丛林训练成为新加坡特种部队训练的特色。训练时，只给三根火柴、一把廓尔喀式弯刀，特种部队队员就凭这“一大三小”，必须设法走出森林的包围。在逆境求生时，队员被要求必须牢记以下八大守则，每项守则由SURVIVAL（生存）单词的8个英文字母分别代表。即S（Size up the situation）－迅速评估周围的环境；U（Undue haste makes waste）－冷静、从容地思考下一步行动；R（Remember where you are）－牢记你身在何处；V（Vanquish fear and panic）－克服心里的恐惧和惊慌；I（Improvise）－灵活地利用周围的资源或材料；V（Value living）－珍惜生命；A（Act like the natives）－像土著那样老练，懂得获取所需的资源；L（Learn basic survival skills）－牢记基本的求生技能。经过一整年的训练，新加坡特种部队队员个个具备高超技能，身手不凡。

资料来源：

《东南亚纵横》2001年5月。

（孟　丽）

军　事　后　勤

美国军队后勤　2001年，既是美军后勤改革不断深入和取得进展的一年，同时又是在对阿富汗的反恐作战行动中经受实践检验的一年。美军出于保持世界军事优势的需要，加大以信息技术为核心的高新技术在后勤领域的应用，要建立“世界一流的后勤”。其主要措施是：(1) 为建设世界一流后勤，大力推进以信息化建设为标志的军事后勤革命。自20世纪90年代末提出进行一场军事后勤革命以来，美军逐年加大力度，陆续出台了一系列建设项目，以加快军事后勤革命的步伐。如加快全资产可见性系统、全球战斗勤务保障系统、全球运输网络系统等关键自动化信息系统的研发，为实现信息化后勤的目标奠定基础。(2) 本着精简高效的目标，继续改革后勤组织体制。与军事后勤的技术革命相适应，美军继续对冷战时期遗留下来的庞大的的后勤系统进行压缩和精简，以节省费用用于发展作战武器装备和适应新军事战略和作战理论对后勤的需要。(3) 借鉴民间商业管理的先进方法，全面加强后勤管理。(4) 全力保障对阿富汗的反恐作战行动。美军集中力量保障空袭作战，包括油料运输、空中加油，空袭所需的炸弹与导弹供应，以及飞机的维修保养。此外，为稳定军心，美军出台了一系列新的后勤政策，如启动战时特殊津贴、延长享受额外海外服役津贴的期限、出台新的军人保险政策等。(5) 继续加强军队后勤对民力的利用。美军将利用民力增强后勤保障力量作为压缩后勤规模和提高后勤效益的一项重要措施，不断加大推行力度。

国防预算的分配与使用　据美国2001财年《国防报告》透露，美国2001财年国防部申请的预算授权额为2911亿美元，比2000财年增加约33亿美元。美国2001财年国防预算按用途分配情况如下：作训与维持费为1092．86亿美元，约占国防预算总额的37．5%　；军事人员费为758．02亿美元，约占国防预算总额的26%；装备采购费为　602．7亿美元，约占国防预算总额的20．7%；军事科研费为378．62亿美元，约占国防预算总额的13%，军事建筑费为45．49亿美元，家庭住房费为34．85　亿美元，周转与管理资金为11．54亿美元。

2001财年各军种的预算分配情况如下：陆军为705．69亿美元，约占国防预算总额的24．24%；海军为916．88亿美元，约占国防预算总额的31．5%；

空军为 852．98 亿美元，约占国防预算总额的 29．3%；国防部各局、国防部长、国防部办公厅及参谋长联席会议为 252．97 亿美元；其它为 182．43 亿美元。

美国 2001 财年国防开支的重点除购置武器装备外，仍然是对部队的训练、补给、武器装备保养、及其他战备必须项目提供强有力的经费支持，以使部队保持随时投入作战行动的战备水平。此外，2001 财年的预算还提供了足够的资金用于提高军人工资，以及改善军人住房条件和医疗保健等。如为解决保留人才和新兵招募方面的问题，2001 财年的预算大幅度提高了军队的补贴，军队基本工资提高了 3．7%。

国防部计划再关闭一些基地 据英国《简氏防务周刊》2001 年 8 月 8 日报道，美国国防部提出了 2003 年新一轮的军事基地关闭和调整计划。该计划是为节省经费用于军事改革和其他举措的一系列计划之一。据美国防部估计，有 20～25% 的基础设施是多余的，合并或者关闭不必要的基地一年大约可以节约 35 亿美元。

国防后勤局继续推进仓库承包 据美国《陆军后勤》杂志 2001 年 7～8 月号报道，美国防后勤局继续推进将所属仓库承包给地方公司管理的工作。美国防后勤局已经与弗吉尼亚州弗吉尼亚海滩管理咨询公司签订了合同，将佛罗里达州杰克逊维尔国防配送仓库承包给该公司经营。杰克逊维尔国防配送仓库是国防后勤局第 4 个承包出去的配送仓库。

根据 1998 年 3 月公布的计划，美国防后勤局对其 16 个配送仓库的经营和管理逐步实行公开竞标。在已完成的对 4 个仓库的论证中，俄亥俄州哥伦布国防配送仓库继续由政府经营，加利福尼亚州巴斯托国防配送仓库和佐治亚州沃纳．罗宾斯国防配送仓库的经营权分别于 2000 年 1 月和 4 月承包给了弗吉尼亚州马纳萨斯后勤公司。美国防后勤局计划到 2005 年秋完成对所有仓库承包可行性的研究论证。

延长享受额外海外服役津贴的期限 据美国空军新闻 2001 年 10 月 15 日报道，美国防部副部长保罗·沃尔弗维茨在一份备忘录中向三军军种部长宣布，已对 2000 年度国防授权法案之有关条款进行了修订。新政策规定，美国武装力量成员在任何一个 2 年期内，如海外服役超过 400 天，则每超期服役 1 天，可享受 100 美元的额外津贴。该条款于宣布之日起生效。

根据美 2000 年度国防授权法案，截止 2000 年 10 月 1 日，在过去的 2 年中，凡海外服役超过 400 天的武装力量成员，每天可享受 100 美元的额外服役津贴。此条款将于今年 10 月 1 日到期。为支援“持久自由”行动，鼓励参战人员，美国防部决定把生效日定在 2001 年 10 月 8 日，这样，在此之前一年内累积的海外服役时间，到 2002 年 10 月 8 日之前继续有效。此政策公布后，凡参与“持久自由”行动的美军人员，不管在海外何处服役，也不管是直接参与或间接支援，都将从中获益。这是美国为配合反恐作战的一项旨在稳定军心、鼓舞士气的重要举措。

启动战时特殊津贴 据美防务新闻 2001 年 10 月 23 日报道，为稳定军心、鼓舞士气，表彰军人对阿富汗反恐怖战争所作的贡献，美国防部补偿处处长克利斯·高邦上校宣布，符合联邦法律关于额外服役津贴与待遇之有关条款的现役或后备役人员，可领取战时特殊津贴并将享受联邦税收优惠待遇。这是自科索沃战争后第一次启动该政策。应布什总统号召于 9 月 14 日起转服现役的所有后备役、国民警卫队、海岸警卫队的人员符合政策要求，可领取下列津贴并享受以下优惠待遇：

（1）全额基本住房津贴：自应召之日起计算，视情确定是否有附加利息。

（2）应急行动生活津贴：只要是支援应急行动，应召时间不限。

（3）应召支援应急行动的后备役、服后备役期满或已经退出后备役的人员，最长可享受 90 天的假期。

（4）后备役人员服满现役后，本人及家属子女可继续享受 30 天的军队免费医疗或牙科服务。

如现役或后备役人员被派往海外参加应急行动，还可享受以下待遇：

①两地分居津贴：有家属子女者每月补助 100 美元。

②艰苦地区生活补助：根据所在地区艰苦程度分别额外补助 50、100 或 150 美元。

③直接危险补助：各级作战指挥官或总司令认为其驻扎在危险地区的，每月享受 150 美元直接危险补助。

④高度危险补助：在敌人火力打击区域内的人员，每月可领取 150 美元的高度危险补助。

⑤战伤住院补助：因作战受伤并住院治疗的，住院期间每月可领取 150 美元的补助，最长 3 个月。

⑥额外食宿补贴：部署在外由官方提供食宿保障的每日享受 3．5 美元的额外补助（每月最多 105 美元）。

⑦免费保管私人车辆：部署在外参加应急行动的

私人车辆，免收保管费。

另外，经总统或国会批准，部署在作战地域或危险地域的现役军人，还可减免个人所得税。准尉以下级别所有人员的薪金免税，一级准尉月收入少于5043．60美元的免收个人所得税。

增加军人住房补贴 据美军新闻社报道，2001年，美军近90%的现役军人的基本住房补贴大幅增加。根据美国防部的规定，新的住房补贴比原来的住房补贴增加12~17%，平均增加14．5%。2001年住房补贴增加是国防部为提高军人生活质量采取的举措之一，目标是到2005财年免除军人支付房租的负担。2000财年，美军人房租支付额为工资的18%，2001财年，房租支付额为工资的15%。增加住房补贴也将使军队住房私营化更具吸引力。据称，随着经费量增大，更多的承包商将被吸收参加美军的住房私营化计划。这项计划始于1996财年，为的是加快整修现有营房和修建新的住房。美国防部官员估计，用现在的军队建设系统解决18万套非标准单元住房要花30年时间，而采用私营化方法10年就可完成。

陆军后勤 **陆军战区陆军地区保障部全部并入战区保障部** 据美国《陆军后勤》杂志2001年1~2月号报道，随着陆军最后一个战区陆军地区保障部的撤销，建立多种成分的战区保障部计划又向前推进了一大步。驻日本座间兵营的第9战区陆军地区保障部与驻弗吉尼亚州贝尔瓦堡的陆军后备队第310战区保障部合并组成新的第9战区保障部。新单位辖日本座间兵营的40名现役士兵和9000英里以外贝尔瓦堡的大约400名陆军后备役人员。第9战区保障部是最新组建的现役与后备役混成单位，承担太平洋总部陆军部队的后勤保障任务。陆军将继续致力于使现役部队和后备役部队相结合，充分利用后备役兵员的技能和经验，使其参与保障陆军全球性任务。混合建制的好处是能给现役部队补充完成保障任务的资源，同时能使后备役人员集中时间在实际保障活动中进行训练，熟悉业务岗位，以便今后一旦动员就能胜任工作。

陆军对总部级后勤实行变革 据美国《陆军后勤》杂志2001年5~6月号报道，驻新泽西州蒙矛斯堡的美陆军通信电子局通过更换现行总部级后勤管理系统，对陆军总部级后勤的业务工序和增能技术实行革命性变革。

"总部级后勤现代化计划"是陆军器材部电子通信局管理的一个合同。该计划是陆军正在进行的业务革命以及由此而产生的军事后勤综合革命的一个组成部分，目的在于使陆军进行其总部级业务的方式革命化，以此来变革总部级后勤。该计划将建立一体化的后勤管理能力，以便提供全资产可见性，增强决策支持能力，创造协作的计划环境，保留单一的数据源，提高预测的准确性，并做到能实时地、简便地获取全器材部范围内的信息。

现行的陆军总部级后勤系统包括专业局标准系统、标准仓库系统和相关的应用软件。专业局标准系统用于管理总部级库存，包括做出是修理还是购买的决策、进行库存控制、编制计划和预算。标准仓库系统用于管理补给站、军械库和弹药厂的业务，包括库存核算以及对维修、装备、弹药和设备的管理。根据1999年12月29日，陆军与计算机科学公司签订的一份合同：在维持现有传统系统的同时，使陆军总部级后勤业务工序实现现代化。计算机科学公司将不断提供这些现代化的服务，并在合同期（10年）内提供技术更新。目前，该计划的制定构想和战略阶段以及建立业务结构阶段均已完成。

陆军军事交通管理部进行编制调整 据美国《陆军后勤》杂志2001年7~8月号陆军新闻网报道，美陆军军事交通管理部正在进行体制编制调整，以减少人员和提高效率。据称，此次编制调整的范围和影响将是该部36年历史上最大的一次，将使该部成为一个高效的管理机构，以便向作战指挥官提供无缝隙的直达保障，并对陆军的全面改革提供更有力的支持。该部部长称，此次体制编制调整的重点是减少组织层次、精简职能，以及采用商业管理方法和加强对信息技术的利用，整个调整工作预计到2003年全部完成。

（1）调整机构。将位于弗吉尼亚州亚历山大的军事交通管理司令部总部和位于弗吉尼亚州尤斯蒂斯堡的军事交通管理部下属的部署保障司令部（负责控制美国本土、阿拉斯加和波多黎各的港口）合并成单一的机构之后，统一管理该司令部全球所有的资产。单一的指挥机关未来将控制该部的24个港口，约2000名雇员。合并后的总部仍设在亚历山大。具体内容是：撤销位于尤斯蒂斯堡的部署保障司令部；部署保障司令部现任司令将改任军事交通管理司令部的副司令兼作战主任；在尤斯蒂斯堡成立一个单一的军事交通管理司令部作战中心；撤销军事交通管理部总部的作战处和联合交通管理办公室；在北卡罗来纳外州森尼波因特重新组建第597运输大队，作为原部署保障司令部所属部队的单一作战大队总部；第597运输大队和军事交通管理部的两个海外大队将向军事交通管理部的副司令、作战主任汇报工作。

(2) 裁减人员。精减多余的参谋人员，减少总体编制员额，即从当前军事交通管理部全球各地的2346人中裁减约250人，作战人员也将从425人减为257人，以达到提高全球行动速度的目的。到2001年年底，军事交通管理部的人数将比2年以前减少15%，到2003年年中，将再裁减10%。

陆军改进海上预置船的弹药存储方式 据美国《陆军后勤》杂志2001年5～6月号报道，陆军器材部作战保障局正在改进陆军海上预置船的弹药存储方式。过去采用的是船上装驳运输法，即先将弹药散装在驳船上，再将驳船装载在三艘专用商船上。现在，两艘现代化的集装箱船将运载战略配置所需的各种弹药，包括小组、排、连各级分队展开所需的所有弹药，用以保障各种装甲、火炮和航空兵器。从驳船上卸载弹药时，将进行检查、测试和维护，并打上载有国家库存编号、批号、物资分类号等信息的二维条码，编码后，弹药将装在M1型平底托盘上或直接装到带温、湿控制装置的国际标准集装箱里，放到两艘集装箱船约翰·佩奇号和埃迪.卡特号上。改装工作已于2000年11月在美国北卡罗来纳州阳光站军港展开，预计将在2001年7月结束。

陆军实行商业化集装箱管理 据美国《陆军后勤》杂志2001年9～10月号报道，陆军军事交通管理司令部决定让私人企业管理其1万个弹药集装箱，并为国防部用户提供租借服务。2001年5月，军交管理司令部司令普里夫拉茨少将决定把集装箱管理承包出去。合同预定于2002年10月1日生效。按该合同，由单一承包商在各关键性的设施和地点掌管弹药集装箱。承包商负责集装箱的租借、替补和保养。目前，军交管理司令部的集装箱通常均放在美国本土由作战保障司令部管理的弹药仓库内，而运往海外的集装箱则往往长期滞留在海外，因为把空箱运回来费用昂贵。当滞流在海外时，集装箱常被用于其他用途，导致其中多达25%的部分达不到弹药运输安全标准。在签订集装箱管理合同后，军交管理司令部将把自己掌握的堪用集装箱移交给军队其他用户，状况不良的集装箱将通过国防再利用与营销处处理，供贮藏物资之用等。对集装箱管理合同的职能监督，将由军交管理部主管经营的副参谋长办公室实施。

陆军借助运输公司加快海运 据美国《陆军后勤》杂志2001年9～10月号报道，陆军军事交通管理司令部寻求依靠商业运输公司缩短海外货物运输时间。驻德美军部队的军用物资输送，从申请到接收，目前大约需要56天。军交管理司令部想通过加强各转运点之间的货物协调工作，把运输时间缩减到40天以内。虽然船只横渡大西洋通常只需要8～9天，但大量时间花费在货物转运的协调上面。由于每个军种都有自己的配送系统，因而与其他军种的配送系统不能协调和同步化。结果集装箱有时要在一些港口停留数周时间，等待越洋输送。

2001年1月，在有军交管理司令部官员参加的一次会议上，有关运输公司主管同意与军交管理司令部合作，加快货物运送。削减海运货物的输送时间，是“战略配送管理倡议”的一个组成部分。该倡议是美国运输司令部和国防后勤局加快货物运输而采取的一项举措。

为军人配发智能身份卡 据美国防部公共事务助理国防部长办公室新闻发布称，美国防部从2000年10月份开始即为国防部人员配发新的多用途身份卡。这种卡被称为“公用存取卡”，不仅是一种身份卡，而且是进入国防部计算机网络的通行证。“公用存取卡”是国防部采用先进技术改革国防部业务流程，消除以纸为基础的活动，确保网络安全，从而增强战备的诸多努力的一个重要措施。这种新的身份卡以能在集成微处理器芯片上存储和处理信息的“智能卡”技术为基础，嵌入身份卡内的芯片是一个设有监视器和电源的小计算机，具有读、写和对数千字节信息进行多种运算的能力。“公用存取卡”的大小与普通信用卡差不多，将采用线性条码、二维条码和磁条，以便能支持全国防部的或单个部队的其他职能。基于全国防部考虑的可能活动有：处理军人食堂的就餐收费，更新重要的货物清单和部署数据等。地区性司令部也正在评估把个人医疗和牙科信息放到卡上的可行性。

“公用存取卡”将成为国防部约400万所属人员的标准身份卡，包括现役人员、预备役人员、国防部文职人员和有资格的承包商人员。该卡的初期发放地点为匡蒂科的选定地点、弗吉尼亚的泰德沃特地区，以及德国和韩国海外地区。完成新卡初期发放的目标时间为2002年9月底。现用的军队身份卡基础设施将能支持“公用存取卡”的使用。每张卡的成本预计约为6～8美元。随着大量采购、技术进步和竞争，成本将降低。开发“公用存取卡”是美国防部近10年来对智能卡技术应用关注的最终结果。实际上，自1993年以来，国防部一直在探索使用智能卡技术。起初，它只被看做方便传输少量信息的手段，但现在技术的进步使它既可实施安全数据传输和在线交易，又可增大信息储量。 (周瑛芬)

海军后勤 **海军陆战队增加2001财年经费预**

算　据美国《海军陆战队》杂志 2000 年 11 月号报道，2001 年国会对国防预算审查后，将海军陆战队的预算从 176 亿美元增加到了 179．53 亿美元，增加的 3．53 亿美元主要用于旧装备改造、基地整修和活动维持计划。预算主要包括：提供 1500 万美元新购 1800 辆高机动多用途轮式车辆，700 万美元新购战术手持无线电台，1200 万美元购买物资搬运设备，约 3500 万美元用于采购 155 毫米榴弹炮弹药；陆战队航空兵将另外得到 2 亿美元，其中有 8000 万美元用于 AV—8B 鹰式飞机的精确目标系统；约 950 万美元用于住房改造，军事建筑费追加 5700 万美元用于训练场、基地基础设施和其他相关工程建设。国会为海军陆战队追加了约 8400 万美元用于研究和发展，其中 1700 万美元用于高机动炮兵火箭弹系统，1200 万美元用于先进两栖突击车，600 万美元用于非致命武器，680 万美元用于应付生化武器突发事件反应部队，650 万美元用于开发先进武器系统。海军陆战队的预算占国防部预算的 6%，却提供了美军全部战斗力的 20%。在预算情况介绍会上，美海军陆战队司令强调了作战部队战备的重要性和最优先保障海军陆战队空陆特遣部队。战备依赖于四大支柱：一是海军陆战队员及其家属，二是现有系统，三是现代化，四是基础设施。

海军和海军陆战队将建内部网　据因特网报道，美海军和海军陆战队与电子数据系统公司签订了一份建设和维护“海军和海军陆战队内部网”的合同，价值约 69．39 亿美元。海军和海军陆战队内部网通过提供数据、视频和音频通信与岸上部队连通，与“21 世纪信息技术计划”和海军陆战队战术网接口，这将使海军和海军陆战队效率更高，战备程度增强。

海军和海军陆战队内部网是一个综合计算机网络，它将取代现有的数目繁多的整个海军部的岸基指挥数据网络。这个内部网将具备加密安全性、全球存取性和与其他军种互通性。与电子数据系统公司签订的海军和海军陆战队内部网合同，将使海军部从一个政府拥有的操作环境向购买服务转变。海军和海军陆战队内部网将使用信息技术行业公认的专业知识连通整个海军部，以便水手、陆战队员和文职人员能以较低的预算成本进行有效通信。根据为期 5 年的合同，电子数据系统公司将负责安全和服务、训练人员、维护和运行支持约 36 万用户的网络设施。海军和海军陆战队内部网的范围包括美国本土、夏威夷、阿拉斯加、冰岛、关塔那摩湾和古巴等地用户间的通信联络。海军部计划在 2003 年 6 月使海军和海军陆战队内部网全部开通。

实现在网上定购军装和军用品　据因特网报道，美国海军军人服务社系统已为海军军人提供了一种购买所需军装的新方法。海军军人可通过海军军人报务社网址，用计算机快速且简单地在网上定购海军军装。目前，通过这个网址可定购 8000 多样东西，包括各种蓝色军服、白色军服、卡其布军装、女军人服装与用品、工作服、迷彩服以及外套、徽章、皮鞋、腰带、帽子等等。所定购的物品将被送到客户手中而不附加额外的费用。军装一般可在 7～10 个工作日之内送达。也可通过正常的费用实施特快投递。美国本土的军人可以全天候在网上定购军装和军用品。

海军颁发全资产可视性战略计划　据中国《外国海军后勤资料》杂志 2001 年 10 月 24 日报道，最近，美海军颁发了全资产可视性战略计划。全资产可视性能够及时、准确地提供有关部队、人员、装备和补给品的位置、运输、状况的特性信息。它还包括按照信息行事的能力，以改进国防部后勤惯例的总体实施。全资产可视性的另一个目的是通过自动化的程序使以前既不能可视也无法获得的海军的所有资产既可视又可获得。因此，全资产可视性需要在实时获得后勤信息，以便使众多的用户能够做出明智的决策，从而提高后勤保障质量和用户对供应系统的信心。

海军全资产可视性的目标是：为参战者提供高质量的产品和服务，同时大规模地减少基础设施（如库存品和库存支援成本）；减少后勤反应时间，提高战备能力，从而增加用户对供应系统的信心；后勤管理者通过物资的可视性和再分配，弥补采购和保养需求中的不足。

国防部后勤战略计划中确定的三个目标是减少后勤周期时间、研制无缝隙的后勤系统以及精简后勤基础设施。一是减少后勤周期时间。⑴减少后勤反应时间。在精简了的后勤基础设施范围内，提供高质量的支援，以满足客户需求，从而减少库存量并增加用户对供应系统的信心。⑵实现全资产可视性。为用户、库存管理人员、武器系统管理人员和作战指挥官提供必要的管理工具，使人员和物资的配置恰到好处。⑶提高机动性配置能力。逐步拥有在规定时间范围内运输特定数量的人员和货物的能力。二是研制无缝隙后勤系统。⑴实施现代化综合后勤业务系统。通过进行寿命周期成本/性能权衡分析，统一现代化后勤业务系统，包括物资管理、分配、运输、维修、人员以及医疗后勤管理信息系统。⑵改进后勤信息的通信手段。实施“连续采购与寿命周期支援”核心战略，在业务交易中扩大对“电子数据交换”和“电子商务”的使用。三是精简后勤基础设施。⑴引用最成功行业惯例。减少次要军品的库存水平，拓宽承包方法。在新装备的设计和处理过程中，促进使用对环境安全的物资，实施采办改革创新性方案。⑵增加对外部资源的利用。运用商业企业方法重建适于军队的后勤业务程序，以便更有效地支援用户。⑶减少武器系统所有权的成本。实施有效的寿命周期成本/业绩权衡分析，通过提高可靠性、可维修性和可支援性，实施武器系统寿命周期成本削减方面的财务投资计划。在所有采办中，最大限度的使用自动测试系统系列和商业测试系统。

（张　冬）

空军后勤　冷战结束后，美空军经历了两次重大机构调整。20世纪90年代初，将冷战时期按“战略”、“战术”构想建立的火炉管式组织体制转变为按“灵敏保障”、“机动作战”任务构建的职能性组织体制。20世纪90年代末，进一步深化改革，按“远征”构想建立远征航空航天力量体制。将空军部队划分成10支兵力基本相当的航空航天远征部队，每支都是一种“成套力量”，包括从训练、供应、维修到指挥与控制等成份，实际上是一种平、战结合体制。空军后勤也进行了相应的调整改革，主要表现在后勤体制、后勤理论、后勤建设方面。空军后勤工作统一由空军后勤司令部和系统司令部合并而成的空军器材司令部负责，后勤职能从5项扩大到6项，即采购、维修、供应、运输、后勤计划和签订合同，增加了采购职能，实现了整体装备从研发、采购到储存、维修、管理、退役的“一条龙”体制。空军后勤理论和后勤建设经历了两大变革：一是90年代中期创建了“精干后勤理论”，核心是抛弃传统上依赖大量库存的观念转为主要依靠快速反应的修理和运输系统进行高效保障工作，突出表现在维修体制由“小、中、大”三级改为“小、大”两级，建立快运系统，消除了中间环节，增强了后勤的机动性；二是90年代末提出了“灵敏作战保障”理论（也称“灵敏后勤”），使后勤工作从传统范围扩大到服务、通讯、医疗、土木工程、保安部队、军法、牧师、人事等方面，主要后勤原则是保障系统要有反应性、有效安置与维持能力、定时补给能力、传输网络系统、信息技术系统（包括全资产可视化系统）和高效设施，实现缩短后勤反应时间、建立无缝后勤系统、减小包袱提高后勤保障能力三大目标，从而提高航空航天远征部队的作战能力。此外，还通过社会化保障，充分利用民间高、精、尖技术、人才等资源，加强空军后勤保障能力，以适应高技术战争需要。

2001年，围绕保障航空航天远征部队，空军各保障部门都在认真落实“远征”构想。例如：空军专家已建议将空军后勤保障作为航空航天核心能力之一列入《空军基本条例》；基础设施保障部门正在研究改进全球基础设施，包括前方作战基地、前方保障基地、美本土保障基地及配套的快速反应补给/运输系统和后勤指挥与控制系统；空军航空航天系统中心正在培训第一批航空航天远征部队的预算军官；空军后勤机构进一步深入改革，包括重组服务维修中心、重新划区配置中间维修点、合并一些供应与运输中队；开发、应用新的计算机综合后勤供应系统，取代已使用30多年的标准基地供应系统；社会化保障在一般服务、住房、公用设施方面大规模开展基础上，正在向各“非作战领域”发展。

资料来源：

①美国《武装部队杂志》2001年第3期；

②美国《军事工程师》2001年7～8月号；

③美国《空军后勤杂志》2000年第2期；

④美国《空军审计官》2000年第1期。

（石之英）

改进C－17运输机以满足空投需求　据美国《陆军后勤》杂志2000年5～6月号报道，美国空军空中机动司令部的C－17全球运输机很快就有能力达成陆军在30分钟内空投相当于一个旅的人员和装备的目标。这一被称作“战略旅空投”的需求，现在由C－141和C－17两种运输机的混合编队予以满足。由于C－141即将退役，所以C－17必须能够独自完成陆军的全部“战略旅空投”任务。一个作战旅通常有3250名士兵和3450吨装备，其投送分空投和着陆两个阶段。第一阶段，飞机必须能在有限时间内空投大约2500名士兵和1350吨装备。第二阶段，剩下的750名士兵和2100吨装备被输送到一个着陆场。如不对C－17进行改进，完成一次“战略旅空投”所需的时间比陆军的要求约长25分钟。为满足“战略旅空投”的要求。现正采用几种办法改进C－17的空投效能：一是在空投人员时缩短飞机的飞行间隔；二是对C－17进行改装使之具有双行空投能力；三是添加设备，使C－17在恶劣天候条件下仍能以较密集的编队飞行。用C－141空投人员时，飞机间隔只需1．2万英尺。可是，由于C－17会造成涡流，其空投间隔需4万英尺才能保证跳伞的安全。空中机动司令部使用计算机模型进行试验，飞机间隔从1．5万英尺开始逐步增加到3.2万英尺。在空投真伞兵前，空中机动司令部先空投了712个人体模型，飞机间隔保持3.2万英尺以确保安全。为完成试验，又空投了60名试跳员，随后是第82空降师的302名伞兵。各次试验都成功而安全地完成。给C-17安装两条物资空投导轨，使其能够分两行同时空投装备，可进一步缩短空投时间。这样就使C-17空投能力加倍，而空投"战略旅"重装备的时间可缩短一半。现在，利用无线电波频率（频道）使飞机在恶劣天候条件下保持编队飞行。这种装置的一个新的改型，将使C-17在天候恶劣时，仍能缩短间隔飞行。这个改型可望于2004财年第四季度安装到C-17上。

（周瑛芬）

空军注重提高生活质量　据美国《军事工程师》2000年11~12月号报道，美空军航空航天司令部正利用导弹基地设施改造经费和生活质量经费改进工作和生活设施提高人员生活质量。其中，在蒙大拿州马姆斯特罗姆空军基地，增建女浴室、淋浴室、寝室、健身房和扩建安全区；在沃伦空军基地，翻新一座宿舍楼；在安德森空军基地，翻新一座餐厅；在帕特里克空军基地，翻新一个消防站。

（王占良）

俄罗斯军队后勤　陆军后勤　2001年是俄罗斯陆军后勤深化改革的一年，俄军总后勤部根据新一轮军事改革的总体形势，着眼于21世纪军队后勤质量建设的高度，在后勤建设和后勤战备的各个层面都采取了一些积极举措，使后勤保障效益得到明显提高。

在后勤体制编制调整方面，不断优化组织结构。2001年俄陆军总局恢复之后，在其内组建了相应的后勤机构，使陆军自总部以下的后勤体制与海军和空军两个军种以及空降兵、战略火箭兵、航天兵三个兵种的后勤体制协调一致。此外，随着普京总统发动的新一轮军事改革的逐步深入，特别是削减36.5万兵员，逐步扩大军队后勤保障社会化规模，以及实施一体化联勤保障等一系列政策的落实，俄军各级后勤机关和部队出现"多余"的现象，后勤为适应新的改革形势，将大规模裁减后勤部队和设施编制。计划全军后勤系统人员编制共裁减20%左右，其中铁道兵和道路兵各裁减20%，卫生人员裁减16%，基地、仓库和营房管理人员各裁减14%、16%和32%，后勤院校行政人员和教员各裁减1/3。

在联勤建设方面，继续推行国防部与其他强力部门后勤的一体化建设。2001年8月，俄联邦安全会议决定，继续推行联邦强力部门后勤建立一体化联勤保障系统的政策，将相互分散、自成体系的内务部队、边防部队、民防部队、铁道兵部队等的后勤保障机关、力量、机构、设施予以合并重组后，纳入国防部系统的区域联勤系统，建立一个打破各强力部门界限的一体化联勤保障系统。其实施方案是：以国防部总后勤部为基础，吸收各军种保障机关和强力部门保障机关人员参加，组建直属总统（或联邦安全会议）的一体化联勤保障系统委员会。该委员会将成为一体化联勤保障系统的最高领导机关，负责统一计划和协调国防部所属部队和强力部门部队的综合后勤保障。委员会在联邦各主体和军区设立代表机构，分别负责与地方政府联系和协调国防部所属部队的保障工作。委员会下设若干物资技术保障基地，用以应付平时的突发事件。今后，国防部系统的物资技术保障总部将转隶该委员会领导，同时撤消各军种和强力部门的后勤领导机关。

一体化联勤保障系统将以国防部系统的原有区域联勤系统为基础组建，国防部所属各军区原有的3~5个保障区，将根据强力部门部队及其后勤的配置情况，在数量和规模上做相应调整。即部署在某一地区（地域、守备区）内的各强力部门的后勤部队和后勤机构将进行优化重组，由统一的指挥部门管理，负责对该地区（地域、守备区）内的国防部所属诸军兵种部队和其他强力部门所属部队实行一体化联勤保障。

据俄军总后勤部部长伊萨科夫上将2001年3月10日介绍，从1998年开始俄军就会同其他强力机关着手拟订强力部门一体化联勤保障系统的组建计划和实施步骤等文件，并陆续在条件成熟的后勤有关勤务中予以展开。2000年强力部门结束起草油料勤务及卫生勤务（包括科研工作）的合并立法工作，并于当年开始筹组新的保障系统；2001年完成合并强力部门给养勤务和被装勤务的立法工作，强力部门军官实行统一培训；从2002年开始全面转入一体化联勤保障系统。

在后勤战备建设方面，确定了陆军战术后勤的基本发展方向。一是从后勤方面提高部队的独立作战能力。其主要措施是：①适当增大战术物资储备，并重新调整其梯次配置。计划在战术后勤部队中增大物资储备规模，适当加大消耗量大的物资储备标准。战术后勤部（分）队将装备新型运输车辆，如乌拉尔—4322、5323，吉尔—4334、4331，嘎斯—3301，克拉斯—60等；②改革战术后勤部（分）队的组织结构。目前，摩步师所属独立物资保障营编有2个弹药运输连（运力为880吨）、2个油料运输连（运力为930吨）、1个其他物资（给养、被装、军事技术物资等）运输连（运力为290吨）、8个仓库（全部为车载）。共编有约560人，370辆车，300辆挂车。总运力为2000～2100吨。这样编配独立物资保障营，是考虑到卫国战争中1个师一昼夜作战大概消耗2000～3000吨物资。现代战争中，物资消耗量急剧增大，因此为提高物资保障营的储存和运输能力，今后可考虑为师独立物资保障营增加1个弹药运输排、1个油料运输排和1～2个其他物资运输班。摩步团所属物资保障连（运力为330吨）和摩步营所属物资保障排（运力为44吨）也应相应增加运输分队编制。③在研制作战武器装备时，增加“个人生命保障系统”。这种系统也可在设计和生产后勤装备时予以统一考虑。每台作战车辆上必须装备生命保障系统器材和野战必需用具，如帐篷、睡袋、通信工具、取暖器材、小型食品、加热器材等。

二是提高后勤部（分）队的保障能力。途径是掌握后勤保障的新技术和新工艺；提高后勤人员的职业技能和敬业精神；改进后勤组织指挥艺术。但最重要的一点是，改进后勤装备，通过研制和列装新式后勤装备和对现有后勤装备进行技术改造，增加高技术含量，提高其工作效能。

三是按照合成原则和积木原则改组后勤组织体制。后勤部（分）队要与作战部（分）队班－排－连－营的体制相适应，并实行定型化；后勤部（分）队统一化（通用化）、纵向的同类化、可调化、协同化，提高其保障能力。营物资保障排设3个班，3个保障排组成团物资保障连基本结构，3～4个物资保障连构成师独立物资保障营基本结构。这种积木式结构的效能要比现在的后勤部（分）队的结构的效能高40～60%。

资料来源：

①俄罗斯《军队文集》杂志2001年第3、4、5期；
②俄罗斯《独立军事评论》周报2001年第8、9、27期；
③俄罗斯《红星报》2001年3月10日。

加大物资的市场采购力度 据俄《独立军事评论》周报2001年第7期报道，俄军后勤系统自1997年经俄总统第305号令允许从市场直接采购物资以来，逐年加大军用物资的市场采购数量和规模，经济效益得到明显提高。据俄军报《红星报》报道和武装力量后勤部长透露，2001年仅前半年，俄军后勤系统就举办了1600次招标，签订了2300份供货合同，价值72亿卢布，经济效益超过6．6亿卢布。

提高军人生活质量 俄军人目前的物质保障状况要比普通居民差，48%军人的收入在贫困线以下，军人的住房和医疗问题也很突出。为此，2001年8月，俄政府出台了军人社会保障十年规划，一方面要大幅度提高军人的生活水平，另一方面通过采取各种有效措施提高军人的社会地位，保证军人各项权益受到保护。其主要内容包括：

①增加基本工资。从2002年7月1日开始，联邦军人的职务工资将与国家公务员的工资持平。从2004年1月1日开始，军衔工资和岗位津贴大体接近于地方公务员的技术级别补贴。到2010年，军人的军衔工资将高于地方公务员技术级别补贴的50%，而军人的职务工资超过地方公务员职务工资的1倍。这样，到2010年军人的资金收入将增加60～100%。

②在2010年前解决所有军人的住房问题。据俄国防部主管军队基建营房工作的副部长亚历山大·科索万上将介绍，目前俄军仍有十余万军官和准尉家庭没有住房或急需改善居住条件，今后的10年里将每年解决1万个军人家庭住房问题，到2010年使所有军官和准尉都能住上标准住房。

③增加军龄补助。俄军现在的军龄补助标准是：军龄为1～2年的，军龄补的数额相当于其月基本工资的5%；军龄为2～5年的，相当于10%；军龄为5～10年的，相当于20%；军龄为10～15年的，相当于25%；军龄为15～20年的，相当于30%；军龄为20～25年的，相当于35%；军龄为25年及以上的，相当于40%。从总体上讲，俄军现行军龄补助标准为占基本工资的5～40%。按照新的增加军人薪金计划，从2002年7月1日开始，军龄补将增加到占基本工资的10～60%，而且服役5年以上的军官的军衔补助将由现在的10%增加到20%。

④初级军官的薪金和各项补贴将予以提高。考虑到现在初级军官的生活状况相对于中级和高级军官来讲更艰难，俄将为野战部队团以下指挥军官增加岗位津贴，团长、营长、连长、排长、司务长及其同级军官每月增加300～500卢布的额外补助。

⑤提高军人“服役复杂性和紧张性”特殊津贴。按照总统令的要求，从2002年1月1日起，军人的“服役的复杂和紧张性津贴”增加50～70%。

增加各项补助和津贴后，俄军各级军官的月薪金收入将大幅增加。现在一名排长的月薪金为2000卢布多一点，到2002年7月，他就可以拿到4000多卢布。营长由现在的3500卢布增加到将近6700卢布，团长由现在的5100卢布增加到8000卢布。

增加驻车臣部队的军饷 据俄罗斯新闻中心2001年4月19日援引俄罗斯内务部长鲍里斯·戈雷兹洛夫的情报通报透露，从2001年5月1日开始，驻车臣的联邦部队将增加双倍薪金。国防部副部长库杰林娜具体解释说，留驻车臣的联邦部队的军人，其基本薪金原来就是在其他地区服役军人的1．5倍，外加50%的补贴。现在，经普京总统批准，将再增加50%的补贴，每昼夜的战地补助也将由现在的双份增加到三份。

据介绍，直接参加消灭车臣匪首的官兵还可得到“奖励补贴”，其具体数额由所在部队的司令部门确定。这样，在车臣作战的部队将得到比内地军官高许多的薪金。比如，在俄罗斯中部地区图拉服役的一名连长，现在每月的薪金是1600卢布（约合60美元）。如果他在车臣地区服役，那么他的月薪在新的薪金标准批准之前将达到7600卢布，批准之后将达到10000—11000卢布，这还没有把他直接参加消灭匪首战斗而获得的“奖励补贴”计算在内。

举办强力部门后勤机关与地方供货单位见面会 据俄《独立军事评论》周报2001年11月30日报道，2001年11月13～16日，在俄罗斯军队中央体育中心召开了首次“全俄武装力量后勤机关与地方生产和供应机关的专业展览会”，旨在“发展国内生产单位与强力部门后勤机关的互利合作和业务伙伴关系。”展览引起俄国内众多生产厂家对强力部门物资供应和市场采购活动的关注。在3100多平方米的展区内，来自全俄各地的300多家地方企业和公司展出了自己的产品，它们有意向武装力量后勤机关提供自己的产品。

自从1997年俄罗斯总统签署了关于在俄实行竞标办法采购物资的总统令以来，为军队供应物资的中间商的数量逐渐减少。到2001年底，国防部的被服供应有87%都是生产商直接供货，而给养产品由生产厂商直接供货的份额达到67%。俄军总后勤部决定在今后将只通过商品生产单位直接为军队供应所需物资，而决非中间机构。为了减少中间商的数量，总后勤部正在与国内的产品生产商建立一种紧密、直接、长期的关系，凡是此次参加展览会的地方企业，军队后勤机关都要与其进行接触和谈判，相互了解情况。军队后勤机关对那些投机经营的地方企业毫无兴趣，总后勤部正在拟定一个“黑名单”，以前凡是在经营上有“劣迹”和没有履行对军队的供货合同义务的公司、企业，都将被列入这个“黑名单”，而且还要对其付诸法律。

后勤系统人数 据俄独立电视台2001年8月1日报道，每年的8月1日是俄罗斯军队的后勤节，俄国防部副部长兼总后勤部部长伊萨科夫上将宣布，俄军后勤系统共有23万名军人，有9万多件各种武器和装备。俄军后勤的历史可以追溯到1700年，当时彼得一世发布了关于向军队供应军粮的命令。在300年的历史中，后勤供应形成了一个完整的系统。伊萨科夫说，现在俄军后勤系统每年向部队提供800万吨左右的燃料、给养和其他物资器材。

（王凤才）

日本自卫队后勤 2001年，日本防卫厅和自卫队继续推进装备物资采购、陆上自卫队各级部队的后勤体制等各项改革，加速空中加油机等后勤装备的引进，加强后勤部队的训练，并通过积极参与联合国维和活动和对美军的反恐怖行动提供后方支援，获取战时实施后勤保障的实际经验。第一，装备物资采购体制改革基本完成，新体制开始运行。日本防卫厅的装备物资采购的机构改革方案经过几年的论证终于出台。此次的改革方案基本思路是将防卫厅原采购机构的成本计算与合同部门从组织上进行分离，以防止采购工作中收受贿赂、收取回扣等经济犯罪的发生。其中最大的一项改革是撤消原来的采购实施本部，新成立合同部。第二，陆上自卫队的中央后勤体制、军区后勤部队体制编制及师后勤保障团的体制编制等的改革方案均已推出，并在完成试点的基础上全面推开。改革的主要内容包括：组建补给控制部，对各中央补给处实施集中统一领导；组建军区后勤保障队，统一对军区直属各部队实施有效的物资补给和维修保障；组建军区卫生队，加强对军区卫生力量的集中统一管理和控制；改编师属后勤保障团，使师一级的维修体制更加灵活等。通过改编，日本陆上自卫队的后勤体制更趋合理，后勤业务效率更高，后勤指挥更加集中，同时一线部队的后勤负担大大减轻。第三，后勤力量积极参与“9．11”事件后美军实施的反恐怖军事行动，借对美军实施后方支援之名，进行海外执行后勤任务的实际锻炼。2001年，国会通过了《反恐怖对策特别措施法》，使日本向海外派兵合法化。日本自卫队根据上述法律，为向执行反恐怖任务的美军提供后方支援，而向印度洋地域派遣了规模前所未有的兵力，其任务主要是后勤保障。

2001年度防卫费比上一财年预算额略有增长 据日本2001年《防卫年鉴》报道，日本2001年度防卫预算额为49388亿日元，占政府财政支出的5．98%，比上一财政年度预算额增长0．3%。2001年度日本防卫费分配情况如下：陆上自卫队为 18682.15 亿日元，约占防卫费总额的 37.8%；海上自卫队为 11534.73 亿日元，约占防卫费总额的 23.36%；航空自卫队为 10873.67 亿日元，约占防卫费总额的 22.02%；三自卫队合计为 41090.55 亿日元，约占防卫费总额的 83.2%。其他各单位的预算为：防卫厅机关 134.49 亿日元，参谋长联席会议 480.16 亿日元，防卫大学 179.22 亿日元，防卫医科大学 213.73 亿日元，防卫研究所 17.95 亿日元，技术研究本部 1479.80 亿日元，合同本部 58.92 亿日元，防卫设施厅 5730.47 亿日元，安全保障会议 3.09 亿日元，上述单位合计 8297.83 亿日元，约占防卫费总额的 16.80%。日本的防卫费按用途通常区分为两大项，即人事与给养费、物件费，2001 年度的防卫预算额中，人事与给养费为 22269 亿日元，占防卫费总额的 45.1%；物件费为 27119 亿日元，约占防卫费总额的 54.9%。在物件费中，装备费为 8058 亿日元，占防卫预算总额的 16.3%，后方费为 19061 亿日元，占防卫预算总额的 38.6%。

向美国的反恐怖行动提供后方支援 据 2001 年 11 月 22 和 29 日、12 月 6 日日本《朝云》周报报道，日本自卫队对美国的反恐怖行动进行了后方支援。

根据日本国会通过的《反恐怖对策特别措施法》，日本政府于 2001 年 11 月 16 日召开安全保障会议和临时内阁会议，制定了一项反恐怖对策的基本计划。根据这一基本计划，日本防卫厅向小泉首相提出了自卫队对美军实施后方支援的具体活动内容和实施方案并获得批准。2001 年 11 月 20 日，日本防卫厅向海上和航空自卫队下达了派遣命令。

日本自卫队此次向海外派遣的任务主要是 3 项：对美军的协力支援、搜索救助、以及灾民救援。前两项任务的时间为半年，预定 2002 年 3 月底结束，视情况延长至 5 月 19 日；后一项任务为 40 天。任务的主要内容为：补给（海上自卫队的舰船为美军舰船实施海上油料补给等）、运输（海上自卫队的舰船为美军实施舰船用油料运输，航空自卫队的飞机为美军提供人员、物资运输）和修理、保养、医疗、国内港口业务等方面的支援。日本规定，此次海外派遣的活动地域为：舰船的活动地域为包括波斯在内的印度洋、迪戈加西亚岛，从澳大利亚、日本至印度洋沿岸所经过的地域、装卸地域；飞机的活动地域为关岛、迪戈加西亚岛和所经过的地域、起降地、装卸地域等。此外，在执行搜索救助任务时，当日本自卫队的舰船与飞机发现遇难者并收到美军的求援时，可以在印度洋及其上空活动。

此次日本自卫队向海外派遣兵力的规模为：海上自卫队舰艇 6 艘，其中，护卫舰 3 艘、补给舰 2 艘、扫雷舰 1 艘，人员约 1200 名；在此之前已经派出执行情报收集任务的 2 艘护卫舰和 1 艘补给舰计入 6 艘军舰中。航空自卫队飞机 8 架，其中 C－130H 运输机 6 架、U－4 多用途机 2 架，人员约 80 名。11 月 25 日后，舰艇和飞机陆续向印度洋出动，并相继对美军展开空运、海运和海上油料补给等支援活动。

陆上自卫队继续对中央后勤体制进行改革 据《外军后勤信息》2000 年第 5 期报道，日本陆上自卫队的后勤改革开始于 1998 年 3 月 26 日，即补给控制部及关东补给处的组建之日，计划于 2010 年前后完成。日本陆上自卫队后勤改革的目标是：通过对后勤组织体制与业务工作进行根本性的变革，建立现代化、高效率的后勤保障体制，以克服陆上自卫队成立以来延续至今的后勤组织、制度上的缺陷，确立适应国土防卫作战需要的后勤体制，提高后勤体制适应未来后勤环境的灵活性。其中，对于中央后勤组织，主要解决旧中央补给处体制存在的问题；对于军区以下后勤组织，在充实和增强组织职能和提高效率及减轻部队维修负担的同时，重点是建立与技术发展相适应的高效率的维修体制。

新组建的陆上自卫队补给控制部，在部长、副部长之下设有 13 个部、49 个科、1 个实验室，编制人员约 1500 名。补给控制部由 4 个负责通用勤务的部和 9 个按物资类别划分的部组成。特别是新设立的装备计划部，作为中心部门其职责是负责补给控制部的补给业务的综合协调。

新组建的陆上自卫队关东补给处设处长、副处长和处本部，此外还设有松户、古河及用贺支处及 4 个弹药、油料支处和派出所，编制人员约 2400 名。关东补给处接受补给控制部的控制，其任务有两项：一是担负整个陆上自卫队某些后勤保障业务的支援，二是对东部军区范围内的陆上自卫队部队实施保障。

伴随着补给控制部的建立，日本陆上自卫队还将逐步引进和建设补给管理自动化系统，以连接陆上自卫队参谋部——补给控制部——各补给处——各部队，合理高效地处理武器装备的采购、补给、维修业务。补给管理自动化系统的实现可收到多种效果：一是补给业务合理而高效的实施；二是为其它自动化系统提供数据；三是为陆上自卫队参谋部提供用于进行估算的资料。

日本陆上自卫队补给控制部和关东补给处的组

建，除克服旧体制存在的问题外，还收到以下效果：(1) 由于采购业务从以往各补给处分别实施变为由补给控制部集中实施，从而可以提高采购经费的使用效益。(2) 根据来自各补给处的申请实施补给的被动型体制，变为补给控制部能够掌握各补给处的库存并实施库存控制的主动型体制，因而能够迅速而高效地集中补给品。(3) 对于各军区辖区内超过其维修能力的维修业务，根据需要可以在全国范围内统一调剂。(4) 对于不准确的技术情报等的处理，陆上自卫队当需要统一的情报时，可以向各补给处下达调查指示，迅速查清原因并制定相应的对策。

对陆上自卫队的维修等级划分进行改革　据《外军后勤信息》杂志 2000 年第 5 期报道，日本陆上自卫队对武器装备的维修等级重新进行了划分。据称，新的维修等级划分是为了适应基层维修向野战维修的集中和近年来出现的维修两极化现象（即随着武器装备的现代化，其维修呈现两极分化：简单的换件修理和需要高超技术的修理）。新的维修等级划分为 3 类 3 级。为实行新的维修等级划分，需要消除位于现行的 2、3 级维修之间的技术性交叉（在零部件的调整、交换方面，某些装备的 2 级有时可能是其他装备的 3 级，对此必须加以统一），此外对新 1 级维修的内容也要进行统一调整。

探讨战略石油储备　据《外军后勤信息》杂志 2001 年第 3 期报道，日本认为，鉴于本国不产石油，所需石油全部依赖进口，因而加强战略石油储备不仅对国民经济意义重大，而且也是防卫厅必须给予足够重视的课题。

日本从 1974 年开始由通产省实施国家石油储备，但所存的都是原油。除此之外，还有民间石油企业实施的“民间石油储备”，其中有近一半也是原油。但是，防卫厅为应付紧急情况所需的作战用油料储备本应是成品油，这是目前战略石油储备存在的突出问题。

据日本国有石油公司的有关资料，20 世纪 90 年代日本的战略石油储存基地及其储存能力为（实际只能达到能力的 80%）：地上罐藏方式贮存——六小河原、沾小牧的东部、福井、志布志四个基地，合计 2000 万立方米；海上罐藏方式贮存——白岛和上五岛两个基地，合计 1000 万立方米；半地下罐藏方式贮存——秋田基地，合计 450 万立方米；地下罐藏方式贮存——久慈、菊间、串木野三个基地，合计 500 万立方米。上述 10 个国家石油储备基地的贮存能力共计大约为 4000 万立方米，这些基地基本上已建成并实际用于储存原油。而且每一个都是采用最先进技术设计和建造的系统。特别是地下方式贮油系统，是瑞典在第二次世界大战中开发的军用贮油系统，隐藏在地下 100 米深处，最适用于战争储备。日本的战略原油储备量约为 4750 万立方米，可确保日本 76 天之消费。石油储备量之所以超过实际贮油能力，是因为国有石油公司还借用了一部分私营石油企业的空油罐。

除国有石油公司外，民间石油公司也储存有一定数量的石油，约为 4580 万立方米，其中一半约 2200 万立方米和国家石油储备一样，以原油形式贮存。余下的约 2400 万立方米石油产品和半成品各占一半左右。民间石油储备储存在鹿儿岛县的日石喜入基地等各地的地上油罐。日本的国家石油储备和民间石油储备加在一起约为 9000 万立方米，约为日本 153 日份需要量。

总之，日本认为，石油不仅是不可缺少的军用物资，而且是战略物资，其战时筹措非常困难。即使是从危机管理的角度，石油储备也是防卫厅必须严加重视、全力抓紧解决的重要课题。

进行首次远程医疗演习　据日本《朝云》周报 2001 年 8 月 2 日报道，在日本陆上自卫队西部军区直属部队的集中野营训练中，日本自卫队的福冈、熊本、别府三所医院，于 2001 年 6 月 26 ~ 28 日在大矢野原演习场，首次使用了远程医疗保障系统。远程医疗保障系统是在遭受灾害的遥远地区实施医疗活动时，通过向后方的医院等传送患者的图像而对诊断与治疗发挥作用的图像传送系统。该系统于 2001 年 3 月首次配备给陆海空三自卫队的医院和驻屯地的医务室。该系统分为医院用的固定型和医务室等使用的移动型两种。训练中移动型远程医疗保障系统（便携式）也投入了使用，其传送的图像清晰，并能够进行双向交换，是一种十分适用于救灾时的医疗器材。

此次集中野营训练是日本陆上自卫队西部军区三个医院的合同训练。为训练设置的情况是陆上自卫队第 8 师（司令部位于北熊本）被派遣到远离本土的孤岛执行救灾任务，训练的目的是通过演练上述三所医院的治疗班的行动和业务，以提高其快速反应能力。训练时间是 6 月 26 ~ 28 日，共 3 天。远程医疗保障系统的训练是此次训练的一环，共进行了 2 天。

训练想定是，在遭受地震灾害的孤岛上，从倒塌的房屋中救出的伤员发生了大量大腿骨开放性骨折和挤压征候群。患者的图像等由原地被传送至各个医院，听取专家的指导和建议。

此次集中野营训练，除远程医疗训练外，第一天，根据西部军区司令部的救灾出动命令，各医院的军医和护士还演练了搭乘直升机紧急向孤岛灾害现场进发，以及救护所对大批伤员的分类与救护等；第二天还演练了利用CH－47J运输直升机对伤员进行后送和利用野外手术车对伤员施行限定的初期外科治疗。

陆上自卫队成立研究本部 据日本《防卫》杂志2001年第9期报道，日本陆上自卫队于2001年1月3日成立研究本部。过去，日本陆上自卫队的学术研究主要由干部学校、富士学校等路上自卫队所属各兵种院校所设研究机构实施。日本陆上自卫队认为，这种分散的研究体制已经难以有效地发挥其功能，因而有必要成立陆上自卫队研究部，统一组织实施学术研究工作。

研究本部的组织机构设置情况是：研究本部下设计划室、总务部和综合研究部、开发实验旅，部长为中将军衔。综合研究部编制员额170人，部长为少将军衔。作为陆上自卫队的智囊团，该部就陆上自卫队的防卫战略构想、装备体系、装备品的研究开发、人事、情报与通信、后勤、教育训练等的各种决策，向陆上自卫队参谋部提供咨询、建议及OR分析和所需的资料。开发实验旅编制员额330人，旅长为少将军衔。该旅通过试验，从使用者的立场对防卫厅技术研究本部试制的装备或从外国引进的装备的实用性进行评价，并就是否可以采用提供咨询。此外，该旅还对自卫队所特有的战斗和野外活动中的伤病等的卫生、医疗等进行研究。计划室和总务部编制40人，负责综合研究本部和开发实验旅的业务的计划协调、总务、人事、管理等，此外，还对陆上自卫队所属学校的学术研究工作进行综合计划和协调。日本陆上自卫队指出，研究本部的最大特点是使学术研究和开发工作能够综合地、集中地实施。

（王通信）

德国军队后勤 **2001年度国防预算比上一财年预算额有明显增长** 据英国《简氏防务周刊》2000年第23期报道，德国议会已批准了2001年度政府财政预算，其中国防预算总额为468．8亿马克（约合223亿美元），比2000年增长了3．2%，占联邦政府预算（4770亿马克）的9．8%，占国内生产总值的1．1%。国防预算中国防维持费为349．5亿马克，占74．6%；国防投资费119．1亿马克，占25．4%。德国2001年国防预算比上年度增加了15亿马克，但是这只是表面数据。由于政府决定将德军参加巴尔干维和行动的20亿马克从往年的共同财政管理项目改为从国防预算中支出，因此，新的国防预算实际上较去年减少了5亿马克。

德国近几年来的国防投资费占国防预算支出的比例一直低于25%，使德军的装备现代化建设受到严重制约。经过调整，2001年国防投资费比重在近年来首次突破25%，德军计划在未来的5年中使国防投资费比重达到30%。由于实行紧缩财政政策，德政府在财力上不能满足德军建设的需要，因此德政府今年首次同意军队可将部分创收的收入投入军队建设，主要包括军队引入现代企业管理方式所节约的全部开支和向社会出售、出租军队房地产或变卖军用物资所获收入的80%。

国防部组建信息技术参谋部 据德国军事网站报道，为有效计划、迅速引入使用先进的、大面积覆盖的、可靠的信息技术，德国国防部于2000年8月1日新建信息技术参谋部（IT——Stab）共有52人，直属国防部国务秘书（相当于国防部副部长）领导，是国防部内的一个二级部，首任参谋长是KlausHahnenfeld。他曾任德国防军总装备部侦察、指挥、通信装备与信息技术局局长。

信息技术参谋部下设6个处：即1处（规划。重要计划、管理处）；2处（信息技术战略、组织、人事处）；3处（信息安全、信息战处）；4处（平台、网络、服务处）；5处（指挥支援应用处）；6处（后勤与管理支援应用处）。信息技术参谋部年度经费为1500万马克，它将与工业部门密切合作，为部队和机关制定与现实经济的跨部门的信息技术方案，以求缩短采办期，降低经费消耗及避免出现孤立的技术方案。

信息技术部参谋长的作用是要在国防部内起“信息主管”的作用。除“信息主管”咨询功能之外，他还有权确定德军在信息技术领域的需求，拥有必需的经费，检查所制定的计划，统一掌管国防部在信息技术方面确定的职权，此种统一集中管理于2001年年初完成。

（张　冬）

英国军队后勤 **改革后勤体制** 据中国《后勤》杂志2001年第2期报道，英军为了改变过去那种后勤体制独立分散、保障力量不足的情况，决心改革后勤体制。(1) 改革目标明确、量化，有比较强的激励作用。英方认为，原三军自成体系的后勤保障模式，其保障效能已经到了极限。只有通过三军联勤，才能获得更高的规模效益，适应部队联合作战、快速反应的需要。针对在旧体制下采购经费超支、装备不能按时到位的问题，英军提出了明确的战略目标：组建国防后勤部和国防采购部旨在2005年前将采购产品成本降低20%，同时改进产品质量，"更快、更好、更省"地向部队提供服务和保障；主战装备配发部队的时间要比过去缩短一年；采购人员要精简20%（现在已经减少10%，今后两三年内将再减10%）。为实现上述战略目标，他们在发挥人员潜力、改进工作方式、加强资产管理、调整与供货商的关系、提高服务质量等关键领域，采取了不少配套措施。(2) 强调集中统一，实行严格的项目责任制。英国防武器装备采购和后勤物资采购，由管理层和执行层两级机构共同完成。在国防部，由负责采购的国防国务大臣主持部际委员会研讨确定国防采购政策和规划，审查国防采购年度报告，批准采购预算，并对其业务实施指导和监督。国防后勤部和国防采购部均设有管理委员会及若干个项目组。管理委员会是主要管理机构，负责对项目提出的采购计划进行评估、服务，并向议会提供说明。项目组负责具体组织实施采购和保障活动，它下面还有专业保障小组，负责为其提供技术、商业、法律、知识产权等方面的服务。采购经费实行"封顶管理"，按照批准的预算完成采购任务，不得超支。装备实行"全寿命管理"。国防后勤部和国防采购部在装备管理上有明确的责任分工：国防采购部负责主战装备的初购和升级换代；国防后勤部负责部队在编装备的维修保障和退役处理。(3) 引入公司机制，提高管理和保障效能。在机构组成上，从国防后勤部总部机关到项目组，都编设了与公司机构职能相似的部门，在人事管理上，普遍采用聘用制。国防后勤部所有文职人员，上到副部长，下至项目组成员，全部实行聘用制。一般聘期为2年，期满后"双向选择"确定去留。在与部队签订协议，确定供需关系，获取"超值服务"；争取国防合同公司建立稳定的库存，保障军队需求；通过购买"服务"的方式，减少军费开支等。另外，还注重通过商业竞争的方式，取得规模效益。(4) 运用电子商务和网络系统，提高保障效率。英军基本依托电子计算机网络进行工作，各种订货数据的传输汇总、审核分析、信息发布、合同授予和管理事项都在操作。前线指挥员与后勤业务部门通过网络沟通，后勤业务部门通过电子商务系统与厂商做生意，因此，运作程序规范，采购周期缩短，供货环节减少，保障效率提高。目前，英军对一般零星物资使用信用卡直接从网上订购；大宗物资实行招标采购基本上也是在网上进行的，预计2002年年底，三军统一的国防电子采购网络将投入使用。

增加运输船的数量　据《简氏防务周刊》报导，日前，英国防务部宣布要订购10艘价值12.5亿英镑（18亿美元）的海军运输船，这标志着其联合快速反应部队将进一步得到加强。

AWSR运输集团被提名为能满足防务部9.5亿英镑战略海运勤务需求的首选投标者。到2004年年初，它将能供应6艘滚装船。英国防务部决定加速计划内的各型后勤船的建造速度，用3亿英镑为皇家舰队建造的4艘后勤船，将于2001年在首选投标者的泰恩赛德的斯万亨特厂建造2艘，英国海军部所属的哥泛设备厂将建造其余的2艘运输船。

（张　冬）

法国军队后勤　**增加装备购置费**　据英国《简氏防务周刊》2000年10月25日报道，法国武装部队总参谋长透露，在2001年的国防预算中，将分配足够的经费用于购买新式装备，其中海军将获得207亿法郎购置新式装备，空军将获得188亿法郎，分别比上年增加0.5%。

20世纪90年代武器出口位居世界第二　据英国《简氏防务周刊》2001年5月报道，法国国防部长阿兰·理查宣称，1991～1999年，法国获得了价值463亿美元的武器订单。这一数字表明，法国的武器销售占世界武器市场销售额的12%～15%，位居世界第二。在这一时期，美国的武器销售额为835亿美元，位居世界第一。俄罗斯的武器销售额为356亿美元，在世界排名第三。英国的武器销售额为143亿美元，在世界排名第四。20世纪90年代，法国的武器销售平均每年为37亿法郎，其最大客户是阿拉伯联合酋长国，第二大客户是沙特阿拉伯，巴基斯坦为其第三大客户。法国在欧洲的最大客户是英国，其次是德国。

研制新型两栖舰　据中国《国防交通参考消息》2001年第2期报道，日前，法国海军决定斥资35亿法郎（4.72亿美元），建造2艘排水量为21000吨的NTCD多用途两栖舰，以提高法军的两栖作战能力。适应盟军作战节奏。第一艘舰命名为"西北风"号，计划在2005年初服役，第二艘计划在2006年初服役。其搭载能力包括，16架中型直升机，或60辆装甲车，或一个中队的"勒克莱尔"主战坦克，或450名全副武装的士兵。每艘NTCD舰按标准将配备一所63个床位的医院。需增加医疗能力 时可通过使用集装箱化的野战医院单元来快速完成。不足的是该舰的自身防卫能力较弱，自卫武器只有2套短程导弹系统，2门30毫米炮和4挺机关枪。但与航母队一起作战，在联合行动中可望有极为出色的表现。

（张　冬）

军　事　法　制

中国军事法制　颁布《中国人民解放军士官管理规定》　《解放军报》2001年5月23日报道，总参谋部、总政治部、总后勤部、总装备部于2001年1月20日颁布《中国人民解放军士官管理规定》。全文如下：

第1章　总则

第1条　为了加强士官队伍建设，巩固和提高部队战斗力，根据《中华人民共和国兵役法》、《中国人民解放军现役士兵服役条例》和其他有关法规，制定本规定。

第2条　士官是从服现役期满的义务兵中选取，或者直接从非军事部门具有专业技能的公民中招收，并被授予相应军衔的志愿兵役制士兵。士官按照工作性质分为专业技术士官和非专业技术士官。

第3条　士官管理应当贯彻依法从严治军方针，坚持以条令条例和规章制度为依据，努力建设一支政治思想坚定、专业技术精湛、作风纪律严明、骨干作用明显的士官队伍。

第4条　总参谋部主管全军士官管理工作，各级司令机关主管本单位士官管理工作。

司令机关、政治机关、后勤机关、装备机关按照职能分工负责下列工作：

(1) 司令机关负责士官的编配、选取、培训、调配、军衔授予与晋升、处分、行政管理、统计和退出现役等工作。

(2) 政治机关负责士官的思想教育、政治待遇、奖励、婚姻、家属随军和子女入托入学、抚恤优待以及劳动教养、开除军籍等工作。

(3) 后勤机关负责士官的工资、津贴、补贴、伙食、被装、住房、生活福利、卫生医疗、劳动保护和评残、保险以及家属医疗等工作。

(4) 士官的专业技术训练、考核和等级评定，由司令机关、政治机关、后勤机关、装备机关有关业务部门分别负责。

第5条　各级党委、首长对本规定的施行负有重要责任，必须加强领导，统筹规划，督促检查，狠抓落实。

第2章　配备使用

第6条　配备使用士官应当严格执行士官编制标准和编制员额的规定。未编制士官的单位和岗位，不得配备使用士官；士官人数满编的单位，不得选取义务兵进入士官队伍。

第7条　配备使用士官应当严格执行士官分期编制职务等级的规定。坚持逐期遴选，梯次配备，不得随意高配。本期士官岗位缺编的，可以配备本期以下各期士官。非专业技术士官和女士官服现役的期限原则上为第一期。

第8条　配备使用士官应当严格遵循训用一致、专业对口的原则。专业技术士官与非专业技术士官之间，专业技术士官各专业岗位之间，不得互相占用或者挪用编制员额。

第9条　配备使用士官应当优先保障应急机动作战部队，优先保障高技术部队，优先保障基层连队。

第10条　机关和勤务保障单位不得占用基层士官的编制员额。确因工作需要临时借用的，应当经团级以上单位司令机关批准，由主管部门承办，借用时间一般不超过三十天。

第11条　士官一般不安排代理军官职务。确因工作需要安排代理的，应当经团级以上单位主官批准，通常代理副连职以下行政职务和初级专业技术职务，时间不超过六个月。

第12条　士官原则上不得调动。确因作战、战备、训练等需要调动的，须经上一级司令机关批准，由主管部门承办。

第13条　专业技术士官不得随意改行。确需要调整专业，应当经具有选取批准权限的单位审批。

第3章　选取

第14条　选取士官应当坚持依法办事、注重素质、发扬民主、公开公正的原则，严格依据选取计划、条件和程序进行，按照规定时间和审批权限办理，确保选取质量。

第 15 条　选取士官的年度计划，由团级以上单位司令机关依据士官编制和现有情况拟制，逐级上报，经总部批准后下达执行。

第 16 条　选取为士官，应当具备《中国人民解放军现役士兵服役条例》规定的基本条件，并符合下列要求：

(1) 义务兵选取为士官，应当经过团级以上单位相应训练机构或者院校培训；经院校和总部、各大单位训练机构培训的技术兵优先选取。

(2) 选取为专业技术士官的，应当具有相应的专业技能，并经专业技术考核合格；获得国家《职业资格证书》的优先选取。

(3) 选取为非专业技术士官的，应当具有胜任班长职务的组织领导和管理能力；担任过班长、副班长或者相当于班长职务的优先选取。

(4) 选取为高一期士官的，应当在本期各年度考核中均达到称职以上。

第 17 条　选取士官应当按照下列程序办理：

(1) 本人申请。由本人在选取前一个月向所在单位党支部提出书面申请。

(2) 基层推荐。基层党支部组织对申请人进行群众评议，根据本单位士官缺额、选取条件和申请人的现实表现等，提出预选对象上报。未经基层党支部推荐的，不得列为预选对象。

(3) 机关考核。由具有选取批准权限单位的司令机关会同有关部门，对预选对象进行考核和体格检查，择优提出拟选取名单。

(4) 组织审批。党委根据司令机关提出的士官选取方案，集体讨论决定选取事项。属于本级审批选取的士官，以军政主官名义下达选取命令；属于上级审批选取的士官，报经具有选取批准权限的党委审批，并下达选取命令。

(5) 符合选取条件的，填写总参谋部军务部统一制发的《士官选取报告表》，装入本人档案。

第 18 条　选取士官应当与当年义务兵退伍工作结合进行。士官参加短期轮训期间（含地方代培、出国进修）选取为高一期士官的，按上述时间由送训单位办理。入院校学习二年以上的士官学员选取为士官或者高一期士官的，毕业时由培训单位办理。

第 19 条　选取士官的批准权限，按照《中国人民解放军现役士兵服役条例》第八条第二款的规定执行：

(1) 选取第一期、第二期士官由团（旅）级单位批准，第三期、第四期士官由师（旅）级单位批准，第五期、第六期士官由军级单位批准。

(2) 各级司令部、政治部、后（联）勤部、装备部以及其他相当等级的机关，对直属单位和所属部门士官的选取，执行下一级部队的批准权限。师级单位对机关直属单位和所属部门士官的选取，由司令机关归口办理。

(3) 各军区、各军兵种司令部、政治部、联（后）勤部、装备部审批高级士官，应向主管部门备案。总部机关和直（附）属单位高级士官的选取，分别由总参谋部管理、总政治部直工部、总后勤部司令部和总装备部司令部审批。

第 4 章　培训

第 20 条　士官选取前必须经过相应培训。非专业技术士官培训对象，主要从服现役第二年的义务兵中选拔，培训时间一般为三个月；专业技术士官培训对象，主要从服现役第一年的义务兵中选拔，培训时间五个月左右；专业技术复杂的士官培训对象，主要从具有相应专业基础和文化程度、服现役第二年的义务兵和第三年的士官中选拔，培训时间二年以上。

第 21 条　建立士官分级培训体制。专业技术比较复杂的士官培训对象，由院校和总部、各大单位训练机构承训；其他专业技术士官培训对象，由军级以下单位专业训练机构承训；非专业技术士官培训对象，由教导机构承训。

第 22 条　院校和训练机构未设置专业的士官培训对象，应当由团级以上单位统一组织短期培训，或者送军队和地方的专业对口单位进行培训。

第 23 条　中高级士官因工作需要或者部队武器装备更新换代，应当接受继续培训。士官的继续培训，由军级以上单位统一规划，有关院校和训练机构承担，必要时可以送地方或者国外有关单位培训，培训时间根据需要确定。

第 24 条　团（旅）级单位应当根据部队建设需要和士官队伍素质状况，有计划地组织士官进行在职培训，提高士官的专业技能、理论水平和组织管理能力。利用函授、电大，自学考试等多种形式，组织士官参加在职学历教育，使初级士官达到中专（中技）水平、中高级士官达到大专以上学历。

第 5 章　教育

第 25 条　各级党委（支部）、机关应当经常分析研究士官队伍的思想形势，加强思想政治教育，提高士官的思想政治素质、军事专业素质、科学文化素质和身体心理素质。

第 26 条　从士官的思想实际和履行职责的需要出发，组织士官认真学习邓小平理论和江泽民同志关于新时期军队建设的重要论述，进行爱国奉献、革命人生观、尊干爱兵和艰苦奋斗教育，引导士官坚定理想信念，强化职能意识，培养良好的军人道德，增强遵纪守法观念。

第 27 条　根据部队情况和教育内容，确定士官教育组织实施的方式方法。士官教育一般与义务兵一起进行，围绕解决士官带倾向性思想问题的教育，可单独组织。必要时，应当对中高级士官进行集中教育。

第 28 条　做好士官的经常性思想工作，广泛开展谈心活动，加强行为引导，解决好士官在服役态度、晋级晋衔、求知成才、婚恋家庭、人际关系等方面反映出的现实思想问题。组织士官积极参加“双争”评比活动，激发他们训练当尖子、学习当模范、守纪当标兵、技术当行家的积极性。重视解决士官的实际困难，帮助他们排忧解难。

第 29 条　按照军队党组织发展党员工作的有关规定，做好在士官中发展党员的工作。基层党组织应当加强对士官党员的教育、管理和监督，充分发挥他们在各项工作中的先锋模范作用。

第 6 章　日常管理

第 30 条　士官应当认真履行士兵职责，模范遵守国家的法律、法规和军队的条令条例、规章制度，刻苦钻研本职业务，尊重领导，服从管理，充分发挥骨干作用，积极协助军官做好工作，为义务兵作表率。

第 31 条　建立士官定期述职制度、群众评议制度和检查分析制度。士官每半年应当在一定范围内汇报履行职责情况，通常结合半年和年终工作总结进行；基层单位应当定期组织士官的思想和工作情况进行群众评议；团级以上单位应当每年对士官队伍建设情况进行检查分析，表彰先进，树立典型，总结经验，纠正存在问题。

第 32 条　士官原则上不得在部队驻地或者本部队内部找对象结婚。对孤儿、伤残人员和个别年龄超过三十周岁，且回原籍找对象确有困难的士官要求在部队驻地找对象的，应当从严掌握，由军级以上政治机关批准。在边疆国境县（市）、沙漠区、国家划定的边远区中的三类区和总部确定的一、二类岛屿部队服役的个别中级以上士官，本人提出在部队驻地找对象的，必须符合当地民族政策，由团级以上政治机关与当地县级民政部门协商同意，经师级以上政治机关批准，并签订转业军人就地安置协议书的，方可允许在部队驻地找对象结婚。士官不得将不符合随军条件配偶、子女的户口迁到部队驻地或者在部队驻地为其购置户口。

第 33 条　士官除家属临时来队期间外，必须在连队（基层单位）住宿。家在部队驻地附近的已婚士官，节假日期间不担任值班或者其他勤务时，经营级以上单位领导批准，可回家住宿。在偏远艰苦地区的仓库、雷达站、通信线路维护站等单位工作的已婚士官，如生活和居住条件允许，经师级以上单位领导批准，其家属可以来队居住；单位需要招聘工人时，优先招聘士官家属。

第 34 条　士官按照《中国人民解放军现役士兵服役条例》的有关规定享受探亲（休）假。对符合探亲（休）假条件的士官，应当根据部队任务、人员在位率等情况有计划地安排，一级士官由营级单位领导批准，二级以上士官由团级单位领导批准。士官因特殊情况，经团级单位领导批准，可将当年假期分两次安排，往返路费按全军统一规定标准报销一次。

第 35 条　士官档案，按照总参谋部《士兵档案管理规定》，由批准选取单位的司令机关统一管理，专人负责。

第7章　考核

第 36 条　士官的考核，分为选取前考核和年度考核，依据士官条件和所任（拟任）职务、工作岗位的要求进行。考核内容包括政治思想、专业技术、作风纪律和骨干作用等方面。考核结果，应当区分为优秀、称职、不称职，作为实施奖惩或者选取士官的基本依据。

第 37 条　选取士官必须先考核，未经考核不得选取。士官选取前的考核工作，由司令机关会同政治、后勤、装备机关组织实施。司令机关主要负责军事素质、管理能力、文化程度等方面的考核；政治机关要负责政治思想等方面的考核；后勤机关主要负责体格检查等方面的工作；装备机关和其他有关业务部门主要负责专业技术等方面的考核。

第 38 条　士官的年度考核工作，由基层单位结合年终总结进行，按照本人述职、民主评议、综合测评、组织鉴定的程序，全面考核士官的现实表现，作出考核结论，并以适当方式同本人见面。

第 8 章　待遇

第 39 条　士官实行工资制度。士官的基本工资，由军衔级别工资、基础工资、军龄工资组成。

第 40 条　士官按照有关规定享受下列津贴、补贴、补助：

（1）士官按照军衔级别享受军人职业津贴。

（2）士官按照规定的条件和标准享受伙食补贴、福利补助和生活补贴。

（3）担任基层行政或者专业技术领导管理职务的士官，按照规定标准享受职务津贴。经团级以上单位主官批准，代理军官职务的士官，享受与其代理职务相应的岗位津贴。

（4）士官按照规定标准享受住房补贴和住房公积金。

（5）士官符合规定条件的，享受子女保育、教育补助。

（6）士官的生活补助、伙食灶差补助、防暑降温费、独生子女父母奖励费等生活待遇和地区津贴、专业岗位津贴、有毒有害岗位保健津贴，按照国务院、中央军委和总部的有关规定执行。

第 41 条　士官享受国家和军队规定的保险待遇和公费医疗。

第 42 条　士官退出现役，分别按照复员、转业、退休费标准计发退役费。士官因家庭发生重大变故未服满本期规定年限，经批准退出现役的，其复员费、转业费按以下比例计发：未服满本期第一年的为 50%；未服满本期第二年的为 60%；未服满本期第三年的为 70%；第三、四期士官未服满本期第四年的为 80%。

第 43 条　高级士官家属随军后的相关待遇，按照《中国人民解放军现役士兵服役条例》有关规定执行。士官符合规定条件的，经批准可以享受随军配偶生活困难补助。

第 44 条　符合下列条件之一的夫妻分居两地的士官享受夫妻分居补助：

（1）符合随军条件配偶未随军的士官；

（2）在驻边疆国境县（市）、沙漠区、国家划定的边远地区中的三类地区和总部确定的一、二类岛屿的部队，以及在陆军、空军执行海上任务的船艇上服役的第四期士官；

（3）在海军和总装备部的舰、艇、船（只限执行海上任务的）上服役的，在导弹、卫星、核武器等试验训练基地服役并从事试验、测控工作的，在战略导弹部队服役并从事装配检验工作的第三期以上士官；

（4）在空勤岗位（包括通信、射击、空中机务等）和在核潜艇、核弹头保管岗位上服役的士官。

第 45 条　已婚士官配偶每年可以来队探亲一次，留住时间一般不超过四十五天，其路费报销标准按照军官配偶来队探亲的有关规定执行。配偶当年未来队探亲的，士官本人翌年可以增加探亲假十五天。

第 9 章　退出现役

第 47 条　士官退出现役工作，按照《中国人民解放军士官退出现役安置暂行办法》的规定进行。

第 48 条　士官符合退出现役条件的，应当及时安排退役；不符合退出现役条件的，一般不安排提前退役。经院校培训二年以上的专业技术士官，服现役未满第三期的，原则上不安排退出现役。

第 49 条　士官退出现役计划，由团级以上单位司令机关拟制，与士官选取计划同时逐级上报，经总参谋部批准后下达执行。

第 50 条　士官退出现役，填写《士官退出现役登记表》，退休士官还应当填写《退休士官安置登记表》；改按义务兵退伍的，填写《士官改按义务兵退伍审批表》。司令机关应当根据不同安置方式的要求，对退出现役士官的档案进行审查整理，按照规定实施移交。

第 51 条　退出现役士官的离队时间，作复员安置的与退伍义务兵同时离队，作转业安置的按照地方安置部门《接收安置通知书》规定的时间离队，作退休安置的按照有关规定执行。

第 52 条　对退役士官应当加强管理。士官退出现役命令下达前，应当参加正常工作；退役士官待报到期间，应当严格遵守有关制度和规定。退役士官到安置地报到前发生的问题，由原单位负责处理。

第 53 条　士官退出现役费用结算，作复员安置的发至离队当月止，作转业安置的发至离队当年七月止，作退休安置的按照有关规定执行；士官改按义务兵退伍的，按照义务兵退伍费用发放规定执行。

第 10 章　奖励与处分

第 54 条　对士官的奖励与处分，按照《中国人民解放军纪律条令》的规定执行。

第 55 条　对获得二等功以上奖励的士官，可以提高晋升一个衔级工资档次，已达到本衔级最高工资档次的不再增加。提前晋升衔级工资档次的，中级以下士官由师（旅）级单位司令机关审批，高级士官由军级单位司令机关审批。

第 56 条　师级以下作战部队的士官，因工作需要，可以按照中央军委和总部的有关规定，选送入军队院校培训后改任现役军官。

第 57 条　对受行政记过、党（团）内严重警告以上处分、擅离部队连续十五天以上或者年度考核不称职的士官，从翌年一月起停止自然增加工资档次一年。

第 58 条 对不履行职责、不起骨干作用的士官，经具有相应选取批准权限单位批准，可以实行留用察看。留用察看时间一般不超过六个月。留用察看期间停止执行原工资标准，改按义务兵最高津贴标准发放津贴。

第 59 条 士官违反纪律，其行为符合《中国人民解放军纪律条令》有关处分条件规定或者有下列情形之一的，经具有相应选取批准权限单位批准，取消其士官资格，按义务兵对待：

(1) 被判刑或者劳动教养的；

(2) 留用察看期满仍表现不好的；

(3) 无正当理由坚持要求提前退出现役的；

(4) 已确定转业无故逾期三十天不报到的；

(5) 违反计划生育规定计划外生育的；

(6) 擅离部队或者逾假不归三十天以上的；

(7) 其他违反纪律造成严重后果的。

第 60 条 士官被处以刑罚、劳动教养，其服刑、劳动教养时间不计算军龄，并停发工资，按有关规定供应生活费。

第 11 章 附则

第 61 条 本规定所称“以上”、“以下”，均包含本级、本期、本数。

第 62 条 各大单位可以依据本规定，结合本单位实际制定士官管理实施细则。

第 63 条 中国人民武装警察部队的士官管理参照本规定执行。

第 64 条 战时士官管理规定另行制定。

第 65 条 本规定由总参谋部军务部、总政治部组织部、总后勤部财务部、总装备部司令部负责解释。

第 66 条 本规定自发布之日起施行。总参谋部、总政治部、总后勤部 1987 年 12 月 12 日印发的《志愿兵管理暂行规定》即行废止。

颁布施行《中国人民解放军军事科学研究条例》

《解放军报》2001 年 3 月 25 日报道，中央军委主席江泽民日前签署命令，颁布施行《中国人民解放军军事科学研究条例》。这是我军第一部规范军事科学研究工作的基本法规。

《条例》共设 10 章 42 条，涵盖了军事科学研究工作的各个方面，明确规定了全军军事科学研究工作的指导思想、基本任务和领导体制、管理制度。该《条例》全文如下：

第 1 章 总则

第 1 条 为了促进中国人民解放军军事科学事业的发展，加强军事理论建设，提高军队战斗力，根据国防法的有关规定和未来军事斗争的需要，制定本条例。

第 2 条 军队开展战争与作战理论研究、国防与军队建设理论研究以及相关的其他军事理论研究活动(以下称军事科学研究)，适用本条例。

第 3 条 军事科学研究是确保军队履行职能、夺取军事斗争胜利的重要基础工作。

军事科学研究的基本任务是探索战争规律与战争指挥规律、探索国防建设与军队建设规律，为遏制战争、赢得战争，加强国防建设与军队建设，提供科学的理论指导。

第 4 条 开展军事科学研究应当遵循下列原则：

(1) 以马克思主义、毛泽东思想、邓小平理论和江泽民同志一系列重要论述为指导，坚持正确的军事科学研究方向；

(2) 贯彻新时期军事战略方针，适应“打得赢”、“不变质”的要求，面向现代化、面向世界、面向未来，推动军事实践的发展，为国防建设、军队建设和军事斗争服务；

(3) 从国家和军队的实际出发，借鉴外军有益经验，解放思想，实事求是，大胆探索，勇于创新，综合运用现代化科学方法和手段，发展具有中国特色的军事理论；

(4) 实行学术民主，开展学术争鸣，活跃学术思想，营造尊重知识、尊重人才、民主和谐的研究氛围；

(5) 遵守政治纪律和组织纪律，严格保密制度，维护国家军事利益。

第 5 条至 7 条（略）

第 2 章 职责

第 8 条至第 11 条（略）

第 3 章 计划的制定与实施

第 12 条 军事科学研究计划分为五年计划、年度计划和专项计划。

五年计划主要是依据同期军队建设和发展规划，结合实际需要，对重要现实问题和基础理论的研究工作作出规划和部署。五年计划通常由军区级以上单位制定。

年度计划主要是依据五年计划和实际需要，对年度内应当完成的研究工作作出部署和安排。年度计划通常由军区级单位、军级以下部队和院校制定。

专项计划主要是对专项研究工作作出部署和安

排。专项计划由各单位根据实际需要制定。

军事科学研究计划应当任务明确，重点突出，统筹兼顾，切实可行。

第 13 条　军事科学研究计划主要包括下列内容：

(1) 指导思想和发展目标；

(2) 研究任务和立项课题；

(3) 学术活动和人才培养；

(4) 承担单位（人员）和完成时限；

(5) 质量要求和保障措施。

第 14 条　军事科学研究计划按照下列程序制定：

(1) 调查研究，掌握需求：预测形势发展趋势，评估军事科学研究现状，了解军事实践对军事科学研究的需求；

(2) 综合分析，明确任务：依据上级意图和调查研究结论，明确阶段性军事科学研究的主要任务以及需要重点解决的问题；

(3) 遴选课题，组织审查：组织有关部门和专家对申报课题进行论证和评审，提出课题立项的建议；

(4) 形成方案，送审报批：根据立项课题的总体安排，提出保障措施和要求，形成军事科学研究计划方案，按照规定送审报批。

第 15 条　全军军事科学研究计划，由中央军委审批。各单位军事科学研究计划，通常由本单位首长办公会议审批。

调整军事科学研究计划，按照计划审批权限报批。

第 4 章　课题管理

第 16 条　军事科学研究的计划课题实行分级管理。全军军事科学研究计划课题，由军事科学院负责管理。各单位军事科学研究计划课题，由本单位军事科学研究管理部门负责管理。

第 17 条　军事科学研究计划课题的研究工作，通常实行课题组长负责制。课题组长应当具备与课题研究任务相适应的学术水平和组织领导能力。课题组长由承担研究任务的单位确定，并报管理该课题的军事科学研究管理部门备案。

课题组长履行下列职责：

(1) 负责遴选和确定课题组成员；

(2) 制定课题研究实施计划；

(3) 区分任务并组织实施；

(4) 确定课题框架以及重要学术问题；

(5) 按照规定管理和使用课题经费；

(6) 确定研究成果的署名和稿酬、奖金的分配；

(7) 向军事科学研究管理部门报告课题研究情况；

(8) 上级赋予的其他职责。

各级领导和军事科学研究管理部门应当为课题组长履行职责和课题组开展研究工作创造条件。

第 18 条　军事科学研究计划课题的研究工作，实行检查制度。全军军事科学研究计划课题由军事科学院负责检查。各单位军事科学研究计划课题由本单位军事科学研究管理部门负责检查。

课题检查的内容通常包括课题研究人员落实情况，课题研究进展情况，课题经费使用情况，课题研究的经验和存在问题等。

课题检查工作可以采取全面检查或者抽查的方法实施。

第 19 条　军事科学研究计划课题应当在规定的时限内完成。确需延长的，按照计划课题的管理权限，由军事科学研究管理部门审批。

变更军事科学研究计划课题或者中止计划课题的研究工作，由课题组长提出申请并按照课题立项审批的规定办理变更或者中止手续。

第 20 条　军事科学研究计划课题的研究成果，实行专家鉴定和军事科学研究管理部门验收制度。全军军事科学研究计划课题研究成果的鉴定与验收，由军事科学院组织实施。各单位军事科学研究计划课题研究成果的鉴定与验收，由本单位军事科学研究管理部门组织实施。

课题组长在课题研究任务完成后，应当按照规定申请课题研究成果的鉴定与验收。本单位军事科学研究管理部门应当根据课题组长的申请，提出课题研究成果的鉴定与验收方案，并组织实施；属于上级军事科学研究计划的课题，应当及时向上级军事科学研究管理部门报告。上级军事科学研究管理部门对重要课题的研究成果应当直接组织鉴定与验收，其他课题研究成果的鉴定与验收可以授权或者委托有关部门实施。

军事科学研究计划课题的研究成果必须通过鉴定与验收。经鉴定与验收不合格的，课题组长应当在规定的时限内组织修改，并重新申请课题研究成果的鉴定与验收。

第 5 章　成果管理

第 21 条　各级领导和军事科学研究管理部门，应当积极组织军事科学研究成果的转化工作。经审定适于公开发表或者展示的研究成果，可以宣传、出版或者向社会展示；不适于公开发表或者展示的研究成果，应当按照保密规定在军队内部推广或者报送上级领导机关。

第 22 条　军事科学研究成果的主要完成人，可以按照规定申请参加军事科学研究成果的评奖。

全军军事科学研究计划课题的成果奖为中国人民解放军军事科学优秀成果奖，评奖工作由军事科学院组织实施。

各总部在其领导的军事科学研究工作方面，可以设立其他研究成果奖，并组织实施评奖工作。

军事科学研究成果的评奖必须按照规定的程序进行，实行公开、公平、公正和实事求是、民主集中、注重质量、鼓励创新的原则。

第 23 条　各级领导和军事科学研究管理部门，应当依法维护军事科学研究人员对研究成果所享有的合法权益，保护知识产权。军事科学研究人员必须遵守《中华人民共和国著作权法》以及国家和军队的其他有关规定。

第 24 条　军事科学研究管理部门应当组织课题组和档案管理部门完成军事科学研究成果档案的立卷、归档工作。军事科学研究成果档案应当完整、准确，符合档案工作的规定。秘密等级以上的军事科学研究成果，应当指定专人管理，严格保密制度，防止失密、泄密。

第 6 章　协作与交流

第 25 条　重大军事科学研究课题的研究工作，应当组织有关单位进行协作。协作研究通常由课题组长所在单位组织协调，必要时也可以由上级组织协调。

开展协作研究应当遵循优化组合、优势互补的原则。

开展协作研究的有关单位应当签订协议，明确任务分工、目标要求和成果权益。

第 26 条　军事科学研究管理部门应当积极组织学术交流活动。组织学术交流活动应当明确目的，充分准备，精心组织，注重实效。

学术交流活动可以采取研讨会、报告会、座谈会、笔会和成果展示等多种形式进行。

第 27 条　承担军事科学研究任务的单位和人员参加涉外协作研究和学术交流活动，必须按照规定审报审批。经批准参加涉外协作研究和学术交流活动的单位和人员，必须严格执行国家和军队的有关规定，遵守外事纪律，维护国家和军队的利益。

第 28 条　经批准成立的群众性军事科学研究组织，应当依照国家和军队的有关规定以及本组织的章程开展学术交流活动。

第 29 条　经批准出版的军事学术期刊，应当注重理论创新，活跃学术思想，体现期刊特色，为开展学术和学术争鸣创造条件。

军事学术期刊的主管和主办单位，应当加强对办刊工作的领导和管理，坚持正确的办刊宗旨，严格遵守国家和军队有关出版工作的政策、法规，努力提高军事学术期刊质量。

第 7 章　保障

第 30 条　列入全国军事科学研究计划的课题，研究经费由总后勤部予以保障，按后勤财务系统下达。各单位确定的军事科学研究计划课题，研究经费由各单位在相关事业经费中予以保障。

军事科学研究经费应当专款专用，按照勤俭节约的原则和严格管理、注重效益的原则。

第 31 条　军事科学研究设备建设，应当遵循适应发展、严格管理、注重效益的原则。

通用军事科学研究设备应当纳入办公设备统一建设，调剂使用和维护管理。专用军事科学研究设备应当按照规定专项审批，专人管理，合理使用。

第 32 条　各级领导和军事科学研究管理部门应当做好军事科学研究的信息资料保障工作。有关的信息资料收集和管理部门应当拓宽信息渠道，促进信息交流，按照规定为军事科学研究工作提供服务。

军事科学研究单位和院校应当努力创造条件，利用计算机等现代化手段，建立军事科学研究数据库和网络系统，逐步实现军事科学研究信息的资料共享。

军事科学研究的信息交流和资料保障工作必须遵守保密规定。

第 8 章　军事科学研究人员

第 33 条　军事科学研究人员必须热爱军事科学研究事业，具有良好的职业道德，具有从事军事科学研究或者管理工作所需要的理论素养、专业知识，以及相应的研究能力和管理能力。

军事科学研究人员是指专职从事军事科学研究和管理工作的军官和文职干部。

第 34 条　军事科学研究单位和院校应当建设军事科学研究人员培训制度。军事科学研究人员的培训应当有计划、有重点地进行，通过院校学习、部队代职、出国考察进修、在职培训等形式，提高军事科学研究人员的理论素养和研究能力。

军事科学研究人员的培训工作由政治机关会同军事科学研究管理部门组织实施。

第 35 条　军事科学研究单位和院校应当实行军事科学研究人员任期考核制度。考核内容通常包括政治思想、研究实绩、业务水平和创新能力等。

考核工作由政治机关会同军事科学研究管理部门组织实施。考核结果作为军事科学研究人员任免专业职务、晋升职称和奖惩的依据。

第 36 条　各单位应当支持群众性的军事科学研究活动，提倡和鼓励有研究能力的人员结合本职工作开展军事科学研究，培养和扶持学术研究骨干，并为他们开展研究工作提供便利条件。

第 37 条　各单位应当做军事科学研究人员的选配、培养和使用工作，建立和完善激励机制，充分发挥研究人员的积极性和创造性，努力建设政治合格、业务精通、作风严谨、结构合理、专职与兼职相结合的高素质军事科学研究队伍。

第 9 章　奖励与处分

第 38 条　符合下列条件之一的单位和个人，依照《中国人民解放军纪律条令》的有关规定，给予奖励：

(1) 完成的军事科学研究成果在实践中产生显著的军事或者社会效益，或者对创新、发展军事理论产生重要影响，成绩突出的；

(2) 培养军事科学研究人才有突出贡献的；

(3) 在军事科学研究管理中有突出贡献，对推动军事科学事业发展或者提高军事科学研究效益成绩突出的。

第 39 条　有下列情形之一的，依照《中国人民解放军纪律条令》的有关规定，对负有直接责任的主管人员和其他直接责任人员给予处分；构成犯罪的，依法追究刑事责任；对单位给予通报批评，责令限期改正；

(1) 在军事科学研究中有严重抄袭或者其他弄虚作假行为的；

(2) 在军事科学研究中造成失密或者泄密的；

(3) 擅自参加地方或者国（境）外学术活动，造成不良后果的；

(4) 挪用、克扣、截留军事科学研究经费，影响军事科学研究活动正常进行的；

(5) 其他妨害军事科学研究活动的。

第 10 章　附则

第 40 条　总部、军兵种、军区和武警部队可以根据本条例制定军事科学研究方面的规章。

第 41 条　军队承担的国家社会科学规划，基金项目的管理工作，参照本条例执行。

第 42 条　本条例自发布之日起施行。

公布施行《中华人民共和国军事设施保护法》

《解放军报》2001 年 1 月 21 日报道，国务院总理朱镕基，中央军委主席江泽民近日签署中华人民共和国国务院、中华人民共和国军事委员会第 298 号令，公布施行《中华人民共和国军事设施保护法》。全文如下：

第 1 章　总则

第 1 条　根据《中华人民共和国军事设施保护法》（以下简称军事设施保护法）的规定，制定本办法。

第 2 条　设有军事设施的地方，县级以上地方人民政府和驻地有关军事机关共同成立军事设施保护委员会，负责协调、指导本行政区域内的军事设施保护工作。

军事设施保护委员会的办事机构设在省军区（卫戍区、警备区）、军区（警备区）、县（自治县、市、市辖区）人民武装部，具体办理军事设施保护委员会的日常工作。

第 3 条　军事设施保护委员会履行下列职责：

(1) 依照军事设施保护法律、法规和国家的方针、政策，制定军事设施保护措施；

(2) 组织指导本行政区域内的军事设施保护工作，协调解决军事设施保护工作的有关事宜；

(3) 组织开展军事设施保护的宣传教育工作；

(4) 组织开展军事设施保护法律、法规执行情况的监督检查。

第 4 条　中国人民解放军总参谋部在国务院和中央军事委员会的领导下，主管全国的军事设施保护工作，指导各级军事设施保护委员会的工作。

军区司令机关主管辖区内的军事设施保护工作，指导辖区内各级军事设施保护委员会的工作。

上级军事设施保护委员会指导下级军事设施保护委员会的工作。

第 5 条　国务院有关部门在各自的职责范围内，负责军事设施保护的有关工作，并协助军事机关落实军事设施保护措施。

县级以上地方人民政府负责本行政区域内军事设施保护的有关工作，并协助驻地军事机关落实军事设施保护措施。

第 6 条　军事机关应当向驻地人民政府介绍军事设施的有关情况，听取驻地人民政府的意见；地方人民政府应当向驻地军事机关介绍经济建设的有关情况，听取驻地军事机关的意见。

第 7 条　各级人民政府和军事机关对在军事设施保护工作中做出显著成绩的组织和个人，给予表彰、奖励。

第2章　军事禁区、军事管理区的保护

第8条　军事禁区、军事管理区的确定及其范围的划定，以及军事禁区外围安全控制范围的划定，依照军事设施保护法和国务院、中央军事委员会的有关规定办理。

第9条　在水域或军事禁区内，禁止非军用船只进入，禁止建筑、设置非军事设施，禁止从事水产养殖、捕捞以及其他有碍军用舰船行动和安全保密的活动。

第10条　在水域军事管理区内，禁止建筑、设置非军事设施，禁止从事水产养殖；从事捕捞或者其他活动，不得影响军用舰船的行动。

第11条　划为军事管理区的军民合用港口的水域，实行军地分区管理；在地方管理的水域内需要新建非军事设施的，必须事先征得有关军事设施管理单位的同意。

第12条　军事禁区、军事管理区应当设立标志牌。标志牌的样式、质地和规格由省、自治区、直辖市军事设施保护委员会规定，标志牌由县级以上地方人民政府负责设立。

水域军事禁区、军事管理区的范围难以在实际水域设置界线标志或者障碍物表示的，由当地交通、渔业行政主管部门共同向社会公告，并由测绘主管部门在海图上标明。

第3章　作战工程的保护

第13条　军事设施保护法所称作战工程，包括坑道、永备工事以及配套的专用道路、桥涵以及水源、供电、战备用房等附属设施。

第14条　未划入军事禁区、军事管理区的作战工程应当在作战工程外围划定安全保护范围。作战工程的安全保护范围，根据工程部署、地形和当地经济建设情况，由省军区或者作战工程管理单位的上级军级以上主管军事机关提出方案，报军区和省、自治区、直辖市人民政府批准。

在作战工程布局相对集中的地区，作战工程安全保护范围可以连片划定。

第15条　作战工程安全保护范围的划定，不影响安全保护范围内的土地及其附着物的所有权、使用权，安全保护范围内的单位、居民可以照常生产、生活，但不得危害军事设施的安全保密和使用效能。

第16条　在作战工程安全保护范围内，禁止开山采石、采矿、爆破，禁止采伐林木；修筑建筑物、构筑物、道路和进行农田水利基本建设，应当征得作战工程管理单位的上级主管军事机关和当地军事设施保护委员会同意，并不得影响作战工程的安全保密和使用效能。

第17条　禁止私自开启封闭的作战工程，禁止破坏作战工程的伪装，禁止阻断入出作战工程的通道。

未经作战工程管理单位的上级师级以上主管军事机关批准，不得对作战工程进行摄影、摄像、勘察、测量、描绘和记述，不得在作战工程内存放非军用物资器材或者从事种植、养殖等生产活动。

第18条　新建工程和建设项目，确实难以避开作战工程的，应当按照国家有关规定提出拆除或者迁建、改建作战工程的申请；申请未获批准，不得拆除或者迁建、改建作战工程。

第4章　军用机场净空的保护

第19条　本办法所称军用机场净空，是指为保证军用飞机（含直升机）起飞、着陆和复飞的安全，在飞行场地周围划定的限制物体高度的空间区域。

第20条　在军用机场净空保护区域内，禁止修建超出机场净空标准的建筑物、构筑物或者其他设施。

第21条　在军用机场净空保护区域内种植植物，设置灯光或者物体，排放烟尘、粉尘、火焰、废气或者从事其他类似活动，不得影响飞行安全和机场助航设施的使用效能

第22条　军用机场管理单位应当了解当地城市规划和村庄、集镇规划和高大建设项目建设计划，提供军用机场净空保持技术咨询。

第23条　在军用机场净空保护区域内建设高大建筑物、构筑物或者其他设施的，建设单位必须在申请立项前书面征求军用机场管理单位的军级以上主管军事机关的意见；未征求军事机关意见或者建设项目设计高度超过军用机场净空保护标准的，国务院有关部门、地方人民政府有关部门不予办理建设许可手续。

第24条　军用机场管理单位应当定期检查机场净空保护情况，发现擅自修建超过军用机场净空保护标准的建筑物、构筑物或者其他设施的，应当及时向上级和当地军事设施保护委员会报告。

地方人民政府应当掌握当地军用机场净空保护有关情况，制定保护措施，督促有关单位对军用机场净空保护区域内的高大建设物、构筑物或者其他设施设置飞行障碍标志。

第25条　在军用机场侧净空保护区域内原有自然障碍物附近新建高大建筑物、构筑物或者其他设

施，必须符合国家有关机场净空的规定。

第 26 条　军民合用机场以及由军队管理的保留旧机场、公路飞行跑道的净空保护工作，适用军用机场净空保护的有关规定。

第 5 章　军用通信、输电线路和军用输油、输水管道的保护

第 27 条　军事设施保护法所称军用通信、输电线路包括：

(1) 架空线路：电杆（杆塔）、电线（缆），变压器、配电室以及其他附属设施；

(2) 埋设线路：地下、水底电（光）缆，管道、检查井、标石、水线标志牌，无人值守载波增音站，电缆充气站以及其他附属设施；

(3) 无线线路：无人值守微波站、微波无源反射板、各类无线电固定台（站）天线以及其他附属设施。

第 28 条　军事设施保护法所称军用输油、输水管道，是指专供军队使用的地面或者地下、水下输油、输水管道和管道沿线的加压站、计量站、处理场、油库、阀室、标志物以及其他附属设施。

第 29 条　军用通信、输电线路和军用输油、输水管道（以下简称军用管线）管理单位，应当加强维护管理工作，坚持巡查和测试检查制度；必要时，可以组织武装巡查，发现问题，及时处理。

第 30 条　地方各级人民政府和驻地军事机关，应当根据实际情况组织军用管线沿线群众实行军民联防护线，采取委托看管、分段负责形式，保护军用管线的安全。

第 31 条　地下军用管线应当设立路由标石或者永久性标志，易遭损坏的路段（部位）应当设置标志牌。水下军用管线应当在海图上标明。

第 32 条　军用管线的具体保护要求以及军用管线与其他设施相互妨碍的处理，按照国务院、中央军事委员会的有关规定执行。

第 6 章　军用无线电固定设施电磁环境的保护

第 33 条　本办法所称军用无线电固定设施电磁环境（以下简称军用电磁环境），是指为保证军用无线电收（发）信、侦察、测向、雷达、导航定位等固定设施正常工作，在其周围划定的限制电磁干扰信号和电磁障碍物体的区域。

第 34 条　在军用电磁环境保护范围内，禁止建设、设置或者使用发射、辐射电磁信号的设备和电磁障碍物体。

第 35 条　地方在军用电磁环境保护范围内安排建设项目，对军用电磁环境可能产生影响的，应当按照规定征求有关军事机关的意见；必要时，可以由军事设施管理单位和地方有关部门共同对其干扰程度和电磁障碍物的影响情况进行测试和论证。

第 36 条　各级人民政府有关部门审批和验收军用电磁环境保护范围内的建设项目，应当审查发射、辐射电磁信号设备和电磁障碍物的状况，以及征求军事机关意见的情况；未征求军事机关意见或者不符合国家电磁环境保护标准的，不予办理建设或者使用许可手续。

第 37 条　军用无线电固定设施管理单位，应当掌握军用电磁环境保护情况，发现问题及时向上级军事机关和当地军事设施保护委员会报告。

第 7 章　边防设施和军用测量标志的保护

第 38 条　本办法所称边防设施，是指边防巡逻路、边境铁丝网（铁栅栏）、边境监控设备、边境管理辅助标志以及边防直升机起降场、边防船艇停泊点等由边防部队使用、管理的军事设施。

第 39 条　任何组织或者个人未经边防设施管理单位同意，不得擅自拆除或移动边防设施。

第 40 条　边境地区开辟口岸，互市贸易区、旅游景点或者修建道路、管线、桥梁等项目涉及边防设施的，应当按照有关规定征求军事机关的意见；需要迁建、改建边防设施的，应当报有关省、自治区、直辖市军事设施保护委员会批准；迁建、改建的边防设施的位置、质量、标准必须符合国家有关规定。

第 41 条　军用测量标志的保护，依照国家有关法律、法规的规定办理。

第 8 章　强制措施和法律责任

第 42 条　军事设施单位执勤人员遇有军事设施保护法第三十条所列违法行为，可以采取下列强制措施，予以制止：

(1) 驱逐非法进入军事禁区的人员离开军事禁区；

(2) 对用于实施违法行为的器材、工具或者其他物品予以扣押，对违法情节严重的人员予以扣留，立即移送公安机关或者国家安全机关；

(3) 在紧急情况下，清除严重危害军事设施安全和使用效能的障碍物。

第 43 条　违反本办法第九条、第十条、第十一条的规定，在水域军事禁区、军事管理区内或者军民合用港口的水域建筑、设置非军事设施的，由城市规划、交通、渔业行政主管部门依据各自的职权责令停止兴建活动；已建成的，责令限期拆除。

第 44 条　违反本办法第九条、第十条的规定，擅自进入水域军事禁区，在水域军事禁区内从事水产养殖、捕捞，或者在水域军事管理区内从事水产养殖的，由交通、渔业行政主管部门依据各自的职权给予警告，责令离开，可以没收渔具、渔获物。

第 45 条　违反本办法第十六条的规定，在作战工程安全保护范围内开山采石、采矿、爆破、采伐林木的，由公安机关以及国土资源、林业行政主管部门依据各自的职权责令停止违法行为，没收采出的产品和违法所得；造成损失的，依法赔偿损失。

第 46 条　违反本办法第十六条的规定，擅自在作战工程安全保护范围内修筑建筑物、构筑物、道路或者进行农田水利基本建设的，由城市规划、交通、农业行政主管部门依据各自的职权给予警告，责令限期改正；造成损失的，依法赔偿损失。

第 47 条　违反本办法第十七条的规定，破坏作战工程封闭伪装，阻断作战工程通道，或者将作战工程用于堆物、种植、养殖的，由公安机关责令停止违法行为，限期恢复原状；造成损失的，依法赔偿损失。

第 48 条　违反本办法第二十条、第二十五条的规定，在军用机场净空保护区域内修建超出军用机场净空保护标准的建筑物、构筑物或者其他设施的，由城市规划行政主管部门责令限期拆除超高部分。

第 49 条　违反本办法第三十四条的规定，在军用电磁环境保护范围内建设、设置或者使用发射、辐射电磁信号的设备和电磁障碍物体的，由城市规划、信息产业行政主管部门依据各自的职权给予警告，责令限期改正；拒不改正的，查封干扰设备或者强制拆除障碍物。

第 50 条　违反本办法第十八条、第三十九条、条四十条的规定，擅自拆除、迁建、改建作战工程、边防设施或者擅自移动边防设施的、由城市规划行政主管部门责令停止违法行为，限期恢复原状；造成损失的，依法赔偿损失。

第 51 条　违反本办法，构成违反治安管理行为的，由公安机关依法处罚；构成犯罪的，依法追究刑事责任。

第 9 章　附则

第 52 条　中国人民武装警察部队所属军事设施的保护，适用军事设施保护法和本办法。

第 53 条　本办法自公布之日起施行。

下发《关于改革从优秀士兵中选拔培养基层干部办法的通知》　《解放军报》2001 年 5 月 28 日报道，总参谋部、总政治部日前下发《关于改革从优秀士兵中选拔培养基层干部办法的通知》，确定从 2001 年起，改革从优秀士兵中直接选拔基层干部的办法，实行保送入院校学习，培训合格后提拔为干部。这是贯彻实施《现役军官法》的实际步骤，是坚持经院校培训提拔干部制度的重要举措，对加强基层干部队伍建设具有重大而深远的意义。这次改革坚持以江主席关于培养新型军事人才一系列重要论述为指导，以《现役军官法》为基本依据，适应新形势对干部来源及素质的要求，从部队实际出发，选拔优秀士兵保送入院校进行系统培训，努力从源头上打牢干部队伍基础。

《通知》对选拔对象的范围、条件、程序、办法和培训作了明确规定。选拔的范围，主要是师以下作战部队，驻新疆、西藏等特别艰苦地区部队。选拔的条件，除军政素质兼优、是中国共产党党员、在推荐单位担任班长一年以上、高中或者中专毕业以上文化程度、年龄不超过 25 周岁等基本条件外，还必须具备下列条件之一：(1) 获得 1 次二等功以上或者 2 次三等功以上奖励；(2) 大军区级以上单位表彰的先进个人；(3) 军级以上单位树立的先进典型或者通报表彰的军事训练尖子；(4) 获得军队科技进步四等奖以上奖励的主要贡献者。选拔的程序，规定要经基层党支部提名，群众评议，团（营）级单位党委推荐，师（旅）级单位政治机关考核，军级单位政治机关审查，大军区级单位机关审核，总政治部批准。除坚持规定的程序外，旅、团级单位要实行“公示制”，以接受群众监督。施行入学批准书制度，对确定的预提对象，由批准单位填发《优秀士兵提干对象入学批准书》，并统一组织送指定院校集中培训 2 年，在职学习 1 年，合格者发给大学专科学历证书。

《通知》要求，各级党委和政治机关要高度重视，加强领导，严格执行政策规定，切实把那些德才表现突出、具有一定发展潜力，以及在战备执勤和执行重大任务中涌现出来的优秀士兵骨干和英模人物保留下来，进一步调动广大士兵爱军习武的积极性。

颁发施行《军人道德规范》《解放军报》2001 年 10 月 26 日报道，总政治部发出通知，颁发施行《军人道德规范》。

通知说，最近，中共中央发出通知，印发《公民道德建设实施纲要》。这是贯彻“三个代表”重要思想和以德治国基本方略，促进整个民族素质不断提高，全面推进建设有中国特色社会主义伟大事业的一项重大举措，全军各级党委和政治机关要高度重视，紧密结合部队实际抓好贯彻落实。我军是党绝对领导下的人民军队，是具有优良道德传统、全心全意为人民服务的威武文明之师。在改革开放和发展社会主义市场经济新形势下，进一步加强我军道德建设，对于培养造就“有理想、有道德、有文化、有纪律”的高素质新型军事人才，增强部队凝聚力和战斗力，切实肩负起“打得赢”、“不变质”的历史使命，具有重大而深远的意义。为增强军队道德建设的针对性和有效性，根据中央通知精神和江泽民主席关于“建立和发展适合我军性质和特点的军人道德规范”的重要指示，继承我军优良道德传统，总结新形势下部队道德实践的成功经验，现颁发施行《军人道德规范》，作为全军官兵共同遵循的行为准则。

通知指出，学习、宣传和实践好军人道德规范，提高官兵的道德素质，是贯彻落实江泽民同志“七一”重要讲话，加强和改进新形势下军队思想政治工作的重要内容，各级要认真部署，深入发动，精心组织，切实抓出成效。要抓住树立正确的人生观价值观这个根本，把《规范》的学习教育作为“四个教育”的重要内容，打牢官兵践行道德规范的思想基础。广泛开展学唱《军人道德组歌》等活动，搞好宣讲辅导，把教育搞得生动活泼，富有感染力。针对部队不同的驻地环境、担负的不同任务和官兵所处的不同岗位，对贯彻落实《规范》提出具体要求，使道德教育各具特色。贯彻施行《规范》，要同依法从严治军结合起来，同部队的训练管理结合起来，同开展学雷锋、学李向群和学其他英模等活动结合起来，引导官兵自觉践行正确的道德准则。党员干部特别是领导干部要带头学习和实践《规范》，在加强道德修养上坚持更高的标准要求，以自身的模范行动促进部队道德建设水平的不断提高。

听党指挥。对党忠诚，信念坚定，自觉贯彻党的基本理论、基本路线和基本纲领，在思想上政治上同党中央保持一致。坚持党对军队绝对领导的原则，维护党中央、中央军委的领导权威，维护各级党组织在部队中的核心领导地位。接受党的教育，执行党的指示，出色完成党赋予的各项任务。

爱国奉献。热爱祖国，拥护支持改革，以振兴中华为己任，积极为社会主义现代化建设贡献力量。全心全意为人民服务，个人利益服从国家、民族的根本利益。树立强烈的民族自尊心、自信心和自豪感，忠实履行宪法赋予的神圣职责，誓死捍卫国家主权、安全和统一。

爱军习武。安心服役，献身国防，时刻准备打仗。勤奋学习，刻苦训练，掌握打赢高技术战争的本领。爱岗敬业，忠于职守，高标准做好本职工作。关心集体，勇于创新，当好部队建设主人翁。

尊干爱兵。坚持官兵一致的基本原则，军官维护士兵的人格和民主权利，自觉接受士兵的监督，士兵尊重军官的领导，服从军官的管理。保持健康纯洁的官兵关系，军官公道正派地处理涉及士兵切身利益的问题，士兵要依靠自身努力争取荣誉和进步。发展团结互助的官兵情谊，军官关心士兵疾苦，主动为士兵排忧解难，士兵体谅组织困难，积极协助军官做好工作。

严守纪律。遵守宪法法律和法规政策，执行条令条例和规章制度，服从上级命令和组织决议。注重自我约束，自觉养成令行禁止、雷厉风行的优良作风。保守军事秘密，坚决抵制非法组织在军队的活动，维护军队的高度集中统一和稳定。

坚守气节。发扬革命英雄主义精神，英勇顽强，敢打必胜，压倒一切敌人和困难。勇于坚持真理维护正义，珍惜国格、人格和军人荣誉，绝不背叛祖国和军队。自觉抵制金钱、权力和美色的诱惑，拒腐蚀，永不沾。

艰苦奋斗。勤俭朴素，在艰苦环境中经受磨练，力戒铺张浪费、奢靡豪华。求真务实，脚踏实地努力工作，力戒争名逐利、虚假漂浮。开拓进取，发扬为现代化建设不懈奋斗的精神，力戒安于现状、无所作为。

文明礼貌。注重仪表风范，军容严整，礼节周到。端正工作态度，文明执勤，文明服务。追求健康生活方式，崇尚科学，反对迷信。模范实践社会公德和家庭美德，助人为乐，见义勇为，尊老爱幼。维护军政军民团结，尊重地方政府，爱护人民群众。

中央军委就贯彻《中共中央关于加强和改进党的作风建设的决定》提出意见　《解放军报》2001年10月17日报道，中央军委根据党的十五届六中全会精神，结合军队实际，就贯彻《中共中央关于加强和改进党的作风建设的决定》提出意见，近日颁发全军和武警部队贯彻执行。

《意见》分为三个部分：一、深刻领会《决定》的精神，高标准抓好军队党的作风建设；二、全面落实“八个坚持、八个反对”，下大力解决存在的突出问题；三、切实加强领导，确保军队党的作风建设取得扎实成效。

《意见》指出，党的十五届六中全会作出的《中共中央关于加强和改进党的作风建设的决定》，以邓小平理论和“三个代表”重要思想为指导，充分肯定了改革开放以来党的建设特别是作风建设取得的成绩和经验，全面分析了进入新世纪我们党面临的形势和任务，提出了加强和改进党的作风建设的指导思想、主要任务和总体要求，对加强和改进党的作风建设做了全面部署，具有很强的思想性、理论性、针对性。《决定》是指导今后党的作风建设的行动纲领，标志着我们党对新的历史条件下加强自身建设的规律有了新的认识，党的作风建设必将进入一个整体推进、与时俱进的新阶段。江泽民同志在全会上的重要讲话，深刻分析了当前形势和国际战略格局的新变化，进一步阐述了坚持党的解放思想、实事求是思想路线和深化对重大理论问题、实际问题研究的极端重要性，对党的作风建设的工作指导提出了明确要求。认真贯彻落实《决定》和江泽民同志的讲话精神，加强和改进党的作风建设，对于提高党的领导水平和执政水平、提高拒腐防变和抵御风险能力，全面推进党的建设的伟大工程，全面推进建设有中国特色社会主义的伟大事业，保证党永远立于不败之地和国家长治久安，具有重大的现实意义和深远的历史意义。

《意见》指出，学习贯彻《决定》，加强和改进党的作风建设，是全面落实“三个代表”重要思想的必然要求。“三个代表”是新时期加强党的建设的根本指导思想和根本目标。努力培育符合“三个代表”要求的新的作风，是新世纪党的建设面临的重大而紧迫的任务。《决定》通篇贯穿了“三个代表”重要思想，全面反映了“三个代表”对党的作风建设提出的新任务、新要求，丰富了党的作风建设的时代内涵，深刻揭示了新形势下党的作风建设的特点和规律，为我们党加强和改进作风建设确立了新的起点和新的标准，进一步指明了方向。

《意见》强调，军队党的作风是部队战斗力的重要体现。我军历来重视党的作风建设。党的十四大以来，中央军委为加强和改进军队党的作风建设采取一系列重要举措，取得明显成效。恢复和发扬老红军传统，坚持党指挥枪的原则；认真贯彻党要管党和从严治党方针，大力加强高中级干部教育管理；深入落实“三讲”要求，下功夫提高党员干部的思想政治素质；抓好革命气节教育，抵御“酒绿灯红”和敌对势力的侵蚀渗透；注重标本兼治、综合治理，不断推进反腐倡廉工作；狠刹形式主义、官僚主义歪风，努力改进领导作风和工作作风。但也要看到，军队党的作风建设与“三个代表”和新的形势任务还不相适应，《决定》指出的问题在军队一些党组织和党员中程度不同地存在，有的甚至相当突出，严重影响党的凝聚力和战斗力，败坏部队风气，危害军队现代化建设事业，必须引起高度重视。同时还要清醒地看到，进入新的世纪，我军面临错综复杂的国际斗争形势，面临改革开放、发展社会主义市场经济带来的深刻社会变化，面临“打得赢”、“不变质”两大历史性课题。这些都对加强和改进军队党的作风建设提出了新的更高的要求。全军和武警部队各级党组织，一定要从贯彻落实“三个代表”的高度，充分认识加强和改进党的作风建设，对于保证党对军队绝对领导，保持人民军队性质、本色和作风，履行我军根本职能的极端重要性，居安思危，强化忧患意识，进一步坚定信心，以更高的标准，更严的要求、更自觉的行动，抓好《决定》的学习贯彻，把我军党的作风建设提高到一个新水平。

《意见》指出，《决定》提出的“八个坚持、八个反对”，是对党的作风建设历史经验和新的实践经验的集中概括和总结，是新形势下加强和改进党的作风建设的主要任务。军队一定要联系实际，突出重点，全面贯彻，全面落实。要把坚持解放思想、实事求是的思想路线和思想作风作为第一位任务，把密切党群关系、官兵关系作为核心内容，把保证党对军队绝对领导作为根本要求，着力解决存在的突出问题。坚持总体要求与阶段性目标相结合，加强教育与落实制度相结合，通过扎扎实实的工作，使军队党的作风建设有明显进步，部队建设和战斗力水平进一步提高，让广大官兵看到实实在在的成效。

（一）坚持解放思想、实事求是

解放思想、实事求是，是党的作风的精髓和灵魂。当前，解放思想最重要的任务，是用党的最新理论成果武装全军，把广大官兵的思想进一步统一到江泽民同志“七一”讲话精神上来，打牢与党中央保持一致的思想政治基础。

坚持用科学的态度对待马克思主义。要毫不动摇地坚持马克思主义，以发展的观点看待马克思主义。自觉从国际国内发展变化了的实际，从党和国家事业发展的大局，深刻认识和理解推进党的理论创新的重大政治意义。要防止和克服各种错误思想倾向的干扰，坚持有“左”反“左”、有右反右，尤其要彻底清理教条主义的思想影响，坚持克服和纠正思想僵化、用本本去代替实践的问题，确立起与时俱进的思想观念。

正确认识、坚决贯彻党的路线方针政策。要坚决克服和纠正对社会主义的一些不科学的甚至扭曲的认识，以实事求是的态度看待改革开放和社会主义市场经济，深刻理解党的最低纲领与最高纲领的辩证关系，自觉做党的基本理论、基本路线、基本纲领的忠实实践者和捍卫者。

自觉运用党的最新理论成果认识和解决军队改革和建设中的矛盾和问题。要加强马克思主义的理论学习，坚决克服和纠正理论脱离实际、照抄照转的现象，以开拓创新和求真务实的精神，积极推进军队的现代化建设。高中级干部每年要拿出一定时间深入基层调查研究，努力探索新形势下治军的特点和规律，不断提高领导部队建设的水平。

（二）坚决纠正形式主义、官僚主义

形式主义、官僚主义是损害党群关系、影响党的事业发展的一大祸害。中央和军委对防止和克服形式主义、官僚主义作过许多明确规定，必须严格贯彻执行。

必须把提高战斗力作为检验各项工作的根本标准。要进一步端正工作指导思想，把对上负责与对下负责统一起来，始终着眼部队长远建设和军事斗争准备的现实需要，注重打基础、求实效。不搞虚报浮夸的假政绩，不搞劳民伤财的达标评比活动，不搞沽名钓誉的“形象工程”。对那些做表面文章、弄虚作假的人和事，要严肃查处。

必须牢固确立基层第一、士兵至上的群众观点。保持党同人民群众的血肉联系，是极为重要的政治观点和政治要求。领导干部和领导机关想问题、办事情、作决策，要充分考虑到维护广大官兵权益，满足他们的成才愿望和物质文化生活需求。要深入实际，深入基层，倾听群众呼声，关心官兵疾苦，扎扎实实地为基层办实事、解难题。坚决防止和克服高高在上、搞自我服务甚至倒服务的现象。

必须转变思维方式、改进领导方法。要转变习惯性的思维定势和工作套路，认真吸纳和运用先进的管理经验和现代科技手段，以改革创新的精神探索快捷、高效、科学的领导方式和工作方法。不断强化法规意识，严格按照条令条例开展工作、管理部队，防止和克服工作上的随意性、盲目性，保持正规的战备、训练、工作和生活秩序。

（三）保持艰苦奋斗的政治本色

发扬艰苦奋斗优良传统，是加强和改进党的作风建设的重要内容。旗帜鲜明地反对腐败，大力抓好党风廉政建设，是当前保持和发扬艰苦奋斗作风的基本要求。必须坚持标本兼治方针，下大力解决影响领导干部形象、危害部队建设的突出问题，以党风廉政建设的实际成果取信于广大官兵。

努力提高党员干部的思想境界和道德水平。要把加强思想教育、筑牢道德防线，作为加强党风廉政建设、保持艰苦奋斗本色的基础性工作。继续抓好理想信念、党的宗旨、先锋队意识、优良传统和法纪教育。注重从全面提高党员干部素质入手，培养高尚的道德情操和积极向上的生活情趣，保持共产党人的革命气节，增强拒腐防变的能力。

严格规范领导干部从政行为。要认真落实领导干部廉洁自律的各项规章制度，决不允许把党和人民赋予的权力当成既得利益。不得利用职权和职务上的影响，为配偶子女、身边工作人员和亲友谋取私利；不得违反规定插手干部使用、士兵入学提干等敏感问题；不得讲排场、摆阔气，挥霍公款，搞特殊化。

完善和落实监督制约机制。这是从根本上制止贪图享乐、奢侈浪费等腐败问题的有效手段。要抓住制度建设，从加强权、钱、人的管理入手，规范和约束领导干部和有关职能部门的行为。对涉及官兵利益的问题，要按照公开、公正、公平的原则处理，增加透明度。强化资金管理，加强审计监督，严格按照预算开支。各级职能部门既要严格自律，又要认真把关，切实按照规章制度和工作程序办事。

严肃查处违法违纪的问题。各级党委要加强统一领导和组织协调，支持执纪执法机关履行职能。重点查处涉及领导干部和领导机关以权谋私、失职渎职、道德败坏等问题，特别是对重大复杂和跨单位、军地互涉案件，要集中力量，联合办案，一查到底。无论涉及到谁，都要严肃执纪，决不姑息。

（四）认真贯彻民主集中制

民主集中制是党的根本组织制度和领导制度。认真贯彻民主集中制，对于加强和改进党的作风建设，落实党对军队绝对领导至关重要。

加强党委的集中统一领导。要坚持用集体领导、民主集中、个别酝酿、会议决定的“十六字”方针规范党委工作，提高决策水平和领导水平。认真落实党委统一的集体领导下的首长分工负责制，重大问题必须经过党委集体讨论决定，个人不得凌驾于组织之上，防止和克服民主不够、集中不力的问题。要把严格程序作为贯彻民主集中制、加强党委集体领导的重要保证，决不允许把程序当形式，特别要防止和纠正利用正常的决策程序使违规问题合法化的现象。

拓宽党内民主渠道。要扩大党员对党内事务的知情权、参与权和监督权，充分吸纳广大党员对党组织工作中重大问题的意见。要正确处理党委常委会与全委会的关系，充分发挥全委会的作用。

坚持党管干部和任人唯贤的原则。要用好的作风选拔作风好的干部，坚持正确的用人导向，推进作风建设。严格执行《团级以上领导干部职务任免暂行条例》，从制度上保证把干部选准用好。进一步规范干部考核办法，扩大选用干部工作中群众参与的程度，实行任用干部失察失误责任追究制度。严肃干部人事纪律，坚决纠正用人上的不正之风，特别是跑官要官、给官许官的腐败现象。一定要在全军造成一种局面，让作风好的干部能够奋发工作，作风不正的人没有市场。谁求真务实、真抓实干，就应该受到鼓励，得到重用；谁搞歪门邪道、作风恶劣，就应该受到批评，不能使用。

增强党内生活的原则性和战斗性。要勇于开展批评和自我批评，及时纠正不正确的思想和行为，做到讲真理不讲面子，讲原则不讲关系。讲党性不讲私情，坚决纠正好人主义和庸俗作风。要借鉴“三讲”教育的成功经验，以整风的精神抓好党员教育、搞好党员评议、开好民主生活会等，进一步浓厚党内生活的原则空气。

严肃党的政治纪律。要以党的旗帜为旗帜，以党的方向为方向，以党的意志为意志，在重大原则问题上重大政治斗争中，始终站在党的立场上，与党同心同德，保持一致。必须坚持个人服从组织、少数服从多数、下级服从上级、全党服从中央。个人对党的决议和政策有不同意见，可按组织程序反映，不允许搞非组织活动，不允许对中央的路线方针政策说三道四，不允许把个人的意见通过各种方式在社会上公开发表和散布。对一切违反政治纪律的行为，必须作坚决斗争。

《意见》要求各级党委要高度重视党的作风建设工作，坚持党委负总责，书记亲自抓，加强具体指导。要紧扣本单位党的作风建设上存在的突出问题，抓紧研究，抓紧解决。要实行责任制，谁主管谁负责，一级抓一级。要在层层抓落实、层层抓解决问题上下功夫，不能在层层表态、层层开会、层层造声势上作文章。要坚持继承和创新的统一，注重培育具有鲜明时代特点、体现我军特色的新的作风，为军队党的作风建设注入新的活力。

领导干部和领导机关要起模范带头作用。加强和改进党的作风建设，领导干部、领导班子、领导机关是关键。军委、总部要为全军作表率，上级要为下级作表率，领导要为部属作表率。特别是各级主官要发挥示范作用，坚持讲真话、听真话，坚持讲实效、办实事。对群众反映强烈的问题，要拿出切实措施，能改的马上改，能办的立即办，尽快取得成效。

坚持正确导向，加强督促检查。要大力宣传作风建设的先进典型，充分发挥榜样的示范激励作用。要把党的作风建设作为党委民主生活会和经常性党的生活的重要内容，认真对照检查，切实解决问题。要结合考核干部、蹲点调研等工作，加强对部队党的作风建设的检查督促，针对一个时期、一个阶段存在的突出问题，集中抓好教育整改。

着眼于推动部队工作。要紧紧围绕部队中心任务，加强和改进党的作风建设。切实在军队现代化建设的实践中，培养和锻炼好的作风。要把党的作风建设的成效体现到军事、政治、后勤和装备工作的方方面面，促进以军事斗争准备为龙头的各项任务的完成，促进部队战斗力的提高。

《意见》强调，各级贯彻《决定》和本《意见》精神，主要是联系本单位实际，结合已有文件规定，认真抓好落实，切实付诸行动，不要层层制定文件。

中央军委号召，全军和武警部队各级党组织和广大党员，要认真学习贯彻党的十五届六中全会精神，紧密团结在以江泽民同志为核心的党中央周围，高举邓小平理论伟大旗帜，认真实践“三个代表”重要思想，以崭新的精神风貌，开拓进取，扎实工作，不断加强和改进党的作风建设，进一步开创军队现代化建设新局面，迎接党的十六大的召开。

颁发《加强军队院校科研工作的意见》和《中国人民解放军院校科研管理暂行规定》　《解放军报》2001 年 12 月 22 日报道，近日总参谋部、总政治部、总后勤部、总装备部联合颁发了《加强军队院校科研工作的意见》和《中国人民解放军院校科研管理暂行规定》(以下简称《意见》和《规定》)。

这两份文件是四总部为深入贯彻江主席“科技强军”战略思想，加强和规范军队院校科研工作，根据军委统一部署和全军院校工作计划，在广泛征求各方意见的基础上拟制的。

《意见》明确了军队院校科研工作的发展目标、指导思想和主要任务，指出：院校科研工作必须以“三个代表”重要思想为指导，围绕教学任务搞科研，坚持为人才培养服务、为军队现代化建设服务、为国家科技进步服务；院校科研工作要把主要力量投入研究解决军队现实问题的主战场，各级各类院校都要发挥自身潜力和优势，在军事理论、国防科技、武器装备等领域各有侧重地开展科研工作；要把人才培养效益、军事效益和社会效益摆到科研工作的首位，把推动科技进步和加速科研成果向教学能力、战斗力的转化作为衡量科研工作成效的根本标志；坚持以科技创新为主导，立足高起点、高水平地实现科研工作的跨越式发展。

《意见》还就院校科研工作的领导、科研成果转化、科研队伍建设、科研环境和条件以及提高院校科研管理水平等问题，提出了具体措施和办法：成立“全军院校科技创新指导委员会”，积极推进院校科研工作的改革与创新，努力创建具有我军特色的院校科技创新体系；大力推动全军院校开展跨系统、跨区域的科研合作，在部分军队院校设立科技创新工作站，鼓励有条件的院校与国内外科研机构、高等院校和高新技术产业集团开展广泛的科技合作；积极探索加快院校科研成果转化的形式与途径，强化科研成果转化激励机制；加大院校科研投入，鼓励院校以科技有偿服务和转化科研成果等方式去多渠道地筹措科研经费等。

《规定》则着眼全面加强和规范军队院校科学研究管理工作，从院校科研的指导思想、科研管理体制，到各级的主要职能与任务，以及计划、项目、成果、经费管理、交流与合作、科研队伍建设等方面都作出了明确规定，使院校科研管理工作有法可依、有章可循，确保院校科研工作在统一规范的轨道上运行，并逐步与国家科技创新体系接轨。

颁布实施《军队转业干部安置暂行办法》 《解放军报》2001 年 2 月 15 日报道，中共中央、国务院、中央军委日前发出通知，决定颁布实施《军队转业干部安置暂行办法》。今后，国家对军队转业干部实行计划分配和自主择业相结合的方式进行安置。

《暂行办法》是根据《国防法》、《兵役法》、《现役军官法》等法律法规和江泽民主席关于尽早建立起有中国特色的军队转业干部安置制度的重要指示制定的。《暂行办法》共 11 章 70 条，对军队转业干部的社会政治地位、转业安置计划、安置地点、工作分配与就业、待遇、培训、社会保障、家属安置、经费保障、管理与监督等都作出了明确规定。

《暂行办法》规定，师职和军龄不满 20 年的营职以下军队转业干部，继续采取计划分配的方式安置，由党委、政府负责安排工作和职务；团职和军龄满 20 年的营职军队转业干部，可以选择计划分配或者自主择业的方式安置。自主择业的由政府协助就业、发给退役金。

《暂行办法》规定，计划分配的军队转业干部，党委、政府应当根据其德才条件和在军队的职务等级、贡献、专长安排工作、职务。担任师、团级领导职务且任职满最低年限的军队转业干部，一般安排相应的领导职务。接收师、团级职务转业干部人数较多、安排领导职务确有困难的地区，可以安排相应的非领导职务。其他担任师、团级职务和担任营级领导职务且任职满最低年限的军队转业干部，参照上述规定合理安排。师、团级职务军队转业干部的工作安排要与当地领导班子建设通盘考虑，有计划地选调到市（地）、县（市）级领导班子或事业单位、国有大中型企业领导班子任职。

自主择业的军队转业干部，享受安置地相应职级退休干部的有关政治待遇，由安置地政府逐月发给退役金。退役金标准，按本人转业时安置地同职级军队干部月职务、军衔工资和军队统一规定的津贴补贴为计发基数 80% 的数额与基础、军龄工资的全额之和计发；军龄满 20 年以上的，从第 21 年起，军龄每增加一年，增发月退役金计发基数的 1%。对功臣模范、长期在边远艰苦地区服役和从事飞行、舰艇工作的军队转业干部，根据不同情况，分别增发一定比例的退役金。另外，自主择业的军队转业干部的退役金根据移交地方安置的军队退休干部退休生活费调整的情况相应调整增加；经济比较发达的地区，其月退役金低于安置地当年党政机关相应职级退休干部退休生活费数额的，安置地政府可以发给差额补贴；被党政机关选用为正式工作人员的，不再发给退役金，其工资待遇按照不低于接收安置单位与其军队职级相应或者同等条件人员的标准确定。

《暂行办法》在强调军队转业干部回原籍或入伍地安置政策基本不变的同时，适当放宽了到非原籍或入伍地安置的条件，允许到其配偶随军前或结婚时所在地安置。其中，配偶已随军并取得北京市常住户口满 4 年的，或上海市常住户口满 3 年的，或天津市、重庆市和省会城市户口满 2 年的，或其他城市常住户口的，可以到配偶常住户口所在地安置。对自主择业的军队转业干部和功臣模范、长期在边远艰苦地区服务以及从事飞行、舰艇工作的军队转业干部，在安置地点上给予照顾。

《暂行办法》规定，军队转业干部的住房，主要采取购买经济适用住房、现有住房或者租住周转住房，以及修建自有住房等方式解决。

计划分配到党政机关和事业单位的军队转业干部，享受接收安置单位与其军队职务等级相应或同等条件人员的医疗等社会保险待遇。计划分配到企业的，按照国家有关规定参加社会保险，缴纳社会保险费，享受社会保险待遇。自主择业的军队转业干部，到地方后未被党政机关和企事业单位录用聘用期间，其住房补贴、医疗保障按照安置地党政机关与其军队职级相应或者同等条件人员的有关规定执行。

《暂行办法》对自主择业的军队转业干部的就业和管理等问题做了原则规定，要求安置地政府采取提供政策咨询、组织就业培训、拓宽就业渠道和向用人单位推荐介绍、纳入人才市场等措施，为他们的就业创造条件。党政机关团体、企事业单位在社会上招聘录用人员时，凡适合军队转业干部。对从事个体经营或者创办经济实体的，安置地政府在政策上给予扶持，金融、工商、税务等部门视情提供低息贷款，及时核发营业执照，按照社会再就业人员的有关规定减免营业税、所得税等税费。自主择业的军队转业干部，由军队转业干部安置工作主管部门管理。

《通知》要求，各级党委、政府和军队各级组织，要从党和国家的根本利益出发，加强领导和督促检查，及时研究解决新情况新问题，切实把《暂行办法》贯彻落实好，各有关部门要精心组织，密切配合，无论对计划分配还是自主择业的军队转业干部，都要妥善安置。广大转业干部要保持和发扬人民军队的优良传统，服从大局，支持改革，体谅国家和地方的困难，自觉听从组织安排，努力在新的工作岗位上，为社会主义现代化建设作出新的贡献。

下发《军队专业技术干部考试违纪处理办法》 《解放军报》2001 年 3 月 12 日报道，总政干部部日前下发《军队专业技术干部考试违纪处理办法》通知，对在专业技术干部考试中存在违反考试纪律行为的考生、考务人员及其他相关人员，明确规定了具体的处理办法。这是完善专业技术干部考试管理制度，严肃考风考纪，加强党风廉政建设的一项重要举措。

通知要求各级领导要切实加强对考试工作的组织领导，认真抓好考试管理工作各项规定的落实。据悉，为做好今年的考试工作，全军专业技术干部考试中心组织了考场联络员培训，研制了新的考务软件，规范了报名程序，编写下发了《考生手册》，同时通过采取实行双联准考证制、扩展网上公布成绩范围和完善巡视员制度等措施，进一步加强考试管理工作。今年，全军专业技术干部考试管理工作的重点是检查考试组织及考风考纪方面存在的问题，对在考试中出现的玩忽职守、弄虚作假等问题，将依照考试违纪处理办法的规定从严查处，确保军队专业技术干部考试工作健康有序地进行。

下发《军队人员个人住房档案管理暂行办法》 《解放军报》2001 年 3 月 13 日报道，为规范军队人员住房档案管理，近日总后基建营房部下发《军队人员个人住房档案管理暂行办法》。

建立个人住房档案，是确定住房补贴发放对象、实施住房分配货币化的前提条件。《办法》规定，军队人员的住房档案，经所在工作（供养）单位调查核实后，由营房部门负责登记填写并保管其原始材料。配偶的住房情况，须有本人所在单位盖章和经办人签字的证明材料，无工作单位的由户口所在街道办事处盖章。

《办法》规定，军队人员的个人住房档案实行分级管理。新入伍、提升的干部和选取的士官以及新调入军队单位的正式职工，所在单位须核准其本人和配偶的住房情况后，建立个人住房档案；在军队内部调动工作的军队人员，个人住房档案随供给关系一并转移，调入单位的营房部门根据原个人住房档案，为其建立新的个人住房档案；因职务或级别晋升调整住房的军队人员，其所在单位营房部门应当根据干部部门下达的通知，及时变更个人住房档案；军队人员因转业、复员或离休、退休供应关系发生变化的，个人住房档案与其本人档案材料一并移交地方；军队人员牺牲、病故的，其配偶符合军队管理（供养）条件的，所在单位应及时变更个人住房档案。

印发《关于自主择业的军队转业干部安置管理若干问题的意见》 《解放军报》2001 年 9 月 13 日报道，日前，国务院军转安置工作小组、中组部、中编办、人事部、教育部、财政部、劳动和社会保障部、建设部、中国人民银行、国家税务总局、国家工商行政管理总局、总政治部、总后勤部联合印发《关于自主择业的军队转业干部安置管理若干问题的意见》的通知，对自主择业的军队转业干部的安置计划、退役金的核拨与发放、住房补贴与医疗保障、就业培训与择业指导、从事个体经营和创办企业的优惠政策，以及自主择业的军队转业干部管理部门的职责等，都作出了明确规定。

《意见》规定，自主择业的军队转业干部的退役金标准，根据中发［2001］3 号文件规定的项目和比例计算。退役金标准的调整，由国务院军转安置工作主管部门、财政部、总政治部根据移交地方安置的军队退休干部退休生活费调整情况相应调整增加。《意见》指出，被党和国家机关、人民团体或财政拨款的事业单位选用为正式工作人员的自主择业的军队转业干部，从被选用的下月起停发退役金，不再享受自主择业的有关待遇。

《意见》明确规定，自主择业的军队转业干部服现役期间的工资、住房补贴和医疗保险费，由部队计发至批准转业的当年12月31日。其到地方后，未被党和国家机关、人民团体、企业事业单位录用聘用期间，建立基本医疗保险制度的地区，按照安置地政府的有关规定，统一参加安置地的基本医疗保险，并享受公务员医疗补助待遇；未建立基本医疗保险制度的地区，享受政府机关与其军队职务等级相应或者同等条件人员的医疗待遇。按有关规定可享受购房补贴的，从批准转业的翌年1月1日起，根据安置地政府的规定，按照当地政府机关与其军队职务等级或者同等条件人员的办法执行。被党和国家机关、人民团体、企业事业单位录用聘用后，按照当地政府的有关规定，享受所在单位同等条件人员的医疗待遇；录用聘用期间的购房补贴，按照所在单位的规定执行。

《意见》明确规定，自主择业的军队转业干部如从事个体经营或创办企业，工商行政管理部门应当优先办理。从事个体经营的，经主管税务机关批准，自领取税务登记证之日起，3年内免征营业税和个人所得税。

《意见》还规定，党和国家机关、人民团体、企业事业单位从社会上公开选用人员时，在同等条件下，应优先选用自主择业的军队转业干部。地方用人单位应优先录用、聘用取得专业技术资格证书或执业资格证书以及职业资格证书的自主择业的军队转业干部。

通知要求，各地、各有关部门要结合本地实际，制定相关政策和措施，确保自主择业的军队转业干部的各项政策规定和待遇真正落到实处。

颁布施行《中国人民解放军指挥自动化条例》 《解放军报》2001年8月13日报道，中央军委主席江泽民日前签署命令，颁布施行《中国人民解放军指挥自动化条例》。

《条例》共设8章47条，涵盖了指挥自动化工作的各个方面，明确规定了指挥自动化工作的指导思想、组织领导、直接责任单位的职责以及系统建设、系统使用、安全防护、系统管理的基本要求，是我军第一部全面规范指挥自动化工作的基本法规。

《条例》指出，指挥自动化工作是多种业务有机融合、横向联系十分复杂、纵向贯通各级指挥层次的大型系统工程，涉及军队建设的各个领域，做好这项工作是各级司、政、后、装机关有关业务部门的共同责任。要充分发挥各级司令机关在指挥自动化工作中的主管作用，进一步强化业务部门的宏观规划与协调职能，加强统一领导，完善管理体制，健全规章制度，理顺工作关系，努力形成合力。

《条例》强调，组织实施指挥自动化系统的建设，必须以军事需求为依据，坚持一体化发展的思想，统一领导，统一规划，统一技术体制，科学组织统一技术体制，科学组织，密切协作，注重实效，确保质量。

《条例》要求各级指挥员和指挥机关要重视指挥自动化系统的使用，在遂行作战、训练等任务和平时机关业务工作中，充分发挥指挥自动化系统的作用，提高指挥效能，增强部队整体作战能力。

确保指挥自动化系统和信息安全至关重要。《条例》强调，要加强指挥自动化系统的值勤管理，建立健全有关规章制度，特别是指挥自动化系统的安全防护制度与措施，高度重视指挥自动化系统的安全与防护工作，确保系统和信息的安全。

《中国人民解放军计算机信息系统安全保密规定》出台 《解放军报》2001年2月10日报道，中国人民解放军信息安全保密有了第一部法规—《中国人民解放军计算机信息系统安全保密规定》。日前，经中央军委批准、四总部联合签署的这一《规定》，标志着我军信息安全保密建设开始步入依法保障的发展轨道。

计算机信息系统在军队的广泛运用，有力推动了我军指挥训练、后勤保障、装备管理、战备执勤、日常办公等领域的现代化，也给我军新形势下的保密工作提出了严峻挑战。经军委、总部批准立项，解放军保密委员会协同总部有关部门，从1997年起，着手信息安全保障立法的调研、论证和起草工作。

新颁发的《规定》，共9章41条。它以《中国人民解放军保密条例》和《中国人民解放军技术安全保密条例》为依据，突出了网络安全保密这一重点，既立足现实，又着眼发展，做到科学性与实践性、先进性与可操作性、前瞻性与现实性的统一。

《规定》首次以法规的形式明确规定，军队计算机信息系统的安全保密建设，应当与计算机信息系统的建设同步规划，同步发展。“先建网、后防护”，“重建设、轻防护”的现象应予以禁止。

《规定》确立，计算机信息系统安全保密实行分级防护。按照系统所处理信息的秘密等级和遭受攻击后对军队安全利益造成的损害程度，将军队计算机系统的安全保密防护划分为5个等级，明确了不同防护等级所应采取的防护措施；同时对各职能部门在计算机系统的建设、使用、管理中的职责进行了明确划分，并制定了相应的奖励与处罚措施。

根据未来信息战的要求和当前网络信息安全保密的现况，《规定》明确提出要建立计算机信息系统应急机制，成立应急组织，以应对突发事件，遂行应急保障任务。

《规定》还特别强调了安全防护产品测评认证问题，要求对所有用于军队计算机信息系统的安全防护和检测产品都要经解放军信息安全测评认证中心测评认证，未经认证的产品不得选用。

《规定》是我军信息安全保密建设上第一部具有权威性的法规。它的颁发施行，为我军依法治“网”，确保信息安全提供了有力保障。

修改《中华人民共和国飞行基本规则》的决定

《解放军报》2001 年 7 月 30 日报道，国务院、中央军委决定对 2000 年 7 月 24 日公布的《中华人民共和国飞行基本规则》作如下修改：

一、第十四条第三款修改为：“等待空域通常划设在导航台上空；飞行活动频繁的机场，可以在机场附近上空划设。等待空域的最低高度层，距离地面最高障碍物的真实高度不得小于 600 米。8400 米以下，每隔 300 米为一个等待高度层；8400 米以上，每隔 600 米为一个等待高度层。”

二、第八十条第一款第一项修改为：“真航线角在 0 度至 179 度范围内，高度由 900 米至 8100 米，每隔 600 米为一个高度层；高度在 9000 米以上，每隔 1200 米为一个高度层。”第二项修改为：“真航线角在 180 度至 359 度范围内，高度由 600 米至 8400 米，每隔 600 米为一个高度层；高度在 8400 米以上，每隔 1200 米为一个高度层。”

本决定自 2001 年 8 月 1 日零时起施行。

《中华人民共和国飞行基本规则》根据本决定作相应修改，重新公布。

总政发出通知部署全军实行专业技术职务任期制

《解放军报》2001 年 9 月 2 日报道，目前在一些单位普遍存在的高级专业技术职务“一评定终身”的现象将得到改变，我军将实行专业技术职务任期制。总政治日前下发《通知》，就这项重大改革的具体实施办法作出部署。

据悉，所谓“专业技术职务任期制”，就是对施行专业技术职务任命制的干部，明确规定任职期限和起止时间，任期届满，进行全面考核和综合评价，依据专业技术资格标准条件和相应职务岗位要求，重新评任专业技术职务的一项干部任命制度。这是完善军队专业技术职务任命制度，健全专业技术干部竞争机制的又一重大改革。

根据规定，高级和中级专业技术职务的一个任期都为 5 年，初级为 4 年。对任期届满的专业技术干部，根据任期考评的结论，经相应专业技术资格评审委员会进行评审，确认其是否具备续任相应专业技术职务条件。通过任期评审的，报有任免权限的单位党委研究审批后，重新下达任职命令。未通过任期评审并被免去专业技术职务的干部，如果在下一年度考核达到优秀的，可以继续参加任期评审；两年内，仍未通过任期评审，除符合转业、复员、退休等条件的，一律安排任下一级专业技术职务。

但通知也特别规定：中国科学院、中国工程院院士和专业技术三级以上的干部不实行任期制。现任职期间因专业技术工作成绩显著，被批准为国家有突出贡献的中青年专家、享受政府特殊津贴的；获得军队科技进步二等奖以上或者相当奖励的；获得全国或全军荣誉性奖励的干部，任期届满可直接续任。

根据总政的部署，从明年开始，各大单位可先在专业技术密集单位进行高级专业技术职务任期制试点，在总结经验的基础上 2003 年全军将统一实行高级专业技术职务任期制。中、初级专业技术职务任期制，在 2005 年全面推开。总政要求各级党委和政治机关加强领导，严密组织，按照公平、公正、竞争、择优的原则，积极稳妥地推进这项重大改革。

教育部总政治部决定实施高层次人才强军计划

《解放军报》2001 年 11 月 13 日报道，根据《国务院、中央军委关于建立依托普通高校培养军队干部制度的决定》，教育部、解放军总政治部日前决定实施“高层次人才强军计划”，在国家研究生招生计划内由部分地方普通高校为军队定向培养一批硕士研究生。

首批列入实施强军计划的有北京大学、清华大学、南开大学、北京航空航天大学、中国科学技术大学等 27 所教育部、国防科工委及中国科学院直属普通高校，招生专业为工程技术类学科、专业，招生数量由教育部和总政治部商定，2002 年为 1600 人左右，学制 3 年。招生对象为作战部队团职以下专业技术干部，以及军队综合大学和工程技术院校从事理工科教学的部分教员，以新武器装备较多的部队技术骨干为重点。考生应具备的条件包括：政治表现好，作风正派，工作业绩突出，是所在单位的业务、技术骨干，有一定的发展潜力；年龄在 35 周岁以下；全日制大学本科毕业，且获得学士学位，毕业后工作满 4 年以上（从大学毕业到录取为硕士生当年的 9 月 1 日）；身体健康状况符合规定的体检标准。通过资格审核符合录取条件被正式确定的考生，参加普通高校自行组织的硕士研究生招生单独考试，考试与全国研究生招生统一考试同步进行，由培养学校根据考试成绩择优录取。被录取的学生在学完研究生全部课程后，成绩达到所在培养学校规定的要求，经综合考试合格后，进入学位论文的开题和撰写，并按培养学校安排的时间进行学位论文答辩。通过学位论文答辩并符合其他条件者，发给毕业证书授予相应硕士学位；未通过学位论文答辩及未完成规定的课程学习者，视情况发给结业证书或肄业证书。学生毕业后，一律回入学前所在部队工作。

有关部门负责人指出，实施“高层次人才强军计划”，是为促进军队现代化建设，为打赢未来高技术战争提供强有力的人才支持而采取的一项重要举措。这一计划的实施，充分体现了国家对军队人才建设的高度重视。教育部和总政治部要求，军队各级党委和政治机关要统筹规划，加强领导，积极配合培养学校做好培养工作；普通高校要紧密结合部队建设的需要，精心安排，认真施教，确保人才培养质量，促进这项工作健康发展。

下发《全军 2001～2005 年在职科学文化教育规划》 《解放军报》2001 年 11 月 24 日报道，11 月 22 日，总参谋部、总政治部、总后勤部、总装备部联合下发《全军 2001～2005 年在职科学文化教育规划》。

《规划》提出，到 2005 年，团以上干部普及本科教育，基层干部普及大专教育，中高级士官开展高等教育，初级士官开展中专教育，义务兵立足岗位成才，在全军部队全面普及现代科技特别是高科技知识。全军干部大专以上学历比例达到 85% 左右，其中本科以上达到 40% 左右，作战部队军、师（旅）、团领导和机关干部中有一部分达到研究生文化程度；高、中级士官大专以上学历比例分别达到 40%、30% 左右，初级士官中等以上学历比例达到 70% 左右；义务兵掌握一门军地通用知识和技能。

《规划》要求，今后五年的全军在职科学文化教育，必须以马列主义毛泽东思想、邓小平理论和江总书记“三个代表”重要思想为指导，以新时期军事战略方针为依据，以做好军事斗争准备和科技练兵的现实需要为牵引，以提高官兵思想道德素质和科学文化素质为目的，面向现代化、面向世界、面向未来，努力培养造就大批高素质新型军事人才，为“打得赢”、“不变质”提供强有力的人才和智力支持。

《规划》指出，开展科学文化教育的基本原则是：坚持以军为主，坚持以干部和士官为重点，坚持质量第一，坚持改革创新，把提高官兵科学文化素质与提高军政素质一致起来，提高知识水平与提高工作能力一致起来，做到科学文化教育与部队建设需要紧密结合，与官兵本职工作需要紧密结合，设置专业与部队工作相统一，学习内容与岗位训练相贴近，多渠道、多途径、多层次地培养军队建设适用人才。

《规划》还分别对全军干部、士官、义务兵在职教育的主要任务、主要内容、主要形式提出了不同要求。并强调，各级党委和机关要切实加强领导，建立完善科学的文化教育组织管理体制，认真落实和建立健全在职科学文化教育的政策制度。

颁布《中国人民解放军院校学员学籍管理条例》

《解放军报》2001 年 8 月 16 日报道，总参谋部、总政治部、总后勤部近日颁布《中国人民解放军院校学员学籍管理条例》。总部有关负责人对记者说，新颁发的《条例》是规范全军院校学员学籍管理工作的基本依据。该《条例》充分体现了新时期军队院校的办学思想、现代军事教育观和人才，反映了军队教育改革成果和发展需要。

《条例》首次把军官基本素质考核以立法的形式纳入学籍管理，强调军官基本素质考核是衡量学员能否成为军官的重要依据。基本素质考核不合格的不予毕业，不得进入军官队伍。

《条例》中增加了生长干部学员提高与降低培训层次的条款，规定“大专、中专层次一年级学员，达到升级条件，学习成绩优异，可申请降至下一培训层次学习”。这一竞争机制和严格管理、增强教育活力的举措写进条例，将能起到进一步调动学员学习积极性的作用。

公布施行《征兵工作条例》 《解放军报》2001 年 9 月 10 日报道，国务院总理朱熔基、中央军委主席江泽民日前签署第 316 号令，公布施行修改后的《征兵工作条例》。这一《条例》的修改和公布，对加强和改进新形势下的征兵工作，提高征集兵员的整体素质，进一步推动我国国防和军队现代化建设，具有重大而深远的意义。

我国现行的《征兵工作条例》是国务院、中央军委于 1985 年 10 月公布实施的。16 年来，《条例》对于促进征兵工作制度化、规范化，保证征兵工作的顺利进行，起到了重要作用。随着社会主义市场经济体制的建立和新时期军事战略方针的确立，以及我国兵役制度的重大调整，征兵工作出现了许多新情况、新问题，部分规定已不适应新形势的需要，有必要进行相应的修改。

此次修改的《征兵工作条例》，以毛泽东、邓小平、江泽民同志关于国防和军队建设一系列重要论述为指导，以《兵役法》为依据，从我国国情和军情的实际出发，本着服从国家经济建设大局和加强军队建设需要的原则，在总结多年来征兵工作实践经验的基础上，重点围绕规范征兵行为，严格规章制度，提高兵员质量，立足当前现实情况，着眼未来发展趋势，对其22个条款进行了修改、补充、完善。修改后的《征兵工作条例》，进一步明确了职责分工，理顺了领导和工作关系；完善了兵役登记制度，为搞好征兵工作打下了良好的基础；严格了征兵工作程序，为保证新兵质量提供了制度保障；拓宽了征兵范围，为征集高素质兵员创造了有利条件；强化了有关法律责任，明确了对公民和单位违反兵役行为的处罚措施。

《条例》规定，“依法可以缓征的正在全日制高等学校就学的学生，本人自愿应征并且符合条件的，可以批准服现役，原就读学校应当按照有关规定保留其学籍，退伍后准其复学。”“从非军事部门直接招收志愿兵的工作，由各级征兵办公室负责办理”。《条例》对兵役登记的实施、选定预定征集的应征公民及平时对他们的管理教育和考察等提出了新的要求；对公民拒绝、逃避兵役的行为，单位和组织拒绝完成征兵工作任务，阻挠公民履行兵役义务，或者扰乱征兵工作秩序、妨碍征兵工作行为，以及相关人员在办理征兵工作中违反兵役法规，收受贿赂、徇私舞弊、滥用职权或者玩忽职守的，均明确了处罚措施。此外，还明确了执法主体，规定：“县级人民政府依照兵役法和有关法规实施的处罚，由县级人民政府兵役机关具体办理。”

修改后的《征兵工作条例》适应了新形势下开展征兵工作的需要和新时期军队建设发展的客观要求，对做好征兵工作，保证兵员质量必将起到促进作用。

下发《关于做好军内民事审判工作的通知》 《解放军报》2001年8月7日报到，军队内部民事纠纷的当事人，今后可以方便地到军事法院“打官司”了。最高人民法院根据国防和军队建设需要，近日复函解放军军事法院，指定军事法院试行审理军内民事案件。总政就此发出通知进行部署。

最高人民法院的复函是根据中国《民事诉讼法》的有关规定作出的。复函指定军事法院试行审理双方当事人是现役军人、部队管理的离退休干部、军队在编职工或者军内法人的民事案件。复函同时规定：申请宣告军人失踪、申请宣告军人死亡的案件，申请人向军事法院提出的，军事法院可以受理。民事案件一方当事人为非军内人员的，由地方人民法院受理。当事人向军事法院提起的民事诉讼实行自愿原则，即原告可以向军事法院起诉，也可以向地方人民法院起诉。

总政在《关于做好军内民事审判工作的通知》中要求，军事法院依法审理军内民事案件，要将审判职能与我军思想政治工作的优势和严格的行政管理结合起来，发挥整体效能，严肃执法，公正司法，切实保护当事人的合法权益。

下发《关于认真处理涉军纠纷和案件切实维护国防利益和军人军属合法权益的意见》 《解放军报》2001年1月12日报道，最高人民法院，总政治部联合下发《关于认真处理涉军纠纷和案件切实维护国防利益和军人军属合法权益的意见》。文章指出，依法审理涉军案件是人民法院的职责，也是审判工作为国防事业和军队建设服务的重要体现；妥善解决官兵的涉法问题是部队各级党委的任务，也是加强部队思想政治建设、提高战斗力的客观需要。各级人民法院和部队各级党支部党委应当充分认识处理涉军纠纷和案件的重要性，依据《中华人民共和国宪法》和《中华人民共和国国防法》等法律规定的精神，采取有力措施，建立有效的工作机制，切实维护国防利益和军人军属的合法权益。

一、充分认识依法妥善处理涉军纠纷和案件，维护国防利益和军人军属合法权益的重大意义。当前我国正处于深刻的社会变革时期，各种社会矛盾和法律纠纷增多，军人军属涉法问题逐年增加。依法妥善处理涉军纠纷和案件，显得十分重要和迫切。人民解放军是执行革命政治任务的武装集团，担负着保卫国家安全、抵御外来侵略、维护国家统一的神圣使命。妥善处理部队涉法问题和涉军案件，直接关系到国防巩固和军政军民团结，关系到军队建设的长远发展，关系到党赋予人民解放军历史使命的完成。各级人民法院和部队各级党委，要进一步增强大局意识和法制观念，把依法妥善处理涉军纠纷和案件的工作，作为贯彻落实江泽民总书记关于“三个代表”重要思想以及《关于改革开放和发展社会主义市场经济条件下思想政治建设若干问题的决定》的实际行动，为加强国防和军队建设创造良好的法制环境。

二、建立有效的工作机制，依法及时妥善地审理涉军案件。近年来，一些地方人民法院以改革创新的精神积极探索，在不增加编制、人员和不打乱内部业务分工的前提下，建立审理涉军案件的工作机制，有效地提高了涉军案件的审判质量和效率，收到了良好的法律效果和社会效果。各级人民法院尤其是中级人民法院和基层人民法院，要学习借鉴成功的经验，由院领导牵头，有关业务庭负责人具体负责，加强对审理涉军案件的指导和协调。有关审判庭可以从实际出发，组成涉军案件合议庭，并逐步建立相应的工作机制。

人民法院办理涉军案件，要坚持审判质量与审判效率相统一，法律效果与社会效果相统一，平等保护诉讼当事人的合法权益，切实维护司法公正。要充分考虑涉军案件的特点，在法定时限内，及时立案、及时审理、及时审结、及时执行，切实维护国防利益和军人军属的合法权益。

三、充分发挥省军区系统的职能作用，做好解决涉军纠纷和案件的协调工作。省军区系统特别是人民武装部作为联系部队和地方的桥梁纽带，在协调妥善处理涉军纠纷和案件方面，应当发挥重要作用。各省军区（卫戍区、警备区）、军分区（警备区）和县（市、区）人民武装部，要把这项工作作为一项基本职能和重要任务，纳入“双拥”活动，支持、协助各地建立维护军人军属合法权益的工作机制，从组织领导上保证这项工作的健康开展。要建立健全法律服务组织，特别是人民武装部建立的军人军属法律服务站，要有专人负责，认真接待军人军属的来访，搞好法律咨询服务，配合、协助有关部门做好涉军纠纷的调解工作。

四、加强部队法律服务工作，建立健全法律服务信息网络。各部队要加强与有关方面和部门的联系，为官兵涉法问题的解决创造条件。部队各级法律服务组织，要明确职责，完善制度，保证法律服务活动的经常开展。要充分利用现代科技手段，建立网上信息传输反馈系统，及时了解掌握官兵及其家庭涉法问题的情况，开展网上法律咨询服务活动，及时向官兵提供有关保护军人军属合法权益的政策、法规和解决涉法问题的对策和建议。各部队要充分利用省军区系统的法律咨询服务机构，及时与地方有关部门取得联系，反映军人军属的意见和要求。各级军事法院要充分发挥职能作用，进一步拓宽法律服务工作领域，加强与地方人民法院的联系和配合，共同维护司法公正，使涉军案件的审判收到最佳效果。

五、深入开展法制宣传教育，提高官兵依法办事的意识和能力。开展法制宣传教育，是加强部队思想政治建设的一项重要内容，也是解决部队涉法问题基础性工作。部队的法制宣传教育要在组织官兵系统学习法律知识，提高法律素质上下功夫，把学法、守法有机结合起来。既要组织官兵学习国家的基本法律，强化遵纪守法的自觉性，又要注意提高官兵运用法律知识解决实际问题的能力。要教育引导官兵进一步明确，军人应带头按章办事，依法行使权利，不能因为自己是军人而谋求法外特权，要求法外照顾。要执行地方人民法院的裁判和有关部门的处理决定，认真履行应尽的义务。对可能处理不公的问题，要依法解决。同时要切实做好当事人的思想工作，坚决防止矛盾激化，引发事故和案件。

下发《中国人民解放军管理教育教材》 《解放军报》2001 年 1 月 10 日报道，总参谋部向全军部队、院校下发《中国人民解放军管理教育教材》，为全面提高干部带兵素质提供了一部内容丰富、规范的理论教科书。

这部教材的特点是：(1) 充分体现了江泽民主席对管理教育工作的一系列重要指示精神。教材从 8 个方面系统地阐述了党的三代领导核心关于军队管理教育的思想，为部队管理教育工作提供了科学的理论指导。(2) 充分反映了全军部队创造的管理教育的成功经验。近几年来全军各部队围绕江主席提出的“打得赢”、“不变质”两个历史性课题，认真探索在改革开放和发展社会主义市场经济的条件下，管理教育工作的新经验、新方法、新途径，取得了许许多多的成果。编写组的专家们用近 3 年的时间，深入部队、院校，尤其是和一线带兵人一起进行探讨，充分吸取指战员实践的成果，同时又进行科学的理论概括，把改革的新鲜经验同我军几十年形成的优良传统，把现代管理知识同我军的特色辨证统一起来，更丰富、更全面、更深刻地反映新的历史时期管理教育工作的客观规律。(3) 贴近基层，贴近实际，贴近一线带兵人。这部教材是总参职能部门直接面向全军院校学员，面向一线带兵人撰写的教科书。它规范了我军管理教育的基础理论、指导思想、法规依据、基本任务、基本原则，组织实施的具体方法，具有很强的思想性、理论性、针对性和操作性，是带兵人素质修养的基础。

总参有关部门的领导告诉记者，踏入新的世纪，下发这部教材，其目的就是扎扎实实地为提高部队管理教育水平做好基础性的工作。他说，处在社会变革时期，新情况、新问题纷至沓来，迫切需要用科学理论武装各级带兵人。这部贯穿了江主席治军思想的管理教材，将从理论与实践的结合上帮助带兵人懂得管理，学会带兵。

颁发《中国人民解放军装备条例》 《解放军报》2001 年 2 月 9 日报道，总参谋部、总政治部、总后勤部、总装备部日前联合发出通知，要求全军部队认真学习贯彻《中国人民解放军装备条例》。

通知指出，《中国人民解放军装备条例》是我军装备管理体制实行重大改革之后，由江泽民主席签署命令颁发全军施行的第一部装备工作基本法规，也是我军装备建设依法实行集中统一领导和全系统、全寿命管理的重大举措。《装备条例》的制定和颁发，是贯彻落实江泽民主席重要指示，尽快把我军装备工作纳入科学化、法制化和规范化轨道的具体体现。对于深入贯彻落实新时期军事战略方针，加速我军武器装备现代化建设，进一步做好军事斗争准备，提高部队战斗力，将起到重要的推动作用，具有十分重要的意义。

通知要求，全军要广泛深入地学习贯彻《装备条例》。各单位要把学习条例同学习江泽民主席关于装备工作的一系列重要指示紧密结合起来，深刻理解装备工作在军队建设和未来军事斗争准备中的重要作用。要安排专门时间，采取多种形式，有组织、有计划地进行条例宣讲工作。要在组织部队普遍学习的基础上，组织装备人员逐章学习，全面系统地掌握其基本内容和精神实质。各级司令、政治、后勤机关应当积极配合装备机关和有关部门，为条例的贯彻落实和学习宣传创造必要的条件。

通知强调，要加强对《装备条例》学习贯彻的组织领导。各级领导和装备机关要牢固树立依法治装、依法管装的观念，带头学好用好《装备条例》，为部队做表率。党委要加强对装备工作的领导，切实把装备工作摆上议事日程，常抓常议。机关要学会运用条例指导装备工作，按照条例规定的要求，逐级抓好执法监督工作。同时，要积极配合国家有关部门，依据法律法规，确保装备承研承制单位履行装备合同。

通知要求，全军部队要以条例为准绳，结合本单位的具体情况，在狠抓落实上下功夫。要把执行条例同做好军事斗争准备结合起来，同军队建设的实际结合起来，创造性地开展工作。要注意研究社会主义市场经济条件下装备工作出现的新情况、新问题，不断提高打赢现代技术特别是高技术条件下局部战争的保障能力。

颁发《军队贯彻实施〈中华人民共和国婚姻法〉若干问题的规定》 《解放军报》2001 年 12 月 6 日报道，经总政治部批准，《军队贯彻实施〈中华人民共和国婚姻法〉若干问题的规定》日前颁发全军执行。这是军队贯彻执行新修改的《婚姻法》，进一步加强军队婚姻管理的一个重要的规范性文件。据介绍，这个《规定》是在对 1981 年 1 月颁发的《总政治部关于军队贯彻执行〈中华人民共和国婚姻法〉的暂行规定》进行修改的基础上形成的。这次修改，以新订的《婚姻法》为依据，在多次征求全军各大单位、四总部，全国人大常委会法工委、最高人民法院、民政部门等单位有关部门意见的基础上，着眼新的形式，立足军队实际，对《暂行规定》中陈旧过时的提法予以删改，对不够明确的条款进行补充完善，对近年来军队婚姻管理中出现的新情况新问题做出了明确规范。《规定》共设 16 条，明确了军队婚姻管理的指导思想和原则，对军人晚婚年龄、配偶条件、涉外婚姻，学员和士官婚姻，军人办理申请结婚、离婚的程序、要求及职能机关在婚姻管理中的权利义务、责任等问题做了具体规定。

《规定》的颁发实施，对于在新的历史条件下加强军队婚姻管理，维护军人和军人家庭合法权益，确保国家安全和社会稳定，具有重要意义。

下发《军队农副业生产管理规定》 《解放军报》2001 年 11 月 29 日报道，为增强部队的自补能力切实改善官兵生活，总参谋部、总政治部、总后勤部日前联合下发《军队农副业生产管理规定》。三总部按照江主席关于军队农场调整改革的决策，对军队农副业生产的指导思想、职责任务、规模用地、设施设备、科技应用、生产人员、物资产品、经费收益等都作了明确规定。强调要坚决执行党中央关于军队不经商的决定，主要抓好种植、养殖和农副产品加工，为部队提供农副产品，补助官兵生活。军队农副业生产用地是军队拥有使用权的国有土地，权属归中央军委和总部，任何单位和个人未经批准，不得改变土地用途，不得转让、变卖、出租、荒芜、丢弃土地。

《规定》要求严格按照编制配备农副业生产干部，其编制员额不得挤占和挪作他用，不得把农副业生产单位作为过度或者照顾安排干部的场所。副食品生产基地用兵采取固定与轮换的方法。《规定》还指出，副食品生产基地生产收益首先弥补上年的亏损，剩余部分 50% 用于补助官兵伙食，30% 用于再生产，10% 用于福利和奖励，10% 由军需部门用于技术推广和人才培训。旅团生产生活服务中心和连队农副业生产收益的 50% 用于补助基层官兵伙食，30% 用于再生产，20% 用于福利和奖励。

发布施行《军用爆炸物品安全管理条例》 《解放军报》2001 年 10 月 17 日报道，中央军委主席江泽民近日签署命令，发布施行《军用爆炸物品安全管理条例》。《军用爆炸物品安全管理条例》是规范军用爆炸物品安全管理工作的基本法规，共设 7 章 44 条。

《条例》明确了各级党委、领导、机关和有关人员在爆炸物品 安全管理方面的责任，规定了爆炸物品在储存、运输、使用、退役报废处理等主要环节的安全管理制度。

制定这一条例，是为了进一步明确责任，理顺工作关系，完善爆炸物品安全管理的法规制度，使爆炸物品安全管理工作有章可循，有法可依。《条例》的发布施行，对于新形势下加强爆炸物品的安全管理，防止事故、案件发生，巩固提高部队战斗力，保证军队和社会的安全与稳定，具有重要意义。

下发《关于军队人员跨建制单位购置住房问题的通知》 《解放军报》2001 年 9 月 30 报道，9 月 26 日总政治部、总后勤部联合下发了《关于军队人员跨建制单位购买住房问题的通知》，成为我军住房制度改革的又一重要举措。

针对我军人员申请跨建制单位购买住房情况逐渐增多的新问题，《通知》对跨建制单位购房的具体事宜作出明确规定：夫妇双方均未购买过房改房（包括现有住房、集资房、安居房和经济适用房）的，因夫妇分居两地、住房困难等原因，可以申请购买军队其他单位（简称跨建制单位）建设的经济适用住房或符合出售条件的现有住房。

《通知》还统一规定了跨建制单位购房的管理办法和审批程序。军队干部跨建制单位购买住房后，购房人所在单位营房部门应当及时将购房情况记入个人住房档案，并督促购房人及时腾退租住的军队住房。按经济适用住房价购买军队现住房的，个人享受住房补贴，补贴额在售房款中抵扣，抵扣后所剩余的记入个人住房补贴账户；按房改成本价购买住房的，按规定给予折扣，注销购房补贴账户。按经济适用住房价格跨建制或易地购买住房的，购房人享受的住房补贴，按照军队规定的购房安置地住房补贴标准计算。

《通知》要求各单位要从全局出发，加强协调，做好服务。尚未纳入安置计划的退（离）休干部，跨建制单位易地购房，按照退（离）休干部安置建房的有关规定办理。

批准《军队审计建设“十五”计划和 2010 年前发展规划》 《解放军报》2001 年 4 月 5 日报道，中央军委日前批准印发《军队审记建设“十五”计划和 2010 年前发展规划》，要求全军和武警部队结合实际，认真贯彻执行。

由解放军审计署制定的《军队审计建设“十五”计划和 2010 年前发展规划》强调，“十五”期间，军队审计要贯彻落实新时期军事战略方针，紧紧围绕军事斗争准备、军事经济改革和加强廉政建设，按照全面审计、突出重点、注重质量、提高素质的总体思路开展审计工作。《计划和规划》提出了“十五”期间全军审计工作的主要任务，强调要改进和加强经济责任审计，把团以上单位主官和分管财经工作的领导，作为经济责任审计的主要对象；离任审计以精简调整单位和即将离（调）任，尤其是预提的领导干部为重点；专项审计以管理经费、物资多的领导干部为重点；审计结果与干部任免、奖惩挂钩。同时，全面开展和加强预决算、装备、基本建设、改革建设、改革项目、财经法纪等审计，改进和加强内审机构和审计事务所建设，努力建设一支廉洁、勤政、高效的审计队伍。

《计划和规划》指出，到 2010 年前，全军要建立与联勤保障体制和装备保障体制相适应的审计体制，健全审计职责明确、工作关系顺畅的监督机制，完善与军事经济改革要求相适应的审计法规体系。

批准《军队预算编制改革实施方案》 《解放军报》2001 年 3 月 23 日报道，经江泽民主席批准，中央军委日前批转了总后勤部《军队预算编制改革实施方案》。这是江泽民主席和军委在后勤改革方面作出的又一项重要决策。它标志着军费管理体制向科学化、规范化迈出关键一步。军委领导对军队预算改革工作非常重视，提出了明确要求。中央军委副主席张万年强调，军费预算制度改革，是加强宏观调控、优化军费结构、提高经费使用效益的重大措施，对于集中财力加速军队现代化建设和军事斗争准备，有着重要的意义。一定要统一思想，周密组织，积极稳妥的把这件事办好。中央军委副主席迟浩田指出，通过预算改革，细化预算内容，提高经费分配透明度，加强监督制约，可以减少损失浪费，减少重复建设。

在全军预算编制改革工作会议上，中央军委委员、总后勤部部长王克对搞好这项改革做了部署。

军费预算作为军费分配的基本形式，是推进军队现代化建设的重要宏观调控手段。据悉，军队预算改革的目标，就是着眼新的形势和任务，建立起财力集中、分配科学、调控有力、监督严密的预算管理新模式。这次改革，着重围绕预算编制这一重要环节，进一步细化预算内容，强化预算分配和监督职能提高军事经济效益。

这次预算编制改革的内容主要包括“分类预算”、“零基预算”和“综合预算”。分类预算就是按照经费使用性质划分为维持性预算和建设性预算，实行分开编制，确定不同保障重点，采取不同调控政策。“零基预算”是预算编制改革的主要内容，每年对各项经费的分配，都要根据任务需要和财力可能，从“零”开始重新安排，任务加重经费就相应增加，任务减轻经费就相应减少，任务完成了，经费也就不再安排，从而增加经费分配的针对性和保障的有效性。综合预算就是把军费拨款、预算收入等不同来源的经费，全部纳入到预算之中，按规定统筹安排使用，防止出现自收自支等不良现象。

王克指出，这次预算改革，是牵动军队建设全局的一件大事，情况复杂，政策性强，难度也比较大。全军各大单位和总部各有关部门，一定要统一思想，精心组织，密切配合，扎扎实实推进预算改革，确保江主席和军委的决策指示落到实处。财务部门精心组织，有关部门要密切配合，积极完成改革任务；要采取有力措施，严格执行预算，加强预算支出管理，抓紧修订规章制度，积极应用计算机及网络技术，提高预算工作的效率和质量；各级领导要注意学习财经知识，了解预算制度，增强领导财务工作的能力，提高经费分配使用的决策水平。

王克强调，当前和今后一个时期，预算调控的重点是控制行政消耗性开支和维持性经费的增长，尽量加大建设性经费的投入，特别要保障好军事斗争准备所需要经费。

（晓　军）

俄罗斯军事法制　2001 年是俄罗斯新一轮军事改革全面启动的一年，俄罗斯领导人签署的一系列命令和批准的一系列法律，就是针对俄军目前存在的问题采取的相应措施。2001 年 1 月，普京总统批准了《俄罗斯 2001～2005 年军事建设规划》。3 月 28 日，普京总统签署命令，任命了包括国防部长在内的一些新的军队领导人。这标志着根据《俄罗斯 2001～2005 年军事建设规划》，俄武装力量新的体制改革开始进行。根据规划，2001 年俄罗斯武装力量改革为陆海空三个军种；战略火箭军由军种降格为独立兵种；恢复和完成了陆军总司令部的组建工作；伏尔加河沿岸军区和乌拉尔军区合并为一个军区；共裁减约 70000 名军人。此外，俄军事教育体系，国防部科研机构改革同时展开，武器和军事技术装备定货向统一体制转变。俄军还就“库尔斯克号”潜艇失事事件所暴露出的俄海军存在的严重问题，制定了《海军学说》。11 月 21 日，普京总统批准了俄军实施合同兵役制的改革新举措，目的是在大幅裁军的同时，建立一支精干高效、装备精良的现代化职业军队。

通过《俄罗斯联邦至 2020 年海军学说》　该学说由俄联邦总统 2001 年 7 月 27 日批准。俄《红星报》2001 年 8 月 23 日刊登该学说全文。该学说共 5 章。第 1 章，总则，指出，俄联邦海军学说是制定俄联邦国家海洋政策的基础性文件，其法律基础是俄联邦宪法、法律、其他规范性法律文件、1982 年联合国海洋法公约，以及在海洋活动、利用世界海洋资源和海域方面的其他国际条约。海军学说在海洋活动方面，发展了俄联邦国家安全构想、对外政策构想和军事学说，以及俄联邦至 2010 年海洋军事活动领域的航运政策原则和俄联邦其他规范性法律文件。贯彻海军学说，应有助于进一步巩固俄罗斯作为海洋大国的地位，并为实现国家海洋政策目标和完成国家海洋政策任务创造有利条件。第 2 章，国家海洋政策的实质，指出，俄联邦在世界海洋上的国家利益包括：俄联邦主权的不能动摇，包括对内海、领海及内海、领海的空域、海底和海底地下资源所拥有的主权不能动摇；保障俄联邦在联邦特别经济区和大陆架内行使主权和司法管辖权，以便对其所属资源进行管理、开发和利用，以及开展海洋科学研究，保护海洋环境；公海自由权，其中包括航运、飞行、捕鱼、科学研究、在海底铺设电缆和管道等方面的自由；保护海上人员的生命安全，防止海洋环境污染，保证对最重要的海上交通线实施监控，为俄联邦公民以及整个国家从海洋特别是沿海地区的经营活动中获利创造条件。国家海洋政策的目标是，实现和保护俄联邦在世界海洋上的利益，以及巩固俄联邦海洋大国的地位。国家海洋政策的原则是：在从事海洋活动中遵守公认的国际法准则和俄联邦签署的国际条约；在解决海上纠纷和消除俄联邦国家安全的海上威胁时，优先采取政治外交、经济、信息和其他非军事手段；拥有必要的海洋军事实力并加以有效地利用，必要时以武力支持国家的海洋活动；对海洋活动持统一的态度；俄联邦的海洋实力与俄罗斯的利益相适应；俄联邦国家权力机关、各主体国家权力机关、地方自治机关，以及依照俄联邦宪法和俄联邦法律开展活动的相关社会团体，在制定和贯彻国家海洋政策问题上积极协调和配合；在制定和贯彻国家海洋政策问题上联合各方面的力量，协调开展科学研究；国家对悬挂俄联邦国旗航行的舰船，国家港口，内海、领海、特别经济区和俄联邦大陆架的自然资源及其开采和利用情况实施监督；在俄联邦各主体境内集中力量修建和发展与俄罗斯船队航海有传统关系的基础设施，使这些基础设施整齐划一，以适应军事活动和经济建设的需要；保证俄罗斯船队时刻处于执行所赋予任务的准备状态，以及让商贸、捕鱼、科学研究和其他专业化船队处于动员准备状态；集中中央和各地区的生产资料和资源，发展俄罗斯中部和沿海间的交通，特别是远东和北部地区的海上交通；为了俄联邦利益进行海洋科学研究，发展海洋自然资源和沿海地区监控网；维护和完善干部培训、青年教育与培养制度；积极有效地宣传国家海洋政策目标。第 3 章，国家海洋政策的内容，包括：国家海洋政策的职能方向；国家海洋政策的区域方向。第 4 章，落实国家海洋政策；第 5 章，结束语

通过《紧急状态法》　该法由俄联邦国家杜马 2001 年 4 月 26 日通过，5 月 16 日获俄联邦委员会批准，5 月 30 日经俄联邦总统普京签署后颁布实施。俄《俄罗斯报》2001 年 6 月 2 日刊登该法全文。该法共 7 章，43 条。第 1 章，总则；第 2 章，实行紧急状态的情况与程序；第 3 章，在紧急状态条件下采取的措施和临时性限制；第 4 章，保障紧急状态制度的人力和物力；第 5 章，对实行紧急状态地区的特别治理；第 6 章，紧急状态条件下公民权利的保障和公民、主管领导人的责任；第 7 章，最后条款。该法规定了在俄联邦全境或部分地区对国家政权机关、地方自治机构、社会团体及个人活动进行一些权利和自由方面的限制，以及使其承担一些额外义务的条件和内容。指出，实施紧急状态是一种临时性措施，目的是保障俄公民的安全和联邦宪法秩序。

批准《在拜科努尔发射场和列宁斯克城服役或工作的俄罗斯联邦政府通信和信息局军人和文职人员社会保障措施条例》　该条例由俄联邦政府通信和信息局 2001 年 8 月 9 日第 237 号命令批准。俄《俄罗斯报》9 月 5 日刊登该条例全文。该条例共 7 条，规定了上述人员的待遇标准。

批准《俄罗斯联邦北高加索地区反恐措施条例》　该条例由 2001 年 1 月 22 日第 61 号俄联邦总统令批准。俄《俄罗斯报》1 月 23 日刊登该条例全文。该条例共 12 条，规定了在俄联邦高加索地区成立指挥反恐作战的作战司令部，其成员构成和职责，以及成立下属于该司令部的区域作战司令部，其成员构成和职责等。

批准《俄罗斯联邦武装力量士兵、水手、军士和司务长补充条例》　该条例由俄联邦国防部长 2001 年 1 月 16 日第 30 号命令批准。俄《俄罗斯报》2 月 27 日刊登该条例全文。该条例共 2 章，43 条。第 1 章，总则，指出，俄联邦武装力量士兵、水手、军士和司务长的补充工作，是在选拔、接收、分配、训练上述人员直至其退役过程中的一系列相关措施；第 2 章，俄联邦武装力量士兵、水手、军士和司务长的补充，其中规定了首长和司令部在保证俄联邦武装力量士兵、水手、军士和司务长满编及合理编制方面的工作任务，以及士兵、水手、军士和司务长的服役特点。

批准《2001～2005 年俄罗斯联邦公民爱国主义教育国家计划》　该计划由俄联邦政府 2001 年 2 月 16 日第 122 号决议批准。俄《俄罗斯报》3 月 12 日刊登该条例全文。该计划共 7 章。第 1 章，前言；第 2 章，爱国主义教育方面存在的问题和以计划方式解决问题的必要性；第 3 章，计划的目的，指出制定该计划的目的是促进俄罗斯公民爱国主义教育系统的发展，培养俄罗斯公民的爱国主义价值观、职业素质和技能、对宪法和军队义务的责任感，并在此基础上，保障社会团结，维护社会和经济稳定，巩固俄罗斯各民族间的团结和友谊；第 4 章，计划的措施；第 5 章，计划实施的机制；第 6 章，计划的资源保障；第 7 章，计划实施效果的评价。

批准《办理、使用、保存和处理俄罗斯联邦武装力量军人调动文件准则》　该准则由俄联邦国防部长 2001 年 6 月 6 日第 200 号命令批准。俄《俄罗斯报》2001 年 12 月 21 日刊登该准则全文。该准则共 5 章，127 条。第 1 章，军人调动文件；第 2 章，供个人物资运输的军人调动文件的发放和使用；第 3 章，集体军人和物资运输时军人调动文件的使用；第 4 章，运输开支的计划、统计和报告；第 5 章，运输开支检查的组织。

批准《组织和实施有计划调换在车臣境内艰苦气候条件下服役的内卫部队合同制军人条例》　该条例由俄联邦内务部 2001 年 11 月 23 日第 1028 号命令批准。俄《俄罗斯报》12 月 26 日刊登该条例全文。该条例共 2 章，26 条。第 1 章，总则；第 2 章，在车臣境内艰苦气候条件下服役的内卫部队合同制军人的调换。该条例规定了在车臣境内艰苦气候条件下服役的内卫部队合同制军人调换组织的程序。

批准《俄罗斯边防总局军人出差程序条例》　该条例由俄联邦边防总局 2001 年 10 月 12 日第 613 号命令批准。俄《俄罗斯报》12 月 5 日刊登该条例全文。该条例共 4 章，29 条，规定了俄罗斯边防总局军人出差期间的各项开支标准。

批准《组织俄罗斯联邦公民进行国防基础知识和基本军事技能学习条例》　该条例由俄联邦国防部长和教育部长 2001 年 5 月 3 日第 203/1936 号命令批准。俄《俄罗斯报》2001 年 7 月 10 日刊登该条例全文。

该条例共4章。第1章，总则；第2章，在俄普通中学、初中级职业学校和一些组织的学习点，对公民进行国防基础知识和基本军事技能培训的目的，指出，目的是使公民了解国防领域的主要法律和知识，如军队的职责，应征和根据合同服兵役，军人和预备役公民的权利、义务和责任，从而使公民树立爱国主义思想；第3章，相关部门的职责分工；第4章，培训的组织，其中规定了组织和实施军训的程序，培训情况的检查，以及基本军事技能培训的安全要求。

批准《组织军品批量出口和提交军品出口报表条例》 该条例由俄联邦对外军事技术合作委员会2001年7月19日第54号命令批准。俄《俄罗斯报》11月6日刊登该条例全文。该条例共4章。第1章，总则；第2章，军品批量出口的组织和指标完成情况的检查；第3章，俄对外军事技术合作委员会与军事合作主体在组织和实施国家国防订货出口（进口）部分方面的协作；第4章，军事技术合作主体向俄军事技术合作委员会提供其军品出口活动报告（数据、信息、材料）的程序。

批准《2002～2005年俄罗斯联邦武装力量、其他部队、军事组织和机构及其家庭成员适应社会国家计划》 该计划由俄联邦政府2001年10月15日第729号决议批准。俄《俄罗斯报》2001年11月1日刊登该计划全文。该计划共9章。第1章，前言；第2章，存在的问题和以计划方式解决问题的必要性；第3章，计划的主要目标，指出，该计划旨在实施军人适应社会领域的国家政策，通过多方面培训，使退役军人能够适应地方生活，从而降低社会和军队内存在的紧张程度；第4章，计划实施的期限和阶段；第5章，计划的措施，其中规定对退役军人及其家庭成员进行法律保障，就业指导，职业培训，就业安排，方法和信息保障，以及开展军人适应社会方面的国际合作；第6章，计划的资源保障；第7章，计划的组织和实施机制；第8章，计划实施过程的检查；第9章，计划实施效果的评价。

（窦晓兵）

其他国家军事法制 **美国陆军的预防犯罪工作** 《解放军报》2001年4月8日杨东录报道，美国陆军很重视基层预防犯罪工作，不仅在连以上单位编制有专门负责此项工作的安全官和调查官，还制定了《违法行为防范纲要》（以下简称纲要），具体规范和指导基层的预防犯罪工作。

纲要认为，要防止违法乱纪行为的发生，关键是消灭两个因素：一是消灭军人违法乱纪的愿望，也就是军人违法乱纪的主观因素。二是消灭军人违法乱纪的机会，也就是军人违法乱纪的客观因素。该纲要所规定的预防军人犯罪的具体措施和方法，主要有以下几点：

加强品格教育。根据美军《品格指导纲要》的规定，美国陆军连以上单位成立有宪兵主任参加的“品格指导委员会”，负责了解掌握有关军人品格方面存在的问题，并及时向指挥员提出搞好部队各种福利，落实品格指导纲要，加强法制教育等方面的建议。

开展谈心活动。下到小分队的军士，上到大部队的指挥官，以及军队医务人员、勤务机构的官员，必须坚持开展谈心活动，以便及时了解和解决军中存在的具体问题。

掌握思想动态。为了掌握部队的思想动态，在军队中配备了专职牧师。平时，牧师主要是向官兵讲经布道，负责指导个性修养、调解官兵矛盾、劝导士兵处理好家庭纠纷等个人问题。战时，牧师要深入到前沿阵地，利用个别谈话、精神安慰来鼓舞士气，当士兵对社会和军方有不满和反抗行为时，牧师则出入各种集会、公共场所，在士兵中探查了解。对那些意志薄弱者，往往通过“忏悔”、“说心里话”等手段来消除和瓦解其不良思想因素。随军牧师还利用“中间人”的身份，通过“咨询”、“顾问”等方式和机会，了解士兵思想状况，了解他们的困难和苦闷，重要问题及时报告，一般问题通过月报向指挥官报告，帮助指挥官出谋划策，控制思想动态。

正确处理申诉。军官收到下级的申诉后，要在自己的职权范围内按时限要求采取措施，尽快消除导致申诉的因素。宪兵主任、牧师、医务人员和福利机构的有关人员，都要采取协调一致的行动。人事部门的法律助理军官，要协助部队解决通过申诉无法解决的涉法问题，并通过法制宣传，引导士兵依法处理生活中遇到的难题。

通报犯罪情况。要求驻军司令部及时通报驻地的犯罪情况和犯罪活动猖獗的地点，以引起军人的警惕。强调宪兵主任与新闻发布官紧密合作，利用一切可以利用的宣传工具，进行生动活泼的预防犯罪工作教育，通过社会治安形势介绍、典型案例剖析、悔过人员现身说法等形式，引导军人正确地约束自己的行为。

严格行政管理。基层单位必须严格按照行政管理法规实施管理，不允许任何法规外的自立规章行为的存在。行政管理分为动态管理和静态管理。动态管理工作的重点是加强节日巡逻，监督军人业余时间的行动，向有可能导致违法乱纪的行为提出警告；静态管理工作的重点是加强重点目标的守卫，对犯罪分子可能袭击的人或设施要重点设岗警卫。

严格执行军法。美国《军事统一法典》规定，惩处违法乱纪军人分行政处分和刑事处罚两类。行政处分又称为非司法性处分，是军官对一般违反纪律和犯罪程度较轻的士兵进行处罚的一种方法。连以上各级主官有权直接处罚士兵，这种行政处分权对预防士兵违法乱纪行为有很大的作用。刑事处罚是对具有严重犯罪行为的军人进行军法制裁的一种方法。美军军法规定，可对擅自离队、逃亡、对军官不敬、违抗命令、敌前行动不良等58种违纪、犯罪行为进行处罚，其中有15种罪名最重可判处死刑，这些严厉制裁措施，对于预防军人犯罪行为的发生也发挥了很重要的作用。

意大利战时军事刑事诉讼法简介　《解放军报》2002年1月29日王世涛报道，意大利战时军事刑事诉讼立法采取的是诸法合一的体制，在意大利军事刑事法典中具有独立价值。

意大利战时军事刑事诉讼程序共有三章七十条。第一章是关于战时军事司法管辖权的划分。其中规定了战时概念的起始时间，根据军人、部队中服务人员和平民的具体身份确定了不同的司法管辖；着重强调了在敌国领域进行军事占领或完成作战任务时发生犯罪的管辖。第二章是关于战时军事刑事诉讼程序的一般规定。其中对战时一些特殊情况下的刑事诉讼进行了立法规范，同时对战时不同部门和地域内的刑事诉讼管辖权进行分配。第三章是对战时军事刑事诉讼的特别规定。它分为预审、审判、设立非常军事法院、设立船上军事法院、上诉、执行和战争终止时的刑事诉讼七个部分。这一章条款最多、可操作性最强，是其战时军事刑事诉讼程序的重点。

意大利战时军事刑事诉讼程序具有以下3个特点：

主体范围扩大。在和平状态下，接受军事刑事诉讼的主体明确限定为武装力量人员，非武装力量成员无论其所进行的是不是军事犯罪都不接受军事法律的审判和制裁。意大利军事刑法典第一条就规定“军事刑法适用于正在服兵役的军人以及被认为正在服兵役的军人。”但在战争状态下，其军事刑事诉讼主体管辖范围明显扩大，其战时刑事诉讼法典第232条规定：“战时军事法院还负责审理由下列人员在军事作战地域或被视为该地域的地点实施的任何犯罪，即：虽不从属于国家武装力量，但因任何原因与该武装力量有着服务、职务、劳务、供给、供应、征用等方面关系，包括间接关系的人员”；第258条规定：“如果要塞正受到敌人攻击，该要塞的战时军事法院有权审理任何人在要塞活动范围内实施的一切犯罪，即使由于被告人的依属关系或身份该犯罪应由其他法院管辖。”

诉讼程序简洁、快速。在战时军事刑事诉讼程序的立法上，意大利采取使用简易程序、压缩审判时间、减少诉讼环节和限制上诉和禁止民间诉讼的方式来达到简化办案手续、缩短诉讼时间的目的。第280条规定：“如果出现特殊的紧急原因，战时军事法院的院长可以缩短《平时军事刑法典》为审查诉讼文书或其他事项规定的审判前准备行为的期限”。第289条规定：“在任何情况，不得针对战时军事法院做出的判决，向最高法院提出要求撤销判决的上诉。”第250条规定：“当在战时军事法院进行刑事诉讼时，不允许开展民事诉讼，即使所涉及的犯罪在和平时期是由普通司法机关管辖。”

赋予军事指挥员部分司法权力。战时由军事指挥员代行部分司法职责，军事指挥员具有部分司法处决权是意大利战时刑事诉讼制度的又一大特点。其战时刑事诉讼法典第241条规定：“……如果因犯罪而面临损害船舰或飞机安全，或影响其战斗效能的紧迫危险，指挥官可以立即处决或者下令处决具有明显犯罪表现的人。”第245条规定：“战时军事法院所在单位的指挥官负责提起并开展刑事诉讼。”该条同时还赋予了战时军事单位的指挥官提起诉讼的决定权和缓刑的决定权。

总体而言，意大利战时军事刑事诉讼程序以意大利平时军事刑事诉讼程序为依托，针对战时军事刑事诉讼程序与平时军事刑事诉讼程序不同之处进行立法规范，因此在形式上显得短小、精练，内容上又完备、齐全，操作上便于执行。

（任　平）

瑞士联邦的《军事刑法典》　《解放军报》2001年11月18日田友方、朱雁新报道，瑞士联邦刑法体系为平民刑法和军事刑法二元结构，二者均以“法典”为其表现形式，单独存在。其中《军事刑法典》以“军事相关性”的军事犯罪概念为基本范畴，构建了军事犯罪与军事刑罚的逻辑体系，由此界定了军事司法与平民司法各自实施的领域，适应了瑞士武装力量建设和国家安全的需要。

瑞士军事犯罪的概念在外延上比较宽泛，其犯罪主体包括：执行职务的军人；在军外为军队服务的平民；在陆军中经登记永久负有辅助兵役义务的平民；犯叛国、破坏和平等特殊罪行的平民。平民亦可成为军事犯罪主体并受军事司法管辖，是瑞士《军事刑法典》的一个显著特点。

瑞士《军事刑法典》由总则和分则两部分构成。由于其立法的重心在于应对严重的军事犯罪，总则部分总体上是秉承《平民刑法典》总则的风格，在惩罚的该当性、附条件开释、追诉时效以及罪行均衡原则等方面，从内容到措施都保持了一致。但在以下方面，该法典总则也有一些特殊规定：在军事刑法个别化方面，规定量刑应考虑犯罪军人在服役期间的总体表现；在军事刑法的适应性方面，针对军队特点规定了所谓的“纪律刑法”，即指挥官基于军事统率权，可以召集军事法庭对军人的轻微犯罪行为，或违反军纪行为实施轻微处罚，包括正式训诫、1～10日的普通禁闭和3～20日的纪律禁闭，以上处罚依法不作犯罪记录。类似犯罪依照《平民刑法典》则适用监禁、罚款的刑罚方法；在军事刑罚方面，主刑有终身监禁、1～20年监禁、3日～3年监禁以及1日～3个月禁闭4个刑种。附加刑有剥夺担任公职的资格、开除军职和降级3个刑种。

瑞士《军事刑法典》的分则部分具体规定了五种类型的军事犯罪，依照罪行的严重程度由重至轻依次为：一、危害国家安全的犯罪。在瑞士，叛国、破坏和平、泄露军事秘密等危害国家安全的犯罪并未规定在《平民刑法典》中，而是由《军事刑法典》来规定。二、纯军事犯罪。即只有军人才能作为此类罪的犯罪主体，如违抗命令罪、兵变罪、军事渎职罪等。三、违反法定职责罪。这类犯罪具体包括拒绝执行命令罪、执行命令人为受挫罪和擅离职守罪3项罪名。瑞士联邦于1996年10月1日颁布法令，对此类犯罪作了重要修订，即被告人可以出于良知而违反法定职责作为其无罪抗辩，该项抗辩不再由军事法庭认定，而由平民专家组成的特别委员会来认定，但对于一再拒绝执行经过多次变更的军事义务，被告人若仍提出此项抗辩，军事法庭则有权作出认定。四、违反国际公约罪。在战争或内战期间，军事司法机关有权对任何严重违反《日内瓦公约》及其附加议定书、《文化遗产保护公约》等国际公约的犯罪进行审判，但按照双边协议应当引渡或者国际法庭要求行使司法管辖权的案件除外。五、一般罪。这类犯罪在《平民刑法典》中也有规定，如谋杀罪、抢劫罪等，二者的区别在于作为军事犯罪具有军事相关性，在法定刑的设定上普遍遵循“军法从严”原则。

（晓　军）

其他军事建设问题

2001年世界一些国家军队建设综述　2001年是新世纪的第一年，各国都希望新世纪开始能带来更多的和平。然而形势的发展并非像人们所期望的那样。一年来世界安全领域大事不断。特别是下半年发生了震惊世界的“9·11”美国遭恐怖袭击事件，之后，美国发动了对阿富汗的军事打击。这些事件给世界各国都敲了警钟，许多国家都对安全形势做出了进一步的判断，认为为了应对新世纪可能出现的各种威胁，必须进一步推进军队质量建设，并且要根据形势的变化对军队建设适时做出调整。

继续调整建军方针，以适应新的军事战略　新世纪伊始，一些国家，特别是美、俄等军事大国，依据新的安全形势和军事战略，对建军方针做出了进一步调整。总的特点是：强化军队的质量建设，以信息和航天技术为核心，争夺21世纪军队建设制高点的总方针不变，但更强调要加强和完善军队应付突发事件的多种能力。

布什政府上台后，一直酝酿对军事战略进行重大调整，其调整内容包括正式放弃两场战争的构想，以及将战略关注的重点从欧洲转向亚洲等。并据此提出新的建军方针，即“要致力于建立一支未来型军队。这支军队规模更小，机动性更强，反应速度更灵敏，更易于部署和维持，这支军队将更依赖于隐形、精确制导武器和信息技术。”“9·11”事件后，布什提出新的防务战略。新战略既考虑到了威胁的不确定性，也考虑到了威胁的突然性，将“保卫美国”置于突出地位，其基本思想是保证国外行动的有效和保障国内安全。美国防部在新的《四年防务审查报告》中进一步明确了美军建设的方向，即以能力为基础实行军队转变，并首次为美军确定了四项作战任务，即保卫美国、前沿威慑、大规模作战和小规模应急作战。指出“保卫美国”是防务改革的“首要目标”、军队的“最重要使命”。“加强联合作战能力”仍然是军队建设的重点之一。为提高联合作战能力而采取的措施是：建立联合特遣部队司令部、改进联合指挥与控制、实施联合训练和制定增加联合部队海外存在的政策。

俄罗斯总统普京提出，俄军应“适应迅速变化了全球局势，建立适应21世纪战争的全新军队”。实现军队建设目标的基本途径是军事改革。为推动改革，俄军高层领导进行了调整，由俄联邦安全会议原秘书谢尔盖·伊万诺夫接任国防部长。2001年1月，俄联邦总统普京批准了《2001~2005年武装力量建设与发展计划》。该计划的核心体现在3个方面：一是大幅度提高军费，特别是军事科研经费；二是继续调整体制编制，建立精干机动的武装力量，常备部队是其核心；三是解决军人的生活待遇问题，以搬掉“军队改革道路上的绊脚石”。

2000年12月，日本安全保障会议和内阁会议通过了《2001~2005年度中期防卫力量发展计划》，提出要推进防卫力量的“合理、高效、精干”化建设。2001年7月6日发表的《防卫白皮书》进一步将此明确为今后防卫力量的发展方向，强调自卫队要加强防空、周边海域防卫、确保海上交通安全、抗登陆作战、应付游击队攻击等能力。“9·11”事件后，2001年10月29日，日本国会参议院通过了允许自卫队支援美军反恐怖军事行动的对付恐怖特别措施法案。根据这项法案，日本自卫队将可向美军提供补给和运输、从事搜救活动和向美国及其盟军提供医疗队支援。可以看出，日军的建设有可能以此为契机向外向型、进攻型转变。

“9·11”事件也给北约欧洲各国带来强烈冲击。这些国家意识到，一方面，北约国家必须进一步加强自主防务能力，以保卫欧洲和本国的安全；另一方面，也要加强欧洲以外的干预能力以及同美国联军作战的能力，以应付随时可能出现的威胁。军队建设的重点，是提高精确打击、战略机动和快速部署能力，为此必须致力于建设小而精、能应付各种危机与冲突、能完成不同任务的军队。

此外，南亚、东盟各国，也在不失时机地加强军队建设。其中印度为实现“争当世界一等强国”的目标，确立了进一步调整军队结构，加速发展海、空军及核力量、加强新型武器研制的方针。

在控制军队员额的同时，继续提升军费 进入21世纪，许多国家都进一步确立了减少员额、实行质量建军的方针，并且都在按步骤实施裁减军队员额的计划。俄军计划在3年内裁减员额36．5万人。这次裁减主要是解决保障单位过多和机关重叠的问题，几乎不涉及保障军队指挥、战备和战斗力的重要环节。截至2001年6月30日，俄军已裁减军官和军士2万人，计划到2001年年底再裁减7万人。日本根据《2001~2005年度中期防卫力量发展计划》，陆上自卫队在实施改编的同时，将有计划、分阶段地削减编制员额及现役自卫队军官定编员额。海上自卫队的护卫舰部队也将裁减1个护卫队。德军根据改革计划，将由目前的33．28万人裁减到23．5万人。但美国的情况有所不同。布什政府上台后，美国防部长拉姆斯菲尔德曾强烈主张裁军，考虑将现役陆军从10个师减少到8个师，还建议精简B-1轰炸机部队，关闭一些基地。但是，“9·11”事件后美军终止了裁军计划。新的《四年防务审查报告》明确提出，美军的任务是加重了，而不是减轻了，指出美军现有结构和规模有“较大的风险”，因此，美军在未来一个时期内不会再实施新的裁军计划。

在调整军队员额的同时，一些大国继续增加军费开支。2001年12月，美国国会通过了总额为3430亿美元的2002财年国防预算，新预算比2001财年增长了274亿美元。俄罗斯经济的复苏也带来了国防预算的大幅度增长，2001年军费开支为2063亿卢布（1美元约合29卢布），2002年的军费预算计划增加为2629亿卢布，占国内总产值的2．6%，增加了22．5%。俄称今后10年将保持军费的持续增长。日本新的《中期防卫力量发展计划》规定，今后5年中日本防卫费总额将达到25．16万亿日元，年均实际增长率为0．7%，与上一个中期计划（24．23万亿日元）比，净增9300亿日元，增长率为4%，确保了军费开支位居世界第二的强势地位。印度2001年国防预算比2000年增长了3．2%，达到7320亿卢比。占国内生产总值的比例已达3%以上。在亚太地区有重要影响的澳大利亚2000年国防开支已达64．8亿美元，占国内生产总值的1．7%。在未来10年间，澳国防开支将以平均3%的速度递增，到2010年，国防费开支将上升到127亿美元。

各国军费投入的重点，主要集中在发展先进武器装备和改善军人待遇上。美国2002年的国防预算重点是用来提高军队士气（通过提高军人工资）、提升军队战备水平、改革现有防务能力以及进行武器装备的升级。由于“9·11”事件的发生，美国防预算中用于打击恐怖主义的资金总额达到了60亿美元。俄罗斯军费投入的重点，也放在了开发新的军事技术，实现武器更新换代和提高军人待遇上。印度2001年防务预算中有30%都是用于发展武器装备。

调整体制编制，以适应新的作战理论　为了应对局部战争、突发事件和“不确定的威胁”，适应新的作战理论，近年来，一些国家在体制编制的调整上重视调整军兵种结构，提高部队的联合作战能力、机动能力和远距离投送能力。

“9·11”事件之后，美国防部酝酿进一步调整军队的指挥结构，以便更好地对付全球范围内的挑战，对诸如反恐怖主义做出迅速有效的反应。最近美国就拟成立负责国土保卫的国内警卫司令部。此外，按照新的《四年防务审查报告》的要求，美军将继续实施“21世纪部队”计划。目前，“初始旅战斗队”和“过渡旅战斗队”正在组建和装备。“初始旅战斗队”是陆军转型总体计划的第一阶段，“过渡旅战斗队”是第二阶段。根据有关方案，过渡旅战斗队的编制员额为3893人。在2001年6月14日颁布的新版《作战纲要》中，强调陆军是联合部队的一员，必须作为联合部队的一部分遂行各种任务，因此，陆军体制编制的改革继续朝着“联合部队”的方向进行。

科索沃战争、两次车臣战争的经验教训、美军加紧研制和部署国家导弹防御系统以及进行太空战准备的形势，迫使俄军对其体制编制结构进行进一步调整，向建立“职业化”、“小型化”的军队过渡。普京于2001年2月2日签署命令，将导弹太空防御兵和太空兵从战略火箭军分离出来，在其基础上组建直属总参谋部的独立兵种——太空兵，并于3月28日签署命令宣布，将战略火箭军改编为独立的兵种——战略火箭兵。至此，俄军已完成由4个军种向3个军种的体制转变，实现了俄武装力量的“三三编制”，即三大军种（陆、海、空）和三大独立兵种（战略火箭兵、太空兵、空降兵）。为了改变陆军“群龙无首”的局面，恢复了陆军总司令部的建制，任命原西伯利亚军区司令尼古拉·科尔米利采夫上将为陆军总司令。陆军总司令部的编成包括：陆军总局、武装力量战斗训练总局、武装力量导弹兵和炮兵司令员局、武装力量队属防空司令员局和陆军航空兵司令员局。与此同时，俄还宣布对陆军部队的编制结构进行优化组合，由原7个集团军、3个军、35个师、17个旅的建制改为8个集团军、3个军、26个师、10个旅。

2001年，日本分别对陆、海、空自卫队的体制编制做出调整，使之能够灵活应对各种威胁。其中陆上自卫队调整最大，根据《防卫计划大纲》将陆上自卫队最终定编为“9师6旅”，2001年已按计划完成步兵第12师的师改旅。海上自卫队组建了特别警备队，第21航空群调防至新近完成建设的舞鹤机场，加强了针对日本海方面的防卫。航空自卫队为提高作战情报的搜集与整理能力，航空总队之下新成立了作战情报队。

2001年6月11日，欧盟军事参谋部宣告成立，德军驻波兹坦第4兵团司令克劳斯·舒维尔思中将出任首任参谋长，这表明建立欧洲快速反应部队已取得实质性进展。此外，英、法、德等国也在对本国的军队结构进行调整。其中，德国军队结构调整已制定出详尽的计划。军种指挥参谋部原来的“三根支柱”——军种指挥司令部、军种支援司令部、军种局将减为“两根支柱”——军种指挥司令部和军种局，前者负责作战指挥，后者负责训练和物资保障。陆军将取消原有的3个军编制，将原7个作战师改编成5个机械化师。空军仍保留4个师的编制，但将原来的5个歼击轰炸机联队、4个歼击机联队和6个防空导弹联队分别削减为4个、3个和4个。海军撤消了海军指挥勤务分舰队。

印度军队根据“新快速机动战略”，正加快组建、完善各军种的快反部队。同时，认识到联合保障体系在未来的联合作战中的重要性，正积极推进国防后勤体制的一体化建设。

加强研制和更新武器装备　20世纪末、21世纪初，世界主要军事强国的主战武器装备陆续到了更新换代期。在以信息技术为核心的高技术推动下，许多国家在对传统武器进行升级改造的同时，大力发展确保新世纪战场主动权的新型武器装备。

导弹攻防系统的研制与部署继续成为一些国家武器装备发展的热点。美国坚持发展国家导弹防御系统。美国防部于2001年2月发表的一份研究报告表明，美国打算部署“旨在使所有50个州免遭某些国家的有限导弹打击”的导弹防御系统。2001年7月和12月成功进行的第四、第五次国家导弹防御系统试验，更坚定了美国部署国家导弹防御系统的信心和决心。“9·11”事件不仅没有改变美国研制和部署导弹防御系统的初衷，反而更成为其加速发展的借口。在众议院通过的2002年度财政预算中，将有79亿美元用于导弹防御系统计划。针对美国在导弹防御问题上的逼人态势，俄罗斯也针锋相对。2001年6月，俄军完成了S－400“凯旋”防空导弹的第一阶段国家试验，力图建立俄罗斯自己的“区域性反核武器保护伞”。8月23日，俄国家杜马工业委员会又宣称，将正式投产新型超音速巡航导弹 X-22M。俄称，该导弹将使现有的任何导弹防御技术都毫无意义。俄将用有限资金全力打造戳破国家导弹防御的“利矛”。另外，从2001年开始，俄已开始实施每年部署35枚左右“白杨-M”导弹的计划。俄称“白杨-M”导弹能突破任何防御系统。2001年也是印度导弹发展势头很猛的一年。1月17日，印度成功试射了射程为2000千米的中远程“烈火”Ⅱ型弹道导弹。2月底到3月初，又三次试射了“阿卡什”地对空导弹，该导弹可同时对多个目标进行攻击。此外，印度还在积极筹备射程达5000千米的“烈火”Ⅳ型洲际弹道导弹的试射。

核武器仍是许多国家发展的重点。布什上台之初，曾提出美国拥有的核弹头太多，主张对核力量进一步削减，但提出仍然要依靠核武器来“取得足够有效的威慑作用”。俄罗斯则继续把核力量作为国家安全的“支柱”。俄一方面表示要与美国共同削减核弹头的数量，另一方面又表示俄将继续改进核武器的质量。一年来，俄不但进行了 SS-19 战略弹道导弹的试射，而且在加紧核武器的小型化、精确化的研究。自1998年核试验以来，印度就一直加紧推进核武器实战化的建设，2000~2001年度国防预算中增加的数额有相当一部分用于建设海、陆、空三位一体的核力量。

各国继续加紧信息化武器装备的发展。美军首次在新版《作战纲要》中纳入了“信息优势”的内容。美新的《四年防务审查报告》则进一步强调了发展信息技术的意义，提出要利用信息技术发展可互通的、联合的 C^4ISR 体系和适应各种联合作战环境需要的能力。指出，信息技术可使美军以小型部队和数量不多的武器更有效地进行联合作战。美国各军种都在积极采用“信息嵌入”技术，为现有各种武器装备加装信息处理和传输、指挥与控制、定位与导航等系统，并努力增强其远程打击能力、精确制导能力以及防护能力。日本也加强了陆上自卫队的 C^4ISR 建设。随着陆上自卫队机械化、直升机化的推进，在这两种互相结合的平台间引入了数据通信网。认识到战争正在由机械化战争转向信息化战争，俄军已组建了专门负责反信息战、保证信息传递安全的机构和特种分队，并且在2001年开始了以信息战“早期预防系统”为代表的信息战武器装备的研制。印度也于2001年制定出一项提高军队 C^4ISR 系统能力的发展规划，该计划为期5年，总耗资37．5亿美元。

此外，各国还十分重视新型常规主战兵器和机动工具的研制。美、俄等国都在加紧研制新一代作战飞机。美国防部已经决定用450亿美元购买295架由美国洛克希德·马丁公司制造的 F-22 战斗机，以替代目前美军正在使用的 F-15 战斗机。“9·11”事件后，美国防部计划向波音公司再订购60架 C-17 大型军用运输机。俄除加紧研制第五代歼击机外，还正试验超高音速试验飞行器，试验中的“针”式飞行器可达到10倍高超音速，已经走在美国“X-43”前面。2001年6月下旬在巴黎布尔歇举行的国际航展上，欧洲9国政府达成协议，决定生产欧洲自己的军用运输机，型号为 A-400M。日本计划在今后10年里投资29亿美元为日本海上自卫队研制“P-X”的先进反潜巡逻机，并为空中自卫队研制“C-X”的新型运输机。此外，一些军事大国都在发展新型巡航导弹、主战坦克、新型舰艇以及未来单兵装备。从现在到2007年，美军将投入30亿美元来研制专门装备目标部队的“未来战斗系统”。

加快太空力量建设 进入新世纪，太空成为各军事强国又一新的制高点。制定太空建设计划、组建独立的“天军”、发展太空武器、举行太空战演习，成为美、俄等国军队建设的重要内容。2001年1月22~26日，美军首次举行了代号为“施里弗-2001”的太空战演习。5月1日，布什在美国国防大学就导弹防御系统计划发表演讲时说，美国将在太空部署一个多层次的卫星、雷达系统。国防部长拉姆斯菲尔德在5月8日举行的记者招待会上说，美国比其他国家更依赖空间，无论是国家安全还是人们的日常生活，都离不开在太空中运行的卫星。为了保护美国在空间的利益，美国空军航天司令部已经在制定发展更加先进的空间设备的计划。美国计划在现有三军联合航天司令部和陆、海、空航天司令部的基础上，由空军逐步过渡到“航天航空军”。

俄罗斯也不甘示弱。2001年1月25日，俄联邦安全会议召开专门会议，通过了《2001~2010年俄联邦在航天领域的国家政策基础》，该文件的主导思想是加快发展太空力量，确保俄罗斯在太空的安全和独立。2001年6月1日，作为武装力量的一个独立兵种——俄军太空兵正式成立。太空兵的主要任务是发射新的航天器和打击敌方太空武器系统。它是俄罗斯应对21世纪国家面临的威胁，特别是反击美国家导弹防御系统的一张王牌。

此外，日本、印度等掌握了空间技术的国家，也意识到了太空军事化的大趋势，把发展太空军事技术列入建军计划。2001年，日、印两国都先后发射了卫星运载火箭。

加强训练，加大演习的力度 为了提高军队的战备水平和实战能力，许多国家都以提高联合、联军作战的能力为重点，进一步强化了军事训练和演习。美军高度重视训练和演习。在欧洲与北约盟国一道，加强了针对俄罗斯等原苏联国家的军事演习。其中包括"冒险快速高效反应－2001"和平伙伴联合军事演习、"波罗的海高峰－2001"联合海上军事演习、"合作伙伴－2001"海军联合军事演习、"琥珀希望－2001"国际军事演习、"和平盾牌－2001"联合军事演习等。在亚太地区，仅2001上半年美单独或与其亚太盟国和友好国家举行的大小军事演习就不下70次。其中包括2001年5月中下旬，美国、泰国和新加坡举行的一年一度的"金色眼镜蛇"联合军事演习。以俄罗斯为首的独联体国家也加大了训练、演习力度，举行了一系列旨在提高独联体国家联合部队联合作战能力和快速反应能力的演习。

美、俄等国训练演习的特点，一是注重联合、联军作战演练。美、英、法等国认为，未来军事行动的可能形式，将是诸军种联合作战或与盟国军队联合对外干涉，必须进一步改变传统的行动观念，加强联合、联军训练和演习。美军根据科索沃等作战行动的经验教训，加强了各军种之间的联合作战训练，在海上指挥所内，配备了陆军 、空军和陆战队指挥官，并注重与盟军协同作战演练，美军举行的"联合特遣部队"演习，英、法、意、加、荷等国也派兵参演。欧盟各国军队以北约《AJP－01（A）联盟联合作战条令》为基础，实施联合作战训练。二是注重特种作战训练。鉴于反恐怖作战和非对称作战的需要，许多国家都强化了特种作战的训练。三是注重在训练演习中运用以计算机为核心的信息技术和其他高技术。2001年1月22～26日，美军举行的代号为"施里弗－2001"的太空战演习，实际就是一次电脑模拟太空战演习。共有250人参加，花费150万美元。日本自卫队投资1.4亿多美元，新建了目前世界上最先进的高科技数据训练基地——陆上自卫队富士训练中心。该训练基地针对现代高技术战争的特点，使用了各种高技术器材，模拟实战环境，使部队在近似实战的条件下进行训练，由此达到客观、全面地检验和评估各部队实战能力的目的。四是注重改革训练体制。英国发表了《国防训练评估报告》，为了更好地适应未来作战的要求，英军将改革训练体制。改革的原则，是适应三军联合作战的要求，适应高技术的发展，适应与社会接轨的需要，为加强对国防教育、训练的统一领导，成立统一的领导机构，加强与地方院校联合办学，共同培养军事人才。

（刘延军、韩生民）

中亚五国军队建设特点与发展趋势 哈萨克斯坦、吉尔吉斯斯坦、乌兹别克斯坦、塔吉克斯坦、土库曼斯坦等中亚五国，地处欧亚大陆腹地，地缘和战略位置十分重要。这5个国家总面积近400万平方千米，总人口有5373万。"9.11"事件，特别是美军向阿富汗发动军事打击后，中亚地区再次成为举世关注的一个焦点。人们看到，虽然阿富汗的战事暂告一段落，但中亚地区并不平静。军事大国在这一地区的角逐刚刚开始，一向视中亚为自己"后院"的俄罗斯将加强在这一地区的影响，而美国借打击阿富汗之机，很可能"名正言顺"地在中亚地区长期保持军事存在，进而全面插手中亚事务。中亚地区恐怖主义、宗教极端主义的威胁也依然存在。面对复杂的局面和可能的挑战，中亚各国在推行"全方位务实外交"、寻求大国支持、创造良好周边环境的同时，也在"强筋壮骨"，大力加强军队建设。其军队建设的特点和发展趋势是：

奉行"防御"原则，建设精锐军队 苏联解体，中亚五国独立后，各国根据内外形势的变化，相继提出并确立了"纯防御"、"均衡防御"和"足够防御"战略。尽管战略的称谓略有不同，其实质都强调奉行以"维护自身安全与中亚地区和平，防止战争"为基本指导思想的防御性军事战略方针。近10年来，中亚各国相继颁布或修改了《国家安全构想》和《军事学说》，明确提出，随着"两极"的解体，大战的威胁已经大大降低，新的国际格局正在形成之中，但新旧格局转换而引发了许多危机和争端，对全人类构成新的威胁，不断出现的热点问题成为破坏全球和地区安全与稳定的现实威胁；认为中亚国家地处欧亚腹地，是各种矛盾的交汇处，因此将面临着多种挑战和威胁；强调由于宗教、民族、领土和资源等问题引发的恐怖主义日益猖獗，贩毒、武器走私问题日益严重，对中亚各国的安全构成严重威胁。

在军队建设上，中亚各国普遍强调的是贯彻"独立防御"与"集体安全"相结合的方针，实行"合理足够"、质量建军的原则。强调要以应付局部战争、边境武装冲突和打击恐怖主义、能够完全捍卫国家利益和保卫国家安全与稳定为目标，建设一支数量不多、装备精良、机动能力强、有战斗力、足以应付各种危机和武装冲突的军队。

与其他国家和地区情况不同的是，中亚五国的军队建设经历了从无到有，从小到大，军队员额和整体军事实力缓步增加的过程。建军初期，五国现役总兵力约为13万人，目前已增加到16万余人（另有6万人的准军事部队）。其中兵力规模最大的是哈萨克斯坦，现役兵力6．58万，其中陆军4．68万，空军1．9万人，装备坦克装甲车辆约1600辆，作战飞机130架，另有准军事部队3．45万人。其次是乌兹别克斯坦，现役兵力5．4万，其中陆军5万人，空军4000人，装备坦克装甲车辆约1100辆，作战飞机150架，另有准军事部队约2万人。土库曼斯坦，现役兵力1．9万，其中陆军1．6万人，空军和防空军3000人，装备坦克装甲车辆近2000辆，作战飞机400余架。吉尔吉斯斯坦，现役兵力1．22万，其中陆军9800人，空军2400人，装备坦克装甲车辆约470辆，作战飞机120余架，另有准军事部队5000人。塔吉克斯坦，现役兵力0．9万，装备坦克装甲车辆160余辆，另有准军事部队1200人。五国军队建设的基本特点是，都建立了完善的领导与指挥体制；都建成了适合中亚地区特点、比较齐全的军兵种，其中包括陆军、空军、防空军、边防军以及内卫军等准军事部队，濒临里海的哈萨克斯坦还建立了一支由若干艘巡逻艇组成的海军；都建成了较为完善的武装力量体系和较为合理的防御兵力布势；都建立了军事法规体系，颁布了《国防法》、《军事学说》等一批法规，军队建设初步走上了法制化轨道；都已初步形成了军事培训系统；军队组成人员都已开始本民族化。从发展趋势看，只要不发生大的战事，中亚五国兵力规模总体上将控制在目前的水平上。军队建设下一步的重点，主要放在调整结构、提高现代化程度、提高人员素质和整体作战水平上。

坚持区域军事合作，构建共同防御体系 中亚各国经济实力普遍较弱，军费投入有限。五国相加，国内生产总值只有400多亿美元。其中，哈萨克斯坦为220亿美元，乌兹别克斯坦为115亿美元，土库曼斯坦为39亿美元，吉尔吉斯斯坦为16亿美元，塔吉克斯坦为11亿美元。五国相加，军费投入只有近7亿美元。其中，军费投入最多是哈萨克斯坦，为2．59亿美元，土库曼斯坦为1．39亿美元，乌兹别克斯坦为1．09亿美元，塔吉克斯坦为1．09亿美元，吉尔吉斯斯坦只有0．54亿美元。任何单独一个国家实力都有限。加之中亚地区面积较大，地形特殊，环境恶劣，遍布高山、丘陵、沙漠，从安全的需要、各自的国情以及彼此的天然关系出发，中亚各国在军队建设上十分强调依托地区性军事联盟，构建共同防御体系。

中亚五国在军队建设的合作上采取了如下具体步骤：一是签订多种双边或多边军事合作协议。自上个世纪90年代初以来，中亚有关国家先后签署了《集体安全条约》、《保卫独联体边界协议》、《相互利用对方边境设施的协议》、《2001年前军事合作纲要》、《经济军事联盟条约》等，通过这些协议，明确了在军队建设上合作的原则和基本指导思想，确立了在防御部署、防空、边界保卫、军事训练、武器供应、装备维修等方面加强协调与合作的基本原则和内容。二是组建中亚联合快速反应部队。2000年初，独联体12个国家在莫斯科召开首脑会议，通过了《独联体国家联合反对国际恐怖主义活动纲领》，其后，哈、乌、吉、塔4国又签署了共同打击恐怖主义和宗教极端主义的地区安全条约；2000年6月建立了“独联体反恐怖主义中心”。2001年5月，决定建立组建中亚联合快速反应部队。这项计划已按时完成。每个独联体集体安全条约签署国都派遣一个营的兵力，平时部署在各自的国家，一旦需要，将统一部署、统一指挥。危机发生后，哈、乌、吉、塔4国可视情况增加兵力，最多增至4个旅。中亚联合快速反应部队的指挥机构设在吉尔吉斯，主要负责部队的战时指挥与协调及制定日常训练计划。三是组建中亚维和部队。在美国等北约国家的支持下，中亚有关国家组建了“中亚维和营”，目前已由最初的1个营发展为哈、吉、乌3国各1个营。四是建立中亚五国联合防空体系，中亚五国联合防空体系是独联体联合防空体系的一部分，同时也是中亚五国确保防空安全的重要步骤。该体系主要用于中亚国家的领空保卫、导弹预警和监督空域的使用，在战时协调中亚各国防空兵力兵器的使用。目前，该体系包括中亚五国防空部队、陆军野战防空部队，人数超过7万人，飞机近千架，导弹数千枚。五是建立联合打击恐怖主义机制，2000年4月，哈、吉、乌、土等突厥语四国领导人签署了联合声明，准备在打击恐怖主义、宗教极端主义等方面建立有效的国际合作机制。

寻求“多元化”安全保障，加强与军事大国的合作 由于中亚特殊的地理位置和丰富的资源，历来是世界强国的战略关注点和利益的交汇点，尤其是冷战结束以来，美、俄等国在这一地区的角逐一天也没有停止过。而中亚国家从自身的安全和军队建设的需要出发，抓住这一机遇，通过积极的外交活动，寻求军事大国的援助和支持。

首先，中亚各国与俄罗斯在军队建设上开展了密切的合作。俄罗斯一直视中亚为其“后院”和“利害相关的地区”，对俄来说，中亚有着更直接的地缘战略利益。为此，俄利用一切可利用的条件，开展与该地区各国的双边与多边军事合作；而中亚各国也首先是把俄罗斯作为倚重与合作的重点，在军队建设上与俄罗斯的合作是中亚国家的既定方针。中亚国家与俄罗斯之间先后签署了多项双边和多边军事合作协议。俄帮助中亚国家进行军事干部培训。开展情报交流上的合作。俄与中亚有关国家建立了统一的独联体反恐怖中心，在情报交流、军事行动等方面进行协调。此外，在防空、边界保卫等方面，中亚五国与俄也建立了稳定的合作关系。

其次，逐步加大与美国等西方国家的军事合作力度。美国在地理上虽远离中亚地区，但一直视该地区为对其战略利益有重要影响的地区，采取经济援助的手段加强向该地区的渗透，在军事上极力扩大北约在该地区的影响。与此同时，中亚国家也认为不能把安全保障的“宝”押在某一个大国身上，必须寻求“全方位”的安全，其中，美国和北约国家是重要的依靠对象。此外，在军队建设上，中亚各国认为美国、北约军队的建军模式也值得借鉴。中亚各国与美国及北约在军队建设上的合作从冷战结束后就已开始，且呈逐步加强之势。从 1997 年开始，哈、吉、乌等国每年都与美、土等国军队联合举行“中亚营”联合演习。双方联合举行军事学术会议，就国家战略思想和军队现代化建设问题进行交流和探讨等。

采取多种措施，推进军队质量建设 中亚各国普遍奉行“精兵”政策，把军队建设的重点始终放在提高质量上。特别是“9. 11”之后，中亚各国进一步确定了质量建军的方向。

在军队质量建设上，中亚五国普遍采取了如下措施：一是不断进行体制和结构的调整，建立适应现代战争要求的国防体制。建军之初，中亚国家在军队领导指挥体制上基本上承袭了原苏军规模大、层次多的模式。近年来各国都对军队领导指挥部门进行了优化，“消除重叠和无效的环节”。其中哈萨克斯坦对国防部和总参谋部的组织机构进行了大精简，吉尔吉斯斯坦重新划分了国防部与总参谋部的职能，乌兹别克斯坦参照西方的做法，于 2000 年 9 月任命了文职国防部长并组建联合参谋部，还实行了军－旅体制。此外，一些国家还建立或调整了战区指挥体制，如哈萨克斯坦就决定按防御方向成立 4 个大军区，即东部军区、南部军区、西部军区和北部军区。二是进行兵役制度的改革，推进军队职业化建设。一些国家进行了军队职业化的试点，如哈军就对军官服役条例进行了修改，规定军官服役期满后，还可续签 3～5 年服役合同。三是加强部队实战演练，提高战备水平。近年来，中亚国家有针对性地加强了部队演练，每年都举行师以上规模的军事演习，假想敌大多为武装恐怖团伙和宗教极端势力。此外，还多次联合举行防空演习，以检验中亚国家联合防空体系的效能，提高各国防空协调作战能力。四是加快武器装备现代化步伐。中亚国家独立后，武器装备仍沿用前苏制式，武器装备中许多已达到或即将达到服役年限，如中亚国家空军、防空军主要装备的是米格－23、米格－25 等旧型机。近年来，中亚五国开始加快武器的更新换代，哈萨克斯坦就与俄签署了共同研制防空武器的协议，1993～2001 年，哈、乌、土等国分批从俄引进了苏－25、苏－27、米格－29 等先进作战飞机，引进了 C－300 防空导弹及多种新型雷达等装备。五是重视教育训练，努力提高官兵素质。近年来，中亚五国军队中本民族军官的比例越来越高，这在给部队带来稳定、提高本民族自信心的同时，军官队伍素质降低也成为困扰军队建设的问题，为此，中亚国家十分强调要按照现代战争要求，加强军官培训，特别是把提高本民族军官的素质作为军队现代化建设的一个重点来抓。有的国家，如哈萨克斯坦，还制定了《2005 年前军事科学及军官培养计划》。除利用本国军事院校培训军官外，还把部分军官送到俄罗斯、美国以及其他西方发达国家代培。

资料来源：

①俄罗斯《消息报》2002 年 1 月 17 日；

②孙壮志：《中亚新格局与地区安全》，中国社会科学出版社，2001 年 7 月；

③《军事力量对比》2000～2001 年，伦敦战略研究所。

（韩生民）

（本栏责任编辑　孟昭印）

国 际 条 约

中俄哈吉塔乌六国元首联合声明 2001年6月14日，中华人民共和国主席江泽民、俄罗斯联邦总统普京、哈萨克斯坦共和国总统纳扎尔巴耶夫、吉尔吉斯共和国总统阿卡耶夫、塔吉克斯坦共和国总统拉赫莫诺夫和乌兹别克斯坦共和国总统卡里莫夫在上海签署了6国元首《哈、中、吉、俄、塔、乌联合声明》。声明分3部分，主要内容如下：

一、乌兹别克斯坦高度评价“上海五国”成立以来积累的积极经验，赞同“上海五国”框架内进行相互协作的精神和原则，并于2001年1月表示，准备在完全平等成员身份的基础上参与“上海五国”合作。

哈萨克斯坦共和国、中华人民共和国、吉尔吉斯共和国、俄罗斯联邦、塔吉克斯坦共和国欢迎乌兹别克斯坦共和国在本地区国家的信任、稳定和相互理解的原则基础上开展合作的愿望，决定接受乌兹别克斯坦共和国作为完全平等成员加入“上海五国”。

二、乌兹别克斯坦共和国以完全平等成员身份加入“上海五国”，意味着乌兹别克斯坦共和国将遵守1996年和1997年分别签署的关于在边境地区加强军事领域信任和关于在边境地区相互裁减军事力量的两个协定以及“上海五国”元首达成的其他各项协议所体现的原则。

三、鉴于建立“上海合作组织”的具体工作已经开始，乌兹别克斯坦共和国表示愿同哈萨克斯坦共和国、中华人民共和国、吉尔吉斯共和国、俄罗斯联邦、塔吉克斯坦共和国一道成为这一新的联合体的创始国，并同它们一起签署《“上海合作组织”成立宣言》和《打击恐怖主义、分裂主义和极端主义上海公约》。

中国和白俄罗斯联合新闻公报 中华人民共和国和白俄罗斯共和国2001年7月19日在明斯克发表了联合新闻公报。

公报说，应白俄罗斯共和国总统卢卡申科的邀请，中华人民共和国主席江泽民于2001年7月18日至19日对白俄罗斯共和国进行了国事访问。

公报说，这是中国国家元首首次访问白俄罗斯，为新世纪双边关系长期、稳定发展注入新的活力。

公报说：“访问期间，江泽民主席同卢卡申科总统举行会谈，并会见了白俄罗斯总理叶尔莫申、国民会议共和国院主席沃伊托维奇和国民会议代表院主席波波夫。两国领导人在诚挚、友好和务实的气氛中就双边关系现状和前景及共同关心的国际问题交换意见，达成广泛共识。访问取得圆满成功。”

公报说，两国领导人指出，中华人民共和国和白俄罗斯共和国签署的所有政治文件是确保中白全面友好合作关系在21世纪顺利发展的坚实基础，双方决心为进一步扩大各领域互利合作不懈努力。

公报说：“中华人民共和国和白俄罗斯共和国将继续保持两国高层领导人之间的经常性接触，就有关双边关系和国际局势的重大问题交换意见。”

公报说，两国领导人确认双方在一系列重大国际问题上立场相同或相似，都主张加强在联合国及国际组织框架内的协作与紧密合作，为建立公正合理的国际政治经济新秩序而共同努力。双方坚信，联合国是主权国家组成的世界上最具普遍代表性和权威性的组织，它的地位和作用是其他国际组织无法取代的。双方认为，只有遵循《联合国宪章》的宗旨和原则以及公认的国际法准则，并考虑到各国人民的民族特点和特性，通过国际社会的集体努力才能战胜21世纪的挑战。双方声明，决不接受违反《联合国宪章》的宗旨与原则、以任何借口干涉主权国家内政的图谋。

公报指出，中华人民共和国和白俄罗斯共和国重申，选择自己的政治、经济和社会发展道路是每个国家的主权，相互支持对方为维护本国独立、主权和领土完整所作的努力。

公报说：“白俄罗斯共和国重申其在台湾问题上的一贯原则立场，即世界上只有一个中国，中华人民共和国政府是代表全中国的唯一合法政府，台湾是中国领土不可分割的一部分。”

公报说，两国领导人强调，1972年签署的《限制反弹道导弹系统条约》（简称“反导条约”）是全球战略稳定和国际安全的基石。1999年及2000年联合国大会通过的由中华人民共和国和白俄罗斯共和国与其他国家一道提出的“维护和遵守《反导条约》”决议具有重要意义。

公报说，中华人民共和国和白俄罗斯共和国将加强经贸和科技联系，并为此创造有利的法律、金融与经济条件。

公报说，中华人民共和国和白俄罗斯共和国将深化两国立法和行政部门、社会组织之间的关系，扩大在科学、教育、文化、卫生、社会保障、旅游及其他领域的合作。

公报说，中华人民共和国主席江泽民对在明斯克受到的热情接待表示感谢，并邀请白俄罗斯共和国总统卢卡申科在双方方便时访问中华人民共和国。卢卡申科总统愉快地接受了邀请。访问日期将通过外交途径商定。

中国和摩尔多瓦元首发表的《中摩联合声明》

2001年7月20日，正在摩尔多瓦首都基希讷乌进行国事访问的中国国家主席江泽民同摩尔多瓦总统沃罗宁共同签署了中摩两国联合声明。联合声明共11部分，全文如下：

应摩尔多瓦共和国总统弗拉迪米尔·沃罗宁的邀请，中华人民共和国主席江泽民于2001年7月19日至20日对摩尔多瓦共和国进行了国事访问。两国元首在友好、诚挚的气氛中就中华人民共和国与摩尔多瓦共和国双边关系和共同关心的国际问题深入交换了意见，达成广泛共识。双方对访问结果予以高度评价。两国元首全面回顾了中华人民共和国与摩尔多瓦共和国建交以来双边关系的发展情况，共同展望和规划了两国关系的未来，一致同意在新世纪进一步深化和发展中摩两国在各个领域的友好合作关系。为此，特声明如下：

一、双方确认，恪守1992年11月7日签署的《中华人民共和国和摩尔多瓦共和国联合公报》和2000年6月7日签署的《中华人民共和国和摩尔多瓦共和国关于在21世纪继续加强全面合作的联合声明》。

双方认为，保持双边关系持续、务实和稳定的发展，符合两国和两国人民的现实和长远利益，也有利于地区和世界的和平与发展。

二、双方确认，按照《联合国宪章》的宗旨和原则及其他公认的国际法准则，在相互尊重主权和领土完整、互不侵犯、互不干涉内政、平等互利、和平共处等原则基础上发展两国关系。

三、双方将积极推动彼此在政治、经济、科技、教育、文化、卫生等领域的友好交流与合作，并使其不断取得具体成果。

双方认为，两国签署的协议是双方合作的坚实基础。为促进中摩合作，双方将继续完善双边法律基础。

四、双方将继续鼓励和支持两国政府、议会、民间组织、企业家之间的接触和互访，以进一步增进相互了解，巩固中摩传统友谊。

五、摩尔多瓦共和国重申，世界上只有一个中国，中华人民共和国政府是中国的唯一合法政府，台湾是中国领土不可分割的一部分，支持中国早日完成统一大业。摩尔多瓦不同台湾建立任何形式的官方关系和进行任何官方往来，不支持台湾加入只有主权国家才能加入的国际组织。

六、中华人民共和国重申，尊重摩尔多瓦共和国的独立、主权和领土完整，支持摩尔多瓦共和国为解决德涅斯特河左岸冲突所做的努力，希望各调停国为尽快解决这一问题而不懈努力，主张国际和地区组织关于摩尔多瓦共和国的各项决定得到切实履行。

中华人民共和国注意到摩尔多瓦共和国已加入《东南欧稳定公约》，希望这有利于加强地区的和平与稳定，也有利于中摩合作关系的全面发展。

中华人民共和国理解和尊重摩尔多瓦共和国加入欧盟的选择。

七、双方认为，当前，各种形式的恐怖主义、分裂主义和极端主义已对主权国家的安全以及世界的和平与稳定构成严重威胁。双方决心采取措施，通过双边和多边合作打击上述活动。

八、双方认识到，两国面临着经济改革、实现现代化和社会发展的任务，愿就共同关心的问题交流经验。

九、双方愿扩大和加强经贸领域的合作，以使双边经贸关系更具实效。两国政府部门和其他机构将采取有效措施，以落实双方达成的谅解。双方将努力发挥中摩政府经贸混委会的作用，寻找两国在经济、技术、贸易和投资等领域合作的新途径与新形式。双方将更加重视寻找具体的合作领域，在两国建立合资企业。

十、双方认为，当前国际形式趋向缓和，谋求和平与发展已成为世界人民的共同愿望，世界多极化和经济全球化作为一种客观趋势正在发展。双方决心与国际社会一道为建立公正、合理的国际政治经济新秩序而不懈努力。

十一、双方重申，国家不分大小、强弱、贫富，都有权决定自己的命运，有权根据本国国情选择各自政治、经济和社会发展道路，在参加讨论和解决世界事务方面都具有平等的权利。双方将在国际事务中继续紧密协作，相互配合，相互支持。

本声明于 2001 年 7 月 20 日在基希讷乌签署。

中华人民共和国主席　**摩尔多瓦共和国总统**

江泽民　**弗拉迪米尔·沃罗宁**

（签字）　**（签字）**

中越联合声明要点　应中国共产党中央委员会总书记、国家主席江泽民的邀请，越南共产党中央委员会总书记农德孟于 2001 年 11 月 30 日至 12 月 4 日对中华人民共和国进行了正式友好访问。访问期间，中共中央总书记、中华人民共和国主席江泽民同越共中央总书记农德孟举行了会谈。中共中央政治局常委、中华人民共和国全国人民代表大会常务委员会委员长李鹏，中共中央政治局常委、中华人民共和国国务院总理朱镕基，中共中央政治局常委、中华人民共和国副主席胡锦涛分别会见了农德孟总书记。双方互相通报了各自党和国家的情况，并就共同关心的地区和国际问题广泛交换了意见。会谈与会见是在亲切、友好的气氛中进行的。中越双方 12 月 2 日在北京发表联合声明。声明分 10 部分，其要点如下：

双方认为，越共中央总书记农德孟对中国的访问取得了圆满成功，这次访问是新世纪初两党、两国关系中的重大事件，对加强和深化 21 世纪中越两党、两国全面友好合作关系作出了重要贡献，并将对本地区和世界的和平、稳定、合作与发展产生积极而深远的影响。

越南方面高度评价中国共产党和中国人民在过去的 80 年中所取得的历史性成就，并坚信中国共产党和中国人民一定会在建设有中国特色社会主义事业中取得新的更大的成就。中国方面高度评价越南共产党和越南人民在过去 70 多年中所取得的历史性成就，并坚信越南共产党和越南人民一定会在建设民富国强、社会公平、民主、文明的社会主义祖国的事业中取得新的更大的成就。双方决心从各自国家的实际出发，继续探索和解决党和国家建设面临的重大理论和实践问题，推动经济发展和社会进步。

双方满意地指出，两国关系正常化以来，双方在各个领域的交往与合作日益扩大和深化。两国发表了 1991 年、1992 年、1994 年、1995 年边界《联合声明》，陆续签署了陆地边界条约、北部湾划界协定和北部湾渔业合作协定；两党、两国开展了广泛深入的改革开放、革新、治党治国和社会主义建设理论与实践经验的交流；两国的经贸合作迈上了新的台阶。两党、两国政府和两国人民对中越全面友好合作关系的良好而重大的发展感到高兴。

双方认为，中越友好是两党、两国、两国人民共同的宝贵财富。在新的世纪里，不断加强中越两党、两国全面友好合作关系，不仅符合两党、两国和两国人民的根本利益，而且有利于本地区和世界的和平、稳定、合作与发展。双方决心坚持“长期稳定、面向未来、睦邻友好、全面合作”的 16 字指导方针，全面贯彻落实两国《关于新世纪全面合作的联合声明》提出的明确目标和任务，不断提高中越传统友好合作关系的质量和水平，使中越两国和两国人民世代友好下去。

双方同意，为进一步加强和发展新世纪中越两党、两国全面友好合作关系，将继续保持两党、两国高层交往的良好传统；推动两国党政部门、议会、群众团体及地方之间在政治、经济、文化、教育等各个领域的交往与合作，提高合作效果；加强双方治党治国经验的交流，相互借鉴改革开放、革新和党的建设等各方面的经验；加强两国青少年之间形式多样、内容丰富的友好交往，使两国老一辈革命家精心培育的传统友谊和两国全面友好合作事业后继有人。

双方一致认为，两国签署陆地边界条约、北部湾划界协定和北部湾渔业合作协定，是具有重大意义的事件，为推动两国睦邻友好与全面合作关系的进一步发展和地区的稳定作出了积极贡献。双方同意，按照两国领导人的共识，加快完成北部湾渔业合作协定的有关后续谈判工作，使北部湾划界协定与渔业合作协定尽早一并生效。积极推动并加快陆地边界勘界立碑工作进程，把两国边界建设成为和平、友好、长期稳定的边界。

双方同意，继续维持现有海上问题谈判机制，坚持通过和平谈判，寻求一项双方都能接受的基本和长久的解决办法。在问题解决前，双方本着先易后难的精神，积极探讨在海上，诸如海洋环保、气象水文、减灾防灾等领域开展合作的可能性和措施。与此同时，双方均不采取使争端复杂或扩大化的行动，不诉诸武力或以武力相威胁。对产生的分歧应及时进行磋商，采取冷静和建设性的态度，予以妥善处理；不因分歧而影响两国关系的正常发展。

越南方面重申，越南承认中华人民共和国政府是代表全中国的唯一合法政府，台湾是中国领土不可分割的一部分。越南同台湾只进行非官方经贸往来，绝不同台湾发展官方关系。中国方面重申，台湾问题纯属中国内政，坚决反对与中国建立外交关系的国家同台湾建立任何形式的官方关系，或进行任何具有官方性质的往来。

双方对就共同关心的地区和国际问题达成的广泛共识表示满意。双方认为，谋求和平、合作、发展和社会进步，已成为当今时代的潮流。中越两国和两国人民渴望世界持久和平，渴望过上长期稳定安宁的生活，渴望建立公正合理的国际新秩序，渴望促进各国共同繁荣和发展。双方反对在国际事务中的霸权主义和强权政治，反对一切形式的恐怖主义。双方主张尊重各国的历史文化、社会制度、发展模式以及世界各种文明。

双方赞赏东盟组织维护和促进地区稳定与发展中发挥的积极作用，重申将继续致力于加强中国与东盟国家的睦邻互信伙伴关系，为亚洲特别是东亚的持久稳定和繁荣做出积极的努力和贡献。

亚太经合组织领导人《反恐声明》 2001年10月21日，在上海参加亚太经合组织（APEC）第9次领导人非正式会议的有关国家和地区领导人，利用午餐会的时间就反对恐怖主义问题交换了意见，并发表了《亚太经合组织领导人反恐声明》。《声明》共8部分，全文如下：

一、领导人一致强烈谴责2001年9月11日在美国发生的恐怖袭击事件，对每位死难者和死难者家属、美国政府和人民深表同情和慰问。

二、领导人认为，这种屠戮生命的行径和其他一切形式的恐怖行为，不论发生在何时、何地，针对何人，由谁所为，都严重威胁着所有人民，所有信仰，以及所有国家的和平、繁荣和安全。恐怖主义对亚太经合组织倡导的自由、开放和繁荣目标，对亚太经合组织各成员信奉的价值观，也构成直接挑战。

三、领导人重申，对各成员此刻尤为重要的是加快实现《茂物宣言》所确定的贸易、投资自由化目标。

四、领导人认为，必须全面加强各层次、综合性的国际反恐合作，重申联合国应在此方面发挥主导作用。领导人特别强调联合国有关协议的重要性。

五、领导人承诺，恪守《联合国宪章》和其他国际法，防止、制止一切形式的恐怖活动，迅速、有效执行安理会第1368和1373号决议，支持一切旨在加强国际反恐机制的努力，呼吁加强合作将凶手绳之以法，呼吁尽快签署并批准包括《禁止资助恐怖主义的国际公约》在内的所有国际反恐公约。

六、领导人决心根据各自具体情况加强反恐合作，包括：

——采取适当金融措施，防止恐怖主义的资金流动，加快亚太经合组织反金融犯罪财长工作组的工作，并更多地参与相关国际机制的活动。

——各成员都应执行国际海、空运输的相关安全要求。交通部长们应积极讨论保障机场、航空器和港口安全的有效措施，力争尽早取得实际成效，确保全面落实与合作。

——通过“亚太经合组织能源安全倡议”机制，加强地区能源安全，研究本地区能源供应面临的短期问题和长远挑战的应对之策。

——加强亚太经合组织在关键领域的保护工作，诸如电信、交通、卫生和能源等。

——加强海关联系网络，加快发展一体化的电子通关网络，以便既减少对贸易流动的影响，又更有效地执法。

——合作建立人员流动电子记录系统，以加强边境安全，增加合法旅行人员的行动便利。

——加强各成员的能力建设和经济技术合作，以协助每一成员能确定和实施有效的反恐措施。

——共同努力减少袭击事件造成经济下降的影响，采取措施加大经济增长，确保贸易、投资、旅行和旅游有一个稳定的环境，以恢复本地区经济信心。

七、领导人承诺进行全面合作，加强经济与金融部门的相互沟通，确保经济与市场不受国际恐怖主义的干扰。

（史君健）

俄越战略伙伴关系声明 2001年3月1日，俄罗斯总统普京和越南国家主席陈德良在越南河内签署了俄越战略伙伴关系声明。声明说，越南支持俄罗斯维护和加强1973年反导条约的努力，认为该条约是进一步削减进攻性战略武器的基础。

声明中谈到，双方打算促进全球和地区稳定，并维护和完善在军备控制和裁军，以及保障各国安全方面现有的国际条约。俄罗斯和越南决心在打击对主权国家的安全、和平与稳定构成严重威胁的国际恐怖主义、分裂主义、宗教极端主义和跨国犯罪方面进行双边和多边合作。

两国都认为，在亚太地区部署战区导弹防御系统对地区稳定和安全可能有消极影响，会导致新一轮军备竞赛。

俄罗斯和越南将继续在防御领域进行合作，以保证两国的安全，这种合作不针对第三国。双方将保持经常性接触，包括最高级接触，并在现有基础上扩大经贸合作。

声明重申了俄罗斯和越南在 21 世纪要加强和发展两国的传统友谊和多方面合作的决心。为了扩大双边贸易，必须寻找增加双方贸易额的途径，使双边贸易额达到符合现有实力的水平。

阿拉伯国家首脑会议《安曼宣言》 2001 年 3 月 28 日，第 13 届阿拉伯国家首脑会议在约旦首都安曼闭幕。在为期两天的会议上，阿盟 22 国国家元首或元首代表就如何推动中东和平进程、解决伊拉克问题和加快阿拉伯国家经济一体化步伐等地区重大问题进行了全面深入的讨论。会议发表了《安曼宣言》和最后声明。其要点如下：

宣言强调，阿拉伯国家要在政治上恢复团结，经济上加强协作；呼吁国际社会解除对伊拉克的经济制裁；要求以色列从所有被占领土撤军并销毁所有大规模杀伤性武器。宣言还重申，将继续支持巴勒斯坦、叙利亚和黎巴嫩为收复失地和重新获得合法权利而进行的斗争，并严厉谴责以色列当局针对巴勒斯坦平民的各种野蛮行径。

声明呼吁阿拉伯国家实现民族和解、恢复团结，加快经济一体化步伐，支持解除对伊拉克的制裁，并全面支持巴勒斯坦、叙利亚和黎巴嫩收复领土和争取民族权利的斗争。声明说，无论从人道主义考虑，还是从阿拉伯民族和宗教传统以及对国际事务的承诺着眼，都应解除对伊拉克的制裁。声明表示全面支持巴勒斯坦、叙利亚和黎巴嫩收复领土和恢复民族权利的斗争，要求以色列从所有被占阿拉伯领土和东耶路撒冷撤军，销毁大规模杀伤性武器，以实现全面、公正和持久的中东和平。

俄朝军事合作协议 2001 年 4 月 27 日，俄罗斯和朝鲜国防部长签定了一项“军事合作协议”。据俄罗斯国防部长谢·伊万诺夫对记者说，会谈时，讨论了俄朝军事合作的问题。双方还讨论了俄罗斯在军官培训方面帮助朝鲜的问题。据俄罗斯副总理克列巴诺夫谈称，俄朝双方还就对苏联时代提供的苏制常规武器的修理和改进等问题达成了协议。他表示“这种军事合作不会损害与韩国的关系”。

加拿大防范新型攻击计划 2001 年 3 月 11 日，加拿大《渥太华公民报》载文称，加国防部于 2000 年 7 月拟定了防范新型攻击计划书。该计划书指出，今后的“战争”形态将包括黑客攻击，破坏电力系统，动摇民心士气的心理战，加军方应培养电脑攻击能力，也应注意防范恐怖分子袭击。该计划书警告说，加拿大今后会遇到的威胁，将是和传统战争很不一样的“非对称威胁”，这些威胁主要源自国际局势的不稳、分裂的国家和武器的扩散。

所谓“非对称威胁”，是指不直接打击敌方主力，而利用对方弱点，通常只要“小出手”，就可造成“大伤害”。

它说，西方国家的军队今后可能遇到下述类型的攻击：

一、信息战——军方指挥所的电脑网络遭到攻击，包括“心理”攻击，目的在于打击指挥官的意志，破坏指挥系统。

二、太空战——破坏监视、通讯和导航设备与器材。

三、化学、生物甚至核攻击——损毁对方港口等重要设施，散布麻醉剂，“解除”军人的作战能力。

四、小型新锐武器战——如导弹、无人驾驶飞行器、机器人。

五、恐怖分子攻击——绑架或暗杀指挥官。

该计划书建议加拿大军队增加一些任务，例如具备发动电脑攻击的能力，并改进反制核生化攻击的能力，加强反恐怖袭击的能力，因为根据判断，这些“新形态战争”可能在未来五到十年内跃居为国际冲突的“主流”。

俄法两国战略稳定问题声明 2001 年 7 月 2 日，俄法两国总统就战略稳定发表联合声明。声明说，俄罗斯和法国打算通过在安全与防止冲突问题上加强对话与合作的途径在俄罗斯和欧盟之间实现战略伙伴关系。两国认为目前最主要的任务是，在冷战后形成的新的条件下保障世界上现有的综合战略平衡。

俄朝莫斯科宣言 2001 年 8 月 4 日，俄罗斯联邦总统普京和朝鲜民主主义人民共和国国防委员会委员长金正日在莫斯科签署了俄罗斯联邦和朝鲜民主主义人民共和国莫斯科宣言。其要点如下：

俄朝领导人在新世纪头一年的莫斯科的会晤，是俄朝友好关系史上的重大事件，是加强亚太地区和世界和平与安全事务中的里程碑。两国领导人一致认为：

一、在新的世纪，俄朝将促进以权利优先，平等、互相尊重与互利合作原则为基础的新的公正的世界体制的形成。

双方认为加强联合国在国际事务中的主导作用是重要的，认为必须防止背离联合国宪章、国际法的其他原则与准则的任何企图。双方指出，国际社会联合努力对付国际恐怖活动和好战的分裂活动的威胁是重要的。

二、注意到1972年签署的反导条约是战略稳定的基石，是进一步削减进攻性战略武器的基础。朝鲜的导弹计划是和平的，不会对尊重朝鲜主权的任何国家构成威胁。

三、两国领导人一致认为，进一步发展历史悠久的俄朝友好合作传统关系，符合进入新世纪的两国人民的根本利益，将对保障亚洲和世界的和平与安全作出重大贡献。

四、两国领导人同意进一步发展政治、经济、军事、科技和文化等领域的双边合作的具体方向和措施。

五、双方赋予了早先在经贸合作领域达成的协议以具体内容。俄罗斯方面重申利用外资实施一系列双边项目的意愿，朝鲜方面表示理解。

六、双方必须采取一切必要努力，本着互利的国际惯例，实施把朝鲜南北方同俄罗斯和欧洲连在一起的铁路干线走廊工程。

七、一致支持朝鲜人民根据2000年6月15日的朝鲜南北方联合宣言、由朝鲜人民独立和平地解决南北朝鲜统一问题，有助于“朝鲜统一问题的解决”，宣言决不允许对这一过程的外来干预。俄罗斯方面重申将在朝鲜半岛的统一过程中发挥建设性的负责的作用。

八、朝鲜重申，为了保障朝鲜半岛和东北亚的和平与安全，美军从南朝鲜撤出是一个不容拖延的紧迫问题。俄罗斯方面对此表示理解，强调必须用非军事手段保障朝鲜半岛的和平与稳定。

俄罗斯与缅甸军事合作协议 2001年8月8日，俄罗斯一高级军事代表团开始对缅甸仰光进行为期4天的访问。期间，俄军事代表团与缅甸政府签署一项军事合作协议和一系列武器购买合同。在购买的武器中，将包括俄米格-29歼击机。

俄印联合声明 2001年11月6日，俄罗斯和印度发表了有关战略问题的联合声明。

俄印两国在联合声明中说，俄罗斯与印度支持保留在军控及裁军领域业已达成的决议，其中包括1972年签署的反导条约。

声明指出，俄罗斯与印度“对地区及国际安全的巩固尤为重视”，并支持推进全面裁军，包括“按体系循序渐进地在全球范围内销毁核武器，以实现彻底消除此类武器的最终目的”。

声明说，印度对俄罗斯与美国“继续削减本国进攻性战略武器”的决心表示欢迎，并呼吁其他拥有核武器的国家“在一定阶段上同样加入到削减核武器的进程中来”。声明同时指出，俄印两国间的军事技术合作已经上升到一个新的高度，“不仅涉及武器及军备贸易，还包括对新项目进行合作开发研究”。

联合国安理会关于打击国际恐怖主义的决议 2001年9月28日，联合国安理会一致通过打击国际恐怖主义决议。

决议要求所有国家冻结任何涉嫌从事恐怖主义行为的个人的资金或切断其经济来源，并对那些向这些个人提供任何资金或经济来源的组织进行严厉打击。

决议谴责9月11日在美国纽约和华盛顿等地发生的恐怖袭击事件，并重申国际恐怖主义行为已经对国际和平安全构成了威胁。决议对恐怖主义行为在世界各地有所增加深表关切，重申必须根据《联合国宪章》以一切手段打击恐怖主义行为。

决议呼吁各国紧急合作，防止和制止恐怖主义行为。决议要求各国应防止和制止资助恐怖主义的行为，并制止在本国领土内以任何手段直接、间接和故意为恐怖分子提供、筹集资金；制止恐怖主义组织招募成员和不向恐怖主义分子供应武器；不给向恐怖主义分子提供安全庇护的人提供安全庇护。

决议要求所有国家采取措施，确保把参与资助、策划、筹备或犯下恐怖主义行为或参与支持恐怖主义行为的人绳之以法，并在国内立法中明确规定这种恐怖主义行为是最严重的刑事犯罪，以确保恐怖主义分子受到严惩。

与此同时，决议还呼吁所有国家加速情报交流工作，并强调必须加紧协调所有国家、区域和国际等各级的努力，以加强国际社会在全球面临恐怖主义威胁时作出必要的反应。

安理会是根据《联合国宪章》第7章通过这一决议的。因此，该决议从通过之日起对所有国家立即具有强制性约束力。任何国家如不遵守这一决议，在经过查证核实后，安理会有权对有关国家进行制裁甚至使用武力，以强制有关国家执行这一决议。

欧盟特别首脑会议“反恐怖行动计划”

2001年9月21日，欧盟特别首脑会议在比利时首都布鲁塞尔宣告结束。会议对美国遭受恐怖袭击后的国际形势进行了评估，并通过了有关欧盟加强打击恐怖主义的“行动计划”，将打击恐怖主义列为欧盟今后首要目标。

欧盟轮值主席国比利时首相费尔霍夫施塔特在会议闭幕后举行的记者招待会上说，欧盟支持美国对恐怖主义袭击进行“合法的反击”，但欧盟希望反击是“有明确目标的反击”。他强调说，“欧盟拒绝将恐怖集团与阿拉伯和穆斯林世界混为一谈”。

费尔霍夫施塔特指出，欧盟认为恐怖主义是对欧洲和世界的“真正挑战”，国际社会应当在联合国框架内结成最广泛的全球反恐怖主义联盟。

独联体缔约国共同打击恐怖主义声明

2001年9月13日，独联体集体安全条约6个缔约国发表声明，决心共同行动打击国际恐怖主义。这6个缔约国是：俄罗斯、白俄罗斯、哈萨克斯坦、吉尔吉斯斯坦、亚美尼亚和塔吉克斯坦。

这项声明说，发生在美国的恐怖袭击事件表明，面对日益猖獗的恐怖主义威胁，只有集体的理智和集体的行动才能够有效地对付恐怖主义。

声明指出，集体安全条约缔约国的主要任务是与国际恐怖主义作斗争。在维护切身利益的同时，缔约国把自己的努力看作是地区和全球国际合作的有机组成部分。

北约同意美国8项反恐怖请求　2001年10月4日，北约其他18个成员国一致同意为美国在全球反恐怖斗争中提供8项有关“集体防御援助的特别请求”。

这8项请求是：

一、向对恐怖主义目标发动袭击的美国和其他北约战机提供“全面的越界飞行许可”。

二、允许美国和其他北约军舰在“对恐怖主义作战，包括补给燃料时”使用港口和机场。

三、在对付恐怖主义的斗争中加强情报搜集与合作。

四、帮助北约国家对付“由于支持反恐怖主义运动而受到的越来越大的威胁”。

五、加强“美国和其他盟国在它们领土上的”大使馆和其他设施的安全。

六、当美国和其他盟国在反恐怖主义战斗中撤出飞机、军舰和其他设施而留下盲区时，及时弥补盲区。通常情况下，这些武器是用来捍卫北约领土的。

七、在地中海东部部署悬挂北约旗帜的军舰，以便在北约动荡的东南翼“显示北约的存在并表明其决心。”

八、利用机载警报和控制系统“支持反恐怖主义行动。”

同一天，申请加入北约的10国外长发表声明，支持以美国为首的反恐怖行动，同意美国的8项请求，并说他们将参与其中。

这项声明是由阿尔巴尼亚、保加利亚、克罗地亚、爱沙尼亚、拉脱维亚、立陶宛、马其顿、罗马尼亚、斯洛伐克和斯洛文尼亚的外长签署的。

美国反恐怖法案　2001年10月26日，美国总统布什在白宫签署了参众两院通过的反恐怖法案，使该法案成为打击恐怖主义的正式法律。

布什在签署这一法案时说，该法案在保护美国公民宪法权利的同时，为执法部门提供了打击恐怖主义的必要手段。他表示：“政府将以一个国家处于战争状态的紧迫感来执行这一法律。”他说，这一法律的实施，将帮助美国政府对付国家目前面临的威胁，使恐怖分子在发动袭击之前就被摧毁和得到惩罚。恐怖分子不仅在恐怖袭击事件中杀害了数千名无辜者，而且通过邮政系统散布炭疽病菌，必须将他们绳之以法。

美国航空安全法案　2001年11月18日，美国总统布什签署了参众两院通过的一项旨在加强机场和飞机安全的航空安全法案，使之成为正式法律。

这项法律将使联邦政府直接负责机场安全，这在美国历史上是第一次。根据布什签署的航空安全法，美国将改变现行机场行李和旅客安检由私人保安公司负责的做法。机场安全将由运输部新成立的运输安全局负责，所有机场安检人员将成为联邦政府的雇员。这些机场安检人员必须是美国公民，并接受犯罪背景调查。但在3年过渡期之后，机场有权决定是继续使用联邦政府安检人员还是由与政府签订合同的私人保安公司负责机场安检。运输部还可以授权飞行员在驾驶舱携带武器。此外，新法案还要求在飞机航班上增加便衣警察，以加强机上安全。

法国反生物恐怖计划　2001年10月5日，法国负责卫生的部长级代表贝尔纳·库什内公布了法国反生物恐怖主义斗争计划的主要内容。

库什内强调指出，自“9·11”恐怖事件以来的国际形势促使政府加紧动员各有关部门。

这项被命名为“Biotox”的计划确定了每个相关部门的责任，还具体明确了各种专门的措施。

“Biotox”计划是围绕着3个主题来确定的，即预防、监测和报警，在出现危机的情况下进行干预。从预防方面来看，该计划打算采取多种安全措施，其中包括饮用水、所谓“敏感”的储藏地（主要是药品生产地）、禁止高危生物产品（也就是可引起鼠疫、炭疽热、天花、布鲁氏杆菌、肉毒中毒、白喉或出血热的微生物）的流通。库什内明确表示，“已制定了一些安全措施来保护饮用水的循环”。

关于监测和报警工作，由全国卫生警戒研究所负责，根据是国家的有关某些传染病的体貌特征和来自微生物学和毒物学实验室的信息。另外，还需要向医务人员指出“严重反常或不寻常、传染病或急剧中毒症状的临床现象”。

关于出现危机的情况下进行干预，该计划打算根据防区筹建一些专门医院，由它们负责派出防疫小组。目前正在制定可接待大批伤病员的医疗计划。库什内强调指出，“纽约的悲剧表明，急救室必须具备很强的手术能力。进行大规模护理的潜力需要进一步开发”。

为了确保得到紧急药品和疫苗，法国医用品健康安全局已做好统计。并在各制药公司的支持下成立了专门的机构，以确保随时对主要抗生素的储备进行调用。

英国反恐怖新措施 据英国《卫报》2001年11月14日报道称，英国推出了反恐怖主义新措施。这些应急措施如下：

一、关于拘捕恐怖分子嫌疑犯。适用于内政部确定的对国家安全构成威胁的外国公民。

二、关于对煽动宗教仇恨者绳之以法。因宗教信仰不同而使用旨在或可能煽动对某些人的仇恨情绪、“带有威胁性或侮辱性言辞”的人，将被判处最高达7年的徒刑。

三、关于保卫机场安全。警方将获得制止、拘留、盘问和搜查英国境内民航乘客的权力，而且在当事人拒绝离开机场时有权将其赶走或逮捕。

四、关于对欺骗行为视为新的犯罪。因扬言使用诸如炭疽菌、天花菌这样一些有毒物质以使别人的生命和身体面临威胁将是一种新的犯罪行为。

五、关于保留因特网数据。要求因特网服务公司在12个月内保留因特网数据，以供警方调查系列犯罪使用。

六、关于对大规模杀伤性武器的限制。帮助境外人士使用或研制核武器、生化武器和放射性武器将是一种犯罪行为。

七、关于对民用核工业的限制。禁止公布有关核设施安全、核材料运输和诸如铀浓缩这样一些敏感核技术的详细资料。

八、关于对不举报者的处罚。对不向当局举报有助于制止恐怖主义活动的知情人，将被定性为刑事犯罪行为。

九、关于放宽对安全机构的限制。军情六处和政府通信总部将获得在英国境外实施“情报搜集”的更大权力。

十、关于对伪装行为的处罚。在某些公共场合，拒绝警方为维护秩序而提出的摘除手套、面罩、面具等物品将是一种刑事犯罪行为。该条对维护动物权利的极端分子同样适用。

十一、关于绕开议会审议的问题。欧盟部长级会议批准的反恐怖主义措施，可以在不经过英国议会通过的情况下成为法律。

十二、关于恐怖分子经费冻结问题。允许警方立即冻结支持恐怖主义分子的海外个人和组织的资产。

十三、关于贿赂和贪污问题。在海外的英国公民和公司以及在英国境内的外国公民的贪污腐败行为，因其“有助于破坏廉政并有助于滋生产生恐怖主义的土壤”，将被视为一种犯罪行为。

（温味几）

德国《反恐怖计划》要点 据德国《明镜》周刊2001年11月7日报道说，德国联邦内阁通过了内政部长奥托·席利提交的《反恐怖计划》。这一计划明显扩大和加强了监视措施。

政府首先扩大了安全部门的权限并使这些部门间的数据交换变得更容易。

计划中最重要的一点是在护照上采用生物统计学标志。这会加强防伪的安全性。

联邦刑事警察局的权限将会扩大。今后联邦刑事警察局将有权越过州警察局直接收集信息，但还是不能进行不取证于犯罪嫌疑的调查，这项权力只有州警察局才可以行使。

情报机构也将得到更多的权力。将来国家安全人员也能向银行和电话公司询问情况并能对任何“违反民族谅解”的组织进行监视。联邦情报局的调查人员今后也可以在国内加大调查的力度，这将进一步打破德国情报部门和警察局之间原来严格分开的工作界限。

日本3项与反恐怖有关的法案　2001年10月29日，日本国会召开全体会议，通过了日本自卫队支援美军反恐怖军事行动3项法案。它们分别是日本《反恐怖对策特别措施法》、日本《自卫队法修正案》和日本《海上保安厅法修正案》。此间评论认为，这些法案的通过实现了军事、安全政策的重大转变，首次实现了自卫队向海外派兵的"无地域限制"，放宽了海外派兵时使用武器的限制；扩大了日本政府向外派兵的权限。这些法案的出台，也为日本政府今后修改禁止行使集体自卫权的宪法迈出了重要一步。因此，法案一出台就引起了国内外普遍的反对和忧虑。现将上述3项法案的主要内容，摘要如下：

一、反恐怖对策特别措施法的主要内容

第一条（目的）　联合国安理会第368号决议指出，美国中枢同时受到多起恐怖袭击事件是对国际和平与安全的威胁。鉴于这一点，日本积极主动地为国际社会防止与杜绝国际恐怖主义的活动作贡献，并为确保国际社会的和平与安全作贡献为目的。

第二条（基本原则）　不能以武力进行威胁或者行使武力。

在日本国领域和实际上没有战争行为而且在这里实施反恐怖措施的整个活动期间不会有战争行为的如下地区实施：

（一）公海及其上空。

（二）外国的领域（在该国同意的情况下）。

第三条（定义）

（一）合作支援活动　向美国及其他国家的军队提供物资、劳务和便利。

（二）搜索救助活动　因战争行为而遇险的战争参与者的搜索救助活动（包括运送已得救的人员在内）。

（三）难民救助活动　与恐怖攻击有关，基于联合国决议和联合国的要求，为救助难民而根据人道主义精神开展的活动。

关于作为合作支援活动而提供的自卫队的物资和劳务，包括补给（武器和弹药除外）、运送（在外国领土的武器和弹药除外）、修理和维护、医疗、通信、机场、港湾业务、基地业务。

关于作为搜索救助活动而提供的自卫队的物资和劳务，包括补给（武器和弹药除外）、运送（在外国领土的武器和弹药除外）、修理和维护、医疗、通信、投宿、消毒。

第四条（基本计划）　首相必须谋求内阁会议就对策的基本计划草案做出决定。

基本计划规定的事项如下：

（一）基本方针。

（二）实施合作支援活动时的如下事项：

1）基本事项

2）活动的种类和内容

3）实施区域的范围

4）在外国领域实施的情况下，自卫队部队的规模、构成、装备和派遣期限。

（三）实施搜索救助活动时的事项。

（四）实施灾民救援活动时的事项。

基本计划的变动也要求内阁会议做出决定。

在外国领域实施的情况下，同该国进行磋商，从而决定实施区域的范围。

第五条（国会的批准）　对于基本计划所规定的自卫队的活动，首相必须从开始实施这些基本对策的那一天（防卫厅长官命令实施对策的那一天）算起的20天之内提交国会讨论，并谋求国会同意实施对策。但是，在国会闭幕或者众议院被解散的情况下，必须及时谋求在此后首次举行的国会会议批准。

在决议被否决时，政府必须迅速结束这些活动。

第六条（实施以自卫队为基础的合作支援活动）首相作为合作支援活动而实施属于自卫队的物资提供。

防卫厅长官就合作支援活动决定实施项目，在得到首相的批准后命令自卫队部队实施。

在实施项目中指定实施区域。

在实施区域的全部或者局部出现不符合基本计划的必要条件的情况下，防卫厅长官必须迅速地改变其指令，并命令中止活动。

第七条（搜索救助活动的实施）（略）

第八条（难民救援活动的实施）（略）

第九条（有关行政机构的对策的实施）（略）

第十条（物资的无偿出借和转让）　在外国军队或者联合国要求首相和阁僚无偿出借或转让物资（武器和弹药除外）的情况下，在认为必要时可以出借或转让。

第十一条（向国会汇报）　首相必须及时向国会汇报如下事项：

（一）在决定基本计划或改变基本计划时，汇报其内容。

（二）对策结束时汇报其结果。

第十二条（武器的使用）　在为了保护自己或者与自己在一起的其他自卫队员乃至属于自己管理下的

人员的生命安全和身体而不得已的情况下，可以使用武器。

1）关于武器的使用，除了符合刑法第 36 条和第 37 条的情况之外，不能伤害他人。

第十三条（政令的委任）（略）

附则

（一）从实施之日起两年之内有效。在失效之前认为没有实施对策的必要时，则迅速废除。

（二）从实施之日起两年之后认为仍有必要实施对策时，则可以通过另外的法律决定两年以内的期限，从而延长。

二、修改后的自卫队法的主要内容

（一）警卫出动。在国内的自卫队设施和驻日美军的军事设施中，在特别需要防止产生给社会造成不安和恐怖的破坏行为的情况下，首相可以命令自卫队出动，从而保护设施及其区域。预先听取有关都道府县知事的意见，通过同防卫厅长官和国家公安委员会磋商后，指定对象设施和期限。如果失去了出动的必要性，就迅速撤离部队。

（二）自卫队设施的防护。在警护国内的存放武器和车辆的设施、营地、港湾和机场时，如果需要完成任务、保护自己和他人，就可以在设施内在合理的限度内使用武器。

（三）治安出动前的情报收集。在估计会发出治安出动命令、有人会使用步枪、机关枪和生物化学武器等武器进行非活动的情况下，为了掌握事态的发展情况，防卫厅长官在同国家公安委员会进行磋商的基础上，得到首相的同意后，可以命令携带武器的自卫队部队收集情报。

（四）反恐对策。治安出动时，如果涉嫌（有充分的证据）携带步枪、机关枪和生物化学武器的人施加暴力并进行威胁，而除了使用武器之外别无他法时，则可以使用武器。

（五）可疑船只对策。在采取海上警备行动时，如果有准备实施重大犯罪嫌疑的外国船只，在即使反复命令其停止活动的情况下仍企图抵抗或逃跑，就可以使用武器，以便阻止船只继续航行。

（六）保守秘密。防卫厅长官把防卫上特别必要的的东西指定为防卫秘密。与防卫相关的国家行政机关职员和与防卫厅签订了合同的企业者泄露了秘密时，将判处 5 年以下的徒刑。退职者也一样。未遂或失误也要受到处罚。所谓的防卫秘密，是指自卫队的运用、武器、弹药和飞机的种类与数量以及密码等等。

三、修改后的海上保安厅法的主要内容

有准备实施重大犯罪嫌疑的外国船只，在即使反复命令停止活动，但其仍企图抵抗或者想逃跑的情况下，在有充分理由相信，为使船只停止航行只有使用武器（除此之外别无他法）时，海上保安官则可以使用武器。

俄中成立反恐怖工作小组

2001 年 11 月 12 日，俄罗斯与中国决定成立双边工作小组，以对抗来自阿富汗的恐怖主义及其他威胁。这是俄外交部负责挑战及威胁事务的副外长萨福诺当日宣布的。

他说，俄中工作小组将成为类似的俄美和俄印工作小组补充。他指出，现有的工作小组“不辱使命，各伙伴国在反恐怖斗争中，首先是针对阿富汗问题展开了前所未有的坦诚与互信的对话”。俄罗斯并不排除举办全球反恐怖论坛的可能，“类似的构想尚在酝酿之中，无疑会付诸实施”，其首要目的是“内涵丰富、取得实际成果、加强团结，在反恐怖斗争中展开国际合作”。

联合国维护和遵守《反导条约》决议

2001 年 11 月 29 日，第 56 届联合国大会以 82 票赞成，5 票反对的压倒性多数通过了题为“维护和遵守《反导条约》”的决议，呼吁世界各国采取实际行动，坚决维护《反导条约》的完整性和有效性。

这一决议草案由俄罗斯、中国和白俄罗斯共同提出。美国、以色列和阿尔巴尼亚等 5 个国家对这一决议草案投了反对票。

这项决议主要重申了《反导条约》的有关规定，呼吁条约的缔约国全面和严格地遵守这一条约，不部署、不转让反导武器系统，维护《反导条约》的完整性和有效性。决议再次确认了《反导条约》作为维护全球战略稳定基石的重要作用，支持国际社会为维护《反导条约》作出进一步努力。

分析家认为，确保《反导条约》的完整性和有效性，对于维护国际和平与安全具有十分重要的意义。冷战虽然已经结束，当前的国际形势与冷战时期相比发生了重大变化，但《反导条约》构成全球战略平衡与稳定的基石这一点并没有改变。在其基础上达成的一系列削减核武器条约以及迄今建立起来的国际裁军与军控法律体系也并没有过时。

近年来，美国企图削弱乃至推翻《反导条约》，以求发展和部署其导弹防御系统。分析家指出，这一决议的通过表明，国际社会对美国的这一企图表示严重关切，认为它不利于全球战略稳定与国际和平，将阻挠核裁军的进程。决议获得通过，还体现了国际社会捍卫《反导条约》的不可侵犯性和完整性的意愿与决心。

联合国促进核禁试条约生效大会最后宣言 2001年11月11日，联合国召开促进《全面禁止核试验条约》生效大会，主要目的是促进该条约尽快生效。

联合国秘书长安南在会议开幕式发表讲话说，美国发生“9·11”恐怖袭击事件已经清楚地表明，国际社会再也承受不起扩散核武器所带来的后果，因此“我们必须尽一切努力来减少核武器落入恐怖分子手中的危险”。

安南说，《全面禁止核试验条约》是核不扩散体制中的一个关键部分，这一条约生效的时间越往后推迟，恢复核试验的危险就越大。他呼吁各国不要丧失机遇，尽快签署或批准《全面禁止核试验条约》，从而为该条约早日生效创造有利条件。

出席大会的各国代表11月13日在完成预定议程后通过了大会最后宣言。该宣言呼吁所有尚未签署《全面禁止核试验条约》的国家尽快签署并批准这一条约，并呼吁所有已经签署但仍未批准这一条约的国家加速批准进程，以便使该条约早日生效。迄今为止，已有161个国家签署了该条约，84个国家交存了批准书。但各国代表对条约开放签字后已经过了5年仍未生效表示关切。世界上最大的核武器国家美国没有派代表出席此次会议。欧盟等对美国的这一立场表示遗憾，并希望美国重新考虑自己的立场。

欧盟《尼斯条约》 2001年2月26日，欧盟15国外长代表各自国家签署了《尼斯条约》。该条约将由欧盟各成员国议会按规定于2002年12月31日前审议批准后生效。

《尼斯条约》的要点如下：

一、欧盟从2002年底开始迎接新成员，排在前面的候选国是波兰、匈牙利和捷克，土耳其已被确定为候选国；

二、欧盟的执行机构欧盟委员会将随着新成员的加入而扩大规模，暂定每个国家各占1个席位。德国、法国、英国、意大利和西班牙5个大国不再多派1名委员；

三、为保护大国的利益，重新分配各国在部长理事会的表决票数，德国、法国、英国和意大利掌握的票数增加了三倍，达到29票，西班牙27票，波兰加入后也将拥有27票，荷兰13票，爱尔兰和丹麦各7票。当成员国达到27个时，总票数将达到345票；

四、欧盟各国部长共同决定一项措施时，必须达到一定比例的票数才能通过。这个有效多数表决制的比例由71.2%上升到73%，即255票；

五、为捍卫小国的利益，必须得到一半成员国的同意才能通过一项决策。

欧盟首脑会议《拉肯宣言》 2001年12月14日，欧盟15国首脑会议在比利时首都布鲁塞尔近郊的拉肯皇宫举行，15日会议在一致通过《拉肯宣言》之后宣布闭幕。这是欧盟在新世纪之初举行的一次重要会议，它对欧盟一年来在欧洲一体化进程方面的进展作了总结，它创立了具有“全面代表性的”制宪筹备委员会，揭开了欧盟政体深层次改革的帷幕，这将使一个强大的统一的欧洲之梦成为现实。

《拉肯宣言》主要内容如下：

一、欧盟的战略目标：建立一个强大和统一的欧洲。宣言说，几个世纪以来，欧洲的民族和国家试图通过武力赢得对欧洲大陆的控制权。发生在上半世纪的两次血腥战争严重削弱了欧洲的国际地位，促使欧洲人意识到只有和平与统一的行动才能使一个强大和统一的欧洲之梦成为现实。

二、欧盟的建设需要：建立新的机制，发挥更大的作用。宣言说，经过50多年的努力，欧洲现在终于走在“成为一个大家庭的道路上”。然而，欧洲在前进的道路上仍面临挑战。一体化的欧盟需要更加民主和高效的制度。欧洲也需要在全球化的世界中发挥更大的作用。欧洲公民呼吁欧盟领导机制更加廉洁、开放、高效和民主。这样的机制能够使欧洲社会创造更多的就业机会、更高的生活质量、较低的犯罪率、良好的教育和医疗保健制度。

三、欧盟面临的形势：3项挑战。宣言说，为实现美好前景，欧洲面临3项挑战：如何使公民更加认同欧洲的理想和制度，如何使欧洲的政治适应欧盟的扩大以及如何使欧盟在新的和多极化的世界中成为稳定的因素和一种模式。为此，需要对欧盟机构和成员国之间的制度权限进行改革，需要使欧盟成为一个更加民主、透明和高效的整体，需要为欧洲公民制定一部宪法。

四、欧盟下一阶段任务：制定统一宪法。宣言说，欧盟现在已经有4项条约，欧盟的目标、权力和政策法规全部包含在这些条约之中。欧洲想要进一步发展，简化条约是必要的。但制定一部什么样的宪法涉及欧洲的前途，需要发起一场全欧范围的讨论。为尽可能使下一次欧盟政府间会议着手制定宪法，欧盟领导人决定成立一个制宪筹备委员会，由该委员会组织有关“欧盟前途的讨论”，以便为欧盟决策层提出制定宪法的合理化建议。

欧盟领导人决定任命法国前总统德斯坦为制宪筹委会主席，意大利前总理阿马托和比利时前首相德阿纳为副主席，他们3人与另外9名代表组成主席团，领导筹委会的工作。制宪筹备委员会将向欧盟领导人提出未来欧盟走向的建议。

（陆 江）

（本栏责任编辑 温味儿）

2001 年世界军事大事记

2001 年世界军事大事记

1 月

1 月 1 日

△印度尼西亚国家警察总长比曼托罗宣布，印尼国家警察从即日起脱离国防部的领导，直接由总统指挥。印尼警察部队脱离军队体系是印尼改革军警合一制度和加强文官政府领导的重大步骤之一。根据总统令，军队将只具有国防和必要时协助警察实行紧急状态的职责。警察则负责国内治安并直接对总统负责。

△英国驻塞拉利昂部队总司令乔纳森·赖利表示，英国将维持其驻塞拉利昂部队的兵力不变，目前驻塞约 400 名英军只有在帮助塞政府军战胜反政府武装之后，或政府军取得明显优势之后才会离开。赖利还说，塞拉利昂政府军的 6000 多名士兵已接受了英军的系统培训，另外 4500 多名军人也将于近期开始接受正规训练。这之后塞政府军将实现职业化。

1 月 2 日

△俄通社—塔斯社报道，俄罗斯最近研制出一种名为“蟒蛇 - 1M”的火箭式反鱼雷武器系统。该武器系统是俄海军专用武器系统，它在水下火力射程达 3 千米，海平面下 600 米以内的各种目标均在该系统打击范围内。当敌舰发射鱼雷后，俄舰武器控制系统会准确测出鱼雷的弹道，并向“蟒蛇 - 1M”下达攻击指令。接到命令后，“蟒蛇 - 1M”携带的多种火箭武器便一同发射，在鱼雷的弹道上形成一个“弹幕”，从而拦截住鱼雷，一次齐射的命中成功率可达 90% 以上。此外，“蟒蛇 - 1M”还可以用来攻击水雷、深水炸弹和敌军潜水员等。

△德国联邦国防军作战部队正式开始接收 244 名女兵服役，从而改写了战后 50 多年来妇女只能在德国军队中从事医疗或文艺工作的历史。首批女兵全部是经自己申请，并经必要的考试合格后获准加入作战部队的。她们中有 151 人将加入陆军部队，76 人加入空军部队，17 人加入海军部队。德国防部表示，今后将会继续接收自愿加入作战部队的妇女。

1 月 4 日

△欧洲委员会宣布，欧洲将对北约在巴尔干地区使用贫铀弹可能造成的辐射污染进行“非正式调查”。1 月 17 日，欧洲议会以压倒多数通过一项决议，要求北约暂停使用贫铀武器。1 月 24 日，北约秘书长罗伯逊承认北约部队在南斯拉夫联盟使用过贫铀弹。联合国官员说在科索沃已检测到铀 - 238。3 月 13 日，联合国环境署发表调查报告，确认贫铀弹中含有核废料。（详见《军事要事》栏有关条目）

△埃塞俄比亚国防部发表声明说，谴责厄立特里亚违反和平协议中有关重新部署两国军队等项条款，并警告说埃塞俄比亚将因此无限期推迟从厄撤军，将在联合国维和部队完成在埃厄边界地区部署并确认建立临时安全区之后再考虑撤军问题。

△美国《纽约时报》报道，一些要求不披露姓名的美国高级官员透露，美情报机构发现俄罗斯在其位于波罗的海地区的军事基地内部署了短程核武器。美官员未透露这些核武器的数目和型号。他们说，尽管俄罗斯的作法并不违反任何武器控制协议，但与俄罗斯曾经作出的许诺相互矛盾，因为俄曾单方面许诺不在波罗的海地区部署核武器。美国务院发言人表示，美方将会向俄方提出这一问题，并希望与俄方进行磋商，并密切关注事态的发展。俄罗斯国防部和波罗的海舰队新闻中心对此予以否认和驳斥。

1 月 7 日

△科特迪瓦发生未遂兵变。1 月 8 日，科特迪瓦政府军经过 10 个小时的战斗后重新控制局势，平息了此次兵变。（详见《军事要事》栏有关条目）

△俄罗斯媒体透露，白俄罗斯“米诺托尔”装甲武器公司与多家俄罗斯国防工业企业合作，开发出了一种名为“2T”型的新式履带装甲侦察车。该型车的开发成功，使装甲侦察车的性能有了突破性的提高。这种新式装甲侦察车重27吨，其装甲轮廓的低坡度、大折射面设计和装甲表面的高技术覆盖层，使其很难被雷达及光学、热能探测器发现。它虽然装甲重量轻，但却能有效抵御小口径火炮的打击。它所配备的先进侦察、通信仪器，可分别对敌方阵地昼夜进行光学、无线电侦察。据白俄国防部官员称，“2T”装甲侦察车的综合性能超过了美国、英国的同类产品。

1月9日

△墨西哥总统福克斯宣布，墨西哥政府10日将再次从恰帕斯州冲突地区撤出两支政府驻军，进一步满足萨帕塔民族解放军组织的和谈要求。福克斯在记者招待会上说，墨西哥政府至此已从这一冲突地区撤出4支驻军，目前仅剩3支。

△保加利亚政府决定，将于2001年年内销毁48枚“飞毛腿”导弹。销毁这批导弹的主要理由是，这种导弹的命中率太差，同时保养费用过高。

1月9～10日

△北约举行贫铀弹危机问题讨论会，意大利等国在会上提议北约公布使用贫铀弹情况，并停止使用贫铀弹。这一提议因美英的反对而被否决。（详见《军事要事》栏有关条目）

1月10日

△中国自行研制的第一艘正样无人飞船“神舟二号”在酒泉卫星发射中心顺利升空。这是中国载人航天事业向实现载人飞行目标又迈出了新的一步。（详见《军事要事》栏有关条目）

△加拿大《渥太华公民报》报道，加拿大于2000年11月15日正式开始开发一种被称为“量子阱红外光探测器”的预警系统，以更有效地探测到进入北美上空的导弹。这种技术对于美国建立导弹防御系统非常重要。

△阿丽亚娜第137号火箭从法属圭亚那库鲁航天发射中心发射升空。它成功地将“土耳其2A——欧亚1号”通信卫星送入了东经42度上空的地球同步运行轨道。卫星发射重量为3535千克，装备了32个KU波段转发器，其任务是在未来15年内为西欧、中东、中亚和远东地区提供优质的电信服务。

△美国国务院发言人包润石表示，美国准备向智利出售12架F－16战斗机。

△应中国红十字会的邀请，由美国助理国防部长帮办琼斯率领的美国朝鲜战争老兵代表团一行11人，开始对中国进行为期5天的访问。代表团在访问期间与中国人民志愿军老战士举行了座谈，并参观了中国人民革命军事博物馆朝鲜战争纪念馆。

1月11日

△俄罗斯与德国在莫斯科签署了关于两国按照北约标准联合为第三国改造米格－29飞机的政府间协议。俄罗斯国防部第一副部长德米特里耶夫在协议签字后对媒体表示，两国的这种合作可以使俄罗斯保住在欧洲的军用飞机市场。

1月12日

△“老根里事件”韩美联合调查组在汉城发表一项联合声明说，美方承认美军1950年7月仓促撤退时曾在韩国忠清北道永同郡老根里杀害无辜难民。声明说，美国承诺将在“老根里事件”的地点建一座慰灵碑，以祭慰死难者在天之灵，并将建立75万美元的“追慕奖学金”，资助死难者亲人到美国接受高等教育。

△南非国防部长莱科塔宣布，为实现军事现代化，南非将按既定计划，花303亿兰特巨资从西方国家购买现代化军事装备。根据该计划，南非将在今后数年内从英国、德国、意大利和瑞典等国购买数量不等的军用飞机和战舰。

1月16日

△刚果（金）总统洛朗·卡比拉在金沙萨官邸遇刺身亡，其子约瑟夫·卡比拉（小卡比拉）接管军政大权。1月26日小卡比拉宣誓就任总统。

△法国国防部长里夏尔访问俄罗斯，分别同俄罗斯国防部长谢尔盖耶夫、外交部长伊万诺夫、副总理克列巴诺夫等举行会谈。双方重点讨论了俄法军事合作、俄与北约及欧盟关系、欧洲安全和巴尔干局势等问题。

1月17日

△印度在其东部奥里萨邦惠勒岛成功试射了一枚“烈火”2型中程弹道导弹。印度国防部官员称，这是“烈火”2型导弹1989年5月以来的第5次发射，也是最后一次发射。表明印度已经掌握导弹重返大气层的控制和制导技术，此类型号导弹已经定型。

1月18日

△乌克兰国防部长库兹穆克和俄罗斯国防部长谢尔盖耶夫在基辅签署了两国2001年军事合作计划。根据这项计划，两国将在乌克兰的塞瓦斯托波尔建立控制该市内外停泊地的联合指挥所，共同组建海上搜寻救援部队，建立联合军事导航部队。

△韩国和美国在汉城签署《驻韩美军地位协定》修改协议。《驻韩美军地位协定》是1966年签订的。根据修改协议，在韩国犯罪的驻韩美军犯罪嫌疑人的引渡时间将从现行的“裁判结束后”提前到“起诉时”，同时，韩国警察在逮捕驻韩美军重大犯罪嫌疑人时可以进行持续拘留而不必先移交给美军；在环境保护方面，美军将尊重韩国的环境法。

△俄罗斯图拉市航空专家开发出了能灵活机动地进行大范围巡逻侦察的飞艇雷达“哨所－2”号。据俄专家介绍，“哨所－2”号在执行任务时距地面高度可达750米，飞艇腹部固定支架上的红外雷达探测器可昼夜对周围方圆40公里范围内的地面、水面和低空飞行目标进行监视。

1月20日

△海湾阿拉伯国家合作委员会的成员国开始举行代号为“半岛之隼－2”的联合空军演习。演习为期10天。参加这次演习的有来自科威特的5架F－18战斗机、沙特阿拉伯的6架F－15战斗机、阿拉伯联合酋长国的6架“幻影2000”飞机、巴林的5架F－5战斗机和阿曼的5架“鹰式”战斗机等。据报道，这次联合空军演习是为了提高海湾阿拉伯国家合作委员会国家的作战能力，相互了解各国武装部队使用的不同来源的飞机的性能。

1月22日

△欧盟成员国外交部长会议作出决定，欧盟将制定应对危机的新战略。据报道，新战略将把应对危机的重点从处理危机转向动员一切经济、外交和军事能力，预防可能发生的危机。根据新战略的要求，欧盟将建立一支5000人的警察部队，并参加国际预防危机行动。

1月25日

△美国军方宣布，美国空军2000年12月8日在加利福尼亚州进行的一次高能激光武器袭击弹道导弹的技术试验获得成功。这次试验是在加利福尼亚州的一个模仿太空环境的真空试验室内进行的。按计划，美国空军将在2013年进行利用激光武器击落假弹道导弹的试验，如若试验成功，这种新型武器将被部署在太空，以保护美国本土及其盟国免遭别国导弹的袭击。

1月26日

△美国总统布什表示将部署国家导弹防御系统，并将单方面削减美国的核武器数量。美国副总统切尼表示，尽管遭到俄罗斯和中国的反对，美国仍将继续发展和部署国家导弹防御系统。

△南斯拉夫联盟军队在塞尔维亚南部城市普雷舍沃同阿尔巴尼亚族武装分子发生冲突，一名南军人被打死。据南军方发表的声明说，阿族恐怖分子26日上午试图从“安全区”内向布亚诺瓦茨通往普雷舍沃的公路渗透，并同南军队发生冲突。阿族恐怖分子使用了狙击步枪、重机枪以及迫击炮等武器。南军队粉碎了阿族恐怖分子的企图和进攻，并缴获了大量武器装备和食品。

1月29日

△韩国国防部发言人称，韩国1架F－5E战斗机29日在升空不到300米时误发了1枚射程为4．5千米的AIM－9响尾蛇导弹，幸运的是没有造成伤亡。

△南斯拉夫联盟科索沃自治省北部城市科索夫斯卡—米特罗维察的塞尔维亚族居民同阿尔巴尼亚族居民发生暴力冲突，并造成人员伤亡。为阻止两族居民继续发生流血冲突，联合国驻南斯拉夫联盟维和部队1月30日宣布在当地实行宵禁。

△土库曼斯坦总统尼亚佐夫在首都阿什哈巴德发表电视讲话时表示，土库曼斯坦需要一支人数不超过5万，但配备现代化武器的军队。目前土库曼军队总人数约为9万人。

1月30日

△乌克兰总统库奇马批准了一项关于反导条约的备忘录。备忘录确认了乌克兰参加苏美两国1972年签署的反导条约的合法延续性。同日，库奇马还签署了批准乌克兰和俄罗斯两国政府《关于导弹袭击预报和宇宙空间控制系统工具的协议》的命令。该协议是乌俄双方1997年1月在基辅签定的，2001年1月11日被乌议会通过。

△波兰政府通过了一项在6年内改编军队并使之现代化的计划。根据该计划，到2003年，波兰的部队将裁减到15万人，其中一半为职业军人。从2004

年开始，士兵的服役期将从12个月缩短到9至10个月。而对每个军人的军费投入可从目前的每年1.7万美元增加到3万美元。按照这项计划，波兰今年的军费开支将占国内生产总值的1.95%。

△意大利议会“切尔米斯缆车事件”调查委员会发表调查报告称，美国军队高级将领以及美军飞行员对发生在1998年2月的“缆车事件”负有责任。报告称，在切尔米斯撞毁游览缆车的美国飞行员违犯了7项飞行规则和为他们确定的具体飞行计划，美军驻意大利阿维亚诺军事基地司令米格中校等人也负有责任。

1月31日

△朝鲜朝中社称，美军1架“U—2”型高空战略侦察机1月30日对朝鲜进行了空中侦察。在此之前，两架美国“U—2”型侦察机分别于1月26日和27日在朝鲜的德积岛、抱川和束草以东上空往复飞行，昼夜对朝鲜一侧进行侦察。今年年初以来，美军还先后出动各型侦察机，对朝鲜进行了160多次空中侦察。

2月

2月1日

△俄罗斯外长伊万诺夫在日内瓦裁军谈判会议上发表讲话说，俄罗斯总统普京建议今年春天由联合国牵头在莫斯科召开关于防止外层空间军备竞赛的国际会议。他还说，俄罗斯准备立刻与美国开始进行第三阶段削减战略武器条约的谈判，俄方愿将拥有的核弹头数量减少到1500枚，甚至更少。但前提是，美苏1972年签署的《反弹道导弹条约》必须得到保留和加强。他强调，这一条约是目前世界军控与裁军秩序的支柱之一，对于维护全球战略稳定至关重要。为取代美国国家导弹防御系统计划，俄罗斯提出了一个集政治、外交和建设性措施于一体的“一揽子建议”。建议包括：俄美合作在莫斯科建立一个导弹发射信息交换中心；建立全球性的防止导弹和导弹技术扩散的控制体系；在导弹防御领域形成向所有国家开放的“广泛国际合作”。

2月2日

△哈萨克斯坦国家安全委员会宣布，从当日起开始撤回驻守在塔吉克斯坦和阿富汗边境的最后一支部队。根据塔哈俄三国之间的协议，由500人组成的哈边防军从1993年7月开始同塔、俄军队一起守卫塔阿边境。

△美国政府宣布，进一步放松1998年开始对印度实施的制裁，允许向印度出口美国制造的军用直升机零配件。这项解禁措施将使装备英国“海王”型军用直升机的印度海军得到急需的关键配件。英国“海王”型直升机的部分关键零配件由美国生产。印度海军因得不到有关零配件，已不得不停飞其装备的部分“海王”型直升机。

△乌克兰在北部的切尔尼戈夫州销毁了它所拥有的最后一架“图－160”重型战略轰炸机。销毁时美国国防部官方代表在场。根据规定，整架飞机被切割成5段，切割的部位是两国专家严格确定的，以防止被截断后再重新组装。根据乌克兰和美国国防部1997年12月3日达成的协定，乌克兰1998年9月开始销毁本国战略空军设施，美国则负责为此提供资金。乌克兰总共要销毁40多架“图－160”和“图－95”战略轰炸机，以及487枚空基X－55（美军称AS－15）巡航导弹。目前乌克兰尚有4架“图－95”战略轰炸机。这些飞机将在今年5月前被销毁。乌克兰和美国还将就销毁其他型号的战略轰炸机达成协议。

2月3日

△第37届慕尼黑安全政策会议在德国慕尼黑召开。会议有两大议题：一是美国布什政府力主部署的国家导弹防御系统，二是欧盟国家决定加速“欧洲防务支柱”的建议。

△安哥拉中部高原省份万博640名“争取安哥拉彻底独立全国联盟”（安盟）反政府武装人员在安哥拉政府的宽容政策和大赦法感召下，主动脱离安盟，向万博省各有关地区政府投诚，其中有176人携带随身武器。

△俄罗斯图拉火炮研究所专家研制出了一种新型冲锋枪，能够在水下进行射击。新型冲锋枪载弹重量约为3千克，其弹舱一次可装填26发子弹。这种枪械在水下射击时，不会产生遮挡枪手视线的气泡，有利于提高射击命中率。

2月4日

△美国国务卿鲍威尔称，如果美国和前苏联在1972年签署的《反弹道导弹条约》得不到修改，美国有可能退出该条约。

2月5日

△韩国国防部发言人宣布，韩国已决定购买价值5亿美元的俄罗斯军事装备。据悉，这些资金可能用于购买俄罗斯的军用运输机、空中加油机、训练机、直升机和气垫船等装备。

△俄罗斯联邦边防局局长托茨基上将宣布，根据俄罗斯联邦安全会议作出的关于边防军裁军的决定，今后几年俄边防军人数将裁减1．5万。整个边防军裁军工作将于2010年结束。

2月6日

△阿尔及利亚和美国在阿首都阿尔及尔附近海域开始举行为期两天的反潜艇联合军事演习。美国海军派出1艘“米切尔号”导弹驱逐舰、1艘“洛杉矶”型核潜艇，以及几架反潜艇飞机参加演习。阿尔及利亚派出1艘“877”型潜艇、1艘“赖斯－科利奇号”反潜艇护卫舰、1架海岸侦察飞机和1架直升机参加此次演习。演习的内容包括舰艇战术演习、信号联络和无线通讯以及搜索和追踪处于不同水深的潜艇等科目。此次演习是1998年以来两国海军举行的第4次联合军事演习。

2月8日

△意大利在法属圭亚那的库鲁欧洲航天发射中心成功地用阿丽亚娜火箭发射了第一颗军用通信卫星。这颗卫星总重量为2596千克，其太阳能集热板长达24．5米，卫星的寿命约为10年。

△伊朗军队在霍尔木兹海峡水域举行代号为“光明”的海、陆、空三军军事演习。整个演习在海湾和阿曼海之间约1．6万平方千米的水域内进行，约有4000名官兵参加了这次为期5天的演习。演习内容包括突袭战术、攻击假想敌、穿越雷区、战斗机空袭等。

2月9日

△美国白宫发言人弗莱舍宣布，布什总统将命令全面检查和评估美国的核武库，以此作为美国单方面削减核武器数量的第一步。

2月10日

△美国“格林维尔”号核潜艇在夏威夷附近海域撞沉日本渔业实习船“爱媛号”，船上9人失踪。（详见《军事要事》栏有关条目）

2月11日

△缅甸政府军在打击反政府的武装分子时占领了一个与泰国存在争议的据点，泰国军队进行了反击。激战中，有两名泰国平民被打死，另有12名平民和9名泰国军人受伤。当天，泰国政府关闭了与缅甸相邻的边境贸易城市美赛的边境检查站，并帮助当地居民撤离到安全地带。两国军方经过连夜谈判，达成停火协议。12日，美赛边境检查站重新开放，当地居民也开始陆续回家。泰国武装部队陆军总司令素拉育·朱拉暖呼吁两国尽早就边境问题达成一致意见，避免冲突事件再次发生。

2月13日

△爱沙尼亚、立陶宛和拉脱维亚国防部长在爱沙尼亚首都塔林签署了2001年国防合作协议，决定共同采购武器，争取同时加入北大西洋公约组织。爱沙尼亚和立陶宛计划在2002年、拉脱维亚在2003年将本国国防开支增加到其国内生产总值的2%以上，以达到北约对其候选国的要求。

△美国总统布什在弗吉尼亚州视察诺福克军事基地时称，美国必须加强军队的现代化建设，以对付“美国所面临的威胁”。布什说，冷战时期的威胁“已经转变成各种不同的威胁”，“而有些威胁人们难以觉察，有些威胁则难以对付”。他特别提到恐怖分子可能利用化学和生物武器对平民构成威胁。

2月14日

△日本防卫厅称，当日中午11时59分，包括两架TU－22型轰炸机在内的4架俄罗斯军用飞机从东经140度45分、北纬45度38分飞入日本北海道礼文岛上空，侵犯日本领空约达3分钟。对此，日本航空自卫队立即通过地面雷达装置发出警告，同时派1架F－1和1架F－15战斗机紧急起飞示警。

这是自1995年3月俄罗斯米格－31飞机侵入日本领空以来第一次发生外国飞机侵入日本领空事件。同日，俄罗斯国防部长谢尔盖耶夫向新闻界断然否认所谓俄空军飞机侵犯日本领空的说法。

2月15日

△印度和俄罗斯两国正式签定了大宗主战坦克交易协议。根据协议，印度将购买310辆先进的俄制T－90型主战坦克，俄方还将授权印度生产部分这种坦克及重要部件。正在印度访问的俄罗斯副总理克列巴诺夫和印度国防部长费尔南德斯共同签署了这项协议。

△塔吉克斯坦和俄罗斯开始举行为期6天的联合军事演习，以检验军队在非常情况下的作战准备能

力，加强两国军队之间的相互协作。联合演习在塔境内进行，参加者为塔国防部下属部队、俄第 201 摩托化步兵师和边防部队。

2 月 16 日

△美英两国出动 24 架战斗机对伊拉克首都巴格达附近的军事和民用目标进行轰炸，造成 2 人死亡，20 多人受伤。2 月 22 日美英又对伊拉克进行了空袭。这是 5 年来美英首次对伊拉克南部禁飞区以外的地区进行空袭。（详见《军事要事》栏有关条目）

2 月 17 日

△一伙来自科索沃、自称为阿族“民族解放军”的 20 余名武装人员侵入马其顿境内，与马其顿境内部分阿族极端分子联合在阿族聚居区塔努舍夫齐村附近偷袭马其顿边防军，双方爆发了激烈的武装冲突。此后一直到 8 月，武装冲突时断时续，达半年之久，造成数百名人员伤亡，数万人逃离家园。（详见《军事要事》栏有关条目）

△当地时间凌晨 5 时左右，喀麦隆首都雅温得西南部的一座军火库发生火灾，并引起弹药爆炸。弹药爆炸持续了近 1 个小时，但未造成人员死亡。

2 月 18 日

△印度尼西亚中加里曼丹省桑皮特地区发生种族冲突，参与冲突的是当地的达雅克人和从靠近东爪哇的马都拉岛移居到那里的马都拉人。初步统计，已有 220 多人在冲突中死亡，20 多座房屋和一些车辆被焚烧或毁坏。至少有 2．5 万名难民逃到省会帕朗卡拉亚或躲入当地警察局。为了控制事态恶化，地方当局宣布从 22 日开始实行宵禁，并向桑皮特增派了警察和军队。

2 月 19 日

△北约秘书长罗伯逊对俄罗斯进行了为期 3 天的访问，俄首次正式提出与欧盟共同建立欧洲非战略导弹防御系统的具体建议。

△以色列和美国军队在以南部内盖夫沙漠开始举行为期 7 天的联合军事演习，以加强以色列的防空和导弹拦截能力。

2 月 20 日

△柬埔寨国防部发表国防《白皮书》说，柬皇家军队在结束旷日持久的武装冲突、实现民族团结、维护国家政治稳定、捍卫国家独立、参与国家恢复和重建等方面作出了重大贡献。《白皮书》要求柬皇家军队将来更加积极参与国家建设，认真进行军队改革、提高军队素质，维护来之不易的大好政治局面，发展与邻国和本地区国家军队的良好合作关系。《白皮书》提出了皇家军队的建军路线，即建设一支绝对忠于祖国，遵守宪法，具备捍卫国家独立、主权和领土完整能力，能够维护和平、稳定和社会安全的军队。

2 月 22 日

△东盟地区遏制常规武器生产、转运和使用研讨会在柬埔寨首都金边举行。这次研讨会是由柬埔寨、日本、加拿大和联合国共同举办的。来自东盟成员国以及中国、日本、加拿大、英国、德国、美国等 23 个国家以及联合国和欧盟的 100 多名代表参加了会议。会议讨论了建立东盟地区论坛成员国之间的信任措施以及与轻型武器生产、使用、储存和扩散方面的有关问题。

2 月 23 日

△巴基斯坦海军副参谋长阿夫扎勒·塔希尔少将表示，出于防御目的，巴基斯坦海军正计划为其潜艇装备核导弹。

2 月 26 日

△欧盟 15 国签署了《尼斯条约》。（详见《国际条约》栏有关条目）

△阿富汗塔利班最高领导人奥马尔下令，毁掉塔利班控制区内所有的非伊斯兰雕像。3 月 1 日，塔利班开始摧毁佛像，其中包括已有 1500 年历史的世界上最高的巴米扬立佛。3 月 9 日联合国通过决议，要求塔利班立即停止摧毁文物。

2 月 27 日

△中国国务院新闻办公室发表《2000 年美国的人权纪录》指出，美国国务院当日发表的《2000 年国别人权报告》，再次以“世界人权法官”自居，采用歪曲、捏造的手法罗织罪名，对包括中国在内的世界 190 多个国家和地区的人权状况横加指责，而对其自身的人权问题却讳莫如深、避而不谈。（详见《军事要事》栏有关条目）

2 月 28 日

△美国总统布什向国会提交了总额达 3189 亿美元的 2002 财政年度国防预算，比 2001 财政年度增加了 89 亿美元。这是自冷战结束以来美国第四次大幅度增加军费。

△菲律宾军方宣布，菲武装部队现代化计划在被

搁置6年之后重新启动。该计划约需15年时间，总耗资为3310亿比索。

3月

3月1日

△美国宇航局宣布，停止为新一代航天器X33空天飞机的研制计划拨款，这意味着这一已经耗资10亿美元的航天项目的终结。美宇航局作此决定的原因在于X33耗资过高，远远超出了宇航局的承受实力。X33研制计划由洛克希德—马丁公司在1996年建议并开始实施，原定目标是设计出不需要搭载火箭升空、且可重复使用的往返式载人航天器。

△哈萨克斯坦国防部长托克帕克巴耶夫与吉尔吉斯斯坦国防部长托波耶夫签署了一项进一步加强两国军事合作的议定书。根据议定书，哈吉两国将进一步加强军事技术合作，定期交换军事情报，并在2001年内举行联合军事演习，哈高等军事院校还将继续帮助吉培训军人。

3月2日

△爱沙尼亚副外长哈里·季多发表谈话说，爱沙尼亚不能向俄罗斯保证，爱沙尼亚加入北约后不会在自己领土上部署核武器。他还说，爱沙尼亚不认为自己加入北约后，国家安全将受到损害或者国内政治局势将复杂化。6日，爱沙尼亚外长亨德里克·伊尔韦斯发表讲话说，爱沙尼亚加入北约以后，从理论上讲，不能完全排除今后在北约新成员国境内部署核武器的可能性，但这种可能性非常小。

3月3日

△美国国民警卫队1架军用飞机在佐治亚州中部坠毁，机上21人全部遇难。这架双引擎运输机是从佛罗里达州飞往弗吉尼亚州的途中，在尤纳迪拉附近坠毁的。

△伊朗军队和伊斯兰革命卫队开始在波斯湾北部水域举行代号为“胜利－9”的为期3天的联合军事演习。共有6000多名海、空军官兵参加了此次演习。据军方指挥人员说，此次演习旨在展示伊朗守卫国家领土和海湾领海的能力，各部队将着重演练通讯设备运用、物资转运和兵力部署等内容。

3月6日

△印度在东部奥里萨邦昌迪普尔临时武器试验场成功试射了一枚印度自行研制的“阿卡什”地对空导弹。这枚导弹重650千克，射程为25千米，可携带55千克炸药。这是8天来印度第3次试射这种地对空导弹。2月27日和3月2日，印度曾分别试射过1枚“阿卡什”地对空导弹。在此之前，印度已多次试射这种导弹。

3月7日

△喀麦隆媒体报道，中非共和国武装人员3月1日至6日数次入侵位于喀麦隆境内的加鲁阿－布莱镇，占领了喀麦隆和中非两国边境100米宽的“缓冲”地带，并将中非国旗插到远离两国界碑的喀麦隆境内。虽然未造成人员死亡，但使两国边境地区局势骤然紧张。

△保加利亚与马其顿签署一项军事技术协定。根据此项协定，保加利亚将向马其顿无偿提供弹药、工程设备及零部件。

3月8日

△北约理事会同意南斯拉夫联盟政府军进驻科索沃缓冲区部分地区。3月14日，南斯拉夫联盟军队进入塞尔维亚—科索沃边界的“安全区”。

△爱尔兰共和军宣布愿同负责监督解除北爱尔兰准军事组织武装的国际中立机构重开缴械谈判。10月2日，爱尔兰共和军宣布开始封存武器。（详见《军事要事》栏有关条目）

△加拿大海军决定，允许女性到深海潜艇上工作，从而打破了加拿大潜艇部队不招女兵的传统。目前加拿大所有兵种，从步兵到深海作业的兵种，已全面向女性开放。

3月9日

△第13届亚太地区裁军会议在尼泊尔举行，来自20多个国家和有关国际组织的40余名代表出席了会议。与会者强烈呼吁南亚有关国家立即停止核试验，并为南亚地区成为无核区作出努力。会议于3月11日结束。

3月12日

△一架美国海军的F/A－18战斗机在科威特举行的一次训练演习中误将1枚炸弹投到人群之中，造成6人死亡，10多人受伤。在被炸死的6人中有4人是美军士兵，1人是科威特士兵，另1人是新西兰士兵。死伤者中没有平民。这架飞机是从在海湾的“肯尼迪”号航空母舰上起飞的。

△哈萨克斯坦国家安全委员会边防局开始举行为期17天的反恐怖军事演习，以检验边防军在边境形势恶化时的作战准备。哈国家安全委员会边防局地区部队、边防军航空部队、空降突击小分队、通信团以及预备队和特种部队参加此次军事演习。这次军事演习是在中亚地区安全局势日益复杂的背景下举行的。

3月13日

△印度尼西亚国防部长马赫福兹在会见瓦希德总统后表示，印尼政府将争取实现武器进口多元化。他说，美国政府1999年因东帝汶问题对印尼实行武器禁运后，印尼需要从其他方面获得武器装备。目前正在考虑从俄罗斯、波兰和罗马尼亚购买武器。

3月15日

△中国第9届全国人民代表大会第4次会议批准《中华人民共和国国民经济和社会发展第十个五年计划纲要》，专门在其中第九篇论述了国防建设。（详见《军事要事》栏有关条目）

3月16日

△沙特阿拉伯特种部队当天上午对降落在麦地那机场的被劫俄罗斯客机发动突然袭击，制服了劫机者，解救出了机上人质。这次突袭行动仅仅持续了几分钟，1名劫机者被击毙。这架俄罗斯客机是15日下午从土耳其的伊斯坦布尔机场起飞后不久，被车臣武装分子劫持到沙特西部的麦地那市的。飞机上共有170名乘客和12名机组人员。发动突然袭击前，沙特有关部门官员同劫机者进行了长时间的谈判，但未能说服劫机者投降。

△塞内加尔政府与多年来一直闹独立的反政府武装“卡萨芒斯民主力量运动”在卡萨芒斯首府济金绍尔签署一项新的和平协议，以巩固此前双方达成的旨在结束一切暴力行动的停火协议。协议中，双方承诺全面和无条件执行业已达成的和平协议，以实现卡萨芒斯地区永久和平，并同意成立有各方代表参加的技术委员会负责协议的具体落实。

△格鲁吉亚政府和阿布哈兹地方当局代表在联合国主持下在乌克兰的雅尔塔结束了第三次会晤，双方签署了《雅尔塔声明》等几项文件，就用和平方式解决争端达成共识，但没有讨论阿布哈兹地位这个最为敏感的问题。

3月18日

△阿联酋第五届国际防务展在阿布扎比展览中心开幕。本届防务展共吸引了42个国家的860家公司前来参展，展品包括直升机、火炮、坦克、舰船和潜艇等常规武器。展馆分为室内、室外和水上三大部分，总面积达50万平方米。展览还特设了机动车演练场和实弹表演场，采购者可以亲眼目睹武器装备的性能。来自美、英、法等国公司的展品数量多、重武器多、实物多，仍然在防务展上唱主角。

3月20日

△爱沙尼亚政府决定成立一个营的快速反应部队，其任务是“参与北约行动和反击外部敌人的突然进攻”。爱沙尼亚国防部新闻秘书说，这个快速反应部队为步兵营，将在2005年之前组建完毕。爱成立快速反应部队，是为加入北约而采取的重要措施。

3月22日

△美国国防部长拉姆斯菲尔德在白宫与布什总统会晤时表示，他将对美国武装部队进行重大改革，并提出了美国战略思想的转变思路。据报道，美国防部将在武器采购以及应对战略挑战的军事思想方面实施重大变革。海军将停止建造庞大的航空母舰，而开始设计建造新型、较小的航空母舰，以便降低被导弹击中的可能性；空军将使用更多的远程轰炸机和无人飞机，而减少使用短程战斗机，太平洋很可能是美国主要军事行动的区域。

3月28日

△以色列军队出动军用直升机对巴勒斯坦自治区加沙和约旦河西岸拉马拉等城市进行轰炸，造成3人死亡，60多人受伤。

△俄罗斯副总理克列巴诺夫在记者招待会上宣布，俄将向伊朗出售防御性武器。克列巴诺夫说，俄伊双方正就提供防空武器系统问题进行谈判，但目前尚难断定何时才能签署有关合同。他强调，俄只向伊朗提供防御性武器，而不会提供任何进攻性武器。他指出，自1995年俄美签署有关俄停止向伊朗出售武器的备忘录以来，俄与伊朗在军事技术方面未签署任何合同。他还说，2000年俄军火贸易额已超过苏联时期，2至4年后俄同外国的军事技术合作金额将超过英国而跃居世界第2位。

3月29日

△俄罗斯新任国防部长谢尔盖·伊万诺夫在接受记者采访时说，他目前的主要任务是进行军事改革。根据军事改革方案，从2001年到2003年，俄计划裁

减36．5万名军人和12万名文职人员。

3月31日

△印度军方在东部奥里萨邦的昌迪普尔临时武器试验场成功试射一枚印度自产的“大地”中程地对地导弹。此次试射的主要目的在于测量这种导弹的推进参数。“大地”导弹采用液体燃料推动，装有先进的计算机和惯性导航系统，其射程在40～250千米之间，从发射到飞抵一个150千米远的目标仅需300秒。

4月

4月1日

△美军EP—3电子侦察机在中国南海上空撞毁中国军用飞机。中国政府据理向美方进行多次严正交涉和抗议。4月11日，美驻华大使普理赫向中国外交部长唐家璇递交了致歉信。4月18日，中美双方开始就撞机事件和相关问题举行谈判。5月29日，中国外交部宣布，中美双方已就美军电子侦察机的返还问题达成原则协议。7月3日，美国政府租用“安－124”运输机将电子侦察机运回美国。（详见《军事要事》栏有关条目）

4月2日

△黑海沿岸土耳其、格鲁吉亚、俄罗斯、罗马尼亚、乌克兰和保加利亚6国在土耳其的伊斯坦布尔签署协议，宣布正式组成“黑海海军合作特别集团”，以进一步加强黑海地区的安全与合作。根据协议，6国海军将在海难搜索与营救、人道主义援助、排雷、捕鱼与环保以及国际交流等方面相互配合，协调行动。

△独联体的俄罗斯、阿塞拜疆、亚美尼亚、白俄罗斯、哈萨克斯坦、吉尔吉斯斯坦和塔吉克斯坦等7个国家开始在莫斯科举行代号为“独联体南部盾牌－2001”的联合军事演习。此次为期5天的演习旨在提高独联体国家军队联合司令部下属各部队以及独联体各国快速反应部队的作战能力。格鲁吉亚、摩尔多瓦、乌兹别克斯坦和乌克兰派观察员观看了演习。

4月4日

△苏丹国防部国务部长易卜拉欣·沙姆斯丁上校和随行的14名高级军官因乘坐的军用飞机在降落时失事而全部罹难。据苏丹武装部队司令部发布的公报说，易卜拉欣等乘坐的军用飞机在苏丹南部上尼罗河州阿达里勒机场降落时，因天气不好，能见度低，撞到了一幢建筑物上，造成机毁人亡。

4月6日

△欧盟各国国防部长在布鲁塞尔召开非正式会议，一致认为，欧盟国家应当行动起来，改进欧洲在军事能力方面的不足之处，填补“军事空白”，推进欧盟共同防务政策的实施。

△俄罗斯武装力量第一副总参谋长瓦列里·马尼洛夫上将表示，俄罗斯准备组建一个全新的兵种——航天部队。马尼洛夫透露，俄罗斯组建航天部队的主要任务是保障俄罗斯太空领域的安全。他说，航天部队将在现有的军事航天部队和太空导弹防御部队的基础上组建而成。这支部队将严格遵守俄签署的不允许太空领域军事化的有关条约和协议，以及俄罗斯所承担的有关义务。俄罗斯航天部队司令佩尔米诺夫同日也透露，航天部队的组建工作将在2001年7月1日之前完成。

△印度国防部长辛格访美期间会见了美国总统布什，并与其他美国官员举行了会谈。双方同意进一步加强军事交流与合作，其中包括：在两国国防部长之间建立正式对话机制，并安排两军参谋长联席会议主席互访。

4月7日

△俄罗斯航空航天局与俄战略火箭军在位于哈萨克斯坦境内的拜科努尔发射场首次发射了1枚“质子－M”新型火箭。这枚火箭携有1颗“屏幕－M”通信卫星。

4月9日

△俄罗斯国防部长谢尔盖·伊万诺夫和德国国防部长沙尔平在圣彼得堡举行工作会晤后表示，俄德将扩大军事技术合作。伊万诺夫在会晤后指出，俄罗斯将俄德对话和俄德关系放在优先考虑的位置上，两国国防部的合作正在积极向前发展。沙尔平说，俄德两国国防部2001年军事技术合作计划内容广泛，包括两国军官和士兵的交流与培训，以及联合对米格－29等武器进行现代化改造等。两国国防部长还表示，将加强在波罗的海地区的防务和安全合作。

4月10日

△吉尔吉斯斯坦开始举行为期3天的军事演习，此次演习的目的是提高军队和地方政府在保卫吉南部

地区安全的战斗中的协同能力，奥什州、巴特肯州、贾拉勒阿巴德州地方行政机构参加了演习。哈萨克斯坦和乌兹别克斯坦的作战小分队也参加了本次演习。这次军事演习是在中亚安全局势趋于紧张的背景下举行的。目前有约 2500 名恐怖分子集结在塔吉克斯坦境内，吉军已处于高度战备状态。

4 月 11 日至 13 日

△太空非军事化国际会议在俄罗斯首都莫斯科举行，来自 104 个国家的 250 多名政府官员出席了会议。会议就制止太空军备竞赛以及和平利用太空等问题进行了讨论。

4 月 12 日

△赞比亚国防部长桑帕宣布，赞比亚决定向与安哥拉接壤的西北边境地区增派军队，以加强边境治安，保护边境居民免受安哥拉难民的骚扰。这是赞比亚第一次向赞安边界增兵。据报道，目前赞比亚接收的安哥拉难民已接近 20 万，其中有不少带武器的散兵游勇经常骚扰赞比亚边境居民，对赞比亚的边境安全造成很大压力。

4 月 13 日

△伊朗军队在伊南部波斯湾水域开始举行为期 4 天的代号为“团结－80”的海空联合军事演习，以显示伊军海上作战能力，测试国产潜艇和其他海军武器装备的性能。

△美国海军为确保通过网络传输敏感政府信息的安全性和隐蔽性，决定首次建立虚拟专用网（VPN），通过它来传达任务和命令。据称，美国海军的广域网和局域网管理着数以千计的操作系统和应用程序各异的服务器、工作站和电脑。建立虚拟专用网，有助于提高重要数据的远程传送能力。虚拟网建成后，指挥部的命令可以用文本信息的形式传送到下级技术军官的无线手机上。

△土耳其军队与反政府组织库尔德工人党武装分子在东南部的宾格尔省山区发生激战，打死 9 名库尔德工人党武装分子，5 名土耳其士兵被库尔德工人党武装分子埋设的地雷炸死。

4 月 15 日

△哥伦比亚反政府武装“革命武装力量”袭击了哥西北部的一个村庄，打死至少 25 人，使哥国内局势骤然紧张。此后，哥政府军与反政府武装交火不断，造成大量伤亡，和平进程搁浅。（详见《军事要事》栏有关条目）

4 月 16 日

△西非和中非 10 国开始在多哥北部城市卡拉举行代号为“科扎－团结 2001”的联合军事演习。多哥、贝宁、科特迪瓦、加纳、马里、布基纳法索、尼日尔、尼日利亚、塞内加尔和乍得分别派军队参加了此次为期 9 天的军事演习。法国军队为本次演习提供后勤保障和技术指导，部分国际组织和一些欧洲、非洲国家派出了观察员。演习的任务是控制冲突地区的紧张局势，为人道主义救援行动提供安全保障。演习的主要目的是为了组建一支能根据西非经济共同体和联合国的需要随时执行人道主义使命的多国武装部队。

4 月 17 日

△俄罗斯国防部长谢尔盖·伊万诺夫称，俄罗斯与白俄罗斯将组建联合军队集群，该集群包括白俄军队和俄莫斯科军区及加里宁格勒的军队，是一支可以依靠的强大力量。他还透露说，俄导弹预警站已在白俄境内开始工作，它在联合防御计划中将起重要作用。

4 月 18 日

△印度边境保安部队在孟加拉国东北边境地区与孟步枪队发生大规模流血冲突。据孟步枪队司令法兹鲁尔·拉赫曼少将透露，18 日凌晨 5 时 30 分，300 名印度保安部队士兵在迫击炮炮火及烟幕弹的掩护下入侵博杜瓦地区，向驻守该地区的孟步枪队发动进攻。孟方“为捍卫领土和主权完整被迫还击”。在冲突中有 16 名印度士兵被打死，另有 2 人受伤并被孟步枪队押往首都达卡。4 月 19 日，印度和孟加拉国政府达成停火协议，双方立即恢复两国边界原状，保持最大限度的克制，以防止边界流血冲突事件再度发生。孟加拉国于 20 日把印军士兵的遗体交还印度方面。

△法国国防部宣布，法国军方于 17 日至 18 日夜间成功地在法国西部海域从“刚毅”号核潜艇上试射了 1 枚 M45 型弹道导弹。导弹在飞越大西洋后命中设在南美的法属圭亚那外海的目标。

4 月 20 日

△美国和韩国军队在韩国境内开始举行大规模的“联合作战时增援军事演习”。驻扎在韩国和日本等地的 1 万多名美军参加了演习。演习于 26 日结束。

4 月 21 日

△北大西洋公约组织开始在面对西班牙的地中海水域举行代号为"阿尔库德拉-01"的大规模排雷演习。参加国有西班牙、法国、意大利、美国、希腊、德国和土耳其。参加演习的兵力包括21艘海上舰艇，800名海军官兵。演习的目的是检验北约近年来在海上整体排雷能力所取得的最新进展情况，以便在地中海出现危机时保证北约拥有畅通的海上通道。演习于6月4日结束。

4月23日

△美国总统布什批准向台湾出售价值达40多亿美元的10多项先进武器装备，包括4舰"基德"级驱逐舰和8艘柴油动力潜艇等。4月25日，中国外交部副部长李肇星紧急召见美驻华大使，中方向美政府提出严正交涉和强烈抗议。

4月24日

△美国总统布什表示，如果中国大陆使用武力解决台湾问题，美国将会"不惜一切代价协助台湾自卫"。(详见《军事要事》栏有关条目)

△俄罗斯国防工业企业开始批量生产改进型"旋风"反坦克导弹。这种导弹弹头重6千克，可击穿1米厚的装甲，导弹射程约为10千米，飞行速度可达440米/秒。与之相比，美国新式反坦克导弹"地狱火"可穿透的装甲厚度为0．9米，导弹射程约为6千米，飞行速度约为260米/秒。

△俄罗斯、吉尔吉斯斯坦、阿塞拜疆、白俄罗斯、哈萨克斯坦、摩尔多瓦、塔吉克斯坦、乌兹别克斯坦和乌克兰等独联体9国开始在吉尔吉斯斯坦南部奥什州举行为期3天的军事演习，演练反恐怖特别部队的联合行动。演习代号为"南方-反恐怖-2001"。

4月25日

△俄罗斯国防部公布俄军改革的主要举措：裁减员额，进一步调整军兵种结构，建立一体化联勤保障系统，实现质量建军的目标。

△斯里兰卡政府军在北部贾夫纳半岛向反政府武装猛虎组织发起猛烈进攻，遭到猛虎组织的顽强抵抗。斯里兰卡内战进一步升级。(详见《军事要事》栏有关条目)

△塞浦路斯国防部宣布开始进行为期两天的代号为"弓箭手—韦尔伊纳"的军事演习，希腊空军和海军将参加演习。这次演习是在塞希两国于1993年签署的联合防务协议的框架内进行的。根据这项协议，塞浦路斯一旦遭到土耳其的攻击，希腊武装部队将在海陆空各方面向塞提供支援。

4月27日

△菲律宾和美国开始举行代号为"菲美并肩"的联合军事演习。演习在菲境内6个地区举行，其中包括位于菲北部邦板牙省的原美空军基地克拉克，为期两周的演习将于5月10日结束。这是自1999年两国恢复联合军事演习后举行的第二次军事演习。

△德国国防部长沙尔平与丹麦国防大臣特勒伊堡、波兰国防部长科莫罗夫斯基举行"第9次三方国防部长会晤"，并在会晤后宣布，由三国军队共同组成的"北约东北多国军团"将于2003年以前建成并完成部署。这支部队将是北约武装力量的一部分，并可能成为北约的快速反应部队。

△俄罗斯和朝鲜在莫斯科签订了两国军事合作、军事工业及军事技术合作2项协议。俄朝签定的军事工业及军事技术合作协议规定，俄将参与改进朝鲜武器和军事技术装备的性能。

4月28日

△中华人民共和国主席江泽民签署第52号主席令，公布施行《中华人民共和国国防教育法》。这项法律是在当天下午闭会的9届全国人大常委会第21次会议上表决通过的。(详见《军事要事》栏有关条目)

△代号为"冒险快速/高效反应-2001"的北约多国联合军事演习在阿尔巴尼亚中部的爱尔巴桑区开始举行。来自意大利、荷兰、波兰、美国4个北约国家和阿尔巴尼亚、阿根廷、罗马尼亚等3个北约伙伴国的步兵、伞兵、突击队和武警部队分别参加了演习。这次演习的主要目的是"显示北约维护巴尔干地区稳定的能力，加强北约与伙伴国在维和行动中的关系"。演习于5月10日结束。

5月

5月1日

△俄罗斯总统普京和美国总统布什就核裁军及两国关系等问题进行电话交谈。布什强调美国不想在战略稳定问题上做出单方面决定。普京表示，将进一步削减核武器和消除潜在的核对抗。

△美国总统布什在华盛顿的美国国防大学发表演

讲时说，美国将致力于建立对付弹道导弹袭击的防御系统，为了建立这一系统，美国必须突破1972年美苏签署的《反弹道导弹条约》。(详见《军事要事》栏有关条目)

5月3日

△印度在东部奥里萨邦昌迪普尔临时武器试验场成功地试射了1枚俄制“奥萨”地对空导弹。导弹命中了一架无人驾驶飞机上悬挂的目标。

5月5日

△印度开始在接近巴基斯坦边界的贾斯坦邦北部沙漠比卡内尔地区举行为期5天的大规模军事演习。这是近13年来印度举行的最大规模的军事演习。

5月7日

△安哥拉政府军击败了反政府武装“争取安哥拉彻底独立全国联盟”(简称安盟)的进攻，收复了安盟的重要据点马温加市。10月30日，安政府军又击毙26名安盟武装成员，摧毁安盟的另一个重要据点。(详见《军事要事》栏有关条目)

5月8日

△美国国防部长拉姆斯菲尔德向国会提交了一封信，就调整和加强美国空间军事力量提出方案，以保护美国的空间军事和通讯系统。拉姆斯菲尔德在信中说，他将扩大美国空军航天司令部在空间军事力量方面负责管辖的范围，以协调并统一管理美国在空间的侦察、通信和军事行动。为此，他将任命一位四星将军全权负责美国的空间计划和行动。

5月11日

△白俄罗斯安全会议通过了国家安全新构想。该构想认为，与俄罗斯结盟和参与独联体国家集体安全条约可以制止外部侵略。白俄罗斯军队建设的总体方向是建设一支现代化和高度机动的，配备有最先进装备的军队。白俄罗斯将在近期通过2010年前武装力量建设总体构想和2005年前军队建设总体计划，确定和平和战争时期军队和武器装备的数量。

5月14日

△禁止化学武器条约第6次缔约国大会在荷兰海牙开幕，中国代表提请关注日本在华遗留化学武器问题。

5月15日

△以美国总统特别助理、美国国家安全委员会高级主任扎勒米·哈利勒扎德为首的专家小组发表一份名为《美国和亚洲：走向新的美国战略和军事部署》的研究报告。报告提出了美国在亚洲政治和军事战略的四项原则：深化并扩展与亚洲传统盟友之间的双边安全联盟，并以此为基础建立和发展广泛的多边伙伴关系；对诸如中国、印度和俄罗斯这样的尚不属于美国盟友的崛起国家和关键国家采取力量均衡战略，同时与这些地区大国特别是对美国战略利益挑战性最小的大国发展政治、经济和军事关系；必须处理好可能诱发武装冲突的地区热点问题；推动所有亚洲国家展开安全对话，并促使这些国家逐步构筑一个多边安全框架。报告强调，为推行这种新战略，美国应对亚洲军事战略进行重大调整，包括：将地区军事重点由东北亚向南转移，发展和完善与盟国的军事安全网，将关岛建设成美国在亚洲的军事中心，加强海空联合力量，发展远程作战能力。

△日本海上自卫队幕僚长石川亨在记者招待会上宣布，日本海上自卫队将派出3艘扫雷艇和大约230名自卫队官兵参加于6月11日至22日在新加坡周围海域举行的“第一次西太平洋扫雷训练”。参加这次训练的还有由新加坡、美国、澳大利亚、印度尼西亚、泰国等15个国家。这将是日本海上自卫队第一次参加这种多边海上扫雷训练。

△泰国、美国和新加坡开始在泰国第三军区举行代号为“金色眼镜蛇01”的大规模联合军事演习。演习的内容包括两栖登陆作战、危机处理和救灾行动、特种部队作战以及救援平民行动等，目的是提高参演部队的作战能力和参加国军队间的协调能力。泰、美、新三国分别派出5820名，4973名和55名官兵参加演习。菲律宾、日本、韩国、马来西亚、印度尼西亚、澳大利亚、斯里兰卡、蒙古和法国等9国派出了观察员观摩这次演习。

△塞拉利昂政府与反政府武装“革命联合阵线”在弗里敦签署《弗里敦停火和缴械协议》。(详见《军事要事》栏有关条目)

△为提高哈萨克斯坦地方内务部队的反恐怖能力，哈内务部开始在南哈萨克斯坦州举行代号为“南部－2001”为期2天的反恐怖军事演习。此次演习是根据打击恐怖主义、极端主义和分裂主义的国家计划进行的。演习内容包括消灭恐怖分子和解救人质等。南哈萨克斯坦州内务部队和哈内务部特种部队参加了演习。

5月18日

△非洲统一组织第五届预防、处理和解决冲突机制中央机构成员国首脑会议在洛美开幕。各国领导人在开幕式上呼吁进一步发挥非统组织的重要作用，以推动非洲大陆地区冲突全面和平解决。

△苏丹总统巴希尔和埃及总统穆巴拉克就双方在有争议的哈拉伊卜地区减少军事存在达成协议。

△朝鲜朝中社发表评论，抨击美军组建针对朝鲜的“新概念旅”。评论说，美国陆军最近宣布，根据布什政府的“新国防政策”，将组建一个“新概念旅”，以便在朝鲜半岛发生冲突时将这个旅在4天内从美国本土部署到冲突地点。美国的这一决定将激化朝鲜半岛的紧张局势，并阻碍半岛北南方实现民族和解与合作。

5月24日

△南斯拉夫联盟联合武装力量开始进驻塞尔维亚南部“安全区”B区，这标志着整个“安全区”将置于南斯拉夫联盟武装力量控制之下。

5月25日

△俄罗斯、白俄罗斯、亚美尼亚、哈萨克斯坦、吉尔吉斯斯坦和塔吉克斯坦6个独联体国家集体安全条约成员国在亚美尼亚首都举行首脑会议，讨论地区安全形势和加强地区安全合作等问题，并签署声明，决定组建中亚联合快速反应部队。

△美国总统布什在马里兰州美国海军学院发表讲话时强调，美国应建立一支强大的军事力量，以适应21世纪的需要。美国必须以先进技术来武装部队，“将致力于建设一支规模较小但机动性更强、运作更加敏捷的军队，而这支军队容易部署和保持，更多地依靠隐形和精确武器系统以及信息技术。”为了建设适应21世纪的军队，美国需要更多的新式武器，美国政府将在武器系统方面加强研究和开发。

△格鲁吉亚国民卫队一个营约500名官兵发生哗变，擅自离开训练地，占领了格内务部部队位于穆赫瓦尼居民点的一个营地。兵变后格政府同哗变的国民卫队军官进行长达约2个小时的谈判之后，双方达成了协议，哗变的军人答应返回其常驻地。

5月26日

△伊朗陆军开始在与伊拉克交界的西部和南部边境地区举行代号为“力量－80”为期一周的军事演习。演习分四个阶段进行，参加兵力达2万人。演习旨在提高军队的攻击能力，加强边境地区的安全，展示包括快速反应部队在内的陆军作战能力，检验新发明的武器装备。

5月28日

△中非发生政变。在前总统科林巴将军策划下，近百名全副武装的军人袭击了中非总统官邸，企图推翻现政权。经过3小时的猛烈交火，总统卫队打退了进攻。政府军随后对反政府武装进行了清剿。至6月6日，政府军已于6日完全收复首都班吉。科林巴率部分反政府武装分子在逃。

5月29日

△北约外交部长在匈牙利首都布达佩斯举行的理事会会议上，未能就支持美国推行国家导弹防御系统问题达成协议。

5月31日

△俄罗斯裁减化学武器委员会宣布，由于资金短缺，俄无力在规定期限内销毁全部化学武器，因此要求将原定期限延长2至3年。作为《禁止化学武器公约》缔约国，俄应于2002年前销毁20%的化学武器，并于2009年前销毁全部化学武器。俄专家估计，俄销毁全部化学武器至少需要70亿美元。

△美国总统布什向国会提交追加国防预算计划，增加2001财政年度的国防开支56亿美元，使2001年度的国防预算达到3156亿美元。

△伊朗试制成功一种新型地对地导弹。这种型号为“胜利－110”的地对地导弹完全由伊朗军事专家自己设计和研制，使用固体燃料，打击目标准确率高，将成为伊朗军队的最有效武器之一。

△北约为了加强在波兰和东欧的防空力量，决定在波兰建立7个空军基地。这7个空军基地是：克热希内、克拉科夫、马尔堡、米洛斯瓦维茨、希维德温、瓦斯克、马佐夫舍等波兰军用机场。北约计划在7年至8年内投入6．5亿美元，对波兰军事基础设施进行现代化改造。

△印度政府正式批准了开发远程导弹系统的“烈火”计划。据报道，射程达2000千米的“烈火Ⅱ型”弹道导弹已开始“限量”生产，预计2001年至2002年间装备部队。除“烈火”导弹外，短程地对地导弹“大地”、地对空导弹“特里舒尔”、中程地对空导弹“阿卡什”和第3代反坦克导弹“纳格”等其他4种印度自行研制开发的导弹也都即将进入生产阶段。

6月

6月1日

△为期11天的美国与菲律宾联合海军军事演习在菲律宾开始举行。1440名美国海军官兵和1175名菲律宾海军官兵参加了演习。

△俄罗斯航天兵司令佩尔米诺夫上将宣布，自当日零时起，俄武装力量航天兵开始全面执行自己承担的任务。这标志着俄航天兵宣告成立。

△北约成员国及其和平伙伴关系国开始在波兰北部海港格丁尼亚举行代号为“波罗的海高峰－2001”的联合海上军事演习。来自8个北约成员国和6个北约和平伙伴关系国的约4000名官兵、46艘舰船、57架战斗机和直升机参加了演习。演习内容包括火炮射击、海上补给和救援、雷达搜索、猎潜及排雷等。演习于6月18日结束。

△尼泊尔王宫发生王储迪彭德拉枪杀王室成员的流血事件，尼泊尔国王、王后等10余人遇难。(详见《军事要事》栏有关条目)

6月4日

△立陶宛和美国在立陶宛波罗的海沿岸的克莱百达港开始举行为期10天的联合军事演习。美国两艘军用快艇和50多名官兵，立陶宛空军30多名官兵和海军潜水部队等参加了演习。

6月5日

△美国总统布什派遣中央情报局局长特尼特前往中东，加紧斡旋巴以冲突。6月12日，巴以分别宣布接受美国提出的“停火建议”。7月6日，巴以同意将双方停火“冷却期”从原定的6周缩短到4周。

△立陶宛、爱沙尼亚、拉脱维亚、罗马尼亚、斯洛文尼亚、阿尔巴尼亚、斯洛伐克、保加利亚和克罗地亚9个加入北约申请国军队领导人在拉脱维亚首都里加会晤，交流加入北约的准备情况。美国、英国等北约成员国派代表出席了会晤。

6月6日

△美国总统布什宣布，就核技术和导弹开发等一系列问题恢复与朝鲜方面的谈判。6月18日，朝表示反对美单方面提出的对话议题。

△俄罗斯和印度签署了发展军事技术合作议定书。双方将联合设计、生产多用途军用运输机，俄罗斯将向印度出售装甲车、柴油动力潜艇、航空母舰，并向印度出售现代化的防空武器，以帮助印度建立覆盖全国的防空系统。

6月8日

△俄罗斯航天兵战斗班组在普列谢茨克发射场成功发射了1枚“宇宙－3M”型运载火箭，将“宇宙－2378”号军用卫星送入预定轨道。

6月9日

△俄罗斯召开对外军事技术合作会议。会议通过了俄与独联体集体安全条约成员国军事技术合作构想以及俄与外国2010年前军事技术合作构想两份文件，确定了开展对外军事技术合作的基本政策。

6月12日

△印度成功试射1枚俄制PJ—10中程地对地导弹。导弹长6.9米，可以携带多弹头，在300秒钟内攻击280千米内的目标。

6月13日

△法国国防部发表公报称，法国第四次试射抗电子干扰阿斯特尔防空导弹获得成功。试射目标是距导弹发射地15千米、以密集队形出现的飞行物。每个飞行物都装备了电子干扰器。

6月14日

△出席“上海合作组织”国家元首会议的中国、俄罗斯、哈萨克斯坦、吉尔吉斯斯坦、塔吉克斯坦和乌兹别克斯坦6国国防部长举行会晤。国防部长们在达成共识的基础上签署了《国防部长会晤联合公报》。(详见《军事要事》栏有关条目)

△黎巴嫩军方发言人宣布，叙利亚军队将在今后几天从黎巴嫩首都贝鲁特地区撤出。6月20日，黎巴嫩安全人士宣布，叙利亚从贝鲁特的撤军行动已全部结束。(详见《军事要事》栏有关条目)

6月15日

△“上海合作组织”元首会议在上海举行，中国国家主席江泽民主持会议。会议签署了《“上海合作组织”成立宣言》和《打击恐怖主义、分裂主义和极端主义上海公约》。此前，成员国元首还举行了非正式会晤，并签署了联合声明，决定接受乌兹别克斯坦为“上海五国”新成员。(详见《军事要事》栏有关条目)

6月16日

△俄罗斯总统普京与美国总统布什在斯洛文尼亚首都卢布尔雅那举行首次会晤。双方在美国的导弹防

御计划和北约东扩等重大问题上矛盾依旧，但双方表示将进一步在更广泛的领域开展建设性对话。

6月17日

△美国国务卿鲍威尔表示，如果美苏于1972年签署的《反弹道导弹条约》成为美国建立国家导弹防御系统的障碍的话，美将单方面废除这一条约。

6月20日

△俄罗斯国防部长谢尔盖·伊万诺夫在克里米亚的塞瓦斯托波尔宣布，俄罗斯和乌克兰已经就俄罗斯黑海舰队的现代化问题达成共识。从2001年7月1日起，俄乌双方将对舰队在港域内的停泊地实行共管，继续组建有黑海沿岸国家参加的联合部队。

6月21日

△美国国防部长拉姆斯菲尔德在参议院军事委员会作证时说，冷战结束以后美国军方一直奉行的“必须打赢两场几乎同时发生的大规模战区战争”的战略已经不起作用，美国国防部正在制定新军事战略，以便对付新形势下的非常规威胁。

△尼加拉瓜军方在埃斯特利省的孔德加一所军事学校里销毁了1.5万枚杀伤性地雷。至此，尼加拉瓜共销毁了7万枚库存地雷，但目前库存地雷尚有6.68万枚。

△中欧和平促进合作组织第三届国防部长会议在布拉迪斯拉发开幕。匈牙利、奥地利、罗马尼亚、斯洛文尼亚、斯洛伐克国防部长以及瑞士国防部高级官员参加了本次会议。6国代表在会后签署的联合声明中一致承诺，将通过彼此间的合作在中欧建立一个安全区，增强各国应对可能出现的危机局势的能力，以确保该地区的稳定。

6月23日

△俄罗斯总统普京表示，如果美国单方面退出1972年的反导条约并建立国家导弹防御系统，那么俄将根据高效率和少开支的原则采取相应措施。

6月24日

△在欧盟负责外交与安全的高级代表索拉纳的斡旋下，马其顿安全部队与阿尔巴尼亚族非法武装“人民解放军”实现了暂时停火。7月5日，马其顿政府军与阿尔巴尼亚族非法武装“人民解放军”达成全面停火协议。这是双方第一次在马全境实现全面停火。

6月27日

△俄罗斯战略导弹部队从拜科努尔发射场成功发射了1枚PS—18洲际弹道导弹。这枚导弹飞行了7000千米，准确地命中了位于勘察加半岛“库拉”军用实验场上的目标。俄罗斯国防部官员认为，PS-18洲际弹道导弹继续履行战斗值勤任务是在现代条件下完成战略任务的唯一途径。同俄罗斯新型的“白杨-M”型导弹系统相比，PS-18洲际弹道导弹具有更高的突破敌国导弹防御系统的能力。

6月28日

△美国国防部长拉姆斯菲尔德在国会众议院军事委员会作证时敦促国会同意布什政府关闭一些军事基地的计划。他说，根据最近的调查，美军有20%至25%的基地是多余的。关闭和调整一些不必要的军事基地，能节省大量经费。

△南斯拉夫联盟塞尔维亚政府秘密将南联盟前总统米洛舍维奇引渡到海牙前南战犯国际法庭。此举导致南联盟政府危机和社会动荡。（详见《军事要事》栏有关条目）

6月29日

△俄罗斯国防部宣布，到2004年俄武装力量人数将裁减至100万人。

△日本防卫厅公布《关于实施研究开发的指针》，把信息技术和飞机发动机等列为今后军事技术发展的重点。报告把两类技术确定为当前应重点开发的对象：第一类是对飞跃性地提高战斗力具有很大影响的军事技术，它们是信息通信技术、无人驾驶飞机技术和制导技术；第二类是无法期望从国外引进的技术，如飞机发动机技术和航空电子技术等。

6月30日

△美国总统布什宣布，美国将制定新的防务战略，并要求国会批准其追加的2002财政年度军费预算。

7月

7月2日

△新加坡海军与美国海军开始在南中国海和新加坡南部海域举行为期13天的年度例行联合演习。

7月4日

△苏丹政府宣布接受由埃及和利比亚联合提出的实现苏丹民族和解的9点新建议，与南方反政府集团达成协议，推动了国内和平进程。（详见《军事要事》

栏有关条目）

7月6日

△韩国军方人士称，在美韩两国就4月向韩国增派6架MH－47E特殊作战用途直升机达成协议后，美国组建了1个飞行中队，计划增派到韩国。这个飞行中队将部署在大邱的美军基地。与此同时，美国还组建了1个空军支援大队，为MH－47E直升机提供支援服务。这个大队将分别部署在大邱和金海美军基地。

7月7日

△莫斯科理论和应用电动力学研究所的专家研制出了供战斗机使用的新型隐形材料，这种材料由若干层雷达波吸收面组成，不同的吸收面可吸收不同波长的雷达无线电波，并将电波的能量转换为热能，从而大大降低雷达波的回波强度，减少被探测到的战斗机特征信息。俄将使用这种材料改造“米格”型战斗机，以增强其飞行时的隐蔽性。

7月9日

△联合国制止小武器非法贸易会议开幕。联合国189个会员国的代表及170多个非政府组织的代表出席了会议。会议通过了《行动纲领》。

7月10日

△美国参议院通过了布什政府追加的56亿美元的国防开支计划，从而使美国2001财政年度的国防预算达到3156亿美元，比上年度增加了267亿美元。

7月11日

△俄罗斯总统普京签署了有关允许进口外国核废料的一揽子法案。

△加拿大媒体报道，加拿大和德国的武器研究人员正在研制一种能够根据环境随时改变外表的类似“变色龙”的新型坦克。这种新型坦克在表面装上一层薄膜，可以按照周围环境的颜色来改变坦克外表的特征，而且还可以随时调节温度，从而使敌人不能根据坦克的散热来探测其行踪。

7月13日

△1500多名尼泊尔反政府武装分子在尼泊尔西部罗尔帕地区开会时，被尼泊尔皇家军队包围。双方发生枪战。在交火中有50多名反政府武装分子被击毙，皇家军队方面有3人被打伤。

7月14日

△美军进行国家导弹防御系统导弹拦截技术第4次试验获得成功。这是布什总统执政后美国对国家导弹防御系统进行的第1次试验。

7月16日

△中国国家主席江泽民和俄罗斯联邦总统普京在莫斯科签署了《中俄睦邻友好合作条约》。条约总结了发展中俄关系最主要的方针和原则，规定了两国今后在政治、经济、贸易、科技、文化和国际事务中合作的原则和方向。条约共25条，有效期为20年。（详见《军事要事》栏有关条目）

△以色列飞机制造工业公司和印度国防部军事代表团在特拉维夫签署一项军事工业合作协议，合作项目总价值约为20亿美元。根据这项协议，以色列飞机制造工业公司将向印度出售3架价值数亿美元的预警飞机和其他武器装备。

7月19日

△中国和白俄罗斯在明斯克发表了联合新闻公报。（详见《国际条约》栏有关条目）

7月22日

△阿富汗塔利班当局表示有条件地接受对立派别北方联盟提出的和谈建议。

7月23日

△尼泊尔政府与尼共（毛派）武装达成停火协议，双方决定举行政治谈判。但11月21日，尼共（毛派）又宣布，由于尼政府拒绝修改宪法，实行停火谈判已失去意义。（详见《军事要事》栏有关条目）

△中国裁军大使胡小笛率领中国代表团出席了在日内瓦召开的《禁止生物武器公约》议定书特设工作组第24次会议。胡小笛表示支持禁止生物武器公约议定书谈判。

7月26日

△俄罗斯总统普京在克里姆林宫会见了美国总统国家安全事务助理赖斯。双方就导弹防御系统磋商时间表达成协议。

△喀麦隆总统保罗·比亚宣布，将对本国军队进行全面、深入的改革，以早日实现国防现代化。改革的重点是，对国防管理机构和整个武装部队系统实行“精兵简政”，建立一支职业化、年轻化、高效率的军队。改革的目的是，更有效地保障国家的自由、主权和独立，促进国家发展，维护地区稳定。

7月27日

△南部非洲发展共同体（南共体）通过了一项旨

在预防本地区冲突的共同防务条约草案。草案规定，如果某一签约国内部发生冲突，或某一签约国与其他国家发生有损于该地区稳定的冲突，或某一签约国受到第三国的侵略，其他签约国将有权进行干预。

7月30日

△澳大利亚和美国部长级磋商在堪培拉举行，美方赞同澳方关于建立一个包括美国、澳大利亚、日本、韩国四国的安全磋商机制的建议。

7月31日

△伊朗国防部宣布，伊朗军方成功地试射了一种自己研制的型号为"闪电－1号"的新型反坦克导弹。这种导弹具有高强度的穿透力，能摧毁目前世界上最先进的装甲设备。

△日本政府宣布，为了使日本沿岸和重要设施免遭武装袭击，将放宽对自卫队员和海上保安人员使用武器的限制。日本政府已确定如下方针：为使进入日本领海的行迹可疑船只停船而对船体射击时，即使伤害到对方的乘务人员，也不属于违法行为；对小股武装分子可以使用武器；在紧急情况下收集情报时，为保护自己，可以使用武器。

8月

8月2日

△美国国防部负责采购、技术和后勤的副部长皮特·奥尔德里奇宣布，根据正在调整中的国家安全政策，国防部长拉姆斯菲尔德考虑关闭一些海外军事基地。美国目前的军事基地比实际需要的多出20%至25%，关闭军事基地可以把节省下来的开支用于购买新的武器和国防现代化计划。国防部估计，新一轮基地的关闭将每年节省军费开支35亿美元。五角大楼将向国会提出建议，成立一个独立的9人委员会来评估关闭更多军事基地的可能性。

△菲律宾政府军开始出动数千人追剿阿布沙耶夫武装分子，并于5日成功营救出13名人质。此前，菲政府曾于4月上旬、5月下旬和6月下旬先后3次出动大批军队对绑匪实施大规模围剿作战，共救出78名人质。（详见《军事要事》栏有关条目）

8月6日

△美国空军在佛罗里达州卡纳维拉尔角用1枚"大力神"4型火箭，将1颗价值2.56亿美元的导弹预警卫星送入太空。这是美国空军发射的第21颗"防御支持计划"卫星，它是用来侦察和监视其他国家导弹发射或核试验情况的。

8月7日

△联合国驻科索沃警察部队违反决议，强行占领了位于格拉查尼察区的南斯拉夫联盟和塞尔维亚共和国解决科索沃问题协调中心办公大楼。

△美国和俄罗斯负责军事安全事务的官员在五角大楼开始举行为期两天的会谈，就导弹防御及核裁军等问题交换意见。参加会谈的俄方代表团由俄武装力量第一副总参谋长巴卢耶夫斯基率领，美方代表团由国防部副部长法伊特负责。

△俄罗斯国防部长伊万诺夫与德国国防部长沙尔平举行了非正式会晤。双方就北约东扩、欧洲安全、导弹防御系统、俄德军事合作、巴尔干和中东局势等问题交换了意见。会后伊万诺夫表示，北约东扩的计划引起俄罗斯的忧虑和不安，俄罗斯反对北约东扩的原则立场不变。

8月8日

△美国国防部副部长沃尔福威茨说，五角大楼正在考虑削减军队人数的方案，以便节约资金用于部队的现代化建设。最近国防部长拉姆斯菲尔德的一些助手建议，美国陆军应削减3个师的兵力，空军应削减16个战斗机中队，海军应削减1至2个航母战斗群。报道说，美国陆军现有10个师，空军有61个战斗机中队，海军有12个航母战斗群。不过，削减军队人数的方案仍在考虑之中，目前尚未作出决定。

△俄罗斯与缅甸签署一项军事合作协议。（详见《国际条约》栏有关条目）

8月9日

△俄罗斯空军总司令科尔努科夫大将表示，俄空军计划于2005年前将80%的现有战机加以改进。2006年，俄罗斯空军将配备新技术装备，苏－32战机也将开始服役。他说，俄空军将来最多只保留三种战机：轻型战机（即强击机）、用于执行歼击任务的中型战机和重型战机。此外，军用运输机的类型将减少到两种，防空导弹部队也将只装备一至两种防空系统；对图－160和图－95战略轰炸机进行改进，使这些飞机能携带高精度武器。

8月12日至13日

△美国国防部长拉姆斯菲尔德访问了俄罗斯。双

方就维护全球战略稳定及共同关心的国际和地区问题进行了会谈。

8月15日

△美国国防部负责军需采购和技术的副部长奥尔德里奇说，五角大楼已经决定用450亿美元购买295架由美国洛克希德－马丁公司制造的F－22“猛禽”隐形战斗机，以替代目前美军正在使用的F－15战斗机。洛克希德－马丁公司至今已制造了7架F－22战斗机，供美国空军试用。2001年年底之前，该公司还将交付3架。这种飞机在本世纪初将成为美国空军的主力战机。9月19日，美国国防部又宣布，五角大楼已经与美国洛克希德·马丁公司签署了一项正式购买第一批F－22战斗机的合同。

8月16日

△喀麦隆军方称，喀麦隆与尼日利亚近日在有争议的巴卡西半岛地区发生武装冲突。尼日利亚不时炮击喀麦隆军队在巴卡西构筑的前沿阵地，致使3名喀军人受伤。

8月17日

△日本《东京新闻》报道，日本海上自卫队在拥有4艘宙斯盾护卫舰的基础上，计划于2002年至2003年再建造两艘具有很强的防御战区导弹功能的宙斯盾护卫舰。日本将从美国购买这种新型军舰的核心部位系统。该系统具有从探知导弹到处理情报和发射导弹迎击等功能，还装有能够与飞机、舰只高速交换战术数据的联合作战软件，也可以根据美军的指令发射迎击导弹。

△俄罗斯空军总司令科尔努科夫透露，俄将在2005年至2006年间研制出第5代战斗机的样机，并在2010年为俄军装备这种战机。目前，俄已确定了第5代战机所应达到的技战术要求，战机的研制工作业已开始。俄航空专家透露，第5代战机将具有全新的设计概念，并将吸取最先进的米格型战机和带有前掠式机翼的苏－37型战机的诸多优点。预计研制新型战机将耗资约50亿美元。

8月18日

△日本政府作出决定，日本将解除自卫队参加联合国维持和平部队主体业务的冻结，并放宽自卫队参加维和部队时武器使用的限制。

8月20日

△韩国和美国开始举行代号为“乙支焦点透视”的年度联合军事演习。这次军事演习是韩国军方和驻韩美军联合进行的计算机模拟演习，目的是“对付半岛的战争状态”。演习持续到31日。同时，韩国全国范围内的“2001年乙支演习”也开始举行，以“综合检验半岛在发生各种紧急状态时行政及军事方面的准备情况”，此项演习到25日结束。

8月21日

△拉脱维亚武装力量和美国军队在拉境内开始举行为期10天的联合军事演习。演习的目的是交流各种军事行动经验。美方有橡皮艇、直升机和其他飞机等参加演习。拉脱维亚认为，这次演习对明年能否被吸收加入北约具有重要意义。

△俄罗斯“拉缅斯基”仪器制造设计局开发出新型战机驾驶舱。新型驾驶舱中配有先进的电脑设备，可与机载的探测、武器控制和飞机驾驶系统相连。这种电脑能够自动识别目标，选择武器和控制武器发射，帮助飞行员选择躲避敌军攻击的最佳方案。俄“米格－29”和“苏”系列战机在装备了这种驾驶舱之后，作战性能可超过目前最新的一代战机。目前，俄部分“苏”系列战机已安装了这种新型驾驶舱。

8月22日

△俄罗斯和白俄罗斯在波罗的海举行为期2天的大规模海上防空军事演习，40多艘舰艇及海军航空兵参加了这次演习。参加演习的近千名官兵在海上、空中和海岸进行了近200项作战科目演练。此次演习是独联体国家“2001战斗联合体”防空实弹演习的第一阶段，第二阶段演习于8月底在俄罗斯阿斯特拉罕州的阿沙卢克演习场举行，数千名独联体国家军人参加演习。

△1枚从俄罗斯“阿舒卢克”军事演习场发射升空的S－300型防空导弹在哈萨克斯坦西部阿特劳州一个村庄附近坠落并引起爆炸，但未造成人员伤亡和重大损失。24日，哈外交部向俄罗斯外交部发出紧急照会，要求俄罗斯在此事件情况全部调查清楚和关于如何解决类似事件的双边谈判结束前，暂时停止在“阿舒卢克”演习场及俄哈边境地区进行演习发射。事后俄军查明，爆炸的原因是导弹内自动操纵仪和自爆装置失灵。

8月23日

△由“深圳”号导弹驱逐舰和“丰仓”号综合补给舰组成的中国海军舰艇编队从上海吴淞口军港启

航，先后对德国、英国、法国和意大利进行了访问，并于10月21日顺利返回。舰艇编队指挥员、海军东海舰队参谋长吴福春少将对记者表示，这是新中国成立52年来海军首次访问欧洲，也是一次壮军威、扬国威的历史性访问；它为中国同欧洲四国的军事交往掀开了崭新的一页。

△俄罗斯武装力量总参谋部宣布，2001年俄军计划裁员约9万人。

8月24日

△美国总统布什提名空军四星将军、参谋长联席会议副主席理查德·迈尔斯为参谋长联席会议主席，以接替将于9月30日任期届满的谢尔顿。

8月25日

△哥伦比亚警方和美国禁毒署在一次联合行动中缴获3500万美元现金毒资，这是有史以来在没收贩毒集团毒资金额最为庞大的一次。

△据印度《先锋报》报道，印度武装部队高级将领和核武器研制机构的专家将于10月初举行会议，专门研究如何把核武器装备到部队的问题。这将是印度自1998年5月进行核试验以来朝着武装部队核武器化采取的第一个具体步骤，也说明印度的核武器研究已进入实用化阶段。

8月26日

△白俄罗斯开始举行10年来规模最大的军事演习，包括正规军、边防部队、铁道兵、内务部队和紧急情况部队在内的近9000名军人参加了这次演习。

8月27日

△由以色列和美国联合研制的“箭－2”弹道导弹防御系统在以色列特拉维夫以南的帕尔马海姆空军基地进行了第9次测试，并成功拦截了1枚模拟的“飞毛腿”导弹。以军官员认为，此次“箭－2”系统的截击高度和距离均为历史最高水平，标志着以空军“箭”型弹道导弹防御系统性能上了一个重要台阶。

△法国总统希拉克在法国驻外使节年度会议上提议，拟于2003年前组建的欧洲快速反应部队除了担当维护欧洲安全的主要使命以外，还可以应联合国的要求快速部署到国际热点地区执行紧急维和任务。

8月29日

△美国、英国、瑞典、波兰、荷兰、意大利、德国、芬兰、丹麦、捷克、加拿大、立陶宛、爱沙尼亚和拉脱维亚的武装部队在立陶宛开始举行代号为“琥珀希望2001”的大规模联合军事演习。来自14国的2800名陆军和空军官兵参加这次演习。这次演习的目的是“完善各国部队在实行维和作战中的协同行动”。演习于9月6日结束。

△捷克总理泽曼宣布，捷克内阁会议一致通过了捷军逐步实现职业化的计划。根据该计划，捷军将在未来几年内加速军队改革进程，在2007年初实现军队的全面职业化。届时，捷军总人数约为3．5万人，此外还有约1万名文职人员。推进捷军职业化的目的是建立一支小型、机动、年轻且富有创造力的现代化军队，在北约框架内更好地履行其使命。

△“迎接21世纪无核武器世界”国际会议在哈萨克斯坦阿拉木图开幕。此次会议是哈萨克斯坦为纪念塞米巴拉金斯克核试验场关闭10周年举办的。来自中国、俄罗斯、日本、美国、法国、德国等14个国家的政要和国际知名人士参加了这次会议。中国全国政协外事委员会主任田曾佩在会上作了发言，阐述了中国在建立无核武器世界方面的立场。

8月30日

△美国陆军部长怀特说，美军将把一些储存在德国和意大利的武器装备转移到亚太地区，以实施布什政府有关转移战略重点的方案。这批将要被转移的武器装备本是用以在发生战争时提供给增援部队使用的。转移武器装备时，部队将不会随行。他说，这一计划再次表明，美军将“调动现有的资源以适应新的战略”。国防部长拉姆斯菲尔德尚未决定是否将一些部队从欧洲转到亚洲或其他地区，但他认为，转移美国驻欧4个陆军战斗旅中的任何一个都将是错误的。

9月

9月2日

△日本陆上自卫队在静冈县东富士演习场举行综合火力演习。参加演习的自卫队部队约1700人。演习中使用了各种坦克、装甲车等约60辆，各种火炮约70门，以及30多架战斗机、侦察机。

9月3日

△保加利亚国防部长尼·斯维纳罗夫在“拉科夫斯基”军事科学院新学年开学典礼上发表讲话时表示，保加利亚将继续进行军队改革，争取在2002年加入北约。在军队的职业化改革方面，将把重点放在

特种武装力量的职业化上，然后逐步实现整个军队的职业化。要对高等军事院校的课程内容进行更新，使人的因素成为推动军队改革的主要动力。

△乌克兰国防部长库兹穆克同芬兰国防部长埃内斯塔姆签署了两国军事部门的合作备忘录。埃内斯塔姆在签字仪式结束后说，芬兰和乌克兰军事部门今后合作的方面之一是从事维和行动，两国的军事人员今后将定期进行互访。

9月4日

△美国白宫发言人承认，美国近年来一直从事有关生物武器的研究，目的是为了发明一种疫苗，以保护美国人不受生物武器的威胁。

9月5日

△美国空军宣布，将耗资30亿美元研制小型智能炸弹，以便使用更少的飞机袭击更多的目标，加强F－22“猛禽”战斗机和联合攻击战斗机的作战能力。这种小型智能炸弹每枚只有112．5公斤重，而威力却相当于1枚900千克重的大型炸弹，将在5年内投入使用。

9月6日

△瑞典政府决定参加欧盟国家联合研制新型战斗机的合作项目。瑞典国防部发表的新闻公报说，瑞典政府已授权瑞典国防物资局与法国、英国、德国、西班牙和意大利5国正式签订协议，联合研制新型战斗机及相关系统。瑞典此举是为了顺应目前全球军事工业的结构调整。

9月9日

△阿富汗反塔利班联盟领导人马苏德在接受2名装扮成记者的阿拉伯人采访时，遭到自杀性爆炸袭击，9月15日死亡。

△捷克和斯洛伐克武装部队在斯洛伐克列什特军事训练营地开始举行代号为“2001蓝色战线”的联合军事演习。这是1993年捷克斯洛伐克解体以来两国部队进行的第一次联合军事演习，来自捷斯两国的1146名官兵参加了演习。演习动用了坦克、装甲车、直升机等武器装备。演习的主要目的是检验两国指挥员和司令部协同指挥国际部队的能力，提高全面保障两国部队参加维和行动的水平。

9月10日

△联合国安理会一致通过决议，决定取消对南斯拉夫联盟的武器禁运，同时解散安理会设立的与实施对南斯拉夫联盟武器禁运有关的制裁委员会。

△俄罗斯空军开始在堪察加半岛附近的北太平洋水域和北极地区举行为期5天的大规模空军演习，2000余名航空兵官兵参加了军事演习。

△美国国防部长拉姆斯菲尔德在五角大楼举行的职工大会上说，他将对五角大楼实施“消肿术”，大幅度减少不必要的在编人员，削减国防部系统在全球的文职人员，并按照国会的指令在一年内将军队各总部的工作人员至少减掉15%，以便将节省的资金用于美军的武器装备和提高部队的作战能力。国防部实施减员后，许多服务性的工作可由私营公司承担，以节省开支，并可将每年节省的150亿至180亿美元可用于作战部队。

9月11日

△美国发生一系列严重的恐怖袭击事件。位于纽约的世界贸易中心和位于华盛顿的美国国防部所在地五角大楼等重要建筑均遭到袭击。此后，美国总统府白宫附近发生大火，国务院大楼、国会山附近相继发生爆炸事件，造成重大人员伤亡和财产损失。这是美国历史上最严重的遭受恐怖袭击事件。（详见《军事要事》栏有关条目）

9月12日

△北约成员国召开紧急会议，讨论9月11日美国受到的恐怖袭击事件是否应当视为针对北约19个成员“共同的武装攻击”。这是北约成立以来成员国首次一起讨论有关《北大西洋公约》第五条的问题。

△俄罗斯开发出了机动性高、适于近距离空战的机载新型导弹。这种型号为R－73EI的导弹能够在昼夜和多种天气条件下，对抗无线电干扰，截击飞行时速约2500千米、飞行高度在20米至20千米之间的飞行目标。俄专家认为，R－73EI型导弹的技术性能比国外同类产品领先至少10年。

9月17日

△乌克兰海军和俄罗斯黑海舰队开始在黑海的西北部地区举行代号为“和平航道2001”的联合军事演习。这次演习的主要内容是在冲突地区执行维和行动。

9月18日

△渥太华禁雷公约第三次缔约国会议在尼加拉瓜首都马那瓜开幕。70多个国家的代表出席了这次为期4天的会议。会议审议了缔约国履行公约情况，评

估了扫雷工作情况，讨论了国际合作等问题。

9月19日

△日本公布了支持美国打击恐怖主义的7项措施，其要点是以对美军进行后勤支援为名正式向海外派出自卫队武装。此前，日本朝野和自卫队向国会提交了《自卫队法案》，谋求订立新的法律以支持美军对恐怖主义的军事打击。

9月21日

△印度从停泊在东部奥里萨邦海岸的1艘军舰上成功地向孟加拉湾发射了1枚自行研制、射程为258千米、可携带核弹头的舰对舰导弹。

9月22日

△美国总统布什解除了1998年针对印度和巴基斯坦进行核试验而对这两个国家实施的制裁。

9月24日

△乌克兰国家安全和国防委员会秘书马尔丘克表示，乌克兰根据美国方面的请求，决定向美国军用运输机开放领空。马尔丘克强调，这一决定不意味着美国的战斗机和直升机可以飞越乌克兰领空，并且美国军用运输机也不能运载坦克和直径超过100毫米的大炮。因为根据乌有关法律，上述飞机和武器经过乌领土必须得到议会的批准。他说，美方向乌保证，军用运输机将不携带核武器、化学武器和生物武器及有关部件。

9月25日

△俄罗斯总统普京开始对德国进行为期3天的国事访问，普京与德国总理施罗德就北约与俄罗斯的关系、近期的安全形势等问题进行了讨论，并提出了建立新的全球安全体系的主张。

9月26日

△美国参议院军事委员会成员约翰·沃纳宣布，美国国防部决定继续将美军兵力数量保持在140万人，而且也不会削减12支航空母舰战斗群的数量。美国务院官员同日表示，美国国防部决定不削减兵力显然是考虑到“9·11”事件。国防部长拉姆斯菲尔德曾经表示将减少兵力，并让各兵种按照美军新战略的要求确定各自部队的人数。

△北约非正式国防部长会议在比利时首都布鲁塞尔北约总部举行。这是“9·11”恐怖事件以后北约首次召开国防部长会议。会议讨论了恐怖主义和马其顿局势，并强调打击恐怖主义要有新思路。

△北约19国国防部长同俄罗斯国防部长伊万诺夫举行会议，讨论反对恐怖主义问题。双方均表示要在国际反恐怖主义斗争中紧密合作。

△北约国家开始在葡萄牙沿海举行代号为“INSTREX02/01”、为期5天的军事演习。北约19个成员国中的11个国家共派出了27艘舰船、4500名军人参加了这次演习。演习的目的是“训练海军保持和提高迅速行动的能力”。

9月28日

△印度国防部宣布，印军历史上首个战略防御司令部将于10月1日正式成立。印海军中将阿伦·普拉卡什被任命为该司令部的首任总司令。印度政府还在筹划成立一个统一的战略司令部，负责掌管印度的核武库和战略武器库。

△联合国安理会一致通过打击国际恐怖主义的决议。(详见《国际条约》栏有关条目)

9月30日

△美国国防部发表新的《四年防务审查报告》，阐述了美国21世纪的国际安全观，对美国国家利益重新进行了概括。(详见《军事要事》栏有关条目)

△朝鲜军方人士称，9月份，美国的战略和战术侦察机对朝鲜共进行了160多次侦察。

10月

10月1日

△海湾阿拉伯国家合作委员会（海合会）海军开始在科威特进行代号为“团结7号”、为期15天的联合军事演习，以显示海合会国家之间的团结和共同防御的战略。有14艘海湾国家的军舰和两架科威特陆军飞机参加了联合军事演习。

10月2日

△俄罗斯和伊朗签署了两国政府间军事技术合作协定。根据该协定，在近两三年内伊朗计划向俄罗斯购买10亿美元的军事技术产品，在下个10年，两国军事技术贸易额可望将达到40亿美元。伊朗表示，签署这项协定不针对任何别的国家。

△拉脱维亚政府通过了对外国军舰进出和停留拉领水、内水和港口条例的修正案，允许外国军舰携带核武器及其发射装置驶入拉脱维亚领水、内水，并在港口停泊。拉脱维亚允许外国军舰携带核武器入境是

为了加入北约作准备，因为北约军舰参加在拉境内进行的军事演习时可能携带核武器。

10月4日

△北约秘书长罗伯逊宣布，应美国的要求，北约承诺将“单独和集体”采取8项具体措施以协助美国打击恐怖主义，这是北约在认定对美国的恐怖袭击符合《北大西洋公约》第五条款的使用范围后所采取的又一重大行动，表明《北大西洋公约》第五条款已进入具体实施阶段。(详见《军事要事》栏有关条目)

10月5日

△俄罗斯航天兵司令佩尔米诺夫表示，俄航天兵与俄航空航天局已共同决定，在今后一段时期内优先发射由俄国防部控制的军用卫星。佩尔米诺夫指出，俄目前共有约100个航天器，多数航天器正在超期服役。由俄武装力量控制的军用卫星，尤其是侦察卫星的数量非常不足。为了扭转这一局面，俄必须加紧部署军用卫星。俄将优先发射国防部控制的军用卫星，其他国家级航天计划和商业发射计划的重要性则分列第二、三位。

△印度和巴基斯坦两国边防部队在克什米尔实际控制线地区的29个地点同时发生交火。此后，双方交火一直持续不断。(详见《军事要事》栏有关条目)

10月8日

△美国为报复本·拉登的“基地”组织袭击纽约世贸大厦，对阿富汗塔利班和“基地”组织发动代号为“持久自由”的反恐怖战争。至2001年12月，已基本达到推翻塔利班政权、摧毁“基地”组织的预期目标。(详见《军事要事》栏有关条目)

△1架联合国驻格鲁吉亚军事观察员乘坐的直升机在格鲁吉亚境内被导弹击落，机上9名人员全部遇难。

△西方和阿拉伯国家在埃及北部地区开始举行代号为“明星2001”的多国联合军事演习。来自美国、英国、法国、德国、意大利、西班牙、希腊、埃及、约旦和科威特10个国家的7万多名军人参加了这次为期23天的演习。此外，至少20多个其他国家将作为观察员观摩演习。此次军事演习旨在强化各国军队在多国行动中的协同作战能力及在“极为复杂”的行动中的相互配合能力。

△俄罗斯将2000年失事的“库尔斯克”号核潜艇的主体部分打捞出水。经过对主体部分4个多月的调查，2002年2月18日俄有关当局公布了库艇沉没原因：舰队指挥体系存在严重人为失误，库艇上官兵违规操作，使艇首鱼雷爆炸，导致潜艇沉没。(详见《军事要事》栏有关条目)

10月12日

△驻守塔吉克斯坦边境的俄罗斯边防部队同来自阿富汗偷越边界的毒品走私犯发生交火，俄军当场击毙6名毒品走私犯，并从他们身上缴获了40千克海洛因。1名俄军士兵中弹身亡。

10月13日

△乌克兰国防部长库兹穆克和防空部队总司令特卡乔夫分别对俄罗斯图-154客机10月4日在黑海坠毁事件表示道歉。乌军方称，对空难事故调查的初步结论是乌在军事演习时的一枚导弹错误地击中了俄客机。

10月15日

△刚果（金）国内冲突各方在埃塞俄比亚首都亚的斯亚贝巴举行刚果（金）国内正式对话会议。刚果（金）和平进程取得进展。(详见《军事要事》栏有关条目)

10月17日

△葡语国家共同体的7个成员国开始在葡萄牙举行为期12天的联合军事演习。来自葡语国家共同体成员国葡萄牙、安哥拉、巴西、佛得角、几内亚比绍、莫桑比克以及圣多美和普林西比的250名军人参加了这次演习。演习的目的是交流军事训练方面的经验，内容包括组织和训练非常规行动突击队、策划和指导拯救行动、学习有关特种部队的知识、加强军事配合等。

10月18日

△越南外交部证实，俄军将撤出金兰湾军事基地。

△日本众议院通过了日本自卫队支援美军等三项反恐怖军事行动的法案。10月29日，参议院也通过了这三项法案。

10月21日

△参加亚太经合组织第9次领导人非正式会议的有关国家和地区领导人在上海发表了《亚太经合组织领导人反恐声明》。(详见《国际条约》栏有关条目)

10月23日

△美国国务院发言人鲍彻说，美国将出资600万

美元，协助乌兹别克斯坦清理位于咸海岛屿上废弃的一个前苏联生物和化学武器试验基地。

10月24日

△英国政府宣布，将尽快拆除其设在北爱尔兰的四个军事设施，并暗示英国政府还可能减少在那里的驻军。

△美国加利福尼亚大学伯克利分校开发了一种名为“智能灰尘”的新型侦察用探测器。该探测器可装进一个阿斯匹林药片大小的塑料容器内，用于侦察附近敌方部队的活动情况。

10月25日

△俄罗斯空降兵司令什帕克称，调整俄驻巴尔干维和部队的工作目前已基本结束。2001年夏天俄军方曾宣布，由于俄国内，尤其是北高加索地区更需要空降兵部队，因此，从11月1日起，在巴尔干地区执行维和使命的俄空降兵部队将奉调回国，其维和任务将由俄陆军部队执行。

△泰国北部呵叻府的泰国陆军一处大型军火库连续发生爆炸，已造成1人死亡，100多人受伤。引起爆炸的原因是，1辆满载旧弹药的卡车在前往销毁地途中突然在军火库附近倾覆，卡车随即发生爆炸并引起了军火库的大爆炸。

10月26日

△美国国防部宣布，洛克希德－马丁公司在美国“联合攻击战斗机”的竞标中胜出，从而赢得生产3000余架战机的订货合同。合同总金额约2000亿美元，是迄今世界军火生产史上数额最大的合同。

△美国总统布什签署了国会通过的反恐怖法案。(详见《国际条约》栏有关条目)

△联合国发言人埃克哈德说，东帝汶国防军第1营当天举行了成立仪式，这标志着东帝汶开始有了自己的国防军。联合国秘书长安南建议东帝汶国防军第1营于2002年6月全面服役，第2营于2003年晚些时候建成。

10月29日

△乌干达和卢旺达国防部长在靠近乌卢边界的乌干达城市卡巴莱就解决两国趋于紧张的关系问题举行了会谈。会谈后发表的联合公报说，为了避免紧张关系升级，乌卢两国同意，任何一方在两国接壤的边界地区部署军队要预先通知对方。

10月30日

△乌克兰销毁了位于乌克兰南部尼古拉耶夫州彼尔沃迈斯基区的最后一口用于发射以固体燃料为动力的SS－24型洲际弹道导弹的发射井。乌克兰国防部副部长米赫久克和美国核裁军方面的负责人康奈利参加了销毁行动。乌克兰外交部当天在一份声明中说，这标志着乌克兰已经完成了它所承担的7年内销毁在其境内的全部核武器，包括进攻性战略武器的义务。

11月

11月1日

△俄罗斯战略导弹部队和航天部队的联合战斗小组成功地进行了RS－12M（白杨）洲际弹道导弹发射试验。导弹从普列谢茨克国家航天试验基地发射升空，飞行7000余千米后，准确命中了位于远东勘察加半岛试验基地上的目标。

11月7日

△德国政府决定，应美国政府的要求，派出3900名士兵参加反恐行动。11月16日，德国联邦议院以超过半数的票数通过了执政联盟提出的议案，授予政府在1年内随时动用这支武装力量的全权。这支部队由侦察、医疗、空运、特殊任务和海军组成，其中执行防原子、防生物、防化学侦察任务的部队800人，特种部队100人。

11月9日

△日本防卫厅向印度洋地区派出一艘补给舰、两艘护卫舰，及随舰的约700名自卫队员。11月25日，日本又派出三艘军舰以及随舰的约460名自卫队员前往印度洋。日本自卫队这次行动是日本支援美国反恐军事行动计划的一部分，也是日本战后在日本以外发生战争的情况下首次向外派兵。12月3日，日本防卫厅公布，支援美军对阿富汗境内目标进行军事打击的日本海上自卫队补给舰2日在印度洋北部的阿拉伯海上开始向美军舰艇补给燃料。

11月11日

△联合国召开促进《全面禁止核试验条约》生效大会。联合国秘书长安南在会议开幕式上说，美国发生“9·11”恐怖袭击事件已经清楚地表明，国际社会再也承受不起扩散核武器所带来的后果，因此“我们必须尽一切努力来减少核武器落入恐怖分子手中的危险”。

11月12日

△俄罗斯与中国决定成立双边工作小组，以对抗来自阿富汗的恐怖主义及其他威胁。（详见《国际条约》栏有关条目）

11月13日

△美国总统布什与俄罗斯总统普京在华盛顿举行会谈，就削减核武器、导弹防御、阿富汗等问题交换了意见。布什在会后举行的联合记者招待会上宣布，美国将在今后10年内把核弹头数目减少到1700枚至2200枚之间。同日普京也表示，俄罗斯准备削减2/3的核弹头，这意味着俄将把其核弹头的数量控制在2000枚以内。11月17日，俄罗斯国防部长伊万诺夫在莫斯科指出，俄罗斯与美国应该签署关于削减进攻性战略武器的协议。美国建议俄不要用文件形式解决裁减战略武器问题（详见《军事要事》栏有关条目）

△在美英军队的空中支援下，阿北方联盟的部队攻占首都喀布尔。（详见《军事要事》栏有关条目）

11月17日

△日本时事社公布的舆论调查结果表明，多数日本人不同意日本行使“集体自卫权”。其中，有46%的人认为不能行使“集体自卫权”，34%的人认为可以行使“集体自卫权”，20%的人回答不理解这种说法。

11月19日

△来自全球144个国家的代表开始在日内瓦举行为期3周的会议，审议1972年签署的《禁止生物武器公约》以及1996年第4次审议会议以来各国对《禁止生物武器公约》的执行情况。

△欧盟15国国防部长在布鲁塞尔举行的“防务能力改进会议”上通过了一项加强防务能力的行动计划。根据该计划，欧盟各成员国将增加彼此之间军事合作。部长们还重申了欧盟将在2003年建立一支能在60天内部署完毕、并在危机地区执行一年任务的快速反应部队的计划。

11月21日

△独联体国家国防部长理事会在莫斯科举行会议。会议由俄罗斯国防部长伊万诺夫主持，阿塞拜疆、亚美尼亚、白俄罗斯、吉尔吉斯斯坦、摩尔多瓦、俄罗斯、塔吉克斯坦、乌克兰等8国国防部长出席会议。会议主要讨论各国加强军事技术合作等问题，着重就深化独联体范围内军事技术合作、信息化和提高独联体联合防空体系效能等问题进行了讨论。俄罗斯总统普京在会见与会的各国国防部长时，强调了独联体各国加强军事合作，共同打击国际恐怖主义问题。

11月23日

△俄罗斯总统普京在会见北约秘书长罗伯逊时表示，俄与北约的关系正在“积极发展”，俄同北约主要国家保持着经常性的接触，双方的这种关系有利于欧洲和世界的安全。普京同时强调，俄不会排队等候加入北约，如果北约愿意，俄将最大限度地发展同北约的关系。

11月28日

△中国和俄罗斯反恐工作组第一次会议在北京举行。中国外交部副部长李肇星和俄罗斯外交部副部长萨福诺夫共同主持了会议。双方就国际反恐斗争形势、加强两国反恐合作和阿富汗反恐形势等问题深入交换了意见，并达成了广泛共识。

△俄罗斯总统特使卡赞采夫与车臣非法武装谈判代表、前总统马斯哈多夫的特使扎卡耶夫在莫斯科举行谈判。这是双方自1999年第二次车臣战争以来的首次谈判。年初以来，俄罗斯曾宣布从车臣撤出部分驻军，逐步展开车臣的战后重建工作，但由于车臣非法武装加紧进行恐怖活动，俄当局决定暂停从车臣撤军，努力控制局势，同时发动政治攻势，与非法武装进行谈判。（详见《军事要事》栏有关条目）

11月29日

△美国太平洋舰队司令布莱尔上将说，印度和美国将在不久的将来恢复自印度核试验以来停止了的联合军事演习。他说：“我们正在制定确切的时间表，希望演习在未来几周或几个月内，而不是几年内恢复举行”。

△联合国大会以82票赞成、5票反对的压倒性多数，通过了“维护和遵守《反弹道导弹条约》”的决议，呼吁世界各国采取实际行动，坚决维护《反弹道导弹条约》的完整性和有效性。该决议草案由俄罗斯、中国和白俄罗斯共同提出。

11月30日

△法国最后一批义务兵退出现役。这标志着法国的义务兵役制正式结束，军队职业化改革向前迈出重要的一步。（详见《军事要事》栏有关条目）

△中国外交部副部长王光亚和美国副国务卿博尔

顿在华盛顿举行了中美军控和防扩散问题磋商。

12月

12月2日

△中国和越南在北京发表中越联合声明。（详见《国际条约》栏有关条目）

△古巴在东部城市圣地亚哥举行隆重集会和阅兵仪式，庆祝古巴革命武装力量成立45周年。

△瑞士举行全民投票，有80%的选民反对由“争取瑞士无军队组织”提出的彻底取消瑞士军队的倡议，而赞成国家继续保留军队。投票结果还以76.8%的反对票否决了“争取瑞士无军队组织”提出的关于“建立一支维护和平公民服务队”的倡议。

12月3日

△印度和美国开始举行为期2天的“防务政策小组”会谈。在此次会谈中，美国对印度提出的一系列军备购买要求采取“逐项审议”的方式，最后于4日同意接受印度提出的7项购买美制武器装备的要求，其中包括雷达、印度自行开发的轻型战斗机所需的关键部件等。此举使1998年印度核试验以后中止的美国对印军售得到恢复。

12月4日

△俄北方舰队举行“猎豹”号核潜艇编入现役的仪式。“猎豹”号核潜艇融入了俄近年来最新的军事科研成果，是世界上噪音最小的核潜艇。它装备有28枚带核弹头的“石榴”巡航导弹，每枚巡航导弹的爆炸当量为10万吨。它吸取了“库尔斯克”号的教训，装备有更加完善的自救系统，配备了危急时可疏散全部艇员的救生舱。这是俄海军自“库尔斯克”号沉没以来第一艘新投入使用的核潜艇。

△以色列内阁通过一项决议，宣布阿拉法特领导的巴勒斯坦权力机构为支持恐怖主义的实体，并向阿拉法特宣战。这标志着自2月6日沙龙当选以色列总理以来不断升级的巴以冲突发生质的变化。（详见《军事要事》栏有关条目）

△白俄罗斯制订了军队改革计划。根据该计划，到2006年军队人数将从目前的8.3万人裁减到1.8万人。该计划的目标是优化军队结构，减少军费支出，提高各部队管理水平，解决军人的社会保障问题。

12月5日

△美苏《第一阶段削减战略武器条约》期满。美国国务卿鲍威尔发表声明，宣布美方已经把自己的核弹头及其运载工具数量削减到该条约规定的数额。目前，双方各自拥有的核弹头数量保持在6000枚的水平上。美国将对战略核力量作进一步的裁减。同日，俄罗斯外交部宣布，俄罗斯方面完全履行了第一阶段削减和限制进攻性战略武器条约义务，在条约规定的2001年12月5日前已将部署的战略武器运载工具减少到1136枚，弹头减少到5518枚。

12月6日

△阿富汗北方联盟的部队进占阿南方重镇坎大哈。（详见《军事要事》栏有关条目）

△俄罗斯国防部宣布，作为俄罗斯军事现代化的一部分，俄2002年将增加280亿卢布的防务拨款，用于购买和研制新式武器。

12月7日

△北约冬季外长会议发表公报称，北约将考虑成立一个新的北约—俄罗斯联合委员会，该委员会将拥有在反恐怖主义危机处理、核武器及生化武器、导弹防御等领域作出联合决定并采取联合行动的权力。（详见《军事要事》栏有关条目）

12月8日

△俄罗斯杜马三读通过了俄联邦2002年财政预算草案。在该草案中，俄罗斯2002年的军费预算为2841.6亿卢布，比2001年军费增加了700亿卢布。

△俄罗斯原子能部副部长尼格马图林指出，俄对制造武器的核材料实施多级监督和登记制度，从未发生过武器用铀被盗事件。他的这番讲话是针对俄警方在莫斯科州破获一犯罪集团时缴获1千克铀而言的。

12月12日

△印度军方在印度东海岸巴拉索尔附近的昌迪拉普临时试验场成功试射了1枚“大地”短程地对地导弹。“大地”导弹射程为250千米，弹长8.56米，直径为1米，发射重4.6吨，有效载荷1吨，使用液体燃料发射，导弹内部装有先进的惯性制导和导航系统。

12月13日

△美国总统布什宣布美国决定在6个月后退出1972年美苏签订的《反弹道导弹条约》。此前，布什正式公布了美国新的导弹防御系统计划，并称美国必

须突破《反弹道导弹条约》。此举受到国际社会的强烈批评。（详见《军事要事》栏有关条目）

△印度国会发生枪击事件，6 名武装分子试图闯入印度国会大楼，与警察及保安人员发生交火。至少有 5 名警察、1 名保安人员被打死，20 多人受伤。6 名武装分子则全部被印度安全部队击毙。

12 月 15 日

△据美国《华盛顿邮报》透露，美国国防部 12 月 14 日决定取消已经开发了近 10 年的海军导弹防御系统，理由是这个系统耗资过多，而且有许多技术问题没有得到解决。海军导弹防御系统属于“战区导弹防御系统”中的一种，它主要用于保护海军舰只和港口免遭短程导弹或者飞机的攻击，也用于保护在海外作战的战舰和两栖登陆部队。

12 月 17 日

△俄罗斯与外国军事技术合作委员会第一副主席杰尼索夫表示，2001 年俄武器出口呈现明显增长势头，出口金额将超过 40 亿美元，购买俄武器的国家增加到 60 多个。俄不仅重新进入了原华沙条约国家的武器市场，而且大大增加了向独联体国家的武器供应。俄武器还打进了非洲大陆和拉丁美洲。

△俄罗斯国防部长伊万诺夫宣布，俄军方正在改进俄罗斯导弹防御系统，整个改进工程已接近完成。

12 月 18 日

△北约国防部冬季会议发表声明，强调北约必须改进防御能力，以适应“9·11”事件发生后的新形势，北约军事力量也必须有效地应付更广泛的挑战。声明强调，北约在新形势下需要在盟国领土之外部署大量部队。北约 19 国国防部长同俄罗斯国防部长伊万诺夫举行了会谈，双方同意在莫斯科设立北约军事联络处。

12 月 19 日

△海地发生未遂军事政变。一伙武装分子凌晨冲进海地首都太子港的总统府，企图发动政变。忠于阿里斯蒂德总统的国家宫卫队进行了反击，将政变分子逐出了国家宫，冲突中造成 5 人死亡。海地总统阿里斯蒂德由于当晚未回总统府，因此安然无恙。

12 月 20 日

△英国国防部长胡恩与俄罗斯国防部长伊万诺夫共同签署了一份《销毁化学武器条约》，英国承诺将支持俄罗斯销毁其境内的化学武器。根据这一条约，英国将向俄提供 1200 万英镑，用于帮助俄在西西伯利亚地区建立一个销毁存放在该地区的化学武器的基地。双方还表示两国将加强在军事领域的合作。

12 月 22 日

△俄塔社公布了《反导条约》的有关内容。报道说，《美苏限制反弹道导弹系统条约》是 1972 年 5 月 26 日苏共中央总书记勃列日涅夫与美国总统尼克松在莫斯科签署的。该条约于 1972 年 10 月 3 日正式生效。条约指出，双方同意不在本国领土上部署导弹防御系统，限制在本国首都周围及设有洲际弹道导弹发射装置的地方建立自己的导弹防御系统。美苏不能建立海基、空基、太空基或是陆基移动式导弹防御系统，不能赋予非导弹防御武器导弹防御任务，不能对之进行导弹防御试验。条约允许对导弹防御系统进行改进和更换，禁止向其他国家提供或是在他国部署条约限制的本国导弹防御系统，不能向他国提供此类技术。该条约是无限期的。第 15 条对退出条约作出规定：双方基于国家主权，有权退出该条约，一旦认为条约内容中的某些条款可能使其最高利益面临威胁，应在 6 个月之前将退出决定告知对方。条约还有若干补充文件。1972 年 12 月 21 日的备忘录规定建立常设协商委员会。1993 年，俄罗斯、白俄罗斯、哈萨克斯坦及乌克兰 4 国作为苏联的继承者加入了该委员会。

△日本海上保安厅和海上自卫队，出动大批舰机，在中国专属经济区击沉“可疑船”1 艘。此事件是 1948 年以来日本军事力量首次在公海使用武力，引起国际社会的广泛关注和质疑。（详见《军事要事》栏有关条目）

12 月 23 日

△阿富汗临时政府主席哈米德·卡尔扎伊召开第一次内阁会议，阿富汗临时政府正式开始运转。（详见《军事要事》栏有关条目）

12 月 28 日

△俄罗斯航天军在俄西北部的普列谢茨克发射场成功发射了 1 枚载有 6 颗卫星的“旋风 – 3”号火箭。

12 月 29 日

△俄罗斯在古巴首都哈瓦那附近为即将撤走的俄无线电监测站举行了告别仪式，两国官员出席了这一仪式。俄国防部官员透露，这一冷战时期建立的主要针对美国的军事情报基地的设备将于 2002 年 1 月 15 日被拆除，由 3 架安 – 124 运输机运回国内。俄外交

部在一份声明中说，尽管它撤走了这一情报设施，俄将继续在政治和军事领域发展与古巴的合作。

（吴　炯）

（本栏责任编辑　温味几）

特 辑

专 题 综 述

20世纪重大军事问题研究综述 2001年，一些作者对20世纪一些重大军事理论问题继续进行比较深入的探讨，得出了有益的启示。

20世纪战争的演进和发展 20世纪战争的频度之高、规模之巨、范围之广、烈度之剧、死伤之众、消耗之大，为世界上下五千年历史所罕见。

*20世纪的战争形态在社会经济发展的推动下呈螺旋式演进。*战争形态在过去100年中是沿着“局部战争——世界大战——核威慑条件下的局部战争——高技术局部战争”这样一条轨迹螺旋式演进的。20世纪的战争形态之所以会呈螺旋式演进，社会经济发展是其主要原因。20世纪初期，处在自由资本主义末期的国家，其经济实力还没有发展到能够进行世界大战的程度，因而从世界范围看，这一时期的战争形态表现为局部战争，而不是世界大战。进入20世纪的第二个10年后，作为资本主义最高阶段的帝国主义在世界范围内彻底形成，新生帝国主义国家同老牌帝国主义国家的矛盾日益尖锐，为争夺殖民地和销售市场，它们分别结成两大集团，发动了第一次世界大战，战争形态由局部战争演变为世界大战。但第一次世界大战并没有解决帝国主义国家之间的固有矛盾，不断发生的经济危机进一步加剧了各国资本主义发展的不平衡，世界大战再度成为资本扩张、转移危机和争霸世界的工具。于是，世界大战这种战争形态在20世纪40年代得到最彻底的张扬。从二战到70年代末，美国依靠其强大的经济和军事实力，成为西方世界的霸主，同时由于东西方两大集团的核对峙以及第三世界国家要求独立和发展因素的作用，这一时期的战争形态发展为核威慑条件下的局部战争，如朝鲜战争、越南战争。80年代至90年代末，高技术的发展和应用对世界产生全面而深刻的影响，资本主义进入国家垄断时期，生产和资本的国际化以及国际贸易的高速增长，加快了经济全球化的趋势，原来通过战争才能解决的问题大多可以用妥协的手段化解；只有在根本利益受到损害时，才会付诸战争。因此，20世纪末期的战争形态表现为高技术局部战争，如马岛战争、海湾战争、科索沃战争。

*20世纪的战争因果在国际领域矛盾的作用下趋于纷繁多变。*20世纪的国际政治斗争制约着20世纪战争的形成、发展和结局。从世纪初到第一次世界大战前夕，美、德等新兴帝国主义国家同英、法、俄等老牌帝国主义国家间的矛盾进一步加深，它们不满足原有的世界领土的划分，开始策动新的殖民地战争，而第一次世界大战则是同盟国与协约国之间进行的全面瓜分世界领土的战争。第一次世界大战之后，西方帝国主义国家围绕欧洲的霸权展开了全面斗争，第一次世界大战中的战败国德国抓住美、英、法等国的矛盾，重新崛起，并同意大利、日本形成法西斯轴心，相继发动一系列局部战争，以求重新划分世界势力范围，由此引发了第二次世界大战。二战以后，以美国为首的资本主义国家同以苏联为首的社会主义国家两大阵营的矛盾日益凸显，出现了20世纪政治斗争的“特产”——冷战。一些老牌帝国主义国家不甘心殖民体系的瓦解，妄图镇压殖民地国家和民族求独立、求解放的斗争。同时，以美国为首的西方国家，为遏制世界社会主义阵营的巩固和发展，不惜冒新的世界大战的危险，直接出兵，发动侵略战争。第三世界国家反对帝国主义侵略、压迫和剥削的斗争也构成这一时期国际政治舞台上的一道靓丽风景。

*20世纪作战力量在新技术革命的影响下发生空前改观。*新技术革命引发了20世纪作战力量整体结构的优化与发展。20世纪所继承的19世纪作战力量的遗产是古老的以步兵为主的陆军和吨位不大的水面舰艇为主的海军所构成的力量体系。在航空技术、材料技术等新兴技术的推动下，飞机被用于战争并显示出其巨大的作战潜力。第二次世界大战中空军的大量

运用，证明空军是现代战争中重要的作战力量。战后，在航天技术、材料技术、计算机技术的推动下，卫星、航天飞机、空间站、宇宙飞船纷纷进入空间轨道，并用于军事目的。以现代信息技术为核心的高新技术迅猛发展，引发了新的军事革命。科学技术革命不断推动作战力量体系的更新和完善，不仅促进了陆军力量的不断优化，使海军力量产生质的飞跃，使空军成为现代空中作战力量的主体，而且为航天部队的建立打下了基础，使作战力量进一步完善为陆、海、空、天的结构。同时，适应信息作战需要的作战力量也正在形成之中。

*20世纪的战争空间在地缘利益的扩张中向全维拓展。*在20世纪战争演进历程中，利益观的变化引起了对抗空间从传统的陆、海二维结构向陆、海、空、天、电磁全维结构不断拓展。20世纪初，战争双方注重的是对传统的陆地和海洋资源及财富的争夺。20世纪下半叶，世界航空业的迅速发展，使空中的商业价值蔚为可观。再加上空中的军事利用价值，领空自然成了国家主权的内容，成为对抗的又一维空间。当卫星、航天飞机、空间站进入太空后，外层空间显示出巨大的产业和商业价值，从而也成为西方国家竞争和对抗的场所。20世纪下半叶，信息边疆引起关注，信息领域成为继陆海空天四维之后又一个对抗的新领域。目前，信息对抗的重点是发生在电磁频谱领域的对抗。（彭光谦等《20世纪战争的演进和发展》，《现代军事》2001年第1期）

20世纪军事战略的演变规律与启示　在20世纪的军事斗争中，军事战略的对抗已成为决定军事斗争胜负的关键。军事战略的演变呈现出如下规律：

*科技与经济的进步是军事战略演变的先导。*20世纪科技与经济的高速发展，一方面，极大地推动了国际政治的发展，生成、催化了各个时期世界的主要矛盾。为解决这些矛盾，各大国都极为重视军事力量和军事斗争的作用，使军事战略指导作用比任何时候都显得重要。另一方面，也以空前的广度和深度丰富了军事斗争的内容及其相关因素。为驾驭军事斗争，不能不从更为宏观和复杂的方面来考虑问题，使军事战略的指导作用比任何时候都显得必要。同时，20世纪科技与经济的高速发展，以前所未有的力度推动着武器装备的发展，进而不断地改变着作战样式与方法，这些因素成了军事战略发展的直接物质条件。

*战略利益的角逐是军事战略演变的动因。*20世纪的历史证明，战略利益始终是各大国或大国集团争夺的焦点。正是由于大国间对战略利益的角逐，导致了各国军事战略的演变。军事战略本身就是各战略力量之间利益矛盾的产物和表现，它突出反映着大国之间的主要矛盾和战略力量对比，并且决定着军事战略的未来走向。战略利益的角逐在不同时期的表现形式也不同，有的直接表现为经济利益的角逐，有的表现为民族利益、宗教利益的角逐等。虽然利益角逐的表现形式可能不同，但实质都是双方战略利益尤其是经济利益之间的矛盾通过不同方式的反映。

*军事力量的发展是军事战略演变的基础。*军事力量不断地由低级阶段向高级阶段发展，也不断地推动着战略的演变。20世纪初，社会化的大工业使战争力量得到空前的增长，军队得到了性能先进的坦克、军舰、飞机，得到了包括核武器在内的大规模杀伤性武器。与此相适应，以使用这些新式武器装备为基础的战略理论相继问世。其中美国马汉的以“海权论”为中心的海军战略、、意大利杜黑的“空中战争理论”、德国鲁登道夫的“总体战理论”、英国富勒的“机械化战争理论”，对许多资本主义国家都发生过作用。人类掌握了核力量后，以美、苏为首的两大集团在进行核军备竞赛的同时，开展了以发展空间武器为重点的对抗和竞争，核战争理论、冷战理论、核威慑理论、高边疆理论等军事战略思想一度成为时尚。冷战结束后，以运用信息力量为核心的高技术战争成为主要战争样式，出现了低强度冲突理论、天战理论、信息战理论、高技术战争理论等新的军事战略思想。

*战略环境的变化是军事战略演变的依据。*二战结束后，战略环境发生了变化，美苏两国由盟友演变为敌对关系，各自逐步形成了互为主要对手、争夺世界霸权的战略。以美国为例，战后初期，美国为阻止苏联拥有核武器，实施遏制战略；50年代，当苏联研制成功导弹核武器后，美国又对其实施大规模报复战略；70年代，苏联在战略核力量方面与美国取得大体均势之后，美国不得不在整体上实施相互确保摧毁战略。苏联也同美国一样，根据战略环境的变化，不断调整军事战略。这些情况表明，各个国家（集团）的战略都是随着战略环境的变化而变化，都是基于特定的战略环境而谋求各自的战略利益。同时，战略对战略环境的发展变化也具有重大的能动作用。人们可以通过能动性的发挥，创造必要的条件，推动和影响战略环境的变化。

*战略文化是军事战略演变的底蕴。*世界上每一种文化传统都包含着关于战争的思想；而每一种战略思想又都与一定的思想文化相联系，以一定的思想文化为底蕴。思想文化与战略的结合，可以称之为战略文

化，它是决定军事战略特色的根本因素。较之军事战略，战略文化带有更突出的根本性和恒定性。这就是为什么从表象上看来，一百年来，一些大国的战略不断花样翻新，但总给人以似曾相识的感觉。从英国的“间接战略”中可以看到其实用主义文化传统的影子；从德国的“闪击战略”中可以看到“普鲁士精神”的影子；从苏联的积极进攻战略中可以看到彼得一世斯拉夫扩张主义的影子；从美国的“星球大战计划”中可以看到社会达尔文主义的影子。同样，从中国的现代积极防御战略中也可以看到中华文化求和平、谋统一、重防御的影子。因此，从战略文化的角度分析有关国家的战略准备与实施，挖掘其深层次的思想文化与哲学的背景及其对思想文化的反作用，并且揭示其未来的发展趋势，这是战略研究的一个重要方面。因为在战争指导上，了解对方的战略文化与了解其军事部署是同等重要的。

20 世纪军事战略演变的基本规律给 21 世纪的启迪是多方面的：一是要树立新的安全观，求得综合安全效益；二是要树立新的建军观，实现军队现代化；三是要树立新的决策观，使战略决策科学化；四是要树立新的借鉴观，大胆吸收世界军事文明的优秀成果。（李劲松等《20 世纪军事战略的基本规律及其启示》，《现代军事》2001 年第 4 期）

20 世纪的军制改革及其启示　20 世纪的军制在组织制度和运作机制上的一系列变革，对于保障国家和政治集团发展军事实力和潜力，有效地准备和实施战争，有着不可替代的重要作用。

*20 世纪军制改革的主要阶段。*军制，亦称军事制度，是国家或政治集团组织、管理、维护、储备和发展军事力量的制度。20 世纪的军制改革可分为以下阶段：第一阶段，由 20 世纪初到第二次世界大战结束，军制改革主要适应了大规模战争的需要，建立高度集权、统一的军事指挥体制，改进军队总体结构，广泛采用义务兵役制。第二阶段，由第二次世界大战结束到 90 年代，军制改革主要适应了冷战的需要，注重建立和发展国际军事组织，调整国家军事领导体制，完善兵役制度特别是志愿兵役制度。第三阶段，由 90 年代初到世纪末，军制改革主要适应冷战后的国际军事斗争需要，建立更加高效的军事指挥体系，在一定领导层次上进一步发展军事建设领导（军政）与作战指挥（军令）分开的体制，通过改革兵役制度促使军队逐步职业化，实行精干的常备军和强大的后备力量相结合的机制，探索联勤保障体制。

*20 世纪军制改革的基本特点。*一是依赖法制手段，巩固改革成果。20 世纪军制改革的一个大趋势，就是军事制度日益法律化。世界各国在军制改革过程中，都注重以法制的手段巩固改革的成果，以法制提高军制的强制性，增强军制的稳定性，强化军制的系统性，并催生出军制的引导性。二是注重试验论证，保证改革质量。为了使改革少走弯路，许多国家特别是发达国家都注重进行试验，并经过充分的科学论证，这本身也已形成一种制度。三是力求精干高效，实现改革目标。主要表现在军事指挥机构不断精简和军队规模日趋精干。由于精干与效率密不可分，各国的军制改革在力求精干的同时，还采取注重合成，平战结合，完善组织制度等措施提高效率。

*20 世纪军制改革的重要启示。*首先，军制改革必须与国家的经济状况相适应。军事活动对物质财富的高度依赖性和巨大消耗，决定了任何一项重大军事制度的产生与变革，都需要相应的物质财富作基础。国家的经济实力，决定着军制改革的基本走向；国家经济的发展，对军制改革具有重要的支撑作用；国家经济的承受能力，对军制改革也具有制约作用。其次，军制改革必须以提高打赢现代战争的能力为核心。军事制度的建立与变革，都是为了准备、实施和赢得战争。因此，是否有利于提高军队的作战能力，就成为军制改革的核心问题。再次，军制改革必须跟上科学技术的发展步伐。科学技术的发展是军制改革必须优先考虑的重要因素。科学技术越是发展，对军制改革的影响就越是明显。科学技术的进步将使军事制度在结构上发生质的改变，使军事制度在功能上满足信息战争能量释放的要求，使军事制度在运行中加快更换指挥控制方式。（方宁等《20 世纪的军制改革及其启示》，《中国军事科学》2001 年第 3 期）

20 世纪制空权理论的运用与发展　制空权理论是诞生于 20 世纪的重要的战争理论之一。该理论提出 70 多年来，在第二次世界大战和战后一系列局部战争中不断得到检验，其运用和发展一直没有停止。

*制空权理论在二战中的运用和发展。*真正全面系统阐述制空权理论和作战实践的，当首推意大利的杜黑以及与他同时代的美国人特伦查德。杜黑在《制空权》一书中定义：所谓“制空权是指这样一种态势，即我们自己能在敌人面前飞行而敌人则不能这样做。”从这一定义出发，杜黑认为，掌握制空权就是胜利，丧失制空权就注定要失败。这一理论曾在西方国家引起过激烈的争论，并一直持续到第二次世界大战。如果说空中力量在第一次世界大战中只是初露锋芒，那么在二战中，逐步成熟的空军则得到了广泛运用。空

中力量参战数量之多，活动范围之广，发挥作用之大，取得战果之显著，都超出了战前人们的预想。正是这场大规模战争，为制空权理论提供了一次全面实践运用和接受检验的机会。经过这场战争，制空权理论的基本思想得到进一步的肯定，早期制空权理论中的若干片面认识也得到了纠正。各国普遍认同制空权的重要性，进一步认识到制空权的层次性、相对性，进一步明确了夺取制空权的方法以及制空权与制海权的关系。

*制空权理论在战后局部战争中的运用和发展。*在战后历次局部战争中，人们对制空权理论的认识不断深化。70年代末以来，苏美军队在总结局部战争经验基础上提出的“战区战略性战役”和“空地一体作战”理论，不仅都对制空权在现代战役作战中的重要性给予了充分的肯定，而且着眼于现代战役作战中夺取制空权面临的新情况、新问题，进一步发展了制空权思想。第一，强调夺取制空权的力量构成复杂化。一是飞机日益成为主要军兵种作战力量的重要组成部分；二是以导弹为主体的现代对空防御系统在争夺制空权的斗争中显示出巨大作用；三是作为争夺制空权主力军的空军，其力量构成也日趋复杂化。第二，主张夺取制空权的作战行动多样化。认为只有把进攻与防御、空中与地面、前沿与纵深等各种作战行动紧密配合，综合运用，才有可能夺取并保持现代战役作战中的制空权。第三，提出争夺制空权的活动范围扩大化。一是空间的扩大，包括随着战役纵深的增加而扩大，以及随着战斗直升机的大量使用和航空兵器的发展而扩大。二是时间的延伸，争夺制空权的斗争不再限于战场上的有形争夺，将延伸至战役准备、战斗实施及间歇、再实施的全过程。三是新作战领域的出现。由于电子化是现代军队装备的突出特点，人们开始把制电磁权与制空权相提并论，失去制电磁权，必将失去制空权。

*制空权理论在高技术条件下的运用与发展。*90年代以来的高技术条件下局部战争不仅使制空权理论得到进一步运用和检验，而且也提出了进一步发展甚至超越传统制空权理论的迫切要求。第一，空中力量的地位和作用更加重要。海湾战争实际上是一场大规模的空袭作战，人们从中看到了现代空中力量在高技术战争中的战略作用和主导作用。科索沃战争则再次表明配备高技术装备的现代空中力量能够在局部战争中独立遂行作战任务。首先甚至全程使用空中力量已成为赢得高技术局部战争主动权的重要途径。第二，空中力量的运用范围进一步扩展。一是空中力量既可用于威慑，又可用于实战；二是空中力量既可首先和单独使用，也可与陆、海军联合作战；三是空中力量既可用于大规模战争，又可用于低强度冲突。第三，空中力量的作战领域不断扩大。这首先表现在对“太空优势”的争夺上，还表现在对“制信息权”的争夺上。同时，在制海作战方面，空中力量将会在被称为“海洋世纪”的21世纪的海洋权益争夺中发挥特殊作用。（陈伯江《制空权理论在20世纪的运用与发展》，《中国军事科学》2001年第3期）

20世纪武器装备的发展　20世纪是战事频繁的世纪，也是科学技术突飞猛进的世纪。这一百年来，武器装备的发展大致可分为四个阶段：

*20世纪初至第一次世界大战结束，枪械火炮陆上称雄，大舰巨炮海上扬威。*以机枪、大口径远程火炮为主导的陆战武器蓬勃发展，大量用于战场，并出现了攻防兼备的坦克、装甲车和自行火炮。飞机被发明并应用于军事，出现了活塞式侦察机、轰炸机和战斗机。海上大国继续奉行“大舰巨炮”政策，大力发展海上力量，出现了以战列舰为主导，以巡洋舰、驱逐舰、护卫舰、潜艇等舰艇为支撑的近代海上力量。飞机用于支援海战，促使作为飞机海上起降平台的航空母舰的诞生。

*20年代至第二次世界大战结束，机械化武器全面发展，导弹、核武器崭露头角。*这一时期，以机械化运载发射平台为特征的武器装备广泛运用于战场。在陆战武器方面，坦克、反坦克武器发展迅速；以身管火炮为主体的压制兵器成为地面火力的支柱，在战争中还使用了多管火箭炮；以高炮为主体的野战防空系统迅速发展。在空战武器方面，以活塞式发动机为动力装置的轰炸机、攻击机和战斗机得到很大发展和广泛应用，并出现了电子对抗飞机和雷达预警机。在海战武器方面，航空母舰、潜艇迅速发展，成为海军的重要突击兵器，有攻无防的战列舰主力舰地位开始下降。1945年，美国制成3颗原子弹，1颗用于试验，2颗先后投在日本的广岛和长崎。

*第二次世界大战之后至海湾战争前，导弹核武器迅速发展，陆海空武器全面更新。*冷战时期，以美、苏为首的两大军事集团的军备竞赛和高新技术的飞速进步，推动着导弹核武器、军用航天系统和指挥自动化系统等一大批新型武器装备的迅速发展。导弹：随着推进、制导、新材料等技术的不断进步，品种类别逐渐增多，性能越来越先进，成为陆、海、空三军武器的主体。核武器：迄今已发展三代，其小型化取得重大突破，现在的核武器，爆炸威力大的几万吨至几

十万吨 TNT 当量，小的几百、上千吨，重只有一百多千克或几百千克，一枚远程弹道导弹可携带 310 个分导式核弹头。军用航天系统：各国共发射各类航天器 5000 多个，其中军用航天器约占 70%，广泛应用于军事通信、侦察、预警、导航、气象、海洋监视等各个方面，成为情报获取、军事指挥和作战行动不可缺少的保障装备。陆战武器装备：进一步实现自动化、自行化，直升机列装以后又出现立体化。海战武器装备：形成以航母、潜艇、水面舰艇及舰载机为主体，核力量和常规力量并行发展的格局。空战武器：超声速喷气式战斗机已发展到第三代，美国和俄罗斯正在研制技术更先进、具有隐身性能的第四代战斗机。战略轰炸机成为核大国战略核力量的组成部分，也是重要的常规空袭武器。预警机继续得到发展，无人侦察机和加油机是二战后发展起来的重要作战保障飞机，在局部战争的空战和空袭作战中发挥了重要作用。电子战装备：为适应局部战争的需要，各种电子侦察、电子干扰和电子反干扰装备配套发展，出现了电子侦察飞机、电子侦察卫星、电子侦察船以及集电子侦察与干扰于一身的专用电子战飞机。指挥自动化系统：从指挥、控制、通信与情报（C^3I）系统发展为指挥、控制、通信、情报、计算机和监视与侦察（C^4ISR）系统，是集计算机信息处理技术、计算机网络技术、航空航天技术、数字通信技术和电子及光电探测技术之大成的产物。

海湾战争至 20 世纪末，信息装备异军突起，高技术武器蓬勃发展。军事大国在继续研制新一代作战武器的同时，更加重视发展以夺取信息优势为目标的信息装备，实现武器装备的信息化。这一时期高技术武器装备发展的特点主要体现在以下几个方面：一是核武器作为威慑力量继续发展；二是 C^4ISR 系统成为联合作战的神经中枢，是现代战争的“力量倍增器”；三是电子战、信息战装备成为夺取信息优势的“战略要素”；四是精确制导武器成为现代陆、海、空战场的主角；五是隐身、高机动作战平台取得突破性进展；六是以侦察、预警、通信、导航等卫星为主体的军用航天系统成为直接支援军事行动的重要装备。（李景维《20 世纪：武器装备发展的辉煌百年》，《现代军事》2001 年第 1 期）

（荒　林、张建设）

联合国维和行动综述　2001 年是联合国实施维和行动以来的第 53 个年头。虽然时代已具有了多极化和信息化特征，但维和行动却并未“边缘化”。特别是在 2001 年，由于发生了“9·11”事件为代表的国际恐怖主义袭击，使联合国维和行动在减轻战争创伤，维持世界安全稳定方面发挥出更加重要的作用。

联合国维和行动概况　截止到 2001 年底，联合国进行的维和行动累计已达 54 项，参与维和的人员达近百万人。当年仍在进行的维和行动共有 15 项。参加联合国维持和平行动的军事人员、民事警察达 47095 人，向联合国维和行动派出军事人员与民事警察的国家有 87 个，参与维和行动的文职人员也达到了 12126 人，其中国际文职人员 4060 人，地区文职人员 8066 人。维和行动经费财年预算为 27.4 亿美元，从 1948 年维和行动开始至 2001 年 12 月底，维和行动经费累计已达 233 亿美元。

欧洲地区维和。欧洲地区在冷战时期是较为稳定的地区，但自 90 年代后期以来已成为联合国维和行动的重点地区。正在进行的维和行动有 5 项，是几大洲中较多的。包括驻波斯尼亚和塞尔维亚的“波黑特派团”，驻塞浦路斯的“联塞部队”，驻格鲁吉亚的“联格观察团”，驻科索沃的“科索沃特派团”，以及驻普雷拉卡半岛的“联普观察团”。欧洲地区维和行动呈现出以下特点：

一是地区性维和发展迅速，并逐渐成为一种维持和平行动的重要模式。为迅速平定马其顿局势，8 月 22 日，北约批准向马其顿部署 3500 人的联合部队，执行代号为“收获”的行动，收缴和销毁阿族“民族解放军”的武器，使马其顿和阿族人重新走向统一的道路。9 月 25 日，北约“收获”行动任务完成，共收缴反政府武装武器 3381 件。此后，又在 10 月 5 日开始了代号为“红狐”的行动，其使命是保护欧安组织和欧盟派遣的约 200 名国际观察员的安全。为使地区性维和行动能够做到快速反应和步调统一，欧洲一些国家，如斯洛伐克、捷克和波兰等国正积极酝酿组建联合维和部队。

二是一些东欧国家也积极加入到北约牵头进行的地区性维和行动中来。捷克政府针对替换美国在巴尔干地区的维和部队问题，已决定延长北约驻波黑多国部队中捷克士兵的驻扎期限，以使其中的美国部队能参与打击国际恐怖主义的斗争，并以节约开支的办法来支付部队继续留驻波黑的经费。2001 年 9 月，捷政府又决定在 12 月前撤出驻守波黑的部队，以加强南联盟科索沃地区捷克维和部队的力量。

随着“9·11”后反恐斗争的深入，联合国安理会 12 月 20 日通过决议，决定成立国际安全援助部队进驻阿富汗，以确保人道援助物资顺利运入。为此，欧盟派出3000名军人组成的维和部队，人员来自欧盟的15个成员国。这是欧盟历史上第一次所有成员国共同参加的国际维和行动。

亚洲地区维和。亚洲地区是冷战以后联合国维和行动较少的地区之一。2001年仍在进行的维和行动共有2项，包括联合国驻东帝汶维和观察团以及派驻时期最长的联合国驻印度和巴基斯坦军事观察组。

这一地区维和行动的第一个特点是随着时代和经济的逐步发展，各国参与联和国维和行动的积极性不断提高，除了中国、印度、韩国、马来西亚等长期支持维和行动的国家外，菲律宾7月18日派出32名现役警官和6名退役警官前往科索沃，执行联合国维和任务。孟加拉国自20世纪80年代中期开始参与维和行动，到3月底，参与联合国维和行动的军人累计已达到6000人，成为联合国维和部队的最大兵源国。

第二个特点是少数国家把维和行动作为走向军事化的跳板。1991年海湾战争结束后，日本利用中东地区的特殊格局和维和需求，首次向海湾地区派遣了自卫队及扫雷艇。1992年日本国会强行通过了《协助联合国维持和平法》，还以维和名义向柬埔寨派出了约600人的自卫队。2001年6月，日本执政的自民党计划修改宪法中的有关条款，进一步放宽对日本自卫队参与联合国维持和平行动的诸多限制。这是日本向实际上的军事化方向迈进的步骤。根据日本政府出台的草拟计划，只要获得对方国家的准许，日本即可在联合国的名义下，参与一系列执行维和行动的使命，这明显突破了1992年6月日本订立的第一部参与联合国维和行动法令中规定的自卫队参与维和行动的原则。10月底，日本在“恐怖对策特别措施法”中将自卫队的武器使用标准进一步放宽，规定“在保护本国自卫队员和自己管理下的人员身体生命安全，不得已时可以使用武器”，这进一步标志着日本的和平宪法正被不断蚕食。

中国是联合国创始会员国之一，30年来，中国作为安理会常任理事国，积极参与安理会授权部署的各个维和行动的讨论，并先后派出千余人次的军事观察员、工程兵、民警等参与有关维和行动。2001年10月，中国又派遣40名维和民警赴东帝汶。10月18日中国派往东帝汶的第二批34名联合国维和民警返回国内。从2000年1月以来，中国已向联合国东帝汶和波黑任务区派出了6批共124人次维和民事警察。

中东地区维和。中东地区由于阿拉伯与以色列民族的长期矛盾，维和任务更加繁重。2001年仍在进行的维和行动有4项，包括联合国驻伊拉克－科威特观察团；联合国驻黎巴嫩临时部队；联合国驻叙利亚戈兰高地脱离接触观察员部队；联合国中东停战监督组织。在维和行动的组织方面有几个明显的特点：

一是这一地区是维和行动延续时间最长的地区。1948年联合国开始的第一项维和行动就是在中东组织停火监督组织。到目前为止，在中东的4项维和行动中，延续时间超过50年的有1项（中东－联合国停战监督组织，始于1948年6月），超过20年的有2项（叙利亚戈兰高地－联合国脱离接触观察员部队，始于1974年5月；联合国驻黎巴嫩临时部队，始于1978年3月），超过10年的有1项（联合国伊拉克－科威特观察团，始于1991年4月）。

二是由于这一地区形势多变，冲突剧烈，使维和行动时有反复，伤亡较大。在这一地区的维和行动中，几乎有世界上所有派出维和部队的国家的人员，在矛盾双方激烈冲突与交火中，维和部队遭受了很大的损失。如联合国驻黎巴嫩临时部队在维和行动中，已有244名人员牺牲，是联合国维和行动中人员损失最多的。

非洲地区维和。2001年在非洲进行的维和行动共有4项，包括联合国驻刚果民主共和国的“联刚特派团”；联合国驻埃塞俄比亚厄立特里亚的“埃厄特派团”，联合国驻塞拉利昂的“联塞特派团”；联合国驻西撒哈拉的“西撒特派团”。

目前，在非洲各主要冲突地区开展工作的国际组织或维和部队几乎都有非洲国家参加。尼日利亚、南非、塞内加尔、摩洛哥等非洲国家在派遣维和部队问题上态度也日趋积极。在布隆迪爆发大规模武装冲突后，南非派出了由701人组成的维和部队进驻布隆迪，保护布隆迪冲突各派领导人的安全，并确保布隆迪临时过渡政府能正常运转。塞内加尔也派出了首批维和部队118人，于4月3日前往刚果（金）参加联合国维和行动。塞内加尔还分别向卡南加地区和刚果（金）西部的姆班达卡地区派驻了两批维和士兵，使塞驻刚果（金）的维和部队人数达到540名。

刚果（金）1998年开始爆发内战，周边5个国家相继陷入冲突，成为非洲的“世界大战”。长期的战乱给刚果（金）本国以及陷入冲突的非洲国家造成了大量的人员伤亡和巨大的经济损失。不过目前，联合国根据刚果（金）局势变化的需要，把驻刚维和人员已由5000人减至1500人。维和部队的任务是保护在刚果（金）监督停火的500名联合国观察员的安全，协助联合国促使刚果（金）冲突各方履行和平协议，恢复该国的正常秩序。

非洲东部的塞拉利昂在经历了长达10年内战后，在国际社会的帮助和联合国维和部队的协助下，终于走出了冲突的泥潭。塞拉利昂政府已经在被该国反政府武装革命联合阵线长期占据的部分地区恢复行政管辖权。5月，塞政府与反政府武装签署了敦促停火协议。

埃塞俄比亚和厄立特里亚之间于1998年5月因边界纠纷而爆发了大规模武装冲突，2000年5月双方再次大动干戈。在联合国维和部队的协助与配合下，埃厄两军分别于2001年2月和3月完成后撤，建立了临时安全区，并在国际红十字会的帮助下交换了1500多名战俘。

联合国维和行动面临的挑战 联合国维和行动经过50多年的发展，在机制上已日趋成熟，在维和行动的方式和程序上也不断完善，但仍面临着许多新的挑战。

一是如何提高妇女在维和行动中的地位。维和行动是全人类的事业，但长期以来，在这一领域几乎成了男人的专利，妇女的作用没有得到充分发挥。对此，联合国已对妇女在维和行动中的地位与作用予以越来越高的关注。10月31日，安理会发表主席声明，重申支持妇女在预防和解决冲突中发挥更大作用，支持各地方妇女团体在维护和平方面所做的工作，要求有关各国在处理武装冲突及实施维和行动中避免性别歧视，并呼吁各国向联合国提供担任维和特派团特使或特别代表等高级职位时考虑妇女人选。

二是如何发挥民事警察在维和行动中的作用。按联合国维和行动章程，维和人员包括民事警察。在60年代，联合国民警曾部署于联合国刚果行动。后来，民警成为联合国驻塞浦路斯维和部队的一部分。从1988年联合国纳米比亚特派团开始，“民警”成为联合国维和行动中越来越重要的成分。随着时代变迁，联合国维和行动越来越注意改善自身形象，以非军事部队人员从事维和工作的比重逐步加大。到2001年，已有来自70多个国家的大约7000名民事警察参加了10个以上联合国特派团。

三是如何提高维和人员的自身素质。历史上，联合国很多维和行动都曾屡屡受挫，甚至完全失败，其中不乏是由于维和人员自身素质不高引起当地人民反感所致。针对这一教训，联合国秘书长负责维和行动小组曾于2000年8月起草了“布拉希米报告”，提出要对联合国的维和部队警官进行有针对性的培训。2001年4月，联合国正式开始了这一培训活动。并设置了一系列地区性国际民事警察培训课程，为执行联合国维和使命的民事警官提供“连续的、高标准的培训”。

四是如何采取措施提高联合国维和行动的效率和效能。近年来联合国维和行动与预防冲突、冲突后建设等任务的结合日益紧密，为有效提高维和行动的效率，联合国必须加强对各方的协调，制订切实可行的“撤出战略”，与当事国充分合作，推动当事国政府和人民发挥主导作用。同时，联合国维和行动还应依靠会员国与有关区域组织的充分合作，处理好地区性维和与联合国维和行动的关系。随着地区性维和力量与机制逐步完善，地区性维和已成为联合国维和行动的重要补充。但如何处理好二者关系，使地区性维和行动与联合国维和行动共同成为集体安全的“双轨制”，已成为联合国解决地区冲突过程中必须考虑与解决的问题。对此，应努力做到：在力量上，以联合国维和行动为主导，以地区性维和行动为补充；在时机上，以联合国维和行动为先驱，地区性维和行动为后援；在方式上，以联合国维和部队担负关键部位和时节的维和任务，以地区性维和部队担负外围与后备的任务。

五是如何公正维和，防止维和行动干涉别国内政、陷入冲突、受大国操纵以及过多使用武力等问题。这是未来解决战争热点问题的一个重要原则。联合国作为对维护世界和平与稳定负有重要责任的政府间组织，对处理所有地区的冲突问题都应一视同仁，否则不仅会极大地削弱联合国作用的发挥，损害联合国公正、中立的形象，也不利于冲突的有效解决。对此，联合国必须在维和问题上加强安理会、出兵国和秘书处之间的沟通与协调，更多地听取出兵国和当事方的意见，并进一步完善和发挥安理会维和工作组与出兵国进行沟通与交流的良好机制作用，使之既有明确的相关授权，又具备必要的专业技能，保证维和行动的公正形象。

六是如何减少维和行动中的危险与人员伤亡。这已成为联合国组织维和行动必须予以注意和采取措施的问题。目前，联合国已采取的措施主要有：慎重选择维和部队的派出时机，严格控制在冲突地区部署维和部队的地域位置与人员数量，并在维和行动开始前详尽征求当事方的同意等。

国际恐怖活动与反恐怖活动问题综述

2001年是恐怖主义在世界上造成重大灾难的一年。恐怖袭击事件为人们带来了深刻的教训，把世界对恐怖主义的关注推向了前所未有的高峰，反恐怖活动的力度也极大增强，开创了以反恐怖为由组成世界联盟进入一个主权国家发动战争的先例。

恐怖主义对世界安全构成巨大威胁　2001年，世界由于恐怖主义和自然灾害造成的损失达1150亿美元，并导致3.3万人丧生，是20世纪90年代年均损失的3倍多。事实再次表明，恐怖主义已成为导致世界紧张局势的重大诱因，也是影响未来世界军事形势走向的重要因素。主要表现

一是"9·11"事件成为世界恐怖活动的代表。9月11日，4架从纽约起飞的客机被恐怖分子劫持后偏离航线，先后撞击纽约世界经贸大厦的双塔楼和美国五角大楼，导致经贸大厦彻底塌垮，五角大楼严重受损，机上人员和大楼内死亡人数达2893人，并导致巨大经济损失。瑞士再保险公司20日公布的报告中表明，2001年全球仅投保的财产损失已达320亿美元，其中230亿美元系恐怖主义等人祸所致。"9·11"事件成为迄今保险业付出的数额最大的赔偿。

二是恐怖主义冲突导致印巴局势进一步紧张。印度与巴基斯坦由于历史和现实的矛盾长期以来关系一直难以调和。2001年12月13日上午11点45分，印度议会大厦遭到武装分子袭击，保安人员与武装分子发生激烈交火，有5名武装分子、6名印度警察和1名园丁在交火中丧生，25人受伤。这一事件发生在国际社会高度关注反恐问题之时，使两国关系更加火上浇油。与此同时，两国在克什米尔交火行为也骤然升级。印巴由于恐怖袭击而激化的军备竞赛使之成为南亚地区的火药桶。

三是恐怖袭击使中东地区硝烟迷漫。巴勒斯坦与以色列问题一直困扰着中东地区和国际社会。巴勒斯坦为了反抗以色列不断扩大占领区和沙龙的高压政策，从年初即加大了反抗力度。而以方则以"反恐"为由，对巴勒斯坦目标进行烈度空前的报复性军事打击，双方在报复与反报复的循环怪圈中越陷越深。12月初，巴勒斯坦激进组织接连制造了多起针对以色列人的恐怖袭击事件，造成28人死亡，240余人受伤。在这次巴以冲突中，以色列总统沙龙把对巴勒斯坦的武力行动列入"反对恐怖主义"之列，并加大"定点清除"的力度，同时把以阿拉法特为首的巴自治政府宣布为"支持恐怖主义团体"，断绝与阿拉法特的联系。以色列在公开打击的同时，对巴勒斯坦采取了更加严厉的政策，即"从肉体上消灭对以色列安全构成威胁的巴方人员"，从而使本已十分紧张的巴以形势更加严峻，自2000年以来持续了14个月的巴以流血冲突已造成近千人死亡，数万人受伤。

四是菲律宾恐怖袭击事件有所抬头。11月27日，菲律宾南部棉兰老岛自治区的选民前往投票站选举新的地方领导人，突然遭到非法武装分子的袭击。他们劫持了几十名人质，并与负责安全保卫的菲政府军激烈交火，最后挟持人质当"挡箭牌"，冲出了政府军的包围圈。菲律宾南部地区数十年的武装冲突，不仅已导致12万人丧生，无数人受伤和流离失所，而且造成国家政局长期不稳，经济发展停滞不前。

五是"东突"恐怖势力对中国造成巨大危害。20世纪90年代以来，在海外兴风作浪多年的"东突"恐怖势力为实现建立所谓"东突厥斯坦"（简称"东突"）的邪恶目的，勾结国际恐怖主义组织，在中国新疆地区和中亚等国陆续策划、组织了一系列恐怖事件，标志着海外"东突"势力很大程度上已由一个分裂主义团体蜕变为一个不折不扣的恐怖组织。自1990年至2001年，境内外"东突"恐怖势力在中国新疆境内制造了至少200余起恐怖暴力事件，造成162人丧生，440多人受伤。成为严重危害中国各族群众生命财产安全和社会稳定的一颗毒瘤，并对有关国家和地区的安全与稳定构成了严重威胁。2001年2月，恐怖主义头目本·拉登与塔利班高层人物在坎大哈商谈训练"东突"恐怖分子的事宜，决定拨巨款帮助训练"东突"恐怖分子，并承诺负担2001年所有活动经费。美国对阿富汗实行军事打击以来，一些"东突"恐怖分子为了提高恐怖技能，主动加入到所谓"圣战"之中，公然与国际社会为敌。

六是高科技恐怖主义增加。年初从美国爆发并波及世界的电脑黑客的"刷屏"事件使世界主要商业网站遭受"恐怖周末"，蒙受巨大经济损失。而在7月19日美国电脑黑客又发起了"红色代码"电脑攻击，爆发后9个小时就有25万台商业和个人电脑系统及服务器"中招"。此外，电脑黑客还以这种病毒进攻了若干个美国政府网站，白宫官方网站当日即遭到了病毒入侵。据美国加州一家独立研究机构估计，全球各地用于恢复服务器运行的直接技术费用高达7.4亿美元，服务器瘫痪所造成的间接损失为4.5亿美元。

另外，由于恐怖主义势力和恐怖活动的加剧，在报道恐怖主义事件中遇难的新闻人员也大为增多。2001年全世界有100多名记者和其他新闻从业人员在工作时遇难，这是自1996年以来遇害最多的一年。

恐怖主义发展的特点　其一，恐怖袭击越来越具有全球化性质。恐怖分子利用卫星电话、传真机和网络等现代文明的工具向世界发起进攻，同时在恐怖袭击的方式上采取跨国袭击方式，力图造成有全球化的震撼效果。

其二，恐怖分子具有越来越高的组织与专业技能。恐怖组织最早的作案手段只是简单的暗杀、小规模爆炸，或者绑票勒索，后来逐步发展为劫持或破坏汽车、飞机等交通工具，现在动辄就是特大爆炸、化学制剂袭击等，手法不断翻新、行动更加隐蔽、组织更加复杂。在1968年以来有记录的超过1万次的恐怖袭击事件中，只有14次造成100人以上的人员伤亡，其中8次发生在最近20年。而“9·11”事件则成为现代恐怖分子放弃“节制”原则，从以往有具体目的、针对特定报复目标、采取有限袭击手段发展到无具体目的和报复目标，一味追求“轰动”效应制造惊天惨案的重要标志。

其三，美国成为恐怖袭击的最大对象国。1982年洛克比空难事件后，恐怖主义袭击把美国作为最大的目标。一方面，由于美国依恃超级大国地位和强大的政治、军事实力，强硬地推行“新干涉主义”和“霸权主义”，到处干涉别国内部事务，不可避免地树敌结怨，招致别国的反感。另一方面，一些弱国和地区组织不能从军事上对美反击，只能对其采取非常规的武器与进攻技术，借助狂热的宗教情绪，甚至依靠对死亡的崇拜来反击霸权。

其四，恐怖袭击的目的和背景更加复杂。2001年的恐怖袭击事件表明，恐怖主义的存在除了必要的内部、外部条件外，还必须有强大的财力支持，而组织国际卖淫、贩毒、军火走私正是这些恐怖组织筹措资金“便捷而有效”的渠道。因此，现代恐怖主义正越来越与上述犯罪形式紧密结合。此外，一些富翁、犯罪集团甚至个别国家，也通过提供资金、训练和庇护场所等手段，牢牢操纵恐怖组织，为已所用，加剧了恐怖主义背景的复杂性。

世界反恐怖活动的发展　“9·11”事件以来，如何打击和彻底根除恐怖主义成为国际社会关心的焦点问题，各国对恐怖主义进行打击的意识和力度普遍加强。

*国际社会针对反恐怖问题进一步加强了合作。*在“9·11”事件后，国际社会立即做出反应，俄罗斯等世界主要国家都明确支持美国的反恐怖行动。伊斯兰国家会议也公开谴责恐怖主义违背了伊斯兰教义。联合国大会一致通过决议，授权推动反恐怖主义的国际合作。中亚国家成为国际反恐战争的准前线地区，全力支持这场反恐行动，并作出了直接贡献：提供空中走廊、人道主义援助陆地通道及军事基地。2001年10月，在中国上海召开的第九次亚太经合组织领导人会议上，与会领导人就国际反恐怖主义问题交换了意见，并发表了《亚太经合组织领导人反恐怖声明》，表示要在打击恐怖主义方面加强国际合作。12月13日，欧洲安全与合作组织和联合国反毒品与预防犯罪局，在吉尔吉斯首都比什凯克市联合召开《巩固中亚安全与稳定：团结各方力量，加大反恐力度》的国际会议。来自60个国家及国际组织的280名代表，就恐怖主义根源、打击恐怖主义与保护人权、中亚地区局势、独联体反恐斗争及向中亚国家提供援助等问题进行了讨论和交流。

*美英对阿富汗发动大规模反恐怖战争。*2001年10月7日，美国对阿富汗塔利班政权和本·拉登恐怖组织发动大规模军事打击。战争第一阶段从10月7日至17日，美英两国海空力量对阿富汗境内重要目标和塔利班营地实施空中打击，但收效甚微。10月18日，战争进入第二阶段，美军派遣地面特种部队突入阿富汗纵深，与塔利班军队直接交火，企图抓获本·拉登和奥马尔，但出师不利，遭受损失。反塔联盟各派协调不力，进攻行动进展缓慢。11月7日，战争进入第三阶段。俄罗斯等国向北方联盟提供了大量武器装备和军事顾问，在美军的空中支援下，北方联盟进攻行动进展加快，截至12月已控制了阿富汗大半领土。

*反对恐怖主义成为一些地区组织和少数国家提高自身地位扩大国际影响的筹码。*北约是冷战遗留的军事遗产。冷战结束后已多次在军事上统一步调，形成对其组织以外国家的联合打击。“9·11”恐怖袭击事件再次为北约提供联合军事行动的口实。事实上，北约已经抓住机会第一次正式启用集体防卫的“第五条款”，向实现北约的“全球化”目标迈进了重要一步。日本、德国都是第二次世界大战的战败国，战后的国内宪法和国际条约都对其自身武装和出兵海外作出了限制。然而，这两个国家为了实现其进一步“溶入”国际社会，重新成为举足轻重的国际大国的企图，精心利用每一次机会突破向海外派兵的门槛。日本通过《反恐怖特别措施法》等法案，为日本向海外派兵和动武提供了法律依据；而德国国会在经过激烈辩论后，同意派兵3900人参与美国的对阿作战，实现了第一次向欧洲以外地区调兵遣将的图谋。这种反恐怖行动带来的副产物将对未来国际战略格局产生深远的影响。

*俄罗斯等国家对国内反恐怖斗争取得进展。*1月22日，俄总统普京宣布，俄将从车臣部分裁减军事力量，同时加强直接参与反恐怖行动的部队以及特种部队、内务部和联邦安全局在车臣的人员数量。此后

几个月内，俄联邦安全局、内务部和边防部队联合行动，抓获了车臣非法武装南部战线指挥部司令乌马波夫、车臣非法武装重要头目格拉耶夫的副手兼战地司令沙巴佐夫、以及被俄军方称为“最具破坏力的车臣极端分子”之一的阿卜杜拉耶夫等多名非法武装分子。“9·11”事件再次为俄罗斯解决车臣问题提供了契机。俄罗斯把在安理会提出的反恐怖主义决议草案做为增强打击车臣恐怖主义分子的国际法依据。9月24日，俄罗斯发表了参与国际反恐怖行动的“五点声明”，阐明了俄罗斯对美国等一些国家即将在阿富汗发动军事行动的支持立场。并强调，莫斯科始终把美国受恐怖袭击和车臣问题联系在一起，美国与其他北约国家应改变在反恐怖问题上的双重标准。11月18日，俄罗斯总统特使、驻南部联邦区全权代表卡赞采夫与车臣前总统马斯哈多夫的特使扎卡耶夫在莫斯科举行自1999年第二次车臣战争爆发以来的首次谈判，为早日彻底解决车臣问题创造了条件。

中国继续对世界反恐怖活动做出重要贡献。中国反对一切形式的恐怖主义。中国反对把恐怖主义与特定的民族、宗教相联系；反对在反恐问题上搞双重标准，并明确表示打击恐怖主义不应随意扩大到其他国家；各国应加强国际合作，密切相互协调，而不是崇尚单边主义；应运用政治、经济、外交、军事、法律等综合手段反对恐怖主义，而不能单纯依靠武力；应积极致力于解决日益严重的发展问题，而不是继续扩大贫富差距；应公正合理地处理地区冲突，加强不同国家、民族间的相互理解与对话，而不是刺激不同文明之间的对立。中国政府特别强调，各国应树立以合作求安全、以对话求安全、以互信求安全、以发展求安全的观念。

（吴　鹏）

军　控　与　裁　军

国际军控与裁军形势综述　2001年，国际军控与裁军形势的主要特点是：美国单方面宣布退出《反导条约》，严重冲击国际军控进程；战略核武器削减进展相对顺利，美俄达成进一步大幅裁减意向；多边军控领域谈判面临诸多困难，前景难以预料。

美国决定单方面退出《反导条约》　2001年12月13日，美国总统布什宣布，美国决定退出美国和苏联1972年签署的《反导条约》。根据该条约规定，这项决定将于6个月后正式生效。

《反导条约》全称《美苏关于限制反弹道导弹系统条约》，简称为《反弹道导弹条约》或《反导条约》。该条约通过禁止双方发展全国性的反导系统来确保对对方的核威慑，以所谓的“核恐怖平衡”来避免核战争。此条约被视为全球战略稳定的基石。目前有32个裁军和核不扩散的国际条约与该条约挂钩。布什政府自2001年1月执政后，一直以防范来自“无赖国家”的导弹威胁为借口，全力推动导弹防御计划。美国宣布退出《反导条约》，是为放手发展导弹防御系统扫清法律障碍。

国际舆论普遍认为，美国决定单方面退约，是对国际军控与裁军进程的沉重打击。中国、俄罗斯、法国、德国等许多国家都对美国这一决定表示反对、遗憾和担忧，认为美国退约可能给国际军控与裁军进程造成严重后果，甚至导致新一轮军备竞赛，并呼吁美国政府继续与其他国家就此问题展开磋商。

联大连续第三年通过维护《反导条约》决议　第56届联合国大会2001年11月29日以82票赞成、5票反对的压倒性多数通过了《维护和遵守〈反弹道导弹条约〉》的决议。这是联大连续第三年通过类似决议。该决议重申了《反弹道导弹条约》的有关规定，呼吁条约缔约国全面和严格遵守这一条约。决议再次确认了《反弹道导弹条约》作为维护全球战略稳定基石的重要作用，支持国际社会为维护《反弹道导弹条约》作出进一步努力。该决议草案由俄罗斯、中国和白俄罗斯共同提出。

美俄首脑宣布将进一步削减战略核武器　2001年11月13日，美国总统布什和俄罗斯总统普京在美国举行首脑会晤期间，双方宣布将进一步削减各自的战略核武器。布什宣布美国将在今后10年内把其核弹头数量减少到1700至2200枚。普京表示为回应美方上述承诺，俄准备削减三分之二的核弹头，即把其核弹头数量控制在2000枚以内。

美俄尽管已经作出了上述承诺，但其削减进程不会太顺利。首先，美俄首脑并未就此达成任何具体协议。其次，双方在削减的具体方式上尚有很大分歧。美方所谓"削减"的含义中包括将部分核弹头由现役转为库存。第三，俄坚持与美谈判签署一项有法律约束力的双方核裁军条约，以确保削减进程是不可逆转的和可核查的。美方虽同意与俄谈判并签署协议，但双方难以在短期内达成一致。

美俄履行第一阶段削减战略武器条约情况 2001年12月5日，美国国务卿鲍威尔发表声明，宣布美方已将核弹头及其运载工具数量削减到美苏《第一阶段削减战略武器条约》规定的数额；美俄两国已销毁了各自接近一半的核武器，目前双方各拥有的核弹头数量保持在6000枚的水平上；美国还将对战略核力量作进一步的裁减。

同日，俄罗斯外交部宣布，俄方已完全履行了第一阶段削减战略武器条约的义务，将部署的战略武器运载工具减少到1136枚，弹头减少到5518枚。

《第一阶段削减战略武器条约》是当时的美国总统布什和苏联领导人戈尔巴乔夫于1991年签署的。该条约从1994年12月5日开始生效。根据这一条约，双方将在7年内将各自核弹头数量削减到6000枚，并把各自的弹道导弹和战略轰炸机数量削减到1600枚（架）。

乌克兰外交部2001年10月30日发表声明，宣布乌克兰已于当日销毁了最后一口洲际弹道导弹发射井，标志着乌已经完成了它所承担的销毁其境内的全部核武器、包括进攻性战略武器的义务。乌克兰从原苏联战略核武库中共继承了130枚SS—19和46枚SS—24型导弹。根据苏联解体后乌克兰和俄罗斯达成的协议，原在乌领土上部署的1300枚核弹头和另外600多枚巡航导弹均于1996年7月前运往俄罗斯销毁。俄罗斯总统普京2001年11月发表声明宣布，俄已于当年10月底销毁了从乌兰运来的最后一批核弹头和核弹药。乌克兰实现了成为无核国家的愿望。

俄美乌等国履行《中导条约》规定义务情况 俄罗斯官方2001年2月13日宣布，俄罗斯与美国关于苏美《中导条约》实施情况的检查工作将于当年5月13日结束。至2001年2月中旬，俄罗斯、白俄罗斯、哈萨克斯坦、乌克兰4国共销毁中程导弹889枚，发射装置587个；销毁中短程导弹957枚，发射装置238个；美国销毁中程导弹677枚，发射装置288个，销毁中短程导弹169枚和一个发射装置。另据乌克兰外交部3月13日宣布，乌已完成其所承担的《中导条约》义务，销毁了境内全部的中程导弹。

《中导条约》全称《苏联和美国清除两国中程和中短程导弹条约》，是当时的苏联领导人戈尔巴乔夫和美国总统里根于1987年12月签署的。苏联解体后，承担条约义务的除美、俄外，还有白俄罗斯、哈萨克斯坦和乌克兰。

俄罗斯销毁境内化学武器 2001年6月8日，俄罗斯副总理克列巴诺夫对新闻界表示，俄将按期销毁储存在其境内的4万吨化学武器。他称，俄已建立起销毁化学武器的国家管理体系，尽管国内经济困难，俄仍将尽一切努力按期履行销毁化学武器的义务。12月10日，俄罗斯国防部长伊万诺夫在访问英国期间，与英国防大臣胡恩签署了《销毁化学武器条约》。该条约规定英国将向俄提供1200万英镑（约1730万美元），向俄派出专家，提供技术支持，帮助俄完成大规模削减化学武器计划。

联合国召开小型及轻型武器非法贸易问题会议 2001年7月9日至21日，联合国在纽约联合国总部召开了关于小型及轻型武器非法贸易会议。来自联合国189个会员国的代表及170多个非政府组织的代表出席了会议。会议期间讨论了如何遏制小型以及轻型武器通过非法渠道进入冲突地区等问题。

联合国常务副秘书长弗雷谢特在会议开幕式上指出，冷战结束后，数百万件小型武器和轻型武器通过非法贸易渠道进入冲突地区。目前全世界共有5亿件小型武器和轻型武器，平均每12人就拥有一件，其危害性超过大规模杀伤性武器。第55届联大主席霍尔克里在会上说，只有彻底解决小型武器与轻型武器的非法贸易问题，才能有效地预防冲突、维持和平并实现可持续发展。会议最后通过的《行动纲领》呼吁国际社会在国家、地区和全球范围内加强合作，采取有效措施防止、打击和消除小型武器和轻型武器非法贸易活动。会议决定，联合国将在2006年前后召开会议，审议各国执行《行动纲领》的情况，并在此后每两年举行一次审议会议。

本次会议是联合国历史上首次举行的由所有会员国参加的关于打击小型武器和轻型武器非法贸易问题的会议。美国在会议上坚持强硬立场，在其要求下，《行动纲领》删除了有关不向包括非洲冲突地区的反政府武装在内的"非国家行为者"提供武器等内容。美国立场受到包括其西方盟国在内的许多国家的批评。

联合国召开促进《全面禁止核试验条约》生效大会 2001年11月11日至13日，联合国召开了促进

《全面禁止核试验条约》生效大会，主要目的是促进该条约尽快生效。联合国是根据大多数已经签署或批准该条约的国家向联合国秘书长安南所提出的建议决定召开这一会议的。大会在完成预定议程后通过最后宣言，呼吁所有尚未签署《全面禁止核试验条约》的国家尽快签署并批准这一条约，呼吁所有已经签署但仍未批准这一条约的国家加速批准进程，以便使该条约早日生效。美国作为世界上最大的核武器国家，没有派代表出席此次会议。欧盟等对美国这一立场表示遗憾，希望美国重新考虑自己的立场。

《全面禁止核试验条约》是联合国大会于 1996 年 9 月 10 日通过的。目前已有 161 个国家签署该条约，84 个国家交存了批准书。2001 年 7 月，美国布什政府要求参议院“无限期推迟”审批《全面禁止核试验条约》，遭到美国国内及世界舆论的批评。

《禁止生物武器公约》第 5 次审议大会召开 2001 年 11 月 19 日至 12 月 7 日，《禁止生物武器公约》第 5 次审议大会在瑞士日内瓦举行。大会旨在讨论全面加强核公约的有效性，原定在通过一项《最后宣言》后结束。但美国代表在会议临近尾声时突然提出，要求会议“明确终止”负责制定全面加强公约有效性的议定书的特设工作组使命，并反对就进一步加强公约的措施进行谈判。因受美国阻挠，出席会议的代表一致决定暂时休会，于 2002 年 11 月 11 日至 27 日再次举行会议。

《禁止生物武器公约》是 1972 年签署、1975 年开始生效的，迄今已有 144 个国家在公约上签字。由于该公约缺乏必要的核查机制，其执行与监督面临许多困难。为此，公约签字国曾于 1980 年、1986 年、1991 年和 1996 年就该公约举行过 4 次审议大会，并于 1994 年的公约缔约国特别大会上，授权特设工作组制定关于全面加强公约有效性的议定书。在 2001 年 7 月 23 日召开的特设工作组第 24 次会议上，美国代表借口可能威胁美“国家利益”和“商业机密”，拒绝接受经多方磋商形成的公约议定书草案，致使多年的谈判努力遭受重挫。

《渥太华禁雷公约》第 3 次缔约国会议召开 《渥太华禁雷公约》第三次缔约国会议于 2001 年 9 月 18 日至 21 日在尼加拉瓜首都马那瓜举行。70 多个国家的代表出席会议。代表们回顾了公约的执行情况，并就如何开展国际合作、如何帮助受害者等问题进行了讨论。会议闭幕时发表声明，重申了缔约国彻底禁雷的决心，指出近一年来，缔约国在清除和销毁地雷、帮助地雷受害者等方面作出了巨大努力。但是地雷对人类生命的威胁仍未消除。声明呼吁各国政府和人民切实行动起来，为实现彻底扫除地雷这一共同目标而奋斗。

《渥太华禁雷公约》于 1997 年 12 月 4 日在加拿大渥太华市签署，于 1999 年 3 月 1 日开始生效。全世界已有 140 个国家签署了这项公约。

《特定常规武器公约》第 2 次审议大会举行 《特定常规武器公约》第二次审议大会于 2001 年 12 月 11 日至 21 日在瑞士日内瓦举行。来自 88 个缔约国的代表出席会议。该公约于 1980 年达成。公约及其所附的 4 个议定书旨在禁止或限制使用某些被认为具有过分盲目杀伤性的常规武器，包括地雷、燃烧弹、激光武器等，以减少对平民的伤害。

一些国家宣布裁军 2001 年，一些国家继续按计划裁减武装力量。其中，俄罗斯国防部和总参谋部年内宣布，俄 2001 年继续裁减员额和改革机构，按计划共裁减 9.5 万人。到 2004 年，俄武装力量总员额将裁减至 100 万人，计划共裁减 36.5 万名军人和 12 万名文职人员。保加利亚军方人士透露，保军于 2001 年 10 月 1 日起执行新的编制，年内共裁员 3500 余人，包括 980 名军官、1600 名军士及 1000 名民防后勤保障人员，裁减人数最多的是驻扎在东南部扬姆博尔地区的步兵师。目前，保军人数约 7 万人，比 20 世纪 90 年代初减少了近一半。保军队改革目标是将部队人数裁减到 4.5 万人左右。柬埔寨王国政府首相洪森 2001 年 10 月 18 日在磅清扬省磅清扬市主持裁军仪式时宣布，柬将在两年内裁军 3 万人，其中 2001 年和 2002 年各裁减 1.5 万人。柬政府计划到 2002 年底，把军队从 13 万人减少到 10 万人，共裁减员额 24%。根据白俄罗斯 2001 年 12 月公布的军队改革计划，到 2006 年该国军队人数将从目前的 8.3 万人裁减到 1.8 万人。这项计划的目标是优化军队结构，减少军费支出。

（金 涛）

2001～2002 年部分新上任军界要人简介

美国陆军部队司令部司令拉里·R·埃利斯上将 出生于马里兰州，1969 年毕业于摩根州立大学并获得体育学士学位，通过后备军官训练团训练之后参加美国陆军，被任命为少尉军官。1975 年获得印第安纳大学体育硕士学位。1969 年 3 月至 1978 年 7 月，历任美国第 82 空降师排长、连执行官，驻越南的美国第 101（空中突击）空降师第 502 步兵团排长、连长、后勤官、作战官、连长、师长副官，美国军事学院（西点军校）体育系教官。1979 年 5 月至 1981 年 5 月，任美国欧洲陆军司令部负责后勤的副参谋长办公室补给政策官、司令部助理秘书。1981 年 5 月至 1982 年 6 月，任美国第 8 步兵师第 13 步兵团 2 营执行官。1983 年 5 月至 1985 年 8 月，任美国第 5（机械化）步兵师 3 营营长。1986 年 6 月至 1988 年 8 月，任美国陆军参谋长办公室部队结构分析员、人力与部队结构科科长。1988 年 9 月至 1990 年 9 月，任驻德国的美国第 3 步兵师第 1 旅旅长。1990 年 10 月至 1992 年 7 月，任美国陆军负责人事的副参谋长办公室军事人事管理处副处长。1992 年 7 月至 1993 年 11 月，任美国太平洋总部战略计划与政策部副部长。1993 年 11 月至 1995 年 3 月，任驻韩国的第 2 步兵师副师长。1995 年 3 月至 1996 年 9 月，任驻韩国的联合国军司令部/韩美联合部队司令部/驻韩美军司令部/美国第 8 集团军司令部负责作战的助理参谋长。1996 年 9 月至 1997 年 5 月，任美国陆军负责人事的副参谋长助理。1997 年 5 月至 1999 年 8 月，任驻德国巴特克罗伊茨纳赫的美国第 1 装甲师师长。1999 年 8 月至 2001 年 11 月，任美国陆军负责作战与计划的副参谋长。2001 年 11 月，任驻佐治亚州麦克弗森堡的美国陆军部队司令部司令。

美国空军参谋长约翰·P·江珀空军上将 1945 年 2 月 4 日出生于得克萨斯州帕里斯，1966 年毕业于美国弗吉尼亚军事学院并获得电机工程学士学位，通过接受后备军官训练团训练之后被任命为空军少尉军官。1977 年 8 月至 1978 年 6 月在美国空军指挥与参谋学院学习，1979 年获得金门大学（加利福尼亚州）工商管理硕士学位，1981 年 8 月至 1982 年 7 月在国家军事学院学习。1966 年 6 月至 1977 年 8 月历任飞行学员、飞行员、教练飞行员、武器官和空中控制官，飞行考核官、标准化与评估科科长。1978 年 6 月至 1981 年 8 月，任美国空军总部战术处参谋。1982 年 7 月至 1983 年 2 月，任第 474 战术战斗机联队安全主任。1983 年 3 月至 1983 年 7 月，任第 430 战术战斗机中队中队长。1983 年 7 月至 1986 年 8 月，任美国战术空军司令部司令的特别助理兼执行官。1986 年 8 月至 1988 年 2 月，任第 33 战术战斗机联队副联队长、联队长。1988 年 2 月至 1990 年 5 月，任第 57 战斗机武器联队联队长。1990 年 6 月至 1992 年 4 月，任美国参谋长联席会议联合参谋部的战略计划与政策部副部长。1992 年 5 月至 1994 年 2 月，任美国国防部长的高级军事助理。1994 年 2 月至 1994 年 7 月，任美国空军参谋长的特别助理。1994 年 8 月至 1996 年 6 月，任美国第 9 航空队司令兼美国中央司令部空军司令。1996 年 6 月至 1997 年 11 月，任美国空军负责空战与航天作战的副参谋长。1997 年 12 月至 2000 年 1 月，任驻德国拉姆斯泰因空军基地的美国欧洲空军司令兼中欧盟军空军司令。2000 年 2 月至 2001 年 8 月，任驻弗吉尼亚州兰利空军基地的美国空军空中作战司令部司令。2001 年 9 月，出任美国空军参谋长。任内负责空军在美国本土和海外服役的 70 万人（包括现役官兵、国民警卫队、后备役人员和文职人员）的组织、训练和装备。作为美国参谋长联席会议成员，与其他军种参谋长均为国防部长、国家安全委员会和总统的军事顾问。

美国战略司令部总司令小詹姆斯·O·埃利斯海军上将 出生于南卡罗来纳州斯巴坦堡。1969 年毕业于驻马里兰州安纳波利斯的美国海军学院并获得学士学位。后来还获得了佐治亚理工大学航天工程硕士学位和西佛罗里达大学的航天系统硕士学位。1971 年被任命为海军航空兵飞行员。1972 年起担任过海上与岸上的多种职务。海上职务主要包括：航空母舰舰载战斗机中队飞行员、攻击与战斗机中队中队长，“卡尔·文森号”核动力航空母舰执行官，美国中东联合特遣部队司令的旗舰“拉萨尔号”指挥船船长，1991年任“亚伯拉罕·林肯号”核动力航空母舰舰长，1995年6月任“独立号”航空母舰的第5航空母舰作战大队司令/美国第7舰队作战部队司令。任内曾率部参加海湾战争。岸上职务主要包括：海军航空兵试飞飞行员，海军立法联络局参谋，F/A－18“大黄蜂”项目协调官，美国太平洋司令部下属的第5联合特遣部队副司令兼参谋长，1993年11月任美国大西洋舰队监察长，此后任大西洋舰队作战、计划与政策部部长，1996年11月至1998年8月任美国海军负责计划、政策与作战的副作战部长。1998年10月至2001年10月，任美国欧洲海军司令部总司令兼北约南欧盟军司令部总司令。2001年11月，出任驻内布拉斯加州奥弗特空军基地的美国战略司令部总司令。

美国欧洲海军司令部总司令兼北约南欧盟军总司令格雷戈里·G·约翰逊海军上将　出生于缅因州的威斯特曼兰，毕业于缅因大学并获得政治学学士学位。经过候补军官学校训练之后，1969年被任命为海军少尉军官，1970年成为海军航空兵飞行员。担任过的海上职务主要包括：海军攻击机中队飞行员、执行官和中队长，驻“福雷斯特尔号”航空母舰的第6航空母舰飞行联队副联队长，驻“艾森豪威尔号”航空母舰的第3航空母舰飞行联队联队长。担任过的岸上职务主要包括：海军作战部长办公室下属的系统分析处、美国大西洋舰队下属的海军航空兵部队的F/A－18/A－7战备官，美国参谋长联席会议联合参谋部作战部的欧洲司令部与中央司令部处长，美国参谋长联席会议主席的执行助理。1996年2月至1997年8月，出任第8航空母舰大队/“罗斯福号”航空母舰作战大队司令。1997年9月至1999年5月，任国防部副部长约翰·J·哈姆雷的高级军事助理。1999年5月至2000年9月，任国防部长的高级军事助理。2000年9月至2001年10月，任美国第6舰队司令兼北约南欧海军进击与支援部队司令。2001年10月，任美国欧洲海军司令部总司令兼北约南欧盟军司令部总司令。

美国太平洋司令部总司令托马斯·B·法戈海军上将　1948年6月出生于加利福尼亚州的圣迭戈，1970年6月毕业于驻马里兰州安纳波利斯的美国海军学院并获得学士学位，被任命为少尉军官。担任过的海上职务主要包括：核动力攻击潜艇执行官、艇长，第7潜艇大队司令，第74特混部队司令，第157特混部队司令（1992年至1993年）。岸上职务主要包括：美国海军人事部人事官，美国大西洋舰队司令部参谋，美国海军负责潜艇作战的副作战部长（后为美国海军第一副作战部长）的副官，美国海军负责海上作战的副作战部长的执行助理。1993年至1995年，任驻弗吉尼亚州诺福克的美国大西洋司令部作战部部长（任内参与出兵海地的行动）。1995年至1996年，任美国海军作战部评估处处长。1996年6月至1998年7月，任美国第5舰队司令兼美国中央海军司令部司令。1998年8月至1999年9月，任美国海军负责计划、政策与作战的副作战部长。1999年10月至2002年4月，任驻夏威夷州珍珠港的美国太平洋舰队总司令。2002年5月，出任驻夏威夷州史密斯兵营的美国太平洋司令部总司令。

美国北方司令部总司令拉尔夫·E·埃伯哈特空军上将　1945年12月26日出生于密苏里州内华达，1968年毕业于驻科罗拉多州科罗拉多斯普林斯的美国空军学院并获得政治学学士学位，后获得政治学硕士学位。1980年7月至1982年6月，任美国欧洲空军司令部总司令的副官。1982年9月至1984年5月，任第50战术战斗机联队中队长、负责作战的副联队长助理。1984年5月至1986年7月，任美国空军参谋长的执行官。1987年7月，任驻南卡罗来纳州空军基地的美国第363战术战斗机联队副联队长、联队长。1990年10月，任驻弗吉尼亚州兰利空军基地的美国战术空军司令部负责监察、安全与保安的副参谋长。1991年2月后，历任美国空军项目与评估处处长，参谋长联席会议联合参谋部的部队结构、资源与评估部部长，美国空军负责计划与作战的副参谋长。1996年6月，任驻日本美军司令兼美国第5航空队司令。1997年7月任美国空军第一副参谋长。1999年6月任美国空军空中作战司令部司令。2000年2月，任驻科罗拉多州彼得森空军基地的北美航空航天防御司令部总司令、美国航天司令部总司令兼美国空军航天司令部司令、美国国防部载人航天飞行支援行动主管。2002年10月，任美国北方司令部总司令兼北美航空航天防御司令部总司令、航天司令部总司令。

美国南方司令部总司令詹姆斯·T·希尔上将　出生于得克萨斯州的埃尔帕索。1968年大学毕业，通过后备军官训练团训练之后参加美国陆军，被任命为少尉军官。后来还获得了中密执安大学的人事管理硕士学位。1969年3月至1987年5月，历任排长、连执行官、连长，师助理情报官，营助理作战官、作战官，师助理防空作战官，美国陆军负责作战与计划的副参谋长办公室战略、计划与政策处参谋，美国陆军参谋长的副官，营长。1987 年 5 月至 1988 年 6 月，为国家军事学院学员。1988 年 6 月至 1994 年 6 月，历任美国陆军参谋长办公室特别项目官，第 101（空中突击）空降师第 1 旅旅长、师参谋长，美国参谋长联席会议联合参谋部战略计划与政策部副部长，第 25（轻型）步兵师负责支援的副师长。1994 年 6 月至 1996 年 6 月，任美国陆军部队司令部负责作战的副参谋长。1996 年 6 月至 1999 年 8 月，出任美国第 25（轻型）步兵师师长兼夏威夷美国陆军司令。1999 年 9 月至 2002 年 5 月，任驻华盛顿州刘易斯堡的美国第 1 军军长。2002 年 6 月任现职。

"联合国军"司令部 / 韩美联合部队司令部 / 驻韩美军司令部总司令利昂·J·拉波特上将 出生于罗德岛州的普罗维登斯。1968 年毕业于罗德岛大学并获得生物学学士学位，通过后备军官训练团训练之后被任命为少尉军官。后来还获得了加利福尼亚大学管理硕士学位。1969 年 1 月至 1980 年 6 月，历任美第 3 步兵师装甲团排长、驻越南的美国第 238 航空兵器连排长、连执行官（参加越南战争），第 4（机械化）步兵师第 32 装甲团连长，陆军装甲兵学校学员，加利福尼亚大学研究生，美国军事学院（西点军校）教官和助教。1981 年 6 月至 1984 年 4 月，历任美国第 24（机械化）步兵师第 9 骑兵团第 2 中队执行官、第 2 旅作战官。1984 年 4 月至 1986 年 6 月，任美国陆军军事人事中心装甲兵上校军官任免官。1986 年 6 月至 1988 年 6 月，任驻德国的美国第 3 步兵师第 64 装甲团 3 营营长。1989 年 6 月至 1990 年 9 月，任驻得克萨斯州胡德堡的美国第 1 骑兵师作战官（负责作战的助理参谋长）。1990 年 9 月至 1991 年 10 月，任美国第 1 骑兵师参谋长，任内与师长、副师长等率部参加海湾战争。1991 年 10 月至 1993 年 5 月，任美国第 1 骑兵师第 3 旅旅长。1993 年 5 月至 1994 年 4 月，任美国第 3 军参谋长兼胡德堡驻军参谋长。1994 年 4 月至 1995 年 7 月，任（美国陆军）国家训练中心司令。1995 年 7 月至 1997 年 7 月，任美国第 1 骑兵师师长。1997 年 7 月至 1998 年 8 月，任美国陆军负责作战与计划的副参谋长助理。1998 年 8 月至 2001 年 8 月，任美国第 3 军军长兼胡德堡驻军司令。2001 年 8 月至 2002 年 4 月，任驻佐治亚州麦克弗森堡的美国陆军部队司令部副司令兼参谋长。2001 年 5 月现职。

北约北欧盟军司令部总司令杰克·德弗雷尔（爵士）上将 1945 年 4 月 27 日出生于英国伯明翰，1965 年毕业于英国桑赫斯特皇家军事学院，被任命为少尉军官。先后在亚丁、挪威、北爱尔兰、沃明斯特步兵学校、伯利兹等地任职。1977 年毕业于皇家海军参谋学院，在驻北爱尔兰的第 3 步兵旅任连长等职。此后，任桑赫斯特皇家军事学院学员队连长。1984 年至 1986 年，任轻步兵团第 3 营营长。1986 年至 1988 年，先后在英国皇家军事科学学院和坎伯利参谋学院学习指挥与参谋课程。1988 年 4 月，任皇家军事科学学院武器与车辆教研室主任。1988 年 12 月至 1990 年 12 月，任英国第 1 旅旅长兼英国机动部队司令。1991 年至 1993 年，任英国陆军征兵局局长。1993 年 4 月至 1995 年 7 月，任英国陆军人力与征兵局局长。1995 年 7 月至 1997 年 10 月，任桑赫斯特皇家军事学院院长。1997 年 10 月至 1998 年 9 月，任英国本土陆军司令部副总司令兼监察长。1998 年 9 月至 1999 年 2 月，任北约波黑稳定部队司令部作战部部长。1999 年 4 月至 2001 年 3 月，再次任英国本土陆军司令部副总司令兼监察长。2001 年 3 月，任驻荷兰的北约北欧盟军司令部总司令。

（肖石忠）

北约欧洲盟军东南联合司令部司令塔克·阿塔曼上将 1939 年出生于土耳其伊斯坦布尔，1961 年毕业于土耳其军事学院并被任命为炮兵军官。1963 年在炮兵学校毕业之后，先后任炮兵前方观察员、排长、连长。1966 年至 1968 年，任土耳其驻韩国大使馆助理武官兼驻"联合国军"司令部联络官。此后，返回土耳其，在炮兵分队任职。1973 年至 1975 年，为土耳其陆军参谋学院学员。1975 年至 1977 年，任土耳其总参谋部作战与计划部项目官。1977 年至 1980 年，任土耳其陆军参谋学院教官。1980 年至 1983 年，任驻比利时的北约欧洲盟军司令部计划与政策部参谋。1983 年至 1984 年，任土耳其地面部队司令部办公室主任。1984 年至 1986 年，先后任土耳其军事学院学员团团长、土耳其陆军参谋学院高级教官。1986 年至 1988 年，先为土耳其武装部队参谋学院学员，后任陆军参谋学院主任教官。1988 年至 1990 年，任土耳其总参谋部计划与作战部部长。1990 年至 1992 年，任第 14 机械化旅旅长。1992 年至 1995 年，任总参谋部战略与部队计划部部长。1995 年至 1997 年，任第 1 机械化师师长。1997 年至 2000 年，任总参谋部作战部部长。在此任内，1998 年至

2000年，兼任土耳其驻北约组织军事委员会军事代表。2000年至2001年，任第6军军长。2001年8月，任驻土耳其的北约欧洲盟军东南联合司令部司令。

（肖石忠）

北约军事委员会主席库亚特上将　1942年在德国出生。1959年开始在德国联邦国防军服役。1975—1977年，在汉堡军事学院学习。随后调入德联邦国防部长的参谋部工作。1980年任德联邦总理府安全政策和战略负责人。此后参加空军高级将领班培训。毕业后任德国在北约军事委员会首席军事代表。回国后，任德国联邦军武装部队指挥部核武器军备监督负责人。尔后在德国国防部和北约之间交替任职，主要负责军事政策的制定。1994年任北约国际军事指挥部副主任期间，在波黑负责“代顿协议”的实施工作。1998年任德国联邦国防军计划部负责人。2000年6月任联邦国防军总监，主管联邦国防军的政策工作。2001年9月20日，被北约19个成员国总参谋长一致推举为北约军事委员会主席，于2002年夏季担任该职。

（王晓雁）

菲律宾总统兼武装力量统帅格洛丽亚·马卡帕加尔·阿罗约　1947年4月5日生于班诗兰省，已故总统马卡帕加尔的女儿。先后就读于美国乔治敦大学、菲律宾圣母升天学院、马尼拉阿特尼奥大学和菲律宾大学，获经济学博士学位。毕业后在大学从事教育，后投身政界。1992年和1995年，两度当选参议员，曾任贸工部副部长。1998年5月，当选为副总统，兼任社会福利与发展部长。2001年1月20日，就任菲律宾第14任总统。

菲律宾国防部长安基洛·雷耶斯上将　1966年毕业于菲律宾军事学院。曾任陆军第4步兵营营长、第602步兵旅旅长、民政关系部（即现在的公共关系部）部长、武装部队副参谋长等职，还多次担任菲政府与摩洛民族解放阵线谈判小组成员。1997年7月，由陆军司令升任武装部队总参谋长。2001年1月19日，宣布支持副总统阿罗约，并迫使埃斯特拉达翌日离开总统府。2001年3月，接替梅尔卡多担任国防部长。

菲律宾武装部队总参谋长比利亚·努埃瓦中将　1968年毕业于菲律宾军事学院。曾任陆军第1师师长、南部指挥部司令等职。2000年被提升为中将。2001年3月，接替安基洛·雷耶斯担任菲武装部队总参谋长。

（孟　丽）

印度国防部长乔治·费尔南德斯　1930年6月3日出生于卡纳塔克邦的曼格罗尔。1967年竞选进入第四届人民院。1967～1970年担任申诉委员会委员；1971年～1977年担任萨姆尤卡社会主义党总书记和全印铁路员工联合会主席。1977年3月，入选第五届人民院议员，担任联邦交通部长直至同年7月。1977年～1979年担任联邦工业部长。1980年入选第七届人民院。1989年经选举进入第九届人民院，并在同年5月至1990年11月期间担任铁道部长。1990年3月11日至同年5月26日担任联邦克什米尔事务部长。1991年入选第10届人民院。1993年～1996年担任议会常设金融委员会和内部事务协商委员会成员。1994年7月，担任撒玛塔党主席。次年5月进入第11届人民院。1998年3月，当选第12届人民院议员，并首次担任国防部长。1999年10月进入第13届人民院，并再次担任国防部长。2001年3月，印度媒体揭露出印度国防部和政府官员军火采购受贿案，费尔南德斯因“负有领导责任”而被迫宣布辞职。2001年10月15日，再次被任命为国防部长。

印度空军参谋长S·克里什纳斯瓦米　1961年毕业于印度国防学院，成为印度空军委任军官。服役期间，曾进入印度国防参谋学院学习。在1965年印巴战争中因驾机作战表现突出获得嘉奖。之后被派往英国接受试飞员训练。回国后，在空军试飞中心—飞机和系统训练机构（ASTE）任职，参加过民用、军用飞机的试飞和机载武器系统的鉴定。由于他为研制印度本国飞机作出的贡献，1999年获得“阿格尼自力更生奖”。克里什纳斯瓦米具有4000多小时的飞行记录，是战术与战斗发展训练机构的高级教官。他精于电子战研究，为印度空军组建了第一个电子战中队，并曾担任中队长。此外，他还担任过“幻影－2000”飞机基地作战处长、普奈空军场站司令、空军负责计划的参谋长助理、空军参谋部副主任，以及中部、西南部、西部三个空军司令部作战部长。2001年8月任空军副参谋长。2001年12月31日任空军参谋长。

（万　伟）

印度海军参谋长马德赫文德拉·辛格海军上将　1958年7月进入印度国防学院（初级）学习，1963年1月毕业后进入海军服役。接受过的其他军事教育包括：英国皇家军事科学学院，印度魏林顿国防参谋学院，美国海军军事学院（研究生），印度国防学院（高级）。担任过的主要职务包括："塔尔瓦号"导弹护卫舰舰长，印度海军学院院长，"兰维尔号"导弹驱逐舰舰长，"维拉特号"航空母舰舰长；西部海军司令部参谋长，魏林顿国防参谋学院主任教官，西部舰队司令；1994 年 6 月至 1995 年 1 月，任印度海军总部负责政策与计划的助理参谋长；1995 年 1 月，任印度海军总部战舰制造与采办控制官；稍后，任印度海军副参谋长；1996 年 10 月至 1998 年 3 月，任印度南方海军司令部总司令；1998 年 3 月至 2001 年 4 月，任印度北方海军司令部总司令；2001 年 4 月至 2001 年 12 月，任印度海军第一副参谋长。2001 年 12 月，任印度海军参谋长。

（肖石忠）

越南中央军事党委书记农德孟 1940 年 9 月 11 日出生于越南北件省纳依县坊利乡，岱依族人，大学文化，林业工程师。1958 年 4 月参加工作，1963 年 7 月 5 日加入越南共产党。曾任林业工人、森林调查技术员、林场经理、省林业局局长，北太省人民委员会副主席、主席、省委书记等。1989 年任中央民族委员会主任，同年 11 月被补选为越南第八届国会代表，并当选为国会民族委员会副主任。1992 年 9 月越南第九届国会第一次会议、1997 年 9 月越南第十届国会第一次会议，农德孟均当选为越南国会主席。从 1998 年 1 月起，农德孟任越共中央政治局常委。2001 年 4 月 22 日，农德孟在越共九届一中全会上当选为越共总书记，并兼任中央军事党委书记。

越南人民军总参谋长冯光清中将 1996 年 7 月担任越军总参谋部作战局局长，少将军衔，曾随越国防部长范文茶访问中国。1998 年担任陆军第 1 军区司令。1999 年 12 月晋升为中将。在 2001 年 4 月越共"九大"上当选为中央委员，同年 5 月升任中央军事党委常委、总参谋长。

越南人民军总政治局主任黎文勇中将 1945 年出生。1993 年 3 月担任越陆军第 4 军军长，少将军衔。1995 年 12 月升任第 7 军区司令。在 1996 年 7 月越共"八大"上当选为中央委员，1997 年出任越军总政治局副主任。1998 年 4 月晋升为中将，同年 9 月升任中央军事党委常委、国防部副部长兼总参谋长。在 2001 年 4 月越共"九大"上当选为中央委员、中央书记处书记，同年 5 月改任越军总政治局书记。

（钟学良）

法国国防部长米歇尔·阿利奥·玛丽 1946 年出生于法国巴黎。从小随父迁居法国西南部比亚利兹市。在大学学习期间曾获得法学、政治学两个博士学位和人种学硕士学位。1978 年首次参加竞选即当选为比利亚兹市议员，并任职到 1983 年。1981 年加入希拉克创立的保卫共和联盟，不久即以干练、机敏的作风受到希拉克的赏识。从 20 世纪 70 年代起，先后在法国社会事务部、教育部、海外省和海外领地部等政府部门任职。1988 年、1993 年和 1998 年连续三次当选为法国国民议会议员，一直连任至今。1993 年至 1995 年在巴拉迪尔政府中担任青年体育部长。1999 年当选为保卫共和联盟主席，成为法国历史上第一位女政党主席。2001 年，在法国市政选举中，当选为比利牛斯—大西洋省圣·让·德鲁兹市市长。2002 年 5 月 7 日，在法国临时政府总理拉法兰的提议下，被希拉克总统任命为法国国防部长。在政治上，是欧洲一体化的坚定支持者。

（石　慧）

阿根廷国防部长奥拉西奥·豪纳雷纳 1942 年 11 月 29 日生于布宜诺斯艾利斯省。1966 年毕业于布宜诺斯艾利斯大学法律及社会科学系，并获律师资格。历任国家众议员、众院国防委员会副主席、主席以及激进党国防委员会主席、全国委员会副主席、执行主席、国防部副国防秘书、国防秘书、总统府秘书长等职，1986 年至 1989 年曾任国防部长，2001 年 3 月再次担任国防部长。

秘鲁国防部长奥雷略·洛雷特·德莫拉 1953 年 8 月生于利马，毕业于秘鲁天主教大学，在利马大学获得企业法律硕士学位。历任公民学会顾问委员会成员、拉美文人－军人研究会领导成员、利马市区副区长、国会议员、国会副主席等职。2002 年 1 月任现职。

秘鲁武装力量联合指挥部主席兼陆军总司令维克多·布斯塔曼特·雷亚特吉上将 1949 年 6 月生于利马市。1969 年毕业于里略陆军军官学校，获工程兵少尉军衔。曾在陆军工程中、高级进修班、海军航空兵进修班、陆军指挥参谋及管理进修班、联合参谋进修班、监察进修班、国防进修班深造，并在美国进修过直升机飞行员及飞行安全专业。历任秘鲁驻英国、加拿大、美国陆军武官以及陆军航空兵司令、陆军总监、陆军参谋长。2001 年 8 月任现职并晋升上将军衔。

秘鲁海军总司令里卡多·雷米希·阿尔博科·里塞蒂海军上将 1946 年 10 月生于利马市。1969 年毕业于海军军官学校。历任潜艇艇长、海军技术学校副校长、海军供应处处长、商业运输办公室主任、海军供应局局长、海军人事管理局局长、海军海区总司令、海军作战司令、海军参谋长等职。2001 年 11 月任现职并晋升上将军衔。

秘鲁空军司令豪尔赫·卡皮奥上将　1948 年出生于阿尔吉帕省。曾在秘鲁空军高级战争学校杰出学员基础训练班、海军高级战争学校防务装备管理班、比吾拉大学高级指挥班学习。历任空军第 9 飞行大队副队长、地面运输保障部队司令、驻玻利维亚空军武官、空军第 5 飞行大队司令兼参谋长、空军第 2 军团司令兼参谋长、装备部司令等职。2001 年 8 月任现职。

玻利维亚国防部长奥斯卡·吉拉德·卢汉上将　1946 年 8 月生于科恰班巴省。毕业于“赫尔曼·布什”航空军事学院，曾在国家高等研究学院进修。历任玻驻西班牙空军武官、空军司令部作战处处长、空军参谋长、空军司令等职。1995 年晋升为中将，1996 年晋升为上将。2001 年 8 月任现职。

（吴永业）

厄瓜多尔联指司令奥斯卡·伊斯奇中将　1948 年 11 月出生于基多，德国后裔。1964 年 10 月进入陆军高校学习，授炮兵少尉军衔。曾先后参加过跳伞班、炮兵基础班、炮兵高级班、兵种参谋班、联合参谋班、国家安全与发展高级班、“电算化辅助”班、教学技术班的学习。获得过军事管理与科学学士学位。曾任“阿塔瓦尔帕”第 2 防空炮兵队副队长、“苏克雷元帅”第 13 炮兵学校副校长，“玻利瓦尔”第 1 防空炮兵队队长、国家高等研究院副院长、“神鹰”第 21 丛林旅参谋长、厄驻英国使馆陆军武官、陆军战争学院临时院长、“纳波”第 19 丛林旅旅长、“皮钦查”第 13 步兵旅旅长、国防部副部长、联指司令部参谋长、陆军司令，1996 年 9 月晋升少将，1999 年 9 月晋升中将，2002 年 2 月 21 日任联指司令。

厄瓜多尔陆军司令卡洛斯·莫拉莱斯中将　1948 年 1 月 9 日出生于昆卡市。1965 年 10 月 1 日进入陆军学校学习，授骑兵少尉军衔。曾先后参加过军校学员班、骑术教练班、骑兵军官班、兵种参谋班、奶牛饲养班、“高级管理”班、“21 世纪”战略国际研讨班、第一届国家计划会议、马术裁判国际军官班、骑兵进修班、“司令与传媒”班、27 届“大陆防务班”进修。获得过军事管理与科学学士学位及骑术高手称号。曾任“亚瓜奇”第 13 机械骑兵队副队长、陆军骑术学校副校长、骑兵学校副校长、陆军骑兵与骑术学校校长、“普图马约”第 55 丛林营营长、“河流猎人”第 18 骑兵队队长、“亚瓜奇”第 13 骑兵队队长、“埃洛伊·阿尔法罗”陆军高校副校长、美洲国家防务学校顾问及驻美洲国家组织常务军事顾问、联指动员部长、“埃洛伊·阿尔法罗”陆军高校校长、“帕斯塔萨”第 17 丛林旅旅长、美洲国家防务委员会参谋长、国家安全委员会秘书、陆军作战部长、联指司令部参谋长，2002 年 2 月 21 日起任陆军司令。

厄瓜多尔海军司令豪尔赫·维拉西斯海军中将　1947 年 4 月 16 日生于拉塔贡嘎市。1965 年 9 月 1 日进入海军高校学习，授海军少尉军衔。曾参加过舰上操作班、潜艇基础班、潜艇训练与培训班、初级指挥班、参谋班、政战班、联合参谋班的学习。曾任海军教育部学习处长、海军高级学习处长、“施利斯 S—101”舰司令、海军参谋部后勤处长、瓜亚基尔港务局局长、海岸卫队队长、厄驻哥伦比亚海军武官、作战顾问处长、海军住房部长、舰队司令部参谋长、海军战争学院院长、潜艇中队队长、海军副参谋长、海军财务部长、海军人事部长、海军参谋长，2002 年 2 月 21 日起任海军司令。

厄瓜多尔空军司令里卡多·伊蒂拉尔德中将　1947 年 5 月生于拉塔贡嘎市。1966 年 9 月 8 日入伍，先后参加过飞行与熟练班、学院教练班、军官基础班、职业专门班“美洲豹”战斗机飞行班、军官高级班、“波音 727”训练班、指挥与参谋班、指挥与联合参谋班、经理管理班等。历任空军司令副官、第 111 运输分队队长、海岸地区民航局副局长、第 23 战斗联队司令、第 21 战斗联队司令、厄驻美国空军武官、空军情报部长、空防司令部司令、空军作战部长、空军战斗司令部司令。1997 年晋升为少将，1999 年晋升为中将，2002 年 2 月 21 日起任空军司令。

（王　睿）

加拿大国防参谋长雷蒙德·R·赫诺特空军上将　1949 年出生于马尼托巴，1968 年参加加拿大皇家空军，接受飞行训练之后成为飞行员。1993 年 8 月至 1994 年 5 月为加拿大国防学院学员。1994 年 5 月至 1995 年 7 月，任第 10 战术空军大队大队长。1995 年 7 月至 1996 年 6 月，任加拿大空军司令部负责作战的副参谋长。1996 年 6 月至 12 月，任加拿大空军司令部负责作战的副参谋长兼国防部军事计划与作战部部长。1997 年 1 月至 9 月，代理副国防参谋长。1997 年 9 月至 1998 年 9 月，任加拿大空军副参谋长。1998 年 9 月至 2001 年 6 月，任副国防参谋长。

2001 年 6 月，任加拿大国防参谋长。

加拿大陆军参谋长迈克尔·K·杰弗里中将 出生于英国伦敦，1964 年参加加拿大皇家炮兵部队。1989 年 2 月，任联合国驻纳米比亚援助团加拿大部队司令。从加拿大国防学院毕业后，历任国防部地面部队需求局局长、炮兵局局长、项目合作部部长。1996 年，任加拿大地面部队指挥与参谋学院院长兼加拿大第 1 师副师长。1997 年 9 月，任加拿大第 1 师师长兼陆军训练局局长。1999 年，任负责 ABACUS 行动的联合特遣部队司令。此后，负责加拿大部队的转型工作。2000 年 5 月，任国防参谋长的特别助理（负责后备队重组事务）。2001 年 7 月，任加拿大陆军参谋长。

加拿大海军参谋长罗恩·D·巴克海军中将 1967 年毕业于麦克吉尔大学并获得学士学位，参加加拿大皇家海军。后来，先后毕业于加拿大皇家海军战术与参谋学院和格林威治皇家海军学院。曾任驱逐舰执行官、驱逐舰舰长、第 5 驱逐舰中队司令等职。1994 年 7 月至 1995 年 1 月，任加拿大部队训练司令部司令。1995 年 1 月至 1997 年 8 月，任指挥与控制工程局局长。1997 年 8 月至 1998 年 8 月，任加拿大太平洋舰队司令。1998 年 8 月至 2001 年 6 月，任加拿大太平洋海上部队司令。2001 年 6 月，任加拿大海军参谋长。

加拿大空军参谋长劳埃德·C·坎贝尔空军中将 出生于渥太华，1969 年由导航员改学飞行，随后成为飞行员。1992 年 6 月至 1993 年 7 月，任驻欧洲的加拿大第 4 飞行联队联队长兼加拿大部队基地司令。1993 年 8 月至 1994 年 2 月，任加拿大国防部作战处处长。1994 年 2 月至 1996 年 6 月，任国防部部队发展部部长。1996 年 6 月至 1997 年 10 月，任国防部部队发展局局长。1997 年 4 月至 10 月，任代理副国防参谋长。1998 年 4 月至 2000 年 7 月，任加拿大第 1 航空师师长兼北美航空航天司令部加拿大防区司令。2000 年 7 月，任加拿大空军参谋长兼空军司令部司令。

（肖石忠）

智利国防部长米切莱·巴切莱特 现年 50 岁，是智利及拉美历史上第一位女国防部长。曾在智陆军战争学院、国家政治和战略研究学院及美国华盛顿特区泛美国防学院进修过政治与战略、地区防务等课程。历任卫生部副部长、部长，国防部长顾问等职。2002 年 1 月任现职。

智利陆军司令胡安·埃米里奥·切雷·埃斯皮诺萨中将 出生于 1947 年。1963 年进入陆军军官学校学习，1966 年毕业，曾在陆军战争学院、南非陆军参谋学院和智利国家政治和战略学院进修步兵战术、伞兵、参谋等专业，1983 年获智利天主教大学国际关系及政治学硕士学位。历任陆军旅指挥官、战争学院院长、驻西班牙国防武官、陆军院校司令部司令等职。1998 年晋升中将，2000 年 12 月任陆军参谋长，2002 年 3 月任现职。

智利海军司令米盖尔·贝尔加拉·比利亚洛奥斯海军上将 1947 年 9 月生于圣地亚哥。1966 年毕业于海军学校。历任海军战争学院院长、国防部规划局长、国防副参谋长、海军副参谋长等职。2001 年 6 月任现职，并晋升为上将。

（吴永业）

澳大利亚国防军司令彼得·科斯格罗夫上将 1947 年出生于澳大利亚悉尼市一个军人家庭。1965 年进入军校学习。1968 年毕业后随部队赴越南参加美国发动的侵略战争。此后，从基层逐级升迁。20 世纪 90 年代后期，升任澳大利亚第一军区司令。1999 年 8 月，奉命率领一支以澳大利亚军队为主的多国维和部队进驻暴乱频仍的东帝汶，制止暴力冲突和稳定局势。2000 年 7 月，升任澳大利亚陆军司令，并由少将晋升为中将军衔。2002 年 5 月 28 日，被任命为统帅澳大利亚陆、海、空三军的国防军司令，并晋升为上将军衔。

（乐凯华）

中外军事交往

2001年中外军事交往综述　2001年，中国对外军事交往取得了新的进展。全年共进行重要交往项目130多项，军委、总部、各大单位和军兵种领导率团出访60多个国家；接待了60多个国家军队重要领导人来访90余批；对外专业技术交流与合作不断扩大，同数十个国家进行了上百次专业技术团组交流活动。此外，中国军队还多次派出代表参加了多边外交、国际军控和地区安全合作等活动。

巩固和发展同周边国家军队的关系，维护中国周边环境的安全稳定。积极稳妥地开展与东北亚国家军队的交往。中国与朝鲜军队继续保持了传统友好的合作关系，军队外事代表团访问朝鲜，接待朝鲜人民军指挥自动化、通信、防化等团组来访。对韩国军队的交往也有了新的发展。2月，空军司令员刘顺尧上将率空军代表团对韩国进行了访问。此外，国防大学代表团、后勤建设等专业技术团组也于年内对韩国进行了访问考察。3月，韩国陆军参谋总长吉亨宝访华，中央军委副主席、国务委员兼国防部长迟浩田上将、总参谋长傅全有上将分别会见。10月，韩国海军舰艇编队首次访问中国。12月，韩国防部长官金东信访问中国，国家副主席、中央军委副主席胡锦涛，中央军委副主席、国务委员兼国防部长迟浩田上将会见。这些交往为推动两军关系发展、维护朝鲜半岛的和平与稳定发挥了积极作用。同时，中国重视与蒙古国的军事交往。6月，蒙古国国防部长古尔拉格查访华。中央军委副主席、国务委员兼国防部长迟浩田上将与其进行了会谈。双方对两国、两军开展多层次、多领域的睦邻友好合作表示满意，提出继续在平等、互利、互助、互信的基础上发展两国两军友好关系。11月，总后勤部政委周坤仁上将率团对蒙古进行了友好访问。期间，周坤仁拜会了蒙古国总统兼武装力量总司令巴嘎班迪，分别会见了蒙古国防部长古尔拉格查和蒙古武装力量总参谋长达希泽贝格中将，并就双方共同关心的问题举行了会谈。

加强与东盟和南亚国家的军事交往。针对东盟国家在国际和地区事务中影响逐渐增大的情况，中国军队加强了与该地区国家军队的交往。2月，应老挝副总理兼国防部长朱马利·赛雅贡、越南国防部长范文茶、柬埔寨联合国防大臣迪班和西索瓦·西里拉、尼泊尔国防大臣马赫什·阿查里雅的邀请，中央军委副主席、国务委员兼国防部长迟浩田上将访问了上述4国。在老挝，迟副主席拜会了老挝国家主席坎代·西潘敦、总理西沙瓦，与副总理兼国防部长朱马利进行了会谈，就双边关系、国际和地区形势及其他共同感兴趣的问题交换了意见。在越南，迟副主席与越南国防部长范文茶举行了会谈，双方就双边关系和共同感兴趣的问题交换了意见，并表示将继续按照中越两党领导人提出的“长期稳定、面向未来、睦邻友好、全面合作”16字方针，发展两国两军的友好合作关系。在泰国，迟副主席会见了泰国新任副总理兼国防部长差瓦立·永猜裕，双方高度评价中泰两国、两军关系。在访问柬埔寨期间，迟副主席拜会了柬埔寨国王诺罗敦·西哈努克和王后莫尼列、柬埔寨王国政府首相洪森、众议院主席谢辛、国民议会议长诺罗敦·拉那烈、国防部联合大臣迪班和西里拉亲王等领导人，并进行了友好会谈。作为第一位访问尼泊尔的中国国防部长，迟副主席受到了尼泊尔国家和军队的盛情接待。尼泊尔国王比兰德拉、首相吉里贾·柯伊拉腊和国防大臣马赫什·阿查里雅分别会见了迟副主席，并进行了富有成效的会谈。中国军队还首次接待了老、柬两国各20名高级军官分别来华参观见学。此外，中越之间开展了相邻军区和边防部队的交流。

与马来西亚、菲律宾、印度尼西亚、新加坡等国军事交往不断发展。5月，马来西亚国防部常任秘书哈希姆·梅翁访华，军委迟副主席会见。1月，菲律宾国防部长梅尔卡多访问中国，与军委迟副主席进行了会谈。2月，新加坡第二国防部长兼教育部长张志贤来华访问，国家副主席、军委副主席胡锦涛会见；10月，新加坡武装部队总长林泉宝首次访华，军委副主席迟浩田、总参谋长傅全有分别会见。与泰国军事交往保持了良好的发展势头。6月，泰国副总理兼国防部长差瓦立·永猜裕上将访华，国家主席、中央军委主席江泽民，军委副主席张万年、迟浩田分别会见。双方就国际和地区形势及其他关心的问题交换了意见。此外，泰国军队最高司令桑抛·楚齐于5月访问中国，国家副主席、中央军委副主席胡锦涛，军委副主席迟浩田分别与桑抛进行了会谈。12月，副总参谋长熊光楷上将赴泰国与泰国国防部次长森潘·汶亚南上将进行了首次中泰国防部安全会晤，就共同关心的国际和地区问题、两军关系等深入交换了意见，达成广泛共识。此次两国国防部安全会晤是中泰睦邻友好合作关系的重要体现，两国国防部之间建立安全会晤机制有利于中泰两军增进了解、扩大共识、发展合作，有利于维护本地区和平、稳定与发展。

在南亚方向，继续保持与印巴两国军队的交往。为庆祝中巴建交50周年，应巴首席执行官佩尔韦兹·穆沙拉夫邀请，总参谋长傅全有上将4月访问巴基斯坦，拜会了巴基斯坦总统拉菲克·塔拉尔和首席执行官佩尔韦兹·穆沙拉夫，就双方关心的问题深入交换了意见，凸显和深化了两国传统友好关系。此外，中国海军军舰5月访问巴基斯坦，巴基斯坦军乐团访华。与印度交往方面，12月，副总参谋长张黎中将率军事代表团访问印度。这是印度自1998年核试验以来我总部领导首次访印，标志着两军关系步入正常轨道。5月，印度空军参谋长蒂普尼斯首次访华，军委迟副主席及总参谋长傅全有会见，就加强两军交往和其他问题交换了意见。此外，国防大学代表团5月访印。中印相邻军区代表团还进行了互访。这些交往推动了两军关系的发展。4月，应马尔代夫国防与国家安全国务部长萨塔尔的邀请，总参谋长傅全有对马尔代夫进行了访问，拜会了马尔代夫总统加尧姆、议长哈米德和外长贾米勒等，与军队领导人进行了会谈。

积极推动与中亚各国的军事交往。6月，由中、俄、哈、吉、塔、乌六国组成的“上海合作组织”正式成立。期间，迟副主席与俄罗斯国防部长谢尔盖·伊万诺夫、哈萨克斯坦国防部长萨·托克帕克巴耶夫、吉尔吉斯斯坦国防部长叶先·托波耶夫、塔吉克斯坦国防部长舍拉利·海鲁拉耶夫和乌兹别克斯坦国防部长卡·古拉莫夫等六国国防部长在上海举行了会晤和会谈，就反导、维护地区安全与稳定、共同打击“三股恶势力”等问题达成一致意见，并签署了《联合公报》。中央军委主席江泽民会见了六国国防部长，指出“上海合作组织”的成立符合六国的共同愿望和利益，也有利于促进地区乃至世界的和平与发展。各国国防部长对同中国在军事领域友好合作关系的发展表示满意，并表示要共同努力，落实六国元首达成的共识，继续推动两国、两军关系不断向前发展。六国国防部长会晤并签署联合公报，为中国与五国在军事领域开展交往与合作开辟了更为广阔的空间，为维护中国西北部边境安全稳定奠定了坚实基础。此外，新疆军区边防代表团访问了哈萨克斯坦，接待了吉尔吉斯军队总长访华。

妥善处理与美、俄、日、欧等大国的军事关系

紧跟形势，把握政策，灵活处理对美军事交往。2001年对美军事交往一波三折。4月前，中美军事交往比较顺利。中国分别接待了美太平洋总部司令和美国防大学将官班及美国“蓝岭”号军舰访华，并派军法代表团访问了美国太平洋总部。4月1日，中美发生撞机事件，两军交往随即中止。在处理撞机事件的整个过程中，中方主要针对撞机责任、遣返美方机组人员、美军机返还等问题，同美方进行了有理有利有节的坚决斗争，维护了中国主权和民族尊严。在此期间，军队有关部门协助外交部做了大量工作。美方最终向中国政府公开致歉，并放弃了将飞机修复后飞回的企图。4月12日，美军24名机组人员返回。7月，美国军机拆解后被运回。至此，撞机事件告一段落。9月，中美海上军事安全磋商机制会议在关岛举行；12月，中美海上军事安全磋商机制工作小组会议在北京举行。中美双方积极努力，增加信任，深入磋商，使两次会议取得成功，为恢复两军交往创造了气氛。“9·11”事件发生后，中美在反恐领域开展合作，进一步缓和了两国两军关系。11月，中美就恢复军事交往问题在工作层次上交换了意见，为双方在更高层次上商谈恢复军事交往问题做了准备。

继续深化与俄罗斯的军事关系。中俄两军继续保持了高层往来的良好势头。2月，应俄罗斯联邦政府邀请，中央军委副主席张万年对俄罗斯进行了访问。访问期间，俄罗斯总统普京、总理卡西亚诺夫、国防部长谢尔盖耶夫元帅分别会见张万年副主席，就进一步发展两国战略协作伙伴关系和双方感兴趣的问题深入交换了意见，并达成广泛共识。双方认为，中俄是世界上两个最大的邻国，保持和发展两国平等信任的战略协作伙伴关系，不仅符合两国人民的根本利益，也有利于亚太地区乃至世界的和平与稳定。中俄将继续推动两国战略协作伙伴关系不断向前发展。双方还就在反导等领域进行合作交换了意见。10月，俄罗斯武装力量总参谋长克瓦什宁大将应邀访华，中央军委副主席张万年上将会见。双方就当前国际形势下加强中俄两国、两军交流与合作问题深入交换了意见。双方高度评价中国国家主席江泽民与俄罗斯总统普京签署的《中俄睦邻友好合作条约》，称其为两国关系

长期稳定发展奠定了牢固的法律基础，是指导新世纪中俄关系发展的纲领性文件。表示愿意在新世纪进一步加强友好交流与合作，促进两国、两军关系的不断深入发展，为维护地区和世界的和平与稳定而共同努力。11月，副总参谋长熊光楷上将赴俄罗斯，同俄武装力量第一副总参谋长巴卢耶夫斯基上将举行了中俄总参谋部第五轮战略磋商。双方就中俄关系、国际和地区局势、两军合作以及“9·11”事件后联合打击恐怖主义等重大问题深入交换了意见。双方认为，两军总参谋部战略磋商是两国战略协作伙伴关系的重要体现。此次磋商进一步加深了两军间的信任，推动了两军关系向务实、诚信与合作的方向发展。此外，中俄两国相邻军区的交往日趋活跃，为边境地区的稳定做出了贡献。

中日军事交往经历了波折。年初，中日军事交往比较顺利。2月，空军司令员刘顺尧上将访问日本。日防卫厅友好代表团访华。之后，由于相继发生了历史教科书、李登辉赴日、小泉参拜靖国神社等一系列严重损害两国关系的事件，中国暂缓了海军军舰访日、日防卫厅长官访华等重要交往项目。在日本首相访华后，中国又适时安排了国防大学代表团等团组访问日本，并接待了日本自卫队学员团访华等。

与欧盟国家的军事关系发展顺利。1月，应希腊国防总参谋长帕拉伊乌达基斯上将的邀请，中央军委委员、总参谋长傅全有上将对希腊进行了正式友好访问，这是中国人民解放军总参谋长第一次访问希腊。访问期间，希腊总统斯特凡诺普洛斯、希腊国防部副部长阿波斯托拉基斯及国防总参谋长帕拉尤扎基斯上将分别会见了傅全有总长。双方就共同关心的国际、地区形势和双边关系等问题深入交换了意见。5月，中央军委委员、总后勤部部长王克上将对德国、英国进行了友好访问。期间，王克部长分别会见了德国、英国的国家和军队领导人，听取了德军后勤体制、工资制度、医疗卫生、军事管理以及陆、海、空三军作战勤务保障等方面的情况介绍，考察了后勤保障等有关单位。12月，中央军委委员、常务副总参谋长郭伯雄上将率团访问西班牙和葡萄牙。访问期间，西班牙国防参谋长莫雷诺和葡萄牙国防部长鲁伊·佩纳分别会见。双方对中西、中葡两国两军关系、反对国际恐怖主义、国际形势和地区局势等问题，同美方进行了深入交流，取得了许多共识，进一步推动了两国两军关系的发展，增进了中国同西南欧有关国家军队的友谊与合作。9月，由南京军区司令员梁光烈中将率领的军事代表团访问比利时、荷兰、希腊。此外，中国军队外事代表团访问了丹麦、挪威、瑞典。在来访方面，先后接待了德国国防部长、荷兰国防大臣、意大利国防秘书长以及英国、希腊、奥地利等国军兵种司令等领导人访华。

重视发展与澳大利亚、新西兰、加拿大等国的军事关系。3月，应澳大利亚和新西兰国防部邀请，中央军委副主席张万年上将对澳大利亚和新西兰进行了正式友好访问。访问期间，张万年拜会了澳大利亚总理霍华德、新西兰总理克拉克，会见了军队其他领导人，就发展中澳、中新两国和两军关系以及其他共同关心的问题交换意见，并参观了陆、海、空军部队和院校。此访推动和发展了中国与南太平洋地区两个重要国家的关系。澳、新两国国防部长和加拿大国防参谋长也先后访华，进一步增进了中澳、中新两国军队的相互了解与友谊。

不断发展与第三世界国家的友好合作关系，中国传统外交阵地得到巩固　加大对西亚和非洲国家军事交往的力度。8月，应科特迪瓦国防和国民保护国务部长莫伊兹·利达·夸西和尼日利亚国防部长西奥菲勒斯·亚库布·丹朱马的邀请，军委副主席迟浩田访问了尼日利亚和科特迪瓦。在科特迪瓦，迟副主席拜会了科特迪瓦总统巴博和总理恩盖桑，并与夸西部长进行了友好会谈。双方对建交18年来，两国和两军在各个领域的交往与合作表示满意，对继续巩固和发展中科友谊与合作充满信心。在尼日利亚访问期间，迟副主席拜会了尼总统奥巴桑乔，并与尼国防国务部长巴塔加拉瓦进行了会谈。11月，傅全有总长访问赞比亚、肯尼亚、南非和坦桑尼亚四国，实现了中国军队总参谋长自建国以来首次访问撒哈拉以南国家。8月，南非国防军司令西菲韦·尼安达成功访问中国，与军委迟浩田副主席进行了会谈；12月，中国与南非两国国防部签署了《防务合作谅解备忘录》，使中南军事关系取得了突破。此外，由副总参谋长钱树根上将率领的军事代表团5月访问了坦桑尼亚和土耳其；6月，由副总参谋长吴铨叙上将率军事代表团访问了尼日利亚、喀麦隆、安哥拉三国；8月，总装备部政委李继耐上将率友好参观团访问了埃及、叙利亚；9月，由济南军区司令员陈炳德上将率领的军事代表团访问了沙特阿拉伯、阿曼和科威特三国。此外，中国还接待了南非、摩洛哥、津巴布韦、马里、加蓬、几内亚等6国国防部长，土耳其、南非、莱索托、黎巴嫩和几内亚比绍5个国家的军队总长或国防军司令，推动了与西亚和非洲国家的军事友好往来。

与拉美国家的军事交往有所突破。拉美地区国家是发展中国家的重要组成部分。一年来，中国军队与拉美地区国家军队的交往日益活跃。8月，应哥伦比亚副总统兼国防部长古斯塔沃·贝尔·莱穆斯、委内瑞拉国防部长何塞·比森特·兰赫尔、特立尼达和多巴哥总理兼国家安全部长巴斯迪奥·潘戴的邀请，中央军委副主席、国务委员兼国防部长迟浩田上将对三国进行了友好访问。这是中国国防部长第一次对上述三国进行访问。期间，迟副主席分别拜会了哥伦比亚总统帕斯特拉纳、副总统兼国防部长古斯塔沃·贝尔，特立尼达和多巴哥共和国总统鲁宾逊、总理兼国家安全部长潘迪，委内瑞拉总统乌戈·查韦斯、武装力量总司令兼总监卢卡斯·林孔，访问取得了圆满成功。此外，中国军队的军事、政工代表团先后访问古巴、委内瑞拉、哥伦比亚、特立尼达和多巴哥、厄瓜多尔、玻利维亚等国，进一步促进了与拉美地区国家军队的友好交往。来访方面，接待了巴西、巴布亚新几内亚、苏里南、乌拉圭等拉美国家的国防部长或副部长以及古巴、汤加、委内瑞拉、厄瓜多尔、智利、圭亚那等国家的军队总长或军兵种司令，促进了中国与该地区国家军队友好关系的发展。

*积极参与多边外交活动，宣传中国外交、国防政策，增进与世界各国军队的相互信任与了解。*中国军队积极支持在平等参与、协商一致、求同存异、循序渐进的基础上开展多形式、多层次、多渠道的地区安全对话与合作主张。除与俄罗斯、泰国进行双边安全磋商以外，中国军队还与法国、德国、澳大利亚等国家进行了安全磋商和会晤，为协调双边立场，增进彼此信任，传递有关信息开辟了渠道。中国军队参与亚太多边安全活动日益活跃。一年来，多次派员参加亚太地区多边安全会议、亚太地区防卫当局官员论坛、东北亚合作对话会、东盟地区论坛会议、西太平洋地区海军论坛扫雷联合演习以及各类多边安全研讨会等活动，有力地宣传了中国外交和国防政策，扩大了中国军队在维护亚太地区安全方面的影响力。

10月至11月，中国在国防大学举办了第三期国际问题研讨班。来自澳大利亚、美国、俄罗斯、日本、韩国等18个国家的军官，同中国学员一起深入研究了世界和亚太地区政治、经济、军事发展趋势，就维护亚太地区安全、新军事革命与亚太安全、处理国际争端、加强多边合作等问题进行了交流。中央军委副主席迟浩田上将接见了研讨班全体学员，副总参谋长熊光楷上将在研讨班发表了题为《新安全观与中国国防政策》的演讲。研讨班取得了圆满成功，在国际上产生了积极的影响。

（王世银　尹秀广）

其 他 信 息

伟大的爱国将领张学良逝世　2001年10月14日，伟大的爱国者张学良将军因病在美国夏威夷逝世，享年101岁。在获悉张学良先生逝世的消息后，中共中央总书记、国家主席江泽民向张学良的亲属发了唁电，代表中国共产党和中国人民表示深切的哀悼，并充分肯定他为祖国统一和民族解放作出的特殊贡献。张学良先生曾为结束10年内战、促成第二次国共合作，实行全民族抗战作出了历史性贡献。65年前，日本帝国主义不断扩大对中国的侵略，蒋介石坚持不抵抗政策，继续进行内战。在民族危亡的紧急关头，张学良将军和杨虎城将军秉持抗日救亡的民族大义，毅然发动西安事变。1936年12月12日，东北军和第十七路军共同行动，在陕西临潼华清池扣留了蒋介石，要求“停止内战、一致抗日”，随即通电全国，提出改组南京政府、停止一切内战等八项抗日主张。西安事变的和平解决对国共两党再次合作、团结抗日起了重大的推动作用。张学良、杨虎城先生堪称中华民族的千古功臣。此后，张学良先生遭到审判和长达半个世纪的软禁。张学良夫妇于1993年12月前往美国探亲，1995年定居夏威夷。张学良先生生前心系海峡两岸和平统一大业，企盼民族振兴和国家强盛。

美军在“持久自由”行动中战机事故频繁及其原因　《解放军报》2002年1月28日宋振昊等报道，美国在阿富汗发动代号为“持久自由”的反恐行动以来，因频繁的战机事故而造成极大的困扰。美军损失巨大，一架KC－130空中加油机价值3700万美元，B－1B的单价更高达2亿多美元，此外，还有十余人丧生，十余人受伤。累计发生的战机事故已达10起：

2001年9月底，美军一架RQ－1“食肉动物”无人驾驶侦察机在进行战前侦察时与基地失去联系。

2001年10月上旬，美军打击塔利班的行动刚刚开始，一架RQ－1“食肉动物”无人驾驶侦察机即在阿富汗境内坠毁。

2001年10月20日，美军特种部队在突袭坎大哈的行动中，一架执行支援任务的直升机在巴基斯坦境内失事，2名美军特种部队士兵丧生，数人受伤。

2001年11月20日，美军一架军用直升机在阿富汗境内因恶劣天气被迫紧急降落，直升机受到严重损坏，4名机组人员受伤。

2001年11月上旬，一架RQ－1“食肉动物”无人驾驶侦察机因恶劣天气坠毁在阿富汗境内。

2001年12月12日，美军一架B－1B轰炸机在阿富汗执行完轰炸任务后，返航途中坠入印度洋，机上4人获救。

2001年12月30日，美军一架“全球鹰”无人驾驶侦察机在阿富汗执行例行侦察任务后，在返回基地途中因“维护不当”坠毁。

2001年1月9日，美军一架KC－130空中加油机在巴基斯坦境内一机场降落时，坠毁在附近的一座山上，机上7名海军陆战队员全部丧生。

2001年1月20日，美军一架CH－53E“超级种马”直升机在喀布尔以南执行补给任务时，因机械故障坠毁，机上2人死亡，5人受伤。

2002年1月22日，美军一架RQ－1“食肉动物”无人驾驶侦察机在巴基斯坦境内坠毁，美军中央总部声称该机不是被敌炮火击落的。

造成事故的原因于在：一是严寒冻住了战机的翅膀，以致严重影响飞行；二是扬沙尘土阻塞导致发动机故障；三是长途奔袭造成人机疲劳，引发操作失误；四是多山的地形影响了战机的通信，致使飞机与地面指挥失去联系，迷失方向以致坠毁。

英报评“基地”组织的四大起因　英国《金融时报》2001年10月5日载文指出，“基地”现象是过去20年影响中东地区的四大因素的综合产物。

第一，“基地”组织是一群好斗分子寻找新奋斗目标的结果。他们是80年代受巴基斯坦、沙特阿拉伯和美国支持试图从前苏联占领军手中解放阿富汗领土的武装分子。这些人被宗教领袖们告知，同异教徒作战是他们的神圣职责。战争结束后，他们又参加了发生在波黑、克什米尔和车臣的战斗，同其他穆斯林并肩作战，逐渐转向针对美国。因为在他们看来，是美国在苏联撤出阿富汗后抛弃了他们，并采取了一种被认为是新殖民主义的中东政策。

“基地”组织发展的第二个因素是，首次阿富汗圣战的开始恰恰是席卷整个阿拉伯世界的非暴力伊斯兰运动发起的时候。这些反对派集团反对集权统治和社会不公平现象。上述组织基本由中产阶级和文化程度较高的政治家、学者发起，他们利用宗教赢得了广泛支持。这些组织许诺通过建立没有腐败的滥用职权的伊斯兰国家重建伊斯兰教的黄金时代，并使国际伊斯兰恐怖主义从针对国内目标的行动转向没有疆域、超越国界和基本脱离本土的激进主义。

第三，西方的阿拉伯移民是本·拉登最青睐的招募目标。这是全球化的部分结果。这些人的反叛是伊斯兰反叛和传统的西方无政府主义相结合的产物。这些招募对象的社会背景应该是被剥夺了权利、受排挤的年轻人或属于中产阶级并非常理想化的年轻阿拉伯人。那些感到自己是受害者，每天都受到压抑的年轻阿拉伯人和穆斯林容易被本·拉登吸引过去。

阿拉伯世界盛行的某种遗弃的情绪是“基地”组织发展的第四个因素。在很多国家，政府没能兑现经济繁荣的承诺或没有实现政治改革，数十年来阿拉伯世界同以色列斗争失败，都助长了这种情绪，并使这种情绪演变成针对美国的愤怒，因为普通阿拉伯人认为美国在对外政策上执行双重标准。尽管本·拉登的主要目标是美国和沙特君主政权，但他现在越来越瞄准以色列，这也使他在阿拉伯世界赢得支持。

主流伊斯兰组织和各国政府都对袭击美国的恐怖事件提出强烈谴责。但是，“基地”组织产生和发展的上述因素表明，瓦解这个网络将是一个非常复杂的任务。

美军方制定所谓“保卫台湾”应急计划

美国《华盛顿时报》2001年7月18日载文披露，美国防部已制定在中国台湾岛周围采取军事行动的应急计划。据美国防部官员称，美军方制定计划者和台湾军方之间的秘密会谈不久将在加利福尼亚州的蒙特雷开始。双方在过去几年中一直定期举行这样的会谈，目的是要为一旦台海发生战争，美台联合采取军事行动制定一项“应急计划”。该发言人说，五角大楼愿意考虑陈水扁总统上周提出的让台湾同日本和美国一起联合发展战区导弹防御系统的建议，以对付中国部署在台湾岛对面的越来越强大的短程导弹的力量。在谈及陈水扁要求加强五角大楼和台湾军方合作的问题时，发言人说，五角大楼也在考虑增加合作，但有一定的限度，“长期以来，我们一直说，我们有义务向台湾提供有其必要的防务需求，我们的确这样做了：从提供武器、训练、零部件、维修保养以及诸如此类的东西，到我们提供给台湾人的系统”。如果台湾要求增加军事训练或合作，“我们肯定会考虑”。如果要求“大幅度增加现有协议的内容”就另当别论了，需要美国政府高层作出决定。布什总统 2001 年 5 月在接受电视专访时说，美国将“尽其所能”保卫台湾免受大陆的袭击，这同美国政府早先的暧昧立场大相径庭。当问及美国军方是否可能实施这样的保卫计划时，发言人说：“我们将竭尽全力执行总司令的命令，”并称五角大楼已经制定了军事计划。

美国利用墨尔本情报站刺探中国情况 澳大利亚《时代报》2001 年 4 月 8 日透露了这一秘密。建立墨尔本情报站是在美国正式停止与台湾保持外交和军事联系之际开始的。1979 年以前，美国空军在台北西北部建有大规模的电子监听站。但是，作为美国承认中华人民共和国的政治进程的一部分，他们不得不撤出台湾。这个叫做墨尔本联合技术机构的情报中心建于 1981 年，人员由澳大利亚的安全机构即国防通信管理局提供。为在墨尔本建立情报中心，还专门建了两个新的卫星站，一个在香港，另一个在墨尔本北郊沃森尼亚的辛普森营，由美国设在太平洋中部的防务卫星站连接。澳大利亚对中国进行刺探的主要目标是：中国的先进核武器和太空试验活动以及中国在西沙群岛的军事活动。由于按计划香港于 90 年代要归还中国，香港的卫星站于 1991 年关闭。但国防通信管理局对中国的刺探活动仍在堪培拉以及设在松峡和杰拉尔顿的监听站继续进行，其中松峡的工作人员 1998 年以后还负责监听移动电话通信。据曾在联合技术机构工作过的人说，尽管技术机构由澳大利亚人管理，英国人出钱，可是几乎所有情报都给了美国人。

（任 平）

美国是最大的导弹扩散者 《中国国防报》2001 年 9 月 10 日载文指出这一事实。2001 年 8 月，美国国会及媒体多次无端指责中国扩散导弹及其相关技术。然而大量事实表明，美国才是最大的导弹扩散者。

二战结束后，以美国为首的发达国家，源源不断地研制、生产出种类繁多、用途各异的火箭和导弹。除了装备本国军队外，还大量用于出口。据不完全统计，仅仅在冷战期间，美国向世界各国出口的各种导弹就达上百万枚。70 年代末 80 年代初，这种弹道导弹交易达到高潮：其中 1979 年共出口导弹 210189 枚，火箭发动机 6081 台，使美国成为世界头号导弹及相关技术的供应国。美国不但向主权国家出口导弹，还明里暗里向一些国家的反政府武装及分裂势力等出售导弹装备。50 年来，美国仅向中国台湾地区就以各种名目转让“小牛”导弹 500 枚、“小檞树”改良型导弹 1102 枚、“毒刺”地对空导弹近 1300 枚及相关设施、DMS 野战防空导弹 700 枚、AGM－84A“捕鲸叉”反舰导弹 112 枚、“地狱火”2 型导弹 240 枚、AIM－120 中程空对空导弹 200 枚、“鹰式”导弹 100 枚等等，严重干涉中国主权。

美国之所以大肆销售导弹及技术，原因在于它能给美国带来巨大的政治、军事和经济利益。在政治、外交上，它可以被用作公开表明美国对进口导弹国家或分裂势力的承诺或强调与其的友好关系，或利用导弹转让作为美国对别国或地区施加影响的手段，或以此作为交换条件来换取美国使用别国基地与设施的权利，推动在国际上建立以美国价值观为主导的国际秩序，为美国的霸权主义政治服务。在军事上，它可以加强盟国或友好国家和地区的军事能力，以在它们进行战争或武装冲突时，减轻美国直接介入所付出的代价，或者借助导弹进口国的力量，对共同的敌人构成军事压力。在经济上，美国不但通过导弹转让帮助国内导弹生产商获得相当可观的经济利益，还利用所建立起来的合作关系，与导弹进口国签订更多的非导弹甚至非军事商业订单。

由于以美国为首的一些国家大量倾销导弹武器，使世界上拥有导弹的国家越来越多，美国开始担心它的海外部队受到导弹特别是弹道导弹的攻击。1987 年 4 月美国联合英、法、意、日、加、联邦德国等国，通过了题为“导弹及其技术控制制度”的文件，限制导弹转让。但该制度存在严重缺陷。其一，该文件是几个发达国家单方面制定的，是一个大国限制小国、发达国家限制发展中国家的协议。它限制了发展中国家的空间计划，是极不公平的。其二，该文件缺乏有效的核查手段和制裁措施。美国常常以“控制制度”严格要求别人，而对本国的许多大公司为赚取高额利润，公开和秘密向一些国家提供导弹及其技术却不加约束。其三，文件只限制弹道导弹及其技术的转让，而对其他类型的导弹则没有限制。美国之所以能够肆无忌惮地出售地对空、空对空、舰对舰、岸对舰以及短射程弹道导弹等给别的国家和地区，也正是钻了这个空子。而这些导弹又很容易被改造成中、远程的弹道导弹。其四，飞机、大炮、坦克等进攻性常规武器的毁伤力并不亚于导弹，“控制制度”不限制这些武器的转让，同样能起到破坏国际局势稳定的作用。

20年来发生在美国人身上的恐怖事件　《环球军事》2001年第15~16期载文对此作了记述：

1981年5月，美国肯尼迪国际机场发生一起炸弹爆炸事件，一个自称波多黎各武装抵抗运动的组织声称对此事负责。

1982年12月，在美国纽约曼哈顿的布鲁克林发生两起炸弹爆炸事件，3名警官受重伤。波多黎各民族解放武装部队声称对此事负责。

1983年4月，美国驻黎巴嫩使馆受到自杀性汽车炸弹的袭击，63人死亡，其中17名美国人。

1984年9月20日，美国驻黎巴嫩使馆附属机构发生汽车爆炸事件，16人死亡，大使受伤。

1984年11月，美国驻哥伦比亚大使馆遭到炸弹袭击，1名行人丧生。

1985年4月，在西班牙马德里美国空军基地附近一家常有美国人出入的餐厅发生炸弹爆炸事件，致使18名西班牙人丧生，82人受伤，伤者中有15名美国人。

1985年6月14日，一架美国环球航空公司的客机在地中海上空遭到劫持，造成为期两周的人质危机。机上39名人质最终在大马士革获得释放。

1985年8月，法兰克福的美军基地发生汽车炸弹爆炸事件，造成2人死亡，20人受伤。

1985年10月8日，巴勒斯坦军方劫持意大利油轮“阿基里斯·劳拉”号时，美国公民里昂被害。

1985年11月，1架埃及航空公司的飞机遭劫持。劫机者首先杀害了1名美国人，随后，埃及特种部队与劫机者展开了枪战，共60人在战斗中死亡。

1985年12月，1支阿拉伯人敢死队在罗马和维也纳国际机场同时发起针对美国和以色列的袭击，造成20人死亡。

1986年4月，1架美国环球航空公司的客机在雅典机场降落时被恐怖分子的炸弹炸出了一个大洞，4名乘客因被强大的气流吸出舱外而丧生。几天以后，1家常有美国人聚集的迪斯科舞厅发生炸弹爆炸事件，1名美国人和1名德国妇女在爆炸中丧生，另有150人受伤，其中44人是美国人。

1995年9月13日，1只由小型火箭驱动的手榴弹钻进了美国驻莫斯科的大使馆，但没有造成任何伤亡。

1995年10月9日，署名“盖世太保之子”的新纳粹组织，在美国亚利桑那州制造一起火车出轨事件，多人死亡，100多人受伤。

1995年11月13日，沙特阿拉伯首都利雅得市中心美军训练基地发生一起爆炸事件，造成6人死亡和60人受伤，死者中有4个美国人。

1995年12月，美国纽约1辆满载圣诞节购物者的地铁列车在行驶到纽约世界贸易中心附近的地铁站时发生爆炸，致使45人受伤，其中4人重伤。

1996年6月25日，沙特阿拉伯东部城市宰赫兰郊区发生一起针对美国驻军的特大爆炸案，致使19名美国士兵死亡，500多人受伤，其中约60人伤势严重。伤者多是驻该国的美国军人。

1996年7月17日，亚特兰大奥运会新闻中心旁的奥林匹克公园内发生一起爆炸事件，造成4人死亡，约200人受伤。

1998年6月，3颗由火箭发射的榴弹在距美驻黎巴嫩使馆约500米的地方爆炸，但没有造成人员伤亡。

1998年8月7日，美国驻肯尼亚大使馆和美国驻坦桑尼亚大使馆在当地时间上午10点30分左右同时发生炸弹爆炸事件。在肯尼亚，224人当场被炸死，包括美国驻肯尼亚大使在内的数千人受伤。在坦桑尼亚至少有1人被当场炸死，10多人受伤。

2000年10月12日，美国“科尔”号导弹驱逐舰在也门亚丁港口加油时遭恐怖分子袭击，17名美军官兵丧生。

（任　平）

美国卷入朝鲜战争的根源　《军事历史》2001年第2期邓红洲等指出，1950年6月25日朝鲜内战爆发。美国总统杜鲁门于6月26日晚即命令麦克阿瑟以海、空军部队增援李承晚，美国由此卷入长达3年之久的朝鲜战争而不能自拔。杜鲁门政府如此匆忙地把美国带入一场大规模战争在美国历史上是极其罕见的，但匆忙决策只是一种表象，追根溯源就不难发现在表象下面的深层动因。在二战以前朝鲜并未引起美国政府的足够重视。随着二战的结束和日本的投降，朝鲜由于日本殖民统治的突然终结而处于权力真空状态，遂成为美、苏在东北亚地区争夺和划分势力范围的前沿地带。杜鲁门曾经把美国参与朝鲜战争的理由归结为三点：保持美国在亚洲的地位，促进欧洲的防务和团结，并使美国有所准备。首先，保持美国在亚洲的地位是出于地缘战略因素的考虑。杜鲁门、艾奇逊等人认为：南朝鲜一旦陷落，与它一水之隔的日本可能出于安全考虑拉开与美国的距离，选择在两大阵营之间保持中立；台湾因此可能提前落入中共之手；东南亚各国的亲共倾向可能上涨，不复为西方阵营所笼络。这一系列连锁反应将使美国在亚洲的优势化为乌有，并使刚刚开始构筑的遏制苏联的亚洲防线溃决，这是美国无法承受的。其次，杜鲁门政府认为促进西方世界的防务与团结必须以美国强大的力量和坚定的信心为保证，如果美国在朝鲜这一曾经被自己宣称为没有战略价值的遥远角落坚持战斗，就会使美国的力量和决心在全球范围内得到最好的宣示，从而增强盟友与潜在盟友对美国的信心和向心力。第三，二战结束后美国一直处于一个相对的战略收缩状态，美国政府失去了维持庞大军队和巨额军事开支的理由，杜鲁门政府认为这削弱了美国在冷战较量中的力量和优势地位，而出兵朝鲜则可以营造一种危机氛围，为加强军备打开方便之门。后来的事实证明，美国的确利用朝鲜战争的机会增加了2倍的兵力和3倍的国防预算。除了上述三点理由外，当时美国国内的政治倾向和政治环境也是迫使杜鲁门政府作出出兵朝鲜决定的重要因素。二战结束后，冷战思维、对共产主义的恐惧心理与党派斗争纠合在一起，反共和遏制共产主义坚决与否在很大程度上成为衡量总统及其内阁政绩的标准，甚至决定着大选的结果和总统的去留。同时，杜鲁门政府在极短的时间内作出对朝鲜采取大规模军事干涉的决定，也反映了其对全球局势力量对比的乐观估计，他们认为在朝鲜这个弹丸之地美国即使不是稳操胜券也不至于泥足深陷，在他们的潜意识中根本不存在失败的概念。从总体上看，二战结束后美国对世界霸权的强烈追求是导致其对朝鲜内战采取大规模军事干涉的根本动因。

日本在朝鲜战争中扮演的角色 《中国军事科学》2001年第1期吴鑫等报道，朝鲜战争爆发后，美日的共同利益和相互需要，促使日本加入“自由阵营”，投入美国怀抱，充当美国及南朝鲜的忠实“政治盟友”。在经济上，日本利用其有利的地理条件、工业基础和技术力量，成为朝鲜战争中以美国为首的“联合国军”最大的“供应基地”，提供了战争所必需的大量物资。日本基本上解决了战争中美方的所有补给品，在日本无法解决的才在其他国家和美国本土采购。订购的物资主要有武器、发电机器、运输机械、纺织品、药品、原材料等。日本还提供了大量的战争服务，包括承担大量的维修劳务，新建和维修了多个美军基地，以及作为美国和南朝鲜之间的中转站，为“联合国军”和南朝鲜军提供了大量的运送服务，日本的船只、地面运输设施和通讯设施，业务高峰时有90%的人力和设施在为美军服务。从1950年到1952年，日本的国铁为美军运输的兵员和军用物资，大大超过了太平洋战争开始时的运输量。朝鲜战争一爆发，日本就有约30万吨船只为美军租用。此外，日本还为美军的个人消费提供服务，仅1951年内，从朝鲜战场回到日本的美军官兵就花掉了22800万美元。在军事上，日本重新武装，秘密参战，担当“联合国军”在朝鲜战争中的“军事助手”。日本除了为美军提供了在本土以外进行战争不可或缺的军事基地外，还建立警察预备队，为美军及“联合国军”提供了稳定的后方。到1951年12月底，在当时7.5万名警察预备队队员中，旧军人占52%强。以旧军人为基础、旧军官为骨干的警察预备队成为战后日本重新武装的基础。更有甚者，日本还秘密派出军队和技术人员直接参加朝鲜战争，为“联合国军”效力。1950年秋，日本应美军要求，秘密向朝鲜周边海域派遣了1个由1200名技术水平较高的日本旧海军军人组织的扫雷部队，负责元山登陆作战和群山、仁川、镇南浦海域的扫雷。从1950年10月至12月间，日本扫雷艇共出动46艘次之多。此外，日本还派出了由几千人组成的商船队和铁道专家赴朝支援美军。美驻日大使墨菲曾指出：“这是绝密，如果联合国没有熟悉朝鲜情况的几千名日本专家的协助，要呆在朝鲜，必然遭到困难。”事实表明，在朝鲜战争期间，日本充当了“联合国军”政治上的忠实盟友、经济上稳定的后勤供应基地、军事上得力助手的重要角色，成为美国在远东“永不沉没的航空母舰”。日本在朝鲜战争中发挥了不可或缺的和他国难以替代的作用，对朝鲜战争的进程和结局都产生了重要影响。而朝鲜战争本身也影响着战后日本政治、经济、军事、外交等方面的发展走势，加速了战后日本重新走上经济强国、政治大国的步伐。

（高代伟）

俄罗斯隆重纪念卫国战争爆发60周年 《人民日报》2001年6月22日莫斯科报道，60年前的6月22日是苏联卫国战争爆发的日子，俄罗斯各地隆重举行纪念活动。当日上午，俄罗斯总统普京向克里姆林宫红墙下的无名烈士墓敬献了花篮。1941年6月22日凌晨，法西斯德国向苏联发动了突然袭击。苏联红军和人民奋起抵抗。经过1418个日日夜夜的浴血奋战，终于在1945年5月9日迫使德国法西斯投降，赢得了伟大卫国战争的最后胜利。据统计，苏联在卫国战争中牺牲了2700多万人，占二战中全世界死亡总人数的40%，几百座城市和村镇、上万个工业企业毁于战火，物质损失高达26000亿卢布。莫斯科时间11时50分，俄主要电视台和广播电台现场直播了普京纪念伟大卫国战争爆发60年的讲话，普京说："烈士们保卫了祖国，捍卫了她的主权与尊严，将未来留给了我们。我们永远不会忘记他们。"普京强调指出："当今世界仍未彻底摆脱极端民族主义、宗教狂热思想及全球霸权思想，依然有人企图通过流血手段和牺牲和平居民的宝贵生命来达到自己的罪恶目的。"鉴于此，当代国际政治的主要任务之一在于国际社会联合打击诸如国际恐怖主义、极端民族主义和宗教极端主义等现实的威胁 。

俄罗斯"无脚飞将军"告别人世　综合塔斯社和新华社2001年5月19日报道，20世纪50年代，苏联传记小说《真正的人》一书中的主人公，苏联英雄飞行员阿列克塞·马列西耶夫与保尔·柯察金、卓娅和舒拉一起，感动和激励了苏联以及中国整整一代人。苏联卫国战争时期，马列西耶夫曾在歼击航空兵团服役。在1942年4月的一次空战中，他驾驶的飞机被击中，坠落在敌后的一片森林中。在身负重伤的情况下，他克服重重困难，爬行18天，回到部队。但由于伤势较重，他的双脚终于没能保住。为了继续参加保卫祖国的战斗，装上假肢后，他忍痛坚持锻炼，终于重返蓝天。在以后的作战中，他共完成了86次飞行，击落11架敌机。被人们尊称为"无脚飞将军"。2001年5月18日，当俄军中央剧院为这位传奇英雄举行85寿辰演出晚会前，他突然逝世。许多俄罗斯人对此感到震惊和悲哀。普京总统在唁电中称："俄罗斯失去了一位真正的英雄，他是爱国主义的楷模，他将永远活在人民心中。"

世界上首枚反导导弹诞生于苏联　俄罗斯《红星报》2001年3月3日载文介绍，1961年3月4日，苏联防空系统首次成功地拦截了弹道导弹的弹头，这一天实际上是世界上首次反导导弹诞生日。早在1953年，苏联军方领导人得知美国试验弹道导弹和不断发展核武器的消息后不久，即向苏共中央提出建立反导弹防御手段的建议，当年秋，一批青年科学家主动承担起研究反导弹防御系统的任务。主要是：如何在太空中找到不大的目标，如何有效地跟踪目标及如何操纵反导系统。经过三年的艰苦努力，他们终于取得了辉煌成果。随后，苏联军方在哈萨克斯坦萨雷沙甘附近的别特帕克达拉草原正式建立试验场，并抽调一批学者、工程师和军工部门的专家，参与这一反导防御计划。1957年，研究人员研制成探测导弹发射的第一个雷达。1958年军工厂着手试射第一批反导导弹，并决定研制起名为A—35的导弹防御系统设施。1959年导弹防御系统各部分都研制成功并发射了第一枚反导导弹。1961年3月4日带有非核弹头的B—1000反导导弹摧毁了P—12弹道导弹的弹头。当时的苏共中央总书记赫鲁晓夫曾不无炫耀地对记者说过："我们的导弹打中了飞在空中的苍蝇。"直到25年后的1986年，美国人才首次完成了对弹道导弹的摧毁。

俄军拟从2002年1月1日起撤离海外基地　《中国国防报》2001年10月23日一兵报道，2001年10月17日，俄罗斯总统普京主持召开国防部高级军官会议，宣布撤销驻越南和古巴的两个军事基地。俄军总参谋长克瓦什宁大将随后向媒体通报说，俄将从2002年1月1日开始，停止租用越南的金兰湾，并撤回在那里的驻军及装备，撤回驻扎在古巴卢尔德斯监听站的军事技术和情报人员及所有军事技术装备。

冷战时期金兰湾曾是苏联在国外最大、最现代化的军事基地。苏联海军远洋军舰在远航印度洋、太平洋、波斯湾等地时，都在这里休整。驻守在金兰湾的军事人员和技术人员最多时达到一万人。然而，苏联解体以后，俄罗斯无暇再顾及金兰湾，驻守的工作人员相继撤回国内。加之正在进行经济改革的越南更看重金兰湾的商业价值，希望将其开发成商业港口。因此，越方宣布不再将金兰湾无偿租借。如果俄罗斯想继续租借金兰湾，每年的租金为3亿美元。面对如此巨额的租金，俄罗斯只好宣布放弃金兰湾。

冷战时代，为获取美国的重要军事情报，苏联在"美国的后院"——古巴建立了一个大型情报侦察基地，取名为卢尔德斯。该基地规模宏大，配备了最先进的设备，如卫星接收系统、大功率电台和其他高科技间谍设备等，以及3000名高级技术人员和军事情报专家。监听站昼夜"注视"美国动态，截取了许多有价值的情报。有消息称，苏联和后来俄罗斯的75%的战略情报都来源于这个监听站。

日刊称日本自卫队拥有七个"世界第一"

日本《追求》半月刊2001年9月5日第一期载文称，随着日本不断增加国防费用，开发高科技装备，日自卫队已拥有强大的作战能力，就"素质比较"而言，其实力不仅超过俄罗斯、中国，而且在不少方面比美国还强，其中在七个方面堪称"世界第一"。

扫雷技术令美国海军倚重。早在海湾战争期间，日本海上自卫队扫雷部队就在海湾成功地扫除了34颗水雷，令人刮目相看。如今，堪称具有世界最强实力的日本海上自卫队扫雷部队拥有扫雷艇、扫雷舰、扫雷母舰、扫雷管制艇等扫雷舰艇30余艘，就连美国海军在亚太地区海域的扫雷作业也要依赖它。近年来，日本的扫雷部队又引进了远距离扫雷器等最新装备，扫雷能力进一步提高。可以说，在今后相当长的一段时期内，海上自卫队扫雷能力仍将是世界第一。

反潜作战是看家本领。在与美、澳、加、韩等环太平洋国家海军进行的共同军事演习中，日本自卫队的反潜技术被公认为是最优秀的。目前日本拥有4个护卫舰群，担任旗舰的都是“榛名”级和“白根”级等舰艇，每艘旗舰上搭载3架反潜直升机，是世界上最重视反潜作战的军舰。另外，构成自卫队世界最强反潜实力的另一重要部分是P-3C型巡逻机。该型机由美国洛克希德公司研制开发，允许在日本生产的总数达100架以上，远远超过英国、澳大利亚等国所拥有的数量。

常规潜艇不亚于核潜艇。日本海上自卫队虽然没有核动力潜艇，但其常规潜艇的战斗能力与核潜艇相比毫不逊色。日本自卫队共拥有16艘常规潜艇，虽然数量不多，但它们的性能和质量已经超过了俄罗斯等国的潜艇。自卫队最先进的“亲潮”级潜艇是世界上采用电池驱动的最大排水量的潜艇。其唯一缺陷就是没有携带核武器和续航时间有限。

战斗机是最先进技术的结晶。世界最高水平的“F-2”战斗机上是美日两国科技力量共同研制开发的“混血战斗机”。它的机身采用了最先进的复合材料一体成型建造技术，使飞机主翼的强度更大，具有很高的飞行性能。机上集中了代表日本电子技术精华的各种高技术装备，使之具有很强的对舰攻击和空战能力，每架飞机造价高达120亿日元左右。航空自卫队现有这种多功能战斗机130架。

高技术导弹“百发百中”。除战斗机之外，日本还运用世界最高水平的工业技术制造出多种命中率极高的导弹。其中88式地对舰导弹“SSM-1”在试射过程中，全部命中100千米以外的目标，令在场的美国军事人员为之愕然。这种导弹特别适合日本多山的地形，它可以躲在山后发射，然后顺着山势、掠过海面，攻击水面舰艇。世界上首次采用光纤-TVM红外线图像引导方式的96式多用途导弹，使88式地对舰导弹防御网更加坚固。

一流的飞行员和维护员。日本的航空自卫队拥有约200架F-15战斗机，但让各国空军惊讶的是，日本F-15战斗机空军保飞率竟高达90%，居世界第一。这得益于日本空军中技术高超的飞行员、优秀的地勤维修员和顺畅的零件供应。在装备同样的外国兵器方面，自卫队都能以最大限度发挥其性能，使各国叹服，如自卫队发射爱国者导弹所取得的100%的命中率，使导弹开发国美国都自叹不如。

激烈的竞争和独特的教育体制。日本自卫队的24万名官兵受教育程度都在高中以上。加入自卫队的竞争十分激烈。其中，男二等兵的竞争率超过了5:1，而候补军官等职位的竞争率竟然超过了50:1。激烈的竞争使日本自卫队十分容易地录取到高素质的官兵。此外，日本自卫队还有一套独一无二的“学生自卫队”制度，招募15岁以上的中学生入军校，学生毕业后就能成为三等军士。同时，日本航空自卫队还通过“航空学校”对高中以上的毕业生敞开大门，以保证不断有新鲜的、高素质的“血液”补充进来。

法国外籍军团揭秘 法国《回声报》2001年7月13~14日载文披露，在法军中有一支由步兵、骑兵和机械化部队组成的外籍军团，他们为法国而战。该军团创建于1831年，法国在这一年的3月10日颁布法令，规定除了发生法国本土遭到入侵的情况以外，外籍军团只能在海外活动，当时的外籍军团按士兵的原籍和所说的语言分为5个营（瑞士、比利时和荷兰、西班牙、意大利）。1841年，根据征服阿尔及利亚的计划，外籍军团扩充一倍（分为第一团和第二团）。1870年，殖民化政策要求扩充外籍军团的人数，经济危机使要求参加外籍军团的人增加。1870~1871年，外籍军团参加镇压巴黎公社的行动，1883年干涉东京湾（北部湾），1892~1894年期间干涉达荷美和苏丹，1895年干涉马达加斯加，1907年干涉摩洛哥。1914年，有4万多名外籍军团士兵在法国旗帜下参加第一次世界大战。1940年，外籍军团的第13联队在纳尔维克登陆。1942~1943年，前往突尼斯参加战斗。1944~1945年，外籍军团的部分部队在意大利、法国和德国参加战斗。1946~1954年，参加印支战争的外籍军团的人数由1.6万人增加到3.6万人，在奠边府战役中，外籍军团失去了6个营。1961年4月，阿尔及尔发生军事政变，外籍军团的第一伞兵团解散。1962~1968年，法国在阿尔及利亚和撒哈拉地区撤出外籍军团。1969~1971年，外籍军团干涉乍得。1978~1979年，外籍军团干涉扎伊尔。1982年，外籍军团第二伞兵团在贝鲁特从以色列手中救出阿拉法特。1990~1991年，外籍军团帮助法国侨民和其他外国侨民撤出卢旺达，并有部分部队参战。1992年，外籍军团在柬埔寨参加扫雷行动，并干涉索马里。1993年，干涉波黑。1994年，干涉卢旺达。1996年，干涉中非和刚果（布）。1999年，干涉马其顿。

全球航母知多少 《中国国防报》2001年6月19日王崎等撰文指出，目前全球共有24艘航母，并对其分布情况和各自特点进行了介绍。

航母最多是美国。其海军有13艘航空母舰，其中9艘为核动力航母，4艘为常规动力航母，分别编在太平洋舰队和大西洋舰队里。大西洋舰队的“华盛顿”号、“尼米兹”号、“艾森豪威尔”号、“罗斯福”号、“杜鲁门”号、“企业”号和“肯尼迪”号7艘航母以美国本土东海岸的诺福克海军基地为母港，活动于大西洋、北冰洋、加勒比海和地中海等地。太平洋舰队的“斯坦尼斯”号和“里根”号航母以美国本土西海岸的圣迭戈海军基地为母港；“卡文·文森”号和“林肯”号分别以美国西海岸的布雷默顿、埃弗拉德为母港；“小鹰”号、“星座”号两艘航母则以日本的横须贺基地为母港。太平洋舰队的航空母舰以其驻泊的母港为中心，经常在太平洋和印度洋海域活动。其中，“小鹰”号经常游弋于中国和朝鲜外沿海域。

俄罗斯只有“老帅”当家。俄罗斯虽然是一个军事大国，但现役的航母仅有一艘，即“库兹涅佐夫海军元帅”号，隶属于总部驻北莫尔斯克的俄北方舰队。该舰是第3代航母。舰长304.5米，可搭载60架各型飞机，并配备了为数可观的导弹、火炮和反潜火箭，具有强大的防空和反潜能力。

英国拥有“无敌”3侠。英国海军现有“无敌”级航母3艘，即“无敌”号、“卓越”号和“皇家方舟”号。3舰的母港都在朴次茅斯海军基地。该级航母是世界上第一个装设跃飞甲板的航空母舰。由于可搭载性能优良的垂直短距起降飞机，该级舰能够完成反潜、制海、编队区域防空和对陆攻击等多项任务。

法国实行新老搭配。目前，法国海军拥有两艘航空母舰，其中老舰“克莱蒙梭”号常规动力航母是目前世界上惟一一种可搭载常规起降飞机的中型航母，已先后经过3次大改装，母港在布雷斯特。新舰“戴高乐”号核动力航母于2001年5月18日正式服役，以土伦为母港，是目前欧洲最大、设备最先进的核动力航空母舰。

西班牙“王子”设计独特。西班牙目前仅有一艘航母为“亚斯图里阿斯王子”号，它是一艘常规动力航母。其显著特点是飞行甲板设在主甲板下面，形成敞式机库，而世界上其他航母飞行甲板都是与主甲板同高，机库是封闭的。

意大利自制轻型航母“加里波第”。“加里波第”号航母是当今世界上最轻型的航母。它的一个突出特点是电子化程度很高。它的通信系统不仅可以跟编队海军联网，而且还可与北约部队卫星通信系统联网。因此，它具有大中型航母不具备的行动独立性；不需要前呼后拥的“保驾”编队即可单独行动。

重新上岗的印度“维兰特”。“维兰特”号航母，是1986年印度海军以5000万英镑从英国购买的退役的“竞技神”号航母。该舰曾在马岛海战中立下战功，并曾创造连续在海上巡航108天的记录。印度的孟买、维沙卡帕南两地为航母基地。

法国老舰改装的巴西“圣保罗”。巴西的“圣保罗”号航母是2000年9月从法国购进的“福煦”号常规动力航母。该舰已有40年舰龄，但巴西认为“福煦”号仍具有良好的性能，这在科索沃战争中得到证实。巴西买它打算用来替代已退役的“米纳斯吉拉斯”号航母。

从西班牙买来的泰国“公主”。泰国拥有的“差克里·纳吕贝特”号常规动力航空母舰，是从西班牙购买的。“差克里·纳吕贝特”是泰国皇家公主的名字。1997年8月，该航母下水，使泰国成为亚洲第二个拥有航母的国家。该舰驻泊在泰国的梭桃邑海军基地。

此外，日本也已拥有了准航母，即两艘“大隅”级两栖登陆指挥舰——“大隅”号和“下北”号，并准备再建造4艘准航母。

朝鲜曾派飞行员参加抗美援越作战 俄通社——塔斯社汉城2001年7月9日报道，平壤广播电台和朝鲜中央电视台首次公开承认其飞行员在越南战争期间参与了抗美作战。该报道称，对河内进行军事援助，包括向越南派遣朝鲜飞行员的决定，是朝鲜劳动党领导层于1966年作出的。在送别飞行员时，金日成号召他们“像捍卫本国领空一样保卫越南领空”。除飞行员外，朝鲜还向越南北方运送了“大量武器和200万套军人随身装备”。朝鲜媒体并未披露援越的具体人数，但据有关消息透露，约有800多名朝军飞行员驾驶苏制米格歼击机，参加了援越作战。

瑞典一研究机构称2001年俄罗斯为最大的军火出口国 据瑞典斯德哥尔摩国际和平研究所发表的年度报告称，2001年，俄罗斯首次取代美国，成为最大的军火出口国。在这份报告中，军火出口额排在前4位的分别为：俄罗斯（49.79亿美元）、美国（45.62亿美元）、法国（12.88亿美元）和英国（11.25亿美元）。报告指出，2001年世界军火贸易总额为8390亿美元，比上一年增长32%。从过去5年军火出口额累计看，美国仍高居榜首，其军火销售额总计为448亿美元，而俄罗斯总额为174亿美元，只有美国的三分之一略强。但俄罗斯军火商对报告提出的观点并不同意，认为俄军火出口额只能占第三位。据俄最新公布的数字看，2001年俄军火出口额为44亿美元，仍低于美国（45.6亿美元）。

2001年全球共发生24起武装冲突 2002年6月13日，瑞典斯德哥尔摩国际和平研究所发表的年度报告称，2001年全球共发生24起武装冲突，这一数字略低于2000年。报告指出，亚洲和非洲是主要战场。亚洲的冲突发生在阿富汗、缅甸、印度尼西亚、菲律宾、斯里兰卡和分别属于印度、巴基斯坦的克什米尔。非洲的冲突发生在阿尔及利亚、安哥拉、布隆迪、刚果民主共和国、卢旺达、索马里和苏丹。近东地区有伊拉克、伊朗、以色列和土耳其。美洲有哥伦比亚、美国（“9·11”恐怖袭击）和秘鲁。欧洲有俄罗斯（车臣地区）等。在上述武装冲突中，有15起已经持续了8年以上。

法新社载文称全球每年50万人死于轻武器 法新社奥斯陆2001年6月28日报道，据由日内瓦国际问题研究院撰写的第一份有关轻武器问题的报告《2001年小型武器调查——问题简介》称，分散在世界各地的5.5亿件轻武器每年大约会导致50万人死亡，其中每年在武装冲突中有30万人死于轻武器。另有20万人在“无组织暴力行动中”死于轻武器。该报告对轻武器的定义是手枪、机枪、冲锋枪、卡拉什尼科夫和M-16式的来复枪。报告指出，在传统武器中，轻武器占到常规武器合法交易量的10%，但是，90%在武装冲突中身亡的人死于轻武器。

（任 平）

（本栏责任编辑 方 宁）

20 世纪后 10 年世界部分国家国民生产总

国名	数据统计	1991	1992	1993	1994
美国	国民生产总值	56739	60385	63433	67369
	国防费	2874.5	2826	2973	2787.3
	军费所占比例	5.1%	4.68%	4.7%	4.3%
俄罗斯	国民生产总值	11124	12000	11600	11200
	国防费	1337	746	1079	1069.271
	军费所占比例	12%	6.2%	9.3%	9.6%
日本	国民生产总值	33627.3	36625	42160	45920
	国防费	326.8	343	417.32	446
	军费所占比例	0.97%	0.94%	1.0%	1.0%
英国	国民生产总值	10179.8	10525	9475	10233
	国防费	404.3	417	351	338.61
	军费所占比例	3.97%	3.96%	3.7%	3.4%
法国	国民生产总值	12127	13230	12506.7	13293
	国防费	344.8	374	428.98	427.24
	军费所占比例	2.84%	2.8%	3.4%	3.3%
德国	国民生产总值	16766.5	17919	17261	18349
	国防费	323	352	366.54	348.48
	军费所占比例	1.96%	1.96%	2.1%	2.0%
印度	国民生产总值	2513	2722	2579	2702
	国防费	80.7	67	71.42	73.21
	军费所占比例	3.2%	2.46%	2.8%	2.8%
韩国	国民生产总值	2829.7	2968	3328	3796
	国防费	107.7	114	119.94	113.53
	军费所占比例	3.8%	3.84%	3.6%	3.6%
越南	国民生产总值	145.12	160	176	191
	国防费	13.4	7.2	7.2	8.37
	军费所占比例	9.2%	4.5%	4.1%	5.7%
澳大利亚	国民生产总值	2931.8	2907	3962	4157
	国防费	75.7	72	74.48	72.75
	军费所占比例	2.58%	2.48%	2.6%	2.3%

值、国防费及其所占比例（单位：亿美元）

1995	1996	1997	1998	1999	2000
72460 2778.34 3.8%	76000 2658.23 3.5%	81000 2763.24 3.4%	85000 2658.90 3.2%	92000 2921.47 3.2%	99000 2946.95 3.0%
11100 820 7.4%	11000 695.37 6.5%	11000 640 5.8%	11000 539.12 5.2%	11100 568 5.1 %	12000 588.1 4.9%
47000 502.19 1.0%	46000 436.26 1.0%	42000 408.91 1.0%	38000 369.90 1.0%	43000 403.83 0.9%	47000 458.44 1.0%
11040 334.06 3.1%	12000 327.64 3.0%	13000 357.36 2.8%	13000 366.13 2.8%	14000 363.60 2.6%	14000 338.94 2.4%
15380 477.68 3.1%	15000 462.17 3.1%	14000 415.23 3.0%	14000 398.07 2.8%	14000 378.10 2.7%	13000 302.92 2.2%
19080 411.57 1.9%	22000 384.32 1.7%	21000 332.17 1.7%	21000 323.87 1.5%	19000 311.82 1.6%	18000 282.29 1.6%
3300 99.92 2.9%	3710 101.58 2.8%	3850 128.05 3.0%	4690 137.80 3.0%	4400 138.95 3.2%	4710 144.72 3.1%
4220 141.79 3.4%	4730 151.68 3.3%	4430 153.34 3.5%	4260 129.40 3.1%	4070 120.98 3.0%	4570 124.96 2.7%
213 9.1 4.3%	236 9.3 4.0%	243 10.04 4.0%	270 9.07 3.4%	300 8.9 3.0%	310 9.31 3.0%
3470 83.99 2.4%	3920 83.94 2.2%	3910 86.25 2.3%	3900 73.84 1.9%	3990 77.75 1.9%	3800 69.52 1.8%

（该表数据主要引自历年英国伦敦国际战略研究所《军事力量对比》，仅供参考）

20世纪后10年世界部分国

国 名	人数统计	1991	1992	1993	1994
美国	陆军	71.3	67.4	55.99	52.49
	海军	58.0	54.6	48.28	44.18
	陆战队	19.5	19.3	17.4	17.19
	空军	51.7	49.9	43.38	40.87
	军队总数	202.9	191.3	165.05	154.73
	海空军等所占比例	63.68%	64.77%	66.08%	66.08%
俄罗斯	陆军	140	140	78	67
	海军	32	32	17	20
	空军(含防空军)	65.6	65.6	37.5	33
	战略火箭军	14.4	14.4	11.4	10
	军队总数	272 *	272 *	163.9 *	152 *
	海空军等所占比例	41.18%	41.18%	40.2%	41.45%
日本	陆军	18	15.1176	15	15.12
	海军	4.652	4.3538	4.3	4.37
	空军	4.7967	4.5392	4.45	4.46
	军队总数	27.4487	24.0106	23.75	23.95
	海空军所占比例	34.42%	37.04%	36.84%	36.87%
英国	陆军	14.96	14.54	12.3	11.6
	海军	6.18	6.21	5.56	5.05
	空军	8.87	8.6	7.57	7.04
	军队总数	30.01	29.35	25.43	23.69
	海空军所占比例	50.15%	50.46%	51.63%	51.03%
法国	陆军	28.03	26.09	24.14	24.14
	海军	6.53	6.49	6.42	6.42
	空军	9.29	9.17	8.98	8.92
	军队总数	45.31 *	43.17 *	40.1	40.09 *
	海空军所占比例	34.92%	36.28%	38.4%	37.51%

家军队员额主要统计（单位：万人）

1995	1996	1997	1998	1999	2000
49.5	49.5	48.28	47.94	48	47.17
42.67	42.67	40.47	38.06	37.23	37.07
17.39	17.39	17.30	17.13	17.22	16.98
38.82	38.82	38.26	37.03	36.59	35.36
148.38	148.38	144.31	140.16	139.04	136.58
66.64%	66.64%	66.54%	65.80%	65.48%	65.46%
46	46	42	42	34.8	34.8
19	19	22	18	17.15	17.15
32	32	30	21	18.46	18.46
10	10	40	17	10	10
127 *	127 *	124 *	115.9 *	100.41 *	100.41 *
48.03%	48.03%	50%	48.32%	45.4%	45.4%
14.8	15.2515	15.2371	15.1836	15.1836	14.5928
4.3	4.4135	4.3668	4.3842	4.5816	4.3838
4.45	4.5883	4.5336	4.5606	4.7268	4.5223
23.55	24.2693 *	24.2709 *	24.264 *	24.264 *	23.6368 *
37.15%	37.09%	36.67%	36.86%	37.42%	37.68%
11.6	11.3	11.22	11.39	11.35	11.395
5.05	4.8	4.49	4.45	4.377	4.37
7.04	6.5	5.67	5.254	5.52	5.473
23.69	22.6	21.38	21.094	21.24	21.245
51.03%	50%	47.52%	46%	46.56%	46.36%
24.04	23.66	21.99	20.32	17.83	16.93
6.42	6.33	6.33	6.33	6.26	4.949
8.92	8.86	8.34	7.81	7.642	6.05
39.38	38.85	38.04 *	34.46	31.732	27.929
38.95%	39.10%	38.56%	41.03%	43.81%	39.38%

续表

国名	人数统计	1991	1992	1993	1994
德国	陆军人数	33	30.9	25.43	23.4
	海军人数	4.67	3.52	3.01	2.85
	空军人数	10.33	9.58	8.29	7.53
	军队总数	48	44	36.73	33.78
	海空军所占比例	31.25%	29.77%	30.77%	30.73%
印度	陆军人数	110	110	110	98
	海军人数	5.5	5.5	5.5	5.5
	空军人数	11	11	11	11
	军队总数	126.5	126.5	126.5	114.5
	海空军所占比例	13.04%	13.04%	13.04%	14.41%
韩国	陆军人数	65	52	52	52
	海军人数	6	6	6	6
	空军人数	4	5.3	5.3	5.3
	军队总数	75	63.3	63.3	63.3
	海空军所占比例	13.33%	17.85%	17.85%	17.85%
越南	陆军人数	90	70	50	50
	海军人数	3.1	4.2	4.2	4.2
	空军(含防空军)	11	11.5	3	3
	军队总数	104.1	85.7	57.2	57.2
	海空军所占比例	13.54%	18.32%	12.59%	12.59%
澳大利亚	陆军人数	3.03	3.03	2.86	2.37
	海军人数	1.57	1.53	1.48	1.5
	空军人数	2.23	2.23	1.82	1.7425
	军队总数	6.83	6.79	6.16	5.6125
	海空军所占比例	55.64%	55.38%	53.57%	57.75%

* 该数字含未计算在各军种人数中的总部机关等人数

1995	1996	1997	1998	1999	2000
25.28	25.28	23.99	23.06	22.83	22.11
2.85	2.85	2.77	2.67	2.81	2.66
7.71	7.71	7.69	7.62	7.64	7.33
35.84	35.84	34.45	33.35	33.28	32.1
29.46%	29.46%	33.24%	30.85%	31.4%	31.12%
98	98	98	98	98	110
5.5	5.5	5.5	5.5	5.3	5.3
11	11	11	14	14	11
114.5	114.5	114.5	117.5	117.3	126.3
14.41%	14.41%	14.41%	16.60%	16.45%	12.91%
54.8	56	56	56	56	56
6	6.6	6.7	6	6	6
5.2	6.4	6.3	5.2	5.2	6.3
66	69	69	67.2	67.2	68.3
16.97%	18.84%	18.84%	16.7%	16.7%	18%
50	50	42	41.2	41.2	41.2
4.2	4.2	4.2	4.2	4.2	4.2
3	3	3	3	3	3
57.2	57.2	49.2	48.4	48.4	48.4
12.59%	12.59%	14.63%	1.88%	14.88%	14.88%
2.6	2.6	2.54	2.54	2.52	2.415
1.47	1.47	1.43	1.43	1.42	1.25
1.71	1.71	1.77	1.77	1.58	1.395
5.78	5.78	5.74	5.74	5.52	5.06
55.02%	55.02%	55.75%	55.75%	54.35%	52.27%

（该表数据主要引自历年英国伦敦国际战略研究所《军事力量对比》，仅供参考）　　（史君健）

2001 年世界部分国

国　　名	人口（万人）	现役兵力（万人）					海空军等所占比例	预备役等(万人)
		陆军	海军	空军	陆战队	总计		
美　国	28140	47.7	36.6	35.2	17.1	136.7	65%	120
俄罗斯	14672	32.1	16.2	18.4	0.9	97.7	36.3%	2000 (准)40.9
日　本	12701	14.8	4.4	4.5		23.9	37.2%	4.7
英　国	5893	11.3	3.7	5.4	0.6	21.1	46.0%	24.7
法　国	5927	15	4.3	6.3	0.2	27.3	39.6%	41.9 (准) 10
德　国	8244	21.1	2.6	7.0		30.8	31.2%	36.3
印　度	102954	110	5.2	0.1	11	126.3	12.9%	53.5 (准)108.9
韩　国	4725	56	3.5	6.3	2.5	68.3	18%	450 (准)0.4
越　南	8097	41.2	1.5	3.0	2.7	48.4	14.9%	400 (准)4.0
澳大利亚	1901	2.4	1.2	1.4		5.0	52%	2.1

注：1. 预备役等包括准军事部队、警察部队和民防部队，也有的国家将准军事部队单列，故将其注以“准”字，并加括号。

2. 国防费指国防费的实际支出额。

家军事情况概要

主要武器装备						GDP（亿美元）	国防费（亿美元）	国防费所占比例
坦克	水面战舰	潜水艇	军舰总数	空军战机	海军战机			
8023	128	73	292	4147	1861	99000	3005	3.0%
21820	35	56	295	3293	217	12000	600	5%
1050	54	16	111	297	80	47000	456	1.0%
636	34	16	102	427	34	14000	346	2.5%
809	35	10	114	473	51	13000	350	2.7%
2521	14	14	84	434	67	18000	288	1.6%
3414	27	16	107	738	37	4710	147	3.1%
2390	39	19	171	555	16	4570	128	2.8%
1315	6	2	66	189		310	9.5	3.1%
71	10	5	39	141		3800	71	1.9%

（该表数据主要引自日本史料调查会编 2002 年版《世界军事情势》，仅供参考）　（史君健）

阿富汗战争进程图

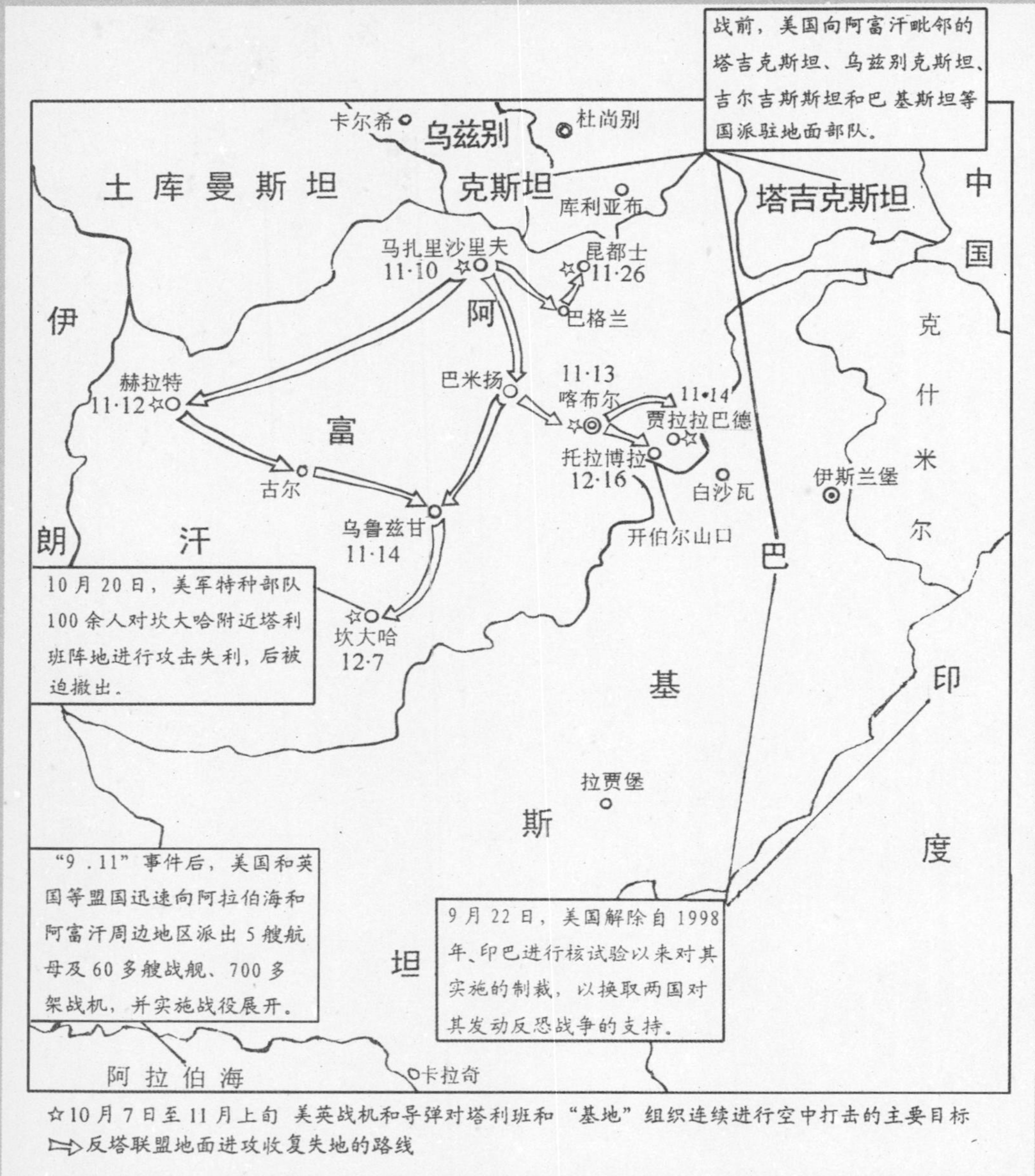

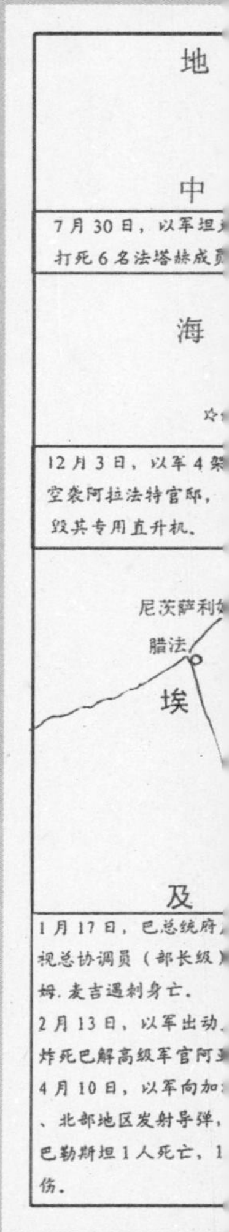

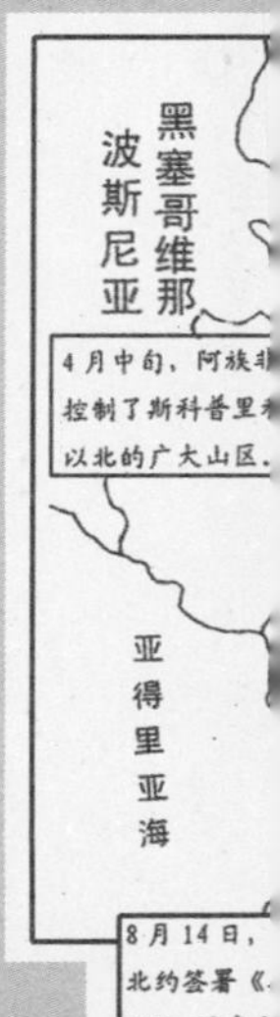

ISBN 7-5065-4397-4

9 787506 543972 >